PATROLOGIÆ
CURSUS COMPLETUS
SIVE
BIBLIOTHECA UNIVERSALIS, INTEGRA, UNIFORMIS, COMMODA, ŒCONOMICA,

OMNIUM SS. PATRUM, DOCTORUM SCRIPTORUMQUE ECCLESIASTICORUM
QUI
AB ÆVO APOSTOLICO AD INNOCENTII III TEMPORA
FLORUERUNT;

RECUSIO CHRONOLOGICA
OMNIUM QUÆ EXSTITERE MONUMENTORUM CATHOLICÆ TRADITIONIS PER DUODECIM PRIORA
ECCLESIÆ SÆCULA,

JUXTA EDITIONES ACCURATISSIMAS, INTER SE CUMQUE NONNULLIS CODICIBUS MANUSCRIPTIS COLLATAS,
PERQUAM DILIGENTER CASTIGATA;
DISSERTATIONIBUS, COMMENTARIIS LECTIONIBUSQUE VARIANTIBUS CONTINENTER ILLUSTRATA;
OMNIBUS OPERIBUS POST AMPLISSIMAS EDITIONES QUÆ TRIBUS NOVISSIMIS SÆCULIS DEBENTUR ABSOLUTAS
DETECTIS, AUCTA;
INDICIBUS PARTICULARIBUS ANALYTICIS, SINGULOS SIVE TOMOS, SIVE AUCTORES ALICUJUS MOMENTI
SUBSEQUENTIBUS, DONATA;
CAPITULIS INTRA IPSUM TEXTUM RITE DISPOSITIS, NECNON ET TITULIS SINGULARUM PAGINARUM MARGINEM
SUPERIOREM DISTINGUENTIBUS SUBJECTAMQUE MATERIAM SIGNIFICANTIBUS, ADORNATA;
OPERIBUS CUM DUBIIS TUM APOCRYPHIS, ALIQUA VERO AUCTORITATE IN ORDINE AD TRADITIONEM
ECCLESIASTICAM POLLENTIBUS, AMPLIFICATA;
DUOBUS INDICIBUS GENERALIBUS LOCUPLETATA : ALTERO SCILICET RERUM, QUO CONSULTO, QUIDQUID
UNUSQUISQUE PATRUM IN QUODLIBET THEMA SCRIPSERIT UNO INTUITU CONSPICIATUR; ALTERO
SCRIPTURÆ SACRÆ, EX QUO LECTORI COMPERIRE SIT OBVIUM QUINAM PATRES
ET IN QUIBUS OPERUM SUORUM LOCIS SINGULOS SINGULORUM LIBRORUM
SCRIPTURÆ TEXTUS COMMENTATI SINT.
EDITIO ACCURATISSIMA, CÆTERISQUE OMNIBUS FACILE ANTEPONENDA, SI PERPENDANTUR : CHARACTERUM NITIDITAS
CHARTÆ QUALITAS, INTEGRITAS TEXTUS, PERFECTIO CORRECTIONIS, OPERUM RECUSORUM TUM VARIETAS
TUM NUMERUS, FORMA VOLUMINUM PERQUAM COMMODA SIBIQUE IN TOTO OPERIS DECURSU CONSTANTER
SIMILIS, PRETII EXIGUITAS, PRÆSERTIMQUE ISTA COLLECTIO, UNA, METHODICA ET CHRONOLOGICA,
SEXCENTORUM FRAGMENTORUM OPUSCULORUMQUE HACTENUS HIC ILLIC SPARSORUM,
PRIMUM AUTEM IN NOSTRA BIBLIOTHECA, EX OPERIBUS AD OMNES ÆTATES
LOCOS, LINGUAS FORMASQUE PERTINENTIBUS, COADUNATORUM.

SERIES SECUNDA,
IN QUA PRODEUNT PATRES, DOCTORES SCRIPTORESQUE ECCLESIÆ LATINÆ
A GREGORIO MAGNO AD INNOCENTIUM III.

Accurante J.-P. Migne,
BIBLIOTHECÆ CLERI UNIVERSÆ,
SIVE
CURSUUM COMPLETORUM IN SINGULOS SCIENTIÆ ECCLESIASTICÆ RAMOS EDITORE.

PATROLOGIA BINA EDITIONE TYPIS MANDATA EST, ALIA NEMPE LATINA, ALIA GRÆCO-LATINA. — VENEUNT
MILLE ET TRECENTIS FRANCIS SEXAGINTA ET DUCENTA VOLUMINA EDITIONIS LATINÆ; OCTINGENTIS
ET MILLE TRECENTA GRÆCO-LATINÆ. — MERE LATINA UNIVERSOS AUCTORES TUM OCCIDENTALES,
TUM ORIENTALES EQUIDEM AMPLECTITUR; HI AUTEM, IN EA, SOLA VERSIONE LATINA DONANTUR.

PATROLOGIÆ TOMUS CLXXXVIII.

ORDERICUS VITALIS ANGLIGENA. ANASTASIUS IV, ADRIANUS IV, PONT. ROM. THEOBALDUS
CANTUAR. ARCHIEP. ATTO PISTOR., B. AMEDEUS LAUSAN., ANSELMUS HAVELBERG. EPISC., GISLE-
BERTUS PORRETANUS PICTAV., EPISCOPI GUERRICUS IGNIAC., ODO MORIMUND., FASTRE-
DUS CLARÆVALL., JOANNES CIRITA THARAUC. IN HISP., GAUFRIDUS CLARÆVALL.,
ABBATES. HUGO METELLUS CAN. REGUL. GILBERTUS DE HOILANDIA.

EXCUDEBATUR ET VENIT APUD J.-P MIGNE EDITOREM,
IN VIA DICTA D'AMBOISE, PROPE PORTAM LUTETIÆ PARISIORUM VULGO D'ENFER NOMINATAM,
SEU PETIT-MONTROUGE.

1855

SÆCULUM XII

ORDERICI VITALIS

ANGLIGENÆ

COENOBII UTICENSIS MONACHI

HISTORIA ECCLESIASTICA

ACCEDUNT

ANASTASII IV, ADRIANI IV

ROMANORUM PONTIFICUM

EPISTOLÆ ET PRIVILEGIA

NECNON

THEOBALDI CANTUARIENSIS ARCHIEPISCOPI; ATTONIS PISTORIENSIS, B. AMEDEI LAUSANNENSIS, ANSELMI HAVELBERGENSIS; GISLEBERTI PORRETANI PICTAVIENSIS, EPISCOPORUM; GUERRICI IGNIACENSIS, ODONIS MORIMUNDENSIS, FASTREDI CLARÆVALLENSIS, JOANNIS CIRITÆ THARAUCANI IN HISPANIA, GAUFRIDI CLARÆVALLENSIS, ABBATUM; HUGONIS METELLI, CANONICI REGULARIS, GILBERTI DE HOILANDIA

OPUSCULA, DIPLOMATA, EPISTOLÆ

ACCURANTE J.-P. MIGNE

BIBLIOTHECÆ CLERI UNIVERSÆ

SIVE

CURSUUM COMPLETORUM IN SINGULOS SCIENTIÆ ECCLESIASTICÆ RAMOS EDITORE

TOMUS UNICUS

VENIT 9 FRANCIS GALLICIS

EXCUDEBATUR ET VENIT APUD J.-P. MIGNE EDITOREM
IN VIA DICTA D'AMBOISE, PROPE PORTAM LUTETIÆ PARISIORUM VULGO D'ENFER NOMINATAM
SEU PETIT-MONTROUGE

1855

ELENCHUS

AUCTORUM ET OPERUM QUI IN HOC TOMO CLXXXVIII CONTINENTUR.

ORDERICUS VITALIS UTICENSIS MONACHUS.

Historia ecclesiastica.   *Col.* 17

GUERRICUS ABBAS IGNIACENSIS.

Sermones.   986

ATTO PISTORIENSIS EPISCOPUS.

Vita S. Joannis Gualberti.   986

ANASTASIUS IV PONTIFEX ROMANUS.

Epistolæ et privilegia.   989

ANSELMUS HAVELBERGENSIS EPISCOPUS.

Liber de ordine canonicorum regularium.   1091
Apologeticum pro ordine canonicorum regularium.   1118
Dialogi.   1139

GISLEBERTUS PORRETANUS PICTAVIENSIS EPISCOPUS.

Epistola ad Matthæum abbatem S. Florentii Salmuriensis.   1255
Commentaria in Boetium.   1257
Liber de sex principiis.   1257

HUGO METELLUS CANONICUS REGULARIS.

Epistolæ.   1274

B. AMEDEUS LAUSANNENSIS EPISCOPUS.

Epistola ad filios suos Ecclesiæ Lausannensis.   1299
Homiliæ de Maria Virgine.   1303

ADRIANUS IV PONTIFEX ROMANUS.

Epistolæ et privilegia.   1361

ODO ABBAS MORIMUNDENSIS.

Sermones.   1644

FASTREDUS CLARÆVALLENSIS ABBAS TERTIUS.

Epistolæ.   1659

JOANNES CIRITA ABBAS THARAUCANUS IN HISPANIA

Epistolæ.   1661
Regula ordinis militaris Avisii.   1669

THEOBALDUS CANTUARIENSIS ARCHIEPISCOPUS.

Epistolæ et testamentum.   1675

GAUFRIDUS ABBAS CLARÆVALLENSIS.

Sermo in anniversario obitus S. Bernardi.   1677
Epistola ad Albinum cardinalem.   *Ibid.*
Libellus contra capitula Gilberti Porretani.   *Ibid.*
Epistola ad Josbertum continens notulas in Orationem Dominicam.   *Ibid.*

GILBERTUS DE HOILANDIA.

Sermomes in Cantica.   *Ibid.*
De contemplatione rerum cœlestium.   *Ibid.*
Sermo de semine verbi Dei.   *Ibid.*
Epistolæ.   *Ibid.*

ORDERICI VITALIS

ANGLIGENÆ

CŒNOBII UTICENSIS MONACHI

HISTORIÆ ECCLESIASTICÆ

LIBRI XIII

IN PARTES TRES DIVISI

PRÆFATIO

I.

Orderici Vitalis Chesnianam (1) et D. Bouqueti (2) lectionem ex integro typis mandamus. Divisionem operis in tres partes, ab ipso Orderico institutam, consentientibus codicibus manuscriptis, retinuimus. Libris et capitulis, quod lectoribus pergratum fore censemus, rubricas præfiximus.

Si quis nostri auctoris assertiones excutere velit, perpetuum et eximium commentarium, quo vi· eruditus Le Prévost (3) suam editionem ornavit, summa cum fiducia adeat.

Nunc de Orderico nostro paulula dicamus.

II.

Ordericus Vitalis, monachus, scriptor eximius, natione Anglus, natus est apud Ettingesham, hodie Atcham, supra Sabrinæ seu Savernæ flumen, prope Schoresburiam seu Scrobesburiam, vulgo *Shrewsbury* urbem, in confinio Merciorum et Wallorum regionis, die 17 Februarii mensis, anni 1075. Odelerium patrem habuit qui, defuncta uxore, et ipse in monasterio Sancti Ebrulfi Uticensi, in Normannia, ubi filium suum undecim annis natum Deo dederat, trabeam monachalem suscepit. Paulo post annum 1143, ut videtur, e vivis excessit Ordericus; stemma sacerdotii tricesimum tertium ætatis annum agens (4) susceperat. Nomen ejus in codicibus sic profertur: *Odericus*, sive *Oldericus*, *Odelerius*, *Ordericus Vitalis Vitali*.

Sic de seipso pius monachus locutus est, in principio libri quinti Historiæ suæ:

« Hæc et alia hujusmodi diligenter perpendens, Pater Guarine (5), aliquid quod aliquibus in domo Dei
« fidelibus prosit seu placeat, decrevi simpliciter edere, arreptum vero sedimen vigilanter tenere, ne cum
« servo torpente pro absconso in terra talento damner, Domino ad judicium veniente.

« Primo itaque præceptis venerandi Rogerii abbatis, et postea vestris optavi parere, opusculum inci-

---

(1) *Historiæ Normannorum Scriptores antiqui, res ab illis per Galliam, Angliam, Apuliam et Orientem gestas explicantes.* Lutet. Paris., 1619, in fol.
(2) *Scriptores rerum Francicarum*, tom. IX, p. 10.; tom. X, p. 234; tom. XI, p. 221; tom. XII, p. 585.

(3) *Orderici Vitalis Historiæ ecclesiasticæ*, edit. a A. Le Prévost, 4 vol. in-8° 1838-1852.
(4) Id est anno 1107.
(5) Guarinus de Essartis, abbas monasterii Sancti Ebrulfi Uticensis fuit a 24 Maii 1123 ad 20 Junii 1137.

« piens de statu Uticensis Ecclesiæ, quod priores nostri sese mutuo exhortati sunt facere, sed nullus
« eorum voluit hoc incipere. Nam quisque silere quam loqui maluit, et securam quietem edaci curæ
« transactas res indagandi præposuit. Libenter quippe legissent actus abbatum, fratrumque suorum,
« et parvarum collectionem rerum suarum, quæ ab egenis sed devotis fundatoribus tenuiter auctæ sunt
« ingenti sollicitudine patrum; sed ad dictandi seu scribendi sedimen suum renuerunt curvare ingenium.
« Tandem ego, de extremis Merciorum finibus decennis Angligena huc advectus, barbarusque et ignotus
« advena callentibus indigenis admistus, inspirante Deo, Normannorum gesta et eventus Normannis pro-
« mere scripto sum conatus.

« Jam duos, (5*) opitulante Deo, libellos edidi, quibus de reparatione sedis nostræ et de tribus abbati-
« bus nostris, cum quibusdam casibus temporis illius breviter inserui, veraciter allegans, prout ab
« annosis senioribus diligenter exquisivi.

« Amodo tertium, ab anno Incarnationis Dominicæ 1075 libellum exordiar, et de abbate meo ac Uti-
« censi concione et de rebus per XII annos, scilicet usque ad Guillelmi regis obitum, gestis loquar.

« A præfato nempe anno placet inchoare præsens opusculum, quo in hanc lucem XIV Kalendas Martii
« matris ex utero profusus sum, Sabbatoque sequentis Paschæ, apud Ettingesham in ecclesia Sancti
« Eattæ confessoris, quæ sita est super Sabrinam fluvium, per ministerium Ordrici sacerdotis, sacro fonte
« renatus sum. Post quinquennium Siwardo nobili presbytero litteris erudiendus a genitore traditus
« sum, cujus magisterio prima percipiens rudimenta quinque annis subjugatus sum.

« Undecimo autem ætatis meæ anno pro amore Dei a proprio genitore abdicatus sum, et de Anglia in
« Normanniam tenellus exsul, ut æterno regi militarem, destinatus sum. Deinde a venerabili Patre Maine-
« rio (6) susceptus, monachilis habitus trabea togatus, sinceroque monachorum conventui fœdere indis-
« solubili sociatus, jam LII annis plene jugum Domini gratanter bajulavi, et cum coævis meis secundum
« Regulæ institutionem in via Dei pro posse meo alacriter ambulavi; ecclesiasticum morem et servitium
« ediscere laboravi, et semper ad aliquid utile ingenium applicavi. »

Hæc Ordericus scribebat anno 1128.

Iterum, in fine libri XIII, dicit :

« Ecce senio et infirmitate fatigatus, librum hunc finire cupio, et hoc ut fiat pluribus ex causis mani-
« festa exposcit ratio. Nam sexagesimum septimum ætatis meæ annum in cultu Domini mei Jesu Christi
« perago; et dum optimates hujus sæculi gravibus infortuniis, sibique valde contrariis, comprimi video,
« gratia Dei roboratus, securitate subjectionis et paupertatis tripudio. En Stephanus rex Anglorum in
« carcere gemens detinetur, et Ludovicus rex Francorum, expeditionem agens contra Gothos et Guascones,
« pluribus curis crebro anxiatur. En præsule defuncto, Lexoviensis cathedra caret episcopo et quando
« vel qualem habitura sit pontificem nescio. Quid amplius dicam ?

« Inter hæc, omnipotens Deus, eloquium meum ad te converto, et clementiam tuam ut mei miserearis
« dupliciter exoro. Tibi gratias ago, summe Rex, qui me gratis fecisti, et annos meos secundum bene-
« placitam voluntatem tuam disposuisti. Tu es enim Rex meus et Deus meus, et ego sum servus tuus, et
« ancillæ tuæ filius : qui pro posse meo a primis tibi vitæ meæ servivi diebus.

« Nam Sabbato Paschæ apud Attingesham baptizatus sum, qui vicus in Anglia situs est super Sabri-
« nam, ingentem fluvium. Ibi per ministerium Ordrici presbyteri ex aqua et spiritu sancto me regene-
« rasti; et mihi ejusdem sacerdotis, patrini silicet mei, nomen indidisti. Deinde cum quinque essem an-
« norum apud urbem Scrobesburiam scholæ traditus sum, et prima tibi servitia clericatus obtuli in ba-
« silica Sanctorum Petri et Pauli apostolorum. Illic Siguardus, insignis presbyter, per quinque annos
« Carmentis Nicostratæ litteras docuit me; ac psalmis et hymnis, aliisque necessariis instructionibus
« mancipavit me. Interea prædictam basilicam super Molam flumen sitam, quæ patris mei erat, subli-
« masti, et per piam devotionem Rogerii comitis venerabile cœnobium construxisti.

« Non tibi placuit ut illic diutius militarem, ne inter parentes, qui servis tuis multoties oneri sunt et
« impedimento, paterer inquietudinem, vel aliquod detrimentum in observatione legis tuæ per parentum
« carnalem affectum incurrerem. Idcirco, gloriose Deus, qui Abraham de terra, patrisque domo et co-
« gnatione egredi jussisti, Odelerium patrem meum aspirasti, ut me sibi penitus abdicaret, et tibi omni-
« mode subjugarer. Rainaldo igitur monacho plorans plorantem me tradidit, et pro amore tuo in exsilium
« destinavit, nec me unquam postea vidit. Paternis nempe votis tenellus puer obviare non præsumpsi,
« sed in omnibus illi ultro acquievi, quia ipse mihi spopondit ex parte tua, si monachus fierem, quod
« post mortem meam paradisum cum innocentibus possiderem. Gratanter facta inter me et te, genitore

---

(5*) De tertio et quarto sui operis libris hic loquitur Ordericus, nam primus et secundus posterius
aliis additi sunt.

(6) Mainerius, quartus Uticensis abbas, ab anno 1066 ad annum 1089.

« meo proloquente, conventione hujuscemodi, patriam et parentes, omnemque cognationem, et notos et
« amicos reliqui; qui lacrymantes et salutantes benignis precibus commendaverunt me tibi, o summe
« Deus Adonai. Orationes illorum, quæso, suscipe, et quæ mihi optaverunt, pie Rex Sabaoth, clementer
« annue.

« Decenniis itaque Britannicum mare transfretavi, exsul in Normanniam veni, cunctis ignotus, nemi-
« nem cognovi. Linguam, ut Joseph in Ægypto, quam non noveram audivi. Suffragante tamen gratia
« tua, inter exteros omnem mansuetudinem et familiaritatem reperi. A venerabili Mainerio abbate in
« monasterio Uticensi, xi ætatis meæ anno, ad monachatum susceptus sum, undecimoque Kalendas
« Octobris Dominico clericali ritu tonsoratus sum. Nomen quoque *Vitalis*, pro Anglico vocamine, quod
« Normannis absonum censebatur, mihi impositum est; quod ab uno sodalium Sancti Mauricii martyris,
« cujus tunc martyrium celebrabatur, mutuatum est.

« In præfato cœnobio lvi annis, te favente, conversatus sum, et a cunctis fratribus et contubernalibus
« multo plus quam merui amatus et honoratus sum. Æstus et frigora, pondusque diei perpessus in vinea
« Sorech inter tuos laboravi, et denarium, quem pollicitus es, securus quia fidelis es exspectavi. Sex
« abbates, quia tui fuerunt vicarii, ut patres et magistros reveritus sum, Mainerium et Serlonem, Roge-
« rium et Guarinum, Richardum et Ranulfum. Isti nempe Uticensi conventui legitime præfuerunt; pro
« me et pro aliis tanquam rationem redditi vigilaverunt, intus et exterius solertiam adhibuerunt, no-
« bisque necessaria, te comitante et juvante, procuraverunt.

« Idus Martii cum xvi essem annorum, jussu Serlonis electi, Gislebertus Lexoviensis præsul ordinavit
« me subdiaconum. Deinde post biennium vii Kalendas Aprilis, Serlo Sagiensis antistes mihi stolam im-
« posuit diaconi. In quo gradu xv annis tibi libenter ministravi. Deinde xxxiii ætatis meæ anno, Guillel-
« mus archiepiscopus Rothomagi xii Kalendas Januarii oneravit me sacerdotio. Eodem vero die ccxliv
« diacones et cxx consecravit sacerdotes, cum quibus ad sanctum altare tuum in Spiritu sancto devotus
« accessi; jamque xxxiv annis cum alacritate mentis tibi sacra ministeria fideliter persolvi. »

III.

In hoc Uticensi Sancti Ebrulfi monasterio Ordericus, præcepto Rogerii abbatis sui et rogatu sociorum, Annualem Historiam simpliciter recitare decrevit.

Est autem opus Historiæ ecclesiasticæ sive *Uticensis historiæ* tripartitum, divisum in libros xiii, quo-rum primi duo (sequentibus posterius additi) partem primam constituunt, et res a Christo nato summarie describunt usque ad annum 1140.

Pars secunda, a libro tertio ad sextum usque, persequitur bellica Normannorum gesta in Fran-cia, Anglia, Apulia; monasteriorum fundationes, episcoporum et abbatum totius pene Neustriæ seriem ac res gestas, multaque alia notatu digna, præcipue sub Guillelmo II duce, cognomine Notho, luculen-ter exponuntur.

Parte tertia denique, sive libro septimo ad ultimum tertium decimum usque, plura referuntur de morte Guillelmi Conquestoris anno 1087, tribusque ejus filiis Roberto, Guillelmo et Henrico, itinere item Hie-rosolymitano anno 1097 et variis aliis illorum temporum eventibus.

De Orderico nostro Antonius Pagi, ad annum 1141, *Annal. ecclesiast.* n° 7, sic discurrit : « Ex Orde-« rici Historia multa ad supplendos annales ecclesiasticos mutuati sumus; nam licet hic autor non raro
« in chronologiam peccet, multa tamen scitu dignissima in medium profert et sincere narrat. Existimo
« eum ante mortem opus suum revisisse; librum enim primum finiens, ait tunc Lotharium dominari
« Alemannis, Ludovicum Francis, Stephanum Anglis et Ranimirum monachum Hispanis, et tamen Lo-
« tharius imperator anno 1137 obiit, eodemque anno Ranimirus regnum Aragoniæ dimisit, et in suum
« monasterium reversus est. Præterea librum suum xiii in Stephani regis captivitate absolvit. »

ORDERICI VITALIS
ANGLIGENÆ
CŒNOBII UTICENSIS MONACHI,
PROLOGUS
IN ECCLESIASTICAM HISTORIAM.

Anteriores nostri ab antiquis temporibus labentis sæculi excursus prudenter inspexerunt, et bona seu mala mortalibus contingentia pro cautela hominum notaverunt, et futuris semper prodesse volentes, scripta scriptis accumulaverunt. Hoc nimirum videmus a Moyse et Daniele factum, aliisque hagiographis. Hoc in Darete Phrygio et Pompeio Trogo comperimus, aliisque gentilium historiographis. Hoc etiam advertimus in Eusebio, et Orosio de Ormesta (7) mundi, Anglicoque Beda, et Paulo Cassinensi, aliisque scriptoribus ecclesiasticis. Horum allegationes delectabiliter intueor, elegantiam et utilitatem syntagmatum laudo et admiror, nostrique temporis sapientes eorum notabile sedimen sequi cohortor. Verum, quia non est meum aliis imperare, inutile saltem nitor otium declinare, et, memetipsum exercens, aliquid actitare quod meis debeat simplicibus symmaticis placere.

In relatione, quam de restauratione Uticensis cœnobii, jubente Rogerio abbate (8), simpliciter prout possum facere institui, libet veraciter tangere nonnulla de bonis seu malis primatibus hujus nequam sæculi. Non arte litteratoria fultus, nec facundia præditus, sed bonæ voluntatis intentione provocatus, appeto nunc dictare de his quæ videmus seu toleramus. Decet utique ut, sicut novæ res mundo quotidie accidunt, sic ad laudem Dei assidue scripto tradantur; ut et, sicut ab anterioribus præterita gesta usque ad nos transmissa sunt, sic etiam præsentia nunc a præsentibus futuræ posteritati litterarum notamine transmittantur.

De rebus ecclesiasticis, ut simplex Ecclesiæ filius, sincere fari dispono; et priscos patres pro posse moduloque meo nisu sequens sedulo, modernos Christianorum eventus rimari et propalare satago. Unde præsens opusculum *Ecclesiasticam Historiam* appellari affecto. Quamvis enim res Alexandrinas, seu Græcas, vel Romanas, aliasque relatu dignas indagare nequeam, quia claustralis cœnobita ex proprio voto cogor irrefragabiliter ferre monachilem observantiam; ea tamen quæ nostro tempore vidi, vel in vicinis regionibus accidisse comperi, elaboro, coadjuvante (9) Deo, simpliciter et veraciter enucleare posterorum indagini. Firmiter ex conjectura præteritorum opinor quod exsurget qvis me multo perspicacior, ac ad indagandos multimodarum, quæ per orbem fiunt, rerum eventus, potentior; qui forsitan de meis aliorumque mei similium schedulis hauriet quod chronographiæ narrationique suæ dignanter ad notitiam futurorum inseret.

Præcipuam nempe in hoc fiduciam habeo, quod hoc opus incœpi venerandi senis Rogerii abbatis simplici præcepto, tibique, Pater Guarine (10), qui secundum Ecclesiæ ritum ei legitime succedis, exhibeo, ut superflua deleas, incomposita corrigas, et emendata vestræ sagacitatis auctoritate munias. In primis ordior de principio sine principio, cujus ope ad ipsum finem sine fine pervenire desidero, devotas laudes cum superis in æternum cantaturus (11): ALPHA ET OMEGA.

---

(7) Historia mundi.
(8) Rogerius de Sappo, abbas Sancti Ebrulfi ab ann. 1096 ad ann. 1123, mortuus est ann. 1126.
(9) Le Prévost : *conibente.*

(10) Guarinus de Essartis, de quo jam supra, abbas Sancti Ebrulfi Uticensis fuit, ann. 1123-1137
(11) Le Prévost : *caniturus.*

ORDERICI VITALIS
ANGLIGENÆ
CŒNOBII UTICENSIS MONACHI
ECCLESIASTICÆ HISTORIÆ
PARS PRIMA

In qua res ab Incarnatione Salvatoris usque ad annum 1140 gestæ, per seriem imperatorum, regum atque pontificum Romanorum breviter describuntur.

SUMMARIUM LIBRI PRIMI.

I. *Natale Domini nostri Jesu Christi.*
II. *Vita ejus.*
III. *Miracula et prodigia ejus.*
IV. *Sequentia.*
V. *Sequentia.*
VI. *Sequentia.*
VII. *Sequentia. Transfiguratio ejus.*
VIII. *Sequentia.*
IX. *Sequentia.*
X. *Sequentia.*
XI. *Jesus intrat Jerusalem. Parabolæ.*
XII. *Passio D. N. Jesu Christi.*
XIII. *Sequentia Passionis D. N. J. C.*
XIV. *Sequentia Passionis.*
XV. *Mors D. N. Jesu Christi.*
XVI. *Resurrectio et ascensio ejus.*
XVII. *Spiritus Sanctus in apostolos descendit.*
XVIII. *Regna imperatorum Romanorum.*
XIX. *Successio imperatorum Romanorum.*
XX. *Imperatores Romani. Persecutiones in Christianos. Constantini conversio.*
XXI. *Imperatores Romani. Invasiones Anglorum, Saxonum Francorumque. Origo Francorum regni.*
XXII. *Clodoveus rex Francorum baptizatur. Reges Francorum. Reges Anglorum. Imperatores Romani.*
XXIII. *Conatus ad uniendas Orientalem et Occidentalem ecclesias. Constantinopolitanum concilium. Edilthrida Inæ filia. Cuthbertus episcopus.*
XXIV. *Aquileiensis synodus. Imperatores Romani. Carolus Martellus.*
XXV. *Imperatores Romani. Pippinus. Carolus Magnus. Imperatores Constantinopolitani.*
XXVI. *Lotharius rex. Carolus rex. Exstinctio Caroli Magni dynastiæ.*
XXVII. *Hugo rex. Remense concilium. Gerbertus papa.*
XXVIII. *Otho imperator. Edelredus Anglorum rex. Eventus varii in Anglia, Normannia et Burgundia.*
XXIX. *Uticensis cænobii restauratio. Francos et Normannos inter simultates. Claromontense concilium. Eventus varii usque ad annum 1138.*

LIBER PRIMUS.

I. *Natale D. N. Jesu Christi.*

Omnipotens Verbum per quod Deus Pater omnia condidit, vitis vera, summusque paterfamilias, qui vineam plantavit, et a mane usque ad undecimam horam intromissis operariis excolit, ut uberem fructum ex eadem colligere possit, eamdem vineam, id est sanctam Ecclesiam, nullo tempore desistit colere ejusque palmites per omnia mundi climata nobiliter propagare. Ipse nimirum, qui est omnium verus rex sæculorum, et verus pontifex futurorum bonorum, verusque propheta, hominumque dominus et angelorum, *oleo lætitiæ præ participibus suis*

ineffabiliter unctus (*Hebr.* 1, 9), inæstimabilisque firma vero nostræ carnis tolerans per assumptam consilii paternæ dispensationis angelus (secundum humanitatem. Legem, quam per Moysem dederat, oracula prophetarum, qui Spiritu sancto edocti, inviolabiliter servavit, et omnem justitiam ipse ceu stellæ in hujus sæculi nocte fulserunt, et velut legifer per omnia implevit. Nam octava die circumgalli somnolentos antelucanum canendo excitantes, cisus est, et quadragesima die cum legali oblatione Dominici adventus mysteria vaticinati sunt), regiam in templo Patri oblatus est (*Luc.* 11, 21-23).
virginem Mariam, de familia regis David ortam, de multis millibus unam elegit, omniumque virtutum copia gloriose insignitam sibi matrem effecit. Generosa Virgo virtutum insigniis adornata, Joseph justo divinitus desponsata, a Gabriele archangelo salutata (*Luc.* 1), de Spiritu sancto imprægnata, desideratum cunctis gentibus Salvatorem, quem sine delicto concepit, viii Kal. Januarii sine dolore mundo peperit. Sic Dominus noster Jesus Christus prima census-ascriptione, Cirino Syriæ præsidente, secundum ordinem totius prophetiæ quæ de ipso prædicta est, in Bethleem-Judæ oppido natus est. Præclara, ut veraces Scripturæ referunt, signa nascente Christo cœlitus ostensa sunt; et angeli de salute hominum pie gratulantes cecinerunt : *Gloria in altissimis Deo, et in terra pax hominibus bonæ voluntatis!* (*Luc.* 11, 1-14.)

Anno itaque Cæsaris Augusti XLII, ab interitu vero Cleopatræ et Antonii, quando et Ægyptus in provinciam versa est, XXVIII; olympiadis vero centesimæ nonagesimæ tertiæ anno tertio, ab Urbe autem condita 752, id est eo anno quo compressis cunctarum per orbem terræ gentium motibus, firmissimam verissimamque pacem, ordinatione Dei, Cæsar Octavianus composuit, Jesus Christus Filius Dei sextam mundi ætatem adventu suo consecravit.

Ab initio mundi usque ad nativitatem Christi, secundum Hebraicam veritatem, anni 3952 numerantur; juxta computationem vero Isidori Hispalensis episcopi, aliorumque quorumdam doctorum, 5154 supputantur. Porro secundum computationem Eusebii Cæsariensis et Hieronymi, ab Adam usque ad XVIII annum Tiberii Cæsaris, quando Christus passus est, anni 5231 fluunt.

Omnis credentium multitudo in Spiritu sancto exsultet, æternumque Creatorem indesinenter adoret; eique tota virtute sacrificium laudis immolet, qui unicum Filium suum, sibi sanctoque Spiritui coæternum et consubstantialem, incarnari constituit, et a reatu mortis servum indebita morte Filii absolvit! Clemens enim Conditor, qui plasma suum, quod ad imaginem et similitudinem sui fecerat, lapsum esse condoluit; inæstimabilique consilio inexhaustæ profunditatis suæ decrevit ut coæqualis sibi damnatum in ergastulo Filius servum visitaret, hominemque de captivitate propriis ad gregem humeris pie reportaret, novemque ordines angelorum sui restauratione numeri perfecte lætificaret!

Filius itaque Dei homo factus id quod fuit permansit, et quod non erat assumpsit; non commistionem passus, neque divisionem, cum Patre sanctoque Spiritu regens omnia per divinitatem, in-

Sed, quamvis Virgo mater divæ prolis alligaret membra pannis involuta, et pedes manusque stricta cingeret fascia, tenerque infans inter arcta conditus præsepia vagiret pro humana, quam Patris velle susceperat, miseria; sublimis tamen Deus, orto in æthere novo sidere, monstratus est, et a magis orientalibus divinitus illustratis in Bethleem requisitus, ibique in cunabulis inventus, ac ut Deus adoratus est. Prudentes magi tria munera de thesauris suis pretiosa protulerunt, aurum, thus et myrrham Christo sponte obtulerunt; quibus ipsum summum regem, verumque Deum, et mortalem hominem præconati sunt. Electionis gentium primitiæ in his consecratæ sunt, quæ de Saba aliisque nationibus late per orbem dispersis ad Christum in Bethleem properaverunt. In somnis ab angelo commoniti ne redirent ad Herodem, per aliud iter in suam læti repedarunt regionem (*Matth.* 11, 1-12).

Tempore purgationis suæ Virgo parens devota templum adiit, Deoque Patri puerum præsentavit, quem Simeon senex justus in ulnis suscepit. Felix silicernius in Deo exsultavit, quia diu exspectatum Salvatorem gentium vidit, per Spiritum sanctum agnovit, manibus gestavit, eumque populis vitæ et mortis esse dominum prædicavit, et multis admirantibus cum ingenti tripudio benedixit. Anna prophetes, filia Phanuel gaudens adfuit; vidua virtutibus pollens Christum agnovit, ipsumque palam omnibus qui redemptionem præstolabantur Jerusalem, jam venisse præcinuit. Parentes pro eo *par turturum aut duos pullos columbarum* obtulerunt (*Luc.* 11, 24-38); quibus Ecclesiæ nitida castitas et blanda simplicitas præfiguratæ sunt.

Ecce nato in carne Domino non solum angeli cœlorum, sed et omnis ætas mortalium et sexus, reddit testimonium. Virgo Maria Spiritus sancti cooperatione concepit, peperit et lactavit; eique per omnia efficaciter ipsius ope ministravit. Joannes in utero matris Dominum læto gestu suum salutavit, et repleta Spiritu sancto Elisabeth triplici prophetiæ modo Ecclesiæ de Messia et ejus genitrice prophetavit. Glorificaverunt angeli Deum, pro humana redemptione incarnatum; qui dum nos conspiciunt redimi, suum gaudent numerum repleri. Angelica visitatione pastores instructi Bethleem accurrunt; panem vivum, qui de cœlo descendit, in præsepio quærunt; infantem, qui cœlis præsidet, pannis involutum inveniunt. Pastorum præconiis audientium corda de Christi notitia gaudium et admirationem concipiunt. Zacharias et Simeon justi senes Christum confitentur, et de illo futura vaticinantur; quibus in Christi amore anus beata fideliter Anna comitatur. Bonis itaque felici jucunditate gratulantibus, Herodes, inusitatis rumoribus auditis, contristatur impius, et jubet omnes a bimatu et infra in Bethleem perimi, et in cunctis ejus finibus. Translato Jesu cum intacta matre a Joseph in Ægyptum, Herodis furia crudeliter effusus est sanguis infantum, et campi Bethleem maduerunt cruore innocentum (*Matth.* II, 13-16). Christus autem pro se trucidatos in suum transtulit thalamum, ubi feliciter laureati tripudiant in perpetuum.

II. *Vita ejus.*

Salvator XXXII annis et III mensibus in terris conversatus est, sed peccati expers dolum locutus non est, solusque inter mortuos liber ab omni culpa repertus est.

In initio XXX anni Jordanis alveum expetiit, a Joanne baptismate intinctus aquas sanctificavit, et sic exemplum totius humilitatis sequacibus suis ostendit. Jesu baptizato et orante, cœlum apertum est. Corporali vero specie sicut columba super eum Spiritus sanctus descendere visus est, et vox Patris de cœlo audita est: *Hic est Filius meus dilectus, in quo mihi complacui* (*Matth.* III, 1-17; *Marc.* I, 9-11; *Luc.* III, 21, 22). Merito Joannes præcellit inter natos mulierum, cui se Christus credit baptizandum, invisibilis se Spiritus exhibet videndum, suum de cœlo Pater commendat Filium. Sic beato præcursori mysterium Trinitatis ostenditur in baptismo Salvatoris.

Dominus Jesus, qui duodecimo ætatis suæ anno templo in medio doctorum sedit, nec docens sed interrogans inveniri voluit, annorum XXX baptizatur et exinde prodigiis Deus declaratur. Triennio signa facit et discipulos erudit. Triennalis (12) ætas nostri Salvatoris intimat sacramentum nostri baptismatis, propter fidem sanctæ Trinitatis et operationem Decalogi legalis. Legifer etiam noster sic admonet homines ne audeant infirma ætate prædicare; seu temere prælationes appetere; sed legitimum et maturum tempus ad sacerdotium, vel ad docendum studeant humiliter exspectare.

Amodo continuationem miraculorum Domini nostri Jesu Christi, quæ in quatuor Evangeliorum libris scripta sunt, libet intueri, et veraciter compendioseque paginis adnotare. Ut facilius ibidem perspecta passim ad mentem revocentur, seriem rerum, prout quatuor evangelistæ descripserunt, investigo; ipsoque, qui linguas infantium facit disertas donante, breviter propinare peropto. Et quia chronographiam decrevi contexere, justum est ut in primis certitudinem temporum diligenti designem conamine, prout sancti evangelistæ, aliique historiographi scriptis suis jamdudum enodavere.

Octavianus Cæsar Augustus, Caii Julii Cæsaris ex sorore Octavia nepos et hæres, Romanorum secundus, regnavit annis LVI et mensibus VI. Cujus XLII anno Christus natus est.

Tiberius privignus Augusti, Liviæ uxoris ejus ex priore marito filius, annis XXIII regnavit. Cujus XVIII anno Christus passione sua mundum redemit.

Post mortem Herodis Antipatri Ascalonitæ prolis, qui XXXIV annis in Judæa regnum usurpavit, Archelaus filius ejus X annis super Judæos tyrannidem exercuit. Cujus pro metu, Joseph, ut Matthæus astruit, postquam angeli jussu de Ægypto rediit, cum puero et matre ejus in Galilæam secessit, et Nazareth habitavit. Archelaus autem a Judæis, ob intolerabilem animi ferocitatem, apud Augustum criminatus, decidit, et æterno apud Viennam Galliæ urbem exsilio disperiit. Regnum vero Judææ, quo minus validum fieret, fratribus ejus idem Augustus per tetrarchias scindere curavit. Porro Pilatus XII anno Tiberii Cæsaris Judæam missus, procurationem gentis suscepit, et inibi per X continuos annos usque ad ipsum pene finem Tiberii perduravit. Herodes, Philippus et Lysanias, ut Lucas refert (*cap.* III, 1), cum illo Judæam regebant, filii Herodis senioris, sub quo Dominus natus est.

Omne tempus, quo Dominus noster in terris docuisse describitur, intra quadriennii spatia coarctatur. Nam tunc, ut Josephus refert, Anna deturbato, pontificatum Judæorum per successiones tenuerunt Ismael filius Bafii, Eleazarus Ananiæ pontificis filius, et Simon Canufi filius, atque Josephus Caiphas, qui Jesum pro gente moriturum prophetavit. Eusebius Cæsariensis a VI anno Darii, qui post Cyrum et Cambisem regnavit, quando opera templi consummata sunt, usque ad Herodem et Augustum, numerat in Daniele hebdomades VII et LX duas, quæ faciunt annos 483, quando Christus, id est Hyrcanus, de genere Machabæorum novissimus pontifex, ab Herode jugulatus est, et juxta legem successio pontificum cessavit. Hippolytus vero regni Persarum 230 supputat annos, et Macedonum 300, et post illos usque ad Christum 30, id est ab initio Cyri regis Persarum usque ad adventum Domini 560 numerat annos.

Hæc de temporum serie studioso lectori rimatus intimavi, quod sol justitiæ sexta ætate ortus est in novissima hora hujus sæculi. Amodo propositum opus de meo aggrediar Domino, cujus in omnipotenti benignitate confido, et opem, ut incœptum digne peragam ad laudem ipsius, fideliter invoco.

III. *Miracula et prodigia ejus.*

Jesus, plenus Spiritu sancto, a Jordane in Galilæam regressus est, ibique tertio die cum discipulis suis ad nuptias in Cana vocatus est. Deficiente vino, a matre rogatus, sex hydrias aqua repleri jussit, et mutatam in vinum deferri a ministris architriclino præcepit (*Joan.* II, 1-11). Hoc signo gloriam suam discipulis suis primum manifestavit, per quod commutationem carnalis intellectus in

---

(12) Le Prévost: *tricennalis.*

veteri lege designavit, et per Spiritus sancti gratiam in novitatem vitæ transtulit. In desertum a Spiritu sancto ad agonem ductus est, et a Satana, qui hominem incomparabilis justitiæ videns, admirabatur, tentatus est. Quadragenis diebus ac noctibus jejunavit, et sic, per jejunium et orationem omne genus dæmoniorum a bonis vincendum, exemplo docuit (*Matth.* IV, 1-11; *Marc.* I, 12-13; *Luc.* IV, 1-13). Antiquus serpens, gula, et vana gloria, et cupiditate, quibus primum Adam superavit (*Gen.* III), secundum nihilominus Adam tentavit; sed ab illo tripliciter victus refugit. *Et ecce accesserunt angeli, et ministraverunt Filio Dei* (*Matth.* IV, 11), qui victores Satanæ in cœlis remunerabit gaudio perenni.

Salvator cum matre et fratribus Capharnaum descendit, ibique non multis diebus mansit. Inde, appropinquante Pascha, Jerosolymam ascendit, et in templum intravit. Vendentes oves, et boves, et columbas, et nummularios sedentes in templo invenit, et fulgore deitatis mire rutilans omnes ejecit. (*Joan.* II, 12-17).

In die festo Paschæ multi signa, quæ Jesus faciebat, viderunt et in nomine ejus crediderunt. Tunc Nicodemus Pharisæus, princeps Judæorum, venit ad Jesum nocte, cupiens ejus secreta perfrui allocutione. Meruit ergo instrui de virtute baptismi, de regeneratione ex aqua et Spiritu, de sui descensione et ascensione, de serpentis ænei typica exaltatione et Filii hominis indebita passione (*Joan.* III, 1-21).

Post hæc, Dominus venit in Judæam. *Illic cum* discipulis suis *demorabatur*, et plura salutis insignia operabatur. *Joannes autem erat baptizans in Ennon juxta Salim, ubi multæ aquæ erant;* et conquærentibus discipulis ejus et Judæis, de Christo verax perhibuit testimonium (*ibid.* III, 22-23). Deinde Jesus *reliquit Judæam et abiit iterum in Galilæam*, transivitque *per Samariam. In civitate Samariæ quæ dicitur Sichar, juxta prædium quod dedit Jacob Joseph filio suo, erat fons Jacob. Jesus ergo fatigatus ex itinere* sedit super *fontem hora sexta*, et mystica verba locutus est cum muliere Samaritana. Samaritani cum gaudio Salvatorem susceperunt, et duobus secum prece multa diebus detinuerunt, devotique *plures in eum crediderunt* (*Joan.* IV, 5-42). Inde *Jesus in Galilæam in virtute Spiritus* abiit, *et fama de illo per universam regionem exiit. Ipse in synagogis eorum docebat et magnificabatur ab omnibus. Nazareth Sabbato in synagogam intravit ad legendum.* Optimus lector *surrexit, librum Isaiæ prophetæ revolvit,* et inventum pronosticon legit : *Spiritus Domini super me, propter quod unxit me; evangelizare pauperibus misit me*, et reliqua. (*Isa.* LXI, 1). *Et cum plicuisset librum, ministro reddidit,* resedit et dixit : *Quia hodie completa est hæc scriptura in auribus vestris. Mirabantur in verbis gratiæ quæ procedebant ejus ab ore* (*Luc.* IV, 14-22). *Ipse Jesus testimonium perhibuit, quia propheta in sua patria honorem non habet* (*Joan.* IV, 44). Exemplum esse verax de anterioribus protulit, quod ad solam, licet multæ in Israel viduæ essent, Sareptanam mulierem tempore famis Elias missus fuerit; multisque leprosis in egestate et ærumna relictis, solus, Eliseo vaticinante, Naaman Syrus in Jordane mundatus fuerit. *Omnes in synagoga verbum Domini audientes ira repleti sunt* (*Luc.* IV, 28). Quod dictum fuerat, opere sacrilego verum esse comprobantes, *surrexerunt*. Amentes efficacem archiatrum *extra civitatem ejecerunt*, et *usque ad supercilium montis super quo constructa est urbs, ut præcipitarent eum,* duxerunt. *Ipse autem transiens per medium illorum,* inde *descendit Capharnaum* (*ibid.* 29-31; *Matth.* IV, 13-16; *Marc.* I, 21).

Venit iterum in Cana Galilææ. Regulus, cujus filius infirmabatur Capharnaum, Jesum venientem *a Judæa in Galilæam rogabat ut descenderet, et filium ejus sanaret. Dixit ei Jesus : Vade, filius tuus vivit* (*Joan.* IV, 46-50). Protinus æger convaluit, pater credidit, domumque in crastinum remeavit, et sospite filio gaudentem familiam reperit, et cognoscens quod contigerat cum tota domo credidit. Hoc, ut Joannes perhibet, *secundum* fuit *signum* quod *fecit Jesus, cum venisset a Judæa in Galilæam* (*ibid.* 54).

Cum audisset Jesus quod Joannes traditus esset, relicta Nazareth, quæ dicitur *flos*, habitavit in Capharnaum, quæ *villa pulcherrima* interpretatur, qua Ecclesia designatur. Nazareth quippe, unde Christus Nazaræus dictus est, in Galilæa juxta montem Thabor viculus est. Capharnaum vero oppidum est in Galilæa gentium juxta stagnum Genesar situm, *in finibus Zabulon et Nephthalim* (*Matth.* IV, 13), ubi prima captivitas Hebræorum facta fuit ab Assyriis. *Exinde,* id est tradito Joanne, *cœpit Jesus prædicare* (*ibid.* 17), quia evacuata voce sequitur verbum, et desinente lege sequitur Evangelium, ut sol auroram. *Pœnitentiam,* inquit, *agite; appropinquavit enim regnum cælorum* (*ibid.*).

Ambulans Jesus juxta mare Galilææ invenit Simonem Petrum, et Andream fratrem ejus, et filios Zebedæi, Jacobum et Joannem, et vocavit eos. At illi continuo, relictis retibus, secuti sunt eum (*ibid.* 18-22; *Marc.* I, 16-20; *Luc.* V, 2-11). Simon interpretatur *obediens*, Petrus *agnoscens*, Andreas *fortis* vel *virilis*, Jacobus *supplantator*, Joannes *Dei gratia*. Interpretationes istæ sanctis prædicatoribus apte congruunt. Nam sine obedientia nullus ad Dominum intrat, absque fortitudine nullus perseverat, et qui vitia supplantat, Dei gratiæ omne bonum quod habet ascribat.

Circuibat Jesus totam Galilæam, docens in synagogis eorum et prædicans evangelium regni, et sanans omnem languorem et omnem infirmitatem in populo. Et abiit opinio ejus in totam Syriam, quæ regio pertingit ab Euphrate usque ad mare magnum, a Cappadocia usque ad Ægyptum. *Et obtulerunt ei omnes male habentes, variis languoribus* animarum *et corporum, et tormentis,* id est acutis passionibus, *comprehensos, et qui dæmonia habebant et lunaticos, et paralyticos, et curavit eos.* Turbæ ergo multæ secutæ sunt eum de Galilæa et Decapoli, de Jerosolymis et Judæa, et de trans Jordanem (*Matth.* IV, 23-25; *Marc.* III, 7, 8; *Luc.* VI, 17), intentione quinquepartita. Alii enim propter cœleste magisterium, ut discipuli, alii propter curationem infirmitatum, alii sola fama et curiositate, volentes experiri verane essent quæ dicebantur, alii propter invidiam, volentes eum in aliquo capere et accusare; quidam etiam sequebantur eum propter corporalem victum.

Videns autem turbas Jesus, ascendit in montem; et cum sedisset, ad eum accesserunt discipuli ejus. Et aperiens os suum (*Matth.* V, 1, 2), qui olim aperuerat ora prophetarum, edidit prolixum sermonem omni perfectione plenum, in quo pulchre et utiliter apostolos erudit et informat; ut, qui per Moysem in Sinai monte legem dederat, in Galilæa in monte Thabor, suos doceat et perfectione totius justitiæ imbuat.

Nam de octo beatitudinibus plane disseruit et cæteris mandatis legis, quam non solvere, sed adimplere venit (*ibid.*, 17); et præcepta novæ legis arctiora quam Veteris Testamenti dicit, dum inimicos etiam diligi præcipit (*ibid.*, 44), et misericordiam in occulto faciendam, et multa alia perfectæ vitæ jussa depromit. De thesauro in cœlo condendo, de eo quod nullus possit duobus dominis servire, de volatilibus et liliis agri (*Matth.* VI, 24, 28), de festuca et trabe in oculo, de margaritis ante porcos non mittendis, de introitu ad vitam per angustam portam, de cavendo a falsis prophetis, de domo ædificanda supra petram (*Matth.* VII, 3, 6, 24; *Luc.* VI, 18-49), verus Doctor doctorum incomparabiliter peroravit.

Cum consummasset Jesus perfectionis verba, turbæ admirabantur super ejus doctrina. Erat enim eos docens, sicut Deus omnium potestatem habens, non sicut Scribæ et Pharisæi (*Matth.* VII, 28, 29; *Marc.* I, 22; *Luc.* IV, 31), qui servi erant Moysi, et ea tantum docebant quæ infirmis data erant.

Cum autem descendisset de monte, secutæ sunt eum turbæ multæ. Leprosum vero suppliciter adorantem Salvator manu tetigit, et confestim mundavit, ipsumque se sacerdotibus ostendere cum legali sacrificio præcepit (*Matth.* VIII, 1-4; *Marc.* I, 40-45; *Luc.* V, 12-14). Quo jussu confessionem et pœnitentiam peccatorum insinuavit.

Capharnaum fidem Centurionis approbavit, et puerum ejus, pro quo suppliciter rogavit, jacentem paralyticum et male tortum, verbo sanavit (*ibid.* 5-13; *Luc.* VII, 1-10).

Sabbato, dum doceret in synagoga, dæmon per hominem exclamavit: *Quid nobis et tibi, Jesu Nazarene? Venisti perdere nos? Scio te, quia sis Sanctus Dei. Et comminatus est ei Jesus, dicens: Obmutesce, et exi de homine. Discerpens eum spiritus nequam, egressus est;* et homo, cunctis qui aderant mirantibus, sanatus est (*Marc.* I, 23-28; *Luc.* IV, 33-37). Mox de synagoga exivit, *in domum Simonis intravit, socrum ejus febricitantem vidit,* et rogatus ab amicis ejus *manum tetigit.* Protinus fugata febre, mulier sana surrexit, et cœlesti medico gratanter ministravit. *Vespere autem facto, cum sol occubuisset,* multos ei obtulerunt dæmoniacos et variis languoribus vexatos (*Matth.* VIII, 14-17; *Marc.* I, 29-34; *Luc.* IV, 38-41). Verus archiater singulis manus imposuit, verbo spiritus ejecit, et omnes male habentes curavit. Occubitu solis mors Domini designatur; postquam gentiles, quos dæmon possidebat, per fidem liberantur, et ægroti a morbis peccatorum, emendatioris vitæ remedio sanantur.

Multas turbas videns circum se, sero jussit discipulos suos *ire trans fretum; eoque ascendente in naviculam, discipuli ejus secuti sunt eum* (*Matth.* VIII, 18, 23). Dignum erat ut, sicut in terra fecerat miracula, sic et am in mari faceret, ut se terræ marisque dominum esse comprobaret.

Ingressus ergo in naviculam, mare turbari fecit, ventos commovit, fluctusque concitavit. *Ipse vero dormiebat* corpore, sed vigilabat mente; quem orta tempestate *discipuli suscitaverunt, dicentes: Domine, salva nos; perimus. Tunc surgens, imperavit ventis et mari, et facta est tranquillitas magna* (*ibid.* 24-26; *Marc.* IV, 35-49; *Luc.* VIII, 22-25). Sic idem in salo hujus sæculi Emmanuel quotidie operatur, dum navis Ecclesiæ suæ diversarum procellis tribulationum jactatur, et pene discriminum enormitate periclitatur. Sed quia cum fide flebiliter a suis invocatur, præsto adest, et virtute deitatis suæ mirabiliter eis suffragatur, et continuo sedatis tentationibus fortiter opitulatur.

IV. *Sequentia.*

Trans fretum cum venisset in regionem Gerasenorum, duo sævi nimis, habentes dæmonia, de monumentis egressi sunt, et occurrentes ei exclamaverunt: Quid nobis et tibi, Jesu fili Dei? Venisti huc ante tempus torquere nos? Si ejicis nos, mitte nos in gregem porcorum. Et ait illis: Ite. At illi porcos *invaserunt totumque gregem in salum præcipitaverunt* (*Matth.* VIII, 28-32; *Marc.* VI, 1, 17). Sic a legione dæmonum ad duo millia porcorum grex præcipitatus est, et in mari suffocatus (*Luc.* VIII, 26-37). *Pastores autem fugerunt, et venientes* in urbem *omnia nuntiaverunt* (*Matth.* VIII, 33). Hominibus itaque sanatis, porcisque præcipitatis, Geraseni de ista civitate nimis territi exierunt; Dominumque, ut a finibus eorum transiret, stulti rogaverunt.

Gerasa est urbs in Arabia trans Jordanem, juncta monti Galaad, quam tenuit tribus Manasse, non longe a stagno Tiberiadis, ubi sues demersi sunt. Quæ interpretatur *colonum ejiciens,* vel *advena appropinquans;* gentiles significans; ad quos salvandos Filius Dei accessit, dum carnem humanam assumpsit. Duo, quos legio dæmonum possidebat, duos figurant populos, Judæorum et gentilium; quibus dominabatur universitas vitiorum. In sepulcris habitabant, quia mortuis operibus, id est peccatis, serviebant. Satanæ debilitas in hoc manifeste patescit, quod nec porcis sine permissu Dei nocere potuit.

Nota quod, dum prædestinati ad vitam ad Dominum convertuntur, et sana ratione utentes salvantur, spurci tumidique idololatræ, et omnes reprobi nequitiis inhærentes, qui per porcos designantur, in stagno lutulentorum actuum sordiati condemnantur.

Ascendens Jesus in naviculam transfretavit et Capharnaum venit. Ibi cum esset, multi ad eum convenerunt; et domum implentes, verbum ejus audierunt. Tunc a quatuor viris paralyticus delatus est, et grabatum in quo jacebat, nudato tecto, ante illum demissum est. Porro clemens Dominus fidem portitorum vidit et paralytico peccata dimisit, eique, murmurantibus Scribis, ait : *Surge, tolle lectum tuum, et vade in domum tuam. Statim ille surrexit, et, sublato coram omnibus grabato, in domum suam abiit* (*Matth.* ix, 1-7; *Marc.* ii, 3-12; *Luc.* v, 18-26).

Inde Jesus transiens Matthæum in teloneo sedentem vocavit, et secutum ex publicano apostolum et evangelistam sublimavit (*Matth.* ix, 9). Discumbente Domino in domo Levi, Pharisæi murmurabant; eique, quod cum publicanis et peccatoribus manducaret, derogabant; sed benignus doctor pravos eorum meditatus attendit, utilemque sententiam proferens, ait : *Non est opus valentibus medicus, sed male habentibus. Non veni vocare justos, sed peccatores* (*ibid.* 10-13; *Marc.* ii, 15-17; *Luc.* v, 29-32). Dominus ideo peccatorum convivia frequentabat, ut invitatores suos docendo invitaret, et transferret ad cœlestes epulas.

Dum loqueretur Jesus cum discipulis Joannis, et reprehensus esset a Pharisæis cur discipuli ejus, ut Joannis, non jejunarent; aptam protulit similitudinem de filiis sponsi non lugentibus quandiu cum illis est sponsus, et de commissura panni rudis in vestimentum vetus, et de vino novo in utres veteres non mittendo (*Matth.* ix, 14-17; *Marc.* ii, 18-22; *Luc.* v, 33-39). Sic probat arctas observationes novæ legis non esse carnalibus imponendas nondum renovatis, donec palam patesceret renovatio spiritualis per mysterium Dominicæ passionis et resurrectionis.

Loquente Jesu ad turbas, Jairus archisynagogus accessit, *ad pedes ejus procidit*, eumque adorans dixit : *Domine, filia mea modo defuncta est; sed veni, impone manum tuam super eam, et vivet.* Benignus opifex surrexit, et cum illo protinus abiit. Turba vero multa *sequebatur illum*, et comprimebat. *Mulier* autem *quæ fluxum sanguinis patiebatur duodecim annis*, quæ omnem substantiam suam erogaverat medicis, quibus falsi theologi, seu philosophi, legumque designantur sæcularium doctores, nec ab ullo potuit curari, *accessit retro, et tetigit fimbriam vestimenti ejus. Dicebat enim intra se : Si tetigero fimbriam vestimenti ejus tantum, salva ero. At Jesus conversus et videns eam,* dixit : *Confide, filia; fides tua te salvam fecit. Confestim fons sanguinis ejus siccatus est, et salva facta est* (*Matth.* ix, 18-22; *Marc.* v, 22-34; *Luc.* viii, 41-48).

Deinde Christus, *cum in domum principis venisset, et tibicines turbamque tumultuantem vidisset,* dixit : *Recedite; non est mortua puella, sed dormit. Et deridebant eum.* Ejecta turba, conclavim intravit, secumque *Petrum et Jacobum et* Joannem *et patrem et matrem puellæ introduxit,* manum ejus tenuit, ipsoque jubente puella surrexit, illique dari manducare præcepit, et fama hæc in universam terram exiit (*Matth.* ix, 23-26; *Marc.* v, 35-43; *Luc.* viii, 49-56). Jairus interpretatur *illuminans,* vel *illuminatus,* et significat Moysem aliosque legis doctores; duodennis autem filia, Synagogam; hæmorreusa vero, gentium Ecclesiam, quæ prius per Christum fidem tetigit et sanitatem a profluvio idololatriæ, carnaliumque voluptatum, gratiosa præripuit. Tandem, sicut puella jussu Domini postea revixisse dicitur, sic Israel, cum plenitudo gentium introierit, salvabitur.

Inde Jesu transeunte, secuti sunt eum duo *cæci, clamantes : Miserere nostri, fili David.* Oculos eorum tetigit, eosque illuminavit. Egressis illis, ecce obtulerunt ei hominem mutum et dæmonium habentem. *Ejecto* autem *dæmone,* locutus est mutus et admiratæ sunt turbæ, dicentes : *Nunquam apparuit sic in Israel. Pharisæi* vero dicebant : *In Beelzebub principe dæmoniorum ejicit dæmones* (*Matth.* ix, 27-34).

Jesum in deserto turbæ requirebant, et inventum, ne discederet, sibi detinere optabant (*Luc.* iv, 42). *Cum turbæ irruerent, ut verbum Dei audirent,* Jesus *in navem Simonis* ascendit; *eumque a terra in stagnum Genesareth reducere pusillum rogavit.* Ibi *sedens* turbas docuit, et, *ut loqui cessavit,* Simoni, qui tota nocte frustra laborarat, dixit : *Duc in altum, et laxate retia vestra in capturam.* Quod *cum fecissent, copiosam concluserunt multitudinem piscium,* quæ satis onustum *rumpebatur rete eorum* (*Luc.* v, 1-11).

In diebus illis exiit in montem orare, et pernoctans erat in oratione Dei. Die facto, discipulos suos vocavit, et duodecim ex ipsis elegit, quos et apostolos, id est missos, nominavit. Duodecim autem apostolorum nomina hæc sunt : Simon Petrus et Andreas frater ejus, Jacobus Zebedæi et Joannes frater ejus, Philippus et Bartholomæus, Thomas et Matthæus, Jacobus Alphæi et Thaddæus, Simon Chananæus, et Judas Iscariotes, qui et tradidit eum (*Matth.* x, 1-4; *Marc.* iii, 16-19; *Luc.* vi, 13-16).

Sacratus apostolorum numerus non vacat a mysterio. Duodenarius enim numerus designat eos er quatuor climata mundi fidem sanctæ Trinitatis prædicaturos. Quaternarius numerus triplicatus duodecim facit, quorum figura in multis antea præcessit. Apostoli figurati sunt xii filiis Jacob, xii principibus plebis Israel, xii fontibus repertis in Helim, xii lapidibus altaris, xii lapidibus de Jordane elevatis, xii bobus sub mari æneo, xii stellis in corona sponsæ, xii fundamentis, xii portis supernæ Jerusalem, quam refert Apocalypsis. Multis et aliis figuris prænotati sunt, quibus ad dispensanda populis Dei mysteria insigniter excellunt.

Gloriosus Emmanuel totam Galilæam circuivit; in villis, castellis et urbibus, id est parvis et magnis, absque discretione personarum, evangelium prædicavit. Non potentiam nobilium, sed salutem credentium attendit, et post mellifluam prædicationem, curavit omnem languorem et infirmitatem; ut quibus non suaserat sermo, persuaderet operis magnitudo.

Videns turbas Jesus, misertus est eis, quia vexati erant et jacentes, sicut oves pastorem non habentes. Duodecim itaque convocavit, et potestatem illis dedit ut immundos spiritus ejicerent et omnem infirmitatem curarent. *Euntes,* inquit, *prædicate, dicentes quia appropinquabit regnum cœlorum. Infirmos curate, mortuos suscitate, leprosos mundate, dæmones ejicite. Gratis accepistis, gratis date. Nolite possidere aurum, neque argentum, neque pecuniam in zonis vestris; non peram in via, neque duas tunicas, neque calceamenta, neque virgam* (*Matth.* ix, 35; x, 10; *Marc.* vi, 6-9).

V. Sequentia.

Multa quoque alia cœlestis Magister saluberrima protulit monita, quæ veraces ejus symmistæ, Matthæus et Lucas, scriptis memoriæ commendaverunt.

Ibat Jesus in civitatem Galilææ, *quæ vocatur Naim,* quæ in secundo milliario Thabor montis contra meridiem juxta Endor sita est. Dum *portæ urbis appropinquaret* cum copioso agmine, quod comitabatur; *ecce defunctus* juvenis unicus viduæ *filius efferebatur. Quam cum Dominus* flentem *vidisset, misericordia motus super illam, dixit :* Noli flere. Bajulis stantibus accessit, loculum tetigit et exanimi dixit : *Adolescens, dico tibi, surge.* Illico revixit, resedit et loqui cœpit; vitæque reparator illum matri sanum restituit. Timor omnes invasit videntes. Divino nutu multa Dominum turba sequebatur, multa viduam comitabatur; ut, viso tanto miraculo, multi testes, multi fierent Dei laudatores (*Luc.* vii, 11-17).

Joanni renuntiantur in Herodis carcere miracula Christi. Unde ab ipso mittuntur duo discipuli, ut diligenter per ipsam perscrutentur Dei sophiam secreta de provisione cœlesti. Regressis Joannis nuntiis, multa de ejus magnitudine loquitur, et pueris in foro sedentibus generationem comparat Judæorum (*Matth.* xi, 2-19; *Luc.* vii, 18-32). *Tunc cœpit Jesus exprobrare civitatibus, in quibus factæ sunt plurimæ virtutes ejus, quia non egissent pœnitentiam* in prædicatione ejus. Huc usque generationem Judaicam communiter redarguerat, nunc quasi nominatim civitates eorum increpat; præcipue Corozaim, id est *mysterium meum*, Bethsaidam, id est *domum fructuum*, et Capharnaum, quia, visis signis et operibus, converti noluerunt (*ibid.* 20-24; *Luc.* x, 12-15).

Deinde Jesus Deo Patri gratias agit, quia sapientibus sæculi secreta sua abscondit et parvulis revelavit (*Matth.* xi, 25-30).

Pharisæis reprehendentibus quod discipuli Sabbatis, dum per sata irent, spicas vellerent, et manibus confricantes manducarent, Salvator eos excusavit, et exemplo de David et Abiathar sacerdote prolato, dixit : *Sabbatum propter hominem factum est, et non homo propter Sabbatum. Itaque Dominus est Filius hominis etiam Sabbati* (*Matth.* xii, 1-8; *Marc.* ii, 23-28; *Luc.* vi, 1-5).

Introivit iterum Sabbato in synagogam, et sanavit hominem qui habebat manum aridam. Pharisæi livore commoti quod Jesus omnia gloriose agebat, exeuntes cum Herodianis consilium fecerunt quomodo eum perderent. Quapropter inde secessit et secuti sunt eum multi; et curavit omnes.

Tunc oblatus est ei dæmonium habens, cœcus et mutus, et curavit eum, ita ut loqueretur et videret. Scribis autem et Pharisæis opera Christi depravare sinistra interpretatione nitentibus, et ab eo signum de cœlo petentibus, ipse profunda et spiritualia disseruit, quibus malos redarguit et bonos instruxit. Generationi quoque nequam nullum nisi Jonæ signum esse dandum perhibuit; cui reginam Austri, quæ de finibus terræ sapientiam Salomonis audire venit, et pœnitentes Ninivitas meriti comparatione præposuit (*Matth.* xii, 9-45; *Marc.* iii, 1-5; *Luc.* vi, 6-10). Matre vero ejus et fratribus foris stantibus, et cum illo loqui quærentibus, extendens manum in discipulos suos, dixit : *Quicunque fecerit voluntatem Patris mei, qui est in cœlis, ipse meus frater, et soror, et mater mihi est* (*Matth.* xii, 46-50; *Marc.* iii, 1-35; *Luc.* viii, 19-21).

In illo die exiens Jesus de domo, sedebat secus mare, et congregatæ sunt ad eum turbæ multæ. In naviculam ascendens, sedit, et turbæ stanti in littore multa in parabolis edidit. De agricola, qui exiit seminare, idoneam operationi suæ similitudinem ostendit; et de ipsis seminibus, quorum pars periit, quia secus viam aliud cecidit, et conculcatum est ab hominibus, et volucres cœli comederunt; aliud in petrosa, aliud in spinas, et variis eventibus suffocata sunt. Quid significent ista, breviter et liquido mihi adnotabo. Semen est verbum Dei, sator autem Christus, volucres dæmonia. Via est prava mens, malarum cogitationum sedulo meatu trita et arefacta. Petra est protervæ mentis duritia. Terra est lenitas animæ obedientis. Sol vero fervor est persecutionis sævientis. Spinæ sunt corda divitiarum ambitione sollicita. Bona terra est devota et fidelis mens, quæ tum præceptoribus ministrarent. Hoc, quia scandalum facere poterat in nationibus, Paulus se abjecisse memorat. Susanna interpretatur *lilium*; Joanna, *Dominus gratia ejus*, vel *Dominus misericors*; Maria, *amarum mare*; Magdalene, *turrensis*. Interpretationibus nominum suorum evidenter depromitur, quibus prærogativis meritorum ministræ Domini decorantur (*Matth*. xxvii, 55; *Marc*. xv, 40, 41; *Luc*. viii, 1-3).

Centesimum fructum reddit, qui universa æternitatis intentione facit; sexagesimum, id est opus perfectum cum doctrina, propter sex et decem; tricesimum, id est fidem cum doctrina, propter tria et decem. Item aliter : Centesimus fructus virginum est, et martyrum pro societate vitæ, seu contemptu mortis; sexagesimus viduarum est, propter otium interius, quia non pugnant contra consuetudinem carnis. Solet enim otium sexagenariis concedi post militiam. Tricesimus vero conjugatorum est, quia hæc ætas præliantium est (*Matth*. xiii, 1-23; *Marc*. iv, 1-20; *Luc*. viii, 4-15).

Deinde verus Propheta, confluentibus turbis, alias propinat parabolas, de bono semine seminato et de zizaniis, de grano sinapis, et de fermento, *quod acceptum mulier in farinæ satis tribus abscondit, donec fermentaretur totum*. Salvator sedens in navi, quasi dives paterfamilias invitatos diversis reficit cibis, ut unusquisque secundum naturam stomachi alimenta susciperet varia. Diversis ergo utitur parabolis, ut satisfaciat voluntatibus variis (*Matth*. xiii, 24-35; *Marc*. iv, 26-33; *Luc*. xiii, 18-21).

Dimissis turbis, in domum venit, et interrogantibus discipulis parabolam zizaniorum declaravit (*Matth*. xiii, 36-43; *Marc*. iv, 34). Tunc etiam de thesauro abscondito in agro, de negotiatore et margarita, de retibus missis in mare adjecit, et quid figuraret exposuit. Inde in patriam suam transiit, et in synagogis eorum eos docuit, ita ut omnes mirarentur (*Matth*. xiii, 44-58; *Marc*. vi, 1-6).

Rogatus a Pharisæo, Salvator in domo ejus manducat. Mulier vero, quæ peccatrix fuerat, discumbentis Domini pedes lacrymis rigat, capillis capitis sui tersit et unguento unxit. Omnia, quibus illicite usa prius ad peccatum fuerat, Deo penitus (13) devota immolat. Quot in se habuit oblectamenta, tot de se invenit holocausta. Falsa tumens justitia Pharisæus ægram reprehendit de ægritudine et medicum de subventione, a quo duorum parabola redarguitur debitorum; proprioque judicio ut freneticus convincitur, qui funem portat ex quo ligetur. Peccatricis bona pœnitentis enumerantur, et mala falsi justi corriguntur a Judice, cujus oculis intima quæque nuda panduntur. Tandem Jesus Mariæ peccata remisit, quoniam ipso teste multum dilexit. *Fides*, inquit, *tua te salvam fecit : vade in pace* (*Luc*. vii, 36-50).

Evangelizante Domino et discipulis ejus, mulieres sequebantur, et de suis facultatibus eis obsequebantur, Maria scilicet Magdalene, et Joanna uxor Cuzæ procuratoris Herodis, et Susanna, et aliæ multæ divinitus inspiratæ. Consuetudinis Judaicæ fuit, nec ducebatur in culpam, more gentis antiquo, ut mulieres de substantia sua victum atque vesti-

Die festo Judæorum Jesus Jerosolymam ascendit, hominemque qui per xxxviii annos languerat sanavit ad probaticam piscinam, quæ cognominatur Hebraice Bethsaida, ubi sacerdotes lavabant carnes pecudum, unde legali ritu faciebant Deo sacrificia. Piscina hæc quinque porticus habebat, in quibus *multitudo magna languentium jacebat, cæcorum, claudorum, aridorum, exspectantium aquæ motum*. Porro *Angelus Domini descendebat in piscinam et movebatur aqua; et qui prius descendisset in piscinam post motionem aquæ, sanus fiebat a quacunque tenebatur infirmitate*. Jubente Christo, statim sanus factus est homo, grabatumque suum sustulit Sabbato. Murmurantibus inde Judæis et blasphemantibus, Sophia Patris respondit, arcana divinitatis suæ, ut Joannes Theologus refert, multipliciter manifestavit, et lucernæ suæ Joanni Moysique insigne testimonium perhibuit (13').

In illo tempore Herodes tetrarcha famam Jesu audivit, puerisque suis dixit : *Hic est Joannes Baptista; ipse surrexit a mortuis; ideo virtutes operantur in eo*. Herodes enim Joannem tenuit, eumque alligavit et in carcere posuit, propter Herodiadem quam Philippo fratri suo tulerat, sibique, contradicente Joanne, sociaverat. Versipellis adulter præconem veritatis occidere voluit, sed populum, a quo Dei vates venerabatur, timuit. Joannem etiam Herodes metuebat, quem virum justum et sanctum sciebat; sed amor mulieris eum vicit, cui districto Dei judicio contigit ut propter appetitum adulteræ sanguinem funderet sancti prophetæ. Herodes die natalis sui cœnam fecit principibus et tribunis et primis Galilææ. Ibi filia Herodiadis, dum saltasset, et Herodi simulque recumbentibus placuisset, juramento a rege sibi facto quod quidquid postularet ab eo impetraret, instinctu matris perfidæ, in disco sibi petiit dari caput Joannis Baptistæ. Funestus rex spiculatorem misit, caput Præcursoris Christi amputari jussit, quod mox pro saltationis pretio allatum est in disco puellæ, et in impuro convivio cruentæ factæ sunt epulæ. Discipuli vero Joannis corpus in Samaria sepelierunt, et venientes ad Jesum, hæc nuntiaverunt (*Matth*. xiv, 1-12; *Marc*. vi, 14-29; *Luc*. iii, 19, 20; ix, 7-9).

Salvator, audita nece Baptistæ sui, inde secessit, et seorsum trans mare Galilææ, quod est Tiberiadis, in desertum locum abiit; non timore mortis, sed parcens inimicis suis, ne homicidio jungerent ho-

---

(13) Le Prévost, *pœnitens*, rectius.
(13') Hic Ordericus, censente Le Prévost, alludit cap. ix, v. 5 primæ Epistolæ ad Corinthios.

micidium, si crebro visis ejus miraculis in zelum irritarentur lethiferum. Distulit itaque in diem Paschæ interitum suum, et nobis præbuit exemplum vitandi temeritatem tradentium.

Cum audissent turbæ, pedestres eum secutæ sunt. Videns Jesus *turbam multam, misertus est ejus et curavit languidos eorum. Vespere facto,* quinque panes hordeaceos et duos pisces accepit, *aspiciens in cœlum, benedixit, fregit, discipulisque,* ut apponerent *turbis, dedit.* Turbas vero super fenum discumbere jussit. Ministrantibus apostolis, *quinque millia virorum,* exceptis mulieribus et parvulis, manducaverunt et saturati sunt, et de reliquiis XII cophini fragmentorum pleni sublati sunt (*Matth.* XIV, 13-21; *Marc.* VI, 30-44; *Luc.* IX, 10-17; *Joan.* VI, 1-13).

Hæc omnia mysteriis plena sunt. Jesus de Judæa secedit, in desertum gentium venit. Turbæ sequuntur. Languidos, eorum misertus, curat. Quinque panibus hordeaceis Mosaicæ legis, et duobus piscibus prophetiæ et psalmorum, pavit. Et hoc vespere, id est fine sæculorum propinquante, peregit; cum ipse sol justitiæ pro nobis occubuit.

Homines, cum vidissent quod fecerat signum, dicebant: *Quia hic est vere propheta qui venturus est in mundum.* Jesus ergo, cum cognovisset quia venturi essent ut eum raperent et regem facerent, discipulos jussit in naviculam ascendere, eumque trans fretum præcedere, et ipse dimissa turba *fugit in montem solus orare.* Vespere facto, navicula in medio mari jactabatur fluctibus, et pene tota nocte in remigando laborantibus ventus obstabat contrarius. *Quarta vigilia noctis, cum remigassent quasi stadia viginti quinque vel triginta, venit ad eos ambulans super mare; et videntes,* timuere quia putabant eum phantasma esse. Præ timore clamantibus, statim dixit Jesus: *Ego sum; nolite timere.—Domine,* inquit Petrus, *si tu es, jube me venire ad te super aquas.* At ipse ait: *Veni. Descendens Petrus de navicula, ambulat super aquam, ut veniret ad Jesum. Videns vero ventum validum, timuit; et cum cœpisset mergi,* clamavit: *Domine, salvum me fac. Continuo Jesus manum* extendit, et se in periculo invocantem apprehendit: *Modicæ,* inquit, *fidei, quare dubitasti?* Ascendente Jesu in naviculam, cessavit ventus; et ista videntes adoraverunt et Filium Dei confessi sunt (*Matth.* XIV, 22-33; *Marc.* VI, 45-52; *Joan.* VI, 14-21).

Nota quod Joannes describit miraculum panum prope Pascha factum fuisse; Matthæus vero et Marcus commemorant hoc statim occiso Joanne factum esse. Unde colligitur Joannem imminente Pascha decollatum, annoque sequenti, cum Pascha denuo rediret, mysterium Dominicæ passionis esse completum.

VI. *Sequentia.*

Jesus cum discipulis suis in terram Genesareth venit, et ab incolis gratanter susceptus, languidos eorum curavit. Nempe Salvatoris benignitate illecti, *in universam regionem miserunt, eique omnes male habentes obtulerunt; eumque, ut vel fimbriam vestimenti ejus tangerent,* rogaverunt. *Quicunque ergo tetigerunt, salvi facti sunt* (*Matth.* XIV, 34-36; *Marc.* VI, 55-56). Ibi contra Scribas et Pharisæos, qui de Jerosolymis accesserant, plura protulit, et superstitiosas seniorum traditiones redarguit (*Matth.* XV, 1-9; *Marc.* VII, 1-13).

Turbæ in naviculas ascenderunt, et Capharnaum, quærentes Jesum, venerunt Jerusalem. Quibus ipse dixit: *Amen, amen, dico vobis: quæritis me, non quia vidistis signa, sed quia manducastis ex panibus et saturati estis. Operamini non cibum qui perit, sed qui permanet in vitam æternam, quem Filius hominis vobis dabit; hunc enim Pater signavit Deus* (*Joan.* VI, 22).

Hæc et plura his similia de pane cœlesti et vita æterna docuit in synagoga Capharnaum, quæ Judæi non intellexerunt, habentes cor lapideum. Dixerunt ergo: *Durus est hic sermo.* Plures malitia excæcati murmuraverunt, et scandalizati ab illo recesserunt. *Dixit ergo Jesus ad duodecim: Nunquid et vos vultis abire? Respondit Simon Petrus: Domine, ad quem ibimus? verba vitæ æternæ habes. Et nos credimus et cognovimus quia tu es Christus Filius Dei* (ibid. 61-70).

Post hæc ambulabat Jesus in Galilæam; non enim volebat in Judæam ire, quia Judæi quærebant eum interficere. Tunc, ut symmista Joannes refert, cognati ejus, qui pro ritu Judaico fratres vocabantur, ipsum ad scenophegiam invitaverunt, ut palam sese ostenderet mundo. Illis ascendentibus, qui mundi quærebant gloriam, *ipse mansit in Galilæa.* Sed jam die festo mediante, ascendit in templum. Mirantibus cunctis de doctrina ejus, docuit. Pharisæi turbam dissentientem de illo audierunt, et ministros ut eum apprehenderent miserunt. Sed *nemo in eum misit manus, quia nondum venerat hora ejus. In novissimo die magno festivitatis, stabat Jesus et clamabat, dicens: Si quis sitit, veniat ad me et bibat. Qui credit in me, sicut dicit Scriptura, flumina de ventre ejus fluent aquæ vivæ. Hoc dixit de Spiritu, quem accepturi erant credentes in eum. Nondum enim erat Spiritus datus, quia Jesus nondum fuerat glorificatus. Cum audissent sermones ejus, quidam dicebant: Hic est vere propheta. Alii dicebant: Hic est Christus. Quidam autem dicebant: Nunquid a Galilæa Christus surgit? Nonne Scriptura dicit: Quia ex semine David, et de Bethleem castello, ubi erat David, venit Christus? Dissensio itaque in turba propter eum facta est.* Ministri vero, qui missi a pontificibus et Pharisæis, ut Jesum comprehenderent, fuerant, auditis sermonibus ejus, obliti sunt propter quod venerant. Redierunt ergo immunes a crimine, pleni admiratione. Atrocibus magistris discutientibus proterve cur eorum clientes vinctum sibi non adduxissent Doctorem vitæ, illi cœlitus illustrati verax testimonium perhibuerunt Christi doctrinæ. Dixerunt enim: *Nunquam sic locutus est homo, sicut hic loquitur homo.* Quia nimirum ille, qui loquebatur, Deus erat et homo. Superbis principibus veritati nequiter derogantibus, Nicodemus auctoritate legis compescuit eorum nefarios ausus. Denique nullo perfecto negotio, vacui fide et omni fraudati utilitate, suos lares repetierunt (*Joan.* VII, 1-53).

Jesus inde in montem Oliveti perrexit, iterumque diluculo in templum venit. Ibi Domino sedente et docente, *omnis populus ad eum venit*, et adductam mulierem in adulterio deprehensam justitia condemnavit, sed dulcedine pietatis suæ absolvit (*Joan.* VIII, 1-4). Pharisaica fraus muscipulam Christo præstruere putavit, dum opinionem ejus erga plebem offuscare tentavit, et ipsum aut crudelem aut injustum probabiliter ostentare sategit. Nam si ream juxta decretum Moysi condemnasset, quasi sævum et oblitum misericordiæ quam prædicabat, derisisset; et sic odiosum turbis, a quibus diligebatur, faceret. Si vero mœcham pro clementia lapidari prohibuisset, quasi legis adversarium et fautorem scelerum condemnasset. Vera Sophia velut araneæ fila dolos sceleratorum disrupit et, regia dignitate utrobique servata, absque impedimento pertransiit. Ait enim : *Qui sine peccato est vestrum, primus in illam lapidem mittat* (ibid. 7).

In primo commate temperantia est miserantis, in sequenti justitia judicantis. Inclinans se deorsum, digito scribebat in terram, ancipitique verbi sui gladio penetravit insidiatorum conscientiam. Sic servavit ecce per omnia et justitiæ districtionem et pietatis mansuetudinem. Tandem fraudulenti quæsitores Domini sententia percussi erubuerunt, mœcham reliquerunt et incipientes a senioribus exierunt. Deinde summus Judex sibi derelictam, quæ accusabatur, clementer sublevavit, *Vade*, inquit, *et amplius noli peccare* (ibid. 11). Ecce tanquam pius præterita peccata ignoscit, et quasi justus, ne amplius peccare præsumat, interdicit.

In gazophylacio Jesus plurima locutus est de vera luce et libertate, de exaltatione sui et de servitio peccati, de mendacio et veritate. Insanientes pro bonis a Christo benedictis responderunt Judæi : *Samaritanus es et dæmonium habes* (ibid. 48). Injuriatus patienter respondit, humiliter docuit et divina salvandis protulit. Porro magis efferati ad lapides cucurrerunt, ac *ut in eum jacerent tulerunt. Jesus autem abscondit se et exivit de templo* (ibid. 59).

Præteriens, hominem a nativitate cæcum vidit, in terram exspuit, lutum ex sputo fecit, et super oculos ejus livit, eique dixit : *Vade, lava in natatoria Siloe. Abiit ergo et lavit, et venit videns* (*Joan.* IX, 1-7). Hoc Sabbato factum est, unde inter Judæos ingens schisma exortum est. Illuminatus illuminatori suo testimonium perhibens, de synagoga ejectus est; sed ab illo, quem merito amabat, cognitus et receptus est. Tunc Jesus tractavit de ostio et ovili et ovibus, de bono pastore et mercenario. Verba ejus multi susceperunt, et plures econtra perperam respuerunt (*Joan.* X, 21).

Egressus inde Jesus secessit in partes Tyri et Sidonis, ibique a muliere Chananæa interpellatus est pro filia dæmoniaca, precibus multis. A discipulis etiam rogatus, post aliquantulam difficultatem acquievit; et, laudata matris fide et humilitate, filiam a dæmonio liberavit (*Matth.* XV, 21-28; *Marc.* VII, 24-30).

Exiens de finibus Tyri, metropolis Chananæorum, venit per *Sidonem* Phœnicis urbem *ad mare Galilææ, inter medios fines Decapoleos*. Ibi surdum et mutum de turba seorsum apprehendit, digitosque suos in auriculas ejus misit; et exspuens, linguam ejus tetigit. Suspiciens autem in cœlum, ingemuit et ait illi : *Ephpheta*, quod est adaperire. Statim apertæ sunt aures ejus et solutum est vinculum linguæ ejus et loquebatur recte. Et mirati sunt qui noverunt, dicentes : *Bene omnia fecit; et surdos fecit audire, et mutos loqui* (*Marc.* VII, 31-37).

Secus mare Galilææ veniens, in montem ascendit et multas turbas ad eum accedentes docuit. Ibi mutos et claudos, cæcos, debiles et alios multos ad pedes ejus projectos curavit; ita ut turbæ mirarentur, dum viderent mutos loqui, claudos ambulare et cæcos videre (*Matth.* XV, 29-31).

Hæc similiter in sancta Ecclesia Dominus spiritualiter operatur, cujus ope turba peccatorum quotidie salvatur. Muti sunt qui Dominum non laudant, nec fidem confitentur. Cæci sunt qui non intelligunt, etiamsi obtemperent jubentibus. Surdi sunt qui non obtemperant, etiamsi intelligant. Claudi sunt qui præcepta non implent divina, et vadunt per pravi operis devia. Tales quotidie divinitus sanantur, ac ad viam salutis perducuntur. Timentes Dominum, qui signa corporalia videbant, læti regem sabaoth magnificabant. Nunc quoque pro conversione reorum fideles exsultant, et Dominum Israel, qui bona cuncta facit, pie magnificant.

VII. *Sequentia miraculorum. Transfiguratio.*

Jesus, convocatis discipulis suis, dixit : Misereor turbæ, quia triduo jam perseverant mecum, et non habent quod manducent; et dimittere eos jejunos nolo, ne deficiant in via. Deinde præcepit turbæ super terram discumbere, septem panes ac pisciculos paucos accepit, gratias egit, fregit, discipulisque suis dedit. Discipuli autem populo dederunt, et comederunt omnes, et saturati sunt. Quod superfuit de fragmentis, tulerunt septem sportas plenas. Erant autem, qui manducaverunt, quatuor millia virorum, extra parvulos et mulieres. Et dimissa turba, in naviculam ascendit, et in fines Magedam vel Dalmanutha circa Genesar venit (ibid. 32-39; *Marc.* VIII, 1-10). Illic Sadducæi et Pharisæi eum tentaverunt, ac ut eis de cœlo signum ostenderet rogaverunt, parvipendentes quod de septem panibus quatuor millia hominum paverit, et reliquiis septem sportas repleverit. At ille proterviam eorum redarguit, eisque signum, nisi signum Jonæ prophetæ, denegavit, et relictis

Illis navem ascendit et trans fretum abiit (*Matth.* xvi, 12; *Marc.* viii, 11-21)..

Bethsaidæ rogatus est ut cæcum tangeret. Ille vero manum cæci apprehendit, *eum extra vicum eduxit; et, exspuens in oculos ejus, manus suas imposuit; et ab eo, si aliquid videret, interrogavit. At ille ait: Video homines quasi arbores ambulantes. Iterum manus super oculos ejus imposuit. Ille cœpit videre et restitutus est, ita ut clare videret omnia. Tunc ait illi: Vade in domum tuam, et, si in vicum introieris, nemini dixeris* (*Marc.* viii, 22-26).

Egressus Jesus, in castella Cæsareæ Philippi venit, et a discipulis suis in via, quid homines opinarentur de illo interrogavit. At illi dixerunt: Alii Joannem Baptistam, alii Eliam, alii Jeremiam, aut unum ex prophetis. Dicit illis Jesus: Vos autem, quem me esse dicitis? Respondens Simon Petrus dixit: Tu es Christus, Filius Dei vivi. Respondens autem Jesus, dixit ei: Beatus es, Simon Barjona, quia caro et sanguis non revelavit tibi, sed Pater meus qui in cœlis est. Et ego dico tibi quia tu es Petrus, et super hanc petram ædificabo Ecclesiam meam; et portæ inferi non prævalebunt adversus eam. Et tibi dabo claves regni cœlorum, et quodcunque ligaveris super terram, erit ligatum et in cœlis; et quodcunque solveris super terram, erit solutum et in cœlis (*Matth.* xvi, 13-19; *Marc.* viii, 27-29; *Luc.* ix, 18-20). Tunc præcepit discipulis suis ut nemini dicerent quia ipse esset Jesus Christus. Exinde cœpit Jesus ostendere discipulis suis quia oporteret eum ire Jerosolymam, et multa pati a senioribus et Scribis et principibus sacerdotum, et occidi et tertia die resurgere. Assumens eum Petrus separatim, cœpit illum affectu amoris increpare, dicens: *Absit a te, Domine! non erit tibi hoc.* Qui conversus, dixit Petro: *Vade retro me, Satana. Scandalum mihi es, quia non sapis ea quæ Dei sunt, sed quæ hominum.* Postquam Dominus mysterium suæ passionis et resurrectionis ostendit, hortatur eos una cum turba ad sequendum suæ passionis exemplum, promittens quod perpessos comitetur præmium (*Matth.* xvi, 20-28; *Marc.* viii, 30-39; *Luc.* ix, 21-27).

Post dies sex, assumpsit Petrum et Jacobum et Joannem fratrem ejus, et duxit illos in montem excelsum seorsum, et transfiguratus est ante eos. *Et resplenduit facies ejus sicut sol, vestimenta autem ejus facta sunt alba sicut nix. Et ecce apparuerunt illis Moyses et Elias, cum eo loquentes; et ecce nubes lucida obumbravit eos. Et ecce vox de nube, dicens: Hic est Filius meus dilectus, in quo mihi bene complacui; ipsum audite. Audientes discipuli ceciderunt in faciem suam et timuerunt valde. Et accessit Jesus et tetigit eos, dixitque ad eos: Surgite, et nolite timere. Levantes autem oculos suos, neminem viderunt nisi solum Jesum. Et descendentibus illis de monte præcepit Jesus, dicens: Nemini dixeritis visionem, donec Filius hominis a mortuis resurgat.* Tunc inquirentibus discipulis dixit quod Elias venisset. *Et intellexerunt quod ille de Joanne Baptista*

dixisset. In sequenti die, cum ad turbam venisset, *confestim omnis populus videns eum stupefactus est et accurrentes salutabant eum.* Tunc quidam de turba ad eum accessit, et ante eum genibus provolutus dixit: *Domine, miserere filio meo, quia lunaticus est ab infantia et male patitur. Frequenter eum dæmon in ignem et in aquas misit, ut illum perderet; et discipulis tuis obtuli eum et non potuerunt curare eum.* Cumque Jesus illum afferri jussisset, et æger allatus fuisset, *statim spiritus conturbavit eum et elisus in terra volutabatur spumans.* Cumque Jesus dæmonium increpasset, et exire ab eo, nec amplius introire jussisset, dæmon clamans, multumque discerpens eum, exit. Et ille elisus ad terram corruit, ita ut multi dicerent quia mortuus est. Jesus autem tenens manum ejus, elevavit, patrique suo sanum reddidit. Deinde discipulis secreto interrogantibus cur non potuissent curare illum, dixit: *Propter incredulitatem vestram. Amen dico vobis: si habueritis fidem sicut granum sinapis, dicetis monti huic: Transi hinc; et transibit, et nihil impossibile erit vobis; hoc autem genus non ejicitur nisi per orationem et jejunium. Conversantibus illis in Galilæa, dixit: Filius hominis tradendus est in manus hominum et occident eum et tertia die resurget. Et contristati sunt vehementer* (*Matth.* xvii, 1-22; *Marc.* ix, 1-26; *Luc.* ix, 28-47).

Et cum venissent Capharnaum, accesserunt qui didrachma accipiebant, ad Petrum, dicentes: Magister vester non solvit didrachma? At ille ait: Etiam. Cum intrasset domum, prævenit eum Jesus, dicens: Reges terræ, a quibus accipiunt tributum? a filiis an ab alienis? At ille: Ab alienis. Christus et secundum carnem, et secundum spiritum filius regis erat, vel ex stirpe David genitus, vel omnipotentis Patris Verbum. Vectigal ergo, ut filius regis, non debebat, sed qui humilitatem carnis assumpserat, omnem justitiam adimplere volebat. In omni regno intelligendum est liberos esse filios, non vectigales. Dixit Jesus Petro: *Liberi sunt filii. Sed ne scandalizemus eos, vade ad mare et mitte hamum; et eum piscem, qui primus ascenderit, tolle; et aperto ore ejus, invenies staterem; illum sumens, da eis pro me et te* (*Matth.* xvii, 23-26). Piscis iste Christus est in mari, id est in vita mortali. Stater, id est didrachma, significat confessionem, quæ pro Petro datur quasi pro peccatore, pro Christo vero quasi pro Agno immaculato, qui peccatum non fecit.

Orta inter apostolos quæstione quis eorum major esset in regno cœlorum, advocans Jesus parvulum, statuit eum in medio eorum: *Amen dico vobis, nisi conversi fueritis et efficiamini sicut parvuli, non intrabitis in regnum cœlorum. Quicunque ergo humiliaverit se sicut parvulus iste, hic est major in regno cœlorum,* et reliqua, quæ locutus est de humilitate et mansuetudine, de cavendis pusillorum scandalis et fratribus benigne castigandis. Deinde de indulgentia fraterna tractavit, et parabolam de rege proposuit, qui servo supplicanti decem millia talenta indulsit, et de eodem servo qui centum denarios conservo suo condonare noluit (*Matth.* XVIII, 1-35; *Marc.* IX, 32-49; *Luc.* IX, 46-48).

Consummatis sermonibus post tributum, de humilitate commendanda et innocentia, de correctione et venia, pius doctor a Galilæa migravit et in fines Judææ trans Jordanem venit. Ibi sequentes turbas curavit (*Matth.* XIX, 1, 2).

Interrogantibus Pharisæis si licet viro uxorem dimittere, firmam legem conjugii protulit, dicens: *Quod Deus conjunxit, homo non separet* (*Matth.* XIX, 6; *Marc.* X, 9). *Tunc oblati sunt ei parvuli, ut manus eis imponeret et oraret.* Discipuli autem comminabantur offerentibus. Jesus vero indigne ferens ait: *Sinite parvulos venire ad me et nolite eos prohibere; talium est enim regnum cœlorum* (*Matth.* XIX, 13-15; *Marc.* X, 13-16; *Luc.* XVIII, 15-17). Genu flexo adolescenti, viam salutis æternæ quærenti, postquam præcepta legis intimarat, adjecit: *Si vis perfectus esse, vade, vende quæ habes et da pauperibus, et habebis thesaurum in cœlo; et veni, sequere me.* Ille autem his auditis, quia multas habebat possessiones, abiit tristis. Tunc dixit Jesus: *Amen dico vobis quia dives difficile intrabit in regnum cœlorum. Facilius est camelum per foramen acus transire, quam divitem intrare in regnum cœlorum* (*Matth.* XIX, 16-24; *Marc.* X, 17-25; *Luc.* XVIII, 18-25). Petrus, audita spontaneæ paupertatis laude, dulciter exhilaratus ait ad Dominum : *Ecce nos reliquimus omnia, et secuti sumus te. Quid ergo erit nobis? Jesus autem dixit eis: Amen dico vobis quod vos, qui secuti estis me, in regeneratione cum sederit Filius hominis in sede majestatis suæ, sedebitis et vos super sedes duodecim judicantes duodecim tribus Israel. Et omnis qui reliquerit domum, vel fratres, aut sorores, aut patrem, aut matrem, aut uxorem, aut filios, aut agros propter nomen meum, centuplum accipiet et vitam æternam possidebit. Multi autem erunt primi novissimi et novissimi primi* (*Matth.* XIX, 25-30; *Marc.* X, 26-31; *Luc.* XVIII, 26-30).

Deinde parabolam proposuit de patrefamilias, qui conduxit operarios in vineam suam diversis horis, et æqualem mercedem unius denarii dedit unicuique, incipiens a novissimis usque ad primos (*Matth.* XX, 1-16). Varietates horarum typice intelliguntur secundum ætates labentis sæculi. Mane primo laboravit Abel, tertia Noe, sexta Abraham, nona legislator Moyses. Undecima hora Christus venit, et gentiles populos, cur in foro hujus mundi otio vacarent, redarguit; et per fidem in Ecclesiæ suæ vinea operari præcepit. Aliter etiam possunt diversitates horarum ad unumquemque distingui per momenta ætatum. Mane, pueritia est; tertia, adolescentia; sexta, juventus; nona, senectus; undecima est decrepita ætas, vel veterana. In his omnibus aliqui ad conversionem perducuntur, et denario perennis vitæ remunerantur. De similitudine hac modernus versificator sic ait:

Vinea culta fuit; cultores præmia quærunt,
Non labor æqualis, æqualia dona fuerunt.
Qui venit extremus, dispensatore vocante,
Tantumdem recipit quantum qui venerat ante.
Sic Deus ostendit quod, quandocunque velimus,
Aggrediamur opus, certi de munere sumus.

VIII. Sequentia.

Hactenus opera quæ Dominus in initio prædicationis suæ fecit per biennium, prout ex dictis ediscere potui evangelistarum, pro salubri exercitatione perscrutatus sum, brevique relatu mihi adnotare conatus sum. Amodo libet anni tertii gesta investigare, insigniumque pondus rerum compendiose coarctare; postquam ipse Dominus de Galilæa cœpit in Judæam migrare, ut mysterium paternæ dispensationis in Jerusalem consummaret, et arcana legis et prophetarum sua nobis ineffabili operatione reseraret. Primo quidem in Judæa docuit, trans Jordanem, ad orientem; post et citra Jordanem, quando venit Jericho et Jerusalem. Nam cum omnis Judæorum provincia generaliter ad distinctionem aliarum gentium Judæa sit, specialius tamen meridiana ejus plaga appellabatur Judæa; ad distinctionem Samariæ, Galilææ, Decapolis, et cæterarum in eadem provincia regionum.

Ascendens Jesus in Jerusalem, secreto suis prædixit discipulis passionem. Tunc mater filiorum Zebedæi petiit, ut unus filiorum ejus ad dexteram et alius sederet in regno ejus ad sinistram (*Matth.* XX, 17-24; *Marc.* X, 32-45). Ille vero ad patientiam et humilitatem eos invitavit, et se ipsum totius exemplum justitiæ sequendum ostendit. Joannem docuit interrogantem ne prohibeat virtutes in ejus nomine facientem.

Dum iret in Jerusalem, ante conspectum suum in civitatem Samaritanorum misit nuntios; sed non receperunt eos. Jacobum vero et Joannem, quia ignem de cœlo super contemptores petere voluerunt, increpavit, dicens: *Nescitis cujus spiritus estis. Filius hominis non venit animas perdere, sed salvare* (*Luc.* IX, 51-56).

Septuaginta duos designavit, illosque binos in omnem civitatem et locum, quo erat ipse venturus, misit; illisque præcepta, quibus et quomodo prædicare deberent, intimavit. Incredulas civitates increpavit. Septuaginta duobus reversis atque gaudentibus, præcepit non de subjectione dæmonum, sed de suorum in cœlo nominum scriptione gaudere. Confessio laudis refertur ad Patrem. Beatos dicit Dominus discipulorum oculos, quia vident quæ priores justi et reges voluerunt videre et non viderunt (*Luc.* X, 1-24). Tentanti legis perito dogmata veræ salutis insinuavit, et paradigma de homine descendente de Jerusalem in Jericho et de casibus ejus protulit; et Samaritanum qui, transeuntibus sacerdote et levita, vulnerato a latronibus subvenit, proximum misericordiam faciendo illi fuisse palam monstravit (*Matth.* XXII, 34-40; *Marc.* XII, 28-34; *Luc.* X, 25-

37). In castello Jesus hospitium subiit, et querelam ministrantis Marthæ de sorore non eam adjuvante compescuit, quia optimam eam partem elegisse asseruit (*Luc.* x, 38-43).

Matthæus in oratione Dominica septem petitiones ita describit : *Pater noster qui es in cœlis, sanctificetur nomen tuum. Adveniat regnum tuum. Fiat voluntas tua, sicut in cœlo et in terra. Panem nostrum quotidianum da nobis hodie. Et dimitte nobis debita nostra, sicut et nos dimittimus debitoribus nostris. Et ne nos inducas in tentationem. Sed libera nos a malo. Amen* (*Matth.* vi, 9-13).

In tribus primis petitionibus poscuntur æterna, in reliquis quatuor temporalia, quæ tamen ob æterna consequenda sunt necessaria. Porro Lucas (*cap.* xi, 2-4) quinque petitiones ita complexus est : *Pater, sanctificetur nomen tuum. Adveniat regnum tuum. Panem nostrum quotidianum da nobis hodie. Et dimitte nobis peccata nostra, siquidem et ipsi dimittimus omni debenti nobis. Et ne nos inducas in tentationem.*

Ecce septem petitiones secundum Matthæum, abbreviatæ sunt in quinque secundum Lucam. Nomen quippe Dei sanctificatur in spiritu. Dei autem regnum in carnis resurrectione venturum est. Deinde tres alias adjungit, de pane quotidiano, de remissione peccatorum, de tentatione vitanda. In his competenter intelligi possunt quæcunque in hac et alia vita homini necessaria sunt.

Rogatus itaque Jesus a discipulis : *Domine, doce nos orare* (*ibid.* 1), non solum formam orandi, sed instantiam frequentiamque tradit orandi. De perseverantia orationis assiduæ suos admonet, et amici tres panes media nocte petentis parabolam exhibet; petendum, quærendum, pulsandum persuadet. Hortatur enim petere epulas verbi Dei, quibus alatur amicus, id est animus; quærere amicum, qui det affluenter, id est Dominum ; pulsare ostium divinæ clementiæ,[1] per quod ingrediatur in thesaurum sapientiæ, quo servantur cœlestes deliciæ. Panis intelligitur charitas, cui opponitur lapis, id est avaritiæ duritia. Piscis est fides invisibilis propter aquam baptismi, vel quia de invisibilibus locis capitur, nec in hujus mundi fluctibus circumlata frangitur; cui venenosus serpens opponitur, quo perfidialis incredulitas figuratur. In ovo spes indicatur. Ovum enim nondum est fœtus perfectus, sed fovendo speratur. Spei vero desperatio contraria est, quæ scorpione figuratur, cujus aculeus venenatus in tantum retro percutit, et clancula punctione subitam perniciem ingerit.

Blasphemos et ingratos beneficiis quæ videbant, Salvator redarguit. De armato a fortiore devicto exemplum contulit, et de immundo spiritu septempliciter in hominem regresso tractavit (*Matth.* xii, 31-45; *Marc.* iii, 27-30; *Luc.* xi, 21-26). Exclamanti mulieri beatum esse ventrem qui eum portasset, respondit eum esse beatum qui servaverit verbum Dei (*Luc.* xi, 27-28). Post curationem hominis in quo tria simul signa perpetrata sunt ; cæcus enim videt, mutus loquitur, possessus a dæmone liberatur, Veritas plurima salutis verba edidit, tentantes Pharisæos ratione compescuit, lucernam sub modio non esse ponendam, sed super candelabrum, dixit, oculumque simplicem esse debere docuit (*Matth.* xii, 22-28 ; *Marc.* iii, 22-26 ; *Luc.* xi, 14, 29-36.

Apud Pharisæum prandere rogatus, cogitantem cur ante prandium Judaico more non esset baptizatus, de exteriori baptismate, dum interiora sordibus scelerum plena sint, notavit, et væ sexies Pharisæis dicens, multa eorum mala coaddit (*Matth.* xxiii, 13-38; *Luc.* xi, 37-52). Discipulis quoque præcipit a fermento hypocrisis cavere, et eos qui corpus occidunt non metuere, nec in persecutione quid locuturi sint cogitare (*Matth.* xvi, 6-12; *Marc.* viii, 15; *Luc.* xii, 1-12).

Petente quodam inter se et fratrem suum dividi hæreditatem, parabolam ponit de divite avaro. Mox et discipulis sollicitudinem cibi vestisque, qua carent aves, præcipit evitandam (*Matth.* vi, 25-34; *Luc.* xii, 13-31). Pusillo gregi regnum promittens, possidenda vel possessa propter eleemosynam vendi, lumbosque præcinctos et lucernas ardentes esse debere jubet. Vigilandum quoque, servi boni malique mentione facta, imperat. Servum scientem voluntatem domini sui, nec facientem, multis; ignorantem vero, paucis vapulare confirmat (*Luc.* xii, 32-48). Ignem in terram se dicit necessitudine divisorum missurum, et faciem cœli probantes debere tempus intelligere manifestum, atque consentiendum adversario in via pronuntiat (*Luc.* xii, 49-59). Nuntiatis quibusdam a Pilato occisis, ait omnes, nisi pœnitentiam agant, similiter perituros; vel sicut illi xviii turris ruina oppressi. Parabolam quoque de sterili arbore fici ponens, indicat pœnitentiam differentes (*Luc.* xiii, 1-9).

Mulierem ab annis xviii curvatam Sabbato erigit, et de cura Sabbati murmurantes bovis adaquandi exemplo depellit, gaudente populo de gloriosis ejus miraculis (*Luc.* xiii, 10-17).

Regnum Dei grano sinapis comparans et fermento, de angusta quoque vitæ via paucorum loquens : *Erunt*, inquit, *novissimi primi, et primi novissimi* (*Matth.* xiii, 31-34; *Marc.* iv, 30-32; *Luc.* xiii, 18-30). Herodem Dominus vulpem, quo propter dolos et insidias hæretici designantur, appellat; et Jerusalem alis ejus protegi respuentem increpat (*Luc.* xiii, 31-35).

Hydropicum Sabbato curat, et velut de humoris puteo liberat (*Luc.* xiv, 1-4). Murmurantes Pharisæos asini vel bovis in puteum cadentis extractione confundit. Humilitatem quoque sectandam docens, in convivio primum accubitum non esse quærendum, nec divites, sed pauperes, qui non retribuant, esse pascendos (*Luc.* xiv, 5-14).

Multis modis Dominus Jesus Christus consulens humanæ saluti, ponit parabolam de invitatis, qui se excusare studentes, cœna non fuerunt digni. Primus propter villam quam emerat, venire noluit; quo designantur terrenæ amatores substantiæ, pro qua parvipendunt cœlestibus inhiare. Alter pro quinque jugis boum detentus, non ivit; quo figurantur curiosi, qui corporeis sensibus illecti sola exteriora cognoscere curant; et, dum aliorum vitam investigant, sui curam negligentes æternæ salutis epulas appetere refutant. Tertius pro uxore recusavit venire; quo demonstrantur hi qui carnis irretiuntur voluptate. Sic dum hunc terrena cura occupat, illum alieni actus sagax cogitatio devastat, alterius etiam mentem voluptas carnis inquinat, fastidiosus quisque ad epulas perennis vitæ non festinat (*Luc.* XIV, 16-20).

Salvator sequentibus turbis necessitudines insuper et animam suam relicturis, et assumpta cruce ipsum secuturis, similitudinem ædificandæ turris ne deficiant suggerit, et de bello duorum regum exemplum proponit (*Luc.* XIV, 25-32).

IX. *Sequentia.*

Murmurantibus de peccatorum convivio parabolam ovis et drachmæ ponit; quarum sicut perditio possessorem contristavit, sic inventio lætificavit. Gaudium itaque de pœnitentis salute futurum angelis commendatur. Pœnitentia vero est perpetrata mala plangere et deflenda non iterare. Debet etiam qui commisit prohibita, sibimetipsi abscidere concessa, ut voluntati satisfaciat divinæ (*Luc.* XV, 1-10).

Dominus parabolam ponit de frugi et luxurioso filio, et reversione prodigi ad patrem, et benignitate qua pater eum suscepit et osculatus est; et induit stola prima, id est veste innocentiæ, et dedit annulum sinceræ fidei et calceamenta, id est officium evangelizandi. Manus itaque et pedes conversi, id est opus et cursum, Deus ornavit, et occiso vitulo saginato, convivium celebravit. Unde senior filius, id est Judaicus populus, de agro, id est exteriori observatione, ut domui appropinquavit, et symphoniam et chorum audivit, id est Ecclesiæ filios Spiritu sancto plenos consonis vocibus Evangelium prædicare advertit, cognita lætitiæ causa, patri indignatus est; et quod suæ devastatori substantiæ cum meretricibus vitulum saginatum occiderit, sibique præposuerit, conquestus est (*Luc.* XV, 11-32).

Deinde Dominus de villico iniquitatis ex dissimilitudine introducit exemplum, qui actu solertiore minuerat domini sui debitum (*Luc.* XVI, 1-8). Non posse Deo servire et mammonæ asseruit. Avaros increpat Pharisæos, legemque dicens vel prophetas usque ad Joannem Baptistam, immisericordem divitem purpuratum et pauperem introducit; ostendens qualia passuri sunt raptores, si sic merentur puniri tenaces (*Luc.* XVI, 13-31). Væ dicit scandalizanti, pœnitenti vero fratri etiam septuagies septies præcipit remittendum (*Matth.* XVIII, 21, 22; *Luc.* XVII, 1-4). Augeri sibi petunt apostoli fidem, et audiunt de translatione arboris facultatem; po-

(14*) Le Prévost: *vidua*, recte.

sitaque similitudine de servo arante vel pascente, docet ut inutiles se, etiam implentes quæ præcepta sunt, fateantur (*Matth.* XVII, 20; *Luc.* XVII, 5-10).

Dum iret Jesus in Jerusalem, transibat per mediam Samariam et Galilæam. In ingressu cujusdam castelli decem leprosos mundavit, quorum unus tantum, et hic alienigena, ad gratias referendas rediit (*Luc.* XVII, 11-19). Interrogatus de tempore regni Dei, respondit non cum observatione venturum, et fulguri comparat Filii hominis adventum. Repentino die judicii dicit homines occupandos, et æquiparat illum diem diebus Noe vel Lot, quando velox interitus supervenit mortalibus. Loquitur etiam de binis in lecto, in mola et in agro; singulos assumendos et singulos pronuntiat relinquendos. Lecti nomine figuratur quies Ecclesiæ. De duobus loquitur, quasi de duobus hominibus; sed intelligendum est de duobus affectionum generibus. Qui enim pro Deo continentiæ studet, ut sine ulla sollicitudine vivens ea quæ Domini sunt cogitet, assumetur a Deo ad æternam beatitudinem. Qui vero humanæ laudis amore, vel alia qualibet vitiorum corruptione calens statum monasticæ vitæ, qua imbutus est, læserit, æternæ miseriæ relinquendus est, ut in Lamentatione Jeremiæ insinuatur; qui otiosæ cujuslibet et peccatricis animæ sub Judææ specie lapsum describens, ait: *Viderunt eam hostes, et deriserunt Sabbata ejus* (*Thren.* I, 7). Duæ molentes propter temporalium negotiorum orbem et circuitum significant plebes, quæ sicut feminæ a viris, sic debent regi a doctoribus; et in variis laborantes artibus, Ecclesiæ deserviunt usibus. Una pars assumetur, quæ connubia propter amorem tantum generis exercet, terrenamque substantiam ob acquirenda cœlestia dispensat. Relinquetur autem, quæ conjugiis ob illecebras carnis servierit; terrena vero si qua Ecclesiæ, vel pauperibus obtulerit, ideo fecerit, ut quasi redempto Domino his amplius abundet. Duo in agro designant operantes in Ecclesiæ ministerio, tanquam in agro Dei. Assumetur, qui sincere verbum Dei prædicaverit; relinquetur, qui Christum non caste, sed ex occasione annuntiaverit (*Luc.* XVII, 20-37).

His tribus hominum generibus constat Ecclesia, quæ binas habent differentias, propter assumptionem et relictionem. Unde tres viros Ezechiel propheta liberatos vidit, Noe, Daniel et Job (*Ezech.* XIV, 14); in quibus designantur prædicatores, continentes et conjugati. Nam Noe arcam in undis rexit, ideoque figuram rectorum tenuit. Daniel in aula regia abstinentiæ deditus fuit, et ideo vitam continentium designavit. Job vero in conjugio positus, et curam propriæ domus exercens, Deo placuit; per quem digne bonorum conjugum ordo figuratur.

Quoniam oportet semper orare et non deficere (*Luc.* XVIII, 1-8), Dominus parabolam de Juda (14*) ponit, quæ de adversario suo ultionem ab iniquo judice postulavit, assiduisque precibus, propter tædium, quod petebat pertinaciter, impetravit. Oratione Pharisæi in templo et publicani proposita, docet non jactanda merita, sed confitenda peccata (*Luc.* xxiii, 9-14). Boni jugiter orant, ut de inimicis talem vindictam obtineant ut omnes mali pereant. Duobus quippe modis mali pereunt, aut conversione ad justitiam, aut amissa per supplicium male faciendi potestate.

Tradendum se Jerosolymis, passurumque, Dominus prædicit (*Matth.* xx, 18-34; *Marc.* x, 32-52; *Luc.* xviii, 31-43); et juxta Jericho mendicantem secus viam audivit, stans adduci eum ad se fecit, et poscenti lumen pie restituit. Perambulans Jericho, Zachæum principem publicanorum super arborem vidit, et in ejus, qui satis desiderabat eum videre, domo hospitium suscepit. Murmurantibus Judæis, quod ad hominem divertisset peccatorem, *stans in fidei veritate Zachœus dixit ad Dominum: Ecce dimidium bonorum meorum, Domine, do pauperibus; et si quid aliquem defraudavi reddo quadruplum. Ait illi Jesus: Hodie salus domui huic facta est, eo quod et ipse filius sit Abrahœ. Venit enim Filius hominis quærere et* salvare *quod perierat* (*Luc.* xix, 1-11).

Deinde parabolam ponit de nobili quodam, *qui abiit in regionem longinquam accipere regnum et reverti* (*ibid.* 12); et de servis, quibus decem mnas dedit, ut negotiarentur ex eis. Reverso autem primus ait: *Domine, mna tua decem mnas acquisivit* (*ibid.* 16). Primus servus ordo doctorum est in circumcisionem missorum, qui unam mnam negotiaturus accepit, quia unum Dominum, unam fidem, unum baptisma, unum Deum prædicare jussus est. Sed hæc eadem mna decem mnas acquisivit, quia populum sub lege constitutum sibi docendo sociavit. Illo feliciter remunerato, alter ait: *Domine, mna tua fecit quinque mnas* (*ibid.* 18). Servus iste, cœtus est eorum qui in præputio evangelizare missi sunt, meritoque illis divinitus præponuntur, qui per eos ad cultum unius Dei mortificatis sensibus carnis conversi sunt. Porro alter servus qui, negotiari jussus, acceptam Domini pecuniam in sudario reposuit, denotat eos qui, ad prædicandum idonei, prædicationis officium, jubente Domino, per Ecclesiam vel saltem suscipere, vel digne gerere detrectant. Pecuniam in sudario ligare est percepta dona sub otio lenti torporis abscondere. In hac parabola, per duos servos fideles intellige utriusque populi doctores; per decem et quinque mnas, in Dominum credentes populos; per servum nequam, malos catholicos; per inimicos, qui genuinum hæredem super se regnare noluerunt, impietatem eorum qui verbum fidei aut nunquam audire, aut male interpretando corrumpere maluerunt; per missionem seminis non seminati, eorum etiam, quos verbum Dei nec audire contigit, discussionem. His nimirum quinque personis omne genus humanum, quod in die judicii futurum est, exprimitur.

X. *Sequentia.*

His dictis, Jesus præcedebat in Jerusalem (*ibid.* 28). Solus Joannes, cum encænia hieme fierent Jerosolymis, commemorat Judæos dixisse ad Jesum ambulantem in porticu Salomonis: *Quousque animam nostram tollis? Si tu es Christus, dic nobis palam.* Inde sumpta opportunitate sermonis, dixit: *Ego et Pater unum sumus;* et alia sublimia protulit. Unde *Judæi malignitate cæcati lapides sustulerunt, ut lapidarent eum.* Deinde *iterum trans Jordanem in locum ubi Joannes primum baptizarat, abiit et illic mansit.* Illuc *multi venerunt et in eum crediderunt* (*Joan.* x, 22-41).

Bethaniæ Lazarus infirmabatur, pro quo sorores ejus Maria et Martha *miserunt ad Jesum, dicentes: Domine, ecce quem amas infirmatur. Audiens Jesus,* dixit: *Infirmitas hæc non est ad mortem, sed pro gloria Dei, ut glorificetur Filius Dei per eam.* Tunc duobus ibi *diebus mansit,* et postea cum discipulis suis *in Judæam abiit,* et Lazarum quatuor dies jam in monumento habentem invenit. Martha, ut ejus adventum audivit, fide fortis, occurrens illi, dixit: *Domine, si fuisses hic, frater meus non fuisset mortuus.* Moderatis utitur verbis, quæ intemperanter dolet interitum fratris. Martha post mutuam cum Christo collocutionem, veramque fidei confessionem, qua credidit eum Dei Filium, vitam et resurrectionem, Mariam vocavit suam sororem, dicens suppressa voce: *Magister adest et vocat te.* Illa cito surrexit, extra castellum, ubi Salvator substiterat, ivit; et videns eum, ad pedes ejus prostrata dixit: *Domine, si hic fuisses, frater meus Lazarus non fuisset mortuus.* Fons pietatis plorantibus amicis pro morte amici ploravit, sed flendo inexplebile gaudium suis peperit. Jesus fremens in semetipso, ad monumentum venit, lapidem de spelunca tolli præcepit, et quatriduanum jam fetentem voce magna vocavit: *Lazare! veni foras! Et statim prodiit, ligatus manus et pedes institis;* quem Dominus mox jussit solvi a discipulis. Facto tam glorioso et cunctis sæculis prædicando miraculo, non omnes crediderunt in Jesum, sed *multi ex Judæis, qui venerant Mariam et Martham* consolari, *et viderant insperatam resurrectionem Lazari* (*Joan.* xi, 1-45).

Plures mortuos Dominus suscitasse non dubitatur, sed in sancto Evangelio tres tantum certi causa mysterii suscitasse legitur. Per filiam archisynagogi, quæ inter domesticos parietes paucis videntibus resuscitata est, designantur peccatores, qui peccatum intus in conscientia clausum habent, et necdum ad opus erumpunt. Hos plerumque divina inspiratio resuscitat, dum eos a pravo consensu privata emendatione revocat.

Per filium viduæ, qui extra portas urbis elatus est, et multis cernentibus a Christo resuscitatus est, denotantur rei, qui post consensum ad perpetrandum facinus exeunt, et quasi mortuum de latebris animæ proferunt; ut quod latebat in secreto, appareat in publico. Plerumque tales salubriter admonentur, et remedio dignæ conversionis divinitus vivificantur; multis scientibus, qui inde lætantur.

Per Lazarum jam sepultum, jam fetidum, peccantes figurantur, qui prava etiam consuetudine implicantur; adeo ut ipsi mali consuetudo non permittat eos intelligere malum esse quod faciunt; unde crebro defendunt nefas quod agunt; jamque velut ingenti mole perversæ consuetudinis obruti sunt. Procaciter irascuntur, cum reprehenduntur; et fetent, dum pravæ opinionis elogio passim derogantur, proximique videntes eos, eorum exemplo læduntur. Illi tandem, qui humano judicio damnandi censentur, intrinsecus a Deo vivificantur, postea per sacerdotale ministerium absolvuntur.

Aliter, omnis homo mortuus nascitur originali peccato. Prima dies mortis est, quam dedit origo propaginis. Secunda dies est mortis, dum crescendo adolescit homo; venit ad annos rationis capaces, incipit in se habere naturaliter legem, qua docentur naturaliter homines, ut quod sibi fieri noluerunt, aliis ne faciant, sed hanc transgredi audent. Tertia dies mortis est, dum scripta lex homini datur; sed ipsa quoque contemnitur. Post omnia Christus venit, evangelium attulit, regnum cœlorum prædicavit; male facientibus minatus est gehennam, et bene viventibus vitam promisit æternam. Evangelium etiam contemnitur, et hæc est quarta dies mortis, qua Lazarus in mausoleo jacuit.

Item aliter, primo est titillatio in corde, secundo consensus, tertio factum, quarto consuetudo. His itaque modis reus occidit et in sepulcro putrescit. Gratia Dei per peccatum elongatos revocat, et multimoda peccatorum mole depressos ad vitam resuscitat.

Divulgato Deitatis mirabili miraculo relatione multorum, qui præsentes curiose inspexerant insperata lege de tumulo processisse Lazarum, collegerunt pontifices et Pharisæi consilium adversus Jesum, et prophetante Caipha decreverunt ut interficerent eum.

Abiit ergo Jesus in regionem juxta desertum, in civitatem quæ dicitur Ephrem, ibique morabatur cum discipulis suis. Principes enim sacerdotum et complices eorum dederant mandatum ut, si quis cognoverit ubi sit, indicet, ut apprehendant eum. Timebant quippe ne mundus totus sequeretur eum, et venientes Romani tollerent eis regnum (*ibid.* 46-56).

Jesus ante sex dies Paschæ venit Bethaniam, ibique fecerunt ei cœnam. Martha ministrabat, Lazarus vero discumbebat. Maria libram unguenti nardi pistici pretiosi accepit, pedes Jesu unxit et capillis suis extersit. Nardus aromatica species est. *Pistis* Græce, *fides* dicitur Latine; inde *pisticum*, id est fidele, dicitur *unguentum*, quia cadaver eo peruncтum a putredine servat illæsum. Domus impletur ex odore unguenti, cum Ecclesia respergitur religiosæ vitæ bona fama. Suavitate odoris, qua domus impleta est, Judas infelix, qui fur erat et loculos habens, scandalizatus est, devotæ etiam mulieris ministerium reprehendit. Sed Dominus ei temere objurganti mansuete respondit: *Sine illam; bonum enim opus operata est in me. Amen dico tibi: narrabitur in toto mundo quod fecit hæc in memoriam ejus* (*Matth.* xxvi, 6-13; *Marc.* xiv, 3-9; *Joan.* xii, 1-8).

Plures, curiositate ducti, Bethaniam adierunt, et Lazarum manducantem cum Christo viderunt, lætique testimonium mirandi operis perhibuerunt. Invidentes ergo Pharisæi cogitaverunt resuscitatum interficere, sed frustra nitebantur obstare Christi omnipotentiæ (*Joan.* xii, 9-11).

XI. *Jesus intrat Jerusalem.*— *Parabolæ.*

In crastinum turba multa, quæ convenerat ad diem festum, cum audisset quia Jesus venit Jerusalem, acceperunt ramos palmarum, et processerunt ei obviam. Appropinquante hora immolationis, Agnus Dei locum expetiit passionis. Qui cum venisset Bethphage ad montem Oliveti, tunc duos ex discipulis suis misit, dicens: *Ite in castellum quod contra vos est, et statim invenietis asinam alligatam, et pullum cum ea. Solvite, et adducite mihi. Euntes autem discipuli, asinam et pullum adduxerunt; super eos vestimenta sua imposuerunt, eumque desuper sedere fecerunt.* Ecce rex noster, sicut de illo jamdudum vaticinatum est, non sedet in curru aureo purpura fulgens, nec ascendit fervidum equum discordiæ et litis amatorem; sed sedet super asinam tranquillitatis et pacis amicam. Non habet in circuitu suo splendentes gladios, sed venit mansuetus; non ut per potentiam timeatur, sed ut propter mansuetudinem diligatur. *Plurima turba straverunt vestimenta sua in via; alii autem cædebant frondes de arboribus et sternebant in via. Turbæ autem, quæ præcedebant et quæ sequebantur, clamabant, dicentes: Hosanna filio David! benedictus qui venit in nomine Domini! benedictum regnum patris nostri David! Hosanna in excelsis! Quidam Pharisæorum dixerunt ad illum: Magister, increpa discipulos tuos. Quibus ipse dixit: Dico vobis, quia si tacuerint hi, lapides clamabunt* (*Matth.* xxi, 1-9; *Marc.* xi, 1-10; *Luc.* xix, 29-44; *Joan.* xii, 12-15). Cum autem appropinquavit, videns civitatem, super illam flevit, et mala illi præscius futurorum prædixit imminentia, eo quod tempus visitationis suæ non cognoverit. *Cum intrasset Jerusalem, commota est universa civitas, dicens: Quis est hic? Populi autem dicebant: Hic est Jesus propheta a Nazareth Galilææ.* In templum Dei intravit, omnes vendentes et ementes in illo ejecit; *et mensas nummulariorum et cathedras vendentium columbas evertit, dicens: Scriptum est* (*Isai.* lvi, 7; *Jerem.* vii, 11): *Domus mea domus orationis vocabitur; vos autem fecistis illam speluncam latronum* (*Matth.* xxi, 10-16; *Marc.* xi, 15-17; *Luc.* xix, 45, 46; *Joan.* ii, 13-16). Accedentes ad eum cæcos et claudos in templo sanavit. Videntes autem principes sacerdotum et Scribæ mirabilia quæ fecit, et pueros gratulanter in templo clamantes : *Hosanna filio David !* felle livoris indignati, dixerunt ei : *Audis quid isti dicunt?* Jesus respondit : *Audio. Nunquam legistis, quia ex ore infantium et laetentium perfecisti laudem?*

Circumspectis omnibus, malevolos cives reliquit, et cum xii in Bethaniam exiit, ibique mansit. Mane revertens in civitatem, esuriit; ad arborem fici, quæ secus viam stabat, venit. Sed in ea nihil, nisi folia tantum, invenit, et maledicens, ait : *Nunquam ex te fructus nascatur in sempiternum.* Continuo ficulnea aruit, per quam Synagoga designatur, quæ verba legis, non fructus habuit (*Matth.* xxi, 17-19; *Marc.* xi, 13, 14). Interrogantes in qua potestate in templo tam præclara faceret, interrogavit baptismum Joannis de cœlo erat, an ex hominibus. Tam brevi quæstione Christus insidiantes sibi confudit et eorum ora obturavit. Nam quod e cœlo verum sciebant esse, confiteri noluerunt pro malignitate, nec palam negare ausi sunt pro turbarum timore.

Deinde parabolam ponit de duobus filiis, quos pater in vineam misit; quibus initium et finis diversus fuit. Unus enim patri non verbo, sed actu obedivit; alter vero non ore, sed opere spernens, contradixit (*Matth.* xxi, 23-32; *Marc.* xi, 27-33; *Luc.* xx, 1-8).

Aliam quoque de agricola Dominus adjecit, qui vineam plantavit, et peregre profectus colonis eam locavit. Qui servos ejus, dum vineæ fructus reposcerent, apprehenderunt. Alium ceciderunt, ut Jeremiam; alium occiderunt, ut Isaiam; alium vero lapidaverunt, ut Naboth et Zachariam; novissime Filium Dei crucifixerunt. Mystice servus unus et alter mittitur, cum lex, psalmus et prophetia legitur : quorum monitu bene operetur. Sed missus cæditur, ejicitur, cum sermo contemnitur, vel (quod pejus est) blasphematur. Hæredem, quantum ad se, occidit qui Filium Dei conculcaverit et Spiritui gratiæ contumeliam fecerit. Perdito malo cultore, alii vinea datur; dum donum gratiæ, quod superbus perdit, humilis accipit (*Matth.* xxi, 33-41; *Marc.* xii, 1-9; *Luc.* xx, 9-16).

Tertiam parabolam de nuptiis edidit, quas pater rex filio suo fecit, et invitatos contemptores missis exercitibus puniit (*Matth.* xxii, 1-14).

Pharisæi cum Herodianis tentaverunt si licet censum dari Cæsari, an non. Delato numismate, respondit Jesus : *Reddite Cæsari quæ sunt Cæsaris, et Deo quæ Dei sunt* (*Matth.* xxii, 15-22; *Marc.* xii, 13-17; *Luc.* xx, 20-26). Sadducæi quoque tentaverunt de muliere, quæ septem viros habuit, cujus in resurrectione futura sit. Jesus vero respondit : *Erratis, nescientes Scripturas neque virtutem Dei. In resurrectione vero neque nubent neque nubentur; sed erunt sicut angeli in cœlo.* Ecce bonus Magister securitatem insinuat filiis Ecclesiæ, quod resurgentes perfruentur Dei visione sine corruptionis labe (*Matth.* xxii, 23-33; *Marc.* xii, 18-27; *Luc.* xx, 27-40).

A legis doctore interrogatus quod esset mandatum magnum in lege, dixit : *Diliges Dominum Deum tuum ex toto corde tuo et ex tota anima tua et ex omni mente tua. Hoc est maximum et primum mandatum. Secundum autem simile est huic : Diliges proximum tuum sicut te ipsum. In his duobus mandatis universa lex pendet et prophetæ.* Interrogantes de Christo, cujus esset filius, confutavit, et Christum David dominum manifestavit, et illis silentium tale imposuit, ut nullus auderet cum ex illa die amplius interrogare; sed jam aperte niterentur Romanæ potestati tradere (*Matth.* xxii, 34-46; *Marc.* xii, 28-37; *Luc.* xx, 41-44).

Tunc Jesus ad turbas, discipulosque suos locutus est : *Super cathedram Moysi sederunt Scribæ et Pharisæi. Omnia ergo quæcunque dixerint vobis, servate et facite; secundum vero opera eorum nolite facere. Dicunt enim et non faciunt. Alligant autem onera gravia et importabilia, et imponunt in humeros hominum; digito autem suo nolunt ea movere. Omnia vero opera sua faciunt ut videantur ab hominibus. Dilatant enim phylacteria sua et magnificant fimbrias. Amant autem primos recubitus in cœnis, et primas cathedras in synagogis, et salutationes in foro, et vocari ab hominibus Rabbi. Vos autem nolite vocari Rabbi, unus est enim magister vester, omnes autem vos fratres estis. Et patrem nolite vocare vobis super terram; unus est enim Pater vester, qui in cœlis est. Nec vocemini magistri, quia magister vester unus est Christus. Qui major est vestrum, erit minister vester. Qui autem se exaltaverit, humiliabitur; et qui se humiliaverit, exaltabitur. Væ vobis, Scribæ et Pharisæi hypocritæ, qui clauditis regnum cœlorum ante homines ! Vos enim non intratis, nec introeuntes sinitis introire.*

Jesus itaque multa saluberrima edidit; simplices docuit, hypocritas reprehendit. Locutus est de jurantibus in templo, et auro quod in templo est; de altari et donis quæ in ipso sunt; de divina pietate, quæ prophetas et sapientes et Scribas miserit; de crudelitate Judæorum, quæ missos a Deo variis generibus mortis peremerit.

Super Jerusalem luctum edit; non saxa, sed homines plangit. Jerusalem flebiliter ingeminavit, quæ prophetas occidit, et a malitia resipiscere negligit (*Matth.* xxiii). De templo Jesus exivit, et ostendentibus discipulis magnas ædificationes templi, respondit : *Non relinquetur lapis super lapidem, qui non destruatur.* Sedente eo super montem Oliveti, discipuli secreto, sicut Matthæus Marcusque attestantur, tempus et signa prædictæ destructionis interrogant. Ille, percunctantibus de fine, respondit mala plurima præcessura, gentium bella, terræmotus per loca, pestilentias et fames, terroresque de cœlo et signa magna. Multa vaticinatus est de futuris persecutionibus, adventuque suo; fidelibus non præcogitandum quid traditi loquantur, sed in patientia sua possideant animas suas. Circumdandam ab exercitu Jerusalem, et væ prægnantibus; gladium quoque et captivitatem, signaque cœli futura; seque venturum in nube cum potestate magna et majestate prædixit. Respicite, inquit, *quia appropinquat redemptio vestra.* Ab ebrietate quoque et curis hujus vitæ prohibens, vigilandum præcipit et orandum. Elationem Scribarum reprehendit, viduam in gazophylacium duo æra mittentem plus omnibus misisse confirmavit (*Matth.* xxiv; *Marc.* xii, 38-44; *Luc.* xx, 45; xxi, 4).

Sub exemplo fici arboris docet de adventu consummationis. Parabolam profert de decem virginibus, et de eo qui servis suis bona sua tradidit et peregre profectus est; de adventu Filii hominis in majestate sua cum angelis suis; de segregatione ovium a dextris et hædorum a sinistris; de retributione reproborum in supplicium æternum et remuneratione justorum in vitam æternam consummavit (*Matth.* xxiv, 32, 33, xxv; *Luc.* xix, 11-27).

XII. *Passio Domini nostri Jesu Christi.*

Prima die azymorum accesserunt discipuli ad Jesum, dicentes : *Ubi vis paremus tibi comedere pascha?* At ipse dixit Petro et Joanni : *Ite in civitatem ad quemdam, quem vobis demonstraverit homo, qui vobis occurrerit lagenam aquæ portans. Sequimini eum in domum in quam intrat, et dicetis patrifamilias domus : Ubi est diversorium, ubi pascha cum discipulis meis manducem? Et ipse vobis ostendet cœnaculum magnum stratum, et ibi parate.* Euntes, sicut dixit illis invenerunt, et pascha paraverunt. Vespere facto, cum duodecim venit, et discumbentibus illis dixit : *Desiderio desideravi hoc pascha manducare vobiscum antequam patiar. Dico enim vobis quia ex hoc non manducabo illud, donec impleatur in regno Dei* (*Matth.* xxvi, 17-20; *Marc.* xiv, 12-17; *Luc.* xxii, 7-16).

Secundum Joannem, cœna facta, cum diabolus jam misisset in cor ut traderet eum Judas Simonis Iscariotis; sciens quia omnia dedit ei Pater in manus, et quia a Deo exivit et ad Dominum vadit, surgit a cœna et ponit vestimenta sua. Et cum accepisset linteum, præcinxit se. Deinde mittit aquam in pelvim, et cœpit lavare pedes discipulorum et extergere linteo, quo erat præcinctus. Postquam lavit pedes eorum et accepit vestimenta sua, cum recubuisset iterum, dixit eis : *Scitis quid fecerim vobis? Vos vocatis me Magister et Domine, et bene dicitis; sum etenim. Si ergo ego lavi pedes vestros Dominus et Magister, et vos debetis alter alterius lavare pedes,* et reliqua usque ad illud, ubi dicit : *Qui me accipit, accipit eum qui me misit* (*Joan.* xiii, 1-20).

Matthæus refert quod edentibus discipulis ait Jesus : *Amen dico vobis quia unus vestrum me traditurus est. Et contristati valde, cœperunt singuli dicere : Nunquid ego sum, Domine? At ipse respondens, ait : Qui intingit mecum manum in paropside, hic me tradet.* Cœnantibus autem eis, accepit Jesus panem, benedixit ac fregit, deditque discipulis suis et ait : *Accipite et comedite : hoc est corpus meum.* Et accipiens calicem, gratias egit et dedit illis, dicens : *Bibite ex hoc omnes : hic est sanguis meus novi testamenti, qui pro multis effundetur in remissionem peccatorum. Dico autem vobis : non bibam amodo de hoc genimine vitis usque in diem illum, cum illud bibam vobiscum novum in regno Patris mei* (*Matth.* xxvi, 21-29; *Marc.* xiv, 18-25; *Luc.* xxii, 17-23).

Dominus, nocte qua traditus est, tribus vicibus oravit, ut et nos a præteritis peccatis veniam, et a præsentibus malis tutelam, et a futuris periculis cautelam oremus, et ut omnem orationem ad Patrem et Filium et Spiritum sanctum dirigamus. Item notandum est quod, sicut trina est tentatio cupiditatis, ita et timoris. Concupiscentia carnis, concupiscentia oculorum, ambitio sæcularis. Timor nihilominus est mortis, timor vilitatis et timor dolorum. Contra quæ omnia docet nos debere oratione muniri. Unde et propter trinam tentationem passionis potest intelligi Dominus ter orasse.

Joannes, insignis theologus, asserit quod Jesus postquam pedes Petri primo multum prohibentis, aliorumque lavit, inter mystica verba propheticæ Scripturæ auctoritate proditorem adhuc occulte denotavit, dicens : *Qui manducat mecum panem, levabit contra me calcaneum suum.* Deinde cum decrevisset eum secundo manifestare, turbatus est spiritu et protestatus est, et dixit : *Amen, amen dico vobis, quia unus ex vobis tradet me.* Aspiciebant ergo ad invicem discipuli, hæsitantes de quo diceret. Simon Petrus Joanni, qui supra pectus Jesu recumbebat, innuit, et Joannes interrogavit : *Domine, quis est?* Ille, inquit, est cui ego intinctum panem porrexero. Et cum intinxisset panem, dedit Judæ Simonis Iscariotis. Et post buccellam, tunc introivit in illum Satanas et dicit ei Jesus : *Quod facis, fac citius.* Hoc autem nemo scivit discumbentium ad quid dixerit ei. Ille post hæc exiit continuo. Erat autem nox. Cum ergo exiisset, dixit Jesus : *Nunc clarificatus est Filius hominis, et Deus clarificatus est in eo* (*Joan.* xiii, 18-31).

Et alia multa dixit miræ profunditatis verba de vera Dei et proximi charitate, de Trinitatis unitate, de trina Petri negatione, et Spiritus sancti Paracleti adventu et consolatione; de mandatorum Dei observatione et felici bonorum remuneratione; de fidelium persecutione et infidelium inexcusabili damnatione; de discipulorum dispersione et instante jam sui passione.

Incomparabili finito sermone, Jesus oculos in cœlum sublevavit, et exaudibilem Patri pro discipulis suis et pro omnibus qui credituri erant per verbum eorum in Deum, orationem benigniter profudit; in qua multo majora quam humana fragilitas petere præsumpsisset, pro nobis a Patre clementissimus orator postulavit (*Joan.* xiii, 21-xvii, 26).

XIII. *Sequentia Passionis.*

Tunc, secundum Lucam, contentio inter discipulos *facta est, quis eorum videretur esse major*. Sed cœlestis doctor ad humilitatem eos exemplis omnino provocavit et dictis. Imbecillium itaque discipulorum contentionem pie compescuit, et se ipsum sola pietate illorum ministrum astruit. Quibus cum illo permanentibus regnum etiam promittit, et post aliqua Petro improvide jactanti dicit : *Simon, ecce Satanas expetivit vos, ut cribraret sicut triticum. Ego autem rogavi pro te, ut non deficiat fides tua. Et tu aliquando conversus, confirma fratres tuos. Qui dixit ei : Domine, tecum paratus sum et in carcerem et in mortem ire. Et ille : Dico tibi, Petre : non cantabit hodie gallus, donec ter abneges nosse me. Et dixit eis : Quando misi vos sine sacculo et pera et calceamentis, nunquid aliquid defuit vobis ? At illi dixerunt : Nihil. Dixit ergo eis : Sed nunc qui habet sacculum, tollat similiter et peram ; et qui non habet, vendat tunicam suam et emat gladium. At illi : Ecce gladii duo hic. Qui dixit eis : Satis est* (*Luc.* XXII, 24-38).

Et hymno dicto, sicut Matthæus Marcusque commemorant, exierunt in montem Oliveti ; ibique tunc dixit illis : *Omnes vos scandalum patiemini in me in ista nocte.* Inde venit in prædium Gethsemani, quod interpretatur *vallis pinguium*, sive *pinguedinis*. Et dixit discipulis suis : *Sedete hic, et orate, ne intretis in tentationem. Et assumpto Petro et duobus filiis Zebedæi, cœpit pavere et tædere vel contristari. Et ipse avulsus est ab eis, quantum jactus est lapidis; et positis genibus orabat, dicens : Pater, si vis transfer calicem hunc a me. Verumtamen non mea voluntas, sed tua fiat* (*Matth.* XXVI, 30-34; *Marc.* XIV, 26-39 ; *Luc.* XXII, 39-42 ; *Joan.* XVIII, 1).

Apparuit autem illi angelus de cælo, confortans eum, et factus in agonia prolixius orabat ; et factus est sudor ejus sicut guttæ sanguinis decurrentis in terram. Ibi trans torrentem Cedron fuisse hortum intelligimus, in quem introivit ipse et discipuli ejus; quem locum Judas sciebat. Qui *cum accepisset cohortem, et a pontificibus et Pharisæis ministros, venit illuc cum laternis et facibus et armis. Et confestim accedens ad Jesum dixit : Ave, Rabbi. Et osculatus est eum. Tunc accesserunt, et manus in Jesum injecerunt, eumque tenuerunt.* Deinde, quod Joannes commemorat, dixit eis : *Quem quæritis ?* Responderunt ei : *Jesum Nazarenum.* Ut dixit : *Ego sum, abierunt retrorsum et ceciderunt in terram,* et reliqua (*Matth.* XXVI, 45-50 ; *Marc.* XIV, 40-46 ; *Luc.* XXII, 43-48 ; *Joan.* XVIII, 2-9).

Videntes autem, sicut Lucas dicit, *ii qui circa ipsum erant, quod futurum erat, dixerunt : Domine, si percutimus gladio?* Tunc Petrus Malchum servum principis sacerdotum percussit, et auriculam ejus dextram amputavit. Interrogantibus respondit Jesus : *Sinite usque huc* (*Luc.* XXII, 49-51) ; et percutienti Petro protinus, quod Matthæus commemorat, adjunxit : *Converte gladium tuum in locum suum. Omnes enim qui acceperint gladium, gladio peribunt. An putas quia non possum rogare Patrem meum, et exhibebit mihi plus quam duodecim millia legiones angelorum ? Quomodo ergo implebuntur Scripturæ, quia sic oportet fieri ?* (*Matth.* XXVI, 52-54.) His verbis adjungi potest, quod illum eo loco dixisse Joannes commemorat : *Calicem, quem dedit mihi Pater, non bibam illum ?* (*Joan.* XVIII, 11.) Tunc, sicut Lucas dicit, auriculam Malchi tetigit et sanavit (*Luc.* XXII, 51). *In illa hora dixit Jesus turbis : Tanquam ad latronem existis cum gladiis et fustibus comprehendere me. Quotidie apud vos sedebam, docens in templo, et non me tenuistis. Sed hæc est hora vestra et potestas tenebrarum. Tunc discipuli omnes, relicto eo, fugerunt. Unus adolescens amictus sindone sequebatur, qui, cum tenuissent eum, rejecta sindone nudus profugit ab eis.* In illa turba cum adessent tribunus et cohors et ministri Judæorum, Salvator ligatus est, et primo ad Annam pontificem socerum Caiphæ ductus est (*Matth.* XXVI, 55-57; *Marc.* XIV, 47-53 ; *Joan.* XVIII, 12-13).

Petrus autem sequebatur a longe usque in atrium principis sacerdotum, et ingressus intro sedebat ad ignem, quia frigus erat, cum ministris, ut videret finem. Accenso igni in medio atrio et circumsedentibus illis, erat Petrus in medio eorum (*Matth.* XXVI, 58 ; *Marc.* XIV, 54 ; *Luc.* XXII, 55 ; *Joan.* XVIII, 15, 16). Maxima Petrus admiratione venerandus est, quod Dominum, etiam cum timeret, secutus est. Quod timet naturæ est, quod sequitur devotionis, quod negat obreptionis, quod pœnitet fidei.

Principes sacerdotum et omne concilium quærebant falsum testimonium contra Jesum, ut eum morti traderent; et non invenerunt, cum multi falsi testes accessissent. Princeps sacerdotum, tacente Jesu, dixit : *Adjuro te per Deum vivum, ut dicas nobis si tu es Christus Filius Dei. Dicit illi Jesus : Tu dixisti. Tunc princeps sacerdotum scidit vestimenta sua, dicens : Blasphemavit; quid adhuc egemus testibus? Ecce nunc audistis blasphemiam. Quid vobis videtur? At illi responderunt : Reus est mortis. Tunc ejus in faciem exspuerunt, et colaphis eum ceciderunt* (*Joan.* XVIII). Alii autem faciem ei velaverunt, et palmas in faciem dederunt, dicentes : *Prophetiza nobis, Christe, quis est qui te percussit?* Hæc intelligitur nocte passus Dominus in domo principis sacerdotum, quo prius adductus est ; ubi etiam inter has Domini contumelias Petrus tentatus est. Trina negatio Petri cœpta est ante primum galli cantum, et ante secundum peracta juxta Marcum. Alii tres attenderunt quod ante primum affectione animi et timore Petri tota fuit concepta. Tandem *Petrus recordatus est verbi Jesu, quod dixerat : Priusquam gallus cantet, ter me negabis. Et egressus foras flevit amare* (*Matth.* XXVI, 59-75 ; *Marc.* XIV, 55-72 ; *Luc.* XXII, 56-71 ; *Joan.* XVIII, 17-27).

*Pontifex Jesum interrogavit de discipulis suis et doctrina ejus. Respondit ei Jesus : Ego palam locutus sum in mundo, ego palam docui in synagoga et in templo, quo omnes Judæi conveniunt ; et in occulto locutus sum nihil. Quid me interrogas? Interroga eos qui audierunt quid locutus sum ipsis. Ecce hi sciunt quæ dixerim ego. Hæc autem cum dixisset, unus assistens ministrorum dedit alapam Jesu, dicens : Sic respondes pontifici? Respondit ei Jesus : Si male locutus sum, testimonium perhibe de malo; si autem bene, quid me cædis ? Et misit eum Annas ad Caipham pontificem ligatum (Joan. XVIII, 19-24).

Mane facto, ut Matthæus refert, consilium inierunt omnes principes sacerdotum et seniores populi adversus Jesum, ut eum morti traderent; et vinctum adduxerunt eum, et tradiderunt Pontio Pilato præsidi. (Matth. XXVII, 1, 2.)

XIV. Sequentia passionis D. N. Jesu Christi.

Lucas contexuit narrationem de his quæ circa mane cum Domino gesta sunt, quando viri, qui tenebant eum, illudebant ei, cædentes; et velaverunt eum, et percutiebant faciem ejus, et multa blasphemantes dicebant in eum. Facto autem die, seniores plebis et principes sacerdotum et Scribæ convenerunt, et in concilium suum illum duxerunt, dicentes : Si tu es Christus, dic nobis. Quibus ait: Si vobis dixero, non credetis mihi. Si autem et interrogavero, non respondebitis mihi, neque dimittetis. Ex hoc erit Filius hominis sedens a dextris virtutis Dei. Dixerunt omnes : Tu ergo es Filius Dei ? Qui ait : Vos dicitis, quia ego sum. At illi dixerunt : Quid adhuc desideramus testimonium ? Ipsi enim audivimus de ore ejus. Et surgens omnis multitudo eorum, duxerunt illum ad Pilatum. Hæc omnia Lucas narravit (cap. XXII, 66-71, et XXIII, 1). Matthæus vero et Marcus narraverunt ea quæ cum Domino acta sunt usque ad mane. Sed postea redierunt ad narrandam Petri negationem (Matth. XXVI ; Marc. XIV). Qua terminata, redierunt ad mane, ut inde cætera contexerent quæ cum Domino gesta erant (Matth. XXVII ; Marc. XV).

Joannes quoque : Adducunt, inquit, Jesum ad Caipham in prætorium. Erat autem mane, et ipsi non introierunt, ut non contaminarentur, sed manducarent Pascha. Tunc illic iniqui cœtus aggregati sunt, Dominumque quasi jam convictum reum adduxerunt, adnitente Caipha, cui jam antea visum fuerat ut Jesus moreretur; nulla mora interponitur, quin damnandus Pilato traderetur.

Solus Matthæus exitum Judæ traditoris narravit, ita dicens : Tunc videns Judas, qui tradidit eum, quod damnatus esset, pœnitentia ductus, retulit triginta argenteos principibus sacerdotum et senioribus, dicens : Peccavi, tradens sanguinem justum. At illi dixerunt : Quid ad nos ? tu videris. Et projectis argenteis in templo, recessit; et abiens, laqueo se suspendit. Principes sacerdotum, acceptis argenteis, dixerunt : Non licet eos mittere in corbanan, quia pretium sanguinis est. Consilio autem inito, emerunt ex illis agrum figuli in sepulturam peregrinorum. Propter hoc vocatus est ager ille Acheldemach, hoc est ager sanguinis, usque in hodiernum diem. Sic impletum est quod antea prophetatum est (Matth. XXVII, 3-10 ; Act. 1, 18, 19).

Exinde, sancti evangelistæ quæ per Pilatum cum Domino gesta sunt seriatim enarrare satagunt; quæ studiosi lectores debent diligenter investigare, et singula suis in locis rationabiliter coaptare. In passione Christi, ut solers Augustinus Hipponensis episcopus in libro tertio De consensu evangelistarum scribit, multa dicta sunt et multa responsa sunt. Unde quisque eorum quantum sibi visum est decerpsit, et in narratione sua posuit quod satis esse judicavit.

Jesus, ut Matthæus asserit, ante præsidem stetit, et interrogatus ab eo si rex Judæorum esset, respondit : Tu dicis (Matth. XXVII, 11). Exiit Pilatus, ut Joannes refert, ad eos foras qui non introierunt in prætorium, et dixit : Quam accusationem affertis adversus hominem hunc ? Responderunt : Si non esset hic malefactor, non tibi tradidissemus eum. Dixit eis Pilatus : Accipite eum vos, et secundum legem vestram judicate eum. Dixerunt Judæi : Nobis non licet interficere quemquam. Introiit iterum Pilatus in prætorium, et vocavit Jesum, et dixit : Tu es rex Judæorum? Respondit Jesus : A temetipso hoc dicis, an alii tibi dixerunt de me ? Respondit Pilatus : Nunquid ego Judæus sum? Gens tua, et pontifices tui, tradiderunt te mihi. Quid fecisti? Respondit Jesus : Regnum meum non est de hoc mundo. Si ex hoc mundo esset regnum meum, ministri mei decertarent ut non traderer Judæis. Nunc autem regnum meum non est hinc.

Dixit ergo Pilatus : Ergo rex es tu? Respondit Jesus : Tu dicis, quia rex sum ego. Ego in hoc natus sum, et ad hoc veni in mundum, ut testimonium perhibeam veritati. Omnis qui est ex veritate audit vocem meam. Dixit ei Pilatus : Quid est veritas ? Et cum hoc dixisset, iterum exiit ad Judæos, et dixit eis : Ego nullam in eo invenio causam (Joan. XVIII, 29-38). Tunc amaricantes Judæi, ut Lucas refert, cœperunt accusare, dicentes : Hunc invenimus subvertentem gentem nostram, et prohibentem tributa dari Cæsari, et dicentem se Christum regem esse (Luc. XXIII, 1-25). Et cum accusaretur, ut Matthæus ait, a principibus sacerdotum et senioribus populi, nihil respondit, quod ex mansuetudine fecit. Tunc ait illi Pilatus : Non audis quanta adversum te dicunt testimonia? Et nullum ei verbum respondit, ita ut miraretur præses vehementer. Sedente illo pro tribunali, misit ad illum uxor ejus, dicens : Nihil tibi et justo illi. Multa enim passa sum hodie per visum propter eum (Matth. XXVII, 13-19). Dicente Pilato : Nihil invenio causæ in homine, Judæi, ut Lucas scribit, invalescebant, dicentes : Commovit populum per universam Judæam, docens et incipiens a Galilæa usque huc.

Pilatus autem audiens Galilæam, interrogavit si homo Galilæus esset; et ut cognovit quod de Herodis potestate esset, remisit eum ad Herodem, qui et ipse Jerosolymis erat illis diebus. Herodes autem, viso

Jesu, gavisus est valde. Erat enim cupiens ex multo tempore videre eum, eo quod audiret multa de illo, et sperabat signum aliquod videre ab eo fieri. Interrogabat illum multis sermonibus. At ipse nihil ei respondebat. Stabant principes sacerdotum et Scribæ, constanter accusantes eum. Sprevit illum Herodes cum exercitu suo, et illusit indutum veste alba, et remisit ad Pilatum. Et facti sunt amici Herodes et Pilatus in ipsa die, nam antea inimici erant ad invicem.

Pilatus, convocatis magistratibus et plebe, dixit ad illos : Obtulistis mihi hunc hominem quasi evertentem populum; et ecce ego coram vobis interrogans, nullam causam inveni in homine isto, ex his in quibus eum accusatis. Sed neque Herodes. Nam remisi vos ad illum, et ecce nihil dignum morte actum est illi. Emendatum ergo illum dimittam (Luc. XXIII, 16). Sciebat enim quod per invidiam tradidissent eum. In die festo consueverat præses unum dimittere vinctum populo, quem voluissent. Congregatis autem illis, dixit : Quem vultis dimittam vobis, Barabbam, an Jesum qui dicitur Christus ? Principes autem sacerdotum et seniores persuaserunt populis ut peterent Barabbam, Jesum vero perderent. Erat autem Barabbas latro insignis, qui propter seditionem factam in civitate et homicidium, missus erat in carcerem. Præses ait : Quem vultis vobis de duobus dimitti ? At illi dixerunt : Barabbam. Dicit illis Pilatus : Quid igitur faciam de Jesu, qui dicitur Christus ? Dicunt omnes : Crucifigatur. Ait illis præses : Quid enim mali fecit ? At illi magis clamabant, dicentes : Crucifigatur. Videns autem Pilatus quia nihil proficeret, sed magis tumultus fieret, accepta aqua, lavit manus coram populo, dicens : Innocens ego sum a sanguine justi hujus; vos videritis. Et respondit universus populus : Sanguis ejus super nos et super filios nostros. Tunc Pilatus Barabbam illis dimisit (Matth. XXVII, 15-26), Jesum vero apprehendit et flagellavit.

Joannes refert quod tunc milites plectentes coronam de spinis capiti ejus imposuerunt, et veste purpurea eam circumdederunt. Et veniebant ad eum et dicebant : Ave, rex Judæorum. Et dabant ei alapas. Exiit iterum Pilatus foras et dixit eis : Ecce adduco eum vobis foras, ut cognoscatis quia in eo nullam causam invenio. Exiit ergo Jesus, portans spineam coronam et purpureum vestimentum. Et dixit eis : Ecce homo. Cum ergo vidissent eum pontifices et ministri, clamabant, dicentes : Crucifige, crucifige eum. Dixit eis Pilatus : Accipite eum vos et crucifigite; ego enim non invenio causam in eo. Responderunt Judæi : Nos legem habemus et secundum legem debet mori, quia Filium Dei se fecit. Cum ergo audisset Pilatus hunc sermonem, magis timuit. Et ingressus est prætorium iterum, et dixit ad Jesum : Unde es tu ? Jesus autem responsum non dedit illi. Dicit ergo ei Pilatus : Mihi non loqueris ? Nescis quia potestatem habeo crucifigere te, et potestatem habeo dimittere te ? Respondit Jesus : Non haberes potestatem adversum me ullam,

nisi tibi esset datum desuper. Propterea qui me tradidit tibi, majus peccatum habet. Exinde quærebat Pilatus dimittere eum. Judæi autem clamabant, dicentes : Si hunc dimittis, non es amicus Cæsaris; omnis enim qui se regem facit contradicit Cæsari.

Pilatus ergo, cum audisset hos sermones, adduxit foras Jesum, et sedit pro tribunali in locum qui dicitur Lithostrotos, Hebraice autem Gabbatha. Erat autem parasceve Paschæ hora quasi sexta. Et dicit Judæis : Ecce rex vester. Illi autem clamabant : Tolle, tolle, crucifige eum. Dicit eis Pilatus : Regem vestrum crucifigam ? Responderunt pontifices : Non habemus regem, nisi Cæsarem. Tunc ergo tradidit eis illum, ut crucifigeretur (Joan. XIX, 1-16).

Hæc narravit Joannes per Pilatum gesta, quæ Matthæus et Marcus quia prætierant recoluerunt. Sic enim Matthæus dicit : Tunc milites præsidis suscipientes Jesum in prætorio, congregaverunt ad eum universam cohortem; et exuentes eum, chlamidem coccineam circumdederunt ei. Et plectentes coronam de spinis, posuerunt super caput ejus, et arundinem in dextera ejus. Et genu flexo ante eum, illudebant dicentes : Ave, rex Judæorum. Et exspuentes in eum, acceperunt arundinem, et percutiebant caput ejus. Et postquam illuserunt ei, exuerunt eum chlamide, vel purpura secundum Marcum (cap. XV, 17); induerunt eum vestimentis suis, et duxerunt eum ut crucifigerent (Matth. XXVII, 27-31). Joannes narrat quod bajulans sibi crucem Jesus exiit in Golgotha, id est Calvariæ locum. Sed Simon Cyrenæus pater Alexandri et Rufi, de quo tres evangelistæ commemorant, de villa veniens angariatus est; cui postea crux data est usque in locum portanda memoratum (Matth. XXVII, 27-33; Marc. XV, 16-22; Luc. XXIII, 26-32; Joan. XIX, 17).

XV. Mors D. N. Jesu Christi.

In Golgotha cum duobus latronibus Jesum crucifixerunt, et myrrhatum vinum ei bibere dederunt; et super caput ejus causam ipsius scriptam imposuerunt : Hic est Jesus rex Judæorum. Hic vero titulus litteris Græcis et Latinis et Hebraicis scriptus est (Matth. XXVII, 34-37; Marc. XV, 23-26; Luc. XXIII, 33-38; Joan. XIX, 17-22).

Milites ergo, cum crucifixissent eum, acceperunt vestimenta ejus et fecerunt quatuor partes, unicuique militi partem et tunicam. Erat autem tunica inconsutilis, desuper contexta per totum. Dixerunt ergo ad invicem : Non scindamus eam, sed sortiamur de illa, cujus sit. Ut Scriptura impleretur (Psal. XXI, 19), dicens : Partiti sunt vestimenta mea sibi, et in vestem meam miserunt sortem (Matth. XXVII, 34-37; Marc. XV, 23-26; Luc. XXIII, 33-38; Joan. XIX, 23-24).

Principes et Scribæ pendentem in cruce blasphemabant, et moventes capita sua dicebant : Vah ! qui destruis templum Dei, et in triduo illud reædificas. Salva temetipsum. Si Filius Dei es, descende de cruce (Matth. XXVII, 40; Marc. XV, 29-30).

Unus autem, secundum Lucam, de his qui pendebant latronibus, blasphemabat eum, dicens : *Si tu es Christus, salva temetipsum et nos.* Alter vero increpabat eum, dicens : *Neque tu times Deum, quod in eadem damnatione es? Nos quidem juste, nam digna factis recipimus; hic vero nihil mali gessit. Et dicebat ad Jesum : Domine, memento mei dum veneris in regnum tuum.* Dixit illi Jesus : *Amen dico tibi : hodie mecum eris in paradiso* (*Luc.* XXIII, 39-43).

Stabant juxta crucem Jesu mater ejus, et soror matris ejus Maria Cleophæ, et Maria Magdalene. Cum vidisset ergo Jesus matrem et discipulum stantem quem diligebat, dixit matri suæ : *Mulier, ecce filius tuus.* Deinde dixit discipulo : *Ecce mater tua. Et ex illa hora accepit eam discipulus in sua* (*Joan.* XIX, 25-27).

A sexta hora tenebræ factæ sunt super universam terram usque ad horam nonam, et circa horam nonam clamavit Jesus voce magna, dicens : *Eli, Eli, lamazababdani? hoc est : Deus meus, Deus meus, ut quid dereliquisti me?* (*Matth.* XXVII, 45-46.) Postea sciens Jesus quia jam omnia consummata sunt, ut consummaretur Scriptura, dixit : *Sitio.* Vas ergo positum erat aceto plenum. Illi autem spongiam aceto plenam hyssopo circumponentes, ori ejus obtulerunt (*Joan.* XIX, 28, 29). Et clamans voce magna, secundum Lucam, dixit : *Pater, in manus tuas commendo spiritum meum* (*Luc.* XXIII, 46).

Ad extremum, juxta Joannem, cum accepisset Jesus acetum, dixit : *Consummatum est;* et inclinato capite, tradidit spiritum (*Joan.* XIX, 30). Et ecce velum templi scissum est in duas partes a summo usque deorsum, et terra mota est, et petræ scissæ sunt; et monumenta aperta sunt, et multa corpora sanctorum, qui dormierant, surrexerunt; et exeuntes de monumentis post resurrectionem ejus, venerunt in sanctam civitatem, et apparuerunt multis. Centurio et qui cum eo erant; custodientes Jesum, viso terræmotu et his quæ fiebant, timuerunt valde, dicentes : *Vere Filius Dei erat iste.* Ibi Maria Magdalene, et Maria Jacobi, et Joseph mater, et mater filiorum Zebedæi, et aliæ multæ mulieres a longe erant, quæ, secutæ Jesum a Galilæa, ei ministrabant. Omnes, qui simul ad spectaculum aderant, videntes quæ fiebant, tundentes pectora sua redibant (*Matth.* XXVII, 50-56; *Marc.* XV, 37-41; *Luc.* XXIII, 46-49).

Cum jam sero factum esset, Joseph ab Arimathia nobilis decurio, vir bonus et justus, exspectans regnum Dei, occultus tamen propter metum Judæorum; ad Pilatum audacter accessit, et ab eo corpus Jesu petiit. Cui præses, cum eum obiisse a centurione cognovisset, permisit. Joseph ergo venit, et corpus Jesu tulit, et mercatus sindonem, depositum involvit. Venit autem et Nicodemus ferens misturam myrrhæ et aloes quasi libras centum. Corpus ergo Jesu acceperunt, et linteis illud cum aromatibus, sicut mos est Judæis sepelire, ligaverunt. Erat autem in loco, ubi crucifixus est, hortus, et in horto monumentum novum in petra excisum, in quo nondum quisquam positus fuerat. Ibi ergo propter Parasceven Judæorum, quia juxta erat monumentum, posuerunt Jesum. Præfatæ mulieres, quæ magis amabant, contra sepulcrum sedebant, et ubi poneretur aspiciebant (*Matth.* XXVII, 57-61; *Marc.* XV, 42-47; *Luc.* XXIII, 50-55; *Joan.* XIX, 38-42).

Altera die sacerdotes et Pharisæi de dictis Domini Jesu quædam male Pilato suggesserunt; eoque annuente lapidem signaverunt, adhibitisque custodibus sepulcrum munierunt (*Matth.* XXVII, 62-66).

Quædam in evangelica leguntur narratione, de his quæ in Dominica facta sunt resurrectione, quæ quo ordine gesta sint nisi diligenter considerentur, repugnantia sibi possunt videri. Unde quid perspicax divinæ Scripturæ investigator Augustinus dicat, et quid inde in libro III *De concordia Evangeliorum* disserat, libet indagare; et eamdem, sicut edidit, lectionem hic mihi adnotare. Sic enim post multas quæstiones declarans dicit : « Omnia, quæ circa tempus resurrectionis Domini facta sunt, secundum omnium evangelistarum testimonia in una quadam narratione, quantum nos Dominus adjuverit, quemadmodum geri potuerint ordinemus.

XVI. *Resurrectio et ascensio ejus.*

« Prima Sabbati diluculo, sicut omnes consentiunt, ventum est ad monumentum. Jam factum erat quod solus Matthæus commemorat de terræmotu et lapide revoluto, conterritisque custodibus; ita ut in parte aliqua velut mortui jacerent. Venit autem, sicut Joannes dicit, Maria Magdalene sine dubio, cum cæteris mulieribus, quæ Domino ministraverant, plurimum dilectione ferventior, ut non immerito Joannes solam commemoret, tacitis eis quæ cum illa fuerunt, sicut alii testantur. Venit ergo, et ut vidit lapidem sublatum a monumento, antequam aliquid diligentius inspiceret; non dubitans ablatum inde esse corpus Jesu, cucurrit, sicut dicit idem Joannes, et nuntiavit Petro atque ipsi Joanni. Ipse est enim discipulus quem diligebat Jesus. At illi currere cœperunt ad monumentum, et præveniens Joannes inclinavit se, et vidit posita linteamina; non tamen intravit. Petrus autem consecutus intravit in monumentum, et vidit linteamina posita, et sudarium, quod fuerat super caput ejus non cum linteaminibus positum, sed separatim involutum. Deinde et Joannes intravit et vidit similiter et credidit quod Maria dixerat, sublatum esse Dominum de monumento. Nondum enim sciebant Scripturas, quia oportebat eum a mortuis resurgere. Abierunt ergo ad semetipsos discipuli. Maria autem stabat ad monumentum foris plorans, id est ante illum saxei sepulcri locum; sed tamen intra illud spatium quo jam ingressæ fuerant. Hortus quippe erat illic, sicut idem Joannes commemorat (*Joan.* XIX, 41). Tunc viderunt angelum sedentem a dextris super lapidem revolutum a monumento, de quo angelo narrant Matthæus et Marcus : *Tunc dixit eis : Nolite timere, vos. Scio enim quod Jesum, qui crucifixus est, quæritis. Non est hic; surrexit enim sicut dixit. Venite et videte locum ubi positus erat Dominus. Et cito euntes, dicite discipulis ejus quia resurrexit; et ecce præcedit vos in Galilæam. Ibi eum videbitis; ecce prædixi vobis.* Quibus similia Marcus quoque non tacuit (*Matth.* xxviii, 1-7; *Marc.* xvi, 1-7).

« Ad hæc verba Maria, dum fleret, inclinavit se, et prospexit in monumentum; et vidit duos angelos, sicut dicit Joannes, in albis sedentes, unum ad caput, et unum ad pedes, ubi positum fuerat corpus Jesu. *Dicunt ei : Mulier, quid ploras? Dicit eis : Quia tulerunt Dominum meum, et nescio ubi posuerunt eum.* Hic intelligendi sunt surrexisse angeli, ut etiam stantes viderentur, sicut eos Lucas visos fuisse commemorat, et dixisse timentibus feminis, et vultum in terram declinantibus : *Quid quæritis viventem cum mortuis? non est hic, sed surrexit. Recordamini qualiter locutus est vobis, cum adhuc in Galilæa esset, dicens quia oportet Filium hominis tradi in manus hominum peccatorum, et crucifigi, et die tertia resurgere. Et recordatæ sunt verborum ejus* (*Luc.* xxiv, 1-8; *Joan.* xx, 1-13).

« Post hæc *Maria conversa est retrorsum, et vidit Jesum stantem,* sicut dixit Joannes, *et non sciebat quia Jesus est. Dicit ei Jesus : Mulier, quid ploras? quem quæris? Illa existimans quia hortulanus esset, dixit ei : Domine, si tu sustulisti eum, dicito mihi ubi posuisti eum, et ego eum tollam. Dixit ei Jesus : Maria ! Conversa illa, dixit : Rabboni, quod dicitur magister. Dicit ei Jesus : Noli me tangere. Nondum enim ascendi ad Patrem meum. Vade autem ad fratres meos, et dic eis : Ascendo ad Patrem meum et Patrem vestrum, ad Deum meum et Deum vestrum.* Tunc egressa est a monumento, hoc est ab illo loco ubi erat horti spatium ante lapidem effossum; et aliæ, quas, secundum Marcum, invaserat tremor et pavor, cum illa; et nemini quidquam dicebant. Tunc jam, secundum Matthæum, *ecce Jesus occurrit illis, dicens : Avete. Illæ autem accesserunt et tenuerunt pedes ejus et adoraverunt eum.* Sic enim colligimus et angelorum allocutionem bis numero eas habuisse venientes ad monumentum, et ipsius Domini. Semel scilicet illic, quando Maria hortulanum putavit, et nunc iterum in via, cum eis occurrit; ut eas ipsa repetitione firmaret, atque a timore recrearet. *Tunc ergo ait illis : Nolite timere. Ite, nuntiate fratribus meis ut eant in Galilæam. Ibi me videbunt.* Venit ergo Maria Magdalene annuntians discipulis *quia vidit Dominum,* et hæc ei dixit; non solum ipsa, sed et aliæ, quas Lucas commemorat. Quæ nuntiaverunt hæc discipulis undecim et cæteris omnibus. *Et visa sunt ante illos sicut deliramentum verba ista, et non credebant illis.* His et Marcus attestatur. Nam, postquam commemoravit eas trementes et paventes a monumento exisse, et nemini quidquam dixisse, adjunxit quod resurgens Dominus apparuerit mane prima Sabbati primo Mariæ Magdalenæ, de qua ejecerat septem dæmonia; et quia illa vadens nuntiavit iis, qui cum eo fuerant, lugentibus et flentibus; et quia illi, audientes quod viveret et visus esset ab ea, non crediderunt. Sane Matthæus etiam illud inseruit, abscedentibus mulieribus, quæ illa omnia viderant et audierant, venisse etiam quosdam in civitatem de illis custodibus qui velut mortui jacuerant, et nuntiasse principibus sacerdotum omnia quæ facta erant, ea scilicet quæ illi sentire potuerunt; illos vero congregatos cum senioribus, consilio accepto, pecuniam copiosam dedisse militibus, ut dicerent quod discipuli ejus ipsum furati essent illis dormientibus; pollicentes etiam securitatem a præside, qui eos custodes dederat, et illos accepta pecunia fecisse sicut erant docti; divulgatumque verbum istud apud Judæos usque in hodiernum diem. Lucas solus quatuor evangelistarum non dicit a mulieribus visum Dominum, sed tantummodo angelos. Matthæus autem dicit, quod eis a monumento redeuntibus occurrerit. Marcus quoque dicit primo visum esse Mariæ Magdalenæ, sicut et Joannes. Sed quomodo ei sit visus non dicit, quod explicatur a Joanne (*Matth.* xxviii, 8-15; *Marc.* xvi, 8-11; *Luc.* xxiv, 9-12; *Joan.* xx, 14-18 [15].) »

Omnes quatuor evangelistæ, sicut in omnibus, quæ omnipotens Emmanuel fecit ante passionem suam, veraciter referendo concordant; sic nihilominus resurrectionem ejus et ascensionem concorditer enarrant, deciesque Dominum a mortuis resurgentem visum esse ab hominibus commemorant.

Semel ad monumentum mulieribus, rursus eisdem in itinere a monumento regredientibus, tertio Simoni Petro apparuit; quod si evangelista quando vel ubi factum sit non designaverit, tamen quia factum sit liquido describit. Quarto duobus in castellum Emmaus euntibus, in alia effigie, ne cognosceretur, apparuit; ut peregrinus eis in via comitatus, tristitiæ querimoniæque causam inquisivit; auditoque a Cleopha lamento de Jesu Nazareno, qui fuit vir propheta, potens in opere et sermone coram Deo et omni populo, et de damnatione ejus, eos pie increpavit; incipiens a Moyse et omnibus prophetis Scripturas explanavit, tractusque ad hospitium cum eis recubuit, in convivio panem accepit, benedixit, fregit, porrexit, et oculos eorum in fractione panis ad agnoscendum se aperuit, cognitusque mox ex oculis eorum evanuit. Quinto pluribus in Jerusalem, ut Lucas et Joannes perhibent, sero congregatis, ubi non erat Thomas, Jesus januis clausis intravit, manus et latus eis ostendit, partemque piscis assi, et favum mellis coram eis

---

(15) S. August. *De consensu evang.* Opp. t. III, part. I, col. 1201, *Patrologiæ* t. XXXIV.

manducavit, insufflavit, et dixit eis : *Accipite Spiritum sanctum*, et cætera (*Joan.* xx, 22). Sexto, post dies octo, ubi vidit eum Thomas, et dixit : *Dominus meus et Deus meus* (*ibid.* 28). Septimo, ad mare Tiberiadis, ubi septem discipuli piscantes eum post nocturnum laborem mane viderunt, et cum illo post miram CLIII piscium capturam panem et piscem in littore comederunt. Octavo, in monte Galilææ secundum Matthæum, *ubi videntes eum adoraverunt, quidam autem dubitaverunt.* Tunc ait illis : *Data est mihi omnis potestas in cœlo et in terra. Euntes docete omnes gentes, baptizantes eos in nomine Patris et Filii et Spiritus sancti; docentes eos servare omnia quæcunque mandavi vobis. Et ecce ego vobiscum sum omnibus diebus usque ad consummationem sæculi* (*Matth.* xxviii, 7). Nono, quod Marcus dicit : *Novissime recumbentibus apparuit Jesus, et incredulitatem illorum exprobravit durioribus* (*Marc.* xvi, 12-14). Ideo dicitur novissime, quia jam non erant in terra cum illo convivaturi. Decimo, in ipso die non jam in terra, sed elevatum in nube discipuli viderunt, cum in cœlum ascendit ; quod Marcus et Lucas commemorant (*Marc.* xvi, 19 ; *Luc.* xxiv, 51).

Toties ergo in evangelicis libris commemoratus est visus ab hominibus antequam ascendisset in cœlum, in terra scilicet novies, et in aere semel ascendens. Sed non omnia scripta sunt, sicut Joannes dicit (*Joan.* xxi, 25). Crebra enim erat ejus cum illis conversatio per dies XL priusquam ascendisset in cœlum (*Matth.* xxviii, 16-20 ; *Marc.* xvi, 12-14; *Luc.* xxiv, 13-49; *Joan.* xx, 15; xxi, 4) ; non tamen eis per omnes XL continuos dies apparuerat. Nam post primum diem resurrectionis ejus, alios octo dies intervenisse dicit Joannes (*Joan.* xx, 16) ; post quos eis rursus apparuit. Sic per illos XL dies quoties voluit, quibus voluit, et quemadmodum voluit, apparens, fidem in illis suæ resurrectionis confirmavit.

Duas siquidem ultimas apparitiones Marcus et Lucas commemorant, et ea quæ ibi dicta vel acta fuerant. Secundum Marcum, duritiam cordis incredulorum redarguit, et confirmatis in fide ait : *Euntes in mundum universum, prædicate evangelium omni creaturæ. Qui crediderit et baptizatus fuerit, salvus erit. Qui vero non crediderit, condemnabitur. Signa autem eos qui crediderint hæc sequentur. In nomine meo dæmonia ejicient, linguis loquentur novis, serpentes tollent; et si mortiferum quid biberint, non eis nocebit. Super ægros manus imponent, et bene habebunt. Dominus quidem Jesus, postquam locutus est eis, assumptus est in cœlum, et sedet a dextris Dei* (*Marc.* xvi, 15-19). Porro Lucas in Evangelii sui fine sic ait : *Eduxit eos foras in Bethaniam, et elevatis manibus suis, benedixit eis. Et factum est, cum benediceret illis, recessit ab eis; et ferebatur in cœlum* (*Luc.* xxiv, 50, 51).

Item etiam in initio Actuum apostolorum de ascensione Domini sic ait : *Convescens præcepit eis a Jerosolymis ne discederent, sed exspectarent promissionem Patris, quam audistis*, inquit, *per os meum. Quia Joannes quidem baptizavit aqua, vos autem baptizabimini Spiritu sancto non post multos hos dies. Igitur qui convenerant, interrogabant eum, dicentes : Domine, si in tempore hoc restitues regnum Israel? Dixit autem eis : Non est vestrum nosse tempora vel momenta quæ Pater posuit in sua potestate, sed accipietis virtutem supervenientis Spiritus sancti in vos, et eritis mihi testes in Jerusalem, et in omni Judæa, Samaria, et usque ad ultimum terræ. Et cum hoc dixisset,* videntibus illis elevatus est, et nubes suscepit eum ab oculis eorum. Cumque intuerentur in cœlum euntem illum, ecce duo viri astiterunt juxta illos in vestibus albis, qui et dixerunt : *Viri Galilæi, quid statis aspicientes in cœlum? Hic Jesus, qui assumptus est a vobis in cœlum, sic veniet quemadmodum vidistis eum euntem in cœlum.* Tunc reversi sunt Jerosolymam a monte Oliveti, qui est juxta Jerusalem, Sabbati habens iter (*Act.* i, 12). Ibi, ut Lucas testatur, fideles discipuli triumpho cœlestis magistri specialiter gaudebant, in templo et in cœnaculo unanimiter in oratione perseverabant, et promissum Patris per Filium, sicut ipse jusserat, securi exspectabant (*ibid.* 14).

Omnia enim, quæ ab illo audierant, certa operum exhibitione comprobaverant, et oculis manifeste jam completa perspexerant. Nam sicut eum in passione dira toleraturum, ipsumque tertia die cum victoria resurrecturum, ex ore illius plerumque audierant ; sic devicta morte jam immortalem vitæ datorem læti adspectant, ipsoque super cœlos exaltato, et Patris ad dexteram sedente, feliciter tripudiant. Angeli quoque in albis vestibus apparentes, et Galilæos cum admiratione cœlis intentos alloquentes, angelorum hominumque gaudium designant, et generalem ejus in fine sæculi adventum ad judicandas gentes denuntiant.

Petrus et Joannes, Jacobus et Andreas, Philippus et Thomas, Bartholomæus et Matthæus, Jacobus Alphæi et Simon Zelotes et Judas Jacobi, qui usque in finem cum Domino Jesu permanserunt, *sal terræ et lux mundi* ab ipso appellati sunt (*Matth.* v, 13-14), meritoque, quia mundum contemnentes, vestigia ejus tenuerunt, rectores orbis, et judices sæculi divinitus constituti sunt. Postquam venerabilis conventus, ubi fere centum viginti erant, Jerusalem remeavit, Petrus, qui vocatione primus, et dignitate maximus erat, in medio fratrum surrexit, et de Juda proditore disseruit, quomodo suspensus inter cœlum et terram medius crepuit, et viscera ejus effusa sunt, quia nec cœlo, nec terra dignus est ; et ager pretio Christi emptus, *haceldama,* hoc est *ager sanguinis* vocatus est. Deinde admonuit ut, sicut David prædixerat, alter pro eo ad prædicationis opus et cœleste ministerium eligeretur. Omnes itaque prioris sententiam concesserunt, et ne sacer numerus apostolorum imperfectus videretur, Joseph justum et Mathiam prætulerunt, eisque sortes dederunt. Oratione autem a Petro facta, et ab aliis confirmata, sors super Mathiam cecidit, et connumeratus est cum xi apostolis (*Act*. 1, 15-26).

Hi sunt xii horæ diei et perfecti xii menses anni, atque multis ænigmatibus a prophetis et patriarchis jamdudum designati apostoli. Hos venerantur omnes fidelium nationes, meritoque censentur cœli senatores, et Ecclesiæ gloriosi principes; quia veræ viti Christo inhæserunt fructuosi palmites. Ejus enim in arvis vestigia specialiter imitati sunt spontanea paupertate inter homines, mirisque virtutibus fulserunt insignes socii et consecretales, nunc vero in cœlestibus thronis consessores, et xii tribuum Israelitarum justi censores. Et sicut in terris assidue cucurrerunt ad bravium vitæ Christi sequaces, et in Ecclesia laboriose desudarunt ejus vicarii ac testes, sic nunc illius beati coruscant in cœlis cohæredes.

XVII. *Spiritus sanctus in apostolos descendit*.

Cum complerentur dies Pentecostes, discipuli que hora tertia in unum congregati essent fideles, *factus est repente de cœlo sonus*, et in igneis linguis super sedentes descendit Spiritus sanctus, replens eos omni scientia divinisque charismatibus (*Act*. ii, 1-4)

O quam velox et efficax est iste artifex, et desiderantium unctionem ejus animarum dulcis et vivificus opifex! Ignis divinus non comburens, sed illuminans, advenit, corda discipulorum ubertim inflammavit, carnalium delectatione voluptatum et formidine suppliciorum evacuavit. Eos in ore per diversitatem linguarum subito docuit, in mente autem ex auctoritate roboravit, et in culmine virtutum contra omnes astus inimici extulit. In variis apostoli linguis magnalia Dei loquebantur, ita ut omnium gentium advenæ mirarentur quod indigenæ Galilæi omnibus linguis diserte uterentur. Hoc ut invidi Judæi confusione digni compererunt, qui opera Christi et verba sinistra interpretatione semper depravare soliti sunt, magnalia Dei fantes musto plenos debacchando asseruerunt. Verum Petrus spirituali potu affatim debriatus in perfidos surrexit, verba sapientiæ salutaris eructavit, de incarnatione et passione ac resurrectione Christi eloquenter tractavit, et multitudinem malignantium cooperante Spiritu sancto confusam superavit. Sicut Malchum, qui servus summi sacerdotis erat, gladio quondam percussit, et aurem ejus amputavit, sic carnaliter famulantes soli litteræ Mosaicæ legis mystico Dei verbo pupugit, veteresque cœremonias et observationes ab intellectu neophytorum resecavit. Judæos itaque, quos ad necem Messiæ perfidia sævire paulo ante coegit, fervens Petri prædicatio ad pœnitentiam et fidem atque baptisma invitavit. Et tanquam pisces de pelago solitus fuerat extrahere retis ministerio, sic errantes de ignorantiæ puteo ad veræ fidei soliditatem pertraxit sanctæ prædicationis officio. Unde conversorum ipso die tria millia baptizavit, et vetustatem carnalis vitæ relinquentes in novum hominem renovavit (*ibid*. 41).

Ecce, juvante Deo, simpliciter prosecutus sum continuationem quamdam a nativitate Christi usque ad adventum Spiritus Paracleti, et singula Salvatoris miracula ex evangelicis codicibus seriatim breviterque congessi, prout ipse secundum intellectulum meum indagare potui, sive dicacem Augustinum, aliosque doctores sectatus caraxavi. In hoc nempe sedimine mihi meisque similibus prodesse curavi : eis scilicet, qui profunda doctorum prolixaque rimari fastidiunt, conferre volens aliquid emolumenti; dum Dominica miracula per quatuor libros diffusa compaginavi, et in brevi tomo examussim collecta adnotavi. Porro, nonnunquam eadem verba, quæ in libris authenticis videbam, avidus hausi; plerumque vero brevitatis causa dictatum mutavi, sed invictam veritatem ubique sectari summopere laboravi, nec ab authentica unquam sponte sententia exorbitavi.

XVIII. *Regna imperatorum Romanorum*.

Nunc, quia certam proposui chronographiam scripto protelare, ut lectori clarius pateat ordo temporum, quædam libet inserere, quæ antiqui patres in opusculis suis ediderunt de eadem re.

Eusebius enim Cæsariensis, et trilinguis Hieronymus, Iberi quoque sophistæ, Orosius et Hispalensis Isidorus, aliique plures multa scripserunt de sæculi excursibus; præcipueque apud nos Beda presbyter in libro *De temporibus*, qui postremus omnium Anglicæ genti scripsit, stylumque priscorum veraciter prosequi studuit.

Tiberius Octaviani Augusti privignus, Liviæ uxoris ejus ex priore marito filius, regnavit annis xxiii. Hujus anno xii Pilatus Judææ procurator ab eodem dirigitur. Herodes tetrarcha, cum Judæorum principatum teneret annis xxiv, in honorem Tiberii et Liviæ matris ejus Tiberiadem condidit Libiadem.

Anno quinto decimo imperii Tiberii Cæsaris, Dominus Jesus post baptismum, quem Joannes prædicavit, mundum regnum cœlorum annuntiavit; peractis a mundi principio secundum Hebræos annis, ut Eusebius *in Chronicis suis* signat, iv millibus, adnotando quod xv anno Tiberii principium fuerit lxxx jubilæi secundum Hebræos; juxta Chronica eadem, quæ ipse Eusebius de utraque editione, ut sibi videbatur, composuit, anni sunt quinque millia ducenti viginti octo.

Anno xviii imperii Tiberii, Dominus sua passione mundum redemit, et victor a mortuis tertia die resurgens, fidelibus suis manifestus apparuit, et xl die videntibus illis in cœlum ascendit. Agrippa, cognomento Herodes, filius Aristobuli filii Herodis regis, accusator Herodis tetrarchæ, Romam profectus a Tiberio in vincula conjicitur; ubi plurimos sibi ad amicitiam ascivit, et maxime Caium Germanici filium.

Caius, cognomento Caligula, regnavit annos iii,

menses x et dies VIII. Hic Herodem Agrippam amicum suum, vinculis liberatum, regem Judææ fecit; qui permanet in regno VII annis, id est usque ad quartum Claudii annum. Quo ab angelo percusso, Agrippa filius ejus in regno successit, et usque ad exterminium Judæorum XXVI annis perseveravit. Herodes tetrarcha et ipse Caii amicitiam petens, cogente Herodiade Romam venit. Sed accusatus ab Agrippa etiam tetrarchiam perdidit, fugiensque in Hispaniam cum Herodiade mœrore periit. Pilatus, qui sententiam damnationis in Christum dixerat, tantis irrogante Caio angoribus coarctatus est, ut sua se manu peremerit. Caius in deos se referens, Judæorum loca sancta idolorum sordibus profanat.

Claudius annos XIII, menses VII, dies XXVII. Ipse IV regni sui anno, dum fames gravissima, cujus Lucas in Actibus apostolorum meminit, facta est, Britanniam adiens quam neque ante Julium Cæsarem, neque post eum quisquam attingere ausus fuerat, sine ullo prælio ac sanguine intra paucissimos dies plurimam insulæ partem in deditionem recipit. Orcadas etiam imperio Romano insulas adjecit, ac sexto mense, ex quo profectus erat, Romam rediit. Nono regni sui anno Judæos tumultuantes Roma expulit, quod et Lucas refert. Sequenti anno fames maxima Romam corripit.

Nero annos XIII, menses VII, dies XXVIII. Hujus anno secundo Festus Judææ procurator Felici successit. Tunc Paulus Romam vinctus mittitur. Festo in magistratu Judææ successit Albinus, et Albino Gessius Florus, cujus luxuriam et avaritiam, cæteraque flagitia Judæi tolerare nequiverunt; unde contra Romanos rebellaverunt. Adversum quos Vespasianus magister militiæ transmissus, plurimas urbes Judææ capit. Primus Nero (15*) super omnia scelera sua etiam Christianos persequitur, quorum eximios Romæ, Petrum cruce, et Paulum occidit gladio. Hic in re militari nihil omnino ausus, Britanniam prae amisit. Nam duo sub eo nobilissima oppida illic capta atque eversa sunt.

Vespasianus annos IX, menses XI, dies XXII. Hic apud Judæam imperator ab exercitu appellatur, et bellum Tito filio commendans, Romam per Alexandriam proficiscitur, et perempto Vitellio regnum nanciscitur. Qui secundo anno Judææ regnum subvertit, templumque solo stravit post annos primæ ædificationis ejus 1084. Hoc vero bellum consummatum est annis IV, duobus quidem Nerone vivente, et duobus aliis postea. Vespasianus inter alia magnorum operum in privata adhuc vita, in Germaniam, ac deinde in Britanniam a Claudio missus, tricies et bis cum hoste conflixit; duas validissimas gentes, XX oppida, insulam Vectam Britanniæ proximam imperio Romano adjecit. Colossus erigitur habens altitudinis pedes CVII.

Titus annos II, menses II, vir omnium virtutum A genere mirabilis, adeo ut amor et deliciæ humani generis diceretur. Hic amphitheatrum Romæ ædificavit, et in dedicatione ejus quinque millia ferarum occidit.

Domitianus, frater Titi junior, annos XV, menses V. Hic secundus post Neronem Christianos persequitur, et paulo post pro mercede theomachiæ a senatu interficitur.

Nerva anno uno, mensibus IV, diebus VIII. Hic primo edicto suo cunctos exsules revocavit. Unde Joannes apostolus hac generali liberatus indulgentia Ephesum remeavit.

Trajanus annos XIX, menses VI, dies XV. Hic adversum Christianos persecutionem movit, eximiosque Dei servos martyrizavit. Plinius Secundus Novocomensis, orator et historicus insignis habetur, cujus plurima ingenii exstant opera. Pantheum Romæ, quod Domitianus fecerat, fulmine concrematum; cui nomen inde datum est, quod ipsa domus omnium deorum sit habitaculum. Judæi per diversas terrarum partes seditionem moventes, digna cæde sternuntur. Trajanus Romani imperii, quod post Augustum defensum magis fuerat, quam nobiliter ampliatum, fines longe lateque diffudit.

Adrianus consobrinæ Trajani filius annis XXI. Hic per Quadratum discipulum apostolorum, et Aristidem Atheniensem, virum fide sapientiaque plenum, et per Serenum Granium legatum, libris de Christiana religione compositis instructus, præcepit per epistolam Christianos sine criminum objectione non damnari. Idem Judæos secundo rebelles ultima cæde perdomuit, etiam introeundi eis Jerosolymam licentia ablata; quam ipse in optimum statum exstructione murorum reparavit, et Æliam vocari de nomine suo præcepit. Idem eruditissimus in utraque lingua, bibliothecam Athenis miri operis exstruxit.

Jerosolymæ primus ex gentibus constituitur episcopus Marcus, cessantibus his qui fuerant ex Judæis, quorum nomina hæc sunt: Jacobus frater Domini, Simeon filius Cleophæ, Justus, Zachæus, Tobias, Sextus, Joannes, Mathias, Philippus, Seneca, Justus, Levi, Ephrem, Joseph et Judas. Hi numero XV ex circumcisione prodierunt, in Jerusalem a passione Domini usque ad Ælium Adrianum per annos fere CVII præfuerunt, fideque et scientia cum sanctitate micuerunt. Dein ex gentibus eis hi successerunt: Marcus, Cassianus, Publius, Maximus, Julianus, Caius, Julianus, Capito, Valens, Dolicianus, Narcissus, Alexander, Mazabbanes, Hymenæus, Zabdas, Hermon, Macharius, Maximus, Cyrillus et Joannes.

XIX. *Successio imperatorum Romanorum.*

Antoninus, cognomento Pius, cum filiis suis, Aurelio et Lucio, annis XXII et mensibus III. Justinus philosophus librum pro Christiana religione compositum Antonino tradidit, eumque benignum erga

---

(15*) Sic D. Le Prévost; Duchesne *vero*:

Christianos fecit. Qui non longe post suscitante persecutionem Crescente amico, pro Christo sanguinem fudit, sub Pio Romæ episcopo. Hermes scripsit librum, qui dicitur Pastoris, in quo præceptum Angeli continetur, ut Pascha die Dominico celebraretur. Polycarpus Romam veniens multos ab hæretica labe castigavit, qui Valentini et Cerdonis fuerant nuper doctrina corrupti.

Marcus Antoninus Verus, cum fratre Lucio Aurelio Commodo, annos XIX, menses II. Hi primum æquo jure imperium administraverunt, cum usque ad hoc tempus singuli augusti fuerint. Bellum deinde contra Parthos admirabili virtute et felicitate gesserunt. In Asia persecutione orta, Polycarpus et Pionius martyrium fecere. In Gallia quoque Photinus, Lugdunensis præsul, aliique plurimi pro Christo gloriose sanguinem fudere. Nec multo post vindex scelerum lues multas late provincias, Italiam maxime Romamque vastavit. Defuncto Commodo fratre, Antoninus Commodum filium suum consortem regni facit. Antonino imperatori Melito Asianus Sardensis episcopus Apologeticum pro Christianis tradidit. Lucius Britanniæ rex, missa ad Eleutherium Romæ episcopum epistola, ut Christianus efficiatur impetrat. Apollinaris Asianus Hierapoli, et Dionysius Corinthi, clari habentur episcopi.

Lucius Antoninus Commodus post mortem patris regnavit annis XIII. Hic adversum Germanos bellum feliciter gessit. Cæterum ipse per omnia luxuriæ et obscenitati mancipatus, nil paternæ virtutis et pietatis simile gessit. Irenæus Lugdunensis episcopus insignis habetur. Commodus imperator, Colossi capite sublato, imaginis suæ caput ei jussit imponi.

Helius Pertinax mensibus VI. Hic Juliani jurisperiti scelere periit, quem mense VII, postquam cœperat imperare, Severus apud Pontem Milvium bello civili victum interficit. Victor Romæ episcopus, datis late libellis, constituit Pascha die Dominico celebrari, sicut prædecessor ejus Eleutherius, a XIV luna primi mensis usque ad XXI. Cujus decretis favens Theophilus Cæsareæ Palæstinæ episcopus, scripsit adversus eos qui XIV luna cum Judæis Pascha celebrabant, cum cæteris, qui in eodem concilio aderant, episcopis synodicam et valde utilem epistolam.

Severus Pertinax annis XVII fortiter quidem, sed laboriose imperium tenuit, et persecutionem in Christianos acerrimam exercuit. Clemens Alexandrinæ Ecclesiæ presbyter, et Pantænus Stoicus philosophus, in disputatione dogmatis nostri disertissimi habentur. Narcissus Jerosolymorum episcopus, et Theophilus Cæsariensis, Polycarpus quoque et Bacilus Asianæ provinciæ episcopi, insignes habentur. Plurimi Christianorum per diversas provincias martyrio coronati sunt. Clodio Albino, qui se in Gallia Cæsarem fecerat, apud Lugdunum interfecto, Severus in Britannias bellum transfert; ubi, ut et receptas provincias ab incursione barbarica faceret securiores, magnam fossam firmissimumque vallum, crebris insuper turribus communitum, per CXXXII millia passuum a mari ad mare duxit, et Eburaci obiit.

Antoninus cognomento Caracalla, Severi filius, annis VII. Alexander episcopus Cappadociæ, cum sanctorum desiderio locorum Jerosolymam venisset, vivente adhuc Narcisso ejusdem urbis episcopo, persenilis ætatis viro, ipse ibi ordinatur episcopus, Domino ut id fieri deberet per revelationem monente. Tertullianus Afer centurionis proconsularis filius omnium Ecclesiarum sermone celebratur.

Macrinus anno uno regnavit, et cum filio Diadumeno, cum quo imperium invasit, apud Archilaidem militari tumultu occiditur.

Marcus Aurelius Antoninus annis IV. In Palæstina Nicopolis, quæ prius Emmaus vocabatur, urbs condita est; legationis industriam pro eo suscipiente Julio Africano scriptore temporum. Hæc est Emmaus quam Dominus post resurrectionem suo, sicut Lucas narrat (*cap.* XXIV), ingressu sanctificare dignatus est. Hippolytus episcopus, multorum conditor opusculorum, temporum canonem, quem scripsit, huc usque perduxit. Qui etiam se, decennovalem Paschæ circulum reperiens, Eusebio, qui super eodem Pascha cyclum composuit, occasionem dedisse retulit.

Aurelius Alexander annis XIII. Hic in Mamæam matrem suam unice pius fuit, et ob id omnibus amabilis. Urbanus Romæ episcopus multos nobilium ad fidem Christi et martyrium perduxit. Origenes Alexandriæ, imo toto orbe clarus habetur. Denique Mamæa mater Alexandri eum audire curavit, et Antiochiam accitum summo honore habuit.

Maximinus annis III. Hic adversum sacerdotes ecclesiarum, et clericos atque doctores persecutionem exercet, maxime propter Christianam Alexandri, cui successerat, et Mamææ matris ejus familiam; vel præcipue propter Origenem presbyterum. Pontianus et Anteros, Romanæ urbis episcopi, martyrio coronati, et in cœmeterio Calixti sunt sepulti.

Gordianus annis VI. Julius Africanus inter scriptores ecclesiasticos nobilis habetur. Qui in chronicis, quæ conscripsit, refert se Alexandriam properare, Heraclæ opinione celeberrima provocatum; quem et in divinis et philosophicis studiis, atque omni Græcorum doctrina instructissimum fama loqueretur.

Philippus, cum Philippo filio, VII annis regnavit. Hic primus omnium imperatorum admonitu fidelis Christi militis Pontii Christianus factus est; ac post tertium imperii ejus annum, millesimus a conditione Romæ annus expletus est. Janius delubrorum obturatis, sancta Ecclesia cum tripudio ad Dei laudem libere reserata est; et ita magnificis ludis augustissimus omnium præteritorum hic natalis annus a Christiano imperatore celebratus est. Origenes Leonidæ martyris filius in Cæsarea Palæstinæ Theodorum, cognomento Gregorium, et Athenodorum, adolescentulos fratres, Ponti postea nobilissinos episcopos divina philosophia imbuit; adversus quemdam Celsum Epicureum philosophum, qui contra nos scripserat, octo voluminibus respondit. Qui, ut breviter dicam, tantum scribendi sedulus fuit, ut Hieronymus quodam loco quinque millia librorum ejus, se legisse meminerit.

Decius anno I, mensibus III. Hic cum Philippos, patrem et filium, interfecisset, ob odium eorum in Christianos persecutionem movet; in qua Fabianus papa in urbe Roma martyrio coronatus, Cornelio reliquit sedem sui episcopatus. Alexander Jerosolymorum episcopus apud Cæsaream Palæstinæ, et Babylas Antiochiæ interficiuntur.

Gallus cum Volusiano filio annos II, menses IV. Hic ut Dionysius Alexandriæ antistes perhibet, cum regnum ejus in initio floreret, et cuncta ei ex sententia cederent, sanctos viros, qui pro pace regni ejus Deo summo supplicabant, persecutus est, cum quibus et prosperitatem suam fugavit et pacem. Origenes LXX ætatis anno non ad integrum impleto defunctus, et in urbe Tyro sepultus est. Cornelius papa rogatus a quadam matrona Lucina, corpora apostolorum de catacumbis levavit noctu, et posuit, Pauli quidem via Ostiensi, ubi decollatus est; Petri autem, juxta locum ubi crucifixus est, inter corpora sanctorum episcoporum in templum Apollinis, in monte Aureo, in Vaticano palatii Neroniani, III Kalendas Julii.

Valerianus cum filio Gallieno annis XV. Hic in Christianos persecutione commota, statim a Sapore Persarum rege capitur; ibique luminaribus orbatus, servitute miserabili consenescit. Unde Gallienus tam claro Dei judicio territus pacem nostris reddidit. Sed ob meritum tamen vel propriæ libidinis vel paternæ theomachiæ, innumera, barbaris assurgentibus, Romani regni detrimenta sustinuit. Hac persecutione Cyprianus Carthaginiensis episcopus, cujus doctissima exstant opuscula, martyrio coronatur. Cujus vitæ et passionis volumen egregium Pontius diaconus ejus reliquit, qui usque ad diem passionis ejus cum ipso exsilium sustinuit. Theodorus Gregorius Neocæsareæ Ponti episcopus magna virtutum gloria claret; e quibus unum est, quod, ut ecclesiæ faciendæ locus sufficeret, montem precibus movit. Stephanus et Sextus Romæ episcopi martyrio passi sunt.

Claudius anno I, mensibus IX. Iste Gothos jam per annos XV Illyricum Macedoniamque vastantes superat; ob quæ in curia clypeus aureus, et in Capitolio statua ei aurea collocata est. Marcion disertissimus Antiochenæ presbyter Ecclesiæ, qui in eadem urbe rhetoricam docuerat, adversus Paulum de Samosate, qui Antiochiæ episcopus dogmatizabat Christum communis naturæ hominem fuisse, accipientibus notariis disputavit, qui dialogus usque hodie exstat.

Aurelianus annis V, mensibus VI. Hic cum adversum nos persecutionem movisset, fulmen ante eum **magno pavore** circumstantium ruit, ac non multo post a militibus occisus est itineris medio quod inter Constantinopolim et Heracleam est. Euticianus papa martyrio Romæ coronatus, in cœmeterio Calixti sepelitur; qui et ipse CCCXIII martyres manu sua sepelivit.

Tacitus menses sex. Quo apud Pontum occiso, Florianus obtinuit imperium diebus LXXXVIII, et sic apud Tarsum occiditur. Anatolius, natione Alexandrinus, Laodiciæ Syriæ episcopus, philosophorum disciplinis eruditus, plurimo sermone celebratur; cujus ingenii magnitudo de libro, quem super Pascha composuit, et de decem libris arithmeticæ institutionis potest apertissime cognosci. Insana Manichæorum hæresis, et Sabellianorum oritur.

Probus annos VI et menses IV. Hic Gallias jamdudum a Barbaris occupatas, per multa et gravia prælia, deletis tandem hostibus, ad perfectum liberavit. Archelaus Mesopotamiæ episcopus librum disputationis suæ, quam habuit contra Manichæum exeuntem de Perside, Syro sermone composuit, qui translatus a Græcis, habetur a multis.

Carus cum filiis Carino et Numeriano, annis II. Caius Romanæ Ecclesiæ episcopus fulget, qui a Diocletiano martyrio passus est. Pierius Alexandriæ presbyter sub Theona episcopo florentissime populos docuit; et tantam sermonis diversorumque tractatuum, qui usque hodie exstant, elegantiam invenit, ut Origenes junior vocaretur; vir miræ parcimoniæ, et voluntariæ paupertatis appetitor, qui post persecutionem omni tempore vitæ suæ Romæ conversatus est.

XX. *Imperatores Romani. Persecutiones in Christianos. Constantini conversio.*

Diocletianus cum Herculio Maximiano annos XX. Carausius sumpta purpura Britannias occupavit. Narseus rex Persarum Orienti bellum intulit. Quinquegentiani Africam vastaverunt. Ægyptum Archilleus obtinuit; ob quæ Constantius et Galerius Maximinus Cæsares assumuntur in regnum. Constantius privignam Herculei Theodoram accipit, ex qua sex liberos postea Constantini fratres habuit. Galerius filiam Diocletiani Valeriam accepit. Post decem annos, per Asclepiodotum præfectum prætorii, Britanniæ receptæ sunt.

Nono decimo anno Diocletianus in Oriente, Maximianus Herculius in Occidente ecclesias vastari, affligi Christianos et interfici præcipiunt. Secundo autem persecutionis anno Diocletianus Nicomediæ, Maximianus Mediolani purpuram deposuerunt. Attamen cœpta semel persecutio usque ad septimum Constantini annum fervere non cessat. Constantius XVI imperii anno, summæ mansuetudinis et civilitatis vir, in Britannia diem obiit Eboraci. Hæc persecutio tam crudelis et crebra flagrabat, ut intra unum mensem decem et octo millia martyrum pro Christo passi inveniantur: nam et Oceani limbum transgressa, Albanum, Aaron et Julium Britanniæ, cum aliis pluribus viris ac feminis felici cruore damnavit. Tunc passus est Pamphilus presbyter,

Eusebii Cæsariensis episcopi necessarius, cujus Vitam ipse tribus libris comprehendit.

Tertio persecutionis anno, quo et Constantius obiit, Maximinus et Severus a Galerio Maximo Cæsares facti. E quibus Maximinus maleficia et stupra sua Christianorum persecutionibus accumulat. Passus est ea tempestate Petrus Alexandriæ episcopus, cum pluribus Ægypti episcopis. Lucianus quoque, vir moribus et continentia et eruditione præcipuus, Antiochiæ presbyter, et alii multi passi sunt.

Constantinus Constantii ex concubina Helena filius, in Britannia creatus imperator, regnavit annis xxx et mensibus x. Ab anno persecutionis quarto Maxentius, Herculii Maximiani filius, Romæ Augustus appellatur. Licinius, Constantiæ sororis Constantini vir, Carnunti imperator creatur. Constantinus de persecutore Christianis efficitur, et Ecclesiam Dei sublimare toto nisu conatur. In Nicæno concilio fides Catholica exponitur. Constantinus multas Domino basilicas construxit. Romæ, ubi baptizatus est, basilicam fecit in honore sancti Joannis Baptistæ, quæ appellatur Constantiniana; beato Petro in templo Apollinis, et beato Paulo in via Ostiensi. In palatio Sessoriano basilicam, quæ cognominatur Jerusalem, fecit, ubi de ligno crucis Domini posuit. Ex rogatu filiæ suæ fecit ecclesiam Sanctæ martyri Agnæ, beato quoque Laurentio martyri via Tiburtina in agro Verano. Item basilicam via Lavicana inter duas lauros, beatis martyribus Marcellino et Petro fecit; et mausoleum, ubi matrem suam in sarcophago purpureo posuit. In civitate Ostia juxta portum urbis Romæ, Beatorum apostolorum Petri et Pauli et Joannis Baptistæ basilicam construxit. In Albanensi civitate, Sancti Joannis Baptistæ, et in urbe Neapoli, fecit ecclesias. Idem Constantinus Drepanam Bithyniæ civitatem in honorem Luciani martyris ibi conditi instauravit, et ex vocabulo matris suæ Helenopolim nominavit. In Thracia vero nominis sui urbem statuit, et sedem Romani imperii et totius caput Orientis esse voluit. Item statuit citra ullam hominum cædem paganorum templa claudi.

Constantius, cum Constantino et Constante fratribus, annos xxiv, menses v, dies xiii. Jacobus Nisibinus episcopus agnoscitur, ad cujus preces sæpe urbs a discrimine liberata est. Impietas Ariana Constantii regis fulta præsidio, exsiliis, carceribus et variis afflictionum modis, primum Athanasium, deinde omnes non suæ partis episcopos persecuta est. Maximinus Treverorum episcopus clarus habetur; a quo Athanasius Alexandriæ episcopus, cum a Constantio quæreretur ad pœnam, honorifice susceptus est. Antonius monachus centesimo quinto ætatis suæ anno in eremo moritur. Constantio Romam ingresso, ossa Andreæ apostoli et Lucæ evangelistæ a Constantinopolitanis miro favore susceptæ. Hilarius Pictavensis episcopus, qui pulsus ab Arianis in Phrygia exsulaverat, cum apud Constantinopolim librum pro se Constantio porrexisset, ad Gallias rediit.

Julianus annos ii, menses viii. Hic baptizatus, et sacris ordinibus atque ad diaconatum sublimatus fuit; sed relicto clericatu, arma sustulit, imperioque arrepto, ad idolorum cultum conversus Christianos persecutus est. Pagani apud Sebasten Palæstinæ urbem sepulcrum Joannis Baptistæ invadunt, et ossa dispergunt, eademque rursus collecta et cremata latius dispergunt. Sed Dei providentia quidam ex Jerosolymis monachi adfuerunt, qui misti colligentibus quæque poterant ablata ad patrem suum Philippum pertulerunt. Ille confestim hæc, quia supra se ducebat tantum thesaurum propriis servare vigiliis, ad pontificem maximum tunc Athanasium, per Julianum diaconem suum, misit. Quæ ille suscepta, paucis arbitris, subcavato sacrarii pariete inclusit, et prophetico spiritu profutura generationi posteræ consecravit. Cujus præsagium sub Theodosio principe per Theophilum episcopum Alexandriæ completur qui, destructo Serapis sepulcro, Sancti Joannis ibidem ecclesiam consecravit.

Jovinianus, menses viii. Synodus Antiochiæ a Meletio et suis facta est, in qua Macedonianum dogma Spiritum sanctum blasphemans condemnatum est. Jovinianus postquam in xxix annos pacem cum Persis composuit, ad Romanum regressus est solium; lapsuque Constantii prædecessoris admonitus, honorificis et officiosissimis Athanasium litteris requirit, a quo formam fidei, et modum Ecclesiarum disponendarum suscepit. Sed ejus pia lætaque principia mors immatura apud Ciliciam corrupit.

Valentinianus cum fratre Valente, annis xi. Apollinaris Laodicenus episcopus multimoda nostræ religionis scripta componit, qui postea a fide devians sui nominis hæresim instituit. Damasus Romæ episcopus basilicam juxta theatrum sancto Laurentio fecit, et aliam in catacumbas, ubi corpora sanctorum apostolorum Petri et Pauli jacuerunt. In quo loco, platoniam ipsam, ubi jacuerunt, versibus adornavit. Valens, ab Eudoxio Arianorum episcopo baptizatus, nostros persequitur. Gratianus Valentiniani filius tertio ejus anno Ambianis imperator factus est. Constantinopoli apostolorum martyrium dedicatur. Post Auxentii seram mortem, Mediolani Ambrosius episcopus constituitur, cujus prædicatione omnis ad fidem Christi Wallia convertitur.

Valens, cum Gratiano et Valentiniano, Valentiniani fratris sui filiis, annis iv. Valens, lege data ut monachi militarent, nolentes fustibus jussit interfici. Gens Hunorum diu inaccessis reclusa montibus, repentina rabie percita in Gothos exarsit, eosque sparsim conturbatos ab antiquis sedibus expulit, Gothi, transito Danubio, fugientes a Valente sine armorum depositione suscepti, mox per avaritiam Maximi ducis fame ad rebellandum coacti sunt; victoque Valentis exercitu, per Thraciam sese miscentes, simul omnia cædibus, incendiis et rapinis fuderunt.

Gratianus cum fratre Valentiniano, annis vi, Theodosius a Gratiano imperator creatus, maximas illas Scythicas gentes, hoc est Alanos, Hunos et Gothos, magnis multisque præliis vicit. Cujus concordiam non ferentes Ariani, post xl annos ecclesias, quas vi tenuere, reliquerunt. Synodus centum quinquaginta Patrum congregatur urbe Augusta, contra Macedonium, sub Damaso Romæ episcopo. Theodosius Arcadium filium suum consortem facit imperii. A secundo Gratiani anno, ipso sexies et Theodosio consulibus, Theophilus paschalem computum scribit. Maximus, vir quidem strenuus et probus, atque Augusto dignus, nisi contra sacramenti fidem per tyrannidem emersisset, in Britannia invitus propemodum ab exercitu imperator creatus, in Galliam transiit; ibique Gratianum Augustum dolis circumventum apud Lugdunum occidit, fratremque ejus Valentinianum Italia expulit; qui tamen justissimam cum matre sua Justina pœnam exsilii luit. Quam et ipsum Ariana hæresis polluit, et eminentissimam Catholicæ fidei arcem Ambrosium perfida obsidione vexavit; nec prius quam prolatis beatorum Gervasii et Protasii martyrum, Deo revelante, reliquiis incorruptis, nefanda cœpta deseruit.

Theodosius qui, vivente Gratiano, sex annis jam Orientem regebat, post mortem ejus regnavit annis xi. Ipse et Valentinianus, quem Italia expulsum benigne susceperat, Maximum tyrannum tertio ab Aquileia lapide interficiunt. Qui, quoniam Britanniam omni pene armata juventute copiisque militaribus spoliaverat, quæ tyrannidis ejus vestigia secutæ in Gallias, nunquam ultra domum rediere; videntes transmarinæ gentes sævissimæ, Scotorum a Circio, et Pictorum ab Aquilone, destitutam milite ac defensore insulam, adveniunt, et vastatam direptamque per multos eam annos opprimunt. Hieronymus sacræ interpres Historiæ librum, quem de illustribus Ecclesiæ viris scribit, usque ad xiv totius imperii Theodosii annum perduxit.

Arcadius, filius Theodosii, cum fratre Honorio, annis xiii. Corpora sanctorum Habacuc et Michææ prophetarum divina revelatione produntur. Gothi Italiam, Vandali atque Alani Gallias aggrediuntur. Innocentius Romæ episcopus dedicavit basilicam Beatissimorum martyrum Gervasii et Protasii, ex devotione testamenti cujusdam illustris feminæ Vestinæ. Tunc famulus Christi Alexis obiit. Pelagius Brito Dei gratiam impugnat.

Honorius cum Theodosio minore, fratris sui filio, annis xvi. Alaricus, rex Gothorum, Romam invasit, partemque ejus incendio cremavit ix Kalendas Septembris, anno conditionis ejus 1164, ac sexto die quam ingressus fuerat, deprædata urbe egressus est.

Lucianus presbyter, cui revelavit Dominus, vii Honorii principis anno, locum sepulcri et reliquiarum beati protomartyris Stephani et Gamalielis ac Nicodemi, qui in Evangelio et in Actibus apostolorum leguntur, scripsit ipsam revelationem Græco sermone ad omnium ecclesiarum personam. Quam revelationem Avitus presbyter, homo Hispanus genere, in Latinum vertit, et adjecta epistola sua, per Orosium presbyterum, Occidentalibus dedit. Qui etiam Orosius ad loca sancta perveniens, quo eum Augustinus ad Hieronymum pro discenda animæ ratione miserat, reliquias beati Stephani accepit, patriamque reversus Occidenti primus intulit. Britanni Scotorum, Pictorumque infestationem non ferentes, Romam mittunt, et sui subjectione promissa, contra hostem auxilia flagitant. Quibus statim missa legio magnam babarorum multitudinem sternit, cæteros Britanniæ finibus pellit, ac domum reversura præcepit sociis ad arcendos hostes murum trans insulam inter duo maria statuere. Qui, absque artifice magistro magis cespite quam lapide factus, nil operantibus profuit. Nam mox ut discessere Romani, advectus navibus prior hostis, quasi maturam segetem, obvia quæque sibi cædit, calcat, devorat. Iterum petenti auxilia Romani advolant, et cæsum hostem trans maria fugant, conjunctisque sibi Britannis, murum non terra ut ante pulvereum, sed saxo solidum, inter civitates, quæ ibidem ob metum hostium factæ fuerant, a mari usque ad mare collocant. Sed et littore meridiano maris, quia et inde hostis timebatur, turres per intervalla ad prospectum magis statuunt. Sic valedicunt sociis, tanquam ultra non reversuri. Bonifacius Romæ episcopus fecit oratorium in cœmeterio Sanctæ Felicitatis, et ornavit sepulcrum ejus et Sancti Sylvini. Hieronymus presbyter obiit xii Honorii anno, ii Kalendas Octobris, anno ætatis suæ xci.

Theodosius minor, Arcadii filius, annis xxvi. Valentinianus junior Constantii filius Ravennæ imperator creatur. Placidia vero mater ejus augusta nuncupatur. Effera gens Vandalorum, Alanorum et Gothorum, ab Hispaniis ad Africam transiens, omnia ferro, flamma, rapinis, simul et Ariana impietate fœdavit. Sed beatus Augustinus Hipponensis episcopus, et omnium doctor eximius Ecclesiarum, ne civitatis suæ ruinam videret, tertio obsidionis ejus mense migravit ad Dominum, v Kalendas Septembris; cum vixisset annis lxxvi, in clericatu autem vel in episcopatu annos ferme xl complesset. Quo tempore Vandali, capta Carthagine, Siciliam quoque deleverunt. Cujus captivitatis Paschasinus Lilybitanus antistes in epistola meminit, quam de ratione paschali papæ Leoni scripsit.

Ad Scotos in Christum credentes ordinatus a Cœlestino papa Palladius primus episcopus mittitur anno Theodosii viii. Recedente a Britannia Romano exercitu, cognita, Scoti et Picti, reditus denegatione, redeunt ipsi; et totam ab Aquilone insulam pro indigenis muro tenus capessunt. Nec mora, cæsis, captis fugatisque custodibus muri et ipso interrupto, etiam intra illum crudelis prædo grassatur. Mittitur epistola lacrymis ærumnisque referta ad Romanæ potestatis virum Aetium ter consulem, xxiii Theodosii principis anno, petens auxilium, nec impetrat. Interea fames dira ac famosissima profugos infestat. Qua coacti quidam hostibus dedere manus. Alii de montibus, speluncis ac saltibus strenue repugnabant, ac strages hostibus dabant. Revertuntur Scoti domum, post non multum tempus reversuri. Picti extremam insulæ partem tum primum et deinceps inhabitaturi detinent. Famem præfatam magna frugum opulentia, opulentiam luxuria et negligentia, negligentiam lues acerrima, et acrior mox hostium novorum, id est Anglorum, plaga secuta est. Quos illi unanimi consilio cum rege suo Wortigerno quasi defensores patriæ ad se invitandos elegerunt; sed exceptos mox impugnatores atque expugnatores senserunt.

Sixtus Romæ episcopus fecit basilicam Sanctæ Mariæ matris Domini, quæ ab antiquis Liberii cognominabatur. Eudoxia, uxor Theodosii principis, a Jerosolymis remeavit, et beatissimi Stephani primi martyris reliquias, quæ in basilica Sancti Laurentii positæ venerantur, secum detulit. Bleda et Attila fratres, multarum gentium reges, Illyricum Thraciamque depopulati sunt.

XXI. *Imperatores Romani. Invasiones Anglorum, Saxonum Francorumque. Fundatio Francorum regni.*

Marcianus et Valentinianus, annis vii. Gens Anglorum sive Saxonum, Britanniam tribus longis navibus advehitur. Quibus dum iter prosperatum domi fama referret, mittitur exercitus fortior qui, junctis prioribus, primo hostes quos patiebatur abigit; deinde in socios arma vertens, totam prope insulam ab orientali ejus usque ad occidentalem igni vel ense subigit; conficta occasione, quod pro se militantibus Britones minus sufficienter stipendia darent.

Joannes Baptista duobus monachis orientalibus, qui ob orationem venerant Jerosolymam, caput suum juxta Herodis quondam regis habitaculum revelat; quod deinceps Emissam Phœniciæ perlatum, et digno honore cultum est.

Hæresis Pelagiana Britannorum fidem turbat. Qui a Gallicanis episcopis auxilium quærentes, Germanum Autissiodorensis Ecclesiæ episcopum, et Lupum Trecassium æque apostolicæ gratiæ antistitem fidei defensores accipiunt. Insignes autem Domini athletæ fidem verbo veritatis simul et miraculorum signis confirmant, sed et bellum Saxonum Pictorumque adversus Britones eo tempore junctis viribus susceptum divina virtute retundunt. Nam, cum Germanus ipse dux belli factus, non tubæ clangore, sed clamore *Alleluia*, totius exercitus voce ad sidera levato, hostes in fugam vertit immanes. Qui deinceps ad Ravennam perveniens, summa reverentia a Valentiniano et Placidia susceptus, migravit ad Christum. Cujus corpus honorifico agmine, comitantibus virtutum operibus, defertur Autissiodorum. Aetius patricius occidentalibus occidentalis reipublicæ salus, et regi quondam Attilæ terror, a Valentiniano occiditur, cum quo Hesperium regnum cecidit, neque hactenus relevari valuit.

Circa hæc tempora regnum Francorum exordium sumit. Nam tempore Theodosii junioris filii Arcadii et Cœlestini papæ, Ferramundus, Sunnonis ducis filii Franci filius, Francorum regum primus, quinque annis regnavit. Quo defuncto, Clodio filius ejus vii annis regnavit.

Tunc diabolus Judæis in Creta in specie Moysi apparuit, eosque ad terram repromissionis pede sicco per mare perducere promisit; sicque plurimis necatis, reliqui ad Christi gratiam convertuntur.

Anno ii Marciani et Valentiniani, Meroveus rex, postquam xiii annis regnavit, mortuus est. Post quem Childericus filius ejus per annos xxiii regno Francorum potitus est.

Leo annis xvii. Hic pro tomo Chalcedonensi per universum orbem singulis orthodoxorum episcopis singulas consonantesque misit epistolas, quid de eodem tomo sentirent rescribi sibi postulans. Quorum adeo consonantia de vera Christi incarnatione suscepit omnium rescripta, ac si uno tempore, unoque dictante, fuissent universa conscripta. Theodorus episcopus civitatis, quæ a Cyro rege Persarum condita Cyriæ nomen habet, scribit de vera incarnatione Domini Salvatoris adversus Eutychem et Dioscorum Alexandriæ episcopum, qui humanam in Christo carnem negant. Scripsit et *Historiam Ecclesiasticam* a fine librorum Eusebii usque ad suum tempus, id est usque ad imperium Leonis hujus, sub quo et mortuus est.

Victorius, jubente papa Hilario, scripsit Paschalem circulum 532 annorum.

Zenon annis xvii. Corpus Barnabæ apostoli, et Evangelium Matthæi ejus stylo scriptum, ipso revelante, reperitur. Odoacer, rex Gothorum, Romam obtinuit, quam ex eo tempore diutius eorum reges tenuere.

Mortuo Theodorico Triarii filio, alius Theodoricus cognomento Valamer Gothorum suscepit regnum, qui utramque Macedoniam Thessaliamque depopulatus est, et plurima regiæ civitatis loca igne succendens, Italiam quoque infestus occupavit. Hunericus rex Vandalorum Arianus, in Africa exsulatis diffugatisque plus quam 334 episcopis Catholicis, ecclesias eorum clausit, variisque plebem suppliciis affecit; et quidem innumeris manus abscindens, linguas præcidit, nec tamen loquelam Catholicæ confessionis eripere potuit.

Britones, duce Ambrosio Aureliano, viro modesto, qui solus forte Romanæ gentis Saxonum cædi superfuerat, occisis in eadem parentibus purpura indutis, victricem eorum gentem provocantes ad prælium vincunt ; et ex eo tempore nunc hi, nunc illi, palmam habuere, donec advena potentior tota per longum potiretur insula.

Anno quo Zenon imperare cœpit, mortuo Childerico Clodoveus filius ejus in Gallia regnare cœpit, annisque xix fortiter agens regnavit.

Anastasius annis xxvIII. Transamundus rex Vandalorum ecclesias catholicas clausit, et ccxx episcopos exsilio Sardiniam misit. Symmachus papa inter multa ecclesiarum opera, quæ vel a fundamentis creavit, vel prisca renovavit, ad Beatum Petrum et Paulum et Sanctum Laurentium, pauperibus habitacula construxit, et omni anno per Africam vel Sardiniam episcopis, qui in exsilio erant, pecunias et vestes ministrabat. Anastasius, quia hæresi favens Eutychetis Catholicos insecutus est, divino fulmine periit.

XXII. *Clodoveus rex Francorum baptizatur. Reges Francorum. Reges Anglorum. Imperatores Romani.*

Clodoveus rex Francorum xv anno regni sui, cum tribus nobilium millibus a beato Remigio Remorum archiepiscopo baptizatus est. Deinde post iv (15) annos obiit, et Theodericus filius ejus ei successit. Quo defuncto, Clotarius frater ejus per annos li in Gallia regnavit. Tunc Gildardus et Flavius in sede Rothomagensi floruerunt ; et Mamertus Viennensis pro multimoda peste, qua populus angebatur, litanias, id est rogationes, ante Ascensionem Domini solemnes instituit.

Justinus senior annis viii. Joannes papa Constantinopolim veniens, ad portam quæ vocatur Aurea, turbis ei occurrentibus, in conspectu omnium roganti cæco lumen reddidit. Qui dum rediens Ravennam venisset, Theodericus eum cum comitibus carceris afflictione peremit ; invidia ductus, quia Catholicæ pietatis defensor Justinus eum honorifice suscepisset. Eodem anno Symmachum patricium Ravennæ occidit, et ipse anno sequente ibidem subita morte periit, eique in regno Athalaricus nepos ejus successit. Hildericus Vandalorum rex episcopos ab exsilio reverti, et ecclesias instaurare præcepit, post annos Lxxiv hæreticæ profanationis. Benedictus abbas virtutum gloria claruit, quas beatus papa Gregorius in libro *Dialogorum* scripsit.

Justinianus Justini ex sorore nepos annis xxxviii. Belisarius patricius a Justiniano in Africam missus gentem Vandalorum delevit. Carthago quoque anno excessionis suæ xcvi recepta est, pulsis devictisque Vandalis, et Gelismero rege eorum capto, et Constantinopolim misso. Corpus sancti Antonii monachi divina revelatione repertum Alexandriam defertur et in ecclesia Beati Joannis Baptistæ humatur. Dionysius Parvus paschales scribit Circulos, incipiens ab anno Dominicæ Incarnationis. Tunc orbi

(15) Sic in codd. et in editione v. c. Le Prévost.

codex Justiniani promulgatus est. Victor quoque Capuanus episcopus librum de Pascha scribens, Victorii arguit errores.

Clotarius rex grandævus mortuus est, et regnum Francorum in tetrarchias divisum est. Parisius enim cessit Cariberto, Aurelianis Guntranno, Suessionis Hilperico et Mettis Sigiberto. Denique xxxvi anno imperii Justiniani, Sigibertus rex fraude Hilperici fratris sui, cum quo bellum inierat, occisus est, et Childebertus filius ejus adhuc puerulus, cum Brunichilde matre sua, regnum patris ad regendum suscepit, et xxv annis regnavit.

Justinus minor annis xi. Narses patricius Totilam regem Gothorum in Italia superavit et occidit. Qui deinde per invidiam Romanorum, pro quibus multa contra Gothos laboraverat, accusatus apud Justinum et conjugem ejus Sophiam quod servitio premeret Italiam, secessit Neapolim Campaniæ, et scripsit genti Langobardorum ut venirent et possiderent Italiam. Joannes papa ecclesiam apostolorum Philippi et Jacobi, quam prædecessor ejus Pelagius cœperat, fecit et dedicavit. Tunc bellicosus Albuinus, Audonis Langobardorum regis filius, de Pannonia in Italiam venit, eamque, permittente Narsete patricio, cum Guinilis suis obtinuit.

Tiberius Constantinus annis vii. Gregorius tunc apocrisiarius in Constantinopolim, post Romanus episcopus, libros expositionis in Job condit, et Euticium ejusdem urbis episcopum in fide nostræ resurrectionis errasse, Tiberio præsente convicit ; ita ut ipse Augustus librum ejus, quem de resurrectione scripsit, suis quoque catholicis allegationibus destruens, deliberaret flammis cremari debuisse. Docebat enim idem Euticius corpus nostrum in illa resurrectionis gloria impalpabile, et ventis aereque subtilius esse futurum ; contra illud Dominicum : *Palpate, et videte quia spiritus carnem et ossa non habet, sicut me videtis habere* (*Luc.* xxiv, 39). Gens Langobardorum, comitante fame et mortalitate, omnem invadit Italiam, ipsamque Romanam vastatrix obsidet urbem. Quibus tunc rex præerat Albuinus.

Mauricius annis xxi. Herminegeldus Liuvigildiguissi Gothorum regis filius, ob fidei Catholicæ confessionem inexpugnabilem, a patre Ariano regni privatus insulis, et in carcerem ac vincula projectus, ad extremum nocte secunda Dominicæ resurrectionis securi in capite percussus, regnum cœleste pro terreno rex et martyr intravit. Cujus frater Recharedus, mox ut regnum post patrem accepit, omnem Gothorum, cui præerat, gentem, instante Leandro Hispalitano episcopo, qui et Herminegeldum docuerat, catholicam convertit ad fidem. Mauricius filiam Tiberii Constantini conjugem habuit, et primus Græcorum fasces Romanorum gessit. Gregorius, Romanæ Ecclesiæ pontifex et doctor eximius, anno Mauricii imperii xiii, indictione xiii.

synodum episcoporum xxiii ad corpus beati Petri apostoli congregans, de necessariis Ecclesiæ decernit. Idem, missis Britanniam Augustino, Mellito, Joanne, aliisque pluribus cum eis monachis timentibus Deum, ad Christum Anglos convertit. Et quidem Edilbertus mox ad Christi gratiam conversus cum gente Cantuariorum, cui præerat, proximisque provinciis, etiam episcopum doctoremque suum Augustinum, sed et cæteros sacros antistites episcopali sede donabat. Porro gentes Anglorum ab aquilone Humbri fluminis, sub regibus Elle et Edilfrido sitæ, necdum verbum vitæ audierant. Gregorius xviii anno Mauricii iv, scribens Augustino, Lundoniæ quoque et Eburaci episcopis, accepto a sede apostolica pallio, metropolitanos esse debere decernit; et post iv annos obiit.

Focas annis viii. Hic, rogante papa Bonifacio, statuit sedem Romanæ et apostolicæ Ecclesiæ caput esse omnium Ecclesiarum, quia Ecclesia Constantinopolitana primam se scribebat omnium Ecclesiarum. Idem, alio papa Bonifacio petente, jussit in veteri fano, quod Pantheon vocabatur, ablatis idololatriæ sordibus, ecclesiam Beatæ semper Virginis Mariæ et Omnium Martyrum fieri; ut ubi quondam omnium non deorum, sed dæmoniorum cultus agebatur, ibi deinceps omnium fieret memoria sanctorum.

Persæ adversus rempublicam gravissima bella gerentes, multas Romanorum provincias, et ipsam Jerosolymam auferunt; et destruentes ecclesias, sancta quæque profanantes, inter ornamenta locorum vel sanctorum, vel communium, quæ abstulerunt, etiam vexillum Dominicæ crucis abducunt.

Heraclius annis xxxi. Anastasius Persa monachus nobile pro Christo martyrium patitur. Qui natus in Perside magicas a patre puer artes discebat; sed ubi a captivis Christianis Christi nomen acceperat, in eum mox animo toto conversus, relicta Perside, Chalcedoniam Hierapolimque, Christum quærens, ac deinde Jerosolymam petit; ubi accepta baptismatis gratia, quarto ab eadem urbe milliario monasterium abbatis Anastasii intravit, ubi septem annis regulariter vivens, dum Cæsaream Palæstinæ orationis gratia venisset, captus a Persis, et multa diu verbera inter carceres et vincula, Marzabana judice, perpessus, tandem ad Chosroem regem eorum Persidem mittitur: a quo per intervalla temporum tertio verberatus, ad extremum una suspensus manu per tres horas diei, sic decollatus cum aliis lxx martyrium complevit. Mox tunica ejus indutus quidam dæmoniacus curatus est. Interea superveniens cum exercitu Heraclius princeps, Persis cum rege Chosroe superatis, Christianos, qui captivati erant, gaudentes reduxit, et sanctæ crucis lignum Jerosolymis reportavit. Reliquiæ beati martyris Anastasii primo monasterium suum, deinde Romam advectæ, venerantur in monasterio Beati Pauli apostoli, quod dicitur ad Aquas Salvias.

Anno regni Heraclii xvi, indictione xv, Eduinus excellentissimus rex Anglorum in Britannia transhumbranæ gentis ab aquilone, Paulino episcopo, quem de Cantia venerabilis Justus archiepiscopus miserat, prædicante salutis cum sua gente suscepit, anno quidem regni sui xi, adventus autem Anglorum in Britanniam plus minus anno clxxx, eique Paulino sedem episcopatus Eburaci donavit. Cui profecto regi in auspicium venturæ fidei et regni cœlestis, potestas quoque terreni creverat regni, ita ut universos Britanniæ fines, quod nemo Anglorum ante eum, qua vel ipsorum, vel Britonum gentes habitabant, sub ditione acciperet.

Eo tempore exortum apud Scotos in observatione Paschæ errorem Honorius papa per epistolam redarguit. Sed et Joannes, qui successor ejus Severino successit, cum adhuc esset electus in pontificatum, pro eodem Pascha eis simul, et pro Pelagiana hæresi, quæ apud eos reviviscebat, scripsit.

In Gallia Theodeberto et Theoderico regibus defunctis, Lotharius magnus Hilperici filius floruit, et monarchiam Franciæ solus obtinuit. Quo defuncto, Dagobertus filius ejus ei successit, et xii annis regnum strenue gubernavit. Deinde Clodoveus filius ejus xxvi annis regnavit, moriensque diadema tribus filiis suis, Lothario, Theoderico et Hilderico, reliquit. Temporibus horum regum in Francia viri sancti virtutibus et signis claruerunt, Romanus et Audoenus, Ansbertus et Eligius, Ebrulfus et Launomarus, Maurus et Colombanus, Philibertus et Guandregisilus, aliique plures fide et prædicatione pollentes, sanctitate et prodigiis coruscantes.

Heracleonas cum matre sua Martina annis ii. Cyrus Alexandriæ, Sergius et Pyrrhus regiæ urbis episcopi, Acephalorum hæresim instaurantes unam operationem in Christo divinitatis et humanitatis, unam voluntatem dogmatizant. E quibus Pyrrhus his temporibus, id est sub Theodoro papa, Romam veniens ex Africa, ficta, ut post apparuit, pœnitentia obtulit eidem papæ, præsente cuncto clero et populo, libellum cum sua subscriptione, in quo condemnarentur omnia quæ a se vel a prædecessoribus suis scripta vel acta sunt adversus Catholicam fidem. Unde benigne susceptus est ab eo quasi regiæ pontifex civitatis. Sed, quia reversus domum, repetiit errorem domesticum, memoratus papa Theodorus, advocatis cunctis sacerdotibus et clero in ecclesiam Beati Petri apostolorum principis, condemnavit eum sub vinculo anathematis.

Constantinus frater Heraclii mensibus vi. Pyrrhi successor Paulus, non tantum vesana doctrina, sicut prædecessores ejus, sed aperta persecutione Catholicos cruciat, apocrisiarios sanctæ Romanæ Ecclesiæ, qui ad ejus correctionem missi fuerant, partim carceribus, partim exsiliis, partim verberibus afficiens. Sed et altare eorum in domo Placidiæ sacratum in venerabili oraculo subvertens diripuit, prohibens eos ibidem missas celebrare. Unde et ipse, sicut prædecessores illius, ab apostolica sede justa depositionis ultione damnatus est.

Constantinus filius Constantini annis xxviii. Hic deceptus a Paulo, sicut Heraclius avus ejus a Sergio, ejusdem regiæ civitatis episcopo, exposuit Typum adversus catholicam fidem; nec unam, nec duas voluntates, aut operationes in Christo definiens esse confitendas, quasi nihil velle, vel operari, credendus sit Christus. Unde Martinus papa, congregata Romæ synodo centum quinque coepiscoporum, damnavit sub anathemate præfatos Cyrum, Sergium, et Pyrrhum et Paulum hæreticos. Missus ergo post hæc ab imperatore Theodorus exarchus, tulit Martinum papam de ecclesia Constantiniana, perduxitque Constantinopolim. Qui post hæc relegatus Chersonam, ibidem vitam finivit, multis in eodem loco virtutum signis usque hodie refulgens. Facta est autem præfata synodus anno imperii Constantini nono, mense Octobrio, indictione viii.

Constantinus princeps, Vitaliano papa nuper ordinato, misit beato Petro apostolo Evangelia aurea, gemmis albis miræ magnitudinis in circuitu ornata. Ipse post aliquot annos, id est per indictionem vi, veniens Romam, obtulit super altare ipsius pallium auro textile, toto cum cereis exercitu ecclesiam intrante. Sequente anno, facta est eclipsis solis quasi decima hora diei, v Nonas Maii. Theodorus archiepiscopus et Adrianus abbas, vir æque doctissimus, a Vitaliano missi Britanniam, plurimas Ecclesias Anglorum doctrinæ ecclesiasticæ fruge fecundarunt. Constantinus post plurimas et inauditas deprædationes provinciis factas, occisus in balneo periit indictione xii, nec longo post tempore etiam Vitalianus papa cœlestia regna petiit.

XXIII. *Conatus ad uniendas Orientalem et Occidentalem Ecclesias. Constantinopolitanum concilium. Edilthrida Annæ filia. Cuthbertus episcopus.*

Constantinus, frater Constantini superioris regis, annis xvii. Sarraceni Siciliam invadunt, et præda nimia secum ablata, mox Alexandriam redeunt.

Agatho papa ex rogatu Constantini, Heraclii et Tiberii, principum piissimorum, misit in regiam urbem legatos suos, in quibus erat Joannes Romanæ Ecclesiæ tunc diaconus, non longe post episcopus, pro adunatione facienda sanctarum Dei Ecclesiarum. Qui benignissime suscepti a reverendissimo fidei Catholicæ defensore Constantino, jussi sunt, remissis disputationibus philosophicis, pacifico colloquio de fide vera perquirere; datis eis de bibliotheca Constantinopolitana cunctis antiquorum Patrum, quos petebant, libellis. Adfuerunt autem et episcopi cl, præsidente Georgio patriarca regiæ urbis, et Antiochiæ Macharío. Et convicti sunt, qui unam voluntatem et operationem astruebant in Christo, falsasse Patrum catholicorum dicta perplurima. Finito autem conflictu, Georgius correctus est; Macharius vero cum suis sequacibus, simul et præcessoribus, Cyro, Sergio, Honorio, Pyrrho, Paulo et Petro anathematizatus; et in locum ejus Theophanius abbas de Sicilia Antiochiæ episcopus factus. Tantaque gratia legatos Catholicæ pacis comitata est, ut Joannes Portuensis episcopus, qui erat unus ex ipsis, Dominica octavarum Paschæ missas publicas in ecclesia Sanctæ Sophiæ coram principe et patriarcha Latine celebraret.

Hæc est sexta synodus universalis Constantinopoli celebrata, et Græco sermone conscripta, temporibus papæ Agathonis, exsequente ac residente piissimo principe Constantino intra palatium suum, simulque legatis apostolicæ sedis, et episcopis cl residentibus.

Prima enim universalis synodus in Nicæa congregata est contra Arium, trecentorum decem et octo Patrum, temporibus Julii papæ, sub Constantino principe; secunda in Constantinopoli, centum quinquaginta Patrum, contra Macedonium et Eudoxium, temporibus Damasi papæ et Gratiani principis, quando Nectarius eidem urbi est ordinatus episcopus; tertia in Epheso, ducentorum Patrum, contra Nestorium Augustæ urbis episcopum, sub Theodosio magno principe et Cœlestino papa; quarta in Chalcedone, Patrum sexcentorum triginta, sub Leone papa, temporibus Marciani principis, contra Eutychem nefandissimorum præsulem monachorum; quinta item in Constantinopoli, temporibus Vigilii papæ, sub Justiniano principe, contra Theodorum et omnes hæreticos; sexta hæc, de qua in præsenti diximus.

Sancta et perpetua virgo Christi Edilthrida filia Annæ regis Anglorum, et primo alteri viro permagnifico, nomine Tondbert, principi australium Girviorum, et post Egfrido regi Nordanhymbrorum conjux data; postquam xii annos torum incorrupta servavit maritalem, post reginam sumpto velamine sacra virgo, sanctimonialis efficitur; nec mora etiam virginum mater et nutrix pia sanctarum, accepto in construendum monasterium loco, quem Elige vocant. Cujus merita vivacia testatur etiam caro mortua, quæ post decem et sex annos sepulturæ, cum veste qua involuta est, incorrupta reperitur.

Justinianus minor, filius Constantini, annis x. Hic constituit pacem cum Sarracenis decennio terra marique. Sed et provincia Africa subjugata est Romano imperio, quæ fuerat tenta a Sarracenis; ipsa quoque Carthagine ab eis capta et destructa. Hic beatæ memoriæ pontificem Romanæ Ecclesiæ Sergium, quia erraticæ suæ synodo, quam Constantinopoli fecerat, favere et subscribere noluisset, misso Zacharia protospatario suo, jussit Constantinopolim deportari. Sed prævenit militia Ravennatis urbis, vicinarumque partium, jussa principis nefanda, et eumdem Zachariam contumeliis et injuriis ab urbe Roma repulit.

Quarto anno Justiniani, in Francia Pippinus primus major domus regiæ efficitur. Sergius papa ordinavit venerabilem virum Guillebrordum cognomento Clementem, Fresionum genti episcopum; qui natione Anglicus de Britannia peregrinatus est, et inter barbaros innumera quotidie diabolo detrimenta, et Christianæ fidei facit augmenta. Justinianus ob culpam perfidiæ regni gloria privatus, exsul in Pontum secedit; eumque Cyrus abbas aluit.

Leo annis III. Papa Sergius in sacrario Beati Petri apostoli capsam argenteam, quæ in angulo obscurissimo diu jacuerat, et in eo crucem diversis ac pretiosis lapidibus adornatam, Domino revelante, reperit. De qua tractis quatuor petallis, quibus gemmæ inclusæ erant miræ magnitudinis, portionem ligni salutiferi Dominicæ crucis interius repositam inspexit. Quæ ex tempore illo annis omnibus in basilica Salvatoris, quæ appellatur Constantiniana, die exaltationis ejus ab omni populo osculatur atque adoratur.

In Britannia reverendissimus Ecclesiæ Lindisfarnensis ex anachoreta antistes Cuthbertus totam ab infantia usque ad senium vitam miraculorum signis inclytam duxit. Cujus dum XI annis corpus esset humatum, incorruptum post hæc, quasi eadem hora defuncti, simul cum veste, qua tegebatur, inventum est. Ceduval rex occidentalium Saxonum Inæ regnum sponte reliquit, et Romam perveniens, a Sergio papa Sabbato Paschæ baptizatus est; et in albis adhuc positus, languore correptus, XII Kalendas Maii obiit. Jubente papa, qui eum in baptismo Petrum nominaverat, in ecclesia Sancti Apostoli sepultus est, et epitaphium in ejus monumento sic exaratum est:

Culmen, opes, sobolem, pollentia regna, triumphos,
Exuvias, proceres, mœnia, castra, lares,
Quæque patrum virtus, et quæ congesserat ipse,
Ceduval armipotens liquit amore Dei,
Ut Petrum, sedemque Petri rex cerneret hospes,
Cujus fonte meras sumeret almus aquas.

. . . .
Sospes enim veniens supremo ex orbe Britanni,
Per varias gentes, per freta, perque vias
Urbem Romuleam vidit, templumque verendum
Aspexit Petri, mystica dona gerens.
Candidus inter oves Christi sociabilis ibit,
Corpore nam tumulum mente superna tenet.
Commutasse magis sceptrorum insignia credas,
Quem regnum Christi promeruisse vides.

XXIV. *Aquileiensis synodus. Imperatores Romani. Carolus Martellus. Beda.*

Tiberius annis VII. Synodus Aquileiæ facta, ob imperitiam fidei, quintum universale concilium suscipere diffidit, donec salutaribus beati papæ monitis instructa, et ipsa huic cum cæteris Christi Ecclesiis annuere consentit. Gisulfus, dux gentis Langobardorum Beneventi, Campaniam igne, gladio et captivitate vastavit. Cumque non esset qui ejus impetui resisteret, Joannes papa, qui Sergio successerat, missis ad eum sacerdotibus ac donariis perplurimis, universos captivos redemit, et hostes domum redire fecit. Cui successit alius Joannes, qui inter multa operum illustrium, fecit oratorium sanctæ Dei Genitrici, opere pulcherrimo, intra ecclesiam Beati Petri apostolorum principis. Hereberectus, rex Langobardorum, multas curtes et patrimonia Alpium Cottiarum, quæ quondam ad jus apostolicæ sedis pertinebant, sed a Langobardis multo tempore ablata fuerant, ejusdem sedis juri restituit, et hanc donationem aureis scriptam litteris Romam direxit.

Justinianus secundo cum Tiberio filio, annis VI. Hic auxilio Terbelli Bulgarorum regis regnum recipiens, occidit eos qui se expulerant patricios, et Leonem, qui locum ejus usurpaverat, et successorem ejus Tiberium, qui eum de regno ejectum toto quo ipse regnabat tempore in eadem civitate in custodia tenuerat. Callinichum vero patriarcham erutis oculis Romam misit, et episcopatum Cyro, qui erat abbas in Ponto, eumque alebat exsulem, dedit. Hic Constantinum papam ad se venire jubens, honorifice suscepit ac remisit; ita ut eum die Dominica missas sibi facere jubens, communionem de manu ejus acceperit. Quem, prostratus in terra, pro suis peccatis intercedere rogavit, et cunctæ Ecclesiæ privilegia renovavit. Qui cum exercitum mitteret in Pontum, papa multum prohibente, ad comprehendendum Philippicum, quem ibi relegaverat; conversus omnis exercitus ad partem Philippici, fecit eum imperatorem. Reversusque cum eo Constantinopolim, pugnavit contra Justinianum ad duodecimum ab urbe milliarium; et victo atque occiso Justiniano, regnum suscepit Philippicus.

Philippicus anno uno et mensibus sex. Hic Cyrum de pontificatu ejecit, eumque ad gubernandum abbatis jure monasterium suum, Pontum redire præcepit. Idem Constantino papæ litteras pravi dogmatis misit, quas ille cum apostolicæ sedis consilio respuit; et hujus rei causa picturas in porticu Sancti Petri fecit, quæ acta sex sanctarum synodorum universalium continerent. Nam et hujusmodi picturas, cum haberentur in urbe regia, Philippicus jusserat auferri. Statuitque populus Romanus ne nomen hæretici imperatoris in chartas aut figuram solidi susciperent. Unde nec ejus effigies in ecclesia introducta est, nec nomen ad missarum solemnia prolatum est.

Anastasius annis III. Illic Philippicum captum oculis privavit, nec occidit. Idem litteras Constantino papæ Romam per Scholasticum patricium et exarchum Italiæ direxit, quibus se fautorem catholicæ fidei sanctique sexti concilii prædicatorem esse docuit. Liudprandus rex Langobardorum donationem patrimonii Alpium Cottiarum, quam Aripertus fecerat, et ille repetierat, admonitione venerabilis papæ Gregorii confirmavit. Wulfrannus Senonensis archiepiscopus et Fontinellensis monachus floruit, et verbum Domini Fresionibus prædicans, multa miracula fecit. Ecberectus vir sanctus de gente Anglorum, et sacerdotium monachica vita etiam pro cœlesti patria peregrinus exornans, primas Scoticæ gentis provincias ad canonicam paschalis temporis observantiam, a qua diutius oberraverant, pia prædicatione convertit anno ab Incarnatione Domini 717.

Theodosius anno 1. Ilic electus in imperatorem, Anastasium apud Nicæam civitatem gravi prælio vicit; datoque sibi sacramento, clericum fieri ac presbyterum ordinari fecit. Ipse vero, ut regnum accepit, cum esset Catholicus, mox in regia urbe imaginem illam venerandam, in qua sex sanctæ synodi erant depictæ, et a Philippico fuerat dejecta, pristino in loco erexit. Tiberis fluvius alveum suum egressus multa Romanæ fecit exitia civitati; ita ut in via lata ad unam et semis staturam accresceret, atque a porta Sancti Petri usque ad pontem Milvium aquæ descendentes se conjungerent. Mansit autem diebus VII donec agentibus crebras litanias civibus, octavo demum die revertitur. His temporibus multi Anglorum gentis nobiles et ignobiles, viri et feminæ, duces et privati, divini amoris instinctu, de Britannia Romam venire consueverant.

Leo annis IX regnavit. Cujus anno III Carolus Martellus Pippini filius major domus regiæ fit, annoque sequenti Ragenfredum tyrannum Vinciaci bello vicit, quo victo Andegavim obtinuit. Sarraceni cum immenso exercitu Constantinopolim convenientes, triennio civitatem obsident, donec civibus multa instantia ad Dominum clamantibus, plurimi eorum fame, frigore, pestilentiaque perirent, ac sic pertæsi obsidionis abscederent. Regressi Bulgarorum gentem, quæ super Danubium est, bello aggrediuntur, et ab hac quoque victi refugiunt, ac naves suas repetunt. Quibus, cum altum peterent, ingruente subita tempestate plurimi etiam mersi, sive confractis per littora navibus sunt necati. Liuthprandus rex audiens quod Sarraceni, depopulata Sardinia, etiam loca fœdarent illa, ubi ossa sancti Augustini episcopi propter vastationem barbarorum olim translata, et honorifice fuerant condita, misit, et dato magno pretio accepit, eaque in Ticinis transtulit, ibique cum honore tanto Patri debito condidit.

Hucusque chronographiam Anglici Bedæ secutus sum, qui scripsit usque ad 734 ab Incarnatione Domini annum. Ipse nimirum Beda presbyter et Paulus Cassiniensis, religione monachi, eruditione magna imbuti, inter cætera bona studia historiam suæ gentis quinque libris ediderunt, et luculenter prompserunt; unde Guinili et Angli processerint et qualiter Italiam Langobardi, atque Britanniam Angli sibi subegerint.

XXV. *Imperatores Romani. Pippinus. Carolus Magnus. Imperatores Constantinopolitani.*

Amodo aliorum documenta Patrum laboriose perscrutari cogor, et descriptionem temporum usque ad nostra prosequi tempora molior, quæ multis variisque calamitatibus modo tetra sunt; dum duo præsules de Romano pontificatu jam per sex annos ambitiose contenderunt, et post mortem Henrici regis Anglorum, de regno ejus Stephanus nepos, et Joffredus gener, ad multorum detrimenta, minis et armis inimicitias exercuerunt.

Constantinus Leonis filius annis LVIII regnavit. Hugo Rothomagensis archiepiscopus floruit, et episcopatibus Parisiensi et Bajocensi, abbatiis etiam Gemmeticensi et Fontinellensi præfuit. Carlomagnus et Pippinus majoratum domus adipiscuntur, et Remigius frater eorum, ejecto Ragenfredo, archiepiscopus Rothomagensis efficitur. Constantinus et Habdallas Amiras rex Sarracenorum pariter in orthodoxos sæviunt. Constantinus concilium CCCXXX episcoporum Constantinopoli congregavit.

Anno ab Incarnatione Domini 754, Stephanus papa malignitate Haistulfi Langobardorum regis fatigatus, in Galliam confugit, a Francis honorifice susceptus Parisiis ægrotavit, et convalescens apud Sanctum Dionysium altare dedicavit. Pippinum, et filios ejus, Carolum et Carlomannum reges consecravit, eisque defensionem totius sanctæ Ecclesiæ contra cunctos hostes ejus commendavit.

Pippinus, Francorum rex, postquam XVI annis strenue regnavit, VIII Kalendas Octobris moriens, Carolo filio suo regnum reliquit. Carolus autem Magnus XLVII annis regnavit, et multa prædicabilia tam in ecclesiasticis rebus quam in sæcularibus perpetravit. Hujus virtutes ante Dominum et homines magnæ fuerunt, et multorum ora ipsius acta cum admiratione referunt, avidisque auditoribus cum favore summo concinunt. Ipse enim cum nobili Gallorum exercitu Romam perrexit, et inde remeans Desiderium regem Langobardorum cepit. Papiam, aliasque civitates Italiæ sibi subjugavit, Pampeloniam destruxit, Cæsaraugustam bellica manu obtinuit; Saxones et Hispanos atque Sarracenos bellis protrivit, ethnicasque vires Christianæ virtutis terrore humiliavit, et vexillum crucis in nomine Christi sublimavit.

Leo Constantini filius V annis. Iterum Carolus Romam vadit, deinde Capuam et Apuliam bellica vi penetravit.

Constantinus, cum Irene matre sua, XVII annis. Tunc Constantinopoli quidam lapideam arcam invenit, et in eam virum jacentem cum hac scriptura:

Christus nascetur ex Maria Virgine, et credo in eum. Sub Constantino et Irene imperatoribus, o sol, iterum me videbis.

Carolus ad fines Bajoariæ per Alemanniam venit, et tertio anno Bajoariam obtinuit. Deinde in Sclavos, qui Vulti dicuntur, vadit, annoque sequenti Hungariam vastavit.

His temporibus Adrianus et Leo per annos XLVIII apostolicæ sedi præfuerunt, admodum bonis operibus in præsulatu fulserunt; et Ecclesiæ Dei profuerunt. Tunc Constantinus et Leo, aliusque Constantinus, ut dictum est, imperaverunt. A tempore enim Constantini Magni Helenæ filii, qui Constantinopolim condidit, usque ad tempus Constantini Irenæ filii, Constantinopolitanus imperator Romanum imperium rexit; et Illyrico Italiæque, multisque aliis nationibus et linguis præfuit. Sed quia plures ex ipsis imperatoribus hæretici fuerunt, nec legitimo ritu a populo ad imperium eligente assumpti sunt, sed crudeli dominorum, sive consanguineorum interfectione suorum augustale stemma nequiter subripuerunt, nec apte mediam partem tam latæ dominationis contra barbaros undique insurgentes defendere potuerunt; Leo papa, et conventus senatorum, populique Romani, convenerunt, et de statu reipublicæ salubriter tractaverunt; jugumque Constantinopolitani principis a suo collo communi consilio abjecerunt, strenuumque regem Francorum Carolum, qui jam multa probitate illis patrocinatus fuerat, elegerunt, et Romano imponere fastigio decreverunt.

Quinto itaque Leonis papæ anno, qui ab Incarnatione Domini 808 annus est, Carolus Magnus rex, imperator LXXXIII ab Augusto factus est, et a Romanis Augustus appellatus est. Illos autem, qui Leonem papam, a quo consecratus fuerat, dehonestaverant, morte damnavit; sed precibus papæ morte indulta, exsilio retrusit. Circa id tempus terræmotus magnus factus est, qui pene totam Italiam concussit, et tectum beati Pauli apostoli, cum suis trabibus, magna ex parte dejecit.

Nicephorus, frater Irenæ, sex annis regnavit. Hic pacem cum Carolo fecit. Aaron quoque rex Persarum legatos, et amicitiæ munera Carolo direxit.

Michael, gener Nicephori, III annis regnavit et Carolo imperatori legatos pacis misit.

Leo filius Bardæ VI annis regnavit. Carolus Magnus Aquisgrani obiit, et Ludovicus Pius ex Hildiarde filia Guitichingis Saxonum regis filius ejus successit, et XXVII annis strenue imperavit; cujus tempore turbo tribulationum super terrigenas admodum furuit. Paschalis, papa centesimus a Petro, Ludovicum Pium Romæ in die Paschæ coronavit.

Theophilus XI annis. Lotharius contra Ludovicum patrem suum rebellavit, et multiplicata perfidorum potentia terram turbavit. Tunc Normanni Britanniam, aliasque terras vastaverunt et corpora sanctorum Samsonis et Philiberti, aliorumque multorum, pro timore paganorum translata sunt.

Michael Theophili filius XXVII annis. Secundo imperii ejus anno Ludovicus imperator XII Kalendas Julii obiit et a fratre suo Drogone archiepiscopo Mediomatricum sepultus est. Deinde tertio anno, qui ab Incarnatione Domini 842 annus est, Fontaneticum bellum inter tres filios ejus, Ludovicum, Lotharium et Carolum Calvum prope Autissiodorum factum est, in quo Christianus populus VI Kalendas Julii mutua cæde utrinque prostratus est. Tandem sors victoriæ Carolo cessit. Eodem anno Normanni Rothomagum vastaverunt, et monasterium Sancti Audoeni præsulis Idus Maii succenderunt.

Basilius occiso Michaele domino suo XX annis regnavit. Fames valida et mortalitas hominum atque pestis animalium in mundo passim sævit.

Ludovico rege defuncto, Rollo cum suis XV Kalendas Decembris Neustriam penetravit. Anno ab Incarnatione Domini 876 Normanniam ingressus est, et XXXVII annis in Gallos præliatus est donec a Francone archiepiscopo baptizatus est.

Leo et Alexander filii Basilii XXII annis. Carolo imperatore defuncto, Arnulfus rex imperator efficitur, et X annis imperio potitur.

Anno ab Incarnatione Domini 900, indictione III, Zendebaldus rex filium Arnulfi occidit.

Tunc Rollo Carnutum obsedit. Sed Gualtelmus ejusdem urbis episcopus, vir religiosus, tunicam sanctæ Dei genitricis Mariæ in manibus ferens, exivit, divinitusque adjutus hostes fugavit et civitatem liberavit. Richardum enim Burgundiæ ducem, et Ebalum Pictavensium comitem ad auxilium sui provocaverat; et fugatis hostibus triumphante Deo, Christiana plebs tripudiat.

Alexander uno regnavit anno. Huni Saxoniam et Thuringiam vastaverunt. Constantinus Porphyrogenitus, Leonis filius, cum Zoe matre sua, IV annis. Tertio anno Ludovicus Arnulfi filius obiit, et Conradus Conradi filius in regem elevatur, et VII annis regnavit.

Romanus Armeniacus cum prædicto Constantino, XXVI annis.

Tunc Rollo Christianus factus est, et cum Carolo rege Francorum, accepta in conjugio Gisla filia ejus, pacificatus est. Henrico imperante, Carolus rex in carcere comitis Herberti Parronæ obiit, et ingens dissensio Francos turbavit. Tandem post quinque annos Ludovicus rex Caroli filius Gerbergam, Henrici Teutonum regis filiam, uxorem duxit.

Constantinus cum Romano puero filio suo, annis XV. Tunc Otto, filius Henrici, regnare cœpit, et XXXVI annis regnavit, et sororem Edelstani regis Anglorum conjugem habuit. Tunc Guillelmus Longa-Spatha Rithulfum Ebroicensem, in loco qui Pratum belli dicitur, vicit; et Arnulfus Flandriæ satrapa ipsum post VIII annos, XVI Kalendas Januarii, Guillelmum occidit. Guillelmo autem Richardus vetus filius ejus in ducatu successit, et LIV annis principatum strenue tenuit, et laudabilia opera perpetravit.

Stephanus et Constantinus filii Romani patrem suum de solio regni deponunt. Sed Constantinus ambos similiter deponit, et ipse cum Romano filio suo annis XVI regnavit.

Edgaro Edmundi filio Anglis imperante, et cultoribus Dei benigniter adminiculante, atque in omnibus quæ ad ædificationem Ecclesiæ pertinent, magistris fideliter obtemperante, Dunstanus Dorobernensis archiepiscopus et Oswaldus Eboracensis ac Adelwoldus Guintoniensis sanctitate et doctrina claruerunt, et commissas sibi plebes sollicite salubriterque rexerunt. Religionis institutionem totis nisibus amplexantes feliciter viguerunt, et XXVI abbatias monachorum vel sanctimonialium in Anglia construxerunt. Danica quippe clades, quæ ante aliquot annos beatum Eadmundum regem Est-Anglorum martyrizaverat, super universum etiam gregem Christi pene per totam Britanniæ insulam admodum debacchata fuerat; et sacris ædibus destructis, Dominicas oves lupino more laniaverat, seu disperserat.

Nicephorus imperator, x annis. Turbationes in mundo nimiæ sævierunt, avidique proceres cum subjectis exercitibus contra pares in bello consurrexerunt.

Joannes, occiso Nicephoro, per uxorem ejus regnavit, cujus neptis Theophanu Ottoni imperatori nupsit. Quinto imperii ejus anno Otto minor obiit, et Otto filius ejus post eum xviii annis regnavit. Tunc Hugo Magnus aliique proceres Francorum contra Ludovicum regem rebellaverunt. Præfatus quippe dux vestigia Rodberti patris sui secutus est, qui contra Carolum Simplicem rebellavit, et in regem unctus est. Porro Carolus rex, ut se a perjuro duce contemptum perspexit, nondum anno expleto, copiis undique contractis in desertorem surrexit, ipsumque Suessionis pugnando vicit et interfecit.

XXVI. *Lotharius rex. Carolus rex. Exstinctio Caroli-magni dynastiæ.*

Mense Maio, feria vi, sanguis super operarios pluit. Eodem anno, mense Septembri, Ludovicus rex post multas tribulationes mortuus est, et Remis in basilica Sancti Remigii sepultus est. Lotharius autem filius ejus Remis in regem unctus est, et vii annis strenue regno potitus est. Tunc Hugo Magnus Aurelianensis dux Francorum, cunctis proceribus sublimior divitiis et potentia viguit. Hic filiam Ottonis imperatoris conjugem habuit, quæ tres ei filios peperit, Hugonem, et Ottonem, et Henricum, et filiam nomine Emmam, quæ Richardo seniori Normannorum duci nupsit, sed sine liberis obiit.

Secundo anno Lotharii regis, mense Augusto, Hugo Magnus Pictavis civitatem obsedit. Sed Dominus, meritis sancti Hilarii præsulis et patroni ejusdem urbis, terribiliter intonuit. Vehemens autem turbo papilionem ducis disrupit, ipsumque cum exercitu suo stupor nimis invasit, et statim ab urbis obsidione fugavit. Eodem anno Gislebertus Burgundiæ dux mortuus est, et Otto filius Hugonis gener ejus ducatu potitus est. Verum, non multo post idem sine liberis obiit et Henricus frater ejus successit.

Tunc Ansegisus Trecarum præsul a Rodberto comite de civitate ejectus est, et in Saxoniam ad Ottonem imperatorem profectus est. Inde adductis Saxonibus, diu Trecas obsedit. Duo siquidem duces, Helpo et Bruno cum exercitibus suis eum adjuvabant. Quondam venientibus illis deprædari Senones, occurrerunt Archembaldus archiepiscopus, et Rainardus comes vetulus, eorumque phalanges; et commisso prælio, interfecerunt Helponem ducem et multos Saxones. Quod Bruno socius ejusdem videns, obsidionem reliquit, et in patriam suam mœstus remeavit.

Lotharius rex Lotharii regnum recuperavit, ac ad palatium Aquisgrani, ubi Otto imperator cum uxore sua manebat, cum exercitu copioso venit, et hora prandendi, nemine contradicente, introivit. Otto autem, cum uxore et populo fugiens, palatium reliquit. Deinde reverso in Francia cum victoria Lothario, præfatus imperator exercitum congregavit, Parisius venit, suburbium illius incendit, ibique nepos ipsius augusti, cum aliis pluribus, armis Gallorum interiit. Lotharius igitur rex Hugonem ducem Francorum et Henricum ducem Burgundionum convocavit, et in hostes irruit. Fugientes vero usque Suessionem persequi non destitit. Illi autem, persequentium terrore, fluminis Axonæ alveum impetuose ingressi sunt, ibique vadum nescientes plurimi perierunt. Plures itaque aqua consumpsit quam gladius, fluvius enim ripas suas impleverat; unde ibidem tanti dimersione perierunt, ut aqua redundaret cadaveribus mortuorum. Lotharius autem rex tribus diebus totidemque noctibus hostes constanter persecutus est. Deinde in ipso anno præfatus rex cum imperatore Remis, contra voluntatem ducum et exercitus Francorum, pacificatus est; eique Lotharingiam, quod Francos magis contristavit, largitus est.

Anno ab Incarnatione Domini 976, Lotharius rex mortuus est, et Remis in basilica Beati Remigii sepultus est. Ludovicus vero filius ejus xi annis regno potitus est, et defunctus in basilica Sancti Cornelii martyris Compendio sepultus est. Carolus autem frater ejus regnare voluit, sed Hugo Magnus Hugonis Magni filius contra illum rebellavit, et collecto exercitu copioso, Laudunum, ubi Carolus cum uxore sua commanebat, obsedit. Tandem ille indignatus de civitate cum armatis prosiluit, Hugonem cum exercitu suo certando fugavit, et mapalia eorum incendit. Cernens itaque Hugo dux, quod fortitudine Carolum superare non posset, consilium iniit cum Ascelino Lauduni vetulo præsule, et consiliario Caroli. Porro ille ordinis sui et ætatis, contiguæque sibi mortis immemor, Achitophel et Judam imitatus, non erubuit fieri traditor. Noctu enim quiescentibus cunctis, Laudunum prodidit, et Hugo Carolum cum uxore sua, Herberti videlicet comitis Trecarum filia, vinxit, et Aurelianis in turre diutinæ custodiæ mancipavit. Illic Carolus duos filios, Ludovicum et Carolum, genuit, et exinde progenies Caroli Magni regnare in Francia desiit.

XXVII. *Hugo rex. Remense concilium. Gerbertus papa.*

Anno itaque Dominicæ Incarnationis 993, Hugo dux in regem Remis unctus est. Eodem quoque anno Robertus filius ejus rex ordinatus est, et regimine regni xxxviii annis functus est. Ad tantum facinus Hugonem quædam visio animavit. Sanctus enim Gualaricus præfato duci in Lutetia urbe Parisiorum constituto apparuit, eique quis esset, vel quid vellet, in somnis evidenter intimavit, præcipiens videlicet ut super Arnulfum Flandritam cum exercitu expeditionem faceret, et corpus suum de monasterio Sithiensi, ubi corpus sancti Bertini requiescit, extraheret, et Legonao cœnobio in Vinmacensi pago restitueret. Præterea promisit ei, si hæc ita faceret, quod ipse et progenies ejus usque ad septimam generationem in Francia regnaret. Gratanter igitur Hugo jussioni paruit, et impetu fortitudinis suæ Arnulfum, Deo volente, terruit; venerabiliumque virorum Gualarici et Richarii, quæ per quemdam clericum nomine Erchembaldum, accepto ingenti pretio, sublata fuerant, corpora recepit, propriisque locis reverenter restituit. Ipse dux Legonaum cum proceribus suis perrexit, glebamque sancti Gualarici in monasterio super Sominæ flumen sito locavit; et ejectis sæcularibus canonicis, regulares monachos subrogavit. Non multo post, ut dictum est, regnum recepit, et progenies ejus usque in hodiernum diem in regno perduravit. Quatuor enim reges de stirpe jam regnaverunt ipsius, id est Rodbertus, Henricus, Philippus et Ludovicus. Hugo rex in initio regni sui synodum Remis congregavit, et Sewinum Senonicæ urbis archiepiscopum cum suffraganeis suis invitavit, atque dominum Arnulfum Remorum archiepiscopum degradari fecit. Dicebat enim ex concubina natum, secundum canones, non debere esse episcopum. Illi nimirum invidebat, quia de regali prosapia Caroli Magni erat, frater Lotharii regis, sed ex concubina natus; moribus tamen inclytus, quia bonus erat et modestus.

Venerabilis autem Sewinus plus Deum quam Hugonem metuit, ideoque in injusta degradatiome Arnulfi non consensit; sed magis, in quantum potuit, ipsum regem redarguit. Unde regius furor in illum efferbuit, et ad explendam temeritatem quam conceperat nimis exarsit. Alii vero episcopi, licet inviti, regis tamen ob metum Arnulfum degradaverunt, et Gerbertum monachum philosophum, qui magister Rodberti regis fuerat, ordinaverunt. Violento quippe regis jussu depositus est Arnulfus, et cum magno dedecore de ecclesia Beatæ Dei genitricis Mariæ Remensi expulsus, et Aurelianis in carcere tribus annis retrusus. Hæc itaque omnia Romano præsuli nuntiantur. Qui super his valde indignatus, interdixit omnes episcopos qui Arnulfum dejecerant et Gerbertum in loco ejus constituerant. Leonem quoque abbatem a sede apostolica misit in Galliam vices suas explere, et injustas ordinationes regulariter emendare. Denique legatus papæ Senonensem Sewinum primo adiit, eique, quem rigidum rectitudinis servatorem præ cæteris noverat, apostolici mandata insinuavit. Iterum collecto Remis concilio ex jussione apostolica, Arnulfus archipræsul revocatus est de custodia, et cum magno honore receptus in sede propria. Altercatio Gerberti pontificis et Leonis abbatis valde utilis habetur, et in gestis pontificum Remorum scripta diligenter servatur.

Gerbertus in divinis et sæcularibus libris eruditissimus fuit, et in sua schola famosus, et sublimes discipulos habuit, Rodbertum scilicet regem et Leothericum Senonensem archiepiscopum, Remigium (16) præsulem Autissiodorensium, Haimonem atque Huboldum, aliosque plurimos fulgentes in choro sophistarum.

Remigius pontifex luculentam expositionem super missam edidit, et artem vel editionem Donati grammatici utiliter exposuit. Haimo quoque Sancti Pauli apostoli epistolas laudabiliter explanavit, et alia multa de Evangeliis, aliisque sacris Scripturis, spiritualiter tractavit. Huboldus autem musicæ artis peritus ad laudem Creatoris in ecclesia personuit, et de sancta Trinitate dulcem historiam cecinit, aliosque multos delectabiles cantus de Deo et sanctis ejus composuit.

Hos, aliosque plures Gerbertus erudivit, quorum multiplex sequenti tempore scientia Ecclesiæ Dei plurimum profuit. Qui, postquam de throno Remensi, quem illicite usurpaverat, depositus est, cum rubore et indignatione Galliam relinquens, ad Ottonem imperatorem profectus est; et tam ab ipso quam a populo ad præsulatum Ravennæ electus est. Inde post aliquot annos ad sedem apostolicam translatus est, annoque Dominicæ Incarnationis 999 Silvester papa sublimatus est. Fertur de illo quod dum scholasticus esset, cum dæmone locutus fuerit, et quid sibi futurum immineret inquisierit. A quo protinus ambiguum monadicon audivit:

Transit ab R Gerbertus ad R, post papa vigens R.

Versipellis oraculum tunc quidem ad intelligendum satis fuit obscurum, quod tamen postmodum manifeste videmus impletum. Gerbertus enim de Remensi cathedra transivit ad præsulatum Ravennæ, ac postmodum papa factus est Romæ.

XXVIII. *Otto imperator. Edelredus Anglorum rex. Eventus varii in Anglia, Normannia et Burgundia.*

Anno ab Incarnatione Domini 1002, Otto imperator obiit, eique Henricus successit.

Dein 1024, Cono Augustus imperavit. Cujus III anno Richardus II obiit, qui pro studio religionis pater monachorum appellari meruit.

Tunc Edelredo Edgari filio regnante, multa adversa surrexerunt in regno Angliæ. Nam Suenus rex Danorum cum ingenti classe Angliam invasit, et deficientibus ad eum Anglis, Edelredus rex cum uxore et filiis in Normanniam fugit. Emma enim uxor ejus erat soror Richardi Gunnoridæ ducis Nor-

---

(16) Remigius Antissiodorensis præsul non est Remigius ille monachus Gerberti vere discipulus. De quo consulendus v. c. Le Prévost.

mannorum, et Rodberti archiepiscopi Rothomagensium. Non multo post gentilis rex Suenus a sancto Eadmundo rege et martyre occisus est, et cadaver ejus aromatibus conditum in Daciam delatum est. Daci quippe adhuc pagani erant, et ferocis heri, cujus corpus Anglica humo sepultum contineri non potuit, morte perterriti fuerant. Porro Edelredus rex, audita morte Sueni, natale solum protinus repetiit, et dictis atque promissis suos desertores sibi conciliavit, et in redivivos hostes, ut sese melius quam antea defenderent, animavit. Cunutus autem filius Sueni contra suos valde indignatus est, quod fugissent, et nobile regnum Angliæ jam sibi subactum muliebriter deseruissent. Denique parata classe, cum Lacman rege Suavorum et Olavo rege Noricorum, in Angliam transfretavit et Lundoniam obsedit. Ibi tunc Edelredus rex ægrotavit et mortuus est; et Edmundus filius ejus cognomento Irneside, id est Ferreum-Latus, in regem levatus est.

Plerumque ab Anglis et Danis pugnatum est, victoriæque sorte variante, multus sanguis utriusque partis effusus est. Tandem industriis et solertibus viris pacem procurantibus, duo principes necessarium populis fœdus pepigerunt. Cunutus autem Christianus factus est, et Emmam Edelredi regis relictam cum medietate regni conjugem sortitus est. Hæc illi peperit Hardecunutum regem Anglorum, et Gunnildem uxorem Henrici imperatoris Romanorum.

Instigante Satana, qui lethaliter perturbare genus humanum jugiter satagit, Edmundus rex, post vii annos, fraude crudelis Edrici Streonæ latrinis interiit; et Cunutus totam Angliam obtinuit, et usque ad mortem possedit. Eduardum vero et Edmundum filios Edmurd', elegantes albeolos, in Daciam relegavit, et Sueno regi Danorum fratri suo, ut eos interficeret, mandavit. At ille generosos et innocentes pueros nequiter necare contempsit, sed orta occasione regi Hunorum illos quasi nepotes suos obsides dedit. Ibi Edmundus clito immatura morte obiit. Eduardus vero Dei nutu filiam regis in matrimonium accepit, et super Hunos regnavit. Edgarum vero Adelinum, et Margaritam reginam Scotorum, et Christianam sanctimonialem genuit; quos Eduardus Edelredi regis filius, postquam patrium jus adeptus est, accersiit, et veluti propriam prolem in Anglia benigniter educavit.

Anno ab Incarnatione Domini 1031, Rodbertus rex Francorum obiit, et Henricus filius ejus, licet Constantia regina, et Rodbertus junior frater, aliique Franci multum obstarent, auxiliante Rodberto duce cum robore Normannorum, Galliæ regnum obtinuit, et xxix annis regnavit.

Anno v regni ejus, Rodbertus dux Normannorum in itinere Jerusalem apud Nicæam Bithyniæ urbem Kalendas Julii obiit, et Guillelmus nothus filius ejus, octennis puer, in ducatu successit, et L annis strenue tenuit.

In pueritia vero ejus Normanni genuina inquietudine concitati rebellaverunt, et in sua viscera diu pugnantes, nimiam stragem nobilium et vulgarium perpetraverunt. Nam Gislebertus comes Brionnæ et Osbernus dapifer, Gualichelmus de Ferrariis et Hugo de Monteforti, Rogerius de Hispania et Rodbertus de Grentemasnilo, Turchetillus quoque ducis pædagogus, aliique plures interierunt mutuis ictibus. Guido etiam Rainaldi Burgundionum ducis ex filia Richardi secundi filius, comes a Guillelmo duce constitutus, in illum rebellavit, multosque Normannorum, qui proni ad proditionem erant, promissis sollicitavit. Quibus sibi consociatis, ducatum auferre duci satagit. Unde coactus juvenis dux Pexeium convolavit, ibique pronus ad pedes Henrici regis corruit, et ab eo contra maleficos proceres et cognatos auxilium petivit. At ille, ut erat clemens, desolato adolescenti compatiens, robur exercitus Francorum excivit, et in Neustriam duci auxiliaturus perrexit.

Anno ab Incarnatione Domini 1039 Conradus imperator obiit, et Henricus filius ejus xvii annis regnavit. Anno iv imperii ejus magna hominum mortalitas facta est.

Anno ab Incarnatione Domini 1047 apud Valesdunas acriter pugnatum est. Sed Guido violentiam Henrici regis et Willelmi ducis ferre non valens, victus est, atque de bello cum suis non sine magno dedecore et detrimento fugere compulsus est. His temporibus Bruno Tullensis episcopus legatione Lotharingorum fungens Romam abiit, et in via dum quadam nocte oraret, angelos cantantes audivit: *Dicit Dominus: Ego cogito cogitationes pacis, et non afflictionis*, etc. (Jer. xxix, 11.) Bruno autem ad papam Damasum perveniens, honorifice ab eo susceptus est, et in senatu Romano cardinalis episcopus ordinatus est. Erat enim pulcher et generosus, sapiens et facundus, et multis ornatus virtutibus.

Eodem anno Damasus papa defunctus est, et in Leonem papam electus est; qui sanctorum scita canonum passim restituere conatus est, quæ jam transactis temporibus supradictorum regum et pontificum nimis deciderant, et pene a notitia hominum defluxerant. Ipse igitur anno Domini 1050 Remis utile concilium tenuit, et de castitate justitiaque ministrorum Dei tractavit, et salubria decreta, quæ jam antistites et presbyteri nesciebant, renovavit. Tunc ecclesiam Sancti Remigii Remorum archiepiscopi Kalendas Octobris, Herimaro abbate procurante, dedicavit, et corpus ejusdem præsulis transtulit; cujus solemnitas singulis annis primo die Octobris in Francia celeberrime fit.

XXIX. *Uticensis cœnobii restauratio. Francos et Normannos inter simultates. Claromontense concilium. Eventus varii usque ad annum 1138.*

Sequenti anno Uticense cœnobium Sancti Ebrulfi a Guillelmo Geroii filio et nepotibus suis, Hugone de Grentemasnilio et Rodberto fratre ejus, restauratum est; et venerabilis Theodericus Gemmeticencensis monachus primus abbas effectus est.

His temporibus, gravis simultas et belli seminarium inter regem Francorum et ducem Normannorum ortum est. Guillelmus enim de Archis, patruus ducis, contra eum rebellavit, consilioque Malgerii fratris sui, Rothomagensium archiepiscopi, Henricum regem ad sui auxilium invitavit. Animosus autem dux protinus Archas obsedit, Engelrannum comitem Pontivi contra eum in oppidum intrare volentem præveniens occidit, et munitione obtenta Guillelmum exhæredavit, et Malgerium incentorem dissensionum exordinari fecit.

Unde rex Galliæ nimis indignatus infremuit; annoque Domini 1054 in Ebroicensem pagum cum magno exercitu introivit, et Odonem fratrem suum cum multis militum turmis per Belvacensem pagum trans Sequanam destinavit. Porro dux cum valida manu regi e latere comitabatur, et Caletorum catervam sub manu Roberti Aucensis comitis et Rogerii de Mortuo-mari contra Odonem præmiserat. Protinus illi, Gallis occurrentes, apud Mortuummare bellum commiserunt, et magna cæde utrinque peracta Franci fugerunt; et Guidone Pontivi comite, qui mortem fratris sui venerat ulcisci, capto, gaudentes Normanni suam victoriam duci notificaverunt. Audiens autem rex suos terga dedisse Normannis, erubuit, subitoque mœstus ad sua remeavit. Deinde post aliquod tempus legitimi pacis procuratores inter discordes dominos discurrerunt; et, reddito Guidone cum aliis qui capti fuerant, præfati principes fœdera pepigerunt, subjectæque plebes admodum gavisæ sunt.

Anno ab Incarnatione Domini 1060, Henricus Francorum rex mortuus est, et Philippus filius ejus XLVII annis post eum sceptro Galliæ potitus est.

Anno regni ejus VI, Eduardus Edelredi filius rex Anglorum e vita migravit; post quem Haraldus Goduini filius Angliæ diadema invasit. Sequenti anno, cometes apparuit. Guillelmus autem dux Normannorum in autumno mare transivit, commissoque prælio, II Idus Octobris Heraldum occidit, regnum obtinuit, et in die Natalis Domini regale sceptrum sumpsit; annisque XX et VIII mensibus tenuit.

Sancta Ecclesia ejus temporibus crevit et magnificata est, et religiosis viris bonisque rectoribus educata est. Maurilius enim et Joannes atque Guillelmus metropoli præfuerunt Rothomagensi, Lanfrancus Cantuariensi et Thomas Eboracensi, aliique religiosi cœnobiis et episcopatibus præpositi sunt Patres et magistri.

Anno ab Incarnatione Domini 1087, Guillelmus rex obiit, et Guillelmus Rufus filius ejus XII annis et X mensibus regnavit.

His temporibus, 1095 anno, Urbanus papa ingens concilium apud Clarum-Montem tenuit, et iter in Jerusalem contra paganos inire Christianos commonuit.

Siccitas et fames et mortalitas hominum tunc fuerunt.

Anno ab Incarnatione Domini 1099, Jerusalem, gentibus victis, qui eam diu tenuerant, a sanctis peregrinis capta est. Tunc Urbanus papa obiit, et Paschalis successit. Sequenti anno Guillelmus Rufus rex Anglorum in venatione sagitta percussus obiit. Cui Henricus frater ejus successit, et XXXV annis ac IV mensibus regnavit. Hic, VII anno regni sui, bellum apud Tenerchebraicum fecit, quo Rodbertum fratrem suum, ducem Normannorum cepit, et ducatum sibi subjugavit. Tunc Henricus imperator VII Idus Augusti obiit, et Carolus Henricus filius ejus successit.

Deinde tertio anno Philippus rex Francorum mortuus est, et Ludovicus Tedbaldus successit, et XXIX annis jam regnavit.

Sequenti anno, Anselmus Cantuariensis archiepiscopus, et Hugo Cluniacensis abbas e vita migraverunt; quos paulo post Guillelmus Rothomagensis archiepiscopus moriendo secutus est.

His tribus annis ingens in Gallia fames facta est, et igne sacro cruciante multitudo populi debilitata est.

Anno ab Incarnatione Domini 1118, ventus in occiduis partibus vigilia Natalis Domini vehemens fuit, et ædificia plurima nemorumque arbores prostravit. Sequenti anno, bellum inter Henricum regem Angliæ et Ludovicum regem Franciæ XIII Kalendas Septembris Brenmulæ factum est, de quo triumphantibus Anglis et Normannis exercitus Gallorum fugatus est. Eodem vero anno, Calixtus II papa maximam synodum episcoporum Remis tenuit, et pacificare dissidentes summopere laboravit. Concordia tandem inter reges facta, dum rex Angliæ in regnum suum rediret, Guillelmus et Richardus filii ejus, cum magna multitudine nobilium multarum regionum, VII Kalendas Decembris naufragio perierunt.

Anno Domini 1123, indictione I, rebellantibus quibusdam Normannis, Amalrico Ebroicensi et Gualarico Mellentensi et eorum complicibus, Henricus rex oppida eorum, Montfortem, Brionnam et Pontem-Aldemari, obsedit, combussit et cepit. Post plurima damna, Gualerannus comes cum LXXX militibus bello captus est, et in carcere Henrici regis, a quo enutritus fuerat, et contra quem insolenter arma levaverat, V annis vinctus est.

Anno Domini 1125, multorum principum mutatio facta est. Carolus Henricus V imperator obiit, et Lotharius Saxonum dux in imperio successit. Tunc etiam egregii duces, Guillelmus Pictavensis et Guillelmus Apuliensis, obierunt. Deinde tertio anno Carolus Flandriæ dux, in ecclesia orans ad missam, Kalendis Martii occisus est, eique Guillelmus Rodberti ducis Normannorum filius successit, qui sequenti anno apud Alost peremptus est. Tunc Germundus patriarcha Jerosolymitanus atque Goiffredus Rothomagensis archiepiscopus obierunt.

Anno ab Incarnatione Domini 1130, Balduinus II rex Jerusalem, XVIII Kalendas Septembris, obiit;

cui Fulco Andegavorum comes gener ejus successit.

Secundo anno Romæ Honorius papa mortuus est, et mox in Ecclesia nimium schisma exortum est. Nam a quibusdam noctu Gregorius diaconus Papiæ natus in papam electus est, et Innocentius nominatus est, quem Ecclesia in Occidentis partibus constituta suscepit et secuta est. Tertia vero die, ab aliis Petrus Leonis filius intronizatus est, et Anacletus appellatus est. Hic, quia fratribus et cognatis potentibus et amicis admodum stipatus est, jam VII annis urbem Romam et redditus ac dominia papæ efficaciter nactus est, ipsumque Apulia cum Sicilia et magno climate mundi secuta est.

Anno ab Incarnatione Domini 1136, indictione XIV, Henricus rex Anglorum et dux Normannorum, pacis et justitiæ strenuus amator, et fidelis Dei cultor, inermis populi protector, Ecclesiæque sanctæ fervidus defensor, in castro Leonis, Kalendis Decembris, defunctus est. Et corpus ejus aromatibus conditum in Angliam devectum est, et Radingis in basilica Sanctæ Trinitatis, quam ipse monachis construxerat, sepultum est.

Stephanus autem, ex sorore Adala nepos ejus, in regno successit, jamque sextum regni annum peragit, in quo graves casus, multos dolores et multis detrimenta parientes attulit. Nam contra consules sibi rebelles Lincoliæ pugnavit et victus est, captus et in carcere Rodberti Brihitou mœrens vinctus est.

Anno ab Incarnatione Domini 1138, Petrus Anacletus subito mortuus est.

Lotharius autem imperator, dum de subjugata sibi Apulia rediret obiit; eique Conradus Caroli Henrici imperatoris nepos successit. Rogerius vero rex Siciliæ pedetentim secutus Apuliam intravit, mortuoque Rannulfo probissimo duce, cui papa et Augustus contra eum regionem commiserant ablatas sibi urbes fortiter reobtinuit. Innocentium papam, qui nuper eum publice anathematizaverat, per Rogerium filium suum comprehendit, et pro libitu suo pacem cum illo fecit. Denique ab invito modestoque papa regnum Siciliæ, et ducatum Apuliæ recepit, et absolutus ab illo, Rogerium filium suum ducem Apuliæ constituit.

Vestigia majorum prosecutus, chronographiam scribere tentavi; jamque in primo Ecclesiasticæ Historiæ libro lineam narrationis ab incarnatione Salvatoris inchoavi, et per seriem imperatorum et regum usque in hodiernum diem perduxi, quo Joannes Augustus Alexii filius præest Constantinopoli, Lotharius vero dominatur Alemannis, Ludovicus Francis, Stephanus Anglis, et Remigius monachus Hispanis.

Nunc autem in secundo, auxiliante Deo, de sanctis apostolis et apostolicis viris a priscis doctoribus edita, et ab antigraphis scripta considero, et eorum gesta breviter congerere appeto, prout divini Spiritus mihimet intimaverit inspiratio.

De pontificibus Romanis, et eorum in vinca Sabaoth cooperatoribus libet seriem diligenter perscrutari, et veraci stylo sociis id a me poscentibus profari. Antistites nempe Romani a beatissimo Petro, cui primitus dictum est a Domino Jesu Christo: *Tibi dabo claves regni cœlorum* (*Matth.* XVI, 19), usque ad Innocentium papam, qui præest hodie apostolicæ sedi, CXLI computantur.

De his omnibus quorum in *Gestis pontificum* inserta est mentio, in sequenti libro aliquid propalare peropto.

SUMMARIUM LIBRI SECUNDI.

I. *De originibus Ecclesiæ Jesu Christi. Actus et miracula apostolorum. Discipuli numero crescunt.*
II. *Stephanus primus martyrum. Persecutio in Ecclesiam Jerusalem. Pauli conversio. Miracula Petri.*
III. *Opinio Romani senatus de Christo. Facinora Herodis regis in Christianos.*
IV. *Verbum Christi propagatur. Antiochena Ecclesia. Pauli et Barnabæ prædicationes.*
V. *Notitiæ de Christi apostolis. Petri historia.*
VI. *Paulus.*
VII. *Sequentia. Petrus et Paulus Romæ degentes.*
VIII. *Sequentia. Mors apostolorum Petri et Pauli.*
IX. *Andreas.*
X. *Andreas. Sequentia vitæ ejus.*
XI. *Jacobus et Joannes.*
XII. *Jacobus Minor.*
XIII. *Philippus.*
XIV. *Thomas.*
XV. *Bartholomæus.*
XVI. *Matthæus.*
XVII. *Simon, Juda sive Thadæus.*
XVIII. *Mathias.*
XIX. *Historia discipulorum. Barnabas.*
XX. *Marcus.*
XXI. *Lucas.*

XXII. *Martialis Lemovicensis.*
XXIII. *Sequentia Martialis apostoli vitæ*
XXIV. *Historia Romanorum pontificum. Petrus ejusque successores.*
XXV. *Sequentia Romanorum pontificum historiæ.*
XXVI. *Sequentia.*
XXVII. *Sequentia.*
XXVIII. *Sequentia.*
XXIX. *Sequentia.*
XXX. *Sequentia.*

LIBER SECUNDUS.

I. *De originibus Ecclesiæ Jesu Christi. Actus et miracula apostolorum. Discipuli numero crescunt.*

Salutiferam humano generi visitationem, quando temporis plenitudo venit, cœlestis gratia, ut ante mundi constitutionem præviderat, clementer exhibuit, et circa novissimam sæculi horam radiis novæ lucis tenebrosa mortalium corda illuminavit. Salvator enim noster Jesus Christus, ut altisona sancti vox Evangelii nos veraciter instruit, xv imperii Tiberii Cæsaris anno, in Jordane baptismum a Joanne suscepit, et tribus semis annis evidentibus signis et prodigiis verus sol emicuit, suamque deitatem, qua Patri, sanctoque Spiritui coæqualis et consubstantialis atque coæternus est, mundo demonstravit. Deinde xxxiii ætatis suæ anno passionem in cruce, hominum pro remedio, clementer pertulit, et, destructa morte qua genus humanum vinculo justæ damnationis irretitum quinque millibus annorum tenuerat, infernum spoliavit, devictoque Satana serpente antiquo, victor a mortuis tertia die resurrexit. Denique xl die postquam suos manifestis ostensionibus suæ resurrectionis veros testes confirmavit, et cunctis evangelizare gentibus cum signorum executione præcepit, discipulos foras in Bethaniam eduxit, eisque in monte Oliveti stans benedixit et, intuentibus illis atque gratulantibus, in cœlos ascendit. Post decem vero dies, jejunantibus amicis et in unum orantibus, Spiritum Paracletum misit, eosque, ut promiserat, unctione interna de omnibus in momento docuit et omnium abundantia charismatum feliciter illustravit, contra cunctos adversantium impetus corroboravit, et invincibiles athletas omniumque didascalos gentium effecit.

Lucas, natione Syrus, arte medicus, Christi fidelis discipulus, Spiritus sancti gratia repletus, postquam Evangelium scripsit Græcis fidelibus, insigne volumen Theophilo adjecit de apostolorum Actibus. Theophilus quippe interpretatur *Deum diligens*, quo designatur omnis studiosus et intelligens et in divinæ legis meditatione jugi fervens, ad quem sermo Dei jure dirigitur et a quo idem vivaciter percipitur, glutinoque dilectionis veræ tenaciter retinetur. Illi nimirum Evangelium, id est bonum nuntium, merito insinuatur, et invictorum triumphus apostolorum martyrumque recensetur, quia hujusmodi secretis cœlestibus interesse dignus habetur.

Facundus quoque Arator, Romanæ sedis subdiaconus, narrationem Lucæ sequi studuit, et inde specialem versificandi materiam sumpsit atque Vigilio papæ carmen metrica sonoritate pulchrum edidit, in quo nobile sui sediminis monumentum posteritati futuræ reliquit. Tantos talesque prævios intueri nitor, ac ut claudus pedetentim gradiens, celerrimos cursores a longe vix insequor. De materia tamen illorum in prima fronte inchoandum mihi est, cui de apostolis et eorum beatis commilitonibus fandi voluntas inest.

Luculenta Lucas refert narratione quod in die sancto Pentecostes apostoli Spiritu sancto repleti sunt et variis gentium linguis magnalia Dei, stupentibus Judæis, qui de diversis nationibus convenerant, locuti sunt. Æmulis siquidem invidentibus, et præ invidia mussitantibus : *Quia musto pleni sunt isti* (*Act*. ii, 13), Petrus ardore inflammatus fidei, stans cum undecim sociis, vocem suam elevavit, de adventu Spiritus Paracleti longe ante per prophetam Joel prædicto consequenter disseruit, et de Jesu Nazareno, quem Deus Pater virtutibus et signis atque prodigiis declaravit, et a mortuis post passionem crucis tertia die resuscitavit, probabilibus exemplis Psalmistæ prolatis, veracissimam assertionem disseminavit. Judæi ergo corde compuncti sunt et salubriter recepto sermone baptizati sunt ; animæque credentium in illa die circiter tria millia appositæ sunt (*ibid*. 1-41). Inde primitiva processit Ecclesia quam cœlestis copiose perfudit gratia.

Multa signa et prodigia per apostolos in Jerusalem fiebant et universi videntes insolita metuebant. Omnes etiam qui credebant pariter habitabant et omnia communia habebant. Possessiones et substantias vendebant et omnibus, prout cuique opus erat, illa dividebant. Quotidie fideles crescebant virtutibus, Dominoque augente *qui salvi fierent*, crescebat eorum numerus (*ibid*. 41-47).

Petrus cum Joanne hora nona templum ascendit, ibique quadragenarium ex utero matris claudum mendicantem respexit. Negans vero sibi esse divitias, indigenti melius obtulit, eumque apprehensa manu sermone mox in nomine Jesu Christi curavit. Qui protinus, consolidatis basibus et plantis, exsiliens et currens, cum illis templum intravit et gaudens Dominum publice laudavit. Omnis autem populus, ut speciale miraculum vidit factum in nomine Christi super claudum, qui quotidie ponebatur ad speciosam portam templi, repletus est stupore et exstasi. Cum tenerentur autem apostoli, cucurrit populus ad porticum Salomonis ut claudum videret jam curatum virtute nominis Christi. Congregata multitudine, Petrus loqui cœpit et laudem curationis a se penitus humili ratiocinatione abegit, sed virtuti divinitatis Christi Jesu omnino ascripsit. Judæos autem ejus persecutores benigniter redarguit, sed postmodum, quia per ignorantiam fecerint, in infatigabili misericordia Magistri sui confidens, leniter excusavit. Ad postremum, ad pœnitentiam scelerum ipsos invitavit et Salvatorem ac verum prophetam, ut Moyses et Samuel et omnes prophetæ deinceps prædixerunt, jam venisse liquido monstravit (Act. II, 42; III, 26).

Loquentibus illis ad populum, sacerdotes et magistratus templi et Sadducæi supervenerunt et comprehendentes eos, in custodiam posuerunt. Fellis enim nequitiæ pleni dolebant quod populum docerent et resurrectionem ex mortuis in Jesu annuntiarent. *Multi eorum qui audierant verbum crediderunt, et factus est numerus virorum quinque millia. In crastinum Annas, princeps sacerdotum, et Caiphas et Joannes et Alexander et quotquot erant de genere sacerdotali, et principes et seniores et Scribæ, congregati sunt in Jerusalem. Et statuentes eos in medio, interrogabant : In qua virtute aut in quo nomine fecistis hoc vos ? Tunc Petrus, Spiritu sancto repletus,* optime testatus est quod in nomine Jesu Christi Nazareni æger sanatus est, nec aliud, in quo salvari oporteat, nomen sub cœlo datum est. *Adversarii vero constantiam Petri et Joannis videntes, comperto quod homines essent sine litteris et idiotæ, admirabantur* et contristabantur ; ipsos utique *cognoscebant quoniam cum Jesu fuerant. Hominem quoque qui curatus fuerat, coram eis stantem videbant et nihil contradicere poterant,* sed pro manifesto cunctis in Jerusalem signo, præ ira tabescebant. Denique consilio accepto, apostolos convocarunt, et ne omnino loquerentur neque docerent in nomine Jesu, denuntiaverunt. Quorum præcepto Petrus et Joannes auctoritate magna contradixerunt, dicentes : *Si justum est in conspectu Dei vos potius audire quam Dominum, judicate. Non enim possumus quæ vidimus et audivimus non loqui. At illi comminantes eos dimiserunt,* non ausi punire quos videbant populo pro ingenti miraculo admodum placere (Act. IV, 1-22).

Dimissi ad suos venerunt et quæ sibi contigerant eis annuntiaverunt. *Qui cum audissent, vocem ad Dominum unanimiter levaverunt* et, ardore divino inflammati, specialem Deoque gratam orationem fuderunt ; *et cum orassent, motus est locus in quo consistebant, omnesque Spiritu sancto repleti sunt* et retibus sacræ prædicationis multos de profunditate errorum ad fidei justitiæque lumen attraxerunt.

Multitudinis credentium erat cor unum et anima una. Nihil proprium aliquis *possidebat* neque quisquam inter illos egens erat. *Omnia illis erant communia. Possessores domorum aut agrorum vendebant et ante pedes apostolorum pretia eorum ponebant. Dividebantur autem singulis, prout cuique opus erat.* Primitus in Jerusalem ordinata sic effulsit concio, cujus tota cœlis semper flagrabat intentio. Hunc conventum tam jucundum dedicavit diva benedictio et bonorum inde morum nobis alma manavit institutio. *Joseph, ab apostolis cognominatus Barnabas, id est filius consolationis, levites, Cyprius genere,* promptus ad opus bonum, cum haberet agrum, *vendidit illum, attulit pretium et ante pedes posuit apostolorum* (Act. IV, 23-37). *Ananias autem agrum vendidit et, conscia uxore sua nomine Saphira, de pretio agri fraudavit, et afferens partem quamdam, ad pedes apostolorum posuit.* Ut Petrus fraudem per Spiritum sanctum cognovit, fraudulentum de mendacio increpavit ; qui mox, ut apostoli redargutionem audivit, cecidit et exspiravit. Et post spatium quasi trium horarum, uxor ejus nesciens quod factum fuerat, ingressa est, et a Petro interrogata de pretio agri, mentita est. Ipsa quoque ab apostolo increpata confestim ante pedes ejus corruit et mortua est. *Timor itaque magnus in universam Ecclesiam et in omnes qui audierant hæc factus est* (Act. V, 1-11).

Per manus apostolorum multa in plebe signa et prodigia fiebant et omnes in porticu Salomonis unanimiter erant. Cæterorum autem nemo illis se conjungere audebat, sed populus eos magnificabat. Magis augebatur credentium in Domino multitudo, virorum ac mulierum. In plateis infirmi ponebantur in lectulis, *ut, veniente Petro, saltem umbra illius obumbraret quemquam illorum et liberarentur ab infirmitatibus suis.* Vicinarum quoque civitatum multitudo in Jerusalem ad apostolos concurrebat, ægros et dæmoniacos afferebat et cunctis optata salus proveniebat (ibid., 12-16).

Princeps sacerdotum et omnes qui cum illo erant, zelo repleti sunt, manus in apostolos injecerunt et in custodia illos publica posuerunt. Angelus autem Domini per noctem januas carceris aperuit et educens eos, dixit : Ite, et stantes loquimini in templo plebi omnia verba vitæ hujus. Porro illi diluculo in templum intraverunt et verbum Dei cum fiducia locuti sunt. Princeps sacerdotum, et qui cum eo erant, concilium convocaverunt ac ad carcerem ut adducerentur miserunt. Missi vero carcerem quidem cum omni diligentia clausum, sed neminem intus invenerunt. Tandem auditum est quod qui quærebantur in templo docerent. Tunc magistratus cum ministris illos sine vi adduxit. Timebant enim populum ne lapidarentur. Princeps sacerdotum statutos in concilio redarguit quod contraria sibi doctrina replessent Jerusalem contra generale decretum seniorum. Apostoli ergo responderunt: *Obedire oportet Deo magis quam hominibus. Deus patrum nostrorum suscitavit Jesum, quem vos interemistis, suspendentes in ligno. Hunc Deus principem et salvatorem exaltavit dextera sua ad dandam pœnitentiam Israel et remissionem peccatorum. Et nos sumus testes horum verborum et Spiritus sanctus quem dedit Deus omnibus obedientibus sibi. Hæc cum audissent, dissecabantur et cogitabant interficere illos* (Act. v, 17-33).

Tunc *Gamaliel Pharisœus et legis doctor honorabilis universœ plebi, in concilio surrexit*, et, remotis apostolis, subvenire illis volens, palam recensuit qualiter ante paucos dies Theodas cum cccc complicibus in nihilum redactus fuerit, Judas quoque Galilæus cum suis, qui populum avertebant post se, in diebus professionis perierit. Tandem, prolatis hujusmodi exemplis, dixit : *Nunc itaque, dico vobis, discedite ab hominibus istis et sinite illos, quoniam si est ex hominibus consilium hoc aut opus, dissolvetur; si vero ex Deo est, non poteritis dissolvere eos, ne forte et Deo repugnare videamini.* His auditis, illi consenserunt, *et apostolos convocantes, cæsis denuntiaverunt ne loquerentur in nomine Jesu, eosque dimiserunt. Et illi quidem ibant gaudentes a conspectu concilii, quoniam digni habiti sunt pro nomine Christi contumeliam pati. Omni autem die in templo et circa domos non cessabant, docentes et evangelizantes Christum Jesum* (ibid. 34-42).

In diebus illis, crescente numero discipulorum, factum est, contra *Hebrœos murmur Grœcorum, quod despicerentur in ministerio quotidiano viduœ eorum. Unde convocantes duodecim multitudinem discipulorum, dixerunt : Non est æquum nos derelinquere verbum Dei et ministrare mensis. Considerate ergo, fratres, viros ex vobis boni testimonii septem, plenos Spiritu sancto et sapientia, quos constituamus super hoc opus ; nos autem orationi et ministerio verbi instantes erimus.* Cunctis hoc annuentibus, elegerunt Stephanum, *virum fide et Spiritu sancto plenum, Philippum et Procorum, Nicanorem et Timotheum, Parmenam et Nicolaum advenam Antiochenum. Hos ante conspectum apostolorum statuerunt et orantes eis manus imposuerunt. In Jerusalem discipulorum numerus valde multiplicabatur, multa etiam turba sacerdotum fidei obsequebatur* (Act. vi, 1-7).

II. *Stephanus primus martyrum. Persecutio in Ecclesiam Jerusalem. Pauli conversio. Miracula Petri.*

Stephanus, plenus gratia et fortitudine, *faciebat prodigia et signa magna in populo.* Invidentes ergo Judæi in illum surrexerunt, et *disputantes cum eo, sapientiœ et Spiritui, quo loquebatur, resistere non potuerunt. Tunc* falsos testes, *qui dicerent se audisse eum dicentem verba blasphemiœ in Moysen et Deum, submiserunt et plebem ac seniores atque Scribas commoverunt.* Deinde *concurrentes eum rapuerunt et* in concilio statutum *accusaverunt. Omnes autem qui sedebant in concilio, viderunt faciem ejus tanquam faciem angeli* (ibid. 8-15). Interrogatus a principe sacerdotum, eloquenter respondit et antiqua patrum gesta prudenter intrepidus explicavit. Nam de Abraham et Moyse, aliisque patriarchis idoneam laudationem extulit, magnarumque rerum narrationem breviloquio conclusit. Denique incredulos et legis contemptores redarguit, duros et incircumcisos cordibus et auribus palam appellavit, qui Spiritui sancto semper restiterunt et prophetas persecuti sunt. *Audientes hæc, dissecabantur cordibus suis et stridebant dentibus in eum. Cum autem esset Stephanus plenus Spiritu sancto, intendens in cœlum vidit gloriam Dei et ait : Ecce video cœlos apertos, et Jesum stantem a dextris Dei. Exclamantes autem voce magna, continuerunt aures suas, et impetum fecerunt unanimiter in eum, et ejicientes eum extra civitatem, lapidabant. Testes vero vestimenta sua secus pedes Sauli adolescentis deposuerunt et Stephanum lapidaverunt, invocantem et dicentem : Domine Jesu, suscipe spiritum meum. Positis autem genibus, clamavit voce magna : Domine, ne statuas illis hoc peccatum. Et cum hoc dixisset, obdormivit in Domino* (Act. vii, 1-59). Hoc itaque secundo Dominicæ Ascensionis anno, vii Kal. Januarii, factum est. Porro viri timorati corpus protomartyris in villam Gamalielis, quæ Caphargamala dicitur, portaverunt, *et super illum planctum magnum fecerunt* (Act. viii, 2), ibique reverenter sepelierunt ; cum quo postmodum Nicodemus, Gamaliel et Abibas tumulati sunt. Illic tantus thesaurus plus quam ccc annis delituit, donec illum Luciano presbyter, revelante Deo, invenit et Joannes Jerosolymitanus præsul, vii Honorii imperatoris anno, in Jerusalem transtulit.

Lapidato Stephano, in Ecclesia quæ erat Jerusalem magna persecutio facta est, et omnes, præter apostolos, per regiones Judeæ et Samariæ dispersi sunt. In ipsa tamen dispersione Spiritu sancto corroborati plurima loca pertransibant et verbum Dei evangelizabant. Tunc Philippus in Samaria Christum prædicavit et multa signa, paralyticis et claudis ac dæmoniacis in nomine Christi curatis, auditoribus suis ostendit. Samaritani unanimiter his quæ a Philippo dicebantur intendebant et cum alacritate magna fidem veram suscipiebant. Tunc Simon Magus qui Samaritanos jam olim seduxerat, diuque magicis suis eos dementaverat, unde a deceptis magnus putabatur et magna Dei virtus vocabatur Philippo evangelizanti de regno Dei credidit et, cum aliis viris atque mulieribus in nomine Jesu Christi baptizatus, Philippo adhæsit. Signa enim et virtutes maximas fieri videbat et inde pro insolitis admirans stupebat (ibid. 2-13).

Apostoli autem, qui erant Jerosolymis, cum audissent quia recepit Samaria verbum Dei, miserunt ad eos Petrum et Joannem. Qui cum venissent, oraverunt pro ipsis ut acciperent Spiritum sanctum. Tunc manus super baptizatos imponebant, et ipsi Spiritum sanctum accipiebant (ibid. 14-17). Hinc ecclesiastica processit institutio, ut post baptisma, quod catechumenis per ministerium datur sacerdotis, impositio manus pontificis cum oratione fiat ac unctione charismatis; et sic integra confirmatio fit per septiformem gratiam sancti Spiritus baptizatis.

Cum vidisset Simon quia per impositionem manus apostolorum daretur Spiritus sanctus, obtulit eis pecuniam, dicens : Date et mihi hanc potestatem ut cuicunque imposuero manus, accipiat Spiritum sanctum. Petrus autem dixit ad eum : Pecunia tua tecum sit in perditionem, quoniam donum Dei existimasti pecunia possideri. Non est tibi pars, neque sors in sermone isto. Cor enim tuum non est rectum coram Deo. Pœnitentiam itaque age ab hac nequitia tua, et roga Dominum si forte remittatur tibi hæc cogitatio cordis tui. In felle enim amaritudinis et obligatione iniquitatis video te esse. Simon autem, apostoli dicta parvipendens, recessit, et apostata factus, innumeris sceleribus iram Domini diu exacerbavit. Apostoli vero locuti verbum Domini Jerosolymam redibant et multis regionibus Samaritanorum evangelizabant (cf. *Act.* VIII, 18-25).

Angelo Dei præcipiente, Philippus Candaci (17) eunucho, qui super omnes gazas reginæ Æthiopum erat, revertenti de Jerusalem occurrit et super currum cum illo ascendit, atque Isaiam, quem legebat prophetam explicare cœpit, et a vaticinio de occisione agni mansueti incipiens, Jesum illi evangelizavit. Ipse vero gaudens audivit, diligenter intellexit, libenter credidit, et, inventa aqua, baptizatus est, et in patriam suam cum gaudio, pro sacræ regenerationis innovatione, regressus est. Spiritus autem Domini Philippum rapuit et, de Azoto usque in Cæsaream, civitatibus cunctis evangelizavit (ibid. 26-40).

Saulus adhuc spirans minarum et cædis in discipulos Domini, petiit a principe sacerdotum epistolas in Damascum ad synagogas, ut Ecclesiam Domini devastaret, et viros ac mulieres de Nazarenorum secta vinciret, et Jerusalem perduceret. Cum appropinquaret Damasco, circumfulsit eum lux de cœlo. Et cadens in terram (*Act.* IX, 1-4), audivit Dominum increpantem se, et correctus est, et sibi multisque aliis utiliter immutatus est. A sociis, qui comitabantur, qui Dominum quidem cum illo loquentem audierunt, sed neminem viderunt, per manum tractus in Damascum, tribus diebus non vidit, nec manducavit, neque bibit. Ananias a Domino missus Saulo manus imposuit, confortavit, illuminavit ac baptizavit. Sic mirabili modo de lupo et persecutore sævo fit agnus et aries fortissimus, vas electionis et Doctor gentium. *Continuo ingressus in synagogas, prædicabat Jesum, quoniam hic est Filius Dei, stupentibus cunctis, qui pertinaciam ejus antea noverant, dum paternarum traditionum amplius æmulator existeret* (ibid. 4-21).

Saulus multo magis convalescebat et Judæos qui Damasci habitabant confundebat. Ingens igitur odium contra illum pro testimonio fideli concitatum est, et post aliquod tempus a Judæis, ut interficeretur, summopere quæsitus est, portisque Damasci custodia, ne effugeret, nocte dieque deputata est. Discipuli autem, quia hostiles insidiæ Saulo notæ factæ sunt, inimicis frustra insidiantibus, eum nocte per murum in sporta submiserunt. *In Jerusalem cum venisset, jungere se discipulis tentabat; sed omnes timebant eum, non credentes quia discipulus esset.* Barnabas vero illum apprehendit, ad discipulos duxit et quomodo in via vidisset Dominum, et cætera quæ contigerant, eis narravit. Illis itaque Deo gratias agentibus fideliter adhæsit, *et cum illis intrans et exiens, in nomine Domini Jesu fiducialiter* egit. *Cum Græcis disputabat* et Judæos revincebat, Deoque adminiculante, omnibus eminebat. Invidentes ergo sublimiori, perimere Saulum victi conati sunt. *Quod fratres cognoscentes, eum Cæsaream deduxerunt et Tarsum dimiserunt. Ecclesia quidem per totam Judæam, et Galilæam, et Samariam pacem habebat. Ambulans in timore Domini ædificabatur, et consolatione Spiritus sancti replebatur, atque credentium multitudo augebatur* (ibid. 22-31).

Petrus apostolus *Æneam paralyticum ab annis octo jacentem in grabato Liddæ* sanavit. *Omnes vero habitatores Liddæ et Saronæ, qui hoc viderunt, ad Dominum conversi sunt. In Joppe Tabitha, operibus bonis et eleemosynis plena, defuncta est, et a fratribus in cœnaculo posita est. Discipuli audientes quia Petrus esset Joppæ, quæ vicina erat Liddæ, duos ad cum viros miserunt* ac ut ad eos veniret rogaverunt. At ille mox ut legationem fratrum audivit, humiliter obedivit. Adveniente Petro, *circumsteterunt illum omnes viduæ flentes, et ostendebant illi tunicas et vestes quas faciebat illis Dorcas. Ejectis autem omnibus foras, ponens Petrus genua sua oravit, et conversus ad corpus dixit : Tabitha, surge. At illa oculos suos aperuit, et viso Petro, resedit. Dansque illi manum, erexit eam, et sanctis ac viduis assignavit eam vivam.* Hoc divulgato *per universam Joppem miraculo, multi crediderunt in Domino* (ibid. 32-42).

Cornelius in Cæsarea, centurio cohortis quæ dicitur Italica, vir religiosus ac timens Deum cum omni domo sua multis intentus erat eleemosynis et orationibus pro salute perpetua. *Is vidit in visu manifeste, quasi hora nona diei, angelum Dei. Quem intuens, timore correptus ab illo audivit : Corneli, orationes tuæ et eleemosynæ tuæ ascenderunt in memoriam in conspectu Dei. Deinde præcepit ut Simonem Petrum accersiret,* a quo consilium salubre audiret. At ille jubenti mox paruit et tres viros ad Petrum misit. *Postera die, illis appropinquantibus civitati, Petrus, circa horam sextam, ascendit in superiora ut oraret. Cumque esuriret et supernis inhiaret, cœlum in excessu mentis apertum vidit et descendens vas quoddam velut linteum magnum qua-*

---

(17) Leg. *Candacis*. Hoc nomen, reginæ Æthiopum, sed non eunuchi est. Le Prévost.

tuor initiis submitti de cœlo in terram, in quo erant omnia quadrupedia et serpentia terræ et volatilia cœli. Et facta est vox ad eum : Surge, Petre, occide et manduca. Petrus autem ait : Absit! Domine, quia nunquam manducavi commune et immundum. Et vox iterum secundo ad eum : Quæ Dominus purificavit ne tu commune dixeris. Hoc autem ter factum est, et statim vas in cœlum receptum est. Hac nimirum revelatione Petro gentium conversio divinitus insinuata est, quæ per quatuor mundi climata in omni lingua et tribu facta est, et a Deo, ne quemlibet converti volentem respueret, evidenter edoctus est. Securus ergo et gaudens nuntios Cornelii hospitio in domo Simonis Coriarii suscepit, et cum illis sequenti die in Cæsaream Palæstinæ perrexit. Illuc ingressus, Cornelium et cognatos ejus cum necessariis amicis invenit et rogatus ab eis, qui ad audiendum et obediendum parati erant, verbum vitæ loqui, pie obtemperavit (Act. x, 1-33).

Aperiens enim Petrus os suum, dixit : *In veritate comperi quoniam non est personarum acceptor Deus, sed in omni gente, qui timet eum et operatur justitiam, acceptus est illi. Verbum misit filiis Israel, annuntians pacem per Jesum Christum. Hic est omnium Dominus.* Cumque Petrus hæc et alia plura de adventu Salvatoris et perenni vita prædicaret, multumque sitientibus de fonte cœlestis doctrinæ pocula vitæ propinaret, *Spiritus sanctus super omnes qui audiebant verbum cecidit* et scientiam linguarum illis repente contulit. Petrus autem, obstupentibus iis qui cum eo ex circumcisione venerant, baptizavit Cornelium et omnes qui cum eo crediderant (ibid. 34-48).

Idem, postquam ab illustribus neophytis rogatus aliquot diebus Cæsareæ mansit, confirmatis illis, Jerusalem ascendit et coapostolis suis conversionem gentium enarravit. Tunc quidam *ex circumcisione contra illum disceptabant, dicentes : Quare introisti ad viros præputium habentes, et manducasti cum illis ?* Petrus autem seriatim explanare cœpit quomodo jejunus Joppe oraverit, ibique in exstasi visionem viderit qua Deus illi vocationem et conversionem gentium suamque opitulationem demonstraverit, et reliqua quæ contigerint sincera narratione manifestavit. *His auditis, tacuerunt*, et quia fraterna charitate fervebant, lætati sunt, Dominumque, qui gentes etiam per pœnitentiam salvat, glorificaverunt. Cyprii quoque *et Cyrenæi fideles, aliique qui in tribulatione sub Stephano facta dispersi* fuerunt, usque Phœnicem, et Cyprum, et Antiochiam perambulaverunt, et *solis Judæis verbum* fidei locuti sunt. Porro ingressi Antiochiam, Græcis annuntiaverunt *Dominum Jesum, multusque numerus credentium conversus est ad Dominum.* Hoc audiens Ecclesia quæ Jerosolymis erat, in Domino exsultavit, et *Barnabam virum bonum, sanctoque Spiritu et fide plenum* misit. *Qui cum venisset, et gratiam Dei vidisset, gavisus est*, et confortatis omnibus, Tarsum, ut quæreret Saulum, profectus est. Inde simul ambo Antiochiam venerunt, *et annum totum in Ecclesia conversati sunt, turbamque multam docuerunt. Ibique discipuli primum Christiani cognominati sunt* (Act. xi, 1-26).

Tunc Agabus vates, unus ex his qui de Jerosolymis venerant, prophetis, magnam famem futuram divinis præsagabat oraculis. Saulus vero et Barnabas cum ministerio a fratribus collato, quod sanctorum usibus deserviret, Jerosolymis destinantur (ibid. 27-50).

III. *Opinio Romani senatus de Christo. Facinora Herodis regis in Christianos.*

† Interea Tiberius Augustus duobus et viginti circiter annis regnavit. Cujus imperii XVIII anno, ut fidelis notitia veraciter asserit, Dominus noster Jesus Christus passus est et resurrexit et multa mirabilia ineffabili modo fecit, quæ jam longe lateque pervulgata Pilatus Tiberio retulit, et quod pro innumeris magnalibus in ejus nomine peractis a quamplurimis jam Deus esse crederetur, adjecit. Tiberius quæ compererat senatui retulit. Senatus autem Christum sprevisse dicitur, ut Tertullianus in *Apologetico* suo scribit, pro eo quod hujus rei judicium non sibi prius delatum fuerit, sed auctoritatem suam vulgi sententia prævenerit. Lex enim erat antiquitus designata, ne quis apud Romanos deus haberetur, nisi senatus decreto et sententia confirmatus. Porro, ut Cæsariensis Eusebius in secundo *ecclesiasticæ Historiæ* libro asserit, hoc erat pro vero quod agebatur, ne divina virtus humanis assertoribus indigere putaretur. Cumque secundum ea quæ supra diximus, renuisset senatus, Tiberius tamen tenuit sententiam suam, ne quis adversus doctrinam Christi contrarium moliretur. Quod profecto divina prudentia ita tunc Cæsaris sensibus ingessit ut, absque ullo obstaculo, in ipsis duntaxat initiis, Evangelii sermo usquequaque percurreret. Unde et factum est ut repente quasi cœlitus lumen ostensum, aut radius solis erumpens, totum orbem claritate superni luminis illustraret, ut compleretur et illa prophetia quæ dixerat : *In omnem terram exivit sonus eorum, et in fines orbis terræ verba eorum* (Psal. XVIII, 5; Rom. X, 18). Ex quo per omnes civitates ac vicos immensæ multitudinis, velut messium tempore frumenta ad areas, ita ad ecclesias populi congregabantur. Quicunque illi a parentibus traditæ sibi morbidæ superstitionis vinculis tenebantur, per doctrinam Christi simul et virtutum miracula, quæ fieri videbant, percepta verbi Dei notitia, tanquam a tyrannicis dominis liberati, ad unum verum Deum et Dominum, Creatoremque suum, vetusti erroris pœnitentes, fideli cum confessione veniebant.

Defuncto Tiberio, Caius Caligula imperium suscepit et IV annis nec integris usurpavit. Hic Judæorum principatum Herodi Agrippæ, Aristobuli filio, tradidit, simulque Philippi et Lysaniæ tetrarchias contulit, Herodis quoque paulo post addidit. Ipsum vero Herodem, qui Joannis Baptistæ necis auctor exstiterat, vel in passione Domini subsannator interfuerat, multis excruciatum modis, æterno in Hispania exsilio damnavit, ut Josephus Hebræorum nobilis historiographus scribit.

Tunc Philo Judæus, scriptorum insignissimus, in Græcorum philosophia inter primos primus, peritiæ suæ posteris clara monumenta reliquit et inter reliqua quæ scripsit, de acerbitate Caii et insania asserit quod in tantum superbiæ elatus sit, ut deum se appellari voluerit et sancta Judæorum loca idolis profanaverit. Judæi etiam, pro piaculis quæ in Christum ausi sunt, nimias clades et tribulationes pertulerunt, sicuti prædicti sophistæ Philo et Josephus suis in scriptis referunt. Nam ex admissi sacrilegii tempore nunquam ab eis seditionum furor, nunquam bella mortesque cessarunt, usquequo ultimum exitiabile malum temporibus Vespasianæ obsidionis eos inclusit. Pilatus, qui Tiberii Cæsaris anno XII procurator Judææ factus fuerat, et sententiam damnationis in Christum dixerat, irrogante Caio, tantos angores subiit, ut propria manu se peremerit. Matthæus, in Judæa prædicans, Evangelium Hebræo sermone scripsit.

Interempto Caio Cæsare, Claudius XIII annis et VIII mensibus regnavit. Sub quo fames satis dira universum orbem terræ obtinuit, sicut Lucas Agabum prophetam denuntiasse describit.

In illo tempore, quod sub Claudio fuit, cum fames erat, Herodes rex manus suas immisit affligere aliquos de Ecclesia. Tunc Jacobus, Zebedæi filius, Domini nostri Jesu Christi apostolus, omnem Judæam et Samariam visitabat et multa signa in Christi virtute faciebat. In synagogis contra incredulos disputabat, sanctasque Scripturas explanabat, ostendens omnia, quæ a prophetis sunt prædicta, in Domino Jesu Christo esse completa.

Hermogenes magus, audita virtutum ejus fama, invidit, ac ad eum, explorandi causa, Philetum discipulum suum destinavit. Veniens autem Philetus cum aliquantis Pharisæis conatus est Jacobo resistere et prædicationem ejus de Domino Jesu Christo suis objectionibus conquassare. Apostolus vero in Spiritu sancto confidenter egit, omnes adversarii assertiones evacuavit, eique ex divinis Scripturis Jesum Nazarenum esse verum Filium Dei ostendit. Reversus ad Hermogenem Philetus summopere cœpit Jacobum laudare, allegationes ejus de vera fide fideliter approbare, ipsumque insuperabilem extollere et multa quæ viderat vel audierat miracula publicare. Denique magistrum commonuit ut ambo ad ipsum continuo irent et ab eo indulgentiam postularent ejusque discipuli fierent. Hermogenes igitur zelo repletus Philetum ita vinxit, ut movere se non posset. Apostolus vero, ut hoc per puerum Phileti agnovit, sudarium suum illi direxit, ac ut inde in nomine Domini tangeretur præcepit. Quo facto, mox a vinculo magi resolutus, ad Jacobum cucurrit, dæmonicisque maleficiis tripudians insultavit. Magus autem, nimium dolens, arte nefaria dæmones excitavit, eisque ut Jacobum et Philetum vinctos sibi adducerent jussit. Illi vero venientes in aere cœpe-runt ululare et horribiliter conqueri quod, igneis ibidem catenis religati, cruciarentur ab angelo Dei. Tandem apostoli jussu absoluti sunt, et versa vice ad Hermogenem redierunt, eique de restibus a tergo manus ligaverunt et vinctum ad apostolum perduxerunt.

Beatus vero apostolus illum increpavit, dæmonicam societatem homini detestabilem et omnino noxiam esse asseruit, humilemque magum et confusum ante se stantem a Phileto solvi præcepit. Absolutus itaque baculum apostoli contra dæmonum iras sumpsit, et de domo sua zabernas codicibus plenas, cervicibus discipulorum suorum impositas, attulit. Deinde omnes libros ignibus concremare cœpit, sed jussu apostoli, ne odor incendii maleficiorum vexaret incautos, zabernas petris et plumbo impletas in mare demersit. Sic ab omni maleficiorum onere nudatus Hermogenes repedavit, et apostoli plantas humiliter tenuit, veramque Deo pœnitentiam exhibuit, et beato apostolo adhærens in omnibus obtemperavit. In timore vero Dei ita cœpit esse perfectus ut virtutes etiam plurimas per eum faceret Dominus; quibus visis, plures ad Dominum conversi sunt, relictis erroribus suis et facinoribus.

Judæi autem in nequitia perseverantes, cum vidissent magum, quem invictum putabant, et amicos ejus in Christum credentes, centurionibus Jerosolymorum Lysiæ ac Theocrito pecunias obtulerunt, tentumque Jacobum in custodiam miserunt. Facta vero seditione, ductus est ad audientiam, et mirati sunt omnes ejus in Domino constantiam. Interrogatus a Pharisæis, optime respondit et de sanctis Scripturis prudenter et eloquenter tractavit. Unde nativitatem de intacta Virgine et passionem ac resurrectionem, et cætera quæ de Christo Catholica confitetur Ecclesia, irrefragabiliter probavit. Feliciter apostolo perorante, omnes crediderunt atque peccata sua confitentes, Ecclesiæ Dei fideliter adhæserunt.

Post aliquot dies, Abiathar pontifex, videns tantum Domino populum credidisse, doluit, datisque pecuniis, sat acerbam seditionem excitavit, ita ut Josias scriba funem in collo apostoli mitteret, ipsumque ad prætorium Herodis regis, filii Aristobuli, perduceret. Herodes autem, favere volens Judæis, jussit eum decollari. Cumque Jacobus duceretur ad decollationem, vidit paralyticum jacentem et ab eo sanari fideliter poscentem, et ait illi : « In nomine crucifixi Domini mei Jesu Christi, pro cujus amore ducor ad decollationem, exsurge sanus et benedic Salvatorem tuum. » Qui protinus surrexit, et gaudens currere, Dominumque benedicere cœpit. Quod videns Josias, ad pedes apostoli corruit et indulgentiam ab eo humiliter petivit.

Jacobus autem intelligens cor ejus a Deo visitatum, gavisus est, et Josias Dominum Jesum verum Filium Dei vivi confessus est. Tunc Abiathar fecit eum teneri et os ejus pugnis cædi. Deinde missa de eo relatione ad Herodem, impetravit ut decollaretur. Cumque Jacobus eum osculatus fuisset, manum suam super caput ejus posuit, ipsumque facto signaculo crucis in fronte ejus benedixit. Sic perfectus in fide cum apostolo decollatus est, et ambobus remunerationem æternam omnipotens Emmanuel largitus est.

Consummato itaque beati Jacobi apostoli, fratris egregii Joannis Evangelistæ, martyrio, quod VIII Kal. Augusti festive celebrat Ecclesiæ devotio, septem discipuli ejus, qui ab eo in vera fide instituti passioni ejus interfuerunt, corpus ejus divinitus edocti vetustæ navi imposuerunt, altoque pelago, sine gubernatore necessariisque instrumentis, se, dispensante Deo, commiserunt. Sic miro modo in Hispaniam appulsi sunt, et a rege Galliciæ suscepti, primum fidem et religionem Iberis prædicaverunt, ibique venerabilem sepulturam magistro suo adepti sunt. Multa ibidem miracula meritis sancti Jacobi apostoli facta sunt, et habitatores totius provinciæ jamdudum Christi fidem susceperunt. In sede pontificali canonicales asseclæ pretiosissimum corpus apostoli veneranter custodiunt, et illuc fideles Christicolæ de cunctis climatibus orbis concurrunt, ac ad exorandum clementem Adonai per apostolicos interventus conveniunt.

Herodes rex, quem Josephus Agrippam nominat, videns gratum esse Judæis quod Jacobum occiderat, Petrum quoque in carcerem misit et quatuor quaternionibus militum ad custodiendum tradidit. Petrus quidem servabatur in carcere ut ad mortem post Pascha produceretur publice. Oratio Ecclesiæ incessanter pulsabat aures divinæ majestatis, ne tenero gregi subtraheretur pii subsidium pastoris. Clemens autem Deus pro dilecto dispensatore cito preces audivit sponsæ suæ et fidelis amicæ, cœlestis subventio suis adfuit et impios conatus Herodis frustrando prævenit. Noctu Petro dormiente *inter duos milites* vincto *duabus catenis*, et custodibus *ante ostium* carceris, *angelus Domini* cum lumine *astitit, percussoque Petri latere illum excitavit. Surge*, inquit, *velociter. Mox catenæ de manibus ejus ceciderunt* præcinctus et calceatus et veste circumdatus exivit, angelumque secutus, custodias usque ad portam ferream, quæ ultro aperta est eis, pertransivit. Hæc in somnis fieri putavit. Discedente angelo, in se reversus rei veritatem agnovit, et pro ereptione sui suo liberatori gratias egit (*Act.* XII, 3-11).

Ad fratres, qui in domo Mariæ matris Joannis cognomine Marci congregati erant, venit, eoque pulsante ostium, Rode puella ad videndum processit. Cognita vero voce Petri, præ gaudio januam non aperuit, sed introcurrens, stare Petrum pro foribus nuntiavit. Tandem ingressus, obstupentes discipulos confortavit, et qualiter eum de carcere Dominus eduxisset enarravit, egressusque confestim in alium locum secessit. Deinde ingens turbatio inter milites de Petro facta est, eoque non reperto, Herodes rex custodibus nimium iratus est. Regis vero facinus in apostolos perpetratum dilationem non patitur ultionis, sed continuo vindex adest dextera Divinitatis, sicut Lucas edocet in Actibus apostolorum (*ibid.* 15-23), et Josephus in non odecimo libro *Antiquitatum;* nam cum Cæsaream, quæ Pyrgus Stratonis prius vocabatur, descendisset, et in die solemni, cum in honorem Cæsaris spectacula civibus ederet, præclara veste ex auro argentoque mirabiliter contexta indutus ad theatrum processisset, ac pro tribunali consedisset, eique populus concionanti de sublimi, dei, non hominis vocem acclamaret, statim angelus Domini percussit eum, eo quod gloriam Deo non dederit, et scatens vermibus post quinque dies exspiravit.

IV. *Verbum Christi propagatur. Antiochena Ecclesia. Pauli et Barnabæ prædicationes.*

Agrippa vero filius ejus XXVI annis, id est usque ad exterminium Judæorum, regnavit, et pacem cum Romanis et Christianis habuit. Verbum Domini crescebat et multiplicabatur.

Antiochiæ in Ecclesia prophetæ et doctores erant Barnabas et Simon Niger, Lucius Cyrenensis, Manahen Herodis tetrarchæ collactaneus et Saulus. Ministrantibus illis Domino, et jejunantibus, dixit Spiritus sanctus: Separate mihi Barnabam et Saulum in opus [ad] quod assumpsi eos. Tunc jejunantes et orantes et manus eis imponentes, dimiserunt. Ipsi quidem, a Spiritu sancto missi, Seleuciam abierunt, et inde Cyprum navigaverunt. Salamine *in synagogis Judæorum verbum Dei prædicaverunt, et universam insulam usque ad Paphum perambulaverunt* (*Act.* XIII, 1-6).

Ibi Sergius Paulus proconsul, vir prudens, Barnabam et Saulum accersiit, et, desideranter audito sermone Dei, credidit. Tunc Saulus Elymam magum, doctrinæ fidei resistentem, jussu ad tempus excæcavit, et nomine Pauli, quem de gentibus primum fide devicit, ut Scipio Africanus a devicta Africa cognominatus est, appellari meruit. Deinde *Pergen Pamphyliæ et Antiochiam Pisidiæ venerunt, et ingressi synagogam die Sabbatorum sederunt. Post lectionem legis et prophetarum, principibus synagogæ annuentibus, Paulus surrexit, et manu silentium indicens,* historiam patriarcharum optime recensuit et promissiones a Deo per prophetas olim factas, jam in Christo consummatas perfecte asseruit (*ibid.* 7-43).

Sequenti Sabbato pene universa civitas convenit verbum Domini audire. Unde zelantes Judæi conati sunt blasphema contradictione apostolicam prædicationem impedire. *Tunc constanter Paulus et Barnabas dixerunt: Vobis oportebat primum loqui verbum Dei; sed quoniam repellitis illud et indignos vos judicatis æternæ vitæ, ecce convertimur ad gentes. Sic enim præcepit nobis Dominus: Posui te in lumen gentibus, ut sis in salutem usque ad extremum terræ.* His auditis, *gentes gavisæ sunt, et qui prædestinati erant ad vitam crediderunt.* Judæi vero, excitata persecutione *in Paulum et Barnabam, de finibus suis ejecerunt, et illi gaudio pleni Iconium venerunt* (ibid. 44-52), et in synagoga Judæis et Græcis locuti sunt. Ibi diu demorati, fiducialiter in Domino egerunt, eoque cooperante, signa et prodigia per manus eorum facta sunt. Invidentes igitur impii et gentiles et Judæi, eos contumeliis afficere et lapidare moliti sunt. Illi autem *ad civitates Lycaoniæ Lystram et Derben, et universam in circuitu regionem confugerunt, ibique* evangelizaverunt. In doctrina eorum tota civitas commota est (Act. xiv, 1-6).

Lystris quidam claudus, qui nunquam ambulaverat, loquentem Paulum audivit, et, invocato nomine Domini Jesu a Paulo, confestim sanatus *exsiliit*, et credens Dominum glorificavit. Quod videns populus, admirans Lycaonice dixit : *Dii similes facti hominum descenderunt ad nos. Et vocabant Barnabam Jovem, Paulum vero Mercurium.* Sacerdote quoque Jovis, et populo illis sacrificare volentibus, apostoli protinus in turbas exsilierunt, tunicasque suas consciderunt, et humilibus verbis miraculi gloriam ad Dominum retulerunt, seseque humiliantes, *ne sibimet immolarent, vix turbas sedaverunt.* Supervenientibus *ab Antiochia et Iconio Judæis,* turbæ persuasæ Paulum lapidaverunt, *et extra civitatem, æstimantes eum mortuum esse, traxerunt. Circumdantibus eum discipulis, surgens intravit in civitatem, et postera die profectus est in Derben.* Deinde ambo reversi sunt *Lystram et Iconium, Antiochiam et Pisidiam, et verbum vitæ prædicaverunt, animasque discipulorum* exhortando confirmaverunt, et *per singulas ecclesias presbyteros* constituerunt, *eosque Domino cum jejuniis et orationibus commendaverunt. De Pamphylia in Attaliam descenderunt, et inde Antiochiam navigaverunt* (ibid. 7-25).

Ibi diu *cum discipulis morati sunt* (ibid. 27). Tunc quidam, qui de Judæa descenderant, credentibus ex gentibus circumcidi et observare legem Moysi suadebant. Paulus et Barnabas illis contradicendo restiterunt, communique decreto, pro hac quæstione determinanda, in Jerusalem ad apostolos et presbyteros missi sunt. Phœnicem et Samariam pertranseuntes, conversionem gentium narrabant et magnum cunctis fratribus gaudium faciebant. Jerosolymis autem ab Ecclesia suscepti sunt, et quanta Deus fecisset cum illis annuntiaverunt. Porro illis qui de Pharisæis crediderant summopere volentibus judaizare, Simon Petrus et Jacobus aliique seniores diligenter tractaverunt de proposita quæstione, ac ad postremum decreverunt electos et probatos fratres ad gentes mittere et per eos instinctu Spiritus sancti scriptum dirigere, ut, remotis aliis oneribus, abstinerent se ab immolatis simulacrorum et sanguine, et suffocato, et fornicatione (Act. xv, 1-29).

Paulus igitur et Barnabas, Judas, qui cognominabatur Barsabas, et Silas, Antiochiam missi sunt, et epistolam apostolorum atque seniorum multitudini credentium ex gentibus retulerunt. Quam cum legissent, super consolatione gavisi sunt. Judas et Silas, cum essent prophetæ, verbo plurimo consolati sunt fratres et confirmaverunt, ac postmodum *cum pace* in Jerusalem reversi sunt. *Paulus autem et Barnabas Antiochiæ verbum Domini* aliquandiu evangelizaverunt, et inde digredientes, ab invicem divisi sunt. Barnabas cum Marco Joanne Cyprum navigavit. Paulus vero, electo Sila, Syriam et Ciliciam perambulavit. Ecclesias confirmavit, et apostolorum ac seniorum præcepta custodire præcepit (ibid. 30-41). Inde in Derben et Lystram pervenit, ibique Timotheum, qui ex patre gentili erat, propter insidiantes Judæos circumcidit. Phrygiam, Galatiam et Mysiam pertransivit, et Troadem descendit, et visione per noctem admonitus in Macedoniam transivit. Philippis, quæ prima pars est Macedoniæ, prædicavit, eumque Lydia purpuraria colens, Deum audivit, et baptizata cum domo sua credidit, et fideles apud se manere obnixis precibus coegit (Act. xvi, 1-15).

Paulo ad orationem eunti cum sociis suis puella quædam, habens spiritum pythonem obviabat ; quæ dominis suis magnum quæstum divinando præstabat. *Hæc illos subsecuta,* clamabat : *Isti homines servi Dei excelsi sunt, qui annuntiant vobis viam salutis. Hoc* dum multis diebus faceret, *dolens Paulus spiritui dixit : Præcipio tibi in nomine Jesu Christi exire ab ea. Et exiit eadem hora. Videntes autem domini ejus quia exiit spes quæstus eorum,* irati sunt, *Paulum et Silam apprehensos in forum ad principes perduxerunt,* et quod insolitum Romanis morem annuntiando civitatem conturbarent, accusaverunt. Turbida quoque plebs contra innocentes concurrit. Jussu magistratuum virgis cæsi sunt, et in interiorem carcerem missi sunt, eorumque pedes in ligno constricti sunt. Media nocte Paulus et Silas adorantes Dominum laudaverunt, ejusque auxilium specialiter senserunt. *Terræmotus subito magnus factus est, ita ut moverentur fundamenta carceris. Omnia ostia statim aperta sunt et universorum vincula soluta sunt.* His itaque visis, carcerarius nimis territus est, et, audita ratione fidei a Paulo, credens cum omni domo sua baptizatus est. Magistratus urbis, audito quod Romani essent, timuerunt, et, de carcere educentes, ut egrederentur de urbe rogaverunt (ibid. 16-40). Inde *Lydiam introierunt, et, per Amphipolim ac Apolloniam, Thessalonicam venerunt.* Ibi per *tria Sabbata Paulus in synagogam Judæorum introivit, et de Scripturis* palam disseruit, *adaperiens et insinuans quia Christum oportuit pati et resurgere a mortuis, et quia hic est Christus Jesus, quem ego annuntio vobis.* Multi ex Judæis et gentibus crediderunt, *Paulo et Silæ adjuncti sunt. Zelantes igitur Judæi* turbam concitaverunt, *et Jasonem* aliosque *fratres ad principes civitatis trahentes accusaverunt. Sed illi, accepta satisfactione a Jasone et a cæteris, eos dimiserunt. Fratres vero confestim per noctem Paulum et Silam in Berœam dimiserunt*; et inde, propter tumultum multitudinis concitatum a Judæis, *Paulum fratres usque Athenas perduxerunt*. Ibi Silam et Timotheum, quos Berœæ dimiserat, exspectavit. *Interea disputabat in synagoga cum Judæis et colentibus, et in foro per omnes dies ad omnes qui audierant. Quidam autem Epicurei et Stoici philosophi cum eo disserebant. Athenienses et advenæ hospites ad nihil aliud vacabant, nisi aut dicere aut audire aliquid novi. Paulus autem, in medio Areopagi stans*, Athenienses idololatriæ superstitioni deditos reprehendit, et de ara *in qua scriptum erat : Ignoto Deo*, loqui cœpit. Inde initium injunctæ sibi prædicationis sumpsit, Deumque verum, qui olim ignotus mundo erat, annuntiavit, brevique sermone multa comprehendens fidem et resurrectionis spem instanter prædicavit (*Act.* xvii, 1-31).

Tunc *Dionysius Areopagita, et mulier ejus Damaris, aliique cum eis adhærentes, apostolo crediderunt* (ibid. 34). Deinde Paulus, *ab Athenis egressus, Corinthum venit*, et Judæis atque Græcis Jesum Christum esse testificans, ministerio prædicationis institit. *Disputabat in synagoga per omne Sabbatum*. Illuc de Macedonia Silas et Timotheus venerunt, et, prædicante Paulo, Crispinus [Crispus] archisynagogus cum omni domo sua, multique Corinthiorum credentes baptizati sunt. Paulus in domum cujusdam justi nomine Titi (18), quæ contigua erat synagogæ, introivit, Deoque jubente per visionem noctis, annum et menses sex mansit, ibique instanter verbum Dei docuit. Ibi Aquila Judæus, genere Ponticus, cum Priscilla uxore sua manebat; cum quibus Paulus, quia scenofactoriæ artis erat, operabatur, et victum propriis manibus procurabat. Inde Paulus valedicens fratribus, Syriam navigavit et Ephesum devenit. Inde descendit Cæsaream ac postmodum migravit Antiochiam. *Facto ibi aliquanto tempore, profectus est, et ex ordine Galaticam regionem et Phrygiam perambulavit, omnesque discipulos* confirmavit (*Act.* xviii, 1-23).

V. *Notitiæ de Christi apostolis. Petri historia.*

Huc usque mihi de primitiva Ecclesia summatim excerpsi, de his videlicet quæ Lucas in Actibus apostolorum edidit, usque ad narrationem quomodo Paulus Ephesi baptizatos baptismate Joannis in nomine Domini Jesu baptizaverit, ibique cum eisdem, qui Spiritu sancto repleti loquebantur linguis et prophetabant, permanserit, atque per tres menses de regno Dei disputans multis profecerit; et inde discedens, quam fortiter in Asia per biennium cunctis evangelizaverit, et virtutes plurimas super languidos ac dæmoniacos in nomine Jesu Christi fecerit (*Act.* xix, 1-10). Amodo libet alios codices perlustrare, et de eisdem apostolis mihi quædam breviter commemorare, quæ in authenticis libris et in Ecclesia frequentatis potero reperire.

Ordinem apostolorum et meritum uniuscujusque solus omnium Conditor novit, et is qui cordis humani arcana rimatur, retributionem laborum singulis distribuit. Apostoli namque *missi* interpretantur; ipsos enim misit Christus evangelizare per universum mundum, ut, sicut piscatores de pelago retibus extrahunt turbam piscium, sic illi perditos homines prædicatione facta pertraherent ad lumen vitæ de profunditate vitiorum. Nomina autem ipsorum sunt hæc : Simon Petrus et Andreas, frater ejus; Jacobus Zebedæi et Joannes, frater ejus; Jacobus Alphæi et Philippus; Thomas et Bartholomæus; Levi Matthæus et Simon Chananæus; Judas Thaddæus et Mathias (*Act.* i, 13 et 26).

Primus vocatione, maximus dignitate, apostolici culminis sedem Petrus claviger assecutus est, qui Christo ardenter obsequens, toto corde secutus est. Hic patre Jona vel Joanne genitus, vico Bethsaida provinciæ Galilææ, qui juxta stagnum Genesareth est, ortus, ad declarandam dignitatem futuram et potestatem qua sublimatus splendescit, trinomius fuit, indicioque trium vocabulorum multiplex virtus ei cœlitus data claruit. Simon etenim *obediens*, Petrus vero *agnoscens*, Cephas autem *caput* interpretatur. Simon itaque per obedientiam, qua mox, ut præceptum Domini audivit, relictis omnibus ipsum sequi usque ad mortem expeditus studuit, ad ineffabilis cognitionem Deitatis conscendit. Et quia cœlitus inspiratus supra humanum intellectum divinæ theoriæ ardenter inhiavit et altisonam vocem gloriosæ confessionis fideliter deprompsit, dicens : *Tu es Christus Filius Dei vivi* (*Matth.* xvi, 16), ipso incomparabiliter recompensante Christo, meruit honorari et Ecclesiæ caput ac fundamentum ordinari. Largus enim retributor qui notitiam sui divinitus inspiraverat, puri cordis fidem prolatam per oris confessionem principali auctoritate remunerat: *Beatus es*, inquit, *Simon Barjona, quia caro et sanguis non revelavit tibi, sed Pater meus, qui est in cœlis* (ibid. 17).

Vere beatus est Simon, id est *obediens*, qui Barjona, id est *filius columbæ*, dicitur, qua Spiritus sanctus designatur. *Vir obediens*, ut ait Salomon, *loquitur victorias* (*Prov.* xxi, 28). Qui dum jussiones incessanter observat divinas, in quotidianis conflictibus per tentationes impugnatur varias, ipsoque in mandatis Dei perseverante, superatur Satanas. Quid enim aliud divina lex imperat vel docet, nisi ut omnis homo Creatori suo militet, cum antiquo serpente, qui nobis semper insidiatur, dimicet, et bravium supernæ vocationis obtinere insudet ? Tunc fortis Dei agonista procul dubio loquitur victorias, dum, prostrato inimico, protectori suo celebrat Deo gratias, dicens cum Propheta : *Præcinxisti me virtute ad bellum, et supplantasti insurgentes in me subtus me* (*Psal.* xvii, 40); et alia multa his similia. Nemo potest sanctis ope-

---

(18) Vulg., *cujusdam nomine Titi justi*.

ribus lætificare Deum Patrem, nisi per gratiam Spiritus sancti obedientiæ adeptus fuerit virtutem.

Deinde Salvator remunerationem piæ confessionis magnifice consummans, ait Simoni : *Tu es Petrus, et super hanc petram ædificabo Ecclesiam meam, et portæ inferi non prævalebunt adversus eam (Matth.* xvi, 18). Petrus Latine, Cephas Syriace, quod nomen in utraque lingua a petra derivatum est, a Christo videlicet, qui firma petra est supra quam Ecclesia fundata est. Sic nimirum Simon per obedientiam ad agnitionem Filii Dei pervenit, quam non caro et sanguis, sed Pater cœlestis ei revelavit, ideoque ab ipso Salvatore Petrus, id est *agnoscens*, cognominari meruit. Denique datis ei cœlestis regni clavibus, Cephas, id est *caput* Ecclesiæ, ab ipso rege Sabaoth est constitutus, apostolorum scilicet princeps et pontifex summus, potestate ligandi atque solvendi præditus, doctrina et sanctitate præcipuus, signis et miraculis præclarus, in Ecclesia ovibus Christi pastor primus, et specialis præfuit vicarius.

Hic vii annis in circumcisione prædicavit, et specialia ejus opera, quæ tunc fecerit, Lucas in Actibus apostolorum, ut superius notavi, ostendit. Quadragenarium enim ad speciosam templi portam claudum erexit, et quinque millia Judæorum, qui conversi fuerant, baptizavit. Ananiam et uxorem ejus Saphiram, fraudis et mendacii reos, censorio jussu puniit, et sic præsentes atque futuros, ut salubriter castigarentur, terruit. Ægrotorum turbam in lectulis, per plateas transiens, umbra tangebat, meritis et potestate sibi cœlitus impertita sanabat.

Æneam paralyticum, jam octo annis in grabato jacentem, Liddæ in nomine Domini curavit; et novitatem miraculi videntes ac admirantes ad fidem perduxit. Joppe vero Tabitham venerabilem viduam a morte resuscitavit eamque sanctis ac viduis vivam assignavit. Reliqua autem, quæ idem a Judæa usque in Antiochiam perpetravit, et quam strenue Simonem Magum persecutus multoties, disputando superavit, Clemens Romanus, Faustiniani filius, in libris *Recognitionum* enucleavit, unde idem opus *Itinerarium Petri* nominavit. Ipse enim, relictis omnibus quæ Romæ habebat, navigio Palæstinam petiit, Cæsareæque Stratonis Petrum apostolum, Barnaba, quem Romæ optimum hospitem et amicum benigniter foverat, indice, invenit, et ab eo, ut a patre filius, pro amborum benevolentia dulciter susceptus, in fide veri prophetæ solerter instructus et sacro fonte renatus, inseparabiliter ei est copulatus.

Cæsareæ Petrus cum Simone Mago disputavit, et sero Simone cum mille viris abeunte, reliquos confortavit, invocatoque Dei nomine, dæmoniacos et languentes sanavit. In crastinum altercatio iterata est, et, opitulante Deo, Simon in multis victus est. Tandem sero confusus, cum paucis egressus est, et populus gaudens Petro prostratus est; cujus orationibus dæmoniosi et languidi curati sunt, et gaudentes quasi veri Dei doctrinam et misericordiam consecuti discesserunt. Tertia vero die Petrus Simonem immortalitatem animæ negantem vera ratione convicit et scelera ejus probabiliter detexit. Populus autem indignatus blasphemum atrio ejecit et extra domus atrium pepulit, eumque de multis, qui dudum sequebantur, vix unus sequi cœpit. Porro Simon polluta et exsecrabilia secreta super humeros socii sui imposuit, metuensque ne deprehensus publicis legibus subjaceret, noctu in mare jecit, eoque nolente illi comitari, quem pessimum impostorem jam compererat, aufugit.

Petrus autem Cæsareæ tribus mensibus mansit et Zachæum ibi episcopum ordinavit, multitudinemque credentium ad decem millia in die festo baptizavit. Inde etiam duodecim fratres post Simonem destinavit ut itinera ejus perscrutarentur. Sophonias enim et Josephus, Michæas et Eleazar, Phinees et Lazarus, Elisæus et Benjamin filius Saba, Ananias filius Saphra et Rubelus frater Zachæi, Nicodemus et Zacharias structor, ab apostolo electi sunt ut fidelium duodenario fratrum numero in Deitatis cultu astipularetur, gratiaque Dei præcipue fultus, eorum quoque adminiculo Simonem Magum aliosque inimicos justitiæ persequeretur.

Completis autem tribus mensibus, per Doram oppidum Petrus Ptolemaidam profectus est, ibique per decem dies populum Dei lege instruens demoratus est. Deinde apud Tyrum et Sidonem et Berytum similiter in satione divini seminis occupatus est, atque postea cum multitudine plurima electorum ex singulis civitatibus Tripolim ingressus est. Ibi in domo Maronis cum summo civium desiderio susceptus est, a quibus etiam cunctis comitibus Petri omnis humanitas gratis cum hospitiis impensa est. Mane magna multitudo in hortum Maronis ad audiendum Petrum accurrit, et ipse inprimis spiritus immundos vociferantes ex obsessis corporibus fugavit et languentes post sermonem sanavit. Ibi salutis verba per tres menses copiose seminavit et Clementem, aliosque plures in fontibus, qui contigui habentur mari, baptizavit, hospitemque suum Maronem, jam perfectum in omnibus, episcopum constituit.

Inde Antaradum venit et sequentem credentium multitudinem in duas partes divisit, easque Nicetæ et Aquilæ præcepit ducere et Laodiciam præcedere, ne tanta constipatione sequentium videretur alienis a fide invidiam gignere. Quibus progressis, inter amica colloquia Clemens unde esset Petro intimavit, progeniemque suam, casusque parentum suorum enarravit. In crastino, in vicinam insulam, ad videndum vitreas immensæ magnitudinis columnas perrexit, ibique post xx annos Matidiam matrem suam per Petrum recognovit. Petrus autem hospitem Matidiæ paralyticam prece sanavit, et Clemens ei mille drachmas pro remuneratione dedit.

Deinde Petrus venit Balancas et inde Paltho, atque post hæc Gabala et sic Laodiciam, ibique decem diebus remoratus est; et recognitio matris, triumque filiorum Clementis, Faustini et Fausti facta est. Cogniti gemini retulerunt quod post naufragium, dum cuidam fragmento tabularum hærentes per pelagus jactarentur, piratæ illos repererunt, impositosque naviculæ suæ Cæsaream Stratonis perduxerunt, eosque illic, mutatis nominibus illorum, justæ cuidam feminæ vendiderunt; quæ loco filiorum eosdem educavit, litteris liberalibus ac Græcis erudiri fecit, adultosque philosophorum studiis tradidit.

Cumque Petrus Laodiciæ moraretur, bonisque studiis solito more jugiter occuparetur, Faustinianus senex, habitu pauper, ad eum accessit et disceptare cœpit quod neque Deus est, neque cultus, neque providentia in mundo, sed fortuitus casus et genesis agunt omnia. Contra quem tres filii ejus, quos adhuc non cognoscebat, per triduum, audiente populo, insigniter obstiterunt, et in suis responsis multiplici dogmate auditores instruxerunt.

Primo die, Niceta sapienter allegavit quod unus est Deus omnia tenens, et mundum fecit, suaque providentia gubernat, justusque Deus, unicuique secundum gesta sua quandoque redditurus. Secundo, Aquila eloquenter disseruit quod justus Deus omnia juste disponit. Tertio, Clemens de ratione genesis disputationem fecit, utrum omnia ex ea fierent, an esset aliquid in nobis quod non genesis, sed Dei judicium gereret. Tunc instinctu Dei, sine quo nihil est, obstinati senis et conjugis ac filiorum recognitio post xx annos facta est.

Primarius urbis Petrum cum suis hospitio retinere summa vi conatus est, et filia ejus, quæ xx annis a dæmone crudeliter obsessa fuerat, resoluta et curata est.

His diebus, cum Faustinianus Anubionem et Appionem amicos suos, qui cum Simone hospitabantur, adisset et cum eis cœnasset, vultus ejus in effigiem Simonis arte magica transformatus est; et inde omnibus amicis ejus, ne jussu Cæsaris pro mago comprehensus puniretur, timor ingens ortus est. Deinde Petrus Antiochiam venit, a populo cum ingenti gaudio susceptus verbum Dei prædicavit, oblatos sibi languidos curavit, paralyticos dæmoniisque fatigatos et diversa pericula patientes sanavit. Infinita quippe multitudo languentium erat. Super omnes in conspectu populi Petrus ad Dominum orationem fudit et subito immensum lumen gratia Dei plebis in medio apparuit, et confestim omnes ægrotos sanitati restituit. Omnes igitur Antiocheni una voce Dominum confessi sunt, et intra vii dies plus quam decem millia hominum credentes Deo baptizati sunt.

Theophilus autem, qui cunctis potentibus in civitate sublimior erat, in amore Dei admodum exarsit, domusque suæ ingentem basilicam Deo gratanter obtulit, quæ ecclesiæ nomine consecrata est; in qua Petro apostolo ab omni populo cathedra constituta est. Faustinianus vero, visis mirabilibus et intellectis cœlestibus arcanis, ad pedes apostoli palam procidit, et, vetustis erroribus abdicatis, baptizari petivit. Cui Petrus apostolus jejunium indixit, eumque, veniente die Dominico, baptizavit, et in medio populi, ex ejus conversione materiam sumens, omnes casus ejus exposuit. Porro hujusmodi narratio ad delectationem et utilitatem multis placuit, præfatumque cum sua familia senem Antiochenæ plebi admodum commendavit. Tota vero civitas in divino cultu feliciter crevit, et sancta mater Ecclesia, quotidie numero fidelium crescente, in Christo Jesu exsultavit.

Beatus itaque Petrus apostolus primum annis vii in Antiochia sedit, et Ponto, Galatiæ, Cappadociæ, Asiæ et Bithyniæ prædicavit. Deinde Romam Simone Mago petente, Petrus Antiochenam Ecclesiam ordinavit et Evodium episcopum ibi pro se consecravit. Denique Romam cum pluribus electis discipulis perrexit, et ingressus urbem tempore Claudii Cæsaris, præfatum præstigiatorem, pluribus phantasiis per dæmoniacam virtutem, quam paredrum vocant, populum decipientem, invenit in tantam insolentiam elatum ut deum se esse gloriaretur et a Romanis civibus honore simulacri in flumine Tiberis inter duos pontes collocati tanquam deus potiretur. Hunc nimirum Satanas tam vesanum totius malignitatis incentorem penitus possedit atque ad debellandam Ecclesiæ rectam fidem nefaria hæresi primum armavit. Porro contra illum omnipotens Emmanuel insignem militiæ suæ magistrum cominus dimicare præparavit, Simonem Petrum dico, cui Christus claves regni cœlestis tradidit, et apostolorum principem, Ecclesiæque probum rectorem constituit. Hic itaque Romam veniens, splendore veritatis et justitiæ tenebras falsitatis discussit, ibique dignus censor juste judicans xxv annos, ii menses, dies iii, sedit.

Cumque clarum verbi Dei lumen Romanæ urbi fulsisset, et sermo veritatis, qui per Petrum prædicabatur, omnium mentes auditorum illustrasset, eisque in tantum placuisset ut quotidie audientibus auditio sola non sufficeret, Marcus apostoli discipulus, innumeris et quotidianis precibus coactus, Evangelium scripsit, et quæ ille verbo prædicabat hic scripto congessit, ac ad perpetuam legentium commonitionem posteritati transmisit. Petrus vero, ut per Spiritum sanctum religioso se spoliatum furto comperit, delectatus est, fidem eorum per hæc, devotionemque considerans, factum confirmavit et in perpetuum legendam Ecclesiis scripturam tradidit, epistolas quoque duas quæ Canonicæ appellantur. Hic temporibus Tiberii Cæsaris, Caii Caligulæ, Claudii et Neronis, in vinea Christi viriliter laboravit, egregiosque discipulos educavit, virtutibus et eruditione imbutos per diversa loca destinavit, Marcum videlicet filiolum discipulumque suum Aquileiæ, postmodum Alexandriæ, Martialem

Lemovicæ, Apollinarem Ravennæ, Valerium Treveris et alios plures, qui diversis in locis multa in nomine Christi miracula fecerunt, et plures maximosque cœtus gentilium ad fidei lumen pertraxerunt, atque sacri baptismatis unda regeneratos in sinu piæ matris Ecclesiæ collocaverunt.

Quondam Romæ, dum plurimi fratres simul reficerent, Titus dixit apostolo Petro : « Cum universi a te salventur infirmi, quare Petronillam paralyticam jacere permittis? » Apostolus vero ait : « Sic expedit ei. Sed ne existimetur impossibilitas ejus incolumitatis excusari meis sermonibus, » ait ad eam : « Surge, Petronilla; nobis ministra. » Statim sana surrexit et ministravit. Ministerio autem expleto, jussit eam redire ad grabatum. At ubi in Dei timore cœpit esse perfecta, non solum ipsa salvata est, sed etiam plurimis in melius suis orationibus sanitatem recuperavit.

VI. *Paulus.*

Insignis athleta cunctipotentis Adonai Paulus, vas electionis, doctor gentium, prædicator veritatis, qui thronum inter apostolos meruit duodecimum possidere et in paradiso *raptus arcana verba, quæ non licet homini loqui (II Cor.* xii, 4), audire, vere digne est glorificandus et a filiis Ecclesiæ veluti solers pædagogus jugiter honorandus. Hic Saulus, id est *tentatio* Hebraice, dictus est, eo quod in tentatione sanctæ matris Ecclesiæ prius versatus est. Postea, mutato nomine, de Saulo Paulus, id est *mirabilis*, dictus est, miroque modo de rapaci lupo mitis agnus factus est. Latine autem Paulus quasi *parvus* dictus est ; unde ipse palam de se testatus est : *Ego sum minimus apostolorum (I Cor.* xv, 9).

Ortus est de tribu Benjamin, ex Pharisæis Pharisæus, Tarso Ciliciæ natus, Jerosolymis a pueritia nutritus et in lege Dei a Gamaliele eruditus. Hic secundo post ascensionem Domini anno, dum plus justo paternarum traditionum æmulator existeret, ideoque in Christianos admodum sæviret, et cum principis sacerdotum epistolis in Damascum iret ut omnes ibi Christicolas trucidaret, appropinquans urbi, subito insolita luce circumdatus atque cœlesti voce Domini Jesu ex insperato correptus, salubriter ad terram corruit, amissaque pristina feritate surrexit, et in Damascum a comitibus itineris perductus, tribus ibi diebus impos sui deguit. Deinde, jubente Deo, post tres ab Anania dies visitatus, fidem, quam impugnaverat, suscepit et baptizatus est, eamdemque Judæis et gentibus audacter prædicavit, incipiensque a Jerusalem usque ad Illyricum et Italiam, Hispaniasque (*Rom.* xv, 24 et 28) processit, ac nomen Christi multarum populis gentium, quibus non fuerat declaratum, manifestavit.

Lucas Evangelista, Pauli comes et laborum particeps, de ipso usque in finem diligenter digneque locutus est, et ejus præcipue gesta, omissis aliis, subtiliter prosecutus est. Arator quoque, sanctæ Romanæ Ecclesiæ subdiaconus, secundum inde Librum edidit, heroicoque metro apostolorum Actus devote cecinit, et Pauli agones et tolerantiam, naufragiumque retulit. Quædam factorum ejus inde breviter excerpta in præcedentibus adnotavi, quorum hic non me tædet iterum ad laudem Creatoris reminisci.

Saulus, qui et Paulus, Spiritu sancto admonente segregatus, Paphi prædicavit, Elymam magum verbis fidei resistentem jussu cæcavit, et proconsulem Paulum ad fidem convertit. Antiochiæ synagogam ingressus, manu silentium indixit, ibique qualiter Israelitica plebs de Ægypto per mare exiit et de diversis mirabilibus, quæ in deserto facta sunt, locutionem fecit. Alio quoque Sabbato passionem Christi et resurrectionem commemoravit, propheticis assertionibus allegavit, et plurimis credentibus Ecclesiæ gregem augmentavit. Lystris claudum ex utero matris, intendentem verbis Dei, curavit, et ex veteri superstitione Lycaonios sibi sacrificare volentes, scissis vestibus et facunda ratione prolata, compescuit. Post multa in prædicatione certamina, quæstionem a Judæis baptizatis pertulit, ne credentes ex gentibus baptizarentur priusquam circumciderentur. Paulus ergo legationem fidelium Jerusalem detulit, Petrum et Jacobum aliosque seniores consuluit, eorumque diffinitionem per epistolam retulit ut abstinerent se ab immolatis simulacrorum et sanguine et suffocato et fornicatione.

Philippis a puella pythonissa spiritum immundum expulit, et, ejecto dæmone qui responsa inquirentibus dabat, avidos quæstores pretio divinationis privavit. Unde ab eisdem accusatus et præcepto primorum urbis in carcerem missus, noctu ad Dominum lucis orando clamavit, et benignus fidelium suffragator illum celeriter exaudivit. Nam, terræmotu facto, omnium vincula soluta sunt, et carceris custode cum suis baptizato, servi regis Sabaoth Paulus et Silas liberi abire permissi sunt. Paulus Athenis prædicans, *seminiverbius* a populo cognominatus est, et sic idoneo ab errantibus vocabulo appellatus est. E cujus verbis fons vitæ perennis sitientibus oriebatur, et salutis semen omnibus suscipere desiderantibus gratis spargebatur. Cum Epicureis et Stoicis philosophis decertavit, verumque Deum, quem Cecropidæ ignotum Deum nuncupabant, eloquenter eis annuntiavit. Dionysius Areopagita, cum Damari uxore sua, credens baptizatus est, et Paulo inter præcipuos, propter sapientiæ justitiæque prærogativam, amicos associatus est. Hic postmodum, ut Aristides Atheniensis asserit, episcopus ab eodem apostolo Atheniensibus ordinatus est, et post multa virtutum insignia insigni martyrio coronatus est. Inde Paulus Corinthum venit, Aquilam cum Priscilla uxore sua prædicantem invenit, apud quem degens, scenofactoriam artem, in qua periti erant, exercuit. Ibi Christus illum admonuit ne prædicare cessaret, eoque fideliter obsequente, multi conversi sunt.

Ephesi duodecim viris, quos Paulus in nomine

Domini baptizavit, Spiritus sanctus replens varias mox linguas tribuit. Ibi dum Paulus diversis morbis languentes curaret in nomine Domini Jesu, septem Judæi, Scevæ principis sacerdotum filii, dæmoniaco manus imponere præsumpserunt, conjurantes per nomen Domini Jesu quem prædicabat Paulus. Dæmon vero, per obsessum hominem, J sum et discipulum ejus Paulum palam recognovit. Super infideles autem exorcistas repente irruit et laceratos effugavit Multi Ephesiorum, audita prædicatione veritatis, credentes baptizati sunt ; et aliqui curiosorum magicos libros incenderunt, quorum pretium quinquaginta millia denariorum æstimaverunt. Ita fortiter verbum Dei crescebat et confortabatur, et, fidelibus in gratia Dei corroboratis, impiorum pars tabescebat et confundebatur. Paulus autem Timot' eum et Erastum in Macedoniam misit; ipse vero ad tempus in Asia remansit (Act. xix, 1-22).

Demetrius argentarius videns Ephesios, docente Paulo, ædes Dianæ deseruisse, dolensque lucrum suæ artis, dum simulacra damnarentur, in nihilum rediisse, complices convocavit, communem querimoniam enodavit et clamosam vulgi seditionem concitavit. Unde in theatrum demens turba cum furore cucurrit, Caium et Aristarchum Macedones Pauli comites rapuit; sed strepitus insanorum in semet confusus nihil prævaluit (ibid. 23-40).

Paulus, accitis fratribus, cum exhortatione valedixit, et inde, ut in Macedoniam iret, iter iniit. In Græcia tribus mensibus mansit. Comites autem ejus fuerunt Sosipater Birri Berœensis ; Thessalonicensium vero, Aristarchus, Secundus, Caius, Derbeus et Timotheus; Asiani quoque, Titicus et Trophimus. Paulus cum Luca, post dies azymorum, a Philippis ad Troadem in diebus quinque navigando venit, ibique diebus septem deguit. Una Sabbati, cum plures ad frangendum panem convenissent, et prolixum sermonem Pauli, qui profecturus erat in crastinum, usque in mediam noctem auscultassent, Eutychus adolescens super fenestram sedens, somno gravatus, de tertio cœnaculo deorsum cecidit, sed precibus Pauli resuscitatus, cunctis qui hoc viderant gaudentibus revixit (Act. xx, 1-12).

A Mileto Paulus mittens Ephesum, majores natu Ecclesiæ vocavit, et plurima eis ad salutem animarum commoda replicavit, finitoque sermone, positis genibus suis, cum omnibus illis oravit. Magnus autem fletus omnium factus est, et, osculatis fratribus, ad navem Paulus ab eis deductus est. Ingressus navem, recto cursu navigando venit Choum, inde Rhodum, Pataramque, et per Syriam venit Tyrum; ibique cum fidelibus amicis in Christo vii diebus permansit. Deinde Ptolemaida Cæsaream venit, domumque Philippi Evangelistæ, cui quatuor erant filiæ virgines prophetantes, intravit (ibid. 13-58 ; xxi, 1-9).

Tunc Agabus propheta illuc a Judæa supervenit et zona Pauli pedes et manus sibi alligavit, atque palam per Spiritum sanctum prædixit quod Paulum in Jerusalem Judæi sic alligarent et in manus gentium traderent. Flentibus cunctis et rogantibus ne ascenderet, Paulus dixit : *Ego non solum alligari, sed et mori in Jerusalem paratus sum, propter nomen Domini Jesu (Act. xxi, 10-13).*

Fretus itaque fidei constantia Jerusalem venit, Jacobo aliisque senioribus enarravit quæ Deus in gentibus per ministerium ipsius fecerit. At illi cum audissent conversionem gentium, magnificaverunt Deum creatorem omnium. Deinde Paulus causa purificationis in templum intravit, et Mosaicæ legis cæremonias persolvere cœpit ut æmulatoribus paternæ legis omnium occasionem scandalorum demeret, et Judæus Judæis factus, sic omnes lucrifaceret. *Judæi autem qui de Asia erant, ut eum in templo viderunt, malevolis clamoribus omnem populum concitaverunt, eique manus injecerunt. Tota civitas commota est et concursio populi facta est.* Paulum itaque apprehenderunt, extra templum traxerunt, statimque januas clauserunt, et ipsum percutientes, occidere quæsierunt. Claudius Lysias tribunus cohortis, ut urbem subita turbatione confundi audivit, *assumptis militibus et centurionibus, statim ad illos decurrit;* Paulum vero, ne interficeretur, vi eripuit, injectisque duabus catenis vinctum de tumultu extraxit, et quis esset vel quid fecisset, interrogaturus, in castra induxit. Annuente tribuno, Paulus in gradus ascendit, et Hebraice loquens, certam seriem conversionis suæ detexit et conversationis prius in Judaismo, et postmodum in gratia Christi rationem optime reddidit. Admodum illo sapienter loquente, Judæi vim verborum ejus non ferentes, vociferati sunt et furentes clamaverunt : *Tolle de terra ejusmodi; non enim fas est eum vivere. Tribunus ergo jussit eum in castra induci et flagellis cædi atque torqueri.* Tunc Paulus astanti sibi centurioni ait : *Si hominem Romanum et indemnatum licet vobis flagellare? Tribunus itaque, postquam rescivit quia civis Romanus esset, timuit quod eum ligasset (ibid.* xxi, 14-40 ; xxii, 29).

Postera die Paulus in concilium productus est, et stans in medio rationabiliter pro se locutus est (*Act.* xxii, 30). *Ananias autem princeps sacerdotum præcepit astantibus sibi percutere os ejus. Tunc Paulus ad eum dixit : Percutiet te Dominus, paries dealbate; et tu sedens judicas me secundum legem, et contra legem jubes me percuti. Astantes vero dixerunt : Summum sacerdotem Dei maledicis ? Dixit autem Paulus : Nesciebam, fratres, quia princeps esset sacerdotum. Scriptum est enim :* « *Principem populi tui non maledices* (*Exod.* xxii, 28). » *Sciens Paulus quia una pars esset Sadducæorum, et alters Pharisæorum, exclamavit in concilio : Viri fratres ego Pharisæus sum, filius Pharisæorum. De spe et resurrectione mortuorum ego judicor. His dictis, dissensio inter partes facta est et multitudo soluta est. Sadducæi autem dicunt non esse resurrectionem, neque Angelum, neque Spiritum; Pharisæi vero utrumque confitentur. Quidam Pharisæorum pugnabant, dicentes : Nihil mali invenimus in homine isto; quid si Spiritus locutus est ei aut Angelus?* Igitur *cum magna dissensio facta esset, tribunus, timens ne Paulus ab ipsis discerperetur;* auxilio militum *de medio eorum* rapuit et *in castra* induxit (*Act.* xxiii, 2-10).

Sequenti nocte assistens ei Dominus, ait : Constans esto; sicut enim testificatus es de me in Jerusalem, sic te oportet Romæ testificari. Facta die, Judæorum plus quam quadraginta ad principes sacerdotum et seniores accesserunt, et voto se constrinxerunt quod non manducarent neque biberent donec Paulum, dum ad concilium adduceretur, occiderent. Hoc ut tribunus per filium sororis Pauli cognovit, insidias impiorum callide delusit. Nam tertia noctis hora vinctum cum cc militibus et lxx equitibus ac cc lanceariis Cæsaream misit, et causam ejus Felici præsidi litteris insinuavit. Illuc itaque perductus in prætorio Herodis custoditus est, et post quinque dies ad concionem productus est (*ibid.* 10-35). Ananias sacerdos cum senioribus Judæorum adfuit, et Tertullus orator accusationem in Paulum insidiose deprompsit. Paulus, annuente præside, breviter respondit, prudentique responso protinus objecta confutavit. Felix præses, donec tribunus descenderet, illos distulit, et centurioni bene habere Paulum præcepit. *Post aliquot dies Felix, cum Drusilla uxore sua, quæ erat Judæa, veniens, Paulum vocavit, et fidem, quæ in Jesum Christum est, ab eo audivit. Disputante illo de justitia et castitate judicioque futuro,* Felix contremuit, et sperans ab eo pecunias obtinere, frequenter illum accersiit. *Biennio expleto, Porcium Festum Felix successorem accepit; et Judæis gratiam præstare volens, Paulum* in vinculis *reliquit* (*Act.* xxiv).

Non multo post *Festus Cæsaream descendit,* et Paulum accusare Judæis præcepit. Illi vero *multas et graves causas* ei objecerunt, *quas probare non potuerunt, Paulo rationem reddente : Quoniam neque in legem Judæorum, neque in templum, neque in Cæsarem quidquam peccavi* (*Act.* xxv, 7-8). Tandem pro insidiis Judæorum et tergiversatione judicis, qui eis favere molitus est, Cæsarem appellare compulsus est. In concione coram Agrippa rege et Festo præside productus est, et, extenta manu, rationem reddens de vocatione sua et fide Christi, sat eloquenter contestatus est. Denique cuncti prudentiam ejus admirati sunt, et semoti optimates *ad invicem dixerunt : Nihil morte aut vinculis dignum quid fecit homo iste. Dimitti poterat, si non appellasset Cæsarem* (*Act.* xxvi, 31). Igitur Julio centurioni cohortis Augustæ traditus est, et Aristarchus Macedo cum Luca comitatus est. In nave cclxxvi animæ fuerunt, et tempestuosam ac valde periculosam navigationem per xiv dies pertulerunt, quibus nec solem neque sidera viderunt, neque cibum, quia omnis spes salutis ablata erat, sumpserunt. Paulus enim hiemare in Creta persuaserat, sed consilium et conatus gubernatoris et naucleri prævaluerat. Quibus centurio cum militibus magis acquieverat. Præceps itaque festinatio hiemales procellas temere subiit, et pene omnes, nisi merita Pauli subvenissent, demersit. Nimios quippe metus et labores passi sunt, dum in Syrtes inciderent, et navis armamenta disrupta essent, eademque propriis manibus et triticum et alia quæ puppim onerabant, projecissent. Inter hæc, *Angelus Domini astitit* Paulo, *dicens : Noli timere, Paule, Cæsari te oportet assistere; et ecce donavit tibi Deus omnes qui navigant tecum* (*Act.* xxvii, 23 et 24).

Post naufragium, cum summa difficultate ad insulam Mitylene appulsi sunt, eisque barbari magnam humanitatem impenderunt; accensaque pyra, propter imbrem et frigus, refecerunt. Ibi dum Paulus foco sarmenta ingereret, et vipera præ calore procedens manum ejus invaderet, barbari hoc intuentes homicidam illum asseverarunt, et mox moriturum sine dubio arbitrati sunt. Ipse vero viperam in ignem jactavit, et mirantibus cunctis nihil mali pertulit (*ibid.* 25; xxviii, 6).

Publius princeps insulæ jactatos illuc triduo benigne suscepit. Paulus vero ad patrem Publii febribus et dyssenteria vexatum intravit; et cum orans ei manus imposuisset, salvavit. Alii quoque insulani, qui infirmabantur, accedebant ad eum et curabantur. *Multis ergo naufragos honoribus pro Pauli meritis honoraverunt, et navigantibus quæ necessaria erant imposuerunt. Post tres menses,* in navem Alexandrinam, *quæ in insula hiemaverat,* ingressi sunt, Deoque ducente, non multo post Romam venerunt, et quidam ex fratribus, adventu Pauli comperto, gratulantes occurrerunt. Ibi *Paulo sibi manere cum custodiente milite permissum est;* et post triduum, convocatis primoribus Judæorum, de captione sua et de malis quæ a fratribus in Jerusalem perpessus fuerat, conquestus est. Deinde de vera fide, quæ in Jesu Christo est, fideliter locutus est. Biennio toto in suo conducio mansit, *Deique regnum omnibus prædicavit, et ea quæ sunt de Domino Jesu Christo cum omni fiducia sine prohibitione docuit* (*Act.* xxviii, 7-31).

VII. *Sequentia. Petrus et Paulus Romæ degentes.*

Huc usque secutus sum de Actibus apostolorum narrationem sancti Lucæ evangelistæ qui, dimissis aliis, refert Paulum Romam venisse, ibique biennio verbum Dei, nemine prohibente, prædicasse. Secundo quippe Neronis anno Romam introivit, et apud eumdem, cum adhuc in initiis lenior esset, sese defendit ; Deoque confortante, de ore Neronis, quem tropice Leonem nominat, liberatus, inde exiit, et ad occiduas gentes usque in Narbonam Galliæ urbem perrexit. Ibi nimirum, ut fertur, basilicam construxit, et in honorem Machabæorum martyrum dedicavit; ubi adhuc apparet in maceria de oleo crucis signum quod idem apostolus pollice charaxavit. Deinde Paulum discipulum suum pontificem ordinavit et eidem urbi destinavit; qui multum in bonis operibus laborans, beato fine vitam consummavit.

Sic et alii plures in Ecclesia Dei mire fulserunt, qui per beatum Doctorem gentium in fide catholica instituti sunt, et in cathedra magistrali ad regendum populum Dei per diversa loca prudenter dispositi sunt. Nam Lucas Bithyniæ, Titus Cretæ, Carpus Troadæ, Timotheus et Archippus in Asia, Trophimus Arelati, Onesimus Ephesi, Sosthenes Corinthi, Tychicus Paphi, Dionysius Areopagita Athenis, Epaphras Colossis et Erastus Philippis rete fidei expanderunt, ethnicosque cœtus de tenebris ignorantiæ, veluti pisces de profundo pelagi, ad lumen veritatis pertraxerunt. Justitiæ quoque semitam sicut alios docuerunt, sic in verbis et actibus suis tenuerunt. Nomina ergo eorum in libro vitæ ascripta sunt et sapientiam eorum atque laudem omnes populi pronuntiabunt.

Amodo dignum est ut de triumphali morte sanctorum loquar, et seriem narrationis ex Patrum documentis veraciter prosequar qualiter gloriosi principes terræ, vexillum veri Josue nobiliter ferentes, repromissionis terram obtinuerunt, et quomodo in vita sua sese dilexerunt, ita et in morte separati non sunt, sed uno spiritu ardentes, contra Neronem Cæsarem et Simonem Magum Romæ certaverunt, unoque die, hoste devicto, cœlestia regna petierunt.

Marcellus igitur Romanus, Marci præfecti filius, a Petro apostolo baptizatus, sanctis martyribus Nereo et Achilleo, qui dum pro fide Christi in Pontiana insula exsularent, ibique contra maleficos Furium et Priscum, Simonis Magi discipulos, invictis assertionibus veritatis quotidie dimicarent, in Epistola scribit perversitatem Simonis Magi et innocentiam Petri. Refert siquidem quod quadam die, dum Simon Petrum argueret et magum diceret, populumque Romanum in ejus odium excitaret, subito vidua cum ingenti turba transibat et clamosis vocibus cum luctu unicum filium suum efferebat. Tunc Petrus ait assentatoribus Simonis : « Accedite ad feretrum et deponite mortuum. Qui vero suscitaverit eum, hujus vera fides esse credatur. » Quod cum fecisset populus, dixit Simon : « Modo si suscitavero illum, interficietis Petrum? » Turba respondit : « Vivum incendemus eum. » Tunc Simon, invocatis dæmoniis, ministerio eorum cœpit agere ut moveretur corpus. Quod populi videntes cœperunt clamare in laudem Simonis et in perniciem Petri. Petrus autem, vix impetrato silentio, ait ad populum : « Si vivit, loquatur, ambulet, accipiat cibum, revertatur ad domum suam. Alioquin, sciatis vos falli a Simone. » Populus vero una voce clamavit : « Nisi hoc Simon fecerit, pœnam patiatur quam Petro imposuit. » Simon autem fingens se iratum, fugere petiit. Sed populus cum cum ingenti exprobratione tenuit. Tunc Petrus, expandens manus suas ad cœlum, dixit : « Domine Jesu Christe, qui nobis discipulis tuis dixisti : Ite, in nomine meo dæmonia ejicite, infirmos curate, mortuos suscitate, excita puerum istum ut omnis hæc turba agnoscat quia tu es Deus, et non est alius præter te qui cum Patre et Spiritu sancto vivis et regnas in sæcula sæculorum. Amen. » Puer autem exsurrexit, et adorans Petrum, dixit : « Vidi Dominum Jesum Christum jubentem angelis et dicentem : Ad petitionem amici mei Petri restituatur orphanus unicus viduæ matri suæ. » Populo autem una voce clamante : « Unus est Deus quem prædicat Petrus, » Simon transfiguravit se in canino capite et cœpit fugere. Porro, plebe illum retinente, et in ignem mittere volente, Petrus in medium se misit ipsumque liberavit. « Magister, inquit, noster nos docuit ut pro malis bona reddamus. » Evadens itaque Simon, ad Marcellum, quem jampridem seduxerat, venit; immanemque canem, quem vix ferrea catena vinctum tenebat, in ingressu ligavit.

« Videamus, inquit, si Petrus, qui solitus est venire ad te, poterit ingredi. » Deinde post unam horam Petrus venit, factoque crucis signo, canem solvens ait : « Vade et loquere Simoni : Desine ministerio dæmonum decipere populum, pro quo Christus fudit sanguinem suum. » Marcellus autem, tanta mirabilia videns, ad Petrum cucurrit, et genibus ejus provolutus, in domo sua illum excepit, Simonem vero cum dedecore expulit. Canis autem blandus omnibus effectus est, solum vero Simonem persecutus est. Quem cum misisset subtus se, currente Petro et clamante : « Præcipio tibi, in nomine Domini nostri Jesu Christi, ut non figas morsum in aliquam partem corporis ejus, » nullum quidem membrum ejus contingere potuit, sed ita morsibus vestimenta ejus attrectavit ut nulla pars corporis ejus tecta remaneret. Omnis autem populus, et præcipue pueri post eum simul cum cane cucurrerunt, eumque cum ululatu quasi lupum [extra] muros civitatis ejecerunt. Ille vero, hujus pudoris opprobrium non ferens, per unum annum nusquam comparuit. Postea Neroni Cæsari innotuit, hominisque maligni amicitiis pejor pessimo copulatus inhæsit.

Appropinquante termino apostolici certaminis, apparuit Dominus Petro apostolo per visionem dicens : « Simon et Nero pleni dæmoniis adversum te cogitant. Noli timere, quia tecum ego sum, et dabo tibi apostoli Pauli solatium, qui cras Romam ingredietur. Cum quo post septem menses simul habebis contra Simonem bellum. Et postquam viceritis et dejeceritis eum et deposueritis in infernum, simul ad me ambo venietis victores. » Quod et factum est. Nam alia die venit Paulus. Quo ordine se viderunt, et post septem menses cum Simone conflictum habuerunt, sanctus Linus papa enarravit et omnem textum passionis eorum Græco sermone ad Ecclesias orientales scripsit.

VIII. *Sequentia. Mors apostolorum Petri et Pauli.*

Inde sicut olim cœpi, quædam mihi libet excerpere et intermissa verborum copiosa prolixitate gestarum compendiosam seriem rerum congerere.

Audito quod Paulus Romam venisset, Petrus valde gavisus est, et statim exsurgens, ad eum perrexit. Mutuo autem se videntes, præ gaudio fleverunt, et in amplexibus suis diutissime morati, invicem se lacrymis infuderunt. Deinde tantis verbi Dei prædicatoribus pars maxima populorum credidit, nec eis vesana concio Judæorum vel gentium palam resistere potuit, quibus abundantiam totius sapientiæ Spiritus ejus affluenter infudit.

Innumerabiles populi dum convertuntur ad Dominum per Petri prædicationem, contigit etiam converti Libiam Neronis uxorem, et Agrippinam Agrippæ præfecti conjugem, ita ut a latere suorum se maritorum auferrent et pudicitiæ pro æterni regis amore studerent.

Paulus quoque multiplici gratia resplenduit, et orbi Romano signis et prodigiis et doctrina multa, mirabilique sanctitate admodum innotuit. Extra urbem hortum publicum sibi conduxit, ibique cum Luca et Tito, aliisque fidelibus de verbo vitæ tractavit. Interea cœpit maximam multitudinem colligere, Deoque juvante, fidei per eum adjiciebantur multæ animæ, ita ut per totam urbem sonus prædicationis et sanctitatis ejus fieret, et fama per universam circa regionem de illo exiret. Multi de domo Cæsaris ad eum concurrebant, et, audita prædicatione ejus, in Dominum Jesum Christum credebant. Plures etiam ex cubiculo Cæsaris ad eum veniebant, et facti Christiani militiam deserebant, et interno fervore sic inflammati Christo adhærebant ut rursus ad militiam suam vel ad palatium reverti nollent, sed gloriam veræ fidei et virtutum armis omnibus et divitiis ac honoribus præponerent. Ingens itaque diabolo quotidie augmentabatur detrimentum et fidelibus salubre gaudium. Seneca etiam institutor imperatoris adeo est illi amicitia copulatus, videns in eo divinam scientiam, ut se a colloquio illius temperare vix posset; quatenus si ore ad os illum alloqui non valeret, frequentibus datis et acceptis epistolis, ipsius dulcedine et amicali colloquio atque consilio frueretur. Sic nimirum ejus doctrina, agente Spiritu sancto, multiplicabatur et amabatur, ut licite ibi doceret et a multis libentissime audiretur. Disputabat siquidem cum ethnicorum philosophis et revincebat Judæos, unde et magisterio illius plurimi manus darent. Quædam namque scripta illius magister Cæsaris coram eo relegit, et in cunctis admirabilem reddidit. Senatus etiam de illo non mediocriter sentiebat.

Igitur, dum sic divinus splendor per insignes apostolos non solum Romanis emicuisset, sed etiam cunctos, qui de diversis nationibus Romam, utpote caput mundi, appetebant, illustrasset, majores synagogarum et principes gentium zelo amaritudinis commoti sunt, et turbidum vulgus in odium illorum impiis derogationibus concitaverunt. Simonem ergo Magum Neroni de palatio procedenti prætulerunt et beatos apostolos falso culpare studuerunt. Simon de Petro multa cœpit mala dicere, asserens eum magum et seductorem esse. Homines eidem pravi credebant, et deludebantur, qui phantastica signa ejus stulte mirabantur. Faciebat enim serpentem æreum moveri se, et lapideos canes latrare, statuas æreas ridere et moveri; se autem currere et subito in aera videri. Contra hæc Petrus infirmos verbo curabat, cæcos orando illuminabat, dæmonia solo jussu fugabat. Interea et ipsos mortuos suscitabat, et omnes quos poterat a pessima magi societate subtrahebat. Omnes ergo religiosi viri magum exsecrabantur; scelerosi econtra complices ejus falso Petrum testimonio criminabantur. Tandem hujusmodi sermo ad Neronem venit, et Simonem Magum ad se ingredi præcepit. Ingressus illico cœpit intuentes ludificare et ante Neronem effigies mutare, ita ut subito fieret puer et postea senior, altera vero hora adolescentior. Sic per multas figuras ministerio diaboli bacchabatur. Et hæc videns imperator, hunc esse Dei filium arbitrabatur. Tunc seductore mago cum suis complicibus apostolos accusante, Nero jussit Petrum et Paulum festinanter adduci ad se. Alia vero die apostoli et Magus coram Cæsare disceptaverunt, et diversa, ut veridica narratio pandit, ab illis prolata sunt. Nam discipuli veritatis vera prompserunt, magumque furem et sceleratum in omnibus detexerunt, ipsumque turpem et apostaticum, ne socordes ei obtemperarent ad sui damnationem, asseruerunt. Cumque Simon minaretur se missurum angelos suos ad puniendum Petrum, Petrus a Nerone secreto petiit ut juberet sibi panem hordeaceum afferri et occulte dari. Quo facto, Petrus panem accepit, benedixit, fregit et sub manica sua abscondit, atque a Mago jactante se Dei filium esse, quid fecerit instanter inquisivit. Tunc Simon, indignatus quod secretum apostoli non posset dicere, vociferando jussit canes magnos procedere, et Petrum in conspectu Cæsaris devorare. Ecce canes miræ magnitudinis protinus apparuerunt, et in Petrum impetum fecerunt. Ille vero genibus in terra positis, ambas manus extendit, et panem quem benedixerat ostendit. Quem ut canes viderunt, subito nusquam comparuerunt. Sic magus omnium ludibrio manifeste patuit, qui angelos in apostolum venturos promiserat, canes exhibuit; seseque non divinos, sed caninos habere angelos monstravit.

Tandem Simone Mago in multis ratione verborum ab apostolis confutato, Nero jussit excelsam turrem fabricari ex lignis in campo Martio. Altera vero die, Cæsar et senatus et equites Romani, omnisque populus ad spectaculum convenerunt, et apostoli, Nerone jubente, adducti sunt. Tunc Simon turrim coram omnibus ascendit, lauroque coronatus sursum manus extendit, et in altum volare cœpit. Paulus, flexis genibus coram omni populo, Dominum orabat; Petrus vero machinationibus Simonis intendebat, et opportunum tempus divinæ ultionis securus exspectabat. Tandem fideli socio ait: « Paule, modicum caput erige et vide. » Paulus vero lacrymis plenus caput elevavit, Simonemque jam in alto volantem vidit et ait : « Petre, quid cessas? perfice quod cœpisti. Jam enim vocat nos Dominus Jesus Christus. » Petrus autem contra Simonem aspiciens, ait : « Adjuro vos, angeli Satanæ, qui eum fertis in aere ad decipienda hominum infidelium corda, per Deum creatorem omnium, et per Dominum nostrum Jesum Christum Filium ejus quem tertia die suscitavit a mortuis, ut eum ex hac hora jam non feratis sed dimittatis. »

Continuo in voce Petri ex alto dimissus, in loco qui Sacra via dicitur cecidit, et in quatuor partes fractus, quatuor silices adunavit. Quæ res usque in hodiernum diem apostolicæ victoriæ testimonium exhibuit. Tunc ad sonitum ejus, cum crepuit, Paulus caput levavit, Deoque justo judici gratias egit. Nero autem ira magna plenus Petrum et Paulum in vinculis teneri fecit. Corpus vero Simonis tribus diebus, totidemque noctibus diligenter custodiri præcepit, putabat enim quod tertia die resurgeret. Sed Petrus asseverabat quod in æternum damnatus esset. Apostolis in Spiritu sancto tripudiantibus, Dominumque Jesum magistrum suum palam confitentibus, Nero ira magna repletus dixit ad Agrippam præfectum suum : « Istos homines irreligiosos necesse est perdere male; et ideo cardis ferreis acceptis, eos in Naumachiam consumi jube. » Agrippa dixit : « Non congruenti exemplo jubes eos perire. Quoniam Paulus innocens esse videtur, justum est ut ei pro irreligiositate caput amputetur. Petrum autem, eo quod homicidium perpetravit, jube in crucem levari. » Annuente Cæsare, doctores æternæ salutis statim a conspectu ejus deducti sunt et Paulino traditi sunt.

Paulinus, vir clarissimus magisteriæ potestatis, apostolos Christi suscepit, et in custodia Mamertini, sub manu Processi et Martiniani, aliorumque militum, mancipavit. Ibi novem mensibus in carcere fuerunt, et multos infirmos, qui ad eos venerant, ac dæmoniacos orationibus suis curaverunt. Denique cunctis, qui in custodia erant, obnixe vociferantibus, et aquam ab eis, quia siti periclitabantur, unanimiter poscentibus, beatissimi apostoli Deum oraverunt, et ab ipso, cui adhærebant, celeriter exauditi sunt. Nam beato Petro apostolo signum crucis in monte Tarpeio faciente, eadem hora emanaverunt aquæ de monte. Tunc Processus et Martinianus, et omnes qui in custodia erant, ad pedes Petri apostoli prostrati sunt, et XLVII credentes in Dominum baptizati sunt. Tunc pro eis sacrificium laudis obtulit, et omnes Dominicæ participes eucharistiæ fecit.

Visis itaque tot mirabilibus, magistriani Processus atque Martinianus dixerunt ad apostolos: « Pergite quo desideratis, quia exoblitus Nero desperavit de vobis. » Illi autem satis a fratribus rogati ut egrederentur, post novem menses exierunt, et per viam Appiam ad portam pervenerunt. Tunc Paulus in urbe Roma notos et amicos adiit,

et Romanos, aliosque credentes, qui ejus ereptione admodum gratulabantur, in fide confortavit, solitoque ritu verbum Dei ubertim sparsit, fideliumque numerum per aliquot dies, opitulante Deo, augmentavit. Porro beatus Petrus, dum filiam de compedibus ferri demolitam haberet, et fasciola ei ante sepem in via Nova caderet, juxta portam Appiam veniens, Dominum Jesum Christum vidit. Quem ut cognovit, adorans ait : « Domine, quo vadis? » Et Dominus dixit ei : « Sequere me, Petre, quia vado Romam iterum crucifigi. » Mox illum secutus, Romam rediit, eique Dominus dixit : « Noli timere, quia ego tecum sum, quousque introducam te in domum Patris mei. »

Cumque rediret mane, ecce magistriani cum tenuerunt, ac ad tribunal Cæsaris pertraxerunt. Nero autem, recolens ea quæ gesta fuerant, jussit Petrum in crucem levari et Paulum decollari. Petrus vero cum ad crucem venisset, et totus supernis intentus in spiritu solerte considerasset quod Dominus Jesus Christus, qui de cœlo ad terras descenderat, recta cruce sublimatus fuisset, rogavit a carnificibus crucem suam gyrari, seseque capite demerso crucifigi. At illi crucem verterunt, et pedes ejus sursum, manus autem deorsum fixerunt. Tunc convenit innumerabilis populi multitudo ita pleni furore ut vellent etiam ipsum Neronem imperatorem incendere. Petrus autem prohibebat eos, dicens : « Nolite, filioli, nolite impedire iter meum. Jam pedes mei viam cœlestem ambulant. Nolite tristari, sed gaudete mecum, quia hodie consequor fructum laborum meorum. »

Deinde post longam exhortationem, qua figuram crucis Christi, quem imitabatur, subtiliter explanavit, orans et gratias agens Deo, ait : « Gratias ago tibi, bone pastor, quia oves quas tradidisti mihi compatiuntur mecum. Peto, Domine, ut participent mecum de gratia tua in regno tuo. » Et adjiciens dixit : « Commendo tibi oves, bone pastor Christe, quas mihi tradidisti, ut non sentiant se sine me esse qui te habent, per quem ego gregem hunc regere potui. » Et hæc dicens, emisit spiritum.

Statim viri, qui nunquam ibi visi fuerant, apparuere, nec antea nec postea quisquam potuit eos ibi videre, qui dicebant se propter illum de Jerosolyma advenisse. Ipsi una cum Marcello illustri viro corpus ejus occulte abstulerunt, ac ad terebinthum juxta Naumachiam, in loco qui Vaticanus appellatur, posuerunt, magnosque patronos et amicos Domini Jesu Christi Romanis datos testati sunt.

Nunc de Doctore gentium, qualiter bonum certamen certaverit, cursumque consummaverit, braviumque supernæ vocationis obtinuerit, libet ex historia passionis ejus breviter excerpere, et hic ad laudem ineffabilis Adonai veraciter inserere. Paulus postquam de carcere, ut supra dictum est, exivit, hortum, ubi prius hospitabatur, repetiit; et illuc amicorum plurima cohors ad eum gaudens convenit. Denique quadam die, dum salutari doctrinæ inserviret, et circa vesperam in cœnaculo editiori turbas erudiret, Patroclus pincerna regis a consodalibus suis invitatus, Cæsaris se subducens aspectibus, ad hospitium Pauli perrexit vespere ut audiret documenta vitæ perpetuæ. Sed cum, præ multitudine populi, ad magistrum ingredi non posset ut verbum Dei, quod ferventer amabat, commodius audiret, ad fenestram excelsiorem ascendit et secus eam sedit. Verum cum profluus sermo in longum protraheretur et juvenis somno fatigaretur, insidiante invidia diaboli, paululum dormitare cœpit, cadensque de fenestra satis excelsi cœnaculi, spiritum exhalavit. Quod mox Neroni a balneo revertenti nuntiatum est, unde idem, quia juvenem valde dilexerat, contristatus est, aliusque in loco ejus ad vini officium ordinatus est. Paulus vero, qui populos intus instruebat, statim per Spiritum cognovit quod gestum erat, populoque præsenti nuntiavit, sibique corpus exanime illico afferri præcepit. Deinde allato cadavere, Paulus plebem allocutus est, ac ut plena fide pro resuscitatione mortui Dominum Jesum orarent exhortatus est. Universis orationi procumbentibus, finita prece ait Paulus : « Adolescens Patrocle, surge et narra quanta tibi fecerit Dominus. » Mox Patroclus tanquam a somno surrexit, et glorificare Deum omnipotentem cœpit. Paulus illum gaudentem cum cæteris, qui ex domo Cæsaris erant, dimisit. Cumque Nero Patroclum lamentaretur et immensitate tristitiæ absorberetur, audivit ab assistentibus sibi Patroclum vivere et pro foribus adesse. Quod audiens Cæsar expavit corde, et recusabat eum introire, suoque aspectui astare. Tandem persuasione amicorum ingredi permisit, et videns eum vegetatum, nullaque signa mortis habentem, obstupuit, et locutus cum illo, Christianum eum esse cognovit. Unde nimis iratus, alapam ei dedit, ideoque magis ille in Domino Jesu exsultavit. Tunc Barnabas et Justus, Paulus miles et Arion Cappadocus et Festus Galata, ministri Cæsaris et amici, dixerunt ei : « Cur recta sapientem et veracissime respondentem percutis juvenem? Nam et nos militamus invicto regi Jesu Christo Domino nostro. » Cæsar autem, cum audisset uno sensu et sermone illos invictum regem Jesum dicere, retrusit eos in carcerem, ut nimis illos torqueret quos nimis ante amaverat. Prædicatores quoque illius magni regis summopere requiri jussit, et edictum ferale proposuit ut, sicubi invenirentur, sine interrogatione per tormenta varia punirentur. Fideles ergo multa scrutatione a ministris reipublicæ quæsiti sunt et inventi quamplurimi, atque ad præsentiam Cæsaris perducti sunt.

Inter eos Paulus, consuetudinarias sibi pro nomine Christi gestans catenas, ductus est vinctus. Ipsum omnes alii velut didascalum respiciebant, meritoque, quem Dominus vas electionis censuerat, honorabant, sibique in omnibus præferebant. Inde Nero, sine alicujus indicio, facile potuit cognoscere ipsum magni regis militibus præsidere, cumque illum interrogaret cur in regnum Romanorum latenter introisset, militesque suos sibi subtraheret, suique regis principatui subjugaret, Paulus, Spiritu sancto repletus, virtutem omnipotentis Dei coram omnibus qui aderant constanter promulgavit, et omnes ad largitatem manus illius, qui secundum cujusque meritum dona ditissima dispensare potest, invitavit, ipsum quoque Cæsarem summo Regi fideliter obedire commonuit. Nihilominus etiam asseruit regem suum venturum vivos et mortuos judicare, et figuram hujus mundi per ignem devastare. His auditis, Nero Cæsar ira succensus est et omnes Christi milites igne cremari præcepit. Paulum autem consultu senatus, tanquam majestatis reum, secundum Romanas leges capite truncari jussit, Longino et Megisto præfectis atque Acesto centurioni, ad interficiendum extra urbem tradidit; quibus in via Paulus sine intermissione verbum salutis prædicabat. Ministri etiam et apparitores a Nerone cum velocitate directi sunt, et latitantes Christianos diligenter ad occisionem perscrutati sunt. Unde tam multiplex turba Christianorum cæsa est ut populus Romanus palatium virtute irrumperet, et in ipsum Cæsarem excitare seditionem satageret. Tunc Nero clamores populi expavit, et aliud edictum proposuit quo Christianos in pace vivere præcepit. Quapropter Paulus iterum est ejus oblatus conspectibus. Nero autem, ut eum vidit, vehementissime exclamavit : « Tolle magum, tollite maleficum; decollate impostorem, auferte de superficie terræ mentium immutatorem. » Paulus vero constanter promisit se post mortem æternaliter victurum, et cum invicto Rege suo mansurum; ipsi quoque Neroni, ad comprobandam suorum fidem verborum, se vivum post decollationem evidenter ostensurum. Deinde Paulus gaudens ad supplicium ductus est, suisque carnificibus, aliisque comitantibus verba vitæ multipliciter impertitus est. Nam, cooperante Spiritu sancto, idololatriæ vanitatem monstravit, ratiocinando nihil esse probavit, veram fidem, verique Dei cognitionem mirabiliter allegavit, damnationem reproborum et glorificationem justorum magnifice peroravit. Nec frustra. Divinus enim sermo protinus fructificavit, audientium videlicet corda turbarum tangens inflammavit, et conversorum vocem pro transactis reatibus, in planctum permutavit.

Interea, dum pro tam sanctis occupationibus mora fieret, et populus multus voces in altum emitteret, Nero Parthenium et Feritam, videre si jussio ejus completa esset, misit, et per eos passionem apostoli, si adhuc viveret, acceleravit. Ipsis quoque Paulus semen salutis obtulit, sed prævalente nequitia, obduratis cordibus minime profuit. Cumque ad locum martyrii cum innumeris comitibus incederet, et Plautillam nobilissimam matronam ad portam urbis Romæ obviam habuisset :

« Vale, inquit, Plautilla, æternæ salutis filia. » Deinde petiit ab illa ut pannum, quo caput ejus tegebatur, ad ligandum oculos hora passionis suæ sibi accommodaret. Illa vero flens ejus orationibus se commendavit, pannumque festinato porrexit, et paululum in partem propter plebis impedimentum, ut Apostolus ei jusserat, secessit. Insultantibus paganis, quod mago crederet ac impostori, Paulus eam confortavit, jubens ut seorsum præstolaretur adventum suum, secura signa mortis ejus in panniculo receptura. Longinum vero, sociosque ejus credentes docuit paucis sermonibus qualiter et a quibus baptizarentur post obitum ejus. Perveniens autem ad passionis locum, ad orientem versus in cœlum manus tetendit, et diutissime cum lacrymis Hebraice oravit, Deoque gratias egit. Deinde valedicens fratribus, benedixit, sibique oculos de Plautillæ mafora ligavit, in terram utrumque genu flexit et collum tetendit. Speculator vero cum virtute percussit et caput ejus abscidit; quod postquam a corpore præcisum fuit, nomen Jesu Christi Hebraice clara voce personuit. Statim de corpore ejus unda lactis in vestimento militis exivit et postea sanguis effluxit. Stola vero, qua sibi ligaverat oculos, non comparuit. Tanta etiam lucis immensitas et odoris suavitas in momento illius decollationis cœlitus emicuit ut mortalium oculi splendorem illius sufferre et humana lingua odorem narrare nequiverit. Omnes hæc videntes valde admirati sunt, et invictum Regem sabaoth in multam horam laudaverunt. Parthenius autem et Feritas revertentes ad portam Urbis pervenerunt, ubi Plautillam Dominum glorificantem invenerunt; quam mox irrisione percunctati sunt cur caput suum non operiret mafora quam Paulo præstiterat. At illa, calore fidei accensa, cum magnanimitate respondit: « O vani et miseri, qui credere nescitis quæ oculis videtis et manibus attrectatis! Vere habeo eumdem pannum quem porrexeram pannum, de infusione pretiosi sanguinis gloriosum. » Deinde tripudians enarravit quod Paulus innumerabilium candidatorum catervis comitatus de cœlo venerit; maforamque deferens, gratiam pro benignitate in eum habita retulerit, sibique pollicitationem æternæ retributionis adjecerit. Protinus Plautilla pannum a sinu extraxit, roseoque perfusum sanguine illis ostendit. Illi autem nimio pavore correpti, concito gressu Cæsarem adierunt, et quæ viderant vel audierant ei nuntiaverunt. At ille cum audisset, miratus est horrifice, et ingenti attonitus pavore, cœpit de his quæ nuntiata sunt ei cum philosophis tractare et amicis ac ministris reipublicæ.

Circa horam nonam, dum hæc invicem mirarentur et secum quærerent atque confabularentur, Paulus, clausis januis, venit; et stans ante Cæsarem dixit: « O Cæsar Nero, ecce ego Paulus Regis æterni et invicti miles; vel nunc crede quia non sum mortuus, sed vivo Deo meo. Tibi autem, miser, mala ineffabilia imminent non post multum tempus, maximumque supplicium, et æternus restat interitus; pro eo quod inter cætera pessima quæ fecisti, multum sanguinem justorum injuste effudisti. » Hæc dicens, repente disparuit. Nero siquidem, his auditis, ultra quam dici possit timore percussus est, et velut amens effectus, ignorabat quid agere potuisset. Tandem suadentibus amicis, jussit solvi Patroclum et Barnabam, aliosque qui vincti fuerant cum illis. Longinus quoque, sociique ejus, mane, ut Paulus illis constituerat, ad sepulcrum ejus venerunt, ibique duos viros orantes, et in medio eorum stantem Paulum viderunt; admirabilique metu pertimescentes, propius accedere reveriti sunt. Ac ut præfectos et centurionem, qui ministri necis Pauli fuerant, ad se properantes viderunt, terrore humano subrepti, statim in fugam versi sunt. Verum illis pie supplicantibus, steterunt, et fidem eorum audientes, cum gaudio spirituali eos baptizaverunt.

In illo tempore, magna persecutio Christianorum intonuit, et prima sequentibus eximium virtutis exemplum ac constantiæ præbuit. In Tuscia Torpes, magnus in officio Neronis, post plurima tormenta, decollatus est. Romæ Processus et Martinianus et XLVI socii eorum, a beato Petro apostolo baptizati sunt. Longinus quoque, aliique duo, per Paulum conversi sunt, et a Tito ac Luca salutare lavacrum perceperunt. Hi nimirum doctores suos fide et martyrio pedetentim secuti sunt. Mediolani Nazarius, Gervasius, Protasius et Celsus puer passi sunt. Nero itaque innumeris facinoribus theomachiam adjecit, odiumque sui exercitus populique Romani merito incurrit. Statuerunt enim ut publice cathomis tandiu cæderetur quousque exspiraret. Quod cum ille audisset, et in eum tremor ac metus intolerabilis irruisset, miser ita fugit ut u'terius non appareret. Fertur a quibusdam quod, dum adhuc fugiens erraret, ex frigore nimio et fame diriguisset, et a lupis devoratus esset.

Ecce quæ sparsim de summis senatoribus Ecclesiæ rimatus sum, simplici brevitate collegi; et de plurimis voluminibus insignia gesta memoriæ posterorum veraci stylo congessi. Petrus siquidem in circumcisione VII annis prædicavit, deinde apud Antiochiam VII annis sedit. Sub Claudio Cæsare, contra Simonem Magum pugnaturus Romam, perrexit, ibique XXV annis Evangelium prædicavit, et ejusdem orbis pontificatum primus tenuit. Tricesimo autem et sexto anno post passionem Christi, III Kalendas Julii crucifixus est, viaque Aurelia, juxta palatium Neronis, in Vaticano sepultus est. Eodem die Paulus, postquam innumeros agones atque labores insigniter passus est, in via Ostiensi, in milliario secundo, in hortis ad aquas Salvias decollatus est. Hi simul Romæ passi sunt sub Nerone Cæsare, Basso et Tusco consulibus; quorum prior in eadem urbe, juxta viam triumphalem, totius urbis veneratione celebratur, sequens vero in via Ostiensi pari honore habetur.

IX. *Andreas.*

Roma caput mundi tam sublimes patronos se habere gloriatur, ad quorum limina de cunctis mundi partibus fidelis populus properare conatur, ut tam potentibus advocatis adjutus, contra omnes adversarios, adversasque potestates indesinenter protegatur. Universi præsto sentiunt eorum subsidia, qui devotione congrua poscunt eorum suffragia; præstante Deo rege summo, qui trinus et unus vivit et regnat per omnia sæculorum sæcula. Amen.

Andreas, frater Simonis Petri, secundum Hebraicam etymologiam *decorus* vel *respondens* interpretatur. Sermone autem Græco, ἀπὸ τοῦ ἀνδρὸς, id est *a viro*, *virilis* dicitur. Hic in sorte prædicationis Scythiam et Achaiam accepit, in qua etiam, in civitate Patras II Kalendarum Decembris in cruce suspensus occubuit. Egregius de virtutibus ejus apud nos libellus habetur, in quo multa et mira de beato Andrea referuntur. Auctor quidem libri cognitus mihi non est; sed mirandarum relatio rerum merito, ut arbitror, gratissima est. Libet ergo ad laudem cunctipotentis Messiæ quædam inde breviter excerpere et huic opusculo nostro inserere. Igitur, cum Matthæus apostolus et evangelista Myrmidonibus verbum salutis annuntiaret, unde a duris civibus apprehensus, erutis oculis in carcere catenis circumdatus esset, Andreas apostolus, angelo Dei jubente, ad fretum venit. In littore inventa nave mox in illam ascendit, et, prospere flantibus ventis, ad urbem, ubi sanctus Matthæus in squalore carceris tenebatur, navigavit. Videns vero coapostolum suum in dolore nimio cum aliis vinctis residentem, amarissime flevit, factaque simul oratione, locus ille statim contremuit, et lux magna in carcere refulsit. Oculi quoque beati evangelistæ restaurati sunt; et cunctorum catenæ relaxatæ sunt. Sic Matthæus, et omnes alii qui cum eo vincti erant, resoluti sunt et inde abierunt. Cumque Andreas verbum Dei prædicaret incolis, ipsum apprehendentes, ligatis pedibus traxerunt per plateam civitatis. Jam evulsis capillis fluebat sanguis de capite illius. Tandem orante apostolo, timor ingens super habitatores Myrmidoniæ factus est, et ille mox ab eis dimissus est. Deinde prostrati solo ante pedes apostoli prædicationem ejus receperunt, et divinitus inspirati credentes in Dominum baptizati sunt. Andreas inde recedens, in regionem suam venit, ibique cujusdam cæci oculos tetigit et ille statim lumen recepit. Demetrius, primas urbis Amasæorum, auditis signis quæ faciebat in nomine Christi cum lacrymis procidit ad pedes apostoli, ut puerum Ægyptium sibi vivum, quem febris exstinxerat, redderet. Mitis apostolus flenti condoluit, ad domum luctus cum eo perrexit, et, oratione facta, puer sospes confestim surrexit. Omnes qui hoc viderunt lætati sunt, et credentes baptizati sunt.

Sostratus puer Christianus, a matre sua impetitus ad stuprum, confugit ad apostolum; et illa, felle commota, coram proconsule crimen projecit in filium. Tacente puero præ verecundia, sanctus illum Andreas excusavit, et impudicam de flagitio palam redarguit. Proconsul iratus jussit puerum in culleo parricidæ recludi et in flumen projici, Andream vero in carcerem trudi. Orante apostolo, terræmotus magnus cum tonitru gravi factus est, et proconsul de sede cecidit, et reliqui omnes terræ decubuerunt. Mater vero pueri percussa aruit et mortua est. Tunc proconsul, prostratus apostoli pedibus, ait : « Miserere pereuntibus, famule Dei, ne nos terra deglutiat. » Orante apostolo, terræmotus cessavit, serenitas aeris rediit, et ipse turbatos circumiens sanavit. Proconsul vero verbum Dei suscepit, et cum omni domo sua, credens in Dominum, ab apostolo baptizatus est.

Gratinus Sinopensis a febre apprehensus graviter ægrotavit, uxor vero ejus hydrope intumuit. Filius quoque, dum in balneo mulierum lavaretur, a dæmone, perdito sensu, graviter cruciabatur. Andreas vero a proconsule rogatus, ascenso vehiculo ad civitatem venit, et Gratini domum ingressus, dæmonium exturbavit, puerumque mundatum sanavit. Maritum vero et conjugem ejus adulterii contagio pollutos redarguit, et ab eis accepta emendationis sponsione curavit. Denique jam sospites fidem Jesu Christi receperunt et cum omni domo sua gaudentes baptizati sunt.

Nicææ septem dæmones inter monumenta secus viam latitabant, homines quoque prætereuntes meridie lapidabant, et multos jam nece affecerant. Tandem illuc adveniente apostolo tota civitas exsultavit, et egressa obviam cum ramis palmarum, proclamavit : « Salus nostra in manu tua, homo Dei. » Deinde omnem rei ordinem exposuerunt, ipsique nihilominus ordinem fidei et religionis ab apostolo mox audierunt. Protinus gaudentes in Dominum crediderunt, et Jesum Christum Dei Filium professi sunt. Andreas autem pro eorum prompta credulitate Deo gratias egit, et dæmones in similitudine canum coram populo assistere jussit, et postmodum in loca arida et infructuosa, ne ulli homini nocerent, fugavit. Sic in virtute Dei civitatem liberavit, civesque credentes baptizavit, eisque Cœlestinum, virum bonum et sapientem, episcopum constituit.

Ad portam Nicomediæ in grabato mortuum juvenem offendit, cujus parentes ætate gravatos et cum nimiis ploratibus filii cadaver prosequentes prospexit. Condolens autem lacrymis eorum, qualiter adolescens obiisset inquisivit. Sed illis præ timore nihil respondentibus, a famulis audivit : « Dum esset hic in cubiculo solus, septem canes subito advenerunt et in eum irruerunt. Ab his ergo miserrime discerptus, cecidit mortuus. » Tunc Andreas septem dæmonum, quos a Nicæa fugarat, hoc opus esse cognovit, et, in cœlum suspirans, a Deo vitam defuncto petivit. Factaque prece, conversus ad feretrum, ait : « In nomine Jesu Christi surge. » Admirante populo, puer surrexit et resuscitatori suo adhæsit. Apostolus vero puerum credentem usque in Macedoniam secum perduxit et salutaribus verbis instruxit.

Egressus inde, navim ascendit et Hellesponti fretum intravit, Byzantiumque adire disposuit. Ecce mare commotum est, ventus validus incubuit, et navis mergebatur, nautæque mortis periculum præstolabantur. Denique beatus Andreas ad Dominum oravit; quo præcipiente, mox ventus siluit, tranquillitas rediit, et omnes a discrimine liberatos Byzantium prospera navigatio perduxit. Inde properantibus Thracias hominum apparuit multitudo, qui cum evaginatis gladiis lanceas manibus gestabant et in occursantes irruere cupiebant. Beatus vero Andreas contra illos crucis signum fecit et pro salvatione suorum Deum oravit. Angelus autem Domini, cum magno splendore præteriens, gladios eorum tetigit et, eisdem in terram corruentibus, vir Dei cum suis illæsus transivit. Berinthum maritimam Thraciæ civitatem Andreas apostolus pervenit, ibique navem, quæ in Macedoniam properaret, invenit; in quam intrare apostolum angelus Dei præcepit. Ingressus autem verbum Dei prædicavit, et nauta cum omnibus naucleris in Deum credidit.

Exous nobilis ac valde dives juvenis in Thessalonica erat. Hic ad apostolum, nescientibus suis, accessit, ipsumque prædicantem verbum Dei audiens in Dominum credidit, et, contemptis parentibus ac rebus suis, ei adhæsit. Parentes ejus eum quærentes Philippis invenerunt, ipsumque ab apostolo muneribus et minis segregare valde conati sunt, sed non potuerunt. Prædicante apostolo, verbum salutis spreverunt et, convocata cohorte, ignem in domum injecerunt, fascesque carecti, scirpique et facularum adhibentes, domum succendere cœperunt. Tunc juvenis ampullam aquæ cum invocatione nominis Christi desuper effudit, et divina virtus omne incendium, ac si accensum non fuisset, statim exstinxit. Deinde furiosi scalas admoverunt ut ascenderent, eosque gladio interficerent; sed divinitus excæcati sunt, ne ascensum scalarum viderent. Tunc Lysimachus quidam e civibus divinum opus advertit, vicinorumque insaniam audacter redarguit, dicens : « Utquid, o viri, casso vos labore consumitis? Deus enim pugnat pro viris istis, et vos non cognoscitis. Cessate ab hac stultitia, ne vos cœlestis consumat ira. » His dictis, omnes corde compuncti sunt, et tenebrosa nocte ingruente, ipsi cœlitus illuminati sunt. Ascendentes autem, apostolum orantem intervenerunt, et in pavimento prostrati, ab eo indulgentiam petentes acceperunt. Ab apostolo enim benigniter erecti sunt, et in fide corroborati Omnipotentem laudaverunt. Parentes tantum pueri non crediderunt. Exsecrantes vero juvenem, in patriam suam reversi sunt: et post quinquaginta dies, unius horæ momento simul exspiraverunt. Porro juven: omne patrimonium suum a contribulibus suis, quia valde ab eis diligebatur, concessum est. Ipse vero adhærens apostolo, fructus prædiorum suorum pauperibus largitus est.

Post aliquod tempus ambo simul Thessalonicam profecti sunt, ad quos cives in theatro gaudentes congregati sunt. Exous autem eis verbum Dei prædicabat, et beatus Andreas, admirans prudentiam ejus, tacens audiebat. Deinde, poscentibus turbis, Adimathum Carpiani filium ægrotantem afferri jussit. Sed ille, dicto sibi a patre suo suæ salvationis nuntio credidit, vestimenta sua induit, a grabato post XXII annos sanus surrexit, et veloci cursu parentes suos præveniens, ad theatrum perrexit, ibique ad pedes apostoli cecidit, et pro recepta sanitate, populis stupentibus, gratias egit. Quodam de Thessalonicensibus rogante apostolum pro filio dæmonioso, mille-artifex Satan in secreto suffocavit cubiculo. Denique pater cum mortuum invenisset, et ob hoc multum plorasset, fide tamen robustus in spe prævaluit et cadaver ad theatrum ab amicis deferri fecit, eventumque rei apostolo narravit. Ille autem ad populum conversus, ait : « O viri Thessalonicenses, quid proderit vobis, cum mira fieri videritis, si non credidis? » Porro illis pollicentibus quod crederent, viso miraculo, Andreas apostolus dixit defuncto : « In nomine Jesu Christi surge, puer. » At ille statim surrexit, populusque stupefactus sponsionem de recipienda fide fideliter tenuit.

Medias Philippensis pro filio ægrotante cum lacrymis apostolum rogavit; cujus preces mitissimus vir benigniter suscepit, et apprehendens manum ejus, Philippis ivit. Ingredientibus portam civitatis senex occurrit, et pro filiis, quos pro culpa Medias in carcere cruciaverat, rogavit. Suadente apostolo, Medias ad pedes ejus procidit, et non solum illos duos absolvit, sed etiam alios septem, pro quibus nemo loquebatur, tantum ut filius ejus sanaretur. Illis itaque liberatis, apostolus Philomedem sanavit, qui XXII annis fuerat debilis.

Deinde clamantibus populis ut suis etiam mederetur infirmis, Andreas confidens in Domino, sanato dixit puero : « Per domos ægrotantium vade, et in nomine Jesu Christi, in quo sanatus es, jube eos exsurgere. » At ille jussis apostoli paruit, populusque videns mirabilia credidit, et apostolo multa munera obtulit; sed ipse gratis omnibus verbum vitæ prædicans, nihil recepit. Filiam quoque Nicolai, quæ languebat, pro qua pater multa offerebat, gratis sanavit et omnes ad fidem invitavit.

X. *Andreas. Sequentia vitæ ejus.*

Passim apostoli fama per Macedoniam currebat de virtutibus quas idem super infirmos faciebat.

Virinus (19) ergo proconsul contra eum concitatus est, et Thessalonicam milites misit ut eum comprehenderent; sed viso fulgore vultus ejus, attingere illum non ausi fuerunt. Populi vero in Deum credentes, ut milites illuc venisse pro læsione apostoli audierunt, irati gladiis et fustibus eos interimere voluerunt; sed, prohibente apostolo, vix manus a cæde cohibuerunt. Denuo proconsul misit milites, sed ipsi, ut apostolum viderunt, turbati nihil dixerunt. Denique tertio proconsul multitudinem militum misit; quorum unus a dæmone arreptus est et in absentem truculenta proconsulem verba locutus est. Deinde dæmonium egressum est, et miles cecidit ac mortuus est. Interea proconsul magno cum furore venit; et secus Andream apostolum stans, eum videre non potuit, donec loquentem audivit; tandem miser, ut sanctum Dei vidit, probra minasque in illum inculcavit. Sed benignus vir furibundum judicem dulcibus eloquiis mitigare studuit, fusisque precibus ad Dominum, militem defunctum resuscitavit. Proconsul vero adhuc in insania permansit. Facto mane jussit feras in stadium intromitti et beatum apostolum trahi, ferisque projici. Furiosi vero clientes illum per capillos traxerunt, in arenam projecerunt, aprumque ferocem et horribilem dimiserunt. Qui sanctum Dei ter circumivit, sed nihil ei nocuit. Iterum jussu proconsulis, aper a xxx militibus adductus, et a duobus venatoribus est impulsus, sed Andream non attigit, venatores autem in frusta discerpsit; demum horribilem grunnitum dans, cecidit et exspiravit. Igitur, laudante Dominum populo, angelus visus est descendisse de cœlo et sanctum Dei confortabat in stadio. Denique sævus proconsul, fervens ira, ferocissimum leopardum dimitti præcepit. Dimissus autem apostolum reliquit, ad sedem proconsulis ascendit, ejusque filium arripuit ac suffocavit. Verum nimia proconsulem insania obtinuit; unde de rebus gestis non doluit, nec aliquid dixit. Tunc beatus vir populum in amore Dei confortavit, ac ad corroborandam fidem eorum, defunctum proconsulis filium se resuscitaturum promisit, et prostratus terræ diutissime oravit, apprehensaque suffocati manu, eum in nomine Domini resuscitavit. Hæc videntes populi, Deum magnificaverunt; et Virinum proconsulem, qui incredulus sancto Dei resistebat, interficere voluerunt; sed ab apostolo permissi non sunt. Proconsul autem confusus a prætorio discessit.

Quadam muliere obsecrante, beatus Andreas accessit ad agrum ubi totam regionem devastans serpens erat, longitudinis quinquaginta cubitorum. Apostolo autem appropinquante, sibila magna emisit; nimiumque territis omnibus qui aderant, erecto capite obviam venit. Tunc sanctus Dei ait ad eum: « Abde caput, funeste, quod erexisti ab initio ad necem generis humani, et subde te famulis Dei ac morere. » Statim serpens gravem rugitum emisit, quercum magnam, quæ propinqua erat, circumdedit, et se circa eam obligavit, evomensque rivum veneni cum sanguine exspiravit. Deinde apostolus ad prædium mulieris, in quo parvulus, quem serpens perculerat, mortuus decubabat, pervenit; et parentes ejus, ut interfectorem filii sui mortuum viderent, misit. Illis vero abeuntibus, uxori proconsulis dixit apostolus: « Vade et suscita puerum. » At illa nihil dubitans, venit ad corpus, et ait: « In nomine Dei mei Jesu Christi surge incolumis. » Ille vero protinus surrexit, cunctis gaudentibus, Deoque gratias agentibus. Sequenti nocte beatus Andreas Petrum et Joannem vidit in visione, in qua revelatum est ei quod paulo post perderet in cruce, Dominumque Jesum secuturus esset crucis passione. Fratres autem convocavit, enarrationem visionis explanavit, et pro celeri migratione sui lugentes confortavit, et per quinque dies salubriter erudivit, precibusque piis Ecclesiæ gregem Deo commendavit. Inde Thessalonicam profectus est.

Lisbius proconsul viæ Dei resistere conatus est, et, militibus multoties missis ut Andream comprehenderent, detestabilis impos voti effectus est. Tandem apostolo adveniente, a duobus dæmonibus flagris cæsus est. Unde postmodum, Dei virum accersiens, coram omni populo nequitiam suam ei confessus est. Deinde verbum Dei ab apostolo libenter audivit, et ab ægritudine sanatus in Deum credidit, atque in Dei lege diligenter ambulavit.

Calista vero uxor proconsulis nimis invidit Trophimæ, quæ olim concubina ejus fuerat; sed jam alteri viro sociata, apostolicæ doctrinæ adhæserat. Unde Lisbio ignorante, accito procuratore, jussit eam ut scortum damnari ac ad lupanar deduci. Trophima itaque ad lupanar deducitur, lenoni donatur, ibique Deum assidue deprecatur. Venientibus autem impudicis Evangelium opponebat, quod secum ad pectus suum habebat; atque mox illecebrosus affectus deperibat. Denique quidam impudicissimus lepos accessit, violentiam ingerere voluit; sed illa restitit, Evangeliumque ad terram cecidit. Tunc Trophima mœrens ambas manus ad cœlum extendit et lacrymans ait: « Ne patiaris me, Domine, pollui, ob cujus nomen castitatem diligo. » Angelus vero Domini statim ei apparuit, et inverecundus juvenis ad pedes ejus cadens exspiravit. At illa, divinitus confortata, Deum benedixit, puerumque in nomine Christi resuscitavit; et omnis civitas ad hoc spectaculum cucurrit.

Calista vero cum procuratore suo ad balneum abiit. Cumque simul lavarentur, dæmon teterrimus eis apparuit; a quo percussi ambo mortui sunt. Magnus ergo luctus factus est, et apostolo atque proconsuli subitus eventus nuntiatus est. Nutrice autem, quæ præ senectute manibus aliorum portabatur, pro resuscitatione Calistæ apostolum rogante,

---

(19) Leg: *Quirinus*. Le Prévost

quamvis vir ejus sæviret pro commisso gravi facinore, miitis tamen apostolus corpus in medium exhiberi jussit, et accedens post orationem caput mulieris tetigit. « Surge, inquit, in nomine Jesu Christi Dei mei, » Protinus mulier surrexit, et cum Trophima pacificari petivit. Lisbius itaque proconsul, visis mirabilibus Dei, per apostolum in fide profecit, et consiliis apostoli fideliter in omnibus obtemperavit.

Quadam die, dum simul in littore consedissent, et plures ibidem ab ore apostoli verbum Dei diligenter audirent, ecce cadaver a mari ante pedes apostoli ejectum est, a quo mox, fusa prece ad Deum, resuscitatum est. Philopator quippe vocabatur idem juvenis, filius Sostrati civis Macedonis. Flente eo pro sociis qui fluctibus absorpti fuerant, et supplicante, apostolus oravit, undaque famulante devecta xxxix corpora resuscitavit; ita ut unicuique fratrum juberet unum mortuum tenere eique dicere : « Resuscitet te Jesus Christus Filius Dei vivi. » Sic xxxix viri revixerunt et omnipotentem Deum glorificaverunt

Post multa signa et bona opera, quæ singillatim enarrare nequeo, beatus Andreas apostolus Patras venit, ubi Maximilla graviter ægrotabat, uxor Egeæ proconsulis qui Lisbio successerat. Tunc Effidima, quæ per doctrinam Sosiæ conversa fuerat, apostolum rogavit ut visitaret Maximillam quæ febricitabat. At ille venit ad cubiculum infirmæ, præcedente Effidima; et facta oratione, febris est fugata, mulierque sanata. Proconsul autem centum argenteos sancto Dei obtulit, quos ille nec aspicere voluit. Cumque multa signa per beatum apostolum apud Patras agerentur, et plures per corporalium exhibitiones opitulationum ad fidem Christi pertraherentur, Stratocles, frater Egeæ proconsulis, advenit de Italia; cujus servus nomine Algmana, quem valde diligebat, impulsu dæmonis spumans in atrio jacebat. Ecce magno tumultu facto, et Stratocle nimio animi dolore commoto, suadentibus Maximilla et Effidima, beatus Andreas accersitus est, ipsoque orante, dæmoniacus puer sanatus est. Stratocles ergo in Dominum credidit, et in fide confortatus, ad audiendum verbum Dei apostolo adhæsit. Egeas in Macedoniam abierat, et Maximilla, quæ spirituali amore fervebat, opportunitatem ut cœlestem doctrinam ab apostolo perciperet quotidie quærebat, ac ad eum devota veniebat. Magna itaque indignatione proconsul contra apostolum succensus erat, eo quod uxor ejus post acceptum dogma salutis ei conjungi nolebat

Amodo passionem beatissimi Andreæ apostoli breviter adnotare, et libello nostro nitor veraciter inscrere, quam recondidit in bibliothecis suis ab antiquo tempore et fideliter recitat pia devotio sanctæ matris Ecclesiæ. Illam nimirum presbyteri et diaconi Ecclesiarum Achaiæ coram positi viderunt, et universis Ecclesiis per quatuor climata mundi constitutis utiliter et eleganter scripserunt.

Egeas proconsul de Macedonia regressus venit Patras, quæ est civitas Achaiæ, et credentes Christo cœpit ad sacrificia idolorum compellere. Cui sanctus Andreas occurrit, ipsumque rationabilibus dictis ad veram fidem invitare sategit. Sed in malevolam animam sapientia non introivit. Verum largus divinæ dispensator sophiæ, quamvis impio non profuisset Egeæ, aliis tamen, qui prædestinati erant ad vitam, uberem cœlestis doctrinæ profudit alimoniam. De mysterio crucis multum prudenter tractavit, cur Deus homo factus est et passus liquido disseruit, ordinemque Dominicæ passionis et communem humani generis profectum luculenter deprompsit. Hinc iratus Egeas apostolum comprehendit et in carcere retrusit, ad quem multitudo pene totius provinciæ venit; ita ut Egeam vellent occidere et apostolum fractis januis liberare. Andreas autem salutaribus eos monitis compescuit, per totam noctem edocuit, Dominique Jesu patientiam ad memoriam revocavit; populumque, ne passionem suam impediret, summopere rogavit

Sequenti die proconsul Egeas misit ac ad se apostolum eduxit, et sedens pro tribunali seducere illum studuit; sed in Deo fundatus contra minas et blandimenta fortiter perstitit. Tandem Egeas eum a septem ternionibus flagellis cædi extensum præcepit; sed post verbera fortis athleta Christi laudem crucis prædicavit et furenti tyranno veras constanter assertiones intimavit

Tunc indignatus Egeas cruci eum affigi præcepit, et quæstionariis mandavit ut, ligatis pedibus et manibus, quasi in eculeo tenderetur; ne clavis affixus cito moreretur, sed longo potius cruciatu angeretur. Cumque sanctus vir duceretur a carnificibus, fit populorum concursus clamantium et dicentium : « Justus homo et amicus Dei quid fecit, ut ducatur ad crucem ? » Andreas vero securus et gaudens ibat, populumque, ne passionem ejus impediret, rogabat, et a salutari doctrina non cessabat. Cum autem ad agonis locum pervenisset et crucem a longe vidisset, exclamavit voce magna, dicens : « Salve, crux, quæ in corpore Christi dedicata es, et ex membris ejus tanquam margaritis ornata ! O bona crux ! quæ decorem et pulchritudinem de membris Domini suscepisti; diu desiderata, sollicite amata, sine intermissione quæsita, et aliquando jam concupiscenti animo præparata ! » Hæc et alia multa amoris et devotionis plena dicens, se exspoliavit et vestimenta sua carnificibus tradidit. Qui accedentes, eum in crucem levaverunt, totumque corpus ejus funibus extendentes suspenderunt, sicque jussum impii proconsulis crudeli actione compleverunt. Porro turba fere ad xx millia hominum astabat, et injusto judicio sanctum virum hoc pati clamabat; inter quos Stratocles, Egeæ frater, erat. Sanctus vero Andreas mentes fidelium confortabat, et in tolerantiam temporalem commonebat, quia nihil esse dignum passionis ad remunerationem æternam docebat.

Interea omnes ad domum Egeæ vadunt, pariter que clamantes dicunt: « Quæ est hæc sententia tua, proconsul? male judicasti. Concede nobis hominem justum; redde nobis hominem sanctum, ne interficias hominem Deo charum. » Hæc et multa alia dicente populo, Egeas expavit, et se eum deponere promittens, simul ire cœpit. Quem videns sanctus Andreas, hortatus est ut Christo crederet atque, dum adhuc posset, ad fidem pro salute sua curreret. Ipse vero in cruce pendens securus exsultabat, et de visione Christi, quem tota mente dilexerat, diuque desideraverat, admodum lætus dicebat: « Jam Regem meum video, jam eum adoro, jam in conspectu ejus assisto. » Carnifices autem, missis ad crucem manibus, eum contingere non poterant, et subinde alii et alii ut solverent eum sese ingerebant; sed brachia eorum qui eum deponere nitebantur stupebant. Tunc sanctus Andreas voce magna exclamavit et devotissimam orationem coram Deo profudit. Quem, postquam diutius Jesum bonum magistrum suum oravit, videntibus cunctis, splendor nimius sicut fulgur de cœlo veniens ita circumdedit ut præ ipso splendore humani penitus eum non possent oculi aspicere. Cumque splendor permansisset fere per dimidiæ horæ spatium, Andreas, insignis pugil Christi, abscedente lumine emisit spiritum, simul cum ipso lumine pergens ad Dominum. Maximilla vero senatrix cum reverentia corpusculum ejus tulit, et conditum aromatibus optimo loco sepelivit.

Porro Egeas, antequam ad domum suam veniret, a dæmonio arreptus est, et in conspectu omnium dæmonica vexatione in via mortuus est. Stratocles autem, frater Egeæ, de substantia ejus nihil contigit, sed corpus sancti Andreæ apostoli tenens evasit. Tantus etiam timor universos in illa provincia invasit ut nullus remaneret qui Salvatori nostro Deo non crederet. Fertur quod de sepulcro ejus manna in modum farinæ et oleum cum odore suavissimo defluit; a quo, quæ sit præsentis anni fertilitas, incolis regionis ostenditur. Si profluit exiguum, terra fructum exhibet exiguum; si vero copiose processerit, magna fructuum opulentia ministratur.

Ecce solo tui coactus amore, gloriose apostole Jesu Christi, cursum tuæ vitæ divinis charismatibus feliciter ornatæ breviter recensui, ad laudem tui omnipotentis magistri, cui tu fideliter usque ad mortem adhæsisti. Devotum ergo famulatum, mitis Andrea, benigniter suscipe, meque peccatorem piis precibus commenda Creatoris clementiæ; in cujus cultu, inter læta et tristia, ipso juvante, opto persistere. Et qui crudelem Egeam interfectorem tuum exhortatus es ad fidem pendens in cruce, indesinenter suffragare fidelibus filiis Ecclesiæ qui tibi dicunt canentes cum summa cordis devotione et oris modulatione:

Andrea pie, sanctorum mitissime,
Obtine nostris erratibus veniam;
Et qui gravamur sarcina peccaminum,
Subleva tuis intercessionibus.

Inter ærumnas titubantis sæculi
Sæpe quassamur, gemimusque languidi
Ora pro nobis majestatem Domini,
Ut donet nobis vera luce perfrui.
Amen.

XI. Jacobus et Joannes.

Jacobus et Joannes, filii Zebedæi, a Christo appellati sunt Boanerges, sive ut melius legitur: Boanereem, id est *filii tonitrui*; ex firmitate et magnitudine fidei qua tenuerunt inviolabiliter et docuerunt immaculatam legem Domini. Jacobus *supplantator* interpretatur, Joannes vero *Dei gratia*, vel *in quo est gratia*. Merito electi fratres tam claris nominibus vocitati sunt, qui, per supplantationem vitiorum in stadio fragilis vitæ, tortuosum serpentem insigniter vicerunt, et amici Dei speciales effecti sunt, multiplicique illius gratia repleti, sanctam matrem Ecclesiam veritatis doctrina illustraverunt. De beato Jacobo, qualiter in Judæa et Samaria evangelizaverit, et ab Herode, Aristobuli filio, martyrium, principibus sacerdotum et Pharisæis accusantibus, pertulerit, sicut ab antiquis scriptoribus editum reperi, simpliciter in præcedenti libro abbreviatum huic opusculo inserui. Nunc de Joanne Theologo, Jesu Christo amico, scripta investigo, et ea breviter ad laudem Regis sabaoth colligere desidero; quæ Mellitus scripsit Laodicenis, aliisque fidelibus qui sunt in universo mundo, aliique illustres antiquarii promulgarunt de illo, præcipueque Hieronymus, divinæ legis interpres prænotavit in Apocalypsis procemio.

Joannes apostolus et evangelista virgo est a Domino Jesu Christo electus, atque inter cæteros magis dilectus, et in tanto amore dilectionis ab eo est habitus ut in cœna super pectus ejus recumberet, et ad crucem astanti soli matrem propriam commendasset; ut quem nubere volentem ad amplexum virginitatis asciverat, ipsi etiam custodiendam virginem tradidisset. Hic itaque, cum in Asia verbum Dei publice prædicaret et testimonium Jesu Christi Judæis atque gentibus instanter intimaret, invidiosa relatione adversariorum veritatis Romæ est accusatus, jussuque Domitiani Cæsaris, qui secundus post Neronem persecutionem Christianorum exercuit, de Epheso raptus, et coram Cæsare atque senatu ante portam Latinam constitutus. Cumque persisteret in vera fide, immobilis ut mons firmus et excelsus, ıı Nonas Maii, jussu Cæsaris, in ferventis olei dolium est missus. Sed divina se protegente gratia, exivit illæsus, ipsoque die per singulos annos festiva ejus memoria devote celebratur a fidelibus. Inde cum exsilio in Pathmos insulam portaretur, illic ab eodem Apocalypsis præostensa describitur, in qua septempliciter Ecclesiæ status et ordo demonstrantur, ingentes etiam pressuræ tribulationum et retributiones meritorum.

Denique, procurante Deo, qui cuncta juste disponit, Domitianum, eodem anno quo Joannes exsulavit, Romanus senatus pro cruentis actibus suis occidit. Deinde generali consultu definivit ut cassaretur quidquid Domitianus fieri voluit. Sanctus igitur Joannes apostolus, qui ex voluntate Domitiani deportatus fuerat cum injuria, ad Ephesum remeavit cum honore multorumque lætitia. Omnis enim populus Ephesiorum revertenti occurrit, et virorum ac mulierum fideliter exsultantium una vox personuit : « Benedictus qui venit in nomine Domini! »

Cumque Joannes civitatem ingrederetur, ecce Drusiana, quæ ferventer diligens eum videre desideraverat, defuncta efferebatur. Viduæ vero et pauperes cum parentibus et orphanis pariter flebant, et clamantes dicebant : « Sancte Joannes, apostole Dei, ecce Drusianam efferimus, quæ sanctis monitis tuis obtemperans, nos omnes alebat, Deoque in castitate et humilitate serviebat, reditumque tuum desiderans quotidie dicebat : « Utinam videam apo« stolum Dei oculis meis, antequam moriar! » Tunc beatus Joannes deponi feretrum et corpus ejus resolvi jussit, ac voce clara dixit : « Dominus meus Jesus Christus excitet te, Drusiana. Surge, pedibusque tuis ad domum tuam revertere, et refectionem mihi præpara. » Protinus illa surrexit, et apostoli præcepto læta obsecundavit, et merito, quia ipsi videbatur quod non de morte sed de somno excitata fuerit. Clamor itaque fit populi per tres horas dicentis : « Unus est Deus quem prædicat sanctus Joannes ; unus est verus Dominus Jesus Christus. »

Eodem tempore duo fratres ditissimi juvenes, Cratone philosopho persuadente, patrimonium suum distraxerunt, singulasque gemmas emerunt, quas in foro in conspectu omnium confregerunt, et pro vana ostentatione mundani contemptus hujusmodi spectaculum egerunt. Hoc nimirum beatus Joannes apostolus per forum transiens vidit, insipientiæque deviantium compatiens sanius consilium benevolus præbuit. Nam Cratonem magistrum erroris ad se accersiit, damnosam devastationem rerum vituperavit, utilem mundi contemptum secundum Christi præceptum docuit, recolens ejusdem Magistri sui documentum, qui juveni dixit quærenti ab eo salutis æternæ consilium : *Si vis perfectus esse, vade, vende omnia quæ habes et da pauperibus, et habebis thesaurum in cœlo ; et veni et sequere me* (*Matth.* xix, 21). Craton vero philosophus apostoli salutaribus monitis consensit, ac ut gemmæ, quæ in frusta (20) fractæ fuerant, redintegrarentur, obsecravit. Ergo beatus Joannes fragmenta gemmarum collegit, et in manu sua tenens, elevatis ad cœlum oculis diutius oravit. Oratione autem finita, postquam fideles, qui aderant, *Amen* responderunt, fragmenta gemmarum ita solidata sunt ut nec signum aliquod de eo quod fractæ fuerant remaneret. Tunc Craton philosophus, cum universis discipulis suis, apostoli pedibus advolutus, credidit et baptizatus est cum omnibus, et fidem Domini Jesu publice prædicans, verus esse cœpit philosophus. Porro duo fratres, qui prius nequidquam res suas dilapidaverant, obsequentes Evangelio, gemmas vendiderunt et Christo in pauperibus erogaverunt. Infinita vero turba credentium adhærere apostolo cœpit ejusque sequi vestigia.

Atticus et Eugenius, duo fratres honorati civitatis Ephesiorum, exemplum prædictorum juvenum secuti sunt. Nam quæque habere poterant vendiderunt, egenisque dederunt, et expediti post apostolum abierunt per civitates euntem et verbum Dei prædicantem. Contigit autem ut ipsi urbem Pergamum intrarent, servosque suos viderent sericis indutos vestibus procedentes et in sæculari gloria fulgentes. Inde diaboli sagitta percussi, admodum facti sunt tristes quod ipsi uno pallio amicti essent egentes, servos vero suos viderent potentissimos atque fulgentes. Porro beatus apostolus, Satanæ dolos intelligens, præcepit ut rectas sibi deferrent virgas in singulis fascibus, lapidesque minutos a littore maris. Quod cum fecissent, invocato nomine Domini, silvestres virgæ conversæ sunt in aurum et lapides in gemmas. Tunc sanctus eis apostolus dixit : « Per septem dies ite ad aurifices et gemmarios, et dum probaveritis verum aurum et veras gemmas, nuntiate mihi. » Euntes ambo artificum officinas circumierunt, et post vii dies reversi sunt, atque apostolo renuntiaverunt quod aurifices optimum aurum asseruerint, gemmarii quoque pretiosos lapides comprobaverint. Tunc sanctus Joannes dixit : « Ite, et redimite vobis terras quas vendidistis, quia cœlorum præmia perdidistis. Sericas vestes emite vobis, ut sicut rosa pro tempore fulgeatis. Sed, dum flos ejus et odorem pariter et ruborem ostendit, repente marcescit. In vestrorum conspectu servorum suspiratis, et vos effectos pauperes gemuistis. Estote floridi, ut marcescatis ; estote divites temporaliter, ut in perpetuum mendicetis. Nunquid non valet manus Domini ut faciat servos suos divitiis affluentes et incomparabiliter splendentes ? Sed certamen statuit animarum ut credant se æternas habituros divitias qui pro ejus nomine temporales habere opes noluerunt. »

Dum hæc et his similia beatus Joannes ædificationis causa loqueretur, et multa de miseria, contemptuque mundi et de apostasia, vel in bono perseverantia, gloriose persequeretur, ecce juvenis nomine Stacteus, a matre vidua mortuus efferebatur. Lugubris vero mater et turbæ, quæ funeris exsequias agebant, sese ad pedes apostoli jactaverunt, et cum multis fletibus eum rogaverunt ut in nomine Dei sui hunc juvenem, sicut Drusianam, suscitaret, matremque viduam et conjugem, quam nuper duxerat, pie relevaret. Tunc apostolus prostratus, flens diutissime oravit, et ter exsurgens ab oratione manus suas ad cœlum expandit, tacitamque precem diutissime fudit. Deinde corpus involutum solvi præcepit, juvenemque proprio nomine vocavit, ac ut resurgeret, verusque nuntius de his,

---

(20) Le Prévost *frustra*.

quæ de unctus viderat, fleret, imperavit. Tunc Stacteus exsurgens apostolum adoravit, et discipulos ejus increpare cœpit: « Angelos, inquit, vestros vidi flentes; angelos Satanæ in vestra dejectione gratulantes. Regnum quoque jam vidi paratum vobis, et ex coruscantibus gemmis zetas instructas plenas gaudiis, epulis et divitiis, vita perpetua, lumine æterno, plenas delectationibus quas amisistis; et loca tenebrarum vobis, proh dolor! acquisistis, plena draconibus et angustiis, plena stridentibus flammis et cruciatibus, plena putoribus et doloribus. » Hæc et his similia dicente Stacteo, obstupuit populi, qui aderat, multitudo.

Atticus autem et Eugenius, cum illo qui resuscitatus fuerat, ante apostolum prostrati sunt, ipsumque pariter ut pro eis apud Dominum intercederet, rogaverunt. Denique supplicantibus illis sanctus Joannes dedit in responsis ut per xxx dies Deo pœnitentiam offerrent, in quo spatio maxime hoc a Deo poscerent quatenus aureæ virgæ ad suam naturam redirent, lapides quoque ad vilitatem, qua nati fuerant, remearent. Factum est autem ut xxx dierum transiret spatium, cum nec aurum mutaretur in virgas, nec gemmæ in arenas. Tandem anxii fratres ad apostolum accesserunt et cum multis precibus ac lacrymis clementiam ejus obsecraverunt. Ille vero flentibus compassus et pœnitentibus, universis etiam pro eis intervenientibus, jussit virgas in silvam et petras ad littus reportare, quoniam ad naturam suam sunt reversæ. Deinde prædicti fratres gratiam quam amiserant receperunt, ita ut dæmones sicut prius fugarent, infirmos curarent, cæcos illuminarent, et virtutes multas in nomine Domini facerent.

Cum omnis civitas Ephesiorum, imo totius Asiæ provincia sanctum excoleret ac prædicaret Joannem, contigit ut cultores idolorum excitarent seditionem. Insanientes itaque gentiles ad templum Dianæ Joannem traxerunt, ac ad fœditatem sacrificiorum flectere moliti sunt. Quibus ille Spiritu sancto plenus proposuit ut irent ad ecclesiam Christi, et, invocatis Dianæ suæ viribus, facerent ædem cadere Christi; aut si non possent hoc facere, ipse, invocato nomine Dei sui, faceret fanum Dianæ labi et idolum ejus comminui; quo facto, considerata rectitudine, superstitionem vanitatis relinquerent, et veræ fidei justitiæque tramitem arriperent. Conditio hujuscemodi placuit plebi, licet pauci essent qui huic contradicerent definitioni. Tunc beatus Joannes dulciter exhortatus est populum ut longe recederet a templo; ipse vero devota mente et clara voce oravit. Continuo fanum et omnia idola ejus corruerunt, ac sicut pulvis, quem projicit ventus a facie terræ, effecta sunt. Eadem vero die duodecim millia gentilium, exceptis parvulis et mulieribus, conversi sunt et in nomine Sanctæ Trinitatis baptismum perceperunt. Tunc Aristodimus, qui erat pontifex omnium idolorum, stimulatione pessimi spiritus turbavit populum ut, orta seditione, populus in populum pararetur ad bellum. Sed Joannes pacis amator dixit: « Dic mihi, Aristodime, quid faciam ut indignationem de animo tuo tollam? » At ille: « Si vis, inquit, ut credam Deo tuo, tibi venenum bibere dabo. Quod dum biberis, si mortuus non fueris, apparebit verum esse Deum tuum. » Apostolus autem hoc pactum concessit. Porro Aristodimus, eum terrere volens, ad proconsulem perrexit, duosque viros, qui pro suis sceleribus decollandi erant, ab eo petiit. Illo tandem concedente, in medium forum adducti sunt, et illic in conspectu apostoli et totius populi venenum biberunt et mox spiritum exhalarunt. Beatus vero Joannes, jacentibus mortuis qui venenum biberant, calicem intrepidus accepit, et signaculum crucis in eo faciens, devote oravit, cunctisque audientibus ineffabilia Dei opera fideliter memoravit. Deinde semetipsum signo crucis armavit, totumque quod erat in calice bibit, Dominoque gratias agens, lætus et hilaris permansit. Quod attendentes populi, clamaverunt: « Unus verus Deus est quem prædicat Joannes. »

Aristodimus autem, cum per tres horas apostolum Dei obnixe considerasset, nec eum aliquod palloris seu trepidationis specimen habere deprehendisset, cæteris eum objurgantibus, credere detrectabat, sed obdurato corde veritati adhuc resistebat. Denique petiit ut veneno mortui divinitus excitarentur, et promisit quod sic ab omni dubietate cor ejus emundaretur. Populi autem insurgebant in illum, dicentes se incensuros ipsum, ipsiusque domum, si ausus fuerit ultra vexare Dei apostolum. Joannes vero, ut acerrimam seditionem inter credentes et incredulos oriri perspexit, silentium petiit, et cunctis audientibus ait: « Patientia prima est virtus quam de divinis virtutibus imitari debemus. Unde, si adhuc Aristodimus ab infidelitate sua tenetur, solvamus nodos infidelitatis ejus. Non enim cessabo ab hoc opere quousque medela ejus possit vulneribus provenire. Oportet me periti perseverantiam medici habere, qui varias medelas instanter ægro satagit adhibere. Sic nimirum huic languido, si adhuc curatus non est de eo quod factum est, faciamus aliud quod factum non est. » Deinde Aristodimum ad se convocavit, tunicamque suam ei dedit. Ipse vero amictus pallio stetit, eique præcipiens dixit: « Vade, et mitte super defunctorum corpora, et dices ita: Joannes, apostolus Domini nostri Jesu Christi misit me ad vos ut in ejus nomine exsurgatis, et cognoscant omnes quia mors et vita famulantur Domino meo Jesu Christo. » Protinus ille cum jussis obtemperasset, et redivivos exsurgentes vidisset, apostolum adorans festinus ad proconsulem perrexit, et mirabilia quæ viderat, voce magna vociferando, narravit. Deinde salubre consilium invenit, et proconsuli dixit: « Eamus, et advoluti genibus apostoli veniam postulemus. » Tunc simul ad apostolum venerunt, et prosternentes se, indulgentiam flagitaverunt. Quos ille benigniter suscepit, orationem Deo cum gratiarum actione obtulit, eisque unius hebdomadæ jejunium agere præcepit. Quo expleto, baptizavit eos, cum omni parentela et affinitate, famulisque suis. Illi autem omnia simulacra fregerunt, et basilicam in nomine sancti Joannis, in qua ipse assumptus est, fabricaverunt.

Cum beatus Joannes esset annorum nonaginta et novem, apparuit ei Dominus Jesus Christus cum discipulis suis et dixit ei : « Veni ad me, quia tempus est ut epuleris in convivio meo cum fratribus tuis. » Surgens autem Joannes, cœpit ire. Sed Dominus dixit ei : « Dominica resurrectionis meæ, quæ post quinque dies futura est, ita venies ad me. » Et cum hæc dixisset, cœlo receptus est. Veniente itaque Dominica, convenit ad Joannem universa multitudo in ecclesia quæ in ejus nomine fuerat fabricata; et a primo pullorum cantu agens mysteria Dei, omnem populum usque ad horam diei tertiam allocutus est, dicens : « Fratres et conservi mei, hæredes et participes regni Dei, cognoscite Dominum nostrum Jesum Christum, quantas virtutes, quanta prodigia, signa quoque et charismata, similiter et doctrinam per me vobis præstiterit. Perseverate ergo in ejus mandatis. Me etenim Dominus jam de hoc mundo vocare dignatur »

Post hæc, juxta altare quadratam jussit foveam fieri, et terram ejus foras ecclesiam projici. Deinde in eam descendit, et manus suas expandens ad Dominum, dixit : « Invitatus ad convivium tuum venio, gratias agens, quia me dignatus es, Domine Jesu Christe ad tuas epulas invitare, sciens quod ex toto corde meo desiderabam te. Vidi faciem tuam, et quasi de sepulcro suscitatus sum. Odor tuus concupiscentias in me excitavit æternas. Vox tua plena suavitate melliflua, et allocutio tua incomparabilis est eloquiis angelorum. Opera tua scripsi, quæ oculis meis vidi; et verba quæ ex ore tuo auribus meis audivi. Nunc, Domine, commendo tibi filios tuos, quos tibi virgo mater per aquam et Spiritum sanctum regeneravit Ecclesia. Suscipe me ut cum fratribus meis sim, cum quibus veniens invitasti me. Aperi mihi januam vitæ, et perduc me ad convivium epularum tuarum, ubi tecum omnes amici tui epulantur. Tu es enim Christus Filius Dei vivi, qui præcepto Patris mundum salvasti. Tibi gratias referimus per infinita sæculorum sæcula. » Cumque omnis populus respondisset : Amen, lux tanta super apostolum apparuit per unam fere horam ut nullus (21) sufferret aspectus. Postea inventa est illa fovea plena, nihil aliud in se habens nisi manna, quam usque hodie locus ipse gignit, ubi magna miraculorum copia specialis amici Jesu Christi meritis crebrescit. Illuc nimirum multi accurrunt, vota et orationes Deo fundunt, meritisque sancti Joannis apostoli et evangelistæ optatum precum suarum effectum percipiunt, et, pulsis infirmi-

tatibus et periculis, virtutes orationum ejus salubriter sentiunt. Cum quibus et ego peccator accedo devotionem meam trepidus exhibeo, et excellenti Salvatoris amico in fide et spe devotus orationem effundo :

O Joannes beatissime, Christi familiaris amice, qui ab eodem Domino Jesu Christo virgo electus, et inter cæteros magis dilectus atque mysteriis cœlestibus ultra omnes imbutus, apostolus ejus et evangelista factus es præclarissimus, te suppliciter obsecro; me miserum, tamen diligentem te, dilige, quæso, meisque precibus clemens exauditor adesto. Labores meos et ærumnas, quibus angor assidue, et multimodas infirmitates corporis mei, morumque molestias meorum respice, meritisque vivacibus et orationibus pro me ad Dominum pie oblatis a me efficaciter amove; ut, a culpis emundatus, divino cultui merear semper inhærere, et fidelium niveæ phalangi sociatus, Regem Sabaoth in æternum laudare. Amen.

XII. *Jacobus minor.*

Jacobus Minor, filius Alphæi, qui in Evangelio nominatur frater Domini, quia Maria uxor Alphæi matertera fuit matris Domini, quam Mariam Cleophæ Joannes Evangelista cognominat, ab apostolis, post ascensionem Domini, Jerosolymorum episcopus statim ordinatus est, et ejusdem sedis regimine per annos xxx potitus est. Ipsum omnes, tam pro illius nimia sanctitate quam pro Salvatoris consanguinitate, apostoli honorabant, et de diversis regionibus, dum ad prædicandum dispersi essent, ad ipsum velut ad patrem opportunis temporibus recurrebant, necessariosque consultus ab ipso, ut a magistro, prout ratio deposcebat, humiliter flagitabant.

Tandem septimo Neronis imperii anno, dum in Jerusalem prædicaret Christum Dei Filium, de templo a Judæis præcipitatus est et lapidatus, ibique juxta templum Kal. Maii sepultus.

Hegesippus, vir sanctus et eruditus, apostolorum temporibus vicinus, in quinto Commentariorum suorum libro Jacobi Justi meminit, narrans quod postquam Festus præses, Felicis successor, apud Judæam obiit, et provincia rectore ac principe, antequam Albinus succederet, caruit, Jacobus frater Domini, sævitiam Judæorum passus, ad Dominum transierit. Hic ex utero matris sanctus fuit, vinum et siceram non bibit, neque animal manducavit. Ferrum in caput ejus non ascendit, oleo non est perunctus, balneis non est usus. Laneo non utebatur indumento, sed tantum sindone. Solus ingrediebatur templum, et jacebat super genua sua, orans pro populi indulgentia; ita ut callos in genibus, in modum cameli, faceret orando, genua semper flectendo, nec unquam ab oratione cessando. Itaque pro incredibili continentia et summa justitia, appellatus est Justus et Oblias, quod *munimentum populi* interpretatur.

---

(21) Duchesne et Le Prévost *nullus*.

Quidam de septem hæresibus Judæorum interrogabant eum quod esset ostium Jesu. At ille dicebat hoc esse Salvatorem. Septenis quippe sectionibus a se Judæi discrepant et a linea veritatis deviant. Nam Pharisæi et Sadducæi, Essenii et Galilæi, Hemerobaptistæ, Basbuthæi et Samaritæ, privatis appellari vocabulis gloriantur, et diversa dogmata pro intentione sua pertinaciter asserunt et sequuntur. Ex quibus aliquanti per Jacobum crediderunt quia Jesus est Christus. Cumque multi ex principibus credidissent in Jesum, orta est ingens perturbatio Judæorum, Scribarum et Pharisæorum, dicentium : « Nihil superest quin omnis populus credat in Jesum, quod ipse sit Christus. » Deinde communi consultu ad Jacobum accesserunt, eumque reverenter rogaverunt ut in die festo Paschæ in excelsum pinnæ templi locum ascenderet, verumque testimonium de Jesu multitudini Judæorum et gentilium, qui de vicinis seu longinquis civitatibus convenirent, asseveraret. At ille, occasione accepta manifestandi veritatem, lætatus est, obsequiumque suum precantibus, licet non ad libitum malignantium, pollicitus est. Hoc enim vir justus divino agi nutu intellexit, ideoque obsecrantibus acquievit. In sublimi positus ad omnem populum voce magna clamavit, atque Jesum Dei Filium omnia complevisse quæ de illo prophetæ prædixerant, constanter et manifeste asseruit.

Denique fideli prosecutione Jacobi finita, turbæ gavisæ sunt, Dominumque glorificantes dixerunt : « Hosanna filio David ! » Pharisæi autem, aliique veritatis inimici, valde contristati sunt, et, inito inter se pessimo concilio, clamaverunt : « O ! et justus erravit ! » Tunc adimpleverunt quod in libro Sapientiæ scriptum est : *Auferamus justum, quia inutilis est nobis* (Sap. II, 12). Nam Pharisæi ad eum ascendentes dixerunt : « Nos te rogavimus ut errorem a populo de Jesu tolleres, et tu amplificasti. » Quibus ait Jacobus : « Ego errorem tuli, et veritatem ostendi. » Illi autem, turbis in ejus prædicatione gratulantibus et in Jesum credentibus, eum ex alto præcipitaverunt et lapidibus urgere cœperunt. Qui dejectus super genua sua procubuit, et orans dixit : « Rogo te, Domine Deus Pater, remitte illis; non enim sciunt quid faciunt. » Cumque cum talia tormenta desuper lapidibus perurgerent, unus de sacerdotibus, de filiis Rechab, exclamavit, dicens : « Parcite, parcite, quæso. Quid facitis? Pro vobis orat hic justus quem lapidatis. » Tunc iratus quidam ex Pharisæis perticam fullonis arripuit, et in capite ejus fortiter dedit, ejusque cerebrum ejecit. Testis itaque Jesu Christi tali martyrio est consummatus, ibique prope templum Kal. Maii est sepultus. Non multo post oppugnatio consecuta est Vespasiani, quam prudentes Judæorum crediderunt divinitus accidisse pro vindicta Jacobi Justi, ut evidenter legitur in libris Josephi Hebræorum insignis historiographi. Incredulis pro certo Judæis duplici contritione periclitantibus, Ecclesia Dei, gaudens in vera fide et salvificis virtutibus, fortem bellatorem in auxilium diuturni certaminis advocat pura devotione, clarisque vocibus :

Jacobe juste, Jesu frater Domini,
Sit tibi pia super nos compassio,
Quos reos facit superba jactantia,
Atque fœdavit mundi petulantia.
Nostra clementer exaudi precamina,
Impetrans nobis veræ lucis gaudia
Pro inimicis qui orasti Dominum,
Tibi devotis impende suffragium,
Ut sempiternum nanciscamur præmium.
Amen.

XIII. Philippus.

Philippus os lampadis interpretatur, quo nomine demonstratur quod ipse totus patens erat infusioni geminæ charitatis, et divinis obsequendo mandatis; imbutus et instructus charismatibus sacris, instar lucidæ lampadis barbaras gentes illustravit rutilantibus exemplis et doctrina veritatis. Hic a Bethsaida civitate Galilææ ortus est, et inter primos vestigia Christi secutus est. Post ascensionem Domini Gallis, vel Galatis, atque Scythis per xx annos Evangelium prædicavit, et diversas gentes ad agnitionem veri luminis pertraxit. Quondam in Scythia, dum a gentilibus teneretur, ac ad statuam Martis ductus ad sacrificandum compelleretur, ingens draco de subtus basim statuæ exiit, et filium pontificis, qui ministrabat ignem sacrificii, percussit, duos etiam tribunos, qui eidem provinciæ præerant, quorum officiales sanctum Philippum apostolum in vinculis tenebant. De flatu autem draconis omnes morbidi redditi sunt et vehementer ægrotare cœperunt. Tunc Philippus omnes admonuit ut in Dominum crederent et Martem dejicientes confringerent, in loco autem, in quo fixus stare videbatur, crucem Domini affigerent et ipsam adorarent. Deinde adjecit quod, si hæc agerentur, infirmi sanarentur, mortui resuscitarentur, et lethifer draco in nomine Jesu Christi fugaretur. Tunc illi, qui cruciabantur, dolore coacti clamare cœperunt : « Recuperetur in nobis virtus, et hunc Martem dejiciemus. » Facto itaque silentio, apostolus præcepit draconi ut protinus egrederetur in nomine Domini, et vadens in desertum nemini noceret, et in loco, ubi accessus hominum non est, habitaret. Tunc sævissimus draco exivit et festinanter abire cœpit et ultra nusquam comparuit. Apostolus autem filium pontificis et tribunos, qui mortui fuerant, in nomine Domini suscitavit, omnemque turbam, quæ morbida erat, sanitati restituit. Universi ergo qui Philippum apostolum persecuti sunt pœnitentiam egerunt, et deum hunc esse putantes, adorare voluerunt. Ipse autem per unum annum eos jugiter docuit, eisque notitiam summi Dei solerter insinuavit, et omnia quæ ad veram fidem pertinent instanter in cordibus credentium seminavit. Multa igitur millia hominum crediderunt et ab eodem apostolo baptizati sunt.

Philippus itaque apostolus, gratia Dei multipliciter adjutus, multas ecclesias construxit et episcopos ac presbyteros cum reliquis ordinibus sacris in Ecclesia ordinavit. Deinde per revelationem ad Asiam reversus, in civitate Hierapoli commoratus, malignam exstinxit hæresim Ebionitarum, qui Dominum Jesum negant esse Dei Filium, nec hominis corpus sumpsisse de Virgine verum. Duæ vero filiæ ejus sacratissimæ virgines ibi erant, per quas Dominus multitudinem virginum lucratus est. Ipse autem, ante septem dies migrationis suæ, presbyteros et diaconos et vicinarum urbium episcopos ad se vocavit, eisque, quod septem tantum diebus vitales auras carperet, prædixit. Deinde omnes commonuit ut in fide viriliter starent et doctrinæ Domini semper memores essent. Denique beatus apostolus, post quam copiose exhortatus est populum, annorum LXXX, et VII Kal. Maii perrexit ad Dominum; et Hierapoli tumulatum est corpus ejus sanctissimum. Post aliquantos annos duæ filiæ ejus dextra lævaque sepultæ sunt; ibique multa beneficia fideliter poscentibus fiunt meritis illius, ad quem amici Sponsi accedunt et tripudiantes claris vocibus ita canunt:

Proni rogamus, Philippe, os lampadis,
Pias cœlestis aures pulsa Judicis,
Ut quæ meremur repellat supplicia
Et quæ precamur det superna gaudia.
Amen.

XIV. *Thomas.*

Thomas *abyssus*, et Didymus interpretatur *geminus*, qui Salvatori similis, et redimitus multimodis virtutum charismatibus s. Hic Evangelium prædicavit Parthis et Medis, Hircanis et Persis, Bactrianis et Indis, ac martyrium in Calamina civitate, in die XII Kal. Januarii, sub Mesdeo rege, consummavit, et non multo post inde ad Edessam urbem multis mirabilibus coruscavit.

In relationibus de apostolis multa diversitas est tam pro antiquitate temporis quam pro longinquitate regionum ubi agricolæ Christi prædicaverunt barbaris, qui dissona barbarie sua valde discrepant a Romanorum ritibus et usu locutionis. Unde in quibusdam, quæ de sanctis apostolis legimus, quoniam ab incertis edita sunt auctoribus et usque ad nos transmissa, dubitamus, præsertim cum a Gelasio papa aliisque magnis apocrypha nuncupata sint doctoribus. Egregius quoque pontifex Augustinus in hujusmodi scriptis dubitavit, et cum meticulosa scrupulositate de sancti Thomæ gestis contra Faustum Manichæum quoddam exemplum protulit (22). Hoc ideo dixi de dissonantia scriptorum quæ per orbem passim reperitur in voluminibus antiquorum, non ut derogem mirandis operibus sanctorum, sed ut quæcumque scripta sunt de apostolis, aliisve beatis, studio priorum, cum subtili cautela discutiatur ad fidei munimentum et ædificationem morum. Nunc in nomine Domini breviter prosequar narrationem quæ sancti Thomæ apostoli refert fructiferam peregrinationem, felicem et gloriosam de Christo prædicationem, et laboriosam usque ad perennis vitæ bravium passionem.

Thomas Didymus cum apud Cæsaream esset, Dominus Jesus Christus ei apparuit, ipsumque Abbani præposito Gundafori regis Indorum commendavit, et cum eo, ut Romano opere palatium regi fabricaret, in Indiam misit. Navigantibus illis per mare, Thomas de artis suæ scientia multa mystice locutus est, et miranda opera in marmore et ligno in omni structura se facturum pollicitus est. Septimo autem die Andrinopolim prospere venerunt, et, ut de navi descenderunt, voces cantantium in organis et tibiis, citharisque audierunt. Nuptias nimirum rex civitatis celebrabat, in quibus Pelagiam filiam suam Dionysio tradebat. Præcones urbem circumeuntes clamabant ut omnes regali convivio interessent; dives, pauper, nobilis, civis ac peregrinus; quicumque non venisset, regem offenderet. Abbanes ergo cum Thoma convivio interfuit, sed Thomas solito more non jocis, nec epulis, sed cœlesti theoriæ studuit. Interea cantatrix Hebræa ferens tibiam secus prandium circumibat, et unicuique quod illi placeret canebat. Veniens autem ad Thomam, diutius immorata ante illum stetit, ac ut hominem non manducantem neque bibentem, sed oculos cœlis afflxos habentem perspexit, hunc Hebræum esse et Dei cœli oratorem intellexit. Congaudens igitur illi ut compatriotæ, Hebraice cœpit canere: *Unus est Deus Hebræorum, qui creavit omnia ; ipse fecit cœlum et terram, et ipse fundavit maria.* Hæc apostolus audiens, plus orabat, et puellam verba veritatis canentem attentius eamdem repetere admonebat. Tunc ipsum, quod neque manducaret, neque biberet, pincerna increpavit, et palmam in faciem ejus dedit. Apostolus vero mox Hebraice prædixit quod ei protinus, antequam convivium compleretur, contingeret. Porro pincerna, ut aquam de fonte deferret, exivit, eumque leo invasit et bibens sanguinem ejus abiit. Canes vero membra ejus comederunt, quorum unus niger, dexteram ejus in ore ferens, in medium convivii apportavit. Stupentibus convivis qui hæc intuebantur, Hebræa cantatrix, quæ sola prophetiam ejus intellexerat, tibiam suam jactavit, et currens pedes ejus osculari cœpit, et omnibus qui aderant dixit : « Hic homo aut propheta est, aut apostolus Dei. » Nam ut pincerna eum percussit, casum quem passus est Hebraico sermone prædixit : « Non exsurgam, inquit, de hoc convivio, nisi manum ipsam a cane nigro huc deferri videro. »

Cumque de strepitu hominum rex inquireret, et quid accidisset audiret, apostolum ad se vocari fecit, ac ut filiam suam (23) una cum sponso ejus benediceret rogavit. Thomas itaque in thalamum una cum rege intravit, manum suam super amborum capita posuit, eisque in Dei nomine memoratis

(22) Sancti Augustini *contra Faustum manichæum* XXII, 79. Le Prévost.

(23) Leg. : *filia suæ.* Le Prévost.

patriarcharum nominibus, orans benedixit. Cum autem apostolus e thalamo egressus abiret, et sponsus eum deduceret, ramus palmæ plenus dactylis grandibus in manu ejus apparuit. Unde gaudens juvenis ad sponsam suam cucurrit, eique ad gustandum de fructu ejus dedit. Cumque ambo de fructu memorato gustassent, subito soporati unum somnium viderunt. Nam quasi rex potens gemmatus videbatur, et in medio eorum stans utrosque amplectebatur, dicens : « Apostolus meus benedixit vos (24), ut æternæ vitæ participes efficiamini. » Evigilantes autem, cum mutuo sibi narrarent quæ vidissent, ecce Thomas apparuit eis, dicens : « Rex meus, qui modo vobis locutus est in visione, ipse me januis clausis introduxit, ut benedictio mea super vos fructificet. Habetis enim integritatem, quæ est omnium regina virtutum et fructus salutis perpetuæ. Virginitas soror est angelorum et omnium possessio bonorum. Virginitas victoria libidinum, fidei tropæum, triumphus de inimicis et æternæ securitas quietis. Nam de corruptione nascitur pollutio, de pollutione reatus, de reatu confusio. »

Cumque Thomas hæc et multa alia de virginitatis laude et libidinis fœditate disseruisset, multaque incongrua, quæ de carnali commistione plerisque oriuntur, retulisset, Dionysius et Pelagia gratanter omnia quæ docebantur ab apostolo audierunt, eisque ibidem duo angeli apparuerunt : « Nos, inquiunt, angeli sumus, qui vobis a Deo dati sumus pro benedictione apostoli ejus, ut, dum custodieritis monita ejus, omnes Domino petitiones vestras offeramus. »

His aliisque piis monitis sponsus et sponsa instructi sunt, et prostrati ad pedes apostoli, dixerunt : « Confirma nos in omni veritate, ut nihil vobis de scientia Dei desit. » Quibus ait : « Veniam ad vos sequenti nocte, et plenius vos instruens, proficiscar. » Igitur juxta promissum suum venit, de omnibus æternæ vitæ mysteriis ambos diligenter instruxit, et baptismis eos unda sanctificavit. His itaque peractis, navigavit, et post aliquod tempus unum ex discipulis suis misit, quem presbyterum ordinans ita constituit, ut in eadem civitate consisteret et ecclesiam ordinaret, in qua multus Deo populus est acquisitus. Ibi sedes est Thomæ apostoli, fidesque catholica usque in hodiernum diem. Dionysius autem episcopus factus est, sponsamque suam sacro velamine consecravit, quæ post obitum ejus duplex martyrium pertulit, quia virum habere contempsit, nec idolis sacrificare voluit. In Christi ergo confessione decollata est, et super tumulum ejus Græcis sermonibus et litteris ita scriptum est : *In hoc loco requiescit sponsa Dionysii episcopi et filia Thomæ apostoli.*

Cum venissent Hierapolim in India civitatem, ingressus Abbanes ad Gundaforum regem, nuntiavit Thomam adesse peritissimum artificem. Rex autem de fabricando palatio cum eo tractavit, et ædificii locum illi ostendit. Thomas autem arundinem apprehendit, et metiendo dixit : « Ecce januas hic disponam, et ad ortum solis ingressum : primo proaulam, secundo salutatorium, in tertio consistorium, in quarto tricorium, in quinto zetas hiemales, in sexto zetas æstivales, in septimo epicaustorium et triclinia accubitalia, in octavo thermas, in nono gymnasia, in decimo coquinam, in undecimo colymbos et aquarum lacus influentes, in duodecimo hippodromum et per gyrum arcus deambulatorios (25). » Rex autem considerans, ait : « Vere artifex es, et decet te regibus ministrare. » Deinde infinitas illi pecunias relinquens, abiit.

Apostolus siquidem cœpit provincias et civitates circumire, verbum Domini prædicare, credentes baptizare et egenis abundanter donare. Innumerabilem itaque populum Domino acquisivit, clericos ordinavit, ecclesias fabricavit, et per totum biennium, quo rex Gundaforus absens fuit, ecclesias firmavit. Cumque rex venisset et apostoli facta deprehendisset, ipsum cum Abbane ferro vinctos in ima carceris trudi præcepit. Et quoniam Gad frater regis in extremitate vitæ languebat, interfectionem eorum distulit. Cumque cogitaret ut viventes excoriaret et ita flammis traderet, moritur Gad germanus ejus. Et quia multum amabatur, fit intolerabilis luctus. Barbari mortuum pro ritu gentis purpura et bysso circumdant, totumque corpus gemmis perornant. Rex quoque ex purpureis lapidibus memoriam ejus exstrui, et ipsum in labro purpureo poni [jubet]. Interea, dum ab artificibus pomposa peragerentur opera, ideoque fieret ejus sepulturæ mora, Gad ipse, qui mortuus fuerat, resurrexit quarta die, hora diei prima. Et factus est pavor et stupor et silentium omnibus, qui more Indico exhibebant regio funeri planctus. Porro Gad Gundaforum regem redarguit quod amicum Dei, cui famulantur angeli, disposuisset excoriare et incendere. Palatium etiam in cœlo inenarrabile se vidisse retulit, eo factum ordine, quo Thomas disposuit; et de meritis ejus, secretisque cœlestibus plura reseravit. Deinde ad carcerem festinus perrexit, apostolum a vinculis absolvit, pronus ad pedes ejus ploravit, et indulgentiam fratri suo postulavit.

Egredienti apostolo, rex ipse jam moderatior occurrit et, pedibus ejus advolutus, veniam petiit. Tunc apostolus, accepta occasione congrua, barbaros edocere cœpit, et veritatem annuntians, inter cætera dixit : « Dominus meus Jesus Christus multum vobis præstitit, qui secreta sua vobis ostendit. Ecce provinciæ vestræ ecclesiis plenæ sunt. Parati ergo estote ut sanctificemini. » Hæc et alia his similia principibus intimavit, eosque de fide et sacra religione instruxit.

---

(24) Leg. : *vobis*. Le Prévost.
(25) Cf. apud Mabill. *Iter. Italic.* ii, p. 11; Muratori, *Annali d'It.*, iv, 11, et Le Prévost, ii, 11, palatium Spoleti ducum, sub anno 814, descriptum.

Ingens fama de virtutibus quas Dominus per apostolum operabatur, per Indiam diffusa est; et nimia congregatio populorum de longinquis et proximis civitatibus ad eum facta est. Vitulos ei et arietes more divino sacrificare volebant, quia ipsum esse deum putabant. Porro Gundaforus rex, apostolo suadente, jussit ut per unum mensem exspectarent, quousque totius provinciæ conglobatio fieret, et ita demum facerent quod ipse juberet. Completis ergo xxx diebus, in campo juxta Gazi montis ascensum hominum multitudo congregata est, in qua variis ægritudinibus laborantium magna multitudo adest. Apostolus autem omnes infirmantes in unum congregari præcepit, et ipse in medio eorum stetit, manusque suas ad cœlos expandens, pro eis oravit. Finita oratione apostoli, coruscus super eos venit, et ita omnes, ut ictu fulguris perituros se formidarent, terruit. Omnes prostrati cum apostolo per mediam fere horam jacuerunt, sibique gratissimam Dei bonitatem adesse senserunt. Multi enim febricitantes et surdi, cæci et claudi sanati sunt, aliæque infirmitates ab hominibus virtute Creatoris depulsæ sunt. Jubente apostolo, de humo cuncti surrexerunt, et gaudentes pro recepta sanitate Dominum glorificaverunt.

Tunc beatus Thomas ascendit supra petram ut omnes videret et videri ab omnibus posset, factoque silentio, veram eis doctrinam ubertim exhibet. Sequenti Dominico baptizati sunt novem millia virorum, exceptis parvulis et mulieribus. Apostolus ad Indiam superiorem profectus est per revelationem et omnes populi festinabant ad ejus opinionem. Signa et prodigia quæ faciebat videbant. Unde mirantes, prædicationem ejus contemnere non audebant. Dæmones enim expellebat, cæcos illuminabat et leprosos mundabat. Omnes etiam dolores et calores et frigores pellebat, mortuos quoque suscitabat.

Quædam mulier, nomine Sintice, quæ cæca per annos sex fuerat, ita curata est ut nec signum præteritæ infirmitatis haberet. Inde Mygdonia, uxor Carisii cognati regis Mesdei, valde accensa est, et mutato habitu applicuit se inter ancillas suas, ubi de Deo vero saluberrimum sermonem faciebat sanctus Thomas. Docente apostolo, universa multitudo credidit, et post jejunium septem dierum baptisma percepit. Mygdonia vero, sermone audito ex ore apostoli, noluit ultra contingere torum viri sui. Iratus itaque Carisius perrexit ad regem, et impetravit ab eo ut tentus apostolus mitteretur in carcerem. Sintice autem Mygdoniam ad carcerem duxit, et dato munere carcerario, ad eum intravit.

Apostolus, audita credulitate Mygdoniæ, jussit in domum suam cito reverteretur, ibique in cubiculo clauso ipsum præstolaretur. Mediæ vero noctis tempore apostolus adfuit, promissa complens cameram intravit, Mygdoniam confortavit, in fide erudivit, septem diebus jejunare præcepit. Octavo autem die iterum similiter rediit, et fidelem feminam, cum omnibus qui crediderant, baptizavit. Carisius autem, cujus sororem Mesdeus rex habebat uxorem, petiit ut Treptia regina mitteretur ad suam uxorem, quatenus per eam revocaretur ad torum maritalem. Mesdeus rex concessit. Treptia regina perrexit, astutis blanditiis Mygdoniam convenit, totoque nisu ad pristinam conversationem retrahere studuit. Verum illa jam in Christo fundata fortiter restitit, jamque fide fortis bellatrix repugnavit, et reginam ratione victam ad Christum strenue compulit. Dulci enim affatu ei respondit, ejus animo amorem apostoli solerter injecit, et ita prædicando mulieris cor cito supposuit. Ait enim :

« O soror Treptia, si scires quæ ego didici, non hominem putares esse, sed deum. Surdis enim auditum reddit, salutem omnibus ægrimoniis restituit; aliquando etiam mortuos ad vitam resuscitavit. Hic ostendit alteram vitam immortalem, nesciam omnis doloris omnisque tristitiæ. In hac etiam nocte mortuus ab eo resuscitatus est. Nam dux militum Simforus ad carcerem abiit, a carcerariis apostolum in fide sua suscepit et in domum suam duxit. Ipse autem orationem fecit, et unicum filium ducis, qui mortuus fuerat, resuscitavit. Ecce nunc in domo ducis sedet, omnes ad se ingredientes docet et universas infirmitates curat. » Respondit Treptia : « Si ita est ut asseris, eamus, et si vere ita comprobavero, protinus credam ei. Stultum est enim æternam vitam non appetere et tantis virtutibus non credere. » Ducis itaque ad domum perrexerunt; ingressæ, ad eum tunc loqui non potuerunt. Occupatus enim erat, manus imponens super infirmitates varias. Regina, ut tanta mirabilia vidit, obstupefacta dixit : « Maledicti sunt a Deo qui non credunt operibus salutis. » Tunc quidam elephantiosus aspectu nimis horribilis, scabroso vultu et voce raucissima, jubente apostolo, introductus est. Porro in eum apostolus aspiciens flevit, et fixis genibus diutissime oravit, eique dexteram imponens, Deum suppliciter invocavit. Deinde puer quidam fulgido aspectu apparuit, leprosum a parte anguli secreti tulit, vestibus suis exuit, corio quoque quasi tunica corporali spoliavit, sicut qui excoriat vitulum, et revocavit eum ad apostolum. Ille vero consignans eum signo crucis baptizavit, novisque et candidis indui vestimentis fecit. Hæc videns populus, Deus magnificavit, et regina pedes ejus osculans baptizari postulavit. Tunc apostolus, quia tempus migrandi de corpore proximum esse præscivit, reginam cum omnibus qui ibi aderant baptizavit.

Reversa regina, regem de fide commonuit, seque Christianam constanter ostendit. Tunc cor regis expavit, et iratus contra Carisium clamavit : « Cum studeo recuperare tibi uxorem tuam, perdidi meam. Nam Treptia pejor facta est mihi quam Mygdonia tibi. » Statim jussit ad Thomam mitti et, manibus a tergo ligatis, ante se adduci. Adducto autem præcepit ut persuasione sua deceptas mulieres restitueret thalamo conjugali. Quod cum ille facere detrectasset, ipsosque persecutores salvare per fidem maluisset, iratus rex jussit lances ferreas igniri et apostolum excalciari, ut, nudibus pedibus super stans, hoc deficeret dolore. Protinus prorupit aqua et exstinctæ sunt lances. Deinde consilio Carisii missus est in fornacem thermarum; sed thermæ ultra calere non potuerunt, et apostolus altero die incolumis egressus est. Denique coegerunt illum ut simulacro solis offerret sacrificium. Erat autem statua solis ex auro facta, habens quadrigam equorum auream et currum, ubi habenis effusis, quasi cursu rapido agebatur ad cœlos. In templo gentiles barbarico ritu choros ducebant, et virgines cum lyris cantabant, cum tibiis et tympanis, cum titulis (26) atque thuribulis. Cumque rex et amici ejus illuc apostolum introduxissent, et immolare simulacro solis illi persuaderent, ipse dæmoni Hebraico sermone præcepit ut exiret, sibique apparens imperata perficeret. Egressus autem dæmon stetit ante eum, ita ut solus videret eum. Apostolus cum Zabulo Hebraice loquebatur, et nullus sciebat quid diceret, vel cui loqueretur.

Tandem cum sanctus Thomas adorans Dominum in templo genua flexisset, et dæmoni, rege præsente, in Christi nomine præcepisset ut neminem læderet, sed metallum simulacri comminueret, statim idolum liquefactum est quasi cera juxta ignem posita, et resolutum. Omnes vero sacerdotes levaverunt mugitum. Tunc pontifex templi apostolum transverberavit gladio. Rex autem fugit cum Carisio. Magna itaque facta est dissensio, quia major pars populi clamabat pro apostolo, ita ut percussor ejus quæreretur quatenus vivus incenderetur. Corpus vero apostoli cum laudibus et hymnis in ecclesiam honorifice transtulerunt, et pretiosis aromatibus condierunt; ibique magna signa et prodigia facta sunt. Nam dæmoniosi liberabantur et omnes ægritudines curabantur.

Post longum tempus Syri ab Alexandro imperatore Romano, qui victor de prælio Persidis e Xerxe rege devicto veniebat, supplicantes impetraverunt ut mitteret ad regulos Indorum, ut civibus redderent defunctum. Corpus igitur apostoli de India translatum est, et in Edessa civitate in locello argenteo ex catenis argenteis pendente positum est. Ibi nullus idolorum cultor, nullus hæreticus potest vivere, nullus Judæus.

Abgarus toparcha ejusdem urbis rex fuit, qui epistolam manu Salvatoris scriptam accipere meruit; quam infans baptizatus stans super portam civitatis legit, si quando barbara gens contra civitatem venerit. Eadem die qua lecta fuerit, aut placantur barbari, aut fugantur eminati tam Salvatoris scriptis quam orationibus sancti Thomæ apostoli,

sive Didymi, qui latus Domini contingens dixit: « Tu es, Domine, Deus meus. »

Georgius Florentius Gregorius Turonensis venerabilis archiepiscopus scribit quod a Theodoro quodam de sancto Thoma audivit, qui tunc temporis in Indiam peregrinatus fuerat, et inde reversus hæc inter cætera narrabat:

« In India, in loco ubi corpus beati Thomæ apostoli prius requievit, habetur monasterium et templum miræ magnitudinis diligenter exornatum atque compositum. In hac igitur æde magnum miraculum Dominus ostendit. Lichinus inibi positus, et illuminatus ante locum sepulturæ illius, perpetualiter die noctuque divino nutu resplendet, a nullo fomentum olei scirpique accipiens, neque vento exstinguitur, neque casu dilabitur, neque ardendo minuitur. Habet incrementum per apostoli virtutem, quod nescitur ab homine; cognitum tantum habetur divinæ potentiæ. In Edessa urbe, in qua beatos artus tumulatos diximus, adveniente translationis ejus festivitate, magnus aggregatur populorum cœtus, ac de diversis regionibus cum votis et negotiis venientibus, vendendi comparandique per xxx dies sine ulla telonei exactione licentia datur. In his vero diebus, qui in mense quinto habentur, magna et inusitata populis beneficia præbentur. Non scandalum surgit in plebe, non musca incidit mortificatæ carni, non latex deest sitienti. Nam, cum ibi reliquis diebus plus quam centum pedum altitudinem aqua hauriatur a puteis, nunc paululum si effodias, affatim lymphas exuberantes invenies. Quod non ambigitur hac virtute apostoli impertiri. Decursis igitur solemnitatis diebus, teloneum publico redditur, musca quæ defuit adest, propinquitas aquæ dehiscit. Dehinc emissa divinitus pluvia ita omne atrium templi a sordibus et diversis squaloribus, qui per ipsa solemnia facti sunt, mundat, ut putares illud nec fuisse calcatum (27). »

Vere Deus noster omnipotens, justus et pius judex, atque redditor patiens, sanctos suos mire glorificat et ineffabiliter honore perenni coronat, genus humanum terrendo castigat, et puniendo per pœnitentiam salvificat. Nos igitur ipsi gementes in valle plorationis supplicemus, pro ineffabilibus bonis suis gratias agamus, et mandatis ejus inhærendo, ad illum festinemus. Beatum quoque Thomam apostolum, qui Didymus dicitur, exoremus, eique fiducialiter canentes dicamus:

O Thoma, Christi perlustrator lateris,
Per illa sancta te rogamus vulnera,
Quæ mundi cuncta diluerunt crimina
Nostros reatus terge tuis precibus.
Dira sentimus peccatorum vulnera,
Pro quibus damus anxii suspiria,
Flentes oramus : pro nobis potentia
Offer Tonanti clementer precamina. Amen.

XV. *Bartholomæus.*

Bartholomæus Syrum est [nomen], et interpretatur

---

(26) Hic forte legendum *citolis*, instrumenti musici species. Vid. Cangii Glossarium verbo *Citola*.

(27) Greg. Tur. *De glor. martyr.* l, 32.

filius suspendentis aquas. Hic in sorte prædicationis Lycaoniam accepit, deinde in Assyria et Tertia India evangelizavit. Ad ultimum in Albano majoris Armeniæ urbe vivens est a barbaris decoriatus, atque jussu regis Astyagis decollatus; sicque ix Kal. Septembris est terræ conditus. Hujus sacratissimum corpus primum ad insulam Lipparis, deinde Beneventum, anno ab Incarnatione Domini 809 translatum, pia honoratur veneratione fidelium. Nunc totam seriem passionis ejus libet solerter rimari, et ex antiquis codicibus huic nostræ breviter inserere narrationi.

Indiæ tres esse ab historiographis asseruntur, in quibus traduntur fuisse oppidorum quinque millia, populorum vero novem millia. Prima India ad Æthiopiam mittit, secunda ad Medos, tertia finem facit; quia ex uno latere habet regionem tenebrarum et ex alio mare Oceanum. In hanc ergo Indiam Bartholomæus apostolus venit, et in templum, in quo idolum Astaroth erat, intravit, ibique quasi peregrinus manere cœpit. Apostolo itaque adveniente, Astaroth obmutuit, nec consulentibus responsa dedit, nec his quos læserat subvenire potuit. Cumque jam plenum esset languentibus templum, et quotidie sacrificantibus nullum daret Astaroth responsum; morbidi vero, qui de longinquis regionibus adducti fuerant, suos dolores miserabiliter plangerent, idolique cultores, neque sacrificando, neque se ipsos more suo laniando proficerent; in aliam civitatem ubi aliud dæmonium nomine Beerith colebatur, perrexerunt, et illi sacrificantes, de taciturnitate dei sui et aliis eventibus suis consuluerunt. Quibus ille dixit : « Quia deus vester sic captivus, et catenis habetur igneis strictus, ut neque suspirare, neque loqui audeat, ex quo illuc ingressus est apostolus Dei Bartholomæus. » Interrogantibus autem quis ille Bartholomæus esset, dæmon respondit : « Amicus est Dei omnipotentis, et ideo in istam venit provinciam, ut numina, quæ colunt Indi, evacuet. » Astarothitæ autem dixerunt : « Dic nobis signa ejus, ut eum inter multa millia cognoscere possimus ? » At ille respondit : « Capilli nigri capitis et crispi, caro candida, oculi grandes, nares æquales et directæ, aures coopertæ crine capitis, barba prolixa habens canos paucos, statura æqualis, quæ nec brevis, nec longa nimium possit adverti. Vestitur colobio albo clavato purpura, induitur pallio albo, per singulos angulos singulas gemmas purpureas habens. Viginti sex anni sunt ex quo nunquam sordidantur vestimenta ejus, neque veterascunt. Similiter et sandalia in pedibus ejus per xxvi annos nunquam veterascunt. Centies flexis genibus per diem, centies per noctem orat Deum. Vox ejus quasi tuba vehemens est. Ambulant cum eo angeli Dei, qui non permittunt eum fatigari nec esurire. Semper eodem vultu, eodem animo perseverat, omni hora lætus et hilaris permanet. Omnia providet, omnia novit, omnem linguam omnium gentium et loquitur et intelligit. Ecce et hoc quod vos interrogatis, et quod ego do responsum de eo jam novit. Angeli Dei famulantur ei et ipsi nuntiant ei. » Hæc et alia plura dæmon locutus conticuit.

Revertentes omnium peregrinorum hospitia circumierunt, vultus et habitum singulorum aspexerunt; sed per duos dies apostolum Dei non invenerunt. Denique quidam dæmoniacus, nomine Seusticus, clamans dixit : « Apostole Bartholomæe, incendunt me orationes tuæ. » Apostolus autem dixit ei : « Obmutesce et exi ab eo. » Et statim liberatus est homo, qui per multos annos fatigatus fuerat ab eo.

Hoc ut Polemius ejusdem provinciæ rex audivit, ad eum misit, rogans ut sanaret filiam suam quæ lunatica erat, et omnes quos tenere poterat, morsu attrectabat aut scindebat et cædebat. Exsurgens itaque apostolus cum nuntio regis perrexit, et puellam catenis strictam solvi præcepit. Porro, metuentibus ministris ad eam accedere, dixit apostolus : « Vinctum teneo inimicum qui erat in ipsa. Ite et eam solvite; lavate et reficite, et crastina die mane ad me adducite. » Euntes fecerunt quod apostolus jussit, eamque dæmon ultra vexare non potuit. Tunc rex oneravit camelos auro et argento, gemmis ac vestibus, et quæsivit apostolum; sed eo non invento, cuncta reportata sunt ad palatium.

Cumque sequentis diei aurora inciperet, et rex in cubiculo clauso esset, apostolus ei solus apparuit, ipsumque vera fide et salutari doctrina instruxit. Nam incarnationem Verbi Dei ex intemerata Virgine Maria seriatim retulit, trimodamque tentationem triplicemque victoriam diligenter enucleavit.

Polemius rex apostolicæ prædicationi acquievit, et pontifices idolorum in crastinum sacrificare ex industria præcepit. Ipsis autem prima diei hora sacrificantibus dæmon locutus est, et vexationes suas, quibus ab angelis torquebatur, conquestus est. Apostolo quoque præcipiente, deceptiones suas, quibus miseros vulnerabat, palam confessus est.

Tunc apostolus dixit ad plebem : « Ecce quem Deum putabatis curare vos, audite nunc verum Deum creatorem vestrum, qui habitat in cœlis; et si vultis ut orem pro vobis et omnes infirmi qui adsunt sanitatem recipiant, hoc idolum deponite et confringite. Quod cum feceritis, hoc templum Christi nomini consecrabo. » Regis itaque jussu omnes populi funes et trochleas miserunt, et simulacrum evertere non potuerunt. Apostolus autem dixit eis : « Solvite vincula ejus. » Cumque omnia exsolvissent, ille dæmoni præcepit ut exiret et simulacrum confringeret. At ille statim exivit, et omnia genera idolorum comminuit. Omnes ergo qui hoc viderunt una voce clamaverunt : « Unus est Deus omnipotens, quem prædicat apostolus ejus Bartholomæus. » Tunc beatus apostolus ad Dominum manus suas expandit, et pro salvatione omnium qui aderant diutius oravit. Cumque omnes respondissent *Amen*, angelus Domini sicut sol splendidus habens alas apparuit, et per quatuor angulos templi circumvolavit, digitoque suo in quadratis saxis signum crucis sculpsit. Deinde præcepit eis ut digito suo signum crucis facerent in frontibus suis. Et ostendit ingentem Ægyptium fuligine nigriorem, facie acuta, barba prolixa, crines usque ad pedes habentem, oculos igneos sicut ferrum ignitum, scintillas emicantes. Ex ore vero ejus et naribus egrediebatur flamma sulphurea. Pennas et alas spineas sicut sphinx habebat, et vinctus erat a tergo manus, igneisque catenis strictus. Postquam malignus Satan ab omni populo visus est et ab angelo absolutus, præcipiente ut in desertum locum abiret, ubi nulla hominum conversatio esset, ibique diem judicii exspectaret, teterrimum diræ vocis ululatum emisit, evolavit et nusquam comparuit. Angelus autem Domini, videntibus cunctis, ad coelum evolavit.

Tunc Polemius rex, una cum uxore sua et duobus filiis, cum omni exercitu suo et omni populo qui salvatus est, cum omni populo civitatis suæ et vicinarum urbium quæ ad ejus pertinebant regnum, credens, baptizatus est, et, deposito diademate capitis cum purpura, coepit apostolo adhærere. Interea cultores et pontifices universorum templorum se collegerunt, ac ad Astyagem regem fratrem [ejus] majorem ita conquesti sunt : « Frater tuus magi hominis discipulus factus est, qui templa nostra sibi vindicat et deos nostros confringit. » Cum hæc flentes referrent, ecce et aliarum civitatum pontifices eadem flentes retulerunt. Astyages rex igitur indignatus, misit mille viros armatos cum pontificibus ut ubi invenirent apostolum, vinctum sibi perducerent illum. Qui cum perductus ad regem fuisset, et interrogatus de Deo vero constanter respondisset, nuntiatum est regi quod Deus ejus Waldach cecidisset et minutatim abiisset. Tunc rex purpuream vestem, qua indutus erat, scidit, et sanctum apostolum fustibus cædi fecit, cæsum autem decollari præcepit. Innumerabiles vero populi xii civitatum, qui crediderant, venerunt, cum hymnis et omni gloria corpus ejus abstulerunt, eique basilicam miræ magnitudinis construxerunt, et in ea sacratissimum corpus posuerunt. Tricesimo autem die depositionis ejus, Astyages rex et omnes pontifices a dæmonio arrepti sunt, et venientes ad templum ejus, apostolum confessi sunt, et, sic Deo judicante, mortui sunt. Ingens itaque timor super omnes incredulos irruit. Universi vero manifestam Dei ultionem intuentes crediderunt, et a presbyteris, quos apostolus Bartholomæus ordinaverat, baptizati sunt.

Polemius rex per revelationem, omni populo et clero acclamante, ab apostolo episcopus ordinatus est, et signa faciens, xx annis in episcopatu vixit; et perfectis omnibus, ac bene compositis et bene constabilitis, ad Dominum migravit.

Peracto multorum annorum spatio, cum iterum Christianis advenisset persecutio, et viderent gentiles omnem populum ad beati Bartholomæi sepulcrum concurrere, eique assiduæ deprecationis incensa deferre, invidia illecti, corpus ejus abstulerunt, in sarcophagum plumbeum posuerunt et in mare projecerunt. Sed providentia Dei cooperante, sarcophagum plumbeum a loco illo aquis subvehentibus sublevatum est, ac ad insulam Lipparis delatum est, ibique Christianis, ut illud honorifice susciperent, revelatum est. Ibidem collectum et sepultum est, et templum magnum super illud ædificatum est, et monachilis concio cultui divino dedita est.

XVI. *Matthæus*.

Matthæus Levi, ut ipse in Evangelio suo refert, fuit telonearius, sed ex publicanis est a Domino assumptus et apostolorum numero additus, multiplicique gratia decoratus. Hic primum in Judæa evangelizavit, postea in Macedonia prædicavit; ad ultimum in Æthiopia, postquam Eglippum regem cum multis millibus suæ gentis convertit et in Christo baptizavit, sub Hyrtaco Adelpho, dum missam celebraret martyrium pertulit; sicque felix xi Kal. Octobris ad Dominum migravit. Series vero prædicationis et passionis beati evangelistæ sic in priscis voluminibus reperitur.

Matthæus apostolus, postquam in Judæa Evangelium Hebræo sermone descripsit, præcipiente Deo Æthiopes adiit, et agens divina opera multos salvavit. Nam ingressus civitatem magnam Nadaber, detexit præstigia magorum Zaroes et Arphaxath, qui se deos esse dicebant, et sic Eglippum regem, ejusque populum ludificabant. Homines tandiu immobiles stare, quandiu ipsi voluissent, faciebant. Visus quoque et auditus hominum a suo officio refrenabant. Serpentibus ut percuterent imperabant, ipsi rursus incantando curabant. Per totam ergo Æthiopiam opinio eorum ibat, et ex longinquis regionibus Æthiopiæ populos pertrahebat, ut ad magos festinarent, deceptique deceptores adorarent. Malignis itaque, ut vulgo dici solet, major reverentia exhibetur timoris quam benignis amoris.

Clemens igitur Dominus, curam hominum gerens, Matthæum apostolum misit, per quem Æthiopibus duplici nigredine tinctis subvenit. Hunc quando vidisset Æthiops eunuchus nomine Candacis (28), qui fuerat a Philippo apostolorum diacono baptizatus, gaudens ad pedes ejus procidit, et adorans eum in domum suam suscepit. Omnes amici Candacis eunuchi ad eum veniebant, et vitæ verbum audientes Christo Jesu Domino credebant, et plurimi baptizabantur, videntes quod omnia mala, quæ magi hominibus faciebant, apostolus Dei evacuaret. Illi enim ideo vulnerabant quos poterant, ut vulnerati ipsos rogarent; quique ideo curare putabantur, quoniam a læsione cessabant. Matthæus autem apostolus Christi non solum hos curabat quos illi lædebant, sed etiam omnes, qui ad eum afferebantur infirmitatibus diversis obsessis sanabat. Veritatem vero

(28) Cf. supra cap. 11.

Dei populo prædicabat, ita ut omnes de eloquentia ejus mirarentur, quod Græcam et Ægyptiacam ac Æthiopicam sermocinationem optime loqueretur. Candaci fiducialiter et affectuose interroganti facunde intimavit quomodo per præsumptionem hominum ad turrem Babel confusio linguarum facta fuerit; et rursus divinitas incarnata per humilitatem Christi humanum genus redemerit et antiquum hostem protriverit, electosque clientes igne sancti Spiritus inflammaverit, et omnium linguarum scientiam, omniumque sapientiam Scripturarum pleniter edocuerit. Cumque sanctus apostolus multa de thesauro sophiæ salubria populis libenter audientibus proferret, venit qui magos cum singulis draconibus advenire diceret. Dracones autem galeati erant, flatus eorum flammiferum ardorem emanabat; sulphureas naribus auras spargebant, quorum odor homines interficiebat. Tunc sanctus Matthæus sese consignavit, et probibente Candaci eunucho, securus exivit. Illico ut duo magi astiterunt, ambo dracones ante pedes ejus obdormierunt. Tunc apostolus magis dixit : « Ubi est ars vestra? Si potestis, excitate illos. » Illi autem arte magica dracones excitare conati sunt, sed penitus non potuerunt. Interea populi convenerunt, et hoc videntes obstupuerunt. Tandem beatus apostolus, in nomine Domini, præcepit sævis anguibus ut cum omni mansuetudine ad locum suum redirent et sine alicujus læsione abirent. Protinus serpentes caput elevarunt, ire cœperunt, et apertis portis urbem egressi, nusquam comparuerunt.

Tunc sanctus evangelista gaudentem populum allocutus est benigno sermone, et narravit ei seriem de primi hominis conditione et paradisi amœnitate, de apostatæ Angeli livore et deceptione, de casu protoplasti Adæ per prævaricationem, ejusque reparatione per Filii Dei passionem. Cumque plura de uberi materia sermocinaretur apostolus, ecce subito luctuosus ortus est tumultus, in quo Euphranon filius Eglippi regis plangebatur mortuus. Ad funus ejus magi stabant, et quia illum suscitare nequibant, hunc a diis raptum in collegio regi asserebant; suadentes ut unus ex diis computaretur, eique simulacrum et templum fabricaretur. Euphenisia vero regina sanius consilium a fideli Candace accepit, magisque abominabiliter contemptis, per honoratos barones ad regem reverenter Matthæum apostolum accersiit; eoque ingrediente, ipsa protinus ad genua ejus se prostravit, et fideliter ac devote ut filium suum resuscitaret obsecravit. Beatus autem apostolus bonæ fidei ejus congratulatus est, et pro resuscitatione defuncti cunctipotentem Dominum deprecatus est. Deinde pueri manum apprehendit, in nomine Jesu Christi exsurgere præcepit, et confestim puer exsurrexit.

Tanto miraculo viso, cor regis expavit, coronas ei et purpuram statim deferri jussit, et præcones per civitates et per diversas Æthiopiæ provincias misit, dicentes : « Venite ad civitatem, et videte Dominum in effigie hominis latentem. » Cumque venisset omnis multitudo cum cereis et lampadibus, cum thymiamate et diverso sacrificiorum genere, sanctus Matthæus sic alloquitur omnes : « Ego Deus non sum, sed servus Dei omnipotentis, qui me misit ad vos, ut errorem relinquatis, verumque Dominum cognoscentes colatis. Aurum et coronas aureas et argentum ab oculis meis tollite. Ite, templum Domino fabricate, ut ibi congregemini et pariter audiatis verbum Dei. »

Quo audito, gaudentes abierunt, templum Deo LX millia hominum fabricare cœperunt, et intra XXX dies sanctam ecclesiam consummaverunt. Matthæus illam, pro resuscitatione filii regis, Resurrectionem vocavit, ibique XXIII annis sedit, presbyteros et diacones constituit, episcopos per civitates et castella ordinavit, et multas ecclesias fabricavit. Rex et regina et variæ plebes Æthiopum baptismum Christi susceperunt, et magi timentes ad Persidas fugerunt. Innumera per beatum Matthæum miracula facta sunt, quæ singillatim omnia enarrari non possunt. Nam multi cæci sunt illuminati, paralytici curati, dæmoniaci salvati, mortui etiam suscitati.

Christianissimus rex Eglippus, expleta senectute, perrexit ad Dominum, et Hyrtacus Adelphus accepit ejus imperium. Hic dum Ephigeniam defuncti regis filiam, quæ jam Christo dicata sacrum velamen de manu apostoli acceperat, jamque virginum amplius quam ducentarum præposita erat, uxorem accipere vellet sperans quod per apostolum ejus animum commovere posset, cœpit cum illo agere, dicens : « Dimidium regni mei accipe, tantum ut Ephigeniam possim matrimonio meo copulare. » Tunc beatus Matthæus jussit regem et Ephigeniam et omnem populum Sabbato adesse in ecclesia, ut omnipotentis Dei audirent verba. Quod et factum est. Facto autem in congregatione magno silentio, loqui cœpit, et de continentia, bonoque conjugio, rationabilique operatione sapienter ac diserte disseruit. Luculenter enim demonstravit quod edacitas carnium vel commistio conjugalis pollutionem habet, sed crimine caret. « Sordes quippe corporum a Deo per eleemosynas et opera misericordiæ lavantur, non crimina, quæ nisi per lacrymas pœnitentiæ non lavantur. Si quis ipso die, postquam cibum carnalem percepit, Dominici corporis spirituali cibo refici præsumpserit, ex utroque reus efficitur criminis et inhonestatis et præsumptionis; non quia manducavit, sed quia contra ordinem et justitiam, Deique regulam, Eucharistiæ bonum usurpavit. Sic homicidium et mendacium, quamvis sint per naturam suam mala, bona tamen fieri videntur ex causa. Nam, si quis mentitur ut innocentem abscondat, et ab inimico per mendacia protegat, aut si judex unum sceleratum judicio condemnat ne ille multos innocentes interimat, bonus et utilis inde fructus prorumpit. Quod liquido apparet in occisione Goliæ et Sisaræ, Aman et Holophernis. Sic matrimonia, dum copulantur, boni operis honestate oriuntur, si sancte et juste copulentur. At si servus regis desponsatam domini sui usurpare audeat, non solum offensam, sed etiam crimen tam grande incurrisse dignoscitur ut merito vivens flammarum incendiis tradatur. Hoc ideo fit, non quia uxorem duxit, sed quia meliori se injuriam fecit. » His aliisque manifestis exemplis, Matthæus apostolus Hyrtaco regi dissuasit Deo dicatæ nuptias Ephigeniæ, ne cœlestis iram regis incurreret, si eam suo matrimonio temere copularet. Hyrtacus igitur ira accensus recessit; apostolus autem constans et alacris doctrinæ et orationibus institit. Tunc Ephigeniam ad pedes ejus prostratam coram omni populo benedixit, et velamen capitibus omnium virginum, quæ ibidem erant, imposuit. Cumque mysteria Domini, celebrata missa, omnis ecclesia suscepisset, et unusquisque ad propriam domum remeasset; ipse juxta altare, ubi corpus Domini confecerat, remansit, ibique manibus expansis orans martyrium recepit. Spiculator enim ab Hyrtaco missus apostolum a tergo punctum gladio percussit, et sic Christi martyrem fecit. Quo audito, cum igne ad palatium pergebat omnis populus, sed vix a presbyteris et diaconibus, aliisque religiosis viris coercitus est sacris admonitionibus ne regem comburerent cum suis omnibus. Porro Ephigenia, quidquid in auro et argento et gemmis habere potuit, sacerdotibus et clero contulit, ut inde dignam apostolo basilicam fabricarent, et residuum pauperibus erogarent. Hyrtacus vero per nobilium uxores illam prius tentavit, deinde per magos seducere sategit. Ad extremum, quando nihil ad suum profecisset libitum, fecit igne circumdari prætorium, in quo cum virginibus Christi commorabatur, die noctuque Deo suo famulabatur. Sed, cum per circuitum ignis arderet, angelus Domini cum sancto Matthæo apostolo apparuit, sacras virgines confortavit, celeremque liberationem promisit. Mox Deus ventum validissimum excitavit, omne incendium a domo virginis suæ mutavit, et palatium regis cum facultatibus ejus consumpsit. Ipse autem cum filio unico vix evasit; sed inde nullum ei gaudium provenit. Nam filium ejus vehementissimus dæmon implevit, rapidoque cursu ad Matthæi apostoli sepulturam adduxit, et a tergo manibus ab ipso diabolo colligatis, paterna eum crimina confiteri compulit. Ipse vero elephantiosus factus in se gladium imponens occubuit, propriaque manu perforato stomacho apostolicæ mortis pœnas luit. Omnis autem populus morti ejus insultavit, et Behor fratrem Ephigeniæ ab apostolo baptizatum comprehendit, sibique regem sublimavit. Hic xxv anno ætatis suæ regnare cœpit, et per annos LXII regnavit, pacemque firmissimam cum Romanis et Persis habuit. Omnes Æthiopum provinciæ catholicis ecclesiis repletæ sunt, ac ad confessionem beati Matthæi apostoli mirabilia magna fiunt. Hic primus Evangelium Domini nostri Jesu Christi Hebræo scripsit sermone, quod tempore Zenonis imperatoris inventum est, ipso revelante. Hujus nimirum memoriam sancta mater Ecclesia XI Kal. Octobris festive celebrat, eique vocis et mentis dulci modulamine cantat :

Matthæe sancte, bino pollens munere
Sedulis Jesum interpella vocibus,
Ut nos in mundi gubernet turbinibus,
Ne post æternus sorbeat interitus.

XVII. *Simon Juda, sive Taddæus.*

Simon Chananæus, id est *Zelotes*, ad distinctionem Simonis Petri et Judæ traditoris, qui et ipse Simon Iscariotis dictus est, de Cana vico Galilææ fuit, ubi Dominus aquam in vinum mutavit. Hic principatum in Ægypto accepit.

Judas Jacobi trinomius fuit. Judas enim et Thaddæus atque Lebbæus dictus est. Hic in Mesopotamia et in interioribus Ponti prædicavit. Inde simul ambo Persidem ingressi, cum innumeram gentis ipsius multitudinem Christo subdidissent, V Kal. Novembris martyrium consummaverunt.

Craton, apostolorum discipulus, quæ per annos XIII egerunt et quæ in Perside passi sunt, longa enarratione scripsit, et in decem voluminibus universa comprehendit, quæ Africanus historiographus in Latinam linguam transtulit. Abdias etiam episcopus Babyloniæ, qui ab ipsis ordinatus est, sermone de illis scripsit Hebraico, quæ omnia in Græcum translata sunt ab Eutropio ejusdem discipulo ; quæ universa nihilominus Latinis interpretata sunt ab Africano. Inde abbreviatio excerpta est, grata volentibus scire quæ principia prædicationis eorum fuerint, vel quo fine mundum dereliquerint, ac ad cœlestia regna migraverint.

Sancti igitur apostoli Simon et Judas per revelationem Spiritus sancti Persidem ingressi sunt, ibique duos magos, Zaroem et Arfaxat, qui a facie sancti Matthæi apostoli de Æthiopia fugerant, invenerunt. Erat autem doctrina eorum prava, et contra Dominum atque prophetas lethalis blasphemiæ plena. Ingredientibus in Persidem apostolis, Warardach præfectus et dux regis Babyloniorum, nomine Xerxis, occurrit, qui contra Indos unum Persidis invasores bellum susceperat. Advenientibus autem apostolis, dæmonia, quæ singulis mansionibus dabant responsa suæ fallaciæ sacrificantibus, obmutuerunt. Unde cultores eorum ad fanum vicinæ civitatis pergentes consuluerunt. Porro dæmon mugitum consulentibus dedit, et quod, præsentibus apostolis Dei Simone et Juda, dii eorum loqui non possent, intimavit. Tunc Warardach dux apostolos inquiri fecit, inventos qui essent vel unde venissent interrogavit ; eosque de genere Hebræorum communis causa salutis illuc advenisse audivit. Cumque illo rogante ut diis suis potestatem respondendi darent, et illi fusa oratione permississent, fanatici eorum protinus a dæmonibus arrepti sunt, et grande bellum futurum, atque multos ex utraque parte casuros esse vaticinati sunt. Ridentibus autem apostolis, dux territus est, sed ipsis persuadentibus, legatos pacis usque in crastinum ibidem præstolatus est. Porro profanis pontificibus in apostolos stomachantibus, et pannosos, vilesque personas inter divitias Babylonicas non debere loqui vel audiri asserentibus, dux apostolos et vesanos flamines usque in crastinum custodiri præcepit, ibique apostolico consultu exitum rei consideravit.

Sequenti die verbum apostolorum completum est. Nuntii enim ducis cum legatis Indorum velocissimo cursu in dromedis reversi sunt, et omnia ita esse sicut apostoli prosecuti fuerant nuntiaverunt. Nam terras invasas restituerunt, tributa solverunt, firmissimumque pacis pactum stabilierunt. Denique dux, postquam apostolos, manifesto eventu attestante, veridicos comprobavit, iratus pontificibus, ignem copiosum accendi jussit, ipsosque cum complicibus eorum in ignem præcipitari præcepit.

Apostoli autem, Dominicæ jussionis memores, duci prostrati sunt, et pulverem super caput suum spargentes, pro inimicis ne perirent supplicaverunt, et mirantibus cunctis, hanc esse disciplinam Dei nostri luculenter annuntiaverunt.

Tandem Warardach imperavit pontifices computari, et omnem facultatem eorum, ut apostolis daretur, inquiri. Inventi sunt autem pontifices templorum cxx, et unusquisque in uno mense de fisco consequebatur unam libram auri; summus vero pontifex quadruplum in auro adipiscebatur quam cæteri. Tanta erat facultas eorum in auro et argento, in vestibus et jumentis, ut dinumerari non posset. Quam dux apostolis obtulit, sed ipsi penitus respuerunt, imo indigentibus erogari jusserunt.

Denique duce regi Xerxi eventus suos et apostolorum præconia magnificante, Zaroes et Arfaxat, qui erant cum rege, apostolis cœperunt derogare, et omnes contra eos, nisi deos eorum adorarent, conati sunt commovere. Dux autem pro apostolis semper bene locutus est. Tandem in præsentia regis altercatio statuta est; cumque magi palam cunctis locuti essent, omnis advocatio muta facta est, et sic spatium transiit fere unius horæ ut nullus ex eis, qui dudum clamosi et eloquentes extiterint, aliquid posset exprimere. Deinde loqui a magis permissi sunt, sed ambulare non potuerunt; itemque recepto gressu, apertis oculis nihil viderunt. Hæc videntes expaverunt, magosque magis pro timore quam amore reveriti sunt. Hujusmodi spectaculum a primo mane usque ad horam sextam explicitum est, et tristes advocati cum confusione ad domos suas remeaverunt.

Porro dux apostolis, quos valde diligebat, hæc omnia enarravit, et præfatam advocationem in domum suam convocavit, et apostolos Dei Simonem et Judam eis protulit, per quos vincere magos possent, si monitis eorum obsecundarent. Advocati vero, ut viderunt homines vilissima indutos veste, quasi despectui eos cœperunt habere; quorum tur-

gentem proterviam Simon saluberrima redarguit sermocinatione. Plane enim demonstravit quod in aureis et gemmatis scriniis quædam claudantur vilia, et in vilissimis ligneisque capsis reponantur pretiosa monilia; pulcherrima etiam vasa aceto repleantur, fœdissima vero aspectu optimo vino imbuantur. Sic in personis visu despicabilibus nonnunquam magnæ virtutes pollent, meritisque præclaris summo Creatori per omnia placent.

Deinde sancti apostoli advocatos salutaribus monitis instruxerunt, sacrisque precibus Deo commendaverunt et signo crucis in frontibus signaverunt. Zebedæus, aliique advocati constanter ad regem ingressi magis insultaverunt; sed magi nulla ratione illos lædere potuerunt. Irati igitur magi multitudinem serpentium venire fecerunt, unde omnes hoc intuentes admodum territi sunt, et, jubente rege, cursim apostoli accersiti sunt. Qui venientes pallia sua de serpentibus impleverunt, et eosdem in magos audacter miserunt, statimque serpentes comedere carnes eorum cœperunt. Illi autem sicut lupi ululabant, gaudentibus cunctis qui cruciatus impiorum palam spectabant. Rex et omnes apostolis dicebant : « Permittite ut moriantur. » At illi responderunt : « Nos missi sumus a morte ad vitam reducere, non a vita in mortem præcipitare. » Deinde oraverunt et serpentibus jusserunt ut omne venenum suum a magis auferrent ac ad loca sua redirent. Majores itaque cruciatus passi sunt, quando universi serpentes iterum carnes eorum ederent et sanguinem sugerent, ut venena sua tollerent. Cumque serpentes abiissent, et apostolorum sententia magi triduo anxii non manducarent, nec biberent, neque dormirent, apostoli visitandi gratia ad eos venerunt, et, malum pro maledicto non reddentes (Rom. xii, 17), ipsos sanaverunt. Illi profecto in perfidia sua permanserunt, et sicut a facie sancti Matthæi apostoli de Æthiopia fugerunt, sic ab his duobus confusione operti recesserunt, et simulacrorum cultores per totam Persidem ad apostolorum inimicitias suscitaverunt. Ipsi autem per cuncta templa eorum sacrificabant, hominesque præstigiis suis subito fixos, subitoque solutos faciebant, subito cœcos et iterum videntes, subito surdos et iterum audientes. Sic de his ludificabant, qui idolis immolabant, suique similes erant.

Apostoli a rege et a duce rogati morabantur in Babylonia, in nomine Domini facientes mirabilia magna, surdis reddentes auditum, claudicantibus gressum, cæcos illuminantes, leprosos mundantes, dæmones ex obsessis corporibus fugantes. Multos ergo discipulos habebant ex quibus presbyteros et diaconos et clericos in ecclesiis ordinabant.

Ibi filia ditissimi satrapæ corrupta parturiens periclitabatur, et Eustosinus diaconus de incesti crimine impetebatur. Hoc audientes apostoli, jusserunt parentes puellæ et diaconem adesse, et infantem, qui ejusdem diei hora prima natus est, deferri. Cumque jussissent infanti ut loqueretur, ille absolutissimo sermone ait : « Hic diaconus vir sanctus et castus est, et nunquam inquinavit carnem suam. » Cumque insisterent parentes ut de persona incesti percunctaretur, apostoli dixerunt : « Nos innocentes absolvere decet, nocentes vero prodere non decet. »

Nicharon, amicus regis, dum exercitium belli agereretur, sagittam in genu accepit, quæ nulla ratione ex osse poterat evelli. Tunc beatus Simon Dominum Jesum invocavit, et mox ut manum applicuit, sagittam abstulit atque statim homo sanatus est ; ita ut nec signum vulneris appareret.

Duæ tigrides ferocissimæ de singulis caveis fugerunt, et quidquid invenire poterant devorare cœperunt. Tunc omnis populus ad apostolos Dei confugit. Apostoli vero nomen Domini Jesu invocaverunt, et feræ, quæ nunquam mansuescere consueverant, quasi agni mites factæ sunt. Diebus siquidem ut oves in medio populi commanebant, vespere vero in cellulam apostolorum remeabant; et apostolis ad alias civitates migrantibus, ipsæ habitaculi eorum custodes erant. Almi ergo prædicatores materiam inde sermocinandi sumpserunt, populosque quid homines rationabiles agere vel qualiter obedire Deo deberent, docuerunt ; exemplumque brutorum animalium digito præ oculis ostenderunt.

Rege populisque petentibus, uno anno et mensibus tribus Babyloniæ commorati sunt. Quo in tempore amplius quam LX millia virorum, exceptis parvulis et mulieribus, baptizati sunt. Prius rex et universæ dignitates ejus fidem susceperunt. Videbant enim omnes infirmitates verbo curari, cæcos illuminari et mortuos suscitari. Abdias, qui cum ipsis a Judæa venerat, et ipse oculis suis Dominum Jesum viderat, episcopus ordinatus est, et civitas ecclesiis repleta est. Quibus rite ordinatis, profecti sunt. Sequebantur autem eos turbæ discipulorum, ducenti et eo amplius viri. Circumierunt XII provincias Persidis et urbes earum.

Amodo tempus est enarrandi qualiter passi sunt sancti apostoli. Memorati igitur magi Zaroes et Arfaxat scelera per civitates faciebant, seque de genere deorum esse dicebant et semper a facie apostolorum fugiebant. Tandiu manebant in quacunque civitate, donec agnoscerent apostolos illuc advenire. In Sanir LXX templorum pontifices erant, qui singuli auri libram (29) a rege quater in anno consequebantur, quando solis epulum celebrabant : in introitu scilicet veris et æstatis, autumni et hiemis. Præfati magi quoscunque poterant contra apostolos ubique commovebant, et hoc præeuntes obnixe procurabant.

Postquam sancti apostoli universas provincias peragrassent, et Sanir in domo Sennis discipuli sui hospitati fuissent, ecce circa horam primam omnes simul pontifices irruerunt, et horribiliter ad Sennem vociferantes, inimicos deorum suorum produci jusserunt. Interea sancti apostoli tenentur ac ad templum Solis ducuntur. Illis autem ingredientibus, dæmones clamant per energumenos : « Quid nobis et vobis, apostoli Dei vivi ? in ingressu vestro flammis exurimur. » In una æde templi ab oriente quadriga equorum fusilis ex auro stabat, in qua radietas solis æque fusilis consistebat. In alia vero æde luna stabat fusilis ex argento, habens bigam boum fusilem similiter ex argento. Pontificibus et magis cum populo cogentibus apostolos ut adorarent, ipsi de visione Domini nostri Jesu Christi, quem vocantem se in medio angelorum contemplabantur, mutuo Hebraice loquebantur. Angelus quoque Domini eis apparuit et confortavit. Deinde, facto silentio, ad populum locuti sunt, et errorem suum rationabiliter ostenderunt, qui honorem soli Deo debitum creaturæ inutiliter impendebant; nec sine injuria solem et lunam in manufactis mansionibus includebant, quos Deus ab initio in cœlo creavit, et omni sæculo patere et lucere constituit. Stupentibus cunctis, Simon dæmoni præcepit ut egressus inde simulacrum solis et quadrigam ejus commineret. Similiter Judas jussit simulacrum lunæ confringi. Tunc duo Æthiopes nigri et nudi, horribilesque vultu, egredi ab omni populo visi sunt ; et simulacra confringentes, ululatum diræ vocis emittebant. Vesani ergo pontifices in apostolos irruerunt, eosque gaudentes, Deoque gratias agentes interfecerunt. Sennes quoque hospes eorum cum eis passus est, quia idolis sacrificare contempsit. Ipsa hora, quando cœli esset serenitas magna, fulgura exstiterunt nimia, ita ut trifarie scinderetur templum a summo tecti fastigio usque in ultimum fundamentum. Zaroes autem et Arfaxat ictu fulminis adusti et in carbonem conversi sunt.

Post mensem tertium rex Xerxes omnes pontifices confuscavit, apostolorum corpora cum ingenti honore ad suam civitatem transtulit, in qua exstruxit basilicam in octogono cyclo octo angulorum octogenum pedum ; ita ut octies octogenum pedum numeraretur per gyrum, in altum autem pedum centum viginti. Omnia ex quadratis marmoribus et synmaticis exstruxit, cameras vero laminis aureis affixit. In medio autem octogono sarcophagum ex argento puro instituit. Per quatuor annos fabricam incessanter exercuit, et consummans eam die natalis eorum, id est V Kal. Novembris, basilicam in honorem sanctorum dedicare meruit. In quo loco beneficia divina credentes consequuntur, qui martyria eorum, quæ Domino nostro Jesu Christo usque ad mortem perhibuerunt, venerantur. Nos etiam, qui sperantes in Domino hæc scribendo

---

(29) Duchesne et Le Prévost *singulas a libras.*

recolimus, beatos apostolos summi regis comites et convivas tripudiantes laudamus; eisque in atriis Jerusalem, quæ est mater nostra, cum pueris *Hosanna* Redemptori clamantibus devote psallimus :

Beate Simon et Thaddæe inclyte,
Cernite nostros gemitus cum fletibus ;
Quique per lapsum meruimus barathrum ,
Per vos cœlorum mereamur aditum.
Amen.

XVIII. *Matthias.*

Matthias de LXX discipulis unus sorte in locum Judæ ab apostolis electus est et in Judæa prædicavit, ibique pro Christo passus est. Hujus festivitas VI Kalendas Martii celebratur, et consecrata cohors devote accedens, modulando sic eum precatur:

Matthia juste, duodeno solio residens sorte,
Nos a cunctis nexibus solve reatus ;
Veræ lucis gaudiis quo perfruamur
Tuis sacris precibus.
Amen.

Judas Simon Iscariotes de tribu Issachar ortus est, et inter duodecim apostolos computatus est. Sed quia, lethali cupiditate inflammatus, Judæis specialem magistrum, dominumque suum XXX argenteis vendidit, apostolatus dignitatem perdidit, et male pœnitens miser laqueo se suspendit. Sequaces ejus adhuc in Ecclesia multi sunt, qui sacro nomine sine justis actibus nuncupari volunt. Digna quidem indignus et mystica Judas habuit nomina, quibus falsi Christiani typice denotantur in Ecclesia. Judas enim *confitens* interpretatur, quo nomine illi portenduntur qui, ut ait Apostolus, *confitentur se nosse Deum, factis autem negant* (*Tit.* I, 16). Porro Simon *obediens* interpretatur, per quod vocabulum hypocritæ et fraudulenti, falsique obedientes figurantur, qui non pro amore Dei desiderioque cœlesti Dominicis præceptis famulantur, sed pro inani gloria, humanoque favore, transitoriaque mercede, majorum mandatis specietenus obsequuntur. E quibus plures, ut Judas Iscariot, nimia cupiditate excæcantur, et relicto bonorum studio consortioque, in detestabiles reatus ultro labuntur, funibusque peccatorum indissolubiliter illaqueati periclitantur. Transitoria quippe mercede in præsenti sæculo gaudent, et hic pro quibusdam honestatibus et manifestis observationibus recepta recompensatione elati turgent, sed in futuro inextricabili nexu constricti, tartareis in cloacis lugebunt, et inedicibili suppliciorum genere pro perpetratis sceleribus cruciati, omni spe remissionis carebunt.

Recedente de cœtu apostolico Juda proditore, quid residui meruerunt, qui cum Domino Jesu permanserunt? ineffabile decus et sempiternam beatitudinem. Sancta mater Ecclesia credit, et omnis Catholicus fideliter asserit quod XII apostoli vere beati sunt et sublimes, æternæque felicitatis participes. Sol (30) enim terræ et lux mundi, XII horæ perennis diei, fructiferæ vitis fecundi palmites, Christi

(30) Duchesne et Le Prévost, *sal.*

cooperatores, ejusque in regno cœlesti cohærede celebri memoria fidelium passim recoluntur, et in cunctis nationibus, ubi vera fides imperat, honorantur, magistrique gentium et rectores ecclesiarum veneranter vocitantur : utpote orbis a Christo constituti judices, reproborum districti censores et devotorum pii adjutores, assiduique intercessores. Despectis enim omnibus quæ mundana sunt, Christo, qui vera vitis et vita est, indissolubiliter inhæserunt. Nunc in cœlis cum eodem Rege regum regnant, in ejus perenni laude cum angelis tripudiant, et super XII thronos residentes XII tribus Israel cum Domino judicant. Horum siquidem gesta, quæ leguntur in Ecclesia, perscrutatus sum, eademque, prout in priscis inveni codicibus, mihi abbreviando exercitatus sum.

Amodo de sociis et successoribus eorum tractare desidero, et quorumdam mentionem, opitulante Deo, huic operi devote commendabo. Id agam, non quod ipsi mea indigeant laudatione quorum laus est Deus ipse, qui trinus et unus regnat in æternitate, suosque secum beatificat æterna remuneratione, sed ut eis hoc agendo exhibeam meam devotionem, obtineamque favorem eorum ad meam salvationem pie nanciscendam per eorum interventionem.

XIX. *Historia discipulorum. Barnabas.*

Joseph igitur, qui Barnabas, id est *filius consolationis*, cognominatus est, natione Cypriæ civitatis, quæ a Cyro, rege Persarum, fundata est, tertio post passionem Domini anno cum Paulo in gentibus apostolatum adeptus est (*Act.* IV, 36). Hic ex LXXII discipulis Christi unus fuit, et in lætis vel tristibus cum apostolis deguit, et secundum nomen suum consolationem maximam credentibus præbuit.

In primis *cum haberet agrum, vendidit et pretium ante pedes apostolorum posuit* (*ibid.*, 37). Paulum post conversionem amicabiliter apprehendit, ac ad apostolos, quibus adhuc ignotus et suspectus erat, duxit, seriemque vocationis ejus nescientibus enarravit (*Act.* IX, 27). Ab apostolis Antiochiam missus est, ibique gratiam Dei videns in discipulis gavisus est, et, hortante illo, multa turba Domino apposita est. Inde profectus Tarsum quærere Saulum, inventumque perduxit Antiochiam, et ibidem per totum annum conversati docuerunt turbam multam. Tunc ibi discipuli primum vocati sunt Christiani (*Act.* XI, 22-26).

Barnabas et Saulus, quia misericordes erant et benevoli, eleemosynas credentium ex gentibus in Judæam fratribus detulerunt (*ibid.*, 29, 30). Postquam *a Jerosolymis reversi sunt expleto ministerio, assumpto Joanne, qui cognominatus est Marcus* (*Act.* XII, 25), *erant Antiochiæ* inter prophetas et doctores. *Ministrantibus illis Domino et jejunantibus, dixit Spiritus sanctus : Segregate mihi Barnabam et Saulum in opus ad quod assumpsi eos. Missi quidem a Spiritu sancto Seleuciam* venerunt, *et inde Cy-*

prum navigaverunt. Postquam Barjeu magum, qui et Elymas dicebatur, lumine ad tempus privarunt, et Sergium Paulum proconsulem ad veram fidem converterunt, plurimam gentium multitudinem ad lucem veritatis perduxerunt (*Act.* xiii, 1-48).

Electis itaque currentibus ad fidem et justitiam, inde reprobi magis inflammati ad iram, seditionem fecerunt, et apostolos de finibus suis ejecerunt. Illi autem gaudentes, Spiritu sancto repleti, verbum Dei prædicaverunt, et copiosam multitudinem Judæorum et Græcorum ad Dominum converterunt (*ibid.*, 49-52).

Venientes in Listris claudum ex utero matris suæ curaverunt. Quod miraculum turbæ conspicientes, deos illos existimaverunt, *dicentes : Dii similes facti hominibus descenderunt ad nos. Barnabam quidem vocabant Jovem, Paulum vero Mercurium. Et sacerdos Jovis, qui erat ante civitatem, tauros et coronas ante januas deferens, cum populis volebat sacrificare.* Verum apostoli tale facinus omnino abominantes expulerunt, ac scissis tunicis suis in turbas exsilientes clamaverunt, et multis rationabilibus dictis turbas ne sibi immolarent vix sedaverunt (*Act.* xiv, 6-17).

Inde Derben pervenientes evangelizabant, multosque docentes virtutibus instruebant ; plurimas provincias peragrantes verbum Domini annuntiando, tandem pervenerunt Jerosolymis ; susceptique a sanctis apostolis annuntiabant gaudentes quanta Deus cum eis mirabiliter fecisset. Tunc in Antiochia quidam improbi de circumcisione agenda quæstionem commoverunt. Unde sancti apostoli consilium inierunt, ac ad tale facinus exstirpandum Barnabam et Paulum destinaverunt. Illi autem Antiochiam cum apostolica epistola properaverunt, et prædicantes, impiam hæresim destruxerunt (*Act.* xiv, 6; xv, 1-31).

Ut veri pastores verbum Dei evangelizabant, ignaros docebant, ægrotos curabant, omnemque sollicitudinem erga sanctam religionem habebant ; et ne in aliquam hæresim neophyti inciderent summopere præcavebant, ideoque frequenter ecclesias visitabant, in quibus verbum Dei prædicaverant. Callidam enim Satanæ astutiam esse sciebant, ideoque, ne corda renovata sanctorum lethifero germine zizaniorum fœdaret, providebant. Postmodum, ut Lucas ait evangelista, visum est eis ut Paulus reverteretur Jerosolymis, Barnabas autem repeteret Cyprum civitatem suam, de qua ortus erat (*Act.* xv, 39). Joannem vero cognomento Marcum in ministerio secum habebat. Hic nimirum, cum ethnicus esset, et cum Orduone socio suo Cyrillo pontifici nefandissimi Jovis ministraret, in loco qui dicitur Iconium per Barnabam et Paulum baptizatus est, et fideliter ipsos per plurima loca comitatus est.

Denique, dum prædicti apostoli in Pamphylia prædicarent, et multi Judæorum atque gentilium Domino credidissent, angelica per noctem visione visum est Paulo ut Jerusalem celerius properaret et Barnabam ire Cyprum permitteret. Relata vero visione, positis genibus oraverunt, et osculantes se invicem cum multis fletibus valefecerunt, et divisi corpore nunquam in hac vita postmodum sese viderunt.

Barnabas et Joannes Laodiciam descenderunt, et inde in civitatem quæ Anemoria vocatur venerunt ; ibique ab eis quidam ethnici sagaces et benevoli audita prædicatione Christo crediderunt, et baptizati virtutem Spiritus sancti acceperunt. Deinde navigantes Cyprum pervenerunt, ibique Timonem et Aristionem famulos Domini invenerunt. Timon autem urebatur magnis febribus. Cui cum Barnabas imposuisset manus et sacrum Evangelium, per invocationem Domini nostri Jesu statim febris fugata est, et vir adeo corroboratus est ut continuo sanctos Dei sequeretur cum gaudio.

Ex doctrina apostolorum beatus Barnabas Evangelium sancti Matthæi apostoli secum ferebat, et ubicunque infirmos inveniebat, illud super ipsos ponebat et protinus sanabantur a quocunque languore tenebantur. Heraclium vero, quem Paulus apostolus baptizaverat, Barnabas ad commonitionem fidelium episcopum ordinat. Deinde, dum Paphum introire voluisset, et Barjeu maleficus Judæus, quem Paulus jamdudum ad tempus lumine privaverat, apostolum cognovisset, malitia commotus obstitit quantum potuit et Paphum ingredi prohibuit. Proinde beatus vir in quemdam locum divertit, in quo ethnicos viros nudos et mulieres ludendo currere vidit. Indignatus ergo Barnabas mox templum maledixit, statimque pars templi funditus corruit, cujus ruina multos ex ethnicis contritione interemit. Cæteri autem qui evaserunt, in templum Apollinis fugerunt. Insignis athleta Christi Salaminam urbem introivit, ibique synagogam Judæorum invenit, cui Evangelium Christi constanter prædicavit, et plurimos Judæorum ad fidem Christi convertit. Quod comperiens Barjeu, omnem malitiam suam ostendit, et seditionem in sanctum Dei apostolum concitavit. Judæi vero comprehensum consuli Salaminæ tradere voluerunt, sed antea multis suppliciis, variisque cruciatibus ipsum afflixerunt. Dehinc, cum maceratum et quassatum pœnis ad judicandum ducerent, compererunt quod Eusebius, vir magnus et præpotens, de progenie imperatoris, in insulam deveniret ; nimiumque verentes ne illum de manibus eorum eriperet, funem in collo ejus ligaverunt, noctuque dilaceratum a synagoga in hippodromum et inde foris portam pertraxerunt. Posthæc illum igne circumdederunt et crudeliter cremaverunt. Sic beatus apostolus, post multos agones et diuturna certamina, pro Christi amore adustus migravit ad gaudia sempiterna. Impii autem Judæi, non satiati de nece illius, tulerunt corpus ejus, et in locello plumbeo recludentes in mare disposuerunt præcipitare. Interim Joannes Marcus, cum Timone et Rodone, sanctum corpus nocturnis horis occulte tulit, et in crypta, quæ olim habitatio Jebusæorum fuerat, iii Idus Junii collocavit. Ob hanc itaque occultationem plurimis annorum curriculis venerabile corpus latuit, nec inveniri a christicolis valuit. Tandem tempore Zenonis imperatoris et sancti Gelasii papæ, eodem sancto apostolo revelante, inventum est et cum hymnis et laudibus ad honorem Dei mirifice collocatum est. Pro sancti Barnabæ apostoli meritis multa pie poscentibus impenduntur beneficia, quorum etiam nos participes faciat exuberans Dei nostri gratia, quæ infatigabiliter operatur, suisque, quos ad vitam prædestinavit, efficaciter suffragatur per cuncta sæcula. Amen.

XX. *Marcus.*

Marcus evangelista, beati Petri apostoli discipulus et interpres et in baptismate filius fuit, Evangeliumque Domini nostri Jesu Christi ejus ab ore scripsit. Qui, sicut fertur, pollicem sibi abscidi fecit, ut sacerdotio reprobus haberetur, nec tamen ab apostolis repudiatus, quin eorum electione episcopus Alexandriæ præficeretur. Hunc beatus Petrus, cum in urbe Roma esset, vocavit, et in Italiam ad prædicandum gentibus destinavit : « Quid hic, inquit, nobiscum moraris ? Ecce de omnibus quæ fecit Jesus Nazarenus eruditus es. Surge et Aquileiam perge, ibique populis dogmata veræ salutis sparge. » Tunc Marcus primam sortem prædicationis et baculum pontificatus accepit, injunctum iter arripuit, et Aquileiam, quæ ex civitatibus Italiæ prima est, venit. Ibi quemdam juvenem leprosum, nomine Ataulfum, Ulfini illustris et primi civitatis filium, invenit, cum quo locutus manum ejus et brachium apprehendit. Mox lepra de manu ejus et brachio mundata est. Hoc videns juvenis, citius ad patrem cucurrit, et omnia quæ Marcus ei fecisset lætus enarravit. Ulfinus ergo cum magna turba celerius venit, et Marcum residentem ad portam Occidentalem invenit, eumque ut filium suum sanaret rogare cœpit. Sanitatem vero promittenti, si crederet, se in Dominum Jesum credere perhibet. Tunc Marcus juvenem baptizavit, et omnis ab eo lepra recessit. Illo itaque sanato, Ulfinus cum tota familia sua baptizatus est. Multitudo quoque populi in illa die baptizata est. Post aliquantos annos Marcus desideravit Petrum videre, voluitque occulte plebem dimittere et Romam adire. Quod nutu Dei comperientes populi diluculo cucurrerunt, et vociferantes ut pastorem eis daret petierunt. Tunc Hermagoras a populo electus est, et a beato Marco Romam perductus est. Ibi a beato Petro apostolo protoepiscopus provinciæ Italiæ factus est, et post multa miracula, quæ Deus in populo per illum operatus est, Nerone imperante, sub Sevasto præside, cum Fortunato archidiacono iii Idus Julii martyrizatus est.

Beatus vero Marcus, sancto Petro apostolo præcipiente, regimen Alexandriæ sedis suscepit, et primus in terra Ægypti Christum prædicavit ; in regione quoque Libyæ Marmoricæ et Ammonicæ, vel Pentapolim, veram fidem annuntiavit. Cuncti nimirum, qui tunc in his terris habitabant, incircumcisi et idololatræ et omni spurcitia repleti erant. Cum ergo Marcus Cyrenem, quæ est apud Pentapolim, pervenisset, et indigenas exsecrabiles pro nimiis sceleribus invenisset, exordium faciens divini sermonis in nomine Domini medelam contulit infirmis. Nam leprosos mundabat, multosque nequissimos spiritus solo sermone pellebat. Plurimi siquidem hæc videntes crediderunt, idola sua destruxerunt, lucosque succiderunt, et in nomine Domini, qui est trinus et unus, baptizati sunt.

Dehinc revelatur ei per Spiritum sanctum ut pergeret ad Alexandriæ fanum. Marcus igitur fratribus valedixit, et quod ei divinitus revelatum fuerat detexit. At illi usque ad navem ipsum prosecuti sunt, et cum eo panem manducantes dimiserunt. « Dominus, inquunt, Jesus Christus prosperum faciat iter tuum. » Die autem septimo Alexandriam pervenit, et de navicula egressus ad urbem properavit. Mox ut civitatem ingressus est, calceamentum ejus disruptum est. « Vere, inquit, iter meum expeditum est. »

Deinde beatus vir calceamentum cuidam sutori veterum nomine Aniano corrigendum tradidit; qui, cum injunctum opus faceret, sinistram manum suam fortiter vulneravit, et protinus exclamavit : « Unus est Deus. » Quod ut beatus Marcus audivit, gaudens intra se dixit : « Prosperum fecit iter meum Dominus. » Continuo in dexteram suam exspuit, manumque viri perungens : dixit « In nomine Jesu Christi Filii Dei vivi sanetur manus ista. » Et confestim sanata est. Sutor itaque considerans tanti viri potentiam et verbi ejus efficaciam, vitæque continentiam, obsecravit eum ut in domum suam declinaret, panemque cum eo comederet. Lætus ergo Marcus ingressus domum benedictionem dedit et orationem fudit, veramque fidem audientibus evangelizavit, et sapientiam hujus mundi stultitiam esse apud Dominum asseruit. Veracibus quoque verbis signa et prodigia in nomine Domini consequenter addidit. Et Anianus, cum tota domo sua et multitudine vicinorum, credidit atque baptizatus in prædicatione magistri adjutor exstitit.

Porro idololatræ Alexandrini, postquam per Galilæum prædicatorem suos ritus cæremoniasque destrui viderunt, illum interficere quæsierunt, et plurimas insidias ei posuerunt. Beatus autem Marcus agnoscens consilia eorum, Anianum ibidem ordinavit episcopum, et tres presbyteros, Melinum, Savinum et Cerdonem, et vii diaconos, aliosque xi ad ecclesiasticum ministerium pertinentes. Deinde Pentapolim pergit, et ibidem duobus annis deguit, atque fratres, qui antea illic crediderant confortavit, episcopos per regiones illas et clericos ordinavit. Iterum Alexandriam venit, et fratres in gratia et fide multiplicatos reperit. Ecclesiam vero videns constructam ab eis in loco qui vocabatur Bucoliæ, id est *bubulci*, sub rupibus juxta mare lætatus est valde; positisque genibus Dominum glorificavit, opemque suam in verbis et orationibus benigniter adjecit.

Cumque jam tempus compleretur, et in fide Christiani multiplicarentur, atque simulacra dejicerentur, gentiles sanctum advenisse cognoverunt; nimioque livore, propter miracula quæ ab eo fieri compererant, repleti sunt. Infirmos enim sanabat, incredulis prædicabat, auditum surdis reddebat, visumque cæcis condonabat. Illum igitur apprehendere quærebant, nec invenire poterant. Unde in spectaculis idolorum suorum dentibus suis fremebant, factisque comessationibus suis clamabant : « Magna vis hujus magi. » Tandem Dominico Paschæ, id est vιιι Kal. Maii, quo tempore Serapiaca celebritas agebatur, insidiatores adunati protinus diriguntur, a quibus vir Dei sacratissimam oblationem divinæ majestati celebrans reperitur. Continuo profani servum Dei rapuerunt, funem in collo ejus miserunt, ipsumque per saxa tam crudeliter traxerunt, ut in terram defluerent carnes ejus et saxa inficerentur cruore ejus. Illis itaque insanientibus et dicentibus : « Trahamus bubalum ad loca Bucoliæ; » sanctus Marcus Deo gratias referebat, dicens : « Gratias tibi ago, Domine meus Jesu Christe, quia dignus habitus sum hæc pro nomine tuo pati. »

Advesperascente die, miserunt eum in carcerem, usque pertractarent qua eum morte disperderent. Circa mediam vero noctem, clausis ostiis et custodibus ante foras dormientibus, ecce terræ motus factus est magnus. Angelus autem Domini de cœlo descendit, et tangens eum dixit : « Famule Dei Marce, princeps ac propagator sanctissimorum per Ægyptum decretorum, ecce nomen tuum in libro vitæ cœlestis ascriptum est, et memoriale tuum non derelinquetur in sæculum. Socius enim factus es supernarum virtutum. Nam et in cœlis spiritum tuum colligent, et in te requies non peribit. » Hæc audiens beatus Marcus, suas ad cœlum extendens manus, dixit : « Gratias tibi ago, Domine Jesu Christe, quia non me dereliquisti ; sed cum sanctis tuis commemorasti. Obsecro te, Domine Jesu Christe, suscipe animam meam in pace, et non me patiaris diutius separari a te. » Hæc cum dixisset, Dominus Jesus venit ad eum in habitu et forma qua fuerat cum discipulis suis antequam pateretur, et ait : « Pax tibi, Marce noster evangelista. » At ille : « Gratias, inquit, tibi ago, Domine Jesu Christe. » Mane autem facto, convenit multitudo civitatis, et ejicientes eum de custodia, miserunt iterum funem in collo ejus, et trahebant, dicentes : « Trahite bubalum ad loca Bucoliæ. » Cumque traheretur, Deo gratias agens, ait : « In manus tuas, Domine, commendo spiritum meum. » Hæc dicens, tradidit spiritum. Immanis autem turba gentilium in loco, qui vocabatur ab angelis (31), ignem succendit, et reliquias sanctas comburere voluit. Tunc providentia Dei valida tempestas exorta est, vehemensque procella venti facta est, suosque sol subtraxit radios et tonitrua facta sunt gravia. Imber etiam plurimus a mane usque ad vesperam effluxit, ita ut habitacula multorum corruerent, et plurimi morte perirent. Metuentes vero custodes sanctum corpus dimiserunt et fugerunt. Alii deridentes dicebant quod Serapis hæc ageret, et sic in sua festivitate inimicum suum inviseret.

Tunc religiosi viri venientes, ustum corpus tulerunt, et in loco lapidis excisi cum gloria, vιι Kal. Maias, sepelierunt. Sic beatus Marcus evangelista, primus Alexandriæ præsul pro Christo passus est, et corpus ejus orientali parte repositum est. Quod post multorum curricula annorum, propter incursiones paganorum, qui totum Orientem ut locustæ operuerunt, sibique maximam partem mundi ad austrum et ad aquilonem subegerunt, fideles Christiani Aquileiam, ubi primus Christum annuntiavit, transtulerunt. Aquileiensis igitur præsul stemma patriarchatus, quo Alexandrinus pontifex olim politus est, nunc retinet, et quartus primas, ob reverentiam ejus, in orbe renitet, sancti videlicet Marci, quem Petrus claviger regni cœlorum in Ægyptum destinavit, et meridiani climatis principatum ad multarum salutem animarum commisit. Venetiarum indigenæ et occidentales populi habito corpore beati evangelistæ gratulantur, et indesinenter illud ad laudem cunctipotentis Dei venerantur, deprecantes ut in collegio beatorum computari in æternum mereantur. Amen.

XXI. *Lucas.*

Lucas evangelista, natione Syrus, apud Antiochiam medicinæ artis egregius et apostolorum Christi discipulus, postea usque ad confessionem Paulum apostolum secutus, sine crimine permanens in virginitate, Domino maluit servire. Hic divino stimulatus imperio, in Achaiæ partibus Evangelium scripsit, Græcisque fidelibus incarnationem Domini fideli narratione ostendit, eumdemque de stirpe David descendisse monstravit. Deinde alium librum specialem edidit, in quo actus apostolorum et primordia nascentis Ecclesiæ luculenter enucleavit. Sic geminos Lucas Theophilo, id est *Deum diligenti*, libros condidit, cunctisque gemina charitate flagrantibus, inspirante Spiritu sancto, exhibuit. In priori quippe libro verum Christi sacerdotium descripsit, quo Agnus Dei pretioso sanguine effuso mundi piaculum expiavit. In sequenti vero sublimitatem ineffabilis deitatis deprompsit, qua Filius Dei ad dexteram Patris in assumpto homine ascendit, adventum quoque Spiritus Paracleti super apostolos in igneis linguis enarravit, quo primitiva Ecclesia illustrata gloriose splendescit. In his duobus libris Lucæ spiritualis archiatri vera medicina invenitur, qua le-

---

(31) *Ad angelos.* Le Prévost.

thales morbi peccatorum depelluntur, et vitalis justitiæ remedium pie quærentibus ingeritur. Scriptis itaque et eloquiis beatus Lucas Dominum enuntiavit et lumen veritatis ignorantibus intimavit. Inter cætera miracula quæ fecit, fertur quod mortuum in nomine Domini resuscitaverit. Tandem cum octoginta et trium esset annorum, in Bithynia, Spiritu sancto plenus, xv Kal. Novembris obiit ; cujus ossa cum ossibus sancti Andreæ apostoli et Timothæi discipuli Pauli apostoli, Constantii imperatoris anno xx, Constantinopolim, vii Idus Maii translata sunt.

Ecce sanctorum apostolorum et evangelistarum, qui convivæ Salvatoris fuerunt et socii, eodem Domino largiente juvamen, mentionem libenter jam feci, et eorum pia gesta, prout potui, breviter atque veraciter de diversis codicibus collegi, et in unum mihi congessi.

XXII. *Martialis Lemovicensis.*

Adhuc restat ut de beato Martiali Lemovicensi aliquid memorem, qui præcipuis pollens virtutibus inter maximos habetur post apostolos clarissimus. Multa quidem de illo Aurelianus, quem a mortuis in nomine Domini resuscitaverat, veraci stylo et diligenti cura seriatim enarrat. Inde quædam mihi colligere cupio, ad quæ colligenda Spiritum sanctum invoco ut opem suam meo dignetur conferre studio.

Apud Judæam, dum Dominus noster Jesus Christus prædicaret, ac ad eum multa turba Judæorum conflueret, et ea quæ necessaria erant humanis usibus deferret, atque salutis ab eo semitam solerter audiendo edisceret, quidam nobilissimus Judæorum ex tribu Benjamin, nomine Marcellus, ad eum venit, et uxorem suam Elisabeth, unicumque filium Martialem xv annorum secum duxit. Videntes autem insolita quæ ipse faciebat, et audientes salubria quæ prædicabat, compuncti corde in eum crediderunt, ipsoque jubente, a beato Petro apostolo baptizati sunt. Omnibus vero ad propria repedantibus, Martialis totum se Domino Jesu commendavit, et ejus discipulatui jugiter inhæsit. Apostolo quippe Petro, qui ei proxima affinitate jungebatur, indesinenter sociatus Dominum Jesum sequebatur. Resuscitationem quatriduani Lazari vidit, multisque aliis miraculis interfuit. Ministerio sacræ cœnæ, aliisque mysticis servitiis cum Cleopha ministravit, et certis apparitionibus, post resurrectionem, et gloriosæ ascensioni cum aliis discipulis interfuit. Adventum quoque Spiritus Paracleti feliciter persensit et divinis chrismatibus affluenter imbutus emicuit atque ad evangelizandum fide et gratia instructus viriliter viguit.

Post dispersionem apostolorum, Martialis cum beato Petro apostolo propinquo suo Antiochiam perrexit, et inde, post vii annos, Romam petiit. Ibi Petrus et socii ejus a Marcello consule in hospitium suscepti sunt, et in domo ejus multis diebus habitaverunt, et Romanis saluberrima vitæ præce- pta publice prædicaverunt. Tunc ibi Dominus Jesus beato Petro apparuit, et Martialem ad prædicandum provinciis Galliarum dirigere præcepit. Ille vero Martialem ad se accersiit, eique a Deo imperata per ordinem enarravit. Quo audito, graviter flevit, quia longinquam regionem, hominumque barbariem valde pertimuit. Quem beatus Petrus blande consolatus est, ac ad prædicandum mittens, divina ei monumenta rememoratus est. Nec mora, Martialis cum duobus presbyteris, Alpiniano et Austricliniano, injunctum iter arripuit. Sed, incœpto itinere, Austriclinianus obiit. Mœstus ergo Martialis Romam repedavit, et sodalis mortem Petro nuntiavit. Petro autem præcipiente, ad defunctum fratrem remeavit, et apostoli bacterio defuncti sacerdotis cadaver tetigit, qui meritis et orationibus sanctorum redivivus extemplo surrexit.

Deinde Martialis cum discipulis suis Tullum castellum venit, ibique ab Arnulfo divite hospitio receptus binis mensibus mansit, et verbum Dei annuntiare studuit. Multus vero populus ad eum quotidie confluebat, et ab eo salubria monita gratanter audiebat, insolitaque sibi signa videbat. Tunc Arnulfi filia, quæ a dæmonio quotidie vexabatur, immundum spiritum, præcipiente Martiali, evomuit, et quasi mortua facta est. Sed vir Dei manum ejus tenens, eam erexit et incolumem patri reddidit. Sanctitas enim et benignitas ac humana humilitas erat in eo et oratio assidua.

Princeps præfati castelli, nomine Nerva, consanguineus erat Neronis imperatoris, cujus filius a diabolo suffocatus est. Pater autem et mater defuncti, et omnis populus qui aderat, ante pedes sancti Martialis se prostraverunt, et corpus adolescentis, cum magno planctu et ejulatu omnium, ante eum projecerunt, atque cum lacrymis dixerunt : « Homo Dei, adjuva nos. » Sanctissimus itaque pontifex populi fletibus condoluit. Ipse etiam cum discipulis suis flevit, et pro resuscitatione defuncti omnipotentem Dominum cum suis exoravit. Denique, finita oratione, cum sanctus præsul præcepisset ut mortuus in nomine crucifixi Salvatoris sanus resurgeret, ille statim resurrexit, ac ad pedes beati viri se projecit et clamare cœpit : « Baptiza me, homo Dei, et consigna me signo fidei. » Deinde adjecit : « Duo angeli ad me venerunt cum magno impetu, dicentes quod precibus beati Martialis suscitandus essem. Infernus nullam habet mensuram. Ibi est fletus et amaritudo; ibi sunt tenebræ, mugitus et planctus et tristitia magna; frigus et ignis magnus et horribilis, nec unquam deficiens; morsus serpentium et fetor intolerabilis, putredo et miseria, et vermis qui non moritur. Ibi sunt carcerarii infernales, qui animas quas rapiunt diversis flagellis cruciant. » Cumque hæc et his similia diceret, cunctus populus Dominum confiteri cœpit, ibique tunc hominum utriusque sexus tria millia sexcenti baptizati sunt. Multa quoque munera beato viro obtulerunt, quæ omnia jussit dari pauperibus. Post hæc ad similitudines idolorum abiit, et simulacrorum cuncta sculptilia confregit et in nihilum redegit.

Deinde beatus antistes cum discipulis suis ad Agedunum (32) vicum venit et idololatris diabolico errore deceptis veram fidem prædicavit. Porro sacerdotes idolorum advenerunt et sanctos prædicatores graviter percusserunt. Illis autem Dominum benedicentibus et patienter adversa pro ipso sustinentibus, ejusque suffragium contra imminentem tribulationem fiducialiter postulantibus, percussores eorum subito cæci facti sunt, trahentesque se manu ad manum Mercurii simulacrum expetierunt. Secundum morem consulentibus nullum dedit responsum Mercurius, eo quod ab angelis Dei dæmon esset religatus. Euntes ad aliud idolum, audierunt quod deus suus respondere illis non posset, quia ab angelis Dei catenis igneis religatus esset.

Tunc cæcati sacerdotes ad sanctum Martialem venerunt, et prostrati ad pedes sanctorum veniam postulaverunt. Beatus vero præsul visum eis restituit, ac ad statuam Jovis cum omni populo abiit, et dæmonem in nomine Domini adjuravit ut inde statim exiret et coram omni populo statuam confringeret. Qui jussa perfecit et simulacrum minutatim confregit. Tunc ibi duo millia sexcenti baptizati sunt.

Hoc miraculum paralyticus quidam ut audivit, deferri se ad hominem Dei fecit. Erat enim ex magno genere hominum, multumque dives auri et argenti et possessionum. Cumque vir Dei preces ejus audiret et fidem ejus agnosceret, manum illius tenuit, ipsumque, facta oratione, sanavit. Sanatus autem Deum glorificavit, et beato viro munera obtulit, quæ ipse accipere noluit, sed omnia dari pauperibus præcepit.

Dum ibi commoraretur sanctus Martialis, apparuit ei Dominus in visu, et dixit: « Ne timeas descendere ad urbem Lemovicam, quia ibi te glorificabo, et semper tecum ero. » Tunc beatus pontifex illos quos baptizaverat confortavit, Dominoque commendavit et cum discipulis suis ad urbem perrexit. In domo nobilis matronæ, nomine Susannæ, hospitati sunt, et in crastinum publice Dominum prædicare cœperunt.

In hospitio viri Dei quidam phreneticus catenis constrictus erat, quem solvere nemo audebat. Pro quo Susanna rogavit episcopum ut ipsum quoque sicut alios sanaret infirmum. Ille vero supplicanti annuit, et signum crucis super ægrum fecit; mox catena confracta est et homo sanus factus est. Nobilis itaque mater et filia ejus Valeria hoc signum videntes, crediderunt, et a beato præsule cum sexcentis de familia sua baptizatæ sunt.

Sanctis in theatro prædicantibus, sacerdotes idolorum indignati sunt, eosque flagellis graviter cæciderunt et in carcerem miserunt. Sanctus vero Martialis cum sociis suis illata sibi patienter pertulit, Deoque gratias egit. Circa horam sequentis diei tertiam Martialis oravit, et continuo lux magna velut splendor solis in carcere refulsit. Cunctorum catenæ confractæ sunt et ostia aperta sunt; et omnes qui aderant, baptizari rogaverunt. Terræ motus etiam in civitate factus est, fulgura et tonitrua sonuerunt, ethnici ad templa idolorum frustra fugerunt, et sacerdotes, qui sanctos Dei percusserant, ictu fulminis necati sunt. Omnes ergo cives terrore unanimiter percussi ad carcerem perrexerunt, pedibusque præsulis provoluti reatuum veniam, auxiliumque sibi postulaverunt. Orante cum suis collegis beato pontifice, Aurelianus et Andreas resuscitati sunt, et indulgentiam proni petierunt; verumque Dominum cum omni populo, qui insolita admirans intuebatur, confessi sunt. Sequenti die, beatus Martialis a minimo usque ad maximum convocavit, et, facta competenti exhortatione, universos baptizavit. Tunc ibi viginti duo millia in Dominum crediderunt et salutari theusebiæ gratanter sese submiserunt.

Sacer præsul cum omni populo ad templum, in quo statua Jovis et Mercurii ac Dianæ et Veneris erat, venit; idolisque confractis, ibi ecclesiam in honorem sancti Stephani protomartyris dedicavit.

Beata vero Susanna feliciter in Domino defuncta est et a B. Martiale cum magna veneratione sepulta est. Multa etiam dona et innumera beneficia beato viro contulit, servorumque multitudinem subegit. Porro Valeria ejus filia virginitatem suam Domino vovit, et Spiritu sancto repleta, in cunctis operibus bonis se semper probabilem exhibuit. Quæ ut sponsum suum Stephanum ducem ad urbem Lemovicam venire audivit, sciens pro certo quod ipsa integritatis voto graviter eum offenderit, omnes divitias suas in auro et argento atque multiplicibus vestimentorum generibus, lapidibusque pretiosis pauperibus distribuit. Possessiones quippe ac mancipia et vernaculos jam olim cum matre sua sancto præsuli concesserat ut, post discessum ejus, inibi sancta ipsius tumularentur membra.

Stephanus siquidem dux principatum a fluvio Rhodani usque ad mare Oceanum tenebat, omnemque citra Ligerim regionem et omnem Aquitaniam, seu Wasconum et Gothorum gentem possidebat. Rex tamen non vocabatur, quia nullus sibi hoc nomen vindicabat, nisi solummodo Nero qui Romanum tenebat imperium. Hic Lemovicam civitatem introivit et Valeriam sponsam suam ad se venire præcepit. Ex cujus colloquio quando repudium sui didicisset, ac pro certo probasset quod eam, quia ipsa nollet, sibi conjugio sociare non posset, frendens nimis, non eam diutius passus est secum con-

---

(32) Vulgo *Ahun*.

fabulari, sed furore repletus, jussit eam extra urbem duci et protinus decollari. Ducta vero ad locum decollationis spiculatori proximam mortem prædixit, et, expansis manibus in cœlum, oravit, Dominoque Deo sese fiducialiter commendavit. Qua orante, vox desursum audita est : « Noli timere, Valeria, quia exspectant te in claritate quæ nullo fine claudetur. » Hanc vocem audiens virgo exsultavit, et, elevatis in cœlum oculis, dixit : « Domine, in manus tuas commendo spiritum meum. » Hæc effata, ultro collum tetendit, et lanistæ uno ictu capite truncata est. Fulgidam instar solis animam ejus de corpore egressam multi viderunt in igneo globo deferri in cœlum, cum hymnidico angelorum concentu dicentium : « Beata es, Valeria, martyr Christi, quæ mandata Domini custodisti. Eris jugiter permanens in conspectu ejus, in splendore lucis quæ terminum non cognovit. »

Hæc audiens armiger Stephani ducis, qui eam decollaverat, cum summa festinatione Domino suo nuntiavit omnia quæ viderat vel audierat. Ad ultimum, ut verbum virginis de imminenti morte sua protulit, ab angelo percussus ad pedes ducis cecidit et mox exspiravit. Timor autem et tremor magnus ducem et cunctum populum ejus invasit; ideoque dux, cilicio indutus, ad se beatum Martialem venire rogavit. Qui cum in præsentia ejus venisset, prosternens se dux ad pedes ejus, cum magno fletu cœpit dicere : « Peccavi, o vir sanctissime, fundens sanguinem justum; sed precor te ut resuscites hunc armigerum meum, et me facias credere in Deum tuum. » Tunc sanctus pontifex omnem populum Christianorum convocavit, et omnes ut Deum pro resuscitatione mortui deprecarentur admonuit. Deinde, facto silentio, ipse clara voce oravit, et finita oratione ad defuncti corpus abiit, tenensque manum ejus, ut resurgeret in nomine Domini præcepit. Qui confestim surrexit, et provolutus episcopi pedibus baptizari petiit. Stephanus etiam dux, ut hoc signum vidit, similiter, sancti vestigiis procubuit et indulgentiam pro commisso facinore imploravit. Beatus autem pontifex pœnitentiam ei pro interfectione virginis et martyris indixit, ipsumque et omnes comites illius ac duces, cunctumque exercitum et omnem populum utriusque sexus numero xv millia baptizavit. Præfatus vero dux magistro suo dedit multa munera auri et argenti ut exinde fabricaret ecclesias in honorem Domini. Prædia etiam ingentia et plura beneficia cum vineis et vernaculis in provincia Lemovicensi tradidit, ut exinde faceret nobilitatem ecclesiarum, quas fabricaturus esset, et omnem indigentiam clericorum, qui in eisdem Deo servituri essent, suppleret. Post hæc hospitale pauperum in eleemosyna beatæ Valeriæ fecit, in quo ccc pauperes omni die alendos instituit. Aliud quoque instituit, in quo turbam pauperum numero DC quotidie refici decrevit, et super tumulum Valeriæ virginis et martyris ecclesiam construxit.

XXIII. *Sequentia Martialis apostoli vitæ.*

Interea Stephanus princeps Galliarum, jussu Neronis imperatoris, Italiam perrexit, ibique cum IV legionibus præliatorum sex mensibus ei servivit. In militari tamen exercitio divinæ legis immemor non fuit, sed exercitum suum sic instituit ut quisque suis contentus esset stipendiis, et si quis aliquid raperet, capitalem sententiam subiret. Completo autem servitii tempore, remeandi licentiam accepit; sed sua repetere, priusquam beatum Petrum principem apostolorum videret, noluit. Romam ergo ipse et omnis exercitus ejus properaverunt, et urbem ingressi, apostolum, in loco qui Vaticanus dicitur, docentem multas turbas populorum invenerunt. Protinus discalceatis pedibus, in cilicio ad pedes ejus prostrati sunt, et cum magna humilitate benedictionem ab eo postulaverunt. Petrus autem, ut tam præclaram de Gallia generationem vidit, et omnes Evangelio Dei edoctos et a beato Martiale baptizatos esse audivit, admodum lætus gratias agens, Dominum benedixit. Apostolo sollicite percunctanti de moribus et gratia vel conversatione præfati antistitis, devotus dux multa benigne retulit de virtutibus ejus et prodigiis, et de conversione populorum ad fontem concurrentium sacri baptismatis.

Postquam dux ab apostolo pro effusione sanguinis innocentis Valeriæ absolutionem promeruit, auri libras ducentas, quas a Nerone imperatore dono acceperat, ei obtulit. Sed ille eidem duci præcepit ut memoratum aurum sancto præsuli deferret, ut ecclesias inde construeret vel pauperibus erogaret. Denique, accepta benedictione apostoli, pariter in Gallias reversi sunt, consultuque ducis priusquam proprios lares reviserent, communem patronum repetierunt. Cumque ad quoddam palatium regale vocabulo Jocunciacum venissent, tentoria et papiliones super Vinzennam fluvium fixerunt. Qui, dum calore solis æstuantes ad fluvium irent, ut ardorem simul et sudorem devitarent, Hildebertus, Archadii Pictavensis comitis filius, ad locum qui Garricus dicitur, venit, ibique a diabolo suffocatus interiit, et omnis exercitus cadaver ejus quærens non invenit. Tunc Archadius cum omni exercitu suo nimio mœrore affectus est, lacrymansque Lemovicam ad beatum Martialem venit, ipsumque humiliter pro filio suo deprecatus est. Tunc multæ turbæ Gothorum et Wasconum Lemovicam venerant, et ex diversis regionibus plures illuc populi confluxerant, ac a beato viro verba veræ salutis audire cupiebant. Archadius et omnis populus ad pedes hominis Dei se projecerunt, et cum magno fletu pro adolescente in flumine demerso obsecraverunt. Ipse quoque flere cœpit, et in cilicio, discalceatis pedibus ad locum perrexit. Orantibus vero cunctis, vir Dei dæmones in fovea latitantes adjuravit, præcipiens ut corpus adolescentis ad ripam fluminis deferrent, et ipsi in conspectu plebis manifesti apparerent. Statim corpus ad ripam fluvii projectum est, quasi sex stadiis, in siccum ; et dæmones visi sunt in similitudine porcorum. Deinde populo deprecante et episcopo imprecante, de flumine cum magno impetu exierunt, et ante pedes sancti Martialis venerunt. Erant autem quasi Æthiopes nigriores fuligine, pedes eorum magni terribiles oculi et cruenti, capilli totum tegebant corpus, atque per os eorum et nares ignis emanabat sulphureus ; loquentes vero corvinam vocem imitari videbantur. Præsule nomina eorum interrogante, unus eorum dixit : « Ego vocor Mille-Artifex, quia mille habeo artes ad decipiendum genus humanum. » Alter dixit : « Neptunus nuncupor, quia multos homines in hac fovea præcipitavi et in inferni pœnas demersi. » Sanctus pontifex dixit : « Utquid gestatis igneas catenas in naribus vestris ? » Dæmones dixerunt : « Quando animas hominum decipimus, ad magistrum nostrum cum his catenis ducimus. » Præsuli vero interroganti quomodo magister eorum vocaretur, dixerunt : « Rixoaldus, quia rixam semper desiderat et cum ira et indignatione permanet. » Denique deprecantibus illis ne Latino sermone cum eis ultra loqueretur, nec illos in abyssum vel in mare Oceanum mitteret, Hebraice præcepit ut in desertum locum irent nec ullam usque in diem judicii creaturam læderent. Dæmones statim per inane volantes nunquam comparuerunt. Dux autem et omne vulgus, cunctusque exercitus ex diversis provinciis adunatus atque ad hoc spectaculum congregatus, projecerunt se ad pedes sancti antistitis, pro resuscitatione mortui rogantes cum lacrymis. Ipse vero, tot fletibus commotus, omnes pariter Dominum deprecari præcepit, tenensque manum defuncti, dixit : « Hildeberte, in nomine Domini nostri Jesu Christi, surge. » Qui statim surrexit et xxvi annis postea religiose vixit. Cunctis Dominum glorificantibus qui tam gloriosum miraculum viderant, sanctus Martialis Hildebertum vocavit, et ab eo, de his quæ jam exanimis viderat, pro ædificatione audientium inquisivit. Cunctante (33), plura ille narravit.

« Cum fatigatus, inquit, ardore solis, a sudore corpus meum abluerem, continuo dæmones in foveam præcipitantes me suffocaverunt. Cumque igneis catenis me constringere voluissent, protinus astans angelus Domini de manibus eorum abstraxit me. Cumque ad orientem pergere cœpissemus, duo cunei dæmonum contra nos veniebant, et igneas sagittas jaciebant. Unus eorum ante nos et alius retro pergebat. Ast ego nimio pavore perterrebar, sed ab angelo comitante mihi blande confortabar. Sonora etiam voce ac dulci modulatione cœpit angelus Domino canere, dicens : *Benedic, anima mea, Domino, et omnia quæ intra me sunt nomini sancto ejus. Qui propitiatur omnibus iniquitatibus tuis, et redimet de inferno vitam tuam.* Deinde ad ignem purgatorium pervenimus, in quo Christiani cruciantur pro quotidianis excessibus, qui non gravantur criminalibus. Purgatorius quippe ignis fluvius est, et pons superpositus, in quo me ducens angelus Domini ac statuens illuc, apprehensa manu mea, dixit : *Hic stabis, quousque, ab omnibus peccatis emundatus, cœlestis regni merearis esse particeps.* His expletis, ad portam paradisi venimus, juxta quam multitudinem dæmonum congregatam reperimus, quorum sævitiam et calumniam pertimescebam vehementius. Tunc vox de cœlo audita est : *Revertatur anima pueri hujus in viscera ejus et vivat annos viginti et sex.* Angelus autem qui me ducebat incredibilis pulchritudinis erat, et humanam naturam aspectu suæ visionis excedebat. Percunctanti etiam mihi de doctore nostro Martiale, respondit angelus : *Magnum in cœlis meritum possidet, quia virgo permanet et sine concupiscentia feminarum est et esse deliberat. A juventute Domino cœpit deservire et beato Petro adhærere. Ad paternam domum reversus non est. Sicut a concupiscentia carnis noscitur alienus, sic a dolore mortis erit extraneus. Angeli duodecim ei a Domino deputati sunt, qui semper cum eo gradientes eum fatigari non permittunt, nec esurire, nec sitire ; sed ab omni malo eum custodiunt, et ab omni contagione doloris prorsus extraneum reddunt.* »

« Hæc et alia his similia Hildeberto referente, pontifex et dux, cum omni coadunata plebe, lætati sunt, Dominoque pro collatis beneficiis gratiarum actiones reddiderunt. Hildebertus autem, angeli monita tenens, caput suum totondit, et beato præsuli adhærens, in Dei servitio permansit, vinum non bibens et carnem non comedens. Indumentis pedum non est usus. Pane et aqua solummodo contentus fuit in cibo, et cilicio in indumento. Erat enim deditus in assiduis orationibus, in jejuniis frequentioribus, et continuis bonorum operum exhibitionibus. Data vero sibi a parentibus distribuebat indigentibus ; nihil in crastinum sibi reservabat. Exemplum vero ejus multi secuti sunt, propriisque renuntiantes voluntatibus, per arctam viam ad Christum cucurrerunt.

Stephanus dux decretum fecit et per omnes gentes, quæ ditioni ejus subjacebant, direxit ut omnia templa et idola minutatim confringerent et igni cremarent, solique Deo vacarent et servire studerent. Ipse religiosam vitam, sicut a bono magistro didicerat, diligenter Deo servabat. Eleemosynis enim erat deditus, in judicio justus, circa pauperes sollicitus ; sacerdotibus atque cunctis Dei ministris supplex erat ac devotus, prudentissimus pater Christianorum ac ferocissimus persecutor paganorum. A die quo baptisma suscepit, cum femina pollutus non fuit ; sed in castitate usque in diem obitus sui vixit.

In Burdegala civitate Sigibertus comes erat, qui per sex annos paralysi morbo graviter ægrotaverat. Qui, ut mirabilia quæ per beatum Martialem agebantur audivit, conjugi suæ Benedictæ præcepit ut

(33) Leg. : *percunctanti.*

festinanter ad hominem Dei pergeret, et xxvi libras auri et argentum sufficiens secum deferret, factaque petitione propitiationem Dei per ejus amicum sibi obtineret. At illa cum summa velocitate imperata competenter paravit, et cum duobus millibus octingentis equitibus ad virum Dei perrexit. Perveniens autem ad illum fiducialiter pro viri sui salute petiit. Super cujus fide beatus vir exhilaratus, sanitatem ægroto promisit. Tunc baculum suum matronæ tradidit, ac ut super maritum suum poneret, ut sanaretur, præcepit. Aurum autem et argentum accipere noluit, sed divina secundum Domini præceptum beneficia gratis erogavit. Nobilem vero Benedictam et omnes itineris ejus comites baptizavit, et omnes in fide confirmatos ad propria remisit.

Interea, Burdegalæ dum civitatis populus ad delubra idolorum venisset, et pontifex thura cremaret, dæmon per quemdam Hebræum nomine Martialem ei se egressurum dixit, et magnas virtutes sancti præsulis atque dignitates apud Deum mœstus palam promulgavit. Tandem matrona urbem ingrediente, seniores populi obviam ei processerunt, et omnia quæ a Jove audierant narraverunt. Tunc primum pontificem idolorum ad se comitissa vocavit, eique præcepit ut per omnia templa pergeret, et, excepto templo Dei ignoti, minutatim ea confringeret. Deinde cum sociis Christianis Dei clementiam exoravit, et in ejus nomine ad lectum mariti pervenit, ac super eum beati pontificis baculum imposuit. Porro membra, quæ contractione nervorum ac vitiosa febrium compagine fuerant sauciata, exemplo efficiuntur ac si nunquam propria virtute fuissent privata. Postquam præfatus comes Sigibertus sanatus est, cum multo apparatu populi ad sanctum antistitem profectus est, et ab ipso sacri baptismatis unda cum cunctis sequacibus suis regeneratus est. Copiosa vero precum et gratiarum xenia pro collatis sibi cœlestibus beneficiis retulit, et multis postea diebus in Dei servitio feliciter vixit.

Quondam, cum exigentibus hominum insolentiis denominata civitas ignis incendio jam consumenda cremaretur, ac pene sui interitum arsura minari videretur, religiosa Benedicta baculum viri Dei fideliter igni opposuit, et, omnipotentium Creatoris confessa, ejus auxilium invocavit. Protinus incendium ita sopitum est ut vestigia ignis nullo modo apparerent.

In illo tempore, instinctu divino admonitus, præsul Christi Martialis ad Garumnam fluvium perrexit, et in loco qui Mauritania (34) dicitur, multis qui illuc confluxerant, verbum Dei prædicavit, ibique, pro saluberrima occupatione divini operis, tribus mensibus mansit. Novem dæmoniaci catenis constricti, ex Burdegala civitate a parentibus deducti, a sancto Martiale, dæmonibus expulsis sunt sanati. Dæmones enim, qui per fidei Christianæ virtutem de Burdegala urbe ejecti fuerant, irati contra suos quos subjugaverant, miseros idololatras invaserant, et in eorum corpora grassantes nimis illos vexabant. A parentibus itaque ad virum Dei pertracti sunt; quo orante et præcipiente, maligni hostes, per ora eorum cum sanguine egressi, nusquam comparuerunt.

Quondam, dum beatus Martialis Mauritaniæ prædicaret, et maxima populorum multitudo, ut audirent vera dogmata, concurreret, Sigibertus comes decrevit cum magno militum exercitu ad eum venire, eique congruentem apparatum ciborum et potus amicabiliter exhibere. Copiam ergo piscium concupivit, et ministros in pontum piscandi gratia misit. Tandem piscatoribus multa secum genera piscium deferentibus, et optata invisere littora cupientibus, subito tempestas exorta est in mari, quæ ipsis interitum et navibus naufragium cœpit minari. Porro Benedicta comitissa, quæ cum multitudine plebis ad littus stans exspectabat, metuendum trepida periculum videbat. Cumque jam mergi cœpissent homines [cum navibus, religiosa mulier extendit in cœlum manus, et voce magna exclamans, Deum invocavit, et continuo sedata tempestas cessavit. Piscatores autem cum navibus et piscibus ac retibus incolumes ad portum pervenerunt, et cuncti hoc videntes mirabilem Deum glorificaverunt.

Almus vero præsul a Mauritania reversus Lemovicam repedavit, et inde ad vicum nomine Asiacum (35) perrexit. Ibi Jovis idolum venerabile paganis erat, ibique multitudo magna languentium diversis oppressa infirmitatibus jacebat. Tunc, adveniente pontifice, dæmon obmutuit, sed vir Dei, rogantibus incolis, de simulacro illum egredi præcepit, statuam confringere et visibiliter populis apparere. Protinus de statua exivit quasi niger puerulus obscurior fuligine, cujus capilli tetri et densissimi usque ad pedes erant; et per os illius ac nares et oculos [flamma?] cum fetido ardore emanabat. Denique sancto populis ostendente quem dominum coluerant, eique rursus ut statuam comminueret præcipiente, confractam statuam in pulverem redegit et postea nusquam comparuit. Venerabilis autem episcopus cunctos ægrotos ad se congregari fecit, et facto super eos signo crucis in Dei nomine sanavit; et cunctos qui ibi commanere videbantur baptizavit. Inde reversus ad propriam sedem, oratoria construi fecit et insignibus ornamentis diligenter decoravit. Unum in honore sancti Stephani protomartyris consanguinei sui consecravit, et aliud in honore sancti Petri apostoli ac magistri sui constituit, et totum altare per circuitum laminis aureis vestivit. Constructis autem basilicis, beatus præsul certum dedicationis

---

(34) Vulgo : *Mortagne-sur-Gironde*.
(35) Forte : *Axia (Aixe)* prope Lemovicum. Le Prévost : *Ansiacum*, ignotus locus.

diem denuntiavit, et Stephanus dux sufficientem apparatum cunctis venientibus ad sacra solemnia præparari commendavit. Porro, dum sanctus pontifex celebraret missarum solemnia, Arveus, comes Turonicæ civitatis, arreptus est a diabolo cum conjuge Christiana. Vir autem Domini diu fatigari homines passus non est, sed eos ad se jussit venire, et dæmones increpavit cur ausi fuissent in illos intrare. Dæmones vero dixerunt hoc sibi permissum fuisse pro transgressione, quia contra præceptum ejus immunditia carnali commaculassent se tota nocte. Duce cum populo rogante pro vexatis, sanctus præsul dæmonium expulit in nomine Salvatoris, hominesque restituit vigori pristinæ sospitatis. Basilica siquidem Sancti Petri vi Nonas Maii, tempore Neronis imperatoris, consecrata est, et tanta claritas in die consecrationis ejus ibidem emicuit ut alter alterum sibi proximum vix videre quivisset.

His rite peractis, beatus Martialis Aurelianum ordinavit, et post suum discessum urbi Lemovicensium præfecit. Andream vero presbyterum ecclesiæ Sancti Petri apostoli præfecit, ibique cum eo Hildebertum Archadii comitis filium et alios xxxvi clericos constituit, eisque Stephanus dux ex suo redditus ad victum et vestitum ubertim donavit. Multa quidem de operibus beati Martialis scripta sunt, sed tamen omnia singillatim proferri nequeunt. Erat enim divina eruditione repletus, religione insignis, morum probitate pollens, miraculorum exhibitione admirabilis. Erat contemptor sæculi, amator Dei et proximi, et cui vivere Christus erat et mori lucrum. Reddebat, ut sæpe jam diximus, cæcis visum, surdis auditum, claudis gressum, mutis loquelam, ac mortuos revocabat ad vitam. Sunt et alia multa, ut Aurelianus dicit, commemoratione digna, quæ per eum operata est Christi gratia; quæ, si litteris scriberentur, a non credentibus apocrypha dicerentur.

Anno Dominicæ Resurrectionis 40, quando beatus pontifex Martialis oraret solito, ecce Dominus Jesus Christus cum discipulis suis in splendore ei apparuit, et amicabiliter eum salutans vocavit, eique quintumdecimum diem migrationis ejus de mundo terminum esse prædixit. Sanctus ergo vir, gaudio magno repletus, Deo gratias egit, et exitum suum per binas hebdomadas assiduis jejuniis et vigiliis ac orationibus præparavit. Statuto enim tempore noctis, post modicam pausationem, quæ fessos artus recreabat, ad orationem surgebat, et usque in horam secundam diei precibus et divinis laudibus insistebat. Deinde sacrificium Domino in hora secunda pro se et omni Ecclesia offerebat, et postea usque in vesperum assidue prædicabat. Nocte vero jam incumbente, arduam sibi impositam victus alimoniam, panem scilicet et aquam, percipiebat.

Appropinquante vocationis termino, vir Dei fratres convocavit et obitus sui diem imminere indicavit, nuntiosque per universas regiones et provincias, quas ipse Domino acquisierat, destinavit. Multi autem cum magno ejulatu convenerunt, populus scilicet Pictavensium, Biturigensium, Arvernorum, Wasconum, vel Gothorum. Appropinquante autem obitus sui die, rogantibus cunctis, extra civitatis portam, quæ Calcinea dicitur, perrexit; ibique sermonem de vera fide et divinis operibus edidit, atque beatas virtutes, quibus salutiferi mores decorantur, utiliter recensuit. Postquam exhortatione finita populum benedixit, Dominoque Deo piis precibus commendavit, portari se in oratorium beati Stephani fecit; ibique in cinere et cilicio recubans finem suum exspectavit, genibusque flexis et manibus ad cœlum intentis, orationibus exitum suum muniri curavit. Ad ultimum vero hanc ad Dominum vocem fudit : « In manus tuas, Domine, commendo spiritum meum. » Cunctis autem flentibus et orantibus, ipse manu innuens ut silerent, dixit : « Tacete ; nunquid non auditis quantæ veniunt laudes de cœlo? Certe Dominus venit sicut promisit. » Continuo lux magna ibidem refulsit, et vox Domini vocantis eum personuit : « Egredere, benedicta anima. » Deinde cum ipso splendore in cœlum perrexit, et concentus interim angelorum auditus est. In crastinum hora tertia paralyticus quidam tetigit feretrum ejus et statim factus est sanus. Cumque ad sepeliendum corpus illius deferretur, in hora egressionis ad Sancti Stephani basilicam cœli aperti sunt, et bajulis sancti corporis pergentibus usque ad locum sepulturæ semper aperiebantur. Præterea multis ad exsequias confluentibus infirmis, beatus Alpinianus, accipiens sudarium beati pontificis, ægrotorum corpora tangebat et cunctos ad invocationem Christi sanabat. Inter reliquos hydropicus quidam ex Tolosana urbe advectus est cum sex cæcis et quatuor dæmoniacis, qui sequenti die post obitum sancti præsulis ad sepulcrum illius repræsentati sunt et sacri sudarii tactu sanati sunt.

Innumera per sanctissimum præsulem post tumulationem ejus miracula facta sunt, quæ singillatim omnia præ ingenti copia scripto comprehendi non possunt. Fortassis cui hæc non sufficiunt, nec ampliora, si scriberentur, volumina sufficerent.

Interveniat pro nobis almus præsul Martialis de se loquentibus, qui conviva Christi fuit et apostolorum socius, qui pius pastor exstitit Lemovicensibus ei primus prædicator populus occidentalibus, ut, sacris ejus orationibus muniti, hæreditatis æternæ mereamur participes ascisci. Amen.

XXIV. *Historia Romanorum pontificum. Petrus et successores ejus.*

Quia chronographiam secundum scripta priscorum contexere decrevi, et ecclesiasticam incipiens narrationem, in cujus capite de sanctis apostolis quædam breviter apposui, nunc, adjuvante Deo, de Romanis præsulibus continuatam seriem edere nitor, et a beato Petro apostolo, cui Christus claves regni cœlorum commisit, inchoare conabor. Hoc enim opus necessarium duco, ac studiosis clientibus sibi aliisque docilibus commodum autumo. Jam, ut veraciter rimatus sum, per mille et centum annos, ex quo fortis Emmanuel per intemeratam Virginem nube carnis trabeatus venit ad nos, in urbe Roma (quæ ab ipso sui primordio super omnes vicinos molita est efferre fasces suos, et usque ad Euphratem Oceanumque, disponente Deo, dilatavit fines suos) plures, opitulante Deo, eximii athletæ tenuerunt ecclesiastici regiminis frenos, quorum triumphales cursus perscrutari bonis delectabile est inter fluctus mundanos, ut, per heroum vestigia gradientes, desudent imitari strenuos actus atque salvificos.

Beatus Simon Petrus, princeps apostolorum, filius Joannis, vico Bethsaida provinciæ Galilææ ortus, primum in Antiochia vii annis sedit; deinde sub Claudio contra Simonem Magum Romam pergit, ibique xxv annis Evangelium prædicans Ecclesiam rexit. Contra Simonem multoties coram Nerone et populo disputavit, et, eo devicto, a Nerone xxxvi anno a passione Domini iii Kal. Julii, cum Paulo martyrizatur.

Linus de Tuscia, ex patre Herculano, sedit annis xi mensibus iii, diebus xii, et martyrizatus est vi Kal. Decembris. Hic ex præcepto Petri apostoli constituit ut mulier in ecclesiam velato capite intraret.

Cletus Romanus sedit annis xii, mense i, diebus xi, et sub Domitiano passus est vi Kal. Maii, et cessavit episcopatus diebus xx. Rufinus, Aquileiensis presbyter, de Lino et Cleto dicit in proœmio historiæ Clementis quod ipsi, vivente Petro apostolo, ministraverint sibique successerint. Valde miror quod tam prudens interpres et historiographus, et tam Græcis quam Latinis admodum eruditus, non consideraverit quod ambo felicem cursum martyrio consummaverint, nec aliqui persecutionem in urbe pro Christo usque ad tertium decimum Neronis annum, post Simonis Magi præcipitium, perpessi fuerint. Linus quippe tempore Vespasiani, Cletus vero persecutione passus est Domitiani.

Clemens Romanus de Cœlio monte, ex patre Faustino, sedit annis x, mensibus ii, diebus x, et sub Trajano in mare præcipitatus est ix Kal. Decembris, et cessavit episcopatus diebus xxi. Hic disciplinam beati Petri apostoli secutus, bonorum ornamentis morum insigniter pollebat, et ob hoc Judæis et gentilibus et omnibus Christianis complacebat, quorum inopes nominatim scriptos habebat, nec sanctificatione baptismatis mundatos publicæ mendicitati subjectos esse sinebat. Flaviam Domitiam virginem, Domitiani Cæsaris neptem et Aurelii sponsam, sacro velamine consecravit; et Theodoram, Sisinnii comitis conjugem, in proposito castitatis confirmavit. Quam vir suus zelo ductus ecclesiam intrantem occulte prosecutus est; sed a Clemente facta oratione, statim cæcus et surdus effectus est. Cumque servi ejus vellent eum de ecclesia ejicere, diu gyrantes per circuitum januam non potuerunt invenire, donec Theodora pro viro suo fusa obtinuit oratione ut ipse cum pueris suis inde potuisset exire. Ille tandem ad domum perductus, in cæcitate permansit, et Theodora post missas sancto Clementi papæ ordinem rei gestæ insinuavit. Ipse vero populum, ut Deum orarent, admonuit. Deinde cum muliere ad ægrotum perrexit, et orationem faciens, visum et auditum ei statim restituit. Ille autem receptis sensibus corporis amens factus est, et Clementem episcopum, quem ad conjugem suam ingressum esse putabat, teneri et trahi præcepit. Servi vero ejus saxeas columnas ligabant, et nunc deintus foras, nunc deforis intus trahebant. Sisinnio itaque cum servis suis insaniente, Clemens recessit, et Theodora pro marito suo tota die cum lacrymis oravit. Tandem ad vesperum Petrus apostolus ei apparuit, et confortans ait : « Per te salvus erit Sisinnius, ut impleatur hoc quod dixit frater meus Paulus apostolus : *Sanctificabitur vir infidelis per fidelem mulierem* (*I Cor.* vii, 14). » Statim Sisinnius, recepto sensu, per Theodoram Clementem accersiit, et amentiam suam confessus, omnipotenti Deo credidit, et corroboratus proximo Pascha cum cccxxxi promiscui sexus baptismum suscepit. Multi nobiles et illustres Domino per eum crediderunt, et veram fidem suscipientes baptizati sunt.

Publius Torqueanus, sacrorum comes, multitudini Christianorum invidit, dataque pecunia patronis regionum, nomini Christiano seditionem excitavit. Administrante Mamertino præfecturam populi Romani, seditio facta est; et Publio Torqueano jubente, Clemens secreto ad eum perductus est, ipsumque judicem rationalibus responsis ad veram fidem inflectere conatus est. Denique seditiosis tumultuantibus, ad Nervam pariter et Trajanum de illo relatio missa est. Trajanus vero rescribens jubet, si Clemens sacrificare nollet, trans Pontum maris, quod civitati Cersonæ adjacet, exsilium subiret; tantam gratiam Dominus beato Clementi tribuit ut pagani etiam præsides super illo flerent. Julianus præses illum Deo plorans commendavit, eique navem omnibus necessariis onustam delegavit. Multi eum religiosi viri de plebe et clero secuti sunt. In exsilio plus quam duo millia Christianorum ad marmora secanda damnatos beatus papa invenit; quos cum pro Dei nomine relegatos cognovisset, exsultavit, eisque copiosam de servanda fide et patientia doctrinam erogavit. Deinde, ut cognovit quod aquam humeris suis a sexto milliario deportarent, Dominum oravit et aquam petiit. Completa vero oratione, agnum stantem super montem vidit, et locum quem agnus erecto pede dextro monstraverat, brevi sarculo leviter percussit, et fontem affluentibus venis ornatum aperuit, qui subito impetu vomens fluvium fecit. Ad hanc famam confluxit omnis provincia, atque doctrinam sancti Clementis suscepit multitudo maxima ; ita ut in die una quingentæ animæ vel amplius baptizatæ essent, ibique intra unum annum, confractis idolis a credentibus, LXXV ecclesiæ factæ essent.

Post annos tres, paganis insistentibus, ad Trajanum imperatorem invidiosa relatio cucurrit; et Aufidianus dux ab eo missus diversis pœnis multos Christianos peremit. Cæsa vero multitudine, solum Clementem jussit ad mare perduci et anchoram ad collum ejus ligari et in medium maris præcipitari, ne a Christianis posset inveniri et pro deo venerari. Quod quando factum esset, Phœbo et Cornelio discipulis sancti Clementis cum multitudine Christianorum ad littus stantibus et cum fletu orantibus, recessit mare in sinum suum per tria fere millia, et ingressi per siccum populi videre mirabilia. Habitaculum namque invenerunt in modum templi marmorei angelicis manibus paratum, ibique in arca saxea corpus sancti Clementis positum ministerio angelorum, ita ut anchora, cum qua missus est, posita esset juxta eum. Discipulis autem ejus revelatum est ne eum tollerent; quia omni die passionis ejus mare recederet, et per septem dies advenientibus siccum iter præberet. Multis ibi mirabilibus factis, omnes gentiles per gyrum crediderunt in Christum, et famulantur ei qui vivit et regnat per omnia sæcula sæculorum. Amen.

Clemens constituit ut altaris palla, cathedra, candelabrum, si vetustate consumpta fuerint, concrementur.

Anacletus Græcus, de Athenis, sedit annis IX, mensibus II, diebus X; quo defuncto III Idus Julii, cessavit episcopatus diebus XVI. Hic decrevit ut accusatio sacerdotum non fieret nisi ab idoneis et probatissimis viris, qui suspicionibus careant.

Evaristus Judæus, de Bethlehem, ex patre Juda, sedit annis IX, mensibus X, diebus II, temporibus Domitiani, Nervæ et Trajani. Post martyrium ejus cessavit episcopatus diebus XVIII. Hic VII diacones ordinavit qui custodirent episcopum prædicantem per stylum veritatis, eique velut oculi essent in omnibus locis. Is etiam constituit ut vir uxorem, vel mulier maritum non dimittat, nec ecclesia, episcopo suo vivente, alium accipiat.

Alexander Romanus, de regione Caput Tauri, ex patre Alexandro, annis X, mensibus VII, diebus XI. Hic aspersionis aquam cum sale in habitaculis hominum benedixit, et passionem Domini in precatione sacerdotum, dum missæ celebrantur, miscuit. Multa per eum Dominus miracula fecit, et multis salutem animabus dedit. Tandem Via Nomentana, V Nonas Maii, decollatus est, et cessavit episcopatus diebus XXXV.

Sixtus Romanus, ex patre pastore, de Via Lata, sedit annis X, mensibus II, die I. Hic decrevit ut ministeria sacrata non tangantur nisi a ministris. Presbyter intra actionem in populo hymnum angelorum et hominum decantet: *Sanctus, sanctus, sanctus Dominus Deus Sabaoth. Pleni sunt cœli et terra gloria tua; Hosanna in excelsis. Benedictus qui venit in nomine Domini; Hosanna in excelsis!* Accusatoris primo persona, fides, vita et conversatio enucleatim perscrutetur. Accusatoribus enim, qui veritatis fidem ignorant, nec rectæ conversationis vitam deducunt, seu qui de inimicorum domo exeunt, credendum non est. Denique Nonis Aprilis martyrizatus est, et cessavit episcopatus diebus XIV.

Telesphorus Græcus sedit annis XI, mensibus III, diebus XXI, tempore Antonini et Marci. Hic decrevit ut septem hebdomadis jejunium ante Pascha celebretur, in Natale Domini noctu missa canatur, in ingressu sacrificii hymnum angelorum, id est *Gloria in excelsis Deo*, dicatur. Tandem martyrizatus est Nonis Januarii, et cessavit episcopatus diebus VII.

Hyginus Atheniensis, ex philosopho, sedit annis IV, mensibus III, diebus IV, tempore Veri et Marci. Hic nimirum sanxit ut metropolitanus absque omnium provincialium episcoporum præsentia causas aliorum non audiat. Episcopus autem absque clericis suis nullius causam definiat; alioquin utriusque sententia irrita erit. Hic sepultus est III Idus Januarii, et cessavit episcopatus diebus III.

Pius Italus, de Aquileia, sedit annis XIX, mensibus IV, diebus III, tempore Antonini Pii. Hic in habitu pastoris edoctus, Pascha Dominico fieri jussit. V Idus Julii obiit; et cessavit episcopatus diebus XIV.

Anicetus Syrus sedit annis XI, mensibus IV, diebus III, tempore Severi et Marci. Hic constituit ut clericus comam non nutriat. Episcopus a minus quam a tribus episcopis non ordinetur. Metropolitanus autem consecretur ab omnibus quibus præesse debet. Martyrizatus est autem XII Kal. Maii, et cessavit episcopatus diebus XVII.

Soter Campanus, ex patre Concordio, de civitate Fundis, sedit annis IX, mensibus VII, diebus XXI, tempore Severi. Defunctus est vero XV Kal. Maii, et cessavit episcopatus diebus XXI.

XXV. *Sequentia Romanorum pontificum historiæ.*

Eleuther Græcus, ex patre Abundio, sedit annis XV, mensibus III, tempore Antonini et Commodi. Hic definivit ut absens non judicetur, nec in eum proditoris calumnia vel vox audiatur. Nulla esca, quæ tamen humana et rationalis est, a Christianis repudietur. Deinde VII Kal. Junii obiit, et cessavit episcopatus diebus V.

Victor Afer, sedit annis X, mensibus II, diebus X. Martyrio coronatus est Kal. Augusti, et cessavit episcopatus diebus XII. Hic decrevit ut nemo de incertis judicetur.

Zephyrinus Romanus sedit annis VIII, mensibus VII, diebus X, tempore Antonini et Severi. Via vero Appia VII Kal. Septembris sepultus est, et cessavit episcopatus diebus VII. Hic constituit ut injuste exspoliatus sua primo recipiat, et post legitime accusantibus respondeat, induciasque, si ei necesse fuerit, non modicas accipiat.

Calixtus Romanus, de regione Ravennati, sedit annis VII, mensibus II, diebus X, sub Macrino et

Heliogabalo. Hic decrevit ut episcopus alterius parochianum non judicet nec excommunicet. Nullius enim nisi sui præsulis judicio tenebitur aut damnabitur. Lapsus in peccato, si dignam pœnitentiam gesserit, honore pristini officii non privetur; sed etiam si necdum habuit, adipisci poterit. Jejunium Sabbati ter in anno fiat, frumenti, vini et olei, secundum prophetiam quarti, septimi et decimi. Denique martyrizatus est III Idus Octobris, sub Alexandro imperatore, et cessavit episcopatus diebus VI. Tunc Calepodius presbyter et Asterius ac Palmatius consul, cum cc de familia sua, passi sunt.

Urbanus Romanus sedit annis IV, mensibus X, diebus XII. Hic decrevit ut omnes fideles per impositionem manus episcoporum post baptismum Spiritum sanctum accipiant, ut pleni Christiani sint. Tunc passi sunt Tiburcius, Valerianus, Maximus, Cæcilia. Ipse vero VIII Idus Junii martyrizatus est.

Pontianus Romanus sedit annis IX, mensibus V, diebus II, tempore Alexandri, a quo in Sardiniam, cum Hippolyto presbytero, exsulare coactus est. Tertio autem Kal. Novembris defunctus est, et cessavit episcopatus diebus X.

Antheros Græcus sedit annis XII, mense I, diebus XII. Martyrizatus est vero III Nonas Januarii, et cessavit episcopatus diebus XIII.

Fabianus Romanus sedit annis XIV, mensibus XI. Hic inter cætera dixit : « Convicium irati pro accusatione habendum non est. Omnis qui crimen objicit probet, et qui non probaverit, patiatur pœnam quam inferre voluit. » Passus est autem XIV Kal. Februarii, et cessavit episcopatus diebus VII.

Cornelius Romanus sedit annis II, mensibus II, diebus III. Hic apostolorum corpora rogatu Sanctæ Lucinæ noctu levavit. Beati Pauli corpus in via Ostiensi posuit, et Petri in templo Apollinis, in monte aureo, in Vaticano condidit. Sub Decio autem Centumcellis exsulavit. Deinde Romam adductus, plures salvavit, et decollatus est XVIII Kal. Octobris, et cessavit episcopatus diebus XXXV. Hic decrevit ut sacerdotes, nisi pro fide, sacramentum non faciant.

Lucius Romanus sedit annis III, mensibus III, diebus III, tempore Galli et Volusiani. Hic de exsilio Dei nutu rediit. A Valeriano, III Nonas Martii, capite truncatus est; et cessavit episcopatus diebus XXXV. Hic constituit ut duo presbyteri et tres diaconi semper ubique pro ecclesiastico testimonio cum episcopo sint.

Stephanus Romanus sedit annis VII, mensibus V, diebus II, tempore Valeriani, Gallicani et Maximi. Lucillam, quæ a cunabulis cæca erat, illuminavit, et Nemesium tribunum patrem ejus, aliosque promiscui sexus LXII baptizavit. Post martyrium Simpronii, Olympii, Exuperiæ et Theodoli, XII presbyteros : Bonum, Faustum, Maurum, Primitium, Calumniosum, Joannem, Exuperantium, Quirillum, Honoratum, aliosque plures per martyrium præmisit Kal. Augusti, et ipse, celebrata missa, decollatus est, IV Nonas Augusti, et cessavit episcopatus diebus XXVII. Hic decrevit ut infames personæ sacerdotes non accusent. Sacerdos et levitæ sacratis vestibus in usu quotidiano, nisi in ecclesia, non utantur.

Sixtus Græcus, ex philosopho, sedit anno I, mensibus X, diebus XXIII, tempore Gallieni et Decii. Hic statuit ut spreto proprio judice ad alium recurrens excommunicetur. Tandem VIII Idus Augusti decollatus est cum sex diaconibus : Felicissimo, Agapito, Januario, Magno, Vincentio et Stephano; et cessavit episcopatus diebus XXXV. Tunc Laurentius archidiaconus et Hippolytus cum familia sua, Abdon et Sennes subreguli Persarum, aliique multi diversis suppliciis martyrizati sunt.

Dionysius, ex monacho, sedit annis VI, mensibus II, diebus IV. Hic presbyteris ecclesias dedit, cœmeteria, parochias et diœceses constituit. Martyrizatus est VI Kal. Januarii, et cessavit episcopatus diebus V. In decretis Dionysii hoc reperitur : « Confessio ex necessitate veniens, credibilis non est; non enim debet extorqueri, sed potius sponte proferri. »

Felix Romanus sedit annis IV, mensibus III, diebus XXV, tempore Claudii et Aureliani. Deinde martyrio coronatus est III Kal. Junii, et cessavit episcopatus diebus V. Hic decrevit ut episcopatus episcopo non adimatur, antequam causa ejus discutiatur.

Eutycianus Tuscus, de Lunis, sedit anno I, mense I, die I, tempore Aureliani. Obiit VI Kal. Augusti, et cessavit episcopatus diebus VIII.

Caius Dalmata sedit annis XI, mensibus IV, diebus XII, tempore Carini, Diocletiani et Constantii. Hic constituit septem gradus ordinum, ut esset ostiarius, lector, exorcista, subdiaconus, diaconus, presbyter, episcopus. Martyrizatus est X Kal. Maii, et cessavit episcopatus diebus XI.

Marcellinus Romanus sedit annis IX, mensibus IV, diebus XVI, tempore Diocletiani et Maximiani. Hic decrevit ut major a minore non judicetur, laicus clericum non accuset; clericus vero cujuslibet ordinis absque pontificis sui permissu ad sæculare judicium neminem attrahat. Martyrizatus est autem VII Kal. Maii. Cum ipso, intra XXX dies, XVIII millia hominum pro fide Christi perempti sunt. Tunc nimia persecutio Christianorum fuit, et cessavit episcopatus annis VII, mensibus VII, diebus XXV.

Marcellus Romanus, de Via Lata, sedit annis X, mensibus VII, diebus XXI, tempore Maxentii et Maximini. Qui in catabulo jussu tyranni equis diu servivit, et tandem XVII Kal. Februarii migravit. Tunc cessavit episcopatus diebus XX.

Eusebius Græcus, ex medico, sedit annis VI, mense I, diebus III, tempore Constantini; VI Non. Octobris obiit et cessavit episcopatus diebus VIII. Hujus tempore crux Domini nostri Jesu Christi V Non. Maii inventa est, et Judas Quiriacus baptizatus est.

Melchiades Afer sedit annis IV. Hic constituit ut nullus fidelium Dominico jejunaret, nec feria v pro ritu paganorum. Sepultus est autem in coemeterio Calixti, Via Appia, IV Idus Decembris, et cessavit episcopatus diebus XVI.

Silvester Romanus, ex patre Rufino et matre Justa, sedit annis XXIII, mensibus X, diebus XI. Hunc Cirinus presbyter Romæ docuit; cujus vitam imitatus et mores, ad summum apicem Christianæ religionis attigit. Silvester a juventute hospitalitati, aliisque bonis actionibus pie studuit. Timotheum ab Antiochia venientem hospitio Romæ suscepit, et Christum publice prædicantem totis nisibus adjuvit. Dehinc eumdem, post annum et menses tres, pro veritate a Tarquinio urbis præfecto martyrizatum noctu rapuit, et Melchiadem episcopum, cum sanctis presbyteris et diaconibus, ut testem Christi sepelirent, ad domum suam perduxit. Timotheus itaque in horto Theonæ Christianæ mulieris, juxta Pauli apostoli sepulturam, venerabiliter tumulatus est; et Silvester a Perpenna Tarquinio tentus est, et in carcerem ut in crastinum pro confessione deitatis torqueretur missus est. Interea præfectus dum pranderet, osse piscis in gutture versato, interiit, et Silvester, dum persecutor ejus ad tumulum cum luctu duceretur, de carcere cum gaudio exivit. Qui, cum tricenarius esset, diaconus factus est, et paulo post, omni populo poscente, presbyter a sancto Melchiade episcopo ordinatus est; quo migrante, Silvester ab omnibus papa concorditer electus est. Cunctis virtutibus ipse rutilabat, meritoque sanctitatis omnibus idem complacebat.

Immanis erat draco in monte Tarpeio, in quo Capitolium est collocatum, ad quem magi cum sacrilegis virginibus semel in mense cum sacrificiis et listris descendebant CCCLXV gradibus quasi ad infernum. Hic ex improviso ascendebat, et licet non egrederetur, vicinum tamen aerem flatu suo vitiabat, quo mortalitas hominum et maximus de morte infantium luctus veniebat. Tandem paganis a Silvestro poscentibus auxilium, ipse Christianis triduanum indixit jejunium; post quod, beato Petro apostolo in visione edoctus, cum tribus presbyteris et duobus diaconibus descendit, et in virtute Dei draconem penitus inclusit, a cujus flatu tota civitas ex illa die et deinceps liberata Deo gratias egit. Hæc ut plurimi gentilium Romæ viderunt, a peste draconis erepti, Christo credentes baptizati sunt.

Constantino imperatore Christianos cogente idolis sacrificare, et plurimas strages agente de illis qui simulacra nolebant adorare, Silvester ab urbe cum clericis suis recessit, et in monte Soracte jejuniis et orationibus insistens aliquandiu delituit. Ultrix vero Dei manus elephantina Constantinum lepra percussit, et sic illum ab effusione sanguinis servorum suorum compescuit. Augustus ergo pro tanta mœstus calamitate, quid sibi prodesset obnixe studuit indagare. Tunc nefariorum Capitolii consilio pontificum, jussit perimi turmam ad tria millia infantium, ut fuso sanguine illorum fieret balneum, et in ipso fumanti cruore intinctus impetraret sibi lepræ remedium. Cumque Constantinus a palatio egrederetur ad balneum, et vidisset multitudinem mulierum amarissime flentium pro interfectione pignorum, tanti luctus occasionem inquisivit, facinusque ut cognovit, protinus exhorruit. Longa etiam et subtili concionatione barbaricam crudelitatem damnavit; imperiique Romani pietatem extulit. Filios itaque matribus incolumes reddi præcepit, et amplissima dona cum vehiculis et annonis addidit, et sic eas alacres ad propria remisit.

Sequenti nocte, in visione beatos apostolos Petrum et Paulum vidit, et ab eis admonitus Silvestrum cum clericis suis revocavit, et ab ipso veræ salutis eruditionem audivit, eique libenter in omnibus acquievit. Deinde papa ipsi et omni populo Christiano jejunium unius hebdomadæ indixit; quo peracto, vespere Sabbati salutare lavacrum in palatio Lateranensi parari præcepit et ex more sanctificavit. Tunc Constantinus baptizatus est, subitoque per mediam fere horam nimia luce emicante, a lepra mundatus est et Christum se vidisse confessus est.

Constantino imperante, concilium XLIV episcoporum in urbe Roma factum est. Ibi Silvester papa contra XII peritissimos Judæorum principes disputavit, et, opitulante Deo, contradicentes sibi authenticarum imbre sententiarum superavit. Contra Abiathar et Ioasi rabbites dissertum est quod Pater et Filius et Spiritus sanctus unus Deus est. Contra Godoliam et Annam scribas, ex prophetarum libris liquido manifestatum est Christum de Virgine natum, a diabolo tentatum, a discipulo traditum, ab hostibus tentum, illusum, flagellatum, aceto potatum, venditum, spinis coronatum, spoliatum, vestimenta ejus in sortem cecidisse, cruci affixum, mortuum et sepultum. Contra Dohet et Chusi didascalos, et Bonoim et Arohel interpretes legis, maxima utilitas incarnationis Christi et tentationis ac passionis ostensa est. Contra Jobal et Thara Pharisæos, authentice propalatum est quod Jesus Christus perfectus Deus et perfectus homo est, qui secundum humanitatem, ut omnibus salutem exhiberet, tentatus, passus atque mortuus est; sed omnipotens Deitas omnis passionis, sicut splendor solis super arborem, dum ferro cæditur, incisionis expers est. Seleon presbytero copiosa ratio publicata est quod Filius Dei agnus immaculatus jure vocatus est; quia ipse pro totius populi offensa (36) immolatus est. Ex virgine quoque natus est, ut nos ex Ecclesiæ virginis utero nasceremur. Tripliciter tentatus est, ut nos a simili tentatione liberaret; tentus, ut nos dimitteremur; ligatus, ut nos a nodo

---

(36) Melius, *offensis*. Le Prévost.

maledictionis absolveremur; illusus, ut nos ab illusione dæmonum erueret; venundatus, ut nos redimeret; humiliatus, ut nos exaltaret; captus, ut nos de captivitate dæmonum auferret; spoliatus, ut nuditas primi hominis, per quam mors ingressa est, tegeretur; spinis coronatus, ut spinas ac tribulos primæ maledictionis a nobis auferret; felle cibatus et aceto potatus, ut nos in terram lacte et melle manantem introduceret; postremo in altari crucis sacrificatus, ut totius mundi peccata deleret. Hic defecit argumentum diaboli: qui vitulum contra vitulum et hircum contra hircum fecerat, agnum contra agnum immaculatum invenire non potuit. Mortuus itaque rex noster est, ut mortis imperium captivaret; sepultus est, ut sepulturas sanctorum benediceret; resurrexit, ut mortuis vitam redderet; ascendit in cœlos, ut homini non solum paradisum, quem amiserat, restitueret, verum etiam cœlorum januas aperiret. Sedet nunc ad dexteram Patris, ut credentium precibus annuat. Venturus est autem judicare vivos et mortuos, ut reddat unicuique secundum opera sua. Hæc est vera fides Christianorum.

Cumque Silvester hæc et multa alia valide disseruisset, et Seleon, aliis Judæis tacentibus, allegationes papæ laudibus extulisset, duodecimus Zambri, qui magus erat artificiosissimus, restitit; nec authenticis Scripturarum sermonibus, sed magicis actibus confligere optavit, taurumque ferocissimum sibi coram omnibus adduci petiit. Mox papa et Augusto præcipientibus, taurus Terentii, quem vix centum fortissimi milites tenere potuerunt, est adductus. In cujus aurem ut Zambri quoddam secretum dixit, statim miser mugitum dedit et violentissime ejectis oculis exspiravit. Tunc omnes Judæi nimium insultavere Silvestro, et per duarum fere horarum spatia personuit tumultuatio. Denique Augusto imperante silentium, Silvester convenit maleficum, poscens ut sicut taurum interfecerat vivum, sic eumdem in Dei nomine resuscitaret mortuum. Quod ille nequivit facere, sed palam cœpit devotare et per salutem Augusti asserere quod si Silvester taurum erigeret a morte, omnes Judaicam legem dimitterent et Christianæ religioni se traderent. Tunc sanctus papa manus suas expandit, et, positis genibus, cum lacrymis diutissime oravit. Finitis vero precibus, ad juvencum accessit et cum ingenti clamore dixit: « In nomine Jesu Christi, qui a Judæis sub Pontio Pilato præside crucifixus est, surge et sta cum omni mansuetudine. » Protinus surrexit et sanctus præsul accessit et omnia vincula de cornibus ejus solvit: « Vade, inquit, cum omni mansuetudine ad armentum tuum. » Et mox taurus cum mansuetudine rediit ad gregem suum. Tunc omnes Judæi, pedibus ejus provoluti, postulaverunt unda baptismatis regenerari.

Ipsa etiam Helena Augusta publicis se aspectibus levatis aulæis exhibuit, et palam omnibus papæ genua exosculans, sibi locum pœnitentiæ dari rogavit. Eadem hora multi dæmones ex obsessis corporibus egressi sunt, sanctique Silvestri jussu se coactos exire confessi sunt.

In præfata Christianorum et Judæorum altercatione, Zenophilus et Craton præcipui censores et ordinarii ab Augusto et senatu electi fuerunt, quorum unus erat Græcus et alter Latinus. Ambo peritissimi erant oratores et dicaces veritatis amatores, et in Romana curia per longum tempus probatissimi rectitudinis servatores, avaritiæque contemptores. Ambo gentiles erant, ut neutræ parti pro religione faverent, sed justitiæ solummodo famulari studerent, et ne Christiani vel Judæi pro sua secta illos suspectos haberent.

Triumphante autem Christo per sanctum Silvestrum, multi Judæorum et gentilium crediderunt. Et quia inter initia primi mensis hæc gesta sunt, dato nomine in Pascha baptizati sunt. Extunc cœpit nomen Domini ab omni populo Romano magnificari et fidelium grex in toto mundo confortari et ubique Dei virtute admodum exaltari.

Silvester papa, ex præcepto Constantini, CCCXVIII episcopos in Nicæa Bithyniæ congregavit, et in urbe Roma CCLXXVII præsules ad concilium ascivit. Hic constituit ut nullus laicus clerico crimen inferat. Oppressus judices quos elegit habeat. Diaconi Dalmaticis utantur, et pallio linostimo eorum læva tegatur. Nullus clericus pro causa qualibet in curiam introeat, nec ante judicem nisi in Ecclesia causam dicat. Sacrificium altaris ad missam non serico neque panno tincto celebretur, sed in lineo tantum, sicut a Joseph corpus Domini sepultum legitur. Si quis vult in Ecclesia militare vel proficere, sit lector annos XX, exorcista dies XXX, acolytus annis V, subdiaconus annis V, diaconus annis VII, presbyter annis III, et postea, si meretur, fiat episcopus. Denique Silvester, post innumera bona, II Kal. Januarii obiit. Et cessavit episcopatus diebus CLXV.

XXVI. *Sequentia Romanorum pontificum historiæ.*

Marcus Romanus, ex patre Prisco, sedit annis II, mensibus VIII, diebus XX. Hic duas basilicas fecit, unam via Ardeatina in cœmeterio Balbinæ, ubi requiescit, aliamque in urbe Roma juxta Palatinas. Episcopos per diversa loca XXVII ordinavit. Nonas Octobris defunctus est. Et cessavit episcopatus diebus XX.

Julius Romanus, ex patre Rustico, sedit annis XV, mensibus II, diebus VII. Hic tempore Constantii hæretici multas tribulationes sustinuit, et pro fide catholica mensibus X in exsilio fuit, sed post mortem tyranni ad sedem suam cum gloria remeavit, duas basilicas fecit et cœmeteria tria. Episcopos IX ordinavit. Pridie Idus Aprilis obiit. Et cessavit episcopatus diebus XXV.

Liberius Romanus, ex patre Augusto, sedit annis VI, mensibus III, diebus IV, tempore Constantii. Tribus annis pro fide in exsilio fuit. Postea consentiens Arianis, per Ursatium et Valentem hæreticos presbyteros revocatus est et Catholicos vehementer persecutus est. Denique vii Kal. Maii Via Salaria in cœmeterio Priscillæ sepultus est. Et cessavit episcopatus diebus vi.

Felix Romanus, ex patre Anastasio, sedit anno i, mensibus iii, diebus iii, Liberio exsulante. In concilio xlviii episcoporum Constantinum Augustum ab Eusebio Nicomediensi rebaptizatum et Ursatum ac Valentem hæreticos anathematizavit. Depositus est ergo et passus in civitate Corona, iii Idus Novembris, et cessavit episcopatus diebus xxxvii. Hic episcopos xix ordinavit, et dies ejus in ordinatione Liberii dinumerantur. Statuta quippe, quæ Liberius ante exsilium fecerat, authentica sunt; quæ vero post reditum, quia consenserat hæreticis, irrita sunt.

Damasus, natione Hispanus, ex patre Antonio, sedit annis xviii, mensibus iii, diebus xi. Cum eo sub intentione Ursinus ordinatus est, sed ab urbe ejectus, in Neapoli episcopus constitutus est. Damasus vero in virtutibus laudabilis factus est. Multa corpora sanctorum requisivit et invenit, quorum monumenta versibus declaravit. A duobus autem diaconibus, Concordio et Calixto, de adulterio invidiose accusatus est, sed facta synodo a xliv episcopis accusatores condemnantibus purgatus est. Psalmos die noctuque in Ecclesia cantari statuit, et decretum inde presbyteris vel episcopis et monasteriis direxit. Hieronymum divinæ legis interpretem amavit, pontificali auctoritate admodum corroboravit, ac ad indagandam Scripturarum certitudinem instigavit. Episcopos per diversa loca lxii ordinavit. Via Ardeatina, in basilica quam ipse construxit, iii Idus Decembris juxta matrem suam sepultus est. Et cessavit episcopatus diebus xxxi.

Siricius Romanus, ex patre Tiburtio, sedit annis xv. Hic multa commoda statuta fecit et per universum mundum exspersit, quia circa gregem Dominicum valde sollicitus fuit. Episcopos per diversa loca xxxii consecravit. In cœmeterio Priscillæ, via Salaria viii Kal. Martii sepultus est. Et cessavit episcopatus diebus xx.

Anastasius Romanus, ex patre Maximo, sedit annis iii, diebus x. Hic constituit ut, quotiescunque sancta evangelia recitantur, sacerdotes non sedeant, sed curvi stent. Nullus clericus transmarinus sine chirographo episcopi sui ordinetur, Crescentianam basilicam in regione secunda urbis Romæ fecit et episcopos xi consecravit. In cœmeterio autem suo ad Ursumpileatum v Kal. Maii sepultus est. Et cessavit episcopatus diebus xxi.

Innocentius Albanensis, ex patre Innocentio, sedit annis xv, mensibus ii, diebus xxi. Hic multa statuta fecit, multos Kataphrygas invenit et exsilio relegavit, Pelagium et Cœlestinum hæreticos damnavit. Constituit ut qui natus esset de muliere Christiana baptizetur, quod Pelagius damnabat. Basilicam sanctorum martyrum Gervasii et Protasii dedicavit, ex devotione testamenti Vestinæ illustris feminæ et multis muneribus honoravit. Episcopos liv ordinavit. Jejunium Sabbato constituit celebrari, quia Sabbato Dominus in sepulcro positus est et discipuli jejunaverunt. Ad Ursumpileatum v Kal. Augusti sepultus est. Et cessavit episcopatus diebus xxii.

Zozimas Græcus, ex patre Abramio, sedit anno i, mensibus iii, diebus xi. Hic multa constituit in Ecclesia, jussit diaconos lævam palliis linostimis opertam habere, et per parochias cereum benedici. Episcopos viii consecravit.

Bonifacius Romanus, ex patre Jocundo presbytero, sedit annis iii, mensibus viii, diebus vii. Hic sub intentione cum Eulalio ordinatur uno die, et dissensio fuit in clero mense vii et dies xv. Eulalius in basilica Constantiniana, Bonifacius vero in basilica Julii ordinatus est. Sed auctoritate Honorii Augusti et Valentiniani Placillæ Augustæ filii uterque ejectus est. Veniente Pascha, Eulalius urbem intravit, in basilica Constantiniana baptizavit et Pascha celebravit. Imperatores ergo, pro tanta præsumptione irati, Eulalium in Campaniam expulerunt; Bonifacium vero in urbem Romam revocantes, episcopum constituerunt. Hic decrevit ut nulla monacha vel mulier contingat pallam sacratam aut lavet, vel incensum in ecclesia nisi minister ponat. Servus vel obnoxius Curiæ, seu cujuslibet rei, clericus non fiat. Bonifacius papa in cœmeterio Sanctæ Felicitatis martyris, juxta corpus ejus, oratorium fecit, et episcopos per diversa loca xxxvi ordinavit. Deinde Via Salaria, juxta corpus sanctæ Felicitatis, viii Kal. Novembris sepultus est, et cessavit episcopatus diebus ix. Tunc clerus vel plebs petierunt Eulalium revocari, sed ille non consensit Romam reverti.

Cœlestinus Romanus, ex patre Prisco, sedit annis viii, mensibus x, diebus xvii. Hic multa bona constituit. Antiphonatim cl psalmos David ante sacrificium statuit modulari. Nam antea Pauli tantum epistola recitabatur et sanctum evangelium, et missæ fiebant. Episcopos xlvi consecravit. In cœmeterio Priscillæ iv Idus Aprilis sepultus est. Et cessavit episcopatus diebus xxi.

Sixtus Romanus, ex patre Xisto, sedit annis viii, diebus xix. Hic a quodam vasso incriminatus est. Valentinianus igitur Augustus synodum lvi episcoporum congregavit, a quibus papa purgatus et vassus condemnatus est. Idem infra iii menses obiit, cujus corpus ad beatum Petrum papa sepelivit. Sixtus papa basilicas sanctorum pluribus ornamentis decoravit et episcopos lii ordinavit. Via Tiburtina in crypta, juxta corpus beati Laurentii, sepultus est. Et cessavit episcopatus diebus xxii.

Leo Tuscus, ex patre Quintiano, sedit annis xxi, mense i, diebus xiii. Hic in Chalcedonia ccvli sacerdotes, Marciano principe catholico juvante, aggregavit, et cccxvi episcoporum chirographa suscepit, comprobavit, et exposita fide catholica Eutychium et Nestorium hæreticos damnavit. Multas epistolas fidei solerter edidit, quibus synodum Chalcedonensem frequenter firmavit. Ad Marcianum principem fecit epistolas XII, ad Pulcheriam Augustam IX, ad episcopos Orientis XVIII. Studiosus in sacris multa bona egit. Episcopos CLXXXV ordinavit. Sepultus est apud beatum Petrum apostolum III Idus Aprilis. Et cessavit episcopatus dies VII.

Hilarius Sardus, ex patre Crispino, sedit annis sex, mensibus III, diebus X. Hic epistolas de fide catholica per universum Orientem sparsit, et tres synodos, Nicænam, Ephesianam et Chalcedonensem, confirmavit, et omnes hæreses anathemate damnavit; multa pretiosa ornamenta in basilicis Sanctorum perpetravit et episcopos XXII ordinavit. Post multa bona opera sepultus est ad beatum Laurentium in crypta, juxta corpus sancti Sixti episcopi. Et cessavit episcopatus diebus XV.

Simplicius Tiburtinus, ex patre Castino, sedit annis XV, mense I, diebus VII. Episcopos XXXVI ordinavit. In basilica Sancti Petri apostoli VI Nonas Maii sepultus est. Et cessavit episcopatus diebus VI.

Felix Romanus, ex patre Felice presbytero de titulo Fasciolæ, sedit annis VIII, mensibus XI, diebus XVII, temporibus Zenonis, Augusti et Odoacris regis Gothorum usque ad Theodericum regem. Hic Petrum Alexandrinum episcopum et Achatium Constantinopolitanum a recta fide deviantes excommunicavit, et contra illos a sede apostolica duos episcopos, Mesenum et Vitalem, misit. Qui ut in civitatem Heracleam intraverunt, pecunia corrupti præceptum papæ non fecerunt. Felix papa, ut illud agnovit, facta discussione, ambos a communione ejecit. Episcopos XXXI ordinavit. In basilica Sancti Pauli apostoli sepultus est, tempore Theodorici regis et Zenonis Augusti. Et cessavit episcopatus diebus V.

Gelasius Afer, ex patre Valerio, sedit annis VIII, diebus XVIII. Hic amator pauperum fuit, clerum ampliavit, Romam a fame et periculo liberavit. De omni Ecclesia constitutum fecit. Tractus et hymnos sicut Ambrosius composuit, et libros contra Eutychem et Nestorium, qui nunc usque bibliothecæ archivo tenentur reconditi, edidit. Manichæos, quos in urbe Roma invenit, exsilio deportari præcepit, et codices eorum ante fores basilicæ Sanctæ Mariæ concremavit. Petrum et Achatium in perpetuum damnavit, si non pœniterent, eo quod multa mala et homicidia per eos fierent. Episcopos LXVII ordinavit. In basilica Beati Petri apostoli XI Kal. Decembris sepultus est. Et cessavit episcopatus diebus VII.

Anastasius Romanus, ex patre Petro, de regione quinta Caput Tauri, sedit anno I, mensibus XI, diebus XXIV. Multi ex clero a communione ejus se subtraxerunt, quia volebat Achatium clam revocare; sed non potuit, quia Dei nutu percussus est. Episcopos XX consecravit. In basilica Sancti Petri apostoli XIII Kal. Decembris sepultus est. Et cessavit episcopatus diebus IV.

Symmachus Sardus, ex patre Fortunato, sedit annis XV, mensibus VII, diebus XXVII, Theoderici regis et Anastasii Augusti tempore. Hic sub intentione cum Laurentio Nucerino episcopo ordinatus est; sed judicio Theoderici, quia prius et a majori parte ordinatus fuisset, in sede apostolica confirmatus est. Post triennium vero ex invidia Romanorum falso incriminatus est, et Petrus Altinæ civitatis episcopus contra canones sedem apostolicam invasit. Tunc nimium schisma in Ecclesia factum est, et clerus iterum divisus est. Symmachus papa, synodo aggregata CXV episcoporum, purgatus est, et Petrus Altinas invasor apostolicæ sedis ac Laurentius Nucerinus damnati sunt. Tunc ab omnibus episcopis et omni clero vel plebe Symmachus apud beatum Petrum cum gloria sedi apostolicæ redintegratus est. Festus autem caput senatus et Probinus exconsules in urbe cum aliis senatoribus pugnare cœperunt, et omnes qui Symmacho communicabant ex invidia tam mirabiliter persecuti sunt ut etiam sanctimoniales de monasteriis vel habitaculis suis deponerent, sexumque femineum denudarent et cædibus plagarum affligentes vulnerarent. In media urbe contra Ecclesiam quotidie pugnabatur, et multi sacerdotes aliique fideles occidebantur; inter quos Dignissimus et Gordianus presbyteri capti sunt, et fustibus gladioque, aliique plures Christiani perempti sunt. Nullus itaque de clero, die vel nocte, in urbe securus erat. Solus Faustus exconsul pro Ecclesia pugnabat. Symmachus tamen perduravit a consulatu Paulini usque ad consulatum Senatoris. Hic Manichæos, quos in urbe Roma invenit, exsilio relegavit, et eorum simulacra codicesque ante fores basilicæ Constantinianæ combussit. Basilicas Sanctorum multimodis ornamentis decoravit et episcopos CXVII ordinavit. Constituit ut omni die Dominico hymnus angelorum caneretur. Omni anno per Africam et Sardiniam episcopis, qui in exsilio retrusi erant, pecunias et vestes ministrabat. Captivos per Ligurias et per diversas provincias pecuniis redemit et egenis multa dona dedit. Post multa bona opera sub die XIX mensis Julii sepultus est in basilica Sancti Petri. Et cessavit episcopatus diebus VII.

XXVII. *Sequentia Romanorum pontificum historia*

Hormisda Campanus, ex patre Justo, de civitate Frisione, sedit annis VIII, diebus XVII. Hic consilio Theoderici regis Ennodium Ticinensem et Fortunatum Catinensem episcopum Constantinopolim misit et Græcos absolvit, qui pro hæreticis Petro Alexandrino et Achatio Constantinopolitano anathematizati erant. Sed Anastasius Augustus, quia hæresi Eutycianæ favebat, temere eos ejecit, et papæ inter cætera rescribens superbe dixit : « Nos jubere volumus, non juberi. » Non multo post nutu Dei fulmine percussus interiit. Justinus vero catholicus post eum regnavit, et papæ jussis libenter in omnibus paruit, et Germanum Capuanum episcopum, aliosque a sede apostolica missos honorifice suscepit atque, cum Vitaliano consule et multitudine monachorum et illustrium virorum, a Castello Rotundo usque Constantinopolim duxit. Tunc quidam de clero complices Achatii tali gloriæ nequiter inviderunt, et in majori ecclesia Sanctæ Sophiæ se concluserunt, consilioque facto, imperatori mandaverunt quod nisi Achatius eorum episcopus eis absolutus redderetur, apostolicæ sedi non obsequerentur. Tunc Clodoveus rex Francorum Christianus factus est, et donum beato Petro apostolo cum gemmis pretiosis misit. Præfatus papa a consulatu Senatoris usque ad Symmachum et Boetium floruit, et episcopos per diversa loca numero LV ordinavit. In basilica Beati Petri apostoli VIII Idus Augusti sepultus est. Et cessavit episcopatus dies VII.

Joannes Tuscus, ex patre Constantio, sedit annis II, mensibus IX, diebus XVI, a consulatu Maximi usque ad Olybrium. Tunc Justinus orthodoxus omnes hæreticos voluit exstinguere, et ecclesias eorum Deo consecrare. Pro qua re Theodericus Gualamer, quia hæreticus erat, nimis exarsit, totamque Italiam gladio perimere decrevit. Joannes itaque papa Ravennæ, rogatus a rege, legationem suscepit, atque licet æger Constantinopolim adiit, ibique cæcum illuminavit. Tunc cum gloria susceptus, Justinum Augustum coronavit ac ab eo indulgentiam hæreticis pro ereptione Italiæ impetravit. Interea rex hæreticus præclaros senatores et exconsules Symmachum et Boetium gladio peremit. Joannem quoque papam, et senatores, qui Constantinopoli ab Augusto honorifice suscepti sunt, reventes dolose cepit, et papam in custodia Ravennæ XV Kal. Junii martyrizavit, et ipse nutu Dei XCVIII die subito exspiravit (37). Joannes papa XV episcopos consecravit. Corpus vero ejus de Ravenna translatum est ad B. Petrum. Et cessavit episcopatus dies LVIII.

Felix Samius, ex patre Catorio, sedit annis IV, mensibus II, diebus III, temporibus Theoderici et Athalarici nepotis ejus, et Justiniani Augusti, a consulatu Tiburtii usque ad consulatum Lampadii et Orestis. Hic cum quiete ordinatus est et episcopos XXIX consecravit. In basilica Beati Pauli apostoli IV Idus Octobris sepultus est. Et cessavit episcopatus diebus III.

Bonifacius Romanus, ex patre Sigibuldo, sedit annis II, diebus XXV, tempore Athalarici hæretici et Justiniani Augusti. In hujus ordinatione per dies XVIII in clero et senatu dissensio magna fuit. Nam Dioscorus cum eodem in basilica Canstantiniana ordinatus est. Sed paulo post, nutu Dei, II Idus Octobris defunctus est. Hunc nimirum plurima multitudo sequebatur. Bonifacius presbyteris et diaconis, notariisque scutellas de hæreditatibus obtulit, et alimoniis multis in periculo famis clero subvenit. In basilica Sancti Petri apostoli synodum congregavit, et Vigilium diaconem sibi successorem elegit; sed inde postea pœnitens, suæ subscriptionis chirographum in præsentia cleri et senatus incendit. In basilica Sancti Petri apostoli sub die XVII mensis Octobris sepultus est. Et cessavit episcopatus menses duos, dies quindecim.

Joannes Mercurius Romanus, ex patre Projecto de Cœlio-monte, sedit annis II, mensibus IV, diebus VI, temporibus Athalarici et Justiniani. Religiosus Augustus summo amore Christianæ religionis fidem suam scripsit, propriumque chirographum, cum pretiosis muneribus, per Eparchium et Demetrium sedi apostolicæ misit. Joannes episcopos XXI consecravit. In basilica Beati Petri apostoli VI Kal. Junii sepultus est. Et cessavit episcopatus dies VI.

Agapitus Romanus, ex patre Gordiano presbytero, sedit mensibus XI, diebus XVIII. Hic a Theodato rege Gothorum, qui reginam Amalasuintam Theoderici regis filiam occiderat, ad Justinianum Augustum missus est; a quo Constantinopoli honorifice susceptus est. Ibi Anthemium, ejusdem urbis episcopum, quia duas naturas in Christo negabat, in exsilium expulit, et catholicum Menam episcopum consecravit. Deinde Constantinopoli X Kal. Maii obiit, et corpus ejus in loculo plumbeo Romam translatum est, ac ad beatum Petrum XII Kal. Octobris sepultum est. Et cessavit episcopatus mense I, diebus XXVIII.

Silverius Campanus, Hormisdæ episcopi Romæ filius, sedit anno I, mensibus V, diebus VI. Hic a Theodato tyranno per pretium non legitime, sed vi et metu levatus est. Post duos vero menses Theodatus Dei nutu exstinctus est, et Guitigis vi tulit filiam Amalasuintæ, sibi uxorem ducens, in regem levatus est. Justinianus Augustus Belisarium patricium contra Gothos misit ut Italiam liberaret. Patricius itaque Neapolim sibi resistentem cepit, et omnes Gothos ac cives peremit; ita ut nec in ecclesiis sacerdotes vel sanctimoniales salvarentur. Guitigis vero exercitum Gothorum cito colligens, uno anno Romam obsedit, et innumerabiles gladio vel fame, quæ tunc nimia per totum mundum erat, necavit. Nulli licebat Romam intrare vel exire. Tunc omnes possessiones privatæ, vel fisci, vel Ecclesiæ, incendio consumptæ sunt. Homines vero gladio trucidati sunt, alii autem fame vel morbo perierunt. Tandem gratia Dei per Belisarium Gothos fugavit et Romam protexit. Augusta rogante Silverium ut Anthemium revocaret hæreticum, ille fideliter in Deo persistens, non acquievit; sed antecessorum suorum sententiam sua quoque auctoritate obnixe corroboravit. At illa jussit Belisario patricio ut Silverium papam in exsilium mitteret, et Vigilium apocrisiarium ei subrogaret. Belisarius autem invitus jussa complevit, et quibusdam falsis testibus papam accusantibus quod urbem Romam regi Gothorum per portam Asinariam juxta Lateranis

(37) Cod. *intravit*, vox nullus sensus.

tradere disposuisset, eum in palatio Pincio comprehendit. Tunc Antonina patricia graviter papam redarguente, Joannes subdiaconus pallium de collo ejus tulit, et in cubiculo exspoliatum veste monachica induit. Silverius itaque in Poncias exsul missus est, ibique pane tribulationis et aqua angustiæ sustentatus, xii Kal. Julii sepultus est. Hic episcopos xviii consecravit, et post obitum multa sanitatum miracula fecit. Et cessavit episcopatus diebus xiv.

Vigilius Romanus, ex patre Joanne consule, sedit annis xv, mensibus vi, diebus xxvi. Tunc Belisarius bello Guitigem devicit, et Joannes Sanguinarius magister militum noctu insecutus eum cepit. Quem ductum Constantinopolim Justinianus imperator lætus suscepit, patricium et comitem fecit, ac juxta fines Persarum transmisit, ubi usque ad mortem permansit. Belisarium quoque patricium, data ei dignitate militum, Augustus sublimavit et in Africam misit. Ille vero Guittarit Vandalorum regem sub dolo pacis interfecit, et Africam post annos xcix sub republica redegit, Romamque veniens, de spoliis Vandalorum multa Deo et sancto Petro pauperibusque tribuit. Theodora Augusta Vigilium papam scriptis urguet (38) ut Anthemium hæresiarcham revocet. Quod ille omnino renuit, imo sententiam prædecessorum irrefragabiliter tenuit. Suggerentibus igitur invidis Romanis, et papam de morte Silverii velut homicidam accusantibus, Anthemus scribo mittitur, et Vigilius papa in ecclesia Sanctæ Ceciliæ capitur, ac per Siciliam navigio Constantinopolim ducitur. Per biennium Græci contenderunt augustali potestate ut hæreticus revocaretur, sicut promiserat dum esset in diaconatus honore. Sed papa nullatenus voluit concedere, optans magis bene mori quam male vivere. Tandem, ut ante Justinianum et Theodoram constanter locutus fuit, et quidam cum probris in faciem ejus alapam dedit, papa in ecclesiam Sanctæ Euphemiæ ad columnam altaris fugit. Sed inde foris ejectus, et fune misso in collo ejus, per totam urbem usque ad vesperum tractus est. Deinde in arcta custodia missus est, et clerus Romanus, qui cum eo venerat, per diversa metalla dispersus est. Tunc Gothi Vaduam Totilam regem sibi fecerunt, nec multo post Romam obsederunt. Fames vero in urbe talis facta est ut etiam mulieres natos suos vellent comedere. Tandem Totila urbem intravit, et populo per ecclesias delitescente, aliquandiu obtinuit. Tunc Narses eunuchus et cubicularius ab Augusto in Italiam missus est, et perempto Totila rege cum exercitu suo, victoriam nactus est. Quod audiens Justinianus imperator admodum exsultavit, et petentibus Romanis cum Narsete, Vigilium papam cum clero suo remisit; sed ipse dolore calculi Syracusis obiit. Denique Via Salaria ad Sanctum Marcellum sepultus est. Et cessavit episcopatus mensibus iii, diebus v. Hic episcopos lxxxi consecravit, et ad gubernandum clerum, tempore quo exsulavit, Ampliatum presbyterum ac vicedominum suum, et Valentinum episcopum de Sicilia Lateranis destinavit.

Pelagius Romanus, ex patre Joanne vicariano, sedit annis xi, mensibus x, diebus xxvii. Duo episcopi, Joannes de Perusia et Bonus de Reverentino (39), et Andreas presbyter de Hostiis ipsum pontificem ordinaverunt. Multitudo enim religiosorum, sapientum et nobilium ab ejus communione se subtraxerat, dicens quod Pelagius in morte Vigilii papæ se immiscuit, ut tantis pœnis affligeretur. Pelagius ergo papa et Narses consilium inierunt, dataque litania ad sanctum Pancratium, cum hymnis et canticis spiritualibus, venerunt ad sanctum Petrum apostolum. Pelagius vero papa, tenens evangelium et crucem Domini super caput suum, in ambone ascendit, et sic omni populo satisfecit quia nullum malum peregisset contra Vigilium. Episcopos xlix consecravit. In basilica Beati Petri apostoli vi Nonas Martii sepultus est. Et cessavit episcopatus mensibus iii, diebus xxv.

Joannes Romanus, ex patre Anastasio Illustri, sedit, annis xii, mensibus xi, diebus xxvi. Tunc Heruli Sindual sibi regem fecerunt, et omnem Italiam opprimere cœperunt. Sed Narses, occiso rege, viriliter illos subjugavit. Amingum quoque et Bucelinum, duces Francorum prementes Italiam, juvante Deo, peremit, et omnem Italiam in pace et lætitia custodivit. Romani vero per invidiam eum apud Justinianum accusaverunt et injuste contra illum commoverunt. Narses autem, ubi se ab Augusto pristina dignitate nudatum sensit, Guinilos Langobardos, qui Pannoniam colebant, ut Italiam invaderent accersiit. Quod et factum est. Non multo post Narses mortuus est, et in loculo plumbeo cum omnibus divitiis suis Constantinopolim delatus est. Joannes papa episcopos lxi consecravit, et in basilica Sancti Petri apostoli iii Idus Julii sepultus est. Et cessavit episcopatus mensibus x, diebus iii.

Benedictus Romanus, ex patre Bonifacio, sedit annis iv, mense i, diebus xxviii. Anno ab Incarnatione Domini 568, Alboin rex Langobardos in Italiam adduxit. Tunc etiam fames Italos invasit et Guinilis se tradere coegit. Justinianus vero imperator hoc audiens in Ægyptum misit, et oneratas frumento naves Romam transmisit, et periclitantibus fame subvenit. Is pro victoriis adversarum frequentibus gentium, Alamannicus, Gothicus, Alanicus, Guandalicus et Africanus est agnominatus. Hic intra urbem Constantinopolim Christo Domino templum exstruxit, quod Græco vocabulo Agiam Sophiam nominavit. Cujus opus adeo cuncta ædificia excellit ut in totis terrarum spatiis huic simile

---

(38) Leg.: *urget*. Le Prévost.
(39) Leg.: *de Ferentino*. Urbs episcopalis in Romæ Campania.

inveniri non possit. Erat enim idem princeps fide
catholicus et in operibus rectus, in judiciis justus;
ideoque prospera illi concurrebant in omnibus.
Hujus tempore Cassiodorus Senator, postea monachus, in urbe Roma tam sæculari quam divina
scientia claruit; qui inter cætera, quæ nobiliter
scripsit, psalmorum præcipue occulta potentissime
reservavit.

Tunc etiam Dionysius abbas in urbe Roma constitutus paschalem calculum miranda argumentatione composuit.

Priscianus quoque Cæsariensis apud Constantinopolim grammaticæ artis, ut ita dixerim, profunda
rimatus est.

Arator nihilominus Romanæ Ecclesiæ subdiaconus, poeta mirabilis, apostolorum Actus hexametris
versibus exaravit.

Tunc etiam beatissimus pater Benedictus, et
prius in loco qui Subjacus dicitur, qui ab urbe XL
millibus abest, et postea in castro Cassino, magnis
vitæ meritis et apostolicis virtutibus effulsit; cujus
vitam, ut notum est, beatus papa Gregorius in suis
Dialogis suavi sermone composuit.

XXVIII. *Sequentia Romanorum pontificum historiæ*.

Benedictus papa in multis laboribus et afflictionibus fatigatus obiit, et in basilica Sancti Petri
apostoli II Kal. Augusti sepultus est. Hic episcopos
XXI consecravit. Et cessavit episcopatus mensibus
III, diebus X.

Pelagius Romanus, de patre Winigildo, sedit annis X, mensibus II, diebus X. Hic absque jussione
Augusti ordinatus est, eo quod Langobardi Romam
obsiderent, Italiamque nimis devastarent. Tunc
nimiæ clades et pluviæ fuerunt. Inguinaria pestis
papam subito percussum VII Idus Februarii exstinxit, qui apud Beatum Petrum sepultus est. Hic episcopos per diversa loca XLVIII ordinavit. Et cessavit
episcopatus mensibus VI, diebus XXV.

Gregorius, arte philosophus, Gordiani prætoris
viri clarissimi et beatæ Silviæ filius, præfuit annis XIII, mensibus VI, diebus X, temporibus Tiberii
Constantini, Mauricii et Focæ Augustorum. Hic
exposuit homelias Evangeliorum numero XL, Job,
Ezechielem, Pastoralemque edidit librum et Dialogum, et multa alia quæ enumerare non possumus.
Doctor enim incomparabilis enituit, et multa sagacitate, ingenioque studio dicendi et scribendi utiliter laboravit, Ecclesiæque Dei filiis admodum profuit. Hic augmentavit in precatione canonis: *Diesque nostros in tua pace disponas*, etc. Romanus
patricius et exarchus Romam venit, et perturbationem magnam Romanis civibus excitavit. Nam, dum
Ravennam reverteretur, tenuit civitates quæ a Langobardis tenebantur, Sutrium videlicet ac Polimartium, Ameriam, Perusiam et alias plures. Unde
Agilulfus rex valde iratus cum valido exercitu Perusiam petiit, ibique Maurisionem Langobardorum
ducem, qui se Romanis tradiderat, obsedit, et post
aliquot dies captum confestim peremit. Non multo
post ubi Ticinum repedavit, beato papa Gregorio
procurante cum Romanis firmissimam pacem pepigit.

Eodem tempore, beatus papa Gregorius misit
servos Dei, Mellitum, Augustinum et Joannem, et
alios plures cum eis timentes Dominum, in prædicatione ad gentem Anglorum, ut converteret eos ad
Dominum nostrum Jesum Christum. Post multa et
magna opera in basilica Beati Petri apostoli ante
secretarium IV Idus Martii sepultus est. Hic ordinavit episcopos per diversa loca LXII. Et cessavit episcopatus mensibus V, diebus VIII.

Sabinianus Tuscus, de civitate Blesa, de patre
Bono, sedit anno I, mensibus V, diebus IX. Tunc
gravis in urbe Roma fames fuit. Papa vero, pace
cum gente Langobardorum facta, jussit aperire
horrea Ecclesiæ, et venundari frumenta per solidum unum tritici modios XXX. In ecclesia Beati
Petri apostoli VI Kal. Martii sepultus est. Hic ordinavit episcopos XXVI. Et cessavit episcopatus mensibus XI, diebus vero XXIII.

Bonifacius Romanus, ex patre Joanne Cappadoce, sedit mensibus VIII, diebus XXII. Hic obtinuit
apud Focam principem ut sedes apostolica caput
esset omnium Ecclesiarum, quia Constantinopolitana Ecclesia se Romanæ præferebat et primam se
omnium Ecclesiarum scribebat. Sepultus est autem
in ecclesia Sancti Petri apostoli II Idus Novembris.
Hic consecravit episcopos XXI. Et cessavit episcopatus mensibus X, diebus VI.

Bonifacius, natione Marsorum, de civitate Valeria, ex patre Joanne medico, sedit annis VI, mensibus VIII, diebus XIII. Hujus tempore fames et pestilentiæ et inundationes aquarum gravissimæ fuerunt.
Tunc petiit papa Bonifacius a Foca principe templum, quod appellatur Pantheon, et impetratum
dedicavit in honorem Omnium Sanctorum. Hic
apud Beatum Petrum apostolum VIII Kal. Junii sepultus est. Episcopos ordinavit XXXVI. Et cessavit
episcopatus mensibus VI, diebus XXXV.

Deusdedit Romanus, ex patre Stephano subdiacono, sedit annis III, diebus XXIII. Hic clerum valde
dilexit et honoravit. Tunc Eleutherius patricius et
cubicularius Neapolim expugnavit, et Joannem Compsinum, qui multos occiderat, rebellantem peremit.
In tota itaque Italia pax facta est. Tunc terræmotus
magnus factus est. Percussio scabierum in populo
talis secuta est ut nullus mortuum suum posset
cognoscere. Deusdedit papa VI Idus Novembris apud
Beatum Petrum apostolum sepultus est, et pro exsequiis suis omni clero rogam integram unam dimisit. Hic episcopos ordinavit XXIX. Et cessavit episcopatus mense I, diebus XVI.

Bonifacius Campanus, de civitate Neapoli, ex
patre Joanne, sedit annis V. Hic mitissimus hominum fuit, et multa bona in Ecclesia constituit. Tunc
Eleutherius patricius intarta (40) regnum invasit,

---

(40) I. e. *rebellis*. Vid. Cangii Gloss. verbo *antartes*. Duchesne pro *intarta* legit *in Tharsia*.

sed Romam veniens Luceolis a Ravennatibus militibus interemptus est. Papa vero apud Beatum Petrum apostolum viii Kal. Novembris sepultus est. Hic episcopos xxix ordinavit. Et cessavit episcopatus diebus xiii.

Honorius Campanus, ex patre Petronio consule, sedit annis xii, mensibus xi, diebus xxii, tempore Heraclii imperatoris. Hic multa bona fecit et docuit, et basilicas sanctorum multis ornamentis decoravit. Hic constituit ut omni Sabbato litania a beato Apollinari exeat, et ad beatum Petrum, cum hymnis et canticis spiritualibus, omnis populus occurrat. Episcopos vero LXXXI consecravit, et iv Idus Octobris sepultus est in ecclesia Beatæ martyris Agnæ, quam ipse a solo construxit. Et cessavit episcopatus anno i, mensibus vii, diebus xvii.

Severinus Romanus, ex patre Abieno, sedit mensibus ii, diebus ii, sub Heraclio imperatore. Hic mitis et largus fuit, clerum et pauperes multum amavit. Tunc a Mauricio chartulario, et Isacio patricio et exarcho, ac exercitu Romano episcopium Lateranense violenter devastatum est. Præfatus vero papa, postquam episcopos iv ordinavit, apud Beatum Petrum iv Nonas Augusti sepultus est. Et cessavit episcopatus mensibus iii, diebus xxiv.

Joannes Dalmata, ex patre Venantio scholastico, sedit anno i, mensibus ix, diebus xviii. Hic per omnem Dalmatiam et Istriam multas pecunias pro redemptione captivorum per sanctissimum abbatem Martinum misit, et inde reliquias sanctorum decenter transferri fecit. Ipse iv Idus Octobris apud Sanctum Petrum sepultus est. Et cessavit episcopatus mense i, diebus xiii.

Theodorus Græcus, ex patre Theodoro episcopo, de civitate Jerosolyma, sedit annis vi, mensibus v, diebus xviii. Tunc nefandus Mauricius chartularius contra Isacium patricium intartizavit, et omnes judices cum exercitu sacramentis secum strinxit. Isacius vero Donum magistrum militum et sacellarium suum contra eum misit, captumque decollari, et caput ejus in stipite in circo Ravennatis poni fecit, et imboiatos in arcto carcere ut punirentur servavit. Ipse autem paulo post nutu Dei subito periit, et Theodorus Calliopa ab imperatore missus ad regimen Italiæ successit. Theodorus papa multum pius et bonus fuit, et Pyrrhum ac Paulum hæreticos episcopos Constantinopolis deposuit. Hic episcopos xlvi ordinavit. Idus Maii ad Beatum Petrum apostolum sepultus est. Et cessavit episcopatus mense i, diebus xvi.

Martinus Tudertinus sedit annis vi, mense i, diebus xxvi. Hujus tempore Paulus Constantinopolitanus episcopus contra catholicum dogma insurrexit, et Romanæ sedis altare, quod in domo Placidiæ consecratum erat, temere subvertens diripuit; prohibens ne apocrisiarii Romani adorare, vel immaculatam hostiam Deo ibidem offerre valerent, nec communionis sacramenta perciperent. Ab eisdem ergo et ab aliis orthodoxis præsulibus commonitus, insanivit in pejus, ita ut quosdam eorum in custodiam retruderet, alios in exsilium deportaret, alios autem verberibus submitteret. Tunc Martinus papa in urbe Roma c et v præsules congregavit, et, damnatis hæresibus, Ecclesiam Dei confirmavit. Postea instinctu Pauli, Constantinus imperator Theodorum exarchum in Italiam misit, et Martinum papam per eum Chersonam in exsilium duci fecit, ubi sanctus præsul xv Kal. Octobris obiit.

Eugenius Romanus, de regione prima Adventinensi, clericus a cunabulis, ex patre Rufiniano, sedit annis ii, mensibus ix, diebus xxiv. Hic multum bonus fuit, et Petrum Constantinopolitanum episcopum pro hæresi anathematizavit. Episcopos xxi ordinavit. Sepultus est autem iv Nonas Julii ad Beatum Petrum apostolum. Et cessavit episcopatus mense i, diebus xxi.

Vitalianus Signensis Campanus, de patre Anastasio, sedit annis xiv, mensibus vi. Hic bene regularis fuit, et episcopos xcvii consecravit. Tunc Constantinus Augustus Romoaldum, Grimoaldi regis filium, in Benevento obsedit, sed inde victus fugiens, Romam venit. Ibi vero a papa cum clero honorifice susceptus xii diebus perseveravit, et omnia quæ in ære ad ornatum civitatis erant, deposuit. Italis quoque et aliis gentibus sibi subditis multa mala fecit, et a suis postmodum in Sicilia, dum balnearetur, occisus est. Post quem Mezentius tyrannus regnum invasit. Tunc Sarraceni magnam stragem Christianorum in Sicilia fecerunt. Porro Vitalianus papa vi Kal. Februarii ad Beatum Petrum apostolum sepultus est. Et cessavit episcopatus mensibus ii, diebus xiii.

Adeodatus Romanus, exmonachus, de patre Jobiano, sedit annis iv, mensibus ii, diebus v. Tunc in urbe Syracusana Mezentius ab exercitu Italiæ interemptus est, et multis ex judicibus truncatis caput ejusdem Constantinopolim delatum est. Deinde Sarraceni prædictam urbem obtinuerunt, multamque in populo occisionem fecerunt; nimiamque prædam, quam illuc nuper Constantinus imperator secum detulerat, auferentes, Alexandriam reversi sunt. Præfatus papa episcopos xl et vi ordinavit, et apud Beatum Petrum vi Kal. Julii sepultus est. Et cessavit episcopatus mensibus iii, diebus xv. Tunc inauditæ pluviæ et tonitrua fuerunt, legumina colligi nequiverunt; sed alio anno sponte renata sunt.

Donus Romanus, ex patre Mauricio, sedit anno i, mensibus v, diebus x. Tunc cometes in Oriente, Augusto mense, apparuit, et per tres menses a galli cantu usque mane in multis regionibus intuentes terruit, et mors hominum ab Oriente successit. Donus papa [clerum] diversis honoribus ampliavit, et episcopos vi consecravit. Deinde apud Beatum Petrum apostolum iii Idus Aprilis sepultus est. Et cessavit episcopatus mensibus ii, diebus xv.

Agatho Siculus sedit annis ii, mensibus vi, diebus iv, tempore Constantini, Heraclii et Tiberii

Augustorum. Tunc luna eclipsim mense Junio per dies xviii passa est, et mirabilis mortalitas secuta est. Parentes et filii bini vel terni ad sepulcra ducebantur. Tunc legati apostolicæ sedis ab imperatoribus in urbe regia honorifice suscepti sunt, et cl episcopos orientalium partium ad disserendam fidem catholicam in synodo generali congregaverunt. Ibi Georgius Constantinopolitanus ab hæresi convictus quievit. Pertinax vero Macharius Antiochenus cum suis sequacibus damnari meruit; nam generali judicio depositus est et in exsilium Romam directus est. Theophanius vero abbas de insula Siciliensi constitutus est. Agatho papa xvii episcopos consecravit. Hic iv Idus Januarii apud Beatum Petrum apostolum sepultus est. Et cessavit episcopatus anno i, mensibus vii, diebus v.

XXIX. *Sequentia Romanorum pontificum historiæ.*

Leo junior, natione Siculus, de patre Paulo, sedit mensibus x, diebus xvii. Hic multum fuit eloquens, in divinis Scripturis instructus, Græca et Latina lingua eruditus, cantilena et psalmodia præcipuus, et in cunctis operibus bonis multum strenuus. Sextam synodum intra palatium Constantini Augusti, quod Trullus appellatur, celebratam suscepit, et de Græco in Latinum studiosissime transtulit. Tunc xvi die mensis Aprilis, indictione xi post cœnam Domini, luna eclipsim pertulit, et pene tota nocte in sanguineo vultu elaboravit, et post galli cantum paulatim elimpidare cœpit. Leo papa xxiii episcopos ordinavit. Deinde v Nonas Julii ad Beatum Petrum apostolum sepultus est. Et cessavit episcopatus mensibus xi, diebus xxii.

Benedictus junior Romanus, de patre Joanne, sedit mensibus x, diebus xii. Hic ab infantia Ecclesiæ militavit et bonis operibus studuit. Tempore Justiniani et Heraclii floruit. Tunc luna velut sub nube omnino obumbrata est cœlo sereno in Theophania. Februario autem in die stella ab occasu exiit, et in partes Orientis declinavit. Post hæc in Martio mons Bravius in Campania per dies x eructavit, et omnia vicina præ cinere ipsius exterminata sunt. Præfatus papa xii episcopos ordinavit, et ipse viii Idus Maii ad Beatum Petrum sepultus est. Et cessavit episcopatus mensibus ii, diebus xv.

Joannes Syrus, de Antiochia, ex patre Cyriaco, sedit anno i, diebus ix, tempore Justiniani Augusti. Hic dum esset diaconus, ab Agathone papa cum aliis sacerdotibus in regiam urbem missus est. iv Nonas Augusti ad Beatum Petrum apostolum sepultus est. Et cessavit episcopatus mensibus ii, diebus xviii. Hic diutina infirmitate detentus est, et episcopos xiii ordinavit.

Conon Siculus, de patre Traceseo, sedit mensibus xi. In ejus electione magna contentio facta est. Nam clerus in Petrum archipresbyterum intendebat, et exercitus in sequentem ejus Theodorum presbyterum. Sed repente nutu Dei, derelictis Petro et Theodoro, omnes domnum Cononem, pulchrum senem et religiosum, elegerunt. Hic diutina infirmitate detentus est, et episcopos xvi ordinavit. Ad Beatum Petrum apostolum x Kal. Octobris sepultus est. Et cessavit episcopatus mensibus ii, diebus xxiii.

Sergius Syrus, ex Antiochia, de patre Tiberio, in Panormo Siciliæ, sedit annis xiii, mensibus viii, diebus xxiii, tempore Justiniani Augusti, filii Constantini. Defuncto Conone papa, pars populi elegit Theodorum archipresbyterum, pars altera Paschalem archidiaconem. Sed dum nimia dissensio fieret, Sergius a clero electus est. Paschalis vero Joanni Plantino exarcho clam pretium dedit, per eum violenter papatum invadere volens, sed frustra. Non multo post, pro quibusdam incantationibus quibus inhærebat, ab archidiaconatu ejectus est, et post quinquennium impœnitens mortuus est. Justinianus imperator concilium in urbe regia fieri jussit, quod, imperiali manu firmatum, Romam Sergio papæ per Sergium magistrianum misit. Sed ille, quia quædam contraria ecclesiastico dogmati ibidem inserta erant, subscribere noluit; inde turbatio magna orta est. Zacharias enim protospatharius ab Augusto Romam missus est ut pontificem comprehenderet et Constantinopolim deportaret. Verum, Deo excitante, Ravennæ militia et Pentapolitani Romam convenerunt, et portas civitatis ut Zachariam occiderent clauserunt. Ipse vero tremebundus in cubiculum pontificis fugit, et sub lecto pro timore mortis meticulosus delituit. Cumque Ravennæ exercitus per portam Beati Petri apostoli cum armis in Lateranense episcopium venisset, et fores patriarchii, quæ clausæ erant, nisi aperirentur, in terram mittere minaretur, beatus papa egressus, milites et populum, qui pro illo cucurrerant, honorifice suscepit, datoque suavi responso, eorum corda linivit. Illi autem, zelo Dei et amore præsulis accensi, a patriarchii custodia non recesserunt, quousque denominatum spatharium cum injuriis ab urbe depellerent. Porro is, qui illum miserat, ipso in tempore Domino retribuente, jure regno privatus est, et Ecclesia Dei cum suo præsule incolumis, Christo favente, conservata est. Sergius papa in sacrario Sancti Petri in capsa argentea magna portionem sanctæ Crucis, Deo monstrante, reperit, et in die Exaltationis ejusdem a populo singulis annis adorari constituit. Hic confractionis tempore Dominici corporis, *Agnus Dei* a clero et populo ter cantari statuit. Damianum vero Ravennæ archiepiscopum, et Bertoaldum Doroberniæ archiepiscopum, et Clementem Guillebrordum in gente Fresionum, aliosque per diversas provincias episcopos xcvii ordinavit. In basilica Beati Petri apostoli vi Idus Septembris sepultus est, sub Tiberio Augusto. Et cessavit episcopatus mense i, diebus xx.

Joannes Græcus, sedit annis iii, mensibus ii, diebus xii. Theofilatium exarchum Italiæ, ne perimeretur a tumultuante populo in urbe Roma, suis monitis salvavit. Gisulfum quoque ducem Longobardorum, qui in Campania incendia et multa mala faciebat, pro captivis multis muneribus datis, ad sua redire fecit. Hic episcopos xv consecravit et sepultus est ad Beatum Petrum, et cessavit episcopatus mense I, diebus XVIII.

Joannes Græcus, de patre Platone, sedit annis II, mensibus VI, diebus XVII. Hic eruditissimus et facundus tempore Tiberii et Justiniani floruit, et in cœmeteriis sanctorum, ecclesiisque, multa, quæ diruta vel detecta fuerant, diligenter emendavit. Tunc Aripertus Raginberti Taurinensium ducis filius, rex Langobardorum, Alpes Cottias Sancto Petro reddidit, et donationem litteris aureis exaratam reformavit. Justinianus imperator, auxilio Terbelli Bulgarorum regis, regnum quod amiserat recuperavit, imperiique invasores Leonem et Tiberium in circo coram omni populo jugulari fecit. Joannes papa XIX episcopos ordinavit. Sepultus est autem ad Beatum Petrum apostolum ante altare Sanctæ Dei genitricis Mariæ, quod ipse construxit, xv Kal. Novembris. Et cessavit episcopatus mensibus II.]

Sisinnius Syrus, ex patre Joanne, sedit diebus xx. Hic animo constans et de Romanis sollicitus erat, sed podagra detentus nimis anxiabatur. Vicesima die ordinationis suæ subito exspiravit, et ad Beatum Petrum sepultus est. Et cessavit episcopatus mense I, diebus XVIII.

Constantinus Syrus, ex patre Joanne, sedit annis VIII, diebus xv. Hic vir valde bonus fuit. Tunc Romæ magna fames tribus annis facta est, quam maxima ubertas secuta est. Justinianus imperator Theodorum patricium in Italiam misit, Ravennam cepit, et superbum Felicem archiepiscopum luminibus privatum in Ponto exsulare fecit. Papa vero, rogatu præfati principis, Constantinopolim cum multis profectus est, et ibidem a Justiniano et Tiberio filio ejus ac populo multum honorifice susceptus est. Non multo post Philippicus Justinianum occidit et regnum invasit. Sed paulo post, ipso depulso, Anastasius imperium suscepit et veræ fidei consensit. Præfatus papa LXIV episcopos consecravit, et VI Idus Januarii ad Beatum Petrum apostolum sepultus est. Et cessavit episcopatus diebus XL.

Gregorius Romanus, ex patre Marcello, sedit annis XVI, mensibus IX, diebus XI, tempore Anastasii, Theodosii, Leonis atque Constantini Augustorum. Hic multas ecclesias et abbatias construxit, et multa alia bona, quæ enumerare impossibile est, fecit. Hic per Bonifacium episcopum Germaniam ad fidem Christi convertit. Tunc luna usque ad mediam noctem cruentata visa est, fluvius Tiberis inundavit et per VII dies Romam occupavit, ita ut portam Flaminiam egressus transcenderet et in Via Lata ad unam et semis staturam aqua excresceret. Gregorio papa cum clero et plebe litanias crebro agente, post octavum diem jam misertus Deus aquam amovit. Anastasius de imperio dejectus con-

tra Tiberium pugnavit, sed victus et clericus factus est. Nefanda Agarenorum gens Hispaniam x annis afflixit, quam Rhodanum transire volentem ad Franciam Eudo Aquitanorum dux vicit et ex eis CCC M peremit. Mille vero et quingenti Francorum ibi tantummodo cecidisse leguntur. Tunc, in quodam loco Campaniæ, pluvia quasi ignea de cœlo cadere visa est, et triticum ac hordeum atque legumen combussit.

Leone principe, Constantinopolis biennio ab Agarenis obsessa est, sed, protegente Deo, capta non est. De populo tamen urbis CCC M fame vel peste perierunt.

Liudprandus, rex Langobardorum, Romanos tunc gravabat; sed hortatu præsulis ac precibus et sanctitate coercitus, postea quievit.

Basilius dux et Paulus exarchus, aliique malitiosi, jussu Leonis Augusti, Gregorium papam perimere nitebantur. Sed Romani atque Langobardi nutu Dei totis nisibus resistebant et beatum præsulem protegebant. Jordanum chartularium et Joannem Barionem et Exclaratum ducem, filiumque ejus Adrianum interfecerunt, et nefarios conatus Augusti penitus præpedierunt. Decreverat enim ut in nulla ecclesia imago Salvatoris, vel ejus sanctæ Genitricis, aut cujuslibet sancti martyris, aut angeli haberetur. Maledicta enim asserebat omnia. Sacras ergo imagines in urbe regia deponi jussit, et in medio flammis concremari compulit. Prohibentes vero abscissione capitis aut aliorum membrorum condemnavit. Germanum utique Constantinopolitanum antistitem, qui sibi in hoc obstabat, præsulatu privavit, et Anastasium presbyterum subrogavit. Mense Januario, per x dies stella, quæ Antefer dicitur, cum radiis in Occidente micuit. Post hæc Tiberius Petasius regnum invadere nisus est, sed, Euticio exarcho et Romanis pugnantibus, occisus est. Gregorius papa CL episcopos ordinavit, et post multa bona opera III Idus Februarii ad Beatum Petrum apostolum sepultus est. Et cessavit episcopatus mense I diebus V.

Gregorius Syrus, ex patre Joanne, sedit annis X, mensibus VIII, diebus XXV, Leone et Constantino imperantibus. Hic sanctitate, pietate, sapientia, Græca et Latina facundia admodum clarus fuit, multa condidit, et in multis ecclesias Dei ornavit. In urbe Roma synodum XCIII episcoporum congregavit, contra hæreticos imperatores Leonem et Constantinum, qui sacras Dei et sanctorum ejus imagines ab ecclesiis eliminabant et irreverenter urebant. In canone hoc a sacerdote dicendum adjecit: *Quorum solemnitas hodie in conspectu majestatis tuæ celebratur, Domine Deus noster, in toto orbe terrarum*, et in oratorio in lapide scribi fecit. Liudprandus rex Romam obsedit. Pro qua re papa a Carolo rege Francorum auxilium petiit. Tunc pro Transamundo duce Spolitanorum, qui Romam confugerat, quatuor urbes Romanis ablatæ sunt. Beatus papa episcopos LXXX consecravit, et IV Kal.

Decembris in ecclesia Sancti Petri apostoli sepultus est. Et cessavit episcopatus diebus viii.

Zacharias Græcus, ex patre Polochronio, sedit annis x, mensibus iii, diebus xiv. Hic omnibus bonis ornatus, Ecclesiæ Dei profuit. Tunc Italia nimis turbata erat. Papa itaque Liudprandum regem adiit et pacem in xx annos firmavit, captivosque reduxit. Liudprandus xxxii anno regni sui obiit, et Ratchisus, Pemmonis ducis Forojulianorum filius, regnum suscepit. Tunc dum Constantinus imperator contra Agarenos isset, quidam nomine Artavastus imperium furtim invasit. Constantinus vero exercitum Orientis congregavit, urbem viriliter expugnans regem cepit, et rebellem cum suis complicibus oculis privavit. Tunc Carlomannus, Caroli Martelli Francorum regis filius, in monte Cassino monachus factus est. Ratchisus quoque rex, hortante papa, Romam venit, nutuque Dei deposito diademate regni, monachus factus est. Zacharias papa libros iv Dialogorum beati Gregorii papæ de Latino in Græcum transtulit, et lxxxv episcopos ordinavit. Idus vero Martii ad Beatum Petrum apostolum sepultus est. Et cessavit episcopatus diebus xii.

Stephanus Romanus, ex patre Constantino, sedit annis v, diebus xxviii. Tunc Stephanus presbyter a populo electus fuit. Sed tertio die, dum a somno surrexisset, et sedens alacriter res suas disponeret, subito alienatus obmutuit et in crastinum obiit. Deinde Stephanus est ordinatus diaconus, cunctis virtutibus adornatus. Tunc Aistulfus, Langobardorum rex, sanctam Ecclesiam nimis persequebatur, et Romam ditioni suæ omnino subjugare nitebatur. Quapropter papa, dum nil apud eum precibus vel muneribus valeret, coactus est pro sanctæ Ecclesiæ defensione Galliam adire. Pippinus vero rex cum Francis eum honorifice suscepit, et hiemare Parisius ad Sanctum Dionysium fecit. Postea cum exercitu Gallorum Papiam obsedit, et Aistulfum Romanis pacem jurare coegit. Sed postquam Pippinus ad sua reversus est, Aistulfus pejeratus est. Romam enim iv mensibus obsedit, et multa sanctorum corpora effodiens cœmeteria violavit. Iterum Pippinus, precibus papæ ductus, Papiam obsedit, et a perjuro Ravennam et Narnium ac Ariminum et multa alia quæ ablata fuerant, beato Petro reddi compulit. Non multo post Aistulfus in venatu, divino ictu percussus, periit, et Desiderius dux regnum ejus invasit. Stephanus papa xv episcopos ordinavit, ac Pippinum regem Francorum atque Bertradam reginam et filios eorum Carolum et Carlomannum consecravit. Deinde vero Kal. Maii ad Beatum Petrum apostolum sepultus est. Et cessavit episcopatus diebus v.

Paulus Romanus, Stephani frater, sedit annis x, mense i. Hic tempore Constantini et Leonis multa bona operatus est. Episcopos lx ordinavit, et post ejus obitum cessavit episcopatus anno i et mense i, quando Constantinus transgressor apostolicam sedem invasit.

XXX. *Sequentia Romanorum pontificum historiæ.*

Stephanus Siculus, ex patre Olibo, sedit annis iii, mensibus v, diebus xxviii. Vir strenuus et bonus ac sapiens, Ecclesiæ Dei admodum profuit. Ante electionem ejus inaudita malitia Romæ peracta est. Nam Toto Nepesinus dux Constantinum laicum fratrem suum ab invito Georgio Prænestinæ episcopo papam consecrari coegit. Post quam ordinationem Georgius in ægritudinem corruit, nimiumque infirmatus, nunquam postea missam cantavit. Ejus enim dextera manus aruit et contracta est, quam nec ad os suum ferre valuit; sed eodem anno ipse pessimo languore obiit. Post annum Roma Christoforo primicerio et Sergio sacellario tradita est, et Toto dux a Demetrio et Gratioso fraudulenter occisus est. Post hæc Stephanus papa legitime a cunctis electus est. Non multo post a quibusdam malignis Constantinus invasor et Passibius frater ejus ac Theodorus episcopus et vicedominus capti et orbati sunt; et Christoforus ac Sergius filius ejus, aliique multi dolo et immissione Desiderii regis perierunt. Inter hæc Stephanus papa, in ordinationis suæ exordio, Sergium secundicerium ad Carolum Magnum regem Francorum direxit, et consilium auxiliumque ab eo poposcit. Cui gratanter ille xii episcopos de Francis probatissimos, et in divinis Scripturis, sanctorumque canonum institutionibus eruditos direxit.

Mense Aprili multorum synodus præsulum in basilica Sancti Salvatoris juxta Lateranis aggregata est; atque Constantinus, qui de laico repente clericus et pontifex effectus fuerat, omnium judicio condemnatus est. Deinde generalis sententia sub anathematis interdictione prolata est ut nullus laicorum, nec ex alio ordine, nisi per distinctos gradus ad præsulatum promoveatur; ac ut omnia, quæ idem Constantinus in ecclesiasticis ad divinum cultum egit, iterarentur, præter baptisma atque sacrum chrisma. Stephanus papa episcopos xxx consecravit, et apud Beatum Petrum sepultus est. Et cessavit episcopatus diebus viii.

Adrianus Romanus, ex patre Theodoro, de regione Via Lata, sedit annis xxiii, mensibus x, diebus xvii. Hic nobilis et pulcher, constans, pius et sanctus fuit. Tunc Desiderius, Langobardorum rex, innumera mala Romæ et Ravennæ et subditis earum faciebat. Carolus ergo Magnus rogatu papæ in Italiam venit, Ticinum vi mensibus obsedit, Deoque juvante cepit, Sabbatoque Paschæ cum suis honorifice Romæ susceptus est. Desiderium vero regem captum cum uxore sua Franciam misit, et beato Petro quæ sibi ablata fuerant restituit. Adrianus papa ecclesias et ornatus et multa mira fecit, et Constantinum Augustum cccl episcopos in Nicæa congregare suis precibus compulit, quam synodum de Græco in Latinum transferri fecit. Tunc, xx anno ejusdem papatus, Tiberis fluvius ad portam Sancti Petri venit et multa damna civibus intulit. Sed papa litanias instituit, et misertus Dominus aquam amovit. Hic episcopos clxxxv ordinavit, et vii Kal. Januarii ad Beatum Petrum sepultus est, et eodem die Leo papa ei subrogatus est.

Leo Romanus, ex patre Aizuppio, sedit annis xx, mensibus v, diebus vii, prædecessoribus suis in omnibus similis. Hic dum bene quæ bona sunt ageret, et quadam die in litaniis ad Beatum Petrum apostolum cum populo pergeret, Paschalis primicerius et Campolus sacellarius cum armatis satellitibus suis de insidiis prosilierunt, populumque inermem timore armorum fugaverunt, et papam ante altare Sancti Petri oculis et lingua privare nisi sunt. Sed post aliquot dies Albinus cubicularius eum de carcere eripuit, et Dominus omnipotens integram sanitatem illi contulit. Winigis vero, dux Spoletanorum, ei suppetias advenit, et videns papam, qui fustibus laniatus, et semivivus in sanguine revolutus ante aram fuerat, mirabiliter sanatum, cum aliis fidelibus Dominum glorificavit. Post hæc papa Carolum Magnum regem adiit, et querimoniam de rebus gestis ei deprompsit. At ille tantum virum honorifice suscepit, et cum duobus archiepiscopis, Idilvaldo et Arnone, atque vi episcopis et tribus comitibus remisit. Ipse quoque rex postea Romam venit, et ab eodem papa, in die Natalis Domini, in ecclesia Sancti Petri coronatus est, et ab omnibus tam Romanis quam Francis imperator Romanus constitutus est.

Post hæc, indictione ix, ii Kal. Maii, terræmotus magnus factus est et totam ecclesiam Sancti Pauli apostoli diruit, quam Leo papa optime reparavit. Litanias quoque idem præsul tribus diebus ante Ascensionem Domini jussit celebrari. Nullus prædecessorum ejus in ecclesiis sanctorum et ornamentis vel aliis necessariis rebus plus quam ille operatus est. Hic episcopos cxxvi ordinavit. Sepultus vero est in basilica Sancti Petri apostoli, ii Idus Junii. Et cessavit episcopatus mense i.

Stephanus Romanus, ex patre Marino, sedit mensibus vii. Hic, pro confirmanda pace sanctæ Ecclesiæ, Galliam ad Ludovicum imperatorem petiit, quæque voluit ab eo impetravit, et exsules pro reatu in beatum Leonem papam commisso inde clementer eduxit. Hic episcopos v consecravit, et ad beatum Petrum apostolum sepultus est. Et cessavit episcopatus diebus xxvi.

Paschalis Romanus, ex patre Bonoso, sedit annis vii, mensibus iv, diebus xviii. Hic prædecessorum suorum sanctissimus æmulator exstitit, et multa Ecclesiæ populoque pulchra et utilia fecit. Episcopos xl consecravit. In ecclesia vero Beati Petri sepultus est. Et cessavit episcopatus diebus iv.

Eugenius Romanus, vir bonus et sanctus, sedit annis iv. Tunc magna ubertas et pax in orbe regnavit.

Valentinus Romanus, ex patre Petro, de regione Via Lata, cunctis pollens virtutibus, sedit diebus xl. Hic ab episcopis centum et proceribus Romanorum, omnique populo in palatio Lateranensi electus est, et de ecclesia Sanctæ Dei genitricis Mariæ assumptus, et in pontificali throno positus est, sed paulo post sancte defunctus est.

Gregorius Romanus, ex patre Joanne, pulcher et nobilis, sapiens et sanctus, sedit annis xvi. Tunc Agareni de finibus suis exierunt, et insulas ac regiones Christianorum graviter desolaverunt, hominibusque peremptis, basilicas et habitacula fidelium despoliaverunt et debacchantes destruxerunt. Gregorius ergo papa muros Ostiæ fecit, quæ ob hoc postmodum Gregorianopolis dicta est. Hic alia innumera bona fecit. Multas enim basilicas construxit, et multa sanctorum corpora transtulit, et in locis opportunis diligenter aptavit. Episcopos clxxxv consecravit, et in basilica Sancti Petri apostoli sepultus est. Et cessavit episcopatus dies xv.

Sergius Romanus, ex patre Sergio, sedit annis iii. Qui dum electus ex more fuisset, Joannes diaconus cum agresti manu bellicis telis armata januas fregit, et legis et ordinis traditionem transgressus, per vim in patriarchium intravit. Sed post unam horam cuneus ejus timore correptus fugit, et Joannes invasor captus et cæsus ac diaconatu privatus est. In illo tempore, Lotharius Augustus Drogonem, archiepiscopum Mettensem, et Ludovicum filium suum, cum multis episcopis et abbatibus atque comitibus Romam misit. Qui multas strages per urbes et agros in via fecerunt, et indigenas colonos tyrannica crudelitate perterritos ad latebras confugere coegerunt. Quadam itaque die atra densitas nubium facta est, et quidam primates Drogonis fulmine percussi perierunt. Ludovicus vero Romam venit, et Sergius papa oleo sancto eum perunxit et regem Langobardorum consecravit. Sergius papa xxiii episcopos ordinavit, abbatias plures et ecclesias condidit. Ad Beatum Petrum apostolum sepultus est, et cessavit episcopatus mensibus ii, diebus xv.

Leo Romanus, ex patre Radualdo, sedit annis viii, mensibus iii, diebus vi. Hic innumerabilibus bonis ut sol in mundo emicuit, et in ædificiis et ornamentis, aliisque utilibus studiis Ecclesiæ Dei multipliciter profuit. Post mortem Sergii papæ, mox Sarraceni basilicas apostolorum Petri et Pauli deprædati sunt. Sed dum ad Africam navigio redire vellent, procellis in mari perierunt. Tunc terræmotus in urbe Roma talis factus est ut omnia elemento concussa viderentur. Leo papa prohibuit laicos ad missas in presbyterio esse. In primo papatus sui anno basiliscum meritis et precibus suis effugavit, qui in tetris cavernis Romæ latens flatu suo multos perimebat. Validum quoque ignem beatus papa in vico Saxoneum furentem signo crucis opposito exstinxit. Ecclesias multas et ornamenta fecit, antiquas urbes restauravit, murum Romæ renovavit, ecclesiam vero Sancti Petri muro cinxit, et quasi urbem, quæ a nomine ejus Leoniana dicitur, firmavit, et cum omni populo Romano in magna lætitia omnium iv Kal. Julii dedicavit.

Ecce mentionem centum pontificum, qui post Betum Petrum apostolicæ sedi præfuerunt, in hoc opusculo denotavi, prout in scriptis sancti papæ Damasi ad Hieronymum, vel in Gestis pontificalibus investigavi.

Porro, de aliis XL qui post Leonem IV usque ad nostram ætatem præfuerunt apostolicæ sedi, huc usque integra gesta non inveni; ideoque vix pauca de illis audeo profari. Nomina solummodo nitor eorum per ordinem proferre; sed de progenie vel actibus eorum compellor omnino silere, donec possim, donante Deo, pleniora de illis ut cupio scripta reperire.

Benedictus papa sedit anno I, mens. VI, diebus X.
Nicolaus papa annis IX, mensibus X.
Adrianus papa annis V.
Joannes papa annis X.
Marinus papa anno I, mensibus IV.
Adrianus papa anno I, mensibus IV.
Agapitus papa anno I.
Basilius Stephanus anno I. Deinde Formosus, Joannes et Stephanus tempore Ludovici transmarini floruerunt. Ipsos quoque secuti sunt Marinus, Agapitus, Octavianus, Leo, Benedictus, Joannes, qui Ottonem juniorem benedixit, Benedictus, Benedictus, Gerbertus Silvester, Agapitus et Benedictus. Sic per annos fere centum et X patres XI præfuerunt apostolicæ sedi, quorum genealogiam seu certum tempus prælationis vel occasus nondum inveni.

Clemens Suidgerus, qui fuit Bavembergensis episcopus, sedit annis IX, et Henricum imperatorem benedixit et Agnetem.

Opo Damasus, qui fuit Aquileiensis præsul, sedit anno I.

Leo Lotharingus sedit annis V. Hic Bruno Tullensis pontifex fuit. In Galliam venit, Remis ingens concilium tenuit. Prisca sanctorum Patrum decreta, quæ deciderant, renovavit, et multa in utroque ordine salubriter et utiliter correxit.

Gebehardus Victor sedit annis III.

Fridericus Stephanus, filius Gothelonis ducis, sedit anno I.

Gerardus Nicolaus, qui de Francis primus assumptus est, sedit annis II.

Alexander Lucensis sedit annis XI.

Gregorius Hildebrannus, a pueritia monachus, sedit annis XIV. Cujus tempore Henricus imperator Guitbertum Ravennensem intrusit, et, expulso papa, Romanam Ecclesiam valde turbavit.

Desiderius Victor, qui Cassinensis abbas fuit, sedit mensibus II.

Urbanus Odo, qui Cluniacensis monachus fuit et Ostiensis episcopus, sedit annis XII; exercitum Christianum in Jerusalem contra paganos direxit.

Paschalis Rainerius, qui de valle Brutiorum fuit, monachus, sedit annis XII.

Gelasius Joannes Gaditanus sedit annis II.

Calixtus Guido, filius Guillelmi Burgundionum ducis, qui Viennensis fuit archiepisc., sedit annis VI.

Honorius Lambertus, qui fuit Ostiensis episcopus, sedit annis V.

Innocentius Gregorius Papiensis sedit annis XII, qui, nono papatus sui anno, ingens concilium Romæ aggregavit, et multa, quamvis pauca serventur, constituit.

Finis hujus libri.

ORDERICI VITALIS

ANGLIGENÆ

CŒNOBII UTICENSIS MONACHI

ECCLESIASTICÆ HISTORIÆ

PARS SECUNDA

Qua bellici Normannorum eventus in Francia, Anglia, Apulia, monasteriorum fundationes, episcoporum et abbatum totius pene Neustriæ series ac gesta plurimæque aliæ res memoratu dignæ, sub Guillelmo II duce, cognomine Notho, luculenter exponuntur.

SUMMARIUM LIBRI TERTII.

I. *Prologus.*
II. *Fundatio monasterii Sancti Ebrulfi Uticensis et variorum monasteriorum in Neustria. Invasiones Normannorum in hanc provinciam.*

III. *Rollonis baptismus. Successorum eius dominatio. Cœnobiorum fundationes.*
IV. *Monasterii Uticensis restauratio.*
V. *De Gervio, Uticensis monasterii benefactore, ejusque familia.*
VI. *Historia Uticensis monasterii.*
VII. *Sequitur historia Uticensis monasterii. Theodericus abbas.*
VIII. *Migrationes Normannorum in Apuliam. Primæ eorum ibidem sedes. Anschetillus monachus.*
IX. *Sequitur Uticensis monasterii et Theodorici abbatis historia.*
X. *Iter Theodorici abbatis in Orientem. Mors ejus.*
XI. *Sequitur Uticensis historia. Robertus de Grentemaisnilio abbas.*
XII. *Bella inter Francos et Normannos. Eventus varii.*
XIII. *Dissensiones in Normannia. Osbernus abbas Uticensibus monachis Roberti loco imponitur. Robertus abbas in Apuliam transit ad Robertum Viscardum. Eventus varii.*
XIV. *Sequitur Uticensis historia, Osbernus abbas.*
XV. *Guillelmus Normannorum dux. Robertus de Vitot seu de Waceio. Geroianorum progeniei exstinctio.*
XVI. *Guillelmus Normannorum comes seu marchio. Contentio inter Hugonem de Grentemaisnilio et Radulfum Mendantensium comitem. Osberni abbatis mors.*
XVII. *Cometes. Eventus in Anglia. Heraldi usurpatio. Guillelmus Normannorum marchio sese ad transfretandum in Angliam parat.*
XVIII. *Sequitur Uticensis historia. Iterum de morte Osberni. Mainerii abbatis electio*
XIX. *De beato Judoco, filio Juthail, Britonum regis.*
XX. *Eventus in Anglia. Northvigenæ ab Anglis profligantur. Guillelmus Normannorum dux Angliam invadit. Insigne prælium.*
XXI. *Prælii effectus. Guillelmus regionem totam submittit. Anglorum rex coronatur.*

LIBER TERTIUS.

I. *Prologus.*

Ad laudandum Creatorem in cunctis operibus suis indesinenter instare debemus, cujus ineffabilem potentiam et magnitudinem discutere non possumus, nec efficaciam, qua sublimitas ejus et infatigabilis benignitas a nobis enarrari possit, habemus. Inde Veteris et Novi Testamenti pagina tractat, inde omnis sapiens perscrutatur et cogitat, sed immensitatem profunditatum Dei nemo penetrat. Scientia charitatis Christi supereminet omni humanæ prudentiæ, quam investigare, amplecti totoque nisu sequi justum est, et plenum salutis perpetuæ. Ob hoc beati homines, quorum laus est in authenticis codicibus, et sociati angelis gaudent in cœlestibus, contemptis transitoriis inhiabant perennibus, et abhorrentes carnalia salubriter fruebantur spiritualibus. Per arduum iter virtutum vestigia Salvatoris prosecuti sunt et salutare nobis exemplum reliquerunt ut, sequaces eorum, per justitiæ semitam ad perennem hæreditatem festinemus; ad quod opus, peccatis prementibus, nimis desides et infirmi sumus. Sed tamen debemus, quantum possumus, veraciter niti ut vestigia eorum sequamur; quatenus illorum meritis associati, quandoque beatorum adjungi collegio, mereamur. De quibusdam itaque amicis Dei, dominisque ac rectoribus populi A sui in superiori parte libenter locutus sum; de quibus meditari sive loqui fideliter, jucundum est animæ, et commodum pro interioribus morbis salubre remedium. Nunc autem a magistris aliud mihi opus injungitur, et de Normannicis eventibus materia porrigitur; quoniam ipsi de Dacia prodeuntes, non litteris sed armis studuerunt, et usque ad Guillelmi Nothi tempora magis bellare quam legere vel dictare laboraverunt. Bellicos siquidem actus trium ducum Dudo Vermendensis decanus eloquenter enarravit, affluensque multiplicibus verbis et metris panegyricum super illis edidit, et Ricardo Gunnoridæ gratiam ejus captans transmisit. Quem Guillelmus, cognomento Calculus, Gemmeticensis cœnobita, secutus eleganter abbreviavit, et de quatuor B ducibus, qui successerunt, breviter et diserte res propalavit.

II. *Fundatio monasterii sancti Ebrulfi Uticensis et variorum monasteriorum in Neustria. Invasiones Normannorum in hanc provinciam, ubi considunt.*

Opus in primis arripiam de vinea Domini Sabaoth, quam ipse forti dextera colit et protegit in toto mundo contra insidias Behemoth. Hæc nimirum in regione, quæ olim Neustria, nunc vero vocatur Normannia, laborantibus colonis, sparsim suas propagines emisit et multiplicem fructum, hominum in sanctitate permanentium Deo obtulit. Multa enim a bonis cultoribus cœnobia ibidem constructa sunt, ubi rami ipsius vitis, id est boni Christiani semetipsos contradiderunt, ut tutius contra insidias spiritualium hostium sine tenus decertarent. Nam beatus præsul Audoenus, qui multa probitate tam sæculari quam spirituali tempore Dagoberti regis Francorum et Lodovei filii ejus floruit, unum cœnobium sanctimonialium Fiscanni condidit, et aliud monachorum Rothomagi; ubi ipse anno Dominicæ Incarnationis 678, tumulatus requievit, ibique per annos CLXV usque Normanni Rothomagum devastarent, latuit. In diebus præfati pontificis, sanctus Wandregisilus ingens monachorum agmen Fontinellæ adunavit, et beatus Philibertus fortis signifer insignis aciei apud Gemmeticum emicuit. Præcedenti quoque tempore, hoc est dum Hilpericus et Childebertus nepos ejus Francis imperabant, et regali auctoritate insontes a perversis defensabant, Bajocensis Ebrulfus in Uticensi saltu, angelica demonstratione doctus, monasterium instauravit, et agrestes incolas, qui rapinis et latrociniis ante deservierant, correxit, et doctrinæ pabulo ac miraculorum exhibitione ad melioris vitæ viam provocavit. Sic Dominus aliis etiam in locis per bonos agricolas vineam suam propagavit, et salutis suæ dulcedinem Gallorum cordibus ubertim infudit.

Postquam regnum Francorum, favente Deo, valde super vicinas gentes sublimatum est, et frequentibus triumphis regum suorum Pippini, Caroloque Magni et Ludovici Pii dilatatum est, nimia cupiditas et superbia atque libido proceres et mediocres, infimosque invaserant, et in nequitiarum laqueos præcipitans, contra salutis suæ auctorem, ne fideliter ei obedirent, duxerunt. Prædictis cladibus omnis ordo clericorum et laicorum impulsatus, a pristino robore corruit, mundique blandimentis succumbens, omisso splendore pristini rigoris, elanguit. Divina autem pietas peccantibus diu pepercit, multisque modis ad pœnitentiam invitavit. Resipiscentibus a malitiæ laqueis veniam clementer contulit, sed perseverantibus in nequitiis iracundiæ suæ flagellum intulit.

Tempore Caroli regis Francorum, qui Simplex cognominatus est, Brier, cognomento Costa-Ferrea, filius Lothroci regis Danorum, cum Hastingo nutritio suo et ingenti juvenum multitudine, ad depopulandas gentes, de vagina sua egressus est. Ex insperato de mari quasi turbo vehemens in Galliam intravit, et oppida urbesque cum sanctorum cœnobiis repente concremavit, et per triginta annos super Christianos cum suis complicibus insatiabiliter furuit. Tunc Rothomagus et Noviomum, Turonisque et Pictavis, aliæque præcipuæ urbes combustæ sunt. Inermes populi occiduntur, monachi et clerici disperguntur, et sanctorum corpora aut in suis tumulis, jam destructis ædibus, absque cultu relinquuntur, aut a piis cultoribus ad peregrina loca devehuntur.

Sed, dispensante divinæ pietatis arbitrio, ex eadem gente unde venit Neustriæ desolatio, inde nimirum non multo post processit consolatio. Nam completis fere xxx annis post cladem Hastingi, Rollo dux cum valida Danorum juventute Neustriam ingressus est, et Gallos diuturnis invasionibus vehementer atterere nisus est. Nam, conserto cum Gallis prælio Rollandum signiferum eorum occidit, et Rainaldum Aurelianensium ducem cum exercitu Francorum bello victum fugavit. Parisiorum urbem quatuor annis obsedit; sed eam, impediente Deo, non obtinuit. Bajocas expugnavit et cepit, et Berengarium comitem ejus interemit, Popamque filiam ejus in conjugium accepit; ex qua Willelmum cognomento Longam-spatam procreavit. His aliisque innumeris conflictibus Gallos protrivit, assiduisque rapinis et incendiis pene totam Galliam usque in Burgundiam devastavit. Tantos impetus Gallis non ferentibus, cunctisque pro pace communiter supplicantibus, Carolus rex Rolloni filiam suam, nomine Gislam, dedit in matrimonium, totamque terram a flumine, quod Epta vocatur, usque ad mare Oceanum, in perpetuum possidendam reliquit.

III. *Rollonis baptismus. Successorum ejus dominatio. Cœnobiorum fundationes.*

Anno itaque ab Incarnatione Domini 912, Rollo dux a domno Francone Rothomagensium archiepiscopo baptizatus est, idolisque contemptis, quibus ante deservierat, cum toto exercitu suo devote christianitatem suscepit; completisque quinque annis ex quo baptizatus est, obiit. Willelmus autem filius ejus, qui post eum xxv annis ducatum Normannorum tenuit, Gemmeticense monasterium, quod sanctus Philibertus construxerat, sed Hastingus destruxerat, in pristinum statum restituit.

Anno autem Incarnationis Dominicæ 942, regnante Ludovico rege Francorum, fraude Arnulphi Flandrensis satrapæ, Willelmus dux occisus est, et Ricardus filius ejus, qui tunc decem annorum erat, dux Normannorum factus est; et inter varios eventus, nunc prosperos, nunc adversos, LIV annis ducatum fortiter adeptus est. Inter reliqua bona quæ fecit, tria cœnobia construxit, unum Fiscanni in honore sanctæ Trinitatis; aliud monte Tumba in honore sancti Michaelis archangeli; tertium Rothomagi in honore sancti Petri apostoli sanctique Audoeni archiepiscopi.

Deinde anno Incarnationis Dominicæ 996, defuncto Richardo seniore, Ricardus Gunnorides filius ejus successit, et ducatum Normanniæ triginta annis religiose tenuit. Hic vero Fontinellense cœnobium, quod sanctus Wandregisilus ædificaverat, sed Hastingus dissipaverat, reædificavit; et Judith uxor ejus, soror Gaufredi Britonum comitis, cœnebium apud Bernaicum in honore sanctæ Dei genetricis Mariæ condidit.

Defuncto autem Richardo Gunnoride, Richardus juvenis, filius ejus, successit, et vix anno uno et dimidio ducatu potitus obiit. Deinde Rotbertus frater ejus principatum Normanniæ suscepit, et septem annis ac dimidio insigniter tenuit, patrumque suorum sequax, Cerasiacensem abbatiam instaurare cœpit. Timore vero Dei compunctus, terrenum honorem reliquit, et spontanea peregrinatione arrepta, sepulcrum Domini quod est in Jerusalem adiit; et inde rediens, apud Nicæam urbem Bithyniæ, anno ab Incarnatione Domini 1035 obiit. Porro Willelmus filius ejus, qui tunc octo annorum erat, ducatum Normannorum suscepit, et multorum insidiis æmulorum impetitus, LIII annis strenue tenuit. Ipse parentum suorum studia sequi erga Dei cultum sategit, Deoque favente, divitiis et potestate omnem patrum suorum gloriam transcendit. Apud Cadomum duo cœnobia construxit : unum monachorum in honore sancti Stephani protomartyris, aliud sanctimonialium in honore sanctæ Trinitatis.

Barones Normanniæ, principum suorum tantum fervorem erga sanctam religionem videntes, imitari affectarunt, et ad simile opus se suosque amicos pro salute animarum suarum excitarunt. Unus alium in bono opere festinabat præire, eleemosynarumque largitate digniter superare. Quisque potentum se derisione dignum judicabat, si clericos aut monachos in sua possessione ad Dei militiam rebus necessariis non sustentabat.

Igitur Rogerius de Toenio cœnobium Castellionis, alias de Conchis construxit, ubi Gilbertus abbas, vir, magnæ honestatis et sapientiæ, laudabiliter floruit.

Goscelinus de Archis extra muros Rothomagi in monte Sanctæ Trinitatis cœnobium, quod vulgo Sanctæ Catharinæ dicitur, fundavit; cui venerandus abbas Isembertus sapientia et religione pollens præfuit.

Willermus Aucensis comes, instinctu religiosæ conjugis suæ Lezcelinæ, abbatiam Sanctæ Mariæ super rivulum Divæ construxit; cujus regimen Ainardus Teutonicus, vir sanctitate et litterarum scientia præditus, diu tenuit.

Tempore Rodberti ducis, Gislebertus comes Brionniæ in pagum Vimmacensem cum tribus armatorum millibus expeditionem fecit; sed ei juxta desiderium suum prospere non successit. Nam Ingelrannus Pontivi comes cum valida manu ei obvius fuit, commissoque certamine, victum cum suis in fugam coegit, et ex fugientibus multos cepit, vel occidit, vel vulneribus debilitavit. Tunc ibi quidam miles nomine Herluinus periculum metuens, totoque nisu pro salute sua fugiens, Deo devovit quod si de imminenti periculo sospes evaderet, nulli ulterius nisi soli Deo militaret. Dei nutu discrimen honorifice evasit, votique sui memor sæculum reliquit, et in patrimonio suo, in loco qui Beccus dicitur, cœnobium Sanctæ Dei genitrici Mariæ cond'dit.

Pastores autem Sanctæ Dei Ecclesiæ præfatum virum pro nobilitate et religione elegerunt, novoque monasterio quod inchoaverat præfecerunt. Cujus regiminis tempore, Lanfrancus et Anselmus, aliique profundi sophistæ illuc ad scholas Christi perrexerunt; ibique Willelmus Geroii filius, et Hugo comes Mellenti, aliique præclari milites militiam Christi assumpserunt. Ibi, usque hodie, multi clericorum et laicorum sub monachili schemate vivunt, et contra Zabulun dimicantes Deo laudabiliter serviunt.

Unfridus de Vetulis, Turoldi filius, duo cœnobia, unum monachorum et aliud sanctimonialium, Pratellis inchoavit; quæ Rogerius de Bellomonte filius ejus multum amavit, et de redditibus propriis gratanter ditavit.

Willelmus, Osberni filius, duo monasteria in proprio fundo condidit, unum Liræ, et aliud Cormeliis, ubi ipse humatus quiescit. Alii etiam Normannorum proceres plurimi, prout poterant, monachorum seu monacharum domus in diversis locis construebant.

Horum exemplis Hugo de Grentemaisnilio et Rotbertus vehementer provocati devoverunt et ipsi ex possessionibus, quas jure hæreditario possidebant, pro salute sua et pro salute animarum antecessorum suorum cœnobium construere.

Igitur cum apud Nuceretum villam suam prope Grentemaisnilium ædificare cœnobium statuissent, jamjamque operi insisterent, ad aures Willelmi filii Geroii avunculi sui pervenit quod nepotes sui Hugo et Rotbertus ædificare cœnobium cœpissent. Hic nimirum in sæculo miles fuerat magnæ sublimitatis, hostibus terribilis et amicis fidelis. Filios et fratres multosque nepotes in armis potentes habuit, hostibusque vicinis seu longe positis valde feroces. Hunc Willelmus, cognomento Talavacius, Willelmi Belesmensis filius, ad nuptias suas invitavit, eumque nil mali suspicantem, sine reatu oculis privavit, amputatisque genitalibus auriumque summitatibus crudeliter deturpavit. Unde pro tanto facinore perosus cunctis factus est, et post aliquot temporis a filio etiam suo nomine Arnulfo de toto honore suo ejectus est.

Geroianus Willelmus omni vita sua Ecclesiam Dei dilexit, et monachos et clericos, aliosque religiosos homines honoravit, Bis in Jerusalem sepulcrum Domini expetiit : semel dum incolumis erat et prosperitate præditus, iterumque post infortunium quod ei evenisse retulimus. Post reditum secundæ peregrinationis sæculum reliquit, et Beccum expetens, monachilem habitum ibidem assumpsit, et Uticensem ecclesiam Sancti Petri eidem loco devote tradidit. Itaque Herluinus abbas Lanfrancum monachum (qui postea Cantuariorum archiepiscopus exstitit) cum tribus Uticum monachis direxit, et per eos servitium Dei, quod deciderat, inibi restaurari fecit. Tunc locus ipse desertus erat, et succrescens hedera maceriam ecclesiæ cooperiebat. Duo soli senes clerici, Restoldus et Ingrannus, ibidem morabantur, et in tanta eremo sub paupere vita Deo pro posse suo famulabantur.

Post aliquot temporis Willelmus, ubi vota nepotum suorum de construenda, ut prædiximus, abbatia comperit, accessit ad eos, et dixit : « Gaudeo valde, charissimi mei, quod Deus omnipotens cordi vestro inspirare dignatus est ut in ipsius nomine domum fabricetis. Sed videtis quia locus iste, ubi cœpistis ædificare, habitationi monachorum aptus non est, quia ibidem aqua deest, et nemus longe est. Certum est quod absque his duobus elementis monachi esse non possunt. Sed si meis consiliis acquiescere volueritis, aptiorem locum intimabo vobis. Est locus in Uticensi pago, ubi quondam amicus Dei Ebrulfus sanctus abbas habitavit, et inde post multorum perpetrationem miraculorum ad Christum feliciter migravit. Illius ergo cœnobium ibi instaurate, quod destructum est a paganis, ibique nimiam aquam invenietis. Nemus eidem loco contiguum habeo, unde ad omnia necessaria ecclesiæ sufficienter administrabo. Venite et locum videte, et si vobis placuerit, Deo ibi domum communiter ædificemus; hominesque fideles, qui pro nobis pie intercedant, aggregemus, et de nostris possessionibus, justisque redditibus tantum eis demus ut libere semper possint vacare divinis laudibus. » His auditis, Hugo et Rotbertus consilium ejus laudaverunt, et prædictum locum perlustrare cum eo venerunt. Venientibus illis, libellus Vitæ sancti Patris Ebrulfi Rotberto oblatus est. Quam diligenter legit, et Hugoni aliisque sociis suis prudenter exposuit. Quid multa? Uticensis locus placuit ambobus fratribus. Sed quia idem locus cœnobio Beccensi jam delegatus fuerat, aliquantique monachi ex eodem cœnobio, ut jam diximus, illic conversabantur, abbati Herluino et monachis Becci in mutua vicissitudine villam, quæ dicitur Rosseria, dederunt, sicque præfatum locum liberum reddiderunt.

IV. *Monasterii Uticensis restauratio.*

Anno ab Incarnatione Domini 1050, indictione IV, firmato consilio de restaurando apud Uticum cœnobio, Willelmus et Rotbertus filii Geroii, et Hugo ac Rotbertus filii Rotberti de Grentemaisnilio Willelmum ducem Normannorum adierunt, suamque voluntatem illi reseraverunt, atque ut principali auctoritate ad opus salubre sibi auxiliaretur postulaverunt. Locum etiam sæpe nominatum communi consensu ita liberum tradiderunt ejus tutelæ ut nec sibi, nec aliis quibuslibet aliquam assuetudinem seu redditum, præter beneficia orationum, aliquando a monachis liceret vel hominibus eorum exigere. Dux autem bonæ voluntati eorum gratanter acquievit, et testamentum de rebus, quas optimates sui sancto Ebrulfo dabant, confirmavit, et Malgerio, Rothomagensi archiepiscopo, suffraganeisque episcopis subscriptionibus suis corroborandum tradidit.

Deinde Hugo et Rotbertus, a duce accepta licentia eligendi abbatem, Gemmeticum expetierunt, et a domno Rotberto ejusdem ecclesiæ abbate Theodericum monachum ad abbatiæ suæ regimen requisierunt. Abbas vero justæ petitioni nobilium virorum libenter favit, et monachum, quem ad pastoralem curam idoneum noverat, illis concessit. Illi autem gaudentes eum duci præsentaverunt. At ille veneratione congrua eum suscepit, datoque baculo pastorali, sicut moris est, ecclesiæ Uticensi præfecit. Deinde Lexoviensis episcopus Hugo, cum Osberno archidiacono, aliisque clericis suis, Uticum perrexit, et venerabilem Theodericum cœnobitam secum duxit, eumque ibi III Nonas Octobris, die Dominico, venerabiliter consecravit. Ordinatus autem non in superbiam elatus est, sed religionis viam verbis et operibus ostendebat his quibus prælatus est. Hic nimirum ab infantia in domo Domini nutritus fuerat, diutinoque sedimine religiosam vitam jugiter ducere didicerat. In sanctis orationibus atque vigiliis necnon in abstinentia assiduus erat. Frigoribus etiam in tantum corpus proprium affligebat ut per totam aliquando hiemem sine pellicia permaneret. Quadam itaque die, dum secundum morem consuetum sibi sacrificium Deo offerre voluisset, pelliciam miri candoris super altare positam invenit. Quam non manibus hominum, sed angelorum illic eam esse positam non dubitans, Deo gratias egit, et indutus eam gratulanter servitium divinum peregit. Hoc ita gestum fuisse in Gemmeticensi ecclesia, dum adhuc claustralis esset monachus, a monachis veracibus, qui tunc in supradicto monasterio morabantur, audivimus. Hunc venerabilis Theodericus, Gemmeticensis abbas, de sacro fonte levaverat, et sub monachili jugo in schola Christi educatum multum dilexerat. Quem, dum idem ad robur virile venisset, bonisque moribus laudabiliter polleret, vicarium sui ad animarum lucra fratribus constituit, atque ad infantum magisterium et ad curam claustralis prioratus tuendam promovit. Deinde, sicut supradictum est, idem vir Domini, tempore Rotberti abbatis, de Gemmetico assumptus est, et Uticensi novellæ plantationi abbatiæ prælatus est, anno ab Incarnatione Domini 1050, indictione IV, qui erat annus XIX Henrici regis Francorum, et XV ducatus Willelmi ducis Normannorum.

Ad constructionem vero novæ domus Rodulfum nepotem suum et Hugonem cantorem, aliosque idoneos fratres, permissu Patris sui, de Gemmetico secum adduxit. Cum quibus, et per quos regularem observantiam, et modestum rigorem, aptamque seriem in divino cultu ferventer erexit. Diversæ autem ætatis et qualitatis ad conversionem venientes suscepit, et secundum Regulam S. Patris Benedicti diligenter instituit. Nam ipse in primis Gunfridum et Rainaldum et Fulconem filium Fulconis decani, aliosque nonnullos grammaticæ artis peritos in schola Christi emendationem vitæ humiliter docuit. Riculfum quoque senem et Rogerium rusticos presbyteros et Durandum hortulanum et Goisfredum atque Olricum, aliosque simplices discipulos benigniter tractavit. Et quia profunda Scripturarum syntagmata percipere nequibant, lacte pii hortatus dulciter pavit, et sanctis actibus ostensis, in fide et religione salubriter corroboravit. Ipse etiam Herbertum et Berengarium, Goscelinum et Rodulfum, Gislebertum et Bernardum, Richardum et Willelmum, aliosque plures bonæ indolis pueros diligenter instruxit in domo Domini ad bene legendum, ad canendum, ad scribendum, et ad alia bona studia, quæ servis Dei veram theoriam quærentibus competunt, vigilanter exercendum. Porro agrestes incolæ, ubi tantæ sanctitatis studium in rure sterili, olimque diu deserto viderunt, admirari cœperunt. Et inde quidam salutem, nonnulli vero detrimentum sibi sumpserunt. Nam quidam eorum conversationem videntes eos imitati sunt, et alii invidentes diversis molestiis insecuti sunt; utrique vero debitam mercedem, æquissimo judice Deo reddente, adepti sunt. Nobiles et mediocres, inspirante Deo, illuc confluebant et orationibus servorum Dei sese cum devotione commendabant, exhibitisque charitatis muneribus, Deum, qui famulos suos in infructuoso cespite pascebat, benedicebant.

Meritis itaque sancti Patris Ebrulfi Uticensi ecclesia surgente, et per studium laboremque Geroianorum ad honorem Dei undique crescente, Rogerius de Monte-Gomeri, Oximensis vicecomes, contribulibus suis cœpit invidere quod eo plus ferverent in Dei amore, et omnino definivit intra se quod pro salute animæ suæ faceret opus consimile. Unde ascivit Gislebertum Castellionis abbatem cum monachis suis, qui monachilem apud Nuceretum ordinem tenere inchoaverant, sed mutato consilio Hugonis et Rotberti (sicut supra retulimus), eorum velle sequi noluerant, imo pro immutatione constructionis eos levitatis arguentes reliquerant. Quos præfatus Rogerius accersiit, eisque ad ædificandum abbatiam Troarnum tradidit; et inde XII canonicos, quos Rogerius pater suus ibidem constituerat, ejecit. Expulsis autem clericis (quia gulæ et libidini, aliisque carnis voluptatibus deservierant, et sæcularibus emolumentis, collocavit ibidem monachos regularibus imbutos disciplinis. Porro monachi, jussu Patris Gisleberti, strictam religionis viam in ecclesia Sancti Martini arripuerunt, et sequacibus suis servandam usque ad mortem commiserunt; quam successores eorum sub eruditis Patribus Gerberto, Durando et Arnulfo usque hodie laudabiliter tenere sategerunt.

V. *De Geroio Uticensis monasterii benefactore, ejusque familia.*

De Geroio, Ernaldi Grossi de Corte Sedaldi Abonii Britonis filii filio, cujus progenies Uticensibus multa beneficia contulit, libet hic posteris breviter intimare quis qualisve fuerit.

Hic ex magna nobilitate Francorum et Britonum processit, miraque probitate et audacia, temporibus Hugonis Magni et Rotberti regum Francorum, nobiliter viguit. Hildiardi vero sorori ejus tres filii et undecim filiæ fuerunt, quæ honorabilibus viris nuptæ multos filios pepererunt, qui succedenti tempore in Gallia et Anglia atque Apulia hostibus in armis magno terrori fuerunt. Geroius inter reliqua fortia opera quæ fecit, cum Willelmo Belesmensi contra Herbertum Cenomannensium comitem pugnavit. Victo autem Willelmo et fugiente cum suis Geroius stetit, bellumque donec Herbertum cum omnibus suis in fugam cogeret, viriliter sustinuit; victoriamque nactus, usque hodie ab his qui norunt laudari promeruit. Huic quidam Normannorum potens miles nomine Helgo unicam filiam suam in matrimonium obtulit, et monasteriolum ac Escalfoium, totamque terram suam his duobus oppidis jacentem donavit. Ille vero, Helgone paulo post defuncto, totum honorem ejus possedit; et virgo, quæ firmata ei fuerat, immatura morte præventa, ante nuptias obiit. Deinde Willelmus Belesmensis Geroium Rothomagum ad Ricardum ducem Normanniæ adduxit; quem liberalis dux, agnita virtute ejus, honoravit, eique totam terram Helgonis hæreditario jure concessit. Geroius autem inde rediens Gislam Turstini de Bastebúrgo filiam in conjugio accepit, ex qua septem filios et quatuor filias genuit, quorum nomina sunt hæc: Ernaldus, Willelmus, Fulcoius, Radulfus Mala-corona, Rodbertus, Hugo et Geroius; Heremburgis, Hadvisa, Emma, Adelais.

Sæpe nominatus heros, quanquam prole et divitiis, amplisque possessionibus in hoc modo abundanter floruerit, Deum tamen, qui omnia præstat, fideliter amavit, et Ecclesiam ejus, cultumque et ministros coluit. Sex in nomine Domini basilicas de propriis facultatibus ædificavit. Nam apud Vernucias construxit duas ecclesias: unam sanctæ Dei genitrici Mariæ, aliamque sancto Paulo, Doctori gentium. In villa, quæ Gloz dicitur, in pago Lexoviensi, tertiam condidit sancto Petro, apostolorum Principi; apud Escalfoium quartam, Andreæ apostolo; apud Monasteriolum quintam fabricavit, S. Georgio martyri; apud Altam-ripam sextam instauravit, sancto Martino confessori. Talibus patronis subvenientibus, et in hoc sæculo prædictus vir diu honorifice vixit, et defunctus eorum meritis veniam peccaminum, et beatam requiem in societate fidelium, ut credimus, obtinuit.

Defuncto autem Geroio, filii ejus in puerili ætate constituti erant, solique duo Ernaldus et Willelmus milites erant. Gislebertus ergo comes Brionniæ in sua confidens virtute, terminosque suos cupiens dilatare, super pupillos cum valida manu audacter irruit, eisque Monasteriolum auferre bellica vi voluit. Illi autem, aggregata cognatorum et satellitum caterva, in aperto campo fortiter eidem restiterunt, eumque multa strage peracta, victum in fugam coegerunt; seseque ulciscentes, burgum, qui Sappus dicitur, non multo post ei violenter abstulerunt. Sed Rodbertus dux eos reconciliavit, orphanisque compatiens, et probitati eorum congratulans, ut firma pax fieret, Sappum eis a Gisleberto comite consilio suo impetravit. Porro idem comes, quia post aliquot annos prædictis vii Geroii filiis molestus fuit, eisque Sappum, quem illis consilio Rodberti ducis concesserat, reauferre voluit, quamvis multa hominum stipatus multitudine fuerit, eorum audacia et viribus mortem suscepit.

Omnes enim isti fratres fuerunt strenui et dapsiles, in militia callidi et agiles, hostibus terribiles, sociisque blandi et affabiles. Diversis eventibus creverunt, et nihilominus (ut se habet humana conditio) deciderunt. Longum est et mihi impossibile varios singulorum actus disserere, sed de fine tantum uniuscujusque libet parumper posteris hic intimare.

Ernaldus, qui primogenitus erat, vir fortis et probus, quadam die, dum apud Monasteriolum jocaretur, et cum quodam juvene luctaretur, forte super acutum scamnum lapsus est, confractisque tribus costis, post tres dies defunctus est. Willelmus, in ordine nativitatis secundus, diu vixit, omnique vita sua cunctis fratribus suis imperavit. Erat enim multum facundus et jocosus, largus et animosus, subjectis amandus et obstantibus formidandus. Nullus vicinorum audebat terram ejus ullo modo invadere, nec aliquam inquietudinis consuetudinem ab hominibus ejus exigere. Episcopales consuetudines Monasterioli et Escalfoii fundo habebat, nec ullus archidiaconorum ibidem presbyteros ejusdem honoris circumvenire audebat. Nam Geroius pater ejus, postquam Helgonis fiscum (ut supradictum est) obtinuit, incolas illius patriæ, de quo episcopatu essent, inquisivit. Illi autem dixerunt se nullius episcopatus esse. At ille : « Hoc omnino injustum est. Absit a me ut sim absque pastore et jugo ecclesiasticæ disciplinæ ! » Deinde quis vicinorum præsulum religiosior esset investigavit; agnitisque virtutibus Rogerii Lexoviensis episcopi, ei totum honorem suum subjugavit, et Baldricum de Balgenzaio, generosque suos, Wascelinum de Ponte Erchenfredi et Rogerium de Merula, terras suas, quæ simili libertate abutebantur, præfato pontifici similiter submittere persuasit. Rogerius itaque præsul, videns quod præfati optimates sibi sponte sua humiliarentur, congratulatus est eis, deditque privilegium ut clerici terræ suæ non irent ad placitandum extra potestatem eorum nec opprimerentur injustis circumventionibus archidiaconorum. Hoc autem privilegium Geroianus Willelmus fortiter tenuit, et a domno Hugone episcopo Uticensibus monachis obtinuit.

Ipse Hiltrudem filiam Fulberti de Beina, qui tempore Richardi ducis castrum Aquilæ construxerat, uxorem duxit, ex qua Ernaldum de Escalfoio genuit. Deinde Emmam Walchelini de Taneto filiam in conjugium accepit; quæ Willelmum, qui post in Apulia bonus Normannus cognominatus est, peperit.

Sæpe memoratus vir a ducibus Normannorum Richardo et Rodberto diligebatur; pro fide, quam dominis suis Roberto Belesmensi et Talavacio et Goisfredo, aliisque vel heris, vel amicis servabat, plurima detrimenta et pericula patiebatur. Nam ipse sponte destruxit castrum Montis-acuti, quod erat suum, pro redemptione domini sui Goisfredi de Meduana quem Willelmus Talavacius ceperat, nec exire de carcere permittebat, nisi prædictum dejiceretur castrum, quod valde metuebat. Postquam autem Goisfredus de vinculis Talavacii evasit, Geroiano baroni, pro magna fide quam in eo repererat, castrum Sancti Serenici super Sartam ei erexit. Multa possem de Willelmo referre, sed quia pluribus occupor curis, cogor ad alia transire. De fine vero ejus latius in sequentibus edisseram. Nunc de fratribus ejus, ut supra promisi, compendiose detegam.

Fulcoius, qui tertius erat, medietatem Monasterioli habuit, duosque filios, Geroium et Fulcoium, ex concubina procreavit. Ipse post mortem Rodberti ducis cum compatre suo Gisleberto comite, quem conducebat, occisus est. Rotbertus castrum S. Serenici cum circumjacente provincia diu tenuit, eique Willelmus dux Adelaidem consobrinam suam in conjugium dedit, ex qua filium nomine Rodbertum (qui nunc Henrico regi Anglorum militat) procreavit. Verum post multas mirandasque probitates, quas gessit, magnis simultatibus ortis inter Normannos et Andegavenses, castrum Sancti Serenici contra Willelmum ducem tenuit, ibique, anno ducatus ejusdem ducis xxv obsessus est, pomoque venenato, quod conjugi suæ vi rapuerat, comesto, post quinque dies mortuus est.

Radulfus autem quintus frater Clericus cognominatus est, quia peritia litterarum, aliarumque artium apprime imbutus est. Hic et Mala-Corona vocabatur, eo quod in juventute sua militaribus exercitiis et levitatibus detinebatur. Artis medicinæ peritissimus fuit, multarumque rerum profunda secreta, unde senes liberis et nepotibus suis adhuc pro admiratione loquuntur, agnovit. Denique, relictis mundi lenociniis, ad Majus monasterium confugit, ibique sub Alberto abbate monachus factus Deum suppliciter rogavit ut insanabilis lepræ morbo in corpore fœdaretur, quatenus a peccatorum sordibus in anima emundaretur. Quod pie deprecatus est obtinuit, et post conversionis annos fere sex feliciter decessit.

Hugo sextus frater, juventute florens, fortuna invidente, raptus est. Nam dum, quadam die, de castro S. Scolasticæ cum fratribus suis multisque satellitibus rediret, secus ecclesiam S. Germani in territorio Escalfoii cum consodalibus suis sese lanceando exercuisset, eum armiger ejus, dum incaute missile jaceret, graviter percussit. Qui mox, ut erat mansuetus, eumdem armigerum ad se vocavit, eique clam dixit : « Velociter fuge, quia graviter vulnerasti me. Misereatur tui Deus! Fuge antequam fratres mei hoc animadvertant, et te pro hoc eventu interficiant. » Nobilis itaque juvenis eo die occubuit.

Geroius junior omnibus, dum adhuc primo flore juventutis vernaret, prædam in terra Lexoviensis ecclesiæ rapuit, et inde Monasteriolum regressus et in amentiam versus interiit. Sic licet diversis modis una mors omnes Geroii filios rapuit, nec ullum ex eis ad senium usque pervenire permisit.

Primogenita quoque filiarum Heremburgis data est Wascelino de Ponte Erchenfredi; ex qua Willelmus et Radulfus orti sunt, qui postmodum in Apulia et Sicilia Rodbertum Wiscardum Calabriæ ducem multum juverunt. Deinde Hadvisa sociata est Rodberto de Grentemaisnilio, quæ peperit ei Hugonem et Rodbertum et Ernaldum et totidem filias. Quo defuncto, conjuncta est Willelmo Rodberti archiepiscopi filio, et peperit ei Judith, quæ postmodum Rogerii comitis Siciliæ conjux fuit. Tertia Geroii filia fuit Emma, quæ data est Rogerio de Merula; ex qua Rodulfus, et Willelmus Rodulfi et Rogerii vicinorum nostrorum pater, orti sunt. Quarta Adelais sociata est Salomoni de Sabloilo, eique peperit Rainaldum, cujus proles nomine Lisiardus nunc Henrico regi Anglorum grande præstat in Andegavenses auxilium. Hæc de Geroiana progenie dixisse sufficiat.

Nunc ad materiam, unde aliquantisper digressi sumus, redeamus.

VI. *Historia Uticensis monasterii.*

In primo anno quo Uticensis abbatia fundata est, Willelmus et Rodbertus filii Geroii, et Hugo et Rodbertus nepotes eorum, cum filiis et nepotibus et baronibus suis apud Uticum congregati sunt. Et de utilitate rudis cœnobii quod inchoaverant, tractantes, communiter statuerunt ut quisque sese cum omni parte substantiæ suæ sancto Ebrulfo in fine suo concederet, nec aliquis eorum decimam vel ecclesiam, vel aliud quidlibet ad ecclesiam pertinens alicubi daret, nec etiam venderet, nisi prius Uticensibus ad emendum offerret. Hoc libenter confirmaverunt Fulcoinus presbyter et Osmundus Basseth, Lupetius et Fulco filii Fredelendis, Odo Rufus et Richardus filius Guiberti, Rodbertus de Torp et Geroius de Logis, et alii barones eorum. Tunc et præfati monasterii constructores possessionum suarum quantitatem computaverunt, et bonam portionem pro possibilitate sua ecclesiæ, quæ inchoabatur, dederunt.

Possessiones itaque, quas Rodbertus et Hugo et Ernaldus filii Rodberti de Grentemaisnilio pro salute sua Uticensi ecclesiæ tradiderunt, hæ sunt : In Nucereto, ecclesia cum omni decima et terra presbyteri cum arabili terra trium carrucarum, et villa quæ dicitur Solengiacus; in Oillei, cum omni beneficio quod tenuit Tezscelinus clericus, etiam decima molendinorum ipsius villæ ; Anglisca quoque villa cum monasterio ; ecclesia autem villæ quæ Villaris dicitur, cum uno hospite ; in villa vero, quæ nuncupatur Oth, monasterium et terra presbyteri cum uno hospite et decima molendinorum ejusdem villæ ; et in monasterio de Waiprato dederunt etiam talem partem, qualem tenuit Rodbertus pater eorum ; præterea decimam de Buinna et in Belmeis tertiam partem molendini cum decima ejusdem ; beneficiumque Fulcuini presbyteri; ecclesiam scilicet et decimam de Grentemaisnil, ac decimam molendini Oliveti; unum hospitem in Collavilla cum decima totius villæ; decimam quoque ceræ necnon et denariorum Sancti Petri inter montes; insuper ecclesiam in vico, qui vocitatur Fogei et decimæ partem Coluncellæ, quam tenuit Rodbertus pater eorum. Terram vero de Cueleio dedit Hugo, petentibus sponte dominis ejusdem villæ, quorum alodium erat, eidem cœnobio; imo et decimam omnium carrucarum ejus et pecorum, et decimam de Monte Calvet, tam de teloneo quam de annona ; ecclesiam autem de Lovigneio cum terra presbyteri; præterea terram, quæ appellatur Noer Mainardi ; in loco qui dicitur Maisnil Bernardi, terram unius aratri et terram villæ Tanaceti ; præter hæc, monasterium de Mancellis cum terra presbyteri, et de Sappo decimam telonei ; villam quoque quæ vocatur Maisnil Dode, et ecclesiam de Limboth cum terra presbyteri, et portionem quam tenuit Hadvisa mater eorum in Veteri Maisnil; ad Novum Mercatum, dedit Hugo quartam partem monasterii Sancti Petri et decimam medietatis telonei totius villæ et molendinorum similiter ; in Seiri Fontana, monasterium et tertiam partem decimæ cum omnibus primitiis, et quinque cortilagia.

Willelmus autem Geroii filius, consentientibus et condonantibus filiis suis Ernaldo et Willelmo, et fratribus Rodberto et Rodulfo Mala-Corona, monasterium de Escalfo, decimamque ejusdem villæ telonei prædicto cœnobio cum terra presbyteri Adelelmique, et decimationem totius silvæ ad eamdem villam pertinentis, tam de suibus quam de nummis, ipsamque silvam ad omnia necessaria ; insuper et monasteria omnia, quæ tunc in dominio suo habebat; quorum unum in honore sancti Georgii constructum est in villa quæ Monasteriolus dicitur; duo Vernuciis, unum in honore sanctæ Mariæ, alterum in honore sancti Pauli ; in Sappo duo, unum in honore sancti Petri, alterum in honore sancti Martini. Hæc omnia largitus est cum decimis et terris ad ipsa pertinentibus; ad hæc decimas teloneorum, omnesque consuetudines tam silvarum quam aliarum rerum, quæ tunc debebantur illi in Escalfo et in Monasteriolo atque in Sappo.

Igitur postquam, Dei donante gratia, est ordinatus prædicti cœnobii abbas Theodericus, emit ipse ab Ernaldo præfati Willelmi filio, consentiente Rodberto avunculo suo, et jubente Willelmo comite, terram de Balgenzaio, sicut eam tenuerat Baldricus ejusdem comitis archearius, et partem terræ Escalfo, quæ est sita inter Aquam nigram et Carentonam, et Exartum Henrici, et decimam molendini de Escalfo. Dedit præterea terram Altæripæ ipse Ernaldus eidem cœnobio, et quæcunque ad eam pertinebant, cum omnibus monasteriis suis et terris presbyterorum, et terram de Dorthmusii.

Denique Willelmus frater ejus, filius supradicti Willelmi, annuente Geroio fratre ejus, et cognatis, videlicet Geroio atque Fulcoio, tribuit memorato loco omnia monasteria quæ in potestate sua habebat, accepta haud modica pecunia ab abbate præfati cœnobii. Ex quibus unum erat situm in Maisnil Bernardi in honore sancti Sulpitii, alterum in honore sancti Leodegarii in Roilvilla, aliud vero in Moenai in honore sanctæ Mariæ; et medietatem ejusdem Moenai, quam tenebat Rodbertus, ipso etiam annuente; unum etiam de Ternant, et in Exarz unum in honore sancti Petri; in Algerun unum cum tota villa, et in Bosco Herberti unum. Hæc omnia libenter pro redemptione animarum suarum cum omnibus decimis et terris presbyterorum, tam ipse Willelmus quam domini eorumdem monasteriorum, scilicet Rogerius Gulafret de Mesnil Bernardi, Herfredus de Roilvilla, Rotbertus de Moenaio, Henredus de Ternanto, Willelmus presbyter de Exarz, Willelmus præpositus de Algeron, Rogerius Faitel de Bosco Herberti, prædicto cœnobio tradiderunt.

Item Willelmus donavit eidem cœnobio in Vernuciis terram unius carrucæ ob redemptionem animæ Emmæ matris suæ. Dedit præterea molendinorum medietatem de Vernuciis, annuente fratre ejus Ernaldo; et quæ inibi habebat in suo dominio, terram Warini, et lucum Landigulæ; et in Vernuciis, terram Burnendi, et duos piscatores de Ternanto; et in Monasteriolo tres furnos et unum burgensem. Deinde Willelmus, filius Wazcelini de Ponte Erchenfredi, dedit præfato cœnobio ecclesiam Beatæ Mariæ, et quæcunque Osbernus presbyter tenebat cum redecima telonei, et decimam molendinorum seu carrucarum, quas ibi et ubicunque habebat, et habiturus erat; in Roilvilla eam partem, quam habebat ipse.

Postea Rodbertus, Helgonis filius, consentientibus et condonantibus ejus dominis, Willelmo scilicet atque Rodberto, cum filiis ac nepotibus eorum, ecclesiam Sancti Martini super fluvium Waioli monachis præfati cœnobii vendidit, et in eodem loco terram presbyteri cum alia terra octo carrucarum, quam emerunt non modico pretio. Dedit etiam medietatem monasterii de Sappo Andreæ cum terra presbyteri, et medietatem terræ suæ totius villæ. Rodbertus vero filius Teodelini dedit aliam ejusdem monasterii medietatem cum medietate totius villæ.

Denique ecclesiam Sanctæ Mariæ de Bosco, a supradicto cœnobio prisco tempore constructam, cum silva ibi præsente comparavit Theodericus abbas a Willelmo et Rudberto filiis Rodulfi cognomento Fraisnel, decem et octo libris, sicut tenuerat eam quidam monachus nomine Placidus, Præterea vendidit Hubertus de Uncins prædicto abbati ecclesiam ejusdem villæ et arpenta terræ. Hæc omnia supradicta concessit dominus eorum Willelmus, filius Osberni senescalci.

Post hæc Rodbertus, filius Geroii, annuens et confirmans quæcunque fratres et nepotes, ipsi et eorum homines, prædicto loco donaverant, dedit etiam de prædiis suis ipsi loco Sanctum Serenicum, Sanctum Petrum de Potestate Nidi, et omnes decimas ad ipsa loca pertinentes, et dimidium virgulti Sancti Serenici, piscationesque in Sarta ad placitum monachorum ibi habitantium, Sanctamque Mariam de monte Wantelen, decimamque Siralais totam, et de cunctis honoribus quos ipse adepturus erat. Deinde Radulfus, filius Godefredi, ejus miles dedit eidem loco ecclesiam de Radon, illo concedente. Inter hæc audiens quidam miles bonus de Drocis, Wado nomine, condonavit ecclesiam Sancti Michaelis sitam super Arva in pago Ebroicensi, consentientibus dominis suis et filiis et parentibus et amicis.

Hæ sunt donationes, quas Willelmus et Rodbertus, aliique cognati eorum Uticensi cœnobio dederunt; et chartam inde facientes, Willelmo duci Normannorum confirmandam præsentaverunt. Ille vero petitiones eorum libenter accepit, et donationes eorum prædicto cœnobio benigniter concessit. Tituli quoque principalis privilegio Uticensem ecclesiam insignivit, ut libera et ab omni extranea subjectione perpetuum maneat immunis. De electione autem abbatis loci ejusdem, totum concessit consilio fratrum, salva tamen regularis disciplinæ ratione, id est ut non amicitiæ, aut consanguinitatis, aut certe pecuniæ amor vota eligentium corrumpat. Denique præfatus princeps in fine testamenti hoc inseruit, et his illud verbis corroboravit : « Hanc donationis chartulam ego Willelmus Normannorum comes scribi feci, et manibus archiepiscopi Rothomagensium et episcoporum, abbatumque ac principum, quorum nomina et signa subter scripta habentur, sub excommunicatione confirmandam tradidi, quatenus inconvulsa et astipulata hinc et in reliquum permaneat, ut si quis eam infringere præsumpserit, aut aliquid per se vel per alium quocunque ingenio damnum inferre voluerit, ex auctoritate Dei et omnium sanctorum omni Christianitate (si non emendaverit) excommunicatum, et in æternum maledictum se noverit. » His dictis Willelmus dux signo crucis chartam signavit. Deinde subscripserunt Malgerius archiepiscopus Rothomagensium, filius Richardi Gunnoridæ ducis Normannorum ; Hugo episcopus Lexoviensis, filius Willelmi comitis Aucensis ; Odo episcopus Baiocensis, uterinus frater Willelmi ducis ; Willelmus episcopus Ebroicensis, filius Gerardi Fleitelli; Gislebertus abbas Castellionis, Willelmus et Rodbertus et Rodulfus filii Geroii ; nepotes eorum Hugo de Grentemaisnilio, Rodbertus et Ernaldus et Willelmus filius Wascelini· Rodulfus de Toenio,

Rodulfus Taisoη, Rogerius de Monte-Gomeri, Willelmus Osberni filius, Richardus de Belfou, Richardus de Sancta Sholastica, et alii quamplures Normanniæ procerum, qui in saltu Leonis, ad curiam ducis super flumen Loiris, ante ecclesiam Sancti Dionysii aggregati sunt, et Uticensis ecclesiæ testamentum anno Dominicæ Incarnationis 1050 indictione IV confirmaverunt.

Eodem anno, Rodbertus de Grentemaisnilio sæcularem habitum mutavit, et sub regimine Theoderici abbatis apud Uticum monachile schema subiit. Hic nimirum (ut supra tetigimus) Rodberti de Grentemaisnilio strenuissimi baronis filius fuit, ex Hadvisa Geroii filia procreatus. In infantia litteras affatim didicit, quarum inter sodales tenaci memoria insigniter viguit. Sed postquam annos adolescentiæ attigit, spretis litterarum otiis, ad armorum laborem cucurrit, et Willelmi ducis armiger V annis exstitit. Deinde ab eodem duce decenter est armis adornatus, et miles effectus pluribus exeniis nobiliter honoratus. Consideratis autem mortalium casibus, elegit magis in domo Domini abjectus manere quam in tabernaculis peccatorum ad tempus ut fenum florere. Nam sæpe recolebat sæcularis militiæ pericula, quæ pater suus, aliique innumerabiles experti sunt, qui dum hostes fortiter invaserunt, incidentes in laqueum quem aliis parabant occubuerunt. Rodbertus enim pater ejus cum Rogerio de Toenio contra Rogerium de Bellomonte dimicavit; in quo conflictu Rogerius cum filiis suis Elberto et Elinancio peremptus est, et Rodbertus in intestinis lethale vulnus suscepit. Inde revectus tribus septimanis supervixit, terramque suam filiis suis Hugoni et Rodberto divisit. Deinde XIV Kal. Julii [1050] defunctus est, et secus ecclesiam Sanctæ Mariæ apud Nuceretum sepultus est. Inde Rodbertus filius ejus permotus est, et meliori militia exerceri nisus est. Cœnobium itaque in præfata, villa, sicut satis supra dictum est, pro salute sua suorumque statuit construere, eique totam partem patrimonii sui, Hugone fratre suo consentiente, liberaliter submittere. Sed, mutato consilio per Willelmum Geroii avunculum suum, facto generali testamento, cum Hugone fratre suo, de rebus quas supra memoravimus, venit Uticum, ibique secundum Regulam Sancti Benedicti devote professus est monachatum. Multos labores pro subventione pauperis ecclesiæ sustinuit, opesque parentum suorum, qui divitiis abundabant, multoties rapuit, et pro salute eorum ad subsidia fidelium charitative distribuit. Hadvisæ namque matri suæ datis LX libris Rodomensium, subripuit mariagium suum, hoc est Noer Mainardi, Vetus Maisnil, Tanesiam et Maisnil Dode, et Uticensi tradidit ecclesiæ. Tunc etiam magnum psalterium variis picturis decoratum dono matris suæ Uticensibus contulit; quod usque hodie monachorum concio psalmodiis intenta fre-

quenter ad laudem Dei resolvit. Hoc volumen Emma conjux Elderedi regis Anglorum Rodberto Rothomagensium archiepiscopo fratri suo præsentaverat, et Willelmus ejusdem præsulis filius de camera patris sui familiariter sustulerat, dilectæque suæ conjugi Hadvisæ omnimodis placere volens detulerat. Alia quoque multa bona præfatus vir ecclesiæ suæ acquisivit, et tam in ornamentis ecclesiasticis quam in necessariis subsidiis procurandis fratribus acceptabilis fuit.

VII. *Sequitur historia Uticensis monasterii. Theodericus abbas.*

Venerabilis autem Theodericus abbas monasticæ religioni ferventer insistebat, et sibi commissæ congregationi verbis et operibus prodesse studebat. Hic fuit natione Normannus, de provincia Talogiensi (41) oriundus, statura mediocris, eloquio suavis, facie rubicundus, sacris litteris eruditus et ab infantia usque ad canos divino cultui mancipatus. Sed sicut zizania in messe triticea importune oriuntur, quæ tempore messionis a diligenti messore funditus eradicabuntur, ignique non parcenti tradentur, sic filii nequam succrescentes agmini piorum inseruntur, sed a justo Judice præfinito tempore detegentur, meritisque suppliciis districte subdentur. Sub præfato abbate monachus quidam nomine Romanus in Uticensi grege conservabatur, qui instinctu dæmonis staminia, femoralia et cætera hujusmodi furabatur. Qui dum a Patre Theoderico, cur talia facinora perpetraret, sæpius corriperetur, omnino furtum se fecisse denegabat, quod multoties paulo post confitebatur. Quadam autem nocte, dum in lecto suo jaceret, arreptus est a dæmonio, vehementerque vexatus. Hunc cum monachi horribiliter clamantem audirent, ad eum accesserunt, illumque propulsantes, et aquam benedictam super illum spargentes, vix aliquando a vexatione dæmonica eruere quiverunt. Qui ad se reversus intelligit propter furta quæ egerat diabolum talem potestatem super se accepisse, promisitque quod ab hac nequitia de cætero custodiret se. Sed postea more canis ad suum vomitum reversus est; unde capitium illi abbas Theodericus abscidi fecit, eumque de cœnobio expelli. Ejectus autem de collegio fratrum, iter, ut dicunt, in Jerusalem arripuit; sed omnino nescimus qualem postea finem sortitus fuerit.

Quidam presbyter, Anseredus nomine, in territorio villæ, quæ Sappus dicitur, commanebat, qui vitam levem pluribus modis ducebat. Hic dum ab ægritudinis incommodo fatigaretur, a monachis supradicti cœnobii habitum Sancti Benedicti sibi dari poposcit. Quod cum adeptus fuisset, ad cœnobium est delatus atque in infirmaria positus. Qui postquam ab eadem ægritudine convaluit, illam levitatem, quam in sæculari conversione agitaverat, in quan-

(41). Hodie *Talou*.

tum poterat, resumebat. Et sicut quidam sapiens de talibus dicit :

Cœlum, non animam mutat, qui trans mare cur-
[rit (42),
iste habitum tantummodo, non mores mutavit. Cujus vitam et conversationem cum abbas Theodericus valde reprehensibilem cerneret, illumque sacrum ordinem odio habere audiret (mandaverat enim patri suo et matri ut ipsum calumniarentur, et de monasterio extraherent), timens ne illius miseria alii fratres vitiarentur, apostolicum præceptum in illo adimplere voluit, ita dicentis : *Auferte malum ex vobis (I Cor.* v, 15). Et illud : *Infidelis si discedit, discedat (I Cor.* vii, 15). Permisit itaque illum de cœnobio exire et ad sæculum redire. Qui peccatis suis peccata accumulans, cuidam mulierculæ se ipsum copulavit. Sed cum illa ei non sufficeret, alteram vocabulo Pomulam in amorem sui ascivit, pactumque, ut secum ad Sanctum Ægidium illam deduceret, cum ea fecit. Volebat enim parentibus et amicis suis incognitum esse quod eam diligeret. Cumque illi mulieri locum designasset ubi simul jungerentur, pariterque proficiscerentur, cum quibusdam peregrinis ad Sanctum Ægidium euntibus iter arripuit. At, illa ipso ignorante, ab hac pactione resiluit, et alteri clerico se sociavit. At vero Anseredus, cum ad locum quem mulieri designarat, pervenisset, eamque non reperisset, dixit his cum quibus gradiebatur : « Oportet me ad domum meam reverti, quia rem mihi necessariam oblivioni tradidi. Vos vero in eundo moras innectere nolite, quia celeriter prosequar vos. » Qui cum domum, in qua illa mulier manebat, nocte ingressus esset, invenit illos discumbentes. At illa statim dilectori suo adventum ejus intimavit. Qui securi manu arrepta in capite illum percussit, et exanimem reddidit. Deinde in saccum intromisit et longius pertraxit, atque humo cooperiens occuluit. Qui cum post multos dies inventus fuisset, denudaverant enim eum bestiæ et coxam illius et tibiam comederant, tantus fetor de eo ebulliebat ut nullus ad eum accedere posset. Nam per fetorem, qui longius sentiebatur, inventus est. Et accipientes eum pater ejus et mater qui plus cæteris amabant, extra polyandrum ecclesiæ sepelierunt. Ecce quali morte iste mulctatus est, qui ad sæculi vanitatem redire maluit quam inter servos Dei vitam ducere, per quam posset ad cœleste regnum conscendere.

Alius presbyter, Adelardus nomine, cum per infirmitatem habitum monachicum sumpsisset, ecclesiam de Sappo cum decima, quam in feudo tenebat, Deo et S. Ebrulfo ac monachis ipsius in perpetuum possidendam tradidit. Qui postea, cum ad sanitatem rediisset, pœnitere de eo quod egerat cœpit atque ad sæculum redire statuit. Quod cum abbas Theodericus audisset, Regulam S. Benedicti recitari eidem fecit, dixitque illi : « Ecce lex, sub qua militare vis. Si potes observare, ingredere; si vero non potes, liber discede. » Nolebat enim aliquem hujusmodi hominem vi retinere. At ille in sua pertinacia male induratus de cœnobio exivit, et habitum sæcularem, quem reliquerat, reassumpsit. Cumque ecclesiam de Sappo, quam monachis dederat, iterum accipere voluisset, Hugo de Grentemaisnilio, qui tunc honorem de Sappo obtinebat, ei non permisit. Qui Friardellum ad suos parentes, erat enim de bonis parentibus, abiit, et postea fere xv annis ibidem vixit. Nunquam tamen postmodum integre fuit sanus, sed assiduis fatigabatur infirmitatibus. Denique cum mortem sibi imminere cerneret, et æterna propter apostasiæ reatum supplicia metueret, abbati Mainerio, qui post venerabilem Theodericum quartus idem rexit cœnobium, supplicavit ut habitum S. Benedicti, quem peccatis suis facientibus reliquerat, sibi redderet. Quem cum adeptus fuisset, tribus hebdomadibus supervixit et ibidem vitam finivit. Infirmitas enim illius tam gravis erat, quæ officio muliebri carere non poterat; ideoque vivus deferri nequivit ad monasterium unde discesserat.

In diebus Willelmi ducis Normanniæ, Ivo filius Willelmi Belesmensis Sagiensem episcopatum regebat, et hæreditario jure ex paterna successione, fratribus suis Warino et Rodberto atque Willelmo deficientibus, Belesmense oppidum possidebat. Hic erat litterarum peritus et corpore decorus, sagax et facundus, facetus, multumque jocosus. Clericos et monachos ut pater filios amabat, et inter præcipuos amicos abbatem Theodericum venerabiliter colebat. Sæpe conveniebant ad privata colloquia. Nam Sagiorum urbs septem solummodo leucis distat ab Uticensi abbatia. Præfati præsulis neptem, nomine Mabiliam, Rogerius de Monte-Gomerici Oximensium vicecomes in conjugium habebat; per quam magnam partem possessionis Willelmi Belesmensis obtinuerat. Qui prædicti pontificis instinctu et consilio ecclesiam S. Martini apud Sagium Theoderico abbati S. Ebrulfi tradidit, eumque ut ibidem cœnobium monachile construeret, cum conjuge sua summopere rogavit. At ille haud segniter assignatum opus in nomine Domini inchoavit, ibique Rogerium Uticensem monachum sacerdotem et Morinum et Engelbertum, aliosque ex discipulis suis constituit. Ipse quoque sæpius eumdem locum visitabat, et aliquando tribus seu quatuor septimanis commanebat, et incœpti operis perfectioni, pro amore Dei et utilitate sequentium, totis nisibus insistebat. Præfata vero Mabilia multum erat potens et sæcularis, callida et loquax, nimiumque crudelis. Valde tamen virum Dei Theodericum diligebat, eique, licet aliis religiosis hominibus nimis dura esset, in quibusdam obediebat. Rodbertum quoque de Belesmia primogenitum filium suum, cujus crudelitas in diebus nostris super miseras plebes nimiam effaruit, ipsi

(42) Leg : *Cœlum, non animum, mutant, qui trans mare currunt.* Hor. Ep. I, xi, 27. (Le Prévost).

et Rogerio, aliisque monachis apud Sagium commorantibus, ad abluendum sacro baptismatis fonte obtulit.

Vera charitas illum, in quo regnat, bonis facit amabilem, et perversis formidabilem. Ideo sæpe nominatus abbas a bonis merito diligebatur, et a pravis timebatur. Exteriores enim curas, in quantum poterat, devitabat, seseque divino cultui ferventi sedulitate mancipabat. Assiduus nempe in orationibus erat, et in opere manuum quod sibi competebat. Nam ipse scriptor erat egregius, et inclyta insitæ sibi artis monumenta reliquit Uticanis juvenibus. Collectaneum enim et Graduale ac Antiphonarium propria manu in ipso cœnobio conscripsit. A sociis etiam suis, qui secum de Gemmetico venerant, pretiosos divinæ legis codices dulcibus monitis exegit. Nam Rodulfus nepos ejus Eptaticum scripsit et Missale, ubi missa in conventu quotidie canitur; Hugo autem socius ejus éxpositionem super Ezechielem et Decalogum, primamque partem Moralium ; Rogerius vero presbyter Paralipomenon, librosque Salomonis, tertiamque partem Moralium.

Præfatus itaque Pater per supradictos et per alios, quos ad hoc opus flectere poterat, antiquarios, octo annis, quibus Uticensibus præfuit, omnes libros Veteris et Novi Testamenti, omnesque libros facundissimi papæ Gregorii Uticensium bibliothecæ procuravit. Ex ejus etiam schola excellentes librarii, id est Berengarius, qui postmodum ad episcopatum Venusiæ provectus est, Goscelinus et Rodulfus, Bernardus, Turchetillus et Richardus, aliique plures processerunt; qui tractatibus Hieronymi et Augustini, Ambrosii et Isidori, Eusebii et Orosii, aliorumque doctorum bibliothecam Sancti Ebrulfi repleverunt, et exemplis suis ad simile studium secuturam juventutem salubriter exhortati sunt. Hos vir Domini Theodericus docebat, et sæpe commenebat ut vagæ mentis otia omnino devitarent, quæ corpori et animæ valde nociva esse solent. Hoc etiam eis referre solitus erat : « Quidam frater in monasterio quodam de multis transgressionibus monasticæ institutionis reprehensibilis exstitit; sed scriptor erat, et ad scribendum deditus, quoddam ingens volumen divinæ legis sponte conscripsit. Qui postquam defunctus est, anima ejus ante tribunal Justi Judicis ad examen adducta est. Cumque maligni spiritus eam acriter accusarent, et innumera ejus peccata proferrent, sancti angeli e contra librum, quem idem frater in domo Dei scripserat, ostentabant ; et singillatim litteras enormis libri contra singula, peccata computabant. Ad postremum una sola littera numerum peccatorum excessit, contra quam dæmonum conatus nullum objicere peccatum prævaluit. Clementia itaque Judicis fratri pepercit, animamque ad proprium corpus reverti præcepit, spatiumque corrigendi vitam suam benigniter concessit. Hoc, charissimi fratres, frequenter cogitate, et ab inanibus noxiisque desideriis corda vestra emundate, manuumque vestrarum opera Domino Deo jugiter sacrificate. Otia velut lethale virus totis nisibus devitate, quia, sicut sanctus Pater noster Benedictus dicit : *Otiositas inimica est animæ.* Illud etiam sæpe vobiscum revolvite quod in Vitis Patrum dicitur a quodam probato doctore : quia unus solummodo dæmon tentando vexat laborantem in bonis monachum ; mille vero dæmones impugnant otiosum, innumerisque tentationum jaculis undique stimulatum cogunt fastidire monasteriale claustrum, et appetere damnosa sæculi spectacula, et noxiarum experientiam voluptatum. Et quia largis sustentare pauperes eleemosynis non potestis, quoniam terrenas opes non habetis, nec ingentia templa, sicuti reges aliique potentes sæculi faciunt, erigere potestis, qui regularibus claustris septi, omnique potestate privati estis ; saltim, secundum Salomonis hortatum, omni custodia corda vestra servate, Deoque placere totis nisibus indesinenter contendite. Orate, legite, psallite, scribite, aliisque hujusmodi actibus insistite, eisque contra dæmonum tentamenta vos sapienter armate. »

Talibus monitis Pater Theodericus discipulos suos instruebat, et arguendo, obsecrando, increpando, ad bonum opus vigilanter incitabat, ad quod ipse prius tam orando quam scribendo, vel alia bona faciendo consurgebat. Pro hujusmodi studiis a quibusdam blasphemabatur monachis, qui mundiales curas divinis præponebant officiis. Proh dolor ! unde illum venerari debebant, inde magis illi detrahebant. Dicebant enim : « Talis homo non debet abbas esse, qui exteriores curas nescit, negligitque. Unde vivent oratores, si defecerint aratores ? Insipiens est qui plus appetit in claustro legere vel scribere, quam unde fratrum victus exhibeatur procurare. » Hæc itaque et his similia quidam superbi dicebant, et servo Dei plures injurias faciebant. Sed Willelnus, filius Geroii, pro sanctitate ejus eum semper observabat, et tumultus insurgentium, quos hic nominare nolo, competenti severitate compescebat, atque pro viro Dei contra omnes querelas intus et foris ratiocinia prompte reddebat. Post aliquot temporis præfatus heros pro utilitatibus Uticensis ecclesiæ in Apuliam ire decrevit; quo abeunte, nec postmodum redeunte, vir Dei Theodericus in Normannia valde desolatus remansit.

Sicut bonis valde displicet vita malorum, sic pravis moribus gravis esse solet vita bonorum. Unde sicut boni divino spiritu inflammati pravos ad rectitudinem multis modis student incitare, sic perversi, dæmonica malignitate instigati, rectos ad pravitatem frequenter nituntur incurvare. Et quamvis eos non possint funditus prosternere, nonnunquam tamen solent eos in via Dei perturbare, diversisque modis vexando plerumque in operatione sancta tardiores efficere. Sic quidam infandi homines, dum Uticensis ecclesia consurgeret, et in bonis operibus aucta coram Deo et hominibus effulgeret, cœperunt varias simultatum causas contra ipsam colligere, et turbatis rebus, quæ ad victum et vestitum et agapen servorum Dei datæ erant, ipsam affligere. Sed benignus Jesus, qui est verus Ecclesiæ sponsus, quamvis sævirent ad deprimendam Ecclesiæ navem maris fluctus, ipse mirabiliter emicuit in ereptione suorum, comprimendo contrarios conatus.

Quid tunc temporis contigerit Mabiliæ, Willelmi Talavacii filiæ, veraciter explicabo, licet præpostero ordine. Ipsa, dum apud Uticum in initio monasticus ordo regulariter servaretur, et omnibus advenientibus charitatis officia, ut hactenus ibidem mos est, exhiberentur, propter odium, quod erga fundatores illius cœnobii ferebat, plures molestias nequiter excogitatas eidem loco inferebat. Quippe contra Geroienses pater ejus et ipsa, omnisque illius progenies diu perdurans odium habuerunt. Unde quia Rogerius de Monte-Gomerici, vir ejus, monachos amabat et honorabat, nec ipsa eis aperta malitia nocere audebat, crebrius cum multitudine militum quasi hospitandi gratia ad monasterium divertebat; sicque monachos, qui paupertate in sterili rure affligebantur, gravabat. Quondam cum ibidem cum centum militibus hospitaretur, et a domno Theoderico abbate redargueretur cur cum tanta ambitione ad pauperes cœnobitas venisset, eamque admoneret ut ab hac stultitia se coerceret, illa inflammata respondit : « Majorem numerum militum adducam de cætero quam adduxi. » Ad hæc abbas ait : « Crede mihi; nisi ab hac improbitate resipueris, quod nolles patieris. » Quod et ita contigit. Nam in subsequenti nocte passio illam invasit, et fortiter vexare cœpit. At illa mox inde sese jussit efferri. Quæ dum fugere de terra Sancti Ebrulfi territa festinaret, et ante domum cujusdam burgensis nomine Rogerii Suisnarii transiret, inde quamdam infantulam lactentem assumi præcepit, orique ejus mamillam suam, in qua maxima pars infirmitatis collecta erat, ad sugendum tradidit. Infans itaque suxit et paulo post mortua est; mulier vero convalescens ad propria reversa est. Postea fere xv annis vixit, sed Uticum, postquam ibidem, sicut supra diximus, flagello Dei castigata est, nunquam adire præsumpsit, et ne habitatoribus illius cœnobii ullatenus noceret seu prodesset, toto nisu se custodivit, quandiu in ærumnosis hujus vitæ felicitatibus postea vixit. Abbatem tamen Theodericum dilexit, eique magis quam Uticensi ecclesiæ cellam S. Martini, ut per anticipationem diximus, commendavit.

VIII. *Migrationes Normannorum in Apuliam. Primæ eorum ibidem sedes. Anschetillus monachus.*

In sede apostolica Benedicto papa residente, Sarraceni de Africa in Apuliam navigio singulis annis veniebant, et per singulas Apuliæ urbes vectigal quantum volebant a desidibus Langobardis et Græcis Calabriam incolentibus impune accipiebant.

His diebus, Osmundus, cognomento Drengotus, Willelmum Repostellum, qui sese de stupro filiæ ejus in audientia optimatum Normanniæ arroganter jactaverat, inter manus Rotberti ducis in silva, ubi venabatur, occidit. Pro quo reatu a facie ejus prius in Britanniam, deinde in Angliam, postremo Beneventum cum filiis et nepotibus aufugit. Hic primus Normannorum sedem in Apulia sibi delegit, et a principe Beneventanorum oppidum ad manendum sibi suisque hæredibus accepit. Deinde Drogo quidam Normannus miles, cum centum militibus in Jerusalem peregre perrexit ; quem inde revertentem cum sociis suis Waimalchus dux apud Psalernum aliquantis diebus causa humanitatis ad refocillandum retinuit.

Tunc viginti millia Sarracenorum Italico littori applicuerunt, et a civibus Psalernitanis tributum cum summis comminationibus exigere cœperunt. Duce autem cum satellitibus suis vectigal a civibus colligente, de classe egressi sunt, et in herbosa planitie, quæ inter urbem et mare sita est, ad prandium cum ingenti securitate et gaudio resederunt. Cumque Normanni hoc comperissent, ducemque pro leniendis barbaris pecuniam colligere vidissent, Apulos amicabiliter increpaverunt quod pecunia sese ut inermes viduæ redimerent, non ut viri fortes armorum virtute defenderent. Deinde arma sumpserunt. Afros secure vectigal exspectantes repente invaserunt, multisque millibus fusis, reliquos cum dedecore ad naves aufugere compulerunt. Normanni itaque aureis et argenteis vasis, aliisque spoliis multis et pretiosis onusti redierunt, multumque a duce, ut ibidem honorifice remanerent, rogati sunt ; sed quia revisendi patriam cupidi erant, poscentibus non acquieverunt. Attamen promiserunt ei quod ipsi ad eum redirent, aut de electis juvenibus Normanniæ aliquos ei cito mitterent. Postquam vero natale solum attigerunt, multa quæ viderant et audierant, vel fecerant, seu passi fuerant, compatriotis suis retulerunt. Deinde quidam eorum promissa complentes reciprocato calle Italiam repedarunt, exemploque suo levia multorum corda ad sequendum se excitarunt. Nam Turstinus cognomento Citellus et Ragnulfus, Richardus Anschetilli de Quadrellis filius, filiique Tancredi de Alta-Villa, Drogo videlicet atque Umfridus, Willelmus et Hermannus, Rotbertus cognomento Wiscardus et Rogerius et sex fratres eorum, Willelmus de Monasteriolo et Ernaldus de Grentemaisnilio, aliique multi Normanniam reliquerunt, et Apuliam non simul, sed diversis temporibus, adierunt. Illuc autem pervenientes, primo quidem Waimalchi ducis aliorumque potentum stipendiarii contra paganos facti sunt ; posteaque, exortis quibusdam simultatum causis, eos quibus antea servierant impugnaverunt, et Psalernum atque Barum, Capuanque cum tota Campania et Calabria virilibus armis sibi subegerunt. In Sicilia quoque Panormum, urbemque Cathanensem, castrumque Joannis, cum aliis urbibus et præclaris oppidis, quæ usque hodie hæredes eorum possident, obtinuerunt.

Inter Normannos, qui Tiberim transierant, Willelmus de Monasteriolo, Willelmi Geroiani filius, maxime floruit, et Romani exercitus princeps militiæ factus, vexillum Sancti Petri gestans Uberem Campaniam subjugavit. Hic Uticensibus quorum frater et amicus erat, et quibus plura antequam de Normannia migrasset, ut supra diximus, dederat, mandavit ut ad se legatum fidelem mitterent pro deferendis muneribus quæ eis præparabat. Hoc Willelmus pater ejus ut audivit, sese ad hanc legationem pro utilitate sanctæ Ecclesiæ libenter præsentavit. Inde Theodericus abbas et lætus et tristis effectus est; lætus, pro tanta senioris devotione, qua fervebat, et quæ eum tam laboriosum iter arripere monebat; tristis, pro magno solamine quod in præfato seniore amittebat, quia ad omne opus bonum promptus existebat. Denique vir Dei et Rotbertus prior, totusque conventus, domnum Willelmum Deo commendaverunt, eique Gunfridum peritissimum monachum, et Rogerium Gemmeticensem egregium scriptorem, aliosque duodecim honorabiles famulos associaverunt. Ille autem, transcensis Alpibus, Romam petiit; et inde iter carpens in Apulia filium, aliosque amicos et affines ac parentes invenit. Qui viso eo valde gavisi sunt, eumque cum magno honore aliquo tempore secum retinuerunt, eique ad sustentationem Ecclesiæ, pro qua mendicabat, multa et magna munera dederunt. Ipse vero egenis fratribus suis festinanter subvenire volens, Gunfridum monachum cum magno censu remisit; sed occulto Dei judicio aliter quam sperabatur evenit. Nam Gunfridus Romam venit, ibique in monasterio Sancti Pauli apostoli hiemare decrevit. A Romanis autem, pro cupiditate auri quod ferebat, veneno infectus est; sicque venerabilis peregrinus in confessione Christi Idus Decembris defunctus est. Willelmus quoque non multo post iter redeundi cum ingenti pecunia iniit; sed ad urbem quæ a Caieta nutrice Trojani Æneæ vocatur veniens, lethiferam ægritudinem incurrit. Tunc duos milites, Anschetillum de Noerio Ascelini filium, et Theodelinum de Tanesia ad se vocavit, eisque dixit: « Ecce duodecim socii vestri, qui nobiscum alacres de Normannia exierunt, sicut videtis, in hac patria defuncti sunt; me quoque gravis morbus nunc invasit, et ad ultima impatienter compellit. Nunc itaque tibi, Anschetille, sub testimonio Theodelini pecuniam quam procuravi commendo ut eam sine fraude deferas domno abbati Theoderico et Rotberto nepoti meo, aliisque monachis Sancti Ebrulfi, pro quibus nunc exsulo. Ambo Sancti Ebrulfi homines estis, eique fidem servare debetis. Non vos ulla decipiat cupiditas. Sagaciter perpendite quod, defunctis omnibus sociis vestris, meritis sancti Ebrulfi vos soli superstites estis, fortassis ut ei hoc servitium fideliter exhibeatis. Uticensibus, quos in Christo sicut meipsum diligo, ex parte mea ultimum vale dicite; et ut pro me omnipotentem Dominum fideliter exorent, suppliciter rogitate. » Hæc et alia multa dicens, aurum et pallia pretiosa, calicemque argenteum aliasque pretiosas species protulit, diligenter numeravit et Anschetillo tradidit. Non multo post, ingravescente morbo, nobilis heros in confessione Christi Nonas Februarii mortuus est, et in ecclesia Sancti Erasmi episcopi et martyris, ubi sedes est episcopalis, honorifice sepultus est. Deinde Anschetillus et Theodelinus Gallias adierunt, et ad propria prospere reversi sunt. Post aliquot dies Anschetillus Uticum adiit, fratribus obitum domni Willelmi et sociorum ejus nuntiavit, sed de commissa sibi pecunia, quam in usus suos jam nequiter ipse distraxerat, omnino tacuit. Cœnobitæ autem, audita morte fundatoris ecclesiæ suæ, nimium contristati sunt, precesque et missas et alia beneficia pro anima ejus Deo, cui vivunt omnia, fideliter obtulerunt, quæ successores eorum usque hodie ferventer observare satagunt. Anschetillo domum suam repetente, Theodelinus socius ejus Uticum venit, et a monachis quid sibi de Apulia delatum fuisset inquisivit. Cumque nil nisi mœroris nuntium de morte amicorum eis delatum esse comperisset, obstupuit; et omnem rei veritatem de omnibus quæ sibi prospere vel adverse contigerant in peregrinatione intimavit. Mox Theodericus abbas Anschetillum ascivit, commissamque pecuniam ab eo repetiit. At ille primo negare cœpit, sed postmodum a Theodelino convictus rei veritatem recognovit. « Pecuniam, inquit, quam reposcitis, a domino meo Willelmo suscepi; cujus aliquam partem ad usus nostros distraxi, partem vero Remis, consilio domini mei Rodulfi Malæ-Coronæ, qui illic mihi obviavit commendavi. » Quod audientes monachi Remis illum bis direxerunt, prius cum Rainaldo monacho de Sappo, deinde cum Fulcone ad Gervasium archiepiscopum pro censu deposito. Præfatus autem metropolitanus monachum Sancti Ebrulfi gratanter suscepit, eumque in negotio pro quo venerat adjuvit quantum potuit. Nam idem dum Cenomanensium episcopus erat, et curiam Willelmi ducis Normannorum, cui valde familiaris erat, crebro expeteret, apud Uticum sæpe fuerat honorifice susceptus, et cum omni familia sua amicabiliter habitus. Viso itaque Fulcone monacho, beneficia beneficiis recompensare voluit. Sed quia jam longum tempus effluxerat, et Anschetillus ea quæ repetebat insipienter deposuerat, vix potuit recuperare pauca et viliora ex his quæ in Apulia susceperat. Calicem solummodo argenteum et duas casulas, dentemque elephantis et ungulam gryphis, cum aliis quibusdam rebus difficulter exegit. Deinde monachi, consideratis fraudibus Anschetilli, in judicio in curia Sancti Ebrulfi eum statuerunt; ubi Richardus de Abrincis filius Turstini, aliique multi proceres ad adjuvandum eum fuerunt. Sed monachis rationabiliter conquerentibus, justo judicio determinatum est ut omnem feudum, quem ipse de Sancto Ebrulfo tenebat, amitteret. Tandem, suadentibus amicis, utriusque partis concordia talis facta est. Anschetillus reatum suum palam confessus vadimonium abbati Theoderico dedit, monachis ut sui misererentur humiliter supplicavit, et pro recompensatione damni, quod illis per ignaviam suam fecerat, Uticensis burgi tertiam partem, quam ex paterna hæreditate habuerat, Sancto Ebrulfo coram multis testibus concessit; et donationem per unam pallam ex serico, unde cappa cantoris facta est, super altare posuit. Monachi igitur pietate moti errata sua clementer ei indulserunt, et omnem reliquum feudum suum, præter hoc quod amicorum persuasione obtulerat, benigniter promiserunt. Ipse non multo post Apuliam expetiit, ibique occisus est.

IX. *Sequitur Uticensis monasterii et Theoderici abbatis historia.*

Antiquus hostis nunquam cessat Ecclesiæ quietem variarum stimulis tentationum impugnare, et per eos quos potest mundanæ vanitati subjugare, in simplicitate catholicæ fidei prudenter vigilantes, et in virtutum culmine viriliter stantes atrociter molestare. Unde dum vidisset regulare monasterium in Uticensi saltu, opitulante Deo, surrexisse, et Theodericum abbatem in verbo et operatione multis animabus juvenum atque senum oppido prodesse, exardens invidia, qua protoplastum Adam per vetiti fructus gustum de paradiso expulit, Rotbertum priorem contra abbatem suum, post discessum Willelmi Geroiani, insolenter excitavit, magnaque dissensione diu perdurante, mobiles subjectorum animos graviter inquietavit. Erat idem Rotbertus, ut superius satis dictum est, præclaræ nobilitatis, frater scilicet Hugonis de Grentemaisnil; cui adhuc erat puerilis levitas et indomitum robur atque sæcularis ambitio. In castitate atque aliis quibusdam sacris charismatibus erat laudabilis; sed econtra, ut Flaccus ait

.... *Nihil est ab omni parte beatum* (45),

in nonnullis erratibus erat reprehensibilis. Nam in bonis seu malis quæ cupiebat, velox ad peragendum erat ac fervidus, et auditis sive visis quæ nolebat, ad irascendum festinus, magisque præesse quam subesse, et imperare potius quam obsecundare cupidus. Ad accipiendum atque ad dandum apertas habebat manus, et os promptum furori suo satisfacere inordinatis faminibus. Et quia ipse, ut dictum est, excelsæ generositatis lampade renitebat, et ex patrimonio suo cœnobium illud fundaverat, et collectis undecunque ad cultum Dei fratribus, subsidiisque necessariis procuratis ditaverat, ideo regularis disciplinæ jugo in novella domo coerceri non poterat. Frequenter itaque Patri suo clam detrahebat, eo quod ipse vir Dei plus spiritualibus quam sæcularibus negotiis intendebat. Nonnunquam aperte cum eo litigabat, et nonnullas ejus constitutiones de rebus exterioribus simpliciter factas vituperabat. Unde servus Dei plerumque ad Sagiense asylum secedebat, ibique sex vel octo septimanis habitabat, et in pace opus Dei faciebat, hominumque salutem pro posse suo diligenter procurabat. Sic exspectabat emendationem contumeliosi fratris, et implebat Apostoli præceptum dicentis : *Date locum iræ* (Rom. xii, 19). Sed postquam rancorem et scandala non deficere, sed magis ad detrimenta fratrum augeri perspexit, Willelmo duci Normannorum pastoralem baculum cum tota abbatia reddere voluit. Dux autem, sagaci usus consilio, omnem hujus rei ordinationem injunxit Maurilio Rothomagensium archiepiscopo, ut causam dissentionis sollicite indagaret, et quid agendum esset, cum consilio sapientum recte definiret.

Anno itaque Dominicæ Incarnationis 1056, indictione viii, residente in sede apostolica Victore papa, Henricus cognomento Bonus imperator Romanorum, filius Cononis imperatoris, obiit, eique Henricus filius ejus successit et annis quinquaginta regnavit. Eodem anno Maurilius episcopus, et Fulberius sophista consiliarius ejus, et Hugo Lexoviensis episcopus, et Ansfridus Pratellensis abbas, atque Lanfrancus Beccensium præpositus, et alii plures profundæ sagacitatis viri Uticum convenerunt, ibique solemnitatem sanctorum apostolorum Petri et Pauli iii Kal. Julii celebraverunt. Tunc auditis et solerter discussis dissensionum fomentis, Theodericum abbatem ut hactenus exstiterat, præesse jusserunt; Rotbertum vero priorem, ut paupertatem Christi sequeretur, patrique suo spirituali pro Deo humiliter in omnibus optemperaret, copiosa sermocinatione admonuerunt. Deinde præfatis monitoribus ad propria redeuntibus, Uticensis grex aliquantulum in pace quievit; sed post unum annum, comperta Willelmi Geroiani morte, iterum rediviva lis surrexit, et discordia, corporum animarumque saluti contraria, cœnobitas valde turbavit. Amator autem pacis Theodericus undique angustiatus est. Nam apud Sagium nequibat animarum saluti proficere, nec cellam ibi cœptam a Rogerio et uxore ejus ad perfectionem erigere; quia ipsi pluribus sæcularium rerum curis tunc occupabantur, et ab inimicis suis undique impugnabantur. Apud Uticum sibi vel aliis affatim ut vellet prodesse non poterat, propter importunitates quas a quibusdam potentioribus monachis illatas tolerabat.

Tandem postquam diu secum quid secundum Deum ageret deliberavit, omnia relinquere, et sepulcrum Domini in Jerusalem adire decrevit. Deinde iv Kal. Septembris, de Sagio, ubi tunc diu moratus fuerat, Uticum venit; convocatis in capitulo fratribus voluntatem suam aperuit, omnes admonuit, absolvit, benedixit, Deoque commendavit. Postea Luxovium adiit, et Hugoni episcopo, a quo valde amabatur curam animarum reddidit, sicque, multis flentibus amicis, sanctam peregrinationem pro-

(45) Hor. Od. I, ii, 16, 27. Cic.: *Nihil omni ex parte perfectum atque beatum*. (Le Prévost.)

Christo suscepit. Herbertus autem de Monasteriolo primus monachus, quem ipse in Uticensi ecclesia susceperat, cum eo peregre profectus est, et Willelmus clericus, cognomento Bona Anima, Radbodi Sagiensis episcopi filius, qui succedenti tempore Rothomagensem metropolim fere xxxvi annis nactus est.

X. *Iter Theoderici abbatis in Orientem. Mors ejus.*

In diebus illis erat quoddam honorabile xenodochium in confinio Bajoariorum et Hunorum, quod fideles et potentes Christiani de circumjacentibus provinciis instituerant ad susceptionem pauperum et peregrinorum. Tunc Ansgotus Normannus huic xenodochio electione indigenarum præerat. Is nimirum Rogerii Toenitis, qui Hispanicus vocabatur, cognatus erat, et sub ducibus Normannorum Richardo et Rotberto nobiliter militaverat; sed timore Dei compunctus omnia mundi reliquerat, et peregrinationem atque spontaneam paupertatem omni vita sua tenendam pro Christo arripuerat. Hic ut Theodericum abbatem cum sociis suis vidit, optime recognovit, et aliquot diebus ut compatriotas amabiliter retinuit, atque omnem humanitatem eis exhibuit.

Interea quidam religiosus Bajoariorum pontifex peregre proficiscens illuc advenit, quem hospitalis Ansgotus cum omnibus suis clientibus, more solito, aliquot diebus ibidem retinuit. Deinde venerabilem Theodericum cum suis pedisequis et suppliciter commendavit, et quantæ sanctitatis apud Deum et sublimitatis erga homines in sua patria esset, luculenter enarravit. Præsul autem, audita viri sanctitate, Deo gratias egit, eumque, ut decebat tantum virum, benigniter suscepit, secumque reverenter usque Antiochiam deduxit. Ibi diversa peregrinis voluntas oborta est. Nam quidam eorum terrestre iter, ut cœperant, usque in Jerusalem tenere volebant. Alii vero barbariem gentium metuentes, navigio per pontum ire decreverunt; quorum consilio pontifex et abbas, aliique plures assensum præbuerunt. Cumque præsul navem nautasque peritos perquireret, et quidam religiosus archimandrita cœnobii Sancti Simeonis in portu Syriæ Theodericum cum suis comitibus honorabiliter detineret, Herbertus Uticensis monachus iter accelerandi desiderio fatigabatur, magisque per terram quam per mare sancta loca expetere nitebatur. Abbas itaque suus ei licentiam eundi quo vellet dedit. Ille autem terrestre iter carpens, cum turma peditum usque Laodiciam pervenit, ibique vehementer ægrotans sociis abeuntibus diu remansit. Et postquam vix de lectulo surrexit, non in antea pedem tetendit, sed Eois partibus relictis, occidentalem Normanniam quantocius repetiit.

Deinde præsul et Theodericus et Willelmus Bona Anima, sociique eorum in portu Sancti Simeonis navem ascenderunt, et sulcantes æquora in Cyprum insulam navigaverunt, ibique in littore maris abbatiam Sancti Nicolai confessoris Myreorum archipræsulis conditam invenerunt. Cumque ecclesiam introissent, ibique, prout cœlestis gratia singulis inspiraverat, Deum orassent, Theodericus post multas lacrymas de oratione surrexit, et labore senectutis, tædioque maris, aliisque incommodis fractus in ecclesia anxius resedit. Tunc ab episcopo sibi fidissimo comite quid sibi contigisset cum interrogaretur, respondit: « Terrestrem Jerusalem, mi Pater, adire decrevi, sed credo mihi aliter a Domino disponi. Anxietate corporis valde crucior; unde cœlestem magis quam terrestrem Jerusalem appetendam esse arbitror. » Cui episcopus ait : « Ego, charissime frater, nunc ibo hospitium tibi procurare, et tu interim hic sedens requiesce. » Episcopus itaque hospitium sibi quærere perrexit, et Theodericus ad altare accessit, ibique diu Deum, cui ab infantia fideliter servierat, oravit. Deinde coram altari se ad Orientem prostravit, pannos circa se honeste composuit, super dextrum latus recubans, quasi dormire volens, caput suum super marmoreum gradum reclinavit, manusque super pectus in modum crucis aptavit, sicque Kal. Augusti [1058] fidelem spiritum Deo Creatori reddidit.

Episcopus autem, hospitio præparato, ministrum hominis Dei accersiit, eumque pro viro Dei in ecclesiam misit. Ille vero ut servum Dei defunctum in ecclesia invenit, territus ad antistitem rediit, eventumque insperatum tremulus retulit. Sed episcopus virum Dei tam subito migrasse non credens, ait : « Tædio maris, nimioque æstu bonus senior valde fatigatus est; ideoque nunc in refrigerio ecclesiæ super frigidum marmor suavi sopore detentus est. Eamus nunc eum visitare. » Præsul itaque cum clericis suis in ecclesiam processit. Qui ut comparem suum diligenter tetigit, eumque morte gelidum reperit, stupens condoluit. Mox omnes peregrinos, qui jam per diversa hospitia prandere procurabant, in ecclesia congregari præcepit, indigenisque illius loci vitam defuncti peregrini fideliter retulit. Illi vero, comperta ejus religione, gavisi sunt, et obsequia sua impensasque cæteris peregrinis benigniter obtulerunt. Deinde præsul defuncto exsequias cum clericis suis persolvit, eique sepulturam ante portas ecclesiæ a reliquis peregrinis fieri jussit. Illi autem baculis suis ubi pontifex præceperat fossam fecerunt, ad defuncti glebam, præsente antistite, accesserunt, et deferre ad tumulandum voluerunt. Sed nutu Dei ita corpus aggravatum est, ut a loco dormitionis nullatenus moveri potuisset. Quod cernens episcopus cum omnibus qui aderant, valde miratus est; diutinoque cum sociis stupentibus quid agerent tractatu potitus est. Tandem divina edoctus inspiratione dixit : « Vir iste magnæ sanctitatis fuit, et vita ejus ut nunc lucide manifestatur Deo placuit. Unde, ut reor, digniori loco debet sepeliri, et a nobis celebriori reverentia pro posse nostro debet amodo tractari. Nunc igitur ego cum clericis pro anima ejus divinæ majestati persolvam celebrationem missæ; vos autem juxta altare congruam ei sepulturam præparate. » At illi libenter obediere jubenti. Deinde missa venerabiliter finita, et fossa diligenter præparata, tumulandum corpus sine gravamine sustulerunt, et secus aram decenter sepelierunt; ubi postmodum multi, febribus aliisque incommodis laborantes, meritis ejus sanati sunt.

Uticenses autem monachi, postquam reverendi Patris obitum relatu sociorum ejusdem, Normanniam repetentium, cognoverunt, valde contristati sunt, et debitum pro anima ejus servitium Deo fideliter celebraverunt, et memoriam ejus singulis annis usque hodie Kal. Augusti celebriter exsolvunt. Religiosa quoque instituta, quæ ipse ex doctrina venerabilium abbatum Richardi Veredunensis et Willelmi Divionensis atque Theoderici Gemmeticensis didicerat, et novellæ ecclesiæ sibi commissæ fideliter tradiderat, diligenti studio usque hodie observant, et novitiis ad religionis conversationem conversis solerter insinuant.

XI. Sequitur Uticensis historia. Robertus de Grentemaisnilio, abbas.

Anno ab Incarnatione Domini 1059 indictione XII, Uticenses Rodbertum de Grentemaisnilio sibi elegerunt abbatem : rationabiliter considerantes in præfati viri electione multimodam commoditatem, tam propter ejus claram generositatem, quam ardentem monasticæ rei procurationem, et in agendis rebus efficaciam et strenuitatem. Hunc itaque confirmato totius congregationis consensu Ebroas (44) duxerunt, ibique Willelmo duci præsentaverunt, eique monachorum electionem atque petitionem intimaverunt. Dux autem eorum petitioni acquievit, et præfato viro, qui electus erat, per cambutam Ivonis episcopi Sagiensis exteriorem abbatiæ potestatem tradidit. Willelmus vero Ebroicensis episcopus interiorem animarum curam per pontificalem benedictionem XI Kalendas Julii spiritualiter commendavit. Rotbertus itaque, jam abbas effectus, res monasterii cœpit diligenter tractare, et ex parentum suorum divitiis necessarium servis Dei subsidium sufficienter administrare; justas observationes, quas pius prædecessor ejus instituerat, non solum non imminuit, sed etiam, pro ratione et tempore, auctoritate majorum, vel exemplo vicinorum percitus augmentavit. Ipse quidem, dum adhuc neophytus erat, permissu venerabilis Theoderici Cluniacum perrexerat, ubi tunc monasticæ phalangi Hugo abbas, temporibus nostris speciale monachorum decus, præerat. Unde cum post aliquot tempus rediret, magnanimi Hugonis munificentia Bernefridum illustrem monachum, qui postmodum episcopus factus est, secum adduxit; eumque, ut mores Cluniacensium Uticensibus intimaret, aliquandiu honorifice retinuit. Sub eo ad conversionem Mainerius Gunscelini de Escalfoio filius venit ; qui post

aliquot annos ejusdem cœnobii regimen suscepit, annisque XXI et mensibus VII utiliter tenuit.

Eodem tempore Rodulfus, cognomento Mala-Corona Uticum venit, ibique cum Rodberto abbate, suo videlicet nepote, diutius habitavit. Hic nimirum, ut paulo superius breviter meminimus, ab infantia litteris affatim studuit, et Galliæ Italiæque scrutando scholas secretarum indaginem rerum insigniter attigit. Nam in grammatica et dialectica, in astronomia quoque nobiliter eruditus est, et musica. Physicæ quoque scientiam tam copiose habuit ut in urbe Psalernitana, ubi maximæ medicorum scholæ ab antiquo tempore habentur, neminem in medicinali arte, præter quamdam sapientem matronam, sibi parem inveniret. At, quamvis tanta litterarum peritia polleret, non tamen otio, sed militiæ labori diu mancipatus est, et tam manu quam consilio in bellico discrimine præclarus inter coessentes suos multoties probatus est. Multa adhuc, quæ nobis mira videntur, Mosterolenses referunt, quæ de subtilibus experimentis ejus contra morbos vel alios insperatos eventus vel ipsi viderunt, vel a patribus suis, quibus ipse longa comitate notissimus fuit, audierunt. Ipse tandem titubantis mundi ruinam metuens, et prudenti tergiversatione præcavens, sæculi luxu calcato, Majus Monasterium Sancti Martini Turonensis expetiit, et sub Alberto venerabili abbate monachili Regulæ septem annis militavit. Qui, postquam in ordine confirmatus fuit, abbate suo permittente, Uticum venit, nepotem scilicet solatiari suum, quia jam novellæ regimen ecclesiæ suscepit. Et quia idem heros pro multis flagitiis, quibus se graviter onustum sentiebat, a Domino morbum lepræ multis precibus sibi obtinuerat, quamdam in honore Sancti Ebrulfi constructam capellam a nepote suo recepit, ibique Goscelinum monachum ad Dei servitium suique solatium habens, plurimo tempore deguit, multisque, qui ad eum pro sapientia et nobilitate sua confluebant, consilio pietatis profuit.

Ipso multum hortante, Rodbertus abbas Hugonem Lexoviensem episcopum, monachorum fidelem magistrum et Patrem accersiit, a quo prædictam capellam in honore sanctorum confessorum Ebrulfi, Benedicti, Mauri et Leudfredi, II Nonas Maii, dedicari fecit. Tradunt hanc ecclesiam a temporibus sancti Ebrulfi conditam fuisse, ipsumque, dum supernæ ardentius inhærere volebat theoriæ, intermissis exterioribus curis, ad ipsam confugere solitum fuisse. Locus ipse est amœnus et solitariæ vitæ satis congruus. Nam in valle rivus sterilis Carentonæ defluit, et Lexoviensem episcopatum ab Ebroicensi dirimit. In cacumine vero montis silva crebris frondibus ventorum flabra suscipit ; in declivo autem montis, inter rivum et silvam, viridarium ecclesiam circumcingit. Ante portas ecclesiæ Uticus

---

(44) Vel Ebroicas.

fons oritur; a quo omnis circumjacens regio Uticensis dicitur.

Ne miretur quis quod Lexoviensium præsulem in Ebroicensi præsulatu dedicationem fecisse diximus. In diebus illis tres generosi præsules, magnæque civilitatis tribus præerant conterminis parochiis. Hugo Willelmi Aucensis comitis filius præerat Lexoviensibus, et Willelmus Gerardi Fleitelli filius ecclesiastica jura dabat Ebroicensibus, et Ivo Willelmi Belesmensis filius æternæ salutis curam exhibebat Sagiensibus. Hi tres in Normannia tunc maxime pollebant divini cultus fervore et unanimi consensu, tantoque nectebantur amore, ut quisquis eorum in diœcesi confinis sui velut in propria, prout tempus et ratio poscebat, omne divinum opus exerceret sine litigio et livore.

XII. *Bella inter Francos et Normannos. Eventus varii.*

Stimulante Satana, qui nunquam humano generi nocere desistit, nimia inter Francos et Normannos seditio exarsit. Henricus enim rex Francorum, et Goisfredus Martellus, fortissimus Andegavensium comes, Normannorum fines cum forti manu intraverunt, et detrimenta quamplurima Normannis intulerunt. Porro Willelmus acerrimus dux Normannorum injurias multoties non segniter ultus est. Nam plerosque Gallorum et Andegavensium cepit, nonnullos occidit, multos autem in carcere diu clausos afflixit. Qui singulos conflictus et damna, quæ sibi vicissim intulerunt, diligenter voluerit perscrutari, legat libros Willelmi Gemmeticensis cœnobitæ, cognomento Calculi, et Willelmi Pictavini Lexoviensis ecclesiæ archidiaconi, qui de gestis Normannorum studiose scripserunt, et Willelmo jam regi Anglorum favere cupientes præsentaverunt.

Sub ea tempestate, Rodbertus Geroii filius contra Willelmum ducem rebellavit, et, accersitis Andegavensibus, castra sua, Sanctum scilicet Serenicum et Rupem Ialgiensem, fortiter munivit, et contra ducem, cum Normannico exercitu obsidentem, aliquandiu tenuit. Sed quia mortalium robur labile est, subitoque ceu flos feni marcet, præfatus heros, post innumeras probitates, dum ad ignem in hieme lætus sederet, conjugemque suam Adelaidem, quæ ducis consobrina erat, quatuor mala manu gestare videret, duo ex illis familiariter jocando ei rapuit, et nesciens quod venenata erant, uxore contradicente, comedit. Quo mox veneno infectus est, et post v dies, cum multo mœrore suorum, VIII Idus Februarii [1060] defunctus est. Quo mortuo, Ernaldus Willelmi Geroiani filius in loco patrui sui surrexit, oppidanos precibus monitisque corroboravit, ducique viriliter resistere pro paterna hæreditate imperavit. Cujus animositatem callidus dux blandis hortatibus lenivit, pacemque secum facere cum pluribus promissis persuasit. At ille, consilio ab amicis accepto, duci acquievit, eique fidelitatem fecit, et ab eo Monasteriolum et Escalfoium ac Sanctum Serenicum, totamque patrum suorum hæreditatem recepit. Deinde Rodbertus abbas pace facta a duce requisivit ut avunculi sui corpus, quod apud Sanctum Serenicum tribus septimanis humatum jacuerat, Uticum transferri concederet. At ille hostilis memor odii primo denegavit, postmodum erubescens quod in mortuum sæviret, concessit. Mox impiger abbas Rodberti Geroiani glebam in trunco Uticum transtulit, ibique in claustro monachorum honorifice sepelivit. Cuncti qui aderant mirabantur quod nullus de corpore tribus jam septimanis exanimi fetor sentiretur. Tradunt quidam quod vis veneni, quo idem interierat, omnem defuncti cadaveris humorem exsiccaverat, ideoque nullus inde fetor vivorum naribus effundi moleste poterat.

Redeunte ad naturale jus Ernaldo Uticenses monachi gavisi sunt, et in vicinos insolentes, qui inermes injuste opprimebant, illius ope erecti sunt. Temporibus Theoderici abbatis et Rodberti successoris ejus, Baldricus et Wigerius de Balgenzaio et homines sui contra monachos insolenter agebant, et non solum eis ut dominis [non] obediebant, verum etiam plurimis inquietudinibus ipsos hominesque eorum sæpius constristabant. Quod Rodbertus, postquam abbatiæ regimen suscepit, diutius ferre indignum duxit. Nam, accepto fratrum consilio, præfatos rebelles pro contumacia Ernaldo consanguineo suo tradidit, ut ipse cervicositatem eorum, qui monachorum mansuetudinem pacifice pati dedignabantur, quandiu viveret, militari manu protereret. At ille multis diversisque servitiis eos aggravavit, et ipsos hominesque eorum munitiones suas apud Escalfoium et Sanctum Serenicum custodire coegit. Unde illi Rodbertum abbatem et monachos obnixe petierunt ut iterum potestati eorum restitui mererentur, promittentes eis omnem subjectionem et emendationem. Abbas vero cum monachis eorum precibus acquievit, et Ernaldum, ut eos Ecclesiæ servituti, quæ humilibus et mansuetis vere libera est, redderet, petiit. His diebus Rogerius primogenitus Engenulfi de Aquila filius occisus est. De cujus morte Engenulfus et Richuerada uxor ejus valde afflicti Uticum venerunt, et beneficium atque orationes monachorum pro sua, filiique sui Rogerii salute petierunt et acceperunt, optimumque ejusdem Rogerii equum Deo et monachis pro ejus anima obtulerunt. Hunc ergo equum, quia pretiosus erat, Ernaldus ut sibi donaretur petiit, et Baldricum, hominesque suos et terram de Balgenzaio pristinæ monachorum potestati concessit. Quod et ita factum est. Ernaldus equum consobrini sui Rogerii a Rodberto abbate accepit, et Baldricum totamque terram de Balgenzaio ecclesiæ dominio reddidit. Baldricus autem quod gravia evaserat Ernaldi servitia gaudens, dominatum suum, quem in villa Sancti Ebrulfi habebat, monachis dedit, et terram, quam supra rivulum Ductus Villaris habebat, et terram Normanni Micæ et Benigni tradidit,

Tunc Baldricus Rodberto abbati junctis manibus fidelitatem fecit, et subjectionem justitiamque de se suisque hominibus promisit, et summopere ne honorem ejus de potestate monachorum amplius projiceret, poposcit. Hoc itaque monachis confirmantibus ratum fuit, et tam ipse quam Rodbertus filius ejus usque in hodiernum diem pro terra de Balgenzaio solummodo monachis militavit.

Uticensis quippe abbatia in feudo de Balgenzaio consistit, et sæpefatus Baldricus magnæ nobilitatis fuit. Nam Gislebertus comes Brionnæ, nepos Richardi ducis Normannorum, Baldrico Teutonico, qui cum Wigerio fratre suo in Normanniam venerat Richardo Juci servire, neptem suam in conjugium dedit, ex qua nati sunt sex filii et plures filiæ, Nicolaus scilicet de Baschevilla et Fulco de Alnou, Rodbertus de Curceio et Richardus de Nova-Villa, Baldricus de Balgenzaio et Wigerius Apuliensis. Hi nimirum sub duce Willelmo magna strenuitate viguerunt, multisque divitiis et honoribus ab eo ditati fuerunt, et hæredibus suis amplas possessiones in Normannia dimiserunt.

Baldricus, qui honorem de Balgenzaio cum Wigerio fratre suo possedit, Elisabeth sororem suam Fulconi de Bona-Valle strenuo militi in conjugium dedit, et ecclesiam Sancti Nicolai, quam pater suus construxerat, cum adjacenti fundo in mariagio concessit. Fulco autem, futuri temporis memor, Theodericum filium suum, quem Theodericus abbas de sacro fonte levaverat, Deo ad monachatum in cœnobio Uticensi obtulit, ipsumque puerum et præfatam ecclesiam Sancti Nicolai pro anima sua, amicorumque suorum salute, in præsentia Rodberti abbatis, Sancto Ebrulfo concessit. Hoc etiam Baldricus et Wigerius et Willelmus de Bona-Valle, aliique parentes eorum gratanter concesserunt, et ipsi, aliique multi qui adfuerunt, legitimi testes suprascriptæ concessionis ad utilitatem ecclesiæ exstiterunt. Tunc Rogerius, Tancredi de Alta-Villa filius, in Italiam pergens ibidem adfuit, qui postea, juvante Deo, Siciliam magna ex parte obtinuit, et Afros Siculosque et alias gentes in Christum non credentes, quæ præfatam insulam devastabant, armis invasit, protrivit et superavit. Puer autem Theodericus mundo substractus, Deoque donatus, LVII annis in monachili schemate vixit, et per singulos gradus usque ad sacerdotium legitime ascendens honeste Deo militavit.

Eodem tempore Wido, cognomento Bollein, senioris Geroii pronepos, cum Hodierna conjuge sua in pago Corboniensi honorabiliter vigebat, et in ordine militari divitiis ampliatus rem suam honeste regebat. Huic erant plures filii, Normannus et Walterius, qui militiæ laboribus deservierunt, Goisfredus quoque et Willelmus cognomento Gregorius, qui litteris imbuti stemma sacerdotii nacti sunt. Præfatus Wido nutu Dei et instinctu Rodberti abbatis, cognati videlicet sui, Uticenses multum dilexit, et Willelmum filium suum, qui tunc ferme novem annorum erat, mundo sibique abdicavit, Deoque sub monachili jugo in ecclesia Uticensi serviturum, in die festivitatis Omnium Sanctorum tradidit. Tunc Willelmus præpositus miles egregius, prædicti pueri avunculus, ecclesiam de Algeron cum tota villa Sancto Ebrulfo dedit, et se totamque substantiæ suæ partem in fine suo eidem patrono fideliter devovit. Gratia Dei Willelmum puerum bonis moribus adornavit, et in bonis studiis vigilantem effecit; unde a prælatis suis Gregorius cognominari meruit. Hic in gremio sanctæ matris Ecclesiæ diligenter educatus, et omnino a mundi strepitu et carnali luxu remotus, utili scientia, quæ hujusmodi Ecclesiæ filiis maxime competit, nobiliter floruit. Nam peritus lector fuit et cantor, præcipuusque scriptor et librorum illuminator. Opera manuum ejus ad legendum et canendum nobis adhuc valde prosunt, et per similis exercitii probitatem nos a nobis otiositatem depellere erudiunt. In orationibus et vigiliis ab infantia fuit assiduus, et usque ad senectutem jejuniis aliisque macerationibus carnis moderate intentus, observator monastici ordinis diligens, et ad redarguendum sanctæ Regulæ transgressores fervens. Epistolas Pauli et Proverbia Salomonis, aliaque quamplura sanctæ Scripturæ syntagmata tenaci memoriæ contradiderat, et in quotidianis locutionibus suis ad exhortationem eorum, quibus confabulabatur, proferebat. Hujuscemodi studiis intentus jam LIV annos in monachili ordine transegit, et adhuc ut per bonum finem ad æternæ quietis stabilitatem pertransire possit, sub Rogerio abbate, bonis actibus solito more insistit.

Dum Uticense cœnobium aucto conventu XL monachorum gloriose corroboraretur, et ordo monasticus secundum normam divinæ legis ibidem regulariter observaretur, longe lateque procedens fama volitabat, et multos ad amorem ejusdem ecclesiæ invitabat. Quidam autem pestifero livore inficiebantur, propriæque malitiæ vulnifico missili puniebantur. Rodbertus vero abbas genuina largitate præditus, undecunque venientes ad conversionem libenter suscipiebat, et quæque fratribus ad victum seu vestitum necessaria erant viriliter procurabat. Redditus nimirum Uticensis ecclesiæ, quæ in sterili pago surgebat, ad tantam dapsilitatem præfati Patris non sufficiebat; sed ipse, ut diximus, ex generosis parentibus prodierat, et opes eorum ad usum monachorum, prout volebat, amica familiaritate consentiente, plerumque accipiebat.

Idem in primo anno sui regiminis, quia vetus ecclesia, quam sanctus Ebrulfus construxerat, parva et rusticani operis erat, ingentem basilicam insigni opere cœpit, quam in honore sanctæ Dei genitricis Mariæ construere, multisque sanctorum altaribus ampliare decrevit. Nam propter reliquias sanctorum, quæ in veteri ecclesia temporibus sancti Ebrulfi conditæ sunt (sed eorum nomina, vel gesta, seu loca depositionis pro antiquitate ignorantur ab his qui supersunt) disposuit novam ædem tam magnam facere ut vetustam omnino circumdaret, et ossa seu mausolea sanctorum, quæ ibidem latent, semper honorifice contineret. Sed, procellis tribulationum incumbentibus, cessare ab incœpto opere coactus est, quod nullus successorum ejus ea mensura vel ordine seu loco, quo ipse destinaverat, prosequi ausus est.

Anno ab Incarnatione Domini 1059, indictione XIII, Henricus rex Francorum (45) post multas probitates, quibus in regno gloriose viguit, potionem a Joanne medico Carnotensi, qui ex eventu Surdus cognominabatur, spe longioris et sanioris vitæ accepit. Sed quia voto suo magis quam præcepto archiatri obsecundavit, et aquam, dum veneno rimante interiora nimis angeretur, clam a cubiculario sitiens poposcit, medicoque ignorante ante purgationem bibit : proh dolor! in crastinum cum magno multorum mœrore obiit. Sceptra Francorum Philippo filio suo, qui adhuc puerilibus annis detinebatur, reliquit, et Balduino Flandrensium duci puerum cum regno ad tutandum commendavit. Hujusmodi tutela tanto duci bene competebat, quippe qui Adalam Rodberti regis Francorum filiam in conjugium habebat ; ex qua Rodbertum Fresionem, reginam Anglorum, et Udonem Treverensium metropolitam, aliosque magnæ nobilitatis viros genuerat.

Eodem anno Fridericus filius Gothelonis ducis, qui et Stephanus papa dictus est, obiit ; cui Gerardus, qui et Nicolaus, successit. Hic annus erat tertius Henrici quarti, filii Henrici Conradi imperatoris et Agnetis imperatricis, qui LXXXVII loco ab Augusto regnare cœpit, et annis quinquaginta regnavit.

Anno ab Incarnatione Domini 1065 Nicolaus papa obiit ; cui Alexander Lucensis episcopus successit. Quo tempore Sigifridus Magontiæ et Gunterus Babenbergæ, aliique quamplures episcopi vel nobiles multo comitatu Jerusalem perrexerunt.

XIII. *Dissensiones in Normannia. Osbernus abbas Uticensibus monachis imponitur Roberti loco. Robertus abbas in Apuliam transit ad Robertum Viscardum. Eventus varii.*

Eodem tempore inter Willelmum Normanniæ ducem et proceres ejus dissensio gravis exorta est. Nam, cupiditate furente, unus alium supplantare conabatur, gravesque seditiones ad detrimenta miserorum diversis ex causis oriebantur. Unde quidam crudelioris animi lætabantur, alii pietatis et modestiæ amatores nimis contristabantur. Tunc Rogerius de Monte-Gomerici et Mabilia uxor ejus exorta simultate gaudebant, et blandis adulationibus sibi ducem alliciebant, et contra vicinos suos callidis factionibus commotum acrius ad iram concitabant. Animosus autem dux, plus æquo iræ frena relaxans, præcipuos milites Rodulfum de Toe-

nia et Hugonem de Grentemasnilio atque Ernaldum de Escalfoio et barones eorum exhæreditavit, et sine probabilibus culpis diu exsulare coegit. Tunc etiam Rodbertus Uticensium abbas ad curiam ducis accitus est, et ad diem statutum de quibusdam reatibus, unde falso accusatus fuerat, respondere jussus est. Hunc nimirum Rainerius Castellionensis monachus, quem ipse priorem Uticensibus præfecerat, et ad intima consilia sua velut fidelem amicum indubitanter accersierat, de quibusdam ludibriis et improvidis dictis, duciquæ privatim derogantibus apud ipsum accusaverat. Ille vero, ut ducem contra se totamque suam parentelam vehementer furentem et nocere cupientem sensit, indicioque amicorum suorum malevolentiam ducis sibi damna membrorum inferre volentis veraciter agnovit, consilio Hugonis Lexoviensis episcopi imminentem furiam declinare prius quam damnum irreparabile pateretur, elegit. Tertio itaque regiminis sui anno, VI Kalendas Februarii postquam Sabbato ad vesperas Antiphonam, *Peccata mea, Domine*, pronuntiaverat, discessit, ascensisque equis cum duobus monachis, Fulcone et Urso, Galliam expetiit, et inde Nicolao papæ eventus suos revelaturus adiit.

Interea Normannicus dux, per consilium venerabilis Ansfridi Pratellensium abbatis et Lanfranci Beccensium prioris, aliarumque personarum ecclesiasticarum, Osbernum Cormeliensium priorem a Rainerio abbate Sanctæ Trinitatis de Monte Rothomagi requisivit, eique nil tale suspicanti per cambutam Maurilii archiepiscopi in synodo Rothomagensi curam Uticensis abbatiæ commendavit. Deinde Hugo episcopus jussu ducis eum Pratellis adduxit, ibique subito, nescientibus monachis Sancti Ebrulfi, abbatem consecravit, secumque postea Uticum adduxit, et mœstis Uticensibus ex imperio ducis imposuit. Illi autem ancipiti discrimine anxiati sunt. Nam, vivente abbate suo, qui præfatam ecclesiam fundaverat, eosque ad monachatum susceperat, et sine probabilibus culpis non per judicium synodi, sed per tyrannidem furentis marchisi expulsus fuerat, alium abbatem suscipere dubitabant, nec palam refutare propter ducis animositatem audebant. Tandem consilio prædicti præsulis elegerunt pati violentiam, gratisque dato sibi magistro exhibere obedientiam, ne si sine jugo permanerent, Dei offenderent potentiam, et ad destructionem novelli cœnobii graviorem ducis contradicendo excitarent malevolentiam.

Porro Ernaldus de Escalfoio injuriam exhæreditationis suæ acriter vindicabat, et rapinis, incendiisque, hominumque capturis vel occisionibus Lexoviensem pagum per triennium inquietabat. Quadam nocte cum quatuor militibus Escalfoium venit, et in castrum cum suis clam ingressus, in magnam vociferationem prorupit. Quam ut LX mi-

---

(45) Henricum regem anno 1060, die 29 Augusti, obiisse constat.

Iltes ducis audierunt, magnum cum Ernaldo exercitum adesse putaverunt, territique castrum quod custodire debebant relinquentes, aufugerunt. At ille ignem injecit, et damnum ingens hostibus suis intulit. Burgum quoque Uticensem igne combussit, et per omnes angulos ecclesiæ cum satellitibus suis nudos enses in dextris vibrantibus Osbernum abbatem ad occisionem diu quæsivit. Sed ille Dei nutu defuit. Post aliquot autem dies Hermannus cellararius Ernaldum privatim adiit, ipsumque quod abbatiam, quam pater suus pro salute animæ suæ construxerat, destruere niteretur, benigniter redarguit. At ille monita servi Dei pie suscepit, memorque paternæ pietatis pro malefactis contra cœnobium Sancti Ebrulfi ploravit, pœnitensque congruam emendationem promisit. Non multo post Uticum venit, pro male gestis super aram vadimonium posuit, indulgentiam petiit, abbatique Osberno securitatem dedit. Præfatus enim monachus subtili relatu ei veraciter intimavit quod prædictus abbas cognati sui locum non per cupiditatem invaserit, sed vi principis et instinctu magistrorum suorum compulsus, desolatæ ecclesiæ regimen invitus susceperit.

Denique Rodbertus abbas Nicolaum papam Romæ invenit, eique causam itineris sui diligenter intimavit. At ille compatriotam suum, nam genere Francus erat, benigniter suscepit, querimoniam ejus cum pietate audivit, fidumque suffragium in sua necessitate spopondit. Rodbertus autem ad parentes suos in Apuliam, ubi urbes et oppida quamplura vi armorum obtinuerant, transivit, et completa cum eis locutione, cum litteris apostolicis et duobus cardinalibus clericis Normanniam repetiit, et Juliam-Bonam, ubi tunc temporis Willelmus dux curiam suam tenebat, audacter adiit. Audiens vero dux quod Rodbertus abbas cum legatis papæ abbatiam Uticensem quæsiturus advenisset, et Osbernum ducis jussu substitutum abbatem velut invasorem alieni juris calumniaturus esset, vehementer iratus dixit se quidem legatos papæ de fide et religione Christiana, ut communis patris, libenter suscepturum; sed si quis monachorum de terra sua calumniam sibi contrariam inferret, ad altiorem quercum vicinæ silvæ per capitium irreverenter suspensurum. Quod audiens Hugo præsul Rodberto intimavit, et ut furibundi principis præsentiam declinaret admonuit. At ille festinanter inde discessit, et in pagum Parisiensem ad venerandum Hugonem abbatem cœnobii Sancti Dionysii Gallorum apostoli secessit, et apud ipsum, cognatus quippe suus erat, et apud alios amicos ac parentes suos, qui inter Gallorum proceres pollebant, aliquandiu honorifice habitavit. Inde Osberno abbati mandavit ut coram Romanis cardinalibus in pago Carnotensi ambo adessent, ibique, negotio utriusque diligenter indagato, a personis ecclesiasticis definitum judicium secundum ordinationem sanctorum canonum indubitanter subirent. Diem quoque et locum quando et ubi convenirent designavit. At ille mandatum quidem suscepit, et ad curiam Romanam se libenter iturum dixit; sed, alio consilio accepto, ad statutum tempus et locum minime accessit. Unde Rodbertus per quemdam famulum Uticensium, quem Ernaldus ceperat, litteras misit, in quibus ex auctoritate papæ Osbernum invasorem excommunicavit, omnesque monachos Uticensis cœnobii ut se sequerentur imperiose invitavit.

Quis referre potest quot tribulationibus Uticensis ecclesia intus et exterius tunc quatiebatur? En Rodbertus ejusdem fundator et rector de sede sua injuste fugatus, cogebatur vagari per externas domus, et ejusdem in loco sæculari potestate successit vir extraneus; qui, licet solers esset ac religiosus et in ordine fervidus, suspectus tamen et meticulosus non satis credebat indigenis fratribus. Unde quidam ex ipsis audita excommunicatione, qua suffectus abbas percussus fuerat, et hortatu patris Rodberti, quo filios suos ex consensu papæ post se venire jusserat, Normanniam relinquentes abbatem suum comitati sunt, et apostolicam sedem expetierunt. Pene omnes discedere voluerunt; sed infantes et infirmiores, qui arctiori custodia constringebantur, inviti remanserunt. Alii vero qui fortiores erant, et majorem licentiam usurpabant, patrem suum secuti sponte exsularunt, quorum nomina hæc sunt: Herbertus et Hubertus de Mosterolo, et Berengarius Ernaldi filius scriptor præcipuus (hi tres a pueritia in domo Domini solerter educati, studiisque bonis imbuti, omni vita sua utiles permanserunt divino cultui), Rainaldus Magnus grammaticæ artis peritus, et Thomas Andegavensis nobilitate famosus, et Rodbertus Gamaliel cantor egregius, Turstinus, Rainaldus Capreolus et Walterius Parvus. Hi Neustriam natale solum deseruerunt, variosque casus perpessuri Sicaniam expetierunt; unde quidam eorum postmodum redierunt, nonnulli vero pastorem suum fine tenus juvantes in Calabria ultimum diem clauserunt. Porro domnus Mainerius, quem Rodbertus abbas ante primam discessionem suam priorem claustralem constituerat, quia post paucos dies profectionis ejus Beccum perrexerat, primusque de substituendo alio abbate cum Lanfranco Beccensium priore tractaverat, eumdem cui professionem fecerat implacabiliter offenderat. Unde minis ejus territus, et improperiis fautorum ejus dedecore lacessitus, consilio et permissu Osberni abbatis Cluniacum perrexit, ibique per unum annum rigorem Cluniacensium experiri sub venerando Hugone archimandrita ferventer edidicit.

Uticensis autem ecclesia in hujusmodi mutatione vehementer desolata est, multisque possessionibus, quas prius possederat, spoliata est. Vicini enim milites, qui homines seu cognati Gerojanorum fuerant, naturalibus expulsis hæredibus, monachis Sancti Ebrulfi graves molestias et damna inferebant. Nam unusquisque terram, vel ecclesiam, seu decimam auferebat; et novus abbas ut advena rerum donationes ignorabat, et indagare ab his, in quibus minime confidebat, certitudinem rerum, quas Rodbertus filius Helgonis, et Geroius filius Fulcoii de Mosterolo, seu Rogerius Gulafra, aliique perversi affines rapiebant, dubitabat. Unde multa Uticensis ecclesia tunc perdidit, quæ usque hodie recuperare nullatenus potuit.

Defuncto Nicolao papa, Alexander successit, ad quem Rodbertus abbas cum XI monachis Sancti Ebrulfi accessit, eique suas, suorumque injurias luculenter deprompsit. At ille paterno solamine benigniter eos refocillavit, eisque in urbe Roma ecclesiam Sancti Pauli apostoli tradidit, ut ibi habitantes ordinem suum tenerent, donec sibi congruam habitationem invenirent. Deinde Rodbertus Willelmum de Mosterolo consobrinum suum ad auxilium sui requisivit, promptissimumque ad subveniendum invenit. Prædictus quippe miles papæ signifer erat, armisque Campaniam obtinuerat, et Campanos, qui diversis schismatibus ab unitate Catholica dissidebant, sancto Petro apostolo subjugaverat. Hic exsulanti consanguineo cum monachis suis medietatem antiquæ urbis, quæ Aquina dicitur, dedit. Postea Rodbertus Richardum principem Capuæ filium Anschetilli de Quadrellis adiit. Ipse vero multis blanditiis ei favit; sed promissorum blandimenta operum completione non peregit. Rotbertus autem, ut frivolis promissionibus delusum se perspexit, iratus degenerem parentelam ejus, quam bene noverat, ei exprobravit, ipsumque relinquens ad Rodbertum Wiscardum Calabriæ ducem se contulit. Ille vero ut dominum naturalem eum honorifice suscepit, multumque ut ipse cum monachis suis semper secum permaneret, rogavit. Hujus pater Tancredus de Alta-Villa de pago Constantino exstitit; qui de duabus legitimis uxoribus, quas desponsaverat, XII filios, pluresque filias habuit; quorum uni, nomine Goisfredo, paternæ hæreditatis agros concessit, aliosque omnes ut extra solum ea quibus indigerent, viribus et sensu sibi vindicarent, admonuit. Illi autem non simul, sed diverso tempore sub specie peregrinorum peras et baculos portantes, ne a Romanis caperentur, in Apuliam abierunt, omnesque variis eventibus aucti, duces aut comites in Apulia seu Calabria vel Sicilia effecti sunt; de quorum probis actibus et strenuis eventibus Goisfredus monachus, cognomento Malaterra, hortatu Rogerii comitis Siciliæ elegantem libellum nuper edidit. Horum sublimior et potentior Rodbertus Wiscardus exstitit, qui post obitum fratrum suorum Drogonis et Unfridi principatum Apuliæ diu tenuit, et Langobardis Græcisque, qui magnis in urbibus et oppidis confidentes jus antiquum pristinamque libertatem defendere nitebantur, virtute bellica subactis, ducatum Calabriæ obtinuit. Ionio mari transfretato cum modica, sed forti Normannorum Cisalpinarumque gentium manu, Macedoniam invasit, contra Alexium imperatorem Constantinopolitanorum bis conflixit, ipsumque terra marique victum bello, cum ingenti multitudine fugavit.

Præfatus heros, ut diximus, Rodbertum abbatem cum monachis suis honorabiliter suscepit, et ecclesiam Sanctæ Euphemiæ, quæ super littus Adriatici maris, ubi ruinæ antiquæ urbis, quam Brixam nominabant, adhuc parent, sita est, ei tradidit, ibique monachile cœnobium in honore sanctæ Dei genitricis Mariæ construi præcepit. Magnas possessiones tam ipse dux quam alii Normanni prædictæ ecclesiæ dederunt, et orationibus fidelium, qui illic congregati seu congregandi erant ad militiam Christi, sese commendaverunt. Ibi Fredesendis uxor Tancredi de Alta-Villa sepulta est; pro qua Wiscardus filius ejus quemdam magnum fundum eidem ecclesiæ largitus est. Idem princeps cœnobium Sanctæ Trinitatis in civitate Venusia prædicto Patri commendavit. Ille autem Berengarium, filium Ernaldi filii Helgonis, Uticensem monachum elegit, et ad suscipiendum regimen Venusiensis cœnobii Alexandro papæ præsentavit. Qui post perceptam benedictionem, quandiu Alexander et Gregorius ac Desiderius apostolicam sedem rexerunt, curam Venusiensis abbatiæ honorabiliter tenuit; deinde temporibus Urbani papæ a plebe electus episcopatum ejusdem urbis suscepit. Hic nobili parentela exortus, ab infantia sub Theoderico abbate apud Uticum Christo militavit, peritiaque legendi et canendi, optimeque scribendi floruit. Deinde, ut diximus, abbatem suum secutus, et ab ipso ad pastoralem curam assumptus, pusillum gregem XX monachorum quem recepit, mundanisque vanitatibus vehementer occupatum, et in Dei cultu valde pigrum invenit, postmodum gratia Dei juvante, ad numerum centum monachorum augmentavit. Tanto etiam bonarum studio virtutum nobilitavit eos ut ex ipsis plures episcopi et abbates assumerentur, sanctæque matri Ecclesiæ ad honorem veri regis pro salute animarum præficerentur. Præterea magnanimus dux tertium cœnobium in honore sancti Michaelis archangeli in urbe Mellito constructum Rodberto abbati tradidit, quod ipse Willelmo Ingranni filio, qui apud Uticum natus et ad clericatum promotus fuerat, sed apud Sanctam Euphemiam monachatum susceperat, commendavit. In his itaque tribus monasteriis Italiæ Uticensis cantus canitur, et monasticus ordo usque hodie, prout opportunitas illius regionis et amor habitantium permittit, observatur.

Duæ sorores uterinæ Rodberti abbatis, Judith et Emma, apud Uticum in capella Sancti Ebrulfi morabantur, et sub sacro velamine mundo renuntiasse, Deoque soli per munditiam cordis et corporis inhærere credebantur. Quæ cum Rodbertum fratrem suum in Apulia sæculari potentia sat vigere audissent, seseque in Normannia despicabiles et sine adjutorio perspexissent, iter in Italiam inierunt, et, relicto velamine sanctitatis, totis nisibus mundum amplexatæ sunt, et ambæ maritis ignorantibus quod Deo dedicatæ essent nupserunt. Nam Rogerius Siciliæ comes Judith in conjugium accepit, aliusque comes, cujus nomen non recolo, Emmam matrimonio suo conjunxit. Sic ambæ velamen, sanctæ religionis specimen, pro mundi amore reliquerunt, et quia primam fidem irritam fecerunt, ambæ in hoc sæculo steriles permanserunt, et in brevi puncto temporali felicitate functæ cœlestem sponsum offenderunt.

Post discessionem Rodberti abbatis, Rodulfus Mala-Corona avunculus ejus videns acerbam tribulationem in parentes suos graviter sævire, et extraneos in Uticensi domo, quam ipse, fratresque sui Deo construxerant, dominationem exercere, relicta capella Sancti Ebrulfi, ubi supra diximus eum habitasse, Majus-Monasterium, in quo monachilem professionem fecerat, expetiit; ibique non multo post, completis in ordine monastico VII annis, XIV Kalendas Februarii glorioso fine quievit.

Per idem tempus, Goisfredus Martellus Andegavensium comes post multa in rebus sæculi fortia gesta obiit, et quia liberis caruit, Goisfredo nepoti suo Alberici Wastinensium comitis filio honorem suum reliquit. Quem Fulco frater ejus cognomento Richinus post aliquot tempus fraudulenter cepit, principatum ejus arripuit, ipsumque in castro, quod Chinon vocatur, per triginta annos carceri mancipavit.

His temporibus, Willelmus Normanniæ dux probitate et potestate valde crescebat, cunctisque vicinis suis liberalitate et magnificentia supereminebat. Hic generosam Mathildem, Balduini ducis Flandrensium filiam, neptem scilicet ex sorore Henrici regis Francorum, conjugem accepit; ex qua dante Deo filios et filias habuit Rotbertum videlicet et Richardum, Willelmum et Henricum, Adelizam et Constantiam, Cæciliam et Adalam. De his ingentem historiam dicaces historiographi texere possunt, si, otio remoto studioque admoto, varios illustrium eventus posteris promulgare satagunt. Nos autem, quia sæcularibus curiis non insistimus, sed in claustris monasterii degentes monasticis rebus incumbimus, ea quæ nobis competunt breviter adnotantes, ad incœptam materiam redeamus.

Bello Normannis contra vicinos Britones et Cenomannenses insurgente, Willelmus dux consilio seniorum statuit inter dissidentes proceres suos pacem firmare et exsules revocare. Igitur optimates suos Rodulfum de Toenia et Hugonem de Grentemaisnilio, quos supra diximus eum exhæreditasse et extra solum cum suis satellitibus fugasse, supplicationibus Simonis de Montefort et Waleranni de Britolio Belvacensi, aliorumque potentum amicorum et vicinorum delinitus revocavit, eisque paternas hæreditates restituit. Ernaldus quoque post triennalem guerram trevias a duce accepit, et in Apuliam ad amicos et parentes suos, qui magnis ibidem opibus pollebant, perrexit; unde non multo post cum ingenti pecunia rediit, ducique pallam pretiosam detulit.

XIV. *Sequitur Uticensis historia. Osbernus abbas.*

Sedatis aliquantulum procellis quibus Uticensis ecclesia graviter impulsabatur, Osbernus rector ejusdem, qui magnis curarum tumultibus angebatur, et mordaci conscientia, pro apostolico anathemate quo percussus fuerat, intus affligebatur, consilio consensuque fratrum, damnum Mainerium Cluniaco revocavit, et eum Fulcherio, quem Rotbertus abbas priorem constituerat, deposito subrogavit. Erat idem Osbernus Herfasti filius, de pago Calcegio (46) oriundus, ab infantia litteris admodum eruditus, sermone facundus, ingenio acer ad omnia artificia, scilicet sculpendi, fabricandi, scribendi et multa his similia faciendi; statura mediocris, perfectæ ætatis, capite affatim onusto nigris canisve capillis. Asper erat ineptis et contumacibus, misericors infirmis et pauperibus, et competenter largus privatis et extraneis, in ordine fervidus, et eorum quibus fratres corporaliter seu spiritualiter indigebant procurator solertissimus. Juvenes valde coercebat, eosque bene legere et psallere atque scribere verbis et verberibus cogebat. Ipse propriis manibus scriptoria pueris et indoctis fabricabat, operisque modum singulis constitutum ab eis quotidie exigebat. Sic otia depellens juveniles mentes intentione utili sagaciter onerabat, easque futuro tempore scientiæ divitiis ditatas præparabat. Hic canonicus Lexoviensis sub domno Herberto antistite fuerat; postea volens arctiori norma constringi, habitum sæcularem reliquerat, et ad novum cœnobium, quod Goscelinus de Archis in monte Rodomi sanctæ Trinitati constituerat, ubi tunc venerabilis Isembertus abbas, vir miræ peritiæ nostris temporibus incomparabiliter, pollebat, mores emendare secundum beneplacitam voluntatem Dei confugerat. Hunc Rainerius abbas, Isemberti successor, jam in ordine probatum ad construendum cœnobium Cormelias misit, ubi tunc temporis præclarus heros Willelmus Osberni filius dapifer Normannorum abbatiam Sanctæ Dei genitrici Mariæ condere cœpit. Depulso autem Rodberto abbate de loco suo, ut supra satis dictum est, Osbernus ignarus et invitus ad regimen Uticensis ecclesiæ assumptus est; quo per quinque annos et menses tres, prout sævitia iniqui temporis permisit, diligenter et utiliter potitus est.

Hinc quemdam Ecclesiæ suæ monachum valde sapientem et religiosum, nomine Witmundum, permissu abbatis sui secum adduxit; cujus monitis et auxiliis usus est quandiu apud Uticum vixit. Præfatus monachus grammaticæ artis et musicæ peritissimus erat; quod nobis adhuc testantur anti-

(46) Vulgo, *Pays de Caux.*

phonæ et responsoria quæ ipse condiderat. Plures enim dulcisonos cantus in trophario et antiphonario edidit. Hic historiam Sancti Patris Ebrulfi, additis novem antiphonis et tribus responsoriis, perfecit. Nam ad vesperas super psalmos quatuor antiphonas condidit, et in secundo nocturno tres ultimas adjecit, quartum etiam responsorium et octavum et duodecimum, et antiphonam ad cantica, et ad secundas vesperas ad canticum de Evangelio pulcherrimam antiphonam condidit. Ipsam nimirum historiam Arnulfus cantor Carnotensis, Fulberti episcopi discipulus, secundum usum clericorum hortatu Rodberti abbatis jam ediderat, et duobus juvenibus monachis, Huberto et Rodulfo, a prædicto Patre Carnotum missis primitus cantaverat. Porro Rainaldus Calvus responsorium ad laudem Domini, quod ad vesperas canitur, et septem antiphonas edidit, quæ in Uticensibus antiphonariis scriptæ reperiuntur. Hymnos quoque plures de eodem Patre Rogerius de Sappo, aliique studiosi fratres ex devotione pia dictaverunt, suisque posteris in bibliotheca Uticensi commendaverunt.

Nimia sollicitudine anxius Osbernus abbas propter apostolicum anathema, cui coactus erat subjacere, consilio sapientium decrevit legatum Romam mittere, et apostolicæ sedis benedictionem humiliter expetere. Witmundo itaque sapienti monacho supplices jussit litteras dictare, et Bernardo juveni, cognomento Matthæo, nobili antiquario diligenter scriptitare. Textus autem epistolæ hujusmodi est:

« Domino apostolico ALEXANDRO (47), vice beati Petri totius orbis Patri excellentissimo, quidam abbas longe positus nomine OSBERNUS cœnobii Sancti Ebrulfi in Normannica patria, salutem veram, subjectionem humillimam, et orationem pro posse devotam.

« Quoniam ante omnes et super omnes Ecclesiæ prælatos, domine Pater, vestrum est in universo orbe totius Christianitatis sollicitudinem gerere, animarum lucra ardenti desiderio quærere, discordantes ad concordiam vestra auctoritate revocare, idcirco ego abbas ignotus intra gremium tamen vetræ custodiæ manens, ad vos tanquam ad clementissimum consolatorem aperta voce, ex toto nisu mentis exclamo, preces fundo, solatium imploro, ut me per gratiam vestram a quadam ordinis nostri fluctuatione quam patior, secundum rectitudinem auctoritatis eripere dignemini. Cujus fluctuationis causa hæc est: Sancti Ebrulfi abbatiam, quam ego nunc teneo, quondam ante me domnus abbas Rodbertus, consanguineus Willelmi Normanni militis fidelis vestri, tenuerat; sed quodam contrario sibi contingente, eam reliquit et discessit. Princeps autem provinciæ et prælati Ecclesiæ me in eodem loco abbatem constituerunt, et ut mihi super hoc trepidanti asseruerunt et asserunt, recte ac secundum Deum me ordinaverunt; nescio si verum dicunt. Hoc solum ex mea conscientia firmiter scio, quia non prece, non pretio, non familiaritate, non obsequio, nec ullius calliditatis ingenio, sed solo obedientiæ præcepto, quantum ad me, abbatis nomen et onus suscepi, et suscipiendo nullam calumniam audivi. Præfatus ergo Rodbertus abbas a nobis longe transportatus in provincia Calabriæ cujusdam monasterii Pater est effectus, et ibi graviter adversum me ira odioque movetur, calumniatur, comminatur, dicens me locum suum invasisse contra Deum. Ex qua dissensione et animæ subditorum utique periclitantur, et ego inter utramque partem valde fluctuans hæsito. Videlicet quia et prælatis meis me bene loco stare asseverantibus ac persistere jubentibus inobediens fore non audeo; et fratris calumniantis iram odiumque vehementer formido, præsertim cum sacerdotes et monachi simus ambo. Dum enim vox apostolica terribiliter omnibus intonet dicens: *Omnis qui odit fratrem suum homicida est* (I Joan. III, 15), quis enarrare sufficit quam grave homicidium perpetrat monachus sacerdos fratrem suum odiens? Et si ita ad altare sacrificat, eum animam suam damnare quis ignorat? Proinde, domine apostolice, totius Christianitatis Pater reverendissime, terra tenus prostratus ad pedes misericordiæ vestræ lacrymosis gemitibus præcordialiter efflagito ut vos, qui in loco beati Petri summa vigilantia oves Dominicas alere et a luporum insidiis custodire debetis, hujus lupinæ discordiæ malum inter me et fratrem hunc, de quo loquor, Rodbertum ex zelo Dei per judicium æquitatis abolere festinetis, et omnem hanc fluctuationem a corde meo penitus auferatis; ita scilicet ut ex imperio vestræ auctoritatis, et me et ordinationis meæ auctores, et eumdem Rodbertum calumniatorem ad justissimam rei discussionem coram idoneis legitimisque judicibus in unum convenire faciatis; quatenus si in abbatia bene positus repertus fuero, persistam, si male, discedam. Quod si per gratiam vestram feceritis, et officium quidem vestrum laudabiliter implebitis, et nos ambos fratres in pacis dulcedinem conducetis. Nam sive persistere sive discedere mihi contingat, profecto et fratris iracundia ex judicii definitione mitigata quiescet, et ego, a fluctuatione liberatus, Deo postmodum famulari potero securus. O rectorum Ecclesiæ rector et Patrum Pater, qui omnibus tribulatis ad refugium constitutus estis, per beatam potestatem ligandi et solvendi, quam supra omnes terrigenas possidetis, hæc verba mea cordis aure percipite, et in quantum recte sonant agite quod poscunt. Et ut me simpliciter loqui credatis, ad testimonium conscientiæ meæ omnia scientem Deum appello, qui me ex toto corde et ore quæ loquor intuetur proferre. Hoc tandem in fine verborum, pie domine, pronus et supplex summopere deposco, ut per hunc eumdem quem vobis dirigo

---

(47) Alexander II, 30 Sept. 1061 - 21 Apr. 1073.

legatum, in litteris sigillo vestro signatis mihi remandare paterna pietate curetis, qualiter hæc verba mea sentitis vel recipitis, et quid inde acturus estis, et quando et ubi; quatenus, dum certum dederitis responsum fluctuationi meæ, ad clementissimum consolatorem me gaudeam exclamasse. Valete, Pater gloriose, rector excellentissime, summum in terra caput Ecclesiæ. Valete et super ovilia Dominica vigilate. Quod utinam sic agatis, ut ad ultimum judicium securus veniatis. Amen. »

Hanc epistolam Willelmus presbyter Sancti Andreæ de Escalfoio detulit, Romæque Alexandro papæ præsentavit. Qua coram Romano senatu perlecta, et prudenti examinatione diligenter discussa, venerandus papa, rogante Rodberto abbate, qui præsens erat, Osbernum absolvit, et præfatæ legationis bajulum cum benedictione apostolica gaudentem ad suos remisit. Rodbertus enim jam de reditu in Normanniam propter ferocitatem Willelmi ducis diffisus, et in Calabriæ partibus, ut supra diximus, a Guiscardo aliisque Normannis alienas divitias usurpantibus honorabiliter retentus, mitigato furore quem contra Osbernum prius habuerat, nunc apud papam pro eo benignus intercessor existit, quem antea subtiliter accusando crudeliter impugnaverat. Completa vero legatione, Willelmus presbyter ad eos, a quibus directus fuerat, prospere remeavit, et relatis quæ Romæ viderat vel audierat, Uticenses lætificavit.

Securior itaque Osbernus curam ecclesiæ, quam susceperat, intus et exterius laudabiliter exercebat. Neophytos ad conversionem non nisi quatuor susceperat, propter procellas persecutionum quas perpessus fuerat; sed illos, quos a prædecessoribus suis susceptos invenerat, diligenter et utiliter in sanctis artibus educabat. Hic constituit generale anniversarium fieri singulis annis vi Kal. Julii pro patribus et matribus, pro fratribus et sororibus omnium monachorum Uticensis cœnobii. In rotulo quidem longissimo omnium fratrum, dum vocante Deo ad ordinem veniunt, nomina scribuntur; deinde patrum et matrum eorum, fratrumque ac sororum vocabula subscribuntur. Qui rotulus penes aram toto anno servatur, et sedula commemoratio inscriptorum in conspectu Domini agitur, dum ei a sacerdote in celebratione missæ dicitur: *Animas famulorum famularumque tuarum, quorum nomina ante sanctum altare tuum scripta adesse videntur, electorum tuorum jungere digneris consortio.* Anniversarium vero de quo loquimur, vi Kal. Julii sic agitur. Omnia signa sero et mane ad officium defunctorum diu pulsantur; volumen mortuorum super altare dissolutum palam expanditur, et deprecatio prius pro defunctis, postea pro vivis parentibus et benefactoribus, cunctisque fidelibus Deo fideliter offertur. Missa vero matutinalis ab abbate celebriter canitur, cum quo sacratis indumentis omnes ministri revestiuntur. Ab eleemosynario autem tot pauperes quot monachi sunt, ipsa die in cœnobio colliguntur, et in xenodochio pane et potu vinoque generali sufficienter a cellario pascuntur, et post capitulum ab omni conventu mandatum pauperum sicut in cœna Domini peragitur. Hoc sicut Osbernus abbas constituit, Uticensis ecclesia usque in hodiernum diem vigilanter custodit, et Nogionensibus atque Balcherensibus, aliisque sequacibus suis ardenter tradidit.

Sæpe nominatus vir Dei pauperes, ut supra diximus, et ægrotos valde amabat, et eorum indigendo (48) et necessaria largiendo subveniebat. Unde constituit ut septem leprosi pro amore Dei perenniter ab Uticensibus alerentur, eisque de cellario fratrum panis et potus septem monachorum quotidie largiretur. Quod ipse et Mainerius successor ejus libenter tenuerunt, quandiu in regimine vitales auras hauserunt. Sed hæc a Serlone successore eorum, prout voluntas hominum variatur, constitutio postea mutata est, iterumque a Rogerio, qui successit eis, ternarius infirmorum numerus in nomine Domini reformatus est.

XV. *Guillelmus Normannorum dux; Robertus de Vitot, seu de Waceio. Geroianorum progeniei exstinctio.*

Anno ab Incarnatione Domini 1064, post mortem Herberti juvenis, Cenomannensium comitis, Willelmus dux cum valida manu armatorum Sartam fluvium transiit, multosque Cenomannorum sese illius manui subdentes clementer suscepit, et quandiu postea vixit, annis scilicet xxiv, subjectos jure possedit. Præfatus nimirum juvenis post obitum Herberti senioris patris (qui vulgo Evigilans-Canem cognominabatur, propter gravissimas infestationes quas a perfidis affinibus suis Andegavensibus incessanter patiebatur) consilio Berthæ matris suæ, se suumque patrimonium fortissimo duci Normannorum commendaverat, et Margaritam sororem suam Rodberto, ejusdem ducis filio, in conjugium dederat, cum qua hæreditatem suam, comitatum scilicet Cenomannensem, si sine liberis obiret, concesserat. Sed quia Walterius Pontesiensium comes, filius Drogonis comitis, qui cum Rodberto seniore Normannorum duce in Jerusalem ierat, et in illo itinere peregrinus obierat, Biotam Hugonis Cenomannensium comitis filiam, quæ amita prædicti juvenis erat, in conjugium habebat, totum comitatum Cenomannensem calumniabatur, et ex parte possidebat. Nam ipsam urbem, quæ caput est provinciæ, Goisfredus de Meduana et Hubertus de Sancta Susanna, aliique potentes in fidelitate Walterii acriter tenebant; quia Normannicum jugum his, quibus imminet gravissimum est, subire nimis formidabunt. Itaque dum magnanimus dux frequenti expeditione rebelles impeteret, et ipse ut bellica sors

---

(48) Turbatus locus, hic legendum est *eorum indigentiæ necessaria*, etc., vel quid simile.

expetit damna pateretur, et damna hostibus inferret, prædictus comes Walterius et Biota conjux ejus per inimicorum machinamenta simul, ut ferunt, lethali veneno fraudulenter infecti obierunt. Quibus defunctis, securior dux cum magno robore rebelles expetiit, Cenomannicam urbem civibus ultro sese dedentibus cum ingenti tripudio recepit, eique domnus Ernaldus ejusdem urbis præsul, cum clericis et monachis revestitis, textus crucesque ferentibus, honorabiliter obviam processit.

Porro Goisfredus de Meduana tantæ felicitati duci invidit, eique quantum potuit adversarios excitando, aliisque modis mala machinando nocere studuit. Unde dux, postquam proterviam ejus, ut per se sine multorum detrimento corrigeretur, aliquandiu toleravit, contra perseverantem in nequitia ingentem exercitum movit, Ambreras oppidum ejus cepit, et Meduanam post diutinam obsidionem combussit. His itaque duobus castellis sibi subactis, Goisfredi contumaciam fregit, sibique ipsum, qui fortissimus Cenomannorum alios tumentes secum resistere suadebat, servire coegit. Quo superato, pene omnes illius complices et ad rebellandum fautores, terrore curvati sunt, et Willelmum principem, quem divina manus protegebat, timere, eique obsecundare coacti sunt. Ipse speciosam virginem Margaritam Stigando potenti viro de Mansione Odonis ad nutriendum commendavit; sed ipsa, priusquam nubiles annos attingeret, sæculi ludibriis erepta feliciter obiit, et Fiscanni, ubi monachile cœnobium Sanctæ et individuæ Trinitatis gloriose pollet, humata quiescit.

Eodem tempore Rodbertus de Waceio, filius Rodulphi filii Rodberti archiepiscopi, sine liberis mortuus est, et Willelmus dux cognatus ejus totam hæreditatem ejus in dominio suo nactus est. Tunc ipse terram Rodberti de Witot, qui propter occisionem Gisleberti comitis exsulabat, Goisfredo Mancello fratri vicecomitis Huberti dedit; a quo domnus Osbernus abbas S. Ebrulfi villam, quæ Ductus Ertu dicitur, et Trunchetum et Maisnil Roscelini emit. Hoc Willelmus dux concessit, et in charta confirmavit coram optimatibus Normanniæ, Willelmo Osberni filio, Richardo de Abrincis Turstini filio, Rogerio de Monte-Gomerici, et multis aliis in charta notatis.

Rodbertus vero de Witot post longum tempus duci reconciliatus est, et, honore suo recuperato, præfatam terram S. Ebrulfo calumniatus est. Sed non multo post bello Anglico, ubi et ipse in genu vulneratus est, peracto, lethiferam ægritudinem incurrit. Qui dum mortem sibi appropiare sensit, totam terram, quam ab ipso calumniatam esse jam diximus, bono animo fidelibus Dei pro redemptione animæ suæ concessit. Hoc autem apud Doveram coram Odone Bajocensi episcopo et Hugone de Grentemaisnilio, Hugone quoque de Monteforti et Hugone filio Fulcoldi, aliisque multis magnis et mediocribus S. Ebrulfo concessum est.

Deinde quia idem miles fere xi nepotes militiæ titulis feroces habuit, ipsis inter se sævientibus, vix unquam usque in præsentem diem hæreditas ejus in pace permanere potuit. Nam Matthiellus et Richardus frater ejus ac Nigellus atque Rualodus Brito Nigelli gener diversis temporibus successerunt, multasque malitias infortuniis comitantibus exercuerunt. Unusquisque eorum præfatam possessionem S. Ebrulfo calumniatus est; sed judicio Dei, qui Ecclesiam suam potenter ubique protegit, imminente, ab injusta calumnia cessare coactus est. Matthiellus enim, sub magno duce Willelmo, et Richardus, aliique calumniatores sub duce Rodberto, ejusque fratribus Willelmo Rufo et Henrico, Ecclesiam Dei rebus habitis spoliare cum multis minis conati sunt; sed, Rege regum suos adjuvante, quod nequiter optabant perpetrare nequiverunt.

Ernaldus de Escalfoio, Willelmi Geroiani filius, postquam de Apulia prospere remeavit, Willelmum ducem adiit, eique pretiosissimam pallam præsentavit, suamque ab ipso humiliter hæreditatem requisivit. Dux autem considerans nobilitatem viri et ingentem probitatem, recolensque suam contra Cenomannos et Britones, aliosque sibi resistentes proborum militum paucitatem, jam lenior effectus ei reatus indulsit, datisque induciis, patrimonium suum se illi redditurum spopondit, et usque ad statutum terminum per terram suam eundi et redeundi liberam securitatem concessit. Ernaldus itaque vana ducis promissione percepta lætatus est, sed frustra, ut paulo post dilucidatum est. Nam Mabilia Talavacii filia lethali veneno cibum et potum infecit, eumque dum de curia ducis in Galliam remearet, refici jussit; sed illi per quemdam amicum suum doli conscium tantum nefas innotuit. Unde dum apud Escalfoium ad quosdam amicos suos colloqueretur, a clientibus præfatæ mulieris ad convivium cum summa prece invitaretur, memor amici jussionis nullatenus acquievit, sed omnino cibum et potum, in quo lethum inesse metuebat, repudiavit. Verum Gislebertus, frater Rogerii de Monte-Gomerici, qui prædictum Ernaldum conducebat, utpote qui penitus doli nescius erat, scyphum accepit, super equum residens merum bibit, et veneno infectus apud Raimalastum (49) tertia die obiit. Sic perfida mulier dum mariti sui æmulum exstinguere putavit, mariti sui unicum fratrem, qui multa honestate in annis adolescentiæ et equestri probitate pollebat, occidit. Non multo post, dum primo conatu se delusam esse ingemuit, ad concupitum facinus perpetrandum alio nisu non minus ferali denuo insurrexit. Nam Rogerium militem cognomento Gulafram, qui Ernaldi cubicularius erat, precibus et promissis circumvenit, citoque fraudulentum satellitem nefariis votis inclinavit. Deinde

---

(49) Hodie : *Remalard (Orne)*.

pestiferas potiones hæc præparavit; ille autem Ernaldo domino suo et Geroio de Corbævilla atque Willelmo cognomento Goiet de Monte-Miralio propinavit. Sic una tabe tres proceres apud Corbævillam simul infecti sunt. Sed Geroius atque Willelmus, qui ad proprias domos delati sunt, ibique sui curam ad libitum suum exercere potuerunt, Deo effectum remediis medicorum præstante, convaluerunt. Porro Ernaldus, qui exsulabat, nec sui curam in extraneis penatibus sufficienter exercere poterat, aliquantis diebus ægrotavit, tandemque ingravescente morbo Kal. Januarii exspiravit. Hic pridie quam obiisset, dum solus in camera lecto decumberet, quemdam seniorem pulcherrimum, quem S. Nicolaum præsulem ratus est, manifeste, non in somniis vidit; a quo hujuscemodi mandata audivit : « De sanitate corporis tui, frater, sollicitus esse noli, quia cras sine dubio morieris; sed tuto nisu procura qualiter anima tua salvetur in examine justi et æterni judicis. » His dictis, senex repente disparuit, et æger mox Uticum misit, et ab ejusdem loci fratribus visitari rogavit. Illi autem Fulconem de Warlenvilla cito miserunt Corbævillam. Ibi namque præfatus miles cum Geroio ejusdem oppidi domino, cujus propinquus et amicus erat, exsulationis suæ tempore per triennium moratus fuerat, et inde per Corbonienses et Drocenses atque Morinos, aliosque quos in auxilium sui advocare potuerat, injuriam expulsionis suæ forti guerra vindicaverat. Illuc Fulcone confestim adveniente, æger valde gavisus est, et manifestata revelatione quam pridie viderat, sæculoque relicto cum benigna devotione animi monachus effectus est. Deinde peccata sua lugens et in Deo gaudens, eodem die mortuus est, et corpus ejus Uticum delatum est, ibique in claustro monachorum a domno abbate Osberno et a conventu S. Ebrulfi honorifice sepultum est.

Defuncto itaque Ernaldo, tota Geroianorum nobilitas pene corruit, nec ullus posterorum stemma priorum ex integro usque hodie adipisci potuit. Hic Emmam, Turstini cognomento Balduc filiam, uxorem duxerat, ex qua Willelmum et Rainaldum ac Petronillam atque Gevam, aliosque filios et filias habuerat. Qui patre, dum adhuc viridi juventa maxime floreret, in teneris annis destituti, et in externis domibus ut supra satis ostendimus constituti, coacti sunt inopias, pluresque injurias ab infantia perpeti. Mater ad Eudonem fratrem suum Normannici ducis dapiferum, qui in pago Constantino divitiis et potestate inter Normanniæ proceres eminebat, secessit, et tam apud illum quam apud alios amicos suos in viduitate pene xxx annis honeste vixit. Castitate et mansuetudine, aliisque bonis honestatibus laudabilis exstitit, ac ad ultimum prope finem suum sæculare schema reliquit, et a domno Rogerio abbate Sanctæ Trinitatis Exaquii sacrum velamen cum devotione accepit.

Willelmus de Excalfoio, primogenitus Ernaldi filius, ut annos adolescentiæ attigit, curiam Philippi regis Francorum adiit, regisque armiger factus, ei servivit donec ab eo arma militaria accepit. Deinde Apuliam, ubi parentes magnæ sublimitatis habebat, appetiit; a quibus amicabiliter retentus, per plurimas probitates multipliciter excrevit. Ibi nobilem de genere Langobardorum conjugem accepit, et possessionem triginta castellorum sub Rotberto comite Lorotelli, nepote scilicet Wiscardi, obtinuit. Ex secunda muliere multiplicem utriusque sexus sobolem recepit, et Normannorum oblitus, inter Winilos fere XL annis honorabiliter vixit.

Rainaldus autem, minimus filiorum Ernaldi, tribus mensibus ante patris obitum Osberno abbati traditus est, et in Uticensi ecclesia sub regulari disciplina diligenter educatus est, et a præfato abbate Benedictus dulcedinis gratia cognominatus est. Pater ejus, dum ipsum Deo ad monachatum obtulit, terram unius carrucæ apud S. Germanum in parochia Escalfoii S. Ebrulfo concessit; quam pro infortuniis quæ ipsum hæredesque ejus perpessos esse retulimus, ecclesia jamdudum perdidit. Præfatus puer quinquennis erat cum monachile jugum subiit, et LII annis sub quatuor abbatibus per adversa et prospera fortiter portavit. Eruditionem legendi et canendi et ipse affatim didicit, et aliis, postquam ad virile robur pervenit, sine fraudis litura gratis intimavit. Memoria vero narrandi quæ viderat vel audierat magnifice viguit, delectabilique relatu rerum, quas in divinis voluminibus seu peritorum assertionibus rimatus est, socios multoties lenivit. Mitibus et modestis, indoctisque neophytis affabilitate et obsequiis semper placere studuit; sed superbis et simulatoribus, novitatumque commentoribus audaci contradictione viriliter resistere decrevit. Bis in Apuliam permissu Rogerii abbatis propter utilitatem Uticensis ecclesiæ perrexit, ibique Willelmum fratrem suum, aliosque multos ex parentela sua, qui in extera regione divitiis abundabant, invenit. Cum Willelmo abbate S. Euphemiæ filio Unfridi de Telliolo fere tribus annis in Calabria mansit, et inde remeans prædicti abbatis, cujus ipse consobrinus erat, dono cappam ex alba purpura S. Ebrulfo detulit. Hic ab infantia monasticas observationes laudabiliter tenuit, divinoque cultui nocte dieque ferventer inhæsit. Psalmodiam tam infatigabiliter vidimus eum plerumque tenere, ut vix unus versiculus ab aliis in choro suo psalleretur ipso tacente. Sed sicut scriptum est : *Multæ tribulationes justorum* (*Psal.* VII, 20), hic multas adversitates perpessus est importunitate tumultuum interiorum et exteriorum. Nam quia rigidus et asper erat temerariis, atque adulari dedignabatur hypocritis, sæpe conturbatus est eorum infestationibus multimodis. Et quia oculus Dei omnia intuetur, subtilique judicio redarguit ea etiam quæ hominibus laudanda videntur, prædictum fratrem ab infantia infirmitate corporis corripuit, et huc usque, ut justus justificetur adhuc, membrorum debilitatem augmentare non desistit. Is enim in pueritia, quia immoderatus erat, et ad omne opus, ut reliquis fratribus fortior videretur, toto nisu insurgebat, ruptura intestinorum, dum terram gestaret, læsus est, ipsoque sibi non parcente, læsura eadem insanabilis effecta est. Denique jam per septem annos tam gravi oppressus est passione ut nec manum ad os nunc possit erigere, nec propria vi quodlibet officium sibi exhibere. Summe Deus, qui sanas contritos corde, clementer illius miserere, ipsumque ab omni expurgans scelere, ereptum de carnis molesto carcere, in æterna requie famulorum tuorum collegio insere!

Duæ Ernaldi filiæ post mortem patris et desolationem suorum optaverunt magis Deo placere modesta compositione morum quam sæculo subjacere corruptibili pulchritudine corporum. Unde virginitatem ambæ Deo dicaverunt, mundoque spreto, sanctimoniales effectæ sunt. Nam Petronilla in cœnobio S. Mariæ Andegavis velum suscepit, diuque secundum morem aliarum virginum diligenter sacrum ordinem servavit, ac deinde per x annos jam inclusa, fama sanctitatis et virtutis exemplo longe lateque multis innotescit. Porro Geva soror ejus in cœnobio S. Trinitatis, quod Mathildis regina apud Cadomum construxit, sub Beatrice abbatissa sacram seriem diu gerendo et docendo, sibi et aliis laudabiliter profecit. Hæc de fundatoribus Ecclesiæ nostræ, et eorum dicta sunt progenie.

XVI. *Guillelmus Normannorum comes seu marchio. Contentio inter Hugonem de Grentemaisnilio et Radulfum Medantensium comitem. Osberni abbatis mors.*

Nunc ad narrationem redeamus historiæ. Inclytus Normanniæ marchio Willelmus, contra Belvacenses, qui fines suos depopulari conabantur, castrum quod Novus-Mercatus dicitur, expulso pro quadam levi offensa Goisfredo naturali hærede, ad tuendum plurimis baronum suorum commendavit; sed vix ullus eorum propter infestantes Milliacos et Gerberritos, aliosque confines uno anno tutari potuit. Tandem magnanimus dux Hugoni de Grentemaisnilio, qui audaci probitate et dapsilitate præcipuus erat, consilio Rogerii de Monte-Gomerici, qui sibi nimis viciniæ fortitudini ejus invidebat, eique scandalum qualibet arte vel eventu præstruere cupiebat, prædictum oppidum cum Geroldo dapifero commendavit, et medietatem dedit. At ille tuitionem præfatæ munitionis gratanter suscepit, Deoque juvante, intra unum annum duos Belvacensium maximos optimates cepit, conterritisque reliquis hostibus, totam regionem in illo climate pacificavit.

Novo-Mercato quatuor canonici ecclesiam S. Petri apostoli possidebant, sed Dei cultum negligenter agebant, vitamque suam multum sæculariter ducebant. Unde magnanimus Hugo medietatem, quæ sibi competebat, ecclesiæ, monachis S. Ebrulfi concessit tali tenore ut, dum morte vel alio quolibet casu canonici deficerent, monachi succederent. Quod et ita factum est. Nam duobus canonicis, qui in parte Hugonis erant, inde discedentibus, monachi successerunt, et ecclesiæ medietatem usque hodie possederunt; ibique Rotbertus Calvus et Radulfus de Rosseria necnon Joannes de Belnaio, aliique probi modo habitaverunt.

Quodam tempore inter sæpe nominatum Hugonem et Radulfum comitem Medantensium, Philippi regis Francorum vitricum, gravis seditio exorta est, cumque Hugo cum prædicto consule audacter congressus est, quia militum impar ei numerus erat, fugere compulsus est. In hac fuga Richardus de Heldrici-Corte, nobilis miles de pago Vilcassino, vulneratus est. Nam dum vadum Eptæ fluminis equo velociter fugiens ingressus est, persequentis militis lancea super equum a tergo acerrime percussus est. Qui mox ad Novum-Mercatum delatus est a commilitonibus suis; morique metuens, consilio Hugonis, in cujus familia servierat in armis, devovit amodo se militaturum sub monachili norma virtutum exercitiis. Uticenses ergo monachos accersiit, et Osberni abbatis magisterio se mancipavit. Postea, donante Deo, qui peccatores diversis occasionibus de baratbro perditionis retrahit, Richardus aliquantulum, non tamen ex integro, convaluit, et fere vii annis in ordine fervidus vixit, atque pluribus modis Ecclesiæ profecit. Hic etenim patrimonium suum, quod in pago Vilcassino possederat, quia uxorem et liberos non habuerat, post vulneris læsionem Sancto Ebrulfo sponte secum contulit, et a Fulcone patruo suo atque Herberto Pincerna, qui capitalis dominus erat, aliisque parentibus suis integram hujus rei concessionem obtinuit. Ipse nimirum, quamvis plaga ejus nunquam clausa esset, et inde sanies, quantum testa ovi anseris capere posset, ut refertur ab his qui viderunt, quotidie deflueret, conventum ordinate sequi ardenter studebat, et ministeria, quæ ordini competebant, alacriter exhibebat. Eundo vel equitando quo sibi jubebatur ibat, et ecclesiasticis utilitatibus pro posse suo verbis et actionibus instanter deserviebat. Hunc nimirum Osbernus abbas plus aliis diligebat, et in ipso valde velut in suo proprio confidebat. Unde ad novam basilicam, quam inchoare disponebat, curam et impensas, magisteriumque latomorum ei commendabat.

Præfatus pater, hujus Richardi precibus et hortatu, Franciam adiit, et Rodbertum eloquentem ac Herbertum de Serranz et Fulcoium de Caldreio, aliosque milites et plebeios Vilcassinenses ad sui notitiam dulci colloquio invitavit, fundumque Heldrici-Cortis, præfatis proceribus et vicinis annuentibus et congaudentibus, in dominium S. Ebrulfi recepit. Inde rediens in lectum decidit. Post aliquot dies, morbo ingravescente, in capitulum deductus venit, et epistolam, quam Alexandro papæ misisse eumdem supra diximus, palam recitari jussit. Quod ita factum est ut cunctis manifestum fieret quod ipse abbatiam Rodberto abbati non subripuisset, sed invitus ac violentia coactus regimen suscepisset. Denique fratres hortatu corroboravit, ac ut sibi errata indulgerent, suique memores essent, obsecravit. Sicque data confessione, ac sacrosancta Dominici corporis percepta communione, postquam moderamen Uticensis ecclesiæ quinque annis et tribus mensibus tenuit, vi Kal. Junii [1066] inter manus fratrum litanias pro eo pie canentium obiit. In crastinum vero Vitalis Bernaicensium abbas ad tumulandum amicum suum accessit, et in claustro cœnobiali juxta ecclesiam S. Petri apostolorum principis sepelivit; unde Mainerius successor ejus ipsum post annos xvii cum ossibus Witmundi socii sui in capitulum novum transtulit.

XVII. *Cometes. Eventus in Anglia. Heraldi usurpatio. Guillelmus Normannorum marchio ad transfretandum in Angliam se parat.*

Anno ab Incarnatione Domini 1066, indictione iv, mense Aprili, fere xv diebus a parte Circii apparuit stella quæ cometes dicitur, qua, ut perspicaces astrologi, qui secreta physicæ subtiliter rimati sunt, asseverant, mutatio regni designatur. Eduardus enim, rex Anglorum, Edelredi regis ex Emma Richardi senioris Normannorum ducis filia filius, paulo ante obierat, et Heraldus, Goduini comitis filius, regnum Anglorum usurpaverat, jamque tribus mensibus ad multorum detrimentum perjurio et crudelitate, aliisque nequitiis pollutus tenuerat. Injusta nempe invasio nimiam inter quasdam gentes dissensionem commovit, multisque matribus filiorum et conjugibus maritorum necem et luctum peperit. Eduardus nimirum propinquo suo Willelmo duci Normannorum primo per Rodbertum Cantuariorum summum pontificem, postea per eumdem Heraldum, integram Anglici regni mandaverat concessionem, ipsumque concedentibus Anglis fecerat totius juris sui hæredem. Denique ipse Heraldus apud Rothomagum Willelmo duci, coram optimatibus Normanniæ, sacramentum fecerat; et homo ejus factus, omnia quæ ab illo requisita fuerant super sanctissimas reliquias juraverat. Tunc etiam dux eumdem Heraldum in expeditione secum contra Conanum comitem Britonum duxerat, armisque fulgentibus et equis, aliisque insigniis cum commilitonibus suis spectabiliter ornaverat. Erat enim idem Anglus magnitudine et elegantia, viribusque corporis, animique audacia et linguæ facundia, multisque facetiis et probitatibus admirabilis. Sed quid ei tanta dona sine fide, quæ bonorum omnium fundamentum est, contulerunt? In patriam nempe suam ut regressus est, pro cupiditate regni Domino suo fidem mentitus est. Nam regem Eduardum, qui, morbo ingravescente, jam morti proximus erat, circumvenit, eique transfretationis suæ et profectionis in Normanniam ac legationis seriem retulit. Deinde fraudulentis assertionibus adjecit quod Willelmus Normanniæ sibi filiam suam in conjugium dederit, et totius Anglici regni jus utpote genero suo concesserit. Quod audiens ægrotus princeps miratus est, tamen credidit et concessit quod vafer tyrannus commentatus est.

Post aliquot temporis piæ memoriæ rex Eduardus, xxiv anno regni sui, Nonas Januarii Lundoniæ defunctus est, et in novo monasterio, quod ipse in occidentali parte urbis condiderat, et tunc præcedenti septimana dedicari fecerat, prope altare quod beatus Petrus apostolus tempore Melliti episcopi cum ostensione signorum consecraverat, sepultus est. Tunc Heraldus ipso tumulationis die, dum plebs in exsequiis dilecti regis adhuc maderet fletibus, a solo Stigando archiepiscopo, quem Romanus papa suspenderat a divinis officiis pro quibusdam criminibus, sine communi consensu aliorum præsulum et comitum procerumque consecratus, furtim præripuit diadematis et purpuræ decus. Audientes autem Angli temerariam invasionem quam Heraldus fecerat, irati sunt, et potentiorum nonnulli fortiter obsistere parati a subjectione ejus omnino abstinuerunt. Alii vero nescientes qualiter tyrannidem ejus, quæ jam super eos nimis excreverat, evaderent, et econtra considerantes quod nec illum dejicere, nec alium regem ipso regnante ad utilitatem regni substituere valerent, colla ejus jugo submiserunt, viresque facinori, quod inchoaverat, auxerunt. Mox ipse regnum, quod nequiter invaserat, horrendis sceleribus maculavit.

Edwinus vero et Morcarus comites, filii Algari præcipui consulis, Heraldo familiaritate adhæserunt, eumque juvare toto conamine nisi sunt, eo quod ipse Edgivam, sororem eorum, uxorem habebat, quæ prius Gritfridi fortissimi regis Guallorum conjux fuerat, eique Blidenum regni successorem, et filiam nomine Nest pepererat. Tunc Tosticus Goduini comitis filius, advertens Heraldi fratris sui prævalere facinus, et regnum Angliæ variis gravari oppressionibus, ægre tulit, contradixit, et aperte repugnare decrevit. Unde Heraldus patris consulatum, quem Tosticus, quia major natu erat, longo tempore sub Eduardo rege jam tenuerat, ei violenter abstulit, ipsumque exsulare compulit. Exsul igitur Tosticus Flandriam expetiit, ibique socero suo Balduino Flandrensium satrapæ Judith uxorem suam commendavit, deinde festinus Normanniam adiit, et Willelmum ducem, cur perjurum suum regnare sineret, fortiter redarguit, seque fideliter, si ipse cum Normannicis viribus in Angliam transfretaret, regni decus obtenturum illi spopondit. Ipsi nempe jamdudum se invicem multum amaverant, duasque sorores, per quas amicitia sæpe recalescebat, in conjugio habebant. Willelmus autem dux advenientem amicum cum gaudio suscepit, amicabili redargutioni ejus gratias egit, ejusque exhortationibus animatus Normanniæ proceres convocavit, et de tanto talique negotio quid agendum esset, palam consuluit.

Eo tempore Normannia præclare vigebat sapientibus ecclesiarum prælatis et optimatibus. Nam sacer Maurilius, ex monacho metropolitanus, præsidebat episcopus cathedræ Rothomagensi, et Odo Willelmi ducis uterinus frater Bajocensi, Hugo frater Rodberti Aucensis comitis Lexoviensi et Willelmus Ebroicensi, Goisfredus Constantiniensi, et Joannes filius Radulfi Bajocarum comitis Abrincatensi, atque Ivo Belesmensis Willelmi filius Sagiensi. Omnes hi pollebant et excellentia præclare generositatis et claritudine religionis, multimodæque probitatis.

Personæ nihilominus laici ordinis præeminebant : Richardus comes Ebroicensis, Rodberti archiepiscopi filius ; Rodbertus comes, Willelmi Aucensis satrapæ filius ; Rodbertus comes Moritoliensis, Willelmi ducis uterinus frater ; Rodulphus de Conchis Rogerii Toenitis filius, Normannorum signifer ; Willelmus Osberni filius, ducis cognatus et dapifer ; Willelmus de Warenna et Hugo Pincerna ; Hugo de Grentemaisnilio et Rogerius de Molbraio ; Rogerius de Bello Monte et Rogerius de Monté-Gomerici ; Balduinus et Richardus Gisleberti comitis filii, et alii plures militari stemmate feroces, sensuque sagaci consilioque potentes, qui Romano senatui virtute seu maturitate non cederent, sed ad laborem tolerandum, hostemque tam ingenio quam fortitudine vincendum, æquiparari studerent.

Omnes hi ad commune decretum jussu ducis acciti sunt, et audita re tam grandi, utpote diversi diversa senserunt. Animosiores cupido duci favere volentes, ad certamen ire socios incitabant, tantumque negotium sine mora incipere laudabant. Alii vero laboriosum opus inire dissuadebant, nimiumque ausis et in necem præcipitibus multa importuna et discrimine plena prætendebant, pericula maris et difficultatem classis opponebant, Normannorumque paucitatem non posse vincere Anglorum multitudinem asserebant. Tandem Gislebertum Lexoviensem archidiaconum Romam misit, et de his quæ acciderant, ab Alexandro papa consilium requisivit. Papa vero, auditis rebus quæ contigerant, legitimo duci favit, audacter arma sumere contra perjurum præcepit, et vexillum Sancti Petri apostoli, cujus meritis ab omni periculo defenderetur, transmisit.

Interea Tosticus in Angliam remeandi licentiam a duce accepit, eique auxilium suum tam per se quam per omnes amicos suos firmiter spopondit. Sed, sicut scriptum est : « Homo cogitat, Deus ordinat, » evenit multo aliter quam sperabat. Nam de Constantino pelago intravit, sed Angliam attingere nullatenus potuit. Heraldus enim mare navium militumque copia munierat, ne quis hostium sine gravi conflictu introiret in regnum quod fraudulenter invaserat. Tosticus itaque magnis undique premebatur angustiis ; utpote qui nec Angliam per bellum cum paucis contra innumeros invadere, nec Normanniam propter contrarietatem ventorum poterat repetere. Unde Zephyro, Notoque, aliisque ventis alternatim impellentibus angores multos pertulit, et per æquora vagabundus discrimina plura metuit ; donec tandem post plurimos labores ad Heraldum regem Nortwigenarum, qui Harafagh cognominabatur, accessit. Cui, cum ab eo honorifice susceptus fuisset, videns quod promissa, quæ Willelmo duci fecerat, complere non posset, mutata intentione ait : « Sublimitatem vestram, magnifice rex, supplex adeo, et me servitiumque meum majestati vestræ fideliter offero, ut possim restitui per vestrum suffragium honori ex paterna successione debito. Nam Heraldus frater meus, qui jure mihi, utpote primogenito, debuisset parere, fraudulenter insurrexit contra me, et regnum Angliæ perjuriis præsumpsit usurpare. Unde a vobis, quos viribus et armis, omnique probitate præcipue vigere cognosco, viriliter adjuvari, utpote homo vester, exposco. Proterviam perfidi fratris bello proterite, medietatem Angliæ vobis retinete, aliamque mihi, qui vobis inde fideliter serviam, dum advixero, obtinete. »

His auditis, avidus rex valde gavisus est. Deinde jussit exercitum aggregari, bellica instrumenta præparari, et regiam classem per sex menses diligenter in omnibus aptari. Erroneus exsul ad tantum laborem tyrannum excivit, eumque callida tergiversatione taliter illexit, ne ab eo quasi explorator regni sui caperetur, sed ut per eum quoquomodo injuriam expulsionis suæ de malefido fratre ulcisceretur.

Nihilominus Normannorum marchio parabat suam profectionem, nescius infortunii quod præoccupaverat suum præcursorem, et extra statutum cursum longe propularet ad septentrionem. In Neustria multæ naves cum utensilibus suis diligenter paratæ sunt ; quibus fabricandis clerici et laici studiis et sumptibus adhibitis pariter intenderunt. Exactione principali de Normannia numerosi bellatores acciti sunt. Rumoribus quoque viri pugnaces de vicinis regionibus exciti convenerunt, et bellicis instrumentis ad præliandum sese præparaverunt. Galli namque et Britones, Pictavini et Burgundiones, aliique populi Cisalpini ad bellum transmarinum convolarunt, et Anglicæ prædæ inhiantes variis eventibus et periculis terræ marique sese obtulerunt.

XVIII. *Sequitur Uticensis historia. Iterum de morte Osberni. Mainerii abbatis electio.*

Dum hæc patrarentur, Osbernus, abbas Uticensis, ut supra retulimus, obiit ; et monachilis conventus de substituendo successore ducem, antequam transfretaret, requisivit. At ille apud Bonam-Villam inde cum proceribus suis consilium tenuit. Denique hortatu Hugonis episcopi, aliorumque sapientum, Mainerium priorem elegit, eique per pastoralem baculum exteriorem curam tradidit, et prædicto antistiti, ut ea quæ sibi de spirituali cura competebant suppleret, præcepit. Ille vero libenter omnia complevit.

Eodem die, dux domnum Lanfrancum Beccensium priorem coram se adesse imperavit, eique abbatiam, quam ipse dux in honore S. Stephani protomartyris apud Cadomum honorabiliter fundaverat, commendavit. Lanfrancus itaque primus Cadomensium abbas factus est, sed paulo post ad Cantuariensem archiepiscopatum promotus est. Erat idem natione Langobardus, liberalium artium eruditione affluenter imbutus, benignitate, largitate et omni religione præditus, eleemosynis aliisque bonis studiis multipliciter intentus. Hic nimirum a die, quo primitus apud Bonam-Villam, ut prælibavimus, ecclesiæ regimen suscepit, XXII annis et IX mensibus multis in domo Dei fidelibus proficiens nobiliter claruit.

Venerandus Hugo episcopus magnanimum Dei clientem Mainerium jussu ducis Uticum adduxit, eumque secundum statuta canonum ante altare Sancti Petri apostoli XVII Kal. Augusti benedixit. Ille autem, suscepto nomine abbatis et onere, laudabiliter vixit, et susceptum regimen XXII annis et VII mensibus utiliter tenuit, multisque modis monasterium sibi commissum intus et exterius, juvante Deo, emendavit. Fratres autem benigniter sedavit solertia et ratione, qui aliquantulum turbati fuerant in ejus electione. Duos enim monachos, qui religione, geminaque scientia pollebant, Rainaldum scilicet de Rupe, et Fulconem de Warlenvilla ad sui regimen elegerant, ideoque ab eo, qui per pontificem et vicinos sine illorum consensu præferebatur, non modicum desciverant. Sæpe in hujusmodi negotio per deteriores oriri solet turbatio. Nam dum improbi suam violenter præponere sententiam nituntur, regularis ordo, saniusque consilium multoties impediuntur. Omnipotens vero Deus Ecclesiam suam in omni pressura potenter protegit, et errantes corrigit, ac necessarium solamen sicut vult et per quos vult clementer porrigit. Ejus itaque providentia præfatum Mainerium (ut postea liquido patuit) ad gubernandum Uticense cœnobium, quod in sterili rure inter nequissimos compatriotas situm erat, promovit. Erat enim de contiguo castello, quod dicitur Escalfoium, oriundus, grammatica, dialectica et rhetorica affatim imbutus, ad resecanda vitia soliers et severus, ad inserendas et intimandas fratribus virtutes fervidus. Observator monastici ordinis assiduus, commissis sibi viam vitæ monstrabat verbis et operibus, multorumque ad operandum in vinea Domini Sabaoth incitator factus est et prævius, comesque sollicitus.

Hic cœpit novam basilicam in honore sanctæ Mariæ matris Domini et sancti Petri apostoli ac sancti confessoris Ebrulfi, ibique septem altaria sunt in honore sanctorum consecrata divinæ majestati. Vetus enim ecclesia, quam S. Ebrulfus, Hilperico et nepote ejus Hildeberto sceptra Francorum gestantibus, apostolorum principi construxerat, antiquitate magna ex parte diruta erit, nec conventui monachorum, qui quotidie augebatur, sufficiebat. Porro ædificium de lapidibus apud Uticum condere valde laboriosum est, qui lapidicina Merulensis, unde quadrati lapides advehuntur, ad sex milliaria longe est. Maxima ergo in colligendis equis et bobus et plaustris difficultas instabat procuratoribus per quos congeries lapidum, alliique ad tantum opus agebantur necessarii apparatus. Præfatus itaque abbas omni tempore regiminis sui non quievit, sed multarum rerum sollicitudine anxius subjectis et posteris affatim profecit. Ecclesiam namque claram et amplam, Deique servitium libere celebrantibus aptam, claustrum et capitulum, dormitorium et refectorium, coquinam et cellarium, aliasque officinas competentes usibus monachorum, auxiliante Deo, perfecit, cum subsidio et largitione fratrum et amicorum. Lanfrancus enim archiepiscopus, dum dedicationi Cadomensis ecclesiæ anno scilicet duodecimo post Anglicum bellum [ann. 1077.] interfuit, Mainerio abbati XLIV libras Anglicæ monetæ et duos auri marcos erogavit, et postmodum de Cantia per domnum Rogerium de Sappo, qui sibi pro scientia litterarum notus et amicus erat, XL libras sterilensium misit. His igitur datis, ecclesiæ turris erecta est et monachile dormitorium constructum est. Mathildis vero regina pretiosam infulam dedit, et cappam ad Dei servitium, et centum libras Rodomensium ad agendum tricorium. Willelmus autem de Ros, Bajocensis clericus qui in eadem ecclesia triplici erat honore præditus (erat enim cantor et decanus et archidiaconus), XL libras sterilensium dedit Uticentibus. Qui non multo post sæculi pompas sponte relinquens, Cadomensis monachus factus est, et inde, priusquam unum annum in monachatu perficeret, ad Fiscannensis cœnobii regimen assumptus est. Nomen ejus pro multis beneficiis, quæ Uticensibus contulit, in rotulo generali scriptum est, et pro ipso missas et orationes et eleemosynas sicut pro monacho professo prorsus agi statutum est. Plurimis itaque fautoribus novæ basilicæ fabrica sublimata est, et incœptum opus tam ecclesiæ quam domorum honorabiliter consummatum est.

Tempore regiminis Mainerii abbatis XC monachi diversæ qualitatis et conditionis, quorum nomina conscripta sunt in volumine generalis descriptionis, sæcularem habitum in Uticensi schola reliquerunt, et instinctu laudabilique bonorum exemplo per arduum iter ire aggressi sunt. Ex ipsis quidam, ipso patre adhuc vivente, præmium bonæ conversationis obtinuerunt, aliique in sancto proposito diu permanserunt, longamque militiam viriliter exercuerunt, Deoque devotione placere, et hominibus bonorum operum exhibitione prodesse studuerunt. Nonnulli vero nobilitate pollentes monasterio suo in multis subvenerunt, et a parentibus suis vel notis vel amicis decimas et ecclesias, et ornamenta ecclesiastica utilitati fratrum obtinuerunt. Singillatim omnia, quæ domui suæ singuli contulerunt, omnino describere nequeo; sed tamen aliqua, prout competentem referendi facultatem videro, juvante Deo, veraciter intimare pro communi commodo posteritati cupio.

Primus itaque monachorum Rogerius de Altaripa jussu præfati abbatis in pagum Vilcassinum perrexit, et Heldrici Cortem, quem, sicut supra retulimus, Richardus vulneratus Sancto Ebrulfo dederat, possedit, terramque incultam et pene vacuam cultoribus invenit. Unde in primis ibidem construxit oratorium de virgultis in honore S. Nicolai Myrreorum præsulis, ideoque vicus, qui nunc ibidem consistit, capella S. Nicolai usque hodie nuncupatur ab incolis. Frequenter contigit, sicut ipse nobis referre solebat, quod nocturnis temporibus, dum in capella virgea matutinos cantabat, lupus econtra deforis stabat, et quasi psallenti murmurando respondebat. Venerabilis itaque vir divinitus adjutus Herbertum pincernam amoris glutino sibi adjunxit, qui post mortem Herberti cognati sui, fratris videlicet Richardi vulnerati, medietatem feudi ejus Sancto Ebrulfo concessit. Ibi Rogerius laborans benevoli juvamine patroni locum ipsum, qui diu antea propter guerram et alia infortunia desertus fuerat, excoluit, ibique Rogerius de Sappo post aliquot annos prædicto seniori succedens, ecclesiam de lapidibus ædificare cœpit. Præfatus enim miles in toto Vilcassino multum vigebat, opibusque et filiis validisque parentibus et affinibus ampliatus, pene omnibus vicinis suis eminebat. Uxor ei erat nomine Rollandis, filia Odonis de Calvimonte, quæ peperit ei Godefridum et Petrum, Joannemque et Walonem, et filias plures, ex quibus orta est copia magna nepotum. Omnes isti, pater scilicet et prædicti fratres, milites fuerunt magnæ probitatis, et, quantum exterius patuit, erga Deum et homines probatæ legalitatis. Mulier vero supradicta omni vita sua fuit eximiæ honestatis, et adhuc superstes est, viro liberisque de mundo jamdudum sublatis. Horum benignitate et suffragio capella B. Nicolai præsulis instaurata est et habilis habitatio monachorum, qui regulariter vivunt et pacem amant, usque hodie facta est.

Eodem tempore Fulcoius, Radulphi de Caldreio filius, venerabilem Rogerium pro multimoda bonitate, qua vigebat, multum adamavit, filiumque suum ad levandum de sacro baptismatis fonte benigniter ei obtulit, quem ille gratanter suscepit. Deinde cognitione et dilectione paulatim crescente in illis, Fulcoius compatri suo concessit ecclesiam S. Martini de Parnis, ad quam parochia statutis diebus congregabatur de septem adjacentibus vicis, ut vota sua Deo redderent, et laudes et præcepta Dei, ut decet, audirent. At ille Mainerium abbatem accersiit. Postquam autem præfatus pater Parnas advenit, Fulcoius, annuente Wascelino fratre suo, Sancto Ebrulfo ecclesiam concessit et omnes consuetudines ad ipsam ecclesiam pertinentes, et in eadem villa terram unius aratri et decimam carrucæ suæ et duarum possessiones domorum et unum molendinum, quod Tollens-Viam nuncupabatur. Archidiaconatum quoque, quem in feudo ab antecessoribus suis de archiepiscopo Rothomagensi tenebat, monachis dedit, et dominatum omnium hospitum, qui Parnis degebant, ita monachis concessit ut, si eisdem forisfacerent, non eos per domos eorum sed per alium fiscum castigaret. Parnenses autem exsultabant eo quod monachis subderentur, sperantes ut eorum patrocinio contra collimitaneos Normannos tutarentur, quorum infestationibus frequenter vexabantur. Succedenti quoque tempore, dum Goisbertus medicus haberet prioratum, Fulcoius ut nova basilica inchoaretur, totum dedit cœmeterium. Tunc fundamentum novi operis incœptum est, quod opus plurimis impedimentis per XXXIV annos incumbentibus, nondum consummatum est. Præfatus enim miles erat fortis et magnanimus et ad omnia quæ cupiebat fervidus, ad iram velox et in militaribus exercitiis ferox. Promptus erat aliena procaciter rapere et sua imprudenter distrahere, ut mereretur frivolam dapsilitatis laudem habere. Hic habuit conjugem nomine Itam, filiam Heremari de Pontesia, quæ peperit ei Walterium et Mainerium, Hugonem et Gervasium, Hermarum et Fulcoium, et filiam nomine Luxoviam. Mainerius et Fulcoius a pueritia monachili norma constricti sunt; alii vero quatuor militari licentia perfuncti sunt.

Fulcoius monachus, quia, sicut jam dixi, moribus instabilis erat, aliquando multum diligebat, et contra omnes adversantes obnixe muniebat, nonnunquam vero ipse graviter opprimebat. Parnis senex Rogerius et Goisbertus medicus, Rodbertus Calvus et Haimericus, Joannes et Isembardus, aliique plures in monachatu Deo famulati sunt; ex quibus Bernardus, cognomento Michael, et Rainaldus, Theodoricus et Walterius Calvus, et Willelmus Cadomensis, qui Alexander est cognominatus, in magna religione vixerunt, ibique finem vitæ sortiti venerabiliter tumulati sunt. Hæc omnia quæ Fulcoius dederat, monachis concessit Rodbertus Eloquens de Calvimonte, qui capitalis dominus erat. Non multo post idem, dum prædam de terra Sancti Audoeni violenter educeret, de equo armatus cecidit, galeaque humo fixa, colloque fracto miserabiliter obiit; cujus cadaver apud Alliarias Mainerius abbas in capitulo Flaviacensium fratrum ibidem degentium sepelivit. Tunc filii ejus Otmundus de Calvimonte et Wazeo de Pexeio et Rotbertus Belvacensis concesserunt Sancto Ebrulfo omnia quæ supra retulimus data esse ab antecessoribus eorum vel concessa.

XIX. *De beato Judoco, filio Juthail, Britonum regis.*

Ecclesia itaque de Parnis Uticensibus monachis commissa est, quæ in honore S. Martini Turonensis metropolitæ antiquitus constructa est, ubi corpus sancti Judoci confessoris Christi jamdiu reverenter servatum est.

Quis vel unde fuerit iste, breviter inseram huic relationi nostræ, veraciter hauriendo quædam de volumine scripto de sancta ejus conversatione.

Beatus Judocus, Juthail regis Britonum filius, et

frater Judicail regis, dum ad regnum petebatur, relictis litteris quas apud Lanmailmon discebat, cum xi peregrinis Romam euntibus peregre profectus est. Haimo autem Pontivi dux obiter eum, quem nobilem noverat, detinuit, sibique capellanum presbyterum ordinari fecit. Post annos vero septem Judocus in eremo Braic ad rivum Alteiæ octo annis Deo servivit, ubi aves diversi generis et pisciculos manu sua velut mansueta pecora pascebat. Pro uno pane, quem solum habuerat, et quatuor pauperibus, murmurante Vulmaro ministro ejus, divisecat, quatuor naviculas copia cibi et potus onustas per Alteiæ rivos tractas a Deo recepit. Deinde Runiaco super flumen Quantiam oratorium sancto Martino construxit, ibique xiv annis habitavit. Aquila xi gallinas ei rapuit; denique cum gallum rapuisset, vir Dei signum crucis cum prece dedit. Mox aquila rediit, gallum incolumem exposuit, et continuo exspiravit. Quondam dum Judocus cum duce Haimone in densa silva habitationem sibi congruam quæreret, et dux venatu fessus, nimiaque siti æstuans dormiret, vir Dei baculum quo utebatur humi defixit, et precibus ad Deum fusis, fontem eduxit. Quem ægri illuc venientes venerantur, et inde bibentes cito sanantur. Servus Dei duo manibus suis in silva ex lignis oratorio construxit. Unum eorum fecit Petro cœli clavigero, et aliud magniloquo Paulo. Postea Romam perrexit, et inde multas sanctorum reliquias detulit. Juliula puella a nativitate cæca per visum monita est ut faciem suam ex aqua unde Judocus manus suas ablueret, lavaret. Quod ut fecit, visum recepit. Hoc dum vir Dei Roma rediret actum est, et crux lignea ibi posita est; unde locus ipse Crux dictus est.

Interea, dum Judocus Romam perrexisset, Haimo dux lapideam in eremo ecclesiam construxit, quam post reditum hominis Dei in honore beati Martini dedicari fecit, et pro dote quamdam villam proprietatis suæ cum omnibus appendiciis ad eam pertinentibus dedit. Ibi fidelis athleta Dei Judocus diu Deo militavit, et sanctæ vitæ cursu feliciter consummato, Idus Decembris ad Christum migravit.

Duo nepotes ejus, Winnochus et Arnochus, ibidem ei successerunt, et sanctum corpus, quod diu incorruptum mansit, frequenter aqua lavare et condire consueverunt. Drochtricus dux Haimonis successor hoc audivit, sed credere dubitavit. Hoc igitur procaciter explorare volens, vi sacrum sepulcrum aperiri fecit, et intus irreverenter intuitus et mox exterritus ait: « Ah! sancte Judoce! » Statim surdus et mutus factus est, et usque ad mortem omni corpore debilitatus est. Uxor autem ejus infortunio viri territa ad Deum ingemuit, et pro salvatione animæ duas villas Crispiniacum et Netrevillam sancto Judoco dedit. Hæc itaque tempore Dagoberti filii Lotharii Magni, regis Francorum, gesta sunt.

Floriacensis Isembardus Herboldo abbati, instigante Adelelmo monacho, describit quod anno ab Incarnatione Domini 977, tempore Lotharii filii Ludovici regis Francorum, corpus sancti Judoci sic inventum sit. Rusticus quidam nomine Stephanus, qui ex officio molendini victum quæritabat, in somnis a quodam clari habitus viro admonitus, ad locum sancti Judoci venit, et, relicta uxore cum filiis, clericus factus est. Corpus vero sancti Judoci, quod tunc a cunctis mortalibus ubi esset ignorabatur, ut per visum instigatus fuerat, intra ecclesiam quærere cœpit, et insinuante Pridiano Sigemano, ad dexteram altaris S. Martini sarcophagum invenit. Cunctis inde gaudentibus et Deo laudes canentibus, defossum est cum sancto corpore mausoleum et a terra sublatum. Hoc fama passim divulgat, copiosa plebs undique properat ut sancti corporis levationem videat, et ei vota cum muneribus offerat. Multa ibidem facta sunt miracula, et multarum curata sunt infirmitatum genera. Tandem viii. Kal. Augusti corpus sancti Judoci veneranter positum est super altare Sancti Martini.

Ipso anno ibidem monasterium a fundamentis cœptum est, et monasticus ordo reparari cœptus est, et reverendus abbas Sigebrandus constitutus est. Quadam nocte, dum corpus S. Judoci servaretur in ecclesia S. Petri, vii cerei ante reliquias erant, quorum unus tantum ab ædituo incensus erat; reliqui vero sex, custodibus dormientibus, cœlitus accensi sunt.

Sic alia vice in ecclesia sua corpus S. Judoci erat; præsente Sigemano lumen, quod vi ventorum et inundatione pluviarum exstinctum erat, divinitus illuminatum est.

Dominico, dum Pridianus missam solemniter celebrabat, quidam vassus Hilduini comitis nomine Guarembertus mala voluntate plenus erat, cupiens de rebus sancti quæ vellet violenter auferre, et, Sigemano depulso, alterum suis moribus consentientem subrogare. Cum ergo in Evangelio legitur: *Utquid cogitatis mala in cordibus vestris (Matth. ix, 4)?* cœpit miser alte vociferari, invisibiliter percussus; tertio vexatus, divinitus tandem impulsus corruit, et sanguinis coagulum ab ore evomuit. Post missam, jussu Sigemani æditui foras asportatus est, et in crastinum meritis sancti Judoci sanam mentem recepit. Hoc tempore Hugonis Magni contigit.

Eadem die, Ostrehildis mulier quædam egredi post missam de basilica conabatur, sed ita in limine januæ pedum ejus plantæ hæserunt ut nullatenus a quoquam divelli posset, et nil mali, nisi quod a genibus usque plantam pedis nimium frigus sentiebat. In crastino se Deo et sancto Judoco ancillam devovit, statimque sanata pie vota complevit.

A veracibus viris Adelelmo et Richerio monacho narratur quod, dum a Stephano reliquiæ sancti Judoci pro constructione basilicæ ad monasterium S. Richarii deferrentur, inclyta Bertsendis jam nubilis filia Alsindis passione renum usque ad pedes per biennium est prægravata, ita ut nusquam ire nec etiam movere sine bajulo sese posset. Fusa vero prece cum fide a matre et filia ante reliquias sancti confessoris, ægra sanata est, et mater, visa filiæ sospitate, admodum gavisa est et pallium pretiosum veloci archiatro largita est.

Rodbertus quidam, dum meridie solus iter faceret, viso spiritu erroris in specie hominis penitus cæcatus est. Qui post longum tempus sanctum Judocum expetiit, et se coram Widone abbate servum contradidit; inundante ab oculis ejus sanguine ipso die lumen recepit, et ad vesperas monachos in scamnis residentes se vidisse palam asseruit.

Gunzso Lothariensis presbyter per vii ferre annos dira manuum et pedum infirmitate debilitatus est; quem in visu quidam Judocum medicum in Pontivo requirere monuit. Ille vero confestim jussis paruit. Dominico, hora fere tertia, basilicam intravit, prostratus oravit, pavimentum lacrymis humectavit, et peractis precibus incolumis surrexit. Deinde gaudens mox missam cecinit, et populo salvationis suæ seriem cum gratiarum actione veraciter retulit.

Lothariensis Wandelmarus dextrum oculum infirmitate amisit, et amicorum persuasu beatum Judocum adire decrevit. Sed recti callis ignarus, forte cum socio ad fontem devenit quem Judocus adhuc vivens meritis suis produxit. Wandelmarus itaque fontem limpidissimum vidit, socium detinuit, ibi resedit, manus faciemque de fontis aqua abluit, et subito lumen amissum recepit. Sanatus deinde ad monasterium gaudenter perrexit, et, gaudentibus amicis, Deo gratias egit.

Duo dæmoniaci nomine Maginardi ad tumbam sancti Judoci mundati sunt, et diu postea sani in sæculo vixerunt.

Sieburgis, uxor Bertranni clarissimi viri, per x continuos menses fluxum sanguinis e naribus patiebatur; quæ ab amicis, ut sanaretur, ad ædem Sancti Judoci perducta est. Ibi oravit, sed non statim sanata est, ideoque basilicam egressa, multas querelas locuta est. Denique dum ad sua cum rancore animi repedaret, et crucem quæ in via posita est pertransisset, mox sanguis e naribus fluere cessavit. Protinus illa gaudens retrogrado pede ad monasterium sancti viri regressa est, et, peractis gratiarum actionibus, plene sanata est.

Rodbertus Tarwanensis, dum meridie solus in æstate agri sui operam revisereț, subito a dœmone arreptus est, et in tantum vexatus ut pene incessanter homines devorare et quæque perfringere ab hoste stimularetur. Tres itaque fratres sui, jejunio quatuor temporum in Junio, ad tumbam sancti Judoci vinctum perduxerunt, ibique a quarta feria usque ad Sabbatum permanserunt. Exinde quietius se cœpit æger habere, et integra recepta sospitate, perpetualiter in servum sancto Judoco tradidit se.

Hoc eodem rogante, in festivitate Sancti Joannis Baptistæ, Wido abbas ambonem ascendens populo narravit, ipsumque præsentem et casus suos palam protestantem ostendit.

Quidam perfectæ ætatis per vii annos ita surdus mansit ut nihil penitus audiret. Hunc uxor ejus ad tumbam sancti viri adduxit, ibique aliquantum oravit. Deinde mulier, jubente Pridiano, virum ad fontem Sancti Judoci perduxit, et ter caput ejus propriis manibus ex aqua fontis perfudit. Mox auditum recuperavit, ac ad ecclesiam regressus, missam, quam per vii annos non audierat, audivit.

Hæc omnia Floriacensis Isembardus gesta temporibus Hugonis Magni seu Rodberti regis, Adelelmo rogitante, descripsit; sed postea beatus Judocus multa petentibus magnalia, quamvis per incuriam scripta non sint, agere non destitit. Mutatis regni principibus, et sese proceribus mutuo perturbantibus, iterum corpus sancti Judoci pro timore hostium terra coopertum est, et tandiu ita jacuit, donec omnibus mortuis qui abdiderant, communis ignorantia involverit. Tempore Henrici regis Francorum, monachis sæpe conquerentibus quod ignorarent ubi patronus eorum requiesceret Judocus, cuidam simplici laico divinitus sanctum corpus insinuatur; quo detegente, abbatis fratrumque studio solemniter levatur. Deinde monachi repertorem reliquiarum ad monachatum susceperunt, et custodem sacri fomitis eumdem constituerunt, et oblationes fidelium ei commiserunt. Defuncto autem abbate, successor ejus non, ut decuit, ædituum dilexit, nec ut antecessor ejus eum amicabiliter tractavit. Unde graviter commotus sanctum corpus noctu assumpsit, secumque in Galliam asportavit. Goisfredus autem Gomercii municeps eumdem, cum thesauro quem ferebat, honorifice detinuit, et magistratum castellanæ ecclesiæ, ubi quatuor erant canonici, usque ad mortem ei concessit. Post aliquod tempus, Henricus rex Francorum, ortis quibusdam bellorum tumultibus, Gomercium obsedit, et viribus Gallici exercitus Goisfredum expugnavit et oppidum incendit. Dum vero basilicam et castri ædificia edax flamma consumeret, et terribilis clamor impugnantium et expugnatorum, ut in talibus moris est, undique personaret, canonicus quidam ossa sancti Judoci de feretro sustulit, et festinanter de incendio aufugit. Huic forte satelles regius super pontem obviavit, suffuciatum quid ferret interrogavit, fatenti quod sacra vestimenta, codicesque suos gereret, cuncta violenter abstulit, et secum ad Parnense territorium hujusmodi thesaurum detulit. Idem vir Rodbertus vocabatur, et Meslebren, id est miscens furfurem cognominabatur, eratque de clientibus Radulfi de Caldreio, qui tunc temporis inter præcipuos milites habebatur in exercitu Gallico. Miles itaque præfatus tali præda valde gavisus est, et in ecclesia Sancti Martini a presbytero et parochianis studiose collocatum est, jamque ibidem plus quam LXX annis venerabiliter servatum est. Innumera inibi super infirmos miracula facta sunt, et usque hodie, promerente petentium fide, ut tota vicinitas attestatur, frequenter fiunt.

De translatione sacri corporis, quam breviter hic modo tetigimus, et de plurimis quæ Parnis provenerunt infirmorum sanitatibus, Merulensis Willelmus venerabilis monachus et sacerdos egregium dictamen edidit, in quo veraciter et luculenter de miris eventibus ad sacra ossa gestis disseruit.

Philippus rex Francorum biennio frebricitavit, nec ulla medicorum arte sanari potuit. Unde post biennium Parnas venit, aquam tactu reliquiarum sancti Judoci sanctificatam bibit, et binis noctibus ante sanctum corpus in orationibus pernoctavit, ibique sanitatem, dolore cessante, recuperavit. Sanatus autem rex L solidos Pontesiensium sancto Judoco obtulit, et nundinas feria tertia Pentecostes celebrari singulis annis ibidem in honore sancti Judoci annuit, et regalis auctoritatis præceptione constituit.

Præterea meritis sancti Judoci multa Parnis miracula facta sunt, quotidieque fiunt; quorum nonnulla scripta sunt, et plura per incuriam scientium seu per imperitiam videntium vel expertorum silentio occultata sunt. Nos autem, quamvis alia referre festinaremus, pauca de te, sancte Judoce, libenter perstrinximus, et charismata tibi cœlitus data huic opusculo inseruimus, et pro modulo parvitatis nostræ devote attollimus. Oramus itaque, gloriose fili regis Britonum et consors angelorum, ut nos Deo commendes tuorum efficacia meritorum, obtineasque nobis societatem sanctorum, cum quibus contemplantes in decore suo Creatorem cunctorum, læti collaudemus per omnia sæcula sæculorum. Amen.

XX. *Eventus in Anglia. Northvigenæ ab Anglis profligantur. Guillelmus Normannorum dux Angliam invadit. Insigne prælium.*

Mense Augusto, Heraldus Noricorum rex cum Tostico et ingenti classe immensum pelagus intravit, et Aparciate seu Borea flante ad Angliam applicuit, et Eboracensem provinciam primitus invasit. Porro Anglicus Heraldus ut Northvigenas in Angliam advenisse audivit, Hastingas et Penevesellum, aliosque portus maris Neustriæ oppositos, quos toto anno illo cum multis navibus et militibus callide servaverat, reliquit, et Septentrionalibus adversariis ex improviso emergentibus festinanter cum exercitu copioso occurrit. Deinde pugna utrinque acerrima commissa est, in qua nimius sanguis ex utraque parte effusus est, et innumerabilis hominum bestiali rabie furentium multitudo trucidata est. Denique instantibus Anglis victoria cessit, et Heraldus Noricorum rex cum Tostico et omnibus copiis suis occubuit. Locus etiam belli pertranseuntibus evidenter patet, ubi magna congeries ossium mortuorum usque hodie jacet, et indicium ruinæ multiplicis utriusque gentis exhibet.

Interea dum Angli bello Eboracensi occupati erant, et custodiam maris, ut diximus, nutu Dei reliquerant, classis Normannorum, quæ spatio unius mensis in ostio Divæ vicinisque portubus Notum præstolata est, zephyri flatu in stationem S. Galerici delata est. Ibi multa pro se et pro amicis vota facta sunt et preces innumerabilesque lacrymæ effusæ sunt. Nam necessarii sodales seu chari sive propinqui, qui domi remansuri erant, dum quinquaginta millia militum cum copia peditum per horrendum pelagus ad expugnandam in propria sede incognitam gentem ire certabant, fletibus et suspiriis, multisque curis metus et cupiditatis tam pro se quam pro amicis anxii erant. Tunc ibi dux Willelmus et omnis exercitus precibus et donis ac votis Deo se commendaverunt, et corpus sancti Galerici confessoris Christi pro secundo flatu extra basilicam detulerunt. Denique dum prosper ventus multorum votis optatus, Deo volente, subito spiravit, protinus ardens vehementia ducis omnes ad puppes convocavit, et navigium viriliter inire imperavit. Normannicus itaque exercitus III Kal. Octobris [1066] mare transfretavit, nocte qua memoriam sancti Michaelis archangeli Catholica Ecclesia festive peragit, et nemine resistente littus maris gaudens arripuit. Deinde Penevesellum et Hastingas occupavit, electisque militibus commendavit; quæ sibi forent receptaculo, et navibus propugnaculo.

Anglicus autem tyrannus, effuso fratris et hostis sanguine, lætus intumuit, et peracta multiplici strage victor Lundoniam rediit. Verum Heraldus (quia prosperitas mundi ut fumus ante ventum cito deficit) imminente gravioris tribulationis pondere, lætitiam feralis tropæi cito perdidit, nec de fratricidio diu gaudere vel securus esse potuit, quia legatus ei Normannos adesse mox nuntiavit. Ipse vero, ut Normannos in Angliam ingressos esse audivit, iterum se ad agonem præparavit. Erat enim multum audax et probus, corpore fortis et pulcherrimus, eloquentia lepidus et affabilis fautoribus. Porro matre sua Githa quæ interitu Tostici filii sui valde erat lugubris, aliisque fidelibus amicis bellum ei dissuadentibus, dixit ei Worth comes frater suus: « Oportet, charissime frater et domine, ut probitas tua temperetur discretionis moderamine. Nunc ex prælio Northwigenarum fessus venisti, iterumque festinas contra Normannos nunc prœliari. Quiesce, quæso. Prudenter tractare tecum velis quid cum sacramentis duci Normanniæ promiseris. Cave ne perjurium incurras, et pro tanto scelere tu cum viribus nostræ gentis corruas, nostræque progeniei permansurum dedecus exinde fias. Ego, liber ab omni sacramento, Guillelmo comiti nihil debeo. Audacter igitur contra illum pro natali solo certare paratus sum. Tu autem, frater mi, quovis in pace quiesce et eventum belli præstolare, ne clara libertas Anglorum corruat in tua pernicie. »

His itaque auditis sermonibus, Heraldus vehementer est indignatus. Consilium istud, quod amicis salubre videbatur, sprevit, et germanum suum, qui fideliter ei consiliabatur, conviciis irritavit, matremque suam, quæ nimis ipsum retinere secum satagebat, pede procaciter percussit. Deinde per sex dies undique populos ad bellum ascivit, innumeram multitudinem Anglorum contraxit, secumque adducens in hostes ad pugnam festinavit. Nocturno siquidem seu repentino incursu minus cautos opprimere cogitabat, et ne perfugio abirent, septingentas naves armatis onustas in mari opposuerat. Cujus accelerationem Willelmus dux ut audivit, omnes suos armari mane Sabbati jussit, et ipse missam audivit, et Dominicis sacramentis corpus et animam munivit, reliquiasque sanctas, super quas Heraldus juraverat, collo suo humiliter appendit. Religiosi quoque viri pugnaturos e Normannia comitati fuerant. Nam duo pontifices, Odo Bajocensis et Goifredus Constantinus, aderant cum monachis et clericis multis; quorum officium erat pugnare precibus et consiliis. Bellum II Idus Octobris, hora tertia, commissum est, totaque die ad multorum millium perniciem ex utraque parte acerrime pugnatum est. Dux Normannorum pedites sagittis armatos et balistis in fronte locavit, item pedites loricatos secundo loco constituit, in ultimo turmas equitum, in quorum medio fuit ipse dux cum firmissimo robore, unde in omnem partem consuleret voce et manu.

Econtra ex omnibus undique regionibus copiæ Anglorum ad locum, qui Senlac antiquitus vocabatur, convenerant, studiumque suum pars Heraldo, sed cuncti patriæ præstabant, quam contra extraneos defensare volebant. Ibi protinus equoruxa opem reliquerunt, cunctique pedites densius conglobati constiterunt. Turstinus filius Rollonis vexillum Normannorum portavit. Terribilis clangor lituorum pugnæ signa utrinque cecinit. Normannorum alacris audacia pugnæ principium dedit. Pedites itaque Normanni propius accedentes Anglos provocant, et in eos missilibus vulnera necemque dirigunt. Illi contra fortiter quo quisque valet ingenio resistunt. Aliquandiu summa vi certatur ab utrisque. Pertinaci Anglorum sævitia perterriti pedites pariter equitesque Britanni, et quotquot auxiliares erant in sinistro cornu, avertuntur, et fere cuncta ducis acies, eumdem jam occisum credens, cedit. Dux autem prospiciens multam partem adversæ stationis prosiluisse et insequi terga suorum, fugientibus occurrit, et hasta verberans aut minans obsistit. Nudato insuper capite, detractaque galea exclamans : « Me, inquit, conspicite; vivo et vincam, opitulante Deo. » Protinus prolatis a duce verbis audaciæ, cedentes animos receperunt, et circumvenientes aliquot millia insecuta se momento deleverunt. Simili modo bis iterum fugam Normanni simulaverunt, et insequentes Anglos rep"nte gyratis equis interceperunt, et inclusos undique mactaverunt. Anglos itaque periculosa simulatione deceperunt, disjunctos ab invicem peremerunt, multisque millibus trucidatis residuos alacrius aggressi sunt. Institerunt eis Cenomannici, Franci, Britanni, Aquitani, et miserabiliter pereuntes cadebant Angli.

Interfuerunt huic prælio Eustachius Boloniæ comes, Guillelmus Richard Ebroicensis comitis filius, Goifredus Rotronis Moritoniæ comitis filius, Guillelmus Osberni filius, Rodbertus tiro Rogerii de Bellomonte filius, Haimericus Toarcensis præses, Hugo stabulariorum comes, Galterius Giphardus et Radulphus Toenites, Hugo de Grentemaisnilio et Guillelmus de Garenna, aliique quamplures militaris præstantiæ fama celebratissimi, et quorum nomina historiarum voluminibus inter bellicosissimos commendari deceat. Willelmus vero dux eorum præstabat eis fortitudine et prudentia. Nam ille nobiliter exercitum duxit, cohibens fugam, dans animos, periculi socius, sæpius clamans ut venirent, quam jubens ire. In bello tres equi sub eo confossi ceciderunt ; ter ille intrepidus desiluit, nec diu mors vectoris inulta remansit. Scuta, galeas et loricas irato mucrone moramque dedignante penetravit, clypeoque suo nonnullos collisit, auxilioque multis suorum atque saluti, sicut econtra hostibus perniciei, fuit.

Ab hora diei tertia bellum acriter commissum est, et in primo militum congressu Heraldus rex peremptus est. Deinde Leofwinus comes frater ejus cum multis millibus simili sorte defunctus est. Denique inclinata jam die, videntes Angli quod rex suus et primates regni, multæque legiones suorum interierint, et quod Normanni adhuc procaciter steterint, et terribiliter armis in obstantes sævierint, in fugam conversi quantocius abierunt, et eventus varios experti sunt. Alii raptis equis, nonnulli pedites pars per vias, plerique per avia sese salvare conati sunt. Normanni autem, dum Anglos fugere viderunt, tota nocte Dominica eos ad sui detrimentum obnixe persecuti sunt. Nam crescentes herbæ antiquum aggerem tegebant, ubi summopere currentes Normanni cum equis et armis ruebant, ac sese, dum unus super alterum repente cadebant, vicissim exstinguebant. Ibi nimirum fugientibus Anglis rediit confidentia. Cernentes enim opportunitatem prærupti valli et frequentium fossarum, in unum collecti sunt, inopinato restiterunt, et Normannis magnam stragem fortiter intulerunt. Ibi Engenulfus Aquilensis oppidanus, aliique multi corruerunt, ac, ut fertur ab his qui interfuerunt, Normannorum fere quindecim millia perierunt. Sic omnipotens Deus, pridie Idus Octobris, innumeros peccatores utriusque phalangis puniit diversis modis. Nam, sævitia intolerabiliter grassante Normannorum, in die Sabbati multavit multa millia Anglorum, qui longe ante innocentem Alfredum cum suis pedisequis injuste necaverunt, atque, præcedente Sabbato, Heraldum regem et Tosticum comitem, aliosque multos absque pietate trucidaverunt. Idem quoque judex Dominica nocte Anglos vindicavit, et furentes Normannos in cæcam voraginem præcipitavit. Ipsi enim contra præceptum legis rem alienam immoderate concupierunt, ac veloces, ut Psalmographus dicit, pedes eorum ad effundendum sanguinem fuerunt; ideoque contritionem et infelicitatem in viis suis offenderunt (*Psal.*| xiii, 3).

Dux Guillelmus Anglorum cohortes inopinato conglobatas cernens non substitit, sed Eustachium comitem cum militibus quinquaginta aversum, et receptui signa canere volentem, ne abiret virili voce compellavit. Ille contra familiariter in aurem ducis reditum suasit, et proximam ei, si pergeret, mortem prædixit. Hæc inter verba percussus Eustachius inter scapulas ictu sonoro, cujus gravitatem statim sanguis demonstrabat ore et naribus, quasi moribundus ope comitum evasit. Dux autem, victoria consummata, ad aream belli regressus est, ibique miserabilem stragem non absque miseratione videndam intuitus est. Anglicæ nobilitatis et juventutis flos in cruore sordidatus late solum operuit. Heraldus quibusdam signis est, non facie, recognitus, et in castra ducis delatus, ac ad tumulandum prope littus maris, quod diu cum armis servaverat, Guillelmo agnomine Maleto victoris jussu traditus.

XXI. *Prælii effectus. Guillelmus regionem submittit. Anglorum rex coronatur.*

Vergibili fortuna mortalibus in terris suppeditante valde aspera et inopinata, quidam de pulvere prosiliunt ad magnarum potestatum culmina, aliique de summo apice subito pulsi gemunt in ingenti mœstitia. Sic Githa, Goduini comitis relicta, quondam divitiis gaudens et potentia, nunc nimio mœrore est affecta, quia gravibus infortuniis vehementer est afflicta. Nam septem filios viro suo peperit, Suenum, Tosticum, Heraldum, Guorth, Elfgarum, Leofvinum et Wlnodum. Omnes hi comites fuerunt, magnoque corporis decore et sæculari probitate viguerunt; sed diversos et atroces eventus separatim experti sunt. Elfgarus et Wlnodus Deum diligentes pie legitimeque vixerunt, et in vera confessione prior Remis peregrinus et monachus, et alter Salesberiæ venerabiliter obierunt. Verum alii quinque diversis in locis, variisque studiis intenti armis interierunt. Mœsta igitur mater Guillelmo duci pro corpore Heraldi par auri pondus obtulit, sed magnanimus victor tale commercium respuit; indignum ducens ut ad libitum matris sepeliretur, cujus ob nimiam cupiditatem innumerabiles insepulti remanerent. Ipse suis ingentem sepeliendi curam exhiberi præcepit; Anglis quoque cunctis volentibus quosque ad humandum liberam potestatem concessit. Suis autem prout tunc decuit sepultis Romaneium accessit, et expugnatis his qui intus erant, cladem suorum vindicavit, quos illuc errore appulsos fera gens adorta prælio fuerat, et cum maximo utriusque partis detrimento fuderat.

Deinde dux contendit Doveram, ubi multus populus congregatus erat pro inexpugnabili, ut sibi videbatur, munitione, quia id castellum situm est in acutissima rupe mari contigua. Castellani autem, dum obsidentem ducem metuerent, supplicesque deditionem pararent, Normannorum armigeri pro cupidine prædæ ignem injecerunt, et voraci flamma leviter volitante pleraque correpta et combusta sunt. Dux autem damno eorum qui sibi subdere se volebant compassus est, pretiumque restituendarum ædium dedit, aliaque amissa recompensavit. Recepto castro, quo minus erat per dies octo munivit. Milites vero recentibus illic carnibus et aqua utentes, multi profluvio ventris exstincti sunt, plurimique usque ad finem vitæ debilitati sunt. Dux inibi custodiam relinquens et dyssenteria languentes, ad perdomandum quos devicit proficiscitur. Ultro Cantuarii non procul a Dovera occurrunt, fidelitatem jurant et obsides dant.

Interempto Heraldo, Stigandus Cantuariensis archiepiscopus et præclari comites Eduinus et Morcarus, aliique primates Anglorum, qui Senlacio bello non interfuerunt, Edgarum Clitonem filium Eduardi regis Hunorum, filii Edmundi Irneside, id est Ferrei-Lateris, regem statuerunt, et cum eo contra externos hostes pro patria et gente se fortiter pugnaturos minati sunt. Porro Guillelmus dux ubi frequentiorem conventum eorum audivit, cum valida manu appropians, non procul a Lundonia consedit, equitesque quingentos illo præmisit. Qui egressam de urbe contra se aciem refugere intra mœnia compulerunt, et multa strage filiorum et amicorum facta, civibus ingentem luctum intulerunt. Incendium etiam urbanæ cædi addiderunt, et quidquid ædificiorum citra flumen erat, cremaverunt. Dux autem Tamesim fluvium transmeavit, et ad oppidum Guarengefort pervenit.

Illuc Stigandus archiepiscopus, aliique nobiles Angli advenerunt. Edgarum abrogantes, pacem cum Guillelmo fecerunt, ipsumque sibi dominum susceperunt, et ipsi ab eo benigniter suscepti, pristinas dignitates et honores receperunt. Lundonii nihilominus utile consilium percipientes, sese in obsequium ducis tradiderunt, et obsides quos et quot imperarat adduxerunt. Edgarus Adelinus, qui rex fuerat constitutus ab Anglis, resistere diffidens, humiliter Guillelmo se regnumque contulit. Ille vero, quia idem puer mitis et sincerus erat, et consobrinus Eduardi Magni regis, filius scilicet nepotis ejus erat, amicabiliter eum amplexatus est, et omni vita sua inter filios suos honorabiliter veneratus est.

Omnia, disponente Deo, in spatio trium mensium

per Angliam pacata sunt, cunctique præsules, regnique proceres cum Guillelmo concordiam fecerunt, ac ut diadema regium sumeret, sicut mos Anglici principatus exigit, oraverunt. Hoc summopere flagitabant Normanni, qui pro fasce regali nanciscendo suo principi subierunt ingens discrimen maris et prælii. Hoc etiam divino nutu subacti optabant indigenæ regni, qui nisi coronato regi servire hactenus erant soliti.

Eo tempore Adelredus Eboracensis metropolitanus erat. Hic æquitatem valde amans, ævo maturus, sapiens, bonus et eloquens, multis virtutibus fulgebat, et per vestigia Patrum Regem regum adire jugiter appetebat. Stigandus autem Cantuariensis, sæcularibus curis et actibus nimis intentus erat, et pro quibusdam reatibus ab Alexandro papa interdictus fuerat.

Denique anno ab Incarnatione Domini [leg. 1066] indictione v in die Natalis Domini, Angli Lundoniæ ad ordinandum regem convenerunt, et Normannorum turmæ circa monasterium in armis et equis, ne quid doli et seditionis oriretur, præsidio dispositæ fuerunt. Adelredus itaque archiepiscopus in basilica Sancti Petri apostolorum principis, quæ Westmonasterium nuncupatur, ubi Eduardus rex venerabiliter humatus quiescit, in præsentia præsulum et abbatum, procerumque totius regni Albionis, Guillelmum ducem Normannorum in regem Anglorum consecravit, et diadema regium capiti ejus imposuit.

Interea, instigante Satana, qui bonis omnibus contrarius est, importuna res utrique populo, et portentum futuræ calamitatis ex improviso exortum est. Nam, dum Adelredus præsul alloqueretur Anglos, et Goifredus Constantiniensis Normannos, an concederent Guillelmum regnare super se, et universi consensum hilarem protestarentur una voce, non unius linguæ locutione; armati milites, qui extrinsecus erant pro suorum tuitione, mox ut vociferationem gaudentis in Ecclesia populi et ignotæ linguæ strepitum audierunt, rem sinistram arbitrati, flammam ædibus imprudenter injecerunt. Currente festinanter per domos incendio, plebs quæ in ecclesia lætabatur perturbata, et multitudo virorum ac mulierum diversæ dignitatis et qualitatis, infortunio perurgente, celeriter basilicam egressa est. Soli præsules et pauci clerici cum monachis nimium trepidantes ante aram perstiterunt, et officium consecrationis super regem vehementer trementem vix peregerunt, aliique pene omnes ad ignem nimis furentem cucurrerunt, quidam ut vim foci viriliter occarent, et plures ut in tanta perturbatione sibi prædas diriperent. Angli factionem tam insperatæ rei dimetientes nimis irati sunt, et postea Normannos semper suspectos habuerunt, et infidos sibi dijudicantes ultionis tempus de eis optaverunt.

XV. Susceptum itaque imperium Guillelmus rex in adversis et prosperis strenue utiliterque rexit, eique xx annis et viii mensibus, ac diebus xvi laudabiliter præfuit. De cujus probitate et eximiis moribus ac prosperis eventibus et strenuis admirandisque actibus Guillelmus Pictavinus, Lexoviensis archidiaconus, affluenter tractavit, et librum polito sermone et magni sensus profunditate præclarum edidit. Ipse siquidem prædicti regis capellanus longo tempore exstitit, et ea quæ oculis suis viderit et quibus interfuerit, longo relatu vel copioso indubitanter enucleare studuit, quamvis librum usque ad finem regis adversis casibus impeditus perducere nequiverit. Guido etiam præsul Ambianensis metricum carmen edidit, quo Maronem et Papinium gesta heroum pangentes imitatus Senlacium bellum descripsit, Heraldum vituperans et condemnans, Guillelmum vero collaudans et magnificans.

Joannes Wigornensis a puero monachus, natione Anglicus, moribus et eruditione venerandus, in his quæ Mariani Scoti Chronicis adjecit, de rege Guillelmo, et de rebus quæ sub eo vel sub filiis ejus Guillelmo Rufo et Henrico usque hodie contigerunt, honeste deprompsit. Marianus enim in cœnobio Sancti Albani martyris apud Maguntiam monachus fuit, ibique Cæsariensem Eusebium et Hieronymum, aliosque historiographos pro modulo secutus, sese benigniter exercuit, et dulcem fructum longi studii, magnorumque laborum, quos in longinqua peregrinatione pertulit, filiis Ecclesiæ tanta rimari per se non valentibus charitative obtulit. Solerter itaque perscrutatis veteribus et modernis codicibus chronographiam edidit, in qua ab initio mundi ex quo Deus Adam de limo terræ plasmavit, per omnes libros Veteris et Novi Testamenti, et Romanorum Græcorumque historias discurrens, optima quæque collegit, et enumeratis annis per regum et consulum tempora usque in diem mortis suæ annalem historiam laudabiliter distinxit. Quem prosecutus Joannes acta fere centum annorum contexuit, jussuque venerabilis Wlfstani pontificis et monachi supradictis Chronicis inseruit; in quibus multa de Romanis et Francis et Alemannis, aliisque gentibus, quæ agnovit, utiliter et compendiose narratione digna reservavit. In his utique Chronicis continentur omnes judices et reges, pontificesque Hebræorum a Moyse usque ad subversionem Jerosolymorum, dum sub Tito et Vespasiano pro nece Salvatoris et martyrum ejus juste destructum est regnum Judæorum. Omnes ibi nominantur consules et dictatores, imperatores et pontifices Romanorum, omnes quoque reges, qui regno Angliæ præfuerunt, ex quo Hengist et Horsa Wortigerno regi Britanniæ scandalo Guallorum militaverunt. His etiam episcopi chronicis adnotati sunt qui regimen ecclesiasticum in Anglia tenuerunt, ex quo Gregorius papa Augustinum et Mellitum, aliosque prædicatores verbi Dei in Angliam misit; per quos Deus Adelbertum regem Cantii et Eduinum regem Nordanhymbrorum, aliosque principes ejusdem gentis ad fidem veritatis perduxit. Ex his opusculis Engelbertus, Gemblacensis monachus, quædam præclara decerpsit, et multa de his, quæ de insulanis Oceani scripta erant in eisdem Chronicis dimisit, et nihilominus de Gothis et Hunis ac Persis, aliisque barbaris gentibus multa adjecit.

Hæc ideo huic chartæ gratis indidi ut istos codices avidi lectores inquirant sibi, quia magnum sapientiæ fructum ferunt et vix inveniri possunt. A modernis enim editi sunt, et adhuc passim per orbem diffusi non sunt. Unum eorum Wigornæ vidi in Anglia, et alterum Cameraco in Lotharingia. Familiariter ostendit illic mihi Fulbertus prudens abbas coenobii Sancti Sepulcri, quod in septentrionali parte Cameraci studio ædificatum est ac sumptibus Liberti ejusdem urbis episcopi, ubi idem præsul honorifice meruit sepeliri. (51)

Ad requiem jam fessus anhelo, et ecclesiasticæ historiæ, quam de contemporaneis et collimitaneis principibus atque didascalis veraci deprompsi calamo, primum libellum hic terminare dispono.

In sequentibus vero latius de rege Guillelmo disseram, miserasque mutationes Anglorum et Normannorum sine adulatione referam, nullius remunerationis a victoribus seu victis expetens honorificentiam.

(51) Lictbertus, Cameracensis episcopus, Sancti Sepulcri coenobium fundavit anno 1064.

SUMMARIUM LIBRI QUARTI.

I. Gesta Guillelmi regis in Anglia.
II. Guillelmus rex in Normanniam redit. Rothomagenses archiepiscopi.
III. Angli a Normannis vexati rebelliones moliuntur.
IV. Guillelmus rex redit in Angliam. Exoniæ civitatis rebellio.
V. Rebelliones aliæ in Anglia adversus Normannos.
VI. Multi Normannorum milites, Anglia dimissa, in Normanniam redeunt. Normannorum tyrannis. Rebelliones Anglorum.
VII. Heraldi regis filii, Dani et Saxones adversus Normannos frustra contendunt.
VIII. Guillelmus hostes suos profligat. Corona regia ad eum a papa mittitur.
IX. Concilium Windresorense. Pietas et laudabilis Guillelmi regis agendi modus. De originibus monastici ordinis in Anglia.
X. Cura Romanorum pontificum ad instruendum et poliendum Anglos. Relaxatio morum. Guillelmus rex ecclesiasticam disciplinam restaurat. Lanfrancus Cantuariensis archiepiscopus.
XI. Pax et concordia paulatim inter Anglos et Normannos stabiliuntur. Morcarum comitis infelices casus. De Guillelmo Pictavensi scriptore.
XII. Guillelmus rex terras Anglorum inter Normannos dividit. Superbia et luxuria Normannorum.
XIII. Normanni ecclesiastici et ipsi divitias expetunt. Guitmundi monachi laudabilis abstinentia.
XIV. Dissensiones inter comitatus Flandriæ hæredes. Mathildis regina Normanniam gubernat.
XV. Rothomagense concilium.
XVI. Abbates Normanniæ monasteriorum sub Guillelmo rege.
XVII. Alexander II papa. Gregorius VII papa. De Cenomannico episcopatu.
XVIII. Herbertus Cenomannorum comes. Turbationes in Cenomannia.
XIX. Comitum Rogerii Herfordensis et Radulfi Northwicensis rebellio in Guillelmum regem. Supplicium comitis Gualteri.
XX. Vita B. Guthlaci eremitæ.
XXI. Mors B. Guthlaci eremitæ. Miracula et prodigia super sancti sepulcrum. Ædificatio monasterii Crulandensis.
XXII. Historia Crulandensis monasterii.
XXIII. Miracula ad tumbam Gualleri comitis.
XXIV. Guillelmus rex Britones subjicere frustra conatur. Ainardus primus abbas Sancti Petri Divensis. Fulco successor ejus.
XXV. Dissensiones inter filios regis Guillelmi.

LIBER QUARTUS.

I. *Gesta Guillelmi regis in Anglia.*

Temporibus Alexandri secundi papæ (52) plurima per orbem regna calamitatibus concussa sunt, et multiplices populorum concursus in sui perniciem debacchati sunt. Hæc in occiduis partibus terrigenæ senserunt, et gravia subeuntes detrimenta nimis experti sunt. Defunctis enim optimis regibus Henrico rege Francorum, et Eduardo Anglorum, Franci et Angli diu luxerunt funus eorum, quia post illos vix adepti sunt dominos illis consimiles virtutibus et nectare morum. Patribus patriæ de medio ablatis, successere tyranni abutentes freno regiæ dominationis. Anglia tunc Heraldi sævitia perjurioque polluta corruit, et genuinis hæredibus orbata, ex-

(52) Alexander, 30 sept. 1061, 21 april. 1073.

ternis prædonibus Guillelmo victori faventibus subjacuit; unde flebile thema de sua ruina piis historiographis ad dictandum tribuit.

Copiosam faciendi plures libros materiam eloquentes sophistæ habuerunt, qui regis Guillelmi curiæ diutius interfuerunt, et gesta ejus ac varios et præclaros eventus ac intima et profunda consilia noverunt, et divitiarum ejus participes ultra natales suos admodum promoti sunt. Ecclesiæ nempe, quæ sub eo vel ab eo ad laudem Dei in Neustria vel Anglia factæ sunt, devotionis ejus, largitatisque in Dei cultu laudabile testimonium asserunt, bonique studii exemplum imitabile posteris pariunt. Cœnobia quoque plurima devote construxit, et ab ipso vel ab aliis condita multum emendavit, multimodisque gazis tripudians ditavit et patrocinio suo contra omnes adversarios defensavit. Hæc utique palam attestantur in duobus monasteriis cœnobitæ Cadomenses, in uno monachi et in altero sanctimoniales. Hæc duo cœnobia, in ducatu adhuc, æterno regi favens ædificaverat; in quorum uno sibi, et in altero conjugi suæ sepulturam elegerat.

Postquam, bello peracto, fortiter hostes subegit, et diadema regium apud Lundoniam suscepit, cœnobium Sanctæ Trinitatis Senlac, ubi bellum factum est, construxit, et multis opibus vel fundis, ut decet regalem munificentiam, ditavit. Ibi Goisbertum, Majoris-Monasterii religiosum monachum, abbatem constituit; quo monitore monasticus ordo et regularis disciplina commode viguit. Majus enim Monasterium a sanctissimo Martino Turonorum archiepiscopo cœptum est, ibique bonorum hominum religio crevit, inspirante Deo, et multiplicata est. Nostris temporibus Albertus et Bartholomæus, Bernardus et Hilgotus ac Guillelmus Nanticensis abbates huic monasterio præfuerunt, qui sanctitate et probitate multis profuerunt, et longe lateque famosi, vicinis et externis utiliter micuerunt. Post obitum Goisberti Henricus Cantuariensis prior abbatis officium suscepit, et Bellense cœnobium honorifice tenuit. Quo defuncto, Rodulfus Roffensis prior, monachusque Cadomensis successit, studioque sanctitatis et salutaris doctrinæ sibi multisque coessentibus prodesse sategit, et bona in senectute spiritualibus studiis fervidus adhuc insistit. Tandem, anno Henrici regis Anglorum xxv, religiosus senex feliciter ad Deum transiit e mundo.

Guillelmus rex multa Lundoniæ, postquam coronatus est, prudenter, juste clementerque disposuit quædam ad ipsius civitatis commoda vel dignitatem, alia quæ genti proficerent universæ, nonnulla quibus consuleretur ecclesiis terræ. Jura quæcunque dictavit, optimis rationibus sanxit. Judicium rectum nulla persona nequidquam ab eo postulavit. Neminem nisi quem non damnare iniquum foret damnavit. Suis quoque primatibus digna se et gravitate præcepit, et diligentia æquitatem suasit. Esse jugiter in oculis habendum æternum regem, cujus vicerint præsidio; nimium opprimi victos non oportere, victoribus professione Christiana pares; ne quos juste subegerint, injuriis ad rebellandum cogerent. Seditiones interdixit, cædem et omnem rapinam frenans, ut populos armis, ita legibus arma. Tributis et cunctis rebus ad regium fiscum reddendis, modum qui non gravaret imposuit. Latrociniis, invasionibus, maleficiis locum omnem intra suos terminos denegavit. Portus et quælibet itinera negotiatoribus patere, et nullam injuriam fieri jussit. Sic omnino proba ejus in regnando initia fuere, et incrementa probitatum ad utilitatem subditorum liquido fulsere, quæ in bonis perseverantia laudabilisque finis evidentibus indiciis confirmavere.

Egressus Lundonia rex dies aliquot in propinquo loco Bercingis morabatur, dum firmamenta quædam in urbe contra mobilitatem ingentis ac feri populi perficerentur. Eduinus et Morcarus, filii Ælfgari comitis, fere omnium Anglorum genere ac potentia maximi ad regem veniunt, veniamque si qua in re contra eum senserint poscunt, et se cunctaque sua ejus clementiæ tradunt. Deinde Coxo comes fortitudine et probitate singularis, et Turchillus de Limis; Siwardus et Aldredus, filii Ædelgari, pronepotes Eduardi regis; Edricus quoque cognomento Guilda, id est silvaticus, nepos Edrici pestiferi ducis cognomento Streone, id est acquisitoris; aliique complures nobiles et opibus ampli Guillelmo pacificantur, datisque sacramentis, omnes possessiones suas cum honore adipiscuntur. Rex inde progrediens diversas regni partes accessit, et ubique utilia sibi et incolis terræ ordinavit. Custodes in castellis strenuos viros ex Gallis collocavit, et opulenta beneficia, pro quibus et labores et pericula libenter tolerarent, distribuit.

Intra mœnia Guentæ, opibus et munimine nobilis urbis et mari contiguæ, validam arcem construxit, ibique Guillelmum Osberni filium in exercitu suo præcipuum reliquit, eumque vice sua toti regno versus aquilonem præesse constituit. Doveram vero totamque Cantiam fratri suo commendavit, qui multa liberalitate et industria sæculari pollebat. His duobus præfecturam Angliæ commisit, et cum eis Hugonem de Grentemaisnilio et Hugonem de Monteforti, Guillelmumque de Garenna, aliosque acerrimos bellatores dimisit. Quidam eorum subjectos laudabiliter rexerunt; nonnulli vero, modestia carentes, immoderate suos oppresserunt.

II. *Guillelmus rex in Normanniam redit. Rothomagenses archiepiscopi.*

Rex itaque, cura regni commissa, Penevesellum se recepit, ubi multus ad eum equitatus Anglorum convenit. Ibi militibus repatriantibus larga manu stipendia data sunt.

Solutis itaque navibus, mense Martio, rex **Guillelmus** in altricem terram prospere pervehitur, secumque honorifice adduxit Stigandum archipræsulem, Edgarum Adelinum Eduardi regis consobri-

num, et tres clarissimos comites, Eduinum, Morcarum et Guallevum, Egelnodum quoque Cantuariensem satrapam, aliosque complures altæ nobilitatis et miræ pulchritudinis. Benigna calliditate est
usus ut, ipsis auctoribus, nihil sub decessum suum
novaretur, gens vero tota minus ad rebellionem
valeret spoliata principibus. Denique divitias suas
et honores eis in Normannia ostendit ut eos velut
obsides in potestate sua secum teneret, quorum
auctoritas vel salus propinquis et compatriotis
maximi esset.

Adveniente Guillelmo rege cum magna sæculari
gloria, admodum tota lætata est Normannia. Dies
erant hiberni et quadragesimales; sed in episcopiis
et cœnobiis, ubi novus veniebat rex, initiabantur
Paschalia festa. Nihil relinquebatur, quod in studio
talis honorificentiæ agi solitum est. Præterea si
quid novum adinveniri potuit, addebatur. Quam
pietatem ipse confestim multiplici dono recompensavit, donans pallia, libras auri aliaque magna altaribus famulisque Christi. Ecclesias autem, quas
præsentia sua non visitavit, muneribus missis lætificavit.

Ad cœnobium Sanctæ Trinitatis Fiscanni Pascha
celebravit, ubi frequentia præsulum et abbatum,
nobiliumque virorum convenit. Tunc Radulfus comes, Philippi regis Francorum vitricus, multaque
nobilitas Franciæ adfuit, et crinigeros Anglicæ Britanniæ alumnos curiose intuebatur, et regis regio-
rumque satellitum indumenta intexta atque crustata
auro mirabatur. Vasa vero aurea vel argentea, seu
bubalina cornua fulvo metallo circa extremitates
utrasque decorata laude attollebat. Denique plurima
hujuscemodi competentia regali magnificentiæ Franci
magna notabant, quæ reversi domum ob novitatem
prædicarent.

Celebrata Paschæ solemnitate, rex dedicari basilicam Sanctæ Mariæ super Divam præcepit, ubi
ipse cum magno cœtu optimatum et mediocrium
Kal. Maii [1067] reverenter interfuit, et utillima
totius populi commoditati edicta sub voce præconis
promulgavit. Deinde, Kal. Julii, ecclesiam Sanctæ
Mariæ apud Gemmeticum dedicari præcepit, et ipse
sacro mysterio veneranter adfuit. Utramque nimirum ex prædiis dominii sui largiter dotavit, suaque
præsentia, dum sanctum mysterium celebraretur,
devote sublimavit. Maurilius Rothomagensis archiepiscopus cum suffraganeis episcopis hanc dedicationem humiliter et devote perpetravit, et paulo
post, duodecimo episcopatus sui anno, in lectum
decubuit. Peracto autem quidquid religioso Dei
vernulæ competit, v Idus Augusti ad Deum, cui diu
servierat, migravit. Corpus vero ejus in episcopali
ecclesia, quam ipse ante v annos, indictione I, sanctæ Dei genitrici Mariæ dedicaverat, delatum est, et
ante crucifixum honorifice tumulatum est. Epitaphium autem ejus a Richardo Herluini filio, ejusdem ecclesiæ canonico, editum est, et super ipsum
in cupri laminis ex auro sic scriptum est :

Humani cives, lacrymam nolite negare
Vestro pontifici Maurilio monacho.
Hunc Remis genuit, studiorum Legia nutrix
Potavit trifido fonte philosophico.
Vobis hanc ædem cœptam perduxit ad unguem;
Lætitia magna fecit et encenia.
Cum tibi, Laurenti, vigilat plebs sobria Christi,
Transit, et in cœlis laurea festa colit.

Post mortem antistitis sui, Rothomagensis Ecclesia Lanfrancum Cadomensem abbatem sibi præsulem elegit, et rex Guillelmus, cum optimatibus suis
omnique populo, libentissime concessit. Sed vir Deo
devotus et humilitati studens tanti primatus sarcinam refutavit, et sibi ad hunc apicem toto conatu
Joannem Abrincatensium præsulem præferre sategit. Porro, ut canonice fieret ista conjugatio, Ro-
miam adiit, prædictæ ordinationis licentiam ab Alexandro papa impetravit, sacrum quoque pallium,
unde et ipsi et toti Normanniæ gloriandum erat,
cum licentia deportavit.

Joannes itaque de sede Abrincatensi, quam VII annis et III mensibus rexerat, assumptus est, et metropolitanus Rothomagensis factus est. Hic ardore
virtutum in verbis et operibus multipliciter fervebat,
nimioque zelo in vitia, ut Phinees, sæviebat. Quantum vero ad sæculi dignitatem attinebat, magnæ nobilitatis lampade cluebat. Erat enim filius Radulphi
comitis Bajocensium, qui frater fuerat uterinus
Richardi senioris ducis Normannorum. Decem itaque annis metropolitanum regimen fortiter et diligenter gessit, multumque contra impudicos presbyteros pro auferendis pellicibus laboravit; a quibus,
dum in synodo concubinas eis sub anathemate pro-
hiberet, lapidibus percussus aufugit, fugiensque de
ecclesia : *Deus, venerunt gentes in hæreditatem tuam*
(*Psal.* LXXI, 1), fortiter clamavit.

In loco ejus Michael, natione Italicus, eruditione
litterarum imbutus, studio religionis venerandus,
ad culmen Abrincatensis episcopatus electione legitima est promotus. Qui plus quam XX annis laudabilis pastor floruit, et Rodberti ducis tempore
beatus senex obiit. Quo defuncto, Turgisus successit, jamque præsulatum ferme XXX annis tenuit (53).

III. *Angli a Normannis vexantur. Rebelliones mo-*
liuntur.

Interea Normannico fastu Angli opprimuntur,
et præsidibus superbis, qui regis monitus sperne-
bant, admodum injuriabantur. Præfecti minores,
qui munitiones custodiebant, nobiles et mediocres
indigenas injustis exactionibus multisque contumeliis aggravabant. Odo nimirum episcopus et
Guillelmus Osberni filius, nimia cervicositate tumebant, et clamores Anglorum rationabiliter audire,
eisque æquitatis lance suffragari despiciebant. Nam
armigeros suos immodicas prædas et incestos ra-

---

(53). Hic locus, censente Le Prévost, scriptus fuit anno 1125.

ptus facientes vi tuebantur, et super eos, qui gravibus contumeliis affecti querimonias agebant, magis debacchabantur. Amissa itaque libertate, Angli vehementer ingemiscunt, et vicissim qualiter intolerabile jugum, sibique hactenus insolitum excutiant, subtiliter inquirunt. Igitur ad Suenum regem Danorum dirigunt, atque ut regnum Angliæ, quod Suenus et Chnutus avi ejus armis obtinuerunt, reposcat, expetunt. Ultro in exsilium aliqui profugiunt, quo extorres vel a potestate Normannorum sint liberi, vel opibus alienis aucti contra eos ad recidivum certamen revertantur. Quidam autem ex eis pulchræ juventutis flore vernantes longinquas regiones adierunt, et militiæ Alexii imperatoris Constantinopolitani sese audacter obtulerunt. Erat enim multum sapiens et miræ dapsilitatis, contra quem Rodbertus Wiscardus Apuliæ dux cum suis omnibus arma levaverat in auxilium Michaelis, quem Danai de throno imperiali expulerant indignatione senatoriæ potestatis. Exsules igitur Anglorum favorabiliter a Græcis suscepti sunt, et Normannicis legionibus, quæ nimium Pelasgis adversabantur, oppositi sunt. Augustus Alexius urbem, quæ Chevetot dicitur, Anglis ultra Byzantium cœpit condere, sed nimium infestantibus Normannis, eos ad urbem regiam reduxit, et eisdem principale palatium cum regalibus thesauris tradidit. Hac itaque de causa Saxones Angli Ioniam expetierunt, et ipsi ac hæredes eorum sacro imperio fideliter famulati sunt, et cum magno honore inter Thraces Cæsari et senatui, populoque chari usque nunc perstiterunt.

Multimodis Normannorum oppressionibus Angli ad rebellionem lacessiti, Boloniam legatos miserunt, et Eustachio comiti, ut cum classe diligenter militibus et armis instructa ad suscipiendam Doveram acceleraret, mandaverunt. Olim cum eodem inimicitias ingentes habuerant; sed nunc, quia simultates inter illum et regem insurrexerant, eumque bellandi peritum et in prælio felicem experimentis cognoverant, pacem cum illo fecerunt, et munitionem Doveræ contra regem illi tradere conati sunt. Eustachius autem, suscepto Cantiorum veredario, classem paratam ascendit, noctisque conticinio, ut oppidum ex insperato præoccuparet, cum suis festinanter transfretavit. Milites multos secum duxit, sed equos præter admodum paucos reliquit. Vicinia omnis fuit armata, et maxime Cantiorum caterva, quæ toto nisu suffragari Eustachio erat conata. Præsul Bajocensis et Hugo de Monteforti, qui primi munitionis custodes erant, ultra flumen Tamesim abierant, et majorem partem militum secum duxerant. Auctior hostium numerus ex ulterioribus accederet, si biduana obsidio fieret. Sed cum hostes vehementer impetum facere in oppidum molirentur, custodes ad defensandum impigri reperti sunt, et ferventissime qua locus poterat impugnari, restiterunt. Acerrime per aliquot horas diei utrinque certatum est. Sed dum Eustachius diffideret, eruptionemque propugnatorum, qua turpius abigeretur, timeret, receptui ad naves cani signa jubet. Denique oppidani confestim portas patefecerunt, avideque et caute sequentes novissimos conciderunt. Fugientes vero Bajocensem episcopum cum agmine copioso subito supervenisse rati sunt, eaque formidine velut amentes per aviæ rupis præcipitium se dejecerunt, et tali compendio fœdius quam ense virorum perierunt. In illa fuga diversis generibus mortis multi periere. Plerique abjectis armis, acumine saxeo exanimati sunt, nonnulli telo suo se sociosque suos una labentes necarunt, et multi lethaliter vulnerati vel collisi spirantes ad mare devoluti sunt. Plures etiam, qui ad puppes propere anhelant, dum salutis nimium cupidi trepidant, suaque multitudine naves deprimunt, subito submersi pereunt. Equites Normanni quantos consectari possunt, comprehendunt vel occidunt. Eustachium vero eripuit velocitas cornipedis, notitia tramitis, paratiorque navis. Ibi nobilissimus tiro nepos ejus captus est. Angli per diverticula plura evaseruut, quia pauci multos insequi per diversa castellani nequiverunt.

Non multo post Eustachius consul Willelmo regi reconciliatus est, ejusque amicitia longo tempore postmodum perfunctus est. Erat enim idem comes magnæ nobilitatis, ex prosapia scilicet Caroli Magni Francorum strenuissimi regis. Erat quoque magnæ potestatis; utpote sublimis princeps trium comitatuum, Boloniensis, Githnensis et Tarwanensis. Generosam et religiosam nomine Ittam habuit uxorem, Godefredi Lotharingiæ ducis sororem; quæ peperit ei tres filios, Godefredum et Balduinum ac Eustachium, et filiam, quæ nupsit quarto Henrico imperatori Alemannorum.

Dum plurimi Anglorum pro amissa libertate pristina, quam repetere peroptabant, machinarentur rebellionem, multi ex eadem gente fuerunt Deo servantes fidem, et constitutum ab ipso venerantes regem, præcepto enim apostoli dicentis: *Deum timete, regem honorificate* (*I Petr.* II, 17). Coxo itaque comes prosapia et potentatu inter Anglos præcelsus, animique magis singularitate prudentis et omnino honesti præcipuus, Guillelmo regi fideliter favebat, et ejus causam multo favore probabat. Satellites vero sui ab eo dissidebant, quia factionum deterrimi fautores ac socii erant. Diversis igitur modis eum appetebant, et precibus minisque ac obtestationibus invadebant ut extraneos desereret, et bonorum hominum suæ nationis et consanguinitatis voluntati obsecundaret. Sed dum mens in tenore boni firmiter fixa non posset a rectitudine dimoveri, concitatis contra eum comprovincialibus per insidias occisus est pro integritate fidei. Sic asseruit casu suo vir eximius quod majestas domini sui semper chara debeat esse subjectis fidelibus.

Tunc Adelredus primus Eboracensis, aliique pontifices quidam utilitati regiæ studebant, quia sapientis monitum scientes, æquitati obtemperabant. Time, inquit, *Deum, fili mi, et regem* (Prov. xxiv, 21). Tunc etiam aliquot sapientissimi civium urbanorum, et nonnulli ex militibus ingenuis, quorum nomen et opes valebant, et multi ex plebeiis contra suos pro Normannis magnopere insurgebant.

Interea Willelmus rex, dum moraretur in Normannia, tranquillitati ejus in longum prospiciebat sollicitudine maxima. Justas leges et recta judicia ex consultu sapientum divitibus et pauperibus æque sanxit, optimosque judices et rectores per provincias Neustriæ constituit. Sacra cœnobia, et fundos illis datos regalibus privilegiis et tuitionibus ab injustis exactionibus liberavit. Omnibus tam advenis quam indigenis pacem in tota terra sua præconis voce propalavit, et super fures ac seditiosos, patriæque quietis contemptores, graves justasque ultiones rigide promulgavit.

Rumores interim de transmarinis partibus diversi advolitabant, et optatis molesta permiscentes regem inquietabant, et ex malevolentia Anglorum cum nisu Danorum, aliarumque barbararum gentium magnam cladem Normannis orituram intimabant. Rex igitur Mathildi conjugi suæ, filioque suo Rodberto adolescenti principatum Neustriæ commisit, et cum eis religiosos præsules et strenuos proceres ad tuendam regionem dimisit. Deinde, sexta nocte Decembris, ad ostium amnis Deppæ ultra oppidum Archas accessit, primaque vigilia gelidæ noctis austro vela dedit, et mane portum oppositi littoris, quem Vincenesium vocitant, prosperrimo cursu arripuit. Jam aura hiemalis mare sævissimum efficiebat, sed sancti Nicolai Myrreorum præsulis solemnitatem Ecclesia Dei celebrabat, et in Normannia pro devoto principe fideliter orabat. Omnipotentia ergo divina, quæ omnes ubique et semper quos vult prospere gubernat, benevolum regem inter hiemales tempestates ad portum salutis cum gaudio dirigebat. Rex in illa transfretatione Rogerium de Monte-Gomerici, quem tutorem Normanniæ, dum ad bellum transmarinum proficisceretur, cum sua conjuge dimiserat, secum minavit; eique primo Cicestram et Arundellum, ac post aliquod tempus Scrobesburiensem comitatum donavit.

IV. *Guillelmus rex redit in Angliam. Exoniæ civitatis rebellio.*

Adventui regis Angli occurrerunt, ipsumque tam honorificentia monasteriali quam sæcularibus officiis sublimaverunt. Ipse Lundoniæ Dominicam Nativitatem celebravit, ibique pontificibus Anglis proceribusque multa calliditate favit. Ipse omnes officioso affectu demulcebat, dulciter ad oscula invitabat, cunctis affabilitatem ostendebat; benigne, si quid orabant, concedebat; prompte, si nuntiabant aut suggerebant, auscultabat. Desertores hujusmodi arte aliquoties reducuntur. Pari sedulitate et solertia Gallos nunc instruebat, nunc ut contra omnes dolos et insidias singulorum semper ubique parati essent clam Anglis admonebat. Cunctas urbes et regiones, quas ipse adierat vel præsidiis occupaverat, ad nutum ei parebant. Circa terminos regni, occidentem aut plagam septentrionalem versus, effrenis adhuc ferocia superbiebat, et Angliæ regi, nisi ad libitum suum, famulari, sub rege Eduardo aliisque prioribus olim despexerat.

Exonia libertatem vindicare prima contendit, sed fortissimis athletis fortiter eam invadentibus servituti subjacuit. Hæc urbs dives est et antiqua, in plano sita, operose munita, a littore marino, quo ex Hibernia vel Britannia minore brevissimo aditur spatio, distans milliaria circiter duo. Cives eam tenebant furiosi, copiosæ multitudinis, infestissimi mortalibus Gallici generis, puberes ac senatus. Hi nimirum socios e plagis finitimis inquiete arcessebant, mercatores advenas bello habiles retinebant, et pinnas ac turres, et quæque necessaria sibi censebant, in munimentis addebant vel restaurabant. Alias quoque civitates ad conspirandum in eadem legationibus instigabant, et contra regem alienigenam toto nisu se præparabant, cum quo antea de nullo negotio egerant. Rex vero, ubi hæc certius comperit, primoribus civitatis jurare sibi fidelitatem mandavit. At illi remandaverunt ei, dicentes : « Neque sacramentum regi faciemus, neque in urbem eum intromittemus ; sed tributum ei ex consuetudine pristina reddemus. » Econtra sic eis remandavit rex, dicens : « Non est mihi moris ad hanc conditionem habere subjectos. » Deinde cum exercitu ad fines eorum accessit, et primo in ea expeditione Anglos eduxit. Majores mox ut regem cum exercitu appropinquare cognoscunt, obviam advenienti procedunt, pacem poscunt, portas ei patere dicunt, imperata quælibet se facturos promittunt, et obsides illico quantos rex jubet, adducunt. Reversi ad concives, qui supplicia pro reatu nimis metuebant, nihilominus machinantur hostilia quæ cœperant, multisque pro causis ad oppugnandum sese incitabant. Quod audiens rex, qui ad quatuor milliaria consistebat ab urbe, ira repletus est et admiratione.

In primis itaque rex cum quingentis equitibus propere perrexit, ut locum et mœnia videret, et quid hostes agerent deprehenderet. Portæ obfirmatæ erant, densæque turbæ in propugnaculis et per totum muri ambitum prostabant. Denique regio jussu exercitus ad urbem admotus est, et unus ex obsidibus prope portam oculis privatus est. Pertinacia furentis populi nullo timore, nec ulla reliquorum obsidum flectitur miseratione ; sed acuitur ad defensandum se, suosque lares tota obstinatione. Rex autem fortiter urbem obsidione concludit, militari feritate invadit, et per plurimos dies obnixe satagit cives desuper impugnare et subtus murum suffodere. Tandem municipes ingenti hostium instantia utile consilium coacti capiunt, ad deprecationem descendunt, et formosissima juventus, majoresque natu cum clero gestante sacros libros et hujusmodi ornatum, ad regem exeunt. Protinus princeps moderatus humiliter prostratis clementer pepercit, confitenti populo reatus indulsit, ac si nescisset quod illi eidem proterve restiterant, et quod millitibus crudeliter et contumeliose illuserant, quos ipse de Normannia miserat, et tempestas ad portum illorum appulerat. Exonii gaudent, gratesque Deo referunt quod post tot iras, terribilesque minas spe melius alienigenæ regi pacificati sunt. Rex autem a rebus eorum abstinuit, et portas urbis valente fidaque custodia munivit, ne gregarii milites repente introirent et pecunias civium violenter diriperent. Locum vero intra mœnia ad exstruendum castellum delegit, ibique Balduinum de Molis, filium Gisleberti comitis, aliosque milites præcipuos reliquit, qui necessarium opus conficerent, præsidioque manerent. Ipse postea in Cornu Britanniæ ulterius contendebat. Composito ubique motu, quem deprehendit, exercitum dimisit, et Guentam ad vacandum illuc paschali festo rediit.

V. *Rebelliones aliæ in Anglia adversus Normannos.*

Anno ab Incarnatione Domini 1068, Guillelmus rex legatos honorabiles in Neustriam direxit, et Mathildem conjugem suam ad se venire præcepit. Protinus illa mariti jussis libenter obedivit, et cum ingenti frequentia virorum ac nobilium feminarum transfretavit. In clero, qui ad divina ei ministrabat, celebris Guido Ambianorum præsul eminebat, qui jam certamen Heraldi et Guillelmi versifice descripserat. Adelredus Eboracorum metropolitanus, qui maritum inunxerat, Mathildem ad consortium regii honoris die Pentecostes anno II regni præfati regis inunxit. Decorata regio diademate matrona, priusquam annus perficeretur, filium nomine Henricum peperit, quem totius terræ suæ in Anglia hæredem constituit. Hic, dum dociles annos attigisset, litterarum scientiam didicit, et post utriusque parentis obitum, militiæ agones fortiter exercuit. Tandem multimodæ probitatis clarus titulis, principatum paternum tenuit pluribus annis.

Eodem anno egregii juvenes, Eduinus et Morcarus, filii Elfgari comitis rebellaverunt, et cum eis multi alii ferociter insurrexerunt, quorum motus Albionis regnum vehementer turbaverunt. Guillelmus etenim rex, quando Eduinus comes cum eo concordiam fecerat, eique fratrem suum et pene tertiam partem Angliæ subdiderat, filiam suam se in conjugem ei daturum spoponderat; sed postmodum fraudulento consultu Normannorum, concupitam virginem et diu exspectatam denegavit nobilissimo juveni. Unde iratus cum fratre suo ad rebellionem incitatus est, eumque magna pars Anglorum et Guallorum secuta est. Fervens affectus erat præfatis fratribus erga Dei cultum et bonorum reverentiam hominum. Erat eis ingens pulchritudo, nobilis et ampla cognatio, late valens potentatus, et nimia in eos popularium dilectio. A clericis et monachis crebra pro illis fiebat oratio, et a turbis pauperum quotidiana supplicatio.

Elfgarus comes Coventrense cœnobium constru-

xit, et magnis redditibus ad victum monachorum inibi consistentium largiter ditavit. Godiova vero religiosa comitissa omnem thesaurum suum eidem ecclesiæ contulit, et, accersitis aurifabris, quidquid in auro et argento habuit, ad construendum sacros textus et cruces ac imagines sanctorum, aliaque mirifica ecclesiæ ornamenta devote distribuit. Devoti Deo dignique religionis laude parentes elegantem et multa laude dignam ediderunt sobolem, Eduinum, Morcarum, et unam filiam nomine Aldit, quæ primo nupsit Gritfrido regi Guallorum, post cujus mortem sociata est Heraldo regi Anglorum.

Tempore Normannicæ cladis, quæ nimiis oppressionibus Anglos immoderate conquassavit, Blidenus rex Guallorum ad avunculos suos suppetias venit, secumque multitudinem Britonum adduxit. Congregatis autem in unum multis Anglorum et Guallorum optimatibus, fit generalis querimonia de injuriis et oppressionibus, quibus intolerabiliter Angli affligebantur a Normannis et eorum coniubernalibus. Legationibus quoscunque poterant per omnes Albionis terminos in hostes clam palamque stimulabant. Fit ex consensu omnium pro vindicanda libertate pristina procax conspiratio, et obnixa contra Normannos conjuratio. Exoritur in finibus Trans-Humbranis vehemens perturbatio. Seditiosi silvas, paludes, æstuaria et urbes aliquot in munimentis habent. Eboracensis civitas ardentissime furit, quam sanctitas pontificis sui sedare nequit. Plures in tabernaculis morabantur; in domibus, ne mollescerent, requiescere dedignabantur; unde quidam eorum a Normannis silvatici cognominabantur.

Rex igitur secessus regni providentius perlustravit, et opportuna loca contra excursiones hostium communivit. Munitiones enim, quas castella Galli nuncupant, Anglicis provinciis paucissimæ fuerant; et ob hoc Angli, licet bellicosi fuerint et audaces, ad resistendum tamen inimicis exstiterant debiliores. Rex itaque castrum apud Guarevicum condidit, et Henrico Rogerii de Bellomonte filio ad servandum tradidit. Tunc Eduinus et Morcarus cum suis anceps prælii discrimen perpendentes, gratiam regis petierunt, et specie tenus obtinuerunt. Deinde rex Snotingheham castrum construxit, et Guillelmo Peverello commendavit.

Hæc Eboracenses ut audierunt, extimentes maturata deditione vim declinaverunt, regique claves civitatis cum obsidibus dederunt. Ipse tamen, quia fidem illorum suspectam habuit, in urbe ipsa munitionem firmavit, quam delectis militibus custodiendam tradidit. Tunc Archillus potentissimus Nordanhymbrorum cum rege concordiam fecit, eique filium suum obsidem tradidit. Præsul quoque Dunelmi regis in gratiam accessit, et pro Malcomo rege Scotorum pacis mediator intervenit, et acceptas conditiones in Scotiam detulit. Malcomus autem, licet ab Anglis requisitus fuerit, et validam expeditionem in eorum auxilium facere paraverit, audita tamen legatione pacis quievit, et cum præsule Dunelmi nuntios suos ovanter remisit, per quos Guillelmo regi fidele obsequium juravit. Sic utiliter sibi consuluit, populoque suo multum placuit quod pacem bello præposuit. Nam Scotica gens, licet in prælio aspera sit, otium tamen et quietem diligit; nollet a vicinis inquietari regnis, Christianæ religionis plus quam armorum intenta studiis. Rex post hæc in reversione sua Lincoliæ, Huntendonæ et Grontebrugæ castra locavit, et tutelam eorum fortissimis viris commendavit.

VI. *Multi Normanni milites, Anglia dimissa, in Normanniam redeunt. Normannorum tyrannis. Rebelliones Anglorum.*

His temporibus, quædam Normanniæ mulieres sæva libidinis face urebantur, crebrisque nuntiis a viris suis flagitabant ut cito reverterentur, addentes quod nisi reditum maturarent, ipsæ sibi alios conjuges procurarent. Non enim ad maritos suos propter inusitatam sibi adhuc navigationem transfretare audebant, nec in Anglia eos expetere, ubi jugiter in armis erant, et quotidianas expeditiones non sine magna sanguinis utriusque partis effusione frequentabant. Rex autem inter tot bellorum motiones secum milites suos retinere cupiebat, et terras cum redditibus et magnis potestatibus eis amicabiliter offerebat, et majora, dum totum regnum ab adversariis undique liberatum esset, promittebat. Legitimi barones, strenuique pugiles multipliciter anxiabantur, dum regem suum cum fratribus suis et amicis, sociisque sedulis circumdari bellis intuebantur; ipsique, si discederent, infidi proditores, timidique desertores palam censeri verebantur. Rursus honorabiles athletæ quid facerent, si lascivæ conjuges torum suum adulterio polluerent, et progenici suæ perennis maculæ notam et infamiam generarent? Unde Hugo de Grentemaisnil, qui præsidatum Gewissorum, id est Guentanæ regionis, jam habuerat, et sororius ejus Unfridus de Telliolo, qui Hastingas a prima die constructionis ad custodiendum susceperat, aliique multi discesserunt, et regem inter exteros laborantem tristes et inviti deseruerunt. Deinde famulari lascivis dominabus suis in Neustriam reversi sunt; sed honores, quos jam nactos hac de causa reliquerunt, ipsi vel hæredes eorum nunquam postea recuperare potuerunt.

Multimodis desolationibus Anglia nimis attrita est, et tam ab indigenis quam ab alienigenis valde aggravata est. Incendia, rapinæ et quotidianæ cædes, miseram gentem invaserunt, percusserunt, dejecerunt et conquassaverunt. Adversa fortuna miseros tam victos quam victores muscipula sua irretivit, nunc ense, nunc fame, nunc peste irreverenter præcipitavit, prout omnipotens arbiter unicuique dispensavit. Rex vero, perspectis importunitatibus terræ, solidarios milites convocavit, omnesque regali munificentia pro militari servitute muneratos domum abire benigniter permisit.

Anno tertio regni sui Guillelmus rex Dunelmensem comitatum Rodberto de Cuminis tradidit, qui mox cum militibus quingentis civitatem confidenter adiit. Prima vero nocte cives collecti sunt, et ipsum cunctosque milites præter duos fuga elapsos mactaverunt. Fortissimi viri nequiverunt defendere se, oppressi tempore, dolo et multitudine.

Non multo post Rodbertus, Richardi filius, Eboracensis præsidiis custos cum multis peremptus est. Fiducia deinceps Anglis crevit contra Normannos, a quibus videbant nimium vexari suos collegas et amicos. Fides, sacramentum et salus obsidum vilia fuerunt iratis pro amissis patrum suorum prædiis, et occisis parentibus et compatriotis.

Marius Suenus, Caius Patricius, Edgarus Adelinus, aliique potentes et factiosi convenerunt, et consociata manu civium ac finitimorum, munitionem regis in Eboraco impugnare ausi sunt. Wilfelmus, cognomento Maletus, præses castrensis, regi denuntiavit se defecturum, nisi maturum fessis conferat auxilium. Rex ocius advenit, in obsidentes ruit, nec ulli pepercit. Multi capti, plerique interfecti, cæteri sunt fugati. Rex autem dies octo in urbe morans alterum præsidium condidit, et Guillelmum comitem Osberni filium ad custodiendum reliquit. Ipse vero lætus Guentam rediit, et paschale festum ibi celebravit. Rursus Angli post regis discessum contra utrumque præsidium congregati sunt; sed Guillelmo comite cum suis viriliter in quadam valle dimicante, non prævaluerunt; sed pluribus eorum captis seu trucidatis, alii fuga mortem distulerunt.

Bellicis turbinibus undique insurgentibus admodum occupatus, conjugem sibi multum dilectam Mathildem remisit in Normanniam rex Guillelmus, ut ab Anglico tumultu seposita in pace religiosis actibus vacaret, incolumemque provinciæ statum cum Rodberto puero servaret. Hæc consanguinea Philippi Francorum regis erat, et ex regibus Galliæ ac imperatoribus Germaniæ originem ducebat, eximiaque tam generis quam morum nobilitate cluebat. Egregio marito edidit utriusque sexus optatam sobolem, Rodberium et Richardum, Guillelmum Rufum et Henricum, Agatham et Constantiam, Adelizam, Adelam et Ceciliam, quibus in hac variabili vita sors diversa provenit, et dicacibus sophistis ingentes libros condendi uberem materiam tribuit. Reginam hanc simul decoravere forma, genus, litterarum scientia, cuncta morum et virtutum pulchritudo, et quod his laude immortali dignius est, firma fides et studiosus amor Christi. Eleemosyna, cui quotidie ferventer hæc hera insistebat, marito agonizanti in procinctu bellico, plus quam fari norim succurrebat.

VII. *Heraldi regis filiorum, Danorum et Saxonum vani conatus adversus Normannos.*

Duo filii Heraldi, regis Angliæ, mœsti pro patris

occisione, suique propulsione, confugerant ad Dyrmetum regem Hiberniæ. Ejus et principum regni suffragio adjuti sunt, et LXVI naves armata manu oneratas ducentes, Exonio appulerunt. Deinde progredientes a littore terram audacius depopulari cœperunt, et ferro igneque furentes maxima patrare damna conati sunt. Protinus illis Briennus, Eudonis comitis Britanniæ minoris filius, et Guillelmus Gualdi cum armis obvii fuerunt, et duobus uno die conflictibus horrendam multitudinem in eam paucitatem redegerunt, ut residui duabus scaphis subtracti aufugerent, et Hiberniam luctu replerent. At nisi nox prælium diremisset, ne nuntius quidem cladis repatriavisset. Juste id omen comitatum est natos pro tyranno genitore vindictam quærentes, et huic intentioni opem ferentes.

Inter hæc Gisa Goduini uxor, Heraldi genitrix, ingentem gazam clanculum sumpsit, et pro timore Guillelmi regis in Galliam non reditura transmeavit.

In illa tempestate Suenus rex Danorum magnam classem Danis et Anglis accuratissime instruxit, duosque filios suos et Osbernum fratrem suum, pontificesque duos, comitesque tres dilectissimos præfecit, et in Angliam misit. Multoties enim pecuniis Anglorum et obnixis precibus fuerat sollicitatus, et ruina suorum, qui nuper in Heraldi conflictu occisi fuerant, motus; quin etiam proxima cognatione ad regni cupiditatem incitatus, utpote nepos Eduardi regis, Hardecunuti filius. Hic ingenti potentia pollebat, universas regni sui vires contrahebat, quibus a vicinis regionibus et amicis auxilia magna coacervabat. Adjuvabant eum Polenia, Frisia necne Saxonia. Leuticia quoque pro Anglicis opibus auxiliares turmas mittebat. In ea populosissima natio consistebat, quæ, gentilitatis adhuc errore detenta, verum Deum nesciebat, sed ignorantiæ muscipulis illaqueata, Guodenen et Thurum, Freamque, aliosque falsos deos, imo dæmones colebat. Hæc gens terra marique præliari perita erat, quam Suenus cum rege suo sæpe vicerat, suæque ditioni subegerat. Multis itaque triumphis sublimatus, ut sibi adhuc augeret potentiam et decus, contra Guillelmum regem, ut prædiximus, magnam classem in Angliam misit Suenus. Appulsos Doveræ regiorum militum occursus repulit. Itidem apud Sanguicum (54) abacti sunt, sed a Normannis repulsi sunt. Nacti opportunitatem egrediendi, apud Gepesuicum (55) in prædam diffusi sunt; sed provinciales congregati triginta necaverunt, et reliquos in effugium coegerunt. Egressos Northguici (56) ad similem discursionem Radulfus de Guader invasit, et multis ferro, multis aqua vitam ademit, et reliquos turpiter navigium arripientes in pelagus abire compulit. Rex autem Guillelmus tunc in Dana silva erat, ibique pro more venatui vacabat. Illic audito adventu Dacorum, statim nuntium direxit

(54) *Sandwich*. Le Prévost.
(55) *Ipswich*. Id.

A Eboracum, monens suos ut sese cautius in eos præpararent, ipsumque, si forte necessitas posceret, advocarent. Remandaverunt custodes præsidiorum non indigeri subventu ejus ad annum. Jam Adelinus, Guallevus, Siguardus, aliique præpotentes Angli ad Danos contulerant se. Perventum est ad Humbræ, lati fluminis, ostium. Adelinus ibi seorsum a socia turba cum quibusdam suorum prædatum ierat. Quos insiliens familia regis e Lincolia cepit omnes, exceptis duobus cum Adelino elapsis, et navim confregit, quam custodia pavens deseruit.

Dani Eboracum accedunt, nimisque incolarum contubernio aucti sunt. Guallevus enim, Caius Patricius, Marius, Suenus, Elnocinus, Archillus et quatuor filii Caroli antesignani erant, et Danos B Northwigenasque præcedebant. Castellani obviam eis inconsultius exeunt, et intra urbis mœnia infeliciter confligunt. Non valentes resistere multitudini, omnes aut interimuntur aut capiuntur. Castella desolata patent. Securo regi casus suorum nuntiantur, terribilitas hominum major quam sit amplificante fama refertur, et quod cum ipso dimicaturi confidenter præstolentur. Rex ergo tam dolore quam ira conturbatur, ac ad hostes cum exercitu properare conatur. Illi vero metu magni bellatoris in Humbram aufugiunt, et ripæ, quæ Lindissem attingit, applicant. Ipse illuc cum equitatu contendit, nefarios quosdam in paludibus pene inaccessibilibus reperit, gladioque punit, et aliquot latibula diruit. In ripam alteram evadunt Dani, opperientes tempus quo se sociosque suos possent ulcisci.

Eo tempore Saxones occidentales de Dorseta et Summerseta cum suis confiniis Montem-Acutum assilierunt, sed divino nutu impediti sunt. Nam Guentani, Lundonii, Salesberii, Gaufredo Constantiensi præsule ductore, supervenerunt, quosdam peremerunt, partim captos mutilaverunt, reliquos fugaverunt. Gualli et Cestrenses præsidium regis apud Scrobeshuriam obsederunt; quibus incolæ civitatis, cum Edrico Guilda potenti et bellicoso viro, aliisque ferocibus Anglis auxilio fuerunt. Idem apud Exoniam Exoniensis comitatus habitatores fecere, et undique conduaata turba et Cornu Britanniæ. Nam supremi fines Anglorum occidentem versus et Hiberniam Cornu Britanniæ, id est Cornuallia, nuncupantur. Exoniæ cives regi favebant, non immemores pressurarum quas olim passi fuerant. Protinus rex, ubi hæc accepit, comites duos Guillelmum et Briennum laborantibus subvenire præcepit. Verum priusquam illi Scrobeshuriam pervenissent, urbe combusta, hostes discesserant. Defensores quoque Exoniæ subito eruperunt, et impetu in se obsidentes abegerunt. Fugientibus obvii, Guillelmus et Briennus grandi cæde temeritatem punierunt.

Rex interim apud Estafort quamplurimos factio-

(56) *Norwich*. Id.

sarum partium facili proventu delevit. In tot certaminibus sanguis utrinque multus effunditur, et tam inermis quam armata plebs diversis infortuniis hinc inde miserabiliter concutitur. Lex Dei passim violatur, et ecclesiasticus rigor pene ab omnibus dissolvitur. Cædes miserorum multiplicantur, animæque cupiditatis et iræ stimulis sauciantur, et catervatim hinc inde ad inferna raptantur, damnante Deo, cujus judicia esse justissima comprobantur. Rex Guillelmus cum a Lindisse reverteretur, reliquit ibi germanum suum Rodbertum Moritoliensem comitem et Rodbertum Aucensem, qui Danorum excursiones arcerent. Dani aliquandiu deliturre. Verum postquam tuta sunt opinati, conviviis provincialium, quæ vulgo firmam appellant, illecti, ad terram egrediuntur. Ambo comites ex improviso eos invadunt, epulas cruore confundunt, instant trepidis, ad naves usque cædendo fugientes persequuntur. Divulgatur iterum eosdem latrunculos Eboracum advenire, qua Natalem Dominicum celebrent, seseque ad præliandum præparent. Properans illo rex e Snotingeham, præpeditur ad Fracti-Pontis aquam impatientem vadi, nec navigio usitatam. Reditum suadentibus non acquiescit, pontem fieri volentibus id opportunum non esse respondet, ne hostis repente super eos irrueret et inferendæ cladis occasionem in ipso opere haberet. Tres hebdomades illic detinentur. Denique Lisois audax miles, quem de Monasteriis agnominabant, flumen summopere attentabat, et vadum supra infraque quæritabat. Per multam demum difficultatem locum transmeabilem deprehendit, et cum LX magnanimis equitibus pertransivit, super quos hostium multitudo irruit; sed his acerrime repugnantibus non prævaluit. Postero die Lisois reversus prodit vadum, nec mora traducitur exercitus. Itur per silvas, paludes, montana, valles arctissimo tramite, qui binos lateraliter ire non patiebatur. Sic Eboraco appropinquatum est, sed Danos aufugisse nuntiatum est. Rex autem tribunos et præsides cum armatorum manu, qui restaurarent in urbe castella direxit; et alios nihilominus in ripa Humbræ, qui Danis resisterent, reliquit. Ipse vero in saltuosa quædam et difficillime accessibilia loca contendit, et abditos illic hostes persequi summopere studuit. Spatio centum milliariorum castra ejus diffunduntur. Plerosque gladio vindice ferit, aliorum latebras evertit, terras devastat, et domos cum rebus omnibus concremat. Nusquam tanta credulitate usus est Guillelmus; hic turpiter vitio succubuit, dum iram suam regere contempsit, et reos innocuosque pari animadversione peremit. Jussit enim, ira stimulante, segetibus et pecoribus cum vasis et omni genere alimentorum repleri, et igne injecto penitus omnia simul comburi, et sic omnem alimoniam per totam regionem Trans-Humbranam pariter devastari. Unde sequenti tempore tam gravis in Anglia late sævit penuria, et inermem ac simplicem populum tanta famis involvit miseria, ut Christianæ gentis utriusque sexus et omnis ætatis homines perirent plus quam centum millia. In multis Guillelmum nostra libenter extulit relatio; sed in hoc quod una justum et injustum tabidæ famis lancea æque transfixit, laudare non audeo. Nam, dum innocuos infantes juvenésque vernantes et floridos canitie senes fame periclitari video, misericordia motus miserabilis populi mœroribus et anxietatibus magis condoleo, quam frivolis adulationibus favere inutiliter studeo. Præterea indubitanter assero quod impune non remittetur tam feralis occisio. Summos enim et imos intuetur omnipotens judex, et æque omnium facta discutiet ac puniet districtissimus vindex, ut palam omnibus enodat Dei perpetua lex.

VIII. *Guillelmus rex hostes profligat suos. Regia corona ei a papa mittitur.*

Inter bella Guillelmus ex civitate Guenta jubet afferri coronam, aliaque ornamenta regalia et vasa, et dimisso exercitu in castris, Eboracum pergit, ibique Natale Salvatoris nostri concelebrat. Rursum comperit hostile collegium in angulo quodam regionis latitare, mari vel paludibus undique munito. Unicus aditus per solidum intromittit, latitudine tantum viginti pedum patens. Prædam abundantem contraxerant, securi agitabant, nullam sibi vim nocere posse putabant. Attamen, ut agmen regium approximare audierunt, noctu quantocius abierunt. Rex ardens infestos sibi hostes ad flumen Tesiam insequitur, et avia prorumpit, quorum asperitas interdum peditem eum ire compellit. Super Tesiam sedens quindecim dies transegit. Ibi reconciliati sunt Guallevus præsens et Caius Patricius absens, sacramento per legatos exhibito. Horum paulo ante contubernales jam periclitabantur Dani, ut vagi piratæ fluctibus et ventis jactati. Urgebat eos non minus fames quam tempestas. Pars naufragio periit. Residui vitam vilissima pulte sustentabant, nec solum milites gregarii, verum ipsi quoque principes, comites atque pontifices. Carnes penitus defecerant, quibus diu rancidis ac putridis vescebantur. Egredi ad comportandum rapinas non audebant, neque littus propter incolarum terrorem uspiam attingere. Tandem magnæ classis exiguæ reliquiæ Daciam repetierunt, et Sueno regi suo magna discrimina quæ perpessi sunt, nimiamque ferocitatem hostium, suorumque ruinam sodalium flebiliter retulerunt.

Mense Januario, rex Guillelmus Haugustaldam revertebatur a Tesia, via quæ hactenus exercitui erat intentata, qua crebro acutissima juga et vallium humillimæ sedes, cum vicinia serenitate verna gaudet, nivibus complantur. At ille in acerbissimo hiemis gelu transivit, animosque militum confirmavit sua alacritate. Illud iter difficulter peractum est, in quo sonipedum ingens ruina facta est. Anxius pro sua quisque salute exstitit, dominique parum aut amici meminit. In ea difficultate rex cum senis tantum equitibus aberravit, et noctem integram, ubinam essent quos ductabat ignarus, exegit. Eboracum reversus complura illic castella restauravit, et urbi ac regioni commoda ordinavit. Deinde movet expeditionem contra Cestrenses et Guallos, qui præter alias offensas nuperrime Scrobesburiam obsederunt. Exercitus autem qui dura toleraverat, in hoc itinere multo duriora restare timebat. Verebatur enim locorum asperitatem, hiemis intemperiem, alimentorum inopiam, et hostium terribilem ferocitatem. Andegavi, Britones et Cenomanni servitiis, ut dicebant, intolerabilibus oppido gravabantur; unde pertinaciter a rege missionem petentes conquerebantur. Sui nimirum ad expugnationem depromebant non posse domino semper nova et immoderata audenti, nimiaque præcipienti obsequi. Rex autem constantiam Julii Cæsaris in tali necessitate secutus est, nec eos multo precatu seu novis promissis retinere dignatus est. Audacter inceptum iter init, fidasque sibi cohortes se sequi præcepit, desertores vero velut inertes pavidosque et invalidos, si discedant, parvipendit. Post difficillimas fatigationes victoribus requiem promittit, nec ad honores posse pertingere nisi per labores asserit. Indefessim itaque pergit via equiti nunquam ante experta, in qua sunt montes ardui et profundissimæ valles, rivi et amnes periculosi, et voraginosa vallium ima. In hac via gradientes sæpe nimio vexabantur imbre, mista interdum grandine. Aliquando præstabant cunctis usum equi in paludibus enecti. Ipse rex multoties pedes cunctos agiliter præcedebat, et laborantes manibus impigre adjuvabat. Tandem exercitum incolumem usque Cestram perduxit, et in tota Merciorum regione motus hostiles regia vi compescuit. Tunc Cestræ munitionem condidit, et in reversione sua apud Estafort alteram locavit, milites et ancillonias abunde utrobique imposuit. Perveniens inde Salesburiam, præmia militibus ibi pro tanta tolerantia largissime distribuit, bene meritos collaudavit, et cum gratia multa dimisit. Desertores autem ad dies XL ultra discessum commilitonum per indignationem retinuit, eaque pœna delictum, quod pejus meruit, castigavit.

Post hæc Guillelmus rex Dominicam Resurrectionem in urbe Guenta celebravit, ubi cardinales Romanæ Ecclesiæ coronam ei solemniter imposuerunt. Nam ex petitione ipsius Alexander papa tres idoneos ei ut charissimo filio legaverat vicarios, Ermenfredum pontificem Sedunorum, et duos canonicos cardinales. Quos apud se annuo ferme spatio retinuit, audiens et honorans eos tanquam angelos Dei. In diversis locis, in plurimis negotiis sic egere, sicut indigas canonicæ examinationis et ordinationis regiones illas dignovere.

IX. *Concilium Windresorense. Pietas et laud.bilis agendi modus Guillelmi regis. De originibus monastici ordinis in Anglia.*

Maxima vero ac utillima synodus Windresoris (57) celebrata est anno 1070 ab Incarnatione Domini. Rex et cardinales eidem concilio præsederunt, et illic Stigandum pridem reprobatum anathemate deposuerunt. Perjuriis enim et homicidiis inquinatus erat, nec per ostium in archipræsulatum introierat. Nam a duobus episcopis, Norfulcano et Guentano, nefanda gradatione ambitionis et supplantationis ascenderat. Suffraganei quoque aliquot dejecti sunt, indigni pontificatu propter criminosam vitam et curæ pastoralis inscitiam. Constituti sunt autem nominandi præsules Normanni duo regii capellani, Gualchelinus Guentanorum, et Thomas Eboracorum; unus in loco depositi, alter defuncti; uterque prudens, plenus mansuetudine et humanitate, venerabilis et amabilis hominibus, verens et amans Deum medullitus. Item alii subrogati sunt, traducti ex Gallia, litterati, decorati moribus ac studiosi divinorum amatores.

Multimodæ honestatis studio in multis rex Guillelmus laudabilis claruit, maximeque in ministris Dei veram religionem cui pax interdum et prosperitas mundi famulatur semper amavit. Hoc fama multiplex attestatur, hoc operum exhibitione certissime comprobatur. Nam, dum pastor quilibet completo vitæ suæ termino de mundo migraret, et Ecclesia Dei proprio rectore viduata lugeret, sollicitus princeps prudentes legatos ad orbatam domum mittebat, omnesque res Ecclesiæ, ne a profanis tutoribus dissiparentur, describi faciebat. Deinde præsules et abbates, aliosque sapientes consiliarios convocabat, et eorum consilio quis melior et utilior tam in divinis rebus quam in sæcularibus ad regendam Dei domum videretur, summopere indagabat. Denique illum, quem pro vitæ merito et sapientiæ doctrina provisio sapientum eligebat, benevolus rex dispensatorem et rectorem episcopatus vel abbatiæ constituebat. Hanc nimirum observationem quinquaginta sex annis custodivit, quibus regimen in ducatu Normanniæ seu regno Angliæ tenuit, et inde religiosum morem et exemplum posteris dereliquit. Simoniacam hæresim omnimodis abhorrebat, et ideo in eligendis abbatibus vel episcopis non tam opes seu potentiam quam sanctitatem et sapientiam personarum considerabat. Probatas virtute personas cœnobiis Angliæ præfecit; quorum studio et rigore monachatus qui jam aliquantulum tepuerat revixit; et qui defecisse videbatur, ad pristinum robur surrexit.

Augustinus enim et Laurentius, aliique primi prædicatores Anglorum monachi fuerunt, et in episcopiis suis vice canonicorum, quod vix in aliis ter-

---

(57) Hodie, *Windsor*. In hoc loco, seu potius in Guenta urbe, vulgo *Winchester*, celebratum fuit concilium.

ris invenitur monachos pie constituerunt. Cœnobia multa et præclara construxerunt, et conversis instituta regularia verbis et exemplis tradiderunt. Magnifice igitur monachilis ordo plus quam ducentis annis in Anglia floruit, et Christiana religio reges Anglorum Edelbertum et Eduinum, Oswaldum et Offam, aliosque plures feliciter coercuit, et salubriter in montem virtutum sustulit; donec Edmundus Estanglorum rex, cum aliis duobus Angliæ regibus, paganorum gladio martyr occubuit. Tunc ethnici reges Danorum Oskytel et Gudrum, Hamund et Halfdene, Inguar et Hubba cum turmis suis Angliam invaserunt, ecclesias monachorum et clericorum concremaverunt, populumque Dei ut bidentes mactaverunt.

Post aliquot annos, Elfredus Gewissorum rex, filius Edelvulfi regis, in paganos surrexit, et virtute Dei hostes aut peremit, aut expulit, aut subegit, et primus omnium regum monarchiam totius Angliæ solus obtinuit. Probitate et liberalitate, laudabilique providentia omnes Angliæ reges præcedentes et subsequentes, ut reor, excellit, annisque XXIX laudabiliter in regno peractis Eduardo seniori filio suo sceptra reliquit. Pacificato itaque regni statu, religiosi principes et episcopi cœnobia iterum cœperunt restaurare. Et quia omnes monachi totius Albionis perempti fuerant aut fugati supradicta rabie gentilium, miserunt egregium juvenem Osvaldum ad Floriacense cœnobium, quod in Gallia Leodebodus Aurelianensis construxit supra Ligerim fluvium tempore Lodovei filii Dagoberti regis Francorum. Locus ille admodum venerabilis est ossibus sancti Benedicti Patris et magistri monachorum, quæ Aigulfus monachus a Mummolo abbate destinatus de Beneventana provincia detulit in Aurelianensem pagum. Hoc nimirum contigit post depopulationem Cassinensis monasterii, quam beatus Benedictus cum lacrymis prædixerat Teoprobo monacho nobili servo Dei, ut in secundo *Dialogorum* libro legimus, quem Petro subdiacono edidit luculenter insignis papa Gregorius.

Defuncto Clepone rege, antequam Autarith filius ejus ad imperandum esset idoneus, et tota gens Langobardorum sine rege subjugata esset XXXIV ducibus, prædones Guinilorum furibundi noctu impetum fecerunt et Cassinense monasterium depopulati sunt; sed omnes monachi, protegente Deo, incolumes cum Bonito abbate suo evaserunt. Deinde ex annis eadem desolatio ibidem permansit; donec Petronax Brixensis episcopus Cassinum montem adiit, et ibidem, auxiliante Zacharia papa, nobile cœnobium restauravit; quod usque in hodiernum diem magnifice sublimatum quotidie crescit. Dum præfata itaque desolatio perduraret, et Cassinus mons cultoribus careret, Floriacensis domus, volente Deo, ditata est pretioso corpore præcipui Patris Benedicti; cujus translationem Cisalpini cœnobitæ singulis annis solemniter et devote celebrant V Idus Julii. Illuc Osvaldus reverendus adolescens accessit ut monachus fieret, et monachilem normam edisceret, suamque vitam secundum voluntatem Dei salubriter coerceret, aliosque hujus ordinis amatores per apostolorum vestigia supernæ vocationis ad bravium pertraheret. Quod ita factum est.

Post aliquot annos Osvaldus a Floriacense archimandrita benigniter rogantibus Anglis redditus est. Et quia multiplici tam sagacitate quam bonitate pollebat, omnibus Angliæ cœnobiis præpositus est. Venerabiles quoque viri Dunstanus ac Adelvoldus eum summopore adjuverunt, et Glastoniam ac Abundoniam primitus institutis regularibus instruxerunt. His doctoribus fideliter obedierunt reges Anglorum Adelstanus, Ædredus, Edmundus, et præcipue Edgarus Edmundi filius. Quo regnante, Dunstanus Doroberniæ metropolitanus factus est ac Adelvoldus Guentoniensis præsul inthronizatus est. Osvaldus autem prius Guigornensem episcopatum ac postea rexit Eboracensem archipræsulatum. Horum precibus Floriacensis Abbo sapiens atque religiosus cœnobita missus est trans mare, et monasticum usum docuit Ramesiæ et in aliis monasteriis Angliæ, sicuti tenebatur in Gallia eodem tempore. Studium sanctitatis et totius honestatis præfatos antistites illuminavit, et dogmatibus eorum ac miraculis per eos exhibitis commode irradiavit, multisque vulgaribus et litteratis profuit.

Tunc cœnobium Medeshamstede, quod pridem tempore Vulferi regis Merciorum Sexvulfus pontifex construxit, Adelvoldus præsul sub Edgaro rege in vico, qui modo Burg dicitur, restauravit, et basilicam in honore sancti Petri apostolorum principis edictam magnis opibus ditavit. Deinde Torneiense, Eligense, et alia multa monasteria pluribus in locis fabricata sunt, et conventus in illis monachorum, aut clericorum, aut sanctimonialium solerter locati sunt. Copia reddituum singulis monasteriis largiter impartiebatur; unde sufficiens victus et vestitus theoricis administraretur, ne pro penuria rerum necessariarum in divino cultu aliquatenus vacillantes frangerentur.

Sic in Anglia monasticus ordo renovatus est, et in multis cœnobiis gloriosum agmen monachorum contra Satanam virtutum armis munitum est, et perseveranter dimicare in prælio Domini donec victoria potiatur, nobiliter edoctum est. Verum post aliquod tempus, ad expurgandum triticum, ubi exuberantia zizaniorum nimis multiplicata est, iterum sub Egelredo rege, filio Edgari, gravissima tempestas ab aquilone Anglis oborta est. Nam vesanus idololatra Suenus rex Danorum Angliæ cum valida classe paganorum applicuit, ac ut nimius turbo super improvidos illico irruit, pavidusque rex Egelredus cum filiis suis Eduardo et Elfredo et Emma regina in Normanniam aufugit. Non multo post Suenus, dum nimis in Christianos sæviret, a sancto Edmundo jussu Dei peremptus est, et Egelredus audita morte inimici, ad sua regressus est. Deinde

Chunutus rex Dacorum, ut diversos eventus patris sui comperit, duos reges, Lacman Suavorum et Olavum Noricorum sibi ascivit, et cum ingenti exercitu Angliam adiit. Denique post multas strages, defuncto Egelredo rege et Edmundo Irniside filio ejus, Angliam obtinuit; et ipse postmodum, filiique ejus Heraldus et Hardecunutus, plus quam XL annis possedit.

His tempestatibus Cantuaria metropolis obsessa et combusta est, et S. Elfagus archiepiscopus diversis suppliciis a gentilibus Danis martyrizatus est. Tunc aliæ urbes concrematæ sunt, et episcopales ac monachiles ecclesiæ cum libris et ornamentis destructæ sunt. Grex quoque fidelium per diversa loca tot procellis agitatus est, et luporum dentibus patens variis modis horribiliter dilaniatus est.

X. *Summa Romanorum pontificum ad Anglos instruendos cura. Relaxatio morum Guillelmus rex ecclesiasticam disciplinam restaurat. Lanfrancus Cantuariensis archiepiscopus.*

Prolixam digressionem, sed, nisi fallor, non inutilem protelavi, et de priscis Annalibus collecta recensui, ut causa manifeste pateat studioso lectori, cur Anglos agrestes et pene illitteratos invenerint Normanni, quos olim optimis institutionibus solerter instruxerunt pontifices Romani.

Gregorius enim et Bonifacius eximios doctores, cum libris et omnibus ecclesiasticis utensilibus, Anglis miserunt, ac ut charissimos filios ad omne bonum educantes erudierunt. Deinde Vitalianus papa tempore Osvii et Egberti regum, sapientissimos viros Theodorum archiepiscopum et Adrianum abbatem in Angliam misit; quorum peritia studioque Anglicus clerus tam Latina quam Græca eruditione affatim imbutus mirabiliter viguit. His sequenti tempore florentes Albinus abbas et Adelmus præsul successerunt, quorum solertia et religio multos docuerunt, scriptisque laudabilia virtutum suarum monumenta posteritati effigiaverunt. Hos omnes et plures alios perspicax Beda laudibus extulit, et indagine liberalium artium, rerumque secretarum perfectis æquiparari laboravit. Salutiferum panem Veteris et Novi Testamenti pueris Ecclesiæ dilucidando confregit, abdita in explanationum libris plus quam LX reseravit, et sic tam apud suos quam apud exteros perennem sibi memoriam promeruit.

Pretiosis lapidibus in muro cœlestis Jerusalem feliciter collocatis, triticeisque granis in apotheca veri Joseph diligenter reconditis, silices in plateis stratæ sunt, et paleæ in sterquilinium projectæ, et irreverenter a prætereuntibus conculcatæ sunt. Sic omnipotentis Dei justo nutu, postquam electi de transitoriis ad æterna migrarunt, dum Daci, ut jam descripsimus, divino et humano metu carentes, per Angliam diu debacchati sunt, innumeræ contra Dei legem prævaricationes temere patratæ sunt. Humana exercitia, quæ semper ad nefas prona sunt, subtractis rectoribus cum virga disciplinæ, per infandos actus abominabilia facta sunt. Hujuscemodi dissolutio clericos et laicos relaxaverat, et utrumque sexum ad omnem lasciviam inclinaverat. Abundantia cibi et potus luxuriem nutriebat, levitas et mollities gentis in flagitium quemquam facile impellebat. Destructis monasteriis monastica religio debilitata est, et canonicus rigor usque ad Normannorum tempora reparatus non est. Per longum itaque retro tempus transmarinorum monachatus deciderat, et parum a sæcularitate conversatio monachorum differebat. Habitu fallebant ac professionis vocabulo, dediti ganeæ, peculiis innumeris fœdisque prævaricationibus. Hic itaque ordo Guillelmi regis instinctu ad instituta regularia corrigebatur, ac ad consuetudines beatificas perductus valde honorabatur. Aliquanti abbates a rege noviter ordinati sunt, et complures cœnobitæ in monasteriis Gallicis competenter edocti sunt. Qui regio jussu Anglis prælati disciplinam instituebant, et religiositatis exempla proponebant. Cœnobio beati Petri apostolorum principis, quod Anglorum primus doctor construxerat Augustinus, famosus abbas scientia et bonitate pollens prælatus est Scollandus. Hic ex nominato stemmate in Normannia natus, in monte Michaelis archangeli-ad-periculum-maris regulariter educatus, ad emendationem morum Cantuariis a Normannis est prælatus. Similiter in aliis monasteriis cita magistrorum mutatio facta est, quæ quibusdam utilis et nonnullis periculosa tam magistris quam subditis facta est.

Cantuariensis cathedra, in qua sedens Augustinus decreto Gregorii papæ præfuit omnibus episcopis Britanniæ, deposito Stigando, decreta est Lanfranco Cadomensium abbati, regis et omnium optimatum ejus benevola electione. Hic ex nobili parentela ortus, Papiæ urbis Italiæ civibus, ab annis infantiæ in scholis liberalium artium studuit et sæcularium legum peritiam ad patriæ suæ morem, intentione laica fervidus edidicit. Adolescentulus orator veteranos adversarius in actionibus causarum frequenter præcipitavit, torrente facundia apposite dicendo senes superavit. In ipsa ætate sententias promere statuit, quas gratanter jurisperiti aut judices aut prætores civitatis acceptabant. At cum in exsilio velut Plato quondam academicus philosopharetur, ignis æternus mentem ejus incendit et amor veræ sapientiæ cordi ejus illuxit. Animadvertebat cum Ecclesiaste, quod nondum ecclesiasticæ lectionis usu didicit, quia mundi bona vanitas. Repentino itaque animi contemptu jactans mundum ac se, arripiensque religionis professionem, jugo regulari subdidit se. Cœnobiolum Beccense in Normannia loci situ et paupertate elegit, quod prudentia ipsius vigilantissimaque cura locupletavit, et in statum pulcherrimi ordinis provexit, dum severa mitique disciplina regeret fraternum collegium, humilique et utili consilio sanctum abbatem, nomine Herluinum, neophytum exsulem, dum sese vitiis et mundo mortificaret, et pro intimis ac supernis maxime laboraret, publicavit Deus inspector cogitationum ut lucerna poneretur super candelabrum, Dominique convenienter illuminaret amplissimam domum. Coactu obedientiæ de claustrali quiete protractus magister processit, quo docente, philosophicarum ac divinarum litterarum bibliotheca effulsit. In utraque nodos quæstionum solvere potentissimus erat. Hoc magistro primitus Normanni litteratoriam artem perscrutati sunt, et de schola Beccensi eloquentes in divinis et sæcularibus sophistæ processerunt. Nam antea sub tempore sex ducum Neustriæ vix ullus Normannorum liberalibus studiis adhæsit, nec doctor inveniebatur, donec provisor omnium Deus Normannicis oris Lanfrancum appulit. Fama peritiæ illius in tota ubertim innotuit Europa; unde ad magisterium ejus multi convenerunt de Francia, de Wasconia, de Britannia necne Flandria.

Admirandum cognoscerent ingenium sibi, studiumque Lanfranci Herodianus in grammatica, Aristoteles in dialectica, Tullius in rhetorica, Augustinus et Hieronymus, aliique legis et gratiæ expositores in sacra pagina. Athenæ quando incolumes florebant, et excellentissimæ ad præcipiendum sedebant, Lanfranco in omni genere eloquentiæ aut disciplinarum assurgerent, et perceptis ab eo commodis allegationibus instrui cuperent. Studiosus fuit idem cœnobita gladio verbi perimere sectas, si quæ fidem lacesserent catholicam. Profecto Berengerium Turonensem, quem nonnulli hæresiarcham putabant, et ejus dogma damnabant, quo de salutis hostia mortem animabus propinabat, spiritualis eloquii mucrone confodit in synodo Romana et Vercellensi. Ibi sanctissime exposuit, veracissime comprobavit panem et vinum, quæ Dominicæ mensæ superponuntur, post consecrationem esse veram carnem et verum sanguinem Domini Salvatoris. Profundissimis disputationibus Berengerium Romæ Turonisque palam evicit, omnemque hæresim anathematizare, scriptoque veram fidem profiteri coegit. Deinde blasphemus hæresiarcha, quia mœstus erubuit, quod libellos perversi dogmatis Romæ suis, ne ipse cremaretur, manibus in ignem conjecerit, discipulis pecunia pariter ac fallacia corruptis, recens scriptum domi condidit, et per eosdem peregre transmisit ut vetus error approbatius fulciretur et in futuros perdurabilior annos porrigeretur. Ad quod destruendum Lanfrancus dilucido edidit, venustoque stylo libellum, sacris auctoritatibus ponderosum et indissolubiliter constantem consequentiis rationum, veræ intelligentiæ æstructione de eucharistia copiosum, facundo sermone luculentum, nec prolixitate tædiosum. Multæ ecclesiæ abbatem vel pontificem incredibili desiderio sibi Lanfrancum petierunt, quem etiam Roma, Christiani orbis caput, sollicitavit epistolis, et precatu retinere conata est et vi. Sic omnibus emicuit honorabilis, quem virtus et sapientia decorarat specialis.

Sedunensis igitur episcopus, postquam Stiganum, ut jam dictum est, deposuit, Lanfrancum ad regimen pontificale invitavit, et in consilio episcoporum ac abbatum Normanniæ petitionem Ecclesiæ Dei denuntiavit. Ille autem perturbatus tam grave sibi onus extimuit et inducias ad deliberandum petiit, indubitatum tenens quod simul ire non posset monachi otium et archipræsulis negotium. Abbas Herluinus imperat, cui obsecundare velut Christo solebat. Regina cum filio principe precatur. Majores quoque ideo collecti studiose hortantur. Non abnuit ille præcipiti sententia, quia omne factum et dictum ejus discretionis dirigebat norma. Obedientiam offendere cavet, simul tantos qui rogant, favent, adhortantur. Mœstus ergo trans mare vadit excusatum se, sperans jucunditatem in reversione. Rex cum gaudio adjutorem culturæ Christianæ reverenter suscepit, et excusatione reluctantem humilitate et majestate pulchre pugnans devicit.

Anno itaque Dominicæ Incarnationis 1070, Lanfrancus Cadomensium primus abbas divinitus Anglis institutor datus est, et honestissima electione ac fideli consecratione Cantuariensis Ecclesiæ archipræsul IV Kal. Septembris inthronizatus est. Cujus ordinationi multi præsules et abbates interfuere cum maxima cleri populique multitudine. Præsentes et absentes totius Albionis incolæ tripudiarent, atque multum læti Deo gratias agerent, si quantum boni cœlitus sibi tunc impartiretur agnoscerent.

In Cadomensi Ecclesia Guillelmus, Radnodi Sagiensis episcopi filius, Lanfranco successit; quem post novem, ut reor, annos inde rex Guillelmus ad regendam Rothomagensem metropolim provexit. Hic consobrinus Guillelmi præsulis Ebroicensium, filii Girardi Fleitelli, fuit, cujus potentia tempore Richardorum in Neustria maxime viguit. Canonicus et archidiaconus Rothomagensis Maurilio pontifici paruit, magisque Dei amore fervens, cum Theoderico Uticensi abbate peregre perrexit, et gloriosum Salvatoris sepulcrum in Jerusalem reverenter adiit. Inde reversus pristinos præcavens labores amittere, mundi lenociniis penitus subtraxit se, et in Beccensi cœnobio divinæ gratanter inhæsit militiæ. Dein cum Lanfranco ad instructionem neophytorum, qui in Cadomense castrum ad servitutem Christi confluebant, protractus est; quorum ipse paulo post Pater et magister laudabilis factus est.

Defuncto Guillelmo Ebroicensi episcopo, Balduinus ducis capellanus successit, et præsulatum fere septem annis regulariter rexit.

Quo defuncto, Gislebertus, Osberni filius, canonicus et archidiaconus Lexoviensis successit, et episcopatum plus quam XXX annis utiliter tenuit, et res Ecclesiæ multis modis auxit, solertiaque sua emendavit.

Ivone vero Sagiensium præsule defuncto, Rodbertus Huberti de Ria filius successit, qui fere XII annis præsulatui præfuit, et ipse, circa Dei cultum fervens, religiosos multum dilexit (58).

XI. *Pax et concordia paulatim inter Anglos et Normannos stabiliuntur. Morcarum comitis infelices casus. De Guillelmo Pictavensi scriptore.*

His temporibus, opitulante gratia Dei, pax in Anglia regnabat, et securitas aliquanta, procul repulsis latronibus, habitatores terræ refovebat. Civiliter Angli cum Normannis cohabitabant in burgis, castris et urbibus, connubiis alteri alteros mutuo sibi conjungentes. Vicos aliquot aut fora urbana Gallicis mercibus et mangonibus referta conspiceres, et ubique Anglos, qui pridem amictu patrio compti videbantur Francis turpes, nunc peregrino cultu alteratos videres. Nemo prædari audebat, sed unusquisque sua rura tuto colebat, suoque compari, sed non per longum tempus, hilariter applaudebat. Fiebant et reparabantur basilicæ, et in eis sacri oratores obsequium studebant Deo debitum persolvere. Regnans in rege diligentia boni vigilabat, et quoscunque poterat ferventer ad bona excitabat. Anglicam locutionem plerumque sategit ediscere, ut sine interprete querelam subjectæ gentis posset intelligere, et scita rectitudinis unicuique, prout ratio dictaret, affectuose depromere. Ast a perceptione hujusmodi durior ætas illum compescebat, et tumultus multimodarum occupationum ad alia necessario attrahebat.

Verum, quia humani generis adversarius tanquam leo rugiens terram circumit, quærens quem dente crudelitatis suæ comminuere possit, iterum ingens turbatio Anglis oritur atque Normannis, atque ad multorum detrimentum diu perfida sævit Erinnys. Nam rex Guillelmus, consilio pravorum male usus, laudi suæ damnum ingessit, dum fraudulenter inclytum comitem Morcarum in Eliensi insula conclusit, sibique confœderatum, et nil mali machinantem vel suspicantem obsedit. Versipelles autem inter eos nuntii discurrerunt, et dolosam conditionem nequiter pepigerunt, scilicet ut se comes regi redderet, eumque rex pacifice ut fidum amicum susciperet. Obsessus nempe diu poterat sese ibidem inaccessibilitate loci defendere, aut nimia vi accidente, per circumfluens flumen usque in Oceanum navigio diffugere. Sed ille falsis allegationibus simpliciter acquievit, et cum suis ad regem pacifice de insula exivit. Rex autem metuens ne Morcarus injurias sibi et compatriotis suis nequiter illatas ulcisceretur, et per eum aliquæ seditiones in regno Albionis implacabiles orirentur, illum sine manifesto reatu vinclis injecit, omnique vita sua in ergastulo coercuit, et cautelæ Rogerii oppidani Belmontis mancipavit. Quod formosissimus juvenis Eduinus comes ut audivit, emori quam vivere peroptavit, nisi Morcarum fratrem suum injuste captum liberasset, aut uberrimo sanguine Normannorum sese vindicasset. Sex igitur mensibus a Scotis et Guallis vel Anglis auxilia sibi quæsivit. Interea tres fratres, qui ei familiares præcipuique satellites erant, Normannis eum prodiderunt, et ipsi eumdem cum xx equitibus toto nisu sese defendentem occiderunt. Tunc ad hoc facinus exæstuatio marina Normannos adjuvit, quæ ad rivulum quemdam Eduinum morari coegit, eique fugam penitus ademit. Audita per Angliam Eduini morte, luctus ingens non solum Anglis sed etiam Normannis et Francis ortus est, qui eum velut socium seu cognatum cum multis fletibus planxerunt. Nam idem, ut supra dictum est, fuerat ex religiosa parentela natus, multisque bonis deditus, prout poterat inter tanta sæcularium curarum impedimenta positus. Corpus pulchritudine in multis millibus eminebat, et clericorum atque monachorum, pauperumque benignus amator erat. Rex autem Guillelmus, comperta proditione qua sæpe fatus Merciorum consul perierat, pietate motus flevit, et proditores, qui pro favore illius ei caput domini sui deferebant, severus in exsilium expulit.

Huc usque Guillelmus Pictavinus historiam suam texuit, in qua Guillelmi gesta, Crispi Salustii stylum imitatus, subtiliter et eloquenter enucleavit. Hic genere Normannus, de vico Pratellensi fuit, ibique sororem, quæ in monasterio S. Leodegarii sanctimonialibus præerat, habuit. Pictavinus autem dictus est, quia Pictavis fonte philosophico ubertim imbutus est. Reversus ad suos omnibus vicinis et consodalibus doctior enituit, et Lexovienses episcopos, Hugonem et Gislebertum, archidiaconatus officio in ecclesiasticis rebus adjuvit. In rebus bellicis ante clericatum asper exstitit, et militaribus armis protectus terreno principi militavit, et tanto certius referre visa discrimina potuit, quanto periculosius inter arma diris conflictibus interfuit. In senectute sua taciturnitati et orationi studuit, et plus in dictando seu versificando quam sermocinando valuit. Subtiles et concinnos versus atque ad recitandum habiles frequenter edidit, studioque juniorum, quibus ipsi emendarentur, sine invidia erogavit. Contextionem ejus de Guillelmo et ejus pedisequis breviter in quibusdam secutus sum; non tamen omnia quæ dixit, nec tam argute prosequi conatus sum. Amodo, juvante Deo, ea quæ succedenti tempore nostris in viciniis evenerunt notabo; indubitanter ratus quod, sicut ego ea quæ a prioribus edita sunt libenter evolvo, sic juniores, eosque qui nondum nati sunt, præsentis temporis eventus solerter inquisituros existimo.

XII. *Guillelmus rex terras Anglorum suis Normannis dividit. Superbia et luxuria Normannorum.*

Rex Guillelmus, dejectis, ut diximus, Merciorum maximis consulibus, Eduino scilicet interfecto, et Morcaro in vinculis constricto, adjutoribus suis inclytas Angliæ regiones distribuit, et ex infimis Normannorum clientibus tribunos et centuriones

---

(58) Michael episcopus ab Orderico omittitur; quippe qui Sagiensi Ecclesiæ paucis tantum diebus præfuerit. Guizot.

ditissimos erexit. Willelmo Dapifero Normanniæ Osberni filio insulam Vectam et comitatum Herfordensem dedit, eumque cum Gualterio de Laceio, aliisque probatis pugilibus contra Britones bellis inhiantes opposuit. Horum audacia Brachaniaunos primitus invasit, et Guallorum reges Risen et Caducan ac Mariadoth, aliosque plures prostravit. Cestram et comitatum ejus Gherbodo Flandrensi jamdudum rex dederat, qui magna ibi et difficilia tam ab Anglis quam a Guallis adversantibus pertulerat. Deinde legatione coactus suorum, quos in Flandria dimiserat, et quibus hæreditarium honorem suum commiserat, eundi, citoque redeundi licentiam a rege acceperat; sed ibi adversa illaqueatus fortuna in manus inimicorum inciderat, et in vinculis coercitus, mundanaque felicitate privatus, longæ miseriæ threnos depromere didicerat. Interea rex Cestrensem consulatum Hugoni de Abrincis, filio Richardi cognomento Goz. concessit, qui cum Rodberto de Rodelento et Rodberto de Malopassu, aliisque proceribus feris multum Guallorum sanguinem effudit. Hic non dapsilis, sed prodigus erat; non familiam secum, sed exercitum semper ducebat. In dando vel accipiendo nullam rationem tenebat. Ipse terram suam quotidie devastabat, et plus aucupibus ac venatoribus quam terræ cultoribus, vel cœli oratoribus applaudebat. Ventris ingluviei nimis serviebat, unde nimiæ crassitiei pondere prægravatus vix ire poterat. Ex pellicibus plurimam sobolem utriusque sexus genuit, quæ diversis infortuniis absorpta pene tota periit. Ermentrudem filiam Hugonis de Claromonte Belvacensi uxorem duxit, ex qua Richardum Cestrensis comitatus hæredem genuit: qui juvenis adhuc liberisque carens cum Guillelmo Adelino, Henrici regis Anglorum filio, et multa nobilitate vii Kalend. Decembris [ann. 1119] naufragio periit.

Rex Guillelmus Rogerio de Monte Gomerici in primis castrum Arundellum et urbem Cicestram dedit; cui postea comitatum Scrobesburiæ, quæ in monte super Sabrinam fluvium sita est, adjecit. Hic sapiens et moderatus et amator æquitatis fuit, et comitatem sapientum atque modestorum dilexit. Tres sapientes clericos, Godebaldum et Odelerium ac Herbertum, diutius secum habuit, quorum consiliis utiliter paruit. Warino autem Calvo, corpore parvo, sed animo magno, Amieriam neptem suam et præsidatum Scrobesburiæ dedit; per quem Guallos aliosque sibi adversantes fortiter oppressit, et provinciam totam sibi commissam pacificavit. Guillelmum cognomento Pantulfum et Picodum atque Corbatum, filiosque ejus Rogerium et Rodbertum, aliosque fideles, fortissimosque viros comitatui suo præfecit, quorum sensu et viribus benigniter adjutus, inter maximos optimates maxime effloruit.

Rex Guillemus Guallevo comiti, filio Sivardi potentissimo Anglorum, comitatum Northamtoniæ dedit, eique Judith neptem suam, ut firma inter eos amicitia perduraret, in matrimonio conjunxit; quæ duas filias speciosas marito suo peperit. Gualterio quoque cognomento Gifardo comitatum Buchingeham, et Guillelmo de Guarenna, qui Gundredam sororem Gherbodi conjugem habebat, dedit Sutregiam. Odoni vero Campaniensi, nepoti Theobaldi comitis, qui sororem habebat ejusdem regis, filiam scilicet Rodberti ducis, dedit idem comitatum Hildernessæ (59), et Radulfo de Guader genero Guillelmi, filii Osberni, comitatum Northwici. Hugoni vero de Grentemaisnilio municipatum Legrecestræ commendavit; aliisque nobilibus viris municipatus urbium et præsidatus cum magnis honoribus et potestatibus provide distribuit. Henrico Gualchelini de Ferrariis filio castrum Stutesburiæ, quod Hugo de Abrincis prius tenuerat, concessit, aliisque advenis, qui sibi cohæscerant, magnos et multos honores contulit; et in tantum quosdam provexit ut multos in Anglia ditiores et potentiores haberent clientes quam eorum in Neustria fuerant parentes.

Quid loquar de Odone Bajocasino præsule, qui consul palatinus erat, et ubique cunctis Angliæ habitatoribus formidabilis erat, ac veluti secundus rex passim jura dabat? Principatum super omnes comites et regni optimates habuit, et cum thesauris antiquorum Cantiam possedit, in qua jamdudum Ædilbertus Irminrici filius, Eadbald et Ercombertus et Eghert atque Lotheris frater ejus regnarunt, primique regum Anglorum a discipulis Gregorii

(59) Odo iste, Stephani II Campaniæ comitis filius, paterna hæreditate frustratus a patruo suo Theobaldo III, Cartonensi comite, ad Guillelmum Nothum Normanniæ ducem cognatum suum circa annum 1050 confugit; cui Guillelmus uterinam sororem suam Adelaidem, filiam nempe Herluini de Contavilla et Harletæ. Guillelmi ipsius matris, in matrimonium dedit. Tum secutus Odo Guillelmum anno 1066 in Angliam, strenuam ipsi operam in hoc regno armis acquirendo navavit. Neque id sine mercede fuit; nam Guillelmus Hildernensi comitatu in Anglia, quem ipsi gratificatus est, hoc etiam adjecit ut Albemarlensem in Normannia terram, quam ab archiepiscopo Rothomagensi Joanne de Bajocis Odo certis conditionibus acceperat, titulo comitatus decoraret, sicque Odo comitum Albemarlensium caput exstitit, Guillelmo primo exstincto, ejusque hæreditate inter filios Guillelmum Rufum et Ro-

bertum sic divisa, ut priori regnum Angliæ, alteri ducatus Normanniæ in partem cederet, utrique ratione dominiorum suorum Odo clientelæ jure obstrictus evasit. Cujus duplicis officii partes, dissidentibus inter se fratribus, cum ex æquo implere non posset, quasi optione sibi data, Guillelmo regi adhæsit, Anglicumque exinde præsidium in Albemarlense castrum admisit. Verum in hac fide diu non stetit. Ambitione quippe delusus, Roberto de Molbraio aliisque pluribus conjuratis Angliæ baronibus consensit, ut abrogato Guillelmo, sui ipsius filium Stephanum in regem sublegerent Quam perfidiam Guillelmus tempestive admonitus antevertit, Odonemque comprehensum in carcerem conjecit, ubi languentis ævi reliquias consumpsit. Hæc e variis Orderici collecta locis in unum hic congerimus.

Dom Bouquet, lib. iv, p. 587.

papæ fidem Christi susceperunt, et divinæ legis observatione perennis vitæ bravium mercati sunt. Permista, ni fallor, in hoc viro vitia erant cum virtutibus; sed plus mundanis inhærebat actionibus quam spiritualis theoriæ charismatibus. Cœnobia sanctorum valde conqueruntur quod multa eis Odo detrimenta fecerit, et fundos, sibi antiquitus datos a fidelibus Anglis, violenter et injuste abstulerit (60).

Gaufredus quoque Constantiniensis episcopus, de nobili Normannorum progenie ortus, qui certamini Senlacio fautor acer et consolator interfuit et in aliis conflictibus, qui postmodum advenas et indigenas utrinque contriverant, magister militum fuit, dono Guillelmi regis ducentas et octoginta villas, quas a manendo manerios vulgo vocamus, obtinuit; quas omnes nepoti suo de Molbraio, propter nequitiam et temeritatem suam non diu possessuro, moriens dereliquit.

Eustachius quoque Boloniensis (61) et Rodbertus Moritoliensis, Guillelmus Ebroicensis (62) et Rodbertus Aucensis (63) atque Goisfredus Rotronis filius Mauritaniensis, aliique comites et optimates, quos singillatim nominare nequeo, magnos redditus et honores in Anglia receperunt a rege Guillelmo. Sic extranei divitiis Angliæ ditabantur, pro quibus filii ejus nequiter interficiebantur, vel extorres per extera regna irremeabiliter fugabantur.

(60) Ita sit de monasteriis Angliæ. Multa autem Galliæ monasteria eum erga se beneficum agnoscunt, in primis Divionense S. Benigni, cui plurima donaria contulit, ut testatur sequens schedula ex veteri Martyrol. S. Benigni descripta, apud Labbeum, t. 1 *Bibliothˌ mss*., pag. 658, quæ sic habet : *Depositio D. Odonis, Bajocensis urbis episcopi. Hujus anniversarium diem inter præcipuas benefactorum nostrorum memorias merito numeramus : quippe qui devotionem erga nos habitam et a suis progenitoribus traxit, et ipse hanc fructu uberiori hæres non degener augmentavit. De stirpe siquidem comitum Normanniæ exstitit oriundus, qui hanc Divionensem Ecclesiam affectu unico dilexerunt, eamque rebus et possessionibus plurimum provexerunt. Quorum iste imitator effectus, ita eorum affectum suo tempore studuit renovare, ut et sua et illorum memoria apud nos semper nova merito debeat perdurare. Cujus devotionis indicia ut ex parte tangamus, cum vice quadam Urbanum papam intra Gallias constitutum expeteret, Divionem veniens, a D. Jarentone et fratribus hujus loci tanta honorificentia exceptus est, ut sibi nimis incompetens videretur, si non tanto eorum obsequio tali vicissitudine responderet, per quam suum erga eos affectum perenni testimonio comprobaret. Unde adhortante se Willelmo Bajocensi Ecclesiæ decano, pariterque Richardo Rothomagensi archidiacono, dedit S. Benigno Divionensis Ecclesiæ patrono, per manum supra memorati abbatis, monasterium S. Vigoris, extra urbem Bajocensem in monte Chrismatis situm, cum omnibus appendiciis suis, etc....... Qui cum sedem sanctæ Bajocensis Ecclesiæ annis XLVIII feliciter gubernasset, iter Hierosolymitanum aggressus, intra Apuliam vitæ suæ cursum in sanctæ vitæ proposito consummavit, et sic in ecclesia B. Mariæ genitricis suæ ei sepultura provenit.*

Dom Bouquet, lib. IV, p. 587-588.

(61) Eustachius hujus nominis secundus, ab anno circiter 1049 Boloniensis comes, Godæ Ethelredi II

Ipsi vero regi, ut fertur, mille et sexaginta libræ sterilensis monetæ, solidique triginta et tres oboli ex justis redditibus Angliæ per singulos dies redduntur, exceptis muneribus regiis et reatuum redemptionibus, aliisque multiplicibus negotiis, quæ regis ærarium quotidie adaugent. Rex Guillelmus omne regnum suum diligenter investigavit, et omnes fiscos ejus, sicut tempore Eduardi regis fuerant, veraciter describi fecit. Terras autem militibus ita distribuit, et eorum ordines ita disposuit, ut Angliæ regnum LX millia militum indesinenter haberet, ac ad imperium regis, prout ratio poposcerit, celeriter exhiberet.

Adeptis itaque nimiis opibus quas alii aggregarant, Normanni furentes immoderate tumebant, et indigenas divino verbere pro reatibus suis percussos impie mactabant. Manciadæ Maronis disticon completum in illis cernimus :

Nescia mens hominis [hominum] fati sortisque futuræ,
Et servare modum, rebus sublata secundis !

(VIRG., *Æn*., x, 501.)

Nobiles puellæ despicabilium ludibrio armigerorum patebant, et ab immundis nebulonibus oppressæ dedecus suum deplorabant. Matronæ vero elegantia et ingenuitate spectabiles desolatæ gemebant; maritorum et omnium pene amicorum solatio destitutæ, magis mori quam vivere optabant. Indociles parasiti admirabantur et quasi vecordes e superbia Angliæ regis filiæ, post obitum prioris mariti Galtherii Meduntensis comitis, alter sponsus, ac deinde hac sine prole mortua, Idæ Godefridi Barbati Lovaniensis ducis filiæ secundis nuptiis, anno 1057, copulatus, in prælio Hastingensi propemodum occubuit, securi inter humeros graviter vulneratus. Verum anno sequenti donorum quibus ornatus a victore fuerat oblitus, instigante Philippo Galliæ rege, quod Guillelmo pro virili comparaverat, regnum eripere tentavit. Facta proinde coitione cum incolis Cantiæ, Doveram, dum Guillelmus in Normannia versaretur, classe appulit. Perfidia vero Cantiorum interim detecta, sic a præsidariis militibus exceptus est, ut parte suorum cæsa, naves cum reliquis festinato repetere non sine ingenti ignominia fuerit coactus. Factus ea clade sapientior, iratum Guillelmi animum recolligere amicorum ope curavit, neque porro frustra. Nam familiaritatem principis recuperavit, quam sic excoluit, ut nunquam ea deinceps caruerit. Regi Guillelmo I superfuit Eustachius. Quonam autem erga successorem ejus se pacto gesserit, alias videbimus.

ID., lib. IV, p. 588.

(62) Guillelmus Richard Ebroicensis comitis filius ac successor, patrem ad Anglicam Guillelmi Nothi propinqui sui expeditionem secutus, tanta meritorum præmia tulit in Anglia, ut rex ipsi quasi compensationis vice Ebroicense in Normannia castrum abstulerit. Quod damnum, simul ac obiit invasor, resarcit, expulso regali ex arce præsidio.

ID., lib. IV, p. 588.

(63) Robertus Guillelmi patris in Aucensi comitatu successor, Guillelmo Notho cognato suo, duodecim jam annis ante prælium Hastingense, magnam opem tulerat adversus Henricum Galliæ regem, cujus copias, duce Odone ejus fratre, in pagum Vulcassinum ingressas, anno 1054 fuderat, adjuvante Roberto Mortuimaris comite.

ID., lib. IV, p. 588.

efficiebantur unde sibi tanta potestas emanasset, et putabant quod quidquid vellent sibi liceret. Insipientes et maligni cur cum tota contritione cordis non cogitabant quod non sua virtute, sed Dei gubernatis omnia nutu hostes vicerant, et gentem majorem et ditiorem et antiquiorem sese subegerant, in qua plures sancti prudentesque viri, regesque potentes micuerant, multisque modis domi militiæque nobiliter viguerant? Sententia veritatis jugiter eis timenda, et cordi medullitus inserenda esset dicentis : *Eadem mensura qua mensi fueritis remetietur vobis* (Luc. VI, 38).

XIII. *Normanni ecclesiastici et ipsi divitias expetunt. Guitmundi monachi laudabilis abstinentia.*

Nonnulli etiam ecclesiastici viri, qui sapientes et religiosi videbantur, regali curiæ pro dignitatibus cupitis obnixe famulabantur, et diversis assentationum modis non sine dedecore religiosæ opinionis adulabantur. Sicut tironibus suæ a principibus erogabantur stipendia militiæ, sic quibusdam coronatis pro famulatu suo dabantur a laicis episcopatus et abbatiæ, ecclesiarum præposituræ, archidiaconatus et decaniæ, aliæque potestates et dignitates Ecclesiæ, quas meritum sanctitatis et sapientiæ doctrina solummodo deberent obtinere. Clerici et monachi nunc terreno principi pro talibus stipendiis inhærebant, et pro temporali commodo multiplex servitium, quod divino cultui non competit, indecenter impendebant. Prisci abbates sæcularis comminatione potestatis terrebantur, et sine synodali discussione de sedibus suis injuste fugabantur; pro quibus stipendiarii non monachi, sed tyranni contra sanctorum scita canonum intrudebantur. Conventio et profectus fiebat inter commissos greges et archimandritas hujusmodi, qualis inter lupos et bidentes sine defensore solet fieri. Quod facile probari potest ab his qui interfuerunt in Turstino Cadomensi et conventu Glestoniensi. Nam dum protervus abbas cogeret Glestonienses cantum, quem Angli a discipulis beati Gregorii papæ didicerant, relinquere, et ignotum sibi nec auditum antea cantum a Flandrensibus seu Normannis ediscere, orta est lis acerrima, quam mox secuta est sacri ordinis contumelia. Dum enim monachi nova nollent suscipere instituta, et contumacis magistri persisteret pertinacia, laici hero suo suffragati sunt, ferentes spicula. A quibus ex insperato monachorum concio est circumdata, et pars eorum crudeliter est percussa, ac, ut fertur, lethaliter sauciata. Multa his similia referri possent, si lectoris animum salubriter ædificarent. Verum quia hæc sunt minus læta, his omissis, stylum vertam ad alia.

Guitmundus venerabilis monachus cœnobii quod Crux Heltonis dicitur, ubi gloriosus confessor Christi Leudfredus, tempore Hildeberti et Hilperici juniorum regum, Domino feliciter XLVIII annis militasse legitur, regio jussu accersitus, pontum transfretavit, et oblatum sibi a rege et proceribus regni onus ecclesiastici regiminis omnino repudiavit. Erat enim ævo maturus et religiosus, ac scientia litterarum eruditissimus ; cujus ingenii præclarum specimen evidenter patet in libro *De corpore et sanguine Domini* contra Berengarium (64), et in aliis opusculis ipsius. Hic itaque cum a rege rogaretur ut in Anglia secum moraretur, et congruum tempus eum promovendi præstolaretur, secum subtiliter deliberavit, suique votum propositi aliud esse demonstrans, regi respondit :

Multæ causæ me repellunt ab ecclesiastico regimine, quas omnes singulatim nolo nec decet exprimere. In primis infirmitates meas, quibus in corpore et anima incessanter premor, considero ; quibus diligenter perspectis, divinum examen vehementer pertimesco, mœrens quod in via Dei quotidie laboro, et a veritate vacillo. Et dum meipsum salubriter moderari nequeo, qualiter aliorum vitam ad salutis viam dirigere valeo? Omnibus vigili mente perlustratis, non video qua lege digniter præesse valeam illorum cuneo, quorum extraneos mores, barbaramque locutionem nescio, quorum patres charosque parentes et amicos occidistis gladio, vel exhæredatos opprimitis exsilio, vel carcere indebito, intolerabilique servitio. Scrutamini Scripturas, et videte si qua lege sancitur ut Dominico gregi pastor ab inimicis electus violenter imponatur. Ecclesiastica electio prius debet ab ipsis subjectis fidelibus cum sinceritate fieri, ac postmodum astipulatione patrum et amicorum, si canonica est, reverenter confirmari. Alioquin cum charitate debet emendari. Quod bello et effusione multi cruoris truculenter rapuistis, qua ratione mihi aliisque contemptoribus mundi, qui sponte pro Christo nudati sumus propriis, sine culpa impartiri potestis? Generalis omnium religiosorum lex est, a rapinis abstinere, et de præda, etiamsi offertur, pro justitiæ observantia nolle recipere. Dicit enim Scriptura : « *Immolantis ex iniquo, oblatio est maculata* (Eccli. XXXIV, 21). » *Et paulo post :* « *Qui offert sacrificium ex substantia pauperum, quasi qui victimat filium in conspectu patris sui* (ibid., 24). » *Hæc et his similia divinæ legis præconia pertractans, expavesco, et totam Angliam quasi amplissimam prædam dijudico, ipsamque cum gazis suis velut ignem ardentem contingere formido. Et quia Deus jubet ut quisque proximum suum diligat sicut seipsum, sine dolo dicam vobis id quod mihi cœlitus est inditum. Quod mihi utile reor, vobis quoque salutare arbitror. Ergo quod amicabiliter loquar non videatur amarum ; sed tu, strenue princeps, et commilitones tui, qui grate tecum intierunt periculum, nostræ admonitionis benigno corde suscipite eloquium. Opera Dei cunctis diebus vitæ vestræ sagaciter considerate, et judicia ejus, quæ incomprehensibilia sunt, in omnibus operibus vestris timete, et sic vestram vitam æqua lance moderari ad voluntatem Dei satagite, ut ipse arbiter æternus, qui omnia juste disponit, placabilis sit vobis in ultimo dis-*

---

(64) Guitmundi episcopi Aversani, *De corporis et sanguinis veritate in eucharistia.*

crimine. Non vos decipiant adulatores vana securitate, nec insolenter pro secundis eventibus præsentis vitæ vos lethaliter obdormire suadeant in mundana prosperitate. Si vicistis Anglos in congressione, super hoc superbire nolite; sed spiritualis nequitiæ gravius ac periculosius certamen cautius agite, quod restat adhuc et imminet vobis quotidie. Mutationes regnorum frequenter factæ sunt in orbe terrarum, sicut sparsim legimus multiplicium per campos Scripturarum, quibus liberalium a Deo impertita est notitia litterarum. Babylonii sub Nabuchodonosor rege Judæam et Ægyptum et alia regna sibi plurima subegerunt; sed post LXX annos ipsi, cum Balthasar rege suo, a Medis et Persis, quibus præerant Darius et Cyrus nepos ejus, victi et subjugati sunt. Deinde sub Alexandro Magno Macedones, post CCXXX annos, Darium regem Persarum cum multis legionibus devicerunt; et ipsi nihilominus post aliquot annos, Romanis per totum orbem phalanges suas destinantibus, cum Perseo rege suo devicti sunt. Græci sub Agamemnone et Palamede Trojam obsederunt, et Priamum regem Laomedontis filium ac liberos ejus, Hectorem et Troilum, Paridem et Deiphobum, Amphimachumque trucidaverunt, et famosum Phrygiæ regnum post decennem obsidionem flamma et ferro depopulati destruxerunt. Trojanorum una pars sub Ænea duce regnum Italiæ obtinuit; alia pars cum Antenore per longum iter ac difficile Daciam adiit, ibique sedem ponens usque in hodiernum diem habitavit. Romani regnum Jerosolymorum, quod David, aliique potentes successores ejus spoliis allophilorum ditaverunt, et subactis barbaris gentibus, quæ in circuitu erant, sublimaverunt, sub Vespasiano et Tito subverterunt, et nobile templum post primæ ædificationis ejus annos MLXXXIX diruerunt, quando undecies centena millia Judæorum ferro seu fame perierunt. Franci Gallis, tempore Sunnonis ducis, associati sunt, et Romanorum jugo de cervice sua viriliter excusso, super eos regnare cœperunt. Angli-Saxones, ducibus Hengist et Horsa, Britonibus, qui nunc Gualli vocantur, imperium dolis et fortitudine jam fere sexcentis annis abstulerunt. Guinili, qui de Scandinavia insula sorte ejecti sunt, regnante Albuino rege filio Audonis, partem Italiæ, quæ nunc Langobardia dicitur, invaserunt, et Romanis diutius resistentes nunc usque tenuerunt. Omnes hi, quos victoria turgentes recolui, paulo post miseræ subjacuerunt perniciei, parique cum victis contritione torti, irremediabiliter gemunt in cloacis Erebi. Normanni, sub Rollone duce, Neustriam Carolo Simplici subtraxerunt, jamque CXC annis, contradicentibus Gallis et cum bellico tumultu sæpe calumniantibus, tenuerunt. Quid de Gepidis et Wandalis, Gothis et Turcis, Hunis et Herulis; quid de aliis loquar barbaris? Quorum conatus ad nihil est aliud nisi furari et rapere, et, conculcata pace, jugiter furere? Terram turbant, ædes concremant, orbem vexant, opes dissipant, homines jugulant, omnia fœdant et inquietant. His itaque signis mundi portenditur finis, sicut ipsius patenter edocemur voce Veritatis : « Exsurget gens contra gentem et regnum adversus regnum, et erunt terræmotus magni per loca et pestilentiæ et fames, terroresque de cœlo, et signa magna erunt (Luc. XXI, 11). »

Cladibus innumeris premitur sic jugiter orbis.

His et multis hujuscemodi rotatibus in rebus humanis solerter inspectis, non in se glorietur victor de ruina comparis ; quia nec ipse stabit, nisi quantum jusserit dispositio Conditoris. Conversionem locutionis meæ nunc ad te, o rex, faciam ; quam tu, quæso, tibi benigniter haurias propter salutem æternam. Nullus patrum tuorum ante te regale stemma gessit, nec hæreditario jure tantum decus tibi provenit, sed gratuita largitione omnipotentis Dei, et amicitia Eduardi consanguinei tui. Edgarus Adelinus, aliique plures ex linea regalis prosapiæ orti, secundum leges Hebræorum aliarumque gentium, propinquiores sunt hæredes diadematis Anglici. Illis nimirum remotis, sors tibi cessit provectionis; sed Dei judicium quanto occultius, tanto terribilius imminet tibi ad reddendam rationem commissæ villicationis. Hæc benigno ex corde sublimitati vestræ locutus sum, humiliter deposcens ut mens vestra semper sit memor novissimorum, nec vos nimis implicet prosperitas præsentium, quam sequi solet intolerabilis dolor, et ingens luctus ac stridor dentium. Gratiæ Dei vos et amicos atque fideles vestros commendo, Normanniamque cum vestra licentia redire dispono, et opimam Angliæ prædam amatoribus mundi quasi quisquilias derelinquo. Liberam paupertatem amo Christi, quam Antonius et Benedictus amplexati sunt, magis quam divitias mundi, quas Crœsus et Sardanapalus nimis amaverunt, et postmodum misere pereuntes hostibus suis deseruerunt. Christus enim pastor bonus væ divitibus hujus mundi minatur, qui voluptatibus vanis et superfluis hic perfruuntur. Pauperibus vero spiritu promittit beatitudinem in regno cœlorum ; quam nobis det ipse, qui vivit et regnat per omnia sæcula sæculorum. Amen.

Admiratus rex cum proceribus suis insignis monachi constantiam, supplex ac devotus impendit ei decentem reverentiam, et competenter honoratum jussit eum remeare in Neustriam, ibique quo vellet, suam præstolari præsentiam. Auditum est passim, postquam Guitmundus ad septa monasterii sui remeavit, quod ipse monachilem pauperiem divitiis episcoporum præposuerit, et quod obtentum Angliæ in præsentia regis et optimatum ejus, rapinam appellaverit, et quod omnes episcopos vel abbates, qui, nolentibus Anglis, in ecclesiis Angliæ prælati sunt, rapacitatis redarguerit. Verba igitur ejus per Angliam late divulgata sunt, et subtiliter ventilata multis displicuerunt, qui sequaces ejus esse spernentes contra eum ingenti livore exarserunt. Non multo post, defuncto Joanne Rothomagensium archiepiscopo, rex et alii plures Guitmundum ad archiepiscopatum elegerunt ; sed æmuli ejus, quos idem vituperaverat, ne archipræsul fieret, quantum potuerunt impedierunt. In tanto viro nil objiciendum invenerunt, nisi quod filius esset presbyteri. Ille autem ab omni avaritia purgari volens, et inter exteros paupertate premi, quam inter suos dissensiones fovere malens. Odilonem monasterii sui abbatem reverenter adiit, et humiliter ab illo licentiam peregrinandi petiit et accepit. Porro illitteratus abbas metiri nesciebat quantus sapientiæ thesaurus in præfato doctore latebat. Ideo desiderabilem philosophum de monasterio suo facile dimisit; quem Gregorius VII papa venientem ad se gaudens suscepit, cardinalem Sanctæ Romanæ Ecclesiæ præfecit, et Urbanus papa jam probatum in multis metropolitanum Adversis urbis solemniter ordinavit. Hæc urbs tempore Leonis papæ noni a Normannis, qui primo Apuliam incoluerunt, constructa est, et a Romanis, quia ab adversis sibi cœtibus ædificabatur, Adversis dicta est. Hæc utique divitiis opulenta, Cisalpinorum prompta strenuitate bellicosa, hostibus metuenda, fidis clientibus sociisque colenda, Normannorum optione soli papæ gratanter obedit, a quo Guitmundum sophistam mystici decoris pallio insigniter redimitum pontificem accepit. Præfatus archipræsul Ecclesiam sibi commissam diu rexit, et apostolicis privilegiis ab omni mortalium exactione liber plausit. Plebem studiose docuit, meritis et orationibus protexit, atque post multos agones in virtutum exercitiis ad Dominum perrexit.

XIV. *Dissensiones inter comitatus Flandriæ hæredes. Mathildis regina Normanniam gubernat.*

Anno quinto regni sui (65), Guillelmus rex Guillelmum Osberni filium misit in Normanniam, ut cum Mathilde regina tueretur provinciam.

Tunc nimia dissensio inter principatus hæredes in Flandria surrexit. Balduinus enim gener Rodberti regis Francorum, fortissimus Flandrensium satrapa fuit, et ex Adala conjuge sua filios et filias plures multimoda indole pollentes habuit. Rodbertus Fresio, Arnulfus, Balduinus, Udo Treverorum archiepiscopus et Henricus clericus et Mathildis regina atque Judith uxor Tostici comitis soboles Balduini et Adalæ sunt. De quorum moribus et variis eventibus sophistæ magna volumina componere possunt. Rodbertus primogenitus jamdudum patrem offenderat, a quo repulsus et ejectus, ad Florentium ducem Fresionum patris sui hostem secesserat, eique favorabiliter serviens filiam ejus in conjugium acceperat. Unde Flandrensis dux vehementer iratus infremuit, Fresionem eum præ ira cognominavit, et eum omnino extorrem denuntians, Arnulfum juris sui hæredem constituit. Non multo post Balduinus dux defunctus est, et Arnulfus Morinorum ducatum parvo tempore nactus est. Nam Rodbertus Fresio ingentem Fresionum, aliarumque gentium catervam aggregavit, et Flandriam obnixe expugnavit. Philippus autem rex Francorum, qui consanguineus erat eorum, ad auxilium Arnulfi exercitum Gallorum adunavit, et Guillelmum comitem Normanniæ custodem accersiit. Ille vero cum decem solummodo militibus

(65) Anno Christi 1071.

regem adiit, et cum eo alacriter quasi ad ludum in Flandriam accessit. Rodbertus autem Fresio exercitum Henrici imperatoris cuneis suis sociavit, et Dominico Septuagesimæ, x Kal. Martii mane, imperatos præoccupavit, et Philippo rege cum Francis fugiente, Arnulfum fratrem suum et Balduinum nepotem suum et Guillemum comitem telis suorum occidit. Postea Morinorum ducatum diu tenuit, moriensque filiis suis, Rodberto Jerosolymitano et Philippo, reliquit. Guillelmi vero comitis corpus in Normanniam a suis delatum est, et in cœnobio Cormeliensi, cum magno suorum luctu, sepultum est. Duo quippe cœnobia monachorum in suo patrimonio construxerat in honore sanctæ Dei genitricis Mariæ. Unum quidem erat Liræ secus Riselam fluvium, ubi Adeliza uxor ejus tumulata est; aliud vero Cormeliis, ubi ipse, ut diximus, conditus est. Normannorum maximum strenuitate baronem valde omnes planxerunt, qui largitates ejus et facetias atque mirandas probitates noverunt. Hæreditas ejus a rege Guillelmo filiis ejus distributa est. Willelmus major natu Britolium et Paceium, et reliquam partem paterni juris in Normannia obtinuit, et omni vita sua fere xxx annis tenuit. Rogerius autem junior frater comitatum Herfordensem, totumque fundum patris in Anglia obtinuit; sed paulo post propter perfidiam et proterviam suam, ut in sequentibus enodabitur, perdidit.

Reginæ Mathildi, licet potenter regnaret et innumeris opibus abundaret, luctus ingens ortus est de morte patris, de desolatione matris, de crudelitate unius fratris, qua ruina subito facta est alterius fratris et chari nepotis cum multis amicis. Sic omnipotens Deus immemores sui terrigenas percutit, superbos dejicit, et quod dominetur excelsus super omnem terram lucide ostendit. Rodbertus itaque Fresio totam sibi Flandriam subegit et fere xxx annis possedit, amicitiamque Philippi regis Francorum facile promeruit. Ipsi nempe majorum origine erant consobrini, et ambo conjuges habebant filias Florentii Fresionum marchisi, et filii eorum vinculo hujusmodi necessitudinis huc usque tenentur constricti. Porro inter Normannos et Flandritas rediviva dissensio prodiit, et propter necem fratris reginæ, aliorumque affinium, et maxime pro casu Guillelmi comitis diu perduravit. Turbatis in Normannia rebus, rex Angliæ regnum optime disposuit, et ipse in Normanniam, ut ibidem omnia recte et utiliter edomaret, properavit. Audito undique regis adventu, pacis amatores lætati sunt, sed filii discordiæ et fœdi sceleribus ex conscientia nequam, adveniente ultore, contremuerunt. Tunc Normannorum et Cenomannensium majores congregavit, et omnes ad pacem et justitiam tenendam regali hortatu corroboravit. Episcopos quoque et ecclesiasticos viros admonuit ut bene viverent, ut legem Dei jugiter revolverent, ut Ecclesiæ Dei communiter consulerent, ut subditorum mores secundum scita canonum corrigerent, et omnes caute regerent.

XV. *Rothomagense concilium.*

Anno igitur ab Incarnatione Domini 1072, congregatum est concilium in metropolitana Rothomagensis urbis, sede, in basilica beatæ et gloriosæ Dei genitricis semper Virginis Mariæ, cui Joannes ejusdem urbi archiepiscopus præerat, et vestigia Patrum secutus utilitati ecclesiasticæ omnimodis consulebat, cum suffraganeis suis, Odone Bajocensi, Hugone Lexoviensi, Rodberto Sagiensi, Michaele Abrincatensi et Gisleberto Ebroicensi. In primis disputatum est de fide sanctæ et individuæ Trinitatis, quam secundum statuta sanctorum conciliorum, scilicet Niceni, Constantinopolitani, primi Ephesini, Chalcedonensis concilii corroboraverunt, sanxerunt, se toto corde credere professi sunt. Post hanc catholicæ fidei professionem, annexa sunt hæc subscripta catholicæ fidei doctrinæ capitula.

In primis statutum est a nobis ut secundum statuta Patrum, chrismatis et olei baptismatis et unctionis consecratio competenti hora, id est post Nonam, secundum statuta sanctorum Patrum fiat. Hoc etiam debet episcopus prævidere ut in ipsa consecratione XII *sacerdotes, sacerdotalibus vestibus indutos, vel quamplures secum habeat.*

Item in quibusdam provinciis mos detestabilis inolevit, quod quidam archidiaconi pastore carentes ab aliquo episcopo particulas olei et chrismatis accipiunt, et ita oleo suo commiscent, quod et damnatum est. Sed unusquisque archidiaconus chrisma et oleum suum totum episcopo, a quo consecrabitur, ut proprio episcopo præsentet.

Item chrismatis et olei distributio a decanis summa diligentia et honestate fiat; ita ut interim dum distribuerint, albis sint induti, et talibus vasculis distribuatur, ut nihil inde aliqua negligentia pereat.

Item statutum est ut nullus missam celebret, qui non communicet.

Item nullus sacerdos baptizet infantem, nisi jejunus et indutus alba et stola, nisi necessitate.

Item sunt quidam qui viaticum et aquam benedictam ultra octavum diem reservant; quod et damnatum est. Alii vero non habentes hostias consecratas iterum consecrant; quod terribiliter interdictum est.

Item donum sancti Spiritus ut non detur nisi jejunis et a jejunis, neque ipsa confirmatio absque igne fiat, statutum est. Hoc etiam statutum est, ne in dandis sacris ordinibus apostolicæ auctoritatis violatores inveniamur. Legitur enim in Decretis Leonis papæ quod non passim diebus omnibus sacri ordines celebrentur; sed post diem Sabbati, in ejus noctis exordio quæ in prima Sabbati lucescit his qui consecrandi sunt, jejunis a jejunantibus sacra benedictio conferatur. Quod ejusdem observantiæ erit, si mane ipso Dominico die, continuato Sabbati jejunio, celebretur. A quo tempore præcedentis noctis initium non recedit; quod ad diem Resurrectionis, sicut etiam in Pascha Domini declaratur, pertinere non dubium est.

Item Quatuor Temporum observatio competenti tempore secundum divinam institutionem communi observantia a nobis servetur, id est prima hebdomada Martii, secunda Junii, tertia Septembris, eadem Decembris, ob reverentiam Dominicæ Nativitatis. Indignum enim valde est ut sanctorum institutio aliquibus occupationibus vel mundiali sollicitudine destituatur.

Item clerici, qui non electi, nec vocati, aut nesciente episcopo sacris ordinibus se subintromittunt; aliquibus vero episcopus, ut diaconibus, manum imponit; alii, cæteros ordines non habentes, diaconus aut presbyteri consecrantur; hi digni sunt depositione.

Item qui coronas benedictas habuerunt et reliquerunt, usque ad dignam satisfactionem excommunicentur. Clerici qui ordinandi sunt, in V *feria veniant ad episcopatum.*

Item monachi et sanctimoniales qui, relictis suis ecclesiis, per orbem vagantur, alii pro nequitiis suis a monasteriis expulsi, quos pastorali auctoritate oportet compellere ut ad monasteria sua redeant; et si expulsos abbates recipere noluerint, victum eleemosynæ eis tribuant, quæ etiam manuum labore acquirant, quousque si vitam suam emendaverint videantur.

Item emuntur et venduntur curæ pastorales, scilicet ecclesiæ parochianæ, tam a laicis quam a clericis, insuper etiam a monachis; quod ne amplius fiat, interdictum est. Item ne nuptiæ in occulto fiant, neque post prandium; sed sponsus et sponsa jejuni a sacerdote jejuno in monasterio benedicantur, et antequam copulentur, progenies utrorumque diligenter inquiratur. Et si infra septimam generationem aliqua consanguinitas inventa fuerit, et si aliquis eorum dimissus fuerit, non conjungantur. Sacerdos qui contra hæc fecerit, deponatur.

De sacerdotibus et levitis et subdiaconibus qui feminas sibi usurpaverunt, concilium Lexoviense observetur, ne ecclesias per se, neque per suffraganeos regant, nec aliquid de beneficiis habeant. Archidiaconi, qui eos regere debent, non permittantur aliquam habere nec concubinam, nec subintroductam mulierem, nec pellicem; sed caste et juste vivant, et exemplum castitatis et sanctimoniæ subditis præbeant. Oportet etiam ut tales decani eligantur, qui sciant subditos redarguere et emendare, quorum vita non sit infamis, sed merito præferatur subditis.

Item interdictum est ne aliquis, qui vivente sua uxore de adulterio calumniatus fuerit, post mortem illius unquam de qua calumniatus fuerit accipiat. Multa enim mala inde evenerunt; nam plurimi de causa hac suas interfecerunt.

Item nullus, cujus uxor velata fuerit, ipsa vivente, unquam aliam accipiat.

Item si uxor viri, qui peregre aut alias profectus fuerit, alii viro nupserit, quousque prioris mortis certitudinem habeat, excommunicetur usque ad dignam satisfactionem.

Item statutum est ne hi, qui publice lapsi in criminalibus peccatis inveniuntur, citissime in sacris ordinibus restituantur. Si enim lapsis, ut ait B. Gregorius, ad suum ordinem revertendi licentia concedatur, vigor canonicæ procul dubio frangitur disciplinæ, dum per reversionis spem pravæ actionis desideria quisque concipere non formidat. Unde hoc ratum manere oportet, ut in crimine publice lapsus, ante peractam pœnitentiam in pristino gradu nullatenus restituatur, nisi summa necessitate post dignam quidem longæ pœnitentiæ satisfactionem.

Item si aliquis lapsus dignus depositione repertus fuerit, et ad eum deponendum tot coepiscopos quot auctoritas postulat, scilicet in sacerdotis sex, in diaconi depositione tres; unusquisque, qui adesse non poterit, vicarium suum cum sua auctoritate transmittat.

Item statutum est ut nullus in Quadragesima prandeat antequam, hora nona peracta, vespertina incipiat. Non enim jejunat qui ante manducat.

Item statutum est ut in Sabbato Paschæ officium ante nonam non incipiatur. Ad noctem enim Dominicæ Resurrectionis respicit, ob cujus reverentiam Gloria in excelsis Deo et Alleluia cantatur; quod etiam in officii initio, cerei scilicet benedictione monstratur. Narrat liber Officialis quod in hoc biduo non fit sacramenti celebratio. Vocat autem hoc biduum sextam feriam, et Sabbatum, in quo recolitur luctus et mœstitia apostolorum.

Item si alicujus sancti festivitas in ipsa die evenerit, in qua celebrari non possit, non ante, sed infra octavum diem celebretur.

Item juxta sanctorum Patrum decreta, scilicet Innocentii papæ et Leonis, statuimus ne generale baptisma nisi Sabbato Paschæ et Pentecostes fiat. Hoc quidem servato, quod parvulis quocunque tempore, quacunque die petierint, regenerationis lavacrum non negetur. Vigilia vel die Epiphaniæ, ut nullus nisi infirmitatis necessitate baptizetur, omnino interdicimus.

Huic concilio consenserunt Joannes archiepiscopus Rothomagensis Ecclesiæ, Odo Bajocensis episcopus, Michael Abrincatensis episcopus, Gislebertus Ebroicensis episcopus, et quamplures etiam venerabiles abbates, quibus eo tempore cœnobia Normanniæ nobiliter pollebant, et monachicum rigorem servabant.

XVI. *Monasteriorum abbates in Normannia sub Guillelmo rege.*

Operæ pretium esse reor Patrum memoriam posteris intimare, qui Normanniæ monasteria sub rege Guillelmo prudenter rexere, et æterno Regi, qui incommutabiliter regnat, studuerunt usque ad mortem digniter obsecundare. Sequaces eorum multa de eis, ut reor, scripta posteritati dimisere; sed tamen quosdam, quos præ cæteris amo, non pro temporali mercede, sed pro solo amore sapientiæ et religionis sibi cœlitus inditæ, dulce est mihi cum magistris meis in hac saltem pagina nominare.

Fiscannense cœnobium in prospectu maris positum, creatrici omnium sanctæ et individuæ Trinitati dicatum, a Richardo primo duce Normannorum nobiliter fundatum, a secundo multis honoribus et divitiis largiter ampliatum, post Guillelmum Divionensem virum sapientem et in religione ferventissimum, Joannes venerabilis abbas annis quinquaginta et uno rexit. Post quem Guillelmus de Ros, Bajocensis clericus, sed Cadomensis monachus, fere xxvii annis tenuit. Hic ut mystica nardus in domo Domini fragravit charitate, largitate, multimodaque probitate. Opera quæ palam sedulo fecit, vel in occulto coram paucis arbitris omnipotenti Deo libavit, attestantur quis spiritus in illo habitavit, ipsumque totum possidens ad solium Domini Sabaoth coronandum perduxit.

De Fontanellæ (66) monasterio Guntardus cœnobita electione sapientum assumptus est, et post obitum Rodberti abbatis Gemmeticensibus rector datus est. Spiritualis doctrinæ pabula commissis ovibus curiose impendit, et rigorem monastici ordinis viriliter tenuit. Mansuetos et obedientes, ut pater filios, mulcens honoravit; in reprobos autem et contumaces, regulæque contemptores, ut severus magister disciplinæ virgam exercuit. Denique ad concilium quod Urbanus papa anno ab Incarnatione Domini 1095, indictione iii, apud Clarummontem tenuit, præfatus Pater cum cæteris collegis suis Normanniæ pastoribus perrexit, ibique, jubente Deo, finem vitæ vi. Kal. Decembris accepit; cui Tancardus, Fiscannensis prior, ferus ut leo successit.

Defuncto Herluino, qui fundator et primus abbas Beccensis monasterii exstitit, et multis charismatibus florens, Ecclesiæ filiis in vita sua sine dolo profuit, venerabilis Anselmus multiplici litterarum scientia pleniter imbutus successit, et præfatum cœnobium doctis ac devotis fratribus, donante Deo, laudabiliter replevit. Deinde aucto servorum Dei numero copia rerum non defuit, sed, confluentibus amicis nobilibus ac necessariis, fratribus necessaria ubertas honorifice provenit. Ad consilium probatissimi sophistæ clerici et laici concurrebant, et dulcia veritatis verba, quæ de ore ejus fluebant, fautoribus justitiæ quasi sermones angeli Dei placebant. Hic natione Italus Lanfrancum secutus Beccum expetiit, et instar Israelitarum auro divitiisque Ægyptiorum, id est sæculari eruditione philosophorum onustus, terram repromissionis desideranter adiit. Monachus autem factus, cœlesti theoriæ omnimodis inhæsit, et de uberrimo fonte sophiæ mellifluæ doctrinæ fluenta copiose profudit. Obscuras sacræ Scripturæ sententias solerter indagavit, strenue

---

(66) Postea *Sancti-Wandregisili*.

verbis aut scriptis dilucidavit, et perplexa prophetarum dicta salubriter enodavit. Omnia verba ejus utilia erant, et benevolos auditores ædificabant. Dociles discipuli epistolas typicosque sermones ejus scripto retinuerunt; quibus affatim debriati non solum sibi sed et aliis multis non mediocriter profecerunt. Hoc Guillelmus et Boso successores ejus multiplicer senserunt, qui tanti doctoris syntagmata insigniter sibi hauserunt, et sitientibus inde desiderabilem potum largiter propinaverunt. Anselmus affabilis et mansuetus erat, et cunctis simpliciter interrogantibus charitative respondebat. Inquirentibus amicis pie libros edidit miræ subtilitatis ac profunditatis de Trinitate, de veritate, de libero arbitrio, de casu diaboli, et cur Deus homo factus est. Fama sapientiæ hujus didascali per totam latinitatem divulgata est, et nectare bonæ opinionis ejus occidentalis Ecclesia nobiliter debriata est. Ingens in Ecclesia Beccensi liberalium artium et sacræ lectionis sedimen per Lanfrancum cœpit, et per Anselmum magnifice crevit, ut inde plures procederent egregii doctores et providi nautæ ac spirituales aurigæ, quibus ad regendum in hujus sæculi stadio divinitus habenæ commissæ sunt Ecclesiæ. Sic ex bono usu in tantum Beccenses cœnobitæ studiis litterarum sunt dediti, et in quæstione seu prolatione sacrorum ænigmatum utilimure sermonum insistunt seduli, ut pene omnes videantur philosophi, et ex collocutione eorum etiam qui videntur inter eos illitterati, et vocantur rustici, possint ediscere sibi commoda spumantes grammatici. Affabilitate mutua et charitatis dulcedine in Domini cultu gaudent, et infatigabili religione, ut vera docet eos sapientia, pollent. De hospitalitate Beccensium sufficienter eloqui nequeo. Interrogati Burgundiones et Hispani, aliique de longe seu de prope adventantes respondeant, et quanta benignitate ab eis suscepti fuerint, sine fraude proferant, eosque in similibus imitari sine fictione satagant. Janua Beccensium patet omni viatori, eorumque panis nulli denegatur charitative petenti. Et quid plura de eisdem loquar? Ipsos in bonis perseverantes custodiat, et ad portum salutis incolumes perducat, qui gratis cœpit, peragitque bonum quod in eis coruscat!

Gerbertus Fontinellensis et Ainardus Divensis ac Durandus Troarnensis; quasi tres stellæ radiantes in firmamento cœli, sic isti tres archimandritæ multis modis rutilabant in arce Adonai. Religione et charitate, multiplicique peritia pollebant, studioque divinæ laudationis in templo Dei jugiter inhiabant. Inter præcipuos cantores scientia musicæ artis ad modulandum suaviter potiti sunt, et dulcisonos cantus antiphonarum atque responsoriorum ediderunt. De summo Rege, quem laudant cherubim et seraphim et omnis militia cœlorum; de intacta Virgine Maria, quæ nobis peperit Salvatorem sæculorum; de angelis et apostolis ac martyribus; de confessoribus ac virginibus mellifluas laudes ex dulcissimo corde manantes prompserunt; et Ecclesiæ pueris ad concinendum Domino cum Asaph et Eman, Ethan et Idithun, et filiis Chore fideliter tradiderunt.

Nicolaus, Richardi tertii ducis Normannorum filius, a puero Fiscannensis monachus, cœnobium Sancti Petri principis apostolorum in suburbio Rothomagensi fere LX annis rexit, miræque magnitudinis et elegantiæ basilicam cœpit, in qua corpus sancti Audoeni ejusdem urbis archiepiscopi cum multis aliis sanctorum reliquiis requiescit. Alii quoque plures tunc erant monachorum Patres in Neustria, quorum numerosa præterire compellor charismata, ne lectori generet fastidium prolixitas nimia.

XVII. *Alexander II papa. Gregorius VII papa. De Cenomannico episcopatu.*

Anno ab Incarnatione Domini 1073, indictione XI, Alexander papa secundus, postquam Romanam et apostolicam sedem XI annis rexit, e mundo migravit. Et Gregorius VII, qui in baptismate *Hildebrannus* dictus est, successit, et in cathedra pontificali XVII annis sedit. Hic a puero monachus, in lege Domini valde studuit, multumque fervidus propter justitiam multas persecutiones pertulit. Passim per orbem apostolica edicta destinavit, et nulli parcens cœlestibus oraculis terribiliter intonuit, omnesque ad nuptias regis Sabaoth minis precibusque invitavit. Poscenti papæ venerandus Hugo Cluniacensis abbas Odonem præfati monasterii priorem, qui Remensis Ecclesiæ canonicus fuerat, cum aliis idoneis cœnobitis Romam transmisit; quos papa velut a Deo sibi missos adjutores ovanter suscepit. Odonem nempe præcipuum sibi consiliarium elegit, et Ostiensi Ecclesiæ pontificem constituit; cujus sedis prærogativa est a Romano electum clero suscipere, et papam benedicere. Alios quoque monachos papa, prout ratio dictabat, promovit, et diversarum ecclesiarum tutelæ digniter præfecit.

Defuncto Ernaldo Cenomannorum episcopo, Guillelmus rex dixit Samsoni Bajocensi capellano suo: *Cenomannensis episcopatus sedes suo viduata est antistite, in qua, volente Deo, te nunc volo subrogare. Cenomannis a canina rabie dicta, urbs est antiqua, et plebs ejus finitimis est procax et sanguinolenta, dominisque suis semper contumax et rebellionis avida. Pontificales igitur habenas tibi tradere decerno, quem a pueritia nutrivi et amavi sedulo, et nunc inter maximos regni mei proceres sublimare desidero.* Samson respondit: *Secundum apostolicam traditionem oportet episcopum irreprehensibilem esse. Ego autem in omni vita mea sum valde reprehensibilis, omnibusque mentis et corporis ante conspectum Deitatis sum pollutus flagitiis, nec tantum decus contingere possum, pro sceleribus meis miser et despicabilis.* Rex dixit: *Callidus es et perspicaciter vides quod tu rite peccatorem te confiteri debes. Fixam tamen in te statui sententiam, nec a te statutum convellam, quin episcopatum suscipias, aut alium, qui pro te* præsul fiat, porrigas. His auditis, gavisus Samson ait : *Nunc, domine mi rex, optime locutus es, et ad hoc agendum, adminiculante Deo, me promptum invenies. Ecce in capella tua est quidam pauper clericus, sed nobilis et bene morigeratus. Huic præsulatum commenda in Dei timore, quia dignus est, ut æstimo, tali honore.* Regi autem percunctanti quis esset, Samson respondit : *Hoellus dicitur et est genere Brito; sed humilis est et revera bonus homo.* Mox, jubente rege, Hoellus accersitur ignarus adhuc ad quid vocaretur. Cumque rex juvenem in humili habitu macilentum vidisset, despexit; et conversus ad Samsonem, dixit : *Istene est quem tu tantopere præfers?* Samson respondit : *Etiam, domine. Hunc sine dubio fideliter effero, hunc mihi meique similibus jure præpono. Mitis est et benignus, inde magis præsulatu dignus. Pro macie corporis non sit contemptibilis. Humilis habitus gratiorem eum assignat sapientibus. Ad exteriora tantum non respicit Deus, sed intuetur ea quæ latent intrinsecus.* Rex igitur prudens, sapientis verba intente percepit, et sagaciter examinare cœpit. Diffusas autem cogitationes suas in se reversus rationis ligamine paulatim restrinxit, nominatumque clericum statim ad se accersiit, eique curam et sæculare jus Cenomannensis episcopatus commisit. Decretum regis clero insinuatum est, et præfati clerici bonæ vitæ testimonium ab his qui noverunt ventilatum est. Pro tam pura et simplici electione devota laus a fidelibus Deo reddita est, et electus pastor ad caulas ovium suarum ab episcopis et reliquis fidelibus, quibus hoc a rege jussum fuerat, honorifice perductus est. At ille non minus obstupuit in tam subita promotione ad præsulatum, quam David reprobatis a Samuele primogenitis fratribus in provectione ad regnum. Sic Hoellus Cenomannorum præsul factus est, et pontificali stemmate per XV annos sancte perfunctus est. Episcopalem basilicam, in qua corpus sancti Juliani confessoris, primi Cenomannorum præsulis requiescit, et alia bona opera Ecclesiæ Dei necessaria condere cœpit, et pro temporis opportunitate quæ cœpta erant perficere studuit. Quo defuncto, egregius versificator Hildebertus successit, et fere XXX annis præsulatum laudabiliter tenuit. Basilicam vero episcopii, quam prædecessor ejus inchoaverat, consummavit, et cum ingenti populorum tripudio veneranter dedicavit. Qui non multo post, anno scilicet ab Incarnatione Domini 1125, indictione IV, ut Gislebertus Turonensis archiepiscopus cum Callisto II papa Romæ obiit, sub Honorio papa, metropolitanam sedem Turonicæ urbis, sancta Ecclesia precibus et jussis cogente, ascendit, ibique laudabilibus studiis et actibus adhuc insistit.

XVIII. *Herbertus Cenomannorum comes. Cenomanniæ turbamenta.*

Sicut mare nunquam tutum certa soliditate quiescit, sed inquietudine jugi turbatum more suo defluit, et quamvis aliquando tranquillum obtutibus spectantium appareat, solita tamen fluctuatione et instabilitate sua navigantes territat; sic præsens sæculum volubilitate sua jugiter vexatur, innumerisque modis tristibus seu lætis evidenter variatur. Inter protervos mundi amatores, quibus ipse mundus non sufficit, immanis altercatio sæpe oritur et in immensum crescit. Et dum quisque superior esse, æmulumque suum proterere nititur, æquitatis immemor legem Dei transgreditur, et pro adipiscendo quod unusquisque ambit, humanus cruor crudeliter effunditur. Hoc historicorum antiqui codices copiose referunt, hoc moderni rumores per vicos et plateas indesinenter asserunt; unde quidam ad præsens lætantur, alii nihilominus flent et contristantur. De casibus hujusmodi quædam in hoc nostro libello breviter tetigi, et veraciter adhuc addere libet alia, prout a senioribus didici.

Herbertus Cenomannorum comes ex prosapia, ut fertur, Caroli Magni originem duxit, et vulgo, sed parum Latine, cognominari Evigilans-Canem pro ingenti probitate promeruit. Nam post mortem Hugonis patris sui, quem Fulco senior sibi violenter subjugarat, in eumdem arma levans nocturnas expeditiones crebro agebat, et Andegavenses homines et canes in ipsa urbe vel in munitioribus oppidis terrebat, et horrendis assultibus pavidos vigilare cogebat.

Hugo filius Herberti, postquam Alannus Britannorum comes a Normannis in Normannia impotionatus occubuit, Bertam ipsius relictam, Thedbaldi Blesensium comitis sororem, in conjugium accepit; quæ filium nomine Herbertum et tres filias ei peperit. Una earum data est Azsoni marchiso Liguriæ. Alia nomine Margarita Rodberto filio Guillelmi ducis Neustriæ desponsata est : quæ virgo in tutela ejusdem ducis defuncta est. Tertia vero Joanni, domino castri quod Flecchia dicitur, nupsit; quæ marito suo tres liberos, Goisbertum, Heliam et Enoch peperit.

Defuncto Goisfredo Martello fortissimo Andegavorum comite, successerunt ex sorore duo nepotes ejus filii Alberici comitis Wastinensium, e quibus Goisfredus, qui simplex et tractabilis moribus erat, jure primogeniti obtinuit principatum. Guillelmus autem Normannorum princeps post mortem Herberti juvenis hæreditatem ejus obtinuit, et Goisfredus comes Rodberto juveni cum filia Herberti totum honorem concessit, et hominium debitamque fidelitatem ab illo in præsentia patris apud Alencionem recepit. Non multo post Fulco, cognomento Richinus, contra Goisfredum fratrem dominumque suum rebellavit, eumque per proditionem cepit, et plus quam XXX annis in carcere Chinonis castri clausum tenuit. In tanta permutatione res mundanæ in Andegavensi provincia et in confiniis ejus turbatæ sunt, et proceres patriæ ad diversa studia, prout quemque propria voluntas agitabat, conversi sunt.

Fulcone nimium mœsto quod Normanni Cenomannis imperarent, et consulatum sui juris, illo nolente, possiderent, seditiosi cives et oppidani confines, gregariique milites in exteros unanime consilium ineunt, arcem urbis et alia munimina viriliter armati ambiunt, et Turgisum de Traceio, Guillelmumque de Firmitate, aliosque regis municipes expugnant et ejiciunt. Quosdam fortiter sibi resistentes perimunt, aliosque vinculis crudeliter injiciunt, et cum libertate talem de Normannis ultionem triumphantes assumunt. Deinde regio tota perturbatur, et ibidem Normannica vis offuscatur, ac pene ab omnibus quasi generalis lues passim impugnatur. Goisfredus Meduanensis aliique optimates Cenomannorum pari conspiratione contra Normannos insurgunt; aliqui tamen, licet pauci, pro variis eventibus et causis Guillelmo regi favent et obediunt.

Magnanimus rex Guillelmus, diris rumoribus de trucidatione suorum auditis, iratus est, ac ad compescendam hostium invasionem, et proditorum rebellionem armis meritam ultionem facere molitus est. Regali jussu Normannos et Anglos celeriter ascivit, et multas armatorum legiones in unum conglomeravit, prudenter ad bellum milites peditesque cum ducibus suis disposuit, et cum eis Cenomannensem pagum terribilis adivit. In primis Fredernaicum castrum cum phalange sua obsedit, ibique Rodberto de Belesmia cingulum militiæ præcinxit. Hubertus autem oppidanus pacem cum rege pepigit, castra sua Fredernaicum et Belmontem reddidit, eique aliquanto tempore postmodum servivit. Deinde rex Silleium obsedit, sed castrensis herus regem supplex expetiit et optatam pacem impetravit. Regi nimirum cum nimia virtute properanti nullus audebat resistere, sed omnes oppidani ac pagenses cum clericis et omnibus religiosis pacificum marchionem decreverunt digniter suscipere, ejusque ditioni legitimæ gratanter colla submittere. Tandem rex Cenomannis venit, pluribus catervis urbem obsedit, edicta regalia suis opportune intimavit, et urbanis imperiose mandavit ut prudenter sibi consulerent, et urbem ante assultus et cædes atque concremationes sibi cum pace redderent. In crastinum autem, accepto salubri consilio, cives egressi sunt, et supplices regi claves civitatis detulerunt, seseque dedentes, a rege benigniter suscepti sunt. Reliqui vero Cenomannenses territi sunt, ut tantam inundationem immanis exercitus per fines suos diffundi viderunt, jamque suos complices et fautores defecisse ante faciem probatissimi bellatoris noverunt. Ipsi quoque pacis legatos victori destinaverunt, et datis ab utrisque dextris, ipsi regalibus signis sua vexilla gaudentes associaverunt, et exinde in domo sua et sub vite sua morari et ludere, si libet, quiete permissi sunt.

Pacatis itaque sine magno discrimine Cenomannensibus, et pacifice sub Guillelmi regis ditione degentibus, Fulco comes noxio livore nequiter infectus est, et contra quosdam Normannis faventes insurgere conatus est. Tunc ei Joannes de Flecchia potentissimus Andegavorum præcipue infensus erat, quia Normannis adhærebat. Qui, ubi præfatum comitem cum ferratis agminibus festinare super se pro certo comperit, confœderatos sibi affines expetiit, auxiliumque Guillelmi regis requisivit et impetravit. Nam rex impiger Guillelmum de Molinis et Rodbertum de Veteri-Ponte, aliosque fortissimos et multoties probatos bellatores Joanni destinavit; quos ille ad defendenda cum satellitibus suis oppida sua diligenter composuit. Hoc audiens Fulco vehementer doluit, et undecunque contractis viribus castrum Joannis obsedit. Hoellus quoque comes cum multitudine Britonum Fulconi suppetias venit, et cum eo Joannis vim et opes acriter coactare studuit. Guillelmus autem rex, ut tantam multitudinem gyrasse suos agnovit, regali edicto Normannos et Anglos iterum excivit, aliasque sibi subditas gentes ut fortis magister militum conglobavit, ac, ut ferunt, sexaginta millia equitum contra hostiles cuneos secum eduxit. Andegavenses vero et Britones, comperto regis et agminum ejus adventu, non fugerunt, sed potius Ligerim fluvium audacter pertransierunt, et transvecti, ne timidiores spe fugiendi segnius prœliarentur; scaphas suas destruxerunt. Dum utræque acies ad ambiguum certamen pararentur, horribilesque pro morte et miseriis, quæ mortem reproborum sequuntur, timores mentibus multorum ingererentur, quidam Romanæ Ecclesiæ cardinalis presbyter et religiosi monachi divino nutu adsunt, principes utriusque legionis divinitus animati adeunt, obsecrant et redarguunt. Viritim ex parte Dei bellum prohibent, admonendo et rogando pacem suadent. Gratanter his junguntur Guillelmus Ebroicensis et Rogerius, aliique comites strenuique optimates; qui, sicut erant prompti et audaces ad legitimos agones, sic nimirum perhorrebant per superbiam et injustitiam subire conflictus detestabiles. Veredariis itaque Christi pacis semina serentibus, ambitiosorum tumor conquiescit nimius et formidantium timor paulatim decrescit pallidus. Multa demum consilia fiunt, diversi tractatus aguntur, verba verbis objiciuntur; Deo tamen vincente, legati pacis utrinque suscipiuntur. Rodbertus juveni, regis filio, comes Andegavensis Cenomannense jus concedit cum toto honore quem idem a comite Herberto cum Margarita sponsa sua suscepit. Denique Rodbertus Fulconi debitum homagium, ut minor majori, legaliter impendit. Joannes autem aliique Andegavenses, qui hactenus pro rege contra consulem rebellaverant, principi suo reconciliati sunt, et Cenomannenses nihilominus, qui contra regem pro comite insurrexerant, pacificati sunt. Sic, gratia Dei mitigante, corda principum, reatus pœnitentium utrobique induti sunt, et benevolæ plebes, serena pace tempestuosam nigredinem tumultuum procul pellente, palam lætatæ sunt. Hæc nimirum pax, quæ inter regem et præfatum comitem in loco, qui vulgo Blancalanda vel Brueria dicitur, facta est, omni vita regis ad profectum utriusque provinciæ permansit.

XIX. *Comitum Rogerii Herfordensis et Radulfi Northwicensis rebellio in Guillelmum regem. Supplicium comitis Guallevi.*

Verum eodem tempore alia tempestas gravissima orta est, quæ sæva nimis et damnosa multis in Anglia facta est. Duo potentissimi Anglorum comites, Rogerius Herfordensis et sororius ejus Radulfus Northwicensis pariter decreverunt ut palam rebellarent, et, principatu Angliæ Guillelmo regi subrepto, sibi jus, imo tyrannidem assumerent (67). Castella igitur sua certatim obfirmant, arma præparant, milites aggregant, vicinis et longinquis, in quibus confidebant, legatos suos frequenter destinant, et in suum adminiculum quoscunque possunt promissis et precibus invitant. Consideratis rerum permutationibus et temporum opportunitatibus, dicunt sibi confœderatis et assentantibus : *Cuncti sapientes definiunt congruum tempus præstolandum esse, et dum tempus adest gratum et habile, famosum opus a probis insigniter inchoari debere. Ad regni decus obtinendum tempus nunquam vidimus magis idoneum, quam nunc confertur nobis per ineffabile Dei donum. Degener, utpote nothus, est qui rex nuncupatur, et in propatulo divinitus monstratur quod Deo displicet, dum talis herus regno præsidet. Transmarinis conflictibus undique circumdatur, et non solum ab externis, sed etiam a sua prole impugnatur, et a propriis alumnis inter discrimina deseritur. Hoc ejus nequitiæ promeruerunt, quæ per totum orbem nimis propalatæ sunt. Nam ipse Guillelmum Guarlengum Moritolii comitem pro uno verbo exhæredavit, et de Neustria penitus effugavit* (68) ; *Gualterium Pontesii comitem, Eduardi regis nepotem, cum Biota uxore sua, Falesiæ hospitavit, et nefaria potione simul ambos una nocte peremit. Conanum quoque strenuissimum consulem veneno infecit, quem mortuum Britannia tota pro ingenti probitate ineffabili luctu deflevit. Hæc et alia multa erga cognatos et affines suos scelera Guillelmus peregit, qui super nos et compares nostros adhuc similia perpetrare non desistit. Nobile regnum Angliæ temere invasit, genuinos hæredes injuste trucidavit, vel in exsilium crudeliter pepulit. Suos quoque adjutores, per quos super omne genus suum sublimatus est, non ut decuisset honoravit; sed multis, qui sanguinem suum in ejus satellitio fuderunt, ingratus exstitit, et pro frivolis occasionibus ad mortem usque velut hostes puniit. Vulneratis victoribus steriles fundos et hostium depopulatione desolatos donavit, et eisdem postmodum restauratos, avaritia cogente, abstulit seu minoravit. Omnibus igitur est odio, et, si periret, multis esset gaudio. Ecce major pars exercitus trans pontum moratur, assiduisque bellis acriter occupatus detinetur. Angli sua solummodo rura colunt; conviviis et potationibus, non præliis intendunt ; summopere tamen pro suorum exitio parentum ultionem videre concupiscunt.* Hæc et his similia seditiosi dicentes, et sese ad concupitum nefas omnimodis cohortantes, Guallevum Northamtoniæ comitem ad colloquium accersiunt, et multis eum modis tentantes talia promunt : *Ecce peroptatum tempus, o strenue vir, modo vides, ut tibi recuperes exemptos honores, et accipias injuriis tibi nuper illatis debitas ultiones. Acquiesce nobis et indesinenter inhære, et tertiam partem Angliæ nobiscum sine dubio poteris habere. Volumus enim ut status regni Albionis redintegretur omnimodis, sicut olim*

---

(67) Henricus Huntindoniensis hujus conspirationis tempus assignat : *Willelmi regis anno nono,* inquit, *id est Christi 1075, Radulfus cui rex consulatum Estangliæ dederat, regem a regno expellere præcogitavit, consilio Waltef consulis et Rogerii qui fuit filius Willelmi filii Osberni, cujus sororem consul prædictus duxit, et in ipsis nuptiis hanc proditionem prolocuti sunt.* Rogerius Hovedenus : *Anno 1074 quo Hildebrandus papa* (Romanum) *concilium celebravit, Rogerius comes Herefordensis, filius Willelmi comitis Estanglorum, comiti Radulfo contra præceptum regis Willelmi sororem suam conjugem tradidit, nuptiasque magnificas cum plurima multitudine optimatum... celebrantes, magnam conjurationem, plurimis assentientibus, contra regem Willelmum fecerunt, comitemque Waltheofum suis insidiis præventum secum conjurare compulerunt.* Adde Willelmum Malmesburiensem *De gestis regum Anglorum ,* lib. III : *Radulfus de Waher,* inquit, *erat per donum regis comes Northfolki et Suthfolki, Brito ex parte, distorti ad omne bonum animi. Is quod cognatam regis, filiam Willelmi filii Osberni, desponderat, majora justo mente metiens, tyrannidem adoriri meditabatur. Itaque ipso nuptiarum die magnis apparatibus convivium agitatum... ebriis convivis et vino tumentibus amplo verborum ambitu propositum suum aperit. Illi, quia in eorum animo præ potu omnis ratio caligabat, ingenti plausu dicenti acclamant. Ibi Rogerius comes Herefordensis, uxoris Radulfi frater, ibi Weldeofus, ibi præterea quamplurimi in necem regis conjurant.*

Dom Bouquet, lib. IV, p. 593.

(68) Idem testatur Guillelmus Gemeticensis, lib. VII, cap. 33 : *Tempore,* inquit, *quo Willelmus dux disponebat Angliam adire et armis eam sibi vindicare , audax Chunanus comes Britanniæ nisus est eum, missa legatione hujusmodi, terrere :* « *Audio te,* inquit, *nunc velle trans mare proficisci et Angliæ tibi regnum nancisci ; Robertus autem dux Normannorum, quem tu fingis esse patrem tuum, iturus in Hierusalem, Alano patri meo , consobrino scilicet suo, commendavit omnem suam hæreditatem. Tu autem cum complicibus tuis, Alanum patrem meum , apud Winunsterium* (Fiscanum) *in Normannia veneno peremisti, et terram ejus, quam ego* (quia puer eram) *possidere nequibam, invasisti. Nunc igitur aut mihi debitam redde Normanniam, aut ego tibi totis viribus bellum inferam.* » *His auditis , Willelmus dux aliquantulum territus est ; sed mox eum Deus, frustratis inimici minis, eripere dignatus est. Unus enim ex proceribus Britonum, qui utrique comiti juraverat fidelitatem et hujusmodi legationem inter eos ferebat, litum Chuningi, et habenas atque chirotecas intrinsecus linivit veneno; erat quippe cubicularius Chuningi. Tunc idem comes Britonum in Andegavensi comitatu Castellum-Guntherii obsederat, et oppidanis militibus sese illi dedentibus, suos intromittebat. Interea Chuningus chirotecas suas incaute induit, tactisque habenis, manus ad os levavit :* « *cujus tactu veneno infectus est, et paulo post, omnibus suis lugentibus, defunctus est.*

ID., lib. IV, p. 593.

fuit tempore Eduardi piissimi regis. Unus ex nobis sit rex, et duo sint duces; et sic nobis tribus omnes Anglici subjicientur honores. Guillelmus innumeris bellorum ponderibus trans mare prægravatus est, et pro certo scimus quod in Angliam ulterius rediturus non est. Eia, nobilis heros, consultus observa tibi generique tuo commodissimos, omnique genti tuæ, quæ prostrata est, salutiferos.

Guallevus respondit : Maxima in talibus negotiis cautela necessaria est, et integra fides in omnibus gentibus ab omni homine domino suo servanda est. Guillelmus rex fidem meam, ut major a minori, jure recepit, ac ut ei semper fidelis existerem, in matrimonium mihi neptem suam copulavit. Locupletem quoque comitatum mihi donavit, et inter suos familiares convivas connumeravit. Et tanto principi qualiter infidus esse queam, nisi penitus mentiri velim fidem meam? In multis notus sum regionibus, et magnum, quod absit! fiet dedecus, si publice divulger ut proditor sacrilegus. Nusquam de traditore bona cantio cantata est. Omnes gentes apostatam et proditorem sicut lupum maledicunt, et suspendio dignum judicant et opprimunt, et, si fors est, patibulo cum dedecore multisque probris affigunt. Achitophel et Judas traditionis scelus machinati sunt, parique suspensionis supplicio, nec cœlo nec terra digni, semetipsos peremerunt. Anglica lex capitis obtruncatione traditorem multat, omnemque progeniem ejus naturali hæreditate omnino privat. Absit ut mea nobilitas maculetur proditione nefaria et de me tam turpis per orbem publicetur infamia. Dominus Deus, qui David de manu Goliæ et Saulis, Adadezer et Absalom potenter liberavit, me quoque de multis periculis in mari et in arida gratuito eripuit. Ipsi me fideliter commendo, et in ipso fiducialiter spero quod traditionem in vita mea non faciam, nec angelo Satanæ similis efficiar per apostasiam.

Radulfus igitur Brito atque Rogerius hæc audientes valde contristati sunt, eumque conjuratione terribili ne consilium eorum detegeret constrinxerunt. Non multo post conjurata rebellio per regiones Angliæ subito erupit, et manifesta contradictio contra regales ministros late processit. Guillelmus itaque de Guarenna et Ricardus de Benefacta, filius Gisleberti comitis, quos rex præcipuos Angliæ justitiarios constituerat in regni negotiis, rebellantes convocant ad curiam regis. Illi vero præceptis eorum obsecundare contemnunt ; sed protervam prosequi conantes, in regios satellites præliari eligunt. Nec mora, Guillelmus et Ricardus exercitum Angliæ coadunant, acriterque contra seditiosos in campo, qui Fagaduna dicitur, dimicant. Obstantes vero Dei virtute superant et, omnibus captis, cujuscunque conditionis sint, dextrum pedem, ut notificentur, amputant. Radulfum Britonem ad castrum suum fugientem persequuntur, sed comprehendere nequeunt. Conglobata deinceps multitudine, Northguicum obsident et impugnant, socios fortitudine et industria militari corroborant, et crebris assultibus variisque machinationibus inclusos hostes circumdant, et per tres menses importune premunt et fatigant. Vindex deforis exercitus quotidie crescit et confortatur, et copia victus, aliarumque rerum eis, ne deficientes abscedant, abunde administratur. Radulfus autem de Guader, ut sese sic inclusione constrictum vidit, et nullum adjutorium a suis complicibus speravit, munitionem suam fidis custodibus caute commisit, et ipse proximum mare ingressus Daciam pro auxiliis navigio adiit. Interea vicarii regis Guillelmus et Richardus municipes oppidi ad deditionem coarctant, et regem cito, missis trans pontum nuntiis, pro supra scriptis motibus accelerant ut velocitet redeat ad sui tuitionem regni obsecrant.

Impiger igitur rex, ut legationes suorum audivit, Normannicas et Cenomannicas res provide disposuit, et, omnibus optime locatis, in Angliam celeriter transfretavit. Qui, postquam omnes ad curiam suam regni proceres convocavit, legitimos heroes et in fide probatos blandis affatibus lætificavit ; rebellionis autem incentores et fautores cur mallent nefas quam justitiam rationabiliter interrogavit. Custodibus regi pacificatis Northguicum redditum est, et Radulfus de Guader comes Northguici de Anglia perpetualiter exhæreditatus est. Expulsus itaque cum uxore sua Britanniam repetiit. Ibi Guader et Monsfortis optima castella ejus ditioni subjacent, quæ liberi ejus hæreditario jure usque hodie possident. Ipse autem post multos annos, tempore Urbani papæ, crucem Domini suscepit, et cum Rodberto secundo Normannorum duce contra Turcos Jerusalem perrexit, et in via Dei pœnitens et peregrinus cum uxore sua obiit.

Rogerius vero de Britolio comes Herfordensis ad curiam regis vocatus venit, et inquisitus manifestam toti mundo proditionem negare non potuit. Igitur secundum leges Normannorum judicatus est, et, amissa omni hæreditate terrena, in carcere regis perpetuo damnatus est. Ibi etiam regi multoties detraxit, et contumacibus actis implacabiliter regem offendit. Nam quondam, dum plebs Dei paschale festum congrue celebraret, et rex structum pretiosarum vestium Rogerio comiti per idoneos satellites in ergastulo mitteret, ille pyram ingentem ante se jussit præparari, et ibidem regalia ornamenta, chlamidem, sericamque interulam, et renonem de pretiosis pellibus peregrinorum murium subito comburi. Quod audiens rex, iratus dixit : *Multum superbus est, qui hoc mihi dedecus fecit, sed per splendorem Dei de carcere meo in omni vita mea non exibit.* Sententia regis tam fixa permansit, quod nec etiam post mortem regis ipse nisi mortuus de vinculis exiit. Rainaldus et Rogerius filii ejus, optimi tirones, Henrico regi famulantur, et clementiam ejus, quæ tardissima eis visa est, in duris agonibus præstolantur.

Vere gloria mundi ut flos fœni decidit et arescit,

ac velut fumus deficit et transit. Ubi est Guillelmus Osberni filius Herfordensis comes et regis vicarius, Normanniæ dapifer et magister militum bellicosus? Hic nimirum primus et maximus oppressor Anglorum fuit (69), et enormem causam per temeritatem suam enutrivit, per quam multis millibus ruina miseræ mortis incubuit. Verum justus judex omnia videt, et unicuique prout meretur digne redhibet. Proh dolor! ecce Guillelmus corruit, audax athleta recepit quod promeruit. Ut multos ense trucidavit, ipse quoque ferro repente interiit. Denique post ejus occasum antequam lustrum compleretur annorum, spiritus discordiæ filium ejus et generum contra dominum suum et cognatum hostiliter excivit, qui Sichimjtas contra Abimelech, quem occisis LXX filiis Jerobaal sibi præfecerant, commovit.

En veraciter a me descripta est offensa, pro qua Guillelmi progenies eradicata sic est de Anglia, ut nec passum pedis, nisi fallor, jam nanciscatur in illa.

Guallevus comes ad regem accersitus est, et per delationem Judith uxoris suæ accusatus est, quod prædictæ proditionis conscius et fautor fuerit, dominoque suo infidelis exstiterit. Ille autem intrepidus palam recognovit quod proditorum nequissimam voluntatem ab eis audierit; sed eis in tam nefanda re nullum omnino assensum dederit. Super hac confessione judicium indagatum est, et censoribus inter se sentientibus per plures inducias usque in annum protelatum est. Interea præfatus heros apud Guentam in carcere regis erat, et multoties peccata sua deflebat, quæ ibidem religiosis episcopis et abbatibus sæpe flens enarrabat. Spatio itaque unius anni juxta sacerdotum consilium pœnituit, et quotidie centum quinquaginta Psalmos David, quos in infantia didicerat, in oratione Deo cecinit. Erat idem vir corpore magnus et elegans, largitate ac audacia multis millibus præstans, devotus Dei cultor, sacerdotum et omnium religiosorum supplex auditor, Ecclesiæ pauperumque benignus amator. Pro his et multis aliis charismatibus, quibus in ordine laicali specialiter fruebatur, a suis et ab exteris, qui Deo placita diligere norunt, multum diligebatur, et ereptio ejus a vinculis in annua procrastinatione omnimodis expetebatur. Denique prævalens concio æmulorum ejus in curia regali coadunata est, cumque post multos tractatus reum esse mortis definitum est, qui sodalibus de morte domini sui tractantibus consenserit, nec eos pro herili exitio perculerit, nec aperta delatione scelerosam factionem detexerit. Nec mora Guallevus a Normannis, qui evasionem ejus valde timebant, sibique prædia ejus et largos honores adipisci cupiebant, extra urbem Guentam, mane, dum adhuc populus dormiret, ductus est in montem, ubi nunc ecclesia Sancti Ægidii abbatis et confessoris constructa est. Ibi vestes suas, quibus ut consul honorifice indutus processit, clericis et pauperibus, qui forte aderant ad hoc spectaculum, devote distribuit, humoque procumbens, cum lacrymis et singultibus Dominum diutius exoravit.

Cumque carnifices trepidarent ne cives exciti præceptum regis impedirent, et tam nobili compatriotæ suo suffragantes regios lictores trucidarent: *Surge*, inquiunt prostrato comiti, *ut nostri compleamus jussum domini*. Quibus ille ait: *Paulisper exspectate propter omnipotentis Dei clementiam, saltem ut dicam pro me et pro vobis Orationem Dominicam*. His autem permittentibus surrexit, et flexis tantum genibus, oculisque in cœlum fixis et manibus tensis, *Pater noster qui es in cœlis*, palam dicere cœpit. Cumque ad extremum capitulum pervenisset, et *ne nos inducas in tentationem* dixisset, uberes lacrymæ cum ejulatu proruperunt, ipsumque preces inceptas concludere non permiserunt. Carnifex autem ulterius præstolari noluit, sed mox, exempto gladio, fortiter feriens caput comitis amputavit. Porro caput, postquam præsectum fuit, cunctis qui aderant audientibus, clara et articulata voce dixit: *Sed libera nos a malo. Amen*. Sic Guallevus comes apud Guentam II Kalendas Maii mane decollatus est, ibique in fossa corpus ejus viliter projectum est, et viridi cespite festinanter coopertum est. Expergefacti cives compertis rumoribus valde contristati sunt, virique cum mulieribus ingentem planctum de casu Guallevi comitis egerunt. Post quindecim dies, rogatu Judith et permissu regis, Ulfketelus Crulandensis abbas venit, et cadaver, quod adhuc integrum cum recenti cruore, ac si tunc idem vir obiisset, erat, sustulit, ac in cœnobium Crulandense cum magno luctu multorum detulit, et in capitulo monachorum reverenter sepelivit.

XX. *Vita Guthlaci eremitæ.*

Nunc mihi libet huic opusculo nostro quamdam abbreviationem inserere, quam, rogante venerabili Vulfino priore, nuper feci de vita S. Guthlaci eremitæ.

Felix quidam, Orientalium Anglorum episcopus, natione quidem Burgundus, sed sanctitate venerandus

---

(69) Notitia fundationis monasterii B. Mariæ de Lira idem astruit : *Cum dux Normannorum Willelmus consilium petiisset, et omnes barones Normanniæ ad Angliam conquirendam audisset unanimes, gavisus est valde. Quibus ad consiliandum se iterum euntibus Willelmus Osberni dapifer ducis interfuit, qui gravissimum iter ad Angliam capescendam gentemque fortissimam Anglorum perhibens, contra paucissimos in Angliam ire volentes acerrime litigat. Quod proceres audientes valde gavisi, fidem dederunt ei ut quod ipse diceret omnes concederent. Ingressus autem ante eos coram luce, dixit :* « *Paratus sum in hac expeditione cum meis omnibus proficisci.* » *Oportuit ergo omnes Normannorum principes verbum ejus prosequi, sicut promiserant ei.* Inter instrumenta *Novæ Gall. Christianæ*, t. XI, col. 125.

Dom Bouquet, lib. IV, p. 595.

dus, edidit gesta sanctissimi anachoretæ prolixo et aliquantulum obscuro dictatu, quæ pro posse meo breviter dilucidavi, fratrum benigno rogatu, cum quibus quinque septimanis Crulandiæ commoratus sum, venerabilis Goisfredi abbatis charitativo jussu. Occasio loquendi de beato eremita sese obtulit nostræ narrationi per Guallevum comitem, qui fidus frater et adjutor exstitit Crulandensis monasterii, sicut ex relatione seniorum veraciter intimabo in calce hujus epitomii. Indubitanter credo quod non minus proderunt fidelibus Cisalpinis sancta gesta transmarinorum Saxonum vel Anglorum quam Græcorum vel Ægyptiorum, de quibus prolixæ, sed delectabiles commodæque collationes crebro leguntur, congestæ sanctorum studio doctorum. Præterea reor quod quanto res hæc minus olim nostratibus patuit, tanto charitatis igne ferventibus, et pro transactis reatibus ex intimo corde dolentibus gratiosius placebit.

Tempore Ethelredi regis Anglorum, Guthlacus ex patre Penvaldo ab origine Icles heri Merciorum, matre vero Tetta natus est. Quo nascente cœleste prodigium populis palam ostensum est : manus enim e nubibus ad crucem porrecta est, quæ ante ostium domus parientis Tettæ stare visa est. Post octo dies infans baptizatur, et Guthlacus, id est *belli munus*, a tribu, quam Guthlacingas dicunt, appellatur. Post mitem pueritiam, dum adolescentiæ calorem sensisset et heroum fortia gesta considerasset, aggregatis satellitum turmis, ad arma se convertit, sibique adversantium villas et munitiones igne ferroque devastat et disperdit, immensisque prædis direptis, tertiam partem sponte his quibus ablatum est, pro amore Dei remittit. Deinde transcursis ix annis, in quibus hostes valde afflixerat cædibus et rapinis, considerata mortalis vitæ fragilitate et caducarum rerum instabilitate, territus ad seipsum redit, seque, ac si mortem præ oculis videret, discutit, et emendatioris vitæ viam aggredi satagit. Igitur complices suos relinquit, parentes et patriam comitesque adolescentiæ suæ pro Christo contemnit et xxiv ætatis suæ anno abrenuntians sæculi pompis Ripaduun monasterium adiit, ibique sub abbatissa nomine Elfdrid tonsuram habitumque clericalem suscepit. Postea ab ebrietate omnique lascivia toto nisu declinavit, omnique honestati et religioni pro humano posse studuit. Per biennium sacris litteris et monasticis disciplinis imbutus est, sed his tantum contentus non est. Nam eremiticæ vitæ singulare certamen arripere conatus est, ubi cum hoste cominus luctatus est.

Adepta tandem a senioribus licentia, a quodam nomine Tatuvino ad insulam, quæ dicitur Crouland, scaphula adductus est piscatoria. Est in mediterraneis Angliæ partibus immensæ magnitudinis acerrima palus, quæ a Grontæ fluminis ripis incipit, nunc stagnis, nunc flactris, interdum nigris laticibus et crebris insularum nemoribus et flexuosis rivigarum anfractibus ab austro in aquilonem mari tenus longissimo tractu protenditur. Illic plures inhabitare tentaverant, sed pro incognitis eremi monstris, et diversarum terroribus formarum atram habitationem reliquerant. Guthlacus itaque, æstivis temporibus Crulanda perscrutata, fratres suos et magistros, quos insalutatos dimiserat, revisere profectus est; iterumque post tres menses cum duobus pueris ad electam eremum, viii Kalendas Septembris, cum jam ipse xxvi annorum esset, regressus est. Tunc S. Bartholomæi apostoli solemnitas celebratur, quem socium sibi et adjutorem in cunctas adversitates summopere precatur. Quindecim annis non laneis vel lineis, sed pelliceis solummodo tegminibus indutus est, et hordeaceo pane ac lutulenta aqua, et ex his parum, post solis occasum, usus est. Innumeris illum modis Satan tentavit, et irretire vel de eremo expellere laboravit.

Quondam, cum per tres dies incœpti operis desperatione lassaretur, en Bartholomæus fidus adjutor matutinis vigiliis instanti palam apparet, et præceptis spiritualibus trepidantem confortans, auxilium ei in omnibus spondet, et in multis tentationibus promissa sua fideliter complet.

Alia die, duo dæmones in hominum specie ad eum veniunt, eumque tentantes ut nimium jejunando Moysen et Eliam, aliosque Ægyptios patres imitaretur, incitant. At ille psallens in contemptum illorum hordeacei panis particula vesci cœpit.

Aliquando dum vir Dei pervigil precibus intempesta nocte insisteret, catervas dæmonum undique ingredi cellam suam videt. Quem, ligatis membris, extra cellam suam ducunt et in cœnosam paludem immergunt. Deinde per paludis asperrima loca inter densa veprium vimina asportant, et post dilacerationem membrorum de eremo illum discedere imperant. Quo nolente, ferreis eum flagris verberant, ac, post ingentia tormenta, inter nubifera gelidi aeris spatia subvectant, indeque a septentrionali plaga innumeris dæmonum turmis adventantibus usque ad Tartari fauces minant. Tunc Guthlacus, visis gehennæ pœnis, terretur, sed, minis dæmonum contemptis, ad Deum medullitus suspirat. Nec mora, S. Bartholomæus cœlesti luce splendidus illi adest, et cum magna quiete ab ipsis hostibus reduci ad propriam sedem jubet. Illi vero gementes apostoli jussis obsecundant, et angeli gaudentes dulciter ei obviam cantant : *Ibunt sancti de virtute in virtutem (Psal.* LXXXIII, 8).

Multoties et multis modis dæmones Guthlacum terrere nitebantur; sed ipse, Domino juvante, illos et cuncta molimina eorum frustrabatur. Imperritus in virtutum arce stetit, duros labores in agone pertulit, diabolicosque conatus pessumdedit. Tempore Coenred regis Merciorum, Beccelmus (70) cle-

---

(70) Leg. : *Beccelinus.* LE PRÉVOST

ricus ad occidendum virum Dei a dæmone stimulatus, dum ipsum tonderet, ab eodem increpatus est cur tantum facinus in corde gestaret. At ille mox ut se præventum vidit, erubescens ad pedes sancti cecidit, scelus fatetur, veniamque precatur, perceptaque indulgentia se socium illius fore polliceretur.

Corvus raptam chartulam in medio stagni dimisit, nec illam in arundine pendentem aqua meritis viri Dei læsit, quam idem scriptori mœsto salvam reddidit.

Duo corvi in insula degentes beato Guthlaco valde infesti erant, ita ut quidquid frangere, mergere, diripere, contaminare potuissent, irreverenter intus forisque damnantes perderent; quos vir Dei pro virtute patientiæ benigniter tolerabat. Incultæ solitudinis volucres et vagabundi cœnosæ paludis pisces ad vocem ejus velut ad pastorem ocius natantes volantesque veniebant, et de manu ejus victum, prout uniuscujusque natura indigebat, accipiebant.

Præsente venerabili viro Wilfrido, duabus hirundinibus gaudenter illum secundum suam naturam visitantibus, et cum cantu brachiis et genibus, pectorique illius considentibus, festucam in ventinula posuit, et sic avibus nidum in sua cella designavit. Non enim in casa Guthlaci sine licentia ejus nidificare audebant.

Quondam dum præfatus Wilfridus exsulem Edelbaldum ad hominem Dei adduxisset, manicasque suas in navi qua advecti fuerant, oblitus fuisset, rapaces corvi rapuerunt. Quod mox vir Dei, in vestibulo domus sedens, in spiritu Dei agnovit, et inter colloquia Wilfrido intimavit, nec multo post virtute fidei et orationis pro damno restauravit.

Wehtredus, inclytus juvenis orientalium Anglorum, a dæmonio invasus est, et quatuor annis miserabiliter vexatus est. Se et quoscunque poterat ligno, ferro, unguibus et dentibus laniabat. Quondam dum multitudo illum ligare tentaret, arrepta bipenne, tres viros occidit. Post quatuor annos Crulandiam adductus est; quem vir Dei manu arripiens, intra oratorium suum duxit, et illic, continuis tribus diebus jejunans et orans, ab omni inquietudine maligni spiritus curavit.

Egga, præfati exsulis Edelbaldi comes, dum ab immundo spiritu pervasus est, ita ut quid esset, vel quo sederet, vel quid ageret omnino nesciret, a sociis suis ad Guthlaci limina perductus est. Deinde mox ut se cingulo viri Dei succinxit, integrum sensum recepit, omnique postmodum vita sua idem cingulum et sanam mentem habuit.

Præterea vir Dei Guthlacus, spiritu prophetiæ pollens, futura prædicere et præsentibus absentia narrare solitus est. Cuidam abbati, qui ad eum causa piæ locutionis venerat, de duobus clericis, qui ad casam viduæ ante horam tertiam pro appetenda ebrietate divertissent, cuncta per ordinem intimat.

Alios duos fratres, quod binas flasculas cella impletas sub palustri sablone abscondissent, increpat, eisque pro tanta viri Dei sagacitate stupentibus et ad solum prostratis benigniter indulsit.

Fama de beato Guthlaco longe lateque celeriter volante, multi ad eum veniunt diversorum ordinum gradus, abbates, monachi, comites, divites, vexati, pauperesque de proximis Merciorum finibus et de Britanniæ partibus, pro salute corporis aut animæ. Et quisque id, pro quo fideliter venerat, salubriter obtinebat. Ægrotus enim remedium, tristis gaudium, pœnitens consolationem, et quisque anxius percipiebat alleviationem per viri Dei allocutionem et efficacem orationem.

Obba, comes inclyti exsulis Edelbaldi, dum per agrestia rura graderetur, spinæ latentis sub herbis incultæ telluris fixura in pede læsus est, ita ut a planta usque ad lumbos totum corpus ejus tumesceret, nec eum novus dolor sedere, vel stare, vel jacere quiete sineret; unde vix Crulandiam pervenit. Mox ut ad virum Dei perductus est, et causa vexationis ex ordine relata est, Guthlacus luterio melotinæ, in quo solebat orare, ipsum circumdedit, statimque dicto citius spinula de pede ejus, velut sagitta ab arcu demissa, resiliit. Eadem itaque hora, omni humore sedato, æger convaluit, et Deo gratias, cum his qui hoc viderant, lætus retulit.

Quondam Headda præsul cum quibusdam clericis et laicis ad Guthlacum venit; inter quos de beato viro varia locutio obiter fuit. Prædictus autem episcopus, comperta in venerabili viro divinæ gratiæ luculentia, et in exponendis sacris Scripturis sapientiæ affluentia, postquam insulæ Crulandiæ ecclesiam XII Kalendas Septembris dedicavit, eumdem servum Dei suscipere sacerdotii stemma inviolabili obedientiæ præcepto coegit. Dein ad prandium pontificis sanctus vir contra morem suum venire coactus est. Ubi, dum Wigfridum librarium videret procul sedere, cœpit ab eo inquirere de hesterna promissione, qua sociis in via jactaverat se examinaturum utrum idem vera potiretur an simulata religione. Mox ille erubuit, soloque prostratus veniam petiit et obtinuit, cunctis mirantibus quod illorum in via locutio per Spiritum viro Dei lucide tota patuerit.

Reverendissima Egburg abbatissa, Aldulfi regis filia, per legatum suppliciter rogante, Guthlacus sarcophagum plumbeum, et in eo linteum ad involvendum se post obitum suscepit; et sciscitanti qui hæres post se loci illius esset, adhuc paganum esse respondit. Quod ita factum est. Nam Cissa, qui post eum sedem ejus possedit, post aliquot annos in Britannia baptismum percepit.

Clito Edelbaldus, quem Ceolredus rex huc et illuc persequebatur, inter dubia pericula exinanitis viribus suis suorumque, ad virum Dei, ut solebat, venit, ut, ubi humanum consilium defecisset, divinum adesset. Quem beatus Guthlacus blande consolatus est, eique per Spiritum Dei promisit dominationem gentis suæ et principatum populorum et sionem ejus, sepelivit, ubi Dominus postea propter conculcationem inimicorum; et hæc omnia non armorum vi, nec effusione sanguinis, sed de manu Domini habiturum. Eo cuncta ordine completa sunt, quo a viro Dei vaticinata sunt. Nam Ceolredus rex mortuus est, ac Edelbaldus regnum ejus nactus est.

XXI. *Mors B. Guthlaci eremitæ. Miracula et prodigia super sancti sepulcrum. Ædificatio monasterii Crulandensis.*

Completis in cremo xv annis, venerabilis Guthlacus ante Pascha quarta feria ægrotare cœpit. Die tamen Paschæ contra vires exsurgens, missam cantavit. Septima vero die infirmitatis Beccel famulo suo jussit ut post obitum suum Pegam sororem suam illuc advenire faceret, et ab illa corpus ejus sindone in sarcophago, quam Egburg illi miserat, involveretur. Tunc ille cœpit virum Dei cum adjuratione rogare ut ante suum funus sibi intimaret quis cum eo mane et vespere loqui quotidie audiebatur. Almus Dei athleta, post modicum intervallum anhelans, ait : *Fili mi, de hac re sollicitari noli. Quod vivens ulli hominum indicare nolui, nunc tibi manifestabo. A secundo etenim anno, quo hanc eremum [habitare] cœperam, mane vespereque semper [angelum] consolationis meæ ad colloquium meum Dominus mittebat, qui mihi mysteria, quæ non licet homini enarrare, monstrabat; qui duritiam laboris mei cælestibus oraculis sublevabat; qui absentia mihi monstrando ut præsentia præsentabat. O fili, hæc dicta mea conserva, nullique alii nuntiaveris nisi Pegæ aut Egberto anochoretæ.* His dictis, suavis odor de ore ejus processisse sentiebatur, ita ut totam domum nectareus odor repleret. Nocte vero sequenti, dum præfatus frater nocturnis vigiliis incumberet, a media nocte usque in auroram totam domum igneo splendore circumsplendescere videbat. Oriente vero sole, vir Dei, sublevatis paulisper membris velut exsurgens et manus ad altare extendens, corporis et sanguinis Christi communione se munivit; et elevatis oculis ad cœlum, et extensis in altum manibus, anno ab Incarnatione Domini 715 (71) animam ad perenne gaudium emisit.

Inter hæc Beccel conspicit cœlesti splendore domum repleri, turrimque velut igneam e terra in cœlum erigi, ad cujus comparationem sol quasi lucerna in die pallescere videbatur. Cantibus quoque angelicis spatium totius aeris detonari audiebatur; insula etiam diversorum aromatum odoriferis spiraminibus, fragrat. Prædictus itaque frater valde tremefactus, eximiam coruscationem sufferre non valens, arrepta navi, virginem Christi Pegam adivit, eique fraterna mandata seriatim retulit. Quibus auditis, illa vehementer ingemuit. Postera vero die cum prædicto fratre Crulandiam venit, et tertia die felicia membra in oratorio, secundum jussionem ejus, sepelivit, ubi Dominus postea propter amici sui merita in sanandis ægrotis plura miracula fecit.

Ad anniversarium S. Guthlaci soror ejus Pega presbyteros et alios ecclesiastici ordinis viros aggregavit et sepulcrum ejus aperuit, ut corpus ejus in aliud mausoleum transferret. Tunc totum corpus integrum, quasi adhuc viveret, invenerunt; et vestimenta omnia quibus involutus erat, antiqua novitate et pristino splendore candebant. Mirantibus cunctis et stupentibus ac trementibus præ miraculo quod videbant, Pega spiritualiter commota sacrum corpus reverenter in sindone, quam eo vivente, Egbert anachoreta in hoc officium miserat, revolvit, et sarcophagum super terram quasi quoddam memoriale posuit, ubi usque hodie honorabiliter requiescit.

Illuc præfatus exsul Edelbaldus, audita sancti viri morte, mœrens adiit; cui post lacrymas et longam orationem in proxima casula dormienti sanctus vir apparuit, eumque consolatus, sceptrum regni, antequam annus finiatur, promisit. Signum quoque poscenti dedit, quod in crastinum ante horam tertiam habitatoribus Crulandiæ insperata victus solatia darentur. Nec mora effectus dicta sequitur. Unde idem Edelbaldus, postquam regnum adeptus est, miris ornamentorum structuris mausoleum venerabilis Guthlaci decoravit.

Quidam paterfamilias in provincia Wisa oculorum lumen per annum perdidit, nec illud ullis pigmentorum fomentis recuperare potuit. Tandem cum fide Crulandiam perductus, colloquium virginis Christi Pegæ appetiit, cujus permissu intra oratorium ad corpus sanctum recubuit. Illa vero partem glutinam salis a sancto viro ante consecratam in aquam rasit, et inde aquam intra palpebras cæci guttatim stillavit. Ad tactum primæ guttæ oculis lumen redditum est; unde illuminatus paterfamilias per merita sancti Guthlaci, gratias egit. Multi quoque alii diversis infirmitatibus gravati, auditis rumoribus miraculorum beati Guthlaci, palustrem Crulandiam, ubi sanctum corpus quiescit, adeunt, ejusque meritis sanitatem integram adepti, Deo gratias referunt.

Huc usque Felicis episcopi scripta de venerabili Guthlaco breviter secutus sum, et huic opusculo inserui ad laudem Dei et fidelium ædificationem morum. Cætera quæ restant de constructione Crulandensis monasterii et habitatione cœnobitarum, ex veraci relatione Ansgoti subprioris aliorumque proferam seniorum.

XXII. *Historia Crulandensis monasterii.*

Rex Edelbaldus, ut beatum consolatorem suum miraculis coruscare comperit, locum sepulturæ ejus gaudens expetiit, et ea quæ beato viro jam regnum adeptus donaverat, servientibus ei perenniter con-

(71) Lege : 714. (Le Prévost.)

cessit. Nam quodam tempore, dum idem rex causa visitandi patronum suum, antequam migraret, Crulandiam veniret, et vir Dei quietam mansionem in eadem insula sibi ab eo concedi postularet, quinque milliaria ad orientem, id est ad fossam quæ Asendic dicitur, et tria ad occidentem, duoque ad meridiem, et duo ad aquilonem concessit, et ab omni redditu atque consuetudine sæculari omnibus modis absolvit, et inde chartam sigillo suo signatam in præsentia episcoporum procerumque suorum confirmavit.

Et quia palustris humus Crulandiæ (ut ipsum nomen intimat; Crulandia enim crudam, id est cœnosam terram significat) lapideam molem sustinere non poterat, præfatus rex ingentes ex quercu palos innumeræ multitudinis humo infigi fecit, duramque terram novem milliariis per aquam, de Uppalonda, id est superiori terra, scaphis deferri et paludibus commisceri statuit, et sic lapideam, quia sacer Guthlacus oratorio contentus est ligneo, basilicam cœpit et consummavit. Deinde religiosos ibi viros aggregavit, cœnobium condidit, ornamentis et fundis, aliisque divitiis locum ditavit, ad honorem Dei et sancti anachoretæ, quem valde dilexerat, pro dulci consolatione, quam ab eo, dum exsulabat, multoties perceperat. Eumdem itaque omni vita sua dilexit, nec unquam post primam instaurationem, quam idem rex fecit, sedes Crulandiæ religiosorum habitatione monachorum usque in hodiernum diem caruit. Kenulfus quidam in diebus illis magnæ famæ fuit, qui monasterium S. Guthlaci per aliquod tempus rexit, a quo Kenulfestan adhuc dicitur lapis, quem ipse pro limite contra Depingenses posuit.

Variis bellorum tempestatibus Anglia postmodum perturbata est, et barbaris sub ducibus Inguar et Halfdene ac Gudrun, aliisque tyrannis supervenientibus a Dacia vel Norregania, Angligenarum regum, qui naturaliter Angliæ præfuerant, mutatione facta, Crulandense monasterium depopulatum est, sicut alia plurima; ornamenta sua sibi sunt sublata et villæ devastatæ, laicisque contra canonicum jus in dominium redactæ. Sed divina pietas, quæ permittit propter peccata populi hypocritas per aliquot temporis regnare, novit etiam castigatis filiis tempora serena per administrationem legitimorum principum redintegrare. Unde, præfatis tyrannis, qui sanctum Edmundum Estanglorum regem cum multis aliis fidelibus viris occiderunt, et ecclesias sanctorum et habitacula Christianorum igne succederunt, divino nutu peremptis, vel alio quolibet modo dejectis, Alfredus Adelvulfi regis filius, Deo juvante, prævaluit, et primus omnium regum monarchiam totius Angliæ solus obtinuit. Post hunc Eduardus filius ejus, qui Senior cognominabatur, diu utiliter regnavit, moriensque tribus filiis suis Edelstano et Edmundo ac Edredo regnum reliquit. Qui regnum Angliæ omnes per ordinem tenuerunt, et quisque tempore suo laudabiliter regnare et subjectis prodesse studuit.

Tempore Edredi regis, Turketelus quidam clericus Lundoniensis fuit, qui a præfato rege ut sibi Crulandiam donaret expetiit. Cui rex quod petierat libenter annuit. Erat enim idem clericus de regali progenie, cognatus Osketeli Eboracensis metropolitæ, multas habens divitias amplasque possessiones, quas omnes parvipendebat propter æternas mansiones. Crulandiam quippe, ut diximus, non pro augendis fundis a rege poposcerat; sed, quia religiosos ibi viros, in solitudine scilicet, quæ undique paludibus et stagnis circumdabatur, cognoverat, contemptis omnibus hujus sæculi delectamentis, divino cultui se mancipare decreverat. Ordinatis itaque prudenter rebus suis, Crulandiæ monachus factus est, et aucta ibidem studio ejus monachorum congregatione, magister eorum et abbas nutu Dei et bonorum electione effectus est. Hic familiarissimus fuit amicus sanctis præsulibus, qui tunc temporis regebant Ecclesiam Dei, Dunstano archiepiscopo Cantuariensi, Adelwoldo Wintoniensi, et Oswaldo Wigornensi et postmodum archiepiscopo Eboracensi, eorumque consiliis summo nisu sategit famulari. Hic, ut diximus, magnæ generositatis fuit, et LX maneria de patrimonio parentum suorum possedit, pro quorum animabus sex villas, scilicet Wenliburg et Bebi, Wiritorp et Elmintonam, Cotehham et Oghintonam Crulandensi Ecclesiæ dedit, et testamentum inde sigillo strenuissimi regis Edgari filii Edmundi regis signatum confirmavit. Dunstanus etiam archiepiscopus cum suffraganeis suis prædictarum rerum donationem, facto crucis in charta signo corroboravit, et quisquis præfatæ Ecclesiæ de præenominatis abstulerit, nisi digna satisfactione emendaverit, æternæ maledictionis anathemate excommunicavit.

Denique, post multum temporis, Turketelo IV Idus Julii [975] defuncto, Elgericus nepos ejus successit, et completo vitæ suæ cursu, alii Egelrico, qui de cognatione ejus erat, abbatiam Crulandiæ dimisit. Quo defuncto, Osketelus magnæ nobilitatis monachus, ejusdem ecclesiæ abbas effectus est. Porro Leviova soror ejus Enolfesburiæ domina erat, ubi tunc temporis corpus S. Neoti abbatis et confessoris jacebat; sed dignum tanto viro servitium ibi tunc non fiebat. Unde præfata mulier Witheleseiam accessit, et fratrem suum Osketelum abbatem cum quibusdam Crulandensibus monachis illuc accersiit, ibique corpus S. Neoti, quod reverenter secum detulerat, monachis, quos digniores se credebat, tradidit. At illi munus sibi a Deo collatum gratanter susceperunt, et juxta altare sanctæ Dei genitricis Mariæ, in aquilonali parte, honorabiliter collocaverunt. Ibi usque hodie a fidelibus veneranter excolitur, ejusque festivitas II Kalendas Augusti celebratur. Osketelo autem XII Kalendas Novembris [1005] defuncto, Godricus successit. Quo viam universæ carnis xiv Kalendas Februarii [1018] ingrediente, Brihtmerus abbatiam suscepit.

Tunc temporis Pegelandæ cœnobium erat, cui nobilis vir Vulfgeatus abbas præerat. Illic etenim sancta Pega soror S. Guthlaci diu Domino militaverat. Quæ postquam venerandus frater suus defunctus est, austeriori labore vitam suam pro amore Christi examinare satis conata est. Unde Romam adiit, sanctorum Apostolorum limina supplex pro se suisque requisivit, ibique vi Idus Januarii gloriose vitam finivit. In ecclesia, quæ ibidem in honore ejus a fidelibus condita est, tumulata quiescit, multisque virtutibus his, qui fideliter cam deposcunt, pie succurrens veneranda nitescit.

Postquam Brihtmerus Crulandiæ abbas vii Idus Aprilis [1048] obiit, Vulfgeatus Pegelandæ pater Eduardum regem, Egelredi filium, petiit ut greges duorum cœnobiorum permitteret adunari, Deique ad laudem sub uno abbate et sub una lege unum conventum effici. Quod ille mox benigniter concessit. Vulfgeatus itaque, postquam longo tempore Crulandiæ curam gessit, Nonas Julii [1052] obiit; et Ulfketelus, Burgensis Ecclesiæ monachus, Crulandiæ regimen a rege Eduardo, jubente Leofrico abbate suo, suscepit. Hic xxiv annis Crulandiæ præfuit, ecclesiamque novam, quia vetus ruinam minabatur, construere cœpit. Ejus ad hoc opus, inspirante Deo Wallevus comes Northamtoniensis, filius Siwardi ducis Northumbrorum, adjutor fuit, et villam, quæ Bernecha dicitur, servientibus Deo et S. Guthlaco dedit. Qui non multo post malignitate Normannorum, qui ei nimis invidebant, eumque pro ingenti probitate ejus metuebant, injuste cum luctu multorum pridie Kal. Junii Guintoniæ decollatus est, et corpus ejus, Juditha uxore ejus rogante et Guillelmo rege permittente, ab Ulfketelo abbate Crulandiam delatum est.

Post non multum temporis præfatus abbas, quoniam Angligena erat et Normannis exosus, ab æmulis accusatus est, et a Lanfranco archiepiscopo depositus et Glestoniæ claustro deputatus est. Deinde Ingulfus, Fontinellensis monachus, abbatiam Crulandiæ dono Guillelmi regis recepit, et xxiv annis per plurimas adversitates rexit. Hic natione Anglicus erat, scriba regis fuerat, postmodum Jerusalem perrexerat. Unde reversus, Fontinellam expetiit, et a viro eruditissimo Gerberto, ejusdem cœnobii abbate, monachilem habitum suscepit, sub quo jam in ordine instructus prioratum administravit. Hunc ab abbate suo rex, quia prius eum noverat, requisivit et Crulandensibus præposuit. Qui, postquam Crulandiæ regimen habuit, prædecessori suo precibus benevolis apud Guillelmum regem subvenire sategit. Ulfketelus itaque, permissu regis, Burgum, ad suam scilicet ecclesiam, rediit, ibique post aliquot annos vii Idus Junii obiit.

Porro abbas Ingulfus, prout potuit, suscepto monasterio subvenire studuit ; sed adversa nutu Dei quamplurima pertulit. Nam pars ecclesiæ, cum officinis et vestibus et libris, multisque aliis rebus necessariis, repentino igne combusta est. Ipse quoque gravi morbo podagræ detentus, diu ante mortem suam languit, sed vivaci animo subditis prodesse non desiit. Hic corpus Guallevi comitis de capitulo jussit in ecclesiam transferri, et aquam, unde ossa lavarentur, calefieri. Sed postquam sarcophagi opertorium revolutum est, corpus sexto decimo dormitionis suæ anno integrum sicut in die quo sepultum fuerat, et caput corpori conjunctum repertum est. Filum tantummodo quasi pro signo decollationis rubicundum viderunt monachi et laici quamplures qui adfuerunt. Translato autem in ecclesiam corpore et honorabiliter sepulto prope altare, miracula ibidem facta sunt sæpissime. Hoc veraciter ægri experiuntur, qui cum fide petentes optatæ sanitatis gaudium crebro adipiscuntur.

Tandem Ingulfo abbate xvi (72) Kalendas Decembris [1109] defuncto, Goisfredus successit, et in multis Ecclesiæ Crulandensi et habitatoribus ejus studio bonitatis et honestatis profuit. Hic genere fuit Francigena ex urbe Aurelianensi, scholas liberalium artium secutus ab ævo puerili, affatim imbutus peritia litterali, mundum perosus, desiderioque flagrans cœlesti, monachile schema in cœnobio S Ebrulfi abbatis suscepit, quod idem sanctus tempore Childeberti regis Francorum apud Uticum construxit. Ibi nimirum, quia locus idem magis religione quam divitiis sæcularibus abundat, Goisfredus tiro sub Mainerio abbate, qui magni fervoris fama pollebat, monachile jugum suscepit, diuque gessit, et per diversa officia probatus post annos xv conversionis suæ ad prioratus ministerium promoveri promeruit. Denique, anno ab Incarnatione Domini 1119, jussu Henrici regis Anglorum, Crulandensis Ecclesiæ regimen suscepit, novamque basilicam pulcherrimi operis, et alia bona quamplurima jam inchoavit, et per xv annos quibus abbatis officium gessit, ad salutem sui sibique subjectorum, juvante Deo, consummare studuit.

XXIII. *Miracula ad tumbam Guallevi.*

Hujus regiminis anno iii ad tumbam Guallevi comitis miracula demonstrari primitus cœperunt, quorum auditis rumoribus Angli valde lætati sunt, et Anglicæ plebes ad tumulum sui compatriotæ, quem a Deo jam glorificari signis multiplicibus audiunt, tam pro gaudio novæ rei quam pro suis necessitatibus deprecaturi frequenter accurrunt. Quod ut quidam de Normannis monachus nomine Audinus vidit, vehementer stomachatus advenientes derisit, et præfato comiti cum irrisione detraxit, dicens quod nequam traditor fuerit, et pro reatu suo capitis obtruncatione multari meruerit. Hoc ut Goisfredus abbas audivit, dulciter eum, quia extraneus erat, redarguit, dicens quod divinis operibus non

---

(72) xvii Kal. Januarii, et non mensis Decembris, decessit Ingulfus. (Le Prévost.

deberet detrahere, quia Deus pollicitus est usque ad consummationem sæculi præsentiam suam fidelibus suis exhibere, et promittit ex intimo corde pœnitentibus potum dare de fonte suæ infatigabilis misericordiæ. Protinus, dum idem abbas talia dicendo temeritatem insipientis compescere vellet, et ille magis magisque incongrua verba proferret, in præsentia sæpe dicti Patris subita infirmitate in præcordiis percussus est, et post paucos dies in ecclesia S. Albani protomartyris Anglorum, ubi monachilem professionem fecerat, defunctus est. Sequenti vero nocte Goisfredus abbas, dum in lecto quiesceret, et de supradictis eventibus plura secum subtiliter tractaret, mox in visu se astare loculo Wallevi comitis videt, sanctosque Dei Bartholomæum apostolum et Guthlacum anachoretam in albis nitentes astare secum videt. Apostolus vero, ut videbatur, caput comitis corpori redintegratum accipiens, dicebat : *Acephalus non est*. Econtra Guthlacus, qui ad pedes stabat, respondit : *Comes hic fuit*. Apostolus autem inceptum Monadicon sic perfecit : *At modo rex est*. Abbas, his auditis et relatis, fratres lætificavit, Dominumque Deum glorificavit, qui omni tempore credentibus in se clementiam suam impendere non desistit. Consummatis in regimine xv annis, venerandus abbas et sacerdos Goisfredus nonas Junii obiit; cui Guallevus Angligena, Crulandensis cœnobii monachus, frater Gospatritii, de magna nobilitate Anglorum, successit. Miraculis siquidem Crulandiæ crebrescentibus, monachi gavisi sunt et tanti comitis corpus pro posse suo gratanter honoraverunt, et Vitali Angligenæ versibus heroicis epitaphium ejus edere jusserunt. Mox ille jussis paruit et corde meditata sic ore protulit :

En tegit iste lapis hominem magnæ probitatis!
Danigenæ comitis Siwardi filius audax,
Wallevus comes eximius jacet hic tumulatus.
Vixit honorandus, armis animisque timendus;
Et tamen inter opes corruptibiles et honores
Christum dilexit, Christoque placere sategit.
Ecclesiam coluit, clerum reverenter amavit,
Præcipue monachos Crulandenses sibi fidos.
Denique judicibus Normannis ense peremptus,
Luce sub extrema Maii petit artubus arva.
Cujus heri gleba Crulandia gaudet aquosa;
Quam, dum vivebat, valde revereuter amabat.
Omnipotens animæ requiem det in ætheris arce!

(73) Mirum cur sileat Ordericus Philippum Galliæ regem Britonum comiti in hac expeditione suppetias tulisse, quod quidem affirmant cæteri qui de ea mentionem fecerunt historici, quorum instar sequentes sint. Simeon Dunelmensis ad an. 1075 : *Mari transito, rex (Willelmus) in minorem Britanniam suam movit expeditionem, et castellum Radulfi comitis quod Dol nominatur, tandiu obsedit, donec Francorum rex Philippus illum inde fugaret*. Matthæus Parisiensis ad an. 1075 : *Rex (Willelmus) ad Armoricanam Britanniam transiens Dolense castrum obsedit. Sed rex Francorum hostiliter superveniens omnem commeatum eis subtraxit. Unde rex, obsidione dimissa, in recessu suo milites multos et equos cum opibus ibidem amisit*. Cæterum duplicem castri Doli obsidionem a Guillelmo inceptam Ordericum in non falso compingere jam superius p. 566, nota B monuimus. Dum enim circa Dolensis ejus-

Pro interfectione Gualievi comitis Guillelmus rex a multis reprehensus est, et, multis contra eum insurgentibus, justo Dei judicio multa adversa perpessus est, nec unquam postea diuturna pace potitus est. Ipse quidem contra omnes, quia animosus erat, viriliter restitit, sed prosperis eventibus ad votum ut antea non tripudiavit, nec crebris victoriarum titulis exsultavit. In tredecim annis, quibus postmodum vixit, armatorum aciem de campo non fugavit, nec oppidum obsidens bellica virtute cepit.

Omnipotens arbiter omnia juste disponit, nullumque facinus impunitum relinquit, quia hic aut in futuro sæculo omnia punit.

XXIV. *Guillelmus rex Britones frustra subjicere conatur. Ainardus, primus abbas Sancti Petri Divensis. Fulco successor ejus.*

Guillelmus rex, cupiens fines suos dilatare, sibique Britones, ut sibi obsecundarent, sicut olim Rolloni et Willelmo, aliisque ducibus Normannicis servierant, volens subjugare, cum ingenti exercitu Dolense oppidum obsedit, multisque terroribus et minis castrenses terruit, nec se inde discessurum, nisi munitionem obtineret, cum juramento asseruit. Denique nutu Dei regentis omnia res aliter evenit. Nam sæpedictus rex, dum in tentoriis suis superbe moraretur, et in divitiis suis ut potens gloriaretur, Alannum Fergannum comitem Britanniæ cum multis armatorum agminibus suppetias obsessis properare audivit, territusque, cum castrensibus, qui de auxilio sibi advenienti nihil adhuc noverant, pacem iniit, et confestim non sine magno rerum damno recessit. Tentoria et manticas cum vasis et armis et multimoda supellectili celeriter abeuntes reliquerunt; quarum rerum dispendium ad xv millia librarum sterilensium perdentes cum multis gemitibus æstimaverunt (73). Deinde prudens rex, ut se vincere virtute Britones non posse prospexit, aliud consilium sibi posterisque suis commodum solerter præcogitavit. Cum Alanno Fergano fœdus amicitiæ firmavit, eique Constantiam filiam suam in conjugium Cadomi honorifice copulavit. Quæ cum viro suo fere xv annis venerabiliter vixit, et toto affectu subjectis et coessentibus prodem obsidionis tempus collocat, tum Ainardi abbatis Divensis obitum, quem anno 1076 contigisse certum est, tum Constantiæ Guillelmi filiæ cum Alano Fergano matrimonium, quod anno 1086 celebratum fuisse perinde constat, duos rex toto decennio dissitas ipsum commiscere manifestum est. Præterea quæ narrat de obsidione Dolensi ea pugnant cum iis quæ de hac ab aliis scriptoribus referuntur. Neque enim Guillelmum eo fine Dolense castrum obsedisse perhibent Britannicum ac Briocense Chronicon, ut Britones ad præstandum sibi clientelæ fidem cogeret ; quinimo ipsum ab Hoello Britanniæ duce ad expugnandos una secum in hoc castro rebelles adversum se Britones accitum fuisse testantur. Diversam itaque hinc et inde obsidionem narrari perspicuum est.

Dom Bouquet, lib. IV, p. 595-596.

desse studuit. Semper enim nectari pacis inhiavit, pauperes amavit, omnesque Dei cultores veneranter honoravit, quos nimirum sine liberis moriens contristavit. Amatores æquitatis in Britannia multum exsultarent, si de fortunata progenie laudabiles sibi hæredes imperarent; qui genuina bonitate indomitis Britonibus justitiæ libram insinuarent, eosque secundum normam divinæ legis et humanæ rationis ire cogerent. Ferganuus comes, post obitum Constantiæ, filiam comitis Andegavorum uxorem duxit, ex qua filium, nomine Conanum, genuit, cui nuper Henricus rex Anglorum filiam suam in matrimonio pro connexione pacis conjunxit.

Circa hæc tempora reverendus Ainardus, Divensium primus abbas, in lectum decidit, et completis in eo quæ servum Dei competunt, XIX Kal. Februarii [1078] obiit. Hic fuit natione Teutonicus, geminaque scientia pleniter imbutus, versificandi et modulandi, cantusque suaves edendi peritissimus. Hoc evidenter probari potest in historiis Kiliani Guirciburgensis episcopi, et Katherinæ virginis, aliisque plurimis cantibus quos eleganter idem edidit in laudem Creatoris. In juventute vero studio religionis flagrans, venerabilem Isembertum abbatem expetiit, ejusque disciplinis se gratanter pro amore Dei submisit, et in cœnobio S. Trinitatis, quod Goscelinus de Archis in monte Rothomagi ad orientalem plagam construxerat, monachatum suscepit. Inde nutu divino ab Ecclesiæ rectoribus, anno Dominicæ Incarnationis 1046 pertractus est, ac super candelabrum, ut luceret omnibus qui in domo sunt, positus est. Ordinatus autem, Divensis abbatiæ, quam Lezscelina comitissa Guillelmi Aucensis comitis uxor construxerat, curam suscepit, annisque XXXI bene vivens et docens utiliter tenuit; et senex plenusque dierum cursum præsentis vitæ complevit. Venerabilis Durandus Troarnensis abbas corpus ejus in basilica Sanctæ Mariæ sepelivit, et memorabile carmen, quod super laminam mausolei ejus sculperetur edidit, in quo mores et virtutes præfati archimandritæ et charismata quæ divinitus inserta illi fuerant, luculenter sic patefecit :

Hic jacet Ainardus redolens ut pistica nardus
Virtutum multis floribus et meritis :
A quo fundatus locus est hic et ædificatus
Ingenti studio, nec modico pretio.
Vir fuit hic magnus probitate, suavis ut agnus,
Vita conspicuus, dogmate præcipuus,
Sobrius et castus, prudens, simplex et honestus,
Pollens consilio, clarus in officio.
Mentis huic gravitas erat et maturior ætas,
Canaque cæsaries, sed tenuis facies.
Quem, Nonas decimas Februo promente Kalen-
   [*das,*
Abstulit ultima sors et rapuit cita mors.
Pro quo, qui transis, supplex orare memor sis,
Ut sit ei saties alma Dei facies.

Divensis Ecclesia rectore proprio viduata, Ful-coni Uticensium priori ad regendum data est, et ipse a Rodberto, Salariensi episcopo, abbas consecratus est. Præfata domus, ad ipso tempore Guillelmi regis et Rodberti secundi ducis, pluribus annis gubernata est, et magnifice secundum opportunitatem temporis provecta est. Quatuor prædictus heros secum duxit Uticenses monachos, Bernardum cognomento Matthæum cognatum suum, et Richardum, Guillelmum de Monsterolo et Turchetillum, promptos et utiles librarios, et in divino cultu peritissimos. Hi nimirum pacifici adjutores ei fuerunt, et primi ad jugum Domini ferendum nocte dieque humeros suos avide supposuerunt, aliisque alacriter, *Venite nobiscum in Bethel* (74), verbo et indeficienti exemplo coessentibus suis dixerunt.

XXV. *Dissensiones inter filios Guillelmi regis.*

Turbulentis tempestatibus, quas a Cenomannensibus et Normannis permotas esse diximus, fomes, ut ferunt, et causa fuit Rodbertus regis filius.

Nam Guillelmus princeps, ante Senlacium bellum, et post in quadam sua ægritudine, Rodbertum primogenitam sobolem suam fecerat suum hæredem, et jussit omnes optimates ei facere homagium et fidelitatem. At illi gratanter imperanti acquieverunt. Adolescens autem, post mortem Margaritæ sponsæ suæ, ambitione juvenili noxioque sodalium instinctu, debitos honores requisivit a patre, principatum videlicet Cenomannorum et Neustriæ. Porro providus pater hinc inde multa circumspiciens, postulata denegavit, filioque suo, ad nanciscendum quæ petierat, tempus opportunum bene præstolari persuasit. Ille vero quod a patre nil consequi poterat ægre tulit, et arroganter contra eum plerumque litigavit. Erat enim loquax et prodigus, audax et in armis probissimus, fortis certusque sagittarius, voce clara et libera, lingua diserta, facie obesa, corpore pingui, breviquæ statura, unde vulgo Gambaron cognominatus est et Brevis-Ocrea.

Quondam dum rex contra Corbonienses expeditionem facere præpararet, et in oppido Richerii quod pro nido aquilæ ibidem in quercu reperto, dum castrum a Fulberto fieret, Aquila dicitur, in domo Gunherii hospitaretur, lis inter filios regis oritur dæmonica, unde postmodum multæ pullulaverunt lites et facinora. Nam duo fratres, Guillelmus Rufus et Henricus, patri favebant, viresque suas fraternis viribus æquas arbitrantes, indignum ducebant quod frater eorum solus habere patrium jus ambiebat, et agmine clientum sibi obsequente par patri æstimari peroptabat. Unde in Aquilensi castro ad hospitium Rodberti, quod in domo Rogerii Calcegii susceperat, venerunt, ibique super solarium, sicut militibus moris est, tesseris ludere cœperunt. Deinde ingentem strepitum fecere, et

---

(74) Locus forsan adulteratus quem in sacris Scripturis frustra quæres.

aquam super Rodbertum et asseclas ejus, qui subtus erant, fudere. Tunc Ivo et Albericus de Grentemaisnilio dixerunt Rodberto : *Ut quid tantam pateris injuriam? Ecce fratres tui super caput tuum ascenderunt, et immunditiis in contemptu tuo nos tecum polluunt. Nonne vides quid hoc significat? Lippis etiam liquido patet. Nisi festinanter infectum tibi dedecus punieris, dejectus es nec ultra resurgere vales.* His siquidem auditis furibundus surrexit, et in cœnaculum contra fratres suos irrepere acceleravit.

Mox, orto clamore, de hospitio suo rex accurrit, et regali auctoritate filiorum jurgia suorum ad tempus compescuit. Sequenti vero nocte, Rodbertus cum pedisequis suis equitatum regis deseruit, Rothomagum expetiit, et arcem regiam furtim præoccupare sategit. Verum Rogerius de Iberico pincerna regis, qui turrim custodiebat, ut conatus insidiantium præcognovit, contra fraudes malignantium diligenter arcem præmunivit, missisque legatis ordinem rei domino suo regi celeriter intimavit. At ille nimis iratus factiosos omnes comprehendi jussit. Illi vero, edictum hujusmodi audientes, admodum territi sunt, et, quibusdam captis, alii extorres fugerunt et extera petentes salvati sunt.

Tunc Hugo de Novocastello, nepos et hæres Alberti Ribaldi, primus prædictos exsules suscepit, eisque Novumcastellum, Raimalast atque Sorellum, aliaque municipia sua pro depopulanda Neustria patefecit. Erat enim gener Rogerii comitis, habens in matrimonio Mabiliam sororem Roberti Belesmensis, qui regis filium secutus fuerat cum Radulpho de Conchis, aliisque plurimis. Pravo quippe ausu desertores (detestabile nefas!) exorsi sunt, et oppida divitesque fundos pro inani spe et promissis floccipendendis reliquerunt. Rex autem terras eorum manu propria sibi subegit, et de redditibus eorum stipendiarios dimicantes contra eosdem remuneravit.

(75) Similem retroactis temporibus clero Carnotensi molestiam intulit pater istius Rotroci Gaufridus comes Mauritaniæ nec non vicecomes Castriduni, ut discimus ex his epistolæ 25 Fulberti verbis, apud Chesnium, t. IV, p. 182 : *Malefactor ille Gaufridus, quem pro multis facinoribus excommunicaveram, incerto utrum desperatus an versus in amentiam, collecta multitudine militum quo ducendi essent ignorantium, villas nostras improviso incendio concremavit, nobisque quantas potest machinatur insidias.* At illum a civibus Carnotensibus in insidiis constitutis interemptum fuisse docet nos Rotrocus ipse in charta pro cœnobio S. Dionysii in Pertico, ubi de ipso ait : *Inopina mors apud urbem Carnotensem eum ab Ecclesia matris Domini redeuntem furtivis gladiis invasit.* Vide Ægid. Bri de la Clergerie, *Hist. Pertic.*, p. 148.

His motionibus incolæ et vicini terribiliter agitati sunt, et arma passim contra regem vel pro rege levaverunt. Galli et Britones, Cenomanni et Andegavenses, aliique populi fluctuabant, et quem merito sequi deberent ignorabant. Bellis itaque passim insurgentibus, cordatus rex exercitum aggregavit, et, in hostes pergens, cum Rotrone Mauritaniensi comite pacem fecit. Hic nimirum, dum terras Carnotensis ecclesiæ, quæ perpetuæ virgini Mariæ dedicata est, plerumque prædaretur, et ab episcopo cum clero frequenter ob hoc redargueretur, et incorrigibilis perseverans excommunicaretur, animadversione divina obsurduit, et sic ad mortem usque surdus permansit (75). Rex Guillelmus hunc pretio conduxit, secumque ad obsidionem, quia Raimalast de feudo ejus erat, minavit. Quatuor castra in gyro firmavit, ibique milites ad arcendos castrenses apte locavit. Interea, dum quadam die Aimericus de Vilereio dapiferum regis Francorum, qui ad eum diverterat, deduxisset, et cum tribus militibus ad castrum suum ubi hostes regis tutabantur remearet, forte de regia phalange quatuor equites exierunt, eique obviantes aditum jam proximæ munitionis suæ obturaverunt, ipsumque percutientes illico peremerunt. Deinde cadaver infausti prædonis velut occisum suem super equum sustulerunt, et delatum ante mappalia Rogerii comitis, contra quem diu hostiliter sævierat, projecerunt. Gulferius autem filius ejus, tam diro patris infortunio territus, pacem cum rege pepigit, eique postmodum et hæredibus ejus per annos ferme quinquaginta fidelis exstitit.

Multa terrigenis imminent infortunia; quæ si diligenter scriberentur omnia, ingentia replerent volumina. Nunc hiemali frigore rigens, aliis occupationibus vacabo, præsentemque libellum hic terminare fatigatus decerno. Redeunte vero placidi veris sereno, ea quæ minus plene disserui, sive quæ restant, in sequentibus replicabo, Deoque juvante, casus guerræ pacisque nostratuum veraci stylo copiose dilucidabo.

Dom Bouquet, lib. IV, p. 597.

SUMMARIUM LIBRI QUINTI.

I. *Prologus*
II. *Eventus varii in Normannia.*
III. *Miserabilis eventus Lexovii factus. Mors Hugonis Lexoviensis episcopi.*
IV. *Gislebertus Maminotus Hugonis successor.*
V. *Joannes Rothomagensis archiepiscopus. Guillelmus ejus successor.*
VI. *Juliobonense concilium.*

VII. *De Rothomagensi civitate. De Ebroicensi civitate. Gesta B. Taurini.*
VIII. *Mallonus et Avicianus apostoli Normanniæ. Disticha in honore* XLVII *primorum Rothomagensium præsulum.*
IX. *Sequentia distichorum.*
X. *Sequentia distichorum.*
XI. *Sequentia distichorum. Epitaphia Rollonis et Guillelmi Longæ-Spatæ.*
XII. *Successio eventuum in Neustria sub rege Guillelmo. Rebelliones Roberti filii Guillelmi regis.*
XIII. *Successio eventuum.*
XIV. *Alii filii Guillelmi regis bonis moribus inclarescunt. Adela ejus filia.*
XV. *Auctor ad historiam monasterii Uticensis revertitur. Abbatis Mainerii administratio.*
XVI. *Recensio donationum monasterio Uticensi factorum.*
XVII. *Digressio de cœnobio in terra Odelerii patris Orderici Vitalis, juxta Scrobesburiæ civitatem in Anglia.*
XVIII. *Recensio donationum Uticensi cœnobio factarum continuatur. Donationum instrumenta. Illustres viri in Uticensi ecclesia sepulti.*
XIX. *Joannes Uticensis monachus. Carmen Orderici Vitalis de laudibus ejus. Donatio Goisberti medici Uticensi cœnobio.*
XX. *Recensio donationum Uticensi cœnobio factarum continuatur. Eventus varii. Donationes Manliæ monachis factæ. De dominis Manliæ.*
XXI. *Recensio donationum continuatur. De dominis Manliæ.*
XXII. *Recensiones donationum continuantur.*

LIBER QUINTUS.

1. *Prologus.*

Majorum exempla sectantes, lethale otium indesinenter debemus devitare, utilique studio et salubri exercitio ferventer insudare; quibus intenta mens a vitiis emundatur et in omne nefas vitali disciplina gloriose armatur. *In desideriis est,* ut ait Salomon, *omnis otiosus* (76). Et : *Desideria occidunt pigrum* (*Prov.* XXI, 25). Piger nimirum et otiosus est, qui, bonâ voluntate carens, sponte vitiis submissus est. Miserabiliter segnitie premi judicatur, qui in lege Domini die ac nocte, id est in prosperis et adversis, non meditatur, nec insidiis seu luctatibus Satanæ reluctando resistere conatur, ut supernæ vocationis bravium adipisci mereatur. Hunc procul dubio nociva desideria occidunt, dum in bono torpentem ad scelus pertrahunt, et per amplam proprii libitus viam in barathrum perditionis immergunt. Majores igitur nostri pigritiam et otiositatem, animæ inimicam, penitus condemnant, suosque sequaces ad commodum laborem et exercitium verbis et exemplis invitant. Et in hac re non solum Christiani, sed etiam poetæ gentiles consonant. Ait enim Virgilius :

Quid labor aut benefacta juvant ? labor omnia vincit
Improbus, et duris urgens in rebus egestas (77).

Ovidius quoque libidini resistere volentem sic instruit contra Venerem, dicens :

Otia corrodunt mentes et corpora frangunt.
Fac fugias monitis otia prima meis.
Otia si tollas, periere Cupidinis arcus,
Contemptæque jacent et sine luce faces (78).

Hæc et alia hujusmodi diligenter perpendens, pater Guarine, aliquid quod aliquibus in domo Dei fidelibus prosit seu placeat, decrevi simpliciter edere, arreptum vero sedimen vigilanter tenere, ne cum servo torpente pro abscouso in terra talento damner, Domino ad judicium veniente.

Primo itaque præceptis venerandi Rogerii abbatis, et postea vestris optavi parere, opusculum incipiens de statu Uticensis Ecclesiæ, quod priores nostri sese mutuo exhortati sunt facere, sed nullus eorum voluit hoc incipere. Nam quisque silere quam loqui maluit, et securam quietem edaci curæ transactas res indagandi præposuit. Libenter quippe legissent actus abbatum, fratrumque suorum, et parvarum collectionem rerum suarum, quæ ab egenis sed devotis fundatoribus tenuiter auctæ sunt ingenti sollicitudine Patrum ; sed ad dictandi seu scribendi sedimen suum renuerunt curvare ingenium. Tandem ego de extremis Merciorum finibus decennis Angligena huc advectus, barbarusque et ignotus advena callentibus indigenis admistus, inspirante Deo, Normannorum gesta et eventus Normanniæ promere scripto sum conatus.

Jam duos, opitulante Deo, libellos edidi, quibus de reparatione sedis nostræ et de tribus abbatibus nostris, cum quibusdam casibus temporis illius breviter inserui, veraciter allegans, prout ab annosis senioribus diligenter exquisivi.

Annodo tertium ab anno Incarnationis Dominicæ 1075 libellum exordiar, et de abbate meo ac Uti-

---

(76) Hunc locum in Vulgata sacrorum librorum interpretatione frustra quæres.
(77) Hic locus sic restituendus est :
Quid labor aut benefacta juvant ?
VIRG., *Georg.*, III, 525.
Labor omnia vincit
Improbus, et duris urgens in rebus egestas.
VIRG., *Georg.*, I, 145.

(78) Primus versus apud Ovidium non exstat. Cæteri ex poemate cui titulus inscribitur : *De remedio amoris* V, 135, 139 et 140. Sic restituendi sunt :

Fac monitis fugias otia prima meis.....
Otia si tollas, periere Cupidinis arcus,
Contemptæque jacent et sine luce faces.

censi concione et de rebus per xii annos, scilicet usque ad Guillelmi regis obitum, gestis loquar.

A præfato nempe anno placet inchoare præsens opusculum, quo in hanc lucem xiv Kalendas Martii matris ex utero profusus sum, Sabbatoque sequentis Paschæ apud Ettingesham, in ecclesia Sancti Eattæ confessoris, quæ sita est super Sabrinam fluvium, per ministerium Ordrici sacerdotis sacro fonte renatus sum. Post quinquennium Siwardo nobili presbytero litteris erudiendus a genitore traditus sum, cujus magisterio prima percipiens rudimenta quinque annis subjugatus sum.

Undecimo autem ætatis meæ anno pro amore Dei a proprio genitore abdicatus sum, et de Anglia in Normanniam tenellus exsul, ut æterno regi militarem, destinatus sum. Deinde a venerabili Patre Mainerio susceptus, monachilis habitus trabea togatus, sinceroque monachorum conventui fœdere indissolubili sociatus, jam XLII annis leve jugum Domini gratanter bajulavi, et cum coævis meis, secundum Regulæ institutionem, in via Dei pro posse meo alacriter ambulavi; ecclesiasticum morem et servitium ediscere laboravi, et semper ad aliquid utile ingenium applicavi.

Si pontifices nostri aliique rectores orbis tantæ sanctitatis essent ut pro illis et per illos miracula divinitus fierent, sicut olim ab antiquis Patribus crebro facta sunt, atque sparsim diffusa per codices, lectorum corda suaviter imbuunt, et gloriam priorum miranda magistrorum signa præsentibus recolunt, excusso torpore, memetipsum exercerem, et digna relatu notitiæ posterorum avidæ scripto transmitterem. Verum quia nunc est illa tempestas, qua multorum refrigescit charitas et abundat iniquitas, sanctitatis indicia cessant miracula, et multiplicantur facinora ac luctuosa in mundo querimonia. Historiographis ad scribendum uberius thema dant præsulum litigia et cruenta principum prælia, quam theologorum syntagmata, vel xerophagorum parcimonia sive prodigia. Antichristi tempus appropinquat, ante cujus faciem, ut Dominus beato Job insinuat, præcedet egestas miraculorum, nimiumque

A in his qui carnaliter amant seipsos, grassabitur rabies vitiorum.

Nunc audacter in nomine Domini prosequar quod cœpi, venerabilis abba, benigniter fisus quod vestra corriget solertia quidquid mea deliquerit inscitia.

II. *Eventus varii in Normannia.*

Anno ab Incarnatione Domini 1075, indictione xiii, Guillelmus rex Fiscanni sanctum Pascha celebravit, Ceciliamque filiam suam per manum Joannis archiepiscopi Deo consecrandam obtulit. Quæ cum grandi diligentia in cœnobio Cadomensi educata est et multipliciter erudita, ibique sanctæ et individuæ Trinitati dicata, sub venerabili Mathilde abbatissa virgo permansit, sanctæ Regulæ fideliter subjugata. Defuncta vero prædicta matre post annos XLVII regiminis sui, hæc successit, et fere xiv annis sanctimonialium regimen laudabiliter gessit, annoque Dominicæ Incarnationis 1127, iii Idus Julii, de hoc sæculo migravit. Sic quinquaginta duobus annis habitu et ordine, studioque pio laudabiliter monacha, postquam a patre oblata est Deo, servivit, annoque xxvi regni Henrici fratris sui obiit (79).

Dum rex Guillelmus in Neustria consisteret, terramque suam cum Dei auxilio contra omnes adversarios tutaret, præsules Anglorum Lanfrancus Cantuariensis et Thomas Eboracensis atque Remigius Lincoliensis Romam abierunt, et a domno Gregorio papa senatuque Romano honorificentissime suscepti sunt. De divitiis Anglicis larga munera cupidis Romanis ubertim dederunt, suaque sic largitate, cum facundia geminaque scientia mirabiles Latiis visi sunt. Legationes Guillelmi regis, quas antistites jam dicti cum muneribus detulerunt, papa clerusque Romanus gratantissime susceperunt, et privilegia, quæ per eos petierat, antecessoribus suis olim concessa, libenter annuerunt.

Anno ab Incarnatione Domini 1077, indictione xv, præfati pontifices alacriter Roma redierunt, in quorum adventu rex et omnes indigenæ Normannici magnifice lætati sunt. Tunc basilicæ plures in Normannia cum ingenti tripudio dedicatæ sunt; ad

---

(79) Ex authentico instrumento constat Mathildem abbatissam 6 die Julii 1120 e vita cessisse. Cf. Le Prévost:

Mathildis I, inquiunt *Galliæ Christianæ* novæ Auctores (t. XI, col. 432), *atavis edita regibus, vix nata sacrata Deo est in monasterio S. Leodegarii Ratellensis; unde non annis, sed meritis exigentibus assumpta ad regendum quod Mathildis regina Cadomi construxerat cœnobium, anno prælationis suæ quinquagesimo quarto, senex et plena dierum obiit pridie Nonas Julias.* Id aperte tradit epistola encyclica statim ab ejus morte ad varias, tum Franciæ, tum Angliæ ecclesias a Cadomensibus monialibus missa, quod et idem habetur in rotulo, ut vocabant, S. Martini Turonensis ad easdem sanctimoniales postea misso, cujus aliorumque ad 254, in unum rotulum longum xvii circiter ulnas assutorum, archetypum Mathildis ætatem redolens asservatur in abbatia S. Trinitatis. Quæ quidem instrumenti auctoritas adversatur Orderico Vitali et Willelmo Gemmeticensi coævis auctoribus, scribentibus Mathildem defunctam an. 1112

D præfuisse annis xlvii aut fere xlviii: at quoties falluntur hi scriptores!... Cæcilia, pergunt auctores nostri, primogenita Guillelmi Angliæ regis et Mathildis fundatorum, Deo ab ipsis oblata est ipsa die dedicationis ecclesiæ xv Kal. Julii 1066, ut Deo in eodem loco perenniter deserviret. Id quoque testantur litteræ Guillelmi et Mathildis de dedicatione, fundatione et dotatione monasterii, quibus potior videtur habenda fides quam auctoribus licet coætaneis, asserentibus Cæciliam anno 1075 die Paschæ in ecclesia Fiscannensi per manum Joannis archiepiscopi Deo a patre oblatam. Qua quidem in re, ut in pluribus aliis falsi sunt scriptores illi, qui Cæciliam cum Mathilde ejus germana confuderunt, quæ postrema obierat ante Mathildem priorem abbatissam. Cæcilia vero post Mathildem pluribus annis præfuit (fere xiv assignat Ordericus lib. viii) et anno 1127, iii Idus Julii, de hoc sæculo migravit, anno Henrici fratris sui 26. Chronicon Cadomense habet 1126.

Dom Bouquet, lib. v, p. 598.

quas rex et regina, cum filiis suis Rodberto atque Guillelmo, et ingenti frequentia optimatum et populorum, adfuerunt. Matrices ecclesiæ Bajocensis et Ebroicensis episcopatus et Beccensis cœnobii dedicatæ sunt in honore sanctæ Dei genitricis et perpetuæ virginis Mariæ.

Eodem quoque anno cœnobialis basilica in honore sancti Stephani protomartyris apud Cadomum dedicata est; cui a rege et proceribus ejus locuples dos atque multarum copia gazarum data est. Harum dedicationes ecclesiarum Joannes Rothomagensis archiepiscopus et suffraganei ejus episcopi Normanniæ solemniter egerunt; cum quibus reverendi metropolitæ Lanfrancus et Thomas, et multi abbates, et mira populorum multitudo adfuerunt.

Venerabilis Herluinus abbas, dedicata Beccensi ecclesia, valde gavisus est, visoque quod vehementer in hoc sæculo desideraverat, ulterius inter mortales commorari dedignatus est. Hic anno Dominicæ Incarnationis 1054, ætatis vero suæ XL, sæcularem militiam deseruit, vitam mutavit, et a domno Herberto Lexoviensi episcopo sacræ religionis habitum suscepit. Deinde post tres annos ab eodem præsule ordinatus est, atque abbas constitutus est. Inde initium Beccense cœnobium cœpit habere. Denique anno Dominicæ Incarnationis 1078, ætatis autem suæ LXXXIV, monachatus vero XLIV, VII Kalendas Septembris defunctus est, et in capitulo monachorum honorifice tumulatus est. Et interpositis paucis diebus post mortem ejus, Anselmus, qui tunc erat prior ejusdem loci, abbas est electus. Sequenti anno, in festivitate Sancti Petri, quæ dicitur cathedra, a domno Gisleberto Ebroicensi episcopo consecratus est abbas in Beccensi basilica. Hic monachile jugum anno vitæ suæ XXVII subiit, et tribus annis monachus claustralis sine prælatione vixit. Deinde post Lanfrancum XV annis prior exstitit, aliisque XV annis post Herluinum primum abbatem Beccensium abbas floruit. Inde ad archiepiscopatum Cantuariæ, post venerabilem Lanfrancum, assumptus est; quem XVI annis rexit, et multa adversa perpessus est. Septimo decimo archiepiscopatus anno, monachatus autem XLIX ætatisque suæ LXXVI, XI Kal. Maii, feria IV [1109] ante Cœnam Domini transiit e mundo.

III. *Miserabilis eventus Lexovii factus. Mors Hugonis Lexoviensis episcopi.*

Quia imperiti homines fraudulenta prosperitate nimis extolluntur, varioque adversitatum flatu fragiles ut arundo facile hac et illac agitantur, ideo moderator omnium Deus aspera blandis provide intromiscet, ut mobiles mortalium ausus comprimat ac salubriter temperet.

Unde dum Guillelmus rex sæculari pompa multum tumeret, et populus Neustriæ multimodo luxu fœdus maderet, nec sibi futura pro ingenti scelerum congerie provideret, terribilis tonitrui fragor in sanctuario Lexoviensis basilicæ personuit, et plebem in ecclesia pontificali astantem intolerabilis ictus fulminis prostravit. Nam, quodam Dominico die, in æstate, dum mane celebrarentur sacræ mysteria missæ, et infulatus presbyter nomine Herbertus astaret ad altare, ingens coruscatio repente facta est, quam formidabilis sonus et gravis ictus illico subsecutus est. Crucem, quæ super pulpitum turris stabat, percussit, confregit et dejecit. Deinde terribiliter in ædem sanctam descendit et super Crucifixum irruit, eique manum et pedem percussit, miroque modo ferreos de cruce clavos evulsit. Tenebrosa caligo visus trementium hebetavit, et scintillans ignis per totam basilicam volavit, et octo viros unamque mulierem peremit. Barbas et penes aliosque pilos virorum et mulierum exussit, teterrimumque fetorem vulgi naribus infudit. Una mulier nomine Maria in angulo ecclesiæ non sine magno pavore stetit, totumque populum quasi exanimem per pavimentum jacentem, pavens ipsa, prospexit.

Eventus hujuscemodi ante Nativitatem Sancti Joannis Baptistæ contigit, et mox eodem tempore Hugo Lexoviensis episcopus ægrotare cœpit. Mense Julio, languore ingravescente, mortem præsul inevitabilem sibi adesse persensit, seseque, ut Dei servus ad Domini sui curiam iturus, solerter circumspexit, et pro villicatione sua rationem redditurus in timore magno se præparavit. Confessione et pœnitentia purgatus, oratione et fletuum imbre ablutus, salutaris mysterii communione feliciter instructus, clericos et laicos, qui secum erant, commonuit, absolvit, benedixit. Ad ultimum vero rem quamdam, unde præcipue mœstus erat, recoluit, pro qua omnes sibi astantes sic exoravit : *Viam universæ carnis scio me ad præsens ingressurum; sed valde contristor quod a sede mea elongatus sum, nec video sponsam meam, cui, ordinante Deo, fere XL annis legitime conjunctus sum. Unde nunc precor vos omnes, quos olim amavi, nutrivi, promovi et honoravi, ut me hinc ejiciatis, et ad charissimam sponsam meam me deducatis. Ecclesiam Sancti Petri principis apostolorum, quam venerabilis Herbertus prædecessor meus cœpit, perfeci, studiose adornavi, honorifice dedicavi, et cultoribus necessariisque divino servitio vasis, aliisque apparatibus copiose ditavi. Hanc cœlesti Domino supplex commendo, et in ejus gremio recumbere desidero, ibique secundum Salvatoris adventum exspectabo.* His dictis, omnes protinus consurgunt, decenti ad gestandum ferculo præsulem imponunt, et de vico qui Pons-Episcopi dicitur, Lexovium deducunt, ipsique illustres clerici et honorabiles laici amatissimum Patrem devehunt. Tandem, dum festinare ad urbem nituntur, morte obiter accelerante, in quamdam planitiem herbosam digrediuntur, ibique cum lacrymis et orationibus exitum præsulis sui sub divo præstolantur.

Sol erat in Cancro radians splendore corusco :
Sparsis pontificem velat radiis morientem.

In tanta claritate et loci amœnitate nobilis antistes Hugo collocatus jacuit, et inter manus suorum Deo commendatus xvi Kal. Augusti exspiravit.

Sic obiit nostro vir non reparabilis ævo,
Gemma sacerdotum, patriæque decus Pater Hugo.

Summus pontifex Christus, cujus vices ad horam in terris gessit, semper ei propitius sit! Pons-Episcopi quatuor leucis distat a Lexovio. In campo secus viam, ubi flamen occubuit, crux erecta est, quæ usque hodie Crux-Episcopi nuncupata est. Corpus vero ejus Lexovium delatum est, sed sepultura ejus usque ad viii dies, pro litigio canonicorum et monacharum, protelata est. Clerici enim in episcopio eum sepelire volebant; sed sanctimoniales simul acerrime prohibentes, dicebant: *Pater noster Hugo abbatiam Sanctæ Mariæ dominæ nostræ construxit, nos illuc ad Dei famulatum aggregavit, ac ut pater filias in timore Dei nos educavit. In ecclesia quam condidit, locum sepulturæ sibi, memor mortis, elegit. Æterna morte puniatur, qui soma Patris nostri filiabus suis auferre conatur!*

Rothomagum igitur ad curiam regis itur, et ab utrisque partibus querimonia depromitur; sed regalis censura fragiliori magis sexui compatitur. Denique rex accersito Joanni archiepiscopo commendat ut Lexovium celeriter adeat, et episcopi corpus in oratorio Sanctæ Mariæ decenter sepeliat. At ille, quia ferox et turgidus erat, et noxium rancorem jamdudum contra præfatum præsulem animo gesserat, regis præceptum furibundus contempsit, nec ad tumulandum coepiscopum suum ire voluit. Qui dum de curia regis per urbem super mulam suam rediret, tumideque loquens de causis imminentibus, domni suæ appropinquaret, divino nutu subita passio illum percussit, turba palam spectante, ad terram dejecit, biennioque quo postmodum vixit, elinguem reddidit. Tunc Gislebertus, Ebroicensis episcopus cum multo fidelium agmine Lexovium vadit, et corpus episcopi, astante Roberto Aucensi comite, qui germanus ejus erat, in choro sanctimonialium convenienter sepelivit. Mausoleo tanti pontificis congruus lapis appositus est, et epitaphium adonico metro, quod dactylo spondæoque constat, editum, in laminis cupri litteris aureis sic exaratum est:

*Hic jacet Hugo Lexoviensis clarus honore
Pontificatus, nobilis æque sanguine patrum.
Præditus idem stemmate morum non sine bino
Munere sensus, religione glorificandus.
Transitus ejus rege Philippo, tum Gilielmus
Rex erat Anglus, luce sequenti Phœbus inivit
Signa Leonis, det Deus isti gaudia cœli. Amen.*

IV. *Gislebertus Maminotus Hugonis successor.*

Ad regendum Lexoviensem præsulatum Gislebertus, cognomento Maminotus, regis archiater et capellanus electus est, et a Michaele Abrincatensi episcopo, in præsentia domni Joannis archiepiscopi, qui jam, ut diximus, obmutuerat, consecratus est. Hic filius Roberti de Curvaspina strenui militis fuit, xxiii annis episcopatum tenuit, et Ecclesiæ res potenter obtinuit. Artis medicinæ peritissimus erat, sed semetipsum in pontificatu nunquam satis curare poterat. Scientia litterarum et facundia pollebat, divitiis et deliciis indesinenter affluebat, propriæ voluntati et carnis curæ nimis serviebat. Otio et quieti affatim studebat, ludisque alearum et tesserarum plerumque indulgebat. In cultu ecclesiastico erat piger et negligens, sed ad venatum, aviumque capturam promptus et fervens. Sæcularibus itaque exercitiis et actibus omni vita sua inhæsit, et sic usque ad decrepitam ætatem vixit. Plura de actibus ejus scribere possum, sed reprimo calamum, quia ab ipso ad subdiaconatus gradum cum aliis, ut opinor, plus quam trecentis promotus sum. Unde sicut quædam de illo protuli reprehensibilia, sic decet ut laudabilia promam et imitabilia. Eleemosynas pauperibus libenter porrigebat, largitate et dapsilitate solerter et honorifice vigebat. In judicio veritatem subtiliter investigabat, et rectitudinem procaciter defendere satis inhiabat, justitiamque cunctis postulantibus gratis exhibebat. Peccatores reatus suos humiliter confitentes dulciter suscipiebat, et vere pœnitentibus rectum et salubre consilium provide suggerebat. Sacros ordines et dedicationes et alia hujusmodi ministeria religiose et sollicite peragebat; sed ad hæc agenda lentus erat et vix assurgebat, nec, nisi multis multorum precibus incitatus cogeretur, inchoare volebat. In Ecclesia Lexoviensi eo tempore honorabiles erant personæ et illustres archidiaconi atque canonici, Guillelmus de Glandivilla decanus et archidiaconus, Richardus de Ansgeriivilla et Guillelmus Pictavinus archidiaconi, Goisfredus de Tregavilla thesaurarius, Turgisus cantor et Radulfus filius ejus, aliique plures quos Hugo educaverat, officiisque datis ecclesiasticis honoraverat. Hos nimirum præfatus successor ejus sibi copulavit, fertilique documento arithmeticæ et astronomiæ et multiplicis physicæ, aliarumque profundarum rerum erudivit, et familiares collegas conviviorum et colloquiorum sibi benigniter applicavit.

V. *Joannes Rothomagensis archiepiscopus. Guillelmus ejus successor.*

Anno ab Incarnatione Domini 1079, Joannes archiepiscopus octavo anno regiminis sui defunctus est, et in baptisterio basilicæ ad aquilonem tumulatus est. Monumentum ejus ex albo lapide factum est, in quo hujusmodi epitaphium solerter insertum est.

*Metropolita tuus jacet hic, urbs Rothomagensis,
Culmine de summo quo moriente ruis.
Ecclesiæ minuuntur opes, sacer ordo tepescit,
Provida religio quem sua constituit.
Hæc neglecta diu canonum decreta reformans
Instituit caste vivere presbyteros.
Dona Dei sub eo venalia nulla fuere,
Hinc et opes largas contulit Ecclesiæ.
Lingua diserta, genus, sapientia, sobria vita
Huic fuit, exiguus quem tegit iste lapis.
Nona dies Septembris erat, cum carne Joannes
Exspoliatus abit. Sit sibi vera quies! Amen.*

Defuncto Joanne metropolitano, Guillelmus Cadomensis abbas canonice electus est, et de monasterio suo, ubi regulariter ut probatus monachus Deo famulabatur, ad tutandam Rothomagensem Ecclesiam adductus est. In ecclesia Sanctæ Dei genitricis Mariæ a magno Gisleberto Ebroicensi episcopo consecratus est, et XLVI post beatum Nigasium, quem sanctus Dionysius Parisiensis pontifex primum præsulem Rodomensibus præfecit, Rothomagensem metropolim sortitus est. Hic bonus et jucundus ac mansuetus exstitit, gregemque sibi divinitus commissum XXXII annis custodivit. Matricem basilicam omnimodis ornatibus cultui divino necessariis affatim locupletavit, et claustrum episcopii domosque convenientes a fundamentis eleganter renovavit. Corpus sancti Romani præsulis de propria æde in metropolitanam basilicam glorioso transtulit, et in scrinio auro argentoque cum pretiosis lapidibus operose cooperto reverenter locavit. Solemnitatem quoque ejus X Kal. Novembris per totam diœcesim suam festive celebrari constituit, et generali edicto festivam stationem ad sancti pontificis corpus extra urbem singulis annis fieri decrevit; ad quam parochianos pene omnes monitis et absolutionibus atque benedictionibus invitavit. Monachis et clericis, omnibusque sibi subjectis ut dulcis pater blandiens profuit. Psalmis et hymnis et canticis spiritualibus, sacrisque mysteriis indesinenter sese mancipavit. Omnis ab illo fraus et amaritudo procul fuerunt. Nullum quærebat lædere, sed quibusque indigentibus, prout ratio jubebat, succurrere. Cantor peritissimus erat, aptissimamque ad canendum vocem habebat. In usu ecclesiastico doctissime instructus erat, et ad prædicandum indoctis verbum Dei, clara idoneaque locutione vigebat. Patientia et benignitate cunctos secum coessentes mulcebat, magnamque partem oneris sui decanis et archipresbyteris sine invidia distribuebat, bonosque nihilominus ad participationem honoris avide asciscebat.

VI. *Juliobonense concilium.*

Anno ab Incarnatione Domini 1080, rex Guillelmus in festivitate Pentecostes apud Illebonam resedit, ibique Guillelmum archiepiscopum et omnes episcopos et abbates, comitesque cum aliis proceribus Normanniæ simul adesse præcepit. Ut rex jussit, factum est. Igitur octavo anno papatus domini Gregorii papæ septimi, celebre concilium apud Juliam-Bonam celebratum est, et de statu Ecclesiæ Dei, totiusque regni, providentia regis cum baronum suorum consilio utiliter tractatum est. Statuta vero concilii, sicut ab iis qui interfuerunt, veraciter adnotata sunt, volo hic inserere, ut posteri discant quales in Normannia leges fuerunt sub Guillelmo rege.

1. *Pax Dei, quæ vulgo trevia dicitur, sicut ipse princeps Guillelmus eam in initio constituerat, firmiter teneatur, et per singulas parochias dictis excommunicationibus renovetur. Qui vero servare contempserint, vel aliquatenus fregerint, episcopi, secundum quod prius statutum est, eos judicando justitiam faciant. Si quis vero episcopo suo inde inobediens fuerit, domino, in cujus terra habitat, episcopus hoc demonstret, et ille subdat eum episcopali justitiæ. Quod si et dominus facere contempserit, regis vicecomes, per episcopum inde requisitus, omni remota excusatione faciat.*

2. *De his, qui de parentela sua uxores tenent, vel uxores parentum suorum, episcopi canonicam justitiam exsequantur. Rex enim inde nullum sustinet vel tuetur, sed potius episcopos adjuvando admonet ut lex Dei firmiter teneatur.*

3. *Presbyteri, diaconi, subdiaconi et omnes canonici et decani nullam omnino feminam habeant. Quod si aliquis post eamdem culpam visus fuerit incurrisse, si per ministros episcopi inde prius fuerit accusatus, in curia episcopi se purgabit. Si vero parochianorum vel dominorum suorum aliquis eum prius accusaverit, habeat accusatus inducias ut cum episcopo possit loqui; et si se purgare voluerit, in eadem parochia cui servit, præsentibus parochianis pluribus, ante episcopi ministros et eorum judicio se purgabit. Si vero purgare se non potuerit, Ecclesiam perdet irrecuperabiliter. Hoc prædictus rex statuit, non perenniter episcopi suis auferendo debitam justitiam, sed quia episcopi eo tempore minus quam convenisset inde fecerant, donec ipse eorum videns emendationem eis redderet pro benefacto, quod tunc de manu eorum temporaliter tulerat pro commisso.*

4. *Nullus laicus in redditibus altaris, vel in sepultura, vel in tertia parte decimæ aliquid habeat; nec pecuniam pro horum venditione vel donatione aliquatenus habeat; nec presbyter inde servitium faciat, nisi legationem domini sui portet, ita ut in eadem die ad servitium Ecclesiæ revertatur; et ad orationes, per Normanniam solummodo, victum domini sui habens, si dominus voluerit, secum vadat; servitium Ecclesiæ presbyter interim curet.*

5. *Presbyteri ab episcopis vel ab eorum ministris, præter justos redditus, episcopi vi vel minis nihil dare cogantur. Propter eorum feminas nulla pecuniæ emendatio exigatur. Archidiaconi per archidiaconatus suos semel in anno presbyterorum suffraganeorum suorum vestimenta et calices et libros videant, designatis ab episcopo in unoquoque archidiaconatu solummodo tribus locis, ubi vicini presbyteri ad hæc monstranda convocentur. Quod cum archidiaconus ad hæc videnda venerit, a presbyteris qui conveniunt, triduo, si expedit, victum habeat sibi quinto.*

6. *Si presbyter forisfacturam fecerit de forestis regis vel baronum ejus, nullam inde emendationem habebit episcopus.*

7. *Presbyteri semel in anno, circa Pentecosten, cum processionibus suis ad matrem ecclesiam veniant, et de singulis domibus ceræ denerata, vel idem valens ad illuminandam ecclesiam altari offeratur. Quod qui facere noluerit, a presbytero suo per ministerium suum cogatur hoc solvere sine emendatione pecuniæ. Laicus presbyterum non det vel adimat*

ecclesiæ, nisi ex consensu præsulis. Quem tamen, si recipiendus est, episcopus non repellat; et si repellendus est, non retineat.

8. In cœmeteriis ecclesiarum, quæ in civitatibus vel castellis vel burgis sunt, quidquid episcopi tempore Rodberti comitis vel Guillelmi regis, ejus consensu, habuerunt, episcopi rehabeant. In cœmeteriis vero, quæ in marchis sunt, si guerra fuerit, et aliqui ad habitandum ibi faciant mansionem dum guerra duraverit, et ipsi propter guerram in atrio manserint, nullam forisfacturam ab eis episcopus habebit, nisi quam habuisset antequam ad atrium confugissent. Cum autem pax facta fuerit, qui propter guerram illuc confugerant, de atrio exire cogantur aut episcopalibus legibus supponantur. Qui vero in prædictis cœmeteriis antiquitus manserunt, in antiqua quietudine permaneant.

9. Ecclesiæ villarum quantum cœmeterii tempore Rodberti comitis habuerunt, vel usque ad illud supra scriptum concilium habuerunt, tantum habeant; et in eis illas consuetudines habeant episcopi, quas tempore Rodberti comitis vel Guillelmi regis, ejus consensu, habuerunt, nisi episcopi, concedente rege Guillelmo, aliquam quietudinem fecerint. Si post concilium aliqua nova fit ecclesia intra villam, faciat episcopus cœmeterium consideratione dominorum et parochianorum ejusdem ecclesiæ. Si vero extra villam nova fit ecclesia, undique habebit quinque perticas cœmeterii.

10. Si donatur monachis ecclesia, presbyter qui eamdem tenet ecclesiam, honorifice teneat quidquid de eadem ecclesia habuit, antequam monachi eam haberent; et tanto melius quanto sanctioribus associatur hominibus. Eo autem mortuo, vel aliquatenus deficiente, abbas idoneum quærat presbyterum, et episcopo eum vel per se, vel per nuntium suum, ostendat. Quem, si recipiendus est, episcopus recipiat. Si vero presbyter cum monachis religiose vivere voluerit, videat ut ecclesia, quam episcopali licentia intravit, honeste tractetur, tam in vestimentis quam libris et cæteris ecclesiæ serviendæ necessariis, secundum ejusdem ecclesiæ facultatem. Quod si presbyter cum monachis vivere noluerit, tantum det ei abbas de bonis ecclesiæ, unde et bene vivere et ecclesiæ servitium convenienter valeat presbyter adimplere. Quod si abbas facere noluerit, ab episcopo convenienter cogatur ut faciat. Presbyter vero episcopo suo juste subditus sit, et episcopales redditus persolvat. Quæ vero superabundant, in usus monasterii sui abbas habeat. Hoc idem in ecclesiis canonicorum observetur.

11. Violatio ecclesiæ et atrii, sicut superius determinatum est, et commissa pro quibus divinum officium remanet, episcopis per pecuniam emendetur. Assultus in ecclesiæ itinere, similiter.

Si quis iratus persequitur alium in atrium vel in ecclesiam, similiter.

Si laicus arat vel ædificat in atrio sine licentia pontificali, similiter.

Si clericus raptum fecerit vel furtum, vel aliquem percusserit, aut vulneraverit, aut occiderit; si duellum sine licentia episcopi susceperit, aut namnum ceperit, aut assultum fecerit, aut aliquid injuste saisierit, aut incendium fecerit, aut manupastus ejus, aut habitator atrii, similiter episcopis per pecuniam emendetur.

Si clericus adulterium fecerit aut incestum fecerit, similiter.

Si presbyter de ministerio suo forisfecerit, similiter.

Presbyteri, qui ad synodum venire neglexerint, similiter.

Et qui synodum et circatam statutis terminis non reddiderit, similiter.

Si clericus coronam suam dimiserit, similiter.

Si monachus vel monacha, qui sunt sine regula, habitum suum dimiserint, similiter.

Si presbyteri præter trevias Dei infractores et latrones sine licentia episcopi excommunicaverint, similiter.

Si erraticum habere, quod vulgo Weridif dicitur, in curiam sacerdotis vel clerici, qui in atrio maneant, venerit, vel in eleemosynam ejusdem ecclesiæ, vel in atrium episcopi erit.

Si quid per contentionem in domo presbyteri vel clerici vel in atrio sacerdotali vel clerico vel eorum manupasto relictum fuerit, episcopi erit.

Si quid in ecclesia vel in atrio inveniatur, vel relinquatur, episcopi erit.

Si quis presbyterum aut monachum aut monacham assallierit, aut percusserit, aut ceperit, aut occiderit, aut domos eorum in atrio incenderit, similiter emendabit.

Si quid in ecclesia vel in atrio inveniatur, vel relinquatur, episcopi erit.

Si quis adulterium vel incestum fecerit, vel cum matrina vel cum matre vel filiola coierit, similiter. Si mulier hoc idem fecerit, similiter. Si quis uxorem suam, vel si qua mulier virum suum sine judicio præsulis reliquerit, similiter. Qui mortuos consulunt, vel maleficia tractant, similiter. Qui intentum sibi crimen inficians vel negans, ferri judicio convincitur, excepta Dei trevia, similiter. Qui justitiæ resistens, excommunicari se patitur, similiter.

Parochianorum crimina episcopo pertinentia, ubi consuetudo fuit, episcoporum judicio examinentur.

Si contradictio judicationis facta fuerit, ante episcopum definiatur.

Si ferri judicium fuerit judicatum, apud matrem ecclesiam terminetur.

Si plana lex facienda erit, ibi fiat ubi placitum prius fuit.

In parochia episcopi sine licentia ejus nullus audeat prædicare.

Qui in prædictas culpas inciderit, si sponte ad pœnitentiam venerit, pœnitentia ei pro qualitate criminis injungatur, et pecunia nullatenus exigatur.

Si laicus raptum in atrio fecerit, episcopo emendabit. Si vero alibi fecerit, quocunque modo faciat, episcopus nihil habebit.

12. Has consuetudines habeant episcopi in illis locis, in quibus eas, tempore Rodberti comitis vel Guillelmi regis, ejus concessione, hactenus habuerunt. Quæ vero quieta fuerunt, eam quietudinem habeant, quam huc usque solide tenuerunt. In his omnibus justitiis et consuetudinibus rex sibi retinet quod huc usque habuit.

Si presbyter domini sui judicium contradixerit de ecclesiastica causa, et eum, in curiam episcopi eundo, injuste fatigare fecerit, domino suo x solidos emendabit.

Si episcopi aliquid, quod hic non sit scriptum, in regis curia monstrare possunt se habuisse tempore Rodberti comitis vel Guillelmi regis, ejus concessione, rex eis non tollit quin habeant; tantummodo illud nullatenus saisiscant, donec in curia ejus monstrent quod habere debeant. Similiter et laicis propter hoc scriptum rex nil tollit, quod in curia ejus monstrare possint episcopos non debere habere; tantummodo episcopos inde non disaisiscant, donec in curia regis monstratum sit quod episcopi inde habere non debeant.

Hæc synodus in vico regali secus Sequanam celebrata est, ubi antiqua urbs fuit, quæ Caletus ab incolis dicta est; a qua circumjacens pagus a mari usque in Talaucium Calcegius usque hodie appellatus est. Hanc, ut in antiquis Romanorum legitur gestis, Caius Julius Cæsar obsedit, et pro nimia bellatorum obstinatione intus acerrime repugnantium subvertit. Deinde, postquam hostes ibidem ad libitum compressit, considerata opportunitate loci, præsidium Romanorum provide constituit, et a nomine suo Juliam-Bonam quam barbari nunc corrupto nomine Ille-Bonam nuncupant, appellavit (80).

Denique idem Cæsar omnem Neustriam solerter exploravit, et super Sequanam fluvium urbem Rothomagum construi præcepit in loco aptissimo, ubi ad orientale caput urbis Albula fluvius cum Rodebecco, et ab occasu Marrona in Sequanam diffluit.

Rodomus autem quasi Romanorum domus ab ipsis conditoribus appellata est; ubi legio Quiritum, provinciales undique gubernans et comprimens, tute commorata est.

VII. De Rothomagensi civitate. De Ebroicensi civitate. Gesta B. Taurini.

Rodomensis civitatis populis est ac negotiorum commerciis opulentissima, portus quoque confluentia et rivorum murmure ac pratorum amœnitate jucundissima, fructuum et piscium, cunctarumque rerum exuberantia ditissima, montibus et silvis undique circumdata, muris ac vallis et propugnaculis validissima, mœniis et ædificiis domorum ac basilicarum pulcherrima. Ad hanc a sancto Dionysio, tempore Domitiani Cæsaris, beatus Nigasius episcopus cum sociis suis destinatus est; sed obiter in quodam foro, quod Scamnis dicitur, a Sinnio Fescennino comprehensus est, et constanter in fide Christi perseverans, cum Quirino presbytero ac Scuviculo diacono, v Idus Octobris decollatus est. Corpora vero eorum avibus, improbis canibus, ferisque voranda a persecutoribus derelicta sunt; sed jussu omnipotentis Dei ab angelis intacta custodita sunt. Deinde, postquam profani satellites recesserunt, succedenti nocte, sancti martyres divina ope mirabiliter erecti sunt, et, apprehensis capitibus suis, fluvium Eptam vado hominibus incognito transierunt, et in insula ejusdem fluminis amœnissima requieverunt. Ob memoriam sanctorum, ille locus extunc usque in hodiernum diem Vani, id est vadum Nigasii, nuncupatus est, in quo Deus martyrum meritis multa beneficia fideliter poscentibus largitus est. Prisca gentilitas, obiter martyrizato prædicatore, Rothomagum diu possedit, et innumeris idolorum spurcitiis usque ad sanctum Mellonem archiepiscopum replevit.

Eo tempore fides Christi Evanticorum, id est Ebroas urbem, super Ittonam fluvium sitam, possidebat et salubriter illuminabat. Nam illuc beatus Taurinus a Dionysio Machario directus fuerat, et a Deo confortatus multa miracula fecerat. Deus enim cum eo semper erat, et omnia opera ejus,

(80) Eadem prope cum Orderico de Illebonæ origine tradit Sigebertus in Chronico. Sed utrumque errare hac in re contendit Valesius in notitia Galliæ ad vocem Julio-Bona, p. 256. *Caletus*, inquit, *urbs ignota veteribus omnibus geographis. Nunquam enim ac nusquam fuit, nec ab urbe ista Caleto quæ nulla exstitit, sed a Caletis notissima gente Galliæ Lugdunensis pagus Caletensis nomen accepit. Decepit Sigebertum et Vitalem qualiscunque similitudo nominum Juliobonæ et Illebonæ : decepit et Turnebum qui in libro* IX *adversariorum Juliobonam Villambonam vocat, et Villæbona nomine non alium locum designare vult quam Illebonam, quibusdam et Insulam-bonam mendose dictam. Turnebo accessit et Massonus. Sed eos omnes erroris arguit vel unum itinerarium Æthici ex quo Juliobona a Carocotino vel Corocotino* (le Crotoi) *millibus passuum decem distat, a Rothomago* XXX; *quod Illebonæ minime convenit, quæ a Carocotino passuum millia circiter* XX *vel* XXX *abest. Quare Philippo Cluverio assentior,* qui *Juliobonam Caletorum caput Deppam esse ait* (Dieppe) *ita cognominatam a flumine ipsam alluente. Apud Æthicum iter est a Juliobona Mediolanum millium passuum* XXXIV; *iter a Juliobona Durocasis millium* LXVIII, *sic : Breviodorum vel Breviodurum* M. P. XVII. *Noviomago* XVII. *Condate* XXIV. *Durocasis* M. P. X., *quod iter in tabula Poutingeriana similiter describitur... Cluverius Breviodurum Pontem-Audomari exponit* (Pont-Audemer), *Noviomagum Lexoviorum caput* (Lisieux), *Durocasis vel Durocassis* (Dreux). *Hæc Valesius. Sed hujus opinionem convellit clarissimus Anvillæus, vel ex vestigiis Romanarum viarum, quæ cum Illebonam ducerent, eandem ac Juliobonam caput Caletorum fuisse manifesto demonstrant. Errorem porro Valesii in sede Juliobonæ designanda inde ortum esse ostendit, quod pro oppido le Crotoi Carocotinum acceperit, cum hoc nomine Hareflorum* (Harfleur) *potius intelligendum sit* (Notit. Gall., p. 393).

Dom BOUQUET, lib. v, p. 600.

gloriose dirigebat; pro quo dura et aspera hujus sæculi æquanimiter perferrebat. Romanum Tarquinium patrem suum, Euticiamque matrem piissimam, Christi cultricem, cum aliis amicis et cognatis Romæ reliquerat; et jussu Clementis papæ, cum Dionysio Ionico Gallias tenellus exsul penetrarat. Grassante nimium secunda persecutione, quæ sub Domitiano in Christianos furuit, prædictus Dionysius Parisiensis episcopus Taurinum filiolum suum jam quadragenarium, præsulem ordinavit, et vaticinatis pluribus quæ passurus erat, Ebroicensibus in nomine Domini direxit. Viro Dei ad portas civitatis appropinquanti, dæmon in tribus figmentis se opposuit, scilicet in specie ursi et leonis et bubali, terrere athletam Christi voluit. Sed ille fortiter ut inexpugnabilis murus in fide perstitit, et cœptum iter peregit, hospitiumque in domo Lucii suscepit. Tertia die, dum Taurinus ibidem populo prædicaret, et dulcedo fidei novis auditoribus multum placeret, dolens diabolus Eufrasiam Lucii filiam vexare cœpit et in ignem dejecit. Quæ statim mortua est; sed paulo post, orante Taurino ac jubente ut resurgeret in nomine Domini, resuscitata est. Nullum in ea signum adustionis apparuit. Omnes igitur hoc miraculum videntes subito territi sunt, et obstupescentes, in Jesum Christum crediderunt. In illa die cxx homines baptizati sunt, octo cæci illuminati et quatuor muti sanati, aliique plures ex diversis infirmitatibus in nomine Domini sunt curati.

Deinde Taurinus fanum Dianæ intravit, Zabulumque coram populo visibilem astare in virtute Dei coegit; quo viso, ethnica plebs valde timuit. Nam manifeste apparuit eis Æthiops niger ut fuligo, barbam habens prolixam, et scintillas igneas ex ore mittens. Deinde angelus Domini splendidus ut sol advenit, cunctisque cernentibus, ligatis a dorso manibus dæmonem abduxit. In illa igitur die duo millia virorum baptizati sunt, et omnes infirmi ope divina curati sunt. Hæc Deodatus Eufrasiæ frater vidit et credidit, et baptizatus presbyterque factus, hæc veraciter scripto retulit. Tunc Taurinus fœdum Dianæ fanum intravit exorcismis et orationibus emundavit, Deoque templum in honore sanctæ Dei genitricis Mariæ dedicavit. Deinde cœpit circumquaque idola destruere et ecclesias Christo consecrare, omnem diœcesim circumire, canonice ordinare, hospitalitatem in omnibus constituere.

Invidus Satan tot bona videns doluit, variisque machinationibus virum Dei lædere sategit, et multos in illum adversarios excitavit. Duo magi, Cambisses et Zaraa sacerdotes Dianæ fuerunt, visaque conversione populi ad Deum, ingemuerunt, et xx discipulos suos, ut Taurinum perimerent, concitaverunt. Qui venientes, ut viro Dei a longe visi et cogniti sunt; ipsoque crucis signum contra illos faciente, illico fixi steterunt. Illo iterum jubente soluti sunt, et provoluti pedibus ejus crediderunt, et in nomine sanctæ et individuæ Trinitatis baptizati sunt. Magi autem, ut sua figmenta nihil in militem Christi valere compererunt, propriis se cultris interemerunt.

Interea Licinius consul famam beati pontificis audivit, ipsumque sibi Gisalco villa præsentari fecit. Qui, cum traheretur, obvium habuit unum paralyticum, sororemque ejus cæcam, surdam et mutam. Protinus ille aquam benedixit, ægros perfudit et mox sanitati restituit. Carnifices hoc viderunt et in Dominum statim crediderunt. Dum præsul et consul de idololatria et theusebia procaciter altercarentur, et præsul jussu consulis irrationabiliter furentis nudus virgis cæderetur, Deum fideliter deprecatus est, et mox voce de cœlo ad eum missa confortatus est: Manus quoque carnificum statim aruerunt; Licinius vero Leonillam uxorem suam, quia loquebatur pro viro Dei, ira succensus jussit cruciari.

Dum hæc agerentur, nuntius venit, dicens filium ejus in venatione circa castellum Alerci præcipitio mortuum cum armigero suo. Licinius ergo cum omni exercitu suo nimis contristatus est, et virum Dei, quem cruciare cœperat, nutu Dei rogare coactus est. Taurinus autem, postquam in ecclesia Sanctæ Mariæ prostratus oravit, cum populo ad corpora defunctorum perrexit. Ibi devote Deo supplicavit, finitisque precibus manum Marini juvenis consobrini sui apprehendit, eumque in nomine Domini a morte resuscitavit. Quod Licinius et uxor ejus et omnes optimates ejus videntes gavisi sunt, et procidentes ad præsulis pedes, sacrum sibi baptisma dari petierunt. Baptizati sunt itaque in illa die mille ducenti viri.

Deinde Marino poscenti pro armigero suo Taurinus acquievit, ad corpus accessit, Deum invocavit, Paschasium inclamavit et in virtute Dei vitæ restauravit. Ambo sibi superstites vivis retulerunt quæ defuncti apud inferos viderunt. Paschasius Marino prædixit quod in die quo albas deponeret moreretur; quod ita factum est. Nam Marinus levi febre correptus est, et octava die baptismatis mortuus est.

His aliisque multis miraculis Taurinus, Ebroarum primus pontifex, claruit, et multa millia hominum ad cognitionem veritatis et justitiæ perduxit. Denique, dum Sixtus papa in sede apostolica resideret, et Ælius Adrianus rempublicam gubernaret, plenus dierum et virtutum, Taurinus iii Idus Augusti de cœlo vocatus est, et ecclesia, populo astante, densa odoriferaque nebula repleta est. Transacto unius horæ spatio, nebula recessit, et pontifex in cathedra sedens, et quasi orans manibus extensis, oculisque ad cœlum versis, apparuit. Ingens luctus parochianorum casu pastoris factus est, jussuque angeli qui populo in specie viri honorabilis apparuerat extra urbem quasi ad tertiam partem milliarii ad occidentem vir Dei sepultus est. Locus ille diu postmodum sine honore habitus est. Sed nunc ibi gratia Dei electus grex monachorum in militia salubri constitutus est. In sepelitione venerabilis episcopi res accidit inusitata. Dum in mausoleo praesul ex more poneretur, populusque nimis fleret, ille quasi vivus de fossa erigens se, ait : *Filioli mei, quid hoc facitis? Nolite timere. Justum virum audite.* Et, inclinato capite, siluit.

Sepulto itaque servo Christi, dixit ad populum angelus Dei : *Recedite velociter, ne involvamini ab hostibus. Nunc civitas ista subvertetur, sed nullus vestrum periclitabitur. Per multa tempora incognitus erit locus iste.* His dictis, nusquam comparuit, et completa sunt omnia ut praedixit. Nam sepulcrum sancti antistitis et anniversarium transitus ejus diu homines latuerunt. Signa quoque nonnulla per eum apud Ebroas adhuc quotidie fiunt. Daemon enim, quem de Dianae fano expulit, adhuc in eadem urbe degit, et in variis frequenter formis apparens, neminem laedit. Hunc vulgus Gobelinum appellat, et per merita sancti Taurini ab humana laesione coercitum usque hodie affirmat. Et quia jussis sancti antistitis sua frangendo simulacra obsecundavit, in barathrum non statim mersus fuit ; sed in loco ubi regnaverat poenas luit, videns salvari homines quibus jamdudum ad detrimentum multimode insultavit.

Fertur aliud ab incolis, et est verum, quod in Ebroicensi urbe animal vivere nequit venenatum. Nam pinguis humus imbuta fluentis Ittonae fluminis colubros et serpentes pariebat, et hujusmodi animantibus Ebroica civitas nimis abundabat. Civibus autem pro tali peste conquerentibus, deprecatus est Dominum beatus Taurinus ut urbem ab hoc incommodo liberaret, nec ulterius venenatum reptile intra moenia urbis vivere sineret. Oravit et exauditus est. Si casu coluber seu bufo in fasciculo herbae defertur, statim, dum intra muros urbis venerit, moritur.

Post longum tempus religio Christiana crevit, et clerus Ebroicensis cum fidelibus indigenis primi praesulis sui Taurini polyandrum quaesivit, Deoque monstrante, invenit. Deinde reverenter de terra levatum est, et post aliquod tempus a fidelibus Fiscannum translatum est. Ibi venerabile coenobium monachorum, ad Deitatis cultum jugiter agendum, constructum est, ibique in capsa pretiosa sancti viri corpus veneranter aptatum est.

Almi Taurini praesulis precibus et meritis nos Deus eruat ab omni veneno vitiorum, et perfecto sanctarum decoret nos jubare virtutum, et in sanctis mansionibus suorum conjungat collegio sanctorum, ubi possimus ipsum Regem regum digniter laudare per omnia saecula saeculorum! Amen.

Aelio Adriano et Antonino Pio imperantibus, rabie hostili novella Christianitas in Gallia vehementer attrita est, et sancta mater Ecclesia per annos fere CLX admodum humiliata est. Nulla nobis historia manifeste prodit quae gens illa fuerit, vel unde venerit, sive sub quo principe vel tyranno saevierit; quae intolerabiliter Christianos et idololatras oppresserit. In plurimis tamen gestis sanctorum illius temporis liquido patescit quod sub praedictis principibus quidam crudelis et barbarus exercitus regnum Galliae nimis attriverit. Eo tempore nullus rex in Gallia erat, sed imperator Romanorum a Caio Julio Caesare Cis-Alpinis omnibus imperabat, et praesides aliasque potestates singulis urbibus ad libitum suum dirigebat.

Silentium de Deo magnum fuit in Neustria post obitum sancti praesulis Taurini, usque ad tempora Diocletiani et Maximiani; a quibus facta est decima clades furoris diabolici, quae gravius ac diuturnius aliis saeviit in Ecclesiam Christi. Caeterum ille, qui suis semper se adfuturum esse promisit, in immensis tribulationum procellis sponsam suam mirabiliter confortavit ac liberavit, protexit ac exaltavit, et honorabilibus triumphis palam magnificavit. Insuper aeterno diademate coram patre suo in coelesti Jerusalem remunerabit. Ergo quam tantum diligit, inter furias persequentium paedagogis illustribus destitui diu non desiit (81).

VIII. *Mallonus et Avicianus apostoli Normanniae. Disticha in honore XLVII primorum Rothomagensium praesulum.*

Dum decima persecutio per decem annos Christianis fortiter immineret, et innumera martyrum millia multis suppliciorum generibus trucidaret, et cruore pretioso gloriose decorata ad coelos transmitteret, Quintinus et Lucianus, Valerianus, Rufinus et Eugenius, Mallonus et Avicianus, aliique plures de clero et nobilitate Romanorum, Roma exierunt, et fiducialiter verbum Dei praedicantes per Gallias diffusi sunt. Tunc Quintinus Ambianis, et Lucianus expetiit Belvacum, et Mallonus cum Aviciano et quibusdam aliis idoneis viris Rothomagum.

Diocletiano et Herculio Maximiano regni fasces sponte deponentibus, Constantius vir magnae civilitatis suscepit imperium in occiduis partibus quod deposuerat Herculius. Is erga homines multa clementia, erga Deum vero religione utebatur maxima. Nam neque ex consortii rabie, ut Caesariensis Eusebius allegat, regnum suum plorum sanguine maculaverat, neque orationum domus et conventicula Christicolarum, ut Maximianus fecerat, hostili vastatione destruxerat. Hic in Neustria civitatem condidit, quam a nomine suo Constantiam nominavit, et in ipsa provincia concubinam nomine Helenam habuit, ex qua Constantinum magnum, conditorem postea Constantinopolis, genuit.

In illo tempore venerabilis Mallonus cum aliis quibusdam fidelibus Rothomagum incoluit, et primus ibi, volente Deo, pontificalem cathedram obtinuit; post quem usque in hodiernum diem metropolitana dignitas ibidem consistit. Sex autem urbes

---

(81) Pro verbo *desiit* hic forsan legendum *permisit*.

ei subjacent : Belocasium, id est Bajocas ; Evanticorum, id est Ebroas, Luxovium , Abrincas, Constantia ; Salarium, id est Sagium. Ecclesia Rothomagensium jam XLVI pontifices habuit, et clerus ejusdem ad notitiam posterorum de singulis præsulibus distichon heroicum edidit, quod huic operi charitative per ordinem inserere cum quibusdam necessariis additamentis mihi non pigebit.

1. *Antistes sanctus Mallonus, in ordine primus,*
   Excoluit plebem doctrina Rothomagensem.

Hic tempore Eusebii papæ et Melchiadis claruit, undecimoque Kal. Novembris ad Dominum migravit, et in crypta in basilica S. Gervasii martyris extra urbem sepultus diu jacuit. Mausoleum vero ejus ibidem usque hodie servatum est, sed corpus ejus post multum temporis pro timore Dacorum inde ablatum est, et in castellum Vilcassini, quod Pontisera vocatur, translatum est. Illic in regia nomini ejus dicata veneranter servatur, eique conventus canonicorum celebriter famulatur.

2. *Post hunc, præcipuus, devotus et Avicianus*
   Obtinuit regimen , curam quoque rexit (82) *herilem.*

Hic Arelatensi interfuit concilio, quod factum est tempore Silvestri papæ, sub Constantino Augusto, qui cœpit imperare anno ab Urbe condita 1061. Tunc Nicæna synodus CCCXVIII Patrum celebrata est , inter quos Nicolaus Myrreorum Lyciæ, aliique præcellentissimi præsules micuerunt.

3. *Successit præsul fulgens virtute Severus,*
   Moribus insignis, commissis ac sibi mitis.

Hic XV annis, tempore Constantini et Constantii, sub Marco papa et Julio floruit. Tunc Maximinus Treverorum et Hilarius Pictavorum , Athanasius Alexandrinorum, Eusebius Vercellensium et Dionysius Mediolanensium præsules, ut astra claruerunt.

4. *Eusebius, dulcis et in ordine pontificali*
   Constans, enituit virtutum floribus almis.

Hic XXV annis, tempore Liberii papæ et Felicis, sub Constantino, Juliano Apostata, Joviniano et Valentiniano fulsit.

5. *Marcellinus huic successit munere Christi,*
   Pastor præcipuus, morum probitate decorus.

Hic XX annis , tempore Damasi papæ, regnantibus Valentiniano et Valente cum Gratiano et Valentiniano, in Ecclesia bene laboravit. Tunc Antonius monachus, Ægyptiorum clarissimus obiit. Cæsaraugustæ Petrus insignis orator claruit. Ambrosius Mediolanensis inexpugnabilis murus Arianis oppositus est. Constantinopolitana synodus CL Patrum contra Macedonium et Eunomium sub Damaso papa celebrata est.

6. *Pervigil in populo. Petrus dignus quoque custos,*
   Sancte commissum sibi rexit pontificatum.

Hic XIX annis, tempore Siricii papæ et Anastasii, sub Theodosio et Arcadio claruit. Tunc Martinus Turonensis et Maurilius Andegavensis, Basilius Cæsariensis, et insignis orator Augustinus Hipponensis, et Hieronymus divinæ legis interpres micuerunt.

7. *Victricius, victor vitiorum fortis et ultor,*
   Ecclesiam Domini mandatis imbuit almis.

Hic XI annis, tempore Innocentii papæ, sub Arcadio et Honorio floruit. Tunc Donatus Epiri episcopus et Joannes Jerosolymitanus fulserunt. Inventio corporis S. Stephani protomartyris facta est, revelante Deo Luciano Caphargamalæ presbytero. Tunc Orosius presbyter, qui librum *De Ormesta mundi* scripsit, ab Augustino ad Hieronymum pro quibusdam profundis quæstionibus missus, Lucianum adiit; a quo reliquias S. Stephani, Avito presbytero missas, in Hispaniam primus intulit.

8. *Successit præsul huic Innocentius almus,*
   Ecclesiam recreans Domini, plebemque reformans.

Hic IX annis, tempore paparum Zozimæ, Bonifacii et Cœlestini, sub Honorio et Theodosio Arcadii filio viguit. Tunc synodus Ephesina ducentorum episcoporum, cui Cyrillus præfuit Alexandrinus, aggregata est. Ad Scotos in Christum convertendos, ordinatus a papa Cœlestino, Palladius primus episcopus mittitur.

9. *Eloquiis plenus sacris, successit Evodus,*
   Fortis et innocuus, prudens, pius atque modestus.

Hic VII annis, tempore Cœlestini et Sixti paparum, floruit. Tunc Galli contra Romanos rebellaverunt, quibus Franci, de Trojanorum stirpe orti, sociati sunt, qui pariter juncti Francum Ferramundum, Sunnonis ducis filium, sibi regem præfecerunt. Maximus, Taurinensis episcopus, in sermonibus componendis facundus habetur.

10. *Præfuit Ecclesiæ sanctus Silvester honeste* (82-83);
    Quam juste rexit, prudens et amplificavit.

Hic VIII annis, tempore Leonis papæ, Clodione et Meroveo regnantibus in Francia, claruit.

11. *Præsul Malsonus, divino dogmate fultus,*
    Exstitit in populo venerabilis undique pastor.

Hic IX annis, sub Martiano et Valentiniano, viguit, quando Leo papa contra Euticem et Dioscorum apud Chalcedonem synodum DCXXX episcoporum celebravit. Tunc Hengist et Horsa, cum Saxonibus et Anglis, tribus longis navibus in Britanniam advecti sunt, et a Vortigerno rege contra Pictos suscepti sunt. Tunc Germanus Autissiodorensis mirabiliter floruit.

12. *Inclytus antistes, populi custos quoque perpes,*
    Suscepit sedem Germanus pontificalem.

Hic VIII annis, Childerico imperante Gallis et Leone Latinis, claruit. Tunc Theodorus episcopus Syriæ ecclesiasticam *Historiam* scripsit, a fine librorum Eusebii usque ad tempus suum, id est usque ad imperium Leonis, sub quo mortuus est.

13. *Commissos coluit Crescentius ac decoravit*
    Moribus egregiis, virtuteque crescere fecit.

(82-83) Le Prévost. *Honore*, in Chesniana editione.

Hic xxvi annis, tempore Hilarii papæ et Simplicii, regnante Leone, fulsit. Tunc Childericus Merovei filius in Gallia regnavit.

14. *Fulsit Gildardus, pastor sacer atque beni-*
    [gnus,
   Dapsilis et constans, verbi quoque lumine fla-
    [grans.

Hic xv annis, tempore Felicis, Gelasii, Anastasii et Symmachi paparum, sub Zenone Augusto emicuit, et beatum Laudum Constantiniensem episcopum consecravit. Tunc Remigius Remensis et Solemnis Carnotensis ac Vedastus Atrebatensis claruerunt, et Merovingum Clodoveum regem Francorum anno ab Incarnatione Dominica 488 baptizaverunt. Tertio postmodum anno, Mamertus Viennensis archiepiscopus ob imminentem cladem solemnes litanias, id est rogationes, ante Ascensionem Domini instituit. Victorius Paschalem cyclum DXXXII annorum, papa Hilario jubente, scripsit. Odoacer rex Gothorum Romam obtinuit, quam exinde reges eorum Theodericus Triarius et Theodericus Walamer diutius tenuere. Honericus rex Vandalorum Arianus in Africa, diffugatis plus CCCXXXVI episcopis catholicis, ecclesias eorum clausit, variisque plebem suppliciis affecit. Gildardus Rothomagensis et Medardus Suessionensis Nectardo Noviomensi patre et Protagia matre nati sunt, amboque vi Idus Junii ad Dominum migraverunt.

De illis nempe insignis Audoenus sic versificavit.

Ili sunt Gildardus fratres gemini atque Medardus.
  Una dies natos utero viditque sacratos,
  Albis indutos, et ab ista carne solutos.

15. *Flavius insignis virtutum flore refulsit;*
   Commissosque sibi divina lege replevit.

Hic xxxv annis, tempore Symmachi, Hormisdæ, Joannis, Felicis, Bonifacii, Joannis et Agapiti paparum, sub Anastasio et Justino seniore ac Justiniano floruit. Defuncto Clodoveo, Sigismundus, Childebertus, aliique filii ejus successerunt. Lotharius autem, omnibus superstes, annis LI in Francia regnavit; cujus tempore Launomarus et Ebrulfus, aliique sancti viri in regno ejus floruerunt. Transamundus Vandalorum rex ecclesias catholicas clausit, et CCXX episcopos exsilio Sardiniam misit, quibus papa Symmachus omni anno pecunias et vestes ministravit. Anastasius imperator, quia hæresi favens Eutycetis catholicos insecutus est, divino fulmine periit. Joannes papa sub Justino seniore Constantinopoli cæcum illuminavit; quem, dum Ravennam rediret, Theodericus peremit. Symmachum quoque patricium et Boetium necavit; et ipse, anno sequente, subita morte periit. Cui nepos ejus Athalaricus in regnum successit. Hildericus Vandalorum rex episcopos ab exsilio reverti et ecclesias instaurare præcepit, post annos LXXVI hæreticæ profanationis. Benedictus abbas virtutum gloria claruit, quas beatus papa Gregorius in libro Dialo-gorum scripsit. Belisarius patricius a Justiniano in Africam missus, Vandalorum gentem delevit, Gelismerum regem eorum captum Constantinopolim misit. Carthago quoque anno excessionis suæ XCVI recepta est. Dionysius Parvus Paschales circulos scribit, incipiens ab anno Dominicæ Incarnationis 532; quo anno codex Justiniani promulgatus est. Victor Capuanus episcopus, librum de Pascha scribens, Victorii arguit errores. Cassiodorus senator et Priscianus grammaticus et Arator subdiaconus claruerunt.

16. *Occubuit martyr Prætextatus, Fredegundis*
   Reginæ monitu, pro Christi nomine Jesu.

Hic XLVIII annis, tempore Agapiti, Silverii, Vigilii, Pelagii, Joannis et Pelagii paparum, sub Justino et Tiberio Constantino floruit. Narses patritius Totilam Gothorum regem in Italia superavit et occidit. Gens Longobardorum, comitante fame et mortalitate, omnem invadit Italiam, regi Albuino subjecta.

17. *Ecclesiam rexit multis Melantius annis.*
   Subjectos docuit, juste quoque vivere fecit.

Hic XII annis, tempore Pelagii, Benedicti et Gregorii magni doctoris, Mauricio primo Græcorum Romanis imperante, Rodomensibus præfuit; sed indigne, quia proditor Prætextati, ut ferunt, magistri sui fuerat; quem Fredegundis, uxor Hilperici regis, occidi fecerat.

IX. *Sequentia distichorum.*

18. *Nobilis Hyldulfus præfato pontificatu*
   Sedit, et excoluit divini dogmata (84) *verbi*

Hic XXVIII annis, tempore Gregorii magni doctoris, Saviniani, Bonifacii, Deusdedit, Bonefacii et Honorii paparum, imperantibus Mauricio, Focate et Heraclio claruit. Tunc in Francia regnaverunt Childebertus et filii ejus Theodericus ac Theodebertus et Lotharius Magnus. In Anglia vero Ædilbertus Cantuariorum, Edwinus Nordanhimbrorum et Redualdus Gewissorum, ac Penda Merciorum; ad quos Gregorius misit prædicatores verbi Dei Augustinum, Mellitum, Joannem, aliosque plures monachos timentes Deum, per quos ad Christum Angli conversi sunt. In Italia Longobardis Autarith Cleponis filius et Ago Agilulfus, cum Theodelinda laudabili regina, præfuerunt. In Neustria, XII annis Hildeberti regis, sanctus Ebrulfus Uticensis abbas jam octogenarius IV Kal. Januarii [596] obiit. Per idem tempus Cassinense monasterium a Longobardis noctu invasum est, et fugatis monachis, tempore Boniti quinti abbatis, destructum est. Benedictus, Constantinus, Simplicius, Vitalis et Bonitus eidem cœnobio jam præfuerant. Chosdroe rex Persarum gravissime rempublicam bellis attrivit, et sanctam Ecclesiam incendiis et rapinis ac cædibus vehementer afflixit. Anastasius Persa monachus cum aliis LXX glorioso martyrio coronatus est. Heraclius Persas vicit, Chosdroen occidit, crucem Domini

(84) Le Prévost: *dogmate*.

Jerosolymis reportavit, et omnes Christianos de captivitate reduxit.

19. *Sanctus Romanus, præclaro nobilis actu,*
Moribus emicuit, sacri quoque lumine verbi.

Hic xiii annis, tempore Honorii, Severini et Joannis paparum, Heraclio regnante, miraculis coruscavit, decimoque Kal. Novembris ad Dominum gloriose transiit. Tunc in Gallia Christiani principes vigebant Dagobertus et Lodoveus. In Anglia Osvaldus, Osvinus et Osvius. In Italia Agilulfus, Adaloaldus, Arioaldus, Rotarith et Rodoaldus. Arioaldo regnante, beatus Columbanus genere Scotus, postquam in Gallia Luxoviense monasterium construxerat, in Italia in Alpibus Cottiis Bobiense condidit.

20. *Audoenus huic successit, pontificali*
Ordine splendescens, virtutibus atque refulgens.

Hic xlii annis, tempore Theodori, Martini, Eugenii, Vitaliani, Adeodati, Doni, Agathonis, Leonis, Benedicti et Joannis paparum, Heracleona filio Heraclii et tribus Constantinis imperantibus, insigniter fulsit, diu et bene vixit, multum laboravit, Ecclesiæque Dei mirabiliter profuit. Vis mihi ad enarrandum deficit quanta nobilitate et sanctitate, omnique probitate vir iste viguit. Martinus papa synodum cv præsulum Romæ tenuit, et postmodum pro fide catholica per Theodorum exarchum, jussu Constantini nepotis Heraclii, raptus est, et apud Chersonam relegatus, sancto fine quievit. Theodorus archiepiscopus et Adrianus abbas, vir æque doctissimus, a Vitaliano papa missi Britanniam, plurimas Anglorum ecclesias doctrinæ fruge fecundarunt. Ex quo Gregorius papa dispensatores divini seminis misit in Angliam; Augustinus et Laurentius, Mellitus Lundoniensis et Justus Rofensis, Honorius et Deusdedit Cantuariensem ecclesiam rexerunt, et Cantiæ reges Edilbertum et Eadbaldum, Ercombertum et Egbertum cum subjecta gente ad fidem Christi pertraxerunt. Septimus ad præsulatum Vigardus ab Osvio et Egberto regibus electus est, et Romam ad ordinandum missus est. Ibi dum consecrationis statutum diem præstolaretur, defunctus est; pro quo Theodorus Græcus, sanctitate et sapientia præstantissimus, ordinatus est. In Neustria Philibertus, nobilitate et sanctitate et miraculorum fulgore gloriosus, permissu Lodovei regis et Baltildis reginæ, cœnobium dccc monachorum apud Gemmeticum construxit; cui post aliquot annos sanctum Aichadrum, quem de Herio monasterio assumpserat, præposuit. Tunc Guandregisilus Fontinellæ monasterium condidit, ibique ad Dei militiam ferme cccc monachos aggregavit; ex quibus postmodum Ecclesia Dei ad regimen sui plures episcopos et abbates idoneos gaudenter assumpsit. Sidonius quoque et Ribertus, Geremarus, Leudfredus, aliique plures monachi florebant in Rothomagensi diœcesi; quibus omnibus ad omne bonum favebat studium et auxilium Audoeni venerabilis archiepiscopi, sicut fervidi lectores in eorum gestis possunt lucide contemplari. In Italia, Ariperto rege post ix annos apud Ticinum defuncto, duo filii ejus adhuc adolescentuli successerunt; Godebertus quidem Ticini, Bertarith vero in civitate Mediolanensi sedem habuit regni. Non multo post Grimoaldus Beneventanorum strenuus dux Godebertum ense peremit, et Bertarith fugavit, eorumque regnum cum sorore eorum accepit, et per ix annos potenter et utiliter obtinuit. Quo mortuo, Bertarith xviii annis regnavit, et Cunipertum filium suum, quem de Rodelinda regina susceperat, consortem regni constituit. Ambo amatores justitiæ fuerunt, Deique et ejus Ecclesiæ benevoli cultores, pauperumque defensores viguerunt. Alacheris Brixianus dux contra eos rebellavit, totamque regionem multoties diuque perturbavit, donec, Cuniperto pugnante, peremptus malignari desiit. Agatho papa, rogatu Constantini, Heraclii et Tiberii principum piissimorum, Joannem Portuensem episcopum et Joannem diaconum, aliosque legatos sanctæ Romanæ Ecclesiæ Constantinopolim misit, ibique per eos concilium cl episcoporum contra Georgium patriarcham regiæ urbis et Macharium Antiochiæ, aliosque hæreticos tenuit. Finito conflictu, Georgius correctus est et pertinax Macharius cum suis complicibus anathematizatus est.

21. *Inclytus Ansbertus, probitatis culmine comptus,*
Ecclesiam rexit quam sancte nobilitavit.

Hic xviii annis, tempore Leonis, Benedicti, Joannis, Cononis et Sergii paparum, sub Constantino et Justiniano juniore claruit. Tunc in Gallia Lotharius, Theodericus et Hildericus regnaverunt, et majoratum domus regiæ Leodegarius, Ebroinus et Pippinus primus habuerunt.

22. *Insignis Grippo successit in ordine sancto,*
Actibus egregius, meritis pastor venerandus.

Hic xxxiv annis, tempore Joannis, Sisinnii, Constantini et Gregorii paparum, floruit. Tunc Leo, Tiberius, Justinianus, Philippicus, Anastasius, Theodosius et Leo reipublicæ præerant, et in Gallia Clodoveus, Childebertus et Dagobertus junior regnabant. Reverendissimus ecclesiæ Lindisfarnensis in Britannia ex anachoreta præsul Cuthbertus totam ab infantia usque ad senium vitam miraculorum signis inclytam duxit; cujus corpus, tempore Henrici regis Anglorum, Radulfus Roffensis episcopus incorruptum invenit, et vestes ejus, astante et reverenter intuente Alexandro Scotorum rege, cum monachis et clericis, mutavit.

23. *Justus et insignis Radilandus in ordine fulsit,*
Compatiens cunctis, meritisque refertus opimis.

Hic iii annis, tempore Gregorii papæ, floruit. Tunc Leo imperabat. Franci vero, mortuo Dagoberto, Danielem clericum in regem levaverunt. Sarraceni cum ingenti exercitu triennio Constantinopolim obsident; sed civibus magis precibus quam armis pugnantibus vincuntur, et fame, frigore, pestientiaque periclitantes aufugiunt. Liuthprandus Longobardorum rex donationem patrimonii Alpium

Cottiarum, quam Aripertus aureis scriptam litteris Romam direxerat, et ille repetierat, admonitione Gregorii papæ confirmavit. Idem ossa Sancti Augustini doctoris, dato magno pretio, emit; et de Sardinia, quam Sarraceni depopulati erant, in Ticinum transtulit et honorifice condidit.

24. *Profuit in populo Domini venerabilis Hugo,*
Et tribuit sanctæ subjectis dogmata vitæ.

Hic consobrinus Pippini principis Francorum fuit, et VIII annis, tempore Gregorii II papæ, archiepiscopus fuit. Ecclesiis etiam Parisiensi præfuit et Bajocensi, abbatiis quoque Gemmeticensi et Fontinellensi. Cujus corpus cum corpore Sancti Aicadri a Gemmeticensibus in Lotharingiam translatum est, ibique in vico qui Haspris dicitur, in territorio Cameracensi, nunc usque in scrinio argenteo honorifice servatum est. Tunc Constantinus imperabat. Anglicus Beda famulus Christi, et presbyter monasterii BB. apostolorum Petri et Pauli, quod est ad Wiremudam in Girvum, claruit. Hic in territorio ejusdem monasterii est notus, et septennis educandus reverendissimo abbati Benedicto ac deinde Ceolfrido a propinquis datus, et cunctum eo tempus vitæ in ejusdem monasterii habitatione peregit, omnemque meditandi Scripturas operam dedit, et inter observantiam disciplinæ regularis, et quotidianam cantandi in ecclesia curam, ut ipse scribens asserit, semper aut discere, aut docere, aut scribere dulce habuit. Nonodecimo autem vitæ suæ anno diaconatum, tricesimo vero presbyteratus gradum, utrumque jubente Ceolfrido abbate suo, suscepit per reverendissimi Joannis episcopi ministerium. Exinde postquam sacerdotium accepit, usque ad LIX ætatis suæ annum a salubri studio non cessavit; sed multa in sanctam Scripturam ex opusculis venerabilium Patrum breviter adnotavit, et ad formam sensus ac interpretationis eorum superadjicere curavit. Laborum ejus ac studiorum fructus Ecclesiæ Dei utillimus et dulcis fuit; cui de lege Dei et de necessariis indagationibus LXXIX libros edidit, quos ipse omnes in calce historiæ Anglorum diligenter computat et describit. Tunc in Longobardia Paulus Cassiniensis claruit monachus, et in Gallia Fortunatus poeta, Pictavorum almus episcopus.

25. *Sedem Radbertus digne pastoris adeptus,*
Viribus enituit sanctis, sancte quoque vixit.

Hic IV annis, tempore Gregorii II papæ, imperante Constantino floruit. Tunc in Francia Carolus Tudites; id est Martellus, dominabatur; qui cum Eudone duce contra Sarracenos in Aquitania pugnavit, et eorum CCCLXXV millia prostravit; itemque in Narbonensi provincia fortiter eos bello repulit, et maxima cæde attrivit.

26. *Grimo, devotus pastor, pius, inclytus actu,*
Suscipit Ecclesiam divino jure (85) regendam.

Hic IV annis, tempore Gregorii papæ III, viguit. In Anglia, defuncto Berchtwaldo Dorobernensi archiepiscopo, Tatuvinus successit. Tunc duo reges Anglorum Coenredus Merciorum, et Offa filius Siheri regis orientalium Saxonum, terrena pro Christo sceptra reliquerunt, et Romam aggressi, Constantino papa benedicente, monachi facti sunt, ac ad limina apostolorum in precibus, jejuniis et eleemosynis usque ad ultimum diem permanserunt. Wilfridus venerabilis Eboracensis archiepiscopus, XLV episcopatus sui anno, in provincia Undalum, IV Idus Octobris, regnantibus Coenredo et Osrede filio Alfridi Nordanhimbrorum regis, defunctus est. Non multo post Adrianus sapientissimus abbas obiit; cui Albinus discipulus ejus multipliciter edoctus successit.

27. *Culmine pastoris nituit Rainfridus, in omni*
Actu magnificus, constructor pontificatus.

Hic XVII annis, tempore Zachariæ et Stephani paparum, viguit. Carlomannus et Pippinus majoratum domus adepti sunt.

28. *Remigius præsul, regali stirpe creatus*
Devote vixit, commissos dogmatisavit.

Hic filius Caroli Martelli et frater Pippini regis fuit, ejectoque Ragenfredo, XVII annis Rothomagensem cathedram, tempore Pauli, Constantini, Stephanique paparum, obtinuit. Constantinus imperator Leonis filius Constantinopoli synodum CCCXXX episcoporum congregavit. Stephanus papa, persecutione Haistulphi Longobardorum regis vexatus, Franciam adiit, et Pippinum regem ac filios ejus Carolum et Carlomagnum consecravit. Tunc Bonefacius Maguntiæ archiepiscopus et Wido Fontinellæ abbas floruerunt. Constantinus et Abdallas Amiras rex Sarracenorum pariter in orthodoxos sæviunt. Leo filius Constantini LXXI loco ab Augusto regnavit annis V. Anno ab Incarnatione Domini 778 Pippinus rex VIII Kal. Octobris obiit, eique Carolus Magnus filius ejus successit.

29. *Præsul Meinardus, bonitatis odore refertus*
Subjectos docuit, vitiorum sorde piavit.

Hic VIII annis, tempore Adriani papæ, claruit. Carolus VI anno regni sui Romam vadit; inde reversus Papiam cepit, Desiderium regem Longobardorum, qui multas persecutiones Adriano papæ fecerat, captivum in Franciam duxit, et filius ejus Adalgisum de Italia expulit. Iste nimirum Desiderius tricesimus primus rex Longobardorum fuit, et in illo regia dignitas pro sceleribus suis defecit, nec unquam postea proprium regem habuit; sed regibus Francorum aut imperatoribus Alemannorum gens Longobardorum semper subdita fuit. Primi duces Guinilorum Ibor et Aio fuerunt, qui cum matre sua Gambara de Scandinavia insula sorte Guinilos eduxerunt. Deinde reges eorum isti fuerunt, Agelmundus, Lamissio, Lethu, Hildehoc et Godehoc, Claffo et Tato, Wacho, Waltarith, Audon et Alboinus. Agelmundus Longobardos adduxit in

(85) Le Prévot *Cultu.*

Bulgariam, Audoin in Pannoniam, et Alboin, adjuvante Narsete patricio, in Italiam. Postquam Alboinus rex ab Helmechis armigero suo, instinctu Rosemundæ conjugis suæ, peremptus est, Clepo electione populi regno potitus est. Post quem Flavius Autarith filius ejus regnavit, qui Theodelindam Garibaldi regis Bajoariorum filiam uxorem duxit. Autarith post sex annos regni sui veneno periit, et Agilulfus Ago Taurinacius dux reginam et regnum obtinuit, moriensque post xxv annos filio suo Adoloaldo regnum reliquit. At postquam Adoloaldus cum matre sua Theodelinda decem annis regnavit, super Longobardos Arioaldus xii annis regnum tenuit; cui Rotharith viribus fortis, sed Arianæ hæreseos perfidia maculatus, successit. Hic, ubi xvi annis regnavit, Rodoaldo filio suo regnum dimisit; qui post v annos (86), dum in mœchia reperiretur, a rivali percussus Longobardo interiit. Aripertus autem, Gundualdi filius, Theodelindæ reginæ nepos, successit, et post ix annos moriens filiis suis Bertharith ac Godiberto regnum dimisit. Porro Grimoaldus Beneventanorum dux Rodelindam Ariperti regis filiam conjugem accepit, et fratres ejus Godibertum ense peremit, atque Bertharith de regno fugavit. Quo post ix annos mortuo, Bertharith regnum recepit, et Garibaldum Grimoaldi filium, qui post patrem tribus mensibus regnarat, exturbavit. Post xviii annos Bertharith, Cunipertus xii annis regnavit; quo defuncto, in duobus annis iv reges gens Longobardorum habuit, id est Liutpertum Cuniperti filium, et Raginbertum ducem Taurinensium Godiberti filium, et Aripertum ejus filium, et Rotharith ducem Bergamensium. Denique Aripertus fortior omnibus Liutpertum et Rotharith occidit; Ansprandum vero nutritium Liutperti de insula Commacina fugavit, et Sigisbrandum filium ejus oculis privavit, novemque annis postmodum regnavit, sanctoque Petro plura, quæ antecessores ejus abstulerant, reddidit. Ipse postea, in Pado dum nataret, gravatus auro corruit, et suffocatus aquis interiit. Ansprandus autem vir sapiens tribus solummodo mensibus regnavit, et Liutprandus audax filius ejus fere xxxii annis in solio regni sedit. Hildebrandus nepos ejus in regem levatus est, sed ante biennium defunctus est. Deinde filii Penmonis Forojuliani ducis, Ratchisus et Haistulfus, regnaverunt; quorum prior sponte diadema deposuit, et monachus Romæ factus est. Haistulfus vero, tempore Stephani papæ, multis modis Ecclesiæ Dei adversatus est, sed ad ultimum justo Dei judicio, in venatione, ictu sagittæ percussus est. Ad extremum dux Desiderius, adminiculante Stephano papa, rex factus est Longobardorum, et, adepto regno, persecutus est papam et clerum, plebemque Romanorum. Unde Adrianus papa coactus est expetere vires Francorum; quibus destructum est et dejectum usque hodie cornu sæ-

vitiæ regni Longobardorum. Hoc tempore Meinardi Rothomagensis archiepiscopi, anno ab Incarnatione Domini 774, contigit.

30. *Præsul successit cui Guillebertus, in omni*
    Constans et lenis, populi pastorque fidelis.

Hic xlviii annis, tempore Adriani, Leonis, Stephani et Paschalis paparum, claruit. Tunc Constantinus, Leo, Nicephorus et Stauratius filius ejus, Michael, Leo et Michael Augusti Constantinopoli florebant. Carolus rex Francorum mire viguit, et probitas ejus laudabiliter excrevit. Pampeloniam destruxit, Cæsaraugustam obsidione subjugavit, Wasconiam, Hispaniam, Saxoniam subegit et Bajoariam Sclavorum, qui Vulti dicuntur, et Hunnorum regiones devastavit. Tempore Constantini et Irenæ matris ejus, Constantinopoli quidam lapideam invenit arcam, et in ea virum jacentem cum hac scriptura :

Christus nascetur ex Maria Virgine, et credo in eum. Sub Constantino et Irene imperatoribus, o sol, iterum me videbis.

Sub Leone papa terræ motus magnus factus est qui pene totam Italiam concussit, et tectum ecclesiæ B. Pauli cum suis trabibus magna ex parte dejecit. Anno ab Incarnatione Domini 800, indictione viii, Carolus rex a Leone papa imperator consecratus est, et a Romanis Augustus appellatus est. Completis in regno xlvii annis, Carolus obiit, et Ludovicus filius ejus xxvii annis regnavit, cui Guillebertus archiepiscopus a secretis fuit.

X. *Sequentia distichorum.*

31. *Rainowardus huic successit in ordine felix.*
    Hic aluit mites, compescuit atque rebelles.

Hic x annis, tempore Eugenii, Valentini et Gregorii IV paparum, sub Theophilo Augusto foruit. His temporibus dissentio facta est in Gallia, dum Lotharius contra Ludovicum Pium patrem suum rebellavit. Tunc primitus Normanni Britanniam et alias terras vastaverunt, et de Herio insula corpus S. Philiberti translatum est.

32. *Gumbaldus justæ tenuit moderamina vitæ,*
    Prospiciens populo venerabilis undique pastor.

Hic xi annis tempore Gregorii et Sergii papæ, Michaele Augusto Theophili filio imperante, viguit. Anno ab Incarnatione Domini 840 Ludovicus imperator xii Kal. Julii obiit. Cujus corpus Drogo archiepiscopus frater ejus Mediomatricum urbem ad sepeliendum detulit. Divisio regni facta est, et bellum inter tres filios Ludovici, Ludovicum, Lotharium et Carolum Calvum, prope Autissiodorum vii Kal. Julii factum est, in quo Christianus populus utrinque mutua cæde prostratus est. Corpus S. Audoeni translatum est, quando Normanni Rothomum vastaverunt, et monasterium illius Idus Maii vastaverunt.

(86) L. Prévost : *menses.*

33. *Insignis Paulus, pastoris culmine dignus,*
    Verbo doctrinæ fulsit probitateque viæ.

Hic vi annis, tempore Sergii papæ, sub Michaele Augusto claruit. Lotharius partem regni Franciæ, quam pater ejus sponte dederat, tenuit, ibique regnavit; quod usque hodie Lotharingia, id est Lotharii regnum, vocatur. Carolus Calvus rex Francorum et imperator Romanorum, vir bonus et fortis, constitutus est.

34. *Wanilo, vir prudens, divino dogmate pollens,*
    Æternæ docuit commissos jura salutis.

Hic xi annis, tempore Leonis, Benedicti et Nicolai paparum, floruit. Quinto anno regiminis ejus gelavit a pridie Kal. Decembris usque Nonas Aprilis.

35. *Indole præcipuus, bonitate nitens Adalardus*
    Jura sacerdotii tenuit pie pastor herilis.

Hic iii annis, tempore Nicolai papæ, viguit. Basilius Michaelem dominum suum occidit, et pro eo xx annis Constantinopoli regnavit. Fames valida et mortalitas hominum et pestis animalium tribus annis furuit in mundo.

36. *Felix atque probus, præclara stirpe Riculfus,*
    Contulit Ecclesiæ quamplurima prædia terræ.

Hic iii annis, tempore Nicolai et Adriani paparum, floruit.

37. *Nobilis antistes divino jure Joannes*
    Ordine pontificis virtutum lampade fulsit.

Hic duobus annis Rothomagensibus præfuit.

38. *Vitto* (87), *commissum conscendens pontificatum*
    Claruit in populo, vir prudens, dogmate sancto.

Hic uno anno Ecclesiam rexit, tempore Adriani papæ et Basilii Augusti.

39. *Successit Franco, plebis bonus auxiliator,*
    Qui lavacri sancti Rollonem fonte sacravit.

Hic xliv annis, tempore Joannis, Marini, Adriani et Stephani paparum, floruit. Tunc Leo et Alexander filii Basilii xxii annis regnaverunt. Anno Domini 876 Rollo cum suis Neustriam penetravit, et per annos xxx Galliam bellis, rapinis et incendiis admodum afflixit. Contra Richardum ducem Burgundionum et Ebalum Pictavensium, aliosque principes Galliarum pugnavit, crebrisque victoriis elatus, multa detrimenta Christicolis fecit. Denique Carolus simplex filius Ludovici Nihilfecit, non ferens guerram Rollonis, pacem cum eo fecit, Gislam ei filiam suam conjugem dedit, et Neustriam concessit. Tunc Alexander et Constantinus cum matre sua Zoe, et Romanus Armeniacus Augusti Constantinopoli regnavere.

40. *Sedem pontificis Gunthardus in ordine sumpsit,*
    Utilis in populo, prudens quoque consiliator.

Hic xxiv annis, tempore Romani Armeniaci Augusti et Constantini, claruit. Tunc in Gallia Rodbertus dux diadema sibi assumpsit, contra quem Carolus rex eodem anno pugnavit, et perjurum interfecit; Hugo tamen, perempti ducis filius, victoriam obtinuit. Non multo post Herbertus Parronæ comes Hugonis Magni sororius, regem dolo cepit, et in

(87) *Vitto*; in editione Chesniana.

A carcere tribus annis, ad mortem scilicet regis, eum tenuit. Ludovicus autem, filius regis, in Angliam cum Edgiva matre sua Edelstanum avunculum suum, filium Eduardi senioris, regem Anglorum expetiit, et Rodolfus, nobilis filius Richardi Burgundionum ducis, nepos Caroli, vii annis regnavit. Quo defuncto, Guillelmus Longa-Spata dux Normannorum, rogatu Francorum, de Anglia Ludovicum reduxit, patrioque solio legitime restituit. His temporibus Agapitus, Basilius, Stephanus, Formosus, Joannes et Stephanus in sede apostolica floruerunt. Guillelmus Rollonis filius Gemmeticense cœnobium restauravit, ibique monachus sub Martino abbate fieri peroptavit; sed abbas eum recipere, donec filius ejus ad tenendum Normanniæ ducatum idoneus esset, refutavit. Interea dum idem dux, postquam xxv annis Normanniæ ducatum fortiter rexisset, et hostes vicinosque suos dolo seu vi compressisset, ad colloquium cum Arnulfo Flandrensi satrapa securus isset, ejusdem dolis in insula Summæ fluminis xv Kal. Januarii peremptus est, et Richardus Sprotaides filius ejus, qui tunc decennis erat, liv annis post patrem ducatu potitus est. Anno Incarnationis Domini 942, regnante Ludovico transmarino, Guillelmus dux et Gunhardus Rothomagensis archiepiscopus obierunt.

41. *Successit Hugo legis Domini violator,*
    Clara stirpe satus, sed Christi lumine cassus.

Hic xlvii annis præsulatu functus est, sed a nullo scriptorum qui de illo, sive de episcopio ejus locuti sunt, laudatus est. Palam memorant quod habitu, non opere monachus fuerit. Tunc Marinus, Agapitus, Octavianus, Leo, Benedictus et Joannes apostolicæ sedi præfuerunt, nimiisque perturbationibus regna terrarum concussa sunt. Ludovicus enim rex Rothomagum sibi mancipavit, doloque Richardum ducem Laudunum adduxit, ibique in carcerem misit; sed ille nutu Dei et prudentia Osmundi nutritoris sui exivit. Deinde Haigroldus rex Danorum, consilio Bernardi Dani, cum exercitu in Normanniam venit, et contra Ludovicum regem, pro ultione Guillelmi Longæ-Spatæ, pugnavit. In quo prælio Herluinus comes Mosteroli, cum Lamberto fratre suo, aliisque xvi comitibus Galliæ, super Divam fluvium occisus est, et Ludovicus captus, in arcem Rothomagi servandus, missus est. Gerberga ergo regina Francorum, filia Henrici Trans-Rhenani imperatoris, consilio Hugonis Magni, cum Normannis pacem fecit, Lothariumque filium suum in obsidem, et duos episcopos, Hildierium Belvacensem et Guidonem Suessionensem, pro servanda fide misit. Sic a vinculis rex liberatus est, et Richardus comes, patriæque pater corroboratus est. Otto imperator Italiam sibi subjugavit. Stephanus et Constantinus filii Romani patrem suum de solio Constantinopolitano deponunt; sed Constantinus ambos similiter deponit, et ipse cum Romano filio suo xvi annis regnavit; quibus Nicephorus imperator successit. Liudulfus Ottonis regis filius, Italia sibi subacta, obiit, et Otto puerulus in palatio Aquisgrani rex elevatus est. Joannes, occiso Nicephoro, per uxorem ejus regnavit, cujus neptis Theophana Ottoni imperatori nupsit. In Anglia Edmundus rex vi anno regni sui per proditionem occisus est, et frater ejus Edredus regno potitus est. Quo defuncto, Edgarus Edmundi filius successit, diuque et utiliter tam sibi quam populo et Ecclesiæ Dei regnavit. Tunc Dunstanus Cantuariensis, Osvaldus Eboracensis et Adelvoldus Guintoniensis in Ecclesiæ Dei regimine micuerunt, quorum studio et labore xxvi cœnobia, rege Edgaro favente et obediente præfatis præsulibus, in Anglia constructa sunt. Ludovico defuncto, Lotharius filius ejus sex annis regnavit, in quo progenies Caroli Magni a regno funditus destituta est. Carolus enim, aliique filii Lotharii regis capiuntur, et Hugo Magnus, Hugonis Magni filius, in regem elevatur.

42. *Insignis præsul, claris natalibus ortus,*
Rodbertus felix devoto fine quievit.

Hic Richardi senioris ducis ex Gunneride filius fuit, et XLVIII annis archiepiscopatum Rothomagensem et comitatum Ebroicensem, tempore Rodberti regis Franciæ et Henrici filii ejus, rexit. Tunc Agapitus et Gerbertus Silvester, Joannes et Benedictus, itemque Joannes et Benedictus Romanæ præfuerunt Ecclesiæ. Otto autem, Henricus et Cono imperatores per legitimam successionem dominabantur reipublicæ. Rodbertus archiepiscopus mundanis opibus affatim abundavit, sæcularibus negotiis oppido intentus exstitit, et a carnalibus illecebris non, ut pontificem decuisset, abstinuit. Nam conjugem nomine Herlevam, ut comes, habuit, ex qua tres filios, Richardum, Radulfum et Guillelmum genuit; quibus Ebroicensem comitatum et alios honores amplissimos secundum jus sæculi distribuit. In senectute tandem, errorum memor suorum, pœnituit, et pro reatibus multis magnisque multum timuit. Multas igitur eleemosynas pauperibus erogavit, ecclesiamque metropolitanam in urbe Rothomagensi sanctæ Dei Genitrici a fundamentis inchoavit, quam magna ex parte consummavit. Richardus II dux xxx annis ducatum Normanniæ laudabiliter tenuit, et pauperibus Christi, clericis et monachis, ut pius pater, subvenit, et tria cœnobia, quæ pater ejus fundavit, id est Fiscannense, S. Audoeni in suburbio Rothomagi, et S. Michaelis in periculo maris, auxit et defensavit. Fontinellense quoque dux præfatus restauravit, et quæque Turstinus seu Gerardus Fleitellus, aliique proceres dederant ei, sua concessione sanxit. Moriens autem filiis suis Richardo juveni et Roberto principatum dimisit, quibus honor concessus non plus quam novem annis cessit. Nam Richardus III veneno, non plene biennio peracto, periit, et Rodbertus frater ejus post vii annos et dimidium Jerusalem peregrinus adiit. Ducatum vero suum Guillelmo, viii annorum puero, non rediturus reliquit, ipsumque Alanno consanguineo suo, Britonum comiti, commendavit. Tunc Alfredus et Eduardus Clitones in Normannia exsulabant. Richardus enim II Emmam sororem suam Edelredo regi Anglorum in conjugem dedit, quæ Alfredum et Eduardum regem peperit. Eadem post funus mariti sui liberos suos in Neustriam misit, et Chanuto regi Danorum nupsit, eique Hardechanutum regem Danorum et Anglorum peperit, et Gunnildem, quæ Henrico imperatori Romanorum nupsit.

43. *Malgerius juvenis sedem suscepit honoris,*
Natali clarus, sed nullo nobilis actu.

Hic filius Richardi II ducis ex secunda conjuge nomine Paphia natus est, et xvii annis, tempore Clementis, Damasi et Leonis paparum, sine apostolica benedictione et pallio, Rothomensibus dominatus est. Voluptatibus carnis mundanisque curis indecenter inhæsit, filiumque nomine Michaelem probum militem et legitimum genuit, quem in Anglia jam senem rex Henricus honorat ac diligit. Tunc in mundo multæ tribulationes exortæ sunt, graviterque terrigenas vexantes quassaverunt. Sarraceni Siciliam et Italiam, aliasque regiones Christianorum invaserunt, cædes ac rapinas et incendia multa fecerunt. Manichetus imperator Constantinopoleos aggregatis imperii viribus insurrexit, et repulsis post multa detrimenta idololatris, fines Christianorum liberavit. Ossa quoque sanctæ Agathæ virginis et martyris, aliorumque sanctorum corpora, ne a redeuntibus fœdarentur paganis, de Sicilia Constantinopolim reverenter transtulit. Succedente illi Diogene, Osmundus Drengot et Drogo, aliique Normanni cœperunt Apuliam incolere, et in Agarenos vel pseudo-Christianos arma viriliter exercere. Denique Rodbertus cognomento Guiscardus, post multa bellorum discrimina, prius ab Harduino Longobardo et Melone nepote ejus, postmodum a Leone papa dono recepit Apuliam contra adversarios sancti Petri, perenniter eam defensurus. Quam ipse postea, juvante Deo, fortiter tenuit, et fines ditionis suæ in Siciliam usque et Calabriam, Bulgariamque dilatavit, liberisque suis hæreditario jure dimisit.

In Normannia his temporibus multa mala nequiter patrata sunt. Alannum enim comitem Britonum, suique ducis tutorem, Normanni veneno peremere, et successorem ejus Gislebertum comitem, Godefridi filium, crudelibus armis prostraverunt, seseque mutuis certaminibus pene quotidie incredibiliter necaverunt. Tunc Turchetillus de Novo-Mercato et Rogerius de Toenia et Osbernus dapifer Normanniæ et duo filii Rogerii de Monte-Gomerici, Guillelmus et Hugo, Rodbertus de Bellomonte, Galchelinus de Ferrariis et alii plures in armis potentes alterutrum se peremerunt, et confusionem magnam atque mœrorem necessariis orbatæ regioni patronis intulerunt.

In Anglia Hardechanuto rege mortuo, Eduardus frater ejus uterinus successit, et xxiii annis utiliter et laudabiliter regnavit. In [Britannia Eudo fratri suo Alanno successit, et xv annis ita libere, ut sine dominio esset alicujus, principatum exercuit. Septem quoque filios variis eventibus famosos Deus illi dedit, quibus fortuna nimium variabilis exstitit. De quibus prolixa et rerum varietate dulcis historia compaginari veraciter a studiosis possit.

XI. *Sequentia distichorum. Epitaphia Rollonis et Guillelmi Longæ-Spatæ.*

44. *Præsul Maurilius, doctrinæ luce refertus,*
    Moribus eximiis præfulsit et actibus almis.

Hic genere Maguntinus, in urbe Florentia monachili cœnobio abbatis jure præfuit, et exosus transgressoribus pro rigore disciplinæ, venenum in potu sibi propinato deprehendit. Unde sanctissimum Patrem doctoremque Benedictum secutus, incorrigibiles deseruit, et in Neustriam, cum Gerberto sapienti et religioso monacho, tempore Joannis abbatis compatriotæ sui, Fiscannum venit, ibique stabilem ad cultum summæ et individuæ Trinitatis habitationem sibi elegit. Inde post aliquod tempus ecclesiastica electione assumptus, deposito Malgerio metropolitanum apicem ascendit; et xii annis, tempore Victoris, Stephani, Nicolai et Alexandri paparum floruit, nonoque anno præsulatus sui metropolitanam basilicam dedicavit. Corpora vero ducum Rollonis et Guillelmi reverenter in sacram ædem transtulit, et Rollonem prope ostium Australe, et Guillelmum secus ostium Aquilonale tumulavit, et epitaphia eorum super illos litteris aureis adnotavit. Rollonis autem titulus talis est :

EPITAPHIUM ROLLONIS.

Dux Normannorum, timor hostis et arma suorum,
Rollo sub hoc titulo clauditur in tumulo.
Majores cujus probitas provexit, ut ejus
Servierit nec avus, nec pater, aut proavus.
Ducentem fortes regem, multasque cohortes
Devicit Daciæ congrediens acie.
Frixones, Walcros, Halbacenses, Hainaucos,
Hos simul adjunctos Rollo dedit profugos
Egit ad hoc Fresios per plurima vulnera victos,
Ut sibi jurarent atque tributa darent.
Bajocas cepit, bis Parisios superavit ;
Nemo fuit Francis asperior cuneis.
Annis triginta Gallorum cædibus arva
Implevit, pigro bella gerens Carolo.
Post multas strages, prædas, incendia, cædes,
Utile cum Gallis fœdus init cupidis.
Supplex Franconi, meruit baptismate tingi ;
Sic periit veteris omne nefas hominis.
Ut fuit ante lupus, sic post fit mitibus agnus.
Pax ita mutatum mulceat ante Deum !

Exsequiales nihilominus næniæ super mausoleum Guillelmi Longæ-Spatæ, quod in septentrionali plaga situm est, litteris ex auro ita sunt enodatæ :

EPITAPHIUM GUILLELMI LONGÆ-SPATÆ.

Quos defendebat Guillelmus, nemo premebat ;
Auxilio caruit, lædere quem voluit.
Regibus ac ducibus metuenda manus fuit ejus,
Belliger Henricus Cæsar eum timuit.
Rexit Normannos viginti quinque per annos,
Militis atque ducis promptus in officiis.
Cœnobium pulchre reparavit Gemmeticense,
Et decrevit ibi ferre jugum monachi.
Fervidus invicti coluit normam Benedicti,

Cui petiit subdi, plenus amore Dei.
Distulit hoc abbas Martinus ; diva potestas
Sæva per arma mori prætulit omen ei.
Namque dolis comitis Arnulfi nectus inermis
Corruit, æthereum possit habere Deum ! Amen.

Anno Dominicæ Incarnationis 1063 indictione II, metropolitanam basilicam in urbe Rothomagensi, quam Rodbertus inchoavit, Maurilius archiepiscopus in honore sanctæ Dei Genitricis Mariæ cum ingenti tripudio mense Octobri dedicavit. Hic annus Henrici IV imperatoris erat octavus, et Philippi filii Henrici regis Francorum quartus, quo anno Cinomannis subjugata est Normannis. Decimus quoque erat annus a bello quod Guillelmus et Guido fecerunt Valesdunis. Tunc Michael Diogenem vitricum suum de Augustali throno præcipitavit, et sceptrum Constantinopoleos, paulo post turpiter amissurus, invasit. In Anglia mortuo rege Eduardo, magna turbatio facta est, dum perjurus Heraldus Goduini filius, qui de regia propagine non prodierat, vi et fraude regnum nactus est.

Anno milleno sexageno quoque seno
A genito Verbo, contrito rege superbo,
Anglorum metæ crinem sensere cometæ.

In ipso anno Senlacium bellum factum est, et perempto Heraldo, Guillelmus II. Idus Octobris triumpho potitus est, et in die natali Domini rex coronatus est.

45. *Pervigil antistes in eadem sede, Joannes*
    Legis apostolicæ studuit documenta tenere.

Hic filius Radulfi Bajocarum comitis, præsul Abrincatensis ecclesiæ fuit, et inde ad archiepiscopatum assumptus, x annis, tempore Alexandri et Gregorii VII paparum, claruit.

46. *Post hunc Guillelmus, vir nobilis atque benignus,*
    Catholice plebem tractavit Rothomagensem.

Hic secundus Cadomensis abbas fuit, et inde tractus, in archiepiscopatu xxxii annis, tempore Gregorii, Victoris, Urbani et Paschalis paparum, floruit. Ipse Guillelmum regem et Mathildem reginam Cadomi sepelivit ; et filius eorum Rodbertus ducatum Normanniæ, et Guillelmus regnum Angliæ obtinuit.

Anno ab Incarnatione Domini 1095 siccitas et mortalitas hominum fuerunt, et stellæ quædam nocte Maii mensis de cœlo cadere visæ sunt. Urbanus papa apud Claram-Montem ingens concilium tenuit, et iter in Jerusalem contra paganos inire Christianos admonuit. Tunc fames magna fuit in Gallia. Anno Domini 1099, indictione vii, Jerusalem, gentilibus victis qui eam diu tenuerant, a sanctis peregrinis capta est ; et Uticensis ecclesia S. Ebrulfi abbatis Idus Novembris dedicata est. Sequenti anno, Guillelmus Rufus rex Anglorum, in venatione sagitta percussus, iv Nonas Augusti obiit ; eoque apud Guentam sepulto, Henricus frater ejus, Nonas Augusti Lundoniæ coronatus, sceptrum regni suscepit, jamque xxvii^{um} annum in fascibus agit. Prospera mundanæ felicitatis, dante Deo, copiose habuit, ac adversa nihilominus in variis eventibus prolis et amicorum et multiplici perturbatione subjectorum pertulit. Philippus XLVIII annis regno Francorum functus obiit, eique Ludovicus filius ejus, nono anno Henrici regis, successit.

47. *Brito Goisfredus, sapiens, facundus, acerbus, Culmen episcopii tenet et dat pabula plebi.*

Hic decanus Cenomannensis ecclesiæ fuit, tempore Hoelli et Hildeberti venerabilium præsulum, et XLVII Rothomagensem metropolim jam X et VII annis, tempore Paschalis, Gelasii, Calixti et Honorii paparum, rexit. Henricus V et Lotharius præfuerunt Latiis, et Alexius atque Joannes filius ejus Pelasgis. His temporibus multa in orbe contigerunt memoranda, quæ suis in locis notitiæ posterorum officio calami veraciter erunt assignanda, si vita mihi comes fuerit, stipata cœlesti beneficio et gratia.

XII. *Successio eventuum in Neustria sub rege Guillelmo. Rebelliones Roberti filii Guillelmi regis.*

Ad lineam propositæ relationis remeare volenti, o benigne lector, quæso, parce mihi. Prolixam digressionem pro Rothomensibus jam feci episcopis, continuam successionem eorum charitative appetens pleniter enucleare posteris. Hac itaque de causa chronographiam octingentorum fere annorum patravi, et omnes Romanos apostolicos ab Eusebio papa seriatim nominavi, usque ad Lambertum Ostiensem, qui vocatur Honorius, et nunc præest apostolicæ sedi. Omnes etiam Augustos a Constantino Magno Constantinopoleos conditore huic opusculo inserui, usque ad Joannem Alexii filium, qui nunc regnat Constantinopoli, et usque ad Lotharium Saxonicum, qui Romani nunc tutor est imperii. Amodo ad res nostri temporis, nostræque regionis revertar, et quæ in Neustria, sub Guillelmo rege, post concilium Illebonæ gesta sunt, enarrare aggrediar.

Seditiosi tirones Roberto juveni, regis filio, adulati sunt, eumque ad inutiles ausus provocantes dixerunt : *Nobilissime fili regis, ut quid in ingenti pauperie degis? Patris tui satellites regale sic servant ærarium, ut vix unum tuis clientibus inde possis dare denarium. Hoc ingens tibi est dedecus et nobis damnum, aliisque pluribus, quod sic alienaris a regiis opibus. Cur hoc pateris? Ille merito debet divitias habere qui largiter eas omni petenti novit distribuere. Proh dolor! tua miserabiliter frustrata est maxima largitas, dum te per patris tui tenacitatem nimia apprimit paupertas, qui tibi suos, imo tuos præposuit assectas. Hoc, o strenue vir, quandiu perferes? Eia viriliter exsurge ; a genitore tuo partem regni Albionis exige, aut saltem ducatum reposce Normanniæ, quem tibi jamdudum concessit coram optimatum, qui adhuc præsto sunt, agmine. Non decet te diutius perpeti ut dominentur tibi naturales servi tui, ibique quasi advenæ mendico hæreditarias opes denegent postulanti. Si pater tuus tibi acquieverit, et quod petieris dederit, vivacitas tua et incomparabilis probitas magnifice patebit. Si vero in sua pertinacia perstiterit, et suadente sua cupidine, debitum tibi honorem denegaverit, leoninam animositatem arripe, indecentem clientelam abjice, tuorumque amicorum consiliis suffragiisque fruere. Nos sine dubio promptos habebis ad omnia quæ volueris.*

Hujusmodi hortatu Rodbertus tiro acriter in ira vel cupiditate accensus est, et accedens ad patrem, sic locutus est : *Normanniam, domine mi rex, da mihi, quam dudum, antequam contra Heraldum in Angliam transfretares, mihi concessisti.* Cui pater respondit : *Incongruum est, fili, quod poscis. Per virtutem Normannicam obtinui Angliam. Hæreditario jure possideo Normanniam, ipsamque de manu mea, dum advixero, non ejiciam.* Rodbertus dixit : *Quid ergo faciam, vel quid meis clientibus tribuam?* Pater autem respondit : *Convenienter mihi in omnibus obsequere, et ubique mecum, ut filius cum patre, sapienter dominare.* Rodbertus ad hæc : *Mercenarius tuus semper esse nolo. Aliquando rem familiarem volo habere, ut mihi famulantibus digna possim stipendia retribuere. Competentem igitur, quæso, mihi ducatum præbe, ut sicut tu regno præfueris Angliæ, sic ego, semper tibi subjectus, præsim ducatui Normanniæ.* Rex autem dixit : *Præposterum est, fili, quod optas. Noli temere patri tuo velle dominatum præripere, quem ab illo debes, si dignus fueris, opportuno tempore cum favorabilibus populi votis in Dei benedictione suscipere. Optimos elige tibi consiliarios, et prudenter præcave temerarios, qui te stimulantes, imprudenter incitant ad actus nefarios. Reminiscere quid Absalon fecerit, qualiter in David patrem suum rebellaverit, et quam male tam illi quam Achitophel et Amasæ, aliisque consiliariis et fautoribus suis contigerit. Normanni te ad stultos conatus provocant, ut, turbatis rebus, indisciplinate agant, nefariasque actiones impune exerceant. Noli acquiescere petulantum persuasionibus juvenum, sed a Guillelmo et Lanfranco archiepiscopis et aliis sophistis, maturisque proceribus inquire consilium. Quod si diligenter observaveris, in fine de bono proventu opportune gloriaberis. Si vero Roboam, qui Banææ aliorumque sapientum monita sprevit, imitatus fueris, et juvenum jussis obsecutus fueris, dejectione et repulsa quibus ipse suis et exteris viluit diu mœrens potieris.* — Rodbertus dixit : *Huc, domine mi rex, non accessi pro sermonibus audiendis, quorum copia frequenter usque ad nauseam imbutus sum a grammaticis. Verum de debito, quem præstolor, honore, mihi satis responde ; ut sciam quid mihi conveniat facere. Hoc pro certo fixum est apud me, et omnibus volo notum esse quod ulterius in Normannia nemini militabo sub mancipiorum futili conditione.*

His auditis, iratus rex dixit : *Jam dixi tibi sat manifeste, nec piget iterum adhuc enucleatius tibi reserare quod natale solum Normanniæ nolo in omni vita mea de manu mea ejicere. Angliæ quoque regnum, quod ingenti nactus sum labore, nolo nec mihi consultum est, dum vivam dividere, quia sicut a Do-*

mino in *Evangelio* dicitur : « Omne regnum in se ipsum divisum desolabitur (*Luc.* xi, 17). » Qui me regnare fecit, ipse mihi pro sua voluntate regnum mutabit. Hoc certissimum omnibus sit quod, dum vivam, principatum meum nemini tradam, nec mortalem quemlibet regni mei participem faciam. Capiti meo a vicariis Christi sacrum diadema celebre impositum est, et regale sceptrum Albionis ferre mihi soli commissum est. Indecens igitur est et omnino injustum ut quandiu vitalibus auris perfruar, parem mihi vel majorem in ditione mea quempiam patiar.—Tunc Rodbertus, audita patris irrevocabili definitione, ait : *Peregrina compulsus ad instar Thebani Polynicis adire, amodo extraneis tentabo servire; si, fortuna comitante, possim in exsilio stemma impetrare, quod intra patrios lares mihi denegantur cum dedecore. Utinam Adrasto seni similem nunc conveniam, cui fide servitutis munus alacriter offeram et a quo gratam remunerationem recipiam !*

Rodbertus, his dictis, iratus abscessit, et relicto patre, de Normannia exivit. Tunc cum illo abierunt Rodbertus de Bellismo et Guillelmus de Britolio, Rogerius Richardi de Benefacta filius, Rodbertus de Molbraio et Guillelmus de Molinis, Guillelmus de Ruperia, aliique plures generositate pollentes, militari probitate insignes, superbia immanes, feritate contrariis hostibus terribiles, ac ad arduum nefas inchoandum nimis procaces. Horum contubernio Rodbertus tiro inutiliter stipatus est, et extera per regna ferme quinque annis pervagatus est. Complicibus suis patrios jam gratis fundos concesserat, plurima quoque patrimoniis eorum augmenta nequidquam promiserat, Illis nihilominus vanis eumdem pollicitationibus extulerunt, et sic sese mutuo mendacibus promissis exhortantes deceperunt.

Egressus itaque Rodbertus de natali solo primum adiit avunculos suos Rodbertum Fresionem satrapam Flandrensium, et Udonem germanum ejus archipræsulem Treverensium. Deinde nobiles alios expetiit cognatos duces, comitesque et potentes oppidanos in Lotharingia, Alemannia, Aquitania et Guasconia. Illis nimirum suas querelas deprompsit, in quibus falsa veris multoties permiscuit. Querimoniæ vero ejus a multis libenter audiebantur, et a largis baronibus ei multa munera dabantur. Porro ille, quæ ab amicis liberalibus ad subsidium sui accipiebat, histrionibus et parasitis ac meretricibus insipienter distribuebat; quibus improvide distractis, egestate gravi compressus mendicabat, et æs alienum ab externis feneratoribus exsul egenus quæritabat.

Mathildis regina, filio materna compatiens ex pietate, ingentes sumptus auri et argenti, aliarumque rerum pretiosarum ei sæpe mittebat, rege nesciente. Quod ubi ipse comperiit, ei ne ulterius iteraret, terribiliter prohibuit. Illa iterum eadem procaciter repetente, iratus rex dixit : *Vera est cujusdam sapientis nimiumque mihi probabilis assertio :*

Naufragium rerum est mulier malefida marito.

Quis ulterius in hoc mundo fidam sibi et utilem sociam reperiet ? En collateralis mea, quam velut animam meam diligo, quam omnibus gazis et potestatibus in toto præfeci regno meo, inimicos meos insidiantes vitæ meæ sustentat, opibus meis summopere ditat, et contra salutem meam studiose armat, consolatur ac roborat. Ad hæc illa respondit : *Ne mireris, domine mi, obsecro, si ego primogenitam prolem meam tenere diligo. Per virtutem Altissimi, si Rodbertus meus mortuus esset, et in imo terræ septem pedibus ab oculis viventium absconditus esset, meoque sanguine vivificari posset, cruorem meum pro illo effunderem; et plus quam feminea imbecillitas spondere audet, paterer anxietatem. Quanam putas ratione ut me delectet divitiis abundare, filiumque meum nimia patiar opprimi egestate ? Procul absit a corde meo tanta duritia, nec vestra debet hoc mihi jubere potentia !*

His auditis, ferus princeps expalluit, et in tantum ira ejus efferbuit ut quemdam reginæ veredarium, nomine Samsonem, genere Britonem, jussisset comprehendi, et mox oculis privari. Verum ille per amicos reginæ ut animositatem regis agnovit, fuga elapsus, edictum ferale devitavit, ac ad cœnobium Uticense actutum confugit. Ibi a Mainerio abbate, regina precante, susceptus est, et monachicum schema pro salvatione corporis et animæ salubriter indutus est. Callidus et eloquens atque castus fuit, et xxvi annis in ordine monachili vixit.

XIII. *Successio eventuum.*

His temporibus, in Teutonica regione, quidam anachoreta vir bonus et sanctus erat qui inter cætera virtutum insignia spiritum prophetiæ habebat. Ad quem Mathildis regina legatos et xenia misit, ac ut pro marito, filioque suo Rodberto Deum oraret, suppliciter rogavit, ac ut vaticinium quod eis in futurum contingeret, sibi mandaret adjecit. At ille nuntios tantæ mulieris benigniter suscepit, induciasque respondendi usque in diem tertium petiit. Illucescente autem tertia die, vocatis reginæ responsalibus dixit : *Ite, et hæc dominæ vestræ de parte mea intimate. Secundum postulationem tuam Deum oravi, et hæc, ipso monstrante, in visione didici, Vidi quoddam pratum herbis et floribus pulcherrime vestitum, et equum in prato pascentem ferocissimum. Undique stabat multitudo armentorum, quæ nimis concupiscebant depascere pratum; sed omnia fervidus sonipes abigebat, nec aliquod animal illuc introire sinebat ut flores decerperet vel gramina conculcaret. Proh dolor ! elegans et fortis cornipes subito deficiens evanuit, et lasciviens vacca tutelam prati florentis ad custodiendum suscepit. Prothnus omnis animalium multitudo circumstantium illuc libere accurrit, et undique pratum depascens, omnem ejus pristinum decorem absque metu defensoris devoravit, pedibus passim conculcavit, et stercoris colluvie commaculavit. Hæc videns obstupui, et a ductore meo, qui hæc mihi ostendebat, quid significarent inquisivi. At ille cuncta diligenter exponens, dixit mihi : « Pratum quod vides, significat Normanniam, et herbæ multitudinem plebis in ea pacem habentis et rerum abundantiam. Flores autem sunt ecclesiæ, ubi monachorum et clericorum, sanctimonialiumque sunt cohortes pudicæ, ubi fideles animæ indesinenter inhærent fideli theoriæ. Porro effrenis caballus portendit Guillelmum regem Anglorum, sub cujus defensione sacer ordo devotorum secure militat regi angelorum. Avida vero animalia, quæ circumstant, sunt Franci et Britones, Morini et Andegavenses, aliæque gentes collimitaneæ, quæ nimis invident felicitati Normanniæ, et paratæ sunt, velut lupi ad prædam, opes ejus invadere; sed Guillelmi regis penitus repelluntur invincibili fortitudine. Verum postquam ipse defecerit pro humana conditione, Rodbertus filius ejus ei succedet in ducatu Normanniæ. Mox undique hostes eam circumdabunt, et, tutore lapso, nobilem et opulentam regionem intrabunt, decore divitiisque spoliabunt, et contempto principe stulto, totam Normanniam impie conculcabunt. Ipse, velut vacca lasciviens, libidini pigritiæque serviet, et ipse primus ecclesiasticas opes diripiet, spurcisque lenonibus, aliisque lecatoribus distribuet. Talibus principatum suum porriget, et ab his consilium in necessitatibus suis exiget. In ducatu Rodberti catamitæ et effœminati dominabuntur, sub quorum dominatione nequitia et miseria grassabuntur. Urbes et villæ cremabuntur, basilicæ sanctorum temere violabuntur. Cœtus fidelium utriusque sexus dispergentur, hominumque multa millia ferro vel flamma perimentur; ex quibus multi sine pœnitentia et viatico labentur, et pro reatibus suis ad tartara sæva trahentur. Eventibus his Normannia subjacebit; et sicut olim, vicinarum victrix gentium, immoderate tumuit, sic sub duce lubrico et segni despicabilis erit, et telis vicinorum miserabiliter diuque patebit. Insipiens dux nomine tantum principis cognominabitur; sed nebulonum vis ei deditæque provinciæ, ad multorum perniciem, dominabitur. »*

Visio hujusmodi nuper mihi supplicanti apparuit, ipsamque mihi spiritualis index, ut expositum est, aperuit. Verumtamen dira, quæ imminent Normannis, o venerabilis hera, non videbis. Nam post bonam confessionem in pace quiesces, et non mariti occasum, nec prolis infortunium, nec dilecti cespitis desolationem conspicies.

His itaque ab anachoreta dictis, nuntii reversi sunt, et vaticinium læta cum tristibus continens reginæ retulerunt. Homines vero subsequentis ævi, qui Neustriæ strages perpessi sunt, vel incendia et cætera detrimenta senserunt, cladibus suis et horrendis infortuniis veridicum vatem veraciter experti sunt.

Denique Rodbertum, post multas et inutiles circumitiones, hebetudinis suæ pœnituit; sed libere ad iratum patrem quem proterve reliquerat repedare nequivit. Unde ad Philippum regem Francorum, consobrinum scilicet suum, divertit; et ab eo adminiculum sibi obnixe poposcit. Quem ille suscepit, et in castrum Gerberracum direxit. Illud quippe castrum in pago Belvacensi situm est et Neustriæ collimitaneum, positione vero loci et muris ac propugnaculis fortissimum. Helias quoque vicedominus cum compari suo gratanter exsulem regium suscepit, illique, suisque complicibus auxilium in omnibus spopondit. Moris enim est illius castri, ut ibidem duo pares domini sint, et omnes ibidem fugitivi suscipiantur, undecunque advenerint. Ibi Rodbertus gregarios equites collegit, eisque et multis baronibus Galliæ si sibi suppetias advenerint multo majora quam dare posset promisit. Hac igitur occasione multa mala pullularunt, et filii perditionis fraude vel vi contra inermes et innocuos prodierunt, et innumeras iniquitates nequiter machinati sunt. Multi de his, qui pacifici videbantur, et regi seu clientibus ejus adulabantur, ex insperato inimicis reipublicæ jungebantur; a quibus affines, dominique sui exhæreditatis vendebantur. Sic Normannia pejus a suis quam ab externis vexabatur, et intestina peste demoliebatur.

At magnanimus rex validos exercitus provide præparavit, in finibus provinciæ hostibus contiguæ per castella disposuit, contra omnes adversarios viriliter undique restitit, nec aliquem terram suam impune prædari permisit. Hoc etiam, quod tam prope limitem suum hostes sui sedem sibi elegerant, indignum duxit, nec sine terribili calumnia diutius pertulit. Unde post Natale Domini, in hibernis mensibus, ferratas phalanges adunavit, et inimicos dira sibi comminantes apud Gerberracum visere vadit, et fere tribus septimanis cum valida manu castrenses obsidione coercuit. Præcipui pugiles in utraque parte militabant, et frequenter electi fortitudine, peritiaque militari, ad conflictum conveniebant. Hinc Normanni et Angli, regiique auxiliares de finitimis regionibus acriter insistebant; illinc Galli et vicini hostes Rodberto cohærentes, fortiter resistebant. Confligentibus illis plures dejiciebantur, sonipedes interficiebantur, et multa certantibus damna coacervabantur.

Regresso rege Rothomagum, providi proceres inierunt consilium qualiter pacificarent patrem et filium. Ad hoc itaque consilium Rogerius comes Scrobesburiensis, Hugo de Grentemaisnilio, Rogerius de Bellomonte cum filiis suis Rodberto et Henrico, aliique plures adfuerunt, regique dixerunt: *Sublimitatem vestram, magnanime rex, humiliter adimus, et ut preces nostras clementer exaudias obsecramus. Pravo perversorum monitu juvenum Rodbertus juvenis male deceptus est, et inde multis ingens discrimen et detrimentum exortum est. Illum erroris sui pœnitet, sed huc sine vestro jussu accedere non audet. Vestram clementiam, ut miserearis ei, suppliciter exorat, et per nos, quos tibi fideles novit, hoc impetrare tentat. Reus est, et in multis peccavit; sed pœnitet eum, et idoneam emendationem promittit. Omnes igitur nos vestram exoramus clementiam ut supplicanti filio exorabilis pie condones indulgentiam. Deviantem prosapiam corrige, redeuntem suscipe, pœnitenti benigniter parce. Pro filiis et fratribus,* cognatisque suis, qui cum Rodberto exsulabant, turbati optimates sollicite regem interpellabant. Quibus ille respondit : *Miror quod tantopere pro perfido supplicatis homine, qui nefas inauditum in regno meo ausus est incipere. Intestinos tumultus contra me commovit; tirones meos, quos alui et militaribus armis decoravi, abduxit. Hugonem de Castello-Novo, aliosque forinsecos hostes undique mihi procuravit. Quis ex antecessoribus meis a tempore Rollonis talem pugnam a sobole sua perpessus est, ut ego? Guillelmum magni Rollonis filium, et tres Richardos duces Normanniæ, dominumque meum et patrem Rodbertum considerate, et videte quam fideliter filii patribus suis usque ad mortem serviere. Iste ducatum Neustriæ et comitatum Cenomannensem mihi auferre sategit. Gallos et Andegavenses, cum Aquitanis et innumeris aliis, in me terribiliter excitavit. Omne genus humanum, si potuisset, contra me commovisset, et me vobiscum trucidasset. Secundum divinam legem per Moysen datam mortis reus est, et reatu similis Absalon, pari nece mulandus est.*

Frequenti colloquio Normannici proceres regem allocuti sunt; et dulci affatu, precibusque rancorem ejus emollire conati sunt. Episcopi, aliique religiosi viri divinis sermonibus duritiam tumidi cordis contriverunt. Regina et legati regis Francorum, nobilesque vicini et amici ad compaginandam pacem accesserunt. Tandem fortis princeps tantorum assultibus magnatum cessit, et ex pietate victus sobolem suam cum collegis suis recepit. Normanniæ quoque ducatum, sicut olim apud Bonam-Villam (88) æger concesserat ei post obitum suum, nunc iterum facta recapitulatione concessit, optimatum consultu suorum. Pace nimirum peracta, Normanni et Cenomannenses oppido gavisi sunt, qui jamdudum bellico labore per plures annos vehementer attriti sunt.

XIV. *Alii filii Guillelmi regis bonis moribus inclarescunt. Adela ejus filia.*

Serenitas pacis diu quæsitæ inter regem et filium ejus celeriter obnubilata est. Protervus enim juvenis patrem sequi, vel ei obedire dedignatus est. Animosus vero princeps ob ignaviam ejus crebris eum redargutionibus et conviciis palam injuriatus est. Unde denuo post aliquod tempus, paucis sodalibus fretus, a patre recessit, nec postea rediit; donec pater rediens Albericum comitem, ut ducatum Neustriæ reciperet, in Galliam ad eum direxit.

Sicut pro conatibus prælibatis stomachans genitor temerariam prolem interdum maledixit, eique plura plerumque infortunia peroptavit; sic obsecundantem sibi prolem Guillelmum, et Henricum amicabiliter benedixit. Richardus enim filius ejus, qui post Rodbertum natus fuerat, sed nondum militiæ cingulum acceperat, dum prope Guentam in nova foresta venaretur, et quamdam feram, caballo currente, pertinaciter insequeretur, ad sellæ clitellam valido coryli ramo admodum constrictus est, et lethaliter læsus est. Dehinc in eadem hebdomada pœnitens et absolutus atque sacro viatico communitus est, nec multo post cum magno multorum luctu in Anglia defunctus est. Willelmus autem Rufus et Henricus, patri faventes, paterna benedictione potiti sunt; fastigium regni et ducatus per plures annos obtinuerunt. Porro Agatha regis filia, quæ prius fuerat Heraldo desponsata, postmodum Amfurcio regi Galliciæ per procos petenti, missa est desponsanda. Sed quæ priori sponso ad votum gavisa non est, secundo sociari valde abominata est. Anglum viderat et dilexerat; sed Ibero conjungi nimis metuit, quem nunquam perspexerat. Omnipotenti ergo effudit precem lacrymosam, ne duceretur ipsa in Hispaniam, sed ipse potius susciperet eam. Oravit et exaudita est, obiterque virgo defuncta est. Deinde corpus ejus ad natale solum a ductoribus relatum est, et in ecclesia sanctæ Mariæ perpetuæ Virginis, in urbe Bajocensi, sepultum est. Adelidis pulcherrima virgo jam nubilis devote Deo se commendavit, et sub tutela Rogerii de Bellomonte sancto fine quievit. Constantia Ferganno comiti Britonum, Nanticensis filio, Bajocis data est a patre cum ingenti tripudio, quæ in Britannia mortua est sine filio.

Stephanus Blesensis, palatinus comes, cum Guillelmo rege firmare volens amicitiam, requisivit ab eo in conjugium Adelam ejus filiam. Quæ consultu prudentum a patre illi concessa est, et cum magno satis tripudio illi sociata est. Ille apud Bretolium eam desponsavit, et apud Carnotum honorabiles nuptias fecit. Hic Tedbaldi filius fuit palatini consulis, et nepos Bertæ Britonum comitissæ et Cenomannensium. Præcipuos consules Odonem et Hugonem fratres habuit, et filios quatuor, Guillelmum et Tedbaldum, Stephanumque et Henricum ex præfata conjuge genuit. Quorum tres priores sunt potentes consules, et inter maximos Francorum computantur et Anglorum proceres. Primogenitus enim Guillelmus, gener Geronis de Solleio et hæres, vir bonus est et pacificus, et sobole pollens atque facultatibus. Tedbaldus, hæres hæreditatis paternæ, multiplici virtute viget atque probitate. Stephanus autem, gener Eustachii Boloniensis consulis et hæres, dono Henrici regis avunculi sui comitatum Moritolii in Normannia, et multos in Anglia obtinuit honores. Henricus vero divinæ ab infantia militiæ in cœnobio Cluniacensi mancipatus est, et sub monachili norma, sacræ legis litteras pleniter edoctus est. In qua, si bene perseveraverit, regni cœlestis hæres erit, mundique contemptu mundanis primatibus spectabilis præstabit. Hoc de progenie Guillelmi regis breviter caraxatum ad præsens sufficiat, quia me fervida voluntas ad complendam promissionem meam jugiter stimulat, et reddere votum me cogere non cessat

---

(88) Le Prévost. Male *Juliam Bonam*, in Chesniana editione.

XV. *Auctor ad historiam monasterii Uticensis revertitur. Abbatis Mainerii administratio.*

Æternus dispositor rerum navem suam inter procellas sæculi potenter vehit et sapienter gubernat, et in vinea sua colonos quotidie laborantes benigniter adjuvat, atque infusione cœlestis gratiæ contra labores et pericula corroborat. Eu Ecclesiam suam inter bellicosos tumultus et militares strepitus provide dirigit, pluribusque modis augmentando salubriter provehit. Hoc Uticense monasterium plausibiliter expertum est, quod in sterili rure, et inter pessimos affines consitum est, sed ope supernæ pietatis contra perfidorum minaces conatus defensatum est.

Mainerius abbas Mense Julio [1066] hujus ecclesiæ curam suscepit, eique xxii annis et viii mensibus utiliter præfuit. Porro xcii monachos, ad agendum opus Dei, prudenter in ejus ovile locavit, et qualiter ibidem habere se deberent, studiose instituit. Basilicam vero novam, domosque monachis necessarias construere cœpit, Deoque opitulante sat eleganter in regione deserta consummavit. Bona fama religionis eorum Uticenses ubertim nobilitavit, et multos potentes atque mediocres ad amorem eorum provocavit. Plures ad eos cucurrerunt, ut eis societate necterentur, et beneficiorum participes erga Deum fieri mererentur. Dabant terrena ut a Deo reciperent cœlestia.

Quidam amore Dei ferventes, sæculum relinquebant, et res suas, juxta Regulæ statutum, monasterio tradebant, et amicos ac parentes suos ad simile propositum monitis et precibus compellebant. Ex his fuerunt Rogerius de Sappo et Odo frater ejus, Serlo de Orgeriis et Razso Ilberti filius, Odo Dolensis, Goisfredus Aurelianensis et Joannes Remensis, aliique plures litterarum peritia instructi, et Deitatis ad cultum idonei. Nonnulli generositate pollebant, et exterioribus curis in rebus ecclesiasticis vigebant. Nam Drogo filius Goisfredi de Novo-Mercato, et Rogerius Erneisi de Coluncis filius, nepos Guillelmi de Guarenna, et Ernaldus Unfridi de Telliolo filius, nepos ex sorore Hugonis de Grentemaisnilio, et Goisbertus medicus curiales erant, et procuratione sua terras et ecclesias, decimasque fratribus suis acquirebant. His profecto adjutoribus usus est Mainerius, et per eos crevit ecclesia commodis, rebus et bonis habitatoribus.

Præfatus abbas Fulconem de Guarleinvilla, virum solertem et idoneum, ad regendam domum sibi socium elegit, illique præposituram monasterii sui commisit. Hic nempe Fulconis decani Ebroicensis filius fuit, et in ordine Ogrens, abbatem suum diligenter in omnibus adjuvit; patrem quoque suum, magnamque patrimonii sui partem ecclesiæ suæ attraxit. Præfatus decanus ex discipulis Fulberti Carnotensis episcopi fuit, et ex paterna hæreditate feodum militis possedit. Illius etiam temporis ritu nobilem sociam nomine Orieldem habuit, ex qua copiosam prolem generavit. Octo enim filios habuit et duas filias, quorum nomina hæc sunt, Guarinus, Christianus, Radulfus, Guillelmus, Fulco, Frodmundus, Hubertus et Galterius, cognomento Tirellus; Alwisa et Adelidis. Tunc quippe in Neustria, post adventum Normannorum, in tantum dissoluta erat castitas clericorum, ut non solum presbyteri, sed etiam præsules libere uterentur toris concubinarum, et palam superbirent multiplici propagine filiorum ac filiarum. Hujuscemodi mos inolevit tempore neophytorum, qui cum Rollone baptizati sunt, et desolatam regionem, non litteris, sed armis instructi, violenter invaserunt. Deinde presbyteri de stirpe Danorum, litteris tenuiter edocti, parochias tenebant, et arma ferentes, laicalem feudum militari famulatu defendebant. Tandem Bruno Lotharingus, Tullensis episcopus, Romam ascitus est, Deoque dispensante Leo papa factus est. Hic in itinere, dum Romam expeteret, angelos canentes audivit: *Dicit Dominus: Ego cogito cogitationes pacis et non afflictionis*, etc. Prædictus papa multis bonis studuit, bene agendo et bene docendo subditis insigniter profuit. In Gallias anno Dominicæ Incarnationis 1049 venit, ecclesiam S. Remigii Remorum archiepiscopi Kal. Octobris dedicavit et corpus ejus, instinctu Hermari abbatis, in locum, ubi nunc veneratur, gloriose transtulit. Tunc ibidem generale concilium tenuit, et inter reliqua ecclesiæ commoda quæ instituit, presbyteris arma ferre et conjuges habere prohibuit. Exinde consuetudo lethalis paulatim exinanire cœpit. Arma quidem ferre presbyteri jam gratanter desiere, sed a pellicibus adhuc nolunt abstinere, nec pudicitiæ inhærere.

Supradictus Fulco decanus, diutinæ corruptionis sanie fœdatus, ad meliora mentem extulit; jamque silicernius, consilio monituque Fulconis filii sui, Uticum confugit, et monachatum, non tam sæculum derelinquens, quam, a sæculo derelictus, impetravit. Hic, dum monachus factus est ecclesiam de Guarleinvilla et terram ad eam pertinentem S. Ebrulfo dedit, aliamque terram similiter dedit, quam in eadem villa Hugo Bajocensis episcopus ei dederat, quamque idem diu a Guillelmo Osberni filio, nepote præfati præsulis, tenuerat. Guillelmus autem, Fulconis filius et hæres, hæc in capitulo palam concessit, et cum patre suo donationem super altare Sancti Petri posuit, et inde pro recognitione tunc unciam auri ex charitate monachorum recepit. Hæc etiam Guillelmus de Britolio et Gislebertus Crispinus cum duobus filiis suis concesserunt, ibique testes tunc adfuerunt Rogerius de Cleris et Hugo Asinus, Rodbertus de Stotavilla et Rodulfus de Lalanda, Rodulfus de Fornellis atque Gualterius de Calvimonte, Guillelmus de Longa-Villa et Gernenguilus. Hæc Guillelmus Guastinellus coram Richerio de Aquila concessit, et pro concessione unciam auri habuit. Ibi testes adfuerunt Guillelmus Alis et Morinus de Pino; Rodbertus filius Helgonis et Rodulfus Cloethus.

Possessiones Uticensis ecclesiæ volo hic breviter

adnotare, ut eleemosynæ fideliter datæ pateant novitiorum notitiæ, ut utentes eis sciant a quibus vel quo tempore datæ sint vel pretio comparatæ. Avidi quippe possessores terrenorum caducis inhiant, de summis et æternis parum cogitant, ideoque quamplures vix aliquid pro spe superna, nisi temporale commodum viderint, agere tentant. Decimas, quas Dominus sibi ab Israelitis per Moysen ad usum Sanctuarii et levitarum exegit, nostrates laici retentant, nec ministris Ecclesiæ, nisi magno redimantur pretio, reddere affectant. Unde solliciti xenodochiorum dispensatores laicos, ut decimas Ecclesiæ Dei redderent, admonuerunt. eisque quoquomodo auferre ardentes, ingentem pecuniam dederunt, ignorantes quod venditionem hujusmodi et emptionem sacri canones omnino prohibuerunt. Porro in modernis etiam conciliis sacri præsules illicitum mercimonium anathemate perculerunt, sed respectu misericordiæ præteritos reatus indulserunt, et res, quas Ecclesia tunc possidebat, perenniter possidendas pontificali auctoritate concesserunt.

XVI. *Recensio donationum monasterio Uticensi factarum.*

Mediocres viri Uticensem abbatiam in sterili rure condere cœperunt, tenuesque res, lateque dispersas ad victum fratrum juxta mediocritatem sui contulerunt. Undique vicini paupertate premuntur, et egestate nequitiaque lacessiti, dolis et furtis atque rapinis instare moliuntur; unde Uticenses monachi de longinqua victum sibi, hospitibusque advenientibus procurare coguntur. Verum, quia regulari disciplinæ a primordio institutionis suæ mancipati sunt, summi proceres et religiosi præsules eos dilexerunt, datisque rebus necessariis in decimis, ecclesiisque et aliis donationibus, fideliter venerati sunt.

Radulfus igitur de Conchis, filius Rogerii de Toenia, qui fuit Normannorum famosus signifer, cum vellet in Hispaniam proficisci, Uticum venit in capitulum S. Ebrulfi, et a Mainerio abbate veniam petiit et a conventu monachorum, quod ipse jamdudum adjutor exstiterit Ernaldi de Excalfoio, dum incenderet burgum eorum. Et monachis inde rectitudinem faciens, super altare vadimonium suum posuit, et devote, si prospere remearet, multa promisit. Goisbertum quoque medicum suum, quem multum amabat, eis commendavit. Qui post profectionem ejus evestigio monachilem inibi professionem fecit, et usque ad finem vitæ fere xxx annis strenue custodivit. Præfatus heros post aliquod tempus domum rediit, memorque sponsionis suæ Uticum venit, et duas vinearum agripennas, quas apud Toeniam habebat, ad usum missarum S. Ebrulfo dedit. Annuit etiam quidquid ad Guarlenvillam habebat, terram scilicet ac pasnagium; ita ut primum pasnagium famulorum non daretur, secundum vero vel tertium daretur, monachorum autem nullum daretur. Præterea tres hospites monachis dedit, unum Conchis, alterum Toeniæ, tertium vero Achinneio, quem Geroldus Guastinellus de eo tenuerat, et beato Patri Ebrulfo sponte dederat. Idem Rodulfus post aliquot annos Goisbertum monachum in Angliam secum duxit, eoque procurante, monachis Uticensibus duas mansiones dedit, unam scilicet in Nortfuc, quæ vocatur Caldecota; alteram vero in Wigornensi provincia, quæ dicitur Alwintona. Hæc omnia Guillelmus rex concessit, et in charta, coram proceribus suis, regali auctoritate confirmavit. Elisabeth etiam præfati militis uxor, et Rogerius atque Radulfus filii ejus omnia benigniter concesserunt; harumque donationibus rerum testes interfuerunt Rogerius de Clera, Gualterius de Hispania, Guillelde Paceio, Rodbertus de Romilleio, Geroldus Guastinellus, Gislebertus Turoldi filius, Rogerius de Mucegros et Gualterius de Calvimonte.

Tunc Rodbertus de Vals dedit S. Ebrulfo de duabus partibus decimæ de Berneriis medietatem. Rogerius autem filius ejus, post obitum patris, sua concessione prædictam eleemosynam corroboravit; pro qua concessione XL solidos Drocensium recepit, et uxor ejus x solidos ex charitate monachorum habuit. Hoc sæpedictus Radulfus, qui capitalis dominus erat, gratanter annuit; et concessionem a conjuge sua soboleque benigniter exegit. Hic insignis militiæ probitate claruit, et inter præcipuos Normanniæ proceres divitiis et honoribus maxime floruit, ac fere LX annis Neustriæ principibus Guillelmo regi ac Rodberto duci filio ejus strenue militavit. Agnetem uterinam sororem suam, Richardi Ebroicensium comitis filiam noctu subripuit, et Simoni de Monteforti in matrimonium dedit. Ipse quoque pro recompensatione filiam ejusdem Simonis nomine Isabel, uxorem accepit; quæ nobilem ei prolem, Rogerium et Rodulfum peperit, filiamque nomine Godehildem, quæ prius Rodberto nupsit Mellentensium comiti, deinde Balduino, filio Boloniensium consulis Eustachii. Denique Radulfus senex, post plurimos eventus lætos tristesque, ix Kal. Aprilis obiit, et Radulfus filius ejus fere xxiv annis patrium jus obtinuit. Ambos, ut improba mors sibi eos subdidit, sepultura in cœnobio B. Petri Castellionis cum patribus suis suscepit. Isabel vero, postquam in viduitate diu permansit, lethalis lasciviæ, cui nimis in juventute servierat, pœnitens, sæculum reliquit, et in monasterio sanctimonialium apud Altam-Brueriam velum suscepit, ibique vitam suam, laudabiliter in timore Dei perseverans, salubriter correxit.

Postquam Guillelmus comes, Osberni filius, Flandrensium armis occubuit, Guillelmus rex ejus honorem filiis ejusdem distribuit : Guillelmo Bretolium, totamque patris possessionem in Normannia, et Rogerio Herfordensem comitatum in Anglia. Guillelmus autem, qui moderatior exstitit, Uticense cœnobium valde dilexit, et plura illi beneficia pro animabus parentum suorum contulit. Nam textum Evangeliorum, auro argentoque et lapidibus ornatum, per Rogerium monachum de Sappo transmisit, et omnia quæ homines sui Sancto Ebrulfo deberant seu vendiderant, concessit. Centum etiam solidos de teloneo suo de Gloz per singulos annos modo annuit, et chartam hujusmodi coram optimatibus suis, gratanter confirmavit.

Ego Guillelmus de Bretolio, filius Guillelmi comitis, de beato Ebrulfo et ejus monachis, de teloneo de Gloz, centum solidos nummorum, ad pisces emendos uno quoque anno in capite Quadragesimæ, pro redemptione animæ patris mei et matris meæ, et ut anniversaria eorum et meum a cunctis monachis festive agantur, et in anniversario uniuscujusque nostrum cibus et potus unius monachi pro illis detur pauperibus. In vita vero mea, pro me missa de Trinitate in monasterio cantetur unaquaque Dominica die. Unum Burgensem in Bretolio monachis do, et quæque homines mei Richardus Fresnel ac Guillelmus Alis et Radulfus de Lacunela, aliique dederunt, eis concedo. Hæc præsentialiter do, illisque consilium et auxilium et plura beneficia fideliter in antea promitto. Et qui hæc subtraxerit post obitum meum, excommunicetur.

Subscriptione autem sua præsentem chartam confirmaverunt præfatus Guillelmus de Bretolio et Radulfus capellanus, Guillelmus dapifer filius Barnonis et Ernaldus Ernaldi filius atque Robertus de Loveriis.

Denique, anno ab Incarnatione Domini 1099, indictione VII, sæpedictus Guillelmus dedicationi Uticensis ecclesiæ interfuit, et centum solidos de redditione census de Gloz, centum solidis, quos antea S. Ebrulfo dederat, adjecit; et in præsentia trium episcoporum et quinque abbatum, totiusque populi cum clero astante donationem super altare, adhuc sacrosancta consecratione madidum, deposuit. Non multo post, tempore Rodberti ducis, apud Beccum II Idus Januarii obiit, et in claustro Lirensis cœnobii, quod in proprio pater ejus fundo fundaverat, sepultus quiescit: cujus anniversaria dies in Uticensi monasterio singulis annis festive fit. Deinde sigillo Henrici regis Anglorum munita est charta donationis præfatarum x librarum; et successores Guillelmi, Eustachius et Radulphus de Guader atque Rodbertus de Legrecestra monachis concesserunt, et usque in hodiernum diem optime reddiderunt.

Guillelmus de Molinis, annuente Albereda uxore sua, beato Ebrulfo ecclesiam de Maheru, cum decima, et tota terra presbyteri ad eamdem ecclesiam pertinente et cæmeterio, dedit. In castro etiam de Molinis dedit ecclesiam S. Laurentii, cum terra quam in dominio habebat juxta castellum, sicut ipse eam tenebat. Hanc itaque donationem, coram optimatibus suis Gualterio de Aspris et Ebrardo de Ruia, aliisque quibusdam, in capitulo fecit; et inde beneficium ecclesiæ, ut frater et munificus adjutor, promeruit. Tunc Mainerius abbas, liberalitate fratrum, prædicto marchioni xv libras denariorum obtulit, ac ad aram, ad confirmandam dationem, cum Albereda Guidmundi filia, ex cujus patrimonio erat, adduxit. Illi autem libenter omnia quæ prælibata sunt in conspectu totius conventus concesserunt, et super altare sancti Petri in charta rite confirmaverunt. Deinde post aliquot tempus præfatus heros ecclesiam de Bonmolinis, cum decima tota segetum et molendini ac furni, sancto Ebrulfo dedit; cui Rainaldus Parvus, qui tunc monachorum jussu res eorum inibi servabat, xxx solidos charitative contulit.

Postquam Albereda duos marito suo filios, Guillelmum et Rodbertum, enixa est, causa consanguinitatis divortium inter prædictum virum et mulierem factum est. Guillelmus autem, peracto coram pontifice discidio, aliam duxit uxorem nomine Dudam, filiam Gualeranni de Mellento, quæ duos eidem filios, Simonem et Hugonem, peperit, quos in juventute improba mors absque liberis ambos absorbuit. Albereda vero schema religionis suscepit, et in quodam monasterio virginum sanctimonialium vitam finivit. Præfatus Guillelmus Gualterii de Falesia filius fuit, et in militia nimium viguit; unde Guillelmus princeps filiam Guidmundi cum toto ei honore Molinensi contulit. Futili vanæque laudi nimis inhæsit, pro qua multorum reus homicidiorum exstitit. Fertur quod multum sanguinis fuderit, et quod tam diræ crudelitatis fortuna infectus fuerit ut nullus imminens lethum evasisset, qui ab eo, quamvis parum, vulneratus fuisset. In prosperis atque adversis usque ad annosam senectutem vixit, et quantum ad sæculum attinebat honorifice floruit. Tandem in castro suo XIV Kal. Novembris decessit, et in capitulo Uticensi tumulatus quiescit.

Rodbertus autem filius ejus, postquam hæreditatem avitam obtinuit, futuræ salutis memor, Uticum adivit, et quidquid pater suus materque sua dederant aut concesserant, concessit; et quidquid homines ipsius honoris donaverant aut vendiderant, Sancto Ebrulfo benigniter annuit. Hanc itaque concessionem per textum Evangeliorum super altare portavit, ac postmodum ex charitate monachorum quinque marcos argenti et optimum cornipedem recepit. Deinde paternum fere xv annis honorem legitime rexit, et contra finitimos hostes, quia fortissimus, licet hebes, præliator erat, validissime defensavit; vetitumque regis Henrici transgrediens, Engerrannum, cognomento Oisonem, armis impetiit, et contra illum militaribus studiis sæpius dimicavit. Unde regis animositas, delatorum maledicis accusationibus inflammata, illum exhæredavit; et de Normannia cum Agnete filia Rodberti de Grentemaisnilio, quam nuper uxorem duxerat, in Apuliam expulit, ubi post aliquot annos, per extera mappalia pervagatus, morti succubuit. Principis itaque violentia majori fratre depulso Simon successit et omnia quæ antecessores sui dederant Uticensibus, cum Adelina conjuge sua, gratanter annuit.

Rogerius de Monte-Gomerici, postquam Geroiana progenies cecidit, totum patrimonium Excalfoii et Monasterioli fere xxvi annis possedit : et in initio, quandiu Mabilia uxor ejus, quæ Geroianos Ebrulfiani monasterii fundatores semper exosos habuerat, vixit, Uticensibus, illa stimulante, pluribus modis molestus exstitit. Denique justus arbiter, qui peccatoribus pie parcit, et impœnitentes districte percutit, crudelem feminam, quæ multo sanguine madebat, multosque nobiles violenter exhæredatos per externa mendicare coegerat, permisit perire gladio Hugonis, cui castrum quod in rupe Jalgeii situm est, abstulerat, et sic eum injuste paterna hæreditate privaverat. Ille nimirum mœrens vehementem audaciam arripuit; junctisque sibi tribus fratribus suis, qui militari probitate pollebant, noctu ad cameram comitissæ accessit, ipsamque in municipio super Divam, quod Buris dicitur, in lecto post Balneum deliciantem, pro recompensatione patrimonii sui ense detruncavit. Peracta itaque cæde ferali heræ, multi de ruina ejus exsultavere, tantique facinoris auctores confestim in Apuliam abiere. Hugo de Monte-Gomerici cum xvi militibus in eodem vico erat ; sed, audita clade matris suæ fugientes homicidas persequi, non comprehendere poterat ; quia provida calliditas eorum pontes fluviorum pone vestigia sua, ne tenerentur a vindicibus, destruxerat. Hiemale quoque tempus et tenebrosa nox, fluminumque inundationes persequentes impediebant, et fugientes, ultione facta, Normanniam statim relinquebant. Denique Troarnensis conventus, cui Durandus abbas præerat, cadaver frustratim dilaceratum novas Decembris [1082] sepelivit, et non ob prærogativam meritorum, sed pro favore amicorum, super tumulum has nænias edidit.

Alta clarentum de stirpe creata parentum,
Hac tegitur tumba maxima Mabilia.
Hæc, inter celebres famosa magis mulieres,
Claruit in lato orbe sui merito.
Acrior ingenio, sensu vigil, impigra facto,
Utilis eloquio, provida consilio,
Exilis forma, sed grandis prorsus honestas ;
Dapsilis in sumptu, culta satis habitu,
Hæc scutum patriæ fuit, hæc munitio marchæ,
Vicinisque suis grata vel horribilis.
Sed quia mortales non omnia possumus omnes,
Ah! periit gladio, nocte perempta dolo.
Et quia nunc opus est defunctæ ferre juvamen,
Quisquis amicus adest, subveniendo probet!

Post interfectionem Mabiliæ, Rogerius comes aliam duxit uxorem nomine Adelaisam, Ebrardi de Pusacio, qui de nobilissimis Francorum proceribus erat, filiam. Prædictus consul ex priori conjuge procreavit quinque filios et quatuor filias, quorum nomina hæc sunt, Rodbertus de Bellismo, Hugo de Monte-Gomerici, Rogerius Pictavinus, Philippus atque Arnulfus; Emma sanctimonialis et Almaniscarum abbatissa, Mathildis comitissa, uxor videlicet Rodberti Moritoliensium comitis, Mabilia conjux Hugonis de Novo-Castello, et Sybilia uxor Rodberti filii Haimonis. De secunda vero conjuge, unum genuit filium nomine Ebrardum, qui litteris imbutus, inter regales capellanos usque hodie demoratus est in aula Guillelmi et Henrici, Angliæ regum. Sequens a priori matrona dispar moribus exstitit. Nam maturitate et religione viguit, virumque suum ad amorem monachorum et defensionem pauperum frequenter incitavit.

Præfatus igitur heros mala, quæ plerumque fecerat Uticensibus, recoluit, pristinosque reatus sequentis vitæ emendatione sagaciter abolere studuit. Viriliter enim postmodum monachos adjuvit et in Normannia et Anglia plurimas res illis erogavit, et inde chartam hujusmodi coram proceribus suis voluntarie sanxit.

Ego Rogerius, Dei gratia Scrobesburiensis comes, cœnobium sancti Patris Ebrulfi honorare appeto, et hæc eidem de rebus meis, pro salute mea meorumque perenniter concedo. Per singulos annos intrante Quadragesima xxx solidos Cenomannensis monetæ de redditione Alencionis jubeo dari, ad illuminationem die noctuque faciendam in ecclesia Uticensi ante Crucifixum Domini. Passagium etiam ipsius Alencionis et omnes consuetudines in tota terra mea de propriis sancti rebus concedo, et in omnibus nemoribus meis pasnagium de monachorum porcis in perpetuum indulgeo. Ad Excalfoium terram unius aratri dono, decimamque molendini, et decimam omnium reddituum ejusdem castri irrefragabiliter annuo ; decimamque nundinarum de Planchis de parte mea libenter addo. Ecclesiam de Radone, totamque decimam, quam Guillelmus Sor Sancto Ebrulfo dedit, et ecclesiam Sancti Jobini, totamque decimam, quam Rainaldus presbyter dedit, Odo de Pireto concessit ; et in ecclesia de Bailol altare Sancti Leonardi, et unam partem decimæ ejusdem villæ cum terra, quam Rainaldus de Bailol et Amieria uxor ejus, neptis mea, dederunt, ex propria deliberatione pro Dei amore concedo. In Anglia quoque dono duos manerios, Onnam et Mersitonam in Staphord scira, decimamque caseorum meorum et lanarum de Pultona; et quidquid habeo in Melleburna in Grantebruge scira; et unam hidam terræ in Grafan in Suthsexia, et terram Vulfuini aurifabri de Cicestra. Annuo præterea quæque Guarinus vicecomes atque Guillelmus Pantulfus et Hugo de Mesdavid, aliique homines mei hactenus Sancto Ebrulfo in Anglia seu Normannia dederunt. Hæc omnia, concedentibus filiis meis Roberto de Bellismo et Hugone atque Philippo, pro redemptione animæ meæ et Mabiliæ ac Adelaidis conjugum mearum, meorumque prædecessorum atque futurorum hæredum, in conspectu Dei sic annuo, et hoc testamentum signo sanctæ Crucis confirmo, ut quicunque aliquid ex his imminuerit, infregerit vel abstulerit, anathema sit.

Hoc itaque testamentum Rogerius comes fecit ac subscribendo corroboravit, et post eum apud Alencionem subscripserunt filii ejus Rodbertus et Hugo atque Philippus grammaticus, aliique proceres sui,

Rodbertus Tedbaldi filius, et Hugo filius ejus, Gislebertus conestabilis et Hugo Turgini filius, Fulco de Pino et Engelbertus præpositus, Rainaldus de Bailol et Guillelmus Pantulfus, Odo de Pireto, aliique plures.

Præterea Rogerius comes multa dedit aliis ecclesiis Troarnensi, Sagiensi, Almaniscensi, Cluniacensi, Cadomensi, aliisque plurimis, de acceptis honoribus quos de paterna hæreditate non est adeptus.

XVII. *Digressio de cœnobio in terra Odelerii, patris Orderici Vitalis, juxta Scrobesburiæ civitatem in Anglia.*

Cœnobium quoque novum, ad orientalem portam propriæ urbis, id est Scrobesburiæ, in honore sancti Petri principis apostolorum cœpit ædificare super fluvium qui mola dicitur, ibique in Sabrinam dilabitur. Illic nimirum lignea capella priscis temporibus a Siwardo Edelgari filio, regis Eduardi consanguineo condita fuerat; quam tunc Odelerius Aurelianensis, Constantii filius, vir ingenio et facundia et litterarum eruditione præpollens, ejusdem consulis dono possidebat. Hic sane amator æquitatis fervidus, utilisque jam dicti comitis erat auricularius, ipsumque benigniter exhortans ad construendum monasterium nutantique qualiter vel quo tantum opus inciperet, hujusmodi dans consilium.

Multi, strenue vir, vestræ inhærent sublimitati; sed diversis intentionibus vobis verbo vel actu conantur obsequi. Quidam enim pro libitu suo plus vestra sibi cupiunt adipisci, quam vos ad permansuros honores nanciscendos salubriter cohortari. Sed qui vobis nititur veraciter obsecundare, debet vos, plus quam vestra, semper amare, et ea, quæ salubriora sunt, animæ vestræ indesinenter propinare. De construendo monasterio, nobilis heros, tractare cœpisti; sed in illis, qui sibi magis ardent dari quam aliis, commodum solamen ad tam arduum opus non invenisti. Videtur mihi saluberrimum esse, monachile cœnobium erigere, et ibidem authenticum ordinem secundum institutionem sanctissimi Patris Benedicti diligenter imponere, verisque pauperibus Dei de tuis abundantiis victum et vestitum affluenter erogare. Provide nunc intuere quæ sunt, quæ in regularibus monasteriis ab eruditis cultoribus fiunt. Innumera ibi beneficia quotidie aguntur, et contra diabolum a castrensibus Christi viriliter dimicatur. Nulli dubium est quod probo agonithetæ, quanto acrior fuerit pugna, tanto gloriosior erit victoria, tropæique major merces in cœlesti curia. Quis referre potest monachorum vigilias, hymnos et psalmodias, orationes et eleemosynas, et cum lacrymarum imbribus missarum oblationes quotidianas? Christi sequaces ad hoc omnino vacant ut, sese crucifigentes, Deo per omnia placeant. Ipsi nempe mundo, mundanisque parasitis insultant, dum mundana oblectamenta velut stercus devitant, et mundanas opes, pro superna spe contemptibiliter conculcant. Asperitas illis inest et vilitas in vestitu, siccitas et parcitas in victu, et pro-

priarum resecatio voluntatum propter amorem Domini Jesu. Quid de castitate et omni continentia, quid de silentio monachorum et modestia, quid denique dicam de obedientia? Tantarum copia virtutum magnitudine sui meum obtundit ingenium, fateorque me non posse sufficienter illam exprimere per oris officium. In regalibus claustris veri cœnobitæ, veluti filiæ regis, clauduntur, ne, si per exteriora, tanquam Dina Liæ filia, impudenter evagantur, a Sichem filio Emor Evei (Gen. XXXIV, 1), ad injuriam rigidi patris, ferociumque dedecus fratrum, turpiter corrumpantur. Ipsi tutores, ne labantur in septis suis, sibi fiunt, et lapsi per excessum, in penetralibus suis accusatores sui sunt; seseque, ut aurum in fornace, ab omni scoria vitiorum omnimodis excoquere satagunt. Unde reor preces eorum pro quibuscunque fidelibus fuerint effusæ, ante thronum divinæ majestatis mox conscendere, et ab ipso rege Sabaoth, quæ poposcerint, credendæ sunt obtinere. A secretis monachorum a juventute mea diutius exstiti, et mores eorum, familiariter rimatus, edidici. Ergo, dum omnium, qui in terra sunt, mortalium ritum discutio, et eremitarum atque canonicorum vitas diligenter perspicio, omnes monachorum, qui canonice vivunt et ordinate reguntur, vita inferiores video. Unde generositatem vestram, gloriose consul, fideliter admoneo ut, dum licet, in comitatu vestro, quem jure a patribus non consecutus es hæreditario, monachile castrum contra Satanam construatur Deo; ubi pro anima vestra cucullati pugiles Behemoth conflictu resistent assiduo. Ecce super Molam fluvium mihi domus est, quam nuper dedisti; juxta quam, sicut anno transacto, ante aram sancti Petri principis apostolorum, Romæ votum feci, lapideam ædificare basilicam cœpi. Basilicam itaque, quam, ut dixi, sponte voto constrictus, facere nuper institui, domumque meam cum omni apparatu meo gaudens offero Cunctipotenti; meque pro posse meo polliceor adjutorem ad omnia in nomine Jesu Christi. Exsurge velociter, incipe viriliter, opus Dei fac insigniter.

Tolle moras; semper nocuit differre paratis.
(LUCAIN, Phars., I, 281.)

Multi profecto aderunt cooperatores, et post funus etiam vestrum pii pro vobis oratores. In primis, advenientibus monachis cum cæmentariis ad jaciendum monasterii fundamentum, ad inchoationem hujuscemodi porrigam xv libras sterilensium. Deinde me ipsum, et Benedictum filium meum jam quinquennem, et omnia mea tradam monasterio, tali tenore ut omnium rerum mearum medietas mecum subdatur monachorum dominio, aliaque medietas Ebrardo filio meo dedatur sub monachorum patrocinio. Porro primogenitum, Ordericum videlicet, meum jamdudum litteris imbuendum liberali didascalo mancipavi, eique locum tutæ mansionis inter vernulas Dei apud Uticum in Neustria procuravi; pro quo eulogias benedictionis, xxx scilicet marcos argenti, futuris ejus magistris et consodalibus de porismate meo libenter crogavi. Sic pro Redemptoris amore primogenitum mihi filium abdico, et trans pontum in exsilium destino, ut ultroneus exsul inter exteros regi militet æthereo; ubi liber ab omni parentum cura et affectu lethifero, eximie vigeat in observatione monastica et cultu Dominico. Hæc, inspirante Deo, jamdudum desideravi, ac ad talia me, progeniemque meam applicare studia peroptavi, ut merear, opitulante gratia Dei, cum prole mea inter electos in ultimo examine computari.

Anno igitur ab incarnatione Domini 1083, indictione IV, Rogerius comes, ut hortatus fidelis consiliarii commodos esse comprobavit, Guarinum vicecomitem et Picotum de Saia, cæterosque proceres suos v Kal. Martii feria vi convocavit. Manifestata vero causa et ab omnibus collaudata, cum eis ad ecclesiam B. Petri apostoli abiit, ibique se abbatiam constructurum palam testibus multis devovit, totumque suburbium, quod extra portam orientalem situm est, sancto Petro donavit; et super aram per chirothecas suas donationem posuit. Eodem anno Sagienses monachi, Rainaldus et Frodo, primitus illuc convenerunt, et monachiles officinas, Odelerio et Guarino, aliisque multis adjuvantibus, concedere cœperunt. Primus abbas illius monasterii, Guillelmo Rufo regnante, eloquens Fulcheredus fuit, eique Godefredus, Henrico regnante, successit. Ambo litterati et religiosi pastores fuerunt, et fere XL annis Dominicum gregem diligenter educare studuerunt. Ingenti cura res novi monasterii exterius auxerunt, et instituta morum ad salutem animarum interius discipulis laudabiliter sanxerunt. Sæpe dictus quoque Odelerius, pater Vitalis, quod promiserat ex integro complevit, datisque ducentis libris argenti, Deo Benedictum, filium suum, ibidem obtulit, et ipse, post obitum Rogerii comitis, monachile schema suscepit. Ibi VII annis secundum normam sancti Patris Benedicti monachus Deo servivit, et feria vi hebdomadæ Pentecostes post plurimos labores, quos pro Deo pertulit, flebili confessione reatus suos detegendo texit, et sacra unctione peructus et viatico munitus, III Nonas Junii [1408] obiit. Rogerius autem comes post mortem Guillelmi Nothi sex annis vixit, et longævus heros inter præcipuos optimates Angliæ floruit; et abbatiam, quam eum construxisse dixi, terris ac redditibus mediocriter locupletavit. Ibi anno 1094, vi Kal. Augusti, defunctus est, et in basilica nova inter duo altaria honorifice sepultus est. Rodbertus vero, filius ejus, totum feudum ejus in Normannia solus obtinuit, et quia crudelis et superbus et valde nequam erat, innumeras iniquitates exercuit. Hugo autem de Monte-Gomerici comitatum Scrobesburiæ habuit, sed post aliquot annos, a Magno, fratre regis Northwigenarum, repente missili perforatus, in littore maris occubuit; quem, cum magno luctu deportatum, Scrobesburiensis conventus in claustro tumulavit. Aliis quoque duobus suis, Rogerio et Arnulfo, singulos comitatus callidus heros in vita sua procuravit, quos, post ejus occasum, ambobus perfidia, regnante Henrico, confestim abstulit.

En digressionem quantulamcunque feci de constructione monasterii, quod in fundo patris mei nunc inhabitat familia Christi, et ubi ipse genitor meus, ut memini, jam sexagenarius sponte fine tenus portavit jugum Domini. Parce, quæso, bone lector, nec molestum tibi sit, precor, si de patre meo aliquid memoriæ tradiderim litterarum; quem non vidi, ex quo me, ut exosum sibi privignum et pro amore Creatoris, pepulit in exsilium. Jam XLII anni sunt, in quibus multæ mutationes rerum late per orbem factæ sunt. Dum sæpe de his cogito, et quædam chartis insero, caute resistens otio, sic dictans me exerceo.

XVIII.

Recensio donationum Uticensi cœnobio factarum continuatur. Donationum instrumenta. Illustres viri in Uticensi ecclesia sepulti.

Nunc ad incœptam revertar materiam, meisque junioribus advena indigenis, de rebus suis, quæ nesciunt, edisseram, et hoc eis modo utiliter, opitulante Deo, deserviam.

Goisbertus, civis Carnotensis, ut dictum est, ad conversionem venit, optimamque domum, quam in urbe habuerat, xxx libris Carnotensium vendidit, totumque pretium Uticensibus ovanter retulit. Hic erat statura procerus et exilis, moribus benignus et tractabilis, magnanimus et dapsilis. Et quia medicinæ artis erat peritissimus, multis erat notus et necessarius ac familiaris amicus. Per ipsum itaque Fulcherius Carnotensis et Petrus de Manlia, aliique plures notitiam Uticensium amplexati sunt, et honestatem eorum cum religione venerantes, eis de rebus suis idoneam portionem contulerunt. Præfatus quippe Fulcherius nobilitate lucebat, ex patrimonio suo magnam possessionem habebat, litterisque affatim imbutus, sanctæ Dei Genitricis canonicus erat. Ipse de donatione rerum, quas sancto dederat Ebrulfo, chartam fecit, ipsoque subtiliter et facete dictante, Rodbertus Andreas, scriptor egregius, hoc modo adnotavit :

Ego Fulcherius, Gerardi filius, B. Mariæ Carnotensis ecclesiæ indignus qualiscunque canonicus, multoties mecum cogitans de statu meæ aliorumque mortalium conditionis, omnia ferme quæ sub sole sunt, sicut ait Salomon, subjacere vanitati comperi; nec aliquid esse in terris, quod beare post ærumnas hujus vitæ homines possit, nisi aliquid, dum vixerint, pro se bene fecerint. Hujus rei consideratione commotus, ac mearum criminum enormitate valde perterritus, quoniam unusquisque, de his quæ gessit, Deo rationem quandoque est redditurus, visum est mihi credo ex Dei inspiratione, ex his quæ possideo B. Ebrulfo aliqua pro salute mea, amicorumque meorum tradere, unde fratres mei et amici, inibi degentes, quantulamcunque habere possint corporum substantationem, et memoriam mei aliquoties exinde liben-

tius faciant, quoniam ea, quæ posteris nostris jure hæreditario relinquimus, non solum dico post mortem non prosunt, verum etiam, quia male ea locavimus, nobis plurimum officiunt. Notum autem sit sanctæ Ecclesiæ omnibus fidelibus quia ego libens atque spontaneus, meæ saluti in future prævidens, beato Ebrulfo et sibi servientibus ista omnia, licet minima sint, jure perpetuo trado, quæ his enumerare curabo. Videlicet ecclesiam de Montleiscent, et medietatem decimæ illius villæ, cœmeterium, atque tres acras terræ pone cœmeterium, nec non monasterii arcagium, quantum Goscelinus tenuit, decimamque molendini mei. Et si ibi mercatum facio, decimam eis similiter inde annuo. Monachus vero, qui in Montleiscent habitabit, nunquam molturam de annona sua dabit. Quod si ipse vult molere ad suum molendinum, faciat. Si non placet, ad meum molat, molturamque suam habeat. In Marchesvilla quoque, quidquid ibi habeo, terram, monasterium, molendinum, do eis in perpetuum. In villa, quæ dicitur Lalandella, do nihilominus terram unius aratri et monasterium. Nemoris mei decimam similiter do, videlicet de pasnagio, de apibus, de bestiis silvaticis quæ ibi capientur. Porci quoque monachorum nullatenus pasnagium in meo nemore dabunt, nec quidquam operis vel servitii sive expeditionis mihi, neque posteris meis ullo tempore monachi reddent. Et si de meis hominibus beato Ebrulfo dare vel vendere aliquis aliquid voluerit, omnibus omnimodo do licentiam quatenus hoc, absque timore mei, facere prævaleant. Has ergo qualescunque donationes, quas ego omnipotenti Deo, qui mihi esse contulit, et beato Ebrulfo egregio confessori spontaneus offero, si quis vecors aut invidus vi vel clam quandoque minuere, seu temerare vel auferre ausus fuerit, perpetuo mulctatus anathemate, in regione viventium non videat bona Domini, nisi dignissima satisfactione pœnitens ipse resipuerit. Hanc autem parvitatis nostræ donationem, a me simpliciter rogatus, libenter concessit domnus Rodbertus Carnotensis ecclesiæ episcopus, in cujus casamento sunt ea quæ superius data memorantur. Concesserunt hoc etiam fratres mei, ejusdem ecclesiæ canonici, et uxor mea Alpes atque filii mei.

Uticenses monachi possessionem, quam præfatus heros eis, ut dictum est, dederat, jam L annis tenuerunt; et successores ejus Bartholomæus cognomento Boellus, et Gerardus filius ejus gratanter concesserunt. Ibidem Aimericus et Radulfus et Hugo Anglicus, Guillelmusque de Merula, aliique plures monachi, facundia et probitate vigentes, conversati sunt, eisque benignum patrocinium Carnotenses episcopi, Rodbertus et Goisfredus et Ivo et Goisfredus impertiti sunt. Sic studio monachorum, auxilioque bonorum basilica Marchesvillæ condita est; quæ sanctæ Dei Genitrici Mariæ, per quam mundi salus venit, consecrata est.

Eodem tempore, Landricus et Goisfredus atque Gunherius totam terram de Jarenzai beato Ebrulfo dederunt. Et quia Isnardus, de quo diu eam tenuerant, ex toto liberam monachis concessit, sex libras a Mainerio abbate recepit. Deinde Landricus et alii supradicti a prænotato patre medietatem terræ receperunt, et in præsentia Isnardi homines præfati abbatis, junctis manibus, facti sunt. Ibi etiam illi tres coram Isnardo et aliis compluribus ecclesiam illius villæ, et quidquid ad eam pertinebat, totamque decimam concesserunt, et totius terræ, tam de ea quæ ad Isnardum pertinebat, quam de ea, quæ ad beatum Stephanum, vel ad quemcunque alium pertinebat, ex toto coram Gerardo presbytero aliisque multis concesserunt.

Anno ab Incarnatione Domini nostri Jesu Christi 1073, indictione x, tempore Willelmi Magni regis Anglorum et ducis Normannorum, Guillelmus miles, cognomento Pantol, consulente venerabili Mainerio abbate amico suo, et concedente Rogerio comite domino suo, dedit S. Ebrulfo ecclesias de Norun, quarum una constructa est in honore S. Petri, et altera in honore S. Cyrici martyris. Tunc etiam dedit totam decimam de Norun, propriumque plesseitium, et partem silvæ a ponte Ogereti, partemque suam unius terræ quæ Molenx dicitur, et alterius quæ ultra torrentem sita est, et vulgo Ruptices dicitur. Ipse postmodum totum feudum Guillelmi de Maloi, in quo fere XXX acræ terræ sunt, concessit; et inde ad ineundum iter S. Egidii XVI libras Rodomensium ex charitate monachorum habuit. Idem totam terram, quam Gualterius filius Rufæ Rodberto monacho vendidit, S. Petro concessit; unde prædictus monachus ei centum solidos Rodomensium dedit. Præter hæc idem Guillelmus in eadem villa dedit monachis LX acras terræ, et molendinum de Helmet, decimamque dimidii molendini de Norun. Dedit et ecclesiam de Esmivilla, cum decima et omnibus redditibus ad ecclesiam pertinentibus, et in eadem villa terram unius vavassoris, et duas garbas decimæ suæ proprietatis, et omnium hominum suorum de Maisnil Bachelarii, ac totam decimam molendini de Rore-Villa. Totam vero terram, quam Beatrix mater ejus in dominio habebat apud Fossas, dedit S. Petro; hospites etiam de eleemosyna S. Germani de Alberi-Vico. Helvis, soror ejusdem Guillelmi, totum mariagium suum de Alberi-Vico dedit S. Petro; quod ipse tunc concessit. Insuper in eadem villa decimam hominum suorum Raimboldi et Rodberti Hæretici et Gualonis filii Safredi adjunxit. Præterea idem Guillelmus concessit S. Petro de Norun omnes ecclesias et decimas omnium locorum in Anglia seu Normannia, vel in omni loco ubicunque honor ei cresceret, decimamque totius possessionis suæ, videlicet equarum, vaccarum et caseorum, omniumque rerum de quibus decimam dare posset. Similiter concessit quidquid homines ejus S. Ebrulfo dare aut vendere voluerint, excepto ne servitium sibi debitum amitteret. Totam vero partem substantiæ suæ concessit, ita ut inde cœnobiales monachi S. Ebrulfi post mortem ejus medietatem unam habeant, aliamque medietatem monachi de Norun retineant.

Hæc omnia Willelmus et Leelina uxor ejus, ut diximus, Deo pro salute sua, suorumque amicorum libere concesserunt, et hujusmodi concessionem in capitulo S. Ebrulfi, coram monachorum conventu et plurimis testibus, generaliter confirmaverunt. Tunc ipse Guillelmus, ad suffragia fratrum, qui ad construendum apud Norun cellam ituri erant, XL marcos argenti cominus porrexit.

Post hæc Mainerius abbas et Fulco prior atque Guillelmus Pantol Rogerium comitem, qui tunc apud Belesmiam manebat, adierunt; eumque humiliter, ut prædicti militis donationes sua concessione confirmaret, petierunt. At ille, ut erat liberalis et probus justæ petitioni eorum benigniter favit, et quæque petierant, coram omnibus qui tunc ad curiam ejus pro diversis negotiis convenerant, annuit. Tunc nimirum festivitas S. Leonardi confessoris ibidem celebrabatur, ad quam solemniter agendam, dapsili comite invitante, plures illuc accesserant: Hoelmus, Cenomannensium episcopus; Hugo, Lexoviensium episcopus; et Rodbertus, Sagiensium episcopus; Ainardus quoque, abbas Divensis; Durandus Troarnensis, Rodbertus Sagiensis et Hugo Longiledensis, et Emma, Almaniscarum abbatissa; Herveus quoque capellanus episcopi Lexoviensis, Rogerius Faidel, Hugo filius Fulcaldi, Rodbertus filius Theodelini, Rogerius Gulafra, et alii multi clerici et laici ad supra scriptam concessionem adfuerunt.

Anno ab Incarnatione Domini 1077, indictione xv, Rodbertus nobilis abbas, frater Hugonis de Grentemaisnilio, ad colloquium Guillelmi regis Anglorum in Normanniam venit, regique petenti veniam, eo quod ipsum olim in exsilium injuste expulerat, indulsit. Hunc nimirum accersierat Philippus rex Francorum, volens ei dare episcopatum Carnotensium; sed Gallis Normannorum devitantibus magisterium, Goisfredus, Eustachii Boloniensium comitis nepos, præoccupavit pontificatum. Præclarus itaque Rodbertus, postquam sacris dedicationibus ecclesiarum Cadomensium et Bajocensium atque Beccensium, quæ eodem anno consecratæ sunt, interfuit, et amicabile colloquium cum rege Willelmo, aliisque amicis et parentibus suis, quos antea per plures annos non viderat, consummavit, Apuliam repetiit, secumque Willelmum Pantol et Rodbertum de Cordaio nepotem suum, aliosque præclaros milites duxit. Tunc Rodbertus Wiscardus Calabriæ dominabatur, et ducatum Gisulfi Salernitani ducis nanciscebatur. Hic Tancredi de Altavilla, cujusdam mediocris viri, filius erat; sed magnanimitate et felici fortuna pollens, Italos sibi subegerat. Ipse, cum fratribus suis, adveniisque compatriotis, Apuliensibus colonis fortiter incumbebat, et insperatis rebus magnifice peractis, affinibus cunctis eminebat, multisque divitiis locuples, incessanter fines suos dilatabat. Willelmum autem Pantol honorifice suscepit, et multa ei promittens, ipsum, propter probitatem suam, retinere secum sategit. In die Paschæ ad prandium residere juxta se ipsum fecit, et tres civitates, si secum remaneret in Italia, illi spopondit.

Interim Mabilia comitissa mucrone animosi militis Hugonis de Jalgeio perempta est; ob cujus interfectionem, regresso de Apulia Willelmo Pantol magna tribulatio exorta est. Nam crimen ei proditionis impingebatur, et infestatione hostili graviter a pluribus æmulis impetebatur. Præfata namque mulier Piretum castrum, Guillelmo datum, abstulerat; pro qua injuria pertinax malevolentia diutius inter eos inhorruerat. Unde suspicabatur quod prædicti militis consilio perierit; præsertim cum Guillelmo Hugonem magna familiaritas et crebra collocutio conjunxerit. Rogerius igitur comes et filii ejus totam terram ejus saisierunt, ipsumque ad mortem quæsierunt. Guillelmus autem et uxor ejus cum filiis suis Uticum confugerunt, ibique diu, sub protectione monachorum, cum magno timore demorati sunt. Præfatus eques objectum facinus audacter denegabat; sed nullus eum certis indiciis comprobabat, nec abneganti scelus, seseque legaliter purgare volenti acquiescebat. Tandem multorum definitione optimatum præfixum est in curia regis, ut culpatus vir, ad abstergendam nefarii maculam facinoris, apud Rothomagum in præsentia cleri subiret candentis examen chalybis. Quod ita factum est. Scintillans ferrum nuda manu portavit, Deique nutu non adustus apparuit, et inde clerus cum tota plebe alta voce Deum laudavit. Malevoli hostes armati aderant ad spectaculum, ut si reus deprehenderetur per ignis judicium, continuo reatus, amputato rei capite, puniretur per gladium. In his itaque pressuris, quas Guillelmus et sui perpessi sunt, Mainerius abbas et Uticenses monachi benigniter eum consolati sunt, totisque nisibus apud Deum et homines adjuverunt. Unde amicitia erga illos in ipso firmior excrevit, et de pallis, quas ipse de Apulia detulerat, quatuor pretiosiores S. Ebrulfo obtulit; ex quibus quatuor cappæ cantorum in eadem factæ sunt ecclesia, quæ usque hodie ad divini decorem servitii servantur ibidem.

Post mortem Guillelmi regis Anglorum, iterum Willelmus Apuliam expetiit, et, inde dum rediret, reliquias corporis beatissimi Christi confessoris Nicolai detulit, et in ecclesia B. Petri apud Norun ad decus ejusdem loci collocavit. Postea monachis ibidem degentibus dedit unum manerium in Anglia, quod dicitur Traditona, et molendinum et ecclesiam ejusdem villæ, omnemque decimam sex villarum ad eamdem ecclesiam pertinentem.

Deinde anno ab Incarnatione Domini 1112 indictione v, anno scilicet XII Henrici regis Anglorum, et quarto Ludovici regis Francorum, idem Guillelmus, anno XL ex quo monachilem cellam apud Norun cœperat, Uticum venit, et antiquæ amicitiæ ac donorum, quæ supra diximus eum dedisse, recordatus, omnia recensuit, et in conventu monachorum generali concessione, cum Leelina uxore sua, confirmavit. Tunc etiam Philippus et Ivo atque Arnulfus filii ejus, quidquid pater eorum monachis S. Ebrulfi dederat, concesserunt, et donum super altare omnes pariter, Willelmus et Leelina, et tres filii eorum, Philippus et Ivo et Arnulfus, posuerunt. In præfata cella jam quatuor episcoporum tempore, Rodberti scilicet ac Gerardi, Serlonis et Joannis, qui Sagiensi episcopio præfuerunt, Rodbertus Calvus et Goisfredus ac Ascelinus, aliique plures religiosi monachi habitaverunt, et in Dei timore cum charitate persistentes, plebeiis exemplum honestatis inscruerunt. Sæpedictus quoque Guillelmus longo tempore vixit, pauperes et clerum honorans, eleemosynis studuit, in adversis ac prosperis magnanimus viguit, cunctisque hostibus fortior, divitiis et honoribus pollens prævaluit. Ad inchoandam vero novam basilicam LX marcas argenti erogavit. Pulcherrimum opus ad Dei inchoavit laudem, sed morte præventus perficere nequivit. Porro filii ejus patrimonium adepti sunt, Philippus in Normannia, et Rodbertus in Anglia; sed virtute pari paterna negligunt assectari molimina.

Radulfus de Monte-Pincionis, dapifer Guillelmi Magni regis Anglorum, se ex toto fideliter S. Ebrulfo devovit; et a domno Mainerio abbate suppliciter postulavit ut aliquis in Uticensi cœnobio clericus, ad Dei servitium idoneus, ad monachatum susciperetur, qui pro salute ipsius conjugisque suæ Deum fideliter deprecaretur. Quod et factum est. Nam Dei nutu tunc oppetebat monachatum quidam Remensis scholasticus, nomine Joannes, qui ad curiam regis ductus, prædicto militi suas concessit orationes, et quos pro Christo passurus erat, labores. Ille vero, super hoc exhilaratus, palam cunctis pedes ejus humiliter est osculatus. Deinde monachi prædictum Joannem libenter susceperunt, eoque suscepto, valde lætati sunt, quia grammaticæ artis erat peritus, bonisque studiis usque ad senium pertinaciter intentus. Præfatus heros ad victum ejus perenniter dedit S. Ebrulfo decimam quinque molendinorum, trium scilicet de Jort, et quarti de loco qui Hurtavent vulgo dicitur, et quinti de Monte-Pincionis, duasque garbas decimæ villanorum de Gualdreslogiis, medietatemque decimæ de Spanaio, et apud Ermentrudis-Villam, duas acras prati.

Post aliquot annos idem Radulfus, Idus Februarii, defunctus est, ejusque corpus Uticum delatum est, ibique in claustro Uticensi a monachis honorifice sepultum est. Illic duo filii ejus, Hugo et Radulfus, cum Adeliza matre sua adfuerunt, et se, et quidquid pater eorum dederat S. Ebrulfo, libenter concesserunt, coram multis testibus, qui ad tumulationem tanti baronis convenerunt. Post annos fere XXX, Hugo de Monte-Pincionis spirituales fratres suos visitare Uticum venit, secumque Radulfum primogenitum suum adduxit, et Mathildem uxorem suam, quæ Hugonis de Grentemaisnil filia erat, sororemque suam Adelinam nuper defunctam

lugebat. Tunc Hugo fraternitatem monachorum, quam olim in infantia acceperat, renovavit, eosque ut pro Radulfo fratre suo, qui in via Jerusalem peregrinus obierat, orarent, obsecravit. Radulfus etiam puer monachis ex toto, sicut parentes sui, sociatus est; et a Gualterio Calvo, loquaci milite, per capitulum ductus, fratres osculatus est, et tunc ab ipso quidquid pater suus avusque dederant S. Ebrulfo, concessum est.

Denique præfatus Hugo, cum jam sexagenarius esset, apud Rothomagum Nonas Martii defunctus est; et cadaver ejus, conjuge cum filiis jubente, delatum est Uticum. Tunc monachi fratris sui glebam honorifice in capitulo sepelierunt; et filii ejus, Radulfus et Guillelmus ac Arnulfus, se et omnia concesserunt, quæ ab antecessoribus suis Uticensi ecclesiæ collata sunt. Radulfus itaque primogenitus filiam Rannulfi, cancellarii regis Henrici, uxorem duxit; quem paulo post mortuum Uticensis conventus in capitulo suo secus patrem suum tumulavit. Deinde Guillelmus patrium jus in Normannia obtinuit. Arnulfus vero, propter quæstum Guillelmi de Grentemaisnil avunculi sui, Apuliam petiit. Mathildis autem mater eorum, post mortem mariti sui, quemdam tironem exsulantem, nomine Mathiellum, adamavit; cum quo, relictis in Neustria cognatis et amicis, iter Jerosolymitanum arripuit, ambosque avida mors obiter in eodem anno celeriter absorbuit. Mathiellus quidem, dum iret, in Apulia decessit; Mathildis vero, dum rediret, Joppe obiit.

XIX. *Joannes Uticensis monachus. Carmen Ordierici Vitalis de laudibus ejus. Donatio Goisverti medici Uticensi cœnobio.*

Nunc de Joanne, de quo jam retro parum tetigi, quis fuerit vel qualiter seu quandiu vixerit sub norma monachili, volo lucidius reserare lectoris intellectui.

Hic ingenio acer studioque pertinax fuit, et in habitu monachico fere XLVIII annis vixit, et in indagandis librorum abditis mysteriis vehementer laboravit. A Mainerio abbate juvenis susceptus, Dei ovile introivit, sub Serlone et Rogerio ad sacerdotium jam promotus, militavit, aliosque viriliter dimicare verbis et exemplis docuit, et Guarini abbatis tempore, X Kalendas Aprilis in confessione Christi occubuit. Subprioris curam diutius gessit, vicesque abbatis in divinæ legis prolatione sæpius explevit. Jussu Rogerii abbatis, ad Urbanum papam cum deposito Fulcone Romam adiit. In quo itinere diras ægritudines plurimasque adversitates pertulit. In senectute plus quam VI annis calculi molestia languit, diutinoque morbo gemens, lecto non decubuit, sed quotidie ad divinum opus surgens, Deo gratias egit, et bene, ut reor, paratus, tetræ noctis in initio decessit.

Et quia multos ipse versus edidit, Vitalis Angligena, discipulus ejus, super illo versificavit, et inter lacrymas in die dormitionis ejus, tumulatione peracta, carmen hujusmodi composuit :

*Hebdomadas dum tres complesset Martius, atra
Ventis et pluviis migravit nocte Joannes.
Hic, Remis natus, de Francis est oriundus,
Ilibertusque pater fuit illi, Poncia mater.
De subulæ lucro puerum quem pavit origo,
Extulit ad celebres ars libertatis honores.
Utilibus studiis fuit a puerilibus annis
Dediius, unde solum Remense suosque reliquit;
Venit ad externos Uticenses; junctus eisdem,
Pene decem lustris monachus fuit, usque cele-
[bris.
Ingenio subtilis erat, cito carmen agebat,
Metro seu prosa pangens quæcunque volebat.
Otia vitabat, majorum scripta legebat,
Commoda priscorum carpens documenta virorum.
In cultu Christi laudabiliter vigilavit;
Nocte dieque Deo sua reddere vota sategit;
Actibus et verbis exemplar erat pietatis;
Divinæ legis frequenter opaca revolvit;
Mystica discipulis grato sermone retexit.
Sicut apes, stimulum nectarque ferebat in ore;
Cuspide pungebat tumidos, dabat innocuis mel.
Consilio dulci tristes mulcebat et ægros;
Asperitate leves reprimendo, docebat ineptos.
Abbreviator erat solers et providus, apte
Materiam paucis ingentem versibus arcens.
Plurima de Christo, de Virgine matre Maria
Carmina devote dictavit honorificeque.
Plurima de sanctis pulchre reboavit amicis.
Versifice sancti vitam descripsit Ebrulfi
Dilecto Patri Radulfo metropolitæ.
Plura coessentes ex ejus habent meditatis.
Qui licet insignis esset virtutibus almis,
Non tamen omnino caruit livore vel ira.
Quis sine peccato valet hanc transcurrere vitam?
Unus habens matrem sine patre, patrem sine
[matre,
Exegit vitæ cursum sine vulnere culpæ.
Saucius humanis excessibus atque gravatus,
Verbere divino correptus, flevit amare.
Stranguriæ morbo gemuit cruciante molesto,
Crebraque septenis suspiria protulit annis.
Sic caro peccatrix, pro culpis subdita flagris,
Pertulit exertum medicantis jure flagellum.
Promeruit cædi virga patris atque magistri,
Ad quem cum lacrymis clamavit anhelus oboriis,
Ut sibi placatum meruisset cernere vultum
Judicis ætherei post funus spiritus ejus.
Iste sacer monachus, dum nox erat æqua diei,
Exiit e tenebris, mundique necisque procellis,
Christus ei lucem det, perpetuamque quietem.
In patria lucis et amœna sede quietis! Amen.*

Anno ab Incarnatione Domini 1076, indictione XIV, dum Goisbertus medicus compatriotas suos et amicos in Gallias visitasset, et officium artis suæ indigentibus atque petentibus impendisset, plures amicorum et familiarium suorum, quibus antea fideliter arte sua servierat, adiit, et de suis superfluitatibus eleemosynas facere pro æterna salute benigniter incitavit, maximeque de his rebus, quæ ad laicam personam non pertinent, monachis S. Ebrulfi dare illos admonuit. Ad Petrum Manliensem, filium Ansoldi Divitis Parisiensis, divertit, et inter reliqua familiaritatis et amicitiæ colloquia illum convenit, ipsumque, ut ecclesias de Manlia monachis Uticensibus donaret, obsecravit. Ille vero, ut lætus erat et dapsilis, et ad ardua incolenda sive in bono sive in malo facilis, suadenti facile acquievit, ac donationis chartam coram proceribus suis confirmavit. Textus autem chirographi quod egit, hujusmodi est :

Mortalis vitæ brevitas, hominumque infidelitas, temporum mutatio, regnorum desolatio imminere mundi finem quotidie nos admonent. Quod veritas nos docuit, sic inquiens discipulis : « Cum hæc fieri videritis, in proximo est regnum Dei (Matth. XXIV, 33; Marc. XIII, 29). » Unde formica prudens, tanto attentius, quanto hiemem venire sentit ocius, graviter prævidere debet, quatenus grana sua sic in tuto recondat ut frigore non herbam, sed farinam abundanter habeat. Nam de sua salute pigritantibus, quodam loco sic dicitur : « Videte, videte ne fuga vestra fiat Sabbato vel hieme (Matth. XXIV, 20). » Harum ergo rerum consideratione ego Petrus, licet peccator et indignus, mihi prævidere in futuro cupiens, apes Dei meis in viridariis eo tenore mellificare volui, quatenus, cum canistra sua gemmata favis plena fuerint, Creatori suo exinde referant laudes, atque sui benefactoris sint aliquando memores. Videlicet de rebus meis, quas hactenus possedi, quædam, quamvis pauca, beato Ebrulfo spontaneus dedi; unde fratres inibi degentes aliquantisper sustentationis corporeæ haberent, et mei libentius mentionem facerent. Quoniam, velimus nolimus, hæc omnia relinquimus, nec post mortem quidquam prodest alicui, nisi boni quidpiam in vita fecerit. Hæc vero sunt quæ B. Ebrulfo concessi et concedo, ac meo chirographo sub jure hæreditario, causa meæ salutis, illi perpetuo confirmo. In villa scilicet, quæ Manlia nuncupatur, do duas ecclesias, scilicet ecclesiam S. Mariæ, et ecclesiam S. Germani et S. Vincentii, et sepulturas atriorum, et omnia quæ ad presbyterium pertinent. Terram quoque unius carrucæ et quatuor hospites, et terram ad inhabitandum monachis, et unum pomerium, censumque trium semis agripennarum, quas Gualterius Cæcus, et Hugo nepos ejus, cognomento Muscosus, in vinea Maineriæ dederunt B. Mariæ, do; et hæc omnia monachis S. Ebrulfi sic libera, sicut ego ea tenebam, perenniter concedo. Et si aliquis de hominibus meis aliquid sanctis monachisque in eleemosynam dare voluerit, quidquid absque damno servitii mei et immunitione justitiæ meæ datum fuerit, libentissime annuo cum filiis, tali tenore et tam firma concessione, ut si aliquis ex ipsis pro quolibet reatu feudum suum amittat, Ecclesia Dei eleemosynam, quam possidet, nullatenus perdat. Hæc omnia Windesmoth uxor mea, filiique mei, Ansoldus et Tedbaldus atque Guillelmus concesserunt; et hanc eleemosynam, quandiu vixerint, defensuros se contra omnium infestationes pro posse suo, pie promittunt. Homines quoque mei, ut bonam erga servos Dei voluntatem meam viderunt, salubri exemplo lacessiti, monachorum familiaritati sese commiserunt, eisque de rebus suis gratanter largiti sunt. Cuncti nempe milites de Manlia in vita et morte societatem eorum obnixe petierunt, et fratres eorum, ut monachili prece dæmonum cuneo fortius resistere valeant, fideliter effecti sunt.

Hugo itaque filius Odonis, qui divitiis et probitate contribulibus suis eminebat, ecclesiæ S. Mariæ et monachis S. Ebrulfi dedit totam decimam de terra sua, quam Manliæ habebat, videlicet de annona, de vino, de molendino, de furno, de porcis, de ovibus, de lana, de anseribus, de cannabo, de lino et de omnibus de quibus decima datur. Et si forte homines sui aliam terram laboraverint, sic omnino decimam habeant monachi, sicut ipse Hugo haberet. Hæc Paganus Odo, filius ejus, primo concedere noluit; sed postea, captus a Normannis apud Mellentum, sese redemit. Divinitus igitur coactus ipse, et Elizabeth uxor ejus, filiique eorum Hugo et Simon supradictam decimam omnino sanctæ Mariæ concesserunt, et donationem super altare coram me et Ansoldo filio meo. Petroque puero aliisque multis posuerunt. Monachi vero dederunt Pagano x libras denariorum, et uxori ejus xx solidos. Adelelmus quoque de Gaseran Amalricum filium suum, cum decima de Puseolis monachis commisit, decimamque, si puer infra VII annos moreretur, pro VII libris perenniter ecclesiæ concessit. Deinde præfatus puer crevit, et usque ad presbyterium ascendit, decimamque de Puseolis diu possedit, moriensque monachis eam jure reliquit, pro qua monachi eum nutrierant et studiose docuerant. Hugo filius Gualonis, cognomento Fresnellus, antequam monachus fieret, tres hospites sanctæ Mariæ dedit, et Stephanus Gisleberti filius terram dimidiæ carrucæ apud Gulpillerias monachis donavit; et licet de feudo meo non hoc esset, donationem tamen in charta mea manu propria corroboravi. Hæc itaque, quæ a me vel amicis meis data sunt, monachis firmiter concedo, et alia omnia quæcunque homines mei sine diminutione justitiæ vel servitutis meæ, sancto Ebrulfo benignus astipulator annuo; et peropto ut si aliquis invidus aut perversus data nostra violare vel minuere præsumpserit instinctu diaboli, confestim resipiscat ab insania hujusmodi; ne pro reatu nefariæ invasionis et sacrilegii, cum reprobis et biothanatis, ab æquissimo judice damnetur in die judicii.

Præfatus heros suprascriptam chartam subscriptione sua confirmavit, et Mainerio abbati prædictarum investituram rerum coram multis idoneis testibus tradidit. Filii enim ejus adfuerunt, Ansoldus, Tedbaldus et Guillelmus, generique ejus Gualterius de Pexeio et Baldricus de Drocis; proceresque de Manlia, Hugo et Stephanus, Gualterius presbyter, et Gualterius miles cognomento Costatus, Richerius præpositus et Fulco filii Fulcherii, Hugo et Odo Gualonis filii, Herveus Heroardi filius, et magna pars Manliensis parochiæ. Porro Mainerius abbas ibidem Goisbertum priorem ordinavit, qui mox parvam ecclesiam, quam Godefredus, magnæ simplicitatis et innocentiæ presbyter, cœperat, consummavit. Non multo post monachis intus et extra convalescentibus, bonisque parochianis de prove-

ctu eorum congratulantibus, destructa veteri æde Sanctæ Mariæ, nova pulchri operis cœpta est, et secundum opportunitatem per xx annos, sub Goisberto et Guidmundo ac Rogerio et Hugone prioribus, eleganter peracta est. Plures ibidem monachi usque hodie permanserunt, et in cultu divino pie laboraverunt.

XX. *Recensio donationum Uticensi cœnobio factarum continuatur. Eventus varii. Donationes Manliæ monachis factæ. De dominis Manliæ.*

Petrus autem, Manliensis herus, usque ad senectutem vixit, et res ecclesiastica, Manliæque popularis concio, dapsilis patroni studio, commode crevit. A subjectis et vicinis idem multum amabatur, quia simplicitate magis quam vafra calliditate armabatur. Eleemosynas amabat et frequenter faciebat, sed jejunia metuebat, et quantum poterat, abhorrens, a se procul excludebat. Multa facile promittebat, et præcipua vili pretio nonnunquam distrahebat. Cupidus simul erat ac prodigus. Non curabat unde sibi copiosæ dapes apponerentur, nec prævidebat utrum de rapina seu de justo quæstu necessariæ opes conferrentur, rursumque parvipendebat, cui, quocunque modo partæ, res ingererentur. Nunquam ergo divitiis abundavit. Hic ex Guindesmoth uxore sua quatuor habuit filios Ansoldum, Tedbaldum, Guarinum et Guillelmum; totidemque filias Hubelinam, Eremburgem, Odelinam et Hersendem. Ex his nimirum copia pullulavit nepotum, qui discurrentes instabilem volubilis sæculi rotatam, dispensante Deo, quo reguntur omnia, varium subierunt eventum. Tandem Petrus senio confectus II Idus Januarii obiit, et in claustro monachorum secus australem basilicæ maceriam sepultus requiescit. Epitaphium autem hujusmodi Joannes Remensis super illum edidit :

Post annos agni centum cum mille superni,
Flos procerum Petrus prope Jani decidit Idus.
Dapsilis et lætus multum fuit atque facetus,
Plus epulis quam militiæ studiosus agoni.
Summus apud proceres, et nobilium fuit hæres.
Vixit honoratus, terra qua pausat humatus,
Et dedit hanc sedem Christi Genitricis ad ædem.
Bis senus Jani sol nubilus exstitit illi ;
Sed sol justitiæ prece fulgidus esto Mariæ.
Plangit Parisius ; pangat super hunc paradisus
Per sanctos, sedem quibus hanc concessit et ædem.

Ansoldus, Petri filius, patri moribus in quibusdam multum fuit dissimilis ; multimoda tamen virtute major, vel, ut moderatius loquar, æqualis. Erat enim excellentis ingenii et magnanimus, corpore fortis et procerus, ac militari probitate præstantissimus, auctoritate sublimis et in judicio justus, in sententiis disserendis audax ac facundus, atque philosophis pene adæquandus. Ecclesiæ limina frequentabat, et sacris sermonibus patulas aures solerter accommodabat. Res gestas, prout antiquis codicibus insertæ sunt, ediscebat, a doctis relatoribus solerter investigabat, auditasque Patrum vitas tenaci memoriæ commendabat. Falsidicos relatores, et verbum Dei adulterantes, et turpibus lucris inhiantes exosos habebat, et detectis sophismatibus malignis, ne insontes deciperent, palam confutabat. Religiosam Guindesmoth matrem suam semper honoravit, et in omnibus, ut fidelis filius, piæ matri obsecundavit. Hæc nobilem ex Trecassino territorio prosapiam duxit, Deoque devota, fere xv annis marito suo in viduitate supervixit. Felix anus, quæ usque in senium fida sobole in mariti thalamo pie sustentata est, et ibidem consolatorem sui tutissimum videns, viatico sumpto defuncta est. Hinc a dulci filio reverenter ad tumulum devecta est, et in gremio ecclesiæ, juxta consortem tori, corpus ejus honorifice sepultum est.

Prædictus miles, tirocinii sui tempore, probis actibus emicuit, et relictis notis, affinibus et charis parentibus, inter exteros insitam sibi virtutem exercuit. Italiam itaque expetiit, fortissimoque duci Guiscardo sociatus, Græciam invasit, et in conflictu, quo Alexius imperator Constantinopolitanus victus fugerat, nobiliter dimicavit. Post aliquod tempus obnixa petitione patris regressus in Galliam, uxorem duxit nobilem et bene morigeratam puellam, nomine Odelinam, Radulfi cognomento Malivicini, Madantensis oppidani, filiam. Frugalitate sua militaris vir cunctos sibi cohærentes ad honestatem provocabat, parcimoniæque modesta restrictione regularibus etiam personis exemplum portendebat. Nunquam poma in viridario comedit, nunquam uvas in vinea, nec avellanas in silva gustavit. Canonicis solummodo, ad mensam quæ apponebantur, sumebat horis, dicens brutorum animalium esse, non hominis, comedere quidquid fors suggereret, absque consideratione loci et temporis. Legali connubio contentus, castitatem amabat, et obscenitatem libidinis non, ut laicus, vulgari verbositate vituperabat, sed, ut doctor ecclesiasticus, allegationibus palam condemnabat. Jejunia et omnem continentiam carnis in omnibus laudabat, et ipse viriliter in se pro modulo laici retinebat. A rapinis omnimodo abstinebat, suasque res labore partas callide servabat. Decimas et primitias, eleemosynasque, a prædecessoribus datas Dei ministris, legitime reddebat. Discolis vero et jocosis nebulonibus seu meretricibus, non solum munuscula non erogabat, sed suum etiam consortium et familiare colloquium denegabat. Ex legitima conjuge, quam adolescentulam desponsaverat, et religiose in omni modestia docilem reddiderat, septem filios et duas filias habuit, quorum nomina hæc sunt: Petrus, Radulfus, Guarinus, Lisiardus, Guido, Ansoldus et Hugo; Maria et Guindesmoth; de quorum eventu historialis pagina suis in locis plura memorare poterit.

Anno ab Incarnatione Domini 1106, in fine Februarii, quando cometa, longissimum crinem emittens, in occiduis partibus apparuit, Buamundus famosus dux, post captam Antiochiam, in Gallias venit, et Constantiam, regis Francorum Philippi filiam, uxorem duxit; et nuptias honorabiles apud Carnotum, largiter administrante sufficientem apparatum Adela comitissa, celebravit. Tunc tertia profectio Occidentalium in Jerusalem facta est, multorumque maxima conglobatio millium, pedibus suis Byzanteum stemma proculcare minitantium, contra Thraces progressa est. Cæterum justissima Dei dispositio conatus concupiscentium invadere rem proximi sui frustrata est; unde superba conglomeratio ambitiosorum nihil eorum, quæ incassum rata fuerat, adepta est. Eodem anno infra tres septimanas, quibus cometes emicuit, Ansoldus de Manlia, stimulo divini timoris punctus, curiam sanctæ Mariæ humiliter adiit, et pro quibusdam contentionibus, quas contra monachos habuerat, cum multis fletibus Deo sponte satisfecit. Deinde coram cunctis baronibus suis, qui in dormitorio monachorum congregati aderant, omnia quæ Petrus pater ejus et Hugo ac Paganus et Anastasius, et Rodbertus filius Hubelinæ, et Herveus filius Heroardi, et Odo filius Gualonis, ac Fulco et Richerius filii Fulcherii, aliique homines sui cujuscunque conditionis sint, dederant vel daturi erant, unde servitium suum non amitteret, Ecclesiæ Dei et Sanctæ Mariæ Manliæ concessit; tali pacto, ut si aliquis ex ipsis pro quolibet reatu feudum suum perderet, ecclesia nullatenus eleemosynæ dono privetur. Ipse quoque Ansoldus decimam, quam Hersendis soror ejus in mariagio habuerat, et beatæ Mariæ ante obitum suum reddiderat, per virgam quam in manu Joannis monachi et presbyteri tradiderat, concessit, ut liberam post obitum Petri nepotis sui ecclesia decimam recipiat. Aream quoque molarum in silva Bole dedit Sanctæ Mariæ, ita ut ex singulis molis duo denarii dentur ad luminaria ecclesiæ, et quisquis inde fraudem fecerit, quinque solidos persolvat. Antea nempe pro reatu hujusmodi sexaginta solvebantur solidi. Sed, quia lex ecclesiastica mitior est quam sæcularis, quinquaginta quinque solidi indulgentur, et quinque accipiuntur. Harum itaque rerum donationem ipse et Odelina uxor ejus, et duo filii ejus Petrus et Radulfus super aram S. Mariæ per librum missalem imposuerunt; præsenti quoque spectaculo cuncti milites Manliæ interfuerunt.

Tunc Ansoldus Petrum primogenitum hæredem totius possessionis suæ constituit, et ipse puer, Goisleno Maroliensi caraxante et præconante, homagium et fidelitatem Manlianorum equitum recepit. Ibi nempe adfuerunt Guillelmus Ansoldi frater, et Rodbertus nepos ejus, Guiboldus miles filius Radulfi Malivicini, et Hugo de Marolio, Odo Paganus filius Hugonis, et Gislebertus filius Haimonis, Odo filius Gualonis, et filii ejus Petrus et Arnulfus, Fulco filius Fulcherii, et duo nepotes ejus Josfredus et Odo, Grimoldus Almani filius, et Gualterius Fulconis filius.

Sæpedictus heros, post obitum patris, xviii annis patrium jus legitime rexit, monachisque in omnibus fidele patrocinium exhibuit, et colloquio eorum, pro ædificatione morum, quotidie inhianter sese applicuit. Res eorum in nullo diminuit, sed in quibusdam, ut prædictum est, augmentavit, et chirographum donationis suæ ita contexuit.

Ego Ansoldus concedo et confirmo cuncta quæ pater meus Petrus pro antecessoribus suis Ansoldo et Guarino, aliisque parentibus suis, Deo et S. Mariæ, monachisque S. Ebrulfi donavit, eodem modo et pacto quo ille concessit. Decimam quoque de Manlia, quam duæ sorores meæ possident ex maritagio, Eremburgis videlicet uxor Baldrici de Drocis, et Hersendis uxor Hugonis de Vicinis, si monachi ab illis seu nepotibus meis potuerint obtinere prece seu pretio, quantum ad me vel ad liberos meos attinet, voluntarie concedo. Novi utique quod decima Dei pars est, et hanc sibi a priscis temporibus, ad subsidium levitarum, per Moysen retinere dignatus est. Unde nemini sapientium, ut reor, occultatur quod quisquis pertinaciter tali rapina vescitur, terribilem in futuro animadversionem promeretur. Aream præterea molarum in saltu Bole do S. Mariæ, ita ut de singulis molis duo nummi dentur ad luminaria ecclesiæ. Et quisquis fraudem fecerit, quinque solidos solvat, pro qua re hactenus LX solidi solvebantur. Hæc Odelina uxor mea, et filii mei Petrus et Radulfus concedunt. Inde habuimus beneficia et societatem fratrum, et pro testimonio unum equum centum solidorum, qui fuit Grimoldi de Salmarches, ego habui dono monachorum. De hac itaque concessione ego cum uxore mea et filiis meis chartam facio, per quam fide mea absque malo ingenio inviolabilem Ecclesiæ Dei donationem facio, ut, miserante Deo, conjungi merear fidelium collegio. Amen.

Germundus Rufus, de Monte-Forti, moriens dedit S. Mariæ et monachis degentibus Manliæ medietatem ex omnibus quæ habebat in Puseolis, pro salute animæ suæ, Eremburgé uxore sua, de cujus dote terra erat, cum filiis suis Hugone et Gualtero, concedente. Tunc statutum fuit quod hæredes, qui terram habebunt, omne servitium Domino, de cujus feudo illa est, facient. Redditus autem, qui de bosco et plano exierint, adunabuntur ubi utrisque communiter placuerit, et per medium partientur. In illa die Hugo de Guacejo prior erat Manliæ; quo astante cum multis aliis, posita est donatio super altare S. Mariæ, antequam corpus supradicti traderetur gremio terræ. Deinde quando Gualterius, præfati Germundi filius, miles factus est, negavit se hanc donationem concessisse, volens asserere quod pater suus dederat illi prius quam monachis. Unde monachi Amalricum comitem, Montis-Fortis dominum, adierunt, et de inquietudine Gualterii apud eum clamorem fecerunt. Justitia igitur agi cogente, talis inter dissidentes concordia facta est. Monachi XL solidos apud Montem-Fortem Gualterio tironi dedere, et ipse omnia superius memorata concessit eis coram Richelde Amalrici uxore. Sequenti autem Dominico, Manliæ ambo fratres Hugo et Gualterius prædictam concessionem confirmaverunt, et in præsentia David prioris, aliorumque fratrum, et Ansoldi, filiique ejus Petri, et totius cleri, omnisque populi in ecclesia adunati donationem super altare posuerunt. Deinde fratres eorum, Engenoldus et Herveus, hæc eadem concesserunt. Hoc actum est anno quo Henricus rex Angliæ invasit castrum S. Clari in Francia, et Ludovicus econtra rex Franciæ castellum Gani construxit in Normannia; ex qua occasione inter eos ad multorum detrimenta furuerunt sæva prælia.

Nivardus de Hargervilla omnem terram de Punctelvilla, quam habebat, monachis de Manlia donavit, et medietatem decimæ illius terræ; et inde habuit ex charitate monachorum XXVIII solidos. Simon vero frater ejus hoc concessit, et inde subtolares corduanos Hugo prior ei dedit. Petrus autem et Guarimboldus, filii Nivardi, hoc quod pater eorum dederat, concesserunt, et inde subtolares sex nummorum unusquisque eorum habuit. Subsequenti Dominico ipse Nivardus Manliam venit, et donum super altare S. Mariæ coram tota parochia posuit.

Goisfredus de Marco dum monachile schema suscipere Manliam venit, totam ecclesiam in Marco sitam, et dimidium atrii, decimæque monachis B. Ebrulfi donavit. Hæc Emmelina uxor ejus et filii eorum concesserunt, Guillelmus, Simon, Hugo, Stephanus et Paganus. Deinde Hugo Rufus de Fresneio, de cujus feudo Goisfredus tenuerat, Manliam venit, precibusque monachorum quidquid Goisfredus monachis dederat, quietum ab omni servitio concessit; ita ut, si hæredes de Marco ei servierint, debitumve servitium denegaverint, monachi semper libere teneant. Hoc etiam Gualterius frater ejus concessit.

Gualterius Heldeburgis filius, postquam lethali plaga vulneratus fuit, monachis Manliæ totam decimam, quam Puseolis de feudo Hervei filii Heroardi habebat, donavit, ibique Isemburgis uxor ejus, cum tribus Gualterii fratribus, Richardo et Tedbaldo atque Goisfredo, adfuit et concessit. Herveus quoque, filius Heroardi, omnes decimas, quas apud Puseolum habebat, annuit; et Simon de Toiri partem decimæ, quæ de feudo suo erat, monachis concessit. Monachi autem, ne ulla superesset calumnia, dederunt Herveo unam domum cum multis utensilibus pro quatuor libris denariorum, et unum aripennem vineæ ad guardam; quem Gualterius filius Alpes S. Mariæ dederat; et Odelinæ conjugi ejus, de cujus dote erat, unum fustaneum; Simoni autem XX solidos, et uxori ejus, de cujus hæreditate erat, tres solidos.

Baldricus Rufus, de Monte-Forti, quando ad monachatum venit, monachis Manliæ redditum, quem apud Medantum habebat, x videlicet solidos et unum sextarium salis dedit. Hæc ei Fiscannenses monachi, qui Medanto morantur, in die festivitatis S. Remigii reddebant. Dedit etiam idem Baldricus quidquid habebat in ecclesia et in decima de Jumelvilla, et xii denarios, quos filii Burgæ dabant ei pro censu de Concita. Uxor vero ejus hæc concessit, et inde unam vaccam habuit. Goisfredus quoque filius ejus supra memoratas res monachis annuit, et ob hoc unum equum pro LX solidis, et XX solidos ab eis recepit. Inde firmi testes fuerunt Ansoldus, Manliæ dominus, et Petrus filius ejus, Goisfredus filius Richerii et Grimoldus filius Almani, Amalricus Floenel et multi alii. Mortuo autem Baldrico, filius ejus omnia supradicta negavit ; unde XX solidis iterum ei datis iteratam concessionem adjecit. Mcdantum itaque cum David priore perrexit, et Fiscannensibus monachis apud S. Georgium morantibus præcepit, ut ex illa die X solidos et sextarium salis, quæ solebant patri suo reddere, singulis annis redderent monachis Manliæ. Guillelmus etiam, filius Henrici de Richeburg, de cujus feudo erat, monachis concessit ; a quibus X solidos et dimidium vini modium in charitate recepit.

Eremburgis filia Petri de Manlia, et Amalricus filius ejus medietatem illam decimæ, quam injuste tenuerant, Deo reddiderunt, donumque super altare Sanctæ Dei Genitricis Mariæ coram populo imposuerunt. Hujus nimirum doni fautor et fidelis instigator domnus Ansoldus adfuit, et cum filiis suis Petro et Radulfo concessit. Tunc monachi, ad redimendam decimam, quia Guillelmus de Manlia in vadimonio pro XX libris eam habebat, decem libras Eremburgi dederunt, et tres aripennes vineæ ipsi et hæredi ejus concesserunt.

Postquam autem velata fuit eadem Eremburgis, iterum ipsa et prædictus Amalricus, filius ejus, partem suam de decima sæpe memorata Deo reddiderunt, et donum, sicut antea, super altare Matris Domini per textum Evangeliorum imposuerunt. Ibi Guillelmus de Manlia et Rodbertus nepos ejus et Goisfredus sororius ipsius, cum Odone Pagano et Odone filio Gualonis et Fulcone clerico et Goisfredo Richerii filio adfuerunt, Deoque, qui mulierem, nefariæ rapacitatis lethali sarcina onustam, alleviavit, gratias egerunt.

XXI. *Recensio donationum continuatur. De dominis Manliæ.*

Habitatorum itaque solertia, donisque confluentium Manliensis domus crevit et locupletata est ; sed post aliquod tempus, Ansoldo laudabili patrono cadente, debilitata est. Is etenim, postquam LIII annis arma militiæ gessit, jam seniles annos attingens, ægrotare cœpit, et æger fere VII septimanis ad tribunal Summi iturus, sese confessione et pœnitentia præparavit. Et quamvis lecto non decumberet, sed ecclesiam quotidie peteret, et vivacitate memoriæ cum facundia vigeret, agnovit tamen se naturas corporis sui, quibus physici perniciem hominibus vel incolumitatem prædicunt, amisisse, mortisque imminentis conditionem evadere non posse. Unde, memor æternæ salutis, ex toto ad Dominum se convertit, avideque pro vita perenni complere festinavit quæ a sapientibus audierat, et libenter retinuerat. Quadam siquidem nocte, audito sonitu signi, surrexit, cum uno cliente suo ad ecclesiam venit, Deumque, ut satisfactionem suam acciperet atque voluntatem impleret, exoravit. Finito autem matutinali servitio, monachos vocavit, votum suum eis aperuit, et monachatum ab eis petiit. Tunc ibi David prior erat, et secum honorabiles monachos ac sacerdotes habebat, Joannem scilicet Remensem, Osbernum et Odonem.

His nimirum Ansoldus associari habitu peroptavit, sicut mente, dicens se omnem pietatem conjugis et filiorum amisisse, dominium terræ nullo modo amplius tenere, mortem sibi propinquam esse, ideoque soli Deo velle adhærere, eosque petitionem sibi non debere negare. Monachi autem, hæc audientes, de bona voluntate viri lætati sunt ; per biduum tamen, propter absentiam primogeniti filii sui et hæredis futuri, quod petierat distulerunt. Ille vero dilationem tantam ægre tulit, appetens invisibilia, quæ vigilantibus servis pater familias retribuit. Asserebat enim hoc totum desiderium suum esse et totum velle, cum pauperibus Christi vivere, et cum eisdem vitam finire, ut promissionem, quam suis Deus pollicetur, posset habere. Denique biduo transacto, ut filium advenisse audivit, conjugem suam cum eodem ad se protinus accedere jussit. Quibus præsentibus, filio coram multis militibus multa intimavit, et eum coram pluribus diversæ ætatis et sexus sic admonuit :

Fili charissime, quem nutrivi deliciose, volens hæredem et successorem meum Deo et hominibus acceptabilem relinquere, nunc ea quæ te moneo devotissime, retineto intentissime. In primis Deum semper et super omnia dilige. Pontificem tuum et regem, ut patronos tuos, time, venerare ; eorumque præceptis, prout poteris, ne obliviscaris obedire. Pro eorum prosperitate quotidie Deum deprecare, ut meritis et tuitione boni præsulis perpes salus detur animæ tuæ, et pacifici regis moderamine possis temporalem honorem quiete et juste possidere. Hominibus tuis fidem quam debes exhibe, eisque, non ut tyrannus, sed ut mitis patronus, dominare. Dominium tuum in agris, nemoribus, pratis et vineis prudenter conserva, eisque dando minuere devita. Rapinas noli exercere ; fures et raptores a te penitus abige. Res tuas legitime custodi, et res alienas per violentiam et invasionem tollere noli. His nempe rebus venit ira, deinde discordia ; sequuntur latrocinia, cædes et incendia, damna et homicidia, et alia mala fiunt innumera. Sapiens est qui causas malorum, quæ videt aliis evenire, ne sibi contingant, scit præcavere. Hæc mea custodi ultima mandata. Matrem nostram sanctam Ecclesiam semper dilige et frequenta, Verbum Dei, quod cibus est animæ et vita, missas debitumque Dei servitium quotidie reverenter ausculta. Servos Dei verbis et operibus honora ; maxime dominos et fratres nostros monachos, hujus Ecclesiæ ministros, prout poteris, venerare et adjuva ; consilio et auxilio tuo, si necesse habuerint, sustenta. Res, quas pater meus et ego dedimus eis pro nostra salute, ut in pace et quiete habeant, libenter concedo. De rebus et redditibus suis nunquam velis eos diminuere, nec aliquam eis violentiam per subditos tuos patiaris inferre. Ipsi nimirum, si fidus fautor eorum studueris esse, indesinenter Deum exorabunt pro te. Nunquam igitur eos, sive res eorum odio habeas, sed semper diligas; et si Dominus tibi vitam ac prosperitatem dederit, accrescere facias. Hæc itaque si custodieris et feceris, benedictionem Dei, quam sancti Patres nostri hæredibus suis reliquerunt, ex parte Dei tibi concedo, et ut super te veniat et maneat, Deum exoro. Si vero secus, quod absit, egeris, maledictionem ex auctoritate Dei et sanctorum Patrum tibi relinquo.

Finita vero ad filium hac oratione, memorabilis heros Odelinam uxorem suam tali aggreditur allocutione : *Grata soror et amabilis conjux Odelina, quæso, mea benigniter nunc exaudi precamina. Hactenus conjugii fidem mutuo nobis legitime custodivimus, et sine litigio turpique querela, plus quam viginti annis, opitulante Deo, simul viximus. Honestam sobolem per legitimam copulam genuimus; quam ut salubriter suo Creatori subdatur, sedulis incites hortatibus. Ecce ducor ad extrema, et velim, nolim, mortis appropinquo confinia. Ecce juxta morem universæ carnis dilabor, et commune debitum persolvere compellor. Nolo te per multa pertrahere colloquia. Cum vita tua multis doctrina possit esse, hoc solum consuetis bonis tuis adde, ut amodo casta vivas in sancta viduitate. Mihi vero licentia detur a te ut monachus fiam, et indumenta sancti Patris Benedicti, quamvis sint nigra, relictis sæculi pomposis vestibus, accipiam. Cupio eorum adipisci consortia, qui pro Christo relinquunt mundi blandimenta. A conjugali ergo nexu me, quæso, absolve, domina, meque fideliter Deo commenda, ut ab omni expeditus mundiali sarcina, monachili merear designari habitu et tonsura. Hoc ex intimo corde deposco, hoc votis omnibus concupisco, ut anima mea in monachili possit computari collegio, sumptoque religionis schemate, renovata, in præsenti jam cantare sæculo :* « *Nigra sum, sed formosa (Cant. 1, 4).* » *Nigra sum per hispidæ vestis nigredinem et deformitatem, sed formosa per sancti propositi humilitatem, Deoque placentem devotionem.*

Hæc Ansoldo dicente et his similia, bona mulier ejus voluntati nunquam resistere assueta, multis fletibus perfusa, sed sine clamoribus, reverenti vigens modestia, solitoque more obediens marito, concessit petita. Tunc sancta Ecclesia vigiliam Natalis Domini festive celebrabat; et vehemens ventus intolerabiliter orbem concutiebat, silvas et domos, aliaque ædificia dejiciebat, multisque damnis in mari et in terra factis, humana mirabiliter corda terrebat. Concessione itaque facta, tiro Christi mox tonsuratur, neophytus sacris vestibus induitur, quibus per triduum indutus, Christo, ut cum eo resurgere possit, consepelitur. Tertia denique die mortem sentiens, fratres acciri fecit, ac ut sibi morientium commendationem facerent, rogavit. Qua peracta, aquam benedictam et crucem sibi afferri petiit. Quibus allatis, aqua se aspersit, crucem adoravit, Christoque, qui in cruce pependit, sic se, quodam sophista præloquente, commendavit : *In manus tuas, Domine Deus, licet olim peccator, nunc vero pœnitens, commendo, sicut servus se debet committere domino suo, spiritum meum.* Quo dicto, ut credimus, feliciter exspirat. Inde vigiliæ cantantur; psalmi et orationes in ejus exitu cum multis suspiriis dicuntur, et missæ devote celebrantur. Quibus rite patratis, terræ matri omnium, ad custodiendum et reddendum, committitur, dum S. Joannis apostoli et evangelistæ assumptio ab Ecclesia Dei celebratur. His utique exsequiis Odo Monasterolensis interfuit, ibique sacerdotale officium peregit, brevique loco nomen et officium, diemque obitus ejus, et magnam pro eo precem sic comprehendit :

Si quis erit qui scire velit, dum vivus adesset,
Quis fuerit, quem tumba tegit, quod nomen haberet;
Ansoldi nomen fuit huic, et militis omen.
Quinta dies fit ei requies, in fine Decembris.
Detur ei pietate Dei merces requiei! Amen.

Militia clarus et audacia, Petrus, vicinis metuendus, Manliæ præfuit, sed a paternis vestigiis in quibusdam operibus suis exorbitavit. Nam juvenili levitate usus, mimos et aleatores dilexit ; adolescentum persuasionibus favens, rapacitati studuit, pauperesque colonos, tam suos quam alienos, plerumque oppressit. Aliena temere diripit, et sua infrunite distrahit. Unde, sicut ipse suis damnosus est contribulibus, sic finitimi prædones non minus inhianter insidiantur et nocent ipsi suisque hominibus. Iratus durissima facile minatur, lætus improvide difficilia pollicetur; in utroque mendax frequenter comprobatur. Uxorem post obitum patris sui duxit nobilissimam, nomine Adam, Burchardi de Montemorentii neptem, et comitis Gisinarum filiam. Monachos et clericos verbis honorat, et correptiones eorum placide tolerat; sed excusatione juvenilis ætatis impudentiam suam obnubit, et emendationem vitæ in maturiori ævo, quod utinam fiat ! promittit. Nunc ea quæ ab ipso vel sub ipso monachis data sunt, breviter annotabo.

Ansoldus moriens optimum palefridum monachis dimisit, pro quo Petrus, patre rogante, terram de Monte-Marcenii monachis dedit, eisque tunc omnia, quæ prædecessores ejus dederant, concessit. Vineam quoque de Clarofonte, quam Joannes de S. Dionysio, et Maria uxor ejus, et Ernulfus eorum filius S. Mariæ prius sponte dederant; sed postmodum, Jerusalem adire volentes, cuidam Britoni de Monte-Forti, nomine Fulconi, monachis calumniantibus, vendiderant; Petrus episcopali justitia Britoni ablatam in sua manu accepit; sed eamdem paulo post, divinitus infirmitate tactus, in confessione sua liberam ab omni censu S. Mariæ reddidit. Fructum etiam vineæ in ipso anno, ad emendam imaginem, sanctæ Virgini obtulit.

Grimoldus, nepos et hæres Stephani de Manlia, totam decimam terræ suæ, tam de feudo Ansoldi quam de feudo Pagani, decimamque molendini sui et vinearum suarum monachis dedit, et donum super altare, cum Petronilla uxore sua, posuit. Deinde, ad obitum præfatæ conjugis suæ, duo arpenta terræ in Monte-Tedberti monachis annuit. Hic in Jerusalem cum Stephano Blesensi comite perrexit, in itinere illo multa gravia pertulit, et inde reversus legitime vixit.

XXII. *Recensiones donationum continuantur.*

Geroldus quoque, cognomine Costatus, prædicti Grimoldi sororius, infirmatus est, divinoque verbere territus, quamdam decimam, quam in territorio Marolii possidebat, partemque suam atrii ejusdem villæ monachis dedit, annuente conjuge sua, in cujus dote erat, Petro quoque domino Manliæ volente et concedente, de cujus feudo erat. Albericus autem de Marollo XII jugera terræ, quæ in supercilio montis, in territorio Marolii ad occidentem, sita est, monachis dedit.

Odo filius Gualonis, eques honorabilis, ad obitum Arnulfi filii sui dedit monachis de Manlia tria jugera terræ, quæ tunc temporis Fulco presbyter excolebat. Duos quoque vini modios similiter dedit darique de vineis suis, per singulos annos constituit; ita ut nullatenus successione vel mutatione hæredum Manliensis ecclesia prædictum donum perderet, meritoque pro animabus filiorum ejus, Petri, Arnulfi et Milonis, aliorumque amicorum ejus Deum jugiter exoraret. Paucis denique transactis diebus, contigit præfatum Odonem infirmari. Ex qua infirmitate, velut bonus filius de flagello patris, proficere cupiens, conjugem suam Bellardem, nurum quoque suam Corneliam, filiam quoque Siciliam cum genero suo Gaufredo ad se convocavit, eisque annuentibus, omnes decimas suas Deo sanctæque Mariæ donavit. Unde præfatæ mulieres, una cum Gaufredo, ex Odonis præcepto Ecclesiam petierunt, et donum super altare posuerunt. Quo facto, ægritudine ingravescente, factus est ibidem monachus, et in infirmaria monachorum jacuit aliquot diebus. Interea Gualterius Audax, filius ejus, de Trecassino, ubi diu moratus fuerat, advenit patremque adhuc viventem reperit. A quo rogatus, quidquid genitor Ecclesiæ Dei dederat, et parentes sui annuerant, ipse concessit, tria videlicet jugera terræ, duos vini modios unoquoque anno, omnes decimas, quas pater ejus possederat in annona, in vino et in primitiis. Quarum omnium rerum, mortuo patre et sepulto, Gualterius donum super altare S. Dei Genitricis per unum librum misit, et patrem imitatus, huc usque bonus monachorum vicinus exstitit.

Tempore Hugonis de Vaceio et David, aliorumque priorum, qui Manliæ laboraverunt utiliter, notum fuit multis, notumque fore volumus posteris quod Tesza, uxor Bernardi Cæci, dedit monachis S. Ebrulfi Manliæ degentibus medietatem terræ S. Columbæ, tam plani quam nemoris, præter duo arpenna terræ, quæ dedit eisdem, ubi possent domum ædificare, et hospites sine alterius parte, si vellent, habere. Hoc autem fecit, concedentibus dominis suis, Goisleno scilicet, qui aliam medietatem terræ propter penuriam servitii tunc in dominio tenebat, et Guaszone de Pexeio, qui capitalis dominus erat. His nimirum patronis monachi multam diverso tempore pecuniam dedere, optantes in legitima pace rem ecclesiasticam augere, et commoditatem aliquam subsequentibus sociis providere. Primus itaque, qui cupidus et magnanimus erat, hoc negotium in prioratu suo inchoavit, et præfatæ Teszæ x solidos, et Odoni filio ejus unum fustaneum, atque Guillelmo genero ejus x solidos tribuit. Goisleno etiam dedit unum equum pro quatuor libris, et uxori ejus xx solidos, atque Guaszoni xxv solidos, et corneum scyphum, ejusque conjugi alium. Hæc et alia plura supradicti homines de charitate monachorum habuerunt; et donum super altare Domini ponentes coram multis testibus, firmiter omnia concesserunt. Sed postmodum, stimulante iniquitate, pluribus modis rupto fœdere, mentiti sunt. Præcipue Guaszo, qui fortior omnibus erat, aliosque si deviarent, corrigere debuisset, eleemosynam inquietavit, prædam hospitum cepit, et domos eorum subvertit. Unde idem locus, sicut dudum fuerat, solitarius factus est. Monachi enim tali necessitate locum interim dimiserunt. Denique, transactis pluribus annis, Amalricus Guaszonis filius interfectus est. Tunc monachi lugubrem pro morte filii Guaszonem adierunt, eumque, ut damnum, quod eis intulerat, emendaret, rogaverunt. Ille vero morte filii sui compunctus, suppliciter eis respondit, et malum quod commiserat se emendaturum promisit. Præfatum itaque mandavit Goislenum et Amalricum de Belveder, cui nuper ipsum feudum reddiderat, et de quo tunc temporis Goislenus illud tenebat. Illi ergo apud Fraxinos convenerunt, et de correctione facinoris tractaverunt. Guaszone cum monachis rogante, Amalricus concessit donum quod Tesza fecerat, et Guaszo ac Goislenus concesserant. Assensu itaque et consensu omnium facto, prædicti domini, Guaszo scilicet, Amalricus et Goislenus, monachos palam saisiverunt; et hoc Grimoldus de Manlia, et Rogerius filius ejus, aliique multi viderunt et audierunt. Statuto denique die Amalricus apud Manliam venit, donumque quod apud Fraxinos monachis concesserat, super altare Sanctæ Mariæ posuit, et ex charitate monachorum xx solidos Medantensium recepit.

Sic studiosorum procuratione monachorum Manliensis Cella surrexit, et largifluis exhibitionibus confluentium ad laudem Dei competenter crevit. Erat enim idem vicus vineis et uberibus agris optime consitus, Maldra quoque fluvio per medium currente irriguus, nobiliumque copia militum fortiter munitus. Hi nimirum ecclesiæ in vita sua libenter dant de terris suis et de aliis facultatibus; reverenter ab eis honoratur ordo monasticus, et in mortis metu pro animæ subsidio totis expetitur affectibus. Ibidem milites claustrum servant cum monachis, sæpe de practicis simul tractant et theoricis. Sic schola fit viventium et refugium morientium.

Tempore Petri senioris, Mainerius abbas Philippum regem Francorum expetiit, et res in regno ejus Uticensibus datas humiliter ab eo requisivit. Ille vero benignitate ea, quæ data erant, concessit; eosque qui secum erant, ut abundantius darent, clementer et hilariter admonuit. Hoc in itinere inter Speonnam et Medantum factum est. Deinde, tempore Petri junioris, Ludovicus rex Manliam venit, et in eumdem Petrum pro quibusdam reatibus insolentis juventæ iratus, lapideam munitionem, qua prudens Ansoldus domum suam cinxerat, cum ipsa domo dejecit. Tunc idem rex hospitium in domo monachorum suscepit, et quæque tempore trium dominorum, Petri, Ansoldi, alteriusque Petri data eis fuerant, vel ipsi emerant, regali concessione confirmavit. Tunc Guarinus Sagiensis, vir callidus et bene litteratus, prioratum habebat, servitioque suo et familiari colloquio a rege sanctionem exegit omnium rerum quas eidem loco procuraverant Goisbertus et Guidmundus, Guillelmus et Hugo, David et Rannulfus, aliique priores ejusdem Cellæ. Hæc de Manlia in præsenti libello dixisse sufficiat.

Famosus archiater Goisbertus, postquam Manliæ basilicam, ut diximus, cœpit, cum quibusdam notis amicisque suis de communi utilitate monasterii sui tractare studuit. Quibus illi acquiescentibus, abbatem suum obnixe rogavit ut prioratum Manliæ alii commendaret, quatenus ipse ad aliarum procurationem rerum liberior procederet. Quod et factum est. Guidmundus enim, qui Solengiaci presbyter fuerat, vir bonus, in loco ejus subrogatus est, et præfatus medicus, pro suorum commoditate fratrum, toto nisu plures Gallorum equites aggressus est. Quosdam quidem illexit medicinali cura et subventu, aliosque muneribus, utrosque vero facundis hortatibus.

Unfridus igitur cognomento Harenc, et Havisa uxor ejus, et filii ejusdem Havisæ, Paganus videlicet ac Alexander, et Rogerius de Rolla Crota, uxorque ejus Basilla, et filius Basillæ Guiardus, concesserunt Deo et sancto Ebrulfo ecclesiam de Villariis Vastatis, et decimam ad eamdem pertinentem, et terram uni carrucæ sufficientem. Concesserunt etiam totius villæ herbergagium, absque ullius participatione quietum; terram quoque, tam in mansuris quam in rupturis totius parochiæ, hominibus ibidem hospitatis excolendam, reservato sibi tantummodo camparto. Istud autem donum coram domino Rodberto, apud Ivereium fuit factum,

ipso concedente cum filiis suis Ascelino Goello et Guillelmo. Ipse quidquid in eadem villa habebat concessit, pro qua re totum beneficium loci et unam unciam auri recepit. Non multo post stimulo gravis morbi divinitus in verendis percussus est, metuque mortis monachus Beccensis abbatiæ factus est. Ascelinus autem Goellus, filius ejus, hæreditario jure patrimonium ejus obtinuit, et famosis facinoribus super omnes contribules suos diu claruit. Castrum enim apud Brehervallum munitissimum construxit, sævisque prædonibus ad multorum perniciem replevit. Arcem Ibreii furtim cum ingenti calliditate cœpit, dominumque suum Guillelmum Bretoliensem bello victum comprehendit, et in arctissimo carcere graviter coercuit. Mille libras Drocensium et præfatæ turris asylum ab illo pro redemptione violenter extorsit, et Isabel filiam ejus uxorem duxit, ex qua VII filios genuit. Hic cum uxore sua et filiis omnes res, quas sanctus Ebrulfus de feudo ejus habebat, Vilerias scilicet Vastatas, et medietatem decimæ de Montineio concessit, et inde ex charitate monachorum LX solidos habuit, et chartam concessionis suæ apud Brehervallum confirmavit. Idem alio tempore, apud B. Helerium in domo monachorum, Sancto Ebrulfo concessit ut omne dominium ejus a passagio liberum esset in illo loco, et in omni terra ejus. Filii quoque ejus Rodbertus et Guillelmus, cognomento Lupellus, postmodum concesserunt, firmumque tenorem diu modo tenuerunt.

Hugo Paganus Crassa-Lingua, et Agnes uxor ejus, atque Guido filius eorum concesserunt sancto Ebrulfo vicecomitiam, id est viariam, quantam habebant in Villariis Vastatis, et ob hoc a monachis quondam susceperunt X solidos et unum cervi corium, et alio tempore XX solidos. Filius autem X solidos Medantensium pro concessione recepit. Chartam vero hujus pacti Joannes Remensis, præloquente Hugone Fraisnello, ante turrim Brehervalli dictavit, et Hugo Paganus cum suis confirmavit. Post aliquod temporis præfatus Hugo monachus factus est; et filii ejus Rodulfus, Simon et Rodbertus monachis vicecomitiam auferre conati sunt. Monachi vero, ut habita in pace possiderent, Rodulfo, qui primogenitus erat, dederunt centum et decem solidos nummorum Medantensium, Simonique quinque solidos, et Rodberto subtolares corduanos.

Anno quo Goellus obiit, Alexander et Gislebertus dederunt sancto Ebrulfo unum campum de mansura Rodberti cujusdam villani, in præsentia Rodberti de Sancto Nicolao, ipso Rodberto conquerente quod terram non haberet uni carrucæ sufficientem. Quidquid Fulco de Sancto Albino in Villarijs de terra sua dedit Santo Ebrulfo, hæredes ejus Tedricus et Rainerius concesserunt, et uxores eorum Emmelina et Tescelina, ex quibus erat hæreditas, retinentes inde partem aliquam ad hospitandum, domino illorum Alexandro annuente.

Prolixam narrationem de rebus Uticensi ecclesiæ datis protelavi; sed necdum omnes in præsenti comprehendere valui. Sunt etenim parvæ, et a mediocribus aut blanditiis abstractæ, aut vi, seu pretio, vel alio quolibet modo extortæ, sparsimque per plurimas diœceses diffusæ, in quibus monachorum numerus secundum quantitatem possessionis constituitur, et pro fautoribus suis in hymnis et precibus et continenti vita Domino quotidie famulatur. Quæ restant, in sequenti opusculo veraciter colligentur, et notitiæ fratrum, qui nobis ad laborandum in agro Dominico succedent, liquido pandentur.

SUMMARIUM LIBRI SEXTI.

I. *Prologus. Eventus varii.*
II. *Digressio. Historia Beati comitis Guillelmi, monachi Gellonensis.*
III. *De Geroldo, capellano Hugonis Abrincatensis comitis. Ejus consilio plurimi milites in cœnobio Uticensi monachalem habitum suscipiunt.*
IV. *Iter Mainerii abbatis in Angliam. Charta Guillelmi regis pro Uticensi cœnobio. De tribus fratribus Uticenses monachi.*
V. *Sequentia recensionis donationum Uticensi cœnobio factarum. Nova Alfagiensis cella Uticensibus monachis datur. Historiæ variæ.*
VI. *Meditationes. Vita B. Patris Ebrulfi.*
VII. *Sequentia.*
VIII. *Sequentia.*
IX. *Mors B. Ebrulfi.*
X. *Obscuritas Uticensis historiæ, post mortem B. Ebrulfi. Normannorum deprædationes.*
XI. *Quomodo et quando Franci reliquiis B. Ebrulfi potiti sunt.*
XII. *Uticenses monachi corpus fundatoris sui sequi decernunt. B. Ebrulfi reliquiæ dividuntur.*
XIII. *Ascelini in Uticensi eremo gesta.*
XIV. *Uticus depopulatur et diruitur. Quomodo Uticense cœnobium ex ruinis restauratur. Primi Uticenses abbates.*
XV. *Uticenses monachi quasdam patroni sui reliquias obtinent. Successio Uticensium abbatum.*

LIBER SEXTUS.

I. *Prologus. Eventus varii.*

Humani acumen ingenii semper indiget utili sedimine competenter exerceri, et, præterita recolendo, præsentiaque rimando, ad futura feliciter virtutibus instrui. Quisque debet quemadmodum vivat quotidie discere et fortia translatorum exempla heroum ad commoditatem sui capescere. Plerumque multa, quæ velut inaudita putantur, rudium auribus insonant, et nova modernis in repentinis casibus frequenter emanant; in quibus intellectuales inexpertorum oculi, nisi per revolutionem transactorum, caligant. Studiosi ergo abdita investigant, et quidquid benignæ menti profuturum autumant, pie amplexantes, magni existimant. Ex benevolentia laborant, et præterita posteris sine invidia manifestant; quorum solertiam dente canino nonnunquam inertes lacerant. Unde invidiosi quidam, invidorum morsibus injuriati, plerumque torpescunt, et ab incœpto specimine, quod æterno fortassis silentio recludetur, desistunt. Sic interdum frivola occasione sæculo damnum oritur lugubre, quod benevola posteritas, si posset restaurare, et intermissa recuperare, alacris excusso insurgeret torpore, et invisi operis florem fructumque obnixa expeteret voluntate, et ardenter perscrutaretur sedula perspicacitate. In priscorum questibus hæc plerumque legimus, et insignes didascalos, de suorum insultationibus æmulorum plangentes, plangimus. Hieronymum et Origenem, aliosque doctores de cavillationibus oblatratorum in allegationibus suis conquestos cerninius, et contristamur quod hac de causa nostris multa præcipua subtracta sunt obtutibus, dum dicaces sophistæ malebant in otio quiescere quam abdita diserte proferendo laborare, et maledicis corrodentium latratibus patere. Conticescant obsecro et quiescant, qui nec sua edunt, nec aliena benigne suscipiunt, nec, si quid eis displicet, pacifice corrigunt. Discant ea quæ nesciunt, et, si discere nequeunt, patiantur saltem sympathites suos edere quæ sentiunt!

De humano statu lapsuque, de labentis sæculi volubilitate, et prælatorum principumque nostrorum vicissitudine, de pace seu bello, et multimodis, qui non deficiunt, casibus terrigenarum, cuilibet dictanti thema scribendi est copiosum. De miraculis vero prodigiisque sanctorum, quia nimia nunc in terris est penuria eorum, modo scriptoribus in referendo non est insudandum. Antiqui enim patres, Martialis et Taurinus, Silvester, Martinus et Nicolaus, aliique mirabiles viri, quorum linguæ claves cœli factæ sunt, qui divinis charismatibus pleni, ut Phœbus in Ecclesia fulserunt, et clementis mundi aereisque potestatibus in virtute omnipotentis imperantes dominati sunt, jam cum rege suo, superna mercede potiti, felices in cœlo consistunt. Successores autem eorum, qui potestatis apicem obtinent, et *Rabbi* vocitantur, atque super cathedram Moysi resident, sæcularibus pompis et divitiis, quibus plerique nimium inhiant, multipliciter pollent ; sed merito sanctitatis, potentiaque virtutum et prodigiorum non æque renitent. De cursu tamen sæculi et rebus humanis veraciter scribendum est, atque ad laudem Creatoris et omnium rerum justi gubernatoris chronographia pangenda est. Æternus enim Conditor usque modo operatur et omnia mire disponit ; de cujus gloriosis actibus quisque pro suo libitu et posse pie promat, quod ei divinitus inspiratum fuerit !

Anno ab Incarnatione Domini 1066, indictione v, Guillelmus dux Normannorum, deficiente regis Edgari stirpe, quæ idonea esset ad tenendum sceptrum regale, cum multis millibus armatorum ad Anglos transfretavit, et in campo Senlac invasorem regni Albionis Haraldum bello peremit. Deinde, Francis et Anglis peroptantibus, in die Natalis Domini, apud Guestmonasterium, ab Adelredo Eboracensi archiepiscopo rex consecratus est, regnoque Anglico xx annis et viii mensibus ac xvi diebus fortiter potitus est. Contumaces regni filios confregit, vinculis injecit, exhæredavit, expulit, et extra limitem natalis soli dispersit. Clientes vero suos et fautores sublimavit, magnis honoribus locupletavit, regnique negotiis præficiens magnificavit. Ex his Hugo Abrincatensis, Richardi cognomine Goz filius, inter cæteros magnates effulsit ; cui postquam Gherbodus Flandrensis ad suos recessit, rex comitatum Cestrensem consilio prudenter concessit. Hic nimium amator sæculi fuit, sæculariumque pomparum, quas maximam beatitudinum putabat esse portionem humanarum. Erat enim in militia promptus, in dando nimis prodigus, gaudens ludis et luxibus, mimis, equis et canibus, aliisque hujusmodi vanitatibus. Huic maxima semper adhærebat familia, in quibus nobilium ignobiliumque puerorum numerosa perstrepebat copia. Cum eodem consule commorabantur viri honorabiles, clerici et milites, quos tam laborum quam divitiarum gratulabatur esse suarum participes. In capella ejus serviebat Abrincatensis clericus nomine Geroldus, religione et honestate, peritiaque litterarum præditus. Hic servitium Domini quotidie agebat et sacrosanctum libamen devote frequenter exhibebat. Viros curiales, quoscunque poterat, ad emendationem vitæ propositis antecessorum exemplis invitabat. In multis videbat, meritoque vituperabat carnalem petulantiam, nimiumque in pluribus erga Dei cultum lugebat ingentem negligentiam. Præcipuis baronibus et modestis militibus, puerisque nobilibus salutares monitus promebat, et de Veteri Testamento, novisque Christianorum gestis imitanda sanctorum militum tirocinia ubertim coacervabat. Luculenter enim enarrabat conflictus Demetrii et Georgii, Theodori et Sebastiani, Mauricii ducis et Thebææ legionis, et Eustachii præcelsi magistri militum cum sociis suis, qui per martyrium coronari meruerunt in cœlis. Addebat etiam de sancto athleta Guillelmo, qui post longam militiam abrenuntiavit sæculo, et sub monachili regula gloriose militavit Domino. Multis igitur profuit ejus exhortatio, quos ad tutam regularis vitæ stationem e mundiali protraxit pelago.

II. *Digressio. Historia Beati comitis Guillelmi, monachi Gellonensis.*

Nunc, quia de sancto Guillelmo nobis incidit mentio, libet ejus vitam breviter huic inserere opusculo. Novi quod ipsa raro invenitur in hac provincia et nonnullis placebit de tali viro relatio veridica. Hanc etenim Antonius, Guentoniensis monachus, nuper detulit, et nobis eam videre sitientibus ostendit. Vulgo canitur a joculatoribus de illo cantilena ; sed jure præferenda est relatio authentica, quæ a religiosis doctoribus solerter est edita, et a studiosis lectoribus reverenter lecta est in communi fratrum audientia. Verum, quia portitor festinabat adire, et brumale gelu me prohibebat scribere, sinceram abbreviationem, sicut tabellis tradidi compendiose, sic nunc satagam membranæ summatim commendare, et audacis marchisi famam propalare.

Tempore Pippini regis Francorum, Guillelmus ex patre Theoderico consule et matre Aldana natus est. In infantia litteris imbutus est, et sub Carolo Magno militiæ mancipatus est. Nomen consulis et consulatum, et in rebus bellicis primæ cohortis sortitur principatum. Deinde a Carolo dux Aquitaniæ constituitur, eique legatio contra Theodebaldum regem et Hispanos atque Agarenos injungitur. Alacriter Septimaniam ingressus, Rhodanum transivit, Arausicam urbem obsedit, et, fugatis invasoribus, eripuit. Deinde cum barbaris transmarinis, et vicinis Agarenis multos conflictus egit, in gladio suo populum Dei ope divina salvavit, imperiumque Christianum dilatavit, et Sarracenos perdomuit. In territorio Lutevensi, in valle Gellonis, inter innumeros scopulos in honorem Salvatoris et xii Apostolorum monasterium construxit, monachosque religiosos cum abbate ibidem constituit, et omnia eis necessaria largiter præparavit, et ipsorum chartas suis et regalibus testamentis confirmavit. Duæ vero sorores ejus, Albana et Bertana, factæ sunt ibi sanctimoniales, et in Dei cultu bene perseverarunt.

Post longum tempus, a Carolo accitus, Franciam expetiit, et honorifice susceptus, se monachum fieri velle denudavit. Rex illi cum multis fletibus concessit, et de thesauris suis quidquid vellet ad ecclesiam suam deferre jussit. Guillelmus autem omnes terrenas opes respuit, sed phylacterium quoddam, sanctæ Crucis lignum continens, requisivit et obtinuit. Illud nempe, dum Carolus rex primo anno imperii sui Romæ moraretur, Hierosolymitanus patriarcha per Zachariam, magni testimonii sacerdotem, transmiserat. Audita mutatione Guillelmi, tota domus regia consurgit, omnisque civitas subito ruit. Adest magna procerum frequentia, et plorans intrat cum violentia, et Guillelmo ne deserat eos supplicat cum lugubri querimonia. Ille vero Dei igne fervens, omnia reliquit, et cum ingenti honore deductus, omnibus valefecit, demumque ab exercitu Francorum cum lacrymis suspirante discessit. Ad Brivatensem vicum perveniens, arma sua ad altare Sancti Juliani martyris offert, galeam et spectabilem clypeum in templo ad tumulum martyris, foris vero ad ostium pharetram et arcum, ingens telum et versatilem gladium Deo præsentat. Deinde peregrinus Christi per Aquitaniam ad monasterium properat, quod ipse paulo ante in eremo construxerat. Nudis pedibus appropinquat monasterio, ad carnem indutus cilicio. Audito ejus adventu, venitur ei obviam procul in bivio, et valde contradicenti festiva fit a fratribus processio. Ibi tunc offert phylacterium omni auro pretiosius, cum calicibus aureis et argenteis, et aliis multis ornamentis multimodis, factaque petitione, mundum cum suis omnibus reliquit pompis et lenociniis.

Igitur anno ab Incarnatione Domini 806, imperii Caroli quinto (89), in natale apostolorum Petri et Pauli, Guillelmus comes monachus factus est, subitoque immutatus in Christo Jesu et alteratus est. Factus enim monachus, docebatur, nec confundebatur; corripiebatur, sed non irascebatur. Interdum cæsus et injuriis læsus, non resistebat, neque comminabatur. Gaudebat in subjectione, et delectabatur in omni abjectione, paratus cunctis servire, obsequi et obedire. Proficiebat quotidie in omni sanctitate et religione, et in omni sanctæ Regulæ observatione, sicut aurum in camino mirabili coctione. Monasterium, quod ante monachatum ex toto non perfecerat, adjuvantibus filiis suis Bernardo et Guillelmo (90), quos comitatibus suis præfecerat, comitibusque vicinis, perfecit ut cœperat. Difficilem viam ad jam dictum monasterium pro asperitate montium direxit, rupem cum malleis et securibus, variisque ferramentorum generibus argumentose incidit, jactatoque de lapidibus fundamento secus flumen Araris, viam altius sustulit et monti conjunxit.

Ludovicus, Caroli filius, rex Aquitaniæ, cum omni bonitate, de fiscis sui juris, Guillelmo petente, monasterio dedit, et cum præcepto regio annulique sui auctoritate firmavit. Guillelmus circa monasterium fecit vineta et oliveta plantari, hortosque plurimos constitui, ipsamque vallem, destructis arboribus infructuosis, fructiferis pomeriis melius complantari. His ipse et aliis hujuscemodi studiis intentus laborabat, propriasque manus rusticanis actibus pro amore Dei mancipabat, et sic in vera humilitate et religione se jugiter exercebat.

(89) Leg. *Sexto*. Le Prévost.
(90) Leg. *Gautcelino*, vel *Gocelino*.

Coram abbate et fratribus creuro provolvebatur, petens ut, pro misericordia Dei, amplius abjici et humiliari sibi concedatur. Viliora in monasterio expetebat officia. Optat vilissimus fieri et contemptui haberi. Vult esse ut jumentum, ac, ut pullus asini, portare onera fratrum in domo Domini. Quondam dux potentissimus, non erubescit vili asello gestari cum suis flasconibus. Ecce domnus Guillelmus fit de consule coquus, de duce magno efficitur inquilinus, ligna collo deferens, amphoram aquæ bajulans, ignem excutiens et succendens. Manibus propriis parapsides abluit, olera colligit, pulmenta condit, legumina infundit. Ipsa vero refectionis hora, nulla interveniente mora, cuncta laute præparata fratribus anteponit; jejunia continuans, lares fovet et custodit. Ipse pistor clibanum calefacit, panes imponit et coctos extrahit.

Quondam pro penuria lignorum, ad coquendum panes, sarmenta congerit, stipulam colligit, et quidquid manus invenit, in caminum cito projicit ac fortiter calefacit; cumque servum Dei tempus vehementer urgeret, eumque nimis introrsus argueret quod hora reficiendi fratres aliquantulum præteriret, nec ille haberet unde fornacem cineribus evacuandam extergeret, Christum invocat, signo crucis munitur, medium fornacis intrat, et omnia quæ ibi agenda erant, diligenter illæsus præparat. Carbones nudis manibus projicit, illæso scapulari cineres exponit, lares aptat, et intromittendis panibus temperat. Sic Guillelmus in igne diu stetit, nec ullam adustionem in corpore seu veste sua pertulit. Postea consilio fratrum abbas servilia ei opera omnino prohibuit; sed orationi et sanctæ meditationi vacare præcepit, idoneamque cellam ei deputavit. Sic diu exercitatus in activa, incepit requiescere in vita speculativa, et post Marthæ servitium, frequensque ministerium, delectatur cum Maria in perenni theoria.

Tandem Guillelmus, perfectus virtutinus, spiritu prophetiæ donatur, et divinis oraculis vita ejus declaratur. Obitus sui diem abbati et fratribus prædixit, multisque vicinis scripto etiam significavit, et Carolo regi delegavit nuntium, et signum, quod fieret dum moreretur, manifestissime indicavit. Tandem, omnibus rite consummatis, migravit B. Guillelmus v Kal. Junii (91), angelis gaudentibus et terrigenis plorantibus. Tunc fit per omnes circumquaque provincias, per omnes minores ac majores ecclesias, magnus valde et insolitus clangor signorum et campanarum sonitus, longa pulsatio, mirabilis tinnitus, nullis hominibus funes trahentibus vel signa commoventibus, nisi sola virtute divina quæ supervenit cœlitus. Eximii viri sanctum corpus ibidem honorifice tumulatur, multisque miraculis gloriose patratis laus Dei fideliter cantatur.

Venerabile cœnobium illic usque in hodiernum
(91) Die 28 Maii, anno 812.

diem perseverat, et ingens monachorum exercitus Domino Deo Sabaoth cum tripudio militat, atque meritis sancti Guillelmi, ex illustri milite religiosi monachi, turba infirmantium convalescens exsultat in Christo Jesu, qui omnes sibi adhaerentes in aeternum glorificat.

III. *De Geroldo, capellano Hugonis Abrincatensis comitis. Ejus consilio plurimi milites in cænobio Uticensi monachalem habitum suscipiunt.*

Invictissimorum itaque militum tropæa frequenter Abrincatensis Geroldus referebat, et coessentes athletas, armigerosque generosos ad similem conversationem blanditiis et terroribus incitabat.

In primis igitur quinque illustres viri de familia consulis egressi sunt, quorum nomina hæc sunt: Rogerius Erneisi filius, nepos Guillelmi de Guarenna comitis Suthregiæ, et Ernaldus, Unfridi de Telliolo filius, nepos Hugonis de Grentemaisnilio vicecomitis Legrecestræ, cum Guidone Medantensi, ejusdem armigero, Drogo etiam, filius Goisfredi de Novo Mercato, et Odo capellanus comitis, filius Ernulfi Dolensis. Isti nimirum, instinctu Ernaldi, cujus parentes Uticensem abbatiam construxerant, Uticum adierunt, et a Mainerio abbate gratanter in monasterio suscepti sunt. Qui longo tempore regulariter ibidem conversati sunt, et ecclesiasticas res industria et sollicitudine sua commode auxerunt.

Geroldus autem, qui sicut gallus dormientes in profunda nocte cantando excitat, sic in obscuritate Lethææ oblivionis et profunditate mundialis illecebræ illectos, verbum Dei serendo, ad meliora extulerat; sese tandem propriis pennis percutiens, a torpore vivaciter excussit, discipulosque suos, de quibus prædictum est, sequens, Uticum adire sategit. Verum, volente Deo, in Anglia remanere coactus est. Nam ubi Guentam pervenit, graviter ægrotare cœpit, metuque mortis in veteri monasterio Sancti Petri monachile schema devote suscepit, diuque sub Gualchelino præsule, et Godefrido peritissimo ac religioso priore regulariter vixit. Inde post aliquod tempus ad regimen ecclesiasticum canonice provectus est; et Teochesburiæ, dum Bajocensis Samson Guigornensi episcopo præerat, primus abbas effectus est. Ibi nempe cœnobium Sanctæ Mariæ Rodbertus, Haimonis filius, super Sabrinam fluvium construxerat, et multis opibus, tempore Guillelmi junioris Anglorum regis, affatim locupletavit. Geroldus autem officium sanctæ prædicationis, quod in clericatu gratanter exercuerat, quo plures de cœno libidinis et rapacitatis ad puritatem innocentis vitæ pertraxerat, in pastoralis culmine regiminis positus, vigilanter excoluit, et pluribus, opitulante Deo, profuit. Novum monasterium regularis ordinis sanctionibus instituit, noviciorum copiam monachili normæ mancipavit, neophytisque optimos ritus rigidæ conversationis tradidit. Ad exercitium spirituale cum subjectis commanebat, ad laboriosa etiam juniores interdum præibat, solertique studio monasterii res intus et extra prudenter disponebat. Post plures annos invidus Satan in Dominicum gregem surrexit, et, opilione nequiter perturbato, teneras oves atrociter vexavit. Rodbertus enim Brito, post mortem Rodberti filii Haimonis, abbatem suum, a quo susceptus fuerat ad monachatum, de quibusdam falsis criminibus accusavit apud regem Henricum. Porro abbas, ante regem accersitus, prolixis rationibus uti noluit, sed innocenti conscientia contentus, abbatiæ dominatum regi ultro reliquit, et post laboriosos Marthæ famulatus, optimam Mariæ partem intra secretum Guentoniensis claustri repetiit. Denique, dum post aliquod tempus a venerabili Radulpho Roffensi episcopo invitatus fuisset, et ipse rogatu plurimorum eumdem pontificem causa sanctæ collocutionis adiisset, ibidem, vocante Deo, in lectum decubuit, et, completis omnibus quæ servo Dei rite competunt, reverenter obiit.

Rogerius vero de Guarenna, quem præfati sacerdotis, diximus, hortatu conversum fuisse, et Uticum quasi de flammis Sodomæ cum quatuor commilitonibus pro monachatu accurrisse, fere XLVI annis ibidem vixit, et in ordine fervens, multimoda honestate viguit. Erat enim corpore venustus, habituque vili sponte dejectus. In omni esse suo venerabili pollebat modestia, voce clara et facunda loquela. Ad labores tolerandos erat validus, ad psalmos et hymnos canendos voluntarius, in conversatione vero sua contubernalibus tractabilis et bene morigeratus. In victu sibi parcus, aliisque largus, in vigiliis semper promptus, et indicibiliter sobrius. Non fastu carnalis nobilitatis tumuit, sed in humilitate consistens Regulæ succubuit, et vilia quæque fratrum obsequia hilariter agitare prælegit. Per plures enim annos ultro solitus est omnium calcementa fratrum perungere, pedulesque lavare, aliaque servitia, quæ quibusdam hebetibus et turgidis despicabilia videntur, libenter exercere. Textum Evangeliorum auro et argento, gemmisque decoravit, et plura vestimenta, cappasque cantorum et tapetia cum cortinis, aliosque plures ornatus ecclesiæ suæ procuravit. Fratribus et parentibus suis quæque poterat opportune rapiebat, et subtracta corporibus pro salute animæ divino cultui gaudens applicabat.

Richardus igitur de Coluncis, præfati Rogerii frater, Uticum venit, et ecclesiam de Estolveio, quam ab Erneiso quodam homine suo redemerat, B. Ebrulfo dedit, decimam quoque duorum molendinorum adjecit. Harum itaque donationem rerum, cum Adelaisa conjuge sua et præfato Erneiso, super altare posuit. Pro hac concessione monachi dederunt Richardo octo libras nummorum; Rodberto etiam de Molbraio, qui capitalis dominus erat, centum solidos dederunt, et ipse incunctanter, in viridario Turstini de Solengi, S. Ebrulfo concessit ecclesiam de Estolveio, ut monachi petierunt. Præfatus autem Richardus valde locupletatus est, et Henrico regi amicus, inter compares suos magnificatus est. Usque ad senectutem prospere vixit, et ex conjuge sua xi filios et v filias habuit, quibus hæc indita sunt vocabula : Hugo, Goisfredus et Richardus, Joannes et Rodbertus, Odo et Henricus, Ivo et Rodulfus, Guillelmus et Henricus ; Rohes ac Adeliza, Mathildis et Avicia. Ex his duo ab infantia Deo dicati sunt. Joannes enim monachatui Uticensis Ecclesiæ addictus est, et Adelidis in cœnobio S. Trinitatis Cadomi sanctimonialis effecta est.

Deinde anno ab Incarnatione Domini 1125, præfatus Richardus xvii Kalendas Octobris obiit, et sequenti anno filius ejus Hugo Uticum venit, scutellam argenteam Deo super altare obtulit, et omnia quæ pater ejus, ut supra dictum est, dederat, libenter concessit, donumque super aram posuit, se etiam ex toto devovit.

IV. *Iter Mainerii abbatis in Angliam. Charta Guillelmi regis pro Uticensi cœnobio. De tribus fratribus Uticensis cœnobii monachis.*

Serenitate prosperi temporis arridente, Mainerius abbas in Angliam, xiv anno regiminis sui (92), transfretavit, et Rogerium de Guarenna, Drogonemque de Novo-Mercato secum adduxit. Curiam vero Guillelmi regis, a quo multoties accersitus fuerat, adiit, et Lanfrancum archipræsulem, aliosque sibi charissimos charitative visitavit. A rege et optimatibus ejus honorifice susceptus est, et fratres Uticensis ecclesiæ prudenti affatu exhortatus est, illos scilicet qui de Normannia exierant, et in Anglia exuberantius spe sublimati fuerant. Illustres quoque monachi a nobilibus regni proceribus gratanter suscepti sunt, et de opibus in aliena regione violenter acquisitis, ut forensis favor appetit, honorati sunt. Rex itaque et magnati fundos et pecunias ac ornatus ecclesiæ cum gaudio eis dederunt, et orationibus eorum sese fideliter et devote commendarunt. Possessiones et ecclesiæ, decimæque, quas amici et affines Uticensium eis condonarunt, ad notitiam futuræ posteritatis in charta consignatæ sunt. Magnificus enim Guillelmus hujuscemodi testamentum S. Ebrulfo condidit, in quo sua, hominumque suorum dona in his verbis regali auctoritate gratanter confirmavit :

« GUILLELMUS, Dei gratia, rex Anglorum et dux Normannorum atque princeps Cenomannorum, omnibus fidei Catholicæ fautoribus, pacemque in Ecclesia servantibus, summum et inexplebile gaudii munus. »

« Quoniam brevis est mortalis vita, et de generatione in generatione transeunt omnia, volumus litterarum testimonio temporis nostri decreta confirmare, ut quæ nos recte facimus e nostro jure et ex data a Deo potestate, nemo successorum nostrorum audeat violare ; ne scilicet ei contradicat, qui omnia regna suo arbitrio dispensat. Ego itaque Guillelmus, Dei gratia rex, in regno mihi divinitus commisso eleemosynam, quæ mihi perenniter prosit, cœnobio B. Ebrulfi tradere dispono, et ea quæ fideles nostri, pro communi omnium salute, de possessionibus, quas eis dedi, legitime Deo dant, concedo, præsentique chirographo confirmationem nostram præsentibus et futuris omnibus Dei fidelibus notifico. In primis igitur Uticensi monasterio, quod beatus Christi confessor Ebrulfus construxit in eremo, de dominio meo, pro amore Dei, dono in Gloucestræ scira villam, quæ Rawella, id est Capreæ Fons dicitur ; et in Nicholæ scira quamdam ecclesiam, et quidquid ad eam pertinet in villa quæ Nethlebam vocatur. Præterea optimates nostri de rebus suis S. Ebrulfo hæc largiti sunt, atque ut in charta regiæ auctoritatis contra omnium infestationes inserantur, poposcerunt. Rogerius, comes Scrobesburiæ dedit omne quod habebat in Melleburna, in Grantebrugæ scira ; Othnam quoque et Merestonam in Estafordæ scira, et unam hidam terræ in Graphan, et terram Vulfuini aurifabri in Cicestra, decimamque caseorum et lanarum de Pultona, et decimam de Senegal in Grantebrugæ scira. Mabilia vero, ejusdem comitis filia, de redditibus suis in Anglia lx solidos Sterilensium pro decimis suis dedit S. Ebrulfo per singulos annos, ad luminaria ecclesiæ. Guarinus vicecomes de Scrobesburia dedit S. Ebrulfo Neutonam et ecclesiam de Halis cum decima, decimamque de Guestona in Estaforde scira ; et hæc dominus ejus Rogerius comes concessit. Porro Hugo de Grentemaisnil, qui cum Rodberto fratre suo, et avunculis suis Guillelmo et Roberto, filiis Geroii, Uticense restaurarat cœnobium, hæc eidem dedit in Anglia in perpetuam hæreditatem : totam terram, quam habuit in Parva Pilardentona in Guarevichæ scira, omniumque duas partes decimarum totius terræ suæ dedit, et xvi rusticos ad ipsas decimas custodiendas, atque novem ecclesias. Dedit enim tres villanos Sceltonæ, tres Guaris, duos Belegravæ, unum Stotonæ, unum Cherchebiæ, unum Mersitonæ, unum Ostesilvæ, unum Cherlentonæ, et alium in alia Cherlentona. Dedit etiam ecclesiam de Guaris, et totam decimam quæ ad illam pertinebat, torramque duarum carrucarum ; ecclesiam de Turchillestona, decimamque ad illam pertinentem, et duas virgatas terræ ; ecclesiam de Clenefeld, cum decima tota et duabus virgatis terræ ; ecclesiam de Charlentona, cum decima et quinque virgatis terræ ; ecclesiam de Noveslai cum decima et duabus virgatis terræ ; ecclesiam de Merthegrava, quæ nunc alio nomine Belegrava dicitur, cum tota decima et xi virgatis terræ, et Guillecotam, et quidquid Hugo Clericus de Sappo in Anglia de ipso tenebat ; ecclesiam de Mersitona cum tota decima et terra ad ecclesiam pertinente ; ecclesiam vero de Coteford cum decima, et una hida terræ, ecclesiamque de Pellingis, cum toto quod Leofricus ibidem de ipso tene-

---

(92) Anno 1081.

bat. Hæc sunt quæ Hugo de Grentemaisnil S. Ebrulfo, me concedente, dedit in Anglia. Radulfus quoque de Conchis eidem sancto dedit duos manerios, Alwintonam in Guighercestræ scira, et Caldicotam in Nortfuch; et Hugo filius Constantii dedit ecclesiam de Guafra, et unam hidam terræ. Hugo autem, Cestrensis comes, filium suum nomine Rodbertum in Uticensi ecclesia ad monachatum Deo obtulit, et eidem ecclesiæ dedit unam hidam terræ in Parva Pilardentona, et decimam ac unum rusticum in villa quæ dicitur Brichella, decimamque de Sauleia in Buccingeham scira. Rodbertus vero de Rodelento, præfato Hugone Cestrensi comite domino suo concedente, dedit S. Ebrulfo Cherchebiam, cum duabus ecclesiis, unam scilicet quæ in ipsa villa est, et alia prope illum manerium in insula maris; et ecclesiam S. Petri apostoli, et quidquid ad eam pertinebat in Cestrensi urbe; et in Merestona, quæ est in Northamtonæ scira, ecclesiam S. Laurentii, et quidquid ad eam pertinet; et in eadem provincia ecclesiam de Bivella cum duabus terræ carrucatis. Alii quoque homines Hugonis comitis Uticensi ecclesiæ decimas suas dederunt : in Nicholæ scira Rozscelinus de Estentona, Osbernus Tezsonis filius de Neubela, Baldricus de Farefort decimam cum uno rustico; Rogerius de Millal, et Brisard, et Robertus Pultrel in Legrecestræ scira. Omnes hi decimas suas S. Ebrulfo dederunt, et prædictus comes gratanter concessit. Hæc itaque, quæ de nostro dominio sæpe-memoratæ ecclesiæ dedi, et omnia quæ, sicut a baronibus nostris eidem data sunt, concessi, anno ab incarnatione Domini 1081, indictione IV, præsenti chirographo in urbe Guenta corroboro; et proceribus meis, qui eleemosynas suas dederunt, vel astipulatores earum sunt, hoc testamentum signo sanctæ Crucis dedicandum trado, ut in æternum regali auctoritate rata sit hæc donatio, et sacrilegos sacrarum violatores rerum irremediabilis, nisi a reatu resipuerint, feriat maledictio.

In hac nimirum charta Guillelmus Magnus, rex Anglorum, primus signum sanctæ Crucis edidit, et subsequentes magnati subscripserunt, quorum nomina hic subscripta sunt : Rodbertus et Guillelmus filii regis, maximique consules : Rogerius de Scrobesburia et Hugo de Cestra, Rodulfus de Conchis et Guillelmus de Britolio, Hugo de Grentemaisnil, et nepos ejus Rodbertus de Rodelento, Rodbertus filius Murdaci et Gulferius de Vilereio, Guillelmus de Molinis et Richerius de Aquila, Eudo dapifer et Guarinus vicecomes de Scrobesburia.

Regressus de Anglia Mainerius abbas hujusmodi chartam secum detulit, et archivis ecclesiæ ad servandum porrexit. Tunc Mathildis regina, comperto laudabili rumore de moribus Uticensium, orationis gratia Uticum venit; et a fratribus honorifice suscepta, marcum auri super aram obtulit, seque cum filia sua Constantia precibus fratrum commendavit, eisque, datis sumptibus, lapideum tricorium, ubi una reficerent, construi præcepit. Casulam auro et margaritis comptam, et elegantem cappam cantoris sancto Ebrulfo dedit, et plura, si diu viveret, promisit; sed, morte præveniente, promissa complere non potuit. Adelina quoque, uxor Rogerii de Bellomonte, albam, aurifrasio copiose ornatam, Uticensibus contulit, qua indutus sacerdos præcipuis in solemnitatibus missam celebrare consuescit. Sic alii plures utriusque sexus prædicto monasterio de suis donariis in diversis speciebus erogabant, et participatione beneficiorum, quæ ibidem cœli architecto conferebantur, spiritualiter perfrui peroptabant.

His temporibus, tres ibidem germani laudabiliter militabant in monachili habitu, Rodbertus cognomento Nicolaus, Rogerius et Odo. Hi fuerunt filii cujusdam presbyteri nomine Gervasii de Monasterolo, quem Theodericus abbas jamdudum de Sartis transtulit ad regendam diœcesim de Sappo. Tres itaque prædicti fratres ad conversionem in juventute venerunt, et bonis moribus inter fratres pollentes, Deo grati et hominibus habiti sunt. Primus eorum illitteratus, sed fervidus amator virtutis erat, novæque basilicæ, quæ construebatur, operi solerter præerat. Alii duo erant grammatici et sacerdotes conspicui, abbatisque sui adjutores strenui, et intus ac foris illustres vicarii. Præfatus enim archimandrita Odonem, qui ætate junior, sed eloquentior, et ad tolerandos labores erat robustior, priorem monasterii sui constituit. Rogerium vero, qui ætate et eruditione litterarum major erat, in Angliam pro utilitatibus ecclesiasticis destinavit. Ipse autem haud segniter jussa magistri complevit, et capsam, in qua reliquiæ sanctorum apte conderentur, procuratione sua fabricavit, quam auro argentoque comiter ornavit. Solertia itaque sua ecclesiæ suæ nactus est plurima bona : variam scilicet supellectilem et cantorum cappas atque vestes, candelabra et argenteos calices, aliosque ornatus divino cultui congruentes. Erat enim mitis et modestus, in cibo et potu somnoque sobrius, et pro inolita mansuetudine amabilis omnibus. Per diversa igitur officia XX annis, ut ordo monasticus exigit, exercitatus est, et succedenti tempore, post Mainerium et Serlonem, ad tenendum regimen Uticensis abbatiæ communi fratrum electione promotus est. Quod XXXIII annis in adversis et prosperis tenuit, senioque fractus uni discipulorum suorum nomine Guarino commisit; et ipsum, quantum in ipso fuit, tribus annis ante obitum suum, sui vicarium et successorem constituit. Verum de his in subsequentibus, si vita comes fuerit, si facultas opitulante Deo suppetierit, sedimine nostro manifesta posteris enarratio res gestas enodabit.

V. *Sequentia Recensionis donationum Uticensi cœnobio factarum. Nova Alfagiensis cella Uticensibus monachis datur. Historiæ variæ.*

Nunc ad disscernendas res Sancto Ebrulfo datas regrediar.

Radulfus tiro, filius Alberti de Crevento, dum

primitus arma militaria gestare cœpit, contra Guitmundum monachum cum famulo suo Manlia venientem in valle Guidonis insurrexit, dejectoque monacho, caballos abduxit. Monachus vero pedes Paceium expetiit, Albertum mœrens ut erga filium sibi suffragaretur rogavit. Cui præfatus miles proterve respondit, et de reddendis equis omne subsidium mox denegavit. Hoc videns Alberada uxor ejus cœpit plorare, manus torquere, capillos trahere, atque filium quasi mortuum jam flere. Alta voce velut amens clamabat, et cum multis fletibus ejulans, dicebat : « Fili mi Radulfe, qualem cœpisti non militiam, sed dementiam exercere? Detestabilibus pædagogis prave, proh dolor! agitaris, quorum lethiferis sophismatibus insulse nunc seduceris, et in barathrum perditionis miserabiliter traheris. O quam triste mihi nuntium misisti, quamque acerbum mihi mœrorem peperisti! Decepte juvenis, quid tibi dicam? Nequiter injuriando inermem famulum Christi, mortiferam tibi dejectionem promeruisti. Fili mi Radulfe, quid debacchando fecisti, qui primordia tuæ militiæ contra Omnipotentem exercuisti? Novi certissime quod breve gaudium et longam tristitiam habitura sum pro tuo facinore. Nonne omnes doctores pariter consonant et una voce passim prædicant quod Altissimus in sanctis suis habitat, et cum eis læta vel adversa pie tolerat ? Succurre, pater, insanienti filio, et omni elabora studio ut ablati cornipedes lugubri reddantur monacho, ne unicus filius tuus pro tanto scelere statim tradatur dæmonio. »

Sic prudenti matrona pro salute filii supplicante, monachumque desolatum fideliter mulcere satagente, Albertus cum omni familia sua commotus contremuit, mulam suam monacho tradidit, armigerosque suos cum illo Brehervallum destinavit, filiumque suum, ut ei sine mora quæque ablata fuerant redderet, terribili adjuratione obtestatus, constrinxit. Guitmundus itaque, receptis equis, Paceium remeavit, Alberto et uxori ejus gratias egit, a quo uterque veniam pro commisso reatu postulans impetravit. Præfata nempe mulier Hugonis Bajocensis episcopi filia fuit, et inter affines pro modulo suo multa honestate viguit.

Eodem anno, præfatus tiro ægrotavit, factique sui pœnitens, ab Uticensibus veniam petiit, se et omnia sua Sancto Ebrulfo devovit. Quo defuncto, pater mœrens corpus ejus Uticum devehi fecit, et medietatem decimæ de Ulmeio, totam liberam, sicut eam ipse tenuerat, Sancto Ebrulfo concessit. Aliam nempe medietatem decimæ de eo monachi Columbenses tali tenebant pacto ut omnes episcopales consuetudines et omnes exactorias servitutes per솔verent pro illo. Hæc itaque donatio facta est Uticensibus anno Incarnationis Dominicæ 1070, tempore Philippi regis Francorum, et Goisfredi Carnotensis episcopi, nepotis scilicet Rainaldi, Parisiensis episcopi. Radulfus autem cognomento Malus Vicinus, qui capitalis dominus erat, gratanter apud Medan- tum annuit poscenti Mainerio abbati decimam de Ulmeio, quæ, ut dictum est, in jus Ecclesiæ cesserat.

Non multo post, præfatus Albertus defunctus est, et corpus ejusdem Uticum delatum est. Hæredes vero decimam, quam dederat Sancto Ebrulfo, concesserunt, Guido scilicet gener ejus, Ebrardi de Rui filius, et Radulfus de Cunella, aliique, qui usque in hodiernum diem successerunt; eamque Uticenses monachi sub tribus episcopis, Goisfredo, Iyone et Goisfredo, per annos ferme LX, opitulante Deo, quiete possederunt.

Nunc qualiter et quo tempore Alfagiensis cella sit in comitatu Talogii constructa, et Guillelmi regis atque Joannis archiepiscopi tempore Uticensibus subacta, placet scripto posteris intimare, et chartam donationis atque confirmationis, quæ tempore Henrici regis sancita est, huic operi coaptare.

Quia mortalis vita quotidie labitur, et mortalis homo irrecuperabiliter perdit mundanos honores, quos cum summo labore adipiscitur, debet quisque præceptis Dei, dum vivit et potest, fideliter obtemperare, ut, contemptis labilibus, per Dei gratiam æterna possit impetrare. Hæc diligenter considerans, quidam generosus in Normannia miles, nomine Gulbertus, Richardi de Huglevilla filius, instinctu Beatricis conjugis suæ, decrevit in patrimonio suo apud Alfagium monachos constituere, quorum precibus meritisque juvaretur in extremo examine. Et quia Drogo nepos suus sæcularem militiam nuper reliquerat, et apud Uticum monachatum assumpserat, Mainerium abbatem et Ebrulfianos monachos vehementer adamavit, eisque ecclesiam S. Mariæ de Alfagio cum omnibus præbendis suis dedit, tali pacto ut sex monachi pro sex canonicis, qui tunc ibidem deserviebant, constituerentur, et canonicis quolibet modo, vel emendatioris vitæ pio conatu, mundum relinquentibus, præbendas eorum nanciscerentur. Dedit etiam præfatus heros eisdem monachis totam villam de Parco, cum ecclesia et tota decima ejusdem villæ, ita liberam et ab omni molesta consuetudine absolutam, sicut ipse hactenus tenuerat eam. Homines de Parco omnino absolvit ut nullam sibi coactitiam exhibeant servitutem, nec eant nisi in generalem principis Normanniæ expeditionem. In molendino de Alfagio dedit pro decima duos modios tritici singulis annis, et in alio molendino super Sedam dimidium modium cujuslibet segetis. Concessit etiam ut monachi de lignis silvæ suæ, quæ Harulsart dicitur, ad fomitem ignis duas sagmas asini quotidie acciperent. Præfatus miles duas quadrigatas vini de principe Normannorum in feudo tenebat singulis annis; ex quibus unum modium ad celebrandas missas perenniter concessit monachis. Duas nimirum dedit ecclesias cum tota decima et terra, quæ ad easdem pertinebant, unam scilicet de Parco, quæ in honore sanctæ Dei genitricis Mariæ constructa erat, aliamque de Belnaio, quæ in honore sancti Petri apostolorum principis condita erat.

Quas, quia præbendæ Alfagiensis ecclesiæ erant, duo canonici tunc possidebant. Radulfus enim ecclesiæ de Parco deserviebat, quem post aliquod tempus de Anglia redeuntem marina tempestas involvit, et, fracta navi, cum omnibus sociis fluctus absorbuit. Gualterius autem ecclesiam de Belnaio tenebat, qui postmodum monachus Sancti Ebrulfi factus est.

Hæc omnia Gulbertus, cum conjuge sua Beatrice, libenter Ecclesiæ Dei pro æterna salute contulit, hominesque suos et amicos, ut eleemosynam suam augmentarent, multoties benigniter obsecravit. Goisfredus igitur, miles ejus, ecclesiam Sancti Dionysii cum tota decima Sanctæ Mariæ dedit, partesque decimæ, quas de eo tres milites, Osbernus Capes, et duo filii Aszonis, Bernardus et Radulfus tenebant, hortatibus et muneribus datis, Ecclesiæ Dei recuperavit. Ipse quoque terram et villanos, et omnes consuetudines de ipsis villanis in Vico Silvatico concessit. Rodbertus, miles de Huglevilla, ecclesiam Sancti Albini cum tota decima monachis concessit, et inde ex eorum charitate XVI libras Rodomensium habuit. Bernardus, Goisfredi de Novo-Mercato filius, ecclesiam de Speinis et totam terram ad ipsam pertinentem cum tota decima, quam Ebrardus presbyter tenebat, Sanctæ Mariæ dedit, et pro mutuatione ecclesiarum de Burchella et de Bruneshopa, XX solidos de censu Neoburiæ ad festivitatem Sancti Michaelis concessit. Baldricus, filius Nicolai, ad Deppam dedit unum burgensem, et Radulfus, Anserede filius, ad Hotot dedit unum hospitem.

Anno itaque Incarnationis Domini 1079, indictione II, anno scilicet XIV Guillelmi Magni, regis Anglorum et ducis Normannorum, præfatus Gulbertus et Beatrix uxor ejus suprascriptarum rerum donationem super altare Sanctæ Mariæ posuerunt, et hi sunt testes qui præsentes adfuerunt: Gislebertus et Radulfus, Gualterius et Joannes, quatuor canonici ejusdem Ecclesiæ; Bernardus de Novo-Mercato et Goisfredus de Sancto-Dionysio, Osbernus Capes et Osbernus Buflo, Eustachius de Carquita et Eustachius de Torceio, Rodbertus de Huglevilla et Rogerius de Parco, et alii multi.

Denique Gulberto XVIII Kal. Septembris defuncto, et a monachis, quos in fundo suo constituerat, honorabiliter sepulto, Gualterius filius ejus paternum honorem obtinuit, et omnia, quæ pater suus hominesque ejus Sanctæ Mariæ dederant, concessit. Iterum, tempore Rodberti ducis Normannorum, postquam Aviciam, Hebranni de Salchevilla filiam, uxorem duxit, ipsius instinctu, patris et matris eleemosynam concessione sua confirmavit. Decimam quoque telonei de Alfagio addidit, et sex burgenses, omnesque consuetudines eorum concessit, eosque penitus sic absolvit ut sibi nil ab eis exigat, nisi generale comitis Normanniæ servitium. Totam vero aquam suam ad piscationem annuit, prout monachis libuerit.

Præter hæc, Avicia uxor ejus, amore Dei fervens, LX solidos de censu suo, Kalendas Octobris, monachis, ut inde ceram et oleum ad luminaria ecclesiæ et thus per totum annum emant, singulis annis concessit, et donationem super altare Sanctæ Mariæ cum marito suo posuit. Testes harum donationum sunt Adam et Guillelmus filii Tedfredi, Osbernus Buflo et Eustachius de Torceio, Rodbertus de Cropus et Rodbertus filius Godmundi, Joannes Catus, et multi alii. Post aliquot annos idem Gualterius et Avicia uxor ejus, in amore Dei proficientes, a Rogerio abbate Sancti Ebrulfi XII monachos expetierunt, eisque ad victum necessarium molendinum de Parco, quod reddebat XI modios, et V acras terræ ad Huglevillam, et tres hospites, in anno XV solidos habentes, ac ad villam quæ Centum-Acras dicitur, ecclesiam Sanctæ Trinitatis cum tota decima dederunt.

Hæc omnia, quæ a Gulberto et ab hominibus ejus data Uticensibus retuli, Guillelmus rex Anglorum, et Joannes atque Guillelmus Rothomagenses archiepiscopi concessione sua confirmaverunt. Deinde quidquid Gualterius, Gulberti filius, eleemosynæ patris addidit, Rodbertus II, dux Normannorum, monachis Sancti Ebrulfi concessit, et nundinas etiam ad Parcum in Nativitate Sanctæ Mariæ ipsis erigere permisit, et per seniorem Gualterium, cognomento Gifardum, omnino interdixit ne ullus aliquam consuetudinem seu privilegium absque monachorum voluntate in ipsis haberet. Fratres quoque ejus, Guillelmus Rufus et Henricus, reges Anglorum, atque Goisfredus archiepiscopus, omnia quæ præscripta sunt, Uticensibus monachis concesserunt, qui jam per multos annos eadem in pace possederunt. Canonici quippe monachis cesserunt quia virtutes eorum, quos assequi nequibant, in omnibus excellere viderunt. Guinimarus enim et Benedictus, atque Joannes, filius ipsius, monachis pluribus annis comitati sunt, morbisque tandem ingravescentibus, decesserunt. Gislebertus autem, qui sociis omnibus sapientior eminebat, et Gualterius monachatum sponte subierunt, et emendationem vitæ pollicentes, jam senio fracti migraverunt.

Nunc de generositate Alfagensium nerorum, et moribus eorum libet parumper adnotare. Gulbertus, cognomento Advocatus de Sancto Gualerico, filiam Richardi ducis uxorem duxit; ex qua Bernardum, patrem Gualterii de Sancto-Gualerico, et Richardum de Huglevilla genuit. Richardus autem duci Normanniæ, avunculo videlicet suo, diu militavit, cujus dono nobilem Adam, Herluini senis de Huglevilla relictam, cum toto patrimonio ejus accepit. Multa siquidem dux illi dedit, et multo majora promisit; et promissa liberaliter complesset, si humiliter illi famulando placuisset. Hic super Sedam, in vico, qui olim Isnellivilla vocabatur, burgum constituit, et pro imminenti monte altis fagis obsito Alfagium nuncupavit. Leges etiam Cormeliensium colonis intulit. Militari probitate et ingenti liberalitate viguit, unde hostibus formidabilis et fidus amicis exstitit.

Tempore Guillelmi juvenis, filii Rodberti ducis, dum Guillelmus de Archis contra ducem rebellavit, et pene omnium Talogiensium parilis defectus nothum principem deseruit, solus Richardus contra rebelles in castello suo secus ecclesiam Sancti-Albini perstitit, et pro fidelitate ducis contra discursus Archacensium provinciam circumjacentem defensare curavit. Adjutores autem ejus in illo conflictu Goisfredus gener ejus, et Hugo de Morio-Monte, Turchetilli de Novo-Mercato filii, fuerunt ; ex quibus Hugonem cum omnibus suis Archacenses apud Morium-Montem repente circumdederunt, seseque viriliter defendentem interemerunt. Porro Goisfredus ex Adda, Richardi filia, Bernardum et Drogonem genuit, quibus varius eventus exstitit. Drogo enim, relicta militia, apud Uticum religiose vixit, et in monachatu litteras didicit, et per sacrorum gradus ordinum usque ad sacerdotium ascendit. Bernardus autem usque ad senium militiæ inhæsit, et sub tribus Angliæ regibus strenue militavit. Denique tempore Guillelmi Rufi, contra Resen, Guallorum regem, pugnavit ; quo perempto, Brachaniaucum castellum condidit, regnumque Britonum, cujus caput Talgard vocatur, multis annis possedit. Ecclesiam quoque in honore Sancti Joannis evangelistæ in oppido suo construxit, ibique monachos constituit, et omnium eis rerum suarum decimas donavit.

Gulbertus autem, Richardi filius, Beatricem, filiam Christiani de Valencenis illustris tribuni, uxorem duxit, quæ viro suo Gualterium et Hugonem atque Beatricem peperit. Præfatus heros, consanguineus ducis, semper ei fidelis fuit, et cum illo præcipua, cœtibus suis stipatus, in bello Anglico discrimina pertulit. Verum, postquam regnum pacatum est, et Guillelmus regnavit, Gulbertus, rege multas in Anglia possessiones offerente, Neustriam repetiit, legitimaque simplicitate pollens, de rapina quidquam possidere noluit. Suis contentus, aliena respuit, filiumque suum Hugonem ecclesiasticæ disciplinæ, sub magisterio Mainerii abbatis, in Uticensi monasterio devotus obtulit. Cum religiosa conjuge, quæ Mathildis reginæ consobrina erat, diu vixit, et eleemosynis ac orationibus, aliisque bonis operibus usque ad finem laudabiliter studuit. Venerabilis autem Beatrix post obitum viri sui tribus annis supervixit, et in sancta confessione II Nonas Januarii obiit.

Gualterius vero puer elegans, sed parum sapiens fuit, et ob hoc Godmundo aliisque dolosis tutoribus ultro subjacuit. Societatem nebulonum familiariter sibi ascivit ; quorum nefaria persuasione paternum honorem insipienter dilapidavit, et monachos ac clericos, legitimosque colonos injuriis crebro illatis perturbavit. Tandem miles effectus, pulchram et eloquentem Aviciam, Herbranni filiam, uxorem duxit ; cujus consilio et sagaci conatu a pristina pravitate aliquatenus retrahi cœpit. Erat enim prudens et facunda, et a puerilibus annis Deo devota, multisque pro posse suo bonis operibus dedita. Hæc tres fratres habebat præclaros milites, Jordanum et Guillelmum atque Rodbertum. Quorum auxilio sororius eorum in dolosos persuasores prævaluit, et plura, quæ fraudulentis subreptionibus nequidquam distraxerat ac perdiderat recuperavit. Præfata mulier viro suo filios et filias numero XII peperit, quorum majorem partem immatura mors in infantia mox absorbuit. Deinde ipsa, completis cum viro suo XV annis, VIII Kal. Februarii (93) defuncta est, et in claustro monachorum, quos valde dilexerat, ad ostium basilicæ sepulta est. Arcum vero lapideum super ipsam Guarinus prior construi fecit, et Vitalis Angligena epitaphium hujusmodi edidit :

Nobilis Aviciæ corpus jacet hic ; sine fine
Christus ei tutam concedat in æthere vitam !
Cui proba, dum vixit, cum laude frequens inhlavit,
Ac studuit jugi conatu jura lucrari.
Pulchra fuit valde, facunda satis, sapiensque.
Cultibus assidue divis satagebat adesse.
Quotidie missas audire studebat et horas.
Vivere sponte sua sic cœpit honesta puella.
Denique Gualterio generoso nupta marito,
Cum quo quindenis vixit feliciter annis,
Edidit optatam prolem numero duodenam.
Moribus egregiis specialiter hæc hera fulsit ;
Ecclesiæ cultum satagens extollere multum,
Contulit ornatus proprios, altaris in usus.
Presbyteros, monachos, viduas, ægros et egenos
Semper honoravit, multoque juvamine fovit.
Casta fuit tantum, quod nullus eam nebulonum
Infamare palam notis præsumeret unquam.
In Februo lucem, qua Petrus pontificalem
Conscendit cathedram, nece mœstam sensit et atram.
Pro tantæ casu dominæ flent Alfaienses ;
Ast animæ Deus Aviciæ det gaudia vitæ ! Amen.

Gualterius autem post humationem conjugis fere tribus annis vixit, et diutino langore cruciatus, monachi cucullam induit, et paulo post, data confessione, perceptaque pœnitentia, VI Kal. Junii obiit. Porro corpus ejusdem Hildegarius prior ad pedes præfatæ conjugis suæ tumulavit, et Vitalis hujusmodi nænias super illo prompsit ;

Alfaiensis herus Gualterius hic requiescit ;
In requie vera locus illi perpetuo sit !
Viginti septem soles jam Maius habebat,
Dum vir hic in monachi tunica de carcere migrat,
Quem longus langor cruciaverat, ipsa reatus
Confessus proprios, per te sit, Christe, solutus !
            [Amen.

Defuncto Gualterio, quatuor pupilli desolati remanserunt, Richardus et Jordanus, Gualterius et Helias ; quos Henricus rex in sua tutela suscepit, et Alfagiense jus Rodberto vicecomiti duobus annis regendum præcepit. Porro Jordanus de Salcavilla, serviliis et muneribus regi ablatis, totum jus obtinuit, ipsosque nepotes suos alturus cum patrimonio suo recuperavit, et quatuor annis honorifice conservavit et auxit. Interea Richardus duodennis puer obiit, et in ecclesia Sanctæ Dei genitricis Mariæ

---

(93) Leg. *Martii*, i. e. die vicesima secunda Februarii, ut videre est in ipso epitaphio.

tumulatus quiescit. Jordanus deinde successit, frater ejus, juvenis pulcher, bonisque pollens moribus. In curia Henrici regis inter coævos militavit; cui præfatus rex prudentem et pulchram conjugem nomine Julianam, Godescalchi filiam, dedit, quæ cum Adelide regina de Lovennensi regione in Angliam venit.

VI. *Meditationes. Vita B. Patris Ebrulfi.*

Huc usque de rebus S. Ebrulfi diutius locutus sum, quæ nostrum magna ex parte implent libellum. Inde mihi quæso non indignentur lectores, si, beneficii accepti memor, recolo nostros benefactores. Opto equidem fundatores et benevolos cooperatores eorum scripto commendare tenaci memoriæ posterorum, ut filii Ecclesiæ coram Deo in conspectu angelorum memores sint eorum, quorum beneficiis in hac mortali vita sustentantur, ad peragendam servitutem Conditoris universorum. Hinc victor Abraham, postquam à cæde quatuor regum remeavit, et Loth nepotem suum cum concaptivis suis utriusque sexus et substantia reduxit, sociis suis ut partes suas de spoliis Sodomorum acciperent præcepit. Per Abraham, qui *Pater Excelsus* interpretatur, perfecti viri designantur, qui contra malignos spiritus et vitia carnis quotidie dimicant, mundum mundique principem superant, terrenos fastus et lenocinia carnis conculcant, ac veluti stercus reputant. Per Loth a barbaris in captivitatem ductum, sed vivaci virtute spiritualis patrui nobiliter ereptum, qui *vinctus* vel *declinatio* interpretatur, carnalis animus seu bestialis populus significatur, qui in Sodomis, id est delectabilibus flagitiis, illaqueatur, et nexu peccati vinctus, a Deo declinans, a malignis spiritibus captivatur. Per socios Abrahæ, qui pugnasse leguntur, fideles laici jure intelliguntur, qui jussu ejus portionem exuviarum sibi sumpsisse referuntur. Sic enim in libro Geneseos scriptum est: *Dixit rex Sodomorum ad Abraham: Da mihi animas; cætera tolle tibi. Qui respondit ei: Non accipiam quidquam ex omnibus quæ tua sunt, exceptis his quæ comederunt juvenes, et partibus virorum qui venerunt mecum: Aner, Escol, et Mambre; isti accipiant partes suas!* (Gen. XIV, 21-24.) Plerique laicorum mansuetis et modestis moribus adornantur, fide et bona voluntate perfectis Christi bellatoribus adjunguntur, eisque in dæmones viriliter pugnantibus benigniter congratulantur. Fragile tamen sæculum non relinquunt, omnino mundana deserere nolunt, sed legali conjugio deserviunt, legis transgressionibus Deum in multis offendunt, eleemosynis tamen peccata sua, secundum Danielis consilium, redimunt. Isti nimirum partes suas de manubiis hostium accipiunt, dum de terrenis possessionibus Deo servientium monasteria construunt, et de iniquo mammona pauperum et infirmorum xenedochia pie constituunt, et de substantiis suis oratoribus cœli victum et vestitum porrigunt. Porro rex Sodomorum, triumphanti Abraham adulans, diabolum figurat, qui mille artibus nocendi sanctos quotidie tentat; quos blanditiis et terroribus nocte dieque impugnat, et omnia mundi delectamenta, divitiasque vel honores ad hoc callide subministrat, ut animas solummodo in barathrum perditionis secum pertrahat. Abraham vero blandientis assentationes regis contempsit, nec laudes nec munera quælibet ab illo recipere dignum duxit, sed commilitonibus tantum suis partes suas, et quæ ad esum necessaria erant, sumere permisit. Sic nimirum sancti viri, dum in hac vita tempus militiæ suæ peragunt, omnia mundana pro cœlesti desiderio spernunt, nec ullam mercedem pro sanctitatis suæ remuneratione appetunt. Verum mundanos principes, qui fide Catholica et æternorum desiderio bonorum eis comitantur, admonent ut ecclesiis partes suas de patrimoniis et quæstibus suis donent, et egenos mundique contemptores suis beneficiis sustentent; ut a Christo, qui se in pauperibus esse asserit, perennem gloriam sibi vindicent. Multis approbari potest auctoritatibus et exemplis quod tantum sibi homines retinent ad emolumentum æternæ salutis, quantum in eleemosyna misericorditer distribuunt juxta præceptum Salvatoris. Nam ea quæ pro delectatione carnis prodige distrahunt, seu pro mundialis inani splendore felicitatis inutiliter diffundunt, sine dubio velut aqua defluens irremediabiliter transeunt. Alii vero, qui hæredibus suis ingentes gazas augent et reservant, proh dolor! augmentum malitiæ miseriæque sibi multoties accumulant, natosque suos ad multorum detrimenta solerter educant. Ipsi enim furtis et rapacitatibus, multimodisque nequitiis summopere inserviunt, meritoque, malignitatis suæ dignis ultionibus mulctati, depereunt. Sic nempe fit ut nec cœlo, nec terra digni judicentur, et amplos honores ingrati successores adipiscantur, et antecessores, qui pravis hæredibus nimias opes procuraverint, a multis maledicantur.

Providi sophistæ de mammona iniquitatis amicos sibi faciunt, qui, dum carnalia eorum ad præsentis vitæ sustentationem percipiunt, meritis et orationibus spiritualia benefactoribus suis in æternum rependunt. Bajocensis Ebrulfus summopere sibi perquisivit debitores hujuscemodi; de cujus jam rebus in præsenti opusculo plurima retuli. Amodo de ipso patre ordiar, et ejus gesta, sicut a priscis scripto seu relatione traduntur, breviter prosequar, et vitam ejus ad refectionem legentium hic ita inserere nitar.

Venerabilis igitur Pater Ebrulfus, admodum nobili ortus prosapia, Bajocasinæ urbis oriundus exstitit. Quem parentes, nimia educantes cura, catholicæ fidei magisterio tradiderunt. Qui mira velocitate divina et humana diligenter percurrens studia, etiam adhuc puer ipsos magistros dicitur præcessisse doctrina. Cœlestis enim gratia, quæ sibi eum religionis doctorem futurum præviderat, in omnibus efficacissime docilem reddiderat. Neque ex insolentia, ut mos est hujus ætatis, superbe aliquid agendo, tantæ indolis dignitatem inficiebat. Vultu siquidem spectabilis et affatu dulcis, nulli levitate aliqua existebat gravis. Qui, sicut dictum est, nobilitatis lampade clarus, immortalis Dei jam notus præscientiæ, mox innotuit Clothario regi, filio Clodovei, qui primus ex regibus Francorum Christianus factus est, et a beato Remigio, Remorum archiepiscopo, cum tribus nobilium millibus baptizatus est. Qui comperiens quis, vel cujus nobilitatis esset, illico præsentari sibi eum jubet, condignum fore dijudicans ut quem mentis nitor extulerat, regalibus ministeriis deserviret. Per humilitatis autem officium tantam ei supernus imperator contulit gratiam apud terrenum, quatenus, cæteris prælatus, in palatio maximum obtineret locum. Oratoris quippe facundia præditus, ad agendas causas inter aulicos residebat doctissimos. Ita tamen sæcularibus intendebat negotiis, ut nunquam relaxaret animum ab aspectu internæ dilectionis.

Sed cum opportuna spes propagandæ sobolis haberetur in domo patris, crebra et honesta amicorum compulsus persuasione, condignam natalibus uxorem instituit ducere. Quam gratia posteritatis suscipiens, non caris voluptate, divina præcepta exsequendo devote, solerti eadem crebro secum volvebat meditatione. Fruebatur itaque vir Deo plenus temporalibus, cauta cogitatione providens ne displiceret conditori in acceptis rebus. Cumque locupletatus nimis fieret, plus gaudebat bono opere quam bona possessione. Priscorum Patrum gesta, quæ per multos codices legerat, qualiter in sese transferret, summo studio elaborabat. Insistens autem eleemosynis, orationibus atque vigiliis, conjugem quam duxerat ad idem sanctitatis opus evocabat; quatenus per virum fidelem, etsi fidelis, accresceret devotio mulieris. Sicque degens adhuc sub laicali habitu vitam instituerat, ut nihil ab his discrepare videretur, quos imperium regulare coercebat.

Cum ergo beatissimus vir quadam propria lege, laudabiliter viveret, et Dominicis præceptis ardenter inserviret, contigit ut Dominum in Evangelio suis præcipientem audiret : *Qui vult venire post me, abneget semetipsum, et tollat crucem suam, et sequatur me* (Luc. IX, 23). Illud etiam ad cumulum perfectionis vir Dei altæ memoriæ considerat, quod ipsa contemptoribus mundi pollicetur Veritas: *Amen dico vobis quod vos, qui propter me reliquistis omnia, centuplum accipietis, et vitam æternam possidebitis* (Matth. XIX, 29). Veridicis igitur accensus promissis, quod antea cum discretione fecerat, facta distractione rerum, quidquid habere potuit, pauperibus erogat. Conjugem, quam ut patris nomen haberet acceperat, sacro velamine consecrans, cœlesti sponso condonavit. Ipse, tanquam elapsus a naufragio, ad monasterium festinavit, et factus monachus, mansit ibi in omni humilitate serviens Deo per aliquod tempus; excrescebatque in eo magis atque magis sanctæ conversationis affectus.

Relator vitæ monasterium, ad quod præfatus vir confugit, proprio nomine nobis non distinguit. Unde quod de hoc seniorum narratione didici, dignum duco futuris breviter enodare. Venerabilis Martinus, Vertavensis abbas, abbatiam construxerat in loco, quem Duos-Gemellos ab antiquitate vulgus vocitat, pro resuscitatione geminorum, quam ibidem factam vetustas memorat. Nam geminam prolem potentis heri mors immatura sine baptismate rapuerat; unde nimius dolor utrosque parentes invaserat. Martinus autem, ab Anglia reversus, amicos lugentes invenit, consolationem e cœlo quæsivit, meritis et precibus geminos vitæ reddidit, eosque in patrimonio eorumdem monachos Deo dicavit. Antiquum ab eventu eidem vico nomen usque hodie perseverat, et ingens congeries lapidum in fundamentis ædificiorum et ruinis maceriarum evidens testimonium dat quod magnæ dignitatis hominum habitatio Bajocensem pagum illustraverit. Ebrulfus, adhuc divitiis et honoribus potens laicus, præfati, ut dicunt, cœnobii constructionis astitit cooperator idoneus. Incipientes enim consilio adjuvit, hæsitantes corroboravit, opibus et fundis, multisque modis res nuper incœptas augmentavit. Ad postremum omnibus nudatus, ibi se abdicavit, verusque Dei pauper monachile schema ibidem suscepit, et armis obedientiæ Deo militavit, et intuentibus exemplo coruscavit.

Verum, cum ob sanctitatis gratiam cœpisset gloriosus confessor Ebrulfus a fratribus honorari, casum elationis metuens incurrere, accitis secum tribus monachis, quos sibi familiari collocutione conjunxerat, et ad id perfectionis certamen promptiores cognoverat, utpote solius Dei contemplationi volens incumbere, simulque cum velocitate studuit eremum expetere. Qui, per Oximensem pagum, in locum qui Montis-Fortis dicitur, venerunt, ibique, quia locus amœnus silvis et fontibus abundabat, hospitati sunt, et aliquandiu solitariam vitam ducentes, sancte vixerunt. Sed, quia duo castella, Oximis, Guaceiumque in vicinio erant, ubi plures acturi forenses causas veniebant, servi Dei adventantium multitudine molestias plerumque perferebant. Præfata nempe oppida temporibus Cæsaris fuisse, eique leguntur fortiter restitisse; ibique per multa sæcula principum sedes permansisse. Inde frequentia procerum atque mediocrium, quibus antea nobilis heros in sæculi fastigio notus fuerat, jam speciali theoriæ ferventer inhærentem visitabat, et multiplici colloquio de causis utilibus prolato, cœlestia meditantem inquietabat. Illum igitur venerabilis viri locum deseruerunt, illique posteri basilicam, quæ adhuc perdurat, in honore S. Ebrulfi condiderunt.

Deinde silvam ingressi sunt amatores eremi, quam Uticum protestantur incolæ. Quæ silva densitate arborum horribilis, crebris latronum frequentata discursibus, habitationem præstabat immanibus feris. Cumque intrepidis gressibus vastissima loca solitudinis peragrarent, non invenientes ubi conveniens suæ devotioni hospitium collocarent, beatus Ebrulfus, puræ conscientiæ spiritu inardescens, oravit ad Dominum, dicens : « Domine Jesu Christe, qui populo tuo Israel gradienti per desertum, te ductorem fidelissimum in columna nubis et ignis exhibuisti, dignare propitius nobis volentibus Ægyptiacæ servitutis damnationem effugere, locum libertatis et nostræ fragilitati opportunum clementer ostendere ! » Mox vero completa oratione, apparuit fideli viro angelus Domini, adveniens quod poposcerat indicare. Quem sequentes prævium, pervenerunt ad fontes habilissimos ad potandum; qui paululum derivati colligebantur in magnum stagnum. Ubi genua flectentes, monstratori Deo immensas referunt laudes, qui nunquam servos suos spernit sperantes in se. Celebrata autem gratiarum actione, nomen Domini invocantes, pro quantitate habitantium de virgultis et frondibus construxere tugurium. Quod claustro parvulo ejusdem materiæ circumcingentes, manserunt ibi, optatæ quietis refugium consecuti. Quorum servitus quantum libera, tantum Deo comprobatur exstitisse grata. Omnem quippe mundi strepitum conculcantes pedibus, solis inhærebant cœlestibus; et qui cuncta contempserant, præter Deum nihil habebant. Unde bene cum Psalmographo cantare meruerunt : *Portio mea, Domine, dixi, custodire legem tuam* (*Psal.* CXVIII, 57). Summi namque Dei obsequentes legi, eum solum partem conabantur adipisci.

Dum ergo tota vigilantia interioris hominis profectum acquirerent, neque eos aut loci asperitas, aut bestiarum feritas a proposito deterreret, factum est ut quidam latronum, qui silvam incolebant, ad eos diverteret. Et admirans eorum constantiam, et in Christi servitio perseverantiam, ait : « O monachi, quæ causa turbationis vos has partes coegit adire? Vel quomodo præsumpsistis in tanta hospitari solitudine? Non optimum locum invenistis. An nescitis quia hic est locus latronum, et non eremitarum? Hujus nemoris incolæ rapina vivunt, proprioque viventes labore, consortes pati nolunt. Non diu tuti hic esse potestis. Præterea arva inculta et infructuosa, vestroque labori invenistis ingrata. » Ad hæc venerabilis Pater Ebrulfus, ut erat vir eloquens, singula propositionum exsecutus, respondit : « Vere, frater, non turbationis insolentia, sed cunctipotentis Dei huc nos appulit præscientia. Neque ex ulla usurpatione ad hæc devenimus loca, sed potius ut liberius defleamus peccata nostra. Et quia nobiscum est Dominus, in ejus tutela positi non timemus minas hominum, cum ipse dixerit : *Nolite timere eos qui occidunt corpus ; animæ autem non habent quid faciant* (*Matth.* x, 18). Illud autem quod proposuisti ultimum de labore, noveris quia potens est Dominus servis suis parare in deserto mensam refectionis. Cujus opulentiæ particeps et ipse fieri potes, si pravitatem quam exerces deseris, et Deo, qui vivus et verus est, te famulaturum devotissime spoponderis, fili. *Noster*

namque Deus, ut ait propheta, *in quacunque die peccator conversus fuerit, quæcunque operatus est mala oblivioni tradit* (*Ezech.* XVIII, 21). Ne ergo desperes, frater, de bonitate Dei propter immanitatem scelerum; sed admonitionem Psalmographi sequens : *Diverte a malo, et fac bonum* (*Psal.* XXXIII, 15), pro certo intelligens quia oculi Domini super justos, et aures ejus ad preces eorum. Sed et illud nolumus te ignorare, quod idem propheta personat continuo terribili relatione : *Vultus autem Domini super facientes mala, ut perdat de terra memoriam eorum* (*ibid.*, 17). Quod si divinæ pietatis intuitus præsens adest justis, ut eorum preces exaudiat, patet procul dubio quia divertitur ab injustis, ut eorum quandoque impudentiam potenter puniat. » Tunc ille, in his sermonibus superna compunctus gratia, reversus est ad propria. Mane autem facto, renuntiatis omnibus quæ habebat, deportans secum tres tantum subcinericios panes et favum mellis, citato calle repedavit ad servos Dei, et procidens ante pedes S. Ebrulfi, protulit eulogias benedictionis; moxque sancto afflatus Spiritu, emendatiorem vitam pollicitus, ibidem monachilem adeptus est professionem primus. Quem imitantes multi ejusdem silvæ latrones, per admonitionem beati viri aut fiebant monachi, aut deserentes latrocinia efficiebantur cultores agri. Ex vicinis etiam locis, fama divulgante beati viri nomen et meritum, nonnulli veniebant ad eum, desiderantes ejus contemplari angelicam faciem et jucundissimum audire sermonem. Cumque ei administrarent quæ corpori erant necessaria, refecti spiritualibus cum alacritate mentis remeabant ad sua. Quidam autem ex ipsis, ut meruerunt perfrui ejus colloquio, deprecabantur ascribi tam spirituali collegio, jamque propter frequentiam venientium prædicta silva solitudinis amiserat vocabulum.

VII. *Sequentia vitæ B. Ebrulfi.*

Accrescente itaque numero fratrum, accrescebat et in beato Ebrulfo gratia virtutum. Patientiæ quippe singularis, abstinentiæ erat prædicabilis, creber in oratione, hilaris in exhortatione. Prosperitate nesciebat extolli, adversitate non poterat frangi. Quod ei deferebatur a populo fideli, pauperibus qui ad eum confluebant mandabat distribui, dicens non oportere monachos aliqua de crastino sollicitudine angi.

Quadam igitur die, deficiente copia panis, pauper ad januam veniens, eleemosynam postulare cœpit. Qui cum denegantem se habere quod largiri posset ministrum inclamaret, venerabilis Pater ait : « Frater, quare negligis clamorem pauperis? Da, quæso, eleemosynam inopi. » At ille : « Non habeo, inquit, Pater, nisi dimidium panis quem reservo parvulis nostris. Nam cætera secundum jussum tuum erogavi. » Cui ille : « Non debes hæsitare, fili. Num legisti Prophetam dicentem : *Beatus qui intelligit super egenum et pauperem; in die mala liberabit eum Dominus?* (*Psal.* XL, 1.) Nunquam sane desinet fidelis conditor pascere, pro quibus dignatus est, affixus cruci, pretiosum sanguinem impendere. »

His a venerando Patre auditis, minister dimidium panis quem reservaverat parvulis, uni famulorum tradidit, dicens : « Cito curre, et pauperi largire, sed noli eum revocare. » Qui jussis obtemperans, tandiu cucurrit, donec egenum fere uno stadio a monasterio remotum reperit. Cui cum diceret : « Accipe, Domine, eleemosynam quam tibi abbas mittit, » ille baculum, quem manu gestabat, in terra defixit, Deoque gratias agens, ambabus manibus agapem suscepit. Cumque de humo baculum abstraxisset, nec adhuc eleemosynæ portitor de loco recessisset, subito fons magnus, cuspidem baculi secutus, erupit, qui usque in hodiernum diem ebulliens, ibidem fluit. In quo loco multæ infirmorum sanitates patratæ sunt, et de longinquis regionibus febricitantes pro desiderio curationis illuc asciti sunt. Per visum etiam pluribus jussum est ut pro salute nanciscenda Uticensem saltum quærerent, et de S. Ebrulfi fonte, qui manat illic, biberent. Plures igitur de Burgundia vel Aquitania, seu de aliis Galliarum regionibus exierunt, Uticum cum summa difficultate quæsierunt, et vix, quia tunc locus ille obscurus erat, uti desertus, indagantes, invenerunt. Tandem invento fonte cum hausissent, et inde cum sancti nominis invocatione fideliter bibissent, seu caput vel alia membra lavissent, recepta sanitate gaudebant, Deoque gratias agentes, ad propria læti redibant.

Hæc ibidem per multa sæcula frequenter usque ad tempora Henrici, regis Francorum, agebantur, dum post devastationem Danorum raro cultore Uticensis pagus incolebatur. Tunc quidam pagensis, nomine Berengarius, ex paterna successione illud rus suscepit; et, ne adventantes infirmi sata sua devastarent, fontem sepe circumclusit. Dolens namque ruricola crebro irascebatur quod prata, horti et alia quæ in circuitu habebantur, ab extraneis, qui causa salutis illuc confluebant, conculcabantur. Ab eodem tempore miracula sanitatum ibidem fieri cessaverunt, quandiu præfatus Berengarius et hæredes ejus Leterius et Guillelmus atque Gervasius prædium illud possederunt.

Erogato itaque a S. Ebrulfo pane pauperi, ecce ante solis occasum quidam clitellarius astitisse pro foribus cellulæ visus est, pane et vino sufficienter onustus. Qui vero eum adduxerat, dicens se feneratorem esse, ministrum advocavit. Cui tradens quæ detulerat, ait : « Vade frater, et da tuo abbati. » Quo dicto, velut iter accelerans, equum ascendit et festinus abscessit. Cumque pater personam datoris requireret, responsum est ei quanta celeritate discessisset. Intellexit ergo hæc sibi a Deo delata fuisse, et exhilaratus spiritu, gratias egit pietati ejus immensæ, qui multiplicat misericordiam suam servis suis, et reddit plura pro paucis. Ab illo vero die nunquam defuit illis quod poscit usus humanæ fragilitatis.

Sed cum paulatim, pio Domino præstante auxilium, temporalibus bonis augmentari cœpissent, duo sævi latrones ex alia provincia, audientes multiplicari eorum substantiam, direxerunt gressum ad beati viri cellulam, et assumpto grege porcorum, cum silvam egredi festinarent, reciprocato itinere ipsam eremum cœperunt circumire. Et non invenientes liberam exeundi potestatem, obstupefacti cur hoc contingeret, et jam errando fatigati, audierunt signum, quo fratres accitı conveniunt ad orationis studium. Ad cujus sonitum nimio terrore perculsi sunt, et, relictis porcis, ad hominem Dei velociter accesserunt; et confessi crimen quod egerant, facti sunt ei monachi.

Verum ad commendandam illustrem gloriam magistri, non illud tacendum esse duximus, quod per quemdam discipulorum ejusdem honorificentissimi viri exhibuit præcellens gratia septiformis Spiritus. Corvus namque, qui prope monasterium nidificaverat, ova furtive rapiebat, et per insertam fenestram refectorium intrans, omnia turbabat, nidoque suo quod tollere posset asportabat. Tunc unus ex fratribus, cujus hoc erat officium, simpliciter orans inquit : « Domine, vindica nos de adversario qui aufert quod nobis donat tua miseratio. » Nec mora repererunt volucrem sub arbore mortuam, qua sibi collocaverat nidum. Sic quidquid eis nocere voluit, aut cito periit, aut pœnitens melioris propositi habitum recepit.

Igitur cum omnium inspector Deus gloriosum certamen Ebrulfi dilecti sui clementer aspiceret, cor illius fidei soliditate roboravit, quatenus perseverans in opere, exemplum fieret cæteris regularis disciplinæ. Qui licet vehementer arderet adire remotioris deserti loca, et hominum declinare consortia, prudentiori tamen consilio deliberavit præsens prodesse exercitui, cujus dux atque magister exstiterat propositi. Metuens videlicet, si se fundamenti auctor subtraheret, opus ædificii propter novitatem aliquatenus vacillaret, præcavebat ne, dum sibi locum quietis provideret, aliis detrimentum foret. Persistit ergo princeps agonizantis exercitus, et in acie ut miles pugnans, et extra aciem ut fortis ductor per incrementa virtutum sese proferendo sublimans. Cujus celeberrima sanctitatis opinio plurimas percurrens provincias, ad ejusdem professionis luctamen felices et strenuas, Deumque metuentes personas illexerat. Tradebant autem beato viro domos, prædia, possessiones et familias, rogantes ut eis monasteria ædificari præciperet, et ordinem quem vellet vitæ solers pastor imponeret. Quorum petitionibus vir sanctus acquievit, et xv monasteria virorum seu mulierum regulariter instituit, et singulis probatissimæ vitæ personas præfecit. Ipse autem proprio cœnobio, quod prius ædificaverat præfuit, in quo jugiter in Dei servitio permansit, exhortans fratres « ad altiora progredi, et pertimescere multiformes insidias diaboli. » Fama sanctitatis tanti Patris pervenit ad aures principum, qui temporibus illis frena regni rexerunt Francorum, qui nuper submissi fuerant leni jugo Christianorum.

Clotharius enim Senior annis quinquaginta et uno regnavit, moriensque quatuor filiis suis regnum in tetrarchias divisum reliquit. Caribertus itaque Parisius, Hilpericus Suessonis, Guntrannus Aurelianis, et Sigisbertus Mettis regni sedem sibi collocavit. Sigisbertus autem, qui junior omnibus erat, primus omnium duxit uxorem, filiam scilicet regis Galiciæ, Brunichildem, quæ peperit ei Childebertum regem, et Ingundem, Hermingeldi Guissigothorum regis et martyris conjugem, et Bertam, Adelberti Cantuariorum regis uxorem, atque Bovam Deo sacratam virginem. Deinde post VIII annos, fraude Chilperici fratris sui occisus est, et Childebertus adhuc puer cum Brunichilde matre sua regnum adeptus est. Quo fere XXV annis fortiter, ut in gestis ejus legitur, potitus est. Qui, postquam multos labores perpessus veneno periit, Theodeberto et Theoderico filiis suis duas tetrarchias patris sui dimisit; cum quibus Lotharius Magnus, Chilperici filius, fere XX annis inimicitias exercuit. Tandem Theodebertum regem bello peremit, et vetulam Brunichildem ad caudas equorum indomitorum crudeliter ligari fecit, potentem reginam, cui quondam Gregorius papa, ut in *Gestis pontificalibus* et *Registro* declaratur, suppliciter faverat, frustatim discerpsit. Sic nimirum, omnibus æmulis de medio ablatis, monarchiam Franciæ solus obtinuit, moriensque Dagoberto filio suo, cujus gesta Francis notissima sunt, reliquit.

In illo tempore, dum isti Gallis principati sunt, Romanum imperium Justinianus et Justinus minor tenuerunt, Tiberius quoque et Mauritius, Phocas et Heraclius. Apostolicam vero sedem tunc rexerunt Hormisda et Joannes, Felix et Bonifacius, Joannes et Agapitus, Silverius, Vigilius et Pelagius, Joannes et Benedictus, Pelagius et magnus doctor Gregorius, Sabinianus et Bonifacius, Deusdedit et Bonifacius, in solemnitate Omnium Sanctorum famosus. In diebus illis Rothomagensem metropolim tenuerunt Flavius et Prætextatus, Melantius, Hildulfus, celebrisque proles Benedicti Romanus.

VIII. *Sequentia.*

Hæc de chronicis rimatus sum, lectorique meo satisfacere volens, breviter adnotavi, ut satis eluceat quibus temporibus octogenaria floruerit in mundo vita sancti Patris Ebrulfi. Nunc ad quædam nitor enarranda regredi, quæ non scripto, sed seniorum didici relatione. In nimiis enim procellis, quæ tempore Danorum enormiter furuerunt, antiquorum scripta cum basilicis et ædibus incendio deperierunt; quæ fervida juniorum studia, quamvis insatiabiliter sitiant, recuperare nequeunt. Nonnulla vero, quæ per diligentiam priscorum manibus barbarorum solerter erepta sunt, damnabili subsequentium negligentia, proh pudor! interierunt; qui sagacem spiritualium profunditatem Patrum libris insertam servare neglexerunt. Codicibus autem perditis, antiquorum res gestæ oblivioni traditæ sunt; quæ a modernis qualibet arte recuperari non possunt, quia veterum monumenta cum mundo prætereunte a memoria præsentium deficiunt, quasi grando vel nix in undis cum rapido flumine irremeabiliter fluente defluunt.

Nomina locorum, in quibus Pater Ebrulfus XV monasteria construxit, et vocabula patrum, quos idem cœnobialibus turmis vicarios Christi præfecit, variis mutationibus rerum per CCCC annos abolita sunt, quæ sub multis principibus a Lothario Magno et Childeberto contigerunt, qui usque ad Philippum et Ludovicum, ejus filium, in Galliis regnaverunt. Quædam tamen annosi senes visa vel audita filiis ore facundo retulerunt, quæ nihilominus et ipsi tenacis glutino memoriæ retinuerunt, et sequenti ævo divulgaverunt. Digna itaque relatu serentes fratribus suis insinuant, per quæ dura mortalium corda Creatoris ad amorem incitant, ne pro abscondito in terra talento cum torpenti servo damnationem incurrant. Igitur quæ priscis a patribus jamdudum puer didici auscultate, et mirabilem Deum in sanctis suis mecum magnificate.

Dum longe lateque fama beati Patris diffunderetur Ebrulfi, ad regis Franciæ pervenit aures Childeberti. Qui nimio cupiens desiderio videre illum, cum uxore sua et aliquibus de familia sua, perrexit Uticum. Cumque prope monasterium viri Dei pervenisset, in locum scilicet ubi nunc basilica in honore beatæ Dei genitricis, virginis Mariæ constructa est, de equo reverenter descendit, ac ut omnes ad obviandum servo Dei honeste se præpararent, imperavit. Tunc clerici qui comitabantur ei, vestimentis induti astiterunt, manus ad reliquias atque cruces, quas super pallia posuerant, miserunt, et eadem resumere voluerunt, sed nullo modo movere potuerunt. Unde omnes, nimio mœrore affecti, in terram se prostraverunt, et misericordiam Domini suppliciter deprecati sunt. Regina vero, sese voto constringens, ait : « Si omnipotens Deus dederit nobis potestatem ut sacra quæ hic posuimus, sospites recipere possimus, in hoc loco venerabilem ecclesiam in honore Genitricis ipsius construi faciam. » His dictis, clerici manus sacris apposuerunt, sed nihil profecerunt. Tunc regina nimis mœsta, cum lacrymis aiebat : « Scio peccata mea promereri ut servum Dei non possim contemplari. Attamen, si per intercessionem ipsius sancti creator omnium Deus nos respexerit, et sanctas nobis reliquias auferre permiserit, altare marmoreum ex propriis sumptibus præparabo, et eidem faciam deferri beato. » Cumque ab ore hoc protulisset, omnes reliquiæ per se ipsas motæ sunt, quas accipientes, obviam viro Dei cum gaudio processerunt. Jam enim beatus vir, adunata fratrum turma, veniebat, et cum eo multitudo populi utriusque sexus in adventu regis tripudians properabat. Susceptus itaque rex, per triduum ibidem demoratus est. Tertio autem die sub chirographo XCIX villas B. Ebrulfo tradidit, ac ad suos inde lætus lares remeavit.

Regina vero, voti sui memor, in colle, qui inter rivum Carentonæ et silvam consistit, intemeratæ Dei genitrici Mariæ honorabilem ecclesiam construi fecit, et altare marmoreum, ut spoponderat, venerabili viro transmisit, quod multis annis in eodem loco perduravit. Deinde, post multorum annorum curricula, quidam homuncio partem ejusdem marmoris ad alium locum transferre voluit; sed casu illud per medium fregit. Quod factum, ut omnibus manifestaretur Deo displicuisse, non in longum passus est inultum remanere. Nam antequam annus revolveretur, præfatus homo vita privatur.

In basilica quam retuli reginam condidisse, duæ aræ sunt consecratæ, quarum una dicata est sanctæ et individuæ Trinitati, altera vero intactæ Virgini, Dei genitrici. Fertur quod ibi fuerit cœnobium sanctimonialium, necnon cœmeterium monachorum et sublimium virorum, quorum illuc cadavera bajulabantur ad sepeliendum, quia in valle palustris humus erat, et in hieme passim dum foderetur, lympha mox scaturiebat, manansque foveam fons adimplebat. Unde in prædicta æde Virginis Matris plurima insignis habitationis indicia panduntur, et usque in hodiernum diem honorabiles ibidem sarcophagi servantur, qui spectabilium fuisse personarum sine scrupulo creduntur. His ita se habentibus, ad ea narranda quæ restant veniamus.

Vir Deo plenus, ut frequentiam ad se adventantium se ferre non posse vidit, suum digne monasterium ordinavit, latenter inde secessit, et in crypta quadam per tres annos ita deliluit, quatenus a nullo monachorum penitus sciretur, excepto uno, nomine Malcho, qui filiolus viri Dei erat, cæterisque familiarior arcana viri noverat. Crypta vero sub monte frondoso prope rivulum erat, et a monasterio fere dimidia leuga distabat. Diabolus autem, omnium bonorum inimicus, videns fratres in bonis excrescere operibus, nisus est eos ex felle malignitatis suæ nequiter inebriare, et nefaria perturbatione omnes pariter contristare. Seditionem itaque inter eos quondam immisit, quæ adeo convaluit ut duo ex illis necarentur, et reliqui omnes inedicibili mœrore afficerentur. Filiolus ergo servi Dei, ut insanabile sibi ulcus in corpore fratrum prospexit, concito cursu ad archiatrum properavit. Quem cum vir sanctus venientem conspiceret a longe, intellexit non sine causa illum tantopere festinare, veniensque in occursum illius, sciscitatus est causam adventus ipsius. Porro Malchus seriatim exposuit illi quomodo fratres immissione dæmonis in seditionem fuissent excitati. Quod cum audisset, zelo Dei succensus infremuit, et cum nuntio festinus accurrit. Cumque cœnobio appropinquasset, et in locum, ubi nunc ecclesia in honore ipsius condita stat, advenisset, omnia signa cœnobii per se ipsa sonare cœperunt. Similiter de ecclesia Beatæ Mariæ signa sonuerunt, et de basilica S. Martini, qui Elegans dicebatur, ubi parochia conveniebat, in loco qui Bercoteria vulgo nuncupatur.

Tunc diabolus animadvertens sanctum advenire, assumpta humana effigie cœpit fugere. Quod cernens vir beatus, ait ad filiolum suum : « Videsne, frater, hominem illum currentem ? » At ille : « Non video, domine. » — « Ecce, inquit, diabolus in hominis forma transfiguratus aufugit, timens ibidem amplius remorari. » Hæc dicens, insequebatur Belial fugientem. Qui cum in illum locum, qui nunc ab incolis Escalfou vocitatur, pervenisset, Satan ulterius fugiendi licentiam non habens, stetit. Beatus vero Ebrulfus audacter accessit, in furnum ardentem, qui coquendis panibus parabatur, illum projecit, et os clibani operculo ferreo, quod ibi forte reperit, protinus obstruxit. Locus idem exinde ab eventu Escalfou vocatus est. Hoc itaque mulieres, quæ panes suos ad coquendum detulerant, ut viderunt, obstupefactæ viro Dei dixerunt : « Quid faciemus, domine, de panibus nostris ? » Quibus ille ait : « Potens est Deus absque corporeo igne panes vestros coquere. Plateam ante clibanum diligenter scopate, et seriatim panes vestros ibidem exponite, et, cum ad plenum excocti fuerint, ad proprias domos deferte. » Quod ita factum est, cunctis Deum collaudantibus quibus hoc ostensum est. Deinde beatus Ebrulfus ad monasterium suum rediit, duosque fratres qui perempti fuerant, coram se deferri præcepit. Prostratus autem in terram, tandiu precibus incubuit, donec ipsi a somno mortis excitarentur. Qui, data confessione, et communicati Dominico corpore, rursus spiritum exhalaverunt, mirantibus cunctis et exsultantibus, qui hoc viderunt. Quos venerabilis Pater honorifice tumulari jussit, et de salvatione illorum certus, Deo gratias devotus reddidit.

Hæc et multa his similia seniores referunt exhibita per Ebrulfum, addentes quod grandævum monachum viderint, nomine Natalem, apud Uticum, qui grande volumen habebat de miraculis et rebus gestis per sæpefatum omnipotentis Dei famulum. Quondam missa finita, ardens candela per incuriam super altare dimissa est. Incolis vero alia curantibus, flamma lichinum usque ad mappulam altaris absumpsit, et ignis edax inde altaris linteamina casu corripuit, et librum, cujus exemplar a nobis usquam reperiri nequit, et quæque ibidem comburi potuerit, quæ circa vel super aram erant, concremavit. Omnes igitur irreparabile damnum de notitia præteritorum planxerunt, et, quia illitterati erant eremicolæ, non scripto reparaverunt, sed eloquio junioribus, de his quæ visu vel auditu perceperant, intimaverunt. Ipsis quoque deficientibus, ignorantiæ caligo nepotes obtexit, et indaginem transactorum irretitabiliter abdidit, nisi ea tantum quæ solertia cujusdam sophistæ in vita sancti Patris ad legendum in Ecclesia strictim congessit. Nunc autem, sicut principium ejusdem lectionis nostro inserui opusculo, sic etiam finem operum et vitæ sine fuco falsitatis utiliter compaginabo.

Elapso interea anno vicesimo secundo inchoationis eorum in ipsa eremo, in eodem monasterio ab incursione insidiatoris generis humani pestifera clades subitaneæ mortis ingressa adfuit. Beatus vero Ebrulfus, non sicut mercenarius, qui in medio luporum, derelictis ovibus, fugam arripuit, sed ut verus pastor cum eis certamen iniit, et implens Apostoli monita, gaudebat cum gaudentibus, flebat cum flentibus (*Rom.* XII, 15). Quibus verba exhortationis faciens, ait : « O fratres, roborate corda vestra, et estote parati. *Viriliter agite, et confortamini* (*I Cor.* XVI, 13) in Domino, *scientes quod tribulatio patientiam operatur* (*Rom.* V, 3). Renovamini spiritu mentis vestræ, et pugnate cum antiquo serpente. Sit vobis cor unum, et anima una in Domino. Ecce appropinquat vocatio nostra, et manifestabuntur opera nostra, reddetque verus arbiter prout exposcunt singulorum merita. *Vigilate ergo et orate, quia nescitis* diem neque horam. *Beatus ille servus, quem, cum venerit Dominus, invenerit vigilantem* (*Matth.* XXIV, 41). » His et hujusmodi Dominicis persuasionibus prudens concionator conscientias fratrum conveniebat, adnectens etiam quæ bonis gaudia, quæ male viventibus debeantur tormenta.

Cum igitur velociter interire cœpissent, ut plenius beati viri sanctitas claresceret, quidam ex fratribus, Ansbertus nomine, sine viatico defunctus est. Custos autem ejus ad abbatem veniens, ait : « Ora, Pater, pro filio rebus humanis miserabiliter jam egresso. Tua ei ducatum præstet oratio, cujus iter non munivit salutaris hostiæ communio. » Qua de re beatus Ebrulfus semetipsum multum incusans quasi negligenter acciderit, ad torum defuncti venit, et præcedentibus lacrymis stratus in pulvere, arma orationis quæ consueverat arripuit. Postquam autem sibi sensit adesse divini favoris præsidium, surgens a terra inclamavit mortuum. Ad cujus vocem, qui lumen amiserat caput erexit, et apertis oculis, suæ libertatis intuens auctorem, ait : « Bene venisti, liberator meus, bene venisti. Me etenim, quem inimicus sibi vindicaverat, quia incommunicatum reperit, tua salvat oratio, quæ calliditatis ejus argumenta solvit. Privatus namque beatorum convivio, sententiam exceperam, utpote non habens viaticum, misere famis cruciandus supplicio. Quapropter, benigne Pater, rogo ne differas quin salutaris hostiæ me participem facias. » Quid multa ? Jubetur afferri sacrificium. Quod mox ut accepit, admirantibus cunctis quod revixerat, provida dispensatione Dei rursus spiritum exhalat. Exsultat gloriosus Pater, certior factus de salute fratris; exsultant fratres, collaudantes Deum pro novitate miraculi. Ille lætatur, quia fratrem morti ereptum per acceptam vitam vitæ remiserat ; illi gloriantur se habere Patrem, cujus ad preces infernus

expavescat. Qui etsi imminentis pestis considerant periculum, minus tamen sub tali ac tanto duce jam formidant improvisæ mortis interitum. At vero eodem mortalitatis ingruente incommodo, mortui sunt ex monachis LXXVIII, sed et famulorum non minima multitudo.

Cæterum, quid de quodam eorum contigerit, non oportet præterire silentio. Ipso namque die Dominicæ Nativitatis, ab uno valde necessario monasticæ rei ablata est anima. Qui diligenti studio funeris compositus, extra monasterium, ubi locus erat sepeliendi asportatur, ibique eum deponentes, exspectabant quatenus expleto missarum præconio sepulturæ traderetur. Flebat autem totius ecclesiæ conventus pro tanti famuli morte. Procurator quippe diligentissimus, res fratrum administrabat officiosissime, qua de causa nimio ab omnibus colebatur amore. Cum ergo pariter omnes flerent, beatus Ebrulfus, Spiritum sanctum tota mente concipiens, infremuit, dolorique fratrum compatiens, ad nota præsidia recurrit, orationi incubuit, pectus vehementer cædit, tandiuque sese lacrymabiliter afflixit in prece, donec pro quo precabatur famulus resurgeret, et gratias agens pro reddita vita, ante pedes resuscitatoris procumberet. Quo facto, ad cœlum clamor tollitur, nomen sanctæ Trinitatis in commune benedicitur, clarus et apostolicus, quia mortuos suscitaverit, apud cunctos Ebrulfus habetur. Qui autem vivificatus fuerat, pristino restitutus officio, postea plures vixit annos. At demum annuente nutu supernæ pietatis, cessavit languor ille mortalis.

Verum cessante infirmitate, non cessabat pius pastor pro defunctis exorare, intelligens quia vera charitas amplius laborat pro anima quam pro corpore. Qui licet canitie veneranda canderet, nescius tamen cedere senectuti, aut orando, aut legendo, diem continuabat nocti, juxta illud quod inter alia de beato viro Psalmista dicit : *Et in lege Domini meditabitur die ac nocte* (*Psal.* I, 2). Charitatis quidem igne repletus, in omni exercitio virtutum persistebat attentius. Peccantibus misericors, sui oris invigilabat firmissimus custos. Cui neglecta suæ cutis cura, tribus vicibus tantum in anno tondebatur coma. Nulli unquam in ultione retribuit mala. Si quis aliquod damnum de rebus transitoriis ei nuntiasset, continuo respondebat : *Dominus dedit, Dominus abstulit : sit nomen Domini benedictum!* (*Job* I, 21.) Tanta ei virtus reconciliandæ pacis inerat ut quicunque discordes ad eum venirent, ejus mellifluis mitigati sermonibus, pacifici remearent. Omnes autem ad se venientes, tam nobiles quam ignobiles, pauperes atque peregrinos hilari vultu recipiebat. Semper apud cunctos lætissimus esse volebat, raroque aut vix, quem reciperet, absque quolibet munusculo a se recedere permittebat. Infirmi etiam, per benedictionem ejus sanitate recepta, benedicentes Deum redibant cum ingenti lætitia. Cunctis denique beatum virum petentibus optata proveniebat salus. Multi quoque, quos adeo vexabat immanissima vis febrium, cum nequirent adire beatissimi viri conspectum, missis legatis rogabant ejus munificentiam, quatenus cinctorium, quod sibi de funiculo paraverat, aut aliquid de veste sua, charitatis gratia, mererentur accipere. Qui ex fide hoc ipsum contingebant, et pristinæ donabantur sanitate.

Quædam materfamilias, quam nullus medicorum sanare poterat, audita fama virtutum beatissimi viri, poscit ejus fimbriam sibi per nuntium afferri. Quam cum acciperet, ipsa infirmitatem evasit, et alii quamplures. Ecce medicus laudabilis, qui præsens præsentibus beneficia sanitatis impertit, et absens absentibus idem exhibere non desistit. Sentiunt virtutem qui ejus non novere faciem.

Confluentibus itaque ad eum universis certis ex causis, advenit etiam inter eos ex alia regione quidam pauperculus. Quem cum omni corpore attenuatum ex nimia infirmitate, et curvatum super crura piissimus senex cerneret incedere, dixit : « O frater, quomodo valuisti explicare tantum laborem itineris, cum tanta debilitate afficiaris? » Cui ille : « Gemina, inquit, necessitate compulsus ; tuam, domine, sanctitatem decrevi adire, videlicet ut et famelicum saties, et mediceris infirmum potestate qua prævales. » Quem cum ibi residere juberet, continuo sanum reddidit, et faciens monachum, hortulanum esse præcepit. Itaque qui duo petiturus advenerat, trino munere se donari gavisus est. Famis itaque effugato periculo, incolumitatis invenit remedium, et emendatioris vitæ adeptus est propositum.

IX. *Mors B. Ebrulfi.*

Inter hæc igitur virtutum insignia, cum jam Christi miles emeritus LXXX esset annorum, toto desiderio mentis, cui devote servierat, faciem adoptabat contemplari ; servum videlicet arguens infidelitatis, qui præsentiam velit refugere Domini. Qui febricitatus, nullum visus est per XLVII dies sumpsisse cibum, nisi aliquoties Domini Jesu corporis sacramentum ; incessanter fratribus erogans, quasi nihil inæqualitatis pateretur, divini verbi mysterium. Et dum ex vicinis locis religiosi viri studio visendi ad eum devenirent, lacrymantesque precarentur ut, aliquid ex oblata charitate accipiens, corpusculum dignaretur recreare, dicebat : « Silete, silete, fratres ; nolite suadentes mihi fastidium ingerere, quod nolo penitus. » Neque enim terrenis epulis indigebat, quem Spiritus sanctus intus alebat. Pascebatur quippe spe æternæ suavitatis, certus donari pro labore commercio beatæ immortalitatis. Denique instante die, qua ei voluntas erat dissolvi, et optato perfrui vultu Creatoris, convocavit fratres, quos ejus discessu mœrentes, et quid agerent mortuo pastore proclamantes, sic allocutus est : « Filioli, unanimiter persistite, connexi vinculo charitatis ! Sit vobis in invicem dilectio spiritualis ! Non vos subripiat subdola fraus insidiatoris, et quod promisistis Deo implere studete. Sobrietatem diligite, castitatem custodite, humilitatem tenete, superbiam vitate, et alius alium in bono opere festinet præire ! Hospites et peregrinos benigno animo suscipite, propter illum qui dixit : *Hospes fui, et suscepistis me* (*Matth.* xxv, 43). » Hæc et alia hujusmodi glorioso Ebrulfo perorante, data etiam pace fratribus, sanctissima ejus anima egressa est de corpore, moxque tanta claritate enituit vultus, ut nulli dubium quin triumpharet liber spiritus in cœlestibus. Migravit autem a sæculo IV Kalendas Januarii, tempore Rodoberti Sagiensis episcopi, anno videlicet xii regni regis Childeberti (94). Quem fratres cum magna reverentia in ecclesiam deportantes, tribus diebus ac noctibus hymnos ac laudes Deo canentes, sanctum illius corpus diligenter visi sunt custodisse, exspectantes conventum servorum Dei. Postquam vero compertum est in prædicta civitate excessisse rebus humanis consolatorem totius patriæ, concurrunt omnes ad monasterium, beato funeri congaudentes interesse. Lamentabantur quoque pauperes verum Dei pauperem, divites divitem, pueri patrem, senes senem. Commune namque bonum omnibus, merito communis habebatur luctus.

Verum illud pietatis insigne, quod vir piissimus inter cætera egit, jam fruens æterna luce, non arbitror tacendum esse. Quidam namque ex fratribus religionis et obedientiæ gratia perspicuus, in ipso monasterio serviebat, diaconi titulo sublimatus. Quem Pater ob sanctitatis prærogativam nimium dilexerat. Hic ergo, cum videret privatum se tanto Patre, nimio affectus dolore, dicebat : « Heu ! quid faciam miser? Cur destituis quem te fatebaris dilexisse, Pater? Qui tuis eram intimus consiliis, cur a te divelli pateris? Quem tractabas ut filium, cur despicis ut exosum? Sane nunquam apud te promerui ut ante me velles sepulturæ tradi. »

Talia perstabat memorans, lacrymasque ciebat.

Et ecce in ipsa nocte Dominicæ Circumcisionis nutu divino emisit spiritum. Quod nimirum precibus beatissimi Patris Ebrulfi constat fuisse gestum, videlicet ne quem dilexerat hujus mundi ludibrio subjaceret, et ut precantum votis se promptissime adfuturum demonstraret. Sicque monachus illejuxta quod precatus fuerat expositus est ad sepeliendum in crastino cum suo abbate. O mors gloriosa, quæ pretiosior consistit quam vita ! Quod enim subripuit mundo, indubitanter ascripsit cœlo. Verum, quantum possum conjicere, melius fuit illi sic mori, quam de morte iterum ad mortem resuscitari. Nunc enim certus de salute, nullo timet contaminari peccamine. Si resuscitaretur, spe anxius, laboraret dubio discrimine. Non ergo istud levius accipiendum est suprascripta mortuorum vivificatione.

Itaque venerabilis Pater Ebrulfus in basilica

(94) Leg. *Clotharii.* Etenim constat B. Ebrulfum obiisse die 29 decembris, anno duodecimo Clotharii II

Sancti Petri apostolorum principis, quam ipse ex lapidibus ædificaverat, in saxo marmoreo mirifice sepultus est. Ubi usque in hodiernum diem diversi curantur languores, et, præstante pio Salvatore nostro, mœrentibus proveniunt consolationes; cui est honor et potestas, una cum Patre et Spiritu sancto, per omnia sæcula sæculorum. Amen.

Ecce vitam sancti Patris Ebrulfi veraciter descripsi, eamque, sicut a prioribus edita est, idcirco huic opusculo diligenter inserui, ut legentibus prosit tanti notitia patroni, Dominoque Deo placeat meus labor et affectus, qui satago propalare nutritoris mei gloriosos actus, ad laudem illius in quo vivimus, movemur et sumus.

X. *Obscuritas Uticensis historiæ post mortem B. Ebrulfi. Normannorum deprædationes.*

Verum ex quo præfatus heros transiit e mundo, qui vel quot successores illi fuerint per cccc annos in Uticensi cœnobio, seu quales eventus pertulerint provinciales vel cœnobitæ, penitus ignoro. Nam subsequenti tempore, sicut jam in plerisque locis pleniter enodavi, piratæ de Dacia egressi sunt, et prius Hastingo ductore, ac postmodum Rollone, in Neustriam venerunt, et Christianæ fidei divinique cultus ignari, super fidelem populum immaniter debacchati sunt. Noviomum atque Rothomagum, aliasque multas urbes et oppida vicosque concremaverunt, cœnobia multa ingenti religione pollentia destruxerunt, pluresque innumeris cædibus regiones admodum devastatæ sunt, et fugatis vel interfectis incolis, civitates et villæ in solitudinem redactæ sunt. In tanta desolatione inermes monachi, quid facerent nescii, sæpe contremuerunt; in miseriis afflicti, sedulo ploratu dolori suo satisfecerunt, finemque suum in latebris gementes præstolati sunt. Quidam vero intolerabilem barbarorum immanitatem metuentes, ad extera regna fugerunt, ubi paganorum bellicæ vires nondum attigerant. Corpora quoque patrum suorum secum transtulerunt, quorum animæ regnant cum rege Sabaoth, cui devote in hoc sæculo servierunt. Scripta etiam de gestis eorumdem Patrum, et de possessionibus ecclesiarum, quæ et quantæ fuerint, vel a quibus datæ, fugitivi secum peregre asportaverant, quorum magnam partem tot perturbationum procellæ rapuerunt, quæ, proh dolor ! in tantis motionibus tam periculosis irreparabiliter perdita sunt.

Hoc nimirum Gemmeticenses et Fontinellenses fecerunt, tristique infortunio præventi, ablata nunquam reportaverunt. Gemmeticenses enim corpora sanctorum Hugonis archiepiscopi, et Aichadri abbatis Haspas transtulerunt, quæ in scriniis pretiosis Camaracenses et Atrebatenses incolæ reverenter usque hodie servant et excolunt. Fontinellenses nihilominus reliquias sanctorum confessorum Wandregisili abbatis, Ansberti et Wulfranni archiepiscoporum Gandam portaverunt; quæ a Flandritis usque in hodiernum diem servatæ, magnæ ibidem venerationi sunt. Similiter aliis pluribus contigere, quorum nomina singillatim proferre, aut pro inscitia, quoniam omnia mihi non comperta sunt, omitto, aut pro nimia prolixitate fastidientia minusque necessaria protelare verba omitto.

De adventu Normannorum et crudeli barbarie illorum Dudo, Veromandensis decanus, studiose scripsit, et Richardo II, Gunnoridis filio, duci Normannorum, destinavit. Guillelmus quoque cognomento Calculus, Gemmeticensis monachus, Dudonis materiam subtiliter replicavit, facete abbreviavit, et successorum actus usque ad subjectionem Anglorum adjecit, post certamen Senlacium narrationem suam consummavit, Guillelmoque regi, sublimissimo suæ gentis, obtulit. Ego autem, sicut alii de sublimibus locis ad sublimes personas sublimia ediderunt, et res magnas magnifice gratis extulerunt, eorum exemplo provocatus, ad simile studium assurgo, et plurima jamdudum dictavi de monasterio in Uticensi saltu, tempore Guillelmi ducis, postea regis, honorifice restaurato. Nihil quippe de antiquis temporibus post transitum Patris Ebrulfi scriptum reperire potui, ideoque præcipue conabor litteris mandare quæ a senioribus audivi, qualiter corpus sancti confessoris de loco suo translatum est Ebrulfi. Lectiuncula siquidem reperitur apud Resbacum, quam non satis approbo, edita nimirum ab auctore ignaro, cui non plene, ut opinor, patuit rerum et temporum certitudo. Oportet ergo ut, dum alterius relationi non acquiescam, illud quod a senioribus indigenis Utici didicerim, evidenti scripto detexam, qualiter et quando Francigenæ pretiosam venerabilis Ebrulfi obtinuerint glebam.

XI. *Quomodo et quando Franci reliquiis B. Ebrulfi potiti sunt.*

Anno ab Incarnatione Domini 943, postquam Arnulfus, Flandrensis satrapa, Guillelmum ducem Normannorum, cognomento Longam-Spatam, per proditionem occidit, et Richardus Sprotaides, filius ejus decennis, ducatum Normanniæ suscepit, hominiumque et fidelitatem cunctorum optimatum ante humationem patris Rothomagi accepit, Ludovicus, rex Francorum, cognomento Ultramarinus, in Normanniam cum exercitu venit, puerumque ducem secum fraudulenter Laudunum duxit, sub jurejurando Normannis promittens quod eum veluti filium suum educaret, ac ad regendam rempublicam in aula regali erudiret. Verum res alios exitus habuit. Ludovicus enim rex, instinctu Arnulfi proditoris, decrevit præfatum puerum occidere, vel amputatis membris ita debilitare ut non posset ulterius arma gestare. Hoc itaque ut Osmundus, pueri pædagogus, per Ivonem de Credolio, regis balistarium, agnovit, ex industria ei ut infirmum se simularet persuasit, simulataque infirmitate custodes minus sollicitos reddidit.

Quadam die, dum rex cœnaret, et unusquisque sibi vel suis commoda procuraret, Osmundus fasciculum viridis herbæ sibi emit, in turrim sustulit, ducemque Richardum involvit. Inde descendens, ad hospitium suum festinavit, et coram equo suo herbam expandit, puerumque abscondit. Occumbente vero sole, ipsum caute secum sustulit, et egressus urbem, Codiciacum perrexit, ibique puerum ducem sub tutela Bernardi Silvanectensis comitis, qui patruus ejus erat, dimisit. Bernardus vero Danus, qui Normanniam tuebatur, legatos in Daciam misit, et Haroldo, Danorum regi, mortem Guillelmi ducis, et exhæredationem prolis ejusdem mandavit. Mox ille cum magna classe properavit in Normanniam, jussu Bernardi a Constantinis susceptus, biennio exspectavit opportunitatem Gallis damnosam, et demum, pro nece consanguinei sui et exsulatione sobolis ejusdem, exercuit ultionem truculentam. Nam Ludovicum regem, orta in colloquio inter Danos et Francos seditione, comprehendit, Herluinum et Lambertum, aliosque XVI consules cum multitudine vulgi peremit. Interea dum Richardus puer fere tribus annis exsularet, et rex Franciæ sibi Normanniam penitus subjugatam esse putaret, timens ne Hugo Magnus, Aurelianorum dux, Normannos adjuvaret, Oximos et Bajocas cum toto Constantiensi pago usque ad Montem Sancti Michaelis in Periculo Maris eidem donavit, et imperiose mandavit ut valida manu rebelles Normannos impeteret, et oppida eorum sibi strenue subigeret. Quod audiens cupidus marchio exsultavit, fœdera cum Normannis olim pacta libenter rupit, et regiones eorum magno cum exercitu hostiliter invasit. Apud Guaceium propria cum familia ipse dux hospitatus est, et exercitus illius passim per provinciam diffusus est. Tunc Herluinus cancellarius ducis, et Radulfus de Dragiaco Uticum diverterunt, et in cœnobio Sancti Ebrulfi confessoris hospitati sunt. Erant ambo religiosi, et in timore Dei studiosi. Tantorum itaque virorum adventu simplices monachi lætati sunt, et omne illis officium charitatis pro posse suo benigniter exhibuerunt. Per capellas et oratoria sua atque privatas ædes eos familiariter deduxerunt, phylacteriasque suas cum sanctorum reliquiis ad sui damnum illis ostenderunt. Illi quidem tunc secreta monachorum reverenter intuiti sunt, et oblatis muneribus atque orationibus recesserunt; sed paulo post, velut Chaldæi in Jerusalem, reversi sunt, et vasa templi Dei et omnia pretiosa ejus crudeliter asportaverunt.

Hugo siquidem Magnus Oximos cum exercitu suo obsedit, sed bellica vis oppidanorum ei fortiter obstitit, et ne ultra procederet, iter ejus obstruxit. Rex autem Francorum Ebroicensem pagum nimia cum virtute intravit, totamque Normanniam rapinis et incendiis depopulari cœpit. Bernardus vero Danus, ut hoc audivit, certosque rumores de Neustriæ desolatione comperiit, anxius quod tam robustos principes solus cum Normannicis viribus bellando sustinere non posset, callide prospexit, et perspicax ingenium, qualiter anceps discrimen a se et a suis abigeret, solerter apponens exercuit. Protinus ergo regi occurrens supplex : « Quid est, inquit, quod agis, domine rex? Rem facis impiam, et dignitati tuæ prorsus incongruam. Num tota Normannia, quam disperdis, tua est? Ecce Rothomagus et aliæ urbes cum vicis suis et oppidis jussui tuo patescunt, et omnes incolæ divites et mediocres tibi serviunt, aliumque dominum non habentes, te reverentur et diligunt. Quis tibi dedit tam triste consilium ut ferro malignantium pessumdes tuum peculium, et diligentem te trucides populum? Malevolus et infidus regiæ majestati comprobari potest, qui persuasionem ut proprias regiones ferro seu flamma devastares, tibi largitus est. »

His aliisque lenibus verbis cor regis emollitum est, et dimisso exercitu, ipse rex cum Bernardo Rothomagum ingressus est. Ibi regem Bernardus cum ingenti civium tripudio suscepit, dapsile convivium præparavit, ipsumque per plurimos dies cum summo favore detinuit. Cumque rex quadam die post prandium in aula principali resedisset, et cum sibi assidentibus lætus negotia regni tractasset, solers Bernardus ambiguam plurimis locutionem callide promovet. « Ingens, inquit, gaudium, o Normannici proceres, nobis exortum est, unde Deo gratias agamus, ut dignum est. Hactenus servivimus duci de progenie Rollonis; nunc, volente Deo, paremus regi magno de prosapia Caroli Magni imperatoris. Huc usque fuimus ducales, nunc vero sumus regales, vel quod majus est, imperiales. »

Cumque omnes hujuscemodi sermonibus applaudissent, et Gallos blandis sophismatibus illusissent, iterum Bernardus silentium petiit, cunctisque tacentibus ita dixit : « In multis sagacitatem Francorum approbo; verumtamen dominus meus rex unam fecit rem quam non laudo, in qua damnum ejus et maximum dedecus video. Notum est omnibus quod Hugo Magnus perfidus est, et proditoris filius; cui rex noster nimias vires auxit ad suum, ni fallor, dedecus, dans illi Oximensem pagum et Constantinum cum multis armatorum millibus. Pestilens consiliarius simplicem herum dolose decepit, et cultrum in animam suam, justitia trutinante, defixit, qui domino suo confortare inimicum suum contra se persuasit. Admodum miror, domine mi rex, quod præteritorum nimis immemor es. Satis omnibus sub cœlo patuit, neque enim tantum facinus in abdito perpetrari potuit, quod Robertus, pater Hugonis, traditor fuit, et contra Carolum patrem tuum rebellavit, raptoque diademate, perjurus contra dominum suum pugnavit, et in bello percussus merito periit. His molitionibus Hugo interfuit, et te apud Edelstanum regem avunculum tuum in Anglia exsulante, septem annis Galliam turbavit. Nunquid luce clarius omni sensato patescit quod regiæ majestatis reus existit, qui regi malitiose suggerit ut propriis rebus spoliatus, dominium suum imminuat, et inimici sui vires sibimet perniciosas adaugeat? Absit ut in ducatu Normanniæ quislibet participium capiat, sed solus rex

Francorum omnibus Normannis sibi gratulanter faventibus præsideat! »

His auditis, rex anxius factus est de dono quod Hugoni non roganti sponte sua largitus est; cumque consilium quæreret quid inde agere deberet, versipellis Danus repente persuadet ut omnia promissa denegando penitus irrita faceret, imperioque minaci Hugonem ab obsidione Oximorum abire compelleret, et si præcepto adhuc rebellis persisteret, communis omnium virtus bello ibidem illum impeteret. Ad hanc legationem Bernardus duos milites illico præparavit, et rex imperiosa dicta, quæ Hugoni deferrent, illis injunxit. Nuntii vero Hugonem festinanter expetierunt, et verba regis constanter ei nuntiaverunt. « Abominabilem, inquiunt, temeritatem præsumpsisti, qui dominium domini regis Francorum invasisti, et oppidum Oximense, ubi propria sedes ejus ab antiquis temporibus est, nunc obsedisti. Nunc super hac re præceptum ejus audi, et per fidem quam ei debes, sine mora obedi. Ante solis occasum ab obsidione recede, et pro reatu temeritatis in regem, fac illi rectum apud Laudunum tempore quo decreverit ipse, optimatum judicio et persuasione. Alioquin paratus esto cum tuis ad prælium. Nam rex, dominus tuus, si te invenerit, in hac septimana tecum viribus Francorum et Normannorum dimicabit. »

Hæc audiens, Hugo vehementer iratus est, et præ ira furibundus, sic suos affatus est : « Unde stolidum regem tanta invasit dementia ut mihi totis viribus illum adjuvanti mandaret talia? Normanniæ principatum non concupivi, neque partem aliquam ab illo requisivi; sed ipse totam regionem citra Sequanam usque ad mare ultro mihi obtulit, auxiliumque meum ut indomitos piratas edomaret, poposcit. Nonne manifesta cunctis insania patescit, quod inde mecum confligere decernit, unde famulor illi, sicut ipse mihi præcepit? Miser est qui servit iniquo, et imbecillis qui fraudulento subigitur et stulto. Festinanter modo recedite, totamque regionem istam devastate, ecclesias destruite, domos concremate, furnos et molendinos dejicite, greges pecorum et armentorum abducite, et omne genus spoliorum huc ulterius non redituri asportate, et prædis onusti nefarios relinquite. »

His ita dictis, dissoluti prædones per provinciam diffusi sunt, improvisos pagenses, qui jam sub tutela Hugonis tuti esse putabant, circumdederunt, et absque misericordia ducis jussa peregerunt. Tunc Herluinus cancellarius et Radulfus de Dragiaco rusticorum pecudes sive supellectilem non curaverunt; sed Uticensis hospitii memores, illuc reversi sunt, et ex insperato cum suis in cœnobium irruerunt. Basilicam quoque, stupentibus et nil mali suspicantibus cœnobitis, cum armatorum violentia ingressi sunt, arcana templi et sacra busta mox adierunt, tria corpora sanctorum Ebrulfi et Ebremundi atque Ansberti de mausoleis sustulerunt, et coriis ossa cervinis involuta cum aliis sanctorum reliquiis asportaverunt. Satellites autem illorum ubique diffusi sunt, et quidquid humanæ vitæ commodum repererunt, flentibus monachis et vociferantibus, irreverenter rapuerunt. Ibi nimirum, rapacitatis habenis omnino relaxatis, neminem reveriti sunt, sed libros et vestes, variamque supellectilem tam monachorum quam clientum eorum diripuerunt, et perscrutantes omnia quæ pridem, monachis, ut dictum est, ipsis pandentibus, compererant, sustulerunt. Denique juncti reliquæ multitudini, de Neustriæ finibus exierunt, et sic omnes conglobati ad natale solum cum præda repedare festinaverunt.

XII. *Uticenses monachi corpus fundatoris sui sequi decernunt. B. Ebrulfi reliquiæ dividuntur.*

Uticenses autem in tanta desolatione nimis lugubres effecti sunt, et quid agerent, vel quo irent, amissis omnibus nescierunt; consideratis tamen eventibus, cum translato Patre sancto peregrinari decreverunt.

Quidam senex venerabilis, nomine Ascelinus, Utici præpositus erat, officiumque prioratus secundum opportunitatem temporis diligenter agebat. Hic, dum vidisset monachos et eorum vernulas in nimio constitutos mœrore, et omnes velle locum pariter desolatum derelinquere, Patremque beatum peregre sequi cum hostili agmine, multa secum revolvens subtili meditamine, decrevit ibidem cum timore Domini finem suum exspectare. Denique cunctos fratres accersiit, et in unum congregatis ait : « Pro peccatis nostris, et patrum nostrorum, divina percussio super nos descendit, et terribiliter irruens, nos et nostra penitus contrivit, irreparabiliterque dejecit. Ecce Judex omnipotens, sicut per manus Nabuchodonosor et Chaldæorum Jerusalem et templum Salomonis destruxit, sanctuariumque suum juste humiliavit, sic per manus Hugonis atque Francorum hunc locum pluribus modis affligendo puniit; præcipue, quod supra omnia dolendum est, ossibus beati Patris Ebrulfi aliisque sanctorum reliquiis nos privavit. Vobis autem, quos sequi pignora patris nostri video, hoc plurimis pro occasionibus prohibere non audeo, quia tota hæc jam deserta est regio, et inter bellantium arma principum inermes cucullati carent victu necessario. Ite cum Dei benedictione, et benigno Patri, qui vos hactenus aluit in sua regione, fideliter servite, cum eo peregrinantes in aliena regione. Ego autem Uticensem locum non relinquam, sed hic, ubi multis bonis potitus sum, Creatori meo serviam, nec inde quandiu vitalis calor in me fuerit, non recedam. Scio quod multa hic sanctorum requiescunt corpora, et hunc locum sancto Patri designavit visio angelica, ubi se deberet ad multorum ædificationem in spirituali exercere militia. Multi fideles hic altissimo Regi obtulerunt grata sanctæ vitæ libamina; pro quibus jam in Elysiis sedibus coronati perceperunt præmia. Hic in bona spe, vobis discedentibus, remanebo, Jocumque silvestrem, antecessorum sequax, in nomine Domini servabo, donec prosperius nobis tempus arrideat, donante ipso dominantium Domino. »

His dictis, mœsti fratres ab invicem divisi sunt. Uticenses itaque modo et clientes eorum natale rus deseruerunt, et associati hostibus, plorantes ossa magistri secuti sunt. Omnes quippe tam monachi quam famuli eorum fere XXX erant, qui conglobati capellanis pedetentim adhærebant. Porro ipsi eosdem bene cognoscebant, sed nullam illis familiaritatem impendebant, quia suspectos formidabant, et ne pretioso thesauro furtim privarent Francos, metuebant. Benignus autem Dominus, qui erroneos verberat, ut rectum ad callem reducat, conversos paterno affectu demulcet, mirisque modis indigentibus suffragium exhibet.

Prima nocte post exitum de Neustria, exercitus in loco qui Campus dicitur, castrametatus est, et post comestionem cœnæ a quibusdam parasitis cavillatio et incongruus sermo exortus est. Unde quidam minus duci jocose dixit : « Notumne vobis est, domine dux, quod Herluinus cancellarius et Radulfus cubicularius fecerunt ? Cadavera quorumdam rusticorum in Normannia effoderunt, et male delusi, sanctas reliquias esse putantes, in capella tua collocaverunt, et secum in Galliam reverenter deferunt. » Cumque dux nomina eorum inquisisset, joculator ait : « Ebrulfus, Ebremundus et Ansbertus. » Porro Franci, quia minus usitata illis essent hæc vocabula, et nescirent quanta prænominatis viris ante Deum in cœlis esset gloria, dissoluti sunt in multa verba otiosa et derisoria. Deinde prima noctis vigilia, ut quies somni mortales oppressit, Altitonans de cœlo terribiliter intonuit, fulmina cum nimiis coruscationibus emisit, joculatorem cum sociis nebulonibus, qui sanctis reliquiis detraxerant, percussit; quibus exstinctis, ducem et totum ejus exercitum haud modice deterruit. In crastinum mane dux omnem exercitum convocavit, cancellario sancta reverenter deferri ante se corpora præcepit, et omni exercitui jussit ut, antequam de loco illo migrarent, sanctis reliquiis devote offerrent. Flebiles quoque monachos cum clientulis suis accersiit, quis et qualis fuerit vir Ebrulfus et socii ejus, ab eis requisivit; respondentes et referentes venerabilium gesta virorum libenter audivit, ac ad audiendum optimates Belgicæ alacriter ascivit. Interea maturitatem et simplicitatem Uticensium pie consideravit, instinctuque Dei, qui suorum ubique misereretur, condolens illis, dixit : « Ossa Patris vestri, quæ sequimini ultro, omni auro et argento pretiosiora habeo. Vobis etiam pro amore illorum faveo, et vestri curam gerens, cancellario præcipio ut vos honorifice secum habeat, omnesque oblationes, quæ sanctis reliquiis offerentur, vobis annuat, donec Aurelianis, quæ ducatus mei caput est, perveniatis; ibique providebo vobis, unde victum sufficientem habeatis. »

Uticenses itaque inter exteros spe melius habiti sunt, et ingentem quotidie munerum copiam a fidelibus receperunt, affatimque donis, quæ necessitas infirmantium, seu bona voluntas devotorum extorsit, opitulante Deo refocillati sunt. Cumque Aurelianis venissent, et præliatorum turmæ armigeris et equis domos per totam urbem occupassent, monachi cum sanctorum pignoribus in clibanum quemdam diverterunt, ibique necessario prima nocte hospitati sunt. Cives ergo postmodum in honore sancti Ebrulfi basilicam ibidem construxerunt, meritisque sanctorum infirmantibus sanitatum beneficia divinitus plura collata sunt. Herluinus cancellarius abbas erat Sancti Petri de Puncto, ibique venerabiles reliquias Hugonis Magni collocavit imperio. Tunc Radulfus de Dragiaco hujuscemodi prædæ partem suam requisivit, nec pro quolibet pretio portionem suam indulgere cuipiam voluit. Hic nimirum inclytus erat Suessionensium civis, præcipuus ducis camerarius, pollens possessionibus amplis, honoribus et divitiis, fideque clarus et virtutibus aliis. Tanto igitur baroni nemo audebat injustitiam ingerere, sed communi decreto in conspectu judicum allatæ sunt et divisæ reliquiæ. Herluinus quidem, quia sacerdos erat, et abbas canonicorum Sancti Petri, et capellæ ducis capellanorum maximus, caput et majorem partem ossium sancti Ebrulfi, librumque, et arulam argento coopertam, et cambutam atque cinctorium ejusdem, chartasque donationum sibi retinuit; reliquam vero corporis partem Radulfo tradidit. In partitione aliorum ossium nulla difficultas fuit. Aurelianenses enim ossa sancti Ebremundi abbatis sibi elegerunt; ossa vero sancti Ansberti monachi Radulfo dederunt. Ipse vero cum tanto thesauro Resbacum festinavit, et eidem cœnobio, quia frater et amicus erat, devote obtulit. Resbacenses autem candidis holosericisque vestibus induti processerunt, cum cereis ardentibus et thuribulis fumantibus reliquias tripudiantes susceperunt, et usque hodie reverenter custodierunt. Tunc Radulfus, ut de beneficiis suis ecclesiastica res augmentaretur, Portum Alnonis et Bonolium donavit, et ne quid deesset ad condendas eorum thecas, magnam auri argentique quantitatem donavit, pro quibus exeniis idem heros in ecclesia, ut defunctus est, sepeliri meruit.

In hujusmodi permutationibus exteri cultores falluntur; sed benevolentia pleni, facilem veniam non malitiosi erroris consequuntur. Nactas quippe fortuitu reliquias pro posse suo sublimant, sed de peregrino in sua indagatione Ansberto errant; quem plus justo promoventes, archiepiscopum Rothomagensem autumant. Verum audacter assevero quod plurima investigatione edidici sine dubio. Uticensis nimirum Ansbertus ille juvenis est, qui sine viatico repente defunctus est, sed mox a sancto Patre Ebrulfo resuscitatus est. Denique, percepta communione, migravit ad Dominum, et sanctorum feliciter adeptus est convivium. Rothomagensis autem Ansbertus cum Wandregisilo abbate et Gwlfranno archipræsule Senonensi Fontinellæ servatur, debitaque a suis reverentia quotidie honoratur. Hæc de partitione corporis S. Ebrulfi veraciter notavi, sicut a religiosis et veracibus silicerniis jamdudum audivi.

XIII. *Ascelini in Uticensi eremo gesta.*

Defuncto Hugone Magno, filius ejus Hugo Magnus in ducatu successit, et ortis quibusdam simultatibus inter Carolum et regni proceres, Hugo regnum obtinuit, et hæredibus suis usque in hodiernum diem reliquit. Goisfredus, Andegavorum comitis filius, præfati Hugonis filiolus fuit, ab eo educatus ad virile robur crevit, adultus arma militiæ ab eo accepit. Qui mortem patris ut in curia regis audivit, mæstus a rege jus hæreditarium requisivit, et de ossibus sancti Patris Ebrulfi, cujus miracula sæpe viderat, Aurelianis positus, sibi aliquid dari obnixe poposcit. Hugo autem, quia præfatum juvenem multum dilexit, paternum honorem illi concessit, et partem reliquiarum S. Ebrulfi erogavit. Ille itaque Andegavensibus reliquias S. Ebrulfi primus exhibuit, quas in ecclesia S. Maimbodi usque nunc veneratio devotorum excolit. Uticenses autem monachi, qui cum corpore sancto peregrinati sunt, opitulante Deo, benignum apud externos hospites affectum invenerunt, abundantiamque panis et vini pisciumque, quos Ligeris fluvius suppeditabat, habuerunt, multimodasque mobilis fortunæ varietates experti, finem suum in Gallia sortiti sunt.

Ascelinus vero senex Uticensem eremum cum paucis pauperibus incolis incoluit, et Ascelinum nepotem suum, atque Guitbertum de Gaceio, et Haimonem de Telleia, aliosque pueros enutrivit, et communes litteras, ut in illo loco quotidianum Deo servitium exsolverent, docuit. Quodam die circumpositos eremicolas undique convocavit, festivitatis diem illis denuntiavit, dieque constituto solemnitatem pro modulo suo celebravit, et inter missarum solemnia sermonem astanti populo fecit. « Divinas, inquit, comminationes formidare debuimus, sed obdurato corde quæ dicebantur audientes parvipendimus, donec virgam ferientis, ut nequam servi, persensimus, acriterque percussi, medullitus dolentes ploramus et lugemus. Olim dum Daci, qui adhuc pagani erant, cum Hastingo Neustriam vastaverunt, et rursus Rollone cum suis sæviente, plures ecclesiæ cum urbibus et oppidis desolatæ sunt, nos, suffragante Deo, in silvestri sterilique rure latuimus, et debacchantium gladios, licet in timore nimio et egestate, sospites evasimus. Nunc autem super nos tempus iræ, proh dolor! irruit, et ex insperato Creatoris ultio nos circumvallavit, et per manus eorum in quibus hospitalitatis tenore confidebamus, sacris ossibus, quæ omnibus divitiis chariora sunt, spoliavit. In sacris Scripturis legi-

mus quod *repulit tabernaculum Silo* Dominus, et tradidit in captivitatem incircumcisis Philisthiim (95) *tabernaculum suum, ubi habitavit in hominibus* (Psal. LXXVII, 60). Nobis autem simile judicium nunc contigit. Corpora sanctorum perdidimus, in quibus spem nostram maxime posuimus, sociisque peregre polyandra Patrum sequentibus, nos pauci et debiles in inculta solitudine remansimus. Cæterum, quamvis Franci ossa sancta transtulerint, et libros atque vestes, aliaque pretiosa nobis necessaria diripuerint, sepulcra tamen et pulverem sanctissimæ carnis nobis reliquerunt, et alia sacra quæ secum deferre nequiverunt, nobis favente Deo, ad magnam consolationem inviti dimiserunt. Nos autem non negligenter ea tractare debemus, imo derelicta nobis ab hostibus diligenter recondamus, et veneranter servemus. Miserante Deo pilum de barba S. Petri apostoli adhuc habemus, quem beato Ebrulfo ad dedicationem hujus ecclesiæ destinavit papa Romanus. Alias quoque pretiosas reliquias novimus, quæ in hac basilica reconditæ sunt a priscis patribus. Laudo, si placet vobis omnibus, ut nunc universa revolventes videamus, et tuto in loco propter sacrilegos recondamus, donec, revelante Deo, manifestentur futuris cultoribus. » Annuentibus cunctis et laudantibus, senex missam complevit, finitaque missa, populum cum benedictione dimisit, puerosque scholasticos ad ministerium thuribuli et candelarum retinuit. Deinde cum cœmentario quodam ad tumulum Sancti Ebrulfi accessit, laminam reverenter amovit, sanctæque carnis pulverem instar tortellorum congessit. Pixidas vero plures protulit, ac phylacteria, in quibus erant sacra cum inscriptionibus suis pignora. Denique pueris ut irent manducare præcepit, et ipse cum macione et maturis necessariisque ministris reliquias in maceria recondidit, ideoque pueros, ut arcanum eos lateret, abesse compulit. Ab ipsis nimirum post multos annos hæc audivimus, sed certum locum ubi reliquiæ positæ fuerint, scire nequivimus, quia ipsi relatores a collocatione pignorum exclusi fuerant, ut diximus.

Hæc itaque contigerunt Richardi primi ducis tempore, qui duobus et quinquaginta annis præfuit Normanniæ, et sicut supradictum est, in primis exsilium et magnas tribulationes pertulit, sed postmodum, opitulante Deo, compressis inimicis strenue prævaluit. Inter sævas tempestates bonus senex Ascelinus monachatum usque ad decrepitam ætatem servavit, moriensque Ascelino clerico, nepoti suo, tutelam Utici commisit. Qui juvenili levitate fervens, silvestrem vitam, et urbanis a facetiis separatam odio habere cœpit, discendique causa Galliam expetiit, inventaque deliciarum copia fere L annis ibi habitavit, et per diversos gradus usque ad sacerdotium ascendit. Carnalibus itaque oblectamentis irretitus, in Francia, instanti prosperitate

---

(95) Id est calumniantibus.

turgens, per omne tempus vitæ suæ usque ad senectam oblitus est omnia quæ sibi antecessores sui dimiserant in Normannia.

XIV. *Uticus depopulatur, et diruitur. Quomodo Uticense cœnobium ex ruinis restauratur. Primi Uticenses abbates.*

Interea, obeuntibus vel abeuntibus incolis, Uticus in solitudinem rediit, et remotis hominibus in oratoriis et domibus ingens silva crevit, et habitatio ferarum multo tempore ibidem exstitit. In provincia Belvacensi, Restoldo cuidam presbytero per visionem tunc dictum est : « In Normanniam ad sanctum Ebrulfum vade, ibique perfrueris dierum longitudine et felicis vitæ jucunditate. » Hic ergo natale solum egressus est, et Neustriam pervagatus est, et habitationem Sancti Ebrulfi quæsivit, sed per multos dies quærens, neminem qui sibi demonstraret invenit. Denique apud Montfortem Sancti Ebrulfi veterem basilicam reperit, ibique multo tempore habitavit, credens quod illum locum sibi cœleste oraculum seminique suo insinuaverit.

In territorio Balgenzaii cuidam pagensi taurus nomine Fala erat, qui sæpe gregem armentorum relinquens, in saltum currebat, et a possessore cum familia et canibus diu quæsitus, inveniri nequibat, sed post v vel vii dies, dum irrecuperabiliter perditus putaretur, repente sospes redibat. Hoc itaque frequenter factum est, et hujusmodi res in consuetudinem versa est. Ludus inde vicinis intuentibus agebatur, et libera juvenco facultas eundi vel redeundi permittebatur. Post aliquod tempus curiositas pastorum indignata est, et discursus tauri pertinaciter explorare conata est, ipsumque per spissitudinem luci secuta est. Sagacem etiam indagatorem nomine Duiletum sibi adjunxit, qui more canum vestigia tauri sagaciter investigavit, donec illum coram altare Sancti Petri apostoli jacentem, quasi oraret ibidem, invenit. Maceriæ siquidem disco opertæ erant, nisi retibus hederæ, et ruinæ antiquorum ædificiorum spectantibus patuere. Condensa silva crevit intus et extra, ubi nemo habitaverat per annos L. Tunc albescentes silicernii, hæc audientes, rememorati sunt quod, sicut patres eorum illis narraverunt, sanctus Ebrulfus, aliique plures mundi contemptores illic habitaverunt.

Rediviva quoque visio, Restoldum repetens, redarguit quod primæ jussioni non plene adhuc obaudierit. Cumque presbyter sollicite inquireret quomodo jussioni gratiosius obtemperare deberet, dictum est illi quod deberet Uticum adire, ibique sancti sequax Ebrulfi Deo militare. Restoldus ergo, pristina Montfortis habitatione relicta, Uticum perrexit, ibique, cum conjuge et Ilberto filio suo, primus habitavit.

Tunc Guazso de Montforti nobilis miles fuit, qui timore Dei plenus, in corde suo pie proposuit ut omnes in vicinio suo ecclesias, quæ vetustate et incuria in multis desolationibus, quas supra memoravi, dirutæ erant, restauraret, et ad tam laudabile studium omne ingenium suum cum tota possibilitate et substantia medullitus applicaret. Hic nimirum basilicam veterem Sancti Petri apostoli propriis sumptibus reparavit, talique studio cunctipotentem Deum sibi placare desideravit. Quodam mane, dum bubulcus ejus boves in colle super rivulum Carentonæ custodiret, et inter parietinas ubi fecundior herba esset excubaret, ecce peregrinus ei quidam astitit, ibique quasi labore itineris fessus resedit, et cum eodem aliquandiu confabulari cœpit. « Celeriter, inquit, ad Guazsonem vade, et dic ei ut confestim veniat ad me. » Cumque bubulcus ad herum suum cucurrisset, et peregrini verba intimasset, ille pigritia detentus, jussis non obsecundavit, sed peregrinum mox per famulum ad se venire præcepit. Ille vero iterum et tertio clientem direxit, sed obstinatus heros, nescio quibus occupatus, non ivit. Cumque bubulcus tertio redisset, dominumque suum nolle venire nuntiasset : « Veni, inquit senior, et diligenter intende quæ loquor. Hic locus a prisco tempore divina benedictione sanctificatus est, et sanctissimis reliquiis ditissimus est. » Hæc dicens, candidus relator surrexit, in medio areæ sedem altaris Sanctæ Dei genitricis Mariæ ostendit, itemque aram Sanctæ et individuæ Trinitatis ad Orientem monstravit. Deinde obstupenti bubulco adjunxit : « Si dominus tuus ad me venisset, dummodo ipsum per te accersivi, secretum thesaurum ostendissem illi, unde posset hic antiquam reparare basilicam, et rursus aliud arcanum prodidissem, quod toti Normanniæ lætitiam peperisset ingentem. » Cumque famulus hæc ad ultimum audisset, et reciprocato calle audita Guazsoni retulisset, ille tunc festinus equum ascendit, et perveniens ad locum desiderabilem, nuntium non invenit. Mœstus ergo pro tarditate sua nimis factus est, et a servo, quæ de sanctificatione loci, et de duobus altaribus audierat, avide perscrutatus est.

Deinde cum Radulfo Fraxinello, Turulfi filio, qui tunc temporis ejusdem loci capitalis dominus erat, collocutus est, Deoque juvante basilicam, in honore perpetuæ Virginis Mariæ restaurare conatus est. Operantes antiquam ruinam effoderunt, et ingentem lapidum copiam invenerunt, unde incœptum opus instanter perfecerunt. Ibi multa mausolea nobilium personarum invenerunt, in quibus regum et pontificum corpora, ob insignia quædam quæ ibidem repererunt, condita fuisse seniores asserunt.

Nonnulla etiam signa divinitus ibidem acta sunt. Harduinus enim quidam eques ingens saxum inter lapides ecclesiæ vidit, quod ad opus suum concupiscens, in domum suam devexit, ibique aquarium sibi suisque jumentis facere voluit, sed post incœptam cavationem in languorem cecidit. Eo languente, Gumfoldus de Tolcheta, pagensis eques, visionem vidit, qua edoctus Harduinum ægrotantem visitavit, et sacrum ad pristinam sedem revehi saxum commonuit, alioquin illum inevitabiliter moriturum prædixit. Quod audiens æger, familiam actutum convocavit, quadrigam cum bobus coaptari præcepit, saxumque ad Sanctam Virginis Matris ædem reduci obnixe rogavit. Saxo itaque in curru levato ipse superpositus est, et lapide de sacra domo, quem rapuerat, reddito, reatum confessus est, et omnipotentis Adonai clementiam exoravit, et mox sanatus est.

Multa quidem et alia signa ibidem perpetrata sunt; quæ, deficientibus terrigenis illius temporis, oblivioni tradita sunt; quia pro penuria scriptorum, quibus tunc Neustria maxime carebat, scripta non sunt.

Ea tempestate, Guillelmus, Geroii filius, dominatum Escalfou tenuit, et in silva fontem Sancti Ebrulfi, et super rivulum Carentonæ veterem ecclesiam Sancti Petri apostoli esse audivit. Qui curiositate ductus omnia perlustravit, locum Dei cultoribus idoneum vidit, reverenter laudavit, ibique Restoldum et Ingerannum eidem loco presbyteros delegavit, eisque victum sufficientem de redditibus Escalfou ordinavit. Processu vero temporis, ut in tertio hujus operis libro pleniter notatum est, a præfato Guillelmo et fratribus, ac nepotibus ejus Uticense cœnobium restauratum est, et labore studioque Gemmeticensium regulariter institutum est.

Anno siquidem Dominicæ Incarnationis 1051, Theodericus, Gemmeticensis monachus, abbatiæ curam suscepit, et neophytum gregem per octo annos pie et prudenter educavit, atque secundum Normam Sancti Benedicti ambulare in lege Domini digniter docuit. Deinde, ut in præcedentibus dictum est, onus regiminis fastidivit, mœstis præsulibus, Maurilio Rothomagensi et Hugone Lexoviensi, ultro deposuit, terrena spernens exsilium petiit, cœlestemque Jerusalem desiderans, terrestrem videre laboravit. Tandem in Cypro insula in ecclesia Sancti Nicolai ante altare Kal. Augusti obiit, ibique a conventu monachorum venerabiliter sepeliri meruit, et frequentibus miraculis in ægrotorum curationibus coruscavit. Heroicum quoque super illo epitaphium sic edidi:

Ecclesiam primus Uticensem Teodericus
Rexit, et edocuit bona quæ prius ipse peregit.
Annis tricenis monachatus ipse rigorem
Gessit, et in Satanam toleravit ovanter agonem.
Officium patris octonis exercuit annis,
Inter silvestres, ubi pauper mansit, homones.
Ipse, manu propria scribendo volumina plura,
Ecclesiæ natis dedit exemplum bonitatis.
Denique Jerusalem peregrinus pergere cœpit.
In Cypro vitæ finem tumulumque recepit.
Ultima vidit eum quintilis lux morientem,
Quem foveat Christus patris in thalamo renitentem.

XV. *Uticenses monachi quasdam patroni sui reliquias obtinent. Successio Uticensium abbatum.*

Uticenses monachi corpus patroni sui non se habere doluerunt, et quomodo sibi redderetur multis modis quæsierunt, nec adhuc invenire valuerunt. Et quoniam totum desiderium suum super hac re nondum impleverunt, jam plures reliquias diversis modis procuraverunt, variisque temporibus, favente Deo, reduxerunt.

Fulco, præpositus Uticensis ecclesiæ, qui postea Divensis abbas factus est, a Guillelmo Notho rege Anglorum ad Bertam comitissam pro privatis causis in Brigiam missus est. Tunc per quemdam capellanum comitissæ, quem natione Normannum cognovit, quia familiaris ecclesiæ Resbacensis erat, dentem sancti Ebrulfi obtinuit, ac ad Uticensem ecclesiam remeans, gaudentibus cunctis attulit.

Regnante Ludovico rege, quidam canonicus nomine Fulbertus Parisius erat, qui os integrum de spina sancti Ebrulfi habebat, quod capellanus de capella Henrici regis Francorum subtraxerat, eique jamdudum pro amoris pignore dederat. Timens autem pro diversis causis illud habere, Fulcone presbytero Manliæ mediante, accersiit Guillelmum de Mosterolo priorem Manliæ, eique reliquias tradidit deferendas Uticensi ecclesiæ. At ille gaudens munus excepit, et jussa quantocius complevit. In itinere dum festinaret, sancti Patris sensit suffragium. Præfatus enim prior in cibo venenum nescius manducavit, quod protinus equitantis per membra et viscera sese diffudit. At ille, ut mortem cordi vicinam sensit, formidolosus ad Deum exclamavit, et ut sibi per merita sancti Ebrulfi misereretur oravit. Factis itaque precibus et votis, venenum evomuit, citoque sanatus salvatori suo gratias egit, et reliquias Uticensi cœnobio lætus exhibuit, atque easdem argento decenter inclusit.

Anno ab Incarnatione Domini 1150, Guarinus, septimus abbas, Resbacum adiit, ubi medietatem corporis sancti Ebrulfi esse audierat. Cum præfato Patre duo monachi profecti sunt, Odo namque de Mosterolo, et Guarinus Sagiensis, ut sancta Patris sui pignora quærerent, comitati sunt; quibus plurimæ difficultates contigerunt. Natalis enim, Resbacensis abbas, aberat; voluntas conventus, non ut hospites, sed ut hostes, eos cavere erat. Par etiam incolarum alienatio, verbis desolatoriis ut fugerent, deterrebat. Bonum tamen desiderium quod habebant, crescebat, eosque magis ad effectum pertrahebat. Abbas ergo, dimissis duobus sociis apud Resbacum, prælati schemate deposito, iter arripuit laboriosum, et quasi pauper monachus equitans, occursum non erubuit obviantium; sed Natalem abbatem obnixe quæsivit, ad curiam Tedbaldi comitis adiit Ruginacum municipium. Secunda vero die ad abbatem venit, nec quis esset, sed quid quæreret indicavit. Ille autem Claras-Valles se ire velle intimavit, et si secum ire vellet annuit. Ambo itaque cùm suis famulis Claras-Valles abierunt, benigne a fratribus illius cœnobii suscepti sunt, qui Regulam sancti Benedicti omnino ad litteram observare satagunt. Domnum vero Bernardum, illius monasterii Patrem, quæsierunt, cum eo locuti sunt, et plurima sciscitantes, magnam in eodem sapientiam invenerunt. De sanctis enim Scripturis luculenter tractavit, et votis eorum et interrogationibus satisfecit. Causam quoque Uticensium ut audivit, Guarinum abbatem benigniter adjuvit, litterasque exhortatorias Resbacensi conventui destinavit. Denique Guarinus abbas, cum Natali abbate reversus, Odonem et Guarinum invenit alacres, atque Resbacensibus charos et amabiles. Erant quippe ambo maturi, affabiles et modesti, geminaque litterarum eruditione imbuti. Et quamvis facundia ambo pollerent et eruditione, Odo tamen charitativo fervore summopere studebat sibi Guarinum præferre. Guarinus enim gratiam et sapientiam in divinis sermonibus habuit, et per VIII dies hospitalitatis, instinctu Amalrici prioris, exhortationem omnibus in claustro exhibuit, benevolentiamque totius conventus non jam ut hostis, sed ut fidelis amicus obtinuit. Guarinus ergo abbas epistolam venerabilis Bernardi abbatis protulit, quam Rebascensis conventus libenter suscepit, et audita libentius complere decrevit. Stephanus Parisiensis episcopus, et Burchardus Meldensis episcopus nutu Dei aderant, et Resbacenses ut charitatis nectare Uticenses exhilararent, obnixe admonebant. Igitur, annuentibus cunctis, dies ab episcopis indicitur, quo multorum pignora sanctorum ibi detenta pariter extraherentur, populus terræ hæc visurus congregaretur, et multiplici benedictione confirmatus lætificaretur, ac postmodum Uticenses optata susciperent, et sic propria reviserent.

Porro Natalis abbas consilium mutat, Uticenses mobilitate versuta turbat, dicens quod nisi Tedbaldus comes concederet, nunquam ea quæ conventus annuerat traderet. Igitur communi consilio in Normanniam Odo Uticensis ad comitem mittitur, qui tunc ad avunculum suum Henricum regem ierat, ut cum eo loqueretur. Obediens monachus difficilem viam arripuit, comitemque sequens, Vernonum venit, suumque secretum prius regi, ut juvaret, detexit. Rex vero auxiliaturum se illi pollicetur, comitemque nepotem pro monachorum negotio precatur. Comes autem precanti avunculo concedit, et per Andream dapiferum suum Resbacensibus concessionem suam mandavit, qui ad diem quo reliquiæ monstrabantur non venit, sed apud Colummers, comitis castrum, remansit. Illuc Uticensis abbas et Guarinus Sagiensis ac Andreas Columbensis ad Andream perrexerunt. Quos ut vidit, benigne suscepit, eorum orationibus se commendavit, concessionem comitis intimavit, seque legatum inde et fidejussorem nuntiavit. Tunc Guarinus abbas lætus cum sociis Resbacum remeavit, et Natalis abbas, ut concessionem consulis audivit, pœnitentia motus quod Uticenses valde vexaverat, votis eorum annuit. Almaricus itaque prior mane conventum excitavit, cum Uticensibus ad ecclesiam duxit, omnisque conventus ordinata processione ad sacrarium vadit. Vas argenteum, in quo B. Ebrulfi pignora clausa erant frangitur, reliquiæ reverenter extrahuntur, brachium dextrum cum pixide plena fracturis ossium erogatur. Uticenses itaque in Neustriam redierunt, atque Uticum VII Kal. Junii [1130] pervenerunt. Magna multitudo utriusque sexus fere ad quatuor millia convenit, ac ad suscipienda tanti patroni beneficia occurrit, et ejus ante Deum suffragia promereri fusis precibus sategit. Ægri diversarum infirmitatum molestia prægravati accurrunt, et remedia suis doloribus ab Altissimo, per almi Patris Ebrulfi merita, deposcunt, et plurimi petita consecuti, Deo gratias et laudes devote concinunt. Multa illic habitantes beneficia Dei sentiunt, meritoque gratulantes, in beati Patris Ebrulfi meritis tripudiant et confidunt.

Quidam vir, genere Brito, nomine Goisfredus, in pago Corboniensi habitavit; qui multis, ut ipse referebat, in juventute rapinis et latrociniis studuit, sed post aliquod tempus, inspirante Deo, vitam salubriter mutavit. Legitimam enim conjugem, nomine Hildeburgem, duxit, ejusque utilibus monitis acquievit, et crudelibus lethiferisque satellitiis renuntiavit, et labore manuum quæ sibi necessaria erant procuravit. Porro de rebus cum sudore acquisitis eleemosynas faciebat, egenis et clericis ac eremitis monachisque distribuebat, et hujusmodi viris totius sui porismatis quæstus superflua tribuebat, suoque suorumque victui sola necessaria reservabat. Hic societatem Uticensium expetiit, et frater in Christo factus, fraternitatem optime servavit. In præcipuis sanctorum festis ad Uticense cœnobium veniebat; sed præcepti legis memor, vacuus fratres visitare nolebat.

Quondam, biennio ante mortem Henrici regis, admirabilis res contigit. Nocte scilicet Natalis Innocentium nix ex improviso tanta cecidit, quantam nullus mortalium illius ævi viderat, vel a pædagogis suis visam aliquando audierat. Nam aditus domorum obstruxit, viarum superficies obtexit, montes et valles coæquavit, aves et animalia suffocavit, homines etiam submersit, innumerisque fidelibus ecclesiarum introitus ipso die penitus denegavit. Sub tanta aeris intemperie præfatus Goisfredus surrexit, niviumque nimietatem postposuit, jumentum panibus similagineis oneravit, et filium suum secum ducens, ad solemnitatem sancti Patris Ebrulfi festinavit. Qui cum ad quamdam aquam, nomine Riselam, pervenisset, nec eam, quia pons ibi nullus erat, et aquæ intumuerant, transvadari potuisset, timore et tremore anxius, ad clementem Dominum suspiravit, ac ut sibi suffragaretur exoravit. Pio itaque flagrans desiderio, divinam opem protinus persensit, et ultra ripam absque visibili ductore se solum invenit; filium vero suum cum jumento et sarcina remansisse in altera ripa cognovit. Deinde filius ejus, qui forsitan inæqualis fidei et meriti erat, pavidus usque ad umbilicum aquam intravit, jumentum panibus onustum secum traxit, et, licet difficulter salvus, exiit. Panis siquidem, qui servis Dei deferebatur, in aquis fuit; sed aquis intactus et inhumectatus mansit. Idoneus itaque panis ad usum famulorum Christi cœlitus servatus est, miroque modo siccus de mediis undis extractus est. Denique pater cum prole ad destinatum locum pervenit, viarum et aquarum pericula qualiter evaserit gaudens enarravit, meritisque sancti Patris Ebrulfi, cujus festum expetebat, deputavit. Multi, qui tunc ad solemnia convenerant, ut hæc audierunt, Dominum Deum Sabaoth, qui suos semper consolatur, glorificaverunt.

XVI. *Successio abbatum Utici.*

Tunc Guarinus abbas Uticense cœnobium regebat, et præfatum virum pro magna devotione, qua erga Deum fervebat, vehementer diligebat, et veneranter honorabat. Idem namque Pater erga Dei cultum fervidus erat, atque hujusmodi seminis specimen in assiduis exercitationibus agitabat. Religiosos homines honorabat, sibique reverenter præferebat, studiisque bonis solerter inhærebat. Ipse nimirum, quamvis peritia litterarum admodum imbutus esset, sese humiliabat, et postposita magisterii dignitate, ad diversa officia, quæ junioribus competunt, velut unus ex illis avide currebat, alacriterque peragens, laudabile subjectis exemplum exhibebat. Staturæ quidem mediocris et gracilis ac macilentus erat, agilisque ad omnia commoda, utpote qui corpulentia nulla gravabatur, properabat. Ab aliis doctrinæ et instructionis verbum, humilitatis causa, cupide audiebat, et multoties ea etiam, quæ melius noverat, a paribus vel a subjectis diligenter inquirebat, atque velut discipulus humiliter auscultabat. Eloquentia in disserendis lectionibus divinæ legis ubertim affluebat, et profunda syntagmata lucide discutiens reserabat. Adolescens fere XXIII annorum ad monachatum venit, in quo XLVI annis summo Regi militavit, ingeniique sagacis et seduli seminis emolumenta metricis carminibus et dicacibus epistolis, aliisque dictatibus propalavit. Ex quibus unum miraculum huic nostro nitor libello indere, quod ipse didicit in Anglia, positus apud Torneiam cum Rodberto abbate, et scripto tradidit, Eliensi episcopo cum monachili conventu deprecante. Textus autem epistolæ hujusmodi est:

« Universis sanctæ Ecclesiæ filiis, præcipue mandatis Regulæ eximii Patris Benedicti obedientibus, utinam minimus servus servorum Dei HERVEUS, Eliensis ecclesiæ minister indignus, propositum bene inceptum meliori fine concludere. Ad laudem et honorem patroni monachorum S. Benedicti rem noviter apud nos relatione dignam, non immerito audientibus suavem, retinentibus utilem, adhuc nescientibus et fortasse profuturam notificare voluimus.

« Tempore Henrici regis Anglorum, ducis Normannorum, anno regni ejus in Anglia XVI, comitatus in Normannia X, in possessione ecclesiæ nostræ erat quidam homo, nomine Briestan, in villa quæ vocatur Catriz. Hic, testantibus vicinis ejus, injuste nulli nocebat; aliena non rapiens, pacifice suis contentus erat. Ipse etiam nec multum dives, nec nimium pauper, secundum laicorum ordinem in possessione mediocri se ipsum et familiolam honeste regebat. Vicinis suis indigentibus nummos, non tamen ad usuram, accommodabat, sed propter infidelitatem multorum a debitoribus vadimonia retinebat. Ita se inter utrumque habebat, quod nec optimis viris melior, neque malis deterior æstimaretur. Qui cum se quietum ab omni parte putaret, nec alicui se esse invidiosum æstimaret, divina gratia, sicut rei exitus probavit, inspiratus, vinculis Regulæ Sancti Benedicti sese ligari et habitu insigniri desideravit. Quid plura? Venit ad monasterium nostrum, in honore sancti Petri apostoli, et sanctæ Etheldridæ constructum a monachis misericordiam petivit, se suaque ditioni eorum tradere promisit. Sed proh dolor! ille iniquus, per cujus invidiam de paradiso Adam cecidit, illius posteritati, usque ad novissimum qui venturus est, invidere minime cessabit. Verum Deus, qui misericorditer omnia suaviterque disponit, semper velut omnipotens de malis bona, de bonis meliora facit. Hoc cum a multis audiretur, nam licet majoris non esset, aliquantulæ tamen famæ homo ille erat, quidam Henrici regis minister, specialiter autem diaboli servus, armatus lupinis dentibus accurrit.

« Verum, ut sciatis quis vel qualis iste fuerit, paululum a proposito digrediamur. Hic Rodbertus nominatur, et Malarteis cognominatur; quod nos lingua latina *malum artificem* exponimus, nec immerito. Ipse namque nullum penitus officium habebat, nisi tantum insidiari. Omnibus dico, monachis scilicet vel clericis, militibus et rusticis, et totius ordinis hominibus, tam religione famosis quam aliter viventibus. Sed, ne mendacium incurrere videar, frequenter hoc agebat, quocunque malitiam suam dilatare valebat. Omnes itaque æqualiter pro posse accusabat, ut omnes in damnum mitteret totis viribus laborabat. Cum alicui vel pluribus nocebat, inter illos numerabatur, de quibus dicitur: *Lætantur cum malefecerint, et exsultant in rebus pessimis* (*Prov.* II, 14). Si autem ex vero damnare nequibat, per eum qui in illo loquebatur diabolum inventor falsitatis mendax et pater ejus efficiebatur. Sed cum nullus, etiam cum eo ab infantia inseparabiliter permanens, hujus viri mala non dico scribere, sed etiam referre valeat, nam jure mille-artifex vocaretur, redeamus ad incœpta.

« Audito, ut diximus, rumore prædicti viri religionis habitum arripere cupientis, magistri sui doctrinam, qui semper mentitur aut decipit, secutus, advenit ille Rodbertus, qui dicturus mendacium, a mendacio incipiens, ait nobis: *Hunc hominem, Bricstan scilicet, furem esse, pecuniam regis propriam in latrocinio habere, celare, et ut criminis hujus judi-*

cium et pœnam evadere valeat, non causa alterius salutis monachatum quærere sciatis. Ipse namque thesaurum occultum invenit, ex quo furtim sublato fenerator effectus est. Tantorum itaque reus criminum, latrocinii videlicet et usuræ, præsentiæ regis vel judicum metuit assistere. Quapropter huc ad vos ex regis imperio missus, interdico ne illum in vestro collegio audeatis suscipere. Nos autem, audita regis defensione, timentes iram ejus incurrere, noluimus hunc hominem cœtui nostro conjungere. Quid plura ? sub fidejussoribus missus, ducitur ad judicium. Radulfo autem Basso sedente pro tribunali, congregatis etiam provincialibus universis apud Huntedoniam, ut mos est in Anglia, ego ipse Herveus, cum abbatibus Rainaldo Ramesiensi, et Rodberto Tornensi, necnon clericis pluribus et monachis interfui. Et ne vos longius protraham, accusatus ille cum uxore præsentatur; crimina sibi falso imposita renovantur. Ille non acta negabat, quod non fecerat confiteri nequibat. Econtra de mendacio arguitur, deridetur; erat enim aliquantulum corpulentus, mediocris personæ, et honestam, ut ita dicam, cheriem habebat. Post multas vero illatas sibi sine merito contumelias, velut Susannam præjudicaverunt ipsum, cum omni omnino possessione ditioni regis tradendum. Post tale judicium, cum sua reddere cogeretur, quæ in promptu erant reddidit ; absentia ubi essent, et qui essent debitores indicavit. Sed cum plura reddere, et majora indicare compelleretur, Anglica lingua : *That wat min lauert godel mihtin that ic sege soth*, respondebat. Quod nos Latini dicimus : *Mi domine, scit Deus omnipotens quia veritatem dico*. Hoc verbo sæpius repetito, nihil aliud dicebat. Propalatis omnibus quæ habebat, afferuntur reliquiæ. Qui cum jurare deberet, dixit uxori suæ : *Soror mea, per illud quod nos astringit vinculum charitatis, te adjuro , ne perjurium incurrere patiaris. Plus enim animæ periculum quam corporis cruciatus expavesco. Si igitur aliquid residui tua tibi conscientia demonstrat, in medium proferre non differas. Plus enim inimicus noster spiritualis animarum damnationem, quam carnis lacerationem desiderat.* Ad quem illa : *Domine*, inquit, *præter indicata nil omnino nisi* XVI *solidos et duos tantum annulos,* IV *denarios appendentes, habeo.* Quibus in præsentia prolatis, virago subjunxit : *Charissime conjux, modo jura securus; ego postea confirmans mea teste conscientia te verum jurasse, nuda manu ferrum calidum, si jusseris, coram omnibus qui videre voluerint, portabo.* Quid multa ? juravit, ac deinde sub custodia ligatus, ac Lundoniam ductus, ibi in carcerem obscurum retruditur. Ibique vinculis ferreis, plus quam satis ponderosis, fortiter et contumeliose constrictus, famis et frigoris cruciatibus diuturnis non modico tempore coarctatur. Positus autem in tali miseria, divinum auxilium pro posse suo et scientia, tam gravi necessitate cogente, adesse sibi postulabat. Sed quia meritis suis, quæ permodica vel, ut verius dicam, nulla esse credebat, hoc se impetrare diffidebat, sanctum Benedictum, cujus se præceptis, ut dictum est, subditurum non ficte devoverat, necnon sanctam virginem Egeldridam, in cujus monasterio hoc idem se facturum præviderat, corde lacrymabili, et voce qua poterat, incessanter advocabat. Hinc itaque oneratus ac constrictus ferro, hinc frigore cruciatus, illinc fatigatus jejunio, miserabilem vitam, qui pro certo mori mallet, quam infeliciter vivere, juxta æstimationem meam integris v mensibus lugens, in tenebris sustinuit. Et videns nullum penitus humanum sibi adesse auxilium, sanctum Benedictum et sanctam Egeldridam continuis gemitibus, suspiriis, singultibus, quandoque lacrymis corde vel ore ruminando provocare non cessabat. Quid plura ? nocte quadam cum signa per urbem ad nocturnas laudes pulsarentur, et ille in carcere cum cæteris angustiis ab omni cibo triduum continuasset jejunus, jam pene deficiens, et a corporis reparatione penitus desperans, nomina sanctorum flebili voce repetebat. Sed Deus clemens et misericors, qui fons totius bonitatis indeficiens permanet, qui nullum in necessitate positum spernit, neminem pro potentia vel divitiis eligit, satis optatam, et propter desiderii augmentationem, et ut adepta magis diligeretur, dilatam, tandem poscenti misericordiam suam exhibuit. Adsunt enim clamanti sanctus Benedictus et sancta Egeldrida, cum sorore sua sancta Sexburga. Ille vero prævium lumen, quod sanctos antecedebat, insolitum adesse expavescens, manu sua oculos suos operuit. Venientibus autem sanctis cum ipso lumine, sancta Egeldrida prius locuta est : *Quid nos*, inquit, *Bricstan, toties lacrymis pulsas? Quid nos tantis clamoribus commoves?* Ille quidem, jam debilitatus jejunio, nunc quasi in excessu mentis redditus, et gaudio repletus pro tanto miraculo, nihil omnino respondere poterat. Tunc sancta subjungens ait : *Ego sum Egeldrida, quam tu toties invocasti. Hic adest sanctus Benedictus, sub cujus habitu te Deo servitarum devovisti, et a quo auxilium multoties poposcisti. Vis liberari ?* Audita hac voce, revixit spiritus ejus, et quasi de somno evigilans, ait : *Domina mea, si aliquo modo vivere possem, ab isto exsecrabili carcere exire vellem*. Sed jam me diversis angustiis sic afflictum video, quod, amissis viribus corporis omnibus, evadendi spem nullam ulterius habeo. Tunc sancta virgo ad sanctum Benedictum conversa, dixit : *Sancte Benedicte, quare non facis quod tibi a Domino præceptum est ?* Ad hæc verba vir venerabilis Benedictus manum suam ad boias misit, et ex utraque parte fregit, atque de pedibus vinculati sic extraxit, quod ille nihil omnino sensit, et plus jussu quam actu illas fregisse visus est. Qui, cum ab eo illas removisset, de manu quasi indignans projecit, trabem, quæ solarium illius ergastuli sustinebat, tam fortiter percussit, quod fissuram in ea non modicam fecit, ac de sonitu tantæ percussionis exterriti custodes, qui super solarium jacebant, omnes evigilati sunt. Qui, timentes effugisse vinctos, ac censis luminibus festinanter ad carcerem cucurrerunt. Invenientes autem ostia penitus integra ac firmata, adhibitis clavibus intraverunt. Videntes vero illum, quem ligatum miserant, solutum, magis mirati sunt. Et interrogantibus de tanto sonitu quem audierant, vel quis eum fecisset, qui etiam compeditum solvisset, alius quidam, in carcere cum eo ligatus, illo tacente respondit : *Nescio quæ personæ cum maximo lumine carcerem intraverunt, et cum isto socio meo plura locuti sunt. Sed quid ei dicerent vel facerent, ipsum qui melius scit interrogate.* Conversi ad illum dixerunt : *Dic nobis quid audisti, vel vidisti?* Et ille : *Sanctus,* inquit, *Benedictus, cum sancta Egeldrida et sorore sua Sexburga, hic adfuerunt, et compedes de pedibus meis abstulerunt. Si vero non creditis mihi, vel oculis vestris credite.* Illi autem viso miraculo, nec inde dubitantes, mane facto Mathildi reginæ, quæ tunc forte in eadem erat urbe, nuntiaverunt. At illa Radulfum Bassum, qui eumdem Bricstan præjudicari jusserat, et hoc factum arte magica peractum adhuc dicebat, ad carcerem misit. Qui veniens illuc, quasi irrisorie, sicut dudum fecerat, cum eo cœpit loqui : *Quid agis, Bricstan? Nunquid per angelos suos tibi locutus est Deus? Nunquid ad te in carcerem descendit? Enarra mihi quæ sunt hæc maleficia tua.* Ipse vero, velut mortuus, nullum omnino dedit responsum.

« Tunc Radulfus, videns quomodo compedes illæ fractæ fuerant, audiens etiam per socium ejus de personis tribus, quæ cum lumine carcerem intraverant, de verbis quæ locutæ fuerant, de sonitu quem fecerant; et animadvertens hæc indubitanter divinitus contigisse, abundanter cœpit flere. Et conversus ad Bricstan, ait : *Frater, servus sum ego sancti Benedicti, et sanctæ virginis Egeldridæ; in eorum amore mecum loquere.* At ille respondit : *Si servus es sanctorum prædictorum, bonus est adventus tuus. Ista vero quæ vides vel audis circa me patrata, vera scias esse, non magica.* Radulfus autem, apprehendens illum, ad præsentiam reginæ, et multorum qui aderant baronum, gaudens et plorans duxit. Interim rumor ille, ocior qualibet volucre, totam urbem Lundoniæ pervolans, aures omnium pene civium attigit. Tunc cives undique in cœlum clamorem attollunt, omnis sexus et ætas in commune nomen Domini benedicunt, et ad curiam, ubi ductum esse audierant, currunt; lacrymas lætitiæ quamplurimi fundunt; cæteri mirantur quæ vident vel audiunt. Regina vero, gaudio repleta, erat enim bona Christiana, pro tanti novitate miraculi, jubet per omnia civitatis monasteria signa pulsari, et ab omni ecclesiastici ordinis conventu laudes Deo cantari. Cumque ille quamplures ecclesias civitatis, devotas Deo gratias referens, ex abundanti gaudio suæ liberationis visitaret, turba multa per vicos eum sequebatur et præcedebat, et quasi novum hominem unusquisque videre cupiebat. Cum autem Beati Petri basilicam, quæ Westmonasterium Anglice nuncupatur, devenisset, abbas ejusdem loci Gislebertus, vir litteris liberalibus et divinis eruditissimus, cum omni grege monachorum et apparatu ecclesiæ, obviam illi processionem extra monasterium duxit. Dicebat enim : *Si hominis alicujus mortui reliquiæ in Ecclesia festive recipi debent, multo magis vivas reliquias, hunc videlicet hominem, honorifice suscipiamus. De mortuo namque, ubi sit spiritus ejus, nos adhuc in fragili vita positi dubitamus, de isto vero, quod a Deo, qui nihil injuste facit, in nostra præsentia visitatus ac liberatus sit, non ignoramus.*

« Cumque Deo pro posse suo juxta æstimationem suam venerationem debitam pro illius liberatione reddidissent, regina illum ad ecclesiam Sanctæ virginis Egeldridæ in Eliensi insula cum grandi honore et gaudio remisit. Ego autem, et omnis monachorum conventus, cum cereis et crucibus processionaliter obviam ei, *Te Deum laudamus* cantantes, eximus. Cumque illum festive, ut decebat, in ecclesiam introduceremus; divinis laudibus celebratis, monachilem habitum, quem diu desideraverat, in honore sanctissimi Benedicti liberatoris sui ei tradidimus. Boias autem, quibus compeditus fuerat, ob honorem sancti Benedicti, qui eas confregerat, necnon venerationem virginis Egeldridæ, quæ collega illius astiterat, in eadem ecclesia suspensas, quasi memoriale tanti miraculi, ad populi spectaculum posuimus; ibique non modico tempore, ut per eas resciretur, dependere visæ sunt.

« Hæc venerabilis Patris Benedicti opera sanctæ Ecclesiæ filiis notificare voluimus non quia satis non fecisset majora, sed quia ista sunt noviora, et nostris temporibus in finibus Angliæ inusitata videntur. Nec de beato Patre nostro Benedicto ullus miretur, si magna et etiam inæstimabilia faciat; quippe qui, papa Gregorio teste, in latice producto de rupe Moysi coæquatur, in corvi obedientia Eliæ assimilatur, in ferro de profundo abyssi revocato Heliseus dicitur, in discipulo jussu super aquas ambulante Petro conjungitur. Ipse etiam, ut notum est, propheta prævidendo futura fuit, apostolus patrando miracula exstitit, vel, ut brevius dicam, omnium justorum spiritu plenus fuit. Quia ergo sine scrupulo novimus de ipso quod quæcunque voluerit, consequitur a Domino, lætabundi manemus in illius servitio, scientes nos ejus prece non fraudari denario. Si autem sanctus Benedictus huic auxilium non negavit, qui se suum fore monachum devovit, quale subsidium his qui ultro vinculis Regulæ illius jam constringuntur, suppeditabit? Multis evidentibus documentis manifeste patescit quod benignus magister, jam a Deo in cœlis glorificatus, pro supplicibus discipulis indesinenter intercedit, eisque quotidie in necessitatibus suis efficaciter subvenit. Nos itaque, qui jam lene jugum Christi suscepimus, et pondus diei et æstus, in ejus vinea laborantes, ferimus, in bonitate Dei constantes et perseverantes, certi esse debemus quod meritis et precibus signipotentis didascali nos proteget atque salvabit omnipotens Dominus. Obnixe ergo ipsum exoremus conditorem universorum ut nos egredi faciat de Babylonia et de finibus Chaldæorum, et in Jerusalem currere in consortio civium supernorum omnipotens et misericors Deus, qui vivit et regnat per omnia sæcula sæculorum. Amen.

Hucusque, per diversas discurrens materias, scribendo fatigatus sum, et huic vi *Historiæ ecclesiasticæ* libello nunc impono terminum. In alio quippe volumine vii libellos, auxiliante Deo, jam peregi, in quibus, de morte Guillelmi regis et de tribus filiis ejus plura edidi, et iter Jerosolymitanum, eventusque varios nostris temporibus contingentes, referendo addidi. Cunctipotens Creator ut ab initio cœpit, sic mire disponit cursus sæculorum et dociles intruens animos terrigenarum, a noxio revocat appetitu infimorum, ac provocat ad meliora, memorabilium exhibitione gestorum. Nam dejectione sublimium et exaltatione humilium, damnatione reproborum et salvatione justorum incessanter eruditur genus humanum, ne per exsecrabilem theomachiam fiat profanum, sed ut divinum semper metuat judicium et diligat imperium, inobedientiæ devitet reatum, et fidelem jugiter offerat famulatum Patri et Filio, Spirituique sancto, uni Deo, regi sæculorum, Dominoque universorum, qui vivit et regnat per infinita sæcula sæculorum. Amen.

Virgo parens duc omnigenas (96), *o janua cœli;*
Tolle tua pressis tantos pietate labores!

AD LECTOREM.

Arma, duces, monachos, si quæris, presbyterosque,
Hæc tibi Vitalis pars ea quarta (97) *dabit.*

(96) Le Prévost : *Evvrigenas.*

(97) Imo : *secunda.*

ORDERICI VITALIS

ANGLIGENÆ

CŒNOBII UTICENSIS MONACHI

ECCLESIASTICÆ HISTORIÆ

PARS TERTIA

Qua de morte Guillelmi regis et de tribus filiis ejus plura referuntur; ac iter Hierosolymitanum, eventusque varii, qui temporibus illis contigerunt adjiciuntur.

SUMMARIUM LIBRI SEPTIMI.

I. *Breve compendium eventuum regni Francorum a coronatione regis Pippini usque ad finem Caroli Magni dynastiæ.*
II. *Regna Hugonis, Roberti, Henrici et Philippi.*
III. *Eduardus Anglorum rex. Henricus Germanorum rex et imperator. Contentiones Henrici imperatoris et Gregorii VII papæ.*
IV. *Turbationes in regno Constantinopolitano. Roberti Wiscardi contra Dyrrachium expeditio.*
V. *Robertus Wiscardus ad succurrendum Gregorio papæ contra Henricum imperatorem in Italiam venit. Romam expugnat. Gregorio instante, urbi parcit.*
VI. *Græci, absente Roberto, Normannos aggrediuntur. Robertus Wiscardus in Græciam redit. Normanni in Italiam redeunt.*
VII. *Odonis Bajocensis episcopi ad papatum contendentis vana fiducia. Guillelmus rex eum detineri jubet.*
VIII. *Mathildis reginæ mors. Ejus epitaphium. Cenomanorum rebellio. Rex Guillelmus militum Anglorum numerum conscribendum jubet.*
IX. *Translatio corporis B. Nicolai Myrensis.*
X. *Plurimæ Ecclesiæ reliquias B. Nicolai acquirunt.*
XI. *Auctor ad eventuum narrationem revertitur. Bella inter Normannos et Francos de Vilcassino pago.*
XII. *Mors Guillelmi regis.*
XIII. *Regis funera. Piæ meditationes.*

LIBER SEPTIMUS.

I. *Breve compendium eventuum regni Francorum a coronatione regis Pippini usque ad finem Caroli Magni dynastiæ.*

Anno ab Incarnatione Domini 1188, Pippinus Auster, major domus regiæ, principatum Francorum suscepit.

Anno Domini 711, obiit Childebertus, rex Francorum.

Anno Domini 712, obiit Pippinus senior; et filius ejus, qui dicebatur Carolus Martellus, principatum usurpavit.

Anno Domini 715, obiit Dagobertus rex junior, xiv Kalendas Februarii; qui regnavit in Francia annis v.

Secundo anno post mortem ejus, pugnavit primum Carolus Martellus princeps contra Radbodum ad Coloniam, regnante Theodorico, filio supracripti Dagoberti junioris. Eo tempore gens impia Vandalorum Galliam devastare cœpit. Quo tempore, destructæ ecclesiæ, subversa monasteria, captæ urbes, desolatæ domus, diruta castra, strages hominum innumeræ factæ, et multus ubique humani sanguis (98) effusus. Ea tempestate, gravissime per totam Galliam detonabant Vandali, omnia flammis et ferro proterentes. Pervenientesque Senones civitatem, cœperunt eam omni arte jaculis et machinis infestare. Quæ cernens præsul ejusdem urbis, Eboba nomine, exiens de civitate cum suis, fretus divina virtute, exterminavit illos ab urbis obsidione, fugientibusque illis, persecutus est eos, usque dum egrederentur de finibus suis.

Anno Domini 741, obiit Carolus Martellus princeps, sepultusque est in basilica Sancti Dionysii Parisius. Hic res ecclesiarum propter assiduitatem bellorum laicis tradidit. Quo mortuo, Carlomannus et Pippinus, filii ejus, principatum suscipiunt.

Anno Domini 750, Pippinus electus est in regem, et Childericus, qui de stirpe Clodovei regis remanserat, consecratus est. Hic deficit progenies Clodovei regis.

Anno Domini 768, Pippinus rex moritur, et filii ejus Karolus, qui dictus est imperator Magnus, et Carlomannus eliguntur in regno.

Anno Domini 771, Karlomannus obiit.

Anno Domini 809, obiit Alcuinus philosophus, abbas Sancti Martini Turonorum.

Anno Domini 814, obiit Carolus imperator Magnus, et Ludovicus filius ejus, qui Pius dicitur, regnum Francorum et imperium Romanorum suscepit. Hujus in tempore pagani diffusi sunt in provincia quæ Pontivus pagus appellatur. Vicesimo igitur anno regni domni Ludovici piissimi imperatoris, rebellavit contra eum Lotharius filius ejus, auferens illi regnum Francorum. Ipso anno, collecto exercitu copioso valde, Ludovicus pater restituit sibi regnum, quod illi abstulerat filius.

Anno Domini 840, obiit Ludovicus Pius imperator xii Kalendas Julii. Eodem anno, facta est eclipsis solis feria quarta ante Ascensionem Domini, hora diei nona, ii Nonas Maii. Vertente igitur anno, in die Ascensionis Domini fit bellum Fontanetum in Burgundia a quatuor filiis supradicti Ludovici, Carolo scilicet, Lothario, Ludovico et Pippino; ubi multus effusus est sanguis humanus. Ex quibus Carolus, qui appellatus est Calvus, regnum Francorum et imperium Romanorum obtinuit. Lotharius vero partem Franciæ sibi vindicavit, quæ usque in hodiernum diem ex suo nomine Lotharii regnum appellatur. Ludovicus autem Burgundiam sibi vindicavit, et unctus est in regem.

Anno Domini 867, Carolus imperator, qui Calvus vocabatur, filius Ludovici piissimi imperatoris, cum secunda profectione Romam peteret, ii Kalendas Octobris, in ipso itinere obiit Vercellis civitate (96); ibique sepultus in basilica Beati Eusebii martyris, requievit annis vii. Post hæc autem per visionem delatum est corpus ejus in Franciam, et honorifice sepultum in basilica Beati Dionysii martyris Parisius. Suscepit autem regnum Ludovicus filius ejus. Sequenti vero anno, Joannes, papa Romanus, ad Gallias veniens cum Formoso episcopo Portuensi, ferens secum pretiosissimas reliquias, primo Arelatum navigio advectus, per Lugdunum, aliasque civitates ad Tricasinam urbem accessit, ibique cum Ludovico rege, filio Caroli Calvi, locutus, ad Italiam repedavit. Post hæc defunctus est Ludovicus rex Francorum, Caroli Calvi filius, reliquitque fi-

---

(98) Sic apud cod. S. Audoeni Rothomagensis. Edit. *humani generis sanguis.*
(99) Hoc epitaphium Caroli Calvi in abbatia Nantuaci sculptum fuit :

Hoc domini Caroli servantur membra sepulcro,
  Conspicuus Romæ qui fuit imperio,
Dardanidæque simul gentis non sceptra relinquens,
  Sed potius placide regna tenens alia;
Ecclesiamqve pio tenuit moderamine Christi,
  Semper in adversis tutor et egregius.
Italiam pergens, febribus corrumpitur atris,
  Et rediens nostris,... obiit finibus.
Quem Deus excelsis dignetur jungere turmis,
  Sanctorumque choris consociare piis.
Quinta dies mensis lumen cum panderet orbi
  Octobris, spatium* reddidit iste Deo

LE PRÉVOST.

* Spiritum.

lium suum parvulum, Carolum nomine, qui Simplex appellatur, cum regno, in custodia Odonis principis.

Eo tempore gens incredula Normannorum per Gallias sese diffudit, cædibus, rapinis, atque omni crudelitatis genere debacchata. Deinde Franci, Burgundiones et Aquitanienses proceres congregati in unum, Odonem principem elegerunt sibi in regem. Obeunte vero Odone Kal. Januarii [898], recepit regnum Carolus Simplex, filius Ludovici. Sub ipso tempore venerunt Normanni in Burgundiam ad Sanctum Florentinum. Occurrit autem illis Richardus, dux Burgundiæ, cum suo exercitu in territorio Tornodorense, irruensque in eos percussit multitudinem ex eis in ore gladii, et reliqui fugerunt v Nonas Junii. Tempore illo factus est terræmotus circa cœnobium Sanctæ Columbæ virginis, v Idus Januarii. Hoc tempore pagani obsederunt Carnotinam civitatem. Collecto igitur exercitu, Richardus dux Burgundiæ, et Robertus princeps, irruerunt in eos, peremptis ex paganis sex millibus octingentis, et a paucis, qui remanserant, obsides capientes, xiii Kal. Augusti, in Sabbato, auxiliante illis superna clementia, per intercessionem sanctæ Dei genitricis Mariæ. Post hæc igitur, mediante mense Martio, apparuit stella a parte Circii, emittens radium magnum, fere diebus xiv.

Sequenti anno, fuit fames magna per totam Galliam. Deinde post quinque fere annos, Kal. Februarii, igneæ acies visæ sunt in cœlo diversorum colorum, quod mirum fuit, alternis se insequentes. Ipso anno, fuit magna dissensio inter regem et principes ejus. Ob hanc causam plurimæ strages perpetratæ sunt Christiani populi, sed, favente Deo, omnis illa contradictio cessavit.

Tertio autem anno post hanc persecutionem, defunctus est Rodulfus, dux Burgundiæ, pridie Kalendas Septembris, sepultusque est in basilica Sanctæ Columbæ, in oratorio Sancti Symphoriani martyris. Secundo anno post ejus mortem, Rodbertus princeps rebellavit contra Carolum Simplicem, unctusque est in basilica in regem iii Kal. Julii. Et nondum anno expleto, xvii Kal. Julii factum est bellum Suessionis civitate inter Carolum Simplicem et ipsum Rodbertum, qui invaserat Francorum regnum, ubi interfectus est ipse Rodbertus. Carolo vero a cæde belli victore revertente, occurrit illi Herbertus, infidelium nequissimus, et sub fictæ pacis simulatione, in castro quod Parrona dicitur, ut hospitandi gratia diverteret, compulit, et sic eum dolo captum retinuit. Habebat enim idem Rodbertus sororem istius Herberti in conjugio, de quo ortus est Hugo Magnus. Illic itaque positus Carolus, Rodulfum, nobilem filium Richardi, Burgundionum ducem, quem de sacro fonte susceperat, una cum consilio Hugonis Magni, filii supradicti Roberti, et procerum Francorum, in regnum sublimavit. Idem autem Carolus Simplex, post longam carceris macerationem, defunctus est in ipsa custodia, et sepultus in basilica Sancti Fursei confessoris, quæ est in ipsa Parrona castro. Unctus est vero in regem ipse Rodulfus, iv Idus Julii, Suessionis civitate.

His temporibus pagani iterum Burgundiam vastaverunt, factumque est bellum inter Christianos et paganos in monte Chalo, peremptis a paganis ex Christianis multis millibus, viii Idus Decembris.

Igitur defuncto Rodulfo rege xviii Kalendas Februarii, sepelierunt eum in basilica Sanctæ Columbæ virginis. Post mortem igitur Rodulfi regis, Hugo Magnus una cum Francis accersiens Guillelmum ducem, qui Longa-Spata dicitur, misit illum ad Oviam, uxorem jam dicti Caroli Simplicis, ut inde reduceret Ludovicum filium ejus. Fugerat enim ad patrem suum regem Anglorum, ob timorem Herberti et Hugonis. Veniensque illuc Guillelmus, datisque obsidibus sub sacramenti titulo matri ejus, reduxit Ludovicum in Franciam.

Igitur xiii Kalendas Julii unctus est in regem Ludovicus filius Caroli Simplicis apud Laudunum. Secundo post hæc anno, xvi Kalendas Martii, circa gallorum cantum usque illucescente die, sanguineæ acies per totam cœli faciem apparuerunt. Sequenti autem mense, ix Kalendas Aprilis, Hungri adhuc pagani Franciam, Burgundiam atque Aquitaniam ferro et igne depopulari cœperunt. Post hæc rebellaverunt Francorum proceres contra Ludovicum regem, super omnes autem Hugo Magnus. In ipso anno facta est fames valida per totum regnum Francorum, ita ut modius frumenti venundaretur xxiv [solidis]. Deinde, non post multos dies, captus est Ludovicus rex, filius Caroli Simplicis, dolo, Bajocas civitate, a Normannis, multis ex Francorum populo interemptis, consentiente Hugone Magno. Post hæc, mense Maio, feria iii, pluit sanguis super operarios. Et ipso anno, mense Septembri, Ludovicus rex totum tempus vitæ suæ plenum ducens angustiarum et tribulationum, diem clausit extremum [954], sepultusque est Remis in basilica S. Remigii.

Sequenti quoque mense, ii Idus Novembris, Lotharius jam juvenis, filius ejus, unctus est in regem Remis, et Hugo Magnus factus est dux Francorum. Secundo autem anno post hæc, mense Augusto, obsedit supradictus Hugo Magnus Pictavis civitatem, sed nihil ei profuit. Dum enim obsideret eamdem urbem, quadam die intonuit Dominus terrore magno, disrupitque turbo papilionem ejus a summitate usque deorsum, stuporque magnus invasit illum cum exercitu suo, ita ut vivere nequirent. Statimque in fugam versi, recesserunt ab urbis obsidione. Fecit autem hoc Deus per intercessionem beati Hilarii, qui semper tutor et defensor illius est urbis.

In ipso anno, defunctus est Gislebertus, dux Burgundiæ, relinquens ducatum Ottoni, filio Hugonis Magni. Habebat namque Otto filiam illius Gisleberti in conjugio. Secundo anno obiit Hugo Magnus, dux Francorum, apud Drodingam Villam xvi Kal. Julii, sepultusque est in basilica B. Dionysii martyris Parisius. Cui successerunt filii ejus, Hugo videlicet, Otto et Hainricus, nati ex filia Ottonis, regis Saxonorum. Hugo dux Francorum effectus est, et Otto dux Burgundionum. Defuncto Ottone duce Burgundionum, successit Hainricus frater ejus.

Sub ipso tempore oritur contentio inter Ansegisum episcopum Trecarum, et Rodbertum comitem. Ejectus vero ex civitate Ansegisus episcopus a Rodberto comite, perrexit in Saxoniam ad Ottonem imperatorem, adducensque Saxones, mense Octobri obsedit civitatem Trecas longo tempore. Venientes autem in prædam Senonis, occurrerunt illis Archembaldus archiepiscopus et Rainardus comes vetulus, cum magno exercitu in loco qui vocatur Villare; interfectisque Saxonibus, cum duce suo Helpone nomine, Senonenses exstiterunt victores. Dixerat enim Helpo incensurum se ecclesias et villas, quæ sunt super Venena fluvium, usque ad civitatem, infigereque lanceam suam in portam Sancti Leonis. Interfectus autem cum populo suo a Senonensibus, reportatus est in patriam suam Ardennam a servis suis. Sic enim jusserat mater ipsius Helponis, nomine Warna. Planxerunt autem cum planctu magno Rainardus comes et Archembaldus archiepiscopus; consanguineus enim illorum erat. Videns itaque Bruno dux, socius ejusdem Helponis, qui obsederat Trecas civitatem, quod mortuus esset socius suus Helpo cum suis, reversus est in patriam suam.

Deinde post non multos dies, Lotharius rex, congregans exercitum copiosum valde, revocavit in ditione sua Lotharium regnum, veniensque ad palatium quod vocatur Aquisgrani, ubi manebat Otto imperator cum uxore, hora prandendi, ingressusque in palatium, nemine contradicente, comederunt et biberunt quidquid illi ad suos usus paraverant. Otto vero imperator, cum uxore sua et populo fugiens, reliquit palatium. Deprædato itaque Lotharius rex palatio et tota provincia, reversus est in Franciam cum pace, nemine persequente.

Post hæc, Otto imperator congregans exercitum suum, venit Parisius, ubi interfectus est nepos ipsius Ottonis, cum aliis pluribus, ad portam civitatis, incenso suburbio illius. Jactaverat namque se extollendo, dicens quod lanceam suam infigeret in civitatis portam. Convocans igitur Lotharius rex Hugonem ducem Francorum, et Hainricum ducem Burgundionum, irruensque in eos, fugientibus illis persecutus est usque Suessionis civitate. Illi autem ingressi fluminis alveum, quod dicitur Axona, nescientes vadum, plurimi ibi perierunt. Et multo plures consumpsit aqua, quam gladius vorasset. Et tanti ibi perierunt ut etiam aqua redundaret cadaveribus mortuorum. Aqua enim impleverat ripas suas. Lotharius vero rex, constanter persequens illos tribus diebus et tribus noctibus, usque ad fluvium, quod fluit juxta Ardennam, sive Argonam, interfecit ex hostibus maximam multitudinem. Desinens autem persequi illos Lotharius rex, reversus est in Franciam cum magna victoria. Otto vero imperator, cum his qui evaserant, cum magna confusione reversus est ad propria. Post hæc, non apposuit ultra Otto imperator venire, aut ipse, aut exercitus ejus, in Franciam. In ipso anno, pacificatus est Lotharius rex cum Ottone rege, Remis civitate, contra voluntatem Hugonis et Hainrici fratris ejus, contraque voluntatem exercitus sui. Dedit Lotharius rex Ottoni regi in beneficio Lotharium regnum. Quæ causa magis contristavit corda principum Francorum.

Anno 976 obiit Lotharius rex jam senex, plenusque dierum, sepultusque est in basilica Beati Remigii Remis. Cui successit Ludovicus filius ejus juvenis.

Anno 977 obiit Ludovicus rex juvenis, qui regnavit in Francia annis VI. Sepultus est vero in basilica Beati Cornelii Compendio. Cui successit Carolus frater ejus, filius Lotharii regis. Eodem anno rebellavit contra Carolum Hugo dux Francorum, eo quod accepisset Carolus filiam Herberti comitis Trecarum. Collecto igitur Hugo exercitu copioso valde, obsedit Laudunum, ubi commanebat Carolus cum uxore sua. Exiens vero Carolus de civitate, fugavit Hugonem cum exercitu suo; incensa hospitia, ubi manebant hostes. Cernens itaque Hugo dux quod minime posset Carolum vincere, consilium habuit cum Ascelino traditore vetulo, qui erat episcopus falsus Lauduni, et consiliarius Caroli. Itaque tradens Ascelinus episcopus Laudunum noctu, quiescentibus cunctis, Hugoni duci Francorum, vinctus est Carolus cum uxore sua, et ductus in custodia Aurelianis civitate. Nondum autem ipse Carolus erat unctus in regem, resistente Hugone duce. Manens vero idem Carolus in custodia Aurelianis in turrim, genuit illi uxor sua filios duos, Ludovicum et Carolum.

II. *Regna Hugonis, Roberti, Henrici et Philippi in Francia.*

Eodem anno unctus est in regem Remis civitate Hugo dux. Et in ipso anno Rodbertus, filius ejus, rex ordinatus est. Hic deficit regnum Caroli Magni.

In illis diebus, erat Remensium civitate archiepiscopus vir bonus et modestus, frater Lotharii regis ex concubina, nomine Arnulfus. Hugo autem rex invidebat ei, volens exterminare progeniem Lotharii regis. Congregansque in urbe Remensi synodum, idem Hugo rex invitavit archiepiscopum Senonicæ urbis, nomine Sewinum, cum suffraganeis suis. In quo concilio fecit degradare domnum Arnulfum, archiepiscopum Remorum, dolo nepotis sui, quem tenebat in carcere, dicens non debere esse episcopum, natum ex concubina. In loco vero ejus consecrari fecit domnum Gerbertum monachum philosophum. Qui Gerbertus magister fuit Rodberti r., filii istius Hugonis, et domni Leotherici archiepiscopi, successoris venerabilis Sewini. Arnulfum autem fecit mancipari custodiæ, Aurelianis civitate. Venerabilis itaque Sewinus archiepiscopus non consensit in degradatione Arnulfi, neque in ordinatione Gerberti. Jussio autem regis urgebat. Alii vero episcopi, licet inviti, tamen propter timorem regis, degradaverunt Arnulfum, et ordinaverunt Gerbertum. Sewinus autem, plus timens Deum, quam terrenum regem, noluit consentire regis nequitiæ, sed magis in quantum potuit, redarguit ipsum regem; propter quam causam ira regis contra eum efferbuit. Cum magno itaque dedecore expelli jussit rex Arnulfum de ecclesia Beatæ Dei genitricis Mariæ Remensis, et sic alligatum retrudi in carcerem. Alligatus autem in carcere Aurelianis civitate, ubi detinebatur nepos ejus Carolus, mansit ibi annis tribus. Nuntiantur hæc omnia præsuli Romano. Qui valde indignatus super hoc, interdixit omnes episcopos, qui Arnulfum dejecerant et Gerbertum ordinaverant. Misit quoque Leonem abbatem a sede apostolica ad domnum Sewinum archiepiscopum urbis Senonicæ, qui vice sua in urbe Remensi synodum congregaret; mandans illi ut sine dilatione revocaret de carcere Arnulfum et degradaret Gerbertum. Collecto igitur concilio, iterum in urbe ex jussione apostolica revocatus est Arnulfus de custodia, et cum honore magno receptus in propria sede. Gerbertus autem intelligens quod injuste pontificalem dignitatem suscepisset, pœnitentia ductus est. Altercationem vero Gerberti pontificis et Leonis abbatis, valde utilem, plenius invenies in gestis pontificum Remorum. Post hæc domnus Gerbertus electus est pontifex in urbe Ravenna ab Ottone imperatore et a populo ejusdem urbis, residensque in eadem urbe pontifex quamplurimos annos, defunctus est papa urbis Romæ, statimque omnis populus Romanus sibi dari acclamat domnum Gerbertum. Assumptus autem de urbe Ravenna, ordinatus est pontifex summus in urbe Roma.

Anno ab Incarnatione Domini 948, obiit Hugo rex, sepultusque est in basilica Beati Dionysii martyris Parisius. Cui successit Rodbertus, filius ejus, regum piissimus et modestus.

Anno Domini 999, venerabilis Sewinus archiepiscopus ab imo cœpit restaurare cœnobium Sancti Petri Milidunensis, et monachos ibi mittens, abbatem Gauterium eis præfecit. In ipso anno tradidit Gualterius miles et uxor ejus castrum Milidunum Odoni comiti. Congregans vero Rodbertus rex exercitum copiosum valde, et Burchardus comes, convocansque Normannos cum duce suo Richardo, obsedit castrum Milidunum. Castro igitur capto, suspensus est Gualterius, et uxor illius, in patibulo. Burchardus autem comes recepit castrum Milidunum, sicuti ante possederat. Igitur Rainaldus, comes vetulus Senonum, post multa mala perpetrata defunctus est, et sepultus in basilica Sanctæ Columbæ virginis. Cui successit Fromundus filius A ejus, habens in conjugio filiam Rainaldi, comitis Remorum.

Anno Domini 1000, indictione XIII, XVI Kalendas Novembris, transiit ad Christum venerabilis Seguinus metropolitanus episcopus. Post transitum vero illius, stetit ecclesia Senonica sine benedictione sacerdotali anno 1. Acclamabat autem omnis populus sibi ordinari domnum Leothericum, nobilissimis ortum natalibus, tunc archidiaconum, omni bonitate conspicuum. Sed resistebant quamplurimi clerici, cupientes episcopalem conscendere gradum. Præcipue vero Frotmundus comes, filius Rainardi vetuli, natus ex mala radice, hoc non permittebat fieri, eo quod haberet filium clericum nomine Brunonem, volens de eo facere episcopum. Dei autem B nutu congregati suffraganei episcopi Senonicæ ecclesiæ, cum voluntate et auctoritate apostolica, sublato omni timore humano, solemniter ordinaverunt domnum Leothericum in sede pontificali ut præesset Ecclesiæ Senonensi.

Anno Domini 1001, obiit Hainricus, dux Burgundiæ, sine filiis, rebellaveruntque Burgundiones contra regem Rodbertum, nolentes eum recipere. Ingressus itaque Landricus comes Autissiodorum tenuit civitatem.

Anno Domini 1003, Rodbertus rex, assumptis Normannis cum duce suo Richardo, et exercitu copioso valde, vastavit Burgundiam, obsidens Autissiodorum diebus multis. Burgundiones autem, nullomodo ei se subdere volentes, unanimiter resistebant ei. Obsedit vero Avallonem castrum tribus fere mensibus, et famis necessitate eum cepit. Tuncque reversus est in Franciam.

Mortuo itaque Frotmundo comite Senonum, successit ei Rainardus filius ejus, infidelium nequissimus. Hic persecutionem intulit ecclesiis Christi, et fidelibus ejus, quanta non est audita a tempore paganorum usque in hodiernum diem. Archiepiscopus autem Leothericus, nimis angustiatus pro hac re, quo se verteret omnino nesciebat. Totum vero se Domino committens, in orationibus et vigiliis exorabat Christum, ut ejus superna pietas dignaretur auxilium ministrare.

Igitur anno a Passione Domini 1016, indictione D XIII, X Kalendas Maii, capta est civitas Senonum ab archiepiscopo Leotherico per consilium Rainoldi episcopi Parisiacensis, et regi Rodberto reddita. Rainardus autem fugiens, nudus evasit. Frotmundus vero frater ejus, et cæteri milites de civitate, ingressi turrim, quæ est in civitate, obtinuerunt. Rex autem, oppugnans eam diebus multis, cepit eam, et Frotmundum, fratrem Rainardi comitis, quem duxit in carcerem Aurelianis civitate, defunctus est.

Rodbertus siquidem, rex Francorum, xxxvii annis regnavit, et conjugem probitate ac sapientia famosam, Constantiam habuit, quæ generosam sobolem peperit Henricum, Rodbertum et Adalam

Anno autem Dominicæ Incarnationis 1031, indictione XIV, Rodbertus rex obiit, et Henricus filius ejus fere XXX annis regnavit. Rodbertus autem ducatum Burgundiæ habuit, et tres filios genuit, Henricum, Rodbertum et Simonem. Henricus vero, qui primogenitus erat, Hugonem et Odonem genuit; sed ante patrem suum obiit. Hugo siquidem avo in ducatu successit, ingentique probitate pollens, tribus annis tenuit, ac deinde Odonem, fratrem suum, ducem ultro constituit, et ipse, Dei compunctus amore, monachus Cluniacensis fere XV annis religiose Deo militavit. Adala vero, filia Rodberti regis, Balduino satrapæ Flandrensi in conjugio data fuit, quæ multiplicem ei prolem peperit, Rodbertum Fresionem, Arnulfum et Balduinum, consules; Udonem Treverensium archiepiscopum, et Henricum clericum; Mathildem quoque reginam Anglorum, et Juditham Tostici ducis uxorem.

His temporibus, dum Robertus et Henricus Gallis præfuerunt, decem papæ in apostolica sede sibi successerunt, id est Gerbertus Philosophus, qui Silvester dictus est, et Joannes, Benedictus, et Joannes frater ejus, Benedictus quoque nepos eorum, Clemens, et Damasus nobilitate et ardore boni fervidus, Leo et Victor, Stephanus et Nicolaus. Henricus autem, Francorum rex, Bertradam, Julii Claudii regis Russiæ filiam, uxorem duxit, quæ Philippum, et Hugonem Magnum, Crispeii comitem, peperit. Philippus vero post patris occasum XLVII annis regnavit, et Bertrandam, Florentii Frisiorum ducis filiam, in conjugium duxit, quæ Ludovicum Tedbaldum, et Constantiam peperit.

Anno ab Incarnatione Domini 1047, indictione XV, Guillelmus Nothus, dux Normannorum, Henricum regem in Neustriam adduxit, eoque adjutore contra cognatos homines suos apud Vallesdunas pugnavit, et Guidonem Burgundionem aliosque rebelles superavit, sibique subjugavit, aliosque fugavit. Post hæc in potestate confirmatus, Mathildem, Balduini Flandriæ marchionis filiam, uxorem duxit, quæ quatuor filios, et quinque filias ei peperit, id est Rodbertum, Ricardum, Guillelmum et Henricum; Agathen ac Adelizam, Constantiam, Adalam et Ceciliam. Tam claram progeniem varia fortuna per diversos discursus egit, dieque suo quemque in occasum præcipitavit, sicuti stylus noster alias sufficienter notificavit. Seditiosis deinde insurgentibus, et inter præfatos principes dissensionem serentibus, ingens guerra inter Francos et Normannos orta est, unde multorum nimia strages facta est.

Tandem anno Dominicæ Incarnationis 1054, Henricus rex in Ebroicensem pagum intravit, et ingentia, deprædando, sive concremando, detrimenta facere cœpit, et Odonem, fratrem suum, cum multis millibus per Belvacensem pagum trans Sequanam direxit. Guillelmus autem dux cum turmis suis regem a latere comitabatur, et resistere pro opportunitate præstolabatur. Porro, Rogerium de Mortuomari et omnes Caletenses ascivit, et in regalem exercitum abire velociter præcepit. At illi jussis cito obsecundantur, et occurrentes Gallis, apud Mortuum-Mare pugnaverunt, et victoriam nacti, Guidonem Pontivi comitem ceperunt; Odonem vero, et Radulfum comitem de Monte-Desiderii pluribus peremptis, fugaverunt. Tunc Leo papa sexto anno papatus sui obiit, cujus secundo anno Uticensis abbatia restaurata est, et Theodoricus Sancti Ebrulfi primus abbas, Nonis Octobris consecratus est. Qui post VIII annos peregre profectus est, et in Cypro insula Kalendas Augusti defunctus est. Ad cujus sepulcrum miraculorum copia celebrata est.

III. *Eduardus Anglorum rex. Henricus Germanorum rex et imperator. Contentiones Henrici imperatoris et Gregorii papæ VII.*

Eduardus rex Anglorum, postquam XXIII annis regnavit, anno sexto Philippi regis Francorum hominem exivit. Cujus genealogia de stirpe Sem filii Noe ita descendit. Sem genuit Arfaxat et Beadumg. Beadumg genuit Wala. Wala genuit Hatra. Hatra vero genuit Itermod. Itermod autem genuit Heremod. Heremod autem genuit Sceldunea. Sceldunea genuit Beaw. Beaw genuit Cetuna. Cetuna vero genuit Geatam, quem Geatam pagani jamdudum pro deo venerabantur. Hic genuit Finggoldwlf, patrem Fidhulput. De quo Frealaf pater Frithowald. De quo Woden ortus est, a quo Angli feriam VI Wodenis diem nuncupant. Hic magnæ sublimitatis inter suos et potentiæ fuit.....

Hic desunt nonnulla, quæ tamen videntur esse veluti recapitulatio rerum illarum quas jam in superioribus libris fusius enarravit, a transitu scilicet Guillelmi ducis in Angliam, usque ad annum Christi 1083.

Anno ab Incarnatione Domini 1084, Henricus Teutonicus rex, multitudinem Saxonum, Alemannorum, Lotharingensium, aliarumque gentium coacervavit, Italiam violenter ingressus penetravit, Romam obsedit et expugnavit. Porro Romanis, pro cupiditate munerum, quæ illis spoponderat, sese dedentibus, urbem cepit. Gregorium VII de sede apostolica expulit, et Witbertum, Ravennatium metropolitam, ei nefarie subrogavit. Tunc Gregorius Beneventum secessit, et maxima dissensio, in orbe orta, magnum filiis Ecclesiæ detrimentum generavit, et ad multorum perniciem diu permansit. Gregorius enim papa, qui Hildebrannus in baptismate dictus fuerat, a puero monachus fuit, omnique vita sua sapientiæ et religioni admodum studuit, assiduumque certamen contra peccatum exercuit. Per singulos gradus ecclesiasticorum ordinum usque ad summi pontificatus apicem ascendit, in quo sexdecim annis legem Dei vigilanter observare studuit. Zelo quippe veritatis et justitiæ inflammatus, omne scelus arguebat, nullique contra rectitudinem pro timore seu favore parcebat. Inde persecutionem et exsilium ab indomitis et jugo Domini contrariis pertulit, nec tamen ab eis qualibet arte vinci usque ad mortem potuit.

Henricum ergo, Teutonicorum regem, quia divinæ legis prævaricator erat incorrigibilis, sæpe admonuit, corripuit, ad postremum excommunicavit. Nam princeps præfatus uxorem suam, Eustachii Boloniensium egregii comitis filiam, reliquit, et sordidis adulterii voluptatibus, ut porcus luto gaudens, inhæsit, Deique legibus et bonorum exhortationibus omnino infestus, obstitit. Godefridus, autem Lotharingiæ dux, turpi repudio sororis suæ mœstus, bellum contra Henricum commovit, et multis in unum millibus congregatis cum eo conflixit, ipsumque cum dedecore victum de campo fugavit, et sic injuriam sororis suæ vindicavit.

Sæpe idem rex proceres suos, quorum uxores, seu filias, seu prædia concupiscebat, ad curiam suam fraudulenter accersiebat, et occulte præmissis satellitibus suis, in via securos perimebat. His aliisque multis nequitiis fœdus rex se inficiebat, et innumeros complices pariter proditionis ad perniciem secum trahebat. Gregorius papa tantorum scelerum querelas ut audivit, præfatum virum, ut vitam suam emendaret, plerumque obsecravit. Sed illo nequiter medicum et doctorem subsannante, nihil profecit. Sæpe multorum præsulum synodum adunavit, et de Christiano imperio, quod tam turpiter et nefarie polluebat, qualiter corrigeret, tractavit. Denique Henricum sæpius admonitum, et in facinoribus pertinaciter resistentem, judicio synodi excommunicavit, et sub anathemate obduratum, potestate regni damnabiliter usurpata exspoliavit; et Conradum comitem auctoritate apostolica per plurimorum manus præsulum in regem consecravit. Privatus itaque Henricus per unum annum in domo propria conticuit, et comitatu, quem hæreditario jure a parentibus susceperat, potitus, delituit. Sed auxilia multa, sumptibus de thesauro, quem copiosum olim congesserat, dapsiliter datis, procuravit. Deinde multis millibus complicum aggregatis, commune decretum contempsit, publicus hostis rebellavit, contra Conradum regem pugnavit, ipsumque dejectum jugulavit, et exercitum ejus varia clade quassavit.

Henricus itaque, hac victoria elatus, imperium quod amiserat invasit, rebelles coercuit, magnisque sibi viribus adauctis, Romam obsedit, totumque conatum contra Gregorium papam exercuit. Menti ejus, ut reor, penitus exciderat, quod Absalon ingentes turmas contra David patrem suum congesserat, consilio Achitophel Giloniitis arma levaverat, ipsoque patre cum suis discedente Jerusalem invaserat, ac ad ultimum multa bellatorum millia pessumdederat; sed nefaria voluntate in multis completa, miserabiliter perierat. Sic iste contra patrem suum arma sustulit, meritoque postea diram a prole sua persecutionem pertulit. Inquirentibus vero cur tam horrenda contra caput Ecclesiæ præsumpserat, hanc tantæ discordiæ causam inter se et papam esse, cum cachinno asserebat, quod medicus ægrotum nimis acriter curare impatientem nisus fuerat.

Obsidionem ergo validam rex effrenis Romæ applicuit, Romanos minis et viribus terruit, muneribus et promissis lenivit, et his modis cives alliciens, urbem obtinuit. Deficientibus itaque Romanis, Gregorius papa Apuliam expetit, ibique, a Normannis honorifice susceptus, quatuor annis habitavit, et mandata vitæ filiis Ecclesiæ propinans, finem laborum peregit. Tunc Henricus Augustus Witbertum Ravennatium metropolitanum, quem Clementem nuncupaverunt, in ovile Domini contra fas intromisit, et hac de causa gravis in mundo et diutina dissensio multos duplici morte mulctavit. Mediolanenses et Maguntii et multi alii, qui Witberto favebant, Gregorianos omnes anathematizabant, armis quoque crudeliter impugnabant. Econtra Gregorius cum suis errantes Witbertinos ad unitatem Ecclesiæ revocabat, et redire contemnentes secundum jus ecclesiasticum excommunicabat.

Odo, Sutriæ comes, invasoris Witberti nepos erat, omnesque tam peregrinos quam indigenas quos poterat ad nefariam partem deflectere vi precibusque elaborabat, et resistentes indebitamque subjectionem hæretico denegantes torquebat, aut morte ferali puniebat.

IV. *Turbationes in regno Constantinopolitano. Roberti Wiscardi contra Dyrrachium expeditio.*

In tanta obscuritate catholica gemebat Ecclesia, orans Dominum, qui vera lux est et justitia, ut, prostratis et ablatis discordiæ auctoribus, pacem et veritatem conferret in terra bonæ voluntatis hominibus.

In diebus illis eloquens Græcia gravi bellorum turbine quatiebatur, et ingentibus damnis afflicta, timore et luctu affatim replebatur. Bitinacius enim Græcus nimiæ cupiditatis et protervæ spiritu inflammatus, imperium invasit, Michaelem Constantinopolitanum imperatorem, de regno expulit, et filium ejus, qui in regno ei succedere deberet, oculis privavit, et in carcere compedibus constrinxit, filias duas Roberti Wiscardi, quarum unam idem juvenis desponderat, custodiæ mancipavit. Perturbatus vero Michael in Italiam confugit, auxiliumque Normannorum sibi, sobolique suæ humiliter efflagitavit. Magnanimus autem Wiscardus dux augustæ majestatis exsulem honorifice suscepit, obsequiis et favoribus lenivit, et multiplex ei adjutorium alacriter spopondit. Nec mora, sicut pollicitus est, cum ulcisci vehementer molitus est. Verum multa laboriosa, nolente Deo, frustra comminatus est; sed ei ad effectum rem, quam summopere flagitabat, perducere permissum non est.

Alexius, princeps militiæ, jussu Michaelis in Paphlagoniam ierat, secumque contra Turcos, Niceam Bithyniæ urbem obsidem captantes, exercitum Græciæ duxerat. Qui, dum audisset expulsionem ingenui imperatoris, et temerariam tyrannidem perfidi præsumptoris, exercitum alloquitur, et quid agendum sit percunctatur. Erat enim prudens et probus, audax et largus et amabilis omnibus. Omnes igitur ei favent, ejusque jussu se promptos exhibent. Ille mox hortatur ut unanimes Byzantium obsideant, et imperanti iis vecordi tyranno viriliter auferant. Obsidione itaque Constantinopolis aliquot diebus vallata est. Sed per Raimundum Flandrensem, qui præcipuus custos et janitor urbis erat, consulto civium patefacta est. Alexius augustale palatium intravit, Bitinacium de regali throno præcipitavit, prolixam ei barbam detruncavit, et carcerali custodiæ illæsum commendavit. Ipse, cunctis gaudentibus, imperiale sceptrum et diadema sumpsit, regnumque xxx annis in adversis et prosperis strenue nobiliterque rexit. Erat enim multum sapiens et misericors pauperibus, bellator fortis et magnanimus, affabilis militibus, munerumque dator largissimus, divinæque legis cultor devotissimus. Ipse mox ut regnare cœpit, filium Michaelis, quem cæcatum retuli, de vinculis sustulit, et abbati cœnobii Sancti Cyri tutandum tradidit. Ille vero, utpote mundo inutilis, monachus ibidem factus est, omnique vita sua cum servis Dei commoratus est. Filias quoque Wiscardi præfatus heros, ac si ipse genuisset eas, amavit blanditer et pie tractavit, et fere xx annis sub tutela sua in deliciis educavit. Officium illarum erat mane, dum imperator de suo stratu surrexisset, manusque suas ablueret, mappulam et pectinem eburneum afferre, et barbam imperatoris pectere. Nobiles puellæ facili gratoque servitio a liberali principe deputatæ sunt, quæ post longum tempus Rogerio comiti Siciliæ, Augusto faventi ut amico redditæ sunt.

Quotidie mundi rota versatur titubantis ;
Vera probant fieri mortales dicta Tonantis :
Eadem mensura qua mensi fueritis, remetietur vobis
(Luc. vi, 28). Ecce, sicut Michael pepulit Diogenem vitricum suum de regali solio, sic ipse de eodem culmine præcipitatus est a Bitinacio; qui nihilominus simili repulsa dejectus est ab Alexio.

Alexius, cum patriarcha regiæ urbis ac sapientibus et senatoribus regni Græcorum, definivit ne sanctum imperium redderetur Michaeli, qui ad hostes publicos confugerat, et malefidis ac ne omnia sua Normannis commiserat, quibus moris est imperium sociis non reddere, sed auferre, et quos ab aliis debent liberare, atque ad obtinendum debitos fasces adjuvare, crudeli ritu demptis honoribus sibi penitus subjugare. Anglos igitur, qui, perempto Heraldo rege, cum proceribus regni Albionem reliquerant, et a facie Willelmi regis per Pontum in Thraciam navigaverant, Alexius in amicitiam sibi ascivit, eisque principale palatium, regiosque thesauros palam commendavit; quin etiam eos capitis sui, rerumque suarum custodes posuit. A quatuor mundi climatibus in munere bellatorum cohortes contra eum conveniunt, ipsumque vita regnoque privare multum conati sunt. Sed frustra vehementer laboraverunt. Nam ipse multas inimicorum insidias, protegente Deo, evasit, et in senectute sua Joannem filium suum consortem imperii fecit. Sic cunctis sapienter intuentibus perspicere licet quod quem Deus defendit ac refovet, nemo dejicere vel annihilare prævalet.

Procellis itaque tot motionum, ut diximus, in Illyrico sævientibus, ac Michaele Italos ad auxilium sui sollicitante lacrymis et questibus, Robertus Wiscardus ex omni ducatu Apuliæ et Calabriæ fortem exercitum Normannorum et Langobardorum contraxit, et valida classe parata, portum Otrentæ intravit; deinde, prosperis ventis spirantibus, per mare Dyracio applicuit, et oppidanis viriliter obstantibus, in fine mensis Junii urbem obsedit. In exercitu quippe suo non plus quam x millia bellatorum habebat, nec numero, sed in fortitudine virorum adversarios terrebat, et bellicosam a priscis temporibus Adrasti et Agamemnonis Græciam invadebat. Robertus Gifardus et Guilielmus de Grentemaisnillo, aliique probatissimi tirones, qui nuper de Neustria venerant, huic expeditioni aderant. Marcus Buamundus, Wiscardi filius ex Normannica matre, patrem juvabat, partem exercitus ab absente patre provido regimine ducebat, et in omnibus prudenter agens, futuræ virtutis specimen præstabat. Rogerius autem frater ejus, cognomento Bursa, jussu patris in Apulia remanserat, et ducatum sibi ex hæreditate matris debitum, custodiebat.

Alexius imperator, Dyrachianorum planctu excitus ingentem exercitum aggregavit, et obsidentes urbem suam terrestri navalique prælio conterere sategit. Interea, dum Augustales veredarii undique mitterentur, et cohortes bellatorum de insulis maris et de adjacentibus provinciis contraherentur, quadam die Marcus Buamundus cum quinquaginta militibus pabulatum perrexit, et quingentis militibus, qui obsessis adminiculaturi exercitum expediti præibant, forte obviavit. Mox ut sese mutuo viderunt, vere certamen inierunt. Porro Danai, Normannorum impetum non ferentes, terga verterunt, multasque manubias amiserunt. Tunc æream crucem perdiderunt, quam Constantinus imperator, pugnaturus contra Maxentium, visa cruce in cœlo, fecerat. Redeuntes itaque de conflictu Normanni gaudium ingens et victoriæ spem sociis intulerunt. Pelasgi autem gravissimum dolorem et diffidentiam pro amissa cruce Domini habuerunt, quam maximo auri talento redimere multum laboraverunt. Verum Wiscardus talem mercatum agere indignum duxit, quia æs in cruce pro virtute Christi pretiosius omni auro æstimavit. Hanc itaque crucem secum in multis periculis portavit, quam post mortem ejus cœnobium Sanctæ Trinitatis Venusiæ reverenter usque hodie custodit, et cum aliis sanctorum pignoribus excolit.

Mense Octobri Alexius imperator Dyracio appropiavit, et legiones suas ex multis nationibus accitas ad bellum ordinavit. Deinde commisso prælio, magna sanguinis effusio facta est, et ingens detrimentum utrique parti, sævo Marte furente, collatum est. Denique fidelem paucitatem et instantiam occidentalium peregrinorum Dominus de cœlo respexit, eisque victoriam concessit, copiasque Orientales, quæ in virtute sua confidebant, terruit et cum dedecore fugavit. Deinde Robertus dux, tam nobili triumpho exhilaratus, Dyracium reliquit, longiusque cum exercitu suo progressus, in Bulgaria hiemavit. Regionem enim circa Dyracium obsidione trium mensium devastaverat, et nihil ibi unde homines vel equi subsistere possent dimiserat.

V. *Robertus Wiscardus ad succurrendum Gregorio papæ contra Henricum imperatorem in Italiam venit. Romam expugnat, Gregorio instante, urbi parcit.*

Tunc legati Romanorum ad Robertum ducem cum litteris apostolicis venerunt, eumque suppliciter salutantes, dixerunt :

« Gregorius papa, o strenuissime dux, ut pater filium, te humiliter et obnixe obsecrat ut apostolicæ sedi festinanter invincibilis tua probitas subveniat, nec ullam huic subventioni pro amore Dei excusationem præponat. Henricus enim, Alemannorum rex, Romam obsidet, et papam cum clero sibi adhærente in arce Crescentis inclusum coercet. Ibi nimirum papa circumseptus cum turma fidelis populi, timet defectionem Quiritum, qui nimis cupidi sunt et versipelles, deludi, et manibus inimicorum tradi irreverenter. Ad te igitur ab illo missi sumus, celeremque opem tuam ad tantam necessitatem requirimus. Fortitudo tua super omnes inimicos tuos divinitus sublimata est, nec ei mortalis manus resistere potest, quandiu Deo militaveris, et vicario sancti Petri, principis apostolorum, obedieris. »

His auditis, magnanimus heros valde anxiatus est. Nam venerando papæ a protervis leonibus profligato, sicut Petro in carcere Herodis, succurrere desiderat, et exercitum suum, quem numero paucissimum inter multos hostes et callidos atque atroces computat, in terra aliena sine duce velut agnos inter lupos relinquere vehementer hæsitat. Tandem erectis luminibus mentis ad Dominum, a quo omne bonum procedit, convocatis agminibus suis cum Duamundo filio suo, ait : « Semper obsecundare Deo, qui per communem Ecclesiæ Catholicæ pastorem alloquitur nos, oportet. Auxiliante Deo, jussioni papæ obediam, et quam citius potero, ad vos redire satagam. Interea vos prudenter in hac provincia requiescite, et inter hostes undique circumspecti estote. Si quis præsumpserit bello vos impetere, in virtute Dei viriliter resistite. Vos tamen cavete ne bellare incipiatis, nec occasionem præliandi hostibus detis, neque indigenas, quousque regressus fuero, lacessatis. Injunctam mihi a Domino servitutem inibo, et si vita comes fuerit, celeriter redibo. Per animam Tancredi patris mei juro, et hoc jurejurando vobis firmiter assero, quod, donec reversus ad vos fuero, non utar balneo, barba mea non radetur, neque cæsaries mihi tonsurabitur. »

Post hæc verba bellicosus miles cum paucis commilitonibus mare mox ingressus est, Deoque ducente, in Apuliam profectus est, et inde assumptis armatorum cœtibus Romam aggressus est. Porro Henricus imperator, ut veraci rumore comperit quod Rodbertus dux Constantinopolitanum imperatorem superaverit, ac ad subventionem papæ quasi fulgur cum nimio impetu ex improviso advenerit, variis eventibus solerter consideratis, valde timuit, jamque facta cum quibusdam Romanorum proceribus pace, partem urbis recepit, ac postmodum occiduas regni sui partes repetiit. Maluit quippe sanus et liber honeste discedere, quam furibundum agonothetam exspectare, et repentini certaminis involvi turbine.

Dum tam graves tumultus et tot bellorum tempestates in mundo sævirent, et regna terrarum ut puppem inter pelagi fluctus agitarent, venerabilis Rodbertus, abbas Sanctæ Euphemiæ, postquam de bello Dyraceno in Calabriam rediit, veneno, ut fertur, in esca sumpto, 11 Kalendas Decembris ægrotare cœpit. Nam quidam, genere Saracenus, arte pistoria Brixensi cœnobio serviebat. Hic sororem Willelmi prioris, filii Ingranni, in matrimonio habebat, et pro quadam latenti causa, satisque parva, occultum contra abbatem odium gestabat. Unde instinctu diaboli ferculum ejus veneno corrupit, imitatus Ismaelem patrem suum, qui ferali ludo simplicem Isaac gravare studuit. Deinde vir Dei, monachis lugentibus, xiii diebus æger jacuit, dataque confessione, sanctaque sumpta communione ii Idus Decembris obiit. In ecclesia Sanctæ Dei genitricis Mariæ, quam ipse a fundamento construxit, sepultus est, et per singulos annos anniversarius dies reverenter celebrari ob memoriam ejus constitutus est. Hoc libenter agitur a monachis, quos ipse in domo Dei ut pater filios educare molitus est. Pauperibus quoque uberem eleemosynam ipso die pro defuncto pastore largiri mos est.

Appropinquante Wiscardo, turgentes Romani convenerunt, et quod ab advenis persecutoribus caput orbis impugnaretur indignum duxerunt. Multis igitur hortatibus animati, cum armis obviam processerunt. Sed statim a Normannis in re militari nimis obduratis facto impetu, repulsi sunt. Deinde victores, civibus misti fugientibus, urbem intraverunt, jussuque fervidi ducis ignem tectis injecerunt. Sic Wiscardus ferro et flamma sibi aditum Romæ patefecit, nec ullus civium postea contra eum mutire ausus fuit. Deinde pervenienti ad turrim Crescentis papa cum clero obviam exiit, pro labore et subventu gratias egit, pro obedientia a reatibus absolvit, et æternam ei a Deo benedictionem peroptavit.

Post alternam heroum collocutionem, post depromptam a papa querelarum relationem, iratus dux subintulit hujuscemodi comminationem : « Roniani cives pessimi sunt et infidi, Deoque et sanctis ejus pro innumerabilibus beneficiis sibi collatis sunt et erunt semper ingrati. Roma, quæ mundi caput et peccatorum medicina olim dicta est, nunc habitatio draconum et totius nequitiæ fovea facta est. Hanc igitur speluncam latronum ferro seu flamma destruam, sordidos nefariosque habitatores ejus perimam. Persecutionem in episcopum, quam Judæi cœperunt, Romani pertinaciter perficere conati sunt. Nonne sicut Judæi Christum crucifixerunt, sic Romani membra Christi, Petrum et Paulum, martyrizaverunt? Quid dicam de Lino et Cleto, Clemente et Alexandro, Sexto et Telesphoro, Calixto et Urbano, Cornelio et Fabiano? Omnes hi pontificali cura mederi languentibus studuerunt, et a propriis civibus, quos salvare nitebantur, injuriose perempti sunt. Denique quid referam de Sebastiano, quem sagittatum in cloaca suspenderunt gumfo? Quid de Laurentio, quem crati ferreo imposuerunt, et prunis subpositis ut piscem assaverunt? Quid de Hippolyto, quem alligatum equis indomitis discerpserunt? Quid de Hermete, Tiburcio, Zenone, Valentino, aliisque sanctis, quorum numerus humanæ notitiæ est incomprehensibilis? Fama refert, et astipulatur assertione multorum quod tota Roma perfusa est pretioso cruore martyrum, et in latrinis Romanorum innumera latent corpora sanctorum. Eadem crudelitas, quæ tunc grassabatur in paganis, nunc debacchatur in falsis Christianis, qui cupiditate illecti favent profanis, et contra Catholicam Ecclesiam auxiliantur hæreticis insanis. Nulla igitur pietas eis impendenda est. Ultore gladio impios puniam, cruentam civitatem igne succendam, et Trans-Alpinis gentibus replendam, opitulante Deo, meliorem restituam. »

Tunc papa ad pedes ducis corruit, lacrymisque profusus ait : « Absit hoc a me, ut Roma destruatur pro me! Non enim ad destructionem urbis, sed ad salvationem electus sum plebis. Malo Dominum nostrum Jesum Christum morte sequi, quam, peccatoribus punitis, injurias meas nequiter ulcisci. Creatori quippe nostro contrarii sunt, qui statuta ejus despiciunt, et ordinem Ecclesiæ truculenter impediunt, Dominicumque gregem, ut lupi rapaces, dispergunt. Ipsius nimirum est injuria et ultio, servitus quoque et retributio. Novit pios clientes, et abhorret adversarios furentes. Ejus igitur omnipotentiæ nos et nostra commendamus, et corde benevolo exoramus ut legi sacræ adversantia censorio ense rescindat, et nos ad beneplacitam voluntatem suam dirigat. »

Sic iratum ducem papa lenivit, acceptoque consilio, de turre Crescentis cum clero sequaci exivit, et comitante duce cum valida manu ductus, Alham adivit. Hanc itaque urbem Ascanius Julius, Æneæ filius, condidit, et Constantinus Augustus sancto Silvestro papæ dedit. Dux autem, apostolica benedictione accepta, iter ad mare acceleravit, et trans pontum cœtus suos festinanter, ut eis juraverat, expetiit.

VI. *Græci, absente Roberto, Normannos aggrediuntur. Robertus Wiscardus in Græciam redit. Normanni in Italiam redeunt.*

Interea callidus imperator Græcorum, ut Robertum adiisse Italiam cognovit, ratus quod Normannos, absente duce, destitutos debilitare posset, insurrexit, multas cohortes adunavit, et invitos ad bellum Normannos coegit. Commisso autem prælio, Normanni debiles in primis reperti sunt, et multis ex causis in initio certaminis territi et pene victi sunt. Nam ut paucitatem sui, et absentiam fortunati ducis, et multitudinem hostium perpenderunt, pene fugam ante pugnam inierunt. Sed cum Buamundus in conflictu cum turmis suis vacillans trepidaret, et anxius Deum ex corde invocaret, divinæ pietatis auxilium adfuit, et vox hujuscemodi desuper intonuit : « Buamunde, quid agis? Præliare fortiter. Nam ille, qui patrem tuum juvit, te similiter adjuvabit, si in illo confisus fueris, eique fideliter militaveris. » Hac voce Normanni recreati et confortati sunt, et in antea progressi, Pelasgos acriter impulerunt; quorum impetu Achivi repente repulsi sunt, et terga vertentes, spolia multa indigentibus peregrinis dimiserunt.

Regressus de Tuscia, Wiscardus suos hac victoria sat hilares invenit. Ipse quoque, tam nobili tripudio exsultans, Deo gratias egit. Buamundum vero, qui vulneratus fuerat in certamine, ut curaretur, misit ad medicos Psalerniæ, quorum fama per orbem admodum divulgata est excellentia medicinalis peritiæ.

Porro Dyraceni, dum Normannos perpendunt in Bulgariam longe progressos, pluresque provincias de imperio Byzanteo militari manu adeptos, seseque ab auxilio Thracum, seu Macedonum, omniumque affinium suorum penitus remotos, diffidentes mutuo sæpe tractant, qualiter sibi nimis in arcto positi consulant. Tandem procaciores quid agant vicissim diffiniunt, legatos ad ducem clam mittunt, pacem poscunt; et quod azylum urbis satellitibus ejus tradant veraciter promittunt. At ille quod postulant concedit, et ccc milites ad recipiendam urbem mittit. Noctu itaque venientibus Normannis, civitas aperta est; quibus receptis pax inter utrosque, et securitas firmata est.

Sichelguada, uxor Roberti Wiscardi, filia erat Guaimalchi ducis Psalernitani, sororque Gisulfi, qui ducatu privatus fuerat per avidam invasionem sororii sui. Hæc Buamundum privignum suum odio habebat, metuens ne per eum, quia fortior erat et sensu multaque probitate pollebat, Rogerius filius suus amitteret ducatum Apuliæ et Calabriæ, qui sibi competebat hæreditario jure. Unde ipsa lethiferam potionem confecit, et Psalernitanis archiatris misit, inter quos enutrita fuerat, et a quibus veneficiorum eruditionem perceperat. Protinus ipsi voluntatem dominæ et alumnæ suæ cognoverunt, et

Buamundo, quem curare debuerant, virus mortis contulerunt; quo percepto, ad mortem aegrotavit, patrique suo per nuntium languorem suum protinus intimavit. Callidus vero dux dolos uxoris suae subito animadvertit, ipsamque ante se tristis accersiens, sic interrogavit : « Vivitne Buamundus, dominus meus? » Quae respondit : « Nescio, domine. » At ille : « Afferte, inquit, mihi textum sancti Evangelii, et gladium. » Quibus allatis, gladium accepit, et super sacra sic juravit : « Audis, Sicheloguada! Per hoc sanctum Evangelium juro quod si Buamundus filius meus hoc morbo, quo detinetur, mortuus fuerit, hoc ense interficiam te. » Porro illa tali allegatione nimis territa, salutare antidotum praeparavit, et medicis suis, per quos mortem paraverat, Psalerniam confestim transmisit nuntium, qui ut sibi periclitanti adminicularentur, blanditiis et precibus obnixis sollicitavit. Archiatri detectam fraudem et angustiam herilem audientes, et in futurum ne terribiles minae ducis explerentur precantes, toto nisu juveni, quem laeserant, in omni exercitio physicae artis mederi certabant. Opitulante Deo, qui per eumdem Turcos et Agarenos, Christianae fidei hostes, comprimere decreverat, aeger convaluit. Sed in omni vita sua, prae veneno, quo infectus fuerat, pallidus permansit.

Interea versipellis et ingeniosa mulier multa secum revolvebat, nimioque metu indesinenter stimulata, considerabat quodsi legatus suus ad transfretandum mare tardaret, et aegrotus ante adventum ejus emigraret, illa juratam sibi mortem ense mariti non evaderet. Igitur aliam econtra tergiversationem truculentam et omnino exsecrabilem excogitavit. Veneno virum suum, proh dolor! infecit. Protinus ut ille aegrotare coepit, et ipsa de inevitabili casu ejus non dubitavit, convocatis parasitis suis cum reliquis Langobardis, noctu surrexit, et ad mare progressa, naves optimas cum omnibus suis intravit, et omnes reliquas naves, ne Normanni eam persequerentur, incendit. Dum vero littus Apuliae attigit, quidam miles de satellitio ejus clam egressus, Psalerniam noctu venit, et Buamundum festinanter aggressus, ait : « Surge cito, et fuge, et salva te. » Cumque ille causam inquireret, nuntius respondit : « Pater tuus mortuus est, et noverca tua in Apulia est. Huc autem festinat venire, ut occidat te. » Nec mora Buamundus, tam gravi rumore turbatus, asinum ascendit, clam urbem exivit, ad Jordanum Capuae principem, consobrinum suum, confugit; a quo amicabiliter receptus, fraudes et minas novercae suae evasit. Illa vero, ut Psalerniam pervenit, et egresso quem quaerebat, delusam se comperit, vehementer contristata est, et Rogerius filius ejus, cognomento Crumena, amplum citra mare ducatum ex successione majorum adeptus est.

Undique nimiis anxietatibus aggravati sunt in peregrina regione Normanni, dum maximum ac strenuissimum ducem suum vident muliebri dolo periclitari, et robur exercitus sui defectione Langobardorum, qui cum domina sua clam discesserant, imminui, et se non posse in Italiam, quia naves eorum combustae erant, sine gravi mora et difficultate proficisci. Magnanimus itaque dux Robertum comitem Lorotelli, et Goisfredum de Conversana, nepotes suos, Hugonem monoculum de Claromonte, et Guillelmum de Grentemaisnillo, Odonem quoque Bonum-Marchisum, sororium suum, aliosque cognatos proceresque suos ad se convocavit, et quid acturi essent interrogavit. Cumque omnes inter se mussitarent, nec certum quid proferrent, ait:

« Ultio divina pro peccatis nostris nos percutit, et a nimiis cupiditatibus nostris nos reprimit. Juste nos Dominus ut servos suos verberat, et perspicue quod mundi gloria non sit appetenda, nobis nuntiat. Gratias illi pro omnibus, quae nobis impertiri dignatus est, agamus, et ut nostri semper misereatur, toto corde appetamus. Ecce nos de pauperibus infimisque parentibus processimus, et sterile rus Constantini, vacuosque necessariis rebus penates reliquimus, et profecti Romam cum magno timore vix pertransivimus. Deinde, donante Deo, magnas et multas urbes obtinuimus. Sed hoc non nostris viribus nec meritis, sed divinae ordinationi imputare debemus. Denique de imperio Constantinopolitano pro reatibus indigenarum invasimus quantum potuimus in xv peragrari diebus. Optime nostis quod in sui praesidium invitatus sum a Michaele imperatore, quem cives sui de solio regni nequiter expulere, quia filiam meam filio ejus tradidi legitime. Constantinopolim, quam possidet imbellis populus, deliciisque serviens et lasciviae, decreveram, si Deo placuisset, Catholicis pugnatoribus subjugare, qui sanctam Dei civitatem Jerusalem Turcis auferrent, ethnicisque bello repulsis, Christianum imperium dilatarent. Propter hoc desiderium, tam magnum laborem et tam periculosum agonem inivi. Sed hoc aliter ordinavit irreprehensibilis voluntas omnipotentis Dei. David templum Deo Hierosolymis construere voluit, sed hoc a Salomone filio ejus peragi cum ingenti tripudio Deus disposuit. Sic labor meus, ut autumo, futuris temporibus consummabitur, et fructus laboris quandoque manifestabitur, et incitamentum tantae probitatis utiliter posteris nostris propinabitur. Hinc igitur, o viri fortes, sapiens consilium accipite, pristinamque virtutem vestram, quam in arduis et angustis rebus multoties expertus sum, perdere nolite. Unus humo sum ac, ut reliqui, mortalis. Vos autem multi estis, multisque charismatibus, largiente Deo, vigetis. Famosa vero gesta, quae longe lateque divulgata sunt, vos fecistis; nec unquam majora a tam paucis et infimis hominibus leguntur in aliquibus historiis quam, juvante Deo, a vobis facta sunt. Fortiorem itaque et sapientiorem de vobis eligite, ipsumque vobis ducem constituite. Ne perdatis foecundam tellurem quaesitam magno labore, sed parvo tempore. Buamundus filius meus, si vita et sospitate viget, quantocius vobis succurrere sataget. »

Hæc et his similia duce prosequente, Petrus Francigena aliique contubernales, ducis dicta subtiliter intuentes, dixerunt : « In hoc negotio, quod nobis imperas, ingens discrimen est et maxima difficultas. Innumeri sunt hostes, et nos pauci sumus, nimiumque nobis adversatur imperator potens et callidus, quem, te cohibente, graviter in multis sæpe offendimus. Fortitudini ejus, latæque potentiæ nequivimus resistere. Multis enim dominatur regnis et nationibus. Utinam ad domos nostras, unde discessimus, cum pace et salute regredi valeamus!»

Iis auditis, dux valde ingemuit, Deumque cum fletu invocare, filiumque suum sic lugere cœpit : « Heu! me miserum tot infortuniis circumdatum! Olim multis nocui, et injuste mala peregi. Nunc simul mala invenerunt me, quæ promerui longo tempore. Summe Deus, nunc parce mihi! Pie Deus, miserere mihi peccatori! Fortis Deus, succurre populo tuo, quem huc adduxi! Fili mi Buamunde, virtute et sensu Thebano par Epaminondæ, ubi reperiam te? Nobilis athleta Buamunde, militia Thessalo Achilli, seu Francigenæ Rollando æquiparande, vivisne, an detineris pernicie? Quid tibi contigit? Quid probitas tua devenit? Quod si sospes, qualem te, dum Tusciam adirem, dimisi, præsto adesses, opulentam Bulgariæ regionem armis nostris obtentam possideres. Scio namque quod tanta, si vivis, strenuitate polles, ut si morti meæ divino nutu interesses, jus quod bello acquisivi, juvante Deo, nullatenus amitteres. Eia, commilitones optimi, caute vobis consulite, et quod a laribus vestris valde remoti estis perpendite. Recolite quam magna Normanni fecere, et quod parentes nostri Francis et Britonibus et Cenomannensibus multoties resistere, et fortiter vicere. Ad mentem reducite quam magna, me duce, gessistis in Italia et Sicilia. Psalerniam et Barrum, Brundisium et Tarentum, Bismannum et Regium, Syracusam et Palernum, Cosentiam et Castrum-Joannis, aliasque multas urbes et oppida obtinuistis. Gisulfum quoque Psalernitanum ducem, et Wazsonem Neapolitanum comitem, aliosque principes fortissimos, me duce, per Dei juvamen superastis. Nunc igitur ne vilescatis amisso pristinæ magnanimitatis conamine. Electione communi unum ex vobis, ut dixi, ducem constituite, uberesque provincias, quas jam nacti estis, insigniter vobis retinete. »

Nullus eorum qui rebus istis interfuere, ausus fuit ducatum hujuscemodi suscipere, sed omnes de fugæ præsidio maluerunt cogitare. Deinde, anno ab Incarnatione Domini 1085, Robertus Wiscardus, Apuliæ dux insignis, nostrisque temporibus pene incomparabilis, facta confessione, a peccatis mundatus et salutaris Eucharistiæ perceptione munitus,

non militari robore prostratus, sed livore femineo corruptus, quo primus Adam est de Paradisi sede projectus, non armis, sed veneno læsus, adveniente mortis hora, mundo est sublatus. Quo defuncto, Normanni corpus ejus salierunt, et cum pace reditum in patriam suam ab imperatore petierunt. Imperator vero, licet lætaretur, quia liberatus a terribili hoste fuerat, defunctum tamen ducem, qui nunquam de bello fugerat, ex pietate multum planxit. Licentiam his qui redire in Italiam vellent cum cadavere principis sui et omnibus suis, benigniter concessit. Aliis vero, qui secum remanere sibique servire vellent, larga stipendia pepigit. Byzantino extunc itaque fideliter famulati sunt, qui antea fortiter impugnaverant. Remeantes autem in Apuliam, corpus ducis Venusiæ detulerunt, ibique, in cœnobio Sanctæ Trinitatis, cum luctu magno sepelierunt. Venerabilis Berengarius abbas, filius Ernaldi, filii Helgonis, eidem monasterio præerat, quem Theodericus archimandrita pius apud Uticum educaverat, et inde Robertus abbas secum in Calabriam adduxerat. Deinde ab Alexandro papa Venusiensi monasterio abbas consecratus est, atque post aliquot annos, pro merito vitæ et sapiente doctrina, ad pontificatum præfatæ urbis a papa Urbano promotus est.

VII. *Odonis Bajocensis episcopi ad papatum contendentis vana fiducia. Guillelmus rex eum detineri jubet.*

Dum furerent in orbe tempestates, quæ superius memoratæ sunt, quidam sortilegi Romanorum, quis in papatu succederet Hildebranno, indagarunt, et quod post transitum Gregorii Odo Romanus papa foret, compererunt. Hoc audiens Odo, præsul Bajocensis, qui cum fratre suo Guillelmo rege Normannis dominabatur et Anglis, parvipendens potestates et divitias regni Occidentalis, nisi jure papatus dominaretur latius et omnibus terrigenis, Romam misit, palatium sibi emit, senatores Quiritum, magnis muneribus datis, sibi amicitia copulavit, palatiumque suum multis sumptibus et superfluis apparatibus exornavit. Hugonem, Cestrensium comitem, magnamque cohortem præcipuorum militum ascivit, ut secum in Italiam proficiscerentur obsecravit, et ingentia precibus promissa prodigus addidit. Illi vero, quia Normanni leves et extera videre cupidi sunt, protinus præsumptori episcopo, cui principatus Albionis et Neustriæ non sufficiebat, assenserunt. Ingentes quoque fundos, quos in occiduis climatibus possidebant, deserere decreverunt, ac ut præfato præsuli trans Padum comitarentur, per fidem spoponderunt.

Apparatum hujusmodi prudens rex Guillelmus ediscit, sed non approbavit, regnoque suo multisque aliis valde nociturum æstimavit. Unde festinanter in Angliam transfretavit, ac Odoni episcopo cum grandi pompa navigare in Normanniam cupienti, ex insperato in insula Vecta obviavit. Ibi nimirum congregatis in aula regali primoribus regni rex ita locutus est :

« Egregii proceres, verba mea diligenter audite, et salubre consilium mihi, quæso, tribuite. Antequam transfretassem in Normanniam, regimen Angliæ fratri meo, Bajocensi episcopo, commendaveram. In Normannia multi contra me surrexerunt, et, ut ita dicam, intimi et forinseci me invaserunt. Robertus filius meus, et tirones quos enutrivi et quibus arma dedi, contra me rebellaverunt, eisque mei malefici clientes et finitimi hostes gratanter adhæserunt. Verum Deo, cujus servus sum, me protegente, nil profecerunt ; nec de meo aliquid, nisi ferrum in vulneribus suis, obtinuerunt. Conglobatos in me Andegavenses paratus ad bellum terrore compressi, parique modo rebellantes Cenomannos armis et viribus compescui. His nimirum occupationibus ultra mare irretitus fui, ibique diu moratus, publicis utilitatibus laboriose deservivi. Interea frater meus Angliam vehementer oppressit, et ecclesias(100)fundis et redditibus exspoliavit, ornamentis ab antecessoribus editis nudavit, militesque meos, qui contra Danos et Hibernenses et alios hostes mihi nimis infestos, Angliam tutari debuerant, seduxit, et trans Alpes in extera regna, me contempto, pertrahere disponit. Nimius labor cor meum angit, præcipue pro ecclesiis Dei, quas affligit. Christiani reges, qui ante me regnaverunt, Ecclesiam Dei amaverunt, honoribus et xeniis multi generis locupletaverunt ; unde nunc, ut credimus, in amœna sede, felici retributione gaudentes, requiescunt. Adelbertus et Edvinus ac sanctus Oswaldus, Athulfus ac Alfredus, Edwardus senior et Edgarus, cognatusque meus et charissimus dominus Edwardus dederunt opes Ecclesiæ sanctæ quæ est sponsa Dei. Et frater meus, cui totius regni tutelam commendavi, violenter opes diripuit, crudeliter pauperes oppressit, frivola spe milites mihi subripuit, totumque regnum injustis exactionibus concutiens exagitavit. Quid inde agendum sit caute considerate, et mihi, quæso, insinuate. »

Cumque omnes tantum virum timerent, et sententiam in illum proferre dubitarent, magnanimus rex ait : « Noxia temeritas semper comprimenda est, nec uni ad detrimentum reipublicæ pro aliquo favore parcendum est. Hunc ergo virum, qui terram turbat, comprehendite ; et, ne in deterius prævaleat, solerter custodite. » Cumque nullus in episcopum auderet injicere manum, rex ipse primus apprehendit eum. Illo autem reclamante : « Clericus sum, et minister Domini ; non licet pontificem damnare sine judicio papæ ; » providus rex ait : « Ego non clericum nec antistitem damno, sed comitem meum, quem meo vice mea præposui regno, rationem commissæ villicationis audire volens comprehendo. »

Sic regia potestas præfatum præsulem cepit, in Normanniam deduci fecit, et in arce Rothomagensi incarceravit, ibique intrusum quatuor annis, id est usque ad finem vitæ suæ, diligenter custodivit. Capite vero inquietudinis dejecto, militum motio conquievit, inibique regis providentia regnum suum intus et extra fortiter munivit.

Ecce in hoc homine palam completum videmus, quod in libro *Mythologiarum* dicit Fulgentius : « Qui plus quærit quam licet, minus erit quam est. » Præsulatus Bajocensis, et comitatus Cantiæ ingentibus gazis abundans, et per totam Angliam atque Normanniam regia potestas cum propria communis uni clerico non sufficiebat, qui universo mundo præferri satagebat ; quem ad hoc non cogebat divina assumptio, nec canonica electio, sed insanabilis cupiditatis immoderata præsumptio. Ergo quod habebat perdidit, et inclusus gemuit, exemplumque posteris, ne honoribus inhient, dereliquit.

VIII. *Mathildis reginæ mors. Ejus epitaphium. Cenomannorum rebellio. Rex Guillelmus militum Anglorum numerum conscribendum jubet.*

His temporibus, indictione vii, [1083] Mathildis, regina Anglorum, ægrotavit, diutina infirmitate anxia, reatus suos cognovit et obnixe deflevit, omnibusque rite peractis, quæ mos Christianus exigit, salutari sacramento munita, iii Nonas Novembris obiit. Deinde corpus ejus ad cœnobium Sanctæ Trinitatis, quod ipsa sanctimonialibus apud Cadomum construxerat, delatum est, et ab episcopis et abbatibus multis inter chorum et altare venerabiliter tumulatum est. Exsequias ejus celebrarunt monachi et clerici cum pauperum agmine, quibus ipsa vivens frequenter profuit in Christi nomine.

Memoriale ejus super ipsam ex auro et gemmis mirifice constructum est, et epitaphium hujusmodi litteris aureis comiter exaratum est.

Egregie pulchri tegit hæc structura sepulcri
Moribus insignem, germen regale, Mathildem.
Dux Flandrita pater, huic exstitit Hadala mater,
Francorum gentis Roberti filia regis,
Et soror Henrici regali sede potiti.
Regi magnifico Willelmo juncta marito,
Præsentem sedem, præsentem fecit et ædem,
Tam multis terris quam multis rebus honestis
A se ditatam, se procurante dicatam,
Hæc consolatrix inopum, pietatis amatrix,
Gazis dispersis, pauper sibi, dives egenis,
Sic infinitæ potiit consortia vitæ,
In prima mensis post primam luce Novembris.

---

(100) Instar omnium sint ecclesiæ Wigorniensis ac Eveshamensis, quarum querimoniæ exstant in *Monastico Anglicano*, cujus t. I, p. 133, col. 1, hæc leguntur : *Odo quidam episcopus Bajocensis et comes Cantuariensis, frater scilicet Willelmi regis, omnes terras... quæ juste ad abbatiam* (Wigorn.) *pertinerent, a rege fratre videlicet suo postulavit et accepit... sicque eas perdidimus.* Item ex Registro de Evesham ibid. p. 151 : *Anno Dom. 1077... misit rex huc quemdam monachum de monasterio quod vocatur Cerasii, Walterum nomine, litteris tam liberalibus quam grammaticis undecunque eruditissimum. Iste abbas per iniquam potentiam Odonis fratris regis, Bajocensis episcopi, viginti octo villas amisit.*

Dom Bouquet, lib. VII, p. 614.

Cadomense cœnobium sanctæ et individuæ Trinitati dicatum Mathildis abbatissa per annos XLVII strenue rexit, atque Ceciliam, regis filiam, aliasque plures in Dei famulatu solerter educavit, et regulariter instruxit. Qua defuncta, nobilis Cecilia successit, et pluribus annis tempore fratris sui Henrici regis officium matris gessit. Deinde filia Willelmi consulis, filii Stephani Blesensis, regimen ejusdem ecclesiæ suscepit, sed immatura morte præventa, parvo tempore tenuit.

Post obitum gloriosæ Mathildis reginæ, Willelmus rex pene IV annis, quibus supervixit, multis procellis tribulationum contra eum insurgentibus, vehementer laboravit. Nam quidam Cenomannensium, qui quasi naturali semper inquietudine agitantur, et mobilitate sua pacem turbant, ipsique turbantur, contra regem Willelmum arma sumpserunt, sibique multisque aliis dispendia magna procuraverunt. Humbertus enim vicecomes, gener Willelmi Nivernensis comitis, quibusdam parvis occasionibus regem prius offendit, sed postmodum in majus crescentibus, castra sua, Bellummontem et Fredenaicum reliquit, et cum uxore sua, omnibusque suis ad castrum, quod Sancta Susanna vocatur, ut publicus hostis secessit. Istud nempe municipium, ad quod confugit, super Arva fluvium situm est, in ardua rupe, in confinio Cenomannensium et Andegavensium. Illuc militarem manum sibi accersiit, et Normannis, qui Cenomannensem pagum tutari conabantur, damna damnorumque formidinem non segniter intulit. Erat enim nobilitate clarus, sensu et probitate præcipuus, ingenti virtute et audacia fervidus, et pro his insigniis longe lateque famosus. Custodes autem Cenomannicæ urbis, et circumjacentium oppidorum infestationibus Huberti frequenter lacessiti sunt, regique Willelmo querelas infortunii sui retulerunt, et ab eo auxilium poposcerunt.

Rex igitur exercitum Normannorum actutum ascivit, partemque Cenomannorum qui sibi cohærebant, accersivit, et hostilem patriam cum valida manu adivit. Sed castrum Sanctæ Susannæ, quod inaccessibile erat præ rupibus et densitate vinearum quibus circumdabatur, obsidere nequivit; nec hostem, qui intus erat, ad libitum coarctare valuit, quia fortiter sibi procurabat et amplos aditus habebat. Rex itaque quoddam municipium in valle Beugici construxit, ibique magnam militum copiam ad arcendum hostem constituit; ipse vero pro magnis regni negotiis in Neustriam rediit. Regis familia, cui Alannus Rufus, Britonum comes, præerat, divitiis, epulis ac bellicis sumptibus præstabat. Sed castrensis cuneus eis virtute et multitudine æquiparari satagebat. Nam de Aquitania et Burgundia, aliisque provinciis Galliæ probati milites ad Hubertum convolabant, eique totis nisibus auxiliari, suamque probitatem ostentare ferventer optabant. Unde factum est ut de detrimentis Beugicorum Susannense castrum ditaretur, et quotidie ad resistendum magis magisque confortaretur. Multoties opulenti Normannorum et Anglorum proceres capiebantur, quorum redemptionibus vicecomes, et Robertus Burgundio (1), cujus neptem in conjugio habebat, aliique adjutores sui honorifice ditabantur. Sic tribus annis Hubertus Normannis restitit, et inimicorum opibus locuples, invictus permansit.

In hac guerra Robertus de Veteri-Ponte, et Robertus de Uxeio, aliique egregii Normannorum milites, multumque lugendi, occisi sunt. Nam XIV Kalendas Decembris, dum Normannica cohors impetum in hostes faceret, quidam puer imberbis, qui secus viam inter vepres absconditus erat, sagittam emisit, et Richerium de Aquila, Engenulfi filium, lethaliter sub oculo percussit. Furentes autem socii concurrerunt, et puerum statim comprehenderunt, atque pro vindicta nobilissimi baronis occidere voluerunt. Sed moriens Richerius ei subvenit. Nam, dum vellent eum jugulare, vulneratus quanto potuit conatu exclamavit : « Sinite illum pro amore Dei. Peccatis meis exigentibus sic debeo mori. » Mox dimisso percussore, lugendus heros peccata sua sodalibus suis confessus est; et antequam urbem adduci potuisset, mortuus est. Deinde corpus ejus delatum est ad quoddam monachorum monasterium, quod Engenulfus pater ejus in sua possessione construxerat in honore Sancti Sulpitii præsulis Bituricensium, ibique cum ingenti luctu parentum et affinium tumulatum est a Gisleberto, venerabili episcopo Ebroicensium.

Merito vir iste a notis plangebatur, quia multis bonis in vita sua decorabatur. Erat enim corpore fortis, pulcher et agilis, in lege Dei fidelis, religiosis hominibus supplex et humilis, in negotiis vero sæculi cautus et facundus, et in omni conversatione sua tranquillus et dapsilis. Hic habuit conjugem Judith, filiam Ricardi Abrincatensis cognomento Goz, sororem scilicet Hugonis Cestrensium comitis, ex qua genuit Gislebertum Aquilensem, et Engenulfum, et Mathildem, et alios plures filios et filias. Gislebertus autem solus, aliis decedentibus, paternæ probitatis et honoris hæres successit, et Ju-

---

(1) *Robertus hic Guillelmi I Nivernensis comitis frater, cum ad Gaufridum Martellum Andegavensem comitem, qui paternæ illius aviæ Mathildis sororem Agnetem duxerat uxorem, secessisset; Credonii toparchia, quam ille Suhardo perfidiæ causa abstulerat, ab eo donatus est; acceptaque ab eodem in matrimonio Havide seu Blancha Gaufredi I Sablolii domini filia et hærede, Credonensium Sabloliensiumque toparcharum caput exstitit. Hujus vero neptem,*

Guillelmi I, Nivernensis comitis atque Hermengardis Tornodorensis comitissæ filiam, Hermengardim quoque dictam, in conjugem accepit Hubertus, ex qua tres liberos suscepit, Radulfum, Henrici I Angliæ regis generum ac Bellimontis vicecomitem, Hubertum et Godechildim Stivagii abbatissam (Anselmus, *Hist. geneal. magnor. Franc. offic.*, t. III, p. 197.)

(Dom. Bouquet, lib. VII, p. 616.)

fianam, strenuissimi comitis Mauritaniæ Goisfredi filiam, conjugem duxit, quæ Richerium, et Engenulfum ac Goisfredum, et Gislebertum peperit; quorum duo medii cum Willelmo Adelino, Henrici regis filio, aliisque multis nobilibus vii Kalendas Decembris naufragio perierunt. Mathildis autem potenti viro Roberto de Molbraio, comiti Nordanhumbrorum, nupsit, qui eodem anno contra Willelmum Rufum, regem Anglorum, rebellavit. Sed paulo post captus, fere xxxiv annis in carcere præfati r gis, et Henrici fratris ejus sine prole consenuit. Nunc ad rem, unde parumper digressus sum, remeabo.

Mense Januario Guillelmus de Warenna, et Baldricus de Chitreio, Nicolai filius, atque Gislebertus de Aquila, cupiens mortem Richerii fratris sui vindicare, cum valida manu Normannorum impetum facere super oppidanos conati sunt. Sed nihil præter ferrum in vulneribus suis lucrati sunt. Tunc Guillelmus, Ebroicensium comes, captus est, et Matthiellus de Guitot, filius Godefridi Parvi, lethaliter vulneratus est. Deinde a lugentibus armigeris et commilitonibus ad hospitium suum reportatus est, et mox accersito sacerdote reatus suos confessus est, et sacro viatico communitus, obitumque suum præstolari præparatus est.

Normanni, qui munitionem in valle Beugici custodiebant, gravibus damnis afflicti, et fortissimorum ensibus tironum imminuti, deteriora adhuc sibi formidabant. Et quia Hubertum nec probitate nec felicitate superare valebant, mutato studio consilioque ad regis amicitiam eum revocare tentabant. Ille nihilominus, licet in hac guerra divitiis ac potestate admodum esset corroboratus, serenæ pacis securitatem præoptans, prudenter annuit sequestrorum conatibus. Nec mora, legati ad regem in Angliam missi sunt. Rex autem ut Herveum Britonem, quem magistrum militum constituerat, et Richerium, aliosque pugiles acerrimos interiisse audivit, suumque adversarium felici fortuna provehi, quotidieque contra se confortari comperit, nimia procacitate in deteriorationem præcipitari res suorum præcavit. Prudenter igitur omnes præteritos reatus Huberto indulsit. Ille autem, accepta securitate, ad regem transfretavit, et facta inter eos amicitia, omne paternum jus honorifice recepit. Normanni et Cenomannenses gaudebant, qui quadriennio conflictu multipliciter vexati fuerant. Deinde quandiu rex Willelmus vixit, præfatus heros ei fidus exstitit, honoremque suum libertate plaudens gratanter tenuit, filiisque suis Radulfo et Huberto moriens dimisit.

His temporibus [1086] militiam Anglici regni rex Willelmus conscribi fecit, et lx millia militum invenit, quos omnes, dum necesse esset, paratos esse præcepit. Nam Chunutus junior, rex Dacorum, in-

gentem classem tunc parabat, et in Angliam, quam parentes sui, Suenus et Chunutus, olim sibi subjugaverant, venire et jus suum repetere disponebat. Erat enim ante Deum pietate devotus, inter homines potentia magnus, multarumque probitatum laude dignus. Hic nimirum minis et apparatibus suis Normannos, qui Angliam incolebant, terruerat. Sed variis eventibus impeditus, vivente Notho rege, ad effectum non attigerat. Regnante autem Willelmo juniore, dum multæ naves paratæ in littore starent, idoneoque vento jam flante, in Angliam nautæ per naves armatum exercitum collocarent, rex Chunutus velle Dei exploraturus, ecclesiam intravit, ante altare humiliter procubuit, Deumque ut iter suum secundum beneplacitam voluntatem suam dirigeret, cum lacrymis oravit. Deinde frater ejus templum ingressus est, qui dum regem solum ante aram prostratum prospexit, cogitare cœpit quam magnus labor, et quam grave periculum tot millibus per unum hominem immineret, et si idem auferretur, cita vehemensque mutatio fieret. Nec mora gladium abstraxit, et orantis regis caput abscidit, statimque in exsilium aufugit. Porro tam tristi nuntio mox exercitus dispersus est, et ad proprium unusquisque negotium reversus est. Denique seniores populi Calomanoth, fratrem regis, parricida exsulante, regem constituerunt. Corpus vero Chunuti regis honorifice in basilica sepelierunt, ad cujus tumulum multa miracula divinitus facta sunt. Ibi grande cœnobium monachorum constructum est, et monasticus ordo, sicut in Anglia apud Eoveshamium servatur, regulariter constitutus est. Inde nimirum primi monachi Danos adierunt, et cœnobiale jus, barbaris mirantibus, diligenter ostenderunt.

Merito præfatus rex a monachis, aliisque religiosæ vitæ viris honoratur. Primus enim ritus gentis suæ, quæ neophyta nimiumque effrenis erat, correxit, et metropolitanas sedes, et episcopales, secundum scita canonum construxit, monachosque, qui prius invisi et incogniti Danis erant, accersiit, et opportunæ habitationis locum in regno suo liberaliter eis delegavit.

IX. *Translatio corporis beati Nicolai Myrensis.*

Anno ab Incarnatione Domini 1087, indictione x, nono die Maii, corpus sancti Nicolai archiepiscopi et confessoris de Myrea in Barum translatum est. Quam translationem, qualiter et a quibus facta sit, Joannes, archidiaconus Barensis ecclesiæ, luculenter describit (2). Ex ejus dictis libet parumper decerpere, et mentionem tam gloriosæ rei huic opusculo inserere, ad notitiam studiosorum, qui nondum dicta Joannis videre, si forte contingat ut istud dignentur inspicere.

---

(2) *Translatio S. Nicolai episcopi ex Myra Lyciæ urbe ad Apuliæ oppidum Barium vel Barim, scripta a Joanne archidiacono Barensi, jubente Ursone Barensi et Canusino archiepiscopo, circa annum Domini 1088 aut circa; apud Surium die nono Maii.*

Tempore Alexii imperatoris, Turci, aliique paganorum populi rabiem suam exercere volentes fines suos exierunt, Deoque permittente, Lyciam aliasque regiones Christianorum depopulati sunt, ecclesias propter peccata Christianæ plebis destruxerunt, cruces et imagines Christi atque sanctuaria multis modis violarunt, et multas urbes cum civibus suis incendio tradiderunt. Sic per multos annos debacchati sunt, et innumeras strages Christianorum peregerunt.

Myrea itaque, metropolis Lyciæ, Turcorum dominio subacta est, propriisque civibus, peccatis eorum exigentibus, evacuata est. Barenses autem, qui tribus cum navibus Antiochiam, negotii causa, proficisci disposuerunt, ut Myreum lætantes ad tentorium accesserunt, peregrinum quemdam ad basilicam Beati Nicolai, quæ in castro est, exploraturum præmiserunt, qui rediens multos Turcorum renuntiavit adesse, et ad exsequias principis castri, qui defunctus ibidem jacebat, convenisse. Quo audito, Barenses carbasa expanderunt illico, versus Antiochiam proras ratium direxerunt, paucisque diebus secundo cursu Myram adierunt. Ibi navem Veneticorum invenerunt, et de pluribus, ut mos est, mutuo percunctari cœperunt. Erant enim de Barensibus quidam Veneticis noti et amici, qui cœperunt de corpore sancto alternatim confabulari. Venetici autem quod dudum conceperant animis, non dubitaverunt edere verbis. Palos quoque ferreos et malleos se habere præparatos confessi sunt, et quia tentare deberent consilium habitum, illic prandere non distulerunt. Quod cum audissent Barini, ad hoc incipiendum et perficiendum majori desiderio sunt accensi, non tam sui pro gloria et honore, totiusque patriæ magnitudine, quam pro tam excellentissimi confessoris amore. Negotium igitur, ob quod Antiochiam ierant, expleverunt, et inde quantocius, ducente Deo, remeaverunt. Cum vero prospere Myrense ad littus appropinquarent, jamque a priore deficientes ardore, ultra transire vellent, imperante Deo, contrarius ventus a boreali parte surrexit, nautasque Barinos, austro quiescente, ibi remorari coegit. Voluntatem itaque Dei intelligentes, arma continuo comprehenderunt, paucosque qui rates interim custodirent, acie facta, relinquunt, et reliqui muniti et providi, velut hostibus obviarent, festinant ad ecclesiam ire, quæ longe quasi spatio trium milliariorum erat a littore. Denique claustrum ecclesiæ introeunt, arma deponunt, ædemque sanctam humiliter subeunt, sanctumque præsulem flagitare satagunt. Finitis vero singulorum precibus, cœperunt ædituo percunctari ubi jaceret corpus sancti Nicolai. Qui mox locum ostendunt, et de liquore sancto extrahentes, illis tribuunt. Tunc Lupus, Barensis presbyter, de oleo sancto in vitrea ampulla suscepit, ipsamque in alto, ut ibi tutius servaretur, ponit; quæ casu, dum loquerentur, pavimentum super marmoreum cecidit, sed illæsa non sine admiratione omnium permansit.

Porro Barenses cum tribus monachis, qui ad custodiendas reliquias relicti erant, quasi attentantes colloqui cœperunt : « Volumus hinc sanctum corpus tollere, nostramque ad patriam transportare. Hac enim pro causa Romano missi a pontifice venimus, tribus advecti navibus. Si consentire nobis hoc volueritis, dabimus vobis de unaquaque puppi centum aureos solidos. »

Audientes autem hæc monachi, statim stupefacti et pavidi dixerunt : « Qualiter hoc audemus incipere, cum nullus mortalis hactenus hoc voluerit impune tentare ? Quis temerarius tanti commercii esse poterit emptor vel venditor ? Quæ tam pretiosa res et admirabilis tanto thesauro comparabitur ? Si Domini terrarum non temerarie, sed precibus et supplicationibus istud non inchoare tentaverunt, qualiter vos valebitis operari ? Sinite ergo amplius tantum nefas prosequi, quia divinæ placitum non est majestati. Tamen probate, ecce locus. »

Hoc dicentes, non posse fieri putabant quod illi volebant. Nam fere cc olympiadum curricula transierant, ex quo beatus Nicolaus, qui in Nicæna synodo, sub beato Silvestro papa, et Constantino principe, facta fuisse legitur, de mundo migravit, nullusque de reliquiis ejus vel occulte furari, vel manifeste viribus rapere, vel a Domino precibus valuit hactenus impetrare. Barenses vero pavebant, quia in extraneo loco pauci inter multos erant, et sol ad occasum vergebat, reditusque ad naves formidabilis erat. Sed hi, divinitus confortati, primo monachos comprehendunt, tentosque solerter custodiunt. Speculatores quoque cautius exponunt, qui undique venientes prospiciunt, et ipsi hinc et inde cum armis divisi per tramites stant. Audacter itaque probissimi juvenes XL et IV foris ad resistendum parati stant, et duo presbyteri, Lupus et Grimoaldus, cum paucis aliis in ecclesia quæ agenda sunt procurant, et preces, quæ Litaniæ vocantur, inchoant. Sed nimio timore correpti, quod inchoarant, clarius exprimere non poterant.

Interea Matthæus, unus ex nautis, ferreum viriliter malleum arripuit, marmoreum pavimentum percussit et fregit, sub quo cæmentum reperit ; quo diminuto et ejecto, urnæ dorsum marmoreæ statim apparuit. Hinc ergo exorta lætitia, magis magisque infodere, veteremque juncturam calce colligatam quadam cum asciola rumpere ac dissipare, fragmentaque non tardabant ejicere. Quibus ejectis foris, pilaque detecta, et a præcedente juvene malleo percussa, unoque in latere fracta, fragrantissimus odor exiit, qui mira eos qui aderant delectatione suavitatis implevit. Porro præfatus juvenis manum misit, nimiumque liquorem adesse primo sensit, quo urna eadem, quæ non parva, plena quasi usque ad medium videbatur esse. Deinde dexteram immersit, pretiosissimumque thesaurum, quem summo desiderio quærebat, invenit, celeriterque impavidus extrahere cœpit. Denique pro capite quærendo totus in multitudinem liquoris intravit, et pedibus ac manibus, ut necesse erat, caput hinc inde requirens invenit, ac demum de salutifero latice vestibus et toto corpore madefactus exivit. Hoc itaque post obitum sancti Nicolai fere post DCCC annos XII Kalendas Maias, [1087] actum est.

Deinde quia loculus deerat, ac res inopinata tam cito evenerat, Barenses reliquias tunica Lupi presbyteri, prout poterant, involverunt, ipsumque Lupum, ferentem sacrum onus, statim omnes secuti sunt. Laudantes itaque Dominum pro sanctissima præda, quam non de hostibus, sed Dominico de gazophylacio sumpserant, ad littora maturabant. Frusta quoque de marmorea urna, quam ruperunt, quidam asportaverunt, ex quibus a multis pontificibus per Italiam multa altaria tabulæque temerarie consecratæ sunt. Ad portum autem ut convenere, orta est contentio, in cujus navi mitteretur onus desiderabile. Optabant enim secum omnes tantum sodalem et patronum habere. Omnibus tandem pacifice placuit ut Matthæi navis illud veheret, si tamen ipse prius jurejurando de bona societate fidem illis faceret. Quod ita factum est.

Ratem itaque læti ascendunt, reliquias alio panno novo et candido involvunt, et in vasculo ligneo, quo nautæ sibi temetum servare solebant, recondunt. De dolore vero Myrensium pro damno sibi facto, dum notum illis factum est, multa referre necesse non est. Nam, ut hujusmodi famam incolæ Myrei castri, quod non longius milliario uno ab ecclesia in monticulo quodam situm est, audiunt, undique velociter concurrunt, irati nimium ac tristissimi ad littora tendunt, raptoque de pastore dominoque lugentes, crines et barbas evellunt, et conclamantes lugubre carmen depromunt.

Tempore quid miseris, heu! nobis accidit isto?
 Quod patriæ nostræ dedecus aspicimus?
Munera namque Dei, multos servata per annos,
 Jam facili rapto perdidimus subito.
Hactenus hoc fuerat Lyciæ ditata superno
 Thesauro tellus, ac decorata nimis;
Laudibus eximiis totum celebrata per orbem,
 Et munita patris magnanimi meritis.
Infelix Myrea, tuis spoliata manebis
 Cultibus et donis, mæstaque semper eris.
O Nicolae Pater! toto venerabilis orbe,
 Cur patriam nostram deseris, imo tuam?
Hic genitus fueras, sanctisque parentibus altus,
 Hic puer et juvenis, virque, senexque pius.
Hic pater et dominus, pastor, custosque benignus,
 Hactenus hac patria vivus et exanimis.
Quælibet hanc miseram quoties adversa premebant,
 Auxilium petiit mox, Pater alme, tuum.
Rebus in adversis aderas, spes una salutis,
 Munimen tribuens supplicibus populis.
Quorum tunc precibus, præses venerande, favebas,
 Votaque suscipiens, quæque rogata dabas.
Undique currebant cunctis e partibus orbis
 Ad sacrum tumulum sæpe salutiferum.
Noverit, heu! vacuum simul hac quod turba fidelis,
 Omnis cessabit cultus, et omnis honor.
Munera quippe Dei deerunt, et gratia prima
 Historiæ solum nomen erit veteris.
Pastor, oves proprias cui nos committis alendas?
 Te linquente gregem mox lupus adveniet.

Virtus, solamen nostrum, decus omne, levamen,
 Tu spes una, salus, causaque lætitiæ.
Væ nobis miseris! hæc omnia perdimus: at nos
 Hinc subit et luctus, perpetuusque dolor.
Heu! cui tale nefas fuit hæc permissa potestas
 Efficere, et tantum sic violare locum?
Et male tractavit cujus temeraria dextra?
 Fecit et hoc furtum quis modo sacrilegus?
Sed fortunati, qui prædam feriis opimam!
 Nos infelices occupat omne malum!

Myreis itaque nimium lugentibus, luctumque suum ulcisci non valentibus, læti Barenses celeriter rudentes exsolvunt, et remigantes nocte illa insulam, quæ Cacabum dicitur, adeunt, et inde Maiestras ad insulas profecti sunt. Hinc vero discedentes nimia cum festinatione remorum, ad loca, ubi Macri dicuntur, applicuerunt, ibique triduo propter Boream sibi contrarium permanserunt. Unde nimium turbati sunt, et dubitare utrumne corpus sancti Nicolai secum haberent, an ipse ab eis ultra ferri vellet, cœperunt. Tunc Eustacius, unus ex illis, per visionem de dubietate correptus est, et nimis, dum in visu hirundinum morsibus lingua ejus cruentaretur, territus est.

Deinde communi decreto minutas reliquiarum portiunculas, quas furtim sibi quidam eorum subtraxerant, protulerunt, et cum jurejurando, quod nihil de reliquiis sibi peculiariter retinerent, asseruerunt. Romoaldus duos de dentibus et de minutis articulis, quos occultos habuerat, manifestavit. Sic omnes alii particulas, quas sibi clam sequestrarant, attulerunt, et cæteris artubus restituerunt. Denique prospero vento flante, latumque carinis æquor sulcantibus, Disigio, uni nautarum, in somnis sanctus Nicolaus apparuit, confortavit, et quod vicesimo die, quo corpus ejus abstulerant, Barinum portum intraturi essent, prædixit. Ille visum sociis narravit, et ipsis inde magna confidentia inhæsit. Avicula quædam ex improviso nautis in navi volitans apparuit, eosque frequenti adventu suo lætificavit. Sæpe etiam odorem suavissimum nautæ sentiebant, aliisque delectabilibus indiciis roborati gaudebant, et læti ad sua littora appropinquabant.

Ducente Deo, ad portum Sancti Georgii, qui quasi quinque milliariis a Barinis mœnibus abest, advenerunt, et inde ad clerum Barensem et populum nuntios præmiserunt, totaque civitas inopinato gaudio confestim repleta est, et mox uterque sexus, et omnis ætas ad littora egressa est. Porro nautæ capsellam cum reliquiis commendarunt religioso Heliæ, abbati cœnobii Sancti Benedicti, quod supra portum situm est. Ille vero sacra pignora reverenter suscepit, in præfatam ecclesiam cum fratribus nona die mensis Maii [1087] deposuit, et tribus diebus diligenter custodivit.

Tunc Urso, Barinorum archiepiscopus, vir religiosus, Deo dignus, Italicisque dominis notissimus et familiaris amicus, aberat. Nam apud Tranum navis præparata stabat, quam idem præsul post diem alterum disposuerat ingredi, causaque orationis Jerusalem proficisci. Sed legatus cum litteris a civibus ad illum advenit, nuntiumque tanti gaudii protinus intimavit. Ille igitur, dimisso quod incœpit itinere, gaudens Barum non distulit properare. Corpus itaque sancti Nicolai a Barensibus susceptum est, et solemnitas translationis ejus VII Idus Maii constituta est. Tunc ad curiam Caterpam portatum est, ibique in ecclesia Beati Stephani protomartyris, quæ ante tres annos fabricata fuerat ab archiepiscopo, nautis petentibus et cunctis civibus, reverenter positum est.

Deinde propriam basilicam sancto Nicolao cœperunt, sanctumque corpus et oblationes fidelium et opus basilicæ venerando Heliæ abbati commiserunt, ipsumque præpositum, consensu archiepiscopi et favore omnium, super omnibus quæ agenda erant, constituerunt. Protinus diversæ multitudines ab universis totius Hesperiæ provinciis convenerunt. Innumera quoque signa et miracula quotidie divinitus fiunt. Nam in primo die, dum sanctum corpus in ecclesia Sancti Benedicti, ut dictum est, depositum fuit, amplius quam XXX infirmantes utriusque sexus et omnis ætatis a multimodis infirmitatibus liberantur, perfectaque sanitate recepta, cum gratiarum actione læti et incolumes ad propria remeant. Aliis quoque diebus sequentis temporis, quot dæmoniaci vel surdi, quot claudi seu muti, sive cæci, quot denique alii multigenis ægritudinibus oppressi, penitus alleviati sunt et sanati, notis particulatim signare negavimus, et numerare. Infinitus enim est, ut æquipollenti significatione præostendimus et nobis incognitus numerus.

X. *Plurimæ ecclesiæ reliquias B. Nicolai acquirunt.*

Præfatus Joannes, Barensis archidiaconus, ex cujus libro breviter hoc excerpsi, XII præclara miracula scripto signavit. Sed nec ipse, nec alius omnes sanitates et alia subsidia posteris notificare potuit, quæ Deus omnipotens, pro meritis sanctissimi pontificis Nicolai, servis suis fideliter petentibus usque hodie clementius exhibuit. Denique, permittente Deo, plures ecclesiæ de sanctis reliquiis præfati præsulis obtinuerunt. Et non solum Itali et Pelasgi, sed et aliæ gentes, sanctis pignoribus habitis, Deo gratias concinunt. Christophorus enim, quidam miles, qui translationi nobilis Nicolai interfuit, unam costam in manica sua sibi retinuit, nec multo post infirmatus, ad Venusiense cœnobium confugit, monachatum a Berengario archimandrita requisivit et impetravit, secumque costam sancti Nicolai Sanctæ Trinitati præsentavit, et de morbo convaluit.

Eodem tempore Stephanus, cantor cœnobii quod Fulco senior, comes, apud Andegavam urbem in honore sancti Nicolai construxerat, Apuliam abiit, et per licentiam domni Natalis abbatis sui monachile schema ex industria dimisit, deinde ut clericus Bari habitavit, magnamque familiaritatem, ac postmodum potestatem inter ædituos basilicæ sancti pontificis obtinuit. Tandem conspecta facultate, brachium sancti Nicolai, quod apte argento tectum erat, et extra mausoleum ad signandum populum servabatur, furtim arripuit, et in Gallias aufugere, patriamque suam, cœnobiumque suum tanto thesauro ditare sategit. Verum, quia mox ut tale latrocinium sibi factum Barenses compererunt, longe lateque veredarios suos ad confines suos et amicos atque patronos miserunt, omnesque tramites, quibus itur in Franciam, sollicite tutari, ne fur hujusmodi elongaretur, conati sunt. Stephanus Venusiam divertit, ibique timidus latere volens hiemavit, et serenum ver exspectans ægrotare cœpit. Deinde, deficiente sibi censu necessario, coactus est pro victu distrahere argentum de sancto brachio. Interea per totam Italiam et Siciliam fama volitavit quod a Gallis subreptum esset brachium beati Nicolai. Denique, dum de tali furto crebra locutio populos moveret, et a quibusdam Venusiensibus famulisque monachorum argentea textura visa et cognita esset, et in conventu monastico rumor hujuscemodi perstreperet, Erembertus, impiger cœnobita, cum famulis monasterii ad ex-monachum languentem accurrit, subitoque frendens impetu brachium sancti Nicolai, ac si eidem commendasset, atrociter exposcit. At ille, ut deprehensum se vidit, et in tanto turbine nesciens quo se verteret, pallidus et tremens perurgenti monacho pretiosum pignus exhibet, quod ille cum ingenti gaudio recepit, et mox ad cœnobium Sanctæ Trinitatis, monachis et cunctis civibus Deum laudantibus, devehit, ibique sanctus Nicolaus usque hodie pignora sua fideliter poscentibus in multis necessitatibus mirifice succurrit. Præfatus autem Erembertus erat natione Normannus, ante conversionem miles strenuus, postmodum vero monachus in ordine fervidus.

Hisdem temporibus, quidam miles de Normannia, Guillelmus, cognomento Pantulfus, in Apuliam abiit, et quod sanctum Nicolaum valde diligebat, de reliquiis ejus multum quæsivit, Deoque juvante procurationem ejus, a reliquiarum translatoribus unum dentem, et duo frusta de marmoreo tumulo obtinuit. Erat enim in armis strenuus, ingenio præditus, inter collimitaneos sensu divitiisque maximis Angliæ Italiæque dominis notissimus. Dentem itaque tanti baronis nactus, Normanniam rediit, et ad proprium prædium, quod Norom dicitur, plures personas, ut congrue reliquias susciperent, denuntiato die accersiit.

Anno itaque Dominicæ Incarnationis 1092, indictione XV, dens almi confessoris Nicolai, cum aliis sanctorum reliquiis a Guillelmo Pantulfo de Apulia delatus est, et in basilica Noromensi, in honore sancti Petri prisco tempore condita, honorifice susceptus. Ad hanc utique susceptionem Rogerius, Uticensis abbas, et Radulfus, tunc temporis Sagiensis abbas, sed postmodum Cantuariensis archiepiscopus, accersiti sunt, et cum ingenti studio monachorum, ac tripudio laicorum, sanctas reliquias mense Junio susceperunt, et in argentea pixide a supradicto milite liberaliter parata diligenter coaptaverunt. Frequenter a multis febricitantibus et ab aliis ægrotantibus sæpedicta pignora requisita sunt, meritisque almi præsulis Nicolai pie postulantes optatam sanitatem adepti sunt.

Non multo post præfatus heros novæ basilicæ fundamenta inchoavit, datisque xx marcis argenti magnam operis partem edidit. Sed, pluribus infortuniis insurgentibus, opus impeditum est, et ad effectum, primo fundatore moriente, perductum non est. Ipse quidem xvi Kalendas Maii, et Leelina uxor ejus xi Kalendas Octobris defuncti sunt, et ibidem in claustro monachorum sepulti requiescunt. Sed Philippus et Robertus ac Ivo et Arnulfus, filii eorum, studia parentum in ecclesiasticis rebus perfecte assequi nondum intenderunt. Hæc itaque de translatione corporis sancti Nicolai veraciter operi nostro inseruimus, ipsumque mirabilium opificem fideliter deposcimus ut, suorum memorum memor, nostri misereatur, et pro nobis Deum indesinenter deprecetur.

XI. *Auctor ad eventuum narrationem revertitur. — Bella inter Normannos et Francos de Vilcassino pago.*

Nunc ad incœptam, unde aliquantulum digressi sumus, redeamus materiam.

Antiquo rancore inter Normannos et Francos renovato, bellorum incendium exortum est, unde gravissimum pondus detrimentorum clericis et laicis male interjectum est. Hugo namque cognomento Stavelus, et Radulfus Malusvicinus, aliique oppidani Madantensis castri contra regem Guillelmum insurrexerunt, et magna manu latrunculorum aggregata, plures discursus in Normanniam fecerunt: Aucturam fluvium, dirimentem a Francia Neustriam, noctu cum satellitio suo pertransibant, et in Ebroicensem diœcesim, ad nocendum crudeliter parati, protinus irruebant. Terram maxime Guillelmi de Britolio circa Paceium, et Rogerii de Ibreio devastabant, ductisque armentorum gregibus et captis hominibus, Normannos subsannantes immodice turgebant. Unde bellicosus rex Guillelmus vehementer iratus, totam Vulcassinam provinciam calumniari cœpit, Pontisariam et Calvimontem atque Madantum reddi sibi a Philippo Francorum rege requisivit, et nisi jus suum sibi reddatur, terribilis minis in hostes evehitur. Ratio calumniæ hujusmodi est.

Rex Henricus, Roberti regis Francorum filius, dum post mortem patris jure primogeniti deberet redimiri regni fascibus, sed a regina Constantia matre sua novercali odio insequeretur, eique ipsa in regno Gallorum præponere Robertum fratrem suum, ducem Burgundionum, conaretur, consultu Amalrici senioris de Monte-Forti, filii Guillelmi Hanoensis, Fiscannum cum xii satellitibus venit, et Robertum Normanniæ ducem, ut sibi materna fraude miserabiliter exsulanti subveniret, humiliter expetiit. Quem præfatus dux, utpote naturalem dominum suum, liberaliter suscepit, et secum donec Paschalis festivitas expleretur, gratanter detinuit. Deinde Normannorum agmina undique aggregavit, acerrimam expeditionem in Galliam fecit, et Aurelianensem urbem, Normannico impetu ignem immittens, incendit. Damnis itaque incomparabilibus cervicositatem Francorum compegit. Quibus coercitis, repulsum clitonem regno suo restituit. Henricus autem, in regno confirmatus, Roberto duci gratias egit, eique pro beneficio suo totum Vulcassinum a fluvio Isara usque ad Eptam donavit. Hoc nimirum Drogo, ejusdem provinciæ comes, libentissime concessit, hominioque facto; dum vixit, præfato duci fideliter servivit. Ambo consules stemmate virtutum pollebant, et sese vicissim admodum diligebant, mutuaque honoratione et provectu tripudiabant.

Præfatus Drogo, ut dicitur, erat de prosapia Caroli Magni regis Francorum, eique sæpedictus dux in conjugium dederat consobrinam suam Godiovam, sororem Eduardi regis Anglorum, ex qua orti sunt Radulfus et Gauterius comites, ac venerandus Fulco, præsul Ambianensium. Hæc nimirum puella cum fratre suo in Neustria exsulabat, dum Canutus, Danorum rex, Angliam virtute bellica invaserat, et geminos hæredes Alfredum et Eduardum fugaverat, ac Edmundum et Edwinum clitonem Edrici dolis peremerat.

Post aliquot annos, defuncto Roberto duce apud Nicæam Bithyniæ urbem, rebellaverunt proceres Normanniæ contra Guillelmum infantem; qui, dum pater ejus cum Drogone comite iter iniit Hierosolymitanum, octo solummodo erat annorum, et a patre commissus tutelæ Alanni consanguinei sui, comitis Britonum. Roberto itaque et Drogone defunctis in peregrinatione, et Alanno, dum Montem-Gomerici obsidet, per fraudem Normannorum lethaliter corrupto venenosa potione, et eorum hæredibus nefarie privatis necessaria tuitione, Henricus rex, consilio Francorum, qui semper Normannis adversantur, Vulcassinum pagum avide repetiit, jurique suo postmodum semper mancipavit. Guillelmus autem tunc, pro puerili debilitate, jus vindicare suum non potuit. Postea vero majoribus sibi curis in Cenomannenses vel Anglos crescentibus, conticuit, et contra Henricum dominum suum, seu Philippum filium ejus, pro Vulcassino pago arma levare distulit.

Igitur anno xxi ex quo super Anglos regnavit, requisitionem et calumniam de Vulcassino comitatu Philippo regi Francorum fecit. Ille autem seditiosorum frivolis sophismatibus usus est, et Angligenæ regis petitiones omnino spernens frustratus est. Guillelmus ergo ultima mensis Julii septimana, cum exercitu suo, Madantum ex improviso venit, et cum castrensibus mistim intravit. Milites enim occulte exierant, ut viderent conculcationem segetum suarum, et exstirpationem vinearum, quas Ascelinus Goellus, pridie quam rex advenisset, cum Normannorum viribus devastaverat. Irruens itaque exercitus regis cum oppidanis portas pertransivit, et per rabiem armigerorum immisso igne, castrum cum ecclesiis et ædibus combussit; ac, sicut fertur, hominum multitudo violentia ignis deperiit. Tunc ibi ex nimio æstu ac labore pinguissimus rex Guillelmus infirmatus est, et sex hebdomadibus languens graviter anxiatus est. Inde quidam, qui paci adversabantur, gaudebant, et liberam permissionem furandi, seu res alienas rapiendi exspectabant. Porro alii, qui securitatem pacis exspectabant, pacifici patroni mortem multum formidabant. Ille vero, qui semper in omni vita sua sapientium consilio usus fuerat, Deumque ut fidelis servus timuerat, sanctæque matris Ecclesiæ indefessus defensor exstiterat, usque ad mortem laudabili memoria viguit, et sicuti vita, sic etiam finis venerabilis exstitit. In ægritudine sua usque ad horam mortis integrum sensum et vivacem loquelam habuit, scelerumque pœnitens, peccata sua sacerdotibus Dei revelavit, ac, secundum morem Christianitatis, Deum sibi placare humiliter studuit. Circa illum præsules et abbates et religiosi viri commorabantur, et morituro principi salubre consilium perennis vitæ largiebantur. Et quia strepitus Rothomagi, quæ populosa civitas est, intolerabilis erat ægrotanti, extra urbem ipse rex præcepit se efferri ad ecclesiam Sancti Gervasii, in colle sitam occidentali, quam Richardus dux, avus ejus, dederat cœnobio Fiscamnensi. Ibi Gislebertus, Lexoviensis episcopus, et Guntardus, Gemeticensis abbas, cum quibusdam aliis archiatris, sedulo excubabant, et de spirituali ac corporali salute regis sollicite tractabant.

XII. *Mors Guillelmi regis.*

Denique rex, morbo nimium ingravescente, dum sibi mortem videt inevitabilem imminere, pro futuris, quæ non videbantur, intimo corde revolvendo pertimescebat, et crebro cum suspiriis ingemiscebat. Filios itaque suos Guillelmum Rufum, et Henricum qui aderant, et quosdam amicorum convocavit, et de regni ordinatione sapienter ac multum provide tractare cœpit. Robertus enim filius ejus, qui major natu erat, multoties olim contra patrem suum litigaverat, et tunc noviter pro quibusdam ineptiis similiter stomachatus, ad regem Francorum discesserat.

Verum sapiens heros in futurum sibi multisque commoda facere non distulit, omnesque thesauros suos ecclesiis et pauperibus, Deique ministris distribui præcepit. Quantum vero singulis dari voluit, callide taxavit, et coram se describi a notariis imperavit. Clero quoque Madantensi supplex ingentia dona misit, ut inde restaurarentur ecclesiæ quas combusserat. De fide et justitia servanda, de lege Dei et pace tenenda, de privilegiis ecclesiarum, et statutis Patrum observandis, omnes qui præsentes erant, admonuit, et allocutionem perenni memoria dignam, admistis interdum lacrymis, eloquenter sic edidit :

« Multis, inquit, o amici, gravibusque peccatis onustus contremisco, et mox ad tremendum Dei examen rapiendus, quid faciam ignoro. In armis enim ab infantia nutritus sum, et multi sanguinis effusione admodum pollutus sum. Nullatenus enumerare possum mala quæ feci per LXIV annos, quibus in hac ærumnosa vita vixi; pro quibus absque mora rationem reddere nunc cogor æquissimo judici. Dum pater meus, sponte proficiens in exsilium, commisit mihi Normanniæ ducatum, tenellus eram puer, utpote octo annorum ; ex quo tempore usque nunc semper subii pondus armorum. Ipsumque jam ducatum fere LVI annis gessi in discrimine bellorum. Mei, quibus præeram, mihi sæpe insidiati sunt, et damna, gravesque injurias mihi nequiter intulerunt. Turchetillum nutritium meum, et Osbernum, Herfasti filium, Normanniæ dapiferum, comitemque Gislebertum, patrem patriæ, cum multis aliis reipublicæ necessariis, fraudulenter interfecerunt (3). His itaque rebus gentis meæ fidem expertus sum. Noctibus multoties, cognatorum timore meorum, a Gualterio, avunculo meo, de camera principali furtim exportatus sum, ac ad domicilia latebrasque pauperum, ne a perfidis, qui ad mortem me quærebant, invenirer, translatus sum.

« Normanni, si bono rigidoque dominatu reguntur, strenuissimi sunt, et in arduis rebus invicti, omnes excellunt, et cunctis hostibus fortiores superare contendunt. Alioquin sese vicissim dilaniant, atque consumunt. Rebelliones enim cupiunt, seditiones enim appetunt, et ad omne nefas prompti sunt. Rectitudinis ergo forti censura coerceantur, et freno disciplinæ per tramitem justitiæ gradiri compellantur. Si vero ad libitum suum sine jugo, ut indomitus onager, ire permittuntur, ipsi et prin-

---

(3) *Willelmus*, inquit Eadmerus, *cum* XXI *regni sui anno infirmitate qua et mortuus est, detentus apud Rothomagum fuisset, et se meritis ac intercessionibus Anselmi omnimodis commendare disposuisset, eum ad se de Becco venire et non longe a se fecit hospitari. Verum cum ei de salute animæ suæ loqui differret, eo quod infirmitatem suam paulum levigari sentiret; contigit ipsius principis corpus tanta invaliludine deprimi, ut curiæ inquietudines nullo sustinere pacto valeret. Transita igitur Sequana, decubuit lecto in Ermentrudis villa, quæ est contra Rothomagum in altera fluminis parte. Quidquid tum deliciarum regi infirmo deferebatur, ab eo illarum medietas Anselmo infirmanti mittebatur. Verumtamen nec eum amplius in hac vita videre, nec ei, ut proposuerat, quidquam de anima sua loqui promeruit. Tanta enim infirmitas occupavit utrumque, ut nec Anselmus ad regem Willelmum, nec Willelmus pervenire posset ad abbatem Anselmum. Et quidem Willelmus ita mortuus est, non tamen, ut dicitur, inconfessus; atque Anselmus e vestigio est ab infirmitate relevatus.* Ex Eadmeri monachi lib. I *Hist. novorum*, p. 33, ad calcem Operum S. Anselmi — Dom Bouquet, lib. VII, p. 618.

cipes eorum penuria et confusione probrosa opperientur. Pluribus hoc experimentis jamdudum edidici. Proximi, consanguineique mei, qui debuissent contra omnes mortales me omnimodis tutari, frequenti conspiratione facta in me surrexerunt, et pene omnem patris mei hæreditatem mihi abstulerunt.

« Guido, Rainaldi Burgundionum ducis ex Adeliza amita mea filius, malum mihi pro bono reddidit. Nam ego eum, de alia regione adventantem, benigniter susceperam, ac ut unicum fratrem honoraveram, atque Vernonum et Brioniam, partemque Normanniæ non modicam donaveram. Ille vero verbis et actibus mihi derogavit, me nothum, degeneremque et principatu indignum detestatus indicavit, et hostiliter diffamavit. Quid plura referam? Fidem suam mihi mentitus, in me rebellavit, proceresque meos, Ranulfum Bajocensem, ac Haymonem Dentatum, et Nigellum de Constantino, aliosque multos mihi subtraxit, secumque perjuros esse nefario monitu coegit. Immemor itaque homini et fidelitatis, quam mihi juraverat, totam Normanniam auferre satagit. Sic igitur adhuc imberbis in illum coactus sum arma levare, et in planitie apud Vallesdunas contra consobrinum, hominemque meum dimicare. Tunc, auxiliante Deo, qui justus judex est, inter Cadomum et Argentias hostes vici ; quibus nutu Dei subrutis, patrium jus libere possedi. Deinde munitionem Brioniæ obsedi, Guidonem vulneratum, et de bello fuga elapsum inclusi, nec inde discessi, donec hostem publicum de Neustria expulerim, et cuncta ejus munimenta obtinuerim.

« Non multo post alia mihi gravissima adversitas oborta est. Patrui namque mei, Malgerius Rothomagensis archiepiscopus, et Guillelmus frater ejus, cui Archas et comitatum Talogii gratis dederam, me velut nothum contempserunt, et Henricum regem, et Engelrannum comitem Pontivi contra me accerserunt. Mox ego, ut in Constantino hujusmodi rumores audivi, multis dissuadentibus iter inivi. Aliquantos milites, qui ferventiores ad ictus dandos erant, Archas præmisi; et ipse cum exercitu non grandi subsecutus arduam munitionem obsedi. Sed antequam rura, quæ inter duo flumina sunt, Sedam et Garennam, attigissem, præcursores mei præoccupaverunt Engelrannum comitem, in castrum intrare festinantem, ipsumque fortiter pugnantem, quia miles erat asperrimus, occiderunt, et agmina ejus fugaverunt. Obsidione gravi castrenses coercui, et perjurum comitem exsulare coegi ; nec in omni vita sua redire ad id, quod amiserat, permisi. Protervum quoque præsulem, qui nec Deo devotus, nec mihi fidus erat, de pontificali sede per decretum papæ deposui (4), et Maurilium, venerabilem cœnobitam, quem mihi Deus de Florentia civitate Italiæ transmiserat, in loco ejus subrogavi.

« Henricus, regali potentia fretus, et militari audacia fervidus, hostiumque meorum derogationibus admodum stimulatus, sæpe visus est me velut inermem conculcare, multisque modis proterere, et indebita mihi jura imponere. Sæpius cum ingenti armatorum manu terram meam ingressus est, sed nunquam de præda spoliisque meis, hominumque meorum captura gavisus est. Cum grandi pompa, minisque terribilibus, plerumque fines meos intravit; sed nunquam lætus, nec sine dedecore ad sua repedavit. Plures secum probitate valentes huc adduxit, quos, quia meo meorumque gladio, proh dolor! perierunt, non reduxit.

« Quondam nimis contra me inflammatus, ingentem exercitum Galliæ in duas partes divisit rex Henricus, ut nostros opprimeret fundos geminis irruptionibus. Ipse unam phalangem in Ebroicensem diœcesim, ut usque ad Sequanam omnia devastaret, introduxit, aliamque Odoni fratri suo, ac Rainaldo de Claromonte, et duobus consulibus, Radulfo de Monte Desiderii, atque Widoni de Pontivo commendavit, ut per vada Eptæ Neustriam cito introirent, Braium et Talogium, totumque Rothomagensem pagum invaderent, ferro et flamma, necne rapinis usque ad mare penitus devastarent. Hæc itaque comperiens ego, econtra non segnis processi, contra regis mapalia per littus Sequanæ cum meis me semper opposui, et ubicunque conaretur cespitem meum depopulari, armis et ferro calumniam paravi. Robertum vero Aucesium comitem, et Rogerium de Mortuomari, aliosque milites probatissimos misi contra Odonem, ejusque legiones. Qui, dum penes castrum, quod Mortuum Mare dicitur, occurrissent, Francis, utriusque partis agminibus paratis, terribile prælium commissum est, et ex utraque parte multum sanguinis effusum est. Utrobique enim bellatores erant strenui, et usque ad mortem cedere nescii. Hinc sæviunt Galli pro cupidine acquirendi; illinc feriunt Normanni, spe ferventes evadendi, et se suosque lares defendendi. Tandem, juvante Deo, vicere Normanni, et fugere Franci. Hoc itaque bellum trans Sequanam in hieme ante Quadragesimam fecere, octavo anno post bellum Vallesdunense. Tunc Wido Pontivi comes captus est, et Odo cum Rainaldo, aliisque, qui velocitate pedum viguerunt, fugatus est. Rodulfus quoque comes pariter caperetur, nisi Rogerius princeps militiæ meæ illi suf-

---

(4) Malgerius Richardi II, Normanniæ ducis ex Papia secunda conjuge filius, patruum Robertum anno 1036 defunctum excepit in archiepiscopatu Rothomagensi, antea monachus Fiscannensis. *Sine apostolica benedictione,* inquit Ordericus l. v, p. 566, *et pallio Radomensibus dominatus est; voluptatibus carnis mundanisque curis indecenter inhæsit, filiumque nomine Michaelem, probum militem et legitimum genuit, quem in Anglia jam senem rex Henricus honorat ac diligit.* Malgerium in concilio Lexoviensi, circa mensem Maium anni 1055 habito, Guillelmus exauctorandum, Mauriliumque ei substituendum curavit. Plura de Malgerio narrant *Acta episcoporum Rothomagensium* et *Gesta Guillelmi,* p. 70, 89 et 90 tomi nostri XI.

Dom Bouquet, lib. vii, p. 619.

fragaretur; hominium enim jamdudum illi fecerat. In tali ergo necessitate pulchrum illi et competens servitium impendit, dum in castro suo illum triduo protexit, et postea salvum ad sua perduxit. Pro hac offensa Rogerium de Normannia ejeci, sed paulo post reconciliatus, illi cæterum honorem reddidi. Castrum tamen Mortui Maris, in quo inimicum meum salvavit, illi jure, ut reor, abstuli; sed Guillelmo de Guarenna, consanguineo ejus, tironi legitimo dedi. Widonem vero comitem Bajocis, quandiu placuit, in carcere habui, et post duos annos hominium ab eo tali tenore recepi, ut exinde mihi semper fidelis existeret, et militare servitium, ubi jussissem, cum centum militibus mihi [singulis annis exhiberet. Deinde muneribus illum magnis donavi, et honoratum cum pace dimisi.

« Peracto certamine, mox ut certos rumores comperi, per Radulfum de Toenia quæ trans Sequanam contigerant regi Francorum mandavi. Quibus auditis, ille protinus noctu surrexit, et cum exercitu suo velociter aufugit, nec unquam postea securus in terra mea pernoctavit. Sic a pueritia mea innumeris pressuris undique impeditus sum, sed per gratiam Dei de omnibus honorifice ereptus sum. Invidiosus igitur omnibus vicinis meis factus sum, sed, auxiliante Deo, in quo semper spem meam posui, a nullo superatus sum. Hoc sæpe senserunt Britones et Andegavenses; hoc astipulantur Franci atque Flandrenses; hoc graviter experti sunt Angli et Cenomannenses. Goisfredus Martellus comes Andegavorum, et Conanus princeps Britonum, atque Robertus Fresio satrapa Morinorum, mihi multis machinationibus insidiati sunt. Sed, custodiente Deo, licet multum optassent, et plures insidias perstruxissent, nunquam voti compotes effecti sunt.

« Diadema regale quod nullus antecessorum meorum gessit, adeptus sum; quod divina solummodo gratia, non jus contulit hæreditarium. Quantos ultra mare labores et periculosos conflictus pertulerim contra Exonios, Cestrenses et Nordanhumbros, contra Scotos et Guallos, Northwigenas et Dacos, et contra cæteros adversarios, qui conabantur me regno Angliæ spoliare, difficile est enarrare; in quibus omnibus provenit mihi sors victoriæ. Sed quamvis super hujusmodi triumphis humana gaudeat aviditas, me tamen intrinsecus pungit et mordet formidinis anxietas; dum perpendo quod in omnibus his grassata est sæva temeritas. Unde vos, o sacerdotes et ministri Christi, suppliciter obsecro

ut orationibus vestris me commendetis omnipotenti Deo; ut peccata, quibus admodum premor, ipse remittat, et per suam infatigabilem clementiam inter suos me salvum faciat. Thesauros quoque meos jubeo dari ecclesiis et pauperibus, ut quæ congesta sunt ex facinoribus, dispergantur in sanctis sanctorum usibus. Debetis enim recolere quam dulciter vos amavi, et quam fortiter contra omnes æmulos defensavi.

« Ecclesiam Dei, matrem scilicet nostram, nunquam violavi; sed ubique, ut ratio exigit, desideranter honoravi. Ecclesiasticas dignitates nunquam venumdedi. Simoniam detestatus semper refutavi. In electione personarum vitæ meritum, et sapientiæ doctrinam investigavi, et, quantum in me fuit, omnium dignissimo Ecclesiæ regimen commendavi. Hoc nimirum probari potest veraciter in Lanfranco Cantuariensium archipræsule, hoc in (5) Anselmo Beccensium abbate, hoc in Gerberto Fontanellense, et Durando Troarnense, et in aliis multis regni mei doctoribus; quorum celebris laus personat in ultimis, ut credo, terræ finibus. Tales socios ad colloquium elegi, in horum contubernio veritatem et sapientiam inveni; ideoque semper gaudens optabam eorum consiliis perfrui.

« Novem abbatiæ monachorum, et una sanctimonialium, quæ a patribus meis in Normannia fundatæ sunt, me adjuvante, cum auxilio Dei creverunt, et gloriose multarum augmentis rerum, quas dedi, magnificatæ sunt. Deinde ducatus mei tempore, decem et septem monachorum, atque sanctimonialium sex cœnobia constructa sunt; ubi magnum servitium et plures eleemosynæ pro summi regis amore quotidie fiunt. Hujusmodi castris munita est Normannia, et in his discunt terrigenæ præliari contra dæmones et carnis vitia. Horum quippe aut ego, inspirante Deo, fui conditor, aut fundator, fervidus adjutor et benevolus incentor. Omnes quoque res, quas in terris vel aliis redditibus proceres mei Deo et sanctis ejus dederunt pro salute spirituali, in Neustria et Anglia benigniter concessi, et chartas largitionum contra omnes æmulos et infestatores principali auctoritate gratis confirmavi.

« Hæc studia sectatus sum a primævo tempore, hæc hæredibus meis relinquo, tenenda omni tempore. In his, filii mei, me jugiter sequimini, ut hic et in ævum coram Deo et hominibus honoremini. Hoc præcipue vos, viscera mea, commoneo, ut bonorum et sapientum indesinenter inhæreatis sodalitio, et eorum in omnibus, si diu gloriosi vultis

---

(5) *Abbas Becci Anselmus,* inquit Eadmerus, ex Eadmeri Historia, p. 33, vir *bonus et scientia litterarum magnifice pollens, toti Normanniæ atque Franciæ, pro suæ excellentis sanctitatis merito, notus, clarus et acceptus, magnæ famæ quoque in Anglia habebatur, ab regi præfato necne Lanfranco archiepiscopo sanctissima familiaritate copulabatur. Hic, cum nonnunquam pro diversis ecclesiæ et aliorum negotiis ad curiam regis veniret; rex ipse, deposita feritate qua multis videbatur sævus et formi-* dabilis, *ita fiebat inclinus et affabilis, ut, ipso præsente, omnino quam esse solebat, stupentibus cunctis, fieret alius. Hunc itaque et Lanfrancum, videlicet viros divina simul et humana prudentia fultos, pro se magni semper habebat, et eos in omnibus quæ sibi, quantum officii eorum referebat, agenda erant, dulciori præ cæteris studio audiebat. Unde et consilio eorum ab animi sui severitate in quosdam plurimum et sæpe descendebat.*

Dom Bouquet, lib. VII, p. 621.

persistere, obedialis imperio. Piorum sophistarum doctrina est, bonum a malo discernere, justitiam omnimodis tenere, nequitiamque omni molimine cavere, infirmis et pauperibus ac justis parcere et subvenire, superbos et iniquos comprimere ac debellare, et ab infestatione simplicium refrenare, ecclesiam sanctam devote frequentare, divinitatis cultum super omnes divitias amare, et divinæ legi nocte dieque et in adversis et prosperis infatigabiliter obtemperare.

« Ducatum Normanniæ, antequam in epitumo Senlac contra Heraldum certassem, Roberto filio meo concessi, quia primogenitus est. Hominium pene omnium hujus patriæ baronum jam recepit. Concessus honor nequit abstrahi. Sed indubitanter scio quod vere misera erit regio, quæ subjecta fuerit ejus dominio. Superbus enim est et insipiens nebulo, trucique diu plectendus infortunio. Neminem Anglici regni constituo hæredem, sed æterno conditori, cujus sum, et in cujus manu sunt omnia, illud commendo. Non enim tantum decus hæreditario jure possedi, sed diro conflictu et multa effusione humani cruoris perjuro regi Heraldo abstuli, et interfectis vel effugatis fautoribus ejus, dominatui meo subegi. Naturales regni filios plus æquo exosos habui. Nobiles et vulgares crudeliter vexavi, injuste multos exhæreditavi; innumeros, maxime in pago Eboracensi, fame seu ferro mortificavi. Deiri enim et Trans-Humbranæ gentes exercitum Sueni, Danorum regis, contra me susceperunt, et Robertum de Cuminis cum mille militibus intra Dunelmum, aliosque proceres meos et tirones probatissimos in diversis locis peremerunt. Unde immoderato furore commotus, in boreales Anglos ut vesanus leo properavi. Domos eorum jussi, segetesque et omnem apparatum atque supellectilem confestim incendi, et copiosos armentorum pecudumque greges passim mactari. Multitudinem itaque utriusque sexus tam diræ famis mucrone mulctavi, et sic multa millia pulcherrimæ gentis senum juvenumque, proh dolor! funestus trucidavi. Fasces igitur hujus regni, quos cum tot peccatis obtinui, nulli audeo tradere, nisi Deo soli; ne post funus meum adhuc deteriora fiant occasione mei. Guillelmum, filium meum, qui mihi a primis annis semper inhæsit, et mihi pro posse suo per omnia libenter obedivit, opto in spiritu Dei diu valere, et in regni solio, si Dei voluntas est, feliciter fulgere. »

Hæc et his similia dum rex Guillelmus multa dixisset, et stupor assistentes, callideque futura dimetientes, invasisset, Henricus, junior filius, ut nihil sibi de regalibus gazis dari audivit, mœrens cum lacrymis ad regem dixit : « Et mihi, pater, quid tribuis? » Cui rex ait : « Quinque millia libras argenti de thesauro meo tibi do. » Ad hæc Henricus dixit : « Quid faciam de thesauro, si locum habitationis non habuero? » Cui pater respondit : « Æquanimis esto, fili, et confortare in Domino. Pacifice patere ut majores fratres tui præcedant te. Robertus habebit Normanniam, et Guillelmus Angliam. Tu autem tempore tuo totum honorem, quem ego nactus sum, habebis, et fratribus tuis divitiis et potestate præstabis. » His ita dictis, metuens rex ne in regno tam diffuso repentina oriretur turbatio, epistolam de constituendo rege fecit Lanfranco archiepiscopo, suoque sigillo signatam tradidit Guillelmo Rufo, filio suo, jubens ut in Angliam transfretaret continuo. Deinde osculatus eum benedixit, et trans pontum ad suscipiendum diadema properantem direxit. Qui mox ad portum, qui Witsand dicitur, pervenit, ibique jam patrem audivit obiisse. Henricus autem festinavit denominatam sibi pecuniam recipere, diligenter ne quid sibi deesset ponderare, necessariosque sodales in quibus confideret advocare, munitumque gazophylacium sibi procurare.

Interea medici et regales ministri, qui languidum principem custodiebant, proceresque, qui ad eum visitandi gratia veniebant, cœperunt pro vinctis, quos in carcere tenebat, eum affari, ac, ut misereretur eis, et relaxaret, suppliciter deprecari. Quibus ipse ait : « Morcarum, nobilem Anglorum comitem, jam diu vinctum tenui, et injuste; sed pro timore, ne per eum, si liber fuisset, turbaretur regnum Angliæ. Rogerum vero de Britolio, quia valde contumaciter contra me furuit, et Radulfum de Guader sororium suum, et multos alios in me provocavit, in vinculis arctavi, et quod in vita mea non egrederetur, juravi. Sic multos vinculis injeci ex merito propriæ perversitatis, aliosque plures pro metu futuræ seditionis. Hoc enim censura rectitudinis exigit, et divina lex per Moysen rectoribus orbis præcipit ut comprimant nocentes, ne perimant innocentes. Nunc autem in articulo mortis positus, sicut opto salvari, et per misericordiam Dei a reatibus meis absolvi, sic omnes mox jubeo carceres aperiri; omnesque vinctos præter fratrem meum, Bajocensem episcopum, relaxari, liberosque pro amore Dei, ut ipse mihi misereatur, dimitti. Nexi tamen tali tenore de carcere procedant, ut antea jurejurando securitatem reipublicæ ministris faciant, quod pacem in Anglia et Normannia omnibus modis teneant, et pacis adversariis pro posse suo viriliter resistant. »

Cumque Rodbertus, Moritolii comes, audisset regali sententia fratrem suum perpetuo vinciri, multum contristatus est. Herluinus quippe de Contavilla Herlevam, Rodberti ducis concubinam, in conjugium acceperat, ex qua duos filios, Odonem et Rodbertum, genuerat. Guillelmus autem dux et postea rex vitricum suum magnis et multis honoribus in Normannia et Anglia ditaverat, et filios ejus, Radulfum, quem de alia conjuge procreaverat, fratresque suos uterinos, Odonem et Rodbertum, maximis possessionibus sublimaverat. Nam, postquam Guillelmum cognomento Werlengum, Moritolii comitem, filium Malgerii comitis, pro minimis occasionibus de Neustria propulsaverat, Rodberto, Herluini filio, fratri suo, comitatum Moritolii dederat. Defuncto quoque Hugone Bajocensi episcopo, Radulfi consulis filio, prædictum præsulatum concesserat Odoni fratri suo, quem postmodum in Anglia præposuit Cantiæ regno Denique hunc pro nimietate sua, ut superius pleniter relatum est, rex Guillelmus in insula Vecta cepit, quatuor annis in carcere tenuit, nec etiam in morte, pro insolentia sua, relaxare voluit. Unde præfatus Moritolii comes admodum mœrebat, et pro fratre suo per se et per amicos suos suppliciter interpellabat, precibusque languentem fatigabat.

Cumque multi obnixe pro Bajocensi præsule rogarent, tantorum supplicatione fatigatus rex ait : « Miror quod prudenter non indagatis quis vel qualis est vir pro quo supplicatis. Nonne pro tali viro petitis, qui jam diu contemptor exstitit religionis, et argutus incentor lethiferæ seditionis? Nonne hunc jam coercui quatuor annis episcopum, qui, dum debuerat esse justissimus rector Anglorum, factus est pessimus oppressor populorum, et monachilium destructor cœnobiorum? Seditiosum liberando male facitis, et vobismetipsis ingens detrimentum quæritis. Evidenter patet quod Odo, frater meus, levis est et ambitiosus, carnis inhærens desideriis et immensis crudelitatibus, et nunquam mutabitur a lenociniis et noxiis vanitatibus. Hoc perspicue in pluribus expertus sum, ideoque constrinxi non antistitem, sed tyrannum. Absque dubio si evaserit, totam regionem turbabit, et multis millibus perniciem subministrabit. Hæc non ex odio, ut hostis, profero ; sed, ut pater patriæ, plebi Christianæ provideo. Si enim caste et modeste se haberet, sicut sacerdotem et Dei ministrum ubique condecet, cordi meo major, quam possim referre, lætitia inesset. »

Spondentibus autem cunctis emendationem pontificis, rex iterum ait : « Velim nolim, vestra fiet petitio, quia, me defuncto, vehemens subito rerum fiet mutatio. Invitus concedo ut frater meus de carcere liberetur. Sed scitote quod multis per eum mors seu grave impedimentum incutietur. Baldrico autem Nicolai filio, quia servitium meum insipienter reliquit, et sine mea licentia in Hispaniam abiit, totam terram suam pro castigatione abstuli. Sed nunc illi reddo pro amore Dei. Illo melior in armis tiro, reor, non invenitur. Sed prodigus et levis est, ac per diversa vagatur. » Sic Guillelmus rex, licet nimio illum dolore graviter angeretur, sana tamen mente ac vivaci loquela efficaciter fruebatur, et in omnibus, de negotiis regni poscentibus, promptum et utile consilium impartiebatur.

Denique v Idus Septembris, feria v [die Jovis 9 Septembris 1087], jam Phœbo per orbem spargente clara radiorum spicula, excitus rex sonum majoris signi audivit in metropolitana basilica. Percunctante eo quid sonaret, responderunt ministri : « Domine, hora prima jam pulsatur in ecclesia Sanctæ Mariæ. » Tunc rex cum summa devotione oculos ad cœlum erexit, et sursum manibus extensis, dixit : « Domi- næ meæ, sanctæ Dei genitrici, Mariæ me commendo, ut ipsa suis sanctis precibus me reconciliet charissimo filio suo, Domino nostro, Jesu Christo. » Et his dictis, protinus exspiravit. Archiatri autem et cæteri coessentes, qui regem sine gemitu et clamore quiescentem tota nocte servaverunt, et nunc ex insperato sic eum mox migrasse viderunt, vehementer attoniti, et velut amentes effecti sunt. Porro ditiores ex his illico, ascensis equis, recesserunt, et ad sua tutanda properaverunt. Inferiores vero clientuli ut magistros suos sic manicasse prospexerunt, arma, vasa, vestes et linteamina, omnemque regiam supellectilem rapuerunt, et relicto regis cadavere pene nudo in area domus, aufugerunt. Cernite, precor, omnes, qualis est mundana fides. Unusquisque quod potuit de apparatu regio ut milvus rapuit, et confestim cum præda sua aufugit. Impietas itaque, justitiario labente, impudenter prodiit, et rapacitatem circa ipsum ultorem rapinæ primitus exercuit.

Fama de morte regis pernicibus alis volavit, et longe lateque gaudium seu mœrorem audientium cordibus infudit. Nam mors Guillelmi regis ipso eodem die, quo Rothomagi defunctus est, in urbe Roma et in Calabria quibusdam exhæreditatis nuntiata est, ut ab ipsis postmodum veraciter in Normannia relatum est. Malignus quippe spiritus oppido tripudiavit, dum clientes suos, qui rapere et clepere vehementer inhiabant, per occasum judicis absolutos vidit.

XIII. *Regis funera. Piæ meditationes.*

O sæcularis pompa, quam despicabilis es ! quia nimis vana et labilis es ! Recte pluvialibus bullis æquanda diceris, quæ in momento valde turgida erigeris, subitoque in nihilum redigeris. Ecce potentissimus heros, cui nuper plus quam centum millia militum serviebant avide, et quem multæ gentes cum tremore metuebant, nunc a suis turpiter in domo non sua spoliatus est, et a prima usque ad tertiam supra nudam humum derelictus est. Cives enim Rothomagenses, audito lapsu principis, valde territi sunt, et pene omnes velut ebrii desipuerunt, ac si multitudinem hostium imminere urbi vidissent, turbati sunt. Unusquisque de loco, ubi erat, recessit, et quid ageret a conjuge, vel obvio sodali, vel amico consilium quæsivit. Res suas quisque aut transmutavit, aut transmutare decrevit, pavidusque ne invenirentur abscondit.

Religiosi tandem viri, clerici et monachi, collectis viribus et intimis sensibus, processionem ordinaverunt, honeste induti, cum crucibus et thuribulis, ad Sanctum Gervasium processerunt, et animam regis secundum morem sanctæ Christianitatis Deo commendaverunt. Tunc Guillelmus archiepiscopus jussit ut corpus ejus Cadomum deferretur, ibique in basilica Sancti Stephani protomartyris, quam ipse condiderat, tumularetur. Verum fratres ejus et cognati jam ab eo recesserant, et omnes ministri ejus eum, ut barbarum, nequiter deseruerant. Unde nec unus de satellitibus regiis est inventus, qui curaret de exsequiis corporis ipsius. Tunc Herluinus, pagensis eques, naturali bonitate compunctus est, et curam exsequiarum pro amore Dei et honore gentis suæ viriliter amplexatus est. Pollinctores itaque et vespiliones ac vehiculum mercede de propriis sumptibus conduxit, cadaver regis (6) ad portum Sequanæ devexit, impositumque navi usque Cadomum per aquam et aridam perduxit.

Tunc domnus Gislebertus abbas cum conventu monachorum veneranter obviam feretro processit, quibus flens et orans multitudo clericorum et laicorum adhæsit. Sed mox sinistra fortuna omnibus pariter maximum terrorem propinavit. Nam enorme incendium de quadam domo protinus erupit, et immensos flammarum globos eructavit, magnamque partem Cadomensis burgi damnose invasit. Omnes igitur ad ignem comprimendum clerici cum laicis cucurrerunt. Soli vero monachi cœptum officium compleverunt, et soma regis ad cœnobialem basilicam psallentes perduxerunt.

Denique ad sepeliendum maximum ducem et patrem patriæ congregati sunt omnes episcopi et abbates Normanniæ; ex quibus ad notitiam posterorum libet quosdam nominare, et præsenti breviter in pagina denotare.

Guillelmus Rothomagensis archiepiscopus, Odo Bajocensis episcopus, Gislebertus Ebroicensis, Gislebertus Maminotus Lexoviensis, Michael Abrincatensis, Goisfredus Constantiniensis, et Girardus Sagiensis.

Abbates quoque hi sunt: Anselmus Beccensis, Guillelmus de Ros Fiscannensis, Gerbertus Fontinellensis, Guntardus Gemeticensis, Mainerius Uticensis, Fulco Divensis, Durandus Troarnensis, Rodbertus Sagiensis, Osbernus Bernaicensis, Rogerius de monte Sancti Michaelis in Periculo Maris.

Rothomagenses archimandritæ, Nicolaus de Sancto Audoeno, et Gaulterius de monte Sanctæ Trinitatis, et alii plures, quos nominatim proferre perlongum est. Omnes hi ad exsequias famosi baronis convenerunt, ipsumque in presbyterio inter chorum et altare sepelierunt.

Expleta missa, cum jam sarcophagum in terra locatum esset, sed corpus adhuc in feretro jaceret, magnus Gislebertus Ebroicensis episcopus, in pulpitum ascendit, et prolixam locutionem de magnificentia defuncti principis eloquenter protelavit: quod ipse fines Normannici juris strenue dilataverit, gentemque suam plus quam omnes antecessores sui sublimaverit, justitiam et pacem sub omni ditione sua tenuerit, fures et prædones virga rectitudinis utiliter castigaverit, et clericos ac monachos et inermem populum virtutis ense fortiter munierit. Finita vero locutione, plebem rogavit, et pro pietate multis flentibus, ac verba ejus attestantibus, adjecit: « Quia nullus mortalis homo potest in hac vita sine peccato vivere, in charitate Dei vos omnes precamur pro defuncto principe, propter illum apud omnipotentem Deum studeatis intercedere, eique, si quid in vobis deliquit, benigniter dimittere! »

Tunc Ascelinus, Arturi filius, de turba surrexit, et voce magna querimoniam hujusmodi cunctis audientibus edidit: « Hæc terra, ubi consistitis, area domus patris mei fuit, quam vir iste, pro quo rogatis, dum adhuc esset comes Normanniæ, patri meo violenter abstulit, omnique denegata rectitudine, istam ædem potenter fundavit. Hanc igitur terram calumnior, et palam reclamo; et ne corpus raptoris operiatur cespite meo, nec in hæreditate mea sepeliatur, ex parte Dei prohibeo. » Hoc ut episcopi et proceres alii audierunt, et vicinos ejus, qui eumdem vera dixisse contestabantur, intellexerunt, hominem accersiunt, omnique remota violentia, precibus blandis lenierunt, et pacem cum eo fecerunt. Nam pro loculo solius sepulturæ sexaginta solidos ei protinus adhibuerunt, pro reliqua vero tellure, quam calumniabatur, æquipollens mutuum eidem promiserunt, et post non multum temporis pro salute specialis heri, quem diligebant, pactum compleverunt. Porro, dum corpus in sarcophagum mitteretur, et violenter, quia vas per imprudentiam cæmentariorum breve structum erat, complicaretur, pinguissimus venter crepuit, et intolerabilis fetor circum astantes personas et reliquum vulgus implevit. Fumus thuris, aliorumque aromatum, de thuribulis copiose ascendebat; sed teterrimum putorem excludere non prævalebat. Sacerdotes itaque festinabant exsequias perficere, et aciutum sua cum pavore mappalia repetere.

Ecce subtiliter investigavi et veraciter enucleavi quæ in lapsu ducis præostendit dispositio Dei. Non fictilem tragœdiam venundo, non loquaci comœdia cachinnantibus parasitis faveo, sed studiosis lectoribus varios eventus veraciter intimo.

Inter prospera patuerunt adversa, ut terrerentur terrigenarum corda. Rex quondam potens et bellicosus, multisque populis per plures provincias metuendus, in area jacuit nudus, et a suis quos genuerat vel aluerat destitutus. Ære alieno in funebri cultu indiguit, opeque gregarii pro sandapila et vespilionibus conducendis eguit, qui tot hactenus et superfluis opibus nimis abundavit. Secus incendium a formidolosis vectus est ad basilicam, liberoque solo, qui tot urbibus et oppidis et vicis principatus

(6) *Qui tantæ potentiæ*, inquit Eadmerus *in vita exstitit, ut in tota Anglia, in tota Normannia, in tota Cenomannensi patria nemo contra imperium ejus manum movere auderet, mox ut in terram spiritum exhalaturus positus est, ab omni homine, sicut accepimus, uno solo duntaxat serviente excepto derelictum cadaver ejus sine omni pompa per Sequanam naucella delatum (est); et cum sepeliri deberet, ipsum terram sepulturæ illius a quodam rustico calumniatam (audivimus), qui eam hæreditario jure reclamans, conquestus est illam sibi jam olim ab eodem injuria fuisse ablatam.*

Dom Bouquet, lib. VII, p. 625.

est, caruit ad sepulturam. Arvina ventris ejus, tot delectamentis enutrita, cum dedecore patuit, et prudentes ac infrunitos, qualis sit gloria carnis edocuit. Inspecta siquidem corruptione cœnosi cadaveris, quisque monetur ut meliora, quam delectamenta sunt carnis, quæ terra est, et in pulverem revertetur, labore salutaris continentiæ, mercari ferventer conetur. Divitis et pauperis par est conditio, et similiter ambos invadit mors et putredo. *Nolite ergo confidere in principibus falsis* (Psal. cxlv, 3), o filii hominum, sed in Deo vivo et vero, qui creator est omnium. Veteris et Novi Testamenti seriem revolvite, et exempla inde multiplicia vobis capessite, quid cavere, quidve debeatis appetere. *Nolite sperare in iniquitate, et rapinas nolite concupiscere. Divitiæ si affluant, nolite cor apponere* (Psal. lxi, 11). *Omnis enim caro ut fenum, et omnis gloria ejus ut flos feni. Exaruit fenum, et flos ejus cecidit* (I Petr. I, 242; Isa. xl, 6; Eccli. xiv, 8). Verbum autem Domini manet in æternum.

Hic septimo libro Uticensis Historiæ placet cum fine regis terminum dare; et in octavo de filiis ejus, et multimoda perturbatione, quæ diu Neustriam vehementer et Angliam afflixit, aliquod volo posteris edonare (7).

7) Le Prévost : *enodare.*

SUMMARIUM LIBRI OCTAVI.

I. Robertus dux in Normannia et Guillelmus Rufus in Anglia patri suo succedunt. Plurimæ discordiæ post mortem Guillelmi regis oriuntur.
II. Odo Bajocensis episcopus a custodia emittitur. Henricus, dato pretio, a Roberto duce fratre suo partem Normanniæ accipit.
III. Rebellio in Anglia ab Odone episcopo suscitatur pro Roberto duce ad solium evehendo. Guillelmus Rufus rebelles devincit.
IV. Grithfridus rex Gallorum Angliam invadit. Historia Roberti Rodelentensis comitis.
V. Mala Roberti ducis administratio. Instigante Odone episcopo, Cenomanenses invadit.
VI. Rogerus cenomanensis comes cum Roberto duce pacem facit. Nequitia Roberti comitis Belemensis, Normanniæ magnates inter se belligerant.
VII. Mors Durandi Troarnensis abbatis. Victor papa eligitur. Urbanus papa II.
VIII. Varii in Apulia, Normannia et Anglia eventus. Quorumdam magnatum mors. Restricta Guille!xi Rufi administratio.
IX. Guillelmus rex Robertum fratrem suum in Normannia aggredi meditatur. In præfatum Robertum Cenomanenses insurgunt. Fulco comes Andegavensis.
X. Fulco Andegavensis comes novam calceorum formam excogitat. Hujusce temporis mores, vestes, ludi, etc.
XI. Cenomanenses contra Normannos insurgunt.
XII. Dissensiones et bella inter Normanniæ magnates.
XIII. Discordes motus et bella Normannia continuantur.
XIV. Discordes motus in Normannia continuantur. Bellum inter Ebroicenses et Conchenses.
XV. Conspiratio Conani ad tradendam Rothomagi civitatem regi Angliæ.
XVI. Oximensium conflictus et clades. Guillelmus in Normanniam venit et cum Roberto duce pacem facit.
XVII. Mirificus casus cujusdam presbyteri episcopatus Lexoviensis.
XVIII. Pactiones inter Guillelmum regem et Robertum ducem initæ. Episcopatus Lexoviensis negotia. Rogerus abbas Uticensis.
XIX. Bertrada comitissa Andegavensis, derelicto viro suo, cum Philippo Francorum rege nubet. Prælati Franciæ religione et doctrina pollentes. Rothomagense concilium.
XX. Melcoma Scotorum rex in regnum Angliæ bellum suscipit. Occidit. De ejus conjuge et liberis.
XXI. Conjurationes adversus Guillelmum Rufum in Anglia conflatæ.
XXII. Discordiæ et privata bella inter Normanniæ magnates.
XXIII. Robertus Belesmensis Uticenses monachos vexat.
XXIV. Vita et mors religiosa quorumdam militum. De Anfrido primo abbate Pratellensi. Abbates, prælati et monachi virtutibus et doctrina illustres.
XXV. De novis monachorum vestibus. Quomodo et a quibus inventæ fuerint.
XXVI. Abbates et monachi in novis monasteriis pietate insignes. De novorum ordinum institutoribus.
XXVII. Vir illuster Hugo de Grentemaisnil in lecto ægretudinis a Goisfredo Uticensium priore monachatum suscipit et paulo post moritur. De ejus liberis.

LIBER OCTAVUS.

1. *Robertus dux in Normannia et Guillelmus Rufus in Anglia patri suo succedunt. — Plurimæ discordiæ, post mortem Guillelmi regis oriuntur.*

Anno ab Incarnatione Domini 1087, indictione x, Guillelmus Nothus, rex Anglorum, v Idus Septembris, Rothomagi defunctus est; et corpus ejus in ecclesia Sancti Stephani protomartyris Cadomi sepultum est.

Rodbertus autem, filius ejus, Normannorum dux et Cenomannorum princeps nomine tenus multis annis factus est; sed torpori et ignaviæ subjectus, nunquam, ut decuit, in virtute et justitia principatus est.

Guillelmus Rufus epistolam patris sui Lanfranco archiepiscopo detulit. Qua perlecta, idem præsul cum eodem juvene Lundoniam properavit; ipsumque ad festivitatem Sancti Michaelis in veteri basilica Sancti Petri apostoli, quæ West-Monasterium dicitur, regem consecravit. Hic xii annis et x mensibus (8) regnavit, patremque suum in quibusdam secundum sæculum imitari studuit. Nam militari probitate, et sæculari dapsilitate viguit, et superbiæ libidinique, aliisque vitiis nimium subjacuit. Sed erga Deum et Ecclesiæ frequentationem, cultumque frigidus exstitit.

Hic auri et argenti, gemmarumque copiam Othoni aurifabro (9) erogavit, et super patris sui mausoleum fieri mirificum memoriale præcepit. Ille vero regiis jussis parens, insigne opus condidit, quod ex auro et argento et gemmis usque hodie competenter splendescit. Egregii versificatores de tali viro, unde tam copiosum thema versificandi repererunt, multa concinna et præclara poemata protulerunt. Sed solius Thomæ archiepiscopi Eboracensis versus hujusmodi, pro dignitate metropolitana, ex auro inserti sunt.

Qui rexit rigidos Normannos, atque Britannos
Audacter vicit, fortiter obtinuit.
Et Cenomanenses virtute coercuit enses,
Imperiique sui legibus applicuit.
Rex magnus, parva jacet hic Guillelmus in urna.
Sufficit et magno parva domus domino.
Ter septem gradibus se volverat atque duobus
Virginis in gremiis Phœbus, et hic obiit.

Eodem anno multi Normannorum nobiles regi suo morte comitati sunt. Nam, dum rex adhuc ægrotaret, cognatus ejusdem Guilbertus Alfagiensis, filius Richardi de Huglevilla, vir bonus et simplex, xix Kalendas Septembris defunctus est, et in ecclesia Sanctæ Mariæ, ubi sex monachos ex Uticensi cœnobio constituerat, sepultus est. Ibi etiam post quatuor annos religiosa mulier Beatrix, uxor ejus, ii Nonas Januarii tumulata est. Moriente duce suo, Normanni multas lacrymas fuderunt, etsi non pro illo, saltem pro amicis et cognatis suis, qui tunc mortui sunt. Simon de Monteforti, gener Richardi comitis Ebroicensium, et Guillelmus Paganellus; Hugo quoque juvenis strenuissimus, Hugonis de Grantemaisnil filius, et cognatus ejus Rodbertus de Rodelento, atque Guillelmus de Abrincis filius Witmundi, aliique illustres viri obierunt. Beati qui bene mortui sunt, qui ærumnas desolatæ regionis ac defensore carentis non viderunt!

Tunc in Normannia facta est nimia rerum mutatio, gelidusque timor inermi inhæsit populo, et potentibus impune flagrans ambitio. Rodbertus de Bellisma festinabat ad curiam regis, loqui cum illo de rebus necessariis. Perveniens ad introitum Brionnæ, audivit regem mortuum esse. Qui mox, cornipede regyrato, Allencionem venit, et improvisos regis satellites statim de prætorio ejecit. Hoc quoque fecit Bellismæ, et omnibus aliis castellis suis, et non solum suis, sed et in vicinorum suorum, quos sibi pares dedignabatur habere, municipiis, quæ aut intromissis clientibus suis sibi subjugavit, aut penitus, ne sibi aliquando resistere possent, destruxit. Guillelmus etiam, comes Ebroicensis, de Dangione regios expulit excubitores; et Guillelmus de Britolio, ac Radulfus de Conchis, aliique omnes in sua ditione redegerunt munitiones; ut unusquisque libere posset contra vicinum suum et collimitaneum exercere inimicitias damnabiles. Sic proceres Neustriæ de munitionibus suis omnes regis custodes expulerunt, patriamque divitiis opulentam propriis viribus vicissim exspoliaverunt. Opes itaque, quas Anglis aliisque gentibus violenter rapuerant, merito latrociniis et rapinis perdiderunt.

Omnes ducem Rodbertum mollem esse desidemque cognoscebant, et idcirco facinorosi eum despiciebant, et pro libitu suo dolosas factiones agitabant. Erat quippe idem dux audax et validus, multaque laude dignus, eloquio facundus, sed in regimine sui suorumque inconsideratus, in erogando prodigus, in promittendo diffusus, ad mentiendum levis et incautus, misericors supplicibus, ad justitiam super iniquo faciendam mollis et mansuetus, in definitione mutabilis, in conservatione omnibus nimis blandus et tractabilis, ideoque perversis et insipientibus despicabilis; corpore autem brevis et grossus, ideoque Brevis-Ocrea (10) patre est cognominatus. Ipse cunctis placere studebat, cunctisque quod petebant aut dabat, aut promittebat, vel concedebat. Prodigus, dominium patrum suorum quotidie imminuebat, insipienter tribuens unicuique quod petebat, et ipse pauperescebat, unde alios contra se roborabat. Guillelmo de Britolio dedit

---

(8) Guillelmus Rufus a 29 Septembris 1087 ad 2 Augusti 1100 regnavit.

(9) Ille *Otho aurifaber* notatur in *Domesday-Book*,
inter regis aurifabros.

(10) Gallice *Courte-Heuse.*

Ibericum, ubi arx, quam Albereda proavia ejus fecit, fortissima est. Et Rogerio de Bellomonte, qui solebat Ibericum jussu Guillelmi regis custodire, concessit Brioniam; quod oppidum munitissimum et in corde terræ situm est.

II. *Odo Bajocensis episcopus e custodia emittitur. — Henricus, dato pretio, a Roberto duce fratre suo partem Normanniæ accipit.*

Odo, Bajocensis episcopus, postquam de carcere liber egressus est, totum in Normannia pristinum honorem adeptus est, et consiliarius ducis, videlicet nepotis sui, factus est. Erat enim eloquens et magnanimus, dapsilis et secundum sæculum valde strenuus. Religiosos homines diligenter honorabat, clerum suum acriter ense et verbo defendebat, ecclesiamque pretiosis ornamentis copiose per omnia decorabat. Hoc attestantur ædificia quæ construxit, et insignia ex auro et argento vasa et indumenta, quibus basilicam vel clerum ornavit. In adolescentia, pro germanitate ducis, datus est ei Bajocensis præsulatus, in quo plus quam quinquaginta annis pollens, diversa est operatus. In quibusdam spiritus ei laudabiliter dominabatur, in nonnullis vero spiritui caro miserabiliter principabatur. Carnali ergo ardore stimulatus, genuit filium nomine Joannem, quem nunc in curia Henrici regis videmus, eloquentia magnaque probitate pollentem. Sed, quamvis in quibusdam præfatum Odonem sæcularis detinuisset levitas, multum tamen exterius ipse res emendavit ecclesiasticas. Ecclesiam Sanctæ Dei genitricis Mariæ a fundamentis cœpit, eleganter consummavit, multisque gazis et ornamentis affatim ditavit. Ad ecclesiam Sancti Vigoris, episcopi Bajocensis, quæ sita est juxta murum urbis, monachos posuit, eisque religiosum et sapientem Rodbertum de Tumbalenia patrem præposuit, qui, inter reliqua peritiæ suæ monumenta brevem et luculentam, sensuque profundam super Cantica canticorum expositionem dimisit in ecclesia. Verum, postquam præfatus pontifex, ut prædictum est, clausus fuit in carcere, prædictus abbas, relictis omnibus, perrexit peregre, veniensque Romam, a Gregorio VII papa detentus honorifice, usque ad mortem Romanæ fideliter servivit Ecclesiæ. Fundatore itaque episcopo vinculis mancipato, et abbate in Latias partes abeunte, novitius grex monachorum dispersus est, et quæsitis prout quisque potuit sedibus, ad idem cœnobium nunquam reversus est.

Denique præsul Odo Grentoni (11), Divionensium abbati, dedit prædictum monasterium, ibique usque hodie cella floret Divionensium. Sic evidenter patet quod antistes Odo monasticum ordinem valde dilexisset. Dociles quoque clericos Leodicum mittebat, et alias urbes, ubi philosophorum studia potissimum florere noverat, eisque copiosos sumptus, ut indesinenter et diutius philosophiæ fontis possent insistere, largiter administrabat. De discipulis quos ita

(11) Lege *Jarentoni.* Le Prévost.

nutriebat, fuerunt Thomas archiepiscopus Eboracensis, atque Samson frater ejus episcopus Wigornensis, Guillelmusque de Ros abbas Fiscannensis, et Turstinus Glastoniensis, multique alii, qui nostris temporibus in Ecclesia Dei floruerunt, et subjectis ovibus pabulo doctrinæ, radiisque virtutum solerter profuerunt. Sic Odo pontifex, licet sæcularibus curis admodum esset irretitus, multa tamen laudabilia permiscebat illicitis actibus, et quæ facinorose aggregarat, largitus est ecclesiis et pauperibus. Tandem nutu Dei omnipotentis, Dominicæ Incarnationis anno 1096, indictione IV, omnia reliquit, et iter Hierosolymitanum cum Rodberto duce nepote suo, ut in sequentibus, volente Deo, plenius dicemus, arripuit, et, præsente Gisleberto Ebroicensium episcopo, in urbe Panormitana obiit. Corpus vero ejus in basilica Sanctæ Mariæ sepultum est, super quod insigne opus a Rogerio comite Siciliæ factum est.

Rodbertus, Normanniæ dux, opes, quas habebat, militibus ubertim distribuit, et tironum multitudinem pro spe et cupidine munerum sibi connexuit. Deficiente ærario, Henricum fratrem suum, ut de thesauro suo sibi daret, requisivit. Quod ille omnino facere noluit. Dux autem mandavit ei quod, si vellet, de terra sua venderet illi. Henricus, ut audivit quod concupivit, mandato fratris libenter acquievit. Pactio itaque inter fratres firma facta est. Henricus duci tria millia librarum argenti erogavit et ab eo totum Constantinum pagum, quæ tertia Normanniæ pars est, recepit. Sic Henricus Abrincas et Constantiam, Montemque Sancti Michaelis in Periculo Maris, totumque fundum Hugonis Cestrensis consulis, quod in Neustria possidebat, primitus obtinuit. Constantiensem itaque provinciam bene gubernavit, suamque juventutem laudabiliter exercuit. Ille in infantia studiis litterarum a parentibus traditus est, et tam naturali quam doctrinali scientia nobiliter imbutus est. Hunc Lanfrancus, Dorobernensis episcopus, dum juvenile robur attingere vidit, ad arma pro defensione regni sustulit, eumque lorica induit, et galeam capiti ejus imposuit; eique, ut regis filio et in regali stemmate nato, militiæ cingulum in nomine Domini cinxit. Hic XII annis, quibus super Anglos Guillelmus Rufus regnavit, laboriosam per varios mobilis fortunæ rotatus vitam transegit, et tristibus seu lætis exercitatus, multa edidicit. Denique, defuncto fratre suo, regni culmen conscendit, quod jam fere XXXIII annis tenuit. Mores ejus et actus suis in locis, donante Deo, si vita comes, enodabo. Nunc vero ad narrationis ordinem redire decerno, et quæ nostris temporibus acta sunt; posteris intimabo.

In primo anno principatus duorum fratrum, optimates utriusque regni conveniunt, et de duobus regnis nunc divisis, quæ manus una pridem tenuerat, tractare satagunt. « Labor, inquiunt, nobis ingens subito crevit, et maxima diminutio potentiæ nostræ opumque nobis incubuit. Hactenus enim Normannia sub ducibus magnis honorifice positi sumus, paterna hæreditate, quam parentes nostri, qui de Dacia cum Rollone ante ducentos et duodenos annos venere, nacti sunt cum magna strenuitate. Deinde nos cum Guillelmo duce pontum transfretavimus, et Saxones Anglos viribus armisque nostris prostravimus, et fundos eorum cum omnibus divitiis, non sine magno cruoris nostri discrimine, obtinuimus. Proh dolor! en violenta nobis orta est mutatio, et nostræ sublimitatis repentina dejectio. Quid faciemus? Ecce defuncto seniore nostro, duo juvenes succedunt, jamque dominatum Angliæ et Normanniæ subito segregarunt. Quomodo duobus dominis tam diversis, et tam longe ab invicem remotis competenter servire poterimus? Si Rodberto, duci Normannorum, digne servierimus, Guillelmum, fratrem ejus, offendemus. Unde ab ipso spoliabimur in Anglia magnis redditibus et præcipuis honoribus. Rursus, si regi Guillelmo congrue paruerimus, Rodbertus dux in Normannia privabit nos paternis hæreditatibus. Summopere cavendum est ne tale divortium contingat nobis sub principibus his, quale sub Roboam et Hieroboam contigit Israelitis. Unus populus per duos principes in sese divisus est, et lege, templo, cæremoniisque Dei pessundatis, in apostasiam lapsus est. Sic Hebræi per detestabile dissidium in sua viscera nequiter armati sunt, et servientes Baalim multa suorum millia trucidarunt. Ad postremum vero pars eorum, qui nunquam postea redierunt, sub Assyriis in Mediam captivata est; et alia pars sub Chaldæis Babylonicam captivitatem passa est. Et Thebæis quid contigit sub duobus fratribus Eteocle et Polinice? Nonne multa millia utriusque partis corruerunt? Ad ultimum vero ipsi fratres mutuis vulneribus conciderunt, et extraneis successoribus hæreditarium jus dimiserunt? Hæc et multa hujusmodi solerter intueri debemus, et prudenter præcavere ne per consilium juvenile pereamus, inviolabile fœdus firmiter ineamus, et Guillelmo rege dejecto vel interfecto, qui junior est, et protervus, et cui nihil debemus, Rodbertum ducem, qui major natu est, et tractabilior moribus, et cui jamdudum, vivente patre amborum, fidelitatem juravimus, principem Angliæ ac Neustriæ, ad servandam unitatem utriusque regni, constituamus. »

Hoc itaque consilium Odo præsul Bajocensis, et Eustachius comes Bolonlensis, atque Rodbertus Belesmensis, aliique plures communiter decreverunt, decretumque suum Rodberto duci detexerunt. Ille vero, utpote levis et inconsideratus, valde gavisus est promissis inutilibus, seseque spopondit eis, si inchoarent, adfuturum in omnibus, et collaturum mox efficax auxilium ad perpetrandum tam clarum facinus. Igitur, post Natale Domini prædicti proceres in Angliam transfretaverunt, et castella sua plurimo apparatu munierunt, multamque partem patriæ contra regem infra breve tempus commoverunt.

III. *Rebellio in Anglia ab Odone episcopo suscitatur pro Roberto duce ad solium evehendo. — Guillelmus Rufus rebelles devincit.*

Odo nimirum, ut supra dictum est, palatinus Cantiæ consul erat, et plures sub se comites virosque potentes habebat. Rogerius comes Scrobesburiensis, et Hugo de Grentemaisnil, qui præsidatum Legrecestræ regebat, ac Rodbertus de Rodelento nepos ejus, aliique plures fortissimi milites seditiosis favebant, et munitiones suas fossis, et hominibus, atque alimentis hominum et equorum abundanter instruebant. Jam avidi prædones invadebant prædas pagensium, ovanter præstolantes ducem Rodbertum, qui statuerat præcursores suos, vere redeunte, sequi cum multis legionibus militum. Tunc Osbernus, Richardi, cognomento Scrop, filius, et Bernardus de Novo Mercato gener ejus, aliique complices eorum, qui fines Merciorum possidebant, in territorio Wigornensi, rapinis et cædibus, prohibente et anathematizante viro Dei Wulfstano episcopo, nequiter insistebant. Rex vero Guillelmus, ut vidit suos in terra sua contra se pessima cogitare, et, per singula crebrescentibus malis, ad pejora procedere, non meditatus est ut timida vulpes ad tenebrosas cavernas fugere, sed ut leo fortis et audax rebellium conatus terribiliter comprimere. Lanfrancum itaque archiepiscopum cum suffraganeis præsulibus, et comites, Anglosque naturales convocavit, et conatus adversariorum, ac velle suum expugnandi eos indicavit. At illi regem, ut perturbatores pacis comprimeret, adhortati sunt, seseque promptissimos ad adjuvandum polliciti sunt. Anglorum vero triginta millia tunc ad servitium regis sponte sua convenerunt, regemque, ut perfidos proditores absque respectu puniret, admonuerunt, dicentes: « Viriliter age, ut regis filius, et legitime ad regnum assumptus, securus in hoc regno dominare omnibus. Nonne vides quot tecum sumus tibique gratanter paremus? Passim per totam Albionem impera, omnesque rebelles dejice regali justitia. Usque ad mortem pro te certabimus, nec unquam tibi alium præponemus. Stultum nimis est et profanum noto regi præferre hostem extraneum. Detestabilis gens est, quæ principi suo infida est. Phalanx morti sit vicina, quæ domini sui gaudet ruina! Solerter Anglorum rimare historias, inveniesque semper fidos principibus suis Angligenas. »

Rex ergo Rufus indigenarum hortatu promptior surrexit, et congregato exercitu magno, contra rebelles pugnaturus, processit. Tunc Odo Bajocensis cum quingentis militibus intra Roffensem urbem se conclusit, ibique Rodbertum ducem cum suis auxiliaribus, secundum statuta quæ pepigerant, præstolari proposuit. Non enim seditiosi, quamvis essent plurimi, multisque gazis et armis et ingenti apparatu stipati, ausi erant contra regem in regno suo præliari. Oppidum igitur Rovecestræ sollicita elegerunt provisione, quoniam, si rex eos non obsedisset in urbe, in medio positi, laxis habenis, Lundoniam et Cantuariam devastarent; et per mare, quod proximum est, insulasque vicinas, pro auxiliis conducendis nuntios cito dirigerent. Animosus autem rex conatus eorum prævenit, oppidumque Maio mense cum grandi exercitu potenter obsedit, firmatisque duobus castellis omnem exeundi facultatem hostibus abstulit. Prædictum, ut prælibavimus, oppidum Odo præsul, et Eustachius comes, atque Rodbertus Bellesmensis, cum multis nobilibus viris, et mediocribus, tenebant, auxiliumque Rodberti ducis, qui desidia mollitieque detinebatur, frustra exspectabant. Rogerius vero, Merciorum comes, multique Normannorum, qui cum rege foris obsidebant, clam adminiculari quantum poterant inclusis satagebant. Non tamen palam contra regem arma levare audebant. Omnes episcopi Angliæ cum Anglis sine dolo regem juvabant, et pro serena patriæ pace, quæ bonis semper amabilis est, laborabant. Hugo, comes Cestrensis, et Rodbertus de Molbraio, Nordanhumbrorum comes, et Guillelmus de Guarenna, ac Rodbertus Haimonis filius, aliique legitimi maturique barones regi fideliter adhærebant, eique armis et consilio contra publicos hostes commode favebant.

In oppido Rofensi plaga similis Ægyptiorum plagæ apparuit, qua Deus, qui semper res humanas curat, et juste disponit, antiqua miracula nostris etiam temporibus recentia ostendit. Nam, sicut sciniphes importunitate sua Ægyptios infestabant, et nec ad momentum ab infestatione sua circa ipsos cessabant, ita muscæ obsessos incessanti molestia importune vexabant. Obsessi nempe extra castellum exire nequibant, et plures eorum ex diversis infortuniis, grassante morbo, interibant. Innumerabiles ergo muscæ hominum et equorum cœno nascebantur, et tam ætatis quam anhelitus cohabitantium calore confovebantur, et oculis ac naribus, et cibis ac potibus inclusorum horribiliter ingerebantur. Tanta itaque importunitate muscarum stimulabatur cohors superba rebellium, ut nunquam die vel nocte possent capere cibum, nisi magna pars ipsorum ab inquietudine muscarum vicissim flabellis defenderet ora sociorum. Igitur Odo Bajocensis et complices sui diutius obsidionem pati non potuerunt. Unde Guillelmum regem nuntiis petierunt ut pacem cum eis faceret, ac oppidum ab eis reciperet tali tenore ut terras, fundos et omnia, quæ hactenus habuerant, ab ipso reciperent, et ipsi eidem ut naturali domino fideliter a modo servirent. His auditis, rex iratus est, et valde rigidus intumuit, et in nullo flexus, legatorum postulationibus non acquievit; sed perfidos traditores in oppido virtute potenti capiendos juravit, et mox patibulis suspendendos, et aliis mortium diversis generibus de terra delendos asseruit. Videntes autem ii, qui obsidebant cum rege, ad necem parentum et amicorum, qui obsessi erant, tam valide regis animum furere, cum ingenti supplicatione ad eum accesserunt, eique multa prece, multoque favore blandiri conati sunt. Dicunt itaque :

« Laudetur Deus, qui semper adjuvat sperantes in se, et dat bonis patribus eximiam sobolem succedere ! Ecce turgidi juvenes, et cupiditate cæcati senes jam satis edocti sunt quod regiæ vires in hac insula nondum defecerunt. Nam qui de Normannia tanquam milvi ad prædam super nos cum impetu advolarunt, et in Anglia regiam stirpem defecisse arbitrati sunt, jam Guillelmum juvenem, Guillelmo sene non debiliorem, cohibente Deo, experti sunt. Jam pene victi, viribus tuis succumbunt, et fatiscentes magnitudinem tuam supplices exposcunt. Nos quoque, qui tecum maximis in periculis, sicut cum patre tuo, perstitimus, nunc tibi humiliter astamus, et pro compatriotis nostris obnixe supplicamus. Decet nimirum ut sicut timidos et vecordes vicisti fortitudine, sic humiliatis et pœnitentibus parcas mansuetudine. Severitatem regiam temperet clementia, et gloriosæ virtuti tuæ sufficiat celebris victoria ! David, rex magnus, Semei maledicenti se pepercit, et Joab atque Abisai, aliosque bellatores, pro adversante sibi Absalon, ne perimerent eum, obnixe rogavit (*II Reg.* II, 18). In divinis voluminibus abundant exempla hujuscemodi, a quibus non discrepat sagax poeta in libello *De mirabilibus mundi* :

Parcere prostratis sit nobilis ira leonis !
Tu quoque fac simile, quisquis dominaris in orbe. »

Hæc ita dicentibus Guillelmus rex ait :

« Fateor me viribus vestris hostes expugnasse, et, per auxilium Dei, cum labore vestro, gratanter trophæo appropinquasse. Verum tanto cautius præcavere debetis ne me precibus vestris a rigore rectitudinis deviare cogatis. Quisquis parcit perjuris et latronibus, plagiariis et exsecratis proditoribus, aufert pacem et quietem innocentibus, innumerasque cædes et damna serit bonis et inermibus. Quid sceleratis peccavi ? quid illis nocui ? quid mortem meam totis nisibus procuraverunt, et omnes pro posse suo contra me populos cum detrimento multorum erexerunt ? Omnia sua illis dimisi, nulloque reatu contra me commovi. Et illi summopere mihi facti inimici. Unde reor omnino esse justum ut David magni regis, quem mihi proposuistis imitandum, irrefragabiliter teneamus judicium. Sicut Baana et Rechab, filii Remmon Berotitæ, qui regem Isboseth in domo sua decollaverunt, judicante David, in Hebron suspendio perempti sunt (*II Reg.* II, 4); sic isti insidiatores regni puniantur terribili animadversione, ut præsentes et futuri terreantur, et castigentur hujus ultionis relatione ! »

Ad hæc, optimates regi dixerunt : « Omnia, quæ dicis, domine rex, vera et justa esse censemus, nec uno verbo rationi tuæ contradicere valemus. Benevolentia tamen cogente, potentiam tuam humiliter oramus ut consideres qui sunt, pro quibus tantopere rogamus. Bajocensis Odo patruus tuus est, et pontificali sanctificatione præditus est. Cum patre tuo Anglos subjugavit, eique in multis anxietatibus periculose subvenit. Quid tanto viro agendum est? Absit ut in sacerdotem Domini manus injicias, et sanguinem ejus effundas in tali causa! Reminiscere quid fecerit Saul in Nobe, et quid pertulerit in monte Gelboe (*II Reg.* 1, 22 et 31). Quis præsumet tibi nefarius suadere ut antistitem Domini, patruumque tuum velis condemnare? Nemo. Omnes ergo precamur ut illi benevolentiam tuam concedas, et illæsum in Normanniam ad diœcesim suam abire permittas. Comes etiam Boloniensis patri tuo satis fuit fidelis, et in rebus arduis strenuus adjutor et contubernalis. Rodbertus quoque Belesmensis, qui patri tuo fuit valde dilectus, et multis honoribus olim ab ipso promotus, nunc magnam Normanniæ partem possidet, fortissimisque castellis corroboratus, pene omnibus vicinis suis et Neustriæ proceribus præeminet. His itaque si animi tui rancorem indulseris, et tecum benigniter retinueris, aut saltem a te cum pace dimiseris, eorum adhuc amicitia servitioque in multis eventibus utiliter perfrueris. Idem qui lædit, fors post ut amicus obedit. In horum comitatu pollent, seseque tibi offerunt eximii tirones, quorum servitutem, inclyte rex, parvipendere non debes. Igitur quos jam superasti potestate, divitiis et ingenii probitate, subjuga tibi magnificentia et pietate. »

Magnanimus itaque rex, fidelium suorum precibus victus, assensit, exitium et membrorum debilitationem obsessis indulsit, et de oppido exeundi facultatem cum equis et armis concessit. Sed omnem spem habendi hæreditates et terras in regno ejus, quandiu ipse regnaret, funditus abscidit. Tunc Odo pontifex a rege Rufo impetrare tentavit ne tibicines in eorum egressu tubis canerent, sicut moris est, dum hostes vincuntur, et per vim oppidum capitur. Rex autem iratus, quod petebatur omnino denegavit, nec se concessurum etiam propter mille auri marcos palam asseruit. Oppidanis ergo cum mœrore et verecundia egredientibus, et regalibus tubis cum gratulatione clangentibus, multitudo Anglorum, quæ regi adhærebat, cunctis audientibus vociferabatur, et dicebat : « Torques, torques afferte, et traditorem episcopum cum suis complicibus patibulis suspendite. Magne rex Anglorum, cur sospitem pateris abire incentorem malorum? Non debet vivere perjurus homicida, qui dolis et crudelitatibus peremit hominum multa millia. » Hæc et alia probra mœstus antistes cum suis audivit. Sed, quamvis acerba minaretur, indignationi suæ satisfacere non potuit. Sic irreligiosus præsul de Anglia expulsus est, et amplissimis possessionibus spoliatus est. Tunc maximos quæstus, quos cum facinore obtinuit, justo Dei judicio, cum ingenti dedecore perdidit, et confusus Bajocas rediit, nec in Angliam postmodum repedavit.

Anno itaque primo Guillelmi Rufi regis, in initio æstatis, Roffensis urbs ei reddita est, omniumque, qui contra pacem enses acceperant, nequam commotio compressa est. Nam iniqui et omnes malefactores, ut audaciam regis et fortitudinem viderunt, quia prædas et cædes, aliaque facinora cum aviditate amplexati fuerant, contremuerunt, nec postea XII annis quibus regnavit mutire ausi fuerunt. Ipse autem callide se habuit, et vindictæ tempus opportunum exspectavit. Quorumdam factiones sævissimis legibus puniit, aliquorum vero reatus ex industria dissimulavit. Antiquis baronibus, quos ab ipso aliquantulum desciverat nequitia, versute pepercit pro amore patris sui, cui diu fideliter inhæserant, et pro senectutis reverentia ; sciens profecto quod non eos diu vigere sinerent morbi et mors propria. Porro quidam, quanto gravius se errasse in regiam majestatem noverunt, tanto ferventius omni tempore postmodum ei famulati sunt, et tam muneribus quam servitiis ac adulationibus multis modis placere studuerunt.

IV. *Grithfridus rex Guallorum Angliam invadit. Historia Roberti Rodelentensis comitis.*

Cum supradicta tempestate vehementer Anglia undique concuteretur, et mutuis vulneribus incolæ regni quotidie mactarentur, quia hi regem dejicere tentabant, illi econtra pro rege viriliter dimicabant, Grithfridus, rex Guallorum, cum exercitu suo fines Angliæ invasit, et circa Rodelentum magnam stragem hominum et incendia fecit; ingentem quoque prædam cepit, hominesque in captivitatem duxit. Rodbertus autem, Rodelenti princeps, de obsidione Roffensi rediens, et tam atroces damnososque sibi rumores comperiens, vehementer dolens ingemuit, ac terribilibus minis iram suam evidenter aperuit. Erat enim miles fortis et agilis, facundus et formidabilis, largus et multis probitatibus laudabilis. Hic Eduardi regis armiger fuit, et ab illo cingulum militiæ accepit. Unfridus pater ejus, fuit filius Amfridi de progenie Dacorum; Adeliza vero mater ejus, soror Hugonis de Grentemaisnil, de clara stirpe Geroianorum. Hic præcipuus agonotheta, inter militiæ labores, ecclesiæ cultor erat, et clericos ac monachos valde diligens honorabat, ac eleemosynis pauperum pro modulo suo libenter instabat.

Porro Uticense cœnobium, ubi fratres sui Ernaldus et Rogerius monachi erant, et pater suus ac mater, aliique parentes ejus tumulati quiescebant, valde dilexit, et pro viribus suis locupletavit. Hinc illi ecclesiam de Telliolo, et hoc quod habebat in ecclesia de Dambleinvilla, et presbyterium dedit; et hoc quod habebat in ecclesia de Cornero cum presbyterio concessit. Decimam molendinorum, et omnium exituum suorum, et redecimationem promptuariorum suorum addidit. Idem vero Rodbertus in Anglia dedit Sancto Ebrulfo et monachis ejus Cumbinellam, terram duarum carrucarum, et xx villanos, et ecclesiam cum presbyterio, decimamquæ totam et villam, quæ Chercabia dicitur, cum ecclesia et presbyterio, ecclesiamque de Insula et in civitate Cestra ecclesiam Sancti Petri de Mercato, et tres hospites. Quæ omnia ut Sanctus Ebrulfus solide et quiete, sicut ea ipse dederat, possideret, in capitulum Uticense venit, et de his omnibus quæ dicta sunt, coram Mainerio abbate et conventu monachorum concessionem suam confirmavit. Tunc ibidem cum eo fuerunt Razso decanus et Hugo de Millaio, Guillelmus Pincerna filius Grimoldi et Rogerius filius Geroii, Durandus et Brunellus, Osbernus de Orgeriis atque Gauterius præpositus. Interfuerunt hi, dum Rodbertus in basilicam perrexit, et donationem rerum supramemoratarum super altare posuit. Hæc breviter tetigi de donis quæ præfatus heros Uticensi contulit ecclesiæ, nec me velit, quæso, prudens lector inconsiderate subsannare, si titulum incœpti operis, dum tempus est, prosequor in narratione.

Rodbertus, Unfridi filius, dum puer erat, cum patre suo in Angliam transfretavit, et Eduardo regi, donec ab eodem miles fieret, domi militiæque servivit. Deinde, fulgentibus armis jam indutus, regiisque muneribus honorifice ditatus, parentes suos revisere concupivit, et regis adepta permissione, ad suos ovans repatriavit. Facto autem Senlacio bello, et rege Guillelmo multis hostium tumultibus occupato, præfatus tiro cum Hugone consobrino suo, Richardi de Abrincis, cognomento Goz, filio, iterum ad Anglos transiit, et semper in omnibus exercitiis, quæ a militibus agenda erant, inter præcipuos viguit. Deinde, post multos agones, prædicto Hugoni comitatus Cestrensis datus est, et Rodbertus princeps militiæ ejus, et totius provinciæ gubernator factus est. Tunc vicini Britones, qui Gualli, vel Guallenses vulgo vocitantur, contra regem Guillelmum et omnes ejus fautores nimis debacchabantur. Decreto itaque regis, oppidum contra Guallos apud Rodelentum constructum est, et Rodberto, ut ipse pro defensione Anglici regni barbaris opponeretur, datum est. Bellicosus marchio contra inquietam gentem sæpissime conflixit, crebrisque certaminibus multum sanguinis effudit. Incolis itaque Britonibus sævo Marte repulsis, fines suos dilatavit, et in monte Dagaunoth, qui mari contiguus est, fortissimum castellum condidit. Per xv annos intolerabiliter Britones protrivit, et fines eorum, qui pristina libertate tumentes nihil omnino Normannis debuerunt, invasit. Per silvas et paludes et per arduos montes persecutus hostes multis modis profligavit. Nam quosdam cominus ut pecudes irreverenter occidit, alios vero diutius vinculis mancipavit, aut indebitæ servituti atrociter subjugavit. Christicolæ non licet fratres suos sic opprimere, qui in fide Christi sacro renati sunt baptismate.

Superbia et cupiditas, quæ per totum orbem mortalium possident pectora, Rodbertum marchium absque modo ad prædas stimulabant et homicidia, per quæ idem in horrendum præcipitium mersus est postea. Nam III die Julii Grithfridus, rex Guallorum, cum tribus navibus sub montem, qui dicitur Hormaheva, littori appulsus est, et mox piratarum exercitus quasi lupi rapaces ad depopulandam regionem diffusus est. Interim mare fluctus suos retraxit, et in sicco littore classis piratarum stetit. Grithfridus autem cum suis per maritima discurrit, homines et armenta rapuit, ac ad naves exsiccatas festine remeavit.

Interea clamor vulgi Rodbertum, meridie dormitantem, excitavit, eique hostilem discursum per terram suam nuntiavit. Ille vero, ut jacebat, impiger surrexit, et mox præcones, ad congregandum agmen armatorum, per totam regionem direxit. Porro ipse cum paucis bellatoribus imparatus Guallos prosecutus est, et de vertice montis Hormahevæ, qui nimis arduus est, captivos a piratis ligari, et in naves cum pecoribus præcipitari speculatus est. Unde marchisus, audax ut leo nobilis, vehementer infremuit, hominesque paucos, qui secum inermes erant, ut, antequam æstus maris rediret, super Guallos in sicco littore irruerent admonuit. Illi vero prætendunt suorum paucitatem, et per ardui montis præcipitium descendendi difficultatem. Denique Rodbertus, dum videret inimicum agmen cum præda sua præstolari reditum maris, quo aufugeret, nimis doluit, impatiensque moræ, per difficilem descensum sine lorica, cum uno milite, nomine Osberno de Orgeriis, ad hostes descendit. Quem cum viderent solo clypeo protectum, et uno tantum milite stipatum, omnes pariter in illum missilia destinant, et scutum ejus jaculis intolerabiliter onerant, et egregium militem lethaliter vulnerant. Nullus tamen quandiu stetit, et parmam tenuit, ad eum cominus accedere, vel eum ense impetere ausus fuit. Tandem bellicosus heros spiculis confossus genua flexit, et scutum missilibus nimis onustum, viribus effetus, dimisit, animamque suam Deo, sanctæque Dei genitrici Mariæ commendavit. Tunc omnes in illum irruunt, et in conspectu suorum caput ejus abscindunt, ac super malum navis pro signo victoriæ suspendunt. Hoc plures de cacumine montis cum ingenti fletu et mœstitia cernebant, sed hero suo succurrere non valebant. Deinde comprovinciales de tota regione adunati sunt, sed frustra, quia marchiso jam mactato suffragari nequiverunt. Classe tamen parata, piratas per mare fugientes persequebantur nimis tristes, dum caput principis sui super malum puppis intuebantur. Cumque Grithfridus et complices sui respicerent, et persecutores nimis iratos pro injuria herili adverterent, caput deposuerunt, et in mare projecerunt. Hoc ut Roberti milites conspexerunt, nequidquam prosequi homicidas desierunt. Corpus vero ejus cum nimio luctu Anglorum et Normannorum sustulerunt, et Cestram detulerunt, ibique in cœnobio Sanctæ Walburgæ virginis sepelierunt. Nuper illud cœnobium Hugo Cestrensis consul construxerat, eique Richardus Beccensis monachus abbas præerat, ibique Deo monachorum gregem inter belluinos cœtus nutriebat.

Post aliquot annos Ernaldus monachus, Unfridi filius, in Angliam transfretavit, et ossa Rodberti fratris sui, Rodberto de Limesia, Merciorum episcopo, concedente, sustulit ; quæ Rogerius abbas cum conventu fratrum honorifice suscepit, et in claustro monachorum secus ecclesiam, in meridiana parte, tumulavit. Præfatus Ernaldus, cum quatuor nobilibus sociis, Widone et Rogerio, Dragone et Odone, in adolescentia militiam deseruit, et factus monachus, plus cunctis sodalibus suis in monachatu desudavit, et fere quinquaginta annis in ordine monachili fervidus vixit. Hic nimirum ecclesiæ suæ utilitati satis inhiavit, pro quibus Britannicum pelagus multoties transfretavit, atque Apuliam et Calabriam, Siciliamque, ut de spoliis parentum suorum ecclesiæ suæ subsidium suppeditaret, penetravit. Tunc Guillelmum, abbatem sanctæ Euphemiæ, fratrem suum, et Guillelmum de Grantemaisnil, consobrinum suum, aliosque cognatos suos in Italia locupletatos adiit, ipsisque benigna vi quantum potuit, ut monasterio suo conferret, abstulit. Sic de rebus parentum suorum ornatus, et alia commoda ecclesiæ suæ procuravit, ipsosque consanguineos utilitatibus monasterii subjugavit. Multas injurias atque repulsas plurimis in locis pertulit, sed ab incœpto conatu, licet plurimis adversitatibus interdum et frequenter impediretur, depelli non potuit. Prædictus vir his et hujusmodi nisibus sat procaciter studuit, ejusque studio conditus super tumulum fratris sui, lapideus arcus usque hodie consistit.

Rainaldus pictor, cognomento Bartholomæus, variis coloribus arcum tumulumque depinxit, et Vitalis Angligena, satis ab Ernaldo rogatus, epitaphium elegiacis versibus hoc modo edidit :

> Hoc in mausoleo, Rodbertus de Rodelento
>   Conditur, humano more soli grentio.
> Filius Unfredi, Dacorum spermate nati,
>   Fortis et illustris iste fuit juvenis.
> Dapsilis et pugnax. agilis, formosus et audax
>   Miles in orbe fuit, vivere dum licuit.
> Marchio munificus, sociisque fidelis amicus,
>   Ut, Christi sponsæ, paruit Ecclesiæ.
> Presbyteros, monachos, pupillos et peregrinos
>   Semper honorabat, largaque dona dabat.
> Construxit castrum, tenuitque diu Rodelentum,
>   Firmiter indigenis oppositum rabidis.
> Barbaricas contra gentes exercuit arma,
>   Mille pericla probo sponte ferens animo.
> Montem Svandunum, fluviumque citum Colvenum
>   Pluribus armatis transilii vicibus.
> Præcipuam, pulchro Blideno rege fugato,
>   Prædam cum paucis cepit in insidiis.
> Duxit captivum, lorisque ligavit Hoellum,
>   Qui tunc Wallensi rex præerat manui.
> Cepit Grithfridum regem, vicitque Trehellum.
>   Sic micuit crebris militiæ titulis.
> Attamen incaute Wallenses ausus adire,
>   Occidit æstivi principio Julii.

(12) Lege prodiit. Le Prévost.

> Prodidit (12) Owenius, rex est gavisus Howelius,
>   Facta vindicta monte sub Hormaheva.
> Ense caput secuit Grithfridus et in mare jecit,
>   Soma quidem reliquum possidet hunc loculum.
> In claustro sancti requiescit Patris Ebrulfi,
>   Pro meritis cujus sit sibi plena salus !
> Quondam robustus, jacet hic nunc exanimatus.
>   Hinc dolor in tota personat, heu ! patria.
> Hic modo fit pulvis, jam nil agit utilitatis.
>   Ergo, pie lector, ejus adesto memor.
> Hunc ut in ætherea locet arce, roga prece digna
>   Cum lacrymis rerum, qui regit omne, Deum.
> Christe, Dei splendor, vitæ dator et reparator
>   Orbis, huic famulo propitiare tuo.
> Eripe Tartareis Rodbertum, Christe, caminis !
>   Est nimis ipse reus ; terge, precor, facinus.
> Parce, quod ipse, piam rogitans clamore Mariam,
>   Consutus rigidis occubuit jaculis.
> Indulge culpas, mansuras annue gazas,
>   Ut queat in nitidis semper inesse choris. Amen.

V. Mala Roberti ducis administratio. Instigante Odone episcopo Cenomanenses invadit.

Guillelmo Rufo per omnes Anglorum regiones dominante, et ubique rebelles principali censura fortiter comprimente, turgidus Odo, de Anglia ejectus, Bajocensem diœcesim repetiit, et Rodberto duce molliter agente, toti Normanniæ dominari sategit. Provincia tota erat dissoluta, et prædones catervatim discurrebant per vicos et per rura, nimiumque super inermes debacchabatur latrunculorum caterva. Rodbertus dux nullam super malefactores exercebat disciplinam, et grassatores per octo annos sub molli principe super imbecillem populum suam agitabant furiam. Importune sanctam Ecclesiam vexabant, et possessiones, quas antecessores boni liberaliter dederant, violenter auferebant aut devastabant. Desolata gemebant monasteria, et monachi ac sanctimoniales grandi premebantur penuria. In tantarum simultatum pestilentia, nullus honos Deo sacratis exhibebatur, seu reverentia. Quotidie fiebant incendia, rapinæ et homicidia, et lugebat plebs, nimiis calamitatibus anxia. Filii nequam emergebant in Normannia, qui enormi cum aviditate ad cuncta prompti erant facinora, et crudeliter materna depascebantur viscera.

Inter hæc impune procedebat petulans illecebra, molles flammisque cremandos turpiter fœdabat Venus sodomitica. Maritalem torum publice polluebant adulteria, et erga divinæ legis observantiam multiplex aderat negligentia. Episcopi ex auctoritate Dei exleges anathematizabant, theologi prolatis sermonibus Dei reos admonebant. Sed his omnibus tumor et cupiditas cum satellitibus suis immoderate resistebant. Adulteria passim municipia condebantur, et ibidem filii latronum, ceu catuli luporum ad dilacerandas bidentes, nutriebantur. Occasiones inimicitiarum ab iniquis quærebantur, ut mutuis conflictibus finitimæ sedes frequentarentur, et rapacitates cum incendiis irreverenti conatu agitarentur. Graviter hoc sentit et mihi attestatur depopulata regio, et gemens viduarum debiliumque, pluribus oppressa malis, concio. Sic per desidiam ignavi ducis in brevi disperiit, et in magnam egestatem ac perturbationem dedecusque cecidit quidquid per vivacitatem studiumque solertis heri et fautorum ejus actum est, longoque tempore in Neustria propagatum est.

In æstate, postquam certus rumor de Roffensis [oppidi] deditione citra mare personuit, Henricus Clito, Constantiniensis comes, in Angliam transfretavit, et a fratre suo terram matris suæ requisivit. Rex autem Guillelmus benigniter eum, ut decuit fratrem, suscepit, et quod poterat (13) fraterne concessit. Deinde peractis pro quibus ierat, in autumno regi valefecit, et cum Rodberto Belesmensi, qui jam per amicos potentes cum rege pacificatus erat, in Normanniam remeare disposuit. Interea quidam malevoli discordiæ satores eos anticiparaverunt, et falsa veris immiscentes, Rodberto duci denuntiaverunt quod Henricus frater suus, et Rodbertus Belesmensis cum rege Rufo essent pacificati, ac ad ducis damnum sacramenti etiam obligatione confœderati. Dux igitur, illos potentes ac fortissimos milites sciens, eorumque conatus valde pertimescens, cum Bajocensi episcopo consilium iniit, et præfatos optimates præoccupavit. Nam, antequam aliquid molirentur, cum securi ad littus maris de navibus egrederentur, valida militum manu missa, illos comprehendit, vinculis coarctavit, et unum Bajocis, aliumque Noilleio, sub manu Bajocensis tyranni, custodiæ mancipavit. Rogerius, comes Scrobesburiæ, ut Rodbertum filium suum captum audivit, accepta a rege licentia, festinus in Neustriam venit, et omnia castella sua militari manu contra ducem munivit. Porro Bajocensis Odo, velut ignivomus draco projectus in terram, nimis iratus contra regis insolentiam, variis seditionibus commovebat Normanniam, ut sic de aliquo modo nepoti suo, a quo turpiter expulsus fuerat, machinaretur injuriam. Ipsum nempe dux multum metuebat, et quibusdam consiliis ejus acquiescebat, quædam vero flocci pendebat.

Undique furentibus in Normannia seditiosis, et multa mala cupientibus addere, pessimus præsul Odo ad ducem Rothomagum venit, et consideratis totius provinciæ negotiis, duci ait : « Quisquis gubernaculum regni debet tenere, populoque Dei, qui diversis in moribus diffusus est, præeminere, mitis et asper prout ratio expetit, sit! ubique sit nitis ut agnus bonis et subjectis ac humilibus; asper autem ut leo pravis et rebellibus ac contumacibus! Hoc, domine dux, sagaciter perpende, ut bene nobili præsis ducatui Normanniæ, quem divinitus suscepisti ex paterna successione. Confortare et viriliter age. Ecce protervi et exleges per totam terram debacchantur, et pessimis assiduisque actioni-

A bus pene paganis assimilantur, et enormitate scelerum, si dici fas est, adæquantur. Clamant ad te monachi et viduæ, et dormis. Inaudita facinora frequenter audis et parvipendis. Non sic egit sanctus David, nec magnus Alexander. Non sic Julius Cæsar, nec Severus afer. Non sic Annibal Carthaginensis, nec Scipio Africanus, nec Cyrus Persa, nec Marius Romanus. Quid moror in relatione barbarorum, obscura quorum etiam nomina tibi sunt incognita? Replicemus notiora, et sanguini nostro propinquiora. Reminiscere patrum et proavorum, quorum magnanimitatem et virtutem pertimuit bellicosa gens Francorum. Rollonem dico, et Guillelmum Longam-Spatam, atque tres Richardos, et Rodbertum avum tuum, postremo Guillelmum parem tuum, cunctis antecessoribus sublimiorem. Horum, quæso, rigorem æmulare et efficaciam, sicut illi prædecessorum suorum sectati sunt vigorem et industriam, qui regna mundi per immensos labores obtinuerunt, tyrannos compresserunt et sævas gentes edomuerunt. Expergiscere, et invictum aggrega exercitum Normanniæ, et in urbem Cenomannicam proficiscere. Ibi sunt municipes tui in arce, quam pater tuus condidit, et tota civitas, cum venerabili Hoello episcopo, tibi gratanter obedit. Jube ut illuc omnes Cenomanensium proceres veniant ad te, et obsecundantibus lætis affatibus et benevola mente congratulare. Contemnentes vero cum virtute militari aggredere, et munitiones eorum, nisi cito dediderint se, protinus obside. Cenomanensibus subjugatis, Rogerium comitem aggredere, et ipsum cum progenie sua de finibus Normanniæ funditus exclude. Ne timeas, sed in virtute Dei confidas. Virile robur arripe, et consiliis sapientium utere. Jam Rodbertum, Rogerii primogenitum, tenes in carcere. Jam, si pertinaciter, ut bonum ducem decet, perstiteris in agone, Talvatios subversores de ducatu tuo poteris penitus expellere. Maledicta est prosapia eorum, alit nefas, et machinatur quasi jus hæreditarium. Hoc nimirum horrenda mors eorum attestatur, quorum nullus communi et usitato fine, ut cæteri homines, defecisse invenitur. Talavatiana propago, nisi nunc eam eradicaveris, adhuc, ut opinor, noxia tibi erit et inexpugnabilis. Habent quidem fortissima castella, Bellismum, Lubercionem, Axeium, Alentionem, Danfrontem, Sanctum Cenericum, Rupem de Ialgeio, pro qua ab audaci Hugone digladiata est Mablia, Mamercias, et Vinacium, et alia plura, quæ Guillelmus Bellesmensis et Rodbertus, Ivo et Guarinus, aliique successores eorum superbe construxerunt, aut vi, seu fraude, dominis suis vel finitimis subripuerunt. Dolis et scelestis machinationibus semper inhiaverunt, nec ulli amicorum vel affinium fidem servaverunt. Simplicibus itaque vicinis nece seu captione supplantatis, admodum creverunt, et ingentes domos ac fortissimas munitio-

---

(13) Lege *petiverat*. Le Prévost.

nes cum nimio sudore pagensium condiderunt. Nunc omnia, optime dux, jure illis auferre poteris, si magnanimi patris tui et operum ejus fortis æmulator exstiteris. Pater enim tuus omnia prædicta munimenta in vita sua habuit, et quibuscunque voluit, ad tutandum commendavit. Verum Rodbertus, quem jam ligatum coerces, mox ut regem defunctum audivit, municipes tuos de munitionibus tuis per superbiam suam expulit, suæque ditioni, ut exhæreditaret te, munimina subegit. Hæc omnia quæ dixi, sapienter inspice, ac ut bonus princeps, pro pace sanctæ matris Ecclesiæ, et pro defensione pauperum debiliumque laudabiliter exsurge, et resistentes virtute contere. Confractis cornibus primorum, qui cervicem erexerunt contra te, reliqui, visa dejectione contubernalium, formidabunt te, et jussis tuis famulabuntur sine contradictione. Tunc populus Dei sub tutela protectionis tuæ securus in pace lætabitur, et pro salute tua omnipotentem Deum pie deprecabitur. Cultus divinitatis in regione tua cunctis ab ordinibus jugiter celebrabitur, et lex Dei cum securitate communi salubriter observabitur. »

Exhortatoriam antistitis allocutionem omnes, qui aderant, laudaverunt, et sese ad ducis officium pro defensione patriæ totius hilariter obtulerunt. Dux igitur Rodbertus, aggregato exercitu, Cenomannis profectus est, et tam a clero quam a civibus tripudianter susceptus est. Deinde, legationibus ejus auditis, convenerunt ad eum Goisfredus Madeniensis, Robertus Burgundio, et Helias filius Joannis, aliique plures parati ad servitium ducis. Agminibus vero Normannorum præerant præsul Bajocensis, et Guillelmus comes Ebroicensis. Radulfus de Conchis, et nepos ejus Guillelmus Bretoliensis, aliique militares viri, multis probitatibus præcipui. Paganus de Monte-Dublelis, cum aliis contumacibus castrum Balaonem tenebat, et venienti duci cum turmis suis acriter resistebat. Ibi Osmundus de Gaspreio, pulcherrimus miles et honorabilis, Kalendis Septembribus occisus est. Cujus corpus ab Ernaldo monacho Uticum deductum est, et in porticu ante valvas ecclesiæ sepultum est.

Post plurima damna utriusque partis, Balaonenses pacem cum duce fecerunt, et postmodum Normanni simul ac Cenomanenses cum duce castrum Sancti Cerenici obsederunt. Ibi familia Rodberti Belesmensis erat, cui Rodbertus Quadrellus, acerrimus miles et multo vigore conspicuus, præerat; qui hortatu Rogerii comitis obsidentibus fortiter obstabat. Verum, deficiente alimonia, castrum captum est, et præfatus municeps jussu irati ducis protinus oculis privatus est. Aliis quoque pluribus qui contumaciter ibidem restiterant principi Normanniæ, debilitatio membrorum inflicta est ex sententia curiæ.

Tunc Gaufridus Madeniensis cum Cenomanensibus tribunis ad ducem accessit, eique Rodbertum Geroium, Rodberti Geroiani filium, præsentavit :

« Iste, inquit, vir, domine dux, consobrinus tuus est, et in Apulia cum parentibus tuis, qui magna ibidem potentia pollent, jamdudum conversatus est. Nunc autem ad te, dominum suum et consanguineum, fiducialiter accedit, servitiumque suum tibi fideliter offerens, hoc a te castrum jure requirit, quod pater suus omni vita sua hæreditario jure possedit, tenuit et isthic obiit. » Tunc Rodbertus dux ista poscentibus facile annuit, et Rodberto Gercio castellum Sancti Cerenici reddidit. Ille vero fere XXXVI annis postmodum tenuit, muris et vallis, zetisque munivit, et moriens Guillemo et Rodberto filiis suis dereliquit.

Habitatoribus hujus municipii quies et pax pene semper defuit, finitimique Cenomanenses, seu Normanni insistunt. Scopulosum montem anfractus Sartæ fluminis ex tribus partibus ambit, in quo sanctus Cerenicus, venerandus confessor, tempore Milehardi, Sagiorum pontificis, habitavit. Ibi monachis cœnobium fundavit, cum glorioso cœtu domino militante, vitæque cursu beate peracto, Nonis Maii feliciter ad Dominum migravit. Denique Carolo Simplice regnante, dum Hastingus Danus cum gentilium phalange Neustriam depopulatus est, sanctum corpus a fidelibus in Castrum Theoderici translatum est, et, dispersis monachis, monasterium destructum. Succedenti vero tempore, incolarum facta est mutatio. Sanguinarii prædones ibi speluncam latronum condiderunt, ubi sub regimine Sancti Cerenici contemptores mundi modeste conversati sunt, et in ordine monachico jugum Domini fine tenus gesserunt. Centum quadraginta, ut fertur sub præfato archimandrita cultores ibidem in vinea Domini Sabaoth laboraverunt, quorum lapidea sepulcra palam adventantibus inter basilicam et in circuitu ejus testimonio sunt, cujus meriti et reverentiæ homines inibi requiescant. Scelesti ergo habitatores multa infortunia merito perpessi sunt, et cædibus ac combustionibus, multimodisque pressuris ac dejectionibus frequenter afflicti sunt.

Municipes Alencionis et Bellesmi, aliarumque munitionum, ut audierunt quam male contigerit Rodberto Quadrello, et complicibus qui cum eo fuerant, valde territi sunt, et ut debitas venienti duci munitiones redderent, consilium inierunt. Verum Rodbertus ab incepta virtute cito defecit, et, mollitie suadente, ad tectum et quietem avide recurrit, exercitumque suum, ut quisque ad sua repedaret, dimisit.

VI. *Rogerus Cenomanensis comes cum Roberto duce pacem facit. — Nequitia Roberti comitis Belesmensis. — Normanniæ magnates inter se belligerant.*

Rogerius igitur comes, dissolutis agminibus Normannorum atque Cenomanensium, gavisus est, et per dicaces legatos a duce pacem, filiique sui absolutionem postulans, multa falso pollicitus est. Dux autem, qui improvidus erat et instabilis, ad lapsum facilis, ad tenendum justitiæ rigorem mollis, ex inoperato frivolis pactionibus infidorum acquievit, et pace facta Rogerio comiti petita concessit, atque Rodbertum Belesmensem a vinculis absolvit. Ille vero jam liberatus intumuit, jussa ducis atque minas minus appretiavit præsentique memor injuriæ, diutinam multiplicemque vindictam exercuit. Nam per xv annos, quibus postmodum in Neustria simul manserunt, admodum furuit, totamque terram ejus pluribus modis turbavit. Multos ab auxilio ejus et famulatu callidis tergiversationibus avertit, et dominium ducis, quod antecessores ejus possidebant et copiose auxerant, imminuit. Erat enim ingenio subtilis, dolosus et versipellis, corpore magnus et fortis, audax et potens in armis, eloquens, nimiumque crudelis et avaritia et libidine inexplebilis, perspicax seriorum commentor operum et in exercitiis mundi gravissimorum patiens laborum; in exstruendis ædificiis et machinis, aliisque arduis operibus ingeniosus artifex, et in torquendis hominibus inexorabilis carnifex. Sanctam Ecclesiam non ut filius matrem honoravit, adjuvit atque vestivit; sed velut privignus novercam deturpavit, oppressit et spoliavit. Hunc denique, post innumeros reatus et dolosas factiones, Dei judicio in vinculis arctavit Henricus rex ut æquissimus censor, et ad hoc a Deo specialiter inspiratus, miserorum strenuus vindex. Verum de his alias.

Præfatus vir, procurante Willelmo rege, qui multum eumdem dilexerat propter amorem parentum ejus, Rogerii et Mabiliæ, filiam Guidonis, Pontivi comitis, Agnetem nomine, uxorem duxit; ex qua filium nomine Guillelmum progenuit, qui hæreditario jure amplas possessiones in Neustria et Pontivo postmodum tute possedit. Rodbertus enim, ut divitiis, sic tyrannide omnes fratres suos superavit, et omne antecessorum suorum in Normannia et Cenomannico rure patrimonium, exhæredatis fratribus, invasit, et longo tempore solus obtinuit. Contribules suos, nobilitate pares sibi, subjugare summo nisu laboravit, et quosdam, prout insatiabilis cupiditas dictavit, dolis et intolerabilibus bellis, aut insidiosis assultibus suæ ditioni curvavit. Hoc experti sunt Hugo de Nonanto, Paganellus et Rodbertus de Sancto Cerenico, Bernardus de Firmitate, et alii multi, quos idem sæpe contristavit, multisque modis terruit et afflixit. Multos nimirum, demptis honoribus et combustis munitionibus, humiliavit, seu depopulatis possessionibus in nimiam egestatem redegit, vel, quod est pejus, debilitatis membris mancos, aut loripedes, vel orbatis luminibus inutiles reddidit. Misera itaque regio in desolationem redibat, dum flagrans tyrannis cruenti marchionis omnes finitimos conculcare ambiebat; contra quem animositas ingenuitate pari tumentium pristinam libertatem usque ad mortem defensare

satagebat. Sic immensa quotidie detrimenta crescebant, et pro vindicta vel acquisitione damna damnis adjecta res mortalium conterebant, terrigenasque ad inediam minabant.

Goisfredus, Rotronis Mauritaniæ comitis filius, contra Rodbertum arma sustulit, et Excalfoium, multasque alias in circuitu villas combussit, multasque prædas hominesque abduxit. Erat idem consul magnanimus, corpore pulcher et validus, timens Deum et Ecclesiæ cultor devotus, clericorum pauperumque Dei defensor strenuus, in pace quietus et amabilis, bonisque pollebat moribus, in bello gravis et fortunatus, finitimisque intolerabilis regibus, et inimicus omnibus. Hic nobilitate parentum suorum, et conjugis suæ Beatricis inter illustres spectabilis erat, strenuosque barones, et in bellis acres oppidanos suæ ditioni subditos habebat. Filias quoque suas consularibus viris dedit in matrimonio, Margaritam Henrico, comiti de Covarevico, et Julianam Gisleberto de Aquila oppido, ex quibus orta est elegans sobolis generosæ propago (14).

Goisfredus itaque comes tot stemmatibus exornabatur, et armis animisque cum divitiis et amicis fulciebatur, et quod est super omnia, timore Dei stipatus, neminem timens, ut leo progrediebatur. Danfrontem, fortissimum castrum, aliosque fundos jure calumniabatur, et Rodberto cognato suo auferre nitebatur. Contristabatur quod inermes et immeritos premebat, sed in campo publicum hostem reperire nequibat, contra quem debitam ultionem exercebat. Nam ille, qui pene omnes comprimebat, omnes nihilominus metuebat, ideoque publicum certamen cum hoste cominus agere non audebat. In munitionibus igitur suis callide latitabat, et prædones discurrere per fines suos plerumque mœrens sinebat, nec obviam procedere, quamvis militiæ fortissimus esset, præsumebat. Callidus enim præcavebat ne, si progrederetur, a domesticis suis in manibus hostium relinqueretur. Sic longa lis inter duos potentes marchisios perduravit, et multa subditis detrimenta cædesque generavit. Par equidem malorum fomes inter alios proceres undique per Normanniam pullulavit, et enormem tragœdis farraginem præparavit.

Perturbata undique procerum turgidis seditionibus Neustria sub molli principe, pacificisque inter incendia crebrasque deprædationes gementibus filiis Ecclesiæ, clementissimus generis humani rector servis suis condoluit, emeritosque quosdam de lacu miseriæ et convalle lacrymarum, consortio mortalium exemit, et in amœnitate desiderabili paradisi, ut reuir, notis in consimili studio religionis commilitonibus pie associavit.

(14) Tertiam addit Gaufridi filiam Justellus *Hist. Domus de Turre Arverniæ*, l. 1, p. 51, nempe Mathildem Raimundi de Torenna uxorem, hoc nixus Gaufredi Vosiensis testimonio ex cap. 23 chronici ejusdem: *Raimundus cujus, nomen scribitur in denario monetæ publicæ de Mathilde quæ fuit soror comitis de Pertico genuit Bosonem. Cum vero comitis nomen haud exprimatur, an Gaufredi comitis filia, sororne sit, in ambiguo servamus.*

Dom Bouquet, lib. viii, p. 633.

VII. *Mors Durandi Troarnensis abbatis. — Victor papa eligitur. — Urbanus papa.*

Durandus siquidem, Troarnensis abbas grandævus, ab infantia monachus, religione et sapientia præcipuus, ecclesiastici cantus et divini dogmatis doctor peritissimus, sibi durus carnifex, aliisque mitis opifex, post multos in Dei cultu labores, in lectum decubuit, et bene, ut prudens et fidelis servus, ire ad curiam domini sui paratus, III Idus Februarii [1088], de sæculo migravit. In ejus transitu res non silenda contigit. In corpore præfati Patris, dum obiret, bipartitus color visus est. Nam in sinistra parte vultus ejus, et totius corporis, usque ad pedes, niveus candor apparuit, totamque dexteram partem plumbeus livor obtexit, et omnino dexteram medietatem, ut albedo sinistram, a vertice capitis usque ad pedes obtinuit. Insolitum itaque discrimen conspecti coloris terrorem intuentibus incussit, et inusitatæ rei causam studiosis inquisitoribus ad exprimendam subtilitatem perspicacitatis suæ ingessit. Inde diversi diversa dixere. Sed non est nostrum huic breviloquio singula inserere, quæ multipliciter eloquentes ex abundantia sensus sui protulere. Quidam quidem lævam et dexteram ad actualem et contemplativam, vel præsentem et futuram vitam interpretati sunt. Alii vero prodigium hoc præsagium fore futurorum opinati sunt.

Venerabiles discipuli glebam religiosi doctoris in capitulo suo reverenter sepelierunt, et in candido lapide, qui suppositus est, epitaphium hoc addiderunt.

Hac tegitur tumba bonus et venerabilis abba.
Durandus, nostri norma monasterii.
Ad Domini laudem, præsentem condidit ædem,
Qua sibi propitium credimus esse Deum.
Luce sub undena februi, resolutus habena
Carnis, ad angelicam dirigitur patriam.

Sepulto pastore, Troarnensis grex Arnulfum, Sagiensis monasterii priorem, eligit, ac ut sibi præponeretur, a rectoribus ecclesiasticis ac principibus suis expetiit. Illis autem congratulantibus, et libenter quod postulabant annuentibus, Arnulfus Troarnensium regimen suscepit, quod fere XXII annis solerter tenuit, et tam verbis quam scriptis et salutaribus exemplis subjectos erudiit. Præfata nimirum duo monasteria, sicut ab uno principe primordium fundationis ceperunt, sic ex uno fonte usus divinæ servitutis et monastici ordinis institutionem sumpserunt. Rogerius enim de Monte Gomerici utrumque cœnobium monachis dicavit, et Fiscannensis norma utrumque monachico ritui applicavit. Unus amor hos pariter cœnobitas connexuit, signipotensque Martinus, Turonensis archipræsul, suo mancipatu commissos custodit. Sagienses a Troarnensibus primum sibi abbatem sumpserunt, et nunc, eodem adhuc patre vivente, amicabilem sibi vicissitudinem de discipulis ejus repetierunt. Quo adepto, Deo gratias egerunt, bonique pastoris solertia bene profecerunt.

Tunc Rodbertus, Normanniæ dux, optimatum suorum supplicationibus acquiescens, Henricum fratrem suum concessit, et a vinculis, in quibus cum Rodberto Belesmensi constrictus fuerat, absolvit.

Circa hæc tempora [1085] Gregorius papa in urbe Beneventana defunctus est, et Desiderius, Cassinensis abbas, in Victorem, Romanum papam, electus et inthronizatus est. Defuncti vero papæ corpus in confessione Sancti Bartholomæi apostoli tumulatum est, ubi meritis ejus fidei petentium miraculorum copia divinitus ostensa est. Nam leprosi de aqua, unde corpus ejus ablutum fuerat, petierunt; qua consecuta, fideliter loti sunt, et opitulante Deo, protinus mundati sunt.

Victor papa, postquam apicem pontificatus ascendit, primam missam in die sancto Pentecostes solemniter cantare cœpit. Sed, occulto Dei nutu, gravem morbum subito incurrit. Nam, diarria cogente, ter ad latrinam de missa ductus est, et sic in papatu vix una tantum missa perfunctus. Hic magnæ nobilitatis et sapientiæ fuit ac religionis, cœnobiumque Sancti Patris Benedicti, quod in Monte Cassino constructum est, longo tempore rexit. Inde ad præsulatum assumptus, repente, ut diximus, infirmatus est. In ægritudine tamen a Pentecoste usque ad Augustum languens, defunctus est.

Quo defuncto, Romanus clerus convenit, et Odonem, ex monacho præsulem Ostiensem, in Urbanum, Romanum papam, elegit. Hunc Deus Israel maximum principem contra Allophilos constituit, turremque David cum propugnaculis contra faciem Damasci commisit. Hic erat natione Gallus, nobilitate et mansuetudine clarus, civis Remensis, monachus Cluniacensis, ætate mediocris, corpore magnus, modestia discretus, religione maximus, sapientia et eloquentia præcipuus. Adhuc Guitbertus, invasor apostolicæ sedis, Ecclesiam Dei conturbabat, ac adulando vel persequendo cunctos quos poterat, ab unitate pacis ad suum schisma pertrahebat. Odo nimirum, comes Sutriæ, nepos ejus erat, et ecclesiasticæ pacis fautores pluribus pressuris coercebat.

Urbanus papa, confisus in Domino cœlorum, qui non relinquit virgam peccatorum super sortem justorum, misit legatos et epistolas Romanæ auctoritatis Francis et Græcis, aliisque gentibus per orbem constitutis, ut in fide catholica irrefragabiliter persisterent, et omnem scissuram a lege Dei et corpore Christi, quod est Ecclesia, callide præcaverent. Solus Henricus, Teutonum princeps, et pedissequi ejusdem Guidberto cohærebant. Galli vero et Angli, aliæque gentes pene omnes per orbem Urbano pie obsecundabant.

VIII. *Varii in Apulia Normannia et Anglia eventus. — Quorumdam magnatum mors. — Restricta Guillelmi Rufi administratio.*

In Apulia omnes Normanni catholico papæ concorditer favebant. Verum inter se truculenter dissidebant, et fratres plus quam civilia bella vicissim conserebant. Rogerius enim, cognomento Crumena, id est bursa, ducatu Calabriæ solus cum matre potiebatur. Quod Buamundus frater ejus, apud Jordanum principem Capuæ exsulans, ægre patiebatur. Unde auxilio ejusdem Jordani sororii sui, aliorumque parentum, amicorumque suorum, arma contra fratrem suum corripuit, partemque paterni honoris, quem ipse cum patre bello subegerat, viriliter repetere cœpit. Cujus guerram frater et noverca tolerare nequiverunt, commodiusque consilium ab amicis expetere coacti sunt. Persuasione igitur Rogerii Siciliæ comitis, aliorumque affinium pacem fecerunt, eique Barum atque Tarentum, aliasque duas urbes, cum multis oppidis tradiderunt. Fratres itaque, postquam talem concordiam fecerunt, Mabiliam sororem suam Guillelmo de Grentemaisnil in matrimonium dederunt, et ditioni ejus, quia valde probus erat, plurima castra submiserunt. Connexione hujusmodi necessitudinis Normanni provide mutuo religati sunt, et magnam Italiæ partem, quam Drogo et Unfridus atque Richardus, et super omnes Robertus Wiscardus obtinuerant, usque hodie possederunt.

Anno ab Incarnatione Domini 1089, indictione XII. Rodbertus, primus abbas Sagiensis monasterii, vir bonus et simplex, mense Januario in lectum cecidit, et perceptis Dominicis sacramentis, XVIII Kalendas Februarii de sæculo migravit. Cui Radulfus, Seifredi de Scurris filius, ejusdem cœnobii monachus, in regimine successit. Hic litteris admodum fuit imbutus, eloquens et jucundus, ideoque amabilis omnibus. In juventute de illustri familia monachilem ad conversationem venit, et decem annis in monasterio per diversorum gradus officiorum humiliter ministravit. Undecimo tandem anno abbatiæ curam, jubente et consecrante Girardo Sagiensi præsule, suscepit, et XVI annis inter sævos bellorum turbines strenue rexit, Deique fratus auxilio, pro temporis opportunitate res Ecclesiæ diligenter auxit. Deinde Rodberti Belesmensis, sævitia nimis imminente, in Angliam confugit, quem rex Henricus honorifice secum detinuit, et per Gondulfum præsulem Roffensi episcopio præfecit. Inde post aliquot annos promotus, venerabili Anselmo archipræsuli successit, et novem annis Doroberniæ metropoli præfuit.

Anno [1089] tertio Guillelmi Rufi regis Anglorum, Lanfrancus, Cantuariensis metropolis episcopus, defunctus est, et in basilica Sanctæ Trinitatis, quam ipse mirifico opere construxerat, ante crucifixum sepultus est. Beccensis autem Anselmus supra scriptam compatriotæ sui memoriam heroico carmine volumini lacrymabiliter indidit, Deique nutu post triennium in cathedram Doroberniæ, ecclesiastica electione promotus, ascendit. Deinde infra decem annos, quibus postmodum regnavit Guillelmus Rufus, Thomas, Eboracensis metropolita, coepiscopum suum morte secutus est, cum aliis multis episcopis et abbatibus. Nam Wlstanus præsul Guigornensis et Rodbertus Herfordensis, Osmundus, Salesburiensis et Gualkelinus Guentoniensis, Balduinus quoque archidiaconus et abbas S. Edmundi regis et martyris, Turstinus Glestoniensis et Rainaldus Abundoniensis, aliique plures episcopi et abbates obiere; quos sigillatim præ fastidio legentium nolo nominare.

His temporibus quidam clericus, nomine Rannulfus, familiaritatem Rufi regis adeptus est, et super omnes regios officiales ingeniosis accusationibus et multifariis adulationibus magistratum a rege consecutus est. Erat enim ingenio acer, corpore pulcher, turgens disertis, commessationibus et ebrietatibus, libidinique nimis deditus, crudelis et ambitiosus, suisque prodigus; extraneis autem prædo rapacissimus. Hic de obscura satis et paupere parentela prodiit, et multum ultra natales suos ad multorum detrimentum sublimatus intumuit. Turstini, cujusdam plebeii presbyteri de pago Bajocensi, filius fuit, et a puerilibus annis inter pedissequos curiales cum vilibus parasitis educatus crevit, callidisque tergiversationibus, et argutis verborum machinationibus plus quam arti litterariæ studuit. Et, quia semetipsum in curia magni regis Guillelmi arroganter illustribus præferre audebat, nesciente non jussus, multa inchoabat, infestus in aula regis plures procaciter accusabat, temereque majoribus, quasi regia vi fultus, imperabat. Unde a Rodberto, dispensatore regio, Flambardus cognominatus est, quod vocabulum ei secundum mores ejus et actus quasi prophetice collatum est. Flamma quippe ardens multis factis intulit genti novos ritus, quibus crudeliter oppressit populorum cœtus, et Ecclesiæ cantus temporales mutavit in planctus.

Hic juvenem fraudulentis stimulationibus inquietavit regem, incitans ut totius Angliæ revisereret descriptionem, Anglicæque telluris comprobans iteraret partitionem, subditisque recideret tam advenis quam indigenis, quidquid inveniretur ultra certam dimensionem. Annuente rege, omnes carrucatas, quas Angli hidas vocant, funiculo mensus est et descripsit, postpositisque mensuris, quas liberales Angli jussu Eduardi regis largiter distribuerant, imminuit, et regales fiscos accumulans colonis arva retruncavit. Ruris itaque olim diutius nacti diminutione, et insoliti vectigalis gravi exaggeratione, supplices regiæ fidelitati plebes indecenter oppressit, ablatis rebus attenuavit, et in nimiam egestatem de ingenti copia relegit.

Hujus consilio, juvenis rex, morientibus prælatis, ecclesias, cum possessionibus olim sibi datis, invasit, et tam in abbatiis cœnobitas, quam in episcopiis episcopales decanos et canonicos cuilibet satellitum suorum subegit. Parcam autem ad victum suum distributionem rerum eis delegabat, et reliquos redditus suæ ditioni mancipabat. Sic avaritia regis in Ecclesia Dei nimis exarsit, et nefarius mos, tunc inceptus, usque in hodiernum diem perseverans, multis animalis exitio fit. Hac enim de causa cupidus rex pastores ecclesiis imponere differebat, et populus rectore, et grex pastore carens lupinis dentibus patebat, et multimodarum toxicatis missilibus culparum sauciatus interibat. Princeps itaque, nimia cupiditate flagrans, suo infert ærario largas opes, quas Ecclesiæ Dei gratanter et devote dederunt antiqui Anglorum reges, Edilbertus scilicet ac Eduinus, Offa quoque ac Athulfus, Elfredus et Edgarus, aliique principes cum suis optimatibus. Illi nimirum, ad fidem noviter conversi, Deum fideliter coluerunt, et de suis abundantiis monachis et clericis affluenter largiti sunt; ut speciales ministri sacræ legis copioso victu pasti gauderent, Deique cultum absque ulla recusatione nocte dieque alacriter peragerent, et in locis constitutis celebres excubias Deo indesinenter exhiberent. Illuc peregrini et viatores securi veniebant, et ibidem post laborem citam repausationem sumebant, atque post inediam uberem alimoniam ex institutione principali reperiebant. Igitur ex insperato consolati, Deo gratias agebant, et pro benefactoribus, qui longe ante tantum sibi suffragium præparaverant, Creatorem omnium pie exorabant.

Antequam Normanni Angliam obtinuissent, mos erat ut, dum rectores ecclesiarum obirent, episcopus cœnobiorum, quæ in sua diœcesi erant, res sollicite describeret, et sub ditione sua, donec abbates legitime ordinarentur, custodiret. Similiter archiepiscopus episcopii res, antistite defuncto, servabat, et pauperibus vel structuris basilicarum, vel aliis bonis operibus, cum consilio domesticorum ejusdem ecclesiæ, distrahebat. Hunc profecto morem Guillelmus Rufus ab initio regni sui persuasione Flambardi abolevit, et metropolitanam Cantuariæ sedem sine pontifice tribus annis esse fecit, ejusque redditus suis thesauris intulit. Injustum quippe videtur, omnique rationi contrarium ut quod Deo datum est fidelium liberalitate principum, vel solertia dispensatorum ecclesiasticæ rei laudabiliter est auctum, denuo sub laicali manu retrahatur, et in nefarios sæculi usus distrahatur. Indubitanter credendum est quod, sicut illi, qui Deo de suis opibus pie dederunt, jam retributionem meritorum donante Deo receperunt, sic sacrilegi sacrorum invasores, ultore Deo, punientur, opibusque, quas injuste possident, cum jugi dedecore spoliabuntur. Omnipotentis enim lex æterna est et vera. Unde, sicut justitiæ cultoribus gratiosa pollicetur stipendia, sic transgressoribus pro nequitiis dira comminatur supplicia. In omni pagina divinæ auctoritatis misericordia et veritas prædicantur, et luce clarius omni erudito manifestantur. Mirum ergo est quod humanum cor in nefas tam facile labascit, et plus præsentia et caduca, quam futura et perpetua concupiscit; dum omnia divino patere obtutui, et nihil e divino examine indiscussum evadere noverit.

Postquam Dorobernensium metropolis, præsule viduata, in timore et luctu exigit triennium, tandem justus arbiter, qui de cœlo prospicit super filios hominum, et videt omnes amplecti vanitates vanitatum, acerba passione perculit regem Anglorum, multimoda scelerum fæce coinquinatum. Ægritudine igitur mulctatus, sacerdotes Domini advocavit, spiritualibus archiatris animæ suæ ulcera confessione denudavit, emendationem vitæ promisit, et ecclesiasticos rectores secundum voluntatem Domini archiepiscopum eligere præcepit. Tunc forte Anselmus Beccensium abbas pro utilitatibus Ecclesiæ suæ in Angliam transfretaverat. Audita jussione regis de metropolitani electione, sancta Ecclesia exsultavit, conventum seniorum una congregavit, et de negotio pro quo convenerant, tractare cœpit. Tandem, considerata sanctitate et sapientia venerabilis Anselmi, concorditer omnes ipsum elegerunt in nomine Domini, multumque renitentem, secundum morem ecclesiasticum, præposuerunt Cantuariorum metropoli. Inthronizatus itaque solers pastor frequenter ingemuit, prudenter perpendens quam grave et periculosum pondus ad portandum susceperit. Non intumescebat pro sui sublimatione, sed trepidabat pro multorum perditione, quos a lege Dei videbat aberrare sua sub gubernatione. In diœcesi sua multa corrigenda perspexit. Peccantem regem, torvosque proceres sæpe corripuit. Unde plurima ab eis adversa tulit, et pro zelo justitiæ bis exsulavit. Dictis et exemplis salutaribus perversos mores subditorum emendare studuit, sed obdurata quorumdam iniquitate, in multis non sicut voluisset profecit. *Perversi* quippe, sicut Salomon ait, *difficile corriguntur, et stultorum infinitus est numerus* (Eccle. 1, 15.)

IX. *Guillelmus rex Robertum fratrem suum in Normannia aggredi meditatur. — In præfatum Robertum Cenomanenses insurgunt. — Fulco comes Andegavensis.*

In diebus illis [1089] lucerna veræ sanctitatis obscurius micabat pene cunctis in ordinibus, mundique principes cum subjectis agminibus inhærebant tenebrosis operibus. Guillelmus Rufus, Albionis rex, juvenis erat protervus et lascivus, quem nimis inhianter prosequebantur agmina populorum impudicis moribus. Imperiosus et audax atque militaris erat, et multitudine militum pompose tripudiabat. Militiæ titulis applaudebat, illisque propter fastum sæcularem admodum favebat. Pagenses contra milites defendere negligebat, quorum possessiones a suis tironibus et armigeris impune devastari permittebat. Tenacis memoriæ, et ardentis ad bonum seu malum voluntatis erat. Terribilis furibus et latrunculis imminebat, pacemque serenam per subjectam regionem servari valenter cogebat. Omnes incolas regni sui aut illexit largitate, aut compressit virtute et terrore, ut nullus contra eum auderet aliquo modo mutire.

Confirmatus itaque in regno, turmas optimatum ascivit, et Guentoniæ congregatis, quæ intrinsecus ruminabat sic ore deprompsit : « Nostis, inquit, egregii barones, qualiter egerit erga me Rodberti fratris mei fides, et quantos mihi procuravit labores. Non opus est multis sermonibus referre quot homines meos in regno meo excitaverit contra me, et summopere machinatus fuerit me regno vitaque privare. Satis omnibus liquet quod intolerabile mihi primo regni mei anno intulisset, nisi divina virtus per pietatem suam illud a me repulisset. Ecce lacrymabilem querimoniam sancta Ecclesia de transmarinis partibus ad me dirigit, quia valde moesta quotidianis fletibus madescit, quod justo defensore et patrono carens, inter malignantes quasi ovis inter lupos consistit. Terram meam fraudulentia et viribus auferre sategit, qui terram suam a malignis praedonibus defendere negligit. Nunc igitur commoneo vos omnes, qui patris mei homines fuistis, et feudos vestros in Normannia et Anglia de illo tenuistis, ut sine dolo ad probitatis opus mihi viriliter unanimes faveatis. Non debemus pati latronum conventicula, ut ab illis fideles opprimantur, et sanctorum destruantur coenobia, quae patres nostri summo nisu construxerunt in Neustria. Tota regio caedibus paret atque rapinis, saepius ex necessitate reminiscens Guillelmi magni principis, qui bellis eam eripuit externis et intestinis. Decet ergo ut, sicut nomen ejus et diadema gero, sic ad defensionem patriae inhaeream ejus studio. Colligite, quaeso, concilium, prudenter inite consilium, sententiam proferte, quid in hoc agendum sit discrimine. Mittam, si laudatis, exercitum in Normanniam, et injuriis, quas mihi frater meus sine causa machinatus est, talionem rependam. Ecclesiae Dei subveniam, viduas et orphanos inermes protegam, fures et sicarios gladio justitiae puniam. »

His dictis, omnes assensum dederunt, et magnanimitatem regis collaudaverunt. Tunc Guillelmus rex Guillelmum de Guarenna comitem Suthregiae constituit, quem paulo post mors nulli parcens e medio rapuit. Corpus vero ejus Cluniacenses monachi, quos Laquis honorifice locavit, in capitulo suo sepelierunt, et quis vel qualis vir ibidem requieverit, his versibus super tumulum in albo lapide sculptis denotaverunt :

Hic, Guillelme comes, locus est laudis tibi fomes.
Hujus fundator, et largus sedis amator
Iste tuum funus decorat, placuit quia munus
Pauperibus Christi, quod prompta mente dedisti.
Ille tuos cineres servat Pancratius heres,
Sanctorum castris qui te sociabit in astris.
Optime Pancrati, fer opem te glorificanti,
Daque poli sedem, talem tibi qui dedit aedem.

Praefati consulis filii, Guillelmus et Rainaldus cum Gundreda matre sua successerunt, et, sub Guillelmo atque Henrico Angliae regibus, probitate et potentia diu claruerunt. Rodberto quoque, Haimonis filio, rex Guillelmus magnos honores tribuit, et inter maximos optimates Angliae ipsum sublimavit. Hic Sibiliam Rogerii comitis filiam, uxorem duxit, quae filiam ejus, nomine Mathildem, peperit, quam postmodum Rodbertus, Henrici regis filius, in matrimonium sibi conjunxit.

Primus Normannorum, Stephanus de Albamarla, filius Odonis Campaniae comitis, regi adhaesit, et regiis sumptibus castellum suum super Aucium flumen vehementer munivit, in quo validissimam regis familiam contra ducem suscepit. Quem mox Gornacensis Girardus secutus est. Nam Gornacum, et Firmitatem, et Goisleni Fontem, aliasque munitiones suas regi tradidit, finitimosque suos regiae parti subjicere studuit. Deinde Rodbertus, Aucensium comes, et Gauterius Gifardus, et Radulfus de Mortuomari, et pene omnes qui trans Sequanam usque ad mare habitabant, Anglicis conjuncti sunt, et de regiis opibus ad muniendas domos suas armis et satellitibus, copiosam pecuniam receperunt.

Tunc Rodbertus dux contra tot hostes repagulum paravit, filiamque suam, quam de pellice habuerat, Heliae, filio Lamberti de Sancto Sidonio, conjugem dedit, et Arclas, cum Buris et adjacente provincia, in mariagio tribuit, ut adversariis resisteret, Calegiique comitatum defenderet (15). Ille vero jussa viriliter complere coepit. Roberto enim duci, et Guillelmo filio ejus semper fidelis fuit, et sub duobus regibus Guillelmo et Henrico multa pertulit, labores videlicet ac exhaereditationem, damna, exsilium ac multa pericula.

Audientes Cenomanni dissidium Normannorum, cogitaverunt fastuosum excutere a se jugum eorum; quod olim facere multoties conati sunt sub Guil-

(15) Philippum etiam Francorum regem (quod mirum est Ordericum ignorasse vel subticuisse) in sui auxilium contra Anglicum regem advocavit Robertus, ut constat ex notitia excommunicationis latae contra Guillelmum I. Rothomagensem archiepiscopum ab Urbano II papa, in causa Fiscamnensium monachorum, inter instrumenta *Gall. Christ.* XI, col. 18 : *Etenim anno 1089 a Salvatoris Incarnatione, ea scilicet tempestate qua guerra erat inter fratres regem Anglorum Willelmum et comitem Normannorum Robertum, idem comes volens regem Francorum Philippum, pro eo quod se in obsidenda feritate regis castro juverat, remunerare, et non habens de proprio quod posset dare, Gisorz sic dictum manerium S. Mariae Rothomagensis abstulit, et regi illud contulit. Hoc Willelmus, qui tunc ex abbate Cadomensi praeerat archiepiscopus dure accepit ; et quia comitem ad hoc ut ablata redderet adducere* non potuit, per totam Normanniam ecclesias omnes a divina cessare laude praecepit. Cumque et hanc Fiscannensem similiter cessare praecepisset, prior et monachi (nam abbas tunc Willelmus III aberat in Anglia) responderes se cessare non posse etc. Idem de Philippo in subsidium accersito a Roberto testatur Malmesburiensis lib. IV, p. 121 ; sed verbis contumeliosis addit : *Et ille quidem iners et quotidianam crapulam ructans, ad bellum singultans ingluvie veniebat ; sed occurrerunt magna pollicenti nummi regis Angliae, quibus infractus cingulum solvit, et convivium repetiit.* Moderatius Rogerus Hovedenus ad an. 1089 : *Willelmus rex, non modicae pecuniae quantitate regi Philippo occulte transmissa, ut ab obsidione (cujusdam castelli forte de Firmitate) discedat, flagitans impetravit.*

Dom Bouquet, lib. VIII, p. 656.

lelmo, magno rege Anglorum. Hoc Robertus dux ut comperiit, legatos et exenia Fulconi, Andegavorum satrapæ, destinavit; obnixe rogans ut Cenomannos a temerario ausu compesceret, ac in Normanniam ad se graviter ægrotantem veniret. At ille obsecranti libenter acquievit, ducemque jam convalescentem reperiit. Post plurima pacis et amicitiæ colloquia, Fulco comes dixit duci Roberto : « Si mihi quam valde cupio rem feceris unam, Cenomannos tibi subjiciam, et omni tempore tibi ut amicus fideliter serviam. Amo Bertradam, sobolem Simonis de Monteforti, neptem scilicet Ebroicensis comitis Guillelmi, quam Helvissa comitissa nutrit, et sua sub tutela custodit. Hanc mihi conjugem trade, obsecro ; et quæque tibi pegigi, servabo. » Protinus ex parte ducis super hac re comes Ebroicensis requisitus est. Qui mox cum suis necessariis amicis consilium iniit, et exitum rei sollicite investigavit. Tandem negotio diligenter indagato, ad curiam ducis accessit, et inter cætera sic duci dixit: « Rem, domine dux, postulas a me mihi valde contrariam, ut neptem meam, quæ adhuc tenera virgo est, digamo tradam, quam sororius meus mihi commendavit nutriendam. Verum provide commodum tuum quæris, meumque parvipendis. Cenomannensem comitatum vis tibi obtinere per neptem meam, et tu mihi aufers hæreditatem meam. Justumne est quod moliris ? Non faciam quod poscis, nisi reddideris mihi Bathventum et Nogionem, Vaceium et Craventionem, Scoceium, aliosque fundos Radulfi patrui mei, qui pro magnitudine capitis, et congerie capillorum jocose cognominatus est Caput Asini; nepotique meo Guillelmo Bretoliensi Ponteni Sancti Petri, et reliqua quæ rationabiliter et legaliter poterimus approbare, quod nostra debeant esse hæreditario jure. Legitimi siquidem mihi testes sunt, et in omnibus idonei, quod Robertus de Guaceio, filius præfati Radulfi patrui mei, me totius juris sui hæredem constituit. Sed Guillelmus rex, consobrinus noster, quia potentior nobis fuit, omnes hæreditatis nostræ partes, sicut leo in partitione cervi, suas fecit. Illis, domine dux, sapienter consideratis, tene rectitudinem nobis, et nos tuis obtemperabimus jussis. »

Dux autem, hujusmodi responsione audita, ex consultu sapientum decrevit dare minora, ne perderet majora. Tunc Edgarus Adelinus, et Robertus Belesmensis, atque Guillelmus de Archis, monachus Molismensis, præcipui ducis consiliarii erant. Guillelmi ergo Ebroicensis, et Guillelmi Bretoliensis nepotis ejus petitionibus dux acquievit, et prænominata cum territoriis suis oppida tribuit, præter Scoceium, quod Girardus de Gornaco possidebat, qui de eadem parentela prodierat. Filius enim Basiliæ, Girardi Fleitelli filiæ, erat, tantæque potentiæ, cui nemo vim inferre poterat.

Deinde Andegavensis consul concupitam puellam gaudens suscepit, et viventibus adhuc duabus uxoribus, tertiam desponsavit, quæ filium ei, nomine Fulconem peperit. Pactique sui memor, Fulco Cenomannos adiit, eosque plus precibus et promissis, quam vi compescere studuit, et conspiratam rebellionem in annuum saltem spatium distulit.

X. *Fulco Andegavensis comes novam calceorum formam excogitat.* — *Hujusce temporis mores, vestes, ludi, etc.*

Hic in multis reprehensibilis et infamis erat, multisque vitiorum pestibus obsecundabat. Ipse nimirum, quia pedes habebat deformes, instituit sibi fieri longos et in summitate acutissimos subtolares; ita ut operiret pedes, et eorum celaret tubera, quæ vulgo vocantur uniones. Insolitus inde mos in occiduum orbem processit, levibusque et novitatum amatoribus vehementer placuit. Unde sutores, in calceamentis, quasi caudas scorpionum, quas vulgo pigacias (16) appellant, faciunt, idque genus calceamenti pene cuncti, divites et egeni, nimium expetunt. Nam antea omni tempore rotundi subtolares ad formam pedum agebantur, eisque summi et mediocres, clerici et laici, competenter utebantur. At modo sæculares perversis moribus competens schema superbe cupiunt ; et quod olim honorabiles viri turpissimum judicaverunt, et omnino quasi stercus refutaverunt, hoc moderni quasi mel dulce æstimant, et veluti speciale decus amplectentes gestant.

---

(16) Pigaciæ illæ videntur idem calceorum genus esse quod Poulainiæ seu Pouleanæ vel calcei rostrati, de quibus copiose et erudite disserit Cangius in notis ad Alexiadem Annæ Comnenæ, p. 202-204, contractius vero in Glossario mediæ et infimæ latinitatis ad voces *Poulainia* et *Rostra*. Istius modi autem rostratorum calceorum, ut idem observat, auctorem Fu'conem Rechinum facit Ordericus, non quod eos ille primus adinvenerit, sed quod in Galliam primus illorum usum invexerit. Nam apud Romanos viguisse calceos repandos et uncinatos docent Cato *apud Festum*, Cicero *De natura deorum*, Tertullianus *De pallio*, cap. 5, et alii ; quorum ea erat forma, ut in arcuatum acumen desineret, unci ad instar in altum reflexa, unde uncipedes iidem dicti Tertulliano, qui calceis uncinatis utebantur. Perduravit in Gallia ridiculus ille mos ad usque tempora Caroli VI regis, teste Nangii continuatore ad an. 1365 : *Sotulares*, inquit, *habebant, in quibus rostra longissima in parte anteriori ad modum unius cornu in longum ; alii in obliquum, ut Griffones habent retro et naturaliter pro unguibus gerunt, ipsi communiter deportabant, quæ quidem rostra Pouleanas Gallice nominant. Et quia res erat valde turpis et quasi contra procreationem naturalium membrorum circa pedes, quin imo abusus naturæ videbatur, ideo dom. rex Franciæ Carolus fecit per præcones Parisius proclamari publice, ne aliquis, quicunque esset, auderet talia deportare; et etiam quod neque artifices sub magna pœna de cætero tales calceos, sed neque ocreas sic punctatas facere præsumeret, nec vendere cuicunque. Nam simili modo dom. papa Urbanus V In Romana Curia inhibuerat valde stricte.*

Dom Bouquet, lib. VIII, p. 637.

Rodbertus quidam nebulo in curia Rufi regis prolixas pigacias primus cœpit implere stupis, et hinc inde contorquere instar cornu arietis. Ob hoc ipse Cornardus cognominatus est. Cujus frivolam adinventionem magna pars nobilium, ceu quoddam insigne probitatis et virtutis opus, mox secuta est. Tunc effeminati passim in orbe dominabantur, indisciplinate debacchabantur, Sodomiticisque spurcitiis fœdi calamitæ, flammis urendi, turpiter abutebantur. Ritus heroum abjiciebant, hortamenta sacerdotum deridebant, barbaricumque morem in habitu et vita tenebant. Nam capillos a vertice in frontem discriminabant, longos crines veluti mulieres nutriebant, et summopere curabant, prolixisque nimiumque strictis camisiis indui, tunicisque gaudebant. Omne tempus quidam usurpabant, et extra legem Dei moremque patrium pro libitu suo ducebant. Nocte comessationibus et potationibus, vanisque confabulationibus, aleis et tesseris, aliisque ludicris vacabant; die vero dormiebant.

Sic post obitum Gregorii papæ, et Guillelmi Nothi, aliorumque principum religiosorum, in occiduis partibus pene totus abolitus est honestus patrum mos antiquorum. Illi enim modestis vestiebantur indumentis, optimeque coaptatis ad sui mensuram corporis. Et erant habiles ad equitandum et currendum, et ad omne opus quod ratio suggerebat agendum. Ast in diebus istis veterum ritus pene totus novis adinventionibus commutatus est. Femineam mollitiem petulans juventus amplectitur, feminisque viri curiales in omni lascivia summopere adulantur. Pedum articulis, ubi finis est corporis, colubrinarum similitudinem caudarum imponunt, quas velut scorpiones præ oculis suis prospiciunt. Humum quoque pulverulentam interularum et palliorum superfluo surmate verrunt, longis latisque manicis ad omnia facienda manus operiunt, et his superfluitatibus onusti celeriter ambulare vel aliquid utiliter operari vix possunt. Sincipite scalciati sunt ut fures, occipite autem prolixas nutriunt comas ut meretrices. Olim pœnitentes, et capti, ac peregrini usualiter intonsi erant, longasque barbas gestabant; indicioque tali pœnitentiam, seu captionem, vel peregrinationem spectantibus prætendebant. Nunc vero pene universi populares cerriti sunt et barbatuli, palam manifestantes specimine tali quod sordibus libidinis gaudent, ut fetentes hirci. Crispant crines calamistro. Caput velant vitta, sine pileo. Vix aliquis militarium procedit in publicum capite discooperto; legitimeque secundum Apostoli præceptum tonso (*I Cor.* xi). Exterius itaque habitu gestuque monstrant, quales interius conscientias habeant et qualiter per arctum cultum ad Deum percurrant.

Altissimus igitur Judex et sublimi residens solio, quod nimium flagitiis inhæret humana intentio, populum ineruditum, plebemque indisciplinatam multiplici percutit flagello. Morbis enim macerari, et bellis inquietari terrigenas permittit, hypocriticisque præsidibus subjicit, quos sibi contrarios, suæque legis spontaneos prævaricatores perspicit. Electi autem, qui zelo Phinees inflammantur, inter reprobos crebro irascuntur, ac ad Dominum cum Propheta conqueruntur : *Vidi prævaricantes et tabescebam, quia eloquia tua non custodierunt* (*Ps.* cxviii, 158). Unde a bonis doctoribus arguuntur, obsecrantur, increpantur in omni patientia et doctrina. Sed his omnibus pertinaciter obstat malevoli cordis obduratio nefaria, quæ solet omnium fovere ac defendere scelerum contagia. Si Persius et Plautus, aliique mordaces satyrici nunc adessent, et curiose indagarent qualiter nostrates clam palamque libitus suos perpetrent, immensam reprehendendi materiam et subsannandi in propatulo reperirent.

Innumeris itaque lapsibus perspectis in mundo, Geroius Grossivus in quadam epistola scripsit, inter reliqua, Gisleberto Maminoto, Luxoviensium episcopo :

Virtutum lampas, qua pristina splenduit ætas,
  Transtulit omne suum prorsus in astra jubar
Temporibus nostris, tenebris involvitur orbis,
  Nec valet exstinctus jam relevare caput.
Nec probus est hodie, nec curans de probitate,
  Nec pretium, nec honor, nec probitatis amor.

Enormitati malitiæ, quam passim grassari perspexit, ardens scholasticus hyperbolice detraxit. Blittero quoque Flandrita, in poemate, quod super Henrico Cæsare nuper edidit; mundi et miseros mortalium eventus elegiacis modis luculenter denotavit. Alii quoque plures litterati sophistæ magnos questus protulerunt de flagitiis et ærumnis hujus sæculi ; quos secutus in præsenti opusculo breviter memini, quo tempore cis Alpes cœpit ineptia pigaciarum, et superflua prolixitas capillorum, atque vestium terræ sordes frustra scopantium.

De sanctitate et miraculis sanctorum mallem scribere multo libentius quam de nugis infrunitorum, frivolisque nepotationibus ; si principes nostri et antistites sanctis perfecte instarent charismatibus, et prodigiis pollerent, sanctitatem præconantibus. Ast ego vim illis, ut sanctificentur, inferre nequeo. Unde his omissis, super rebus, quæ fiunt, veracem dictatum facio. Nunc autem ad narrationis ordinem redeo.

XI. *Cenomannenses contra Normannos insurgunt.*

Anno ab Incarnatione Domini 1090, indictione xiii, Cenomanni contra Normannos rebellaverunt, ejectisque custodibus eorum de munitionibus, novum principem sibi constituerunt. Nam qui vivente Guillelmo rege, contra eum rebellare multoties conati sunt, ipso mortuo, statim de rebellione machinari cœperunt. Legationem igitur filiis Azsonis, marchisi Liguriæ, direxerunt, eisque velle suum intimantes per legatum dixerunt : « Cur tam segnes et ignavi estis, ut hæreditatem vestram non repetatis, quam nos ultro servamus vobis ? Mortui sunt omnes Cenomannensis principatus legitimi hæredes, jamque nullus nobis vicinior est hæres.

Guillelmus etiam, violentus multorum invasor, jam decidit, qui per Margaretam Herberti filiam, quam Roberto, filio suo, sociare voluit, suæ diutius ditioni nos mancipavit. Ecce filii ejus, quorum unus regno præest Angliæ, alter ducatui Normanniæ, mutuis cædibus conturbantur, sibi invicem adversantur, rapinis et incendiis malignantur, et pene usque ad internecionem sævientes labuntur. Nos autem Cenomannicam urbem et oppida ejus in pace possidemus, vobisque fideliter mandamus, ut huc confestim veniatis, et hæreditario jure nobis præsideatis. » Hæc itaque Cenomanni Liguribus mandaverunt, non pro amore eorum, sed ut aliqua rationabili occasione jugum excuterent a se Normannorum, quod fere xxx annis fortiter detriverat turgidas cervices illorum.

Ligures germani, audita legatione, gavisi sunt, initoque consilio cum necessariis amicis, quid agendum esset perscrutati sunt. Tandem definierunt ut Fulco, qui major natu erat, patris honorem in Italia possideret, Hugo autem frater ejus Cenomannensem principatum ex matris hæreditate sibi reposceret. Denique Gaufridus Madeniensis, et Helias, aliique cives et oppidani venientem Hugonem susceperunt; eique ad obtinendum jus ex materna hæreditate competens aliquandiu suffragati sunt (17).

Venerabilis autem Hoellus antistes, qui dono Guillelmi regis præsulatum habuit, ipsi filiisque ejus semper fidelis exstitit, et in quantum potuit truculentam recalcitrationem dissuasit; pertinaces vero interdixit, pontificali jure anathematizavit et a liminibus sanctæ matris Ecclesiæ sequestravit. Quapropter rebellionis incentores contra eum nimis irati sunt, et injuriis eum afficere terribiliter comminati sunt. Interea dum per diœcesim suam cum clericis suis equitaret, et episcopali more officium suum solerter exerceret, Helias de Flechia eum comprehendit, et in carcere donec Hugo in urbe Cenomannica susceptus fuisset, vinctum præsulem tenuit. Porro ecclesia dicti pontificis suæ afflictioni condoluit, Dominique sanctas imagines cum crucibus, et sanctarum scrinia reliquiarum ad terram deposuit, et portas basilicarum spinis obturavit, et a clangore signorum, celebrique cantu, solitisque solemniis, ut vidua mœrens, cessavit, lacrymisque vacavit.

Cenomanni, postquam novum comitem suum divitiis et sensu ac virtute inopem esse cognoverunt, imprudentis (18) facti sui pœnitentes, eum sicut Sichimitæ Abimelech (Judic., ix), despicabilem et exosum habuerunt. Imprudens enim et ignavus ac deses erat, tantæque dignitatis habenas moderari nesciebat. Hic filiam Roberti Wiscardi conjugem habuit, sed generosæ conjugis magnanimitatem vir ignavus ferre non valens, ipsam repudiavit. Pro qua re papa Urbanus palam eum excommunicavit. Omnes Allobroges ipsum exsecrati sunt, et inventa occasione ferocibus Cisalpinis extorrem destinaverunt. Inscius inter gnaros, et timidus inter animosos milites consul constitutus vilis habebatur, multiplicique terrore frequenter exsanguis angebatur, et fugam, quod præcipuum sibi remedium putabat, meditabatur. Hoc advertentes, Cenomanni valde lætati sunt, et majorem ei metum sempectas incusserunt.

Tandem Helias, consobrinus ejus, ad eum accessit, et cum eo de imminentibus causis tractans, dixit: « Audio mussitantem populum, domine, quod in patriam tuam vis redire, durosque mores et comitatum indomitæ gentis relinquere. Hoc profecto nullus amicorum tuorum tibi debet dissuadere. Nam sicut mores tui placidi sunt, amantque tranquillitatem pacis, sic hujus incolæ regionis vacant bellis, et impatientes sunt quietis. Præterea implacabiles Normanni Cenomanniam calumniantur, et cum ingenti feritate Cenomannicis dira comminantur. Nam filii regis Guillelmi, qui olim inter se dissidebant, nunc reconciliati sunt, et in Normanniam cum grandi exercitu conveniunt, ut in terram nostram repente accurrant, et nos qui contra illos rebellavimus atrocibus armis impugnent et puniant. Hanc sine dubio crede præcipuam causam, pro qua Guillelmus rex cum ingenti pompa venit in Neustriam, cujus, ut reor, adventus nobis pariet gravem metum et occupationem maximam. »

Hæc ita dicenti manifeste Hugo propalavit Heliæ quod suum vellet consulatum vendere, patriosque penates revisere. Helias dixit: « Cognatus tuus sum, domine, suffragioque meo sublimatus es in consulatus honore, quem nulli potes nisi mihi dare vel vendere. Nam filia Herberti comitis Lancelino de Balgenceio nupsit, eique Lancelinum Radulfi patrem, et Joannem meum genitorem peperit. Hoc itaque disserui manifeste, ut me sicut te scias ortum de comitis Herberti progenie. Nunc igitur de meo quod inter nos convenerit accipe, et consulatus stemma mihi dimitto, quod meum debet esse consanguinitatis jure. Grave quidem et laboriosum quod appeto, quia vix aut nunquam, cum tres filii regis Guillelmi advixerint, in pace possidebo. Valde indignum videtur tantis principibus, qui nos circumvallare possunt militum centum millibus, ut a collimitaneis contribulibus impune patiantur aliquod dedecus, vel aliquo modo amittant sine ter-

---

(17) Secundum Hugonis in Cenomanniam adventum hic narrat Ordericus: *Prior vero contigit circa annum 1067, cum pertæsi nimirum jugi Normannici a Guillelmo Notho sibi impositi, Azzonem Liguriæ comitem, quo tempore in Anglia recens occupata ille versabatur, Cenomanni ut sibi præesset accersierunt. Adduxit porro ille secum una cum uxore sua Gersende filium impuberem Hugonem, qui patris in Liguriam reversi successor sub tutela matris apud Cenomannos remansit; sed eodem postea remeare coactus fuit, ut supra videre est ex actis Cenomannensium episcoporum.*
Dom Bouquet, lib. VIII, p. 639.

(18) Le Prévost : *imprudentes*.

ribili calumnia quodlibet jus, quod pater eorum qualicunque pacto fuerit nactus. Me quoque libertatis amor nihilominus stimulat, et hæreditatis avitæ rectitudo dimicandi pro illa fiduciam in Deo mihi suppeditat. »

His dictis ignavus Allobrox annuit, et pro comitatu Cenomannensi x millia solidorum Cenomannensis monetæ recepit. Helias vero, recedente Ligure, comes Cenomannorum factus est, et xx annis adepto consulatu strenue potitus est. Hæres quoque soceri sui Gervasii de Castro Ligeri factus est, cujus filiam habuit, ex qua filiam nomine Eremburgem genuit, quam domini sui filio Fulconi, Andegavorum comiti, in matrimonium copulavit. Hic in accepta potestate viam suam multum emendavit, et multiplici virtute floruit. Clerum et Ecclesiam Dei laudabiliter honoravit, et missis servitioque Dei quotidie ferventer interfuit. Subjectis æquitatem servavit, pacemque pauperibus pro posse suo tenuit.

XII. *Dissensiones et bella inter Normanniæ magnates.*

His temporibus in Normannia nequitiæ rabies nimium crevit, et in cunctis climatibus ejus ultra modum redundavit, miserosque regionis indigenas miserabiliter conturbavit. Armorum crebra collisio in conflictibus frenduit, et multorum sanguine tellus maduit.

Anno secundo postquam rex Guillelmus obiit [1089], Ascelinus cognomento Goellus, Guillelmo Bretoliensi, domino suo, arcem Ibreii fraude subripuit, et Rodberto duci prodidit. Guillelmus autem pro redemptione arcis, qua carere noluit, MD libras duci erogavit. Recepta vero turri, præsidatum Ibreii pro vindicta Goello abstulit, et omnibus rebus, quas sub sua ditione habebat, eum spoliavit. Inde diutinum inter eos bellum fuit, rapinis incendiisque, cum cædibus hominum, vicina regio luxit. Almaricus de Monteforti, qui Fortis cognominabatur, pro virtute qua vigebat, et cunctis affinibus, qui secus eum commorabantur, audacia et feritate formidabilis erat, dum in terram Guillelmi Bretoliensis ut leo sæviens irrueret, et solus contra duos milites certamen iniret, ab uno eorum lancea in latere percussus est, ipsoque die mortuus est. Quo defuncto, Richardus frater ejus patrium honorem adeptus est, et perniciem germani super Guillelmum ulcisci summopere molitus est.

(1090-1092.) Robertus dux Gisleberto, Ingenulfi de Aquila filio, militaria, quoniam valde probus erat, servitia crebro injunxit, eique pro remuneratione, patriæque tuitione, castrum de Eximiis donavit. Unde Robertus Belesmensis felle livoris et iræ commotus exercitum aggregavit, et in prima Januarii septimana castrum per quatuor dies obsedit, et inter hibernos imbres et pruinas acerrimis assultibus impugnavit. Gislebertus autem cum paucis, sed animosis pugnatoribus fortiter intus obstitit, jactisque missilibus et lapidibus, hostes relisit, in vallum præcipitavit, quosdam vulneravit, nonnullos etiam exanimavit. Interea Gislebertus tiro, Aquilensis herus, ei suppetias venit, cum LXXX militibus noctu castrum introivit, alimentis et armis ac propugnatoribus illud munivit, adminiculoque tali patruum suum corroboravit. Porro Belesmensis tyrannus, videns loci munitionem, validamque defensorum obstinationem, commorari non ausus in obsidione diutina, furibundus recessit cum ingenti mœstitia, nihil lucratus præter suorum vulnera. Sequenti anno, cum præfatus eques Gislebertus de Sancta Scholastica veniret, et Molinis colloqui cum Duda ejusdem castri domina divertisset, post colloquium Antonio cognomento Haren ibidem arma sua forte dimisit, et inermis ipse cum armigeris suis circa vesperam festinanter abscessit. Protinus eum Gerardus Capreolus, et Rogerius de Ferrariis, aliique Corbonienses milites fere XIII persecuti sunt, vivumque comprehendere conati sunt. Qui dum veloci equo veheretur, et manus inimicorum effugere niteretur, ab uno eorum lancea in latere punctus est, ipsisque mœrentibus qui hoc perpetraverunt, nobilis heros ipso die mortuus est. In crastinum autem, bissextili die, corpus ejus ad Sanctum Sulpitium delatum est, ibique cum parentibus suis a Gisleberto Ebroicensi episcopo, et Serlone Uticensi abbate cum multorum luctu tumulatus est. Porro Goisfredus, Mauritaniæ comes, perpendens quod homines sui, qui grave facinus peregerant, ex occisione strenuissimi baronis ingentium detrimentorum terræ suæ seminarium procreaverant, cum Gisleberto Aquilensi, nepote ejus, pacem fecit, eique Julianam filiam suam in matrimonium conjunxit, quæ Richerium et Goisfredum ac Gislebertum ipsi peperit. Sapiens itaque consul subjectis et hæredibus suis commode consuluit, dum dulcedine conjugalis amplexus exortum scelus occavit, ne de radice pravæ actionis multiplicis nefas pullularet, et redivivum inter posteros semper in pejus excresceret. Fœdus itaque in consobrinos hæredes nunc usque indissolubile persistit, et serena pax eos blande sereniterque connectit.

Eadem septimana, qua Gislebertus, ut dictum est, inter Molinos et Aquilam interiit, Goellus contra Guillelmum Bretoliensem dominum suum campestri certamine dimicavit, et secum habens Richardum de Monteforti, magnamque multitudinem Francorum, hostilem exercitum contrivit. Guillelmum autem, cum multis aliis captum, in vinculis injecit, et squalore carceris sequenti quadragesima crudeliter afflixit, et rigorem quadragesimalis pœnitentiæ invitum pro peccatis suis subire coegit. Denique per hanc occasionem Richardus de Monteforti et Hugo de Monte Gomerici, Gervasius de Novo Castello, aliique plures Francorum et Normannorum una convenerunt, et pacem inter Guillelmum et Goellum apud Brebervallum composuerunt. Tunc Guillelmus, ut pactum exigebat, Goello Isabel filiam suam in conjugium sociavit, et pro redemptione sua mille Drocensium libras et equos et arma et alia multa donavit. Quin etiam arcem Ibreii tristis et moestus adjecit. Nefarius itaque præda, his opibus admodum ditatus, intumuit, et castellum suum, quod revera spelunca latronum erat, fossis et densis sepibus ad multorum damna conclusit, ubi totam vitam suam rapinis et cædibus finitimorum exercuit. Ex conjuge sua septem filios genuit, quorum nequitia nimis excrevit, et multos fletus viduarum et pauperum sævis operibus excivit.

XIII. *Discordes motus et bella Normanniæ continuantur.*

Eodem tempore alia turbatio in Neustria surrexit. Rodbertus, comes Mellenti, muneribus et promissis Guillelmi regis turgidus, de Anglia venit, Rothomagum ad ducem accessit, et ab eo arcem Ibreii procaciter repetiit. Cui dux respondit : « Æquipotens mutuum patri tuo dedi Brioniam, nobile castrum, pro arce Ibreii. » Comes Mellenti dixit : « Istud mutuum non concedo; sed quod pater tuus patri meo dedit, habere volo. Alioqui per Sanctum Nigasium faciam tibi quod displicebit. » Iratus igitur dux illico eum comprehendi et in carcere vinciri præcepit, et Brioniam Rodberto, Balduini filio, custodiendam commisit (19).

Callidus senex, Rogerius de Bellomonte, ut captam prolem audivit, per aliquot dies aliis actionibus, quasi infortunium pignoris non curasset, specie tenus intendit, suique mœrorem tristis animi læto vultu dissimulavit. Deinde, ut mitigatum ducem æstimavit, præmissis muneribus eum adivit et honorifice salutavit. Cumque ab illo resalutatus fuisset, dixit : « Gratias ago, domine dux, vestræ sublimitati, quia filii mei superbiam principali severitate castigasti. Hoc ego jamdudum debuissem facere, si necessaria mihi virtus inesset in hac senili ætate. Crebro nempe nimia ejus protervia me contristavit, monitusque meos multoties contempsit. Corripiendus ergo erat, et docendus qualiter loqui debeat dominis suis et majoribus. »

Hæc et alia hujusmodi Rogerius ad favorem ducis leniter locutus est. Et ille, futura non præcavens, adulanti congratulatus est. Ad omnia ducis consilia familiariter jam admissus est, et sic postmodum de sobolis ereptione prudenter agere visus est. Erat enim ex antiquis et præcipuis Rodberti ducis et Guillelmi regis optimatibus, gener Gualeranni comitis Mellentici, et Hugonis sororius, fidei et legalitatis probabili laude dignus, amicis fultus et parentibus, divitiis et amplis honoribus, munitis oppidis atque probis hominibus, validisque filiis et sublimibus, quorum unus Mellenti comes erat in Gallia, alter Gauguerici consul in Anglia. Hic itaque, sensu et opibus et amicis stipatus, accedens ad ducem, dixit : « Debes, domine dux, mecum clementer agere et frequenter recolere quod omni tempore fidelis exstiterim dominis Normanniæ. Nunquam domino meo fraudem feci, sed pro illo magnos et periculosos labores sustinui. Hoc nimirum potes in bello tuo clarius luce intueri,

---

(19) Ablati Roberto Mellentensi comiti Brioniæ castri aliam assignat causam monachus Beccensis in notitia de libertate suæ Ecclesiæ, a Mabillonio in appendice ad t. V *Annalium Benedict.* p. 635 edita : *Venerabilis Patris Anselmi temporibus,* inquit, *Robertus comes Mellenti sua astutia obtinuit apud ducem Normanniæ Robertum castrum Brionnense in dominio suo, quod hactenus fuerat dominium ducibus Normanniæ. Qui compos voti sui, voluit Beccense cœnobium sub suo dominio possidere, eo quod idem cœnobium in fisco Brionnensis castri constat ædificatum. Tunc primum, ut astutus homo, privatim aurem Patris Anselmi per nuntios expetiit, rogans et quasi supplex exorans, ut hoc concederet, promittens multas augmentationes Ecclesiæ de suis rebus, maximeque in eodem castro. Quibus Pater Anselmus respondit : « Hoc non est meum concedere; abbatia ista non est mea, sed domini principis Normanniæ : quod illi placuerit, erit. » Illi contra : « Concessum principis facile assequi sperat dominus noster; sed voluntatem vestram inde vult scire, et assensum vestrum inde habere. » Et abbas : « Ego per me de hac re nihil possum facere; dico autem vobis quod difficilem rem, ut æstimo, elaborat dominus comes. » Et legati : « Quomodo ? » Abbas statim edisserit causas : quibus finitis, sine ulla controversia reversi sunt legati ad dominum suum. Comes audiens responsum Anselmi, obstupuit ad prudentiam viri. Cumque hæc ad notitiam monachorum venissent;... ducem Robertum festinanter adierunt, eique causam intimaverunt pro qua venerant. Cumque dux hæc audisset, ira commotus, magna voce dixit : « Per mirabilia Dei ! quid est hoc ? Quæ insania est quam audio ? Vult comes Mellenti mihi auferre meam abbatiam, illam utique quam super omnes diligo, vult iste traditor mihi subtrahere ? Per mirabilia Dei ! de domino quod ei feci non diu gaudebit. » Tunc forte supervenerunt Willelmus Crispinus et Willelmus de Britolio et Rogerius de Benefacta ; qui, cum causam scissent, magna indignatione commoti, magnis vocibus et terribilibus juramentis protestati sunt, quidquid sui parentes Ecclesiæ Beccæ dederant, se auferre, si comes Mellenti cœnobium Beccense in suo dominio quoquo modo haberet; simulque ducem vehementer increpavere, quod clavem suæ provinciæ homini infideli tradidisset. Quid plura ? Monachi, petita licentia, redierunt, ducis et principum promissionibus firmati. Post paucos dies comes Mellenti... perrexit ad Curiam. Quod cognoscentes monachi et levitatem ducis nimium pertimescentes, de suis elegerunt quos ad Curiam festinanter direxerunt, et adventum comitis duci prædixerunt, multisque precibus exoraverunt, ne in suis promissis erga Beccensem Ecclesiam verbo aliquo mutaretur. Quibus invicem sermocinantibus, adest comes. Quem dux ut vidit, cachinnando dixit ei : « Domine Roberte, quid est ? quomodo inter vos et monachos Beccenses ? » Comes cernens monachos adesse præsentes, demisso vultu, respondit : « Bene; quidquid enim jusseritis benigne concessuri sunt. » Et dux contra : « Omnino mentiris. » Et elevans vocem cum ira, iterum dixit : « Per mirabilia Dei ! falsissime speras quod ita sum hebes, ut velim tibi dare abbatiam meam. » Et illapsus in verbis, ut mos erat ei quando irascebatur, quamvis raro, nimium exprobravit comitem propter hanc rem. Comes videns suum studium in hac re fore vacuum, omnino resiliit ab spe sua, et non post multos dies, dux repetiit castrum suum et de manu comitis abstulit, Rogerioque de Benefacta tradidit, qui hæreditario jure illud requirebat. Et inde Beccensis Ecclesia pacem de hac re habuit.*

Dom Bouquet, lib. VIII, p. 64L.

quod in præsentia patris tui contra rebelles gessi, in quo corruerunt Rogerius de Hispania, et filii ejus Elbretus et Elinantius, atque plures alii. In fide semper persistere ab infantia elegi. Et hoc hæreditarium jus in Turolfo avo meo, et Unfrido patre meo, accepi, omnique vita mea in adversis et prosperis ferventer servavi. Absit ut amodo, cum sim silicernius, incipiam deservire fraudibus, quas odivi hactenus, et ab ineunte semper ætate totis devitavi nisibus! Et quia pater tuus nunquam deviantem me invenit a suo latere, sed fortiter perdurantem in sua fidelitate, nimiasque pro illo adversitates tolerantem virili robore, præ cæteris optimatibus suis ad omnia secreta sua semper habuit me. » Rogerio talia dicenti dux dixit : « Magnam legalitatem tuam, domine Rogeri, qua tempore patrum meorum magnifice viguisti, multis attestantibus optime novi. Unde sicut illi te dilexerunt, consiliisque tuis probabilibus utiliter acquieverunt, ego nihilominus prudentiæ tuæ congratulor, monitusque tuos amplector. Quod vero filium tuum vinculis injeci, hoc sine dubio pro contemptu tuo non feci, sed pro ejus stomachatione stulta nimiumque procaci, qua minaciter et importune insistebat mihi. » Rogerius dixit :« Quia temerarium juvenem castigasti, lætus gratias egi, magnasque iterum gratias ago vestræ sublimitati. Amodo, si placet vestræ serenitati, parcendum est illi. Relaxa castigatum, et fidelem tibi exhibebit famulatum. » Delibutus itaque dux hujuscemodi verbis, Mellenticum comitem a vinculis absolvit, et cum patre liberum abire permisit.

Non multo post, Rogerius cum filio suo ducem, ut Brioniam sibi redderet, requisivit, et ob hoc ingens pecuniæ pondus promisit. Dux autem, pecuniæ cupidus, poscenti facile annuit, et præfato municipi oppidum Rogerio reddi præcepit. Ille vero duci remandavit, dicens : «Brioniam si tibi vis retinere, sicut eam pater tuus in sua tenuit proprietate, tibi non differo reddere. Alioquin hæreditatem meam servabo, nec alicui tradam, dum advixero. Omnibus enim hujus provinciæ indigenis evidenter innotuit quod Richardus senior, dux Normannorum, Godefrido filio suo Brioniam cum toto comitatu donavit, quam ipse nihilominus Gisleberto, filio suo, moriens dimisit. Deinde Gisleberto comite nequiter interfecto a malignis hominibus, et pædagogis filiorum ejus cum eisdem pueris ad Balduinum Flandrensem timore inimicorum fugientibus, pater tuus avi mei comitatum partim dominio suo mancipavit, partim extraneis ad libitum suum distraxit. Post longum tempus, dum ipse filiam Balduini Flandritæ conjugem accepit, precibus ejusdem Balduini, Balduino patri meo Molas et Sappum reddidit, et filiam amitæ suæ uxorem dedit. Richardo autem fratri ejus Berefactam et Orbeccum restituit. Denique gratia vestra, domine, cui per omnia parere desidero, Brioniam, Gisleberti comitis avi mei principale oppidum, nunc possideo, Deoque rectitudini meæ adminiculante, fine tenus tenebo. »

His auditis, Rogerius ducem acriter stimulavit ne deficeret, sed ut, repente armatorum manu aggregata, rebelles comprimeret, et munitissimum castrum, quod in meditullio terræ situm est, obsidione sibi subigeret. Igitur Rodbertus dux in hebdomada Pentecostes Brioniam obsedit, quam Rodbertus, Balduini filius, cum sex tantum militibus contra phalanges armatas defendere sategit. Cæterum Belmonticus heros et Mellenticus comes ingentes bellatorum turmas adunaverant, et præfatam munitionem, ne sociorum adminiculis et alimentis perfrueretur, subito cinxerant, et viriliter instantes, oppidum post nonam acerrime impugnabant. Tunc calor ingens incipientis æstatis et maxima siccitas erant, quæ forinsecus expugnantes admodum juvabant. Callidi enim obsessores in fabrili fornace, quæ in promptu structa fuerat, ferrum missilium calefaciebant, subitoque super tectum principalis aulæ in munimento jaciebant, et sic ferrum candens sagittarum atque pilorum in arida veterum lanugine imbricum totis nisibus figebant. Inde magnus ignis celeriter confectus est, et defensoribus oppidi valide pugnantibus, dolumque nescientibus nimis confortatus est, donec flamma super capita eorum progressa est. Quam mox ut super se cuncta corripere viderunt, collapsis viribus defecerunt, et furentibus per omnia intrinsecus flammarum globis, clementiæ ducis sese dediderunt. Sic Rodbertus dux ab hora nona Brioniam ante solis occasum obtinuit, quam Guillelmus pater ejus, cum auxilio Henrici Francorum regis, sibi vix in tribus annis subigere potuit, dum Guido, filius Rainaldi Burgundionis, post prælium Vallisdunensis, illic præsidium sibi statuit.

In expugnatione prædicti castri Gislebertus de Pino princeps militiæ erat, et obsidentium turmas de Ponte Aldemari et Bellomonte provide ordinabat, ac ut intolerabilem assultum darent, audacter incitabat. Interea, pilo desuper ruente, lethaliter in capite percussus est, et protinus a sociis lugentibus, pene exanimis, de pressura præliantium ejectus est. Deinde per breve spatium saucius de lipotosmia rediit, et terribiliter ad circumstantes vociferari cœpit : « O miseri, miseri, quid facitis? cur tempora nostra perditis? cur mundi vanitates diligitis, et ea, quæ vere salubria sunt et permansura, oblivioni traditis? Si miserias et tormenta, quæ male vivendo meremini, sciretis, et horrenda quæ modo vidi, una saltem hora sentiretis, omnia profecto labentis sæculi delectamenta pro nihilo æstimaretis. » Hæc dicens et his addere plura volens, obmutuit ; et famosus optio sic, inter verba deficiens, hominem exuit.

His ita gestis, dux Brioniam Rogerio reddidit, et Rodberto municipi compatiens, patrium feudum promisit. Amicis enim et parentibus admodum stipatus erat, et erga ducem plurimos adjutores habebat. Nam, sicuti supra dictum est, Guillelmus rex filios Gisleberti comitis, Richardum et Balduinum, charos habuit, et tam pro vicinitate sanguinis, quam pro strenuitate armorum eos sublimavit, et pluribus fundis atque honoribus et potestatibus in Anglia et Normannia ditavit. Præfati quoque fratres bonis uxoribus et honorabili sobole donati sunt. Richardus enim Roaldem, Gaulterii Gifardi filiam, accepit, quæ filios ei et filias peperit, Rogerium et Gislebertum, Gaulterium et Rodbertum atque Richardum Beccensem monachum, cui Henricus rex commisit Eliense cœnobium. Balduinus vero genuit Rodbertum et Guillelmum, Richardum nothumque Guigerium. Isti nimirum, tempore Guillelmi regis et filiorum ejus, laboriosa sæculi probitate viguerunt, variisque flatibus instabilis fortunæ agitati, in pelago hujus mundi periculose fluctuaverunt. Wigerius autem, novissimus horum, mundialis militiæ discrimen sponte deseruit, in Beccensi cœnobio comam deposuit, et in monachatu fere XL annis sub venerabilibus archimandritis Guillelmo et Bozone vixit.

XIV. *Discordes motus in Normannia continuantur. — Bellum inter Ebroicenses et Conchenses.*

Perstrepentibus undique præliis in Neustria, securitate pacis perfrui non potuit Ebroicensis provincia. Illic nempe plus quam civile bellum inter opulentos fratres exortum est, et maligna superbarum æmulatione mulierum malitia nimis augmentata est. Helvisa namque comitissa contra Isabelem de Conchis pro quibusdam contumeliosis verbis irata est, comitemque Guillelmum cum baronibus suis in arma per iram commovere totis viribus conata est. Sic per suspiciones et litigia feminarum in furore succensa sunt fortium corda virorum, quorum manibus paulo post multus mutuo cruor effusus est mortalium, et per villas et vicos multarum incensa sunt tecta domorum. Ambæ mulieres, quæ talia bella ciebant, loquaces et animosæ ac forma elegantes erant, suisque maritis imperabant, subditos homines premebant, variisque modis terrebant. Magna tamen in eisdem morum diversitas erat. Helvisa quidem solers erat et facunda, sed atrox et avara. Isabel vero dapsilis et audax atque jocosa, ideoque coessentibus amabilis et grata. In expeditione inter milites, ut miles equitabat armata, et loricatis equitibus ac spiculatis satellitibus non minori præstabat audacia, quam decus Italiæ Turni manipularibus virgo Camilla. Æmulabatur Lampedonem et Marseppiam, Hippolyten et Pentesileam, aliasque reginas Amazonum bellatrices, quarum certamina Pompeius Trogus et Maro Virgilius referunt aliique historiarum scriptores; quibus attinuerunt Asiæ reges, et per XV annos armis edomuerunt Asiaticas gentes.

Ebroicenses multos adjutores habebant, et incendia multa prædasque Conchanis plerumque faciebant. Sed interdum illi, non dispares, inimicis taliones reddebant. Radulfus Rodbertum ducem adivit, querelas damnorum, quæ a contribulibus suis pertulerat, intimavit, et herile adjutorium ab eo poposcit; sed frustra, quia nihil obtinuit. Hinc alias conversus est, et utile sibi patrocinium quærere compulsus est. Regem Angliæ per legatos suos interpellavit, eique sua infortunia mandavit, et si sibi suffragaretur, se et omnia sua promisit. His auditis, rex gavisus est, et efficax adminiculum indigenti pollicitus est. Deinde Stephano comiti, et Gerardo de Gornaco, aliisque tribunis et centurionibus, qui præerant in Normannia familiis ejus, mandavit ut Radulfum totis adjuvarent nisibus, et oppida ejus munirent necessariis omnibus. Illi autem regiis jussionibus alacriter obsecundaverunt, et Radulfo, per omnia regi placere nitentes, suffragati sunt.

Mense Novembri [1090] Guillelmus comes ingentem exercitum aggregavit, et Conchas expugnare cœpit. Duo nepotes ejus, viri potentes, Guillelmus de Bretolio et Richardus de Monteforti, cum eo erant, et cum turmis suis Concheios impugnabant. Ibi Richardus de Monteforti, dum cœnobialem curiam Beati Petri Castellionis invaderet, nec pro reverentia monachorum, qui cum fletibus vociferantes Dominum interpellabant, ab incœptis desisteret, hostili telo repente percussus est, ipsoque die cum maximo luctu utriusque partis mortuus est. Germanus enim frater erat Isabel, et ex sorore nepos Guillelmi comitis. Unde formidabilem marchisuram utraque pars luxit; qui pro nimio tumore et procacitate, pertinaciter malum faciens, interiit. Cadaver autem prædicti militis ad natale solum a suis translatum est, et Asparlone in cœmeterio Sancti Thomæ apostoli sepultum est. Ibi nempe Majoris Monasterii regulares monachi Deo serviunt, ibique senior Simon, Amalrici filius, et filii ejus tumulati sunt.

Non multo post Ebroicenses denuo conglobati sunt, et dolorem suum ulcisci cupientes, Conchense territorium deprædari aggressi sunt. Tunc Radulfus pervalidum agmen de suis et de familia regis habuit; cupidisque tironibus foras erumpere, dixit: « Armamini, et estote parati; sed de munitione non exeatis, donec ego jubeam vobis. Sinite hostes præda onerari, et discedentes mecum viriliter insectamini. » Illi autem principi suo, qui probissimus et militiæ gnarus erat, obsecundarunt, et abeuntes cum præda pedetentim persecuti sunt, eisque sævientibus, Ebroicenses, relicta præda, fugerunt. Tunc Guillelmus Bretoliensis cum pluribus captus est, et victoriam hujusmodi pax secuta est. Ebroicenses enim, erubescentes quod guerram superbe cœperant, et inde maximi pondus detrimenti cum dedecore pertulerant, conditioni pacis post triennalem guerram acquieverunt, et in unum convenientes, hujusmodi pactum confirmaverunt. Guillelmus avunculo suo Radulpho tria millia librarum pro redemptione sua dedit, et Rogerium, consobrinum suum, Radulfi filium, totius juris sui hæredem fecit.

Ebroicensis quoque comes eumdem Rogerium, utpote nepotem suum, consulatus sui hæredem constituit. Sed divina dispositio, quæ nutibus humanis non subjicitur, aliud providit. Idem juvenis moribus egregiis pollebat, et cunctis sodalibus ac subjectis clientibus et vicinis admodum amabilis erat. Clericos et monachos diligebat et competenter honorabat. Pretiosis vestibus, quibus superbi nimis insolescunt, uti dedignabatur, et in omni esse suo sese modeste regere nitebatur. Quondam milites otiosi simul in aula Conchis ludebant et colloquebantur, et coram domina Elisabeth de diversis thematibus, ut mos est hujusmodi, confabulabantur. Tunc quidam eorum dixit : « Nuper vidi somnium, quo valde territus sum. Videbam Dominum in cruce fixum, de toto corpore liventem, seseque quasi præ angustia nimis torquentem, meque terribili visu aspicientem. » Talia narranti, qui aderant dixerunt : « Hoc somnium grave est ac terribile, et videtur horrendum Dei judicium tibi portendere. » Balduinus autem, Eustachii Boloniæ comitis filius, dixit : « Et ego nuper in somnis videbam Dominum Jesum, in cruce pendentem, sed clarum et pulchrum, ac mihi alacriter ridentem, dexteraque sua me benedicentem, signumque crucis super caput meum benigniter facientem. » Astantes vero responderunt : « Tali ostensione dulcedo magnæ gratiæ videtur tibi fulgere. »

His auditis, Rogerius adolescens matri suæ dixit : « Novi hominem, nec longe est, qui similia per visum contemplatus est. » Cumque mater insisteret, et diligenter inquireret quis aut quæ vidisset, adolescens erubuit, et manifeste rem publicare noluit. Tandem a genitrice et præsentibus amicis multum rogatus, respondit : « Quidam in visione sua nuper vidit Dominum Jesum, capiti suo manum imponentem, et clementer benedicentem, hisque verbis eum vocantem : Veni cito, dilecte meus, ad me ; et dabo tibi gaudia vitæ. Audacter igitur eum in hac vita non diu victurum assero, quem sic a Domino vocatum cognosco. »

Non multo post, tres præfati tirones, ut diversa retulerunt, varios eventus experti sunt. Primus enim in expeditione quadam male sauciatus est, et sine confessione ac viatico mortuus est. Balduinus autem, gener Radulphi de Conchis, in dextero humero Domini crucem sumpsit, et Urbani papæ jussu secundam contra ethnicos peregrinationem arripuit. In illo itinere super omnes compares suos exaltatus est, et virtute cruciferi opificis, prout in somnio speculatus fuerat, gloriose suffultus est. Prius enim Ruges, id est Edissæ, nobilissimæ urbis, dux factus est, et post aliquot annos, defuncto Godefrido fratre suo, diu regno Jerusalem potitus est. Hic contra paganos multoties præliatus est, multisque triumphis, adminiculante Deo, gloriatus est. Rogerius vero eodem anno quo hæc visa fuerant, in lectum decubuit, et devote complexis in eo quæque fideli viro competunt, Idus Maii [1090] de mundo migravit, et cum luctu multorum Castellionis cum parentibus suis sepultus, quiescit.

XV. *Conspiratio Conani ad tradendam Rothomagi civitatem regi Angliæ.*

Eodem tempore Constantinienses Henricus Clito strenue regebat, rigidusque contra fratres suos persistebat. Nam contra ducem inimicitias agitabat pro injusta captione, quam nudius tertius, ut prædictum est, ab illo perpessus fuerat. Regi nihilominus Angliæ hostis erat pro terra matris suæ, qua rex eumdem in Anglia dissaisiverat, et Rodberto, Haimonis filio, dederat. His itaque pro causis oppida sua constanter firmabat, et fautores sibi de proceribus patris sui plurimos callide conciliabat. Abrincas et Cæsarisburgum et Constantiam (20) atque Guabreium, aliasque munitiones possidebat; et Hugonem comitem, et Richardum de Radveriis, aliosque Constantinienses, præter Rodbertum de Molbraio, secum habebat, et collectis undique viribus prece pretioque, quotidie crescebat. Tot pestibus inquietabatur Neustria, et cædibus ac flammis homines ac vicos et casas tradebat gehennalis furia.

Vis Anglici regis pene per totam Normanniam discurrebat, et Normannicis optimatibus ei faventibus propter ejus pecuniam, rectore desolatam sibi mancipabat provinciam. Cives etiam Rothomagi, regiis muneribus et promissis illecti, de mutando principe tractaverunt, ac ut Normanniæ metropolim cum somnolento duce regi proderent, consiliati

---

(20) De Constantia civitate non ita certum est. Exstat enim, inter instrumenta t. XI *Gall. Christ.*, col. 224, fragmentum historicum ex libro Nigro capituli Constantiensis, ubi hæc habentur : *Glorioso rege Guillelmo in Christo fideliter Rothomagi defuncto, et in monasterio S. Stephani quod ipse Cadomi construxerat, celebriter humato, anno Dom. Incarnat.* 1088, *indict.* XI, *successit major filius ejus Robertus dux in Normannia, medius vero Guillelmus rex in Anglia, fuitque inter eos altercatio et guerra diebus plurimis in utraque terra. Ea igitur tempestate prædictus Robertus dedit minori fratri suo Henrico comiti omnem pagum Constantiensem simul et Abrincatensem, nænon et episcopatus nunc et usque. Cum ergo Abrincensis episcopus dominatum prædicti principis suscepisset, Gaufridus Constantiensis funditus obnuit, ecclesiamque Constantiensem cujus erat minister, ut in vita sua neminem habere dominum nisi* quem *Rothomagensis haberet ecclesia, verbo edixit et opere complevit :* « *non quod aspernaretur, ut aiebat, dominum suum esse filium regis domini sui ; sed ne inposterum dignitas Ecclesiæ vilesceret hoc initio, seque temporalia quæque* [gratiosa amittere, quam *dejectionem Ecclesiæ in minimo subire.* » *Quapropter ipsius domini, potentum quoque baronum et parochianorum longas inimicitias, bonorum suorum crebras deprædationes, domorum concremationes, parcorum suorum destructorias confractiones viriliter diuque sustinuit ; sed magnanimitate fidei æloque justitiæ subnixus, Ecclesiam in recto statu et in dominio ducis Normanniæ, ipsoque volente perdere, reintegre conservavit. Hinc est quod de numero baronum qui Henrico favebant, excludit Ordericus Robertum de Molbraio antistitis ex fratre nepotem.*

Dom Bouquet, lib. VIII, p. 644.

sunt. Hujus nimirum factionis incentor Conanus, Gisleberti Pilati filius, erat, qui inter cives, utpote ditissimus eorum, præcellebat. Is cum rege de tradenda civitate pactum fecerat, et immensis opibus ditatus, in urbe vigebat, ingentemque militum et satellitum familiam contra ducem turgidus jugiter pascebat. Maxima pars urbanorum eidem acquiescebant. Nonnulli tamen pro fide duci servanda resistebant, et opportunis tergiversationibus detestabile facinus impediebant. Cæterum Conanus, de suorum consensu contribulium securus, terminum constituit, dieque statuto exercitum regis de Gornaco, aliisque regalibus castris accersiit, et Rothomagum confestim venire præcepit. Dux autem, ubi tantam contra se machinationem comperiit, amicos, in quibus confidebat, ad se convocavit. Tunc etiam cum Henrico fratre suo, et cum aliis quibusdam, qui ab eo desciverant, fœdus amicitiæ pepigit, et Guillelmo comiti Ebroarum, et Rodberto Belesmensi, atque Guillelmo Bretoliensi, et Gilberto de Aquila, aliisque fidelibus suis desolationem sui cita legatione intimavit. Henricus igitur primus ei suppetias venit, et primo subsidium fratri contulit, deinde vindictam viriliter in proditorem exercuit.

Tertio die Novembris [1090], Gislebertus de Aquila militum turmam ducis ad servitium duxit, et per pontem Sequanæ ad australem partem urbis accessit. Et tunc ex alia parte Rainaldus de Garenna cum CCC militibus ad Calcegiensem portam properavit. Tunc Conanus dixit suis : « Surgite confestim et armamini, quia tempus non est ulterius præstolandi. En a meridie veniunt hostes nos impugnare, et ab occidente ferventes socii nos adjuvare festinant. Ergo fautoribus et inimicis, ut decet, occurrite, aditum sodalibus aperite, et hostibus armis acriter obserate. » Pars igitur civium cucurrit ut Gislebertum cum suis repelleret, et alia pars conata est occidentalem portam reserare, ut Rainaldum cum suis intromitteret. Præterea jampridem quidam de regiis satellitibus in urbem introierant, et parati, rebellionem tacite præstolantes, seditionis moram ægre ferebant.

Denique, dum militaris et civilis tumultus exoritur, nimius hinc et inde clamor attollitur et tota civitas pessime confunditur, et in sua viscera crudeliter debacchatur. Plures enim civium contra cognatos vicinosque suos ad utramque portam dimicabant, dum quædam pars duci, et altera regi favebant. Dux autem, ubi furentes, ut dictum est, in civitate advertit, cum Henrico fratre suo et commanipularibus suis de arce prodiit, suisque velociter suffragari appetiit. Sed, dum perturbationis ingens tumultus cuncta confunderet, et nesciretur quam quisque civium sibi partem eligeret, dux, persuadentibus amicis, ne perniciem inhonestam stolide incurreret, cunctisque Normannis perenne opprobrium fieret, fugiens cum paucis, per orientalem portam egressus est, et mox a suburbanis vici, qui Mala Palus dicitur, fideliter ut specialis herus susceptus est. Deinde cymba parata Sequanam intravit, et relicto post terga conflictu, trepidus ad Ermentrudis villam navigavit. Tunc ibidem a Guillelmo de Archis, Molismensi monacho, susceptus est, ibique in basilica Sanctæ Mariæ de Prato finem commotæ seditionis præstolatus est.

Postquam Gislebertus Aquilensis, tam virtute sua suorumque quam juvamine civium, qui proditionis participes non erant, australem portam obtinuit, et Henrico aliisque ducis auxiliaribus associatus, contra rebelles in urbe certamen iniit, tumidis et reis præsumptoribus in nefario conatu deficientibus, pars ducis crevit, atque adversarios ferro fortiter feriens, superior prævaluit. Tunc vehemens burgensium cædes facta est, et Conanus, proditorum signifer, cum aliis multis captus est. Timor et luctus erat ingens in civitate, virisque certantibus aut cadentibus aut fugientibus, flentes vociferabantur feminæ. Innocentes et rei passim cædebantur, aut fugiebant, aut capiebantur. Civibus, ut prælibatum est, vicissim dissidentibus, et tristis infortunii procellis periclitantibus, regia cohors territa fugit, latebrasque silvarum, quæ in vicinio erant, avide poscens, delituit, et subsidio noctis discrimen mortis seu captionis difficulter evasit. Conanus autem a victoribus in arcem ductus est, quem Henricus per solaria turris ducens, insultando sic allocutus est : « Considera, Conane, quam pulchram tibi patriam conatus es subjicere. En ad meridiem delectabile parcum patet oculis tuis. En saltuosa regio, silvestribus abundans feris. Ecce Sequana, piscosum flumen, Rothomagensem murum allambit, navesque pluribus mercimoniis refertas huc quotidie devehit. En ex alia parte civitas populosa, mœnibus sacrisque templis et urbanis ædibus speciosa; cui jure a priscis temporibus subjacet Normannia tota. » Conanus, ironica insultatione Henrici pavidus, ingemuit, et supplex clementiam exorans, ait : « Proprio reatu, domine, damnandus sum, sed nunc misericordiam posco propter Deum, creatorem omnium. Pro redemptione mei domino meo aurum dabo et argentum, quantum reperire potero in thesauris meis, meorumque parentum, et pro culpa infidelitatis fidele usque ad mortem rependam servitium. » Cui Henricus dixit : « Per animam matris meæ! traditori nulla erit redemptio, sed debitæ mortis acceleratio. » Tunc Conanus gemens clamavit alta voce : « Pro amore, inquit, Dei! confessionem mihi permitte. » Verum Henricus, acer fraternæ ultor injuriæ, præ ira infremuit, et contemptis elegi supplicationibus, ipsum ambabus manibus impulit, et per fenestram turris deorsum præcipitavit. Qui miserabili casu in momento confractus est, et, antequam solum attingeret, mortuus est. Deinde cadaver illius jumenti caudæ innexum est, et per omnes Rothomagi vicos, ad terrendos desertores, turpiter pertractatum est. Locus ipse, ubi vindicta hujusmodi perpetrata est, saltus Conani usque in hodiernam diem vocitatus est.

Rodbertus autem dux, ut de Prato ad arcem rediit, et quæ gesta fuerant comperit, pietate motus, infortunio civium condoluit ; sed fortiori magnatorum censura prævalente, reis parcere nequivit. Tunc ibi Rodbertus Belesmensis, et Guillelmus Bretoliensis adfuerunt, et Rodomanos incolas velut exteros prædones captivos abduxerunt, et squaloribus carceris graviter afflixerunt. Guillelmus, Ansgerii filius, Rodomensium ditissimus, a Guillelmo Bretoliensi ducitur captivus, et post longos carceris squalores redimit se librarum tribus millibus. Sic Belesmici et Aquilini, cæterique ducis auxiliarii contra se truculenter sæviunt, civesque metropolis Neustriæ vinculatos attrahunt, cunctisque rebus spoliatos, ut barbaros hostes, male affligunt.

Ecce quibus ærumnis superba profligatur Normannia, quæ nimis olim victa gloriabatur Anglia, et, naturalibus regni filiis trucidatis sive fugatis, usurpabat eorum possessiones et imperia. Ecce massam divitiarum quas aliis rapuit, eisque pollens ad suam perniciem insolenter tumuit, nunc non ad delectamentum sui, sed potius ad tormentum miserabiliter distrahit. Nunc, sicut Babylon, de eodem bibit tribulationum calice, unde nequiter alios solita est inebriare. Visis tot malis, pauper gemit clerus, monachorum plorant cœtus, et desolatus ubique mœret inermis populus. Soli gaudent, sed non diu, nec feliciter, qui furari seu prædari possunt pertinaciter. Proh dolor ! sacerdotalis pene annihilatur reverentia, cui pene omnis denegatur obedientia, vehementer insurgente et furente malorum violentia. Utquid in Neustria tantum effrenata furit Erynnis, indigenasque Normannos proculcat subigitque ruinis ? Quia in diebus illis non erat rex neque dux Jerusalem, aureisque vitulis Jeroboam rebellis plebs immolabat in Dan et Bethel. Unde transgressores legis, ab eruca et brucho et locusta et rubigine comesos, plangit et hortatur Joel. Quatuor his cladibus a propheta prolatis denotantur quatuor animi passiones : metus et cupiditas, dolor et gaudium. Metus et cupiditas humana præcordia stimulant et corrodunt, eademque lethali gaudio seu dolori subdentes dejiciunt. Læta obsecundant libidini, tristia vero inhærent crudelitati. Horum meminit Virgilius in poemate suo dicens :

Hinc metuunt cupiuntque, dolent gaudentque, ne-
[*que auras*
Dispiciunt, clausi tenebris, et carcere cœco.
(*Æn*. l. vi, 732.)

Qui enim perturbationum tenebris involvuntur, clarum sapientiæ lumen jam non valent intueri, nec vitiorum glutino exui. Multa intueor in divina pagina, quæ subtiliter coaptata nostri temporis eventui, videntur similia. Cæterum allegoricas allegationes et idoneas humanis moribus interpretationes studiosis rimandas relinquam, simplicem-

que Normannicarum historiam rerum adhuc aliquantulum protelare satagam

XVI. *Oximensium conflictus et clades.* — *Guillelmus in Normanniam venit et cum Roberto duce pacem facit.*

Jam descriptis laboribus Ebroicensium et factionibus periculisque Rothomagensium, expediam conflictus et damna Oximensium. Rodbertus Belesmensis, in eminenti loco, qui Furcas vulgo dicitur, castellum condidit, et illuc habitatores Vinacii transtulit, omnes finitimos tyrannide sua sibi subigere sategit. Aliud quoque oppidum, quod Castellum Gunterii nuncupatur, super Olnam fluvium, ad Curbam construxit, per quod Holmetiam regionem sibi, licet injuste, penitus subjugare putavit. Sic ultra natales suos et avorum in nimium elatus insurrexit, et pene per totam justi patrocinio advocati carentem Normanniam paribus suis obstitit, et collimitaneos omnes comprimere cœpit. Quibus visis, Normannici proceres turbati sunt, nimioque mœrore afflicti, de resistendo diu multumque tractaverunt. Præcipue, quia viciniores erant tyranni terminis et conatui nefario, insurrexerunt primi Hugo de Grentemaisnilio, et Richardus de Curceio; et municipia sua munierunt armis et alimentis et militum auxilio. Præfati quippe viri ætate canebant, audacia et nobilitate pollebant, vicinitate ac necessitudine connexi vigebant. Rodbertus enim, Richardi filius, uxorem duxerat filiam Hugonis, quæ marito suo quinque filios peperit.

Magnanimus Hugo in juventute sua magna probitate floruerat, conjugemque pulcherrimam Adelidem, filiam Ivonis comitis de Bellomonte, duxerat, quæ peperit ei Rodbertum, Guillelmum, Hugonem, Ivonem et Alberieum; Adelinam et Hadvisam, Rochesiam et Mathildem et Agnetem. Tantam progeniem et tam speciosam multifida sors involvit, et nullum ex his præter Rodbertum ad canos usque vivere permisit. Ipse nimirum primogenitus exstitit, cunctisque fratribus suis et sororibus defunctis, trigamus consenuit. Primo duxit Agnetem, Ranulfi Bajocensis filiam ; deinde Emmam, Rodberti de Stotevilla filiam ; denique Luciam, Savarici filii Cani filiam. Guillelmus autem et Ivo conjuges habuerunt. Quorum primus in Apulia duxit uxorem Mabiliam, Rodberti Wisgardi filiam, et alter in Anglia Gisleberti de Ganda filiam. Adelina vero nupsit Rogerio de Ibreio, et Rohes Roberto de Corceio ; Mathildis Hugoni de Monte Pincionis, et Agnes Guillelmo de Saia. Hadvisa autem jam nubilis obiit.

Præcipuus itaque Hugo, filiis generisque et pluribus amicis fretus, acriter bellum contra Rodbertum cœpit, tyrannidique illius insignium virtute auxiliatorum fortiter restitit. At ille, fratrum suorum Rogerii et Arnulfi, multorumque sibi subjectorum viribus tumens, finitimos despexit, multisque conatibus illos pessundare, et possessiones eorum devastare cœpit. Ad conflictus istorum convenerunt Matthæus comes de Bellomonte, et Guillelmus de Guarenna, aliique plures, ut in tali gymnasio suas ostentarent probitates. Ibi Tedbaldus, Gualeranni de Britolio filius, et Guido Rubicundus occisi sunt. Quorum prior, quia cornipes et omnia indumenta ejus candida erant, Candidus eques appellabatur. Sequens quoque Rubens, quia rubeis opertus erat, cognominabatur. Rodbertus autem, videns quod insignes vicinos per se vincere non posset, quia nobilitas in eis et audacia et robur ad perferendum vel agendum ardua prævaleret, ducem Normannorum supplex promissis delinivit, et contra æmulos venire suos obnixis precibus exoravit.

Anno igitur ab Incarnatione Domini 1091, indictione xiv, Rodbertus, dux Normannorum, mense Januario Curceium obsedit. Sed ingenuis optimatibus suis parcens, coarctare obsessos neglexit. Rodbertus vero per tres septimanas dolis et viribus in hostem omnimodis surrexit, et diversis machinationibus municipium infestavit. Sed copia militum multoties intus obstante, repulsus erubuit. Ingentem machinam, quam berfredum vocitant, contra munitionem erexit, et copiose bellicis apparatibus instruxit. Sed nec sic oppidanos ad libitum suum coarctavit. Quoties enim assultum contra Curceium inchoabat, toties militaris virtus de Grentonis Mansione suppetias festinabat, et assultores ab incœpto violenter retrahebat. Interea castellani Guillelmum de Ferrariis, et Guillelmum de Ruperia, et alios plures comprehenderunt. Quorum redemptionibus opime adjuti sunt. Sed bellica sors variatur, et victor a victo plerumque superatur. Ivo, filius Hugonis, et Richardus, Gisleberti filius, a forinsecis hostibus capti sunt, aliique plures, qui Rodberti dirum carcerem experti sunt.

Tunc Hugo arma pro senio non ferebat, sed sapientia consilioque acutus, omnibus eminebat. Hic obsidione diutius gravari vehementer doluit, ideoque obsidenti duci mandavit : « Patri tuo et avo tuo servivi, et in eorum servitio multa gravia pertuli. Tibi quoque semper fidelis exstiti. Quid egi, quid in te peccavi ? unde promerui tam hostiliter a te impugnari ? Dominum meum te publice fateor, et idcirco contra te non præliabor. Sed nunc a me ducentas libras accipe, et uno tantum die quo vis recede, ut, te absente, liceat mihi cum Rodberto Belesmensi dimicare. Patet itaque Rodbertum sub protectione ducis admodum confidere, et obsessos plus coerceri cum reverentia fidelitatis, quam hostilium terrore. »

Clibanus extra munitionem inter machinam oppidique portam stabat, ibique panificus ad subsidium inclusorum panes coquebat, quia pro acceleratione obsidionis in novo munimento construere furnum oppidanis fas non fuerat. Contigit ergo ut circa clibanum creberrimæ cædes fierent, et, plurimo sanguine fuso, plures animæ de carcere carnis atrociter exirent. Curceienses enim panes in furno armis tuebantur, eisque Belesmenses auferre nitebantur, et hac de causa multæ strages crudeliter agebantur. Quadam die, dum panis in furno coqueretur, et inter inimicas partes ex procacitate vehemens ira oriretur, armatæ acies utrinque convenerunt, initoque conflictu fere xx homines occisi sunt, multique vulnerati, qui de panibus emptis cruore suo non gustaverunt. In conspectu obsidentium commilitones obsessorum in castellum quotidie intrabant, et armis ac alimentis, non curante duce, socios, ne deficerent, confortabantur.

Quondam de conflictu Rodberto cum suis fugiente, insecutores armigerum quemdam fecerunt in berfredum ascendere, et a boreali plaga ignem immittere. Justo itaque Dei judicio machina combusta est, quæ tyrannico jussu in diebus sanctæ Nativitatis Domini proterve fabricata est. Ad obsidionem solers Girardus, Sagiensis episcopus, ut dissidentes parochianos suos pacificaret, venit, hospitiumque suum apud Divense cœnobium constituit. Pacem dissidentibus proposuit, sed, discordia prævalente, repulsus ingemuit. Rodbertus insuper injuriam ei maximam fecit, eumque nimis contristavit. Nam puerum quemdam, qui præsuli ministrabat, dum per exercitum puerili more ludens equitabat, ejectum de equo comprehendit, et in carcere trusit, sibique cornipedem retentavit. Idem puer Richardus de Guaspreia, filius Sevoldi, vocitabatur ; cujus parentela contra Rodbertum sese jamdudum defendere totis viribus nitebatur. Episcopus autem, ut clericum suum sine reatu a Rodberto captum audivit, sibi eumdem protinus reddi præcepit, et nisi redderetur, totum exercitum interdixit. Post aliquot igitur dies, imberbis clericus liber dimissus est, et antistes languens Sagium ad propriam sedem reportatus est. Ibi Dominicis sacramentis munitus est, et inter manus discipulorum, x Kalendas Februarii [1091] defunctus est. Cujus corpus in ecclesia Sancti Gervasii martyris tumulatum est.

In eadem septimana Guillelmus Rufus, Anglorum rex, cum magna classe in Normanniam transfretavit. Cujus adventu audito, territus dux, cum Rodberto aliisque obsidentibus, actutum recessit, et unusquisque propria repetiit. Mox omnes pene Normannorum optimates certatim regem adierunt, eique munera, recepturi majora, cum summo favore contulerunt. Galli quoque et Britones ac Flandritæ, ut regem apud Aucum in Neustria commorari audierunt, aliique plures de collimitaneis provinciis, ad eum convenerunt. Tunc magnificentiam ejus alacriter experti sunt, domumque petentes cunctis eum principibus suis divitiis et liberalitate præposuerunt. Denique duo fratres Rothomagum pacifice convenerunt, et in unum congregati, abolitis prioribus querimoniis pacificati sunt (21). Tunc ingentia Rodbertus dux a rege dona recepit, eique Aucensem comitatum et Albamarlam, totamque terram Gerardi de Gornaco et Radulfi de Conchis, cum omnibus municipiis eorum, eisque subjectorum concessit ; ubi præfatus rex a Januario usque ad Kalendas Augusti regali more cum suis habitavit.

XVII. *Mirificus casus cujusdam presbyteri episcopatus Lexoviensis.*

Quid in episcopatu Lexoviensi, in capite Januarii, contigerit cuidam presbytero, prætereundum non æstimo, nec comprimendum silentio. In villa, quæ Bonavallis dicitur, Gualchelmus sacerdos erat, qui ecclesiæ Sancti Albini Andegavensis, ex monacho episcopi et confessoris, deserviebat. Hic anno Dominicæ Incarnationis 1091 in capite Januarii accersitus, ut ratio exigit, quemdam ægrotum in ultimis parochiæ suæ terminis noctu visitavit. Unde dum solus rediret, et longe ab hominum habitatione remotus iret, ingentem strepitum velut maximi exercitus cœpit audire, et familiam Rodberti Belesmensis putavit esse, quæ festinaret Curceium obsidere. Luna quippe octava in signo arietis tunc clare micabat, et gradientibus iter demonstrabat. Præfatus presbyter erat juvenis, audax et fortis, corpore magnus et agilis. Audito itaque tumultu properantium, timuit et plurima secum tractare cœpit an fugeret, ne a vilibus parasitis invaderetur, et inhoneste spoliaretur; aut validam manum pro defensione sui erigeret, si ab aliquo impeteretur. Tandem quatuor mespileas arbores in agro, procul a calle, prospexit, ad quas latitandi causa, donec equitatus pertransiret, cito divertere voluit. Verum quidam enormis staturæ, ferens ingentem maxucam, presbyterum properantem prævenit, et super caput ejus levato vecte dixit : « Sta, nec progrediaris ultra. » Mox presbyter diriguit, et baculo quem bajulabat appodiatus, immobilis stetit. Arduus vero vectifer juxta eum stabat, et nihil ei nocens prætereuntem exercitum exspectabat.

Ecce ingens turba peditum pertransibat, et pecudes ac vestes, multimodamque supellectilem, et diversa utensilia, quæ prædones asportare solent, super colla scapulasque suas ferebat. Omnes nimirum lamentabantur, seseque ut festinarent cohortabantur. Multos etiam vicinorum suorum, qui nuper obierant, presbyter ibidem recognovit, et mœrentes pro magnis suppliciis, quibus ob facinora sua torquebantur, audivit. Deinde turma vespillonum secuta est, cui præfatus gigas repente associatus est. Feretra fere quinquaginta ferebantur, et unumquodque a duobus bajulis ferebatur. Porro super feretra homines parvi velut nani sedebant, sed magna capita ceu dolia habebant. Ingens etiam truncus a duobus Æthiopibus portabatur, et super truncum quidam misellus, dire ligatus, cruciabatur, et inter angores diros ululatus emittens, vociferabatur. Teterrimus enim dæmon, qui super eumdem truncum sedebat, igneis calcaribus in lumbis et tergo sanguinolentum importune stimulabat. Hunc profecto Galchelmus interfectorem Stephani presbyteri recognovit, et intolerabiliter cruciari pro innocentis sanguine vidit, quem ante biennium idem effudit, et tanti non peracta pœnitentia piaculi obierat.

Deinde cohors mulierum secuta est, cujus multitudo innumerabilis presbytero visa est. Femineo more equitabant, et in muliebribus sellis sedebant, in quibus clavi ardentes fixi erant. Frequenter eas ventus spatio quasi cubiti unius sublevabat, et mox super sudes relabi sinebat. Illæ autem candentibus clavis in natibus vulnerabantur, et punctionibus ac adustione horribiliter tortæ, « væ ! væ ! » vociferabantur, et flagitia, pro quibus sic pœnas luebant, palam fatebantur. Sic nimirum pro illecebris et delectationibus obscenis, quibus inter mortales immoderate fruebantur, nunc ignes et fetores, et alia plura quam referri possint supplicia dire patiuntur, et ejulantes miserabili voce pœnas suas fatentur. In hoc agmine præfatus sacerdos quasdam nobiles feminas recognovit, et multarum, quæ vitales adhuc carpebant auras, mannos et mulas cum sambucis muliebribus prospexit.

Stans presbyter talibus visis contremuit, et multa secum revolvere cœpit. Non multo post, numerosum agmen clericorum et monachorum, judices atque rectores eorum, episcopos et abbates cum pastoralibus cambutis advertit. Clerici et episcopi nigris cappis induti erant. Monachi quoque et abbates nigris cucullis nihilominus amicti erant. Gemebant et plangebant, et nonnulli Galchelmum vocitabant, ac pro pristina familiaritate ut pro se oraret, postulabant. Multos nimirum magnæ æstimationis ibi presbyter se vidisse retulit, quos humana opinio sanctis in cœlo jam conjunctos astruit. Hugonem nempe vidit, Lexoviensem præsulem, et abbates præcipuos, Mainerum Uticensem, atque Gerbertum Fontinellensem, aliosque multos, quos nominatim nequeo recolere, neque scripto nitor

---

(21) Conditiones hujus pacis enuntiat Rogerus Hovedenus his verbis : *Anno 1091*, inquit, *rex Willielmus junior Normanniam petiit mense Februario, ut eam fratri suo Roberto abriperet; sed dum ibi moraretur, pax inter illos ea conventione facta est, ut comes regi comitatum de Owe, Fescannum, abbatiam in monte S. Michaelis et Keresburg (Cherbourg) et castella quæ a se defecerant bono animo concederet; Cenomanicam vero provinciam et castella quæ tunc in Normannia comiti reluctabantur, illius dominio rex subjugaret ; omnibus etiam Normannis terras quas in Anglia ob fidelitatem comitis perdiderant, redderet; et tantum terræ in Anglia, quantum conventionis inter eos fuerat, comiti daret. Adhuc etiam inter se constituerunt ut, si comes absque filio legali matrimonio genito moreretur, hæres ejus fieret rex; similique modo, si regi contigisset mori, hæres illius fieret comes. Hanc conventionem* XII *barones ex parte regis, et* XII *ex parte comitis juraverunt.* Dom Bouquet, lib. VIII, p. 648.

indere. Humanus plerumque fallitur intuitus, sed Dei medullitus prospicit oculus. Homo enim videt in facie, Deus autem in corde. In regno æternæ beatitudinis perpetua claritas omnia irradiat, ibique perfecta sanctitas, omne delectamentum adepta, in filiis regni exsultat. Ibi nihil inordinate agitur, nihil inquinatum illuc intromittitur. Nihil sordidum, honestatique contrarium, illic reperitur. Unde quidquid inconveniens fæx carnalis commisit, purgatorio igne decoquitur, variisque purgationibus, prout æternus censor disponit, emundatur. Et sicut vas excocta rubigine mundum, et diligenter undique politum, in thesaurum reconditur, sic anima omnium vitiorum a contagione mundata, paradisum introducitur, ibique omni felicitate pollens, sine metu et cura lætatur.

Terribilibus visis presbyter admodum trepidabat, baculoque innixus, terribiliora exspectabat. Ecce ingens exercitus militum sequebatur, et nullus color, [sed] nigredo et scintillans ignis in eis videbatur. Maximis omnes equis insidebant, et omnibus armis armati, velut ad bellum festinabant, et nigerrima vexilla gestabant. Ibi Richardus et Balduinus, filii Gisleberti comitis, qui nuper obierant, visi fuere; et alii multi, quos non possum enumerare. Inter reliquos Landricus de Orbecco, qui eodem anno peremptus fuerat, presbyterum alloqui cœpit, eique legationes suas horribiliter vociferando intimavit, ac ut mandata sua uxori suæ referret, summopere rogavit. Subsequentes autem turmæ, et quæ præcedebant, verba ejus interrumpendo impediebant, presbyteroque dicebant : « Noli credere Landrico, quia mendax est. » Hic Orbecci vicecomes et causidicus fuerat, et ultra natales suos ingenio et probitate admodum excreverat. In negotiis et placitis ad libitum judicabat, et pro acceptione munerum judicia pervertebat, magisque cupiditati et falsitati quam rectitudini serviebat. Unde merito in suppliciis turpiter devotatus est, et a complicibus suis mendax manifeste appellatus est. In hoc examine nullus ei adulabatur, nec ingeniosa loquacitate sua ei aliquis precabatur. Verum, quia dum poterat aures suas ad clamores pauperis obturare solitus est, nunc autem in tormentis, ut exsecrabilis, auditu indignus omnino judicatus est.

Gualchelmus autem, postquam multorum militum ingens cohors pertransiit, intra semetipsum sic cogitare cœpit : « Hæc sine dubio familia Herlechini est. A multis eam olim visam audivi ; sed incredulus relationes derisi, quia certa indicia nunquam de talibus vidi. Nunc vero manes mortuorum veraciter video ; sed nemo mihi credet, cum visa retulero, nisi certum specimen terrigenis exhibuero. De vacuis ergo equis, qui sequuntur agmen, unum apprehendam, confestim ascendam, domum ducam, et, ad fidem obtinendam, vicinis ostendam. » Mox nigerrimi cornipedis habenas apprehendit ; sed ille fortiter se de manu rapientis excussit, aligeroque cursu per agmen Æthiopum abiit. Presbyter autem voti compotem se non esse doluit. Erat enim ætate juvenis, animo audax et levis, corpore vero velox et fortis. In media igitur strata paratus constitit, et venienti paratissimo cornipedi obvians manum extendit. Ille autem substitit ad suscipiendum presbyterum, et exhalans de naribus suis projecit nebulam ingentem veluti longissimam quercum. Tunc sacerdos sinistrum pedem in teripedem misit, manumque arreptis loris clitellæ imposuit, subitoque nimium calorem velut ignem ardentem sub pede sensit, et incredibile frigus per manum, quæ lora tenebat, ejus præcordia penetravit.

Dum talia fiunt, quatuor horrendi equites adveniunt, et terribiliter vociferantes, dicunt : « Cur equos nostros invadis ? Nobiscum venies. Nemo nostrum læsit te, cum tu nostra cœpisti rapere. » At ille, nimium territus, caballum dimisit, tribusque militibus eum prendere volentibus, quartus dixit : « Sinite illum, et permittite loqui mecum, quia conjugi meæ filiisque meis mea mittam mandata per illum. » Deinde nimium paventi presbytero dixit : « Audi me, quæso, et uxori meæ refer quæ mando. » Presbyter respondit : « Quis sis nescio, et uxorem tuam non cognosco. » Miles dixit : « Ego sum Guillelmus de Glotis, filius Baronis, qui famosus fui quondam dapifer Guillelmi Bretoliensis, et patris ejus Guillelmi, Herfordensis comitis. Præjudiciis et rapinis inter mortales anhelavi, multisque facinoribus plus quam referri potest, peccavi. Cæterum super omnia me cruciat usura. Nam indigenti cuidam pecuniam meam erogavi, et quoddam molendinum ejus pro pignore recepi, ipsoque censum reddere non valente, tota vita mea pignus retinui, et legitimo hærede exhæredato, hæredibus meis reliqui. Ecce candens ferrum molendini gesto in ore, quod sine dubio mihi videtur ad ferendum gravius Rothomagensi arce. Dic ergo Beatrici uxori meæ, et Rogerio filio meo, ut mihi subveniant, et vadimonium unde multo plus receperunt quam dedi, velociter hæredi restituant. » Presbyter respondit : « Guillelmus de Glotis jamdudum mortuus est, et hujusmodi legatio nulli fidelium acceptabilis est. Nescio quis es, nec qui tui sunt hæredes. Si Rogerio de Glotis, vel fratribus ejus, aut matri eorum præsumpsero talia enarrare, ut amentem deridebunt me. » Porro Guillelmus obnixe insistens rogabat, et plurima notissimaque signa diligenter inculcabat. Presbyter autem intelligens ea quæ audiebat, omnia tamen se scire dissimulabat. Tandem multa prece victus, acquievit, et iterum ut rogatus fuerat se facturum promisit. Tunc Guillelmus cuncta recapitulavit, et longa confabulatione multa eidem replicavit. Interea sacerdos cœpit secum tractare quod non auderet exsecrabilia biothanati mandata cuilibet annuntiare. « Non decet, inquit, talia promulgare. Nullatenus quæ injungis cuilibet referam. » Mox ille furibundus manum extendit, et presbyterum per fauces apprehendit, secumque per terram trahens, minare cœpit. Captivus autem manum, qua tenebatur, ardentem velut ignem persensit, et in tali angustia repente exclamavit : « Sancta Maria, gloriosa mater Christi, adjuva me ! » Protinus, ad invocationem piissimæ genitricis, filii Domini auxilium præsto adfuit, quale Omnipotentis ordinatio disposuit. Nam quidam miles, ensem dextra ferens, supervenit, gladiumque suum, quasi ferire vellet, vibrans, dixit : « Cur fratrem meum interficitis, maledicti ? Sinite illum, et abite. » Mox illi avolarunt, Æthiopicamque phalangem prosecuti sunt.

Abeuntibus cunctis, miles in via cum Gualchelmo demoratur, et ab eo sciscitatur : « Cognoscis-ne me ? » Presbyter respondit : « Non. » Miles dixit : « Ego sum Rodbertus, filius Rodulfi, cognomento Blondi, et sum frater tuus. » Cumque presbyter pro tam insperata re vehementer admiraretur, nimiumque pro his quæ viderat, ut dictum est, vel senserat, angeretur, miles ei de pueritia utriusque multa cœpit recensere, et notissima signa recitare. Sacerdos autem audita optime recolebat, sed ore confiteri non ausus, omnia denegabat. Tandem præfatus eques ait : « Miror duritiam et hebetudinem tuam. Ego te post mortem utriusque parentis nutrivi, et super omnes mortales dilexi. Ego te ad scholas in Galliam direxi, et vestes nummosque tibi copiose porrexi, aliisque multis modis tibi prodesse satis elaboravi. Nunc horum immemor efficeris, meque tantummodo recognoscere dedignaris ! »

Tunc presbyter, veridicis faminibus ubertim prolatis, convictus est allegationibus certis, palamque cum lacrymis fassus est affamina fratris. Tunc miles dixit ei : « Merito debuisses mori, nostrarumque particeps pœnarum nunc nobiscum trahi, quia res nostras nefaria temeritate invasisti. Hoc nullus alius inchoare ausus fuit. Sed missa, quam hodie cantasti, ne perires te salvavit. Mihi quoque nunc permissum est tibi apparere, meumque miserum esse tibi manifestare. Postquam in Normannia tecum locutus fui, a te salutatus in Angliam porrexi, ibique finem vitæ jussu Creatoris accepi, et pro peccatis, quibus nimis oneratus eram, immania supplicia pertuli. Arma quæ ferimus, ignea sunt, et nos fetore teterrimo inficiunt, ingentique ponderositate nimis opprimunt, et ardore inexstinguibili comburunt. Hactenus itaque hujuscemodi pœnis inenarrabiliter cruciatus sum. Sed quando in Anglia ordinatus fuisti, et primam missam pro fidelibus defunctis cantasti, Radulfus pater tuus suppliciis ereptus est, et scutum meum, quo vehementer angebar, elapsum est. Ensem hunc, ut vides, fero. Sed in anno relaxationem ab hoc onere fiducialiter expecto. »

Dum miles hæc et alia hujusmodi diceret, et diligenter ad eum presbyter intenderet, quasi strumam sanguinis instar humani capitis ad ejus talos circa calcaria vidit, stupensque sic interrogavit : « Unde tanta coagulatio cruoris imminet calcaneis tuis ? » At ille respondit : « Non est sanguis, sed ignis ; et majoris mihi videtur esse ponderis, quam si ferrem super me Montem Sancti Michaelis. Et quia pretiosis et acutis utebar calcaribus, ut festinarem ad effundendum sanguinem, jure sarcinam in talis bajulo enormem ; qua intolerabiliter gravatus, nulli hominum exprimere valeo pœnæ quantitatem. Hæc indesinenter meditari mortales deberent, et timere, imo cavere, ne pro reatibus suis tam dira luerent. Plura mihi non licet tecum, frater, fari, quia miserabile agmen festinanter cogor prosequi. Obsecro, memento mei, precibusque piis et eleemosynis succurre mihi. Nam a Pascha Florum usque ad unum annum spero salvari, et clementia Creatoris ab omnibus tormentis liberari. Tu vero sollicitus esto de te, vitamque tuam prudenter corrige, quæ pluribus vitiis sordescit, scitoque quod diuturna non erit. Ad præsens sile. Res, quas nunc ex insperato vidisti et audisti, silentio comprime, et usque ad tres dies nemini præsumas enarrare. »

His dictis, miles festinus abscessit. Presbyter autem tota septimana graviter ægrotavit. Deinde postquam invalescere cœpit, Lexovium adiit, Gisleberto episcopo cuncta ex ordine recitavit, et ab eo medicamenta sibimet necessaria impetravit. Postmodum fere xv annis vegetus vixit, et hæc quæ scripto tradidi, aliaque plurima, quæ oblivione abolita sunt, ab ore ipsius audivi, et faciem ejus horrendi militis tactu læsam prospexi.

Hæc ad ædificationem legentium scripsi, ut in bonis consolidentur justi, et a malis resipiscant perversi. Amodo inceptam repeto materiam.

XVIII. *Pactiones inter Guillelmum regem et Robertum ducem initæ. — Episcopatus Lexoviensis negotia. — Rogerus abbas Uticensis.*

Anno ab Incarnatione Domini 1091, indictione xiv, mense Januario, Guillelmus Rufus, rex Anglorum, cum magna classe in Normanniam transfretavit, et Rodbertus dux, audito regis adventu, statim obsidionem Curceii reliquit, et Rodbertus de Belesmo cum suis complicibus aufugit. Rex autem in Neustria usque ad Augustum permansit, et dissidentes qui eidem acquiescere voluerunt, regali auctoritate pacavit. Henricus vero, quia ingentes querelas contra utrumque fratrem promebat, partemque de ampla possessione magnifici patris sui requirebat, sed, eorum tenacitate nimium perdurante, nil impetrabat, aggregatis Britonibus et Normannis, Constantiam et Abrincas, aliaque oppida munivit, et ad resistendum totis nisibus insurrexit. Verum Hugo, Cestrensis comes, aliique fautores, ejus paupertatem perpendentes, et amplas opes terribilemque potentiam Guillelmi regis metuentes, egregium Clitonem in bellico angore deseruerunt, et municipia sua regi tradiderunt.

In medio igitur Quadragesimæ, Guillelmus rex et Rodbertus dux montem S. Michaelis obsederunt, ibique Henricum fratrem suum incluserunt, et fere xv diebus eum cum suis aquæ penuria maxime coercuerunt. Porro callidus juvenis, dum sic a fratribus suis coarctaretur, et a cognatis atque amicis et confœderatis affinibus undique destitueretur, et multimoda pene omnium, quibus homines indigent, inedia angeretur, prudenter secum tractans, varios mortalium casus præcogitavit, et infrunito impetu pessundato, sese ad meliora tempora reservare decrevit. Liberum tandem sibi, sociisque suis exitum de Monte ab obsidentibus poposcit. Illi admodum gavisi sunt, ipsumque cum omni apparatu suo egredi honorifice permiserunt. Henricus itaque, redditis munitionibus suis, per Britanniam transiit, Britonibus, qui sibi solummodo adminiculum contulerant, gratias reddidit, et confines postmodum Francos expetiit. In pago Vilcassino nobilis exsul non plenis duobus annis commoratus, diversa hospitia quæsivit. Uno tantum milite, unoque clerico cum tribus armigeris contentus, pauperem vitam exegit. Sic regia proles in exsilio didicit pauperiem perpeti, ut futurus rex optime sciret miseris et indigentibus compati, eorumque dejectioni vel indigentiæ regali potentia seu dapsilitate suffragari, et ritus infirmorum expertus, eis pie misereri.

Tunc Rodbertus dux magnam partem Normanniæ Guillelmo regi concessit, fereque duobus annis a bellis Normannia quievit. Post solemnitatem Pentecostes, Guillelmus archiepiscopus synodum episcoporum et abbatum apud Rothomagum aggregavit, et cum duce Rodberto, suffraganeisque præsulibus, de Sagiensi præsulatu tractare cœpit. Tandem finito consultu, Serlonem, Uticensium rectorem, elegit, eique Salariensem episcopatum valde renitenti commisit. Denique x Kalendas Julii præfatum cœnobitam Rothomagum convocavit, et in ecclesia Sanctæ Dei genitricis Mariæ canonice consecravit. Porro venerandus Serlo susceptam pontificatus sarcinam xxxii annis et iv mensibus strenue gessit, Ecclesiæque Dei solerti studio inter prospera et adversa prodesse sategit. Sed duros nimis et protervos habuit parochianos, Rodbertum scilicet Belesmensem, et Rotronem Mauritaniensem, eorumque complices, qui crudeliter inter se dissidebant, et pacem Ecclesiæ Dei frequenter violabant, ovesque Dominici gregis, quas Christus sanguine suo redemit, bellicis tumultibus dispergebant, et multimodis factionibus opprimentes, dilaniabant. Contra eos gladium verbi Dei audacter evibravit, obduratos in nequitia multoties excommunicavit; sed in pace firma rebelles discipulos erudire vel servare, vix aut nunquam potuit. Unde nimirum quandiu pontificatum tenuit, semper in tumultu et perturbatione laboravit, et plerumque furia Rodberti nimium sæviente, in Anglia vel Italia exsulavit, multoque metu anxius gemuit.

Uticensis autem abbatia, postquam præfatus rector suus episcopatum suscepit, de pastore sollicita, prædictum pastorem suum vii Kalendas Augusti accersiit, factoque triduano jejunio, de eligendo abbate tractare cœpit. Adfuerunt etiam tres abbates, Fulco Divensis, Arnulfus Troarcensis, et Radulfus Sagiensis. Lecta autem lectione de ordinando abbate secundum Regulam Sancti Benedicti, elegerunt domnum Rogerium de Sappo, monachum ejusdem cœnobii, qui simplicitate pollebat et peritia litterarum, multaque honestate et bonorum dulcedine morum. Tunc Hermanus prior, et Ernaldus de Telliolo, aliique plures eum ad curiam ducis duxerunt, sed ducem in Normannia non invenerunt. Clandestinis enim factionibus, quibus transmarini contra pacem et securitatem regni moliebantur, subito auditis, ambo fratres de Neustria in Angliam ex insperato transfretaverant, mirantibus cunctis. Tunc Hermanus ad domum regendam Uticum regressus est, et Ernaldus cum electo abbate principes regni per mare secutus est. Pervenientes autem in villam regiam, quam Windresorias dicunt, electionem monachilem conventus, cum auctoritate Sagiensis episcopi triumque abbatum, duci ostenderunt. At ille gratanter assensum dedit, et præfato Rogerio per baculum pastoralem, ut eo tempore moris erat, cœnobii curam in exterioribus rebus commisit, apicibusque suis Lexoviensi episcopo, ut eum in omnibus canonice proveheret, mandavit. Guillelmus quoque rex eumdem monachum tunc ibidem benigniter ascivit, et omnia quæ pater suus, proceresque ejus Uticensi ecclesiæ olim dederant, concessit, et regali auctoritate in charta firmavit. Peractis itaque pro quibus ierat, Rogerius Uticum xv Kalendas Januarii rediit, et a fratribus honorifice susceptus, xxxiv annis abbatiæ præfuit. Hic centum et quindecim discipulos ad monachatum suscepit, quorum vitam mobilis fortuna variabiliter agitavit. Nam quidam eorum, virtutibus florentes, ad supernæ vocationis bravium, Deo juvante, pervenerunt. Nonnulli vero, insidiante Satana, in cœnolentam vitiorum voraginem relapsi sunt, a justo recepturi judice quod meruerunt.

Sex nimirum ex his, quos venerabili Rogerio subjectos diximus, abbates vidimus, id est Guarinum Sartensem, Godifredum Aurelianensem, Gislebertum Glotensem atque Rodbertum Pruneriensem, Guillelmum Bassum et Ludovicum. Guarinus enim magistro successit, et Uticensis Ecclesiæ regimen pluribus annis tenuit. Rodbertus autem Pruneriensis Tornense cœnobium in Anglia strenue gubernavit. Goifredus vero Aurelianensis Eulandensi (22) Ecclesiæ fere xv annis præfuit, et Guillelmus Bassus Holmiense monasterium Sancti Benedicti diu rexit. Porro Ludovicus, judicio majorum expulsis canonicis de Balcherivilla, primus monasticum ordinem cum x monachis cepit in Sancti Georgii martyris basilica. Guillebertus vero de Glotis, vir nobilis et facundus, Lirense cœnobium fere x annis rexit, et in multis emendavit. Uticenses itaque monachi de penetralibus monasterii regulariter extracti sunt, et ad plurimorum emolu-

---

(22) Lege *Crulandensi*, Croyland. (Le Prévost.)

mentum in culmine prælationis sublimati sunt; erunt, dum quasi lucernæ super candelabrum lucerent, cupientibus ingredi domum Domini per semitam justitiæ aditum salutis ostenderent. Sed exteriorum perturbationes rerum, quæ per desidiam seu nequitiam sæcularium principum fiunt, ordini ecclesiastico et rigori monastico multoties impedimento sunt; quod omnes, qui in Normannia vel confinio ejus religioni servire concupierunt, tempore Rodberti ducis et Philippi regis Francorum, nimis experti sunt.

Anno ab Incarnatione Domini 1092, indictione xv, Henricus, Guillelmi regis filius, Danfrontem oppidum auxilio Dei suffragioque amicorum obtinuit, et inde fortiter hæreditarium jus calumniari sategit. Nam idem, dum esset junior, non ut frater a fratribus habitus est, sed magis ut externus, exterorum, id est Francorum et Britonum, auxilia quærere coactus est, et quinque annis diversorum eventuum motibus admodum fatigatus est. Tandem Danfrontani, nutu Dei, ærumnis tam præclari exsulis compassi sunt, et ipsum ad se de Gallia accersitum per Harecherium honorifice susceperunt, et excusso Rodberti de Belesmo, a quo diu graviter oppressi fuerant, dominio, Henricum sibi principem constituerunt. Ille vero contra Rodbertum, Normanniæ comitem, viriliter arma sumpsit, incendiis et rapinis expulsionis suæ injuriam vindicavit, multosque cepit et carceri mancipavit. Inter hæc, dum quemdam hominem, nomine Rualedum, de terra S. Ebrulfi cepisset, apud Danfrontem castellum deposuit. Qui cum sederet ad focum (hiems enim erat), cum lacrymis S. Ebrulfum cœpit invocare ac dicere: « Deprecor te, sancte Ebrulfe, amice Dei, ut me de ista captivitate eripias. Scis enim quia semper tibi fideliter deservivi. » Cumque hæc dixisset, subito obdormivit.

Et ecce quidam manum ejus apprehendens, cœpit eum trahere. Tunc expergefactus, sensit, omnino dolorem de corpore suo recessisse. Erat enim valde debilitatus, in tantum ut nec de loco absque adjutorio alterius movere se posset. Ceciderat vero in itinere de jumento, super quod ligatus erat. Itaque cœpit intra semetipsum cogitare quid ageret, quomodo de domo egredi posset. Viderat enim quod miles, qui eum ibidem deposuerat, ostium, per quod exitus in hortum patebat, valde cum cuneo obfirmasset. Tamen assumptis viribus fidei, accessit ad ostium, et manu repagulam tenuit. Tunc, mirum dictu! cuneus, qui fortiter infixus fuerat, ad terram decidit. Ille vero, aperiens ostium, pervenit ad exitum hortuli, et aspiciens, multitudinem militum ante se in platea vidit consistere, et extendens manum dixisse fertur: « Sancte Ebrulfe, ducito me. » Sicque ut erat, nudis pedibus, linea tantum atque pallio amictus, per medias acies transivit, ac si oculos non habuissent. Nullus enim eum interrogavit quis esset, vel quo tenderet. Puto quod virtute sanctissimi viri eum videre nequiverant. Circa sextam vero horam respiciens post se, vidit militem, qui eum ceperat, concito cursu venientem. Qui magno timore perculsus, inter quædam fruticeta, quæ se oculis ejus obtulerunt, semet occuluit. Cumque prædictus miles prope eumdem locum advenisset, interrogavit bubulcos qui ibidem arabant, si hominem quemdam fugientem vidissent, promittens tres solidos illi absque mora se daturum, qui ei insinuasset. At illi, timore admoniti, quamvis illum scissent, negaverunt se scire. Cumque ille recessisset de loco, in quo se occuluerat, captivus surrexit, et fretus Dei adjutorio et beati Ebrulfi, incolumis ad sua remeavit, perdurans in corpore usque ad nostra tempora. Hoc vero, quod retulimus, ex ipsius ore didicimus, eique, quia legitimus et laudabilis vitæ est, sine scrupulo credimus.

XIX. *Bertrada comitissa Andegavensis, derelicto viro suo, Philippo Francorum regi nubet.— Prælati Franciæ religione et doctrina pollentes.— Rothomagense concilium.*

Circa hæc tempora [1092-1093], in regno Galliæ fœda turbatio exorta est. Bertrada enim, Andegavorum comitissa, metuens ne vir suus quod jam duabus aliis fecerat, sibi faceret, et relicta contemptui seu vile scortum fieret, conscia nobilitatis et pulchritudinis suæ, fidissimum legatum Philippo, regi Francorum, destinavit, eique quod in corde tractabat, evidenter notificavit. Malebat enim ultro virum relinquere, aliumque appetere, quam a viro relinqui, omniumque patere despectui. Denique mollis princeps, comperta lascivæ mulieris voluntate, flagitio consensit, ipsamque, relicto marito Gallias expetentem, cum gaudio suscepit. Porro generosam et religiosam conjugem suam, Bertam, nobilis Florentii ducis Fresionum filiam, quæ Ludovicum et Constantiam enixa fuerat ei, dimisit, et Bertradam, quæ fere quatuor annis cum Fulcone Andegavensi demorata fuerat, sibi copulavit. Odo, Bajocensis episcopus, hanc exsecrandam desponsationem fecit, ideoque dono mœchi regis pro recompensatione infausti famulatus, ecclesias Madanti oppidi aliquandiu habuit. Nullus enim Francorum præsulum exsecrabilem consecrationem dignatus est facere, sed in rigore stantes ecclesiasticæ rectitudinis, Deo magis quam homini studuerunt placere, et omnes turpem copulam unanimiter detestati sunt pari anathemate. Sic petulans pellex adulterum comitem reliquit, adulteroque regi usque ad mortem ejus adhæsit. Abominabile crimen mœchiæ in solio regni Galliæ, proh dolor! perpetratum est. Unde inter opulentos rivales minarum ingens tumultus et præliorum conatus exortus est. Verum versipellis mulier inter rivales simultatem compescuit, ingenioque suo in tantam pacem eos compaginavit, ut splendidum eis convivium præpararet, et apte, prout placuit illis, ministraret. Urbanus papa legatos apostolicæ sedis in Galliam destinavit, per epistolas et sacerdotum prædicationem erroneum regem arguit, obsecravit et increpavit, qui legitimam conjugem repudiaverit, adulteramque sibi contra Dei legem sociaverit. Cæterum in flagitio graviter obduratus, ad instar surdæ aspidis, quæ obturat aures suas ad vocem incantantis, corripientium hortamenta patrum sprevit, et in adulterii fetore diu putridus jacuit, et donec filios duos, Philippum et Florum ex adultera genuit. Tempore igitur Urbani et Paschalis Romanorum pontificum, fere xi annis interdictus fuit. Quo tempore nunquam diadema portavit, nec purpuram induit, neque solemnitatem aliquam regio more celebravit. In quodcunque oppidum vel urbem Galliarum rex advenisset, mox ut a clero auditum fuisset, cessabat omnis clangor campanarum, et generalis cantus clericorum. Luctus itaque publicus agebatur, et Dominicus cultus privatim exercebatur, quandiu transgressor princeps in eadem diœcesi commorabatur. Permissu tamen præsulum, quorum dominus erat, pro regali dignitate capellanum suum habebat, a quo cum privata familia privatim missam audiebat.

His temporibus, Gallia religiosis et eruditis præsulibus florebat. Nam Leuterius senex Bituricensi præerat metropoli, et Daimbertus Senonensi. Inclytus vero Rainaldus Remensi, eique defuncto Radulfus cognomento Viridis successit in eadem diœcesi. Eruditissimus quoque Ivo Carnotensi præerat ecclesiæ, cui perhibet evidens testimonium laus bonæ vitæ et rectæ doctrinæ. Walo etiam præerat Parisiensibus, aliique plures episcopi fulgebant in suis regionibus, quorum religione admodum Gallia gaudebat, et sacris dogmatibus. Rex tamen Philippus eorum admonitionibus de corrigenda vita procaciter obstitit, adulterioque putridus, in malitia perduravit, ideoque dolori dentium et scabiei, multisque aliis infirmitatibus et ignominiis merito subjacuit. Ludovico igitur filio suo, consensu Francorum, Pontisariam, et Madantum, totumque comitatum Vilcassinum donavit, totiusque regni curam, dum primo flore juventutis pubesceret, commisit. Constantiam vero, filiam suam, Hugoni, Trecassino comiti, prius dedit, quam postmodum firmissimo duci Antiochiæ Buamundo apud Carnotum tradidit. Hic nempe dux, anno ab Incarnatione Domini 1106, Gallias venit, et ab Occidentalibus populis, utpote præcipuus Christiani exercitus signifer, susceptus ubique claruit. Præfatam quoque regis filiam in Eoas partes secum duxit. Multa quoque Occidentalium millia secum contra ethnicos perduxit. Sed in illa tunc profectione peregrinantibus ad votum per omnia contigit.

Anno ab Incarnatione Domini 1108, indictione 1, Guillelmus archiepiscopus concilium præsulum et abbatum Rothomagi congregavit, et de necessariis Ecclesiæ rebus cum suffraganeis suis per aliquot dies tractavit. Tunc Radulfus, Constantiæ urbis episcopus, ad hospitium Serlonis Sagiensis episcopi, qui sapientior erat, venit, et cum eo de plurimis locutus, copiosam rationem de propositis audivit. Tandem inter cætera præfatus pontifex retulit, dicens : « In urbe nostra est basilica in honore beati Petri apostoli ab antiquis temporibus constructa, ubi divinitus multa olim perpetrata sunt miracula. Multæ sanitates ægrotis ibi contigerunt, et multoties desursum ardentes candelæ demitti visæ sunt. Quædam vero sanctimonialis, magnæ, ut creditur, religionis, hanc ecclesiam quotidie frequentat, et plurima hujuscemodi se vidisse sæpius, enarrat. Et ut certum specimen suæ narrationis exhiberet, quondam dum in oratorio sola excubaret, et candelam ardentem de sublimi sine humana ope deponi vidisset, reverenter ad aram accessit, candelam extinxit, linteolo mundo involvit, et in scrinio suo reclusit. Cumque opportuno tempore, quod viderat, retulisset, et scrinium aperuisset, ut depositum ostenderet, favillam solummodo pro indicio concrematationis invenit; sed totam penitus candelam, sine læsura mappulæ, aliarumque rerum, quæ ibidem erant, combustam prospexit. Nuper in eadem basilica, dum plebs Dei festivitatem Beati Petri apostoli celebraret, et clerus ad vespertinalem synaxim in choro celebrandam astaret, tres cereos clare ardentes desursum usque ad altare demitti omnes viderunt, et pro re insolita admirantes obstupuerunt. Cerei autem usque ad finem matutinorum arserunt, et tunc ad auroram consumpti sunt. In aere quidem super aram ordinate stabant, sed tamen altaris mappulam non tangebant. Medius eorum maximus erat et quadratus, alii vero duo mediocres erant et rotundi. Fama hujus rei personuit in tota urbe, et pene omnes clerici et laici post vesperas ad spectaculum occurrere. Porro nullus cereos ausus fuit tangere, sed in quadrato cereo clerici Scripturam hujusmodi legere. In primo latere : *Manda, Petre, iram de cœlo*. In secundo : *Populum tarisum peccato*. In tertio : *Miserere ei*. In quarto : *Lacrymas*. Litteræ quidem optime formatæ erant ad legendum, et litterati lectores studiose inquisierunt hujus scripturæ sensum. Et necessariis subauditionibus additis, exposuerunt secundum suum intellectum. Sic nimirum visum est illis ut divinitus diceretur Petro, qui caput est orbis, judex sæculi, claviger regni cœlestis : *Manda, Petre, iram de cœlo, ut effundatur super populum tarisum*, id est *totum aridum peccato*. *Misererem*, pro *misererer ei, si lacrymas dignæ pœnitentiæ mihi offerret*. Divina quippe locutio grammaticorum regulis subjecta non est, et humanæ loquacitatis idioma sequi ex necessitate cogi non potest. His itaque in Constantino visis, territi sumus, et inter pestilentias ac tempestates bellorum, quas toleramus, imminentia nobis pericula sentimus, et in futuro adhuc pejora formidamus. »

Hæc Radulfo Constantiensi episcopo referente, audientes mirati sunt, et in Normannia paulo post multæ calamitates bellorum ac tempestatum atque famis subsecutæ sunt. Nam idem præsul non multo post defunctus est, et lethifera clades per totam diœcesim ejus debacchata est.

Anno ab Incarnatione Domini 1089, indictione x, venerabilis Lanfrancus, Dorobernensis archiepiscopus, defunctus est, et ecclesiastica possessio, quæ metropolitæ competebat, dominio regis per triennium subdita est. Deinde sacer Anselmus, Beccensis abbas, dispensante Deo, successit, et multorum patiens laborum ac adversitatum, per xvii annos sancte rexit.

XX. *Melcoma Scotorum rex in regem Angliæ bellum suscipit.—Occidit.— De ejus conjuge et liberis.*

Eo tempore multa malitia in terris orta est, et vehementer augmentata est. Militares viri mores paternos in vestitu et capillorum tonsura dereliquerunt, quos paulo post burgenses et rustici et pene totum vulgus imitati sunt. Et quia divinæ legis prævaricatio nimis exuberavit, cœlestis iræ animadversio multis variisque calamitatibus reos merito protrivit.

In illo tempore, Melcoma, rex Scotorum, contra regem Anglorum rebellavit, debitumque servitium denegavit. Porro Guillelmus rex, postquam in Normannia, ut supra retulimus, cum Rodberto fratre suo pacem fecerat, ipsumque contra infidos proditores, qui contra regem conspiraverant, secum duxerat, exercitum totius Angliæ conglobavit, et usque ad magnum flumen, quod Scote Watra dicitur, perduxit. Sed quia inaccessibilis transitus erat, super ripam consedit. Rex autem Scotorum e regione cum legionibus suis ad bellandum paratus constitit, regique Anglorum per internuntios ista mandavit : « Tibi, rex Guillelme, nihil debeo, nisi conflictum, si a te injuriis lacessitus fuero. Verum, si Rodbertum, primogenitum Guillelmi regis filium, videro, illi exhibere paratus sum quidquid debeo. » His auditis, ex consultu sapientium, Rodbertus dux cum paucis militibus transfretavit.

Rex autem Scotorum benigniter illum suscepit, secumque tribus diebus amicabiliter detinuit. Tunc super quemdam montem excelsum ducem deduxit, et inde in quadam planitie ingentem exercitum armatorum ei ostendit. Deinde inter duos montes eumdem ex alia parte minavit, et in alio campo majorem exercitum ei demonstravit : « Talibus, inquit, stipatus cuneis Scotiæ, paratus sum fratrem tuum suscipere, si huc ad me præsumpserit transfretare. Utinam velit nos aggredi, et missilium nostrorum acumen experiri ! Fateor quod rex Eduardus, dum mihi Margaritam proneptem suam in conjugium tradidit, Lodonensem comitatum mihi donavit. Deinde Guillelmus rex quod antecessor ejus mihi dederat concessit, et me tibi, primogenito suo, commendavit. Unde quod tibi promisi conservabo. Sed fratri tuo nihil promisi, et nihil debeo. Nemo, ut Christus ait, *potest duobus dominis servire.* » (*Matth.* vi, 24.) Rodbertus respondit : « Ut asseris, ita est. Sed mutationes rerum factæ sunt, et statuta patris mei a pristina soliditate in multis vacillaverunt. Nunc igitur, inclyte rex, acquiesce mihi, et mecum ad fratrem meum veni, inveniesque apud eum dulcedinem, bonique affluentiam, quia vicinior est et potentior, et majorem habet divitiarum copiam. » His itaque promissis, rex credulus effectus est, et peractis colloquiis cum rege pacificatus est. Deinde reges agmina sua remiserunt, et ipsi simul in Angliam profecti sunt.

Post aliquod tempus, dum Melcoma rex ad sua vellet remeare, muneribusque multis honoratus a rege, rediret pacifice, prope fines suos Rodbertus de Molbraio, cum Morello nepote suo et militibus armatis occurrit, et ex insperato inermem interfecit. Quod audiens rex Anglorum, regnique optimates, valde contristati sunt, et pro tam fœda re, tamque crudeli, a Normannis commissa, nimis erubuerunt. Priscum facinus a modernis iteratum est. Nam sicut Abner, filius Ner, a Joab et Abisai, de domo David pacifice rediens, dolose peremptus est, sic Melcoma rex de curia Guillelmi regis cum pace remeans, a Molbraianis trucidatus est.

Margarita, Scotorum regina, tam tristi nuntio de morte viri perculsa, contremuit, omnesque regni sui proceres convocavit, eisque filios suos, Edgarum et Alexandrum et David commendavit, ac ut eos sicut filios regis honorarent, obsecravit. Susceptis autem precibus ejus cum ingenti favore a curia, jussit aggregari pauperum agmina, eisque pro amore Dei omnem thesaurum suum distribui, omnesque rogavit ut pro se, marito suo, proleque sua Dominum studerent deprecari. Hæc nimirum filia fuit Eduardi, regis Hunorum, qui fuit filius Edmundi cognomento Irnesidæ, fratris Eduardi regis Anglorum, et exsul conjugem accepit cum regno filiam Salomonis regis Hunorum. Generosa quippe mulier de sanguine regum proavis orta pollebat ; sed morum bonitate, vitæque sanctitate magis præcluebat. Denique competenter ordinatis rebus, et gazis distributis pauperum cœtibus, ecclesiam intravit, missam a capellanis celebrari rogavit. Sacris deinceps devote solemniis interfuit, et, post sacræ perceptionem eucharistiæ, inter verba orationis exspiravit.

Inter cætera bona, quæ nobilis hera fecerat, Huense cœnobium, quod servus Christi Columba, tempore Brudei, regis Pictorum, filii Meilocon, construxerat, sed tempestate præliorum cum longa vetustate dirutum fuerat, fidelis regina reædificavit, datisque sumptibus idoneis ad opus Domini monachis, reparavit.

Duas filias, Edith et Mariam, Christianæ, sorori suæ, quæ Rumesiensis abbatiæ sanctimonialis erat, educandas, sacrisque litteris imbuendas miserat. Illic diutius inter monachas enutritæ sunt, et tam litteratoriam artem quam bonorum observantiam morum edidicerunt, nubilemque ætatem pertingentes, solatium Dei devotæ virgines præstolatæ sunt. Nam utroque, ut dictum est, parente orbatæ, et fratrum, aliorumque amicorum seu parentum auxilio destitutæ, cuncta bene disponentis Dei clementiam sibi promptam auxiliatricem persensere. Alanus enim Rufus, Britannorum comes, Mathildem, quæ prius dicta est Edith, in conjugem sibi a rege Rufo requisivit, sed morte præventus, non obtinuit. Deinde Guillelmus de Guarenna, Suthregiæ comes, Mathildem expetiit; sed divinitus reservata, celebrius alteri nupsit. Henricus vero, adepto Anglorum regno, præfatam virginem desponsavit; ex qua Guillelmum Adelinum, et Mathildem imperatricem genuit. Mariam vero Eustachius, Boloniensis comes, conjugem accepit, quæ filiam ei unicam peperit, quam Stephanus, Moritoliensis comes, cum paterna hæreditate sibi sociavit.

Interfecto a Normannis Melcoma rege Scotorum, seditio de successione gravis orta est in regno eorum. Edgarus enim, primogenitus regis, paternos fasces jure assumpsit. Sed Dwnanaldus, frater Melcomæ regis, arrepta tyrannide, per aliquod tempus crudeliter ei restitit. Tandem strenuus juvenis a patruo suo peremptus est. Sed Alexander, ejus frater, occiso Dwanaldo, regnum sortitus est. Ultor itaque et successor fratris, aliquot annis Alexander regnavit, et filiam Henrici, regis Anglorum, ex concubina uxorem duxit. Moriensque sine liberis, David, fratri suo, regnum dimisit. Sic omnes isti fratres vicissim in Scotia regnaverunt, bonisque moribus et amore Dei pollentes, viguerunt, atque pro modulo suo, utpote adolescentes, virique sæculares, laudabiliter vixerunt.

David, autem minimus fratrum, sagaci consultu devitans atroces incursus Scotorum, expetiit curiam Henrici, regis Anglorum. Qui, dum intestina clades Scotos vexaret, et bellica rabie in sua viscera impacabiliter armaret, curiæ sororii sui inseparabilis inhæsit, et inter domesticos educatus pueros, crevit, regisque sapientis et potentis familiarem amicitiam promeruit. Unde ab illo præclara militiæ arma recepit, et multiplicibus exeniis muneratus, inter præcipuos optimates penes illum consedit. Filiam quoque Guallevi comitis, et Judith consobrinæ regis, uxorem duxit, binosque comitatus Northamtonæ et Huntendonæ, quos Simon Silvanectensis, comes cum præfata muliere possederat, habuit. Illa vero peperit ei filium, nomine Henricum, duasque filias, Clariciam et Hodiernam. Porro primogenitam ejus sobolem masculini sexus ferreis digitis crudeliter peremit quidam miserabilis clericus, qui ob inauditum, quod apud Northwigenas perpetraverat, acclus, oculorum privatione et pedum manuumque præcisione fuerat mulctatus. Illic enim quemdam sacerdotem, dum missam celebraret, post perceptionem sacramentorum, dum populus recessisset, ingenti cultello fortiter in alvo percussit, et intestinis horribiliter effusis, super aram mactavit. Hic, postmodum a David comite in Anglia pro amore Dei susceptus, et victu vestituque cum filia parvula sufficienter sustentatus, digitis ferreis, quibus utebatur, utpote mancus, biennem filium benefactoris sui quasi mulcere volens, immaniter pupugit, et sic, instigante diabolo, inter manus nutricis viscera lactentis ex insperato effudit. Prima itaque proles David sic enecata est. Igitur ad caudas quatuor indomitorum equorum innexus est, quibus in diversa valide trahentibus, ad terrorem sceleratorum disceptus est.

Anno ab Incarnatione Domini 1125, Alexander, rex Scotorum, vita exivit, et David, frater ejus, regni gubernacula suscepit. Melcofus autem, nothus Alexandri filius, regnum patruo præripere affectavit, eique duo bella satis acerrima instauravit. Sed David, qui sensu et potentia, divitiisque sublimior erat, illum cum suis superavit.

Anno ab Incarnatione Domini 1130, dum David rex in curia Henrici regis caute judicium indagaret, et de reatu perfidiæ, quam Goisfredus de Clintonia, ut dicunt, contra regem agitaverat, diligenter discuteret, Aragois, comes Morafiæ, cum Melcolfo et quinque millibus armatorum, Scotiam intravit, totamque regionem sibi subigere studuit. Porro Eduardus, Siwardi filius, qui sub Eduardo rege tribunus Merciorum fuit, princeps militiæ, et consobrinus David regis, exercitum aggregavit, et hostili repente exercitui obviavit. Tandem facta congressione, Aragois (23) consulem occidit, ejusque turmas prostravit, cepit atque fugavit. Deinde cum cohortibus suis, jam triumpho elatis, fugientes avide insecutus est, et Morafiam, defensore dominoque vacantem, ingressus est, totumque regionis spatiosæ ducatum, Deo auxiliante, nactus est. Sic David, aucta potestate, super antecessores suos exaltatus est, studioque ejus religiosis et eruditis personis regio Scotorum decorata est.

En, causa Scotorum, qui ab antiquis temporibus adhæserunt catholicæ fidei, et Christianæ gratanter servierunt simplicitati, inceptam epanalepsim aliquantulum protelavi. Sed nunc ad propositum nitor opus de nostris regredi.

XXI. *Conjurationes adversus Guillelmum Rufum in Anglia conflatæ.*

Plerique Normannorum, qui, divitiis labore aliorum quæsitis in Anglia ditati, nimis intumuerunt, ardentioris cupiditatis et superbiæ molesta inquietudine admodum stimulati sunt. Invidebant quippe et dolebant quod Guillelmus Rufus audacia et probitate præcipue vigeret, nullumque timens, subjectis omnibus rigide imperaret. Arrogantes ergo conglobati sunt, et in regem nefariam conspirationem fecerunt, fideique immemores quam domino suo promiserunt, in facinus proditionis turpiter prolapsi sunt.

Rodbertus, Rogerii de Molbraio filius, potentia divitiisque admodum pollebat; audacia et militari

(23) Lege *Angus*. Le Prévost.

feritate superbus, pares despiciebat, et superioribus obtemperare, vana ventositate turgidus, indignum autumabat. Erat enim corpore magnus, fortis, niger et hispidus, audax et dolosus, vultu tristis ac severus. Plus meditari quam loqui studebat, et vix in confabulatione ridebat. Hic nimirum CCLXXX villas in Anglia possidebat, quas Guillelmus, rex magnus, Goisfredo, Constantiniensi episcopo, dederat. Præfatus enim præsul nobilitate cluebat, magisque peritia militari quam clericali vigebat, ideoque loricatos milites ad bellandum, quam revestitos clericos ad psallendum magis erudire noverat. Conflictibus ergo contra Dacos et Anglos sæpe interfuit, et ingentes subactis hostibus possessiones obtinuit, quas moriens Rodberto, nepoti suo, comiti Nordanhimbrorum, dimisit.

Rodbertus autem, ut fines suos undique dilataret, et ditissimis contubernalibus affinitate potentum sibi copulatis robustior, ardua tentaret, Mathildem, generosam virginem, filiam Richerii de Aquila, uxorem ducit, quæ neptis erat Hugonis Cestrensis comitis, ex sorore nomine Judith. Hic itaque primus cum complicibus suis futile consilium iniit, et manifestam rebellionem sic inchoavit. Quatuor naves magnæ quas Canardos vocant, de Northwegia in Angliam appulsæ sunt. Quibus Rodbertus et Morellus, nepos ejus, ac satellites eorum occurrerunt, et pacificis mercatoribus quidquid habebant, violenter abstulerunt. Illi autem, amissis rebus suis, ad regem accesserunt, duramque sui querimoniam lacrymabiliter deprompserunt. Qui mox imperiose mandavit Rodberto ut mercatoribus ablata restitueret continuo. Sed omnino contempta est hujusmodi jussio, Magnanimus autem rex quantitatem rerum quas amiserant, inquisivit, et omnia de suo eis ærario restituit.

Deinde ad curiam suam Rodbertum accersiit. Sed ille venire noluit. Tunc rex, nequitiam viri ferocis intelligens, exercitum aggregavit, et super eum validam militiæ virtutem conduxit. Denique, ut rex finibus Rodberti appropinquavit, Gislebertus de Tonnebrugia, miles potens et dives, regem seorsum vocavit, et pronus ad pedes ejus corruit, eique nimis obstupescenti ait : « Obsecro, domine mi rex, ignosce quod deliqui, et ingens tuæ salvationis emolumentum insinuabo tibi. » Cumque rex miraretur et hæsitaret et intra se aliquantulum deliberaret, tandem supplicanti leniter ignovit, et promissum avidus exspectavit. Gislebertus ait : « Siste pedem, quæso, rex nobilis, et hanc silvam, quæ ante nos est, ne ingrediaris. Hostes enim illic in armis parati præstolantur, qui te nunc inquietare conantur. Contra te conspirationem fecimus, et mortem tuam jurejurando machinati sumus. » His auditis, rex substitit, ei præfato barone indicante, quod et qui fuerant proditores, agnovit.

Delusis itaque sicariis, qui regem occidere moliti sunt, armatæ phalanges prospere loca insidiarum pertransierunt, et munitissimum castrum, quod Babbenburg dicitur, obsederunt. Et quoniam illa munitio inexpugnabilis erat, quia inaccessibilis videbatur propter paludes et aquas, et alia quædam itinerantibus contraria, quibus ambiebatur, rex novam munitionem ad defensionem provinciæ, et coarctationem hostium construxit, et militibus, armis ac victualibus implevit. Conscii autem perfidiæ et fautores eorum, detegi verentes, conticuerunt, et metu exsangues, quia conatus suos nihil valere perpenderunt, regiis cohortibus immisti, ejus servitium, cujus exitum optaverant, prompte aggressi sunt. Interea, dum rex in armis cum agminibus suis ad bellum promptus constaret, et chiliarchos ac centuriones, aliosque proceres Albionis, cum subditis sibi plebibus, operi novæ munitionis indesinenter insistere compelleret, Rodbertus de propugnaculis suis contrarium sibi opus mœstus conspiciebat, et complices suos alta voce nominatim compellebat, ac ut jusjurandum de proditionis societate conservarent, palam commonebat. Rex autem, cum fidelibus suis hæc audiens, ridebat, et conscia reatus publicati mens conscios et participes timore et verecundia torquebat. Rege autem ad sua prospere remeante, et de moderamine regni cum suis amicis solerter tractante, Rodbertus, longæ obsidionis tædio nauseatus, noctu exsilivit, et de castro in castrum migrare volens, in manus inimicorum incidit. Captus itaque a satellitibus regis, Rodbertus finem belli fecit, et fere XXX annis in vinculis vixit, ibique, scelerum suorum pœnas luens, consenuit. Mathildis, vero uxor ejus, quæ cum eo vix unquam læta fuerat, quia in articulo perturbationis desponsata fuerat, et inter bellicas clades tribus tantum mensibus cum tremore viri toro incubuerat, maritali consolatione cito caruit, multisque mœroribus afflicta, diu gemuit.

Vir ejus, ut dictum est, in carcere vivebat. Nec ipsa, eo vivente, secundum legem Dei, alteri nubere legitime valebat. Tandem, permissu Paschalis papæ, cui res, a curiosis enucleata, patuit, post multos dies Nigellus de Albineio ipsam uxorem accepit, et pro favore nobilium parentum ejus, aliquandiu honorifice tenuit. Verum, defuncto Gisleberto de Aquila, fratre ejus, vafer occasionem divortii exquisivit, eamque, quia consanguinei sui conjux fuerat, repudiavit, et Gundream, sororem Hugonis de Gornaco, uxorem duxit (24). Morellus autem, domino suo vinculis indissolubiter injecto,

(24) Quis quantusque fuerit Nigellus iste de Albineio declarat genealogia sequens ex *monast. Anglic.* descripta : *Rogerus de Mowbrai*, inquit auctor, *qui fundavit abbatiam de Bellalanda, non tenuit cognomen patris sui Nigelli de Albaneio. Tempore regis Henrici filii Willielmi Bastard, cum is Angliam obtinuisset, Roberto Curthose fratre suo in partibus Je-*
rosolymitanis agente, fuerunt duo videlicet fratres de familia regis strenui viri, quorum unus fuit comes de Clara, alter comes Arundell, et tertius frater eorum fuit Nigellus de Albaneio, tunc adolescens, bonæ indolis et magnæ spei, portans arcum regis : qui cum miles factus fuisset, propter suam probitatem feofavit eum rex Henricus in primis de Egmanton in fo-

de Anglia mœstus aufugit, multasque regiones pervagatus, pauper et exosus in exsilio consenuit.

Exhilaratus nacto de rebellibus tropæo, rex amicos remuneratur, factiosos convenit, diversisque modis convictos punivit. Rogerium de Laceio, penitus exhæredatum, de Anglia fugavit, et hæreditatem ejus Hugoni, fratri ejus, qui fideliter justitiæ servierat, tribuit. Hugonem, Scrobesburensium comitem, privatim affatus corripuit, et acceptis ab eo tribus millibus libris, in amicitiam callide recepit. Sic et alios plures, ingentem pecuniæ massam accipiendo, castigavit, et pro nobilium reverentia parentum, qui talionem in Normannia recompensare possent, velle suum provide dissimulavit. Tunc Guillelmus de Auco palam de nequitia convictus fuit; quem rex luminibus privavit, et amputatis testiculis eviravit. Hoc nimirum Hugone Cestrensium comite pertulit instigante, cujus sororem habebat, sed congruam fidem ei non servaverat, quia secus eam trinam sobolem de pellice genuerat.

Consules et consulares viri nefandæ conjurationis gnari incentores erant. Sed prava conspiratione detecta, secum plura pertractantes erubuerant, et potentissimo eorum confracto, ne similiter quaterentur, cantabuerant. Porro hæc subtiliter rex comperiit, et consultu sapientum hujusmodi viris pepercit. Nec eos ad judicium palam provocavit, ne furor in pejus augmentaretur, iterumque in generale faciens contra rempublicam lacesserentur, et multa multis inde damna, pernicies et luctus publice gignerentur.

XXII. *Discordiæ et privata bella inter Normanniæ magnates.*

Anno ab Incarnatione Domini 1094, rebellium conatus in Anglia compressus est, et Guillelmus potens, nullo resistente, in sui regno patris confirmatus est. Verum Normannia, incolis unique territis et commotis, misere turbata est, et Rodbertus dux, seditionibus admodum sæviontibus, pro mollitie sua despicabilis effectus est. Tunc nimia guerra inter Guillelmum Bretoliensem et Ascelinum Goellum orta est. Cujus occasio talis est : Guillelmus, frater Goelli, juvenis miles, cuidam apud Paceium injuriam mulieri fecit. Unde conquerenti, Guillelmus Bretoliensis, ut justum principem decuit, de contumaci adolescente legitimam rectitudinem tenuit. Ascelinus igitur iratus est contra dominum suum, quod publice placitare cogeret fratrem suum. Non multo post, arcem de Ibreio ingeniosa fraude illi subripuit, et Rodberto, duci Normannorum, tradidit, a quo ille, ingenti pondere argenti dato, redemit. Postmodum inter illos pro hujusmodi furto immanis simultas furuit, et uterque alteri nocere concupivit.

Mense Februario [1092], Ascelinus Richardum de Monte Forti et familiam Philippi regis sibi ascivit, et Guillelmum, dominum suum, contra se ad pugnam venientem audacter excepit, vicit et comprehendit, et exercitum ejus, captis quibusdam militibus, fugavit. Hac itaque victoria elatus, nimis intumuit, dominumque suum, et Rogerium de Glotis, aliosque quos ceperat, crudeliter cruciavit. Nam, per tres menses, in castro Breherivallo eos in carcere strinxit, et multoties, dum nimia hiems sæviret, in solis camisiis, aqua largiter humectatis, in fenestra sublimis aulæ Boreæ vel Circio exposuit, donec tota vestis circa corpus vinctorum in uno gelu diriguit. Tandem, intercurrentibus amicis, pax inter eos facta est, ac tali tenore Guillelmus egredi de carcere permissus est, Isabel, filiam suam, Goello conjugem dedit, et tria millia librarum cum equis et armis, aliisque multis sumptibus erogavit,

resta sua, cum parcis et pertinentiis suis, quam villam post modicum tempus dedit Nigellus Roberto de Ayvile. Quod cum rex audisset, et inquisisset a Nigello utrum sic esset, respondit quod sic et quod rex tunc duos probos milites habuit, ubi antea habuit non præter unum. Approbavit rex factum, et feofavit eum de Vavaseria de Cauvil et de Vavaseria de Wivil. Præterea vero, reverso Roberto Curthose de Syria, audiens quod Willelmus rex Rufus frater ejus in futu decessisset, voluit coronari in regem et invenit Henricum fratrem suum coronatum. In processu temporis statuit cum eo pugnare apud Tenerchebray in Normannia ubi Nigellus de Albaneio occidit dextrarium ipsius Roberti Curthose, et ita captum reddidit regi Henrico. Tunc rex Henricus feofavit ipsum Nigellum de tota terra Roberti de Frontebovis in Anglia, qui relicto rege, se convertit ad Robertum Curthose.

Tunc temporis cepit Nigellus in uxorem filiam Hugonis de Gurnay in Normannia, nomine Gundredam, quæ fuit fundatrix abbatiæ de Bellalanda. Postea obsedit idem rex Henricus castrum unum in transmarinis partibus, quod Nigellus de Albaneio primo intrans cepit. Tunc proposuit rex ditare eum amplius, et dedit ei totam terram Rogeri de Molbray in Normannia, qui Rogerus fuit comes de Northumbria; et statim fecit saisinam de castro de Molbray, et de Castello de Bajocis et de castro de Cun cum magnis possessionibus et pertinentiis suis. Habuit autem tunc Nigellus sexies viginti milites feofatos in Normannia, et septem viginti feofatos in Anglia. Et cum cepisset breve domini regis de capienda saisina in comitatu Northumbriæ et incœpisset proficisci, infirmabatur apud Rothomagum. Post modicum tempus obiit, et sepultus est apud Rothomagum in Normannia. Cum vero Henricus rex dedisset dicto Nigello terram Rogeri de Molbray, præcepit ut filius et hæres ejus cognomen haberet de Moubray.

Filius et hæres dicti Nigelli de Albaneio fuit Rogerus de Molbray, qui fundavit abbatiam de Bellalanda et plura alia loca sancta. Hic cruce signatus ivit in terram sanctam, et captus a Saracenis redemptus fuit per militiam Templi, et mortuus in terra sancta sepultus est apud Sures. Filius Rogeri de Molbray primogenitus fuit Nigellus de Molbray qui ei successit. Hic Nigellus uxorem cepit Mabilliam, et genuit ex ea quatuor filios, Willielmum, Robertum, Philippum et Rogerum. Postea idem Nigellus cruce signatus obiit in mari Græco, in dolio in mare projectus, continente qualis vir fuerit. Willielmus vero primogenitus et hæres... genuit Nigellum et Rogerum. Nigellus vero duxit in uxorem filiam Rogeri de Canevilla, obiit apud Nauntis absque hærede et sepultus est apud Novum-Burgum, etc. (Monast. Anglic. t. I, p, 775.)

Dom BOUQUET, lib. VIII, p. 653.

et arcem de Ibreio promisit. His ita compositis, Guillelmus liber exstitit. Sed pax quam pepigerant, parum duravit.

Sequenti anno, Guillelmus, inquietudine stimulante, guerram iteravit, et munitionem in cœnobio monachorum, quod Rogerius de Ibreio in honore sanctæ Mariæ construxerat, militibus suis constituit. Porro Goellus, qui arcem tenebat, copiam militum conduxit, ad cœnobium, quod tunc spelunca latronum, proh dolor! effectum fuerat, appropinquavit, et æstivis ardoribus circa Pentecosten torrentibus, acriter impugnavit, ignem injecit, et edacibus flammis basilicam et ædes monachorum cum supellectili sua consumpsit. Tunc Guillelmus Alis, et Ernaldus, Popelinæ filius, aliique octo milites capti sunt, qui diu Goelli crudelitatem in ejus carcere nimis experti sunt. Guillelmus autem Britoliensis fugiendo vix evasit, ultionemque de tantis injuriis summo nisu concupivit. Dives herus, intrinsecus nimio dolore punctus, irascebatur quod homo suus contra se tanta vi grassabatur, et vires ejus per tres annos redemptionibus captorum, spoliisque pagensium nimis augebantur. Tandem Philippo, regi Francorum, DCC libras pepigit, et Rodberto, duci Normannorum, aliisque pluribus ingentem pecuniam promisit, si fideliter sibi adminicularentur, et hostiles copiæ subigerentur.

Igitur, Quadragesimali tempore [1094] rex Franciæ et dux Normanniæ Brehervallum obsederunt, ibique fere duobus mensibus laboraverunt. Illuc presbyteri cum parochianis suis vexilla tulerunt, et abbates cum hominibus suis coacti convenerunt. Illuc Rodbertus Belesmensis ingeniosissimum artificem adduxit, cujus ingeniosa sagacitas ad capiendam Jerusalem Christianis profecit. Hic machinas construxit, contra munimentum hostile super rotulas egit, ingentia saxa in oppidum et oppidanos projecit, bellatores assultus dare docuit, quibus vallum et sepes circumcingentes diruit, et culmina domorum super inhabitantes dejecit, tantisque calamitatibus adversarios ad deditionem coegit.

Vetus odium inter Rodbertum et Goellum diu pro antiquis reatibus inoleverat, idemque Rodbertus, ut tempus ultionis opportunum viderat, Guillelmum Bretoliensem consilio et auxilio, plus quam omnes alii pares sui, adjuverat. Goellus autem probus et callidus, et prædo malignus, ecclesiarumque violator erat. Nobiles et animosos parentes habebat, quorum adminiculis Brehervallum in deserta et silvestri regione castrum firmaverat, et magnanimitate subsidiisque tanta præliorum pondera strenue pertulerat. Denique, ut tam magnos principes et animosos sibi summopere adversari prospexit, pacem a domino socero suo petiit, et, gaudente Guillelmo, impetravit, eique tunc, regibus et ducibus diu vexatis, arcem de Ibreio honorifice reddidit.

Hæc nimirum est turris famosa, ingens et munitissima, quam Albereda, uxor Radulfi, Bajocensis comitis, construxit, et Hugo, Bajocensis episcopus, frater Joannis, Rothomagensis archiepiscopi contra duces Normannorum multo tempore tenuit. Ferunt quod præfata matrona, postquam multo labore et sumptu sæpefatam arcem perfecerat, Lanfredum architectum, cujus ingenii laus super omnes artifices, qui tunc in Gallia erant, transcenderat, qui, post constructionem turris de Pedveriis, magister hujus operis exstiterat, ne simile opus alicubi fabricaret, decollari fecerat. Denique ipsa pro eadem arce a viro suo perempta est, quia ipsum quoque ab eadem munitione arcere conata est. En volubilis fortuna quotidie rotatur, et mundi status variabiliter agitatur. Insipiens nimis excæcatur, qui talia videt assidue, nec castigatur; sed confidit in eo, qui cito præcipitatur. Mortalis mortalem in mortem impellit, parique cursu sequitur illum, quem in exitium præmisit, meritoque sibi, vel aliis, suffragari posse, proh dolor! amittit.

Pace facta inter pugnaces adversarios, multis gaudentibus, solus Rodbertus Belesmensis admodum fuit iratus, quia ipse ad consilium pacis, ne impediret, non fuerat invitatus, qui præcipuus præsederat ad bellicos apparatus, ut atrox et protervus hostis confunderetur superatus. Rodberti enim argutiæ et vires formidandæ super omnes alios prævaluerunt, et insignem sensu militiaque prædonem mirandis machinationibus terruerunt. quem antea reges et duces, in asylo suo ludentem, et inimicos multis versutiis subsannantem a cachinnis cohibere nequiverunt. Denique præfatus miles, ut concordiam inter discordes factam cognovit, cuneos suos protinus convocavit, nullique fraudem sui cordis detegens, festinanter remeavit, et ad Sanctum Cerenicum super Rodbertum Geroianum ex improviso convolavit. Municipes autem, Rodbertum in expeditione generali cum duce putantes, exierant, et sparsim per agros securi pro libitu suo discurrebant. Cumque vafer insidiator cum copiis suis repente, irrueret, et oppidum ingredi, castellanosque sibi subire satageret, Geroianus nutu Dei hostilem impetum prævenit, et munitionem cum suis celeriter intravit, et Belesmensis, quod velle suum de capiendo castro frustratum est, doluit. Deinde ad prædandum sese convertit, unum militem occidit, et plurima damna fecit. Sic nequitia ejus et fraus detecta est, et exinde manifesta guerra inchoata est. Geroianus autem Goisfredum de Madenia, et Guillelmum de Silleio, aliosque plurimos auxiliatores habuit, totamque circa Aiencionem, per tres menses, provinciam devastavit. Henricus, Guillelmi Magni, regis Anglorum, filius, Danfrontem possidebat, et super Rodbertum, cui præfatum castellum abstulerat, imo super fratres suos, regem et ducem, guerram faciebat, a quibus extorris de cespite paterno expulsus fuerat.

In initio mensis Julii, [1094] Rodbertus Geroianus cum familia Henrici, aliisque commanipularibus suis expeditionem fecit, et ingenti præda direpta, hostes cum copiis suis insectari cœpit. Cumque

Geroianus auxiliaros suos ad sua properantes conduceret, et alacriter confabulando cum notis et amicis, longius iret, subito rumor ortus est, quod occisus esset. Mox dolor ingens omnes perculit, et terribilis clamor in castro personuit. Castrenses expalluerunt, et omne consilium ac virile robur amiserunt. Pagarius itaque de Mondublel, et Rotro de Monteforti, aliique muniones castri defecerunt; ac, ut Belesmensi faverent, sicut quidam ferunt, nemine cogente, castrum sine defensore deseruerunt. Radegundis autem uxor, tam diris perculsa rumoribus, expalluit, et in castro certitudinem rei cum suis præstolari decrevit. Sed sola mulier contra procaces viros, quod sibi bonum videbatur, defendere non potuit. Porro, illis de castro egredientibus et impudenter vociferantibus, Rodbertus Belesmensis, comperta hujusmodi re, statim adfuit, munitionem propugnatore vacuam reperit, facile intravit, penitusque spoliavit, flammisque reliqua concremavit. Ingressi castrum, lebetes super ignes ferventes invenerunt, carnibus plenas, et mensas mappulis coopertas, et escas cum pane super appositas, Sagienseque monachi brachium sancti Cenerici de ecclesia tulerunt, et in Sancti Martini cœnobium reverenter transtulerunt. Nam reliqua pars corporis ejus in Castello Theodorici super Maternam fluvium servatur, et a Gallis celebri devotione venerantur excolitur.

Cumque Geroianus ab amicis lætus reverteretur, et de damno inimicis iterum inferendo frustra meditaretur, quia nulla potentia mortalium longa est, adversis rumoribus perceptis, ex insperato confractus est. Sic nobilis miles protinus exhæredatus est, et extraneorum hospitia exsul repetere coactus est. Eodem anno, Radegundis, uxor ejus, proba femina et honesta, defuncta est. Quam paulo post Guillelmus infans, filius ejus, moriendo secutus est, quem Rodbertus Belesmensis obsidem habuerat, et per manus Rodberti de Poileio, ut dicunt, veneno exstinxerat. Geroianus itaque, tot infortuniis læsus, ad amicos confugit, auxiliumque petivit, solatioque parentum et amicorum corroboratus, spem ad meliora erexit. Deinde castellum sequenti anno [1095] super Montem Acutum firmavit, acerrimamque ultionem contra Belesmensem exercuit. At ille, nimis furens, ad ducem cucurrit, multisque questibus ac promissis excivit, atque ad obsidendum Montem Acutum cum exercitu Normanniæ adduxit. Tunc Ganfridus Madeniensis, aliique optimates Cenomannorum, ducem convenerunt, eique pro Geroiano, cognato scilicet suo, blande supplicaverunt. A quo protinus, quia flexibilis erat ad misericordiam, impetraverunt ut castrum, quod nuper constructum fuerat, dirueretur, eique tota hæreditas ejus cum pace restitueretur. Quod et ita factum est. Sicut post nimiam tempestatem serenitas redit, homines lætificat, sic divina justitia reos plerumque verberat, et clemens bonitas afflictos mitigat, et pœnitentes justificat, purgatosque pie remunerat.

Geroianus itaque, multis calamitatibus eruditus, Deo gratias egit, cujus ope post multos agones pristinum honorem recuperaverit, et fere xxx annis postmodum inter læta et tristia vitæ cursum peregit. Feliciam vero, Guarnerii de Coneraia filiam, conjugem accepit, quæ tres filios, totidemque filias peperit, Guillelmum scilicet et Rodbertum ac Matthæum; Agatham, Damatam et Avelinam.

XXIII. *Robertus Belesmensis Uticenses monachos vexat.*

Belesmensis munio novum castellum totis nisibus destruere studuit, et pagenses de omni potestate sua et vicinitate ad angariam cœptæ dejectionis compulit. Et quia homines Sancti Ebrulfi ad dissipationem castri non adfuerunt, quia ditioni ejus subdi minime debuerunt, vehementer contra monachos intumuit, et per unum annum ingentia damna eis intulit. Homines sancti Patris Ebrulfi ad suorum opera castrorum violenter cogebat. Diffugientium vero prædas diripiebat, et ipsum cœnobium se destructurum crudeliter minabatur, nisi omnino sibi, ut domino, in omnibus manciparentur. Denique in tantum crevit ejus vesania, ut pene omnes ecclesiasticæ possessiones in vicinio, ejus depopularentur insolentia. Unde monachi claustrales gravi arctati sunt penuria, et Rogerius abbas compulsus est Guillelmi regis subsidium deposcere in Anglia, ad usus egenorum, quibus tyranni depopulatio alimenta sustulerat necessaria. Aliis quoque Dei famulis, qui sub eo, vel in ejus vicinio crudeliter imminebat, eosque pluribus damnis et afflictionibus absque misericordia sæpe contristabat. Hoc Sagienses et Troarnenses, hoc etiam attestantur Cenomannenses, qui per ejus sævitiam et injustas exactiones frequenter ira tristitiaque expalluere lugentes.

Sagiense quoque episcopium Rodbertus contra jus et fas comprimebat, et Guillelmo Belesmensi avo ejus a Richardo duce datum asserebat, et multis oppressionibus ac detrimentis ecclesiasticas possessiones valde aggravabat. Unde venerandus Serlo episcopus eum excommunicavit, et pontificali rigore totam terram ejus interdixit; ne divinum ibidem officium celebraretur, nec mortuorum corpora humarentur (25).

Rodbertus autem, qui pro duritia jure Talava-

---

(25) Hujusmodi censuram Ivoni Carnotensi haud omnino probatam fuisse, discimus ex ejusdem epist. 120 : *Si injuste*, inquit, *vobis a Sagiensi episcopo divinum officium interdictum est, displicet mihi tam propter facientem quam propter patientem. Sed quia non debeo facere proximo quod nollem ab eo pati; ne miremini si chrisma quod a nobis petitis, ad præsens non accipiatis. Lex est enim ecclesiastica, ut qui interdicti vel excommunicati sunt ab una ecclesia, non recipiantur ab alia.*

Dom Bouquet, lib. viii, p. 656.

ejus vocabatur, induratus ut Pharao, pontificalibus plagis sive unguentis non emolliebatur, sed ad omne nefas quotidie detestabiliter augmentabatur. Ipse, sicut Ismael, contra omnes vicinos manus armatas atrociter erigebat, monachos et clericos et inerme vulgus sæva tyrannide terrebat, et damnis contumeliisque frequenter illatis miserabiliter affligebat. Temporibus illis principalis censura super illum prævalere nequibat, quem sæcularis potentia nimium extollebat, et malorum immanitas morum intolerabilem familiaribus, amicis et clientibus faciebat. Homines privatione oculorum et amputatione pedum manuumve deformare parvipendebat, sed inauditorum commentatione suppliciorum in torquendis miseris, more Siculi Phalaris, tripudiabat. Quos in carcere pro reatu aliquo stringebat, Nerone, seu Decio, vel Diocletiano sævior, indicibiliter cruciabat, et inde jocos cum parasitis suis, et cachinnos jactabundus exercebat. Tormentorum, quæ vinctis inferebat, delectatione gloriabatur, hominumque detractione pro pœnarum nimietate crudelis lætabatur, magisque affectabat supplicia miseris inferre, quam per redemptionem captivorum pecunias augere. Plerumque de vinculis ejus, auxiliante Deo, multi evaserunt, suasque postmodum injurias fortiter ulti sunt; pro quibus, si, humana ratione et clementia tactus, voluisset, ingentem censum et honorifica percipere servitia potuisset. Terribilis multis, multos metuebat, et quia plures, conscientia mordaci stimulante, suspectos habebat, nocte dieque meticulosus in ærumnis utique laborabat, sibique vix aliquem fidum credebat. Miles quidem magnus erat in armis et acerrimus, ingenio et eloquentia cum fortitudine pollebat. Sed nimio tumore et crudelitate omnia polluebat, scelerumque nefaria congerie dona, sibi divinitus præstita, obscurabat. Ob insolentiam et cupiditatem plurima contra collimitaneos prælia cœpit, sed sæpe victus, cum damno et dedecore aufugit.

Hoc bene noverunt Corbonienses et Cenomannenses. Normanni affines, proximique Oximenses, qui, tyranno fugiente, facti sunt victores. Hoc feliciter experti sunt Goisfredus, Moritoniæ comes, et Rotro filius ejus; Helias quoque Cenomannensis, aliique affines, quibus ipse semper infestus detrimenta moliebatur, sed, judicante Deo, duriora jure patiebatur. Triginta quatuor castella munitissima possidebat, multisque millibus hominum dominatu præeminebat. Hugo tamen de Nonanto, pauper oppidanus et vicinus, multis annis ei restitit, et ingentia damna injuriasque frequenter intulit.

Agnetem, filiam Guidonis Pontivi comitis, uxorem habuit, quæ Guillelmum Talvatium, totius honoris ejus hæredem, peperit. Sævus maritus generosam conjugem, non, ut decuit, propter dilectam

(26) Anno 1075, secundum Le Prévost.
(27) Rogerius, ducta in uxorem Almodi Bosonis III, Marchiæ comitis, anno 1091 defuncti, so-

sobolem honoravit; imo multis eam afflictionibus, ut odibilem ancillam, constristavit. Quinetiam multo tempore in arce Belesmensi, velut latronem, custodiæ mancipavit. Tandem, auxilio industriaque fidelis cubicularii erepta, de carcere clanculo exivit, et ad Adalam, Carnotensem comitissam, confugit, et inde, nunquam ad tyrannum reditura, in Pontivum secessit.

Diris conatibus et tergiversationibus præfati lanionis Neustria sæpe turbata est, et Cenomannica regio vicinitasque circumjacens prædis ac cædibus incendiisque feraliter profligata est. Episcopatus et cœnobia super illo ad Dominum Sabaoth clamaverunt, in quorum terris castella violenter consita sunt, et possessiones Sanctorum temeraria invasione ejus diminutæ vel spoliatæ sunt, Uticenses vero monachi, post multa damna et labores, metusque, guerram ejus ferre non potuerunt. Unde coacti, dicam per totam terram suam, quæ hactenus a malis consuetudinibus libera fuerat, fecerunt, et LX libras Cenomannensium de censu pagensium Rodberto dederunt, ne monasterium et colonos ejus ulterius vexaret, sed in pace Dei cultores legali theusebia tripudiare sineret. Alii quoque monachi et inermes clerici simili pretio se redemerunt, datisque magnis sumptibus frendentem tyrannum sibi placaverunt, quia tunc ingentem sævitiam ejus reges seu duces principali censura corrigere ad quietem ecclesiarum, negaverunt.

XXIV. *Vita et mors religiosa quorumdam militum. De Anfrido primo abbate Pratellensi. Abbates, prælati et monachi virtutibus et doctrina illustres.*

In diebus illis, antiqui optimates, qui sub Rodberto duce, vel filio ejus Guillelmo rege, militaverunt, humanæ conditionis more hominem exuerunt. Rogerius de Monte Gomerici apud Scrobesburiam monachile schema devotus suscepit, et in basilica Sancti Petri apostoli, quam extra urbem inter duo flumina, Meolam et Sabrinam, condidit, tribus diebus in colloquiis divinis et oratione inter servos Dei permansit. Tandem, VI Kalendas Augusti (26), mortuus est, et in basilica Sancti Petri sepultus est, postquam Hugo de Monte Gomerici, filius ejus, comes in Anglia factus est, et Rodbertus de Belismo totum honorem ejus in Normannia nactus est.

Porro Rogerius Pictavinus et Arnulfus, Philippus et Ebrardus de paterna hæreditate nihil habuerunt; quia duo priores, ut dictum est, Rodbertus et Hugo, citra mare et ultra, totum patris jus obtinuerunt. Rogerius tamen et Arnulfus, qui militiæ probitatisque titulis inter contubernales valuerunt, consilio patris, suaque procuratione, generosas conjuges acceperunt (27), et ambo comites, potentia divitiisque pollentes, aliquandiu floruerunt. Sed ante

rore ac hærede, sedem Carrosi in Pictavia cum primum fixisset, Pictavinus inde cognominatus est. In Angliam deinde a Guillelmo II rege accersitus, mortem, pro perfidia sua, honores adeptos perdiderunt. Philippus autem et Ebrardus litterarum studio, et... pueritia (28) labentis vitæ cursum, sategerunt varia. Philippus enim cum Rodberto duce peregre profectus est, et Antiochiæ mortuus est. Ebrardus vero, qui de Adelaide comitissa natus est, in capella Henrici regis clericali officio inter mediocres functus est.

Rogerius quoque de Bellomonte, sapiens et modestus heros, qui dominis suis ducibus Normanniæ fidelis semper exstitit, in cœnobio Pratellensi, post emeritæ militiæ tempus, colla monachatui submisit. Illud enim Unfredus de Vetulis, pater ejus, in proprio fundo fundaverat, et ipse post patris obitum multis possessionibus et ornamentis ditaverat. Ibi Rodbertus de Bellomonte, filius Unfredi, quem Rogerius de Clara occiderat, tumulatus quiescit, et ipse Rogerius jam senex, frater ejus, post aliquot annos conversionis suæ bono fine quievit. Filios vero suos, Rodbertum et Henricum, honoris sui censatos hæredes dereliquit, quos in hoc sæculo gratia Dei multum sublimavit. Amicitia siquidem et familiaritate regum, comitumque potentium illustrati sunt. Generosis et facundis conjugibus et insigni prole utriusque sexus, multisque divitiis cum honoribus ditati sunt. Rodbertus enim comitatum de Mellento in pago Vilcasino hæreditario jure post Hugonem, Adelinæ matris suæ fratrem, possedit, et in Anglia comitatum Legecestriæ, cum aliis pluribus et gazis, Henrici regis dono feliciter obtinuit. Henricus autem, frater ejus, strenuitate sua et legalitate comitatum de Guarewico promeruit, et elegantem Margaritam, Goisfredi Moritoniæ comitis filiam, conjugem accepit; cujus religionis et honestatis fama celebris habetur, et longe lateque in vicinis regionibus inter præcipuas mulieres divulgatur. Hæc marito suo Rogerium et Rodbertum de Novoburgo peperit, quorum sublimitas in Anglia et Neustria tempore Henrici regis præcipue fulsit. Præfati consules Pratellense monasterium jure dilexerunt, et multis opibus locupletatum honoraverunt, quod antecessores eorum in optimo loco prope portum maris et Pontem Aldemari, ubi rapide pontum Risela petit, construxerunt. Ibi monachi ad laudem et cultum omnipotentis Dei divinitus convocati sunt, et a religiosis ac sapientibus pædagogis regulari disciplina pie instituti sunt.

Primus abbas Pratellensis ecclesiæ, quis, quantusve fuerit, epitaphium, quod in claustro super tumulum ejus nitescit, ad ostium basilicæ in australi climate sic intuentibus perspicue ostendit :

Ecce sub hac tumba tegitur, sine felle, columba,
Abbas Anfridus, vir probus atque pius.
Pervigil implebat quod lex divina jubebat,
Ejus consilium quæ fuit, et studium.
Debilibus, dubiis, cæcis, claudis, peregrinis,
Tectum, pes, oculi, consilium, baculus.
Triginta Phœbus, dum decidit iste, diebus,
Torruerat pisces, cui Deus esto quies.

Richardus autem de Furnellis moderno tempore idem monasterium rexit, quem Rodbertus Tumbaleniensis ad monachatum Bajocis ecclesia Sancti Vigoris suscepit. Verum Odone præsule, qui novi cœnobii fundator erat, in carcere Guillelmi regis gemente, et Rodberto sophista Montem Sancti Michaelis de Periculo Maris, unde cœnobita erat, repetente, seu potius in Latias partes, ut supra retuli, migrante, nova constructio et imperfecta celeriter dissipata est; et concio fidelium, quæ illuc confluxerat de diversis locis, rectore carens, cito dispersa est. Richardus itaque, unus ex illis, divinis litteris eruditissimus fuit, et in tanta devastatione teneri gregis religiosos sophistas quæsivit, in quorum contubernio, dogmatibus almis inhærens reverenter habitavit.

Ea nempe tempestate in Normannia florebant Anselmus Beccensis, Gerbertus Fontanellensis, Gontardus Gemmeticensis, aliique plures, in templo Dei lucentes lucernæ, a quibus insigniter illustratus, salubris hauriebat ubertatem doctrinæ. Defuncto autem Goisfredo abbate, Richardus ad regimen Pratellensis abbatiæ electus est ; quod Rodberti ducis et Henrici regis tempore fere XXIV annis tenuit, ibique defunctus est. Hic in divinis codicibus apprime studuit, in via Dei, per antiquorum vestigia Patrum psallens, ab adolescentia cucurrit, famelicisque pueris ænigmaticum panem in domo Domini benigniter fregit, manumque tendentibus alacriter et ubertim distribuit, torpentibus quoque et recusantibus ut mandarent vim intulit. Commentarium super Genesim Mauricio, Sancti Launomari Blesensium eruditissimo abbati, edidit, et aliud domno Adelelmo, eruditissimo presbytero, conscripsit, Flavicensi quidem monacho, qui cum Fiscannensibus Sanctæ Trinitati reverenter militans, consenuit. Egregio Cluniacensium abbati, Pontio, eximiam explanationem super parabolas Salomonis contexuit, aliisque venerabilibus personis Ecclesiastem et Cantica canticorum ac Deuteronomium luculenter exposuit, multosque tractatus super obscura prophe-

---

Lancastriæ ibi comitatum obtinuit : quod quidem anno haud serius 1034 contigit, ut patet ex sequenti charta ab Ægidio Bry in historia comitatuum Alenconii et Pertici, p. 83 descripta : *Notum sit omnibus... quod Rogerius comes cognomine Pictavius, anno ab Incarnat. Dom. 1094 pro sua suorumque tam prædecessorum quam futurorum animabus, Domino Deo et S. Martino, fratribusque in cœnobio Sagiensi et in præsenti et in futuro degentibus.... in eleemosynam donavit ecelesiam de Lancastro cum omnibus ad eam pertinentibus. Postmodum vero ab Henrico I, Guil-* *lelmi fratre ac successore ob rebellionem anno 1102 honoribus spoliatus atque ex Anglia ejectus, in Aquitaniam una cum uxore reversus est. Arnulfus autem Pembrochii comes creatus, Lafracotum Hiberniæ regis filiam in matrimonium duxerat, quam ob causam, socero mortuo, Hiberniæ regnum, sed irritis conatibus, affectavit.*

Dom Bouquet, lib. VIII, p. 657.

(28) Turbatus locus et qui vix intelligi potest etiam si *peritia* pro *pueritia* admitteretur uti proponit vir doctus A. Le Prévost.

tarum problemata allegorice seu tropologice disseruit.

Nicolaus levita et abbas sancti præsulis Audoeni, tertii Richardi, ducis Normannorum, filius fuit, multaque benignitate et charitate, aliisque virtutibus floruit, et in Ecclesia Dei usque ad quartum annum post mortem Guillelmi regis, consobrini sui, specialiter effulsit. Hic, compellente Rodberto duce, patruo suo, puer monachus in cœnobio Fiscannensi sub Joanne abbate factus est. Sed, post aliquot annos, a Guillelmo duce ad præfatæ regimen abbatiæ in adolescentia assumptus est. In regimine vero positus, subjectis intus externisque magis prodesse quam præesse studuit. Et postquam, adorato in Jerusalem sepulcro Domini, remeavit, quinquagesimo sexto regiminis sui anno IV Kalendas Martii obiit, et in ecclesia Sancti Petri apostoli, quam ipse a fundamentis cœperat, ante altare Sanctæ Dei genitricis Mariæ sepultus, esse melius in resurrectione exspectat. Super istum structura, de lignis pulchre depictis condita, nitescit, cujus in culmine Mauricius cœnobita hujusmodi epitaphium litteris aureis eleganter inseruit:

Hic amor et pietas, monachorum flos et honestas,
Deponens artus, Domino vivit Nicolaus.
Rexit amore gregem, quam cernis condidit œdem.
Hæc lux occubuit, dum pisces Phœbus adurit.

Helgotus, Cadomensis prior, eruditione et virtutum exercitio pollens, venerabili Nicolao subrogatus est, et gubernaculo abbatiæ Sancti Audoeni fere XX annis potitus est. Cujus tempore, conventus ejusdem ecclesiæ numero et religione laudabiliter auctus est. Tunc Gislebertus, quidam laicus, de Jerusalem Rothomagum venit, et a præfato Patre ad monachatum susceptus, ecclesiæ suæ digniter profecit. Opus enim basilicæ, quod jamdudum admiranda magnitudine intermissum fuerat, assumpsit; ibique pecuniam Alberadæ Grossæ, dominæ suæ, quæ, in via Domini moriens, thesaurum ei suum commendaverat, largiter distraxit, et inde, aliorum quoque fidelium subsidiis adjutus, insigne opus perficere sategit. Helgoto autem abbate XII Kalendas Decembris defuncto, et ante altare Sancti Stephani protomartyris sepulto, quod in vestibulo, in aquilonali plaga est, Gullelmus Balotensis, ejusdem ecclesiæ a pueritia monachus, in ordine regiminis per annos fere XIV subsecutus est. Ipsius quidem tempore, basilica ingens olim a Nicolao cœpta, vix in annis LX consummata est, et a Goisfredo archiepiscopo, cum aliis pluribus prælatis et subditis, XVI Kalendas Novembris dedicata est.

Eodem anno [1126] Guillelmus abbas obiit, et Ragemfredus, ejusdem monachus ecclesiæ, regimen suscepit. Cujus tempore claustrum, cum aliis monachorum officinis consummatum, specialiter emicuit. Tunc Fulbertus, archidiaconus et decanus Rothomagensis, ægrotavit, et monachile schema devotus suscepit. Defunctus autem, in claustro Sancti Audoeni ante capitulum tumulatus est, et albo lapide decenter coopertus est. Titulus vero, qualis fuerit, illic ita insculptus, ostendit:

Gloria metropolis, cleri decus et diadema
Morte tua, Fulberte, ruit. Ruit illa profunda
Fontis inexhausti sapientia, lingua diserta.
Metropolitanus fuit archidiaconus iste,
Canonicus primum, postremo cœnobialis.
Quarta dies erat ante diem quo claruit orbi
Virgine de sacra Christus, cum tanta columna
Decidit Ecclesiæ, nulli pietate secundus.

Felici patrum decessione in Christo migrantium, pius in terris mœret amor filiorum; qui, quamvis eos regnum indubitanter speret ascendere supernum, affectuose tamen absentiam plangit eorum, metuens nimiam desolationem hic exsulantium. Verum divina pietas Ecclesiam suam crebro visitat, et invisibili actu dulcedinis suæ consolatur, ne in via deficiat, quotidieque, missis ad eam fortibus agonothetis, ad luctam corroborat. Hinc ait Propheta: *Pro patribus tuis nati sunt tibi filii* (Psal. XLIV, 17). Apostolis enim astra transvolantibus apostolici doctores successerunt, [qui verbis et operibus, in atriis Jerusalem stantes, fulserunt, Deoque suorum fructus laborum huc usque acceptabiles offerunt. En, abundante iniquitate in mundo, uberius crescit fidelium in religione devotio, et multiplicata seges in agro surgit Dominico. In saltibus et campestribus passim construuntur cœnobia, novisque ritibus variisque schematibus trabeata, peragrant orbem cucullatorum examina. Albedine in habitu suo præcipue utuntur, qua singulares ab aliis, notabilesque videantur. Nigredo in plerisque locis sanctæ Scripturæ humilitatem designat. Quem idcirco colorem, religiosorum fervor hactenus gratanter gestat. Nunc autem nigredinem, qua prisci Patres, tam regulares, clerici in cappis, quam monachi in cucullis, ob humilitatis specimen, usi sunt, moderni, tanquam ob majoris justitiæ ostentationem, abjiciunt; inusitata quoque pannorum sectione suorum, ab aliis discrepare appetunt. Voluntaria paupertas, mundique contemptus, ut opinor, in plerisque fervet ac vera religio, sed plures eis hypocritæ seductoriique simulatores permiscentur, ut lolium tritico. Paganus, Carnotensis canonicus, cognomento Bolotinus, pulchrum carmen Adonico metro nuper edidit, in quo palliatas horum hypocrisi superstitiones subtiliter et copiose propalavit.

XXV. *De novis monachorum vestibus. Quomodo et a quibus inventæ fuerint.*

Ego autem in præsenti chronographia nunc nitor palam enucleare qualiter et a quibus antiqui schematis mutatio nuper cœperit pullulare, quoniam posteris lectoribus hoc autumo gratum fore.

In Burgundia locus est, qui dicitur Molismus. Unde Rainaldus ait, Lingonensis episcopus:

Et quasi baptismus, quibus est in amore Molismus.

Ibi, tempore Philippi, regis Francorum, venerabilis Rodbertus abbas cœnobium condidit, et inspirante gratia Spiritus sancti, discipulos magnæ religionis aggregavit, studioque virtutum in sancta paupertate, juxta usum aliorum cœnobiorum, comiter instruxit. Post aliquot annos, Sancti Benedicti Regulam diligenter perscrutatus est, aliorumque sanctorum documentis Patrum perspectis, convocans fratres, sic affatus est : « Nos, fratres charissimi, secundum Normam sancti Patris Benedicti professionem fecimus. Sed, ut mihi videtur, non eam ex integro tenemus. Multa, quæ ibi non recipiuntur, observamus, et de mandatis ejus plura negligentes intermittimus. Manibus nostris non laboramus; ut sanctos Patres fecisse legimus. Si mihi non creditis, o amici, legite gesta sanctorum Antonii, Macarii, Pacomii et ante omnes alios, doctoris gentium, Pauli apostoli. Abundantem victum et vestitum ex decimis et oblationibus ecclesiarum habemus, et ea quæ competunt presbyteris, ingenio seu violentia subtrahimus. Sic nimirum sanguine hominum vescimur, et peccatis participamus. Laudo igitur ut omnino Regulam Sancti Benedicti teneamus, caventes ne ad dexteram vel ad sinistram ab ea deviemus. Victum et vestitum labore manuum nostrarum vindicemus. A femoralibus et staminiis, pelliciisque secundum Regulam abstineamus. Decimas et oblationes clericis, qui diœcesi famulantur, relinquamus. Et sic, per vestigia Patrum, post Christum currere ferventer insudemus. »

His dictis, monachorum conventus non acquievit imo prædecessorum, quorum vita evidentibus miraculis insignita manifeste refulsit, exempla et instituta, venerabilium vestigiis trita virorum, moderatis novitatibus objecit. « Viam, inquiunt, vitæ, qua sancti Patres olim in Gallia religiose vixerunt, quorum sanctitatem Deo placitam in vita et post humationem prodigia contestata sunt, juxta ritum et traditiones eorum jamdiu observavimus, et usque ad mortem toto conatu conservare peroptamus. De hoc, quod redarguimus a te, Pater venerande, quia exorbitamus a rigore monachilis Regulæ, nec aspero gradimur Ægyptiorum Patrum tramite, qui in Thebaida, et sancta in terra commorabantur inter barbaros antiquo tempore, necessariam rationem subtili considera examinatione. Nullus doctor jure cogit fideles omnia pati pacis tempore, quæ sancti martyres compulsi sunt in persecutionibus paganorum tolerare; quoniam nec ipsi eadem ante pressuram impiorum ultro perpessi sunt, quæ, necessitate postmodum cogente, pro fide certantes, sustinuerunt. Hoc nimirum Domiuus Petro manifeste declaravit, dicens : *Cum esses junior, cingebas te, et ambulabas ubi volebas. Cum autem senueris, extendes manus tuas, et alius te cinget, et ducet quo tu non vis* (*Joan.* XXI, 18). Secundum præcepta divinæ legis, prudenter intuere quam discrete in via Dei deceat te illos dirigere, qui sponte sua conversi a mundana pravitate, sub tuo magistratu emendaiorem vitam volunt arripere. Qua ratione potest pprobari ut illos, qui ultro volunt suum nequam sse in bonum mutare, ad latebras Pauli vel Antonii violenter debeas effugare? Illi quippe, parentum etiam suorum timore, de paternis laribus, ne occiderentur, fugere. Providus archiater ægrotum fovet temperato medicamine, ne si nimis importunæ medicationis vexat infirmum cruciamine, quem curandum susceperat, videatur exstinguere. Nullus prudens invalido infert onus importabile, ne lassus portitor, vel oppressus sarcina, pereat in itinere. »

Sic palam monachis repugnantibus, dixit abbas Rodbertus : « Inimitabilem Ægyptiorum Patrum vitam ad informationem boni commemoro. Sed inde nulla vobis violenta imponitur exactio, imo salubris proponitur persuasio. Verum ad tenendam per omnia Sancti Benedicti Regulam vos invito, quam in pluribus prævaricari, secundum id quod professi estis, vos veraciter agnosco. Unde superni Judicis animadversione pertimesco, ne in nos desæviat pro reatu transgressionis, in tremendo judicio. »

Ad hæc monachi responderunt : « Beatus Pater Benedictus, ut nobis omnibus evidenter patescit, beatum Maurum, monasterii sui priorem, quem a pueritia nutrierat, in Galliam misit, et librum Regulæ, quem ipse vir Dei propria manu conscripsit, et libram panis heminamque vini per eum Francis destinavit. Hic a Theodeberto rege susceptus, usque ad obitum suum in Gallia permansit, atque Floro, regis consiliario, ad juvante, cœnobium construxit, ibique CXL monachos, in loco qui Glanifolium dicitur regulariter instruxit. Discretus autem Pater Maurus non mores Ægyptiorum, qui nimio solis ardore jugiter æstuant, imitatus est; sed ritus Gallorum, qui sæpe brumali gelu in Occidente contremiscunt, pie intuitus est, sicut a spirituali magistro salubriter edoctus est. Dicit enim sanctus Benedictus : *Vestimenta fratribus, secundum locorum qualitatem ubi habitant, vel aerum temperiem, dentur. Qui in frigidis regionibus, amplius; in calidis vero, minus indigent. Hæc ergo consideratio penes abbatem est.* Sic etiam de cibo et potu et omni conversatione humana provide temperat et disponit, ut omnia mensurate fiant propter pusillanimes, et absque murmurationibus sint. Abbatem quoque summopere admonet ut omnium imbecillitatem consideret. Fratribus infirmis aut delicatis talem operam vel artem jubet injungi ut nec otiosi sint, nec violentia laboris opprimantur et effringantur. Paulus et Antonius, aliique plures, qui primitus eremum expetierunt, et in abditis deserti locis monasteria sibi construxerunt, timore paganorum, ut supra dictum est, illuc compulsi, arctam nimis vitam elegerunt, et cooperante gratia Dei, necessitatem in voluntatem transmutaverunt. Deinde laudabili eorum exemplo admodum crevit renuntiantium sæculo numerus, et pro diversitatibus locorum ac moribus hominum variis incessit institutionibus. Sed in una fide, ut dicit Gregorius papa, nihil efficit sanctæ Ecclesiæ consuetudo diversa. Magna pars hominum in calidis regionibus caret femoralibus, tunicisque fruitur, ut mulieres, *axis et talaribus. Quorum consuetudinem non abhorret, sed amplectitur inde propagatus, ibique consistens, monachorum cuneus. Ast omnes populi braccis utuntur in occiduo climate, nec eis, tam pro frigore, quam pro dedecore, norunt carere. Quibus pro causis, idem mos est in nostro ordine. Nec illum, qui utilis et honestus est, volumus relinquere. Sic de omnibus aliis rationabiles causas nobis tradiderunt eruditi doctores, qui nos in sacro schemate praecesserunt. In Italia et Palaestina et aliis regionibus quibusdam, satis abundant olivae, cujus fructu ditati, ad diversos esus condiendos non indigent sagimine; quod nobis hic clementer concessum est, carentibus olei pinguedine. Quod vero manibus nostris quotidie non laboramus, plurimorum dire stimulamur redargutionibus; sed sincerum in divino cultu laborem audacter objicimus, quem ab authenticis magistris, diutina divinae legis observantia probatis, olim didicimus. Dagobertus rex et Theodericus atque Carolus Magnus imperator, aliique reges et Augusti coenobia devote condiderunt, et de suis redditibus ad victum et vestitum servorum Dei ubertim erogaverunt, multitudinemque clientum ad exteriora ministeria pleniter explenda subjecerunt, monachosque lectionibus, et sacris orationibus pro cunctis benefactoribus suis, et coelestibus mysteriis intentos esse constituerunt. Exinde principum institutione, et diutina consuetudine usitatum est in Gallia ut rustici ruralia, sicut decet, peragant opera, et servi servilia passim exerceant ministeria; monachi autem, qui sponte, relictis hujus mundi vanitatibus, Regi regum militant, claustralibus septis ut filiae regis quiete insideant, arcana sacrae legis legendo perquirant, et inde semper meditantes, taciturnitati delectabiliter insistant, a pravis et otiosis sermonibus os suum coerceant, Davidicos hymnos, aliasque mysticas modulationes nocte dieque Creatori concinant, aliisque mundis et idoneis actibus quotidie agendis, prout ratio exegerit, secundum praecepta majorum intendant. Haec in Occidente monachi operari solent, ac studia eorum hujuscemodi esse debere, omnes procul dubio norunt et perhibent. Absit! ut rustici torpescant otio, saturique lascivientes, cachinnis et inani vacent ludicro, quorum genuina sors labori dedita est assiduo. Egregii vero milites et arguti philosophi ac dicaces scholastici, si renuntiant saeculo, cogantur servilibus et incongruis, more vilium mancipiorum, studiis seu laboribus occupari. Pro victu proprio decimae fidelium vel oblationes generali auctoritate concedantur clericis et Dei ministris, sicut Paulus apostolus ait Corinthiis : *Qui in sacrario operantur, quae de sacrario sunt, edunt. Qui altari deserviunt, cum altari participant.* (I *Cor.* IX, 13). Ita et Dominus ordinavit his, qui Evangelium annuntiant, de Evangelio vivere. Nos autem et ordine et officio clerici sumus, et clericale servitium summo pontifici, qui penetravit coelos, offerimus, ut sortem supernae haereditatis, ipso adjuvante, obtineamus. Ecclesiastica igitur beneficia jure possidemus, et communi sanctione semper tenere decernimus. Hoc, o reverende Pater, sanctitati vestrae indubitanter notum sit, quae a prioribus coenobitis, qui religiose vixerunt, servanda didicimus, ac ut haeredes ordinis et professionis habemus. Quandiu Cluniacenses, sive Turonenses, aliique regulares viri, ea nacti fuerint, non dimittemus ; nec, ut temerarii, novitatum adinventores, a fratribus nostris longe lateque condemnari volumus. »

Haec et plura his similia monachis constanter dicentibus, abbas, in sua satis pertinax sententia, recessit ab eis, cum duodecim sibi assentientibus. Diuque locum quaesivit idoneum sibi suisque sodalibus, qui sancti decreverant Regulam Benedicti, sicut Judaei legem Moysi, ad litteram servare penitus. Tandem Odo, filius Henrici, Burgundiae dux, illis compassus est, et praedium in loco qui Cistercius dicitur, in episcopatu Cabilonensi, largitus est. Ibi Rodbertus abbas cum electis fratribus aliquandiu habitavit in eremo, nimiae districtionis et religionis coenobium construere coepit, Deoque donante, in brevi plerosque sanctitatis aemulatores habuit. Cumque Molismenses coenobitae per aliquod tempus pastore carerent, viroque Dei virtutibus famoso discedente, despicabiliores erga vicinos et notos fierent, Urbanum papam supplices adierunt, eique prorsus enodata serie rerum, quas supra retuli, consilium et auxilium ab eo postulaverunt. Ille vero paterno affectu utrisque consuluit. Abbati enim apostolica jussit auctoritate ut prius monasterium repeteret, et, ne laberetur, regulariter regeret, ac in alio, quod postmodum coeperat, quemlibet de suis idoneum substitueret. Deinde firma statuit sanctione ut in primis quisque quam vellet institutionem vitae arriperet, ipsamque omni vita sua irrefragabiliter teneret.

Sic nimirum solers papa utile super hoc decretum promulgavit, dicens : « Summopere cavendum est ne horridum schisma in domo Dei nutriatur, multorumque ad detrimentum scaturiat atque grassetur, et rursus ne bonum culpabiliter praefocetur, quod divinitus ad salutem animarum inspiratur. Salubriter ergo paterno more providemus, et apostolica auctoritate jubemus ut Molismenses, qui generales monachorum ritus eligunt, inviolabiliter illos custodiant, ne amodo, relicta sede sua, transire ad alios ritus audeant. Cistercienses vero, qui sese Sancti Benedicti Regulam per omnia servaturos jactitant, denuo relapsi ad ea, quae spontaneo despectu nunc deserunt, nunquam redeant. Stabilitas quippe in congregatione, et in omni bono perseverantia semper attollenda et firmiter tenenda est ; quoniam conditori, qui caudam hostiae in sacrificio exigit, acceptabilis est, et hominibus, qui, viso sanctitatis exemplo, ad virtutum apicem provocantur, commode gratus est. »

Coactus itaque Rodbertus abbas Molismum repedavit, ibique laudabiliter usque ad finem vitæ suæ Deo militavit. Albericum vero, magnæ religionis virum, ad opus Cistercii vicarium sibi elegit, et Joanni ac Hilbodo Atrebatensibus, aliisque viginti duobus fratribus abbatem Cistercii constituit, qui in magna egestate per x annos ibi deguit, et cum suis contubernalibus Deo laboriose militavit, a quo securus inæstimabile præmium exspectavit.

Quo defuncto, Stephanus, natione Anglicus, vir magnæ religionis et sapientiæ, successit, et plus quam viginti quatuor annis, doctrina et operatione sancta gloriose pollens, tenuit. Cujus tempore monasterium in eremo multipliciter crevit. Ipso adhuc vivente et jubente, Guido abbas Trium Fontium electus est, et non multo post venerabilis prædecessor ejus defunctus est. Guido autem assumptum patris officium aliquandiu vituperabiliter tenuit, et post duos annos insipienter reliquit. Deinde Rainaldus juvenis, filius Milonis, comitis de Bar super Sequanam, electus est, et abbas a Gualterio, Cabilonensi præsule, consecratus est.

Jam fere xxxvii anni sunt ex quo Rodbertus abbas, ut dictum est, Cistercium incoluit, et in tantillo tempore tanta virorum illuc copia confluxit, ut inde LXV abbatiæ consurgerent, quæ omnes, cum abbatibus suis, Cisterciensi archimandritæ subjacent. Omnes femoralibus pelliciisque carent, ab adipe et carnium esu abstinent, multisque bonis in mundo, ut lucernæ lucentes in caliginoso loco, renitent. Omni tempore silentio student, fucatis vestibus non utuntur, manibus propriis laborant, victumque sibi et vestitum vindicant. Omnibus diebus, præter Dominicum, ab Idibus Septembris usque ad Pascha jejunant. Aditus suos satis obserant, et secreta summopere celant. Nullum alterius ecclesiæ monachum in suis penetralibus admittunt, nec in oratorium ad missam vel alia servitia secum ingredi permittunt. Multi nobiles athletæ et profundi sophistæ ad illos pro novitate singularitatis concurrerunt, et inusitatam districtionem ultro complexantes, in via recta læti Christo hymnos lætitiæ modulati fuerunt. In desertis atque silvestribus locis monasteria propria labore condiderunt, et sacra illis nomina solerti provisione imposuerunt, ut est Domus Dei, Claravallis, Bonus Mons, et Eleemosyna, et alia plura hujusmodi, quibus auditores solo nominis nectare invitantur festinanter experiri quanta sit ibi beatitudo, quæ tam speciali denotetur vocabulo.

Multi ex eorum fonte sitientes hauserunt, et inde plures rivuli per diversas Galliarum regiones derivati sunt. Novæ institutionis æmulatores dispersi sunt in Aquitania, in Britannia, Gasconia et Hibernia. Misti bonis hypocritæ procedunt, candidis seu variis indumentis amicti, homines illudunt, et populis ingens spectaculum efficiunt. Veris Dei cultoribus schemate, non virtute, assimilari plerique gestiunt, suique multitudine intuentibus fastidium ingerunt, et probatos cœnobitas, quantum ad fallaces hominum obtutus attinet, despicabiliores faciunt.

XXVI. *Abbates et monachi in novis monasteriis pietate insignes. De novorum ordinum institutoribus.*

Eodem tempore venerabilis Andreas de Valle Bruciorum, monachus, effloruit, et in Bituricensi pago monasterium, quod Casale Benedicti nuncupatur, construxit, et discipulos in magna paupertate et continentia Deo famulari docuit. Hic erat genere Italus, litterarum eruditione pleniter instructus, et lucrandis Deo animabus per ejus gratiam idoneus.

Tunc Aldebertus, Dolensis abbas, ad archiepiscopatum Bituricensem promotus est, multisque pollens virtutibus, sanctitatis documentum sequentibus Christum verbo et actione largitus est. Guarnerius de Monte Maurelionis præfati præsulis frater, miles illustris fuit, et postmodum Casæ Dei monachus, fere LX annis Deo militavit. Hic, dum adhuc in armis mundo serviret, quondam, dum de Sancti Jacobi peregrinatione rediret, in introitu cujusdam silvæ solus cum armigero suo languenti mendico repente occurrit, et poscenti stipem nummos quos daret ad manum non habuit; sed pretiosas chirothecas, ab amica sibi directas, devote porrexit. Deinde, post longum tempus, cuidam religioso Dei servo, post matutinos in oratorio supplicanti, angelica visio apparuit, et ei quædam agenda specialiter injunxit. Cumque monachus diligenter inquireret, cujus auctoritate talia sibi præciperet : « Ille, inquit, me misit ad te, et hæc tibi mandavit, quem Martinus parte chlamidis suæ vestivit, et cui Guarnerius chirothecas suas donavit. » Frater hæc abbati retulit, et senioribus historia de Martini divisa chlamide satis claruit, cujus parte Ambianis adhuc catechumenus Christum in paupere texit. Sed res de Guarnerii chirothecis omnino diu latuit. Tandem ipse, quibusdam percunctantibus simpliciter detexit qualiter inopi pro amore Christi subvenerit, et ab illis nihilominus revelationem audivit, Deoque, qui bona facientibus semper præsto est, gratias egit.

Circa hæc tempora, Bernardus, Quinciaci abbas, Pictaviense solum reliquit, quia præfatum monasterium, quod hactenus liberum exstiterat, Cluniaco subjugare noluit; et quia, sicut scriptum est: *Justus ut leo confidit* (Prov. xxviii, 1), in Romana synodo contra Paschalem papam pro libertate litigavit; ipsumque, quia plenarium sibi rectum non fecerat, ad divinum examen provocavit. Cujus formidandam animositatem papa reveritus est, ipsumque, ut secum ad Romanæ tutelam Ecclesiæ commoraretur, precatus est. Ille vero mundanas omnino curas deseruit, et plura, cum quibusdam religiosis fratribus ipsum avide sequentibus, loca perlustravit. Denique, post plures circuitus ad venerabilem episcopum Ivonem divertit, et ab eo benigniter susceptus, in prædio Carnotensis ecclesiæ cum fratribus quibusdam constitit, et in loco silvestri, qui Tiron dicitur, cœnobium in honore sancti Salvatoris construxit. Illuc multitudo fidelium utriusque ordinis abunde confluxit, et prædictus Pater omnes ad conversionem properantes, charitativo amplexu suscepit, et singulis artes, quas noverant, legitimas in monasterio exercere præcepit. Unde libenter convenerunt ad eum fabri, tam lignarii quam ferrarii, sculptores et aurifabri, pictores et cæmentarii, vinitores et agricolæ, multorumque officiorum artifices peritissimi. Sollicite, quod eis jussio senioris injungebat, operabantur, et communem conferebant ad utilitatem, quæ lucrabantur.

Sic ergo, ubi paulo ante in horribili saltu latrunculi solebant latitare, et incautos viatores repentino incursu trucidare, adjuvante Deo, in brevi consurrexit monasterium nobile. Theobaldus, comes palatinus, et Adala, mater ejus, et Rotro, comes Moritoniæ, ac Beatrix, mater ejus, illustres quoque ac mediocres Carnotenses, Drocenses, Corbonienses, aliique fideles vicini, ut innocentium simplicitatem monachorum veraciter experti sunt, benigniter illos in timore Domini coluerunt; sumptibus et consiliis, ad corroborandum quod cœperant Dei castrum, summopere adminiculati sunt.

Venerandus Vitalis, qui quondam fuerat Rodberti, comitis Moritolii, capellanus, et apud Moritolium Sancti Ebrulfi canonicus, sæcularium curarum ac divitiarum depositis oneribus, leve jugum Christi per apostolorum vestigia ferre decrevit, et in desertis locis aliquandiu cum religiosis quibusdam habitavit. Ibi mollioris vitæ pristinas consuetudines edomuit, et rigidioris observantiæ cultus edidicit. Denique Savineium vicum, ubi antiquorum ingentes ædificiorum ruinæ apparent, consideravit, sedemque sibi suisque ad habitandum elegit, et in contiguo saltu monasterium in honore sanctæ et individuæ Trinitatis condere cœpit. Ritus Cluniacensium, vel aliorum, qui monachilibus observantiis jamdudum mancipati fuerant, imitatus non est; sed modernas institutiones neophytorum, prout sibi placuit, amplexatus est. Hic eruditione litterarum erat apprime imbutus, fortitudine ac facundia præditus, et ad proferendum quidquid volebat, animosus; non parcens in populari sermone infimis nec potentibus, quasi tuba exaltabat vocem suam juxta Isaiæ (*cap.* LVIII, 1) vaticinium, annuntians populo Christiano scelera eorum, et domui Jacob peccata eorum.

Reges igitur ducesque reverebantur illum. Plures turbæ manicabant ut audirent verba ejus; quæ postmodum, auditis ab illo latenter olim actis facinoribus, lugubres et confusæ redibant a facie ipsius. Omnis ordo intrinsecus pungebatur ejus veridicis allegationibus. Omnis plebs contremiscebat coram illo ad correptiones ejus, et uterque sexus, rubore infectus, verecundabatur ad improperia illius. Nuda quippe vitia manifeste premebat, et occultorum conscios probrosis redargutionibus stimulabat. Sic nimirum superbos athletas et indomitos vulgi cœtus plerumque comprimebat, atque locupletes heras, sericis vestibus et Canusinis pellibus delicate indutas, trepidare cogebat, dum verbi Dei gladio in scelera sæviret, et spurcitiis pollutas conscientias valde feriret, grandisonoque divinæ animadversionis tonitruo terreret. Solers itaque seminiverbius multis profuit, multos secum aggregavit, in cœnobio, quod construxerat, per annos VII Deo militavit, et usque ad bonum finem bonæ vitæ permansit. In oratorio post aliquantam ægritudinem, in qua fideliter confessus fuerat, et sacræ communionis viaticum devote perceperat, ad matutinos de sancta Virgine Maria lectori poscenti benedictionem dedit, et a cunctis qui aderant, dicto: *Amen,* mox spiritum exhalavit. Quo defuncto, Bajocensis Goisfredus, ac Cerasiacensis monachus, successit; qui et ipse immoderatis adinventionibus studuit, durumque jugum super cervices discipulorum aggregavit.

Notitiæ posterorum hæc adnotavi de modernis præceptoribus, qui novas traditiones priscorum præferunt Patrum ritibus, aliosque monachos *sæculares* vocitant, ac veluti Regulæ prævaricatores temere condemnant. Studium et rigorem eorum considerans, illos magnopere non vitupero, attamen majoribus et probatis Patribus non antepono. Arbitror, ignorant quod beatus Pater Columbanus de Hibernia ortus, sancto Benedicto contemporaneus fuerit, paternam domum patriamque relinquens, cum præcipuis monachis in Gallias navigaverit, et a Childeberto, rege Francorum, filio Sigisberti, susceptus, in Burgundia Luxovii cœnobium construxerit, ac postmodum ab impiissima Brunichilde regina expulsus, in Italiam secesserit, et ab Aigilulpho, Langobardorum rege, receptus, Bobiense monasterium condiderit. Hic admirandæ sanctitatis Pater inter præcipuos laboravit, signis et prodigiis gloriose inter terrigenas effulsit, et Spiritu sancto edoctus, monachilem Regulam edidit, primusque Gallis tradidit. Florentissimi de schola ejus monachi prodierunt, et in mundo, velut astra in firmamento, virtutibus micuerunt. Eustasius enim Lexoviensis, Agilus Resbacensis, Faro Meldensis, Audomarus Bononiensis, Philipertus Gemmeticensis, aliique plures episcopi et abbates excellentissimæ processere religionis; quorum sanctitas evidentibus miraculis cœlitus ostensa est, ipsorumque studio in filiis Ecclesiæ insigniter propagata est. Ipsi, reor, beatum Maurum, ejusque socios et discipulos, noverunt, utpote vicini, et ab ipsis sicut ab aliis scripta, doctorum ædificationis causa, sancti Normam suscepere Benedicti; ita tamen ut non abhorrerent sui statuta magistri, almi videlicet Columbani. Ab ipso siquidem modum divinæ servitutis et ordinem didicerunt, et formam orationum pro cunctis ordinibus, qui in Ecclesia Dei sunt; nigredinem vestium, aliasque observationes sumpserunt, quas pro religione et honestate ipsius tenuerunt, et sequaces eorum usque in hodiernum diem reverenter observare appetunt. Qualis prædictus doctor ante Dominum et homines, quantusque fuerit, liber vitæ ejus, signis plenus et virtutibus, ostendit. In gestis etiam sæpe memoratur Audoeni, Rothomagensis archiepiscopi, et Noviomensis Eligii, aliorumque virorum qui ab illo adunati sunt, ac ad pacem virtutum per ejus documenta provecti sunt.

XXVII. *Vir illustris Hugo de Grentemaisnil in lecto ægritudinis a Goisfredo Uticensium priore monachatum suscipit et paulo post moritur. — De ejus liberis.*

Materiam scribendi nuper ab Uticensi ecclesia cœpi, sed ampla terrarum regna, velut in exstasim raptus, prospexi, longe lateque oratione volitavi, et perplura perlustrans, longissimam epanalepsim protelavi. Nunc autem stratum meum, quod est Utici, fessus repetam, et quidquam de rebus ad nos pertinentibus in calce libri liquido retexam.

Anno ab Incarnatione 1098, indictione I, Hugo de Grentemaisnil, inclytus heros, in Anglia in lectum decidit, senioque et infirmitate fractus, ultimis appropinquavit. Tunc a Goisfredo Aurelianensi, Uticensium priore, quem Rogerius abbas pro tutela ejusdem in Anglia jampridem dimiserit, monachatum suscepit, sextoque postmodum die, VIII scilicet Kalendas Martii, obiit. Inde Bernardus et David Uticenses cœnobitæ, cadaver illius salitum, et corio boum optime consutum, in Normanniam conduxerunt; quod sæpe nominatus abbas et conventus monachorum in capitulo, secus Mainerium abbatem, in australi plaga honorifice tumulavit.

Porro Ernaldus de Rodelento, nepos ejus, lapidea sarcophagum lamina cooperuit, et Vitalis hoc heroicis versibus epitaphium edidit:

Ecce sub hoc titulo requiescit strenuus Hugo,
Qui viguit multos multa probitate per annos.
Mansio Grentonis munitio dicitur ejus,
Unde fuit cognomen ei, multis bene notum.
Guillelmi fortis, Anglorum tempore regis,
Inter præcipuos magnates is cluit [claruit] heros
Militia fortis fuit, et virtute fidelis,
Hostibus horribilis, et amicis tutor herilis,
Sumptibus, officiis augens, et pinguibus arvis.
Cænobium Sancti multum provexit Ebrulfi.
Dum cathedram Sancti celebrabat plebs pia Petri,
Occidit emoritus, habitu monachi trabeatus,
Ecclesiæ cultor, largus dator, et revelator
Blandus egenorum, lætetur in arce polorum! Amen.

Ante septem annos Adeliza, præfati optimatis uxor, Rothomagi v Idus Julii obierat, et in capitulo Uticensi ad dexteram Mainerii abbatis tumulata fuerat. Hæc Ivonis, de Bellomonte comitis, de Judæa genitrice, filia fuit, viroque suo sex filios et totidem filias peperit, quibus varia sors in mundanæ stabilitatis vaga fluctuatione incubuit.

Rodbertus, qui major natu erat, trigamus consenuit. Sub cujus manu patrimonium, quod satis amplum receperat a patre, decidit. Ipse tandem, post XXXVIII annos a morte patris, Kalendas Junii mortuus est, et in Uticensi capitulo cum duabus uxoribus suis, Agnete et Emma, sepultus est.

Guillelmus, frater ejus, in curia Guillelmi regis magnæ æstimationis fuit, ipsumque rex adeo dilexit, ut ei neptem suam, Rodberti scilicet, Moritolii comitis, filiam, offerret. Quatenus sic juvenem in magno honore consanguinitatis suæ conjunctum retineret. Denique superbus tiro consilium regis respuit, et levitate ductus, cum Rodberto Gifardo, aliisque pluribus, Apuliam expetiit, ibique Mabiliam, Rodberti Wiscardi filiam, quæ Curta-Lupa cognominabatur, cum XV castellis conjugem accepit, ibique, post reditum de Antiochia, obiit, filiosque duos, Guillelmum et Rodbertum, honoris sui hæredes dimisit.

Hugo, strenuus et honestus miles, in juventute defunctus est, et in capitulo Sancti Patris Ebrulfi honorifice sepultus est.

Ivo paternum honorem in Anglia primo aliquandiu tenuit, sed postmodum, tempore Henrici regis, Rodberto, consuli de Mellento, invadiavit, iter in Jerusalem ibi iniit, et prima profectione, apud Antiochiam dura cum sociis toleravit; in secunda vero, vita decessit.

Albericus, qui ætate junior erat, in pueritia litteris studuit, sed in adolescentia, relicto clericatu, ad militiam se contulit, in qua strenue plura patrare sategit. Tancredum, Odonis Boni Marchisi filium, multarum titulis probitatum insignem, vulneravit. Unde præfatus optio postmodum omni vita sua claudicavit.

Omnes isti Hugonis filii corpore formosi et proceri, strenuique fuerunt. Sed infortunio infestante, nec longævitate, præter Rodbertum, nec placida felicitate diutius potiti sunt.

SUMMARIUM LIBRI NONI.

I. *Prologus. Hujusce temporis eventus mirabiles.*
II. *Varia præsagia. Claromontense concilium.*
III. *Concilia in partibus Normanniæ celebrata. Bellum sanctum prædicatur.*
IV. *Normanniæ status. Petrus eremita et milites crucesignati ad Palæstinam pergunt.*
V. *Robertus dux Normanniæ, Godefridus dux Lotharingiæ, Balduinus ejus frater, Bohemundus, Raymundus comes Tolosæ et plurimi magnates proficiscuntur. Prima crucesignatorum adversus Turcas prælia.*

VI. *Varia crucesignatorum itinera. Proditio Græcorum.*
VII. *Nicææ expugnatio. Maximi exercitus crucesignatorum progressus. Prælia adversus Turcos.*
VIII. *Nova prælia. Iconii et Heracleæ expugnatio.*
IX. *Antiochiæ obsidio.*
X. *Antiochiæ obsidio continuatur. Crucesignati hanc civitatem expugnant.*
XI. *Turci, duce Curbaranno, Francos in Antiochia aggrediuntur.*
XII. *Sacræ lanceæ inventio. Ingens Christianorum gaudium. Ad generale prælium se accingunt. Turcos debellant.*
XIII. *De gestis Balduini. Edessæ principatum obtinet.*
XIV. *Capta Antiochia, Hugo magnus a Christianis ad imperatorem Græcorum delegatur. Christiani duces in hac civitate, æstivandi gratia, remanere statuunt. Expeditiones variæ.*
XV. *Bohemundus dux et Raimundus comes de dominatu Antiochiæ civitatis contendunt. Plurimæ Christianorum adversus paganos victoriæ. Crucesignatorum exercitus ad Hierosolymam progreditur.*
XVI. *Discordiæ intestinæ. Crucesignati incœptum iter ad Jerusalem pergunt.*
XVII. *Christianus exercitus ad Jerusalem pervenit. Hujus civitatis obsidio.*
XVIII. *Hierosolyma a crucesignatis expugnatur.*
XIX. *Crucesignati sedes suas in Hierosolymitana civitate ponunt. Godefridus rex eligitur.*
XX. *Ascalonense prælium. Victoria Christianis cedit. De Baldrico Tolensi archiepiscopo.*

LIBER NONUS.

I. *Prologus. Hujusce temporis eventus mirabiles.*

Vicissitudines temporum et rerum æternus Conditor sapienter salubriterque ordinat, nec ad libitus infrunitorum res humanas disponit ac variat, sed in manu potenti et brachio excelso pie servat, congrue provehit ac dispensat. Hoc in hieme et æstate palam videmus, hoc nihilominus in frigore et caumate sentimus; hoc in omnium rerum ortu et occasu perpendimus, et in multiplici varietate operum Dei rite rimari possumus. Inde multiplices propagantur historiæ de multimodis eventibus qui fiunt in mundo quotidie, et dicacibus historiographis augmentantur copiose fandi materiæ.

Hæc ideo medullitus considero, meditatusque meos litteris assigno, quia temporibus nostris insperata fit permutatio, et insigne thema referendi mira præstruitur dictatorum studio. En Jerosolymitanum iter divinitus initur, a multis Occidentalium populis unus grex miro modo congeritur, et contra ethnicos in Eoas partes unus exercitus conducitur. Sancta Sion a filiis suis, qui de longinquis regionibus ultro exierunt, eripitur, allophylis devictis, a quibus olim sancta civitas conculcabatur, et sanctuarium Dei nefarie contaminabatur. Detestabiles enim Agareni, divino judicio permittente, Christianorum limites jamdudum transierunt, sancta loca invaserunt, Christicolas habitatores interemerunt, spurcitiisque suis abominabiliter sacra polluerunt; sed post multa tempora meritam ultionem mucronibus Cisalpinorum digne luerunt. Nulla, ut reor, unquam sophistis in bellicis rebus gloriosior materia prodiit, quam nostris nunc Dominus poetis atque librariis tradidit, dum per paucos Christicolas de paganis in Oriente triumphavit, quos de propriis domibus dulci desiderio peregrinandi excivit. Antiqua nempe miracula Deus Abraham nuper iteravit, dum solo ardore visendi sepulcrum Messæ Occiduos fideles illexit, et sine rege sæcularique exactione per Urbanum papam commonuit, de finibus terræ et insulis maris velut Hebræos de Ægypto per Moysen extraxit, et per exteras gentes usque in Palæstinam perduxit, ibique reges et principes, cum multis nationibus aggregatos, superavit, munitissimisque urbibus, oppidisque subactis gloriose perdomuit.

Fulcherius Carnotensis, Godefredi, Lotharingiæ ducis, capellanus, qui laboribus et periculis prædicabilis expeditionis interfuit, certum et verax volumen de laudabili militia exercitus Christi edidit. Baldricus quoque, Dolensis archiepiscopus, iv libros luculenter conscripsit, in quibus integram narrationem, ab initio peregrinationis usque ad primum bellum post captam Jerusalem, veraciter et eloquenter deprompsit. Multi etiam alii Latinorum et Græcorum de tam memoranda re tractaverunt et posteritati claros eventus heroum vivacibus scriptis intimaverunt.

Ego quoque, minimus omnium, qui religionis in habitu vita sequuntur Dominum, quia strenuos Christi agonothetas diligo, et eorum probos actus attollere gestio, in hoc, quod cœpi de ecclesiasticis actibus, opusculo, Christianorum expeditionem in Domino Jesu ordiri appeto. Integrum opus peregrinationis almæ aggredi timeo, arduam rem polliceri non audeo; sed qualiter intactum tam nobile thema prætereas, nescio. Præpedior senio, utpote sexagenarius, et in claustro regulari educatus, a pueritia monachus. Magnum vero scribendi laborem amodo perpeti nequeo. Notarios autem, qui mea nunc excerpant dicta, non habeo, ideoque præsens opusculum finire festino. Nonum itaque libellum nunc incipiam, in quo de Jerosolymitanis quædam seriatim et veraciter persequi satagam, Deo mihi conferente opem necessariam. In desertis Idumææ ad te clamo, Jesu bone, rex, potenter, Nazarene, mihi, quæso, suffragare. Præsta vires, quibus digne tuum promam jus insigne, per quod tuos exaltasti ac rebelles conculcasti. Tu tuorum dux et rector, et in arctis es protector. Tu tuorum es adjutor et victorum retributor. Summe Deus, te adoro, opem tuam nunc imploro. Regi regum laus æterna sit per sæcula sempiterna! Amen.

II. *Varia præsagia. Claromontense concilium.*

Anno ab Incarnatione Domini 1094, indictione II, seditiones et tumultus bellorum pene per universum orbem perstrepebant, et immites terrigenæ ingentia sibi cædibus et rapinis damna mutuo inferebant. Nequitia multiplex nimis abundabat, et innumeras calamitates clientibus suis suppeditabat. Tunc magna siccitas gramina terræ perussit, segetes et legumina læsit; quibus pereuntibus, maxima fames successit.

Henricus imperator Romanam Ecclesiam impugnabat, multisque merito in eumdem insurgentibus, Dei nutu succumbebat. Urbanus papa Placentiæ concilium tenuit, et de pace aliisque utilitatibus sanctæ Ecclesiæ diligenter tractavit.

Anno ab Incarnatione Domini 1095, indictione III, pridie Nonas Aprilis, feria IV, luna XXV, in Galliis ab innumerabilibus inspectoribus visus est tantus stellarum discursus, ut grando, nisi luceret, pro densitate putarentur. Multi etiam stellas cecidisse opinati sunt; ut Scriptura impleretur, quæ dicit quia, quandoque stellæ cadent de cœlo (*Matth.* XXIV, 29).

Gislebertus, Lexoviensis episcopus, senex medicus, multarum artium peritissimus, singulis noctibus sidera diu contemplari solebat, et cursus eorum, utpote sagax horoscopus, callide denotabat. Is itaque prodigium astrorum physicus sollicite prospexit, vigilemque, qui curiam suam, aliis dormientibus, custodiebat, advocavit. *Videsne*, inquit, *Gualteri, hoc spectabile signum?* At ille: *Domine, video; sed quid portendat, nescio.* Senex ait: *Transmigratio populorum de regno in regnum, ut opinor, præfiguratur. Multi autem abibunt, qui nunquam redibunt, donec ad proprias absides astra redeant, unde nunc, ut nobis vincitur, liquido labant. Alii vero permanebunt in loco sublimi et sancto, velut stellæ fulgentes in firmamento.* Gualterius itaque Cormeliensis post multum tempus mihi retulit hoc, quod ab ore prudentis archiatri de discursu stellarum audivit, in eodem modo quo res monstruosa contigit.

Philippus, rex Francorum, Bertradam, Andegavensium comitissam, rapuit, suaque nobili conjuge relicta, mœcham turpiter desponsavit. A pontificibus Galliæ castigatus, quod ille uxorem, et ipsa maritum ultro deseruerit, a fœdo reatu resipere noluit; sed senio et ægritudine tabidus, in adulterii stercore flebiliter computruit.

Urbanus papa, regnante Philippo, in Gallias venit, et altare S. Petri apud Cluniacum cœnobium, et multas sanctorum basilicas dedicavit, et privilegiis apostolicæ auctoritatis ad laudem Christi sublimavit. Tunc in Normannia et Francia mortalitas hominum sæviebat, domosque plurimas habitatoribus evacuabat et maxima fames miseros macerabat.

Eodem anno 1095, indictione IV, mense Novembri, præfatus papa omnes episcopos Galliæ et Hispaniæ congregavit, et apud Clarummontem, Alverniæ urbem, quæ antiquitus Arvernis dicta est, concilium ingens tenuit. Multa vero, quæ eis Alpes agebantur, correxit, et multa ad emendationem morum utilia constituit. In synodo Arvernensi XIII fuerunt archiepiscopi et CCXXV episcopi, cum multitudine abbatum aliarumque personarum, quibus a Deo sanctarum curæ delegatæ sunt ecclesiarum.

Decreta vero concilii, apud Clarummontem habiti, sunt hujuscemodi:

Ecclesia sit catholica, casta et libera, catholica in fide et communione sanctorum, casta ab omni contagione malitiæ, et libera ab omni sæculari potestate.

Episcopi, vel abbates, aut aliquis de clero, aliquam ecclesiasticam dignitatem de manu principum, vel quorumlibet laicorum, non accipiant.

Clerici in duabus civitatibus vel ecclesiis prælationes seu præbendas non habeant.

Nemo episcopus et abbas simul sit.

Presbyter, diaconus, subdiaconus vel canonicus cujuslibet ordinis, carnali commercio non utatur.

Presbyter, diaconus, subdiaconus, post lapsum non ministret.

Ecclesiasticæ dignitates, vel canonicæ, a nullo vendantur, vel emantur.

Illis tantum, qui, ignorantes canonum auctoritatem, vel fuisse prohibitum, canonicas emerunt, indultum sit.

Illis vero, qui scienter a se vel a parentibus emptas possident, auferantur.

Nemo laicorum post acceptos cineres in capite jejunii usque ad Pascha carnem comedat.

Omni tempore primum jejunium Quatuor Temporum prima hebdomada Quadragesimæ celebretur.

Ordines omni tempore aut in vespera Sabbati, aut perseverante jejunio Dominica celebrentur.

In Sabbato Paschæ officium non nisi post solis occasum finiatur.

Jejunium secundum semper in hebdomade Pentecosten celebretur.

Ab Adventu Domini usque ad octavas Epiphaniæ, et a Septuagesima usque ad octavas Paschæ, et a prima die Rogationum usque ad octavas Pentecosten, et omni tempore a quarta feria, occidente sole, usque ad secundam feriam, oriente sole, trevia Dei custodiatur.

Qui episcopum ceperit, omnino exlex habeatur.

Qui monachos, vel clericos, vel sanctimoniales et eorum comites ceperit, vel exspoliaverit, anathema sit.

Qui episcoporum morientium bona, vel clericorum, diripuerit, anathema sit.

Qui usque ad septimam generationem consanguinitati se copulaverit, anathema sit.

Nemo in episcopum eligatur, nisi aut presbyter, aut diaconus, aut subdiaconus, et cui dignitas natalium suffragetur, nisi maxima necessitate et licentia summi pontificis.

Filii presbyterorum, vel concubinarum, ad presbyteratum non proveniantur, nisi prius ad religiosam vitam transierint.

Qui ad ecclesiam, vel ad crucem confugerit, si reus est, data impunitate vitæ vel membrorum, justitiæ reddatur; si innocens, liberetur.

Corpus Dominicum et sanguis Dominicus singulatim accipiatur.

Unaquæque ecclesia decimas suas habeat, et non in alterius ecclesiæ jus, quolibet dante, transeat.

Laicus decimas nec vendat, nec retineat.

Pro sepultura mortuorum pactum pretium non exigatur, aut detur.

Nullus principum laicorum capellanum habeat, nisi ab episcopo datum.

Quod si in aliquo offenderit, ab episcopo corrigatur, et alter subrogetur.

Hæc Urbanus papa in Arvernensi synodo decreta generaliter sanxit, omniumque ordinum homines ad tenendam Dei legem summopere incitavit. Deinde lacrymabiliter querimoniam de desolatione Christianitatis in Oriente ubertim deprompsit, calamitates et oppressiones truculentas, a Saracenis factas Christianis, intimavit. Pro conculcatione quoque Jerusalem, Sanctorumque Locorum, ubi Filius Dei cum suis sanctissimis collegis corporaliter habitavit, lacrymosus relator manifeste in sancta concione ploravit: Unde multos auditorum, ex affectu nimio, piaque fratrum compassione, secum flere coegit. Prolixum utillimumque sermonem consistentibus eloquens seminiverbius fecit, occiduæque partis proceres, et subjectos atque commilitones eorum commonuit ut pacem inter se firmiter tenerent, et signum salutiferæ crucis in dextero humero sumerent, militiæque suæ probitates super paganos famosi optiones satis exercerent:

Turci enim et Persæ, inquit, Arabes et Agareni Antiochiam et Nicæam, ipsamque Jerusalem, sepulcro Christi nobilem, et alias plures Christianorum urbes invaserant, jamque immensas vires in regno Græcorum extenderant. Palæstinam et Syriam secure possidentes, quas sibi jam subjugaverant, basilicas destruebant! et Christianos ut bidentes perimebant. In ecclesiis, in quibus divina olim a fidelibus sacrificia celebrata sunt, ethnici animalibus suis stabula egerunt, suas etiam superstitiones et idololatriam collocaverunt, et christianam religionem ab aula Deo dicata turpiter eliminaverunt. Prædia sanctorum stipendiis dedita, et nobilium patrimonia, sustentandis pauperibus contradita, paganæ tyrannidi subjiciuntur; eisque, in propriis usibus redactis, domini crudeles abutuntur. Multos jam in longinquam barbariem captivos abduxerunt, et loris innexos jugis, ruralibus exercitiis submittunt; ipsisque veluti bobus aratra laboriose pertrahentibus, arva proscindunt, aliisque belluinis operibus inhumane subdunt, quæ feris non hominibus competunt. Inter hæc assidue desudantes flagris verberant, aculeis stimulant, et innumeris injestationibus fratres nostros abominabiliter mancipiant. In sola vero Africa xcvi episcopatus destructi sunt, sicut nobis inde venientes referunt.

Igitur, mox ut Urbanus papa hujusmodi planctum auribus Christianorum eloquenter retulit, adjuvante gratia Dei, nimius amor peregrinandi innumeros invasit, et prædia sua vendere, et quæque habebant pro Christo relinquere persuasit. Divitibus itaque et pauperibus, viris et mulieribus, monachis et clericis, urbanis et rusticis, in Jerusalem eundi, aut euntes adjuvandi inerat voluntas mirabilis. Mariti dilectas conjuges domi relinquere disponebant. Illæ vero gementes, relicta prole cum omnibus divitiis suis, in peregrinatione viros suos sequi valde cupiebant. Prædia vero, hactenus chara, vili pretio nunc vendebantur, et arma emebantur, quibus ultio divina super allophylos exerceretur. Fures et piratæ, aliique scelerosi tactu Spiritus Dei de profundo iniquitatis exsurgebant, reatus suos confitentes relinquebant, et pro culpis suis Deo satisfacientes, peregre pergebant. Providus vero papa omnes, qui congrue arma ferre poterant, ad bellum contra inimicos Dei excivit, et pœnitentes cunctos ex illa hora, qua crucem Domini sumerent, ex auctoritate Dei ab omnibus peccatis suis absolvit, et ab omni gravedine, quæ fit in jejuniis, aliisque macerationibus carnis, pie relaxavit. Consideravit enim perspicaciter, ut prudens et benignus archiater, quod hi qui peregre proficiscerentur, in via multis diutinisque discriminibus sæpissime vexarentur, et multimodis casibus lætis seu tristibus quotidie angerentur, pro quibus benevoli vernulæ Christi a cunctis culparum sordibus expiarentur.

In concilio papa magnifice prædicante, et filios Jerusalem ad ereptionem sanctæ matris suæ viriliter exhortante, vir magni nominis, Haimarus, Podiensis episcopus, surrexit, coram cunctis ad apostolicum vultu jucundo accessit, et genu flexo licentiam eundi et benedictionem poposcit, et, gaudentibus cunctis, impetravit. Insuper papa mandatum, ut ei omnes obedirent, promulgavit, ipsumque vicarium apostolici in expeditione Dei constituit. Erat enim summæ ingenuitatis et magnæ strenuitatis, industriæque singularis. Legati quoque Raimundi Berengarii, comitis Tolosani, protinus adfuerunt, qui ipsum cum multis millibus de suo ducatu iturum papæ retulerunt, jamque crucem sibi coaptasse in concilio testati sunt.

Ecce, Deo gratias! Christianis ituris ultronei duces alacriter processerunt. Ecce sacerdotium et regnum, clericalis ordo et laicalis, ad conducendum phalanges Dei concordant. Episcopus et comes Moysem et Aaron nobis reimaginantur, quibus divina pariter adminicula comitantur. Decima die mensis Februarii [1096] eclipsis lunæ a media nocte usque ad auroram facta est, et obscuritas in luna a parte boreali exorta est.

Odo episcopus Bajocensis, Gislebertus Ebroicensis et Serlo Sagiensis, legati quoque aliorum de Normannia præsulum, cum excusatoriis apicibus, Arvernensi concilio interfuerunt, et inde cum benedictione apostolica regressi, synodales epistolas coepiscopis suis detulerunt.

III. *Concilia in partibus Normanniæ celebrata. Bellum sacrum prædicatur.*

Guillelmus igitur archiepiscopus concilium Rothomagi aggregavit, et cum suffraganeis episcopis de utilitatibus ecclesiasticis tractavit. Tunc omnes mense Februario [1096] Rothomagum convenerunt, capitula synodi, quæ apud Clarummontem facta est, unanimiter contemplati sunt. Scita quoque apostolica confirmaverunt, et hujusmodi scriptum posteris dimiserunt.

1. Statuit *synodus sancta, ut trevia Dei firmiter custodiatur, a Dominica die ante caput jejunii, usque ad secundam feriam, oriente sole, post octavas Pentecostes, et a quarta feria ante Adventum Domini, occidente sole, usque ad octavas Epiphaniæ; et per omnes hebdomadas anni, a quarta feria, occidente sole, usque ad secundam feriam, oriente sole, et in omnibus festis Sanctæ Mariæ, et vigiliis eorum, et in omnibus festis apostolorum et vigiliis eorum; ut nullus homo alium assaliat, aut vulneret, aut occidat, nullus namnum vel prædam capiat.*

2. *Statuit etiam ut omnes ecclesiæ et atria earum, et monachi et clerici, et sanctimoniales et feminæ, et peregrini et mercatores et famuli eorum, et boves et equi arantes et homines carrucas ducentes et herceatores et equi de quibus herceant, et homines ad carrucas fugientes, et omnes terræ sanctorum et pecuniæ clericorum, perpetua sint in pace; ut in nulla die aliquis audeat eos assalire, vel capere, vel prædari, vel aliquo modo impedire.*

3. *Statuit etiam ut omnes homines a XII annis et supra, jurent hanc constitutionem treviæ Dei, sicut hic determinata est, ex integro se servaturos, tali juramento : « Hoc audiatis, vos, N., quod amodo in antea hanc constitutionem treviæ Dei, sicut hic determinata est, fideliter custodiam, et contra omnes qui hanc jurare contempserint, vel hanc constitutionem servare noluerint, episcopo vel archidiacono meo auxilium feram, ita ut, si me monuerint ad eundum super eos, nec diffugiam, nec dissimulabo, sed cum armis meis cum ipso proficiscar, et omnibus, quibus potero, juvabo, adversus illos per fidem sine malo ingenio, secundum meam conscientiam. Sic Deus me adjuvet, et isti sancti.*

4. *Statuit præterea sancta synodus, ut omnes feriantur anathemate, qui hoc juramentum facere noluerint, vel hanc constitutionem violaverint, et omnes, qui eis communicaverint, vel sua vendiderint, sive fabri, sive alii officiales, sive presbyteri, qui eos ad communionem susceperint, vel divinum eis officium fecerint. Hoc etiam anathemate feriuntur falsarii, et raptores et emptores prædarum, et qui in castris congregantur propter exercendas rapinas, et domini qui amodo eos retinuerint in castris suis. Et auctoritate apostolica et nostra prohibemus ut nulla Christianitas fiat in terris dominorum illorum.*

5. *Statuit etiam sancta synodus ut omnes ecclesiæ ita sint saisiatæ de rebus suis, sicut fuerunt tempore Guillelmi regis, et cum eisdem consuetudinibus; et quod nullus laicus participationem habeat in tertia parte decimæ, vel in sepultura, vel in oblatione altaris, nec servitium, nec aliquam exactionem inde exigat, præter eam quæ tempore Guillelmi regis constituta fuit.*

6. *Statuit etiam ut nullus laicus det vel adimat presbyterum ecclesiæ sine consensu præsulis, nec vendat, nec pecuniam inde accipiat; ac ut nullus homo comam nutriat, sed sit tonsus, sicut decet Christianum. Alioquin a liminibus sanctæ matris Ecclesiæ sequestrabitur, nec sacerdos aliquis divinum ei officium faciet, vel ejus sepulturæ intererit. Nullus laicus habeat consuetudines episcopales, vel justitiam quæ pertinet ad curam animarum!*

7. *Nullus presbyter efficiatur homo laici, quia indignum est ut manus Deo consecratæ, et per sacram unctionem sanctificatæ, mittantur inter manus non consecratas; quia est aut homicida, aut adulter, aut cujuslibet criminalis peccati obnoxius. Sed si feudum a laico sacerdos tenuerit, quod ad ecclesiam non pertineat, talem faciat ei fidelitatem quod securus sit.*

Hæc itaque Gislebertus, Ebroicensis episcopus, qui sua proceritate cognominabatur Grus, et Fulbertus, Rothomagensis archidiaconus, scita patrum palam promulgaverunt. Et Guillelmus archiepiscopus, aliique præsules auctoritate sua corroboraverunt. Odo quippe Bajocensis et Gislebertus Lexoviensis, Turgisus Abrincatensis et Serlo Sagiensis atque Radulfus Constantiensis præfatam synodum sanxerunt. Abbates quoque totius provinciæ, cum clero, et parte procerum pacem optantium adfuerunt. Præsules nimirum ex bona voluntate commodissima statuerunt. Sed, principali justitia deficiente, et emolumentum ecclesiasticæ tranquillitatis parum profecerunt. Nam quæque tunc, ut prætaxatum est, deffinierunt et pene irrita fuerunt.

IV. *Normanniæ status. Petrus eremita et milites cruce signati ad Palæstinam pergunt.*

Erat enim eo tempore mira seditio inter optimates Normanniæ, et discolis per totam regionem grandis conatus et violentum fas furari seu rapere. Incendia et rapinæ totam patriam devastaverunt. Indigenarum quamplurimos in exsilium extruserunt, et parochiis destructis, ecclesias presbyteri fugiendo desolatas deseruerunt.

Indomita gens Normannorum est, et, nisi rigido rectore coerceatur, ad facinus promptissima est. In omnibus collegiis, ubicunque fuerint, dominari appetunt, et veritatis fideique tenorem prævaricantes, ambitionis æstu, multoties effecti sunt. Hoc Franci et Britones atque Flandrenses, aliique collimitanei crebro senserunt, hoc Itali et Guinili, Saxonesque Angli usque ad internecionem experti sunt.

De feroci gente Scytharum origo Trojanorum, uti refertur, processit. Quibus in excidium redactis, Phrygius Antenor Illyricos fines penetravit, et cum vicinis exsulantibus diu longeque locum habitationis quæsivit. Denique supra littus Oceani maris, in boreali plaga consedit; et sibi, sociisque et hæredibus suis maritimam regionem incoluit, et a Dano, filio ejus, gens illa, e Trojanis orta, Danorum nomen accepit.

Hæc gens crudelis semper et bellicosa fuit, et fortissimos reges habuit; sed fidem Christi vix sero recipere voluit. Rollo, dux acerrimus, cum Normannis inde genus duxit, qui primus Neustriam sibi subjugavit, quæ nunc a Normannis Normanniæ nomen obtinuit. North enim anglice *aquilo*, man vero dicitur *homo*. Normannus igitur *aquilonalis homo* interpretatur, cujus audax austeritas delicatis affinibus, ut gelidus aquilo teneris floribus, nimis infesta comprobatur. Nam in eadem adhuc gente naturalis feritas coalescit, et genuinus ardor præliandi sævit, qui ruricolas et pacatos officiales suos in ædibus quiete commorari non permittit.

A Rollone, validi duces præfuere Normannis pugnacibus, Guillelmus scilicet Longa Spata et Richardus vetulus, Richardus II, Gunnoridis filius, et duo filii ejus Richardus juvenis et Rodbertus Jerosolymitanus, atque Guillelmus Nothus. Iste vero, qui tempore ultimus exstitit, omnes antecessores suos fortitudine et sublimitate transcendit, moriensque Rodberto ducatum Normanniæ et Guillelmo regnum Angliæ dimisit.

Rodbertus autem, mollis dux, a vigore priorum decidit, et pigritia mollitieque torpuit. Plus provinciales subditos timens, quam ab illis timebatur, et inde damnosa perversitas in terra ejus passim grassabatur. Henricus, frater ducis, Danfrontem, fortissimum castrum, possidebat, et magnam partem Neustriæ sibi favore vel armis subegerat, fratrique suo ad libitum suum, nec aliter, obsecundabat. Porro alius frater, qui Angliæ diadema gerebat, in Normannia, ut reor, plus quam xx castra tenebat, et proceres oppidanosque potentes muneribus sibi vel terroribus illexerat. Rodbertus (29) enim comes Aucensis et Stephanus Albæ-Marlæ, Girardus de Gornaco et Radulfus de Conchis, Rodbertus quoque, comes de Mellento, et Gualterius Gifardus, Philippus de Braiosa et Richardus de Curceio, aliique perplures, cum omnibus sibi subditis munitionibus et oppidanis regi parebant, ei que, quia metuendus erat, totis nisibus adhærebant. Sic Normannia, suis in se filiis furentibus miserabiliter turbata est, et plebs inermis sine patrono desolata est.

Denique talibus infortuniis, Rodbertus dux, perspectis anxius, et adhuc pejora formidans, utpote ab omnibus pene destitutus, consilio quorumdam religiosorum, decrevit terram suam fratri suo regi dimittere; et cruce Domini sumpta, pro peccatis suis Deo satisfacturus, in Jerusalem pergere. Quod rex Anglorum ut comperit, valde gavisus consilium laudavit, Normanniam usque ad quinque annos servaturus recepit, fratrique suo, ad viam Domini peragendam, decem millia marcos argenti erogavit.

Urbanus papa, in sequenti Quadragesima [1096], Turonis aliud concilium tenuit, et ea, unde apud Clarummontem tractaverat, confirmavit. In medio Quadragesimæ basilicam Sancti Nicolai Andegavis dedicavit, et privilegiis apostolicis honoravit. Goifredum Martellum, [Barbatum (30)] Andegavorum comitem, hortatu et potestate de vinculis liberat, quem Fulco Richinus, junior frater ejus, proditione ceperat, dominum quoque suum, honore privatum, apud Chinonem castrum fere xxx annis carceri mancipaverat (31).

(29) Potius *Henricus*.
(30) Dom. Bouquet.
(31) Duobus ante hæc annis ab eodem Urbano tentatam fuisse liberationem Barbati, discimus ex sequenti Hugonis Lugdun. archiepiscopi et apostolicæ sedis legati charta de absolutione Fulconis Andegavensis comitis, inter instrumenta novæ *Gall. Christ.* IV, col. 10 :

Hugo Lugdunensis archiepiscopus apostolicæ sedis legatus, dilectissimis in Christo fratribus archiepiscopis, episcopis, abbatibus, sanctæ Dei Ecclesiæ fidelibus, salutem. Communi orthodoxorum omnium notitiæ tradere dignum judicavimus, qualiter ex præcepto domini nostri papæ Urbani pro causa Fulconis Andegavensium comitis usque ad fines Andegavorum veniendi obedientiam suscepimus, ut eum a vinculo anathematis quo diutino tempore innodatus erat, pro captione fratris sui Gaufridi quem in bello publico ceperat, absolveremus; cum tamen ipse comes rationem reddere aut satisfacere aut judicium subire non subterfugeret, imo semper paratus esset. Ut virorum probabilium clericorum et laicorum relatione cognovimus, præfatus frater ejus, tempore quo captus fuit, a Stephano cardinale Romanæ sedis legato, pro multimoda injuria quam inferebat Turonensi ecclesiæ et abbati S. Martini Majoris-Monasterii, excommunicatus erat, et Fulconi huic Principatus Andegavensis comitatus ab ipso legato ex parte S. Petri donatus fuerat; quem quidem et ab avunculo suo Gauffrido concessum fuisse, virorum probabilium de nobilibus suis veraci cognovimus relatione. Nos igitur, hac suscepta legatione, ut vigor apostolicæ obedientiæ majori a nobis tractaretur auctoritate, venerabilem fratrem nostrum Bituricensem archiepiscopum exsecutionis hujus adhibuimus socium ; et sic simul positi, fratrem comitis quem captum audiebamus consulto adivimus : quem ita desipientem invenimus, ut ferebatur ab omnibus, ut prorsus inutile et vanum videretur regendæ ei patriæ committere principatum, qui sibi et omnibus stultitia sua factus fuisset inutilis, usque adeo ut nec per manus nostras a captione vellet eripi. Venimus itaque ad cœnobium S. Florentii, et in die Nativitatis sancti Joannis-Baptistæ, virorum religiosorum episcoporum et abbatum qui invitati advenerant, Fulconem comitem paratum satisfacere aut rationem reddere, unanimi omnium voto et laude absolvimus : acceptis ab eo securitatibus ut, si frater ejus meliorationem sensus reciperet, ex præcepto domini nostri papæ vel nostro, aut concordiam faceret cum eo, aut judicium subire paratus esset, nec uxorem duceret, de quarum numerositate culpabatur, absque nostro consilio. Cujus rei gestæ seriem vobis pandere judicavimus. Religiosorum autem qui adfuerunt nomina hæc sunt : Aldebertus Bituricensium archiepiscopus, Reveltus Cenomannensis episcopus, Guillelmus abbas S. Florentii, Bernardus abbas SS. Sergii et Bacchi, Girardus abbas S. Albini, Nualdus abbas S. Nicolai, Baldri-

Igitur anno ab Incarnatione Domini 1096, indictione iv, mense Martio, Petrus de Acheris, monachus, doctrina et largitate insignis, de Francia peregre perrexit, et Galterium de Pexeio, cum nepotibus suis, Galterio cognomento Sine-habere, et Guillelmo, Simone et Matthæo, aliisque præclaris Gallorum militibus, et peditibus fere xv millibus, secum adduxit. Deinde Sabbato Paschæ Coloniam venit, ibique septimana Paschæ requievit, sed a bono opere non cessavit. Alemannis enim sermonem fecit, et ex eis xv millia ad opus Domini traxit. Duo quippe præclari comites, Bertaldus et Hildebertus, et unus episcopus adjuncti sunt, et cum eo per Alemanniam et Hungariam peregre profecti sunt. Porro superbi Francigenæ, dum Petrus Coloniæ remaneret, et verbum Dei prædicando phalanges suas augere et corroborare vellet, illum exspectare noluerunt; sed iter inceptum per Hungariam aggressi sunt. Columbanus autem, Hunorum rex, tunc eis favebat, necessariumque subsidium in terra sua præbebat. Deinde transito Danubio, per Bulgariam usque in Cappadociam venerunt, ibique præstolantes, sequentibus Alemannis cum Petro sociati sunt.

Apostolicæ jussionis fama per totam orbem perniciter volavit, et de cunctis gentibus prædestinatos ad summi Messiæ militiam commovit. Ingens nempe illud tonitrum Angliam quoque, aliasque maritimas insulas nequivit latere, licet undisoni maris abyssus illas removeat ab orbe. Imo britannos et Guascones, et extremos hominum Gallicios fama perniciter succrescens animavit et armavit. Venetii quoque et Pisani et Januenses, et qui littus Oceani, vel Mediterranei maris incolebant, navibus onustis armis et hominibus, machinis et victualibus, mare sulcantes operuerunt. Qui vero terra ibant, universæ terræ superficiem tanquam locustæ occuluerunt. Mense Julio, Gualterius de Pexeio Finipoli in Bulgaria obiit, et signum sanctæ crucis post mortem in carne ejus apparuit. Dux autem et episcopus urbis, hoc signo audito, foras egressi sunt, et Gualterii corpus cum civibus cunctis reverenter in urbem transferentes sepelierunt, aliisque peregrinis aditum urbis, quem antea interdixerant, et mercatum concesserunt.

Eodem anno [1096], Hugo Crispeii comes Radulfo et Henrico, filiis suis, terram suam commisit, et Ysabel filiam suam Rodberto de Mellento comiti dedit, et peregre proficiscens, secum nobile agmen Francorum adduxit. Tunc Stephanus, Blesensium comes, filius Tedbaldi, comitis Carnotensis, qui gener erat Guillelmi, Anglorum regis, crucem Domini sumpsit, et peregre perrexit. Alii quoque comites, virique consulares, Guido Trussellus, nepos Guidonis, comitis Castelli-Fortis, ac Milo de Brais, et Centorius de Bieria, Radulfus de Balgenciaco et Ebrardus de Pusacio, Guillelmus Carpentarius ac Drogo de Monceio, aliique multi proceres et famosi milites, cum multis cuneis Francorum, pro Christi amore peregrinati sunt.

Petrus Eremita, cum multis Alemannis et Francis, subsequens agmen præcesserat, et regiam ad urbem applicuerat. Multos ibi Lumbardos invenit, et Langobardos et Alemannos, qui eum præcesserant, et ex imperatoris responso venientem exercitum sustinebant. Imperator interim eis mercatum dari jusserat, sicut in civitate rectum erat. Mandaverat quoque ne quemdam sinum maris, quem Brachium Sancti Georgii vocant, transfretarent, quousque maximus, qui sequebatur, exercitus advenisset. *Si enim*, inquit, *aliter egeritis, efferi gentiles in vos irruent, et hanc imbellem catervam perimentiment.* Quod sic postea contigit. Gens namque illa, sine rege, sine duce, variis aggregata locis, indisciplinate vivebant, in res alienas rapaciter involabant, plumbum, de quo ecclesiæ coopertæ fuerant, asportabant et vendebant, palatia destruebant, et in omnibus se nequiter agebant.

His cognitis, imperator valde iratus est, quippe qui jam eos beneficiis suis ingratos expertus est. Coegit itaque eos expelli ab urbe, et transfretare. Transfretati, multa iterum illicita in Christianos patraverunt. Nam terram eorum hostiliter prædati sunt, et domos eorum ecclesiasque cremaverunt. Tandem Nicomediam venerunt; Ligures, aliæque gentes illic separantur a Francis. Franci siquidem ferociores erant et intractabiliores et ob id ad omne malum procliviores. Alii ergo quemdam Rainaldum sibi præfecerunt, et sub ejus ducatu Romaniam ingressi sunt. Ultra Nicæam itinere iv dierum progressi sunt, et castellum Exerogorgan intraverunt, et ibidem causa hospitandi demorati sunt. Illud omnium victualium erat plenum, sed incertum est an timore vel industria vacuum incolis sit dimissum. Ibi Alemanni a Turcis circumvallati sunt, et usque ad internecionem, ut in sequentibus elucidabitur, pene deleti sunt.

V. *Robertus dux Normanniæ, Godefridus dux Lotharingiæ, Balduinus ejus frater, Bohemundus, Raymundus comes Tolosæ et plurimi magnates proficiscuntur. — Prima crucesignatorum adversus Turcas prœlia.*

Mense Septembri, Rodbertus, dux Normannorum, Guillelmo regi Neustriam commisit, et acceptis ab eo decem millibus marcis argenti, peregre perrexit, terribilemque hostibus militum et peditum multitudinem secum adduxit. Nam cum eo profecti sunt Odo, patruus suus, Bajocensis episcopus et Philippus clericus, Rogerii comitis filius; Rotro, Goisfredi, comitis Moritoniæ, filius; Gualterius de Sancto Gualerico, Richardi junioris, ducis Normannorum, ex filia, nomine Papia, nepos, et Girardus de Gornaco; Radulfus Brito de Guader, et Baptistæ.

Dom Bouquet, lib. ix, p. 663-664.

---

cus abbas Burguliensis, Gaufridus abbas Vindocinensis. Actum est anno ab Incarnatione Dom. 1094 apud abbatiam S. Florentii, die festo S. Joannis-

Hugo, comes de Sancto Paulo; Ivo et Albericus, filii Hugonis de Grentemaisnilio, aliique multi eximiæ strenuitatis milites.

Godefredus quoque, Lotharingiæ dux, et Balduinus, ac Eustachius, comes Boloniæ, fratres ejus, et Balduinus, comes de Monte; Rodbertus quoque, Marchio Flandriæ, nepos Mathildis, Anglorum reginæ, et Rainaldus Teutonicus, cum multis millibus armatorum, pro amore Christi sua reliquerunt, et exsilium, ad confutandos paganos, et relevandos Christianos, libenter petierunt, et per Hungariam cum turmis suis commeaverunt. Haimarus autem, Podiensis episcopus, cum Tolosano Raimundo, prospere per Sclavariam transiit, eisque Bodinus, Sclavorum rex amicabiliter favit. Rodbertus vero Normannus, et Stephanus Blesensis, sororius ejus, Hugo quoque Magnus, et Flandrensis Rodbertus, et plures alii, Alpibus transcensis, Italiam intraverunt, et per Urbem Romam pacifice transeuntes, in Apulia et Calabria hiemaverunt. Rogerius autem dux, cognomento Bursa, ducem Normanniæ cum sociis suis, utpote naturalem dominum suum, honorifice suscepit, et quæ necessaria erant, copiose administravit.

Dum Marcus Buamundus, cum Rogerio, patruo suo, comite Siciliæ, quoddam castrum obsideret, et motiones ducum, multarumque gentium audiret, mox singulorum probitates et signa diligenter investigavit; quibus subtiliter inspectis, sibi tandem optimum afferri pallium præcepit, quod per particulas concidit, et crucem unicuique suorum distribuit, suamque sibi retinuit. Nimius igitur militum concursus ad eum subito factus est, et Rogerius senex pene solus in obsidione relictus est, dolensque se suam amisisse gentem, Siciliam cum paucis reversus est. Providus autem et solers Buamundus modeste viam suam et evectiones præparavit, cum optimatibus suis, et affluentibus armatorum copiis transfretavit, et tandem tranquillo remige in Bulgariæ partibus applicuit.

Porro præcipui sodales ejus hi fuerunt: Tancredus, Odonis Boni-Marchisi filius; et comes de Rosinolo, cum suis fratribus; Richardus de Principatu, et Rannulfus, frater ejus; Rodbertus de Anxa, et Rodbertus de Surda Valle; Rodbertus, filius Turstani, Hermannus de Canni, et Unfridus, filius Radulphi; Richardus, filius Ranulfi comitis, et Bartholomæus Boellus Carnotensis; Alberedus de Cagnano, et Unfredus de Monte Scabioso. Hi omnes cum clientibus suis Buamundo unanimiter adhæserunt, eique se in via Dei devotissime obedituros inseparabiliter, juraverunt.

Hugo Magnus, et Guillelmus, Marchisi filius, ad portum Bari pelagus præpropere ingressi sunt, et navigantes, Durachium applicuerunt. Dux autem urbis, magnos barones ratus, jussit eos apprehendi, et sub excubanti custodia Constantinopolim ad imperatorem solerter deduci. Adulatorius itaque dux perfido se volebat obsequio Cæsari commendare, et devotionem suam erga ipsum indiciis hujusmodi approbare.

Solimannus, Turcorum dux, ut Christianos super ethnicos venisse cognovit, ingentem exercitum aggregavit, et castellum Exerogorgan, ubi Alemanni erant, obsedit. Turci oppidum circumvallare festinaverunt, et Rainaldum, cum suis egressum, ut venientibus illis insidias prætenderet, præliando fugaverunt. Tunc multi Christianorum gladio ceciderunt. Si qui vero potuerunt fuga elabi, castro recepti sunt. Quo undique obsesso, statim hostes inclusis aquam abstulerunt. Fons et puteus, quo castellum sustentabatur, extra erat, quem utrumque viriliter circumseptum legio Turcorum indesinenter observabat. Sitis itaque nimiam incommoditatem obsessi per dies octo sustinuerunt; sed ob nimietatem scelerum et duritiam cordium anxiati sunt, nec a Deo adjuvari meruerunt. Tandem dux eorum cum Turcis consiliatus est, eisque suorum, si posset, proditionem fratrum pactus est. Rainaldus igitur, fingens se ad bellum procedere, cum multis exivit, ac ad Turcos transfuga fugit. Residui vero inhonestam deditionem coacti fecerunt, et desperantes, abominabilem apostasiam in Deum commiserunt. Porro illi, qui fidei suæ testimonium perhibuerunt, capitalem sententiam subierunt, vel in signum positi, sagittati sunt, vel ab invicem divisi, vili pretio venundati, vel in captivitate cum Bertaldo comite abducti.

Hanc III Kalendas Octobris [1096] primam persecutionem Christiani perpessi sunt, et sic Alemanni, aliæque gentes in Corosanum, vel Aleph, captivati sunt. Sed qui in fide Christi permanserunt, glorioso fine quieverunt. Franci quippe jam longe præcesserant, et Chevetotem urbem intraverant, quam Alexius imperator nuper construere cœperat, et Anglis, qui a facie Guillelmi Nothi fugerant, tradere voluerat; sed prohibentibus Turcis, eam imperfectam reliquerat. Solimannus vero, victis Allobrogibus et Alemannis elatus, Chevetotem, Nicææ vicinam, de triumpho securus, cum suis, jam nil nisi sanguinem sitientibus, adiit, et cum magno impetu super Gallos irruit. Petrus enim jam Constantinopolim redierat, quoniam illum auscultare sua cohors non acquiescebat. Effrenes autem Turci subito accurrerunt, egregio militi Gualterio, principi militiæ, suisque commilitonibus obviaverunt, ipsumque cum multis, quia imparati erant, facile detruncaverunt. Guillelmum vero, fratrem ejus, cum quibusdam aliis vulneraverunt. Ibi etiam decollaverunt quemdam Domini sacerdotem, missarum solemnia suppliciter celebrantem. Si qui evadere vivi potuerunt, in urbem fugerunt, vel in carectis, aut silvis, seu montanis delituerunt. Pauci vero, qui castellum, ut se defenderent, tenuerunt, multos obsidentium peremerunt. Turci ligna quamplurima undecunque attulerunt, incendium castello et hominibus præparaverunt. Christiani autem, extrema jam in desperatione positi, animosiores audacter ignem in ligna sunt jaculati. Sic igitur evaserunt incendium. Ex utrisque perierunt plurimi, et hoc contigit mense Octobri. Plures ex peregrinis profugi redierunt, et sequacibus, qui adhuc citra Byzantum castra metati fuerant, casus suos retulerunt. Imperator omnium emit arma, ut inermes incolis minus nocere possent in regione aliena. Alii alios exspectabant, ut consilio communicato, auxiliaribus freti ducibus, et copiis stipati militaribus, Deum precibus et confessionibus sibi complacarent, et sic terram inimicorum intrarent.

Solimannus, postquam Francos superavit, et quosdam in bello trucidavit, quamplures etiam in captivitatem transmisit, paucos, in urbe acerrime resistentes, obsedit. Porro, in crastinum, ut a certis indicibus audivit quod Buamundus dux Macedoniam super imperatorem invaserit, et ingentem exercitum Normannorum et Apulorum, ad ulciscendum cruorem Christianorum, contra Turcos armaverit, nimis inde territus, Chevetotem reliquit, et agmina sua ad muniendum terram suam cito reduxit. Præcipites itaque Galli auxilium Buamundi, aliorumque fidelium exspectare spreverunt; sed in virtute sua nimis fisi, ad fines Turcorum appropiaverunt, ibique, permittente Deo, ut prædiximus, gravi bello attriti sunt.

VI. *Varia crucesignatorum itinera. Proditio Græcorum.*

Godefridus dux, primus omnium ducum, Constantinopolim venit, et prope illam x Kalendas Januarii [1096] castra metatus est. Buamundus vero suos, qui eum subsequi satagebant, præstolabatur, pedetentim gradiebatur, eosque paulatim eundo callide in dies opperiebatur. Alexius autem imperator in suburbio civitatis duci paulo post mandavit hospitium dari. Armigeri vero ducalis exercitus commoda sibi more procurabant; ad subvehendas paleas, vel cætera sibi necessaria, extra urbem secure cursitabant. Sed Turcopolis et Pincinatis, jussu Augusti insidiantibus, quotidie peribant. Nondum aliquid de imperatore suspicabantur sinistrum, quippe qui voluntarius eis præbuisset hospitium. Nimis dux contristatus est pro defectu suorum, et inopinatis insidiis Turcopolorum. Balduinus, igitur ad suorum protectionem exivit, et hostes, qui suos insequebantur, invenit, ex improviso incautos invasit, superavit, partim occidit, sexaginta ex eis captos fratri suo præsentavit. Augustus, hoc ut audivit, valde iratus, malum peregrinis machinari cœpit. Saplens dux, dolos præcavens, urbem exiit, et ubi prius sua fixerat tentoria, rursus collocavit. Nocte superveniente, jussu Cæsaris invasa sunt castra ducis, et exercitus ejus multis lacessitus injuriis. Sagacissimus dux et acerrimus bellator versutias metuebat, et excubitores, qui tentoriis excubarent, prudenter disposuerat, et unumquemque sibi vigilare mandaverat. Repulsi sunt quantocius invasores, et ex illis vii peremptis, usque ad portam civitatis audacter insecutus est dux fugientes. Deinde ad tentoria sua reversus, fuit ibi quinque diebus.

Imperator interim cogitabat malum in ducem moliri; dux sollicitus sibi suisque consiliari. Imperator ei transitum per civitatem regiam prohibere, dux subsequentium optimatum adventum exspectare. Denique perspicax et industrius imperator, ut nihil intentatum relinqueret, cum duce pacem fecit; quod si Brachium transfretaret, semper ei copiosum mercatum mitteret, et cunctis indigentibus stipem necessariam impertiret, tantum ut juramento de eo securus esset. Hoc ideo machinatus est versipellis ut a regione ducem amoveret Byzantea, cum suis copiis, ne posset couti superventurorum principum consiliis et auxiliis. Dux itaque transivit, facta Cæsari et ab eodem accepta identidem promissorum fidelitate.

Buamundus in vallem de Andronopoli venit, ibique suos concionando solerter admonuit ut caute se haberent, ut peregrinationis pro Deo susceptæ memores essent, ut a Christianorum penatibus diripiendis rapaces manus cohiberent, ut Deum ante oculos semper præsentem haberent; ac ut ditiores pauperibus, et fortiores debilibus subvenirent, eosque pro amore Dei viribus et opibus sustentarent. De valle tandem Castoriam pervenerunt, ubi Natalem Domini solemniter peregerunt. Ibi per aliquot dies remorati sunt, quæsitumque mercatum habere non potuerunt, quia cives non peregrinos, sed gladiatores et tyrannos, illos æstimaverunt. Inedia ergo cogente, compulsi sunt boves, equos et asinos rapere, et si quid, quod mandi posset, convenientius inveniebatur. Egressi vero de Castoria, castra metati sunt in Pelagonia. Ibi munitissimum castellum hæreticorum (32), bonis omnibus abunde refertum, undique aggressi sunt, et habitatoribus ejusdem cum eo combustis, omnino pessundederunt. Omnes siquidem illi viatores Judæos, hæreticos, Saracenos, æqualiter habebant exosos, quos omnes Dei appellant inimicos. Inde pervenerunt ad flumen Bardarum, quod Buamundus cum parte sui exercitus pertransiit. Comes autem de Rosinolo cum fratribus suis remansit. Protinus satellites imperatoris, qui vias obsidentes explorabant, ut exercitum divisum viderunt, impetu facto, in comitem et suos irruerunt. Tancredus vero, qui necdum longe aberat, ut cognovit tumultum, rapidum calcaribus urgens cornipedem, fulmineus advolat, et fluvio, qui intererat, evadato, seu potius enatato, festinum comiti contulit auxilium. Mox duo millia militum per amnem Tancredum subsecuti sunt, et Turcopolis confestim prævaluerunt, eos de prælio fugaverunt, et de fugatis gloriose triumpharunt. Quosdam vero peremerunt, plures autem ap-

---

(32) Id est *Græcorum*.

prehensos vinxerunt, et Buamundo præsentaverunt. Interrogati cur tam nequiter agerent, cum suo non inimicaretur imperatori, responderunt : *Nos, in roga imperatoris locati, nihil aliud agere possumus quam quod ipse imperat.* Hoc ab invitis bellum peregrinis factum est IV feria in capite jejuniorum [die 18 Februarii 1097].

Buamundus, nequitiæ Cæsaris indignatus se tamen repressit, captos quidem impunitos dimisit, sed ne suis de cætero nocerent, interminando compescuit. *Nos,* inquit suis familiaribus, *transituri per imperatorem, tumorem animi compescamus, et ne illum injuste exacerbemus, prout possumus, evitemus. Extremæ imperitiæ genus est, hominem ibi totum efflare spiritum, ubi commotus animus nullum habebit effectum. Porro, prudentiæ modus est potestativum hominem se ipsum dissimulare, ubi potentia sua nequit appetitui satisfacere. Prudentiæ est in tempus differre, quod continuo non possis explere. Rursus socordiæ et ignaviæ redarguendus est, qui eum ultra non possit, intonat minis; cum vero possit, illatæ obliviscitur improbitatis. Si possumus, Augustum beneficiis superemus; sin autem, mala nobis illata æquanimiter dissimulemus.* Hæc ait, et iram animi tacitus continuit, et legatos ad imperatorem pro impetranda peregrinis Jesu Christi securitate direxit.

Anno ab Incarnatione Domini 1097, indictione V, Rodbertus, dux Normannorum, et Hugo Magnus, Stephanus Blesensis, et Rodbertus Flandrensis, aliique proceres, qui de multis provinciis processerant, et in Italia cum catervis suis hiemaverant, alacriter parati, placido vere pelagus sulcantes Adriaticum, transfretaverunt, et Marco Buamundo in Macedonia sociati sunt. Dum tanta nobilitas in unum convenit, et incomparabilis probitas sine fictione ad opus Dei se obtulit, ingens cunctis timentibus Deum, qui aderant, tripudium fuit. Alexius autem imperator, qui jamdudum Cisalpinorum arma graviter expertus est, audito adventu tantorum baronum nimis territus est, et perspecta arte per quam periculum evaderet, sub specie pacis eos dolo decipere conatus est. Erat enim callidus et facundus, largus, et fallendi artifex ingeniosus. Legatos igitur ad nobiles peregrinos misit, et pacem ab eis humiliter requisivit, liberumque transitum per terram suam, et necessarium negotium atque subsidium se illis daturum cum juramento promisit. Dux vero Buamundus, qui fraudes ejus bene dudum expertus erat, eumque bello bis devicerat, simulatis sponsionibus non acquievit ; sed socios suos ad obsidendam Constantinopolim viriliter incitavit, et multis ac probabilibus, hoc sibi commodissimum esse, allegationibus manifeste ostendit. Franci autem dixerunt : *Nos divitias nostras dereliquimus, et peregrinationem sponte aggressi sumus, ut pro amore Christi paganos confundamus, et Christianos liberemus. Græci autem Christiani sunt.*

Pacem ergo cum illis faciamus, et quæ Turci abstulerunt, eis reddamus.

Coactus est itaque sagax Buamundus consiliis Francorum ut pacem faceret cum imperatore Græcorum, ad magnum, ut postea claruit, detrimentum Christianorum. Requisitus imperator fucatis gestibus favere nostratibus sategit, et Corpalatium, sibi valde familiarem, cum aliis legatis, Buamundo direxit, qui eum per terram illam secure deducerent, et eis ubique marcatum impenderent. Denique, prout tempus poscebat, de loco ad locum castra metati sunt, et per civitatem Serram usque Rusam civitatem venerunt. Ibi vero, quæcunque necessaria erant, a Græcis sufficienter comparatis, suos tetenderunt papiliones feria IV ante Cœnam Domini [1097]. Porro Buamundus, ibi sua gente dimissa, cum paucis ad Augustum loqui profectus est. Tancredus autem Christianos, in expeditione pauperatos, per aliam viam in vallem uberem, et nutrimentis corporalibus refertam, conduxit; ubi Pascha Domini celebraverunt. Alexius, audiens, quem nimium verebatur, advenisse Buamundum, a quo bis in pugna superatus fuerat, honorifice suscepit, et extra civitatem, prout utrumque decebat, copiose procuravit.

Interea dux Godefredus, ultra Brachium relictis sociis, Constantinopolim redierat, quoniam imperator, ut ei pepigerat, mercatum nullum transmittebat. Episcopus vero Podiensis et Tolosanus comes, sua iterum post se intermissa multitudine, aderant. Imperator autem, consilio Græcorum, qui valde præcavebant ne forte Franci congregati in eos insurgerent, bonisque suis eos privarent, heroas singulos per internuntios allocutus est hominiumque ab eis et fidelitatem exegit. Quod si facerent, mercatum et conductum, seque ipsum post eos iturum; eisque cum omnibus copiis suis subventurum promisit. Angustiabantur Franci, et jurare nolebant, nec aliter eis Pelasgi transitum permittebant. Franci contra Christianos pugnare nolebant, transitum habere pacifici non poterant. Imperfecto ad quod ierant negotio, ad propria regredi abominabantur. Tandem multis coacti necessitatibus, juraverunt Alexio imperatori vitam et honorem, quod neutrum ei auferrent, quoad ipse quod jurabat, bona fide teneret. Tolosanus autem comes plus aliis renitebatur, imo irrequietus cogitabat quomodo de imperatore ulcisceretur. Prævaluit tamen communis heroum sententia, et ab hac intentione animosum comitem vix revocaverunt. Juravit itaque, sed ad hominium nunquam deductus est. Illico igitur præceptum est de navigio.

Tancredus interim cum exercitu sibi commisso advenerat. Audiens itaque quod Alexius a majoribus natu juramentum exegerat, cum Richardo de principatu inter plebeios delituit, et puppibus acceleratis properus pertransiit. Boamundus et Tolosanus comes remanserunt, donec eis de mercato satisfieret. Godefredus vero dux cum aliis Nicomediam venit, ibique cum Tancredo tribus diebus mansit. Deinde dux, cognito quod nulla, qua tot et tantæ gentes possent procedere, pateret via, misit, qui rupium et montium complanarent præcipitia, hominum tria millia. Qui acceptis securibus, asciis et vidulis, aliisque multimodis ferramentis, ad carecta et frutecta stirpanda, ad prærupta montium coæquanda, viam exercitui præparaverunt, positisque in altum signis, quæ subsequentes cognoscerent, ne forte deviarent, Nicæam Bithyniæ venerunt.

VII. *Nicææ expugnatio. Maximi exercitus crucesignatorum progressus. Prælia adversus Turcas.*

Castris itaque pridie Nonas Maii metatis, tentoriisque occidentalium locatis, obsessa est Nicæa, totius Romaniæ caput, urbs munitissima, utpote quam ostentabant inexpugnabilem esse, in cœlum porrecta mœnia, lacusque adjacens, civitatem a latere cingens. In primis ibi tam calamitosa fuit inopia panis, antequam mercatus ab imperatore dirigeretur, ut si quando unus panis inveniebatur, viginti vel triginta denariis emeretur. Sed Deo de suis procurante, confestim Buamundus venit, et copiosum terra marique exercitum deduxit. Inopina itaque victualium ubertas repente facta est in tota Christi militia.

In die autem Dominicæ Ascensionis aggressi sunt urbem expugnare, et ligneas contra muralem altitudinem machinas erigere. Per duos igitur dies acriter infestantes civitatem, conati sunt effodere murum. Gentiles, qui intus erant, econtra viriliter instare, muros penatesque suos magna vi defensare, lapides et spicula dirigere, clypeis se protegere, et supervenienti telorum nimbo audacter se opponere. E regione Galli nihil intentatum relinquere, consertorum testudine scutorum se occultare, et sic jaculorum ingruentia devitare, et persæpe fatiscentes obsessos lacessere. Cives interim, missis nuntiis, a contribulibus suis et affinibus adjutorium convocarunt, dicentes: *Accelerate; per meridianam portam; nihil formidantes, intrate, quæ adhuc ab omni vacat obsidione!* Porro, auxiliante Deo, multum aliter evenit hæc sperantibus. Ipso enim die, Sabbato scilicet post Ascensionem Domini, Podiensis episcopus et Tolosanus comes illuc advenerant, eisque ab aliis principibus australis porta commissa fuit. Comes itaque Saracenis secure accurrentibus ex improviso armatus obviavit, et exercitus ejus totus, in armis speciosus, barbaram stoliditatem viriliter repulit. Saraceni, multis suorum amissis, turpiter fugerunt, et facile a Francis superati sunt. Nicæni cives iterum vicinos accersierunt, quibus certitudinem victoriæ jurando confirmaverunt. Igitur illi audacter venerunt cum funiculis, quibus vinctos ad sua captivare Christianos autumabant. Verum Franci conglobatim ethnicis venientibus occurrerunt, rursus eos invaserunt, superaverunt, fugaverunt, multisque peremptis victoriosi redierunt. Deinde Raimundus comes et Haimarus episcopus cum exercitibus suis valde laboraverunt, multisque modis urbem aggressi sunt; contra quos obsessi cives totis nisibus obstiterunt.

Tandem Christiani duces in unum convenerunt, et hoc ordine Nicæam, Bithyniæ urbem, obsederunt. Ex una parte obsederunt eam Buamundus et Tancredus, juxta quos, cum fratribus suis, dux Godefredus. Deinde Rodbertus, Flandriæ comes, strenuus vir et miles audacissimus. Juxta hunc Rodbertus, Normannorum dux, et Stephanus Carnotensis comes, et Hugo comes de Sancto Paulo, Conanus quoque Brito, filius Gaufredi comitis, et Radulfus de Guader, et Rogerius de Barnevilla, cum suis agminibus. Ad portam vero meridianam Tolosanus et Podiensis excubabant. Isti itaque sic urbem circumdederant, ut nemo ingredi vel egredi posset, nisi lacu qua civitas cingebatur. Per lacum quippe, Christianis videntibus, securi gentiles navigabant, sibique necessaria navigio devectabant. Verum Christi militia laudabiliter Nicæam obsederat, et castra speciosa, tentoriaque imperiosa in Christi nomine prudenter disposuerat. Fulgebant in armis Christiani, maximeque in morum ornatu erant decentissimi. Mundi moribus, vegeti corporibus, animosi pectoribus militabant. Animabus suis præcavebant, carnis voluptatibus et voluptatibus omnia illicita abdicabant. Ipsi duces militabant, omniaque disponentes, aliosque cohortantes, ipsi excubabant. Ibi erat omnium rerum magna communitas. Episcopi quotidie de continentia sermocinabantur, omne scortum et abusum de medio castrorum abominabantur.

Turci interim pro defensanda urbe desudabant, et per lacum, Christianis videntibus, tute ibant et redibant. Franci igitur mœsti, qualiter eis lacum auferrent, machinati sunt. Legatos Constantinopolim direxerunt, et quid contra hostes prævidissent agendum, Augusto solerter intimarunt. Mox imperator, auditis eorum petitionibus, acquievit, et omnia secundum dispensationem eorum fieri præcepit. Ex præcepto igitur Augusti boves festinanter adducti sunt, et velivolæ naves portum Chevetot appulerunt. Turcopoli etiam adfuerunt. Scaphæ, carrucis, superpositæ sunt, et bobus huic operi ministrantibus, usque ad crepidinem lacus laboriose deductæ sunt. Nocte terris incumbente, naves in lacum impegerunt, easque Turcopolis mandaverunt. Crepusculo diei albescente, lacum sulcantes ordinate, tendebant puppes ad urbem. Cives, lacum navibus opertum, eminus aspicientes, mirabantur, et si forte sibi auxilium veniret, suspicabantur. At postquam certitudinem de eis perceperunt, diriguere metu, et exsangues facti desperaverunt. Repentino casu perturbatis præter spem omnia contigerunt. Urbi terra lacuque obsessæ nulla spes salutis erat. Ad imperatorem igitur legatos destinant, et obnixe supplicant ut jam victis parcat, urbem deditam recipiat, eamque, sicuti suam, ab hostibus protegat, ne res eorum alienigenis præda fiat. His imperator auditis, Christianorum profectui, ut eventus rei postea probavit, occulte invidens, obsessorumque legationi satisfaciens, Tatano, principi militiæ, quem nostratibus prævium cum XL millibus antea constituerat, aliisque satellitibus suis imperavit ut se et sua dedentes Byzantium impunitos deducerent, et de civitate servanda curiosi procurarent. Juxta præceptum Augusti omnia facta sunt, et civitas reddita est, gensque Gentilium ad urbem imperatoriam indemnis deducta est.

Victos itaque imperator cum honorificentia libertatis suscepit, magnisque dapsilitatibus educavit, et pauperibus Christianis multa donaria donavit. Civitate reddita, Christiani ab obsidione secedunt. Ibi nimirum multi fame, vel gladio, vel alio quolibet exterminio mortui sunt; qui, ut credimus, felici martyrio laureati sunt, quoniam pro fratrum compassione corpora sua tradiderunt. Multi etiam gentilium variis eventibus trucidati sunt, quorum cadavera passim inhumata jacuerunt. Per septem hebdomadas, tresque dies illic Christiani demorati sunt; et, reddita urbe, pedem alias tristes direxerunt. Pœnitebat enim eos longæ obsidionis, dum non dominati sunt urbi, more subjugatæ civitatis. Nam si saltem facultates inimicorum publicarentur, paupertas egenorum temperaretur, et absumptæ impensæ aliquantulum resarcirentur. Mandatum Alexii, de non publicandis Nicææ penatibus, Christiani æquanimiter non pertulerunt, ubi diu, rebus suis incassum expensis, sanguinem suum fuderunt, et facultates quas attulerant, in immensum attenuarunt. Fraudulentos itaque mores Augusti cum damno experti sunt. Sed tamen, quia tunc nihil proficerent, in tempus siluerunt. Hic primum patuit odiorum seminarium; hic compertum est inimicitiarum fomentum; hic discordiarum cœperunt incentiva pullulare; hic simultatum simulacra visa sunt succrescere. Nam, quoniam Alexius non recte contra eos egerat, ipsi contra eum de ultione cogitabant.

Die, qua Nicæna obsidio soluta est, ad quemdam pontem perventum est, ubi sua Christianus populus tentoria collocavit. Duos ibi dies fecerunt, et tertia die ante lucem iter præproperi arripuerunt; et quoniam nox tenebrosa erat, incertam incerti viam tenuerunt. Divisi ergo ab invicem, duorum iter dierum consummaverunt. Buamundus et Rodbertus Normannus, Blesensisque comes Stephanus et Tancredus, Hugo de Sancto Paulo et Girardus de Gornaco, Gualterius de Sancto Gualerico et Bernardus, filius ejus, Guillelmus, filius Rannulfi vicecomitis et Guillelmus de Ferrariis, Herveus, filius Dodemanni et Conanus, filius comitis Gaufredi, Radulfus de Guader et Alannus filius ejus, Riou de Lohoac et Alannus, dapifer Dolensis et alii plures erant in uno agmine. In altero Tolosanus comes et Podiensis episcopus, Godefredus dux et Balduinus et Hugo Magnus, et Flandrensis Rodbertus, cum copiosis commeantium examinibus.

In ipsa septimana, Turci, velut arena maris innumeri, contra Buamundum confluxerunt, et magna multitudine confisi, Christianos unanimiter invaserunt. Dux eorum Dalimannus erat, eosque furor in alienigenas animabat, qui Nicæam præsumpsissent expugnare, et possessiones eorum depopulari. Ibi erant Turci, Saraceni, Persæ et Agulani, quorum numerum computaverunt CCCLX millia, præter Arabes, quorum concursus indeterminatus fuit. Egregius vero Buamundus, ut innumerabilem multitudinem inimicorum suis, ore rabido, et effero gladio, minitantem et insultantem vidit, imperterritus stetit, suosque brevi, sed sapientissimo admonuit, et laudabiliter ad honorificum certamen corroboravit. Celeriter mandat sociis, qui ab eo longiuscule recesserant, ut ad eos juvandos in grandi necessitate properent. Peditibus jubet ut impigre et prudenter tentoria figant, et militibus ut secum obviam paganis ad bellum procedant, et laborem certaminis indefessi sustineant. Interim Turci occlamantes advenerant, et sagittando, vel jaculando, seu cominus feriendo, Christianos acerrime infestabant. Nulla fatigatis dabatur requies, sed omnia Christianorum corpora cruore vel sudore liquentia conspiceres. Econtra Franci pondus belli indesinenter sufferre, incursus in hostes aliquando prudenter differre, gladiis interdum resistere, socios vocatos exspectare, nec in aliquo titubare. Hanc conflictuum violentiam ab hora diei tertia usque in horam nonam pertulerunt.

Illa die mulieres fuerunt bellantibus pernecessariæ. Nam sitientibus aquam perniciter porrigebant, et pugnantes exhortando confortabant. Martis campus incanduerat. Totis enim viribus utrinque certabatur. Christiani angebantur. Nam plerumque in ipsis castris impugnabantur. Alius exercitus legatis Buamundi discredebat, et de belli certitudine ambigebat. Nullam gentem sperabat esse, quæ contra sui exercitus partem saltem decimam de bello auderet anhelare. Postquam tamen rumor iste per totum exercitum percrebruit, et legatis legati superadditi sunt, Godefredus dux, ut erat miles acerrimus, comes quoque Stephanus, vir prudens et modestus, Hugo Magnus, Balduinus quoque et Eustachius, intrepidi cum suis advolant commilitonibus. Podiensis episcopus pone sequebatur, comesque Tolosanus, Raimundus. Mirabantur jam fatiscentium corda Christianorum, unde tanta gens, tamque repentina, præter spem in eos immersisset. Montes enim et valles cooperuerant, et si qua plana erant, densis turmarum cuneis omnia frequentabantur. Auxiliante Deo, Christiani fortiter præliabantur, et gladiis exertis et in mortem vibratis res duntaxat gerebatur. Adsunt repentini, quos advocaverant, socii. Podiensis episcopus, cum suo magno exercitu, a tergo præoccupavit inimicos. Parte altera comes Sancti Egidii et Balduinus ac Eustachius festinanter equitabant. A dextera dux Godefredus irruit, et Hugo Magnus, et Flandrensis Rodbertus, per omnia miles expeditissimus. Rodbertus namque Normannus et Blesensis Stephanus, Tancredus et Buamundus pugnabant, diuque belli pondus sustinuerant. Gentiles obstupefacti, quoniam hostiliter a facie et a tergo inopine premebantur, fugæ se crediderunt, et terga cædentibus concesserunt. Cecidit autem eos usque ad internecionem Christianorum gladius, et multi multimodis oppetierunt mortibus. Si qui vero potuerunt, delituerunt. Ibi barbarorum millia cæsa sunt, quoniam in eos vehementer grassati sunt, quos tota die crudeliter insectati fuerant.

Guillelmus Marchisus, frater Tancredi, et Gaufredus de Monte-Scabioso, viri multum militares, bonæ indolis et illustres, et multi alii, milites et pedites, ceciderunt. Turci enim, astu nimio pollentes, audaci vigent animo, et irreverberato configunt gladio. Mortes eminus inimicis creberrime infigunt, quia utuntur arcubus, et multis instrumentis nituntur bellicis. Jactitant se de Francorum stirpe genealogiam duxisse, eorumque proavos a Christianitate descisse. Dicunt etiam nullos naturaliter militare, nisi se et Francos. Hoc itaque prælium Kalendas Julii [1097] factum est, diesque solemnis omnipotenti Deo, qui omnia bene disponit, cum devotis laudibus celebrata est.

Ethnicis ita pessundatis et procul effugatis, ad eorum tentoria diripienda conversi sunt Christiani, et invenerunt ibi auri argentique plurimum. Subjugalia, mulos et equos, boves et camelos, verveces et asinos, et copiosam supellectilem in eorum papilionibus repererunt; et diversis onusti gazis, cum triumpho et inenarrabili gaudio ad suos redierunt. Fama tantæ victoriæ longinquas et exteras nationes cœpit deterrere, et titulum Christianitatis remotorum auribus populorum infundere. Præclara Christianorum facinora, sibique superventuram eorum militiam omnes et singuli formidabant.

VIII. *Nova prælia. Iconii et Heracleæ expugnatio.*

Solimannus, de Nicæa fugiens, Arabum decem millia invenit, eisque nimiam probitatem et audaciam et invictam fortitudinem et multitudinem, ditissimumque apparatum luculenter retulit; qua relatione secum omnes fugere compulit. Cæterum, sicut humanum ingenium plurima commentatur et frivola meditatur, Turci stropham simplicibus Christicolis nocivam machinati sunt. Solimannus enim, aliique gentiles, ad civitates vel castella, in quibus Christicolæ Suriani degebant, venientes, subdole ad eos dicebant: *Devicimus Francos; omnino defecerunt; et si qui supersunt, in cuniculis absconditi sunt.* Sic incautos alloquebantur, et intra portas eorum recipiebantur. Ingressique insciorum municipia, domos et ecclesias deprædabantur. Quidquid erat pretiosum et concupiscibile, filios et filias auferebant. Et sic eis passim illudentes, Francorum adventum præoccupabant.

His auditis, Christiani eos insequebantur. Intraverunt autem terram inaquosam et inhabitabilem, in qua fame et siti defecerunt, pene usque ad mortem. Si forte tamen immaturas segetes inveniebant, spicas vellebant, et fricantes masticabant et glutiebant. Multi homines ibi defecerunt, et subjugales, multique gloriosi milites coacti sunt ire pedites; et qui potuerunt, pro vehiculis ad se vel sua subvehenda, sibi boves adhibuerunt. Nec multo post uberrimam ingressi sunt terram, victualibus et bonis omnibus refertam, excepto quod equinas sibi nequiverunt reparare vecturas. Venientes Ichonium, persuasione indigenarum utres suos aquis repleverunt, confectoque itinere diei, ad quemdam fluvium venerunt, ubi duos hospitati dies, recreati sunt. Cursitores, qui semper exercitum præcurrebant, ut exercitui præviderent, et paleas et alia necessaria diriperent, præcurrerunt ad Erachiam civitatem, in qua multus erat Turcorum conventus, si qua possent obesse Christianis exspectans. Cursitantibus insidias collocaverant, quos audacter Franci aggressi sunt, et fugatos indifficulter disperserunt. Igitur Erachia, Turcis abjectis, in Christianorum dominationem cito redacta est, ibique quatuor dies confecerunt. Ibi Tancredus et Balduinus ab aliis se disgregaverunt, et vallem de Botentrot cum suis expeditionibus intraverunt.

Tancredus autem, iterum a Balduino separatus, Tarsum venit cum suis militibus. Turci vero, de urbe progressi, obviaverunt eis, ad resistendum parati. Tancredus, vir equidem singularis strenuitatis, hostiliter aggressos viriliter cecidit, eosque fugientes in urbem refugavit, et urbem obsedit. Nocte insecuta, Turci fugerunt, et cives, sub ipso noctis articulo, alte clamaverunt: *Franci triumphatores orbis et dominatores, Turci recesserunt, urbs patet, accedite! Currite, Franci invictissimi, recepturi civitatem. Currite, ne moremini! Cur tardatis?* Hæc nempe castrorum excubitores bene audierunt. Sed quoniam nox erat, consilium et negotium illud in diem dilatum est. Aurora illuscescente, venerunt civitatis majores, seque suaque Christianis dederentes, et Tancredum sibi principem eligentes. Ibi principum magna lis exorta est. Balduinus enim, cujus exercitus majores erant copiæ, totus erat in penatum depopulatione, vel urbem dimidiam vindicare. Porro Tancredus, ut erat moderatus, maluit urbis dominatu carere, quam civium, qui se benigniter eidem commiserant, facultates diripere. Unde suis signum dedit, lituisque clangentibus, aliquantulum amaricatus, abscessit, et Balduinus totam Tarsum solus obtinuit. Nec mora, Tancredo duæ civitates optimæ, Azera (33) et Manistra, redditæ sunt, et ca-

(33) Adana.

stella quamplurima. Porro optimates alii Armeniorum terram cum exercitibus suis intraverant. Venientibus illis, Alfia civitas reddita est, indigenæque illius terræ, militari viro, nomine Simeoni, ad defensandam terram commissa est. Major exercitus Cæsaream Cappadociæ venit, quæ ad solum usque diruta erat. Ruinæ tamen, utcunque subsistentes, quanti fuerit testabantur.

Plastencia, civitas pulchra, et uberis glebæ opima, quam Turci, paulo ante, tribus obsederant hebdomadibus, sed inexpugnabilis nullatenus expugnari potuit, Christianis illico gratanter patuit. Hanc quidem Petrus de Alfia petivit, et ab optimatibus indifficulter obtinuit, ad tuendam et expugnandam terram in fidelitate Sancti Sepulcri et Christianitatis. Buamundus, militarium negotiorum vir industrius, accitis militibus de suis quos voluit, Turcos, qui Plastenciam obsederant, et exercitum haud longe præibant ut nocerent, curiose insecutus est, sed frustra, quoniam eos invenire non potuit.

Ventum est ad Coxon, nobilem et copiosam civitatem, quam alumni illius Christianis, fratribus suis, libenter reddiderunt. Ibi tribus diebus fatigatus pausavit exercitus. Relatum est comiti Tolosano quod Turci, qui fuerant in Antiochiæ custodia, discedentes aufugissent. Igitur, cum suis consiliatus, elegit quos præmitteret, qui iter diligenter investigarent, et cætera curiose explorarent. Ad hoc directi sunt viri consulares, et disciplinæ militaris gnari. Vicecomes de Castellione, Guillelmus de Monte-Peslerio, Petrus de Roasa et Petrus Raimundus, cum militibus multis, in vallem Antiochiæ venerunt, et ibi rem aliter audierunt. Turci enim copiose præparabant se ad defensandam urbem.

Petrus de Roasa, declinans ab aliis, vallem de Rugia introivit, inventisque Turcis quamplurimis, graviter eos cecidit, superavit atque fugavit. Armenii, auditis secundis successibus Christianorum, frequentibus quoque infortuniis paganorum, reddiderunt Petro Rusam civitatem, et castella quædam. Major exercitus difficile iter aggressus est. Ibi gradiebantur repedo per montana nimis aspera et scopulosa, ubi tristes mira perpessi sunt detrimenta. Collidebantur et conquassabantur, laborantes et deficientes per viam inviam. Labebantur equi in immane præcipitium. Multi, equis, vel clitellariis cum rebus superpositis illic amissis, pauperati sunt. Postquam calamitosas angustias vix evaserunt, ad quamdam civitatem, quæ vocatur Marafim, diverterunt. Convenæ vero nostratibus copiosum mercatum detulerunt. Ibi aliquantisper demorati sunt, donec quantumlibet recrearentur. Post hæc, ingressi sunt vallem inclytam, spatiosam et uberem, in qua regia et famosa civitas Antiochia sita est, quæ totius Syriæ metropolis et princeps est, in qua primicerius apostolorum Petrus cathedram habuit pontificalem. Nunc, occulto Dei judicio, sed justo, plurimæ in ea ecclesiæ dirutæ sunt, et quibusdam humanis usibus irreverenter applicatæ sunt. Cursitores, dum ad Pontem Ferreum propinquarent, Turcos invenerunt innumeros, munitum Antiochiam festinantes. Itaque repentino in eos impetu facto, semper enim Christiani proficiscebantur armati, subito conflicti eos consternaverunt. Multis deletis, ad propria castra, quæ super fluminis ripas metati fuerant, reduxerunt eorum burdones, quos multimodis onustos victualibus et diversis gazis, ad propriam civitatem deducebant. Factum est igitur immensum in castris gaudium, tum pro victoria, tum propter opima, quæ ad eos reportarant cursitores, spolia. Quotidianas ergo et continuas Deo referebant laudes et gratias, qui, pro suo amore a natali solo procul exsulantes tam excellenter protegebat inter phalanges ethnicas.

IX. *Antiochiæ obsidio.*

Buamundus, pigritiæ vel somnolentiæ nunquam acquiescens, irrequietus enim homo erat, cum quatuor millibus militum prope Antiochæ portam caute clandestinus venit, si qui forte latenter ingrederentur, vel egrederentur, exspectans.

Summo diluculo exercitus de loco, in quo erant, tentoria collegit. Antiochiam accessit, quarta feria, xii Kalendas Novembris, tentoria sua cooptavit, et a tribus portis civitatem usque iii Nonas Junii viriliter obsedit. Nam altera parte obsessa non fuit, quoniam tam porrectis et inaccessis coangustabatur scopulis et montanis, ut nullus illac se accommodaret et obsidendum locus. Nimius timor invasit Antiochenos et omnes circumpositos, et nullus eorum exspectare cursitorum auderet occursum. Diebus itaque ferme xv siluerunt. Terra vero, quæ circa Antiochiam adjacebat, prout vallis est fertilis, erat uberrima, vinetis referta, fructibus et frugibus jucunda, arboribus nemorosa, hortis opima et pascuis opulenta. De civitate Armenii multi et Suriani, Christiani, sed Turcis obnoxii, fugam simulantes, audacter in castra exibant, mendicantes, castrensium esse explorabant, et remeantes Turcis intimabant, et sic eis multum oberant. Antiochenis ergo, patefactis castrensium consiliis, cœperunt paulatim intrepidi prodire, et peregrinos aggressibus coangustare, et incautos trucidare, et latrociniis, aliisque circumventionibus aggravare. Sic in circuitu omnes vias obsidebant, et a mari et a montanis omnia Christianis claudebant. Pejus itaque obsidebantur qui foris erant, quam qui intus latitabant.

De proximo castello satis munito, nomine Arech, Turci in Christianos irruebant, insidiisque indigenarum multi occubuerant. Optimates ergo Christiani condolentes, Turcis obviaverunt, ad conflictum eos provocaverunt, et ad locum, ubi Buamundus cum suis in insidiis delituit, fugam fingentes, scienter declinaverunt. Ibi Christianorum duo millia occisi sunt. Porro Buamundus, præliator fortissimus, de insidiis concitus surrexit, et Turcos aggressus, multos peremit, et quosdam vivos retinuit, quos ante portam civitatis solemniter in spectaculum decollavit. Deinde castrenses super verticem montis, qui dicitur Maregard, castellum ædificaverunt, quod per dierum successiones heroum unusquisque in ordine vicis suæ custodiebant. Interim attenuata sunt victualia, quia neque cursitare audebant, neque mercatum habebant. Quod vero in valle reperierant, affluenter consumpserant. Cibaria igitur omnia perchara erant, fames inhorrescebat, quoniam pabula omnia de die in diem deficiebant, et intus adversarii cavillantes gaudebant.

Anno ab Incarnatione Domini 1097, indictione v, celebrata Nativitate Christi, Buamundus dux, et Flandrensis Rodbertus, non sine remanentium lacrymis processerunt, et cum eis militum et peditum plus quam xx millia per Saracenorum colonias dispersi sunt. Arabes autem et Turci a Jerusalem et Damasco, et ab aliis multarum regionum municipiis convenerant, ut Antiochiæ subvenirent. Qui, ut Christianos per regionem suam dispersos audierunt, admodum gavisi sunt, sperantes se illis pro certo prævalituros, utpote quos opinabantur paucos et adventitios. Intempesta igitur nocte, duas acies in insidiis ordinaverunt, unam a facie, alteram a tergo. Armipotens comes Flandriæ et Buamundus diluculo in eos unanimiter irruerunt, et invocato nomine Jesu cum signo crucis, constantissime præliati sunt, et multi paganorum mortui sunt. Verum de spoliis eorum parum ditati sunt Christiani, quia otium non habuerunt eos persequendi, vel spoliandi. Interea Turci, qui in præsidio urbis stabant, audientes Buamundum abscessisse, audacter exibant, et in ipsis jam castris discurrebant. Exploraverunt enim quæ tentoria languidiora reperirentur. Quadam die, unanimiter in castris irruerunt, et cominus in Christianos impegerunt, nondum scientes quod sui devicti essent. Die illa, vehementer Ismaelitæ in castris desævierunt, et multi ex Christianis perempti sunt, inter quos Podiensis tunc signifer occidit, et nisi luteæ interessent salebræ, quæ civitatem a castris dirimebant, et transitum nullum, vel difficilem, sinebant, laxis habenis ipsa proteruerent tentoria, et debaccharentur in Christianorum gentem, quæ jam aliquantulum marcuerat.

Buamundus, de Saracenorum regrediens bello peracto, sed modico quod deprædaretur invento, alia conscendit montana. Sed in tantam terra jam redacta fuerat vastitatem, ut multi vacui remeaverint. Incassum ergo laboraverant, nisi quod de Turcis solemniter triumphaverant. Sed nulla victoria famem exstinguit, ubi totum, quod mandi debeat, deficit. Parum lætitia durat, quam egestas panis contristat. Reversi sunt autem ad castra, quæ perhorrescens sauciabat inedia. Armenii et Suriani, lucris inexplebiliter inhiantes, Christianos rediisse vacuos videntes, ad opportuna et remotiora loca decurrebant, et coementes cibaria quæ reperiebant, in castra deferebant, et multo pretio, quod vili coemptum erat, venditabant. Morbi lues castra contaminabat. Ditiores multa indigentibus et ostiatim postulantibus donaria conferebant, sed tamen multis diebus sustinere tot millia non poterant. Cogitaverunt igitur aliqui castra subterfugere. Guillelmus Carpentarius et Petrus Eremita latenter fugerunt, quos inventos Tancredus apprehendit, et inhoneste conviciatos, ad exercitum redire compulit. Dein Buamundus ad se deductos probrosis coercuit verbis, et dignis castigavit angariis. Tunc homines et equi incommodo pari laborabant, et evadendi desperatione nutabant. Adeo Christianorum equi defecerunt, ut in tanto et toto exercitu vix mille milites invenirentur qui caballis uterentur. Tatanus, natione Græcus, satellitum imperatoris princeps, metu mortis inter tot detrimenta expalluit, et multa sociis promittens profutura, legationem ad Augustum suscepit, et abscedens, nunquam postmodum ad eos rediit. Probitates et fidelitatem, multimodosque angores obsidentium urbem Alexio Cæsari luculenter retulit, et Guidonem, Guiscardi ducis filium, præclarosque Francorum proceres, qui cum multis sodalibus sequebantur, sed ab Augusto Constantinopoli honorifice detinebantur, ut socios adire festinarent excivit. Audilis itaque certis rumoribus, imperator ingentem exercitum aggregavit, et cum multis copiis, ut Christicolis subveniret, iter iniit. Sed pravis, ut in posteris dicemus, consiliis bonum inceptum non peregit.

Gens interim pauperata furtim discedebat, vadens quo se vivere putabat. Ad mare nullus audebat accedere, quoniam viæ et avia servabantur. Ecce iterum fama recens percrebruit Turcos innumeros adventare, et ingruentiam necis omnibus confestim imminere. Tot enim erant, quod vix multorum stadiorum sufficeret eis quaquaversum porrecta capacitas. Exsangues Christiani pallebant, et multi eorum marcida colla circulabant. Nobilitas tamen de bello disputare ausa est. Cuncti optimates confluxerant, omnesque se invicem cohortabantur. Quod videns sagax Buamundus, eis valde congratulatus est, prolatoque sapienti consilio, cum admonitione facunda ad bellum cohortatus est. Pedites in castris jussit remanere, et portas civitatis diligenter observare, ne reseratis illis cives possent libere discurrere.

Omnes milites cum invocatione nominis Domini Jesu armati, et sancta communione præmuniti, processerunt e castris, cum multis utriusque catervæ lamentis. Neutri confidebant de se, nec sacerdos, nec mulier, nec popularis, nec miles. Nec iste nec illi sperabant se de cætero posse frui aspectu mutuo. Hi et illi proruebant in charorum oscula, et omnes in lacrymas ciebantur. Milites hospitati sunt inter fluvium, qui antiquo nomine Daphnes vocatus est, qui præterluit Antiochiam et lacum. Audierant siquidem Turcos in castello Arech convenisse, ultra Pontem Ferreum. Impigri Christianorum optimates ante lucanum convenerunt, et aurora prima illucescente, gnaros exploratores præmiserunt. Qui celeriter revertentes, Turcos adesse, et duas copiosas acies præstruxisse, acclamaverunt. Viderant enim eos, ex altera fluminis ripa accelerantes. Tunc Christianorum proceres locuti sunt de bello ordinando, et negotium illud commiserunt Buamundo. Ordinatæ sunt itaque sex acies. Quinque ex illis processerunt quæ belli pondus sustinerent, et inimicum agmen efficaciter feriendo repellerent. Buamundus cum acie sua postremus paulatim gradiebatur, omnibus provisurus et subventurus; et, si Turci prævalerent prioribus, totam belli ingruentiam excepturus. Litui clangebant, buccinæ reboabant. Utriusque multitudinis clamor audiebatur, et acerrimum certamen utrinque agebatur. Cominus utræque instabant legiones. Jam clypeo clypeus, jam umbone umbo repellebatur, et confractis hastis enses mutilabantur. Supervenere Turcorum succenturiæ, quæ graviter cœperunt Christianos impellere. Nequibant Franci tantum impetum tot examinatarum nationum sustinere, sed titubantes cogebantur cedere. Tantus enim erat clamor et strepitus et telorum imber, ut ipsum etiam obnubilarent aerem. Ingemuit Buamundus, qui undique prospiciebat eis, tanquam oculatus totus, et ait : *Christe, tuos sustenta Christianos.* Et adjecit : *Rodberte,* Rodbertus siquidem, Girardi filius, suum detulerat vexillum, *rapidum calcaribus urge cornipedem, et Christianis titubantibus imperterritus esto juvamen! Memor esto, precor, parentum nostrorum, et ne lividaveris rutilantem titulum Francorum! Scito, nobis illico de cœlis auxilium futurum. Sed vult Deus ut nos, velut fortes athletæ, promereamur et adipiscamur bravium.* Rodbertus, sanctæ crucis signo munitus et auxiliaribus manipulis constipatus, festinus adfuit, et cruentissimis Turcis audacissimus miles obstitit. Adeo perfidos aggressus est, ut vexilli Buamundi lingulas in ora Turcorum volitare faceret, altoque clamore suo aliquantulum Turcos deterreret. Ad illius primipilaris impetum et altum clamorem Franci animos resumpserunt, et in Turcos unanimiter irruerunt. Fragor armorum multus erat, et ab æreis cassidibus elucubratus ignis scintillabat. Vulnera vulneribus illidebant, et campi nimio sanguine purpurabantur. Intestina videres dependentia, cæsa capita, trunca corpora, passim oppetentia. Turci itaque timore nimio exterriti sunt, et repente, cuneis eorum labantibus, fugerunt, quos nostri repente ultra Pontem Ferreum persecuti sunt.

Cæsi sunt ibi Turcorum multi milites, quoniam prælium illud non habuerat pedites. Christiani autem, magno potiti tropæo, læti reversi sunt ad suos, secum adducentes multos equos, quibus singulariter indigebant, et spolia multa, quæ in prælio acquisierant. Turci ad castellum suum Arech satis inglorii reversi sunt ; quod, omnino despoliantes, succenderunt, et fugerunt. Armenii autem et Suriani, hoc videntes, arcta loca præoccupaverunt, et multos ex eis peremerunt ; quosdam autem vivos reduxerunt. Castellum vero prædictum Christianis subjugatum reddiderunt. Franci quoque in castra centum capita peremptorum retulerunt, ad consolationem suorum, et ad defectionem obsessorum. Hæc omnia viderunt legati admirabilis Babyloniæ, qui tunc forte a Babylonia ad eos missi, juxta eos suis morabantur in tentoriis. Illi autem, qui in castris remanserant, tota die in Antiochenos pugnaverant, et tres portas urbis, ne foras erumperent, indesinenter servaverant. Prælium hoc factum est Idus Februarii, feria III quæ caput jejunii Quadragesimalis præcedebat.

Multitudo civium, licet in præliis semper victi fuerint, et morte vel vulneribus seu captionibus defecerint, tanta erat in urbe, ut magis in iram efferati, Christianos ardentius impeterent, et incessanter ipsa castra perturbarent, frequenter insilirent, atque quibuslibet mortibus funestarent. Christiani, præter hæc, magnis affligebantur incommodis, quia nec obsidionem deserere, nec procul a castris audebant procedere. Regiones circumsitæ jam in tantam redactæ erant solitudinem, ut nullam eis suppeditarent pabulorum subministrationem. Turci nimirum, quibus locorum opportunitates cognitæ erant, frumentatum cursitabant, et Christianis attentius insidiabantur. Porro quæcunque civitates, quæcunque castella, quæcunque municipia, quilibet homo, quælibet mulier, omnes, qui vel prope vel procul erant, Christianis inimicabantur. Omnis locus obstructus erat, ne forte negotiatores ad eos accessissent. Itaque perhorrenda periclitabantur eduliorum inopia. Nobilitas igitur, ut plebi consulerent, misericorditer anxiabantur.

Consilium inierunt ut Machomariam munirent, et Turcis transitum per pontem auferrent. Decreverunt etiam ut Buamundus dux, et Raimundus, Tolosanus comes, ad Portum Sancti Simeonis irent, et populum, qui ibi exspectabat, ad obsidionem adducerent. Itaque, qui in castris remanserunt, accincti gladiis, ad castellum inchoandum unanimiter se præparaverunt. Turci autem, nec numero nec armis impares, audacter Francis occurrerunt, et in tantum aggressi sunt, ut eos in fugam compulerint, multosque peremerint. Denique comperto quod duo maximi proceres ad portum abscessissent, clandestinas insidias competenter collocaverunt, et a portu Sancti Simeonis remeantes immaniter aggressi sunt. Impetebant enim Saraceni Christianos sagittis, ensibus, lanceis, missilibus et omnimoda telorum ingruentia ; Christianos immisericorditer obtruncabant, et dentibus in eos stridentes, clamitabant. Redierat quippe cum præfatis principibus gens, nec satis armata, nec multum pugnax. Pauci Christiani debacchantium crudelitatem diutius perpeti nequiverunt ; sed peremptis in illo conflictu plus quam mille, alii fugerunt. Tales sunt bellorum eventus, tales sunt vicissitudines et hominum et temporum. Nulli unquam successit semper feliciter; nemo unquam de continua prosperitate lætabitur, vel lætatus est. Hac de re, et timenda est et cavenda in prosperis adversitas; speranda vero et optanda in adversis prosperitas. Rumor de Christianis superatis eos, qui remanserant, valde contristavit, eo maxime quod certum numerum vivorum seu peremptorum non retulit. Plurimi, per montana repentes, evaserunt, et ad tentoria quantocius redierunt.

Buamundus, per breviorem viam reversus, Tolosanum prævenit, et de defectu suorum verus interpres nuntiavit. Christiani vero, magis irati quam exterriti, Turcos unanimiter aggressi sunt, et occisione commilitonum suorum incitati, gentiles viriliter invaserunt. Utrinque acerrime dimicatum est. Turci pontem transierant, et Christianis audacter obviarant; a quibus præter spem horribiliter excepti sunt, et percussi, fugiendo elabi voluerunt; sed inita fuga, mortem invenerunt. Oberat fugientibus pons angustus, fluviusque rapidus et profundus. Alter eis non erat transitus; fluvium circa pontem nemo evadare, vix aliquis poterat enatare. Grandis multitudo equitantium pontem pariter ascenderunt, Francique, fraternæ ultionis et victoriæ cupidi, perimere crudeles belluas sategerunt. Insatiati peremptores instabant lanceis, et ensibus in eos cominus utebantur. Quosdam in fluvium præcipitabant, alios lethalibus gladiis confodiebant. Fluvius sanguine cruentabatur, et cadaveribus supertegebatur. Insignis dux Godefredus quemdam maximum bellatorem, aurea lorica indutum, in tergo ense percussit, validoque ictu per medium quasi tenerum porrum obtruncavit. Caput, cum humeris et superiori parte corporis a cingulo, in flumen cecidit, inferiorque pars super velocissimum cornipedem remansit. Equus autem, rectore carens, aspere calcaribus urgebatur, et laxatis habenis fugientes præveniens, urbem ingressus est. Hoc totus populus, qui in muris et propugnaculis stabat, ut prospexit, valde mœstus contremuit, et de tanto strenui baronis ictu plurima cum lamentis verba evomuit.

Dies multimodæ mortis, dies illa gentilibus illuxerat, in qua vix aliquis ibi congregatorum mortem evitare poterat. Mulieres, a murorum et propugnaculorum spectaculis, suorum miserias prospectabant, et successivis Francorum prosperitatibus invidebant. Id prælio illo duodecim principes, quos admiralios vocant, et mille quingenti milites præcipui mortui sunt, aliique timore nimio, ne in Christianos aliquid arroganter inirent, perterriti sunt. Intempesta nox prælium diremit. Christiani, in Domino Jesu lætantes, ad suos victoriosi redierunt, et equos multos cum spoliis copiosis secum adduxerunt. In crastino mane Turci suorum cadavera collegerunt, et ultra pontem ad Machomariam ante portam civitatis sepelierunt. Pallia quoque, et pretiosas exuvias subtumulaverunt, et arcus et pharetras et plurimos byzanteos mortuorum procurationi adjecerunt. Quo Christiani comperto, sepultos desepelierunt, concupiscibilemque substantiam rapuerunt, et corpora congregata in foveam unam contumeliose projecerunt. Burdones vero quatuor, cæsorum capitibus onustos, ad portam miserunt; quæ cives et Babylonici legati videntes, vehementer doluerunt, et ad mortem usque contristati sunt.

Tertia die, Christiani castellum, de quo supra memoratum est, ædificare cœperunt, et de lapidibus de sepulturis dehumatorum munierunt. Quo satis munito, jam hostes suos arctius coangustaverunt. Franci autem securiores ad montana cursitabant, et paleis, aliisque quibuslibet victualibus devehendis jam liberius vacabant.

X. *Antiochiæ obsidio continuata.—Crucesignati hanc civitatem expugnant.*

Ex altera vero parte fluminis nondum sua Christiani tentoria locaverant, ibique Turci securius discurrebant. Communi ergo consilio, castellum ultra flumen ædificatum est, magnanimusque Tancredus, de castello illo servando, cum primoribus Francorum pactus est. Omnes enim alii tutelam hujusmodi refutaverunt. Excitis itaque commilitonibus fautoribusque suis, castellum muniit, obsessæ urbi acriter obstitit, vias et invia irrequietus observavit. Quadam die Surianos et Armenios, necessaria, ut solebant, in urbem abundanter deferentes, invenit; celeriter aggressus, omnia quæ deferebant abstulit, spoliisque opimis et victualibus gloriose ditatus, sociis subvenit. Antiocheni ergo, et omnes fautores eorum valde perterriti sunt, et frequentibus infortuniis. et calamitatibus oppressi sunt. Franci, moribus ferociores, natura animosiores, usu in bello expeditiores erant, et ad hoc in longinquas regiones et exteras nationes iter arripuerant longanimes. Ad Deum in angustiis suspirabant, ipsumque in necessitatibus suis adjutorem invocabant, eique frequenter pro humanis excessibus devoti satisfaciebant.

Pirrus Datianus, quidam admiratus, Turcorum prosapia oriundus, in obsessa civitate tres turres habebat; qui fœdus amicitiæ per fideles internuntios cum Buamundo inierat, de quo fama volans ad eum multa bona detulerat. Frequenter igitur, per fidos interpretes et nota intersigna, loquebantur ad invicem. Hunc aliquando Buamundus ad Christianitatem incitabat, aliquando ad reddendam civitatem multimodis pollicitationibus suadebat, et, ut vir callens, nihil intentatum relinquebat. Nunc eum pro infortuniis civitati imminentibus deterrebat, nunc eum pro præmiis copiosis, quæ a Deo gloriose destinantur, Christianitati alliciebat. Tandem Pirrus famoso amico assensum præbuit, et tres ei turres suas obtulit, filiumque suum obsidem daturum se spopondit, et ut inceptum maturarent negotium, summopere admonuit.

Prudens Buamundus intestinam lætitiam caute

celavit, vultum et os ad tempus compescuit. Optimates deinde allocutus de difficultate capiendæ urbis, de ingenti tædio longæ obsidionis, de laudabili constantia victoriosæ expeditionis, suasit ut cuilibet suorum ab omnibus concederetur principatus Antiochiæ, qui pretio, seu vi, vel amicitia, seu quolibet ingenio posset eam obtinere. Tunc seniores ei non acquieverunt, sed communem eam omnibus esse debere dixerunt, quia generali conatu omnes ibi laboraverunt. Sapiens heros pluribus auditis conticuit, et opportunitatem optati exitus exspectavit. Paulo post, fama, præsaga mali, percrebuit in castris, Turcos, Publicanos, Agulanos, Azimitas, et plurimas gentium nationes adventare, et de bello in Christianos condixisse. Jam certi eruperant nuntii, qui de certitudine testabantur imminentis periculi. Christiani ergo duces ad invicem locuti sunt, et sponte sua Buamundo subintulerunt: *Vides quod in articulo res nostra posita sit. Si civitatem ergo istam prece vel pretio, nobis etiam juvantibus, poteris obtinere, nos eam tibi unanimiter concedimus; salvo in omnibus, quod imperatori te collaudante fecimus, sacramento. Si nobis imperator, ut promisit, adjutor advenerit, juratasque pactiones custodierit, perjuri vivere nolumus; sed, quod pace tua dictum sit, nos eam illi concedimus. Sin autem, tuæ semper subdita sit potestati!* Mox Buamundus, iteratis sermonibus, Pirrum interpellavit, et ille, nihil percunctatus, filium suum obsidem misit. *Præco,* inquit, *vester in castris vestris intonet alta voce ut gens Francorum, hodie præparata, cras ingrediatur Saracenorum terram, deprædandi causa, et sic nostris et vestris dissimulabitur causa nostra. Postquam hostium multitudinem longius abiisse nostri putaverint, minusque solliciti sub noctis silentio quieverint; vos interim clandestini, scala muris admota, accelerate, omnem tumultum compescite, murumque cito et confidenter ascendite, turresque meas, ut promisi, recipite. Postmodum de rebus agendis procurate, gladiisque rerum eventus perficite, nec aliquid quod agendum sit, ceu segnes, negligite. Ego vero insomnis et sollicitus vestrum præstolabor adventum.*

Buamundus itaque præconi suo, quem Malam-Coronam cognominabant, per castra præconari jussit, ut omnes irent hostium terras deprædari. Omne vero secretum credidit duci Godefredo, et Flandrensi, et Normanno, atque Tolosano, ac Podiensi episcopo, aliisque quibusdam optimatibus; Tancredus autem suique consiliarii, rem totam ab origine noverant. Stephanus vero Carnotensis aberat, qui magna detentus ægritudine, ut asserebat, ad Alexandretam recreationis gratia, donec convaluisset, discesserat. Exercitus itaque Christianus, hujusce rei ignarus, vesperascente die, castra exivit, et per quædam devia deductus, ante auroram prope urbem per compendiosa diverticula repedavit. Buamundus interim suis mandavit familiaribus ut scalam, quam præparaverat, caute muro apponerent, et taciturni confidenter ascenderent, et reliqua, quæ agenda essent, armis animisque vegeti prudenter agerent. Langobardus quidam, nomine Paganus, non sine grandi metu, primus ascendit; quem Fulcherius Carnotensis, et Rogerius de Barnevilla, ac Goisfredus Parented, de castro Secred, aliique fere LX subsecuti sunt; quos Pirrus diligenter suscepit, et in turribus suis collocavit. Deinde Pirrus, postquam vidit quod plures non sequerentur, valde tristis, materna dixisse lingua fertur: *Heu! heu! michro Francos ethome,* hoc est, *paucos Francos habemus.* Langobardus ergo per scalam properus descendit, et exspectanti Buamundo eminus dixit: *Quid agis? an dormis? Mitte velociter quos missurus es, quia indemnes jam obtinuimus tres turres. Alioquin et nos, et civitatem, et amicum tuum, qui totam spem et animam suam in sinum tuum expandit, amisisti.*

His auditis, Buamundus, et qui cum eo erant, dicto citius cursum arripiunt, multi ascensum præoccupant, et septem alias, Pirro docente, turres intrant. Occisis omnibus, quos intus invenerant, jam per muros et plateas personant, passim discurrunt, neminique obviante parcunt. Cives, laboribus longæ obsidionis fatigati, vix expergiscebantur, et adhuc somnolenti domos suas inermes egrediebantur; somno sonoque clamantium stupefacti, cautis incauti occursabant, et rem ignorantes, adversarios, utpote suos clientes, convocabant. Ubicunque igitur obviabantur, tanquam oves procumbebant et obtruncabantur. Tunc etiam conterinus Pirri frater mactatus est. Interea tanti per scalam repere cœperant, ut ipsa scala dissiliens dissolveretur, nec alii qui jusum propter muros aderant, sociis sursum pugnantibus auxiliari possent. Pro tali ergo eventu contristatis pietas Dei suffragata est. Nam non procul a scala nutu Dei quamdam portam, quam retroactis diebus explorantes viderant, a sinistra parte palpantes invenerunt, ipsaque fracta quantocius ingressi sunt. Tunc nimius fragor exortus est, et uberior dimicandi occasio Christianis succrevit, Turcisque somno vinoque sepultis crudelior necis angustia obvenit. Gentiles, dum periculum imminens effugere vellent, in Christianos impegerunt; et impetum evitare satagentes, dum nesciunt, in repentinum mortis discrimen ceciderunt. Buamundi vexillum, ipso jubente, in urbem elatum est, et contra municipium, quod erat in urbe, in editiori colle collocatum est.

Christiani, III Nonas Junii, feria IV, Antiochiam obtinuerunt, et innumeros paganorum ibidem interemerunt. Nec ætati, nec sexui, nec cuivis conditioni nocte illa indultum est. Nox ambigua erat, et ideo promiscui sexus nullum exceperat. Dies illuxit, et qui morabantur in castris, tumultuantibus populis et reboantibus lituis exciti, vexillum Buamundi viderunt et agnoverunt; et de capta civitate gavisi sunt. Ad portas igitur cucurrerunt, introierunt, sociosque toto nisu adjuverunt. Turcos, subterfugere molientes, si quos invenerunt, impigre cæciderant. Quidam etiam Turcorum per portas effugerunt, quoniam impetuosis Francis incogniti fuerunt.

Cassianus autem, Turcorum dominus, Antiochiæ admiratus, inter fugientes delituit, et aufugiens, in terram Tancredi pervenit, ibique, suis equis sodaliumque suorum, ad extremum fessis, coactus substitit, et in quoddam tugurium divertit. Hoc ut Suriani et Armenii, regionis illius accolæ, quibus multa Cassianus mala fecerat, compererunt, ex eis fere xx concursum in eum fecerunt, apprehensi caput amputaverunt, et Buamundo præsentaverunt. Unde, et ipsius gratia et optata libertate potiti sunt. Infelici fortuna deceptus sic periit Cassianus. Incertum habetur an totius expers confugii discesserit, an ad disquirendum a contribulibus suis adjutorium discurrerit. Illud certum habetur, quoniam si castellum suum introisset, sibi suisque opportunius consuluisset. Plateæ vero et omnes civitatis intercapedines ita densis erant occupatæ cadaveribus, ut liber nemini daretur incessus. Compita nimirum et viculi cæsis impediebantur corporibus; unde horror et fetor nimius quibuslibet incumbebat viatoribus.

XI. *Turci, duce Curbaranno, Francos in Antiochia aggrediuntur*

Auditis rumoribus de capta civitate, multi, qui ad ejus adminiculum confluexerant, vel adhuc confluebant, perempti sunt. Alii, in municipium recepti, evaserunt. Alii vero vitæ suæ fuga consuluerunt. Sensadolus autem, Cassiani filius, Curbaranno, magistro militiæ Soldani, Persarum regis, occurrit, et cum multis fletibus diros patris patriæque casus retulit. Hunc nimirum Cassianus, dum obsideretur ab occidentalibus, ad liberationem Antiochiæ multis invitaverat legationibus. Tertia die, postquam civitas Christianis subjugata est, Sensadolus Curbaranno municipium imminens urbi, et se, et omnia sua contradidit, ipsumque multis quæstibus et lacrymis ac promissis in Christianos commovit. Curbarannus autem erat audax et bellicosus, prudens et dives, laudisque cupidus. A Calipha, gentis suæ apostolico, in Christianos sæviendi licentiam acceperat, seque non reversurum, donec Syriam et Romaniam, Apuliam quoque sibi subdiderit, juraverat. In viribus suis valde confidebat, quia secum gentes innumeras habebat. Adjuncti etiam erant illi Damascenorum rex et Jerosolymorum admiratus. Turci et Agareni, Arabes et Publicani, Azimitæ, Curti et Persæ, Agulanorum quoque tria millia illi adhærebant. Qui ferro undique loricati erant, nec sagittas, nec lanceas timebant, nec præter gladios arma in bellum ferebant. Tales tantique hostes ad Pontem Ferreum castrametati sunt, et firmitatem illam confestim expugnaverunt; et omnes exemplo interfecerunt, reservato castelli domino, ferreisque vinculis alligato; qui vivus et vinctus inventus est, bello peracto. Agareni arma vilissima, ensem scilicet rubiginosum, et lanceolam, et arcum aspernabilem quibusdam pauperculis diripuerunt, et Curbaranno ad improperium Francorum cum magna irrisione obtulerunt; quæ ille nihilominus cum cachinnosis exprobrationibus in Corosanum misit, et vanis jactationibus vesanos idololatras in Christum excivit.

Dum hæc aguntur, Curbaranni mater de civitate Aleph ad filium accessit, et de his quæ inchoaverat acriter eum redarguere cœpit, eique, quod vincendus esset a Christianis, et eodem anno, non in bello, morte subita moriturus, manifeste prædixit. Erat enim senex, utpote centenaria, et futurorum præsaga. Colligebat etiam multa de constellationibus mulier sortilega, et geniculorum, multarumque disciplinarum conscia. Jactabundus heros lugubrem matrem superbis promissionibus compescuit, et tertia die armatus in oppidum sibi commissum, cum nimiis viribus, venit. Christiani obviam Ismaelitis exierunt; sed immensam multitudinem et fortitudinem illorum conficere nequiverunt. Exemplo in civitatem refugere coacti sunt, et in angusto portarum ingressu multi, repentino impetu suffocati, perierunt. Turci enim vehementer eos aggressi sunt. Incubuit ergo Christianis magna desperatio. Alii tamen alios consolabantur, et in diem crastinam de prælio concionabantur. Aliqui tamen, ultra jus et fas meticulosiores, ad dedecus sui noctu de fuga cogitaverunt. Willelmus enim de Grentemaisnil et Albericus frater ejus, Guido Trussellus et Lambertus pauper, aliique plures hesterni belli timore perterriti sunt; et ut in crastinum aufugerent solliciti, funibus per murum demissi sunt. Unde, ad suam diuturnam ignominiam, furtivi *Funambuli* vocati sunt. Tota nocte per abrupta præcipitiorum ambulaverunt, et cum multis comitibus ad portum Sancti Simeonis pedites, manibus et pedibus excoriatis, devenerunt. Ibi multas naves repererunt, et nautas, in portu vacillantes, crudelibus nuntiis terruerunt, dicentes quod a Turcis Antiochia capta esset, et ibidem Christiani a paganis deleti essent. His auditis, nautarum alii anchoris abruptis mare jam sulcabant, et carbasa crepitantes in auras obliquabant, alii pigritantes dissimulabant, omnes tamen in commune turbabantur et pallebant. Dum hæc aguntur, ecce Turci subito, littora explorantes, advolant, imparatos et timoratos nautas trucidant, rates in portu remorantes spoliant, ignibus appositis concremant, et desidiosos homines pro voto dilacerant.

Pugnaces urbis muniones pondus Turcani belli tota die sustinuere, subitoque sapientum consilio murum de lapidibus impolitis et sine cæmento inter civitatem et oppidum ædificavere. Ipsa enim maceria opportunum ut defenderent se Christianis præstitit auxilium; importunum autem Turcis impugnandi peperit impedimentum. Franci tota sedulitate propter murum armati assistebant, nec somno, nec quibuslibet aliis curandis indulgebant. Interim fames pedetentim convaluit, et obsessos, ut equos et asinos, et si quid aliud immundum erat, devorarent, compulit. In tanta egestate fideles invocabant Dominum, et ipse exaudivit eos.

Dominus Jesus cuidam sacerdoti, dum in basilica Sanctæ Mariæ pernoctaret, et pro afflicta Dei plebe oraret, semisopito cum sanctorum cœtu apparuit, et de fornicationibus, quibus Christianorum catervæ cum alienigenis seu Christicolis meretricibus pollutæ erant, querelam deprompsit, asperasque minas lupananti multitudini adjecit. Interim splendida crux super caput ejus resplenduit, qua presbyter Redemptorem mundi agnovit, et devote pronus adoravit. Tunc beata Maria, misericordiæ mater, sanctusque Petrus, apostolorum princeps, ceciderunt ad pedes Domini Salvatoris, piisque pro afflictione Christianorum supplicationibus, mitigabant iram minitantis, conquerentes de paganis, qui sanctam domum Dei suis turpiter maculaverant spurcitiis. Finitis supplicantis Matris et apostoli precibus, Sanctus sanctorum acquievit, vultuque jucundior, presbytero præcepit ut omnem populum palam castigaret, ac ad pœnitentiam omnimodis invitaret, et fideliter conversis ex parte Dei securus promitteret quod infra quinque dies opportunum illis auxilium Deus provideret. Hæc presbyter cum jurejurando super sanctum Evangelium et crucem coram Podiense episcopo et omni multitudine contestatus est. Populus confestim ad lamentum convertitur, et de reatus sui confessione alius alium cohortatur. Suffusi ora fletibus, cineratis capitibus et nudis pedibus, omnes in ecclesiis passim orant, Domini petunt auxilium et rogant consilium. Juraverunt omnes duces communi decreto quod nullus, quoad vixerit, de illo subterfugeret collegio, donec Jerusalem adiissent, et sepulcrum Domini deosculati fuissent. Tancredus etiam juravit quod quandiu xl milites haberet, de Jerosolymitano itinere non recederet. Christianos ergo hæc inspiratio multum animavit, corroboravit et exhilaravit.

Petrus Abraham, quidam clericus de Provincia, comitibus suis visionem hujusmodi retulit : *Cum obsideretur,* inquit, *Antiochia, forisque gravi premeremur angustia, multimodaque penuria, sanctus Andreas apostolus mihi apparuit, nomenque suum interroganti intimavit, et in ecclesiam Sancti Petri, quæ in hac urbe est, introduxit. Ibique mihi quemdam locum demonstrans, dixit : Noveris volo quoniam, postquam hanc urbem intraveris, hic lanceam invenies, qua latus Domini Salvatoris in cruce perforavit. Hoc munimen sacrosanctum est, et Christianis specialiter amplectendum est. His ita dictis, apostolus disparuit, et nemini quæ videram propalandi, fiducia mihi fuit. Capta autem urbe, iterum eumdem apostolum vidi. Quare,* inquit, *pusillanimis, lanceam non abstulisti ? Et ego : Domine, si inde loquerer, quis mihi crederet ? Noli desperare, ait apostolus, noli desperare ; sed scito pro certo, ut dixi, tibique demonstravi, omnia vera esse. Hæc nimirum revelatio multum fatigatis proderit Christianis, utpote quibus pro lancea profluet confidentia salutaris. Infra quinque dies visitabit eos Dominus, et potenter cruet eos a persequentium manibus.* Petrus autem consilium hoc sibi divinitus insinuatum comitibus suis patefacit. Sed populus discredebat, et testificantem subsannabat. Ille vero perstitit, et jurejurando affirmavit, populusque tandem juranti credidit, viresque pristinas in tolerandis pœnis resumpsit.

Interea Turci, qui in castello erant, sedulo Francos incursabant, et illi econtra pro posse suo resistebant. In primo conflictu Rogerius de Barneville occisus est, et a Christianis in ecclesia Sancti Petri cum magno luctu sepultus est. Erat enim nobilis Normannus, milesque pulcher et probissimus. Quadam die Turci tres Christianos in quadam turre incluserunt, nec Franci, tribulationibus tabescentes, inclusis adminiculari ausi fuerunt. Duo ex eis graviter vulnerati exierunt de turre. Solus Hugo Forsennatus, præliator acerrimus, de exercitu Godefredi de Monte-Scabioso, tota die viriliter defendit se. Stravit etiam duos Turcos, nullis coadjutus auxiliis, sed sola manu persequentium obstitit turmis. Vere fuit hic vir audax et magnanimus, et inter omnes bellicosos præcipua laude dignus. Nimiis calamitatibus nostrates tunc fracti fuerunt, qui unum ex suis tota die pugnantem viderunt, nec succurrerunt ; clamantem audierunt, nec responderunt. Cum duces vocarent milites, non conveniebant ; cum litui clangerent, in domibus latitabant. Imo inermes et exanimati, bellum diu rogatum abhorrebant ; jamque, velut exanimes, inglorii et imbelles, mori præoptabant.

Buamundus, aliique duces, dum exercitum nimis defecisse viderent, ut eos saltem ad murum usque, qui civitatem ab oppido utcunque tenui discrimine separabat, conducere non possent, ignem immitti in civitatem mandaverunt, et sic eviratos de domibus et latibulis delitescentes extraxerunt. Ignis itaque in urbe, qua parte palatium Cassiani prominebat, accensus est, et ab hora diei tertia usque ad noctem mediam, non defecit. Et domus vel ecclesiæ circiter duo millia combustæ sunt. Ignis igitur sopitus est, quoniam omnis ventorum feritas evanuit. Christiani, furentibus flammis in hospitiis suis, spoliis suis vix arreptis, coacti ad duces confugerunt, ac ad portas urbis, excubandi gratia, locum uuusquisque acceperunt. Inter Francos et Turcos oppidanos assiduus conflictus erat. Jam enim res brachio manuque duntaxat gerebatur. Jam cominus utrinque certabatur, nec bellum ad momentum interrumpebatur. Turci, plures numero, et impensiore confortati cibo, vicibus sibi succedere, nihil intentatum prætermittere, Francos audacter aggredi, ultro se congressibus ingerere, alius alium commonere. Franci econtra, immoderanter angustiati, vacillare, nec cibum, nec somnum capere, quippe quibus nulla dabatur requies. Altum igitur murum silice et cæmento cum calce aggressi sunt provehere, quoniam alium, quem incæmentatum erexerant, Turci facile prostraverant.

Quadam nocte, ab occidente ignis de cœlo visus est imminere, et intra Turcorum castra tanquam cadens desævire. Et licet ignis gentilibus tunc indemnis fuerit, multum tamen illis incussit terrorem et mœstitiam, Christianis autem solamen et lætitiam ; utrisque populis signum illud de cœlo enituit. Oppidani tota die instabant lanceis et missilibus, et illidebant vulnera vulneribus. Castrenses extrinsecus ita civitatem circumvallaverunt, ut nemini pateret in die introitus vel exitus. Nocte aliquando aliquis poterat exire, sed occulte, et cum magno timore. Fames in dies convalescebat, et Christianos ultra quam credi potest angebat. Multi siquidem exspiraverunt fame. Panis paximacius et permodicus, si quando inveniebatur, byzanteo comparabatur. Equinæ carnes et asininæ pro imperialibus deliciis computabantur. Gallinæ pretium xv erat solidorum. Ovum duobus solidis, nux juglans uno appretiabatur denario. Multos stateres quæque vilia valebant. Tædet me singillatim enumerare multimodos labores et omnes miserias ac passiones, quas in urbe obsessa xxxvi diebus perpessi sunt Christicolæ muniones. Sic Deus suos athletas probavit, et ut a propriis reatibus expiarentur, in camino tribulationis examinavit, et purgatos gloriose honoravit.

Stephanus interim, comes Carnotensis, infirmitate, ut dicebat, detentus aliquantula, sicut dictum est, ad Alexandretam secesserat, convalescendi gratia. Hujus reditum omnes exspectabant, utpote quem omnes majores ducem et consiliarium sibi præfecerant. Erat enim facundus, et singularis scientiæ. Hic, ubi Turcos civitatem circumvallasse audivit, de Alexandreta, quæ non multum ab Antiochia remota est, montana latenter conscendit, et innumera Turcorum tentoria, ipsosque velut arenam maris per plurima stadia diffusos vidit, et civitatem circumdatam, manumque parvam Christianorum inclusam agnovit. Nimio igitur metu cum suis perterritus, cursim fugam iniit, et festinanter clandestinus discessit, castellumque suum reversus spoliavit. Fugiens itaque Alexio imperatori, qui cum magno exercitu suppetias obsessis veniebat, ad Philomenam urbem obviavit, eique, seorsum vocato, dixit : *Antiochiam pro certo captam fuisse noveris a Christianis. Sed castellum, quod munitissimum prominet urbi, sibi retinuerunt Turci. Et ecce nostros in urbe obsident et expugnant, seu magis, ut reor, jam expugnaverunt, et omnes nostri perierunt. Consule ergo tibi, et genti quam conducis.*

Guido, Buamundi frater, aliique multi Francorum et Græcorum festinabant ad obsessorum auxilium, quibus imperator accitis suum patefecit consilium. Deinde jussit ut protinus omnes redirent, et regionem illam penitus devastarent, et incolæ illius in Bulgariam transmigrarent; ne Turci, si persequerentur, in depopulata regione pabulum sibi reperirent. Diris rumoribus rumigeruli comitis sparsis, obrepsit in populo Dei mœstitudo inæstimabilis.

Nam episcopi et abbates et presbyteri pene triduo a precibus et laudibus Dei cessaverunt, et profundis gemitibus suspirabant. Imperator, nimis credulus verbis Carnotensis, Constantinopolim reversus est, et gloria victoriæ et triumphi de Turcis divinitus aliis, qui legitime certaverant, reservata est. Franci nimis inviti revertebantur, et amarissime lamentabantur. Multi etiam e pauperibus peregrinis passim moriebantur.

Guido, filius Rodberti Guiscardi, pro morte fratris et amicorum multa lamenta edidit, pluresque notos et extraneos in lacrymas excivit, et in itinere in Stephanum comitem convicia multa evomuit. Coactus tamen, cum imperatore aliisque auxiliatoribus, tristis remeavit.

Bellatores Dei, qui in urbe agonizabant, totam spem suam in supernis collocaverunt, et de lancea Domini disquærenda fiducialiter tractaverunt. In ecclesiam igitur Sancti Petri ventum est, ibique diligenter notato loco diutius inde altercatum est. Tandem prævalente plurimorum sententia, tredecim laboriosis et strenuis hominibus curiose fodere jussum est. A mane ergo usque ad vesperam foderunt, et eodem Petro, cui revelatum fuerat, præsente, lanceam repererunt. Qua reverenter levata, publicus clamor exoritur, celebris ad eam concursus agitur, et tota devotione deosculatur. Orta est igitur inter eos tanta lætitia, ut, remota omni accidia, deinceps nullius meminerint mœstitiæ, et exunc ausi fuerint de bello tractare.

XII. *Sacræ lanceæ inventio. Ingens Christianorum gaudium. Ad generale prælium se accingunt. Turcos debellant.*

Communi Christianorum consilio, industrii viri, xii. Petrus Eremita, et Herluinus, Turcanæ linguæ peritus, ad Curbarannum missi sunt, eisque et suis ex parte Dei et populi ejus commendarunt ut pacifici cum suis omnibus ab urbe, quam sanctus Petrus apostolus Christo subjugavit, recederent ; et si ad baptismi sacramentum suspirarent, tanquam veri fratres eos susciperent, et perennis amicitiæ fœdus cum eis innecterent. Sin autem, accincti gladio, si auderent, de prælio cogitarent. Tunc Curbarannus torvo vultu legatos respexit, Christianitatem omnino respuit, crucifixum regem despexit, Petrum apostolum superstitiosum seductorem nuncupavit, fidemque nostram nugacissimam sectam esse asseruit. Ad cultum Machometis Christianos invitavit, contemnentes autem de fuga commonuit. Legati, retrogradum iter arripientes festini redierunt, et baptizatorum exercitum de bello imminenti certiorem reddiderunt. Interim fames invalescebat, et timor Turcorum corda pavitantium adhuc aliquatenus evirabat. Tandem, sacerdotum edicto, triduanum jejunium expleverunt, processiones per ecclesias cum litaniis celebrarunt, et Christianorum singuli, sacrosancto viatico muniti, pugnam ordinaverunt. Septem igitur acies in ipsa urbe paraverunt.

In prima acie fuit Hugo Magnus, cum Rodberto Flandrensi comite, et xxx millibus Francorum et Flandrensium. In secunda Godefredus dux, cum Eustachio fratre suo, et Conone comite, et xxx millibus fortissimorum bellatorum de Alemannis et Lotharingis et Boloniensibus. In tertia Rodbertus dux Normannorum, cum xv millibus Cenomannorum, Andegavorum, Britonum et Anglorum. In quarta Haimarus, Podiensis episcopus, cum aliis episcopis et ordinatis; cum quibus erat Petrus Abraham, qui portabat Domini lanceam, quam Christiani sibi præferri desiderabant, et præsidium et tutamentum ibi magnum credebant. In quinta Rainaldus, strenuissimus comes, cum iv millibus Teutonicorum et Bajoariorum. In sexta Tancredus cum iv millibus Apuliensium. In septima Buamundus, dux Apuliæ, cum xxx millibus Langobardorum et Italorum. Ultimus exiit de urbe, ut omnibus provideret, et singulorum in necessitatibus totus adesset. Raimundus Tolosanus cum xx millibus ad custodiendam urbem remansit, ne gentiles, quorum multa millia castrum Sancti Petri secus muros tenebant, urbem invaderent. Christianis egredientibus, episcopi et presbyteri sermocinabantur, et orabant, et signo reverendæ crucis, in editioribus stantes locis, omnes consignabant.

Dum ordinate per portam, quæ est ante Machomariam, de urbe exirent, et clementis Dei efficax auxilium medullitus implorarent, pluviola, tanquam roscida stilla, divinitus cecidit; quæ, quasi ros matutinus, irroratos equos et equites lætificavit. Unde equi velut exhilarati hinnire cœperunt, et equitum animi dulciorati vegetiores et alacriores fuerunt, et omnes se ipsos promptiores et expeditiores senserunt. Pluvia tamen illa tam subtilis et modica fuit, ut vix pluviam eam dixerint, sed quasdam guttulas rorantes plus senserint quam viderint. Hoc nempe a multis probabilibus viris, qui interfuerunt, relatum est.

Curbarannus, ad bellum procedentes ut vidit, dixit: *Plus ad fugam hi properant, quam ad pugnam. Sinite eos huc usque accedere, ut libere deglutiamus eos in nostra potestate. Exeant, exeant! Nos enim eos statim circumcingemus et prævalebimus et suffocabimus.* Christiani vero gradatim ibant, nec alius alium inordinate præproperabat. Curbarannus autem, postquam vidit eos decenter in armis procedere, nec usquam, ceu formidolosos, deviare, sed gressu maturato procedere, iterum non erubuit dicere: *Istæ contemptibiles caniculæ de bello forsitan audebunt præsumere?* Tunc metu diriguit et viribus corporis solutis, animo friguit. Clam igitur procuratori suo, quem admiralium vocant, mandavit ut, si in capite exercitus sui ignem accensum fumigare videret, suos pro certo superatos sciret, et ille confestim, dato signo, suisque omnibus sublatis, recederet; ne forte populus, qui cum eo erat, vel in papilionibus, totus deperiret. Deinde ut acies ordinatas, et majores quam audierat copias vidit,

ex industria pedem paulatim ad montana retrahere cœpit; ut, eos fugere putantes, Franci præcipites insequerentur, et ob id exordinati, facilius læderentur. Tunc, cum nihil ita proficerent, disgregati sunt ab invicem. Pars a mari veniebat; alii stabant in loco, sperantes includere se posse Christianos. At Franci ex acie Godefredi ducis et Rodberti Normanni partem assumpserunt, quam aciem octavam statuerunt, et illis quemdam Rainaldum præfecerunt, qui venientibus a mari gentilibus obviaverunt. Turci vero in eos instanter præliabantur, et multos ex illis sagittaverunt, vel quælibet alia mortis genera feraliter intulerunt. Aliæ Christianorum turmæ ordinaverunt se extendendo a mari usque ad montana; quod interstitium quasi duorum erat milliariorum. A montanis et a mari sagaciter instabant Turci, Christianos circumcingentes, et eos undique infestantes.

Ecce, Deo gratias, ab ipsis montanis visus est exire exercitus innumerabilis, albis equis insidentes, et in manibus candida vexilla præferentes! Hoc multi viderunt Christianorum, et sicut putant, gentilium, et hæsitantes, mirabantur quidnam esset. Tandem utrique cognoverunt signum de cœlo factum, et duces illius agminis, sanctos martyres Georgium, Demetrium et Mercurium, sua signa ferentes, præcedere cognoverunt. Saracenis ergo multus timor inhæsit, et Christianis spes melior crevit. Hoc non omnes viderunt, sed multi videntes contestati sunt. Cœlitus hoc apparuit aliis ad confusionem, aliis ad instantis triumphi ostensionem.

Gentiles e regione maris pugnantes, postquam pondus belli sustinere nequiverunt, sicut Curbarannus condixerat, ignem in herbam miserunt. Signo autem, quod diximus, cognito, qui in tentoriis erant, pernices et irrequieti confugiebant, et tremuli supellectilem pretiosiorem diripiebant. Porro Christiani, qui ex adverso pugnabant, jam ad tentoria Turcorum pugnam divertebant, ubi majorem eorum virtutem remansisse sciebant. Turci adhuc obstabant tota obstinatione qua poterant. Alii siquidem pugnabant, alii tendis spoliandis intendebant. Dux autem Godefredus, et Rodbertus Flandrensis, et Hugo Magnus, juxta flumen equitabant, ubi rursus maximam pugnantium copiam noverant. Ii, constanter ethnicos aggressi, unanimiter repellebant. Instabant gentiles pertinaciter, et utrinque præliabatur irremediabiliter. Resonabant æneæ cassides, tanquam percussæ incudes. Minutatim scintillabat ignis, mutilabantur enses. Eliso cerebro, humi procumbebant homines. Loricæ rumpebantur, exta fundebantur, equi sudabant fatiscentes; nec equis, nec equitibus ulla præstabatur requies. Agmina conserta tenui armorum discrimine vix a se ipsis distabant. Alii siquidem alios cominus impingebant, et manus manibus, pedes pedibus, et corpora repellebant corporibus. Timor tamen, super Turcos divinitus illapsus, eos exterruit, et constantia invincibilis illos admirari et obstupescere fecit, et in fugam coegit. Legio igitur tota cœpit labare, nec buccina, nec tympanum, nec lituus, nec præco poterat eos revocare. Fugitantes autem Turci ad tentoria declinaverunt, ubi multos suorum, quos ibi dimiserant, succenturiatos æstimabant; qui, ut dictum est, istis certantibus, igne accenso, fugerant. Denique Christiani paganos atrociter occidendo usque ad Pontem Ferreum fugaverunt, et passim obtruncando usque ad Tancredi castellum persecuti sunt. Deinde ad tendas eorum redierunt, et quidquid erat concupiscibile diripuerunt. Gazas omnimodas, oves lanigeras, jumenta innumera, alimenta copiosa, et quæcunque indigentibus erant necessaria, in civitatem detulerunt cum jucunditate magna. Mos enim gentilium est, in hostem copiosas opes deferre, equos et asinos et camelos ad subvehendum clitellarios ducere, oves et boves ad comedendum habere, annonam et farinam, fabam et oleum, vinumque non prætermittere. Christiani autem his omnibus abundanter cum optato triumpho ditati sunt, et condignis laudibus Deum benedixerunt, eumque sui protectorem præsentialiter cognoverunt, hymnosque gratulanter in cœlum extulerunt.

Syri et Armenii, regionis illius incolæ, videntes Turcos irrecuperabiliter in bello victos, montanearum notos anfractus oppilabant, et calles angustos præoccupabant, eisque immensam deletionem strictis gladiis parturiebant. Mactabant eos velut oves errantes, præ timore nimio totius defensionis immemores. Admiralius quoque, qui in municipio remanserat, cui Curbarannus illud commiserat, ut suos longe lateque turpiter effusos vidit, timore perterritus sibi consuluit, et antequam Franci redissent, Christianorum vexillum rogavit et accepit, et in castello in loco editiori collocavit, ut suis et sibi sic parceretur, nec de municipio reddendo dubitaretur.

Deinde, dum Christiani victores redissent, et Langobardi signum comitis Sancti Ægidii, quoniam dum rogaretur præsentior aderat, vidissent, valde indignati sunt, acribusque minis sævire cœperunt. Admiralius autem pro controversia pacificanda signum comiti reddidit, et signum Buamundi pro pace et salute sua, suorumque commilitonum, in turre sublimavit. Deinde pactum, quod Buamundus et admiralius ab invicem fecerunt, ab omnibus firmatum est, et municipium Christianis confestim redditum est. Non multo post, admiralius, ut prius, sicut ipse asserebat, diu optaverat, baptizatus est, et liberali Francorum munificentia donatus est. Christiani itaque, iv Kalendas Julii, (1098) in prælio, juvante Deo, triumpharunt, et Antiochiam liberam et quietam obtinuerunt. Municipes vero Turcos, qui castellum reddiderunt, et Christianæ fidei, quæ lux animæ et initium salutis est, recalcitraverunt, Buamundi conductu, ut promissum illis fuerat, in terram suam remigraverunt.

Remeantibus Francis, qui eos, ut pactum fuerat, deduxerant, intrepidique jam ad fines suos Turci appropinquabant, ecce Balduinus de Rages subito illis obviavit, initaque in nomine Domini pugna barbaros percussit, occidit, et pene omnes delevit. Deinde Antiochiam, spoliis onustus, cum familia sua venit, et lætos rumores amicis suis retulit.

XIII. *De gestis Balduini. Edessæ principatum obtinet.*

Verum, quia nunc se offert occasio referendi quid Balduino contigerit, stylus nostræ narrationis in nomine Domini succincte enucleabit. Non enim sileri debet tanta res.

Postquam Balduinus, ut supra dictum est, Tancredo cum amaritudine recedente, Tarsum, Ciliciæ urbem, obtinuit, Godefredi, fratris sui, aliorumque ducum exercitus deseruit, et cum ccc militibus armigerisque suis ad Edessam urbem divertit. Ducem vero Turcorum, qui eidem provinciæ præsidebat, adiit, militiamque suam ad servitutem ejus alacriter obtulit. Ille vero cum civibus suis Francos milites gratanter suscepit, opulenta illis in urbe hospitia delegavit, uberem victum et copiosa stipendia constituit, et tutelam totius regionis suæ commendavit. Porro Godefredus dux, aliique nostrates, ut Balduinum tutorem Edesseni ducatus audierunt, valde lætati sunt, et, pro reverentia illius, prædictæ provinciæ fines contingere præcaverunt. Erat enim idem miles statura procerus, pulcher et magnanimus, scientia litterarum præditus, multimodaque probitate et honestate præclarus, eximia quoque nobilitate, utpote de prosapia Caroli Magni imperatoris, præcluus. Hic nimirum cum Edessenis contra finitimos Turcos frequentes expeditiones agebat, ethnicos armis proterebat, ingentes prædas et vinctos hostes reducebat, formidabilemque cunctis affinibus suis Edessenum ducem sic faciebat.

Præfata civitas, ut in priscis codicibus legitur, Rages dicta est; sed insanis bellorum turbinibus, sub Assyriorum tyrannis et Chaldæorum, destructa est. Succedenti vero tempore, Seleucus Nicanor, qui de quatuor præcipuis ducibus Alexandri Magni unus fuit, post mortem ejus, prædictam urbem restauravit et Edessam nuncupavit. Ibi Tigris et Euphrates fluunt, et abundantiam deliciarum incolis advehunt. Abgarus Toparcha Edessæ regnavit; cui Dominus Jesus sacram epistolam destinavit, et pretiosum linteum, quo faciei suæ sudorem extersit, et in quo ejusdem Salvatoris imago mirabiliter depicta refulget; quæ Dominici corporis speciem et quantitatem intuentibus exhibet. Ad hanc urbem Thaddæus, Jesu Christi discipulus, venit, Abgarum regem cum omni populo suo baptizavit, ibique cultum divinitatis, cooperante Deo, instituit primum.

Hic nimirum Græci et Armenii et Syri pariter commorantur, et a primordio Christianitatis cœlorum regi usque hodie famulantur. Verum, peccatis exigentibus, nuper disciplinæ suæ virgam Deus exeruit, et gentilium debacchatione Christianorum commissa castigari permisit. Unde præfata civitas dominationi Turcorum, veluti circumjacens regio, subjacuit. Divo tamen cultui voluntarie mancipabantur, nec ulla paganorum districtione legem Dei deserere cogebantur. Cives itaque hujusmodi Francorum comitati congratulabantur, et illi econtra ut fratres in omnibus amicabiliter eos amplectebantur. Turgidus igitur princeps, livore perfidiaque cæcatus, Christianis insidias prætendit, et stratori suo in expeditionem eunti imperavit ut, dum redirent, Balduinum sociosque suos, dum exarmati essent, invaderet, et absque misericordia interficeret. Perfidus doli artifex scelerosæ factionis nefas præstruxit. Quod Balduinum, quia valde a multis amabatur, non latuit. In remeando de expeditione, pagani Christianos, ut arma deponerent et liberius irent, quasi jocando admonuerunt. Sed illi dolum præcaventes, non acquieverunt. Tandem, dum ad urbem appropinquarent, et Franci caute in armis equitarent, dato signo, gentiles in eos subito præoccupaverunt, et machinationem nequitiæ suæ, feriendo sodales, turpiter detexerunt. Christiani autem, Deum invocantes, restiterunt, viriliter hostes percusserunt, in fugam compulerunt, et fugientes quosdam occiderunt, aliosque feriendo usque ad portam civitatis persecuti sunt. Deinde Balduinus illico suis jussit ut ibidem tentoria figerent, et urbem obsiderent.

In urbe vero multus mox strepitus exortus est, et populus in unum undique congregatus est. Tunc Tobias, de primoribus civitatis maximus, ait : *O boni cives, paulisper quiescite, quæso, et ego cum tribus contribulibus meis modo Francos adibo, et cur ab illis obsidemur indagabo.* Quatuor igitur optimates urbis egressi sunt, et causam tam repentinæ obsidionis inquisierunt. Balduinus respondit : *Fratres meos et amicos et nobilem exercitum Christianorum in Cilicia dimisi et cum* CCC *militibus egregiis servire vobis huc adveni, et vobis ducique vestro in omnibus propugnator fidelis exstiti. Christiani pro amore meo limites vestræ regionis contingere veriti sunt, nulloque modo damnum aliquod vobis intulerunt. Ego cum meis contra finitimos hostes acriter præliatus sum, et de inimicis vestris, ad vestram pacem et securitatem, frequentibus triumphis potitus sum. Hæc procul dubio vos ipsi vidistis, et vos veridici harum nobis, ut opinor, astipulatores eritis. Quid igitur ego, sociique mei hodie peccavimus? Dum ad vestros, sicut heri et nudius tertius, lares tuti repedaremus, et commilitones nostri, ex insperato strictis nos ad necem impetierunt gladiis et missilibus. Sed nobis in tanta necessitate resistentibus, et Christiano more Deum invocantibus, Christus, Deus noster, qui semper suis promptus adjutor est, nobis de cælo auxilium præstolantibus celeriter auxiliatus est. Commanipulares nostri, qui nos hostiliter aggressi sunt, arma nostra pro animabus nostris exerta persenserunt, et terga dantes fugerunt; ex quibus nonnulli, ut videre potestis, in via gelidi a consodalibus relicti sunt. His ita peractis, in tentoriis commoramur, auxiliumque vestrum et consilium præstolamur: quos adhuc non hostes, sed legitimos hospites, arbitramur.* Hæc et his similia Tobias ut audivit, vicinos astantes seorsum ascivit, et brevi usus colloquio, Francos cito repetiit. *Non multis,* inquit, *opus est verbis, inclyti milites; pacifici nunc exspectate nos hic, obsecramus, et nos in urbe vestrum negotium salubriter exercebimus.*

His ita dictis, et utrinque concessis, legati urbem intraverunt, et convicaneis suis, quid audierint vel agitaverint, disseruerunt. Audita communiter laudaverunt, quatuor primarios in palatium ducis præmiserunt, et ipsi pedetentim cum armis prosecuti sunt. Severum ducem, in aula privatim sedentem, invenerunt, eumque quatuor priores more solito salutantes, dixerunt : *Ingenti consilio nunc indigemus quia nunc hostes valde timemus, quos hactenus fidos adjutores habuimus. Franci nos audacter obsident, et impugnare nos atrociter ardent. Proditores nos appellant, atque ad judicium invitant. A commilitonibus suis, de hostili terra dum remearent, dicunt se esse proditos, et a sociis immanius quam ab hostibus læsos. Unde nisi rectitudinem eis fecerimus, minis nos terrent terribilibus, quod contra nos adducent omnes copias Christiani exercitus. Prudenter igitur et utiliter tractandum est, ne pereamus, nec injuste in nos intolerabilem Christianorum furorem provocemus. Proditio ista nobis ignorantibus facta est, celeriterque tantum nefas puniendum est. Unde communi civium sententia censetur ut infidi proditores secundum priscas leges atrociter puniantur, et egregii sodales imo tutores honorifice concilientur.* Interim, dum Tobias hæc locutus est, turma civium palatium cum silentio caute ingressa est. Prophanus autem scita pacem quærentium arroganter despexit, seseque traditorum defensorem et cooperatorem palam ostendit. Unde irati cives protinus in eum irruerunt, et irreverenter caput ejus amputaverunt. Tunc Tobias caput abscisum accepit, vicinisque civibus dixit : *Hoc palatium, cum omnibus rebus, quæ intus habentur, illæsum custodite, et ego cum sodalibus meis Francos adducam cum gaudio et pace.* His dictis, Tobias egressus est, et salutatis Francis ita locutus est : *Edesseni cives, de injuria vobis facta valde mærentes, rectitudinem a duce postulaverunt. Sed, quia ille auctorem se proditionis fuisse detexit, caput illius præsecuerunt. Et ecce caput inimici Dei et vestri, per nos, vobis miserunt.* Cunctis inde gaudentibus, Tobias adjecit : *Veni, miles egregie, et filiam ducis in conjugem accipe. Esto princeps noster, et Edessenum ducatum posside perenniter.*

Balduinus itaque cum suis tripudians urbem ingressus est, et in palatio principali a cunctis civibus valde gaudentibus susceptus est. Insignis puella scelerosi ducis opportuno tempore baptizata est; et eleganti Balduino, quem, vivente patre, sed ignorante, medullitus optaverat, sociata est. Indigenæ Christiani, quod Christiano principi subderentur,

Deo gratias reddentes, admodum lætati sunt, et Turci, amissa dominatione, qua Christicolas hactenus oppresserant, dejecti sunt. Ingens basilica Sanctæ Sophiæ ibidem constructa fuerat temporibus antiquis, quam in honore Sancti Salvatoris, qui est virtus et sapientia Dei Patris, Balduino principante, veneranter cœperunt colere fideles advenæ cum indigenis. Divinæ servitutis series insigniter Edessæ restaurata est, et multo plus incomparabiliter, quam stylus noster adnotare potest, divina pietas in populo suo mirabiliter intus et exterius operata est.

Balduinus itaque, multiplicibus negotiis ad laudem Christi occupatus, non potuit suffragari Christianis Antiochiam obsidentibus. Auditis tamen rumoribus de oppressione nimia quam ibidem perpessi sunt, ipse et commilitones ejus Christicolis vehementer condoluerunt, et quam citius potuerunt, rebus suis optime dispositis, ad subsidium eorum festinaverunt. Interim ipsi, auxiliante Domino Jesu, victo Curbaranno cum suis victores triumpharunt et Balduinus sociique ejus Turcos, de municipio Antiochiæ, ut dictum est, recedentes, confuderunt ipsisque peremptis, spoliisque direptis, fratres atque amicos visitaverunt. Tunc omnes, utrinque relatis eventibus prosperis, gavisi sunt, et triumphatori Deo, qui cuncta laudabiliter disponit, immensas laudes ore et corde reddiderunt.

Post mutuam collocutionem fratrum et amicorum dux Balduinus Rages expetiit, et Ecclesiam Dei commissumque sibi populum, ut dulcis patricius educavit. Finitimos crebris certaminibus Turcos oppressit, et Christianorum fines, profligatis malefactoribus, dilatavit. Clerum quoque nobiliter auxit necessarias opes ei suppeditavit, ac ut divinum servitium ad salutem credentium quotidie persolverent, sollicite obsecravit. Fere quinque annis ducatum fortiter tenuit. Deinde Godefredo fratri suo in regno Jerosolymorum successit, quod ferme xv annis multa in paganis fortia gerens, strenue rexit. De Turcana conjuge, quam duxit, nullam sobolem habuit. Unde Balduinum de Burg, consobrinum suum in ducatu et regno successorem sibi constituit. Deinde Fulco, Andegavensis comes, in Jerusalem peregre perrexit, et Milesendam, secundi Balduini filiam, in conjugem cum regno accepit.

XIV. *Capta Antiochia, Hugo magnus a Christianis ad imperatorem Græcorum delegatur. Christiani duces in hac civitate, æstivandi gratia, remanere statuunt. Expeditiones variæ.*

Mense Julio, [1098] post optatam victoriam, et virtute nactam in gratia Dei Antiochiam, Christiani duces in unum convenerunt, et communi consilio Hugonem Magnum ad Alexium imperatorem Constantinopolim direxerunt, ut ad urbem recipiendam quam calamitosis passionibus ei acquisierant, festinaret, eisque similiter juratas pactiones illibatas conservaret, scilicet ut ipse comes irremotus in Jerusalem cum illis veniret. Hugo Magnus hujusce legationis officio functus ivit. Sed licet in ipsa expeditione multa manu consilioque gnaviter peregerit, ibi tamen multum deliquit, ubi ad fratres, sicut promiserat et debuerat, corvini generis legatus, postea non redivit.

Discedente Hugone, duces concilium ordinaverunt, et de conducendo in Jerusalem populo Dei consiliati sunt. Dixerunt igitur : *Populus iste, qui multas passus est calamitates, ut sepulcrum Domini Dei sui videre promereatur, jam multis fatigatus infortuniis, de accelerando itinere palam conqueritur, et nos itidem, multo affecti tædio, conquerimur. Provideamus ergo ipsis quod magis utile sit. Nullas ulterius moras censemus innectendas, præter quas inevitabilis opposuerit necessitas. Sed tamen singula non impetuose, sed diligenter æstimanda sunt, et modeste. Terra, per quam ituri sumus, inaquosa est. Æstas ultra modum torrida est. Aeris inclementiam ad præsens ferre non possumus. Longa obsidione et sumptibus et viribus exhausti sumus. Sileamus ergo et quiescamus, et vulneratos et infirmos paremus, et interim pauperum nostrorum misereamur. Humida solstitia exspectemus, Cancri et Leonis nocivos successus declinemus. In Novembri tempus refrigerabitur, et tunc congregati unanimiter, condictum iter aggrediamur. Alioquin totum populum intempestivis ardoribus affligeremus. Hoc autem consilium turbis flagitantibus enucleatius disseratur. Tempus intractabile, necesse est, declinemus, et hoc omnibus utilissimum perpendamus.* Id in toto exercitu annuntiatum est, et tandem ab omnibus collaudatum est.

Dispersi sunt ergo duces et familiæ per finitimas regiones, æstivandi gratia ; et egeni eos subsequebantur, vivendi causa. Dixerant enim duces : *Si quis egens est et corpore vegetus, jungatur nobis ; et nos omnibus, datis unicuique stipendiis, subsidiabimur. Infirmi publica stipe, donec convaluerint, sustententur.* Tunc Raimundus Piletus, de familiaribus comitis Sancti Ægidii, magnanimus miles, collegit sibi plures milites ac pedites. Collecto igitur exercitu, quantum potuit, terram Sarracenorum audacter intravit, et ultra duas civitates, ad quoddam castrum Syrorum, cui nomen Talamania, devenit. Suriani autem, habitatores ejus, sponte sua Christianis se reddiderunt, ibique Franci fere diebus octo requieverunt.

Deinde cingulis militaribus accincti, proximum castellum Agarenorum aggressi sunt, coangustaverunt et prævaluerunt, deprædati sunt et colonos pessundederunt. Si qui tamen ad fidem Christi converti voluerunt, illæsos servaverunt. His ita peractis, gavisi sunt, ac ad prius castellum reversi sunt. Iterum tertia die exierunt, et Marram civitatem, quæ prope illos erat, venerunt. Unde multi gentiles, qui ab Aleph et aliis circumsitis urbibus convenerunt, in eos ad bellum prosilierunt. Franci, pugnaturos eos arbitrati, se ad pugnam more castrensium præparaverunt militum, sed delusit eos exinanita spes illorum. Turci namque versum civitatem caute reversi sunt, non fugientes, neque cominus propugnantes ; sed quodam astu pugnæ se subducentes, et iterum Francos celeri gestu impugnantes, invadebant eos, et gyro facillimo revertebantur ; et mox reducti equi rursus indifficulter gyrabantur. Franci frequentes sustinebant impetus, nec tuto devitare poterant instantium concursus. Si enim recedere attentarent, gentiles a tergo, quod accidit postea, cedentibus insisterent. Sustinuerunt ergo usque ad vesperum laborem et sitis ardorem. Æstus quippe quam maximus erat. Denique, postquam laborem nequiverant amplius sustinere, nec sitis ardorem compescere, quoniam ad refocillandum nulla inveniebatur aqua, conati sunt et condixerunt, ad castellum suum conglobatim et gradatim redire. Sed gens invalida et indocta, pedites videlicet ac Suriani, ordine spreto et edicto militum neglecto, nimio correpti pavore, cœperunt disgregatim fugere. Gentiles autem eis indefessi instabant, et terga cedentes insequebantur et cædebant, et lupis atrociores, nemini parcebant. Suggerebat illis vires optata victoria, et præsentis temporis opportunitas. Multi itaque sunt, de gente plebeia et pusillanimi, gladio necati; alii vero nimia siti suffocati. Qui autem vivi evaserunt, cum Raimundo Talamaniam redierunt, ibique dies aliquot fecerunt. Occisio hæc mense Julio facta est, et superborum insolentia divinitus castigata est. Sic nimirum filios Israel in sacris codicibus frequenter afflictos legimus, et in bello victos a Philistiim et Edom atque Madian, aliisque vicinis gentibus ; ut cogerentur ad Deum semper recurrere, et in observatione mandatorum ejus perseverare.

Antiochiæ tunc Haimarus, Podiensis episcopus, ægrotavit, et paterno more lugubres filios confortavit, viamque universæ carnis ingrediens, Kalendis Augusti [1098] ad Dominum migravit. Luctus itaque immoderatus in tota Christi militia factus est, quoniam ipse fuerat consilium nobilium, spes orphanorum, imbecillium sustentamentum. Militibus homo militaris, clericos clericaliter edocebat et educabat, prudentia singulari præcluebat, eloquens et jucundus omnibus omnis erat. Singultuosus ergo exercitus exsequias ejus celebraverunt, et aromatibus conditum corpus in ecclesia Sancti Petri apostoli sepelierunt.

Comes Sancti Ægidii, nullatenus pigritiæ vel socordiæ acquiescens, quin gentilibus zelo inimicaretur, continuo terram Sarracenorum ingressus est, et Albaram, nobilem eorum civitatem, expugnavit et violenter apprehendit. Omnes utriusque sexus civitatis incolas pene peremit, urbemque subactam suo dominio mancipavit. Idoneum in ea pontificem Christiani constituerunt et quæ ad cultum veræ religionis attinebant, ibi ordinaverunt. Præsul Albarensis Antiochiam missus est, ibique secundum Ecclesiæ ritum digne consecratus est.

XV. *Buamundus dux et Raimundus comes de dominatu Antiochiæ civitatis contendunt. Plurimæ Christianorum adversus paganos victoriæ. Crucesignatorum exercitus ad Hierosolymam progreditur.*

Appropinquante condicto tempore jam eundi in Jerusalem, cœperunt omnes de imminenti negotio disserere, ne ulterius disturbarentur ab itinere. Verum insopibilis altercatio de dominatu civitatis inter Buamundum ducem et Raimundum comitem erat, quam majorum natu peritia multis et profundis commonitionibus compescere nequibat. Unus dominationem totius urbis, sicut ei concessum fuerat, dum nec capta civitas obsideretur, requirebat. Alter vero sacramentum, prout ipse Buamundus collaudaverat, imperatori fecerant, prætendebat ; nec ullatenus pro devitando, ut asserebat, perjurio emolliri poterat. Buamundus itaque castellum, quod ei redditum fuerat, munivit alimentis et hominibus, armis et excubitoribus. Comes similiter palatium Cassiani admiralii, quod præoccupaverat, et turrem, quæ super pontem est a portu Sancti Simeonis, summopere servabat. Tantæ erant ambitiones et simultates, ut neuter alteri crederet, uter sub palliata ambitione civitatem sibi attentaret. Nec mirum, quantum ad honorem et utilitatem.

Antiochia siquidem civitas est pulcherrima et munitissima et copiosorum reddituum opulentissima. Sunt infra ipsam quatuor montaneæ satis altæ, in quarum una, sublimiori scilicet, castellum est, quod omni civitati prominet. Deorsum civitas est decenter ædificata, et duplici muro circum ambita. Murus interior amplus et in aera porrectus est. Magnis et quadris lapidibus compactus et compaginatus est. In qua muri compagine turres sunt quadringenta quinquaginta, formosis venustate mœniis et defensæ propugnaculis. Murus exterior non tantæ est celsitudinis, sed tamen admirandæ venustatis. Continet in se trecentas et quadraginta ecclesias. Pro suo magno primatu patriarcham habet, cui centum quinquaginta tres episcopi subjiciuntur. Ab Oriente clauditur quatuor montaneis, ab Occidente vero civitatis muros Farfar flumen præterfluit. Hæc antiquitus, ut Hieronymus in explanatione prophetarum scribit, Reblatha dicta est ; sed a Seleuco Nicanore postmodum aucta est, et a nomine patris sui, scilicet Antiochi Clari, nominata est.

Et quoniam tantæ fuit auctoritatis et nobilitatis, utpote quæ totius Syriæ caput exstiterat et metropolis, Franci noluerunt eam devictam temere dimittere, per quam optabant primatum suum longe lateque proferre, et regiones etiam longinquas Christianitati subjugare. Hanc per octo menses et unum diem obsederant, et in eadem jam capta per tres hebdomadas obsessi sunt. In qua obsidione diuturna tantus confluxit conventus gentilium, ut nullus meminerit copiosiorem se vidisse vel audisse frequentiam populorum. Requieverunt igitur in ea quinque mensibus, et novem diebus. Tot rebus occurrentibus, noluerunt eam incaute dimittere ; sed fideli delegaverunt tutelæ. Comes autem et Buamundus peculiariter super eam sibimet cogitabant.

Civitatem ergo, ut dictum est, muniverunt, et in mense Novembri, alias profecturi, rebus quibuslibet compositis, Antiochiam exierunt.

Comes Raimundus cum suo exercitu exivit, et duas civitates, Rugiam et Albariam pertransiit, quintoque Kalendas Decembris applicuit ad Marram civitatem munitam et opimam, et multis Agarenorum nationibus refertam. Die vero crastina civitatem cum suis expugnare cœpit; sed obstantibus mœniis et defensoribus, tunc nihil profecit. Quem subsecutus die Dominica Buamundus, prædictam ad urbem venit. Altera vero die viriliter urbem aggressi sunt, tutores mœniorum variis assultibus infestaverunt; sed parum eis nocuerunt. Scalæ ad murum stabant erectæ; sed Turcis occlamantibus et oppugnantibus nemo præsumebat scandere. Cives enim se istis obstare posse credebant, sicut Raimundo Pileto antea obstiterant. Raimundus comes ligneam fecit machinam compaginari, ac, ut habilior esset ad conducendum, super quatuor rotulas eam collocari. Fuit autem tantæ proceritatis ut mœniorum culmen despiceret, turrium quoque porrecturam adæquaret. Struem igitur illam propter quamdam turrem admoverunt. Lituorum et tubarum clangebant classica, phalanges armatæ circumvallabant mœnia. Balistarii et sagittarii dirigebant spicula, et qui in arce erant lignea, saxa jactitabant ingentia Willelmus de Monte-Piślerio et alii plures in machina pugnabant, lapidibus aliisque telis cives desursum gravabant, et percussos in ancilibus vel galeis, vel in capitibus ; facile perimebant. Alii alios ferreis uncinis sine intermissione infestabant. Turci de turribus satagebant Christianos sagittis et lapidibus impugnare. Ignem quoque, quem Græcum vocant, in machinam jacere, et nihil otiosum admittere. Christiani econtra oleum, quod maxime ignem Græcum exstinguit, effundere, ascensum tentare, pedemque retrahere, eosque qui muris supererant formidare; in nullo tamen deficere. Sic prælium illud ad vesperum usque protelatum est. Tantum erat infatigata virtus Agarenorum, ut audacter refellerent versutias Chr'stianorum. Denique Lemovicensis Gulferius de Turribus, vir alti sanguinis et audaciæ mirabilis, primus scalam ascendit, et usque in murum pedem tetendit. Ascenderunt post eum aliquot, sed non multi. Sca'a siquidem confracta dissiluit. Gulferius tamen viriliter murum defensabat, et paganis expugnatis, socios nutu et voce convocabat. Interim aliam scalam festinanter erexerunt, et per eam milites peditesque tot ascenderunt, ut murum magna ex parte præoccuparent, et cives expugnando rejicerent. Pagani tamen totis nisibus insurrexerunt, et Christianos aggressi sunt, et tanta illos virtute aliquoties impetierunt ut aliqui Francorum, timore subacti, e muro se dimiserint. Plures tamen in muro remanserunt, qui tandiu frequentes impetus toleraverunt, quousque Christiani murum suffodissent, aditumque patefacerent. Quo Turci cognito, ad desperationem usque timuerunt, et in fugam irrevocabiliter præcipitati sunt.

Idus itaque Decembris, [1098] vespere Sabbati, Marra, civitas opulenta, capta est. Christiani urbem devictam ingressi sunt, et quidquid gazarum in domibus vel in foveis invenerunt, rapaciter abstulerunt. Sarracenis perimendis toto conatu institerunt, ut vix aliquem vivere permiserint. Nullus in tota urbe locus vacabat a cadaveribus; gressus quoque viantium graviter offendebantur ab exstinctis et condensis corporibus. Capta civitate, civium magna pars, cum uxoribus et filiis, suisque supellectilibus, in palatium, quod supra portam erat, convenit, ibique Christianorum manui subjacuit. Quorum alii peremti sunt, alii, Buamundo jubente, in Antiochiam servitum vel venum deducti sunt; et omnes, ita opibus eorum direptis, dissipati sunt. Franci autem morati sunt in eadem urbe mensem integrum et dies tres.

Ibi Oriensis episcopus infirmatus a superis recessit, et ad superos evolavit. Tunc fames valida exercitui subrepsit, et quemlibet inhonesta, vel inconsueta, vel austera, vel illicita dentibus infastiditis attingere coegit. Tunc etiam turcinas carnes quidam comederunt : quod majores natu et honestiores ut audierunt, erubescentes contristati sunt; sed ultionem præ nimia fame suspenderunt. Non enim eis pro maximo scelere imputabatur, quia pro Deo alacriter tantam famem patiebantur, et inimicis Dei dentibus et manibus inimicabantur. Patrabant equidem illicita; sed legem violari compellebat necessitas angustiosa. Fames enim castrensis omnia appetit, nihil respuit. Quidam corpora Turcorum findebant, quoniam in eorum corporibus byzantios inveniebant et aurum quod glutierant, et illud tollebant. Plerique autem fame prævalida ibi perierunt.

XVI. *Discordiæ intestinæ. Crucesignati incœptum iter ad Jerusalem pergunt.*

Ibi proceres denuo de concordia inter ducem et comitem locuti sunt; sed nihil profecerunt. Unde Buamundus iratus Antiochiam confestim reversus est, et iter in Jerusalem ad populorum detrimentum disturbatum est. Privatæ principum simultates subjectos pessundant et affligunt, dum inter se dissentiunt. Dum enim unusquisque quod suum est quærit, a communi providentia tepescit. Populi quoque ad communem perniciem desolantur, ubi consules se ipsos non consolantur. Populus itaque Jerosolymitanus multum erat impeditus pro ducum suorum querelis peculiaribus.

Rursus comes per legatos suos principes, qui erant Antiochiæ, prosecutus est, ac ut ei ad Rugiam confabulandi gratia obviarent, illos allocutus est. Godefredus igitur dux, et Rodbertus Normannus, et Rodbertus Flandrensis aliique convocati principes Rugiam venerunt, et Buamundum secum adduxerunt. Tunc etiam de concordandis proceribus multum locuti sunt; sed de via maturanda nihil profecerunt. Buamundus ire nolebat, nisi civitas ei tota redderetur; neque comes, nisi Buamundus eos comitaretur. Comes Marram est reversus, ubi Christianus fame periclitabatur exercitus. Tandem corde compunctus, animo suo liberaliter dominatus est, et ut Dei militibus consuleret, eundi in Jerusalem iter aggressus est. Præposuit enim causam Dei suæ voluntati, vel utilitati. Summa quidem virtus est in principibus, si sibi ipsi dominentur. In ducibus enim nimia obstinatio subditorum omnium est periclitatio. Imperavit igitur comes sibi ipsi, ne omni noceret Christianitati. Mandavit autem hominibus suis ut palatium Cassiani curiose munirent. Exivit Marra Idus Januarii [1099], nudis pedibus, et peregrinis Dei coagulavit se spontaneus. Hoc signum susceptæ peregrinationis humiliatus comes ostendit. Grandis itaque in populo Dei lætitia facta est, et dux Normanniæ, proficiscentibus illis, ad civitatem Caphardam adjunctus est. Ibi tres quieverunt dies, et rex Cæsareæ pacem cum consulibus fecit. Multoties enim legatos suos antea Marram direxerat, firmiter spondens quod Christianis pacificus esset, et multa de suis libenter impertiret, et per totum regnum suum copiosum mercatum suppeditaret, nisi ad eum exhæreditandum, vel regnum suum depopulandum Francorum genus indomitum anhelaret. Inde fidelitas a rege Christianis facta est. Deinde a Capharda omnes egressi sunt, et secus fluvium Farfar prope Cæsaream castrametati sunt.

Videns autem rex Francos prope urbem suam hospitatos, vehementer indoluit, et celeriter illis hæc mandavit: *Nisi summo diluculo a civitatis nostræ suburbio castra vestra removeritis, vos fœdus initum violabitis, nosque vobis mercatum promissum vetabimus, nosque vobis providebimus.* Mane igitur facto, duos de suis ad eos direxit, qui illos evadare fluvium edocerent, et exercitum in terram fertilem deducerent. Intraverunt autem quamdam vallem opimam et locupletem, cui supererat castellum, quod extemplo consulibus fecit securitatem. Deprædati sunt ergo animalium ad quinque millia. Ibi etiam multum diversorum alimentorum repertum est, et præ ubertate gratuita tota Christi militia refecta est. Castrenses etiam exercitui dederunt equos, aurumque purissimum, multamque pecuniam, et juraverunt se peregrinis nullatenus deinceps nocituros, neque subinde mercatum eis prohibituros. Manserunt autem ibi diebus quinque. Porro, inde digressi, ad quoddam Arabum applicuerunt castrum. Mox igitur castelli dominus cum eis locuturus exivit, et pacem fecit, quæ utrique parti placuit. Demigraverunt inde ad civitatem Cephaliam, muris pulcherrimam et omnibus bonis opulentam, in valle quadam. Cives autem ejus præ timore Francorum urbem pavitantes exierunt, et hortos oleribus refertos, domosque alimentorum et opum plenas reliquerunt, et inconsulti aufugerunt. Christiani vero gratulanter omnibus bonis eorum potiti sunt, et Deo, bonorum datori, gratias hilares reddiderunt. Die tertia inde processerunt;

et montaneam nimis altam præcipitando transcenderunt, et iterum in vallem uberem descenderunt, ubi XII dies quieverunt. Deinde proximum valli castellum Sarracenorum viriliter agressi sunt, et revera illud devicissent, nisi gentiles animalium et jumentorum et pecorum greges foras ejecissent; quæ Christiani diripuerunt, et sic ad tentoria sua onusti præda reversi sunt. Pagani autem nimium perterriti noctu secesserunt, et Franci crepusculo diei castellum hominibus vacuum ingressi sunt.

Ibi abundantiam frumenti et vini et farinæ et hordei, oleique repererunt, et Purificationem sanctæ Mariæ devotissime celebraverunt. Ibi rex de Camela civitate consulibus per nuntios suos larga donaria misit, pacemque suam Christianis obtulit, spondens quod nunquam Christianos offenderet, imo diligeret ac honoraret; tantum Christianus populus in bonum ei talionem retribueret. Rex quoque Tripolis decem equos et quatuor mulas et auri pondus immensum Christianis misit, et pacem et amicitiam ab eis per legatos poposcit. Comites cum eo nec pacem fecerunt, nec oblata receperunt; imo fiducialiter responderunt: *Hæc omnia ex te respuimus, quousque satagas fieri Christianus.*

Postquam de valle opima egressi sunt, ad quoddam castrum nomine Arche transierunt, juxta quod pridie Idus Februarii castra locaverunt. Oppidum autem illud innumerabili erat paganorum gente munitum, Arabum frequentiis, et Publicanorum, qui viriliter se defendebant contra assultus Christianorum. Quatuordecim milites Christiani versus Tripolim, quæ non multum differebat ab exercitu, iverunt, et sexaginta Turcos invenerunt, qui ante se multos conducebant homines, Sarracenos, Arabes et Curtos, mille circiter quingentos, et animalia plurima. Hos Christiani pertinaciter invaserunt, et ex illis sex occiderunt, equos totidem abstulerunt, aliosque fugaverunt, et animalia reduxerunt. Francorum siquidem invincibilis ferocitas fluitimos et procul positos omnes deterrebat. Deus etenim sic operabatur in illis, qui semper suis præsto est athletis. Res in virtute Dei læta fidelibus contigit, dum XIV Christiani LX Turcos superaverint, et residuam multitudinem fugaverint, et animalia ex ipsorum faucibus abstraxerint.

De exercitu Raimundi comitis, Raimundus Pictus et Raimundus vicecomes, cum militibus non multis exierunt, et ante Tortosam civitatem, ubi non modica multitudo paganorum erat, discurrebant. Sero jam facto, ad secretum locum secesserunt, et opportunis in locis pernoctaverunt, et plurimos ignes, quasi totus advenisset exercitus, accenderunt. Orto jam sole, Franci ut urbem aggrederentur convenerunt; quam vacuam hominibus invenerunt, ibique, quandiu castellum obsidebant, inhabitaverunt.

Admiralius Maracleæ civitatis, quæ non procul erat, pacem cum Christianis fecit, et eorum vexilla in urbe præfata invexit. Dux interea Godefredus et Flandrensis comes et Buamundus usque Laodiciam, quam vulgo Liciam vocant, venerunt. Buamundus iterum ab illis segregatus, rediit Antiochiam, quam multum desiderabat esse suam. Dux autem et comes Gibellum civitatem obsederunt. Raimundus comes audivit gentiles cum magnis militantium cuneis adventare, bellumque Christianis non anceps præparare. Misit igitur ad socios, qui Gibellum obsederant, dicens : *Certum nobis imminet bellum, et super nos veniunt agmina paganorum. Cum civitate ergo, quam obsedistis, agatis volumus de pace, tutandisque fratribus expeditiores adestote. Melius est convenire et prœliari, quam nos a nobis separari et superari. In bellis mora modica est, sed vincentibus lucrum quam maximum est. Obsidiones multa consumunt tempora, et obsessa vix subjugantur municipia. Bella nobis subdent nationes et regna. Bello subacti, tanquam fumus evanescent inimici. Bello peracto et hoste devicto, vastum nobis patebit imperium. Bonum est ergo ut conveniamus, quoniam si Deum promereri ducem et præambulum poterimus, indubitanter statim de inimicis nostris triumphabimus. Accelerate, inquam, ne nos æmuli nostri, dum venerint, imparatos inveniant.*

Dux et comes legationem hanc gratanter audiebant, quoniam bellum inhianter esuriebant. Pacem igitur cum Gibellensi admiralio fecerunt, et munera multa cum pactionibus placitis ab eo acceperunt. Deinde confratrum ad auxilia profecti sunt. Sed Turcos, quos, sperabant, tunc non invenerunt. Ultra fluvium autem hospitati sunt, et ex illa parte castellum illud obsederunt. Nec multo post ex Christianis quidam ad Tripolim equitaverunt, si qua possent obesse gentilibus attentantes. Invenerunt autem Turcos et Arabes, ipsosque Tripolitanos, extra urbem effusos, excursum Christianorum similiter exspectantes, et velut in insidiis latitantes. Mox alii pertinaciter alios invaserunt. Agareni siquidem primos impetus aliquantulum sustinuerunt, et diutius obluctati sunt. Tandem percutientibus terga dederunt, et in illa tergiversatione multos ex suis amiserunt. Multi etiam ex nobilioribus civitatis ibi ceciderunt. Mulieres et matres et virgines, a pinnarum spectaculis, mala Christianis imprecabantur, et pro suis anxiabantur. Ingemiscebant, et tantum earum aliquæ probitati Francorum applaudebant. Paganorum occisione et cruoris effusione, fluvius, qui civitatem affluebat, rubuisse visus est. Et cisternæ, quæ in urbis erant sinu, quas fluvius alebat, sanguine contaminatæ sunt. Mœror igitur quam maximus incubuit Tripolitanis, tum pro majoribus suis trucidatis, tum pro cisternis fœda sanguinis incursione pollutis. Duobus itaque damnis uno die affecti sunt, duplicesque lacrymas profundere meruerunt. Angustiabat illos, quod inopinabiliter Franci potiti sunt tropæo. Contristabat eos cisternarum suarum, quas magni pendebant, sanguinolenta fœdatio. Exterriti sunt igitur usque ad defectionem Tripolitani, et sine obsidione obsessi, ulterius non audebant civitatem egredi. Tripolitanorum finitimi eisdem percellebantur infortuniis. Franci, gratulabunda potiti victoria, hymnizantes Deo, reversi sunt ad suos.

Altera vero die, milites de exercitu equitaverunt ultra vallem de Sem deprædatum terram, et inventis bobus et asinis, ovibus et camelis, quorum fuit numerus fere ad tria millia, tanta onusti præda, cum gaudio remearunt ad sua castra. Sederunt igitur ad castellum Arche (nam nimis erat inexpugnabile) tribus mensibus et una die. Celebraverunt etiam ibi Pascha Domini IV Idus Aprilis [1099]. Naves enim Christianorum ad quemdam applicuerant portum, satis tutum, et castello vicinum; quæ suppeditaverant castrensibus frumentum et vinum, caseum et oleum, fabam et lardum, et totius ubertatis mercatum. Frequenter etiam regionem opulentam deprædatum egrediebantur, quoniam suo nullatenus voto fraudabantur; ob id lætiores revertebantur, iterumque ad discurrendum vehementius incitabantur. Multi etiam Christianorum ibi perempti sunt, quoniam Sarracenorum gladii non semper obtusi fuerunt, nec eorum militia semper fuit otiosa, neque manus invalida. Occiderunt ergo Anselmum de Ribboth-Monte et Guillelmum Picardum, viros alti sanguinis, gnarosque rei militaris, quorum præclara facinora evidenter comperta sunt in illa Christi militia; et plures alii cecidere quorum nomina Deus contineat in memoriali vitæ suæ.

Tripolitanus autem rex per internuntios sæpe Christianorum duces alloquebatur, et omnimodis eorum animos pertentare nitebatur ut, datis eis muneribus, secum paciscerentur, castrum dimitterent, pactasque pecunias reciperent. Christiani de Christianitate illi proponebant, nec aliter a suo divelli proposito poterant. Ille vero Christianitati nimium recalcitrabat, patrumque leges et atavorum consuetudines relinquere formidabat. Tempore procedente, novæ fruges exaluerant. Tractus enim ille terrarum majoribus quam citramontanus fervoribus vaporat, ideoque properantior properantiores æstas messes maturat. Martio mediante, fabæ colligebantur novellæ, Idus Aprilis frumenta secabantur, et vindemiarum redibat autumnus. Dux igitur Godefridus et comes Normannus, Flandrensis et Tolosanus et Tancredus, de via peragenda locuti sunt, quia jam instabat, imo pene transibat temporis opportunitas. Dimisso igitur, quod diu obsederant, castello, Tripolim ventum est, et fœdus cum Tripolitanis firmatum est. Rex siquidem Tripolis XV millia byzanteorum et XV magni pretii equos illis dedit, et CCC peregrinos, quos diu tenuerat captivos, reddidit. Denique, sub obtentu pacis mercatum eis præstitit. Unde universi refecti sunt, et firmiter eis pepigit quod, si bellum, quod tunc eis Babylonicus admiralius præparabat, aliquando vincere possent, ipse Christianus efficeretur; et de cætero terram suam in eorum fidelitate retineret. Itaque, Maio mediante, ab urbe discesserunt, et tota die per arctum et arduum, inviumque iter iverunt, seroque ad castrum Betheren pervenerunt. Deinde Zebari, civitati sitæ in littoribus maritimis, appropinquaverunt. Ibi propter aquarum penuriam perpessi sunt immoderatam sitis angustiam; qua nimis defecti, ad Braim fluvium cursim properaverunt, ubi homines et jumenta potu recreati sunt.

Die vero Dominicæ Ascensionis, commeare per augustam viam illos oportuit. Ibi discursum gentilium tota die metuebant, nec tamen ab eundo vacabant. Signiferi et milites armati præcedebant, et toti exercitui ab insidiatoribus præcavebant. Subsequebantur sarcinarum provisores et clitellariorum sublevatores. Pone properabat ordo militaris, et omnis omnium aderat necessitatibus. Sic quotidie sarcinarii mediastini properabant, et imbellium eis turmarum greges adhærebant. Buccinæ audiebantur, et gradatim, ne debiliores deficerent in via, pergebatur. Vicissim excubabant noctibus, et ubi major ingruebat metus, ibi vigilantior præparabantur excubitus. Nihil enim inconsultum, nihil admittebant inordinatum. Indisciplinati castigabantur, inscii erudiebantur, rebelles objurgabantur, incontinentes de loquacitate sua redarguebantur, et omnes in commune ad eleemosynam incitabantur. Omnes etiam frugalitati et pudicitiæ studebant, et, ut ita dixerim, quædam schola disciplinæ moralis in castris erat. Is erat modus et hæc erat forma in Jerusalem ambulantium. Igitur, dum hunc disciplinæ rigorem tenuerunt, et affectu charitativo redundaverunt, evidenter Deus inter eos conversatus est, et per eos bella sua bellatus est. Hæc idcirco diximus, quatenus indisciplinatorum illorum, qui huic expeditioni gloriosæ superciliosi successerunt, illos extollentes, vitam et viam redarguerimus. Nihil enim est inter homines utilius disciplina.

Denique montaneis, in quibus hostes timebantur, sine hoste transcensis, secus mare quatuor transierunt civitates, Baruch, et Sareptam, quam vulgo vocant Sagittam; et Tyrum, quæ Sor nuncupatur; et Acharon, quæ Acra dicitur; et inde castellum, quod Caiphas appellatur. Exinde, hospitandi gratia, juxta Cæsaream venerunt, ubi die Pentecostes, iv Idus Junii, quieverunt. Deinde Diospolim, quæ Ramatha, vel Arimathia, seu Ramula vocatur, venerunt; ibique, via fatigati, substiterunt, et cives ejus præ timore peregrinorum fuga elapsi sunt. Illic olim episcopali honore mater Ecclesia gaudebat, sed nunc, viduata dignitate præsulis, admodum mœsta gemebat, quia locus ille cervicositati Sarracenorum inglorius subjacebat. Porro Christiani præfatæ urbi pontificem restituerunt, eique decimas facultatum suarum obtulerunt, quibus potuisset collatis dapsilitatibus vivere, et ecclesiam diutius desolatam reficere. Ibi felix agonista Georgius insigniter certaverat, martyriique sui cursum nobiliter expleverat; cujus basilica juxta civitatulam emicat, ubi pretiosum ejusdem athletæ corpus quieverat. Hunc, quem Christiani viderant in bello Antiocheno præambulum et præcursorem, et contra gentem erroneam validum propugnatorem, volebant etiam promereri semper socium et defensorem. Basilicam ejus revereuter honoraverunt, et episcopum, ut diximus, Ramulæ constituerunt.

XVII. *Christianus exercitus ad Jerusalem pervenit. Hujus civitatis obsidio.*

Divinitus accensi, diluculo egressi sunt, signoque dato, viam in Jerusalem accelerantes ingressi sunt; et sicut diu desideraverant, ea die ad civitatem usque pervenerunt. Jerusalem enim a Ramula quasi XXIV milliariis distat. Postquam ad locum ventum est, unde turritam Jerusalem videre potuerunt, ex ingenti gaudio ploraverunt, substiterunt, Deum adoraverunt, et flexo poplite sanctam terram deosculati sunt. Omnes nudis pedibus ambularent, nisi metus eos hostilis armatos incedere præciperet. Ibant et flebant, et qui orandi gratia convenerant, pugnaturi prius, pro (34) peris arma deferebant.

Obsederunt VIII Idus Junii [1099] Jerusalem Christiani, non tanquam novercam privigni, sed quasi matrem filii. Amici eam et filii circumdederunt, ut advenas et adulterinos coangustarent; non ut liberam captivarent, sed ut captivam liberarent. Rodbertus, dux Normannorum, obsedit Jerusalem a septentrionali parte, juxta ecclesiam Beati Stephani protomartyris, ubi lapidatus a Judæis obdormivit in Domino. Hunc juxta comes Flandrensis sua collocavit tentoria. Ab occidente obsederunt eam Godefredus dux et Tancredus. A meridie Raimundus comes obsedit eam in montem Sion, circa ecclesiam Beatæ Dei Genitricis Mariæ, ubi Dominus Jesus cum suis cœnavit discipulis. Jerusalem itaque a filiis suis obsessa obclaudebatur, intus autem a populis Manzerinis profanabatur.

Tunc Hugo Bunellus, filius Roberti de Jalgeio, ad ducem Normannorum, optime armis instructus, accessit, satellitiumque suum ei, utpote naturali domino, fideliter obtulit; et ab eo benigniter susceptus, obsidentes Heliam, id est Jerusalem, manu consilioque strenue adjuvit. Hic enim diu ante in Normannia Mabiliam comitissam frustatim obtruncaverat, quia eadem paternam hæreditatem violenter ipsi abstulerat. Unde præfatus miles, cum fratribus suis, Radulfo, Richardo et Goisleno, pro ingenti facinore peracto, in Apuliam, deinde in Siciliam confugit, ac postmodum ad Alexium imperatorem secessit. Sed nusquam tutus diu permanere potuit. Guillelmus enim Nothus, rex Anglorum, cum tota progenie prædictæ mulieris, per totum orbem missis exploratoribus eum investigabat, et speculatoribus honores et munera promittebat, qui exsulantem homicidam interimerent, ubicunque terrarum invenirent. Probus igitur Hugo, tanti regis validas manus et longa brachia metuens,

---

(34) Sic apud Chesnium; id est *perarum loco n. d.* sensum.

Le Prévost: *properis* una voce; quod nullum præbet

totam Latinitatem reliquit, et baptizatorum gregem formidans, inter allophilos diutius exsulavit, et per xx annos ritus eorum atque locutionem edidicit. Susceptus ergo a Normannico duce, multum suis profuit, et mores ethnicos ac tergiversationes subdolas, et fraudes, quibus contra fideles callent, enucleavit. Cosan etiam, nobilis heros et potens, de Turcorum prosapia, Christianos ultro adiit, multisque modis ad capiendam urbem eos adjuvit. In Christum enim fideliter credebat, et sacro baptismate regenerari peroptabat. Ideoque nostratibus, ut amicis et fratribus, ad obtinendum decus Palæstinæ et metropolim Davidici regni, summopere suffragari satagebat. Die tertia obsidionis, milites ex Christianis exierunt castra, Raimundus scilicet Piletus, et Raimundus de Taurina, cum aliis pluribus, circumspiciendi, vel deprædandi causa; et inventos Arabes ducentos invaserunt, superaverunt et fugaverunt. Multos autem occiderunt, ibique xxx equos apprehenderunt. Ilis ita gestis, alacres ad suos reversi sunt.

Feria secunda, constanter impetierunt civitatem, et tunc, ut putabant, revera prævaluissent, si scalas sufficienter præparassent. Straverunt tamen murum exteriorem, et scalam unam erectam admoverunt ad interiorem. Super illam vero vicissim ascendebant Christiani milites, et cominus præliabantur in muro cum Sarracenis, et eos percutiebant ensibus et lanceis. In illa congressione multi ex utroque populo perempti sunt. Plures tamen ex gentibus perierunt. Audito retrahendi lituo, Christiani ab impetu illo tandem destiterunt, et ad castra remearunt. Victualia vero, quæ secum detulerant, interim defecerant. Nec jam inveniebatur panis ad emendum, nec ire poterant frumentatum. Regio illa nullatenus est irrigua, imo torrida et perhorrida, ideoque jumentis et animalibus minus opportuna, utpote pascuis inopima. Terra quoque illa non est nemorosa, et idcirco minus fructifera. Palmam tantum alit et olivam; patitur autem et vineam. Jordanis a Jerusalem stadiis fere xxx, ut putant, sejungitur. Lacus habet sex remotos. Civitas habet suas cisternas, unde alitur. Ad radices montis Sion Siloe fons est; sed vix paucos poterat sustentare homines. Juvabat tamen, et modica magnis expensis aqua comparabatur. Equos potum ducebant, non sine pavore nimio, per sex milliaria.

Interim nuntiatum est in castris naves Christianorum onerarias in portu Japhi, quam antiquo vocabulo Joppe dictam putamus, applicuisse. Quod valde omnibus complacuit castrensibus. Consiliati sunt principes, quomodo euntes et redeuntes tutos facerent, qui e navibus necessaria deveherent. Joppe siquidem a Ramula quasi octo distat milliariis. Porro Ascalonitæ vel indigenæ, qui vagabantur in montaneis, vel in excisis præruptorum cuniculis, viatores aliquoties incursitabant et obtruncabant. Motus iste vel rumor negotiatorum commeatus disturbabant. Ad hoc exsequendum, summo diluculo de exercitu Tolosani Raimundus Piletus et Achardus de Montmerlo et Guillelmus de Sabra et commilites exierunt, et quidam pedites ad mare processerunt. Sua vero confisi audacia, ad portum militaverunt; sed ab invicem divisi sunt; incertum habemus an industria, an viæ hoc factum sit ignorantia. Triginta nempe milites qui, aliam viam gradientes, a sociis sejuncti sunt, centum Arabes, Turcos et Sarracenos de exercitu admiravisi invenerunt, et audacter aggressi sunt, et in prælium convenerunt. Illi vero e regione pertinaciter restiterunt, confisique multitudine sua, multi paucos circumcinxerunt. Sarracenis enim is modus est pugnandi. Jam Christianos incluserant, jam de mortibus eorum garrientes confidebant, cum nuntius Raimundum Piletum vociferans sic excivit: *Nisi citissimus ad commilitones tuos evolaveris, auxilium præbiturus eis, omnes pro certo amisisti. Jam enim ab inimicis circumvallati sunt, adhuc tamen utcunque se defendunt.* His auditis, habenas laxant, calcaribus cornipedes urgent, et dicto citius omnes advolant, et scutis pectoribus oppositis turbas contis depellunt, oppositos disjiciunt, unusquisque suum sternit humi. Ex improviso ignari supersunt, et rem totam gladiis committunt, Deoque juvante prævaluerunt. Ethnici duo rursus agmina statuere, putantes se posse resistere, nec quidpiam profecere. Franci denuo ferociter eos invaserunt, suosque ab impetu illo sic liberaverunt; excepto quod Achardum, militem audacissimum et aliquot ex peditibus ibi amiserunt. Fugientes Turcos fere ad quatuor milliaria insecuti sunt, et plures cuspidibus acutis confoderunt. Centum etiam et tres equos retinuerunt, et unum hominem vivum, qui coactus enarravit per ordinem quæcunque Christianis opparabantur.

In obsidione interim sitis vehemens grassabatur et perurgebat Christianos. Ducentinos equos ad aquatum per sex milliaria gentiles insidiabantur, et ex locorum angustiis graviter eos adversabantur. Cedron et alii torrentes enormi æstu aruerant. Panis hordeaceus in castris erat pretiosus. Indigetes, in cavernis vel speluncis delitescentes, commeatus omnes abdicaverant.

Designati principes ad consilium convenerunt, et quid eis in tantis calamitatibus agitandum foret, elocuti sunt. Dixerunt ergo: *Angustiæ sunt undique; panis deficit; aqua deest. Nos ipsi graviter obsidemur, dum civitatem istam nos obsedisse arbitramur. Extra castra vix exire audemus, et tunc vacui redimus. Ex longa mora penuriam hanc contraximus; et nisi præcaverimus, graviorem contrahemus. Armis et brachio sine machinis hanc urbem expugnare nequimus. Obstant muri et propugnacula et turres; obstant, qui intrinsecus redundant, defensores. Quid ergo censetis? Aggrediamur aliquid, quod nobis omnibus prosit, quod inclusis civibus absit. Ligneas facere machinas satagamus, quibus mœnia vel turres impugnemus. Tigna de domibus, quia terra hæc non est arborifera, quæramus, vel trabes de ecclesiis asportemus, machinasque compactas erigamus, et hanc urbem totis aggrediamur nisibus. Alioquin tempus incassum consumimus.*

Tandem fideles athletæ ligna, procul a loco distantia, invenerunt, quæ cum grandi labore attulerunt. Artifices lignarii de toto exercitu acciti sunt, quorum alii lignorum inconcinnam superficiem componunt, alii dolant, alii terebrant, alii lignis ligna copulant. Dux Godefredus unam de suis facultatibus constituebat, alteram comes Tolosanus de suis sumptibus statui mandaverat. Nec minus Agareni de urbe munienda sollicitabantur. Nocte turribus inaltandis insistebant, et urbi defensandæ irrequieti vacabant.

Quodam Sabbato, nocte intempesta, ducis Godefredi machinam transtulerunt, et sole exorto ab oriente erexerunt, et per tres dies tota sedulitate præparaverunt et coaptaverunt. Comes autem a meridie suam prope murum conduxit machinam, quam ligneum possumus vocitare castrum. Quoddam vero profundum præcipitium impediebat ne muro conjungeretur. Talis enim machina nequit ad decliva conduci, nec contra montuosa dirigi; sed semper æquam exspectat planitiem, ut possit conduci. Præcones itaque per exercitum clamaverunt, ut quicunque in foveam illam tres lapides jaceret, jactis lapidibus, unum denarium haberet. Omnes igitur, quibus moræ tædiosæ fuerunt, incœpto fortiter inhiaverunt.

Pontifices et presbyteri populares allocuti sunt, et de morte Christi, et de loco passionis ejus, quem digito coram demonstrabant, sermonem optimum fecerunt, et de cœlesti Jerusalem, cujus figuram terrestris portendit, sancte et eloquenter affati sunt. Omnes ergo laici, armis accincti, unanimiter urbem impetebant, et quarta quintaque feria nocte et die civitati insistebant. Deinde, præmissis orationibus et jejuniis, singultibus et eleemosynis, sacri viatici communione muniti, sexta feria, Idus Julii [die veneris 15 Julii], civitatem summo diluculo aggressi sunt, nec tunc prævalere potuerunt. Qui enim in turribus vel in mœnibus erant, sibi invicem opitulabantur, et ignem et lapides continuo jaculabant. Tolosanus, fovea completa, (tribus enim diebus et noctibus consummaverant), castrum conduxit ad murum, suisque moras succensebat usque ad secundam feriam, pro nimio labore, quem per totam pertulerant hebdomadam.

Post matutinum laborem, duce jubente, Franci paululum quieverunt a congressione, et pagani a defensione. Guinimundus autem admiralius, et Frigolendis Perses, nepos ejus, in arce David erant, et magistratus urbis atque primores illuc ad colloquium convocaverant. Interea mulieres urbanæ super planitiem domorum, juxta morem Palæstinorum, ascenderunt, et choreas sibi statuentes, cantilenam hujusmodi altis vocibus locutione sua cantaverunt :

Mahometi, Deo nostro, dignas laudes pangite, victimasque immolate cum jucunas crusmate, ut vincantur pereantque formidandi advenæ.

Qui grassantur et tumescunt spiritu barbarico : nulli parcent, sed resistunt Orientis populo, inhiantque prædis, nostra quas nutrivit regio.

Infelicitate pressi, ad nostras delicias huc venerunt spoliare uberes provincias. Damnant omnes nostras gentes, æstimantque belluas.

Crucifixum colunt Deum, abluti baptismate. Ritus nostros, cultus, Deos spernunt cum dedecore. Sed repente involventur pœnis et pernicie.

Fortes Turci, dimicando Francos hinc repellite. Gesta patrum antiquorum præclara recolite. Hostes vestri fugabuntur, aut peribunt hodie.

Hæc et multa his similia Turcanæ mulieres in excelso canebant, et Christicolæ stupentes diligenter auscultabant, atque a suis interpretibus quid Turcæ dicerent solerter ediscebant. Tunc Cono, comes Alemannus, vir probus et sapiens consiliarius, qui sororem Godefredi ducis conjugem habebat, dixit : *Domine dux, audis quid istæ dicunt ? intelligisne cur ista faciunt ? feminarum gratulabunda cohortatio virorum est formidolosa defectio. En præ labore et metu viri labascunt, et feminæ insurgunt, et quasi ad opprobrium et dedecus bellatorum contra nos garriunt, et nos frivolis allegationibus terrere ac decipere non impune ausæ sunt. Nos econtra virili, imo cœlesti utamur consilio. In nomine Domini nostri Jesu Christi, qui sexta feria hic passus est, arma sumamus, et insigniter urbem aggredientes, Domini sepulcrum hodie adeamus.*

XVIII. *Hierosolyma a crucesignatis expugnatur.*

Hora ergo tertia, qua Dominum ante Pilatum Judæi damnaverunt, Christiani, memores illius passionis, tanquam recentes vires resumpserunt, et quadam nova eis superveniente audacia, quasi nihil antea laborassent, præliari cœperunt. Dux enim Godefredus, et Eustachius frater ejus fortiter præliabantur, et illos reliqui subsequebantur. Tunc Letaldus et Raimboldus Croton, probi milites, murum ascenderunt, et constanter dimicantes exclamaverunt. Illico illos et alii subsecuti sunt. Qui vero muros illic usque defenderant, passim diffugiebant, nec amplius de civitate tutanda procurabant. Christianorum multitudo, civitatem ingressa, fugitivos persequebatur, et nemini parcebat.

Armenii, Græci et Syri, qui olim in Helia, id est Jerusalem, Turcis subjacuerant, et in magnis pressuris Christiano cultui utcunque deserviverant, ut Christianos violenter in urbem irrupisse viderunt, ad basilicam Sancti Sepulcri conglobatim omnes confugerunt, et cum summa devotione, *Kyrie eleison* et alias supplicationes pro temporis opportunitate clamantes, exitum rei præstolati sunt. Tancredus autem cum sua cohorte, viarum ignarus, Dei nutu illuc advenit, et præfatos homines per orationes et religiosos eorum gestus, Christicolas esse cognovit : *Isti,* inquit, *Christiani sunt. Nemo igitur vestrum aliquo modo illis noceat ! Non enim huc venimus, ut cultores Christi lædamus, sed ut a sævis exactoribus eruamus. Fratres nostri sunt et amici, fideles in multis tribulationibus ut aurum in fornace hactenus probati.* Tunc insignis athleta Ilgerium Bigodum, principem militiæ suæ, cum cc militibus illic dimisit, eumque custodem loci, ne gentiles ulterius illuc intrarent, constituit. Ipse vero cum reliquis cuneis ad expugnandas munitiones alias accessit, et socios, per urbem discurrentes et allophilos, necando laborantes, adjuvit.

Interea fideles incolæ, qui cum Ilgerio in ecclesia remanserant, secretius eum allocuti sunt, et patrocinium ejus habere captantes, favorabiliter eum et sodales ejus ad sancta duxerunt: sepulcrum scilicet Domini, aliaque sacra, et quædam, quæ pro timore paganorum in abditis ipsi et antecessores eorum diu occultaverant, eis ostenderunt. Ibi tunc Ilgerius, inter reliqua pignora, in quodam marmoreo capitello instar sacrarii cavato sub ara, glomusculum de capillis sanctæ Dei Genitricis Mariæ invenit; quod idem postmodum in Gallias detulit, et per sacra episcopatuum et cœnobiorum loca reverenter divisit. Intacta nempe Virgo mater in passione Christi, Filii Dominique sui, valde doluit, et veteri more gentis et temporis illius vestes scidit, crines traxit, et lugubres threnos pro tanti amici nece veneranter exsolvit. At viciniæ quæ aderant, religiosæ videlicet mulieres, quæ discipulatui divino dudum adhæserant, flentem superni regis Genitricem pie sustentaverunt et amplexantes eam, pro temporis opportunitate dulciter confortaverunt. Capillos quoque tunc extractos devote collegerunt et caute servaverunt, quos Theologus Joannes, aliique philo-Christi postmodum in tuto loco recondiderunt, quia hoc multorum saluti profuturum noverunt. Hæc idcirco huic operi calamus noster inseruit, quia præfatus Ilgerius Ernaldo monacho, consobrino suo, apud Carnotum de sacris capillis duos dedit, quos ille Manliensi ecclesiæ, ubi multæ sanationes ægrotis per illos contigerunt, exhibuit. Nunc ad nostræ narrationis continuationem revertar.

Admiralius, qui turri David præsidebat, cum primoribus urbis, aliisque multis, quos illic secum habebat, tremefactus se comiti Raimundo reddidit, eique portam confestim aperuit. Aditum quippe hujus portæ olim peregrini pecuniis suis emebant, quia vectigalia reddere ibi solebant. Alioquin a porta immisericorditer coercebantur. Cives ad templum Salomonis fugientes convenerunt, et adhuc in illo se defendere præsumpserunt. Magnos iterum impetus Christianis dederunt. Sed, postquam viderant nihil eo profecisse, gladiis projectis, neci colla submisere. Numerum eorum, qui perempti sunt, nemo novit. Sanguis autem eorum, qui per templum defluebat, usque ad suras ambulantium attingebat, et cadaverum per totam civitatem magni acervi augebantur, quoniam victores nec ætati, nec sexui, nec nobilitati, nec cuilibet conditioni miserebantur. Tanto siquidem odio persequebantur eos et perimebant, quia templum Domini et Sancti Sepulcri basilicam polluerant, et templum Salomonis, aliasque ecclesias suis usibus illicitis peculiaverant, ac indecenter contaminaverant. Super Salomonis templum quidam diffugerant, et signum Tancredi rogaverant, ut saltem sic liberarentur; quo accepto, fortunam quamlibet opperiebantur. Sed parum vel nihil sic profecerunt, quia nec eis Christiani pepercerunt, excepto quod, qui mortuos efferrent, aliquos ad tempus vivos reservaverunt, quos denique vendiderunt vel a superis alienaverunt. Tancredus inde multum contristatus est, nec tamen super hoc contra sodales suos efferatus est.

Tolosanus autem comes admiralium, qui ei se commiserat, et arcem David reddiderat, aliosque qui cum illo erant, illæsos usque ad Ascalonem conduci præcepit. Ita enim eis pepigerat, pactumque suum illibatum conservavit. Victores autem civitatem illam non more subjugatæ urbis spoliaverunt, vel cremaverunt; sed, sicut domos omnibus bonis refectas invenerunt, eas suis necessitatibus peculiatas reservaverunt, et multi dapsiliter inventa pauperioribus communicaverunt. Unusquisque domum qualemcunque, magnam seu parvam, quam primitus invasit, ac ethnicis evacuavit, quiete sibi, cum omnibus gazis, quæ intus erant, libere possedit, et usque hodie hæreditario jure custodit.

XIX. *Crucesignati sedes suas in Hierosolymitana civitate ponunt. Godefridus rex eligitur.*

Christiani, jamdiu desiderato potiti triumpho, manibus a cæde ablutis, multi, pedibus discalceatis, gaudentes et præ gaudio plorantes, ad sanctum Sancti Salvatoris sepulcrum deosculandum, catervatim properaverunt, ibique gratulabunda donaria et hostias pacificas obtulerunt. Tunc ingens fidelibus lætitia fuit, ubi omnes adepti sunt quod diu exspectaverant, et cum multis laboribus periculisque expetiverant. Ibi finem laboris sui alacres videbant, jamque securiores ex præsentibus, de futuris bonis sibi retributiones adfuturas imaginabantur. De efferendis autem procuraverunt cadaveribus, quoniam horror invalescebat, et fetor immanissimus. A captivis gentilibus et Christianis pauperibus, dato pretio, occisorum corpora per pyras coacervata sunt; quibus combustis, nostri ab immunditiis urbem emundaverunt.

Fideles Christi milites in civitate Jerusalem securi sederunt, condignas Deo gratias retulerunt, cujus ope gratuita de ethnicis victoriam adepti sunt. Dignitates etiam suas ecclesiis restituerunt, easque singulas ad opus orationis aptaverunt. Quinta decima die Julii, vi feria, celebritatem instituerunt, qua civitatem recuperaverunt. De constituendo etiam ibi regem consiliati sunt, et octavo post captam urbem communi consilio Godefredum ducem in regem elegerunt. Erat idem vir regii sanguinis, a proavis Christianæ professionis. Eustachius enim, Boloniensis comes, qui cum Guillelmo

Senlacium in Anglia bellum peregit, Itam, sororem Godefredi, Lotharingiæ ducis, uxorem duxit, ex qua Godefredum et Balduinum et Eustachium genuit; quos gratia Dei divitiis et virtutibus in hoc sæculo multipliciter honoravit, præcipueque in expeditione Jerosolymitana probavit, corroboravit atque sublimavit. Godefredus itaque, qui major natu erat, est in solium regni David regis elevatus, quia gloriose vigebat, more Gallico militiæ peritus, pectore et brachio vir in re militari efficacissimus, dapsilis et serenus, clementiaque floridus.

Tunc etiam Arnulfus de Zocris, vir eruditissimus, ad vices episcopi supplendas electus est. Interea Tancredus et Eustachius comes, cum satellitibus et clientibus multis, Neapolim, ab ipsis civibus ultro invitati, abierunt, eisque Neapolitani cum pace urbem reddiderunt. Illic per aliquot dies manserunt, et lætantes quieverunt, donec ad eos rex veloces legatos direxit, per quos eis hæc mandavit: *Audivimus et certum est quoniam Babylonicus admiravisus Ascalonæ est, et ibi contra nos ingens bellum præparat. Accelerate igitur et venite, ut et nos eis audacter possimus obviare, antequam nos possint in urbe concludere. Inclusis enim gravis est introitus et exitus, et frequenter objurgat eos inconveniens metus. In aperto liberi campo concurremus, Deoque gubernante, liberior et facilior nobis succedet effectus. Expeditiores siquidem sumus armis et manu, quam illi, et volumus illis obviare, ubi nihil adhuc sperabunt se timere.*

His auditis, Tancredus et Eustachius juxta mare Ramulam venerunt, multosque Arabes, exercitum admiravisi præcurrentes, repererunt, quos confidenter agressi sunt, citoque ad invicem disgregaverunt. Quosdam eorum peremerunt, quosdam vivos reservaverunt, a quibus de Admiraviso et ejus exercitu rumores certos indagaverunt. Ad unguem igitur singula rimati sunt: *qui essent, quam infinita gens essent, quid præpararent, ubi præliaturos se disponerent.*

Tancredus a captivis diligenter exquisita regi per nuntios mandavit ista, *Sciatis*, inquit, *indubitanter bellum Ascalonæ contra nos paratum esse, et pene totum orbem convenisse et conjurasse, qui violenter putant nos opprimere et subjugare. Venite igitur, et collectis omnibus vestris viribus, synagogam Satanæ invadamus. Si enim, prout mandastis, imperterriti ex improviso eis obviaverimus, adjuvante Deo, facile prævalebimus, quia suis armis, multisque utensilibus occupati sunt, machinasque ad expugnandam urbem perferunt.* Rex igitur per præconem clamavit ut omnes de bello præmunirentur, et vexillum regis impigre omnes subsequerentur. Rex itaque et patriarcha, condictus, comes Flandrensis episcopus Martaronensis feria tertia civitatem exierunt. Comes autem Sancti Ægidii, et Normannus noluerunt exire, donec certiores fierent de Admiravisi incursione. Porro, visis omnibus quæ parabantur, rex Martaronensem episcopum direxit in Jerusalem, qui principibus testaretur quæcunque parabantur. Martaronensis, postquam Tolosano et Normanno locutus fuerat, festinans ut indicta comitum verba regi referret ac patriarchæ, in manus paganorum devenit, et dubium est an abductus, an peremptus sit, sed postea non comparuit.

Tolosanus autem et Normannus cum multis ad bellum profecti sunt, et iv feria Jerusalem exierunt. Clerici missis et orationibus vacabant, Petrus Eremita, et rara imbecillis populi frequentia, qui remanserant, et imbelle genus mulierum, processiones de ecclesia in ecclesiam agitabant, orationibus et eleemosynis devote insistebant, ut propitius populo suo Deus misericorditer subveniret, hostesque suos forti manu irrecuperabiliter prosterneret. Primores itaque, cum suis exercitibus, ad flumen, quod est contra Ascalonem, congregati sunt. Illic armenta copiosa invenerunt, et opima præda ditati sunt. Trecenti Arabes Francos prosecuti sunt, sed illi protinus in eos irruerunt, et duobus ex ipsis apprehensis, usque ad exercitum suum fugaverunt. Christiani, post illum excursum ad castra reversi, nocte illa quieverunt, nisi quod potius omnes excubiis et orationibus incubuerunt. Sero palam omnibus a patriarcha interdictum est ne quis, in crastinum pugnaturus, ante bellum spoliis ullatenus intenderet diripiendis.

XX. *Ascalonense prælium. Victoria Christianis cedit. De Baldrico Dolensi archiepiscopo.*

Sole orto, pridie Idus Augusti, sacra Christi cohors vallem secus mare, formosa planitie venustam, intravit, et illic sex acies ordinavit. Rex et comes Normannorum, Tolosanus, Flandrensis et Guasto, Eustachius et Tancredus, turmis præfuerunt, et unusquisque sagittarios peditesque suos solerter instruxit. Ipsis itaque præmissis, pedetentim pergentes edocebant qualiter acclamarent, qualiter obstarent, qualiter impenetrabiles inimicos feriendo penetrarent, ac ut ad sua signa nihil reverentes frequenter respicerent, et se ipsos ad ictus hostiles sufferendos obdurarent, licet hæc omnia in aliis bellis bene gestis didicissent.

Nec minus e regione gentiles cuneatim stellis innumerabiliores densabantur, et per agmina innumeræ legiones a latere in latus extendebantur. Æthiopes autem præmiserunt, quos in loco statuerunt, eosque immotos manere mandaverunt. Hi, genibus humi defixis, dextro tamen postposito, ancilibus corpora superiora tutantes, sagittis utebantur et gladiis. His imperatum fuerat ne vel ad momentum recederent, vel locum occupatum saltem ad passum excederent. Porro manipuli militares, prout instructi erant, condicta loca tenebant. Et quoniam sitis immoderantiam ob æstum et pulverulentam nebulam, et propter laborem ac diuturnitatem præliandi, metuebant, aquarum cantharulos plenos a collo suspenderant, quibus retentati constantius obsisterent, vel fugientes indeficientius persequerentur. De fuga eorum nulla mentio erat; confidebant enim in multitudinibus suis innumeris, et in barbararum pectoribus gentium animosis, et in imperialibus, ne unquam fugerent, edictis. *Fugientes*, inquit imperator, *capitum animadversione puniantur!* Bello utrinque sat provide parato, ut ad locum belli appropinquatum est, Christiani parumper substiterunt, oculos devote in cœlum erexerunt, genibusque in terram defixis oraverunt. Auxilium enim de cœlo sperabant, quod jamdudum in multis necessitatibus sæpe sibi adesse perseneserant. Ubi vero breviter oratum est, et signum salutiferæ crucis reverenter frontibus admotum est, majori confidentia equitaverunt, et viriliter in nomine Domini Jesu ethnicos aggressi sunt. Gentiles enim jam substiterant, et immoti exspectabant.

In dextro cornu juxta mare Tolosanus equitabat. In parte sinistra rex cum legionibus suis properabat. Porro in medio Normannus et Flandrensis atque Tancredus, aliique militabant; sed ad decem ex nostris mille Allophyli insurgebant. Inita pugna, Rodbertus, dux Normannorum, admiravisi stantarum a longe considerans, quod in summitate hastæ aureum pomum habebat, hasta vero argento decenter cooperta albicabat, ubi ipsum esse deprehendit, audacter per medias acies super eum irruit, et graviter ad mortem vulneravit. Quod nimium gentilibus timorem incussit. Comes etiam Flandrita hostiliter eos invasit, et Tancredus per medium tentorium imperterritus eos impetivit. Milites pagani mox fugam inierunt. Æthiopes stupefacti substiterunt. Rex autem et Francorum quidam, ad Æthiopes conversi et ibi aliquantulum demorati, eos tanquam segetem in transverso gladiis secabant, et eorum corpora detruncantes dividebant. Campi sanguine inundabantur, et passim morticina gentilium obvolvebantur.

Christiani fugientes insecuti sunt. Gentiles, Dei virtute tremefacti, non habebant locum respirandi. Oculi eorum, ut ab his, qui evaserunt, postea relatum est, ita caligaverunt, ut apertis oculis Christianos vix possent videre, nihil autem omnino eis nocere. Multi contra paucos oblatrare non audebant, multisque modis evadere satagebant. Sed prævalentes nostri ethnicos in commune puniebant, nullique parcebant. Lethalis itaque dies paganis incubuerat, qua nemini dabatur evadendi occasio, quia in arboribus, scopulisque, et in cavernarum latibulis, victricis manus armis passim interibant.

Raimundus comes, a mari militans, interfecit innumeros, et fugientes ad civitatem, quæ aliquatenus ab ipsis distabat, insigniter arcebat. Unde fatigati, remanebant, vel confestim percussi oppetebant, vel in mare se præcipitabant, et sic præcipites a morte in mortem ruebant. Navigium admiravisi mare totum occuluerat, et gens illa finem belli exspectabat. Videntes autem aliam, quam speraverant, suis imminere fortunam, scaphis ascensis vela in ventum obliquaverunt, et sic ad patriam remigaverunt. Dicunt autem Admiravisum vix palpitantem alte ingemuisse, et sic planxisse: *O omnium Creator, quid est hoc? Quid accidit, quod fatum nobis infestum nocuit? Hei mihi! quam ineffabile dedecus! quam diuturnum improperium genti nostræ contigit! Gens mendica, gens modica genti nostræ prævaluit. Unde hoc? conventione facta, huc conduxi militum cc millia, et peditum non est numerus, quos omni mundo credebam prævalituros. Nunc autem, ut non mentiar, a minus quam mille militibus, et xxx peditum millibus, tam indecenter superati sunt. Aut illorum Deus omnipotens est, et pro eis pugnat; aut noster nobis iratus est, et nos nimis austero furore castigat et redarguit. Quidquid sit, unum erit. In eos denuo non erigar; sed potius ad patriam meam ignominiosus donec vixero, revertar.* His dictis, lacrymabiliter conquerebatur, et ab intimis lamentabatur.

Ascalonitæ, ut viderunt fugientes Agarenos urbem conglobatim intrare, et Raimundum comitem cum suis provincialibus indeficienter persequi et mactare, valvas clauserunt, et hostes auxiliariosque pariter excluserunt. Metuebant enim ne cum adminiculariis invincibiles inimici Ascalonem intrarent, eamque penitus, necatis civibus, sibi subjugarent. Tolosanus autem cum suis imperterritus copiis ante urbem perstitit, et immorantes Philisthæos ante azylum suum, ut bidentes, usque ad internecionem delevit. Porro cives, de propugnaculis intuentes pertinaciam Christianorum, et formidantes ne sibi contingeret excidium, quale viderant, vel audierant finitimorum, vexillum comitis petierunt, certamque deditionem suam ei fideliter spoponderunt. Retractabant siquidem, quia ipse propior erat, eisque magis ad exitium incumbebat, et quod Guinimundum admiralium, cæterosque, qui se illius fidei commiserant, salvaverat. Ille vero poscentibus signiferum suum misit, et fugatis seu peremptis omnibus, qui extra urbem erant, ad compares accessit, Quibus a cæde quiescentibus, et in unum congregatis, dixit: *Ecce, Deo gratias, prospere nobis victoria provenit, et compressis civibus Ascalon pene patescit. Jam vexillum meum Ascalonitæ receperunt; et mihi, si conceditis, subjecti favebunt, imperiisque meis pro salute sua parebunt.* Respondit rex: *Absit ut hujus urbis dominatum alicui concedam; sed expugnando ditioni meæ mox subjiciam! Ascalon vicina est Jerusalem, et decet ut dominio subdatur ejus, qui præsidet Jerusalem.* Rodbertus Normannus, atque Flandrensis, aliique optimates regi dixerunt: *Satis omnes novimus quod comes Sancti Ægidii uberes glebas et munitissima oppida pro Deo sponte reliquit, et in expeditione Dei multa fortia strenuissime peregit, atque ad tolerandum graviora discrimina nos omnes antecessit. Unde, si peregrinationem, quam cœpit, perseveranter explere decernit, et defendere sanctam civitatem, quam ut Deo acquireret acriter expugnavit, gratanter ei*

debes urbem offerre, quam nondum possides, et ipse
requirit. Nobis enim, ad loca nostra remeantibus,
consilio manuque sine dubio tibi erit valde necessarius. Civitas regiæ majestati nobiliter et utiliter subjacebit, pro qua tantus heros ei hominium faciet ac
militabit.

Rege persuasionibus optimatum non acquiescente, comes iratus recessit, et Ascalonitis ut sese
pertinaciter defenderent mandavit. Rex autem obsidere urbem voluit; sed proceribus cunctis præ
ira et fatigatione recedentibus, nihil perpetrare solus
potuit, oppidumque illæsum mœstus dimisit. Proh
pudor! nec ipse, nec alii reges, qui post eum per xl
annos regnaverunt, sæpedictam Philistinorum metropolim usque ad hodiernam diem nancisci potuerunt; imo per eam plus quam centum millia hominum, præter alia innumera detrimenta, perdiderunt. Sic insatiabilis lucratur ambitio. Si vera
dilectio regem possedisset, et ipse proximum suum
juxta legem Dei sicut se dilexisset, hostile oppidum ipsa die adipisci potuisset, per quod liber
transitus usque in Babylonem Christicolis patuisset. Godefredum regem multum laudo, sed sicut
Paulus apostolus Corinthiis scribit (*I Cor.* xi),
in hoc non laudo.

Fertur in pugna admiravisum habuisse cc millia
militum et innumeras cohortes peditum. Christiani
autem habuerunt pene mille milites, et xxx millia
peditum. Qui, juvante Deo, cæde peracta, reversi
sunt ad Ismaelitarum tentoria diripienda. Invenerunt igitur, ut breviter dixerim, quidquid bonæ
supellectilis excogitari potest, argentum et aurum,
annonam et farinam et oleum, armenta pecorum
innumerabilium, omnem pompam ornamentorum,
cumulos armorum, et si quid aliud potest esse melius. His omnibus direptis, in civitatem sanctam
Jerusalem reversi sunt, condignasque Deo gratias
per singulas ecclesias retulerunt. Rodbertus, dux
Normannorum, emit stantarum ab his, qui ab admiraviso sauciato retinuerunt, viginti marcis argenti, et intulit illud in sepulcrum Domini ad monumentum memorandi triumphi. Alter emit ensem
ejusdem admiravisi lx byzanteis.

Factum est igitur gaudium inenarrabile in tota
Christianitate. Sic Christiani Jerusalem ab impiorum manibus Turcorum, anno ab Incarnatione Domini [1099], liberaverunt, et multoties ex ipsis,
Christo duce, triumpharunt. Hoc autem ingens
bellum ii Idus Augusti [1099] factum est, et Christianitas ubique terrarum Deo gratias exaltata est.

Hucusque venerabilis Baldrici prosecutus sum
vestigia, et veracem feci narrationem de famosa
Christi militia, quæ, juvante Deo, insigniter debellavit in Eois partibus ethnicorum examina. Multis
in locis operi nostro inserui eadem verba sophistæ,
sicut deprompserat ipse, non ausus aliter ejus dicta
propalare, quæ non credebam me posse emendare.
Quædam tamen, ne prolixitas taxationis nostræ
fastidio legentes oneraret, abbreviando recidi; nonnulla vero posteritati notificanda, quæ tacuerat,
veraciter adjeci, prout ab his, qui laboribus et periculis interfuerunt, edidici.

Præfatum seniorem, quem bene cognovi, veneranter honorare decrevi. Hic civis fuit Aurelianensis, monachus et abbas Burguliensis, liberalibus
imbutus studiis, et religiosæ meritis vitæ venerabilis. Inde, pro religione et sapientia, ad gradum
Dolensis archiepiscopatus electione provectus est
ecclesiastica. In episcopatu monachatum servavit,
et cum monachis, prout sors dabat, plerumque habitavit. Indomitis enim Britonibus præerat, quorum
perversitatem tolerare non poterat. Unde protervos
et exleges frequenter deserebat, et in Normanniam
fugiebat; ubi Dolensis ecclesia super Riselam fluvium a temporibus sancti Samsonis, regnante Ildeberto rege Francorum, fundos habebat, et quiete
pacificeque possidebat. Ibi scriptis et dogmatibus
suis auditores suos ad Dei cultum incitabat, et vicina cœnobia, Fiscannum scilicet, ac Fontinellam
atque Gemmeticum, aliaque plura visitabat, et in
timore Dei sacris sermonibus confortabat. Tandem
in senectute bona defunctus est, et Pratellis, in
basilica Sancti Petri apostoli, ante crucifixum,
sepultus est.

Hic, quia scribendo, et res longinquas, utpote in
Eois climatibus actas, indigando fessus, requiescere anhelo, sextum (35) Ecclesiasticæ historiæ
librum finire decerno. In septimo autem, si sospes
et liber vixero, auxiliante mihi Salvatore nostro,
in quo maxime spero, de diversis eventibus,
prosperis vel adversis, qui per xxx annos contigerunt, veraciter tractabo, et pro posse meo
notitiæ posterorum simpliciter intimabo. Mei nimirum similes autumo quosdam esse futuros, qui
generationis hujus ordines a chronographis avide
perscrutabuntur, et actus transitorios, ut coessentibus sibi ad ædificationem seu delectationem
retexere possint labentis sæculi casus præteritos.

(35) Sextus, in prima operis divisione.

SUMMARIUM LIBRI DECIMI.

I. *Urbanus II papa moritur. Pascalis II. Henricus IV et Henricus V imperatores. Eorum cum summis pontificibus contentiones.*

II. *Rerum Anglicarum et Normannicarum narratio. Guillelmi Rufi mores. Quorumdam prælatorum obitus. De B. Anselmo Cantuariensi episcopo.*

III. *Milites crucesignati. Episcopi. Abbates.*

IV. *Franci et Normanni magnates de Velcassinio inter se contendunt.*
V. *Magnus Noricorum rex contra Irenses belligerat. Bellum inter Anglos et Gualos.*
VI. *De Helia comite Cenomanensi. Guillelmus Rufus Cenomanenses vexat. De Hildeberto archiepiscopo Turonensi.*
VII. *Helias Cenomanensis comes comprehenditur. Guillelmus rex Cenomanensem civitatem occupat. Helias comes libertatem recuperat.*
VIII. *B. Anselmus Cantuariensis archiepiscopus ad papam in Italiam venit. Helias Cenomanensis comes adversus Guillelmum regem bellum renovat.*
IX. *Serlo et Rogerius Sappensis, abbates Uticenses. Controversiæ inter monachos et episcopum Lexoviensem exortæ. Uticensis ecclesiæ consecratio.*
X. *De crucesignatis. Godefridus Hierosolymæ rex. Græci et Syriani, expulsis Francis, Laodicensem civitatem occupant. Raymundus de Tolosa Constantinopoli apud Alexim imperatorem commoratur. Normanniæ dux a Syria discedit.*
XI. *Buamundus Laodiciam recuperat. Robertus dux per Italiam iter suscipit in Normanniam rediturus. Novi milites ad bellum sacrum se accingunt. De lugubri eventu qui in Nova-Foresta accidit.*
XII. *Mala præsagia ad Guillelmum regem spectantia. Præfatus rex moritur.*
XIII. *Henricus, pater Guillelmi Rufi, ei in solio succedit.*
XIV. *Helias comes Cenomanensem comitatum recuperat.*
XV. *Rivalitas et dissensiones inter Henricum regem et Robertum ducem exortæ. De Ranulfo Flambardo Dunelmensi episcopo. Robertus dux armata manu in Angliam transfretat.*
XVI. *Pax inter duos fratres, Henricum scilicet et Robertum, componitur.*
XVII. *Dux Pictavensis, dux Burgundiæ et plurimi alii magnates crucem suscipiunt. Eorum cum imperatore Constantinopolitano contentiones.*
XVIII. *Alexis imperatoris perfidia. Crucesignatorum exercitus a Turcis in Asia Minori destruitur.*
XIX. *Godefridi Hierosolymitani regis principatus. Balduinus ejus frater et successor. Ramlense prælium.*
XX. *Harpinus Bituricensis capitur a Sarracenis.*
XXI. *Buamundus a Sarracenis comprehenditur. Quem Melaz filia Dalimanni principis, subtili artificio, e carcere liberat.*
XXII. *Sequentia.*
XXIII. *Melaz fit Christiana et cum Rogero filio Richardi de Principatu, Buamundi consanguineo, matrimonio conjungitur.*

LIBER DECIMUS.

1. *Urbanus II moritur. Pascalis II, Henricus IV et Henricus V, imperatores. Eorum cum summis pontificibus contentiones.*

Anno ab Incarnatione Domini 1098, indictione vi, omnipotens Creator omnium signa quædam in mundo palam demonstravit, quibus humana corda divinitus terruit, et, exhibitis ostensionibus inusitatis, terribiliora præstolari præsignavit. Nam v Kalendas Octobris, pene per totam noctem cœlum ardere visum est. Deinde, indictione vii, Sabbato, die Natalis Domini, sol in nigredinem versus est. Post hæc, multæ mutationes magistratuum in orbe statim factæ sunt, terribilesque casus et seditiones, graviaque discrimina in mundo sævierunt.

Urbanus papa, postquam x annis apostolicam sedem strenue, utiliter rexit, eo tempore quo Jerusalem capta est, Romæ ægrotavit, et, mercedem a Deo percepturus pro bonis studiis, quibus apprime floruit, iv Kalendas Augusti [1099] ex hac vita migravit. Cujus opera quam laudabilia fuerant, nitor et fama, quæ magnitudinis suæ per orbem late divulgata sunt, inimicorum etiam lamenta eo defuncto contestata sunt. Petrus Leo tres elegiacos versus super ipso edidit, et memoriam ejus breviter sic commendavit :

Canonicum Remis tulerat monachum Cluniacus
  [Odonem;
Roma vocat, facit hunc Ostia pontificem.
Cumque fit Urbanus, mutato nomine, papa,
  Redditur expulsus integer Urbis honor.
Exsequias hujus celebres hic Roma peregit,
  Augustum quarto præveniente die.

Alter quoque insignis versificator præfati papæ vitam, mores et occasum consideravit, et inde carmen hujusmodi compaginavit :

Canonicus Remensis Odo, quem Cluniacensis
  Hugo facit monachum, papa fit eximius.
Hic vivens lux Urbis erat, defunctus eclipsis;
  Urbs stetit, Urbano stante, ruente ruit.
Lege regens et pace fovens, te, Roma, beavit.
  Servans a vitiis intus, ab hoste foris.
Non flexit, non extulit hunc, non terruit unquam
  Dives, fama, potens, munere, laude, minis.
Eloquium linguam, sapientia pectus, honestas
  Mores ornabant, exteriora decor.
Ecce per hunc urbs sancta patet, lex nostra trium-
  [phat,]
Gentes sunt victæ, crescit in orbe fides.
Sed citius rapitur rosa, quæ plus vernat in horto ;
  Sic et florentem fata tulere virum.
Mors hominem, requies animam, cisterna cadaver
  Suscipit. Inter nos nil nisi fama manet.

Adhuc Urbano papa in domo Domini lucente, et tenebras de cordibus mortalium prædicationibus et exemplis digniter effugante, Guitbertus Ravennatensis, quem Clementem nominarunt, occubuit. Cui Petrus Leo hujuscemodi elogium, versificando insultans, intulit :

Nec tibi Roma locum, nec dat, Guitberte, Ravenna.
  In neutra positus, nunc ab utraque vacas.
Qui Sutriæ, vivens, maledictus papa fuisti,
  In Castellana, mortuus, urbe jaces.
Sed quia nomen eras sine re, pro nomine vano
  Cerberus inferni jam tibi claustra parat.

Defuncto Urbano papa, Rainerius, Vallis Bruticrum monachus, in Pascalem papa electus est, et xvi die a transitu prædecessoris sui canonice consecratus est. Apostolicam vero sedem fere xx annis rexit, Ecclesiæque Dei summo sedimine prodesse insudavit. Tempore Philippi, regis Francorum, in Gallias venit, Paschale festum apud Carnotum celebravit, et privilegia ejusdem ecclesiæ, venerabilis Ivonis episcopi petitione, confirmavit.

Henricus IV, imperator, qui sanctam Ecclesiam ab adolescentia sua perturbaverat, et investituras ecclesiarum diutius violenter usurpaverat, et profanos ecclesiasticæ unitati adversarios in domo Domini intruserat, potentiaque sæculari truculenter armaverat, jam a Carolo, filio suo, de regni solio abjectus, facinorum immanitatem suorum erubuit, et sic in misera senectute ab omnibus amicis destitutus, VII Idus Augusti [1106] obiit. Sed, quia pro sceleribus suis apostolico anathemate percussus occidit, extra matris telluris gremium, ut belluinum cadaver, computruit, nec communi sepultura mortalium contegi vel honorari meruit. Hic fere quinquaginta annis regnavit, sed dira flagitiosæ servitutis stipendia recepit.

Carolus Henricus V, imperator, anno ab Incarnatione Domini 1106, indictione XIV, regnare cœpit, et paternam tyrannidem arripuit, et fere XIX annis regnavit, et in via patris sui, sicut in Paralipomenon de perfido hærede scelerosi patris legitur, ambulavit. Quinto autem anno regni sui, cum XXX millibus militum et ingenti multitudine peditum, Romam obsedit, pactisque conditionibus, a Romanis susceptus, in basilicam Sancti Petri apostoli intravit, et in cathedra imperiali, jussu papæ, resedit. Mox apostolico ut missam caneret, præcepit. Sed ipse, nisi quatuor optimates Augusti, quos nominatim anathematizaverat, egrederentur, noluit. Iratus ergo imperator, papam ante altare comprehendi imperavit. Protinus de satellitibus Cæsaris unus pontificem arripuit; sed audacior cæteris, imitator Simonis Petri gladium exemit, validiusque invasorem papæ, et atrocius quam Petrus Malchum, percussit, et ibidem repente uno ictu exanimavit. Ingens igitur in urbe fit perturbatio, et ab utraque parte sæva concertatio, et in sacris ædibus absque reverentia sanguinis effusio. Duo millia Normannorum de Apulia Romanis suppetias advenerant. Illi cum Latiis et Quiritibus cito egressi sunt, et multitudinem Alemannorum, aliarumque gentium trucidaverunt, qui jam in veteri urbe trans Tiberim securi hospitati fuerant. Augustum vero cum suis clientibus de urbe ter expulerunt. Vinctum tamen papam, quia oculis eorum abditus fuerat, eripere nequiverunt. Conatus est imperator per mediam urbem in Campaniam cum exercitu suo violenter transire; sed virtute bellica cum dedecore compulsus est alias abire, et pro interfectione multorum, quos de cuneis ejus in urbe subito peremptos esse diximus, multi flevere. Tunc papa, solerti custodia detentus, omnique solatio destitutus, imperatori quidquid petierat concessit. Unde ab illo dimissus, multis postmodum vilior exstitit. Nam Rodbertus Parisiensis, Gualo episcopus Leonensis, et Poncius abbas Cluniacensis, aliique plures de cardinalibus et prælatis ecclesiarum, papam redarguebant, et quidquid imperatori verbo seu scripto concesserat, irritum esse debere, indubitanter censebant. Asserebant enim quod pro veritate et justitia debuisset optare mori, et usque ad mortem innocenter Christum sequi, satisque malle vincula et flagra perpeti, quam aliquid contra jus et statuta Patrum potestati annuere sæculari. Ille vero reprehensiones sophistarum patienter tolerabat, et assertiones eorum legitimas ac veraces esse allegabat. Non multo post concilium episcoporum Romæ congregavit, et omnia testamenta, quæ coercitus imperatori sanxerat, consilio jurisperitorum palam damnavit, ipsumque, pro violatione domus Dei et captione sacerdotis Christi et effusione sanguinis Christianorum, excommunicavit. Imperator itaque, sexto regni sui anno, Latiale decus tanto facinore maculavit, et multas gentes ad tantum nefas peragendum frustra vexavit. Quam gravis et periculosa hiems pluviis et nivibus, glacieque tunc fuerit, et quanta discrimina in angustis et inæqualibus viis et in transitu fluminum exercitus pertulerit, et qualiter imperator, collectis viribus, urbem obsessam plus minis quam armis expugnaverit, Irensis quidam scholasticus decenti relatione litteris tradidit. In illa expeditione, imperator Mediolanum impugnavit, sed repulsus inde nil profecit. Tunc etiam Mathildis, potentis heræ, spaciosam regionem devastaverat, quæ Ticinum, Placentiam, et magnam partem Italiæ, quæ nunc Lumbardia dicitur, possidebat, et sibi patrique suo diu multumque restiterat; justisque apostolicis, Gregorio, Urbano et Paschali, semper suffragata fuerat.

Henricus, rex Anglorum, Mathildem filiam suam imperatori in uxorem dedit; quam Rogerius, filius Richardi, cognatus regis, cum nobili comitatu de Anglia in Alemanniam duxit. Argenti quoque decem millia marcos cum filia sua rex opulentus ei donavit, et regali more munera insignia destinavit. Imperator autem tam generosam conjugem admodum dilexit; sed, peccatis exigentibus, sobole imperio digna caruit. Unde imperiale stemma in aliam, jubente Deo, familiam transiit. Nam, eo defuncto, Lotharius, Saxonum dux, a proceribus regni electus est, meritoque frugalitatis, ac bonitatis in solium imperii promotus est. Mathildis autem imperatrix, post mortem mariti sui, natale solum repetiit, et inter suos, licet ab exteris multum diligeretur, commorari maluit. Rex Anglorum, pater ejus, Joffredo, Andegavorum comiti, eam in conjugem desponsavit; quæ marito suo filium, nomine Henricum, anno Dominicæ Incarnationis 1133, peperit; quem multi populi dominum exspectant, si Deus omnipotens, in cujus manu sunt omnia, concesserit.

Nunc, quia jam aliquantulum ab incœpta digressus sum materia, et moratus sum in his, quæ ultra

Alpes in Ausonia gesta sunt et Palæstina, revertar ad res nostras, quæ in Neustria contigerunt et Anglia.

II. *Rerum Anglicarum et Normannicarum narratio. Guillelmi Rufi mores. Quorumdam prælatorum obitus. De B. Anselmo Cantuariensi archiepiscopo.*

Guillelmus Rufus, militia clarus, post mortem patris in Anglia regnavit, rebelles sibi fortiter virga justitiæ compressit, et xii annis ac x mensibus ad libitum suum omnes suæ ditioni subjugavit. Militibus et exteris largus erat; sed pauperes incolas regni sui nimis opprimebat, et illis violenter auferebat quæ prodigus advenis tribuebat. Multi sub ipso patris sui proceres obierunt, qui proavis suis extraneum jus bellicose vindicaverunt; pro quibus nonnullos degeneres in locis magnatorum restituit, et amplis, pro adulationis merito datis, honoribus sublimavit. Legitimam conjugem nunquam habuit; sed obscenis fornicationibus et frequentibus mœchiis inexplebiliter inhæsit, flagitiisque pollutus, exemplum turpis lasciviæ subjectis damnabiliter exhibuit. Defunctis præsulibus et archimandritis, satellites regis ecclesiasticas possessiones et omnes gazas invadebant, triennioque seu plus dominio regis omnino mancipabant. Sic nimirum, pro cupiditate reddituum qui regis in ærario recondebantur, Ecclesiæ vacabant, necessariisque carentes pastoribus, Dominicæ oves lupinis morsibus patebant.

Eodem tempore, venerabiles episcopi, Osmundus Salesburiensis et Gualchilinus Guentoniensis, Guillelmus Dunelmensis et Remigius Lincoliensis, aliique plures reverendi pontifices defuncti sunt; quorum fundos et omne peculium Flambardus, et Fulcherius frater ejus, aliique clientes regis diu nacti sunt. Sic etiam defuncto Balduino, abbate Sancti regis et martyris Edmundi, et Simeone Eliensi, aliisque Patribus de sæculo migrantibus mortali, per Angliam regales ministri cœnobia, cum omnibus ad eadem pertinentibus, invadebant, et monachis victum et vestitum cum parcitate erogabant. Porro, post longum tempus, rex curialibus clericis seu monachis ecclesiasticos honores, quasi stipendia mercenariis, porrigebat; nec in illis tantum religionem quantum favorem servitiumque sibi gratum ritu sæculari attendebat.

Rodbertus igitur, cognomento Bloiet, qui senioris Guillelmi capellanus fuerat, eoque defuncto, de portu Tolchæ cum juniore Guillelmo mare transfretaverat, et epistolam regis de coronanda prole Lanfranco archiepiscopo detulerat, post mortem Remigii Lincoliensem episcopatum recepit, quem plus quam xx annis tenuit. Girardus autem, nepos Gualchelini Guentoniensis, prius præsul Herfordensis, postea vero, tempore Henrici regis, archiepiscopus factus est Eboracensis. Guillelmus quoque de Guarel-Guest episcopium habuit Exoniense, Joannes Medicus Badense, Radulfus cognomento Luffa Cicestrense, et Rannulfus Flambardus Dunelmense,

Herbertus vero Losengia Tetfordense. Sic utique capellani regis et amici præsulatus Angliæ adepti sunt, et nonnulli ex ipsis præposituras ad opprimendos inopes, sibique augendas opes nihilominus tenuerunt. Alii vero pro suscepto ecclesiastici regiminis onere divinitus perterriti sunt, sibique commissis intus et exterius salubriter prodesse studuerunt, vitasque suas secundum beneplacitam voluntatem Dei laudabiliter correxerunt. Homines enim multa faciunt culpabiliter pro explenda sua voluntate, nil appetentes nisi libitum suum in perpetrata pravitate; quæ sapiens arbiter omnium ad multorum commoditatem sua bene disponit ineffabili pietate. Plerumque leves et indocti eliguntur ad regimen Ecclesiæ tenendum, non pro sanctitate vitæ, vel ecclesiasticorum eruditione dogmatum, liberaliumve peritia litterarum, sed nobilium pro gratia parentum et potentum favore amicorum. Quibus ita promotis clemens Deus parcit ac miseretur, eisque postmodum supernæ ubertas gratiæ infunditur, et cœlestis sophiæ per eos luce Dei domus illuminatur, et utilibus studiis plures salvantur.

Venerabilis Anselmus, Cantuariæ archipræsul, assiduas prævaricationes videns, frequenter contristabatur; imitansque Joannem et Heliam, ea crebro calumniabatur, quæ contra divinam fieri legem mœrens intuebatur. Superbus autem rex, qui spiritualis aurigæ freno salubriter regi dedignabatur, malignis et procacibus consiliariis in malignitate irretiebatur, et contra salubria pii monitoris hortamenta irascebatur. Unde prudens archiepiscopus temporibus ejus bis exsulavit, et prius Urbanum papam, ac postmodum Paschalem expetiit. Causas autem exsilii ejus, et qualiter periculosum iter peregerit, Edmarus, capellanus ejus et itineris socius, diligenter enarravit in libro, quem de moribus ejus et actibus, nectareisque dogmatibus luculenter edidit. In illo quippe itinere, Balduinus de Tornaco, nobilis heros, et præfatus Angligena illi comitabantur; quorum virtuosæ strenuitates ab his, qui eorum arcana familiariter rimati sunt, prædicabiles habentur.

In Apulia Urbanum papam Anselmus invenit, et ab ipso veneranter susceptus, ibi cum illo aliquandiu habitavit. Tunc Rogerius, Tancredi filius, Siciliæ consul, in Campaniam venerat, Capuam obsidebat, Richardum, Jordani filium, nepotem scilicet suum, paterno juri restituere satagebat, et rebelles Langobardos, qui prædictum juvenem excluserant, obsidione coarctabat. Ibi papa sequester aderat, et cum venerabili Anselmo legationes pacis inter dissidentes deferebat. Tandem comes pristinum honorem, compressis rebellibus, nepoti suo restituit, eique papa domnum Anselmum, et ipsi consulem commendavit. Cumque concilium apud Barum jussu papæ congregatum esset, et copia perplexarum de fide, aliisque mysteriis quæstionum a Græcis prolata fuisset, jussu papæ pater Anselmus generalem omnibus sermonem fecit, et ad propositas inquisitiones subtili lucidaque Græcis et Latinis responsione satisfecit. Cumque præfatus papa Deo, catholicæque plebi apostolicam servitutem peregisset, et in Gallicanis regionibus, unde prodierat, suis spiritualiter proficere decrevisset, ingentem synodum apud Clarummontem, Alverniæ urbem, tenuit, populum Domini contra ethnicos præliari admonendo præcepit, et crucem Domini, quæ diabolo et omni malignitati formidini est, in humeris suis ferre instituit. Tunc nimia motio gentium facta est, sicut in præcedenti libello satis dictum est.

III. *Milites crucesignati, episcopi, abbates.*

Tunc Godefridus, Lotharingiæ dux, Bullonem castrum cum omnibus appendiciis suis episcopo Leodicensi, domino suo, invadiavit, et ab eo septem millia marcos argenti recepit. Sic alii plures, opulenti et pauperes, prædia redditusque suos distraxerunt, ac pecuniam ad ineundum iter in Jerusalem procuraverunt.

Rodbertus quoque II, dux Normannorum, qui Curta-Ocrea jocose cognominatus est, totam terram suam, usque ad quinque annos, Guillelmo regi, fratri suo, dimisit, et decem millia marcos argenti, ad explendam peregrinationem cupitam, ab eo accepit. Guillelmus autem rex, nono anno ex quo regnavit, exhaurire thesauros suos nolens, ornamenta ecclesiarum exspoliavit, quæ studiosa priscorum benevolentia regum et optimatum auro et argento, gemmisque texerat, ac, ad laudem Dei, memoriamque sui, sanctæ matri Ecclesiæ reliquerat. Mense Septembri, Guillelmus mare transfretavit, dataque pecunia Neustriam recepit, et fere v annis, omni scilicet vita sua, fortiter conculcavit. Tunc Odo, Bajocensis episcopus, cum Rodberto duce, nepote suo, peregrinatus est. Tantus enim erat rancor inter ipsum et regem pro transactis simultatibus, ut nullatenus pacificari possent ab ullis caduceatoribus. Rex siquidem magnanimus et iracundus et tenacis erat memoriæ, nec injuriam sibimet irrogatam facile obliviscebatur sine ultione. Tumidus nimirum princeps acerbe secum recolebat quod Odo præsul, qui patruus suus erat, in primordio regni sui primus illi restiterat, et ingentem magnatorum frequentiam in rebellionem contra ipsum contraxerat. Ejus instinctu, Rodbertus, Moritolii comes, Penevesellum tenuit; sed postmodum cum rege obsidente, qui nepos suus erat, pacem fecit, et, reddita munitione, in amicitiam rediit. Gislebertus quoque, filius Richardi, cum Rogerio fratre suo, Tonnebrugiam munivit; sed Paschali hebdomada rex oppidum obsedit, quod ei mox in primo assultu cessit. Denique pontifex ipse, cum Eustachio Boloniensi et Rodberto Belesmensi et insigni phalange armatorum, Rofense castrum tenuit, ibique, duobus municipiis, quæ rex construxerat, in gyro arctatus, cum dedecore cessit, et, de toto Albionis regno irrecuperabiliter exhæredatus, recessit. Deinde in Normannia, cum sese rex vindicaret, et fratrem suum, a quo injuste et frustra impugnatus fuerat, impugnaret, et, baronibus cupiditate seu timore ad eum flexis, magnam portionem Normanniæ nactus, triumpharet, Bajocensis Odo totis viribus illi diu restitit, nec consuli, donec ipse sibi deficeret, auxilium defuit. Unde præsul, postquam rex Guillelmus, ut dictum est, prævaluit, peregrinari quam inimico subjici maluit. Romæ cum Urbano papa præsul et dux locuti sunt, et, percepta benedictione ab eo, Tiberim transierunt, et in Apulia hiemaverunt.

Inde pontifex in urbem Panormitanam, quam vulgo Palernam vocant, secessit, ibique Februario mense ex hac vita migravit, et in metropolitana Sanctæ Dei genitricis Mariæ basilica Gislebertus, Ebroicensis episcopus, eum sepelivit. Ilic, ab adolescentia sua promotus, ecclesiæ gubernaculum suscepit, fere L annis tenuit, multis honoribus et ornamentis episcopalem ecclesiam ditavit, clerum honoravit, et multos suis exspoliavit, aliisque ablata prodigus donavit. Cujus obitum rex Guillelmus ut audivit, Turoldo, fratri Hugonis de Ebremou, episcopatum dedit. Qui post annos VII præsulatum pro quibusdam arcanis ultro reliquit, et in cœnobio Beccensi sub Guillelmo abbate monachili Regulæ se submisit, ibique plurimo tempore usque ad finem vitæ regulariter Deo militavit; cui Richardus, Sansonis filius, per annos XXVI successit.

Guillelmus itaque rex Normanniam possedit, et dominia patris sui, quæ frater suus insipienter distraxerat, sibi mancipavit, et ecclesias pastoribus viduatas electis pro modulo suo rectoribus commisit. Nam Gemmeticense cœnobium et Divense vacabant. Guntardus enim, Gemmeticensium strenuus abbas, apud Clarummontem, dum famosa synodus ibi celebraretur, VI Kalendas Decembris obiit. In cujus loco rex Tancardum, Fiscannensem præpositum, subrogavit. Qui, post aliquot annos, orto inter ipsum et monachos probroso tumultu, cum infamia recessit, eique Rothomagensis Ursus, ab infantia ejusdem ecclesiæ monachus, per annos XX successit. Interea Fulco, Uticensis monachus et Divensium abbas, Urbanum papam adierat, et apud Cassinum montem exsulabat. Cujus successor, nomine Benedictus, Sancti Audoeni Rothomagensis archiepiscopi monachus, obierat. Divensibus ergo Guillelmus rex Etardum, Gemmeticensem hortulanum, ab infantia monachum, abbatem dedit, qui per aliquot annos gregem Dei diligenter servavit. Fulconi vero redeunti cum apicibus papæ, cœnobialem magistratum gratanter reliquit, ac, ad conversionis suæ locum reversus, in decrepita ætate hominem exivit. Fulco autem, qui ante dejectionem suam Divense cœnobium XX annis rigide rexit, solertiaque sua numerum fratrum auxit, multisque modis Ecclesiam provexit, invidente et instigante Satana, injuste criminatus et depositus, VII annis exsulavit. Deinde reversus, abbatiam suam iterum VII annis prospere gubernavit, et senex in Anglia III Nonas Aprilis Guentæ obiit.

IV. Franci et Normanni magnates de Vilcassino inter se contendunt.

Anno ab Incarnatione Domini 1097, indictione v, Guillelmus Rufus, ut patris sui casus et bellorum causas comperit, Philippo, Francorum regi, totum Vilcassinum pagum calumniari cœpit, et præclara oppida, Pontesiam et Calvimontem atque Medantum poposcit. Francis autem poscenti non acquiescentibus, imo prælianti atrociter resistere ardentibus, ingens guerra inter feroces populos exoritur, et multis luctuosa mors ingeritur. Totum tamen pondus detrimentorum Gallis incumbit et accumulatur. Philippus enim rex, piger et corpulentus, belloque incongruus erat. Ludovicus vero, filius ejus, puerili teneritudine detentus adhuc, militare nequibat. Anglorum autem sceptrifer totus militiæ deditus erat, et optimos ac probatos athletas præcipue diligebat, et electorum phalanges equitum honorifice secum ducebat. Illis nimirum stipatus, si Caius Julius Cæsar cum Ausoniis cohortibus obstitisset, eique injustum quid inferre conatus fuisset, suorum procul dubio vires et audaciam tironum cominus in illum experiri præsumpsisset. Rodbertus Belesmensis princeps militiæ hujus erat; cujus favor erga regem et calliditas præ cæteris vigebat. Insignis consul Henricus frater regis et Guillelmus comes Ebroicensis, Hugo Cestrensis et Gualterius Gifardus comes Bucchingehamensis, aliique plures consules, tribuni et centuriones Anglici regis cohortes ducebant, et præclara facinora frequenter, prout variabilis fortuna præstabat, agebant.

Plerique Francorum, qui binis cogebantur dominis obsecundare, pro fiscis, quibus abunde locupletati, sub utriusque regis turgebant ditione, anxii, quia *nemo potest duobus dominis servire (Matth.* vi, 24), animis acriorem, opibusque ditiorem elegerunt, et cum suis hominibus municipiisque favorabiliter paruerunt. Rodbertus itaque, comes de Mellento, in suis munitionibus Anglos suscepit, et patentem eis in Galliam discursum aperuit; quorum bellica vis plurima Francis damna intulit. Guido quoque de Rupe, Anglorum argenti cupidus, eis favit, et munitiones suas de Rupe et Vetolio dimisit. Sic alii nonnulli fecerunt, qui, suis infidi, exteris avide obtemperaverunt. Tunc Guillelmus rex firmissimum castrum Gisortis construi præcepit, quod usque hodie, contra Calvimontem et Triam atque Burriz oppositum, Normanniam concludit; cujus positionem et fabricam ingeniosus artifex Rodbertus Belesmensis disposuit. Quadam die, dum Normanni super Francos irruerent, et ipsi nihilominus eis insigniter occurrerent, Tedbaldus-Paganus de Gisortis et Gualterius de Amfredivilla, Geroldusque de Ebremou capti sunt; quorum redemptionibus opimis egentes Franci ad dimicandum animati sunt. Rodbertus siquidem de Maldestorn et Odmundus de Calvimonte, Gualbertus de Burriz et Richardus frater ejus, Godefredus et Petrus filii Herberti de Serranz, militiæ Vilcassinorum præerant, et interdum hostibus acriter resistebant. In illa quippe provincia egregiorum copia militum est, quibus ingenuitas et ingens probitas inest. Illi nimirum insignem Francorum laudem deperire noluerunt, seseque, pro defensione patriæ et gloria gentis suæ, ad mortem usque inimicis objecerunt. Unde passim e tota Gallia electos athletas et audaces tirones sibi asciverunt, et multoties, hostibus obstantes, sibi utiliter stipendia lucrati sunt.

Quondam, dum Anglici regis familia Calvimontis confinia devastaret, et militum audacia vires suas utrinque ostentaret, Franci Gislebertum de Aquila, cum aliis quampluribus magnæ nobilitatis, comprehenderunt, et Angli Paganum de Monte-Gaii, cum aliis de partibus ejusdem, ceperunt.

Anno ab Incarnatione Domini 1098, indictione vi, mense Septembri, Guillelmus rex ingentem exercitum aggregavit, et in Galliam tendens, Conchis hospitium v Kalendas Octobris suscepit. In ipsa nocte terribile signum mundo manifestatum est. Totum nempe cœlum, quasi arderet, fere cunctis occidentalibus rubicundum ut sanguis visum est. Tunc, ut postmodum audivimus, in Eois partibus Christiani contra ethnicos pugnaverunt, Deoque juvante, triumpharunt. Guillelmus rex in Galliam usque Pontesiam discurrit, incendiis et prædis, hominumque capturis, omnium ubertate rerum nobilem provinciam devastavit. Multis quoque legionibus armatorum Calvimontis mœnia circumvallavit, et diros assultus a ferratis cohortibus ingeri præcepit. Illustres oppidani propugnacula quidem sua vivaciter protexerunt, sed timoris Dei et humanæ societatis immemores non fuerunt. Insilientium corporibus provide benigniterque pepercerunt, sed atrocitatem iræ suæ pretiosis inimicorum caballis intulerunt. Nam plus quam septingentos ingentis pretii equos sagittis et missilibus occiderunt; ex quorum cadaveribus Gallicani canes et alites usque ad nauseam saturati sunt. Quamplures itaque pedites ad propria cum rege remeant, qui spumantibus equis turgidi equites Eptam pertransierant. Animosi Francigenæ, licet campestres villas a regiis discursoribus, quorum nimia erat multitudo, defendere non potuissent, nec contra potentem regem, innumerabilibus turmis stipatum, sine rege legitimoque ductore cominus dimicare ausi fuissent, munitiones tamen suas fortiter munientes servaverunt, et, bono Creatore dante, meliora tempora præstolati sunt. Guillelmus rex, cum Guillelmo duce Pictavensium, ductu Amalrici juvenis et Nivardi de Septoculo, contra Montemfortem et Sparlonem maximam multitudinem duxit, circumjacentem provinciam devastavit. Sed Simon juvenis munitiones suas, auxiliante Deo, illæsas servavit. Simon vero senex servavit Neelfiam; Petrus quoque, cum filiis suis, Anseldo et Tedbaldo, Manliam, aliique municipes, quos singillatim nequeo nominare, firmitates suas procaciter tenuere. Interea, dum Guillelmus rex pro regni negotiis regrederetur in

Angliam, treviis utrobique datis, serena pax Gallis dedit securitatis lætitiam.

V. *Magnus Noricorum rex contra Irenses belligerat. Bellum inter Anglos et Gualos.*

Anno ab Incarnatione Domini 1098, Magnus, Olavi Noricorum regis filius, contra Irenses insurrexit, et classem LX navium, super illos navigaturus, præparavit. Rex enim Magnus erat corpore fortis et formosus, audax et largus, agilis et probus, et multa honestate conspicuus. Magnam vero potentiam in insulis Oceani habebat, multisque divitiis et opibus multarum specierum satis abundabat. De legali connubio Eustanum et Olavum genuit, quibus regnum magnamque potentiam dimisit. Tertium vero, nomine Segurd, Anglica captiva, sed nobilis, ei peperit, quem Turer, Ingherriæ filius, regis Magni nutritius, nutrivit. Qui defunctis fratribus superstes diu regnavit, et episcopatus ac cœnobia monachorum, quæ antecessores ejus non noverant, in regno Nordico constituit. Antequam regnaret, in Jerusalem navigavit; Tyrum, opulentam urbem, in corde maris sitam, per mare obsedit, ipsamque Jerosolymitis in terra invadentibus, cum suis Segurd in salo expugnavit. Per Russiam vero remeans, Malfridam, regis filiam, uxorem duxit, domumque reversus, paulo post, regnum, dante Deo, suscepit.

Quinque civitates in circuitu Northwagiæ supra littus maris sitæ sunt, Berga, Cuneghella, Copenga, Burgus et Alsa. Turesberga vero sexta civitas est, quæ contra Dacos ad Orientem sita est. In meditullio insulæ piscosi lacus et ingentes sunt, et villæ campestres in marginibus stagnorum circumsitæ sunt. Indigenæ vero piscibus et volucribus, omniumque ferarum abundant carnibus. Religiosis quoque Christianæ legis utuntur ritibus; pax et castitas ab illis servantur; arctissimis legibus, sævisque scelera puniuntur animadversionibus. Orcades insulæ et Finlanda, Islanda quoque et Grenlanda, ultra quam ad Septentrionem terra non reperitur, aliæque plures usque in Gollandam regi Noricorum subjiciuntur, et de toto orbe divitiæ navigio illuc advehuntur.

Nunc mea mens causam et eventus belli enodare satagit, quod Magnus rex in Hibernos arripuit, et multa multis detrimenta et strages intulit. Hic filiam regis Irlandæ uxorem duxerat. Sed quia rex Irensis pactiones, quas fecerant, non tenuerat, Magnus rex stomachatus filiam ejus ei remiserat. Bellum igitur inter eos ortum est. Anno V Guillelmi Rufi regis Anglorum, undique bellicas copias extraxit rex Northwigenarum, et, Subsolano flante Oceanum perlustrans, Orcades insulas adiit, Scotiam a parte Circii circumivit, et alias insulas, quæ ad suam ditionem pertinent, usque in Anglesciam penetravit. Hiberniam ingredi voluit; sed, Irensibus in maritimis littoribus ad bellum paratis, alias divertit. Insulam Man, quæ deserta erat, inhabitavit, populus replevit, domibus et aliis necessariis ad usus hominum gna-

viter instruxit. Alias quoque Cycladas, in magno mari velut extra orbem positas, perlustravit, et a pluribus populis inhabitari regio jussu coegit, seseque per plures annos, ad augmentum regni et dilatationem plebium, tali studio exercuit. Quondam princeps militiæ Magni regis cum sex navibus in Angliam cursum direxit; sed rubeum scutum, quod signum pacis erat, super malum navis erexit. Maritimæ vero plebes, quæ in Anglia littus infiniti Amphitritis incolebant in boreali climate, ut barbaricas gentes et incognitas naves viderunt ad se festinare, præ timore nimio vociferatæ sunt, et armati quique de regione Merciorum convenerunt. Tunc nimirum inter Anglos et Gualos ingens erat belli conturbatio. Ideoque cunctos ad arma concitabat actutum omnis repentina vociferatio.

Duo consules, quibus Merciorum præcipue regio subjacet, et ambos uno Hugonis nomine omen edocet, veredarios per totam terram celeriter miserunt, et armatos quosque Francos et Anglos contra extraneas phalanges ad patriæ tutelam properare mandaverunt. Maxima igitur multitudo de comitatu Cestræ et Scrobesburiæ congregata est, et in regione Dagannoth secus mare ad prælium præparata est. Illuc Hugo de Monte-Gomerici cum suis cœtibus prior accurrit, et, auxiliarios contubernales exspectans, multis diebus ibi consedit, patriamque, ne Gualenses, seu Nordwigenæ in provinciales irruerent, circumspectus tutavit. Quadam vero die, dum supra littus indigenæ turbati discurrerent, seque contra Nordicos, quos in navibus suis sævire contra Anglos videbant, præpararent, Hugo comes, equum calcaribus urgens, cœtus suos congregabat, et contra hostes, ne sparsim divisi invaderentur, principali rigore coercebat. Interea barbarus Nordwigena, ut comitem agiliter equitantem prospexit; instigante diabolo stridulum missile subito direxit, egregiumque comitem, proh dolor! percussit. Qui protinus corruit, et in fluctibus maris jam æstuantis exspiravit. Unde dolor ingens exortus est. Cujus mortem Magnus rex ut comperit, vehementer cum suis planxit, et Hugoni Dirgane, id est Grosso, pacem et securitatem mandavit. *Exercitum*, inquit, *non propter Anglos, sed Hibernos ago, nec alienam regionem invado; sed insulas ad potestatem meam pertinentes incolo.*

Normanni tandem et Angli cadaver Hugonis diu quæsierunt, pontique fluctu retracto, vix invenerunt. Deinde illud, XVII die post mortem ejus, Scrobesburiæ detulerunt, et in claustro monachorum cum ingenti luctu sepelierunt. Hic solus de filiis Mabiliæ mansuetus et amabilis fuit, et IV annis post mortem Rogerii patris sui paternum honorem moderatissime rexit, et circa finem Julii mensis occidit.

Quo defuncto, Robertus Belesmensis, frater ejus, Guillelmum Rufum requisivit, eique pro comitatu fratris III millia librarum sterilensium exhibuit. Et comes factus, per quatuor annos immania super Gualos exercuit. Oppidum de Quatford transtulit, et Brugiam, munitissimum castellum, super Sabrinam fluvium condidit. Blidam quoque, totamque terram Rogerii de Buthleio, cognati sui, jure repetiit, et a rege grandi pondere argenti comparavit. Verum, sicut idem vir multis possessionibus in terris est locupletatus, sic majori fastu superbiæ, sequax Belial, inflatus, flagitiosos et crudeles ambiebat insatiabiliter actus. Angli et Guali, qui jamdudum ferales ejus ludos quasi fabulam ridentes audierant, nunc, ferreis ejus ungulis excoriati, plorantes gemuerunt, et vera esse quæ compererant, sentientes experti sunt. Ipse namque, quanto magis opibus et vernulis ampliatus intumuit, tanto magis collimitaneis, cujuscunque ordinis fuerint, auferre fundos suos exarsit, et terras quas prisci antecessores sanctis dederant, sibi mancipavit.

Is jamdudum in Cenomannico consulatu castra violenter in alieno rure construxit, in possessionibus scilicet Sancti Petri de Cultura, et Sancti Vincentii martyris, quibus colonos graviter oppressit. Quod probus comes comperiens Helias, non ut ignavus ægre tulit, eique cum suis super Riolci rivum, in territorio Soonensi armatus occurrit, et in nomine Domini, invocato sancto Juliano pontifice, pugnavit, victumque Rodbertum, quamvis majores habuisset ipse copias, de campo turpiter fugavit. Ibi Rodbertus de Curceio sauciatus fuit, oculumque dextrum amisit. Gulferius quoque de Vilereio et Guillelmus de Molinis atque Godefredus de Guaceio, aliique multi capti sunt; pro quibus Cenomannenses maximas redemptiones habuerunt, et sic injurias sanctorum et damna suorum ulti sunt. Conflictus inter eos diu duravit, et innumeris exitio et in vinculis acerbitati fuit.

VI. *De Helia comite Cenomannensi. Guillelmus Rufus Cenomannenses vexat. De Hildeberto archiepiscopo Turonensi.*

Nunc ordinem rerum gestarum libet retexere, et genealogiam, regios fasces jam sperantis prosapiæ. Helias, Joannis et Paulæ filius, Hugonis Cenomannorum consulis consobrinus, vir multis erga Dei cultum honestatibus viguit, populique regimen in timore Dei salubriter servavit. Hic generosam conjugem Mathildem, filiam Gervasii, accepit, qui Rodberti, cognomento Brochardi, fratris Gervasii Remorum archiepiscopi, filius fuit. Huic sex fratres fuerunt, quorum duo priores, Goisbertus et Enoch, post militiam monachi facti sunt. Reliqui vero quatuor, Joffredus et Lancelinus, Milo et Guillelmus, immatura morte præventi sunt. Helias de paterna hæreditate Flechiam castrum possedit, quatuor vero castella de patrimonio uxoris suæ obtinuit, id est, Ligerim et Maiatum, Luceium et Ustilliacum. Uxor ejus ei filiam, Eremburgem nomine, peperit; quæ nubilibus annis Fulconi, Andegavorum tunc comiti, nunc Jerosolymorum regi, nupsit, et generosam sobolem genuit, Joffredum et Heliam, Mathildem et Sibyllam, quæ filiis regum solemniter nupserunt; sed, Deo irreprehensibiliter omnia disponente, cito viduatæ sunt.

Ea tempestate [1096] qua Rodbertus dux fratri suo Normanniam commisit, et ab eo magnam argenti copiam, ad explendum iter ad sepulcrum regis nostri, recepit, Helias comes ad curiam regis Rothomagum venit. Qui, postquam diu cum duce consiliatus fuit, ad regem accessit, eique humiliter dixit: *Domine mi rex, consilio papæ crucem Domini pro servitio ejus accepi, et iter in Jerusalem cum multis nobilibus peregrinis Domino Deo devovi. Amicitiam, ut vester fidelis, vestram deposco, et hoc iter cum pace vestra inire cupio.* Respondit ei rex: *Quo vis vade, sed Cenomannicam urbem cum toto comitatu mihi dimitte, quia quidquid pater meus habuit, volo habere.* Helias dixit: *Hæreditario jure consulatum avorum meorum possideo, Deoque juvante, liberis meis dimittam liberum sicut nunc teneo; et si placitare vis, judicium gratanter subibo, et patrium jus, secundum examen regum, comitumque et episcoporum, perdam aut tenebo.* Respondit rex: *Ensibus et lanceis, innumerisque missilibus tecum placitabo.* Helias dixit: *Contra ethnicos in nomine Domini dimicare volebam; sed ecce nunc viciniorem contra inimicos Christi reperio pugnam. Omnis enim qui veritati resistit, justitiæque, inimicus comprobatur Dei, qui vera veritas est et sol justitiæ. Ipse mihi Cenomannorum præposituram dignatus est commendare, quam, aliqua usus levitate, non debeo insipienter relinquere, ne populus Dei prædonibus tradatur sicut oves lupis absque pastore. Consilium vero, quod cœlitus inspirata concepi mente, universi optimates, qui astatis, palam audite: Crucem Salvatoris nostri, qua more peregrini signatus sum, non relinquam; sed in clypeo meo, galeaque, et in omnibus armis meis eamdem faciam, et in sella, frenoque meo sacræ crucis signum infigam. Tali charactere munitus, in hostes pacis et rectitudinis procedam, et Christianorum regiones militando defendam. Equus itaque meus et arma mea notamine sancto signabuntur, et omnes adversarii qui contra me insurrexerint, in militem Christi præliabuntur. Confido in illo qui regit mundum, quod ipse novit cordis mei secretum, et per ejus clementiam opperiar tempus opportunum, quo possim optatum peragere votum.* Guillelmus rex ait: *Quo libet vade, et quod vis age. Ego contra cruciferos præliari nolo, sed urbem quam pater meus in die transitus sui nactus erat, mihi vindicabo. Tu igitur dilapsos aggeres munitionum tuarum summopere repara, et cæmentarios, lapidumque cæsores, lucri cupidos, velociter aggrega, vetustasque neglectorum ruinas murorum utcunque resarciendo restaura. Cenomannicos enim cives quantocius visitabo, et centum millia lanceas cum vexillis ante portas eis demonstrabo, nec tibi sine calumnia hæreditatem meam indulgebo. Currus etiam, pilis atque sagittis onustos, illuc a bobus pertrahi faciam. Sed ego ipse, cum multis legionibus armatorum, bubulcos alacriter boantes ad portas tuas præcedam. Hæc verissima credito, et complicibus tuis edicio.*

His ita utrinque prolatis, comes recessit et consulatum suum viriliter munivit. Ardui proceres, qui tantorum simultates heroum audiebant, ex sua parte nihil interserere audebant, quia turgidum regem, dominumque suum timebant, egregioque consuli, qui constanter allegationes suas disserebat, condolebant. Erat enim probus et honorabilis, et multis pro virtutibus amabilis. Corpore præcellebat, fortis et magnus, statura gracilis et procerus, niger et hirsutus, et instar presbyteri bene tonsus. Eloquio etiam erat suavis et facundus, lenis quietis et asper rebellibus, justitiæ cultor rigidus, et in timore Dei ad opus bonum fervidus. Quantæ pietatis esset in orationibus ac devotionis, indicabant ejus genæ, crebro madentes lacrymis. Defensionibus ecclesiarum, eleemosynisque pauperum et jejuniis admodum vacavit, et, singulis hebdomadibus feria vi, in veneratione passionis Christi, ab omni cibo et potu ex integro abstinuit.

Præterea Guillelmus rex multis in Gallos et Britones atque Flandrenses curis occupatus est, minasque suas complere differens per biennium, Cenomannos oblitus est. Helias interea castrum apud Dangeolum contra Rodbertum Talavacium firmavit, ibique satellites suos, ad defensandos incolas terræ suæ, collocavit. Inde præfatus tyrannus, quod vicina passim depopulari arva non posset, contristatus est. Intempestivus igitur, mense Januario, regem inquietavit, acerbis verborum stimulationibus accendit, et in initio Februarii, cum Normannico exercitu, ad prædictum castrum adduxit. Dixit enim regi : *Custodes hostilis oppidi, securitate torpentes, passim dispersi sunt. Hiemales quippe pluvias et tempestates considerant, et vos aliis, cum exercitu vestro, infestationibus irretiri æstimant. Nunc ergo, si repente illuc accurrimus, accolas et municipes imparatos inveniemus, et municipium facile obtinebimus.* Invitus itaque rex pluribus ex causis, expeditionem inchoavit; sed, Rodberto instigante et prospera pollicente, differre, ne ignavus putaretur, erubuit. Porro, perstrepens rumor adventum regis prævenit, et principalis ordinatio provinciales, competentibus armaturis munitos, ascivit, ac ad transitus aquarum, sepiumque difficilesque aditus silvarum in hostes coaptavit. Tunc rex inimicis nihil nocere potuit, sed, rancore stomachatus, ferocior in illos exarsit, et Rodberto ingentem familiam bellatorum suis in municipiis adunare præcepit, et copiosos pecuniæ sumptus erogavit, unde municipia ejus vallis et muris ac multiplicibus zetis undique clauderentur, et bellicosis larga stipendiariis donativa largirentur. Belesmensis itaque munio, ad hæc promptus, oppida nova condidit, et antiqua, præcipitibus fossis cingens, admodum firmavit. Hic nimirum novem in illo comitatu habuit castra, id est Blevam et Peretum, Montem de Nube et Soonam; Sanctum Remigium de Planis et Ortico-

sam, Allerias et Motam Galterii de Clincampo, Mamerz, et alias domos firmas quamplurimas. Hæc siquidem regio censu argutus artifex sibi callide præparavit, et in his bestialis sævitiæ colonos, vicinisque suis malefidos collocavit, per quos arrogantiæ suæ satisfecit, et atrocem guerram in Cenomannos exercuit. In Quadragesima, dum peccatores cœlitus compuncti prava relinquunt, ac ad medicamentum pœnitentiæ pro transactis sceleribus trepidi confugiunt, in carcere Rodberti plus quam trecenti vinculati perierunt. Qui multam ei pecuniam pro salute sua obtulerunt; sed, crudeliter ab eo contempti, fame et algore, aliisque miseriis interierunt.

His temporibus [die 29 Julii 1097], venerabilis vitæ Hoellus, genere Brito, Cenomannorum episcopus, defunctus est. Helias autem comes Goisfredum Britonem, decanum ejusdem ecclesiæ, ad episcopatum elegit; sed præveniens clerus Hildebertum de Lavarceio, archidiaconem, in cathedra pontificali residere compulit, et, alta voce cum jubilatione tripudians, cantavit : *Te Deum laudamus;* et cætera quæ usus in electione præsulis exposcit ecclesiasticus. Quod Helias ut comperiit, valde iratus, resistere voluit. Sed clericis dicentibus illi : *Electionem tuam ecclesiasticæ præferre non debes electioni,* reveritus, quia Deum timebat, siluit; et, ne lethale in membris Ecclesiæ schisma fieret, canonicis consensit.

Goisfredus quippe de præsulatu jam securus erat, jamque copiosas dapes pro sublimatione sui præparaverat. Paratæ quidem dapes ab avidis comessoribus absumptæ sunt. Sed ipsum Cenomanni episcopum habere penitus recusaverunt. Is Judicail, pontificis Aletæ, frater fuit, et post obitum Guillelmi, Rothomagensis archiepiscopi, Rothomagensibus xvii annis præfuit.

Hildebertus autem, post mortem Gisleberti Turonensis archiepiscopi, a clero et populo electus est, nutuque Dei, de Cenomannico culmine metropolitanam sedem adeptus est. Hic mansuetus fuit, ac religiosus, et tam divinarum quam sæcularium eruditioni litterarum studiosus. Temporibus nostris incomparabilis versificator floruit, et multa carmina priscis poematibus æqualia, vel eminentia condidit, quæ fervidus calor philosophorum subtiliter rimari appetit, ac super aurum et topazion sibi consciscere diligenter satagit. Eleganter enim et sapienter loquitur de Christo et Ecclesia, de corpore et anima, de gestis sanctorum et virtutibus eorum, de laude virtutum et vituperatione vitiorum. A Romanis cardinalibus, qui frequenter Galliarum plagas adeunt, quia mansuetos illic et obedientes sibi reperiunt, plurima Hildeberti carmina Romam transferuntur, quæ dicacium scholis et didascalis Quiritum admiranda censentur. Hic sacer heros fere xxxv annis præsulatus officium exercuit, studiisque bonis in docendo et faciendo specialiter instituit. Ecclesiam Sancti Gervasii, ubi corpus eximii confessoris Christi Juliani requiescit, multis modis laudabiliter decoravit: quam postmodum, tempore Guiumari Britonis, successoris sui, qui alio nomine Guido de Stampis appellatur, dedicavit. Verum, peccatis exigentibus, quam bonorum exercitatio affatim decoravit, variisque ad honorem Dei ornamentis ditavit, post VIII annos dedicationis, incendium, quo magna pars urbis consumpta est, deturpavit, horribilique modo devastavit.

VII. *Helias Cenomannensis comes comprehenditur. Guillelmus rex Cenomannensem civitatem occupat. Helias comes libertatem recuperat.*

Anno ab Incarnatione Domini 1098, indictione VI, Helias comes, hebdomada præcedente Rogationes, expeditionem super Rodbertum fecit, et, facto discursu, post nonam suos remeare præcepit. Illis autem redeuntibus, comes, cum septem militibus a turma sua segregatus, prope Dangeolum divertit, ibique, in condensis arboribus et fruteclis latitantes quosdam avertit, in quos statim cum paucis, sodalibus irruit. Rodbertus autem in insidiis ibi latitabat. Qui, ut paucos incaute discurrentes vidit, vafer, militiæque gnarus, ex improviso cum plurimis prosiluit, comitemque mox, et Herveum de Monteforti, signiferum ejus, et pene omnes alios comprehendit. Prævii vero exercitus, postquam Balaonem alacres pervenerunt, per eos qui evaserant, captum esse audierunt, subitoque post inanem lætitiam ingenti mœrore pariter inebriati sunt. Rodbertus deinde regi Heliam Rothomagum præsentavit, quem rex honorifice custodiri præcepit. Non enim militibus erat crudelis, sed blandus et dapsilis, jucundus et affabilis.

Felici fortuna rex Guillelmus sibi arridente tripudiavit, et convocatis in unum Normanniæ baronibus, ait : *Hactenus de nanciscenda hæreditate paterna negligenter egi, quia pro cupiditate ruris augendi populos vexare, vel homines perimere nolui. Nunc autem, ut videtis, me nesciente, hostis meus captus est, Deoque volente, qui rectitudinem meam novit, mihi traditus est. Quid laudatis? Quid mihi modo persuadetis? De rebus agendis consilium indagate, et mihi quod salubrius censueritis, intimate.* Optimates autem, consultu perscrutato, responderunt : *Communi consilio, Domine rex, decernimus ut jussione vestra universus Normannorum aggregetur exercitus, cum quo nos omnes, ad obtinendam Cenomannorum regionem, audacter et alacriter ibimus.* His auditis, rex gavisus est. Porro, veloces veredarii longe lateque per provincias missi sunt, et velle regis, ut subjecti et affines et amici sine fictione suffragarentur ei, divulgaverunt. Franci ergo et Burgundiones, Morini et Britones, aliæque vicinæ gentes ad liberalem patricium concurrerunt, et phalanges ejus multipliciter auxerunt.

Mense Junio [1098], Guillelmus rex per Alencionem exercitum duxit, multisque militibus stipatus, hostium regionem formidabilis intravit. Militum vero turmæ regio jussu Fredernaium repente adierunt et cum oppidanis equitibus militari exercitio ante portas castri aliquantulum certaverunt. Verum Radulfus, vicecomes de Bellomonte, regi supplex accurrit, et fœdus pacis, usque ad terminum quem denominaverat, obnixe poposcit : *A sublimitate,* inquit, *vestra requiro, domine rex, inducias, donec salvus de Cenomannis redeas. Illic enim præsul et senatorum concio consistit, ibique communis quotidie de statu reipublicæ tractatus et providentia fit. Quidquid ibi pactum fuerit vobiscum, nos gratanter subsequemur, et jussionibus vestris in omnibus obsequemur. Hæc idcirco, domine rex, loquor, majorum natu consilio, quia, si sine bello primus defecero, pariumque meorum desertor, primus pacem iniero, omni, sine dubio, generi meo dedecus et improperium generabo. Membra caput subsequi debent, non præcedere, et laceti legitimique vernulæ magis optant obsequi domino, quam jubere.* Hæc et plura his similia dicentem rex laudavit, et quæ postulata fuerant annuit.

Goisfredus quoque de Medana et Rotro de Monteforti, aliique plures, per quorum terras transiturus erat, similiter egerunt, et securitatem ab eo, usque ad reditum ejus, supplicibus verbis impetraverunt. Gilo de Solleio, de nobilissimis Gallorum, antiquus heros de familia Henrici regis Francorum, qui multas viderat et magnas congregationes populorum, in arduo monte stans, turmas armatorum undique prospexit et quingenta millia virorum inibi esse autumavit, nec se unquam citra Alpes tantum insimul exercitum vidisse asseruit.

Prima regis mansio in terra hostili apud Ruceium fuit, et, sequenti die, rex ad Montem Bussoti castra metatus pernoctavit. Tertia vero die, Cohunchis venit, et in pratis Sartæ figi multitudinis tentoria imperavit. In vineis balistarii et sagittarii secus viam erant ; qui tramitem, ne hostes impune transirent, summopere explorabant, crebrisque missilibus prætereuntes inquietabant.

Fulco, cognomento Richinus, Andegavorum comes, ut Heliam captum audivit, Cenomannis, quia capitalis dominus erat, actutum advenit, et, a civibus libenter susceptus, militibus et fundibulariis munivit. Adveniente vero rege, milites de urbe obviam ei egressi sunt, et tota die viriliter in Normannos certaverunt, et militaria ex utraque parte facinora commiserunt. Famosi nempe pugiles nitebantur utrinque suas ostentare vires, et promereri a principibus suis atque commilitonibus sanguinolentas laudes.

Paganus de Montedublelli, Normannis olim familiaris, amicitiam cum rege firmavit, et fortissimam, quam apud Balaonem possidebat, motam regi tradidit, per quam totum oppidum, adversariis subactum, paruit. Rex autem illic Rodbertum de Bellismo principem militiæ constituit, eique plus quam CCC milites, animis et armis instructos, associavit. Contra resistentes indigenas vehementer intumuit, et incomparabilibus detrimentis acriter eos afflixit.

Vineas enim eorum ingenti multitudine armatorum exstirpavit, segetes conculcavit, et circumjacentem provinciam devastavit; sed diuturnam obsidionem tenere nequivit. Nam egestas victus gravis hominibus et equis instabat, quia tempus inter veteres et novas fruges tunc iter agebat. Sextarius avenæ decem solidis Cenomannensium vendebatur, sine qua cornipedum vigor in Occidentis climatibus vix sustentatur. Quapropter rex legiones suas relaxavit, et messes suas in horreis recondi præcepit, atque ut post collectionem frugum obsidere hostium castra parati essent, commonuit.

Rufo rege cum valido exercitu Normanniam repetente, Fulco comes Balaonem obsedit, et, aggregatis Andegavensibus cum Cenomannis, per aliquot dies opprimere hostes sategit. Castrenses autem hoc statim regi mandaverunt, et, rumore hujusmodi diffuso, animos optimates contribulibus suis adminiculari summopere festinaverunt. Interea, dum comes et exercitus in tentoriis suis pranderent, et mendici de oppido accepta stipe obsessis renuntiarent quod obsidentes tunc, videlicet circa tertiam, comederent, in armis ordinatæ acies militum subito prosilierunt, et inermes ad mensam residentes ex insperato proturbaverunt, et pluribus captis omnes alios fugaverunt. Ibi Gualterius de Montesorelli et Goisfredus de Brioleto, Joannes de Blazone et Berlais de Mosterolo, et alii fere cxl. milites cum innumeris peditibus capti sunt, et exuvias hostium, arma et vestes, multimodamque supellectilem, victores diripuerunt. Inter illos qui capti sunt, multi nobiles oppidani erant, qui, magnorum possessores fundorum, in præcipuis baronibus nativæ regionis pollebant, et multis magnæ strenuitatis militibus, hæreditario jure præeminebant.

Tertia Julii mensis hebdomada [1098], Guillelmus rex suis suppetias venit, et terribiles inimicis armatorum globos secum adduxit. Adveniente autem rege, oppidani cum tripudio ipsum introduxerunt. Quod audientes vinculati, cum vociferatione magna pariter clamaverunt: *Guillelme, rex nobilis, libera nos!* Quod audiens ille, jussit omnes protinus absolvi, eisque cum suis in curia foris ad manducandum copiose dari, et per fidem suam usque post prandium liberos dimitti. Cumque satellites ejus objicerent quod in tanta populi frequentia facie aufugerent, rex illorum duritiæ obstitit, et, pro vinctis eos redarguens, dixit: *Absit a me ut credam quod probus miles violet fidem suam! Quod si fecerit, omni tempore, velut exlex, despicabilis erit.*

(36) A Maio mense ad usque Julii finem in carcere detentum fuisse Heliam diserte tradit Ordericus; attamen ipsum statim fuisse dimissum a rege scribit Guillelmus Malmesburiensis, cujus hæc sunt verba lib. IV, p. 124: *Auctor turbarum*, inquit, *quidam Helias capitur, cui ante se adducto rex ludibundus:* « *Habeo te, magister,* » *inquit. At ille, cujus alta nobilitas nesciret etiam in tanto periculo sapere humilia loqui:* « *Fortuito,* inquit, *me cepisti; si possem evadere, novi quid facerem!* » *Tunc Willelmus pro furore fere extra*

Fulco comes de obsidione ad urbem confugerat, et in cœnobiis sanctorum exitus rerum exspectabat. Andegavenses autem cum Cenomannis consiliati sunt, et sese Normannis in omnibus inferiores compererunt; unde colloquium inter regem et consulem procuraverunt. Ibi tunc, auxiliante Deo, necessaria pax inter eos facta est, et inde multis pro pluribus causis utriusque populi gaudium ingens exortum est. Requisitum est et concessum ut Helias comes, et omnes qui capti fuerant ex utraque parte, redderentur, et Cenomannis, et omnia castra quæ Guillelmus rex habuerat, Rufo, filio ejus, subjugarentur. Conventionibus itaque pacis decenter confirmatis, rex magistrum militum Rodbertum, Hugonis de Monteforti filium, accersiit, et in turrim Cenomannicam aliasque munitiones ascendere præcepit, eique DCC milites electos, loricis et galeis et omni armatura fulgentes associavit. Protinus illi, custodibus egressis, cunctas urbi munitiones nacti sunt, et in principali turre vexillum regis cum ingenti tropæo levaverunt. In crastinum rex post illos mille præclaros milites direxit, et, pro libitu suo datis legibus, totam civitatem possedit. Regia turris et Mons-Barbatus, atque Mons-Barbatulus regi subjiciuntur, et merito, quia a patre ejus condita noscuntur. Omnes quoque cives in pace novo principi congratulantur plausibus, cantibus, variisque gestibus.

Tunc Hildebertus præsul et clerus et omnis plebs obviam regi cum ingenti gaudio processerunt, et psallentes in basilicam Sancti Gervasii martyris perduxerunt, ubi sanctorum pontificum et confessorum Juliani et Turibii ac Victoris, aliorumque plurimorum corpora requiescunt.

Absolutus Helias Bajocensis de carcere prodiit (36) ad regem niger et hispidus Rothomagum venit, eique humiliter dixit: *Qui pluribus suffragaris, rex inclyte, mihi, quæso, subveni pro tua insigni strenuitate. Jam diu comes nuncupatus sum, quia hæreditario jure possedi nobilem consulatum; sed, omine mutato, nominis et honoris titulo privatus sum. Obsecro igitur ut cum pristinæ dignitatis vocabulo in tua me suscipias familia, et ego tibi condigna exhibebo servitia. Cenomannorum non requiro urbem, vel oppida, donec idonea servitute illa promeruero a tua magnificentia. Inter tuos duntaxat anhelo familiares haberi, et regali amicitia perfrui.* Liberalis rex hoc facile annuere decrevit; sed Rodbertus, Mellenticus comes, pro felle livoris dissuasit. Callidus enim senex regalibus consiliis et judiciis præerat. Quapropter in prætorio principali parem seu potiorem per se positus et obuncans Heliam: « *Tu,* inquit, *nebulo, tu quid faceres? Discede, abi, fuge; concedo tibi ut facias quidquid poteris, et per vultum de Luca nihil, si me viceris, pro hac venia tecum paciscar.* » Nec inferius factum verbo fuit, sed continuo dimisit evadere, miratus potius quam insectatus fugientem. Verum Orderico potior fides, cui concordant gesta Cenomannensium episcoporum.

Dom Bouquet, lib. x, p. 674.

peti metuebat. Dixit ergo regi : *Cenomanni versipelles et infidi sunt, et quod fortitudine nequeunt, dolis et tergiversatione faciunt. Ecce devictus supplicat hostis, et fraudulenter inhiat tuus esse familiaris. Cur hoc appetit? ut quanto tuis vicinior interfuerit arcanis, tanto, dum sibi arriserit opportunitas temporis, contra te ferocius insurgens, tuis infestior copuletur inimicis.*

His ita dictis, voluntas regis immutata est, et strenuus heros, ne in familia regis computaretur, repudiatus est. Unde labor ingens cum periculis et detrimentis postmodum multis exortus est. Rursus Helias regem blandis affatibus lenire studuit, sed frustra. Unde constanter adjecit : *Libenter, domine rex, tibi servirem, si tibi placeret, gratiamque apud te invenirem. Amodo mihi, quæso, noli derogare, si aliud conabor perpetrare. Patienter ferre nequeo quod meam mihi ablatam hæreditatem perspicio, et violentia prævalente, omnis mihi denegatur rectitudo. Quamobrem nemo miretur, si calumniam fecero, si avitum honorem totis nisibus repetiero.* Cui turgidus rex ait : *Vade, et age quidquid mihi potes agere.*

Helias itaque conductum per terram regis ab illo requisivit; quo accepto, liber ad sua gaudentibus amicis remeavit. Quinque oppida sua cum adjacentibus vicis instruxit, sollicita procuratione damna supplevit, propriisque negotiis sedulus institit. Ab Augusto usque ad Pascha in pace siluit. Interim tamen quali specimine nisus suos hostibus ostenderet, callide cogitavit, et multoties cum fidis affinibus tractavit.

Guillelmus autem rex, postquam Cenomannis, ut dictum est, sine multi cruoris effusione obtinuit, Guillelmo Ebroicensium comiti, et Gisleberto de Aquila, aliisque probis optimatibus urbem servandam commisit, et regiam turrem, armis et cibis et omnibus necessariis opime instructam, Gualterio Rothomagensi, filio Ansgerii, commendavit. Radulfus vicecomes et Goisfredus de Meduana, Rodbertusque Burgundio, aliique totius provinciæ proceres regi confœderati sunt, redditisque munitionibus, datis ab eo legibus solerter obsecundarunt.

VIII. *B. Anselmus Cantuariensis archiepiscopus ad papam in Italia venit. Helias Cenomannensis comes adversus Guillelmum regem bellum renovat.*

Dum hæc citra mare in Neustria perpetrarentur, immodicique sumptus in superfluis apparatibus prodige distraherentur, Rannulfus Flambardus, jam Dunelmi episcopus, aliique regis satellites et gastaldi Angliam spoliabant, et latrombus pejores, agricolarum acervos ac negotiatorum congeries immisericorditer diripiebant, nec etiam sanguinolentas manus a sacris cohibebant. Defunctis enim Ecclesiæ prælatis, regia vi protinus succedebant, et quæque in ærario eorum reperiebantur, irreverenter invadebant. Cœnobiorum fundos et episcopatuum redditus dominio regis mancipabant, et a superstitibus archimandritis, seu pontificibus, enormis pecuniæ vectigal exigebant. Sic immensi census onera per fas perque nefas coacervabant, et regi trans fretum, ut in nefariis seu commodis usibus expenderentur, destinabant. Hujusmodi utique collectionibus grandia regi xenia præsentabantur, quibus extranei pro vana laude ditabantur. Filii autem regni, propriis rebus injuste nudati, contristabantur, et ad Deum, qui per Aoth ambidextrum, perempto Eglon rege pinguissimo, de manu Moab liberavit Israel, clamantes lamentabantur. Hæc videns sacer Anselmus archiepiscopus, valde contristatus est, et oppressis succurrere conatus est. Murus pro domo Israel contra colentes Baalim stare fortiter nisus est. Unde, pro multimodis ecclesiarum afflictionibus, per fideles legatos cum supplicibus epistolis regem interpellans, conquestus est. Sed, obdurato corde, rex male sanus humili didascalo non paruit; quapropter ille licentiam eundi Romam ab eo petivit. Porro, tumidus princeps Romam quidem eum abire permisit, sed Normanniam ne intraret prohibuit. Heu! quam profano tumore cæcatus cito ruiturus desipuit, qui Dei servum a facie tyrannidis suæ fugientem videre noluit! Quem postmodum, quia paulo post ipse sæva morte collapsus est, nunquam videre potuit. Venerandus vero vir, jussui principis obtemperans, per Boloniam transivit, et reverendos secum itineris comites habuit, Balduinum de Tornaco Beccensem monachum, et Cantuariensem Edmarum, natione Anglicum, qui vitam ejusdem patris postea diligenter conscripsit, ad ædificationem animarum. Præfatus præsul usque in Capuam urbem, uberis Campaniæ caput, laboriosum iter explevit, ibique Urbanum papam invenit; a quo benigniter et honorifice susceptus, ei causam adventus sui declaravit Papa nimirum ibi tunc admodum occupatus erat, quia Capuanos, qui contra Richardum, principem suum, Jordani filium, rebellaverant, eidem pacificare satagebat; quos idem juvenis, auxilio et animositate Rogerii Senis, avunculi sui, Siculorum comitis, ad deditionem pertinaciter compulerat. Reverendus itaque senex inter Italos, de quorum origine propagatus fuerat, aliasque gentes, fere biennio exsulavit, et externis auditoribus dicax seminiverbius spiritualiter profuit. Si quis ejus facta seu dicta plenius perscrutari voluerit, in præfati libro Edmari apud Beccum Herluini, prædecessoris sui, reperire poterit.

In autumno, Guillelmus rex, postquam Cenomannenses, ut dictum est, subegit, et Normannicas ad libitum suum res composuit, flante austro ditissimum Albionis regnum revisit.

Sequenti anno [1099], Helias post Pascha iterare guerram cœpit, et, clam consentientibus indigenis, depopulari confinia et militiam regis lacessere satagit. Denique, mense Junio, cum insigni multitudine militum venit, ad Planchias Godefredi vadum Eguenia fluminis pertransivit, regiosque pugiles, qui urbem custodiebant, ad conflictum lacessiit. Audaces vero Normanni foras proruperunt, diuque dimicaverunt, sed, numerosa hostium virtute prævalente, in urbem repulsi sunt. Tunc etiam hostes cum eisdem ingressi sunt, quia, eorum violentia coerciti, municipes portas claudere nequiverunt; sed per urbem fugientes, vix in arcem, aliasque munitiones introire potuerunt. Cives enim Heliam multum diligebant, ideoque dominatum ejus magis quam Normannorum affectabant. Municipes autem, qui munimenta regis servabant, omnibus necessariis pleniter abundabant, et idcirco usque ad mortem pro domini sui fidelitate præliari satagebant. Porro, Helias a gaudentibus urbanis in civitate susceptus est; sed omnibus illis grave detrimentum inde protinus exortum est. Gualterius enim, Ansgerii filius, custos arcis, jussit fabris, quos secum habebat, operari, scoriam quoque candentem super tecta domorum a balistariis impetuose jactari.

Tunc rutilus Titan sublimes Geminos peragrabat, et ingenti siccitate mundus arebat, flammeusque turbo imbricibus aularum insidebat. Sic nimius ignis accensus est, quo nimium prævalente, tota civitas combusta est. Clarembaldus de Lusoriis et Gualterius, aliique satellites munimenta diligenter servaverunt. Helias vero et sui frustra machinis et assultibus valde laboraverunt, sed contra inexpugnabiles munitiones nihil prævaluerunt. Rodbertus autem Belesmensis Balaonem munivit, cursoremque suum Amalgisum confestim ad regem in Angliam direxit. Porro ille, mari transfretato, Clarendonam venit, regi cum familiaribus suis in Novam-Forestam equitanti obviavit, et alacriter inquirenti rumores, respondit: Cenomannis per proditionem subrepta est. Verum dominus meus Balaonem custodit, et regalis familia omnes munitiones sibi assignatas solerter observavit, auxiliumque regalis potentiæ vehementer desiderat, in hostile robur, quod eos undique includit et impugnat. His auditis, rex dixit: Eamus trans mare nostros adjuvare. Eodem momento, inconsultis omnibus, equum habenis regyravit, ipsumque calcaribus urgens, ad pontum festinavit, et in quamdam vetustam navim, quam forte invenit, sine regio apparatu, velut plebeius intravit, et remigare protinus imperavit. Sic nimirum nec congruentem flatum, nec socios, nec alia, quæ regiam dignitatem decebant, exspectavit; sed, omnis metus expers, fortunæ et pelago sese commisit, et sequenti luce ad portum Tolchæ, Deo duce, salvus applicuit. Ibi, ut moris est in æstate, plures utriusque ordinis astabant, et, visa rate de Anglia velificante, ut aliquid novi ediscerent, alacres exspectabant. In primis de rege sciscitantibus, ipse certus de se adfuit nuntius. Et quia ex insperato respondit ridens percunctantibus, admiratio exorta est mox et lætitia omnibus. Deinde, cujusdam presbyteri equa vectus, cum magno cœtu clericorum et rusticorum, qui pedites eum cum ingenti plausu conducebant, Bonamvillam expetiit, suique præsentia inimicos in circuitu Neustriæ sævientes valde terruit. Tandem, directis legationibus, ingentem exercitum in brevi aggregavit, et hostilem provinciam depopulatum festinavit. Agmen quoque hostium cum Helia duce suo, statim ut regem citra fretum venisse comperit, absque procrastinatione fugiens, invasam urbem, multo pejorem quam invenerat, deseruit. Ildebertus pontifex in Normannia regem humiliter aggressus est, et ab eo ut familiaris amicus benigniter susceptus est. Non enim consilio, neque præsentia sui prædictis perturbationibus interfuerat.

Animosus autem rex, hostium audito recessu, pedetentim eos sectatus est, et Cenomannis nec una nocte tunc hospitari dignatus est. Verum concrematam urbem pertransiens vidit, et ultra pontem Eguenæ in epitimio spatioso tentoria figi præcepit. In crastinum injurias suas ferro et flamma graviter ultus est. Porro, antequam rex ad inimici castra venisset, eademque igni tradere potuisset, ipsa hostilis manus omnia incendebat, omnemque regionem suam ultro denudabat; ne malevoli prædones ad diripiendum aliquid invenirent, nec domata ubi ad capessendam quietem strata sibi coaptarent. Sic profecto Valles et Ostilliacum consumpta sunt, aliaque quamplurima oppida et rura penitus pessumdata sunt.

Rodbertus de Monteforti, princeps militiæ, cum quingentis militibus agmina præcessit, incendium castri de Vallibus exstinxit, munitionemque ad opus regis confirmavit. Tunc Helias cum ingenti militia castro Ligeri morabatur, seseque ad meliora tempora reservans, exitum rei præstolabatur. Denique, feria vi, rex Maiacum obsedit, et in crastinum expugnare castrum exercitui jussit. Cæterum Sabbato, dum bellatores certatim armarentur, et acrem assultum castrensibus dare molirentur, rex consultu sapientum Deo gloriam dedit, et, pro reverentia Dominicæ sepulturæ ac resurrectionis, hostibus pepercit, eisque trevias usque in lunæ diem annuit. Interea ipsi castrum interius toto adnisu munierunt, et in assultum virgeas crates ictibus missilium lapidumque opposuerunt. Erant enim viri constantes, dominoque suo fideles, ideoque pertinaciter pro illo usque ad mortem pugnaces, et exemplo probabilis probitatis prædicabiles. Cumque forinseci pugnatores admodum insudarent ut ingenti strue lignorum cingentem fossam implerent, viamque sibi usque ad palum pluribus sustentamentis magnopere substratis publice præpararent, oppidani flascas prunis ardentibus plenas desuper demittebant, et congestiones rerum, quæ ad sui damnum accumulatæ fuerant, adminiculante sibi æstivo caumate, prorsus concremabant. Hujusmodi conflictu feria ii mutuo vexabantur, et hæc videns rex nimis anxiabatur.

Porro, dum ira et dolore torqueretur, quod omnes ibidem conatus illius cassarentur, quidam ad illum de sublimi zeta lapidem projecit, nutu Dei non illum, sed astantis athletæ caput immaniter percussit, et ossa cerebro non parcente ictu commiscuit. Illo itaque coram rege miserabiliter occumbente, subsannatio castrensium continuo facta est, cum alto et horribili clamore : Ecce rex modo recentes habet carnes ; deferantur ad coquinam, ut et exhibeantur ad cœnam. Contristatus igitur rex, optimates suos seorsum convocavit, acceptoque ab eis consilio, suos Lucerum diluculo abire præcepit. Prudentes enim consiliarii provide considerabant quod in munitione validissima magnanimi pugiles resistebant, munitique firmis conclavibus, contra detectos multiplicibus modis facile prævalebant. Solertes ergo auricularii utile decretum palam dederunt, et hoc esse subjectis inermibus ad instans negotium salubre censuerunt, ut salvus princeps cum insignibus catervis inde recederet, alioque ulciscendi genere inimicos puniret, et sic suæ genti sospitatem, et hostium dejectionem callide procuraret. Mane itaque celeres surrexerunt, ac diversis ad desolationem hostilis patriæ ferramentis usi sunt. Vineas enim exstirpaverunt, fructiferas arbores succiderunt, macerias et parietes dejecerunt, totamque regionem, quæ uberrima erat, igne et ferro desolaverunt. Deinde rex Cenomannis triumphans accessit, et multarum tribubus provinciarum licentiam remeandi ad sua donavit.

Hæc anno Dominicæ Incarnationis 1099, indictione VII, mense Julio facta sunt. Tunc Jerusalem, Gentilibus victis, qui eam diu tenuerant, a sanctis peregrinis, ut in præcedenti libro dilucidavi, VIII Idus Julii capta est. Urbanus etiam papa, reddito Christicolis Christi sepulcro sancte tripudians, v Kalendas Augusti obiit. Cui Paschalis papa, xvi die inthronizatus a transitu prioris, successit.

IX. *Serlo et Rogerius Sappensis abbates Uticenses. Controversiæ inter monachos et episcopum Lexoviensem exortæ. Uticensis ecclesiæ consecratio.*

Gislebertus, Lexoviensis episcopus, a monachis Uticensibus multoties requisitus fuit ut abbatem suum benediceret. Quod ille renuit agere, nisi abbas sibi chirographum canonicæ professionis exhiberet. Inter eos inde mutua per x annos altercatio perduravit, et neuter vinci patiens, tropæum quisque speravit. Nam Serlo, qui post Mainerium ad abbatiæ regimen electus fuit, cœnobitis duobus annis sine benedictione præfuit, quia insolitam Uticensi ecclesiæ professionem facere recusavit. Similiter Rogerius Sappensis plus quam vn annis fratribus præfuit. Sed episcopo pertinaciter persistente in suo sensu, pastoralem cambutam non portavit. Qua de re regalis potestas, a monachis requisita, jure prævaluit, et pertinaci episcopo imperavit ut mores, quos antecessores ejus in Normannia sub patre suo tenuerunt, observaret, et abbatem sine alicujus novitatis exactione consecraret. Jussio regis ab invito præsule concessa est, et pristinus mos cœnobio confirmatus est (37). Radulfus, abbas Sagiensis, electum fratrem Lexoviuum duxit, et electionem, vice monachilis conventus, dictavit. Rodbertus autem, Sagiensis monachus, scriptor eximius, chartam conscripsit, et Herluinus, episcopi capellanus, cunctorum in audientia, clero silente, sic recitavit :

Christus assistens pontifex et pastor ecclesiastici gregis et pastorum, sicut suum ex mortalibus continua successione perpetuum efficit gregem, ita, cum sit virtus et sapientia Dei, etiam pastoralem ipsa perpetuitate continuat ordinem, plures constituens sacerdotes, eo quod morte prohibeantur permanere. Quorum consecrationem per ministerium episcoporum spirituali benedictione a Deo fieri non dubitamus, nihilominus et electionem per ora subditorum eodem Spiritu sancto dispensari certum tenentes. Quocirca Beati Ebrulfi congregatio unanimis, exempla sequens, traditionesque apostolicas, post discessum Patris nostri Mainerii, Patre quoque nostro domno Sarlone in episcopum assumpto, divina præeunte misericordia, in abbatem elegimus, domnum Rogerium, fratrem nostrum, conversatione cognitum, professione conjunctum, præsentia et suffragiis egregiorum suffulti, præfati videlicet, episcopi Sartonis, abbatis Beccensis Anselmi, Sagiensis Radulfi, Troarnensis Arnulfi, et cæterorum ; cum quibus, quantum videre sufficimus, ex instructione Apostoli honestatem personæ contemplantes, virum assumimus catholicum, divina lege eruditum, castum, sobrium, humilem, mansuetum, misericordem, beneficum, et cœteris pastoralibus convenientiis præditum. Hunc, itaque, electum divinæ Majestati consecrandum offerentes, præsuli nostro Lexoviensi, Gisleberto, præsentamus, pontificalem ecclesiastico more postulantes consecrationem, et canonicam benedictionem.

Hac itaque monachorum electione diligenter perlecta, et tam a præsule, quam a clero gratanter suscepta, Rogerius in decollatione sancti Joannis Baptistæ abbas consecratus est, et in crastinum a fratribus Utici honorifice susceptus est. Ipso die, dum fratres ad colloquium in claustro sederent, et plurima subtiliter indagantes vicissim conferrent, inspirante Deo, ut æstimo, de Uticensis ecclesiæ dedicatione orta est consabulatio, et ingens ardor id agendi omnibus crevit multiloquio. Tandem, gaudentibus amicis, et confortantibus, consilium

---

(37) *Gravis ac diuturna fuit*, inquit Mabillonius, *Clit. SS. Ben.* Præf. in partem I, sæculi VI, p. IX, *ab exeunte sæculo decimo controversia, orta episcopos inter atque abbates nonnullos ob subjectionis professionem, quam episcopi ab eis, cum ordinandi essent abbates, exigebant.* Luculentam subinde texit controversiæ hujus historiam, ex qua patet victos tandem abbatibus qui vel solam consuetudinem, vel etiam Simoniam proferebant, alios strenue perstitisse in neganda promissione, nempe qui privilegia libertatis a Romanis pontificibus obtinuerant, atque etiam eos qui soli regi se subditos profitebantur ; cæterum quatuor fuisse maxime quæ a monasteriis sibi subjectis exigere solebant episcopi, nimirum obedientiam, censum annuum quem jus synodale seu cir::adas appellabant ; procurationes seu jus hospitii in illis monasteriis, et processiones solemnes, id est jus celebrandi missas et conventus solemnes in eorum ecclesiis.

Dom Bouquet, lib. x, p. 676.

diffinitum est, Deoque juvante, Uticensis basilica Idus Novembris [1099] dedicata est. Hoc officium tres episcopi celebraverunt. Gislebertus enim Lexoviensis consecravit principalem aram in honore sanctæ Dei genitricis Mariæ, et sancti Petri apostolorum principis, ac sancti Ebrulfi confessoris; et Gislebertus Ebroicensis altare ad austrum in honore omnium apostolorum; Serlo autem aram in honore omnium Martyrum. Sequenti vero die, Serlo crucifixum benedixit, et altare illius in honore sancti Salvatoris, sanctique Ægidii confessoris, et Gislebertus Ebroicensis aram matutinalis missæ in honore omnium sanctorum. Denique, xvii Kalendas Novembris, Ebroicensis heros ad meridiem altare in honore omnium confessorum sanctificavit, et, completa missæ celebratione, in capitulum venit, et sanctis exhortationibus, piisque precibus et benedictionibus, fratres in Dei cultu corroboravit. In fine vero ejusdem anni, Serlo Sagiensis aram in æde septentrionali ii Kalendas Januarii dedicavit in honore omnium virginum. Sic vii altaria certis diebus reverenter a tribus episcopis dedicata sunt, et gloriosis ordinibus sanctorum ecclesiastico more ad laudem Dei distributa sunt, qui eidem Sancto sanctorum in cœlesti regno perpetualiter gaudentes assistunt.

Ad hanc dedicationem multi Normannorum proceres adfuerunt, et ex utroque ordine Deo fideles orationum suarum libamina obtulerunt. Guillelmus enim abbas Beccensis et Radulfus Sagiensis, Arnulfus Troarnensis et Goisfredus Constantiniensis et Richardus de Ansgerivilla et Guillelmus de Glanvilla, Etardus et Guillelmus Ebroicensis, Hugo Safredi filius et Guillelmus de Arenis, archidiaconés et decani, aliique honorabiles clerici adfuerunt, et cum episcopis suis divinæ servitutis ministerium solemniter compleverunt.

Tunc Guillelmus de Britolio eidem ecclesiæ de redditibus de Gloz x libras singulis annis dedit. Rodbertus etiam de Grentemaisnil ecclesiam Sancti Samsonis apud Montem-Calveti majorem, terramque unius carrucæ dedit, decimamque unius nundinarum ejusdem villæ et molendini ac nemoris Deo concessit. Gislebertus vero de Aquila medietatem Aquilæ villæ ita sancto Ebrulfo concessit ut Richardus miles eam exinde, sicut de præfato milite tenuerat, de monachis teneret; alteram quippe partem, dono Richerii, Patris ejusdem, in dominio jamdudum possidebant. Radulfus quoque de Conchis Caldecotam et Alwintonam, quæ in Anglia sunt, et tres agripennas vinearum de Toenia, et quidquid apud Guarlenvillam habebat, et sex hospites in tribus villis suis sancto Ebrulfo concessit, et ea quæ homines sui dederant, gratanter annuens confirmavit.

Eodem tempore, multis in Occidente magna erat turbatio, et fœda desertoribus in oculis omnium confusio. Urbanus enim papa generali sanxerat auctoritate et apostolico jussu inviolabiliter teneri coegerat in omni Latinitate ut universi qui crucem Christi acceperant, nec iter in Jerusalem pro defectione voluntatis peregerant, in nomine Domini reciprocum callem inirent, aut anathemate percussi, extra Ecclesiam pœnas luerent. Multimodis itaque constrictus angariis, Stephanus, Blesensis comes, ingemuit, seseque denuo ad peregrinandum præparavit, innumerisque militibus (58) simile desiderium ferventer inolevit. Bonos enim rumores de gloriosis optionibus Christi audierant, qui contra gentes ethnicas acies, sanctæ Trinitatis fide armati, dimicaverunt, et felicem, virtute pii Salvatoris, victoriam adepti sunt, æternasque laudes per omnia sæcula promeruerunt.

X. *De crucesignatis. Godefridus Hierosolymæ rex. Græci et Syriani, expulsis Francis, Laodicensem civitatem occupant. Raymundus de Tolosa Constantinopoli apud Alexim imperatorem commoratur. Normanniæ dux a Syria discedit.*

Nunc libet, auxiliante Spiritu sancto, ad peregrinos nostros redire, breviter relaturus de casibus eorum, vel fine, qui post triumphum in Judæa vel Syria remansere, vel de illis qui suos ad penates per iter arduum remeavere.

Anno ab Incarnatione Domini 1099, mense Augusto, Godefredus, Eustachii Boloniæ consulis et Itæ filius, regnum David in Jerusalem suscepit, et tribus annis regnavit. In ipso mense, omnium simul adhuc commilitonum suorum auxilio fretus, in admiravisum pugnavit, Deoque præsidiante, feliciter prope Ascalonem triumphavit. In autumno, postquam gentiles, summo Rege Sabaoth præliante, prostrati sunt, egregii proceres cum suis commilitonibus redire decreverunt, et amicis atque consortibus valedicentes, reciprocum callem inierunt. Rodbertus enim dux Normannorum, et Rodbertus marchio Flandrensium, atque Raimundus Tolosanus comes, regressi sunt, quorum strenuitates Turci admodum experti sunt. Cumque redirent, multis cœtibus peregrinorum obiter obviaverunt, qui eis in prima profectione comitari nequiverunt; sed, opportunitate data, quando potuerunt, votum eundi ad sepulcrum Domini compleverunt. Isti siquidem nimiam egestatem in itinere pertulerunt, et pene usque ad mortem aporiati sunt. Nam prævii, qui præcedentibus annis regiones inter Antiochiam et Jerusalem depopulati sunt, subsequentibus peregrinis per inediam perniciem in tramite seminaverunt, quia, occisis sive fugatis provinciarum colonis, arva inculta nihil quod mandi posset, repererunt. Porro, illi qui redibant, ab obviantibus audierunt quod Buamundus dux Laodiciam obsideret, et intus ei totis nisibus satellitium imperatoris resisteret.

Illuc enim fere xx millia peregrinorum applicue-

---

(58) Edit. *millibus,* quod ex correctione interlineari ipsius codicis nobis emendandum videtur.

rant, qui de Anglia et aliis insulis Oceani ad sepulcrum Domini properaverunt, ea tempestate qua gentiles Antiochiam obsidebant, et in urbe Christianos coarctabant. Laodiceni autem insulanos Christicolas gratanter susceperunt, eorumque tuitioni sese contra Turcos commiserunt. Inter illos Edgarus Adelingus præcipuus erat, quem Angli quondam post mortem Haraldi regem sibi frustra præfecerant. Ipse profecto urbem tuendam suscepit, et Rodberti ducis fidelitati servavit, eique post tropæum de paganis delegavit. Hic corpore speciosus, lingua disertus, liberalis et generosus, utpote Eduardi regis Hunorum filius, sed dextera segnis erat, ducemque sibi coævum et quasi collactaneum fratrem diligebat.

Rodbertus itaque dux Laodiciam Syriæ adeptus est, ibique cum Normannis et Anglis atque Britonibus aliquandiu commoratus est. Custodes etiam suos in munitionibus constituit, quando peregrinationem suam ad monumentum Domini Jesu Christi peregit.

Interea Ravendinos, imperatoris Alexii protospatarius, aliique stratores navigio venerunt, et cum magno exercitu civitatem obsederunt. Urbani autem, compatriotis suis faventes, Cisalpinos ejecerunt, et Augustales præfecti a Græcis et Syris intromissi sunt. Quod audiens Buamundus, confestim illuc cum exercitu convolavit, et diutius obsessam urbem crebris assultibus impugnavit. Cumque Laodiceni et Thraces reditum Jerosolymitanorum comperissent, metuentes ne insuperabilem, si connecterentur, exercitum facerent, legatis et muneribus callide præmissis eos illexerunt, eisque ut securi ad urbem suam defensandam properarent, mandaverunt. Igitur illi, hæc audientes, gavisi sunt, et venientes, in urbe a civibus pacifice suscepti sunt. Deinde rebus quæ acciderant ventilatis, et omnibus utrobique mitigatis, Rodbertus dux cum consodalibus suis Buamundo mandavit ut cum pace recederet; alioquin, ad bellum sese maturius præpararet. Buamundus autem, his auditis, suos convocavit, et quid in tantis incursionibus agendum esset investigavit. Omnes persuaserunt ut in pace recederet, suisque contentus, aliena injuste non invaderet; ne contra fratres et strenuos compares dimicaret, et sic Deum ad iracundiam contra se provocaret; ne scandalum Christianis et cachinnum paganis generaret, nec effusione Christiani cruoris gloriam suæ strenuitatis macularet. Modestus igitur dux profunditatem rationis perspicaciter inspexit, et utilimos sophorum monitus astute intelligens acquievit, et, quamvis mœstus, suorum tamen pro reverentia sociorum, cum suis abscessit.

Tutiores itaque Pelasgi et Syri de commoditatibus suis tractaverunt, et post aliquot dies seorsum nostrates convocatos sic affati sunt : *Inclyti seniores, quorum fidem ac strenuitatem jam totus cognovit orbis, audite verba quæ bono animo nunc dicemus vobis. Palam scimus quod causa peregrinationis ditia regna reliquistis, eademque jam, votis vestris nobiliter expletis, revisere vultis, maxime cum vos urgeat dulcis amor conjugum et dilectæ sobolis, affectusque parentum stimulet ac amicorum, quos pro Christo deseruistis. Nunc ad hanc voluntatem peragendam benigniter nostrum percipite consilium, quod sine dubio vobis, dispensante Deo, comprobabitis salubre et commodum. Urbes et oppida, quæ in Syria vel Romania possidetis, dimittite nobis ad opus Imperatoris. Nos autem vobis optimam classem præparabimus; vos et omnes quicunque vos sequi voluerint, sine naulo Constantinopolim ad Augustum conducemus, et illuc usque panem et vinum et quæque vobis necessaria fuerint affatim suppeditabimus. Imperatoris enim voluntatem in hac re scimus, eique tali servitio placere gliscimus. Francos habere secum valde concupiscit, eorumque constantiam et viracem annisum admiratur ac diligit. Nostro consultu per ipsum fiducialiter ite, et experiemini consilium istud esse vobis utile.*

Franci pariter consiliati sunt, et multa, prout unusquisque commentatus est, callide consideraverunt. Principes enim cum comitatu suo segregati sunt, et sic ad invicem locuti sunt : *Ecce in extraneam regionem elongati sumus, atque ad nostra regredi summopere desideramus. Ast gemina difficultate coangustamur. Hic etenim honorifice, ut nobilitatem nostram decet, remorari nequimus, nec in Gallias remeare sine gravi discrimine valemus. Buamundus, Antiochiam et circumjacentes provincias possidens, passim dominatur, nec in his regionibus parem sibi quemlibet pati dignatur. Navigium vero ad transfretandum nobis deest, et iter nobis terrestre, nisi per terram Augusti, nullum est. Porro, illud, nisi benevolentiam ejus habuerimus, periculosum est, ideoque inter barbaros incolas per dubios calles meticulosum est. Multimoda egestate premimur, et multarum incommoditatum metu angimur. Ingenti labore fatigati sumus, ac ad nostram, ut jam satis dictum est, patriam redire peroptamus; quod per mare seu per terram, nisi per manus imperatoris, perpetrare non valemus. Quid ergo faciemus? Hic diutius remorandi votum non est, omniumque penuria rerum ægris et fessis exsulibus in promptu est. Promissa igitur Græcorum, licet versipelles sint, recipiamus, et ab eis pacifice oblata, quoniam Christiani sunt, læti suscipiamus, quod nobis ut facerent, obnixis precibus obsecrare deberemus.*

Tandem Galli Deo, in cujus manu sunt omnia, sese commendaverunt, et indigenis, in omnibus quæ spoponderant, benigniter annuerunt. Illi ergo admodum lætati sunt, et quæ promiserant fideliter compleverunt. Imperator autem veniente Francos honorifice suscepit, et, auditis pactionibus quas Achæi pepigerant et Galli concesserant, exsultavit, et imperiali auctoritate confirmavit. Permanere cum illo volentibus magnos honores obtulit, redeuntibus vero in Occiduas partes larga xenia donavit. Raimundus ergo, Tolosanus comes, quandiu vixit, cum illo conversatus est, et inter familiares convivas ejus ac consiliarios habitus est. Hunc Augustus præcipue diligebat, et libenter eum audiebat, quia ipsum pro fidelitate sua pertinaciter Buamundo in Antiochia restitisse cognoverat. Uxor quoque ejus, filia Hildefonsi regis Galiciæ, cum illo tam diuturnam peregrinationem peregit, et filium, nomine Hildefonsum, Constantinopoli peperit, qui post Bertrannum fratrem suum, comitem Tolosæ, patris jus possedit, et usque hodie Gothos in Provincia perdomuit. Lanceam vero Domini, quam Petrus Abraham Antiochiæ invenit, Raimundus comes apud Byzantum diu in capella sua servavit. Alios etiam milites, qui inter Græcos degere voluerunt, imperator multis honoravit muneribus, et magnis ditavit stipendiis.

Rodberto autem Normanno et Rodberto Flandritæ et commilitonibus eorum, qui repedare festinabant, plurima dona contulit, et liberum eis per terram suam transitum et mercatum habere fecit. Illos profecto qui regiones Eoas relinquebant, aut secum retinebat, aut in Ausonias partes summopere transmittebat, quia totis nisibus ad hoc elaborabat ut in Syria contrarias sibi vires debilitaret, et omnes qui ad auxilium sibi resistentium properarent, impediret.

XI. *Buamundus Laodiciam recuperat. Robertus dux per Italiam iter suscipit in Normanniam rediturus. Novi milites ad bellum sacrum se accingunt. De lugubri eventu qui in Nova-Foresta accidit.*

Impiger Buamundus, ut ea quæ gesta retulimus audivit, stratores scilicet Augusti, et omnes Francos cum suis copiis pontum carinis sulcasse comperit, Normannos et Armenios, Allobrogesque et de aliis gentibus copiosum agmen celeriter congessit, Laodiciam obsedit, viriliter expugnavit, captam XII annis tenuit, et successoribus suis usque nunc dimisit. Tarsum quoque et Mamistram, Albaram et Marram, aliasque munitiones, in quarum medio Reblata consistit, ad laudem Dei et subsidium Christianorum, insigniter sibi subjugavit. Græcos et Armenios atque Syros, in monasteriis monachatum pro ritu suo servantes, honoravit, et possessiones olim habitas fideliter illis concessit. Porro, quædam monasteria, quæ crudeles Turci spoliaverant, et inde religiosos habitatores fugaverant, strenuus heros Latinis monachis seu clericis assignavit, et amplas possessiones liberaliter delegavit, ut omnibus bonis in Dei cultu abundarent, et secundum Latinitatis usum divinæ majestati servitium persolverent.

Anno ab Incarnatione Domini 1100, præfati consules, ab Augusto, ut dictum est, pluribus exeniis honorati, cum suis recesserunt, et a Normannis in Italia, qui magnis ibidem opibus pollebant, amicabiliter suscepti sunt. Rogerius enim Senex, Siciliæ comes, ejusque nepos Rogerius, Apuliæ dux, atque Goisfredus de Conversana, nepos Guiscardi ducis aliique compatriotæ seu cognati eorum salvo reditu gavisi sunt, et fatigatos pro Christo in multis agonibus pugiles lætificare conati sunt. Tunc ibi Rodbertus, Normanniæ dux, generosam virginem adamavit, Sibyllam, Goisfredi de Conversana filiam, desponsavit, et secum in Neustriam adduxit. Hæc nimirum bonis moribus floruit, et, multis honestatibus compta, his qui noverant illam, amabilis exstitit. Tertio postmodum anno, Rotomi filium peperit, quem Guillelmus, ejusdem urbis archiepiscopus, baptizavit, eumque nomine suo vocitavit. Rodbertus dux, dum exsularet, non immemor erat quod a fratre suo decem millia marcos argenti receperat, eique Normanniam usque ad quinque annos invadiaverat. Quapropter a suo socero, qui dominus Brundisii erat, urbis in qua Caius Cæsar magnum Pompeium inclusit, ut Lucanus narrat, et ab aliis amicis copiam auri et argenti, rerumque pretiosarum obtinuit, ex quorum donis ingentem pecuniam accumulavit, quam reddere creditori, ut suum ducatum quiete reciperet, provide destinavit.

Memorandæ res, quæ solemniter ad honorem Christi a principibus, aliisque fidelibus in Oriente agebantur, fama volante velociter in Occidente denuntiabantur, et occidentalis Ecclesiæ filii de insigni ereptione Jerusalem et confusione Babylonis lætabantur. Guillelmus dux Pictaviensium, auditis nobilibus triumphis, ad amorem peregrinandi accensus est. Cujus vexillum exercitus trecentorum millium de Aquitania et Guasconia, aliisque regionibus Hesperiæ secutus est. Is nimirum decrevit, Guillelmo Rufo, regi Anglorum, Aquitaniæ ducatum, totamque terram suam invadiare, censumque copiosum abundanter ab illius ærario haurire, unde nobiliter expleret iter quod cupiebat inire. Eloquentes itaque legatos ad regem direxit, eique quod mente volvebat, per eosdem insinuavit. Pomposus autem sceptriger, qui quanto plus habebat, sitientis hydropici more, tanto plus cupiebat, veredariorum allegationes avide percepit, et amplas præfati ducis possessiones pristinis potestatibus paterni ducatus et regni addere anhelavit. Maximam igitur jussit classem præparari, et ingentem equitatum de Anglia secum comitari, ut, pelago transfretato, in armis, ceu leo, supra prædam præsto consisteret, fratrem ab introitu Neustriæ bello abigeret, Aquitaniæ ducatum pluribus argenti massis emeret, et, obstantibus sibi bello subactis, usque ad Garonnam fluvium imperii sui fines dilataret. Hæc tumidus juvenis cogitabat, et arroganter ad hæc inhiabat. Sed omnipotens Conditor, qui cuncta gubernat, aliter disponebat.

Tunc circa Rogationes [1100] lugubris eventus in Nova-Foresta contigit. Dum regii milites venatu exercerentur, et damulas vel cervos catapultis sauciare molirentur, quidam miles sagittam, ut agrestem feram vulneraret, emisit, egregiumque juvenem Richardum, Rodberti ducis filium, casu percussit. Qui repente mortuus corruit, et ingens luctus multis inde fuit. Eques, infortunio gravi territus, ad Sanctum Pancratium statim confugit, ibique mox monachus factus, geminam ultionem ita evasit. Reatum enim homicidii per pœnitentiam, contemptor mundi, expiavit, et malevolum rancorem parentum et amicorum præclari tironis declinavit. Multi præfato militi præcelsam felicitatem auspicati sunt; sed homines, rege Sabaoth aliter dispensante, crebro falluntur et fallunt, quoniam, ignorantiæ tenebris obnubilatæ, cogitationes hominum variæ sunt.

De præfati tironis origine libet parumper dicere. Dum Rodbertus dux in adolescentia stolide contra patrem suum rebellasset, et cum magna prædonum manu extorris Neustriam prædis et multis facinoribus infestaret, decoram pellicem cujusdam senis presbyteri in confinio Franciæ adamavit, et ex ea duos filios, Richardum et Guillelmum, generavit. Illa deinde per longum tempus infantes diligenter enutrivit, jamque adultos in Neustria duci filios suos exhibuit, et notissima ei signa de peculiari familiaritate juventutis suæ recoluit. Et quia ille partim recognoscebat, prolem tamen suam cognoscere dubitabat, genitrix candentem chalybem manifeste portavit, et, ab omni adustione illæsa, de filio regis se concepisse comprobavit. Isti siquidem duo fratres probi et amabiles fuerunt, sed in momento quasi flos feni cito marcuerunt; unus enim, ut dictum est, in venatione sauciatus occidit; alter vero, postquam Henricus Rodbertum apud Tenerchebraicum cepit, Jerusalem expetiit, ibique militia laudabilis cito corruit.

Nunc de silva, ubi præfatus tiro periit, vide, lector, cur Nova vocitata sit. Ab antiquis temporibus ibi populosa regio erat, et villis humanæ habitationi competentibus abundabat. Copiosa vero plebs Suthhamptonæ pagum solerti cura obnixe colebat; unde australis provincia Guentanæ urbi multipliciter campestri ubertate serviebat. Guillelmus autem primus, postquam regnum Albionis obtinuit, amator nemorum, plus quam LX parochias ultro devastavit, ruricolas ad alia loca transmigrare compulit, et silvestres feras pro hominibus, ut voluptatem venandi haberet, ibidem constituit. Ibi duos filios: Richardum et Guillelmum Rufum, nepotemque suum, ut dictum est, Richardum, perdidit, et multiformis visio quibusdam terribiliter apparuit, quibus consecratas ædes, pro educatione ferarum derelictas, Dominus sibi displicere palam ostendit

XII. *Mala præsagia ad Guillelmum regem spectantia. præfatus rex moritur.*

Mense Julio [1100], dum regia classis regalis pompæ apparatu instrueretur, et ipse pervicaciter, immensa pretiosi metalli pondera undecunque congerens, prope fretum præstolaretur, horrendæ visiones de rege in cœnobiis et episcopiis ab utrisque ordinibus visæ sunt; unde populis publicæ collocutiones in foris et cœmeteriis passim divulgatæ sunt. Ipsum quoque regem minime latuerunt.

Quidam monachus bonæ famæ, sed melioris vitæ, in cœnobio erat Sancti Petri de Gloucestra, qui hujusmodi somnium retulit se vidisse in visione nocturna: *Videbam*, inquit, *Dominum Jesum in solio excelso sedentem, et gloriosam cœli militiam, sanctorumque chorum ei assistentem. Dum vero, in exstasi supra me raptus, obstupescerem, et nimis admirans ad insolita intenderem, ecce quædam splendidissima virgo ante pedes Domini Jesu procidebat, et his precibus suppliciter illum exorabat:* «Domine Jesu Christe, Salvator generis humani, pro quo, pendens in cruce, pretiosum sanguinem tuum fudisti, clementer respice populum tuum, miserabiliter gementem sub jugo Guillelmi. Scelerum vindex, omniumque judex Justissime, de Guillelmo, precor, vindica me, et de manibus illius eripe, quia turpiter, quantum in ipso est, me polluit et immaniter affligit.» *Dominus autem respondebat:* «Patienter tolera, paulisper exspecta, quoniam in proximo tibi sufficiens adhibetur de illo vindicta.» *Hæc itaque audiens contremui, et cœlestem iram principi nostro mox imminere non dubitavi, intelligens sanctæ virginis et matris Ecclesiæ clamores pervenisse ad aures Domini, pro rapinis et turpibus mœchiis, aliorumque facinorum sarcina intolerabili, quibus rex et pedisequi ejus non desistunt divinam legem quotidie transgredi.*

His auditis, venerandus Serlo abbas commonitorios apices edidit, et amicabiliter de Gloucestra regi direxit, in quibus illa, quæ monachus in visu didicerat, luculenter inseruit. In eodem monasterio, Kalendis Augusti, celebritas Sancti Petri ad Vincula solemniter peracta est, et personarum utriusque ordinis ingens globus ibidem conglomeratus est. Tunc Fulcheredus, Sagiensis fervens monachus, Scrobesburiensis archimandrita primus, in divinis tractatibus explanator profluus, de grege seniorum electus, in pulpitum ascendit, sermonem ad populum de Salutari Dei fecit. Ibi prævaricatores divinæ legis palam redarguit, et, quasi prophetico spiritu plenus, inter cætera constanter vaticinatus dixit: *Anglia profanis ad conculcationem datur in hæreditate, quia repleta est terra iniquitate. Totum corpus maculatur multiformis lepra nequitiæ, et a capite usque ad pedes occupavit illud languor malitiæ. Effrenis enim superbia ubique volitat, et omnia, si dici fas est, etiam stellas cœli conculcat. Discincta libido vasa fictilia, sed et aurea coinquinat, et insatiabilis avaritia quæque potest devorat. En subitanea rerum instabit immutatio. Non diu dominabuntur effeminati. Dominus Deus publicos sponsæ suæ hostes judicare veniet, Moab et Edom rhomphæa manifestæ ultionis percutiet, et terribili commotione montes Gelboe subvertet. Ira Dei transgressoribus ultra non parcet. Jam cœlestis ultio super filios infidelitatis desæviet. Ecce arcus superni furoris contra reprobos intensus est, et sagitta velox ad vulneran-*

dum de pharetra extracta est. Repente jam feriet, seseque corrigendo sapiens omnis ictum declinet. Hæc et multa his similia populo feria IV in templo Dei dicta sunt, et extemplo flagella prosequi exhibitione operum cœpta sunt.

In crastinum, Guillelmus rex mane cum suis parasitis comedit, seseque post prandium, ut in Novam Forestam venatum iret, præparavit. Cumque hilaris cum clientibus suis tripudiaret, ocreasque suas calcearet, quidam faber illuc advenit, et sex catapultas ei præsentavit. Quas ille protinus alacriter accepit, per opus artificem laudavit, nescius futuri, quatuor sibi retinuit, et duas Gualterio Tirello porrexit. *Justum est,* inquit rex, *ut illi acutissimæ dentur sagittæ, qui lethiferos inde noverit ictus infigere.* Erat idem de Francia miles generosus, Picis et Pontisariæ dives oppidanus, potens inter optimates, et in armis acerrimus, ideo regi familiaris conviva, et ubique comes assiduus. Denique, dum de pluribus inutiliter confabularentur, et domestici clientes circa regem adunarentur, quidam monachus de Gloucestra adfuit, et abbatis sui litteras regi porrexit. Quibus auditis, rex in cachinnum resolutus est, et subsannando supradictum militem sic affatus est : *Gualteri, fac rectum de his quæ audisti.* At ille : *Sic faciam, domine.* Parvipendens itaque monita seniorum, immemor quod ante ruinam exaltatur cor, de serie litterarum quas audierat, dixit : *Miror unde domino meo Serloni talia narrandi voluntas exorta est, qui vere, ut opinor, bonus abbas et maturus senior est. Ex simplicitate nimia, mihi, tot negotiis occupato, somnia stertentium retulit, et per plura terrarum spatia scripto etiam inserta destinavit. Num prosequi me ritum autumat Anglorum, qui pro sternutatione et somnio vetularum dimittunt iter suum seu negotium?*

His dictis, celer surrexit, et cornipedem ascendens, in silvam festinavit. Henricus comes, frater ejus, et Guillelmus de Britolio, aliique illustres ibi fuerunt, in saltum perrexerunt, et venatores per diversa rite loca dispersa sunt. Cumque rex et Gualterius de Pice cum paucis sodalibus in nemore constituti essent, et armati prædam avide exspectarent, subito inter eos currente fera, rex de statu suo recessit, et Gualterius sagittam emisit. Quæ, super dorsum feræ, setam radens, rapide volavit, atque regem e regione stantem lethaliter vulneravit. Qui mox ad terram cecidit, et sine mora, proh dolor! exspiravit. Uno itaque prostrato terrigena, fit multorum commotio maxima, horribilisque de nece principis clamor perstrepit in silva. Henricus concito cursu ad arcem Guentoniæ, ubi regalis thesaurus continebatur, festinavit, et claves ejus, ut genuinus hæres, imperiali jussu ab excubitoribus exegit. Illuc et Guillelmus de Britolio anhelus advenit, callidoque meditatu præveniens, econtra obstitit. *Legaliter,* inquit, *reminisci fidei debemus, quam Rodberto duci, germano tuo, promisimus. Ipse nimirum primogenitus est Guillelmi regis filius, et ego et tu, domine mi Henrice, hominium illi fecimus. Quapropter tam absenti, quam præsenti, fidelitas a nobis servanda est in omnibus. In servitio Dei jam diu laboravit, et Deus illi ducatum suum, quem pro ejus amore peregrinus dimisit, nunc sine bellico tumultu cum paterno diademate restituit.* Inter hæc aspera lis oriri cœpit, et ex omni parte multitudo virorum illuc confluxit, atque præsentis hæredis, qui jonum jus calumniabatur, virtus crevit. Henricus manum ad capulum vivaciter misit, et gladium exemit, nec extraneum quemlibet, per frivolam procrastinationem, patris sceptrum præoccupare permisit.

Tandem, convenientibus amicis et sapientibus consiliariis, hinc et inde lis mitigata est, et saniori consultu, ne pejor scissura fieret, arx cum regalibus gazis filio regis Henrico reddita est. Hoc antea dudum fuit a Britonibus prophetatum, et hunc Angli optaverunt habere dominum, quem nobiliter in solio regni noverant genitum. Mortuo rege, plures optimatum ad lares suos de saltu manicaverunt, et contra futuras motiones, quas timebant, res suas ordinaverunt. Clientuli quidam cruentatum regem vilibus utcunque pannis operuerunt, et veluti ferocem aprum, venabulis confossum, de saltu ad urbem Guentanam detulerunt. Clerici autem et monachi atque cives, duntaxat egeni, cum viduis et mendicis, obviam processerunt, et pro reverentia regiæ dignitatis in veteri monasterio Sancti Petri celeriter tumulaverunt. Porro, ecclesiastici doctores et prælati, sordidam ejus vitam et tetrum finem considerantes, tunc judicare ausi sunt, et ecclesiastica, veluti biothanatum, absolutione indignum censuerunt, quem vitales auras carpentem salubriter a nequitiis castigare nequiverunt. Signa etiam pro illo in quibusdam ecclesiis non sonuerunt, quæ pro infimis pauperibus et mulierculis crebro diutissime pulsata sunt. De ingenti ærario, ubi plures nummorum acervi de laboribus miserorum congesti sunt, eleemosynæ pro anima cupidi quondam possessoris nullæ inopibus erogatæ sunt. Stipendiarii vero milites et nebulones ac vulgaria scorta quæstus suos in occasu mœchi principis perdiderunt, ejusque miserabilem obitum, non tam pro pietate, quam pro detestabili flagitiorum cupiditate, planxerunt, Gualteriumque Tirellum, ut pro lapsu sui defensoris membratim discerperent, summopere quæsierunt. Porro, ille, perpetrato facinore, ad pontum propere confugit; pelagoque transito, munitiones, quas in Gallia possidebat, expetiit, ibique minas et maledictiones malevolentium tutus irrisit. Hic Adelidem, filiam Richardi, de sublimi prosapia Gifardorum, conjugem habuit, quæ Hugonem de Pice, strenuissimum militem, marito suo peperit. Denique post multos annos Jerusalem expetiit, et in via Dei pœnitens Gualterius obiit.

Anno itaque ab incarnatione Domini 1100, feria quinta, IV Nonas Augusti, Guillelmus Rufus in

Nova Foresta ictu sagittæ mortuus est, postquam XII annis et pene X mensibus regno Angliæ potitus est.

XIII. *Henricus, frater Guillelmi Rufi, ei in solio succedit.*

Henricus autem, cum Rodberto, comite de Mellento, Lundoniam properavit, et dominico sequenti, apud Guestmonasterium, in basilica Sancti Petri apostoli, regale stemma suscepit, cumque venerabilis Mauricius, Lundoniensis episcopus, consecravit. Anselmus enim, Doroberniæ archiepiscopus, ut supra dictum est, exsulabat; Thomas vero, Eboracensis archiepiscopus, nuper defunctus fuerat, et metropolitana sedes adhuc vacabat. Triginta annorum erat Henricus, cum regnare cœpisset, et XXXV annis et IV mensibus regnavit. Hic inter prospera et adversa regnum sibi divinitus commissum prudenter et commode moderatus est, ac inter præcipuos totius Christianitatis principes, obtentu pacis et justitiæ fulgens, insignis habitus est. In diebus ejus Ecclesia Dei divitiis et honoribus alacriter emicuit, et omnis ordo religiosorum ad laudem Creatoris multipliciter crevit. Hoc monachi et clerici attestantur, qui numero et sublimitate, eo regnante, multiplicantur; hoc eremitæ merito perhibere possunt, qui silvarum condensa prosternunt, et, erectis monasteriorum et palatiorum excelsis culminibus, ibi tripudiant, et gloriam Deo cum dulcedine mentis cantitant, ubi quondam exleges latrunculi, ad omne nefas peragendum, latitare solebant.

A principio regni sui omnes sibi sapienter conciliavit, ac ad amorem sui regalibus munificentiis invitavit. Optimates enim benigniter honoravit, opes et honores illis auxit, et sic eos leniendo fidos sibi effecit. Subjectas vero plebes justis legibus datis fovit, et ab iniquis exactoribus atque prædonibus patrocinando protexit. Sic sublimis patricius inter omnes occiduos consules et regnorum rectores effulsit, omniumque favorem, tam clericorum quam laicorum, qui ratione regi gaudebant, promeruit. Viduatas pastoribus Ecclesias consolari cœpit, et eruditos illis doctores, seniorum consultu, imposuit. Nam Guillelmo, cognomento Gifardo, qui defuncti regis cancellarius fuerat, Guentanæ urbis cathedram commisit, et Girardum, Herfordensem episcopum, in Eboracensem metropolim promovit. Veloces quoque nuntios trans pontum direxit, per quos venerabilem Anselmum, archiepiscopum Cantuariæ, ad sedem suam accersiit, quem, sicut supra dictum est, Guillelmus rex incongruis infestationibus expulit. Eliense vero cœnobium dedit Richardo Richardi de Benefacta filio, Beccensi monacho, et abbatiam Sancti Edmundi regis et martyris Rodberto, juveni Uticensi monacho, Hugonis Cestrensis comitis filio. Glastoniam quoque commisit Herluino Cadomensi, et Habundoniam Farisio Malmesburiensi. Hugo, Cestrensis comes, et Rodbertus Belesmensis, ac alii optimates, qui erant in Normannia, audito casu infortunati principis, rerumque mutatione subita, compositis in Neustria rebus suis, iter in Angliam acceleraverunt, eique hominio facto, fundos et omnes dignitates suas cum regiis muneribus ab eo receperunt.

Henricus rex imprudentum consilia juvenum, sicut Roboam, secutus non est, sed sapientum argutias monitusque senum sagaciter amplexatus est. Rodbertum scilicet de Mellento et Hugonem de Cestra, Richardum de Radvariis et Rogerium Bigodum, aliosque strenuos et sagaces viros suis adhibuit consiliis, et, quia humiliter sophistis obsecundavit, merito multis regionibus et populis imperavit. Præfatus princeps, quarto mense ex quo cœpit regnare, nolens ut equus et mulus, quibus non est intellectus, turpiter lascivire, generosam virginem, nomine Mathildem, regali more sibi desponsavit, ex qua geminam prolem, Mathildem et Guillelmum, generavit. Hæc nimirum Melculfi, regis Scottorum, et Margaritæ reginæ filia fuit, cujus origo de stirpe Elfredi regis, filii Egberti regis, processit, qui primus monarchiam totius Angliæ, post Danicam cladem et occasum sancti Edmundi, regis et martyris, obtinuit. Nam antea, ex quo Angli de Anglo insula, ubi Saxoniæ metropolis est, in Britanniam venerunt, et, devictis seu deletis quos modo Gualos dicunt, occupatam bello insulam, Hengist primo duce, a natali solo Angliam vocitaverunt, quinque reges, ut in scriptis Gildæ Britonis et Bedæ Anglici legitur, in ea regnaverunt.

Sapiens ergo Henricus, generositatem virginis agnoscens, multimodamque morum ejus honestatem jamdudum concupiscens, hujusmodi sociam in Christo sibi elegit, et in regno secum, Gerardo Herfondensi episcopo consecrante, sublimavit. De rebus, quæ in Anglia contigerunt, pauca prælibavi; sed de Normannis nihilominus huic aliqua libet addere operi.

Mense Augusto 1100, mox ut in Neustria infausti occasus regis compertus est, turgentium furor Normannorum in sua viscera excitatus est. Nam in eadem septimana Guillelmus, consul Ebroicensis, et Radulfus de Conchis cum ingenti manu in territorium de Bellomonte irruerunt, et ingentem prædam de terra Rodberti, comitis Mellentensis, rapuerunt, pro quibusdam injuriis, quas ipse suis comparibus ingesserat, per fraudulenta consilia, quæ Rufo regi contra illos suggerere jamdudum studuerat. Similiter alii plures iram et malevolentiam, quas olim conceperant, sed, propter rigorem principalis justitiæ, manifestis ultionibus prodere non ausi fuerant, nunc, habenis relaxatis, toto nisu contra sese insurrexerunt, et mutuis cædibus ac damnis rerum miseram regionem, rectore carentem, desolaverunt.

Mense Septembri, Rodbertus dux in Normanniam venit, et, a suis susceptus, cum Sibylla, conjuge sua, Montem Sancti Michaelis archangeli de Periculo Maris adiit. Ibi pro reditu salvo de longinqua peregrinatione Deo gratias egit, ac postea sponsam suam, Goisfredi de Conversana filiam, cognovit ; quæ sequenti anno filium ei peperit, quem Guillelmus archipræsul baptizavit, eique nomen suum imposuit. Rodbertus vero dux ducatum suum, nemine prohibente, recepit, et fere VIII annis nomine tenus tenuit. Socordia nempe mollitieque damnabiliter detentus est, ideoque despicabilis inquietis et exlegibus incolis factus est. Furta et rapinæ indesinenter agebantur, et mala passim ad detrimenta totius patriæ multiplicabantur.

XIV. *Helias comes Cenomanensem comitatum recuperat.*

Helias, filius Joannis de Flecchia, ut rumores quos optaverat audivit, Guillelmum videlicet regem occubuisse veraciter agnovit, cum armatorum turma Cenomanis venit, et, ab amicis civibus voluntarie susceptus, urbem pacifice obtinuit. Fulconem, Andegavorum comitem, dominum suum, accersiit, a quo adjutus, arcem diu obsedit. Haimericus de Moria et Gualterius Rothomagensis, Ansgerii filius, cum necessariis clientibus turrim servabant ; victum et armamenta, et quæque obsessis necessaria erant ad resistendum, sufficienter habebant. Quotidie vero simul loquebantur, et mutuo minitabantur, sed joca minis plerumque miscebantur. Heliæ comiti privilegium dederunt ut, quotiescunque vellet, albam tunicam indueret, et sic ad eos qui turrim custodiebant, tutus accederet. Ille vero, credulus fidei eorum, quos probissimos et legales noverat, candore vestis notabilis, sæpe ad hostes accedebat, et solus cum illis diu confabulari non dubitabat. Inclusi et forinseci diversis cavillationibus mutuo exercebantur, animoque non malevolo multa ludicra utrinque agitabantur, unde in illa regione futuri pro admiratione et delectamine loquentur.

Tandem Gualterius et Haimericus Heliam, post aliquot dies, sic affati sunt : *Arcem munitissimam, omnibus bonis opulentam, sicut herus noster nobis commisit, servamus ; nec vos, nec omnia machinamenta vestra timebimus, quandiu resistere vobis voluerimus. Lædere quidem vos lapidibus et sagittis possumus, quia, in eminentiori prætorio constituti, vobis prævalemus. Verum, pro Dei timore et naturali amore, vobis parcimus, præsertim cum ignoremus cui militantes hanc turrim servemus. Unde justum et utile æstimamus ut mutuo trevias demus et accipiamus, donec legatus noster redeat a dominis nostris, Angliæ et Normanniæ principibus. Qui postquam reversus fuerit, faciemus prout ratio nobis intimaverit.* His auditis, gaudens Helias Fulconi retulit. Omnes inde admodum gavisi sunt, et placitum Normannorum libenter annuerunt. Legatus autem, duci Normanniæ directus, ait : *Gualterius et Haimericus cum sociis fidelibus arcem Cenomanicam, sicut eis Guillelmus rex præcepit, observant, et, a Cenomanensibus atque Andegavinis obsessi, a te auxilium postulant, scire optantes quid secundum voluntatem tuam agere debeant. Si præfatam arcem vis habere, veni cum valida bellatorum manu eis succurrere, et a circumvallantibus inimicis liberare. Alioquin edoce qualiter valeant de periculo mortis evadere.* Dux autem longæ laboribus peregrinationis fractus, et magis quietem lecti quam bellicum laborem complecti cupidus, per legatum mandavit obsessis ut honestam pacem cum obsidentibus facerent inimicis. *Longo*, inquit, *labore fatigatus sum, et ducatus mihi sufficit Normannorum. Invitant etiam me proceres Angliæ ut festinem pelagus transire, quia parati sunt me in regem suscipere.* Denique legatus, his auditis, reciprocum iter non repetiit, sed, ponto velociter tranfretato, regem Albionis adiit, eique consequenter ea, quæ illum duci jam dixisse scripsi, facunde intimavit. Ille vero, transmarinis occupatus negotiis regni, callide maluit sibi debita legaliter amplecti, quam peregrinis præ superbia et indebitis laboribus nimis onerari. Custodibus arcis pro sua benevolentia gratias reddidit, et legatum muneribus dignis honoratum remisit. Nuntius igitur ad suos rediit, illisque responsa filiorum Guillelmi regis per ordinem retulit.

Custodes itaque, laudabili jam fide probati, Heliæ candidam jusserunt tunicam indui, pro qua Candidus Bacularis solitus est ab illis nuncupari. Protinus ille jussis paruit. Municipes eum velociter venientem susceperunt, et, jocantes dixerunt : *Candide Bacularis, merito nunc vales lætari, quia tempus instat quod diu desiderasti. Si copiam nummorum in ærario tuo habes, nobiscum felix mercimonium facere potes.* Cumque interrogasset quem mercatum exercerent, dixerunt : *Potens Guillelmus, rex Anglorum, hanc arcem condidit ; cujus hæres eam nobis commendavit : sed nuper, proh dolor ! occubuit. Hanc nimirum arcem tibi damus, et te amodo Cenomanorum comitem esse concedimus. Non formidine virtutis vestræ territi vel oppressi sumus, nec nobis usque ad longum tempus resistendi deficeret virtus, si vobis adhuc resistere vellemus ; arma quidem et animos audaces, victumque sufficientem habemus ; sed naturali hero caremus, cui strenuitatis nostræ servitium impendamus. Unde, strenue vir, probitatem tuam agnoscentes, te eligimus, et, arce reddita, te principem Cenomanorum hodie constituimus.*

Hæc ad Heliam probi heroes locuti sunt, et pacem cum eo fecerunt, et munitissimam ei turrim, cum omnibus copiis a Guillelmo Rufo ibidem aggregatis, reddiderunt. Facta itaque pace, strenui municipes cum armis et omnibus rebus suis exierunt, nec ut hostes devicti, sed ut fideles amici, a consulibus suscepti sunt. Helias vero comes cum cc militibus eos per urbem incolumes eduxit, et, ne a civibus, quorum domos præterito anno combusserant, læderentur, alacriter protexit. Sic Helias comes tertio anno consulatum suum recuperavit, et usque ad obitum suum fere x annis honorifice tenuit.

Interea, post aliquot annos, Eremburgem, filiam suam, Fulconi filio domini sui, Andegavorum comiti, dedit, ipsumque Cenomanis dominum sibi successorem constituit. Fœdus amicitiæ cum Rodberto duce et Henrico rege postmodum copulavit, eorumque bellis viriliter interfuit, unique multum nocuit, alterique ingens suffragium contulit. Defuncta conjuge sua, cælibem vitam actitare renuit, sed Agnetem, filiam Guillelmi Pictavorum ducis, relictam (39) Hildefonsi senioris, Galiciæ regis, uxorem duxit. Celebres nuptias cum ingenti tripudio perpetravit, sed, sequenti anno, multis lugentibus, obiit. Cujus cadaver Ildebertus præsul in basilica Sancti Petri apostoli Culturæ reverenter sepelivit.

XV. *Rivalitas et dissensiones inter Henricum regem et Robertum ducem exortæ. De Rannulfo Flambardo Dunelmensi episcopo. — Robertus dux armata manu in Angliam transfretat.*

Anno ab Incarnatione Domini 1101, indictione ix, ingens turbatio in Anglia et Normannia orta est.

Seditiosi enim proceres, Henrici regis magnanimitatem metuentes, et desidis mollitiem Rodberti ducis, ut libitus suos nequiter explerent, magis amantes, fraudulenta consilia vicissim tractare cœperunt, eique, ut parata classe festinus transfretaret, mandaverunt. Rodbertus nimirum de Belismo, et duo fratres ejus, Rogerius Pictavinus atque Arnulfus; Guillelmus de Garenna, Suthregiæ comes, et Gualterius Gifardus, Yvo de Grentemasinilio, et Rodbertus Ilberti filius, aliique plures decretum proditionis sanxerunt, et partes ducis, prius clam, postea palam, adjuvarunt. Imprudens vero dux sua dominia non servavit, sed pro cupiditate regni, quod callidior frater possidebat, insipienter distraxit.

Tunc Rodberto de Belismo Sagiensem episcopatum et Argentomum castrum, silvamque Golferni donavit, et munitionem de Gisortis Tedbaldo Pagano, quia semel eum hospitatus fuerat, tribuit. Aliis quoque proceribus de suo peculio plurima dedit, multisque, si rex foret, majora quam dare posset, promisit. Et, quoniam meretricum atque scurrarum consortia non refutavit, sed, eis impudenter applaudens, sua dilapidavit, inter divitias ampli ducatus pane multoties eguit, et, pro penuria vestitus, usque ad sextam de lecto non surrexit, nec ad ecclesiam, quia nudus erat, divinum auditurus officium, perrexit. Meretrices enim et nebulones qui, lenitatem ejus scientes, eum indesinenter circumdederunt, braccas ejus et caligas et reliqua ornamenta crebro impune furati sunt. In illo itaque palam completum est quod per quemdam sapientem dictum est:

Qui sua demergunt, hi post extranea pergunt.

At Normannici optimates ducem suum parvipendentes, et Anglico regi magis favere gestientes, ad illum transferre ducatum Neustriæ decreverunt, crebrisque legationibus ad hujuscemodi appetitum incitaverunt. Sic utraque gens, instante perfidia, depravabatur, dominoque infida suo qualiter obesset machinabatur. Rebelles aliqui manifestam contra fideles vicinos guerram arripuerunt, et gremium almæ telluris rapacitatibus et incendiis, cruentisque cædibus maculaverunt. Venerabilis Anselmus archiepiscopus et omnes episcopi et abbates cum sacro clero et omnes Angli indissolubiliter regi suo adhærebant, et pro ejus salute, regnique statu regem Sabaoth incessanter orabant. Rodbertus quoque de Mellento, et multi alii legales, providique barones domino suo fideliter connectebantur, viribus et consiliis ei suffragabantur.

Præcipuus incentor vesaniæ hujus fuit Rannulfus Flambardus, Dunelmi episcopus. Hic nimirum, de plebeia stirpe progressus, Guillelmo Rufo admodum adulatus est, et, machinationibus callidis illi favens, super omnes regni optimates ab illo sublimatus est. Summus regiarum procurator opum et justitiarius factus est, et, innumeris crudelitatibus frequenter exercitatis, exosus et pluribus terribilis factus est. Ipse vero, contractis undique opibus, et ampliatis honoribus, nimis locupletatus est, et usque ad pontificale stemma, quamvis pene illitteratus esset, non merito religionis, sed potentia sæculari provectus est. Sed, quia mortalis vitæ potentia nulla longa est, interempto rege suo, ut veternus patriæ deprædator, a novo rege incarceratus est. Pro multis enim injuriis, quibus ipsum Henricum, aliosque regni filios, tam pauperes quam divites, vexaverat, multisque modis crebro afflictos irreverenter contristaverat, ex divino consultu, mutato flamine, de sublimi culmine potestatis dejectus est, et in arce Lundoniensi Guillelmo de Magnavilla custodiendus in vinculis traditus est. Verum, sicut Ovidius dicit, de Dædalo canens:

Ingenium mala sæpe movent...,

ingeniosus præsul de rigore ergastuli exire sategit, et exitum callide per amicos procuravit. Erat enim solers et facundus, et, licet crudelis et iracundus, largus tamen et plerumque jucundus, et ob hoc plerisque gratus et amandus. Quotidie ad victum suum duos sterilensium solidos jussu regis habebat. Unde cum adjumentis amicorum in carcere tripudiabat, quotidieque splendidum sibi, suisque custodibus convivium exhiberi jubebat. Quadam die in lagena vini funis ei delatus est, et copiosus convivii apparatus largitione præsulis erogatus est. Custodes cum eo comederunt, et Falerno ubertim hausto exhilarati sunt. Quibus admodum inebriatis

---

(39) Ann. 1080, parentelæ causa, Hildefonsus reliquerat Agnetem. Guizot.

et secure stertentibus, episcopus funem ad columnam, quæ in medio fenestræ arcis erat, coaptavit, et baculum pastoralem secum sumens, per funem descendit. Verum, quia manus suas oblitus fuit chirothecis obvolvere, usque ad os excoriatæ sunt restis scabredine, et, fune ad solum usque non pertingente, gravi lapsu corpulentus flamen ruit, et p ne conquassatus, flebiliter ingemuit. Fideles amici ejus et probati satellites ad pedem turris exspectabant, qui, non sine timore magno, ibidem ei optimos cornipedes præparaverant. Quibus ascensis, ille velociter aufugit, et fidos comites cum thesauro suo obviam habuit, cum quibus in Normanniam festinanter ad Rodbertum ducem navigavit. Mater vero Flambardi, quæ sortilega erat, et cum dæmone crebro locuta, ex cujus nefaria familiaritate unum oculum amiserat, in alia nave cum filii thesauro sui per pelagus in Neustriam ferebatur, et a sociis ibidem pro scelestis incantationibus cum derisoriis gestibus passim detrahebatur. Interea totam piratis occurrentibus in ponto ærarium direptum est, et venefica cum naucleris et epibatis anus nuda, mœrensque in littus Normanniæ exposita est. Denique fugax antistes, a duce susceptus, Normanniæ præfectus est, et ipse dux, quantum ignavia permisit, ejus consiliis usus est. Hic præcipue ducem contra fratrem suum ad certamen concitavit, et inimicitias in regem toto adnisu exercuit. Consilium duci qualiter Angliæ regnum obtineret, dedit, auxiliumque suum in omnibus promisit.

In autumno [1101] tandem Rodbertus dux in Angliam transfretavit, et ab illustribus et opulentis, qui confœderati eum præstolabantur, susceptus in

regem bellum paravit. Classis ejus Guillelmi patris sui classi multum dispar fuit quæ, non exercitus virtute, sed proditorum procuratione, ad portum Portesmude appluit. Protinus ipse dux a proceribus regni, qui jamdudum illi hominium fecerant, in provinciam Guentoniensem perductus, constitit, et fratrem suum, nisi diadema deponeret, ad prælium concitatione seditiosorum lacessiit. Multi, qui pridem regi specie tenus adhæserant, advenientem ducem ultro susceperunt, copiisque suis agmina ejus stipaverunt. Rodbertus enim Belesmensis, et Guillelmus Suthregiæ comes, aliique plures regem deseruerunt, et multi, ut occasionem separationis extorquerent, ab eo injusta petierunt, et, nisi petitionibus suis satisfaceret, eum sese derelicturos minitati sunt. Rodbertus de Mellento et Richardus de Radvariis, aliique multi barones strenui regem suum vallaverunt. Omnes quoque Angli, alterius principis jura nescientes, in sui regis fidelitate perstiterunt, pro qua certamen inire satis optaverunt.

Interea Hugo, Cestrensis comes, in lectum decidit, et post diutinum languorem monachatum in cœnobio, quod idem Cestræ construxerat, suscepit, atque post triduum, vi Kalendas Augusti, obiit. Richardus autem, pulcherrimus puer, quem solum ex Ermentrude, filia Hugonis de Claromonte, genuit, consulatum ejus fere xii annis, amabilis omnibus, tenuit, et Mathildem, filiam Stephani Blesensium comitis, ex Hadala sorore Henrici regis, uxorem duxit, cum qua in Candida Nave, ut postmodum satis elucidabitur, vii Kalendas Decembris [1101] naufragio, proh dolor! periit (40).

(40) Cestrensium comitum seriem ab Hugone isto Normannigena indicat genealogia sequens : *Anno Domini* 1089, *venit D. Anselmus abbas Ecclesiæ Uticensis* (leg. *Beccensis*) *in Anglia, qui rogatu Hugonis primi comitis Cestriæ Cestriam venit, ibique abbatiam in honore S. Werburgæ fundavit, et monachis ibidem congregatis Richardum monachum Uticensem* (leg. *Beccensem*) *primum abbatem instituit. Quo facto, eodem anno in reditu suo a Cestria archiepiscopus Cantuariensis factus est* (anno 1093).

Sexto Kal. Augusti obiit Hugo primus comes Cestriæ, qui jacet in capitulo (Spaldingensis ecclesiæ) *erga Austrum extremum. Post cujus mortem, Richardus filius ejus, puer septem annorum, comitatum suscepit : vii Kal. Decembris cum uxore sua et multis aliis submersus est apud Warflet. Post quem successit Ranulfus de Meschines, nepos prædicti Hugonis comitis, qui moriens vi Kal. Februarii jacet erga Austrum juxta Hugonem primum. Post quem successit Ranulfus de Gernons filius ejus, qui moriens xvi Kal. Januarii jacet juxta patrem suum. Post quem successit Ranulfus filius ejus, qui moriens vii Kal. Novembris jacet juxta patrem suum. Post hunc successit Joannes de Scotia nepos ejus, qui moriens vii Idus Junii, jacet juxta prædictum comitem.*

Jam vero Ranulfus habuit quatuor sorores : primogenita nomine Mathilda, secunda Mabilia, tertia Agnes, quarta Hawisia. Mathilda prima desponsata fuit comiti Davidi, et habuit filium Joannem cognominatum de Scotia, qui fuit comes Cestriæ, et habuit quatuor filias. Margarita prima nupta Alano de Sulweye, et habuit filiam Dervagillam quæ erat uxor Joannis Bayliolf. Isabella secunda nupta Roberto de Brus, et habuit filium Robertum de Brus. Mathilda tertia moriebatur sine filiis. Alda quarta nupta Henrico de Hastings, et habuit filium Henricum Hastings.

Mabilia secunda soror comitis Ranulfi desponsata fuit comiti de Arundell, et habuit quatuor filias, scilicet Mabiliam nuptam Roberto Tateshall, et habuit filium Robertum Tateshall. Nicolaa soror secunda nupta Rogero de Somerey, et habuit filium Radulfum qui obiit ante patrem, et quatuor filias, videlicet Margareta nupta Radulfo Basset juniori ; Joanna secunda nupta Joanni de Estrang ; Elisabetha tertia nupta Waltero de Suley ; et Mathilda quarta nupta Henrico de Herdington. Cecilia tertia filia comitis Arundeliæ nupta Rogero de Montealto. Isabella quarta filia ejusdem comitis nupta fuit Joanni filio Alani, et habuit filium Joannem.

Agnes tertia soror Ranulfi comitis desponsata Willelmo Ferrers seniori, et habuit filium Willelmum juniorem, qui fuit comes Derebeiæ. Willelmus junior habuit filium Rodbertum.

Havisa quarta soror Ranulfi comitis desponsata fuit Roberto de Quinci, et habuit filiam Margaretam comitissam Lincolniæ, quæ nupta fuit Joanni de Lacy Constabulario Cestriæ : ex qua idem Joannes genuit Edmundum, qui quidem Edmundus genuit Henricum Lacy comitem Lincolniæ, et idem Edmundus obiit ante matrem suam. Dictus autem Henricus ex filia comitis Sarum genuit Edmundum qui obiit ante patrem suum, et filiam Alesciam nomine ; quæ nupta fuit domino Thomæ comiti Lancastriæ et Leicestriæ,

XVI. *Pax inter duos fratres, Henricum scilicet et Robertum, componitur.*

Mellenticus consul versutus contribulium et defectionem prospiciens, fidemque suam amico regi inter læta et tristia servare satagens, hinc et inde multa tacito corde subtiliter revolvit, et ne status regni vacillaret, anxius laboravit. Dixit itaque regi : *Omnis probus et æquitate pollens, dum videt amicum pressuris impeti, si legalitate vult probabilis haberi, indigenti dilecto debet totis nisibus suffragari. In hujusmodi studio non tantum futuræ mercedis emolumentum debet pensari, quantum de indigentis amici subventione cogitari. Verum plures videmus multum aliter agentes, fideique, quam domino pepigere suo, decus turpi prævaricatione polluentes. Hæc profecto manifeste cernimus, et acutis punctionibus in nostris lateribus sentimus. Nos ergo, quibus communis utilitatis providentia commissa est divinitus, ad salutem regni, Ecclesiæque Dei undique speculari debemus. Maxima sit cura ut per gratiam Dei pacifice vincamus, ut sine Christiani sanguinis effusione victoriam obtineamus, et in pacis serenitate fidelis consistat populus. Nunc igitur, domine mi rex, consilium meum audi, monitisque meis ne dedigneris obsequi. Cunctos milites tuos leniter alloquere, omnibus ut pater filiis blandire, promissis universos demulce, quæque petierint concede, et sic omnes ad favorem tui solerter attrahe. Si Lundoniam postulaverint vel Eboracham, ne differas magna polliceri, ut regalem decet munificentiam. Melius est enim dare regni particulam, quam multitudine inimicorum cum vita perdere victoriam. Cumque ad finem hujus negotii, auxiliante Deo, prospere pervenimus, de repetendis dominiis, quæ temerarii desertores tempore belli usurpaverint, utile consilium suggeremus. Certum est quod quisquis dominium suum in mortis periculo sponte deserit, aliumque pro aviditate lucri appetit, seu militare servitium, quod ultro pro defensione regni exhibere debet, regi suo venale facit, cumque propriis spoliare dominiis contendit, judicio rationis et æquitatis ut proditor judicabitur, et hæreditariis rebus merito nudatus, extorris effugabitur.* Universi optimates Henrico regi assistentes verba consulis collaudaverunt, et regem ut monitis ejus obsecundaret cohortati sunt. Ille vero, sapientia præcellens, benevolis auricularis gratias egit, eorumque salubribus hortamentis libenter acquievit, pluresque, quos suspectos habebat, promissis et muneribus sibi conciliavit. Tandem cum ingenti exercitu obviam fratri processit, et legatos direxit, per quos sollicite inquisivit cur Angliæ fines cum armato exercitu intrare præsumpserit. Rodbertus autem dux per suos responsales ita locutus est : *Regnum patris mei cum proceribus meis ingressus sum, et illud reposco, debitum mihi jure primogenitorum.*

In quadam planitie, duo germani per aliquot dies perstiterunt, sibique mutuo nobiles nuntios quotidie miserunt. Seditiosi proditores magis bellum quam pacem optabant. Et quia plus privatæ quam publicæ commoditati insistebant, versipelles veredarii verba pervertebant, et magis jurgia quam concordiam inter fratres serebant. Porro, sagax Henricus istud advertit, unde fratris colloquium ore ad os petiit et convenientes fraterni amoris dulcedo ambos implevit. Nobilis corona ingentis exercitus circumstitit illique terribilis decor Normannorum et Anglorum in armis effulsit. Soli duo germani spectantis in medio populi collocuti sunt, et ore quod corde ruminabant sine dolo protulerunt. Denique post pauca verba mutuo amplexati sunt, datisque dulcibus basiis, sine sequestro concordes effecti sunt. Verba quidem hujus colloquii nequeo hic inserere, quia non interfui ; sed opus, quod de tantorum consilio fratrum processit, auditu didici.

In primis Rodbertus dux calumniam, quam in regno Angliæ ingesserat, fratri dimisit, ipsumque de homagio, quod sibi jamdudum fecerat, pro regali dignitate absolvit. Henricus autem rex tria millia librarum sterilensium sese duci redditurum per singulos annos spopondit, totumque Constantinum pagum et quidquid in Neustria possidebat, præter Danfrontem, reliquit. Solum Danfrontem castrum sibi retinuit, quia Danfrontanis, quando illum intromiserunt, jurejurando pepigerat quod nunquam eos de manu sua projiceret, nec leges eorum vel consuetudines mutaret. Remotis omnibus arbitris, soli fratres scita sua sanxerunt, et, cunctis in circumitu eos cum admiratione spectantibus, decreverunt quod sese, ut decet fratres, invicem adjuvarent, et omnia patris sui dominia resumerent, scelestosque litium satores pariter utrinque punirent.

Pace itaque facta, confusio perfidos operuit, et despicabiles illis etiam quibus inique adulati fuerant, effecit, et inglorios, metuque pallentes a facie regis latitare compulit. Sinceræ vero plebes et justis laboribus insistentes exsultaverunt, et armatorum cunei, licentia regis accepta, dissoluti sunt, gaudentesque ad sua tecta remeaverunt. Totius Albionis regnum, tranquillitate pacis tripudians, siluit et Ecclesia Dei, diuturna quiete vigens, divina lege splenduit, Deoque, secura sine præliorum tumultu militavit. Narrationi nostræ perhibent evidens testimonium novæ basilicæ, et multa oratoria nuper condita per vicos Angliæ, et operosa claustra cœnobiorum, cum aliis officinis monachorum, quæ constructa sunt Henrici regis tempore. Omnis enim ordo Religiosorum, pace fruens et prosperitate, in omnibus quæ ad cultum Deitatis pertinent omnipotentissimæ, intus et exterius suam diligentiam satagit exhibere. Unde templa domosque fervens fidelium devotio præsumit prosternere, eademque melioranda renovando iterare. Prisca ergo ædificia, quæ sub Edgaro, vel Eduardo, aliisque christianis regibus constructa sunt, dejiciuntur, ut amplitudem, p. 303.)

et post ejus mortem domino Ebuloni le Strange. (Monast. Anglic. I, p. 308. Vide etiam tomi ej.

Dom Bouquet, Lib. x ; p. 685.

dine, seu magnitudine, vel operis elegantia, ad laudem Creatoris competenter emendentur.

Rodbertus dux, postquam duobus mensibus cum germano rege deguit, regalibus xeniis honoratus, appropinquante hieme, in Neustriam rediit, et Guillelmum de Guarenna, pluresque alios pro ipso exhæredatos, secum adduxit.

Non multo post Gislebertus senex, cognomento Maminotus, Lexoviensis episcopus, mense Augusto mortuus est, atque Fulcherius, frater Flambardi, ejusdem sedis præsul a Guillelmo archiepiscopo mense Junio consecratus est. Hic pene illitteratus ad episcopatum procuratione fratris sui de curia raptus est; quo, dapsilitate laudabilis, vii mensibus potitus, mense Januario [1102] defunctus est. Deinde Rannulfus Flambardus, qui in Normannia exsulabat, et Dunelmi præsulatu carebat pro inimicitia regis cui restiterat, Lexoviensem pontificatum filio suo Thomæ puero suscepit, et per triennium, non ut præsul, sed ut præses, gubernavit. Interea Guillelmus de Paceio, ingenti pretio comiti dato, præsulatum præoccupare sategit; sed, pro Simoniaca lue, prius Rothomagi, postea Romæ condemnatus, temeritatem suam misere luit. Sic fere quinque annis Lexovium rectore caruit, et Dominicus grex, pastore digno carens, lupinis dentibus patuit, donec illi gratia Dei Joannem ad plebis suæ consolationem episcopum destinavit.

XVII. *Dux Pictaviensis, dux Burgundiæ et plurimi alii magnates crucem suscipiunt. Eorum cum imperatore Constantinopolitano contentiones.*

Bonis rumoribus auditis de illustribus athletis qui peregre profecti sunt, et in Oriente contra Ethnicos in nomine Christi dimicantes gloriose triumpharunt, Occidui proceres invictam probitatem et insperatos eventus eorum zelati sunt. Consobrini et affines eorum strenuitatis exemplo ad simile opus excitati sunt. Multos nimirum accendit fervor peregrinandi, sepulcrum Salvatoris et sancta loca visendi, et virtutem, militiamque suam contra Turcos exercendi. Plures etiam terror apostolicæ maledictionis peregrinari coegit; Paschalis enim papa omnes palam anathematizavit, et ab omni Christianitate segregavit, qui Crucem Domini gratis acceperant, et itinere non perfecto remeaverant, nisi reciprocum callem iterarent, Deoque satisfacientes vota sua pie persolverent.

Anno itaque Dominicæ Incarnationis 1101, Guillelmus, Pictaviensium dux, ingentem exercitum de Aquitania et Guasconia contraxit, sanctæque peregrinationis iter alacris iniit. Hic audax fuit et probus, nimiumque jucundus, facetos etiam histriones facetiis superans multiplicibus. Fertur trecenta armatorum millia vexillum ejus secuta fuisse, quando egressus fuerit de finibus Aquitaniæ. Stephanus quoque, Blesensis palatinus comes, pene ab omnibus derogabatur et indesinenter verecundabatur, eo quod de obsidione Antiochena turpiter aufugerit et gloriosos sodales suos in martyrio Christi ago-nizantes deseruerit. A multis personis multoties corripiebatur, et militiam Christi tam terrore quam confusione repetere cogebatur. Ad hoc etiam Adela, uxor ejus, frequenter eum commonebat, et inter amicabilis conjugii blandimenta dicebat : *Absit a te, domine mi, ut tantorum diu digneris hominum opprobria perpeti ! Famosam strenuitatem juventutis tuæ recole, et arma laudabilis militiæ ad multorum salutem millium arripe, ut inde Christicolis ingens in toto orbe oriatur exsultatio, ethnicisque formido, suæque scelerosæ legis publica dejectio.* Hæc et multa his similia mulier sagax et animosa viro suo protulit. Sed ille, periculorum et difficultatum gnarus, labores duros iterum subire formidavit. Tandem animos et vires resumpsit, et iter cum multis millibus Francorum arripuit, et usque ad Sepulcrum Christi, quamvis pessima illi obstitissent impedimenta, perrexit. Tunc Harpinus Bituricam urbem Philippo, regi Francorum, vendidit, et cum Goscelino de Cortenaia et Milone de Braio iter Jerusalem iniit. Stephanus autem dux et Stephanus, comes super-Saonensis, aliusque Stephanus, Richeldis filius, cum plurimis cœtibus bellatorum de Burgundia, militiæ Christi celeres adhæserunt. Mediolanensis quoque archiepiscopus, et Albertus de Blandraia, potentissimus Italorum, cum catervis Ligurum, iter Jerosolymitanum aggressi sunt. Omnes isti pro amore Dei peregre perrexerunt, et in Macedoniam pervenientes, suos Alexio imperatori legatos direxerunt, per quos pacificum conductum et mercatum ab eo sibi postulaverunt.

Solers Augustus, nimiam virtutem Occidentalium adventare audiens, perterritus est, eisque quidquid ab eo petierant indubitanter annuens, prudenter blanditus est. Audaciam et fortitudinem Cisalpinorum sub Guiscardo et Buamundo multoties expertus fuerat, et idcirco illos contristare ac ad bellum provocare admodum præcavebat. Liberum ergo per terram suam illos habere transitum decrevit, ipsorumque petitionibus omnimodis liberaliter acquievit. Ingentia dona principibus erogavit, et omnes usque in Cappadociam, quæ ultra Constantinopolim est, prospere conduci fecit. Illic omnes Occiduæ phalanges recensitæ sunt, et plus quam quingenta millia pugnatorum reperta sunt. Sagaces viri de itinere peragendo consiliati sunt, sed de periculis nihilominus devitandis, præcogitaverunt. In conciliabulis itaque suis imminentia perscrutabantur, et sic vicissim loquebantur : *Huc usque securi fuimus, quia inter fratres commorati sumus, quorum mores et loquelam novimus. Nam, ex quo de laribus nostris egressi sumus, usque nunc, a Christianis pro amore summi Patris benigniter suscepti sumus. Amodo nobis alia conditio incumbit. Inter imperatorem et Buamundum, qui præsidet Antiochiæ, immaniter sæviunt bellorum tempestates permaximæ. Regiones per quas ituri sumus, incultæ sunt, et per illas usque ad mare Turci frequenter discurrunt, qui, sicut lupi naturaliter sanguinem ovium sitiunt, sic omne Christianorum* genus interimere gestiunt. Omnipotentem Deum, ut nos protegat, suppliciter deprecemur, quia variis discriminibus undique includimur. Ecce infidum imperatorem cum populis suis post tergum dimisimus, quos vehementer suspectos habemus. Ad dextram est mare, in quo Creta et Cyprus et clara Rhodus, aliæque multæ sunt insulæ, quæ omnes Imperatori subjacent, et, pro malefactis nostratum qui præcesserunt, nos odio habent. Ad orientem vel ad aquilonem, barbaræ gentes orbem usque ad fines terræ possident, quæ Christianorum sanguinem effundere insatiabiliter ardent. Per inculta loca usque in Antiochiam iter est plus quam xxx dierum, ubi nobis omne deest genus alimentorum, quia regiones almæ desolatæ sunt per guerram, quæ jamdiu duravit inter imperatorem et Buamundum. Quid in tot periculis faciemus? Undique desolati sumus.

Denique diversorum sententiis multipliciter investigatis, dux ait Pictaviensis: *Ad imperatorem legatos mittamus, et ab eo unanimiter poscamus ut comitem Sancti Ægidii cum lancea Salvatoris dirigat, qui per incognitas nobis provincias usque ad sepulcrum Christi salubriter conducat. Ipse enim sapiens et magnæ auctoritatis est, et in prima profectione in omnibus inter præcipuos habitus est. Difficultatum quoque et viarum, quas ignoramus, longa experientia gnarus est, et probabili jam olim strenuitate Christianis et paganis notissimus est. Hunc ergo si Maronem nobis et consiliarium præfecerimus, securitatem ab Augusto et cautelam contra ethnicos habebimus.* Nuntii consensu omnium directi sunt, et legationem suam Augusto faeunde prompserunt. Ille vero, ut Ausoniorum mandata percepit, mox eadem Raimundo comiti retulit. Quibus auditis, ille respondit: *Gratia Dei, ad capiendam Jerusalem multum laboravi, senioque, multisque laboribus fractus, amodo quiete opto perfrui. Ad asylum Majestatis vestræ, domine Auguste, confugi. Parce, quæso, mihi, ne me compellas ulterius peregrinari.* Imperator autem legatis ait: *Comitem Sancti Ægidii, ut vobiscum comitaretur, admonui. Sed ille senium et infirmitates suas prætendit, quibus impeditur ne vobiscum exire possit. Ite securi pace mea. Egregium comitem, ad pacis nostræ tutelam confugientem, effugare nolo, quia non debeo.* Legati protinus remeaverunt, et quæ audierant renuntiaverunt.

Hinc conturbatis omnibus et diversa invicem mussitantibus, Pictaviensis dixit Guillelmus: *Velociter arma sumite, et redeuntes Constantinopolim obsidete; viriliter expugnantes urbem, non recedemus, donec aut perfidum imperatorem perimamus, aut ab invito quod petitum est, viribus extorqueamus. Innumera suis fidelium millia fraudulentis peremit, ideoque gratum Deo, ni fallor, sacrificium exhibebit qui vitam occupantis terram ad perniciem multorum, arte quavis, exemerit.* Stephanus Blesensis, aliique modesti barones edicto hujusmodi non acquieverunt, sed, sinceræ veritatis allegationibus rationabiliter prolatis, pariter contradixerunt. Porro Aquitani et Guascones, aliique contumaces, qui juvenili providentia regi appetunt, protervi ducis juvenilem impudentiam confirmaverunt. Procaciter ergo reversi sunt, triduoque Byzantium obsederunt. Imperator autem, ut conatus eorum audivit, et urbem econtra populosam, triplici muro septam consideravit, in primis hostilem adventum parvipendit. Verum, postquam pertinaciam eorum persistentem intellexit, tres ferocissimos leones et septem leopardos inter medium murum et antemurale dimitti præcepit. Custodes autem super tertium murum, cui procerum palatia intrinsecus inhærebant, constituit, portas vero reseratas esse jussit. Sic nimirum per feras opinatus est Gallos subsannando deterrere, urbemque regiam sine humana manu defendere. Ast hominum nil valet versuta cogitatio, nisi quantum divina decernit dispensatio. Cumque Franci in castris armati constitissent, et neminem sibi obstare vidissent, per primam portam, conflictum quærentes, intraverunt, et, hinc inde curiosis luminibus spectantes, defensores præstolati sunt. Protinus primo ingressu sævi leones occurrerunt, et dentibus atque unguibus sævientes quosdam læserunt, et incautos, bestialisque conflictus ignaros laceraverunt.

Verum certamen belluarum humano diu nequivit ingenio resistere. Armati enim pugiles venabulis feras, stridulisque missilibus confoderunt, et leonibus exstinctis, leopardos fugaverunt, atque ad medium murum fugientes insecuti sunt. Porro, leopardi, repeundo velut murilegi, murum transilierunt, et Gallorum cunei per portam secundi muri introierunt, tertiumque fortiter expugnare nisi sunt. Fit ingens in urbe vociferatio civium, horribilisque turbatio et concursus omnium, quid in tam repentino eventu agerent, ignorantium. Audiens imperator insoliti assultus tumultum, pertimuit, et quod falsa spe deceptus fuerat, ingemuit. Tandem per legatos suos nobilibus peregrinis supplicavit, multiplicibusque promissis iratos lenivit, ac ab expugnatione regiæ urbis, quam pene jam irruperant, compescuit.

Francis sua tentoria repetentibus cum victoria, lugubris Augustus Tolosanum comitem accersiit, eique mœstus ac valde dejectus dixit: *Confusus, o gloriose consul, ad te confugio, et quid agendum sit in tam insperato strepitu, consilium a te deposco. Ecce insolentia Francorum regiam urbem, quæ caput Orientis est, procaci manu cum armis impugnare ausa est. Celsitudinem sancti imperii violavit, et, ne pejora fierent, ad sui supplicationem inclinavit, effusoque fidelium sanguine olientum, omnipotentis Sophiæ iracundiam provocavit. Augustalis majestas, quæ leges olim advenis et incolis dare solita est, heu! modo a contumacibus peregrinis impositas conditiones subire coacta est.* Raimundus comes respondit: *Compatriotæ mei sæpe solent ingerere impetus hujuscemodi, eorumque tumultuosas infestationes in talibus erga coessentes suos bene novi. Sa-*

pientia magnitudinis vestræ longis non indiget verborum ambagibus. Opportuna pax fiat cum procacibus! Sic enim exigit publica necessitas, pro qua, ni fallor, multi eructabunt animas. Improbi Guascones me comitem itineris sui poscunt, me invitum peregrinari temere cogunt.

Non impune ferent, ausis quod talibus hærent.

Pro illata sancto imperio injuria valde contristor, magne imperator; sed omnia modo non proferam, quæ meditor. Tempus ultionis opperiemur, quo nefaria temeritas improborum expiabitur. Ecce murus Constantinopoleos suorum cruore filiorum madescit, polluitur, sicut inpræsentiarum, proh pudor! tristes contemplamur.

Hæc et alia hujusmodi Augustus et comes invicem contulerunt, ac de reddendo talione pro sui fatigatione hostibus machinati sunt. Imperator illustres nuntios elegit, per quos cum sacramento Gallis mandavit, humiliter obsecrans ut pacifice abirent, et comitem cum xx millibus Turcopolorum apud Cappadociam exspectarent. Sponsione Augusti cum jurejurando percepta, recesserunt, seseque præparantes, aliquandiu quieverunt. Post aliquot dies eos comes secutus est. Imperator autem plurimas naves tartaronibus onustas misit, et de illis distribui omnibus, prout congruum esset, secundum ordines eorum et dignitates, præcepit. Tartarones quippe quadratos ex cupro nummos Thraces vocitant, de quibus in Thracia seu Bythinia provinciales mercimonia sua, sicut Philippis aut Byzantiis, actitant. Indigenes peregrini avide susceperunt xenia imperatoris, nescientes dolum versutasque malignitates pessimi traditoris. Vafer enim explorator numerum eorum hoc tenore indagavit, computans quantitatem suscipientium per mensuram pecuniæ quam singulis donaverit. Deinde descriptionem quantitatis eorum Dalimanno et Solimanno, aliisque principibus Turcorum direxit, eisque, ut coadunatis viribus totius paganismi bello illos exciperent in Paphlagonia, mandavit.

XVIII. *Alexis imperatoris perfidia. Crucesignatorum exercitus a Turcis in Asia Minori destruitur.*

Nostrates, nescii fraudis, adveniente comite lætati sunt, Turcopolisque, qui Geticæ locutionis et ritus patriæ, viarumque gnari erant, præeuntibus, iter inierunt, et tribus septimanis per nimias difficultates usque ad magnam Barbarorum urbem, quæ Gandras vocatur, abeuntes erraverunt. Tramitem namque, qui per Romaniam et Syriam in Jerusalem ducit, ad dexteram omnino dereliquerunt, et per Pontum, Mithridatis quondam xx duorum regnorum regnum regis, ad Aquilonem usque in Paphlagoniam devia tenuerunt. Incertum habeo utrum comes Sancti Ægidii sic deviaret per ignorantiam, an causa vindictæ socios suos ita seduxerit per malevolentiam. Cumque Christiani per aspera loca et periculosa flumina, deviasque silvas pertransissent, et post tres hebdomadas vix ad urbem Gandras pervenis-

sent, ibique post multos labores aliquandiu requiescere decrevissent, ecce multitudo paganorum, ut arena maris innumerabilis, occurrit, et imparatos, nimiumque pluribus angustiis fessos provocavit. Uxores quippe suas et armentorum greges secum ducebant, et vehiculis ingentes divitiarum copias trahebant, ut opum molem suarum præsentia sui summopere servarent, et tam hostibus quam affinibus thesauros suos ostentarent, ut, enormitate gazarum visa, cunctis terrori existerent; ad extremum vero ut ubique, tam domi quam militiæ, omnigenis delectationibus abundarent. Christiani autem, fame et siti, aliisque injuriis fatigati, ut bello perurgeri cœperunt, præteritarum immemores pœnarum, armati processerunt, animisque resumptis et viribus acies suas ordinaverunt, et per v dies in nomine Domini viriliter pugnaverunt. Ibi, ut veraces peregrini ferunt, quingenta millia Christianorum fuerunt, ipsosque, ni fallor, mille millia paganorum terribiliter impetierunt. Ex utraque parte acerrime pugnatum est, et multorum millium occisio facta est. Cumque Turci quinto die phalanges suas defecisse vidissent, et invictam vim Christianorum inopinabiliter timuissent, ex publico decreto uxoribus suis, quæ in tentoriis erant, et eunuchis, aliisque clientibus, qui principum opes custodiebant, mandaverunt ut cuncta cum gazis suis utensilia caute coaptarent, et sequenti nocte ad fugiendum a facie hostium parati essent. Ignorantes autem Christiani Turcorum defectionem, proh pudor! ipsi defecerunt, et incipiente nocte Raimundus comes cum Turcopolis Augusti et provincialibus suis terga verterunt, et, nescientibus aliis principibus, furtim fugere cœperunt. Quod videns armiger comitis Tolosani, Christiano pie compatiens exercitui, sui dejecit papilionem domini, ut subitam ejus fugam commilitones cognoscerent decepti. Albertus de Blandraio, strenuissimus heros, in bello peremptus est cum multis millibus, quorum certus numerus mihi cognitus non est. Pictaviensis dux et Blesensis Stephanus, aliique proceres cum suis agminibus, postquam perfidorum fugam consodalium cognoverunt, ipsi quoque mentis inopia territi per diversa fugere moliti sunt. Turci vero, qui nimis fatigati, fugæ præsidium inire volebant, comperientes quod Franci fugiebant, animis exasperati, armis hostes insecuti sunt, et, ultima quæque cædentes, multa millia trucidaverunt. Quosdam vero, qui flore juventutis vernabant, in captivitatem abduxerunt. Pene quadringenta millia Christianorum corporaliter interierunt; spiritualiter autem in æterna requie vivant cum Christo, in quo mortui sunt!

Tolosanus comes cum suis et Turcopoli Constantinopolim fugientes redierunt, et tristi eventu Christianorum relato, magnum imperatori gaudium intulerunt. Porro, Dalimannus et Solimannus, aliique principes adversæ gentis pompa victoriæ triumpharunt, et quantitatem tartaronum, quam imperator Christianis falso nomine charitatis dolose dederat, ex integro illi restituerunt, omniumque medietatem spoliorum, quæ victis hostibus ceperant, miserunt. Sic enim perfidus traditor cum Turcis pactum fecerat, talique tenore fideles infidelibus vendiderat, pretiumque proditionis, immensum videlicet acervum tartarorum, pro cruore baptizatorum nanciscens, stolide tripudiat.

Eximii vero duces Aquitaniæ et Burgundiæ, aliique strenui optimates fugerunt, et in speluncis, seu cavernarum latibulis, sive silvarum densitate, prout opportunitas contulit, latuerunt. In illis enim regionibus Syri et Armenii, Barbaris misti, habitabant. In casalibus passim degentes, Turcis serviebant, annuum vectigal pro pacis et securitatis emptione publice reddebant, et Christianam nihilominus legem, probati persecutionibus ut aurum in camino, devote servabant. Dejectione ergo Christianorum vehementer contristati sunt, et errantibus per devia, fraterno more condoluerunt, ac prout possibilitas fuit, pro timore infidelium quibus subjacebant, clementer suffragati sunt. In latebris suis fugitivos absconderunt, latitantes alimentis paverunt, et, per nocturnas obscuritates, in viam quæ ducit Antiochiam direxerunt, atque ad notos affines et compatriotas ducentes, illos tutaverunt. Plerique a barbaris in incognitas regiones captivi ducti sunt, et inter eos, quorum loquelam non intelligebant, in servitute seu vinculis aliquandiu commorati sunt. Illic summæ Deitati rite famulantes gratiam ejus persenserunt, multisque modis, ut Israelitæ inter Assyrios seu Chaldæos, mirabiliter ad uti sunt. Unde quamplures fuga, sive permissu principum Persarum, aliarumque gentium, de captivitate remeaverunt (41).

Auxiliante itaque benigno Creatore, qui præsto est omnibus qui eum diligunt, fere centum millia Christianorum evaserunt; quorum quidam retro per Illyricum conversi sunt, alii vero iter incœptum per ingentes metus et difficultates peregerunt. Pictaviensis dux, qui trecentis millibus armatorum stipatus, de Lemovicensium finibus exierat, nimiumque ferox Constantinopoli obsessa imperatorem terruerat, pauper et mendicus vix Antiochiam pertingens cum sex sociis intrat. Alii quoque nihilominus duces, egregiique consules et tribuni copias suas amiserunt, perditisque clientibus dilectis, opibusque suis, in barbarie sæva nimis desolati sunt. Constantia tamen veræ fidei et amore benigni Jesu recreati, ad monumentum ejus cucurrerunt, et quamvis, occulto Dei judicio, multimodis difficultatibus essent retardati, spirituali tamen nectare intrinsecus confortati, sancta loca visere omnimodis sunt conati, ut sanctorum martyrum consortes fierent cruentati, qui, effuso sanguine pro Christo, feliciter in cœlis gaudent laureati.

XIX. *Godefridi Hierosolymitani regis principatus. Balduinus ejus frater et successor. Ramlense prælium.*

Godefredus, rex Jerusalem, duobus annis regnavit (42), et in procinctu bellico pene assiduus contra Philistæos constitit, ingentique probitate fretus, regni fines dilatavit. Indigenæ Gentiles in urbibus et vicis dolose quiescebant, nec contra Christianos palam mutire audebant. Mœsti tamen malum eis subdole machinabantur, et tempus ad hoc peragendum versipelles præstolabantur. Denique cives Joppe Godefredum regem, dum ibi maneret, veneno infecerunt, sicque gloriosum principem cum ingenti Christianorum luctu peremerunt. Hic primus Christianorum, ex quo Salvator in Jerusalem pro nobis passus est, ibi, ad laudem ejus qui spinea gestare serta pro salute hominum dignatus est, diadema ferre, et rex Jerusalem pro terrore gentilium cognominari ecclesiastica electione compulsus est. Quo defuncto, ut dictum est, mox de substituendo rege consilium initum est. Nuntiis ergo confestim missis in Rages, regis occasus Balduino, fratri ejus, intimatus est, et ipse ad regnum Jerosolymorum regendum vice fratris accitus est. Qui provinciæ suæ ducatum Balduino de Burg, consobrino suo, protinus commisit, et ipse hostiles terras et barbaras nationes velut fulgur penetravit. Sareptæ, quæ Sidoniorum urbs est, fere XL millia paganorum offendit; inter quos cum paucis viriliter irruit, mirabiliter terruit, et virtute Dei omnes fugavit, viamque lætus in Judæam tenuit. Turci quippe adventum illius præscierant, ideoque in insidiis armati, lætitiam sperantes exspectabant. Sed, frivola spe delusi, qui evadere poterant, ad sua trepidi cum damno et dedecore properant.

Susceptus autem præfatus heros a Jerosolymitis gubernaculum Davidis solii accepit, et fere XII annis fortiter tenuit. Erat enim corpore decorus, statura procerus, audacia et fortitudine præcipuus, ad labores tolerandos magnanimus, eruditione litterarum instructus, linguæ facundia præditus, et multis decenter ornatus honestatibus. Ipso regnante, Stephanus Blesensis et supradicti optimates per multa discrimina Jerusalem venerunt, et præfato rege ac Ebremaro patriarcha honorifice suscepti sunt. Pictavensis vero dux, peractis in Jerusalem orationibus, cum quibusdam aliis consortibus suis est ad sua reversus; et miserias captivitatis suæ, ut erat jucundus et lepidus, postmodum, prosperitate fultus, coram regibus et magnatis atque Christianis cœtibus, multoties retulit, rhythmicis versibus, cum facetis modulationibus. Stephanus autem Blesensis et plures alii pro Christi amore in Judæa demorati sunt, militiæque suæ audaciam et probitatem offerre Deo decreverunt, regemque Babyloniæ, quem cum innumeris exercitibus adventare compererant, præstolati sunt.

(41) Hi eventus anno 1102 contigerunt.

(42) Ab anno 1099 ad annum 1100.

Auditis tandem certis rumoribus quod Admirabilis (44) Babyloniæ Ascalonem venisset, et in crastinum irruere super Christianos cum multis legionibus decrevisset, Balduinus rex et Stephanus, aliique fideles se invicem in Domino Jesu animaverunt, ac ad triumphum in nomine ejus sua vel hostili morte promerendum, sese fideliter armaverunt. Partem exercitus Joppen miserunt; rex et major pars nobilitatis Ramulam adierunt; nam in Jerusalem includi nolebant, et rursus quam urbem Turci primitus aggrederentur, ignorabant. Tandem repentino impetu Admirabilis et inæstimabilis exercitus Ramulam circumdederunt, et missilibus machinisque diversis murum aggredi, et lignobus ac fossoriis suffodere moliti sunt. Egregii milites, sed pauci, intus erant, nec tantæ moli tam miræ multitudinis resistere sufficiebant. Stephanus igitur et Harpinus atque Guillelmus Sine-habere, aliique omnes regi persuasere ut in Jerusalem abiret cum omni celeritate : *Festinanter,* inquiunt, *o strenue vir, in sanctam urbem propera, ne sine protectore tot eam involvant agmina, ipsamque matrem cum omnibus filiis suis consumant impugnatione repentina. Ecce pariter hic inclusi sumus, et in confessione Christi finem nostrum certi exspectamus, Creatorem nostrum toto corde poscentes ut ejus veri martyres simus, et per effusionem in ejus nomine sanguinis nostri a peccatis emundemur omnibus, ejusque desiderabilem vultum nobis placabilem cum suis contemplari valeamus. Vale, bone rex, et exi continuo, quamvis inter tantas, tamque crudeles hostium phalanges, difficilis sit egressio, nisi divina tibi comitetur miseratio.*

Anxii barones hæc et alia his similia regi dixerunt, ipsumque de periculo in majus periculum egredi coegerunt. Ille tantorum hortatibus heroum, licet invitus, acquievit, et celerem equam, fortissimamque, quam Farisiam appellant, cum uno milite ascendit, et egressus, hostiles catervas noctu, protegente Deo, illæsus penetravit ; cumque noctu castra paganorum pertransisset, ut Heliam per diversos anfractus actutum tenderet, vigiles qui excubabant, ignotos milites pertransisse comperientes, vociferati sunt, et, excitatis cohortibus, per duo milliaria fugientes cum ingenti strepitu et ululatu insecuti sunt. Rex autem per diverticula, quæ noverat, aufugit, Deoque juvante, cum summa difficultate illæsus evasit. Porro, per montana viam, quam cœperat tenere in Jerusalem, tremulus deseruit, et per abrupta difficulter ad oppidum quod Arsur dicitur, pervenit, ibique trepidos custodes vigiantes invenit. Protinus cum illis locutus est, et, intrare volens, repulsus est. Castellani enim, quamvis illis dixisset crebrius : *Ego sum Balduinus ; nolite timere ; vobiscum me recipite,* multiformes hostium dolos formidantes, non ei crediderunt, donec ignem super mœnia succendeA runt, et, discoopertum caput ejus videntes, agnoverunt. Tunc a gaudentibus intromissus, illos confortavit, et, relatis rumoribus, ad defensionem sui castellanos commonuit.

Inde rex cum suo commilitone gazellam suam ascendit, et Joppen festinanter venit. Agnitus a civibus introivit, tristemque famam retulit : *Innumeræ,* inquit, *paganorum turmæ Ramulam circumdant, et usque ad internecionem eorum qui intus sunt, oppugnant. Gloriosus heros palatinus comes Stephanus Blesensis, Milo de Braio et Harpinus Bituricensis, Guillelmus Sine-habere et Simon frater ejus, aliique strenui optimates Ramulæ Christi martyres fiunt, et inde me, ut vos aliosque fratres nostros ad similia confortarem, violenter emiserunt. Hostes vero prociter nos persecuti sunt, et huc, ut opinor, venire maturabunt. Nunc, si placet, in Jerusalem legatum destinemus, et patriarchæ cunctisque fratribus nostris mandemus ut nobis in anxietate constitutis suffragentur celerius ordine congruo, sicut eis constituerimus.* Cumque omnes hoc laudarent consilium, rex quemdam animosum sibi ascivit armigerum : *Chare,* inquit, *frater, vade in Jerusalem, et adduc nobis fratrum nostrorum armatam multitudinem, teque vita comite, cum convenerimus, faciam militem.* Mox ille injunctam legationem optime consummavit, promissæque armaturam militiæ haud segniter promeruit.

Exsecrabilis paganorum exercitus Ramulam destruxit, et omnes quos intus repererat, occidit vel in captivitatem duxit. Inde, victoria turgidus, eadem die Joppen accessit, et multitudine sui superficiem terræ instar locustarum cooperuit, et Stephanum comitem, aliosque qui nobiliores æstimati sunt, Ascalonem destinavit. Biduo urbem obsidens siluit, dieque tertia cum damno et dedecore recessit. Nam custodes arcis Japhiæ vexilla Jerosolymitarum super montana viderunt, et castello Burgundionum proxima gratulantes regi retulerunt. Rex autem fidelium turmam convocavit, et virili exhortatione corroborans, ait : *Ecce tempus strenuis tironibus optabile, et illustribus athletis ad ultionem charorum probabile, timidisque ac inertibus, vulpiumque dolis et segnitie similibus satis horribile. Ecce gentem ante januas videtis vestras exsecrabilem, Dominoque Deo, cunctisque fidelibus ejus odibilem. Eia, viri fortes, arma sumite, et contra inimicos omnium bonorum insigniter insurgite. Ad faciendam ultionem Dei viriliter armamini, sociis appropinquantibus urbem egredimini, fideque fortes, in Dei protectione præliamini. Injurias vestras et damna medullitus recensete, manusque vestras haud segnes sentiant alienigenæ. Stephanum comitem et Harpinum, aliosque magnos barones peremerunt ; egregios milites et ductores nostros nobis abstulerunt. Barones, cum lacrymis dico, quibus meliores reperiri nequeunt in mundo. Recens dolor de morte*

(44) Potius *Admiratus,* vulgo *émir.*

amicorum inflammet vos, et exacerbet ad perniciem inimicorum David, fortissimi regis, et militum ejus : Joab et Abisai, Banaiæ et Uriæ Ethæi ; Jonathæ et Judæ Machabæi, multorum etiam de gente vestra prædicabilium athletarum reminiscimini. Exeuntes hinc exordiemur pugnare, et Jerosolymitæ, qui nobis suppetias veniunt, allophylos ferient ex alia parte. Fortis Emmanuel adsit vobis, filius sanctæ Virginis Mariæ, Rex vester et prævius, suæque invictus defensor Ecclesiæ !

Interea Jerosolymitæ castello Ernaldi appropiaverunt, et vexilla eorum Turcis apparuerunt. Balduinus autem rex et Joppenses sanctam Crucem Domini adoraverunt, ipsamque secum ferentes, armati protinus prosilierunt, et terribiliter inermes percutere cœperunt. Porro allophyli, ut hinc et inde sibi bellum insurgere viderunt, imparati et expertes consilii, terrente Deo, fugam inierunt, et, similes exercitus Holofernis, æquale infortunium perpessi sunt. Balduinus itaque rex et Christiani ethnicos usque ad Ascalonem persecuti sunt, et ultima quæque debilitantes, magnam stragem fecerunt, et captivos omnes, quos illi vinctos minabant, eripuerunt. Sublimiores tamen, quos Ascalone præmiserant, perditi sunt, nec ullam certitudinem de illis, præpter Harpinum, rumigeruli nobis intimaverunt. Sic nimirum Christiani, post multos angores, in nomine Christi triumpharunt, et cum multis gentilium manubiis in Jerusalem redierunt, lætique triumphatori Deo gratias egerunt. Deinde Ramulam in meliorem, quam fuerat, statum restauraverunt, et episcopalem cathedram cum redditibus idoneis in nomine Domini devote renovarunt. Interfectorum certum numerum chartæ nescio tradere, quia non interfui. Illi vero, qui interfuerunt, non numerare, sed trucidare curaverunt, et repedantes, occisis spolia detraxerunt.

XX. Harpinus Bituricensis captus a Sarracenis.

Harpinus Bituricensis captivus in Babyloniam ductus est, ibique multis diebus in carcere Admirabilis detentus est. Martyrum itaque, qui pro Christi nomine innumeros agones usque ad mortem pertulerunt, memor, ipsum sæpe invocavit, et ab ipso confortatus, pristinæque libertati restitutus, devotas illi grates reddidit. Modus autem liberationis ejus fuit hujusmodi. Bizantei negotiatores cum multimodis mercimoniis Babyloniam venerunt, ibique, prout leges gentium exigunt, statuta vectigalia reipublicæ ministris reddiderunt, et diutius demorati sunt. Ipsi nimirum, quia Christicolæ erant, multisque divitiis affluebant, basilicas Christi frequentabant, pauperumque Christianorum domata perlustrabant, et Christianos in vinculis visitabant. Cum illis igitur Harpinus colloquium habuit, eisque legationem suam injunxit, et Alexio Augusto talia mandavit : Harpinus Bituricensis, servus tuus, in carcere Babylonico jam nimis afflictus diu gemuit, et magnificentiam imperatoriæ majestatis suppliciter requirit ut sibi compatiatur et subveniat, Admirabili- que directa pro eo præceptione, de carceralibus ærumnis eripiat.

His auditis, imperator nobili Francigenæ pie condoluit, et mox Admirabili mandavit ut sibi protinus Harpinum redderet ; alioquin omnes Babylonicos institores et stipendiarios per totum imperium Constantinopolitanum comprehendi juberet. Admirabilis autem, jussu tantæ indignationis territus, mox Harpinum de vinculis absolvit, secumque per aliquot dies retinens, inusitata quædam illi monstravit, atque ad postremum ornamentis ipsum pretiosis, aliisque muneribus honoratum Augusto destinavit. Liberatus itaque ad imperatorem Constantinopolim venit, pro illius efficaci subventu gratias egit, ac postmodum ab eodem remuneratus, in Gallias remeavit.

Interea Paschalem papam adiit, laboriosos casus et agones suos ei retulit, et vitæ consilium ab illo sollicite quæsivit. Porro, solers pater, auditis athletæ duris laboribus, ait : *Summopere cavendum est ne quis balneis ablutus et mundus, niveisque vestibus vel sericis indutus, obscuræ noctis tempore per lutosum iter incedat, ne forte in cœnum corruat, et turpiter maculatus, coram intuentibus erubescat. Per hoc specimen, fili mi, temetipsum intuere, et ad correctionem tui hoc exemplum converte. Per pœnitentiam et confessionem emundatus es ; per laboriosam vero peregrinationem et martyrii agones, virtutum insigniis redimitus es ; in carceralibus ærumnis pro reatibus Deo satisfecisti ; patientiam et castitatem, aliasque virtutes in passione didicisti. Tetra nox est præsens vita, quæ tenebris ignorantiæ penitus est obsita ; « Nescit homo utrum amore an odio dignus sit (Eccl. IX, 1), » nec quid ei pariat crastina dies, prævidere poterit. Cœnosum iter est vita sæcularis, quam totis nisibus evitare debes, ne polluaris, et amittas coronam passionum quibus gloriaris. Cave igitur, ne sis sicut « canis reversus ad vomitum suum, et sus lota in volutabro luti (II Petr. II, 24). » Nunquam ulterius arma feras in Christianos, sed, ut verus Christi pauper, fastus contemne mundanos. Sic imitator vestigiorum Christi, per opera justitiæ propriam voluntatem spernens pro spe retributionis æternæ, feliciter obtinebis bravium supernæ vocationis cum fidelibus in sinu Abrahæ. »*

Harpinus itaque a papa benedictionem accepit, et cum ejus licentia Gallias expetiit, ibique a suis honorifice susceptus, non diu cum illis permansit. Nam, juxta consilium papæ, imo Christi, sæculum reliquit, et, Cluniacum expetens, monachus factus, in servitio Dei usque ad mortem perseveravit.

XXI. Buamundus a Sarracenis comprehenditur. Quem Melaz, filia Dalimanni principis, subtili artificio, e carcere liberat.

In Syria, circa hæc tempora, Christianis alia res contigit gravissima. Marcus Buamundus, insignis dux, expeditionem in Turcos egit, super quem Dalimnanus ex insperato cum ingenti multitudine irruit, multos occidit, et Buamundum, cum Richardo de Principatu, aliisque nonnullis nobilibus et probissimis viris, comprehendit, vinctosque catenis in carcere longo tempore tenuit. Tancredus autem, princeps militiæ, audito domini consanguineique sui infortunio, contristatus est, sed non muliebri more ad inanes lacrymas seu lamenta conversus est. Ex omni namque circumjacenti provincia omnem militiam fidelium convocavit, Antiochiam et omnes viculos ejus ac oppida in circumitu diligenti custodia munivit, et, quandiu dux in vinculis fuit, contra omnes hostium impetus irreprehensibiliter defensavit, imo fines ejus nobiliter dilatavit.

Alexius imperator, ut Buamundum in manus Turcorum incidisse comperiit, gaudens legatos cum pluribus xeniis Dalimanno direxit; admodum obsecrans ut maximam pro Buamundo redemptionem reciperet, ipsumque acceptis centum millibus Philippeorum sibi redderet. Hoc nimirum egit, non ut vinctum ducem liberaret, ac ad tutandam Christianitatem pristinæ libertati restauraret, sed ut suis eum vinculis perpetuo illaqueatum coarctaret. Vehementer enim dolebat quod Antiochiam sibi abstulerat. Certum est quod ipsa metropolis de imperio Constantinopolitano est; sed violentia Turcorum, xiv annis antequam Cisalpini, capta urbe, Cassianum occidissent, Augusto subtracta est. Idem princeps jus suum semper calumniatus est; sed, probitate Normannorum acriter obstante, libitus suos explere prohibitus est. Multifariam, multisque modis tentavit; prece pretioque erga paganos et Christianos frustra laboravit, quia, conatibus illius cassatis, civitas victoribus cessit, illis equidem qui nimia virtute devictis Agarenis eamdem nacti fuerant, et obtentam in virtute Dei mirabiliter defensaverant. Dalimannus vero petitionem Augusti repudiavit, et Buamundum, quem Turci Parvum Deum Christianorum nuncupabant, omni tempore in vinculis habere decrevit; quod maximum decus legi suæ pro nihilo æstimavit.

Quidam Græcus, tempore Turcorum, patriarchatum Antiochiæ possidebat, qui victoribus Normannis intractabilis erat. Nam ipsi, postquam principatum adepti sunt, secundum ritus Latios clerum et populum disponere decreverunt; quod Pelasgi, priscos mores secuti, satis incongruum esse temere censuerunt. Capto autem Buamundo, murmur ortum est in populo, quod ipse præsul pararet urbem Antiochenam prodere Augusto; cumque idem comperisset de se tale murmur esse, iratus est valde; et, nescio an puritate simplicis conscientiæ indignatus, an nefarii reatus accusatione et metu stimulatus, relicto episcopatu, in eremum secessit, nec ultra redire ad eos, quorum mores abhorrebat, diffinivit. Normanni autem dominatores urbis, discedente Pelasgo, gavisi sunt, et Buamundo, qui vinctus erat, totius seriem rei notificaverunt, et consilium ejus de substituendo patriarcha petierunt. Ille vero Bernardum Provincialem, qui Haimari, Podiensis episcopi, capellanus fuerat, et quem sibi moriens idem præsul specialem speciali amicum amico commendaverat, de pontificatu Maschenæ assumi ad patriarchatum Antiochiæ imperat. Ducis igitur jussu, clerus et populus Bernardum elegerunt; et pontificem in cathedra Sancti Petri apostoli constituerunt. Erat enim peritia litterarum imbutus; qui, postquam a subjectis est cognitus, factus est odibilis, quia avarus, et ex naturali feritate gentis Gothorum, unde processerat, nimis austerus. Hic multis diebus Ecclesiæ Dei præfuit, et usque ad decrepitam ætatem regiminis locum occupavit; cujus tempore, ut dictum est et apertius adhuc dicetur, multarum procella tribulationum intonuit.

Per totum mundum auditum est quod Buamundus vinculis paganorum irretitus est. Omnes eum plangunt Christiani, ipsumque in carcere honorant etiam pagani. Tota Ecclesia orabat pro illo Deum, ut de manibus inimicorum dignanter salvaret eum. Benignus autem Deus, qui omnia creavit, sicut servos suos pro peccatis tribulationibus castigare novit, sic supplicibus et humiliter invocantibus eum mirabiliter succurrit, et pro ipsos etiam inimicos illis spe melius subvenit. Hoc experti sunt sub Pharaone Abraham et Joseph, inter Ægyptios; hoc Tobias et Raguel sub Salmanassar et Sennacherib et Asor Addon, inter Assyrios; hoc Daniel et tres pueri, aliique transmigrationis filii, sub Nabuchodonosor et Evilmerodach, inter Chaldæos; hoc Esdras et Neemias et Mardochæus, cum nepte sua Esther, sub Cyro, Dario et Artaxerce, inter Persas et Medos; hoc etiam apostoli, aliique sancti prædicatores feliciter senserunt, qui multoties, quando in extranea Barbarorum loca subito venerunt, primo despicabiles ut advenæ et mendici habiti sunt; paulo post, clarescentibus signis et tonantibus linguis, mirabiles apparuerunt, et incolas antea indomitos ad omne bonum sub jugo sacræ legis edomuerunt. Sic nimirum ille, qui dixit: *Pater meus usque modo operatur, et ego operor (Joan. v, 17)*, athletas suos, de quibus futurorum notitiæ, pro divinorum admiratione operum, scribendo loquor, nuper in ergastulo visitavit; et melliflo nectare benignitatis suæ ubertim lætificavit. Flagellis quippe oppressionum terrigenæ pro sceleribus humanæ fragilitatis verberantur, et clementiam Conditoris, cœlesti verbere afflicti, lacrymabiliter exorare coguntur. Deus autem, Rex noster, qui salvos facit sperantes in se, potenter suæ sponsæ preces exaudivit Ecclesiæ, et auxiliatus est vincto duci et ejus collegis, per ingenium et opem inimici sui filiæ, qui quondam in Bethulia, desecto superbi Holofernis gutture, sitienti populo subvenit per virtutem Judith, audacis viduæ.

Melaz, filia Dalimanni principis, pulchra erat et multum sapiens et in omni domo patris sui magnam potestatem habens, multasque divitias et plures ad sui famulatum servos possidens. Hæc, auditis strenuitatibus Francorum, illos ardenter amavit, et familiaritatem eorum in tantum quæsivit ut, largiter erogata custodibus mercede, frequenter in carcerem descenderet, et de Christiana fide, veraque religione colloquium cum vinctis subtiliter actitaret, et solerti confabulatione cum profundis interdum suspiriis inde investigaret. Affectuosam dulcedinem eorum omni parentum suorum dilectioni præposuit, et omnia quæ ad victum seu vestitum competebant, illis abunde suppeditavit. Pater vero ejus, aliis multiplicibus negotiis intentus, hæc aut ignorabat, aut fortassis pro dilectæ sobolis approbata frugalitate, non curabat.

Post duos annos, plus quam civile bellum inter fratres ortum est. Solimannus enim nimia feritate tumens, in Dalimannum surrexit, et, aggregata ingenti armatorum multitudine, limites fraterni principatus intravit, et fratrem ad prælium procaciter provocavit. Dalimannus autem, infestatione hujuscemodi excitus, adminicula sibi undecunque procuravit, et ipse nihilominus, multis hactenus tropæis elatus, certaminibus cruentis inhiavit, ac, adveniente conflictus hora, paratus cum suis legionibus in campo constitit. Interea Melaz cum Christianis privatim locuta est, et sic eos affata est : *Militiam Francorum laudari a multis jamdudum audivi, quam nunc in genitoris mei instanti necessitate vellem experiri, ut quod probat auditus, probet experientia visus.* Buamundus respondit : *Felix hera et honorabilis, si placet beatudini vestræ sublimitatis ut in belli campum nobis liceat progredi cum militaribus armis, sine dubio Gallicos ictus gladio et lancea palam exeremus, et super inimicos vestros conspectibus vestris ostendemus.* Puella dixit : *Spondete mihi, per fidem qua Christiani estis, ut in hoc negotio unde contractamus, omnia secundum consilium meum agatis, nec aliquid contra meum præceptum facere præsumatis. Hoc itaque mihi fide vestra pollicentes confirmate, et ego postmodum non cunctabor cordis mei arcanum vobis reserare.*

Primus ergo Buamundus per fidem suam promisit quæsita ; quem omnes alii secuti sunt, spondendo quæ jusserat puella. Tunc illa tripudians ait : *Nunc secura sum de vobis, quia vos, ut reor, legitimi estis, fidemque vestram nullo modo contaminabitis. Patri meo, qui jam in campo dimicaturus est, subvenite ; eique probitatem vestram ad subsidium ejus alacriter exhibete. Et, si victoria cesserit vobis quod utinam fiat! fugientes inimicos persequi desistite ; sed velociter huc armati redite, et arma donec jussero, deponere nolite. Interea faciam omnes custodes de sublimi turris solio ad inferiores portas descendere, et in atrio, quasi vos præstolantes, mecum astare. Cum autem remeaveritis, et jussero custodibus ut solitis connectant vos vinculis, vos validas manus in illos viriliter injicite, impigre cunctos comprehendite, et vicarios pro vobis in ergastulo retrudite. Hæc videns, a vobis sicut a feralibus lupis fugiam. Vos vero nanciscimini arcem firmissimam, et servate diligenter illam, donec pacem cum patre meo facialis idoneam. Portæ sublimes sunt in arce, per quas in aulam poteritis per lapideos gradus descendere, et omnes gazas atque mansiones patris mei obtinere. Porro, si genitor meus pro reatibus istis iratus me voluerit punire, oro vos, o amici, quos sicut cor meum diligo, mihi citius subvenite.*

XXII. *Sequentia.*

Hæc ita locuta, milites armavit et protinus emisit. Arcis enim custodes antea delusos corruperat, et de hac re instructis inter cætera dixerat : *Ingens timor pro patre meo me sollicitat, cui de multis nationibus multitudo pugnatura obstat. Sed quia ille magnanimus bellator est, auxilium a vinctis postulare dedignatus est. Meæ tamen hanc ab ipso injunctam curæ potestatem scitote, ut possim Christianos armis instruere, et pro nostrorum astipulatione agminum ad pugnam dirigere. Si vicerint hostium catervas, noster erit honor et utilitas. Si vero ceciderint et ferro interierint inimicorum, nullus nobis erit dolor pro lapsu alienigenarum, quorum mores et cæremonias exsecratur omne genus Agarenorum.* Audientes hæc, gratulanter annuerunt, et perspicacem virginis providentiam admodum laudaverunt. Protinus illa captivos absolvit, de domo carceris abstraxit, et armatos ad prælium destinavit. Illi vero jam acriter pugnantes invenerunt, et signum Normannorum : *Deus, adjuva!* fiducialiter vociferati sunt. Quibus clamantibus et terribiliter percutientibus, phalanges Solimanni vacillaverunt. In exercitu ejus nonnulli erant Christiani. Qui cum famosum ducem Buamundum cognovissent, gavisi sunt, et Solimannum relinquentes, Catholicis conglutinati sunt.

Marciban, turgidus adolescens, Solimanni filius, ut ibi esse Buamundum audivit, illum in bello ex nomine vociferando quæsivit, et cum eodem singulariter dimicare concupivit. Tandem in Dalimanni conspectu sibi obviaverunt, seseque ferociter percusserunt. Sed belliger Normannus Turcum prostravit, et abstracto ense caput ei amputavit. Vociferante Dalimanno : *Parce, parce, nepos meus est.* Christianus pugil, ut rem agnovit, mœstitia vultus lætitiam cordis operuit, et subsannando ita respondit : *Ignosce mihi, domine, quod ignorans feci. Non enim nepotem tuum, sed hostem putavi, cujus, ut tibi placerem, vitam exstinxi.*

Post multam stragem utriusque partis, exercitus Solimanni contritus est, quem fugientem hostilis cuneus tota die persecutus est. Christiani vero, ut pactum fuerat, protinus redierunt, heramque suam, cum archariis præstolantem, ante turrim invenerunt. Mox illa custodibus ait : *Franci sine dubio legitimi sunt, fidemque promissam optime custodiunt. Obviam illis ite ; ab illis arma recipite, et eosdem ad pristinum locum reducite, donec pater meus veniens digna illis suæ reddat præmia militiæ.* Turci vero abeuntes, puellæ jussis obsecundare voluerunt ; sed eos inter se Franci concluserunt ; valvas caute repagulis oppilaverunt, et universa turris ponetralia sine publico tumultu consecuti sunt, et sine sanguinis effusione voti compotes effecti sunt. Civitas enim erat vacua pugnacibus viris, quoniam ad prælium exierant; quorum solæ mulieres cum infantibus trepide domos servabant. Carcer erat in arce munitissima, ibique divitis thesauri, variæque supellectilis, opumque multarum servabatur copia, et eidem turri conjuncta erat principalis regia.

Sequenti nocte, Melaz Christianos de arce in aulam introduxit, et omnes eis cameras atque secreta penetralia demonstravit, et quid agere deberent adveniente Dalimanno, insinuavit. In crastinum victor cum satrapis et tribunis et optimatibus suis remeavit. Cui filia ejus cum coævis consortibus tripudians occurrit : *Ave*, inquit, *triumphator gloriose!* Ille vero furibundus respondit : *Tace, pessima meretrix. Fictas salutationes tuas non curo, fraudulentas adulationes tuas floccipendo. Per divinum stemma Machometis, qui mihi dedit victoriam, cum amatoribus tuis cras interire te faciam. Tu enim ad confusionem mei meis arma dedisti adversariis, cum quibus ut nequissima proditrix edacibus flammis concremaberis.* Adhuc nesciebat quod archarii ejus in obscuritate carceris arctarentur, Franci vero, in editiori solio eminentes, liberi gloriarentur, et in illum rebellare, Christo juvante, meditarentur. Puella tremens et exsanguis a facie furentis aufugit, suique conclavis latebras lugubris et pavida petiit. Cumque post aliquot horas furibundus princeps pro tribunali sederet, nec secum nisi præcipuos proceres haberet (reliquum enim vulgus et armigeri, residuique satellites per hospitia dispersi erant, et equos et arma et cætera illis competentia coaptabant), jussit quibusdam ut in conclavim irent, et temerariam proditricem sibi adducerent. Cumque illa coram fremente tyranno accersita stetisset, et terribiles minas cum opprobriis sola sine auxilio consistens audisset, Buamundus de turre per fenestram intus aspexit, et liberatricem suam ad judicium desolatam astare contemplatus, doluit. *En*, inquit, *adjutrix nostra in angustiis posita est. Nunc opus est ut hinc egrediamur, eique totis viribus suffragemur.* Protinus pedetentim de arce per gradus in aulam ingressi sunt. Dalimannum et omnes tribunos ejus et collegas armati circumsteterunt, ostia domus obturaverunt, et omnia in circumitu munimenta possederunt. Pariter omnes facti sunt anxii, et quid agere deberent dubii. Turci enim, obseratis foribus, nusquam divertere valebant; inermes et pauci contra valentiores se numero et telis bellando resistere nequibant. Christiani vero, ethnicos omnes obtruncare tunc poterant, sed, pro sacramento quod puellæ fecerant, sine præcepto illius neminem ferire, vel quolibet modo lædere audebant. Omnes igitur ad illam respiciebant, et quid juberet exspectabant, quia fidem suam violare præcavebant.

Denique Melaz securior facta ridere cœpit, et inter Francos quasi domina præsidens, Dalimanno dixit: *Chare pater, injuste irasceris contra me, nimiisque minis me terres et probris detestaris, pro salubri subventione quam, tibi consulens, callide providi ex magna benignitate. Nam, Francis in certamine ferientibus, tui confortati sunt, et hostes ocius titubaverunt. Considera quantæ fidei sint Christiani. Ipsi fideliter in pugna tibi auxiliati sunt, ipsisque præliantibus hostes terga verterunt. Facultatem discedendi, ut lippis etiam patet, satis habuerunt; sed insalutatos vos relinquere nolentes, ultro redierunt, militiæque suæ donativa fiducialiter a liberalitate tua exigunt. Jam manus ad capulos tenent, jam omnes nos, si volunt, jugulare valent. Jam turrim et regiam et cunctas opes tuas, quæ in illis sunt, possident, et vincti municipes tui contra eos mutire non audent. Inter hæc, pater, quid agendum sit cogita, et a consiliariis tuis, qui præsto sunt, salubriter investiga.*

His dictis, hera parti Christianæ præsidebat. Dalimannus autem, seorsum segregatus, cum suis consultum indagabat. Deinde residens, ait : *In primis, filia, tuum volumus audire consilium.* At illa respondit : *Quod utile credo, proferre non tardabo. Pacem fac cum Christianis, et inviolabile fœdus sit inter vos, quandiu vixeritis. Relaxa omnes captivos eorum, qui in regionibus tuæ ditionis sunt, et ipsi nihilominus reddant omnes qui de gente vestra sub eorum potestate sunt. Buamundo autem et ejus commilitonibus, quorum ope felici potitus es victoria, condigna gloriosæ servitutis exhibe præmia. Hoc præterea scias, quod ego Christiana sum, et regenerari volo secundum Christianæ legis sacramentis, nec ulterius hic commorabor vobiscum. Lex enim Christianorum sancta est et honesta; lex autem vestra vanitatibus est plena, et omnibus spurciliis polluta.*

Hæc audientes, Turci valde stomachati sunt, torvisque luminibus ac severis gestibus truces innotxerunt; sed, impediente Deo, profani cordis malevolentiam actibus explere nequiverunt. Tractantibus illis de rebus agendis, Melaz seorsum vocatis ait Christianis : *Eia, probi milites, in multis necessitatibus probati et angustiis, qui de longinquis regionibus huc sponte venistis, et multos labores ac discrimina viriliter perferentes evasistis, viriliter agite in nomine Dei vestri, quem omnipotentem asseritis. Nunc opus est animis et armis, ut quod fortiter cœpistis, laudabiliter perficiatis. Pater meus iratus est admodum, et totis nisibus cum suis machinatur nobis exitium. Huc usque propositam mihi conditione optime servastis. Amodo a pollicitatione per fidem vestram firmata, vos absolvo. Arcem et regiam e murum in giro, ætasque minores atque majores jam munite, solliciteque perscrutamini, aditusque servate ne quis exeat vel ingrediatur sine vestra consideratione. Si enim pater meus hinc exierit, omnes in circuitu nationes coacervabit, et vos crudeli obsidion ad turpem deditionem vel perniciem coarctabit. Ipsum ergo cum omnibus suis in uno simul cubiculo inclu-*

dite, et cum necessario rigore omnes illic ad pacem coercete; sed, quantum potueritis, ab effusione sanguinis manus vestras cohibete. Providentiam et regimen horum quæ dico; tibi, domine Buamunde, qui in pluribus expertus es, commendo, cujus maturitatis et sensus laus est in orbe universo. Amodo inseparabilis vestra soror ero, et læta seu tristia vobiscum in fide Domini Jesu Christi sustinebo.

Gaudens igitur Buamundus Dalimannum cum suis omnibus in quadam camera violenter intrusit, ipsumque cubile armatis custodibus assignavit. Deinde alios milites per diversa locavit, et unicuique quid agere deberet insinuavit, atque sic principale palatium, cum omnibus intrinsecus constitutis, fere xv diebus gubernavit. Uxores eorum et pedissequas et inermes eunuchos permisit intrare, eisque ciborum sufficientem apparatum, et aliorum quæ necessaria erant, administrare. Dalimannus ingemuit graviter, quod domus sua sibi facta est carcer, et filia sua censor, eum constringens acriter. Unde Mahometem, Deum suum, maledicebat fortiter, et omnes amicos, hominesque suos atque commilitaneos condemnabat exsecrabiliter, qui eum in medio regni sui sinebant a paucis captivis, advenisque tractari miserabiliter. Inclusi barones persuaserunt ei cum Christianis pacem facere, ut sibi saltem liceret parum adhuc vivere. Tandem duritia ejus emollita est pavore. Locutus cum Buamundo, pacem petivit, ipsumque cum omnibus suis liberum abire annuit, et omnes captivos, qui sub ditione illius gemebant, a captivitate absolvit; filiam quoque suam eidem spopondit.

Callida Melaz, ut hæc audivit, referenti Buamundo respondit : *Omnia verba facile dicuntur, sed non omnia semper credibilia videntur. Blanda quidem, sed ambigua patris mei promissa gratanter suscipe; ea tamen quæ tenes, vigilanter retine, donec stabilitus triumphes certæ securitatis soliditate. Notissimi ex utraque parte nuntii Antiochiam mittantur, et armata tuorum cohors militum adducatur, a quibus honorifice stipatus, sine dolo perducaris in tuam regionem, et omnium devites malevolorum dolosam deceptionem.* Hoc omnibus consilium placuit. Richardus igitur de Principatu, et Sarcis de Mesopotamia Antiochiam missi sunt, et rerum eventus Antiochenis exsultantibus enodaverunt. Tunc Tancredus, princeps militiæ, milites et gentiles captivos, protinus missis exactoribus, collegit, et congregatos supradictis baronibus, ut eos conducerent, deputavit. Tunc Cassiani filia admiralii Antiochiæ reddita est, quæ cum multo ploratu de carcere Christianorum extracta est. Quæ, cum interrogaretur quare ita fleret, respondit quod ideo sic ploraret, quia optimam porci carnem, qua Christiani utuntur, manducatura non esset. Turci enim et plures aliæ Sarracenorum gentes suillam carnem abhorrent, quamvis canum et luporum carnes avide devorent. Et sic probantur quod omni lege Moysis et Christi carent, nec Judæis nec Christianis adhærent.

XXIII. *Melaz fit Christiana et cum Rogero filio Richardi de Principatu Boamundi consanguineo, matrimonio conjungitur.*

Interea Buamundus frequenter cum Dalimanno loquebatur, et affabiliter, ut erat sapiens et modestus, ei famulabatur, et pro refrigerio multorum, quos idem tyrannus nimis opprimere poterat, convenienter adulabatur. Obsequiis et dulcibus verbis tam ipsum quam omnes qui cum ipso erant, delinivit, et modestæ conversationis sedulitate ad sui amorem illexit. Paulatim provinciales tribuni et optimates cognitionem novi rectoris ediscebant, et externum principem, genuini principis sui dominum, speculari summopere quæritabant, ejusque permissu cum domino suo confabulantes, ipsum satis collaudabant. Quem, veluti naturalem herum suum, ad commoditatem reipublicæ provocabant, et amicitiam tanti ducis omnimodis expetere commonebant, atque sæpius illud comici dictum commemorabant :

...*Quoniam non potest id fieri quod vis,*
Id velis quod possit...
(TERENT., *Andr.* II, 1.)

Hæc etiam addebant : *In victoria nuper adepta male delusi sumus, quia legis nostræ adversarios ad occisionem nostratum efficaces auxiliarios habuimus, et de communi detrimento nequiter et stulte lætati fuimus. En exsecrabilis Mahomes, Deus noster, nos prorsus deseruit, et ante Deum Christianorum, omni virtute amissa, corruit ! Ecce miro modo, quos stricte compeditos in carcere putabas, et indissolubiliter omni tempore arcere disponebas, crucifixus Christus, quem omnipotentem asserunt, et merito ut omnes inimici eorum experiuntur et sibi male sentiunt, per filiam tuam inopinabiliter absolvit, armatos in bello insignibus tropæis glorificavit, cruore videlicet fratrum et nepotum nostrorum rhomphæas eorum cruentavit. Insuper et principale municipium, ubi omnes gazæ tuæ sunt, eis tradidit, et te et præcipuos regni tui optimates sub manibus eorum inclusit, et sine bello, velut imbelles ancillas, in aula propria carceri gementes mancipavit. Deforis ad te sine consensu alienigenarum non accedimus, nec ullum tibi subsidium inferre valemus. Contra illos non audemus conglobati consurgere, quia statim furores suos ulcisceretur in te. Si enim magnus rex Persarum soldanus cum omni virtute sua adventaret, et hanc munitionem expugnare satageret, tanta probitas est in Francis, et tam grandis fortitudo munitionis, ut ibidem illi resistere auderent et antequam caperentur, ingentia nostratibus detrimenta ingererent. Melius est igitur amore inimicum pacificare, quam temeritate ad lethiferam rabiem incitare.*

Consiliis itaque hujusmodi Dalimannus acquievit. Accepta ergo strenui ducis familiaritate, in domo sua jam de communi profectu libere imperabat, et de thesauris suis jam larga Christianis ultro dona erogabat. Captivos quoque per totum regionem suam omnes liberari præcipiebat. Obnixe vero quæruntur, inventi adducuntur, a Dalimanno bene vestiuntur, et Buamundo traduntur. Ab illo protinus compatriotis associantur ac per diversa officia deputantur, ad augmentum et tutelam sociorum, ne quolibet maligno deludantur sophismate paganorum.

Richardus et Sarcis, consummata legatione, post xv dies reversi sunt, et copiosam Christianorum militiam adduxerunt. Quos Dalimannus cum ingenti jussit omnes honore recipi, et uberrima illis, secundum ritus patrios, obsonia præparari, et quæque illis necessaria essent affluenter tribui. Tunc Buamundus et Dalimannus perpetuam inter se pacem firmaverunt, tribusque diebus competentem illis in omnibus apparatum præparaverunt. Deinde Buamundus et Richardus et concaptivi eorum de captivitate læti exierunt, et, sicut Zorobabel et Nehemias, Dominum Deum Israel benedixerunt. Quos Dalimannus et optimates ejus, exsultantes, quia et ipsi de claustro relaxantur, aliquandiu conduxerunt, fraudulenter tamen, quia obiter quolibet modo Christianos lædere machinati sunt. Sed, Deo suos protegente, non potuerunt. Nam fideles hos idem metuebant, ideoque armati et quasi ad bellum parati procedebant; obsides quoque securitatis, donec ad tuta quæ decreverant loca pervenirent, obnixe servabant. Tandem Dalimannus a confœderatis remeandi licentiam ut amicus requisivit; qua accepta, mœstus quod eis nullo sophismate in via nocere potuisset, rediit.

Provida Melaz cum pedisequis et eunuchis, nobilique familia sua, de domo patris sui egressa est, et [cum] omni progenie (44) sua, sponte Christicolis devote conjuncta est, sicuti Bithia, Pharaonis filia, pereuntibus Ægyptiis, Moysi et Hebræis salubriter comitata est. Antiocheni gaudentes obviam diu desideratis processerunt, et clerus, omnisque populus regem Adonai, qui salvat omnes sperantes in se, fideliter benedixerunt. Deinde Buamundus Richardum, captivitatis suæ socium, in Gallias destinavit, et argenteas per eum compedes sancto confessori Leonardo direxit, et pro liberatione sua devote gratias egit.

Postquam generosa Melaz in Ecclesia catholica sacro baptismate regenerata est, opportuno tempore in conventu optimatum Buamundus eam sic affatus

(44) *Progenies*, id est familia, domus.

est : *Nobilis virgo, quæ nobis adhuc pagana ex insperato mire subvenisti, quæ Dominum Jesum omni parentelæ tuæ prudenter præposuisti, et ipsum in nobis, qui membra et famuli ejus sumus benigniter fovisti, et inde patris iram pene usque in periculum mortis incurristi, elige de nobis sponsum quem volueris in nomine Christi. Non enim rectum est ut justis petitionibus tuis aliqualenus resistamus, cui vehementer, meritis tuis præcedentibus, debitores sumus. In primis meum nunc audi consilium, quod tibi, dulcis amica, spero proficuum. Mihi quidem, fateor, a tuo data es genitore; sed opto tibi utilius providere, et subtiliter audi pro qua ratione. Ab adolescentia mea irrequietus homo sum, et in laboribus vivens, multa gravia perpessus sum, graviora quoque adhuc timeo passurum. Nam mihi certamen est cum imperatore et cum paganis undique. Præterea votum vovi Domino, cum essem in carcere, quod si liberarer ab ethnicorum ligamine, irem ad Sanctum Leonardum, qui est in partibus Aquitaniæ. Has excusationes elicio tibi ex sincera dilectione, quia nolo te plus quam filiam vel sororem meam quolibet modo desolatam videre, nec conjugii copulam inire, unde paulo post pæniteat te. Quæ lætitia, seu delectatio tibi esset in nostra copulatione, dum statim post nuptias oporteat me per pelagus et arva immensum iter inire, et in longinquam peregre proficisci regionem, prope fines terræ? His perspectis, domina, elige tibi de pluribus meliora. Ecce Rogerius, Richardi principis soboles, consobrinus meus, est me junior ætate, excellens venustate, par nobilitate, divitiis et potestate. Hunc laudo ut maritum habeas, et opto ut cum eodem longo tempore vivas.*

Omnes qui adfuerunt, providi ducis consultum attestati sunt. Prudens virgo tantorum consensui facile acquievit heroum. Rogerius igitur puellam honorifice cum gaudio desponsavit, et nuptias cum ingenti plausu et tripudio totius Antiochiæ celebravit; quibus dapifer Buamundus cum præcipuis patriæ primoribus ministravit. Iste siquidem Rogerius post sex annos, Buamundo et Tancredo defunctis, principatu Antiochiæ potitus est, et post duos annos in campo Sarmatan cum vii millibus Christianorum ab Amirgazis Persa occisus est.

De temporalium mutatione rerum et casibus hominum jam dixi plurima, et multa, si vita comes fuerit, in sequentibus adhuc restant dicenda. Hic liber Ecclesiasticæ historiæ terminatur, et mihi jam fesso requies aliquantula detur!

SUMMARIUM LIBRI UNDECIMI.

I. Prologus. Philosophicæ sententiæ.
II. Eventus varii in Anglia et Normannia sub Henrico rege et Roberto duce.
III. Contentiones et bella inter Henricum regem et Robertum de Belismo. Hic comes sese victori subdere cogitur.
IV. Robertus de Belismo in Normanniam transit, ibique mala plurima perpetrat. Adversus Robertum ducem insurgit. De quorumdam virorum morte.
V. Yvo Carnotensis episcopus. Adelæ comitissæ Carnotensis soboles. Eventus varii in Anglia et in Normannia.
VI. Magnus Nortwigeyarum rex in expeditione occidit.
VII. Ludovicus de Francia filius Philippi regis in Angliam transfretat. Bertrada ejus noverca in eum machinatur. Henricus rex in Normanniam transit et Robertum ducem fratrem suum visitat.
VIII. Ecclesiæ tribulationes. Serlo Sagiensis episcopus Henricum regem et ejus proceres ad barbam et capillos tondendos incitat.
IX. Buamundus Antiochiæ dux in Franciam venit. Eventus varii. Henricus rex et Robertus frater de pace ineunda frustra laborant.
X. Discordia inter duos fratres a quibus malignis concitatur. Henricus rex cum Roberto duce manus conserit et eum apud Tenchebraium debellat atque comprehendit.
XI. Robertus Belesmensis Normannos contra Henricum regem rursus excitare conatur.
XII. Buamundus adjuvantibus Roberto de Montforti et plurimis aliis baronibus expeditionem in imperatoratum Constantinopolitanum suscipit. Mors Marci Buamundi. Antiochia a Balduino contra Sarracenos defenditur.
XIII. Balduinus rex a Sarracenis comprehenditur.
XIV. Singulares Balduini et quorumdam aliorum militum casus.
XV. De rebus in principatu Antiochiæ gestis.
XVI. Res in Normannia et alibi gestæ. Guillelmus de Ros Fiscannensis abbas. Rogerus Bajocensis ei succedit. Joannes Sagiensis archidiaconus. De quorumdam obitu.
XVII. Eventus varii. Abbates et priores pietate insignes.
XVIII. Philippus I Francorum rex moritur. Ludovicus filius ejus, in regno succedit. Bellimontis comes et Montismorentiaci dominus terras Sancti Dionysii invadunt. Ludovicus rex in seditiosos barones viriliter sævit.
XIX. Henricus rex Robertum fratrem suum captivum detinet. Eventus varii. Pestis et aliæ calamitates in quibusdam Galliæ partibus sæviunt.
XX. Anselmus Cantuariensis, Hugo Cluniacensis, Guillelmus Rothomagensis archiepiscopus et nonnulli alii illustres prælati et doctores moriuntur.
XXI. Henricus rex Uticense monasterium visitat. Bella inter gentes regum Franciæ et Angliæ. Duo reges inter se colloquium habent et fœdus ineunt.

LIBER UNDECIMUS.

I. Prologus. Philosophicæ sententiæ.

Alme Deus Sabaoth, rex fortis cuncta gubernans,
Plasma tuum serva, numen per sæcula regnans.
Contere vim Satanæ, qui sævit jugiter in te,
Dum famulos vexare tuos molitur ubique.
Ad mea vota, precor, mundi pie, respice, factor.
Te colo, te quæro, tibi jure placere laboro.
Pontificum, regumque senex nunc scriptito gesta ;
Sexagenus ego pueris ea do manifesta.
Nullum ab eis pretium pro tali posco labore,
Sed refero gratis, fratrum contentus amore.
Si fierent istis liquido nova signa diebus,
Niterer illa meis veraciter indere rebus.
Credo quod arcta magis præsentibus atque futuris
Grata forent, mihi proficerent, aliisque placerent,
Quam de terrenis excursibus, atque caducis
Stemmatibus frustra rimari, vel dare lata ;
Inclyta dum spiro, mirandaque scribere vellem,
Prodigiis implens in Christi nomine pellem.
Ejus amo laudes, cui totus subjacet orbis,

A Qui potis est cunctis leniter nos demere morbis.
Cogimur atra loqui, quæ cernimus aut toleramus,
Instabiles actus mutabilium memoramus
Nam mundanus amor hominum trahit agmen ad
[ima,
Justitiæ nec eos polit a rubigine lima.
Ad mala proclivi, quæ terrea sunt meditantur,
Cœlica contemnunt, ea curvi non speculantur.
En peccatores lethalia pondera gestant !
Lucida sanctorum juste magnalia cessant.
Prævaricatores, qui legem transgrediuntur,
Iræ cœlestis pœnas, non signa merentur.
De placitis, bellisque queunt perplura referri,
Quæ male sævus eis nimis ingerit ardor habendi.
Cædes, incestus et crimina mille notari
Possunt, si docti dignantur turpia fari.
Insipiens frustra vexatur et otia perdit,
At sapiens nullus sua tempora perdere gestit.
Tempus enim perdit, qui carmen inutile pandit,
Et labor ipse perit, qui commoda nulla rependit.

Ad bona ferventes electi sedulo currunt,
Ad studium vigiles avide laudabile tendunt.
Cogendi non sunt, qui sponte ferenda capessunt,
Qui segetum captant fasces, et in horrea portant.
Ultro satis gradiens sonipes non est stimulandus,
Sed, ne labatur, moderato jure regendus.
Durum sessor equum calcaribus urget acutis,
Percutit et crebris, ut cogat currere flagris;
Ecclesiæ similis lex est doctoribus almis,
Nam lentos stimulant monitis celeresque refrenant.
Cornua dena gerens mala bestia jam dominatur,
Effera plebs passim scelerum lepra maculatur.
Job Dominus typice Behemoth monstravit amico;
Dæmon in hoc mundo furit insidiosus iniquo.
Terrigenas furibunda super grassatur Erinnys,
Quotidieque suos Erebi contrudit in imis.
Ludit et illudit mortalibus Amphisilena.
Decipiendo quibus paradisi tollit amœna.
Heu! male virus eis infundit lethifer anguis,
Quos facit amentes et mutuo se perimentes.
Morbos et pestes stulti subeunt, et iniqui
Insuper adjiciunt sibi pessima nequiter ipsi.
Cernimus humanos casus, miserasque ruinas,
Unde sagax pelles implere quit auctor ovinas.
Si vult diversis de rebus inania verba
Fundere, thema frequens satis invenit inter acerba.

Nominibus multis in scriptis cœlitus actis
Humani generis vocitatur lividus hostis:
Nam leo, necne lupus, draco, perdix et basiliscus,
Milvus, aper, vulpes, canis, ursus, hirudo, cerastes,
Et coluber fit atrox, dum nobis insidiatur,
Exitiumque dolo seu vi stolidis meditatur.
Cætera mille patent lectoribus ingeniosis
Nomina, pro variis quibus utitur artibus hostis.
Innumeros fœdat vitiis, et sæpe trucidat.
Proh dolor! ingentes pereunt plerumque phalanges.

Rex sacer, erue nos, bone Jesu, summe sacerdos,
Ne cum damnandis nos inficiat vetus anguis.
Sed vitiis mundos trahe mundi de pelago nos,
Et socia sanctis supera clementer in aula. Amen.

II. *Eventus varii in Anglia et Normannia sub Henrico rege et Roberto duce.*

Anno ab Incarnatione Domini 1102, indictione IX, Henricus, rex Anglorum, pace cum Rodberto fratre suo facta, in regno confirmatus est, et super proditores, qui tempore necessitatis suæ nequiter ab illo desciverant, paulatim ulcisci conatus est. Nam Rodbertum, cognomento Maletum et Ivonem de Grentemaisnilio, Rodbertum de Pontefracto, filium Ilberti de Laceio, et potentiorem omnibus illis, Rodbertum de Belismo, aliosque quamplures ad judicium submonuit, nec simul, sed separatim, variisque temporibus de multimodis violatæ fidei reatibus implacitavit. Quosdam eorum, qui se de objecto crimine purgare non poterant, ingenti pecunia condemnavit, alios vero, quos magis suspectos habebat, irrecuperabiliter exhæredatos exsulare compulit.

Sequenti anno [1103] Guillelmus de Guarenna Rodbertum, Neustriæ ducem, mœstus adiit, et ingens damnum sibi per illum evenisse recensuit, quia Suthregiæ comitatum, mille libras argenti singulis annis sibi reddentem, perdiderit, ideoque dignum esse asseruit ut se fratri suo regi pacificaret, et pristinum honorem ejus obtentu recuperaret. Porro dux dictis hujusmodi facile acquievit, et in Angliam transfretavit. Quod audiens rex, iratus est, et sic ad suos asseclas et consecretales locutus est: *Quid de inimicis meis debeo facere, qui sine meo commeatu super me ausi sunt irruere, et regni mei fines irrumpere?* Qui diversi diversa regi responderunt. Ille autem privatos satellites obviam germano destinavit, per quos ei velle suum evidenter ostendit. Tunc infrunitus dux clandestinis legationibus comperiit quod Angliæ metas inconsulto introierit, et, nisi providum prudenter consilium acciperet, in septis insulanis clausus, pro suo libitu ad sua non remearet. Jussu tamen callidi regis, cum suis commilitonibus honorifice adductus est, et callens eorum consilium, ne ab externis aliquid rancoris inter germanos deprehenderetur, occultatum est. Territus itaque dux ficta metum hilaritate operuit, et rex nihilominus alacri vultu intimum furorem dissimulavit. Inter cætera rex ducem de violato fœdere redarguit quod de publicis proditoribus nullam adhuc ultionem exegerit, nec ullam super discolas principali rigore disciplinam exercuerit, et quod eodem anno Rodbertum de Belismo amicabiliter in Normannia receperit, eique patris sui dominia donaverit, id est Argentomum castrum, Sagiense episcopium, et Golfernum saltum. Tunc nimirum præfatus lanio in Neustriam transfretaverat, et Pontivi comitatum ad opus Guillelmi Talavacii obtinuerat, quia Guido, comes Abbatisvillæ, socer ejus, obierat. Denique dux, increpationibus hujuscemodi meticulosus, emendationem omnium humiliter spopondit. Constitutum quoque sibi vectigal trium millium librarum supplicanti ex industria reginæ indulsit. Placatus itaque rex cum illo amicitiam confirmavit, pristinum fœdus renovavit, et Guillelmo de Guarenna Suthregiæ comitatum restituit. Guillelmus autem, postquam paternum jus, quod insipienter amiserat, recuperavit, per XXXIII annos, quibus simul vixerunt, utiliter castigatus, regi fideliter adhæsit, et inter præcipuos ac familiares amicos habitus effloruit.

Deinde Rodbertus dux in Normanniam regressus est, et despicabilior quam antea fuerit suis effectus est. In hac enim profectione nihil, nisi metum et laborem atque dedecus, sibi lucratus est. Rex autem, in omnibus prosperitate vigens, admodum sublimatus est, et longe lateque de illo fama volitante, per IV climata mundi inter maximos reges nominatus est. Nullus eo fuit rex in Albionis regno potentior, nec amplitudine terrarum infra insulam locupletior, nec abundantia omnium rerum quæ mortalibus suppetunt, felicior. Hoc in subsequentibus, si vita comes fuerit, auxiliante Deo, narratio nostra manifeste comprobabit. Omnes inimicos suos sapientia vel fortitudine sibi subjugavit, sibique servientes divitiis et honoribus remuneravit. Unde plerosque illustres pro temeritate sua de sublimi potestatis culmine præcipitavit, et hæreditario jure irrecuperabiliter spoliatos condemnavit. Alios econtra, favorabiliter illi obsequentes, de ignobili stirpe illustravit, de pulvere, ut ita dicam, extulit, dataque multiplici facultate, super consules et illustres oppidanos exaltavit. Inde Goisfredus de Clintona, Radulfus Basset et Hugo de Bocalanda, Cuillegrip et Rainerius de Bada, Guillelmus Trossebot et Haimon de Falesia, Guigan Algazo et Rodbertus de Bostare, aliique plures mihi testes sunt, opibus aggregatis, et ædibus constructis, super omnia quæ patres eorum habuerunt; ipsi quoque, qui ab eisdem, sæpe falsis vel injustis occasionibus, oppressi sunt. Illos nimirum, aliosque plures, quos sigillatim nominare tædio est, rex, cum de infimo genere essent, nobilitavit, regali auctoritate de imo erexit, in fastigio potestatum constituit, ipsis etiam spectabilibus regni principibus formidabiles effecit.

At, sicut fidelibus retributor erat magnificus, sic infidis erat implacabilis inimicus, et vix sine vindicta in corpore, vel honore, vel pecunia, indulgebat certos reatus. Hoc miserabiliter rei senserunt, qui ejus in vinculis mortui sunt, nec pro consanguinitate, seu nobilitate generis, sive recompensatione pecuniarum, redimi potuerunt. Rodbertum de Pontefracto, et Rodbertum Maletum placitis impetivit, et honoribus exspoliatos extorres expulit. Ivonem quoque, quia guerram in Anglia cœperat, et vicinorum rura suorum incendio combusserat, quod in illa regione crimen est inusitatum nec sine gravi ultione fit expiatum, rigidus censor accusatum, nec purgatum, ingentis pecuniæ redditione oneravit, et plurimo angore tribulatum mœstificavit. Unde præfatus eques a Rodberto, comite de Mellento, qui præcipuus erat inter consiliarios regis, auxilium

quæsivit, et coactus plurimus anxietatibus, tutelæ illius se commisit. Inprimis erubescebat improperia quæ sibi fiebant derisoria, quod funambulus per murum exierat de Antiochia; deinde meticulosus cum multo cogitatu secum volvebat quod vix aut nunquam recuperaret amicitiam regis, quam perdiderat. Quapropter iterare peregrinationem decrevit. Pactum igitur initum est ut consul eumdem cum rege pacificaret, eique quingentos argenti marcos ad ineundum iter erogaret, totamque terram ejus usque ad xv annos in vadimonio possideret; quibus exactis, Ivoni, puero, filiam Henrici, comitis de Guarevico, fratris sui, conjugem daret, et paternam hæreditatem restitueret. Hoc pactum cum sacramento confirmatum est, et regali concessione præmunitum est. Ivo cum uxore sua peregre profectus est, et in ipso itinere defunctus est, et hæreditas ejus alienis subdita est.

Urbs Legrecestria quatuor dominos habuerat: regem et episcopum Lincoliæ, Simonemque comitem, et Ivonem Hugonis filium. Præfatus autem consul de Mellento per partem Ivonis, qui municeps erat et vicecomes et firmarius regis, callide intravit, et auxilio regis, suaque calliditate totam sibi civitatem mancipavit, et inde consul in Anglia factus, omnes regni proceres divitiis et potestate præcessit, et pene omnes parentes suos transcendit. Pulchram quoque Isabel, regis neptem Franciæ, uxorem habuit, quæ geminam ei prolem, Gualerannum et Rodbertum (45), peperit, ac Hugonem, cognomento Pauperem, et filias quinque. Inter tot divitias mente cæcatus, filio Ivonis jusjurandum non servavit, quia idem adolescens statuto tempore juratam feminam, hæreditariamque tellurem non habuit.

III. *Contentiones et bella inter Henricum regem et Robertum de Belismo. Hic comes sese victori subdere cogitur.*

Anno ab Incarnatione Domini 1102, indictione x, Henricus rex Rodbertum de Belismo, potentissimum

---

(45) Ortæ ex Roberto I propaginis partem quæ sedem in Anglia fixit, recenset genealogia sequens : *Memorandum quod Robertus comes Mellenti, veniens in Angliam cum Willelmo duce Normanniæ adeptus consulatum Leicestriæ ex dono dicti ducis et conquestoris Angliæ, destructa prius civitate Leicestriæ cum castello et ecclesia infra castellum, tempore prædicti conquestoris reædificavit ipsam, et ecclesiam S. Mariæ infra castellum, statuens ibidem xii canonicos sæculares et unum decanum: Ipso quoque Roberto defuncto, successit ei Robertus le Goczen* (le Bossu) *filius et hæres ejusdem, et de consilio D. Alexandri tunc episcopi Lincolniæ et aliorum discretorum, fundavit abbatiam istam de Pratis Leicestriæ.... Qui quidem Robertus de consensu Amiciæ uxoris suæ, sumpsit in abbatia ista habitum nostræ religionis, vivens juste et sancte quindecim annis et amplius. Ipsa quoque Amicia uxor sua sanctimonialis apud Eton est effecta.*
Isto Roberto fundatore nostro defuncto (an. 1167) *successit ei in hæreditatem Robertus filius ejus, et vocabatur Robertus* (as blanches meyns). *Qui Robertus accepit in uxorem Petronillam filiam Hugonis de Grantmenyl cum honore de Hynkelée et aliis posses-*
sionibus ipsius Hugonis quas habuit in Anglia, et extunc primo honor de Hynkelée est conjunctus comitatui Leicestriæ. Et ex dicta Petronilla genuit tres filios et duas filias, scilicet Robertum qui vocabatur filius Petronillæ ad differentiam prædictorum, et qui successit patri suo in hæreditatem, sed nullum habuit hæredem de se genitum; et Willielmum Leprosum secundum filium, et Galfridum episcopum S. Andreæ in Scotia tertium filium; et Amiciam primogenitam filiam et Margaretam juniorem.
Illo quoque Roberto (as blanches meyns) *in redeundo de terra sancta defuncto, et apud Duraz in partibus transmarinis sepulto, successit ei prædictus Rodbertus filius suus et hæres vocatus filius Petronillæ in hæreditatem. Ipso quoque sine hærede defuncto, divisa est hæreditas inter prædictas sorores Amiciam et Margaretam, eo quod dicti duo fratres sui fuerant jam defuncti; et Amicia desponsata fuit D. Simoni de Monteforti, patri illius Simonis qui moriebatur apud Evesham; et Margareta desponsata fuit Sayero de Quincy, et facti sunt duo comitatus, scilicet de Leicester et Wincester, de comitatu Leicestriæ prius existente.* (Monast. Anglic., I, p. 312.)
Dom Bouquet, lib. xl, p. 687.

comitem, ad curiam suam ascivit, et xlv reatus in factis seu dictis contra se vel fratrem suum, Normanniæ ducem, commissos objecit, et de singulis eum palam respondere præcepit. Diligenter enim cum fecerat per unum annum explorari, et vituperabiles actus per privatos exploratores caute investigari, summopereque litteris adnotari. Cumque Rodbertus licentiam, ut moris est, eundi ad consilium cum suis postulasset, eademque accepta, egressus, purgari se de objectis criminibus non posse cognovisset, equis celeriter ascensis, ad castella sua pavidus et anhelus confugit, et, rege cum baronibus suis responsum exspectante, regius satelles Rodbertum extemplo recessisse retulit. Tunc delusum se rex doluit; sed tempus ultionis non dubius exspectavit. Rodbertum itaque publicis questibus impetitum, nec legaliter expiatum, palam blasphemavit, et, nisi ad judicium, rectitudinem facturus, remearet, publicum hostem judicavit. Iterum rebellem ad concionem invitavit, sed ille venire prorsus refutavit; imo, castella sua vallis et muris undique munivit, et a cognatis Normannis, extraneisque Guallis, et a cunctis affinibus suis adminicula petivit.

Rex autem exercitum Angliæ convocavit, et Arundellum castellum, quod prope littus maris situm est, obsedit, ibique castris constructis, stratores cum familiis suis tribus mensibus dimisit. Interea inducias humiliter a rege petierunt custodes munitionis, ut a domino suo exigerent vel auxilium defensionis, vel permissum reconciliationis. Annuente rege, veredarii Rodbertum in regione Merciorum quæsierunt, eique reperto intolerabilem regis oppressionem imminere sibi anxie denudaverunt. Ibi nempe Brugiam, munitissimum castrum, super Sabrinam fluvium construebat, et totis ad resistendum viribus auxiliarios frustra quærebat. Audiens itaque defectionem suorum, ingemuit, eosque a promissa fide, quia impos erat adjutorii, absolvit, multumque mœrens licentiam concordandi cum rege concessit. Redeuntibus legatis, læti muniones castrum regi reddiderunt, et benigniter ab eo suscepti, multis muneribus honorati sunt. Unde rex ad Blidam castrum, quod Rogerii de Buthleio quondam fuerat, exercitum promovit. Cui mox gaudentes oppidani obviam processerunt, ipsumque naturalem dominum fatentes, cum gaudio susceperunt. His ita peractis, rex populos parumper quiescere permisit, ejusque prudentiam et animositatem congeries magnatorum pertimuit.

Interea rex legatos in Neustriam direxit, ducique veridicis apicibus insinuavit, qualiter Rodbertus utrisque forisfecerit, et de curia sua furtim aufugerit. Deinde commonuit ut, sicut pepigerant, in Anglia, utrique traditorem suum plecterent generali vindicta. Dux itaque exercitum Normanniæ congregavit, et Vinacium castrum, quod Girardus de Sancto Hilario conservabat, obsedit. Oppidani autem militares assultus optabant, quia, si validus fieret impetus, reddere munitionem parati erant. Non enim sese sine violentia dedere dignabantur, ne malefidi desertores merito judicarentur. Sed quia dux deses et mollis erat, ac principali severitate carebat, Rodbertus de Monteforti, aliique seditionis complices, qui vicissim dissidebant, mappalia sua, sponte immisso igne, incenderunt, totum exercitum turbaverunt, et ipsi ex industria, nemine persequente, fugerunt, aliosque, qui odibilem Rodbertum gravare affectabant, turpiter fugere compulerunt. Castrenses vero, ut tantum dedecus Normannici exercitus viderunt, cum ululatu magno post eos deridentes vociferati sunt, minusque postmodum timentes, crudelem guerram per Oximensem pagum cœperunt. Rodbertus autem de Grentemaisnilio, et Hugo de Monte Pincionis, atque Rodbertus de Curceio, et homines eorum, quantum poterant, sævis prædonibus resistebant, patriamque suam defendere satagebant. Verum publici hostes, prædis illecti, atrociores insurrexerunt, et Castellum Gunterii atque Furcas, Argentomumque turgide possidentes, nimis irati sunt, quod aliqui vicinorum sine duce contra eos vel latrare ausi fuerunt. Per totam ergo provinciam pagensium prædas rapiebant, et, direptis omnibus, domos flammis tradebant.

Porro rex Anglorum non otio, ut frater ejus, torpuit; sed totius Angliæ legiones in autumno adunavit, et in regionem Merciorum minavit, ibique Brugiam tribus septimanis obsedit. Rodbertus autem Scrobesburiam secesserat, et præfatum opp. dum Rogerio, Corbati filio, et Rodberto de Novavilla, Ulgerioque Venatori commiserat, quibus lxxx stipendiarios milites conjunxerat. Pacem quoque cum Guallis tunc ipse fecerat, et reges eorum Caducan et Gervatum, filios Resi, sibi asciverat, quos cum suis copiis exercitum regis exturbare frequenter dirigebat. Guillelmum vero Pantolium, militarem probumque virum, exhæreditaverat, et multa sibi pollicentem servitia in instanti necessitate penitus a se propulsaverat. Ille autem, a Rodberto contemptus, ad regem conversus est. Quem rex, quia vivacem animum ejus jamdudum expertus fuerat, gratanter amplexatus est. Protinus illi ducentos milites commendavit, et custodiam Stephordi castri, quod in vicino erat, deputavit. Hic super omnes Rodberto nocuit, et usque ad dejectionem consiliis et armis pertinaciter obstitit.

Consules autem et primores regni una convenerunt, et de pacificando discorde cum domino suo admodum tractaverunt. Dicebant enim : Si *rex magnificum comitem violenter subegerit, nimiaque pertinacia, ut conatur, eum exhæreditaverit, omnes nos ut imbelles ancillas amodo conculcabit. Pacem igitur inter eos obnixe seramus, ut hero, comparique nostro legitime proficiamus, et sic utrumque, perturbationes sedando, debitorem nobis faciamus.* Quadam ergo die, regem omnes simul adierunt, et in medio campo colloquium de pace medullitus fecerunt, ac pluribus argumentis regiam austeritatem emollire conati sunt. Tunc in quodam proximo colle tria millia pagensium militum stabant, et optimatum molimina satis intelligentes, ad regem vociferando clamabant : *Domine rex Henrice, noli proditoribus istis credere. Summopere moliuntur impedire te, et regalis justitiæ rigorem tibi tollere. Cur audis illos, qui suadent tibi traditori parcere, tuæque mortis conjurationem impune dimittere? Ecce nos omnes tibi fideliter assistimus, tibique in omnibus obsecundare parati sumus. Oppidum acriter expugna, traditorem ex omni parte coarcta, nec pacem cum illo facias, donec ipsum, aut vivum aut mortuum, in manibus tuis teneas.*

His auditis, rex animatus est, eoque mox recedente, conatus factiosorum annihilatus est. Deinde præfatos Guallorum reges per Guillelmum Pantolium rex accersit, eosque datis muneribus et promissis demulcens, hosti caute subripuit, suæque parti cum viribus suis associavit. Tres quoque præcipuos municipes mandavit, et coram cunctis juravit quod nisi oppidum in triduo sibi redderent, omnes quoscunque de illis capere posset, suspendio perirent. Territi vero tanta obstinatione regis, salutis suæ consilium indagare cœperunt, et Guillelmum Pantolium, qui affinis eorum erat, persuasionem ejus audituri, accersierunt. Ille autem inter eos et regem mediator accessit, et facete composita oratione ad reddendam legitimo regi munitionem commonuit, cujus ex parte terra centum librarum fundos eorum augendos jurejurando promisit. Oppidani, considerata communi commoditate, acquieverunt, et regiæ majestatis voluntati, ne resistendo periclitarentur, obedierunt. Denique permissu regis domino suo legatum Rodberto destinaverunt, per quem se non posse ulterius tolerare violentiam invicti principis mandaverunt. Stipendiarii autem milites pacem nescierunt, quam oppidani omnes et burgenses, perire nolentes, illis inconsultis fecerunt.

Cumque insperatam rem comperissent, indignati sunt, et armis assumptis inchoatum opus impedire nisi sunt. Oppidanorum ergo violentia in quadam parte munitionis inclusi sunt, et regii satellites cum regali vexillo, multis gaudentibus, suscepti sunt. Deinde rex, quia stipendiarii fidem principi suo servabant, ut decuit, eis liberum cum equis et armis exitum annuit. Qui egredientes, inter catervas obsidentium plorabant, seseque fraudulentia castrensium et magistrorum male supplantatos palam plangebant, et coram omni exercitu, ne talis eorum casus aliis opprobrio esset stipendiariis, complicum dolos detegebant. Rodbertus, ut munitissimum Brugiæ castrum, in quo maxime confidebat, regi subactum audivit, anxius ingemuit, et pene in amentiam versus, quid ageret ignoravit. Rex autem phalanges suas jussit Huvel Hegen pertransire, et Scrobesburiam urbem, in monte sitam, obsidere, quæ in ternis lateribus circumluitur Sabrina flumine. Angli quippe quemdam transitum per silvam *Huvel Hegen* dicunt, quem Latini *malum callem*, vel vicum, nuncupare possunt. Via enim per mille passus erat cava, grandibus saxis aspera, stricta quoque, quæ vix duos pariter equitantes capere valebat; cui opacum nemus ex utraque parte obumbrabat, in quo sagittarii delitescebant, et stridulis missilibus vel sagittis prætereuntes subito mulctabant. Tunc plus quam LX millia peditum erant in expeditione, quibus rex jussit silvam securibus præcidere, et amplissimam stratam sibi et cunctis transeuntibus usque in æternum præparare. Regia jussio velociter completa est, saltuque complanato latissimus trames a multitudine adæquatus est.

His auditis, Rodbertus admodum territus est, et undique infortunio circumventum se videns, humiliatus est, invictique regis clementiam supplicare coactus est. Severus econtra rex, memor injuriarum, cum pugnaci multitudine decrevit illum impetere, nec ei ullatenus, nisi victum se redderet, parcere. Ille tandem tristis casus sui angore contabuit, et consultu amicorum, regi jam prope urbem venienti, obviam processit, et crimen proditionis confessus, claves urbis victori exhibuit. Rex itaque totum honorem Rodberti et hominum ejus, qui cum illo in rebellione perstiterant, possedit, ipsumque cum equis et armis incolumem abire permisit, salvumque per Angliam usque ad mare conductum porrexit. Omnis Anglia, exsulante crudeli tyranno, exsultavit, multorumque congratulatio regi Henrico tunc adulando dixit : *Gaude, rex Henrice, Dominoque Deo gratias age, quia tu libere cœpisti regnare, ex quo Rodbertum de Belismo vicisti, et de finibus regni tui expulisti.*

IV. *Robertus de Belismo in Normanniam transit, ibique plurima mala perpetrat. Adversus Robertum ducem insurgit. De quorumdam virorum morte.*

Fugato itaque Rodberto, regnum Albionis in pace siluit, et rex Henricus XXXIII annis prospere regnavit, quibus in Anglia nullus postea rebellare contra eum ausus fuit, nec munitionem aliquam contra eum tenuit. Rodbertus autem, ira et dolore plenus, in Neustriam transfretavit, et compatriotas suos, qui mollem dominum adjuvare suum nisi fuerant, crudeliter invasit, cædibus et incendiis vehementer aggravavit. Nam, sicut draco ille, de quo Symmista Joannes in Apocalypsi scribit, de cœlo projectus, in terrigenas rabiem suam feraliter exercuit, sic sævus lanista, de Britannia fugatus, in Normannos furibundus irruit. Rura eorum, prædiis direptis, ignibus conflagravit, et milites, vel alios, quos capere valebat, usque ad mortem seu debilitationem membrorum cruciatibus afflixit. Tanta enim in illo erat sævitia, ut mallet captis inferre tormenta, quam pro redemptione illorum multa ditari pecunia.

Rogerius Pictavinus et Arnulfus, fratres Rodberti, in Anglia comites opulenti erant, comitisque Rogerii de Montegomerici, patris sui, procuratione magnis honoribus locupletes pollebant. Arnulfus enim filiam regis Hiberniæ, nomine Lafracoth, uxorem habuit, per quam soceri sui regnum obtinere concupivit. Immoderata cupiditas plus quam debet quærit; inde plerisque quod juste adipiscuntur, subito tollit. Fortis rex Anglorum, pro malignitate Rodberti, totam progeniem et parentelam ejus odio habuit, suoque de regno radicitus omnes exstirpare decrevit. Occasiones ergo contra præfatos fratres exquisivit, qualescunque invenit pertinaciter ventilavit, et exhæredatos de finibus Britanniæ propulsavit. Terram quoque, quam Rogerius senior comes dederat sanctimonialibus Almaniscarum, quoniam Emma abbatissa erat prædictorum soror comitum, impatiens vindex, ecclesiæ virginum immisericorditer abstulit, et Savarico, Chamæ filio, pro militari servitio concessit.

His itaque fugatis de Anglia, vehemens acerbitas nequitiæ crevit in Neustria, et per triennium innumera perpetravit facinora. Villæ siquidem plures depopulatæ sunt, et basilicæ cum hominibus, qui ad illas, ut filii ad matris sinum, confugerant, concrematæ sunt. Tota pene Normannia in Rodbertum surrexerat, parique conjuratione illi resistere conspiraverat; sed frustra, quoniam capite sano contra tantum prædonem carebat. Nam ipse viribus et ingenio pollebat, et congeriem divitiarum, quas jamdudum congesserat, in XXIV fortissimis munitionibus ad rebellionem olim constructis habebat. Solus paternam hæreditatem penitus possidebat, nullam præfatis fratribus, pro illo exhæredatis, partem permittebat. Rogerius itaque ad Carrofense Castrum, quod de patrimonio suæ conjugis erat, secessit, ibique usque ad senectutem permansit, et vitæ finem sortitus, filios sibi probos successores reliquit. Arnulfus autem, post multos labores, quos pro fratre suo incassum toleravit, indignatus ad ducem sese contulit, et castrum Almaniscarum subreptione capiens, illi tradidit, et plures de auxiliatoribus fratris sui secum contraxit. Tunc in Sagiensi territorio nimia turbatio facta est. Multi provincialium cum Arnulfo Rodbertum reliquerunt, et municipia sua fautoribus ducis reddiderunt. Rodbertus autem, qui desertus a proprio germano erat, ubique meticulosus vix in aliquo confidebat; et, quia pene cunctis terribilis erat, de illis etiam, qui sibi adhuc adhærebant, ambigebat.

Mense Junio [1103], satellites ducis in abbatiam sanctimonialium aggressi sunt, et ad deprædandam regionem ardentes, in sacris ædibus stabula equorum constituerunt. Quo cognito, Rodbertus illuc advolavit, et injecto igne coenobium combussit. Olivarium autem de Fraxineto, aliosque plures comprehendit, quorum quosdam longo gravique ergastulo miserabiliter afflixit, reliquos vero morte, seu membrorum privatione condemnavit. Rodbertus dux cum exercitu Normanniæ Oximis venit, fautoribusque suis suffragari debuit. Tunc Rogerius de Laceio magister militum erat, cujus præcepto Malgerius cognomento Malaherba prædictam munitionem servabat. Ob infortunium imminens

odibili tyranno plures lætati sunt, ac ut super illum irruerent avide convenerunt. Guillelmus comes Ebroicensis, et Rotro comes Moritoniæ, et Gislebertus de Aquila, et Oximenses cuncti simul in illum conspiraverant, sed congruentem malis, quæ idem illis multoties intulerat, talionem exsolvere ad libitum non poterant. Verum Rodbertus de Sancto Serenico, et Burcardus dapifer ejus, et Hugo de Nonanto diutius illi restiterunt, et plus omnibus aliis Normannis eumdem damnis et injuriis contristaverunt.

Adveniente cum exercitu duce, Rodbertus acies suas præstruxit, desidemque dominum pluribus modis tentavit; et super calcetam audacter aggressus, tandem fugavit, atque Guillelmum de Conversana fratrem Sibyllæ comitissæ, aliosque plures comprehendit. Animosiores Normanni vehementer erubuerunt, quod illi, qui exterarum victores gentium in barbaris regionibus floruerunt, nunc in suæ telluris sinu ab uno filiorum victi et fugati sunt. Rodbertus itaque, secundis eventibus admodum inflatus, ferocior surrexit, et ducem exinde floccipendens, totam undique Normanniam sibi subdere sategit. Provinciales autem, rectore carentes, nec bellicosi comitis asperam tyrannidem ferre valentes, sub jugo ejus sua colla, licet inviti, flexerunt, eique, non tam amore quam timore, penitus adhæserunt, ejusque patrociniis fulti, contra æmulos cohabitantes atrocem guerram exercuerunt. Sic nimirum viribus ducis deficientibus, Rodbertus infestior ascendit, et collimitaneis Quiritibus ad eum deficientibus, Oximorum munitionem obtinuit. Castellum quoque Gunterii, et alia quamplurima in gyro sibi municipia mancipavit.

Concremato apud Almaniscas sanctimonialium monasterio, ut dictum est, tener virginum conventus misere dispersus est. Unaquæque, prout facultas sibi fortuitu collata est, ad lares parentum vel amicorum regressa est. Emma vero abbatissa cum ternis sanctimonialibus Uticum confugit, ibique in capella ubi sanctus Pater Ebrulfus coelesti theoriæ intentus solitarie degebat, sex mensibus habitavit. Porro, sequenti anno, ad ecclesiam suam reversa est, auxilioque Dei et fidelium ejus, diruta restaurare conata est. Hæc postmodum fere x annis vixit, quibus basilicam Virginis et Matris cum regularibus officinis diligenter erexit, et dispersas ad septa monastica monachas summopere revocavit. Qua defuncta, Mathildis, filia Philippi fratris ejus successit, iterumque repentino igne incensum cum ædibus monasterium laboriose reparavit.

Eodem tempore [1102-1103], præcipui proceres Normanniæ, Gualterus Giffardus, Guillelmus Britoliensis et Radulfus de Conchis defuncti sunt, eisque juvenes successerunt. Gualterius quippe Giffardus, comes Bucchingeham, in Anglia mortuus est, et inde in Normanniam, ut ipse jusserat, translatus est. In introitu vero basilicæ Beatæ Virginis Mariæ apud Longamvillam sepultus est. Super quem hujusmodi epitaphium in maceria, picturis decorata, scriptum est :

> *Stemma Gifardorum Gualterius ingenuorum,*
> *Quæ meruit vivens, busta sepultus habet.*
> *Templi fundator præsentis et ædifieator,*
> *Hoc velut in proprio conditus est tumulo.*
> *Qui se magnificum, patriæque probavit amicum.*
> *Dux virtute potens, et pietate nitens,*
> *Religiosorum sed præcipue monachorum*
> *Cultor, multimode profuit Ecclesiæ.*

Strenuum itaque baronem Cluniacenses monachi honorifice venerati sunt, et assiduis precibus animam ejus Domino Deo commendaverunt, memores beneficiorum quæ apud Longamvillam in ejus eleemosyna ubertim adepti sunt. Agnes vero, uxor ejus, Anselmi de Ribothmonte soror fuit, Galteriumque puerum post xv annos desponsionis suæ marito peperit, quem post mortem patris usque ad virile robur diligenter educavit, et paternum ei honorem per multos annos prudenter gubernavit. Hæc, feminea cupiditate nimis accensa, Rodbertum ducem adamavit, ipsumque insidiosis retibus amoris illicite sibimet illexit. Multa ei, per se et per potentes cognatos suos, contra omnes inimicos adjumenta promisit, quibus cito socordem ad consensum pertraxit, ut dum sua conjux obiret, præfatam mulierem sibi copularet, totamque Normanniam ad regendum ei committeret.

Non multo post Sibylla comitissa, veneno infecta, in lectum decidit, et Quadragesimali tempore, multis eam plangentibus, obiit. Guillelmus autem, Rothomagensis archipræsul, ejus exsequias celebravit, et in metropolitana Sanctæ Dei genitricis Mariæ basilica cum clero et populo decenter tumulavit. In navi ecclesiæ polita de albo lapide lamina tumulum operit, in qua sculptum hoc modo epitaphium solerter intuentibus patescit :

> *Nobilitas, species, laus, gloria, magna potestas,*
> *Vivere perpetuo non faciunt hominem.*
> *Nam generosa, potens, dives comitissa Sibylla*
> *Hoc jacet in tumulo condita, facta cinis.*
> *Cujus larga manus, mens provida, vita pudica,*
> *Prodesset patriæ, si diuturna foret.*
> *Normanni dominam, gens Apula deflet alumnam,*
> *Cujus in occasu gloria magna ruit.*
> *Velleris aurati cum Titan sidus inibat,*
> *Mortem passa ruit. Sit tibi vita Deus!*

Post hæc, tumultus bellorum, quæ jamdudum incœpta sunt, subito causis quibusdam orientibus pene per totam Neustriam admodum creverunt. Quibus feraliter furentibus, dux prohibitus est uxorem ducere, et Agnes, vidua permanens, frustra concupivit principalem torum ascendere.

Tunc inter Britolienses et Ebroicenses, aliosque vicinos eorum, ingens guerra exorta est. Guillelmus quippe de Britolio Adelinam, Hugonis de Monteforti filiam, uxorem duxerat, sed prolem de legali connubio non habuerat. Ipso itaque II Idus Januarii

(46) *Audita morte regis Henrici*, inquit Robertus de Monte Append. ad Sigeb. ad an. 1135, *comes Andegavensis et uxor ejus Mathildis filia ejusdem regis absque ulla difficultate castella Normanniæ*

[1105] apud Beccum mortuo, sed Liræ in cœnobio quod pater suus in proprio fundo construxerat, sepulto, nepotes ejus, Guillelmus de Guader, et Rainaldus de Graceio succedere illi contenderunt. Sed Normanni Eustachium, de concubina filium ejus, susceperunt, quia compatriotam nothum, quam Britonem, seu Burgundionem, liberum, præesse sibi maluerunt. Igitur inter partes inimicas gravis guerra exorta est, et desolatio patriæ nimis augmentata est. Guillelmo de Guader celeriter obeunte, Rainaldus invaluit, eique Guillelmus comes Ebroicensis ad subsidiandum cum multis aliis adhæsit. Nam Radulphus de Conchis, filius Isabel, et Ascelinus Goel, atque Amalricus de Monteforti cum viribus suis conglomerati sunt, et Rainaldo faventes, ingentia vicinis detrimenta nequiter intulerunt, patriamque suam hostiliter depopulati sunt, et illi quem juvare conabantur parum profecerunt. Eustachius enim Guillelmum Alis et Radulfum Rufum ac Tedbaldum, aliosque barones suos secum habens, fortiter restitit, quorum consilio contra tot adversarios auxilium regis Anglorum quæsivit. Rex autem Julianam, filiam suam, ei conjugem dedit, et insuperabile contra Goellum et omnes alios hostes adminiculum spopondit. Tunc etiam Rotroni, Mauritaniæ comiti, aliam sobolem conjunxit, quæ marito suo filiam, nomine Philippam, peperit.

V. Yvo Carnotensis episcopus. — Adelæ comitissæ Carnotensis soboles. Eventus varii in Anglia et in Normannia.

Anno ab Incarnatione Domini [1103] Paschalis papa in Gallias venit, et a Gallis honorifice susceptus, divinam servitutem fideliter exercuit. Tunc venerabilis Ivo, Carnotenæ urbis episcopus, inter præcipuos Franciæ doctores eruditione litterarum tam divinarum quam sæcularium floruit ; a quo invitatus papa solemnitatem Paschæ apud Carnotum celebravit. Adela quoque comitissa largas ad ministerium papæ impensas contulit, et benedictionem sibi, domuique suæ in æternum a sede apostolica promeruit. Laudabilis hera, post peregrinationem mariti, consulatum illius honorifice gubernavit, tenerosque pueros ad tutamen Ecclesiæ sanctæ solerter educavit. Guillelmus enim, qui major natu erat, filiam Gilonis de Soleio uxorem duxit, et soceri sui hæreditatem possidens, diu pacifice vixit, laudabilemque sobolem, Odonem et Raherium, genuit. Tedbaldus autem, palatinus comes, militia claruit, pacis amator justitia viguit ; et inter præcipuos Franciæ principes divitiis et virtute maximus enituit. Mathildem vero, Ingelberti ducis filiam, uxorem duxit, atque post mortem Henrici regis, avunculi sui, ducatum Normanniæ suscepit, et furentes dyscolas necessariæ virga disciplinæ feriens coercuit (46). Porro Stephanus, Stephani Blesensis tertia proles,

obtinuerunt, videlicet Damfrontem, Argentonium, Oximum, Ambreras, Gorram, Coliniæ montem, etc. Optimates Normanniæ confestim miserunt propter comitem Tebaldum, ut veniens reciperet Norman-

ab avunculo rege arma militiæ accepit, et capto apud Tenerchebraicum Guillelmo, comite Moritolii, comitatum ejus dono regis obtinuit. Eustachii quoque Boloniensis consulis filiam, de matre Maria, Mathildem, uxorem duxit, et totum honorem ejus hæreditario jure possedit. Denique Henrico rege in castro Leonis IV Nonas Decembris defuncto, Stephanus mare transfretavit, et incipiente anno Dominicæ Incarnationis 1136 Angliæ sceptra suscepit. Deinde Henricus, ætate minimus, a pueritia Cluniacensis monachus, in adolescentia vero Glastoniensis abbas in Anglia sublimatus est (47), et inde, post Guillelmum Gifardum, ad Guentoniensem præsulatum promotus est.

Denique genitrix tantæ prolis, ut pallida tenebrosæ mortis tempora medullitus meditari cœpit, post multas divitias atque delicias, in quibus peccatorum copia fœdat animas et perimit, lubrica sæculi blandimenta, turgidosque fastus sponte deseruit, ac sanctimonialis apud Marcilleium effecta, sub Cluniacensium rigido regimine, regi Sabaoth militavit. Hæc per anticipationem de generosa matre et fortunata sobole dicta sunt. Nunc autem ad narrationis seriem, unde paulisper digressus sum, libet reducere calamum.

Rex Anglorum Rodbertum, comitem de Mellento, ad sedandas lites intestinas in Normanniam destinavit, et Rodberto duci, aliisque proceribus mandavit ut genero suo parcerent, et contra hostes illius dimicarent; alioquin regiæ virtutis inimiciam sentirent. Benevolentiam itaque regis erga Eustachium advertentes, multi siluerunt, et qui antea nocebant illi, summopere suffragari studuerunt. Rainaldus tamen et Goëllus, aliique temerarii pertinaciter nequitiis institerunt, nec pro regalis reverentiæ precatu ab infestatione generi ejus cessaverunt, sed nefaria temeritate cædes et incendia perpetrarunt. Nam inter cætera, quæ præfatus Rainaldus crudeliter peregit, quoddam municipium hostile pertinaciter invasit, et omnes qui intus erant, dum exirent, cepit, et proprio ense in visceribus infixo veluti bruta animalia immisericorditer peremit. Omnibus hac maxime pro causa odibilis factus est, et Eustachio insigniter invalescente, totumque patris honorem nanciscente, de Neustria expulsus est. Reversus autem ad natale solum, Guillelmo fratri suo, majori se, insidiari cœpit; sed justo Dei judicio, inter tumultus quos machinabatur, in manus fratris incidit, et in ejus carcere debitas pro nefariis actibus pœnas luit.

Tunc etiam Goëllus Joannem, filium Stephani, de Mellento, exploravit, et venientem de colloquio comitis domini sui, qui apud Bellummontem in Normannia consistebat, comprehendit, et fere quatuor mensibus avarum feneratorem in carcerem coercuit. Unde præfatus comes obnixe laboravit ut burgensem suum, qui ditissimus erat, erueret, nec eum de ore lupi liberare potuit, nisi plures placaret. Ingeniosus ergo comes Rodbertus cum Guillelmo, Ebroicensi comite, pacem fecit, et Amalrico, nepoti ejus, filiam suam, quæ unius anni erat, pepigit, et in illa concordia Radulfum de Conchis, et Eustachium, atque Goëllum, aliosque belligerantes marchisos collegit. Hac itaque pace facta, Joannes redditus est, aliis pluribus securitas et serenitas pacis exhibita est. Sequenti anno (48), geminam prolem, Gualerannum et Rodbertum, Isabel, uxor Mellentici comitis, enixa est, et, causis quibusdam intervenientibus, Amalricus promissam sibi puellam desponsare prohibitus est.

Somnolentus dux, ut nimiam desolationem patriæ vidit, nec contra Rodbertum de Belismo ducatus sui regionem defendere potuit, transgressor pacti quod cum rege fecerat, sine consilio ejus concordiam cum prædicto Rodberto fecit, eique dominia patris sui, episcopatum scilicet Sagiensem et cætera, quæ superius memorata sunt, annuit. Venerandus igitur Serlo, Sagiensis episcopus, tyrannidem Rodberti ferre indignum duxit, ideoque potius ab episcopatu recedere, quam sub eo degere maluit. Propria sede relicta, per extera vagatus est, et Rodbertum cum adjutoribus suis anathemate feriens exsecratus est.

Sæpedictus quoque vir Radulfum, Sagiensium abbatem, jucundum et facetum, amabilemque virum, pluribus modis contristavit, hominesque sancti præsulis Martini indebitis exactionibus oppressit, ipsumque per immeritam subjectorum afflictionibus fugavit. Sic præsul et abbas, tyranni jugo fatigati, in Angliam fugerunt, et a rege Henrico refrigerandi benigniter suscepti sunt. His temporibus venerabilis Gundulfus, Rofensis episcopus, defunctus est, cujus in loco Radulfus abbas ecclesi-

---

niam. *Venit itaque Rothomagum, et postea Lexovias in Sabbato jejunii decimi mensis. In crastino, dum colloqueretur ipse et comes Glocestriæ Robertus, venit nuntius de Anglia, dicens Stephanum fratrem suum jam esse regem. His auditis, comes Glocestriæ Robertus (frater Mathildis) reddidit castrum Falesiæ quod habebat.* Eadem narrat ad an. 1136 Matthæus Parisiensis, additque ad annum sequentem : *Theobaldo fratri suo comiti Blesensi conquerenti quod injuste Angliam invaserat, cum esset ætate minor, duo millia marcarum* (Stephanus) *pepigit annuatim : et sic fratres pacificati ab invicem recesserunt. Annum ergo ferme integrum Normannia, sive Normanniæ parte potitus est Theobal-*

dus, antequam fratri suo eam ex compacto redderet.
    Dom Bouquet, lib. XI, p. 692.

(47) Hoc in administrando Glastoniensi ecclesia meruit elogium Henricus, quod legitur *in Monast. Anglic.* t. I, p. 18 : *Henricus frater Theobaldi comitis Blesensis, nepos Henrici regis, monachus Cluniacensis, anno Domini 1126.* (Glastoniensi præfuit ecclesiæ) *vir quem abundans litteraturæ peritia illustravit, morumque honestas apprime decoravit. Hujus industria tanta Glastoniensi ecclesiæ præstitit emolumenta, quod ejus ibidem memoria merito vigebit in sæcula*, etc.
    Dom Bouquet, lib. XI, p. 692.

(48) Id est 1104.

siastica electione subrogatus est. A reverendo Cantuariorum archipræsule, Anselmo, præsul Rofensis consecratus est; cujus etiam, post aliquot annos, in sede Dorobernensi successor factus est.

VI. *Magnus Nortwigenarum, rex in expeditione occidit.*

Ea tempestate, Magnus, Nortwigenarum potentissimus rex, insulas Britanniæ circumivit, et desertas cum ingenti classe insulas usque in Hiberniam introivit, ibique colonis callide constitutis, oppida et villas aliarum more gentium construi præcepit. Irenses igitur ei nimis inviderunt, et totis nisibus infestare conati sunt, doloque seu vi pessundare hostes machinati sunt. Magnanimus autem rex contra Irenses surrexit, et cum sua classe littoribus Hiberniæ applicuit. Illi vero, tanti regis terrore perterriti, Normannos accersierunt; quibus Arnulfus et auxiliarii ejus suppetias laturi advolarunt. Porro, congregati omnes formidabilem Magnum veriti sunt, nec præliari cominus cum illo præsumpserunt; sed de proditione nefaria in ipsum machinari studuerunt.

Denique quidam faceti et eloquentes ad eum in dolo venerunt, et frivolis sponsionibus eumdem deceperunt, et de navibus egredi, ut provinciam viseret atque ad subjectionem sui reciperet cum paucis, persuaserunt. Ille vero, perfidis male credulus, ferratos in littore cuneos reliquit, et usque ad duo milliaria seductores secutus, perniciem suam quæsivit. Ibi enim ingentes inimicorum catervas latitantes invenit, quibus de latebris prosilientibus, audax Nordwigena, fugere dedignatus, præliari fortiter cœpit. Pauci contra innumeros resistere nequiverunt. Magnus rex dorsum ad arborem stans convertit, et clypeo protectus, missilibus plures sauciavit; sed, multitudine oppressus, proh dolor! interiit.

Quidam locuples Lincoliæ civis thesaurum Magni regis servabat, eique ornamenta et vasa, vel arma, vel utensilia, vel alia regalibus ministeriis necessaria suppeditabat. Qui mortem regis comperiens, ad domum suam festinavit, et, de regali thesauro negociatus divitiis admodum exuberavit. Anglorum autem rex, ut sæpefati regis occasum audivit, quasi onere ingenti alleviatus exsultavit; et, post aliquod tempus, a Lincoliensi cive prædicti principis ærarium exquisivit. Denique civis veritatem commissi primo celavit; unde illum repente convictum rex comprehendit, et plus quam xx millia, ut fertur, libras argenti abstulit.

Irenses, sanguine Magni regis, sociorumque ejus gustato, truculentiores effecti sunt, et ex improviso ad interimendos Normannos conversi sunt. Rex siquidem eorum filiam suam Arnulfo abstulit, ipsamque petulantem cuidam consobrino suo illicite conjunxit. Arnulfum vero ipsum interficere pro affinitatis remuneratione decrevit. Sed ille, barbaræ gentis exsecrandas fraudes comperiens, ad suos aufugit, et fere xx annis sine certa sede postmodum vixit. Tandem jam senex, specietenus regi reconciliatus, uxorem duxit, et nuptiis factis, in crastinum post comestionem obdormivit, extremumque diem sortitus, paranymphis pro fescenninis lugubres threnos dereliquit. Hostibus undique variabili fortuna illudente pessundatis, Henricus rex invaluit, et maxime Magni regis occasu tutior exstitit, ingentique censu ditatus intumuit.

VII. *Ludovicus de Francia filius Philippi regis in Angliam transfretat. Bertrada ejus noverca in eum machinatur.—Henricus rex in Normanniam transit et Robertum ducem fratrem suum visitat.*

Eodem tempore (49), Ludovicus juvenis, permissu patris sui, cum paucis, sed sapientibus viris, in Angliam transfretavit, et regi Henrico spectabilis tiro serviturus, ad curiam ejus accessit; a quo, ut filius regis, honorifice susceptus est, et in omnibus apud illum benigniter habitus est. Porro, nuntius Bertradæ, novercæ illius, pedetentim illum secutus est, et apices sigillo Philippi, regis Francorum signatos, Henrico regi largitus est. Litteratus vero rex epistolam legit; qua perlecta, suos consiliarios advocavit, et cum eis diutius satis alacriter tractare cœpit. In epistola quippe legerat quod Philippus, rex Franciæ, sibi mandabat, ut Ludovicum, filium suum, qui ad curiam ejus accesserat, comprehenderet, et in carcere omnibus diebus vitæ suæ coerceret. Sapiens sceptriger, quam absurdum et inconveniens præceptum per femineam procacitatem, Gallorum rex sibi mandaverit, cum legitimis baronibus solerter discussit, et tam scelestam, regique omnimodis incongruam factionem a se et suis omnibus repulit. Guillelmus autem de Buscheleio, sapiens miles, qui cum Ludovico erat, rem adhuc latentem animadvertit; unde, quasi jocaturus, ad concionem magnatorum non vocatus accessit. Protinus per illum rex Ludovico, ut pacifice recederet, benigniter mandavit, et tam ipsum quam socios ejus, multis honoratos muneribus, in Gallias remisit.

Ludovicus itaque, novercæ suæ comperta fraude, patrem iratus adiit, et quod tam dira per apices suos in extera regione sibi procurasset, convenit. Ignarus nefariæ proditionis, rex omnia denegavit, juvenisque in ira fervens, novercam interimere optavit. Porro, illa morte ipsum præoccupare pluribus modis satagit, et, accersitis tribus de numero clericorum maleficis, pro perniciei ejus procuratione ingens pretium pepigit. Malefici quædam nefaria secreta per aliquot dies agere cœperunt, et usque ad ix dies, si cœpta peragerent, Ludovici lethum crudeli adulteræ spoponderunt. Interea unus ex illis præstigia sociorum detexit, et, duobus captis,

(49) id est anno 1100.

machinatio imperfecta, volente Deo, deperiit. Deinde procax noverca veneficos adhibuit, magnorumque pollicitationibus præmiorum sollicitavit, et regiam sobolem veneno infecit. Præclarus itaque juvenis in lectum decidit, et per aliquot dies nec manducare, nec dormire potuit. Pene omnes Galli contristabantur, quod regis genuinus hæres periclitaretur. Tandem, cunctis Francorum archiatris fatiscentibus, quidam hirsutus de Barbarie venit, et apodixen medicinalis peritiæ super desperatum juvenem exercere cœpit, Deoque volente, indigenis medicis invidentibus, profecit. Hæc nimirum inter ethnicos diu conversatus fuerat, et profunda physicæ secreta subtiliter a didascalis indagaverat, quos diuturna investigatio philosophiæ super omnes barbaros sophistas notitia rerum sublimaverat. Denique regia soboles convaluit, sed omni postmodum vita sua pallidus exstitit.

Convalescente privigno, noverca ingemuit. Metus enim, pro malis quæ olim illi procuraverat, odium pariebat, et quotidie multipliciter augebat. Quapropter exitium illi magnopere peroptaverat, et multis conatibus per plurimos iniquitatis complices procuraverat, ut et ipsa, de timore ejus, quem nimis offenderat, liberata, in principatu gloriaretur, et filios suos, Philippum et Florum, si ille moreretur, in regni solio securior intronizare moliretur. Supplex tandem pro venefica pater accessit, a filio culpabili novercæ reatuum remissionem poposcit, emendationem promisit, et Pontisariam, totumque Vilcassinum pagum pro reconciliatione concessit. Ludovicus, consultu præsulum et baronum, quos sibi faventes satis agnovit, et pro reverentia paternæ sublimitatis, facinus indulsit. Illa vero ad nutum ejus pro detecto scelere contremuit, et, rubore perfusa, ejus ancilla facta, indulgentiam obtinuit, atque ab illius infestatione, quem tot molestiis tentaverat, invita cessavit.

Ludovicus autem, post quinque annos, patre defuncto, regnum Galliæ obtinuit, et XXVII annis regnavit. Henricum vero, regem Anglorum, in quo magnam fidem, ut dictum est, invenerat, semper dilexit, nec unquam, nisi invitus, et per maledicos proditores, contra eumdem litigavit.

Radulphus de Conchis post obitum patris mare transfretavit, et a rege benigniter susceptus, paternos fundos recepit, atque Adelizam, Gualleyi comitis et Judith, consobrinæ regis, filiam, conjugem accepit, quæ Rogerium et Hugonem et plures filias peperit. Sic alii proceres cordati sucordem dominum dereliquerunt, et sensatum regem utiliter expetierunt, ac ut languenti Ecclesiæ Dei, miseræque regioni suffragaretur, lacrymabiliter postulaverunt. Multorum itaque Normannorum petitione benigniter pulsatus est, et a pluribus, tam clericalis quam laicalis ordinis, honorabilibus personis obnixe rogatus est ut paternam hæreditatem, quæ miserabiliter devastabatur, visitaret, suaque præsentia provinciam, quæ rectore carebat, lætificaret, atque ad defensandum contra profanos prædones virga justitiæ reciperet.

Anno ab Incarnatione Domini 1104, Henricus, Anglorum rex, cum magna classe in Normanniam transfretavit, et Danfrontem, aliaque oppida, quæ ditioni ejus subdita erant, cum ingenti apparatu visitavit. A proceribus suis honorifice susceptus est, et copiosis muneribus regio ritu honoratus est. Rodbertus enim comes de Mellento et Richardus Cestrensis, Stephanus comes Albemarlæ et Henricus Aucensis, Rotro Mauritoniensis et Eustachius Britoliensis, Radulfus de Conchis et Rodbertus filius Haimonis, Rodbertus de Monte Forti et Radulfus de Mortuomari, aliique plures magnos in Anglia de illo fundos tenebant, et in Neustria jam cum suis optimatibus ad illum conversi fuerant, et cum eodem contra omnes terrigenas dimicare parati servebant. Deinde rex, post aliquot dies, fratrem suum ad colloquium accersiit, præsentem cum coessentibus parasitis convenit, redarguens quod pactum inter eos in Anglia fœdus irritum fecerit, dum pacem cum Rodberto de Belismo, utriusque proditore, sine regis consilio compaginaverit, eique dominia patris sui contra jus et statutum dederit; quod latrunculis et raptoribus aliisque malefactoribus, segnitie torpens, deservierit (50); quod, impudicis nebulonibus parens, totam illis Normanniam impune dimiserit; quod pastoris seu principis locum frustra occupaverit, dum rectoris officium ad commoditatem Ecclesiæ Dei et inermis populi non exercuerit, quos indisciplinate persequentibus, velut oves, lupinis in dentibus, ultro reliquerit. Rationabiliter et multum sapienter concio regis causam suam deprompsit, et multis, gravibusque reatibus ducem fraternum fœdus violasse asseruit, quos ille, per vituperabiles collegas suos sese purgando, denegare non potuit. Sensu quippe et amicis destitutus erat, quia bonorum consortia et sapientum consilia parvipendebat, sed quæ contraria erant, ad sui, multorumque detrimenta, miserabiliter appetebat. Variis itaque dux perplexitatibus causarum irretitus, cum suis consilium iniit, ac, ut debiliorem decebat, amicitiam potentioris petiit, eique Guillelmum, consulem Ebroarum, cum comitatu suo et omnibus sibi subjectis, concessit. Metuebant enim, tam ipse quam fautores sui, ne manifesto examine deprehenderetur, atque ducatu, quem nomine, non actione, gestabat, merito spoliaretur, aut formidabilem guerram per arma sceptrigeri fratris ad irreparabilem usque dejectionem pateretur.

Præclarus comes, ut se quasi equum vel bovem dandum audivit, frugalitatem suam, vel fidem servare volens, palam omnibus dixit: *Omni vita mea patri vestro fideliter servivi, nec unquam ei promissam fidem in aliquo contaminavi; quam nihilominus hæredi ejus usque hodie servavi, et semper omni conatu servare decrevi. Sed, quia impossibile est, ut ipse*

---

(50) Le Prev. Chesnius : *deseruerit.*

Deus in Evangelio dicit, prout sæpe a sophistis audivi, duobus dominis a se discrepantibus placide famulari, unius ditioni peropto mancipari, ne, geminis occupatus obsequiis, neutro possim gratus haberi. Regem et ducem diligo. Ambo enim sunt filii regis domini mei, et ambos appeto venerari ; sed uni hominium faciam, eique, ut domino, legaliter serviam. Hoc dictum liberalis viri omnibus placuit. Tunc Rodbertus dux ipsum regi per manum porrexit, et, facta pace inter fratres, ante hiemem rex in Angliam remeavit. Mox vesani prædones guerram iterarunt, et quidquid rex ac patricii pro regionis communi salute constituerant, temere prævaricati sunt. Rodbertus enim de Belismo, regis, quem hostiliter oderat, profectui nimis invidens, contristatus est, et cum Guillelmo, nepote suo, Moritoliensi comite, et omnibus aliis, quos seducere poterat, regios fautores bello urgere conatus est. Tunc pestilentes indigenæ plus quam dici potest, efferati sunt. Mox cædibus et rapinis provinciam maculaverunt, raptisque prædis et hominibus occisis, domos passim concremaverunt. Coloni vero cum uxoribus et liberis in Gallias fugerunt, et ingentes ærumnas in exsilio perpessi sunt. Sic nimirum Normanni, qui se Anglos et Apulos vicisse in suis sedibus gloriabantur, nunc lugubres et miseri Gallicis in arvis laborabant et lamentabantur. In hortis vero suis, qui, cultore carentes, in solitudine redigebantur, cardui et urticæ, cum aliis inutilibus herbis, omnia replebant, nimiumque multiplicabantur.

VIII. *Ecclesiæ tribulationes. Serlo Sagiensis episcopus Henricum regem et ejus proceres ad barbam et capillos tondendos incitat.*

Inter hæc sancta Ecclesia vehementer opprimebatur, et, dum funera innocuæ prolis, irreparabilesque ruinas animarum frequenter contemplaretur, levatis cum corde puris manibus, Sponsum suum, qui cœlis præsidet, ad auxilium suimet deprecabatur. Lacrymabilis planctus lugubris Normanniæ trans fretum diffusus est, et querimoniis desolatorum rex Anglorum accitus est. Gunherius de Alneio, qui Baiocas servabat, et Rainaldus de Guarenna, qui partibus ducis favebat, aliique satellites ducis fœdera pacis ruperunt, et Rodbertum, Haimonis filium, aliosque nonnullos de familia regis ceperunt, et in carcere diutius, tam pro cupiditate redemptionis, quam pro contemptu et odio domini eorum, coarctaverunt. Unde impiger rex, ut hæc audivit, classem parari præcepit. In Neustriam vero transfretavit, et in ultima Quadragesimæ septimana [1105], portum qui Barbaflot dicitur applicuit, et Sabbato Paschæ super vada Viræ, in vico qui Carentomus vocatur, hospitatus quievit.

Tunc venerabilis Serlo, Sagiensis episcopus, illuc advenit. Primus Normannorum suum regi servitium exhibens, occurrit, ibique Regi regum initiata Paschæ solemnia celebravit. Cumque, sacris indutus vestibus, in ecclesia cum rege consisteret, et sacrum officium jam inchoare vellet, sed conventum plebis et familiæ regis patienter exspectaret, basilicam archis pagensium cum variis utensilibus et multimoda supellectili occupatam perspexit, et longo trahens cum mœrore suspiria, regi, qui satis humiliter inter cistas rusticorum in imo loco sedebat cum quibusdam magnatis, dixit :

Omnium corda fidelium merito lugere debent, qui sanctæ matris Ecclesiæ conculcationem, mœstæque plebis dejectionem vident. Ecce satis apparet in hac domo quod miserabiliter depopulatur Constantini regio! Imo tota Normannia, profanis subdita prædonibus, rectore caret idoneo. Domus orationis olim dicta est basilica Dei, quam nunc potestis cernere turpiter impletum immunda supellectili ; et ædes, in qua solummodo divina sacramenta debent peragi, pro penuria justi defensoris, facta est apotheca populi. Convenientes nequeunt ante aram genua reverenter flectere, nec delectabiliter et devote, ut decet, ante divinam majestatem astare, pro multimodis speciebus, quas inerme vulgus huc in domum Domini contulit, pro sceleratorum timore. Præsidium itaque vulgi facta est ecclesia, quamvis nec in ipsa sit ei securitas perfecta : Hoc enim in anno, Rodbertus de Belismo ecclesiam de Tornaco, in mea scilicet diœcesi, concremavit, et in eadem XLV *promiscui sexus homines exstinxit. Hæc gemens in conspectu Dei recolo. Hæc etiam, domine rex, ideo in auribus tuis enarro, ut animus tuus zelo Dei accendatur, et Phinees* (Num. XXV, 7) *atque Mathatiam* (I Mach. II, 24), *ejusque filios imitari conetur. Haud segnis in nomine Domini exsurge, paternam hæreditatem justitiæ gladio tibi nanciscere, et de manu pessimorum avitam possessionem, populumque Dei erue. Frater quippe tuus Normanniam non possidet, nec ut dux principatur populo suo, quem per rectitudinis callem ducere deberet ; sed segnitie torpet, atque Guillelmo de Conversana et Hugoni de Nonanto, qui Rothomago præsidet, et Gunherio, nepoti ejus, aliisque indignis subjacet. Proh dolor ! quia magni ducatus divitias in nugis et vanitatibus dissipat, ipse pro penuria panis ad nonam usque multoties jejunat. Plerumque de lecto surgere non audet, nec pro nuditate sui ad ecclesiam procedere valet, quia femoralibus, caligisque et subtolaribus caret. Scurræ nimirum et meretrices, quæ illum frequenter comitantur, vestes ejus, dum ebrietate madens stertit, noctu furantur, et cum cachinnis sese ducem spoliasse gloriantur. Sic languente capite, totum corpus infirmatur, et principe desipiente, tota regio periclitatur, et misera plebs omnimodis desolatur. A temporibus Rollonis, qui Normannorum primus Neustriæ præfuit, et de quo vestra propago prodiit, usque ad hunc defectivum, strenuis ducibus Normannia subjacuit. Pro tanta natalis soli ærumna, probe rex, utiliter irascere, et, sicut David propheta et rex commonet, noli peccare* (Psal. IV, 5), *arma sumens pro defensione patriæ, non pro terrenæ potestatis augendæ cupiditate.*

Illis episcopi dictis rex animatus est, et audita

optimatum, qui aderant, sententia, sic locutus est : In nomine Domini, pro pace ad laborem exsurgam, et quietem Ecclesiæ, vobis adjuvantibus, summopere perquiram. Ad hoc consilium corroborandum Mellenticus comes adfuit, nec inde aliorum, qui aderant, nobilium consensus abhorruit ; quinimo communem patricium pro generali tutela Neustriæ in devoratores populi bellum inire vivaciter hortatus incitavit.

Rursus eloquens præsul prædicationi sacræ institit, et sui salubriter memor officii, adjunxit : *Indesinenter quotidie debemus vitæ viam investigare, et in omnibus divinæ legi, quæ irreprehensibilis est, obsecundare ; et, quamvis omnia, quæ culpabiliter in occulto aguntur, non possimus ad purum emendare, ea saltem, quæ in propatulo contra Deum fiunt, gladio spiritus decet resecare, et a nobis, secundum mandata Dei et sanctorum instituta Patrum, omnimodis amputare. Omnes femineo more criniti estis, quod non decet vos, qui ad similitudinem Dei facti estis, et virili robore perfrui debetis. Viros quippe cirritos esse, quam incongruum et detestabile sit, Paulus apostolus, vas electionis et doctor gentium, Corinthiis sic ait :* « *Vir quidem non debet velare caput suum, quoniam imago et gloria est Dei ; mulier autem gloria est viri* (I Cor. xi, 7). » *Et paulo post :* « *Vir quidem si comam nutriat, ignominia est illi ; mulier vero si comam nutriat, gloria est illi, quoniam capilli pro velamine ei dati sunt* (ibid. 15). » *Pœnitentibus non pro decore seu delectamine injungitur ut non radantur, nec tondeantur ; ut, sicut criminibus hirsuti et interius incompti ante Deum appareant, sic exterius hispidi et intonsi coram hominibus ambulent, et deformitatem interioris hominis per exteriorem ignominiam demonstrent. In barba prolixa hircis assimilantur, quorum petulantiæ sordibus fornicarii et catamitæ turpiter maculantur, et impudicitiæ detestabili fetore honestis abominabiles jure judicantur. In nutrimento autem comarum mulierum sequaces æstimantur, quarum mollitie a virili fortitudine ad nefas pertrahuntur, et plerumque in detestabilem apostasiam misere devolvuntur. Proh dolor ! Ecce felix medicamentum quod doctores Ecclesiæ, qui spirituales archiatri sunt, pro salute animarum, instinctu divino, jamdudum provide constituerunt, filii perditionis, ad cumulum suæ damnationis, instigante Satana, usurpaverunt, jamque longo usu violenter in consuetudinem permutaverunt. Romani pontifices, aliique antistites, temerariam usurpationem prohibuerunt, et in synodis suis ex auctoritate divina condemnaverunt ; sed transgressores indurati pravitatibus male desipiunt, et scutum malitiæ stimulo sanctæ prædicationis obnixe objiciunt. Barbas suas radere devitant, ne pili suis in osculis amicus præcisi pungant, et setosi Sarracenos magis se quam Christianos simulant. Ecce squalorem pœnitentiæ converterunt in exercitium luxuriæ ! Pervicaces nempe filii Belial capita sua comis mulierum comunt, et in summitate pedum suorum caudas scorpionum gerunt, quibus se per mollitiem femineos, et per aculeos nempe serpentinos ostendunt. Hoc genus hominum in specie locustarum Symmista Joannes ante mille annos prospexit, et in Apocalypsi sua, quam in Pathmos insula edidit, evidenter nobis enucleavit. Multi nimirum tantæ pravitatis usum sequuntur, nescientes tantum esse nefas in capillatura qua gloriantur. Unde, gloriose rex, obsecro te ut exemplum subjectis præbeas laudabile, et in primis videant in te qualiter debeant præparare se.*

His itaque dictis, rex cum optimatibus cunctis exsultans acquievit, et alacer episcopus continuo de mantica forcipes extraxit, et prius regem ac postmodum comitem, proceresque plurimos propriis manibus totondit. Omnis familia regis et convenientes undecunque certatim attonsi sunt, et, edictum principale formidantes, pretiosos olim capillos præsecuerunt, et amicam dudum cæsariem, ut viles quisquilias, pedibus conculcaverunt.

Celebrata Paschali festivitate, rex Anglorum legatos Philippo, regi Francorum, destinavit, et Goisfredum Martellum, comitem Andegavorum, accersiit, ultionemque super inimicos Ecclesiæ Dei viriliter exercuit.

IX. *Buamundus Antiochiæ dux in Franciam venit. Eventus varii.* — *Henricus rex et Robertus frater ejus de pace ineunda frustra laborant.*

Anno ab Incarnatione Domini 1106, mutationes principum in orbe factæ sunt, et plures passim memorandæ res contigerunt. Nam in ultima Februarii hebdomada mirabilis cometes in Hesperiæ partibus apparuit, longissimosque crines in Eoas partes emittens, multorum corda terruit, et per tres septimanas sero rutilans, multa de secretis hominum verba elicuit.

Mense Martio, Buamundus dux, sicut in carcere Dalimanni Domino voverat, in Gallias venit, et in pago Lemovicensi votum ad Sancti Leonardi confessoris tumulum celebre complevit. Qui, antequam Gallias attingeret, legatos suos in Angliam direxerat, et de adventus sui causa in Ausoniam regi mandaverat, et quod ad curiam ejus transfretare vellet insinuaverat. At contra providus rex, metuens ne sibi electos milites de ditione sua subtraheret, mandavit ei ne discrimen hibernæ navigationis subiret ; præsertim cum ipse rex in Neustriam ante azymorum celebria transfretaret, ibique satis secum colloqui valeret. Quod et ita factum est.

Buamundus itaque, postquam Nobiliacum, ubi confessoris almi mausoleum est, peractis orationibus, deseruit, Quadragesimali tempore Galliarum urbes et oppida peragravit, et ubique tam a clero quam a plebe venerabiliter susceptus, referebat varios eventus quibus ipse interfuit. Reliquias vero et pallas olosericas et alia concupiscibilia sanctis altaribus reverenter exhibuit, et ipse, in monasteriis ac episcopatibus favorabiliter exceptus, tripudiavit, ac pro benignitate Occidentalium Deo gratias retulit. Filium Diogenis Augusti, aliusque de Græcis seu Thracibus illustres secum habebat; quorum querela de Alexio imperatore, qui per proditionem illis antecessorum stemmata suorum abstulerat, magis ad iram contra eum feroces Francos incitabat. Multi nobiles ad eum veniebant, eique suos infantes offerebant, quos ipse de sacro fonte libenter suscipiebat, quibus etiam cognomen suum imponebat. Marcus quippe in baptismate nominatus est; sed a patre suo, audita in convivio joculari fabula de Buamundo gigante, puero jucunde impositum est. Quod nimirum postea per totum mundum personuit, et innumeris in tripartito climate orbis alacriter innotuit. Hoc exinde nomen celebre divulgatum est in Galliis, quod antea inusitatum erat pene omnibus Occiduis.

Sæpefatus heros cum Philippo rege colloquium habuit, et Constantiam, ejus filiam, sibi conjugem requisivit. Tandem post Pascha Carnoti eam desponsavit; quibus Adela comitissa convivium abundans omnibus præparavit. Ibi rex Francorum cum magna multitudine suorum adfuit, et filiam suam, quam Hugoni, Trecassino comiti, nescio quam ob rem, abstulerat, Buamundo porrexit. Tunc idem dux, inter illustres spectabilis, ad ecclesiam processit, ibique ante aram Virginis et Matris in orcistram conscendit, et ingenti catervæ, quæ convenerat, casus suos et res gestas enarravit, omnes armatos secum in imperatorem ascendere commonuit, ac approbatis optionibus urbes et oppida ditissima promisit. Unde multi vehementer accensi sunt, et, accepta cruce Domini, omnia sua reliquerunt, et quasi ad epulas festinantes, iter in Jerusalem arripuerunt. Radulfus enim de Ponte Erchenfredi, qui cognominatus est Rufus, et Guascelinus, frater ejus, Simon de Aneto et Rodbertus de Manlia, cum Hugone Sine-habere, consobrino suo, et multi alii profecti sunt, quorum nomina nequeo sigillatim litteris assignare.

Eodem anno [1105] res in Normannia contigit hujusmodi. Rodbertus de Stotevilla, vir fortis et potens, duci admodum favebat, et familias ejus ac munitiones in Caletensi regione providebat. In die siquidem Paschæ, dum capellanus ipsum et familiam ejus communicaret, et quidam miles Eucharistiam percepturus ad aram rite accederet, presbyter panem cœlestem accepit, in os hominis apertum mittere voluit, sed nullatenus manum desuper aram movere potuit. In hujusmodi difficultate vehementer uterque perterritus est. Tandem sacerdos dixit ei : *Si potes, accipe. Ego enim nullatenus valeo manum movere, nec Dominicum corpus tibi porrigere.* At ille super aram collum extendit, obnixe ad calicem appropinquavit, et hianti ore oblatam de manu presbyteri assumpsit. Pro insolito eventu eques erubuit : futurorum nescius, infortunia pertimuit; unde plura de vestibus, aliisque rebus suis, clericis et pauperibus distribuit. Deinde in prima congressione, quæ post Pascha facta est,

idem Marronæ, in vicinio Rothomagi, occisus est. Hoc idem capellanus, nomine Rodbertus, mihi retulit, quod in vivificis, ut dictum est, mysteriis sibi et infortunato militi contigit.

Tunc Fulco, Divensium abbas, III Nonas Aprilis [1105] apud Guentam in Anglia defunctus est, et Rodbertus, quidam miserabilis homuncio, datis duci CXL marcis argenti, ejus in loco intrusus est. Hic autem, professione monachus Sancti martyris Dionysii, non pastor, sed dispersor factus est gregis Dominici, et multis noxius, utpote sectator Simonis Magi. Cœnobitæ siquidem a facie lupi devoratoris fugerunt, et in aliis monasteriis, animas suas salvare cupientes, dispersi sunt. Ipse vero supra Divam in cœnobio castellum construxit, familiamque militum aggregavit, et sic Dei templum speluncam latronum effecit. Ecclesiastica quoque ornamenta, quæ fideles sollicite procuraverant, vendidit, et simonialis munio ad subsidium satellitum suorum distraxit.

Mense Maio, phlegmatica pestis per totum Occidentem discurrit, et, catarrho graviter molestante, omnis oculus ploravit, et per omnem Galliam, ubi tunc eram, omnium maxilla lacrymis maduit. Æstas, calore asperrima, messes ad maturitatem perduxit, cui similis autumnus pedetentim successit. Causon et febres, aliæque infirmitates terrigenas valde afflixerunt, et multos languentes in lectum prostraverunt.

Eodem mense, Goisfredus Martellus, Andegavorum comes, Condatum oppidum super Normannum de Monte Revelli obsedit, et viriliter expugnavit. Erat enim idem strenuus et fortis justitiarius, et cum virga disciplinæ acriter imminebat furum atque prædonum cervicibus, quibus pater ejus parcere jamdudum erat solitus, quia in prædis eorum et latrociniis cum eisdem lætabatur crebrius, acceptis inde sibi portionibus. Deinde, postquam adolescens crevit, et ingentem nequitiam per patris sui detestabilem incuriam in Andegavensi provincia ebullire prospexit, zelo Dei compunctus, miseræ regioni, quæ omnibus bonis abundaret, si pace potiretur, condoluit. Tandem ipse, jussu Goisfredi, patrui sui, qui legitimus hæres erat (sed perjurus ei Fulco dignitatem consulatus abstulerat, ipsumque apud Chinonem castrum fere XXX annis in carcere reclusum tenuerat, unde, venerabili Urbano papa præsente et imperante, vix absolutus exierat), annuente nihilominus patre, Andegavensem comitatum accepit, summoque conatu rectitudinem simplicibus et egenis exercuit, Ecclesiæque Dei sinceram pacem laudabiliter servavit. Auxiliante Deo, totam in brevi provinciam pacavit, et pene omnes antecessores suos virtute et justitia gloriose præcessit; sed consummatus in brevi tempore multa explevit. Post triennium principatus sui Condatum, ut supra dixi, obsedit, et rebelles inclusos militari probitate insigniter coercuit. Cumque primores castelli ad eum egressi fuissent, et de pace cum eo facienda et de crastina oppidi deditione tractarent, subito balistarius, instinctu diaboli, de munitione pilum direxit, et strenuissimum juvenem, ad colloquium inter magnates discernentem, percussit, bonumque justitiarium in brachio lethaliter sauciavit. In crastinum vero, patriæ legitimus defensor defunctus est, et cum luctu multorum in cœnobiali basilica Beati Nicolai præsulis, sepultus est.

Quo defuncto, Philippus, rex Francorum, Fulconi, privigno suo, Andegavorum comitatum concessit, ipsumque imberbem Guillelmo, Pictavensium duci, qui tunc forte ad curiam erat, commisit, ut eum in itinere tutaret, salvumque ad patrem suum perduceret. At ille commendatum sibi usque ad terræ suæ limitem deduxit, ibique, legalitatis et futuræ derogationis immemor, comprehendit, et plus quam unius anni spatio in carcere tenuit. Corpulentus autem rex Franciæ, hoc audito, valde contristatus est, puerumque de ergastulo precibus et minis eripere conatus est. Bertrada quippe, mater præfati adolescentis, uxor regis erat, quæ ipsum jugiter stimulabat, et plurimos ad subventionem vincti frustra inquietabat. Porro rex, crebris aculeatus punctionibus, tantum nefas terrore minarum punire voluit. Sed turgidus dux, ponderosum regem parvipendens, adolescentem diutius retinuit, donec oppida, quæ in confinio utriusque comitatus erant, a patre pro ereptione filii obtinuit. Deinde non multo post senex genitor obiit, juvenisque comes Eremburgem, filiam Heliæ Cenomanorum comitis, uxorem duxit, quæ generosam ei utriusque sexus sobolem peperit.

Eodem anno [1105-1106], Henricus rex, ut supra dictum est, vere in Neustriam navigavit, et paternam hæreditatem, quam perjuri et raptores ac nebulones conculcabant, vindicare sategit. Heliam Cenomanensem cum viribus suis conduxit, urbemque Bajocassinam, quam Gunherius de Alneio conservabat, obsedit. Gunherius vero ad regem exivit, eique Rodbertum Haimonis filium, qui captus olim ab eodem fuerat, pro gratia ejus liberum reddidit, sed urbem imperiose poscenti reddere contempsit. Protinus igitur rex urbem expugnavit, et injecto igne penitus combussit, et præfatum municipem cum pedissequis ac commilitonibus suis cepit.

Audita itaque tantæ civitatis destructione, reliqui municipes valde contremuerunt, et properantem cum tanta obstinatione regem proterve præstolari timuerunt. Cadomenses ergo, comperta clade Bajocensium, metuentes simile perpeti excidium, ad regem, qui jam ad illos cum magna feritate festinabat, miserunt, et pacem cum illo ad voluntatem ejus fecerunt. Mox enim Engerrannum municipem, Ilberti filium, cum suis expulerunt, et munitionem regi reddiderunt. Rex autem quatuor primoribus Cadomi Dalintonam in Anglia dedit, quæ LXXX libras per singulos annos reddit, et Villa Traditorum usque hodie nominatur, licet illis nunc subjecta non sit. Deinde rex Falesiam perrexit, sed eam non expugnavit, quia comes Helias, a Normannis rogatus, recessit. Illic tamen exercitium militare peractum est, in quo Rogerius de Gloucestra, strenuus miles, occisus est.

Germani principes, rex et dux, in septimana Pentecostes Sanctellis convenerunt, et biduo de pace facienda locuti sunt. Sed, quia seditiosi dissidentes perturbabant, cunctis fœderibus ruptis discesserunt. Totis postmodum viribus cœperunt guerram passim agere, et proceres, probique tirones, quibus inhærerent, partes eligere, et incendiis atque rapinis a Pentecoste usque ad festivitatem Sancti Michaelis insistere.

Tunc Henricus, imperator Alemannorum, VII Idus Augusti [1107] exspiravit; sed, quia pro multis reatibus suis Ecclesiæ, teste Deo, non satisfecerat, terra caruit, nec per multos annos humano ritu sepeliri meruit. Carolus Henricus V, filius ejus, post eum imperavit, qui post tres annos Mathildem, filiam Henrici I regis Anglorum, uxorem duxit; sed legitimum sibi de ea successorem non habuit.

X. *Discordia inter duos fratres a quibus malignis concitatur. Henricus rex cum Roberto duce manus conserit et eum apud Tenchebraium debellat atque comprehendit.*

[Anno 1106.] Rodbertus, invasor Divensis abbatiæ, inter reliqua mala quæ gessit, Simonis nequitiæ nefarium Judæ facinus adjunxit. Cum Rodberto duce et optimatibus ejus placitum fecit Falesiæ, quod eis regem cum paucis adduceret repente, et ipsi parati essent eumdem suscipere. Disposita itaque proditione, Rodbertus Cadomum perrexit, et invento regi familiariter dixit: *Municipium, quod supra Divam habeo, si mecum venire placet, tibi reddo.* Cumque regi hoc placuisset: *Magnum*, inquit ille, *exercitum ducere modo necesse non est, ne strepitus multitudinis audiatur, et conatus noster impediatur. Intus pauci clientuli sunt, et mihi penitus obediunt.* Rex igitur noctu surrexit, et tota nocte cum DCC militibus equitavit, et apparente aurora loco proximus constitit. Interea Rainaldus de Guarenna, et, Rodbertus juvenis de Stotevilla, cum aliis CXL militibus, Divense municipium præoccupaverunt, et, aurora surgente, cum cachinnis et exprobrationibus, dum rex appropinquaret, vociferati sunt. Multi quoque alii milites secuti sunt de Falesia et de aliis in gyro municipiis, ut cominus dimicarent cum rege et ejus asseclis. Ille autem, ut dolos advertit, iratus assultum in castrenses suos mox facere præcepit. Ferocem igitur assultum regii milites protinus fecerunt, et injecto igne castrum et cœnobium combusserunt. Tunc Rainaldus et Rodbertus, probi tirones, aliique plures capti sunt. Multi quoque, qui in turrim ecclesiæ confugerant, concremati sunt. Porro sequaces, qui subvenire illis festinabant, ut ingentem pyram prospexerunt, confestim fugientes Falesiam remeaverunt. Victor autem rex pedetentim eos persecutus est; sed nullus contra eum egredi ausus est. Merito illis male contigit, juxta illud quod Apostolus dicit : *Si quis templum Dei violaverit, disperdet illum Deus (I Cor. III, 17).* Ecce isti domum Dei speluncam latronum temere fecerunt, et turpibus immunditiis hominum et equorum irreverenter polluerunt, meritoque ferro vel edacibus flammis interierunt!

Tunc Rodbertus traditor captus est, et transversus super equum, sicut saccus, coram rege adductus est. Cui rex ait : *Perfide, de terra mea fuge. Nisi pro reverentia sacri ordinis, cujus habitum exterius fers, miserrime facerem te continuo membratim discerpere.* Dimissus itaque apostata protinus ad Francos, unde erat, cum dedecore aufugit, et præposituram Argentolii, quia monachatus quietem cum paupertate in claustro ferre negligebat, obtinuit. Cumque in eodem anno quemdam Joannem placitis constringeret, et nescio quas consuetudines ab eo violenter exigeret, ira furente, a præfato pagense percussus est, et ita, exigentibus culpis, sine pœnitentia miser trucidatus est.

Autumnus tunc in Normannia tonitruis et imbribus atque bellis tempestuosus fuit, et præliorum fomes, multiplicibus causis totus, palam prorupit. Rodberto siquidem duci Rodbertus de Belismo et Guillelmus, comes Moritolii, aliique plures obnixe adhærebant, quia regem formidantes, illius jugo subjici omnino recusabant, eique totis nisibus resistebant. Unde rex, congregata suorum multitudine, castrum contra Tenerchebraicum construxit, ibique Thomam de Sancto Joanne, cum multis equitibus et peditibus, ad arcendos castrenses constituit. Porro Guillelmus, Moritolii comes, cujus oppidum obsidebatur, ut hoc audivit, militum nobilem cœtum aggregavit, et ingentem ciborum, aliarumque rerum, quibus obsessos indigere noverat, apparatum conduxit, regiisque satellitibus id cum mœrore contemplantibus, introduxit. Virides etiam per agros messes secari fecit, et oppidanis suis ad pabulum equorum subministravit. Tantæ nimirum strenuitatis præfatus juvenis erat, et militarem tam magnæ virtutis copiam habebat, ut regii excubitores de munitione nullatenus progredi, seu calumniando introitum cum illis auderent congredi. Hoc audito, rex nimis iratus est, et acrius in hostes insurgere conatus est. Congregato enim exercitu, Tenerchebraicum venit, et aliquandiu obsidione coercuit.

Interea Guillelmus comes ducem et Rodbertum de Belismo et alios amicos suos requisivit, auxiliumque contra regem summopere procuravit. Dux ergo exercituum adunavit, fratrique suo in terra sua obsidionem dissolvere præcepit; alioquin prælium indixit. At ille obstinato corde in obsidione perduravit, et bellum plus quam civile futura pro pace suscepit. Quatuor siquidem comites habuit secum, Heliam Cenomanorum, Guillelmum Ebroicensium, Rodbertum de Mellento, et Guillelmum de Guarenna; aliosque præcipuos barones, Ranulfum scilicet Bajocensem, et Radulfum de Conchis, Rodbertum de Monteforti et Rodbertum de Grentemaisnilio, aliosque plures cum suis clientibus. Econtra Rodbertus dux secum habebat Rodbertum Belesmensem, et nepotem ejus Guillelmum Moritoliensem, Rodbertum de Stotevilla et Guillelmum de Ferrariis, aliosque plures cum suis viribus. Milites quidem non tantos ut frater ejus, habuit; sed peditum numerosiorem catervam produxit. In armis ex utraque parte fratres et cognati consistebant, et nonnulli eorum mutua sibimet vulnera parabant. Fraudulenti quoque desertores spicula gestabant; sed non firmo corde suo principi adhærebant, fugæque magis quam conflictui pro malevolentia inhiabant.

Plures equidem religiosi viri tantum nefas impedire conati sunt, fraternique sanguinis effusionem videre nimis timuerunt. Vitalis autem eremita, qui tunc inter venerabiles personas erat præcipuus, cæteris ferventior, sequester inter germanos dissidentes factus, audacter interdixit ne certarent cominus, ne viderentur imitari detestabile omnibus sæculis Œdipodarum facinus, meritoque subirent Ethioclis et Polinicis nefarios et horribiles eventus.

Denique rex multiplices casus solerter inspexit, verbisque sophistarum animo perceptis, diversos consultus subtiliter revolvit. Unde hujuscemodi legationem fratri suo mandavit : *Ego*, inquit, *frater mi, non pro cupiditate terreni honoris huc accessi, nec tibi jura ducatus tui adimere decrevi; sed lacrymosis questibus pauperum invitatus, Ecclesiæ Dei opto suffragari, quæ, velut navis sine gubernatore, periclitatur inter procellas pelagi. Tu enim terram ut arbor infructuosa occupas, nullumque justitiæ fructum Creatori nostro sacrificas. Dux quidem nomine tenus vocaris; sed a clientibus tuis palam sannaris, nec tui contemptus injurias ulcisceris. Crudeles ergo iniquitatis filii sub umbra tui nequiter opprimunt plebes Christianas, jamque plures pene hominibus vacuas in Normannia fecerunt parochias. Hæc videns, zelo Dei, qui nos regit, inardesco, animamque meam pro salute fratrum et dilectæ gentis, patriæque ponere efflagito. His itaque perspectis, quæso, meis consiliis utere, et me ista moliri non pro cupiditate, sed pro bona voluntate, palam poteris comprobare. Omnes munitiones, totamque justitiam et procurationem totius Normanniæ et mediatatem ducatus mihi dimitte, aliamque mediatatem sine labore et cura tibi posside, et æquipollentiam alterius mediatatis de meo singulis annis in Angliæ ærario recipe. Dapibus et ludis et cunctis postea securus oblectamentis frui poteris. Ego autem, imminentes pro pace labores tolerabo, tibique promissa quiescenti sine defectione procurabo, rabiemque malignantium, ne populum Dei suggillent, auxilio ejus juste coarctabo.*

Hæc audiens, dux consiliarios suos accersiit, eisque mandata regis retulit. Protinus illi mandata regis abhorruerunt, et contumacibus dictis ducem, ne sermonibus pacis obsequeretur, averterunt. Renuntiantibus legatis quod dux, suique fautores non pacem, sed bellum omnimodis optarent, rex, Deo sese commendans, ait : *Novit omnipotens Deus, in quem credo, quod pro desolatæ plebis subventione hoc certamen ineo. Ipsum factorem nostrum intimo corde deposco ut illi det victoriam in conflictu hodierno, per quem suo tutelam et quietem decrevit dare populo.*

His dictis, magistratus familiæ suæ convocavit, ad prælium omnes instruxit, breviterque commonuit, prout opportunitas loci et temporis exegit. Rainaldum vero de Guarenna, et omnes alios qui in Divensi basilica capti fuerant, absolvit, et ecclesiam quæ combusta fuerat sese restauraturum Deo devovit. Deinde ferratæ acies ordinatæ sunt, et disciplinabiliter stipatæ processerunt. Primam aciem rexit Rannulfus Bajocensis ; secundam Rodbertus comes Mellentensis ; tertiam vero Guillelmus de Guarenna. Hic nimirum pro absolutione fratris sui valde lætatus est, cunctosque sodales, ut invincibiliter dimicarent, audacter exhortatus est. Rex autem Anglos et Normannos secum pedites detinuit ; Cenomanos autem et Britones longe in campo cum Helia consule constituit. Ex adversa vero parte Guillelmus comes Moritoliensis aciem duxit primam, et Rodbertus Belesmensis extremam. Cumque simul exercitus convenissent, et turmæ Guillelmi comitis cœtus Ranulfi ferire satagerent, tanta densitate constipati erant, et in armis indissolubiliter stabant, ut nihil eis obesse possent, sed alterni conatus impenetrabiles obstare studerent. Ululantibus utrinque et vociferantibus, Helias cum suis subito irruit, et e latere inermes ducis pedites percussit, et ccxxv mox interfecit. Quod videns, Rodbertus Belesmensis fugam iniit, et dissolutum ducis agmen victoribus cessit.

Tunc Gualdricus ducem comprehendit, et regali custodiæ mancipavit. Is nimirum capellanus regis, qui militibus sociatus in certamine constitit, non multo post Laudunensis (51) pontifex factus, parochianos nimis aggravavit ; unde a civibus suis in quodam viridiario, feria vi Parasceve, cum septem majoribus ecclesiæ ministris, percussus occubuit. Britones autem Guillelmum comitem ceperunt, quibus rex et amici ejus vix abstulerunt. Rodbertus de Stotevilla et Guillelmus de Ferrariis, aliique plures capti sunt ; quorum quidam, gratia regis absoluti, pro impetrata libertate tripudiaverunt, alii vero, promerentibus culpis, usque ad mortem vinclis irretiti sunt.

Rex itaque, victoria gaudens, cœtus suos convocavit, res suas prudenter disposuit, et captos hostes solerter custodiri præcepit. Cui dux ait : *Proditores Normanni fraudulentiis suis me seduxerunt, et a consiliis tuis, frater mi, quæ vere mihi salubria fuissent, si sectatus ea fuissem, me subtraxerunt. Falesienses conjuravi, dum ab eis recessissem, ne ulli redderent Falesiæ munitionem, nisi mihi, sive Guillelmo de Ferrariis, quem in omnibus comprobavi fidelem. Nunc igitur, frater mi, festina, et Guillelmum ad recipiendam firmitatem destina, ne Rodbertus de Belismo te subreptione præveniat aliqua, et firmissimam munitionem præoccupans, per nonnulla tibi resistat tempora.* Rex autem amicabiliter et caute fratrem secum adduxit, et præfatum militem ad nanciscendum oppidum celeriter transmisit. Quem ipse protinus secutus, Falesiam properavit, jussuque ducis munitionem et fidelitatem burgensium recepit. Tunc regi Guillelmus puer, qui nutriebatur ibidem, allatus est. Quem, præ timore trementem, rex contemplatus est, variisque in tenera ætate infortuniis impetitum dulcibus promissis consolatus est. Deinde, ne aliqua sibi occasio derogationis oriretur, si puer in manu ejus quolibet infesto casu læderetur, peculiari sub tutela eum retinere noluit, sed Heliæ de Sancto Sidonio ad educandum commendavit. Eidem quippe militi jampridem dux filiam, de pellice sibi natam, dederat, et Arcacensem comitatum concedens, inter præcipuos Normanniæ barones illum promoverat.

Auditis rumoribus de victoria regis, religiosi quique lætati sunt. Exleges autem et malignitatis amatores contristati luxerunt, quia jugum indomitæ cervici suæ divinitus impositum pro certo noverunt. Nam seditiosi prædones, ex quo sceptrigerum, quem fortem justitiarium olim comprobaverant, adminiculante Deo, superiorem hostibus in bello comperierunt, agnita viri virtute per diversa statim loca diffugerunt, et solo timore illius a solitis infestationibus cessaverunt. Nefariis ergo collegiis hac et illac dispersis, schemata mutaverunt, quia reperiri, seu cognosci ab his quos protriverant, admodum timuerunt.

Rex siquidem cum duce Rothomagum adiit, et a civibus favorabiliter exceptus, paternas leges renovavit, pristinasque urbis dignitates restituit. Hugo autem de Nonanto, duce jubente, regi arcem Rothomagi reddidit, propriumque honorem, quem Belesmensis herus ei abstulerat, regia vi recuperavit, et omni vita sua postmodum in pace possedit. Alii quoque municipes per totam Normanniam a duce absoluti sunt, eoque annuente, omnia reddentes municipia, triumphatori reconciliati sunt.

In medio Octobri [1106] rex Lexovium venit, cunctos optimates Neustriæ convocavit, et utillimum Ecclesiæ Dei concilium tenuit. Ibi statuit regali sanctione ut firma pax per omnes teneatur fines Normanniæ : ut, latrociniis omnino compressis cum rapacitate, omnes ecclesiæ possessiones, sicut eas die qua pater ejus defunctus est tenebant, aliique nihilominus legitimi hæredes possideant. Omnia quoque dominia patris sui suæ proprietati mancipavit, judicioque sapientum irrita esse censuit quæ

---

(51) Chesnius *Landavensis*, quod vir eruditus Le Prévost ex cod. emendavit.

frater suus ingratis per imprudentiam permiserat. Hostes autem, quos in bello ceperat, in Angliam destinavit, et perenni ergastulo Guillelmum Moritoliensem ac Rodbertum de Stotevilla, aliosque nonnullos condemnavit. Inflexibilis erga eos perduravit, et quamvis multorum precibus ac promissis, muneribusque pulsatus fuisset, nunquam emolliri potuit.

XI. *Robertus Belesmensis Normannos contra Henricum regem rursus excitare conatur.*

Rodbertus autem Belesmensis, frustrata spe aliter quam putaverat, nimis ingemuit, et contra regem Henricum adhuc bellare nitens, Heliam comitem expetiit. *Domine,* inquit, *comes, succurre mihi, quæso, quia tuus homo sum, et ingentem in te fiduciam habeo. Ecce nunc ope tua indigeo, quia in mundo nimia rerum prævalet confusio. Ecce junior frater in majorem surrexit; servus in bello dominum suum superavit, et vinclis injecit; avitam quoque illi hæreditatem abstulit, sicque perjurus domini sui jura sibimet subjecit. Porro, naturali domino meo fidem servavi, et sicut patri fideliter parui, sic omni vita mea ejus obsequar soboli. Quandiu vixero, nunquam sustinebo ut in pace dominetur Normanniæ, qui dominum meum, imo suum, nexuit in carcere. Adhuc xxxiv firmissimas munitiones habeo, unde molestissimas infestationes invasori profecto inferre potero. Auxilium duntaxat tuum imploro, ut per te possim vincto suffragari domino, ipsumque vel hæredem illius ducatui restituere Normannico.*

His ita dictis, Helias respondit: *Prudens quisque ab initio debet providere ne incipiat quod non possit, vel non debeat explere. Rursus debet satagere ne velit indignum quemquam plus quam decet erigere, vel aliis in fascibus præferre, qui se ipsum nesciat regere. Nam, sicut proverbium asserit vulgare : Qui stultum contendit in sublimi sustentare, contra Deum præsumit litigare. Henrico regi confœderatus sum, nec ullam in eo divortii causam reperire possum. Tantum principem insipienter offendere nolo, nec te, nec alium quemlibet in tali negotio auscultare debeo. Nam sensu et potentia, divitiisque præditus est; nec aliquis, ut reor, in Occidente specialibus ei prærogativis æquiparari potest. Si contra fratrem suum, ut asseris, majorem et dominum, pugnavit, ad hoc ipsum maxima necessitas compulit, et supplicatio religiosorum, qui miserabiliter a biothanatis conculcabantur, invitavit. Porro, sicut vulgus in quotidiana locutione perhibet, malum debet fieri, ut pejus cesset. Hoc nimirum vulgari more dico, divina tamen auctoritate non asseveno. Ad hoc semel a duobus pugnatum est fratribus, ut amodo cessent annui conflictus, qui quotidie tellurem inebriabant filiorum sanguinibus. Nam, ex quo dux de Jerusalem rediit et ducatum Normanniæ recepit, torpori et ignaviæ nimis subjacuit. Cujus segnitie provocati prævaricatores legis ad cuncta nefaria, clam et palam, intolerabiliter hactenus furuerunt in Normannia, eorumque incendiis et rapinis per sex annos sancta mater vexata est Ecclesia. Hinc turbæ pauperum pulsæ sunt in exsilium regna per extera; et rebus ac prædiis, quæ pii barones antea dederant, spoliata sunt monachorum cœnobia. Nulli parcebat iniquorum violentia. Timor et luctus implebant omnia. Quotidie multipliciter crescente malorum nequitia, pene omnis deperibat divini cultus reverentia. Longas exinde ambages protelare superfluum est. Ecce videmus basilicas in pluribus Normanniæ locis concrematas, diœceses parochianis evacuatas, et urbes, villasque malitiis et ærumnis ubique repletas. Nobilem itaque provinciam tu, complicesque tui coinquinastis, et iram Dei contra vosmetipsos irritastis. Justo judicio Dei actum est quod amatori pacis et justitiæ victoria cœlitus collata est, atque contraria pars penitus obruta est. Contra illum nullatenus assurgere nitar, ne Deum, qui protector ejus est, offendens, in me provocare videar. Verum, si malignitatis conatus et malevolos astus deposueris, et de amicitia potentis sceptrigeri expetenda tractaveris, in hoc me tui promptum adjutorem erga illum habere poteris.*

Cumque Rodbertus Heliam inflexibilem ad incongruas factiones invenisset, et consilium ejus utilitatis, legitimique sensus plenum comprobasset, sagaci consiliario versipellis, quasi ex toto immutatus, gratias egit, concordiamque per eumdem a rege requisivit. Et quia inter regem et comitem maxima familiaritas erat, obtinuit Argentomum, et quæque de dominio principali præoccupaverat, reddidit. Falesiæ vero vicecomitatum, et reliqua, quæ patris ejus fuerant, impetravit. Henricus siquidem rex omnes inimicos suos, opitulante Deo, humiliavit, ac adulterina castella, quæ Rodbertus, vel seditiosi condiderant, prostravit. Fratrem vero suum, ne inquieti sub auxilii ejus velamine simplices et quietos inquietarent, in Angliam misit, et xxvii annis in carcere servavit, et omnibus deliciis abundanter pavit.

Ipse interea ducatum Normanniæ cum regno Angliæ fortiter gubernavit, et usque ad vitæ suæ finem semper paci studuit, atque jugi felicitate politus ut voluit, nunquam a pristino robore, justitiæque severitate decidit. Egregios comites et oppidanos et audaces tyrannos, ne rebellarent, callide oppressit; placidos vero et religiosos, humilemque populum omni tempore clementer fovit atque protexit. Confirmatus in fastigio citra mare et ultra vii anno ex quo regnare cœpit, pacem subjectis plebibus semper quæsivit, et austeris legibus legum transgressores rigide mulctavit. Divitiis deliciisque affluens, libidini nimis deditus fuit, et a pueritia usque ad senectutem huic vitio culpabiliter subjacuit, et filios ac filias ex pellicibus plures genuit. Vehementi pollens industria, sæculares quæstus multipliciter auxit, et ingentes thesauros concupiscibilium sibi rerum coacervavit. Omnem ferarum venationem totius Angliæ sibi peculiarem vindicavit; pedes etiam canum, qui in vicinio silvarum morabantur, ex parte præcidi fecit; et vix paucis nobilioribus ac familiaribus privilegium in propriis saltibus venandi permisit. Curiosus perscrutator, omnia investigabat, et audita tenaci memoriæ commendabat. Omnia ministrorum et dignitatum negotia scire volebat, et eventus varios Albionis, seu Neustriæ, solers arbiter, discutiebat. Abdita quæque, et quæ latenter agebantur, pernoscebat, attonitis eorum auctoribus, quomodo rex indaginem arcanorum noverat. Diligenter revolutis antiquorum historiis, audacter assero quod nullus regum in regno Anglico, quantum pertinet ad sæcularem fastum, fuit ditior, seu potentior Henrico.

XII. *Buamundus, adjuvantibus Roberto de Monteforti et plurimis aliis baronibus expeditionem in imperatorem Constantinopolitanum suscipit. Mors Marci Buamundi. Antiochia a Balduino contra Sarracenos defenditur.*

Anno ab Incarnatione Domini 1107, Heuricus rex proceres suos convocavit, et Rodbertum de Monteforti placitis de violata fide propulsavit. Unde idem, quia reum se sensit, licentiam eundi Jerusalem accepit, totamque terram suam regi reliquit. Deinde cum quibusdam commilitonibus suis profectus est. Porro, Buamundum in Apulia invenit, ibique compatriotas suos gaudens recognovit. Hugo enim de Pusacio et Simon de Aneto, Rodulfus quoque de Ponte Erchenfredi et Guascelinus, frater ejus, aliique plures de Cisalpinis erant cum Buamundo. Plerique de aliis nationibus transitum maris exspectabant, qui omnes cum præfato duce contra imperatorem dimicare optabant, et illius liberalitate, tam sibi quam equis suis, pabulum in illa præstolatione sumebant. Ille nimirum tot phalanges per biennium pavit, ærariumque suum pene totum exhausit, et naves omnibus sine naulo hilariter exhibuit. Rodbertum autem de Monteforti honorifice suscepit, et, nesciens qua de causa natale solum dimiserit, quia strator Normannici exercitus hæreditatio jure fuerat, inter præcipuos sublimavit. Per portus maris naves et peregrinos jamdudum detinuerat, et victum omnibus abundantem de redditibus suis constituerat, acerrimamque viris classem in Augustum summopere instruxerat. Tandem exercitus Christi prospero flatu in Thessaliam navigavit, et Duracium longo tempore obsedit. Magnanimus dux multis modis conabatur oppidum expugnare, sed impediebant qui maxime debuissent illum adjuvare. Guido enim, frater ejus, et Rodbertus de Monteforti, in quibus confidebat præ cæteris, fraudulenter conversi erant ad partes imperatoris, et excæcati ab eo, missis ingentis pecuniæ exeniis, callide frustrabantur molimina sui principis. Nam, dum ille machinas præparasset, dieque statuto assultum facere decrevisset, illi nimirum aliquas occasiones subdole prætendentes, inducias petebant, vel hostibus, qua tergiversatione periculum instans præcaverent, clanculo intimabant. Sic Buamundus proditione suorum cum ca-

tervis suis diu delusus est, et, deficiente alimento, in externa regione Christi exercitus exinanitus est. Denique, gravem inediam non ferentes, paulatim se subtraxerunt, et per Macedoniam sparsi, pacem imperatoris amplexati sunt, a quo recepti, liberam facultatem remanendi sub illo, vel eundi quo vellent acceperunt. Quin etiam plerique multa ab eodem donaria sumpserunt, ejusque largitate potiti, et post ingentem penuriam recreati, gratias egerunt.

Videns Buamundus quod nimios ausus perpetrare non posset, doluit, quotidieque a sociis stimulatus ut gratiam Augusti procuraret, diutius restitit. Dicebant enim : *Nostræ temeritatis pœnas luimus, qui ultra natales nostros et vires superbos nisus suscepimus, et contra sanctum imperium manus levare præsumpsimus. Ad tantos ausus nec hæreditarium jus nos illexit, nec prophetarum aliquis, a Deo destinatus, cælesti nos oraculo excivit; sed cupiditas in alterius ditione dominandi ardua te incipere persuasit, et nos nihilominus appetitus lucrandi ad intolerabilem sarcinam laborum et discriminum sustinendam pertraxit. Verum, quia « Deus non irridetur (Gal. VI, 7), » nec supplantat judicium, nec subvertit quod justum est, preces justorum, qui contra nos ad eum in Græcia clamant, benigniter exaudivit, et agmina nostra, non bello, sed fame attenuata dispersit, viresque nostras sine sanguinis effusione abolivit. Fac igitur, quæsumus, pacem cum imperatore, antequam comprehendaris, seu morte condemneris, et omnes tui, te cadente, protinus deputentur inextricabilibus ærumnis.*

His auditis, probus dux manifestam suorum defectionem intellexit, et postremo, ne insanabile dedecus cum damno incurreret, invitus cessit, pacem cum Augusto pepigit [1108], indeque mœstus in Apuliam remeavit. Erga Gallos, quibus maxima regna pollicitus fuerat, erubuit, eisque licentiam peragendi peregrinationem suam cum rubore permisit [1109]. Tunc Hugo de Pusacio, et Radulfus de Ponte Erchenfredi, cum Guascelino fratre suo, aliique plures Constantinopolim abierunt, et ab Alexio imperatore multis muneribus honorati sunt, et inde Jerusalem profecti sunt. In urbe regia uxor Radulfi, filia Goisleni de Leugis, mortua est, et ibidem honorifice tumulata est. Quidam, peractis orationibus, natale solum repetierunt, vitæque suæ finem diversis casibus sortiti sunt. Guido non multo post ægrotavit, et proditionem quam fecerat palam cognovit; sed absolutionem a fratre nunquam impetrare potuit. Tunc etiam Rodbertus, ejusdem proditionis particeps, mortuus est, nec ullius ore pro meritis laudatus est.

Anno ab Incarnatione Domini 1111, indictione IV Marcus Buamundus post multos agones et triumphos in nomine Jesu obiit. Cui laudabilis miles ad confutandos Ethnicos Tancredus per aliquot annos successit. Quo defuncto, Rogerius, Richardi filius, præfatorum principum consobrinus, Antiochiæ principatum suscepit; sed, infortunio præpeditus, parvo tempore tenuit.

Invictorum siquidem principum mors per totum mundum audita est. Unde luctus Christianis et lætitia paganis ingens exorta est. Igitur amir Gazis, nepos soldani Persiæ principis, bellum in Christianos suscepit, et Sardanas, castrum Christianorum, quod ab Antiocha x leucis distat, cum ingenti multitudine obsedit. Rogerius autem, Richardi filius, princeps Antiochiæ, Bernardo patriarcha prohibente, ad bellum processit [anno 1119], nec exspectare Balduinum, regem Jerusalem, quem asciverant, voluit. Miles quidem erat audax et promptus, sed impar prioribus, quia nequam et obstinatus ac temerarius.

Pontifex, paterno more pro populo sollicitus, duci nimis properanti dixit : *Probitatem tuam, strenue dux, prudenter moderare, ac Balduinum regem et Joscelinum, aliosque fideles patricios, jam ad nostri subsidium summopere manicantes, præstolare. Temeraria festinatio plerisque nimis nocuit, summisque principibus vitam et victoriam abstulit. Historias antiquas et modernas rimare, et mirificorum eventus regum subtiliter intuere. Saulem et Josiam, Judamque Machabæum recole, Romanos quoque apud Cannas devictos ab Annibale, et ne parili ruina cum tibi subjectis præcipiteris, diligenti cura præcave. Venerabiles socios, qui fide, multimodaque virtute præcellunt, exspecta, et cum ipsis in virtute omnipotentis Dei contra paganos dimica, et, juvante Deo, frueris optata victoria.* Hæc et multa his similia providus præsul locutus est. Sed princeps superbus, omnia spernens, profectus est, et in planitie Sarmatam cum vii millibus castrametatus est. Tunc amir Gazis et ingentes cunei Ethnicorum obsidionem repente deseruerunt, subitoque de proximis montanis in campestria descenderunt, et superficiem terræ sua multitudine, veluti locustæ, cooperuerunt. Deinde ad tentoria Christianorum convolantes, atrociter in imparatos irruerunt, et Rogerium principem cum vii millibus in campo Sarmatam interemerunt. Rodbertus autem de Veteri Ponte, aliique milites, vel armigeri, qui manu pabulatum perrexerant, sive aucupatum, vel alias ob causas de tentoriis exierant, repentinam impugnationem videntes, per vii leucas ad urbem confugerunt, dirisque rumoribus excitos cives ad defensionem patriæ concitaverunt. Fere cxl extra tentoria evaserunt, qui, salvante Deo, ad protectionem fidelium reservati sunt.

His ita compertis, Bernardus patriarcha, cum omnibus clericis et laicis quos invenire potuit, ad tutandam urbem viriliter insurrexit. Cicilia quoque, Philippi Francorum regis filia, quæ Tancredi uxor fuit, Gervasium Britonem, Haimonis Dolensis vicecomitis filium, militem fecit, aliosque plures armigeros militaribus armis contra paganos in-

struxit. Gentiles autem, tanta strage Christianorum elati, conglobatim ad urbem convolarunt, Antiochiam ex insperato, defensoribus occisis, ingredi machinati sunt; sed, præveniente Deo, per manus paucorum fidelium a repagulis Antiochenis penitus repulsi sunt.

Post xv dies, rex Jerusalem, et Pontius, Tripolitanus comes, cum copiis suis ad castrum Harenc convenerunt, initaque in nomine benigni Jesu pugna, vincentes, cornua paganorum confregerunt. Ibi Gervasius tiro amir Gazis interfecit (52), et Christiana virtus Ethnicas vires confudit. Christiani itaque spoliis gentium ditati sunt, Deoque gratias alacriter egerunt.

Tunc Balduinus rex, pro defectu Tancredinæ stirpis, Antiochiam possedit, et per aliquot annos contra Ethnicos tenuit. Denique Buamundus juvenis de Apulia in Syriam venit, et cum ingenti tripudio ab omnibus susceptus, filiam regis desponsavit, totamque patris possessionem recuperavit. Qui fere iv annis, vestigia patris secutus, insigniter floruit, sed, veluti pulcherrimus flos, cito emarcuit (53).

XIII. *Balduinus rex a Sarracenis comprehenditur.*

Interea [anno 1123] Balad sahanas, id est vicecomes, Baldac, qui filiam Roduani regis Aleph uxorem habuit, et cum ea regnum ejus obtinuit, multo tempore contra Christianos acriter certavit. Hic nimirum antiquus bellator, dum Monbec urbem obsideret, et nihilominus damnis Christianorum inhiaret, comperit quod Balduinus rex et Joscelinus, aliique quamplures adire Rages vellent, ibique solemnia Paschæ celebrare decrevissent. In ultima igitur hebdomada Quadragesimæ, clam de obsidione cum xl millibus discessit, et Joscelinum de Torvessel, ac Gualerannum de Pusacio, qui præcesserant, feria quinta Cœnæ Domini comprehendit. Deinde in condensa olivarum silva, veluti lupus, cum suis delituit, ac ad pontem Toreis super Euphratem Balduinum regem, Sabbato Paschæ, in insidiis exspectavit, ignorantem quid sodalibus quos præmiserat contigerit. Capellanos siquidem et inerme vulgus versipellis explorator vidit, sed, pinguiorem prædam avide captans, impune prætergredi permisit. Denique regem, cum xxxv militibus secure suos sequentem, comprehendit, ac demum omnes turmas suas, ceu rabidas tigrides, post inermes destinavit, et omnes protinus occidi præcepit. Quod ita factum est. Omnes enim capellani regis et inermes qui præcesserant, Sabbato Paschæ, ut bidentes, necati sunt.

Porro Balad, tanta prosperitate elatus, exsultavit, regem, militesque vinctos in Charran duxit, et inde Carpetram, ubi diutius eos custodivit. Est ibi turris maxima, opulenta et munitissima, et de præcipuis, quæ in orbe tyrannos extollunt, una. Ibi Balduinus rex et Joscelinus atque Gualerannus, Pontius quo-

---

(52) Chesnius : *Amir Gazis interfecit nepotem soldani Gazis.*

(53) Mortuus est Buamundus juvenis anno 1130.

que de Gavarred, vicecomes, et Gervasius tiro, atque Gujumar Brito, filius Alanni comitis, et xxxii milites simul uno anno vincti sunt, cum xl Christianis de Armeniis et Surianis, quos jamdudum captivatos illic invenerunt. Balad autem turrim et vinctos cccl militibus ad servandum commendavit, regemque pro reddendis munitionibus, quas præcipue cupiebat, jejuniis coerceri jussit; reliquos vero diversis officiis et quotidianis operibus sub custodia mancipavit. Deinde ingentem exercitum aggregavit, et contra Christianitatem, quam sine rectore putabat, festinavit, Sardanasque castrum, quod prope Antiochiam est, diutina obsidione coarctavit; sed, fortissimo rege Sabaoth suos castrenses corroborante, obtinere nequivit.

Interea captivi satellitibus Ethnicis serviebant; unum pedem cippo constricti, imperantibus obsecundabant. Aquam de Euphrate per unum milliarium quotidie deferebant, et alia opera, quæ illis injungebantur, hilariter faciebant. Gentiles ergo eos, veluti bona jumenta, diligebant et affabiliter tractabant, ac ut bonos officiales et operarios, ne deficerent, ubertim pascebant. Solus autem rex Balduinus et Joscelinus otiabantur, sed sollicite servabantur. Rex quoque, jussu Balad, dominico et feria quinta tantummodo in hebdomada manducabat; et tunc trecentos quinquaginta milites, custodientes se, pascebat. Cunctis etiam consodalibus suis et captivis xl quos incarceratos invenerat, abunde victum, tam pro regali munificentia, quam pro favore custodum comparando, erogabat. Dapsilitas hujusmodi multum illis contulit. Ethnici enim milites eos honorifice servabant, et contra præceptum Balad occulte regem copiosis dapibus frequenter satiabant. Admiralius de Caloiambar, patruus uxoris ejus, eum juvabat, qui singulis septimanis centum bizanteos ei mittebat.

Gentilium versutia multoties Christianis favorabiliter applaudebat, sed canina fides eorum in æternum pereat! Nam bis in suorum solemniis sacrorum de Christianis militibus sorte rapuerunt, au stipitem ligatum sagittaverunt, et cum ingenti ludibrio peremerunt. Hoc itaque viso, vincti vehementer contristati sunt, et magis nobiliter mori, quam miserabiliter vivere, peroptarunt. Unde post unum annum Christiani viriliter animati sunt, et quodam Dominico die custodes suos, regiis dapibus copiose refectos, inebriaverunt. Stertentibus autem paganis, Franci arma eorum sumpserunt, et xl Christianis de Armeniis et Surianis, qui jamdudum captivati fuerant, sibi adjunctis, omnes Turcos occiderunt, et janitoribus necatis, totam munitionem adepti sunt. In crastinum in urbem viriliter irruerunt, et multa millia paganorum ceciderunt, et sublata secum præda, fere mensibus viii munitissimam arcem tenuerunt. Tunc Joscelinum et Goisfredum Gracilem foras miserunt, et per eos auxilium ab omni Christianitate poposcerunt.

Circa hæc tempora [1123-1124], Jerosolymorum regina, quæ de Armeniis orta erat, centum fidissimos Armenios, Turcorum arma et habitum gestantes, ad viri sui subventionem direxit. Qui Carpetram venientes, turrim intraverunt, et Turcanæ locutionis, versutiæque periti, Francis insigniter auxiliati sunt.

Joscelinus et Goisfredus, dum ignotum iter carperent, et in barbara regione omnes pariter ut hostes metuerent, cuidam rustico, qui de Mesopotamia, cum uxore asello insidente, in Syriam ibat, associati sunt. Illis una euntibus et confabulantibus, a rustico statim agnitus est Joscelinus; fortissimus heros ad vocem barbari contremuit, et Joscelinum se esse denegavit. At ille: *Noli*, inquit, *negare quod es, strenue miles. Optime te ut dominum cognosco, Josceline. In domo tua tibi multoties servivi, et lætatus sum, dum licuit mihi vilioribus clientulis tuis famulari. Aquam detuli, ignem accendi, et inter tuos vernulas de largitate tua victum et vestitum promerui. Post aliquot annos parentes meos repetii Turcos, quos iterum relinquo ut profanos, et reposco Christianos, inter quos sat beatius degui, quam inter cognatos et compatriotas meos. Infortunia tua, probe vir, audivi, et pro dejectione tua, tuorumque satis olim dolui. Nunc autem vinculis absoluto, propriosque penates repetenti, fidam tibi comitatem servabo, et itineris vestri dux usque in Antiochiam ero.* Hæc et multa his similia paganus locutus est, et Joscelinus cum socio suo valde lætatus est. Protinus pannos commutaverunt. Barbarus præcedebat ut dominus, et confabulabatur cum obviantibus. Christiani vero proceres, ut vilia mancipia, subsequebantur, et regem Sabaoth pro communi salute taciti deprecabantur. Sarraceni quoque sexennem filiam alternatis vicibus in ulnis suis gaudentes bajulabant, et per oppida vel urbes incogniti pertransibant.

Nunc, quid illis qui Carpetræ agonizabant contigerit, audite. In arce tres uxores Balad latebant, quas Christiani per xv dies ibidem esse non agnoverant. Fatumia, regis Medorum Halis filia, pulchritudine præcellebat ac potentia, alia vero Roduani de Aleph filia, et tertia erat admiralii de Caloiambar filia. Porro filia Roduani litteras scripsit, et columbam, ferentem epistolam collo alligatam, marito, cum centum millibus Sardanas obsidenti, de turre direxit, ubi omnia de captione arcis et occisione custodum et depopulatione regionis, liquido enarravit. Mox Balad territus obsidionem dissolvit, et Carpetram repetere festinavit, quam, collectis undique viribus, octo mensibus obsedit.

Tunc Joscelinus cum sociis suis per medias acies Balad incognitus pertransiit, atque ad proprios lares perveniens, ducem suum optime remuneravit. Omnes enim sacro fonte regenerari fecit, et maritum cum conjuge magnis possessionibus ditavit. Puellulam quoque, quam ignotus bajulans Ethnicas tribus deluserat, Christiano militi in conjugem cum magno honore donavit. Balad Carpetram cum ingenti multitudine diu circumvallavit, et Balduinus cum suis insigniter repugnavit. In arce quamplures erant aulæ spatiosæ ac speciosæ, et præcipuis cameræ muris interclusæ, ubi erant ingentes thesauri, copia scilicet auri et argenti, lapides pretiosi, purpura et sericum, et omnium copia divitiarum. Rivus etiam abundans de Euphrate illic oriebatur, qui subterraneo canali mirabili arte conducebatur, et omnibus inclusis ad usus necessarios ubertim famulabatur. Subsidium vero panis et vini, carniumque recentium, seu rancidarum, mille militibus usque ad decem annos sufficiebat. Unde animositas Francorum reditum Joscelini cum auxilio Christianorum præstolari fiducialiter poterat.

Anxius igitur Balad Balduinum regem per excellentes legatos sæpe rogavit, multa spopondit, nonnunquam vero cum exprobratione severa redarguit. Turpe, inquit, facinus, o rex, perpetras, unde nunc et in futuris generationibus tua despicabilior erit probitas. Proh pudor! nobiles matronas crudeliter affligis, et indecenter opprimis; quod nec regiæ magnificentiæ, nec Christianæ religioni congruit. Uxores meas inermes, nec te unquam in aliquo lædentes, quare veluti captivas in carcere vinctas retines? Reginas de regio sanguine ortas cur quasi fures seu proditores vinculis coarctas? Maximum dedecus est genti tuæ quod perpetras, et religioni tuæ per cuncta sæcula exsecrabile nefas. Obsecro, ferreum pectus tuum emolli, meæque compatere senectuti, femineæque parce fragilitati. Conjuges meas mihi redde, quæso, et securitatem sub jurejurando tibi, tuisque dabo, ut nullas usque ad unum annum molestias inferam vobis, donec Goscelinus redeat legatus vester, quem emisistis, et auxilium adducat quo indigetis. Interea, si dulce mihi, quod opto, conjugium restitueritis, hinc digressurus exercebo meæ negotia regionis, et vos pacem meam ad statutum usque terminum habebitis. Liberum per totam provinciam meam mercatum habetote, et de ingenti thesauro meo, quem forte nacti estis, quidquid vultis, libere passim emitote. Hæc Gazis et Bursethinus, aliique illustres mandata detulerunt, et facundis persuasionibus regem regi acquiescere cohortati sunt.

Balduinus rex omnes, qui in arce tenebantur, convocavit, et mandata Balad enucleavit, consiliumque commune investigavit. Cumque diversi diversa sentirent et in re dubia diffinitam sententiam proferre dubitarent, Fatumia regina: Hæsitantes, inquit, vos video, strenuissimi viri, quid respondeatis allegationibus domini mei. Nunc, quæso, ne dedignemini audire me. Omnia mandata domini mei floccipendite, quia nihil veri habent. Falsa sunt omnia quæ promittit, et ita vos seducere satagit. Quandiu arcem istam, quæ inexpugnabilis est, tenueritis, et me, comparesque meas vobiscum servaveritis, procul dubio vos ipse timebit, nec assultum vobis inferre aliquatenus audebit. Callide enim secum considerat, et in synagogis suis cum familiaribus asseclis sæpe retractat quod, si per occasionem molestiæ vobis illatæ nos occideritis, nunquam ulterius vacabit a bellis. Omnis nimirum parentela nostra, quæ maximam partem Orientis possidet, contra eum usque ad mortem insurget. Auxilium ergo de cœlis et a fidelibus amicis fiducialiter exspectate, et lethiferas tergiversationes versipellis inimici prudenter præcavete. Superiores estis, et insurgentes jaculis et lapidibus repellere potestis. Quid deest vobis, si magnanimitatem habetis? Abundant vobis arma cum victu copioso. Habetis panem et aquam et vinum et carnem in inexpugnabili munimento. Decennem Trojæ obsidionem recolite, et miros heroum eventus, quos histriones vestri quotidie concrepant, recensete, et inde vires resumite, animosque corroborate. More Gallorum fortiter certate, et usque ad victoriam perseverate, ne turpis cantilena de vobis cantetur in orbe. Hactenus per totum orbem Occidentalium personuit probitatis laus gloriosa, famaque Francorum penetravit Persica regna. Vobiscum claudi non piget nobis, quod rex Balad ad improperium reputat vobis. Libentius hanc patimur clausuram, quam dæmonicam cum idololatris observare culturam. Benignos enim mores vestros amplectimur, fideique vestræ et religioni congratulamur, optantes, si, Divinitate favente, hinc sospites vobiscum evadere poterimus, profecto sacramentis Christianorum imbui cælestibus.

XIV. *Singularis Balduini et quorumdam aliorum militum casus.*

Aliæ nimirum reginæ dicta Fatumiæ alacriter contestatæ sunt, et Christianis alienigenarum hujuscemodi hortamenta mulierum valde placuerunt, quibus animati turrim multis diebus tenentes restiterunt. Tandem Balduinus rex poscenti Balad et multa pollicenti fatiscens acquievit, tres uxores suas, licet ipsæ aliud vellent, reddidit, et per quinque strenuos milites remisit. Qui ut Balad conjuges suas decenter adornatas exhibuerunt, sociosque adire in turrim voluerunt, mox a tyranno, non sine magno mœrore multorum, retenti sunt. Sic Guiumar Brito et Gervasius Dolensis, Rodbertus de Cadomo et Muschedus Cenomanensis atque Rivallo de Dinam a mendace Balad capti sunt, et Hali, Medorum regi, dono dati sunt. Ille autem potentissimus exstitit, et Francos, postquam ix mensibus honorifice servavit, caliphæ de Baldao dono dedit. In crastinum soldanus eosdem a calipha recepit, et mox libertate, multisque divitiis donavit. Ibi quatuor athletæ Guiumarum, Alanni comitis filium, sibi dominum præfecerunt, et sub soldano tribus semis annis cum ingenti honore permanserunt; quarto autem anno Antiochiam redierunt.

In exsilio benignus Deus suum suis auxilium non subtraxit. Nam præfati quinque milites, qui tam longe in captivitatem abducti sunt, magnam inter barbaros gratiam habuerunt. Rex quippe Medorum præfecto urbis eos commendavit, et Gallico more indutos quotidie sibi assistere præcepit. Sericis et auratis vestibus ornati erant, equos et arma, variamque supellectilem habebant, et quidquid a rege vel a præfecto postulabant. Spectabiles coram Persis procedebant, et Medi cultum Francorum admirantes collaudabant. Filiæ regum decorem eorum affectabant, facetiisque arridebant. Ipsi quoque reges atque duces de semine Francorum nepotes habere concupiscebant. Nemo tamen a cultu Christi eos aliquatenus recedere, vel a suo ritu compulit deviare.

De divitiis soldani mira referunt, et de incognitis speciebus quas in Oriente viderunt. Soldanus dicitur quasi solus dominus, quia cunctis præest Orientis principibus. Quarto anno, remeandi licentiam illis concessit, aureamque sagittam, quæ principalis specimen præmonstrabat absolutionis, contulit. Potentissimorum filias optimatum illis, si remanere voluissent, et ingentes gazas, ac possessiones obtulit. Abire tandem volentibus ingentes thesauros variasque divitias suas ostendit. Denique, pluribus xeniis remunerati, notos et benefactores salutaverunt, et per conductum David, Georgiensis regis, et Turoldi de Montanis Antiochiam redierunt, lætique amicis retulerunt qualiter in Ninive et Baldac et Babylonia commorati fuissent, et multa nobis ignota, quæ in Eois partibus vidissent.

Tunc ibi audierunt quod Balad Monbec obsideret, et Balduinum regem, occisis sodalibus, adhuc in arcto carcere constrictum retineret. Joscelinus enim, qui de Carpetra egressus fuerat, et legatos fideles Augusto Joanni et Græcis et Armeniis direxerat, post octo menses cum ingenti exercitu ad subsidium obsessi regis properat, quem in turri Carpetræ, ut dictum est, reliquerat. Interea Balad arcem obsedit, et Gazin nepotem suum, et Bursechinum juvenem, magistrum militum, regi frequenter direxit, et cum jurejurando mandavit ut, si sibi pacifice arcem redderet, libertatem abeundi quocumque vellet, cum omnibus suis et cuncta quæ peteret, ab eo reciperet. Rex autem, longa inclusione fatigatus, et fallaci pagano præpropere credulus, arcem reddidit, ad scandalum Christianorum et tripudium paganorum. Egresso itaque regi jussit Balad quatuor dentes extrahi, et Gualeranno de Pusacio sinistrum oculum erui; et venas dextri brachii, ne lanceam ulterius ferret, præcidi, omnesque socios eorum decollari. Quod et ita factum est. Gualerannus post debilitationem membrorum mortuus est; iterumque rex in carcere reclusus, iv annis pejora prioribus perpessus est. Porro xxiv milites et cxl Syri, vel Armenii, capitibus amputatis, perempti sunt. Sed cum Christo vivant, quem confessi sunt, et cui viventes servierunt! Joscelinus autem, ut regis defectionem et suorum cladem obiter audivit, nimis ejulans cum omni exercitu Christiano substitit, ventilatoque ibidem consilio, sua negotia quisque repetiit. Infortunium hujusmodi per totum mundum auditum est, et Christicolis lamentantibus, Ethnicis ingens lætitia orta est.

Balad igitur, postquam sibi ad votum omnia in his, quæ jam prætaxavimus, provenerunt, et Christiani jam per totam Syriam et Palæstinam quasi neglecto rege viriliter restiterunt, veredarios per orbem gentium ad reges ac admiralios destinavit. Quibus convocatis, cum legionibus suis rursus urbem Monbec obsedit. Joscelinus autem et omnes Christicolæ audientes hoc gavisi sunt, et alacriter ad præliandum contra illos convenerunt. Tunc etiam, volente pio Salvatore nostro, quinque præclari milites adfuerunt, qui eadem septimana, ut jam diximus, de barbarica captivitate remeaverunt. Inter Monbec et castellum Trehaled in ingenti planitie prælium ingens factum est. Cum Balad, Musci et Heron, frater ejus, aliique plures admiralii pugnare, totisque viribus conati sunt Christianos pessundare. Ibi tunc Balad Goisfredo monacho, comiti de Mareis, mandavit ut duos asinos auro onustos reciperet, et de bello solus ipse recederet, ne in bello uterque eodem die periret. Soror enim ejus, quæ sortilega peritissima erat, in constellationibus, quod Goisfredus et Balad mutuis ictibus occumberent ipso die, inspexerat, fratrique suo, ut sibi præcaveret, plorans indicaverat. Religiosus vero comes munera tyranni ut stercus contempsit, seseque in confessione Dei ad sacrificium lætus obtulit. Multorum sanguinem sanctorum ulciscens, Balad interfecit, et ipse pro Christo devote dimicans gloriose occubuit. Vexillum ejus in corpore Balad repertum est; quo cadente, dirum et grave onus de cervicibus Christianorum abjectum est. Ibi tunc nongenti milites Christiani contra trecenta millia paganorum pugnaverunt, fortissimoque Deo Israel suos potenter juvante, vicerunt. De Christianis vi milites et xi pedites ceciderunt; de paganis autem xiii millia cæsa sunt, quorum nomina in matricula Balad scripta et inventa sunt. Omnipotens Emmanuel, intactæ Virginis filius, feliciter suos Israelitas confortavit, superatis hostibus, per quos, veluti malleo seu virga furoris sui, reos conquassaverat, exhilaravit, et post tribulationum tempestates prosperitatis tranquillitatem suppeditavit. Jam cornua gentium, intonante Deo, confracta sunt, invictumque regem Sabaoth collaudantes, Christiani caput erexerunt.

Gazis admiralius, nepos et hæres Balad regis Aleph, ei successit; sed novitate permutationum et diminutione gazarum ardua tentare et difficilia sustinere nequivit, quæ antecessor ejus longo usu exercitatus inivit, ingenioque multiplici callens fortia ferre et agere potuit. Unde Gazis Balduinum regem pro redemptione centum quinquaginta millia bizanteorum de carcere dimisit, et xl obsides electos de præcipuis Jerosolymorum et circumjacentis provinciæ pueris accepit, securitatemque reddendi omnes paganos, quos in carcere fideles habebant, requisivit. His itaque concessis, regem dimisit, et apud Gis castrum in regione Cæsareæ Philippi constituto tempore exspectavit. Tunc Christiani cum auro, quod pro redemptione regis pactum erat, perrexerunt, et assultu in nomine Christi fortiter facto, admiralium et castrum et obsides suos ceperunt, alacresque Deo gratias canentes, Jerusalem regressi sunt. Gazis autem centum millibus bizanteis aureis sese redemit, firmamque pacem Christianis pepigit, sed in principatu parum duravit.

Interea [1124], dum Balduinus rex, ut dictum est, in carcere teneretur, et egressionis ejus omnis spes Christianis pene omnino negaretur, Jerosolymorum episcopus clerum et populum commonuit ne in tribulationibus deficerent, sed in Christo confidentes, fortiter Ethnicis resisterent, et bellicis armis fines suos ad laudem Conditoris dilatarent. Missis itaque legatis in Italiam, ducem Venetiarum cum ingenti classe accersierunt, et Tyrum, tam divinis quam sæcularibus in libris famosam urbem, obsederunt, et per mare ac per terram usque ad deditionem coarctaverunt. Denique, subacta urbe, quemdam clericum, natione Anglicum, præsulem ordinaverunt, et ecclesiam in honore Sancti Salvatoris extra urbem ædificaverunt, in loco ubi Dominus Jesus populis verbum æternæ salutis prædicavit, et altare fecerunt de ingenti saxo supra quod ipse docens sedit; in urbem quippe Incircumcisorum noluit ingredi, ne videretur Judæis dare occasionem scandali, si ipse, cum Hebræus esset, in civitatem Gentium introisset, et communitatem cum illis habuisset. De fragmentis vero, quæ latomi de informi lapide marculis evulserant, fideles collegerunt, et per orbis climata pro Dominicæ sessionis reverentia detulerunt, quæ in sacratis inter sacra pignora locis collocata sunt.

XV. *De rebus in principatu Antiochiæ gestis*

Ravendinos, quidam potens Græcus, Antiochiam venit, et legationem imperatoris Alexii Rogerio principi, de quo supra dictum est, intimavit : filiam scilicet ipsius Joanni, filio Augusti, conjugem petivit. Diuturnus enim rancor ejus paulatim conquieverat, quia idem, sapientia pollens, manifeste viderat quod mortalis conditio Buamundum et Tancredum, aliosque rebelles absorbuerat, eamdemque in proximo imminere sibi admodum metuebat.

Quapropter decrevit progeniem suam semini conjungere bellicosæ gentis, ut sic saltem Antiochenum principatum hæres ejus adipisceretur affinitate generis, quod nullatenus armis obtenturum se confidebat bellicis. Præfatum ergo Pelasgum Normannis destinavit, qui in præstolatione communis responsi grave infortunium incurrit. Nam, dum præfatus heros Antiochiæ maneret, et ex generali consultu honorabile responsum exspectaret, et amir Gazis Perses, ut supra retuli, fines Christianorum impetuose irrumperet, Ravendinos, cum Rogerio in hostem pergens, captus est, et xv millibus bizanteis redemptus est. Ipsum nempe, quia Græcus erat, Turci non læserunt, eique, tam pro notitia vicinæ gentis, quam pro favore Augusti, pepercerunt, et accepta redemptione, ut dictum est, sospitem dimiserunt. Ille vero videns Rogerium cum tota virtute interisse et Balduinum regem regnum Jerusalem et principatum Antiochiæ adeptum fuisse, ipsum quoque ex parte imperatoris adiit, et ab eo filiam suam in conjugium Joannis requisivit. Balduinus rex, inde gavisus, legationem suscepit, petitionem annuit, procum in Jerusalem, ut filiam suam videret, direxit, et per eum secreta reginæ soli nota mandavit. Ravendinos itaque Jerusalem venit, quem regina cum prole sua satis alacriter recepit, et mariti mandatis obtemperavit. Elegans puella, procedens in publicum, intuentibus multum placuit, et optabiles ipsa rumores audiens, frustra exsultavit. Nihil enim stabile fit, nisi quod solus omnium factor disponit. Legatus Augusti cum satellitibus suis, sociisque peregrinis, in Cyprum insulam navigavit, et dux Cypri cum illo post xv dies Constantinopolim ire decrevit, et omnes usque ad Pentecosten ibi honorifice hospitari præcepit. Igitur longe a palatio ejus in aula satis honorabili hospitati sunt, et statutum tempus ægre præstolantes, copiosum a duce victum susceperunt.

Interea dux communi factione a suis in domo sua occisus est, et una de singulis navibus, quæ fixis in maritimo littore anchoris consistebant, tabula subtracta est. Mors etiam legatis et peregrinis a feralibus homicidis palam præfinita est; sed per quemdam sapientem, qui consiliis eorum intererat, callide præpedita et multoties induciata est. Dicebat enim : *Obsecro vos, o fratres et amici, ut his hominibus pro salute vestra parcatis, et ab eorum, qui nihil aliquando nocuerunt vobis, sanguinis effusione manus vestras contineatis. Actus vestros freno moderaminis discretionis, et statera rectitudinis, ne scelerum enormitate vestrorum Deum et homines in vos irritetis, et furorem maximorum principum utrinque incurratis. Ecce abominabilem offensam in Augustum jam perpetrastis, qui ejus consanguineum et ducem imperii Constantinopoleos nocturna cæde necastis. Adhuc tamen contra ejus animadversionem ad Jerosolymitas refugere potestis, quibus nondum nocuistis. Verum, si magnanimum Francigenam offenderitis regem Jerosolymorum, et ex utraque parte vobis incubuerit prælium, quid facietis? Quo fugietis?* His aliisque sapiens heros dictis ferales homicidas compescuit, cruentasque manus a jugulis innocentum vix retinuit, et circa festum Sancti Joannis licentiam abeundi vix illis obtinuit.

Denique, vix in duas ingredi vetustas naves permissi sunt; et cum ingenti difficultate, post plurimos dies, in Illyricum applicuerunt, et securiores inde per urbes poetarum carminibus celebres Bizantium petierunt, per Athenas scilicet, eloquentiæ matrem, artiumque liberalium inventricem, et per Thebas, tyrannorum civilibus bellis inhiantium nutricem. Ravendinos vero duros rumores de suæ legationis eventibus dominis suis, a quibus destinatus fuerat, retulit, et multas econtra in sua regione mutationes contigisse edidicit. In his enim percunctationibus Balduinus rex, ut superius assatim retuli, a Balad captus est. Imperatore autem Alexio post breve tempus defuncto, Joannes imperator factus est. Unde in tot permutationibus præfatæ copulationis præparatio penitus frustrata est.

Generosa Philippi Francorum regis soboles, Constantia Buamundo filium peperit, quem apud Tarentum in Italia diligenter educavit, et usque ad pubertatis ævum materno more competenter custodivit. Buamundus autem, puer bonæ indolis, feliciter crevit, et, ut annos adolescentiæ attigit, militaria multis gaudentibus arma sumpsit. Patris vero sui audaciam et mores æmulatus imitari studuit, et multimodæ probitatis ac honestatis specimine sublimia de se intuentes sperare permisit. Hæc ut Antiocheni, dum Balduinus rex apud Carpetram fere vi annis in carcere Balad detineretur, audierunt, nuntiis sæpe missis, genuinum hæredem accersierunt, ut securus in Syriam transfretaret, et jus paternai principatus cum favore subjectorum reciperet. Porro sollicita mater eum retinuit, donec rex, ut supra dictum est, de vinculis prodiit. Tandem ipse voluntatem Antiochenorum ut sensit, populis quoque, progenitoris ejus auctoritate, illud commodum fore æstimavit, optimatum consultu suorum Buamundo adolescenti filiam suam obtulit, ac ut paterni ducatus fastigium prospere subiret mandavit. Amabilis igitur adolescens, votis omnium pro illo Deum postulantibus, navem intravit, Antiochiam transfretavit, principatum patris cum tripudio multorum recepit, filiamque regis uxorem duxit, quæ femineam prolem ei peperit. Princeps constitutus, mitis omnibus subjectis exstitit; sed contra Ethnicos bella iniit, brevique temporis intercapedine, proh dolor! duravit. Fere tribus annis dominatus est, et repentina sorte cum lamentis pluribus ac damnis prolapsus est.

Ortis enim quibusdam simultatibus inter Christianos principes, Buamundum et Leonem Armenicum, damnabilis temeritas de strage fidelium peperit gentilibus victoriæ gaudium. Præfatus Leo Turoldi de Montanis erat filius, et uxoris Buamundi avunculus, contra quem idem juvenis exercitum aggregavit, et in hostilem terram ducere cœpit. Qui cum ad fluvium Euphratem pervenisset, ibique castrametatus fuisset, a quodam Armenio audivit quod amir Sanguin cum ingenti phalange Turcorum appropinquaverit, et fines Christianorum irrumpere disposuerit. Ille autem, in initio incredulus, certitudinem rei perquisivit, aliisque relatoribus non credens, cœtus suos reliquit, et cum cc juvenibus, ut exploraret, super excelsum montem ascendit. Unde vii pabulatorum, qui præcedebant, turmas prospexit. Quos parvipendens invasit, acerrime conflixit, pene omnes occidit, omnesque suos, nisi xx milites, perdidit. Interea innumerabilis exercitus appropiavit. Cumque residui enormes turmas adesse vidissent, et immoderatum tironem, stupore mentis præ dolore attonitum, obsecrarent, dicentes :

Festinanter ad tuas cohortes vade, agminiousque ordinatis hostes aggredere, patriamque tuam insigniter defende; ille non acquievit, sed mori magis quam fugere, commilitonibus amissis, elegit. Sic imberbis adolescens contra innumeros manus levavit, et in nomine Christi dimicans, extremam sortem suscepit. Pauci vero, qui evadere poterant, transvadato Euphrate, collegas repetierunt, diros rumores de interfecto duce mœsti retulerunt, et protinus omnes ad oppida conglobati secesserunt, totamque provinciam contra Ethnicos strenue munierunt. Balduinus autem, rex Jerosolymorum, ut mortem generi sui audivit, in Syriam cum copiis suis contra Paganos festinavit. Porro a fidelibus ibidem susceptus, regionem totam in hostes defensavit, et principatum Antiochiæ diu possedit, donec Fulconi Andegavino, successori suo, quem hæredem fecerat, dimisit.

Hæc de casibus Christianorum, qui pro Christo Jesu in Oriente exsulant, edidici, et simpliciter, ut ab his qui interfuerunt audivi, ad notitiam posterorum veraci stylo litteris assignavi.

XVI. *Res in Normannia et alibi gestæ. Guillelmus de Ros Fiscannensis abbas. Rogerus Bajocensis ei succedit. Joannes Sagiensis archidiaconus. De quorumdam obitu*

Nunc autem ad nostra regrediar referenda, quæ contigerunt in Italia, Gallia, Hispania, vel Anglia, seu Flandria.

Anno ab Incarnatione Domini 1107, indictione xv, Henricus rex Anglorum, postquam bello Normanniam subegit, sæpe ad curiam suam magistratus populi accersiit, eosque, quia jamdiu tumultibus et guerris assueti fuerant, prudenter mitigavit, et omnes, ut recte graderentur, precibus minisque commonuit.

Mense Januario, Falesiæ consessio procerum coram rege fuit, ibique Rodbertus, Cadomensis abbas, subita ægritudine percussus, hominem exivit; cujus vices Eudo, ejusdem monasterii monachus, per plura postmodum lustra supplevit.

Mense Martio, item rex concilium apud Lexovium tenuit, et necessaria subjectis plebibus edicta ex consultu magnatorum provide sanxit, et regali potestate, sedatis bellorum tempestatibus, Neustriam utiliter edomuit. Inde remeans, Guillelmus de Ros, Fiscannensis tertius abbas, ægrotavit, et ante finem ejusdem mensis feliciter migravit. Hic venerabilis vir, bonis moribus pollens, laudabiliter vixit, et multarum nectare virtutum imbutus a pueritia viguit, et in clericatu ac monachatu speculum bonorum operum mundo resplenduit. Præfatum vero cœnobium adhuc in monachico schemate neophytus suscepit, fere xxvii annis gubernavit, et in multis intus et extra emendavit. Nam cancellum veteris ecclesiæ, quam Richardus dux construxerat, dejecit, et eximiæ pulchritudinis opere in melius renovavit, atque in longitudine ac latitudine decenter augmentavit. Navem quoque basilicæ, ubi oratorium Sancti Frodmundi habetur, eleganter auxit; opusque tandem consummatum a Guillelmo archiepiscopo, aliisque quatuor præsulibus, xvii Kalendas Julii [1106] consecrari fecit. Defunctus autem, in novo opere, quod ab ipso constructum est, ante aram gloriosæ Virginis Mariæ competenter sepultus est.

Multi sapientes et illustres viri, mitis archimandritæ illecti amore, Fiscannum confluxerunt, et in schola divini cultus sub eodem summæ et individuæ Trinitati reverenter famulati sunt. Fideles ergo et amici discipuli multa super illo, prosa seu metro, conscripserunt. Speciale tamen epitaphium, quod Hildebertus, Cenomanensis episcopus, edidit, elegerunt, aureisque litteris caraxatum sic super illum imposuerunt:

Pauperibus locuples, et sacri nominis abbas,
  Willelmus, solo corpore cultor humi.
Liber ab Ægypto rediens deserta reliquit,
  Jamque Jerosolymam victor, ovansque tenet.
Cum vitiis odium, cum moribus ille perennem
  Pactus amicitiam, firmus utroque fuit.
Luce gravi nimium, quæ sexta præibat Aprilem,
  Redditus est patriæ spiritus, ossa solo.

Adelelmus, Flaviacensis monachus, qui multo tempore Fiscanni venerabiliter conversatus est, geminaque scientia, tam in divinis quam humanis dogmatibus affatim imbutus est, ardenti amore, ut subtilibus scriptis ab eo editis approbari potest, præfato patri usque ad exitum vitæ conglutinatus est. Hic in rotulo ejus memoriale sat eloquenter dictavit, et venerabili vitæ illius luculentos flores ex divina pagina coaptavit; quibus visis, melliflux pietatis affectus ex oculis legentium plures lacrymas elicuit. Ibi non humanum, ut reor, ingenium tantummodo tam beate personuit, sed cœlestis gratia benevolis lectoribus sua charismata demonstravit, quibus fidelem sponsæ suæ tutorem pro utilitate multorum gloriose decoravit, et super candelabrum fulgentem lucernam in hoc mundo coruscare donavit. Multi legentes rotuli titulum pie fleverunt, et superni roris donum admirantes, pro fideli anima lacrymosas preces Deo fuderunt. Præfatus editor tres elegiacos versus composuit, quos hic, ob memoriam servi Omnipotentis, inserere non me pigebit:

Utilitas et honor Guillelmus in ordine cleri
  Bajocas, triplici clarus honore fuit.
Præmissis opibus Cadomum subit, inde retractum
  Fiscanni celebrat hunc locus ipse locum.
Principio dum sexta dies superesset Aprilis,
  Lis habuit finem, præmia principium.

Denique post obitum sæpedicti Patris, Rogerius Bajocensis electus est, et a Guillelmo, grandævo metropolita, xii Kalendas Januarii consecratus est, sicque regimen Fiscannensis ecclesiæ quartus abbas adeptus est. Primus enim Guillelmus Divionensis idem cœnobium, sub Richardo duce, solerter et religiose instruxit; cui Joannes Italicus per annos li successit. Tertio autem in loco, Guillelmus Bajocensis, pro decore cognominatus Puella, præfuit;

a quo in monachili schemate susceptus successor, quod docturus erat didicit. Tunc in festivitate Sancti Thomæ apostoli silicernius præsul præfatum Rogerium aliosque cxx sacerdotes ordinavit, et in crastinum benedictionem abbatis super illum Rothomagi peregit. Novus itaque presbyter et abbas Fiscannum ad Natale Domini celebrandum rediit, jamque receptum regimen fere xxxii annis tenuit. De hac siquidem ordinatione indubitanter locutus sum, quia interfui, et sacerdotale pondus, jubente domno Rogerio, abbate meo, indignus suscepi. Tunc magna cleri multitudo Rothomagum convenerat, et familia Christi, fere septingentis ibi clericis illa die per diversos gradus ordinatis, prospere creverat. Tunc ego juvenili ardore fervens, intendebam dactylico carmini, in quo numerum presbyterorum et diaconorum paucis versibus ita comprehendi

Centum viginti socios ad suscipiendum
  Stemma sacerdotii Dominus me fecit habere;
Ornavitque stolis Leviticus ordo ducentos,
  Et quater undenos ad Christi sacra ministros.

Inter procellas tribulationum quas Normannia, idoneo rectore carens, pertulit, Lexoviensis episcopatus post mortem Gisleberti Maminoti antistitis in desolatione diu permansit, magisque lupis quam pastoribus patuit, misereque prædonibus, non defensoribus, lugubris subjacuit. Henrico autem rege apud Tenerchebraicum triumphante, Rannulfus Flambardus, regis inimicus, qui Lexoviensi residebat ut princeps in urbe, secundum opportunitatem temporis perspecta qua evaderet calliditate, celeres nuntios ad regem recenti tropæo lætum direxit, pacem ab eo humiliter quæsivit, et civitatem quam tenebat, si pacificaretur, obtulit. Porro sapiens rex, qui pacem bello, quod detrimenta gignere solet, præposuit, præsuli, concordiam poscenti, transactos reatus indulsit, Lexovium festinanter recepit, et antistiti reconciliato Dunelmensem episcopatum restituit. Lexoviense vero episcopium Joanni, archidiacono Sagiensi, commisit, et, Normannia prudenter ordinata, in Angliam ad regni negotia tractanda transfretavit. Supradictus autem archidiaconus Normanni decani filius fuit; in ecclesia Salariensi a pueritia educatus crevit; cum præsulibus ejusdem sedis, Rodberto et Girardo ac Serlone, conversatus floruit, multiplicique doctrina, tam in sæcularibus quam in ecclesiasticis institutus, viguit. A præfatis itaque magistris, quia ratione et eloquentia satis enituit, ad archidiaconatus officium promotus, ad examen rectitudinis jure proferendum inter primos resedit, et ecclesiastica negotia rationabiliter diu disseruit. Tandem furia Rodberti Belesmensis contra Serlonem episcopum efferbuit, et præfatum archidiaconum, quia suum pontificem præcipue adjuvabat, exosum habuit, et feralibus minis ac infestationibus persequi cœpit. Quem, quia ille in ipso tempore potentissimus erat, et vix ullus in Normannia ejus guerram ferre poterat, nimis metuens, inermis clericus in Angliam confugit, et a rege, cui jamdudum notus fuerat, susceptus honorifice satis, exsulavit. Nam inter præcipuos regis capellanos computatus est, atque ad regalia inter familiares consilia sæpe accitus est. Denique, ut prædictum est, pro insertis virtutibus illum rex dilexit, et prædictæ urbis sedem ei concessit. Mense Septembri, Serlo, Salariensis pontifex, Joannem levitam presbyterum ordinavit; quem paulo post Guillelmus archiepiscopus episcopum consecravit. Ille vero susceptum regimen fere xxxiv annis potenter rexit, multisque modis ecclesiam et clerum, Deique populum emendavit.

Eodem tempore, Mauricius, Lundoniensis episcopus, vir bonus et religiosus, mortuus est; cujus tempore basilica Sancti Pauli apostoli, cum magna parte urbis, concremata est. Richardus autem de Belmesio, vicecomes Scrobesburiæ, in episcopatu illi successit, et in constructione præfatæ basilicæ, quam antecessor ejus inchoaverat, summopere laboravit, et inceptum opus magna ex parte consummavit.

Tunc optimates Angliæ, Richardus de Radvariis et Rogerius cognomento Bigotus, mortui sunt, et in monasteriis monachorum sepulti sunt, quæ in propriis possessionibus ipsi condiderunt. Rogerius enim apud Tetfordum in Anglia, Richardus vero tumulatus est apud Montisburgum in Normannia. Super Rogerium Cluniacenses alonaxdi tale scripserunt epitaphium :

Clauderis exiguo, Rogere Bigote, sepulcro,
Et rerum cedit portio parva tibi.
Divitiæ, sanguis, facundia, gratia regum
Intereunt. Mortem fallere nemo potest.
Divitiæ mentes subvertunt; erigat ergo
Te pietas, virtus, consiliumque Dei!
Soli nubebat Virgo ter noctibus octo,
Cum solvis morti debita morte tua.

Guillelmus, Ebroicensium comes, jam senio maturus, jure metuens inevitabilis exitii casus, instinctu Helvisæ, conjugis suæ, Deo decrevit in proprio fundo domum ædificare, in qua electi alonazontes cum vera religione Regi regum congrue possent militare. Unde ambo, maritus videlicet et uxor, ejus consilium et auxilium super hac re a Rogerio, abbate Sancti Ebrulfi, petierunt, et duodecim monachos ad construendum apud Nogionem cœnobium nominatim postulaverunt. Illuc itaque totidem fratres cum præfato abbate iii Idus Octobris [1107] convenerunt, ibique in deserto loco, quem Bucheronem incolæ nuncupaverunt, ad Sancti capellam Martini archipræsulis regulariter vivere cœperunt. Plures autem diversæ ætatis, ad conversionem venientes, ibidem benigniter susceperunt, eisque viam vitæ secundum Sancti Benedicti Regulam gratanter ostenderunt. Cæterum, sicut segetes a satione usque ad messionem plures injurias perferunt, nec omnia grana pari fortuna proficiunt, sive consimili infortunio pereunt, sed variis per hibernos imbres et æstivos ardores injuriis afflicta, difficulter crescunt, sic homines in singulis ordinibus, seu congregationibus, diversis turbinibus agitantur, nec parili prosperitate communiter beatificantur, nec simili rursus infortunio conquassantur.

XVII. *Eventus varii. Abbates et priores pietate insignes.*

Anno ab Incarnatione Domini 1108, indictione i, præfatus consul cum conjuge sua ingentem basilicam in honore sanctæ Dei genitricis Mariæ cœpit, et de sua pecunia magnam quantitatem ad explendum opus erogavit, sed mundanis infestationibus graviter impedientibus, perficere nequivit. Nam idem natura, senioque aliquantum hebescebat, et uxor ejus totum consulatum regebat, quæ in sua sagacitate, plus quam oporteret, confidebat. Pulchra quidem et facunda erat, et magnitudine corporis pene omnes feminas in comitatu Ebroarum consistentes excellebat, et eximia nobilitate, utpote illustris Guillelmi Nivernensis comitis filia, satis pollebat. Hæc nimirum, consilio baronum mariti sui relicto, æstimationem suam præferebat, et ardua nimis sæcularibus in rebus plerumque arripiebat, atque immoderata tentare properabat. Unde pro feminea procacitate Rodberto comiti de Mellento, allisque Normannis invidiosa erat, quorum malevolentia in præsentia regis ei detrahebat, ipsumque corrosoriis derogationibus in odium ejus concitabat. Tandem, quia prædictus comes et Helvisa comitissa dangionem regis apud Ebroas funditus dejecerunt, et in aliis quibusdam causis, in quibus herilis fidelitas non bene servata titubaverat, regem offenderunt, exhæredati de Normannia bis in Andegavorum regionem exsulaverunt. Quæ perturbationes construendo cœnobio ingens detrimentum contulerunt, et non multo post exitus amborum, ad desolationem multorum, secuti sunt. Comitissa nempe, defuncta prius, apud Nogionem quiescit. Comes vero, postmodum apoplexia percussus, sine viatico decessit, et cadaver ejus cum patre suo Fontinellæ computrescit.

Porro, quia præfatus heros sine liberis obiit, et Amalricus, nepos ejus, pro temeritate sua gratiam regis non habuit, Ebroicensem comitatum rex proprietati suæ mancipavit. Unde maxima, ut in sequentibus manifeste referam, malitia crevit, et civitas cum tota circumjacenti regione depopulationibus et incendiis patuit. Monasterium autem quod prædictus comes, ut dictum est, apud Nogionem cœpit, sub prioribus Rodberto et Rogerio atque Ranulfo, usque hodie imperfectum consistit. Quorum primus, Rodbertus Pruneriensis, Haimonis de Prunereto, legitimi equitis, filius fuit, et magna eruditione litterarum inter dicaces philosophos in scholis grammaticorum et dialecticorum enituit. Hic, a rege de prioratu accitus, in Angliam transfretavit, et, post Gunterium abbatem, Torneiensis cœnobii regimen suscepit, et annis xx strenue gubernavit. Torneia quippe Spinarum insula nuncupatur Anglice, quia diversarum saltus arborum copiosis aquarum gurgitibus circumluitur undique.

Ibi monachile habetur monasterium in honore A sanctæ Dei genitricis Mariæ, quod in cultu summæ Deitatis grata pollet religione, et ab omni semotum est sæcularium cohabitatione. Illud venerabilis Adelwoldus, Guentoniensis præsul, Edelredi regis tempore construxit, et illuc corpus sancti Botulfi, abbatis Icanoensis, cum aliis sanctorum multis pignoribus, transtulit post Danicam cladem, in qua beatus Est-Anglorum rex Edmundus in confessione Christi martyr occubuit. Soli monachi cum famulis suis in opaco Torneiæ gremio habitant, Deoque tuti fideliter militant. Nulla mulier insulam, nisi causa orationis, ingreditur, nec aliqua ibidem commorari pro qualibet occasione permittitur; sed muliebris habitatio prorsus usque ad novem milliaria religiosorum studio elongatur. Postquam Normannica B virtus Angliam edomuit, eamque Guillelmus rex suis legibus commode subegit, Fulcardum, Sancti Bertini Sithiensis monachum, multa eruditione validum, Torneiæ præposuit, qui fere XVI annis absque benedictione abbatis vices supplevit. Hic affabilis et jucundus fuit, atque charitativus, grammaticæ artis ac musicæ peritissimus. Unde pretiosa peritiæ suæ monumenta reliquit in Anglia futuris generationibus. Nam plures dictatus memoria dignos edidit, et sancti Oswaldi, Guigornensis episcopi, aliorumque sanctorum, quorum propago de Albione processit, delectabiles ad canendum historias suaviter composuit. Ortis postmodum quibusdam simultatibus inter ipsum et Lincoliensem episcopum, recessit, et Genomanensis Gunterius, de Bello mo- C nachus, qui Salesburiensis fuerat archidiaconus, successit.

Hic monachilem Torneiæ conventum ordine Majoris Monasterii regulariter instituit, et pulcherrimam a fundamentis basilicam cum officinis monachorum diligenter construxit, in qua idem post obitum, a fidelibus discipulis tumulatus, quiescit. Epitaphium vero, paucis versibus super illo editum, ejus esse breviter intimat sic notitiæ legentium :

Ecclesiæ clarus Tornensis conditor hujus,
Hac jacet in tumba Gunterius inclytus abba.
Sex et viginti fuit annis rector, et isti
Cœnobio multis profuit usque modis.
Omnes quos potuit virtutibus ipse subegit,
Per quas stelligerum sperabat scandere regnum.
Tandem quindenis Augusti rite Kalendis
Occidit. In requie, Christe, benigne fove!

Rodbertus autem, successor ejus, illo eruditione litterarum sublimior exstitit, et ingenti constantia necne facundia inter præcipuos totius Angliæ prælatos emicuit. Porro Rogerius, qui in prioratu Nogionis ei successit, fere XXIV annis in constructione novi operis et provectu subditorum laboravit. Denique in lectum decidit, et bene munitus XII Kalendas Januarii obiit. De quo quidam amicus illius breve carmen cecinit :

Rogerius, quartus Nogionensis prior almus,
Nuper vicena luce Decembris obit.
Grammaticam didicit puer, et bona dogmata legit ;
Imberbis mundum deseruit fluidum.

Pene quater denis monachus laudabilis annis
Ardenter superi gessit onus Domini.
Commodus ipse fuit prior annis bis duodenis,
Fratribus exemplo profuit usque bono.
Pacis amator erat, multis prodesse studebat ;
Ut prodesset eis, omnibus aptus erat.
Virginis eximiæ templum speciale Mariæ
Summopere studuit ædificare Deo.
Summe Deus, precor, ipsius dimitte reatus ;
Confer ei vitam, rex pie, perpetuam. Amen.

His itaque dictis de amicis et notis sodalibus, regrediar ad annalis historiæ seriem, unde sum aliquantulum digressus.

XVIII. *Philippus I Francorum rex moritur. Ludovicus, filius ejus, ei in regno succedit. Bellimontis comes et Montismorentiaci dominus terras S. Dionysii invadunt. Ludovicus rex in seditiosos barones viriliter sævit.*

Anno ab Incarnatione Domini 1108, indictione I, Philippus, rex Francorum, in lectum decidit, et post diutinas infirmitates, ut sibi mortem imminere vidit, data fideliter confessione, proceres Francorum suosque amicos convocavit. *Francorum*, inquit, *regum sepulturam apud Sanctum Dionysium esse scio; sed quia me nimium esse peccatorem sentio, secus tanti martyris corpus sepeliri non audeo. Admodum vereor ne, peccatis meis exigentibus, tradar diabolo, et mihi contingat sicuti Scriptura refert olim contigisse Martello Carolo. Sanctum Benedictum diligo, pium Patrem monachorum suppliciter exposco, et in ecclesia ejus super Ligerim tumulari desidero. Ipse enim clemens est et benignus, omnesque suscipit* C *peccatores propitius, qui emendatiorem vitam appetunt, et secundum disciplinam Regulæ ipsius Deo conciliari satagunt.* His aliisque pluribus rationabiliter finitis, Philippus rex, anno regni sui XLVII, IV Kalendas Augusti [1108] mortuus est, et in cœnobio Sancti Benedicti apud Floriacum, sicut ipse optaverat, inter chorum et altare sepultus est. Sequenti autem Dominico, Ludovicus Tedbaldus, filius ejus, Aurelianis intronizatus est, sceptroque Gallorum XXVIII annis inter prospera et adversa potitus est. Hic Adelaidem, filiam Humberti principis Intermontium, duxit uxorem, quæ peperit ei quatuor filios, Philippum et Ludovicum Florum, Henricum et Hugonem. Varios autem casus, ut se D res humanæ habent, plerumque expertus est, et in bellicis conflictibus a fortuna, quæ instar vergibilis rotæ agitatur, sæpe delusus est. Sæpius in illum optimates regni rebellaverunt, ipsumque et fautores ejus damnis et frequentibus injuriis infestaverunt; vivente etiam patre, qui militia, justitiaque diu frigidus fuerat, in utrosque turgidi sævierunt, et præcepta genitoris filiique contempserunt.

Igitur, quia senio et infirmitate rex Philippus a regali fastigio deciderat, et principalis erga tyrannos justitiæ rigor nimis elanguerat, Ludovicus in primis, ad comprimendam tyrannidem prædonum et seditiosorum, auxilium totam per Galliam deposcere coactus est episcoporum. Tunc ergo communitas in Francia popularis statuta est a præsulibus, ut presbyteri comitarentur regi ad obsidionem vel pugnam cum vexillis et parochianis omnibus.

In juventute sua, Ludovicus filiam Guidonis Rubei, comitis de Ruleforti, desponsavit, et hæreditario jure competentem comitatum subjugare sibi sategit. Capreosam et Montem-Leherici et Betholcortem, aliaque oppida obsedit, sed multis nobilibus illi fortiter obstantibus, non obtinuit, præsertim quia Lucianam virginem, quam desponsaverat, Guiscardo de Bello-Loco donaverat.

Tunc Matthæus, comes de Bellomonte, et Burchardus de Monte Morencii terras Sancti Dionysii martyris devastabant, nec pro regali prohibitione ab incendiis et rapinis, seu cædibus abstinebant. Ludovicus igitur, cui pater regni tuitionem commiserat, auditis questibus quos Adam abbas ei flebiliter effuderat, Montem Morencii obsedit, et tres portas ejus acriter simul impugnavit. Simon juvenis de Monteforti, qui Richardo fratri suo in honore successerat, exercitum Francorum probitate sua et alacritate corroborabat. Hadala vero comitissa centum millies optime instructos regi miserat, quia Stephanus comes, maritus ejus, peregre perrexerat, et filios ejus primogenitos, Guillelmum ac Tedbaldum, puerilis adhuc teneritudo detinebat, nec eos militaribus turmis dominari permittebat. Tandem fraudulenti commilitones, qui rebellibus favebant et impunitatem rapacitatis cædiumque affectabant, militarem disciplinam subsannantes fugerunt, sociosque non hostili timore, sed dolosa tergiversatione terruerunt, ac ad inimicorum cachinnos excitandos fugere compulerunt. Ibi tunc Rainboldus Creton, qui primus in expugnatione Jerusalem ingressus est, strenuissimus miles, subito, proh dolor! occisus est. Richardus etiam Centurio de Laquis Jerosolymita concidit.

Iterum, sequenti anno, Ludovicus cuneos Francorum aggregavit, et Cambleium super comitem Bellimontis obsedit. Sed simili dolo delusus, de suis pluribus amissis, cum dedecore aufugit. Plenam pro tot nequitiis ultionem exercere nequibat, quia pater ejus adhuc, dum talia gererentur, vivebat, et noverca ejus occultis machinationibus multa ei mala præstruebat, et plurimos hostes in illum nequiter armabat.

Defuncto rege Philippo, Ludovicus regnavit, et securior jam regni virgam bajulans caput extulit, et dexteram in seditiosos levavit. In primis itaque Pusacium obsedit, et Hugonem bellum, sed iniquum, militari robore coercuit. Ibi latrones et exleges specialem speluncam habebant, inaudita scelera faciebant, nec ob irati regis iram et minas vel anathema pontificis, a facinoribus se continebant. Quadam die, dum regalis manus Hugonem per arctum tramitem persequeretur, et ipse fugiens munitionem ingredi niteretur, Ansello de Guarlanda, principi militiæ Francorum, forte obviavit, quem lancea mox percutiens subito peremit. Tedbaldus autem, Blesensium comes, obsessis suppetias venit, et regem cum suis bellica manu recedere coegit. Denique, recuperato exercitu, rex Pusacium rediit, et rebelles supereminentium virtute copiarum ad deditionem compulit. Tandem, auxiliatorum precibus, obsessis pepercit. Vitæ quidem indignis impunitatem dedit, sed munitionem omnino destruxit. Unde vicinis pagensibus et viatoribus ingens exsultatio fuit. Gornacum etiam super Maternam obsedit, et obsessos penuria panis valde coarctavit. Illud quippe Hugo de Creceio filius Guidonis Rubri, tenebat, nec pro jussione regis Guarlandinis hæredibus, qui calumniabantur illud, reddere volebat.

Quadam die, [1118] Tedbaldus comes cum militibus multis ad rivum Torceii venit, et contra regios cœtus confligere cœpit. Sed prævalentibus illis, consul et commanipulares ejus terga vertere coacti sunt, et usque ad introitum Latiniaci fugati sunt, multique in vineis et sepibus latitantes capti sunt. Municipes igitur nimis territi sunt, et mox, pace facta, sese dediderunt.

Præfatus consul, regum et comitum sanguine propagatus, inter præcipuos Galliarum optimates florebat, divitiis ac potentia et spectabili nobilitate pollebat, hominesque multos potentes et sævos habebat, qui contribulibus suis atque vicinis admodum adversabantur. Quorum quidam, prout operum suorum specimine publicabatur, nec Deum, nec homines competenter reverebantur. Quapropter rex, de malitia eorum crebris rumoribus auditis, irascebatur, eosque regia virtute ab inferiorum insectatione refrenare moliebatur. Illi autem metuentes a rege opprimi, et a pravarum expletionibus voluntatum cohiberi, refugiebant ad præsidium sui potentis patroni, in quo confidentes, plerumque præsumebant res nefarias in Deum et Ecclesiam moliri. Hac de causa inter regem et comitem crebra simultas exorta est, et perdurante malignitate, multorum hominum cædes ex utraque parte facta est.

Quondam in pagum Meldensem rex super Tedbaldum irruit, et Rodbertum, Flandrensem satrapam, cum aliis nobilibus secum habuit. Tunc ibidem a consulari familia forte impetitus est, et majori virorum copia prævalente, in fugam versus est. Rege nimirum cum suis fugiente, Flandrensis marchisus in arcto tramite cecidit, et ferratis equorum ungulis conculcatus, resurgere nequivit, sed membris male confractis difficulter sublatus, post paucos dies exspiravit. Pro cujus obitu reges et principes et multi homines ploraverunt, et usque in Arabiam Christiani atque Gentiles casum bellicosi Jerosolymitæ planxerunt. In Atrebatensem vero urbem, quam ipse paulo ante contra Henricum imperatorem muniverat, et insigni ex albo lapide muro undique cinxerat, corpus ejus a Morinis cum magno luctu delatum est, et in ecclesia Sancti Vedasti præsulis, quam Theodericus rex, pro injusta interfectione sancti Leodegarii, Eduorum pontificis, pœnitens fundaverat, sepultum est.

Balduinus autem puer, filius ejus, ei successit, et cum Clementia, matre sua, per aliquot annos paternum principatum gubernavit, indiciisque virtutum præcedentibus, magnam futuræ probitatis spem amicis præstitit; sed quasi flos gratissimus levi læsura tactus, in momento emarcuit.

XIX. *Henricus rex Robertum fratrem suum captivum detinet. — Eventus varii. — Pestis et aliæ calamitates in quibusdam Galliæ partibus sæviunt.*

Henricus [autem] rex, postquam victor in Angliam remeavit, et Rodbertum ducem et quosdam alios, qui cum ipso capti fuerant, perenni ergastulo mancipavit, Guillelmum infantem, quem Heliæ de Sancto Sidonio ad educandum commendaverat, consultu familiarium suorum, comprehendi præcepit, et ad hoc peragendum Rodbertum de Bello Campo, vicecomitem Archarum, ad Sancti Sidonii castrum repente destinavit. Præfatus proconsul dominico mane cum illuc advenisset, ipsumque populus in ecclesia subito videns obstupuisset, quamvis Helias pædagogus infantis absens fuisset, per necessarios tamen amicos puer dormiens de lecto repente sublatus est, et manibus quærentium, ne cum patre suo vinculis innecteretur, subtractus est. Helias autem, hæc audiens, amabilem albeolum festinanter quæsivit, inventumque diligenter in exsilio inter exteros enutrivit. Vicecomes igitur castrum Heliæ dominio regis subegit, quod postmodum rex Guillelmo de Guarenna, consobrino ejus, donavit, ut sibi fideliter cohæreret, et inimicis pertinaciter resisteret. Helias vero, per diversa fugitans, puerum servavit, et usque ad pubertatis annos ut propriam sobolem educavit. Per plurimas illum regiones circumduxit, optimatibus multis et nobilibus oppidanis elegantiam ejus ostendit. Ad amorem juvenis quoscunque potuit precibus et promissis vivaciter attraxit, et querimoniam desolationis ejus manifeste promulgavit, sicque corda multorum ad compassionem dejectionis illius inclinavit. Normannorum plures ei nimis favebant, et eumdem sibi præferre vehementer optabant. Unde nonnulli equitum sceptrigerum, qui tunc dominabatur eis, offendebant, seseque suspectos pluribus modis faciebant. Præcipue Rodbertus Belesmensis, recolens amicitiam et familiaritatem quam erga ducem habuerat et ingentem potentiam qua super maximos Normannorum sub eo floruerat, inclytum exsulem ducis filium adjuvare totis nisibus satagebat. Inter eos veredarii frequenter discurrebant, et impigri cursores utrumque arcana sibi vicissim reserabant. Sic alternis cohortationibus mutuo sese Rodbertus et Helias confortabant, et de provehenda sobole ducis obnixe tractantes laborabant. Ludovicum regem Francorum, et Guillelmum ducem Pictavorum, Henricum quoque ducem Burgundionum, et Alannum principem Britonum, aliosque potentes regionum rectores frequentabant, legatis et epistolis crebro pulsabant, et omnimodis ad auxilium Guillelmi Clitonis invitabant.

Tandem Fulco Andegavensis Sibyllam filiam suam ei pepigit, comitatumque Cenomanorum concessit, et per aliquot tempus sæpefatum tironem admodum adjuvit. Verum, nimia Henrici regis industria prævalente, præscripta copulatio penitus interrupta est minis, precibusque, et auri, argentique, aliarumque specierum ponderosa enormitate. Missis etiam argutis dissertoribus, disputatum est de consanguinitate, pro qua diffinitum est eos secundum Christianam legem conjungi non debere. Nam Richardus Gunnorides, dux Normanniæ, genuit Rodbertum, et Rodbertus Guillelmum Nothum, qui genuit Rodbertum, patrem Guillelmi Clitonis. Rodbertus autem archiepiscopus et comes, frater Richardi ducis, genuit Richardum comitem Ebroicensium, et Richardus Agnetem Simonis uxorem, quæ peperit Bertradam Fulconis genitricem, et Fulco genuit Sibyllam. Sic nimirum Guillelmi et Sibyllæ parentela investigata est, diuque cupita claræ juventutis connexio frustrata est. Præclarus iterum juvenis ab Andegavensibus expulsus est, et ab extraneis cum metu et labore suffragium poscere coactus est. Denique post multos circumitus ad Balduinum Flandrensem cognatum suum divertit, illiusque fidem et audaciam ac adminiculum tentavit. Quem ille acriter suscepit, et omne subsidium ei spopondit, et certamen pro illo, ut in sequentibus memorabo, usque ad mortem pertinaciter pertulit.

Anno ab Incarnatione Domini 1109, indictione II, ultio divina hominum scelera pluribus flagellis puniit, et mortales solito terrore cum pietate terruit, ut peccatores ad pœnitentiam invitaret, et pœnitentibus veniam et salutem clementer exhiberet. In Gallia, maxime in Aurelianensi et Carnotensi provincia, clades ignifera multos invasit, debilitavit et quosdam occidit. Nimietas pluviarum fructus terræ suffocavit, terræque sterilitas inhorruit, et vindemia pene tota deperiit. Deficientibus itaque Cerere et Baccho, valida fames terrigenas passim maceravit in mundo. Hic tam gravis annus fuit tertius regni Ludovici, filii Philippi, regis Francorum, et nonus Henrici, filii Guillelmi Nothi, ducis Normannorum et regis Anglorum.

Eodem anno, Henricus rex Mathildem filiam suam dedit in conjugium Carolo Henrici filio, imperatori Alemannorum, quam suscepit a patre et conduxit marito Buchardus, præsul Camaracensium. Rogerius quoque filius Richardi, aliique plures ex Normannis comitati sunt, et per hanc copulam Romanum apicem conscendere putaverunt; atque dignitates optimatum audacia seu feritate sua sibi aliquando adipisci cupierunt. Sic nimirum antecessores eorum in Anglia per Emmam, Richardi ducis filiam, dominati sunt, et in Apulia per Sichelgaudam, Guaimalchi ducis Psalernitani filiam, super genuinos hæredes furnerunt. Hæc siquidem vafer imperator, qui plura perscrutatus est, agnovit et alienigenas indebiti fastus cervici suæ imponere præcavit. Unde consultu Germanorum omnes, datis muneribus, ad propria remisit.

XX. *Anselmus Cantuariensis, Hugo Cluniacensis, Guillelmus Rothomagensis archiepiscopus, et nonnulli alii illustres prælati et doctores moriuntur.*

In illo tempore migraverunt plures sanctitate et sapientia præcipui doctores ecclesiarum : Anselmus scilicet archiepiscopus Cantuariorum, et Guillelmus archiepiscopus Rothomagensium, venerabilesque cœnobiorum rectores, Hugo abbas Cluniacensis, Gervasius Redonensis, et Guillelmus Cormeliensis, aliique plures de hac luce subtracti sunt. Quorum felices animæ, ut sine dubio credimus, in manu Dei sunt. Pro tantorum itaque transitu baronum videtur ipse mundus lugere, agrorum et vinearum negata ubertate. Impii etiam, qui pro tantorum discessu patrum non doluerunt ex pietate, saltem multimoda coacti sunt gemere calamitate, quam, cogente Dei justitia, subierunt pro sua impietate.

Anselmus Cantuariensem ecclesiam xvi annis canonice rexit, et flos bonorum temporibus nostris specialiter emicuit. De cujus vita utilem et elegantem libellum domnus Edmarus edidit, qui beati viri monachus et in peregrinatione socius exstitit. Denique sacer heros, a Domino mercedem laborum suorum percepturus, xi Kalendas Maii [1109] defunctus est, et in basilica Sanctæ et individuæ Trinitatis ante Crucifixum sepultus est.

Tunc venerandus Hugo, Cluniacensis abbas, postquam Passionem Christi et Resurrectionem celebravit, feria ii ægritudine tactus in lectum decidit, et per tres dies iter ad Dominum confessione et oratione præparavit. Ipse conventui ut successorem eligerent imperavit, electumque juvenem, nomine Poncium, testimonio auctoritatis suæ corroboravit. Deinde in domum infirmorum inter manus fratrum portari se fecit, ibique feria iv grandævus heros ad Christum, cui a pueritia militaverat, migravit. Hic, ut ferunt, lxiv annis Cluniacense cœnobium gubernavit, et plus quam x millia monachorum ad militiam Domini Sabaoth suscepit, et post obitum in basilica sepultus est, quam ipse a fundamentis inchoavit. Sic duæ simul ecclesiarum columnæ de terrestri Jerusalem, quæ adhuc inter allophylos peregrinatur, translatæ sunt, ac ut credimus, pro diuturna sanctitate in superna Sion immobiliter plantatæ sunt. Gloriosus archipræsul Dorobemiæ Anselmus ante Pascha obiit, et curiam omnipotentis Adonai feria v infulatus adivit ; et in ipsis Paschæ solemniis charus amicus ejus Hugo abbas feria iv similiter e mundo transivit. Stemma Dorobernensis cathedræ Radulfus, Rofensis episcopus, suscepit, et novem annis, gravi ægritudine aliquandiu detentus, tenuit. Cluniacense vero regimen Poncius, Merguliensis comitis filius, suscepit, et post aliquod tempus pro diversis occasionibus, ut in sequentibus enarrabitur, reliquit. Jerusalem peregre perrexit, et inde reversus, Romæ in carcere Calixti papæ obiit; ad cujus sepulcrum sanctitas ejus miraculis evidentibus honorifice splendescit.

Anno ab Incarnatione Domini 1110, indictione iii, Guillelmus archiepiscopus, postquam Rothomagensem metropolim xxxii annis laudabiliter rexit, in bona senectute v Idus Februarii [1110] obiit. In capitulo autem canonicorum, quod ipse construxerat, tumulatus est, et epitaphium ejus ad ipsum, qualis fuerit, in orientali maceria sic exaratum est :

Relligio tua, larga manus, meditatio sancta,
  Nos, Guillelme, tuum flere monent obitum.
Quod pius antistes fueris, cleroque benignus,
  Interiora docent, exteriora probant.
Ecclesiæ lumen, decus et defensio cleri,
  Circumspectus eras, promptus ad omne bonum.
Fratribus hanc ædem cum claustro composuisti,
  Nec tua pauperibus janua clausa fuit.
Contulit ad victum tua munificentia fratrum
  Ecclesias, decimas, rura, tributa, domos.
Exemploque tuo subjectos dedocuisti
  Verba pudenda loqui, turpia facta sequi.
Fine bono felix biduo ter solveris ante
  Quam Pisces Solis consequerentur iter.

In ipso anno cometes a iv Idus Junii usque pridie Kalendas Julii In supremo cœli climate visa est. Paulo post Helias, Cenomanorum comes, obiit.

Tribus continuis annis, ab indictione videlicet ii usque ad iv, asperrima fames in Gallia facta est, qua hominum multitudo nimis attenuata est.

Anno ab Incarnatione Domini 1111, indictione iv, Goisfredus Brito, Cenomanorum decanus, a rege Henrico in Angliam accitus est, et Rothomagensibus pontifex constitutus est. Hic, eloquentia et eruditione pollens, clerum et populum catholice docuit, Ecclesiæque Dei xvii annis utiliter præfuit.

Eodem anno, Carolus imperator Paschalem papam cepit, et Ecclesiam Dei, sicut jam alias dictum est, vehementer turbavit.

Anno ab Incarnatione Domini 1112, Gislebertus senex, Ebroicensis episcopus, postquam in episcopatu xxxiv annis vixit, in senectute bona iv Kalendas Septembris obiit, et in basilica Sanctæ Dei Genitricis Mariæ sepultus est, quam ipse perfecit, dedicari fecit, possessionibus et ornamentis ditavit, clerum ampliavit, et ecclesiastico cultui nocte dieque mancipavit. Sequenti autem anno, Audinus Bajocensis, capellanus regis, successit, qui eruditione litterarum imbutus, sibi commissis viam Dei regulariter monstravit.

XXI. *Henricus rex Uticense monasterium visitat. —Bella inter gentes regum Franciæ et Angliæ.— Duo reges inter se colloquium habent et fœdus ineunt.*

Anno ab Incarnatione Domini 1113, indictione vi, Henricus, rex Anglorum, procerum multitudine suorum stipatus, Uticum venit, ibique Purificationem sanctæ Dei Genitricis Mariæ cum magna hilaritate celebravit. In claustro monachorum diu sedit, esse eorum diligenter consideravit, et perspecta religionis moderatione, illos laudavit. Sequenti vero die in capitulum venit, societatem eorum humiliter requisivit et recepit. Ibi fuerunt nepotes ejus, Tedbaldus et Stephanus, Conanus Brito, et Guillelmus Exoniensis episcopus, et alii plures consules et optimates cum suis proceribus. Tunc, consilio Rodberti comitis de Mellento, rex jussit chartam fieri, ibique omnia quæcunque Uticensis abbatia ipso die possidebat, breviter colligi. Quod et factum est. Deinde Ernaldus prior, et Gislebertus Sartensis Rothomagum regi chartam detulerunt. Ipse vero libenter eam cruce facta firmavit, et optimatibus suis qui aderant crucis signo similiter corroborandam tradidit. Subscripserunt itaque Rodbertus comes de Mellento, et Richardus comes de Cestra, Nigellus de Albinneio, et Goellus de Ibreio, Guillelmus Peverellus, et Rogerius de Tedboldi Villa, Guillelmus de la Lunda, et Rodbertus regis filius, et alii plures.

Hæc nimirum charta consilio sapientum facta est contra cupidos hæredes, qui singulis annis eleemosynas parentum suorum diripiebant, et, cum magno rerum ecclesiasticarum detrimento, monachos crebro placitare cogebant. Unde rex præscriptum testamentum sigillo suo signavit, et ne quis ad placitum monachos de his rebus, quas edicto principali sanxit, nisi in curia regali provocaret, generali auctoritate prohibuit. Tunc etiam LX bacones, et x modios tritici Uticensibus monachis dedit, et Joanni, Lexoviensi episcopo, ut triticum monachis apud Argentomum erogaret, præcepit. Quod ille libenter et sine mora adimplevit. Celebrata vero, ut dictum est, apud Uticum festivitate, fines regionis suæ rex perrexit visere, et infirmiora terræ contra hostes et latrunculos munire.

His temporibus [1112-1113], dum filii lucis gauderent pace et tranquillitate, et filii nihilominus tenebrarum stimularentur nequitia et inquietate, orta est dissensio magna in regno Francorum, per quam crudeliter effusus est sanguis multorum. Nam Fulco junior, comes Andegavensis, qui gener et hæres erat Heliæ Cenomanorum comitis, instinctu Amalrici avunculi sui, Henrico regi damna inferre satagebat, et Ludovicum regem ad sui adjutorium totis nisibus implorabat. Verum Henricus, sensu divitiisque præditus, et bellico apparatu copiose fretus, hostium suorum molimina, velut araneæ telas, juvante Deo, frustrabatur, ipsisque sine suorum sanguine proculcatis gratulabatur. Contra Gervasium de Novo Castello, qui pertinaciter ei resistere nitebatur, duo firmavit municipia; unum quod Nonencort, aliud quod Illias dicitur, et tertium super illum obtinuit, quod Sorellum vocatur. Cenomanensium quoque procerum plurimi Henrico regi sese contulerunt, factaque fidelitate, munitiones suas illi reddiderunt. Eodem anno, Tedbaldus, comes Blesensis, regi Ludovico viriliter restitit, eique plura detrimenta acerrime intulit. Quin etiam ipsum regem, dum Pusacium castrum obsideret, armorum viribus fugere compulit. His itaque studiis juventutem suam exercens, occupabat regem Francorum, ne posset Normanniam impugnando inquietare avunculum suum regem Anglorum.

Tunc Rodbertus Belesmensis ingentem malitiam, quam diutina curiositate foverat, extulit, et contra regem, cui hactenus venenosis simulationibus blandiebatur, cervicem palam erexit. Erat idem potens et versutus, nimiæque avaritiæ et crudelitatis, Ecclesiæ Dei pauperumque oppressor implacabilis, et, si dici fas est, temporibus Christianis in omni malitia incomparabilis. Hic siquidem, rupto fidelitatis vinculo, perjurium palam incurrit, dum naturalem dominum suum Henricum, qui tunc a multis undique infestabatur, dereliquit, et Fulconem Andegavensem, aliosque domini sui publicos hostes consilio et viribus adjuvit.

Unde a præfato rege pridie Nonas Novembris [1112] apud Bonamvillam, cur inique in dominum suum operatus fuerit, cur ad curiam ejus ter accersitus non venerit, cur de regiis redditibus ad vicecomitatum Argentomii et Oximorum, Falesiæque pertinentibus, ut regis vicecomes et officialis, rationem non reddiderit, et de aliis reatibus rationabiliter impetitus est, justoque judicio regalis curiæ pro immensis, innumerisque facinoribus, quæ negare nequivit, tam in Deum quam in regem commissis, arctissimis vinculis traditus est. Capto itaque tyranno, qui terram turbabat, et multiplicibus rapinis ac incendiis adhuc addere pejora parabat, erepta de jugo prædonis plebs Dei gaudebat, Deoque, liberatori suo, gratias agebat, et Henrico regi longam bonamque vitam optabat. Deinde rex Alencionem obsedit, et post aliquot dies munitionem recepit, et Godefredo, Adæque Soro, aliisque militibus, qui custodiebant arcem, exeundi liberam facultatem concessit, et Hugonem de Mes-David, aliosque duos milites, qui cum Rodberto capti fuerant, a vinculis absolvit.

Galli autem et Normanni, eorumque confines paulatim ab armis quieverunt, et non multo post pacificis intercurrentibus nuntiis integram pacem mutuo confirmaverunt. Fulco siquidem Andegavensis in prima septimana Quadragesimæ Alencionensem pagum adiit, ibique ad Petram Peculatam cum rege Henrico locutus, ei fidelitatem juravit, ejusque homo factus, Cenomanensem comitatum ab eo recepit, filiamque suam Guillelmo Adelino, regis filio, dedit. Tunc rex Henricus Guillelmo comiti, qui apud Andegavenses XIV mensibus exsulaverat, Ebroicensem comitatum reddidit. Amalrico quoque de Monteforti et Guillelmo Crispino, quæ in ipsum commiserant, benigniter indulsit. Exsules etiam, quos impius Rodbertus expulerat, revocavit, et paterna rura clementer eis restituit. Ecclesias vero Dei, Uticensem videlicet ac Sagiensem et Troarnensem, quæ sub gravi oppressione ferocis heri diu gemuerant, serena relevatione exhilaravit, et ecclesiis, decimisque, cum aliis possessionibus, quas injuste amiserant, resaisivit. Sancto enim Ebrulfo reddidit xxx solidos Cenomanensium de redditibus Alenconis ad luminaria ecclesiæ, quos Rogerius comes, concedente Rodberto filio suo, singulis annis dederat in capite Quadragesimæ, et cætera omnia quæ idem comes in charta firmaverat, sed iniquus hæres nequiter abstulerat.

Denique rex Ludovicus, multis modis expertus Henrici regis sublimitatem et ingentem industriam ac probitatem, spretis proditoribus, qui seditiones paci præponebant, colloqui cum eo expetiit, stabilemque ad sanctæ profectum Ecclesiæ pacem firmare decrevit. Ambo itaque reges, indictione vi, in ultima Martii [1114] hebdomada, Gisortis convenerunt, et ex utraque parte jurata pace cum magno multorum gaudio amoris vinculo complexati sunt. Tunc Ludovicus Henrico Belismum et Cenomanensium comitatum, totamque concessit Britanniam. Fergannus etenim, Britonum princeps, homo regis Anglorum jam factus fuerat. Rex autem Conano, filio ejus, filiam suam spoponderat. Porro Haimericus de Vilereio, aliique Belesmensium proceres, quibus Guillelmus Talavacius, Rodberti filius, oppidum commiserat, dum ipse ad tutandum Pontivum comitatum suum abierat, confidentes in ingenti munitionis fortitudine et armatorum multitudine, ad resistendum impugnanti cuilibet acriter paraverunt se. Rex autem Henricus exercitum totius Normanniæ congregavit, Bellismum Kalendis Maii obsedit, eique tunc spe mellius accidit. Tedbaldus vero comes Blesensis, et Fulco Andegavensis, atque Rotro Moritoniensis, aliique præclari optimates Normannis suppetias venerunt, et cum suis agminibus oppidum circumdederunt, ac tertia die victores ingressi sunt. Inventio quippe Sanctæ Crucis erat, et rex omnem exercitum ab assultu oppidi, et exercitio belli quiescere jusserat. Sed milites comitum Tedbaldi et Rotronis, qui regis edictum non audierant, arma sumpserunt. Oppidani quoque milites, singulari certamine dimicaturi, de castro egressi sunt. Porro, dum obsidentes in illos fortiter irruerent, et ipsi regiratis equis ad portam orientalem velociter fugerent, in ipso introitu portæ ab insequentibus percussi et dejecti sunt, et valvæ hostium multitudine lancearum, ne clauderentur, sustentatæ et penitus reseratæ sunt. Protinus regalis exercitus nimia cum vociferatione ingressus est, et magnam partem munitionis viriliter nactus est. Deinde, persistentibus his qui arcem servabant, ignis injectus est, et nobile oppidum, quod Rodbertus jam dudum summopere munivcrat et ditaverat, funditus concrematum est.

Victor itaque Henricus, firmata pace cum omnibus vicinis suis, in Angliam remeavit, et quinque annis in magna tranquillitate regnum ultra mare et ducatum citra gubernavit, amicis fidelibus devote laudantibus Dominum Deum Sabaoth, qui omnia fortiter suaviterque disponit (Sap. vIII, 1). Amen.

SUMMARIUM LIBRI DUODECIMI.

I. *Gelasius papa II et Burdinus antipapa. Contentiones inter sedem apostolicam et imperatorem. Bella inter Ludovicum Francorum regem et Henricum regem Anglorum. Prodigia varia.*
II. *De variis belli eventibus continuatur.*
III. *Rothomagense concilium. Belli eventus. Burgensium Alenconensium contra Henricum regem insurrectio.*
IV. *Calixtus papa II. Eustachius de Britolio in Henricum regem insurgit. Oximensium rebellio.*
V. *De bello inter reges Franciæ et Angliæ gesto continuatur.*
VI. *Calamitates et prodigia. Belli eventus.*
VII. *Brenmulense prælium. Ludovicus rex cladem accipit.*
VIII. *Ludovicus rex bellum renovat.*
IX. *Remense concilium a Calixto papa celebratum. In quo de contentionibus inter imperatorem et sedem apostolicam versatis agitur.*
X. *Remense concilium continuatur.*
XI. *Henricus rex nonnullos rebelles Normannos ad obsequium reducit. De veteri Rothomago.*
XII. *Henricus rex cum Calixto papa colloquium habet. Pax inter reges Franciæ et Angliæ componitur.*
XIII. *Rothomagense concilium. Clerici in archiepiscopum insurgunt.*
XIV. *Henricus rex in Angliam transfretat. Horrendum Candidæ navis naufragium.*
XV. *Calixtus papa in Italiam revertitur. Henrici regis matrimonium. Eventus varii. Dissensiones in abbatia Cluniacensi exortæ.*
XVI. *De monasteriis Crulandiæ, Uticensi et quibusdam aliis. De archiepiscopatu Cantuariensi. Summus Anglorum erga monachos favor.*
XVII. *Novæ in Henricum regem rebelliones.*
XVIII. *Mors Serlonis Sagiensis.*
XIX. *Henricus, rebellibus et proditoribus flagellatis, Normanniam pacificat.*
XX. *Rainaldus archiepiscopus Remensis. Honorius papa II. Caroli Henrici imperatoris mors. Lotharius imperator eligitur.*
XXI. *Ludovicus rex protectionem Henrici Clitonis, filii ducis Normanniæ, rursus suscivit et jura ejus*

adversus regem Angliæ defendere conatur. Flandriæ dux a Burchardo de Insula et aliis conjuratis interficitur. Henricus Clito ducatum Flandriæ accipit. In prælio vulneratus moritur.
XXII. *Henricus rex fautoribus Henrici Clitonis nepotis sui ignoscit. Normannia ad pacem reducitur. Merlini Vaticinia.*
XXIII. *Germandus Hierosolymitanus patriarcha. Ecclesiastica negotia. De concilio Rothomagensi. De rebus in Francia et in regno Hierosolymitano gestis.*

LIBER DUODECIMUS.

I. *Gelasius papa II et Burdinus antipapa. — Contentiones inter sedem apostolicam et imperatorem. — Bella inter Ludovicum Francorum regem et Henricum regem Anglorum. — Prodigia varia.*

1. Anno ab Incarnatione Domini 1118, indictione XI (54), vigilia Natalis Domini, vehemens ventus ædificia et nemora in partibus Occiduis plurima prostravit.

Defuncto Paschali papa, Joannes Cajetanus, Romanorum pontificum antiquus cancellarius et magister, in Gelasium papam (55) electus est; et, contradicente imperatore, a Romano clero canonice consecratus est. Tunc etiam Burdinus, Bragarum archiepiscopus, qui suis a fautoribus Gregorius VIII vocitatus est, imperatore connivente, in Ecclesiam Dei intrusus est. Tunc gravis inde dissensio inolevit, sæva persecutio inhorruit, et catholicam plebem vehementer perturbavit.

Tunc inter Ludovicum, regem Francorum, et Henricum, regem Anglorum, gravis inimicitia erat, et tantorum principum hostilitas frequentibus damnis sua mutuo rura destruebat. Ludovicus rex Guillelmum exsulem ad nanciscendam hæreditatem suam juvabat, eique magna pars Normannorum adminiculari toto nisu satagebat. Henricus autem castrum Sancti Clari subripuit, diuque contra Odmundum, aliosque collimitaneos prædones tenuit, et Gallos multum gravavit. Porro, Ludovicus Vadum Nigasii, quod Vani vulgo vocatur, fraudulenter adiit, ac veluti monachus, cum sociis militibus qui nigris cappis amicti erant, ex insperato intravit, ibique in cella monachorum Sancti Audoeni castrum munivit, et in domo Domini, ubi solummodo preces offerri Deo debent, speluncam latronum turpiter effecit. Hoc vero rex Anglorum ut audivit, illuc cum exercitu velociter accessit, ibique duo castra firmavit, quæ hostilis derisio turpibus vocabulis infamavit; unum enim Malassis, et aliud nuncupatur Trulla Leporis. Bellica igitur rabies fere quatuor annis male furuit, incendiis et rapinis, sævisque cædibus utramque regionem afflixit.

Gelasius papa eruditione litterarum apprime instructus fuit, et longa exercitatione, utpote qui præsulum apocrisiarius fere XL annis enituerat, calluit. Sed non plene duobus annis Romanæ Ecclesiæ præfuit. Hic, avaritia nimis æstuans, Gallias venit, et ecclesias illis in partibus immoderata superfluitate Quiritum opprimere cœpit; sed cito instar gelu matutini, flante Deo, pertransiit.

Tunc in Britannia cuidam mulieri, post partum decubanti, diabolus apparuit, et in specie viri sui, a quo petierat escas, detulit. Illa vero specie mariti sui visa decepta est, et comedit, et ille post prandium evanuit. Paulo post vir ejus venit, quod contigerat audivit, nimis expavit, ac presbytero retulit. Presbyter autem, invocato nomine Domini, feminam tetigit, aqua benedicta aspersit, et, si rursus delusor accederet, docuit quid diceret. Iterum Satan venit, et illa quod edocta fuerat inquisivit: « Nimius, inquit, ventus, qui nuper ante Natale Domini terribiliter personuit, et nos graviter perterruit, quid portendit? Templa domosque detexit, et fastigia turrium dejecit, et innumera silvarum robora prostravit. » At ille ait : « Decretum fuit a Domino, ut magna periret hominum portio. Sed efficax superorum obtinuit supplicatio ut parceretur hominibus, et lapsus ingens immineret arboribus. Formidanda tamen ante tres erit annos in terra tribulatio, et quamplurimæ sublimes personæ succumbent excidio. » His dictis, mulier aquam benedictam sparsit, et mox dæmon evanuit. Eodem tempore, monstrum in Anglia visum est. Apud Heli a quodam rustico empta est prægnans vacca, et jussu Hervei Britonis, ejusdem diœcesis episcopi, mactata est et aperta. Sed, mirum dictu! tres porcelli pro vitulo reperti sunt in ea. Hoc nimirum quidam Jerosolymitanus, qui forte de mercato animal deducenti obviarat, intimavit, et episcopo, aliisque astantibus addidit quod tres eodem anno sublimes personæ de potestate Henrici regis morerentur, plurimæque postmodum tribulationes acerbæ sequerentur. Hæc eo tempore quæ peregrinus vates prædixit, rerum exitus comprobavit.

Guillelmus enim, Ebroicensis comes, XIV Kalendas Maii [1118] mortuus est, et Fontinellæ in cœnobio Santi Guandregisili cum Richardo, patre suo, sepultus est. Deinde Mathildis regina, quæ in baptismate Edit dicta fuit, Kalendis Maii obiit, et in basilica Sancti Petri Westmonasterio tumulata quiescit. Rodbertus autem, comes Mellenti, Nonis Junii obiit, et Pratellis in capitulo monachorum, cum patre suo et fratre, requiescit. His itaque decedentibus, ingens tribulatio Normannis orta est

---

(54) Anno 1117 et indictione X, teste Le Prévost.
(55) Gelasius papa II die 15 Januarii 1118 electus fuit.

Amalricus enim de Monteforti, Simonis et Agnetis filius, ex sorore nepos Guillelmi comitis, Ebroicensem comitatum expetiit, quem prorsus ei rex Henricus, consilio Audini, ejusdem urbis episcopi, denegavit. Ille igitur totis nisibus insurrexit, et pene totam Galliam in regem Henricum excivit. Militaris enim et potens erat, utpote qui castella munitissima et potentes oppidanos habebat; parentibus quoque divitiis et potentia vigentibus, inter summos Francorum proceres sublimis florebat. Eodem anno, Guillelmus Punctellus in Octobri arcem ei Ebroicensem tradidit, et tota civitas prædonibus patuit. Episcopium quoque totum deprædatum est, et Audinus præsul cum clericis et clientibus suis fugere compulsus est. Tunc etiam Hugo de Gornaco, et Stephanus comes de Albamarla, Eustachius de Britolio, et Richerius de Aquila, Rodbertus quoque de Novoburgo, aliique plures contra Henricum regem rebellaverunt, et Guillelmum exsulem, Rodberti ducis filium, in paternum honorem restituere conati sunt.

Balduinus, acer juvenis, Flandrensis satrapa, totis viribus insurrexit in regem Henricum, ut cognatum suum in paternam hæreditatem revocaret Guillelmum. Henricus, Aucensis comes, in primis consensu rebelles adjuvit. Sed providus rex, hoc comperiens, ipsum cum Hugone de Gornaco Rothomagi comprehendit, ac ad reddendas munitiones suas vinculis coarctavit. Tunc Balduinus cum multitudine Morinorum in Normanniam usque ad Archas venit, et villas in Talogio, rege cum Normannis flammas spectante, combussit. Moderatus igitur rex Buras munivit, ibique, quia plerosque Normannorum suspectos habuit, stipendiarios Britones et Anglos cum apparatu copioso constituit. Illuc, nimia feritate frendens, Balduinus sæpe veniebat, et Britones ad exercitium militare lacessebat. Tandem a quodam Hugone Boterello vulneratus est, et inde Albamarlam, quia Stephanus comes et Hadvisa comitissa ei summopore favebant, regressus est. Ibi, ut dictum, sequenti nocte teneras carnes manducavit, mulsum bibit, ac cum muliere concubuit. Inde lethifera ægritudo incontinentem saucium corripuit, et a Septembri usque in Junium miserabiliter languentem ad ultima coegit. Omnes itaque qui sperabant in illo, experiri potuere continuo quod non in homine sperandum sit, sed in Domino.

Mortuo Balduino, Carolus de Anchora, ex filia Rodberti Frisionis cognatus ejus, successit, et de suis sollicitus, cum rege Anglorum aliisque affinibus suis pacem habuit.

Hugo, filius Girardi de Gornaco, quem rex ut filium nutrierat, adultum militaribus armis instruxerat, patrio honore reddito, quem Drogo, vitricus ejus, aliquandiu gubernarat, inter magnates sublimarat, regia credulitate munitiones fidei suæ commissas ut amicus recepit. Sed beneficiis magnifici altoris condignas grates non recompensavit. Proditoribus enim conjunctus est, et in dominum nutritiumque suum rebellare ausus est.

Mense Junio [1118], de sorore sua, nomine Gundrea, cum rege tractavit, ipsamque, consilio regis, Nigello de Albinneio, potenti viro, nuptum tradidit. Desponsatione vero facta, sponsus cum sponsa nuptias suas celebravit; sed Hugo cum suis complicibus festinanter inde recessit, ipsoque die contra regem arma sustulit. Municipium namque Plessicii ex insperato intravit, hominemque probum, Bertrannum, cognomento Rumicen, qui regi, sibique fidus tutor erat, repente occidit, et nepoti ejus, Hugoni Talabot, munitionem commisit. Verum rex non multo post idem castrum recuperavit, fortiter munivit, ibique Rodbertum et Guillelmum, filios Amalrici, cum insigni militum caterva pro tuitione regionis constituit.

Porro inceptam rebellionem Hugo contumaciter tenuit, et castella sua, Gornacum et Firmitatem, atque Goisleni Fontem, militibus et armis munivit, et incendiis ac rapinis inter Sequanam et pelagum totam regionem oppido devastavit. Rodbertus enim cognomento Hachet, et Girardus de Fiscanno, Engerrannus de Guascolio, Antelmus ac Gislebertus de Cresseio, aliique cupidi prædones illi adhærebant, qui crudelissimam in Talou et Caletensi pago guerram faciebant. Hiemalibus quippe noctibus longe discurrebant, et milites atque pagenses cum uxoribus et infantibus etiam in cunabulis rapiebant, et ab eis ingentem in carceribus redemptionem immaniter exigebant. Consentientes ibidem plurimos habebant, quorum hospitio refoti, et diutius, si necesse fuit, occultati, ad nefas subito proruebant, et damnis ingentibus undique colonos proterebant. Sic Braiherii Rodomensem provinciam lædebant, et minitando pejora, nimis inquietabant, multiplicibusque auxiliis adjuti Francorum et Normannorum, affines suos vexabant.

Solus Guillelmus de Rolmara, Novi Mercatus municeps, et commanipulares ejus illis obstabant. Plerumque prædas, quas illi de longinquo adduxerant, isti de pratis quæ secus Eptam virent, ad penates suos perducebant. Tunc decem et octo castellani proceres Neustriæ, quorum fama et potestas cæteris præminebat præcipue, perfidiæ gelu torpebant, exsulis Guillelmi partibus favebant, et super regiæ partis debilitatione gaudebant.

11. *De variis belli eventibus continuatur.*

Ea tempestate Fulco, Andegavensis comes, a Rodberto Geroio, qui castrum Sancti Serenici contra regem defensabat, invitatus venit, et cum quingentis militibus. Motam Gualterii, quam rex munierat, obsedit, ingentique instantia crescentes exercitus per octo dies in fine Julii expugnavit. Hoc audiens Henricus rex Alencionem venit, missisque veredariis, phalanges totius Normanniæ ad pugnam congregavit.

Interea crebris assultibus Andegavini Normannos

fatigaverunt, validisque saxorum ictibus munimentum contriverunt. Sic nimirum CXL milites sine damno membrorum et armorum ad deditionem coacti sunt, quorum principes Rogerius de Sancto Joanne et Joannes, frater ejus, a rege electi fuerunt. Andegavenses autem Kalendis Augusti [1118] munitionem solo tenus diruerunt, et victores in patriam suam læti redierunt. Castrenses vero, pro infortunio suo mœsti, Alencionem venerunt, sed, irato rege pro deditione, satis erubuerunt. Defectum tamen suum rationabiliter excusaverunt, dum crebro per nuntios quæsitus, diuque exspectatus cum necessariis viribus auxiliator nimis tardasset, et ingens violentia jugiter insilientium inclusis incubuisset. Tunc rex Henricus Sagium et Alencionem et totam in illa regione terram Rodberti Belesmensis Tedbaldo comiti dedit. Ipse vero eumdem honorem, permittente rege, Stephano, fratri suo, pro portione paternæ hæreditatis, quæ in Gallia est, donavit. Stephanus itaque juvenis Sagium et Alencionem, Merulamque super Sartam, et Almaniscas, cum Rupe de Jalgeio possedit; mutatisque armis, propriisque satellitibus munivit, angariis et exactionibus indigenas oppressit, mutatisque consuetudinibus, quas hactenus sub rege habuerant, sese odibilem, ipsosque infidos effecit. In diebus illis filii malitiæ in cathedra pestilentiæ sedebant, et multa nefaria per eos in terra fiebant. Tunc Richerius de Aquila patris sui terram de Anglia requisivit; sed ei rex omnino denegavit, dicens quia Goisfredus et Engenulfus, fratres ejus, in regis familia serviebant, et eumdem honorem hæreditario jure fiducialiter exspectabant. Cumque juvenis jus suum sæpius requireret, et procaciter frequentans regi molestus esset, ille, multis occupatus, ei quæ petebat omnino denegavit, insuper eum infamibus verbis deturpavit. Turgidus ergo adolescens iratus de curia recessit Normannorum, et mox pactum fecit cum rege Francorum, quod nisi patrium jus sibi redderetur, regem desereret Anglorum. Spopondit Ludovicus rex Richerio quod si suæ parti faveret, ipse LX et Almaricus L milites in Aquilæ castro assidue teneret.

Securus itaque Richerius curiam adiit, regem Angliæ de hæreditate sua iterum requisivit; sed nihil obtinuit, mœstusque recessit. Sequenti vero die, Rotro comes, avunculus ejus, regem de prædicta re repetiit, consiliumque, ne seditio augmentaretur, ei benigniter dedit. Cujus monitis rex acquievit, et per eumdem Richerio se omnia quæ petierat redditurum mandavit. His auditis, Richerius gavisus est, et Ludovico regi cum magno exercitu jam properanti obviam profectus est. « Tecum, inquit, domine mi, nuper feci pactum, quod tenere nequeo. Dominus enim meus, rex Anglorum, mihi totum restituit quod petebam. Unde justum est ut in omnibus conservem ei fidem integram. » Ludovicus rex ait : « Vade, et faciam quod potero. » Confestim Richerius proprios lares repetiit, et rex pedetentim cum omni virtute sua ad portas Aquilæ accessit. Oppidanis autem sese defendere volentibus rex instituit, nimiusque ventus ignem, nescio a quo immissum, admodum aluit; quo flante flamma vorax totum oppidum concremavit. Richerius itaque, tali coactus infortunio, ad regem accessit, et fœdere confirmato, III Nonas Septembris [1118] munimentum Francis reddidit. Porro, rex Franciæ cum suis ibi tribus diebus in magna egestate permansit, et quarto recedens, Amalricum comitem et Guillelmum Crispinum et Hugonem de Novo Castello ad tutandum castrum dimisit. Tunc Guillelmus de Rete et Sencio, Guillelmus de Fontenillis et Isnellardus de Scublaio, pro fidelitate Henrici regis, ad Pontem Erchenfredi abierunt, et relictis omnibus quæ sub prævaricatore pacis habuerunt, Radulfo Rufo contra hostes regis adhæserunt. Galli, combustionem totius villæ cernentes, non pavidi ut fugaces lepores, sed fortitudine securi ut leones, vacuas domibus plateas servaverunt, ibique, victum armis quæsituri, tentoria fixerunt.

His itaque gestis divulgatis, Henricus rex cum ingenti exercitu sequenti die convolavit, et Aquilam, quæ nimis desolata erat, omnibus qui intus erant contremiscentibus, obsidere festinavit. Verum conatus ejus tristis nuntius impedivit, Guillelmus de Tancardi Villa, cui rex nimis credulus acquievit. Is enim regem in villa quæ Lived dicitur assecutus, ait : « Quo tendis, domine rex? Ecce Caletenses mittunt me ad te, ut festines ad illos cum copiis tuis remeare. Hugo enim de Gornaco et Stephanus de Albamarla, cum complicibus suis, in monte Rothomagi consistunt, et in cœnobio Sanctæ Trinitatis castellum construere satagunt, ibique nepotem tuum, cum multitudine Francorum venientem, præstolantur, ut a civibus et civitas prodatur. » Protinus, his auditis, rex inde reversus est, et cuneus castrensium in diversa divertentes insecutus est. Tunc de Molinensibus fere XL comprehenderunt, et prædis undique collectis corroborati, castrum Aquilæ munierunt, et per annum integrum fortiter tenuerunt.

Rex Henricus Rothomagum celeriter venit; sed hostes ut audierat ibi non invenit, deceptus a camerario suo, qui de Aquila illum reduxerat. Magnum utique illis qui sub diro frigore et tremore contremiscebant suffragium contulit, dum, alia occasione falso protensa, regem frustra cum turmis suis abegerit.

Deinde rex cum mille militibus contra Hugonem in Braium expeditionem fecit, et castellum Hugonis, quod Firmitas vocatur, expugnare cœpit. Sed pluviæ mira mox inundatio erupit. Denique, provincia funditus devastata, recessit, et inde contra Rodbertum, qui rebellaverat, Novum Burgum expetiit, impugnavit, penitusque concremavit. Præfatus enim Rodbertus Henrici comitis et Margaritæ filius erat, et contra Gual'rannum, comitem de

Mellento, filium Rodberti comitis, patrui scilicet sui, calumnias faciebat. Sed virtute regia consobrinum suum protegente, concionari ad voluntatem suam non poterat. Illectus ergo a publicis hostibus contra regem insurrexit; sed multis opibus depopulatione seu combustione amissis, nihil recuperavit. Facundia quidem est præditus, sed dextra frigidus, et plus lingua quam lancea lucratus.

Eo tempore, rex Henricus diuturnam obsidionem tenere nolebat, quia ipse, turbatis omnibus, ut in fraternis conflictibus fieri assolet, in suis non confidebat. Illi enim qui cum eo manducabant, nepoti suo, aliisque inimicis ejus favebant, ejusque secretis denudatis, adminiculum illis summopere procurabant. Hoc nempe plus quam civile bellum erat, et necessitudo fratres et amicos atque parentes in utraque parte concatenabat, unde neuter alteri nocere studebat. Tunc plurimi Achitophel et Semei, aliosque desertores in Neustria imitabantur, et operibus illorum similia operabantur qui, relicto rege per Samuelem divinitus ordinato, Absalon parricidæ jungebantur. Sic nimirum plerique faciebant, qui pacificum principem, pontificali electione et benedictione consecratum, deserebant, et mentita fide quam illi ut domino spoponderant, imberbi satrapæ ad nefas agendum non ex debito, sed sponte sua gratanter adhærebant.

III. *Rothomagense concilium. — Belli eventus. — Burgensium Alenconensium contra Henricum regem insurrectio.*

Indictione xi, Nonas Octobris [1118], concilium Rothomagi congregatum est. Ibi rex Henricus de pace regni tractavit cum Radulpho, Cantuariæ archiepiscopo, aliisque baronibus quos aggregaverat. Ibi Goisfredus, Rothomagensis archiepiscopus, de statu Ecclesiæ Dei locutus est cum quatuor suffraganeis præsulibus, Richardo Bajocensi et Joanne Lexoviensi, Turgiso Abrincatensi et Rogerio Constanciensi, et abbatibus multis. Ibi enim adfuerunt Rogerius Fiscannensis et Ursus Gemmeticensis, Guillelmus Beccensis et Eudo Cadomensis, Richardus Pratellensis et Andreas Troarnensis, Guillelmus de Cruce et Osbernus Ultrisportensis et alii plures, quos nominare necesse non est. Ibi tunc Conracius, Romanus clericus, Gelasii papæ legatus, eloquentissimo sermone, utpote latiali fonte a pueritia inebriatus, querimoniam facit de Carolo imperatore, Paschalis papæ bonorum operum et ædificiorum pravo destructore, et catholicorum diro persecutore. Addidit etiam planctum de Burdino pseudopapa, apostolicæ sedis invasore, et de multimoda in Tusciæ partibus Ecclesiæ tribulatione. Retulit etiam Gelasii papæ, qui jam cis Alpes venerat insurgentibus procellis, exsilium, et a Normannica Ecclesia subsidium petiit orationum, magisque pecuniarum. Serlo autem, Sagiensis episcopus, huic synodo non interfuit, sed legatus ejus infirmitatis seniique causa eum defuisse asserit.

Audinus vero, præsul Ebroicensis, per legatum suum mandavit quod pro tutela patriæ contra publicos hostes non interfuerit. Sed nisi Dominus custodierit civitatem, frustra vigilat qui custodit eam; eadem enim die turris Amalrico Ebroicensis tradita est.

Guillelmus Punctellus, nepos Radulphi de Guitot, cui rex Ebroicæ urbis arcem commendaverat, memor antiquæ societatis quam in curia Guillelmi comitis cum Amalrico habuerat, pro intellectu suo autumans quod tantus vir avorum hæreditate suorum injuste privatus fuerat, ex insperato fidos sodales in turrim secum intromisit, et communem totius populi pacem floccipendens, dimisso rege Amalrico se contulit. Cui mox Elinancius de Altoilo cum aliis pluribus adhæsit, et ingens seditio totam regionem undique turbavit. Invasores arcis episcopium et urbem invaserunt, et omnem episcopi supellectilem cum libris et ornamentis diripuerunt, sibique bellica vi circumjacentem provinciam subegerunt. Audinus autem episcopus, ne occideretur, cum domesticis suis aufugit, et per unum annum hac et illac pervagatus exsulavit. Barbam vero suam non rasit, habituque suo luctum ecclesiasticæ desolationis monstravit. Tribulatio hujusmodi Ebroas afflixit, et fugatis inde clericis, per unum annum ibidem divinum officium cessavit.

Secunda septimana Novembris [1118], Henricus rex cum valida manu militum peditumque Aquilam adiit, et provinciam in circuitu devastavit. Porro castellani, qui probitate plurimum gloriabantur, egressi sunt, et cum regalibus militari more haud segniter semet exercuerunt. Ibi Tedbaldum comitem, de cornipede dejectum, rapuerunt; sed rex, Stephanusque comes cum virtute militum insecuti sunt, comitemque de manibus hostium nobiliter eripuerunt. Tunc tam acris concertatio facta est, et tam valide, ut ipse rex de lapide percuteretur in capite; sed ærea cassis ictum lapidis respuit impune.

In illo tempore, burgenses Alencionis contra regem Henricum rebellaverunt, causamque notabo cur regem tanto facinore offenderunt. Stephanus, Moritolii comes, qui tunc eis dominabatur, adolescens erat, et burgenses non ut decuisset diligebat, seu competenti jure honorabat. Adulantium favori, non senum consilio, more Roboam, acquiescebat, et oppidanos infideles sibi et regi autumabat. Unde injuriis eos et insolitis exactionibus opprimebat, minusque quam oporteret, quid inde sequeretur prævidebat. Denique omnes convenit, et ab eis ut filios suos sibi obsides darent, exegit. Inviti et coacti imperanti obsecundaverunt; sed malevolentia pleni, ultionis tempus desideraverunt. Iracundiam quippe suam callide occultarunt; sed manifestam non multo post vindictam machinati sunt. Comes autem obsides accepit, sed honorifice non tractavit. Uxorem cujusdam probi hominis, filiam Pagani de Caceio famosi equitis, in turri custodiendam posuit, quæ lenonibus ibidem commissa vehementer ingenuit. Amiotus autem, vir ejus, nimis iratus erubuit, multosque sibi similis querelæ clam fide sociavit. Regem vero, justitiæ amatorem, imprudentes timuerunt interpellare, ne clamorem eorum de nepote suo dedignaretur audire. Unde Arnulfum de Monte Gomerici, fratrem Rodberti Belesmensis, adierunt, et per eum Fulconem, Andegavis comitem, requisierunt ut Alencionem, quam tradere parati erant, reciperent, comitisque custodibus de turri expulsis, libertatem incolis impetrarent. Comes autem hæc gaudenter accepit, militesque suos et sagittarios peditesque aggregavit, Alencionem venit, cum suis nocte intravit, eosque qui in turri erant acriter aggrediens obsedit. Quod fama, qua nil in terra velocius movetur, longe lateque divulgavit, et protinus ad aures solliciti regis de regni curis pervenit.

Magnanimus rex, ut certos rumores agnovit, Normannos et Anglos, aliosque multos regali jure ascivit, Tedbaldum etiam, Carnotensium comitem, cum suis ad auxilium convocavit. Denique, mense Decembri, prope Alencionem innumeri convenerunt, qui summopere inclusis suffragari conati sunt. Præclari quippe fratres, Tedbaldus et Stephanus regem præcesserunt, militumque vi pugnantium in turrim inferre victualia voluerunt, sed non prævaluerunt. Comes enim Andegavorum contra eos exivit, acies disposuit, et cum illis valide prœliari cœpit. Ibi tunc quosdam occidit, plures captos vinculavit, aliisque fugatis, lætus ad oppidum cum spoliis multis remeavit. Deinde securius obsessos infestavit, eisque aquam per subterranea machinamenta occultis abscisionibus abstulit. Indigenæ siquidem meatum noverant per quem constructores arcis aquæ ductum de Sarta illuc effecerant. Illi vero qui claudebantur in arce, videntes sibi cibaria deesse, nullumque auxilium ex aliqua parte provenire, pacem fecerunt, turrimque reddentes cum omnibus salvi exierunt. Hæc infortunia multos ad deprædationes excitaverunt, multique observantiam adventus Domini violaverunt. Sic ubique mala creverunt, et Neustriam cædibus et prædis, incendiisque undique fœdaverunt, et, sicuti filii nepæ, ante statutum nascendi tempus matrem suam erumpendo perimunt, sic Normanni ante legitimum principatus Guillelmi terminum tellurem suam contaminaverunt, et enormibus ausis misere pessumdederunt.

Apostoli Thomæ solemnitatem dum plebs Christiana festive recolit, nimius ventus maxima terrigenis damna fecit, et in futuro tempore turbationes hominum et mutationes potestatum portendit. Non multo post tribulationes in mundo maximæ prosecutæ sunt, multique de sublimi ceciderunt, aliique, disponente Deo, *qui de stercore elevat pauperem* (*I Reg.* 11, 8), honorifice sublimati sunt.

IV. *Calixtus papa II. — Eustachius de Britolio in Henricum regem insurgit. Oximensium rebellio.*

Anno ab Incarnatione Domini 1119, indictione xii, Gelasius secundus papa iv Kalendas Februarii [1119] apud Cluniacum mortuus et sepultus est, et Guido, Viennensis archiepiscopus, in Calixtum papam iv Nonas Februarii electus est. Ibi Lambertus Ostiensis et Boso Portuensis, Cono Prænestinus et Joannes Cremensis, aliique plures de Romano senatu clerici adfuere, quibus specialis prærogativa concessa est papam eligere et consecrare. Inthronizatus est itaque Guido, ab adolescentia castus, religiosus, largus, in opere Dei fervidus, et multis pollens virtutibus. Hic filius fuit Guillelmi Testardiæ, ducis Burgundionum, quem Rainaldo duci peperit Adeliza, filia Richardi II, ducis Normannorum. Iste quidem Guido nepos fuit seri Guidonis, qui ducatum nisus est sibi vindicare Normannorum, ac apud Valesdunas pugnavit contra Guillelmum Nothum et Henricum, regem Francorum, et Vernonem atque Brionnam contra eosdem fortiter tenuit per triennium. Sic de regali progenie ortus, frater ducum, consanguineus regum et augustorum, laudabilium imbutus nectare morum, provectus est ad summum pontificium. Quo strenue quinque annis potitus est, et multa bona in domo Dei statuit atque operatus est.

In eodem anno [1119] Eustachius de Britolio, gener regis, crebro commonitus fuit a contribulibus et consanguineis ut a rege recederet, nisi ipse turrim Ibreii, quæ antecessorum ejus fuerat, ei redderet. Rex autem ad præsens in hoc ei acquiescere distulit; sed in futuro promisit, et blandis eum verbis redimendo pacificavit. Et quia discordiam ejus habere nolebat, qui de potentioribus Neustriæ proceribus erat, et amicis, hominibusque stipatus, firmissimas munitiones habebat, ut securiorem sibi et fideliorem faceret, filium Radulfi Harenc, qui turrim custodiebat, ei obsidem tradidit, et ab eo duas filias ipsius, neptes videlicet suas, versa vice obsides accepit. Porro Eustachius susceptum obsidem male tractavit. Nam consilio Amalrici de Monteforti qui augmenta malitiæ callide machinabatur, qui Eustachio multa sub fide pollicitus est quæ non implevit, pueri oculos eruit, et patri, qui probissimus miles erat, misit. Unde pater iratus ad regem venit, et infortunium filii sui nuntiavit. Rex vero vehementer inde doluit; pro qua re duas neptes suas ad vindictam in præsenti faciendam ei contradidit. Radulfus autem Harenc Eustachii filias permissu regis irati accepit, et earum oculos in ultionem filii sui crudeliter effodit, nariumque summitates truncavit. Innocens itaque infantia parentum nefas, proh dolor! miserabiliter luit, et utrobique genitorum affectus deformitatem sobolis cum detrimento luxit. Denique Radulphus, a rege confortatus et muneribus honoratus, ad Ibreii turrim conservandam remeavit, et talionem regia severitate repensum filiabus ejus Eustachio nuntiari fecit. Comperta vero filiarum orbitate, pater cum matre nimis indoluit, et castella sua, Liram et Gloz, Pontemque Sancti Petri et Paceium munivit; et ne rex, seu fideles ejus in illa intrarent, diligenter obturavit. Julianam autem, uxorem suam quæ regis ex pellice filia erat, Britolium misit, eique ad servandum oppidum necessarios milites associavit.

Porro burgenses, quia regi fideles erant, nec illum aliquatenus offendere volebant, ut Julianæ adventum pluribus nociturum intellexerunt, protinus regi ut Britolium properanter veniret, mandaverunt. Providus rex, illud recolens ab audaci curione Cæsari dictum, in belli negotiis :

Tolle moras : semper nocuit differre paratis,
(LUCAN. I, 281.)

auditis burgensium legationibus, Britolium concitus venit, et portis ei gratanter apertis in villam intravit. Deinde fidelibus incolis pro fidei devotione gratias egit, et ne sui milites aliquid ibi raperent prohibuit; municipiumque, in quo procax filia ejus occluserat, obsedit. Tunc illa undique anxia fuit, et quid ageret nescivit; pro certo cognoscens patrem suum sibi nimis iratum illuc advenisse, et obsidionem circa castellum positam sine tropæo non dimissurum fore, tandem, sicut Salomon ait : *Non est malitia super malitiam mulieris* (*Eccli.* xxv, 26), manum suam in christum Domini mittere præcogitavit. Unde loqui cum patre fraudulenter petivit.

Rex autem, tantæ fraudis feminæ nescius, ad colloquium venit, quem infausta soboles interficere voluit. Nam balistam tetendit, et sagittam ad patrem traxit; sed, protegente Deo, non læsit. Unde rex illico destrui pontem castelli fecit, ne ingrederetur aliquis vel egrederetur. Videns itaque Juliana se undique circumvallari, neminemque sibi adminiculari, regi castellum reddidit; sed ab eo liberum nullatenus exitum adipisci potuit. Regio nempe jussu coacta, sine ponte et sustentamento de sublimi ruit, et nudis natibus usque in profundum fossati cum ignominia descendit. Hoc nimirum in capite Quadragesimæ, in tertia septimana Februarii contigit, dum fossa castelli brumalibus aquis plena redundavit, et unda nimio gelu constricta teneræ carni lapsæ mulieris ingens frigus jure subministravit. Infausta bellatrix inde ut potuit cum dedecore exivit, ac ad maritum suum, qui Paceio degebat, remeavit, eique tristis eventus verax nuntium enodavit. Rex burgenses convocavit, de fidelitate conservata laudavit, promissis et beneficiis honoravit, et eorum consilio castrum Britolii tutandum commendavit.

Non multo post, Radulfo de Guader, audaci athletæ, quia nepos ex sorore Guillelmi Britoliensis erat, reddidit totum honorem antecessorum ejus, præter Paceium, quod Eustachius tenebat. Ille vero castellum dono regis obtentum diligenter custodivit, et in omnibus regi fidelis, multisque probitatibus laudabilis claruit, et hostes publicos undique audacter impugnavit.

Eodem tempore [1119], Oximenses de rebellione tractaverunt. Nam Curceienses, aliique oppidani qui in vicinio erant, audientes quod pene omnes Normanni, relicto rege, nepoti ejus faverent, ipsi quoque decreverunt similia perpetrare. Unde primus Rainaldus de Bailol Falesiam abiit, fidelitatem regi reliquit, eique poscenti ut domum suam de Mansione Renuardi redderet, superbe denegavit. Tunc rex ait : « Ad curiam meam venisti ; non capiam te. Sed pœnitebit te nefas cœpisse contra me. » Mox illo recedente, rex militiam suam convocavit, et pene cum illo ad munitionem ejus vespere venit. Porro Rainaldus, videns quod ad tantum onus sustentandum impos esset, mane exivit, et clementiam regis postulans, munimentum reddidit. Protinus rex lapideam domum, cum apparatu ciborum et omnibus quæ intus erant, incendio tradidit. His itaque compertis, Curceienses et de Grentemaisnilio ac de Monte Pincionis, rebellare nisi, siluerunt, et malevolos conatus, ne similia paterentur, continuo compresserunt; nec ulterius in domixam regem sustollere cornua præsumpserunt.

V. *De bello inter reges Franciæ et Angliæ gesto continuatur.*

Goisfredus, archiepiscopus Rothomagensis, Ascelinum, Andreæ filium, pluribus placitis acriter impetivit, et injuste demptis, ut quibusdam visum est, rebus suis, valde aggravavit. Ille igitur, rancore diro stomachatus, Pontesiam ad regem accessit, et se Andeleium, si veniret recepturus cum bellica vi, proditurum spopondit. Franci ergo nimis gavisi sunt, et regem ne pigritaretur exhortati sunt. Confirmato utrinque pacto, Ascelinus probissimos satellites secum adduxit, et in suarum apothecam segetum noctu intromisit, ibique sub stramine latenter absconditi. Ludovicus autem rex cum phalange bellatorum pedetentim eum insecutus est. Mane, viso rege, vociferatio populi personuit, et nimia perturbatio pro tam insperata re repente incolas invasit. Latitantes vero sub stramine subito proruperunt, et *Regale*, signum Anglorum, cum plebe vociferantes ad munitionem cucurrerunt ; sed ingressi, *Meum gaudium*, quod Francorum signum est, versa vice clamaverunt. Exclusis itaque indigenis, Galli castrum interius obtinuerunt, et turmæ regis per portas violenter intraverunt, totamque villam nactæ sunt. Richardus autem, filius regis, aliique municipes sic improviso impetu præventi sunt, et amissa intus et extra omni defensionis spe, ad aulam Sanctæ Virginis Mariæ confugerunt. Denique Ludovicus rex, postquam præsidium cum toto burgo possedit, Richardum cum commilitonibus suis liberum abire quo vellet præcepit, pro reverentia intemeratæ matris, quæ Salvatorem mundi peperit, cujus opem et basilicam fideliter expetiit. Franci, recedente rege, oppidum quod in corde regionis ceperunt, diligenter servaverunt, totamque provinciam circumjacentem super Sequanam sibi subjugaverunt. Ibi enim Godefredus de Serranz et Engelrannus de Tria, Albericus de Burriz et Baldricus de Braia, aliique præclari milites Gallorum permanserunt. Ab archiepiscopo, propter ecclesiasticas res quas invaserant, excommunicati fuerunt; sed ipsi, pro temporis opportunitate et causa belli pertinaciter indurati, aliquando restiterunt. Henricus rex contra Francos apud Nogionem castrum firmissimum munivit, ibique centum milites, quibus princeps militiæ Guillelmus, Theodorici filius, præerat, constituit.

Richardus Fraxinellus, octo filiis ampliatus, sed Emmæ, uxoris suæ, futili stimulatione infatuatus, contra communem populi salutem tyrannidem cum filiis suis arripuit, jam morti contiguus. Nam in territorio Uncinis de censu regis firmitatem construxit, dominumque suum Eustachium sectatus, vicinorum agros depopulari studuit, et inter publicos hostes, quamvis senex, denotari non erubuit.

Tunc a filiis hominum quadragesimalis observantia damnabiliter contaminata est. — Rodbertus, Ascelini Goelli filius, inimicorum regis primus resipuit, et inchoatæ factionis pœnitens, amicitias sceptrigeri principis expetiit, et obtentam usque ad mortem, quæ sibi proxima erat, fideliter et commode servavit. Plures ejus exemplum salubriter secuti sunt.

Amalrico quoque rex mandavit ut secum pacem faceret, et, arce sibi reddita, omnem comitatum Ebroicensem quiete reciperet. At ille, quia irrequietus homo erat, stolide respuit quod ultro regali bonitate oblatum fuerat, et, quia majorem belli causam pro ablata sibi patrum hæreditate habebat, anhelus sæpe per oppida noctibus discurrebat, nimia sollicitudine omnes commovens, fœderatos sodales corroborans et commonens ut munitiones suas solerter servarent, ut pervigiles contra ingeniosos exploratores excubarent, prudenter et impigre vicinia inquietarent, omnia, exceptis ecclesiis, nudarent, aut sibi viriliter subjugarent. Bellicum quippe laborem pervicaciter exercebat pro hæreditario consulatu, quem sibi rex non permittebat. Radulfus autem Rufus grave illis obstaculum se interdum præbebat, et conatus eorum vehementer impediebat. Animosus enim erat, militiæque gnarus, probitate audaciaque insignis et famosus. Is quondam, dum familia regis in regione Vilcassina expeditionem ageret, et Francorum virtus, ut se habet eventus belli, superior hostes fugaret, Richardi, regis filii, subito sonipes sub eo peremptus est, et juvenis ab hostibus pene retentus est. Quod Radulfus ut vidit, de caballo suo statim exsiliit, et filio regis ait : « Confestim ascende, et, ne capiaris, fuge. » Protinus illo recedente, Radulfus abductus est; sed usque ad xv dies pro Gualone de Tria relaxatus est. Idem enim miles Engelranni germanus erat, et paulo ante captus, in arcto carcere regis anhelus gemebat. Non multo post, vulneribus et flagris quæ pertulerat, defunctus est, et Radulfus a rege fidelis probatus et honoratus est. Exinde inter præcipuos et familiares regis amicos habitus est, et rex multos honores ei, si aliquandiu vixisset, pollicitus est.

Quondam tres oppidani, Eustachius, et Richerius, et Guillelmus de Firmitate Porticena, cum suis copiis convenerunt, et usque ad fontem Ternanti prædantes in Normanniam irruerunt, domosque Vernuciarum in terra Sancti Ebrulfi, immisso igne, combusserunt. Radulfus autem, ad Pontem Ercenfredi consistens, fumum vidit, et mox militibus undecunque collectis, in hostes pugnaturus perrexit. Rex quippe xxx equites Sappi, totidemque Orbecci propter incursus prædonum ad nefas undique confluentium constituerat. Porro Radulfus, omnibus illis in unum collectis, ad transitum Carentonæ ccc equites cum parva suorum manu aggressus est, et, erepta grandi præda quam illi ducebant, et quibusdam militibus captis, usque ad Firmitatem Fraxinelli persecutus est, et, nisi præsidium hostibus propinquum fuisset, plurimum illis damnum incubuisset.

Non multo post, idem animosus miles regem amicabiliter circumvenit, ac ut præsentiam solummodo suam contra Fraxinellos, qui inbelles et injuriosi exstiterant, exhiberet, humiliter expetiit. Denique rex post Pentecosten multo Radulfi precatu adductus est ut municipium videret, quo, patria Uticensis profligata est. Adveniente vero rege, Fraxinelleii nimis territi sunt, et quid agerent vicissim indagare trepidi cœperunt, Rufo autem de Ponterchenfredo bellicosum assultum viriliter ineunte, claves portarum regi exhibuerunt, et, sententia pro rebellionis incepto data, et concessa, reconciliati sunt.

Circa finem Junii, Richardus senex Uticum venit, et æger monachatum accepit, et paulo post in initio Julii obiit, ac in capitulo monachorum tumulatus quiescit. Portionem ecclesiæ de Gumfredia et medietatem decimæ suæ Sancto Ebrulfo donavit, ac a Guillelmo, primogenito suo, aliisque filiis suis, ut concederent quod donaverat, impetravit.

Inter tot et tam magnas tempestates admodum sævientes, sceptriger Henricus regio stemmate rigidus perstitit, et omnes proprias munitiones, fidis custodibus illic callide locatis, optime servavit; in quas hostilis versutia nullatenus ad libitum suum introire potuit. Rothomagus enim metropolis et Bajocas, Constantia et Abrincas, Sagius et Arcas, Nonencors et Illias, Cadomus et Falesia, Oximus et Fiscannus ac Juliabona, Vernon et Argentomus, aliaque oppida quæ regiæ ditioni duntaxat subdebantur, ab ejus justo dominatu avelli fraudulentis persuasionibus non patiebantur. Legitimi quoque optimates, Richardus comes Cestrensis et Rannulfus de Bricasard, cognatus et successor ejus, Radulfus de Conchis et Guillelmus de Guarenna, Guillelmus de Rolmara et Guillelmus de Tancardivilla, Radulfus de Sancto Victore et Gualterius Giffardus, Nigellus de Albinneio et Guillelmus frater ejus, aliique præcipui heroes in adversis et prosperis regi connectebantur, et opprobrii, proditionis ac perjurii elogio notabiles esse dedignabantur. Imberbes quoque filii Rodberti consulis de Mellento, Gualeranus et Rodbertus, regi adhærebant, eique optimates eorum cum munitissimis castellis in omnibus parebant, et incursantibus adversariis acriter resistebant. Nam Pons Aldemari et Bellus mons ac Brionna et Guatævilla regi applaudebant, proceresque præfatorum cum viribus suis fideliter militando serviebant.

Mense Maio [1119], Guillelmus Adelinus, regis filius, de Anglia in Normanniam transfretavit, cujus adventu pater gavisus, mox quod corde prius occultaverat, manifestavit. Pacificos concionatores ad Fulconem, Andegavensium comitem, direxit, commodisque pacis fœderibus compactis, ipsum ad curiam suam benigniter invitavit.

Mense Junio, Guillelmus Adelinus filiam comitis apud Lexovium desponsavit, multisque tranquillitatem optantibus tam generosa copulatio complacuit, et, quamvis extrema sorte juvenis mariti vitæ filum in imo pelagi celeriter ocante parum duraverit, necessariam tamen ad instans tempus quietem inter dissidentes populos compaginavit. Tunc rex Guillelmum Talavacium, Rodberti Belesmensis filium, precatu comitis in amicitia recepit, et totam in Normannia patris sui terram reddidit. Alencionem et Almaniscas atque Vinacium, aliaque castra ei concessit, præter danglones quos propriis excubitoribus assignavit. Rodberto etiam de Sancto Serenico, qui consobrinus regis erat, ipse, precibus soceri prolis suæ, indulsit quod nuper desertor juris ad hostes transierit, et Monasteriolum et Excalfurnum reddidit.

Apud Lexovium congregatio magna præsulum procerumque convenit, et ibi tunc immatura mors Balduini, satrapæ Morinorum, cunctis innotuit, pro cujus animæ absolutione et quiete rex clero signa pulsare et orare præcepit. In Neustria quibusdam gaudium, et nonnullis mœror prodiit, quod Flandrensis, inimicorum regis acerrimus, corruit, et Andegavensis amicus, trium urbium dominus, potenti coronato adhæsit.

In æstate, post diutinam exspectationem, post multimodam ut perjuri resipiscerent persuasionem, Henricus rex per Normanniam terribilem discursum fecit, et Pontem Sancti Petri, aliaque cum villis hostium castra incendit, et austeram ultionem super inimicos et consentaneos eorum exercuit.

VI. *Calamitates et prodigia.* — *Belli eventus.*
Inter hæc, omnipotens Deus mirifica in orbe magnalia monstravit, quibus intuentium corda, ut castigarentur a nequitia, commonuit. Nam in hieme præcedenti nimii imbres fluxerunt, et inundationes fluviorum habitacula hominum plus solito invaserunt. Rothomagenses inde et Parisiaci, aliique cives seu rustici testes sunt, qui furentes redundantis Sequanæ gurgitis in damno domorum, segetumve suarum persenserunt.

In sequenti Quadragesima [1119] nimius in Sequana ventus efflavit, et aliquandiu exsiccavit. A ripa usque ad ripam quispiam pertransire potuisset, si attentare insolitum iter ausus fuisset. Hoc Parisius vidit, et merito expavit.

In Augusto, luna quasi sanguis rubicunda sero, dum bruma esset, visa est, et circulus ejus quasi fundus dolii grandis hominibus in Gallia monstratus est. Deinde veluti sapphirino colore secta est per medium, et tantum intuentibus inter æquas medietates apparuit spatium, ut, si res similis in terra panderetur, semita humano gressui apta censeretur. Peracto autem unius horæ intervallo, iterum redintegrata apparuit, et, paulatim deficiente rubore, corniculus nascentis lunæ solito more resplenduit. Eodem tempore, rubor maximus a Pexeio per Medantum visus est in Neustriam discurrere, et per tres noctes hujusmodi signum multis Gallorum manifestatum est in aere. Diversis vero modis videntes hoc interpretati sunt, et velle suum, prout cuique libuit, auscultantibus asseruerunt. Superborum quippe insipientia de futuris tanquam de transactis stolide gloriabatur, procaciter affirmans quod Ludovicus rex, qui tunc apud Andelium cum Francis morabatur ceu flamma Normannos absumeret, totamque sibi regionem Neustriæ, rhomphæa secante, subigeret. Arrogantiæ itaque petulantia pro appetitu suo vaticinium procaciter sibi asseveravit; sed rerum exitus multum aliud ipsis eisdem suppeditavit. His omissis, seriem prosequar narrationis.

Henricus rex, rebellibus ultra parcere nolens, pagum Ebroicensem adiit, et Ebroas cum valida manu impugnare cœpit. Sed oppidanis, qui intrinsecus erant cum civibus viriliter repugnantibus, introire nequivit. Erant cum illo Richardus filius ejus, et Stephanus comes nepos ejus, Radulfus de Guader, et maxima vis Normannorum. Quibus ante regem convocatis in unum, rex dixit ad Audinum episcopum : « Videsne, domine præsul, quod repellimur ab hostibus, nec eos nisi per ignem subjugare poterimus? Verum, si ignis immittitur, ecclesiæ comburentur, et insontibus ingens damnum inferetur. Nunc ergo, pastor Ecclesiæ, diligenter considera, et quod utilius perspexeris, provide nobis insinua. Si victoria nobis per incendium divinitus conceditur, opitulante Deo, ecclesiæ detrimenta restaurabuntur, quia de thesauris nostris commodos sumptus granter largiemur, unde domus Dei, ut reor, in melius ræedificabuntur. » Hæsitat in tanto discrimine præsul anxius; ignorat quid jubeat divinæ dispositioni competentius; nescit quid debeat magis velle vel eligere salubrius. Tandem, prudentum consultu, præcepit ignem immitti, et civitatem concremari, ut ab anathematizatis proditoribus liberaretur, et legitimis habitatoribus restitueretur. Radulfus igitur de Guader a parte aquilonali primus ignem injecit, et effrenis flamma per urbem statim volavit, et omnia, tempus enim autumni siccum erat, corripuit. Tunc combusta est basilica Sancti Salvatoris, quam sanctimoniales in colebant, et celebris aula gloriosæ Virginis et Matris Mariæ, cui præsul et clerus serviebant, ubi pontificalem curiam parochiani frequentabant. Rex et cuncti optimates sui episcopo pro ecclesiarum combustione vadimonium suppliciter dederunt, et uberes impensas de opibus suis ad restaurationem earum palam spoponderunt.

Providus rex cum Rodberto Goello, ut prædictum est, pacem fecerat, et arcem de Ibreio pro fide servanda illi commiserat, et fratres ejus pro condigna securitate obsides receperat. Radulfus autem Rufus pacifici tenoris fuit utilis omasus, quia præfati militis erat sororius, tantaque necessitudine confœderatus. Huic nimirum rex, antequam Ebroas adiret, mandavit ut Amalricum et compatriotas commilitones ad militiam lacesseret, ac secus Aucturam fluvium prope Ibreium militares gyros agitaret. Diem quoque, quo hæc fierent, denuntiavit. Ille vero in omnibus regi paruit, et casus, ut a rege peroptatus fuerat, contigit. Denique rex, ubi prorsus inflammatam urbem vidit, Rodberto legatum protinus direxit, et rem gestam mandavit. Mox ille in conflictu clamavit : « Domine Amalrice, audi rumores quos tibi dicam, in quibus nihil lucrabis nisi mœstitiam : Ebroicam civitatem rex hodie concremavit, et custodibus arcis formido proximæ necis incumbit. » Quod audiens, Amalricus commilitones suos convocavit, ac pro desolatione urbis suæ mœstus ad sua remeavit.

Philippus et Florus, Philippi regis Francorum filii, et ex Bertrada sorore nepotes Amalrici, Guillelmus quoque Punctellus et Richardus Ebroicensis filius Fulconis præpositi, aliique strenui milites arcem defensabant, et tota urbe succensa securiores et alacriores resistebant, quia jam minus ad tutandum, fugatis civibus, habebant. Cives enim destructæ urbis passim dispersi sunt, et, amissis omnibus quæ habuerant, per extera misere vagari mappalia coacti sunt. Modestus rex turrensibus ut sibi turrim redderent mandavit, et, indultis omnibus quæ forisfecerant, multa promisit; quibus acquiescentibus, ad alia regni negotia festinavit. Cæterum, post aliquot dies cum ingenti militia noctu rediit, et repente castrum ante auroram, ardentibus candelis, firmare cœpit, conditumque bellicosis pugnatoribus commisit. Illic enim Radulfus Rufus et Simon de Molinis constituti principes erant, cum Gisleberto de Oximis, aliisque quampluribus, qui probitate probatissimi pollebant. In illis nimirum rex fiduciam habuit, et hostes per eos coercuit, patriamque sibi subreptam recuperavit.

Amalricus et Eustachius, Odo de Gomerz et Guido Malus-Vicinus, aliique strenuissimi milites Paceii degebant, et cum ingenti audacia et virtute suos visitabant, visitatione sua confortabant, regiosque castrenses severis incursibus frequenter inquietabant. Illi nihilominus, qui nunquam imparati erant, quoniam assidue malevolos hostes meticulosi præcavebant, loricati et galeati, adversariis, sævi ut leones, occurrebant, et lanceis et mucronibus insignes ictus vicissim miscebant. Neuter enim ab altero vinci volebat; sed quisque probissimus haberi ardebat, et ob id quotidiana concertatio plerosque prosternebat. Ibi Guillelmus eques, filius Rogerii de Sancto Laurentio, peremptus est, cujus cadaver in claustro Sancti Victoris martyris sepultum est. Hujus nobilitas de illustrissimis Caletensium baronibus propagata est, et famosa strenuitas inter præcipuos pugiles Talou multoties approbata est. Sic frequens exercitium feri Martis multum cruorem effundit, et vita, speciosis juvenibus crudeliter extorta, lugubre damnum pluribus ingerit.

Ludovicus rex castellum Dangu obsedit, et Rodbertum municipem valida virtute Francorum acriter coercuit. Tandem oppidanus, amicorum consilio qui extrinsecus obsidebant, castrum immisso igne combussit, et egressus, nihil hostibus nisi favillas reliquit. Ipse in eadem septimana cum militia Gisortensi super Francos irruit, et ingentem prædam de Calvimonte et viculis ejus rapuit. Rex autem Franciæ, concremato Dangu, elatus tripudiavit, et Novum Castrum, quod Guillelmus Rufus apud Fuscellimontem prope Eptam construxerat, obsedit; sed ad votum non omnia obtinuit. Gualterius enim Riblardus cum regiis satellitibus fortiter obstitit, et acerrima obsidentibus vulnera directis missilibus inflixit. Post xv dies, Amalricus regi nuntium direxit, per quem Ebroarum concremationem, aliaque infortunia illi mandavit, et festinum ejus auxilium obnixe postulavit. His auditis, confestim rex abscessit, et, incensis mappalibus, gaudium inimicis dimisit. Ibi Engerrannus de Tria, probissimus miles, in supercilio vulneratus est, et post aliquot dies in amentiam versus, miserabiliter mortuus est.

Interea Ludovicus rex in Galliam discursum ocius peregit, iterumque de Stampis Normanniam repente repetiit, et nonnullos secum bellicosos milites adduxit. In die xx mensis Augusti [1119], Henricus rex Nogione missam audivit, et cum summis optimatibus suis expeditionem facturus in hostes exivit, ignorans quod rex Franciæ Andeleium tunc venerit. Albionis sceptriger cum insigni armatorum agmine processit, segetesque circa Strepinneium rapaci armigerorum manu messuit, et maximos fasces cornipedum dorsis ad castrum Leonis devehi præcepit. Quatuor nempe milites super Guarclivam a rege constituti speculabantur, ne quis aliunde impedimentum illis quolibet modo moliretur. Qui videntes galeatos cum vexillis Nogionem tendere, confestim regi suo mandavere.

VII. *Brenmulense prælium. Ludovicus rex cladem accipit.*

Eodem die Ludovicus rex cum Francorum cuneis Andeleium egressus est, et multoties cum suis, quod Anglorum regem in aperto reperire campo nequivissent, conquestus est. Nesciens quippe regem tam vicinum esse, Nogionem cum insigne militia festinus adiit, quia castrum illud eodem die per proditionem machinatam adipisci speravit. Sed res multum aliter evenit, dum turgentes, avidosque belli pares in bello victoria sequestravit, et pompa triumphantes post dejectos et fugaces exagitavit. Burchardus de Monte-Morencii, aliique prudentes Ludovico in Neustria bellare dissuaserunt; sed furibundi Calvimontenses certamen inire coegerunt. Guillelmus quoque Camerarius Henricum conatus est a conflictu retrahere; sed Guillelmus de Guarenna et Rogerius de Benefacta viriliter animaverunt. Tunc palam auditum est, nuntiis intercurrentibus, et rumigerulis famam passim spargentibus, quod ambo reges egressi essent cum suis cœtibus, et si vellent jam certare, possent cominus. Franci jam Nogioni appropiaverant, et apothecam monachorum Buscheronensium concremaverant, cujus fumum ascendentem in excelsum Angli pro indice prospexerant. Prope montem qui Guarcliva nuncupatur, liber campus est et latissima planities, quæ ab incolis Brenmula vocitatur. Illic Henricus, rex Anglorum, cum quingentis militibus descendit, arma bellica bellicosus heros assumpsit, et ferratas pugnatorum acies prudenter ordinavit. Ibi fuerunt duo filii ejus, Rodbertus et Richardus, egregii milites, et tres consules, Henricus Aucensis, Guillelmus de Guarenna et Gualterius Gifardus. Rogerius quoque Richardi filius, et Gualterius de Alfagio, consanguineus ejus, Guillelmus de Tancardivilla, et Guillelmus de Rolmara, Nigellus de Albineio, aliique quamplures regem stipabant, qui Scipionibus, seu Mariis, sive Catonibus, Romanis censoribus, æquiparandi erant, quia laicali sensu et equestri probitate, ut exitus probavit, admodum pollebant. Eduardus de Salesburia ibi portavit vexillum, fortis agonista, cujus robur erat probatione notissimum, et constantia perseverans usque ad exitium. Ludovicus rex, ut vidit quod diu peroptaverat, quadringentos milites ascivit, quos in promptu tunc habere poterat, eosque pro servanda æquitate et regni libertate in bello fortiter agere imperat, ne illorum ignavia Francorum gloria depereat. Ibi Guillelmus Clito, Rodberti ducis Normannorum filius, armatus est, ut patrem suum de longo carcere liberaret, et avitam sibi hæreditatem vindicaret. Illic Matthæus, comes de Bellomonte, et Guido de Claromonte, atque Otmundus de Calvimonte, Guillelmus de Guarlanda, Francorum princeps militiæ, Petrus de Manlia, et Philippus de Monte-Braii, ac Burchardus de Monte-Morencii ad pugnam parati fuerunt. De Normannis quoque Baldricus de Braio, et Guillelmus Crispinus, et plures alii Francis adjuncti sunt. Omnes hi turgentes Brenmulam convenerunt, et fortiter præliari contra Normannos adorsi sunt.

Primum utique in conflictu Galli acriter ferire cœperunt, sed inordinate properantes superati sunt, citoque fatiscentes terga verterunt. Richardus, regis filius, et centum milites equis insidentes ad bellum parati erant. Reliqui vero cum rege pedites in campo dimicabant. In prima fronte Guillelmus Crispinus et LXXX equites super Normannos irruerunt, sed equis eorum protinus occisis, omnes inclusi et retenti sunt. Deinde Godefredus de Serranz, aliique Vilcassinii fortiter percusserunt, aciemque totam aliquantulum retro vacillare compulerunt. Cæterum, indurati bellatores animos et vires resumpserunt, et Burchardum ac Otmundum et Albericum de Marolio, aliosque plures Francorum dejectos ceperunt. Quod videntes Franci, dixerunt regi : « Octoginta milites nostri, qui præcesserunt, non comparent; hostes numero et viribus nobis prævalent; jam Burchardus et Otmundus, aliique præcipui pugiles capti sunt, et cunei nostri magna ex parte labantes diminuti sunt. Recede ergo, quæsumus, domine, ne contingat nobis damnum irreparabile. » His dictis Ludovicus acquievit, et cum Baldrico de Bosco velociter aufugit. Victores autem CXL milites comprehenderunt, et reliquos usque ad portas Andeleii persecuti sunt. Qui per unam viam pompose venerunt, per plures anfractus confusi fugerunt. Guillelmus autem Crispinus cum suis, ut dictum est, circumvallatus, ut regem prospexit, per medias acies ad eum, quem maxime odibat, cucurrit, gladioque super caput feralem ictum intulit; sed capitium loricæ specialis patricii caput illæsum protexit. Mox temerarium percussorem Rogerius, Richardi filius, percussit, dejectum cepit, et super ipsum jacens, ne a circumstantibus amicis pro ultione regis mox enecaretur, defendit. A multis nempe impetitus est, et vix a Rogerio salvatus est. Nefariam enim temeritatem inchoaverat, qui dextram cum framea ferientem super caput levaverat, quod per pontificale ministerium sacro chrismate delinitum fuerat, et regale diadema, populis gaudentibus, Dominoque Deo gratias et laudes concinentibus, bajulaverat.

In duorum certamine regum, ubi fuerunt milites ferme nongenti, tres solummodo interremptos fuisse comperi. Ferro enim undique vestiti erant, et pro timore Dei, notitiaque contubernii vicissim sibi parcebant, nec tantum occidere fugientes quam comprehendere satagebant. Christiani equidem bellatores non effusionem fraterni sanguinis sitiebant, sed legali triumpho ad utilitatem sanctæ Ecclesiæ et quietem fidelium, dante Deo, tripudiabant. Ibi strenuus Guido et Otmundus, Burchardus et Guillelmus Crispinus, aliique plures, ut supra dictum est, capti sunt, et a redeuntibus Nogionem ipsa die ducti sunt. Nogion quippe tribus leucis distat ab Andeleio, et eo tempore, guerris furentibus, deserta erat tota regio. In meditullio repentina principum facta est congressio, et ingens pugnatorum personuit vociferatio, armorumque turbulenta frenduit collisio, et nobilium baronum horruit dejectio.

Francorum rex fugiens in silva solus erravit; sed rusticus quidam, qui non cognoscebat eum, forte invenit. Quem rex summopere rogavit, insuper jurejurando plurima promisit, ut compendiosius iter ad Andeleium sibi ostenderet, aut pro magna remuneratione secum illuc pergeret. Ille vero, de mercede certus optima, concessit, atque tremulum principem Andeleium deduxit, qui metuebat tam prævium viatorem ne ab eodem proderetur, quam adversarios insequentes ne ab illis retineretur. Denique, ruricola dum imperiale satellitium officiose regis occurrens Andeleii prospexit, parvipendens quidquid retributionis habuit, hebetudinemque suam condemnans multum doluit, cognito quanti per inscitiam emolumenti virum perdiderit.

Henricus rex vexillum Ludovici regis ab athleta qui obtinuerat illud, viginti marcis argenti redemit, et pro testimonio victoriæ cœlitus datæ sibi retinuit. Mannum autem regis in crastinum ei remisit, cum sella et freno et omni apparatu, ceu regem decuit. Guillelmus quoque Adelingus Guillelmo Clitoni, consobrino suo, palefridum, quem in bello pridie perdiderat, remisit, et alia munera exsulanti necessaria, providi genitoris instinctu, destinavit. Porro vinctos per oppida rex divisit, et Burcardum ac Herveium de Gisortis, aliosque nonnullos, quia homines utriusque regis erant, omnino absolvit, et liberos a vinculis abire permisit. Inclytus Guido de Claromonte Rothomagi infirmatus est, et rege, qui famosum pugilem in carcere servabat, mœrente, defunctus est. Otmundus vero nequam silicernius Archas relegatus est, ibique, ut meruerat, usque ad concordiam regum ferreis compedibus et vinculis constrictus est. Hujus enim infamia usque in Illyricum narrabatur, quia fures et prædones ad exaggerandum nefas tuebatur. Peregrinos et pauperes ac viduas, et inermes monachos et clericos spoliabat, multisque modis incessere non erubescebat. Petrus de Manlia, aliique nonnulli fugientum, cognitiones suas, ne agnoscerentur, projecerunt, et insectantibus callide misti signum triumphantium vociferati sunt, atque magnanimitatem Henrici regis, suorumque fictis laudibus præconati sunt. Rodbertus de Curceio, junior, usque in burgum Gallos persecutus est, ibique a conviantibus, quos commilitones suos opinabatur, retentus est. Hic solus de Normannis captus est, nec ut ignavus, qui in hostium oppido solus a multis vallatus est, et in carcere retrusus est.

Infortunium quod Gallis in Normannia contigerat, longe lateque divulgatum est, et per omnes provincias cis Alpes a lugentibus sive subsannantibus passim diffusum est. Arrogantes erubescebant, et pugnaces qui bello interfuerant, varias tergiversationes contra cavillantes quærebant, et diversa diversi ad excusationem sui dedecoris mendacia proferebant.

VIII. *Ludovicus rex bellum renovat.*

Ludovicus rex, pro CXL militibus captis, quos alacres Nogionem adduxerat, tristis, Parisius abiit, ibique Amalricus, qui bello non interfuerat, gratia consolationis eum visitavit, et de suorum fuga, capturaque plangenti, pluraque revolventi, ait : « Pro contrario eventu non mœstificetur dominus meus, quia tales sunt bellorum casus, et plerumque summis incubuerunt ac famosissimis imperatoribus. Fortuna seu rota vergibilis est. Nam quem subito sustulit, in momento dejicit, et econtra prostratum et conculcatum spe melius erigit. Nunc ergo consideratis opibus Galliæ, et immensis viribus collectis undique, insurgens, ad reparanda laudis nostræ damna et potentiæ, salubre quod edam consilium accipe. Episcopi et comites, aliæque potestates regni tui ad te conveniant, et presbyteri cum omnibus parochianis suis tecum, quo jusseris, eant, ut communis exercitus communem vindictam super hostes publicos exerceant! Ego autem, qui peractæ nuper expeditioni non adfui, cum meis interero, et consilium et auxilium cum salvo ducatu vobis præbebo. Est equidem mihi firma domus Cinctraii, ubi me præstolantur Gualchelinus de Taneio, aliique sodales fidissimi, et mihi circumjacentem patriam tuentur contra municipes Britolii. Illic securi congregabimur, et inde Britolium, quod in corde Normanniæ est, aggrediemur. Quod si obtinere poterimus, Eustachio, qui pro nobis exhæredatus est, restaurabimus; et Radulphus de Conchis, nepos meus, nobis adhærebit, cum cunctis hominibus suis et munitionibus. Ipse fortia possidet castra, Conchas et Toeneium, Portas et Archinneium, probatique barones gestant ejus dominium, qui per ipsum solum multipliciter nostrum augebunt numerum. His nimirum Britolio nunc coarctatur, nec nobis, quia non audet, nunc adminiculatur, ne tota statim terra ejus devastetur. »

His itaque dictis exhilaratus rex omnia fieri decrevit ut præfatus heros insinuavit. Celeres igitur veredarios direxit, et edictum suum episcopis mandavit. Illi vero gratanter ei paruerunt, et presbyteros diœcesis suæ cum parochianis suis anathemate percusserunt, nisi regis in expeditionem statuto tempore festinarent, et totis viribus rebelles Normannos protererent.

Burgundiones ergo et Bituricenses, Alvernici et Senonenses, Parisiaci et Aurelianenses, Veromandi et Belvacenses, Laudunenses et Stampenses, aliique plures, ut lupi ad prædam, avide perrexerunt, et mox ut de domibus suis egressi sunt, in suis etiam regionibus rapere quidquid poterant cœperunt. Indomita gens rapinis insatiabiliter inhiabat, et irreverenter ecclesias per iter spoliabat, monachos et clericos sibi collimitaneos ut hostes affligebat. Principalis justitia inter facinorosos nulla erat, pontificalis rigor ibi tunc omnino torpescebat, et impune quisquam agitabat quod libitus cuique fortuitu suggerebat. Noviomensis episcopus, et Laudulensis, aliique plures in illa expeditione fuerunt, et pro malevolentia quam in Normannos habebant, suis omne nefas permiserunt. Sacra etiam loca quasi ex divina auctoritate violari concesserunt, ut ita legiones suas pluribus modis leniendo multiplicarent; fasque nefasque illis annuentes in adversarios animarent. Ludovicus itaque rex Britolium adduxit numerosas acies de Parrona et Nigella, de Noviomo et Insula, de Tornaco et Atrebate, de Gornaco et Claromonte, et de omnibus provinciis Galliæ et Flandriæ, ut amissa Eustachio restitueret, aliosque, qui pro Guillelmo exsule pariter exsulabant, in pristinos honores revocaret. Radulphus autem Brito cum turmis suis audacter illis obviam processit, et fortiter pugnando illos excepit, et lancea, gladioque diros ictus dando luctuosa illis damna intulit. Omnes quoque castri portas aperiri præcepit; sed patentibus januis nullus inimicorum ingredi præsumpsit, quoniam mira vis obstantium efficaciter eos repulit. Ad tres portas atrox conflictus agebatur, et pugnaces agonistæ frequenter utrinque dejiciebantur.

Rex Anglorum, ut redivivum in Neustriam reditum Francorum agnovit, Richardum, filium suum, cum cc militibus Radulfo de Guader suppetias misit, quibus Radulfum Rufum et Rualodum de Abrincis audaces et industrios stratores constituit. Acerrime siquidem concertantibus, regalis familia supervenit; qua visa, Gallorum virtus jam fatigata deficere cœpit. Insignis Radulphus de porta ad portam discurrebat, et arma sæpe, ne cognosceretur, mutabat. Plures præclaros athletas ea die dejecit, et, præcipitatis equitibus, equos eorum sociis indigentibus largiter donavit, sicque militari probitate inter præcipuos pugiles per sæcula laudari promeruit.

Pulcher et probissimus Flandrita Radulfum Rufum et Lucam de Barra, aliosque strenuos equites prostravit, et, abductis eorum equis, arroganter intumuit, nec vicinum sibi triste fatum callide præcavit. Invictum Britonem, ut quempiam plebeium, solito more occurrit, et mox ab eo lethaliter percussus cecidit, et coram multis captus, post xv dies in carcere Britolii exspiravit.

Rex Anglorum filium suum Richardum aliosque præcursores suos secutus est cum ingenti caterva, denuo pugnaturus contra Francorum millia, si reperisset eos in terra sua. Verum ipsi, qui longa obsidione rati sunt oppidum obtinere, eadem die, frustrata, quasi turgidi venerant, spe, cum ignominia et plagis in Galliam compulsi rediere. Sacerdotes quoque justo judicio Deus inglorios reduxit, tremore, damnis, luctu et confusione perfudit, qui sacra loca, quæ sacerdotali censura debuissent præmunire, spurcis avidisque nebulonibus impudenter contaminanda tradidere.

Tunc Guillelmus de Calvimonte, gener regis, aliique superbi tirones, irati quod Britolii nihil lucrati fuissent, ad Tegulense castrum fere ducenti diverterunt, ut sibi aliquid emolumenti seu laudis vindicarent. Porro Gislebertus, Tegulensis castellanus, in abdito loco cum satellitibus suis latitabat, et tramites, ne rura sua latrunculi depopularentur, explorabat. Venientibus vero Francis subito prosilivit, generumque regis, Guillelmum, comprehendit, pro cujus redemptione cc argenti marcos habuit. Contubernalium autem ejus quosdam cepit, reliquos vero cum dedecore fugavit.

Confracta itaque cervicositate sobolis suæ, Gallia satis ingemuit, recensitis eventibus damnosis, suisque futuris generationibus exprobrandis, quos nuper in Neustria pertulerit. Henricus autem rex, quia pacis amator erat, feliciter effloruit; pro quo supplicantem Ecclesiam Deus clementer exaudivit, et crebras ei de inimicis victorias pie contulit. Rediviva prosperitas, illi blande favens, sævos perfectiales admodum terruit, et acerbam pœnitudinem infortunatæ factionis reipublicæ hostibus incussit.

Richerius de Aquila xv Kalendas Octobris [1119] Odonem, totamque prædam de Ciseio rapuit, ea die qua Ludovicus rex cum multis millibus Britolium adiit; sed nihil nisi dedecus et vulnera vindicavit. Præfatus juvenis in expeditione illa rem fecit perenni dignam memoria. Dum pagenses de Vaceio et circumjacentibus vicis raptores sequerentur, et armenta sua quolibet modo eripere seu redimere meditarentur, animosi milites, retro conversi, super eos irruerunt, citoque terga dantes persecuti sunt. Cumque illi vires non haberent quibus contra ferratam aciem sese defenderent, nec proximum esset præsidium ad quod confugere potuissent, secus viam crucem ligneam aspexerunt, ante quam omnes pariter humo tenus prostrati sunt. Quod videns Richerius, timore Dei compunctus est, et pro dulci amore Salvatoris crucem ejus pie reveritus est. Jussit ergo suis ut omnes consternatos incolumes sinerent, et ipsi, ne impedimentum aliquod paterentur, inceptum iter peragerent. Sic nobilis vir pro Creatoris metu fere centum villanis pepercit, a quibus si prendere eos temere præsumpsisset, grande pretium exigere potuisset. Eadem septimana, per Rotronem, avunculum suum, regi reconciliatus est, et totam in Anglia seu Normannia terram patris sui adeptus est.

Deinde rex Uticensem pagum cum exercitu adiit, et inimicos suos, qui Gloz et Liram tenebant, visitavit. Tunc nimirum Rogerius, Guillelmi filii Barnonis filius, prætorium Gloz servabat, et Ernaldus de Bosco Liræ municeps erat; qui, cum vidissent quod regia virtus omnia conculcaret, et sibi omne ab Eustachio et Amalrico subsidium defecisset, cum Radulfo, qui vicinus sibi erat, locuti sunt, et per eum idoneam sibi pacem cum rege fecerunt, eique diu servata fideliter castra reddiderunt. Rex autem Radulfo de Guader eadem restituit, et pacificata jam regione Uticensi, Rothomagum reversus, Deo gratias retulit.

Interea, idem heros, quia Radulfum de Conchis suspectum habebat, nec ad rura sua quæ ultra Sequanam sunt, nisi per terram ejus ire poterat, consilio regis Pontem Sancti Petri, totamque vallem de Pistris dedit, ut sibi fidelis esset, et contra publicos hostes totis nisibus rempublicam defenderet. Radulfo quoque Rufo redditus de Gloz annuit, quem necessarium sibi in multis comprobavit, et profuturum adhuc æstimavit.

IX. *Remense concilium a Calixto papa celebratum. In quo de contentionibus inter Imperatorem et sedem apostolicam versatis agitur.*

In Octobris medio [1119], Calixtus papa cum Romano senatu Remis venit, ibique xv diebus demoratus concilium tenuit, et de utilitatibus Ecclesiæ cum pastoribus Dominici gregis solerter tractavit. Ibi nimirum fuerunt xv archiepiscopi et plus quam cc episcopi, cum multis abbatibus et aliis Ecclesiæ dignitatibus. Apostolico enim jussu evocati de Italia et Germania, de Gallia et Hispania, de Britannia et Anglia, de insulis Oceani, et cunctis occidentalibus provinciis, congregati sunt pro amore Salvatoris, ejus parati gratanter obedire mandatis. Maguntinus archiepiscopus, cum vii præsulibus, Remis ad synodum properavit, quos quingentorum militum cohors secure vallavit. Quorum adventu comperto, exsultavit, eisque Hugonem, Trecassinum comitem, cum turmis militum amicabiliter obviam misit.

Rex Anglorum prælatis regni sui ad synodum quidem ire permisit; sed omnino, ne alicujus modi querimoniam alterutrum facerent, prohibuit. Dixit enim: « Omni plenariam rectitudinem conquerenti faciam in terra mea; redditus ab anterioribus meis constitutos Romanæ Ecclesiæ singulis annis erogo, et privilegia nihilominus ab antiquis temporibus pari modo mihi concessa teneo. Ite, dominum papam de parte meâ salutate, et apostolica tantum præcepta humiliter audite; sed superfluas adinventiones regno meo inferre nolite. » In ecclesia metropolitana synodus celebrata est. Ibi papa xiv Kalendas Novembris Dominico missam cantavit, et Bajocensem Turstinum Eboracensibus archiepiscopum consecravit, privilegioque, ne Cantuariensi metropolitæ veluti magistro, sed quasi coepiscopo subjiceretur, donavit. Sequenti autem Dominico, Fredericum, Hermanni Namuri comitis fratrem, Leodicensibus episcopum benedixit; qui infra triennium ab æmulis veneno infectus obiit, et nunc miraculis ad sepulcrum ejus coruscantibus feliciter splendescit. In basilica Sanctæ Virginis Mariæ, ante crucifixum xii Kalendas Novembris cathedræ præsulum appositæ sunt, et singuli metropolitæ, prout eis antiquitus a Romano pontifice constitutum est, ordinate consederunt. Radulfus cognomento Viridis, archiepiscopus Remensis et Leotericus Bituricensis, Humbertus Lugdunensis et Goisfredus Rothomagensis, Turstinus Eboracensis et Daimbertus Senonensis, Gislebertus Turonensis et successor ejus Hildebertus Cenomanensis, Baldricus Dolensis et alii octo archiepiscopi, cum suffraganeis suis et absentium legatis, cum multis abbatibus et monachorum ac clericorum multitudine, futurum examen præfiguravere, quod in spiritu intuens Isaias et quasi digito demonstrans, exclamat cum metu ac mentis alacritate: « Dominus ad judicium veniet, cum senibus populi sui et principibus ejus (*Isa*, iii, 14). »

In sublimi consistorio apostolica sedes erat, ante januas ecclesiæ. Finita missa, Calixtus papa resedit, et in prima fronte coram eo Romanus senatus constitit. Cono Præenstinus præsul, et Boso Portuensis, Lambertus Ostiensis, Joannes Cremensis et Hato Vivariensis. Hi nimirum præ omnibus aliis quæstiones subtiliter discutiebant, et mira eruditione imbuti, responsa ubertim proferebant. Chrysogonus vero diaconus, dalmatica indutus, papæ astabat, manuque canones gestabat, promptus propinare authenticas majorum sententias, ut res exigebat. Porro alii sex ministri, tunicis seu dalmaticis vestiti, circumstabant, et frequenter, insurgente dissidentium tumultu, silentium imperabant. In primis, post litaniam et authenticas orationes, papa cœpit simpliciter et sancte Latialibus verbis Evangelium explanare, quod jusserit Jesus discipulos suos trans fretum præcedere (*Marc*. vi, 45). Eloquenter etiam retexuit quomodo, vespere facto, ventus oritur contrarius, et navis sanctæ Ecclesiæ periclitatur in hujus mundi fluctibus, multimodisque jactatur tentationum et tribulationum procellis; sed sævientes impiorum flatus subito conquiescunt visitatione Salvatoris, et optata tranquillitas revertitur ad filios pacis. Deinde, ut papa sermonem finivit, Cono cardinalis pontifex surrexit, et eloquentissime sacros archimandritas de cura pastorali admonuit. Ex libro quoque Geneseos (cap. xxix, xxx) verba Jacob memoriter protulit, et prælatos Ecclesiæ circa gregem Domini parem diligentiam habere spiritualiter debere asseruit, quam Jacob erga oves Laban, avunculi sui, se habuisse manifestavit.

Ludovicus rex, cum principibus Francorum, synodum introivit. In consistorium ubi papa residens omnibus præeminebat, conscendit, querimoniamque suam rationabiliter deprompsit. Erat enim ore facundus, statura procerus, pallidus et corpulentus. « Ad hanc, inquit, sanctam concionem pro investigando consilio cum baronibus meis venio; domine papa, et vos, o seniores, audite me, obsecro. Rex Anglorum, qui jamdudum mihi confœderatus exstitit, mihi meisque subjectis plurimas infestationes et injurias ingessit; Normanniam, quæ de regno meo est, violenter invasit, et Rodbertum, ducem Normannorum, contra omne jus et fas, detestabiliter tractavit. Hominem quippe meum, sed fratrem dominumque suum, multis modis molestavit, et ad ultimum cepit, et huc usque in carcere longo detinuit. Ecce Guillelmum, ducis filium, qui mecum ad vos huc accessit, funditus extorrem exhæreditavit! Per episcopos et consules, aliasque personas, ipsum ut captum ducem mihi redderet, requisivi; sed de hac re nihil ab eo impetrare potui. Rodbertum de Belismo, legatum meum, per quem mandaveram regi quæ volebam, in curia sua cepit, vinculis injecit, et in ergastulo truci huc usque coercuit. Tedbaldus comes homo meus est; sed instinctu avunculi sui contra me nequiter erectus est. Ejus enim divitiis et potentia inflatus, in me rebellavit, et infidus mihi atrocem guerram fecit, regnumque meum ad detrimenta multorum conturbavit. Legitimum bonumque virum, Guillelmum comitem Nivernensem, quem bene nostis, remeantem de obsidione castelli cujusdam excommunicati furis, ubi vere spelunca latronum et fossa diaboli erat, comprehendit, et usque in hodiernum diem carceri mancipavit. Religiosi præsules Thomam de Marla seditiosum prædonem totius provinciæ merito adversati sunt, ideoque mihi generalem inimicum peregrinorum et omnium simplicium obsidere præceperunt, et ipsi mecum, legitimique barones Galliæ ad comprimendos exleges convenerunt, et cum communi collectione Christiani exercitus pro zelo Dei certaverunt. Inde præfatus heros cum mea licentia pacifice regrediens captus est, et a Tedbaldo comite usque hodie retentus est, licet eum multitudo procerum ex parte mea sæpe pro liberatione comitis suppliciter requisierit, et tota terra ejus ab episcopis anathematizata sit. »

Cumque rex hæc et his similia dixisset, et Gallicana concio veracem ejus orationem allegasset, Goisfredus, Rothomagensis archiepiscopus, cum suffraganeis episcopis et abbatibus, surrexit, et pro rege Anglorum rationabiliter respondere cœpit. Verum, orto tumultu dissidentium interceptus, conticuit, quia illic multi aderant inimicorum, quibus excusatio pro victorioso principe displicuit.

Interea Hildegardis, comitissa Pictavorum, cum suis pedisequis processit, et alta claraque voce querimoniam suam eloquenter enodavit, quam omne concilium diligenter auscultavit. Se siquidem dixit a marito suo esse derelictam, sibique Malbergionem, vicecomitis de Castello Airaldi conjugem, in toro subrogatam. Cumque papa interrogaret utrum consul Pictavensis secundum suum edictum ad synodum venisset, Guillelmus, eloquentissimus juvenis, episcopus Sanctonensis, et plures episcopi et abbates de Aquitania surrexerunt, et eumdem Aquitanorum ducem excusaverunt, asseverantes quod iter ad concilium inierit, sed ægritudine detentus obiter remanserit. Denique papa infirmitatis causa excusationem suscepit, inducias dedit, certumque terminum constituit, quo consul ad placitum in curiam papæ veniret, ac aut legitimam uxorem reciperet, aut pro illicito repudio sententiam anathematis subiret.

Deinde barbatus Audinus, Ebroicensis episcopus, clamorem de Amalrico fecit, a quo et se turpiter expulsum, et episcopium abominabiliter incensum denuntiavit. Protinus econtra capellanus Amalrici palam respondendo audacter occurrit, et mendacem episcopum liquido coram omni cœtu vocitavit: « Non Amalricus, inquit, sed nequitia tua te merito expulit, et episcopium combussit. Ipse profecto, quem rex per fraudulentam malignitatem tuam exhæreditavit, ut strenuissimus miles, armis pollens et amicis, debitum honorem recuperavit. Rex siquidem cum pluribus catervis suorum urbem obsedit, imperioque tuo ignem injecit, et basilicas omnes cum ædibus concremavit. Tali tantoque damno peracto recessit, nec adhuc secum seu civitatem obtinuit. Videat et judicet hæc sancta synodus : quis magis pro combustis ecclesiis condemnandus est, Audinus an Amalricus ? »

Francis itaque contra Normannos adminiculantibus Amalrico, grandis ibi facta est verborum altercatio. Tandem facto silentio, papa locutus est: « Nolite, quæso, charissimi mei, multiplicitate verborum inutiliter contendere, sed pacem, ut filii Dei, totis nisibus inquirite. Filius enim Dei pro pace de cœlo descendit, et humanum corpus ex intacta Virgine Maria clementer assumpsit, ut lethalem guerram, per protoplasti reatum progressam, pie sedaret; ut pacem inter Deum et hominem, ipse sequester factus mitteret; ut angelicam et humanam naturam reconciliaret. Ipsum in omnibus sequi debemus, qui ejus in populo suo vicarii qualescunque sumus. Pacem et salutem membris ejus omnimodis procurare satagamus, quia ministri et dispensatores ministeriorum Dei sumus. Membra quippe Christi populum Christianum appello, quem ipse sanguinis sui redemit pretio. Inter bellicos tumultus in perturbatione positus sæculari, quis digne potest spiritualia contemplari, vel in lege Dei competenter meditari? Bellica seditio plebes commovet ac dissolvit, et per abrupta vitiorum lethaliter evagari cogit. Ecclesias violat, sacrata contaminat, et plura nefaria irreverenter exaggerat. Clerum vehementer inquietat, et a studio religionis pluribus modis evocat. In cultu Dei consistentes territat, molestiis nequiter infestat, et quid agant præ timore nescientes enervat. Regularem disciplinam confundit ac dissipat, et indisciplinatos in omne nefas præcipitat. Ecclesiasticus itaque rigor dissolvitur, lethifera dissolutio passim diffunditur, et castitatis pudor flebiliter exponitur. Furia vero malorum abominabiliter grassatur, et iniquorum phalanx ad inferos miserabiliter quotidie raptatur. Pacem igitur, quam bonorum nutricem lucide videmus, in omnibus ubique ferventer amplecti debemus, indesinenter servare, omnibus imperare, verbis et exemplis prædicare. Hanc ipse Christus, ad passionem properans, suis reliquit, dicens : *Pacem relinquo vobis, pacem meam do vobis* (*Joan.* XIV, 27). Hanc eamdem ipse resurgens ex mortuis repræsentavit, dicens : *Pax vobis.* (*Luc.* XXIV, 36). Magna quies et securitas est ubi pax regnat; dolor et tribulatio terit omnes et cruciat quos ira rodit ac discordia stimulat. Pax est blanda et salubris concatenatio cohabitantium, omnique creaturæ rationali generale bonum, quo indissolubiliter nexi cœlestes gaudent, terrigenæque simili nexu colligari jugiter indigent; sine qua pestilentes timentur et timent, et, nunquam securi, turbantur et mœrent.

Hanc igitur virtutem, quam appeto, quam ex sanctarum auctoritate Scripturarum, et generali approbatione publicæ commoditatis, summopere laudo, toto nisu inquirere, et in tota Dei Ecclesia, ipso juvante, diffundere vivaciter elaborabo. Treviam Dei, sicut eam sanctæ memoriæ Urbanus papa in concilio Clarimontis tenendam constituit, præcipio, et reliqua decreta, quæ ibi a sanctis Patribus sancita sunt, ex auctoritate Dei, et sancti Petri apostoli, omniumque sanctorum Dei, confirmo. Imperator Alemannorum mandavit mihi ut Mozonem castrum adeam, ibique pacem cum eo, ad utilitatem sanctæ matris Ecclesiæ, faciam. Illuc utique pro pace laboraturus nunc ibo, et coepiscopos meos Remensem et Rothomagensem, et alios quosdam de fratribus et coepiscopis nostris mecum minabo, quos præ cæteris ad hoc placitum necessarios æstimo. Aliis omnibus episcopis et abbatibus jubeo ut hic præstolentur nos quantocius redituros, auxiliante Conditore nostro. Omnes hic exspectare commendo, nec etiam Goisfredum, abbatem Sancti Theodorici, abire permitto, quamvis ejus hospitium sit in proximo. Orate pro nobis, ut Deus et Dominus noster prosperum iter nobis concedat, et omnes conatus nostros ad pacem et utilitatem totius Ecclesiæ benigniter dirigat. Cum autem reversus fuero, clamores vestros et ratiocinationes, ut rectius potuero, diligenter discutiam, opitulante Domino, ut cum pace et exsultatione ad propria remittatur hæc sacra concio. Deinde spiritualem filium meum, et originis propinquitate consobrinum, regem Anglorum adibo; precibus et alloquiis ipsum et Tedbaldum comitem, ejus videlicet nepotem, aliosque dissidentes admonebo ut in omnibus rectitudinem faciant, et ab omnibus eamdem in amore Dei recipiant, et juxta Dei legem pacificati, ab omni bellorum strepitu sileant, atque cum subjectis plebibus securi quiescentes gaudeant. Porro illos qui persuasionibus nostris obtemperare noluerint, sed in sua procacitate contra jus et publicam quietem contumaciter perseveraverint, terribili anathematis sententia feriam, nisi a pravitate sua resipuerint, et pro transactis reatibus canonice satisfecerint. » His dictis, cœtus fidelium solutus est.

X. *Remense concilium continuatur.*

In crastinum, feria quarta, cum insigni comitatu Mozonem profectus est, et Dominico sequenti, præ labore et metu lassus et æger, Remis regressus est. Interea multitudo magistratuum papæ reditum ægre præstolata est. Nam qui de longinquis regionibus illuc apostolici jussu convenerant, ibi nihil agentes, infructuose sua distrahebant, suarumque curam domorum cum mœrore intermittebant. Denique reversus papa per quatuor dies synodum tenuit, et de diversis ecclesiarum negotiis tractavit.

Igitur, feria secunda, postquam papa consedit, Joannes Cremensis eruditus et eloquens presbyter, surrexit, et peracti eventus itineris seriatim enucleare cœpit : « Notum est, inquit, sanctitati vestræ quod Mozonem perreximus. Sed infortuniis contra nos insurgentibus, nil commoditatis perpetravimus. Illuc festinanter ivimus, sed inde festinantius redivimus. Imperator enim cum ingenti exercitu ad prædictum locum advenit, et quasi pugnaturus armatorum ferme xxx millia secum habuit. Hoc itaque ut animadvertimus, dominum papam in præfato castro, quod in Remensis archiepiscopi dominio est, inclusimus, et nos inde ad constitutum colloquium egredientes, ipsum exire omnino prohibuimus. Secretius fari cum imperatore multoties quæsivimus; sed mox ut a turba segregati, cum illo seorsum migraremus, innumeri satellites, voluntatis ejus et fraudis conscii, nos circumdabant, et lanceas gladiosque suos vibrantes, ingentem nobis metum incutiebant. Non enim ad bellum instructi veneramus, sed inermes pacem universali Ecclesiæ procurabamus. Imperator dolosus per diversas ambages cavillabatur, fraudulenter nobiscum loquebatur; sed præsentiam papæ, ut eumdem caperet, summopere operiebatur. Sic totum diem inutiliter exegimus; sed Patrem patrum ab oculis ejus solerter occultavimus, memores quam fraudulenter idem ipse Romam intraverit, et ante aram in basilica Sancti Petri apostoli, Paschalem papam ceperit. Denique nos tetra nox diremit, et unusquisque sua mappalia repetiit. Nos utique, formidantes ne pejora incurreremus, iter repedandi, imo fugiendi, velociter inivimus. Quin etiam, ne formidabilis tyrannus cum multis legionibus, quas secum ducebat, persequeretur nos, valde timuimus. » De his dixisse nunc sufficit.

Coloniensis archiepiscopus legatos et epistolas domino papæ direxit, et professa subjectione, pacem et amicitiam cum illo pepigit. Filium quoque Petri Leonis, quem obsidem habebat ob amoris specimen gratis reddidit. Hæc dicens, quasi ob insigne tripudium lætitiamque mirabilem, digito monstravit nigrum et pallidum adolescentem, magis Judæo vel Agareno quam Christiano similem, vestibus quidem optimis indutum, sed corpore deformem. Quem Franci, aliique plures papæ assistentem intuentes, deriserunt, eique dedecus perniciemque citam imprecati sunt, propter odium patris ipsius, quem nequissimum fœneratorem noverunt.

Deinde Lugdunensis archiepiscopus cum suffraganeis suis surrexit, et ita loqui cœpit : « Matisconensis episcopus ad hanc sanctam synodum clamorem facit, quod Poncius Cluniacensis ipsum ecclesiamque suam damnis multisque injuriis affecit; ecclesias, decimasque suas, debitasque subjectiones sibi violenter abstulit, et congruas dignitates, suorumque ordinationes clericorum denegavit. » Questus hujucemodi ut Lugdunensis Primas explevit, multi præsules et monachi atque clerici prosecuti sunt, et de rebus sibi violenter ablatis cum vociferatione clamores fecerunt, ac de injustis invasionibus quas a Cluniacensibus perpessi sunt,

Plures valde tumultuati sunt, diuque perstrepentes, acerba quæ ruminaverant, evomuerunt.

Tandem facto silentio, Cluniacensis abbas cum grandi conventu monachorum surrexit, brevique responso et modesta voce ac tranquilla locutione querulosos impetitores compressit. Erat quippe magnanimus de Valle Brutiorum monachus, consulis, Merguliensis filius, et Paschalis papæ filiolus, imperioque ejus inter Cluniacenses educatus. Ætate quidem juvenis, et statura mediocris, sed a pueritia docilis, in virtutibus stabilis, et coessentibus alacritate affabilis; candida vero facie decorus, moribus et genere, ut dictum est, conspicuus, regum et imperatorum consanguinitate proximus, religione ac peritia litterarum præditus, ideoque, tot charismatum prærogativis redimitus, fortis in adversantes æmulos stabat ac rigidus. Multis, ut caraxatum est, clamoribus in synodo propulsatus, respondit : « Cluniacensis ecclesia soli Romanæ Ecclesiæ subdita est, et papæ propria, et ex quo fundata est, a Romano pontifice obtinuit privilegia quæ proclamatores isti sua nituntur abolere et frustrari violentia. Notum autem sit vobis, beati Patres, qui adestis, omnibus, quod ego et fratres nostri monasticas res, quas jure servandas suscepimus, sicut eas venerabilis Hugo, aliique sancti prædecessores nostri habuerunt, servare contendimus. Nulli damna vel injurias ingessimus, res alienas non diripuimus, nec aliquatenus diripere sua cuilibet concupiscimus. Verum res pro amore Dei nobis datas a fidelibus quia pertinaciter defendimus a raptoribus, invasores dicimur, et opprobria multa injuste toleramus. Nimia de his ad me sollicitudo non pertinet. Ecclesiam suam dominus papa, si vult, defendat, et ecclesias, decimasque cum aliis possessionibus, quas ipse mihi commisit, patrocinetur et custodiat ! »

Papa igitur de omnibus quæ ab utrisque partibus audierat, in crastinum perendinari judicium imperat. Sequenti vero die, Joannes Cremensis surrexit, et locutionis suæ proœmium hujusmodi inchoavit : « Sicut justum est ut dominus papa clamores vestros solerter audiat, vobisque sicut pater filiis sine fictione omnimodis subveniat, talique vobis obsequi famulatu non semel sed quotidie debeat : sic nimirum decet ac justum est ut ipse idem in parochiis vestris aliquid proprietatis possideat, ecclesiamque, seu domum, vel aliquam possessionem, sua electione sive fidelium oblatione, liberam habeat. » Postquam ab omnibus hoc gratanter concessum est, consequenter Joannes adjecit : « Ducenti et eo amplius anni sunt ex quo Cluniacensis ecclesia fundata est, et ab ipso primordio fundationis suæ Romano papæ donata est, a quo utilibus privilegiis in Romana synodo coram multis arbitris diversæ dignitatis evidenter insignita est. Ratum est, et in chartis insertum legentibus liquido patescit quod Geraldus Aquitanicus Cluniacense cœnobium in alodio suo construxit, et illud, Romam pergens, Romano pontifici devotissime commisit, nec id frustra fieri voluit; nam ipse tunc XII aureos papæ obtulit, et exinde totidem singulis annis dari decrevit. Præfata ergo ecclesia nulli principum seu præsulum usque nunc nisi papæ subjacuit, Deoque largiter opitulante, fundis et religiosis habitatoribus feliciter crevit ; unde bonus odor laudabilis famæ longe lateque per orbem fragravit; exemplumque sanctitatis pie quærentibus disciplinam salubriter exuberavit. Conventus monachorum secundum regulam sancti Patris Benedicti abbatem eligit, electum papæ cum litteris attestantibus dirigit, quem ipse secundum ecclesiasticum morem consecrat ac benedicit.

« Omnis credentium multitudo credit ac perhibet quod qui apostolicæ sedi, jubente Deo, præsidet, ligandi atque solvendi potestatem habet. Principis enim apostolorum Petri vicarius est, cui divinitus dictum est : *Tu es Petrus, et super hanc petram ædificabo Ecclesiam meam, et portæ inferi non prævalebunt adversus eam ; et tibi dabo claves regni cœlorum, et quodcunque ligaveris super terram, erit ligatum et in cœlis, et quodcunque solveris super terram, erit solutum et in cœlis* (Matth. XVI, 18). Ergo apostolica sedes cardo et caput omnium ecclesiarum a Domino, et non ab alio, constituta est. Et sicut cardine ostium regitur, sic apostolicæ sedis auctoritate omnes ecclesiæ, Domino disponente, reguntur. Ecce beato Petro concessum est a Filio Dei ut cæteris præemineret apostolis; unde Cephas vocatur (*Joan.* I, 42), quia caput et primus est omnium apostolorum ; et quod in capite præcessit, in membris sequi convenit. Quis ei resistere potest, cui tanta potestas a Domino concessa est ? Quis audet solvere quem Petrus ligavit, sive ligare quem ipse absolvit ? Igitur, cum Cluniacensis abbatia soli papæ subjiciatur, et ille, qui præcipiente Deo in terris super omnes est, ipsam patrocinetur, Romana auctoritas Cluniacensium privilegia corroborat, et in virtute Dei omnibus Ecclesiæ filiis imperat ne quis eos temere pristina libertate privet, nec possessionibus olim habitis spoliet, nec insolitis exactionibus prægravet. In pace omnia possideant, ut quieti semper servire Deo valeant ! »

Hæc Joanne dicente, plures præsulum et aliorum qui confines illis erant, tumultuati sunt ; nec ea quæ per cardinalem constanter edita sunt, quamvis aperte contradicere jussionibus papæ non auderent, concessa sunt. In altercationibus multifluæ jaculabantur sententiæ, abundanter emanantes de profundo fonte divitis sapientiæ. Sed omnia concilii gesta nequeo sigillatim retexere. Arguti sophistæ de multiplicibus Ecclesiæ negotiis subtiliter tractaverunt, et multa studiosis auditoribus documenta luculenter intimaverunt. Ibi Girardus Engolismensis, Hato Vivariensis, Goisfredus Carnotensis, et Guillelmus Catalaunensis, duces verbi præ cæteris intonuerunt, et dicacibus scholasticis, atque fervidis amatoribus Sophiæ invidiosi enituerunt. Nuntius de morte Tusculani cardinalis episcopi, nuper in itinere defuncti, locutus est, et epistola Clementiæ, sororis papæ, pro Balduino comite Flandrensium, filio suo, recitata est. Pro quibus, et pro cunctis fidelibus defunctis lugubris pastor cum venerabili cœtu Deum deprecatus est.

In novissimo concilii die, Barcinonensis episcopus, corpore quidem mediocris et macilentus, sed eruditione cum facundia et religione præcipuus, subtilem satisque profundum sermonem fecit de regali et sacerdotali dignitate, quem summa cuncti qui percipere poterant hauserunt aviditate. Tunc papa Carolum Henricum imperatorem, Theomachum, et Burdinum pseudopapam, et fautores eorum mœrens excommunicavit, aliosque scelerosos qui manifeste sæpius correpti, sed inemendabiles perdurabant, illis associavit, parique anathematis percussione usque ad emendationem multavit. Denique decretalia synodi Remensis capitula propalari imperavit. Joannes Cremensis ex consultu Romani senatus dictavit. Joannes, Rothomagensis Sancti Audoeni monachus, in charta notavit, et Chrysogonus, sanctæ Romanæ Ecclesiæ diaconus, distincte et aperte recitavit. Textus autem concilii hujusmodi est :

« Quæ sanctorum Patrum sanctionibus de pravitate Simoniaca stabilita sunt, Spiritus sancti judicio et auctoritate sedis apostolicæ confirmamus. Si quis ergo vendiderit aut emerit, vel per se vel per submissam personam quamlibet, episcopatum, abbatiam, decanatum, archidiaconatum, presbyteratum, præposituram, præbendam, altaria, vel quælibet ecclesiastica beneficia, promotiones, ordinationes, consecrationes, ecclesiarum dedicationes, clericalem tonsuram, sedes in choro, aut quælibet ecclesiastica officia, et vendens, et emens, dignitatis et officii sui et beneficii periculo subjaceat. Quod nisi resipuerit, anathematis mucrone perfossus, ab Ecclesia Dei, quam læsit, modis omnibus abscindatur.

« Episcopatuum, abbatiarum investituram per manum laicam fieri penitus prohibemus. Quicunque igitur laicorum deinceps investire præsumpserit, anathematis ultioni subjaceat. Porro, qui investitus fuerit, honore quo investitus est, absque ulla recuperationis spe, omnimodo careat.

« Universarum ecclesiarum possessiones, quæ liberalitate regum, largitione principum, vel oblatione qualiumlibet fidelium, eis concessæ sunt, inconcussas in perpetuum et inviolatas permanere decernimus. Quod si quis eas abstulerit, invaserit, aut potestate tyrannica detinuerit, juxta illud beati Symmachi capitulum, anathemate perpetuo feriatur. Nullus episcopus, nullus presbyter, nullus omnino de clero ecclesiasticas dignitates vel beneficia cuilibet, quasi jure hæreditario, derelinquat.

« Illud etiam adjicientes, præcipimus ut pro baptismatis, chrismatis, olei sacri et sepulturæ acceptione, et infirmorum visitatione vel unctione, nullum omnino pretium exigatur.

« Presbyteris, diaconibus et subdiaconibus, concubinarum et uxorum contubernia prorsus interdicimus. Si qui autem hujusmodi reperti fuerint, ecclesiasticis officiis priventur et beneficiis. Sane, si neque sic immunditiam suam correxerint, communione careant Christiana. »

Hæc III Kalendas Novembris [1119] scita Calixtus II papa cum omni concilio sanxit, et omnes qui convenerant illuc, in nomine Patris et Filii et Spiritus sancti benedixit. Deinde sacrum illud collegium solutum est, et unusquisque laudans Deum ad propria regressus est.

XI. *Henricus rex nonnullos rebelles Normannos ad obsequium reducit. De veteri Rothomago.*

Interea Henricus rex Ebroas potenter obsedit, ipsiusque nepos Tedbaldus, comes palatinus, pacificare discordantes sategit; unde solerti consilio fiduciaque Amalricum ad regem adduxit, qui protinus reconciliatus regi arcem ultro reddidit, et ipse totum avunculi sui comitatum gaudens recepit. Porro Eustachius et Juliana, uxor ejus, cum amicis consiliati sunt, et ad obsidionem, amicorum instinctu, properaverunt, nudisque pedibus ingressi tentorium regis ad pedes corruerunt. Quibus repente rex ait : « Cur super me sine meo conductu introire ausi estis, quem tot tantisque injuriis exacerbastis ? » Cui Eustachius respondit : « Tu meus es naturalis dominus. Ad te ergo, dominum meum, venio securus, servitium meum tibi fideliter exhibiturus, et rectitudinem pro erratibus, secundum examen pietatis tuæ, per omnia facturus. » Amici pro genero regis supplicantes adfuerunt. Richardus quoque, filius regis, pro sorore sua supplex accessit. Clementia vero cor regis ad generum et filiam emollivit, et benigniter reflexit. Mitigatus itaque socer genero dixit : « Juliana revertatur Paceium, et tu mecum venies Rothomagum, ibique meum audies placitum. » Nec mora jussio regis completa est, et rex Eustachio sic locutus est : « Propter honorem Britolii quem Radulfo Britoni, cognato tuo, dedi, quem fidelem et probissimum in necessitatibus meis contra hostes comprobavi, in Anglia tibi per singulos annos recompensabo ccc marcos argenti. » Post hæc præfatus heros in pace zetis et muris Paceium munivit, multisque divitiis abundans, plus quam XX annis vixit. Porro Julianæ post aliquot annos lascivam quam duxerat vitam, habitumque mutavit, et sanctimonialis in novo Fontis-Ebraldi cœnobio facta, Domino Deo servivit.

Hugo de Gornaco, et Rodbertus de Novo Burgo, cæterique rebelles, ut fortiores se viderunt defecisse, et fortitudine ac sensu super omnes regem incessisse, comperta sociorum defectione, præteritorum actuum pœnitudinem egere, et tam per se quam per amicos misericordiam regis postulavere. Protinus ille, qui Deum timebat, et pacis justitiæque cultor erat, baronibus pro errore supplicibus pepercit, et indultis reatibus in amicitiam eos benigniter recepit.

In Stephanum, comitem de Albamarla, qui solus adhuc resistebat, exercitum rex aggregavit, et in loco qui Vetus Rothomagus dicitur, castrum condere cœpit, quod Mata-Putenam, id est *devincens meretricem*, pro despectu Hadvisæ comitissæ nuncupavit. Ejus enim instinctu præfatus consul contra dominum cognatumque suum regem rebellavit, et Guillelmum Clitonem atque Balduinum Flandritam in castris suis receptos diutius adjuvit. Qui, postquam regem super se cum exercitu venire cognovit, prudentum consultu amicorum, regi humiliter satisfecit, et ille, condonatis omnibus, cum pace triumphans recessit.

De Veteri Rothomago, unde hic mentio jam facta est, tangam quod in priscis Quiritum historiis relatum est. Caius Julius Cæsar Caletum, unde Caletensis pagus adhuc vocabulum retinet, obsedit, diuque totis nisibus impugnavit. Et quia illuc de omni Gallia implacabiles inimici confluxerant, qui cædibus et incendiis ac frequentibus injuriis offenderant, et irremissibiliter Cæsarem irritaverant, ipse urbem pertinaciter impugnavit, cum incolis cepit funditusque destruxit. Cæterum ibi, ne provincia præsidio nudaretur, munitionem construxit, quam a Julia, filia sua, Juliam Bonam nuncupavit; sed barbara locutio Illebonam, corrupto nomine, vocitavit. Inde ix fluvios, Guitefledam et Talam, quæ Dun modo dicitur, Sedanam et Belnaium atque Sedam, Guarennam et Deppam et Earam pertransivit, Oceanique littus usque ad Aucum flumen, quod vulgo dicitur Ou, perlustravit. Solers denique princeps, postquam commoditatem patriæ perscrutatus suis consulit, urbem ad subsidium Quiritum ædificare decrevit, quod Rodomum, quasi Romanorum domum, vocitavit. Accitis itaque artificibus, spatium quantitatis ejus mensus est, latomisque cum macionibus illic ad opus agendum dispositis, profectus est. Interea Rutubus, potens sævusque tyrannus, inexpugnabile, ut putabatur, municipium super montem juxta Sequanam servabat, per quod circumjacentem provinciam, navesque per proximum flumen meantes coercebat. Quod audiens Cæsar, illuc cum exercitu festinavit, et castellum, quod Rutubi Portus appellabatur, expugnavit. Cujus oppidi specimen et ruinas solers indigena perspicue cognoscit. Cæsar autem de prædicto loco cæmentarios et artifices alios revocavit, nobilemque metropolim super Sequanam Rothomagum condidit, et priori vico super Aucum usque in hunc diem solum nomen reliquit.

Hæc, quia de Veteri Rothomago, ubi Henricus rex castellum in hostes inchoavit, sed illis protinus reconciliatis inceptum opus intermisit, ad notitiam posteritatis mentionem feci, de priscorum relationibus adjeci. Nunc autem ad res nuper gestas, ut cœpi, redibo, et pro posse meo antiquos scripto res sequens, laborem meum ætati futuræ offero.

Omnes Normanni qui contra regem, ut dictum est, rebellaverant, ipsum in omnibus fortiorem experti sunt, meliusque quam olim consilium captantes, tam per se quam per amicos veniam petierunt, et supplices a rege indultis reatibus recepti sunt. Inviti siquidem Guillelmum Clitonem cum Helia, pædagogo suo, in exsilio reliquerunt, sed aliter potentissimi principis pacem habere nequiverunt.

XII. (1119) *Henricus, rex cum Calixto papa colloquium habet. — Pax inter reges Franciæ et Angliæ componitur.*

Mense Novembri, Calixtus papa in Neustriam venit, et Gisortis cum rege colloquium de pace habuit. Magnificus rex illum honorifice suscepit, et ejus ad pedes pronus accessit, eumque reverenter honoravit, quem universalis Ecclesiæ pastorem, sibique consanguinitate propinquum agnovit. Quem papa humiliatum benigniter erexit, in nomine Domini benedixit, datoque pacis osculo, inter mutuos amplexus uterque exsultavit. Denique ad colloquium competenti hora ventum est, et sic papa regem alloqui exorsus est :

« In consilio Remensi cum sanctis præsulibus, aliisque proceribus et filiis Ecclesiæ Dei, qui gratanter per nostram invitationem illuc convenerant, de salute fidelium tractavi, et pro pace communi me laboraturum summopere promisi. Ad has igitur partes, gloriose fili, festinus accessi, et oro clementiam omnipotentis Dei, ut ipse conatus nostros benigniter videat, ac ad generalem totius Ecclesiæ suæ commoditatem salubriter dirigat. In primis magnificentiam tuam obsecro ut pie nobis consentias, et inimicis tuis pacem per nos poscentibus, ut veri Salomonis hæres, pacificus fias. » Cumque rex apostolicis jussionibus promisisset se libenter obtemperaturum, papa sermonis sui tale sumit exordium : « Lex Dei, cunctis provide consulens, imperat ut unusquisque jus suum legitime possideat; sed res alienas non concupiscat, nec alii quod sibi fieri non vult faciat. Synodus ergo fidelium generaliter decernit, et a sublimitate tua, magne rex, humiliter deposcit ut Rodbertum, fratrem tuum, quem tu vinculis jamdiu tenuisti, absolvas, eique et filio ejus ducatum Normanniæ, quem abstulisti, restituas. »

His auditis, respondit rex : « Præceptis vestris, reverende Pater, rationabiliter obsecundabo, ut ab initio spopondi. Nunc tamen rogo ut diligenter audiatur quæ vel qualiter egi. Fratrem meum ducatu Normanniæ non privavi; sed hæreditarium jus patris nostri armis vindicavi, quod non frater meus neque nepos sibi possidebant, sed pessimi prædones et sacrilegi nebulones miserabiliter devastabant. Nullus honor sacerdotibus, aliisque servis Dei impendebatur ; sed pene paganismus per Normanniam passim diffundebatur. Cœnobia, quæ antecessores nostri pro animabus suis fundaverant, destruebantur, et religiosi claustrales, deficiente alimonia, dispergebantur. Ecclesiæ vero spoliabantur, et pleræque cremabantur, et inde latitantes protrahebantur. Parochiani truces mutuis ictibus trucidabantur, et superstites, defensore carentes, in tot desolationibus lamentabantur. Talis itaque ferme vii annis ærumna Neustriam afflixit, nec ulli liberam intus vel extra securitatem habere permisit. Frequens autem religiosorum deprecatio ad me convolavit, meque ut pro amore Dei desolatæ plebi suffragarer incitavit, multisque precatibus ne pessimos latrones super innocuos debacchari diutius paterer, obsecravit. Compulsus itaque in Normanniam transfretavi, et ab inclytis consulibus, Guillelmo Ebroicensi, atque Rodberto Mellentensi, aliisque legitimis optimatibus susceptus, desolationem paterni juris videns dolui; sed indigentibus subvenire nisi per arma bellica non potui. Frater enim meus incentores totius nequitiæ tuebatur, et illorum consilia, per quos vilis et contemptibilis erat, admodum amplectebatur. Gunherius nimirum de Alneio et Rogerius de Laceio, Rodbertus quoque de Belismo, aliique scelesti Normannis dominabantur, et sub imaginatione ducis præsulibus omnique clero cum inermi populo principabantur. Illos siquidem quos ego de transmarina regione pro nefariis exturbaveram factionibus, intimos sibi consiliarios, et colonis præsides præfecit innocentibus. Innumeræ cædes et incendia passim agebantur, et dira facinora, quæ inexperti pene incredibilia putant. Fratri meo mandavi sæpius ut meis uteretur consultibus, eique totis adminicularer nisibus. Sed ille, me contempto, meis contra me politus est insidiatoribus. Ego autem, tanta videns scelera prævalere, servitium meum sanctæ matri Ecclesiæ nolui subtrahere; sed officium quod mihi divinitus injunctum est studui multis salubriter exercere. Fortiter igitur armis et ignibus præliando, Bajocas Gunherio abstuli, et Cadomum Engerranno filio Iberti, aliaque oppida, tyrannis pugnando compressis, conquisivi, quæ pater meus in suo dominio possiderat; sed frater meus perjuris lecatoribus ea tradiderat, et ipse tam pauper ut clientum suorum stipe indigeret remanserat. Tandem Tenerchebraicum, speluncam dæmonum, obsedi, quo Guillelmus, Moritolii comes, fratrem meum adduxit contra me cum exercitu grandi; contra quos in campo Famelico in nomine Domini pro defensione patriæ dimicavi. Ibi nimirum, juvante Deo, qui benevolos conatus meos novit, adversarios superavi, ambosque consules, fratrem meum et consobrinum, cum plurimis desertoribus nostris cepi, et huc usque, ne per eos mihi vel regno meo scandalum oriretur, diligenter custodivi. Sic hæreditatem patris mei, totumque dominium ejus recuperavi, paternasque leges observare secundum voluntatem Dei ad quietem populi ejus elaboravi. Fratrem vero meum non, ut captivum hostem, vinculis mancipavi, sed ut nobilem peregrinum, multis angoribus fractum in arce regia collocavi, eique omnem abundantiam ciborum et aliarum deliciarum, variamque supellectilem affluenter suppeditavi. Quinquennium vero filium ejus Heliæ, genero ducis, commendavi, optans ipsum sensus, omnisque probitatis et potentiæ provectu filio meo in omnibus adæquari. Helias autem, instinctu complicum suorum, nepotem meum mihi subripuit, totoque sancti Sidonii honore, quem possidebat, relicto, ad exteros aufugit, et quantum potuit multis incursibus me molestavit; sed, prohibente Deo, necdum prævaluit. Francos atque Burgundiones, aliasque gentes in me commovit; sed plura sibi, ni fallor, quam mihi detrimenta procuravit. Nepotem meum multoties accersivi, et per plures legatos amicabiliter rogavi ut ad curiam meam securus veniret, et cum filio meo regalium divitiarum particeps fieret. Tres etiam in Anglia comitatus obtuli, ut illis principaretur, et, inter aulicos oratores educatus, luculenter experiretur quanti sensus et probitatis erga divites et egenos in futuro æstimaretur, et quam rigide principalem justitiam et militarem disciplinam amplecteretur. Ille vero quæ obtuleram respuit, et inter extraneos fures mendicus exsulare, quam mecum deliciis perfrui maluit. Malorum omnium quæ commemoravi testes sunt agri inculti, domus combustæ, villæ devastatæ, ecclesiæ dirutæ, populique mœrentes pro amicorum interfectionibus, opumque suarum direptionibus. Hæc, domine papa, Sanctitas vestra sapienter discutiat, et utile consilium his qui præsunt et qui subjacent sollicite conferat! »

Solerter auditis sermonibus regis, papa obstupuit, et facta ejus, prout narraverat, collaudavit. « Nunc, inquit, de duce et filio ejus sufficienter audivimus; sed, de his ad præsens silentes, ad alia tendamus. Rex Francorum conqueritur fœdus quod inter vos erat, male ruptum esse, et multa sibi regnoque suo detrimenta injuste per tuos satellites illata esse. » Respondit rex : « Pactum amicitiæ quod inter nos erat, ipse prior violavit. Hostes meos pluribus modis contra me corroboravit, hominesque meos, ut in me cervices suas erigerent, promissis et persuasionibus animavit. Commissa tamen si vult emendare, et amicitiæ fœdus amodo inviolabiliter observare, paratus sum admonitionibus vestris in omnibus obsecundare. »

Gavisus papa super his, adjecit : « Conqueritur item rex de injuria quam Tedbaldus comes, nepos tuus, ei fecit, cum Nivernensem comitem de obsidione remeantem comprehendit, quam rex ipse cum præsulibus Galliæ super Thomam de Marla tenebat, ut coerceret eum a nequitiis quas innocuis infligebat. »

« Nullas, inquit rex, occasiones requiram, quin ad quietem et pacem paternis admonitionibus vestris obediam, et Tedbaldum, nepotem meum, qui justitiæ verus amator est, vobis ad omne bonum subjiciam. Guillelmum etiam, alium nepotem, ut pacem habeat commoneo, eique per vestram Sublimitatem illa quæ per alios jam sæpius obtuli, adhuc offero, quia et vobis in omnibus satisfacere cupio, et communem populi quietem, et nepotis ut prolis prosperitatem desidero. »

Denique papa legatos suos regi Francorum et optimatibus suis destinavit, et responsa regis Anglorum, paci competentia, renuntiavit. Omnes igitur gavisi sunt. Superfluum mihi videtur orationem protelare, ut multa enodem loquacitate quanta fuerit lætitia plebi, guerris conquassatæ, dum, sedata belli tempestate, blanda redierit serenitas pacis, diu desideratæ. Confirmata itaque concordia principum, castella, quæ vi seu dolo capta fuerant, dominis suis restituta sunt, et omnes capti tempore belli ex utraque parte milites liberati sunt, et de carcere proprios penates repetere cum gaudio permissi sunt.

XIII. *Rothomagense concilium. Clerici in archiepiscopum insurgunt.*

Verum invidus et inquietus Satanas, qui primum hominem per serpentem decepit (*Gen.* III), postquam reges et armipotentes athletas gratia Dei pacificatos videns doluit, zizania lethalis discordiæ inter sacerdotes in templo Dei sparsit. Goisfredus enim archiepiscopus, postquam de concilio Remensi Rothomagum rediit, tertia Novembris hebdomada synodum tenuit, et institutionibus apostolicis exacuminatus, in presbyteros suæ diœcesis acriter exarsit. Nam inter cætera concilii capitula quæ protulit, omne consortium feminarum penitus eis interdixit, et in transgressores terribilem anathematis sententiam vibravit. Cumque presbyteri tam grave pondus nimium abhorrerent, et inter se pro corporum et animarum discrimine conquerentes mussitarent, archiepiscopus Albertum quemdam eloquentem, quia nescio quid fari cœperat, jussit comprehendi, et mox in ergastulo carceris retrudi. Præfatus enim præsul erat Brito, in multis indiscretus, tenax et iracundus, vultu gestuque severus, in increpatione austerus, procax et verbositate plenus. Cum autem reliqui sacerdotes, insolita re visa, nimis obstupuissent, et presbytérum sine reatus accusatione et legitima examinatione velut furem de templo trahi ad carcerem vidissent, nimiumque perterriti, quid agendum esset ignorarent, dubitantes utrum sese defendere seu fugere deberent, furibundus præsul de cathedra surrexit, de synodo concitus exivit, satellitesque suos quos ad hoc prius instruxerat, advocavit. Protinus illi cum fustibus et armis in ecclesiam irruerunt, et in conventiculum clericorum mutuo colloquentium irreverenter ferire cœperunt. Porro, quidam illorum, poderibus suis induti, per cœnosos urbis vicos ad hospitia sua cucurrerunt; alii vero, podiis vel lapidibus, quos ibi forte invenerant, arreptis, repugnare conati sunt. Clientes autem quod ab inermi coronatorum choro convicti fugissent erubuerunt, et indignantes coquos ac pistores et vicinos asseclas actutum asciverunt, et recidivum certamen in sacris temere penetralibus reiteraverunt. Quoscunque in ecclesia vel cœmeterio repererunt, justos vel injustos, percusserunt, vel impegerunt, vel alio quolibet modo injuriati sunt. Tunc Hugo de Longavilla, et Anschetillus de Cropus, aliique nonnulli senes maturi et religiosi in æde sancta præstolabantur, et de confessione vel aliis utilibus causis vicissim loquebantur, seu diurnales horas ad laudem Dei ex debito modulabantur. Vecordes autem famuli stolide in eos impetum fecerunt, contumeliis affecerunt, et vix a cæde retractis manibus illis pepercerunt, quia flexis genibus misericordiam flebiliter ipsi postulaverunt; ipsi protinus dimissi, cum sociis qui præcesserant, quantocius de urbe fugerunt, nec licentiam, nec benedictionem episcopi præstolati sunt; sed diros rumores parochianis et pellicibus suis retulerunt, atque ad comprobandam fidem vulnera et liventes læsuras in corporibus suis ostenderunt. Archidiaconos vero et canonici, civesque modesti, de infanda cæde contristati sunt, et divinis compatiebantur cultoribus, qui dedecus inauditum perpessi sunt. Sic in sinu sanctæ matris Ecclesiæ sacerdotum cruor effusus est, et sancta synodus in debacchationem et ludibrium conversa est. Nimis conturbatus archipræsul in triclinio receptus delituit; sed paulo post, ubi fugatis, ut dictum est, clericis sedatus furor quievit, progressus, aquam accepta stola benedixit, et ecclesiam quam contaminaverat, cum tristibus canonicis reconciliavit. Clamor seditionis exsecrabilis ad aures principis pervenit, sed ille, aliis intentus negotiis, rectitudinem læsis facere distulit.

XIV. *Henricus rex in Angliam transfretat. Horrendum Candidæ navis naufragium.*

Henricus rex, [1120] in Normannia rebus post multos labores optime dispositis, decrevit transfretare, et tironibus ac præcipuis militibus, qui laboriose fideliterque militaverant, larga stipendia erogare, et quosdam, amplis honoribus datis, in Anglia, sublimare. Unde classem continuo jussit præparari, et copiosam omnis dignitatis militiam secum comitari.

Interea Radulfus de Guader, metuens perfidiam Normannorum, super quos, ipsis pro Eustachii favore prioris heri nolentibus, agitabat dominatum, et pensans quod Guader et Montemfortem et alia oppida et ingentes haberet ex patrimonio suo possessiones in regione Britonum, consilio et voluntate regis, Richardo, ejus filio, filiam suam pepigit, et Britolium atque Gloz et Liram, totumque honorem in Neustria sibi debitum cum illa donavit. Verum istud consilium imbecille et frivolum fuit, quia Deus, qui cuncta bene gubernat, aliter ordinavit. Nam puella, de qua mentio fit, Rodberto, comiti Legrecestræ, postmodum nupsit, et plurimis cum illo annis vixit.

Ingenti classe in portu qui Barbaflot dicitur, præparata et nobili legione in comitatu regis austroflante aggregata, vii Kalendas Decembris [1120], prima statione noctis, rex et comites ejus naves intraverunt, et carbasa sursum levata ventis in pelago commiserunt, et mane Angliam, quibus a Deo concessum fuit, amplexati sunt. In illa navigatione triste infortunium contigit, quod multos luctus et innumerabiles lacrymas elicuit. Thomas, filius Stephani, regem adiit, eique marcum auri offerens, ait : « Stephanus, Airardi filius, genitor meus fuit, et ipse in omni vita sua patri tuo in mari servivit. Nam illum, in sua puppe vectum, in Angliam conduxit, quando contra Haraldum pugnaturus, in Angliam perrexit. Hujusmodi autem officio usque ad mortem famulando ei placuit, et ab eo multis honoratus exeniis, inter contribules suos magnifice floruit. Hoc feudum, domine rex, a te requiro, et vas quod Candida-Navis appellatur, merito ad regalem famulatum optime instructum habeo. » Cui rex ait : « Gratum habeo quod petis. Mihi quidem aptam navim elegi, quam non mutabo ; sed filios meos, Guillelmum et Richardum, quos sicut me diligo, cum multa regni mei nobilitate, nunc tibi commendo. »

His auditis, nautæ gavisi sunt, filioque regis adulantes, vinum ab eo ad bibendum postulaverunt. At ille tres vini modios ipsis dari præcepit. Quibus acceptis, biberunt, sociisque abundanter propinaverunt, nimiumque potantes inebriati sunt. Jussu regis multi barones cum filiis suis puppim ascenderunt, et fere trecenti, ut opinor, in infausta nave fuerunt. Duo siquidem monachi Tironis, et Stephanus comes cum duobus militibus, Guillelmus quoque de Rolmara, et Rabellus Camerarius, Eduardus de Salesburia, et alii plures inde exierunt, quia nimiam multitudinem lasciviæ et pompaticæ juventutis inesse conspicati sunt. Periti enim remiges quinquaginta ibi erant, et feroces epibatæ, qui jam in navi sedes nacti turgebant, et suimet præ ebrietate immemores, vix aliquem reverenter agnoscebant. Heu ! quamplures illorum mentes pia devotione erga Deum habebant vacuas,

Qui maris immodicas moderatur et aeris iras.

Unde sacerdotes, qui ad benedicendos illos illuc accesserant, aliosque ministros qui aquam benedictam deferebant, cum dedecore et cachinnis subsannantes abigerunt ; sed paulo post derisionis suæ ultionem receperunt Soli homines, cum thesauro regis et vasis merum ferentibus, Thomæ carinam implebant, ipsumque ut regiam classem, quæ jam æquora sulcabat, summopere prosequeretur, commonebant. Ipse vero, quia ebrietate desipiebat, in virtute sua, satellitumque suorum confidebat, et audacter, quia omnes qui jam præcesserant præiret, spondebat. Tandem navigandi signum dedit. Porro schippæ remos haud segniter arripuerunt, et alia læti, quia quid eis ante oculos penderet nesciebant, armamenta coaptaverunt, navemque cum impetu magno per pontum currere fecerunt. Cumque remiges ebrii totis navigarent conatibus, et infelix gubernio male

intenderet cursui dirigendo per pelagus, ingenti saxo quod quotidie fluctu recedente detegitur et rursus accessu maris cooperitur, sinistrum latus Candidæ-Navis vehementer illisum est, confractisque duabus tabulis, ex insperato, navis, proh dolor ! subversa est. Omnes igitur in tanto discrimine simul exclamaverunt ; sed aqua mox implente ora, pariter perierunt. Duo soli virgæ qua velum pendebat manus injecerunt, et magna noctis parte pendentes, auxilium quodlibet præstolati sunt. Unus erat Rothomagensis carnifex, nomine Beroldus, et alter generosus puer, nomine Goisfredus, Gisleberti de Aquila filius.

Tunc luna in signo Tauri nona decima fuit, et fere ix horis radiis suis mundum illustravit, et navigantibus mare lucidum reddidit. Thomas nauclerus post primam submersionem vires resumpsit, suique memor, super undas caput extulit, et videns capita eorum qui ligno utcunque inhærebant, interrogavit : « Filius regis quid devenit ? » Cumque naufragi respondissent illum cum omnibus collegis suis deperisse : « Miserum, inquit, est amodo meum vivere. » Hoc dicto, male desperans, maluit illic occumbere, quam furore irati regis pro pernicie prolis oppetere, seu longas in vinculis pœnas luere. In aquis penduli Deum invocabant, et mutua sese cohortatione animabant, et finem sibi a Deo dispositum tremuli exspectabant. Frigida gelu nox illa fuit, unde tener albeolus post longam tolerantiam frigore vires amisit, sociumque suum Deo commendans, relapsus in pontum obiit, nec ulterius usquam comparuit. Beroldus autem, qui pauperior erat omnibus, renone amictus ex arietinis pellibus, de tanto solus consortio diem vidit, et mane a ternis piscatoribus faselo receptus, terram solus attigit. Deinde aliquantulum refocillatus, seriem tristis eventus curiose sciscitantibus enucleavit, et postea fere xx annis cum alacritate vixit. Rogerius, Constanciensis episcopus, Guillelmum, filium suum, quem rex unum ex quatuor principalibus capellanis jam suis effecerat, fratrem quoque suum, et tres egregios nepotes ad damnatam judicio Dei navem conduxerat, ipsosque et consortes eorum, licet floccipenderent, pontificali more benedixerat. Ipse, aliique multi qui adhuc simul in littore stabant, et rex, sociique ejus, qui jam in freto elongati fuerant, terribilem vociferationem periclitantium audierunt ; sed causam usque in crastinum ignorantes, mirati sunt, et inde mutuo indagantes tractaverunt.

Lugubris rumor, per ora vulgi cito volitans, in maritimis littoribus perstrepit, ac ad notitiam Tedbaldi comitis, aliorumque procerum aulicorum pervenit. Sed in illa die sollicito regi, multumque percunctanti nuntiare nemo præsumpsit. Optimates vero seorsum ubertim plorabant, charos parentes et amicos inconsolabiliter lugebant ; sed ante regem, ne doloris causa proderetur, vix lacrymas cohibebant. Tandem sequenti die, solertia Tedbaldi comitis, puer flens ad pedes regis corruit; a quo rex naufragium Candidæ-Navis causam esse luctus edidicit. Qui, nimia mox animi angustia correptus, ad terram cecidit; sed ab amicis sublevatus et in conclavim ductus, amaros planctus edidit. Non Jacob de amissione Joseph tristior exstitit, nec David pro interfectione Ammon vel Absalon acerbiores questus deprompsit. Tanto itaque patrono plorante, omnibus regni filiis palam flere licuit, et hujusmodi luctus multis diebus perduravit. Guillelmum Adelingum, quem Anglici regni legitimum hæredem arbitrati sunt, tam subito lapsum cum flore specialis nobilitatis omnes generaliter plangunt. Jam adolescens fere xvii annorum pubescebat. Jam generosam Mathildem sibi pene coævam conjugem duxerat. Jam jussu patris hominium totius regni optimatum lætus acceperat. In illo paternus amor, populique spes secura quiescebat. Verum, quæ superna majestas de suo plasmate inculpabiliter disponit, rea peccatorum lippitudo investigare vel intueri nequit, donec scelerosa hominum captivitas, sicut piscis hamo, vel avis laqueo, irretita sit, et miseriis undique irremediabiliter involuta sit. Dum enim præstolatur longævitatem, beatitudinem et sublimitatem, subito incurrit citam perniciem, miseriam et dejectionem, ut in quotidianis eventibus ab initio mundi usque in hodiernum diem, tam modernis quam antiquis approbationibus manifestam liquido advertere possumus ostensionem.

Mœstus rex filios et electos tirones, præcipuosque barones plangebat, maximeque Radulfum Rufum, et Gislebertum de Oximis lugebat, et eorum strenuitates sæpius iterando cum fletibus recitabat. Optimates subjectæque plebes plorabant dominos, pignora et cognatos, notos et amicos, sponsæ sponsos, dilectæque conjuges dulces maritos. Inutiles threnos non curo multiplicare. Unius tantum egregii versificatoris brevem camœnam nitor hic adnotare:

Accidit hora gravis, Thomæque miserrima navis,
  Quam male recta terit, rupe soluta perit.
Flebilis eventus, dum nobilis illa juventus
  Est immersa mari perditione pari.
Jactatur pelago regum generosa propago,
  Quosque duces plorant, monstra marina vorant.
O dolor immensus! Nec nobilitas, neque census
  Ad vitam revocat, quos maris unda necat.
Purpura cum bysso liquida putrescit abysso;
  Rex quoque quem genuit, piscibus esca fuit;
Sic sibi fidentes ludit Fortuna potentes.
  Nunc dat, nunc demit; nunc levat, inde premit.
Quid numerus procerum, quid opes, quid gloria rerum,
  Quid, Guillelme, tibi forma valebat ibi?
Marcuit ille decor regalis et abstulit æquor
  Quod factus fueras, quodque futurus eras.
Inter aquas istis instat damnatio tristis,
  Ni pietas gratis cœlica parcat eis.
Corporibus mercis animæ si dona salutis
  Nactæ gauderent, mæsta procul fierent.
Certa salus animæ verum dat tripudiare
  His bene qui charos commemorant proprios.
Hinc dolor est ingens humana, quod inscia fit mens,
  An requies sit eis quod quatit uda Thetis.

Quis mortalium potest sufficienter referre quot pro tam infausto casu ploraverint terrigenæ, seu quot possessiones ad multorum damna genuinis hæredibus fuerint destitutæ? Guillelmus enim et Richardus, ut dictum est, periclitati sunt filii regis, et soror eorum Mathildis, uxor Rotronis Moritoniæ consulis; Richardus quoque, Cestræ comes juvenis, multa probitate et benignitate laudabilis, cum uxore sua Mathilde, quæ soror erat Tedbaldi, palatini comitis; Othverus etiam, frater ejus, Hugonis Cestræ comitis filius, tutor regiæ prolis et pædagogus, ut fertur, dum repentina fieret ratis subversio, nobiliumque irreparabilis demersio, adolescentulum illico amplexatus est, et cum ipso in profundum irremeabiliter prolapsus est. Theodericus puer, Henrici nepos imperatoris Alemannorum, et duo elegantes filii Yvonis de Grentemaisnil, ac Guillelmus de Rodelento; consobrinus eorum, qui jussu regis transfretabant pro recipiendis in Anglia fundis patrum suorum; Guillelmus cognomento Bigod, cum Guillelmo de Pirou, dapifero regis; Goisfredus Ridel et Hugo de Molinis, Rodbertus Malconductus et nequam Gisulfus, scriba regis, aliique plures multæ ingenuitatis, fluctibus absorpti sunt; quorum miserabilem casum parentes, necessariique, consortes et amici planxerunt, qui desolationes et damna, per diversas regiones, eorum in morte persenserunt. Ibi, ut fertur, decem et octo mulieres perierunt, quæ filiæ, vel sorores, aut neptes, seu conjuges regum vel comitum floruerunt.

Sola pietas me compulit ista narrare, diligentiaque stimulor hæc sequenti ævo certis apicibus allegare, quoniam tetra vorago neminem absorbuit de mea consanguinitate, cui lacrymas affectu sanguinis effundam, nisi ex sola pietate.

Incolæ maritimi, ut certitudinem infortunii compererunt, fractam navem cum toto regis thesauro ad littus pertraxerunt, et omnia quæ ibidem erant, præter homines, salva prorsus reperta sunt. Deinde pernices viri vii Kalendas Decembris 1120 dum Christiana plebs solemnia sanctæ celebrat Catharinæ, virginis et martyris, quærentes somata perditorum, avide discurrunt per littora maris; sed non invenientes, muneribus fraudabantur peroptatis. Opulenti magnates nandi gnaros et famosos mersores obnixe quærebant, et magnos census eis spondebant, si charorum suorum cadavera sibi redderent, ut ea dignæ sepulturæ traderent.

Municipes Moritolii præ cæteris suos obnixe quæsierunt, quia pene omnes illius comitatus barones et electi optiones perierunt. Solus comes, ut dictum est, quia diarria molestabatur, et duo milites, Rodbertus de Salcavilla et Gualterius, egressi sunt, Deique nutu, aliis qui remanserant pereuntibus, in puppe regis prospere transfretaverunt. Richardus autem comes et pauci alii post plurimos dies longe a loco perditionis inventi sunt, sicuti fluctus quotidie sævientes eos asportaverunt, et per varia indumenta, quibus vestiti fuerant, a notis recogniti sunt.

XV. *Calixtus papa in Italiam revertitur, Henrici regis matrimonium. Eventus varii. Dissensiones in abbatia Cluniacensi exortæ.*

Anno ab Incarnatione Domini 1120, indictione XIII, Calixtus papa, ecclesiasticis rebus in Gallia bene dispositis, Italiam adiit, et ingens nobilium utriusque ordinis agmen secum duxit, et a Romanis favorabiliter susceptus, apostolicam sedem quinque annis rexit. Hic multa bona opera, juvante Deo, peregit, et specialis Ecclesiæ temporibus nostris, lux et virtutum exemplar emicuit. Burdinum, pseudopapam, Sutriæ tyrannidem contra Ecclesiam exercentem, comprehendit, et in cœnobio quod Cavea dicitur, ne contra catholicorum pacem aliquo modo ganniret, intrusit. Ibi religiosorum habitatio est monachorum, quibus est secundum regularem ritum abundantia ciborum, et omnium quibus indiget humana necessitas, affluentia rerum. Ille vero locus extrinsecus inaccessibilis est, et nemo illuc nisi per unum aditum ingredi potest, ideoque monasterium istud Cavea præsagialiter appellatum est. Sicut enim leones vel ursi, aliæque indomitæ feræ in cavea coarctantur, ne, pro libitu suo libere discurrentes, in homines seu pecudes crudeliter grassentur, sic agrestes et indisciplinati, qui, sicut onagri solitudinis, per diversa lascivientes noxie vagantur, in hac scholari cavea sub jugo Dei regulariter vivere coguntur.

Henricus rex, amissa conjuge et libero, uxorem ducere consultu sapientum decrevit, egregiamque puellam, Adelidem, filiam Godefredi Lovenensium ducis, desponsavit. Regalibus insigniis celebre redimitus, eam sibi Christiano ritu copulavit, et regina, ministerio sacerdotum consecrata, XV annis in regno floruit; sed aliis rebus abundans, optata sobole huc usque caruit. Honores defunctorum prudens rex provide vivis distribuit. Uxores enim eorum, aut filias, sive neptes, tironibus suis cum patrimoniis conjunxit, et sic plures consolatus, ultra spem liberaliter sublimavit.

Rannulfus Bajocensis obtinuit comitatum Cestræ, cum toto patrimonio Richardi comitis, quia ipse contiguus hæres erat, utpote nepos ex Mathilda, sorore Hugonis comitis. Hic Luciam, Rogerii filii Geroldi relictam, conjugem habuit, de qua Guillelmum Rannulfum genuit, cui comitatum Cestræ, totumque citra mare vel ultra patrimonium suum moriens dimisit.

Fulco, Andegavorum comes, postquam pacem cum rege Anglorum pepigit, et conjunctione prolis utriusque, ut jam dictum est, amicitiam firmavit, de salute sua sollicitus, Deo nihilominus reconciliari peroptavit. Scelerum ergo quæ fecerat, pœnitentiam agere studuit, terraque sua conjugi tenerisque pueris, Joffredo et Heliæ, commissa, Jerusalem perrexit, ibique, militibus Templi associatus, aliquandiu permansit. Inde cum licentia eorum regressus, tributarius illis ultro factus est, annisque singulis XXX libras Andegavensium illis largitus est. Sic venerandis militibus, quorum vita corpore et mente Deo militat, et, contemptis omnibus mundanis, sese martyrio quotidie præparat, nobilis heros annuum vectigal divino instinctu erogavit, et plures alios Gallorum proceres hujusmodi exemplo ad simile opus laudabiliter incitavit.

Post concilium Remense, de quo jam plura litteris caraxata sunt, Lugdunensis primas, et Masconensis, aliique plures episcopi Cluniacensibus molestissimi facti sunt. Nam plura quæ alii dederant eis abstulerunt, et clericis, qui semper invident monachis, farraginem rebellionis præstiterunt. Per diœceses suas illis contumelias irrogarunt, et tam per se quam per suffectos perfectiales acriter oppresserunt. Unde fratres, damna et injurias ferre impotes, contristati sunt, et quasi oves de faucibus luporum ad caulas monasterii confugerunt. Inter eos etiam ingens dissensio in penetralibus claustri exorta est. Quidam contra Poncium archimandritam zelo commoti sunt, ipsumque apud Calixtum papam Romæ accusaverunt quod in actibus suis vehemens esset ac prodigus, et monasticos sumptus immoderate distraheret in causis inutilibus. Quod ille audiens, nimis iratus est, et, abbatis officio inconsulte coram papa relicto, peregre profectus est. Hierosolymis autem et in monte Thabor, aliisque sacris locis aliquandiu commoratus est in Palæstina, ubi Dominus Jesus cum pauperibus Nazaræis corporaliter conversatus est. Papa, Poncio sine licentia et benedictione sua imprudenter abeunte, ira incaluit, et Cluniacensibus ut idoneum sibi rectorem eligerent præcepit. Porro illi Hugonem, probatissimæ vitæ senem, sibi abbatem præfecerunt, quem, post tres menses defunctum, in aquilonali climate periboli sepelierunt, et in arcu lapideo, super eum constructo, epitaphium hujusmodi adnotaverunt:

Hic Cluniacensis jacet abbas Hugo secundus,
Patre Besontinus, Lugdunensis genitrice,
Relligione nitens, grandævus, amore, pioque
Semper ovans cultu, tibi, summe Creator, inhæsit.
In requie tecum modo felix vivat in ævum!

Deinde Cluniacenses Petrum, religiosum monachum, nobilem et eruditum, sibi elegerunt magistrum, cujus jam plurimo tempore gessere magisterium.

Poncius vero abbas in Judæa magnæ opinionis habitus est, ac fama religionis ejus et sublimitatis inter exteras etiam gentes divulgata est. Deinde, ut se habet humana instabilitas, sponte relictis prophetarum et apostolorum sedibus, repedavit in Gallias, ubi adventus ejus causa multorum mentes effecit turbidas. Nam ipse, postquam de partibus Eois remeavit, Cluniacum, ut fratres et amicos viseret, adivit. Tunc instinctu Satanæ fœda dissensio inter fratres exorta est. Bernardus Grossus eo tempore prior erat, qui, ut fertur, fomes et incentor seditionis erat. Quidam enim Poncium honorifice ut abbatem suum suscipere decreverunt; alii vero contradicentes obnixe restiterunt. Milites autem et comprovinciales, tam rustici quam burgenses, illo veniente gavisi sunt, quem pro affabilitate sua et dapsilitate oppido dilexerunt. Illi nimirum, schismate monachorum comperto, in monasterium irruerunt, et Poncium, licet ipse hoc noluisset, suosque violenter introduxerunt. Proh dolor! furibundi monastica septa irruperunt, et, velut urbe armis capta hostium viribus, ad prædam cucurrerunt, ac supellectilem et utensilia servorum Dei nequiter diripuerunt. Dormitorium et crontochium et reliqua cœnobitarum abdita, quæ hactenus laicos latuerunt, nunc viris et mulieribus, non solum honestis, sed etiam scurris ac meretricibus, patuerunt. Ipsa die terribile prodigium illic contigit. Ingens basilicæ navis, quæ nuper edita fuerat, corruit; sed, protegente Deo, neminem læsit. Sic pius Dominus omnes pro temeraria invasione insperata ruina terruit, sua tamen omnes immensa benignitate salvavit. Populus itaque diffusus ubique discurrebat, et impudenter illicita exercebat. Porro divina manu ab immanis casus contritione illæsus evasit, miroque modo reservatus, pœnitere postmodum potuit. Petrus vero abbas absens erat, et in longinquas regiones abierat, pro multorum utilitate fratrum, quorum curam susceperat. Ad quem suæ partis monachi festinaverunt, et damna cum injuriis Dei servis turpiter illata, seriatim intimaverunt. Ille autem non Cluniacum, sed Romam impigre perrexit, et papæ [Honorio II] rem gestam, attestantibus monachis quæ perpessi fuerant, elucidavit. Quod audiens papa, nimis contristatus est, tam pro dedecore monachorum, quam pro reatu populi, qui legem Dei prævaricatus est. Deinde Poncium protinus accersiri, ad examen apostolicæ sedis astare præcepit, rationem redditurus unde impetitus fuerit. At ille Romam veniens, papam adire distulit, dieque denominato ad placitum submonitus venire renuit.

Romanus igitur pontifex Petrum cum apicibus apostolicis et dignitatibus Cluniacum destinavit, monachisque ut in omnibus ei secundum regulam sancti Patris Benedicti obsequerentur, mandavit. At illi, jussa complentes, abbatem victoria elatum susceperunt, cujus imperii jugum, divinæ legi laudabiliter militantes, huc usque perferunt. Contemptorem vero Poncium post aliquot dies, missis satellitibus suis, comprehendit, et in carcere retrusit; qui non multo post, enormi mœrore affectus, ægrotavit, ibique, multis illum lugentibus, vitam finivit. Igitur, ut quidam dicit :

Principium fini solet impar sæpe videri,

quisque debet precibus et votis Deo, qui summum bonum est, medullitus commendari, ut qui cœpit in nobis bonum, perficiat, confirmet, ac inter adversa seu prospera protegat, quatenus fidelis agonitheta bravium supernæ hæreditatis feliciter perpiat.

XVI. *De monasteriis Crulandiæ, Uticensi et quibusdam aliis. De archiepiscopatu Cantuariensi. Summus Anglorum erga monachos favor.*

Indictione xiii, die Dominica, circa tertiam, dum missæ canerentur, iv Kalendas Octobris [1119] terræ motus in Anglia magnus factus est, et muri, maceriæque basilicarum per iv comitatus fissæ sunt. Hoc nempe Cestra et Scrobesburia, Herforda et Gloucestra, eisque adjacentes provinciæ viderunt et senserunt, nimioque terrore exsangues incolæ contremuerunt. Sequenti tempore, plures ecclesiarum hierarchæ in Anglia vel Neustria migraverunt, et aliis onus prælationis, quod avide gestaverant, disponente Deo, dimiserunt.

Goisfredus Aurelianensis, Crulandiæ abbas, vir pius et jucundus, Nonis Junii migravit; cui Guallevus frater Gaii patricii, de nobili Anglorum prosapia, successit. Alboldus etiam Hierosolymitanus, Beccensis monachus, Sancti Edmundi, regis et martyris, de Bedrici-Rure abbas, subito mortuus est. Post quem Anselmus, Anselmi archiepiscopi nepos, regimen plurimo tempore sortitus est. Defuncto Rodberto de Limesia, Merciorum episcopo, Rodbertus cognomento Peccatum, successit. Quo mortuo, Rogerius, nepos Goisfredi de Clintona, regimen suscepit. Post obitum Turoldi, Burgensis abbas, egregius Mathias de monte Sancti Michaelis præfuit. Cui Joannes, Sagiensis monachus, litteris admodum instructus, successit. Quo defuncto, rex Henrico, cognato suo, Burgum commendat, qui Sancti Joannis Baptistæ Angeliaci abbas exstiterat; sed a monachis et a Guillelmo, Pictavensi duce, expulsus fuerat. Post Fulcheredum, qui primus abbas Scrobesburiense cœnobium in Dei cultu ordinavit, Godefredus, Sagiensis monachus, pastoralem curam suscepit. Quo paulo post morte subita prævento, Herbertus gubernaculum rudis abbatiæ usurpavit. Guntardo autem, Torneiensis ecclesiæ strenuo rectore, defuncto, Rodbertus Pruneriensis subrogatus est, qui de Uticensi cœnobio, quia bene litteratus et eloquens ac honestus erat, ad ecclesiæ regimen assumptus est.

Tempore Paschalis papæ, Radulfus, Doroberniæ archiepiscopus, ad regem in Neustriam venit, et inde Romam, licet jam tumore pedum infirmaretur, proficisci cœpit. Cæterum, obiter auditis de occasu papæ rumoribus, legatos Romam destinavit. Ipse vero Rothomagum remeavit, et fere tribus annis in Normannia deguit. Ibi quondam dum moraretur, in translatione Sancti Benedicti, quæ a monachis festive agitur, finita missa, dum vestimentis exueretur, acuta passione subito percussus obmutuit, et post aliquot dies, arte medicorum ei multipliciter impensa, loqui cœpit; sed linguæ officium nunquam plene postea recuperavit. Deinde duobus annis paralysi ægrotavit, et vehiculo satis opportune aptato delatus, ad sedem suam inter suorum manus decubuit.

Tandem, anno ab Incarnatione Domini 1123,

indictione 1, Radulfus achiepiscopus, XIII Kalendas Novembris, Cantuariæ obiit. Cui Guillelmus Curbuliensis, canonicus regularis, post aliquot annos successit. Ecce antiquus mos, pro invidia qua clerici contra monachos urebantur, depravatus fuit. Augustinus enim monachus, qui primus in Anglia Christum prædicavit, ac Edelbertum regem et Sabertum, nepotem ejus, cum populis Cantiæ et Lundoniæ ad fidem Christi convertit, jussu Gregorii papæ primas metropolitanus totius Britanniæ floruit. Omnes exinde usque ad Radulfum, Doroberniæ archiepiscopum, præter Frigeardum et Odam atque Stigandum, fuerunt monachi. Frigeardus quippe, capellanus Lotheræ regis, ad præsulatum fuit electus, et Romam ut ab Agathone papa consecraretur destinatus; deinde, datis a papa induciis decem dierum, exspectans benedictionem, interea decidit in lectum, et sine præsulatus unctione exhalavit spiritum. Oda vero, pro nobilitate et morum benignitate, de clero assumptus, et archipræsul est consecratus; qui, postquam omnes antecessores suos monachos fuisse comperit, libenter ac devote habitum mutavit, et religiosus monachus ac archipræsul usque ad mortem Deo militavit. Stigandus autem, Emmæ reginæ capellanus, admodum sæcularis et ambitiosus exstitit; qui primum Lundoniæ, postmodum Cantuariæ cathedram invasit. Verum a Romano papa nunquam pallium habuit, imo ab Alexandro papa interdictus, Haraldum profanavit, dum in regem benedicere debuit. Quapropter idem, sicut a se exaltatus intumuit, sic a Deo humiliatus et confusus ingemuit; nam, Guillelmo primo in regno confirmato, clarescentibus culpis judicio synodi depositus est, unde nec in catalogo pontificum computandus est.

Angli monachos, quia per eos ad Deum conversi sunt, indesinenter diligentes honoraverunt, ipsique clerici reverenter et benigne sibi monachos præferri gavisi sunt. Nunc autem mores et leges mutatæ sunt, et clerici, ut monachos confutent et conculcent, clericos extollunt.

Circa hæc tempora, Rogerius, Uticensis abbas, ævo et ægritudine fractus, a pristino robore decidit, et pastoralis curæ sarcina exonerari summopere desideravit. Unde duos honorabiles monachos, Ernaldum de Telliolo et Gislebertum de Sartis, in Angliam misit, et per eos hujuscemodi litteras, quas Radulfo Laurentio edere jusserat, regi destinavit:

Glorioso suo domino, regi Anglorum HENRICO, *humilis* ROGERIUS, *Uticensium indignus minister, ab eo salvari qui dat salutem regibus!*

Quoniam, ut ait Apostolus (Rom. XIII, 1), « *non est potestas nisi a Deo; quæ autem sunt, a Deo ordinatæ sunt,* » *utilitati domus Dei ab omni potestate ordinatæ providendum est. Ego igitur, mi domine, qui huc usque, licet indignus, Deo disponente, sub vestræ moderationis nobili regimine, Uticensis ecclesiæ* A *fratribus abbatis vice ministravi, quique magis mihi oneri quam honori, vestra ope suffultus, jam per longa tempora adversa et prospera incubui; modo senio fessus, corpore debilitatus, metuens ecclesiæ magis obesse quam prodesse; dum et mores humanicum temporum vicissitudine variantur, consilio Patrum spiritualium, archiepiscopi Rothomagensis, episcopi Lexoviensis, plurimorum insuper abbatum, et diversorum ecclesiastici ordinis virorum, vestram supplex deposco clementiam quatenus, mei miserendo quem hactenus, quantulumcunque licet, vos dilexisse probastis, me amodo inutilem et minus idoneum a tanto onere liberum reddatis, et juxta vobis a Deo donatam sapientiam congruum et idoneum pastorem domui Dei provideatis. Verum, ne* B *prætextu talium videar quasi indomitorum rabiem propriæ requiei providendo subterfugere, eorum charitati et obedientiæ et simplicitati testimonium coram Deo perhibeo; quippe qui, et lacte et solido cibo abundanter uberibus matris Ecclesiæ educati, ad omnia Dei patrisque spiritualis mandata tractabiles inveniuntur, et obedienter pacifici. Solam, præcellentissime rex, imbecillitatis et senectutis meæ miseriam et impossibilitatem opponens, supplico ne id efficere differatis, orans obnixe, quantumlibet peccator, Regem regum quatenus ad hoc ipsum vobis cooperari dignetur. Valete.*

Benevolus utique rex, debilitate simplicis et religiosi senis audita, condoluit, et directis apicibus, C ut bonum, sibique competentem eligerent abbatem, cœtui monachorum imperavit. Legatis itaque reversis, LXVI monachi in Dei nomine congregati sunt, et lectionem sancti Patris Benedicti de ordinando abbate diligenter audierunt. Denique venerabilis abbas Rogerius et spirituales filii ejus de salute animarum tractaverunt, et unum ex semetipsis in nomine Domini ad supplendas vices abbatis assumpserunt. Guarinum namque de Sartis, cognomento Parvum, sibi abbatem præposuerunt, et in hoc apostolos imitati sunt, qui Mathiam Parvum Dei ad complendum duodenarium numerum, qui sacratus est, divino nutu sortiti sunt. Suprãdicti autem duo senes electum fratrem Joanni, episcopo Lexoviensi, jussu conventus exhibue- D runt, et cum ejus licentia mare inter hiemis frigora et tempestates transfretaverunt, regemque, qui Nordanhymbriam tunc perlustrabat, per longa lutosaque itinera quæsierunt, eumque in festivitate Sancti Nicolai, Myrrheorum præsulis, Eborachæ repererunt. Porro illustris rex, auditis quæ fecerant monachi, electionem concessit, et electo fratri per consilium Turstini, Eboracensis archiepiscopi, abbatiam donavit, attestante Stephano, Carnotensi abbate, qui postmodum patriarcha fuit. Deinde rex omnes monasticas res et dignitates ac privilegia, quæ prædecessores sui hactenus habuerant, ei concessit, et chartam hujusmodi, sigillo regali signatam, contra æmulos erogavit:

HENRICUS, *rex Anglorum,* JOANNI, *episcopo Lexo-*

viensi, et STEPHANO *comiti* Moritolii, et RODBERTO *de* Haya, et omnibus baronibus et fidelibus suis Normanniæ, salutem.

Sciatis me dedisse Guarino abbati et concessisse abbatiam Sancti Ebrulfi. Et volo et præcipio firmiter ut bene et in pace et quiete et honorifice teneat, cum ecclesiis et decimis et terris et nemore et plano et omnibus rebus suis, sicut unquam aliquis antecessorum suorum melius et quietius et honorificentius tenuit. Testibus Turstino, archiepiscopo Eboracensi, et Guillelmo de Tancardivilla, et Guillelmo de Albinneio.

Apud Eboracum.

Guarinus itaque, sublimi auctoritate potentis sceptrigeri corroboratus, in Normanniam remeavit, Quadragesimalem observantiam cum fratribus peregit, et in die Dominicæ Ascensionis a Joanne, episcopo Lexovii, benedictionem recepit, et exinde labores et dolores pastoralis curæ perpeti edidicit. In primis pie laudandus est quod venerabili Rogerio seni benigniter servivit, eique per tres annos, quibus postmodum supervixit, in cunctis, ut patri filius et magistro discipulus, obsecundavit. Mansuetus enim senex in camera sua, ut pridem solebat, psalmis et orationibus, piisque colloquiis vacabat. Idoneum sacerdotem sibi capellanum et confabulatorem habebat, a quo missam, officiumque canonicum in oratorio Sancti Martini audiebat, et cum quo de mysticis Scripturarum ænigmatibus, vel syntagmatum floribus, interrogando vel respondendo, tractabat. Et quia pondus exteriorum curarum semper sibi noxium et importabile judicaverat, nunc salubriter et honorifice liber Deo gratias agebat, et quanto liberior, tanto securior, supremæ diei metam gaudens exspectabat.

Tandem anno Dominicæ Incarnationis 1126, indictione IV, præfatus senior gravius solito ægrotavit, oleoque sacro peructus, aliisque rebus quæ servo Dei competunt, pleniter expletis, Idus Januarii migravit. Discipulus et successor didascali animam Deo cum suis consodalibus commendavit, et solemnes exsequias rite celebravit. Sequenti vero die corpus ejus in capitulum delatum est, ibique secus Osbernum abbatem reverenter tumulatum est. Versibus hexametris epilogum brevem super illo edidi, in quo plus veritati quam concinnæ sonoritati intendere malui, Benigno quoque Salvatori pro illo sic orando, et bona divinitus illi inserta recolendo, effudi.

Mitem, sincerumque Patrem, rex Christe, Rogerum
Salva, nam pro te toleravit multa benigne.
Rura, domos et velle suum dimisit egenus,
Teque sequi studuit per iter virtutis anhelus.
 Gervasiusque pater illi fuit, Emmaque mater,
In quibus emicuit morum jubar, et decus amplum.
Presbyter instructus documentis ultro Rogerus,
Sumpsit ovans almi monachile jugum Benedicti.
Multa diu mores ejus possedit honestas,
Qua meruit sociis præponi rector et abbas.
Præsule nam facto Serlone Salaribus, iste
Cænobii sancti regimen suscepit Ebrulfi.
Quinquies undenis monachus bene floruit annis,

Unde ter undenis Utici fit pastor ovilis.
Hic monachos novies denos in discipulatu
Suscepit, rigidoque regi docuit monachatu.
Simplex et dulcis, studiisque nitens bonitatis,
Quos monuit verbis, exemplis profuit almis.
Denique confectus senio, terris sua membra
Deposuit, Jani duodena luce peracta.
Abstersis culpis, bone Rex, da gaudia lucis.
Pacis amator erat; rogo, nunc in pace quiescat! Amen.

XVII. Novæ in Henricum regem rebelliones.

Anno ab Incarnatione Domini 1122, indictione X, iterum malignitatis spiritu redivivus bellorum turbo exoritur, et vesanis cædibus bestialiter exagitatis humanus cruor flebiliter effunditur. Pessima Erynnis, inventa sibi sede in cordibus pestilentum, debacchatur, et rursus homines in sui suorumque perniciem insurgere intendit et hortatur. Inquieti enim pace populique quiete contristantur, et ipsi, dum aliorum fastus pessundare conantur, justo Dei judicio, suis plerumque missilibus enecantur. Vere cæci et vecordes sunt qui bella in pace cupiunt, qui miseriam in beatitudine ut sitiens potum perquirunt, et bonum, quandiu habuerint, quid sit nesciunt; quod cum amiserit, summopere requirunt; sed, ærumnis afflicti, expiscantes reperire nequeunt. Unde pro irrecuperabili damno lugubres fiunt, et inconsolabiliter flebunt.

Plures itaque, cernentes quod legitimus hæres Henrici regis occubuerit, et ipse rex, in senium vergens, legitima prole caruerit, Guillelmum, nepotem ejus, toto amore complectuntur, et ad ipsum sublimandum totis nisibus convertuntur. Ipse rex filios Rodberti, comitis Mellenti, quem multum dilexerat et a quo ipse in primordio regni sui admodum adjutus et consolatus fuerat, post mortem patris ut propriam sobolem dulciter educavit, geminisque pubescentibus, Gualeranno et Rodberto, arma militaria dedit. Gualerannus quippe totum citra mare possedit patris sui patrimonium; in Gallia scilicet Mellenti consulatum, in Neustria vero Bellum-Montem, eique subjacens patrimonium. Porro frater ejus Rodbertus, in Anglia comitatum Legrecestræ habuit; cui rex Amiciam, Radulfi de Guader filiam, quæ Richardo, filio ejus, pacta fuerat, donavit, et Britolium cum subjacentibus fundis adjecit.

Idem rex Mathildem, nurum suam, cum summa dulcedine coluit, et in Anglia, quandiu ipsa voluit, cum honore maximo detinuit. Verum, post aliquot annos, ipsa parentes suos videre desiderans, Andegavem adiit, ibique, natalis soli amore innexa, aliquantulum deguit. Tandem, instinctu Goisfredi, Carnotensis episcopi, post decem annos desponsationis suæ sæculum reliquit, et sanctimonialis in cœnobio Fontis-Ebraldi cœlesti sponso libera inhæret ac deservit. Hæc, ut dictum est, duodenis, ut reor, adolescentulo in æstate nupsit, et nondum sex mensibus expletis, imberbis maritus naufragio periit. Benevolus vero rex illam quasi filiam suam enutrivit, eamque diutius penes se custodivit, ut sublimi potentique marito copularet, ac super omnem parentelam suam divitiis et honoribus sublimaret. Verum meliori consilio usa est, quæ cœlesti sponso, Dei Virginisque Filio, connexa est. Erat enim prudens et pulchra, eloquens et bene morigerata, multisque decenter honestatibus redimita. Cujus in bonis utinam consummatio sit hominibus optabilis, et Deo placita!

Eodem tempore, Amalricus, Ebroicensis comes, animi nimiam amaritudinem gerebat quod præpositos atque gravaringos in terra sua nimium furere videbat. Insolitas enim exactiones imponebant, ac pro libitu suo judicia pervertebant ; summis et mediocribus multas gravedines inferebant ; sed hæc non sua virtute, imo timore regis et potestate, agitabant. Nam ipse, talium nescius, in Anglia demorabatur ; ejus tamen metu militaris audacia comprimebatur, dolens quod tanta rabies gastaldorum super incolas grassaretur. Officiales mali prædonibus pejores sunt : pagenses nempe latrunculos, fugiendo seu divertendo, devitare possunt ; versipelles vero bedellos nullatenus sine damno declinare queunt.

Animosus igitur Amalricus Fulconem, Andegavorum comitem, suum scilicet nepotem, expetiit, ipsumque persuasibilibus verbis commonuit ut Guillelmo, Rodberti ducis filio, Sibyllam, filiam suam, conjungeret, cujus probitas et pulchritudo ac summa ingenuitas imperio digna existeret. At ille avunculo suo facile acquievit, et accersito juvene cum pædagogis et pedisequis suis, natam ei suam pepigit, et cum eadem, donec hæreditarium jus nancisceretur, Cenomannicum consulatum concessit. Deinde Amalricus omnes quoscunque potuit, ad consortium suæ partis contraxit, multosque ad hoc, ut se levitas habet Normannorum, faciles et pronos invenit.

Gualerannus itaque, comes Mellenti, et Guillelmus de Rolmara, Hugo de Monte-Forti et Hugo de Novo-Castello, Guillelmus Lupellus et Baldricus de Braio, Paganus de Gisortis, et plures alii fraudulenter mussitantes, clam prius consiliati sunt ; sed paulo post in manifestam rebellionem, ad detrimentum sui, proruperunt. Gualerannus comes specimen tirocinii sui ardenter ostentare optavit ; sed hoc sine dubio insipienter inchoavit, dum contra dominum nutritiumque suum rebellavit ; et, inimicorum ejus adjutor, arma primum contra illum ferali dextra levavit. Tres quippe sorores suas, ut illæ legaliter consolarentur, et ipse nihilominus in omnes undique contribules suos corroboraretur, tribus præcipuis dederat oppidanis, quibus homines et municipia, multæque divitiæ suppeditantur. Una scilicet data est Hugoni de Monte-Forti, et alia Hugoni de Novo-Castello, filio Gervasii, tertia vero Guillelmo Lupello, Ascelini filio, qui post mortem Rodberti Goelli, fratris sui, adeptus est cum toto patrimonio arcem de Ibreio.

Guillelmus de Rolmara terram matris suæ, quam Rannulfus Bajocensis, vitricus suus, pro comitatu Cestræ regi reddiderat, repetiit, aliamque possessionem, Corviam nuncupatam, in Anglia requisivit. Sed postulanti rex non acquievit ; imo injuriosa illi respondit. Iratus itaque juvenis protinus in Neustriam transfretavit, et opportuno tempore reperto, a rege recessit, multorumque adminiculo fretus, de Novo-Mercato guerram in Normannos acerrime exercuit. Biennio utique prædis et incendiis, hominumque capturis iræ suæ satisfecit, nec ab hujusmodi molimine cessavit, donec ei rex competenter satisfecit, et magnam partem juris quod poposcerat restituit.

Mense Septembri, Amalricus et Gualerannus, aliique quos supra memoravi, ad Crucem Sancti Leudfredi convenerunt, ibique generalem conjurationem pariter fecerunt.

Clandestinæ fraudes regem non latuerunt. Mense igitur Octobri rex ingentem militiam Rothomagi ascivit, et de urbe progressus Dominico, postquam comedit, ignorantibus cunctis quo ire vellet, vel quid meditaretur, Hugonem de Monte-Forti vocavit, sibique mox assistenti, ut munitionem castri Montis-Fortis sibi redderet, imperavit. At ille, quia doli erat conscius, detecta fraude subito fit anxius, et, quid in tam brevi ageret articulo temporis nescius, annuit tandem jussis regalibus. Timebat enim quod, si renuisset, protinus vinculis subjacuisset. Rex autem amicos cum illo præmisit fideles, qui reciperent munitionum claves. Ille vero ut a conspectu regis elongatus evanuit, celeri dextrario currente vectus, in introitu silvæ socios reliquit. Deinde per compendium quod melius noverat, illos prævenit, nec de equo descendit, sed fratri suo et uxori, aliisque clientibus castrum diligenter servare præcepit, « Rex, inquit, huc venit cum sua virtute ; contra quem munitionem hanc fortiter tenete. » Inde festinus Brionnam convolavit, et relatis casibus Gualerannum comitem ad apertum certamen armavit. Redeuntibus autem amicis, qui se dolebant fraudibus Hugonis delusos, animosus rex cito jussit armari milites suos, et aggredi castrenses imparatos. In duobus primis diebus tota villa combusta est, et munitio usque ad arcem capta est. Rodbertus filius regis, et Nigellus de Albinneio magnum agmen de Constantino, allisque provinciis adduxerunt, et Radulfus de Ganda, aliique obsessi crebris assultibus acriter intus molestati sunt. Denique, ut se omni conjuratorum auxilio destitutos viderunt, intra mensurnam obsidionem, saniori consilio potiti, pacem fecerunt, et in amicitia regis recepti, turrim ei reddiderunt. Inde rex Pontem-Aldemari adiit, et sex septimanis castrum viriliter obsedit.

Adelinæ vero, quia Rodberti, de Mellento comitis, filia fuit, et filio ejus Gualeranno planam tellurem tali tenore rex concessit : si Hugo pacifice ad ipsum repedaret, sibique amodo fidelis et familiaris amicus existeret. Quod audiens, Hugo sprevit temere, et exhæredatus maluit omnibus suis carere, quam reconciliatus regi, a quo nutritus et sublimatus fuerat, feliciter inhærere.

XVIII. *Mors Serlonis Sagiensis.*

Eodem mense [1125], venerandus Serlo, postquam Salariensem episcopatum xxxii annis rexit, vii Kalendas Novembris in ecclesia Sancti Gervasii, martyris, missam cantavit. Qua finita, clericis et ministris ecclesiæ vocatis, dixit : « Ætate et debilitate frangor, finemque meum mihi jam imminere intueor. Domino Deo, qui me vobis sui vicarium præposuit, vos commendo, ac ut pro me dignanter ei clementiam exoretis obsecro. Locus amodo sepulturæ mihi præparetur, quia tempus habitationis meæ jam inter vos abbreviatur. » Deinde cum clero ad aram Sanctæ Dei Genitricis Mariæ perrexit, ibique ante aram pastorali cambuta spatium loculi designavit, et, orationibus ad Dominum fusis, cum aspergine aquæ benedictæ sepulcrum sanctificavit. Protinus operarii foveam ligonibus foderunt, humumque palis egesserunt. Cœmentarii vero, latomique sarcofagum martulis cavarunt, et omnem apparatum ambulanti et loquenti episcopo, quasi exanimis jam jaceret, in feretro coaptarunt.

In crastinum, feria vi, in basilicam venit. Missam quam frequentaverat, celebrare voluit; plus animi quam corporis viribus vigens, amictum super caput suum posuit; sed trementibus membris tam celebre servitium inchoare timuit. Capellano igitur id officium explere Guillelmo præcepit, missaque celebrata omnes canonicos accersivit : « Ante me, inquit, post prandium convenite, quia thesaurum, quem ad usus humanos congessi de redditibus Ecclesiæ, ad ejusdem nihilominus utilitatem volo legaliter distrahere. Summopere cupio, adjuvante gratia Dei, devitare ne pars iniqua inveniat aliquid super me, unde in conspectu Domini mei jure possit accusare me. Nam, sicut nudus in hunc mundum intravi, sic me decet nudum egredi, ut merear Agni vestigia liber sectari, pro cujus amore omnia jam dudum gaudens mundana reliqui. »

Ad mensam hora nona præsul resedit; sed, supernis jam anhelans, de præsentibus nil comedit. Alios autem non avide manducantes, quos nimirum tristitia repleverit, pabulo doctrinæ pascens ubertim instruxit, et semen verbi Dei, utpote affluens seminiverbius, largiter dispersit. Nullam, ut reor, elegantiorem Serlone, seu facundiorem Normannia prolem protulit. Statura enim erat mediocris, et omni decore spectabilis, prout humana species exigit, terrigenæque qui multis repletur miseriis competit. In adolescentia vero rufus fuit, in juventute cito canuit, et ante obitum suum fere l annis niveus effulsit. Erat idem tam sæcularium quam divinarum eruditione litterarum doctissimus, ac ad universa quæ proponebantur responderet promptissimus. In malis pertinaci admodum erat austerus, sed cum fletu scelus suum confitenti clementissimus, et more pii patris erga languentem filium mitissimus. Multa de illo bona possem dicere; sed

dicta mea nequeunt ab illo mortem removere. Fatigatus ad alia tendo, incœptique libri ad calcem ducere glisco.

Surgere de mensa post refectionem paratis nuntius adfuit, qui cardinales Romanos, Petrum et Gregorium, adesse retulit. Vigilia quippe Sanctorum Apostolorum Simonis et Judæ tunc agebatur. Mox præsul clericis et dispensatoribus suis dixit : « Velociter ite, et diligenter Romanis servite, abundanter eis omnia dantes quæ necessaria sunt, quia legationem domini papæ, qui post Deum universalis pater est, deferunt, ipsique, qualescunque sint, magistri nostri sunt. » Solers itaque senex in occursum eorum clientes suos destinavit, et ipse sine dolore seu manifesta ægritudine, ut solebat, in cathedra sedens solus remansit. Cæteri omnes, ut jusserat, cardinalibus occurrerunt, hospitio eos honorifice susceperunt, et omnimodis, ut decuit, juxta pontificis mandatum honoraverunt. Interea, dum illis competens obsequium exhibitum est, episcopus in cathedra sedens, quasi obdormisset, defunctus est. Deinde ministri, completis omnibus, ad seniorem suum redierunt; sed ipsum jam in sede sua defunctum lacrymabiliter planxerunt. In crastinum corpus in sepulcro, jam tertia die, ut dixi, præparato, tumulatum est a Joanne, Lexoviensi episcopo, qui de obsidione Pontis-Aldemari a rege ad hoc agendum missus est.

Defuncto Serlone, Joannes juvenis, Harduini filius, nepos præfati Joannis, episcopatum adeptus est, qui sicut ætate junior, sic eruditione litterarum longe inferior prædecessore suo æstimandus est. Hic anno Dominicæ Incarnationis 1124, post Pascha, consecratus est, officiumque pontificale in episcopatu Luxoviensi primum exercere jussu avunculi sui orsus est. Nam apud Ciseium, iv Nonas Maii, ecclesiam Sancti Albini dedicavit, et inde Uticum eadem die venit. Deinde iii Nonas Maii, feria ii, novum crucifixum benedixit, et ædem atque aram Sanctæ Mariæ Magdalenæ dedicavit, quam Ernaldus, nobilis et antiquus cœnobita, ex procuratione sua, fideliumque largitionibus ædificavit.

Regii satellites, ut subitam mortem præfati, ut dictum est, flaminis audierunt, de munitione quam servabant, ceu corvi ad cadaver, statim accurrerunt. Thesaurum vero et quæque in episcopio reperta sunt, ecclesiis seu pauperibus nihil erogantes, in fiscum regis omnia transtulerunt.

Porro ipse castrum hostile tunc obsidebat, et plures eorum qui sibi ut familiares asseclæ blandiebantur, suspectos habebat, et cognitis illorum fraudibus occultis, infidos revera censebat. Ludovicus Silvanectensis et Harcherius, regis Franciæ coquus et miles insignis, Simon Trenel de Pexeio, et Lucas de Barra, aliique sævi pugnatores intus erant, multisque modis obsidentibus resistebant. Rex autem totam villam, quæ maxima et ditissima erat, concremavit, et castrum acriter impugnavit. Ipse profecto solerter omnia providebat, ut juvenis tiro ubique discurrebat, et vivaciter agendis rebus insistens cunctos animabat. Carpentarios berfredum facientes docebat, in operibus defectivos improperiis subsannando redarguebat, et strenue agentes laudando ad majora ciebat. Tandem machinas erexit, crebris assultibus castrenses laesit, et usque ad deditionem coercuit. Ludovicus autem et Radulfus Durandi filius, et complices eorum cum victore pacem fecerunt, redditaque munitione, omnes cum rebus suis salvi abire permissi sunt, et quidam eorum Bellum-Montem, ubi comes erat, cum Francis abierunt.

Illic Simon de Parrona et Simon de Nealpha, Guido cognomento Malus-Vicinus et Petrus de Manlia nepos ejus, Guillelmus quoque Aculeus, aliique fere cc pugiles de Francia, comiti militabant, ad imperium ejus per collimitanea rura discurrebant, et ingentia damna rapinis et incendiis fautoribus regis inferebant.

Ipsa die qua praefatum castrum redditum est, triste nefas alibi actum regi relatum est. Bellicis enim dum idem, ut dictum est, occupationibus circa Rizelam detineretur, perjurorum fraus circa Eptam hujuscemodi factionem machinabatur.

XIX. *Henricus, rebellibus et proditoribus flagellatis, Normanniam pacificat.*

Placitum, feria secunda [1123], quando mercatus agitur, statutum fuit in domo Pagani de Gisortis, ad quod invitatus fuit Rodbertus de Candos, munio regii dangionis, ut a siccariis ibidem fraudulenter armatis repente inermis obtruncaretur, oppidumque protinus a latentibus cuneis totum undique invaderetur. Ipsa vero die, milites, turbis rusticorum et feminarum de circumjacentibus viculis ad forum properantium misti, burgum libere intraverunt, et a burgensibus, quibus plurimi olim noti erant, in eorum domibus simpliciter hospitio suscepti sunt, suique multitudine villam magna ex parte impleverunt. Tandem, hora proditionis, crebri nuntii Rodbertum commonebant ut festinaret; sed religiosa Isabel, uxor ejus, diu detinuit, ut de omesticis rebus tractaret. Hoc nimirum nutu Dei actum est. Rodberto itaque demorante, Baldricus d'placitum ultimus venit, aliisque adhuc tacite raestolantibus in armis, primus amictum projecit, t lorica indutus praepropere exclamavit : « Eia, milites, quod agendum est inite, et fortiter agite! » rotinus oppidanis proditio detecta est, et clamoso umultu exorto, sibi propior ab hominibus Pagani orta violenter obtenta est. Cumque Rodbertus quum ascendisset, et proditionis ignarus ad forum enisset, armatos praedones villam depraedantes rospexit, terribilemque belli strepitum undique udivit, et perterritus ad asylum, unde nondum longatus fuerat, quantocius confugit. Ibi tunc malricus comes, et nepos ejus Guillelmus Crispius, cum suis coetibus, in montem contra munientum armati ascenderunt, et minis plus quam ctis terrere castrenses ausi sunt. Omnes pro certo qui ad hoc facinus innotuerunt, publici *l*ostes et perjurio rei contra regem adjudicati sunt. Rodbertus autem ut eos de villa, quae munitissima erat, viribus suis ejici non posse consideravit, immisso igne proximas domos incendit, et flamma vorax, flante vento, totum burgum corripuit. Hostes itaque de septis villae projecit, et ab assultu munitionis fugavit. In tanta rerum confusione liberales et honesti burgenses Gisortis multum perdiderunt, et, consumptis domibus cum gazis, egestate attenuati sunt. Ecclesia quoque Sancti Gervasii, quam ante paucos annos Goisfredus archiepiscopus dedicaverat, combusta est.

Rex autem, ut rumores hujuscemodi audivit, de Ponte Aldemari cum exercitu suo Gisortis festinavit, ibique contra proditores suos, si reperiret eos, audacter praeliari optavit. Verum illi, ut triumphatorem, quem adhuc obsidione occupatum putabant, properare compererunt, cum timore et labore, multoque dedecore fugerunt. Deinde justiarii regis Ebroicensem consulatum et omnes fundos proditorum invaserunt, et dominio regis mancipaverunt. Hugo, Pagani filius, cum Stephano, Moritolii consule, tunc erat, patrisque sui facinorum nescius, regi serviebat. Rex ergo illi paternum honorem concessit, perjurumque senem penitus cum Herveio, filio suo, exhaeredavit. Exinde foedus, quod papa nudius tertius inter reges pepigerat, ruptum est, et rediviva guerra feraliter inardescens utrobique exorta est.

Tunc hiems pluvialis erat. Rex autem plebium labores et anxietates discretus consideravit, eisque, ne nimis fatigati more jumentorum prae nimio labore fatiscentium deficerent, pepercit. Ergo, postquam duo munitissima cum subjacentibus fundis oppida, Pontem Aldemari et Montem Fortem obtinuit, in Adventu Domini populos in pace quiescere jussit. Familias vero suas cum praecipuis ducibus per castella disposuit, eisque contra praedones tutelam provinciarum commisit. Nam Rannulfum Bajocensem constituit in Ebroarum turri, Henricum vero, Goisleni de Pomereto filium, ad Pontem-Altouci, et Odonem, cognomento Borleugum, ad praesidium Bernaici, aliosque probos athletas in aliis locis ad tutandam regionem contra incursiones inimici. Guillelmus quoque, filius Rodberti de Harulfi-Corte, regi adhaerens serviebat.

In subsequenti Quadragesima, Gualerannus co- mes confoederatos suos accersiit, ac nocte Dominicae Annuntiationis ad muniendam turrim de Guataevilla perrexit. Tres quippe sororios suos secum habuit, Hugonem de Novo-Castello filium Gervasii, et Hugonem de Monte-Forti, atque Guillelmum Lupellum, filium Ascelini Goelli. His omnibus comes Amalricus eminebat. Bellica cohors his ducibus victualia obsessis conduxit, munitionem quoque regis, quae arcem coarctabat, ex insperato mane impugnavit. Gualterium autem, filium Guillelmi de Gualicheri Villa, quem rex principem custodum constituerat, qui castrum super aggerem loricatus ad sepem stans acriter defendebat, ingeniosa manus uncis ferreis impliciut, irremissibiliter extraxit, captumque secum adduxit. Gualerannus comes duobus fratribus, in quibus confidebat, Herberto scilicet de Lexovio et Rogerio, cum VIII clientibus arcem commiserat. Tunc rura in circumitu devastavit, et quidquid ad cibum pertinebat, de domibus et ecclesiis rapuit, et in turrim pro subsidio custodum introduxit. Eadem etiam die, comes furibundus, ut spumans aper, Brotonam silvam intravit, et rusticos qui ligna in saltu præcidebant invenit, plurimos comprehendit, captos amputatis pedibus loripedes effecit, et sic almæ festivitatis stemma temere, sed non impune, violavit.

Interea Rannulfus Bajocensis, qui Ebroicæ turris munio erat, et copiosas hostium acies Guatævillam noctu isse per exploratores didicerat, continuo compares suos, Henricum et Odonem atque Guillelmum, impiger adiit, hostilem transitum eis notificavit, ac ut in reditu inimicis domini sui regium tramitem ferro calumniarentur, summopere persuasit. Illi autem cum subjectis centuriis gratanter acquieverunt, et prope Burgum Thuroldi speciose armati cum CCC militibus convenerunt, et in campo exeuntes de Brotona, et Bellum-Montem repetentes, VII Kalendas Aprilis præstolati sunt. Quos cum regii milites vidissent, et virtute, potentiaque sese sublimiores censuissent, tantæ strenuitatis viros formidare cœperunt. Nonnulli tamen formidolosos corroborare ausi sunt; Odo siquidem Borleugus dixit : « Ecce adversarii regis per terram ejus debacchantur, et securi sunt, et unum de optimatibus ejus, cui defensionem regni sui commisit, captum abducunt. Quid faciemus? Nunquid illos impune depopulari totam regionem sinemus? Oportet ut pars nostrum ad pugnam descendat, et pedes dimicare contendat, et altera pars præliatura equis insideat. Agmen quoque sagittariorum in prima fronte consistat, et hostilem cuneum, cornipedes vulnerando, retardare compellat. In hoc hodie campo cujusque pugilis audacia, vigorque palam apparebit. Si enim ignavia torpentes baronem regis ab hostibus duci vinctum sine ictu dimiserimus, quomodo ante vultum regis astare audebimus? Stipendia cum laude nostra merito perdemus, nec pane regio vesci ulterius, me judice, debemus. » Igitur omnes reliqui præclari pugiles hortatu animati sunt, eique commilitones sui descendere cum suis annuerunt. Quod ille non recusavit, sed cum suis, a quibus valde diligebatur, pedes in armis conflictum hilariter exspectavit. Gualerannus, adolescens militiæ cupidus, ubi adversarios vidit, quasi jam superasset eos, pueriliter tripudiavit. Sed Amalricus, ævo sensuque maturior, tam ipsi quam aliis minus providis bellum ita dissuasit : « Per omnes gentes! (sic enim jurabat Amalricus) laudo ut bellum devitemus. Nam si pauci cum pluribus dimicare præsumpserimus, timeo quod dedecus et damnum incurremus. Ecce Odo Borleugus cum suis descendit; scitote quia superare pertinaciter contendit. Bellicosus eques, jam cum suis pedes factus, non fugiet, sed morietur aut vincet. » Cæteri vero dixerunt : « Nonne jam dudum in planitie Angli̇s obviare desideravimus? En adsunt. Pugnemus, ne turpis fuga nobis improperetur et nostris hæredibus. Ecce militaris flos totius Galliæ et Normanniæ hic consistit. Et quis obstare nobis poterit? Absit ut hos pagenses et gregarios adeo metuamus, ut pro illis callem divertamus, aut cum ipsis præliari dubitemus! » Acies ergo suas ordinaverunt. In primis Gualerannus comes cum XL militibus ad eos properare voluit, sed a sagittariis equus illius sub eo sauciatus cecidit. In prima enim fronte XL architenentes caballos occiderunt, et antequam ferire possent, dejecti sunt. Comitum itaque pars cito contrita et in fugam conversa, arma et quæcunque onerabant reliquit, et quisque, prout potuit, fugæ præsidio salutem suam tutavit. Ibi tunc Gualerannus consul, et duo Hugones, sororii ejus, et alii fere LXXX milites capti sunt, et in carcere regis, tenaci nexu constricti, temeritatis suæ pœnas diu lacrymabiliter luerunt.

Guillelmus de Grandi-Corte, filius Guillelmi Aucensis comitis, de familia regis probus eques, in hac pugna fuit, et Amalricum fugientem comprehendit. Sed viro tantæ strenuitatis humana miseratione condoluit, verissime sciens quod si retineretur, de nexibus regis vix aut nunquam egrederetur. Elegit ergo, rege cum terra sua relicto, exsulare, quam egregium consulem inextricabilibus nodis nectere. Illum itaque usque ad Bellum-Montem conduxit, et extorris cum illo, ut ereptor ejus, in Francia honorabiliter permansit.

Guillelmus vero Lupellus, a quodam rustico captus, arma sua illi pro redemptione sui dedit, et ab eo tonsus instar armigeri, manu palum gestans, ad Sequanam confugit, et incognitus ad transitum fluminis pro naulo caligas suas nauclero impertivit, nudisque pedibus proprios lares revisit, gaudens quod de manu hostili utcunque prolapsus evaserit.

Rex autem, post Pascha [1124], judicium de reis, qui capti fuerant, Rothomagi tenuit, ibique Goisfredum de Torvilla et Odardum de Pino pro perjurii reatu oculis privavit. Lucam quoque de Barra pro derisoriis cantionibus et temerariis uisibus orbari luminibus imperavit. Tunc Carolus, marchio Flandriæ, qui Balduino juveni in ducatu successit, cum multis nobilibus curiæ regis interfuit. Infaustorum quoque condemnationi pie condoluit, atque, cæteris audacior, ait : « Rem nostris ritibus inusitatam, domine rex, facis, qui milites bello capto in servitio domini sui debilitatione membrorum punis. » Cui respondit rex : « Rem justam, domin consul, facio, et hoc manifesta ratione probabo Goisfredus enim et Odardus consensu dominiorum suorum legitimi homines mei fuerunt, perjuriique nefas ultro committentes, mihi fidem suam mentiti sunt, et idcirco nece seu privatione membrorum puniri meruerunt. Pro servanda, quam mihi juraverant, fidelitate, omnia potius quæ in mundo habebant, debuissent deserere, quam ulli hominum contra jus aliquatenus inhærere, fidemque suam nequiter prodendo, legalis heri fœdus disrumpere. Lucas autem homagium mihi nunquam fecit; sed in castro Pontis Aldemari contra me nuper dimicavit. Ad postremum, pace facta, quidquid foris fecerat indulsi, et cum equis rebusque suis liberum abire permisi. At ille hostibus meis protinus adhæsit, redivivas illis junctus, inimicitias in me agitavit, et pejora prioribus addidit. Quin etiam indecentes de me cantilenas facetus coraula composuit, ad injuriam mei palam cantavit, malevolosque mihi hostes ad cachinnos ita sæpe provocavit. Nunc idcirco Deus illum mihi tradidit ut castigetur, ut a nefariis operibus cessare cogatur, aliique, dum temerarii ausus illius correptionem audierint, commode corrigantur. » His auditis, Flandriæ dux conticuit, quia quid contra hæc rationabiliter objiceret non habuit. Carnifices itaque jussa compleverunt. Porro Lucas ut æternis in hac vita tenebris condemnatum se cognovit, miser, mori quam fuscatus vivere maluit, et lanistis perurgentibus, in quantum potuit, ad detrimentum sui obstitit. Tandem inter manus eorum parietibus et saxis, ut amens, caput suum illisit, et sic multis mœrentibus, qui probitates ejus atque facetias noverant, miserabiliter animam extorsit.

Interea Morinus de Pino, dapifer comitis, castella ejus munivit, et ipse animosus omnes quos poterat, pertinaciter ad resistendum regi animavit. Rex autem fortis, magno congregato exercitu, mense Aprili, Brionnam obsedit, ibique duo castella continuo construxit, quibus hostes paulo post ad deditionem coegit. Illam nimirum pacem temeritas dementium fieri sine ingenti damno innocentum non pertulit, quia tota cum ecclesiis villa prius combusta fuit. Porro illi qui erant in arce de Guatævilla, reconciliati sunt regi, munitione reddita, quam rex principali disciplina humotenus dirui paulo post præcepit.

Denique, rex, postquam omnia comitis municipia, præter Bellum-Montem, sibi subjugavit, tunc consuli, qui vinctus erat, operum eventus suorum notificavit, atque per eosdem rumigerulos, ut sibi Bellum-Montem in pace reddi juberet, mandavit. Ille vero videns se puerilis levitatis frivola spe deceptum, et a fastigio pristinæ potestatis merito perversitatis dejectum, metuensque, si magnanimus censor per quamlibet pervicaciam offenderetur, iterum sibi periculosius incumberet scandalum, missis fidelibus legatis, obnixe jussit Morino, procuratori rerum suarum, ut sine mora sæpe memoratum castellum triumphatori subigeret sceptrigero Anglegenarum. Tunc Morinus, licet sero, jussa quidem complevit, sed gratiam regis nullatenus impetrare potuit. Pædagogus enim adolescentis a rege ordinatus fuerat, eique rebellionis nequam consilium ultro suggesserat. Amisit opes quibus in Normannia nimis intumuerat, et elatus supra se, ambiens plus quam decebat, turbationem, multis insontibus nocituram, insolenter invexerat. Regali ergo censura de paterno cespite projectus, ad mortem usque in exteris exsulavit regionibus. Rex itaque totam possessionem ditissimi consulis obtinuit in Neustria, ipsumque cum duobus sororiis suis arcta servavit custodia. Deinde post aliquod tempus ipsi tres in Angliam missi sunt, et comes atque Hugo filius Gervasii quinque annis in carcere coerciti sunt. Hugo autem de Monte-Forti jam XIII annis vinculatus gemuit, nec pro eo, quia sine occasione gravius offendit, aliquis amicorum ejus regem interpellare præsumit.

Benedictus Deus, qui cuncta bene disponit, qui salubrius quam ipsi optant mortalium cursus dirigit, et æquitatis examen in territorio Rubri-Monasterii pie contemplantibus demonstravit! Anno quippe Dominicæ Incarnationis 1124 victoriam pacis amatoribus contulit, et temerarios proturbatores totius provinciæ confudit, et complicum scelerosos conatus ipsorum impedimento celeri dissipavit. In illa enim septimana decreverant oppidani VII castellorum quæ consita sunt in Lexovino vel Uticensi pago, in confinio scilicet ipsorum, ut se illis conjungerent ad detrimentum multorum. Hugo quippe de Plessicio jam Pontem-Erchenfredi dolose invaserat, et auxilium a confœderatis rebellibus fiducialiter exspectabat. Sic municipes Sappi, Benefactæ et Orbecci, aliique plures præ timore placitum cum eis fecerunt, quoniam contra ingens robur eorum vires seu magnanimitatem defendendi se non habuerunt. Sed capitibus nequitiæ, ut dictum est, conquassatis, conjurati sodales eorum siluerunt, et de consensu duntaxat perfidiæ detegi coram justitiariis et jurisperitis admodum timuerunt. Tunc bissextilis erat annus, ac, sicut vulgo dici audivimus, super proditores revera corruit bissextus. Paulatim viribus effetis, Amalricus et Lupellus, aliique hostes pacem regis procuraverunt, et Guillelmum exsulem, quem nullatenus juvare valebant, inviti deseruerunt. Tandem ipsi humiliter regi satisfecerunt, et amicitiam ejus, cum præteritorum indulgentia reatuum, recuperaverunt, atque pristinos honores adepti sunt.

His rebus ita peractis, pactum Guillelmi Andegavensibus disruptum est, et ipse cum Helia, pædagogo suo, et Tirello de Maineriis, externa mappalia in magno metu et egestate pervagatus est. Longa et valida patrui sui brachia sibi formidanda erant, cujus potestas, seu divitiæ, potentiæque fama passim ab Occidente usque in Orientem pertingebant. Ad laborem puer ille natus est, a quo, dum advixit, nunquam bene liberatus est. Idem audax erat et superbus, pulcher ac ad militare facinus damnabiliter promptus, et deceptoria plus commendabat eum populis spes, quam sua virtus. In cœnobiis monachorum seu clericorum, ubi solebat hospitari, superfluitate sua, licet extorris, plus erat oneri quam honori, innumerisque cohærentibus illi, miseriæ magis quam saluti. Multorum in illo errabat opinio, ut evidenter postmodum cœlesti patuit, ut in calce hujus libelli veraciter declarabo.

XX. *Rainaldus archiepiscopus Remensis. Honorius papa II. Caroli-Henrici imperatoris mors. Lotharius imperator eligitur.*

In diebus illis, multorum principum mutationes factæ sunt, quibus in locis eorum moderni subrogati sunt. Radulfus, cognomento Viridis, Remorum archiepiscopus, eruditione et facundia inter patres præcipuus, studiisque bonis nostro tempore laudabiliter deditus, pater et institutor monachorum et clericorum, patronus et defensor pauperum et omnium sibi subjectorum, post multa laudabilia opera in senectute bona defunctus est. Post quem Rainaldus, Andegavorum episcopus, in pluribus priori dispar, sedem adeptus est. Andegavensis vero ecclesiæ regimen Ulgerius suscepit, cujus vita, religione et scientia cluens, populis lumen veritatis suggerit.

Anno ab Incarnatione Domini 1125, indictione III, Calixtus papa defunctus est, et Lambertus, Ostiensis episcopus, in papam Honorium assumptus est. Hic senex eruditissimus, et in observatione sacræ legis fervidus fuit, Ecclesiamque Romanam sex annis rexit. Eadem etiam septimana qua Calixtus papa hominem excessit, Gislebertus, Turonensis archiepiscopus, qui pro ecclesiasticis negotiis Romam perrexerat, illic obiit. Quod audientes Turonici, Ildebertum, Cenomanensem probatum præsulem, sibi asciverunt, et, Honorii papæ permissu, gaudentes in Turonicæ metropolis cathedram transtulerunt. Ibi fere VII annis honorifice vixit, et subjectis profecit. Cenomanis vero Guimarum Britonem episcopum consecravit.

Eodem anno, in hebdomada Pentecostes, Carolus Henricus quintus, imperator, mortuus est, et Spiræ, metropoli Germaniæ, sepultus est. Imperii vero insignia moriens Cæsar imperatrici Mathildi dimisit, quibus postmodum, quia nulla soboles illi superfuit, Lotharius, dux Saxonum, generali plebis edicto intronizatus successit. Maguntinus enim archiepiscopus, qui potentia et strenuitate pollebat, providentiaque sua ne schisma vel inordinata subreptio imperii fieret præcavebat, episcopos et proceres totius regni, cum exercitibus suis, convocavit; cum quibus una collectis, de imperatore constituendo tractavit. Insignia siquidem ab imperatrice procuraverat ornamenta imperii, antequam de tanto præsumpsisset negotio fari: « Excellentissimi, inquit, barones, qui assistitis in hac planitie, me, quæso, solerter audite, et, prudenter intendentes, his quæ dicam obedite. Pro commoditate omnium vestrum et plurimorum qui non adsunt, laboro, et nocte, dieque anxius cogito. Multis sermonibus hic modo non opus est. Bene nostis : imperator noster sine prole defunctus est, cui Deo fidelis et devotus, Ecclesiæque filiis utillimus successor sapienter inquirendus est. Quadraginta igitur ex vobis sapientes et legitimi milites eligantur, et seorsum eant, ipsique secundum fidem suum et conscientiam optimum imperatorem eligant, qui merito virtutum imperio præferatur, omnique populo sibi subjecto summopere patrocinetur! » Sic ab omnibus concessum est. Ibi nempe plus quam LX millia pugnatorum aderant, et, in diversa nitentes, exitum rei considerabant.

Denique spectabiles sophistæ, qui de tot militibus segregati fuerunt, post diutinam collocutionem reversi, dixerunt : « Fredericum ducem Alemannorum, Henricum ducem Lotharingorum, et Lotharium ducem Saxonum laudamus, et honorabiles viros, imperioque dignos prædicamus. Hoc pro certo, non peculiari favore illecti, dicimus, sed universali salute perspecta, prout nobis visum est, asserimus. De his tribus quemcunque volueritis in nomine Domini sumite, quia omnes, ut jam dudum probatum est, laudabiles sunt personæ, et merito strenuitatis toti mundo, ut arbitramur, præponendæ. »

His auditis, archiepiscopus dixit : « Vos gloriosi principes qui nominati estis, alacriter ite, et de vobis tribus unum eligite. Illi autem quemcunque elegeritis subjiciemur, in nomine Dei omnipotentis. Porro, si quis vestrum a communi discrepaverit edicto, decolletur continuo, ne per unius proterviam Christianorum perturbetur sancta concio. » Animosi præsulis rigida conditio cunctis formidabilis exstitit, nec in tanta multitudine quisquam contra prælatum mutire præsumpsit.

Igitur prætitulati duces seorsum abierunt, et, circumstante legionum corona, in medio constiterunt, seseque invicem contuentes aliquandiu siluerunt. Tandem binis silentibus, Henricus rupit silentium primus : « Quid hic, seniores, agimus? Nunquid huc directi sumus ut taciturnitati vacemus? Ingens negotium nobis injunctum est. Non ut taceremus, sed ut de maximo bono loqueremur, huc convenimus. Jam vestram satis loquelam exspectavi. Nunquid totum diem transigemus muti? De tractatu nobis injuncto cogitate, et quid vobis placuerit edicite. » Sociis annuentibus ut proferret quid sibi, qui senior erat, placeret : « Optimum, inquit, nunc decet nostrum esse consilium, quia modo ad nostrum tota Latinitas suspirat arbitrium. Oremus ergo Dominum Deum, qui Moysen Hebræis præfecit, eique victoriosum successorem Josue revelavit, ut ipse clemens cooperator nobiscum sit, sicut fuit cum Samuele ad ungendum in regem David. » His ita dictis, generum suum elegit Lotharium. Porro tertius contradicere formidat, veritus sententiam quam archipræsul sanxerat. Deinde ad conventum reversi sunt. Henricus vero, diligenter intentus omnibus, dixit : « Lotharium ducem Saxonum, multis virtutibus adornatum, militia, justitiaque in sublimitate principali jamdiu probatum eligimus in regem Alemannorum, Lotharingorum, Teutonum et Bajoariorum, Langobardorum et omnium Italiæ populorum, et in imperatorem Romanorum. » Ab omnibus auditum est, et a pluribus libenter concessum est.

Tunc primas et ordinator hujus collectæ fuit, ut dixi, archiepiscopus Maguntiæ. Qui mox jussit ut omnes summi proceres, antequam de illo campo migrarent, in conspectu omnium Lothario mox homagium facerent. Protinus gaudens Henricus, et mœrens Fredericus, et omnes post illos præcipui magnates coram Lothario genua flexerunt, homagium illi fecerunt, eumque regem et augustum sibi præfecerunt.

Dissoluto conventu, exercitus Frederici super Lotharium irruit, ipsumque et plurimos de parte illius vulneravit, et terga vertentes fugavit. Fredericus enim armatorum fere xxx millia secum adduxerat, quia timore vel favore sese regem fore autumabat. Sed, quia probi pontificis ingenio præventus, ut dictum est, velle suum perpetrare nequivit, per Conradum, fratrem suum, maximam postmodum guerram fecit. Lotharius tamen, auxiliante Deo, prævaluit, meritoque strenuitatis et religionis laudabilis jam x annis regnavit.

Anno ab Incarnatione Domini 1126, indictione IV, pontificalis basilica Sancti Gervasii, Mediolanensis martyris, apud Sagium XII Kalendas Aprilis dedicata est a domino Goisfredo, Rothomagensi archiepiscopo, et aliis quinque præsulibus. Ibi tunc Henricus rex Anglorum cum proceribus suis adfuit, et eidem ecclesiæ redditus x librarum pro dote per singulos annos donavit. Ibi tunc interfuerunt Girardus Engolismensis episcopus, Romanæ Ecclesiæ legatus, Joannes Lexoviensis, Joannes Salariensis, Goisfredus Carnotensis, et Ulgerius Andegavensis.

Mense Octobri, basilica Sancti Petri apostoli in suburbio Rothomagi dedicata est, ubi corpus sancti Audoeni, archiepiscopi et confessoris, honeste conditum est

Eodem anno, Guillelmus Pictavensis mortuus est. Guillelmus etiam dux Apuliæ, filius Rogerii Bursæ, sine filiis obiit, cujus ducatum Honorius papa dominio apostolicæ sedis mancipare sategit. Verum Rogerius juvenis, Siciliæ comes, econtra surrexit, et multa in exercitum papæ certamina commisit, consobrinique sui principatum violentia militari vindicavit, et, homagio papæ facto, usque in hodiernum diem possedit. Hic nimirum Rogerii senis, filii Tancredi de Alta-Villa, filius fuit, ac strenuæ Adelaidis, quæ Bonifacii marchisi potentis Italiæ fuit, et, post prioris mariti, fratris scilicet Guiscardi, obitum, priori Balduino regi Jerusalem nupsit.

XXI. *Ludovicus rex protectionem Henrici Clitonis filii ducis Normanniæ rursus suscipit et jura ejus adversus regem Angliæ defendere conatur. — Flandriæ dux a Burchardo de Insula et aliis conjuratis interficitur. — Henricus Clito ducatum Flandriæ accipit. — In prælio vulneratus, moritur.*

Anno ab Incarnatione Domini 1127, indictione v, Ludovicus rex Francorum in Natale Domini ad curiam suam optimates regni allocutus est, eosque ut Guillelmo Normanno compaterentur, et subvenirent, summopere precatus est. Erat enim adolescens præclarus, pulcher, audax et probus, sed multis infortuniis ab infantia præpeditus. Nam dum adhuc infantulus esset, mater ejus Apuliensis Sibylla veneno perempta est. Pater vero ejus, Rodbertus dux Normannorum, in bello apud Tenerchebraicum captus est, et Henricus, frater ejus, rex Anglorum, Normanniæ ducatum adeptus est. Ipse quidem puerulus Heliæ de Sancto Sidonio, suo videlicet sororio, ad nutriendum regis jussu commendatus est, a quo pro timore præfati regis et fautorum ejus in Galliam abductus est, ibique inter extraneos, in magna egestate, nec sine multa formidine, educatus est. A multis hostibus multum, multisque modis quæsitus est ut perimeretur; a multis econtra requisitus est ut honori paterno restitueretur. Frustra conatur id agere humana intentio quod aliter disposuit divina ordinatio. Ludovicus rex et præcipui optimates regni Francorum, Balduinus acerrimus juvenis et Carolus, satrapæ, cum proceribus Flandrorum, Amalricus de Monte-Forti, comes Ebroicensium, Stephanus comes de Albamarla et Henricus comes Aucensium, Gualerannus comes de Mellento et Hugo de Novo-Castello, Hugo de Monte-Forti et Hugo de Gornaco, Guillelmus de Raumara et Baldricus de Bosco, Richerius de Aquila et Eustachius de Britolio, et multi alii Normannorum et Britonum, Rodbertus etiam de Belismo cum copiis Andegavensium et Cenomanorum, Guillelmum exsulem adjuvare moliti sunt; sed, Deo adversante, qui profunditate sensus et virtute bellica, copisque facultatum et amicorum, præfatis omnibus Henricum regem prætulerat, nihil profecerunt. Multi eorum pro facinoroso incœptu capti sunt, aut exhæredati, aut occisi sunt. Rebelliones etiam hac de causa multæ in regem Henricum exortæ sunt, et castella, ruraque concremata sunt. Hoc attestantur Ebroica urbs et episcopalis ecclesia Sanctæ Mariæ, sanctimonialiumque abbatia Brionna, Mons-Fortis et Aquila, Pons-Aldemari, et Bellismia, et multa alia quæ per edacia perierunt incendia.

Tandem cum Guillelmus exsul xxvi esset annorum, et nemo potuisset ei de paterna hæreditate recuperanda suffragari contra patruum suum, Adeles regina uterinam sororem suam dedit illi in conjugem, Rainerii scilicet marchionis sobolem. Ludovicus autem rex dedit ei Pontesiam et Calvimontem atque Medantum, totumque Vilcassinum. Hoc mense Januario factum est, et paulo post ante qua dragesimam Gisortis venit, cum militari manu, Normanniam calumniari; sed eum Normanni velut dominum naturalem revereri sunt.

Kalendas Martii, Carolus dux Flandriæ, Cunuti regis Danorum filius, cum Tesnardo Brothburgi oppidano et xx militibus, ad ecclesiam Brugis, ut missam audiret, venit, ibique, dum pronus in terra Deum oraret, a Burchardo de Insula, aliisque xxxii militibus peremptus est, et pene omnes qui cum illo erant ibidem crudeliter occisi sunt. Guillelmus autem de Ipro, tam gravi facinore audito, mox castrum de Brugis obsedit, et ferales homicidas undique inclusit, donec Ludovicus rex Franciæ cum Guillelmo Normanno venit, et obsidione menstrua diros carnifices coarctavit, cepit et de altissima turre Brugis præcipitavit. Deinde Guillelmo Normanno ducatum Flandriæ dedit, et Vilcassinum cum oppidis quæ dederat recepit. Verum Guillelmus, ut ducatum Flandriæ do regis et hæreditario jure obtinuit, solummodo xvi mensibus laboriose rexit.

In primis enim contra proditores Caroli ducis insurrexit, totisque nisibus eos indagavit, nullique pro qualibet causa nobilitatis, seu potentiæ, vel ordinis, aut pœnitentiæ pepercit, fere c et xi condemnavit, et præcipitio vel aliis mortium generibus crudeliter puniit. Interfectorum ergo consanguinei vehementer contristati sunt, et detrimentum illi, perniciemque machinati sunt. Ipse pædagogo suo, Heliæ de Sancto Sidonio, qui diutius pro illo exsulavit et cum Tirello de Maineriis exhæredari pertulit, Monsteriolum castrum donavit. Mense Augusto, contra Stephanum, Boloniæ comitem, exercitum duxit, eumque sibi subjicere volens, terram ejus ferro et flamma ferociter devastare cœpit. Denique fidi caduceatores missi sunt, et quia consobrini erant, sibi dextras dederunt, treviisque triennalibus datis, pacificati sunt. Interea, dum Guillelmus dux in hac expeditione occupatus esset, eique aliquando læta et plerumque tristis fortuna variabiliter insisteret, Euvenus de Ganda et Daniel de Tenero-Monte, nepotes Balduini de Ganda, ultionem amicorum callide quæsierunt, et excogitatum facinus, ad multorum lamenta, perficere conati sunt. Nam Theodericum, comitem Auxentium, adierunt, ipsumque cur hæreditarium jus negligenter et sine calumnia perderet inquietaverunt, eique sese, aliosque plures, si suum jus calumniaretur, auxiliatores fore spoponderunt. Theodericus itaque Auxensis et Lambertus, Ardennensis comes, Flandriam expetierunt, et opinatissimum castrum quod Insula dicitur, et Fornas, atque Ganda, aliaque plura, Morinis assentientibus, receperunt. Guillelmus autem, his auditis, Stephano Boloniensi trevias dedit, et contra intestinos hostes usque ad mortem dimicavit. Erant enim viri potentes et nobiles, audaciaque et multa probitate laudabiles, divitiis et amicis et munitionibus et favore contribulium formidabiles.

Mense Julio, dux, aggregato exercitu, castrum Alost obsedit, et cum Godefredo, Lovennensium duce, per dies aliquot coarctavit. Multi ad eum de Neustria venerunt. Ipsum enim plures in tantum diligebant, et falsa spe decepti, tantam in eo fiduciam habebant, ut natale solum cum naturalibus heris ac parentibus et amicis ultro relinquerent; quidam vero, perjuriis vel homicidiis polluti, exsules illi adhærerent.

Guillelmus de Ipro, Rodberti Morinorum marchionis filius, in primis ei obstitit; sed fortuna prodente, in manus ejus apud Triam, Vilcassini castrum, incidit, quem servandum Amalrico de Monte-Forti protinus destinavit. Denique non multo post dux eumdem per amicorum procurationem in amicitiam recepit, et a vinculis liberavit.

Apud Iprum tres munitiones erant, quarum una ducis erat, altera Guillelmi, et tertia Danielis et Euveni. Ibi hostes ducis in mortem ejus conspiraverunt, in arcem ejus noctu irruere decreverunt, et quatuor turmas, ut nullatenus exitium evaderet, extrinsecus constituerunt. Porro dux, qui tam feralem machinationem sibi paratam nesciebat, ad quamdam venit juvenculam quam amabat. Illa vero caput ejus, ut solebat, lavit, et, cognita hostili conjuratione, lavando flevit. Adolescens lacrymarum causam ab amica inquisivit, precibus et minis solerter extorsit, quibus coacta seriatim detexit quidquid ab inimicis ejus de morte compererit. Protinus ille cum suis arma, capillis adhuc impexis, arripuit, ipsamque secum, ne aliquo modo periclitaretur sustulit, et Guillelmo duci Pictavensium, coævo commilitoni suo, per quemdam abbatem destinavit, ipsumque ut liberatricem suam honorabili connubio, sicut sororem suam, donaret obsecravit. Quod ita factum est.

Tunc Guillelmus omnes insidias incolumis pertransivit, et iratus publicos hostes condemnavit. Bellicosus deinde juvenis undique vires collegit, castrum Alost obsedit, acriter debellavit, et totis nisibus oppidanos ad deditionem cogere sategit. Ipse ducis et militis officio plerumque fungebatur, unde a charis tutoribus, pro illo formidantibus, crebro redarguebatur. Sæpe centurias advocabat, ut acer dux imperabat, sed crebrius ut tiro fervidus pugnabat.

Quadam die [1128], ad transitum cujusdam aquæ hostilis phalanx venit, obsessis suffragari studuit, contra quod du[x repent]e (56) ccc milites direxit. Sed, conflictu [nimis] durante, et hostium virtute admodum crescente, milites ducis cœperunt aliquantulum relabi et vacillare. Quod videns dux infremuit, suppetias advolavit, audacter dimicavit, suos ita corroboravit, hostesque fugavit. Inde reversus ad portas castri repente irruit, eoque ve-

---

(56) Sic eruditus vir Le Prévost hunc locum restituit in codice deficientem.

niente turma satellitum qui egressi fuerant, dispersa confugit, quorum pars super aggerem exsilivit. Quos ibidem dux dum vidisset, et lanceam cujusdam peditis sibi obstantis apprehendisset, forte ferro quod capere dextera nisus est, in pinguedine manus quæ inter pollicem et palmum est, usque in pulsum brachii subito perniciose punctus est. Graviter itaque sauciatus inde recessit, familiaribus suis vulnus ostendit, cordetenusque dolens plangere cœpit, nec multo post in lectum decubuit. Ignis enim, quem sacrum vocant, plagæ immistus est, totumque brachium usque ad cubitum instar carbonis denigratum est. Quinque diebus ægrotavit, scelerumque pœnitens monachatum petiit, et, Dominici corporis perceptione cum confessione munitus, obiit.

Helias et Tirellus, aliique domestici ducis, qui semper ei fideles fuerunt, lethale vulnus juvenis heri Flandrensibus et omnibus extraneis celaverunt, et oppidanos ad deditionem expugnando coegerunt. Euvenus vero princeps castri reconciliatus est, et, datis obsidibus de pace firmata, familiaris amicus factus est. Tunc Normanni ducis in tentorium eumdem duxerunt, dominumque suum in feretro mortuum lugubres ostenderunt : « En, inquiunt, potes videre quid fecisti ; dominum tuum occidisti, et innumeris sic militibus luctum invexisti. » Quod ille videns, contremuit, et vehementi mœrore in lacrymas erupit. Cui Helias ait : « Desine, quæso, [nunc flere, quia] amodo tuæ inutiles sunt lacrymæ [nec duci sunt] auxilio. Vade, arma tua [sumens tuos fac] milites armari, et defuncti corpus ducis ad Sanctum Bertinum fac honorifice deduci (57). » Quod ita mox completum est. Conventus autem monachorum obviam processit, et cadaver in basilica suscepit. Ibi secus Rodbertum ducem sepultum est, et in lapide superposito epitaphium hujuscemodi exaratum est :

Miles famosus, Guillelmus, vir generosus,
Marchio Flandrensis, jacet hic, monachus Sithiensis.
Rodbertus pater huic, materque Sibylla fuere,
Et Normannorum gentis frenum tenuere.
Luxque Kalendarum sextilis quinta redivit,
Cum pugnax apud Alst ferro plagatus obivit.

Joannes, filius Odonis Bajocensis episcopi, primus Henricum regem adivit, eique casum nepotis sui nuntiavit, et sigillatos apices de parte ejus supplex obtulit, in quibus moriens adolescentulus a patruo suo malorum quæ contra illum fecerat indulgentiam postulabat, eumque ut omnes qui ad se confugerant, si ad illum remearent, benigne susciperet, obsecrabat. His itaque rex perceptis annuit, et plures herili nece conturbati, crucem Domini sustulerunt, et exsules pro Christo sepulcrum ejus in Jerusalem expetierunt. Theodericus autem Auxensis Morinorum dux factus est, et Ludovico regi Francorum, et Henrico regi Anglorum a secretis, confœderatus est. Stephanum comitem Boloniensium, aliosque Normannos qui terras habebant in Flandria, rex Henricus ei subjugavit regali justitia. Denique pulcherrima uxor ejus, quam tunc habebat, post aliquot annos occubuit, et ipse consilio regis Angliæ Sibyllam Andegavensem, Guillelmi prædecessoris sui sponsam, in conjugem accepit.

XXII. *Henricus rex fautoribus Henrici Clitonis nepotis sui ignoscit. — Normannia ad pacem reducitur. — Merlini vaticinia.*

Auxilio superni dispensatoris fretus, rex Henricus inter tot adversa rigidus in fastigio perstitit, et rebelles a temerario ausu deficientes, cumque suppliciter repetentes suscepit, et solerti benignitate secum reconciliari consensit. Primus itaque, ut supra dictum est, Guillelmus de Rolmara regi honorifice reconciliatus est, et exinde familiaris ejus conviva et amicus factus est. Generosam quoque Mathildem, filiam Richardi de Radveriis, illi rex conjugem dedit, quæ filium ei speciosum, nomine Guillelmum Heliam, peperit. Præfatus miles in adolescentia lubricus, nimisque libidini deditus fuit ; sed divino verbere plectendus , in gravissimam ægritudinem incidit. Unde cum Goisfredo archiepiscopo fatus, emendatiorem vitam Deo devovit. Deinde Novum-Mercatum reversus, postquam convaluit, in ecclesia Sancti Petri, apostoli, ubi quatuor canonici sæculares servierant, VII monachos constituit, eisque, præter illa quæ Hugo de Grentemaisnil ibi monachis Sancti-Ebrulfi dederat, plura libenter adjecit. Chartam confirmationis rerum quas dederat dictavit, et cancellum ecclesiæ cum domibus monasticis renovavit.

Anno itaque XXVIII Henrici regis [1128], Guillelmus adolescens comes obiit, cum quo robur et audacia omnium qui suffragabantur ei contra patruum suum, corruit. Arrogantum temeritas, cui adhæreret non habuit, postquam juvenile caput, pro quo Normanniæ rura ignibus et armis conturbaverat, perdidit. Tunc Rodbertus dux, qui ad Divisas in carcere servabatur, in somnio viderat quod in brachio dextro lancea percutiebatur, eoque mox privabatur. Mane autem exspergefactus, dixit astantibus : « Heu ! filius meus mortuus est. » Nondum rumor illuc ore nuntiorum perlatus fuerat, dum pater ejus in somniis istud edoctus coessentibus intimabat. Qui et ipse post VI annos Carduili defunctus est, et, de carcere tunc ejectus, Gloucestræ sepultus est.

Ecce Ambrosii Merlini prophetia, quam tempore Guortigerni regis Britanniæ vaticinatus est, per DC annos in pluribus manifeste completa est. Unde libet mihi quædam huic opusculo inserere, quæ temporibus ætatis nostræ videntur competere. Contemporaneus quippe beato Germano, Antissiodorensi episcopo, fuit, qui tempore Valentiniani imperatoris in Britanniam bis transfretavit, et contra Pelagium, ejusque sequaces, in gratiam Dei garrientes, dispu-

---

(57) Hunc locum, in codice S. Ebrulfi mancum, sic restituit sæpe laudatus vir Le Prévost ex codice Puteano Bibl. Imperialis Parisiensis nº 875.

tavit, et pluribus signis in nomine Domini peractis, hæreticos confutavit. Deinde, postquam Paschalia festa devote celebravit, contra Saxones-Anglos, qui tunc pagani Christicolas Britones oppugnabant, pugnavit, et, plus precibus quam armis robustus, cum exercitu nuper baptizatorum, Alleluia vociferans, ethnicum agmen fugavit. Si quis hæc et alia de casibus Britonum plenius nosse desiderat, Gildæ Britonis historiographi, et Bedæ Anglici libros legat, in quibus de Guortemiro et fratribus ejus, et de forti Arturo, qui xii bella contra Anglos fecit, luculenta narratio legentibus emicat.

Fertur quod Merlinus Guortigerno monstraverit stagnum in medio pavimento, et in stagno duo vasa, et in vasis tentorium complicatum, et in tentorio duos vermes, quorum unus erat albus et alter rufus. Qui mox admodum creverunt, et, dracones facti, mutuo crudeliter pugnaverunt. Tandem rubeus vicit, et album usque ad marginem stagni fugavit. Hæc nimirum rege spectante, cum Britonibus tristis ploravit. Merlinus, inquisitus vates ab attonitis spectatoribus, præsago spiritu disseruit quod stagno in medio pavimento figuraretur mundus; duobus vasis, insulæ Oceani; tentorio, urbes Britanniæ et vici in quibus humana est habitatio; duobus vero vermibus duo populi Britonum et Anglorum designantur, qui diris conflictibus vicissim vexabuntur, donec sanguinolenti Saxones, qui per rubeum draconem portenduntur, usque in Cornubiam et supra littus Oceani Britones fugabunt, qui per album vermem figurati sunt, quia fonte baptismatis a diebus Lucii regis et Eleutherii papæ dealbati sunt. Jam dictus vates seriatim quæ futura erant insulis Septentrionis prædixit, typicisque locutionibus memoriæ litterarum tradidit. Deinde postquam de Germanico verme et decimatione Neustriæ locutus est, quæ in Alfredo fratre Eduardi filii Egelredi regis, et sodalibus ejus Gueleford facta est, sic de præsentis ævi volubilitate, et rerum turbida variatione vaticinatus est :

« Populus in ligno et ferreis tunicis superveniet, qui vindictam de nequitia ipsius sumet. Restaurabit pristinis incolis mansiones, et ruina alienigenarum patebit. Germen ipsius ex hortulis nostris abradetur, et reliquiæ generationis ejus decimabuntur. Jugum perpetuæ servitutis ferent, matremque suam ligonibus et aratris vulnerabunt. Succedent duo dracones, quorum alter invidiæ spiculo suffocabitur, alter vero sub umbra nominis redibit. Succedet leo justitiæ, ad cujus rugitum Gallicanæ turres et insulani dracones tremebunt. In diebus ejus aurum ex lilio et urtica extorquebitur, et argentum ex ungulis mugientium manabit. Calamistrati varia vellera vestibunt, et exterior habitus interiora signabit. Pedes latrantium truncabuntur. Pacem habebunt feræ, humanitas supplicium dolebit. Findetur forma commercii, dimidium rotundum erit. Peribit milvorum rapacitas, et dentes luporum hebetabuntur. Catuli leonis in æquoreos pisces transformabuntur, et aquila ejus super montes Araunium nidificabit. Venedocia rubebit materno sanguine, et domus Corrinnei vi fratres interficiet. Nocturnis lacrymis madebit insula, unde omnes ad omnia provocabuntur. Nitentur posteri transvolare superna, sed favor novorum sublimabitur. Nocebit possidenti ex impiis pietas, donec sese genitorem induerit. Apri igitur dentibus accinctus, acumina montium et umbram galeati transcendet. Indignabitur Albania, et convocatis translateralibus sanguinem effundere vacabit. Dabitur maxillis ejus frenum, quod in Armorico sinu fabricabitur. Deaurabit illud aquila rupti fœderis, et tertia nidificatione gaudebit. Evigilabunt regentis catuli, et postpositis nemoribus infra mœnia civitatum venabuntur. Stragem non minimam ex obstantibus facient, et linguas taurorum abscident. Colla rugientium onerabunt catenis, et avita tempora renovabunt. Exinde de primo in quartum, de quarto in tertium, de tertio in secundum, rorabitur pollex in oleo. Sextus Hiberniæ mœnia subvertet, et nemora in planitiem mutabit. Diversas portiones in unum reducet, capite leonis coronabitur, principium ejus vago affectui succumbet; sed finis ipsius ad superos convolabit. Renovabit namque beatorum sedes per patrias, et pastores in congruis locis locabit. Duas urbes pallis induet, et virginea munera virginibus donabit. Promerebitur inde favorem Tonantis, et inter beatos coronabitur. Egredietur ex eo lues penetrans omnia, qua ruina propriæ gentis imminebit. Per illam enim utramque insulam amittet Neustria, et pristina dignitate spoliabitur. Deinde revertentur cives in insulam. »

Hanc lectiunculam de Merlini libello excerpsi, et studiosis, quibus propalatus non est, quantulamcunque stillam propinavi, cujus aliquam partem in rebus gestis intellexi. Plura vero, ni fallor, cum mœrore seu gaudio experientur adhuc nascituri. Historiarum gnari ejus dicta facile poterunt intelligere, qui noverint ea quæ contigerunt Hengist et Catigirno, Pascent et Arturo, Ædelberto ac Edwino, Oswaldo et Osvio, Cedwal et Elfredo, aliisque principibus Anglorum et Britonum usque ad tempora Henrici et Griffridi, qui dubia sub sorte adhuc imminentia præstolantur, quæ sibi divinitus ineffabili dispositione ordinantur. Nam luce clarius patet callenti quod de duobus filiis Guillelmi dicitur : « Succedent, inquit, duo dracones, domini scilicet libidinosi et feroces, quorum alter invidiæ spiculo, id est Guillelmus Rufus, in venatione sagitta suffocabitur ; alter, id est Rodbertus dux, sub umbra carceris, stemma pristini nominis, id est ducis, gerens, peribit. Succedet leo justitiæ (quod refertur ad Henricum), ad cujus rugitum Gallicanæ turres et insulani dracones contremiscunt, quia ipse divitiis et potestate transcendit omnes qui ante illum in Anglia regnaverunt. » Sic cætera sophistæ liquido discutiant. Multa possem explanando dicere, si commentarium niterer ut scirem super Merlinum edere. Sed his omissis, ad narrationis ordinem revertar, et nostrorum casus veraciter prosequar.

XXIII. *Germundus Hierosolymitanus patriarcha. Ecclesiastica negotia. De concilio Rothomagensi. De rebus in Francia et in regno Hierosolymitano gestis.*

Anno ab Incarnatione Domini 1128, indictione VI, Germundus patriarcha Jerusalem obiit. Stephanus autem Carnotensis post illum sanctam Sion II annis rexit. Quo migrante, Guillelmus Flandrensis successit. Indictione VII, Goisfredus Rothomagensis archiepiscopus ægrotavit et post diuturnam ægritudinem VI Kalendas Decembris hominem exivit. Interea dum præfatus archipræsul ægrotaret, et, de salute animæ suæ sollicitus, omnia quæ habebat prudenter erogaret, Matthæus, Cluniacensis monachus, Albanensis episcopus, Romanæ Ecclesiæ legatus, Rothomagum ad regem Henricum venit, et cum eo de utilitatibus ecclesiasticis tractavit. Jussu igitur regis episcopi et abbates Normanniæ asciti sunt, et in Rothomagensi capitulo scita, præsente rege, audierunt, quæ per legatum Honorii papæ sic propalata sunt:

Ut nullus presbyter uxorem habeat. Qui vero a pellice abstinere noluerit, ecclesiam non teneat, nec portionem in beneficiis ecclesiasticis obtineat, nec aliquis fidelium missam ejus audiat.

Ut unius presbyter duabus ecclesiis non deserviat, nec clericus quislibet in duabus ecclesiis præbendas possideat; sed in illa ecclesia cujus beneficiis fruitur Deo militet, eique pro benefactoribus suis quotidie supplicet.

Ut monachi vel abbates ecclesias seu decimas de manu laicorum non recipiant, sed laici quæ usurpaverant episcopo reddant, et ab episcopo monachi pro voto possessorum oblata recipiant. Ea tamen quæ antea quoquomodo obtinuerant, quiete per indulgentiam papæ possideant; sed ulterius aliquid hujusmodi, sine præsulis in cujus diœcesi est licentia, usurpare non præsumant.

Tunc Romanus legatus de transactis transgressionibus omnes absolvit, et sequenti mense, ut jam dictum est, archiepiscopus migravit. Ibi cum legato fuerunt Goisfredus Carnotensis episcopus, et Goislenus Rufus, Suessionis episcopus, et omnes episcopi Neustriæ: Richardus Bajocensis, Turgisus Abrincatensis, Joannes Lexoviensis, Richardus Constantiensis, et Joannes Salariensis. Abbates etiam adfuerunt plures, Rogerius Fiscannensis, Guillelmus Gemmeticensis, Ragenfredus Sancti Audoeni, Guarinus Sancti Ebrulfi, Philippus Sancti Taurini, et Alannus electus Sancti Guandregisili, aliique plures, quorum fautor rex Henricus adfuit, qui nullum eis gravedinem ab episcopis imponi permisit.

Anno ab Incarnatione Domini 1129, indictione VII, Philippus puer a Ludovico patre suo electus est, et in die Paschæ Remis a Rainaldo II Remorum archiepiscopo rex coronatus est; sed post biennium de equo lapsus et miserabiliter conquassatus apud Parisius mortuus est.

Eodem anno, Henricus rex Josfredo Andegavorum comiti Mathildem filiam suam dedit, quos Turgisus senex Abrincarum præsul pontificali benedictione conjunxit. Horum nuptiis legitime celebratis, Fulco comes iterum Jerusalem perrexit, et filiam Balduini regis II in conjugem accepit, regnumque Jerusalem, et principatum Antiochiæ, quæ famosissimi bellatores vix obtinuerant, facile possedit. Diadema quoque maturus socer illi obtulit, sed, illo vivente, junior ferre recusavit. Potestatem tamen per unum annum, quo postea senior supervixit, ut gener et hæres in toto imperio tutus agitavit. In primis minus callide quam decuisset futura prævidit, nimisque festinus præposituras, aliasque dignitates irrationabiliter mutavit. Primores enim qui ab initio contra Turcos obnixe certaverunt, et cum Godefredo ac duobus Balduinis urbes ac municipia sibi laboriose subegerunt, novus princeps a sua familiaritate removit, et, suffectis Andegavensibus advenis, aliisque rudibus qui nuper accesserant, obaudivit, consiliisque regni et custodiis munitionum modernos adulatores, veteribus patronis repulsis, præfecit. Rancor inde nimius exortus est, et in rudem officiorum immutatorem cervicositas magnatorum damnabiliter elata est. Studium bellandi, quod unanimes debuissent in ethnicos exercere, spiritu nequitiæ inflati, diutius in sua viscera moliti sunt agitare. Secum etiam gentiles utrinque contra se conglomeraverunt. Unde multa millia hominum et oppida nonnulla perdiderunt.

Anno ab Incarnatione Domini 1130, indictione VIII, Balduinus II, rex Jerusalem, XVIII Kalendas Septembris defunctus est, et Fulco Andegavensis regno jam annis VI potitus est.

Eodem anno, Hugo Ambianensis, monachus Cluniacensis, abbas Radingiensis, factus est archiepiscopus Rothomagensis.

Anno ab Incarnatione Domini 1131, Romæ Honorius papa mortuus est, et mox in Ecclesia Dei nimium schisma exortum est. Nam a quibusdam Gregorius diaconum in papam electus est, et Innocentius nominatus est; ab aliis vero Petrus Anacletus consecratus est.

SUMMARIUM LIBRI DECIMI TERTII.

I. *Eventus varii. Franci ad succurrendum Hildefonso regi contra Saracenos, Hispaniam petunt. Multi eorum in Hispania sese stabiliunt. Plurimæ res harum regionum.*
II. *Pugnæ Hildefonsi regis, adjuvantibus Francis, contra Saracenos Hispaniæ et Marocci. Seditiones in Hispania. Hildefonsi regis mors.*
III. *Ecclesiæ Dei tribulationes. Episcopatus et monasteria turbantur. Schisma antipapæ Anacleti. Adventus Innocentii II papæ in Galliam.*
IV. *Cœtus prælatorum Cluniaci adunatus. Eventus varii in Italia et Normannia.*
V. *Turbationes et eventus varii in Apulia et Sicilia.*
VI. *Prodigia et flagella cœlestia. Ruina multarum ecclesiarum et urbium. Mors plurimorum hominum et principum.*
VII. *Concilium Picentinum. Hugo Rothomagensis archiepiscopus. Henricus rex plurimos dominos aut reprimit aut castigat. Morbus Ludovici Francorum regis.*
VIII. *Mors et funera Henrici Anglorum regis. Turbationes in Anglia.*
IX. *Stephanus Anglorum rex novus. Turbationes in Normannia. Deprædatio Uticensis burgi.*
X. *Eventus varii in Anglia et Normannia.*
XI. *Invasio et deprædationes Andegavensium in Normanniam.*
XII. *Piæ meditationes. Mors variorum dominorum et prælatorum. Siccitas.*
XIII. *Stephanus Anglorum rex Normanniam in feudo recipit a Ludovico Francorum rege. Stephanus rebelles castigat. Andegavensium aggressiones in Normanniam.*
XIV. *Mors Guarini Uticensis abbatis. Mors Ludovici Francorum regis. Turbationes et bella in Normannia. Britonum invasio in Normanniam. Stephanus rex in Angliam transfretat.*
XV. *Eventus varii in Hierosolymitano regno.*
XVI. *Constantinopolitanus imperator Joannes Antiochiæ urbe potiri molitur. Raymundus, Antiochiæ princeps, sponte vassallus imperatoris Joannis fit.*
XVII. *Eventus varii in Francia, Anglia, Apulia et Normannia. Andegavensis comes bellum renovat in regem Angliæ.*
XVIII. *Stephanus rex rebelliones domat et castigat.*
XIX. *Pax inter Angliæ et Scotiæ reges. Bella in Normannia. Deprædationes Andegavensium.*
XX. *Concilium Romanum. Andinus Ebroicensis episcopus. Gesta episcoporum Salesburiensis et Heliensis. Mathildis Andegavensis comitissa transfretat in Angliam. Eventus varii.*
XXI. *Turbationes et rebelliones in Anglia. Stephanus rex captus est in Anglia ab Andegavensibus.*
XXII. *Eventus varii post captionem Stephani regis. Finis hujusce operis. Piæ meditationes.*

LIBER DECIMUS TERTIUS.

1. *Eventus varii. Franci ad succurrendum Hildefonsum regem contra Saracenos, Hispaniam petunt. Multi illorum in Hispania sese stabiliunt. Eventus varii harum regionum.*

Dum Occidentales peregrini contra paganos in Palæstina sæpe certarent, et Hierusalem aliasque urbes crebris conflictibus et diutinis obsidionibus Christo manciparent, Goisfredus, comes Moritoniæ, filius Rotronis comitis, vir in multis probitatibus prædicabilis, usque ad mortem ægrotavit; et vocatis proceribus Pertici et Corboniæ, qui suo comitatui subjacebant, res suas solerter ordinavit. Beatricem nempe conjugem suam, quæ consulis de Rupeforti filia fuit (58), et optimates suos prudenter instruens, rogavit ut pacis quietem et securitatem sine fraude tenerent, suamque terram municipiis suis Rotroni filio suo unigenito, qui in Hierusalem peregre perrexerat, fideliter conservarent. Denique strenuus heros, omnibus rite peractis, Cluniacensis monachus factus est, et apud Nogentem castrum suum in Octobris medio defunctus et sepultus est. Ibi quippe pater ejus in honore S. Dionysii Areopagitæ cœnobium cœperat, et ipse multum terris et opibus sublimaverat. In eodem mense, Guillelmus de Molinis, audacissimus marchio mortuus est, et in capitulo B. Ebrulfi tumulatus est.

Anno ab Incarnatione Domini 1100, peractis rebus pro quibus Hierusalem ierant, optimates redierunt, et sua repetierunt. Tunc Rodbertus, Normannorum dux, et Rodbertus Flandrensis, atque Rotro Moritoniensis, aliique plures prospere reversi sunt, et affinibus merito congratulantibus, sua quippe possederunt. Non multo post, Hildefonsus (59), Aragonum rex graviter a paganis impetitus est, et crebris certaminibus multisque detrimentis nimium vexatus est. Unde Rotroni, consanguineo mitisque Moritoniensis sive Perticensis, quocum revera fuit conjuncta.

(Dom Bouquet.)

(59) Hildefonsus sive Alphonsus Petro in Aragoniæ regno non nisi anno 1104 successit.

(Id.)

---

(58) Beatricem hanc Hilduino de Ruciaco comite natam fuisse rectius affirmat Ægidius Bry, auctoritate fretus Herimanni Laudunensis, quem tamen merito castigat quod Beatricem Rotroci dicat uxorem, non vero Gaufredi patris ejusdem Rotroci, co-

suo, legatos destinavit; eique humiliter mandavit ut sibi contra ethnicos dimicanti subveniret, et auxilia Francorum, quæ multis in necessitatibus laudabiliter experti sunt, secum adduceret. Promisit etiam se daturum suffragantibus Gallis larga stipendia, et secum remorari volentibus opima prædia. Protinus comes probissimus commilitones ascivit, cognato regi suppetias adduxit, sine dolo et fictione adjuvit; sed integram Hiberorum fidem non invenit. Nam, dum in multis strenue cum sociis et comprovincialibus suis egisset, et eorum adminiculum Saracenos admodum terruisset, Hispani dolum in illos machinati sunt, et de morte suorum auxiliatorum, consensu regis, ut opinantur, tractaverunt. Quod facinus ut ab eorum complicibus detectum Gallis patuit, Rotro cum consodalibus suis regem cum proditoribus Hiberis reliquit, et in nullo digne pro tantis laboribus remuneratus, in Gallias remeavit.

Eodem tempore, inter Rotronem et Rodbertum Belesmensem magna seditio exorta est, pro quibusdam calumniis quas iidem marchisi agitabant pro suorum limitibus fundorum. Unde atrocem guerram vicissim fecerunt, in terris suis prædas et incendia perpetraverunt, et scelera sceleribus accumulaverunt; inerme vulgus spoliaverunt, damnis damnorumque metu sæpe afflixerunt, multisque calamitatibus sibi subjectos milites et pagenses contristaverunt. Verumtamen Rotro superior exstitit et Rodbertum de Belesmo victum fugavit, et plurimos de hominibus ipsius comprehendit, et in carcere coarctavit. Consobrini enim erant, et ideo de fundis antecessorum suorum altercabant.

Guarinus de Damfronte, quem dæmones suffocaverunt, Rotronis atavus fuit, et Rodbertus de Bellismo, quem filii Gualterii Sori securibus apud Balaum in carcere ut porcum mactaverunt, Mabiliæ matris Rodberti patruus exstitit. Rodbertus itaque Damfrontem et Bellismum, et omne jus parentum suorum solus possidebat, participemque divitiarum seu consortem potestatis habere refutabat; imo plura dolo seu vi coacervare inexplebiliter ambiebat.

Collimitanei ergo comites Goiffredus et Rotrocus hæreditatis suæ portionem multoties acriter calumniati fuerant; sed præfato tyranno, cui XXXIV oppida erant, violenter suum jus, licet innumera damna fecerint, ei auferre nequiverant. Henricus autem rex Anglorum, probitate Rotronis comperta, Mathildem filiam suam (notham) uxorem illi dedit, et in Anglia terras et opes ei plurimas ampliavit.

II. *Pugnæ Hildefonsi regis, adjuvantibus Francis, contra Saracenos Hispaniæ et Marocci. Seditiones in Hispania. Hildefonsi regis mors.*

Saraceni, comperto recessu Francorum, animosiores effecti, rursus aggressi regiones Christianorum, vires suas ostenderunt sævis cædibus multorum. Porro erubescentes Aragonii, viribus hostium oppressi, Francos iterum accersierunt, eisque pro perpetrata olim contumelia satisfecerunt, et jurejurando terras et honores dandos denominaverunt. Comes ergo, præteritæ litis et injuriæ immemor, amici et consobrini legationem suscepit, et secum ingentem exercitum undecumque collectum adduxit, et contra paganos pugnaturus in terram eorum audacter intravit. Porro Hispani de tanto auxilio gaudentes, Francos alacriter susceperunt, transactosque reatus emendare volentes, in urbibus suis Toleto et Tudela, necnon Pampelona oppidisque suis hospitati sunt, et amplos honores ac possessiones eis tradiderunt. Illi nimirum otia vitantes, in initio æstatis in unum congregati sunt, ethnicosque de suis finibus cruentis ictibus expulerunt, et talionem eis redditi, terminos illorum pertransierunt. Pro illatis autem damnis et contumeliis, Deo favente, multimodam ultionem exercuerunt, et in regionibus eorum magnam ubertatem invenientes victus omniumque rerum, hiemem præstolati sunt.

Tunc Rotro, comes Moritoniæ, cum Francis et episcopus Cæsaraugustanus cum fratribus de Palmis, et Guarzo de Biara cum Gasconibus, Penecadel, ubi sunt duæ turres inexpugnabiles, munierunt, et sex septimanis tenuerunt. Tandem pugnantes contra Amorgan, regem Valentiæ, per Sativam urbem convenerunt. Sed pagani antequam ferirentur, fugerunt. Relictis autem in munitione Penecadel LX satellitibus, redierunt.

Sed Amoravii et Andeluciani de Africa missi a rege Alis, filio Insted, eis obviaverunt, triduoque in castro Serraliis obsiderunt. Christiani vero his tribus diebus peccatorum suorum pœnitentiam egerunt, jejunaverunt, et Deum invocantes, XVIII Kalendas Septembris pugnaverunt, et adminiculante cœlesti virtute, post diuturnum certamen, cum sol occumberet, vicerunt; sed fugientes paganos, nocturna formidantes pericula, per incognita itinera diu persequi non ausi fuerunt.

Pridie, ante generalem pugnam, Guarinus Sancio, vir in multis laudandus, cum fratribus de Palmis in montana ascendit; ibique Christianis, cum virtute Dei, præliantibus, Alaminus rex cum CLIV millibus peditum victus aufugit. Innumeri de tantis paganorum legionibus perierunt, aut armis persequentium, aut præcipitiis, aut nimia lassitudine, vel siti, vel aliis generibus mortium. Sic Afri, qui suppetias idolatris Hiberis venerant, interierunt, et Christicolarum telis in Orcum demissi, cum regibus suis gehennæ pœnas luunt.

Deinde Normannorum quidam et Francorum loca sibi opportuna perquisierunt, et ibidem ad habitandum sedes elegerunt. Silvester autem de Sancto Karilefo, et Rainaldus de Baillol, aliique plures ad natale solum repedarunt, qui patrimonia sua extranearum acquisitionibus rerum præposuerunt. Tunc

Normannus eques, Rodbertus de Culcio (60), cognomento Burdet, in Hispania commorari decrevit, atque ad quamdam urbem, quæ Terragona in antiquis codicibus nuncupatur, secessit.

Ibi passi leguntur, tempore Galieni imperatoris, sancti martyres Christi Fructuosus episcopus, et Angulus et Eulogius diaconi, qui primo in carcerem trusi, deinde flammis injecti, exustis vinculis, manibus in modum crucis expansis, orantes ut urerentur, obtinuerunt. Aurelius Clemens Prudentius de ipsis in *Libro de Martyribus* metricum carmen composuit, ipsorumque certamen luculentis versibus enodavit. Terraconæ metropolitana sedes erat, et Oldericus, eruditissimus senex, archiepiscopus florebat, et in vicis burgisque diœcesis suæ officium sibi injunctum exercebat. In episcopali quippe basilica quercus et fagi aliæque proceres arbores jam creverant, spatiumque interius intra muros urbis a priscis temporibus occupaverant, habitatoribus per immanitatem Saracenorum peremptis, seu fugatis, qui eamdem dudum incoluerant.

Denique Rodbertus instinctu præsulis (61), Honorium papam adiit, velle suum ei denudavit, Terraconensem comitatum ab omni exactione sæculari liberum dono papæ recepit et reversus, validis sodalibus quæsitis sibique adjunctis, usque hodie custodit, ethnicisque resistit.

Interim dum pergeret Romam, itemque pro colligendis contubernalibus rediisset in Normanniam, Sibylla uxor ejus, filia Guillelmi Capræ, servavit Terraconam. Hæc non minus probitate quam pulchritudine vigebat. Nam, absente marito, pervigil excubabat, singulis noctibus loricam ut miles induebat, virgam manu gestans, murum ascendebat; urbem circumibat, vigiles excitabat, cunctos ut hostium insidias caute præcaverent prudenter admonebat. Laudabilis est juvenis hera, quæ marito sic famulabatur fide, et dilectione sedula, populumque Dei pie regebat pervigili solertia.

Anno ab Incarnatione Domini 1125, postquam Rotro comes cum suis satellitibus et auxiliariis in Galliam remeavit, Aragonensis rex, visis insignibus gestis quæ Franci sine illo super paganos in Hispania fecerant, invidit; laudisque cupidus ingentem suæ gentis exercitum arroganter adunavit. Remotas quoque regiones usque ad Cordubam peragravit, et in illis sex hebdomadibus cum exercitu deguit, ingentique terrore indigenas, qui Francos cum Hiberis adesse putabant, perculit. Saraceni autem in munitionibus suis delitescebant, sed per agros armentorum pecorumque greges passim dimittebant. Nullus de castellis in Christianos exierat, sed Christiana cohors ad libitum omnia extra munimenta diripiebat, et depopulatione gravi provincias affligebat.

Tunc Muceranii fere decem millia congregati sunt, ac regem Hildefonsum humiliter adierunt. *Nos, inquiunt, et patres nostri hactenus inter gentiles educati sumus, et baptizati Christianam legem libenter tenemus; sed perfectum divæ religionis dogma nunquam ediscere potuimus. Nam neque nos pro subjectione infidelium, a quibus jamdiu oppressi sumus, Romanos seu Gallos expetere doctores ausi fuimus, neque ipsi ad nos venerunt propter barbariem paganorum, quibus olim paruimus. Nunc autem adventu vestro admodum gaudemus, et, natali solo relicto, vobiscum migrare cum uxoribus et rebus nostris optamus.* Muceranus itaque rex quod petebant annuit. Magna igitur eorum multitudo de finibus suis exivit, et pro sacræ legis amore, ingenti penuria et labore afflicta exsulavit.

Aragones enim ut remeaverunt, totam regionem bonis omnibus spoliatam invenerunt, nimiaque penuria et fame antequam proprios lares contigissent, vehementer aporiati sunt.

Porro Cordubenses, aliique Saracenorum populi valde irati sunt, ut Muceranios cum familiis et rebus suis discessisse viderunt. Quapropter, communi decreto contra residuos insurrexerunt, rebus omnibus eos crudeliter exspoliaverunt, verberibus et vinculis multisque injuriis graviter vexaverunt. Multos eorum horrendis suppliciis interemerunt, et omnes alios in Africam ultra fretum Atlanticum relegaverunt exsilioque truci pro Christianorum odio, quibus magna pars eorum comitata fuerat, condemnaverunt.

Hildefonsus autem rex, ut in regnum suum regressus est, magnis et multis tam publicis quam domesticis seditionibus perturbatus est. Uraca enim uxor ejus, quæ filia Hildefonsi senioris Galliciæ regis fuerat, consilio et instinctu Galiciensium contra maritum suum rebellaverat, eique perniciem tam veneno quam armis machinata, multis causa perditionis fuerat. Denique Gallicii grave dissidium inter virum et conjugem ejus ut viderunt, nec pacem eis idoneam adhibere suadendo potuerunt, Petrum-Hildefonsum, Raimundi Francigenæ comitis filium, ex filia Hildefonsi Magni, regem sibi statuerunt, et hucusque parvum regem vocitantes, libertatem regni sub eo viriliter defendunt.

In præfatos reges acris guerra diu duravit, et multa subjectis plebibus damna intulit. Præfata vero mulier in maritum omnimodis sæviit, et nepoti, qui paternam hæreditatem regebat, favit. Tandem, divino nutu, sicut Egla uxor David, post diutinam cædem difficultate partus periit. Qua defuncta, bel-

---

(60) Sive Aculeus, *d'Agilon*, ut observat Balusius in *Marca Hisp.* col 489 : *Anno*, inquit, 1147 *inter viros primarios qui regem Ludovicum VII, secuti sunt in Orientem, nominatur* (in ejusdem Vita et gestis) *Guillelmus Agilons de Tria, qui in Appendice Aimonii vocatur Willelmus Anguillon.... Ex quo certo colligitur, pergit Balusius, Robertum de Culeio ortum esse ex nobilissima gente de Tria in Normannia seu Vilcassino.*

(Dom Bouquet.)

(61) Terraconensis præsulis, Oldegarii.

licosos reges serena pax in amicitiam copulavit, et unanimes fervor præliandi contra ethnicos armavit.

Anno ab Incarnatione Domini 1133, indictione xi, Hildefonsus Aragonum rex exercitum contra paganos aggregavit, et munitissimum ditissimumque castellum, Meschinaz obsedit et cepit. Et oppidanis turgentibus, qui divitiis et ciborum abundantia, inaccessibilique, ut rebantur, firmitate gloriabantur, præcepit ut sese indemnes dederent, et in pace omnibus secum rebus suis sublatis recederent. At illi acriter restiterunt, et minas ejus ac promissa parvipenderunt. Strenuus autem rex per tres septimanas fortiter illos coarctavit, et exteriorem munitionis partem violenter obtinuit. Castellani ergo perterriti interius munimentum regi obtulerunt, ac ut liberos cum suis omnibus eos exire permitteret, rogaverunt. Quibus iratus rex respondit : *Hoc quod nunc poscitis a primordio sponte obtuli vobis. Sed vos Christi virtutem et Christianorum fidem, probitatemque floccipendentes respuistis. Nunc igitur, per caput meum, vobis assero, quod hinc non egrediemini, nisi cum vitæ vestræ detrimento.* Deinde suis jussit ut præparatas machinas erigerent, et validos assultus in oppidum darent. Quo facto, castellum ceperunt, et cunctis gentilibus capita detruncaverunt, magnumque terrorem vicinis sic intulerunt.

Victor itaque rex in civitatem Fragam exercitum duxit, et annua ipsam obsidione circumvallavit. Cives ergo legatos in Africam statim miserunt, et Alis, regi Africæ, ut illis succurreret mandaverunt. At ille Amoraviorum decem millia transfretum eis destinavit. Qui in Hispaniam venientes per iv proceres regi mandavere ut festinaret de obsidione urbis recedere. Protinus rex sanctas sibi de capella sua reliquias deferri præcepit, quibus allatis coram omnibus juravit, quod obsidionem non dimitteret, nisi civitas sibi redderetur, aut ipsi letho præpediretur, aut fugaretur. Hoc etiam xx optimatibus suis jurare præcepit.

Legati autem redeuntes hoc Amoraviis renuntiaverunt, et illi mox aggregatis omnibus contubernalibus suis ad bellum convenerunt. Deinde fortiter instructa gentilium acies exercitui regis occurrit, acriterque præliari cœpit. Denique rex, ut pervalidum sibi certamen imminere prospexit, veredarios suos celeriter direxit, et omnes amicos atque confines, ut sibi suffragarentur, exoravit. Ipse vero cum suis agminibus pedem ad vicinum montem callide retraxit. Ibique tribus continuis diebus ac noctibus in obstantes Amoravios dimicavit. Rodbertus autem cognomento Burded, comes Terraconæ, aliique fideles, auditis rumoribus de regis impugnatione, velociter armati laxatis habenis advolarunt, in nomine Jesu alte vociferati sunt, repentino impetu lassatos gentiles percusserunt, prostraverunt, victosque fugaverunt. Multos quippe ceperunt, plures vero necaverunt, et, victoria peracta, spoliis inimicorum admodum ditati sunt, victorique Deo læti gratias egerunt.

Verum, quia in hoc labenti sæculo nulla mortalium potentia longa est, adversaria prosperitatem, disponente justo rectore Deo, velociter prosecuta est. Cives enim Fragæ urbis, quam rex obsidebat, ad quam omnium pessimorum ex ethnicis seu falsis Christianis refugium erat, metuentes tam magnanimi principis iras, insuperabilesque conatus, et Christianorum Christi crucesignatos, et invicta virtute corroboratos exercitus, pacem ab eo petierunt, et subjectionem ei secundum consideratas conditiones spoponderunt. Ille vero concordiam eorum obstinata mente refutavit, et annuum vectigal ab eis recipere sprevit, seseque illos obsidione obtenturum fore minitatus, jurejurando confirmavit. Quod audientes Saraceni, dira desperatione acriores exstiterunt, ad Halin regem Africæ denuo legatos miserunt, et ab aliis regibus principibusque gentium in tanto discrimine sibi subsidium summopere procuraverunt.

Anno ab Incarnatione Domini 1134, indictione xii, Rodbertus II, dux Normannorum xxviii anno ex quo apud Tenerchebraicum captus est, et in carcere fratris sui detentus est, mense Februario Carduili Britanniæ obiit, et in cœnobio monachorum Suncti Petri apostoli Gloucestræ tumulatus quiescit.

Tunc Buchar-Halis, filius regis Maroch, plures undique bellatorum copias collegit, et in Hispanias contra Christianos pugnare venit. Alammion autem Cordubensis et Alcharias de Dalmaria, aliique optimates Libyæ et Hiberiæ cum multis millibus ei adjuncti sunt, cœtusque suos ad pugnam insidiose instruxerunt. Hi simul conglomerati Fragæ auxiliati sunt, et quinque peritas acies illuc perduxerunt. Rima nimirum acies ducebat ducentos camelos victualibus et multis speciebus necessariis onustos quibus relevare nitebantur obsessos, et mendicos Christicolas ad irruptionem illicere contra primas cohortes prædæ cupidos. Aliæ vero phalanges procul divisæ in insidiis latebant, ac ut fugientum persecutores exciperent caute manebant.

Ad Fragam duo flumina currunt, ab Ilerde Segra, et Ebora a Cæsaraugusta in Campo Dolenti. Inter hæc flumina pugnatum est in mense Julio, ubi multum sanguinis effusum est. Hildefonsus rex ut nimiam multitudinem ethnicorum contra se venire audivit, principes Christiani exercitus convocavit, ac ad bellum magnifice concitavit. Bertrandus enim Laudunensis (62), comes Quadrionæ, et Rodericus Asturiæ, Haimarus de Narbona, et Centulphus Gas-

---

(62) Bertrandus hic natus erat Theobaldo Risnelensi comite et Heliarde filia Hilduini comitis Ituliacensis.
(Dom Bouquet.)

tonis filius de Biara, Garsio Adramis aliique plures bellicosi proceres in Campo-Dolenti certaverunt.

Hildefonsus rex ut primam aciem, quæ camelos victualibus onustos ducebat, perspexit, Bertranno comiti, ut cum eis primo dimicaret præcepit. Cui Bertrannus dixit : *Domine rex, primos transire dimittamus, ut illis ad urbem appropiantibus nos optime parati simus, et illos si onusti prædis remeaverint ferire, et caute contra insidias inimicorum agmina nostra tutare. Interea sequentes socios eorum exspectemus, et prompti bello excipiamus.* Tunc iratus rex cum exclamatione dixit : *Ubi est magnanimitas tua, strenue comes? Huc usque timiditatem nunquam in te reperi.* His dictis, Consul animosus erubuit, et in ethnicos cum suis coetibus acriter irruit. Illi protinus terga verterunt, ac ad innumerabiles quæ sequebantur catervas refugere moliti sunt. Tunc innumeræ phalanges in Christianos surrexerunt, et Bertrannum de Haimarum et Centulfum cum multis millibus occiderunt.

Rex autem cum residuis in quodam colle diutius dimicavit, nimiaque hostium multitudine conclusus, suos pene omnes amisit, ibique ad mortem usque pro Christo confligere proposuit. Pontifex autem Urgelensis regi ut recederet jussit. Sed ille pro ruina suorum nimis moestus noluit. Cui episcopus : *Ex auctoritate*, inquit, *Dei omnipotentis, tibi præcipio, ut confestim recedas de hoc campo, ne, te cadente, tota paganis subdatur Christianorum regio, et cunctis in hac provincia consistentibus Christianis incumbat publica interfectio.* Denique pontificali jussione constrictus, obedire voluit, sed innumeris millibus paganorum ambitus difficilem exitum undique circumspexit. Attamen ense feroci cum LX militibus, qui residui cum illo laborabant, per tenuiorem hostium cratem sibi callem aperuit, et cum summa difficultate cum X commilitonibus evasit, præsulemque prædictum cum quinquaginta pugnatoribus peremptum reliquit.

Tali eventu gentiles elati sunt, et Christiani vehementer contristati sunt. Rex cum magno moerore ad amicos ut remeavit, Cæsaraugustanis et Francis occurrit, aliisque fidelibus, qui ad bellum properabant, sed infortunio tristi audito vehementer fracti lugebant. Videntes vero regem, confortare se conati sunt, seseque ad imperium ejus sponte obtulerunt.

Ille autem ira fervens, et dolore pollens, unam saltem a Domino, antequam moreretur, de paganis ultionem cum ingenti desiderio præstolabatur. Obvias itaque Christianorum phalanges per devios anfractus ad maritima perduxit, ibique multitudinem Saracenorum opimam captivis et spoliis Christianorum onerantem naves invenit, subitoque super eos, qui nil hujusmodi tunc suspicabantur, irruit, et de illis nimia cæde peracta, iræ furenti aliquantulum satisfecit. Ibi navis capitibus Christianorum onusta erat, quæ rex Buchar patri suo regi Africæ pro testimonio victoriæ suæ mittebat. Captivos quoque circiter septingentos, et insignes manubias vanæ laudis amator destinabat.

Hildefonsus autem rex, ut supra dictum est, Dei nutu repente supervenit, factaque hostili strage, cæsorum capita sociorum rapuit, et Ecclesia Dei honorifice sepelienda reddidit. Captivi vero, qui jam in navibus vincti jacebant, strepitum audientes oculos levaverunt, et videntes quod optare non audebant, vehementer exhilarati sunt, viribus quoque resumptis alacriter animati sunt, et Christianis in littore cum Saracenis pugnantibus vincula vicissim absolverunt, ac ad subsidium suorum de puppibus prosilierunt, sumptisque jugulatorum armis, ethnicos adhuc superstites mortificare moliti sunt. Sic tripudio paganorum versa vice luctus successit, et Christiana cohors in cunctis operibus suis Deum benedixit.

Hildefonsus fortis rex laboribus et ærumnis fractus paulo post ægrotavit, et in lecto decumbens post octo dies animam exhalavit. Quo defuncto, quia filium non habuit, turbatio de successore subjectos inter bellicos strepitus aliquandiu detinuit. Denique Aragones Remigium sacerdotem et monachum, quia frater regis erat elegerunt, et regem sibi constituerunt (63). Navares autem Garsionem satrapam sibi regem præposuerunt.

III. *Ecclesiæ Dei tribulationes. Episcopatus et monasteria turbantur. Schisma antipapæ Anacleti. Adventus Innocentii II papæ in Galliam.*

Romana Ecclesia, sub duobus principibus qui de papatu contendebant, a transitu Honorii papæ turbata, ingens tribulationum et dissensionum per orbem exuberavit copia. Nam in plerisque coenobiis duo abbates surrexerunt, et in episcopiis duo præsules de pontificatu certaverunt, quorum unus adhærebat Petro Anacleto, alter vero favebat Gregorio Innocentio. In hujuscemodi schismate anathema formidandum est, quod difficulter a quibusdam præcaveri potest, dum unus alium summopere impugnet, contrariumque sibi cum fautoribus suis feraliter anathematizet. Sic nimirum quisque ad id quod agere appetit, sed impossibilitate præpeditus ad

---

(63) *Quia Ramirus seu Ranimirus*, inquit Rodericus (l. VI, c. 1), *in monasterio S. Petri de Thomaris, id est Thomeriensi coenobio in pago Narbonensi, fuit monachus et sacerdos, imo quadraginta et amplius annos in illo monasterio monachus vixerat, regnum post Alphonsi mortem non potuit tumultibus non turbari.* Aragonenses, ut habet ibidem Rodericus (c. 2), *quemdam nobilem qui dicebatur Petrus Tarasiæ* (legendum Atherasiæ) *volebant regi mortuo sub-* rogare; *verum duo magnates certi fidelitatem naturali domino custodire, plurimorum animos a primo proposito revocarunt, et ut Ranimirum monachum a monasterio educerent, vigilanti studio procurarunt... Et eductum de monasterio apud Oscam in regni solio collocarunt.* Quibus postremis verbis recentiorum exertitur commentum, ipsum *Rodæ et Balbastri episcopium fuisse asserentium.*

Dom Bouquet.)

effectum perducere nequit, sua saltem imprecatione Deum contra æmulum suum expetit.

Petrus, potentatu fratrum parentumque suorum urbem obtinuit, et Rogerium, ducem Apuliæ, regem Siciliæ consecravit, cujus ope pene totam Italiam sibi associavit. Gregorius autem cum Quirinali clero Gallias expetiit; primoque ab Arelatensibus susceptus, legatos inde Francis direxit. Porro Cluniacenses, ut ejus adventum cognoverunt, lx equos seu mulos cum omni apparatu congruo papæ et cardinalibus clericis destinaverunt, et usque ad suam Basilicam favorabiliter conduxerunt. Tunc ibidem xi diebus papam cum suis detinuerunt, ecclesiamque novam in honore S. Petri apostolorum principis ab eodem, cum ingenti tripudio populique frequentia, dedicari fecerunt. Inde magnam auctoritatem apud Occiduos promeruit; quod a Cluniacensibus Petro præpositus fuerit; ab eisdem quippe Petrus in pueritia enutritus coaluit, et eorum habitu ac professione monachus exstitit. Gregorius itaque a Cluniacis, quorum auctoritas inter nostrates monachos maxime præcellit, amicabiliter ut Pater Patrum susceptus, pontificali stemmate in Galliis enituit; et deinceps ab Occiduis principibus et episcopis susceptus, in brevi magnas vires impetravit. Nam apud Carnotum Henricus rex Anglorum ad pedes ejus humiliter corruit, illique reverentiam papæ debitam, Idus Januarii, sponte exhibuit, et multa donaria Romanis clericis regali munificentia contulit. Ibique in domo Helisendis vicedominæ hospitatus, Francis et Romanis gaudentibus, triduo permansit. Deinde præfatus papa toto illo anno Franciam peragravit, et immensam gravedinem Ecclesiis Galliarum ingessit, utpote qui Romanos officiales cum multis clientibus secum habuit, et de reddítibus apostolicæ sedis in Italia nihil adipisci potuit. Cum Lothario imperatore locutus est, et ab eo cum suis ut magister venerabilis habitus est. Concilium Remis mense Octobri habendum constituit, ad quod omnes episcopos et abbates totius Occidentis accersiit.

Interea Philippus puer, quem ante biennium Ludovicus rex in regem consecrari fecerat, quique pro simplicium nectare morum omnibus qui cognoverant eum placuerat, dum quemdam armigerum per vicos Lutetiorum ludens persequeretur, de equo corruit, et membris horribiliter fractis, in crastinum obiit. Sic, sine confessione et viatico, coram patre et matre iii Idus Octobris, mortuus est, et cum magno luctu inter regis Francorum tumulatus est.

Sequenti Dominica, papa Suessionis basilicam S. Medardi episcopi dedicavit, et inde Remis ad concilium properavit; ibique sublimium multiplices causas personarum discutiens, fere xv diebus permansit. Illic adfuerunt xiii archiepiscopi et cclxiii episcopi, et abbatum et monachorum et clericorum magna multitudo. Illuc rex et regina, et tota nobilitas Franciæ confluxerunt, et per Rainaldum, Remorum archiepiscopum, ad totam synodum suam petitionem fecerunt, puerum scilicet Ludovicum pro Philippo fratre suo regem consecrari postulaverunt. Innocentius igitur papa, viii Kal. Novembris, filium regis regem consecravit. Quæ consecratio quibusdam Francis utriusque ordinis displicuit. Quidam enim laicorum post mortem principis spem augendi honoris habebant; quidam vero clericorum jus eligendi et constituendi principem regni captabant. His itaque pro causis nonnulli de ordinatione pueri mussitabant; quam procul dubio impedire, si potuissent, summopere flagitabant. Ludovicus autem rex, ut novi ritus insolitos conatus in regno suo scaturire comperiit, iratus in quosdam, qui progeniem ejus a regni fastigio alienare moliti sunt, lethiferam ultionem exercere concupivit. Unde malevola quorumdam temeritas securior ad nefas cucurrit, et quibusdam horribili exitio, proh dolor! exstitit; aliisque amore Dei proximique ferventibus mœrorem invexit.

Nam, postquam Joannes, senex Aurelianensis episcopus, episcopatum deseruit, Hugo decanus qui ad pontificatum electus fuerat, de curia regis rediit, et a temerariis hominibus in via percussus obiit; et episcopatus sine præsule, sicut navis sine gubernatore in mari, diu fluctuavit. Tunc etiam Thomas, S. Victoris canonicus, vir magnæ auctoritatis, interemptus est; cujus interfectionem Stephanus Parisiensis episcopus astans cum ingenti mœrore contemplatus est (64). Robur enim insanientium prævaluit lictorum, qui non reveriti sunt Creatorem omnium, nec pro illo episcopum ut ejus fidelem famulum.

Anno ab Incarnatione Domini 1132, indictione x, Innocentius papa postquam a Galliis, in quibus obedientiam et ingentem amicitiam repererat, recessit, Italiam expetiit; sed a Romanis repudiatus,

---

(64) Thomas, prior S. Victoris Parisiensis, Stephanique episcopi in administranda diœcesi adjutor, Theobaldo Noterio archidiacono dudum erat invisus ob avaritiæ notam quam ipsi inusserat. Maximum vero illius odium incurrit, eo quod interdicti, cui suum archidiaconatum, ob res cuidam canonico per illum transeunti ablatas, supposuerat, relaxandi auctor Stephano fuisse crederetur, ad vindicandam scilicet episcopalem auctoritatem, quam violaverat Theobaldus, in hoc fulmine clam episcopo, quamvis ipse tum in ejus archidiaconatu versaretur. Eo demum processit ira Theobaldi, ut Thomam destinarit ad necem; cujus perpetrandi facinoris munus in se receperunt duo ejus nepotes. Structis itaque insidiis, Thomam Kala cum episcopo revertentem prope Gornacum adorti trucidaverunt die Augusti xx, ut habetur in *Necrologiis* S. Victoris et S. Guinaili Corboliensis, et quidem Dominica die, ipsomet Stephano testante in epistola quam in ejus persona S. Bernardus ad Innocentium II papam scripsit : *Vir religiosus*, inquit, *prior S. Victoris, magister Thomas... Dominico die... inter manus meas crudeliter ab iniquis pro justitia excerebratus est.* (S. Bern. epist. 159). Hinc sequitur non ad annum 1131, quo dies Augusti xx in feriam quintam incidit, sed ad annum 1133, quo dies idem cum Dominica concurrit, Thomæ necem referendam esse.

(Dom Bouquet).

Picenum opulentam provinciam secessit. Illic per plures annos apostolicam dignitatem exercuit, et inde per orbem decretalia scita destinavit.

Tunc rigor sanctæ conversationis in ecclesiasticis viris admodum crevit, et canonicalis ordo in Francia et Anglia multipliciter adamatus invaluit. Fervor quoque abbatum metas antecessorum suorum transcendere præsumpsit, et priscis institutionibus graviora superadjecit, satisque dura imbecillibus humeris onera imposuit.

IV. *Cœtus prælatorum Cluniaci adunatus. Eventus varii in Italia et Normannia.*

Petrus Cluniacensis abbas veredarios et epistolas per omnes cellas suas tunc direxit, et omnes cellarum priores de Anglia et Italia, regnisque aliis accersiit, jubens ut Dominica Quadragesimæ tertia Cluniaci adessent, ut præcepta monasticæ conversationis austeriora quam hactenus tenuerant, audirent. Illi nimirum archimandritæ suis jussis obsecundaverunt, ac ad statutum terminum cc priores Cluniacum convenerunt. In illa die, mcc et xii fratres ibi adfuerunt, ecclesiastico ritu canentes processerunt, et cum jucunditate cordis oculos levantes ad Deum, devote ipsum collaudaverunt. Hæc idcirco securus edo, quia gaudens interfui, et tam gloriosum agmen in Christi Jesu nomine congregatum vidi; atque cum eis de basilica Sancti Petri apostolorum principis Dominico processi, et per claustrum in ædem Virginis matris ingressus oravi.

Tunc Radulfus, Antisiodorensis episcopus, et abbates, Albericus Vizeliensis, ac Adelardus Melundensis, ejusdem cœnobii monachi, cœtum auxerunt, et conatus Petri abbatis præsentia et exhortatione sua confirmaverunt. Ille vero subjectis auxit jejunia, abstulit colloquia, et infirmi corporis quædam subsidia, quæ illis moderata Patrum hactenus permiserat reverendorum clementia. Fratres autem assueti magistro semper obedire, contra religiosum morem nolentes ei resistere, aspera quidem imperia susceperunt, rationabiliter tamen ostenderunt, quod venerabilis Hugo, et illius antecessores Maiolus et Odilo arctam vitæ viam tenuerunt, et per eamdem Cluniacenses discipulos ad Christum perducere moliti sunt. Idem quoque cum reverentia et humilitate probabiliter asseruerunt, sufficere debere per vestigia eorum in via mandatorum Dei dilatato corde currere, quorum sanctitas palam declarata est miraculorum claro specimine. Austerus autem præceptor Salomonis oblitus præcepti : *Ne transgrediaris terminos antiquos quos posuerunt patres tui* (*Prov.* xx, 28). Cistercienses, aliosque novorum sectatores æmulatus, rudibus ausis institit, et ab inceptis desistere ad præsens erubuit. Postmodum tamen emollitus subditorum arbitrio consensit; memorque discretionis quæ virtutum mater est, invalidisque compatiens subvenit; perplura de gravibus institutis quæ proposuerat, intermisit.

Anno ab Incarnatione Domini 1133, Lotharius imperator ab episcopis, aliisque fidelibus, ob amorem Dei, qui post Gregorium seu Petrum dissidentes errabant, sategit. Mandavit enim Petro ut alii cederet, aut judicium de ordinatione sua subiret. At ille gratanter mandatum suscepit, et ad examen justorum se venturum coram ipso Cæsare acquievit. Deinde Augustus Innocentio similia mandavit, sed ille, nisi omnia, quæ ad præsulatum pertinent, ei libere redderentur, ad placitum venire recusavit. Imperator autem ut hæc audivit, contra Gregorium indignatus, Petro quæque possidebat dimisit, et negotio imperfecto post hebdomadas vii recessit.

Eodem anno, Richardus, Bajocasinæ urbis episcopus, in hebdomada Paschæ obiit, cui post duos annos Richardus, Rodberti comitis de Gloucestria filii regis filius, successit. Quem, jubente Innocentio papa, Hugo, Rothomagensis archiepiscopus, consecravit. Tunc etiam Richardus de Bellofago, regis honorabilis capellanus Abrincatensem præsulatum suscepit, quem supradictus metropolitanus consecravit.

V. *Turbationes et eventus varii in Apulia et Sicilia.*

Circa hæc tempora turbatio ingens facta est in Apulia, ad cujus originem elucidandam repetitio priscæ propaginis et eventus hominum est necessaria.

Postquam Rogerius senex Siciliæ comes, Tancredi de Alta-villa filius, obiit, uxor ejus Adeles cum parvulo filio regere se non posse magnas possessiones perspexit, et anxia qui agendum foret, tam secum quam cum familiaribus suis solerter indagavit. Ingentes enim provinciæ præfatus consul et xi fratres ejus bellica virtute obtinuerant, et barbaros sub potenti manu excelsi Dei fortiter in Apulia et Sicilia subegerant. Tandem præfata mulier Rodbertum, Rodberti ducis Burgundiæ filium, in amicitiam copulavit, eique filiam suam (65) conjugem cum toto Sicaniæ principatu tradidit.

Rodbertus quippe hujus pater Rodberti Francorum regis et Constantiæ reginæ filius fuit, cujus nobilitas de sanguine regum et augustorum processit, et in multis regionibus claris operibus et mirandis virtutibus admodum effulsit. Ipse nimirum est quem potentissima mater post obitum genitoris toti Galliæ præficere voluit, et Henrico qui primogenitus erat, ut in superioribus parumper tetigi, præferre omnimodis studuit. Denique justititia Henricum jure in solium regni sublimante, Rodbertus ducatum Burgundiæ diu tenuit, et tres filios, Henricum et Rodbertum atque Simonem (66), genuit. Porro Henricus primogenitus ejus, ipso ju-

---

(65) Dom Bouquet corrigit : *Neptim sive fratris vel sororis filiam.*

(66) Tribus hisce Roberti ducis filiis, inquit Dom Bouquet, quartus adjungendus Hugo, de quo breve Chronicon Antisiodorense ad ann. 1057 : *Hugo*, inquit, *filius Roberti ducis incendio subdidit villam*

bente, uxorem duxit, ex qua filios tres, Hugonem et Odonem atque Rodbertum Lingonensem episcopum, genuit (67); et superstite patre hominem decessit. Quo defuncto, pater longo postmodum tempore vixit, et filios suos nepotibus suis grandævus præposuit, suumque ducatum illis annuit, et proceribus cunctis, ut soboli suæ penitus adhærerent, præcepit. Quod audiens Hugo puer siluit, et opportunum tempus patienter exspectavit. Spem tamen in Domino fixam habebat, et privatim coessentibus sibi dicebat : *Justus Dominus, qui patrem meum mundo subripuit, prolem ejus hæreditate debita non privabit.* Porro, adveniente ducis occasu, officiales cunctos atque barones accersiit, et mansionariis aulæ principalis, ut regiam sibi et optimatibus suis festine ornarent, imperiose mandavit. Illi vero, unde tironi tantæ jussionis audacia inesset, mirati sunt, et continuo perterriti jussis obtemperaverunt, et splendidum apud Divionem novo duci apparatum acceleraverunt. Animosus itaque juvenis sine bello et effusione sanguinis avitum honorem obtinuit; et exsulantibus patruis Rodberto et Simone, paternam hæreditatem tribus annis insigniter tenuit; justitia insignis mitibus et justis placuit; irreligiosis autem et exlegibus terribilis, ut fulgur, incubuit. Completis tribus annis, Odoni fratri suo sponte ducatum dimisit; et ipse pro cœlesti amore sæculum reliquit, monachusque Cluniaci factus (68), xv annis Deo gloriose militavit. Odo autem frater ejus ducatum Burgundiæ diu possedit; et ex Mathilde filia Guillelmi Testardiæ, comitis Burgundiæ, Hugonem ducem genuit et Helam, quæ prius Bertranno Tolosano comiti Poncium Tripolitanum comitem peperit, ac postea Guillelmo Talavacio Guidonem Pontivi comitem, aliamque sobolem copiosam utriusque sexus edidit.

Rodbertus autem Burgundio, ut prædictum est, filiam Rogerii Normanni conjugem habuit, et principatum contra cunctos per x annos strenue defensavit. Interea socrus ejus Rogerium puerum educavit, atque ubi eumdem ad arma gerenda et jus patris regendum tironem idoneum agnovit, egregium Francigenam probumque militem generum suum venenosa potione infecit. Exstincto itaque feminea fraude nobili marchiso, Rogerius successit, et pluribus annis in magna prosperitate viguit. Multis tamen facinoribus pollutus magnis expiari,

ut reor, tormentis meruit. Callida mater ejus, quæ filia Bonifacii Liguris fuerat, a morte mariti sui pecuniis undecunque collectis, ingentem thesaurum sibi congesserat.

Quod audiens, Balduinus prior Hierosolymæ rex, opes concupivit, ipsamque, ut conjugali ritu sibi copularet, per illustres procos requisivit. Illa vero fastus et honoris insatiabiliter avida, nobilibus paranymphis acquievit, et multitudine stipata clientum, cum ingenti ærario Hierusalem properavit. Rex autem Balduinus opimas quidem opes gratantes recepit, et stipendiariis, qui pro nomine Christi contra paganos laboriose dimicabant, dispersit: mulierem vero vetustate rugosam, et pluribus criminum nævis infamem repudiavit. Anus itaque culpis promerentibus confusa, Sicanios repetiit, et inter eos cunctis deinde contemptibilis consenuit.

Rogerius Siciliæ princeps admodum confortatus est, et super omnes antecessores parentelæ ipsius divitiis et honoribus locupletatus est. Post obitum Guillelmi ducis, ut supra dictum est, ducatum Apuliæ nolentibus colonis adeptus est. Deinde omnes qui ei resistere nisi sunt, impugnavit, et magnis viribus crudeliter oppressit, nec ulli pepercit, sed cognatos et extraneos pariter prostravit, et spoliatos opibus cum dedecore conculcavit.

Tancredus de Conversana Matellæ a Rogerio Siculo fortiter obsessus est, et inde fugiens in oppidum, quod Mons-Petrosus dictum est, a protervo persecutore ibi captus est. Goifredus etiam de Andra cum uxore ab eodem in rupe captus est, in castello, quod secus Potentiam urbem situm est. Rogerius autem oppidum subjugavit, ibique thesaurum, in quo erant xv minæ auri vel argenti, cepit. Grimaldum quoque a Baro Langobardum, liberalem et strenuum virum, comprehendit, et ablatis rebus ac munitionibus vehementer humiliavit. Richardum etiam principem Capuæ consobrinum suum exhæredavit, et injusta vi exsulare coegit. Sic vehementi violentia proximos et longinquos pessumdedit, et multum cruoris effundens, multasque lacrymas crudeliter eliciens admodum crevit, ac primus de Tancredina progenie regalem thronum conscendit, et sceptrum ac diadema aliaque regni insignia gessit. Filiam Petri Leonis, sororem Anacleti pontificis, uxorem duxit (68*), et ab eodem coronatus, regium stemma nunc gerit.

S. Bricii, et perierunt intra ecclesiam viri et mulieres cum infantibus numero cx, *et eodem anno ipse interfectus est.* Hunc Roberti primogenitum fuisse arbitratur Plancherius (*Hist. Burgund.*, t. I, p. 269).

(67) Quartum itidem prætermittit Ordericus Henrici filium cognominem, qui profectus in Hispaniam anno 1095 Portugaliæ comes evasit, ducta in matrimonium Theresia, Alphonsi VI Castellæ et Legionis filia notha Portugalensiumque regum stirps exstitit. Qua de re vide Pagium ad an. 1108, n° 6.

(Dom BOUQUET.)

(68) Gregorius VII papa (epist. 17, lib. VI) ad Hugonem Cluniacensem abbatem queritur quod

Hugonem ducem receperit, *quia,* inquit, *vix aliquis princeps bonus invenitur.*

(Dom BOUQUET.)

(68*) Rogerii Siciliæ primi regis uxores recenset in Chronico Romualdus Salernitanus archiepiscopus, historicus suppar, videlicet Alberiam, cujus silet originem, Sibyllam sororem Hugonis II, Burgundiæ ducis, et Beatricem filiam Guntherii Reitestensis in Campania Gallica comitis. Ergo Alberia soror fuit Petri-Leonis antipapæ, nomine Anacleti, filiaque proinde Petri-Leonis, civis Romani, non vero Alphonsi Legionis et Castellæ regis, ut recentiores affirmant, nullo fundamento nixi.

(Dom BOUQUET.)

VI. *Prodigia et flagella cœlestia. Ruina multarum ecclesiarum et urbium. Mors plurimorum hominum et principum.*

Anno ab Incarnatione Domini 1134, indictione XII, multa gravia in mundo contigerunt, quibus quidam, exigentibus culpis, plexi sunt; alii vero terribilia et insolita videntes, terrore pallentes contremuerunt.

Nam in natali Innocentum nix copiosa cecidit, totamque superficiem terræ cooperuit, et domorum aditus mole sua sic oppilavit, ut sequenti die vix egredi de tectis homines aut jumenta possent, vel aliquo modo procurare quæ sibi competerent. Multi fideles ecclesiam ipsa celebritate non introierunt, nec ipsi sacerdotes in plerisque locis, opposita sibi nivis congerie, limina basilicæ nequaquam calcaverunt. Post VI dies, zephyro flante, nix eliquata est, et immensa inundatio aquarum repente facta est. Flumina inde nimis creverunt, alveorumque suorum limites transgressa sunt, et ingentia damna seu incommoda mortalibus intulerunt. In vicis enim et urbibus contiguis tecta replevermunt, homonesque de suis habitaculis fugaverunt. Enormes fœni acervos e pratis sustulerunt, et tonnas Falerni plenas aliaque vasa repostoria, cum multis speciebus et pretiosis opibus, de suis locis transtulerunt. Plures igitur pro suo damno lamentati sunt, et alii econtra pro insperato emolumento lætati sunt.

Mense Junio vehemens æstus per XV dies mundum torruit, et terrigenas ad omnipotentis Domini clementiam per jejunium et orationes suppliciter confugere, ne velut Pentapolei flammis combusti perirent, compulit. Fontes siquidem et stagna Titaneus ardor, qui tunc per Geminos discurrebat, exsiccavit; et importuna sitis greges animantum graviter exacerbavit. Tunc quodam Sabbato multi æstuantes aquæ refrigerium petierunt, et multi diversis in locis una pene hora in undis suffocati sunt. In nostro quippe vicinio, unde rumores ad nos facile pervolarunt, XXXVII in stagnis seu fluminibus homines lymphis intercepti sunt. Divinum examen, quo cuncta fiunt, discutere nescio, latentes rerum causas propalare nequeo; sed rogatus a sociis annualem historiam simpliciter recito. Inscrutabilia quis perscrutari potest? Rerum eventus, ut vidi, vel posteris benigniter denoto, et omnipotentem Deum in cunctis operibus suis, quæ vero justa sunt, glorifico. Consideret quisque prout sibi divinitus inspiratum fuerit, et utile sibi si quid æstimaverit, salubriter decerpat prout voluerit.

Mense Augusto, in vigilia S. Laurentii martyris, post nonam turbo vehemens exortus est, quem terribilis tonitrus cum nimia pluviæ inundatione circa vesperam secutus est. Tunc fulmina cum ingenti mugitu ceciderunt, et plures feminas in diversis locis interemerunt. Nullum vero marem animadversione illa interiisse audivi; sed femineus tantum sexus in hominibus et brutis animalibus pertulit pondus imminentis flagelli.

In villa, quæ Planchis dicitur in confinio Lexoviensis episcopatus et Sagiensis, Guillelmus Blanchardus quidam juvenis de vicino agro rhedam ducebat, in qua soror ejus cum manipulis avenæ consistebat. Cumque adolescens imbres nimium perstrepentes formidaret, atque matris ad tugurium, quod proximum erat, summopere festinaret, fulmen super clunes equæ, quæ plaustrum trahebat, protinus cecidit, et ipsam equam et vagantem pullam ejus quæ sequebatur, et juvenculam quæ in vehiculo erat, simul exanimavit. Juvenis autem, qui in sella sedebat, et jumentum freno regebat, nimio quidem præ timore corruit, sed, miserante Deo, sospes evasit. Inundatio pluviæ maxima erupit, verumtamen bigam et garbas incendium consumpsit: quarum favillas, et exstinctæ cadaver in feretro in crastinum vidi, quia Merulæ consistens illuc perrexi, ut divinam posteris relaturus percussionem indubitanter scirem rei certitudinem.

In villa, quæ Guaspreia dicitur, messores, dum viderent nubes tetra offuscari obscuritate, cuidam, quæ forte in campo spicas colligebat, dixerunt puellæ: *Curre, filia, celeriter, et pallia nostra seu tunicas contra imbres nobis defer.* Quæ libenter jussa suscepit, et statim ire cœpit. Sed in primo, ut opinor, passu fulmen cecidit, et ipsam feriens in momento exanimavit. Multa quoque similia eadem hora contigere, quæ postmodum edidici, veracium relatione, sed nequeo singillatim omnia litteris assignare.

In prima Septembris septimana Dominus Deus noster multa per ignem peccata puniit, et peccatorum penates cum gazis injuste diu congregatis combussit. Cenomanis enim et Carnotum, antiquæ et opulentæ urbes, consumptæ sunt. Alencion quoque et Nogentum in Pertico, Vernoliumque et alia oppida, villæque plures, flamma iræ Dei discurrente per orbem, perierunt. Tunc Cenomanis episcopalis basilica, quæ pulcherrima erat, concremata est, et feretrum sancti cum corpore pontificis et confessoris Juliani difficulter in monasterium sancti martyris Vincentii translatum est. Ossa quoque sanctæ Scholasticæ virginis, cum multis aliis reliquiis incensa sunt, et post incendium cineres in locis suis a religiosis perscrutatoribus inventi sunt. Carnoti vero, monasterium Sancti Petri apostoli combustum est, et venerabilis monachorum conventus, claustro cum reliquis officinis destructo, dispersus est.

In his tempestatibus diversorum incolæ locorum miros eventus et varios experti sunt; variasque incendii causas lugubres senserunt, et prolixas inde narrationes pro admiratione seu lamentatione contribulibus referre poterunt. Ego autem illis non interfui, nec dubia referendo librum protelare decrevi.

In eodem mense justus judex per contrarium elementum in alio climate terribilia exercuit, e scelestos pyratas a nequitiis, quibus terra sub No polluta fuerat, compescuit.

In Flandria mare noctu redundavit, et per se

ptem milliaria repente diffusum, basilicas et turres atque tuguria pariter operuit, et innumera hominum millia utriusque sexus et ordinis et conditionis pari periculo absolvit. Ibi plane (69) nec velocitas cursori profuit, nec fortitudo pugilem protexit, nec copia divitiarum opulentos salvavit, sed omnes æque pulchros et deformes viros et feminas diluvium involvit et obturatis aquæ oribus absque mora morti tradidit. Sic nimirum mare miserorum punitionem in puncto peregit, et confestim ad locum suum jussu Dei remeavit. Quædam paupercula nuper infantem enixa, ut strepitum rugientis aquæ audivit, territa, sed mente sana, de lecto mox prosiluit, infantem et gallinam cum pullis suis arripuit, et monticulum fœni, quod extra tugurium erat, velociter ascendit. Impetus autem irruentis et omnia involventis aquæ fœnum sublevavit, et de loco mulonem hac et illac fluctuantem longe transtulit. Miseratione vero misericordis Dei mulier salvata est, et in tanta vicinitate mortis cum parvulis rebus, quas secum habebat, morti cœlitus erepta est. Puer duodennis retulit mihi tunc super culmen domatis se protinus ascendisse, ibique perniciei discrimen evasisse, patrem vero suum et matrem in inferioribus interiisse.

Eodem anno præclari principes obierunt. Nam, ut supra dictum est, Rodbertus II, dux Normannorum, in Februario, Carduili, migravit. Hildefonsus autem Arragonum rex in introitu autumni obiit, post bellum Sagense, in quo nobilium baronum Bertranni et Roderici, aliorumque procerum occasus contigit.

Tunc Gualli Britones a cunctis gentibus, quæ sub regis Henrici ditione consistunt, vehementer afflicti sunt, et plurimæ regiones eorum Flandrensibus datæ sunt. A quibus et ipsi in silvis et latebris ubicunque inventi sunt, absque omni humanitatis respectu quasi canes interfecti sunt. Hoc animosiores eorum intuentes, valde indignati sunt, animosque resumentes arma sustulerunt; et multa pro ultione sui damna facientes, in regem Henricum feraliter surrexerunt. Castrum pagani filii Joannis, quod Cans dicitur, combusserunt, et omnes utriusque sexus homines, quos intus invenerunt, immisericorditer obtruncaverunt. Omnes, hoc facinore facto, incolæ cum extraneis condensos ut lupi saltus appetierunt, publicamque cædibus et rapinis atque incendiis inimicitiam exercuerunt.

VII. *Concilium Picentinum. Hugo Rothomagensis archiepiscopus. Henricus rex plurimos dominos aut reprimit aut castigat. Morbus Ludovici Francorum regis.*

Anno ab Incarnatione Domini 1135, indictione XIII, Innocentius papa maximam synodum apud Picenum (70) tenuit (71), et de utilitatibus ecclesiasticis multum tractavit; sed infortuniis præpedientibus, omnia pro voto complere nequivit.

Hugo, Rothomagensis archiepiscopus, ipsum summopere adjuvit, et ab eodem honoratus primatum super multos pontifices suscepit. Curis itaque apostolicæ servitutis occupatus, curas proprii præsulatus aliquandiu intermisit, et diutius in Ausoniæ partibus demoratus, aliorum negotia solerter expedivit; quod regi vehementer displicuit.

Præterea, post mortem Richardi, Bajocensis episcopi, rex nepoti suo Richardo præfatæ urbis pontificatum dedit, quem archiepiscopus consecrare, quia nothus erat, satis detractavit, diuque, donec apostolica sanctione pro regis timore concessum esset, distulit. Tandem remeantibus legatis cum decretis papæ, Bajocensis Ecclesia data est Richardo, Rodberti comitis de Gloucestra filio, eademque die Abrincatensis episcopatus commissus est Richardo de Belfago.

Eodem anno, Henricus rex, diris rumoribus de Guallorum factionibus auditis, valde indignatus est; et prudenter ordinata Normannia, cum electis sagittariis et bellicosa manu transfretare ter conatus est. Verum, contrariis insurgentibus causis, iter ejus impeditum est, nec vivus Angliam videre a Deo, qui omnia mire continet, permissus est.

Gener enim ejus, Joffredus Andegavensis, magnas potentis soceri gazas affectabat, castella Normanniæ poscebat, asserens quod sibi sic ab eodem rege pactum fuerat, quando filiam ejus in conjugem acceperat. Animosus autem sceptriger neminem sibi, dum vitales caperet auras, voluit præficere, vel etiam in domo sua seu regno sibi coæquare, diligenter revolvens divinæ dictum Sophiæ, quod *Nemo potest duobus dominis servire* (*Luc.* XVI, 13). Inde turgidus adolescens iratus, minis et superbis actibus regem offendit, monita ejus et consilia temere sprevit, et in tantum furorem procaciter excitavit, ut filiam ei suam auferre voluisse, et in Angliam secum ducere, si divinitas hoc decrevisset. Satis enim rex ægre tulit, quod ille generum suum Rozcelinum vicecomitem obsedit, et Bellummontem penitus concremavit, nec pro reverentia tam sublimis soceri genero ejus aliquando pepercit.

Origo igitur maximarum dissensionum inter Normanniæ proceres pullulabat; nam eorum quidam Andegavensi favebant, sed manifestam rebellionem propalare non audebant, quia regem multa expertum metuebant. Ipsum quippe ad arma contra se (excitare) merito formidabant, quem pro castigatione perenniter vincire reos satis noverant.

Guillelmus Talavacius, et Rogerius Tœnites præcipue suspecti erant, unde ad curiam regis venire formidabant. Hac de causa rex in Angliam navigare distulit, propriosque milites ad custodiendam mu-

---

(69) Sic in Chesniana editione. Forte *plana*, vel *planæ*.
(70) Vulgo *Ancona*, sed non *Pisæ*, ut in V. C. Guizot versione gallica legitur.

(71) Concilii hujus nulla fit alibi mentio, nisi forte idem sit ac Pisanum anno præcedenti habitum.
(Dom Bouquet.)

nitionem Conchas direxit. Quibus intromissis, oppidum in circuitu bene muratum servavit, juvenemque Rogerium, ne rebellaret, coercuit. Talavacium vero sæpius ad se accersiit, et venire non audentem, quia mordax illum conscientia terrebat, diutius exspectavit; ad ultimum post plurimas submonitiones fundis omnibus dissaisivit. Mense Septembri privatus omni honore suo, Talavacius, ad consulem Andegavensem divertit, et ab eo susceptus, in oppidis quæ de feudo ejus erant, Pireto et Mamerz habitavit. Rex autem ab initio Augusti usque ad festivitatem Omnium Sanctorum, Sagiensem pagum perlustravit, et Alencionem et Almaniscas, aliaque Talavacii castella sibi mancipavit. Aggregata vero multitudine operariorum, fossas Argentonii augmentavit, et oppidum illud futurorum nescius summopere munivit, quod paulo post vicinis habitatoribus nimis obfuit.

Quinto Kalendas Novembris, dum festivitas SS. apostolorum Simonis et Judæ celebraretur, et matutina synaxis divinæ majestati a devotis vigilanter ageretur, vehemens ventus circa quartam vigiliam noctis surrexit, et tota die usque ad nonam perdurans, valde perstrepuit, terribiliterque magno cum fragore insonuit, innumerasque domos et basilicas atque turres excelsas discooperuit, arborumque multitudine prostrata, lucos illustravit. His itaque prospectis, corda mortalium territa sunt, et diversas inde sententias prompserunt. Quidam perspicaces sophistæ arcana rerum subtiliter rimati sunt ; et ex præteritis futura caute conjicientes, dixerunt quod ira Dei mundo, culpis exigentibus, immineret, et principes terræ cum subjectis plebibus, tanquam arbores silvarum, in brevi prosterneret.

Tunc Ludovicus, rex Francorum, XXVIII regni sui annum agebat, et exinanitione diarriæ attenuatus ægrotabat. Metu igitur mortis domum suam et quæque habebat disposuit ; et præcipuos Gallorum optimates, Thedbaldum Blesensem atque Radulfum Parronensem accersiit ; eosque, quia discordes erant, pacificavit. Filio quoque suo Ludovico-Floro regnum Galliæ commisit, quem ante triennium regem Remis constituerat, et ab Innocentio papa cum synodo XIII archiepiscoporum et CCLXIII episcoporum X Kalendas Novembris coronari fecerat, cum tripudio multitudinis quæ aderat. Desperantibus siquidem de rege archiatris, omnipotens Adonai, qui ter quinos annos Ezechiæ regi ad vitam donavit, ægrotanti Ludovico spatium vitæ prolongavit, et meliorationem transacti status pro correctione vitæ ex insperato contulit.

VIII. *Mors et funera Henrici Anglorum regis. Turbationes in Anglia*.

Interea, Henricus rex Anglorum, VII Kalendas Decembris, in castrum Leonis venit, ibique venatores ut in silvam sequenti die venatum irent constituit. Sed, interveniente nocte, protinus ægritudinem incurrit, et a feria III usque ad Dominicam lethali morbo laboravit.

Interea prius capellanis suis reatus suos confessus est. Deinde, Hugone archiepiscopo Rothomagensium accersito, de spirituali consilio locutus est ; admonitus omnes forisfacturas reis indulsit, exsulibus reditum et exhæredatis avitas hæreditates annuit. Rodberto autem filio suo (notho) de thesauro quem idem servabat Falesiæ, sexaginta millia libras jussit accipere, famulisque suis atque stipendiariis militibus mercedes et donativa erogare. Corpus vero suum Raddingas deferri præcepit, ubi cœnobium CC monachorum in honore sanctæ et individuæ Trinitatis condiderat. Denique catholicus rex de servanda pace et tutela pauperum omnes obsecravit, et post confessionem, absolutionem et pœnitentiam a sacerdotibus accepit, oleique sacri unctione delinitus et sancta Eucharistia refectus, Deo se commendavit. Sicque Kalendis Decembris, Dominico, incipiente nocte, hominem excessit.

Adfuerunt ibi quinque comites Rodbertus de Gloucestra, Guillelmus de Guarenna, Rotro de Mauritania, Gualerannus de Mellento, et Rodbertus de Legrecestra, aliique proceres et tribuni, nobilesque oppidani, quos omnes conjuravit Hugo archiepiscopus cum Audino Ebroicensi episcopo, ne corpus domini sui relinquerent ; nisi ex communi consilio ; sed omnes illud usque ad mare conducerent honorabili cuneo. Igitur, feria II, de castro Leonis Rothomagum regis soma detulerunt, et viginti millia hominum, ne in funereis ei felicitas exsequiis deesset, comitati sunt. In metropolitana Sanctæ Dei genitricis Mariæ basilica cum ingenti tripudio susceptum est, et a cunctis ordinibus utriusque sexus multarum copia lacrymarum effusa est. Ibi noctu a perito carnifice in archipræsulis conclavi pingue cadaver apertum est, et balsamo suaveolenti conditum est. Intestina vero ejus Ermentrudis ad villam in vase delata sunt, et in ecclesia S. Mariæ de Prato, quam mater ejus inchoaverat, sed ipse perfecerat, reposita sunt.

Deinde provido consultu sapientum Guillelmo de Guarenna Rothomagus et Caletensis regio commissa est, quæ utiliter aliquandiu ab eo protecta est. Guillelmus de Rolmara et Hugo de Gornaco, aliique marchisi ad tutandos patriæ fines directi sunt. Rogerius vero de Sigillo cum aliis quibusdam clericis, et Rodbertus de Ver, ac Joannes Algaso, aliique milites de Anglia et satellites ac ministri regis conglobati sunt, et per Pontem-Aldemari atque Bonamvillam feretrum regis Cadomum perduxerunt, ibique die fere quatuor hebdomadas prosperum flamen ad navigandum præstolati sunt. Interea cadaver regis in choro S. protomartyris Stephani servatum est, donec post Natale Domini missis illuc monachis, impositum navi et transvectum est, atque a successore regni et episcopis et principibus terræ in Radingensi basilica honorifice sepultum est.

Ecce veraciter descripto qualiter obierit gloriosus pater patriæ, nunc dactylicis versibus breviter pangam contumacis ærumnas Normanniæ, quas misera mater miserabiliter passa est a viperea sobole. Quæ nimirum, mox ut rigidi principis cognovit occasum, in Adventus Domini prima hebdomade, in ipsa die ut rapaces lupi ad praedas et nefandas depopulationes cucurrit avidissime.

Sceptriger invictus, sapiens dux, inclytus heros,
Qui fovit populos justo moderamine multos,
Proh dolor! occubuit. Dolor hinc oritur generalis;
Publica Normannis clades simul instat et Anglis
Divitiis et justitia, sensu, probitate,
Strenuitas ejus manifesta refulsit ubique.
Nullus eo melior princeps dominatur in orbe,
Tempore quo nimium scelus in toto furit orbe.
Ut reor, e cunctis fuit hic melioribus unus.
Hoc attestantur speciales illius actus.
Ecclesiae tutor, pacisque serenus amator,
Vivat in aeternum cum Christo rege polorum. Amen.
Occidit Henricus rex prima luce Decembris,
Lugubris incumbit patriae contritio membris,
Tollere quisque cupit jam passim res alienas.
Rebus in injustis en quisque relaxat habenas.
Ecce gehennales furiae mortalibus instant.
Arma parant, ad bella vocant, et spicula donant.
Normanni furtis insistunt atque rapinis;
Mutuo jam sese perimunt, capiuntque, ligantque;
Incendunt aedes, et in illis quidquid habetur;
Non parcunt monachis, mulieres non reverentur.
Femina clara gemit rabie spoliata latronum
Tegmina, jus non servat ei generale Quiritum.
Caeditur imberbis, puero fur non misceretur.
Haec Romana phalanx licet ethnica non operatur,
Luce patet clara, quod eis pax exstat amara.
Quam mox spreverunt, ut regem fata tulerunt.
Pro nece patritii fures laetantur iniqui,
Praedones avidi discurrunt ad mala prompti.
Jamque putant, quod nullus eos herus amodo jure
Arceat, e contra refero, falluntur in acre.
Aeternum regis jus permanet omnipotentis,
Ecclesiaeque bonum dabit ipse repente patronum.
Principe sublato monachorum supplicat ordo,
Fletibus ad veniam scelerum flectendo sophiam.
Summe Deus cohibe ne possint saeva patrare,
Ceu cupiunt rabidi famulantes perniciei.
Ecce furit rabies, vocat et trahit ad scelus omnes.
Comprime ne valeant actu complere quod optant.
Christe ducem praebe, qui pacem justitiamque
Diligat, ac teneat, populumque tuum tibi ducat.
Justitiae virga turgentum percute dorsa.
Ut secura tibi tua plebs possit famulari, semper.
Amen.

Stephanus Boloniensis comes, audita morte avunculi sui, protinus transfretavit, et a Guillelmo Cantuariensi archiepiscopo, aliisque praesulibus et principibus terrae susceptus, regale fastigium ascendit, et xviii Kalendas Januarii, coronatus rex, quartus de stirpe Normannorum regnavit.

Normanni autem Thedbaldum fratrem ejus apud Novum-Burgum convenientes sibi praeferre voluerunt; sed in ipso conventu a quodam monacho, qui Stephani legatus erat, audierunt quod omnes Angli Stephanum suscepissent, eique omnes obedire, eumque sibi regem praefieere vellent. Mox omnes, annuente Thedbaldo, decreverunt uni domino militare, propter honores quos in utraque barones possidebant regione. Thedbaldus igitur, cum major natu esset, indignatus quod regnum non habuerit, ad magna negotia quae in Galliis eum urgebant festinavit, et Normanniam diutius conculcari negligenter permisit. Rege vero nihilominus in Anglia occupato, rectore Normannia caruit.

In prima Decembris septimana, Joffredus Andegavensis, ut mortem Henrici regis comperit, Mathildem uxorem suam mox in Normanniam praemisit, quam Guiganalgaso, vir infimi quidem generis, sed magnae potestatis, ut naturalem dominam suscepit, eique Argentomum et Oximos et Damfrontem, aliaque quibus ut vicecomes, jubente rege, praeerat, oppida subegit. Deinde, comes cum Guillelmo Talavacio, Pontivi comite, et Andegavensibus catervis atque Cenomannicis secutus est, et a Sagiensibus aliisque castellanis, qui de feudo Talavacii erant, susceptus est. Exercitus autem ejus per circumjacentem provinciam diffusus, crudelia peregit, ecclesias et coemeteria violavit, hospites suos injuriis contristavit, et eosdem a quibus benigniter tractati fuerant, pluribus damnis et laesuris afflixit.

Porro Normanni, quibus genuina ferocitas et audacia insunt, ut nequitiam hostium in se grassari male senserunt, arma furoris et ipsi nihilominus exercuerunt, et per vicos atque saltus fugientes persecuti sunt, ac, ut fama vulgi refert, plus quam DCC igne seu ferro trucidaverunt. Residui vero, cruentis Normannorum nisibus territi, cum dedecore fugientes sua repetierunt; et acutis eorum mucronibus aspere castigati, eosdem ultra extunc experiri non apposuerunt. Rodbertus etiam de Sablolio, filius Lisiardi, aliique proceres contra Joffredum consulem rebellaverunt; et intestinis eum guerris detinentes, in Neustriam remeare non permiserunt.

Ast Normannia, licet ab exteris non inquietaretur, pacis tamen securitate nequaquam fruebatur, quoniam a filiis suis nequiter vexabatur, et indesinentem angustiam ventris quasi parturiens patiebatur. Normannica gens, si secundum legem Dei viveret et sub bono principe unanimis esset, Chaldaeis sub Nabuchodonosor, et Persis ac Medis sub Cyro et Dario, et Macedonibus sub Alexandro par, invincibilis esset, ut in Anglia et Apulia Syriaque frequens victoria testimonium illi perhibet. Caeterum, quia discordia ipsos ab invicem segregat et in sua viscera lethaliter armat, exterorum victores a sese superantur, et, vicinis hostibus cum ludibrio spectantibus, mutuis ictibus immisericorditer jugulantur; unde suae matris oculi crebro lacrymantur.

IX. *Stephanus Anglorum rex novus. Turbationes in Normannia. Depraedatio Uticensis burgi.*

Anno ab Incarnatione Domini 1136, indictione xiv, Stephanus rex Anglorum, dum remoraretur in Neustriam transfretare, et ipsa provincia patrono careret ac principe, ortae sunt simultates inter inquietos optimates Normanniae, nimiaeque per filios iniquitatis creverunt malitiae.

In initio Quadragesimae, Eustachius de Britolio apud Paceium mortuus est, et Guillelmus filius ejus, post Pascha, Britolii honorem ferro et flamma calumniatus est. Tunc Stephanus rex filiam suam biennem Gualeranno comiti de Mellento in cunabulis dedit. Comes autem post Pascha mox in Normanniam rediit. Nimia vero guerra inter Rogerium de Toeneio et Rodbertum, comitem de Legrecestra, graviter agitabatur, et ingens totius patriæ desolatio miserabiliter oriebatur.

Inter Rogationes et Pentecosten, Rogerius munitionem regis in Valle-Rodolii furtim introivit. Sed post tres dies Gualerannus comes, cum communi virtute Rothomagensi, illuc irruit, et municipium domino regi restituit. Deinde feria secunda post Pentecosten, Achinneium cum valida manu invasit, totumque municipium combussit. In crastinum nihilominus super eum Rogerius irruit, et tres villas ejus subito concremavit. Hæc et multa his similia Normanni agebant, seseque propriis dentibus commanducabant.

A Natali Domini usque ad octavas Pentecostes, pro absentia regis qui trans pontum multimodis regni curis occupatus erat, Thedbaldus comes a comite Andegavorum trevias acceperat, et interim regis adventum Normannica phalanx avide attendebat. Finito autem termino treviarum, omnis plebs attonita erat, et, rectore viduata, quid ageret ignorabat. Nam malevoli fures desiderabant illum diem videre, quo res alienas libere possent furari seu rapere. Inermes vero et benigni ac simplices admodum metuebant, quod rapaces filii Belial absque Dei timore optabant.

Rodbertus cognomento Boetus, quidam famosus sagittarius, Richerio Aquilensi adhærebat, et multos nebulones indomitosque garciones, ad strages hominum et latrocinia quotidie peragenda, sibi asciscebat. Qui quanto sagittandi peritia major, tanto in nequitiis erat detestabilior. Hic septimanam Pentecostes, quam septiformi gratia discipulis Christi data sanctus illustravit Spiritus, temere violavit nefariis actibus, et futuri nescius inhiabat pejoribus. Nam sicut boni flamma Spiritus Paracleti ad amorem Dei et proximi salubriter accendebantur, sic mali dæmonico spiritu debacchantes, ad omne nefas rapiebantur.

Igitur xv Kalendas Junii prædones ut lupi ad prædam cucurrerunt, et non bellicosorum rura militum invaserunt, sed armenta per agros cucullatorum quiete pascentia protinus abducere conati sunt. Verum, sicut ipsi veloces ad effundendum sanguinem fuerunt, sic justo Dei judicio contritionem et infelicitatem in viis suis repente invenerunt. Apud Uticum xxx latrunculi prædam simplicis populi diripuerunt; sed, orto clamore pastorum, burgenses irruerunt et xii ceperunt, ex quibus vii ad unam quercum suspenderunt. Ibi Rodbertus Boetus cum sex complicibus suis impetu furentis populi sublimatus est; talique triumpho pro facinoribus suis illico potitus est. Ecce qui septem sacratos dies Pentecostes contaminare non reveriti sunt, sævaque temeritate rapinis et homicidiis inermes proximos conculcare nimis exarserunt; sic eodem numero sequenti feria secunda simul suspendio perierunt.

Quod Aquilenses ut ipso die audierunt, pro ultione sociorum cum nimio furore conglobati sunt, subitoque Uticum convolarunt, ac ex improviso burgum S. Ebrulfi succenderunt, ibique LXXXIV domus in puncto temporis in cineres conversæ sunt. Monachi flentes campanas pulsabant, psalmos et litanias in basilica cantabant, quia monasterii excidium mox instare formidabant. Alii obviam militibus egressi, supplicabant, cum lacrymis sese de punitione reorum excusabant, et humilibus verbis obsecrabant; rectitudinem quoque et satisfactionem pro reatu legitimam offerebant. At illi ut amentes furebant, excæcati furore in monachos fremebant, et nihil sanæ rationis intendebant. Imo quidam eorum religiosos Dei servos de caballis dejectos lædere volebant. Tandem, absque Dei reverentia, in villam assultum fecerunt, et violenter ingressi spolia rapuerunt, et habitacula, ut dictum est, penitus intra portas concremaverunt. Hujuscemodi militia vindicibus latronum merito in opprobrium conversa est, quæ contra innocentes monachos et eorum homines armata est, et pessimos plagiarios, qui omne nefas perpetrare satagebant, ulta est.

Richerius monachorum filiolus talem famulatum patrinis suis exhibuit, et sic pro anima Boeti famosi furis et homicidæ aliorumque impostorum oravit, et hujusmodi oblationem ecclesiæ, in qua idem baptizatus fuerat, obtulit. Baldricus quoque Aquilensis presbyter ad facinus parochianos exsecrabile præivit, in hospitium alterius sacerdotis primus ignem immisit, et sic prævius per præceps in barathrum suos secum pertraxit. Nimietas flammarum ad basilicam usque pervenit, sed, miseratione Dei, contrarius ventus surrexit, globosque flammarum multis aspectantibus et gaudentibus alias expulit. Basilica itaque et monachiles officinæ, cum libris et utensilibus ecclesiasticis salvatæ [fuerunt]; ad quas desolati contribules cum suis familiolis confugerunt, et meliora secundum Dei providentiam tempora præstolati sunt.

Aquilenses vero spoliis Uticensium divites et turgidi facti sunt, sed non in longum exsultaverunt. Nam, eodem mense, super Sagium et Guaceium irruerunt, et contra Rogerium de Toenio sæpius certaverunt; sed post depopulationem villæ S. Ebrulfi prosperum eventum non assecuti sunt, imo pernicie seu captione suorum, imminutionem, judicante Deo, plerumque incurrerunt. Merito, qui contra nudos et simplices dimicaverunt, nec eis pro divino metu pepercerunt, postea fortissimis et pugnaces athletas non quærentes invenerunt; a quibus cum opprobrio et derisione a militibus sibi obviis frequenter audierunt: *Huc venite, milites. Non enim cucullati, seu coronati sumus, sed milites in armis vos ad bella provocamus. Socii vestri sumus, experiri debetis quid agere possumus.* Improperiis hujusmodi crebro erubuerunt, et plures eorum duros ictus perpessi corruerunt. Unde nonnulli ad pœnitentiam aliorum dejectione lacessiti sunt.

X. *Eventus varii in Anglia et Normannia.*

Post Pentecosten, Stephanus rex ad transfretandum classem suam præparavit; eoque prosperum flamen prope portum exspectante nuntius venit, in quo Rogerium Salesburiæ præsulem, cui totius Albionis tutela jamdudum ab avunculo suo, et postmodum ab ipso commissa fuerat, mortuum esse audivit. Unde intermissa navigatione Salesburiam reversus est, et episcopo sospite reperto, ab itinere suo usque in Quadragesimam frustra retardatus est. Interea Gissebertus de Clara in Oximos expeditionem fecit, et Novumburgum quem rex Henricus nuper auxerat, cum ecclesia S. Dei Genitricis combussit. Veteri quoque burgo, ut concremaret, acriter institit; sed Talavacio comite cum aliis militibus subito irruente, victus cum difficultate aufugit. Ibi Henricus de Ferrariis captus est, et ingens hominum, qui regi favebant, captura sive cædes facta est.

Ea tempestate, Gualerannus et Rodbertus comites auxilium a Thedbaldo comite (Blesensi) petierunt, ipsumque, datis centum marcis argenti, contra Rogerium de Toenio conduxerunt. In terram vero ejus in natali S. Barnabæ apostoli cum enormi multitudine irruerunt, et multorum tuguria pauperum in tribus villis combusserunt. Tandem super Bulgeium quemdam grandem vicum irruerunt, et instinctu comitis Legrecestræ vicinis in penatibus ignem immiserunt, et pulcherrimam ædem S. Mariæ Magdalenæ cum viris et mulieribus incenderunt. Ipso die, Richerius Aquitensis et Alveredus Vernoliensis, dum ante novas Ferrarias cum suis transirent, a Rodberto de Belismo (72) et Malis-vicinis aliisque militibus Gallis, qui Rogerium adjuvabant, fortiter imperiti et fugati sunt, et multis ex eorum sodalibus captis vel interfectis, vix evaserunt. Tertia septimana Junii, Thedbaldus comes Pontem S. Petri obsedit, et per integrum mensem impugnando multum laboravit. Guillelmus enim de Fontibus cum aliis probatissimis militibus et clientibus qui Rogerio adhærebant, acriter hostibus obstantes oppidum servabant.

Interea, venerabilis Boso Beccensium abbas, postquam idem cœnobium fere x annis laudabiliter rexit, in die festivitatis S. Joannis Baptistæ, post diutinum languorem, quem vir eruditissimus patienter tulerat, obiit; eique Tedbaldus prior ecclesiastica monachalis conventus electione successit.

In crastinum solemnitatis S. Joannis Radulfus, Ebroicensis ecclesiæ archidiaconus, dum de Paceio remearet, a filiis Simonis Harengi impetitus, vix evasit. Ipse quidem ad quamdam basilicam fugiens salvatus est, sed famulus et comes itineris ejus, qui suo pro domino repugnabat, occisus est.

Hic tumultuosus annus vere bissextilis fuit, et

(72) Robertus iste Bellesmensis, quem alibi *Poardum* cognominat Ordericus, alius est, a Roberto

A tunc ultimus in ordine concurrentium bissextus cucurrit, ac, ut vulgo dicitur, bissextus super regem et populum ejus in Normannia et Anglia cecidit.

Tertia septimana Septembris repentino Rothomagus igne combusta est, et ingens damnum fidelibus populis divino judicio illatum est. Nobile cœnobium S. Audoeni flammis edacibus, proh dolor! absumptum est, quod vix ad perfectum per LXXX annos multorum labore perductum est. Pari quoque infortunio monasterium sanctimonialium desolatum est, quod in honore S. Amandi episcopi et confessoris constructum est.

XI. *Invasio et deprædationes Andegavensium in Normanniam.*

B Deinde sequenti Dominico, XI Kalendas Octobris, Joffredus, Andegavensis comes, Sartam fluvium pertransivit, et cum ingenti multitudine armatorum Normanniam intravit. Habebat enim secum Guillelmum Pictaviensem ducem et Joffredum Vindocinensem, Guillelmum quoque juvenem Guillelmi Nivernensis consulis filium, et Guillelmum Pontivi comitem, cognomento Talavacium. Hi nimirum, aliique plures tribuni et centuriones cum viribus suis Andegavensibus associati sunt, et in Normannos per omne nefas, seu pro favore principis, sive pro cupiditate prædæ irruerunt. Unde omnes ab eisdem quibus impudenter nocuerunt, hostili odio Hili-Becci despective cognominati sunt.

In primis comes Quadrugias oppidum obsedit, C et arcem quam Gualterius miles tenebat, in triduo expugnavit; sed eamdem paulo post idem oppidanus, adversariis abeuntibus, recuperavit. Scoceium incolæ concremaverunt, et relinquentes aufugerunt, et hostibus pedetentim properantibus, fumum et favillas dimiserunt. Municipes de Asnebec fœdus in annum pepigerunt. Rodbertus enim de Novoburgo præfati castri dominus Joffredo comiti notus fuerat, et per Amalricum comitem jamdudum amicitia et familiaritate inhæserat. Andegavenses arcem de Mosterolo adierunt, et bis in illam assultum fecerunt; sed fortiter his qui intus erant repugnantibus, nihil nisi vulnera lucrati sunt, plurimisque suorum interfectis, recesserunt. Richardus enim

D cognomento Bassetus, cujus in Anglia, vivente Henrico rege, potentia, utpote capitalis justitiarii, magna fuerat, in parvo feudo quod parentum successivo jure in Normannia obtinuerat, Anglica tumens opulentia, super pares compatriotas sese magnitudine operum extollere affectaverat. Firmissimam ergo ex quadris lapidibus turrim apud Mosterolum construxit. Sed, defuncto rege, Guillelmus de Montepincionis in illam mox introivit, armis eam et hominibus munivit, furentesque Guiribeccos, ut dictum est, viriliter repulit. Inde illi castrum quod Monasterium Huberti dicitur, expetierunt; victoque Paganello municipe, qui multa comite Bellesmensi Guillelmi Talavacii patre.

(Dom BOUQUET.)

in illo nequiter anno perpetraverat, municipium obtinuerunt, et prædictum cum xxx militibus oppidanum per ingentem pecuniæ redemptionem graviter coercuerunt.

Deinde, dum festum S. Michaelis archangeli celebraretur, hostilis exercitus Lexovium obsidere molitur. Verum, illis tunc festinantibus, Gualerannus comes de Mellento, aliique Normannorum proceres, qui ibidem erant cum multis militibus, Alanum de Dinam cum audacissimis defensoribus ad tutendam urbem constituerunt ; et ipsi, ut liberius obsessis subsidium deforis conferrent, egressi sunt ; et exitum rei meticulose de longe exspectaverunt. Britones autem aliique qui munitionem tueri debuerunt, visa procul hostium multitudine timuerunt, et obviam illis procedere seu cominus præliari diffisi sunt. Ignem ergo injecerunt, et commissam urbem incenderunt, et sic hostes excidio sui, ne pejora contingerent, anticipaverunt. Hostes autem, ut appropiaverunt et ardentem cum multis divitiis urbem viderunt, vehementer irati doluerunt; quia prædarum spe penitus frustrati sunt, et pro amissione manubiarum quæ flammis deperibant, luxerunt. Animositatem itaque Normannorum gementes compererunt ; acerbitatem quoque implacabilis eorum malevolentiæ admirati sunt, quos videbant malle suas opes conflagratione deperire, quam externæ dominationis jugo sua colla, salvis opibus, mancipare.

Porro propter vehementissimum ignem ad munitionem accedere, vel assultum aliquo modo ingerere non potuerunt. Unde regiratis equis, statim ad Sappum reversi sunt, et oppidum illud medullitus expugnare nisi sunt. Arbor procera, quæ *abies* dicitur, prope ecclesiam S. Petri apostoli antiquitus stabat, pro qua vulgaris locutio villam Sappum nuncupare solebat. Quod vocabulum usque hodie burgo seu castello perseverat. Illuc Andegavenses Lexovio remeantes ex insperato accesserunt, et incolas contra se audacter egressos ferociterque sævientes persenserunt. Quibus acriter certantibus, flammæ ab utrisque, ab indigenis videlicet ac extraneis, in ædibus immissæ sunt ; unde vires oppidanorum protinus exinanitæ sunt. Tunc ibi ecclesia S. Petri apostoli cum tota villa concremata est, et multis ibidem qui resistere conabantur vulneratis, conquassata turris capta est. Ipsam nimirum Gualterius de Clara et Radulfus de Coldum sororius ejus tenuerunt, et in adversarios cum xxx militibus aliquandiu repugnaverunt; sed nimia vi contrariæ phalangis oppressi defecerunt, et exhaustis viribus, in arce capti sunt. Nam fere tria millia sagittariorum sagittis infestabant, multique fundibularii saxorum grandinem in oppidanos jaciebant, et ingenti eos turbine feraliter opprimebant.

Andegavenses in Normannia xiii diebus demorati sunt, odiumque perenne, non dominatum Normannorum immanitate sua meruerunt. Generale siquidem bellum, quia tunc Normanni principe ca-

rebant, non repererunt. Sparsim tamen rapacitati et incendiis insistentes, a pagensibus confusi sunt; sociisque varia sorte per diversa prostratis diminuti, tandem fugerunt; innumera mala inedicibiliter operati sunt, meritoque nihilominus similia perpessi sunt. Nullam sacris reverentiam exhibuerunt, imo sanctuarium Domini nequiter conculcaverunt, et sacerdotes aliosque Dei ministros ethnicorum more injuriati sunt ; quosdam enim ante sanctum altare irreverenter despoliaverunt, nonnullos etiam signa pulsantes et Deum invocantes trucidaverunt. Novem presbyteri pariter ad comitem accurrerunt, et lacrymosam de violatione suarum ecclesiarum et direptione sacrorum querimoniam fecerunt : quod audientes honesti viri Deumque timentes valde condoluerunt.

Principes igitur apud Sappum omni exercitui, ne sacra contaminarent, per præconem prohibuerunt; sed temerarii prædones in tanta multitudine decreta procerum floccipenderunt. Gregarii namque milites et indomiti piratæ, ad devorandos devoratores aliorum, ut lupi convenerant, vagique et indisciplinati de diversis et longinquis regionibus ut milvi convolaverant, qui nihil aliud nisi prædari, obviosque ferire vel vincere cupiebant. Optimates autem qui separes cœtus in expeditione legali ductu ductitare debebant, in militia Romanæ rigorem disciplinæ, nisi fallor, ignorabant, nec ipsas heroum more militares inimicitias modeste disponebant. Unde probrosis facinoribus absque boni respectu pene cuncti, ut opinor, sordebant, et per omne nefas in duplex detrimentum, corporis videlicet et animæ, proruebant, Deoque et hominibus abominabiles apparebant.

Plurimos greges armentorum et pecudum mactaverunt, et crudas vel semicoctas carnes sine sale et pane comederunt ; coria vero pluribus vehiculis in propriam regionem deferre conati sunt. Quamvis enim autumnale tempus alimentorum copiis abundaret, et ubertas provinciæ post longam pacem sub bono patricio incolis arrideret, et omnem frugum seu carnium affluentiam suppeditaret, tantæ tamen multitudini coquorum et pistorum servitus deerat, et in bellico tumultu plurimorum, quibus humana necessitas maxime indiget, administratio non suppetebat. Guiribecci ergo, quia inconditis post contaminationem sacrorum eduliis intemperanter usi sunt, justo Dei judicio pene omnes ventris fluxu ægrotaverunt, fluentique diarria satis anxii fœda vestigia obiter reliquerunt, suosque reposcere lares plerique vix potuerunt. Tandem Kalendis Octobris dum in arcem Sappi impetum facerent, et muniones illius acerrime resisterent, Joffredus comes pilo in pede dextro fortiter percussus est, gravique læsura pedis eum suorum ruina Normannorum animositatem aliquantulum expertus est.

Uxor autem ejus ipso die circa vesperam ad eum venit, et multa millia pugnatorum frustra secum adduxit; nam primo mane, trepidantibus undique

Incolis, Andegavenses subito recesserunt, eosque a quibus nimis timebantur timentes, pertinaciter fugerunt, totamque regionem tam sociorum quam hostium depopulati sunt. Fugam vero illorum Normanni tarde compererunt. Unde nimis contristati sunt quod eos persequendo de regione sua non conduxerunt. Solus Engerrannus de Corte-Odmari cum Rodberto de Mesdavit aliisque paucis militibus transitus Oldonis præoccupavit, ibique multos homines et equos et rhedas panibus et vino multaque supellectili onustas retinuit, et Andegavenses præ timore mortis ausos flumen sine vado introire, in Oldonis profundo 'compulit mortem subire. Comes autem, qui spumanti equo vectus cum pluribus minis Normanniam intraverat, pallidus et gemens, atque badivola (75) jacens sua revectus visitat; sed in ipso reditu a suis graviora quam ab hostibus damna tolerat. Nam in silva quam Malasiam vocant, cubicularius comitis occisus est, et mantica ejus cum consularibus indumentis et vasis pretiosis subrepta est.

Interea, dum Andegavenses Lexoviensem pagum, ut jam dictum est, devastarent, et paganorum more debacchantes, absque Dei metu exsecrabilia perpetrarent, Rogerius de Conchis in Ebroicensi episcopatu circumjacentem provinciam devastabat, et omnia cædibus atque flammis edacibus tradebat. Guillelmum quippe de Paceio, Eustachii filium, et Rogerium Balbum, comitemque Ferricum secum habebat; et comitem Gualerannum et omnes Uticensis provinciæ milites, ne obviam Andegavensibus in armis procederent, occupabat. Castrum quod Mellenticus comes apud Crucem pro defensione patriæ construxerat, Rogerius acriter impugnavit, sed non obtinuit. Abbatiam vero quam S. Audoenus jamdudum construxit, sanctæque crucis quam in cœlo viderat honori dicavit et B. Leufredo ad regendum commisit, Rogerius cum suis commilitonibus violavit, quod non diu impune pertulit. Burgum monachorum concremavit, ecclesiamque impugnavit, de monasticis penetralibus fugitivos inibi latitantes rapuit; spolia vero monachorum ac ad eos confugientium diripuit; sed, Deo æquissimo judice vindicante, paulo post omnia perdidit. Nam, sequenti die post fugam Andegavensium, id est tertio die Octobris, Rogerius inopinabiliter debacchatus est.

In valle siquidem Rodolii uberem provinciam devastavit, cædibus et rapinis incendiisque irreverenter insudavit, et ita multos cum suis complicibus, ablatis rebus, miseros effecit. Ecclesiam vero S. Stephani concremavit, cujus reatus talionem ipsa die recepit. Nam Sabbato circa vesperam, dum redirent et ingentem prædam pluresque captivos pompose secum ducerent, Gualerannus comes et Henricus de Pomereio cum quingentis militibus de vicina silva egressi sunt, et contra hostile agmen ad bellum parati constiterunt. Rogerius autem qui multum audax et probus erat, cum paucis militibus quos secum habebat (Guillelmum enim de Paceio et Rogerium Balbum cum suis copiis et præda et captivis, Achinneium præmiserat) frustra fortiter in hostes pugnavit; sed multitudine pressus et victus succubuit, et cum Ferrico comite ac Rodberto de Belismo, qui *Poardus* cognominabatur, captus ingemuit, infortunioque suo magnum inimicis gaudium et vicinis pagensibus securitatem peperit.

Interea, dum Ferricus de Stampis in carcere gemeret, uxor ejus, pro cujus stemmate comes ipse appellabatur, Ludovicum regem Parisius adiit. Unde dum ipsa prægnans remearet, equitando læsa est, et paulo post difficultate partus mortua est.

XII. *Piæ meditationes. Mors variorum dominorum et prælatorum. Siccitas.*

Vicissitudines præsentis vitæ quam mutabiles sunt, sæcularia gaudia cito transeunt, eosque, a quibus summopere affectantur, in puncto deserunt. Mundanus honor instar bullæ subito crepat ac deficit, sibique inhiantibus insultat atque decipit. Amatores mundi corruptibilia sequuntur, sic per abrupta vitiorum gradientes corrumpuntur, subitoque sedentes in ima labuntur. Et dum sublimes fastus laboriose vix adipiscuntur, inde nec quidquam tumentes in momento præcipitantur, et concinnæ solummodo narrationes inter residuos, qui vitalibus auris perfruuntur, ab eloquentibus de illis passim sparguntur. Omnipotens itaque Creator terrigenas instruit, et pluribus modis salubriter erudit, ne in hoc fragilis sæculi pelago anchoram suæ spei figant, neque transitoriis delectationibus sive lucris lethaliter inhæreant. *Non habemus hic manentem civitatem*, ut dicit Apostolus, *sed futuram inquirimus* (*Hebr.* XIII, 14).

Ecce in hoc anno bissextili, post mortem Henrici regis multæ mutationes in orbe factæ sunt, et personæ plures clericalis et laicalis ordinis cum mediocribus et infimis lapsæ sunt.

Tunc Girardus, Engolismensis episcopus, vir eruditissimus, migravit, qui magni nominis et potestatis in Romano senatu, tempore Paschalis papæ et Gelasii, Calixti et Honorii fuit.

Guido autem de Stampis, Cenomanorum præsul, hominem exivit, cui Paganus archidiaconus de Sancto Karilefo successit. Porro, pro Gisleberto cognomento universali Lundoniensi episcopo, quo nuper defunctus est, Anselmus Anselmi archiepiscopi nepos, abbas Sancti Edmundi regis subrogatus est. Guillelmus vero Cantuariensis archiepiscopus defunctus est, atque Henricus frater Stephani regis ad regendam metropolim electus est. Sed quia episcopus secundum decreta canonum de propria sede ad aliam ecclesiam nisi auctoritate Romani pontificis promoveri nequit, præfatus præsul Guen-

---

(75) Ms. Utic. codex habet *badinola*, id est lectica, seu lectus qui in itinere bajulatur.

(Dom Bouquet.)

toniensis in Adventu Domini mare transfretavit, et legatis Picenum ad Innocentium papam missis, in Neustria ipse hiemavit.

Nefaria perfidorum scelera in anno bissextili facta, ærumnis lacrymisque plena a plangentibus edidicit, tristes querelas de miseris eventibus Normanniæ lugubris audivit, et certa suis aspectibus indicia intueri potuit : ædes videlicet concrematas, ecclesias discoopertas et desolatas, villas depopulatas, propriisque colonis viduatas, et plebes in gremio matris admodum contristatas, utpote omnibus necessariis insolenter privatas, et tam a suis quam ab externis absque metu tutoris spoliatas, nec adhuc idonei rectoris præsentia sine suffragiis exhilaratas. Pluribus itaque modis ærumnarum Normanniæ gravior adhuc percussio imminet.

In episcopatu Sagiensi anathema totam terram Guillelmi Talavacii percutit, et dulcis cantilena divini cultus, quæ fidelium corda mitigat ac lætificat, conticuit. Introitus ecclesiarum ad Dei servitium laicis prohibiti sunt, et valvæ obseratæ sunt. Æra signorum conticuerunt, corpora mortuorum inhumata computruerunt, et metum et horrorem intuentibus incusserunt. Gaudium nuptiarum illud affectantibus denegatum est, et ecclesiasticarum lætitia solemnitatum humiliata est. In Ebroicensi quoque diœcesi parilis disciplina infremuit et per totam terram Rogerii Toenitii discolas compescere terrendo sategit. Ipse nimirum vinctus in carcere coarctatur, suæ voluntatis impos flet atque lamentatur, et ab Ecclesia etiam pro sacrorum violatione, quam ipse sui compos ex insolentia fecerat, maledicitur, et tota terra ejus terribili anathemate plectitur. Sic contumaces et nimium rebelles duplici affectione proteruntur, sed dura cæterorum hæc intuentium corda, proh dolor! non corriguntur, nec ad emendationem a perversa intentione reflectuntur.

Anno ab Incarnatione Domini 1137, indictione xv, ingens in toto orbe siccitas fuit, quantam nemo nostris temporibus vidit. In plerisque locis fontes aruerunt, lacus et cisternæ exsiccatæ sunt, et quidam fluvii fluere desierunt. Homines et jumenta sitis anxietate laboraverunt, et in quibusdam regionibus aquam usque ad septem leucas quæsierunt; et nonnulli eorum qui sibi suisque lympham humeris deferebant, nimii caumatis angustia defecerunt.

XIII. *Stephanus Anglorum rex Normanniam in feudo recipit a Ludovico Francorum rege. Stephanus rebelles castigat. Andegavensium aggressiones in Normanniam.*

Tertia septimana Martis, Stephanus rex in Normanniam venit, Ogas cum magno comitatu applicuit. Cujus, adventu audito, pauperum plebs per integrum annum oppressa et desolata exsultavit.

Eodem tempore, Guillelmus Pictavensium dux, memor malorum quæ nuper in Normannia operatus est, pœnitentia motus, ad S. Jacobum peregre profectus est. Deinde feria vi Parasceve, v Idus Aprilis, sacra communione munitus est, et ante aram B. Apostoli venerabiliter defunctus est. Filiam vero suam Ludovico juveni Francorum regi in conjugem dari præcepit, ipsumque regem totius juris sui hæredem constituit : quod ita postea factum est.

Quidam Normannorum proceres in Stephanum regem turbati sunt : contra quos ab ipso Franci et Flandrenses acciti sunt. In Maio, Stephanus rex cum Ludovico rege colloquium habuit; Normanniæ ducatum ab ipso jure recepit, et fœdus amicitiæ, sicut antecessor ejus tenuerat, pepigit. Securior itaque remeavit, rebellantem Rabellum bellico robore impetiit, et oppida ejus Juliam-Bonam, vileriasque et mansionem Odonis obsedit, et per se aut per auxiliarios cum familiis suis ferro et flamma expugnavit.

Tunc Joffredus Andegavensis cum quadringentis militibus in Normanniam venit, et stipendiarius conjugi suæ factus, ingentem malitiam exercuit. Nam ab initio Maii crudelem guerram exercuit, incendioque et rapina hominumque cædibus depopulari Oximensem pagum summopere studuit. Basolcas, oppidum Rogerii de Molbraio, cum ecclesia combussit, ibique sex homines ignis exstinxit. Divenses monachi pro tuitione sui c et x marcos argenti Andegavorum consuli pacti sunt; et sic patriam suam, ne penitus deleretur, tutaverunt. Similiter Fiscannenses pro Argentiis centum marcos erogaverunt.

Tunc Rodbertus comes de Gloucestra aliique nonnulli, quod ad hostes converterentur, suspecti sunt; sed Cadomenses oppidani regis fidelitati firmiter inhæserunt, quibus munitionem tutantibus, Joffredus et sui de Vado-Berengarii nihil adepti redierunt. Ibi Guillelmus de Ipro cum suis præliari cum Andegavensibus concupivit, sed Normannis præ invidia fideliter illos juvare nolentibus, idem cum suis recessit, atque infidos consortes derelinquens, ad regem trans Sequanam accessit. Rex autem, pace facta cum Rabello, Ebroicensem pagum adiit, et Rogerium de Conchis, sexto mense postquam captus est, de carcere ejecit, gravique conditione, ut temeraria improbitas ejus castigaretur, oneravit. Rotronem Moritoniæ comitem et Richerium de Aquila nepotem ejus sibi annexuit, datis eisdem quæ cupiditas illorum avide poposcit. Nam comiti oppidum de Molinis, et Richerio Bonmolinum concessit, eosque sibi sic colligatos hostibus in Normanniæ finibus opposuit ; ratus utilius esse dare minora ut servarentur majora, quam inhianter amplecti omnia, meritoque amicos perdere et eorum suffragia. Guillelmum de Ipro aliosque Flandrenses admodum amplexatus est, et in illis præcipue fisus est. Unde proceres Normannorum nimis indignati sunt, suumque regi famulatum callide subtraxerunt ; eisque invidentes pluribus modis insidiati sunt. Tunc plurimis cladibus pagensium caterva passim depopulabatur; hostilis enim gladius multos devorabat, et alia ex parte mors inopina pluribus incumbebat.

Mense Junio, Stephanus rex Lexovium venit, et copiosum exercitum congregavit, ut Argentomum vel aliud oppidum obsideret, ubi Joffredum Andegavensem, cum quo cominus confligere optabat, comperisset. Optimates autem ejus certamen hujusmodi detrectabant, et regi prælium summopere dissuadebant. Tunc in illa expeditione gravissima seditio inter Normannos et Morinos orta est, atque cædes hominum utriusque partis feralis facta est (74). Hinc totus exercitus turbatus est, et plurima pars principum, insalutato rege, profecta est. Ductorem quoque suum unaquæque turma clientum prosecuta est.

Rex autem cum agmina sua sine bello fugere vidisset, nimis iratus est, et desertores usque ad Pontem-Aldemari festinanter persecutus est. Ibi Hugonem de Gornaco et Guillelmum juvenem de Guarenna, aliosque turgidos adolescentes detinuit, et terroribus ac blandimentis pro posse suo sedavit; sed livida vaforum corda sufficienter pacificare nequivit. Unde suspectos pro quibusdam occasionibus eos habens, ad bellum reducere non præsumpsit; sed saniori consilio, ut quibusdam visum est, inito, biennales trevias ab hostibus accepit. Mense igitur Julio, tranquillitas pacis, opitulante Deo, Normanniam refovit, inermis plebs quæ dispersa fuerat sua tuguria repetiit, et aliquandiu post nimias tumultuum tempestates in egestate magna siluit, et aliquantulum securior quievit.

XIV. *Mors Guarini Uticensis abbatis. Mors Ludovici Francorum regis. Turbationes et bella in Normannia. Britonum invasio in Normanniam. Stephanus rex in Angliam transfretat.*

Interea Guarinus, abbas Uticensis ecclesiæ, postquam in monachatu XLIII annis Deo militavit, jam LX et III annos ætatis habens, feliciter occubuit. Nam XVII Kalendas Julii missam mane reverenter cantavit, quemdam defunctum militem sepelivit, ipsoque die in lectum decidit, et quinque diebus graviter ægrotavit, quotidieque missam, quam per XXX annos creberrime sacerdos ipse celebraverat, ægrotus audivit. Videns itaque viam universæ carnis sese ingressurum, tanti itineris viaticum devotus expetiit, ac ad summi Regis Sabaoth iturus curiam, sese præparavit lacrymosa videlicet confessione, assiduoque intenta oratione, oleique sacri unctione, et Dominici corporis salvifica perceptione. Denique talibus ac tantis instructus munimentis, XI Kalendas Julii migravit; et completis in eo, ut dictum est, quæque fideli athletæ Christi competunt, recessit, et XV regiminis sui anno spirituales filios Domino Deo commendans, et sese, obdormivit. Gislebertus autem Sagiensis cœnobii abbas adfuit, et cum sociis in luctu Patris flebilibus exsequias celebravit. Imbritus itaque tribulationum toti provinciæ ingruentibus, Guarinus abbas Rodberti et Gislæ filius ereptus est, et in capitulo secus Osberni abbatis tumulum sepultus est.

Quo defuncto, Uticenses monachi pariter convenerunt, et commune colloquium, ne status ecclesiæ suæ laberetur, habuerunt. Deinde, dum celebritatem Sancti Joannis Baptistæ solemnizarent, ipsoque die in capitulo una considerent, considerantes sancti Patris Benedicti institutionem, chartæque suæ, quam Guillelmus dux postea rex cum episcopis et optimatibus Normanniæ, sanxit auctoritatem, et ecclesiæ privilegium atque veterem consuetudinem, concorditer elegerunt Richardum de Legrecestra, monachum litteratum, religiosum, facundum, et pluribus bonis atque claris charismatibus instructum. Ille quidem absens erat, nec in illa concione aliquem sibi consanguinitate conjunctum habebat. Nihil hujusmodi suspicabatur, imo rusticanis laboribus in Anglia pro servitio fratrum angebatur. Nam illuc a suo abbate jam pridem directus fuerat, et ecclesiasticas res ibidem jam sex mensibus diligenter tractaverat. Notitiam quippe Anglicæ gentis et loquelæ habebat, utpote qui fere XVI annis canonicus Legrecestræ fuerat, et in curia Rodberti consulis de Mellento ante conversionem diu commoratus fuerat, causarumque censor, et arcanorum conscius, ac in agendis rebus familiaris consiliarius pollebat. Hæc et alia probitatis indicia rectorique congrua monachi considerantes, eumdem ad ecclesiæ regimen elegerunt: et electo Stephanus rex ejusque proceres suffragati sunt.

Uticenses cœnobitæ didascalis et rectoribus suis semper fidi, album lapidem posuerunt super tumulum venerandi abbatis Guarini; super quem sculpendum ob amorem dilecti quondam sodalis mei, postea Patris, hoc epitaphium edidi:

Hac tegitur petra Guarini corpus et ossa,
Qui quater undenis Utici monachus fuit annis
Certator fortis contra tentamina carnis,
Dante Deo, celebris micuit virtutibus almis.
De grege pro meritis a fratribus admoderamen
Sumitur, ut sociis ferret speciale juvamen.
Annis bis septem veneranter floruit abbas,
Inter præsentes sitiens æterna ruinas,
Viginti soles Junio complente, recessit
Hic Pater a vita, subjectis flentibus, ista.
Cuncta regens Numen det ei super æthera lumen.

Mense Julio et Augusto nimius calor æstatis terrigenas torruit, et usque ad Idus Septembris perduravit, multimodaque pestis mortales morbidos fecit. Tunc Ludovicus rex Ludovicum-Florum filium suum accersiit, eumque Thedbaldi palatini comitis et Radulfi de Parrona consobrini sui tutelæ commisit, et cum exercitu Galliæ in Aquitaniam direxit, ut filiam Pictavensis ducis uxorem duceret, totumque ducatum, sicut Guillelmus dux constituerat, sibi subjugaret. Interea Ludovicus rex nimietate æstivi caloris in Aquilina silva ægrotavit, dam Hugonis Gornacensis armigero. R. de Monte.
(Dom Bouquet.)

---

(74) Ob unam *hosam* vini (ocream vini plenam) quam abstulerat quidam Morinus seu Flandrensis cui-

et crescente languore, II Nonas Augusti (75) hominem exivit; atque in ecclesia S. Dionysii Areopagitæ inter reges regiam tumulationem accepit. Sequenti autem Dominico, Ludovicus puer Pictavis coronatus est; et sic regnum Francorum et Aquitaniæ ducatum, quem nullus patrum suorum habuit, nactus est.

In Normannia Rogerius Balbus pacem turbulentus turbavit, contra quem Stephanus rex exercitum duxit, et municipium ejus, quod in Ebroicensi pago Grandis-Silva nuncupatur, obtinuit. Unde coercitus rebellis prædo pacem cum rege fecit, et aliquantulum illa regio post magnas oppressiones quievit. Tunc in Vilcassino rex munitionem Chitrei, ubi spelunca latronum erat, dejecit. Unde Guillelmus de Calvimonte cum Odmundo filio suo in regem surrexit, et pro domus suæ præcipitio guerram facere decrevit. In Abrincatensi pago Richardus, cognomento Silvanus, apud S. Paternum fortissimam munitionem firmavit; et aggregatis undecunque latronibus, post mortem Henrici regis sævissimam stragem in populo Dei perpetravit. Hunc etiam post diutinam debacchationem, quando voluit, justissima Dei ultrix manus sine mora præcipitavit.

Præfatus enim raptor quadam die prædatum perrexit, et cohors militum de vicinis oppidis vicum S. Paterni flammis interim tradidit. Porro Silvanus, ut villæ suæ fumum perspexit, per reciprocum callem cum suis equum festinanter regyravit; sed sociis ocior hostes primus offendit, et in occursu eorum a quodam milite lancea perforatus interiit. Deinde regii milites ad arcem accesserunt, et ab oppidanis ut regi turrim redderent exegerunt. Quod dum illi facere nollent, isti cadaver perempti domini sui ante portam turpiter projicientes eis exhibent. Custodes utique, infortunio gravi viso, perterriti sunt, et regis militibus sese cum munitione dedentes mœsti siluerunt, atque corpus Biothanati secus viam extra cœmeterium tumulaverunt.

Eodem tempore, Britones, quorum caput ad nefas perpetrandum Galduinus Dolensis erat, surrexerunt, et in terram S. Michaelis archangeli de Periculo Maris, et in finitimas possessiones irruerunt. Prædis multoties direptis, ingentia innocuis damna intulerunt; sed postquam innumera dispendia pagensibus illata sunt, ultione divina nefario capite contrito, defecerunt. Quadam enim die, atrox Galduinus CXL milites cum multis peditibus in expeditionem duxit, et ingentem prædam hominesque multos rapuit, atque pomposus remeare cœpit; sed æstuans mare ad littus omnes detinuit. Interea orto clamore pauperis vulgi, XX milites Normannorum prædones insecuti sunt. Galduinus autem, ut vociferationem post tergum audivit, cum X militibus, clypeis tantum opertis, contra insequentes rediit. Porro Normanni fortiter in eos irruerunt, atque Britones terga vertentes persecuti sunt, et Galduinum, priusquam suis commilitonibus adjungeretur, occiderunt. Prædones itaque confusi prædam perdiderunt, et fugientes suis diros rumores renuntiaverunt.

Variis itaque tempestatibus infelix Normannia turbabatur, ac mutuis ensibus pignorum suorum vulnerabatur, atque pro innumeris cædibus multis ubique luctibus replebatur; infortunia plerumque dirissima perferebat, et asperrima quotidie metuebat, quia totam efficaci gubernatore provinciam carere mœsta videbat.

Inter hæc Stephanus rex de intestinis motibus Anglorum rumores audivit. Unde in Adventu Domini festinanter in Angliam transfretavit, et Gualerannum atque Rodbertum comites, aliosque proceres pene omnes secum duxit; Neustriæ vero justitiarios, Guillelmum de Rolmara et Rogerium vicecomitem, aliosque nonnullos constituerat: illis præcipiens facere quod ipse præsens agere non poterat, justitiam videlicet incolis inferre et pacem inermi populo procurare. Reversus autem in Angliam, turbatum regnum invenit, et fomentum nimiæ crudelitatis et cruentæ proditionis persensit. Nam quidam pestiferi conspirationem fecerunt, et clandestinis machinationibus sese ad nefas invicem animaverant, ut constituto die Normannos omnes occiderent, et regni principatum Scotis traderent. Tanta perversitas, et Richardo Nigello Eliensi episcopo primitus nota per conjuratos nequitiæ socios facta est, et per eum reliquis præsulibus regni et optimatibus atque tribunis regiisque satellitibus pervulgata est. Plures itaque de perversis conspiratoribus detecti sunt, et convicti pœnas tanti sceleris luerunt, meritoque patibulis aliisque generibus mortis interierunt. Porro, nonnulli malitiæ conscii ante accusationem fugerunt, et accusante propria conscientia convicti, relictis omnibus divitiis et honoribus suis exsulaverunt. Potentiores siquidem, qui rebellionis conscii fuerunt, ad resistendum temere animati sunt, et fœdus cum Scottis et Gualis, aliisque seditiosis et infidis ad perniciem populi pepigerunt.

XV. *Eventus varii in Hierosolymitano regno.*

In illo tempore, peregrini de partibus Eois adve-

---

(75) Ventris profluvio ipsis Kalendis Augusti defunctum fuisse Ludovicum Grossum tradunt Sugerius aliique historici coævi. Ejus porro ac patris sui Philippi carpit edacitatem Henricus Huntindonensis in epist. *De contemptu mundi,* ad Walterum, cap. 5, his verbis: *Quid de Philippo rege Francorum, et Lodoveo filio ejus qui temporibus nostris regnavit (dicam), quorum Deus venter fuit, imo funestus hostis fuit? Adeo voraverunt, ut se ipsos pinguedine amitterent, nec sustinere se possent. Philippus olim pinguedine defunctus est: Ludovicus adhuc juvenis pinguedine tamen jam mortuus est. Quid autem de felicitate eorum? Nonne Philippus a suis sæpe victus est, et a personis vilissimis sæpe fugatus est? Nonne Ludovicus per regem Henricum a Martiocampo expulsus est, et a suis, ut patet, sæpe numero fugatus est? Anglo sic regibus Gallis convicianti nimiam ne fidem habeto.*

(Dom BOUQUET.)

nerunt, dirosque rumores in Occiduo climate sparserunt, unde corda fidelium, quæ amore Dei proximique flagrant, nimis contristata sunt. Narrant enim quod Poncius, Tripolitanus comes, eodem anno contra ethnicos pugnaverit, et ipse cum multis aliis ferro gentilium occubuerit. Hinc animatus Amir-Sanguim rex Haleph bellicas vires collegit, et in autumno cum ingenti excercitu Turcorum fines Christianorum introivit, atque ad bellum paratus Christianos provocavit. Quod audiens Fulco Hierosolymorum rex per totum suum regnum legatos direxit, et omnes, qui ad arma idonei erant, ad pugnam convocavit, et fere vi millia secum ad certamen duxit. Solas mulieres, et inermes clericos ad tutelam urbium dimisit, cæteros autem absque omni excusatione ad agonem ire præcepit.

Tandem convenerunt pariter, et commisso conflictu utrinque pugnatum est acriter. Innumera quippe paganorum ceciderunt millia. Sed, judicante Deo, cujus judicia justa sunt et vera, pene tota Christianorum acies est collapsa, et præter xxx milites penitus cæsa. Solus enim rex, et decem de familia ejus commilitones, atque XVIII de militibus Templi evaserunt, ac ad quoddam castrum contra Damascum a Balduino primo constructum, quod Mons-Regalis vocatur, confugerunt, ibique aliquandiu inclusi fortiter restiterunt. Omnes itaque in confessione Christi corruerunt, præter paucos, qui, ut dictum est, cum rege vix evaserunt. Porro Sanguim, licet multa suorum amisisset millia ferro Christianorum, optata tamen elatus victoria e vestigio subsecutus obsedit castellum, et residuos, qui de bello elapsi tutabant præsidium, nimis coarctavit multis modis impugnationum. Obsessi autem, quamvis pluribus molestarentur angustiis, præcipue tamen attenuati sunt anxietate famis, et pro penuria panis compulsi sunt vesci carnibus equinis aliisque immundis et insolitis. Ipse rex præ parcitate dapifer erat, atque frusta carnium asinorum seu canum singulis distribuebat.

Interea Radulfus, Hierosolymitanus præsul, audito suorum infortunio, contristatus est, et qualiter inclusis martyribus auxiliaretur multa secum revolvens meditatus est. In primis fideles reclusos, qui cœlesti theoriæ in muris Hierusalem intendebant, peragravit, et ipsos et omnes alios Hierosolymitas ut Dominum Salvatorem omnium pro communi salute populi sui attentius exorarent, obsecravit. Deinde clericos et laicos eadem commonuit, et cunctis triduanum jejunium indixit; nec solum matronis, sed etiam infantibus, et jumentis afflationem hujusmodi more Ninivitarum imposuit. Expleto autem libenter et devote jejunio, ad portum maris patriarcha perrexit, eique quod valde concupiverat Deo volente occurrit.

Quatuor enim naves hominibus onustas littori appropinquantes de longe vidit, et per signum salutiferæ crucis, quod in habitu eorum visu deprehenderat, Christianos esse cognovit. Gaudens igitur eos ad portum applicantes exspectavit, et de navibus egredientes reverenter salutavit. Productos autem in liberam planitiem sic affari cœpit:

Vere beati et amici Dei estis, quos ut suæ beatitudinis participes præstolatur curia cœlestis. Ecce jam si flagrat in vobis fides integra, eadem sine dubio vobis propinatur martyrii causa, pro qua sancti athletæ Christi, Georgius et Theodorus, Demetrius et Sebastianus, contra Satanam ejusque satellites laboriose dimicaverunt, acriter certantes gloriose superaverunt, et perennem coronam triumphantes a rege Sabaoth acceperunt. Similis, oro, fortuna vobis comitetur, nec dispar merces a Deo vobis donetur. Ecce sævus Sanguim et gentilis exercitus terras nostras nuper invaserunt, et perempto exercitu Christi Hierosolymorum regem cum paucis in quodam castello pertinaciter obsederunt, et inclusos pluribus modis ad deditionem coarctare satagunt. Nostrates autem viri in Deo sperantes viriliter obstare moliuntur, mirabiliumque Dei memores velox auxilium ejus operiuntur: eligentes in nomine Domini magis per mortem socios sequi, quam cum dedecore profanis in vita sua subjugari. Jam satis eventum audistis. Et quia prudentes atque cordati homines estis, jam quid velim, et quid agi oporteat in tali negotio, bene perpenditis.

His auditis, omnes alacriter adversum paganos sese obtulerunt, et obsessis fratribus suffragari totis nisibus optaverunt. Lætus igitur patriarcha dixit: *Deo gratias agimus Adonai fortissimo, qui semper suos celeri dignatur relevare solatio. Nunc ergo vos, qui de natali solo pro cœlesti amore progressi estis, et dilectas conjuges divitiasque diu quæsitas reliquistis, et huc per plures in mari et in terra molestias pervenistis: exempla sanctorum, sumentes scutum fidei, prætendite; et sanctuario Dei, quod de longinquo expetitis, constanter succurrite. Dominus vobiscum est, qui obsesso in Bethulia cito per feminam consolatus est. Nam per Judith viduam superbi caput Holophernis amputavit, Assyriisque contritis sitientem populum pie refrigeravit, victoriaque simul innumerisque spoliis ditavit, et super omnes circumsitas nationes magnificavit. Ezechiæ quoque regi in Hierusalem incluso per Isaiam prophetam securitatem mandavit, et sequenti nocte centum octoginta quinque millia Assyriorum per angelum combussit, tumidumque regem Sennacherib post blasphemias trucesque minas cum dedecore fugavit.*

Hæc et alia multa his similia in divinis operibus considerate, et in Dei virtute confidentes certamen inite.

Salutaribus itaque monitis cœtus Christianos pontifex instruxit, et armatos ad phalanges Turcorum duxit. Speculatores autem paganorum grandem exercitum a mari venientem perspexerunt, et principi suo protinus annuntiaverunt. Ille vero promptos et dicaces legatos obviam misit, et per eos qui essent, vel quo tenderent, solerter inquisivit. At illi responderunt: *Christiani sumus. Porro fratribus nostris, quos a paganis obsessos audivimus, auxiliari tota virtute cupimus. Alios quoque, qui jam perempti sunt, bello ulcisci peroptamus.* Responsum est illis, ut ad præsens quiete silerent, et in die tertio ad pugnam parati essent.

Interea callidus Sanguim Fulconem regem ad colloquium accersiit, eique inter plurimas versutas tergiversationes dixit : *Nobilitati tuæ multum condoleo, et quia rex es, tibi si vis parcere desidero. Optime novi esse tuum, et defectionem virium tuarum. Angustia famis cum omnibus, qui tecum inclusi sunt, nimium opprimeris, nec aliquod adminiculum ex qualibet parte præstolaris. Fac ergo pacem mecum. Castellum mihi cum omnibus, qui intus sunt, redde, et ego te permittam liberum abire.* Fulco respondit : *Absit a me, ut traditor fiam fratrum meorum. Hoc nullatenus facere diffinio, imo cum eis usque ad mortem perseverabo, et agonis finem patienter exspectabo.* Sanguim dixit : *Cum tuis loquere, et utile tibi tuisque consilium accipe. Parcam tibi quia rex es, et honorari debes. Castellum, et omnes captivos, quos retines de nostris, redde, omnesque quos habemus de vestris, recipe, et sic jurejurando firmata pace cum omnibus tuis libenter recede.*

Hæc audiens Fulco, suos repetiit, et illis omnia quæ audierat a tyranno, retulit ; et quid in tam angustis rebus agendum esset interrogavit. At illi vicinum sibi nescientes auxilium, anxii velox dederunt concilium. Hortati sunt, ut turris redderetur pro ereptione Christianorum, ut Damascenis panderetur Montis-regalis oppidum, ne obsessi subirent mortis periculum, et Hierusalem civitas sancta sine defensore pateret ludibrio gentilium. Territus itaque Fulco rex consultui suorum acquievit, et cum Ethnicis pacem, quam poposcerant, cum sacramento pepigit. Sanguim præsidium, et nepotem suum, quem ceperant, recepit ; et ipse nihilominus Christianis vinctos eorum, ut pactum fuerat, reddidit. Deinde triumphans et ludens tyrannus Fulconi dixit : *Deceptus es, rex, et castra Christianorum, qui ad suffragium ejus venerunt, ostendit.* Sed quamvis fideles super hoc sophismate mœsti essent, mutari sententia nequivit. Data profecto securitate, rex et patriarcha, et fideles hinc et inde convenerunt ; et a tyranno ut occisos in bello fratres suos sepelire sibi permitteret, petierunt. Annuente illo, corpora peremptorum quæsierunt, inventa diligenter et honorifice tumulaverunt, quibus dum aureos de digitis annulos extrahere vellent, non potuerunt. Viventes igitur omnipotentem Deum devote laudaverunt, et Christi martyres cum ornamentis suis veneranter humaverunt.

XVI. *Constantinopolitanus imperator Joannes Antiochiæ urbe potiri molitur. Raymundus Antiochiæ princeps sponte vassallus imperatoris Joannis fit.*

Eadem tempestate, quando Hierosolymitæ flebiliter, ut dictum est, ab Ethnicis afflicti sunt, et Raimundus Antiochiæ princeps, aliique virtuosi milites, necessitate fratrum comperta, illis subvenire festinaverunt, Joannes imperator Contantinopolitanus ingentem exercitum de omni ditione sua, quæ satis ampla est, contraxit, et Antiochiam metropolim Syriæ, quam de imperio suo esse calumniabatur, obsedit.

Præfatus autem Raimundus, qui tunc principatum habebat, Guillelmi Pictavensium ducis filius erat. Hic nimirum post mortem Henrici regis Eoas partes adiit, et filiam Buamundi junioris dono Fulconis consobrini sui sibi datam conjugem duxit, latumque principatum in Syria, largiente Deo, vindicavit, qui dum ad auxilium regis Hierusalem, ut jam dixi, contra paganos properaret, et in illo itinere adventum imperatoris ad obsidionem urbis audiisset, tam grandi turbine commotus cum sociis turmis confestim remeavit ; suisque, qui sine tutore trementes in civitate oppilabantur, succurrere properavit. Cum autem urbi appropinquasset, et formidine anxius esset, quod circumvallantem exercitum irrumpere et urbem introire non posset, de imminenti negotio cum suis tractare cœpit, quorum unus, quem vere magnanimum arbitror, illi dixit : *Satis notum est, quod Græci prudentia pollent, et eloquentia cæteris nationibus eminent, sed in arduis rebus audacia et fortitudine carent. Unde, o probi commilitones, et probati athletæ, si meis dignamini consiliis acquiescere, arma vestra viriliter sumite, et armati tanquam de turmis imperialibus usque ad ipsius Augusti tentorium silenter ite, et Ionias legiones penetrate. Tunc prope imperatoris aures terribiliter exclamate, et qui sitis audacter demonstrate.*

Hæc audientes alii ad arduum opus animati sunt, monitisque magnanimi militis noctu insigniter obsecundaverunt. Franci siquidem ad tentorium augustale pervenientes exclamaverunt, et obstantes hostiliter percutere cœperunt. Repentinas vociferationes ferorum Francorum securus Augusti exercitus ex insperato audivit, nimiumque territus, pariterque turbatus et expers consilii fugam iniit, et relictis omnibus per tria milliaria, quasi gladium cervicibus suis imminere vidisset, fugit. Raimundus autem dux, Pelasgis cum suo imperatore fugientibus, perstitit, nec diutius cum paucis innumeros persequi voluit ; sed lætis modum ponens, in urbem suam introivit, et ingens gaudium Antiochenis, donante Deo, suppeditavit. Orto siquidem sole, cives exierunt, ingentes in archivis tentoriis divitias invenerunt, avide diripuerunt, lætique in urbem spolia devexerunt. Porro, imperator cum suis fugiendo fatigatus quievit, confusus et indignans a quo fugatus fuisset inquisivit, et Aquitanorum audaciam, prosperumque eventum agnoscens erubuit. Rursus exercitum congregavit, et præfatum principem ad colloquium invitavit. Magnanimus heros, qui prius dederat dimicandi consilium, denuo duci suasit ne respueret pacis colloquium, dicens nunc tractare de pace esse honorabile et valde commodum.

Ille acquievit, ad concionem abiit, eique imperator ait : *Antiochena civitas de imperio Constantinopolitano est. Buamundus vero princeps homagium patruo meo fecit, et cum reliquis proceribus Occidentis paravit, quod si omnia, quæ Turci abstulerant, et ipse recuperare posset, sacro imperio restitueret. Hoc itaque pactum a te, qui nunc principaris, exigo, et urbem imperii nostri, quam usurpas, reposco.* Raimundus respondit : *De avitis conditionibus tecum placitare nolo. Urbem hanc a rege Hierusalem cum filia principis recepi, eique ut domino fidem promisi. Vestras igitur ratiocinationes ostendam, et persuasionibus ipsius in omnibus obediam, nec aliquam deliberationem in hoc negotio sine illius consilio faciam.* His ita dictis, imperator approbans quod fidem domino servaret, inducias dedit ut præfatum regem expeteret, et quid agendum esset legaliter ab ipso indagaret. Cumque legatio hujusmodi ad regem, qui tunc ægrotabat, destinata fuisset, ipse causa suis necessariis amicis manifestata, respondit : *Omnes satis novimus, ut a majoribus jamdudum didicimus, Antiochiam de imperio Constantinopolitano esse, et a Turcis XIV duntaxat annis Augusto subtractam, sibique subactam fuisse : et reliqua, quæ imperator asserit de antecessorum pactis nostrorum, vera esse. Non debemus veritatem abnegare, et rectitudini resistere. Nequaquam, præsertim cum ego gravi detineor infirmitate. Unde non possum consanguineo meo succurrere. Nam propter æstus, et curas, atque labores, quos perpessus sum, et infirmas escas, quibus infeliciter inclusus in Monte regali nuper usus sum, lethiferam ægritudinem cum sodalibus meis incurri. Ideoque nunc præpedior consobrino meo ad certamen adminiculari. Nostram igitur excusationem agnoscentes, ite, dominoque vestro ex mea parte dicite, ut pacem cum imperatore faciat, meoque jussu ab ipso cujus juris est urbem recipiat, et legaliter teneat. Christianus enim est imperator, magnæque potentiæ, et a Francis honoratus. Si vult, admodum valet illos adjuvare.* Reversi vero legati responsa congrue reddiderunt, duoque principes pacem peregrinis et universis in Christo credentibus, qui in Græcia sive Syria morabantur, commoda inter se confirmaverunt. Raimundus itaque homo factus Augusti, Antiochiam ab illo accepit; et imperator illi amicitiam et auxilium contra Damascum omnesque gentiles promisit. Hæc itaque guerra, quæ per annos ferme XL damnose perduravit, et per Buamundos eorumque successores contra Alexium orta, agitata, innumeris millibus vincula, perniciemque, et multa detrimenta contulit : favente Deo, nunc sub principibus Joanne Augusto et Raimundo Pictavensi, multis utriusque partis gaudentibus, cessavit

(76) Nota Ordericum a Natali Domini annum ordiri.

(Dom Bouquet.)

XVII. *Eventus varii in Francia, Anglia, Apulia et Normannia. Andegavensis comes bellum renovat in regem Angliæ.*

Anno ab Incarnatione Domini 1138, indictione I (76), Ludovicus Juvenis rex Francorum apud Bituricam in Natali Domini coronatus est : ibique ingens curia nobilium et mediocrium virorum de omni Gallia et Aquitania, aliisque circumsitis nationibus aggregata est. Illuc metropolitani præsules, eorumque suffraganei convenerunt. Illuc consules, aliæque dignitates confluxerunt, suumque famulatum novo regi exhibuerunt.

Petrus Anacletus, qui sedem apostolicam fere VII annis usurpaverat, in cathedra sedens, VIII Kalendas Februarii subita morte decessit; atque, ut fertur, a fratribus suis, filiis videlicet Petri Leonis, quorum in urbe Roma maxima potestas est, ita occultatur, ut ubi cadaver ejus sepultum sit, ignoretur. Sequenti quoque mense, fama longe personuit quod Rogerius Apuliæ dux defunctus esset (77) quem præfatus schismaticus in regem Siciliæ consecraverat, dataque sorore sua, sibi ad perturbandum Ecclesiæ jus asciverat. Porro Lotharius imperator, ut Rogerii occasum audivit, in Apuliam festinavit, eamque sibi, secundum morem antiquum statumque Romanorum, subjugare sategit.

Stephanus vero rex cum in Angliam venisset et machinationem quorumdam contra publicam regni utilitatem comperisset, indignatus contra rebelles, importune arma sustulit, et prohibente fratre suo Henrico Guentoniensi præsule, Bedafordam obsedit, ibique Natale Domini, hibernis ingruentibus pluviis, laboriose peregit et nihil profecit. Nam filii Rodberti de Bellocampo munitionem fortiter tenuerunt, neque regi, donec præfatus præsul frater ejus adesset, aliquomodo humiliati sunt. Non enim debitam subjectionem sive servitium domino denegare suo decreverunt; sed quia regem Hugoni cognomento Pauperi filiam Simonis de Bellocampo dedisse cum patris honore audierunt, totam hæreditatem suam amittere verentes, consultu amicorum pertinaciter restiterunt. Tandem pontifici post quinque septimanas advenienti acquieverunt, et per ejus consilium quod sibi utile opinabantur et opem, cum rege pacificati sunt, et oppidum reddiderunt.

In Normannia Rainaldus de Dunstani-villa, filius (nothus) Henrici regis, provinciam Constantini turbabat, et sorori suæ favens Andegavinis adhærebat. Balduinum quoque de Raduariis et Stephanum de Magna-villa, aliosque Stephani regis inimicos secum habebat. Sed Rogerius vicecomes acriter ipsis obstabat, patriamque protegens hostium perversis conatibus insigniter resistebat. Hostibus admodum terribilis in primis visus est; sed in hujus sæculi salo nulla potentia longa est. Inimici siquidem ejus prosperitati nimis invidentes, insidias illi parave-

(77) Falsus rumor; Rogerium quippe anno tantum 1154, 26 Februarii obiisse constat.

(Dom Bouquet.)

runt et perniciem ejus machinati sunt. Quadam die cursores ad diripiendam prædam destinaverunt, et quidam milites in latebris abditi, sanguinem fundere avidi, præstolati sunt. Orto autem clamore, Rogerius arma cum suis arripuit, et prædones cum præda persequens, in manus insidiantium incidit. At illi ut famelici leones de insidiis prosilientes, incautos percusserunt, et Rogerium, pro vita sua vociferantem et multa pollicentem, absque misericordia jugulaverunt. Rectore itaque interfecto, totus pagus desolatus est, ac prædonum rabies super pagenses immoderate sæviens admodum effrenata est.

Mense Januario, Simon Rufus, Balduini filius, Rodberto Geroii filio permittente, castrum Escalfoii introivit, et aggregata secum turma satellitum, terram Rodberti comitis de Legrecestra in Ebroicensi præsulatu devastare cœpit; erat enim miles acerrimus, audax et manu promptus, largus commilitonibus et in duris exercitiis obstinatus, ideoque ad arduos et truces ausus temerarius. Denique ut ipse depopulationem patriæ inchoavit, Riboldus frater ejus ad nefas eidem adhæsit, ipsumque in munitione, quæ Pons-Erchenfredi dicitur, suscepit. Guillelmus autem Fraxinellus et sex fratres ejus, et Alanus de Taneto, et Ernaldus dapifer comitis et oppidani Glottenses insurrexerunt, ac Pontem-Erchenfredi et monasteriolum atque circumjacentes vicos combusserunt. Tam feralis furia utrosque invasit, et in tantum nefas omnes præcipitavit, ut nullam sanctis locis reverentiam servarent, nec religiosis hominibus nec innocentibus villanis viduisque parcerent, nec sanctis diebus Quadragesimæ manus studiumque a scelere coercerent.

Biennales treviæ quæ inter regem et Andegavensem Joffredum pactæ sunt, pluribus modis contaminatæ sunt. Satellites enim comitissæ in Quadragesima Radulfum de Axone virum potentem comprehenderunt, dominæque suæ vinculis arctandum tradiderunt; quem ipsa diu tenuit, nec abire, donec munitiones suas redderet, permisit. At contra Engelrannus de Soria, aliique regii clientes Rainaldum et Balduinum extra castrum de Ulmo pertinaciter repererunt, et commissa cominus pugna, Balduinum et alios plures ceperunt. Ibi nimirum dum maxime pugnaretur, et adhuc in dubio esset cui victoria daretur, quidam de parentibus et amicis Rogerii vicecomitis, ut locum et tempus ultionis nacti sunt, strictis ensibus in suos conversi, plures de interfectoribus illius occiderunt, et sic adversæ parti victoriæ pompam procuraverunt. Ecce, sicut Dominus ait : *Qui acceperit gladium, gladio peribit* (*Matth.* xxvi, 52), furialis societas, quæ Rogerium Nigelli filium paulo ante crudeliter trucidavit, ab amicis illius ex improviso percussa inter suos decidit.

Eodem tempore, Theodoricus Flandrensis satrapa filiam suam filio Stephani regis conjugem dedit, totumque ducatum Flandriæ dimisit, deinde crucem Domini accepit (78).

Mense Maio, Gualerannus comes et Guillelmus de Ipro in Normanniam transfretaverunt, et nimis turbatæ regioni subvenire conati sunt. In primis contra Rogerium de Conchis arma levaverunt; sed fortuna variante, bellicosum militem ac ad resistendum sibi paratum repererunt. Unde furorem suum super pagenses jaculati sunt; et utrique ad prædam currentes, incendiis et rapinis provinciam devastaverunt, direptisque rebus necessariis, inermem populum desolationi subdiderunt.

Andegavensis Joffredus mense Junio in Normanniam cum militari manu venit, et Rodbertum comitem Gloucestræ precibus et promissis ad suam partem inclinavit, per quem Bajocas et Cadomum et plura Normanniæ oppida sibi subjugavit. In Anglia vero præsules et oppidani quamplures, ut præfatum comitem, cujus potestas magna erat in utrisque regnis, Andegavensibus adminiculari audierunt, nequitiam quam penes se occultabant, protulerunt, et contra regem rebellaverunt.

Mense Julio, Gualerannus comes et Guillelmus de Ipro, dolentes quod per intestinam proditionem hostes prævaluerint, atque Normannos, qui externos hostes in exteris sedibus superaverunt, plerumque jam conculcaverint; Radulfum de Parrona cum cc militibus ad auxilium sui accersierunt, aliosque auxiliares undique convocantes, in Andegavinos ire decreverunt. Rodbertus autem de Curseio comiti Joffredo nuntium confestim direxit, et machinationem suorum eidem intimavit, ut ocius de Normannia egrederetur, majoremque sibi opportunitatem præstolaretur. Quo audito, protinus cum suis meticulosus recessit; unde adversariorum conglobata multitudo admodum doluit quod hostilis exercitus repentina discessione evaserit. Verum ne mille milites frustra congregati viderentur, et sine aliqua probitate ad sua regrederentur, Cadomum adierunt, provinciam undique depopulati sunt, et castrenses extrahere de munitione conati sunt. Sed Rodbertus comes factiones utriusque partis valde metuit, ideoque cum centum militibus callide intus delituit; equites solummodo XL egressi sunt, et in stricto calle super Olnam hostibus occurrerunt, et utrique nimis atrociter conflixerunt. Ibi Rodbertus Bertrannus et Joannes de Jorra nobiles et pulchri milites occisi sunt, et plures ex utraque parte vulnerati sunt; pro quorum infortunio tristi plures contristati sunt.

Præfatus comes Gloucestræ, per quem magnæ perturbationis occasio surrexerat, dono Henrici regis patris sui potentiam in Anglia possidebat, divitiis et oppidis virisque ferocibus pollebat; nam

---

(78) Ms. Utic. addit : *Et Jerusalem perrexit, indeque regressus puerum, cui filiam suam spoponderat, bellis exercet.* Cæterum ficticium videtur illud Theodorici filiæ cum filio Stephani regis matrimonium.

(Dom Bouquet.)

munitionem Gloucestriæ (79) et Cantuariæ servabat, oppida quoque munitissima Brighton, et Ludas atque Doveram habebat. Unde multi eidem faventes rebellando regem offenderunt, et provincias sibi contiguas furiis agitati perturbaverunt, multisque modis depopulati sunt. In primis enim Goiffredus, cognomento Talabot, Herfordam urbem invasit, ibique scelerosis complicibus ad nefas aggregatis, in regem rebellavit. Gualchelmus autem, cognomento Maminot, tenuit Devoram, et Rodbertus, Alveredi de Lincolnia filius, arcem Guarham et Morguam, Gualchelmus Ucham, et Guillelmus de Moun Devestornam, Guillelmus vero juvenis cognomento Puerellus, quatuor oppida habebat, id est Brunam, Elesmaram, Obretonam, et Guitentonam, et his turgidus augebat rebellantium turmam. Radulfus autem Lupellus munitionem, quam Cari nominant, tenuit; Guillelmus vero filius Joannis Harpetro munivit, aliisque rebellibus associatus, natale solum inquietare sategit. Porro David, Scotiæ rex, propter fraudulentam invitationem factiosorum, a quibus ad patriæ detrimentum lacessitus fuerat, seu propter jusjurandum quod, jubente Henrico rege, jam nepti suæ fecerat, pestiferos regni perturbatores pro favore Andegavensium adjuvabat. Carduilum quippe validissimum oppidum, quod Julius Cæsar, ut dicunt, condidit, tenebat; ibique Scottorum ferocissimam manum collocaverat. Illi nimirum Angliam crudeliter invaserunt, finitimosque populos bello impetierunt, et belluino more barbariem suam in eis exercuerunt. Nulli ei parcebant, sed juvenes et senes pariter interficiebant; mulieres quoque prægnantes sævo ense dissectis visceribus enecabant.

XVIII. *Stephanus rex rebelliones domat et castigat.*

Stephanus autem rex contra tot insurgentes acutum ensem exercuit, et donis seu promissis aut robusta manu pugnatorum hostes sibi subegit. Rodbertum siquidem de Stotesburia, probum militem letigimumque, comitem Derbiciæ constituit, et Gislebertum de Clara comitem de Pembroc sublimavit, per quos Gualchelmum Maminotum et Lupellum, aliosque plures qui amici vel affines eorum erant, sibi complacavit. Rebellantibus itaque, ut jam dixi, plurimis, animosus rex ira commotus est, et triplici exercitu inimicorum propugnacula expugnare conatus est. Ipse in primis Herfordam urbem, quæ super Guaiam fluvium inter Anglos et Gualos collimitanea erat, obsedit; et a civibus atque provincialibus ut naturalis dominus gratanter susceptus, oppidum cepit, et Goiffredo Talabot fugato, aliis qui intus erant misericorditer pepercit. Regina (80) vero Doveram cum valida manu per terram obsedit, et Bolloniensibus, amicis ac parentibus suis atque alumnis, ut per mare hostes cohiberent, mandavit. Porro Bolonienses dominæ suæ jussa libenter am-

---

(79) Nomine uxoris suæ quæ successerat Roberto Haimonis filio, comitatum Gloucestriæ possidebat Robertus, ut ex sequenti constat genealogia : *Iste dominus Robertus copulavit sibi in uxorem Sibyllam, sororem Roberti de Belismo comitis Salopiæ, et genuit ex ea quatuor filias, Mabiliam, Hawisiam, Ceciliam, Amisiam.... Iste venerabilis Robertus, filius Haimonis, post fundationem hujus famosi monasterii (de Craneburne) et alia strenue gesta, diebus Martii anno 1117, regis Henrici, primi scilicet, anno septimo, morti solvens debitum ad cœlestia migravit.... Rex autem Henricus primus, post decessum Roberti, filii Haymonis, nolens tantum ac tale dominium, scilicet honorem Gloucestriæ, inter sorores dividi, Ceciliam et Hawisiam in abbatissas, Ceciliam Shaftisbury, Hawisiam Wintoniæ promoveri fecit, tertiam Amiciam comiti Britanniæ in uxorem dedit, solam Mabiliam primogenitam reservando, quam filio suo notho (Roberto) una cum integro honore patris dictæ Mabiliæ, scilicet Roberti filii Haymonis, in uxorem dedit, creans eum consulem et Gloucestriæ comitem post conquestum primum.... Decessit autem hic comes prælustris sub anno Domini 1147 pridie Kal. Novembris, et regis Stephani anno duodecimo.... Cui successit comes Willielmus filius et hæres ejusdem : qui, accepta conjuge Hadwisia, filia comitis Leicestriæ, genuit ex ea Robertum ante patrem morte præventum... Genuit autem tres filias; primogenitam videlicet Mabiliam comiti de Everels (Ebroicensi) in Normannia nuptam, de qua nascitur Amalricus, qui comitatum Gloucestriæ post mortem Isabellæ, tempore Joannis, paululum possidens, sine liberis cito decessit. Alteram genuit filiam nomine Amiciam, quam domino Richardo de Clare, comite de Hertfort, nuptui tradidit. Tertiam quoque filiam Isabellam nomine habuit; sed post mortem patris sui, Henricus rex secundus honorem Gloucestriæ detinuit in manus suas per vi annos. Qui, regni sui anno ultimo, Isabellam, filiam dicti comitis Willelmi, Joanni filio suo (dicto Sine-Terra) dedit in uxorem cum integro honore totius comitatus Gloucestriæ, quem quidem honorem Joannes idem tenuit omni tempore fratris sui regis Richardi.... qui post mortem patris sui et fratris, in regem electus est. Sed tunc, quia non habebat liberos per Isabellam, post annum unum factum est divortium inter ipsos; sed tenuit sibi honorem Gloucestriæ, etc. Et maritavit Isabellam Galfrido de Mandeville comiti Essexiæ cum comitatu Gloucestriæ. Quo Galfrido de medio sublato, Isabella prænominata, tempore ejusdem regis, cum Ludovicus rex Franciæ Angliam occupasset, regis assensu, Huberto de Burgo justitiario Angliæ maritata est, sed infra breve ac medio sublata est. Obiit nobilis comes Willelmus Gloucestriæ anno 1173 ... Robertus (filius ejus) natus fuit apud Cardif, et ibidem obiit anno Domini 1176.... Duabus igitur filiabus Willelmi comitis sine liberis decedentibus, devoluta est hæreditas ad Amiciam Richardo de Clare nuptam et filiam Willelmi comitis, quæ omnem hæreditatem suam dedit Gilberto filio suo et dicti Richardi; qui Richardus obiit anno Dom. 1206 et apud Clare sepultus est, etc.* (Monast. Anglic. t. I, p. 455). (Dom BOUQUET).

(80) *Hujus pii regis Stephani uxor fuit nobilissima domina Mathildis, filia strenui comitis Bolonii Eustachii, genita ex Maria, filia Christianæ, sororis Margaretæ, reginæ Scottorum. Hæ duæ, videlicet Margareta et Christiana, sorores erant Edgari-Edling, consanguinei S. Edwardi regis et confessoris. Willelmus vero, comes Warennæ et Bolonii filius fuit dictorum Stephani regis et Mathildis uxoris suæ. Dicta vero Margareta regina peperit Malcolmo regi Scottorum marito suo sex filios et duas filias, videlicet Mathildem quæ nupsit regi Henrico primo, de qua genuit Mathildem quæ primo nupsit imperatori, deinde Galfrido, comiti Andegaviæ, de quo concepit regem Henricum secundum; et Mariam de qua supra dictum est.* (Monast. Anglic. t. I, p. 706.)

(Dom BOUQUET.)

plectentes, famulatum suum ei exhibent, naviumque multitudine operiunt illud fretum quod strictum est, ne castrenses sibi aliquatenus procurarent. Interea Rodbertus de Ferrariis, quem rex, sicut dictum est, Derbiciæ consulem ordinavit, Gualchelmum generum suum allocutus regi pacificavit, et præfatam munitionem ei subjugavit. Gissebertus vero de Clara Escedas castellum obsedit, et oppidanos usque ad deditionem coarctavit.

Guillelmus Alani filius, municeps et vicecomes Scrobesburiæ, qui habebat in conjugio neptem Rodberti comitis Gloucestriæ, favere illi volens, in regem rebellavit, et prædictam urbem contra illum fere uno mense tenuit. Tandem mense Augusto regia virtute victus aufugit, et rex forti assultu munitionem subegit. Arnulfus de Hesdingo præfati juvenis avunculus, bellicosus miles ac temerarius, multoties a rege oblatam pacem superbe respuit, insuper et injuriosa regi verba jaculari præsumpsit, et alios qui sese dedere volebant in rebellione pertinaciter perstare coegit. Denique, capta munitione, cum multis aliis ipse comprehensus est, et principi quem contempserat oblatus est. Rex autem, quia pro mansuetudine sua contemptibilis contumacibus videbatur, ideoque multi nobilium ad curiam ejus asciti venire dedignabantur, iratus Arnulfum aliosque fere XCIII de his qui obstiterant, jussit patibulo suspendi, aliisque generibus mortis festinanter puniri. Arnulfus quippe sero pœnitens, aliique plures regi pro se supplicaverunt, multamque pecuniam pro redemptione sui promiserunt. Sed rege ultionem multis auri ponderibus proponente, protinus trucidati sunt. Turgidi autem complices eorum, tanta severitate regis audita, nimis territi sunt, tremulique in triduo ad regem accurrerunt, et varias excusationes quod tandiu tardaverint commentati sunt; quidam etiam munitionum suarum claves detulerunt, servitiumque suum regi supplices obtulerunt, et compressis aliquantulum seditiosis desertoribus, amatores pacis lætati sunt.

XIX. *Pax inter Angliæ et Scotiæ reges. Bella in Normannia. Deprædationes Andegavensium.*

Eadem septimana, Stephano regi similis fortuna in alia regni parte blandita est. Nam comes Albemarlæ et Rogerius de Molbraio contra regem Scotiæ pugnaverunt, et interfecta multitudine Scotorum, regem fugaverunt (81) : cædemque truculentam, quam illi super Anglos absque omni reverentia Christianæ religionis jampridem exercuerant, ulti sunt. Scoti nempe minacem gladium metuentes ad aquam fugerunt, et ingens flumen nomine Zedam sine vado irruerunt, mortemque fugientes a morte protinus absorpti sunt. Post diutinam duorum regum guerram, et atrociter ab utrisque ad multorum detrimentum exercitatam, legati pacis divinitus exciti sunt, et inter ambos reges, qui damnis et cædibus assiduisque curis et laboribus jam fessi erant, discurrerunt, ipsosque ad concordiam revocaverunt. Henricus itaque, filius David regis Scotiæ, amicitiam hujuscemodi approbavit, ac Adelinam Guillelmi Suthregiæ comitis filiam adamavit et in conjugium requisivit. Necessitudine tali constrictus, amicitiæ Normannorum et Anglorum medullitus adhæsit; quia salubre et utillimum hoc fore sibi suisque consultu sapientum prospexit.

Interea Normanni in matris suæ gremio debacchabantur, et plures nequitiæ passim peragebantur. Septimo die Septembris Rogerius Toenites militum insignem manum aggregavit, et plures injurias sibi olim factas vindicare satagens, Britolium expugnavit. Comitem quippe Hanaucensem (Balduinum IV) cum LXXX, et Petrum de Maulia cum XL, Simonem quoque Rufum cum XX militibus secum habebat, validamque turmam quam ipse de omni ditione sua contraxerat. Denique fervidus Rogerius insigni turma stipatus, oppidum ex improviso expetiit, et injecto igne, ingens damnum imparatis oppidanis ingessit. Trituratores enim per plateas messes cædebant, et ingentes acervi straminis et paleæ, ut Autumnus exigit, sparsim ante domos jacebant, unde gratum sibi flammæ fomentum facile rapiebant. Sic nimirum opulenta villa in puncto concremata est. Ecclesia etiam B. Sulpitii episcopi et confessoris, cum multis opibus Burgensium et hominibus qui intus erant, proh dolor! combusta est. Castellani autem nullites ut se præventos ab hostibus viderunt, ad munitionem cum plurimis fugientes inimicorum gladio subrepti sunt. Eodem anno concordia inter *Rogerium et comites* (82) fratres facta est; a quibus etiam ad Stephanum regem in Angliam adductus, eique honorifice reconciliatus est.

Kalendas Octobris, Joffredus Andegavensis Falesiam obsedit, ibique XVIII diebus frustra multum laboravit et nonodecimo die nihil lucratus inde recessit. Richardus de Luceio princeps militum in oppido fuit, et cum oppidanis munitionem viriliter defensavit; apertisque januis, audacia obsessorum obsidentes quotidie subsannabat : et quia inclusi ciborum et armorum abundantia tumebant, ad assultum cum ludibrio provocabant. Hostes autem in circumitu provinciam devastaverunt, ecclesias irreverenter irruperunt, et sacratis vestibus atque vasis absque timore Dei ablatis, sacra loca contaminaverunt; nullique parcentes, vulgi spolia et quæque poterant diripuerunt. Tandem, terrente Deo, noctu fugerunt, et tentoria cum vestibus et armis, atque rhedas pane et vino aliisque necessariis rebus onustas fugientes reliquerunt, quibus gaudentes oppidani admodum ditati sunt. Verum post decem dies iterum Andegavorum comes ex insperato remeavit, et circa Falesiam cum multis

---

(81) Hoc est prælium Standardi apud scriptores Anglos nominatissimum.
(Dom Bouquet.)

(82) Gemellos, Gualerannum scilicet comitem Mellentensem et Robertum comitem Legrecestræ et Britolii. (Dom Bouquet.)

millibus discurrens, prædam redeuntium et secure quiescentium diripuit, cædibus et rapinis ingens damnum Normanniæ intulit, et per tres hebdomadas a feralibus exercitiis non cessavit.

Tolcham in initio Novembris venit, ibique opulentum burgum invenit, et vicinam munitionem Bonævillæ in crastinum expugnare peroptavit. Tunc hostes in præfata villa domos amplas, sed vacuas invenerunt, in quibus triumphantes temere hospitati sunt, et splendida sibi convivia paraverunt. Interea dum nox profunda esset, et hostile agmen in aliis domibus secure quiesceret, subito Guillelmus, cognomento Trossebot, Bonævillæ munio temeritatem hostium callide prævenit, et oppidanos secum aggregatos hortatu necessario ad magnos ausus animavit, puerosque despicabiles et meretriculas Tolcham direxit, et quid agerent exquisito meditatu solerter instruxit. Illi autem, ut edocti fuerant, per burgum latenter dispersi sunt, et ignem per quatuor partes villæ in XLV locis audacter immiserunt. Andegavenses itaque villam jam invaserant, et hospites suos in propriis laribus et cathedris sedentes jam ceperant. Ingenti strepitu flammarum et vociferatione vigilum exciti, admodum territi sunt; et arma et equos cum multis aliis rebus necessariis relinquentes aufugerunt. Præfatus vero Guillelmus cum suis armatus obviam hostibus venit; sed densitas fumi omnes, ne se invicem viderent vel cognoscerent, obtenebravit. Tandem turbidus comes in cœmeterio quodam constitit, ibique suos conglomeravit, et confusus trepidusque diem exspectavit. Mane autem facto, quantocius aufugit, et Normannorum protervian aliquantulum expertus, non sine dedecore Argentomum venit. Invalida plebs Normanniæ mœsta trepidabat, et defensore carens Altissimi auxilium invocabat. Optimates populi dolis et malignis simultatibus insistebant, et fraudulenter quamplures hostibus favebant, neque suos defendebant, sed ablatis rebus opprimebant, et nequiter illis incumbebant.

Eo tempore, Thedbaldus Beccensis abbas, ad regimen Dorobernensis metropolis in Anglia assumptus est, eique in loco ejus Letaldus bonæ vitæ monachus ad gubernandam Beccensem Ecclesiam subrogatus est.

XX. *Concilium Romanum. Audinus Ebroicensis episcopus. Gesta episcoporum Salesburiensis et Heliensis. Mathildis Andegavensis comitissa transfretat in Angliam. Eventus varii.*

Anno ab Incarnatione Domini 1139, indictione II, Innocentius papa II Romæ in medio Quadragesimæ ingens concilium tenuit, et multitudini prælatorum statuta sanctorum Patrum inviolabiliter teneri præcepit. De multis regionibus exciti ad synodum convenerant, et hac de causa brumali tempore periculosum iter inierant, sicque cum multis suarum dispendiis rerum Romana mœnia viderant. Multa illis papa de priscis codicibus propalavit, insignemque sacrorum decretorum textum congessit. Sed nimis abundans per universum orbem nequitia terrigenarum corda contra ecclesiastica scita obduravit. Unde remeantibus ad sua magistris, apostolica decreta passim per regna divulgata sunt. Sed nihil, ut manifeste patet, oppressis et opem desiderantibus profuerunt; quoniam a principibus et optimatibus regnorum cum subjectis plebibus parvipensa sunt.

Audinus Ebroicensis episcopus paschali septimana in Angliam profectus est, ibique VI Nonas Julii Melitonæ in canonicali cœnobio defunctus et sepultus est. Hic in Bajocensi pago ortus, studia litterarum inquisivit, peritiaque liberalium artium imbutus, inter doctissimos coaluit, et regi Henrico familiaris effectus inter præcipuos scribas complacuit.

Denique de capella regis provectus, XXIV annis Ebroicensem diœcesim tenuit, clerum subjectamque plebem ad servandam Dei legem erudivit, ecclesiæque cultum solerter exercuit, et basilicam B. Dei genitricis Mariæ, quæ tempore illo combusta fuerat, a fundamentis reparavit. Rotrocus autem, filius Henrici comitis de Guarevico, Rothomagensis archidiaconus ad episcopatum Ebroicensem assumptus est, et a D. Hugone archiepiscopo consecratus est. Eodem, ut reor, anno Turstinus Eboracensis archiepiscopus, præfati Audini frater, defunctus est (83).

Eodem tempore, turbatio magna in Anglia exorta est. Rogerius enim Salesburiensis præsul, divitiis ac potentibus amicis ac munitionibus admodum fretus, utpote qui toti Angliæ omni vita Henrici regis præfuerat, præ cunctis regni optimatibus derogabatur quod regi dominoque suo esset infidus, et faveret Andegavorum partibus. Ipsi quoque adhærebant necessarii complices, filius videlicet ejus qui erat cancellarius regis et nepotes potentissimi, quorum unus erat episcopus Lincolniensis et alter Heliensis.

Porro ex abundantia multiplicium divitiarum tam sublimibus viris audacia inerat, temereque vicinos optimates variis infestationibus inquietare præsu-

---

(83) Turstinus cum instare sibi vitæ finem animadverteret, abdicatis infulis, profectus in Pontefractense Cluniacensis Ordinis in Anglia cœnobium, in die conversionis S. Pauli, inquit Joannes Hagustaldensis prior, habitum et benedictionem monachi solemniter suscepit, et residuis diebus quibus supervixit, de salute animæ remissus non fuit. Anno igitur, pergit idem, Incar. Dom. 1140, ab adventu Normannorum in Angliam LXXV, et archiepiscopatus sui XXVI et mense VI, VIII Idus Februarii, feria V... reddidit spiritum. Quæ notæ chronicæ ab illis scriptoribus Anglis usurpatæ, annum sequentem indicant a Kalendis nimirum Januarii inchoatum, quo revera octavus dies Idus Februarii in feriam V. incidebat, necnon annus LXXV ingressus Normannorum in Angliam, pontificatusque Turstini XXVII currebat.

(Dom Bouquet.)

mebant. Unde furiosis punctionibus exerciti plures contra eos conspiraverunt, et occasione concepta pariter insurrexerunt, eisque talionem agitationum illatarum rependere conati sunt. Duo quippe fratres Gualerannus et Rodbertus comites, et Alanus de Dinan aliique plures apud Oxnafordam urbem seditionem contra familiam præsulum cœperunt; et occisis ex utraque parte pluribus, episcopi Rogerius et Alexander capti sunt. Heliensis autem præsul qui nondum ad curiam regis venerat, sed extra urbem in villa cum parisitis suis hospitatus fuerat, diris rumoribus auditis, quia male sibi conscius erat, ad Divisas fortissimum oppidum repente confugit; et in circumitu congregata regione, munitionem præoccupavit, et contra regem totis nisibus munire decrevit. Quod audiens rex, iratus exercitum promovit, et cum multis minis Guillelmum de Ipro præmisit, jurans quod Rogerius præsul nil vesceretur, donec hostile oppidum sibi redderetur. Rogerium quoque filium pontificis, cognomento Pauperem comprehendit, et ante portam in conspectu rebellium suspendi præcepit. Mater quippe ejus nomine Mathildis de Ramesburia, pellex videlicet episcopi, principalem munitionem servabat.

Tandem Salesburiensis pontifex, accepta regis licentia, cum nepote suo locutus est, ipsumque multum redarguit, quod seditionem oriri videns non propriam diœcesim repetisset, sed alienas ad res furibundus divertisset, incendioque furenti multis millibus inediam peperisset. Turgido nepote cum suis asseclis in rebellione pertinaciter persistente, et irato rege ut præfatus Rogerius patibulo mox suspenderetur, jubente, meticulosa mater luctuosam prolis conditionem audiens prosiluit, et pro filio sollicita dixit : *Ego peperi, nec ullatenus debeo ejus promereri interitum; sed si sic necesse est, ipsum debeo per meum salvare obitum.* Protinus regi nuntium destinavit, et pro redemptione amicorum validam munitionem quam tenebat obtulit. Fractus itaque antistes Heliensis cum reliquis complicibus suis mœrens deditionem acquievit. Denique, pacificatis omnibus, oppidum regi redditum est, et episcopi cum pace ad parochias suas reversi sunt. Non multo post Rogerius præsul mortuus est, et Heliensis publicus hostis totius patriæ factus est.

In autumno, Mathildis Andegavorum comitissa, cum Rodberto de Cadomo fratre suo et Guidone de Sabloilo aliisque pluribus in Angliam transfretavit, et Arundello suscepto permissu regis, ad oppida quæ suæ parti favebant cum pace perrexit. In hac nimirum permissione magna regis simplicitas sive socordia notari potest, et ipse a prudentibus, quod suæ salutis regnique sui securitatis immemor fuerit, lugendus est. Ingens enim nimiæ malitiæ fomentum facile tunc exstinguere potuisset, si calliditatem sapientum imitatus, lupum ab introitu ovilis statim expulisset; si salvatis ovibus, malignantium nequitiam in ipso initio præoccupasset, et vires lethiferas, in capitibus eorum qui rapinas et cædes hominum patriæque depopulationem quærebant, gladio justitiæ more patrum præsecuisset.

Mense Novembri, Rotrocus comes Moritoniæ pretio conductus Pontem-Erchenfredi adiit ; sed octo gregariis militibus, qui intus inedia interibant, manum dantibus, munitionem recepit, miserosque municipes abire permittens, oppidum Rogerio de Platanis commisit. Tunc Ribolus et Simon Rufus, aliique nepotes Radulphi Rufi velociter expulsi sunt, et dominatum castri, quod hactenus possederant, repente perdiderunt.

Rodbertus de Cadomo sororem suam Mathildem jam in Anglia receptam in suis mapaliis hospitatus est ; et Gualis ad auxilium sui ascitis, nimia malitia passim multiplicata est. Nam plus quam decem millia, ut fertur, barbari per Angliam diffusi sunt, qui nec sanctis locis, nec reverentiæ religionis parcebant : sed rapinis et incendiis atque cædibus hominum instanter insistebant. Singillatim referre nequeo, quantam afflictionem Ecclesia Dei passa est in suis filiis, qui veluti pecudes quotidie trucidabantur Britonum gladiis.

Anno ab Incarnatione Domini 1140, Indictione III, Stephanus rex concilium congregavit, et de statu reipublicæ cum proceribus suis tractare studuit. Tunc inter optimates de constitutione Saleshuriensis episcopi lis orta est. Henricus enim Guentoniensis præsul Henricum de Solleio nepotem suum intromittere voluit ; et quia, majori vi resistente, prævalere nequivit, iratus de Curia regis recessit. Gualerannus namque Mellenticus comes Philippum de Harulfcurte archidiaconum Ebroicensem elegerat, eique rex pro pluribus causis libenter acquieverat. Præfato autem juveni cœnobium Fiscanense concessit, in quo tempore quatuor abbatum præcedentium magna religio floruit.

In eodem anno, Richardus Uticensis abbas, postquam de Romano concilio rediit, exigentibus causis, post Natale Domini mox in Angliam transiit, et plurimis laboribus fatigatus in Quadragesima febres incurrit. Quibus per multos dies admodum vexatus sese confessione et oratione bene præmunivit; et post Pascha potionem a Medicis accepit ; sed nimia vi potionis oppressus, vii die Maii defecit. Tertio itaque regiminis sui anno Idus Maii (in Anglia) defunctus est, et Torveiam delatus ante crucifixum in Ecclesia Sanctæ Mariæ a domino Rodberto ejusdem cœnobii abbate sepultus est. Quod Uticenses monachi ut audierunt, in unum convenerunt, et Rannulfum Nogienis priorem, qui jam in monachatu XL annis honeste vixerat, in abbatem elegerunt Electus autem frater cum litteris Hugonis archiepiscopi Rothomagensis, et Joannis episcopi Lexoviensis se concordi electione fratrum in Angliam transfretavit : et a Stephano rege, visis pontificalibus epistolis, concessionem abbatiæ, et ecclesiasticarum confirmationem rerum recepit. Regressus vero de Anglia, Joannem episcopum cum regalibus litteris adiit, et a venerabili præ-

XXI. *Turbationes et rebelliones in Anglia. Stephanus rex captus est in Anglia ab Andegavensibus.*

Anno ab Incarnatione Domini 1141, Indictione IV, ingens turbatio in regno Anglorum exorta est, et repentina mutatio cum multorum detrimento subsecuta est.

Rannulfus enim comes Cestræ et Guillelmus de Raumara, uterinus frater ejus, contra Stephanum regem rebellaverunt, et arcem quam Lincolniæ ad tutandam urbem ipse possidebat, fraudulenter invaserunt. Nam tempus, quo turrenses famuli per diversa dispersi fuerant, callide exploraverant, et tunc conjuges suas quasi causa ludendi ad arcem præmiserant. Denique, dum ibidem duo comitissæ morarentur, et cum uxore militis, qui turrim tueri debebat, luderent et confabularentur, Comes Cestræ exarmatus, et sine amictu quasi pro ducenda uxore sua, et tres milites, nemine aliquod malum suspicante, subsecuti sunt. Et sic ingressi, repente vectes et arma quæ aderant arripuerunt, et custodes regis violenter ejecerunt. Deinde Guillelmus, et armati milites cum illo, ut antea dispositum fuerat, introierunt. Et sic duo fratres turrim cum tota urbe sibi subjugaverunt. Porro Alexander episcopus et cives eventum regi mandaverunt : quod audiens rex valde iratus est, et quod tantum facinus amicissimi ejus, quibus magnos honores et dignitates auxerat, fecissent, miratus est. Deinde post Natale Domini exercitum congregavit, Lincolniam confestim perrexit, auxilioque civium, fere XVII milites qui in urbe jacebant, noctu ex insperato comprehendit. Duo vero comites cum uxoribus et familiaribus amicis in arce erant, subitoque circumvallati quid agerent anxii nesciebant. Tandem Rannulfus qui junior erat ac facilior et audacissimus, noctu cum paucis egressus est, et in Cestrensem provinciam ad suos profectus est. Rodberto autem comiti de Gloucestra socero suo, aliisque amicis et parentibus suis querelam suam deprompsit, Gualos et exhæredatos aliosque multos contra regem excivit, ac ut inclusis obsidione suffragaretur vires undecunque collegit. In primis Mathildem Andegavorum comitissam expetiit, auxilium ab ea summopere poposcit, eique fidelitatem spopondit, ejusque gratiam pro velle suo impetravit. Conglobata itaque armatorum multitudine, duo consules (Cestriæ ac Gloucestriæ) ad obsidionem appropiaverunt, atque ad pugnandum contra repugnantes sese præparaverunt. Porro quotidie de adventu inimicorum rumores audiens rex parvipendebat, nec eos tales esse ut tantos ausus præsumerent credebat; sed illos qui in arce clementiam ejus obsecrabant, aptatis expugnari machinis cogebat.

Denique Dominica sexagesimæ, dum sacra solemnitas Hypapanti Domini celebraretur, et ipse rex hostium phalanges jam adesse intueretur, proceres advocavit, consiliumque quid ageret ab eis inquisivit. Quidam igitur persuaserunt ut ingentem familiam cum devotis civibus ad tutandam urbem constitueret, et ipse ad congregandum exercitum, de cunctis Angliæ regionibus honeste discederet, et rursus opportuno tempore, si hostes ibidem permansissent, ad expugnandum illos regali severitate remearet. Admonebant etiam alii ut debita sacræ Purificationi S. Dei genitricis Mariæ reverentia exhiberetur, et tempus prælii, nuntiis pacis intercurrentibus, commode protelaretur; ut, procrastinatione interposita, neutra pars confunderetur, nec humanus sanguis ad multorum dolorem funderetur. Obstinatus autem princeps persuasioni prudentum obaudire contempsit, et prælium pro aliqua ratione induciari indignum duxit, sed protinus suos ad bellum armari præcepit. Acies igitur pugnatorum prope urbem convenerunt, et, ordinatis utrinque turmis, bellum commiserunt. Tres nimirum cohortes sibi rex constituit, et tres nihilominus contraria pars ordinavit. In prima fronte regalis exercitus Flandri et Britones erant, quibus Guillelmus de Ipro et Alanus de Dinan præerant ; econtra vesana Gualorum caterva obstabat, quibus duo fratres Mariadoth et Kaladrius præerant. Rex ipse cum quibusdam pedes descendit, et pro vita sua regnique sui statu fortiter pugnavit. Rannulfus autem comes econtra cum cæteris suis pedes descendit, et animosam legionem Cestrensium peditum ad stragem faciendam admodum corroboravit. Rodbertus vero consul Gloucestriæ, qui maximus erat in illa expeditione, Bassianis jussit aliisque exhæredatis, ut ipsi pro recuperatione suarum hæreditatum quas calumniabantur, haberent ictum certaminis.

In primis utrinque acerrime pugnatum est, et plurimus hominum sanguis effusus est. In regis acie præcipui milites fuerunt, sed hostes nimia multitudine peditum et Gualorum prævaluerunt. Sane Guillelmus de Ipro cum Flandrensibus, et Alanus cum Britonibus primi terga dederunt, et inimicos animosiores et socios formidolosiores reddiderunt. In illo conflictu perfidia nequiter debacchata est; nam quidam magnatorum cum paucis suorum regi comitati sunt, suorumque satellitum turmam adversariis, ut prævalerent, præmiserunt. Sic nimirum domino suo fidem suam mentiti sunt, meritoque perjuri et proditores dijudicari possunt. Gualerannus autem comes et Guillelmus de Guarenna frater ejus, Gislebertus de Clara, et alii Normannorum atque Anglorum præclari equites, ut primam cohortem fugisse viderunt, territi et ipsi terga dederunt. Porro Balduinus de Clara et Richardus Ursi filius, Engelrannus de Saia et Ildebertus de Laceio prælianti regi fideliter adhæserunt, et usque ad defectionem viriliter cum illo certaverunt. Stephanus autem rex fortium actuum antecessorum suorum memor fortiter dimicavit, et quandiu tres secum pugiles habuit, ense vel securi Norica, quam quidam illi juvenis ibi administraverat, pugnare non cessavit. Tandem fessus et ab omnibus derelictus, Rodberto comiti consobrino suo se commisit, et captus est, et ab eodem paulo post Mathildi comitissæ oblatus est. Sic, sic vergente volubili rota fortunæ, de solio regni præcipitatus est, et in ingenti munitione Brichton gemens et miser, proh dolor! incarceratus est. Balduinus vero de Clara, cæterique præclari tirones quos cum rege dixi descendisse et insigniter pugnasse, capti sunt.

Præcedenti nocte, dum plebs Dei vigilias in honore Virginis matris celebraret, et matutinorum generalem synaxim ecclesiastico ritu solemnizandam exspectaret, in occiduis partibus, in Gallia scilicet ac Britannia, nimius imber grandinis et pluviæ factus est, et cum ingenti coruscatione mugitus terribilis tonitrui auditus est. Ipso die, dum rex pugnaturus Missam audiret, et multiplici, ni fallor, cogitatu et cura intrinsecus laboraret, cereus consecratus in manu ejus fractus est, et, multis spectantibus, ter lapsus est. Hoc plane infelix præsagium quibusdam sophistis visum est, et ipso die in lapsu principis manifeste detectum est.

XXII. *Eventus varii post captionem regis Stephani. Finis hujusce Operis. Piæ meditationes.*

Infortunium regis luctum peperit clericis et monachis populisque simplicibus, quia idem rex humilis et mansuetus erat bonis ac mitibus, et, si dolosi optimates paterentur, abolitis suis pravis conatibus, liberalis tutor patriæ fuisset ac benevolus. Cives autem Lincolniæ qui regi, ut oportuit, domino suo faverant, omnimodis ut victoriam cessisse adversariis audierunt, domos suas et uxores cum omnibus rebus suis diffidentes dereliquerunt, et ad vicinum flumen, ut exsilium petentes salvarentur, confugerunt. Qui dum repente conglobati ad scaphas venissent, nimiaque sui multitudine cymbas implessent, metuque mortis attoniti inordinate se habuissent, et posteriores cum impetu super priores irruissent, statim naviculæ versatæ sunt, et pene omnes, qui intraverant, ut quidam asserunt, fere quingenti nobiles cives interierunt. In conflictu bellico non tanti corruerunt. Guillelmus quidam famosus optio ex parte regis occisus est, qui nepos fuerat Goiffredi Rothomagensis archiepiscopi. De aliis vero, ut autumant qui interfuerunt, non plusquam centum mortui sunt.

Porro Rannulfus comes aliique victores urbem introierunt, totamque ut barbari depopulati sunt, et residuos cives quos invenire vel capere potuerunt, diversis mortium generibus, absque respectu pietatis, ut pecudes mactaverunt.

Peracta itaque pugna et capto rege, dissensio magna facta est in Anglorum regno. Henricus enim Guentonensis episcopus ad Andegavos se protinus convertit, et comitissa in urbe regali favorabiliter recepta, fratrem suum regem et omnes qui de parte ejus erant omnino deseruit. Gualerannus autem comes, et Guillelmus de Guarenna, et Simon alii-

que plures reginæ adhæserunt, et pro rege suisque hæredibus viriliter pugnaturos se spoponderunt. Sic admodum malitia hinc et inde passim multiplicata est, et rapinis et incendiis hominumque cædibus Anglia repleta est; et quæ olim ditissima affluens fuerat, nunc miserabiliter desolata est.

Joffredus autem Andegavensis comes, ut uxorem suam vicisse audivit, protinus in Normanniam venit, legatos ad proceres direxit, ac ut munitiones suas sibi dederent et pacifici essent jure requisivit. Primus in sequenti quadragesima Rotrocus Moritoniæ consul pacem cum illo fecit; et rupto fœdere quod cum rege pepigerat, auxilium suum Andegavensibus exhibuit. Occasionem namque iræ contra regem nuper ceperat, quod ipsum pro ereptione Richerii nepotis sui requisierat, sed nihil per ipsum impetraverat. Richerius siquidem de Aquila Dominico in Septembri, dum B. Mariæ Nativitas celebraretur, cum L militibus in Angliam pacifice pergebat. Cumque ad burgum qui Lira dicitur, inermis pervenisset, a Rodberto de Belismo (84) qui insidiabatur itineri ejus, subito captus est, cum quo firmam pacem habere sperabat. Denique Britolii sex mensibus in carcere fuit; et præfatus prædo cum nimia tyrannide terram ejus rapinis et incendiis sine causa devastavit. Rotrocus ergo comes avunculus ejus de tanta rabie multum doluit, et nepotem suum de vinculis, et honorem ejus ab inimicis eruere concupivit; ideoque cum armatis frequenter explorare occursus ejus summopere curavit. Tandem in fine Octobris, volente Deo, prædonibus cum valida manu occurrit; Rodbertum et Mauricium fratrem ejus aliosque plures comprehendit; quibus dire, ut justum est, incarceratis, magnam securitatem innocuis pagensibus contulit.

In medio Quadragesimæ principes regionum Moritoniæ convenerunt, et colloquium de negotiis reipublicæ habuerunt. Ibi Hugo Rothomagensis archiepiscopus atque Normanni Thedbaldum comitem adierunt, eique regnum Angliæ et ducatum Normanniæ obtulerunt. Ille vero tantarum, ut prudens et religiosus, prægravari curarum pondere refutavit, sed Joffredo, Henrici regis genero, interpositis quibusdam conditionibus, regium jus concessit, ita videlicet ut Turonicam urbem, quæ de feudo ejus erat, sibi dimitteret, fratremque suum regem de vinculis absolveret, et pristinum honorem quem, vivente avunculo suo, habuerat, ipsi et hæredi ejus ex integro restitueret. Tunc Rodbertus, Legrecestræ comes, cum Rotroco fœdus iniit, et Richerium de Aquila, rogatu consulum qui aderant, liberavit; pacem quoque cum Andegavensibus, donec de Anglia remearet, sibi et Gualeranno fratri suo procuravit. Vernolienses autem oppidani, in quorum conventu XIII millia hominum computabantur, qui olim pro rege terribiliter frendebant et minitabantur, considerantes quod Andegavensibus jam plures

(84) Robertus is est qui Poardus cognominatus est a Roberto comiti Bellismensi proinde diversus.

(Dom Bouquet.)

cederent qui dudum obstiterant, emolliri a pristino rigore cœperunt, et munitione reddita, dominatum Joffredi consulis et Mathildis susceperunt. Sic non multo post municipes de Nonencorte fecerunt.

Joannes vero Lexoviensis episcopus jam grandævus et multa expertus diuturnitate, sine spe alicujus auxilii guerram Andegavorum nolens tamdiu sufferre, maxime cum videret illos cis Sequanam passim præeminere, et plura vicinorum oppida pacifice sibi subjicere, consultu amicorum in ultima septimana Quadragesimæ pacem fecit cum comite. Deinde ante Pentecosten Cadomo reversus Lexovium, ex nimio æstu et labore infirmatus est; et post ægrotationem unius hebdomadis, xxxiv episcopatus sui anno, xii Kalendas Junii defunctus est. Tunc Rotrocus, Ebroicensis episcopus, et Rannulfus Uticensis abbas, aliique diœcesis suæ abbates convenerunt, et in basilica S. Petri apostoli corpus ejus ante aram S. Michaelis ad aquilonalem plagam sepelierunt.

Tunc Ludovicus Juvenis, Francorum rex, ingentem exercitum congregavit, ac ad festivitatem S. Joannis Baptistæ Tolosam obsidere perrexit; et in consulem Andefonsum Raimundi filium præliari contendit.

Ecce senio et infirmitate fatigatus, librum hunc finire cupio, et hoc ut fiat pluribus ex causis manifesta exposcit ratio. Nam sexagesimum septimum ætatis meæ annum in cultu Domini mei Jesu Christi perago, et dum optimates hujus sæculi gravibus infortuniis sibique valde contrariis comprimi video, gratia Dei roboratus, abjectione subjectionis et paupertatis tripudio, en Stephanus rex Anglorum in carcere gemens detinetur, et Ludovicus, rex Francorum expeditionem, agens contra Gothos et Guascones, pluribus curis crebro anxiatur; en præsule defuncto, Lexoviensis cathedra caret episcopo, et quando vel qualem habitura sit pontificem nescio (85). Quid amplius dicam?

Inter hæc, omnipotens Deus, eloquium meum ad te converto, et clementiam tuam ut mei miserearis dupliciter exoro. Tibi gratias ago, summe rex, qui me gratis fecisti, et annos meos secundum beneplacitam voluntatem tuam disposuisti. Tu es enim rex meus et Deus meus, et ego sum servus tuus, et ancillæ tuæ filius, qui pro posse meo a primis tibi vitæ meæ servivi diebus. Nam Sabbato Paschæ apud Attingesham baptizatus sum, qui vicus in Anglia situs est super Sabrinam (86) ingentem fluvium. Ibi per ministerium Ordrici presbyteri ex aqua et Spiritu sancto me regenerasti, et mihi ejusdem sacerdotis, patrini scilicet mei, nomen indidisti.

Deinde, cum quinque essem annorum, apud urbem Scrobesburiam scholæ traditus sum, et prima tibi servitia clericatus obtuli in basilica sanctorum Petri et Pauli apostolorum. Illic Signardus insignis presbyter per quinque annos Carmentis Nicostratæ litteras docuit me, ac psalmis et hymnis, aliisque necessariis instructionibus mancipavit me. Interea prædictam basilicam super Molam flumen sitam, quæ patris mei erat, sublimasti, et per piam devotionem Rogerii comitis venerabile cœnobium construxisti. Non tibi placuit, ut illic diutius militarem, ne inter parentes, qui servis tuis multoties oneri sunt et impedimento, paterer inquietudinem, vel aliquod detrimentum in observatione legis tuæ per parentum carnalem affectum incurrerem.

Idcirco, gloriose Deus, qui Abraham de terra patrisque domo et cognatione egredi jussisti, Odelerium patrem meum aspirasti, ut me sibi penitus abdicaret, et tibi omnimodis subjugaret, Rainaldo igitur monacho ploranti plorantem me tradidit, et pro amore tuo in exsilium destinavit, nec me unquam postea vidit. Paternis nempe votis tenellus puer obviare non præsumpsi, sed in omnibus illi ultro adquievi, quia ipse mihi spopondit ex parte tua, si monachus fierem, quod post mortem meam paradisum cum innocentibus possiderem. Gratanter facta inter me et te, genitore meo proloquente, conventione hujuscemodi, patriam et parentes, omnemque cognationem, et notos et amicos reliqui; qui lacrymantes et salutantes benignis precibus commendaverunt me tibi, o summe Deus Adonai!

Orationes illorum, quæso, suscipe, et quæ mihi optaverunt, pie rex Sabaoth, clementer annue.

Decennis itaque Britannicum mare transfretavi, exsul in Normanniam veni, cunctis ignotus neminem cognovi. Linguam, ut Joseph in Ægypto, quam non noveram, audivi. Suffragante tamen gratia tua, inter exteros omnem mansuetudinem et familiaritatem reperi. A venerabili Mainerio abbate in monasterio Uticensi xi ætatis meæ anno ad monachatum susceptus sum, undecimaque Kalendas Octobris Dominico clericali ritu tonsoratus sum. Nomen quoque Vitalis pro Anglico vocamine, quod Normannis absonum censebatur, mihi impositum est : quod ab uno sodalium sancti Mauricii martyris, cujus tunc martyrium celebrabatur, mutatum est.

In præfato cænobio lvi annis, te favente, conversatus sum, et a cunctis fratribus multo plus quam merui, amatus et honoratus sum. Æstus et frigora, pondusque diei perpessus in vinea Sorech inter tuos laboravi, et denarium, quem pollicitus es, securus, quia fidelis es, exspectavi. Sex abbates quia tui fuerunt vicarii, ut patres et magistros reveritus sum, Mainerium et Serlonem, Rogerium et

---

(85) Electus est eodem anno a clero et populo Arnulfus Joannis nepos, Sagiensis archidiaconus, vir morum integritate et doctrina illustris. Cujus electioni cum obsisteret Gaufridus Andegavorum comes, pro electo cum insigni elogio scripsit Petrus Venerabilis ad Innocentium papam ut ejus electionem confirmaret, et ne comitis Andegavensis oppositionem admitteret. Petri venerabilis preces admisit pontifex, et Arnulfi meritissimi præsulis electionem et ordinationem confirmavit. S. Bernardus pro eodem Arnulfo electo ad Innocentium itidem contra Gaufridum comitem scripsit. Mabillon. *Annal. Benedict.* t. VI, p. 337, (Dom Bouquet.).

(86) Vulgo : *Saverne.*

Guarinum, Richardum et Rannulfum. Isti nempe Uticensi conventui legitime præfuerunt, pro me et pro aliis tanquam rationem reddituri vigilaverunt, intus et exterius solertiam adhibuerunt, nobisque necessaria, te comitante et juvante, procuraverunt. Idus Martii, cum XVI essem annorum, jussu Serlonis electi, Gislebertus Lexoviensis præsul ordinavit me subdiaconum. Deinde post biennium, VII Kalendas Aprilis, Serlo Sagiensis antistes mihi stolam imposuit diaconi. In quo gradu XV annis tibi libenter ministravi. Denique XXXIII ætatis meæ anno, Guillelmus archiepiscopus Rothomagi XII Kalendas Januarii oneravit me sacerdotio. Eodem vero die CCXLIV diaconos, et CXX consecravit sacerdotes, cum quibus ad sanctum altare tuum in Spiritu sancto devotus accessi, jamque XXXIV annis cum alacritate mentis tibi sacra ministeria fideliter persolvi.

Sic, sic, Domine Deus, plasmator et vivificator meus, per diversos gradus mihi dona tua gratuito dedisti, et annos meos ad servitutem tuam juste distinxisti. In omnibus locis, ad quæ jamdudum me duxisti, a tuis amari, non meritis meis, sed munere tuo me fecisti. Pro universis beneficiis tuis, benigne Pater, tibi gratias ago, toto corde laudo et benedico, et pro innumeris reatibus meis misericordiam tuam flebiliter imploro. Parce mihi, Domine, parce, et ne confundas me. Ad infatigabilem bonitatem tuam pie plasma tuum respice et omnia peccata mea dimitte, et absterge. Perseverantem in tuo famulatu da mihi voluntatem, viresque indeficientes contra versipellis Satanæ malignitatem, donec adipiscar, te donante, perpetuæ salutis hæreditatem. Et quæ mihi, benigne Deus, hic et in futuro dari deposco, hæc amicis et benefactoribus meis peropto. Hæc etiam cunctis fidelibus tuis secundum providentiam tuam concupisco; ad obtinenda perennia bona, quibus ardenter inhiant desideria perfectorum, quia nostrorum non sufficit efficacia meritorum. O Domine Deus, omnipotens Pater, conditor et rector angelorum, vera spes et æterna beatitudo justorum, subveniat nobis apud te gloriosæ intercessio sanctæ Virginis et matris Mariæ, et omnium sanctorum, præstante Domino nostro Jesu Christo, redemptore universorum, qui tecum vivit et regnat in unitate Spiritus sancti Deus per omnia sæcula sæculorum, Amen.

ANNO DOMINI MCLI-LV

GUERRICUS ABBAS IGNIACENSIS

NOTITIA

(FABRIC., *Biblioth. med. et inf. ætatis*, t. III, p. 123)

Guerricus, ex canonico Tornacensi, scholæ magistro, monachus Cisterciensis et circa annum 1140 discipulus S. Bernardi, atque inde Abbas Igniacensis in diœeesi Remensi, defunctus circa an. 1155, 19 Aug. Auctor *Sermonum*, qui post primam Joan. Cagnæi editionem (1) Paris, 1539, 8°, repetitam ibid. 1547, 8°, et a Joan. Costero emendatam Antwerp. 1546, deinde a Jacobo Merlono et ab Horstio et Mabillonio plus simplici vice vulgati sunt cum S. Bernardi scriptis. *Vere aureos ac mellitos* vocat Combefisius, qui eisdem locum dedit in sua *Bibliotheca concionatoria*. Exstant quoque in *Bibliotheca Patrum* Coloniens., tom. XIII, ex editione Joannis Costeri, et in Lugdunensi t. XXIII, et separatim Lugd. 1630, edente Mauro Raynaldo, Benedictino: et Gallice Joan. Gagnæo interprete, Paris. 1547. *Epistolas* quoque hujus Guerrici memorat Trithemius, cap. 588. Sanderus p. 105 *Bibliot. Belgicæ*, *Postillas super Psalterium* MStas Tornaci 2 Volum. in fol. Longe plura Carolus Vischius in *Bibliot. Cisterciensi*, p. 131, *in Evangelium Matthæi*, *in Pauli et in Canonicas Epistolas*, nec non tractatum *de languore animæ amantis*.

(1) Vide Riveti opera tom. III, p. 677; Labbeum, tom. I de *S. E.*, p. 400; Maittaire, tom. III *Annal. typograp.*, p. 677.

B. GUERRICI SERMONES.

Extant inter Opera S. Bernardi editionis Mabillonianæ an. 1719. Vide *Patrologiæ* tom. CLXXXV, initio.)

ANNO DOMINI MCLIII

ATTO PISTORIENSIS EPISCOPUS.

NOTITIA

(FABRIC., *Bibliolh. med. et inf. Lat.*, I, 146)

Atto, Abbas Vallumbrosanus, et deinde episcopus Pistoriensis ab A. 1133 ad 1153, scripsit *Vitam S. Joannis Gualberti*, ordinis Vallumbrosani fundatoris, quæ exstat in Actis Sanctorum 12 Julii, tom III, p. 365. Sed *Vita S. Verdianæ*, quam ad hunc Attonem quidam referunt, junioris est scriptoris, cum Verdiana diem obierit an. 1242. Vide Acta Sanctor. calendis Februarii, et Raph. Badium ad Laurentii Jacomini Hetruscam Vitæ illius versionem, editam Florentiæ 1692, in 8. *Giornale de litterati* in Modena Anno 692, p. 315 seq.

VITA S. JOANNIS GUALBERTI

AUCTORE ATTONE.

(Vide *Patrologiæ* tom. CXLVI, col. 667, in Actis S. Joannis Gualberti.)

ANNO DOMINI MCLIV

ANASTASIUS IV

PONTIFEX ROMANUS

NOTITIA HISTORICA

(MANSI, *Concil.* XXI, 775)

ANASTASIUS IV, civis Romanus, ex regione Suburra, filius Benedicti, antea vocatus Conradus, homo veteranus, et in consuetudine Romanæ curiæ, teste Frisingensi libro II De vita Friderici, exercitatus, ex abbate Sancti Anastasii Veliternæ diœcesis, et cardinale episcopo Sabino, ad Supremum ecclesiæ gradum evectus est anno Domini 1153 VII Idus Julii, tempore Friderici I imperatoris. *Continuator Sigiberti.*—Errat ergo Dodechinus in appendice Mariani Scoti, qui Eugenio Adrianum successisse scribit. Ecclesiæ Lateranensi calicem magni ponderis obtulit: amator et nutritius pauperum, non tantum apud Sanctæ Mariæ Rotundæ templum, elegantissimas ædes, et magnificentissimum palatium exstruxit, verum etiam tempore famis, quia tota fere Europa conflictabatur, egenis, etiam extra urbis Romæ mœnia degentibus, victum largissime suppeditavit. Postquam uno anno, mensibus quatuor, et diebus 24 pontificalia munera sustinuisset, obiit Romæ iv Nonas Decembris, et in Laterano sepultus fuit anno Domini 1153. Ejus tempore floruerunt Richardus de Sancto Victore, Gratianus Decreti compilator, Petrus Lombardus, et Petrus Comestor, duo insignes theologi. Sanctus Bernardus abbas annorum LXIII obiit XIII Kalend. Septembris anno Christi 1153.

NOTITIA DIPLOMATICA

(Philippus JAFFÉ, *Regesta Pontif. Rom.*, p. 652.)

In Anastasii bullis habes Florentinos incarnationis annos, Cæsaream indictionem; sententiam hanc: CUSTODI ME, DOMINE, UT PUPILLAM OCULI (*Psal.* XVI).

Subscripserunt:

ep. Albanensis. . Nicolaus. .		Nov. 1154 (bulletin 6816).				
» Ostiensis . . Hugo. .		a 8 Sept. 1153 ad . Nov. 1154.				
ep. Portuensis et S. Rufinæ .	Cencius. .	. a 16 Febr.	1154 ad	Nov.	1154
» Prænestinus . .	Guarinus. .	. a 22 Sept.	1153 ad 27 Mai.	1154
diac. card. et Sabinensis electus. .	Gregorius .	. a 20 Apr.	1154 ad 15 Apr.	1154
ep. Sabinensis . .	Gregorius .	. Nov. 1154		
» Tusculanus. .	Imardus . .	. a 8 Sept.	1153 ad Nov.	1154
pr. card. tit. S. Anastasiæ. .	Aribertus .	. a 22 Nov.	1153 ad Nov.	1154
» » » S. Cæciliæ . .	Octavianus.	. a 8 Sept.	1153 ad 25 Jun.	1154
» » » S. Calixti . .	Gregorius ,	. a 8 Sept.	1153 ad 25 Jun.	1154
» » » S. Chrysogoni . .	Guido . .	. a 8 Sept.	1153 ad Nov.	1154
» » » S. Clementis . .	Bernardus .	. a 16 Febr.	1154 ad 25 Jun.	1154
» » » S. Crucis in Jerusalem.	Ubaldus . .	. a 27 Nov.	1153 ad 13 Jan.	1154
» » » Equitii (v. infr. Silv. et Mart.) . .	Joannes . .	. d. 8 Sept. 1153		
» » » SS. Joannis et Pauli tit. Pamachii . .	Joannes . .	. a 22 Sept.	1153 ad Nov.	1154
» » » S. Laurentii in Damaso.	Joannes Paparo	. d. 24 Jan. 1154		
» » » S. Laurentii in Lucina.	Cencius . .	. a 22 Sept.	1153 ad 19 Mart.	1154
» » » S. Marcelli . .	Julius . .	. a 22 Sept.	1153 ad 27 Mai.	1154
» » » SS. Nerei et Achillei. .	Henricus .	. a 22 Sept.	1153 ad Nov.	1154
» » » S. Pastoris. .	Guido . .	. a 26 Dec.	1153 ad 9 Jun.	1154
» » » S. Praxedis . .	Hubaldus .	. a 8 Sept.	1153 ad 9 Jun.	1154
» » » S. Priscæ . .	Astaldus .	. a 8 Sept.	1153 ad Nov.	1154
» » » S. Sabinæ . .	Manfredus .	. a 22 Nov.	1153 ad Nov.	1154
» » » S. Silvestri et Martini.	Joannes . .	. a 31 Dec.	1153 ad 9 Jun.	1154
» » » S. Stephani in Celio monte . .	Gerardus .	. a 13 Jan.	1154 ad 9 Jun.	1154
» » » SS. Susannæ et Felicitatis	Jordanus .	. a 8 Sept.	1153 ad 25 Apr.	1154
Diac. card S. Angeli . .	Gregorius .	. a 29 Jan.	1154 ad 19 Mart.	1154
» » » S. Georgii ad velum Aureum. .	Oddo . .	. a 8 Sept.	1153 ad 21 Apr.	1154
» » » S. Luciæ in Septisolio.	Rodulfus .	. a 16 Febr.	1154 ad 21 Mai.	1154
» » » S. Mariæ in Cosmedin.	Jacinthus .	. a 22 Sept.	1153 ad 14 Febr.	1154
» » » S. Mariæ in porticu. .	Guido . .	. a 13 Nov.	1153 ad Nov.	1154
» » » S. Mariæ in Via lata	Gerardus .	. a 13 Nov.	1153 ad 14 Febr.	1154
» » » S. Nicolai in carcere Tulliano . .	Oddo . .	. a 8 Sept.	1153 ad Nov.	1154
» » » SS. Sergii et Bacchi .	Joannes . .	. a 22 Sept.	1153 ad Nov.	1154

Datæ bullæ sunt p. m.

Rolandi S. R. E. presb. card. et canc. a 8 Sep. 1153 ad Nov. 1154.

ANASTASII IV

ROMANI PONTIFICIS

EPISTOLÆ ET PRIVILEGIA.

De libris adhibitis vide indicem bibliographicum tomo *Patrologiæ* CLXXXIX præmissum.

ANNO 1153.

—

I.

Privilegium pro ecclesia S. Mariæ Pisanæ.
(Laterani, Sept. 8.)
[UGHELLI, *Italia Sacra*, III, 395.]

ANASTASIUS episcopus, servus servorum Dei, dilectis filiis LEONI archipresbytero, cæterisque Pisanæ ecclesiæ B. Mariæ canonicis tam præsentibus, quam futuris canonice intrantibus in perpetuum.

Pia postulatio voluntatis effectu debet prosequente compleri, quatenus et devotionis sinceritas, laudabiliter enitescat, et utilitas postulata vires indubitanter assumat. Eapropter, dilecti in Domino filii, vestris justis postulationibus libenter annuimus, et prædecessorum nostrorum fel. mem. Callisti, et Eugenii, Romanorum pontificum, vestigiis inhærentes ecclesiam Beatæ Genitricis Dei Mariæ, in qua divino mancipati estis obsequio, sub beati Petri, et nostra protectione suscipimus, et præsentis scripti privilegio communimus, statuentes, ut quæcumque possessiones, quæcumque bona eadem Ecclesia in præsentiarum fraternitatis vestræ sustentationem juste, ac legitime possidet, aut in futurum concessione pontificum, largitione regum, vel principum, oblatione fidelium, seu aliis justis modis, Deo propitio, poterit adipisci, firma vobis, vestrisque successoribus, et per vos eidem Ecclesiæ illibata permaneant, in quibus hæc propriis duximus exprimenda vocabulis. Ecclesiam S. Vivianæ in Soarza cum omni proprietate canonicæ S. Mariæ cum adjacentibus, ecclesiam S. Christinæ in Chinsica, Ecclesiam S. Martini in Guasolongo, ecclesiam S. Mariæ in Mezzana, ecclesiam S. Mariæ in Villarada, ecclesiam baptismalem S. Mariæ in Arena cum suppositis capellis et decimationibus, ecclesiam de Vaticaria, ecclesiam de Pusignano, ecclesiam de Fasiano, ecclesiam S. Bartholomæi de Zumulo, Roccam de Comitello cum pertinentiis suis. Quidquid et habetis in castello Jupalli [al. Tripalli], et ejus pertinentiis, castellum de Scannello cum pertinentiis suis, et aliis castellis cum suis pertinentiis, quemadmodum a recolendæ memoriæ Beatrice, et Mathilda comitissa Ecclesiæ Pisanæ collata esse noscuntur. Quidquid habetis in curte, quæ dicitur Pappiana, et quidquid habetis in curte de Populogna. Rubum Pisanæ civitatis, centum solidos de ripa, qui dari propter cereum consueverunt, quidquid habetis in castello et curte Castelli novi, et Castelli veteris Camajano, terram apud Carrajam Gunduli, quam vobis bonæ memoriæ Cajetanus devotionis intuitu contulit, in qua ecclesiam in honorem beati Joannis Evangelistæ assensu vestro ædificavit; terram, quam habetis in Petriano [al. Pesciano] cum ecclesia S. Margaritæ, et ejus pertinentiis, censum, qui vobis persolvitur a sontiariis [al. Lontriariis], qui in stagno piscant. In Sardinia monasterium S. Michaelis de Plajano cum ecclesiis, curtibus et aliis pertinentiis suis officium ecclesiasticum, et beneficium populi Pisani in portu de turribus.

Præterea vestram matricem ecclesiam plenæ dilectionis brachiis amplectentes antiquas ejus, et rationabiles consuetudines confirmamus, unctiones scilicet infirmorum, et decimas Pis. parochiæ bladæ et jussionis [*al.* eladæ, vini omnis], pecuniarum vero omnium tres ex integro persolutiones tam de civitate ipsa, quam de villis, burgis et territoriis, quæ a majori ecclesia baptisma suscipiunt, et oblationes vivorum et mortuorum, quæ ad majorem ecclesiam conferuntur, ut nullius unquam vobis, vestrisque successoribus calliditate, aut violentia subtrahantur, sed in communem usum fructum integræ stabilesque permaneant; idipsum, et de oblationibus missæ episcopalis, quæ præsentibus canonicis celebratur, statuimus excepto auro, vel pretio pro auro. Nec in majori ecclesia ullus introducatur, vel ordinetur canonicus, nisi communi canonicorum, vel majoris partis consensu, ordinatum vero nulli omnino episcopo liceat officio, seu beneficio, sive canonico privare judicio. Nullus etiam ecclesias, quæ in proprietate canonicæ majoris ecclesiæ sunt, et earum clericos præter communem canonicorum, vel majoris partis voluntates ordinare vel inquietare præsumat. Olivas autem, et cereos nulla civitatis, et burgorum ecclesiæ præter matricem ecclesiam, et præter monasteria, et in his præter monachorum, et familiarium usum benedicere præsumat, et præter ubi antiquissime concessum esse dignoscitur. Baptisma in majori tamen celebretur Ecclesia sicut antiquitus observatum est, excepto timore mortis. In Sabbato sancto nullus missam cantare, et campanas sonare præsumat, donec apud majorem pulsentur ecclesiam. Populares quoque processiones nisi in majori fiant Ecclesia. Præterea præsentis privilegii auctoritate sancimus, ut defunctorum canonicorum bona nunc, et in futurum a nemine auferantur, sed in utilitatem fratrum communiter viventium quiete et integre dimittantur. Porro, qui ad majorem soliti sunt Ecclesiam sepeliri, sepulturas solitas non relinquant. Sed qui ad aliarum ecclesiarum transeunt sepulturas, sive in civitate, sive in burgis judiciorum suorum partem quartam ecclesiæ matrici derelinquant. In omnibus autem ecclesiis, in quibus mortuorum exsequiis interessetis, missarum vobis celebrationes cum oblationibus suis concedimus. Sane piorum canonicorum electiones, et collationes monasterialium et capellanorum, qui videlicet populo divina officia administrant, episcopi, et canonicorum consensu fiant. Præterea sedis apostolicæ auctoritate statuimus, ut divisio silvæ de tumulo, sicut a venerab. fratre nostro Villano Pisano archiepiscopo ex mandato jam D. prædecessoris nostri papæ Eugenii facta, et nobis assignata esse dignoscitur, futuris temporibus rata et inconcussa permaneat, nec quisquam vobis, vel successoribus vestris inventis divisionem ipsam unquam præsumat infringere, sive ratione qualibet perturbare. Decernimus ergo, ut nulli hominum liceat præfatam ecclesiam temere perturbare, aut ejus possessiones auferre, vel ablatas retinere, minuere aut aliquibus vexationibus fatigare, sed omnia integra conserventur eorum, pro quorum gubernatione, et sustentatione concessa sunt usibus omnimodis profutura, salva in omnibus apostolicæ sedis auctoritate. Si quis igitur in futurum ecclesiastica, sæcularisve persona hanc nostræ constitutionis paginam sciens contra eam temere venire tentaverit, secunda ani.adversione commonita, si congrua satisfactione se non emendaverit, potestatis suæ prioris dignitate careat, et præterea ream se divini judicii existere de perpetrata iniquitate cognoscat, et a sanctissimo corpore et sanguine Dei, et D. Redemptoris nostri Jesu Christi aliena fiat, ac in extremo examine districtæ ultioni subjaceat. Cunctis autem in eodem loco justa servantibus sit pax Domini nostri Jesu Christi, ut hic fructum bonæ actionis percipiant, et apud districtum judicem præmium æternæ pacis inveniant. Amen.

Ego Anastasius, Catholicæ Ecclesiæ episcopus, ss.

Ego Imarus Insulanus episcopus, subscripsi.

Ego Ugo Ostiensis episc. subscripsi.

Ego Gregorius presb. cardinalis tit. S. Callisti, ss.

Ego Guidus presb. cardinalis tit. S. Chrysogoni, ss.

Ego Ubaldus presbyter cardinalis tit. S. Praxedis, subscripsi.

Ego Jordanus presbyter card. tit. S. Susannæ, ss.

Ego Octavianus presbyter card. tit. S. Ceciliæ, ss.

Ego Artaldus presbyter card. tit. S. Priscæ, ss.

Ego Joannes presbyter cardinalis tit. Equitii ss.

Ego Otho diaconus card. tit. S. Georgii ad Velum Aureum, subscripsi.

Ego Hyacinthus diac. card. tit. SS. Sergii et Bacchi, subscripsi.

Ego Otho diac. card. tit. S. Nicolai in carcere Tulliano, subscripsi.

Datum Laterani per manum Rolandi S. Rom. Ecclesiæ presb. card. et cancellarii vi Id. Septembris, indict. 1. Dominicæ Incarn. anno 1153, pontif. vero Anastasii papæ iv anno 1.

II.

Ecclesiam Beneventanam tuendam suscivit et Petri archiepiscopi jura confirmat.

(Laterani, Sept. 22.)

[Ughelli, *Italia Sacra*, VIII, 113.]

Anastasius episcopus, servus servorum Dei, venerabili fratri Petro Beneventano archiepiscopo ejusque successoribus canonice substituendis in perpetuum.

In eminenti universalis Ecclesiæ specula disponente Domino constituti ex injuncto nobis a Deo apostolatus officio fratres nostros episcopos debemus diligere, et ecclesias eorum gubernationi commissas protectione sedis apostolicæ communire; eapropter, venerabilis in Christo frater, Petre Beneventane archiepiscope, vestris postulationibus benignum impartientes assensum, Beneventanam Ecclesiam cui auctore Domino præesse dignosceris sub B. Petri, et nostra protectione suscipimus, et præsentis scripti patrocinio communimus; statuentes, ut quascunque possessiones, quæcunque bona eadem Ecclesia inpræsentiarum juste et canonice possidet, aut in futurum concessione pontificum, largitione regum vel principum, oblatione fidelium, seu aliis justis modis Deo propitio poterit adipisci, firma tibi tuisque successoribus, et illibata permaneant, in quibus hæc propriis duximus exprimenda vocabulis.

Episcopatus videlicet Avellinum, Montem-Maranum, Frequentinum, Arianum, Montem de Vico, Bivinum, Asculum, Luceriam, Florentinum, Tortibulum, Montem Corvinum, Vulturariam, Civitatem, Draconariam, Larinum, Termulam, Guardinam, Triventum, Bojanum, Alisiam, Thelesiam, et Sanctam Agatham. Intra civitatem Beneventanam ecclesiam S. Petri Paccadosso, ecclesiam S Theclæ, ecclesiam S. Martini, ecclesiam Sanctæ Mariæ ante horam, ecclesiam S. Petri sitam juxta ecclesiam S. Petri de Medicibus, ecclesiam S. Mariæ de Ancona, ecclesiam S. Arthelai, ecclesiam S. Januarii de Græcis, ecclesiam S. Mauri, ecclesiam S. Paschasii, ecclesiam S. Angeli, quæ est juxta ecclesiam Sanctæ Mariæ Rotundæ. Extra vero ecclesiam S. Joannis de Plano, ecclesiam Sanctæ Mariæ de Rocca, ecclesiam Sanctæ Mariæ de Venticano, ecclesiam S. Petri de Cardito, ecclesiam S. Petri in Planisio, ecclesiam Sancti Theodori, ecclesiam Sanctæ Mariæ in Gildone. Abbatiam Sanctæ Mariæ in Strata, abbatiam Sanctæ Mariæ de Corate, ecclesiam Sanctæ Mariæ in Gradellibus, et quidquid juris habes in castro Montis Sarculi, et in Valle Caudina. Præterea concedimus tibi pallii usum ex more ad sacra missarum solemnia peragenda, ut videlicet eo infra scriptis diebus infra ecclesiam tantummodo utaris: In natali Domini, Epiphania, Purificatione sanctæ et semper Virginis Mariæ, et in Annuntiatione ejusdem, Cœna Domini, et paschalibus festivitatibus, Ascensione Domini, Pentecoste, in festivitate S. Joannis Baptistæ, in natalitiis apostolorum Petri et Pauli, et in Assumptione, et Nativitate beatæ semperque Virginis Matris Mariæ. In dedicatione tui archiepiscopatus, et in anniversario tuæ consecrationis die, in congregationibus episcoporum, ordinationibus clericorum et consecrationibus ecclesiarum; præterea in translatione corporis beati Bartholomæi, quod tua fraternitas in secretario debeat induere, et sic ad missarum solemnia proficisci.

Decernimus ergo ut nulli omnino hominum liceat eamdem Ecclesiam temere perturbare, aut ejus possessiones auferre, vel ablatas retinere, minuere, vel temerariis exactionibus fatigare, sed omnia integra conserventur eorum pro quorum gubernatione, et sustentatione concessa sunt usibus omnimodis profutura, salva sedis apostolicæ auctoritate. Si qua igitur in futurum ecclesiastica sæcularisve persona, etc.

Ego Anastasius Lat. eccl. episc.
Ego Hugo Ostien. episc.
Ego Guarinus Præuestin. eccl. episc.
. . . .
. . . .
Ego Jacobus card. S. Callixti.
Ego, . . . presb. card. . . . .
Ego Hubaldus presb. card. Sanctæ Praxedis.
Ego Julius presb. card. tit. Sancti Marcelli.
Ego Octavianus presb. card. S. Ceciliæ.
Ego Astaldus presb. card. tit. Priscæ.
Ego Joannes presb. card. SS. Joannis et Pauli.
Ego Cencius presb. card. S. Laurentii in Lucina.
Ego Henricus presb. card. Sanctorum Nerei, et Achillei.
Ego. . . . . diac. card. Sancti Georgii.
Ego Jacintus diac. card. S. Mariæ in Cosmed.
Ego Joannes diac. card. SS. Sergii et Bacchi.
. . . .

Datum Laterani per manus Rolandi S. R. E. presbyt. card. et cancellarii, Kal. Octob. indict. 1, Incarnationis Dominicæ anno 1153, Pontificatus vero domin. Anastasii papæ IV anno primo.

III.

Privilegium pro monasterio S. Anthimi.

(Romæ, ap. S. Mariam Rotundam, Oct. 31.)

[UGHELLI, *Italia sacra*, I, 993.]

ANASTASIUS episcopus, servus servorum Dei, dilecto filio GUIDONI, Abbati monasterii S. Anthimi, ejusque successoribus regulariter substituendis in perpetuum.

Cum omnibus ecclesiis et ecclesiasticis personis debitores ex injuncto nobis a Deo apostolatus officio existamus, illis tamen propensiori studio nos convenit imminere, quæ ex antiqua institutione ad jus et proprietatem B. Petri spectare noscuntur. Eapropter, dilecte in Domino fili, tuis justis postulationibus clementer annuimus, et prædecessoris nostri felicis memoriæ papæ Innocentii vestigiis inhærentes monasterium B. Anthimi, cui, Deo auctore præesse dignosceris, apostolicæ sedis privilegio præsentis scripti pagina communimus. Statuentes, ut quæcunque bona, quascunque possessiones in præsentiarum idem monasterium juste et canonice possidet, aut in futurum concessione pontificum, largitione regum vel principum, oblatione fidelium, seu aliis justis modis, procurante Domino poterit adipisci, firma tibi tuisque successoribus et illibata serventur. Ut autem juxta normam vestræ professionis divinis obsequiis liberius vacare possitis, simili modo sancimus, ut cujuslibet ecclesiæ sacerdoti nullam jurisdictionem, nullam potestatem, aut auctoritatem, excepto duntaxat Romano pontifice, in vestro monasterio liceat vindicare. Adeo quidem ut nisi ab abbate ejusdem monasterii fuerit invitatus, nec etiam missarum solemnia ibidem audeat celebrare. Interdicimus etiam, ut nulli episcopo licentia pateat sacerdotes ejusdem cœnobii monachos, sive canonicos distringere vel excommunicare, aut divinum eis officium prohibere. Quos etiam ab omni pontificali synodo liberos et absolutos manere decernimus. Porro locum ipsum ab omni jugo quarumlibet potestatum, tam episcoporum, quam marchionum, comitum quoque et vicecomitum, castaldionum, cæterorumque Longobardorum omnium volumus esse quietum, nullusque eorum in possessionibus præfato cœnobio pertinentibus, judicium aliquod, placitumve tenere, aut districtionem facere, qualibet occasione præsumat, sed potius tam hæc quam alia, quæ ad jus ejusdem monasterii spectare noscuntur, in tua et successorum tuorum libera potestate, et dispositione consistant. Concedimus insuper eidem venerabili loco decimationes, atque primitias de suis omnibus, sive de præceptalibus, sive de aliis, quæ jam sunt ipsi monasterio acquisita, seu in antea, Deo propitio, acquirenda. Obeunte vero te, nunc ejusdem loci abbate, vel tuorum quolibet successorum, nullus ibi qualibet subreptionis astutia, seu violentia præponatur, nisi quem fratres communi consensu, aut fratrum pars consilii sanioris, secundum Dei timorem, et B. Benedicti auxilium præviderint eligendum. Electus autem a Romano pontifice consecretur; Chrisma sane, oleum sanctum, consecrationes altarium, vel basilicarum, ordinationes etiam presbyterorum, diaconorum, aut aliorum, tam de monachis quam de canonicis, qui ad sacros gradus fuerint promovendi sive a sede apostolica, sive ab aliquo catholico suscipietis episcopo, qui rerum fultus auctoritate, quod postulatur, indulgeat. Et si aliquando quempiam de nostris episcopis, sive de aliis, prout nobis congruentius visum fuerit ad sacrum ministerium celebrandum, vel consecrationem aliquam exhibendam invitare ad vestrum monasterium volueritis, absque alicujus contradictione id ipsum faciendi habeatis omnimodam facultatem. Ad hæc adjicientes statuimus, ut in plebe S. Salvatoris, in plebe S. Joannis, seu etiam in aliis ecclesiis vestro monasterio pertinentibus, si id necessitas exegerit, baptismus debeat celebrari, quemadmodum prædecessorum nostrorum Joannis xv, Joannis xiii, Benedicti, Stephani vii, Sergii, Adriani et aliorum Romanorum pontificum sanctionibus noscitur institutum.

Decernimus ergo, ut nulli omnino hominum fas sit vestrum monasterium temere perturbare, aut ejus possessiones auferre, vel ablatas retinere, minuere, seu quibuslibet molestiis fatigare, sed omnia integra conserventur eorum, pro quorum substentatione et gubernatione concessa sunt, usibus profutura.

Si qua igitur ecclesiastica sæcularisve persona etc.

Dat. Romæ, apud S. Mariam Rotundam per manus Rolandi S. R. E. presb. card. et cancell. ii Kal. Novemb. Incarn. Dom. anno 1153, pontif. vero D. Anastasii papæ iv, anno 1.

IV.

Monasterio Cassinensi ecclesiam Sancti Juliani in territorio Faresenonis et ecclesiam S. Cæsarii Anagninam asserit.

(Romæ, ap. S. Mariam Rotundam, Oct. 31.)

[GATTULA, *Hist. Casin.*, 337.]

ANASTASIUS episcopus, servus servorum Dei, dilecto filio RAINALDO sanctæ Romanæ Ecclesiæ presbytero cardinali et Cassinensi abbati, ejusque fratribus, salutem et apostolicam benedictionem.

Inter universas ecclesias orbis Cassinense cœnobium, apostolicæ sedi tanquam speciale membrum semper adhæsit, et sicut ei exstitit vicinitate loci propinquum, ita eam devotis studuit servitiis frequentare. Unde et hi qui ante nos ex divini muneris largitate Beati Petri cathedram tenuerunt, monasterium ipsum sincero dilexerunt affectu, et temporalibus ac spiritualibus beneficiis ampliare illud jugiter studuerunt, ita quidem de ipsius argumento se sollicitos exhibentes, ut studio eorum et opere, et nova semper incrementa perciperet,

et percepta firmiter conservaret. Quorum nimirum et nos vestigia erga Beati Benedicti et ecclesiæ suæ reverentiam imitantes ecclesiam S. Juliani sitam in territorio Fresonensis cum pertinentiis suis, quam venerabilis frater noster Leo Verulanus, et ecclesiam Sancti Cæsarii sitam in suburbio Anagnino supra locum Claranum quam frater noster Eleutherius Anagninus episcopi, vobis, nostris precibus mediantibus concesserunt, monasterio vestro auctoritate apostolica confirmamus, tantum terræ in Pulliano, quantum duobus paribus boum annuatim debeat sufficere ad arandum. Nulli ergo omnino hominum liceat hanc nostræ confirmationis et concessionis paginam temerario ausu infringere, vel ei præsumptione aliqua contraire. Si quis autem id attentare præsumpserit, secundo tertiove commonitus, nisi reatum suum congrua satisfactione correxerit, indignationem omnipotentis Dei et beatorum Petri et Pauli apostolorum ejus incurrat, atque in extremo examine districtæ ultioni subjaceat.

Datum Romæ, apud S. Mariam Rotundam, ii Kal. Novembris.

V.

Privilegium pro ecclesia S. Theclæ Mediolanensi.

(Laterani, Nov. 13.)

[GIULINI, *Memorie di Milano*, V, 602.]

ANASTASIUS episcopus, servus servorum Dei, dilectis filiis AZONI, præposito ecclesiæ Sanctæ Theclæ Mediolanensis, ejusque fratribus tam præsentibus quam futuris canonice substituendis in perpetuum.

Effectum justa postulantibus indulgere, et rigor æquitatis, et ordo exigit rationis præsentis, quando petentium voluntatem et pietas adjuvat, et veritas non relinquit. Eapropter, dilecti in Domino filii, vestris justis postulationibus clementer annuimus, et prædecessoris nostri felicis memoriæ papæ Eugenii vestigiis inhærentes, præfatam Ecclesiam, in qua divino mancipati estis obsequio, sub Beati Petri et nostra protectione suscipimus, et præsentis scripti patrocinio communimus. Statuentes ut quascunque possessiones, quæcunque bona eadem ecclesia inpræsentiarum juste et canonice possidet, aut in futurum concessione pontificum, largitione regum vel principum, oblatione fidelium, seu aliis justis modis, præstante Domino, poterit adipisci, firma vobis vestrisque successoribus et illibata permaneant, in quibus hæc propriis duximus exprimenda vocabulis.

Cœmeterium ipsius ecclesiæ cum domibus et ædificiis, quæ ad utilitatem et servitium ipsius ecclesiæ, et fratrum ibidem constructa sunt, aut in futurum a vobis, vel successoribus vestris rationabiliter ædificabuntur, quemadmodum hactenus in pace rationabiliter tenuistis et possedistis. Præterea rationabilem consuetudinem in eadem ecclesia cantandi, legendi, prædicandi, pro fidelibus defunctis officium celebrandi, videlicet in vigiliis, laudibus et vesperis, auctoritate vobis apostolica confirmamus;

et ut nullus ibidem hoc immutare, vel novum aliquid superinducere praesumat modis omnibus prohibemus. Sepulturam quoque ipsius loci, liberam esse concedimus, ut eorum qui se illic sepeliri deliberaverint devotioni et extremae voluntati, nisi forte excommunicati sint nullus obsistat. Decernimus ergo, etc.

In monogrammate: Bene valete.
In circulo:
CUSTODI ME, DOMINE, UT PUPILLAM OCULI.

Ego Anastasius catholicae ecclesiae episcopus.
Ego Otto diaconus cardinalis Sancti Gregorii ad Velum Aureum ss.
Ego Guido diaconus cardinalis Sanctae Mariae in Porticu ss.
Ego Jacinthus diaconus cardinalis Sanctae Mariae in Cosmedin ss.
Ego Gerardus diaconus cardinalis Sanctae Mariae in Via Lata ss.
Ego Odo diaconus cardinalis Sancti Nicolai in Carcere Tulliano ss.
Ego Gregorius presbyter cardinalis tit. S. Calixti ss.
Ego Cencius presb. card. tit. Sancti Laurentii in Lucina ss.
Ego Henricus presb. card. tit. Sanctorum Nerei et Achillei ss.

Datum Laterani, per manum Rolandi Sanctae Romanae Ecclesiae presbyteri cardinalis et cancellarii, Idibus Novembris, indictione II, Incarnationis Dominicae anno 1153. Pontificatus vero domini Anastasii papae IV anno primo.

(*Apparet cordula flavi coloris, sigillo amisso.*)

VI.
Privilegium pro monasterio Vallumbrosano.
(Laterani, Nov. 22.)
[LAMI, *Eccl. Florent. Monum.*, I, 544.]

ANASTASIUS episcopus, servus servorum Dei, dilecto filio AMBROSIO Vallumbrosano abbati, ejusque successoribus regulariter substituendis in perpetuum.

Justis religiosorum desideriis consentire, ac rationabilibus postulationibus clementer annuere, sedis apostolicae, cui largiente Domino deservimus, auctoritas, et fraternitatis unitas, nos hortatur. Hoc nimirum charitatis intuitu, dilecte in Domino fili Ambrosi abbas, tuis rationabilibus postulationibus annuentes Vallumbrosanum monasterium, cui, Domino auctore, praesides, cum omnibus Monasteriis sibi subjectis, sub apostolicae sedis tutela et protectione suscipimus, et scripti nostri pagina roboramus: statuentes, ut omnis immunitas, omnis libertas, quae a praedecessoribus nostris fel. mem. Victore, Gregorio VII, Urbano, Paschale, et Innocentio, Romanis pontificibus, praefato monasterio concessa est, futuris perpetuo temporibus firma tibi tuisque successoribus, ac Vallumbrosanae congregationi illibataque permaneant.

Adjicimus quoque, ut quascunque possessiones, quaecunque bona, jam dictum monasterium juste et legitime possidet, aut in futurum concessione pontificum, largitione principum, oblatione fidelium, seu aliis justis modis rationabiliter (praestante Domino) poterit adipisci, quieta vobis et integra conserventur; in quibus haec propriis duximus exprimenda vocabulis:

Monasterium S. Salvii; monasterium S. Trinitatis de Florentia; monasterium Strumense; monasterium de Usella, et S. Jacobi de Castello; monasterium de Passiniano, et S. Michaelis de Senis, et de Alphiano; monasterium de Cultubono et de Monte-Pisis; monasterium de Monte-Scalario, et de Nerano; monasterium de Ficiclo, et de Capiano; monasterium S. Pauli Pisani; monasterium de Plaiano, et S. Venerii in Sardinia; monasterium S. Angeli de Pistorio, de Pacciano, de S. Mariae de Prato; monasterium de Vaiano, de Opleto, et de Monte-Plano; monasterium de fonte Thaonis; monasterium de Musceto, de Monte-Armato, et S. Ceciliae; monasterium S. Reparatae, de Trecento, de Crespinz, de Razolo, de Rivo Caesaris, de Cuneo, de Turri, de Caprilia; monasterium Placentinum, Papiense, et Cremonense; monasterium de Capenna, et S. Prosperi; monasterium de Novaria, de Vercellis, de Janua, de Terdona, de Taurino; monasterium Brixiense, Veronense, et S. Vigilii; monasterium Bergomense, et Mediolanense; S. Carpophori, et Astense.

Sane nulli omnino hominum liceat conversos, aut monachos jam dicti monasterii seu etiam totius congregationis ausu temerario capere, vel captos retinere, seu aliquibus fatigationibus infestare. Porro fructuum vestrorum decimas, quas ubilibet propriis sumptibus, laboribusque colligitis, absque episcoporum contradictione, vel episcopalium ministrorum, seu etiam plebanorum, xenodochio vestro reddendas possidendasque, sancimus. Liceat etiam vobis clericos e saeculo fugientes, seu laicos, ad conversionem, absque cujuslibet interdictione, suscipere, et qui se devoverint in vestro coemeterio sepeliri, et tam ipsorum, quam caeterorum fidelium oblationes sine aliorum ecclesiarum praejudicio recipere.

Decernimus ergo, ut nulli omnino hominum fas sit idem monasterium temere perturbare, aut ei subditas ecclesias, vel possessiones auferre, minuere, seu temerariis vexationibus fatigare; sed omnia integra conserventur eorum, pro quorum sustentatione concessa sunt, usibus omnimodis profutura. Si qua igitur in posterum ecclesiastica saecularisve persona, etc.

Ego Anastasius, catholicae ecclesiae episcopus, subscripsi.
Ego Imarus Tusculanus episcopus ss.
Ego Manfredus presbyter cardinalis tituli S. Sabinae.

Ego Aribertus presbyter cardinalis tituli S. Anastasiæ.

Ego Joannes presbyter cardinalis SS. Joannis et Pauli titulo Pamachii ss.

Ego Otto diaconus card. S. Georgii ad Velum Aureum.

Ego Guido diaconus S. Mariæ in Porticu subscripsi.

Ego Hyacinthus diaconus cardinalis S. Mariæ in Cosmedin.

Ego Gerardus diaconus cardinalis S. Mariæ in Via Lata.

Ego Oddo diaconus cardinalis S. Nicolai in Carcere ss.

Datum Laterani, per manum Rolandi, S. R. E. presbyteri cardinalis et cancellarii, x Kalendas Decembris, indictione II, Incarnationis Dominicæ 1153, pontificatus vero domini Anastasii papæ IV anno primo.

VII.

Episcopatus Aprutini fines, Ecclesiæque possessiones, petente Guidone episcopo, confirmat.

(Laterani, nov. 27.)

(UGHELLI, *Italia sacra*, I, 357.)

ANASTASIUS episcopus, servus servorum Dei, ven. fratri GUIDONI Aprutinæ Ecclesiæ episcopo, ejusque successoribus canonice substituendis.

Sicut injusta poscentibus nullus est tribuendus effectus, sed legitime desiderantium non est differenda petitio; tuis itaque, dilecte in Christo frater episcope, precibus annuentes ad perpetuam S. Aprutinæ ecclesiæ pacem et nobilitatem præsentis decreti stabilitate sancimus, ut universæ parochiæ fines (sicut a tuis prædecessoribus usque hodie possessi sunt) ita omnino tam tibi quam tuis successoribus in perpetuum conserventur. Qui videlicet fines a capite Vomani per ipsam summitatem montis, usque in rivum qui decurrit inter Asculanum comitatum, et Aprutinum, et per Carrufum, usque trans fluvium Tronti, ad confinium quod ibi decernitur usque in mare, et per maris usque in fluvium Vomani esse cernuntur, inter quos fines, quæcunque oppida, quæcunque villæ, quæcunque plebes, quæcunque Ecclesiæ sitæ sunt, aut imposterum fuerint, sub tua et tuorum catholicorum successorum episcopali providentia et dispositione permaneant, et ex eis omnibus episcopalia vobis jura solvantur, tam in clericorum ordinationibus, et ecclesiarum consecrationibus, quam in redditu decimarum et oblationum, sive in correctionibus delinquentium. Sane illam monachorum pravam præsumptionem, quæ (partim episcoporum absentia, partim eorum pervicacia) in Aprutinorum finibus inolevit, modo inhibemus, ut nec baptismum ulterius in monasteriis faciant, nec ad infirmorum unctiones de claustris suis progredi audeant, nec ad pœnitentiam injungendam populares personas admittant, nec ab episcopo excommunicatos ad communionem, nec interdictos ad officia sacra suscipiant. Porro ecclesiam B. Mariæ Matricem semper haberi (sicut hactenus habita est) et illic episcopalem decernimus sedem permanere, et tibi tuisque successoribus confirmamus quascunque possessiones, quæcunque bona eadem ecclesia in præsentiarum (juste et canonice) possidet, aut in futurum concessione pontificum, largitione regum, vel principum, oblatione fidelium, seu aliis justis modis, Deo propitio, poterit adipisci, firma tibi, tuisque successoribus et illibata permaneant; in quibus hæc propriis duximus exprimenda vocabulis. Abbatiam S. Benedicti in Carrula, Abbatiam S. Mariæ in Cataneto, Abbatiam S. Joannis in Pesula, Abbatiam S. Joannis in Scorcione, ecclesiam S. Flaviani, cum Castro, Portus, et omnibus pertinentiis suis, canonicam S. Sylvestri in Salino, Plebes S. Mariæ in vico, S. Mariæ in Vellete, S. Petri in Romano, S. Petri in Abrelio, S. Victorini in Canali, S. Mariæ in Brazzano, S. Salvatoris in Pagliarolo, S Laurentii in Festiniano, S. Martini in Junipero, S. Mariæ in Predi, S. Pauli in Ablata, S. Laurentii in Civitella, monasterium S. Sebastiani in Gomano, civitatem Interamnem, cum Vitica Carticula, Suburbium S. Flaviani, cum insula, Montonem, ripam de Tortoreto, et Lauro, medietatem Pretuli Lavaroni, Neretum, Turanum, Partem Gusberti in Oforiano, Terram filiorum Montacelli Gualterii, et Raynerii, Lucum, Collem vetulum, Rapinum, Mianum, Terrarum filiorum Albertionis, Forcellam, Capraficum, terram Canonis de Guictariis, podium scilicet Cantalupum, medietatem Germaniani, partem Bizini, civitellam Coloniam, partem de Gazino, et de tota terra S. Nicolai. Decernimus igitur, ut nulli omnino hominum liceat præfatam Ecclesiam temere perturbare, aut ejus possessiones auferre, vel ablatas detinere, vel injuste datas, suis usibus vindicare, minuere, vel temerariis vexationibus fatigare, sed omnia integra conserventur tam ejus quam clericorum, et pauperum usibus profutura (salva in omnibus Apostolicæ sedis auctoritate). Si quis igitur in posterum Archiepiscopus, episcopus, imperator, aut rex, princeps, aut dux, comes, V. comes, judex, Castaldio, aut ecclesiastica sæcularisve persona, hanc nostræ constitutionis paginam sciens, contra eam temere tentaverit, etc. Amen.

Ego Anastasius catholicæ Ecclesiæ episcopus.

Ego Gregorius presbyter cardinalis tit. S. Calixti.

Ego Manfredus presb. card. tit. S. Sabinæ.

Ego Albertus presb. card. tit. S. Anastasiæ.

Ego Octavianus presb. card. S. Cæciliæ.

Ego Joannes presb. card. tit. SS. Jo. et Pauli Pamachii.

Ego Centius presb. card. tit. S. Laurentii in Lucina.

Ego Oddo diac. card. tit. S. Geor. ad velum Aureum.

Ego Guido diac. cardin. tit. S. Mariæ in Porticu.

Ego Joannes diaconus card. tit. SS. Sergii et Bacchi.

Dat. Laterani, per manus Rollandi S. R. E. presb. card. et cancellarii v Kal. Decemb. ind. 11 Incarn. Dom. anno 1153, pontif. D. Anastasii papæ IV, anno 1.

VIII.

Monasterio Sancti Laurentii in Campo, ejusque abbati Alberto, jura ac privilegia confirmat.

(Laterani. Nov. 27.)

[MURATORI, *Antiq. Ital.*, V, 487.]

ANASTASIUS episcopus, servus servorum Dei, dilecto filio ALBERTO abbati monasterii Sancti Laurentii in Campo, quod in Fanensi parochia situm est, ejusque successoribus regulariter substituendis in perpetuum...... voluntatis affectu debet prosequenter amplecti, quatenus et devotionis sinceritas laudabiliter innotescit, et utilitas postulat, vires indubitanter assumant. Quapropter, dilecte in Domino fili Alberte abbas, petitiones tuas clementer admittimus, etiam prædecessorum nostrorum Joannis, Alexandri, Paschalis et Innocentii Romanorum pontificum vestigiis insistentes, Beati Laurentii monasterium, quod in Campo dicitur, cui adjutore Domino S. R. E. permanere decernitur, statuentes, ut quæcunque bona, quascunque possessiones inpræsentiarum juste et canonice possidere dignoscitur, universa, quæ in futurum episcopali concessione, regali aut principali largitione, aut oblatione fidelium, seu aliis justis modis eidem cœnobio, auxiliante Domino, offerri contigerit, firma tibi tuisque successoribus et illibata permaneant. In quibus hæc propriis duximus exprimenda vocabulis.

Monasterium Sancti Angeli de Monte cum Ecclesiis et omnibus ad eum pertinentibus, monasterium Sancti Paterniani de Mampullo cum suis pertinentiis, monasterium Sancti Michaelis filiorum Alfedi, ecclesiam Sancti Joannis de Montecalvo, ecclesiam Maurianæ in Lucioli, cum curte de Paleano, Sanctæ Ceciliæ cum curte de Ferbula, Sancti Stephani cum curte de Fenilio, monasterium Sancti Hippolyti cum cellis suis, videlicet Sancto Savino cum curte sua de Pratalia, Sancto Mauritio, Sancto Michaele et Sancto Damiano; cellam Sancti Stephani, Ecclesiam Sancti Gerontii, curte de Valelonga cum pertinentiis suis, monasterium Sancti Adriani cum ipso castro de Gajo, et cum insula Arvosiccho usque ad flumen Mecaurl; cellam Sancti Martini in Britholi, Sancti Joannis Majoris in Fano constituti, Sancti Gregorii, Sanctorum Philippi et Jacobi de Cavallaria; curte, quæ vocatur Canna domestica; curte, quæ nominatur Gurgo fusco; ecclesiam Sanctæ Mariæ in Crutide, Sancti Paterniani, curtem Numero, curtem Urciano, Massa Barthi cum pertinentiis suis, curtem de Sancto Petro in Vettelago, curtem Roverate cum ecclesia Sancti Joannis, antudinam majorem atque minorem, curtem Sancti Petri de Bolagaria, castrum de Cerquacupa cum pertinentiis suis, ecclesiam Sancti Severi, Sancti Donati, cum curte de Ortaria; curtem Montis Calvi cum pertinentiis suis: monasterium Sancti Laurentii situm in Urbitalia cum pertinentiis suis, curtis et castris.

Decernitur ergo, ut nulli omnino hominum liceat eamdem ecclesiam temere perturbare, aut etiam possessiones auferre, vel ablatas retinere, vel injuste datas suis usibus venditare, minuere, vel temerariis vexationibus fatigare. Quæ omnia integra conserventur eorum, pro quorum sustentatione et gubernatione concessa sunt, usibus omnimodis profutura. Si qua igitur in futurum ecclesiastica sæcularisve persona.

Ego Anastasius catholicæ Ecclesiæ episcopus subscripsi.

Ego Gregorius presbyter cardinalis titulo Sancti Calixti subscripsi.

Ego Aribertus presbyter cardinalis titulo Sanctæ Anastasiæ subscripsi.

Ego Julius presbyter cardinalis titulo Sancti Marcelli subscripsi.

Ego Ubaldus presbyter cardinalis titulo Sanctæ Crucis in Hierusalem subscripsi.

Datum Laterani, per manum Rolandi sanctæ Romanæ Ecclesiæ presbyteri cardinalis et cancellarii, v Kalendas Decembris, indictione II Incarnationis Dominicæ anno 1153, pontificatus vero domini Anastasii IV papæ anno 1.

IX.

Ecclesiam Tarvisinam, rogatu Blanconi episcopi, tuendam suscipit et ejus bona confirmat. (Fragmentum).

[UGHELLI, *Italia sacra*, V, 523.]

Datum Laterani, per manum Rolandi S. R. E. presbyteri cardinalis et cancellarii, Kal. Dec., ind. II, Incarnationis Dominicæ an. 1153, pontificatus vero D. Anastasii papæ IV anno 1.

X.

Privilegium pro monasterio S. Dionysii.

(Laterani, Dec. 6.)

[DOUBLET, *Hist. de Saint-Denys*, 498.]

ANASTASIUS episcopus, servus servorum Dei, dilectis filiis monachis Sancti Michaelis, salutem et apostolicam benedictionem.

Dilectus filius noster Odo abbas Sancti Dionysii et abbas vester pro causa census quinque marcarum, quam adversus monasterium Sancti Dionysii non tam de ratione quam de vestra voluntate movistis, nostro se conspectui præsentarunt et audientia data utrique, uterque rationes suas in nostro auditorio allegavit. Nos autem cum fratribus nostris rationibus utriusque partis auditis et cognitis, censum ipsum antedicto abbati et commisso sibi cœnobio a vobis decernimus debere persolvi, et quidquid a vobis hactenus inde detentum est, abbati vestro præcepimus integre restituere. Vobis itaque præsentibus scriptis, injungimus qualenus una eum eo quidquid usque ad hoc tempus de censu ipso detinuistis prædicto abbati restituere procuretis, et de cætero censum ipsum ei sicut olim inter monasteria vestra constitutum esse dignoscitur, sine contradictione aliqua persolvatis. Si vero infra quadraginta dies ex quo abbas vester ad vos repedaverit, census ipse sæpe fato abbati non fuerit a vobis cum integritate solutus, extunc et vos ab officiis vestris auctoritate nostra suspensos et in vestro monasterio divina officia noveritis interdicta.

Datum Laterani, viii Idus Decembris.

XI.

Ad Petrum Bituricensem archiepiscopum.—Ut abbati Sancti Dionysii restituat ecclesiam de Casa Majori, et bona defuncti archipresbyteri, prout ab Eugenio papa semel et secundo monitus fuerat.

(Laterani, Dec. 7.)

[D. Bouquet, *Recueil*, XV, 655.]

Anastasius episcopus, servus servorum Dei, venerabili fratri Petro Bituricensi archiepiscopo salutem et apostolicam benedictionem.

Nos credimus quod suscepti pontificatus officium ita te obedientiæ apostolicæ sedis astrinxit, ut turpe tibi sit et inhonestum super eadem re secundo vel tertio mandatum Romani pontificis exspectare. Veniens autem ad nostram præsentiam dilectus filius noster Odo abbas venerabilis monasterii S. Dionysii, audientiæ nostræ suggessit quatenus cum olim ad sedem apostolicam statuisset accedere, tu ei ecclesiam de Casa Majori, postquam iter veniendi arripuit, abstulisti; et cum archipresbyter ipsius ecclesiæ (qui quando curam ejus suscepit regendam, universa quæ processu temporis ibi conquireret, eidem ecclesiæ dicitur contulisse) viam universæ carnis fuisset ingressus, omnia bona ejus in tuos usus applicuisti, et cum felicis memoriæ papa Eugenius prædecessor noster, de hujus facti correptione secundo tibi, sicut dictum est, sua scripta transmiserit, nullam exsecutionem mandatis ejus curavisti hactenus commodare. Super quo tanto amplius admiramur, quanto magis a semita justitiæ te conspicis deviasse. Quare, omni commotione cessante, de ipsius correctione deberes vigilantius cogitare. Sed quia duritiam istam ad ea quæ recta sunt nos oportet saltem in virtute apostolica inclinare, tibi præsentium auctoritate mandamus quatenus, si querela ejus veritatis ordine non discordat, et ecclesiam et quidquid de rebus antedicti presbyteri in servitio ejusdem ecclesiæ acquisitis, ad te devenerit, sæpe dicto abbati digna emendatione et satisfactione restituas, et quæ ablata fuerunt, eidem facias cum integritate restitui; diligenter attendens ut nec ipse in auribus nostris super his querimoniam ulterius deponere compellatur, nec nos iterato tibi scripta nostra transmittere debeamus. Alioquin de hac mollienda duritia taliter a nobis noveris cogitandum ut ad exsequenda quæ tibi a Romano pontifice injunguntur, semper debeas sollicitior inveniri. Scire enim debes quanto amore et diligentia antecessores nostri res B. Dionysii tutaverunt, scientes quod potens est ille, inquam B. Dionysius, pro illis non solum multa conferre, verum etiam multo ampliora illis contribuere beneficio. Ergo quod devote compleverunt, tu pro amore Dei et tanti martyris, ac pro salute animæ tuæ, adimplere ne tardes, quæque juris nostri sunt, nobis restituere non desistas. Nulli ergo omnino hominum fas sit hanc nostram paginam temere perturbare, vel ei ausu temerario contraire. Si quis vero hoc attentaverit, iram Dei et beatorum apostolorum ejus Petri et Pauli se noverit incursurum.

Datum Laterani, vii Idus Decembris.

XII.

Privilegium pro cœnobio S. Dionysii.

(Laterani, Dec. 8.)

[Doublet, *Hist. de Saint-Denys*, 497.]

Anastasius episcopus, servus servorum Dei, dilectis filiis Odoni abbati Sancti Dionysii ejusque fratribus salutem et apostolicam benedictionem.

Quoties illa confirmare alicui ecclesiarum quæ juste ac rationabiliter possidet postulamur, animo nos convenit libenti concedere ac petentium desideriis congruum impertiri consensum, ne si forte in tuitione suarum rerum nostrum ei patrocinium negaverimus, ad diripienda bona ecclesiastica locum dare pravorum audaciæ, cui potius nostri consideratio resistendum admonet videamur. Eapropter, dilecti in Domino filii, quieti et utilitati vestræ providere volentes auctoritate apostolica vobis confirmamus personatum Villiaci, ecclesiam de Calvomonte et ecclesiam de Cergiaco ad jus vestri monasterii pertinentes. Præterea ecclesiæ vestræ de Corbolio decimam quamdam in Chamoila quam venerabilis frater noster Hugo Senonensis archiepiscopus rationabili ei dispositione concessit. Ecclesiæ autem vestræ de Valle Cressonis decimam ipsius villæ nihilominus confirmamus et inconcussa ei omni tempore decernimus permanere. Nulli ergo omnino hominum fas sit hanc nostræ confirmationis paginam infringere, vel ei ausu temerario contraire. Si quis autem hoc ostentare præsumpserit, indignationem omnipotentis Dei et beatorum Petri et Pauli apostolorum ejus se noverit incursurum.

Datum Laterani, vi Decembris.

XIII.

Pacifico abbati Brixellensi Sancti Genesii privilegia antiqua confirmat.

(Laterani, Dec. 9.)

[Muratori, *Antiq. Ital.* V, 1021.]

Anastasius episcopus, servus servorum Dei, dilecto filio Pacifico abbati monasterii Brixellensis, ejusque fratribus tam præsentibus quam futuris regularem vitam professis in perpetuum.

Cum omnibus religiosis locis atque personis debitores ex apostolicæ sedis auctoritate ac benevolentia existamus, illis tamen attentius providere nos convenit, quos beati Petri juris esse non exstat ambiguum. Ut autem pro monasterio Sancti Genesii Brixellensis, cui, dilecte in Domino fili Pacifice abbas, auctore Deo, præesse dignosceris, paterna vigilemus sollicitudine, tanto amplior est nobis injuncta necessitas, quanto ipse locus ad jus et proprietatem sanctæ Romanæ Ecclesiæ noscitur pertinere. Ad exemplum itaque prædecessorum nostrorum felicis memoriæ Paschalis et Innocentii Romanorum pontificum, idem cœnobium sub beati Petri tutela suscipimus, et tam ipsi quam ejus colonis libertatem præteritam conservantes, apostolicæ sedis privilegio communimus. Statuimus enim, ut nullus sacerdotum quamlibet exerceat in eodem monasterio et adjacenti villa potestatem, nec ulli eorum facultas sit, locum ipsum vel monachos ejus, sive clericos interdictioni vel excommunicationi subjicere. Chrisma, oleum sanctum, consecrationes basilicarum sive altarium, ordinationes monachorum seu clericorum, qui in eisdem locis ad sacros sunt ordines promovendi, a quo malueritis, catholico episcopo suscipiatis. Obeunte vero te nunc ejusdem loci abbate, vel tuorum quolibet successorum, nullus ibi qualibet subreptionis astutia seu violentia præponatur, nisi quem fratres communi consensu, vel fratrum pars consilii sanioris, de suo vel de alieno, si oportuerit, collegio, secundum Dei timorem et Beati benedicti Regulam, providerint eligendum. Electus autem ad Romanum pontificem consecrandus accedat. Ad hæc præsenti decreto sancimus, ut quæcunque prædia, quæcunque possessiones seu bona a nobilis memoriæ Attone comite vel marchione, ejusdem cœnobii fundatore, sive a filio ejus Tedaldo, vel suo nepote Bonifacio, marchionibus, et Bonifacii filia Mathilda comitissa, singulari apostolicæ sedis filia, vel ab aliis fidelibus, juris ejusdem monasterii de jure proprio collata sunt; quæcunque etiam inpræsentiarum juste et legitime possidet, aut inposterum concessione pontificum, oblatione fidelium, largitione regum vel principum, seu aliis justis modis, præstante Domino, poteris adipisci, firma tibi tuisque successoribus et illibata permaneant. In quibus hæc propriis duximus exprimenda vocabulis.

Ecclesiam beati Michaelis de Ferraria, ecclesiam Sancti Christophori in Ponticelo, ecclesiam Sancti Michaelis in Maximatico, ecclesiam Sanctæ Mariæ in Gurzanetico, ecclesiam Sancti Philippi in Bibiano, ecclesiam Sanctæ Mariæ in Caldone, ecclesiam Sancti Georgii cum curte, ecclesiam Sanctæ Mariæ in Gurgo, ecclesiam Sancti Fabiani cum curte, medietatem curtis de Gavaseto, cum capella Sancti Petri infra Castro, curtem Sancti Martini cum capella, hospitale Sancti Laurentii in Calerno; jura quoque vestra, quæ in Brixellensi portu habetis, atque stratam Teutonicam, et teloneum, et usum, a qui de ea exire solet : quidquid habetis in Gonzaga, Piconiaca, Castello-Novo, in Butrioni, in Herbera, in Bletulo, in Sacca, in capite Inciæ, et in Berupto; curtem, quæ vocatur Mercorina, et dimidiam curtem Pellani, cum ecclesia Sancti Andreæ; stedia, quæ adjacent castris Godi, cum ecclesia Sanctæ Mariæ in Caldune; et Rivalte, cum portu in Mincio fluvio, Oliveta quoque in comitatu Brixiensi, vel Veronensi. Sane laborum vestrorum, quos propriis manibus, aut sumptibus colitis, sive de nutrimentis vestrorum animalium, nullus omnino a vobis decimas exigere præsumat. Si qua autem libera et absoluta persona in vita vel in morte, pro redemptione animæ suæ, vestro monasterio se conferre voluerit, salva justitia matricis Ecclesiæ, eam suscipiendi facultatem liberam habeatis. Nulli ergo omnino hominum fas sit præfatum monasterium temere perturbare, aut ejus possessiones auferre, vel ablatas retinere, minuere, vel aliquibus vexationibus fatigare; sed omnia integra conserventur, eorum, pro quorum gubernatione et sustentatione concessa sunt, usibus omnimodis profutura : salva in supradictis ecclesiis diœcesani episcopi canonica justitia. Ad indicium autem perceptæ a Romana ecclesia libertatis, aureum Byzantium quotannis nobis, nostrisque successoribus persolvetis, quemadmodum a supradicta Mathilde comitissa in oblationis est chirographo institutum, ut juxta ejus devotionem, Brixellensis monasterii fratres ab omni sæcularis servitii sint infestatione securi, omnique gravamine mundanæ oppressionis remoti, nulli alii, nisi Romanæ et apostolicæ sedi, cujus juris idem locus est, aliqua teneantur occasione subjecti. Si qua igitur in futurum ecclesiastica sæcularisve persona, etc.

Ego Anastasius catholicæ Ecclesiæ episcopus subscripsi.

Ego Imarus Tusculanus episcopus subscripsi.

Ego Gregorius presbyter cardinalis titulo Calixti subscripsi.

Ego Manfredus presbyter cardinalis titulo Sanctæ Savinæ subscripsi.

Ego Aribertus presbyter cardinalis titulo Sanctæ Anastasiæ subscripsi.

Ego Julianus presbyter cardinalis titulo Sancti Marcelli subscripsi.

Ego Octavianus presbyter cardinalis titulo Sanctæ Cæciliæ subscripsi.

Ego Altaldus presbyter cardinalis titulo Sanctæ Priscæ subscripsi.

Ego Odo diaconus cardinalis sancti Georgii ad Velum Aureum subscripsi.

Ego Jacynthus diaconus cardinalis Sanctæ Mariæ in Cosmedin subscripsi.

Datum Laterani, per manum Rolandi sanctæ Romanæ Ecclesiæ presbyteri cardinalis cancellarii, v Idus Decembris, indictione ii, Incarnationis Dominicæ anno 1153 pontificatus vero domni Anastasii IV papæ anno

XIV.
Bulla pro ecclesia Magalonensi.
(Laterani, Dec. 10.)

[*Gall. Christ.*, VI, Instrum., 357.]

Anastasius episcopus, servus servorum Dei venerabili fratri Raimundo Magalon. episcopo, ejusque successoribus canonice substituendis in perpetuum salutem et apostolicam benedictionem.

In eminenti apostolicæ sedis specula, disponente Domino, constituti, ex injuncto nobis officio fratres nostros episcopos tam vicinos quam longe positos debemus diligere, et ecclesiis sibi a Deo commissis suam justitiam observare. Eapropter, dilecte in Christo frater episcope, tuis justis petitionibus gratum impertientes assensum, præfatam Magalon. ecclesiam, cui Deo auctore præesse dignosceris, ad exemplar prædecessoris nostri bonæ memoriæ Urbani II, sub B. Petri et nostra protectione suscipimus et præsentis scripti patrocinio communimus, statuentes ut quascunque possessiones et quæcunque bona eadem in præsenti juste et canonice possidet, aut in futurum concessione pontificum, largitione regum vel principum, oblatione fidelium, seu aliis justis modis, Deo propitio, poterit adipisci, firma vobis et per vos eidem Ecclesiæ illibata permaneant, in quibus hæc propriis duximus exprimenda vocabulis.

Ipsam eamdem Magalonensem ecclesiam canonice regendam, et disponendam tibi tuisque successoribus confirmamus, atque ecclesiam S. Baudilli de Montesevo, et universa quæ ad Magalon. episcopum, seu ad fratrum ibi degentium communiam juste pertinere noscuntur. Præterea ejusdem prædecessoris nostri vestigia sequentes, Melgorii comitatus curam vobis injungimus, et vos censum annuum ab illis, qui per manum Romani pontificis tenentur, exigatis, et si comitum, et ipsius comitatus hæredum successio desierit, nostra, nostrorumque successorum vice comitatum ipsum regendo disponatis. Decernimus ergo, etc.

Datum Laterani, per manum Rolandi sanctæ Romanæ ecclesiæ presbyteri cardinalis et cancellarii, iv Idus Decemb., indict. II, anno Incarnat. Domini 1153, pontificatus vero domni Anastasii papæ IV anno primo.

XV.
Privilegium pro Ecclesia S. Victoris Massiliensis.
(Laterani, Dec. 20.)

[*L'Antiquité de l'Eglise de Marseille*, I, 471.]

Anastasius episcopus, servus servorum Dei, venerabilibus fratribus R. [Raimundo] Arelatensi, P. [Pontio] Aquensi, et G. [Guillelmo] Ebredunensi archiepiscopis et cæteris episcopis per provinciam constitutis, etc.

(*La décision du pape est conçue en ces termes :*) Quamobrem fraternitatem vestram rogamus atque præcipimus, ut possessiones omnes quas idem monasterium per quadraginta et eo amplius annos quiete tenuisse cognoscitur, decimas etiam quas post ejusdem temporis spatium in Ceresta cathedra, Almis, Nantis vel aliis locis per provinciam constitutis pacifice tenuisse probatur, quietas ei etiam inposterum dimittatis, etc.

XVI.
Ad Andream archiepiscopum, P. comitem, clerumque ac populum Ragusanum.
(Laterani, Dec. 25.)

[Farlati, *Illyr. sacr.*, VI, p. 65.]

Anastasius episcopus, servus servorum Dei, venerabili fratri A. archiepiscopo, et dilectis filiis P. comiti et universo clero et populo Raguseorum, salutem et apostolicam benedictionem.

« Eos hic commendat propter exhibitum Henrico S. Romanæ Ecclesiæ subdiacono et legato pontificio honorem atque præstitam ejus mandatis præceptisque pontificis nomine delatis obedientiam, tum subdit : »

Et quoniam longum est omnia quæ vobis dicenda sunt, præsenti observationi committere, depositionis et interdicti sententiam ab eo in quosdam fratrum nostrorum episcoporum, pro eo quod vocati ad concilium ejus accedere contempserunt, auctoritate prolatam, a vobis noveritis ratam haberi; depositionis in Tristinen. (Drivastensem) et Dulichinens., interdicti vero in Catharinensem; excommunicationis quoque sententiam quam in Catharinensem comitem promulgavit ratam habemus, et donec episcopum suum Ecclesiæ vestræ, sicut debet, obedire permittat, ab universitate vestra præcipimus observari. Ad hæc devotionis, etc.

Dat. Laterani, viii Kal. Januarii, etc.

XVII.
Ad episcopos Galliæ. — Adversus comitem Nivernensem et oppidanos Vizeliacenses
(Laterani, Dec. 25.)

[Mansi, *Concil.* XXI, 777.]

Anastasius episcopus, episcopis Galliæ.

Quando peccata, in quibus culpa est relaxare vindictam, ab aliquibus suggerente diabolo committuntur, tanta est eis imponenda correptio, ut ipsi, pœna docente, cognoscant quam grave fuerit quod patrarunt, et cæteros a similibus præsumptionibus ecclesiasticæ correptionis timor inhibeat. Inde siquidem est, quod prædecessor noster beatæ memoriæ Eugenius papa per apostolica scripta tibi, frater episcope Lingonensis mandavit, quatenus Nivernensem comitem, super immanitate tyrannidis, quam in Vizeliacensi monasterio, quod utique B. Petri juris existit, feritate barbarica exercuerat, ut resipisceret districtius commoneres, et si a tanta nequitia nollet desistere, in eum et in Burgenses Vizeliaci excommunicationis, et in terris ipsius comitis, interdicti sententiam promulgares. Sed sicut audivimus quibusdam occasionibus, mandatum ipsius, unde non modicum admiramur, nondum est ex toto completum. Et ideo nos, qui, divina disponente clementia, in officio ei apostolatus successimus, quoniam præfatum monasterium, tanquam speciale patrimonium B. Petri, cogimur defensare, memorati prædecessoris nostri vestigiis inhærentes, venerabili fratri nostro Petro Bituricensi archiepiscopo dedimus in mandatis, ut nisi præfatus comes ab eo commonitus, damna, quæ ipsi monasterio intulit, in integrum emendaverit, ac locum ipsum in pace ac libertate sua dimiserit, tam ipsum comitem, quam Burgenses Vizeliac. qui tantæ nequitiæ factores existunt, excommunicationi auctoritate nostra subjiciat, et in tota terra ejus, præter baptisma parvulorum et morientium pœnitentias, omnia divina prohibeat celebrari. Præsentium itaque vobis auctoritate mandamus, quatenus et sententiam ipsam, postquam vobis ab eodem fratre denuntiata fuerit, firmiter observetis, et per vestras parochias observari inviolabiliter faciatis.

Datum Laterani, VIII Kal. Januarii.

XVIII.
Ad Pontium Vizeliacensem abbatem. — De eodem argumento.

(Laterani, Dec. 25.)

[MANSI, *Concil.*, XXI, 777.]

ANASTASIUS episcopus, Pontio abbati Vizeliacensi.

Super contritione, persecutione, atque angustia, quam pro commissa tibi ecclesia et pro justitia pateris, devotioni tuæ paterno affectu compatimur : et in quibus secundum Deum possumus, grata tibi volumus subsidia ministrare. Inde est quod juxta votum et petitionem tuam, litteras nostras tam archiepiscopis quam episcopis regni Francorum, et regi, comitibus, atque baronibus, quemadmodum tua devotio requirebat, studuimus destinare : quarum continentiam ex transcriptis poteris evidenter agnoscere. Si ergo, dilecte in Christo fili; tu pro domo Israel tribulationibus subjaces, debes sperare quod dabit Dominus de tribulatione auxilium, et in ipsius misericordia confidentes de omni pressura eripiet, et ad portum quietis gratia sua perducet. Age ergo, fili, et murum tutissimum te pro ecclesia tua, sicuti hactenus, ita et deinceps, non pigriteris apponere : imo contra eos qui fidem penitus abnegarunt, quos etiam excommunicationis vinculo præcepimus innodari, viriliter studeas dimicare; et donec excommunicati fuerint, si te super aliquo in jus forsitan voluerint evocare, nobis inconsultis nullatenus eis respondeas. Adjicientes etiam tibi mandamus, et auctoritate apostolica inhibemus, ut in ecclesia nostra de Vizeliaco, quæ proprium allodium B. Petri esse dignoscitur, nullam concessionem, nisi ex mandato nostro, comiti Nivern. facere audeas.

Datum Laterani, VIII Kal. Januarii.

XIX.
Ad Odonem Burgundiæ ducem, ut Vizeliacenses oppidanos excommunicatos habeant.

(Laterani, Dec. ?)

[Du CHÊNE, *Hist. généalog. des ducs de Bourgogne*, *Preuv.*, p. 40.]

ANASTASIUS episcopus, servus servorum Dei, dilectis filiis nobilibus viris ODONI duci Burgundiæ, H. comiti, A. de Borbone, GUILLELMO comiti Cabilonensi, RAYMUNDO fratri ducis, R. comiti de Joviniaco, G. de Donziaco, R. de Rubeomonte, D. de Luziaco, A. de Monteregali, S. vicecomiti Senonensi et filiis ejus G. et B., G. vicecomiti Castrilandonis, G. de Vergiaco, O. de Tilio, Hug. de Monte Sancti Joannis, salutem et apostolicam benedictionem.

Ad notitiam vestram jamdiu credimus pervenisse, quod pro immanitate crudelitatis et barbarica tyrannide quam perjuri et proditores burgenses de Vizeliaco in dominum suum dilectum filium Pontium abbatem Vizeliacensem et in ipsum monasterium exercuerunt, et adhuc non desinunt exercere, a corpore Christi, quod est Ecclesia, quasi membra putrido mandato sanctæ recordationis Eugenii papæ sint gladio divini verbi præcisi. Quod ipsi pro nihilo reputantes, ac si adversus Dominum se fallaci potentia existiment prævalere, adhuc in sua nequitia contumaciter, non impune tamen perdurant ; putantes forsitan quod apostolicæ sedis patrocinium aliquando eidem ecclesiæ subtrahatur. Nos igitur eorum iniquitatem districte pensantes, in ira tamen nostra misericordiam continentes, manus nostras super eos ad præsens non plus duximus aggravare. Nobilitati tamen vestræ per apostolica scripta mandamus quatenus prædictos burgenses tanquam perjuros, proditores et excommunicatos in nundinis et mercatis terrarum vestrarum recipi omnino prohibeatis, imo a quibuscunque vestrorum hominum poterint inveniri, capi et rebus suis præcipitatis penitus spoliari.

XX.
Hugoni Senonensi archiepiscopo, Godefrido Lingonensi, Theobaldo Parisiensi, et Henrico Trecensi, episcopis, de burgensibus Vizeliacensibus eadem quæ superiori epistola mandat.

(Laterani, Dec. ?)

[MANSI, *Concil.*, XXI, 774.]

Ad notitiam vestram, etc.

XXI.
Ad Petrum Bituricensem archiepiscopum. — Ut comitem Nivernensem, nisi resipuerit excommunicet.

(Laterani, Dec. ?)

[MANSI, *Concil.*, XXI, 775.]

ANASTASIUS episcopus, P. Bituricensi archiepiscopo.

Immanem crudelitatem et barbaricam sævitiam quam Nivernensis comes in Vizeliac. monasterium, ac si contra Dominum, adversus sponsam suam sacrosanctam Ecclesiam, ejus potentia debeat prævalere, adhuc exercere non desinit, tua fraternitas, ut credimus, pro sua saltem magnitudine recognoscit. Contra quam cum prædecessor noster sanctæ recordationis Eugenius papa apostolicæ sedis antidota præparasset, et voluisset eum corripere, a tanto morbo sanari non meruit, quoniam pertransiit in affectum cordis, et obscuratum est insipiens cor ejus, ut, juxta verbum propheticum, videns non videat, et intelligens quæ Dei sunt, nequaquam intelligat. Nos igitur qui divina dispensante clementia memorato prædecessori nostro in sede apostolatus successimus, quoniam præfatum Vizeliacense monasterium tanquam B. Petri allodium cogimur defensare, et prædicti comitis ac omnium Christianorum salutem paterna charitate sitimus, atque de tuæ fraternitatis prudentia et honestate fiduciam non modicam obtinemus : per præsentia scripta charitatis tuæ mandamus, quatenus remota dilatione districte commoneas, ut damna quæ ipsi monasterio intulit, cum integritate resarciat, et locum ipsum in pace ac libertate sua dimittat. Eidem etiam comiti ex parte nostra denuntia, ne, pro exhibenda justitia alicui suorum hominum, abbatem Vizeliacensem ad suam præsentiam venire compellat : nisi prius in ejusdem abbatis curia cognoscatur alicui suorum hominum justitiam denegasse. Quod si infra triginta dies post tuam commonitionem, quæ supradiximus, neglexerit adimplere; ad locum unde in auribus ipsius de facili valeat resonare, cum religiosis et prudentibus viris accedat : et populi cœtu in ecclesia congregato, accensis candelis, in personam ejus et perfidorum Burgensium de Vizeliaco solemniter auctoritate apostolica excommunicationis sententiam absque omni appellationis remedio proferas, ut præter baptisma parvulorum et morientium pœnitentiam, in omnibus terris ejusdem comitis omnia divina officia prohibeas celebrari. Adjicientes etiam tibi mandamus, ut sententiam ipsam venerabilibus fratribus nostris Hu. Senonensi archiepiscopo, G. Nivernensi episcopo, G. Lingonensi, He. Eduensi, Henr. Trecensi, et A. Antissiodorensi, episcopis, per tuas litteras ex parte nostra firmiter denunties observandam. Nos siquidem per apostolica eis scripta mandavimus, ut eamdem sententiam post tuam denuntiationem per suas parochias inviolabiliter faciant observari. Litteras vero quas prædictis fratribus nostris, Lingonensi, Eduensi, Nivern. Antissiod. episcopis misimus, per tuos eis nuntios facias præsentari.

XXII.

Ad Ludovicum VII, Francorum regem. — Adversus comitem Nivernensem, et oppidanos Vizeliacenses.

(Laterani, Dec.?)

[Mansi, Concil., XXI, 776.]

Anastasius episcopus, Ludovico regi.

Quoniam jam a retroactis temporibus de tua regia magnificentia nobis et sacrosanctæ Romanæ Ecclesiæ bona sunt plurima nuntiata; nobilitatem tuam, tam hi qui in apostolatus officio præcesserunt, quam nos, per omnia dileximus; et qui adhuc ex divina voluntate sumus superstites, diligimus, et honorem tuum in quibus secundum Deum possumus, cupimus augmentari. Eapropter, charissime in Christo fili, quemadmodum prædecessor noster sanctæ memoriæ Eugenius papa, ita et nos pro Vizeliacensi monasterio apostolica tibi scripta dirigimus : mandantes et in Domino commonentes, ut Nivernensem comitem, qui feritate barbarica sæ-

vire adversus præfatum monasterium non desistit, districte commoneas, ut memorato monasterio damna quæ intulisse dignoscitur, in integrum studeat emendare, et locum suum in pace ac libertate sua dimittat. Si vero aliquam justitiam in eodem monasterio se habere confidit, suam postmodum mandato nostro poterit obtinere justitiam. Quod si in sua pertinacia induratus, hæc effectui mancipare contempserit, nos in personam ejus, et Burgensium Vizel. excommunicationis sententiam sine appellationis remedio præcipimus promulgari, et in tota terra ipsius; præter baptisma parvulorum et morientium pœnitentias, omnia divina officia penitus prohiberi. Quocirca per præsentium latorem tibi mandamus, quatenus extunc ab eo tanquam excommunicato abstineas, et Burgenses ipsos ab omnibus feriis regni tui sub banno tuo penitus prohibens, a quibuscumque inveniri poterunt, capi, et rebus suis spoliari, sicut perjuros et ecclesiæ turbatores, justitiæ zelo præcipias. Præterea nihilominus industriæ tuæ mandamus, quatenus præfatum monasterium Vizeliac. pro alicujus falsa suggestione nullatenus aggraves : imo pro B. Petri et nostri reverentia, ipsum tanquam ejusdem principis apostolorum patrimonium, ab omni hoste studeas defensare. Ad hæc, devotionem tuam nullatenus latere volumus quod nos dilecto filio nostro Vizeliacensi abbati dedimus in mandatis ut memorato comiti in monasterio nostro nullam prorsus concessionem facere audeat. Valete.

XXIII.

Ecclesiæ Arelatensis privilegia et bona confirmat.

(Laterani, Dec. 26.)

[*Gall. Christ. nov.*, I, Instrum. 97.]

Anastasius episcopus, servus servorum Dei, venerabili fratri Raimundo Arelatensi archiepiscopo, ejusque successoribus canonice substituendis in perpetuum.

Arelatensem metropolim famosam et insignem quondam fuisse, atque in Galliarum partibus, multis et dignitatis et gloriæ titulis claruisse, tam vetusta ipsius civitatis indicia, quam authentica veterum scripturarum testimonia manifestant : sed quia consistentis in ea populi peccata corrigere divinæ dispositioni complacuit, guerris undique irruentibus, tam in dignitate, quam in rebus temporalibus ipsa metropolis est plurimum diminuta, cujus contritioni nos, qui licet indigni justitiæ cultores atque custodes in ecclesia [*f*. ecclesiastica], principis apostolorum Petri et Pauli specula, disponente Domino, residemus, benigno affectu compatimur, et ejus paci et dignitati salubriter, in quantum cum Deo possumus, providere optamus; æquum enim ac rationabile est, ut qui beato Petro et ejus vicariis devotiores esse noscuntur, et sacrosanctæ Romanæ Ecclesiæ patrocinio cupiunt conferri, ejusdem piæ matris uberibus nutriantur, et in rationabilibus suis petitionibus exaudiantur. Quocirca, dilecte in Christo frater et coepiscope Raimunde, de tuis justis postulationibus clementer annuimus, et prædictam Arelatensem Ecclesiam ad quam nimirum sicut ex dictis beati Zozimi papæ et martyris (1) evidenter ostenditur, ex hac sancta Romana et apostolica sede Trophimus sanctus antistes, de cujus utique fidei fonte rivulos totæ Galliæ exceperunt, a beato Petro delegatus fuit, sub ipsius apostolorum principis et nostra protectione suscipimus, et præsentis scripti privilegio communimus, statuentes ut quascunque possessiones, quæcunque bona eadem Ecclesia in præsentiarum juste et canonice possidet, aut in futurum cessione pontificum, largitione regum vel principum, oblatione fidelium, seu aliis justis modis, Deo propitio, poterit adipisci, firma tibi tuisque successoribus, et per vos eidem Ecclesiæ permaneant, in quibus hæc propriis duximus exprimenda vocabulis :

Monasterium Sancti Cæsarii cum omnibus pertinentiis suis, quod idem beatus Cæsarius Arelatensis antistes in allodio ipsius ecclesiæ fundasse dicitur, et de bonis ejus ditasse; ordinationem quoque atque correctionem ipsius loci, ecclesiam Beatæ Mariæ de Fosso cum decimis et omnibus pertinentiis suis, ecclesiam Beatæ Mariæ de Castello veteri, cum decimis et aliis pertinentiis suis, castrum de Cellone, castrum de sancto Amantio, castrum de Avernico et de Avalone, castrum de Mornatio et de Montedragone, redditus de ponte Sancti Genesii, Judæos, et jus quod habetis in moneta ipsius civitatis, quidquid habetis in partibus et teloneis Arelatensibus. Præterea transactionem quæ inter te et Anfosum Tolosanum comitem, rationabili providentia facta et in scripto redacta est, si rationabilem esse constiterit, auctoritate sedis apostolicæ roboramus. Insulam etiam, quæ Boscus-comitalis vocatur, quam prædictus comes ecclesiæ tuæ restituit, tibi tuisque successoribus nihilominus confirmamus.

Ad hæc per amplioris et specialioris genere prærogativa [f. generis prærogativam] præsenti decreto statuimus, ut nulli prorsus legato, nisi ei tantum qui a Romani pontificis latere fuerit delegatus, Arelatensis provincia sit subjecta.

Decernimus ergo, ut nulli omnino hominum liceat præfatam ecclesiam temere perturbare, aut ejus possessiones auferre, vel ablatas retinere, minuere, aut aliquibus vexationibus fatigare ; sed omnia integra conserventur, eorum pro quorum gubernatione et sustentatione concessa sunt usibus omnimodis profutura. Si qua igitur in futurum ecclesiastica, sæcularisve persona, hanc nostræ constitutionis paginam sciens contra eam temere venire tentaverit, etc. Amen.

Ego Anastasius catholicæ Ecclesiæ episcopus.
Ego Ymarus Tusculanus episcopus.
Ego Hugo Ostiensis episcopus.
Ego Gobertus presbyter cardinalis tituli Sancti Calixti.

(1) Mendose titulum martyris irrepsisse conjicimus.

Ego Manfredus cardinalis tituli Sanctæ Sabinæ.
Ego Guido cardinalis Sancti Pastoris.
Ego Jordanus cardinalis Sanctæ Suzannæ, etc.
Datum Laterani, per manum Rolandi sanctæ Romanæ Ecclesiæ præsbyteri cardinalis et cancellarii, vii Kalendas Januarii, Indictione ii, Incarnationis anno 1153, pontificatus Anastasii papæ IV, anno 1.

XXIV.
Massiliensis Ecclesiæ bona Petro episcopo confirmet.
(Laterani, Dec. 30.)
[*Gall. Christ. nov.*, I, Instrum, 112.]

ANASTASIUS episcopus, servus servorum Dei, venerabili PETRO fratri Massiliensi episcopo, ejusque successoribus canonice substituendis in perpetuum.

In eminenti apostolicæ sedis specula, disponente Domino, constituti, fratres nostros episcopos, tam vicinos, quam longe positos, fraterna charitate debemus diligere, et ecclesiis quibus Domino militare noscuntur, suam justitiam conservare. Eapropter, dilecte in Christo frater Petre episcope, tuis rationalibus postulationibus clementer annuimus, et prædecessorum nostrorum felicis memoriæ Innocentii et Eugenii Romanorum pontificum vestigiis inhærentes, beatæ Dei genitricis Mariæ Massiliensem ecclesiam cui Deo auctore præesse dignosceris, sub beati Petri et nostra protectione suscipimus, et præsentis scripti privilegio communimus. Statuentes ut quascunque possessiones, quæcunque bona, tam ecclesiis, quam in decimis, castellis, villis et aliis, eadem ecclesia in præsentiarum juste et canonice possidet, aut in futurum concessione pontificum, largitione regum vel principum, oblatione fidelium, seu aliis modis, Deo propitio, poterit adipisci, firma tibi tuisque successoribus illibata permaneant. In quibus hæc propriis duximus exprimenda vocabulis.

Monasterium Sancti Salvatoris de la Sachoas, quod infra muros civitatis Massiliæ situm est, civitatem episcopalem cum toto territorio suo, Rocambarbaram cum vallo circumeunte Rocam ipsam, et vallis a muris eamdem civitatem circumeuntibus : portum de porta Gallica, et quidquid habes in portu antiquo, qui est inter monasterium et civitatem, terras de Fontecooperto, Pedaticum de territorio Alaugii et Nertii. Quidquid habes in portu de Banneriis ; quidquid habes in Leonio, castrum sancti Canati, castrum Nertii, castrum Alaugii, villam sancti Juliani, partem quam habes in castro de Pennis, castrum de Mairanegas, castrum de Melna, castrum de Aurovenes, castrum de Balcet, cum territorio et appendiciis suis, castrum Albaniæ, et duos rocetos pro eo in Natale Domini et in Pascha. Quidquid præterea Pontius de Podio-nigro pro filio suo Aichardo in supradicto castro Alaugii ecclesiæ tuæ concessit, partem tuam de castro Evene, podium quod castellum Guimberti vocatur; Addentes siquidem auctoritate apostolica prohibemus, ne quis in eodem podio, vel in aliis ejusdem

Massiliensis ecclesiæ possessionibus absque assensu et voluntate Massiliensis episcopi castrum Turen. vel munitionem aliquam ædificare præsumat. Porro translatione quæ de causa de qua inter te ac Gaufridum de Massilia, et fratres ipsius controversia versabatur, in præsentia venerabilis fratris nostri Raimundi Arelatensis archiepiscopi, et aliorum episcoporum utraque parte consentiente facta est, quemadmodum in eorum scripto continetur, munimine præsentis pagine roboramus, et rata futuris temporibus decernimus permanere. Ecclesiam sancti Canati, ecclesiam de Mairanicis, et ecclesias de Melna, cum decimis et pertinentiis earum, ecclesias de Pennis, de Nertio, de Alaugio, Sancti Juliani, Sanctæ Mariæ in villa episcopali, Sancti Martini in villa vicecomitali, cum decimis et earum pertinentiis, Sanctæ Mariæ de la Sachoas, Sancti Martini de Arogno, Sancti Laurentii, Sanctæ Andreæ, in territorio Massiliensi ecclesias de Septimo, S. Tirsi de Cula, S. Mitrii ad castrum Gumberti. et de Solobiis cum decimis et earum pertinentiis ecclesiam S. Michaelis in territorio Massiliensi, ecclesias S. Marcelli cum decimis, ecclesias de Albania, S. Petri ad Vincula, Sancti Joannis de Gargerio, Sancti Clari, Sancti Pontii, Sanctæ Mariæ de Gemenas, Sanctæ Mariæ de Ros, Sancti Joannis de Podio, in valle Tritis, ecclesiam Sancti Martini de Insol. et cum decimis. In ecclesiis de Auriol tertiam partem decimarum, in ecclesiis Sancti Zachariæ vii sol. et duos medollalios de melle, ecclesias de Villariis et Rochaforti, de Chuia cum decimis, ecclesiam S. Petri et S. Joannis de Signa, de castro veteri cum decimis, ecclesias de Aurovones, de Bauceto, de Castelleto, Sancti Victoris in territorio de Madalgas cum decimis, ecclesiam de Laza cum pertinentiis. Interdicimus etiam ut nullus abbas, nullus monachus, vel quælibet alia persona excommunicatos, vel interdictos, qui ad Massiliensem ecclesiam jure parochiali pertinere noscuntur, recipiat.

Decernimus ergo ut nulli omnino homini liceat præfatam ecclesiam temere perturbare, aut ejus possessiones auferre, etc. Amen.

Ego Anastasius catholicæ Ecclesiæ episcopus.

Ego Ymarus Tusculan. episcopus,

Ego Ugo Ostiensis episcopus.

Ego Oddo diaconus cardinalis S. Gregorii ad Velum Aureum, etc.

Datum Laterani, per manum Rolandi S. Romanæ Ecclesiæ presbyteri cardinalis et cancellarii, iii Kal. Januarii, indictione ii. Incarnationis Dominicæ anno 1153, pontificatus domni Anastasii anno i.

XXV.
Privilegium pro Ecclesia Fæsulana.
(Laterani, Dec. 31.)
[UGHELLI, *Italia sacra*, III, 244.]

ANASTASIUS episcopus, servus servorum Dei, venerabili RODULPHO Fæsulano episcopo, ejusque successoribus canonice substituendis in perpetuum.

Officii nostri nos hortatur auctoritas, fratres nostros episcopos debita charitate diligere, et ecclesiis regimini eorum a Deo commissis suam justitiam conservare. Quocirca, dilecte in Christo frater et coepiscope Rodulphe, rationabilibus tuis postulationibus clementer annuimus, et prædecessoris nostri, san. mem. papæ Eugenii vestigiis inhærentes, Fæsulanam ecclesiam, cui Deo auctore præesse dignosceris, sub B. Petri, et nostra protectione suscipimus, et præsentis scripti privilegio communimus, statuentes, ut quascunque possessiones, quæcunque bona, eadem ecclesia in præsenti anno juste et canonice possidet; aut in futurum largitione regum vel principum, oblatione fidelium, seu aliis justis modis, præstante Domino, poterit adipisci, firma tibi tuisque successoribus et illibata permaneant; in quibus hæc propriis duximus exprimenda vocabulis:

Monasterium S. Bartholomæi, quod Fæsulis positum est, monasterium S. Martini in Majano, monasterium S. Gaudentii in pede Alpis, monasterium S. Mariæ de Rosano, plebem S. Petri de Romena cum decimis et possessionibus ad jus Fæsulani episcopatus pertinentibus, plebem S. Petri de Cassia, plebem S. Joannis de Capolia, plebem S. Leonini in Collina, plebem S. Martini de Vado, plebem S. Mariæ de Sco, plebem S. Mariæ de Spaltinna, cæteras vero tam plebes, quam ecclesias quæ Fæsulanæ ecclesiæ juris esse noscuntur, civitatem, et arcem Fæsulanam, castellum montis Lauri cum curte sua, castellum de Cisalo cum curte sua, castellum montis Bonelli cum curte sua, castellum Gregnanellum cum curte sua, quidquid etiam habetis in curte de Acone, et in curte de Lancisa, et infra plebem de Panzano, et S. Mariæ Novolæ, et S. Justi in Salice, curtem de Agna, ecclesiam S. Alexandri cum curte sua juxta castrum montis Carboli. Alia quoque castella, villas et alias possessiones, sicut in privilegio prædecessoris nostri bonæ memoriæ papæ Innocentii nominatim vobis confirmata sunt. Ordinationes etiam prædictorum monasteriorum, et baptismalium ecclesiarum, quæ Fæsulanæ ecclesiæ subdita sunt, nullus absque vestro assensu sibi usurpare præsumat; in capellis autem vestrarum plebium liberam ordinationem, et debitam obedientiam absque alicujus contradictione plebani habeant, sicut per privilegium fel. mem. Paschalis papæ eis concessum est, salva proprii episcopi debita reverentia. Partem vero decimarum, oblationum, testamentorum et cæterorum reddituum ecclesiasticorum per vestrum episcopatum secundum statuta canonum vobis confirmamus, et ut nulla Ecclesia in eodem episcopatu construatur, et constructa absque vestra licentia cuilibet subjiciatur, interdicimus, salva nimirum in omnibus apostolicæ sedis justitia et auctoritate.

Decernimus ergo, ut nulli omnino, etc. Si qua igitur, etc. cunctis autem, etc. Amen.

Ego Anastasius catholicæ Ecclesiæ episcopus.

Ego Ugo Ostiensis episcopus subscripsi.
Ego GG. presbyter cardinalis S. Calixti.
Ego Guido presbyter cardinalis S. Chrysogoni.
Ego Manfredus presbyter card. S. Savinæ.
Ego Aribertus presbyter card. S. Anastasiæ.
Ego Julius presbyter cardinalis S. Marcelli.
Ego Ubaldus presbyter cardinalis tit. S. Crucis in Hierusalem subscripsi.
Ego Astaldus presb. cardinalis tit. S. Priscæ.
Ego Joannes presbyter cardinalis tit. SS. Joannis et Pauli tit. Pammachii subscripsi.
Ego Joannes presbyter cardinalis tit. SS. Sylvestri et Martini subscripsi.
Ego Otho diaconus cardinalis S. Georgii ad Velum Aureum subscripsi.
Ego Martinus diaconus cardinalis S. Mariæ in Cosmedin subscripsi.
Ego Joannes diac. card. SS. Sergii et Bacchi.

Datum Laterani, per manum Rolandi sanctæ Romanæ Ecclesiæ presbyteri cardinalis et cancellarii II Kal. Jan. indict. II, Incarnationis Dominicæ anno 1153, pont. D. Anastasii papæ IV anno I.

ANNO 1153-1154.

XXVI.

Ad Petrum Tarentasiensem archiepiscopum.
(Laterani, Nov. 24.)
[*Hist. patriæ Monum.*, Chart., I, 804.]

ANASTASIUS episcopus, servus servorum Dei, venerabilibus fratribus P[ETRO] Tarentasiensi archiepiscopo et AR. Augustensi episcopo, salutem et apostolicam benedictionem.

Fraternitati vestræ notum fieri volumus quod nos dilectis filiis nostris G. priori Sancti Ursi et fratribus ejus et per eos commissæ sibi ecclesiæ donationem Stratæ quam dilectus filius noster nobilis vir Hu. comes Mauriennæ eisdem fratribus pietatis intuitu fecisse dignoscitur, ipsis studuimus confirmare. Ideoque per apostolica vobis scripta mandamus quatenus si aliquis contra nostræ confirmationis paginam forte ire præsumpserit et commonitus noluerit emendare, excommunicationis eum sententia innodetis.

Dat. Lateran., VIII Kal. Decembris.

XXVII.

Ad Engebaldum Turonensem archiepiscopum.—Mandat ut G. Trecorensem episcopum evocet et ejus vitam discutiat.

[MANSI, *Concil.*, XXI, 773.]

ANASTASIUS episcopus, servus servorum Dei, venerabili fratri E. Turon. archiepiscopo salutem et apostolicam benedictionem.

Si honorificationi commissi tibi pontificalis officii ea diligentia qua oportet intenderes, si correctioni eorum quæ de his qui sub tua provisione insistunt dicuntur enormia debita sollicitudine immineres, vita et conversatio fratris nostri G. Trecorensis episcopi non remansisset usque nunc sub tuis oculis indiscussa. De cujus utique actibus ad aures nostras talia pervenerunt, quæ de qualibet persona in clericali ordine constituta et audire opprobrium, et referre lamentabile videretur. Bonorum quidem Ecclesiæ suæ dilapidator asseritur, et sacros ordines contra decreta sanctorum Patrum dicitur distribuisse. Præterea Simoniæ ac perjurii crimine, multisque aliis piaculis perhibetur usque adeo irretitus, ut, quod dicere sine nimia mentis afflictione non possumus, juxta vocem prophetæ (*Ose.* VII) factus sit tanquam subcinericius, qui non reversatur. In quo facto illi de commissione horum excessuum, tibi vero est de taciturnitate timendum : dum speculator datus a Domino domui Israel, ita irrequisitos tantos excessus incorrectosque dimittis, ut parietem peccatorum, quem deberes evertere, linire potius juxta vocem propheticam videaris. Quoniam igitur sustinere nec volumus, nec debemus, ut præfati episcopi vita diutius remaneat indiscussa, per præsentia scripta fraternitati tuæ mandamus quatenus prudentibus aliquibus et religiosis [viris ascitis, aut dictum episcopum et clerum ecclesiæ suæ tuo jubeas conspectui præsentari, et diligenti conversationis et actuum illius facta discussione, si vel aliquo crimine apparuerit irretitus, vel sacros ordines contra statuta canonum inventus fuerit celebrasse, ab officio suo suspensum ad præsentiam nostri apostolatus transmittas ; ut nos quid in eo fuerit puniendum juxta constitutiones canonicas puniamus. Volumus autem ut tam tu quam alii episcopi vel abbates, quos ad discutienda illius opera evocaveris, quidquid veritatis exinde inveneritis per scripta vestra studeatis nobis plenius indicare. Sane cum tales de illo rumores aures etiam, ut dicitur, felicis memoriæ papæ E. prædecessoris nostri multorum proborum fuerint relatione aspersæ, ille ... rectione sua usque nunc omiserit cogitare ; pervidendum nobis est, ut de dissimulatione tam tristium nuntiorum non videamur a districto judice arguendi.

ANNO 1154.

XXVIII.

Ad Gregorium episcopum Lucensem.
[BALUZ., *Miscell.*, ed. Mansi, IV, 595.]

ANASTASIUS episcopus, servus servorum Dei, venerabili fratri G. Lucano episcopo salutem et apostolicam benedictionem.

Si a rigore canonum aliquando ex misericordia declinamus, et cum miseris misericorditer agimus, et cum infirmantibus infirmamur, hoc non ideo facimus quod velimus aliis suam justitiam decurtare, vel regiæ viæ tramitem, qui nobis summopere indicitur observandum relinquere. Auditu namque audivimus, unde non possumus non mirari ; audivimus siquidem quod clerici ecclesiæ S. Pantaleonis quoniam cum eis misericorditer egimus, et ab interdicto sub quo memorata ecclesia longo tempore fere usque ad interitum laboraverat, non tam de justitia quam de misericordia eos absolvimus, modo cornua erigant, et priorem, non sicut decet, sed pro libitu sibi affectent præponere, et jus quod dilecti filii nostri canonici S. Fridiani in eadem Ecclesia habere noscuntur, ipsis conantur auferre. Sane licet et nos misericorditer relaxaverimus interdicti sententiam, cum Beati Fridiani ecclesiam nequaquam intelleximus suo jure privari, nec prædecessorum nostrorum privilegia infringere, ut canticum misericordiæ atque justitiæ possimus Domino decantare et dicere cum Propheta: *Misericordiam et judicium cantabo tibi, Domine*; inde est quod fraternitati tuæ per apostolica scripta mandamus, quatenus prædictos clericos S. Pantaleonis in electione prioris sine consensu et voluntate prædictorum filiorum nostrorum canonicorum S. Fridiani procedere non permittas, nec tu turpiter procedas. Quod si aliquam justitiam tu vel ipsi clerici S. Pantaleonis vos habere confiditis, quare in ordinatione prioris procedere posse speratis, proxima Dominica qua cantatur: *Ego sum Pastor bonus* (18 April.), in nostra præsentia vestram poteritis justitiam experiri.

XXIX.

Ad canonicos regulares Lateranenses. — Confirmat eorum instituta.

[Mansi, Concil., XXI, 778.]

ANASTASIUS episcopus, servus servorum Dei, dilectis filiis, JOANNI priori sacrosanctæ patriarchii basilicæ Salvatoris Domini, quæ Constantiniana vocatur pariterque Joannis Baptistæ, ac Joannis evangelistæ, ejusque fratribus canonicis, tam præsentibus quam futuris, regularem vitam professis, in perpetuum.

Potestatem ligandi atque solvendi tam in cœlis quam in terra, B. Petro ejusque successoribus, auctore Domino, principaliter traditam illis Ecclesia verbis agnoscit, quibus Petrum est idem Dominus allocutus: *Quodcunque ligaveris super terram, erit ligatum et in cœlis: et quodcunque solveris super terram, erit solutum et in cœlis (Matth.* XVI). Ipsi quoque et propriæ firmitas et alienæ fidei confirmatio eodem Deo auctore præstatur, cum ad eum dicitur: *Rogavi pro te, Petre, ut non deficiat fides tua; et tu conversus aliquando, confirma fratres tuos* (*Luc.* XXI). Oportet igitur nos, qui licet indigne B. Petri residemus in loco, prout divina nobis clementia et scire et posse donaverit, prava corrigere, recta firmare, et in ejus ecclesia sic ad arbitrium judicis disponenda disponere, ut de vultu ejus judicium nostrum prodeat, et oculi nostri videant æquitatem. Æquum est ergo ac rationabile, ut suus unicuique honor ecclesiæ ac dignitas conservetur. Et sicut in humani corporis compage, naturalis ratio singulis quibuscunque membris ad salutem providens, speciales et proprios actus edocet, nobilioribus vero suam dignitatem conservat, ita in corpore Ecclesiæ apostolica providentia secundum sacrorum institutiones canonum universas regit Ecclesias; digniores autem et famosiores in sui status prærogativa custodit.

Hujus itaque rationis debito, provocati, licet omnium Ecclesiarum nobis sollicitudo et cura immineat, prædictæ tamen S. Lateranensi Ecclesiæ, per quam datur ut invigilare cæteris omnibus debeamus, quæ specialius ac familiarius ad Romani pontificis ordinationem spectare dignoscitur, ampliori et attentiori nos convenit studio providere. Eapropter vobis in Domino filiis ecclesiam ipsam, in qua divino mancipati estis obsequio, ad exemplar prædecessoris nostri B. memoriæ Alexandri papæ II apostolicæ sedis privilegio communimus. In primis siquidem statuentes, ut ordo canonicorum, qui secundum Deum et B. Augustini Regulam ibi noscitur institutus, perpetuis ibidem temporibus inviolabiliter conservetur.

Præterea quascunque possessiones, quæcunque bona eadem ecclesia inpræsentiarum juste et canonice possidet, aut in posterum concessione pontificum, largitione regum vel principum, oblatione fidelium, seu aliis justis modis, Deo propitio, poterit adipisci, firma vobis vestrisque successoribus et illibata permaneant, in quibus hæc propriis duximus exprimenda vocabulis: medietatem omnium oblationum principalis altaris in integrum sine dispendio aliquo · dationem seu redditum, qui Glandaticum dicitur, vel Herbaticum, ex nostris porcis et pecoribus, seu omnem fruitionem ab eodem prædecessore nostro ipsi ecclesiæ collatam. Obeunte vero te ejusdem loci priore, vel tuorum quolibet successorum, nullus ibi qualibet subreptionis astutia seu violentia præponatur; sed in aliqua persona de vestro collegio, si idonea reperta fuerit, vel de alio religioso conventu, prius conveniant: et postmodum cum consilio, deliberatione et judicio Romani pontificis eligant. Electus autem, nulli, nisi tantum ipsi Romano pontifici, de obedientia vel subjectione aliqua teneatur. Liceat vobis præterea clericos e sæculo fugientes, vel laicos liberos, undecunque sint, nisi excommunicati, vel interdicti sint, absque alicujus contradictione ad conversionem suscipere. Et qui suscepti fuerint cum communi consilio prioris et fratrum, nulli de obedientia teneantur, nisi Rom. pontifici, et priori ejusdem ecclesiæ. Et si quid scriptum contra hoc vestrum privilegium aliquo tempore apparuerit, id irritum ducimus. Prohibemus autem, ut nulli fratrum post factam in eodem loco professionem, sine prioris sui licentia, fas sit de claustro discedere; discedentem vero absque hujusmodi litterarum cautione, nullus audeat retinere. Adhibita suggestione et voluntate fratrum nostrorum cardinalium episcoporum sancimus, ut eadem ecclesia tanquam principalis, mater et domina, omnino libera sit, et nulli penitus, nisi soli Romano pontifici sit subjecta: atque iidem episcopi salubri providentia, veluti cooperatores et vicarii nostri, ipsius venerabilis basilicæ utilitatem, et honestatem provideant

Illud vero quod a memorato prædecessore nostro Alexandro statutum est, maxime observare præcipimus: videlicet ut vasa, seu vestes altaris, et cuncta sacri mysterii ornamenta non tangantur, vel proferantur, seu reponantur, aut etiam qualescunque oblationes desuper altari a non sacratis Deo ministris tollantur. Porro celebrantibus ibidem episcopis sacra missarum solemnia, in clericalibus tunicis præsentes sitis, cantum imponatis, et ex vobis presbyterum, diaconum, subdiaconum atque acolytum semper providere curetis. Præterea minus quatuor fratribus assistentibus, missa in eadem ecclesia, etiam diebus privatis, minime celebretur. Diebus vero Dominicis, et in sanctorum festivitatibus, quantuscunque sit, plenarius vester adsit conventus.

Ut autem in ecclesia ipsa regularis ordinis et disciplinæ vigor inviolabiliter, auxiliante Deo, custodiatur et servetur: unumquemque cardinalium episcoporum qui sunt ad principalis altaris servitium deputati, semel in hebdomada de observantia regulæ cum fratribus ipsius loci capitulum tenere, et si quid grave corrigendum fuerit, cum communi consilio prioris et fratrum, per ipsos vice nostra emendari statuimus. Si qua igitur in posterum ecclesiastica sæcularisve persona hanc nostræ confirmationis et constitutionis paginam sciens, etc.

XXX.

Ad abbatissam Sancti Deodati. — Ut abbati Vulturnensi obedientiam præstet.

(MURATORI, *Rer. Ital. Script.*, I, II, 520.)

ANASTASIUS episcopus, servus servorum Dei, A. abbatissæ Sancti Deodati.

Dilectus filius noster Elias abbas Sancti Vincentii, illam obedientiam, quam antecessores ejus in commissa tibi Ecclesia semper habuisse noscuntur, et quam tu ipsa olim dependisti, a te (unde miramur) sibi asserit denegari. Quoniam igitur nos eidem abbati, tanquam speciali filio nostro, jura sua illibata volumus, per præsentia tibi scripta mandamus, quatenus debitam obedientiam et reverentiam, quam illæ, quæ ante te commissæ tibi Ecclesiæ regimen tenuerant, antecessoribus ejus exhibuerunt, et quam tu ipsa ei et antecessoribus ejus exhibuisti, charitate servata, eidem semper exhibeas, et de jure suo aliquid subtrahere non præsumas.

XXXI.

Monasterii S. Bertini Sithiensis possessiones quasdam confirmat.

(Vide Iperii *Chron.* S. *Bertini ap.* MARTEN, *Thes. Anecdot.*; III, 647.)

XXXII.

[Geraldo] episcopo Tornacensi præcipit ne monasterii S. Bertini Sithiensis ecclesiarum potestatem sibi arroget.

(*Iperii Chron.* loco laudato.)

XXXIII.

Privilegium pro monasterio de Agnano.
(Laterani, Jan. 13.)

[MITTARELLI, *Annal. Camaldul.*, III, App., 469.]

ANASTASIUS episcopus, servus servorum Dei, dilectis filiis SAXONI abbati monasterii Sanctæ Mariæ de Agnano ejusque fratribus tam præsentibus quam futuris regularem vitam professis in perpetuum.

Piæ postulatio voluntatis effectu debet prosequente compleri, quatenus et devotionis sinceritas laudabiliter enitescat et utilitas postulata vires indubitanter assumat. Eapropter, dilecti in Domino filii, vestris justis postulationibus clementer annuimus et præfatum monasterium in quo divino mancipati estis obsequio, sub beati Petri et nostra protectione suscipimus et præsentis scripti privilegio communimus; statuentes ut quascunque possessiones, quæcunquebona, idem monasterium in præsentiarum juste et canonice possidet, aut in futurum concessione pontificum, largitione regum, vel principum, oblatione fidelium, seu aliis justis modis, Deo propitio, poterit adipisci, firma vobis vestrisque successoribus, et illibata permaneant. In quibus hæc propriis duximus exprimenda vocabulis:

Monasterium Sanctæ Mariæ in Graticciata juxta civitatem Aretinam; ecclesiam Sancti Blasii in ipsa civitate, monasterium Sancti Gaudentii, ecclesiam Sancti Quirici de Vicione, hospitale ipsius loci, ecclesiam Sancti Michaelis de Caphajora, ecclesiam Sancti Michaelis de Tuntinano, ecclesiam Sancti Stephani de Crovule et ecclesiam Sanctæ Cæciliæ de Ferrata, cum earum pertinentiis, curtem de Vertige, curtem de Sancto Soterio. Quidquid juris in castro de Pergine, molendinum quem habetis in flumine Arni juxta montem de Valle, molendinum in flumine Ambre de Poce et molendinum in flumine Else de Pedemontis. Sepulturam quoque ipsius loci liberam esse concedimus, ut eorum qui se illic sepeliri deliberaverint devotioni et extremæ voluntati nullus obsistat, salva justitia matricis ecclesiæ.

Decernimus ergo ut nulli omnino hominum liceat præfatum monasterium temere perturbare, aut ejus possessiones auferre, vel ablatas retinere, minuere, seu quibuslibet vexationibus fatigare, sed omnia integra conserventur eorum, pro quorum gubernatione et sustentatione concessa sunt, usibus omnimodis profutura, salva sedis apostolicæ auctoritate.

Si qua igitur in futurum ecclesiastica sæcularisve persona, etc.

DOMINUS UT PUPILLAM OCULI CUSTODI ME.

ANASTASIUS PAPA IV.

Ego Anastasius catholicæ Ecclesiæ episcopus.

Ego Imarus Tusculanus episcopus.

Ego Otto diacon. cardin. Sancti Georgii ad Velum Aureum.

Ego Hugo Ostiensis episcopus.

Ego Gregorius presb. card. tit. Calixti.

Ego Guido presb. card. tit. Sancti Chrysogoni.
Ego Manfredus presb. card tit. Sanctæ Sabinæ.
Ego Aribertus presb. card. tit. Sanctæ Anastasiæ.
Ego Julius presb. card. tit. Sancti Marcelli.
Ego Ubaldus presb. card. tit. Sanctæ Crucis in Jerusalem.
Ego Joannes diac. card. Sanctorum Sergii et Bacchi.
Ego Oddo diac. card. Sancti Nicolai in Carcere Tulliano.
Ego Octavianus presb. card. tit. Sanctæ Cæciliæ.
Ego Gerardus presb. card. tit. Sancti Stephani in Cœlio Monte.
Ego Joannes presb. card. Sanctorum Joannis et Pauli tit. Pammachii.

Datum Laterani, per manum Rolandi sanctæ Romanæ Ecclesiæ presbyteri cardinalis et cancellarii, Idibus Januarii indictione II, Incarnationis Dominicæ anno 1153, pontificatus vero domni Anastasii papæ IV anno primo.

XXXIV.
Monasterium Glannafoliense tuendum suscipit ejusque bona et jura confirmat.

(Laterani, Jan. 13.)

[GATTULA, *Hist. Casin.*, 299.]

ANASTASIUS episcopus, servus servorum Dei, dilecto filio GUILLELMO abbati Glannafoliensis monasterii, ejusque successoribus regulariter substituendis, in perpetuum.

Quoties illud a nobis petitur, quod rationi et honestati convenire dignoscitur, animo nos licet libenti concedere et petentium desideriis congruum impertiri suffragium. Eapropter, dilecte in Domino fili, tuis justis postulationibus clementer annuimus, et prædecessoris nostri felicis memoriæ papæ Urbani vestigiis inhærentes, præfatum monasterium, cui, Deo auctore, præesse dignosceris, sub beati Petri et nostra protectione suscipimus, et præsentis scripti privilegio communimus; statuentes ut, quascunque possessiones, quæcunque bona, idem monasterium impræsentiarum juste et canonice possidet, aut in futurum concessione pontificum, largitione regum vel principum, oblatione fidelium, seu aliis justis modis, Deo propitio, poterit adipisci, firma tibi tuisque successoribus et illibata permaneant; in quibus hæc propriis duximus exprimenda vocabulis : ecclesiam videlicet Sancti Martini de Sancto Mauro, ecclesiam Sancti Gervasii et Protasii in Bateaco cum pertinentiis suis, ecclesiam Beatæ Mariæ de Molo cum pertinentiis suis, insulam Sancti Mauri cum pertinentiis suis, ecclesiam Sanctæ Mariæ in Dane, ecclesiam Sancti Simplicii super Ligerim, ecclesiam Sancti Petri in Vodda, Sancti Petri cum villa Fabrensi, Sancti Lamberti de Curalo, Sancti Hilarii de Concorzo cum pertinentiis suis, et Sancti Martini de Sorech, terram Aymerici de Averoim, ecclesias Sanctæ Justæ de Verce cum pertinentiis suis, et Sanctæ Mariæ de Doado, villam de Solonge cum pertinentiis suis, villam quæ vocatur Gru cum pertinentiis suis, ecclesiam Sancti Vetorini de Gena cum molendino et aliis pertinentiis suis, ecclesiam Sancti Cirici in Salmossa cum decimis suis, ecclesiam Sancti Mauri in Lauduna, et ecclesiam Sanctæ Mariæ Magdalenæ de Vareno, villam Sindremont cum pertinentiis suis, ecclesiam Sancti Martini in Burno, villam ad Panes cum pertinentiis suis, et villam Lambri cum pertinentiis, insulam Blazon in Normannia, ecclesiam Sanctæ Mariæ de Cingla, ecclesiam Sancti Mauri, sitam in castro Laudensi, ecclesiam Sancti Aniani et villam Sindremont, ecclesiam Sancti Petri in Culturis. Sepulturam quoque ejusdem loci liberam esse sancimus, ut eorum qui se illic sepeliri deliberaverint, devotioni et extremæ voluntati nullus obsistat, salva justitia matricis ecclesiæ. Obeunte vero te, nunc ejusdem loci abbate, vel tuorum quolibet successorum, nullus ibi qualibet subreptionis astutia, vel violentia præponatur, nisi quem fratres communi consensu vel fratrum pars consilii sanioris, secundum Dei timorem et B. Benedicti Regulam providerint eligendum : electus autem Cassinensi abbati repræsentetur confirmandus, a catholico episcopo, quem ipse per suas litteras exoraverit, consecrandus. Qui nimirum et ejus successores obedientiam abbati Cassinensi promittent, et singulis quinquenniis ipsum Cassinense monasterium, tanquam suum caput humilitate debita visitabunt.

Decernimus ergo ut nulli omnino hominum liceat præfatum monasterium temere perturbare, aut ejus possessiones auferre, vel ablatas retinere, minuere, seu aliquibus vexationibus fatigare, sed omnia integra conserventur eorum, pro quorum gubernatione et sustentatione concessa sunt, usibus omnimodis profutura, salva in omnibus apostolicæ sedis auctoritate et diœcesanorum episcoporum canonica justitia. Si qua igitur in futurum ecclesiastica sæcularisve persona, etc.

Ego Anastasius catholicæ Ecclesiæ episcopus.
Ego Gregorius presbyter card. tit. Calixti.
Ego Otto diaconus cardin. S. Georgii ad Velum Aureum.
Ego Guido diaconus cardinalis Sanctæ Mariæ in Porticu.
Ego Jacynthus diaconus card. Sanctæ Mariæ in Cosmedin.
Ego Julius presb. card. tit. S. Marcelli.
Ego Ubaldus presb. card. tit. S. Crucis in Hierusalem.
Ego Octavianus presb. card. tit. S. Cæciliæ.
Ego Henricus presb. card. tit. SS. Neræi et Achillæi.
Ego Cencius presb. card. tit. S. Laurentii in Lucina.

Ego Joannes presb. card. tit. SS. Sylvestri et Martini.

Datum Laterani per manum Rolandi Sanctæ Romanæ Ecclesiæ presb. card. et cancell., Idus Jan., indictione II, Incarnationis Dominicæ anno 1154, pontificatus vero domni Anastasii papa IV anno I.

XXXV.
Ad Gregorium episcopum et canonicos Lucenses.
(Laterani, Jan. 16.)
[BALUZ., *Miscell.*, ed. Mansi, IV, 595.]

ANASTASIUS episcopus, servus servorum Dei, venerabili fratri G. episcopo, et dilectis filiis nostris canonicis Lucanis salutem et apostolicam benedictionem.

Ex quo in ecclesia S. Fridiani sacra fuit instituta religio talem odorem de sua conversatione fratres ipsius loci dederunt, ita religione sua illustraverunt Ecclesiam Dei, ut multi qui computruisse videbantur sicut jumenta in stercore suo, cucurrerint per eos in odorem unguentorum ipsorum, et in eorum vita veri luminis splendorem acceperint, cujus ducatu ad patriam fraternæ beatudinis remearent. Hinc fuit quod antecessores nostri eamdem ecclesiam hactenus sicut specialem filiam dilexere, et temporaliter et spiritualiter curaverunt jugiter exaltare. Quorum nimirum et nos vestigiis inhærentes locum ipsum non minori affectu, non impari charitate amplectimur; et fovere illum, exaltare ac defendere, quantum divina gratia dederit exoptamus, ita charos ipsius loci fratres habentes, ut qui eos offenderet, Romanam Ecclesiam offenderet; et qui eos tetigerit, pupillam nostri oculi a nobis tangere reputetur. Unde magnam amaritudinem in animo nostro concepimus quod quosdam parochianorum vestrorum, illo suggerente qui...... omnes filios superbiæ in tantam vexationem conversos audivimus, ut congregato cœtu in ecclesiam S. Salvatoris de Mustolio, quæ ipsorum juris esse dignoscitur, impetum facientes, fregerint portas Ecclesiæ ac personas clericorum voluerint inhoneste tractare; super quo miramur plurimum, et toto pectore contristamur, non plus pro illorum perditione qui, diabolo instigante, in tantæ superbiæ præcipitium convertuntur, quam pro vestro periculo, qui religiosorum injuriam subsannantes iniquos viros in illos nullo zelo rectitudinis exarsistis. Nos igitur, quia injurias sæpe dictorum fratrum et molestias, nostras proprias reputamus, et tantam præsumptionem nullo modo possumus relinquere impunitam, per præsentia vobis scripta mandamus, quatenus in ultionem tantæ nequitiæ ferventius insurgatis, et congregato cœtu ecclesiæ in die solemni, candelis accensis omnes illos qui caput hujus malitiæ exstitere, tu, frater episcope, vinculo excommunicationis astringas, et donec de tanta præsumptione satisfacturi apostolico se conspectui cum tuis litteris repræsentent, per totam tuam diœcesim sicut excommunicatos facias evitari; alios etiam dure corripias et ad satisfactionem venire compellas. Videat autem fraterna tua discretio, ut hanc iniquitatem non inveniaris aliqua dissimulatione negligere, sed eam juxta tui officii debitum ope ac veritate vigilantius insequaris. Alioquin non in mansuetudine, sed in asperitate faciemus te, auctore Deo, cognoscere, quoniam de ipsis, tanquam specialibus filiis nostris, sollicitudinem et curam habemus; et non patimur eis ab aliquo fratrum nostrorum contra suos malefactores præsidium sacerdotale negari.

Data Laterani XVII Kal. Februarii.

XXXVI.
Beraldo abbati monasterii S. Sixti Placentini usum mitræ concedit.
(Laterani, Jan. 23.)
[CAMPI, *Hist. di Piac.*, II, 353.]

ANASTASIUS episcopus, servus servorum Dei, dilecto filio BERALDO, abbati Sancti Sixti salutem et apostolicam benedictionem.

Et charitatis debito provocamur, et apostolicæ sedis benignitate, ac benevolentia incitamur, honorem fratribus exhibere, et specialibus S. R. E. filiis specialioris prærogativæ gratiam elargiri, ut hominibus spectabiliores appareant, et commissas sibi ecclesias apostolicæ dilectionis familiaritate suffulti tutius regant, atque ipsorum subditi majorem eis reverentiam, et honorem exhibeant. Sic itaque, dilecte in Domino fili Beralde, abbas de S. Petri, et nostræ dilectionis gratia te disposuimus honorare. In præcipuis ergo ecclesiæ tuæ festivitatibus tam in processione, quam infra sacra missarum solemnia ex apostolicæ sedis liberalitate usum mitræ ecclesiæ tuæ concedimus.

Dat. Laterani X Kalend. Februarii.

XXXVII.
Privilegium pro ecclesia Reatina.
(Laterani, Jan. 24.)
[UGHELLI, *Italia sacra*, I, 1198.]

ANASTASIUS episcopus, servus servorum Dei, vener. fr. DODONI Reatinæ Ecclesiæ episcopo, ejusque successoribus canonice instituendis in perpetuam memoriam.

In eminenti sedis apostolicæ specula, Domino disponente, constituti fratres nostros episcopos fraterna debemus charitate diligere, et ecclesiis sibi a Deo commissis paterna sollicitudine providere. Quocirca ven. in Christo fr. Dodo Ecclesiæ Reatinæ episcopo, tuis justis postulationibus debita benignitate gratum impertientes assensum prædictam Ecclesiam cui, Deo auctore, præesse dignosceris, sub B. Petri, et nostra protectione suscipimus, et præsentis scripti privilegio communimus; statuentes, ut quascunque possessiones, quæcunque bona eadem ecclesia in præsentiarum juste, et canonice possidet, aut in futurum concessione pontificum, largitione regum vel principum, oblatione fidelium, seu aliis justis modis, Deo propitio, poterit adipisci, firma vobis, vestrisque successoribus, et illibata permaneant, in quibus hæc propriis duximus expri- menda vocabulis.

Plebem S. Thomæ in Grumulo, plebem S. Susannæ, plebem S. Viti, plebem S. Mariæ Gisoni, plebem S. Mariæ in Testoni, plebem S. Rustici, plebem S. Mariæ in Valliocrina, plebem S. Mariæ in Cornu, plebem S. Mariæ in Sigilli, plebem S. Rufinæ, plebem S. Mariæ in Baccigno, plebem S. Sylvestri in Fallarino, plebem S. Crucis in Burbone, plebem S. Petri in Laculo, plebem S. Mariæ, et Petri in Pantano, plebem S. Petri in Dura, plebem S. Joannis in Clarino, plebem S. Sixti in Amiterno, plebem S. Petri in Popleta, plebem S. Victorini, plebem S. Petri in Precoro, plebem S. Valentini in Collectario, plebem S. Marci et S. Donati in Teria, plebem S. Juliani in Foce, plebem S. Pauli in capite Amiterni, plebem S. Cosmæ in Cagnano, plebem S. Antimi in Cassina, plebem S. Thomæ in Villano, plebem S. Petri in Cornu, plebem S. Eutitii in Marana, plebem S. Stephani in Cluvano, plebem S. Laurentii et S. Leopardi in Cartoro, plebem S. Mariæ in Mareri, et S. Pastoris, plebem S. Petri in Canapinula, plebem S. Elpidii, plebem S. Andreæ et S. Pauli, plebem S. Mariæ in Rivogatti, plebem S. Andreæ in Laceto, plebem S. Luciæ in Colle alto, plebem S. Andreæ in Capradosso, plebem S. Mariæ in Valle, plebem S. Agathæ in Plaja, plebem S. Justini in Rocca Sinibaldi, plebem S. Anatoliæ in Tore, plebem S. Angeli in Ceruja, plebem S. Victoriæ in Tripula, plebem S. Felicis in Octavo, plebem S. Nicolai et S. Helenæ in Lubriculo, plebem S. Joannis in Valle Reatina, plebem S. Savini in monte Gurzo, plebem S. Mariæ in Casa Roperti, plebem S. Laurentii in Quintiliano, plebem S. Mariæ in Anglise, plebem S. Donati de Turre de Carpasso, plebem S. Mariæ della Sala, et in eis plebibus oratoria, quæ monasteria dicuntur, videlicet S. Petri in Anglise, S. Crucis in Aqua de Solangio, S. Juvenalis in Lacu, S. Mariæ in Consonano, S. Liberatoris, S. Trinitatis, S. Gregorii de Cacalici, S. Valentini della Pureja, S. Crucis in Lognano, S. Eleutherii in campo Reatino, S Pastoris in Alatro, S. Angelici in Vetica, S. Mariæ in Lupicino, S. Petri in Madito, S. Sylvestri in Petra Battuta et S. Sylvestri in Perulo, S. Severini et S. Avitæ in Amiterno, S. Jo. Baptistæ de S. Victorino, S. Leontii in Classina, S. Laur. in Fasso, S...... in Nura, S. Mauri, S. Castilioni de Valle de Petra, S. Leonardi de Colle Fecati, S. Pauli de Cocotha. Item infra urbem, vel in suburbio Reatinæ civitatis ecclesiam S. Joannis et S. Eleutherii, S. Ruphi, S. Juvenalis, S. Marinæ, S. Petri in porta Romana, S. Salvatoris, et S. Nicolai in Acupentu, S. Leopardi, S. Bartholomæi, et S. Eutiçii, S. Maronis, et S. Severi, S. Fortunati, S. Petri, et S. Andreæ in campo Reatino, SS. Apostolorum, et S. Donati, S. Sebastiani in Scaje, S. Saccini in Berrico, S. Clementis, S. Nicolai in Forfone, S. Mariæ in Capite Aquæ, S. Mariæ in Pugillo, S. Flaviani in Novera, S. Mariæ in Burbone valle Lumbricola, S. Hilarii in Racciolo, S. Mariæ in civitate in Amiterno, et S. Baroti; ut ex (his omnibus episcopalia vobis jura solvantur. Præterea castrum collis Vaccarii, castrum Venerubæ, castrum montis Guizzi, castrum de Catrico, castrum casalis Lie, castrum Rocca in Prece, castrum Verani, castrum Butri, castrum Montis Sicci, cum pertinentiis suis.

Decernimus ergo, ut nulli omnino liceat eamdem... tenere, perturbare, aut ejus possessiones auferre, vel alias retinere, minuere, vel temerariis vexationibus fatigare, sed omnia integre conserventur, tam tuis quam clericorum, et pauperum usibus profutura, salva in omnibus sedis apostolicæ auctoritate. Si qua autem ecclesiastica sæcularisve persona, etc.

Ego Anastasius catholicæ Ecclesiæ episcopus subs.
Ego G. presb. card. tit. Callixti subsc.
Ego Guido presb. card. tit. S. Crysogoni subsc.
Ego Hubaldus presb. card. tit. S. Praxedis subs.
Ego Manfredus presb. card. tit. S. Sabinæ subsc.
Ego Astaldus presb. card. tit S. Priscæ subs.
Ego Jo. Paparo S. Laur. in Dam. presb. card. subsc.
Ego Cencius presb. card. tit. S. Laur. in Lucina subsc.

Datum Later. per manum Rolandi S. R. E. presb. et cancellarii, ix Kal. Febr., ind. i, Incarn. Domini 1153, pontificatus vero D. Anastasii papæ IV anno i.

XXXVIII.

Privilegium pro parthenone S. Spiritus Paraclitensi.

(Laterani, Jan. 26.)

[Abælardi Opp., 353.]

ANASTASIUS episcopus, servus servorum Dei, dilectis in Christo filiabus HELOISÆ abbatissæ, cæterisque sororibus in oratorio Sancti Spiritus, quod in pago Trecensi, in parochia Quinceii supra fluvium Arduconem situm est, divino famulatui mancipatis tam præsentibus quam futuris, etc. (*ut in præcedenti Eugenii III epist. data an.* 1147, *Nov.* 1.— *Vide* Patrologiæ *t. CLXXX.*) Ex dono Gauterii Rungifer, quatuor arpennos prati et quatuor arpennos terræ, quadraginta solidos census et corveas, etc. A Godefrido monetario, decem solidos census, a Fulcherio Pentecoste, et quidquid habebat in furno allodii. Quinquaginta solidos census a defuncto Stephano vicario et Andrea nepote suo. Quinque solidos census, a defuncta Aalis. Decem solidos census a Petro de Porta. Quidquid habetis apud Sulimatum et apud Pontem. Ab uxore Gualterii de Fontineto, viginti solidos census in terris Corileti. Loca vero de Triagnello, et Pomario, et Leavalle, quemadmodum vobis rationabiliter concessa sunt, etc.

Datum Laterani, per manum Rolandi sanctæ Romanæ Ecclesiæ presb. card. et cancellarii, vii Kal. Febr., ind. ii, Incarnat Dom. an. 1153, pontif. vero D. Anastasii IV papæ anno ii.

XXXIX.

Ecclesiam de Revigne et aliis bonis, donationibus decimis datis, acquisitis vel acquirendis Ecclesiæ S. Joannis Kaltenbornensis confirmat.

(Laterani, Jan. 29.)

[*Thuringia sacra*, 507.]

ANASTASIUS episcopus, servus servorum Dei, dilectis filiis GODESCALCO præposito ejusque fratribus in ecclesia S. Joannis Evangelistæ de Kaldenbrunn canonicam vitam professis tam præsentibus quam futuris in perpetuam memoriam.

Sicut sacrorum canonum docet auctoritas, tribus ex causis loca sanctorum mutanda sunt, quarum utique duas bonæ memoriæ Otto quondam Halberstadensis episcopus in causa ecclesiæ de Revigne intervenire cognoscens scilicet incommoditatem loci et importunitatem prædonum ob majorem fructum divini servitii communi fratrum assensu prædia præfatæ ecclesiæ in Kaltenbrunn transtulit et mutavit. Nos igitur, quorum præcipue interest ea quæ a fratribus nostris fiunt, rationabiliter roborare, et pia desideria opportunis adminiculis confovere, eamdem mutationem prædictis ex causis factam præsenti decreto firmamus et futuris temporibus ratam monere sancimus. Prædecessorum quoque nostrorum beatæ memoriæ Calixti, Honorii, Innocentii et Eugenii Romanorum pontificum vestigiis inhærentes, canonicæ vitæ ordinem, quem in eadem ecclesia professi estis, perpetuis temporibus ibidem observari statuimus, eumdemque locum cum suis omnibus pertinentiis sub beati Petri patrocinio communimus. Quæcunque præterea possessiones, quæcunque bona a nobilibus viris Hermanno atque Wichmanno vel a quibuscunque fidelibus de suo jure eidem loco legitime collata sunt, sive in futurum, largiente Deo, juste et canonice conferri contigerit, firma semper vobis vestrisque successoribus et inconvulsa permaneant. Decimas etiam quas Rainardus, Otto et Udelricus Halberstadensis episcopi ecclesiæ vestræ concessisse noscuntur, vobis et per vos ipsi ecclesiæ favoris nostri robore confirmamus. Obeunte vero te ejusdem loci proposito, vel tuorum quolibet successorum, nullis ibi qualibet subreptionis astutia seu violentia præponatur, nisi quem fratres communi consensu, vel fratrum pars consilii sanioris, secundum Deum et Beati Augustini Regulam providerint eligendum.

Decernimus ergo, ut nulli omnino hominum liceat prædictam ecclesiam temere perturbare aut ejus possessiones auferre, vel ablatas retinere, minuere, seu quibuslibet temerariis vexationibus fatigare, sed omnia integra conserventur eorum, pro quorum gubernatione et sustentatione concessa sunt, usibus omnimodis profutura, salva sedis apostolicæ auctoritate, et Halberstadensis episcopi canonica justitia.

Si qua igitur in futurum ecclesiastica sæcularisve persona, etc.

Ego Anastasius catholicæ Ecclesiæ episcopus
Ego Otto diac. card S. Georgii ad Velum Aureum.
Ego Gregor. presb. card. tit. Calixti.
Ego Guido presb. card. tit. S. Crysogoni.
Ego Gregor. diac. card. S. Angeli.
Ego Aribertus presb. card. tit. S. Anastasiæ.
Ego Octavianus presb. card. tit. S. Cæciliæ.
Ego Joannes presb. card. SS. Joannis et Pauli tit. Pammachii.
Ego Hugo Ostiensis episcopus.

Datum Laterani, per manum Rolandi sanctæ Romanæ Ecclesiæ presb. card. et cancell. vi Kal. Februar., indictione ii, Incarnationis Dominicæ anno 1153, pontificatus vero domni Anastasii papæ anno primo.

XL.

Bona, possessiones et immunitates S. Germain de Pratis confirmat.

(Laterani, Jan. 31.)

[BOUILLARD, *Hist. de Saint-Germain des Prez*, Pr., p. 38.]

ANASTASIUS episcopus, servus servorum Dei, dilectis filiis JOSFREDO abbati Sancti Germani Parisiensis urbis quondam episcopi, ejusque fratribus tam præsentibus quam futuris regularem vitam professis, in perpetuum.

Effectum justa postulantibus indulgeri et vigor æquitatis et ordo exigit rationis, præsertim quando petentium voluntatem et pietas adjuvat, et veritas non relinquit. Eapropter, dilecti in Domino filii, vestris justis postulationibus clementer annuimus et monasterium Beati Germani de Pratis in quo divino mancipati estis obsequio, sub beati Petri et nostra protectione suscipimus, et præsentis scripti privilegio annuimus. Statuentes ut quascunque possessiones, quæcunque bona, idem monasterium in præsentiarum juste et canonice possidet, aut in futurum concessione pontificum, largitione regum vel principum, oblatione fidelium, seu aliis justis modis, Deo propitio, poterit adipisci, firma vobis vestrisque successoribus et illibata permaneant. Præterea omnem libertatem seu dignitatem quæ a Childeberto, Clotario et aliis Francorum regibus monasterio vestro collata est, et eorum privilegiis confirmata, vobis et per vos ecclesiæ vestræ auctoritate apostolica confirmamus et ratam perpetuis temporibus permanere sancimus. Præcipimus autem ut chrisma, oleum sanctum, consecrationes, ordinationes et quæcunque vobis ex pontificali fuerint ministerio necessaria a nullo catholico episcopo vobis vestrisque successoribus denegentur. Sane, missas, ordinationes, stationes ab omni episcopo vel clero Parisiensis Ecclesiæ in eodem monasterio præter voluntatem abbatis vel congregationis fieri prohibemus. Nec habeant potestatem ibi aliquid operandi, sed nec divina ipsis officia interdicere, nec excommunicare, nec ad synodum vocare abbatem aut monachos, presbyteros aut clericos ecclesiarum ipsius loci facultatem damus. Adjicimus etiam ut in parochialibus ecclesiis quas tenetis, presbyteri per vos eligantur et episcopo præsententur; quibus si idonei fuerint, episcopus animarum curam committet, ut de plebis quidem cura ei respondeant, vobis autem pro rebus temporalibus ad monasterium pertinentibus debitam subjectionem impendant. Omnis autem abbas, dilecte in Domino fili Josfrede, qui post te a congregatione commissi tibi cœnobii secundum Regulam Beati Benedicti electus fuerit, a Romano pontifice vel a quo maluerit catholico episcopo gratiam et communionem sedis apostolicæ habente benedictionem accipiat.

Decernimus ergo, ut nulli omnino hominum liceat supradictum monasterium temere perturbare, aut ejus possessiones auferre, vel ablatas retinere, minuere seu aliquibus vexationibus fatigare, sed illibata omnia et integra conserventur eorum, pro quorum gubernatione et sustentatione concessa sunt, usibus omnimodis profutura, salva nimirum apostolicæ sedis auctoritate.

Si qua igitur, etc.

Ego Anastasius catholicæ Ecclesiæ episcopus sig.
Ego Imarus Tusculanus episcopus sig.
Ego Hugo Ostiensis episcopus sig.
Ego Gregorius presbyter cardinalis tituli Calixti sig.
Ego Guido presbyter cardinalis tituli S. Chrysogoni sig.
Ego Hubaldus presbyter cardinalis tituli Sanctæ Praxedis sig.
Ego Aribertus presbyter cardinalis tituli sanctæ Anastasiæ sig.
Ego Julius presbyter cardinalis tituli Sancti Marcelli sig.
Ego Guido presbyter cardinalis tituli Pastoris sig.
Ego Octavianus presbyter cardinalis tituli Sanctæ Cæciliæ sig.
Ego Otto diaconus cardinalis Sancti Georgii ad Velum Aureum sig.
Ego Rodulfus diaconus cardinalis sanctæ Luciæ in Septa Solis sig.
Ego Gregorius diaconus cardinalis Sancti Angeli sig.
Ego Guido cardinalis Sanctæ Mariæ in Porticu sig.
Ego Odo diaconus cardinalis Sancti Nicolai in Carcere Tulliano sig.

Datum Laterani, per manum Rolandi sanctæ Romanæ Ecclesiæ presbyteri cardinalis et cancellarii, II Kal. Februarii, indictione VI, Incarnationis Dominicæ 1153, pontificatus vero domni Anastasii papæ IV anno I.

XLI.

Wibaldo abbati Stabulensi annuli usum ad vitam duntaxat concedit.

(Laterani, Febr. 7.)

[MARTEN, *Ampl. Collect.*, II, 572.]

ANASTASIUS episcopus, servus servorum Dei, dilecto filio Corbeiensi abbati, salutem et apostolicam benedictionem.

Semper apostolica sedes Ecclesiarum prælatis, quos ampliori sibi charitate devinctos agnovit, abundantiorem honorem impendit, et eorum honestis petitionibus faciliori concurrit assensu. Inde est quod antiqua devotione, quam erga sedem apostolicam dignosceris habuisse, inducti, et quorumdam fratrum nostrorum precibus inclinati, usum annuli ex assueta benignitate apostolicæ sedis in vita tua tibi tantum duximus indulgendum, et in augmentum nostræ dilectionis annulum quoque tibi per dilectum filium nostrum G. diaconum cardinalem, qui ad partes Teutonici regni pro utilitatibus Ecclesiæ a nobis transmittitur, destinamus. Tua ergo devotio cum tanta gratiarum actione beneficium istud accipiat, ita te semper exhibeas in sacrosanctæ matris tuæ Romanæ Ecclesiæ veneratione ferventem, ut et nos hoc charitatis et beneficentiæ signum tibi gaudeamus impensum, et tu ad alia beneficia promerenda omni tempore debeas idoneus inveniri.

Datum Laterani, VII Idus Februarii.

XLII.

Canonicorum Pistoriensium disciplinam regularem, possessiones et privilegia confirmat.

(Laterani Febr. 8.)

[ZACHARIA, *Anecdota medii ævi*, 232.]

ANASTASIUS, etc., dilectis filiis GERO præposito et cæteris Pistoriensis canonicæ fratribus, etc.

Implenda semper sunt postulantium desideria, quoties illa poscuntur, quæ a ratione non deviant. Eapropter, dilecti in Domino filii, vestris justis postulationibus clementer annuimus, et ad exempla prædecessorum nostrorum b. m. Alex., Urbani, Lucii et Eugenii Romanorum pontificum canonicæ vitæ ordinem, quam professi estis, auctoritate nostri privilegii communimus. Præsenti igitur decreto statuimus, ut nemini viventium liceat vos et successores vestros a vitæ canonicæ communione distrahere, neque alicui vestro post professionem liberum sit a congregatione discedere, et laxioris vitæ præcepta sectari. Quamobrem decernimus, ut si ex vobis quispiam a proposito aberraverit, ad corrigendum eum et secundum disciplinam Regulæ coercendum, tibi vel successoribus tuis, et cæteris qui præfuerint, nulla debeat persona obsistere. Obeunte te, vel cæteris canonicæ vestræ rectoribus nullus ibi qualibet subreptionis astutia, vel violentia præponatur, nisi quem regulares fratres secundum Dei timorem, vel de suis, si talem inter se repererint, vel de alienis si oportuerit cum consilio episcopi, qui canonice electus et per Romanam Ecclesiam fuerit ordinatus, elegerint, etc. (2).

Ego Anastasius catholicae Ecclesiae episcopus
Ego GG. presbyter card. tt. Calixti
Ego Guido presbyter card. tt. S. Chrysogoni.
Ego Ubaldus presbyter card. tt. S. Praxedis.
Ego Julius presbyter card. tt. S. Marcelli.
Ego Wido presbyter card. tt. Pastoris.
Ego Joannes presbyter card. SS. Joannis, et Pauli et Pamachii.
Ego Cencius presbyter card. tt. S. Laurentii in Lucina.
Ego Henricus presbyter cardinalis tt. SS. Nerei et Achillei.
Ego Octo diac. card. S. Georgii ad Velum Aureum.
Ego Guido diac. card. S. Mariae in Porticu.
Ego Joannes diac. card. SS. Sergii et Bacchi.
Ego Oddo diac. card. S. Nicolai in Carcere Tulliano.

Datum Laterani per manum Rolandi, S. R. E. cardin. et cancellarii, vi Idus Februarii indictione II, Incarnationis Dominicae 1153, pontificatus vero domini Anastasii papae IV, anno I.

XLIII.
Ad clerum et populum Dolensem. — Confirmatio Hugonis Dolensis electi.

(Laterani, Febr. 13.)

[MARTEN., *Anecdoct.*, III, 896.]

ANASTASIUS episcopus, servus servorum Dei, dilectis filiis clero, baronibus et populo Dolensi, et per universam Dolensem dioecesim constitutis, salutem et apostolicam benedictionem.

Illius exemplo inducti, qui languores nostros tulit, et dolores nostros sua pietate portavit, pietatis viscera vobis duximus expandenda, et quantum in praesentiarum, salva Ecclesiae pace, potuimus, contritioni et dolori vestro paternae consolationis gratiam porrigendam. Unde ne forte, quod absit ! ecclesia vestra in temporalibus omnino deficiat, curam eorum et gubernationem dilecto filio nostro Hugoni electo vestro commisimus, et eum tam de conservandis possessionibus quas nunc habet, quam recuperandis his, quae hactenus, pastorali cura deficiente, dilapsae sunt, praecipimus existere studiosum. Quoniam igitur ad id vestrum ei noscitur subsidium opportunum, per praesentia vobis scripta mandamus, quatenus eidem filio nostro diligentius assistatis, et eum recuperare et conservare bona ecclesiae vestrae toto studio adjuvetis; et sicut ea bonae memoriae R. quondam archiepiscopus vester in pace tenuit; ita et iste, vestro ei assistente suffragio, valeat retinere. Si forte vero aliquis vestrum de bonis ejusdem ecclesiae aliquid occupavit, eidem filio nostro absque molestia et contradictione restituat. Alioquin animadversionem districti Judicis, et indignationem beatorum Petri et Pauli apostolorum ejus se noverit incursurum.

Datum Laterani, Idibus Februarii.

XLIV.
Ad Turonensem archiepiscopum. — Ut factam a S. Bernardo compositionem observet.

(Laterani, Febr. 13.)

[*Ibid.*]

Dolores et gemitus Dolensis Ecclesiae animum nostrum ad dolorem et compassionem invitant, et nos erga eam diu continere charitatis solatium non permittunt. Ejus quidem gemitum felicis memoriae papa Eugenius praedecessor noster considerationis motus, sanctae recordationis [Bernardo] quondam Claraevallis abbati per sua scripta mandavit, ut ad componendam pacem inter te et Dolensem Ecclesiam laboraret, et juxta datam sibi desuper sapientiam, agitatam hinc inde longo tempore controversiam fraterna charitate sopiret. Quoniam igitur a parte tua, et illius ecclesiae de servando quod ipse inter vos constitueret, securitate accepta, idem abbas inter vos praesentibus dilectis filiis nostris (3) G. monacho et Nivardo fratre ipsius abbatis ....ger vidit expedire, constituit; per praesentia scripta fraternitati tuae mandamus, quatenus a rigore voluntatis tuae descendas, considerans quia charitas non quae sua, sed quae aliorum sunt quaerit ; compositionem ipsam observes. Alioquin quoniam nobis aquam misericordiae diutius continentibus, omnia illius spiritualia bona siccantur, fraternitatem tuam nolumus ignorare, quia nos eidem ecclesiae pietatis gremium expandemus, et contritionem ejus curabimus, Domino auctore, sanare. Charitatis quidem officium non permittit, ut rigorem mansuetudini praeponentes, tantam ecclesiam sub ista contentione deficere penitus patiamur.

Datum Laterani, Idibus Februarii.

XLV.
Ecclesiam Pistoriensem tuendam suscipit ejusque bona et jura confirmat.

(Laterani, Febr. 4.)

[ZACHARIA, *Anecdota medii aevi*, 243.]

Anastasius episcopus, servus servorum Dei, venerabili fratri TURACIAE ejusque successoribus canonice substituendis in perpetuum.

Quoniam universalis Ecclesiae curam Deo, prout ipsi placuit, disponente suscepimus, oportet nos fratres nostros episcopos ampliori charitate diligere, et ecclesias eorum gubernationi commissas protectione sedis apostolicae communire, quatenus tam eis, quam ecclesiis, quae ipsorum regimini sunt commissae sub apostolica tuitione manentibus, et apostolorum Principis patrocinium contra pravorum incursus adeptis, et ipsi officii sui prosecutioni valeant propensius imminere, et commissae ipsorum pastioni oves Dominicae vitae pabulum apud

---

(2) Reliqua eadem sunt quae in Eugenii III privilegio pro iisdem canonicis. Vide *Patrologiae* tom. CLXXX, sub num. 456.

(3) Forte Gaufrido S. Bernardi notario.

eos cessantibus pravorum molestiis, uberius et quietius possint jugiter convenire. Eapropter venerabilis in Christo frater Thracia, Pistoriensis episcope, et tuæ honestatis et antiquæ devotionis, qua Pistoriensis Ecclesia semper in apostolicæ sedis reverentia et veneratione permansit, consideratione inducti, ad exemplar felicis recordationis et Innocentii II, Anastasii, Alexandri, Urbani III, et Innocentii III prædecessorum nostrorum Romanorum pontificum, eamdem ecclesiam sub Beati Petri, et nostra protectione suscipimus, et præsentis scripti privilegio communimus, statuentes, ut quascunque possessiones quorumcunque bonorum eadem ecclesia in præsentiarum juste et canonice possidet, aut in futurum concessione pontificum, largitione regum vel principum, oblatione fidelium, seu aliis justis modis, præstante Domino, poterit adipisci, firma tibi tuisque successoribus integra et illibata permaneant. Sancimus etiam, ut diœcesis Pistoriensis episcopatus, sicut ejus termini prædictorum prædecessorum nostrorum privilegiis distincti sunt, sic in jure, et condictione Pistoriensis episcopi sine aliorum molestia vel inquietudine perseverent, per quos nimirum terminos subscriptæ capellæ, et ecclesiæ constitutæ esse noscuntur; capella videlicet de Capraria, capella Hospitalis de Rosaria, pleb. de Massa, capella de Vincio, capella de Bucuniano, cap. de Castello Novo, cap. S. Martini in Monte Culli, cap. S. Mariæ Magdalenæ in Colle; cap. de Varczzano, cap. de Venua, super quam præfati prædecessoris nostri Urbani post tertiam et quartam discussionem est prolata sententia; cap. Hospitalis de Fanano, cap. prati Episcopi, cap. de Rotie, cap. de Cerbaria, cap. Montis acuti, cap. de Insula, cap. S. Salvatoris sita in prato juxta fluvium Bisentium; in Cojano, curte etiam, quæ vocatur Pavana in Pistoriensi comitatu cum castello Sambucæ in curtis confinia constructo, Sanctæ Pistoriensi ecclesiæ confirmamus, sicut a venerabilis memoriæ comitissa Mathilde Beati Petri filia post diu examinatam a compluribus judicibus, ac jurisperitis actionem, per judicium Bernardi tunc sanctæ Romanæ Ecclesiæ presbyteri cardinalis, et jam dicti Paschalis papæ Vicarii in manibus dignæ recordationis Ildebrandi prædecessoris tui, et fratrum ejus restituta esse cognoscitur. Porro decimationes de Monte Murlo, de Prato, de S. Paulo, de Cholonica de Monte magno, de Lamporekio de Creti de Spanarecchio, quas de laicorum manibus solertia prædicti prædecessoris tui eripuit: nullus unquam ab ecclesiæ jure et clericorum usibus alienare præsumat. Idipsum de cæteris curtibus, prædiisve præcipimus, quæ hodie in ecclesiastica Pistoriensi possessione persistunt, vid. de Lizzano, de Mammiano, de Cavinana, de Batoni, de Saturnana, de Groppule, Piscia, Vinacciano, Tobiana, Publica, Silva mortua, Petanense, Celleri, et de terra sita infra episcopatum Bononiensem, quam tenuerunt homines de Valle Liderla, curte de Spallioffo. Insuper confirmamus vobis plebem S. Hippolyti in Alpe, plebem S. Laurentii, plebem in Monte Murlo, plebem de Viliano, plebem S. Quirici, plebem in monte Spanareclo, plebem in Saturnana, plebem de Brandellio, plebem de Cavinana, plebem S. Marcelli, plebem de Lizzano, plebem de Popillio, plebem de Piteglio, plebem de Furfalo, plebem de Celle, plebem de Calloria, plebem de Vinatiano, plebem de Massa, plebem de Creti, plebem de Lamporecio, plebem de Limite, plebem de Artimino, plebem de Saiano, plebem de Quarrata, plebem de Montemagno, plebem de Tobiano, plebem S. Hippolyti, plebem S. Pauli, plebem de Aiolo, plebem S. Justi, plebem de Colonica, in prato plebem S. Stephani. Ad hæc adjicientes sancimus, ut occasione privilegii, quod Pratenses a nobis se impetrasse congaudent, nulla injuria, imminutio aut inobedientia Matri suæ Pistoriensi ecclesiæ, seu cuilibet supradictarum plebium, vid. S. Pauli, S. Hippolyti, S. Petri de Aiulo, S. Justi de Colonica, vel alicui in aliquo inferatur, nec Pratensis ecclesia, vel Clerici ipsius loci eodem scripto contra justitiam vel dignitatem, aut obedientiam Ecclesiæ, seu episcopi Pistoriensis utantur. Sed quemadmodum prædecessorum nostrorum Urbani, Paschalis, Innocentii II, atque aliorum, seu etiam bonæ memoriæ, et Petri Ildebrandi Pistoriensium episcoporum tempore exstitit, ita jam dicta Pratensis ecclesia absque aliqua diminutione potestatis aut dignitatis, Pistoriensi ecclesiæ, vel episcopi ejus in omnibus, obediens, et subjecta permaneat, prohibentes insuper, ut in episcopatum tuum nullus ecclesiam, vel oratorium sine assensu tuo, vel successorum tuorum de novo constituere audeat, salvo tamen privilegio Romanæ Ecclesiæ: liceat quoque tibi et successoribus tuis baptismales ecclesias in eadem diœcesi constituere, si necessitas visa fuerit imminere.

Decernimus ergo, ut nulli omnino hominum liceat, præfatam Pistoriensem ecclesiam temere aut perturbare, aut ejus possessiones auferre vel ablatas retinere, minuere aut quibuslibet vexationibus fatigare sed omnia integra et illibata serventur tam tuis quam tuorum fratrum, et pauperum usibus profutura, salva sedis apostolicæ auctoritate. Si qua igitur in futurum ecclesiastica, sæcularisve persona, etc.

Ego Anastasius catholicæ Ecclesiæ episcopus.
Ego Hicmarus Tusculanus episcopus.
Ego Ugo, Ostiensis episcopus.
Ego BB. presb. cardinalis tt. Calixti.
Ego Guido presb. cardinalis tt. S. Chrysogoni.
Ego Manfredus presb. cardinalis tt. S. Savinæ.
Ego Aribertus presb. cardinalis tt. S. Anastasiæ.
Ego Julius presb. card. tt. S. Marcelli.
Ego Guido presb. card. tt. Pastoris.
Ego Octavianus presb. card. tt. S. Priscæ.
Ego Henricus presb. card. tt. SS. Nerei, et Achillei.

Ego Oddo diaconus card. tit. S. Georgii ad Velum Aureum.

Ego Guido diaconus card. S. Mariæ in Porticu.

Ego Yacinthus diaconus card. S. Mariæ in Cosmidin ss.

Ego Gerardus diaconus S. Mariæ in Via Lata.

Ego Oddo diac. card. S. Nicolai in Carcere Tulliano ss.

Datum Laterani per manum Rolandi, S. R. E. presbyteri cardinalis, et cancellarii, xvi Kal. Martii, indict. xiv, Incarnationis Dominicæ anno 1153, pontificatus vero domini Anastasii papæ IV anno 1.

XLVI.

Privilegium ad Petrum Venerabilem super controversia quæ fuerat inter abbatem de Miratorio et fratres Gigniacensis monasterii, per ipsum summum pontificem ordine judiciario terminata.

(Laterani, Febr. 16).

[*Bullar. Cluniac.*, 63.]

ANASTASIUS episcopus, servus servorum Dei, dilecto filio PETRO Cluniacensi abbati, salutem et apostolicam benedictionem.

Quoties aliqua negotia ordine judiciario in nostra præsentia terminantur, ne in dubium veniant quæ geruntur, rationabile est ea pro securitate partium litterarum memoriæ commendare. Pro controversia siquidem, quæ inter dilectum filium nostrum Eustorgium abbatem de Miratorio et fratres tuos Gigniacenses, super damnis eis a fratribus ipsis illatis agitabatur, tam tu quam ipse abbas in nostra præsentia convenistis, et causa coram nobis et fratribus nostris diutius tractata et diligenter discussa est. Auditis itaque utriusque partis allegationibus ac rationibus plenarie intellectis, participato fratrum consilio judicavimus, ut prædictus abbas de Miratorio decem et septem millia solidorum Lugdunensis monetæ, quos, licet pro pace, violenter tamen ei donaveras usque ad primas Augusti Kalendas absque contradictione tibi et monasterio tuo restituat. Postmodum vero ea quæ per eosdem fratres Gigniacenses ablata sunt, judicio dilecti filii nostri Odonis diaconi cardinalis apostolicæ sedis legati, restitui faciat, damna quoque illata eidem abbati resarciri, vel de ipsis ei justitiam præcipimus nihilominus exhiberi. Nulli ergo omnino hominum fas sit hujus nostræ definitionis sententiam temerario ausu infringere, seu modis quibuslibet perturbare. Si quis autem id attentare præsumpserit, nisi secundo tertiove commonitus, præsumptionem suam digna satisfactione correxerit, honoris sui periculum patiatur, vel excommunicationis pœna mulctetur.

Ego Anastasius catholicæ Ecclesiæ episcopus.

Ego Gregorius presbyter card. tit. Sancti Calixti.

Ego Hicmarus Tusculanus episcopus.

Ego Odo diaconus cardinalis Sancti Georgii ad Velum Aureum.

Ego Censius Portuensis episcopus et Silvæ Candidæ.

Ego Rodulphus diaconus cardinalis Sanctæ Luciæ in Septa.

Ego Guido diaconus card. S. Mariæ in Porticu.

Ego Hubaldus presb. card. tit. S. Praxedis.

Ego Manfredus presb. card. S. Savinæ.

Ego Julius presb. card. S. Marcelli.

Ego Bernardus presb. card. tit. S. Clementis.

Ego Guido presb. card. tit. Pastoris.

Ego Aribertus presb. card. tit. S. Anastasiæ.

Ego Jordanus presb. card. tit. S. Susannæ.

Ego Astaldus presb. card. tit. S. Priscæ.

Ego Geraldus presb. card. tit. S. Stephani in Cœlio monte.

Ego Octavianus presb. card. tit. S. Ceciliæ.

Ego GG. in Romana Ecclesia.

Ego Joannes diac. card. SS. Sergii et Bacchi.

Ego Joannes presb. card. SS. Joannis et Pauli tit. Pamachii.

Ego Joannes presb. card. tit. SS. Silvestri et Martini.

Datum Laterani per manus Rolandi, sanctæ Romanæ Ecclesiæ presbyteri cardinalis et cancellarii, xiv Kalendas Martii, indictione II, Incarnationis Dominicæ anno 1154, pontificatus vero domni Anastasii papæ IV, anno primo.

XLVII.

Privilegium concessum episcopo Bergomati.

(Laterani, Febr. 25.)

[Lupi, *Cod. diplom. Bergom.*, II, 1119.]

ANASTASIUS episcopus, servus servorum Dei, venerabili fratri GIRARDO Bergamensi episcopo ejusque successoribus canonice substituendis, in perpetuam memoriam.

In eminenti sedis apostolicæ specula, disponente Domino, constituti ex injuncto nobis officio fratres nostros episcopos debemus diligere et ecclesiis sibi a Deo commissis suam justitiam conservare. Proinde, dilecte in Domino frater Girarde episcope, ad exemplar prædecessoris nostri felicis memoriæ papæ Innocentii, Bergamensi Ecclesiæ cui, Deo auctore, præes, paterna sollicitudine providentes statuimus ut quascunque possessiones, quæcunque bona in præsentiarum juste et canonice possides, aut in futurum, largiente Domino, rationabilibus modis poteris adipisci, firma tibi tuisque successoribus et illibata permaneant. Canonici quoque Sanctorum Vincentii et Alexandri tam præsentes quam futuri canonicam et debitam obedientiam tibi tuisque successoribus exhibeant, nec occasione privilegii ab apostolica sede percepti eam subtrahant. Qui nimirum nec non et omnes alii clerici tui episcopatus possessiones ecclesiarum ad tuum jus pertinentium sine tua tuorumque successorum conscientia et consensu quomodolibet alienandi omnem sibi per hujus nostri decreti paginam facultatem noverint perpetuis temporibus amputatam. Sic tamen ut vos si hoc manifesta et evidens utilitas et necessitas illarum ecclesiarum exegerit assensum vestrum non debeatis ex malitia et pravitate aliqua denegare.

Decernimus ergo ut nulli omnino hominum liceat commissam tibi Ecclesiam temere perturbare, aut ejus possessiones auferre, vel ablatas retinere, minuere, seu quibuslibet vexationibus fatigare, sed omnia integra conserventur eorum pro quorum gubernatione et sustentatione concessa sunt, usibus omnimodis profutura, salva sedis apostolicæ auctoritate.

Si qua igitur in futurum ecclesiastica sæcularisve persona, etc.

Ego Anastasius catholicæ Ecclesiæ episcopus subscr.

Ego GG. presbyter cardinalis tit. Calixti subscripsi.

Ego Astaldus presb. cardinalis Sanctæ Priscæ subscripsi.

Ego Oddo diac. cardinalis Sancti Georgii ad Velum Aureum subscripsi.

Datum Laterani per manum Rolandi, sanctæ Romanæ Ecclesiæ presbyteri cardinalis et cancellarii VII Kalendas Martii, indictione II, Incarnationis Dominicæ anno 1153, pontificatus vero domni Anastasii IV papæ, anno primo.

Pendente filis sericis bulla plumbea.

XLVIII.

Ad episcopum Tolonensem. — In gratiam monachorum S. Victoris quibus ille infensum se præbebat.

(Laterani, Mart. 1.)

[Marten., Ampl. Collect., I, 826].

Anastasius episcopus, servus servorum Dei, venerabili fratri W. (4) Tolonensi episcopo, salutem et apostolicam benedictionem.

Si aliquis in te charitatis igniculus remansisset, et monasticæ professionis Regulam non esses oblitus, fratres tuos monachos Massilienses diligeres, et nullam ipsis studeres injuriam irrogare. Ecce sicut ex ipsorum narratione didicimus, decimas ecclesiæ S. Joannis de Petrafoci eis contra justitiam aufers, atque etiam super ecclesiam Sancti Pontii de Colubreira injuriam eis non modicam non vereris inferre, cum liberam habeant sepulturam in eorum ecclesiis, qui se deliberant sepeliri, ausu temerario contradicis. Quia ergo a fraternæ charitatis unione declinare videris; quoniam illos persequi non desistis, quos debes ab aliis pro posse defendere; per apostolica tibi scripta mandamus, quatenus, si verum est, quod prædicti fratres nostris auribus suggesserunt, de cætero prædictis fratribus in memoratis ecclesiis non præsumatis aliquam injuriam, vel aliquam molestiam irrogare, seu illos qui sepulturam apud eos elegerunt, quomodolibet prohibere. Alioquin scire te volumus, quod nos pro eorum defensione, tanquam pro illis qui ad jus beati Petri proprie spectare noscuntur, contra illos qui eos præsumpserint infestare, murum nos tutissimum opponemus.

Datum Laterani, Kal. Martii.

XLIX.

Ecclesiam Turonensem tam Dolensis quam cæterorum Britanniæ citerioris episcoporum metropolim confirmat, petente Engelbaldo episcopo.

(Laterani, Mart. 3.)

[Marten. Thes. Anecd., III, 894.]

Anastasius episcopus, servus servorum Dei, venerabili fratri Engelbaldo Turonensi archiepiscopo, ejusque successoribus canonice substituendis, in perpetuum.

Justitiæ et rationis ordo suadet, ut qui sua desiderat a successoribus mandata servari, decessorum suorum voluntatem et statuta custodiat. Prædecessor siquidem noster felicis memoriæ papa Innocentius controversiam, quæ de prælatione Turonensis ecclesiæ et subjectione Dolensis inter earum pastores jam diu agitata est, bonæ memoriæ Gaufrido, quondam Carnotensi episcopo, tunc apostolicæ sedis legato, cognoscendam terminandamque commisit. Quæ cum in ejus præsentia in pluribus locis Galliæ tractata esset, et necdum fine debito terminata, Dolensis archiepiscopus ad ejusdem prædecessoris nostri præsentiam venit, conquerens in dilatione ipsius causæ se multoties gravatum esse, et multas ob hoc expensas sustinuisse. Propter quod suppliciter postulavit, ut idem prædecessor noster eamdem causam ad suam præsentiam revocaret, et debitum finem imponeret. Cujus petitioni acquiescens, apostolicis litteris antecessori tuo Hugoni præcipiendo mandavit, ut apostolico se conspectui præsentaret, ecclesiæ suæ justitiam super hoc ostendere præparatus. Quo interim divino judicio viam universæ carnis ingresso, tam ipse archiepiscopus quam Dolensis pro ejusdem controversiæ decisione, prædecessoris nostri beatæ recordationis papæ Lucii se conspectui præsentarunt. Cum autem de ecclesiæ suæ justitia rationes, scripta et argumenta plurima produxisset, productum est tandem in medium prædecessoris nostri bonæ memoriæ papæ Urbani privilegium, in quo manifeste continebatur, quod idem papa post multas hujus rei in sua et legatorum etiam sedis apostolicæ præsentia, discussiones et retractationes, scriptis Romanorum pontificum Nicolai videlicet, Joannis et Leonis quoque IX et Gregorii VII diligenter inspectis, et omnibus hinc inde diligenti examinatione pertractatis, ex communi fratrum suorum episcoporum, et multorum Romanæ Ecclesiæ clericorum consilio decrevit, et scripti sui munimine roboravit, ut tam Dolensis quam cæteri deinceps Britannorum episcopi Turonensem ecclesiam suam esse metropolim recognoscerent, et debitam ei semper reverentiam

---

(4) Willelmo hujus nominis secundo, qui ab anno 1117 ad 1165 Tolonensem episcopatum rexit, assumptus ex Massiliensi S. Victoris monasterio,

ut patet ex hac epistola; id quod hactenus auctores Provinciæ latuit.

exhiberent, nec ullo ulterius tempore post Rollandi obitum, qui tunc Dolensi ecclesiæ præsidebat, ad pallei usum Dolensis episcopus aspiraret. Ad hæc vero Dolensis nihil quod ratione subnixum esset respondit, nec partem suam alicujus Romani pontificis auctoritate tueri potuit. Auditis itaque utriusque partis allegationibus, et scriptis Romanorum pontificum ex parte Turonensis ecclesiæ studiose inspectis, præfatus prædecessor noster papa Lucius, communicato consilio in consessu fratrum suorum episcoporum, presbyterorum, et diaconorum cardinalium, et multorum aliorum nobilium, Romanorum civium, eamdem sententiam auctoritate apostolica confirmavit, et tam archiepiscopum quam Turonensem ecclesiam de ipsorum episcoporum obedientia propria manu per baculum investivit. Præcipiens juxta ejusdem sententiæ tenorem, ut tam Dolensis quam universi deinceps Britanniæ citerioris episcopi Turonensi ecclesiæ, tanquam metropoli propriæ, subjaceant et debitam obedientiam ac reverentiam humiliter exhibeant; nullusque de cætero Dolensis episcopus ad pallei usum aspirare præsumat; sed sicut jam dictum est, Turonensem ecclesiam propriam metropolim recognoscat, et reverenter ei obediat. Idipsum sanctæ memoriæ papa Eugenius scripti sui pagina confirmavit. Nos igitur qui licet indigni in sede justitiæ, disponente Domino, constituti, a via veritatis deviare nec volumus, nec debemus, eorumdem prædecessorum nostrorum vestigiis inhærentes, eamdem sententiam sedis apostolicæ auctoritate nobis a Deo concessa confirmamus, præsentis scripti munimine roboramus. Si qua igitur, etc.

S. PETRUS S. PAULUS.
ANASTASIUS PAPA IV.
Locus monogrammatis.
CUSTODI ME, DOMINE, UT PUPILLAM OCULI.

Ego ANASTASIUS catholicæ Ecclesiæ episcopus.
Ego Hicmarus Tusculanus episcopus.
Ego Hugo Ostiensis episcopus.
Ego Gregorius presbyter cardinalis tituli Calixti.
Ego Guido presbyter cardinalis tituli S. Chrysogoni.
Ego Ubaldus presbyter cardinalis tituli S. Praxedis.
Ego Manfredus presbyter cardinalis tituli S. Savinæ.
Ego Aribert presbyter cardinalis tituli S. Anastasiæ.
Ego Bernardus presbyter cardinalis tituli S. Clementis.
Ego Guido presbyter cardinalis tituli Pastoris.
Ego Jordanus presbyter cardinalis tituli SS. Susannæ et Felicitatis.
Ego Octavianus presbyter cardinalis tituli S. Ceciliæ.
Ego Astaldus presbyter cardinalis tituli S. Priscæ.
Ego Joannes presbyter cardinalis SS. Joannis et Pauli, tituli Pammachii.
Ego Cencius presbyter cardinalis tituli S. Laurentii in Lucina.
Ego Odo diaconus cardinalis S. Georgii ad Velum Aureum.
Ego Rodulfus diaconus cardinalis S. Luciæ in Septa solis.
Ego Gregorius diaconus cardinalis S. Angeli.
Ego Guido diaconus cardinalis S. Mariæ in Porticu.
Ego Joannes diaconus cardinalis SS. Sergii et Bacchi.
Ego Odo diaconus cardinalis S. Nicolai in Carcere Tulliano.

Datum Laterani per manum Rollandi, S. Romanæ Ecclesiæ presbyteri cardinalis et cancellarii, v Nonas Martii, indictione II, Incarnationis Dominicæ anno 1153, pontificatus vero domni Anastasii IV papæ, anno primo.

L.
Privilegium ad fratres Cluniacenses de ecclesia, de Rocaboviscurti super controversia quæ erat inter eos et clericos.

(Laterani, Mart. 4.)
[*Bullar. Cluniac.*, 64.]

ANASTASIUS episcopus, servus servorum Dei, dilectis filiis monachis Cluniacensibus in ecclesia de Rocaboviscurti commorantibus, salutem et apostolicam benedictionem.

Controversiam, quæ inter vos et clericos ecclesiæ, in qua constituti estis, super jure proprietatis ipsius ecclesiæ agitatur, venerabilibus fratribus nostris G... Lemovicensi et B... Sanctonensi episcopis audiendam terminandamque commisimus. Ideoque per præsentia vobis scripta mandamus, quatenus cum ab eis propter hoc fueritis evocati, occasione seposita eorum præsentiam adeatis, et quod exinde inter vos judicaverint, suscipiatis irrefragabiliter et servetis.

Datum Laterani, IV Nonas Martii.

LI.
Privilegium pro ecclesia Astens.
(Laterani, Mart. 5.)
[UGHELLI, *Italia sacra*, IV, 365.]

Bulla hæc verbatim privilegium repræsentat ab Eugenio III (5) *Anselmo episcopo Astensi concessum, nisi quod in hac adduntur plebs de Hunte, hospitale Cerveliæ, Mons Acutus cum arenariis et pertinentiis suis; medietas S. Stephani cum suis pertinentiis; ecclesia de Corticellis, castrum Blasæ, castrum S. Victoriæ cum ecclesiis et omnibus pertinentiis. Subscriptiones vero sunt ejusmodi.*

Ego Anastasius catholicæ Ecclesiæ episcopus.
Ego Oddo diac. card. S. Georgii ad Velum Aureum subsc.

(5) Vide *Patrologiæ* tom. CLXXX, in Eugenio III, sub num. 581.

Ego Guido diac. card. S. Mariæ in Porticu subsc.
Ego Oddo diac. card. S. Nicolai in Carcere Tulliano subsc.
Ego W. presb. card. tit. S. Callixti subsc.
Ego Guido presb. card. tit. S. Chrysogoni subsc.
Ego Ubaldus presb. card. tit. S. Praxedis subsc.
Ego Manfredus presb. card. S. Sabinæ subsc.
Ego Aribertus presb. card. S. Anastasiæ subsc.
Ego Joannes presb. card. SS. Joannis, et Pauli tit. Pammachii subsc.

Datum Laterani per manum Rolandi, S. R. E. presb. card. et cancellarii, III Non. Martii indict. II, Incarnationis Dominicæ anno 1154, pontif. vero D. Anastasii IV papæ, anno I.

LII.

Ad Nonantulanos monachos. — ut mortuo Alberto novum abbatem eligant.

(Laterani, Mart. 8.)

[TIRABOSCHI, *Storia di Nonantola*, II, 265.]

ANASTASIUS episcopus, servus servorum Dei, dilectis filiis A. priori et universo conventui Nonantulani monasterii, salutem et apostolicam benedictionem.

Super contritione ac destitutione monasterii vestri paterno vobis affectu compatimur, et de ipsius revelatione pro nostri officii debito, in quantum cum Deo possumus, diligentem curam, et attentam sollicitudinem gerimus. Quod autem post decessum bonæ memoriæ A. abbatis vestri de substituendo vobis pastore, sicut per litteras vestras et fratrem R. quem ad nostram præsentiam destinastis cognovimus, sollicite cogitastis, et in personam convenire vultis, gratum nobis est, et studium vestrum in Domino collaudamus. Cæterum quia de persona ipsa quam eligere vultis, notitiam quam oportet non habemus, et fratres nostri, qui eam amplius noverant, in eam minime consentire suadebant; prædictus quoque Fr. R. ad tantum negotium persequendum sufficere minime poterat, postulationem vestram in præsentiarum admittere nec potuimus nec debuimus. Quocirca per præsentia vobis scripta mandamus quatenus in personam litteratam, honestam et tanti monasterii regimini idoneam conveniatis, et per W. de melioribus personis monasterii vestri super eadem persona concordem et unanimem electionem vestram nobis significare curetis. Quibus etiam auctoritatem et potestatem, si vos forte supradicto in conventu non poteritis, eligendi vel a nobis suscipiendi personam, quæ vobis prodesse et præesse possit, et a nobis in abbatis officio confirmatam et benedictam ad vos referendi conferatis.

Datum Laterani, VIII. Id. Martii.

LIII.

Bona et immunitates ecclesiæ Gerboredensis confirmat.

(Laterani, Mart. 14.)

[LOUVET, *Antiquités du Beauvoisis*, 1, 665.]

ANASTASIUS episcopus, servus servorum Dei, dilectis filiis EUSTACHIO decano ecclesiæ Gerboredi ejusque denique fratribus tam præsentibus quam futuris canonice substituendis, in perpetuum.

Quoties illud a nobis petitur quod religioni et honestati convenire dignoscitur, animo nos decet libenti concedere, et petentium desideriis congruum impertiri consensum. Quapropter, dilecti filii, vestris postulationibus clementer annuimus et præfatam ecclesiam in qua divino mancipati estis obsequio sub beati Petri et nostra protectione suscipimus et præsenti scripto communimus : statuentes ut quæcunque possessiones, quæcunque bona eadem in præsentiarum juste et canonice possidet, aut in futurum concessione pontificum, largitione regum et principum, oblatione fidelium, aut aliis justis modis, patiente Domino, poterit adipisci firma vobis et successoribus vestris illibata permaneant. In quibus hæc..... duximus exprimenda vocabulis.

Ecclesiam de Rotengio cum decima magna et minuta et omnibus appendiciis ejus, medietatem decimæ de Collignie, decimam de Tilleto, tertiam partem decimæ de S. Donysii curte, ecclesias de Vuabesio, de capella, de Sullies, de S. Samsone, et de S. Audoeno; justitiam quam habetis apud Sonions et apud..... et villam quæ dicitur Ons apud Senentes et apud Wuardes. In villa Bray et apud Curteum decimam quoque conductus, pedagii transitus apud Gerboredum et Sonions et Ons, et fossas terrarum in suburbiis.

Præter hæc libertatem illam quam bonæ memoriæ Guido quondam Belvacensis episcopus, canonicis vobis et ecclesiæ vestræ concessit et scripti sui pagina confirmavit, et ne a statu suo temerario alicujus incursu et progressu temporis discedatur, auctoritate apostolica confirmamus.

Præsenti etiam decreto statuimus ne ullus habeat in ecclesia vestra præbendam nisi qui ei per suam præsentiam voluerit deservire. Capellanum itidem vice domini qui pro tempore fuerit ab officio capellani omnino non destiterit; capellaniam autem et præbendam ecclesiæ vestræ simul cum capellania illa prohibemus habere. Decernimus præterea et auctoritate apostolica confirmamus, interdicimus ut præbendæ vestræ non dividantur, sed in sua omni integritate permaneant.

Decernimus autem ut nulli omnino hominum liceat supradictam ecclesiam temere perturbare aut ejus possessiones auferre, vel ablatas retinere, minuere seu aliquibus vexationibus fatigare, sed omnia integra conserventur eorum, pro quorum gubernatione et institutione concessa sunt, usibus omnimodis profutura.

Prohibemus autem ut nullus audeat unquam ecclesiæ vestræ aut ipsius capellis novas et indebitas exactiones imponere, vel personas vestras aliquibus illicitis perceptionibus et servitutibus aggravare, salva nimirum diœcesani canonica justitia. Ad indicium autem perceptæ hujus ab Ecclesia Romana protectionis unum bisantium nobis et successoribus nostris singulis annis persolvetis.

Si qua autem etc.

Ego Anastasius catholicæ Ecclesiæ episcopus.
Ego Hicmarus Tusculanus episcopus.
Ego Hugo Ostiensis episcopus.
Ego Greg. presbyter cardinalis tit. Ecclesiæ Salvatoris.
Ego Hubaldus presb. card tit. Ecclesiæ Praxedis.
Ego Manfredus presb. card. tit. Sanctæ Firminæ.
Ego Ausbertus presb. card. tit. Sanctæ Anastasiæ.
Ego Octavianus presb. card. tit. Sanctæ......
Ego Otto diaconus cardinalis S. Georgii ad Velum Aureum.
Ego Rodulfus diac. card. tit. S. Luciæ.....
Ego Guido diac. card. tit. S. Mariæ in Portion.....
Ego Oddo diaconus cardinalis tit. Sancti Nicolai...
Ego Astaldus presb. card. tit. S. Priscæ.
Ego Joannes presbyt. card. tit. Fratrum.....
Datum Laterani per manum Rolandi, sanctæ Romanæ Ecclesiæ presbyteri cardinalis et cancellarii, 11 Idus Martii, indictione 11, Incarnationis Dominicæ anno 1155, pontificatus vero domini Anastasii papæ IV, anno primo.

LIV.

Donationem monasterii S. Petri de Landelina, ordinis S. Benedicti, Nucerinæ diœcesis, a comitibus Monaldo, Bucci filio, Rodulfoque Lamberti et comite Gentile, Alberici filio, priori et canonicis cathedralis ecclesiæ Fulginensis liberalissime factam, confirmat.

(Vide UGHELLI, *Italia Sacra*, I, 695.)

LV.

Ecclesiæ Fulginatensis bona confirmat (6).

(Laterani, Mart. 17.)

[UGHELLI, *ibid.* — Subscriptiones hæ sunt :]

Datum Laterani per manum Rolandi, S. R. E. presb. card. cancellarii xvi Kal. Aprilis, ind. 11, Incarn. Dominicæ an. 1153, pontif. vero d. Anastasii, anno 1.
Ego Anastasius catholicæ Ecclesiæ episcopus.
Ego G. G. presb. card. tit. S. Calixti.
Ego Guido presb. card. tit. S. Chrysogoni.
Ego Ubaldus presb. card. tit. S. ...
Ego Manfredus presb. card. tit. S. Sabinæ.
Ego Bernardus presb. card. tit. S. Clementis.
Ego Aribertus presb. card. tit. S. Crucis in Hierus.
Ego Oddus diac. card. S. Georgii ad Velum Aureum.
Ego Rodulphus diaconus card. tit. S. Luciæ in Septisol.
Ego Georgius S. Angeli.
Ego Guido diac. card. S. Mariæ in Porticu.
Ego Oddo diaconus card. S. Nicolai in Carcere Tull.
Ego Hicmarus Tusculanus episc.
Ego Ugo Ostiensis episc.

(6) Ipsissima verba sunt privilegii ab Innocentio II pro eadem Ecclesia dati. Vide *Patrologiæ* tom. CLXXIX, sub num. 318.

LVI.

Ecclesiæ S. Mariæ Lunensis patrocinium suscipit ejusque bona ac jura confirmat, petente Gotifredo episcopo.

(Laterani, Mart. 18.)

[UGHELLI, *Italia Sacra*, I, 846, ubi revocatur lector ad privilegium ab Eugenio III eidem Gotifredo, iisdem pene verbis, concessum. Vide *Patrologiæ* t. CLXXX, in Eugenio III, sub num. 325.]

Datum Laterani per manum Rolandi, S. R. E. presb. card. et cancellarii xv Kal. Aprilis, ind. ... Incarn. Dom. anno 1153, pontificatus vero domni Anastasii IV papæ, anno 1.
Subscriptiones sunt sequentes:
Ego Anastasius catholicæ Ecclesiæ episcopus.
Ego Hicmarus Tusculanus episcopus.
Ego Odo diaconus card. S. Georgii ad Velum Aureum.
Ego Rodulphus diaconus card. S. Luciæ in Septisolio.
Ego Gregorius diac. card. S. Angeli.
Ego Guido diac. card. S. Mariæ in Porticu.
Ego GG. presb. card. tit. S. Calixti.
Ego FF. Ubaldus presb. card. S. Praxedis.
Ego Manfredus presb. card. tit. S. Savinæ.
Ego Aribertus presb. card. tit. S. Anastasiæ.
Ego Bernardus presb. card. tit. S. Clementis.
Ego Henricus presb. cardinalis tit. SS. Nerei et Achillei.

LVII.

Privilegium pro parthenone Sancti Firmi de Plorizano.

(Laterani, Mart. 19.)

[LUPI, *Cod. diplom. Bergom.*, II, 1117.]

ANASTASIUS episcopus, servus servorum Dei, dilectis in Christo filiabus LICIÆ abbatissæ monasterii Sancti Firmi de Plorizano ejusque sororibus iam præsentibus quam futuris regularem vitam professis, in perpetuum memoriam.

Prudentibus virginibus quæ sub habitu religionis gratum Deo famulatum impendunt nostrum debet impertiri præsidium, ut tanto firmius valeant in proposito religioso persistere quanto contra terrenorum fluctuum tempestates apostolica tuitione fuerint propensius communitæ. Quapropter, dilectæ in Christo filiæ, vestris justis postulationibus clementer annuimus et præfatum monasterium in quo divino mancipatæ estis obsequio, sub beati Petri et nostra protectione suscipimus et præsentis scripti patrocinio communimus : statuentes ut quascunque possessiones, quæcunque bona idem monasterium inpræsentiarum juste et canonice possidet, aut in futurum concessione pontificum, largitione regum vel principum, oblatione fidelium, seu aliis justis modis, Deo propitio, poterit adipisci, firma vobis et his quæ vobis successerint, et illibata permaneant. In quibus hæc propriis duximus exprimenda vocabulis :

Ecclesiam Sancti Martini; terram quam habetis in loco qui dicitur Plorizanum; terram aliam in loco qui dicitur Istrata; terram quam habetis apud Redonam; domum quam habetis apud Somvicum cum vinea. Prohibemus etiam ut nullus omnino laicus decimas a vobis exigere præsumat, aut violenter auferre. Si quis autem id attentare præsumpserit, et commonitus emendare contempserit, anathematis sententia feriatur.

Decernimus ergo ut nulli omnino hominum liceat supradictum cœnobium temere perturbare aut ejus possessiones auferre, vel ablatas retinere, minuere, seu aliquibus vexationibus fatigare, sed omnia integra conserventur eorum, pro quorum gubernatione et sustentatione concessa sunt, usibus omnimodis profutura, salva sedis apostolicæ auctoritate, et diœcesani episcopi canonica justitia.

Si qua igitur in futurum ecclesiastica sæcularisve persona, etc.

Ego Anastasius catholicæ Ecclesiæ episcopus subscripsi.

Ego Hicmarus Tusculanus episcopus.

Ego Hugo Ostiensis episcopus.

Ego G. G. presbyter cardinalis Sancti Calixti subscripsi.

Ego G. presbyter cardinalis tituli Sancti Chrysogoni subscripsi.

Ego Hubaldus presbyter cardinalis Sanctæ Praxedis subscripsi.

Ego Manfredus presbyter cardinalis tit. Sanctæ Sabinæ subscripsi.

Ego Bernardus presbyter cardinalis tit. Sancti Clementis subscripsi.

Ego Aribertus presbyter cardinalis tit. Sanctæ Anastasiæ subscripsi.

Ego Guido presbyter cardinalis tituli Pastoris subscripsi.

Ego Joannes presb. card. tit. Sanctarum Susannæ et Felicitatis subscripsi.

Ego Henricus presb. card. tit. Sanctorum Nerei et Achillei subscripsi.

Ego Joannes presb. card. Sancti Joannis tit. Pammachii subscripsi.

Ego Octavianus presb. card. tit. Sanctæ Ceciliæ subscripsi.

Ego Oddo diac. card. Sancti Georgii ad Velum Aureum subscripsi.

Ego Rodulphus diac. card. Sanctæ Luciæ in Septisol. subscripsi.

Ego Gregorius diaconus cardinalis Sancti Angeli subscripsi.

Ego Guido diac. card. Sanctæ Mariæ in Porticu subscripsi.

Ego Joannes diac. card. Sanctorum Sergii et Bacchi subscripsi.

Ego Oddo diac. card. Sancti Nicolai in Carcere Tulliano subscripsi.

Datum Laterani per manum Rolandi, S. R. E. presb. cardinalis et cancellarii, xiv Kalend. Aprilis, indict. ii, Incarn. Dominicæ anno 1153 (7), pontificatus vero domni Anastasii papæ IV, anno I.

LVIII.
Monasterii Sanctæ Mariæ de Pomposia bona ac jura confirmat.

(Laterani, Mart. 19.)

[Muratori, *Antiq. Ital.*, V, 431.]

Anastasius episcopus, servus servorum Dei, dilectis filiis Joanni abbati monasterii Sanctæ Mariæ, quod in insula Pomposia situm est, ejusque fratribus tam præsentibus quam futuris, regulariter substituendis in perpetuum.

Religiosam vitam eligentibus apostolicum convenit adesse præsidium, ne forte cujuslibet temeritatis incursus aut eos a proposito revocet, aut robur, quod absit! sacræ religionis infringat. Eapropter, dilecti in Domino filii, vestris justis postulationibus clementer annuimus, et prædecessorum nostrorum felicis memoriæ Cœlestini, et Eugenii Romanorum pontificum vestigiis inhærentes, Beatæ Dei Genitricis, semperque Virginis Mariæ Pomposianum monasterium, in quo divino mancipati estis obsequio, sub beati Petri, et nostra protectione suscipimus, et præsentis scripti privilegio communimus: statuentes, ut quascunque possessiones, quæ cunque loca idem monasterium inpræsentiarum juste et canonice possidet, aut in futurum concessione pontificum, largitione regum vel principum, oblatione fidelium, seu aliis justis modis, præstante Domino, poterit adipisci, firma vobis, vestrisque successoribus et illibata permaneant. In quibus hæc propriis duximus exprimenda vocabulis: videlicet Massacellam, integram (8), etc. Præterea in episcopatu Concordiæ ecclesiam Sancti Martini in Phana. In episcopatu Cenetensi ecclesiam Sancti Petri in Colosis, et Sancti Danielis. In eodem episcopatu ecclesiam Sancti Andreæ in Bosco cum capellis suis, aliam ecclesiam Sancti Martini in Cambernardi, Sanctæ Mariæ in Ronchu Marzollu, Sanctæ Mariæ in Vidore, Sanctæ Bonæ cum capellis suis, Sanctæ Mariæ in Castello, et alias, quas in partibus illis habetis. In episcopatu Vicentiæ ecclesiam Sanctæ Mariæ in Teupisse. In civitate Veronensi ecclesiam Sancti Matthæi. In episcopatu Brixiensi ecclesias Sanctæ Mariæ de Sede Marculfi, Sanctæ Mariæ de Cucumare, et Sanctæ Mariæ de Suxiliano. In episcopatu Cremonensi ecclesiam San

---

(7) Bulla hæc Anastasii, quamvis in notis chronologicis annum 1153 præ se ferat, tamen ad sequentem vulgarem 1154 spectat. Procul dubio indicant et pontificis maximi nomen et indictio secunda, quæ hoc anno in cursu erat. Annus vero Florentinus nonnisi viii Kalend. Aprilis, aut postea ordiebatur, qui in hujus pontificis diplomatibus adhibitus fuit.

(8) Ut in bulla Callixti II papæ. Vide *Patrologia* t. CLXIII.

cti Stephani in Caballaria. In episcopatu Astensi ecclesias Sanctæ Mariæ de Flexu, et Sancti Joannis de Cerro. In episcopatu Bononiense ecclesias Sanctæ Mariæ de Arzellata, Sancti Venantii, Sancti Blaxii de Luzaco, Sancti Marci in Turrixella, Sancti Joannis in Castagnolo, Sancti Blasii in Saliceto, et aliam ecclesiam in Granarolo. In civitate ipsa ecclesiam Sancti Syri. In civitate Mutinensi ecclesiam Sanctæ Mariæ. In castro Soleric ecclesiam Sancti Joannis, et in villa ejus ecclesiam Sancti Michaelis. Ferrariæ ecclesiam Sanctæ Agnetis. In Finale Sancti Michaelis. Ustulati ecclesiam Sancti Petri. Faventiæ ecclesiam Sancti Clementis. Prate ecclesiam Sancti Laurentii. In episcopatu Liviensi ecclesiam Sanctæ Mariæ in Manumizola, ecclesiam Sancti Michaelis, et Sanctæ Mariæ Novæ cum capellis suis. Rimini Sanctæ Mariæ in Tribbo. In episcopatu Urbinensi ecclesiam Sancti Leonis de Folia, Sancti Angeli de Insula, Sanctæ Mariæ de Petra, Sancti Martini in Ulmeta, Sancti Racliani, et Sancti Angeli in Preverzum, ecclesiam Sanctæ Mariæ in Castagneto cum capellis suis, ecclesiam Sanctæ Mariæ de Viculo cum capellis suis, ecclesiam Sancti Joannis de Prugneto cum capellis suis, et ecclesiam Sanctæ Mariæ de castro, Sancti Martini cum capellis suis. Chrisma vero, Oleum Sanctum a Comacliensi episcopo (9), etc.

Ego Anastasius catholicæ Ecclesiæ episcopus subscripsi.

Bene valete.

Ego Hicmarus Tusculanus episcopus subscripsi.
Ego Ostiensis episcopus subscripsi.
Ego Gregorius presbyter card. titulo Calixti subscripsi.
Ego Guido presbyter card. titulo Sancti Chrysogoni subscripsi.
Ego Ubaldus presbyter card. tit. Sanctæ Praxedis subscripsi.
Ego Manfredus presbyter card. tit. Sanctæ Savinæ subscripsi.
Ego Aribertus presbyter card. tit. Sanctæ Anastasiæ subscripsi.
Ego Jordanus presbyter card. tit. Sanctæ Susannæ subscripsi.
Ego Octavianus presbyter card. tit. Sanctæ Ceciliæ subscripsi.
Ego Astaldus presbyter card. tit. Sanctæ Priscæ subscripsi.
Ego Cencius presb. card. tit. Sancti Laurentii in Lucina subscripsi.
Ego Henricus presb. card. tit. Sanctorum Nerei et Achillei subscripsi.
Ego Joannes presb. card. tit. Sanctorum Silvestri et Martini subscripsi.
Ego Odo diac. card. Sancti Georgii ad Velum Aureum subscripsi.

Ego Rodulfus diac. card. Sanctæ Luciæ in Scepta subscripsi.
Ego Guido diac. card. Sanctæ Mariæ in Porticu subscripsi.
Ego Odo diac. card. Sancti Nicolai in Carcere Tulliano subscripsi.

Datum Laterani per manum Rolandi, sanctæ Romanæ Ecclesiæ presbyteri cardinalis et cancellarii, xiv Kalend. Aprilis, indictione ii, Incarnationis Dominicæ anno 1153, pontificatus vero domni Anastasii papæ IV, anno i.

LIX.
Ecclesiarum Carcassonensium disciplinam regularem et possessiones confirmat.
(Laterani, April. 5.)
[BOUGES, *Histoire de Carcassonne*, 528.]

ANASTASIUS episcopus, servus servorum Dei, venerabili fratri PONTIO Carcassonensi episcopo, ejusque successoribus canonice instituendis, in perpetuam memoriam.

Justitiæ ac rationis ordo suadet ut qui a successoribus sua desiderat instituta et mandata servari, decessoris sui constituta et mandata custodiat, et sua stabilitate corroboret et confirmet. Eapropter justis regularium ecclesiæ tuæ canonicorum postulationibus gratum accommodantes assensum ad exemplar prædecessoris nostri felicis memoriæ Urbani papæ, institutionem regularis ordinis, quam prædecessor tuus bonæ recordationis Petrus episcopus, apud matricem Ecclesiam Sancti Nazarii et apud ecclesias Sanctæ Mariæ seu B. Stephani, Domino auctore, disposuisse dignoscitur, auctoritate sedis apostolicæ confirmamus, et ratam perpetuis temporibus manere sancimus. Statuentes ut quascumque possessiones, quæcumque bona prædictæ ecclesiæ, in præsentia, tum juste et canonice possident, aut in futurum concessione pontificum, largitione regum vel principum, oblatione fidelium, seu aliis justis modis, Domino propitio, poterunt adipisci, firma eisdem ecclesiis et illibata permaneant, clericorum et ibi Domino sub regularis vitæ observantia servientium, usibus omnimodis profutura. Prohibemus autem ut nec tibi, nec successoribus tuis, nec alicui ecclesiasticæ aut sæculari personæ fas sit canonicas ipsas evertere, vel institutum illic regularis vitæ ordinem removere, salva sedis apostolicæ auctoritate. Si qua igitur, etc.

SANCTUS PETRUS. SANCTUS PAULUS.
ANASTASIUS PAPA IV.

Ego Anastasius catholicæ Ecclesiæ episcopus.
Ego Hicmarus Tusculanus episcopus.
Ego Hugo Ostiensis episcopus.
Ego Odo diaconus card. S. Georgii ad Velum Aureum.
Ego Guido diac. card. S. Mariæ in Porticu.
Ego Gregorius presbyter card. tit. Laboch.
Ego Octavianus presbyter card. tit. S. Ceciliæ.

---

(9) Vide ibid.

Ego Joannes presb. card. S. Joannis et S. Lamachii

Datum Lat. per manum Rollandi, S. Romanæ Ecclesiæ presbyteri card. cancell. Non. April., indictione II, Incarnationis Dominicæ anno 1154, pontificatus vero domni Anastasii papæ IV, anno 1.

LX.

Monasterium Fructuariense sub beati Petri protectione recipit, bona ejus confirmat, inter quæ ecclesiam S. Danielis Venetiarum enumerat, aliaque privilegia impartitur.

(Laterani, April. 6.)

[CORNELIUS, *Ecclesiæ Venetæ* IV, 187.]

ANASTASIUS episcopus, servus servorum Dei, dilectis filiis RUFINO abbati Fructuariensi, ejusque fratribus tam præsentibus quam futuris regularem vitam professis, in perpetuum.

(10) Piæ postulatio voluntatis effectu debet prosequenti compleri, ut et devotionis sinceritas laudabiliter enitescat, et utilitas postulata vires indubitanter assumat. Eapropter, dilecti in Domino filii, vestris justis postulationibus clementer annuimus, et Fructuariense monasterium, in quo divino estis obsequio mancipati, sub B. Petri et nostra protectione suscipimus, et præsentis scripti privilegio communimus. Statuentes ut quæcunque bona, quascunque possessiones idem monasterium inpræsentiarum juste et canonice possidet, aut in futurum concessione pontificum, largitione regum vel principum, oblatione fidelium, seu aliis justis modis, opitulante Domino, poterit adipisci, firma vobis vestrisque successoribus in perpetuum et illibata serventur. In quibus hæc propriis nominibus adnotanda subjunximus. In civitate Astensi ecclesiam S. Secundi; apud Sollariensem villam ecclesiam S. Joannis; apud Morocium ecclesiam S. Blasii; apud Quadraginta ecclesiam S. Benigni, Villam Novam faloam in civitate Papiensi ecclesiam S. Matthæi, in archiepiscopatu Mediolanensi apud castrum Paternianum ecclesiam S. Nicolai. Apud castrum Cantorium ecclesiam S. Jacobi; apud Cuzatum ecclesiam S. Gervasii, in Ganne ecclesiam S. Gemuli, et ecclesiam Vulturni; in episcopatu Laudensi apud castrum Paudum ecclesiam S. Petri; in Vercellensi civitate ecclesiam Sanctæ Fidis; apud Januam in capite Faris ecclesiam S. Pauli. In civitate Saonensi ecclesiam S. Georgii; in episcopatu Albensi castrum Serre-longe, et apud murum ecclesiam S. Mariæ; in pago Yporiensi apud castrum Clevascium ecclesiam S. Martini; apud Ferrariam ecclesiam S. Romani. In episcopatu Bononiensi monasterium S. Bartholomæi, ecclesiam S. Petri Decaron, ecclesiam S. Mariæ de Villa Nova, ecclesiam Sanctorum Simonis et Judæ. Supra ripam Ticini in loco brinate ecclesiam S. Martini; in loco Paterniani ecclesiam S. Martini de Ublate, ecclesiam Danielis in Venetia, ecclesiam S. Agatæ in episcopatu Tarvisino. Obeunte vero te ejusdem loci abbate, vel tuorum quolibet successorum, nullus ibi qualibet subreptionis astutia vel violentia præponatur nisi quem fratres communi consensu vel fratrum pars sanioris consilii secundum Dei timorem et beati Benedicti Regulam providerint eligendum. Electus autem a Romano pontifice aut a quocunque maluerit catholico episcopo ordinetur. Chrisma, oleum sanctum, consecrationes altarium sive basilicarum, ordinationes monachorum, qui ad sacros ordines promovendi vel clericorum monasterio pertinentium a quocunque catholico volueritis accipietis episcopo, qui nostra fultus auctoritate quæ postulatur indulgeat. Id ipsum etiam de cellis sub eodem monasterio positis concedimus siquidem parochiarum ipsarum episcopi quæ episcopalis officii sunt gratis et sine pravitate eis noluerint exhibere. Ad hæc adjicientes statuimus ut nulli episcopo facultas sit, aliqua sæpefato Fructuario loco gravamina irrogare neque adversus abbatem et monachos sive clericos ejusdem monasterii excommunicationis aut interdictionis proferre sententiam. Decimas quoque reddituum de terris dominicatis quæ vel apud Fructuariam, vel per alia loca a vobis vel fratribus vestris excoluntur, vel per episcopos aut episcoporum ministros exigi prohibemus. Sepulturam vero ejusdem loci liberam esse sancimus ut eorum qui illic sepeliri deliberaverint devotioni et extremæ voluntati nisi forte fuerint excommunicati nullus obsistat.

Decernimus ergo ut nulli omnino liceat hominum præfatum monasterium temere perturbare, aut ejus possessiones auferre, vel ablatas retinere, minuere, seu quibuslibet molestiis fatigare; sed omnia integra observentur eorum pro quorum gubernatione et sustentatione concessa sunt usibus omnimodis profutura, salva tamen apostolicæ sedis auctoritate. Si qua igitur in futurum ecclesiastica sæcularisve persona, etc.

Ego Anastasius catholicæ Ecclesiæ episcopus.

Ego Odo diaconus cardinal. Sancti Sergii ad Velum Aureum.

Ego Gregorius presb. cardinal. tit. Calixti.

Ego Guido presb. cardinal. Sancti Chrysogoni.

Ego Hubaldus presb. cardinal. tit. Sanctæ Praxedis ss.

Ego Manfredus presb. cardinal. tit. Sanctæ Sabinæ.

Ego Aribertus presb. cardinal. tit. Sanctæ Anastasiæ.

Ego Guido diacon. cardinal. Sanctæ Mariæ in Porticu.

Ego Guido presb. cardinal. tit. Pastoris.

---

(10) Nullam de hoc diplomate mentionem ingerunt neque Mabillonius in Annalib. Ord. S. Benedicti, neque Ugh. in Episcopis Eporediensibus. Ex eo instruimur antiquis temporibus illustriora monasteria congregationis formam habuisse ex plurimis quæ sub jurisdictione sua habebant minoribus monasteriis.

Ego Odo diacon. cardinal. Sancti Nicolai in carcere Tulliano.

Datum Laterani per manum Rolandi, presb. card. sanctæ Romanæ Ecclesiæ et cancellarii, viii Idus Aprilis, indictione ii, Incarnationis Dominicæ anno 1154, pontificatus vero dom. Anastasii papæ IV, anno primo.

LXI.
Archiepiscopo Bracarensi præcipit ut J[oanni] archiepiscopo Toletano intra dies xxx debitam primati obedientiam exhibeat.

(Laterani, April. 8.)
[Mansi, Concil., xxi, 782.]

Quanti criminis habeatur apostolicæ sedis contemptus, ex propheticis verbis ostenditur, ubi scriptum est : *Peccatum ariolandi est repugnare, et quasi scelus idololatriæ nolle acquiescere (I Reg.* xv). Item beatus Gregorius de inobedientibus et apostolicæ sedis mandatis dura cervice resistentibus ait : Suæ ruinæ debet dolore prosterni quisquis apostolicis noluerit obedire mandatis; nec locum inter sacerdotes habeat; sed exsors a sancto ministerio fiat. Quam frequenter et quam districte a prædecessore nostro sanctæ memoriæ papa Eugenio fueris monitus, ut Toletano archiepiscopo tanquam primati tuo debitam reverentiam et obedientiam exhiberes, et qualiter ei obedieris, unde etiam priusquam mandatis ipsius obtemperares pro tua inobedientia et cervicositate secundo suspensionis sententiam incurristi, a tua memoria non debuit excidisse. Sed sicut venerabilis fratris nostri I...... nunc Toletani archiepiscopi conquestione accepimus, postquam de obitu ejusdem prædecessoris nostri certus fuisti, obedientiam quam R. prædecessori ejusdem archiepiscopi exhibuerat, sibi deferre nullatenus voluisti, non attendens quod unius morte apostolicæ Petræ soliditas nec frangitur, nec mutatur. Quocirca per præsentia tibi scripta mandamus atque præcipimus, quatenus ad prædictum fratrem nostrum I......, Toletanum archiepiscopum seposita excusatione accedas, et tanquam primati obedientiam debitam sibi exhibeas. Quod si infra triginta dies post harum acceptionem adimplere neglexeris, extunc a pontificali officio te noveris esse suspensum.

Datum Later. vi Idus Aprilis (11).

LXII.
Hyacintho cardinali et legato mandat de archiepiscopo [S. Jacobi] Compostellano primatui archiepiscopi Toletani subjiciendo.

[Mansi, ibid.]

Quoniam fratri nostro Compostellano mandavimus ut vel ei tanquam primati suo obediat, vel sub tuo judicio ipsi exhibeat justitiæ complementum, nihilominus charitati tuæ mandamus, ut si idem frater noster ambiguitatem noluerit subire judicii, utramque partem ante tuam præsentiam advoces, et rationibus utriusque partis plenarie auditis et cognitis, quod æquitati et rationi congruat, inde censeas observandum. Alias enim eum sicut primati suo illi facias humiliter obedire.

LXIII.
Ad Richardum abbatem Savigniensem. — Confirmat ei abbatias Savigniensi monasterio subjectas.

(Laterani, April. 20.)
[Marten., Thes. Anecdot., I, 433.]

Anastasius episcopus, servus servorum Dei, dilecto filio Richardo Savigniensi abbati ejusque successoribus regulariter promovendis, in perpetuum.

Apostolicæ sedis, cui divina gratia præsidemus, nos auctoritas admonet beneplacentem Deo religionem statuere, et stabilitam exacta diligentia conservare. Quocirca, dilecte in Domino fili Richarde abbas, tuis justis petitionibus clementer annuimus · et Savigniense monasterium, cui Deo, auctore, præesse dignosceris, scriptorum nostrorum patrociniis communimus : statuentes ut ordo monasticus secundum ordinem Cisterciensium fratrum tam in præfato monasterio quam in his quæ sub ipsius potestate et disciplina consistunt, futuris temporibus inviolabiliter conservetur, et ut abbatiæ, quæ ad jus tui monasterii pertinere noscuntur, in tua tuorumque successorum obedientia et subjectione permaneant, quarum nomina subduximus exprimenda :

Abbatia de Belbreh, et abbatia de Briostel cum pertinentiis earum, abbatia de Sarnago, abbatia de Brollio. et abbatia de Trappe cum appendiciis earum, abbatia de Sancto Andrea de Goffert, et abbatia de Sancto Clemente de Tyrunhel cum appendiciis earum, abbatia de Falcardimonte cum appendiciis suis, abbatia de Luncuiler cum pertinentiis suis, abbatia de Chalocheio cum pertinentiis suis, abbatia de Busseria cum pertinentiis suis, abbatia de Fontibus cum pertinentiis suis, abbatia de Veteri-Villa cum pertinentiis suis, abbatia de Alneto cum pertinentiis suis, abbatia de Fuanesio, abbatia de Holanda, abbatia de Caldra, et abbatia de Man cum pertinentiis earum, abbatia de Bella-Lauda, et abbatia de Joreval cum pertinentiis earum, abbatia de Cumbra-mara, abbatia de Basinwerch, abbatia Sanctæ Mariæ de Durelina, et abbatia de Pultuna cum pertinentiis earum, abbatia de Bildwas cum pertinentiis suis, abbatia de Neth cum pertinentiis suis, abbatia de Buffestren cum pertinentiis suis, abbatia de Quarraria, et abbatia de Drogonis-fonte cum pertinentiis earum, abbatia de Straforth cum pertinentiis suis, abbatia de Quoquosala cum pertinentiis suis. Has igitur abbatias cum omnibus pertinentiis ad exemplar prædecessoris nostri sanctæ memoriæ papæ Eugenii tibi tuisque duxisse; tum ad Hyacinthum diaconum cardin. in Hispania legatum de iis archiepiscopis, qui Toletano ut primati parere detrectabant, ad officium revocandis.

---

(11) Subjiciuntur aliæ ejusdem pontificis ad eumdem Bracarensem et Tarraconensem archiepiscopos, quibus gravissime illos arguit, se a Toletani archiepiscopi Hispaniarum primatis auctoritate sub-

successoribus in perpetuum confirmamus. Nulli ergo hominum fas sit super hac nostra confirmatione vestrum monasterium perturbare, aut aliquam ei exinde contrarietatem inferre; sed omnia in perpetuum ita intemerata serventur, quemadmodum praedicti praedecessoris nostri pagina noscitur institutum, salva in omnibus apostolicae sedis auctoritate. Si quis sane hanc nostri privilegii paginam sciens contra eam temere venire tentaverit, secundo tertiove commonitus, nisi congrue satisfecerit, potestatis honorisque dignitate careat, reumque se divino judicio existere de perpetrata iniquitate cognoscat, et a sacratissimo corpore et sanguine Dei et Domini Redemptoris nostri Jesu Christi alienus fiat, atque in extremo examine districae ultioni subjaceat, conservantes autem eidem loco quae sua sunt a remuneratore omnium bonorum Domino intervenientibus beatorum Petri et Pauli meritis aeternae vitae praemia consequamur. Amen, amen, amen.

CUSTODI ME, DOMINE, UT PUPILLAM OCULI.
S. PETRUS. S. PAULUS. ANASTASIUS PAPA IV.

Ego Anastasius catholicae Ecclesiae episcopus.
Ego Hicmarus Tusculanus episcopus.
Ego Oddo diaconus cardinalis S. Georgii ad Velum Aureum.
Ego Gregorius presbyter cardinalis tituli S. Calixti.
Ego Hugo Ostiensis episcopus.
Ego Cencius Portuensis episcopus et Silvae Candidae.
Ego Guido diaconus cardinalis Sanctae Mariae in Porticu.
Ego Hubaldus presbyter cardinalis tituli S. Praxedis.
Ego Gregorius diaconus cardinalis et Sabiniensis electus.
Ego Joannes diaconus cardinalis Sanctorum Sergii et Bacchi ss.
Ego Julius presbyter cardinalis tituli Sancti Marcelli subscripsi.
Ego Odo diaconus cardinalis Sancti Nicolai in Carcere Tulliano subscripsi.
Ego Wido presbyter cardinalis tituli Pastoris subscripsi.
Ego Astaldus presbyter cardinalis tituli Sanctae Priscae subscripsi.
Ego Henricus presbyter cardinalis tituli Sanctorum Nerei et Achillei subscripsi.

Datum Laterani per manum Rollandi, sanctae Romanae Ecclesiae presbyteri cardinalis et cancellarii, XII Kalend. Maii., indictione II, Incarnat. Dom. ann. 1154, pontif. vero D. Anastasii papae IV, anno I.

LXIV.
Privilegium pro monasterio S. Mariae de Prato.
(Laterani, April. 20.)
[*Bullar. Cluniac.*, 64.]

ANASTASIUS episcopus, servus servorum Dei, dilectis filiis Theobaldo priori de Prato Sanctae Mariae ejusque fratribus tam praesentibus quam futuris regularem vitam professis in perpetuum.

Religiosis desideriis dignum est facilem praebere consensum, ut fidelis devotio celerem sortiatur effectum. Eapropter, dilecti in Domino filii, justis vestris postulationibus clementer annuentes, praefatum monasterium, quo divino mancipati estis obsequio, sub beati Petri et nostra protectione suscipimus, et praesentis scripti privilegio communimus, statuentes ut quascunque possessiones, quaecumque bona idem monasterium inpraesentiarum juste et canonice possidet, aut in futurum concessione pontificum, largitione regum vel principum, oblatione fidelium, seu aliis justis modis, Deo propitio, poterit adipisci, firma vobis, vestrisque successoribus et illibata permaneant. In quibus haec propiis duximus exprimenda vocabulis.

Burgum in quo ipsum monasterium situm est, cum monte Curio et cum omnibus aliis appendiciis suis, et quidquid parochialis beneficii totius parochiae castri Donziacensis, et villae Sanctae Mariae de Prato, cum capella de Bronzilia et omnibus quae in villa illa, et in aliis circumpositis villulis habeatis: quidquid habetis de jure parochiali in villa de Poniaco, et quibusdam aliis circumjacentibus villulis: medietatem decimae totius parochiae vestrae, totam decimam minutam de agnis, et lana villae vestrae: capellam Sanctae Mariae de castro Donziaco cum domibus sibi contiguis in quibus presbyter habitat vitalis: medietatem salis de foro ejusdem castri Donziaci; ecclesiam Sancti Martini cum medietate decimae Mansi Merilli; medietatem totius territorii de Lueth cum decima, quae fuit Bernardi de Galis, duo molendina et unum.... ad Pontem; duas partes molendini de Bumont, tam de annona quam de piscatione, duo molendina nova; molendinum Albicastelli: terram Sancti Martini; terram Tripaldi; decimam de Cartis, cum illa quae fuit Arnulfi, decimam Chevenci, decimam de Bergenis, decimam Paludis, nemus quod dicitur Chassaneium, silvam quae dicitur Solua, clausum de Viliscordon, cum usu silvae ipsi contiguae, ad opus clausi et domorum quae ibi sunt, et alia omnia quae ibi habetis; villam de Bretinolis cum omnibus pertinentiis suis, et jure parochiali quod in ea habetis; decimam de Cavannis, medietatem decimae furni de Maanes, quidquid habetis apud Fontanas, villam de Fontaneio cum omnibus pertinentiis suis, ecclesiam de Pomaeo cum medietate omnium redituum ipsius; quidquid habetis apud Valcheri, quidquid habetis apud Melcharaldum, quidquid apud villam Generiam, quidquid apud Ulmos; silvam quae dicitur Fais, ecclesiam de Bois cum medietate census ejusdem villae; omnes etiam decimas, quas in parochia illa habetis, et in aliis appendiciis suis, duas partes decimae minutae ejusdem parochiae, de agnis, et lana, et porcis; villam de Villader cum omnibus appendiciis suis, capellam Sancti Martini, duas vineas, quas habetis in valle de Aliniaco, cum pratis et aliis quæ in ea habetis; obedientiam de Chasneio cum omnibus appendiciis suis, et villa de Belregart, ecclesiam S. Arici cum medietate omnium redituum ipsius ; obedientiam de Molumnis, quæ est de vestro alodio cum omnibus appendiciis suis ; ecclesiam ejusdem villæ, in qua omnium redituum medietatem habetis ; territorium de Maort; obedientiam de valle Dosia, cum silvis, pratis, molendino et omnibus aliis appendiciis, quæ omnia sunt de vestro Alodio ; medietatem decimæ ejusdem villæ, in qua omnium redituum medietatem habetis ; ecclesiam de Colummeria. In episcopatu Eduensi, obedientiam de Luciaco, cum pratis, piscationibus, molendino, pascuis etiam per omnia prata illius ripariæ omni tempore ad equitaturas prioris ejusdem loci ; vobis nihilominus confirmamus ecclesiam ejusdem villæ, cum medietate omnium redituum ipsius et quibusdam decimis, et quidquid habetis apud Cervonem. Præterea libertatem, quam in temporalibus rebus habetis, et omnia illa, quæ ex donatione bonæ memoriæ Hervæi domni Donziaci monasterium vestrum habere dignoscitur, quemadmodum in scripto donationis ejus continetur, vobis auctoritate apostolica confirmamus. Rationabiles autem et antiquas consuetudines, quas monasterium vestrum habere dignoscitur, vobis nihilominus confirmamus. Ad hæc præsenti decreto firmiter prohibentes adjungimus, ut res et bona presbyterorum vestrorum, quæ ex beneficiis ecclesiarum, quæ ad vos pertinent acquisierunt, episcopi vel eorum vicarii, seu quilibet alii, exceptis illis, quas eis episcopi sponte dimiserunt, accipiendi, vel vobis auferendi non habeant facultatem. Adjicientes itaque statuimus, ut nulli episcopo liceat pro excessu vestro, vel illorum qui ad vos pertinent, terras vel ecclesias vestras sub interdicto ponere, seu quod vestri juris est violenter auferre, donec in præsentia ejusdem episcopi vel metropolitani, parati eritis justitiam exhibere. Sancimus etiam et apostolicæ sedis auctoritate statuimus, ut de infractura cœmeterii vestri nullus, nisi vobis et ecclesiæ vestræ respondeat. Ecclesiæ vero vestræ, seu capellæ liberæ sint, et omnis exactionis immunes, præter consuetam episcopi paratam, et justitiam in presbyteros, qui adversus sui ordinis dignitatem offenderint; salva nimirum apostolicæ sedis auctoritate, et diœcesani episcopi canonica justitia. Liceat quoque vobis in ecclesiis vestris presbyteros eligere, ita tamen ut ab episcopis animarum curam absque venalitate suscipiant, et episcopo de plebis quidem cura respondeant, pro vero rebus temporalibus ad ipsum monasterium pertinentibus debitam vobis subjectionem exhibeant. Sane laborum vestrorum, quos propriis manibus aut sumptibus colitis, sive de nutrimentis vestrorum animalium, nullus a vobis præsumat decimas exigere.

Decernimus ergo ut nulli omnino hominum liceat præfatum monasterium temere perturbare, aut ejus possessiones auferre, vel ablatas retinere, minuere seu quibuslibet vexationibus fatigare ; sed omnia integra conserventur eorum, quorum gubernatione ac sustentatione concessa sunt, usibus omnimodis profutura, salva Cluniacensis abbatis in omnibus obedientia, ad cujus jus et proprietatem monasterium vestrum pertinere dignoscitur. Si qua igitur in futurum, etc.

Ego Anastasius catholicæ Ecclesiæ episcopus.
Ego Gregorius presbyter cardinalis tit. Calixti.
Ego Hicmarus Tusculanus episcopus.
Ego Hugo Ostiensis episcopus.
Ego Cencius Portuensis episcopus et S. Rufinæ.
Ego Odo diac. card. S. Georgii ad Velum Aureum.
Ego Radulphus diac. card. S. Luciæ in Septa.
Ego Guido diac. card. S. Mariæ in Porticu.
Ego Joannes diac. card. SS. Sergii et Bacchi.
Ego Odo diac. card. S. Nicolai in Carcere Tulliano.
Ego Hubaldus presb. card. tit. S. Praxedis.
Ego Manfredus presb. card. tit. S. Savinæ.
Ego Guido presb. card. tit. Pastoris.
Ego Jordanus presb. card. tit. SS. Susannæ et Felicitatis.
Ego Octavianus presb. card. tit. S. Ceciliæ.
Ego Astaldus presb. card. tit. S. Priscæ.
Ego Gerardus presb. card. tit. S. Stephani in monte Celio.
Ego Henricus presb. card. tit. SS. Nerei et Achillei.
Ego Joannes presb. card. SS. Joannis et Pauli tit. Pammachii.

Datum Laterani per manum Rollandi, sanctæ Romanæ Ecclesiæ presbyteri cardinalis et cancellarii XII Kalendas Maii, indictione II, Incarnationis Dominicæ anno 1154, pontificatus vero domni Anastasii IV papæ, anno I.

LXV.

Sententiam ab Eugenio III latam de controversia canonicorum S. Alexandri et S. Vincentii Bergomatum confirmat.

(Laterani, April. 21.)

[UGHELLI, *Italia sacra*, IV, 462.]

ANASTASIUS episcopus, servus servorum Dei, dilectis filiis LANFRANCO præposito, cæterisque canonicis ecclesiæ S. Alexandri Bergamensis, in perpetuum, etc.

Sicut æquum est, et officio religioso conveniens, natas inter viros ecclesiasticos controversias rationabili fine decidere, ita quidem vigor æquitatis expostulat, quæ rationabiliter decisa fuerint, fidei committere litterarum; ac ne inposterum aliquorum refragatione turbentur, auctoritate apostolica roborare. Eapropter paci et quieti vestræ providere volentes, sententiam, quam inter vos, et canonicos Sancti Vincentii super quibusdam, inter vos, et eos causa fuerat diutius agitata, felicis recordationis papa Eugenius prædecessor noster post sufficientem in præsentia sua, et fratrum suorum ejusdem causæ discussionem, communicato cum fratribus suis consilio promulgavit; nos etiam assertionis nostræ pagina confirmavimus, et ratam, et inconcussam perpetuis temporibus decernimus permanere : constituit siquidem, ut presbyteri Bergamensis episcopatus, qui post datam à felici memoria PP. Innoc. prædecessore nostro sententiam, ordinati sunt, sive qui deinceps ordinabuntur, utrique ecclesiæ fidelitatem exhibeant, et si canonici S. Vincentii recipere forte noluerint, nihilominus eam ecclesiæ vestræ debeant exhibere. De pœnitentiis autem hoc inter vos observari præcepit, ut presbyteri totius Bergamensis episcopatus, quoties pro publicis criminibus ad pœnitentiam parochianos suos adduxerint, utramque partem studeant convocare, ac nullatenus absque præposita vestri, vel unius presbyterorum ecclesiæ vestræ præsentia, criminosis illis pœnitentia injungatur. Adjecit etiam, ut in mensa episcopi in sinistra parte, præpositus ecclesiæ vestræ primum locum obtineat, et suos penes se clericos habeat. Statuit præterea, ut quoties in consuetis processionibus ad missarum solemnia celebranda, canonici Sancti Vincentii ad vestram ecclesiam venerint, quatuor parietes chori pacifice in ecclesia ipsa obtineant, et in vigiliis B. Viatoris, et in festo ejusdem, nec non in litaniis Gregorianis cum incenso, et aqua benedicta, campanis pulsatis per personas vestras eosdem canonicos honorifice suscipiatis. Cum autem ad defunctorum exsequias, vel aliis diebus vobiscum in ecclesia ipsa convenerint, totum chorum ecclesiæ vestræ cum eis pariter teneatis. Quoties vero vos cum eis in solemnitatibus, vel exsequiis mortuorum, sive in ecclesia S. Vincentii, sive in aliis conveneritis; præpositus ecclesiæ vestræ primum locum in sinistra parte chori obtineat : reliqui autem fratres cum eisdem clericis communiter sedeant. Decrevit itidem, ut capellani ecclesiarum Sancti Salvatoris, S. Agathæ, S. Joannis, Sanctæ Gratæ, ac S. Vigilii in Dominicis diebus, præcipuisque festivitatibus, ad majores missas in ecclesia vestra conveniant. In Cœna vero Domini, et ad Baptismum, et in aliis solemnitatibus, sicut divina consuevistis officia celebrare, ita omni tempore pacifice observetis. Ad hæc quoniam quidam sacerdotum ad exhibendas vobis supradictas fidelitates moras innectunt, et quibusdam subterfugiis eas retardare præsumunt, auctoritate apostolica constituimus, ut juxta veterem consuetudinem ecclesiæ vestræ, in continenti post susceptos ordines eas vobis exhibeant, et si statim exhibere contempserint donec exhibeant, a susceptis ordinibus arceantur. Præsenti etiam decreto sancimus, ut Bergomensis episcopus nullum vobis indebitum gravamen, et inusitatum imponat, sed vos, et ecclesiam vestram in antiqua libertate dimittat. Ne igitur super his, quæ inter vos judicio sedis apostolicæ decisa sunt, recidivo denuo litigio fatigemini, et inde alterutra partium alteram in expensas, et labores adducat, unde judiciario ordine perpetuum silentium utrique parti constat impositum, auctoritate apostolica interdicimus, ut nullus omnino hominum contra præfati antecessoris nostri sententiam venire præsumat, aut huic nostræ confirmationis, et constitutionis paginæ ausu temerario. Si quis autem hoc attentare præsumpserit, indignationem omnipotentis Dei, et beatorum Petri et Pauli apostolorum ejus incurrat. Amen. Amen. Amen.

Locus sigilli.

CUSTODI ME DOMINE UT PUPILLAM OCULI.

Ego Anastasius Catholicæ Ecclesiæ episcopus subscripsi.

Ego Hicmarus Tuscul. episcopus subsc.

Ego Hugo Ostiensis episcopus subsc.

Ego Cincius Portuensis episcopus, et Sanctæ Silvæ Candidæ subsc.

Ego Gregorius presb. card. tit. S. Calixti subsc.

Ego Hubaldus presb. card. tit. S. Praxedis subsc.

Ego Manfredus presb. card. tit. S. Sabinæ subsc.

Ego Aribertus presb. card. tit. S. Anastasiæ.

Ego Julius presb. card. tit. S. Marcelli subsc.

Ego Guido presb. card. tit. Pastoris subsc.

Ego Bernard. presb. card. tit. S. Clementis.

Ego Jordanus presb. card. Sanctarum Susannæ, et Fel. subsc.

Ego Astaldus presb. card. tit. S. Priscæ subsc.

Ego Gerardus presb. card. tit. S. Stephani in Cælio monte subsc.

Ego Joannes presb. card. SS. Jo. et Pauli tit. Pammachii subsc.

Ego Henricus presb. card. tit. SS. Nerei et Achillei subsc.

Ego Joannes presb. card. tit. SS. Silv. et Martini subsc.

Ego Odo diac. card. S. Georgii ad Velum Aureum subsc.

Ego Rodulfus diacon. card. S. Luciæ in Septasol. subsc.

Ego Guido diacon. card. S. Mariæ in Porticu subsc.

Ego Joannes diac. card. SS. Sergii et Bacchi subsc.

Ego Odo diac. card. S. Nicolai in Carcere Tull. subsc.

Datum Laterani per manum Rollandi, S. R. E. presb. card. et cancellarii II Kal. Maii, ind. II, Incarn. Dominicæ anno 1154, pont. vero domni Anast. IV PP. anno I.

LXVI.

Bulla pro monasterio Sancti Salvii Monsteriolensi.

(Laterani, April. 24.)

[*Gall. Christ.* X, Instrum., 311.]

ANASTASIUS episcopus, servus servorum Dei, dilectis filiis EUSTACHIO abbati monasterii Sancti Salvii Monsteriolensis ejusque fratribus, etc...

In quibus hæc propriis duximus exprimenda vocabulis. Altare Sanctæ Mariæ de Darnestal et totam decimam in villa Monsteroli, altare S. Winwaloei ab omni exactione liberum. In eadem villa altare Sancti Petri cum tota decima, altare Sancti Judoci et totam decimam, altare Sancti Vulflagii et totam decimam, altare S. Martini de Escuignecourt et totam decimam, altare Sancti Petri de Wally, altare sanctæ Mariæ d'Airon, hospites, silvam et terram, altare Sancti Vedasti de Escuir et totam decimam. In eadem villa hospites et terram arabilem, et silvas quæ vocantur Sudoye, Osanne, Caisnoy, Vellegny ex dono Herlewini comitis, altare Sancti Albini et medietatem allodii, sicut vobis libera concessa est : allodium quoque Walteri Hurupel et quartam partem silvæ quæ vocatur Waltestrens ; decimam de Abboltineil, altare S. Crispini de Campengnol, apud Vilernel tertiam gerbam decimæ. In villa prædicta Monsteroli allodia, molendina, et stallos carnificum, et furnum, et Novævillæ transitum, et sexaginta solidos ad portam regis; piscariam quoque ab Altimo usque ad Brimoniacum , et vivarium de Escuriolo, et pratum inferius, et totum Marest usque Escuir : altare Sancti Winwaloci de Belmery et totam villam, et molendinum, et palustria loca, terras quoque cultas et incultas, et silvas : quartam partem et Concil et sextam partem de Arry, et totam villam quæ Longum pratum dicitur, cum hospitibus, et silvis, et pratis, et terris cultis et incultis, et tertiam partem quindecim salinarum in villa quæ dicitur Ruà, cum terra arabili, et in Nigromonte tres salinas et dimidiam. In villa Maire hospitem unum, apud Maregni partem allodii Balduini clerici, apud Verton hospites, et salinas , et terram arabilem, et lignaturam ex dono regis Roberti Francorum, a festo S. Martini usque in medio mensis Maii, ex omnibus carris et quadrigis, asinis et navibus, et ex omnibus qui vendunt ligna in eodem castro, sive oppidani, sive extranei : quartam quoque partem allodii de Dourriers (al. Daminois) et de Fraisnis : comitatum in tota terra vestra inter Quantiam et Alteiam, et ultra Alteiam, sicut vobis comes Wido concessit; terram quoque de Albin, molendinum et nemus. In parochia Tervanensi altare Sancti Martini de Caveron , et totam decimam, altare Sancti Winwaloei, et totam decimam, altare Sancti Dionysii de Walbertcort, et altare Sancti Vedasti ; totam villam quoque Caveron, cum duobus molendinis , et terris cultis et incultis pratis et silvis, et comitatum ; quartam partem in villa quæ dicitur Ghisi, cum silvis et pratis, sextam quoque partem de Contls. In Galami manso tertiam partem tam de villa quam de molendino, silva et arabili terra ; ad Montegny tres mansos ; ad Tigny et ad Colinas tertiam partem duorum hospitum ; ad Novamvillam terram dimidiæ carrucæ et prata : villam Silviniacum, et in villa Judei mansi mansum unum, et ecclesiam unam in villa quæ dicitur Farnerias, cum tribus mansionariis accolis cum terra arabili; quamdam partem villæ de Totendal cum silva : in Sanctæ Mariæ villa hospites, terram arabilem et silvam ; in villa Hodie medium unius molendini, et terram arabilem , terram quoque de Frenc, et comitatum; in villa Cormunt hospitem unum ; ad Botin hospitem unum ; ad Wis hospites duos ; ad Staplas hospites quatuor, aquaticas tres, sagenas duas ; ad Boxin allodium Ramelmi ; in villa Londoniæ altare B. Laurentii cum hospitibus multis, et in territorio ejusdem civitatis capellam de Cochenech cum terra duarum carrucarum, et in Cochessella et Stambriga decimam de terra Wiardi Pointel ; in parochia Norwic partem manerii de Wirham cum ecclesia, et terra arabili, et saca, et socca, et capella ejusdem villæ; in villa Fillebi terram reddentem viginti solidos, et duas partes totius decimæ de manso Honestanestone, et in Lincolnensi parochia transitum de Gernic. Regimen scholarum totius Monsteroli, et unctionem infirmorum ejusdem oppidi. Decernimus ergo, etc.

Datum Laterani per manum Rolandi, sanctæ Romanæ Ecclesiæ cardinalis et cancellarii, viii Kalendas Maii, indict. ii, Incarnationis Dominicæ anno 1154, pontificatus vero domni Anastasii papæ IV, anno primo.

LXVII.
Domum hospitalem de misericordia Placentinam tuendam suscipit ejusque bona ac privilegia confirmat

(Laterani, April. 24.)

[[CAMPI, *Hist. di Piac.*, ii, 353.]

ANASTASIUS episcopus, servus servorum Dei, dilectis filiis OTTONI rectori domus hospitalis de Misericordia, ejusque successoribus regulariter substituendis, in perpetuum.

Cum omnes Ecclesiæ filios ex apostolicæ sedis benignitate, ac benevolentia protegere debeamus, eis tamen, qui in obsequio pauperum, et peregrinorum omnipotenti Domino humiliter, et devote ministrare noscuntur, attentius nos convenit providere, et eorum loca, ne pravorum molestiis perturbentur, defensionis nostræ clypeo communire, ut quemadmodum Domino, disponente, patres vocamur in nomine, ita etiam nihilominus comprobemur in opere. Quocirca, dilecte in Domino fili, tuis justis postulationibus clementer annuimus, et præfatum hospitale, cui, Deo auctore, præesse dignosceris , ad exemplar prædecessoris nostri sanctæ memoriæ papæ Eugenii, sub beati Petri, et nostra protectione suscipimus, et præsentis scripti privilegio communimus : statuentes, ut quascunque possessiones, et quæcunque bona idem hospitale inpræsentiarum juste, et canonice possidet, aut in futuro concessione pontificum, liberalitate regum, vel principum, oblatione fidelium, seu aliis justis modis, Deo propitio, poterit adipisci, firma tibi tuisque successoribus, et illibata permaneant. In quibus hæc propriis duximus exprimenda vocabulis :

Locum in quo ipsum hospitale situm est, cum omnibus pertinentiis suis, molendinum, et terras, quas in circuitu ipsius loci habetis, et domum, quam habetis ultra Padum in Laudensi episcopatu, cum pertinentiis suis. Præterea laudabilem ordinem, qui in eadem domo a bonæ memoriæ Hugone fundatore, et aliis prudentibus, et discretis viris institutus esse dignoscitur, et a bonæ memoriæ Arduino Placentino episcopo confirmatus; tibi et successoribus tuis, et eidem domui auctoritate sedis apostolicæ roboramus, et firmum, et inconcussum manere decernimus. Illud etiam, quod præfatus episcopus prædicto hospitali concessit, videlicet, ut a sacerdotibus inibi, et in ecclesia Sancti Egidii, quæ sub eodem hospitali consistit, commorantibus, nullus de Placentina ecclesia fidelitatem ullatenus exigat, pariter confirmamus. Navalium quoque, quæ propriis manibus, aut sumptibus fratres tui de cætero excoluerint, seu de nutrimentis vestrorum animalium, nullus omnino a vobis decimas exigere præsumat.

Decernimus ergo, ut nulli omnino hominum liceat præfatum hospitale temere perturbare, aut ejus possessiones auferre, vel ablatas retinere, minuere, seu aliquibus vexationibus fatigare, sed omnia integre conserventur vestris, et pauperum Christi, pro quorum gubernatione, et sustentatione concessa sunt, usibus omnino profutura, salva sedis apostolicæ auctoritate. Si qua ergo in futurum, etc.

Ego Anastasius catholicæ Ecclesiæ episcopus subscripsi.

(*Sequuntur cardinalium subscriptiones, quas brevitatis causa omittimus.*)

Dat. Laterani per manum Rolandi, S. R. E. presb. cardinalis, et cancellarii, viii Kal. Maii, indictione ii, Incarnationis Dominicæ anno 1154, pontificatus vero D. Anastasii IV papæ anno i.

LXVIII.

Possessiones et bona monasterii S. Petri Flaviniacensis confirmat.

(Laterani, April. 24.)

[Pérard *Recueil de pièces pour servir à l'hist. de Bourgogne*, p. 236.]

Anastasius episcopus, servus servorum Dei, dilecto filio Rainaldo abbati monasterii Sancti Petri Flaviniacensis, ejusque fratribus, tam præsentibus quam futuris....... vitam professis, in perpetuum.

Effectum justa postulantibus indulgere et vigor æquitatis et ordo exigit rationis, præsertim quando petentium voluntatem pietas adjuvat et veritas non relinquit. Eapropter, dilecti in Domino filii, vestris justis postulationibus clementer annuimus, et felicis memoriæ prædecessoris nostri papæ Calixti vestigiis inhærentes, Flaviniacense B. Petri monasterium in quo divino mancipati estis obsequio, sub beati Petri et nostra protectione suscipimus, et præsentis scripti privilegio communimus, statuentes ut quascunque possessiones, quæcunque bona præfatum monasterium inpræsentiarum juste et canonice possidet, aut in futurum concessione pontificum, largitione regum vel principum, oblatione fidelium, seu aliis justis modis, Deo propitio, poterit adipisci, firma vobis vestrisque successoribus et illibata permaneant. In quibus hæc propriis duximus exprimenda vocabulis:

Videlicet, ecclesiam Sancti Georgii Colticensis et burgum, ecclesiam S. Mariæ Sinemurensis, cum parochia sua, ecclesiam Sanctæ Trinitatis Prisciasci, ecclesiam S. Genesii de Flavigniaco et redditus letaniarum ad idem monasterium pertinentes, ecclesiam Sancti Symphoriani de Griniaco, ecclesiam Sancti Germani de Vitello, ecclesiam S. Bandelii de Vuabra, ecclesiam Sancti Benigni de Sirriaco, ecclesiam Sancti Martini de Massiniaco, ecclesiam Sanctæ Reginæ de Joliaco, ecclesiam Sancti Martini de Villiaco, ecclesiam Sancti Benigni de Darriaco, ecclesiam Sancti Salvatoris de Magtinile, ecclesiam Sancti Anhymi de Cancellis, ecclesiam Sancti Marcelli de Glennone, ecclesiam Sancti Sulpitii de Fontanis, ecclesiam Sancti Martini de Chichiaco, ecclesiam Sancti Petri de Puteolis cum decimis ad easdem ecclesias pertinentibus.

Decernimus ergo ut nulli omnino hominum liceat idem monasterium temere perturbare, aut ejus possessiones auferre, vel ablatas retinere, minuere, vel aliquibus vexationibus fatigare, sed omnia integra conserventur eorum pro quorum sustentatione ac gubernatione concessa sunt, usibus omnimodis profutura, salva nimirum diœcesanorum episcoporum canonica justitia. Obeunte vero te nunc ejusdem loci abbate, vel tuorum quolibet successorum, nullus ibi qualibet astutia seu violentia præponatur, nisi quem fratres communi consensu, vel fratrum pars consilii sanioris, vel suo vel de alieno, si potuerint, collegio, secundum Dominum et B. Benedicti Regulam præviderint eligendum. Si qua igitur, etc.

Ego Anastasius catholicæ Ecclesiæ episcopus.
Ego G. G. presbyter cardinalis tituli Calixti.
Ego Guido presbyter cardinalis tituli S. Chrysogoni.
Ego Ubaldus presbyter cardinalis tituli S. Praxedis.
Ego Manfredus presbyter cardinalis tituli S. Sabinæ.
Ego Aribertus presbyter cardinalis tituli S. Anastasiæ.
Ego Guido presbyter cardinalis tituli Pastoris.
Ego Jordanus presbyter cardinalis tituli SS. Susannæ et Felicitatis.
Ego Gerardus presbyter cardinalis tituli S. Stephani in Cœlio monte.
Ego Joannes presbyter cardinalis SS. Joannis et Pauli tituli Pammachii.
Ego Hicmarus Tuscul. episcopus.
Ego Cincius Portuensis episcopus et S. Fuffinæ.
Ego Gregorius Miron ecclesiæ Sabinensis electus
Ego Rodulphus diaconus cardinalis S. Luciæ ir Septasole.

Ego Joannes diaconus cardinalis SS. Sergii et Bacchi.

Datum Laterani, per manum Rolandi sanctæ Romanæ Ecclesiæ presbyteri cardinalis et cancellarii, VIII Kalend. Maii, indict. II, Incarnationis Dominicæ anno 1154, pontificatus vero domni Anastasii papæ IV, anno primo.

LXIX.

Bulla Alano episcopo Antissiodorensi data. — Jus ei confirmat in abbatem S. Germani.

(Laterani, April. 25.)

[*Gall. Christ.*, XII, 123.]

Anastasius episcopus, servus servorum Dei, venerabili fratri Alano Antissiodorensi episcopo ejusque successoribus canonice substituendis in perpetuum.

Quæ a prædecessoribus nostris per judicium vel concordiam acta esse noscuntur, in sua volumus stabilitate persistere, ut imposterum robur obtineant confirmationis nostræ munimine roborari. Eapropter, dilecte in domino fili Alane episcope, tuis justis petitionibus gratum accommodantes assensum, concordiam quam prædecessor noster sanctæ memoriæ papa Eugenius, super controversia quæ agitabatur de monasterio B. Germani inter Hugonem bonæ memoriæ prædecessorem tuum et dilectum filium nostrum Petrum Cluniacensem abbatem et monachos Sancti Germani fecisse dignoscitur, nos ejus vestigiis inhærentes apostolicæ sedis auctoritate firmamus, præcipientes ut in abbatia S. Germani sine Cluniacensis abbatis consilio abbas nullatenus eligatur; electum vero approbandi vel reprobandi canonice, et si dignus fuerit in abbatem benedicendi, tam tu quam successores tui habeatis liberam facultatem; benedictus autem obedientiam episcopo Antissiodorensi promittat. Depositio quoque ipsius, si talis, quod absit, apparuerit judiciario ordine facienda, et tam abbatis quam monachorum canonica correctio ad te nihilominus pertinebit. Chrisma, oleum sanctum, consecrationes altarium vel basilicarum, ordinationes monachorum vel clericorum, qui ad sacros ordines fuerint promovendi, abbas et monachi S. Germani ab Antissiodorensi episcopo tamquam a diœcesano accipiant, donec gratiam apostolicæ sedis habuerint. Præterea memorati prædecessoris nostri papæ Eugenii statuta sequentes, præsentis scripti pagina confirmamus, ne quod a præfato Cluniacensi abbate de investitura per baculum ipsi abbati S. Germani factum est, tibi vel ecclesiæ tuæ imposterum præjudicium faciat, vel aliquod inferat detrimentum, et ne de cætero abbas S. Germani a Cluniacensi abbate investituram per baculum suscipiat prohibemus. Si quis autem hujus nostræ confirmationis paginam sciens contra eam temere venire tentaverit, honoris et officii sui periculum patiatur, aut extrema ultione plectatur, nisi præsumptionem suam digna satisfactione correxerit.

Ego Anastasius catholicæ Ecclesiæ episcopus.

Ego B. presbyter cardinalis tit. S. Calixti.
Guido presbyter cardinalis tituli S. Chrysogoni.
Umbaldus presbyter cardinalis tituli S. Praxedis.
Aubericus presbyter cardinalis tituli S. Anastasiæ.
Julius presbyter cardinalis tituli S. Marcelli.
Jordanus presbyter cardinalis tituli SS. Susannæ et Felicitatis.
Ego B. presbyter cardinalis tit. S. Stephani de Monte-Celio.
Johannes presbyter card. S. Johannis et Pauli tit. Pamachii.
Johannes presbyter card. tituli SS. Silvestri et Martini.
Imarus Tusculanus episcopus.
Hugo Ostiensis episcopus.
Censius Portuensis episcopus.
Gregorius diaconus cardinalis et electus Sabinensis.
Rodulphus cardinalis tituli Luciæ in Septa solis.
Guido diaconus card. S. Mariæ in Porticu.
Joannes diaconus cardinalis SS. Sergii et Bacchi.
Oddo diaconus S. Nicolai in Carcere Tulliano.

Datum Laterani per manum Rolandi Romanæ ecclesiæ presbyteri cardinalis et cancellarii, VII Kalend. Maii, indictione II, Incarnationis Dominicæ anno 1154, pontificatus vero domini Anastasii IV papæ anno primo.

LXX.

Ecclesiæ Burdigalensis privilegia et possessiones confirmat.

(Laterani, April. 25.)

[Mansi, *Concil.*, XXI, 785.]

Anastasius episcopus, servus servorum Dei, venerabilibus fratribus Gaufrido Burdegalensi archiepiscopo, ejusque suffraganeis episcopis Agennensi, Engolismensi, Xantonensi, Pictaviensi, Petragoricensi, et universis abbatibus per eamdem provinciam constitutis tam præsentibus quam futuris in perpetuum.

Quoties aliqua ecclesiarum conditionibus sæcularium virorum per catholicorum principum provisionem eximitur et grata ei conceditur libertate potiri, sanctæ Romanæ Ecclesiæ universorum Christi fidelium matri providendum imminet attentius et agendum quatenus quod ad honorem Dei et salutem Ecclesiæ suæ factum esse dignoscitur, taliter auctoritate apostolica roboretur ut non debeat Ecclesia Dei, quæ libertati reddita videbatur, per aliquorum malitiam recidivis denuo conditionibus aggravari. Quemadmodum enim catholica mater Ecclesia, etc. nos prædecessorum nostrorum felicis memoriæ, Innocentii videlicet, Lucii et Eugenii Romanorum pontificum vestigiis inhærentes, nostri favoris assertione firmamus, et ratam et inconvulsam futuris temporibus observari præcipimus. Ut videlicet tam in Burdegalensi sede quam in aliis episcopalibus ecclesiis vel abbatiis ejusdem provinciæ in episcoporum electionibus vel abbatum canonicam habeatis libertatem, absque hominii, juramenti, seu etiam fidei per manus datæ obligationem. Porro quod a prædecessoribus nostris in generalibus est statutum conciliis, res et bona universa Burdegalensis archiepiscopi et suffraganeorum episcoporum vel abbatum decedentium, successorum usibus illibata servari pariter et inconvulsa apostolica auctoritate decernimus. Adjicientes etiam ut omnes ecclesiæ infra supradictam provinciam constitutæ prædia, possessiones et universa ad ipsas pertinentia, secundum privilegia, justitias et bonas consuetudines suas integra et inconvulsa possideant, atque, ut dictum est, in omnibus ecclesiis earumque ministris et possessionibus vestris canonicam habeatis in omnibus libertatem, salva sedis apostolicæ auctoritate. Nulli ergo hominum fas sit vos vel ecclesias vestras super hac nostra constitutione temere perturbare aut aliquam vobis exinde contrarietatem inferre. Si quis autem huic nostræ constitutioni ausu temerario contraire tentaverit, si non reatum suum congrue emendaverit, potestatis honorisque sui careat dignitate, et omnipotentis Dei et beatorum Petri et Pauli apostolorum ejus indignationem incurrat, et excommunicationi subjaceat. Conservantes vero eorumdem apostolorum benedictionem et gratiam consequantur. Amen.

Ego Anastasius catholicæ Ecclesiæ episcopus subscripsi.

Ego Imarus Tusculanus episcopus s.

Ego Cynthius Portuensis et Sanctæ Rufinæ episcopus s.

Ego W. presbyter cardinalis tit. Calixti s.

Ego Hubaldus presb. card. tit. S. Praxedis s.

Ego Manfredus presb. card. tit. S. Sabinæ s.

Ego Aribertus presb. card. tit. S. Anastasiæ s

Ego Julius presb. card. tit. S. Marcelli s.

Ego Rodulphus diaconus card. S. Luciæ s.

Ego Guido diac. card. S. Mariæ in Porticu s.

Ego Oddo diac. card. S. Nicolai in Carcere Tulliano s.

Datum Laterani per manum Rolandi Sanctæ Romanæ Ecclesiæ presbyteri cardinalis et cancellarii vii Kal. Maii, indictione ii, Incarnationis Dominicæ anno 1154, pontificatus vero domini Anastasii IV papæ, anno primo.

LXXI.

Ad Bisuntinum et Lugdunensem archiepiscopos. — Ut observari faciant sententiam excommunicationis et interdicti, a se ordine judiciario prolatam in abbatem et fratres Miratorii.

(Laterani, April. 25.)

[D. Bouquet, *Recueil*, XV, 664.]

Anastasius episcopus, servus servorum Dei, venerabilibus fratribus H[umberto] Bisuntino et Lugdunensi (12) archiepiscopis, salutem et apostolicam benedictionem.

Quæ in Romana Ecclesia ordine judiciario terminantur, in sua debent stabilitate permanere, et qui ea violare præsumunt, vel quominus impleantur quomodolibet impedire, districtæ ultioni debent procul dubio subjacere. Super causa autem quæ inter dilectum filium nostrum Petrum Cluniacensem abbatem Cluniacensem et Eustorgium abbatem de Miratorio agebatur, talem noveritis a nobis sententiam ordine judiciario promulgatam. Ab eodem enim abbate de Miratorio pecuniam decem et septem millium solidorum Lugdunensis monetæ supradicto filio nostro Cluniacensi abbati judicavimus esse reddendam. Verum quoniam prædictus abbas de Miratorio, supradicta sententia commotus, non accepta licentia remeavit; ut nostra debeat sententia adimpleri, statuimus quod idem abbas de Miratorio et fratres ipsius usque ad Kalendas Augusti pecuniam ipsam Cluniacensi abbati restituant, alioquin extunc tam ipsum abbatem quam priorem ejus vinculo noveritis anathematis innodatos, atque in eorum ecclesia et fratribus omnibus atque conversis ubicunque fuerint, divina sciatis officia interdicta. Vobis ergo per apostolica scripta mandamus quatenus sententiam excommunicationis et interdicti per vestras provincias usque ad impletionem nostri mandati, faciatis firmiter observari.

Datum Laterani vii Kal. Maii, pontificatus nostri anno primo.

LXXII.

Canonicis S. Alexandri possessionem ecclesiæ S. Michaelis de Virgis asserit.

(Laterani, April. 30.)

[Lupus, *Cod. diplom. Bergom.*, II, 1127.]

Anastasius episcopus, servus servorum Dei, dilectis filiis Lanfranco præposito et cæteris canonicis Beati Alexandri Bergomensis, salutem et apostolicam benedictionem.

Si pro sollicitudine omnium ecclesiarum nobis a Deo commissa qui beato Petro cœlorum regni clavigero, quamvis immeriti successores existimus, pro omnibus ecclesiis et ecclesiasticis personis redditori Altissimo rationem, magis ea quæ a prædecessoribus nostris rationabiliter statuta sunt decet nos animo libenti firmare et ne futuris temporibus immutentur attentius providere. Qui enim facta sua non vult a suis successoribus immutari debet prædecessorum suorum opera et statuta inviolata servare et assertionis suæ munimine roborare. Hujus itaque rationis debito provocati, dilecti in Domino filii, rationabilibus postulationibus vestris debita benignitate gratum impertientes assensum, ecclesiam Sancti Michaelis de Virgis cum omnibus pertinentiis suis, quam venerabilis memoriæ prædecessor noster papa Innocentius scripto suo firmavit, nos quoque concedimus et regimini vestro perpetuo disponendam regendamque donamus. Ad judicium autem hujus nostræ concessionis et donationis ab

---

(12) Eraclio qui anno 1155 litem composuit, uti videre est Bibliotb. Sebusiana.

apostolica sede perceptæ duodecim denarios Mediolanensis veteris monetæ, nobis nostrisque successoribus annis singulis persolvetis. Si quis vero hanc nostræ concessionis et donationis paginam sciens contra eam venire tentaverit secundo tertiove commonitus, si non satisfactione congrua emendaverit, si clericus est ab officio ordinis sui deponatur; si laicus excommunicationis vinculo innodetur.

Dat. Laterani II Kalendas Maii.

Pendet Bulla plumbea filis sericis appensa.

LXXIII.

Bulla ad Petrum Massiliensem episcopum.

(Laterani, Maii 1.)

[*L'Antiquité de l'église de Marseille*, I, 473.]

ANASTASIUS episcopus, servus servorum Dei, venerabili fratri PETRO Massiliensi episcopo, salutem et apostolicam benedictionem.

Vir prudens et sapiens traditum sibi studet ministerium honorare et commissum sibi pontificale ita officium gerere ut irreprehensibilis ab omnibus habeatur. Tu vero nuper a sede apostolica rediens, dilectorum filiorum nostrorum fratrum Massiliensis monasterii ecclesias gratia hospitandi nimirum aggravasti. Quoniam, non sicut episcopus, tuas studuisti oves requirere, sed sicut miles multa militum et aliorum caterva stipatus etc. Unde factum est quod quidam ipsorum aliorum gravamina intuentes pecuniam tibi immodicam sunt coacti solvere, et suas ecclesias aggravare, ut a tuis possent gravaminibus liberari. Addunt etiam.... quod cum libera sit eidem monasterio a sede apostolica sepultura indulta, tu sacerdotibus tuis ausu temerario inhibuisti ut nulli eucharistiam præbeant, nisi prius præstito juramento vel fideijussore firmaverint se Massiliensi monasterio nullatenus sepeliri; quæ an sint pontificis opera tu ipse sanctorum patrum statuta considera, majoresque tuos interroga, et ab eis potius edocearis, de quibus sicut rei exitus evidenter ostendit, minime videris instructus, etc.

Datum Laterani Kal. Maii.

LXXIV.

Ad Guillelmum Tolonensem et Petrum Massiliensem episcopos. (Fragmentum.)

(Laterani, Maii 1.)

[*Ibid.*]

ANASTASIUS, etc. .... Conqueruntur siquidem, quod eorum interdicatis ecclesias et fratres qui in ipsis commorantur, ad vestras synodos venire cogatis, cum suos sacerdotes qui divina populo subministrant, ad vos transmittere studeant, etc., per præsentia vobis scripta mandamus quatenus quousque vobis volunt justitiam facere, vel presbyteros suos ad vocationem vestram transmittere, ipsorum nequaquam interdicatis ecclesias, vel eorum monachos ad vestra concilia venire cogatis.

Data Later. Kal. Maii.

LXXV.

Ad Petrum Venerabilem. — Revocat commendationem seu donationem quorumdam prioratuum et reddituum aliquibus certis personis per eum factam.

(Laterani, Maii 1.)

[*Bullar. Cluniac.*, 65.]

ANASTASIUS episcopus, servus servorum Dei, dilectis filiis PETRO abbati et universo capitulo Cluniacensi, salutem et apostolicam benedictionem.

Ex apostolicæ sedis consueta clementia, et bono, qui de conversatione antecessorum vestrorum diffusus est, odore accidisse dignoscitur, ut et petentem ecclesiam vestram sacrosancta Romana Ecclesia de facili exaudiret, et non petenti etiam bona data, sicut speciali filiæ gratuito ministraret. Referentibus autem quibusdam religiosis viris accepimus te, dilecte in Domino fili abbas, unde plurimum admiramur, prioratus et quosdam reditus pertinentes ad mensam conventus in quasdam personas, partim commendatione, partim donatione, absque fratrum tuorum consilio et conventus contulisse, in dilectum videlicet filium nostrum P..... Viseliacensem abbatem prioratum Silviniaci, in abbatem Clusinum prioratum Cariloci, et in archidiaconum Lugdunensem prioratum de Vilercis. Magistro præterea W... Mutim. decem libras, in capella burgi Cluniacensis; et Magistro O.... Eduensi decem libras in prioratu de Magobrio diceris contulisse. Quoniam igitur nos tanto minus patimur ecclesiam vestram bonorum suorum diminutionem et dispendium sustinere, quanto ad exaltationem ejus antecessores vestros attentius conspicimus desudasse; per præsentia vobis scripta mandamus, quatenus omnes illos redditus et prioratus, quos non communi vestro consilio aut consensu concessos esse constiterit, ad usus et manus vestras quam citius revocetis, et in pristinum statum universa, quæ illicite sunt concessa reducatis. Nos siquidem hujusmodi concessiones auctoritate apostolica vacuamus, et redditus vestros, maxime autem illos, qui mensæ vestræ deputati noscuntur, nolumus ad alienos usus irrationabiliter intorqueri; sed in statu suo immobiles præcipimus conservari, et ne amodo, dilecte in Domino fili abbas, tale aliquid de prioratibus aut redditibus ipsis attentare præsumas, auctoritate apostolica inhibemus : alioquin indignationem nostram, et gravem officii tui jacturam te timeas incursurum. Successoribus autem tuis omnem penitus auferimus facultatem redditus ad mensam fratrum hactenus deputatos in usus alios, absque ipsorum connivencia indulgendi.

Datum Laterani, Kalendas Maii.

LXXVI.

Ad Theobaldum priorem beatæ Mariæ de Prato Donziaci. — Prohibet ne quis infra terminos parochiæ cœmeterium, vel baptisterium statuat : confirmatque jus quod habet prioratus in ecclesia Sancti Caradochi.

(Laterani, Maii 7.)
[*Bullar. Cluniac.*, 66.]

Anastasius episcopus, servus servorum Dei, dilecto filio Theobaldo priori Sanctæ Mariæ de Prato, ejusque successoribus regulariter substituendis in perpetuum.

Quoties illud a nobis petitur, quod rationi et honestati convenire dignoscitur, animo nos decet libenti concedere, et petentium desideriis congruum impertiri suffragium. Eapropter, dilecti in Domino filii, vestris precibus annuentes, apostolicæ sedis auctoritate penitus prohibemus, ut nulli unquam hominum liceat infra terminos parochiæ vestræ cœmeterium vel baptisterium statuere. Quidquid præterea in capella Sancti Caradochi juste et canonice hactenus habuistis vobis vestrisque successoribus nihilominus confirmamus, et commissum vobis monasterium futuris temporibus conservandum decernimus. Nulli ergo hominum clerico vel laico liceat hanc nostræ constitutionis paginam temerario ausu infringere, vel ipsi quomodolibet contraire. Si quis autem hoc attentare præsumpserit, secundo tertiove commonitus, nisi reatum suum congrua satisfactione correxerit, potestatis honorisque sui dignitate careat, et se reum existere in extremo examine de perpetrata iniquitate cognoscat, et a sacratissimo corpore ac sanguine Dei et Domini nostri Jesu Christi alienus fiat, atque indignationem omnipotentis Dei, et beatorum Petri et Pauli apostolorum ejus incurrat. Amen.

Ego Anastasius catholicæ Ecclesiæ episcopus.

Datum Laterani per manum Rolandi sanctæ Romanæ Ecclesiæ presbyteri cardinalis et cancellarii Nonis Maii, indictione II, Incarnationis Dominicæ anno 1154, pontificatus vero domni Anastasii papæ IV, anno primo.

LXXVII.

Privilegium pro monasterio S. Eusebii, diœcesis Aptensis.

(Romæ, ap. S. Petrum, Maii 18.)
[*Gall. Christ. nov.*, I, in textu, p. 377.]

Anastasius episcopus, servus servorum Dei, salutem, dilecto abbati Sancti Eusebii [Bertranno], etc.

Statuimus ut nulli omnino archiepiscopo, vel episcopo liceat super idem cœnobium, vel abbatem, ceu monachos, manum excommunicationis et interdictionis extendere; sed monachi et monasterium cum villa quieti semper ac liberi ac omni episcopali exactione, vel gravamine, per omnipotentis Dei gratiam maneant. Statuentes, ut quascunque possessiones, quæcunque bona idem monasterium impræsentiarum possidet, aut in futurum concessione pontificum, largitione regum vel principum, oblatione fidelium, ceu aliis justis modis Deo propitio poterit adipisci, firma vobis vestrisque successoribus permaneant. In quibus hæc propriis duximus exprimenda vocabulis :

Ecclesiam Sancti Michaelis de Avollarone, et quartam partem ipsius castri, ecclesiam Sancti Ferrioli de Cavellione, S. Mariæ de Costa, cum capella et villa, S. Bricii cum villa, S. Salvatoris de Roura, cum capella, decima et villa, S. Petri de Dena, Sancti Martini de Nogareto, Sancti Clementis de Antrannis, Sanctæ Mariæ de Tudone, quartam partem castri quod dicitur villa Calcaria. Decimas de Signione, de castro Sanctæ Crucis, et de Codols. Illud autem auctoritate apostolica prohibemus ut nullus abbas vel monachus thesauros, honores, possessiones modo habentes, aut in futurum largiente Domino acquirentur, alienare, distrahere, impignorare, vel in feudum, censum ceu beneficium alicui militi dare præsumat, etc.

Datum Romæ apud S. Petrum per manum Rolandi presbyteri cardinalis ac cancellarii, xv Kal. Junii, indictione xi, Incarnationis Dominicæ 1152, pontificatus Anastasii IV papæ anno . . . (13).

LXXVIII.

Possessiones et bona ecclesiæ B. Mariæ de Reno confirmat.

(Laterani, Maii 20.)
[Trombelli, *Memorie Storiche di Reno* 369.]

Anastasius episcopus, servus servorum Dei, dilectis filiis Guidoni priori ecclesiæ Beatæ Mariæ de Reno, ejusque fratribus tam præsentibus quam futuris regularem vitam professis, in perpetuum.

Religiosam vitam eligentibus apostolicum convenit adesse præsidium, ne forte cujuslibet temeritatis incursus, aut eos a proposito revocet, aut robur, quod absit! sacræ religionis infringat. Eapropter, dilecti in Domino filii, prædecessorum nostrorum felicis memoriæ Innocentii, Lucii et Eugenii vestigiis inhærentes, vestris justis postulationibus clementer annuimus et præfatam Beatæ Dei genitricis semperque virginis Mariæ ecclesiam, in qua divino mancipati estis obsequio, sub beati Petri et nostra protectione suscipimus, et præsentis scripti privilegio communimus. In primis siquidem statuentes ut ordo canonicus secundum Beati Augustini Regulam perpetuis ibidem temporibus inviolabiliter observetur. Præterea quascunque possessiones, quæcunque bona eadem ecclesia inpræsentiarum

---

(13) Emendandæ sunt hic notæ chronologicæ, et pro indictione xi legendum ii, qui error inde forsitan profectus est, quod numerus ii, qui in characteribus arithmeticis Romanis significat *duo*, *undecim* designet in notis arithmeticis Arabicis. Pro anno 1152 legendum quoque 1154, qui annus respondet indictioni secundæ. Certe Anastasius IV non potuit munire privilegio sancti Eusebii abbatiam an. 1152, siquidem constat ipsum sancti Petri sedem non conscendisse ante annum 1153.

juste et canonice possidet, aut in futurum concessione pontificum, largitione regum vel principum, oblatione fidelium seu aliis justis modis, Deo propitio, poterit adipisci, firma vobis vestrisque successoribus, et illibata permaneant. In quibus hæc propriis duximus exprimenda vocabulis :

Ecclesiam Sancti Salvatoris in civitate Bononiensi; in Turicella ecclesiam Sancti Andreæ, ecclesiam Sancti Domnini juxta Bagnum; ecclesiam Sanctæ Mariæ in Raticosa cum pertinentiis suis; ecclesiam Sancti Jacobi quæ dicitur Casa Dei cum pertinentiis suis; pontem qui juxta ecclesiam vestram super Rhenum situs est cum suis possessionibus.

Prohibemus quoque ut nullus fratrum post factam ibidem professionem absque prioris vel congregationis spontanea permissione ex eodem claustro audeat discedere; discedentem vero absque communi litterarum cautione nullus omnino suscipiat. Sed si aliquis ipsorum fratrum extra claustrum ausus fuerit sine prædicta licentia permanere, si secundo tertioque commonitus resipiscere forte contempserit, liceat priori ejusdem loci excommunicationis in ipsum tanquam in professum suum sententiam promulgare. Clericos vero sive laicos liberos sæculariter viventes ad conversionem suscipiendi absque alicujus contradictione facultatem liberam habeatis. Sane laborum vestrorum quos propriis manibus aut sumptibus colitis, sive de nutrimentis vestrorum animalium nullus omnino a vobis decimas exigere præsumat. Oleum quoque sanctum, ordinationes clericorum, qui ad sacros ordines fuerint promovendi, a diœcesano suscipiatis episcopo, siquidem Catholicus fuerit, et gratiam atque communionem apostolicæ sedis habuerit, et ea gratis ac absque pravitate aliqua voluerit exhibere. Alioquin liceat vobis Catholicum quemcunque malueritis adire antistitem, qui nimirum nostra fultus auctoritate, quod postulatur indulgeat. Obeunte vero te, nunc ejusdem loci priore, vel tuorum quolibet successorum, nullus ibi qualibet subreptionis astutia seu violentia præponatur, nisi quem fratres communi consensu aut fratrum pars consilii sanioris, secundum Dei timorem et beati Augustini Regulam, providerint eligendum. Ad hæc etiam adjicientes statuimus, ut nulli archiepiscopo vel episcopo, aut alicui omnino personæ fas sit in prædicta ecclesia Beatæ Mariæ exactiones facere, nec priori et fratribus gravamina irrogare. Sepulturam quoque ipsius loci liberam esse concedimus, ut eorum qui se illic sepeliri deliberaverint, devotioni et extremæ voluntati, nisi forte excommunicati vel interdicti sint, nullus obsistat, salva tamen justitia matricis ecclesiæ.

Decernimus ergo ut nulli omnino hominum liceat ipsam ecclesiam temere perturbare, aut ejus possessiones auferre, vel ablatas retinere, minuere, seu quibuslibet vexationibus fatigare; sed omnia integra conserventur eorum pro quorum gubernatione ac sustentatione concessa sunt, usibus omnimodis profutura, salva sedis apostolicæ auctoritate et diœcesani episcopi canonica justitia.

Si qua igitur in futurum, etc.

Ego Anastasius catholicæ Ecclesiæ episcopus ss.
Ego Imarus Tusculanus episcopus ss.
Ego Cinthius Portuensis et Sanctæ Rufinæ episcopus ss.
Ego Gregorius presb. card. tit. Calixti ss.
Ego Guido presb. card. tit. S. Grysogoni ss.
Ego Hubaldus presb. card. tit. Sanctæ Praxedis ss.
Ego Manfredus presb. card. tit. S. Sabinæ ss.
Ego Aribertus presb. card. tit. S. Anastasiæ ss.
Ego Julius presb. card. tit. S. Marcelli ss.
Ego Guido presb. card. tit. Pastoris ss.
Ego Bernardus presb. card. tit. S. Clementis ss.
Ego Octavianus presb. card. tit. S. Ceciliæ ss.
Ego Astaldus presb. card. tit. S. Priscæ ss.
Ego Gerardus presb. card. tit. S. Stephani in Cœlio monte ss.
Ego Joannes presb. card. Sanctorum Joannis et Pauli tit. Pamachii ss.
Ego Henricus presb. card. Sanctorum Nerei et Achillæi ss.
Ego Joannes presb. card. tit. Sanctorum Silvestri et Martini ss.
Ego Rodulfus diac. card. Sanctæ Luciæ in Septa sole ss.
Ego Guido diac. card. Sanctæ Mariæ in Porticu ss.
Ego Oddo diac. card. Sancti Nicolai in Carcere Tulliano ss.

Dat. Laterani, per manum Rolandi sanctæ Romanæ Ecclesiæ presbyteri cardinalis et cancellarii, xiii Kalend. Junii, indictione ii, Incarnationis Dominicæ anno 1154, pontificatus vero domini Anastasii IV papæ, anno primo.

LXXIX.

Priorem et monasterium S. Salvatoris Venetiarum sub S. Petri protectione suscipit eique sua privilegia confirmat.

(Laterani, Maii 27.)

[CORNELII, *Ecclesiæ Venetæ,* XIV, 94.]

ANASTASIUS episcopus, servus servorum Dei, dilectis filiis GIRARDO priori ecclesiæ Sancti Salvatoris in Rivoalto sitæ ejusque fratribus, tam præsentibus quam futuris canonicam vitam professis in perpetuum.

Ad hoc universalis Ecclesiæ cura nobis a provisore omnium bonorum Deo commissa est, ut religiosas diligamus personas et beneplacentem Deo religionem modis omnibus propagare studeamus. Nec enim Deo gratus aliquando famulatus impenditur, nisi ex charitatis radice procedens a puritate religionis fuerit conservatus. Eapropter, dilecti in Domino filii, vestris justis postulationibus clementer annuimus, et præfatam Sancti Salvatoris ecclesiam, in qua divino mancipati estis obsequio, ad exemplar prædecessoris nostri felicis memoriæ Innocentii, sub beati Petri et nostra protectione suscipimus, et præsentis scripti privilegio communimus. Quia vero canonicum ordinem observare et secundum Beati Augustini Regulam vivere devovistis, votis vestris libenter annuimus, et ipsum ordinem in eadem Ecclesia perpetuis temporibus inviolabiliter permanere apostolica auctoritate sancimus : statuentes ut quascunque possessiones, quæcunque bona eadem ecclesia inpræsentiarum juste et canonice possidet, aut in futurum concessione pontificum, largitione regum vel principum, oblatione fidelium, seu aliis justis modis, Deo propitio, poterit adipisci, firma vobis vestrisque successoribus et illibata permaneant (14).

Partem quoque decimarum de parochianis vestris, quæ secundum sacros canones et sanctorum Patrum constitutiones vestram contingit ecclesiam, vobis nihilominus confirmamus. Addentes etiam interdicimus ne quis in ipsa ecclesia qualibet subreptionis astutia, vel violentia præponatur, nisi quem fratres ipsius loci communiter, vel pars sanioris consilii canonice providerint eligendum. Sepulturam sane ipsius loci liberam esse sancimus, ut eorum qui se illic sepeliri deliberaverint devotioni et extremæ voluntati, nisi forte excommunicati, vel interdicti sint, nullus obsistat, salva tamen justitia matricis ecclesiæ. Clericos vero seu laicos liberos e sæculo fugientes liceat vobis sine alicujus contradictione, ad conversionem suscipere. Prohibemus autem, ut nulli fratrum post factam in loco ipso professionem absque priori licentia fas sit temere de claustro discedere. Discedentem vero, sine communi litterarum cautione nullus audeat retinere.

Decernimus ergo, ut nulli omnino hominum liceat præfatam ecclesiam temere perturbare, aut ejus possessiones auferre, vel ablatas retinere, minuere, aut aliquibus molestiis fatigare, nec ipsius ecclesiæ parochianos illicite suscipere vel retinere. Sed omnia integra conserventur eorum pro quorum gubernatione ac sustentatione concessa sunt, usibus omnimodis profutura, salva sedis apostolicæ auctoritate et diœcesani episcopi canonica justitia.

Si qua igitur, etc.

Ego Anastasius catholicæ Ecclesiæ episcopus ss.
Ego Imarus Fusculanensis episcopus ss.
Ego Ugo Ostiensis episcopus ss.
Ego Cencius Portuensis episcopus et S. Rufinæ ss
Ego Guarinus Prænestinus episcopus ss.
Ego W. presb. card. tt. Calisti ss.
Ego Guido presb. card. tt. S. Chrysogoni ss.
Ego Girardus presb. card. tt. S. Stephani in Cœlio monte ss.
Ego Octavianus presb. card. tt. S. Cæciliæ ss.
Ego Julius presb. card. tt. S. Marcelli ss.
Ego Guido presb. card. tt. Pastoris ss.
Ego Bernardus presb. card. tt. S. Clementis ss.
Ego Henricus presb. card. tt. Sanctorum Nerei et Achillei ss.

Ego Joannes presb. card. tt. S. Martini in Monte ss.
Ego Guido diac. card. S. Mariæ in Porticu ss.
Ego Odo diac. card. S. Nicolai in Carcere Tulliano ss.

Datum Laterani, per manum Rolandi S. R. E. presb. card. et cancellarii (15), vi Kal. Junii, indictione ii, Incarnationis Dominicæ anno 1154. Pontificatus vero D. Anastasii papæ IV, anno primo.

LXXX.
Ad Ulricum episcopum et canonicos Ecclesiæ Halberstadensis.

(Romæ, apud S. Petrum, Jun. 14.)
[Leuckfeld, *Antiquit. Poeldenses*, 281.]

ANASTASIUS episcopus, servus servorum Dei, venerabili fratri ULRICO episcopo, et dilectis filiis canonicis Halberstadensis Ecclesiæ, salutem et apostolicam benedictionem.

Quæ canonicato judicio alicui ecclesiæ est adjudicata possessio, et debet sine aliqua contradictione relinqui. Pervenit quidem ad nos, quod Ecclesia Goslariensis in loco, qui Slanstede vocatur, possessionem quamdam in synodo Halberstad. ei adjudicatam obtinuit, qua longo tempore violenter fuerit spoliata. Quia igitur injustum est, ut prædicta ecclesia super hoc de cætero infestetur, per præsentia vobis scripta mandamus, quatenus si aliqui injustitiæ forsitan amatores jam dictam ecclesiam pro eadem possessione inquietare decreverint, vos ab ipsorum infestatione memoratam ecclesiam pro debito vestri officii defendatis, et eam faciatis ipsam possessionem pacifice possidere.

Data Romæ, apud Sanctum Petrum, xviii Kalend. Julii.

SS. PETRUS. PAULUS. ANASTASIUS IV PAPA.

LXXXI.
Hospitale Altipassense tuendum suscipit ejusque bona et privilegia confirmat.

(Romæ, apud S. Mariam Rotundam, Jul. 3.)
[*Memorie e documenti del princiv. Luccese*, IV, i, 25.]

ANASTASIUS episcopus, servus servorum Dei, dilectis filiis GUIDONI rectori hospitalis Altipassi, ejusque fratribus tam præsentibus quam futuris, divino ibidem servitio mancipatis, in perpetuum.

Religiosis desideriis dignum est facilem præbere consensum ut fidelium devotio celerem sortiatur effectum. Eapropter, dilecti in Domino filii, vestris justis postulationibus clementer annuimus, et præfatum hospitale, in quo divino mancipati estis obsequio, ad exemplar prædecessoris nostri felicis memoriæ Eugenii papæ sub beati Petri et nostra protectione suscipimus et præsentis scripti privilegio communimus, statuentes ut quascunque possessiones, quæcunque bona idem hospitale in præsentiarum juste et canonice possidet, aut in futurum

---

(14) Hic desinit Mozzagrugnius; qui reliquam diplomatis partem prætermisit.
(15) Hic postea fuit Alexander papa III.

concessione pontificum, largitione regum vel principum, oblatione fidelium, seu aliis justis modis, Deo propitio, poterit adipisci, firma vobis vestrisque successoribus ac Christi pauperibus et illibata permaneant. In quibus hæc propriis duximus exprimenda vocabulis.

Decimas quas bonæ memoriæ Anselmus Lucanus episcopus eidem hospitali concessit; terram et possessiones de Valle-cava, possessiones quas habetis in Valle de Arno et in Plano de Luca seu in aliis locis. Sane laborum vestrorum quos propriis manibus aut sumptibus colitis, sive de nutrimentis vestrorum animalium nullus a vobis decimas exigere præsumat.

Decernimus ergo ut nulli omnino hominum liceat præfatum hospitale temere perturbare, aut ejus possessiones auferre, vel ablatas retinere, minuere, aut aliquibus vexationibus fatigare, sed omnia integra conservetur vestris et pauperum Christi usibus omnimode profutura, salva sedis apostolicæ auctoritate, et diœcesani episcopi canonica reverentia.

Si qua igitur in futurum ecclesiastica sæcularisve persona, etc.

Ego Anastasius catholicæ Ecclesiæ episcopus.
Locus signi Anastasii papæ IV.
CUSTODI ME, DOMINE, UT PUPILLAM OCULI.

Ego Guido diaconus cardinalis Sanctæ Mariæ in Porticu ss.

Ego Oddo diac. cardinalis S. Nicolai in Carcere Tulliano ss.

Ego Gregorius presb. card. tit. Calixti ss.

Ego Guido presb. cardinalis tit. S. Chrysogoni ss.

Ego Bernardus presbyter cardinalis tit. S. Clementis ss.

Ego Octavianus presbyter cardinalis tit. S. Cæciliæ ss.

Ego Joannes presbyter cardinalis tit. SS. Joannis et Pauli tituli Pammachii ss.

Datum Romæ apud S. Mariam Rotundam per manum Rolandi sanctæ Romanæ Ecclesiæ presbyteri cardinalis et cancellarii, VII Kal. Julii, indict. II, Incarnationis Dominicæ anno 1153, pontificatus vero domini Anastasii IV papæ, anno primo.

LXXXII.
Speciale privilegium Marcuardo abbati Fuldensi concessum.

(Jul. 3.)

[SCHANNAT, *Diœces. Fuld.*, 262.]

ANASTASIUS episcopus, servus servorum Dei, dilecto filio MARCHUARDO abbati venerabilis monasterii Sanctæ Fuldensis ecclesiæ, salutem et apostolicam benedictionem.

Inter universas ecclesias Teutonici regni ab antiquis patribus et prædecessoribus nostris sanctis et apostolicis viris, privilegiis et decretis confirmatas, Fuldense monasterium opibus et dignitatis excellentia floruisse constat, cui nimirum benignius semper in suis negotiis sacrosancta Romana pro-

vidit Ecclesia, et quanto ipsum ad jus et tutelam suam specialius pertinere, atque in sua devotione firmius manere prospexit, tanto attentius in suis necessitatibus ei subvenire curavit: scientes igitur quantis idem monasterium, contra sanctorum Patrum præcepta, procellarum quatiatur incursibus, et quantas per sæcularium virorum nequitiam pressuras patiatur et molestias, quam duros etiam et quam remissos quosdam fratres et coepiscopos nostros multoties ad exhibendam tibi de malefactoribus illis justitiam invenias; id auctoritatis personæ tuæ ex benignitate sedis apostolicæ decrevimus indulgendum, ut si de commissæ tibi ecclesiæ malefactoribus, et bonorum ipsius invasoribus, in quibuscunque episcopatibus constitutis, ad episcopos illos ad quos cura illorum spiritualiter pertinet, querelam secundo, tertiove pertuleris, et ipsi tibi justitiam facere recusaverint, liceat tibi malefactores illos post secundam et tertiam commonitionem, nisi tibi, et ecclesiæ tuæ satisfecerint, auctoritate nostra excommunicationis sententia innodare, nec a quoquam episcoporum eadem sententia ante relaxetur, quam tibi de his quæ adversus eos habueris satisfactionem exhibeant convenien'em.

Tu itaque, dilecte fili Marchuarde, taliter matri tuæ sacrosanctæ Romanæ Ecclesiæ pro indulto tibi beneficio devotus et fidelis existe, et taliter tibi indulta utere potestate, ut et hoc beneficium non immerito videaris adeptus, et ad alia impetranda convenienter assurgere comproberis, et quia providentiam tuam Fuldensi monasterio novimus necessariam, ex auctoritate nostræ apostolicæ sedis statuimus, ut omnia quæ in redditibus Ecclesiæ requisivisti, et de prius ablatis vel injuste possessis monasterio tuo restituisti, eidem firma maneant in perpetuum.

Datum v Non. Julii, indictione II.

LXXXIII.
Hospitalis domus Hierosolymitanæ protectionem suscipit possessionesque ac privilegia confirmat.

(Laterani, Oct. 21.)

[MANSI, *Concil.*, XXI, 780.]

Christianæ fidei religio hoc pie credit et veraciter confitetur, quod Dominus et Salvator noster Jesus Christus cum omnium dives esset, pro nobis est pauper effectus. Unde ipse etiam suis imitatoribus opportunæ consolationis præmia repromittens: *Beati*, inquit, *pauperes, quoniam vestrum est regnum cœlorum* (Matth. v). Idemque pater orphanorum, refugium pauperum, ad hospitalitatem et beneficentiam nos hortans in Evangelio ait: *Quod uni ex minimis meis fecistis, mihi fecistis* (Matth. xxv). Quique ad comprobandum tantæ bonitatis excellentiam, etiam pro calice aquæ frigidæ se mercedem redditurum asseruit. Nos igitur, quibus ex injuncto officio imminet, his qui longe, et his qui prope sunt, paterna sollicitudine providere, devotionem vestram debita benignitate complectimur: et quemadmodum postulatur, ad exemplar prædecessorum nostrorum felicis memoriæ Innocentii, Cœlestini, Lucii, Eugenii, Romanorum pontificum, hospitale, et domum sanctæ civitatis Hierusalem, sub beati Petri tutela suscipimus, atque personas sive res ad eum pertinentes apostolicæ sedis privilegio communimus: statuentes, ut quascunque possessiones, quæcunque bona ad sustentandum peregrinorum et pauperum necessitatem, et Hierosolymitanæ ecclesiæ, vel aliarum ecclesiarum parochiis et civitatum territoriis, per tuæ providentiæ vigilantiam eidem xenodochio rationabiliter acquisita, seu a quibuslibet viris oblata, aut in futurum concessione regum vel principum, largiente Domino, offerri, vel aliis justis modis acquiri contigerit, quæque a venerabilibus fratribus Hierosolymitanæ sedis patriarchis legitime concessa sunt, tam tibi quam successoribus tuis, et fratribus peregrinorum curam gerentibus, quieta semper et integra conservari præcipimus.

Si quæ vero loca fuerint eidem venerabili domui ab aliquo devotione collata, liceat vobis ibidem villas ædificare, ecclesias et cœmeteria ad opus hominum ibi morantium fabricare: ita tamen ut vicina abbatia, vel religiosorum virorum collegium non existat, quæ ab hoc valeant perturbari. Cum autem terræ datæ vobis quolibet justo titulo conferentur, facultatem et licentiam habeatis ibidem oratoria constituendi et cœmeteria faciendi ad opus peregrinorum, et tantummodo fratrum qui de nostra fuerint mensa. Decernimus ergo ut receptores vestrarum fraternitatum, sive collectarum, salvo jure dominorum suorum, in B. Petri et nostra protectione consistant, et per terras in quibus fuerint, pacem habeant: simili modo sancimus, ut quicunque in vestra fraternitate fuerit receptus, si forte ecclesia ad quam pertinet, a divinis officiis fuerit prohibita, eumque mori contigerit, eidem sepultura ecclesiastica non negetur, nisi excommunicatus, vel nominatim fuerit interdictus. Præterea si qui fratrum vestrorum ad recipiendum easdem fraternitates et collectas a vobis missi fuerint, ad aliquam civitatem, castellum vel vicum advenerint, si forte locus ille a divinis officiis sit interdictus, pro omnipotentis Dei reverentia, in eorum jucundo adventu semel in anno aperiantur ecclesiæ, et exclusis excommunicatis, divina ibi officia celebrentur.

Quia vero omnia vestra sustentationibus peregrinorum et pauperum debent cedere, ac per hoc nullatenus aliis usibus ea convenit applicari: constituimus, ut de laboribus, quos vestris sumptibus colitis, nullus omnino clericus, vel laicus, decimas a vobis exigere præsumat. Statuimus, ut nulli episcopo in ecclesiis vobis subditis, interdicti, suspensionis, vel excommunicationis sententiam liceat promulgare. Verumtamen si generale interdictum fuerit in locis illis prolatum, exclusis excommunicatis et nominatim interdictis, clausis januis, absque campanarum pulsatione, plane divina officia celebrentur.

Ut autem ad plenitudinem salutis, et curam animarum vestrarum nihil vobis desit, atque ecclesiastica sacramenta et divina officia vobis et Christi pauperibus commodius exhibeantur: sancimus, ut liceat vobis clericos et sacerdotes, habito prius tamen de eorum honestate et ordinatione, quantum ad vestram scientiam pertinet, per litteras sive testes convenientes testimonio, undecunque ad vos venientes suscipere, et tam in principali domo vestra, quam etiam in obedientiis sibi subditis, vobiscum habere, dummodo, si e vicino sunt, eos a propriis episcopis............ iidemque nulli alii professioni vel ordini teneantur obnoxii. Quod si episcopi eosdem vobis concedere forte noluerint, nihilominus tamen auctoritate sanctæ Romanæ Ecclesiæ eos suscipiendi et retinendi licentiam habeatis. Iidem vero clerici nulli personæ extra vestrum capitulum, nisi Romano pontifici, sint subjecti. Laicos vero liberos ad conversationem et pauperum Christi servitium absque alicujus contradictione suscipiendi, nihilominus vobis concedimus facultatem. Fratribus vero vestris semel in..... atque in sacro vestro collegio receptis, post factam professionem et habitum religionis assumptum, revertendi ad sæculum interdicimus facultatem. Nec alicui eorum fas sit, post factam professionem, semel assumptam crucem Dominicam et habitum vestræ professionis abjicere, vel ad alium locum, seu etiam monasterium majoris seu minoris religionis obtentu, invitis sive inconsultis fratribus, aut ejus, qui magister exstiterit, licentia, transmigrare. Nullique ecclesiasticæ sæcularique personæ ipsos suscipiendi aut retinendi licentia pateat. Consecrationes vero altarium seu basilicarum, ordinationes clericorum, qui ad sacros ordines fuerint promovendi, et cætera ecclesiastica sacramenta, a diœcesano suscipiantur episcopo, si quidem catholicus fuerit, et gratiam sive communionem apostolicæ sedis habuerit, et ea gratis absque aliqua pravitate vobis voluerit exhibere. Alioquin liceat vobis catholicum, quemcunque malueritis, adire antistitem, qui nimirum nostra suffultus auctoritate, quæ postulantur, indulgeat. Obeunte vero te nunc ejusdem loci provisore atque præposito, nullus ibi qualibet subreptione, astutia seu violentia præponatur, nisi quem fratres ibidem secundum Deum elegerint.

Præterea honores omnes, sive possessiones quas idem xenodochium ultra seu citra mare, in Asia, vel in Europa aut in præsenti juste habet, vel in futurum rationabilibus modis, Deo propitio, poterit adipisci, vobis pro hospitalitatis studio enitentibus, et per vos jam dicto xenochio, confirmamus. Nulli ergo, etc.

Datum Laterani, per manum Rolandi S. R. E. presbyteri cardinalis et cancellarii, XII Kalendas Novembris, indict. IV, Incarn. Dominicæ 1154, pontificatus Anastasii IV papæ, anno II.

LXXXIV.

Ecclesiæ Trudensi jura metropolitana sub Eugenio III a Nicolao episcopo Albanensi, sedis apostolicæ legato, instituta confirmat.

(Laterani, Nov.)

[Thorkelin, *Diplom.. Arna-Magn.*, an. II, 3.]

Universis ad quos præsentes litteræ pervenerint, Sueno decanus , Ulpho archidiaconus ecclesiæ Nidrosiensis, Ingewaldus prior canonicorum regularium Sancti Augustini in sancta sede apud Nidrosiam et Petrus prior fratrum prædicatorum ibidem, salutem in Domino sempiternam.

Noveritis nos litteras infra scriptas felicis recordationis domni Anastasii papæ quarti, non cancellatas, non abolitas, nec in aliqua sui parte vitiatas, sub filis sericis brunei coloris et plumbeo sigillo, vidisse et diligenter perlegisse cum subscriptione ejusdem summi pontificis Anastasii et cardinalium , quarum tenor una cum subscriptionibus, signis tamen eorumdem subscribentium illic appositis, hic autem omissis, de verbo ad verbum sequitur, et est talis.

Anastasius episcopus, servus servorum Dei, venerabili fratri Joanni Trudensi archiepiscopo ejusque successoribus canonice substituendis, in perpetuum.

Licet omnibus discipulis eadem ligandi et solvendi sit concessa potestas, licet unum præceptum ad omnes idemque pervenerit prædicandi evangelium omni creaturæ, velut quædam tamen inter eos habita est discretio dignitatis, et Dominicarum ovium curam, quæ omnibus æqualiter imminebat, unus singulariter suscepit habendam, dicente Domino : *Petre amas me ? pasce oves meas* (Joan. xxi). Qui etiam inter omnes apostolos principatus nomen obtinuit et de fratrum confirmatione singulare a Domino præceptum accepit, ut in hoc seculi potestati daretur intelligi quoniam quamvis multos ad regimen Ecclesiæ contingeret ordinari , unus tamen solummodo supremæ dignitatis locum fastigiumque teneret, et unus omnibus et potestate judicandi et gubernandi onere præsideret. Unde et secundum hanc formam in Ecclesia ad diversa ministeria exhibenda diversæ personæ in diversis sunt ordinibus constitutæ. Aliis enim ad singularum ecclesiarum, aliis autem ad singularum urbium dispositionem ac regimen ordinatis, constituti sunt in singulis provinciis, alii quorum prima inter fratres sententia habeatur, et ad quorum examen subjectarum personarum quæstiones et negotia referantur. Super omnes autem Romanus pontifex tanquam Noe in arca primum locum noscitur obtinere, qui ex collato sibi desuper in apostolorum principe privilegio, de universorum causis judicat et disponit ; et per universum orbem Ecclesiæ filios in Christianæ fidei firmitate non desinit confirmare, talem se curans jugiter exhibere, qui vocem Dominicam videatur audisse, qua dicitur : *Et tu aliquando conversus confirma fratres tuos.* Hoc nimirum post beatum Petrum illi apostolici viri qui per successiones temporum ad gerendam curam sedis apostolicæ surrexerunt, indesinenti curaverunt studio adimplere et per universum orbem, nunc per se, nunc per legatos suos corrigenda corrigere, et statuenda statuere summopere studuerunt. Quorum quoque vestigia subsecutus felicis memoriæ papa Eugenius antecessor noster, de corrigendis his quæ in regno Norvegiæ correctionem videbantur exposcere, et de verbo ibi fidei seminando, juxta officii sui debitum sollicitus exstitit. Et quod per seipsum, universalis Ecclesiæ cura obsistente, non potuit, per legatum suum venerabilem scilicet fratrem nostrum Nicolaum Albanensem episcopum, exsecutioni mandavit. Qui ad partes illas accedens, sicut a suo patre-familias acceperat in mandatis, talentum sibi creditum largitus est ad usuram, et tanquam fidelis servus et prudens, multiplicatum in fructum studuit reportare. Inter cætera vero quæ illic ad laudem nominis Dei et ministerii sui commendationem implevit, juxta quod prædictus antecessor noster ei præceperat, pallium fraternitati tuæ indulsit. Et ne de cætero provinciæ Norvegiæ metropolitani possit cura deesse, commissam gubernationi tuæ urbem Trudensem ejusdem provinciæ perpetuam metropolim ordinavit, et ei Astoensem, Hammarcopiensem , Bergenensem , Stawangriensem, insulas Orcades, insulas Guthraie, insulas Islandensium et Grennelandiæ episcopatus tanquam suæ metropoli perpetuis temporibus constituit subjacere, et earum episcopatus sicut metropolitanis suis tibi tuisque successoribus obedire. Ne igitur ad violationem constitutionis istius ulli unquam liceat aspirare, nos eam auctoritate apostolica confirmamus, et præsenti privilegio communimus ; statuentes ut Trudensis civitas perpetuis temporibus supradictarum urbium metropolis habeatur, et earum episcopi, tam tibi quam tuis successoribus, sicut metropolitanis obediant, et de manu vestra consecrationis gratiam sortiantur. Successores autem tui ad Romanum pontificem tantum recepturi donum consecrationis accedant, et ei simili modo et Romanæ Ecclesiæ subjecti semper existant. Porro concesso tibi pallio pontificalis scilicet officii plenitudine infra ecclesiam tantum ad sacra missarum solemnia per universam provinciam tuam his solummodo diebus uti fraternitas tua debebit, qui inferius leguntur inscripti : Nativitate Domini, Epiphania, Coena Domini, Resurrectione, Ascensione, Pentecoste ; in solemnitatibus sanctæ Dei genitricis semperque virginis Mariæ, in natalitio beatorum apostolorum Petri et Pauli , in nativitate sancti Joannis Baptistæ, in festo beati Joannis evangelistæ, commemoratione Omnium Sanctorum, in consecrationibus ecclesiarum vel episcoporum, benedictionibus abbatum, ordinationibus presbyterorum, in die dedicationis ecclesiæ tuæ, ac festis Sanctæ Trinitatis et sancti Olavi, et anniversario tuæ consecrationis die. Studeat ergo tua fraternitas, plenitudine tantæ dignitatis suscepta, ita strenue cuncta peragere quatenus morum tuorum ornamenta eidem valeant convenire. Sit vita tua subditis exemplum, ut per eam agnoscant, quid debeant appetere, et quid cogantur vitare. Esto discretione præcipuus, cogitatione mundus, actione purus, discretus in silentio, utilis in verbo. Curæ tibi sit magis hominibus prodesse quam præesse. Non in te potestatem ordinis sed æqualitatem oportet pensare conditionis, stude ne vita doctrinam destituat, nec rursum vitæ doctrina contradicat. Memento quia ars est artium regimen animarum. Super omnia studium tibi sit, apostolicæ sedis decreta firmiter observare, eique tanquam matri et dominæ tuæ humiliter obedire. Ecce, frater in Christo charissime, inter multa alia hæc sunt pallii, ista sunt sacerdotii, quæ omnia facile, Christo adjuvante, adimplere poteris, si virtutum omnium magistram, charitatem et humilitatem habueris, et quod foris habere ostenderis, intus habebis.

Decernimus ergo, ut nulli omnino hominum liceat eamdem Ecclesiam temere perturbare vel ejus possessiones auferre, vel ablatas retinere, minuere, seu quibuslibet vexationibus fatigare, sed illibata omnia et integra conserventur eorum, pro quorum gubernatione et sustentatione concessa sunt, usibus omnimodis profutura, salva sedis apostolicæ auctoritate.

Si qua igitur, etc.

Ego Anastasius catholicæ Ecclesiæ episcopus.
Ego Imarus (Imarus) Tusculanus episcopus.
Ego Nicolaus Albanensis episcopus.
Ego Hugo Ostiensis episcopus.
Ego Centius Portuensis et S. Rufinæ episcopus.
Ego Guido presbyter cardinalis tit. Sancti Chrysogoni.
Ego Manfredus presbyter cardinalis tit. Sanctæ Savinæ (Sabinæ).
Ego Aribertus presbyter cardinalis tit. Sanctæ Anastasiæ.
Ego Ascaldus (Astaldus) presbyter cardin. tit. Sanctæ Priscæ.
Ego Joannes presbyter card. Sanctorum Joannis et Pauli tit. Pamachii.
Ego Henricus presbyter cardin. tit. Sanctorum Nerei et Achillei.
Ego Guido diaconus cardin. Sanctæ Mariæ in Porticu.
Ego Joannes diac. cardin. S. Nicolai in Carcere Tulliano.

Datum Laterani per manum Rolandi sanctæ Romanæ Ecclesiæ presbyteri cardinalis et cancellarii, [.... Kal.] Decembris, indictione III, Incarnationis Dominicæ anno 1154, pontificatus vero domni Anastasii papæ IV, anno II.

Nos insuper supradicti decanus, archidiaconus et priores, vidimus et alias sex litteras apostolicas, videlicet : Adriani quarti, Clementis tertii, Innocentii tertii, Gregorii noni, Innocentii quarti et Clementis quarti cum impendentibus sigillis omni prorsus suspicione carentes, sub eodem verborum tenore, eadem per omnia privilegia præfatæ Ecclesiæ Nidrosiensi concessa cum similibus ipsorum summorum pontifi- cum et cardinalium subscriptionibus duximus apponenda.

Datum Nidrosiæ IV Kalendas Julii, anno Domini 1629.

LXXXV.
Privilegium pro monasterio Longipontis.
(Laterani, Nov. 24.)

[MABILLON, *Annal. Bened.*, VI, 725.]

ANASTASIUS episcopus, servus servorum Dei, dilecto filio THEOBALDO priori de Longoponte, salutem et apostolicam benedictionem.

Ea quæ nobiles viri et principes sæculi piis locis, religiosis personis, pietatis intuitu et charitate debita largiuntur, in sua volumus stabilitate consistere; et ne imposterum debeant quorumlibet hominum refragatione turbari, convenit nos auctoritate sedis apostolicæ roborare. Eapropter, dilecte in Domino fili Theobalde, tuis justis postulationibus facilem impertimus assensum, Abbatiam S. Petri de Monte-Letherico cum omnibus ad eam pertinentibus, quam charissimus filius noster Lodoicus rex Francorum consensu Joannis abbatis, qui tunc temris eidem ecclesiæ præerat, et canonicorum inibi existentium, sicut in ejusdem regis privilegio continetur, ecclesiæ cui, auctore Deo, præesse dignosceris, ad ponendum in ea monachos, qui divina ibi officia, et statum ecclesiæ in melius debeant promovere, rationabiliter contulit, et scripto firmavit, quam etiam donationem venerabilis frater noster Theobaldus Parisiensis episcopus, in cujus diœcesi ecclesia ipsa est constituta, in præsentia nostra concessit, nos tibi et per te ecclesiæ tuæ auctoritatis nostræ pagina confirmamus, atque donationem ipsam perpetuis ratam temporibus decernimus permanere. Nulli ergo hominum fas sit hanc nostræ confirmationis paginam ausu temeritatis refringere, vel ei ullatenus contraire. Si quis autem attentare præsumpserit, indignationem omnipotentis Dei et beatorum Petri et Pauli apostolorum ejus noverit incursurum.

Datum Lateranis, VIII Kalendas Decembris.

LXXXVI.
Sueciæ episcopis significat cum gaudio se accepisse gentem in doctrina apostolica profecisse, etc.
(Laterani, Nov. 28.)

[LILJEGREN, *Diplomat. Succ.* I, 679.]

ANASTASIUS episcopus, servus servorum Dei, venerabilibus episcopis Sueciæ, salutem et apostolicam benedictionem.

Gaudemus, fratres charissimi, et omnipotenti Deo exsolvimus gratiarum actiones quia promissam olim in fines orbis terrarum Ecclesiam jam videmus exhibitam, et vineam Domini Sabaoth ita cernimus dilatatam, ut nunc revera videatur impletum quod multo ante ait Propheta dicens : *Extendit palmites suos usque ad mare et usque ad flumen propagines ejus* (*Psal.* LXXIX). Prædicantibus siquidem apostolis nimirum, fidelis populus quotidie Domino generatur, et sterilis alvus, quæ non pariebat. ita naturalibus filiis augetur, ut juxta vocem Psalmistæ in omnem terram exiisse videatur sonus apostolorum et in fines orbis terræ verba eorum. Quod nimirum ex hoc evidenter datur intelligi, quod commissus gubernationi vestræ populus de finibus terræ clamat ad Dominum et gentilium retibus derelictis in perceptione doctrinæ apostolicæ gloriatur. Rediens siquidem ad apostolicam sedem venerabilis frater noster Nicolaus Albanensis episcopus eumdem populum verbum Domini de ore suo libenter recepisse asseruit; et tam vos quam universum populum illam ei reverentiam, illam devotionem et obedientiam, quæ legatis sedis apostolicæ pro apostolorum veneratione debetur, unanimiter impendisse. Unde quanto idem populus ad audiendum verbum Domini se promptiorem exhibuit et doctrinæ apostolicæ avidiorem ostendit, tanto nos attentius eruditioni et informationi ejus imminere semper optamus. Et quoniam præsentia corporali non possumus, affectu et litteris eum volumus visitare.

Quapropter et nunc eis apostolicæ benedictionis alloquium per scripta nostra transmittimus, et de servandis his quæ inter vos supradictus frater noster instituit, nostris litteris admonemus. Ne igitur, quod Deus avertat, id accidat inter eos, quod deflet propheta dicens: *Populi petierunt panem et non erat qui frangeret eis (Thren. IV)*, frequens exhortatio vestra non desit, ut in veneratione sacrosanctæ Romanæ Ecclesiæ sicut bene cœperunt, immobiliter perseverent, et devotis mentibus ac studio incessabili supradicti fratris nostri constitutiones observent. Attendite quoniam speculatores dati estis domui Israel, tuba sit in gutture vestro et non detis silentium ei; annuntiate populo Dei scelera eorum, ne si forte non annuntiaveritis impio iniquitatem suam, ipse quidem moriatur in peccato suo, sanguis autem ejus de manibus vestris requiratur. Proponite vos ipsos eis in exemplum bonorum operum, et quod eis agendum est non tantum verbis, sed et vita et operibus demonstrate, ut in memoria videamini retinere mandata Domini ad faciendum ea, et ejus ministri ac discipuli comprobemini, de quo dicit Scriptura: *Quia cœpit facere et docere (Act.* I). Contemptibilis quidem habetur sermo doctoris, cum prædicationi ejus exemplum bonæ vitæ non concordat. Confidimus enim de misericordia Creatoris quoniam si vos juxta vestri officii debitum excolendo agro Dominico et eruditioni ejus populi verbis et operibus intendere studueritis, et in observantia doctrinæ apostolicæ ac sacrosanctæ Romanæ Ecclesiæ obedientia humiliter permanseritis, et hic virtutum capietis incrementa, jugiter et in supremo examine ad præmium æternæ beatitudinis cum sanctis omnibus pertingetis. Ad hoc licet in generali concilio sit constitutum ut quicunque in clericum violentas manus injecerit, tamdiu excommunicationi subjaceat donec ad sedem apostolicam satisfacturus accedat; pro longa tamen remotione terrarum eamdem constitutionem duximus temperandam, ut videlicet his tantum qui forte in eodem populo neci tradiderit clericum, monachum vel conversum, vel aliquod ei membrum inciderit, satisfacturus ad sedem transmittatur apostolicam. Alii autem a vobis competenti satisfactione ipsis indicta, ab excommunicationis nexibus absolvantur, præstito tamen primitus juramento, quod mandato vestro debeant obedire. Vos autem formam (pœnam) eis ecclesiasticam postmodum injungetis, ut nec in facto sint, nec in consilio nec consensu, ut clericus, monachus, vel conversus verberetur aut capiatur. De cætero charitatem vestram monemus et exhortamur in Domino, quatenus censum, quem regnum et populus vester B. Petro annuatim statuerat solvendum quisque de suo episcopatu annis singulis colligere et sedi apostolicæ transmittere fideliter studeatis.

Datum Laterani, IV Kalendas Decembris.

LXXXVII.

Swerkerum regem et proceres Sueciæ hortatur ut Nicolai, sedis apostolicæ legati, præcepta sequi pergant, etc.

(Laterani, Nov. 28.)

[LILJEGREN, *Diplomat. Suec.*, I, 56.]

ANASTASIUS episcopus, servus servorum Dei, charissimis in Christo filiis S. Regi et universis proceribus Sueciæ, salutem et apostolicam benedictionem.

Inter cætera in quibus divina pietas ministerium sacrosanctæ Romanæ cui, auctore Deo præsidemus, Ecclesiæ honorificare dignatur, nihil est propter quod in gratiarum actionem et Creatoris laudem nostra mens propensius exercitatur, quam si per nos aut fratres nostros Ecclesiæ suæ terminos dilatari concedat, et divini seminis eloquii per provisionem sedis apostolicæ gratum sibi donet fructum afferre. Quod nimirum quia in adventu venerabilis fratris nostri Nicolai episcopi Albanensis ad vos per omnipotentis gratiam conspicimus adimpletum auctori omnium bonorum gratiarum actiones exsolvimus, et tam circa nos quam circa vos ipsius beneficium omnimodis commendamus, qui de tenebris et umbra mortis vos vocavit in admirabile lumen suum, et cum essetis mortui peccato, convivificavit vos Christo. Rogamus autem ut qui cœpit in vobis opus bonum perficiat, et ita semper doctrinæ apostolicæ vos faciat adhærere, ita vos in corpore Christi, quod est Ecclesia, per compagem charitatis solidet et confirmet ut et quod fideliter credidistis ad salutem animarum vestrarum studeatis jugiter adimplere, et post depositionem hujus corruptibilis tabernaculi, veniente ad judicium Domino, occurrere valeatis ei cum omnibus sanctis in virum perfectum, in mensuram ætatis plenitudinis Christi; quod pro certo credimus Deo faciente futurum, si doctrinam apostolicam et prædicationem supradicti fratris nostri ante oculos mentis semper habentes studueritis factores esse verbi, et non auditores tantum, fallentes vosmetipsos. *Si quis enim*, sicut ait Apostolus (*Jac.* I), *auditor est verbi et non factor, hic assimilabitur viro consideranti vultum nativitatis suæ in speculo, consideravit enim se et abiit, et continuo oblitus est qualis fuerit.* Ne igitur de vobis hoc accidat, monemus vos et exhortamur in Domino, quatenus per eumdem fratrem nostrum imbre sacri eloquii irrigati, fructum vitæ facere studeatis et cogitantes apud vos qualiter cum fueritis aliquando tenebræ, nunc sitis lux in Domino, quæ sursum sunt sapiatis, non quæ super terram, et per verum Noe ac ministros ipsius ab inundatione diluvii in arcam Ecclesiæ congregati præcepta Dominica et præfati fratris nostri statuta de libertate ecclesiarum vestrarum, armis non portandis et aliis ad salutem populi spectantibus firmiter observetis. Cernite pereuntia extra arcæ ambitum animalia, et in ea collecti immensas gratias exsolvite collectori, et considerate apud vos benignitatem ipsius qui ut redimeret de manu inimici et de regionibus congregaret, non despexit pro vobis, cum adhuc peccatores essetis, vestiri carne, turpari cruce, mulctari morte. Et quoniam vos gratuita bonitate sua filios apostolorum et corporis sui membra constituit, in ejusdem corporis unione ac fidei Catholicæ veritate immobiliter perdurare. Veneramini toto studio, sicut incœpistis, matrem omnium fidelium sacrosanctam Romanam Ecclesiam; et qui longa terrarum intercapedine ab ea distatis devotione ac pio desiderio præsentes ei semper estote. Firmum quidem habemus et indubitabile quia si usque ad finem in obedientia ejus et subjectione manseritis et statuti præfati fratris nostri et doctrinam apostolicam studueritis adimplere, de terrenis ad cœlestia, et de caducis ac transitoriis ad æterna semperque manentia pertingetis. Censum autem quem in argumentum vestræ devotionis beato Petro de terris vestris persolvendum annis singulis statuistis, fratribus nostris episcopis tribui faciatis, ut per eos sedi apostolicæ transmittatur. Quem profecto non tam ad nostram utilitatem quam ad salutem animarum vestrarum, exigimus, dum vos internæ devotionis obsequium beati Petri cupimus patrocinium obtinere.

Datum Laterani IV Kalend. Decembris.

ANNO DOMINI MCLIV

ANSELMUS
HAVELBERGENSIS EPISCOPUS

—

NOTITIA

(Fabric., *Bibl. med. et inf. Lat.*, I, 114)

—

Anselmus, ab an. 1126 ad 1154 *Havelbergensis*, sive Avelburgensis episcopus, in Marchia ad Avelum, sive Havelam fluvium, sub archiepiscopo Magdeburgensi; scripsit *librum De ordine canonicorum regularium S. Augustini*, cui scilicet ipse addictus quoque fuit. Exstat in *Thesauro anecdotorum* Bernardi Pez, tom. IV, parte II, pag. 75. Ejusdem *Dialogos tres*, unum de variis Christianæ relig. formis, et duos disputationum *adversus Græcos* vulgavit Dacherius tomo XIII *spicilegii*, pag. 88 (edit. novæ tom. I, pag. 161). Confer Oudinum tom. II, pag. 1429 seq. *Vitas* ejus aliquot *sanctorum*, prolixis Voluminibus, et *Epistolas* plures ad diversos Eisengreinius pag. 97 commemorat.

NOTITIA ALTERA

(Oudin., Comment. de Script. eccles., II, 1429.)

Anselmus, Havelbergensis in marchionatu Brandeburgensi episcopus, doctrina et rebus gestis clarus, *Opus contra Græcos* eruditum scripsit, quod ex ms. codice monasterii Cistercii edidit Lucas Dacherius tomo XIII *Spicilegii* sui, ubi in præliminaribus de Anselmo Havelbergensi episcopo loquitur. Est autem Havelburgum urbs Germaniæ, et olim episcopatus sub Magdeburgensi archiepiscopo in marchia Brandeburgensi, ut testatur Philippus Ferrarius in *Lexico geographico*. Illo in loco Anselmus claruit anno 1150, atque antea quidem, omni genere litteraturæ, tum divinæ tum humanæ atque sanctorum Patrum scriptis non mediocriter imbutus, a tempore Lotharii II, imperatoris, cujus apocrisiarius exstitit, ac legatus Constantinopolim missus ad Græcorum imperatorem. Missus quoque Anselmus fuit ab Eugenio III, papa, ad Conradum Romanorum regem, tunc temporis in Longobardia degentem, ut ex litteris Eugenii papæ constat his verbis : *Quosdam de fratribus nostris postquam te ad Longobardiæ partes incolumem pervenisse accepimus, sicut per venerabiles fratres nostros Hartwicum Bremensem archiepiscopum et Anselmum Havelburgensem episcopum tibi significavimus, ad tuam serenitatem duximus destinandos, ut affectum et benevolentiam, quam erga te gerimus, tibi exponerent, etc.* Litteras Eugenii refert Otto Frisingensis lib. I. *De rebus gestis Friderici*, cap. 61. Item lib. II, cap. 4, conventioni inter Fridericum imperatorem et papam Eugenium subscripsit Anselmus cum pluribus episcopis. Missus autem Constantinopolim, ibi a sapientioribus episcopis Græcis provocatus, celebrem conventum seu colloquium iniit, in qua de controversiis inter Græcos et Latinos acriter, summa tamen cum modestia, ultro citroque disputatum est; quod Eugenio III papæ narrat ipsemet Anselmus Havelbergensis episcopus, his verbis : *Ego aliquando magni Lotharii Romanorum imperatoris Augusti legatus fui in Constantinopolim, et ibidem aliquam moram faciens, multas super hujusmodi doctrina et ritu collationes et quæstiones, modo in privatis, modo in publicis tam Latinorum quam Græcorum conventibus habui : placuit sanctitati vestræ et præcipiendo rogare, et rogando præcipere, quatenus ea quæ vel ego tibi dixerim, vel ab illis dicta audierim et exceperim, in unum colligerem; et quasi Anticimenon, id est Contrapositorum sub dialogo conscriberem. Et paucis* interjectis, *Conservavi autem quantum memoria subministrabat, tenorem Dialogi quem cum venerabili ac doctissimo archiepiscopo Nicomediæ Nechite, in publico conventu apud urbem Constantinopolitanam habui. Fuit autem idem archiepiscopus Nechites præcipuus inter duodecim didascalos, etc. Præmisi autem librum de una forma credendi et multiformitate vivendi, a tempore Abel justi usque ad novissimum Electum, multis quorumdam fratrum precibus coactus,* etc. Quam autem submisse de se ipse senserit, argumento sunt verba hæc quæ subjicit : *Sane quicunque hæc legerit, sciat me ea scripsisse, non tam ut quemquam docerem, aut quid ego didicerim ut ostentarem, quam ut apostolicæ beatitudinis sancto mandato obedirem,* etc. *Si quid imperitia scribendo peccat, id injuncta et humiliter impleta obedientia excusat.*

Deinde in secundo Dialogi libro agit de processione sancti Spiritus a Patre simul et Filio, quod negant Græci. Quomodo vero incepta sit disputatio ostendit, et præsentes qui aderant viros tam Latinos quam Græcos, initio libri II, cap. 1, commemorat ad hunc modum : *Cum essem constitutus in urbe regia, et crebro varias a Græcis quæstiones susciperem, et ibidem alias illis proponerem, placuit imperatori Karlojoanni, placuit etiam patriarchæ civitatis N. religioso viro, ut publicus conventus fieret; et statuta est dies, ut in audientia omnium ea sonarent quo hinc et inde dicerentur. Convenientibus itaque quamplurimis sapientibus in vico qui dicitur Pisanorum, juxta ecclesiam Hagiæ Irenæ, quæ lingua Latina Sanctæ Pacis nuncupatur, mense Aprili,* etc. *Positisque silentiariis qui omnia quæ hinc inde dicerentur fideliter exciperent et scripto mandarent, universa multitudo quæ ad audiendum avida convenerat, conticuit. Aderant quoque non pauci Latini, inter quos fuerunt tres viri sapientes, in utraque lingua periti et litterarum doctissimi, Jacobus nomine, Veneticus natione, Burgundio nomine, Pisanus natione, tertius inter alios præcipuus, Græcarum et latinarum Litterarum doctrina apud utramque gentem clarissimus, Moyses nomine, Italus natione, ex civitate Pergamo. Iste ab universis electus est ut utrinque fidei interpres esset. Cunctis itaque ordinatis,* etc.

In libro tertio tractat de diverso eucharistiæ ritu Græcorum et Latinorum, azymo nempe et fermentato, deque Romanæ Ecclesiæ auctoritate et prærogativa; et hæc ultima disceptatio in Sanctæ Sophiæ basilica habita est in præsentia sapientum Græcorum, uti refert Anselmus hujus libri III. cap. 1, qui eruditis responsionibus ac vi rationum Græcorum objectiones diluit, atque Latinam fortiter propugnavit Ecclesiam, ac demum ita eos devicit et exaravit, ut adduxerit Nicomediensem archiepiscopum ad petendum generale concilium, quo schisma aboleretur, et utraque Ecclesia conciliaretur. Sic habet Havelbergensis episcopus cap. ultimo, cujus verba Lectori haud injucunda erunt, ut opinor. Nechites loquitur : *Summo studio, sicut supra dixi, laborandum esset ut generale concilium congruo loco et tempore fieret, ubi universa quæ nos et vos ab eodem ritu dissociant, in unam redacta concordiam firmarentur, et tam Græci quam Latini unus populus sub uno Domino Jesu Christo, in uno sacramentorum ritu efficeretur.* Postremo Anselmus Havelbergensis totam disceptationem omnique colloquia finivit Nechitæ respondens : *Tu qui generale concilium desideras, videtur quod id quod catholicum est intendas, ideoque et ego concilium universale futurum exopto, ubi tua sapientia, tua maturitas, tua discretio, etc., in facie totius Ecclesiæ ad salutem et doctrinam omnium possit elucescere,* etc. Universi clamantes dixerunt, *Domasi to thoo,* quod est, *Gloria sit Deo,* etc. *Calos dialogos,* quod est, *bonus duorum sermo. Holographi, holographi :* quod est, *totum scribatur, totum scribatur.*

Opus istud exstat quoque ms. in Bibliotheca Paulina Lipsiensi, ut constat ex catalogo mss. codicum hujus bibliothecæ, anno 1686 Lipsiæ impresso, cura et studio Joachimi Felleri, bibliothecarii, p. 412.

ANSELMI
HAVELBERGENSIS EPISCOPI
LIBER
DE ORDINE CANONICORUM REGULARIUM
(Edit. R. P. Pezius, *Thesaur. Anecdot.*, IV, ɪɪ, 74.)

MONITUM.

Mox ut inclytus ordo canonicorum Regularium, sub vulgata Regula S. Augustini militantium, vel exortus vel restauratus fuit, diversos ob instituti novitatem, ut putabant, adversarios nactus est. Primi eum aggressi fuisse videntur clerici, quos sæculares appellant, nec ei omnes, sed deterioris plerumque notæ, concubinarii, pompæ ac vanitatum consectatores, qui apostolicæ vitæ normam rigoremque adversantes in eorum terga sæviebant, quorum virtutem sanctimoniamque imitari et æmulari tædebat pudebatque. Adversus hocce adversariorum genus acrem ac vehementem Apologiam scripsit Gerhohus, præpositus Reicherspergensis ad Innocentium II, Pont. Max., quam a nobis e Bibliotheca Rotensi erutam tom. II parte altera vulgavimus. Alii iique pro sanctioris vitæ ac doctrinæ specie robustiores canonicorum Regularium adversarii quidam monachi exstitere, *qui viscera pietatis non habentes fratris errantis bovem aut asinum ad ipsum non solum non reducunt, sed etiam furto subripere moliuntur : qui fratri a latronibus vulnerato ac semivivo relicto, non solum non subveniunt, sed vulnus supra vulnus infligunt : et qui quod sibi fieri nolunt, aliis inferunt, dum eorum filios ac discipulos ab his, sub quibus salvari poterant, magistris abstrahere ac sibi attrahere moliuntur, tanquam apud solos eos Christus sit : tanquam regnum Dei ab eis processerit, aut in eos solos pervenerit. Ita ut pene dici audiamus, sicut quondam hæresium temporibus dictum est : Ecce hic Christus, aut ecce illic,* etc., quæ melius et commodius apud ipsum Anselmum episcopum Havelbergensem in præsenti luculento Opusculo legi possunt, quod in monachos de ordine canonicorum Regularium detrahentes, eleganter ac solide procudit. Notatu dignum caput xviii est, in, quo Anselmus credit, *ad honestatem simul et exercitii rationem spectare, ut canonici Regulares in opere manuum non vulgari lingua, sed Latina sermones necessitatis et utilitatis conferant.* De prolixitate Psalmodiæ ita idem cap. xx censet : *Multiplicationem quoque familiarium Psalmorum sicut non requiro, ita nec linguis loqui in hujusmodi prohibeo, maxime hoc approbans, ut id studii psallentes et orantes habeant, quatenus quod ore profertur, mente versetur, et ne operis ac lectionis exercitium, vel secretæ orationis turtureum sacrificium per orationis et psalmodiæ in communi protelationem excludatur quod hæc oporteat fieri et ista non omitti.* Capite vɪɪɪ plura canonicorum Regularium, qui singularibus virtutibus et cœlestibus charismatibus præditi fuerint, exempla profert. Capite xxɪx maximis laudibus in cœlum effert Hugonem a S. Victore, Rupertum Tuitiensem, Bernardum Claravallensem, et Nortbertum archiepiscopum Magdeburgensem, qui omnes Anselmo coævi exstitere. Opusculum hoc acceptum refero V. C. et eruditissimo Georgio Eccardo, qui id ex codice bibliothecæ Hamerslebiensis exscriptum fuisse significavit. Nomen Anselmi tam in initio quam in fine apographi mecum communicati comparet, nec dubito, recentiorem librarium veterem Libelli inscriptionem, qualis in ipso exemplari Hamerslebiensi conspicua fuerit, fideliter expressisse. Quod tamen impedire nunquam poterit, quin vehementer suspicer, longe distinctum ab Anselmo Havelbergensi auctorem præsentis Opusculi esse. Certe caput vɪɪɪ et xxv difficulter quis cum attentione perlegat, quin illico suspicio in animo suboriatur, scriptionem hanc ex Salzburgensi aut Pataviensi potius diœcesi quam ex ulla alia prodiisse. Sed quantum conjecturæ meæ tribuendum sit, videbunt illi, quibus aliquando plures veteres codices inspicere licuerit. Ego bona fide typis exprimendum dedi, quod a viro doctissimo et in hujusmodi rebus versatissimo accepi. Præter librum *De ordine canonicorum Reg.* Anselmus, etiam duo alia ingenii sui monumenta ad posteros transmisit. Primum est insigne *Opus contra Græcos* a nostro Luca Dacherio in Spicilegii tom. XIII primum editum; alterum nondum typis excusum extat in meis scriniolis, huncque titulum præfert : *Tractatus domini Anselmi Havelbergensis episcopi de ordine pronuntiandæ litaniæ ad Fridericum Magdeburgensem archiepiscopum.* Hunc tractatum libenter opusculo *De Ordine canonicorum Regularium* subjunxissem, nisi tardius a doctissimo amico ad me curatus fuisset. Sed quæ editio hic fieri non potuit, in sequentibus voluminibus fiet (1).

---

(1) Promissis non stetit.

Incipit Tractatus de ordine Canonicorum Regularium editus per reverendum in Christo presbyterum et dominum, dominum Anselmum Havelbergensis Ecclesiæ ejusdem ordinis episcopum, qui floruit tempore Bernhardi.

CAPUT I. *De defectu Ordinis Canonici.*

Ordinis canonici Patres et filii, miseremini vestri et nostri; miseremini ordinis canonici, saltem vos amici ejus, quia manus Domini tetigit eum. Qui in primordiis nascebatur Ecclesiæ, magnus erat inter omnes orientales filios ac filias, septiformi Spiritu robustas ac sanctæ Trinitatis fide, pulchros habens boves et oves, asinas et camelos in millibus conversorum ex Judæis et gentibus possidens, in fractione Dominici panis quotidiana sanctæ epulationis cum exsultatione convivia faciens.

Deinde Satan expetivit eum, ut cribraret sicut triticum, incipiens a persecutione, quæ in Stephano facta est. Sic vero et nostro tempore magistrorum quorumdam torpente desidia, et falsorum fratrum vigilante perfidia data est in eum Satanæ potestas a Domino; perdiditque omnem substantiam ejus ac filios; et ita ut plerisque locis, ubi quondam floruit, pene in nihilum redactus sit ordo noster canonicus, non ab hominibus neque per homines, sed divinitus institutus.

CAPUT II. *A quibus ortus sit ordo canonicus.*

Nempe in sacerdotio Aaron ac Levitico ministerio in typo floruit; in Christo, et apostolis ejusque discipulis, inque ipsis primitiis credentium, in quibus cor unum et anima una erat in Deo, fructum suavitatis et salutis protulit. In sanctis Romanis pontificibus usque ad Urbanum papam et martyrem, a beato Petro apostolo sextum decimum, et in toto fere illorum temporum clero, ut idem beatus Urbanus papa testatur; in sanctis quoque postmodum confessoribus et pontificibus, Hilario, Ambrosio, Augustino, germen plantationis justitiæ mundo protulit.

CAPUT III. *De ejus æmulis.*

Qui aliquanto quidem post tempore mortuus fuerat, sed revixit; perierat, sed inventus est; per cujus symphoniam et choros jam ecce domus Ecclesiæ exhilarata est; unde oportuerat fratres nostros monachos gaudere, et non eidem ordini in quibusdam membris suis insultare morienti, vel hæreditatem semivivi invadere. Quod si inimicus ejus, acephalorum siquidem [*f.* scilicet] clericorum cœtus, maledixisset ei, sustinuisset utique; et si is qui oderat eum, sua quærens, non quæ Jesu Christi, magna locutus fuisset super eum, abscondisset se forsitan ab eo. Nunc vero filii matris suæ pugnant contra eum, et homo unanimis dux ejus et notus ejus, qui simul cum eo dulces verbi Dei capiebat cibos, in domo Dei ambulabat cum consensu (*Psal.* LIV), homo pacis ejus, in quo sperabat, ampliavit adversum eum supplantationem (*Psal.* XL); ut jam cum Apostolo valeat dicere, non a solum *periculis ex gentibus*, sed et *periculis ex genere* et *periculis ex falsis fratribus* possum gloriari (*II Cor.* XI).

Sed falsæ fraternitatis nota solis imputetur illis, qui viscera pietatis non habentes fratris errantem bovem aut asinum ad ipsum non solum non reducunt, sed etiam furto subripere moliuntur; qui fratri a latronibus vulnerato ac semivivo relicto non solum non subveniunt (*Luc.* X), sed vulnus supra vulnus infligunt; et qui, quod sibi fieri nolunt, aliis inferunt, dum eorum filios ac discipulos ab his, sub quibus salvari poterant, magistris abstrahere ac sibi attrahere moliuntur, tanquam apud solos eos Christus sit, tanquam regnum Dei ab eis processerit, aut in eos solos pervenerit. Ita ut pene dici audiamus, sicut quondam hæresium temporibus dictum est: *Ecce hic Christus, aut ecce illic* (*Matth.* XXIV).

Sed ire nolumus neque sectabimur. Non enim ita pauper vel tam durus est Christus, ut solos de labore manuum viventes monachos suos habeat; ut pellicea veste carentium frigore mortifero delectetur vel multitudine lanearum tunicarum servos suos cupiat usque ad succumbendum onerari, aut vermibus multiplicatis morderi præcipiat, quæ sunt omnia ad non parcendum corpori interita in ipso usu. Sed in domo Dei mansiones multæ sunt, et *novit Dominus qui sunt ejus* (*II Tim.* II); et discedat ab iniquitate, qui nominat nomen Domini. Et *religio munda et immaculata hæc est: Visitare infirmos, pupillos, ac viduas in tribulatione eorum, et immaculatum se custodire ab hoc sæculo* (*Jac.* I). In his profecto aliisque veræ religionis cultibus ac pietatis exercitiis in quantum nobiscum sunt, sive præcedant, sive comitentur, aut præcedentes subsequantur, domini ac fratres nostri monachi, cujuscunque coloris utantur vestibus, vere Domini ac fratres sunt nostri; nosque omnes hos diligimus qui inter eos sapiunt et suos fratres ac domesticos recognoscunt, et sicut in cœlo cherubim et seraphim, sic in terris una nobiscum consone et unisone Sanctus, Sanctus, Sanctus cantantes, Deum Sabaoth socia exsultatione concelebrant.

Nec vero invidemus iis sub nomine seraphim sex alarum volatum, dum tamen et ipsi ordinem canonicum sub nomine cherubim secum in socia exsultatione patiantur. Alioquin, ut taceam de cherubim et seraphim, sed nec inter angelorum sortem censeri possunt. Non enim superbientium et de sua superlativa sanctitate in aliorum derogantiam gloriantium ac superlativum Sanctus sanctorum, Sanctissimus cantantium, sicque unanimem Ecclesiæ concentum perturbantium; sed parvulorum et humilium est regnum cœlorum, in quo, qui major effici voluerit, opus est ut omnium minimus, ut omnium minister efficiatur. Jam vero quandoquidem gloriari oportet, licet non expediat, glorietur et ordo canonicus, glorietur autem non in se, sed in Domino, dicatque in quo quis audet in insipientia, audeo et ego; sectatores paupertatis Christi sunt, et ego; æmulatores apostolicæ perfectionis sunt, et ego; professores et observatores communis ac cœnobitalis vitæ sunt, et ego.

CAPUT IV. *De gloria tribulationis.*

Ministri Christi sunt, et ego; ut minus, sed sapiens dicam, plus ego. In laboribus multis, in carceribus abundantius, licet non expediat, in plagis supra modum, in mortibus frequenter. A Judæis simul et gentibus multoties scorpionibus et taureis, plumbatis et flagris attrectatus sum millies : virgis cæsus sum multoties, lapidatus sæpius, naufragium feci, multoties ignibus traditus, multoties aquis immersus, multoties bestiis expositus, centies in eculeo sublevatus, centies in catasta extensus, sæpe ferreos pectines passus, non semel in craticula assatus, millies gladio animadversus sum. In itineribus sæpe periculis fluminum, periculis latronum, periculis ex genere, periculis ex gentibus, periculis in civitate, periculis in solitudine, periculis in mari, periculis in falsis fratribus. In labore, ærumna, in vigiliis multis, in fame et siti, in jejuniis multis, in frigore et nuditate (*II Cor.* vi). Præter illa quæ extrinsecus sunt, instantia mea quotidiana sollicitudo omnium ecclesiarum. In quibus omnibus laboribus, periculis, anxietatibus et passionibus, qualiter in sacerdotibus ac levitis aliisque Christi de mea professione confessoribus ac martyribus tempore persecutionis exstiterit, constat.

CAPUT V. *Monachi in solitudine progeniti.*

Nam dum persecutionis tempore solitudinem peteret, necessitate in voluntatem conversa, sic demum ordo monasticus progenitus invaluit. Ut autem se sacerdotis et confessoris filium agnoverit, cur itaque filius quantumcunque strenuus ac nobilis se super parentis verticem, virtutem, dignitatem et nobilitatem extollat? Aut quomodo unum omnes patrem invocamus Deum? Omnes autem nos fratres sumus, sumus nos duo, ego videlicet ordo canonicus ac monasticus, tanquam duo fratres uterini veri Jacob filii, de quibus idem patriarcha Jacob ad decem filios suos : *Vos scitis*, ait, *quod duos filios genuerit mihi uxor mea. Egressus est unus, et dixistis : Bestia devoravit eum, et adhuc usque non comparet. Si tuleritis etiam istum Benjamin, et aliquid ei in via contigerit adversi, deducetis canos meos cum dolore ad inferos* (*Gen.* xliv).

Simus nos, inquam, duo ordines, tanquam isti duo patriarchæ Jacob filii, fratres uterini ex una nobili matre Rachele ambo progeniti, visendæ veritatis et sectandæ pietatis ambo studiosi. Simque ego canonicus ordo, ut jam dictum est, major natu Joseph sacerdotalis dignitatis, et Ecclesiastici regiminis Domino accrescens; sit vero junior ordo monasticus Benjamin, qui a matre *filius doloris* a patre vero *filius dextræ* vocatus (*Gen.* xxxv). Siquidem eum mater Ecclesia in dolore passionis suæ, ut superius dictum est, ac mortis amorem solitudinis et necessitatem in voluntatem convertit. A patre autem in filium dextræ utpote æternorum bonorum hæres dilectus deputatus est. Nam ego major horum filiorum Joseph, ordo videlicet canonicus a fratribus in Ægyptum venditus tempore persecutionis carceres sustinui, cum etiam ferrum multimodæ passionis animam meam simul et carnem pertransivit, donec verbo meo usque ad præfinitam a Deo testificationem perveniente, mundus sub jugo fidei adductus est.

CAPUT VI. *Canonici cum Joseph in Ægypto nutriti.*

Tempore autem Silvestri papæ et Constantini principis per ipsum pium principem Ecclesiis Dei pace reddita, in jam dicto papa et in clero mirifice etiam apud homines sublimato, non solum de carcere velut alter Josephus eductus sum, insuper in curru Pharaonis consedi, dominusque Ægypti ac princeps orbis terrarum, rectorque regnorum effectus sum. Hoc nempe in ipso Silvestro papa pene historialiter et secundum litteram completum est, cum ei imperator in urbe Roma super equum imperialem sedenti per medium civitatis servatoris officium exhibuit.

CAPUT VII. *De persecutione hæresium.*

Sed tempore hæresium quis infirmabatur? et ego non infirmabar? quis scandalizabatur et ego non urebar? (*II Cor.* xi.) Cum interim me Joseph veri Jacob et Rachelis primogenitum fera pessima devoravit. Etenim et tunc in meo Hilario et Athanasio aliisque illius temporis episcopis, sacerdotibus et ministris in exsiliis actus sum, et innocens in lacum missus sum. Sed mortuo, in ipsa discessione impio rege Constantio ac de medio sublato Apostata Juliano, vero Antichristo, qui etiam sine manu contritus, ac Spiritu oris Dei interfectus est, iterum miserunt reges, et absolverunt me, principes populorum et dimiserunt me. Quo etiam in tempore per meos archimandritas Hilarium, Augustinum, Ambrosium ac cæteros meæ scholæ didascalos tanta spiritualium frugum abundantia in horreis Ægypti, in armariis Ecclesiæ, de gentibus congregatæ, posita est, ut nunc etiam in hujus temporis famem et inopiam repellendam sufficiat.

Verum, ut ait quidam :

Nihil omni parte beatum.

(HORAT.

Nam, ut dictum est, Ecclesiis Dei pace simul et abundantia divitiarum cum gloria dignitatum reddita, rursum sæcularis pompa et hujus mundi vanitas devoravit me ordinem canonicum, Rachelis, ut dictum est, primogenitum, ut jure pater cœlestis super me lamentando dicere possit : *Fera pessima devoravit filium meum Joseph* (*Gen.* xxxvii). Cum interim refrigescente charitate et abundante iniquitate etiam Benjamin, id est ordo monasticus patri absentatus in hujus mundi Ægyptum peregrinus proficiscitur patrisque Jacob dolor augetur.

Sed ecce nostro tempore Dei nutu florescente canonico ordine nuntiatur patri meo, vero Jacob, quod filius ejus vivat Joseph, et ipse quasi de gravi somno evigilans, dicit : *Si adhuc filius meus Joseph vivit, sufficit mihi : vadam et videbo eum antequam moriar* (*Gen.* XLV). Quod est dicere : Si videro viventem meum ordinem canonicum, quodammodo in posteritate mea moriturus non sum. Sed etiam nunc reviviscens et florens; quanta ab impiis regibus pro defensione libertatis ecclesiasticæ ego canonicus ordo in hoc fine sæculorum sustinuerim, non est facile paucis evolvere.

CAPUT VIII.
De persecutionibus canonicis.

Siquidem in commotione schismatis in meo Erlebaldo Mediolanensi, mortis atrocitatem, in Gregorio septimo et Urbano pontificibus persecutionem sustinui ; in Paschali papa ejusque clero, Manegoldo quoque Luctenbactense aliisque quamplurimis captivatus et carceratus sum; in Eppone meo Salzburgensi luminibus orbatus sum; in fratribus Pataviensibus de ecclesia Sancti Nicolai aliisque multis persecutiones passus sum. Insuper etiam usque ad horrorem videntium in quibusdam de præ-nominata domo virgis cæsus sum, cum velut in tempore Mathathiæ Machabæi quisque meorum inquinationes excommunicationis refugiens, qua temporis illius principes detinebantur, vix in publico apparere potuit, quod non statim ab omnibus quasi monstrum proclamaretur abominandum.

Attamen ille pusillus grex meus, sic confidentiam regnaturæ veritatis non amisit; sed coram regibus et principibus veritatem confitens sermones Christi non erubuit. Unde etiam Pater cœlestis ipsum non erubescet. Sed etiam in illa tempestate frater meus monasticus ordo quieti suæ consulens vel inter sui se silentii claustrum continuit; vel, quod erat deterius, etiam iniquitati consensit, cum ego canonicus ordo in meis filiis usque ad mortem privatim ac publice agonizarem. Quis enim etiam tunc scandalizabatur, et ego non infirmabar? (*II Cor.* XI.) Si gloriari opus, non expedit quidem, veniam autem ad visiones et revelationes Dei. Scio quosdam institutionis meæ adhuc in carne viventes non laneis, sed lineis tunicis et camiseis utentes, ac, ne sit eorum notabilis habitus, caventes, neque vestibus, sed moribus placere affectantes, qui inter jejuniorum ac lectionum et orationum studia ac cætera spiritualium exercitationum commercia crebrius ac diutius odores paradisiacos naribus hauserunt, nonnunquam cœlestium hymnodiarum sonos melliflue dulcedinis plenos; extra carnis sensum rapti, auditu divinissimo audierint : et quod inter amoris Dei ac laudum cantica nonnunquam verbi Dei oscula intus in anima perceperint, quorum venter super sensibili attactu spiritalis sponsi, ad opus eos spiritale suscitantis, sæpius intremuit. Quorum oculis spiritalibus multoties ab amicis sponsi murenulæ aureæ vermiculatæ argento factæ sunt, formulis videlicet visibilibus ad similitudinem doni spiritalis in eos collati per angelorum ministeria mentibus eorum ostensis.

Scio hominem ejusmodi meæ scholæ discipulum, adhuc viventem in carne, Theophilum ante annos quatuordecim, qui factus in agonia ac prolixius (*Luc.* XXII) psallens et hymnizans inter odores paradisiacos ad inusitatum quemdam carnis ac spiritus in Deum exsultantis tremorem tam fortem quam suavem raptus sit, præ cujus fortitudine vix se anima intra theeam carnis continuit; præ cujus suavitate paulo minus resoluta in paradiso habitaverit, ut non inaniter ejusmodi gloriari possit, quod benedictionibus dulcedinis præventus, et ad portam paradisi coronatus sit.

Et scio hominem ejusmodi, qui cum, post vigilias et orationes ac laudes matutinas publicas et privatas in amaritudine animæ suæ intra sepem claustri, loco quodam a conventu fratrum semoto, membra sedens tradere vellet quieti; corde vigilante divinissime soporatus, non parvum illius experimentum a Domino accepit miraculi, quod super discipulos in cœnaculo residentes quinquagesimo post resurrectionem die ostensum est. Nam subito sonum de cœlo factum tanquam spiritus vehementis audivit (*Act.* II), qui modice incipiens et in majus crescens domuique, in qua erat, approximans, se per fenestram, quæ capiti sedentis erat contigua, infudit; in quo etiam spiritus impetu ignea quædam non urens, sed lucens substantia, auritalento seu aurichalco in camino similis, eidem fenestræ, ut erat vitro obducta, fortissime impacta est. Quæ introgressa, mox velut in nebulam tenuem dissoluta, replevit totam domum, ubi erat sedens. Cujus nebulæ atomi suavitatis ac benedictionis pleni quodam impetu se corpori et animæ sedentis per poros undique infuderunt, donec talis impetus fluminis animæ illius abundanter impletæ, civitatem lætificasset. Et tum etiam ille, ad se reversus, abiit secum in plenitudinem sanctam admirans ac Deum laudans taliter consolantem, sentiens nimirum longo post tempore etiam in extremis corporis partibus tantæ plenitudinis suavitatem ac suavitatis plenitudinem, cujus etiam gratia non vacua usque huc ad sancta eum suscitans studia, ut suisipse in Christo secretalibus fateri solet, perseverat, ambulans in fortitudine cibi illius in mediis vitæ hujus tentationibus usque hodie, et ambulaturus, ut ipse sperat, usque in bonæ consummationis finem. *Omne enim datum optimum et omne donum perfectum de sursum est descendens a Patre luminum, apud quem non est transmutatio nec vicissitudinis obumbratio* (*Jac.* I).

Est item alius institutionis meæ domesticus, cui inter tractandum verbi Dei in ecclesia visa sit a quibusdam indubitatæ fidei hominibus jugiter velut flammea lingua de ore procedere; ipso tamen nihil aliud quam bonam in loquendo Dei gratiam sentiente.

Cui item in alio tempore visus est digitus manus cujusdam invisibilis os jugiter signaculo crucis inter verbi Dei tractatum consignare. Qui ipse in alio tempore factus in agonia ac prolixius orans (*Luc.* xxii), quasi scintillarum in se discurrentium, maximeque faciem ejus replentium virtutem et gratiam non parvo miraculo persensit.

Ipse in quodam natalitio die beati Ambrosii cum solemnia missarum celebraret, visus est ipse beatus Ambrosius eidem sacrificanti assistere, ac simul cum ipso oblatam consecrare.

Alio quoque tempore, dum altius [*f.* altari.] missam celebraturus assisteret, ubi ad canonem et ad actiones coelestium mysteriorum ventum est, visus est tanquam ignis quidam circa ipsum consurgere, qui paulatim adauctus tandem totum sacerdotem involvit, ita ut nihil aliud in eo quam ignis videri potuisset, mirumque dictu! quod muri, qui medius fuerat, obstacula personæ cujusdam fidelis, cui id concessum est, contuitum impedire non potuerint, quin duplici etiam in viso et in vidente miraculo, ignis divinus per obstaculum parietis, non aliter, quam si nihil interfuisset videretur.

Item alio tempore eidem bonæ fidei et dilectionis personæ super eodem sacerdote quiddam secreti revelatum est, quod scitu forsitan non indignum est. Erat ipse sacerdos inter tabernacula Cedar, alienæ cujusdam, ut videbatur, iniquitatis circumdatus caligine, in qua sibi dissimulanda non tutum, quantum ad Deum, fuisset silentium, et quam rursus non sine persecutionis periculo discutere potuisset. Cumque super hac re inter suos sermocinaretur, non sine quodam cordis sui vehementi dolore dicens utrumque esse laudabile, videlicet non existente, vel penitus latente causa, pro qua pugnandum sit, in Christo pace frui, et propter Christum, causa id postulante, persecutiones pati, juxta dictum Sapientis tempus pacis et tempus belli distinguentis, medium vero torporem, in quo neque pax secura neque persecutio sit gloriosa, viro ecclesiastico penitus respuendum, ne videlicet ipse respui mereatur a Domino, dicente ad angelum Laodiciæ Ecclesiæ: *Utinam aut frigidus esses aut calidus; sed quia nec frigidus es aut calidus, incipiam te evomere ex ore meo* (*Apoc.* iii). Cum, inquam, talia sacerdos prædictus sermocinaretur, seque his atque aliis ejusmodi verbis ad ferendam persecutionem animaret, persona illa præfata Christi et ipsius in Christo dilecti non nesciens, atque fideli pietate recogitans, in suis electis Christum et esse et loqui, dum inter verba multum loquentis, contemplatur, tale sibi incidit desiderium, ut in corde suo optaret ac diceret: Atque utinam Christi in te manentis et loquentis visibile aliquod valeam experimentum agnoscere! Dumque hanc secum mentem tacita cogitatione volveret, subito facies loquentis cum Domino Moysi splendida facta, et quodam divino vultus splendore induta (*Matth.* xvii), atque ultra quam dici vel credi forsitan possit, in ipsam Christi faciem splendidam et gloriosam commutata est, ut prædicta persona videns hæc et multum delectata in his, a pio desiderio suo fraudata non sit, quo Christum in suo sacerdote concupivit videre, cum tamen inter hæc ipse sacerdos non aliud quam divinum quemdam, solito tamen amplius, boni zeli in semetipso fervorem senserit, sicut inter sacrificandum, quo non aliud circa se, quam bonam Dei gratiam sibi inesse persensit.

— Et hæc sunt dona tua, Christe, atque hæc largitas donationum tuarum circa nos, Spiritus sancte, Paraclite Deus, qui sic humiles consolaris, ut mœrentibus siceram propinare consuevisti, juxta quod mater tua, o Lamuel, id est *vir in quo est Deus*, Domine Jesu Christe, a te postulavit, dicens: *Noli*, inquit, *regibus, o Lamuel, noli regibus dare vinum quoniam nullum secretum, ubi regnat ebrietas, ne forte bibant; et obliviscantur judiciorum et mutent causam filiorum pauperis. Date*, ait, *siceram mœrentibus et vinum his, qui amaro sunt animo; bibant et obliviscantur egestatis suæ, et doloris non recordentur amplius.* (*Prov.* xxxi). De quibus verbis nunc per singula dicendum non est. Et gratias tibi ago, Domine Deus, Pater cœli et terræ, qui abscondisti hæc a sapientibus et prudentibus, regibus videlicet vel præmemoratis hujus mundi consolationes habentibus, neque istam consolationem non quærentibus ac provide recipere non valentibus; revelasti autem parvulis (*Matth.* xi). Ita postquam sic placitum fuit apud te, qui etiam inter ejusmodi visitationes foris apparentes ac præsentiam Spiritus sancti adesse declarantes, intus visibiliter in Sanctis animabus operaris; dum eis juxta visionum formulam aliqua dona spiritalia, verbi gratia, sermonem sapientiæ et scientiæ, vel etiam fortitudinis constantiam aut aliquod ejusmodi donorum infundis, in quibus humiles tui consolationes habeant, et dum exercentur in his, egestatis suæ obliviscantur, et doloris sui non recordentur amplius: per quos loquentes vel scribentes dum quilibet cæterorum vocem Spiritus sancti audierit, nescit unde veniat aut quo vadat (*Joan.* iii).

Parco autem in talibus gloriari; etenim nec expedit, ne forte dicatur mihi: *Ecce somniator venit; venite, occidamus eum* (*Gen.* xxxvii). Etenim et sic tacenti et in humilitate Domino servienti a malis quibusdam agricolis dictum mihi: *Hic est hæres, venite, occidamus eum, et nostra erit hæreditas* (*Matth.* xxi). Quippe in sedibus episcopalibus non interim timetur ordo monasticus niger aut griseus, braccis vestitus aut spoliatus, sed neque novitiæ adinventionis adeo timetur clerus laneis tunicis indutus, ut in ipsis sedibus tanquam hæres legitimus sedere debeat. Sed in meis domesticis, laneis ac pelliceis ad necessitatem et lineis ad sui ordinis honestatem simul et mysterii rationem contectis, byssinus vestium Aaron candor, et Jacobi apostoli collobium album pertimescitur. Unde etiam dicitur ei: *Hic est hæres*, etc. Nec vero debuerunt oves meæ, videlicet domesticæ animæ, suæ innocentiæ idcirco abhorrere habitum, quod in eo lupos quamplurimos viderunt contectos, cum et potens sit Dominus de lupis agnos facere, aut lupis ejectis agnos introducere.

In quo etiam ordine hoc forsan odit diabolus, quod ad similitudinem primaevae institutionis apostolorum ita mediocriter et communiter omnibus institutus est, ut in eo non solum virorum sed et mulierum agmina in suis turmis convenienti clausura distincta cohabitent, parvuli quoque pueri et puellae, *senes cum junioribus nomen Domini laudent* (*Psal.* CXLVIII), sicut per Isaiam in typo praedictum est ; quoniam leone cum haedo, vitulo quoque cum urso et lupo cum agno commorante simul etiam requiem habituri essent catuli eorum (*Isai.* XI); sic videlicet nostro vero Jacob viae suae processum temperante, sicut viderit greges suos et parvulos posse : quod si plus in ambulando cogeret laborare, morerentur una die cuncti greges. Sed et Moyse, meis domesticis viris, vere Israelitis cantante Domino gloriose magnificato, maxime simul cum mulieribus communis vitae choros ducentibus, id est canticum musica melodia concelebrat, dicens : *Cantemus Domino, gloriose enim magnificatus est* (*Exod.* XV). Ut videre sit prope crucem Domini, hinc discipulum in masculino, hinc mulierem in muliebri sexu, discipulo commendatam, assistere. Videant principes et irascantur ; dolores obtineant habitatores Philisthiim ; Moab obtineat tremor ; obrigescant habitatores Chanaan; irruat super eos formido et pavor in magnitudine brachii tui, Deus, dum vera Israel, te duce, ad terram promissionis, terribilis ut castrorum acies ordinata, incedat (*II Paral.* XX).

Sed et illud in meis domesticis odit forsitan diabolus omnium bonorum inimicus, quod juxta praeceptum Domini a gemino fermento caveant studiosi. Hinc mundanae superfluitatis pompa et illecebris tanquam Herodis fermento se abstinent; hinc vero a novitatis superstitione tanquam fermento Pharisaeorum cavent (*Matth.* XVI), usum videlicet antiquum Ecclesiae tam in habitu, quam in abstinentia ac jejuniorum et officiorum divinorum modis reputantes tenendum. Non facile vel in dextram vel in sinistram declinant, ut, juxta regulare Patris Augustini praeceptum hoc sollicite, tam in mollitie quam in austeritate, tam in pretio quam in vilitate vestium, cavere videantur, ne notabilis sit eorum habitus.

CAPUT IX.
De tonsura.

Etenim in tonsuris vel rasuris capitum suorum Christo capiti suo, regi summo et sacerdoti vero, quem et unxit Deus Dominus in regem et sacerdotem ac in prophetam prae participibus suis, ipsi, de quibus loquor, domestici mei, regalis ac sacerdotalis unguenti participes effecti, cupientes etiam in schemate visibili consignari, non modo non, sicut mos quondam haereticorum erat, modicum in summitate capitis circulum radentium, quae etiam usque hodie penes quosdam perduravit abusio, sed juxta Patrum diffinitionem totam capitis superiorem partem radunt, inferius solam circuli coronam relinquentes, ut in rasa vel plana parte capitis sacerdotalis thiarae schema sit, et in circulo capillorum regalis coronae praefulgeat insigne ; ne videlicet quempiam illorum, more Absalonis, gravans caesaries, etiam peccaminum mole oppressum, notabilem reddat; vel, tanquam more Judaeorum, velamen adhuc super cor habentium, non coronatus ac infulatus, sed pelliceatus incedat. Nunc vero in rasa parte, ut dictum est, capitis recte sacerdotalis sanctimoniae in nobis est signum; ut quomodo inter summitatem capitis nostri ac coelum nihil medii obstaculi interest, ita mentem nostram curis terrenis spoliatam orationis tempore, quo minus Deo immediate cohaereat, nihil valeat retardantis sollicitudinis tegere.

Verum quanquam in his, non secundum carnem militantes, tamen in carne ambulamus, in qua, ut novit Pater noster coelestis, omnibus etiam terrenis subsidiis indigemus, decet in viro perfecto eadem terrena subsidia congruae dignitati mentis subordinari, juxta quod dicitur : *Laeva ejus sub capite meo* (*Cant.* II), ita videlicet, ne gravent mentem aut obnubilent; sed prudentis dispositionis ordinationem coronent, ut hinc sapienter contemplando, hinc prudenter disponendo vel agendo sacerdotalis regni non incassum insignibus decorentur. Jam vero, quoniam ista perfectio ac perfectionis conservatio non unius diei opus est, siquidem et affectionum nostrarum pili non radicitus evulsi, sed propositae semel sanctimoniae novacula rasi, iterum de reliquiis innatis nobis ac residentibus in nobis miserrimae mentis nostrae increscunt, dum curam carnis facientes vel temporalia procurantes metas necessitatis excedimus, et curis superfluis sensum onerantes multiplicamus, juxta quod scriptum est : *Corpus, quod corrumpitur, aggravat animam, et deprimit terrena inhabitatio sensum multa cogitantem* (*Sap.* IX). Hinc illa per quotidianam poenitentiam et confessionem mutuam crebra nobis innovatio necessaria est, in qua renovatur, sicut aquilae, juventus nostra, quam Psalmista inquirens : *Exercitabar*, inquit, *et scopebam spiritum meum* (*Psal.* LXXVI). Ob cujus innovationem intrinsecam juxta quod dictum est a Domino : *Mundate quae intus sunt, et quae foris sunt munda erunt* (*Matth.* XXIII); etiam corporum nostrorum capitibus per lavacra, novacula et forficies crebras innovationes admittere solemus, ut in hac quoque parte sacerdotalis vel clericalis ordinis tanquam Ecclesiae sponsi manus sint tornatiles, per mysticas coelestium rationes aureae ac plenae hyacinthis (*Cant.* V).

Sane haec coelestis numismatis formula semel in nobis bene coepta, ne per tonsoris vel rasoris incuriam depravetur, ad Patris coenobii diligentiam pertinebit, per singula rasurae tempora capita contemplari, vel alteri diligenti inspectori videnda et emendanda rasurae vitia committere, qui praevidebit, quod et tota capitis monachi superior pars radatur, et inferior corona extremitas aurium solum summitatem attingat, et auris tota pateat. Hanc vero tonsuræ vel rasuræ formulam post legalem in Nazareis et evangelicam in apostolis auctoritatem etiam a Toletano concilio tertio trahimus, cujus capitulum quadragesimum ita se habet : « Omnes clerici vel lectores, sicut levitæ et sacerdotes, detonso toto capite superius, inferius solam circuli coronam relinquant, non sicut hucusque in Galliæ partibus facere lectores videntur, qui prolixis, ut laici, comis in solo capitis apice modicum circulum tondent. Ritus enim iste in Hispanis hucusque hæreticorum fuit; unde oportet, ut pro amputando Ecclesiæ scandalo hoc signum dedecoris auferatur et sit una tonsura vel habitus, sicut totius Hispaniæ usus est. Qui autem hoc non custodierit, fidei catholicæ reus erit. »

CAPUT X.
De superpelliceis.

Similiter et in toga linea candida talari et ampla, quam superpelliceum dicimus, antiquum Ecclesiæ usum retinentes, et crucis in ea Dominicæ formulam prætendentes, nihil novitatis admittunt, in lineæ vestis candore vitæ innocentiam, carnisque munditiam multa castigatione elaboratam; in amplitudine charitatis largitatem; in longitudine usque ad talum operis boni usque in finem perseverantiam significantes, simul et beatos se et pacificos demonstrantes; eo quod et Romani proceres in pace talari toga usi antiquitus sint. Cujus et tunicæ lingua semper soluta et aperta est, semper paratos ad satisfactionem poscenti nos rationem et doctrinam demonstrans, et contradicentes redarguere, et utiles esse in sermone ædificationis, docendo et erudiendo, in omni loquendi tempore debere. Sicut lingua camisiæ semper clausa et sursum nexa est, cordis nostri et oris in vaniloquiis et malis sermonibus æternam custodiam vel clausuram significans, qui etiam ab ædificationum colloquiis interdum propter taciturnitatem abstinere debemus, ut in veritate dicere Domino valeamus : *Secretum meum mihi, secretum meum mihi* (Isai. xxiv). Item : *Obmutui et silui a bonis* (Psal. xxxviii). Et illud : *Posui ori meo custodiam, cum consisteret peccator adversum me* (ibid.).

CAPUT XI.
De camisia.

Raro namque tacuisse pœnituit, sæpe nocuit esse locutum. Mors quoque et vita in manu linguæ, et qui non offendit in verbo, hic perfectus est vir. Linguam vero nullus hominum domare potuit (Jac. III). Quod ergo apud homines impossibile est, apud Deum possibile non dubitatur (Matth. XIX). Proinde sursum cordis nostri et oris lingua nectitur, ut quo a terrenis vel humanis eloquiis clauditur, eo divinorum eloquiorum et cum Deo soliloquiorum secretis reseretur. Sicut enim *non in solo pane vivit homo, sed in omni verbo, quod procedit de ore Dei* (Matth. IV); ita et lingua non solum humani, sed et divini eloquii vel colloquii ministra est serata, nec se abdicat de immoderatione silenti apud homines, cui cum Deo et angelis miscere per orationes colloquia concessum sit.

CAPUT XII.
De pelliceo et cappa.

Sane quod in tunica pellicea lingua seu snalla dicitur, non tam ad rationes mysterii, quam ad usum necessitatis pertinere videtur. Sed etiam ad habitum nostrum pertinens cappa vestis lanea, quam procurator domus meæ Augustinus birrum nominat, quæ corpus undique nigro et quasi exsequiali tegmine capiens, et involvens, humilitatem in nobis mortificationis et abrenuntiationis mundi significat. Sicut enim qui cappa induitur, mundo quodammodo seclusus, ac sibi pene sepulcraliter inclusus est, ita ut facile nequeat retro respicere, vel manus ad pugnandum vel repercutiendum expedire, sed neque ad amplexus mundiales extendere. (Pallium enim hoc breviatum et coangustatum utrinque aperire non potest); ita se domestici mei mundo mortuos et ab omnibus mundialibus pompis operibus et illecebris remotam agere vitam debere meminerint. Et hujus nobis vestis pene quotidianus, maxime vero quadragesimali vel pœnitentiali tempore usus est, ut nos non solum justos, sed et quotidianorum delictorum pœnitentes esse debere noverimus. Jam vero, si hujus vestis geminas hinc inde nos contegentes alas cum quatuor tunicæ talaris partibus, id est anteriore et posteriore, et duabus manicis annumeres, quod miraris de sex alarum cherubim volatu, in nostri quoque habitus sanctimonialis reperies sancto.

CAPUT XIII.
De forma jejunii.

In jejuniis quoque et abstinentiis antiquum Ecclesiæ tenorem retinere studentes, nunc biduanis vel triduanis, nunc etiam quotidianis se jejuniis castificant. Paschalia ac cætera Dominicalia, sed et apostolorum ac martyrum festa celebria excipiuntur a jejuniorum observantia, ob geminam videlicet epulorum refectionem : illorum gaudio natalitio etiam secundum carnem interim in mysterio communicantes, quorum passionibus ac tristitiæ per vigilias et jejunia præcedentia visi sunt condoluisse, ne videlicet in Symbolo apostolico sanctorum communionem inaniter profiteri videamur, quorum neque passionibus condoleant nec lætitiæ congaudeant.

CAPUT XIV.
De abstinentia carnium.

Dicendum quoque, bonum esse carnes non comedere. Sic in communibus refectoriis esu earum abstinent, ut tamen earum usum infirmis, quousque vires reparent, pueris quoque ac debilibus nec non hospitibus convenientibus temporibus et locis non negent.

Sed et cœnobiis pauperioribus in piscibus et lacte minus abundantibus sagiminis usum pro condimento olerum et leguminis, diebus interpositis, non absciderunt, non solum in personis sed et in congregationibus, possibilitatis facultatem pensandam æstimantes. Qui tamen alios cœnobitas his penitus abstinentes et consolationes in talibus infirmis suis et pueris denegantes, sed et hospites ad regularis abstinentiæ tenorem destringentes, non quidem judicant, licet eos nonnullæ indiscretionis coarguant, eo quod a Patribus terminos constitutos excedant. Nam esse velle quempiam nostri temporis hominem Augustino et Benedicto sanctiorem, meliorem, sapientiorem ac discretiorem, superstitioni potius quam religioni deputabitur, cum sufficiat discipulo, ut sit sicut magister ejus, ne forte apostolica illa increpatione denotetur: *Ne tetigeritis, neque contractaveritis*, etc. (*Coloss.* II).

CAPUT XV.
De gratia quarumdam Ecclesiarum.

Sed neque comedentes et usum carnium semel aut bis in hebdomada mensis regularium fratrum temperate admittentes, apostolica conventi sanctimonia spernere audemus maxime si in illis regionibus victitant ubi fratrum ejusdem ordinis districtius viventium major multitudo aliud fieri non requirit. Etenim cum in omni professione meliores imitandi sunt, sicut esse puto superstitionis aliquod præsumere cœnobium, quod nove regularia dictat præcepta nec majorum cohortantur exempla; ita flagitii existimo, alios infra bonorum consuetudinem, inter quos conservantur, residere, maxime si causa quæ id fieri cogat, nulla rationabilis existat.

CAPUT XVI
De silentio.

Scientes quoque scholastici mei, cultum esse pietatis silentium, nocturnis horis et diurnis ac divino officio seu lectioni deputatis temporibus, in locis quoque sepositis, id est oratorio, dormitorio ac refectorio sic student silentio, ut a bonis quoque loquelis linguam cohibeant, nisi illi, qui præest, aliquid ordinare incumbat, quod tamen tum, quantum potest, verbis paucioribus et minore strepitu ordinabit.

CAPUT XVII.
De opere manuum.

Sedentes quoque ad opera domestici mei a mane usque ad tertiam tacent, nisi necessitas operis exigat, ut loquatur quis: quam videlicet loquelam sic moderari studeo, ne cultus pietatis, id est silentium excludatur, dum quisque cum sibi cooperante, quod ad necessitatem solum operis pertinet, sine strepitu vocis colloquitur, sicut Martha sororem suam Mariam, Evangelio referente, vocavit sub silentio, dicens: *Magister adest* (*Joan.* XI), ubi et paucitas in verbis et in voce modestia silentii gratiam non excluserant. Si vero cuiquam plura loquenda videntur, eum, cum quo loquendum est, extra conventum operantium educet, nisi forte is, qui præest, aliquid in commune dicendum judicaverit.

Post orationes quoque, cum et missa fuerit completa, si temporis ratio, si non et dies jejunii regularis est, similiter sedent ad opera sua usque ad Sextam. A Sexta vacant lectioni usque ad Nonam, nisi forte propter meridianum et oculis per dies æstivos pausandum, aliquid hujus temporis detrahendum sit. Nam si dies geminæ refectionis est, vel mane ante Primam, ut quibusdam est consuetudinis, qui et primam usque in horam secundam differunt: vel dicta missa ante Sextam lectioni vacandum est. Postquam autem dicta Sexta refecerint fratres, simul et mensarum servitores, cum diebus æstivis meridiatum fuerit, dicta etiam Nona sive in horto, sive ubicunque necesse fuerit, ad opus conveniant. Quod item faciendum est, si fratres post Nonam refecti sunt.

CAPUT XVIII.
Ne Teutonice loquamur.

In quo nimirum opere hoc ad honestatem simul et exercitii rationem spectare credimus, ut non vulgari lingua, sed Latina sermones necessitatis et utilitatis conserant, hoc omnibus in commune caventibus, ne multiloquium aut vaniloquium grassari incipiat, aut verbum scurrilitatis audiatur. Quod si quis admonitus continuo a talibus non cessaverit, disciplinæ regulari subjacebit. Si vero de divino officio aliquid tractandum est, vel in capitolio sedendo, vel post capitolium, aut certe post Nonam, dicto *Benedicite*, stantes breviter faciant. Quod si opus forinsecum etiam post Nonam defuerit, ad opera sua usque ad Vesperam cum disciplina, sicut in mane, residebunt.

CAPUT XIX.
De signis horarum.

Ut aut quotidianæ nostræ diætæ honeste et secundum ordinem fiat, non parvæ cautelæ studium ad observanda horarum signa et suo tempore pulsanda adhibent: videlicet ut ad nocturnas vigilias media nocte surgant, et in tempore hiemis, primo illucescente die, per æstatem vero mox orto sole Prima pulsetur, et per hiemem circa finem Tertiæ; per æstatem vero circa mediam ipsam horam ad Tertiam signum detur, quatenus a fine missæ, quæ Tertiam sequitur, lectioni usque ad Sextam tempus relinquatur, quæ videlicet Sexta non ante initium ipsius horæ pulsanda est, ne scilicet tempore lectionis excluso, vel antea aut retro mutilato, divini cursus diæta veluti cæca sit. Siquidem lectio post orationes et Laudes Dominicas ejusdem diætæ nostræ quidam oculus est, qui si nullus vel tenebrosus fuerit, totum diætæ corpus ex ea parte tenebrosum erit, sicuti et mancus judicatur, si opus a valentibus operari negligatur.

Nona etiam diebus vacationis, hora ipsa incipiente, reliquis vero diebus, octava ultra medium vergente, sonet propter somnum per dies æstivos breviandum, et prandium per dies jejuniorum causa infirmioris ætatis vel sexus maturandum per hiemem; non tamen ante horæ ipsius initium pulsandum est. Vespera quoque per dies æstivos, incipiente undecima; per hiemales vero, cum lux diurna facientibus opera incipit minui, pulsetur; cum etiam post Vesperas, ubi conventui procedendum vel sedendum erit, laternæ duæ vel tres pro quantitate conventus deferantur.

CAPUT XX.
De cantu psalmodiæ.

In psalmodia quoque hoc adnoto, ut mediocriter, id est neque nimis correpte neque nimis protracte, tamen cum distinctione ac tonatim fiat, ne nimis remissa aut nimis altisona voce proferatur, in qua etiam ad rectorem ordinis pertinebit, mediæ distinctionis silentio interdum propter collectam populi, vel aliam rationabilem ob causam, obmisso, correptius canere, vel rursus absente populo solemnizandi gratia aliquantum protrahere. Ad hoc enim et legis præceptum pertinere videtur, quo dictum est a Domino ad Moysen : *Si prolixior atque concisus clangor increpuerit, movebunt castra* (*Num.* x). Et paucis interpositis : *Quando autem,* ait, *congregandus est populus, simplex tubarum clangor erit, et non concise ululabunt* (ibid.).

Multiplicationem quoque familiarium psalmorum sicut non requiro, ita nec linguis loqui in hujusmodi prohibeo, maxime hoc approbans, ut id studii psallentes et orantes habeant, quatenus quod ore proferunt, mente versetur; et ne operis actionis exercitium, vel secretæ orationis turtureum sacrificium per orationis et psalmodiæ in communi protelationem excludatur, cum hæc oporteat fieri, et ista non omitti.

CAPUT XXI.
Quando sit orandum.

Et opera quidem nostra, ut dictum est, a mane et ante prandium intus disponimus talia, quæ cum silentio ac quiete exerceri valeant, nec ad forinseca nos opera, nisi major id necessitas postulaverit, id temporis effundimus, scientes dictum ab Apostolo discipulo suo Timotheo : *Exerce te ipsum ad pietatem. Nam corporalis exercitatio ad modicum utilis est, pietas autem ad omnia utilis est, non solum habens promissionem vitæ, quæ nunc est, sed et futuræ* (*I Tim.* iv). Sed et papam Silvestrum ferias habere clericos ob eamdem constituisse causam non ignoramus.

Sed ne rustica quidem et servilia suo tempore aspernamur opera, præcinente Apostolum suis manibus operatum, qui et præcepit, dicens : *Si quis non operatur vel non laborat, non manducet* (*II Thess.* iii). Unde ne otiositati apud nos locus relinquatur, seniores ac debiles et operari non valentes ad psallendum in silentio hortamur; juvenes quoque et fortiores operari valentes, si qui ab opere se abstrahunt, vel alios distollunt, regulari et maxime silentii ac jejuniorum districtione, ad operandum revocamus. Adolescentes etiam jungi sibi in opere vel confabulari, nisi sub testimonio seniorum, vetamus.

CAPUT XXII.
De jejunio et aliis.

Sane jejunia sua et abstinentias domestici mei, quod de his procurator domus meæ Augustinus admodum breviter locutus est, secundum discretissimam Patris Benedicti descriptionem moderari soliti sunt, a cujus etiam institutione, modos excommunicandi inobedientes et quietem per æstivos dies meridiandi cum aliis utiliter ab eo institutis mutuare consueverunt. Et hæc est pene quotidiana mea ac meorum instantia, jejunium, abstinentia, oratio, lectio et opus, insuper et sollicitudo omnium, ac procuratio multarum ecclesiarum. In quibus, dum verbum Dei prædicando, infirmos visitando, mortuos sepeliendo, catechizando, et baptizando domestici mei laborando discurrunt, ministerium, meum non minus quieti monasticæ vel agresti labori, monachorum, Deo acceptum existimo; sed nec orationum fragrantiæ, hunc vestimentorum meorum odorem arbitror adeo posthabendum, dicente ipso sponsæ : *Et odor vestimentorum tuorum sicut odor thuris* (*Cant.* iv).

CAPUT XXIII.
De prohibenda proprietate et emendandis peccatis.

Sane ab hac mea defensione seclusos se noverint, qui sub professione communis vitæ in clero aliquid sibi proprietatis usurpant, qui inquieti et verbosi vaga sectantur otia, simul et ea dicta cœnobia, dum in quibusdam talia libere fieri sinunt; insuper autem et capitalia peccata in eis sine condigna pœna et ea, quæ major pœnitentia dicitur, veluti impune transeunt, dum vindictam, si quæ est, ut emendatoria sit, oportet. Hos igitur juste nisi emendare curaverint, ab hac filiorum meorum defensione excluserim.

CAPUT XXIV.
De clericis extraneis recipiendis.

In istorum vero abjectionem recompensationem sacerdotes vel clericos etiam extra cœnobitalia claustra in procurationem ecclesiarum probabiliter conversantes, sub defensionis meæ tutelam recipio, quos et Prosper episcopus, procuratoris mei Augustini pedissequus, sub defensionis nostræ patrocinium prior recepit, ita scribens (2) : « Sacerdos, cui dispensationis cura commissa est, non solum sine cupiditate, sed etiam cum laude pietatis accipiat a populo dispensanda, et fideliter dispensat accepta, qui omnia sua aut relinquit aut Ecclesiæ rebus adjunxit, et se in numero pauperum paupertatis amore constituit, ita ut unde pauperibus subministrat, inde et ipse tanquam pauper voluntarius vivat. Clerici quoque, quos pauperes aut voluntas aut nativitas fecit, cum perfectione virtutis vitæ ne-

---

(2) *De Vita contempl.* lib. ii, cap. 11.

cessaria sive in domibus suis, sive in congregatione viventes accipiunt, quia ad ea accipienda non eos habendi cupiditas ducit, sed cogit vitæ necessitas. » Hæc Prosper. Qui ubi dicit, in domibus suis, intelligendum est non quas hæreditario vel proprietatis jure, sed ecclesiastica justitia, seu' beneficio possederint, sicut et de discipulo quem diligebat Jesus scriptum est, quod matrem Domini *in sua accepit (Joan.* xix), qui tamen nihil proprietatis jure, sed de rerum communium distributione suam et a se procurandarum portionem communicandi affectu et usu possedit. Itaque ejusmodi non solum cupiditatis nervo liberi, sed et laude perfectionis omnia pro Christo relinquentium digni sunt, si tamen et alias criminibus et vitiis absolutam vitam ducentes, seque ministerio seu vacationi verbi mancipantes, aliorum interdictis officiis comministrando et communicando, auxilium non præbuerint, ne cum quibus eis est una communio, causa etiam communis sit. De talibus, ut idem ait Prosper, dicere videtur Apostolus : *Qui in sacrario operantur, quæ de sacrario sunt, edunt, et qui altario aeserviunt, cum altario participant (I Cor.* ix). Qui nisi hoc de contemptoribus facultatum suarum vellet intelligi, nunquam securus adjungeret : « Ita et Deus ordinavit, his, qui Evangelium annuntiant, de Evangelio vivere; qui nihil habere proprium volunt, qui nec habent nec habere concupiscunt, non suorum sed communium rerum possessores. »

Sic juxta rationabile Prosperi et apostolicæ doctrinæ concordantem sermonem sacerdotes et clericos etiam extra cœnobia probabiliter conversantes sub defensionis meæ tutelam susceptos esse non injuriosum est.

Et hoc de quotidiano fratrum cursu, tanquam vita communi, in clero pro se loquente et in Domino gloriante perstringere curavi. Factus sum insipiens sed coactus ab his, qui de sua singulari sanctitate in immensum gloriantur, studentes, ut de ordine canonico ad monasticum vel unum faciant proselytum, quem cum fecerint, sine dubio filium gehennæ perficiunt, habentem damnationem, quia primam fidem irritam fecit, qui etiam inobediens sanctæ Romanæ Ecclesiæ convincitur per Urbanum II papam hoc præcipienti atque dicenti :

CAPUT XXV.
Ut nullus canonicus regularis monachus fiat.

Mandamus et mandantes utiliter interdicimus, ne quisquam canonicus regulariter professus, nisi, quod absit ! publice lapsus fuerit, monachus efficiatur, quod si decreto nostro contraire præsumens facere tentaverit, ad ordinem canonicum præcipimus ut redeat, et deinde memoriale præsumptionis suæ cucullam deferat, et ultimus in choro maneat.

Et quidem de hoc verbo apud quosdam contentio vel dubium est, utrum deferre vel deserere cucullam in præcepto sit. Nos vero de verbo non contendimus ; id tamen indubitanter scimus, ipsum præcepti datorem Urbanum papam secundum, ac post ipsum alios Romanos pontifices ejusmodi præsumptoribus cucullam detraxisse.

His concinit Innocentius papa secundus, per epistolam, quam in defensionem ordinis nostri scripsit, in hæc verba : « INNOCENTIUS episcopus, servus servorum Dei venerabili CONRADO Saltzburgensi archiepiscopo salutem et apostolicam benedictionem. »

« De dignitate et excellentia vitæ canonicorum, » etc. *Vide in Innocentio II,* Patrologiæ *tom.* CLXXIX, *sub num.* 565.

CAPUT XXVI.
De ordine canonico servando.

Similiter Eduense concilium nihilominus Romanæ sedis auctoritate subnixum abbatum et monachorum in talibus præsumptionem cohibet, dicens : Ut nullus abbas vel monachus canonicos, ut regulares, a proposito professionis canonicæ revocare, atque ad monasticum habitum trahendo suscipere, ut monachi fiant, præsumat, quandiu ordinis sui Ecclesiam invenire quiverint, in qua regulariter et canonice vivendo Deo servire et animam suam salvare possint, quod si temerario ausu id agere attentaverint, anathematis vinculo obligentur.

Et hæc Patrum dicta cum auctoritatis et rationis pondere prolata tam monachorum præsumptioni reprimendæ, quam nostrorum, ne omni vento doctrinæ circumferantur (*Ephes.* iv), insolentiæ cohibendæ poterant sufficere ; si non illos propriæ excellentiæ amor : istos autem novitatis experiendæ stulta cupiditas vehementius perurgeret, in quo simul et Dominici mandati transgressores inveniuntur, hoc præcipientis suis ; ne de domo in domum transeant, sed in quamcunque intraverint, ut in ea maneant præcepit (*Luc.* x).

CAPUT XXVII.
De temperantia abstinentiæ.

Et quidem apud homines pannosa bracciisque ac pelliceis spoliata et in rustico desudans opere sanctitas forsitan pretiosior est, quod neque Dominicos, neque natalitios apostolorum dies ab austeritate jejuniorum excipiat ; sed mihi et cuilibet sanum sapienti pro minimo est, ut ab hominibus judicemur, aut ab humano die. Sed neque nos ipsos judicamus, quin potius et in Domino gloriamur, et gloria nostra hæc est, testimonium conscientiæ nostræ (*II Cor.* i), qui a fermento Herodis et Pharisæorum (*Marc.* viii), juxta divinissimum Domini præceptum, hinc flagitia, hinc superstitiones declinamus, quibus *pro saliunca ascendet abies, et pro urtica crescet myrtus (Isai.* lv), dum in locum mundanæ cupiditatis, in fluvio rerum transeuntium radices figentis, divina contemplatio et cœlestis conversatio succedit, et novitius fervor intemperatam abstinentiam commutat, ut neque fuga necessaria sit in hieme nimiæ districtionis, neque in Sabbato mundanæ vel Judaicæ dissolutionis.

Itaque in libertatem vocati sumus, tantum ne libertatem in occasionem demus carnis, sed per charitatem invicem serviamus; siquidem neque habitus, neque privatio pelliceæ vestis seu bracharum aliquid est, sed observatio mandatorum Dei. Sed neque *regnum Dei est esca et potus, sed justitia et pax, et gaudium in Spiritu sancto* (Rom. XIV). Gaudeo tamen interim quod, per aliquorum in dextram excessum, aliorum nimius in sinistram excessus arguitur, cum et nos interim discimus, quam tenaces divinorum præceptorum esse debeamus, qui alios etiam humanæ institutionis causa continentes agnoscimus. Sed unum doleo, quod Patribus nostris Augustino et Benedicto tanta discretio imponitur, dum ipsi auctores vel præceptores tantæ austeritatis astruuntur.

CAPUT XXVIII.
De vestibus lineis et pelliceis habendis.

Neque enim Pater Augustinus unquam lineam vestem in clero vetuit, neque Benedictus, homo discretissimus, vestem pelliceam discipulis suis monachis abstulit, quod nimirum et ipse melota usus est, qui et in Regula pro suæ regionis temperie locutus, tamen villosam tunicam per hiemem monachis concessit. Pellicea sane tunica, qua uti solemus, quid aliud est quam tunica villosa? Etenim villosam esse manifestum est; tunicam vero esse negari non potest, cum in Genesi scriptum sit, quod Dominus Adæ et uxori ejus tunicas pelliceas dederat (*Gen.* III). Sed unusquisque in suo sensu abundat, atque utinam omnia in ædificationem et non in aliquorum destructionem fiant! Sed et si qui aliter sapiunt, et hoc illis Deus revelavit. Hæc autem non in derogationem illorum, de quibus loquor, fratrum dixerim, qui mihi fere in omnibus admirandæ et prædicandæ humilitatis, sanctimoniæ et patientiæ videntur, inter quos etiam nonnullos illustres viros, tanquam luminaria cœlestia, veneror et amplector.

CAPUT XXIX.
De illustribus auctoribus.

Sicut enim in ordine nostro Hugo per donum scientiæ magnifice illuminatus, nostris temporibus tanquam stella matutina effulsit, et quomodo in ordine Cluniacensium Rupertus abbas Tuitiensis, totius pene Veteris ac Novi Testamenti expositor illustris, ordinem illum aureum tanquam topazius perornat; ita in ordine Cisterciensium abbas Clarevallensis Bernardus dono humilitatis ac sapientiæ præditus magnum cœlestis aulæ luminare est, et eximium illius ordinis ornamentum. Similiter et Nortbertus archiepiscopus magnificæ doctrinæ dono præpollens haud dubium, quin et ipse in Ecclesia Dei luminare præclarum effulserit.

Sed iidem ipsi, quos ex eis sapientiores novi et veneror, non alia de his, quam quæ sentimus, sentiunt. Nam et abbas Clarevallensis Bernardus de nostro ad suum ordinem transfugas improbat, et Pater Nortbertus lanearum tunicarum in clero inductor, idem ipse suæ institutionis postmodum exstitit improbator. Etenim cum esset junior cingebat se, et ambulabat ubi volebat (*Joan.* XXI), sicque per novitium fervorem et juvenilis animi robur in illam simulationem adductus est. Cum autem senuisset, jam factus etiam archiepiscopus Ecclesiæ, cedens auctoritati simul et antiquæ consuetudini, tanquam cinctus ab alio, tunicas ipse lineas recepit, simul et suis qui sibi parentes erant, discipulis, ut eis vestirentur, præcepit, volens hoc ipsum in toto suæ institutionis clero effecisse: sed præventus est morte et a multis recepta consuetudo subito auferri non potuit. Et de his hactenus.

CAPUT XXX.
De mystica consanguinitate duorum ordinum.

Interim vero et hujus verbi quoddam mihi elucere vestigium videtur, quod in Apocalypsi Joannis a Domino prædictum est: *Et dabo*, inquit, *duobus testibus meis, et prophetabunt diebus mille ducentis sexaginta amicti sacco* (*Apoc.* XI). Etenim cum in duobus testibus recte martyres et confessores intelligantur, non inconvenienter etiam hi duo ordines clericorum videlicet et monachorum per eos valent intelligi, quibus etiam nostro in tempore per datam divinitus sapientiam os ad prophetandum et prædicandum mysterium Dei resolutum est, et quidem diebus mille ducentis sexaginta, id est in illo tempore, Antichristi abundante iniquitate. Quam videlicet iniquitatis abundantiam ille numerus superfluus MCCLX significat, de quo non est modo dicendum per singula; prophetantur vero et amicti sunt sacco, id est in omnimoda pœnitentiæ humiliatione, quam etiam in habitu foris humili et abjecto præferunt tam clerici quam monachi griseis et nigris, laneis et lineis vestibus suis non nitor aut mollities, sed quod necessitati cum honestate sufficiat, requiritur. Hoc videlicet eis in commune procurantibus, ne sit notabilis habitus eorum.

Sed cuiquam fortasse videatur, quod ordo canonicus in ordine monastico sequacior sit. Quod mirum non est. Nonnulla enim inter utrumque ordinem professionis ac testimonii differentia est.

CAPUT XXXI.
Monachus mortis Dominicæ testis est.

Siquidem ordo monasticus in habitu lugubri se ipsum mundo mortificans mortem nobis Christi, et qualiter ei cum vitiis et concupiscentiis mori debeamus, denuntiat.

CAPUT XXXII.
Canonicus habitus resurrectionis testis est.

Ordo vero clericalis in habitu candido cum angelo testis resurrectionis Christi præfulget, nimirum qualiter Christo consurgentes in novitate vitæ ambulare debeamus, insinuans.

Objicitur etiam forsitan nobis ab imperitis propter lanæ in vervecinis pellibus mollitiem, quasi Dominico eloquio notabiles videamur, quo ab ipso super Joannis Baptistæ amictu dictum est : *Quid existis in desertum videre ? hominem mollibus vestitum ? Ecce, qui mollibus vestiuntur in domibus regum sunt* (*Matth.* xi). Sed non bene attendunt, in hoc verbo a Domino non omnem vestimentorum mollitiem reprehensam, sed eam specialiter in qua mollitiem etiam pretiositas juncta comitatur, ut sunt vestes de pelliculis peregrinarum murium, et de serico contextæ, et si quæ sunt ejusmodi, in quibus pretiositas cum mollitie sociata Christianæ paupertatis simplicitatem et humilitatem excedit. Quod Lucas evangelista manifestius insinuat, qui sic ait : *Ecce qui in veste pretiosa sunt et deliciis in domibus regum sunt* (*Luc.* vii). Dum ergo Matthæus evangelista vestes molles ; Lucas vero, ut dictum est, vestem pretiosam nominat, quam in veste mollitiem Dominus reprehendat, manifestum est, ut innocentia, quam per evangelistam impugnare moliuntur, etiam per evangelistam valeat defensari, tam in nobis quam in monachis pretiosa veste non utentibus.

CAPUT XXXIII.
De ortu sacrarum vestium.

Sane in vestibus sacris etiam pretiositatem inculpabiliter admittimus, et solent admittere hi, qui de monastico ordine sanum sapiunt, videlicet ut hujusmodi ornatibus, mysticam rationem habentibus, nuditatem nostri Noe, in cruce irrisi, decenter cooperiamus. Insuper et gloriam futuræ resurrectionis, quæ revelabitur in nobis (*Rom.* viii), ejusmodi vestium decore præsignamus, in summis solemnitatibus cappis de pallio induti procedentes. Et currere quidem simul decet hos duos ordines in Ecclesia, tanquam geminos geminæ gratiæ testes, ita ut neuter eorum se alteri præferat, sed honore invicem præveniant, licet alter eorum alteri in aliquantis præcurrat.

CAPUT XXXIV.
De cursu duorum discipulorum et duorum ordinum.

Qui nimirum cursus pulchre in Evangelio duorum discipulorum Petri et Joannis cursus præsignatus est. Novimus ubi legitur : Currebant duo simul, et ille alius discipulus præcurrit citius Petro, et venit prior ad monumentum, non tamen introivit, sed visis linteaminibus foris stetit ; demum venit Petrus sequens eum et introivit in monumentum et vidit linteamina, et tunc ergo et introivit ille discipulus, qui venit prior ad monumentum (*Joan.* xx). Vere cursus spectaculi admiratione dignus ! Currunt simul duo Christi discipuli, unus plus cæteris diligens, alter plus dilectus ; unus de nuptiis, alter de maris operatione vocatus ; unus in pectore Christi suaviter recumbens, alter cum Christo maris undas superambulans ; unus spectator mirabilium cœlestium, alius factus mundo spectaculum ; unus quietis ac theoriæ assuetior, alius ministerio verbi paratior. Currebant simul non solum brevi illo ad monumentum cursu, sed toto vitæ suæ processu. Currebant simul unus in juvenili corpore ac mente alacrior, alter ætatis gravitate constantior. Currebant simul, nec qui unus alium præcurrit, ideo se illi prætulit, sed tanquam seniori agnoscendorum mysteriorum prioratum dependit. Etenim cum venisset prior ad monumentum, non tamen introivit, sed visis linteaminibus foris stetit ; Petrus vero sequens eum et veniens ad monumentum prior introivit.

CAPUT XXXV.
Allegorice exponitur.

Currunt et in quolibet viro simul intentio et actio, una pulchrior et amabilior, altera patientior et fecundior ; una videndo vacans verbo, altera devota ministerio. Currunt simul ; neque enim, quæ intentio præcurrit ministerium verbi, ideo dignior judicanda est. Nam sæpe in ministerio verbi arcana revelantur, quæ ante ministerium, cum sola fuisset theoria, occulta latuerunt, quod est, Petrum introiisse priorem in monumentum, unde est illud : *Declaratio sermonum tuorum illuminat, et intellectum dat parvulis* (*Psal.* cxviii). Neque vero sicut pars Mariæ parti Marthæ a Domino prælata est, ita etiam de intentione et ministerio verbi æstimandum est, ut dignior ministerio, intentio sit ; alioquin Petrus theorice in linteo vase ministerium salvandarum gentium cognoscens, dignior judicandus esset seipso, prædicante verbum vitæ Cornelio ; in quo magna esset absurditas, præsertim cum non aliud Petrus in ministerio actionis exsecutus sit, quam quod eum præcedens visio theorica perdocuit, quæ nescio an signum actionis solum, an etiam efficiens causa talis actionis exstitit. Sic vero et Mariæ audientis quies, Christi prædicantis officio dignior habenda videtur. Nec vero plurimum interest inter Marthæ et Christi ministerium ; Christi videlicet verbo vitæ animam victuram in æternum recreantis, et Marthæ carnem morituram pane terreno sustentantis. Nam Martha ministrans sollicita est, quia turbatur erga plurima Christo ministrans, Maria in uno et circa unum, quod solum est necessarium, versatur (*Luc.* x). De hoc ministerio suo ipse ait : *Ego in medio vestrum sum, sicut qui ministrat* (*Luc.* xxii). De hujus item ministerii dignitate Petrus ait : *Non est æquum nos relinquere verbum Dei et ministrare mensis* (*Act.* vi). De hoc et Lucas ait in Actibus apostolorum : *Ministrantibus et jejunantibus apostolis, dixit Spiritus sanctus : Segregate mihi Paulum et Barnabam in opus*, etc. (*Act.* xiii). Item ipse in principio Evangelii sui : *Sicut tradiderunt nobis qui ab initio ipsi viderunt, et ministri fuerunt verbi* (*Luc.* i) : visionem ministerio verbi tanquam Joannem Petro consocians.

Sed visio ministerii tempore rationem præcedit, et Joannes Petro citius currit, atque, ut minus dubites, intentionem seu visionem, quæ prior est in Joanne, subsequens vero ministerium verbi in Petro significari, post resurrectionem Domini, dum simul piscarentur septem discipuli, apparente illis Jesu ac stante in littore discipulo illo, quem diligebat Jesus, prior Dominum agnoscens, dixit Petro : Dominus est. Simon ergo Petrus cum audisset, quod Dominus est, tunica succinxit se (erat enim nudus) et misit se in mare. Alii autem discipuli navigio venerunt, trahentes rete piscium (*Joan.* xxi). Ecce discipulus, quem diligebat Jesus, prior ipsum agnoscens, nec tamen se in mare misit; sed qui posterior Petrus agnovit, mente constantior, ipse misit se in mare. Ut scias per Joannem agnoscendi studium ac theoriæ munus, quod ordine prius est, significari. In Petro vero, ut jam dictum est, ministerium verbi exprimi, in quo sæpe fluctus sæculi ferendi et calcandi sunt; insuper et mortis amaritudinem sæpe subeunt, ut per martyrium veniant ad Jesum, aliis discipulis navigio claustri vel quietis venientibus, et rete piscium per orationis studium ac pii desiderii intentionem, quasi per quemdam funem, trahentibus.

Currunt tamen, tendunt ac festinant simul in terra et in mari Petrus et Joannes, intentio et actio, visio et verbi ministerium, sed dissimiliter, circa unum et ad unum, quod solum est necessarium, quod non aufertur a nobis. Nam sicut visio æterna est, ita et ministerium verbi nos illustrantis erit æternum, promittente nobis Domino; quoniam præcingens se, faciet nos discumbere, et transiens ministrabit nobis. Quod utique ministerium in illo quoque, quod cum septem discipulis celebratum est, convivio significatum est, quod Dominus Jesus post resurrectionem suam stans in littore, manens in æternæ sanctificationis quiete, ad prandium invitat, dicens : *Venite, pueri*. Ubi et accipiens panem, dat eis, et piscem similiter, ut æternam quoque vitam verbi ministerium soli nunc Domino et sui convivii sociis angelis ac sanctis animabus commistim non deesse pie credere valeamus. Cognoscemus autem et nos, cum dictum ab illo audierimus : *Venite, prandete* (ibid.); *venite, benedicti Patris mei; percipite regnum, quod vobis paratum est ab origine mundi* (*Matth.* xxv).

Currunt simul in Ecclesia etiam hi duo ordines monasticus et canonicus tanquam Joannes et Petrus ambo dilecti et ambo diligentes Deum, atque ut Ambrosius in epistola sua ad Vercellenses, ait : Unus in spelunca quiescens, alter in theatro decertans; unus mundum refugiens, alter mundum devincens; unus in pectore Jesu cum Joanne recubans, alter cum Petro mare mundi superambulans; unus theoriæ assuetior, alter devotioni ministerio; unus cum Joanne spectator mirabilium, alter factus cum Petro mundi spectaculum; unus corporalis exercitationis patientior, alter ad moralem institutionem habilior. Currant simul, nec tamen alter se alteri præferat, licet eum in aliquantis videatur præcurrere. Etenim etsi in patientiæ humiliatione et corporali exercitatione ordo monasticus ordinem nostrum præcurrit, non tamen etiam in dispensatione mysteriorum Dei prior est.

CAPUT XXXVI.
Ordo canonicus mysteria Dei dispensat.

Sed in his sicut Joannes Petro clericali ordini prioratum dependit, cui in Petro dictum est : *Pasce oves meas* (*Joan.* xxi). Qui etiam primus cum Petro sagenam trahens sociis de navi, de ordine videlicet monastico, quos ad hoc opus aptos agnoverit, induendi et advocandi habet potestatem ut veniant et adjuvent eum collaborantes sibi in Evangelio Christi. Nempe hi ordines, etsi inter se in professionis proposito et habitus varietate aliquantulum diversi, non tamen etiam alterutri adversi sunt; sed tanquam duo cherubim semetipsos fraterna familiaritate respiciunt, versis vultibus in propitiatorium. Unde et ipsi utiliter in una persona concurrunt, dum vel ex clericis proprietatem retinentibus ad monasticam et cœnobitalem perfectionem, relictis omnibus, convertuntur, vel intra cœnobia probatæ scientiæ et conversationis viri ad ministerium altaris admittuntur, aut ad regendas Ecclesias evocantur. Ex qualibus Gregorius primus et septimus Romani pontifices præclara Ecclesiæ luminaria exstiterunt, et nunc Ecclesia in sui Eugenii præsulis Romani sanctitate gloriatur, aliique plures ex ordine eodem pontifices et sacerdotes satis utiliter Ecclesiæ per diversa loca et tempora inveniuntur præfuisse, qui et miraculorum potentia et quod his minus non est, doctrinæ prærogativa claruerunt. Unde et in Domino Jesu utraque, id est miraculorum potentia et doctrinæ gratia æqualiter in Evangelio commendata sunt, ubi scriptum est, duo sibi in via coambulantes dixisse, de Jesu, qui fuit vir propheta in opere et sermone (*Matth.* xxi). Item in Actibus apostolorum : *Quia cœpit Jesus facere et docere* (*Act.* i). Et item ipse Lucas in Evangelio suo manifestius declarat scribens verba Domini Jesu dicentis duobus discipulis Joannis : *Euntes, dicite Joanni quæ vidistis et audistis, quod cæci vident, claudi ambulant, leprosi mundantur, surdi audiunt, mortui resurgunt* (*Luc.* vii); ac demum evangelizandi gratiam miraculorum potentiæ coæquans adjunxit, et quod his non minus est : *Pauperes evangelizantur* (ibid.). Quapropter mirentur, qui volunt in Martino et Benedicto miraculorum potentiam; ego non minus mirabor et venerabor, siquidem et testificante Domine, non minor est in Ambrosio, Hilario et Augustino cum sanctitate vitæ, doctrinæ et eruditionis gratia, qua multi pauperes evangelizati, et multi cæci in anima illuminati, leprosi mundati, mortui resuscitati sunt : quæ miracula utique quanto spiritualiora, tanto majora a recte judicantibus non dubitantur.

Dividit autem et sua dona Deus, ut alius miraculis clareat, alius sapientiæ ac scientiæ donis vel doctrinæ eruditione præfulgeat. Et in omnibus his duo discipuli Petrus, id est ordo canonicus, et

Joannes, monasticus ordo, simul currunt, dum in una persona laudabiliter conveniunt, dum ex clericis his, quibus licitum est, monachi, et ex monachis probatis clerici fiunt; dum non minoris sublimitatis est in clericis evangelizandi gratia, quam in monachis miraculorum potentia; dum non indignius est et apostolorum in verbo ministerium, quam Mariæ audientis et obaudientis silentium; dum hi maris undas, trahentes rete piscium, non minori fortitudine cum Petro superambulant, quam illi suaviter super pectus Jesu cum Joanne recumbunt; dum non minoris celsitudinis in clericis verbi ministris cum Petro et Paulo victoria tyrannorum et mortium, quam in monachis cum Joanne in insula Pathmos relegato (*Act.* 1), eremi recessio, et cœlestium visionum crebra et multimoda revelatio. In his, inquam, omnibus aliisque plurimis, quæ nunc enumerare longum est, simul currunt hi duo ordines laudabiliter in Ecclesia et usque in finem sæculi concurrere non desinunt, ambo Deo dilecti, et ambo Deum diligentes.

CAPUT XXXVII.

Ideo hæreticum est pertinaciter defendere, monasticos Ecclesias non debere regere.

Ita ut quis alteri præferendus sit, non in hominum, sed in solius Dei judicio positum sit, nisi quod major in regno cœlorum futurus creditur, qui sanctius, humilius ac probabilius sive de illorum, sive de nostro ordine conversatus invenitur, ubi et multæ viduæ et conjugatæ multis episcopis et monachis præponentur, quæ non in æstimatione hominum, magnæ sunt unoquoque accipiente mercedem secundum suum laborem.

CAPUT XXXVIII.
De conversis laicis.

Adhuc vero etiam in nostris cœnobiis hi duo ordines canonicorum scilicet et monachorum, Joannes et Petrus, simul currunt, dum apud nos ex laicali conversatione homines illiterati relictis omnibus jugum Christi suscepturi convertuntur, qui ad ordinem clericatus promoveri nec possunt nec volunt, sed probabiliter in omni perfectione monastica degunt, manibus suis operantes et carnem suam cum vitiis et concupiscentiis in habitu pœnitentiali crucifigentes, qui etiam more monachorum veste, quæ scapularis dicitur, in quibusdam claustris ad opera succingi consueverunt, ita ut, in quo quidam gloriari videntur, parum eis de sex alarum cherubim volatu pro hac parte similitudinis deesse putetur.

In omnibus his, hi duo, de quibus loquimur, ordines simul currunt, et juncto gressu combinati incedunt, sicut item de Petro et de Joanne legitur, ubi pariter juncti gressu, non alter alterum præcurrendo, sed juncti ambulando, incesserunt. Unde scriptum est : *Et Joannes cum Petro ascendebat in templum ad horam orationis nonam* (*Act.* III), ubi et claudo illi gressus per eorum verba redditus est, qui exsiliens continuo et consolidatis basibus ejus et plantis ambulabat, et intravit cum illis in templum ambulans et exsiliens, et laudans Deum. Et revera, ubi sacerdotalis auctoritas, quæ in Petro intelligitur et monastica sanctitas, quæ per Joannem significatur, sive in una congregatione, sive in una persona juncta sunt, talis coambulatio sine dubio ad laudem et gloriam Dei proficiet, multisque imitatoribus erit in salutem. Amen.

Explicit tractatus ae ordine canonicorum regularium reverendi in Christo patris ac domini, domini Anselmi Havelbergensis Ecclesiæ episcopi, Eugenii tertii contemporanei.

ANSELMI
HAVELBERGENSIS EPISCOPI
EPISTOLA APOLOGETICA
PRO ORDINE CANONICORUM REGULARIUM.

(Eusebius AMORT, *Vetus disciplina canonicorum regularium et sæcularium*, etc. Venetiis 1747, in-4°; t. II, p. 1048.)

MONITUM.

De Anselmo Oudinus *De scriptoribus eccles.* sic scribit : « Anselmus Havelbergensis in marchionatu Brandeburgensi episcopus....... a Lothario II imperatore legatus Constantinopolim ad Græcorum imperatorem missus, ibique a sapientioribus episcopis Græcis provocatus celebrem conventum seu colloquium iniit, quod Eugenio III describit. Missus quoque Anselmus fuit ab Eugenio III papa ad Conradum Romanorum imperatorem, etc. Item conventioni inter Fridericum imperatorem et Eugenium III subscripsit. » Ita Oudinus. Cum autem Lotharius imperator jam obierit anno 1138, quem insecutus est Conradus, ac dein Fridericus, verosimile est, præsentem epistolam apologeticam jam ante annum 1138 scriptam esse; quia post susceptam legationem Constantinopolitanam non videtur illi in perpetuis negotiis superfuisse tempus pro ejusmodi materiis. Attentionem utique absorbuisset v. g. opus illud egregium contra Græcos, cujus exemplar manuscriptum etiam reperi apud nostros canonicos Neocellæ in Tiroli. Præsens autem opusculum ex codice ms. communicatum mihi est humanitate R.A. DD. Augustini Eichendock, nunc laudatissime fungente generalatus munere in congregatione Windesheimensi.

Epistola venerabilis Anselmi Havelbergensis episcopi ad Ecbertum abbatem Huysborgensem contra eos qui importune contendunt, monasticum ordinem digniorem esse in Ecclesia quam canonicum.

Anselmus pauper Christi Havelbergensis vocatus episcopus, Ecberto Huysburgensis cœnobii venerabili abbati salutem, propter quam Christiani nuncupamur et sumus.

Sicut is, qui ea, quæ charitatis sunt, lege charitatis tractat et administrat, amplectendus est; ita nihilominus e regione, qui contra charitatem niti tentaverit, officio charitatis monendus est, ne dum decipitur specie recti, ponens lucem tenebras, et tenebras lucem, dulce amarum, et amarum dulce, et dicens malum bonum, et bonum malum, de bono in malum corruat, lucem deserendo, tenebras apprehendat, et quod dulce est respuendo, id quod amarum est, non sano palato degustandum eligat. Nuper, cum more meo solus sederem, et *Epistolarium* beati Hieronymi forte legerem, supervenit quidam frater, et attulit mihi quoddam scriptum. Quod cum ego arripuissem, et tanquam recentium litterarum avidus, subito perlegissem, inveni scriptum illud non tam otiosum quam etiam onerosum, et continuo valde miratus sum prudentiam tanti viri, qui hoc scriptum sic inchoaverit, sic ordinaverit, et sic finierit : Et ecce! titulus ipsius scripti ex improviso apparuit, et te auctorem sui esse innotuit. Deinde studiosus relegens et singula quæque animadvertens inveni quædam superstitiosa, et dictu inutilia, quæ tu tamen quibusdam ratiunculis ex opinione adductis, et quibusdam auctoritatibus ad tuum sensum revocatis nisus es approbare. Quantum vero malum sit, quamvis sacram Scripturam suo sensui emancipare, et non potius divinæ Scripturæ suum sensum adaptare, nulli incognitum esse debet qui sacris lectionibus vacare consuevit. Contendis siquidem per divinam Scripturam divinando eam contra divinam Scripturam, et sicut ex verbis tuis colligi potest, asseris universos tam Veteris quam Novi Testamenti fideles monachos fuisse, et non vereris aperte dicere : Scripturam illam, quam scribit Lucas evangelista : *Erat illis cor unum et anima una*, etc., etc. (Act. IV), ad societatem monachorum, et non potius ad apostolos et eorum assectas pertinere, inter quos nec nomen quidem monachorum tunc temporis sciebatur, unde et idem liber *Actus apostolorum*, non *Actus monachorum* inscribitur. Adducis etiam quædam verba beati Augustini in psalm. CXXXII : *Ecce quam bonum et quam jucundum habitare in unum*, in quibus ipse quidem apostolicam et communem vitam patenter commendat, quæ tu tamen ad monasticam tantummodo professionem satis imperite niteris retorquere. Dic mihi, frater, nunquid illi quingenti, qui Dominum post resurrectionem viderunt (sicut commemorat apostolus Paulus) monachi erant? nunquid centum viginti, qui simul erant in loco uno post resurrectionem Domini, et ascensionem in cœlum, quibus in uno loco constitutis, supervenit Spiritus sanctus in die Pentecostes missus de cœlo, sic missus; sicut promissus : num, inquam, omnes isti monachi erant? quibus tamen jucundum tanquam fratribus habitare in unum. Inseris etiam quædam ex scriptis Joannis Chrysostomi, quæ idcirco recte non potes intelligere, quia charitatem circa monachos tantum restrictam, et non potius ad omnes Catholicos dilatatam videris habere. Postremo vero nescio cujusdam Roberti doctrinam adnectis, cujus auctoritas, quia in Ecclesia ignoratur, ea facilitate contemnitur, qua probatur : fortasse tamen apud vos magnus habetur, non ob id, quod aliqua magna scripserit, sed ob hoc, quod monachorum abbas exstitit; ego sane quædam scripta illius, fateor, curiosa novitate legi, ipsum etiam novi et vidi, sed pulchre dictum Græcos proverbium in illo verum reperi : *Pinguis venter non gignit tenuem sensum*. Sed, quæso, frater charissime, quare tecum tantum laboras? quare tantopere aerem verberas? quare tanto studio pro monastico ordine, quem nemo sapiens impugnat, disputas? nimirum ideo facis, ut aliqua dicendo illis placere, ac pluribus possis innotescere. Sed, ut vulgo dicitur, noli vesicas pro laternis vendere, tu autem hoc non facis, nisi forte pueris simplicibus, indoctis, vel etiam idiotis quæque nova mirantibus; ut quid scribendo fodis cisternas, quæ non valent aquas continere? qua temeritate præsumis aquam turbidam pueris Dei scribendo propinare? qui utique communicantes carni et sanguini Christi non crudum, sicut tu, sed assum totum agnum edentes, fontem aquæ vivæ in divinis eloquiis quotidie haurire consueverunt. Timeo pro te, et propter Deum, timeo de te, ne forte, dum venerabilem tunicam, quam nemo Christianus, nisi amens impugnat, incassum et otiose defendis, tunicam Christi vestem scilicet charitatis scindere volendo amittas. Miror tamen, utrumne hæc faceres, si monachus non esses. Ego monachus non sum, attamen monasticum ordinem tecum defendere paratus sum, quippe tot sancti, tot beati, tot electi, tot perfectis tot Spiritu sancto pleni in illa regula leguntur militasse, quod revera insani capitis, et membrum diaboli eum indubitanter constat esse, qui tam laudabili, et tam amplectendo ordini præsumpserit aliquo detrectare, est namque vita monastica, suo tenore conservata, omnino irreprehensibilis, suscipienda, veneranda, optanda, amplectenda, firmanda, roboranda, conservanda, et per omnia in cœlum, tanquam scala peccantium et pœnitentium sustollenda et erigenda.

Verumtamen absit ut perfectio monachorum quidquam minuat perfectioni et sanctitati clericorum, neque enim assentior verbis tuis, frater dulcissime, quæ ad hæc collegisti et congessisti, ut probares vitam monachorum tanquam digniorem præferendam esse excellentiæ clericorum. Sed antequam tuæ huic opinioni respondeam, pauca duntaxat volo præmittere, in quibus judicium meum clarius tibi possit illucescere. Ego nec monachum, quia monachus est, bonum dico; sed, quia bonus est, bonum prædico. Ego nec clericum, quia clericus est, bonum dico; sed, quia bonus est, bonum dico, et bonum diligo. Ego nec laicum, quia laicus est, aut bonum aut malum judico; sed, quia bonus aut malus est, aut tanquam bonum probo, aut tanquam malum improbo, *non enim personarum acceptor est Deus sed in omni gente, qui timet Deum, et operatur justitiam, acceptus est illi* (Act. IV), qui etiam, ut ait Apostolus, *vult omnes homines salvos fieri* (I Tim. II). Proinde eratne sapientis, tot monachorum corda jamdudum a turbine sæculi pacata, scripto commovere, et in disceptationem evocare, et sicut tu dicis, pro dignitate monastici ordinis ad debellandum, ut verum dicam contra neminem frustra exsuscitare? Puto, si potuisses omnes Ægypti et Mesopotamiæ monachos, Paulos, Antonios, Hilarios, Macarios, ipsum quoque Patrem, non minus sanctitate, quam nomine Benedictum, de somno pacis inutile bellum evocasses, non timens : quod autem non minime timere debueras, quia si illi viverent, te utique reprehensibilem esse convincerent, et non solum tui non essent fautores, verum etiam tuæ imperitiæ graves ac districti judices fierent, cum ipsi præsertim cœlestis vitæ tanto fuerint digniores, quanto sub ordine clericali, per quem Ecclesia Dei regitur, humiliores fuisse inveniuntur. Valde enim miror qua fronte, quave temeritate illos tuos dicas esse magistros, te vero illorum discipulum esse glorieris, cum nec tu ad illos, nec illi ad te quidquam pertinere videantur, præter communem Christianitatis legem, qua omnes unum sumus in Christo. Illi pannosi, ut verecundiam carnis vix obtegerent, et asperum frigus utcunque temperarent, contenti fuerunt, tu autem aliter facis; illi famelici victum propriis manibus quærentes, ligonibus et rastris incumbebant, tu autem non ita facis; illi egentes, tu superabundas; illi afflicti, tu consolationem habes; illi angustiati, tu tranquillam vitam agis;

illi in solitudinibus errantes, etc., tu in medio tuorum in excelso solio securus sedes, quæ omnia ideo breviter dixi, ne si in comparatione tui et illorum meram veritatem exprimam, charitatem quam ædificare intendo destruam, et vulnus quod sanare proposui magis videar sauciare : potiusque volo ut, me tecente tu te ipsum considerando comparatione illorum examines, quam me loquentem, et quod verum est, digito licet ingrato monstrantem, et nimis ad vivum lingua resecantem conturberis et irascaris, quem ego semper mansuetum, semper hilarem, semper jucundum, semper benevolum, semper pacificum, et nunquam turbatum videre, et audire et amplecti cupio. Verumtamen in his omnibus, nec tibi, nec alicui modernorum monachorum nomen aut meritum auferre intendo, præcipue cum ego tanquam peccator habens caput multis obvolutum timoribus, una cum omnium nostrum subsidio cupiam salvari, et in numero pauperum Christi nomine ac merito inveniri. Sed jam nunc ad verba tuæ scripturæ redeamus.

Confusa est, inquis, dignitas monastici ordinis, eo quod quidam Petrus præpositus clericorum canonicorum in Hamersleve communem vitam in apostolicæ institutionis professione degentium monachus factus requiratur, et ad ordinem pristinum, quem certo, sicut ego affirmo, deserere sine causa evidenti, non licuerat, revocatur. O Christianum omni dignitate indignum, de aliqua iniqua dignitate contentiosum! Sed fortasse de dignitate cœlesti dixisti : est enim dignitas alia cœlestis, alia terrestris : quod si de dignitate terrestri contendis, terrenus es, et certe dignitate te indignum, omni vero bonorum indignatione dignum ostendis; quod si autem de cœlesti dignitate dicendum existimasti, quare lamentaris quod illa sit confusa? quæ ab omni confusione prorsus est aliena, et omnino liberrima? consequenter ergo verum est, nec illam dignitatem, quæ terresiris est, a bono Christiano esse appetendam, nec illam, quæ cœlestis est, ab aliquo Christianorum credendam vel dicendam nullo modo esse confusam.

Causaris etiam hoc nomen regularis canonicus, et dicis illud esse novum, et ideo contemptibile, quasi necessaria sit illa consequentia, si novum, tunc contemptibile; quod quidem contemptibile argumentum quam sit contemptibile, nulli, qui syllogistice loqui noverit, est incognitum; equidem omne quod antiquitatem vel vetustatem suscepit, aliquando novum fuisse certissime constat, ideoque non quia novum est aut novum fuit, aliquid plus minusve est contemptibile; nec quia vetus est aut vetus erit, aliquid plus minusve est acceptabile : sed sive vetus sive novum sit aliquid, si tamen bonum est et utile, jure omnibus bonis debet esse acceptabile. Sunt enim antiqua bona, sunt et nova bona, et sunt antiqua mala, et sunt nova mala : et certe, sicut antiquitas vel novitas malorum nullam eis affert auctoritatem, ita nihilominus nulla antiquitas vel novitas bonorum suam eis aufert dignitatem. Videris etiam quod ibidem non simpliciter, sed astute tanquam per insinuationem commune nomen hoc, quod est clericus, tanquam clericus adulando, et in partem tuam eos trahendo posueris, et ex antiquitate laudaveris : quod ego vereor te idcirco fecisse, non tam ut illos veraciter laudares, quam ut istis, ut salva pace tua dicam, libere deroges; ego tamen, fateor, nescio tibi super hoc verbo respondere, cum hoc verbum, quod est canonicus regularis idem videatur significare, tanquam si quis diceret, regularis regularis, sive canonicus canonicus, nisi forte idem verbum in Latino et in Græco modernus usus ideo geminare consueverit, ut significationis ingeminatio antiquæ et jam reparatæ religionis firma sit affirmatio, vel aliquorum, qui non tam regulariter vivunt, manifesta distinctio. Quod si prædictus Petrus presbyter jam longo tempore apostolicam vitam professus, et habitu paupertatis indutus, nunc tandem levitate humana, non electione divina descendendo, non ascendendo, se monachum fieri voluit vel fecit, nunquid non jure revocandus est, et ad primam fidem quam irritam fecit reinvitandus, præsertim cum sanctorum Patrum auctoritas hoc fieri inhibeat, et si forte factum fuerit, mutandum censeat et potenter præcipiat? quibus si quis supercilio suæ superstitionis non obediendum putaverit, se ipsum irrecuperabiliter damnat, quoniam sicut dicit beatus Ambrosius : « Quicunque Romanæ Ecclesiæ non concordat, hunc hæreticum esse constat. » Urbanus papa et martyr sic dicit : « Mandamus et mandantes universaliter interdicimus, ne quisquam canonicus regulariter professus, nisi, quod absit! publice lapsus, monachus efficiatur. Quod si decreto nostro contraire præsumens facere tentaverit, ad ordinem canonicum præcipimus ut redeat, et deinceps memoriale præsumptionis suæ cucullam deferat, et ultimus in choro remaneat. » Item Gelasius episcopus : « Venerunt ad nos fratres quidam canonicam vitam professi, qui dicerent, Patrem suum et cura paternitatis, et habitu canonico, quem professus erat, abjecto, monachorum monasterium omnibus fratribus suis invitis intrasse. Nos autem tantæ novitatis præsumptione turbati statuimus, et statuendo præcipimus quod et ante beatæ memoriæ Urbanus papa et martyr statuerat, quatenus idem abbas ad claustrum, unde satis inordinate recesserat, rediret sine contradictione; ita tamen ut, ob notam tantæ præsumptionis suæ cucullam monachicam usque ad obitum suum in eodem loco vel claustro portaret, quod cum fratribus omnibus coram positis optime placere conspiceremus, hoc ipsum lege perpetua in ordine canonico Dei omnipotentis et apostolorum Petri et Pauli, necnon et nostra auctoritate servari præcipimus. » Item Urbanus secundus : « Statuimus ne professionis canonicæ quisquam, postquam Dei vice super caput sibi hominem imposuit, alicujus levitatis impulsu seu instinctu, vel districtioris religionis obtentu, ex claustro audeat sine præpositi totiusque congregationis permissione discedere, discedentem vero, et nullus abbatum, nullus monachorum, nullus episcoporum sine communium litterarum cautione suscipiat, auctoritate Dei et nostra interdicimus. » Item alibi : « Reprehensibilem et ecclesiastica emendatione dignum apud aliquos canonicos inolevisse comperimus usum, eo quod contra morem ecclesiasticum cucullas, quibus solis monachis utendum est, induant, cum utique illorum habitum penitus usurpare non debeant, a quorum proposito usus nulla auctoritate approbatur, sed potius ab his, qui sanum sapiunt, merito reprehenditur, et repudiatur, oportet, ut abhinc, ne fiat penitus inhibitum sit. » Item : « Evidenti auctoritate liquet canonicam institutionem cæteris præstare institutionibus, ideoque necesse est, qui hujus professionis censentur nomine, procurare, qualiter in semetipsis eamdem institutionem vita et moribus exornent potius quam dehonestent. Quoniam qui tantæ auctoritatis institutione pollent, et se aliis imitabiles præbere debent, verendum est ne si, quod absit! a proposito exorbitaverint, regno Dei indigni fiant. » Item ex Eduensi concilio : « Nullus abbatum aut monachorum præsumat canonicum regularem suscipere, vel monachum facere, quandiu invenerit claustrum sui ordinis, ubi salvari possit. »

Proinde, frater amande, conservi enim Dei sumus ambo, velim scire et a te doceri qua ratione, quave auctoritate velis eum, qui bonus est clericus fieri monachum, cum profecto bonæ vitæ clericus una cum apostolorum principe, et cum tota illa primitiva et sancta societate bene et audacter secure dicat : *Domine, ecce nos reliquimus omnia, et secuti sumus te, quid ergo erit nobis?* (*Matth.* xix.) Quid si vendidit omnia, et dedit pauperibus, et jam nudus sequitur Christum? Quid si jam bajulat crucem suam, et ad omnem persecutionem paratus Christum imitatur, et ejus apostolos? Quid si nihil dixerit vel fecerit proprium in hoc mundo, nisi forte peccatum? Quid si jam renuntiavit omnibus, quæ possidet, et verba vitæ audiens et disciplinam justitiæ apprehendens verum et perfectum Christi se fecit discipulum? Si, inquam, bonus clericus (de bono enim clerico loquor) hæc, quæ scripsi, et alia nihilominus Evangelii mandata perfecerit, nonne is ipse sedebit cum duodecim judicantibus duodecim tribus Israel? (*ibid.*) Nonne ipse Christus Salvator, et perfectæ salutis dator faciet illum discumbere inter discipulos, et transiens ministrabit illis? *Ubi sum ego*, inquit, *illic et minister meus erit* (*Joan.* xii). Dic ergo, si potes, nunquid alicubi Deus fidelis promisit monacho, quod nisi fiat monachus, daturum se, negaverit clerico? Ego sane nec in evangelicis promissionibus, nec alicubi in toto divinæ Scripturæ pelago me hoc legisse recolo, nec ab aliquibus, qui hoc legerint, me audivisse reminiscor. Quamobrem liceat, obsecro te, unicuique licentia tua, manere in vocatione, qua vocatus est, et ne præsumas ordinem ecclesiasticum ad exemplar eorum, quæ visa sunt in monte divinitus institutum, sub obtentu religionis disturbare; magis autem pacem, cum omnibus, qui in domo Dei sunt, cum omni humilitate, et Christiana societate sectare, ne dum occasione tua vel cujuslibet alterius religio religionem altrinsecus judicat, juxta verba Evangelii domus supra domum cadat, et perniciosum in Ecclesia Dei scandalum fiat. Sed fortasse dicis, sæpe te vidisse, sæpe etiam audiisse, plerumque insuper legisse, quod aliqui clericorum ad monasticum ordinem et habitum transierint, et e regione versa vice aliqui monachorum in clericatum assumpti sint. Fateor, dilectissime mi, et ego talia vidi, et audivi, et facta legi, sed non solum quid factum sit, sed qualiter quoque factum sit, vel in Ecclesia Dei quotidie fiat, diligenter considerandum est. Si enim clericus, antequam transit ad monasterium, hoc factum est vel etiam toleratum est, solummodo discretione permissionis, non autem lege vel regula ecclesiasticæ institutionis : cum interdum ille, aut vero necessarius, aut inutilis, aut ecclesiasticæ disciplinæ et canonicæ obedientiæ superbus contemptor, aut sæcularis vitæ lubricus sectator, et protervus prævaricator, aut etiam damnosus forte sibi et aliis fuerit in Ecclesia, quales etiam in concilio Toletano quinto, can. 49, non prohibentur fieri monachi.

Qualiter vero juxta districtam et antiquam ecclesiasticæ institutionis normam, clericum aliquem sit necesse fieri monachum, tam multa sanctorum exempla docent, ubi inveniuntur clerici criminosi et infames ecclesiastica censura a sacris ordinibus degradati, sive etiam suspensi ad plangenda deinceps peccata sua in monasterium retrusi, ac per hoc liquido constat, et nulli sanum cerebrum habenti dubium est quin canonicorum ordo sublimior sit in Ecclesia quam monachorum, cum criminosi ab isto tanquam rei projiciantur, et in illum tanquam damnati, et inviti mœrentes et flentes ad pœnam et ad pœnitentiam retrudantur. Quis autem adeo demens, ut nunquam dixerit se vidisse quod monachi criminosi et infames (nam et ex illis filii tenebrarum nasci possunt) a monastico ordine, tanquam a superiore projicerentur, et in canonicum ordinem tanquam inferiorem et abjecti reciperentur ? Eapropter, quando quilibet clericus canonica professione obstrictus, et sponsione proprii oris ad crucem obedientiæ obligatus, alligatus, quid enim mihi de vagis et solutis ac acephalis clericis ? nam in circuitu impii ambulant (*Psal.* xi), si, inquam, ut sæpe dixi, bonus clericus aliqua levitate, ut fieri potest, ductus, fugiens arctam viam, quæ ducit ad patriam (*Matth.* vii), monasterium petierit, et monachum se fieri postulaverit, plane dico, patenter dico, et si quis est, qui hoc ignorat, cum nullum arbiter, securus doceo, non est suscipiendus; sed ad suum præsepe, unde vagus et profugus, rupto fune

obedientiæ aberraverat, libere remittendus, si autem sive per ignorantiam, quia non omnium est scientia, sive per præsumptionem, quod pejus est, et usurpationem susceptus, et monachus factus fuerit, cum sanctis Romanis pontificibus in Ecclesia et cum Ecclesia apertissime dico, et fidenter clamo, eum esse revocandum et secundum tenorem a sanctis Patribus, qui hoc fieri vetuerunt, præscriptum in priorem ordinem, quem stulta et superstitiosa devotione deseruerat, restituendum. Econtra vero si monachus suæ religionis propositum inviolabiliter tenuerit ; si sub Regula beati Benedicti obedienter militaverit ; si crebris lectionibus in sensu divinæ Scripturæ exercitatus utilem se Ecclesiæ Dei præbuerit, exemplo beati Gregorii magni theologi clero vel Ecclesia vocante ad sacerdotium, vel etiam ad pontificatum etiam utiliter promoveri potest, ut os, quod humiliter clauserat prius, in medio Ecclesiæ deinceps utiliter aperiat, et ut bonus homo de bono thesauro proferat bonum (*Matth.* xii). Verumtamen, quotiescunque fit, juxta præcedentium Patrum ordinationem fieri debet, ita videlicet, ut habitum monasticum nequaquam abjiciat, sed absconditum ferat canonica instructus doctrina, stolam et orarium semper superindutum habeat, canticum graduum, quod ante de tribulatione clamans ad Dominum lugubriter decantabat, deinceps deponet, et ab octonario *Beati immaculati* (*Psal.* cxviii), jam in veram octavam transiens cum clericis divinis officiis assuefiat, et exerceat, et per omnia tam habitu quam officio sese jam clericum factum esse in manifesto regulariter ostendat, absconsa quidem subtus et intus nigra veste ob mœrorem humanæ conditionis, seu infirmitatis et mortalitatis ; ostensa vero foris, et apparente semper linea et alba veste, propter novitatem vitæ et candorem resurrectionis, quam nimirum tanto ardentius populo Dei de cætero debet prædicare, quanto verius constat, illum hoc, ut præficeretur, bonis operibus præ cæteris meruisse.

Proin jam nunc in medium veniat ille noster et vester Hieronymus, noster quidem presbyter, vester autem monachus vere non alta sapiens, sed humilibus consentiens (*Rom.* xii), nequaquam tertiæ linguæ, qui nunc temporis apud plerosque in detractionem sibilat sectator, sed trium linguarum eruditissimus indagator ; veniat, inquam, in medium, et quid de clericis, quidve de monachis sentiendum dictaverit, in commune proferat, et volumen mihi, et tibi et omnibus universaliter legendum sine verecundia expandat. Sic enim scribit ad Heliodorum : «Absit, ut quidquam sinistri de his loquar, qui apostolico gradui succedentes, Christi corpus sacro ore conficiunt, per quos nos etiam Christiani sumus; qui claves regni cœlorum habentes, quodammodo ante judicii diem judicant, qui sponsam Domini sobria castitate conservant ! Sed alia, ut ante perstrinxi, monachi causa est, alia clerici ; clerici oves pascunt, ego pascor ; illi de altario vivunt, mihi quasi infructuosæ arbori securis ponitur ad radicem, si munus ad altare non defero, nec possum obtendere paupertatem, cum in Evangelio anum viduam duo quoque, quæ sibi sola supererant æra, mittentem laudaverit, mihi ante presbyterum sedere non licet, illi si peccavero, licet tradere me Satanæ in interitum carnis, ut spiritus salvus fiat in die Domini Jesu Christi. » Et infra : « Quod si te quoque ad eumdem ordinem pia fratrum blandimenta sollicitant, gaudeo de ascensu, timeo de lapsu. » Item beatus Augustinus : « Vix, inquit, perfectus monachus bonum clericum facit. »

Vide, frater, ut ea, quæ a tantis viris humiliter scripta sunt, tu quoque humiliter legas. Sed fortasse post tantas auctoritates animus tuus mavult esse adhuc dubius, quam de his quæ invitus credit, certus, ideoque ut tibi ad credendum tardo ac difficili nihil desit, ubi præcessit auctoritatis, ibi inconvulsæ rationis subsequatur firma veritas. Esto interim igitur verum, quod dicis, et attende paulisper. Monasticam professionem omnibus aliis professionibus asseris esse digniorem. Item subjungis exemplo beati Gregorii, et aliorum quam plurium monachos licite posse transire ad ordinem clericorum, bene dicis ; bene, inquam, videris dicere, sed juste illaqueatus es verbis oris tui. Aut enim verum est, monasticum cæteris ordinibus esse digniorem, et ab illo non licet transire in clericatus ordinem : aut si transire licet, consequenter verum est ordinem illum a quo transitur vere non esse digniorem; nemo enim cuiquam, nisi forte publice lapso de digniore ad indigniorem ordinem transeundum censet. Elige ergo quod vis, aut ecclesiasticis ordinibus prorsus exutus, et sola ac simplici monastica dignitate contentus vive, aut si ab illa ad ecclesiasticos ordines et dignitates ascendendum tibi licitum putas, te interim humiliter inferiorem, clericum jam veraciter superiorem mecum, et cum tota Ecclesia confitere; alioquin necessario vinceris in talem incidisse sententiam, ut dicas et doceas quod monachus, qui desiderat esse clericus, omnino studeat esse vitiosus : quod quam sit absurdum et reprehensibile judicent tam monachi quam clerici, qui utique hactenus tanto viciniores esse sacris ordinibus prædicabantur, quanto melioris vitæ inveniebantur.

Adhuc ergo jam tandem muta sententiam, quam potius videris somniasse, quam aliqua auctoritate vel ratione probare. Quod autem de miraculis beati Benedicti in litteris tuis gloriaris, cum tamen miracula non sint in exemplum trahenda, miror quare apostolos et infinitam eorum turbam, qui eos imitantur, et vestigiis eorum inhærent, non mireris, per quos Deus tot et tanta fecit, et facit miracula, ut ea enumerare nulla unquam sufficiant ingenia. Quod vero scripsisti ex dialogo B. Gregorii, eumdem venerabilem Benedictum presbyterum, qui vexatus est a diabolo ante assumptum presbyteratum, officio altaris interdixisse, profecto non hoc fecit auctoritate judicandi, sed utilitate consulendi tanquam spiritu prophetico præsciens, quod esset illi male futurum, qui tam salubre tanti viri præteriret consilium. Quod autem ex eodem dialogo subscribis, eum quasdam sorores sanctimoniales excommunicasse, et ob hoc arbitraris eum hanc auctoritatem ecclesiasticæ censuræ habuisse, non recte considerasti, qui fidelis illam excommunicationis sententiam non proferendo, sed intentando intulit; quas etiam sorores postmodum vera auctoritate sacerdotali, non lege ecclesiastica, utpote defunctas, sed oblatione, quam pro illis fecit, absolvit ; imo potius a Deo absolutas cognovit et cæteris indicavit. Ego aliquo tempore, cum essem in Romana Ecclesia vidi et audivi quemdam abbatem de Claravalle veste hispidum, macie confectum, dignum utique Deo virum, non falsum, sed certum beati Benedicti discipulum ex mandato Romani pontificis Innocentii II, magni et incomparabilis viri, inter clericos assidentes verba divinæ Scripturæ explanando disserere, quod tamen magis fecit ex obedientia pontificali quam ex officio sacerdotali. Præterea, ut de me quoque non sileam, qui utique de me ipso tanquam peccator, et sigillum divinæ Scripturæ solvere nesciens, humiliter sentire debeo. Idem S. Rom. Ecclesiæ pontifex, dum collectas et missarum solemnia in Nativitate Dei genitricis Mariæ celebraret, me, qui tunc forte aderam, vocavit, et ut archidiaconus lecto Evangelio tacuisset, me in analogium sive ambonem ascendere jussit, ut, eo etiam præsente, et cunctis ad audiendum avidis, verbum doctrinæ et exhortationis facerem. Quod et pro modulo meo secundum datam mihi a Deo gratiam feci, non tam mea, licet essem episcopus, auctoritate, quam illius, cui me oportuit humiliter in omnibus obedire. Ergo ne trahenda sint in exemplum ea, quæ fiunt interdum utili dispensatione, interdum discreta permissione, interdum etiam speciali jussione adversus ea, quæ immobili lege, et invincibili auctoritate roborantur Absit !

Perlatum est etiam ad nos, quod tu aliquorum auribus instillare non timeas, vel etiam interdum apud aliquos dicere non erubescas, quod canonici regulares nec parochias tenere, nec curam animarum in populo dirigere debeant. Quod si verum est, de prudentia tua vehementissime admiror; quia, quicunque hoc asserere contendit, cum tamen nullum sapientem hoc arbitrer sentire, manifestum est hoc eum facere potius livore canonici ordinis quam amore veritatis ; qui enim recte sapit, omnes sacerdotes potius ad regularem vitam invitat, quam regulariter viventes a Dominicarum ovium custodia penitus removeat, quibus tanto plus displicere debet aliena malitia, quanto longius discessisse dignoscuntur a sua, cui tamen tanto securius credenda correctio vitæ alienæ, quanto majorem diligentiam adhibuit corrigendæ vitæ suæ : nequaquam enim canonico ordini in Ecclesia, sicut olivæ plurimum fructificanti indigna fieri debet injuria. Patet etiam communis usus totius Ecclesiæ. quod sicut nullus monachorum in archidiaconatum vel archipresbyteratum, vel in aliquam parochiam assumitur; ita nullus canonicus regularis a judiciis ecclesiasticis, aut synodalibus causis, aut gerenda cura animarum, sive a quolibet officio vel dignitate ecclesiastica removetur, verum etiam a rudi populo plerumque expetitus, eligitur, assumitur, et tanquam lucerna in caliginoso loco lucens, et verbo et exemplo docens diligitur et honoratur. Quicunque igitur suæ malevolentiæ volens satisfacere, canonico ordini in hoc detrahere tentaverit, quid dicat, quare dicat, contra quem dicat, prorsus ignorare, vel tanquam omnium scripturarum imperitissimum sola invidia boni malitiose exæstuare [constat]. Cum vero opportunum fuerit, de hoc verbo plenius aliquid æmulis respondebo, quod desuper mihi insinuabitur, ut et *dentes eorum in ore ipsorum* conterantur (*Psal.* LVII), et deposita caligine invidiæ vel ignorantiæ resipiscant, et corrigantur. Porro jamjam procedamus, et tam ad verba tua, quam quorumdam monachorum respondeamus, qui se tantum contemplativos jactitant, ut saltem hoc modo, quasi favente sibi, sicut eis videtur divina Scriptura clericis nunc in activa vita sudantibus, tunc in contemplativam vitam se erigentibus superciliose nimis se præferant, qui ut, præstante Domino, aut sic essent activi, ut contemplativos non calcarent, aut sic essent et contemplativi et activi, ut nec illos nec ipsos spernerent, sed potius tempore sanctæ contemplationis bonos activos amarent, et rursus tempore bonæ actionis sanctos contemplativos diligerent. Sed tam mihi quam tibi valde metuendum est, frater charissime, ne dum altrinsecus de his quæ certis limitibus a sanctis Patribus in summa theologia proficientibus tractata sunt, scribendo disputamus, et contemplativa vita, et in activa vita offendamus, et charitatem, quam mutuo ædificare debueramus, invicem provocando destruamus. Sed in Domino confido, quia *charitas*, quæ *diffusa est in cordibus nostris per* inhabitantem Spiritum (*Rom.* v), *patiens est, benigna est. non æmulatur, non inflatur, non irritatur, non cogitat malum, congaudet veritati, omnia sustinet,* etc. (*I Cor.* XIII). Quod si tu, quia monachus es, sacrificium turturum offerre præsumis, non tibi vile, nec contemptibile minus videatur, si ego, qui sum clericus et pauper Christi, hostiam pauperum, pullos videlicet columbarum ad templum Domini humiliter offero. Proin jam videamus, si vel Veteris vel Novi Testamenti insignes præcones in activa vita laudabiliter viventes, ejus, quæ dicitur contemplativa, ullo modo fuerint expertes, ut sic nuncuparentur activi, quod etiam manifestissime non possent vocari contemplativi. Abel primus justus pastor ovium, typum gerens pastorum animarum a contemplatione divina nullo modo expers fuisse credendus est, cujus bona munera a bono Deo narrantur accepta (*Gen.* IV). Noe justus (*Gen.* VI), rector arcæ ecclesiasticæ, quomodo a contemplatione divina potuit esse alienus, per quem et cum quo Deus salutem illorum disposuit, quos in diluvio perire noluit ? Abraham tam carne, quam fide pater multarum gentium (*Gen.* XVII), nunc in Ur Chaldæorum, nunc in aliquo montium, nunc in terra Chanaan seu in aliis quibuslibet locis legitur Dominum contemplatus esse, et ejus familiari allocutione beatificatus. Jacob pater duodecim patriarcharum in Rachel et Lia utriusque vitæ, contemplativæ scilicet et activæ, figuram gerens, facie ad faciem Dominum vidisse legitur (*Gen.* XXXII), et angelos per scalam ascendentes et descendentes, ipsum quoque Dominum cœlesti scalæ innixum cœlitus contemplatus fuisse (*Gen.* XXVIII). Moyses, cum pasceret oves Jetro soceri sui sacerdotis Madian, et minasset gregem ad interiora deserti, venit ad montem Dei Horeb, apparuitque ei Dominus in flamma ignis de medio rubi et videbat quod rubus ardebat, et non combureretur. Dixit ergo : *Vadam, et visionem hanc magnam videbo* (*Exod.* III). O magna visio ! o ingens contemplatio ! quomodo contemplativus non fuit, qui exordium nostræ in rubo ardente et non comburente, tanquam in ipsa beata virgine Maria sine concupiscentia carnali prægnante tam longe prævidit ? Idem Moyses postmodum dux populi Dei factus in montem vocatur a contentioso populo caligine interposita, contemplatione et allocutione divina de lege ac regimine populi, de ordinatione sacerdotii et dispositione tabernaculi fœderis instruitur, et tanquam famulus in tota domo Dei per cœlestium contemplationem ad terrestrium actionem divinitus docetur, et aptus præparatur, cum quo etiam Dominus, sicut amicus ad amicum locutus fuisse legitur. Omnia, inquit, fac ad exemplar eorum quæ vidisti in monte (*Exod.* xxv). Josue et Caleb ejusdem populi duces, dum ad terram promissionis explorandam et contemplandam vadunt, contemplativorum secreta cœlestis patriæ rimantium figuram apte gerunt, qui etiam ad populum redeuntes, et botrum in vecte reportantes ad occupandam fertilissimam terram animos omnium viriliter excitaverunt, et tanquam boni doctores in Ecclesia Dei virtutis exemplum seipsos, præcedendo populum, præbuerunt (*Num.* XIII). David rex et propheta, nec regnum, cui bene præfuit, propter prophetiam neglexit, nec prophetiam, qua humiliter abundavit, propter regnum bene administratum perdidit, unde et multa vice succedente gratia modo perfectus contemplativus, modo perfectus activus exstitit, quod et testimonio divino probatur : *Inveni,* inquit Dominus, *David filium Jesse secundum cor meum* (*Act.* xv). Quis credat Danielem virum desideriorum in medio Babylonis a contemplatione divina fuisse prorsus alienum ? (*Dan.* II.) Quis æstimet tres pueros in caminum ignis missos contemplativos non fuisse, qui etiam Filium Dei secum in fornace meruerunt habere ? (*Dan.* III), et Ezechiel de sanctis animalibus ita loquitur : *Ibant et revertebantur* (*Ezech.* 1); ibant contemplationi intendendo, revertebantur actioni inserviendo. Ad eumdem quoque prophetam Dominus dicit : *Egredere in campum, et includere in medio domus tuæ* (*Ezech.* III). Quid est egredi in campum, nisi ad prædicandum populo in medium exire? et quid est in medio domus includi, nisi in ipsa prædicatione mentis custodiam tenere, et tanquam clausum spiritualiter vitæ gaudium intra se contemplando conservare?

Ecce vides patres priores absque omni ambiguitate interdum contemplativam, interdum vero activam vitam cum omni perfectione tenuisse, unde et quidam illorum propter crebras visiones secretorum Dei, quæ videbant, et populo vel jam facta, vel futura prænuntiabant, *Videntes* appellati sunt. Illi præcedebant, et in vecte Veteris Testamenti pretiosum botrum post dorsum gestantes, quamvis non viderent multa, tamen de ipso figuraliter et cognoverunt fideliter.

Sed quid putas, isti qui secuti sunt, et in vecte Novi Testamenti eumdem dulcissimum botrum, jam in fine sæculorum futurum ante se gesserunt, et tanquam sequentes coram positum beatis oculis aspexerunt; quid, inquam, putas, quantum isti noverint, quantum gaudium habuerint, quanto contemplationis desiderio flagraverint, quibus etiam ipse botrus omni divinitatis dulcedine plenus, Dei scilicet Filius in torculari crucis calcatus aliquando dixisse legitur : *Beati oculi, qui vident quæ vos videtis, multi reges et prophetæ voluerunt videre quæ videtis, et non viderunt; et audire quæ auditis et non audierunt* (*Matth.* XIII), manifeste docens ea quæ illis in figura contingebant, istos revelata jam facie videre. Proinde idem ipse Dei et hominis Filius Jesus Christus caput Ecclesiæ catholicæ, caput contemplativorum, caput omnium activorum, districtus judex omnium superborum, amator et conservator omnium humilium, spiritualis gratiæ voluntarius et benevolus ac spontaneus dator, et datæ gratiæ largus et munificus ac sufficiens et copiosus remunerator, qui *operatus est salutem in medio terræ* (*Psal.* LXXIII), utrumne tibi videtur fuisse contemplativus an activus, an potius et contemplativus ac activus?

Intendat charitas tua, mecum solerter et humiliter considera, Dominus noster Jesus Christus, juxta veritatem Evangelii, et tamen secundum tropologiam satis in Ecclesia notam et usitatam, apud duas sorores Martham scilicet et Mariam est hospitatus, quarum altera Martha scilicet dum circa frequens ministerium satagebat, activam vitam non inconvenienter significabat; Maria vero dum secus pedes Domini sedens verbum illius avidissime audiebat, contemplativam vitam non incongrue figurabat; de qua etiam, cum Dominus diceret : *Maria optimum partem elegit, quæ non auferetur ab ea* (*Luc.* X), nunquid optimam partem intelligi voluit, comparatione sui ipsius et Marthæ, an potius non

A sui, sed solius Marthæ? Jesus Christus sedens docebat, docens doctorum personam gerebat. Maria sedens silenter et devote verbum illius audiebat, Martha erga plurima turbata sollicite ministrabat, intendat charitas tua. Christus docens, Maria audiens, Martha ministrans tres sunt personæ : quæ harum trium tibi videtur esse dignior? Tria sunt officia, quid horum trium tibi videtur esse dignius? sed scio et sine ulla dubitatione certus sum, te fateri personam Jesu utrisque esse digniorem. Quia ergo personam Jesu utrisque digniorem esse constat, profecto officium quoque ejus dignissimum fuisse nemo dubitat. Quomodo ergo Maria optimam partem comparatione Jesu, qui, præsens aderat, elegerit, tu, si potes, ostende ; ergo verbum hoc
B ab ore Veritatis processisse de Maria ad Martham respectu ipsius Marthæ puto, neque enim facile, imo nullo modo crediderim Mariam audientem, et non potius Jesum docentem optimam partem elegisse, quamvis etiam Veritatis testimonio verum esse necesse sit, quod Maria optimam partem elegerit, siquidem ut verum est, referatur ad eos, qui in Ecclesia Dei tantum sunt in ordine auditorum, non autem doctorum; unde et apte dictum est, *elegit :* nam subditi silentium et quietem et locum audiendi sibi laudabiliter possunt eligere, officium vero docendi per se non debent eligere, sed ab aliis ad hoc, si digni fuerint, sunt eligendi.

Sicut ergo illud apud nonnullos est laudabile, ita hoc apud plerosque est reprehensibile. Verumtamen jam timeo de te, *quoniam cogitationes hominum vanæ sunt* (*Psal.* XCIII), ne fallaris, et forte putes Christum nec contemplativum nec activum fuisse, præsertim cum nec officium Mariæ audientis, nec Marthæ ministrantis, sed officium magistri docentis videatur habuisse. At vero si eo diligentius consideres, quæ cœpit Jesus facere et docere, patenter apparebit quod propheta magnus, qui surrexit in nobis, per quem et in quo visitavit Deus plebem suam (*Luc.* VII), propter nos perfectissimus, activus et excelsior cœlis pro nobis contemplativus fuit. Dicit Evangelium : *Jesus autem plenus Spiritu sancto regressus est a Jordane, et agebatur in spiritu in deserto diebus quadraginta* (*Matth.* IV). Item :
D *Ascendit Jesus in montem solus orare* (*Matth.* XIV). Item : *Sublevatis oculis in cœlum dixit : Confiteor tibi, Pater,* etc. (*Matth.* XI). Item : *Egressus Jesus ibat secundum consuetudinem in montem Olivarum, et avulsus a discipulis, quantum est jactus lapidis, positis genibus orabat, dicens : Pater, si vis, transfer calicem istum a me ; verumtamen non mea voluntas fiat, sed tua. Apparuit autem illi angelus de cœlo confortans eum, et factus in agonia prolixius orabat* (*Luc.* XXII). Item : *Assumpsit Jesus Petrum, et Jacobum, et Joannem fratrem ejus, et duxit illos in montem excelsum, et transfiguratus est ante eos,* etc. (*Matth.* XVII). O divina contemplatio! O secretorum Dei magna revelatio ! O beatæ resurrectionis in Moyse et Elia, qui ibidem apparuerunt, mani-

festa confirmatio! O futuræ et inæstimabilis gloriæ rara et admirabilis, et ultra quam dici possit, delectabilis repræsentatio! nimirum si tu, qui de contemplativa vita tua adeo et toties gloriaris, ibi fuisses, et Filium Dei in tanta gloria contemplatus esses, nequaquam tam excellentissimam visionem tandiu, sicut cæteri, qui ibi esse meruerunt apostoli, ad mandatum Domini conticuisses; sed plus in te, et de te, qui hoc vidisses, quam in illo, qui hoc fecit, gloriareris: præsertim cum nec multa inferiora videndo conservos tuos aspernari videaris, de quorum visione et contemplatione tibi omnino incognitum est. Item de Jesu evangelica Scriptura dicit: qui in templo, sive in monte, sive in navicula turbas docebat; cæcos illuminabat, leprosos mundabat, infirmos curabat, dæmonia ejiciebat (*Matth.* xi), paralyticos sanabat (*Matth.* iv), scribas et Pharisæos reprehendebat, alios ex patre diabolo dicens esse, zelum habens divinum, arguebat (*Joan.* viii).

Ecce Dei Filius forma summæ contemplationis, forma perfectæ actionis, utriusque vitæ in una sua persona exemplum gessit, et omnibus Christianis, et præcipue suis apostolis normam recte vivendi factis et dictis seipsum præbuit; non videtur esse necesse, ubi post Christum, qui est caput omnium Christianorum, apostolorum vitam tibi describam, quia cum ipsi ferventissime mandatis et vestigiis ejus inhærerent, profecto credendum est illos sic vitam suam juxta doctrinam Magistri sui instituisse, ut tanquam beati mundo corde Deum deorum in Sion speculative viderent, interdum vero sicut beati misericordes misericordiam consequi cupientes, proximorum curam prædicando, sanando, curando, evangelizando gererent: nempe apostolus, Paulus Doctor gentium in fide et veritate, qui secure ausus est dicere: *Estote imitatores mei, sicut et ego Christi* (*I Cor.* iv), interdum obliviscitur ea quæ retro sunt, et in anteriora se extendens ad contemplandum Deo mente excedit, interdum ad gerendam subditorum curam, ab illo superno et inebriante divinæ contemplationis poculo sobrius nec perdens cœlestem amicum, quem in charitate ardenti complexus delectabiliter jam tenuerat, nec negligens proximum, cui propter eamdem charitatem adesse ac providere jam studebat: nam, ut scriptum est tempus est amplexandi, et tempus est longe fieri ab amplexibus (*Eccle.* iii); idem Paulus omnibus laborans, et ab Jerusalem usque ad Illyricum Evangelium Jesu Christi active seminans: *Nostra,* inquit, *conversatio in cœlis est* (*Philip.* iii). Joannes apostolus et evangelista, qui tanquam aquila in sublime volans, et irreverberatis oculis radios veri solis intuens de fonte Dominici pectoris uberrime potavit, et secreta Divinitatis et arcana cœlestium spiritu sapientiæ et intellectus repletus, et speciali privilegio divini amoris præditus contemplando penetravit, ipse in activam transiens apud Ephesum et in plu-

ribus aliis locis Evangelium docuit, ecclesias fundavit, episcopos ordinavit, presbyteros instituit. Ecce animalia Dei sancta in similitudinem fulguris coruscantis ardent et lucent, vadunt in contemplationem, revertuntur in actionem, nec minuuntur, sed augentur merito et in retributione. At vero tu semel in Sancta sanctorum introiens, si tamen adhuc intrasti, summis pontificibus modo ingredientibus, modo egredientibus, tu, inquam, solus, sicut tibi videtur, nunquam es egressus. O ingens! o magnum! o sublime! o incomparabile meritum! semel Sancta sanctorum intrasti; si tamen intrasti, et deinceps, sicut tu arbitraris, non existi. O quale et quam singulare continuæ et interminabilis contemplationis privilegium in carne, quod nec ipsi Aaron, nec alicui summorum pontificum, nec ipsis apostolis, qui Dominum in carne viderunt, concessum est! O ineffabilis beatitudinis virum, solum solis cœlestibus dignum! optimam partem elegisti, quod sine intermissione pleno gaudio fueris, jam adimpletus es lætitia cum vultu Dei, jamjam delectationes in dextera ejus possides usque in finem (*Psal.* xv), imo ante finem! quid ergo de cætero tibi sit exspectandum, miror: quod si sic est, bene est, beatus es, cujus cogitationum reliquiæ diem festum agunt Domino quotidie (*Psal.* lxxv). Sed ne fallaris: nam plerumque Satan transferre se in angelum lucis solet, et dum tu, vel quilibet devotus intendit contemplari eum, qui lucem habitat inaccessibilem (*I Tim.* vi), ille invidus animo ad summa tendenti subito accurrit et vera quærenti seipsum dolose ac fallaciter objicit: et quia semper similis vult esse Altissimo, se altissimum nequiter fingit, et corda simplicium terrea adhuc inhabitatione caligantia, et spiritus et bonorum summum bonum inquirentes, et ubi sit vita et veritas flagrantissime investigantes, similitudine veri inique decipit; quippe esca ejus electa, et fiduciam habet, quod influat Jordanis in os ejus. Vide ergo et tu, ne fallaris: invenisti mel, comede quod satis est; nam *qui scrutator est majestatis, opprimetur a gloria* (*Prov.* xxv).

Fortasse mihi indignaris, qui ausus sum talia verba scribere, præcipue cum tu in tertium cœlum raptus, et in paradiso evectus, solus post Paulum arcana verba soleas audire, *quæ non licet homini loqui* (*II Cor.* xii); sed mihi videtur quod lux de cœlo a Deo te circumfulserit, et illuminatione sui te in terram prostraverit, ut tremens ac stupens apertis quoque oculis parum aut nihil videas. Ad manus ergo trahendus es, et a familiaribus tuis custodiendus, quia necessarius tibi est Ananias, qui, jubente Domino, te visitet, et tibi manus correctionis imponat, ut squamis nebulosæ caliginis, quæ clarum tibi lumen hactenus intercludere videbantur, ab oculis tuis cadentibus, visum recipias, et Spiritu sancto implearis, et accepto divinæ Scripturæ cibo ad defendendum conforteris, quod tanquam æmulator monasticarum traditionum non juste, sed temere impugnare videbaris. Sed vero inveniemus Ananiam, quem tu arbitreris tibi sufficere? Ananias interpretatur *gratia Dei*; illa vero, oro, manus bonæ operationis imponat, illa te jacentem erigat, illa oculos serenæ contemplationis tibi aperiat, illa te ad rationale obsequium in tua professione erudiat, et ab inutili et vana veritatis imaginatione te custodiat. Porro, sicut opinor, imo ut verius credo, non omnium monachorum hæc est sententia, quæ tua; quis enim sapiens, quamvis etiam sit monachus, ambigat, monachos tunc non esse contemplativos, quos etiam nullatenus, aut vix tunc dixerim activos, cum quidam eorum foris fora circumeunt, cum de possessionibus contendunt, et ad sæcularia negotia transeunt, cum colonos suos extorta pecunia exasperant, cum alii domi, rupto silentio, fabulas et otiosa contexunt, cum omnem religionem considentes dijudicant: cum aliqui Jesum in minimis suis venientem, sicut solent, ut verum fatear, benigne suscipiunt, et frequentes circa officium Marthæ devote satagunt, cum denique alii scribendo, legendo, cantando, modulationi inserviendo quidpiam etiam boni operis et utilitatis monasterii actitant; inter quos, nisi fallor, aliqui adeo simplices sunt, ut aliis foris laborantibus, et pro communi necessitate monasterii utiliter et laudabiliter invigilantibus, id contemplativam vitam esse putant, in claustris scilicet complosis manibus, et contricatis manicis otiose sedere, victum otiosum habere, vestitum otiosum accipere, secure et otiose dormire, de angulo ad angulum suspenso gradu pro libitu deambulare, abcessum et adventum abbatis, et absentiam sive præsentiam prioris astuta inquisitione explorare, ea quæ foris sunt a supervenientibus vaga curiositate investigare, perplexa multiplicitate signorum, lingua tacente manuque inquieta officium ejus usurpante, universa confundere, et, ut breviter includam, omnibus super necessitatem otiose abundare, et abundando otiose vivere. Qui si cursum propriæ voluntatis aliquando viderint impediri, continuo indignantur, et vel clanculo murmurant, vel in aperto pertinaciter obstrepunt, sæpe etiam ad latibula simulatam forte patientiam configunt, superbam taciturnitatem sub specie religionis sibi eligunt, jejunia pravæ indignationis potius quam piæ devotionis sine fructu ad tempus sibi imponunt, et dum suæ tentationis miserias et culpas intus excoquunt, et foris confitendo ac pœnitendo non aperiunt, calicem propriæ amaritudinis pœnaliter bibunt. Inter quos etiam nonnulli turrim fortitudinis et humilitatis ascendentes, suavitatem et convivium contemplativæ vitæ uberrime et avidissime gustantes, interdum vino compunctionis inebriantur, et interdum, sicut adipe et pinguedine repleti spiritualiter delectantur (*Psal.* LIX). Et quidem meum propositum in hac parte hujus epistolæ, non est canonicorum, sive monachorum ordinem, vitam, habitum discutere, vel jampridem descriptum describere, vel occasione tuæ epistolæ provocatus volui probabiliter ostendere, contemplativam vitam, non solum nec semper esse, vel esse posse indifferenter omnium monachorum, quemadmodum ipsi autumant, unde et speciale nomen et titulum contemplationis sibi præ cæteris usurpant, verum etiam canonicorum professionem hoc non impedire, quin aliquando trahente gratia, ad summam contemplationis arcem devotissime subleventur, quod etiam, ut melius possit fieri in gerenda proximorum cura plerumque solent mereri. Proin, ut jam patenter videamus et cuilibet, etiam parum sensato, liquido appareat, utrumne ordo canonicus an ordo monasticus, quorum utique, licet utrique boni sint, diversum est vivendi propositum; utrumne, inquam, iste vel ille in Ecclesia Dei magis sit utilis vel necessarius, constituamus nunc omne genus monachorum prorsus nudum et sine ordinibus ecclesiasticis, sicut antiquitus fuisse constat, et nemo gnarus litterarum dubitat, et subtrahamus interim omne genus clericorum: dic, quæso, frater, quomodo stabit Ecclesia, quæ sine archiepiscopis, episcopis, sine presbyteris, sine diaconibus, sine inferioribus clericorum ordinibus nequidem vocari nec esse potest. Ecclesia? Rursus: Tolle interim omne genus monachorum, et in Ecclesia Dei secundum ordinationem Christi, juxta Apostolum habeamus alios quidem prophetas, alios apostolos, alios vero evangelistas, alios autem pastores et doctores, et alios clericorum ordines: nonne isti sufficiunt *ad consummationem sanctorum in opus ministerii in ædificationem corporis Christi* (*Ephes.* IV), quæ est Ecclesia? quæ tamen, etsi absque monachis bene ac ordinate consistere posset, decentius tamen et pulchrius tanquam varietate circumamicta diversis (*Psal.* XLIV) electorum ordinibus exstruitur et decoratur; in qua, sicut bonus et perfectus monachus, plus quam ineptus clericus diligendus est et imitandus; ita bene et regulariter vivens clericus optimo etiam monacho procul dubio semper est præferendus. Ego sane justum et bonum esse putaverim omnes clericos regulariter vivere, nec quemdam eorum monachum fieri; eos vero, qui regulariter vivere nolunt, aut in ordine suo corrigi et emendari, aut bonos monachos passim omnes licite fieri.

Jam vero de duobus ordinibus duas probabiles personas eligamus, et ut veritas eorum quæ dicta sunt apertissime clareat, eas, et earum studia et officia ac merita in alterutrum comparemus: verbi gratia, Paulus apostolus significatur Regis æterni, dux verbi Dei, vas electionis ad portandum nomen Domini coram regibus et ducibus; disputans semper et suadens de regno Dei; multos Judæorum, plurimos Græcorum, nonnullos etiam Romanorum sive per sermonem, sive per Epistolas ad orthodoxam fidem colligens; non sibi, sed Deo strenue militans; Ecclesiam Christi, quasi a fundamento novo ædificans et plantans; plures ex gentibus legibus Christi tanquam bellator fortis subjiciens; nomen ac titulum triumphi non sibi, sed Regi sæculorum immortali, invisibili, soli Deo ascribens; ter virgis cæsus, semel lapidatus, ter naufragium passus, bonum certamen certando; cursum consummando, fidem servando, coronam justitiæ sibi repositam sciens, et certus cui crediderit, fideliter exspectando (*II Tim.* IV); ad ultimum Romæ gloriosum martyrium consummavit, multos secum in gloriam adducens, et adhuc hodie per admirabiles Epistolas suas in Ecclesia docens, et fructum afferens, et plurimos fideles post se trahens. Paulus monachus simplex, humilis, devotus, solitarius, tacitus, timoratus, aspere jejunans, victu tenuis, veste hispidus, oratione sedulus, vigiliis et laboribus attritus, nihil præter Christum quærens, sibi in Christo sufficiens, de præteritis peccatis lacrymando pœnitens, de futuris pro posse suo studiosissime cavens, in proposito stabilis, sibi soli utilis, in labore perseverans, tandem in pace obdormivit in Domino (*Act.* VII), nec doctrina, nec scripto quemquam, nisi forte aliquem exemplo eremiticæ conversationis suæ invitans. Comparemus ergo hos duos Paulos Christi, uter eorum tibi videtur in Ecclesia Dei sublimior, aut in possidenda præclara hæreditate Domini, finitis laboribus, dignior? nunquid bonum in oculis tuis tibi videtur, quod Paulus noster, omisso apostolatu et neglecto ministerio, quod a Domino acceperat, et in gentibus honorificabat, ad eremum sive ad monasterium descenderet, ubi, tametsi caveret ab otioso verbo, tamen forsitan non vacaret ab otioso silentio? quinimo quam melius et utilius esset, quod Paulus vester, relicta solitudine, si tamen aptus, et ad prædicandum foret electus, ibi ad excolendam Dei vineam, ubi noster Paulus vineam inchoasset, cooperante Christo, propter quem omnia, et per quem omnia, totidem filios Ecclesiæ Dei parturisset, et enutrisset!

Nunc vero pensa laborem utriusque, pensa etiam fructum sive mercedem utriusque, et certe vel Paulum apostolum incomparabiliter præferendum judicabis; aut a communione totius Ecclesiæ judicio, quod nefas est, solus discrepabis : *Unusquisque enim mercedem accipiet secundum suum laborem* (*I Cor.* III). Quod si forte mihi dicis quod nec ego, nec quisquam eorum, qui nunc sunt canonici ordinis, similis sit nostro primo Apostolo, verum fateor, verum dicis; sed et ego verum me dicere puto quod nec tu, nec quisquam modernorum monachorum, quem ego noverim, similis sit vestro primo monacho; nec tamen hoc vel illud dicendo divinæ gratiæ fontem tunc, et nunc, et semper largissimum alicui fidelium obstruere audeo; quin potius, quoniam tam patens et abundans est omnibus, gaudeo semperque gaudebo.

Verum jam propter quorumdam importunitatem, qui sibi solis tantum semper summa, cum non sit summi, vel etiam non soli summi, promittunt, longior facta est epistola quam ego speraverim; sed charitas, quæ me ad scribendum tibi necessario occasione compulit, legendi tibi dabit otium, et legendo prolixitate tollet tædium. Restat ergo ut beatorum monachorum sancta conquiescat humilitas, et quia Deus omnia conclusit sub peccato, ut omnium misereatur, nec tamen est qui interdum *se abscondat a calore ejus* (*Psal.* XVIII), imperfectum nostrum omnes deploremus, et quia *nescit homo utrum odio vel amore dignus sit* (*Eccle.* IX), *sub potenti manu Dei* humiliemur (*I Petr.* V), et *dum tempus habemus* (*Galat.* VI), *præoccupemus faciem ejus in confessione* (*Psal.* XCIV), sollicite caventes, ne de ordine sic inordinate contendamus, ut de omni beatorum ordine merito corruamus, et in elationem prolapsi, et in fratrum æmulationem per Satanam circumventi et abducti, frustra Christiani simus : hoc scientes, quod, sicut in illa, quæ in cœlis Ecclesia, diversi sunt ordines beatorum spirituum, ita in hac quæ adhuc in terris est, diversi sunt ordines fidelium; et sicut inibi non corruerunt, nisi elati et invidi, ita in locum illorum non sunt ascensuri, nisi humiles et charitatem habentes.

Tu igitur, frater in Christo dilectissime, cum tuis pœnitentibus et peccata sua, et totius populi lugentibus, ingredere in petram, abscondere in fossa humo a facie timoris Domini, et a gloria majestatis ejus, cum surrexerit percutere terram, jejuniis, orationibus, vigiliis, lacrymis, et jugi meditatione cor tuum exercendo, et spiritum tuum scopando, Dominum Jesum consolatorem omnium gementium fiducialiter precare, et pedes humanitatis interim supplex amplectere ac tene, donec misereatur tui, qui miseretur omnium, et nihil odit eorum, quæ fecit dissimulans *peccata hominum propter pœnitentiam* (*Sap.* XI). Ego autem cum fratribus meis pauperibus Christi, minimus servorum Dei, qualecunque vasculum in templo Domini, ultimus eorum qui serviunt tabernaculo fœderis, pro viribus meis arcam testamenti cum cæteris sacerdotibus Dei portabo, cum ministrantibus fideliter ministrabo, populum Christianum ad terram promissionis properantem, ad expugnandas carnales concupiscentias, et ad debellandas spiritualis nequitiæ turmas tubis divinæ Scripturæ humiliter excitabo, donec, victis hostibus, muri Jericho corruant, donec Hethæus et Amorrhæus, et Chananæus, Pherezæus, et Evæus, Gergesæus, et Jebusæus divino gladio intereant, donec Madian, et Sisara, et Jabin, et Oreb, et Zeb, et Zebee, et Salmana divina percussione cadant (*Psal.* LXXXII), donec, superatis Philisthæis et omnibus cæteris adversariis, omnes in cœlestem Jerusalem, quæ sursum est, quam secundum tribus suas ad confitendum nomini Domini (*Psal.* CXLI) cum gaudio ascendamus, et in templo pacifici Salomonis *diem solemnem in condensis* (*Psal.* CXVII), sive in frequentationibus constituamus; ubi vas electionis, et quæ vasa in honorem, non in contumaciam facta suum officium habebant; ubi cessantibus jam exemplaribus verorum deposito velamine cum pontifice magno semel non exituri Sancta sanctorum intrabimus : ubi liber singulorum aperietur, ut cognoscamus, sicut et cogniti sumus; ubi facie ad faciem Regem in decore suo semper videbimus (*I Cor.* XIII), et semper videndo, semper videre desiderabimus : ibi scientia sine errore, ibi memoria sine oblivione. Interim autem quandiu peregrinamur a Domino (*II Cor.* v), sive scribimus, sive aliquid dicimus, sive invicem commonemur, aut commonemus, sive aliquid facimus, omnia in nomine Domini faciamus (*I Cor.* x) ; nec in alterutrum judicia sumamus, sollicite caventes et orantes ne tentet nos Satanas, cui resistendum est in fide (*I Petr.* v), non in contentione : nam *Deus superbis resistit, humilibus autem dat gratiam* (*Jac.* IV). In omnibus ergo, quæ vel mea parvitas, vel tua dictat fraternitas, semper mansura, semper integra, semper inconvulsa, semper intacta, semper rata, semper sana, semper firma supereminent charitas. Amen.

ANSELMI
HAVELBERGENSIS EPISCOPI
DIALOGI.

(Dom D'Achery, *Spicil.*, tom. 1, p. 161.)

PROLOGUS.

Ad Eugenium III pontificem maximum (3).

Eugenio domino, ac semper intuendo et amplectendo, beatissimo sacrosanctæ Romanæ Ecclesiæ papæ, Anselmus pauper Christi, Havelbergensis Ecclesiæ insufficiens episcopus, obedientiam absolutam in Domino.

Cum in præsentia beatitudinis vestræ essem mense Martio apud urbem Tusculanam, inter multa quæ sanctitati vestræ mecum conferre placuit, dixistis mihi quod quidam episcopus legationem Constantinopolitani imperatoris et epistolam Græcis apicibus conscriptam perferens, ad sedem apostolicam nuper venerit. Dixistis etiam quod idem episcopus Græcorum litteris plurimum instructus, et decenti sermonum facundia ornatus et confisus, multa de doctrina et ecclesiastico Græcorum ritu proposuit, quæ doctrinæ Romanæ Ecclesiæ minime concordant, et a ritu ejus (4) valde discrepant. Et ipse quidem nonnullis auctoritatibus sanctarum Scripturarum ad suum sensum violenter retortis, universa in quibus Græci a Latinis discordant tanquam recta visus est affirmare; ea vero, in quibus Latini a Græcis discrepant, tanquam non recta visus est infirmare : illud nimirum quod suum erat, quia suum erat, non quia verum erat, per omnem modum probando; hoc autem quod nostrum, quia nostrum est et non suum erat, omnino improbando. Inter quæ maxime, sicut dixistis, *de processione Spiritus sancti* disputavit, quem Græci quidem a Patre tantum, Latini vero a Patre et Filio procedere credunt et dicunt : et [de] ritu sacrificii in altari, quod Latini quidem in azymo, Græci vero in fermentato celebrant, nec non de quibusdam aliis satis argumentose in quæstionem positis.

Unde, quoniam ego aliquando Magni Lotharii Romanorum imperatoris augusti legatus fui in Constantinopolim, et ibidem aliquam moram faciens, multas super hujusmodi doctrina et ritu collationes et quæstiones, modo in privatis, modo in publicis, tam Latinorum quam Græcorum conventibus habui, placuit sanctitati vestræ et præcipiendo rogare, et rogando præcipere, quatenus ea quæ vel ego ibi dixerim, vel ab illis dicta audierim et exceperim, in unum colligerem, et quasi Ἀντικειμένων, id est librum contrapositorum, sub dialogo conscriberem, quatenus universa quæ vel ab eis super his dicuntur, vel quæ eis rationabiliter opponuntur, providentiæ vestræ tanto liberiori judicio examinanda subjacerent, quanto verius ea discretioni

---

(3) Codex : *Incipit prologus Anselmi Havelbergensis episcopi in* Ἀντικειμένων *contrapositorum sub dialogo conscriptum, ad venerabilem papam Eugenium III, anno 1145, tempore S. Bernardi.*

(4) *Et a ritu ejus.* Sic emendavit Baluzius; antea legebatur, *et exitu ejus.* In hoc prologo nonnullas voces quæ omnino necessariæ erant, intra uncos adjecimus.

vestræ innotescerent. Nonnulli quippe Latini Græcorum dictis plerumque falluntur, dum ea verborum tantum transita audiunt, non autem examinato sensu intelligunt, putantes eos affirmare quod non affirmant, aut negare quod nullatenus negant.

Feci itaque quod jussit apostolica auctoritas, cui semper obtemperandum est, non tantum devota humilitate, verum etiam æternæ salutis necessitate. Conservavi autem quantum memoria subministrabat, tenorem dialogi quem cum venerabili ac doctissimo archiepiscopo Nicodemiæ Nechite in publico conventu apud urbem Constantinopolitanam habui, addens quædam non minus fidei necessaria, quam huic operi congrua. Fuit autem idem archiepiscopus Nechites præcipuus inter duodecim didascalos, qui juxta morem sapientum Græcorum, et liberalium artium et divinarum Scripturarum studia regunt, et cæteris sapientibus, tanquam omnibus præeminentes in doctrina, præsunt, et ad quos omnes quæstiones difficillimæ referuntur, et ab eis solutæ deinceps sine retractatione et pro confirmata sententia tenentur et scribuntur. Præmisi autem librum de una forma credendi et multiformitate vivendi a tempore Abel justi usque ad novissimum electum, multis quorumdam fratrum precibus coactus, qui dicebant multis parvulis, necnon et sapientibus [haud] modicum esse scandalum, quod in Ecclesia quæ una est, unam fidem tenendo, tot tam diversæ religionis novitates passim ubique per successiones temporum emergant multiformiter mundo. Quamvis autem vestræ beatitudinis arbitrium pretiosissimo sacrarum Scripturarum thesauro plenum et super omnia eminens abunde ad respondendum Græcis sufficiat, et hoc Agno revelante, vel aperiente sigillum divinæ Scripturæ, qui occisus est ab origine mundi, et quamvis post tanti doctoris excellentiam ab aliis quoque Latinorum sapientibus multa validiora adversus eos queant conveniri argumenta, tamen ea quæ ego in hoc Ἀντικειμένῳ sub dialogo contexui, non subito ab aliquibus judicentur superflua, quoniam fortassis aliqui humiles, et ad aliquid inveniendum subito non adeo agiles sensus habentes, ista libenter lecturi sunt, ut quæ Græci dicunt, verius cognoscant; [et] quæ illis responderi possunt aliquatenus hic inveniant. Sane quicunque hæc legerit, sciat me ea scripsisse non tam ut quemquam docerem, aut quid ego didicerim ut ostentarem, quam ut apostolicæ beatitudinis sancto mandato obedirem, cui non obedire majus peccatum esse arbitror, quam tametsi minus utilia seu minus probabilia obedienter scribere. Feci itaque quod potui, licet minus quam debui, vel volui; et quod debui, probabiliter quidem obediendo, licet minus probabiliter scribendo: gravior nempe culpa est mandato non obedire, quam obediendo etiam qualiacunque scribere, salva tantum rectitudine fidei, quoniam si imperitia scribendo peccat, id injuncta et humiliter impleta obedientia excusat.

LIBER PRIMUS.

De unitate fidei et multiformitate vivendi ab Abel justo usque ad novissimum electum.

CAPITULUM PRIMUM.

De eo quod quidam solent mirari tam varias Christianæ religionis formas.

Solent plerique mirari, et in quæstionem ponere, et interrogando non solum sibi, verum etiam aliis scandalum generare: dicunt enim, et tanquam calumniosi inquisitores interrogant: Quare tot novitates in Ecclesia Dei fiunt? Quare tot ordines in ea surgunt? Quis numerare queat tot ordines clericorum? Quis non admiretur tot genera monachorum? Quis denique non scandalizetur, et inter tot et tam diversas formas religionum invicem discrepantium tædioso non afficiatur scandalo? Quinimo quis non contemnat Christianam religionem tot varietatibus subjectam, tot adinventionibus immutatam, tot novis legibus et consuetudinibus agitatam, tot regulis et moribus fere annuatim innovatis fluctuantem? Quod modo, inquiunt, a quibusdam propter regnum cœlorum præcipitur, hoc statim ab eisdem, seu ab aliis propter regnum cœlorum prohibetur. Quod modo tanquam sacrilegum inhibetur, subito tanquam sanctum et salubre conceditur.

Tales, cum otiosi sunt, inducunt quæstiones, et corda simplicium pervertunt, dicentes omnem religionem tanto esse contemptibiliorem, quanto mobiliorem. Quod enim, inquiunt, est tam mobile, tam variabile, tam instabile, quomodo alicui sapientum digne potest esse imitabile? propria quippe sui varietate probat se respuendum esse. Ecce videmus in Ecclesia Dei, ut aiunt, quosdam emergere, qui pro libitu suo insolito habitu induuntur, novum vivendi ordinem sibi eligunt; et sive sub monasticæ professionis titulo, sive sub canonicæ disciplinæ voto, quidquid volunt, sibi assumunt, novum psallendi sibi adinveniunt, novum abstinentiæ modum, et metas cibariorum statuunt, et nec monachos qui sub Regula beati Benedicti militant, nec canonicos qui sub Regula beati Augustini apostolicam vitam gerunt, imitantur: sed omnia, sicut dictum est, pre libitu suo nova facientes, ipsi sibi sunt lex, ipsi sibi sunt auctoritas, et quos possunt, in suam societatem sub prætextu novæ religionis colligunt; et in hoc religiosiores videri putantur, si ab omni religiosorum habitu et disciplina sequestrati inveniantur, et tanquam præ cæteris notabiles digito demonstrentur.

Hæc et his similia dicunt, et crebris quæstionibus aliquos inquietant, non manifeste, sed latenter et insidiose religionem lacerantes, et tanquam religionem diligant et amplectantur, dicunt : Utinam alicubi aliquid certi inveniamus, ubi caput nostrum fiducialiter in exspectatione salutis æternæ reclinemus! Qui etiam sunt adeo molesti calumniatores, ut si aliquando viderint aliquem de proposita religione exorbitare, continuo adversus omnem religionem inflammantur, et unius malum (5) omnibus ascribunt, et propter unum apostatam aberrantem, omnes alios in timore Dei et in proposito sancto perseverantes contemnunt et abjiciunt, non attendentes quod scriptum est in Evangelio : *Simile est regnum cœlorum sagenæ missæ in mare, et ex omni genere piscium congreganti, quam cum impleta esset, educentes, et secus littus sedentes, elegerunt bonos in vasa sua, malos autem foras miserunt* (*Matth.* XIII, 47, 48). Et in parabola zizaniorum : *Sinite utraque crescere, ne forte colligentes zizaniam simul eradicetis et triticum* (*ibid.*, 30). Porro si isti qui de religione sic disputant, et pro sui varietate calumniantur ; si, inquam, ipsi de numero religiosorum esse vellent, universa quæ nunc eis in scandalum et in destructionem, et ipsa fierent eis in correctionem et in ædificationem, sicut scriptum est : *Pax multa diligentibus legem tuam, et non est illis scandalum* (*Psal.* CXVIII, 167). Et : *Sanctis omnia cooperantur in bonum* (*Rom.* VIII, 28).

CAPITULUM II.

Quod unum corpus Ecclesiæ uno Spiritu sancto regitur et gubernatur, diversas habens gratiarum divisiones.

Ut igitur hujuscemodi inquisitores jam amplius non mirentur de ea quæ in Ecclesia Dei est, varietate, et ut eorum molestæ et importunæ quæstiones jam amplius locum non habeant; denique ut et ipsi deposito scandalo et mendacio, et cognita vera religionis via, jam amplius propter varietatem oberrare non valeant : sed cum vere religiosis vere religiosi inveniantur, et intra nobiscum, non foris contra nos sint, videamus, et eos ad videndum nobiscum invitemus, quid secundum fidem catholicam, seu secundum sacram Scripturam super hoc faciendum et tenendum sit, videlicet quomodo Ecclesia Dei sit una in se et secundum se, et quomodo sit multiformis secundum filios suos, quos diversis modis et diversis legibus et institutis informavit et informat, a sanguine Abel justi usque ad novissimum electum. Dicitur enim voce Sponsi : *Una est columba mea, perfecta mea, una est matris suæ, electa genitricis suæ* (*Cant.* VI, 5). Una est, una fide, una charitate, una unius sine macula impiæ infidelitatis, et sine ruga perversæ duplicitatis, et est una generatio justorum, de qua scriptum est : *Generatio rectorum benedicetur* (*Psal.* CXI, 2). Et est unum corpus Ecclesiæ, quod Spiritu sancto vivificatur, regitur et gubernatur, cui Spiritus sanctus est unitus, multiplex, subtilis, mobilis, disertus, incoinquinatus, certus, suavis, amans bonum, acutus, qui nihil vetat benefacere, humanus, benignus, stabilis, securus, omnem habens virtutem, omnia prospiciens, et qui capiat omnes spiritus, intelligibilis, mundus, in quo videlicet Spiritu sancto, juxta Apostolum : *Divisiones gratiarum sunt, idem autem Spiritus* (*I Cor.* XII, 4). Et : *unicuique datur manifestatio Spiritus ad utilitatem; alii quidem datur per Spiritum sermo sapientiæ; alii sermo scientiæ secundum eumdem Spiritum; alteri fides in eodem Spiritu, alii gratia sanitatum in uno Spiritu; alii operatio virtutum, alii prophetia, alii discretio spirituum, alii genera linguarum, alii interpretatio sermonum. Hæc autem omnia operatur unus, atque idem Spiritus, dividens singulis prout vult* (*ibid.*, 7-11).

Ecce apparet manifeste unum corpus Ecclesiæ uno Spiritu sancto vivificari, qui et unicus est in se, et multiplex in multifaria donorum suorum distributione. Verum hoc corpus Ecclesiæ Spiritu sancto vivificatum, et [per] diversa membra diversis temporibus et ætatibus discretum et distinctum, a primo Abel justo incœpit, et in novissimo electo consummabitur, semper unum una fide, sed multiformiter distinctum multiplici vivendi varietate.

CAPITULUM III.

De diverso sacrificiorum ritu, quo placabatur idem et unus Deus ab Abel usque ad Christum.

Siquidem Abel, cum esset pastor ovium, fide obtulit Deo de primogenitis gregis sui et adipibus eorum. Et hoc fecit primus in fide, nullo divino mandato specialiter jussus, nec lege adhuc scripta doctus, sed sola lege naturæ instructus, quæ Creatorem a creatura honorandum suadebat ; ad quem et ad cujus munera respexit Deus, quamvis nullus ritus sacrificandi adhuc dispositus ibidem legatur, ut [hoc] vel hoc modo offerendum fuerit. Bene etiam prius ad ipsum, et postea ad ejus munera respexisse dicitur, quia non propter munera, sed propter justitiam, tam ipsum, quam munera ejus Deo placuisse creduntur. Fide Noe, responso accepto de his quæ adhuc non videbantur, metuens, aptavit arcam in salutem domus suæ, et egressus de arca, primus ædificavit altare Domino, et tollens de cunctis pecoribus, et volucribus mundis, obtu-

---

(5) *Unius malum*. Ita edere libuit; in priori editione *minus malum*. Sequenti capite *et intra nobiscum*, edidimus ubi erat, *et inter nobiscum*. De voculis quas adjecimus, hoc semel lectorem monuisse sufficiet, eas a cæteris certa quadam ratione distingui, quod uncis inclusæ sint.

lit holocaustum super altare, Ibi vero non nominatur altare: his de volucribus mundis, ibi de primogenitis gregis oblatio facta legitur, sed necdum hic quoque ordo sacrificandi dispositus erat. Fide Abraham obtulit sacrificium Domino, nulla lege adhuc scripta doctus, sed speciali divina visione monitus: ita enim Dominus ad illum dicit, tunc primum sacrificiorum ordinem docens, non scripto, sed tantum vivæ vocis mandato; ut videatur illi soli tunc temporis hoc esse faciendum, non autem scripti præcepto posteris relinquendum: *Sume, inquit, mihi vaccam triennem, et capram trinam, et arietem annorum trium, turturem quoque et columbam. Qui tollens universa hæc, divisit ea per medium, et utrasque partes contra se altrinsecus posuit, aves autem non divisit; descenderuntque volucres super cadavera, et abigebat eas Abraham* (Genes. xv, 9-11). Fide obtulit Abraham Isaac unicum filium Domino præcipienti, et eum tentanti; qui etiam credidit Deo, et reputatum est ei ad justitiam, et in signaculum fidei accepit primus legem circumcisionis. Fide Jacob pergens in Aran, post visionem qua vidit Dominum innixum scalæ, evigilans de somno mane erexit lapidem, quem supposuerat capiti suo in titulum, fundens oleum desuper, nulla lege doctus, sed sola fidei devotione hoc faciens. Idem moriens singulos filiorum Joseph benedixit in fide.

An non putandi sunt isti et quamplures alii testimonio fidei probati, fuisse de unitate Ecclesiæ, qui, licet una fide, tamen diversis modis vivendi, et diverso sacrificiorum ritu unum Deum coluerunt? Ab Adam equidem usque ad Noe quam multi fideles fuere, qui hic non numerantur, qui naturalem legem secuti sunt, et Deum omnium creatorem cognoscentes coluerunt, et proxime ea quæ sibi fieri nollent, nulli proximorum ad offensionem contulerunt? A Noe vero usque ad Abraham quamplures inventi sunt fideles, qui sequentes legem naturæ, non creaturæ, sed soli Deo creatori variis modis servierunt, et ab omni læsione proximi quantum potuerunt cessantes, ea quæ sibi vellent, proximis humane impenderunt. Porro ab Abraham usque ad Moysen nequaquam pauci reperti sunt, qui similiter naturalem legem sequentes, necnon et interdum a Domino legem obedientiæ suscipientes, in unitate Ecclesiæ computantur et sunt: qui non libidini, sed procreandorum filiorum posteritati studentes, aliquando etiam ancillas a propriis uxoribus spe filiorum traditas sibi supposuerunt; quibus usi sunt ita obtemperanter sicut et propriis uxoribus, non intemperanter. Qui etiam certissima fide crediderunt quod in semine eorum, qui est Christus, benedicerentur omnes tribus terræ. Quorum etiam temporibus nuntiatus est ritus circumcisionis, quam ipsi ex mandato Domini susceperunt in signaculum fidei. Deinde a Moyse usque ad David circumcisione jam usitata, populus Dei electus a societate alienigenarum segregatus, ducente Moyse fidelissimo principe, in unam Ecclesiam colligitur: lex scripta digito Dei instauratur, novus ritus, novæ sacrificiorum regulæ instituuntur; lex holocausti, lex sacrificii, lex hostiæ pro voto multiplici varietate informatur. Novus ordo vivendi, nova mandata, novæ præceptiones, novæ prohibitiones illi Ecclesiæ scribuntur, et ita scriptæ legis varietate ab incircumcisis et omnibus aliis gentibus populus Dei sequestratur; electis judicibus gubernatur et regitur. Quo in tempore nominatissimus Job gentilis inventus fuisse putatur virtute patientiæ præcipuus, fide futuræ resurrectionis apertissimus, in sustinenda probrosa propriæ uxoris tentatione fortissimus, in onerosa amicorum consolatione prudentissimus, in omnium tentationum mole gravissima fide fortissimus; ab ipso Deo, quod non fuerit ei similis in terra, vero testimonio probatus. Qui etiam consurgens diluculo sanctificabat filios suos, et offerebat holocausta per singulos (6), nescio quo ritu suo tunc temporis non ingrato Deo, quem vel ipsimet sibi tunc adinvenerat, vel quem religio illius gentis ad prædicandum Deum sibi tunc elegerat, sive etiam quem Deus forte illo in tempore illi gentili populo per aliquem constituerat, quanquam certa scriptura nobis hoc non referat.

CAPITULUM IV.

Quod antiqui patres, licet singulos Christianæ fidei articulos ad plenum non noverint, tamen in fide futuri salvati creduntur.

Postmodum a David usque ad Christum cessantibus jam ducibus in eadem Ecclesia eliguntur et unguntur reges, scribæ et Pharisæi nominantur: templum gloriosissimum, ubi arca testamenti collocanda sit, construitur: prophetæ, viri reverendissimi, exsurgunt, prophetias varias dicunt et scribunt, prospera sive adversa futura illi populo prophetizant. Legi jamdudum scriptæ novæ traditiones, novæ cæremoniæ et observationes adduntur: psaltes in psalterio psallentes, in tympano et choro et organo et omni genere musicorum ordinantur. Nazaræi secundum tempora suscitantur; multa honesta ad decorem domus Dei devotissime disponuntur; et ita apud antiquos patres multisque modis una fide uni Deo fideliter serviebatur. Omnes quippe in fide futuri servierunt, et in fide futuri salvati sunt. Et licet plerique illorum non tantam notitiam fidei haberent, ut per singulos articulos fidei omnia sacramenta Christi et Ecclesiæ ad plenum cognoscerent, et mysterium incarnationis, nativitatis, passionis, resurrectionis, ascensionis, revelata facie, viderent, tamen firmissime credendum est eos tanquam a longe aspicientes, et Christum venturum salutantes, et gratiam optatæ repromissionis exspectantes, esse de unitate Ecclesiæ catholicæ, et pertinere ad *civitatem sanctam novam Jerusalem descendentem de cœlo, a Deo*

---

(6) *Per singulos.* Magis placeret *propter singulos*, et mox *ad placandum Deum* ubi legitur *ad prædicandum Deum.*

paratam tanquam sponsam ornatam viro suo (*Apoc.* XXI, 2). Quod enim scriptum est de quampluribus illorum : *Hic cœpit invocare nomen Domini* (*Gen.* IV, 26); et : *Hic invocavit nomen Dei sui* (*Gen.* XIII, 4); et : *Hic ædificavit altare Domino* (*Gen.* XII, 7); et : *Invocavit nomen Dei sui* (*Gen.* XXI, 23); quomodo putamus hoc intelligendum esse? Non quia invocavit nomen Domini, credens nomen Domini Filium esse Dei venturum in carne? Quod etiam competenter insinuat propheta loquens de incarnatione Filii Dei, quod est Verbum Patris, quod est nomen Domini : *Ecce nomen Domini venit de longinquo, et claritas ejus replet orbem terrarum* (*Isa.* XXX, 29). Sicut enim a iquis per nomen proprium alicui cui prius ignotus erat, innotescit, ita nimirum Deus Pater per nomen proprium, per unicum Filium, per Verbum suum mundo manifestus innotuit.

CAPITULUM V.

Quod duæ transpositiones famosæ religionis factæ sunt, legis videlicet et Evangelii, cum attestatione terræmotus propter ipsarum rerum magnitudinem.

Notandum est autem quod duæ transpositiones factæ sunt famosæ vitæ, et famosæ religionis, quæ etiam duo Testamenta vocantur, et utraque cum attestatione terræmotus propter ipsarum rerum magnitudinem. Hæc quidem facta est ab idolis ad legem, ubi tonitrua et fulgura, et nubes densissima, et clangor buccinæ et terribilis strepitus. Hæc autem a lege ad Evangelium, ubi terræmotus factus est magnus, sol obscuratus, petræ scissæ, monumenta aperta, claustra inferni confracta sunt. Tertius vero terræmotus futurus prædicatur, quando, istis finitis et consummatis, ad ea transitus erit, quæ neque amplius movebuntur, neque concutientur. In istis duabus transpositionibus, sive mutationibus divina Sapientia tanta varietate paulatim usa est, ut primo idola recidens hostias permiserit; secundo hostias auferens circumcisionem non prohibuerit; deinde circumcisionem subtrahens salutare baptisma cum evangelica institutione et doctrina persuaserit: et ita de gentibus Judæos, de Judæis autem Christianos fecit, et paulatim subtrahendo, et transponendo, et dispensando, quasi furtim ab idolorum cultura ad legem, a lege autem, quæ quidem ad perfectum non duxit, ad perfectionem Evangelii pædagogice et medicinaliter deduxit, et tandem subtracta omni dispensatione, omnem perfectionem Christianæ legis edocuit.

CAPITULUM VI.

Quoa Vetus Testamentum Deum Patrem quidem manifeste, Deum autem Filium obscure prædicavit. Novum autem Testamentum Deum Filium manifestavit, sed Spiritus sancti Deitatem primo subinnuit, et paulatim sufficienter edocuit.

Quid enim? Vetus Testamentum prædicavit manifeste Deum Patrem, Filium autem non adeo manifeste, sed obscure. Novum Testamentum manifestavit Deum Filium, sed submonstravit et subinnuit Deitatem Spiritus sancti. Prædicatur postea Spiritus sanctus, apertiorem nobis tribuens suæ Deitatis manifestationem : non enim conveniens erat, nondum confessa Patris Deitate Filium manifeste prædicari, neque Filii adhuc non suscepta Deitate, Spiritus sancti Deitatem nobis prædicari, et quemadmodum cibo gravari super virtutem, et supra modum onerari mentes humanas, terrena inhabitatione obtusas, et mole peccatorum depressas. Neque etiam facilis erat transpositio eorum, quæ longa consuetudine, et prolixo tempore in venerationem devenerant; ideoque tanquam ab infirmis evangelica et salubris pharmacia paulatim suscepta est, arte divina benignioribus medicinaliter commista. Attamen ipse quoque Spiritus sanctus ubique in Evangelio Filio comparatur : Filius generatur, Spiritus sanctus præcurrens in concipiendo Virginem obumbrat : Filius baptizatur, Spiritus sanctus in specie columbæ cum attestatione Patris adest : Filius tentatur, Spiritus sanctus ducit et reducit : Filius virtutes facit, Spiritus sanctus ubique consequitur, et credentibus se ingerit : Filius in cœlum ascendit, Spiritus sanctus ad docendam et supplendam omnem veritatem succedit.

Ita quippe fides sanctæ Trinitatis secundum virtutem credentium paulatim mensurata, et quasi particulariter distributa, et in integrum crescens, tandem perfecta est. Proinde ab adventu Christi usque ad diem judicii, quæ sexta ætas distinguitur, et in qua una eademque Ecclesia, præsente jam Filio Dei, innovatur, nequaquam unus aut uniformis, sed multi et multiformes status inveniuntur. Fuit nempe una facies Christianæ religionis in primitiva Ecclesia, quando Jesus regressus a Jordane, et ductus a Spiritu in desertum, et post tentationes relictus a tentatore, pertransiens Judæam et Galilæam duodecim apostolos elegit, quos speciali doctrina Christianæ fidei instituit, quos ut essent pauperes spiritu, et cætera quæ in sermone in monte ad eos habito scripta sunt, edocuit, quos, ut sæculum hoc nequam calcarent, instruxit, quos salubribus et innumeris evangelicæ doctrinæ præceptis informavit. Sed post Christi passionem, resurrectionem et ascensionem, et post datum Spiritum sanctum multi videntes signa et prodigia quæ fiebant per manus apostolorum, collegerunt se in eorum societatem, et factum est, sicut Lucas scribit : *Multitudinis credentium cor unum et anima una, nec quisquam dicebat aliquid esse suum, sed erant illis omnia communia : nec quisquam egens erat inter illos. Dividebatur autem singulis prout unicuique opus erat* (*Act.* IV, 32-35), *cæterorum vero nemo audebat conjungere se illis, sed magnificabat eos populus* (*Act.* V, 13). Et collecta est nova fidelium Ecclesia per gratiam sancti Spiritus, renovata primum ex Judæis, deinde ex gentibus, deposito paulatim ritu tam Judæorum, quam gentium, servatis tamen quibusdam differentiis naturalibus et legalibus, quæ tam ex lege naturæ, quam ex lege scripta abstracta et excepta, Christianæ fidei, nec erant, nec sunt contraria, sed omnibus devote et fideliter servantibus constat esse salubria.

Cœpit etiam jam tunc manifeste prædicari integra fides sanctæ Trinitatis, cum testimonio Veteris et Novi Testamenti, quæ prius quasi sub umbra et quasi gradatim insinuata, revelabatur. Surgunt sacramenta nova, ritus novi, mandata nova, institutiones novæ. Scribuntur epistolæ apostolicæ et canonicæ. Lex Christiana doctrinis et scriptis instauratur, fides quæ vocatur catholica, in universo mundo annuntiatur; et sancta Ecclesia pertransiens per diversos status sibi invicem paulatim succedentes, usque in hodiernum diem, sicut juventus aquilæ renovatur et semper renovabitur, salvo semper sanctæ Trinitatis fidei fundamento, præter quod nemo aliud deinceps ponere potest, quamvis in superædificatione diversa plerumque diversarum religionum structura crescat in templum sanctum Domino.

CAPITULUM VII.

De septem sigillis significantibus septem status Ecclesiæ. Et quod in primo statu exeunte albo equo miraculorum et prodigiorum novitate primitiva Ecclesia crescebat.

Nimirum septem sigilla, quæ vidit Joannes, sicut ipse in sua narrat Apocalypsi (VI, 2), septem sunt status Ecclesiæ sibi succedentes ab adventu Christi usquedum in novissimo omnia consummabuntur, et Deus erit omnia in omnibus : siquidem *Cum aperuisset Agnus unum de septem sigillis, ecce equus albus, et qui sedebat super eum, habebat arcum et data est ei corona, et exivit vincens ut vinceret (ibid.).* Equus albus primus est status Ecclesiæ, candore miraculorum nitidus et pulcherrimus, quem omnes in illa novitate mirabantur et magnificabant. Qui autem sedebat super eum habens arcum, Christus est gubernans Ecclesiam, in arcu apostolicæ doctrinæ superbos humilians et prosternens. *Et data est ei corona (Apoc. VI, 2), quoniam abiit in regionem longinquam accipere sibi regnum (Luc. XIX, 12). Et exivit vincens, ut vinceret (Apoc. VI, 2).* Sicut et ipse dicit ad suos : *Confidite, ego vici mundum (Joan. XVI, 33).* Ecce in isto primo statu nascentis Ecclesiæ magis ac magis augebatur credentium in Domino multitudo virorum ac mulierum ; et quotidie clarescebat Ecclesia Dei virtute miraculorum et numero credentium (Act. V, 14).

CAPITULUM VIII.

Quod in secundo statu Ecclesiæ exeunte rufo equo gravissima sanctorum persecutio incanduerit.

Et cum aperuisset sigillum secundum, exivit alius equus rufus, et qui sedebat super eum, datum est ei ut sumeret pacem de terra, et ut invicem se interficiant homines ; et datus est ei gladius magnus (Apoc. VI, 3). Ecce secundus Ecclesiæ status manifeste revelatus illi discipulo quem diligebat Jesus. Nam quod exivit rufus equus, quid aliud est nisi cruor martyrum, qui effusus est in testimonium Christi, quando sublata est pax de terra, et datus est gladius magnus persecutionis in Ecclesia ? Iste utique status persecutionis a Stephano glorioso protomartyre quem Judæi lapidaverunt, initium sumpsit ; post cujus triumphum tanta persecutio incanduit, ut jam non in uno loco Jerusalem Ecclesia remanere posset, sed dispersi in omnem terram apostoli fidem Christi evangelizarent, et evangelizando vitam martyrio consummarent. Unde Petrus et Paulus Romam, Jacobus Jerosolymam, Andreas Achaiam, Bartholomæus Indiam, Matthæus Æthiopiam, et alii apostoli singuli singulas provincias gloriosissimo martyrio decoraverunt. Post quos quam plurimi fideles alii ludibria et verbera experti, insuper et vincula et carceres, gravissima et exquisitissima tormentorum genera passi, titulum Christianæ professionis in cœlum feliciter evexerunt, et nobis memoriam sui in benedictione reliquerunt. Scribuntur leges adversus Christianum nomen, ut quicunque hujus religionis cultor inventus fuisset, traheretur ad supplicia, et sine audientia damnaretur. Sed Ecclesia Dei in persecutione, sicut palma in victoria, florebat, et sicut cedrus Libani quanto magis patiebatur, tanto magis multiplicabatur.

Videns autem draco serpens ille antiquus, qui tantam sævitiam adversus Ecclesiam Dei excitaverat, quod mulierem amictam sole, et lunam habentem sub pedibus, et in capite coronam stellarum duodecim, omnino absorbere non posset flumen quod ex ore suo miserat, tractus est in mulierem, et iterum statuit facere prælium cum reliquis de semine ejus, qui custodiunt mandata ejus, et testimonium habent Jesu. Cessante igitur manifesta persecutione, lex contra Christianos data relaxatur, alia lex ad pacem Ecclesiæ promulgatur, reges ad baptismum currunt, diversarum provinciarum principes fidem Christi suscipiunt, totus mundus nomen Christianum quod prius insequebatur, jam nunc humiliter veneratur, et crux Christi quæ prius erat in scandalo et derisione, nunc erigitur in honorem et venerationem. Templa ubique magnifice construuntur, episcopi, presbyteri, diaconi et cæterorum ordinum clerici prius abjecti, ab exsilio evocantur, et ubique doctores fidei postulantur, et sacratissimus ordo episcoporum et clericorum ad prædicandum Evangelium Dei ubique terrarum missus diffunditur.

CAPITULUM IX.

Quod in tertio statu Ecclesiæ, exeunte nigro equo, maxima hæreticorum pericula Ecclesiam supra modum turbaverint.

Et cum aperuisset sigillum tertium, ecce equus niger, et qui sedebat super eum, habebat stateram in manu sua (Apoc. VI. 5). Ecce tertius Ecclesiæ status, in quo niger equus emersit. Niger equus atra hæreticorum doctrina est, quos prædictus draco magnus suscitavit adversus Ecclesiam Dei, ut quam non poterat prius absorbere fuso martyrum sanguine, illam modo disturbaret pravissimo hæreticorum dogmate.

Surgunt igitur hæretici, characterem bestiæ portantes infixum in cordibus suis, et dum in manu sua dolosam stateram trutinantes habent, æquitatem de fide disputando proponunt, sed minus cautos levissimo unius vel minimi verbi pondere fallunt, et in partem sui erroris pertrahunt : inter quos sunt Arius, presbyter ille nominatissimus, et infestissimus Ecclesiæ Dei hæresiarcha, et ejus sequaces, qui de consubstantialitatis nomine disputantes, et ob hoc ab Ecclesia se dividentes, diversas in Trinitate substantias numerantes, mentiendo affirmaverunt, putantes impie ibi diversas esse substantias, ubi pie diversas credimus personas. Fuit et Sabellius, qui quoniam recte credidit unam in Trinitate substantiam, putavit quoque ibi esse credendum unam trium, Patris scilicet, et Filii, et Spiritus sancti personam. Fuit et Nestorius episcopus, qui arbitratus est non posse esse naturam duplicem, quin persona fuerit duplex : atque ideo cum in Christo naturam duplicem recte confiteretur, non recte duplicem credidit esse personam, alterum Dei, alterum hominis Filium stulte prædicans. Fuit et Eutyches abbas archimandrites, qui non putavit naturam duplicem esse posse sine duplicatione personæ : et cum non confiteretur duplicem in Christo esse personam, arbitratus est consequens esse ut una videatur esse natura. Itaque Nestorius recte duas in Christo credens esse naturas, divinam scilicet et humanam, sacrilego ore confessus est duas esse ibi personas. Eutyches vero rectissime credens unam in Christo esse personam, fallaciter credidit unam quoque ibi esse naturam. Qui altrinsecus sibi oppositi fallebantur et fallebant. Fuit Macedonius episcopus, Spiritum sanctum creaturam et non Deum esse infideliter asserens. Fuit Donatus, Filium Patre, Spiritum sanctum utroque minorem superba contentione docens. Fuit et Photinus episcopus, Christo a Maria per coitum principium nimis impudice ascribens. Fuit Manes de Perside, unde Manichæi, duo principia contumaciter docens, Unigenitum Dei æternum perversa doctrina negans.

Fuerunt et alii quamplures hæretici, qui singuli suis temporibus falsa dogmatizantes, et tanquam inimici homines pestiferam zizaniam seminantes inter triticum apostolicæ doctrinæ, columbam Dei simplicem in fide, sanctam et immaculatam in opere crudeliter deplumaverunt et laniaverunt : contra quos celebrata multa concilia congruis in locis et temporibus, et damnata est hæretica pravitas, et expurgatum est fermentum malitiæ et nequitiæ, et solidata est mater Ecclesia in azymis sinceritatis et veritatis. Nam in Nicæno concilio, et Antiocheno, et Ephesino, et Chalcedonensi et Constantinopolitano, et in aliis quampluribus sanctorum Patrum synodalibus conventibus per diversas provincias habitis adeo deleta, et contrita, et sopita, et penitus exinanita sunt serpentina venena hæreticorum, ut jam amplius in nullo Ecclesiæ catholicæ angulo repullulare seu ebullire audeant. Ipsa vero fides orthodoxa post tot impulsiones adeo est roborata, et fundata, et solidata, ut jam amplius, Domino favente, semper inconvulsa, semper inconcussa jure permanere debeat, tota integra, ut nihil sit addendum ; et tota inviolata, ut nihil sit auferendum. Unde etiam a sanctis Patribus convenienter inhibitum est ut de cætero nemo disputet publice de fide, tanquam de eo quod jam est definitum et nulli debet esse ambiguum ; siquidem extremæ dementiæ est in medio et perspicuo die commentitium lumen inquirere. Quisquis enim post veritatem repertam aliquid ulterius discit, mendacium quærit, et seipsum non immerito involvit.

Radicata itaque fide catholica ad informandam Ecclesiæ disciplinam accesserunt diversæ regulæ, quas quia sancti Patres sanxerunt, digne canones appellatæ sunt, in quibus reperitur quid sint præceptiones, prohibitiones, dispensationes, rigor, necessitas, indulgentia, remissio, terror, admonitio, et cætera per quæ omnia ita in hoc statu Ecclesia crevit mirabili contra hæreticos sapientia, sicut in priori statu in persecutione martyrum victoriosa crevit patientia. Sed ecce *leo rugiens* non cessat, non dormit, sed adhuc *circuit quærens quem devoret (I Petr.* v, 8).

CAPITULUM X.

Quod in quarto statu Ecclesiæ, exeunte pallido equo, in falsis fratribus Ecclesia Dei supra vires laboraverit, in quo etiam statu multæ ac variæ religiones creverunt.

Et cum aperuisset sigillum quartum, ecce equus pallidus, et qui sedebat super eum, nomen illi mors, et inferius sequebatur eum (*Apoc.* VI, 7). Iste nimirum quartus est Ecclesiæ status, in quo gravissimum et mortiferum periculum est in falsis fratribus. Nam sicut pallidus color ex albo simul et nigro miscetur, nec prorsus album ostendit, sed utrumque falso habet ; ita nimirum falsi christiani, seu falsi fratres, quorum innumerabilis jam multitudo est, Christum ore publico confitentur, factis autem negant ; ecclesiam frequentant, ecclesiastica sacramenta suscipiunt, prælatis debitam reverentiam exhibent, juxta Apostolum honore se invicem præveniunt, ecclesias ædificant, et eas simul et altaria ad decorem domus Dei decenter exornant, solemnitates et festa sanctorum quasi summa devotione celebrant, longa missarum officia et ordinatas cleri processiones plurimum commendant, jejunia quoque et cibariorum discretionem interdum sibi imponunt, pauperibus eleemosynas propriis manibus porrigunt, sanctos et vere religiosos viros, si forte sibi occurrant, elato intus corde et inclinato foris capite salutant, et eos plerumque hospitio receptos humane tractant, et eorum orationibus se commendant. Quidam etiam gloriosum

Domini sepulcrum in Jerosolymis, seu limina apostolorum, seu alia loca sanctorum visitant; in omnibus causis, tam alienis quam propriis; Deum sibi auctorem testantur, universa quæ vel dicunt vel faciunt, in nomine Domini se vel dicere vel facere dicunt; et ut breviter colligam, decenti habitu, decenti sermone, decenti visu, decenti incessu, decenti toto corporis motu, religiosam et honestam et disciplinatam personam gerunt, et foris ostendunt; et in istis et cum istis quasi pacificus est status Ecclesiæ, nec gladio persecutorum manifeste impugnatur, nec dolosa importunitate hæreticorum fatigatur. Verum in falsis christianis, seu in falsis fratribus, qui nomen et habitum Christianæ religionis induerunt, adeo laborat Ecclesia, ut huic qui sedebat super equum pallidum, recte nomen esset mors, quæ nulli mortalium parcit, quæ etiam congrue infernus, qui nunquam dicit : Sufficit. Quid enim est in falsis fratribus, nisi mors interfectrix animarum, pallida in hypocrisi et simulatione, quam sequitur infernus apertis faucibus ad devorandum paratissimus? De quibus Dominus dicit in Evangelio sub nomine scribarum et Pharisæorum : *Væ vobis, scribæ et Pharisæi hypocritæ, qui clauditis regnum cœlorum ante homines. Vos non intratis, nec introeuntes sinitis intrare. Væ vobis, scribæ et Pharisæi hypocritæ, qui comeditis domos viduarum, oratione longa orantes : propter hoc amplius accipitis judicium* (Matth. xxiii, 13, 14). *Væ vobis, scribæ et Pharisæi, qui decimatis mentham et anethum et cyminum, et relinquitis quæ graviora sunt legis, judicium et misericordiam et fidem* (ibid., 23). *Væ vobis, scribæ et Pharisæi hypocritæ, qui mundatis quod deforis est calicis et paropsidis, intus autem pleni estis rapina et immunditia. Pharisæe cæce, munda prius quod intus est calicis et paropsidis, ut fiat id quod deforis est, mundum. Væ vobis, scribæ et Pharisæi hypocritæ, qui similes estis sepulcris dealbatis, quæ a foris parent hominibus speciosa, intus vero plena sunt ossibus mortuorum et spurcitia; sic et vos a foris quidem paretis hominibus justi, intus autem pleni estis hypocrisi et iniquitate. Væ vobis, scribæ et Pharisæi hypocritæ, qui ædificatis sepulcra prophetarum, et ornatis monumenta justorum, et dicitis : Si fuissemus in diebus patrum nostrorum, non essemus socii eorum in sanguine prophetarum. Itaque testimonio estis vobismetipsis, quia filii estis eorum qui prophetas occiderunt. Et vos implete mensuram patrum vestrorum: serpentes, genimina viperarum, quomodo fugietis a judicio gehennæ* (Matth. xxiii, 25, 33). Ecce, fratres charissimi, terribiles comminationes super hypocritas audivimus : mortem pallidam animarum, et infernum sequentem et hiantem timeamus, hypocrisim detestabilem fugiamus: quod intus est, sincera confessione mundemus et purificemus, et crebra lacrymarum effusione abstergamus; foris autem ab ecclesiasticæ disciplinæ norma, unusquisque in ordine suo quo vocatus est, nullatenus discrepemus, si vel facere vel pati scandalum nolumus.

Invectio in hypocritam.

Væ tibi, miser hypocrita, omnium miserorum miserrime, simulator boni, amator mali, inimice Dei, hostis tui, seductor tui, deceptor tui, fraudator tui, adulator tui, derisor tui, delusor tui, calumniator tui, damnator tui, traditor tui, judex tui, homicida tui, ostensor veri, factor falsi, fur proprii thesauri, persecutor propriæ conscientiæ, vulpes iniqua, vermis inquiete, anguis tortuose, cancer mordax, paries dealbate, cæterorum fatuorum fatuosissime, martyr diaboli, inter vivos sine vita ambulans, jam mortue ac sepulte, omnium hominum perditissime, serve nequam, intus ligate, intus incatenate, intus perforate, intus incarcerate, intus absconse, intus putridissime, intus fætidissime, turpissime, infelicissime, scelestissime, nequissime, damnate, dolose, inflate, vacue, ventose, pallide, excæcate, tenebrose, timide, suspiciose, turgide, dæmonibus plene, magicis artibus foris et intus imbute, desperate, paries inclinate, maceria depulsa, non habens fundamentum, ad ruinam proxima, lutose, cœnose, sordide, spurcissime, confuse, odiose, insidiose, sacri olei venditor, lampas exstincta, fallacissime, ab omni bono excluse et alienate, in infernum jam detruse, mendacissime et totius veritatis expers, et per omnia Deo et angelis et hominibus detestabilis! Væ tibi, miser hypocrita! pallidum equum ascendisti, nomen tibi mors, infernus te sequitur, ad devorandum certissimus. Væ tibi, miser hypocrita! utinam corde convertaris, et flas calcator falsitatis et amator veritatis, ut ea quæ hactenus fecisti in simulatione, jam amplius facias in veritate, et non mutes bonorum operum qualitatem, sed iniquam perversæ simulationis intentionem : et ita ex operibus tuis jam bonis audeas exspectare vel sperare meritum, unde prius tanquam simulator dignum exspectare debueras supplicium! Intentio enim bona, sive mala operi nomen imponit, et sive meritum, sive supplicium justæ retributionis requirit.

In hoc statu Ecclesiæ apparuerunt viri religiosi, amatores veritatis, instauratores religionis, Augustinus Hipponensis Ecclesiæ episcopus, provinciæ Numidiæ legatus in Africa, qui, collectis non falsis fratribus, vita apostolica præelegit vivere: quibus etiam Regulam vivendi in communi præscripsit, quæ postea per universum orbem catholicæ Ecclesiæ promulgata et approbata, quamplurimos ad imitationem apostolorum et in formam tanti viri in sanctam communis vitæ societatem invitavit atque collegit, et usque hodie colligit. Cujus vestigia sequens quidam religiosissimus N. (7) de sancto Rufo in Burgundia tempore Urbani papæ surrexit, qui collectis in eadem cano-

---

(7) *Religiosissimus N.* Arberium indicat, de quo vide tom. IV *Galliæ Christ.* pag. 802.

nica professione fratribus, totam illam provinciam primo illuminavit, et paulatim eamdem religionem in diversas regiones disseminavit. Surrexit in eadem professione, et in apostolicæ vitæ imitatione quidam presbyter religiosus, nomine Norbertus, tempore papæ Gelasii, qui propter suam religionem, et multas enormitates et schismata quæ tunc fiebant in Occidentali Ecclesia, a Romano pontifice Gelasio litteras et auctoritatem prædicandi accepit. Iste, suis temporibus in religione clarissimus et famosissimus, diversas provincias prædicando peragravit, no. parvam turbam religiosorum collegit, multas congregationes instituit, et eas ad perfectionem apostolicæ vitæ verbo et exemplo informavit. Qui etiam tantam gratiam habuit coram Deo et hominibus, ut vere beatos se dicerent, qui illi adhærere possent. Postea in Magdeburgensi Ecclesia archiepiscopus factus est, cujus corpus sanctum et venerabile requiescit in ecclesia Beatæ Mariæ in sua metropoli, ubi ipse fratres suæ religionis ordinaverat. Igitur religio per eum renovata maxima cœpit habere incrementa, et ubique terrarum diffusa est, adeo ut nulla fere provincia sit in partibus Occidentis, ubi ejusdem religionis congregationes non inveniantur : Francia, Germania, Burgundia, Aquitania, citerior Hispania, Britannia minor, Anglia, Dacia, Saxonia, Leutitia, Polonia, Moravia, Bawaria, Suevia, Pannonia, quæ et Hungria, Longobardia, Liguria, Etruria, quæ est Thuseia. Omnes, inquam, hæ provinciæ habent congregationes præfatæ religionis, quorum etiam exemplis et orationibus confidunt incessanter adjuvari. Extendit etiam palmites hæc eadem sancta societas in partes Orientis : nam in Bethlehem una, et in loco quem vocant S. Habacuc, alia congregatio est.

Surrexit quoque in monastico ordine beatus Benedictus post multos Patres monachorum in Ægypto commorantium, vir Deo dignus, Spiritu sancto plenus : de eremo Nursiæ, ubi latuerat, abstractus, et in Campania, in monte Cassino, monachorum abbas factus est. Iste, in religione ferventissimus, Regulam suis, dictante Spiritu sancto, præscripsit, et ordinem monasticum jam tunc vacillantem renovavit et firmavit. Qui etiam, tum per se, tum per Regulam suam, post se multa monachorum monasteria in diversis regionibus instauravit. Surrexit etiam modernis temporibus in Thuscia, in loco qui vocatur Gamaldiela, vir religiosus nomine Joannes (8), sub monasticæ professionis titulo, novo fervore novum habitum cum fratribus suis monachis induens, et multos discipulos suæ formæ sequaces habens. Nec diu est, quod in alio loco qui vocatur Vallis-Umbrosa, juxta Perusinos montes, surrexit congregatio nova monachorum valde religiosa, a cæteris qui vocantur monachi novo ordine et novo habitu differentes, et multos habent suæ formæ sequaces.

(8) *Nomine Joannes.* De Romualdo loquitur, hoc nomine notissimo.

Proinde in Burgundia, in loco qui vocatur Cistercium, fere nostris temporibus surrexit alia nova congregatio monachorum, ab omnibus qui dicuntur et sunt monachi, ordine et habitu differens. Et quoniam virtute patientiæ, et abjectione habitus, et regulæ diligenti observatione, et sanctæ paupertatis amore, et ardentissima religione alios præeminere videntur et excellunt, innumeros suæ religionis et formæ imitatores habent : inter quos nostris temporibus apparuit quidam abbas, in loco qui dicitur Claravallis, nomine Bernardus, vir religiosissimus, virtute miraculorum insignis, ab Occidente usque in Orientem pro sui sanctitate famosissimus; quem venerabilis papa Eugenius, quondam sui monasterii monachus, in conciliis multorum episcoporum condigna reverentia plerumque honoravit.

Item paulo ante hæc tempora cœpit quædam nova religionis institutio in Jerusalem civitate Dei. Nempe congregati sunt ibi laici, viri religiosi, et vocant se milites de Templo, qui, relictis proprietatibus, qui vita vivunt (9), sub obedientia unius magistri militant, superfluitatem et pretiositatem vestium sibi absciderunt, parati ad defendendum gloriosum Domini sepulcrum contra incursus Saracenorum; domi pacifici, foris bellatores strenui; domi obedientes in disciplina regulari, foris obtemperantes disciplinæ militari; domi sancto silentio instructi, foris ad bellicos strepitus et impetus imperterriti; et ut breviter compleam, ad universa quæ jubentur facere, intus ac foris in simplici obedientia consummati. Horum vitam et propositum primo confirmavit papa Urbanus consilio multorum episcoporum, quos ad hoc ipsum convocaverat ad concilium, statuens ut quicunque in hanc societatem propter spem vitæ æternæ se colligerent, et in ea fideliter perseverarent, remissionem omnium haberent peccatorum, affirmans eos non esse inferioris meriti, quam vel monachos, vel communis vitæ canonicos.

Item in Orientali Ecclesia, apud Græcos et Armenos et Syros, diversa sunt genera religiosorum, qui in una quidem fide catholica concordant, ac tamen in moribus, in ordine, in habitu, in victu, in officio psallendi non parum ab invicem discrepant. Ego cum essem in urbe regia Constantinopoli apocrisiarius Lotharii Magni, et Christianissimi Romani imperatoris, ad Kalojoannem ejusdem regiæ civitatis imperatorem, et essem avidus explorator et diligens inquisitor diversarum religionum, vidi ibi multos ordines Christianæ religionis. In monasterio quod dicitur Pantocratoros, id est, *Omnipotentis*, vidi septingentos ferme monachos sub regula beati Antonii militantes. In monasterio quod dicitur Philanthropou, *amantis hominem*, vidi non minus quingentos monachos sub regula beati Pachomii militantes. Vidi et quamplures congregationes sub regula beati Basilii Magni et doctissimi viri devote militantes.

(9) *Qui vita vivunt,* An *communi vita vivunt?* Mihi quidem ita videtur.

Porro hæc omnia tam divina, tam sancta, tam bona in diversis temporibus et in diversis ordinibus *operatur unus atque idem Spiritus, dividens singulis prout vult* (*I Cor.* xii, 11). Novit quippe Spiritus sanctus, qui totum corpus Ecclesiæ ab initio et nunc et semper regit, hominum animos torpentes, et diu usitata religione satiatos fideles aliquo novæ religionis exordio renovare, ut, cum viderint alios magis ac magis in altiorem religionis arcem conscendere, novis exemplis fortius excitentur, et relicta pigritia et amore sæculi, quo tenebantur, alacriter et sine formidine, quod perfectum est apprehendant et imitentur. Nam insolita et inusitata magis solent mirari omnes, quam solita et usitata. Et fit mira Dei dispensatione, quod a generatione in generationem succrescente semper nova religione, renovatur ut aquilæ juventus Ecclesiæ, quo et sublimius in contemplatione volare queat, et subtilius quasi irreverberatis oculis radios veri solis contueri valeat. Proinde putasne fieri posse, ut in tanta turba bonorum nullum inveniatur scandalum in falsis fratribus? Utinam ita esset, utinam vere ita esset! Sed ego timeo, nequaquam securus sum. Cum enim audio Dominum dicentem in Evangelio: *Nonne ego vos elegi duodecim, et unus ex vobis diabolus est?* (*Joan.* vi, 71.) Cum, inquam, hoc audio, valde pertimesco; attendens si in apostolorum collegio, qui pauci erant, et quos ipse Dominus elegerat, non defuit diabolus, quomodo putandum est in tanta bonorum turba deesse falsos fratres, qui utique sunt membra diaboli. Nam et pseudoprophetæ fuere et pseudoapostoli fuere. Ne igitur miremur, si nobiscum et inter nos sunt falsi fratres; sed eos in charitate toleremus, et ut, deposita simulatione, veri fiant, orantes exspectemus. Simul in una sagena sumus; sed reducti ad littus, non simul in vasis sanctorum colligemur. Simul in uno agro crescimus, sed tempore messis non simul in uno horreo colligemur. Ipsi enim nobiscum, et nos cum ipsis, licet diversis viis, diversa intentione simul curremus, donec finiatur iste quartus status Ecclesiæ, et sancti sequantur Agnum quocunque ierit; illi vero portantes nomen pallidi et mortis, in inferno sepeliantur.

CAPITULUM XI.

Quod in quinto statu Ecclesiæ animæ sanctorum sub altare Dei clamant: Usquequo, Domine, sanctus et verus, non vindicas sanguinem nostrum de his qui habitant in terra, etc.

Et cum aperuisset sigillum quintum, vidi subtus altare animas interfectorum propter verbum Dei, et propter testimonium quod habebant, et clamabant voce magna, dicentes: Usquequo, Domine, sanctus et verus, non vindicas sanguinem nostrum de his qui habitant in terra? Et datæ sunt illis singulæ stolæ albæ, et dictum est illis, ut requiescerent tempus adhuc modicum, donec impleantur conversi eorum et fratres eorum qui interficiendi sunt sicut et illi (*Apoc.* vi, 9-11). Iste est quintus status Ecclesiæ.

Laboravit Ecclesia in persecutione, et crevit in patientia: laboravit in hæreticorum subtili fallacia, et crevit in sapientia: laboravit in falsis fratribus et hypocritis, et crevit in tolerantia. Nunc autem animæ sanctorum, quæ subtus altare, qui est Christus, fuso sanguine meruerunt jam requiescere, videntes tam infinitas laborantis Ecclesiæ miserias, magna quasi compassionis voce pro ea clamant: *Usquequo, Domine, non vindicas sanguinem nostrum,* et cætera quæ ibi sequuntur, pertinentia ad quintum statum Ecclesiæ.

CAPITULUM XII.

Quod in sexto statu Ecclesiæ, facto terræmotu magno, validissima persecutio futura est tempore Antichristi.

Et cum aperuisset sigillum sextum, terræmotus factus est magnus (*Apoc.* vi, 12). Iste sextus est Ecclesiæ status, in quo nimirum terræmotus factus est magnus, quæ est validissima persecutio, quæ futura est temporibus Antichristi. Et vere magna, quia sicut dicit Dominus: *Talis erit tunc tribulatio, qualis non fuit, ex quo gentes esse cœperunt* (*Marc.* xiii, 19). In aliis enim persecutionum temporibus, licet contra Christianum nomen multa genera tormentorum pararentur, tamen fides recta et indubitata tenebatur; hic vero et tormenta proponuntur, et fides falsa sub nomine Christi persuadetur. Dicitur enim: *Ecce Christus hic, ecce Christus illic. Et erit tribulatio, qualis non fuit* (*Matth.* xxiv, 21), non solum persecutionis quantitate, verum etiam fidei subversione, nescientibus hominibus, quid vel credere, vel tenere debeant. Sol factus est niger tanquam saccus cilicinus, quia sol justitiæ Christus, et nomen Christianum tunc erit in abjectione, et in contemptibili et obscura nigredine, et tam ipse Christus, quam Christiani erunt viles et abjecti in oculis Antichristi et suorum: sicut saccus cilicinus, qui omnium vestium est vilissimus. Luna tota facta est sicut sanguis, quia in omnibus mundi partibus persecutio sanguinis grassabitur contra Ecclesiam, quam luna modo crescens, modo decrescens, aperte significat. Et stellæ cœli ceciderunt super terram. Stellæ cœli, id est sancti qui in firmamento Ecclesiæ tanquam doctores lucere videbantur, sub illa validissima persecutione recedentes a fide in terram cadent, quia terrenis delectationibus inhærebunt, et ex ipso amore terreno ad iniquitatem ruent. Unde subditur: *Sicut ficus mittit grossos suos, cum a vento magno movetur* (*Apoc.* vi, 13). Licet ficus in Evangelio significet Synagogam, specialiter hic omnem Ecclesiam significat, de qua tunc cadent qui infructuosi fuerant et a bonis operibus vacui. Grossus enim appellantur fructus primi temporis, qui, antequam veniant ad maturitatem, vento concussi cadunt in terram; ita et illi qui necdum venerunt ad maturitatem bonorum operum, et vacui sunt, concussi sunt a vento, id est extrema persecutione; *et decident in terram* (*Act.* xxii, 7), hoc est in terrenas delectationes.

Qui ventus bene magnus dicitur, quia, ut supra dictum est, persecutio etiam electos occupabit. *Et cœlum recessit quasi liber involutus (Apoc.* VI, 14). Cœlum, id est Ecclesia in qua celantur ecclesiastica sacramenta involuta et clausa, recedent ab usu Christianorum, et abscondentur a publico et solemni ritu. *Arescentibus hominibus præ timore Antichristi, et exspectatione eorum, quæ supervenient universo orbi (Luc.* XXI, 26). *Et quis poterit stare?* (*Apoc.* VI, 17) et cætera quæ in illo sexto statu Ecclesiæ inveniuntur.

CAPITULUM XIII.

Quod in septimo statu Ecclesiæ post multas tribulationes futurum est silentium magnum, et instaurabitur octava infinitæ beatitudinis: et ita Ecclesia Dei quæ est una in fide, una spe, una charitate, multiformis est diversorum statuum varietate.

Et cum aperuisset sigillum septimum, factum silentium in cœlo, quasi in media hora (Apoc. VI, 1). Sigillum septimum, septimus Ecclesiæ status est, in quo futurum est silentium, quia post tribulationes Ecclesiæ, quæ in multa tristitia parturivit filios Dei, post judicium quod erit in adventu Filii Dei, in momento, in ictu oculi, omnibus jam consummatis, silentium divinæ contemplationis erit, annus jubilæus instaurabitur, octava infinitæ beatitudinis celebrabitur; Sancta Sanctorum, sublato jam legis velo, fidelibus aperientur; Cantica canticorum ante thronum Dei et Agni infinita lætitia, cantabuntur; dies solemnis usque ad cornu altaris, id est usque ad summam contemplationis arcem, in condensis seu in frequentationibus constituetur; omnium figurarum et sacramentorum quæ ab initio sæculi in diversis temporibus fuerunt, veritas revelabitur, et universa per ipsum et cum ipso consummabuntur. Sed quod silentium factum dicitur media hora, hoc profecto puto significari quod, licet omnes electi Deum in sua gloria contemplentur, tamen nulli creaturæ concedendum putatur, ut plenam divinæ substantiæ, sicuti est, aliqua scientia comprehendat, seu visione cognoscat. Ipse enim incomprehensibilis est, et inhabitat lucem omni rationali creaturæ, tam homini quam angelo, inaccessibilem. Recte ergo media et non integra hora dicitur, quia licet ad sufficientem beatitudinem, tamen ad integram ipsius Dei cognitionem, qua immensa divinitas comprehendatur, nulli pertingere conceditur.

Itaque nemo miretur, neque causetur Ecclesiam Dei ab invariabili Deo variis legibus et observationibus ante legem, et sub lege, et sub gratia distinctam, quia oportebat ut secundum processum temporum crescerent signa spiritualium gratiarum, quæ magis ac magis ipsam veritatem declararent, et sic cum effectu salutis incrementum acciperet de tempore in tempus cognitio veritatis: et ita primo quidem bona, deinde meliora, ad ultimum vero optima proposita sunt. Facta est autem hæc varietas (10) non propter invariabilis Dei, qui semper idem est, et cujus anni non deficient (*Psal.* CI, 29), mutabilitatem, sed propter humani generis variabilem infirmitatem, et temporalem mutationem de generatione in generationem. Nempe una est electorum Ecclesia, uni Deo obnoxia : una est fide, qua ea quæ credenda sunt, tam de præteritis quam de futuris, fideliter credit; et una est spe, qua ea quæ fidelibus speranda sunt, longanimiter sperat ; et est una charitate qua Deum, et in Deo proximum diligit, et cujus latitudine ad inimicos etiam propter Deum se extendit.

Est ergo gloria filiæ Regis, quæ est Ecclesia, ab intus fidei decore, et testimonio puræ conscientiæ, sed *in fimbriis aureis circumamicta varietate* (*Psal.* XLIV, 14,) diversarum religionum et actionum, et est currus Dei decem millibus multiplex millia lætantium. Ideoque jam deinceps nullus fidelis suspicetur in hoc esse aliquod scandalum, si Ecclesiæ cujus semper est eadem fides credendi, non semper est eadem forma vivendi. Sed jam nunc sufficiat respondisse eis qui calumniantur tot varietates in Ecclesia sancta. Quod si ipsi habeant sinistre, sed pias suscipere valuerint responsiones ad eorum quæstiones, spero nullum eis de cætero scandalum posse obvenire, unde ipsi aut aliquam speciem religionis contemnant, aut pedem suum ab aliqua societate religionis abstrahere debeant, si tamen ipsi voluerint, et Deus qui omnia ad seipsum trahit, hoc eis præstare voluerit.

Explicit liber primus.

(10) *hæc varietas.* Ita profecto Anselmus scripsit, non ut Acherius ediderat, *hæc veritas.*

INCIPIT PROEMIUM SECUNDI LIBRI

Qui dicitur Ἀντικειμενῶν, id est *liber contrapositorum.*

Putabam me satis respondisse in superioribus, eis qui causabantur in sancta Ecclesia tot varietates, tot religionum formas, tot mutationes, tot novitates, tot professionum facies; sed ut mihi videtur, quamvis eis sufficere videantur ea quæ dixi, quod exinde apparet, quia super hac quæstione plus me non infestant, tamen ad alias quæstiones se transferunt, et adhuc me sollicitare non cessant, et quod prius zelo non bono videbantur facere, hoc jam nunc mutati in melius pio ac humili spiritu videntur inquirere : ideoque tanto libentius respondebo eis id quod mihi datum fuerit de superius, quanto illi se ostenderunt inquirere humilius. Nam *Deus qui superbis resistit, humilibus autem dat gratiam* (1 *Petr.* V, 5), vult nos esse humiles, quatenus interrogando et respondendo non nobis tanquam superbis resistat, sed vere humilibus gratiam det et intellectum præstet. Hoc autem dicunt me sufficienter respondisse ad propositam quæstionem, et dicunt quod hæc facile facere potuerim, et quod ipsi facile accedere et acquiescere potuerint post tot et tantas rationes et auctoritates : præsertim cum nil officiat in una fide diversas habere consuetudines, immoto semper ecclesiasticorum sacramentorum ritu, et generalibus ecclesiastici ordinis institutis, quorum neutrum nulli per se licet immutare, nisi præcipitatæ mentis involvatur insania.

Verum quid est, inquiunt, quod aliqui in Ecclesia, in fide sanctæ Trinitatis et in sacramentorum ritu videntur discrepare, quemadmodum Græci a Latinis? Quod, si salva unitate fidei, et uno sacramentorum ritu, in cæteris omnibus dissimiles essent, utcunque tolerari posset, et minus scandalum seu periculum esse videretur. Verum quoniam de fide, sine qua impossibile est placere Deo, dissentire videntur, nec in uno sacramentorum ritu convenire dignoscuntur, necessarium est ut super hoc nobis respondeas, quid vel de illis sit sentiendum, vel nobis tenendum.

Fatemur sane non modice nos scandalizari, quando audimus quod Græci viri sapientissimi, in omni scientia Scripturarum eruditissimi, dicuntur non credere, nec dicere, quod Spiritus sanctus procedat a Filio, sicut et a Patre procedit. Quod si ita est, non immerito maxima occasio gravissimi scandali est. Et quidem tot millia Græcorum nomina reperiuntur in catalogo sanctorum, quorum corpora, vel in pace sepulta sunt in Christo, vel qui tradiderunt corpora sua propter Deum ad supplicia, et in sanguine Agni laverunt stolas suas, et ideo meruerunt habere coronas perpetuas : in quorum etiam honorem et reverentiam non paucæ ecclesiæ constructæ ac dedicatæ sunt, et quorum annuæ festivitates passim per Ecclesias solemniter celebrantur.

Ad hoc, in sancta Romana Ecclesia multi pontifices natione Græci sederunt in cathedra Beati Petri apostolorum principis, qui gubernaculo fidei rectæ, et remigio sanæ doctrinæ, Ecclesiam, quæ est navicula Petri, vice Petri bene gubernantes, in numero sanctorum bene computantur. Ipsa autem sancta Romana Ecclesia, mater omnium Ecclesiarum, hoc a Domino privilegium accepit, quod ita specialiter fundata est supra firmam petram, ut a nullo unquam vento hæreticæ pravitatis impelli potuerit. Et mirum in modum, quomodo Græci in numero sanctorum computentur, et ex ipsis Romani pontifices electi inveniantur, si in fide sanctæ Trinitatis adeo erraverunt, ut dicerent et crederent Spiritum sanctum a Patre tantum, et nequaquam a Filio procedere ; nisi forte quis audeat dicere, quod nihil obsit fidei Christianæ, et credentium saluti, sive hoc, sive illud dicat, vel non credat; quasi ille articulus fidei, quo Spiritus sanctus creditur a Filio procedere, vel non procedere, nulli Christiano sit necessarius. Proinde quomodo, inquiunt, potuit esse quod aliquis, natione Græcus, pontifex Romanus, secundum Græcos Spiritum sanctum a Filio non procedere crederet, et secundum Latinos eumdem Spiritum a Filio procedere in Romana Ecclesia prædicaret? Nam quod aliter crederent, et aliter prædicarent, nefas est dicere. Si autem quod credebant, id etiam prædicabant, quomodo Romana Ecclesia eos patienter audivit, quorum doctrinam de processione Spiritus sancti a Patre tantum, et non a Filio, nec tunc approbavit, nec hodie approbat ?

Hæc et hujusmodi similia sæpe in collatione proponunt, et interdum in secreto, interdum in aperto coram fratribus me tacere volentem excitant, et jam tandem importunitate ac crebris eorum precibus victus respondere cogor, et præ nimia illorum instantia, oportet me modo ibi pedem figere, ubi prius in lectione divinarum Scripturarum plano sensu solebam transire. Sed ad solvendam tam validæ quæstionis propositionem me sufficere non video; verumtamen ne omnino videar tacere, et inquirentibus nihil respondere, et charitatem fratrum lædam tacendo, quoniam placere possum loquendo, malo aliquid dicere, tametsi postea sit corrigendum, quam silentio charitatem eorum offendere, quibus ex debito est respondendum. Maxime autem ad faciendum cogit me mandatum Domini ac beatissimi papæ Eugenii : et sicut fratrum justis et devotis postulationibus nihil negare debeo, ita, imo multo amplius tantis jussionibus non obedire non audeo. Valet profecto ad evidentiam hujus quæstionis, ut disputationem quam ego habui in urbe regia Constantinopoli cum Nechite archiepiscopo Nicodemiæ, in unum colligam, et sub dialogo distinguam, quatenus lectori evidentius appareat, quid vel Græcus, vel Latinus de processione Spiritus sancti sentiat. Prædictus namque archiepiscopus cum esset magnus apud illos religionis typo, et acerrimus ingenio, et eruditissimus Græcarum litterarum studio, et facundissimus eloquio, et cautissimus in dando et accipiendo responso, nihil eorum in disputatione seu collatione tacendo neglexit, quæ viderentur posse spectare ad suæ sententiæ firmitatem, vel ad nostræ sententiæ destructionem; præsertim cum ipse inter duodecim electos didascalos, qui studiis Græcorum ex more solent præesse, tunc temporis fuerit præcipuus, et ab universis in officium nostræ disputationis adversum me electus (11).

(11) Quanquam haud improbabile sit Græca vocabula ab Anselmo ipso Latinis litteris esse descripta, placuit eas Græcis describere, ne quem fallerent ut Acherium fefellere.

LIBER SECUNDUS.

De processione Spiritus sancti. Utrum secundum Græcos a Patre tantum procedat, an secundum Latinos a Patre simul et a Filio.

CAPITULUM PRIMUM.

Qualiter dialogus habitus sit in urbe Constantinopoli de processione Spiritus sancti ab Anselmo Havelbergensi episcopo, et Nechite archiepiscopo Nicodemiæ, et de modo interpretationis inter colloquentes.

Igitur cum essem constitutus in urbe regia, et crebro varias a Græcis quæstiones susciperem, et itidem alias illis proponerem, placuit imperatori piissimo Kalojoanni, placuit etiam patriarchæ civitatis N. viro religioso, ut publicus conventus fieret; et statuta est dies, ut in audientia omnium ea sonarent, quæ hinc et inde dicerentur. Convenientibus itaque quamplurimis sapientibus in vico qui dicitur Pisanorum, juxta ecclesiam Agie Irene, quæ lingua Latina Sanctæ Pacis nuncupatur, mense Aprili, die decimo, si tamen bene memor sum, positisque silentiariis, sicut ibi mos est, et datis arbitris, et sedentibus notariis, qui omnia quæ hinc inde dicerentur, fideliter exciperent et scripto commendarent, universa multitudo, quæ ad audiendum avida convenerat, conticuit. Aderant quoque non pauci Latini, inter quos fuerunt tres viri sapientes, in utraque lingua periti, et litterarum doctissimi: Jacobus nomine, Veneticus natione; Burgundio nomine, Pisanus natione; tertius inter alios præcipuus, Græcarum et Latinarum litterarum doctrina apud utramque gentem clarissimus, Moyses nomine, Italus natione ex civitate Pergamo; iste ab universis electus est, ut utrinque fidus esset interpres.

Cunctis itaque ordinatis, et sedibus e regione positis, dato silentio, omnibus ad audiendum avidis et suspensis, Anselmus Havelbergensis episcopus dixit: « Patres reverendi, ego ad contentiones non veni quia ita dicit Apostolus: *Non in contentione et æmulatione* (Rom. XIII, 13); et iterum: *Si quis contentiosus est, nos hujusmodi consuetudinem non habemus* (I Cor. XI, 16); sed veni ad inquirendum et cognoscendum de fide vestra atque mea, maxime quia vobis ita placuit. » Nechites archiepiscopus Nicomediæ dixit: « Placet quod dicis, et humilitas tua nobis placet; nam in colloquendo et humiliter conferendo citius elucescit veritas, quàm si superbe et ad vincendum avidi contendamus. » Anselmus Havelbergensis episcopus dixit: « Non debemus esse immemores, quod scriptum est in Evangelio, quoniam Jesus junxit se duobus discipulis euntibus ab Jerosolymis in castellum Emaus, et loquentibus de ipso; et ibat cum illis, et cognoverunt eum in fractione panis (Luc. XXIV, 35). Nos quoque si simul ire et sine disceptatione colloqui simul de veritate voluerimus, ipsa veritas se nobis jungendo approximabit, et in fractione panis, id est divinæ Scripturæ eam cognoscemus. Itaque simul gradiamur viam charitatis, non contendentes superba ratiocinatione, sed simul investigantes veritatem humili inquisitione. » Nechites archiepiscopus Nicomediæ dixit: « Videtur mihi quod ea quæ dicturi sumus, electus interpres de verbo ad verbum fideliter exponat, quia hoc modo melius nos invicem intelligere possumus, et ipse hoc facilius facere potest. » Anselmus Havelbergensis episcopus dixit: « Ego hujusmodi usum loquendi non habeo, et præterea suspecta est mihi talis interpretatio, quia capi possum in verbo, si dispariliter fuerit interpretatum, nec decet nos contendere verbis. Verum talis interpretatio in medio currat, quæ sermonem utrinque continuatum pleno et collecto verborum sensu excipiat et exponat: hoc enim modo locutionis seu interpretationis non videbimur verborum observatores, sed sententiarum investigatores. » Nechites archiepiscopus Nicomediæ dixit: « Fiat sicut dicis, nam et hoc mihi placet, quia tibi placet. »

Anselmus Havelbergensis episcopus dixit: « Adhuc quædam præmittere volo, quia de quæstione difficili tractare proponimus, et ego ad conventum istum subito vocatus sum, et ab heri et nudiustertius nihil horum sum præmeditatus, precor reverentiam omnium assidentium et circumstantium, ut, si forte mihi aliquod verbum fuerit elapsum, sicut nonnunquam in talibus fieri solet, quod alicujus vestrum aures offendat, non statim adversum me excusso plausu exclametis, sed juxta mansuetudinem vestram sermonis patienter exspectetis, memores quod hospes sum in medio vestri: nam et hoc ipsum prius veritus sum in illo genere interpretationis de verbo ad verbum, et ob hoc illud a nostra collatione tunc submovi. Non sit igitur inter nos verborum litigium, sed exquisita veritas sententiarum. » Nechites archiepiscopus Nicomediæ dixit: « Bene dixisti, et ego id ipsum rogo. » Universi dixerunt: « Bonum est, honestum est, et ita fiat, fiat. »

Anselmus Havelbergensis episcopus dixit: « Nos sequentes sanctam et apostolicam doctrinam credimus et docemus Patrem et Filium et Spiritum sanctum unum Deum in substantia, trinum in personis. Credimus etiam Patrem ingenitum, Filium a Patre genitum, Spiritum sanctum ab utroque, Patre scilicet et Filio, procedentem. Hoc credimus et docemus. » Nechites archiepiscopus Nicomediæ dixit: « Ea quæ dicis, catholica sunt et suscipienda; sed quod dicis Spiritum sanctum a Filio procedere sicut a Patre, ad hoc non accedimus nec suscipimus, præsertim cum nulla ratio, nulla auctoritas canonicarum Scripturarum, nullum denique generale concilium hoc dicat vel doceat. »

Anselmus Havelbergensis episcopus dixit : « Quoniam tria posuisti, rationem, canonicarum Scripturarum auctoritatem, generalia concilia; et quia rationem primo posuisti, velim etiam primo scire qua ratione prohibearis ne credas vel dicas Spiritum sanctum procedere a Filio sicut et a Patre. » Nechites archiepiscopus Nicomediæ dixit : « In omni philosophia, et maxime in summa theologia cavendum est, et sapientissimi Græcorum hactenus vitaverunt dicere πολυαρχίαν, id est *multa principia*; vitaverunt etiam ἀναρχίαν quæ est *sine principio*; elegerunt autem et venerati sunt, et nobis venerandam docuerunt μοναρχίαν, hoc est *unum principium*. Idcirco autem noluerunt suscipere in Deo πολύαρχον, id est *multa habens principia*, quia quod habet multa principia, dixerunt esse litigiosum. Noluerunt etiam suscipere in Deo ἄναρχον, id est *sine principio*, quia hoc quod est sine principio, dixerunt esse inordinatum. Hæc itaque duo non inconvenienter fugientes, conversi sunt rationabiliter ad venerandam μοναρχίαν, quam et nos veneramur et amplectimur, et a qua nullum qui orthodoxæ fidei sit, oportet recedere. Porro si duo essent principia, vel utrumque insufficiens esset, aut alterum superfluum esset; si enim aliquid uni deesset quod alterum haberet, non summe perfectum esset, si vero nihil uni deesset (12) quod alterum haberet, cum in uno omnia essent, alterum superflueret. Itaque Patrem et Filium et Spiritum sanctum unum Deum esse credimus : Patrem quidem ingenitum, Filium vero ex Patre genitum, Spiritum sanctum a Patre tantum et non a Filio procedentem. Nam si a Patre et a Filio Spiritum sanctum procedere diceremus, cum Pater esset principium Spiritus sancti, et similiter Filius esset principium Spiritus sancti, statim consequenter accurreret nobis duo esse principia, et incideremus in πολυαρχίαν, id est *multa principia*; quod est contra omnem rationem. Credimus ergo et docemus Patrem esse principium Filii quem genuit, eumdem Patrem solum esse principium Spiritus sancti, qui ab ipso solo procedit. Sic autem dicimus Patrem esse utriusque principium, scilicet non tempore, sed causa; ambo enim a Patre tanquam ab uno principio, iste generatione, ille processione, non temporaliter, sed causaliter. »

CAPITULUM II.

Quod in Domino non ἀναρχία, id est nullum principium; non πολυαρχία, id est multa principia; sed μοναρχία, unum principium sit.

Anselmus Havelbergensis episcopus dixit : « Ego multa principia, quod tu vocas πολύαρχον, in Deo tecum nego, quia omni rationi contrarium est; tamen quia quidam hæresiarcha, natione Perses, nomine Manes, de quo Manichæi, qui fere totam Africam polluerunt, a Catholica Ecclesia merito damnatus est, eo quod contendebat duo esse principia, et nonnulla alia Christianæ fidei contraria docebat. Similiter quod tu vocas in Deo ἄναρχον, id est *sine principio*, seu non principium, nequaquam in Deo suscipio, sicut nec tu, quia Deus, nisi summum principium esset, sine seipso esset, et si sine seipso esset, omnino non esset. Itaque in Deo neque dicenda sunt multa principia, quia hoc litigiosum esset; neque dicendum est nullum principium, quia hoc inordinatum esset; quorum utrumque dissolutionem ac destructionem minatur. Sive enim dicatur quod eo quod multa sint principia, necesse sit multa quoque esse litigia; sive dicatur quod eo quod nullum sit principium, nihil etiam sit ordinatum; sive, inquam, hoc, sive illud dicatur, utrumque est absurdissimum, quoniam, sicut dixi, utrumque dissolutioni ac destructioni proximum est : alterum propter eam quæ ibi est litem; alterum propter eam quæ ibi est inordinationem. Unum igitur principium quod tu vocas μόναρχον, tecum in Deo suscipio, quoniam quidem Deus summum ac plenum est principium, quod videlicet principium ipsemet est sibimet. Est autem sine principio, quod præter ipsum et extra ipsum sit, quod omnino nullum est; et ita in Deo non principia multa, non principium nullum, sed ipse sibi unum in seipso est principium, per seipsum in seipso proprie monarchiæ liberrimum tenens principatum; et sicut ipse sibi est vita qua vivit, ita ipse est sibi principium quo principatur.

« Attamen quod dicis, si Spiritus sanctus procedit a Patre et a Filio, ergo duo sunt principia. Hanc tuam argumentationem cum tam festinato enthymemate nequaquam suscipiendam judico. Ex hoc enim vero quod præmissum est, non sequitur illud falsum quod illatum est : verum est autem quod Spiritus sanctus procedit a Patre et a Filio, sed falsum quod duo sint principia; ideoque nulla est ibi cohærentia. Intendat itaque charitas tua : Spiritum sanctum dicimus procedere a Patre et a Filio, nec tamen exinde concedimus duo esse principia, quia Pater et Filius unum sunt principium, sicut sunt unus Deus. Sicut autem dicimus Deus de Deo, nec tamen duo dii, et sicut dicimus tropice lumen de lumine, nec tamen duo substantialia lumina, et sapientia de sapientia, nec tamen duæ sapientiæ; ita profecto dicimus principium de principio, nec tamen duo principia. Unde Dominus in Evangelio interrogatus : *Tu quis es?* de se ipso respondens dicit : *Ego principium qui et loquor vobis* (Joan. VIII, 25), ostendens se esse unum et idem

---

(12) *Nihil uni deesset.* Sic emendare libuit; nam prioris editionis lectio *nihil unde esset*, omnino inepta est.

principium cum Patre in unitate ejusdem substantiæ, qui tamen est de principio proprietate filialis personæ.

« Considerandum quippe est quid, de quo, et propter quid, et secundum quid dicatur. Nam cum dicit : *Ego sum principium qui et loquor vobis*; et cum non dicit : *Ego sum principium quod et loquor vobis*, satis insinuavit quod ipse est unum cum Patre eadem consubstantialitate, qui tamen non est unus cum Patre proprietate personæ. Est enim Filius idem principium quod Pater ipse est secundum substantiam; sed ipse non est idem qui Pater est secundum personam. Quamvis et aliter intelligi possit hoc quod dixit : *Ego principium qui et loquor vobis*; videlicet se Creatorem ostendere volens et principium creaturæ, sicut et Pater est principium creaturæ, eo quod ab ipso sunt omnia. Unde in libro Geneseos : *In principio creavit Deus cœlum et terram* (Genes. 1, 1). Et quod ipse sit principium in principio et cum principio, audi Joannem evangelistam : *In principio erat Verbum, et Verbum erat apud Deum : omnia per ipsum facta sunt, et sine ipso factum est nihil quod factum est. In ipso vita erat* (Joan. 1, 1-4). Et in Psalmis : *Tecum principium in die virtutis tuæ* (Psal. cix, 4). Proinde Pater quidem ad creaturam relative dicitur principium ex quo omnia : Filius quoque ad creaturam relative dicitur principium per quem omnia ; Spiritus sanctus quoque ad creaturam relative dicitur principium in quo omnia, nec tamen sunt tria principia, sicut nec tres creatores, quoniam inseparabilia sunt opera Trinitatis. Unum ergo principium ad creaturam dicitur Deus, non duo vel tria. Quod si ad se invicem in Trinitate referantur, tunc si gignens, ad eum qui gignitur, principium est, Pater ad Filium principium est, quia gignit eum. Utrum autem Pater recte dicatur principium ad Spiritum sanctum, quia ab ipso procedit, et utrum Filius recte dicatur principium ad Spiritum sanctum, quia et ab ipso procedit, apud nonnullos aliqua quæstio est. Verum si is qui datur, scilicet Spiritus sanctus habet principium eum a quo datur, quippe non aliunde accepit quod inde procedit ; non incongrue videtur fatendum esse Patrem et Filium principium esse Spiritus sancti, non tamen duo principia, quia sicut Pater et Filius unus Deus, sic relative ad Spiritum sanctum unum sunt principium ; quia videlicet Spiritus sanctus non aliunde, sed a Patre et Filio qui sunt unum principium, datur et procedit. Porro Pater principium, et Filius idem est principium ; nam si Filius aliud a Patre, et non idem cum Patre principium esset, jam ipse in hoc quod aliud esset, principium esse desineret. Quidquid ergo dederimus Patri, demus et Filio ; si enim Pater in Filio, et Filius in Patre, et omnia Patris Filii, et omnia Filii Patris sunt, profecto principium Patris principium Filii est, hoc est principium quod Pater est, principium est quod Filius est ; et ita Spiritus sanctus procedens ab utroque, Patre scilicet et Filio, non duo, sed unum suæ processionis habet principium. Dicitur enim tribus modis principium in Deo, substantive ad seipsum, relative autem invicem in Trinitate, sicut Pater ad Filium, et iterum relative, quantum ad creaturam Creator.

CAPITULUM III.

Quod id quod æternum est non ob hoc sine principio est, sicut Filius Patri est coæternus, sed non est sine principio, quia de Patre est.

« Et fortasse miraris, quia non dicantur σύναρχα, id est simul principia vel comprincipia, quæ sunt simul coæterna. Sed notandum quod id quod sine principio est, etiam æternum est ; sed quod æternum est, non ob hoc sine principio est. Quippe Pater et Filius et Spiritus sanctus totæ tres personæ coæternæ sibi sunt et coæquales, sed non totæ simul sunt sine principio : nam Pater quidem ἄναρχος, id est *sine principio* est, et ipse est principium coæqualis et coæterni et consubstantialis sibi Filii. Principium autem ut causa, et ut fons, et ut æternum lumen ; Filius autem (13) licet sit coæternus et consubstantialis Patri, nequaquam tamen est ἄναρχος, id est *sine principio*, quia Patrem habet principium et causam, et ipse est principium universorum. Principium autem quando dico, non tempus admittas, neque medium aliquod interponas inter generantem et genitum ; neque dividas naturam aliqua intercisione male excogitata et male immista et interposita his qui semper sibi coæterni sunt. Si enim tempus esset Filio antiquius, tunc itaque Pater prima causa esset temporis, non Filii ; nec Filius esset factor temporum, qui esset sub tempore ; nec natura esset Dominus omnium, sed gratia Patris in dominium assumptus, vel etiam omnino non Dominus. Et ita prorsus de deitate ejiceretur Filius tanquam Patri non coæternus, sed sub tempore constitutus.

« Est itaque Pater principium Filii ut causa, et est Pater simul et Filius principium Spiritus sancti ut causa. Manifestum est autem quod non omnino antiquior est causa his quorum causa est, sicut nec sol lumine proprio antiquior. Unde manifestum est totas tres simul personas coæternas esse sibi et coæquales, sed non totas tres simul esse sine causali principio. Est igitur, sicut dictum est, Pater ἄναρχος, id est sine principio temporali vel causali, quia non aliunde, sed ab ipso est ; Filius vero non ἄναρχος, quippe Patrem ut causam sui habet principium non temporale, sed causale. Si autem id quod ex tempore est, principium intelligas, ita Filius quoque est ἄναρχος, et Spiritus sanctus est ἄναρχος, id est sine temporali principio ; non enim incœpit cum tempore vel sub tempore, quæ temporum factrix est, Trinitas. Sane Pater et Filius et Spiritus sanctus tota simul Trinitas sicut unus est Deus, ita est unum

---

(13) *Filius autem.* In priori editione hoc tantum legebatur *lumen, aut licet sit*, mutile sane ; nec dubium quin Anselmus scripserit ita ut edidimus.

et idem substantiale principium, quos vos vocatis μόναρχον, παντοκρατοῦν id est *unum principium*, seu *unus principatus omnitenens*: nullatenus autem duo vel tria principia, quæ vos vocatis διαρχον vel τρίαρχον. Sic enim in symbolo Athanasii, quod est venerabile per omnem Ecclesiam, legitur: « Æternus Pater, æternus Filius, æternus Spiritus sanctus; et tamen non tres æterni, sed unus æternus. Immensus Pater, immensus Filius, immensus Spiritus sanctus; et tamen non tres immensi, sed unus immensus. Et Deus Pater, Deus Filius, Deus Spiritus sanctus; et tamen non tres dii, sed unus est Deus. Et Dominus Pater, Dominus Filius, Dominus Spiritus sanctus; et tamen non tres Domini, sed unus est Dominus. » Ita quoque principium Pater, principium Filius, principium Spiritus sanctus; et tamen non tria principia, sed unum est principium. Omnes quidem tres simul unum principium, et singuli idipsum plenum atque perfectum principium. Et sicut tres personæ recte dicuntur consubstantiales, nec tamen recte dicuntur tres consubstantiæ; ita fortasse tres personæ recte dicuntur comprincipales, sed tamen non recte dicuntur tria comprincipia, quod Græci dicunt σύναρχα, Latini vero in nullo Latinitatis usu habent. Et fortasse quis argumentosa, sed falsa opinione deceptus, idcirco duo dici posse putat principia, quia, cum dicitur principium sine principio, et iterum dicitur principium de principio, duo videntur constitui principia. Sed non bene attendit, quod recte quidem dicitur Deus non de Deo, scilicet Pater; et iterum recte dicitur Deus de Deo, scilicet Filius; nec tamen ob hoc sunt duo dii. Et recte dicitur lumen non de lumine, et item recte dicitur lumen de lumine; nec tamen duo sunt lumina. Quod si quis dixerit, principium qui Pater, non est principium qui Filius; et principium qui Filius, non est principium qui Pater; et inde inferre voluerit quod duo sunt principia, omnino fallitur, quoniam cum dicitur, principium qui Pater non est principium qui Filius: et cum dicitur (14), principium qui Filius non est principium qui Pater: cum hoc, inquam, dicitur, nihil aliud dicitur, vel intelligitur, nisi quod Pater non est Filius, et Filius non est Pater, quod semper personarum discretionem distinguit. Sicut autem secundum distinctionem personarum recte dicitur negative, principium qui Pater non est principium qui Filius, et principium qui Filius non est principium qui Pater; ita secundum identitatem ejusdem essentiæ recte dicitur affirmative, Pater idem est principium quod Filius, et Filius idem est principium quod Pater: et licet iste non sit ille, tamen iste est quod ille; et licet is non sit is idem, tamen idem est id idem; et licet hic non sit qui hic, tamen hic est ipsum hoc quod hic; nec ipse est ipse, sed ipsi sunt ipsum et idipsum, semper unus Deus, semper unum principium; nunquam duo dii, nunquam duæ majestates, nunquam duo principia.

« Proinde si Spiritus sanctus non procedit a Filio, sicut tu putas, ostende, si potes, quo modo verum esse possit, quod procedat a Patre. Nam si secundum te credendum est eum non procedere a Filio, credendum est etiam secundum te eum non procedere a Patre, cum Pater et Filius unum sint, sicut ipse dicit: *Ego et Pater unum sumus* (*Joan.* x, 30); et iterum: *Ego in Patre, et Pater in me est* (*ibid.*, 38). Qui ergo dicit Spiritum sanctum procedere a Patre qui in Filio est, oportet ut etiam dicat eumdem Spiritum sanctum procedere a Filio qui in Patre est; [aut si neget (15) procedere a Filio,] cogitur hoc quoque negare eumdem Spiritum sanctum procedere a Patre qui in Filio est: Pater enim et Filius unum sunt; et cum vicissim dicitur, ille est in illo, nequaquam aliud in alio tanquam substantialiter aliud, sed id quod substantialiter unum et idem est, intelligitur. Unde Dominus ad Philippum postulantem: *Domine, ostende nobis Patrem, et sufficit nobis. Philippe, qui videt*, inquit, *me, videt et Patrem, quia ego in Patre, et Pater in me est* (*Joan.* xiv, 8, 9). Quod propter ejusdem substantiæ unitatem dictum est. Et cum dicitur: *Ego et Pater unum sumus*; unum propter unitatem substantiæ, contra Arium dicitur; *sumus* propter pluralitatem personarum, contra Sabellium dicitur, ac si diceret: Ego et Pater unum, hoc est quod ille, hoc ego secundum substantiam. Itaque hoc modo videtur esse confectum ut, dum tu vis mihi persuadere, ne credam Spiritum sanctum a Filio procedere, ne incidam in duo principia; tu quoque quod prius credebas, videlicet Spiritum sanctum procedere tantum a Patre, jam negare cogaris; et incidisti per hoc in talem laqueum, ut qui prius alterum negabas, scilicet processionem a Filio, et alterum affirmabas, scilicet processionem a Patre, jam nunc aut neutrum secundum te confiteri audeas, aut utrumque secundum fidem Catholicam et juxta propositas rationes juste mecum fateri debeas. »

Nechites archiepiscopus Nicomediæ dixit: « Satis videntur suscipienda ea quæ de principio disseruisti. Sed quoniam dicis Spiritum sanctum procedere a Patre et Filio, nec tamen recipis duo principia, et hoc probas ea ratione qui Pater et Filius unum sunt; simili ratione probari potest quod idem Spiritus sanctus procedat a semetipso sicut et a Patre et a Filio, quia Pater et Filius et Spiritus sanctus una sunt Divinitatis essentia: et ita si procedit ab illis, cum quibus ipse est substantialiter unum, necesse est dicere ut etiam procedat a semetipso, cum quo et ipsi sunt substantialiter unum. »

CAPITULUM IV.

Quod sicut Pater genuit, sed non se, et sicut Filius

---

(14) *Et cum dicitur.* Ex hoc loco ejecimus verbum *patet* quod sententiæ turbandæ additum erat ab imperito quodam amanuensi post voculam, *et.*

(15) *Aut si neget.* Quod uncis inclusum est addidimus; certi ita scriptum esse ab Anselmo, qui forte etiam pro suo more adjecit *qui in Patre est.*

genitus est, sed non a se; ita quoque Spiritus sanctus procedit, sed non a se.

Anselmus Havelbergensis episcopus dixit : « Pater Deus, Filius Deus, Spiritus sanctus Deus; non tamen tres dii, sed unus est Deus. Et quamvis recte dicatur, Pater Deus genuit Filium Deum, cum sit unus Deus; non tamen recte potest dici de Patre Deo, Deus Pater genuit se ipsum; nec recte potest dici de Filio Deo : Deus Filius genitus est a seipso. Sic quoque quamvis Pater et Filius et Spiritus sanctus unus Deus sit, et Spiritus sanctus recte credatur a Patre et Filio procedere, tamen idcirco non recte dicitur procedere a seipso, quia cum ipse sit substantialiter unum cum Patre et Filio, nequaquam tamen ipse aut Pater est, aut Filius est, ut ita a seipso debeat procedere, sicut procedit ab illis. Igitur sicut Pater genuit, sed non se, et sicut Filius genitus est, sed non a se, ita quoque Spiritus sanctus procedit, sed non a se. Quod etiam manifeste probatur ex Evangelio Joannis, ubi scriptum est de Spiritu sancto : *Non enim loquetur a semetipso, sed quæcunque audiet, loquetur* (Joan. xvi, 13). Non loquetur a semetipso, quia non est a semetipso; et quia non est a semetipso, nec procedit a semetipso, cujus esse est idem quod procedere. Unde ergo est, inde procedit; et unde procedit, inde est. Ejus esse nihil aliud est quam procedere. Sicut autem Patris proprium est generare Filium, et sicut Filii proprium est generari a Patre; ita profecto Spiritus sancti proprium est procedere ab utroque tanquam ab uno principio. »

Nechites archiepiscopus Nicomediæ dixit : « De processione Spiritus sancti tractare proposuimus, sed tu ad probandam sententiam tuam de generante Patre et de genito Filio induxisti, non quidem, ut fateor, inconvenienter, quia satis placet quod dixisti : verumtamen responde pauliaper de hoc ipso : Quæ vel qualis, putas, est ista Spiritus sancti processio de qua loquimur? Verumne videtur tibi quod secundum communem substantiam, an secundum discretam et propriam personam dicendum sit Spiritum sanctum procedere? »

CAPITULUM V.

Quod sicut incognitum est, qualis sit Patris ingeneratio, et qualis sit Filii generatio, ita incognitum est, qualis sit æterna Spiritus sancti processio.

Anselmus Havelbergensis episcopus dixit : « Dic mihi quæ vel qualis sit Patris ingeneratio, et quæ vel qualis sit Filii generatio; et ego narrabo tibi quæ vel qualis sit Spiritus sancti processio, et ambo insaniemus divina mysteria perscrutantes, et de his rationem investigare volentes, quæ tanquam ineffabilia supra omnem intellectum rationalis creaturæ esse dignoscuntur, et sua profunditate vel altitudine omnem sensum humanum, necnon et angelicum supergrediuntur. Quod si mihi instare, et super hac quæstione molestus esse volueris, hoc tibi sufficiat audire, quod mihi sufficit credere : sufficit nempe mihi credere Patrem ingenitum, Filium genitum, Spiritum sanctum procedentem. Qualiter autem hic ingenitus sit, vel qualiter hic genitus sit, vel qualiter iste procedat, reverendo silentio honorandum puto; et sit nobis magnum ita credere sicuti est, et non sit nobis curiosum investigare qualiter est : nam qualiter neque angelis, nedum nobis excogitare conceditur. Pater autem qui genuit, et Filius qui genitus est, et Spiritus sanctus qui ab utroque procedit, ratione sibi tantum æternaliter conscia simul norunt divinam et æternam Filii generationem, et divinam et æternam Spiritus sancti processionem, et ejusdem generationis et processionis modum et qualitatem : quod utique nostræ humilitatis caliginosam nubem excedit, quibus aliquando vanitas pro veritate occurrit. Hoc tamen non inconvenienter dici puto, quod Pater ingenerabiliter semper fuit et est, et Filius generabiliter semper fuit et est, et Spiritus sanctus processibiliter semper fuit et est; et ipsius Patris generare, concurrit simul ejusdem Patris essentiæ; et ipsius Filii generari, concurrit ejusdem Filii essentiæ; et Spiritus sancti procedere, concurrit ejusdem Spiritus sancti essentiæ : nec hoc, nec illud est prius aut posterius.

CAPITULUM VI.

Quod in summa Trinitate aliud est ibi esse, aliud Patrem, aliud Filium aut Spiritum sanctum esse.

« Verumtamen in illa summa Trinitate non hoc est ibi generare quod esse, nec hoc est ibi gigni quod esse, nec hoc est ibi procedere quod esse; quoniam non eo quo est, eo Pater est; nec eo quo est, eo Filius est; nec eo quo est, eo Spiritus sanctus est; sed eo quo est, substantia est quæ ibi una est : et eo quo ille tanquam Pater generat, et eo quo iste tanquam Filius gignitur, et eo quo his tanquam Spiritus sanctus missus procedit; eo non jam una, sed tres ibi personæ sunt : et ita substantia, seu potius essentia qua sunt tres, unum sunt; et personalitate qua distinguuntur tres, tres sunt. Quoniam quidem, sicut dixi, non hoc est ibi esse, quod Patrem esse; nec hoc est ibi esse, quod Filium esse; nec hoc est ibi esse, quod Spiritum sanctum, seu procedentem esse; sed hoc est ibi esse, quod Deum esse, quod magnum, quod bonum, quod sapientem esse : et illa tria singula singula sunt propria ac personalia, et hoc unum singulis per se et simul omnibus est substantiale.

CAPITULUM VII.

Quare Spiritus sanctus solus dicatur Spiritus sanctus, et tertia in Trinitate persona, et hoc non gradus dignitate, sed numerandi ordine, et propriæ personæ designatione.

« Et Pater quidem spiritus est, et sanctus est, sed non est is qui Spiritus sanctus est, tertia videlicet in Trinitate persona : similiter et Filius spiritus est, et sanctus est; sed non is qui Spiritus sanctus est, tertia videlicet in Trinitate persona.

Ita quoque Spiritus sanctus Spiritus est, et san- A discretæ ac ordinatæ dignitatis: ipse vero numerus ctus est, et ipse solus tantum recte dicitur Spiritus per se, videlicet tres, non gradum dignitatis, sed pluralitatem Trinitatis pluraliter significat. Porro cum sanctus, et tertia persona in Trinitate. Et fortasse ideo ipse Spiritus sanctus recte solus dicitur Spi- dicitur Spiritus sanctus tertia in Trinitate persona, ritus sanctus, quoniam solo spiraculo ejusdem Dei- non dicitur respectu primæ vel secundæ personæ tatis ambos et seipsum in unam connectit essen- quasi minor dignitate, sed dicitur tertia, id est tiam, unitatem in trinitate, et trinitatem in unitate ex tribus una, videlicet illius personæ speciali ineffabiliter distinguendo, mirabiliter conjungendo; designatione.
ita ut credamus in illa summa unitate et trinitate « Unde Augustinus (16), Hipponensis civitasingulariter distincta et distincte conjuncta, quod tis episcopus, egregius doctor, scribens ad Oroparadoxon, id est, extraneum vel inopinabile est sium ita dixit: « Et Spiritus Domini ferebatur super omni humano intellectui. Est itaque Spiritus san- aquas, qui tertia est in Trinitate persona. » Item ctus coæterna amborum connexio, amborum com- idem in libro *Quæstionum* Veteris et Novi Testamenti munio, amborum concordia, amborum charitas, cap. 113: « Cur Filius Dei missus sit, et non alius: amborum suavitas, amborum sanctitas. Quomodo Post Deum Patrem diabolus deus dici voluit, quod enim Pater Deus, si non sanctus? et quomodo Fi- B etiam nunc usque contendit, cum utique non illius Deus, si non sanctus? Quod si hanc sanctita- lum res contingeret, sed esset hic Filius Dei, qui tem Deo Patri, seu Deo Filio subtraxeris, sublata post Patrem Deum secundus est, non natura, sed hac sanctitate, Deitatem quoque abstulisti. Quæ ordine. » Item idem Augustinus in eodem libro enim vel qualis Deitas, quæ non sancta? nonne cap. 195 adversus Eusebium: « Spiritus sanctus terimperfecta, si non sancta? nonne prorsus nulla, si tius est ordine, non natura, non gradu, non divininon sancta? Quia igitur Spiritus sanctus, sicut tate, non persona, non ignorantia. Sicut enim dixi, coæterna amborum sanctitas est, recte ipse Filius Dei secundus a Patre est, et divinitate minor Spiritus sanctus dicitur sanctitate communi unum non est, ita et Spiritus sanctus sequens a Filio est, cum Patre et Filio existens, et proprietate personæ non impar, sed æqualis divinitate substantiæ. » Item Trinitatem complens. Porro ejusdem substantiæ Hilarius (17) Pictaviensis episcopus, Catholicæ fidei unitas indivisa et simplex et una in se, manet æter- quondam famosissimus ac disertissimus assertor, naliter indivisa et simplex et una in se, nullo un- in libro XII, *De Trinitate* : « Filius ex te Deo Patre quam numero suscepto; et hoc nobis est unus Deus verus, et a te genitus, post te ita confitendus Deus. C ut tecum, quia æternæ originis suæ auctor æternus
« Personarum vero pluralitas ab unitate na- es. Nam dum ex te est, secundus a te est; secundus, scendo non temporaliter, sed æternaliter et causa- inquam, ex modo existendi, non ex differentia digliter, mota, ut ita dixerim, ad dualitatem, proce- nitatis; hic quippe a Deo Patre quasi primo loco dens stetit in Trinitate coæterna coæterne, et subsistit, cum Spiritus sanctus tanquam tertio loco sanctæ Trinitatis numero coæternaliter sine omni a Patre, secundo autem loco a Filio subs stat. » tempore habito; et hoc nobis est Pater et Filius et Unde et Hieronymus (18) presbyter Latinarum et Spiritus sanctus, qui licet tres sint numero, quo- Græcarum et Hebraicarum litterarum eruditus, Paniam alia est persona Patris, alia Filii, alia Spiri- trem principalem Spiritum ad Filium nominat, tus sancti, et una est persona Patris tantum, et opere videlicet illo suo de tribus virtutibus ita loduæ sunt personæ Patris et Filii, et tres personæ quens : « David in Psalmo (L, 12,13) tres spiritus Patris et Filii et Spiritus sancti; tamen nullus gra- postulat, dicens : *Spiritu principali confirma me.* dus dignitatis in hac coæterna sibi Trinitate suc- *Spiritum rectum innova in visceribus meis. Spiritum* cedenter quærendus est. Nusquam enim in aliqua *sanctum tuum ne auferas a me.* Qui sunt (19) isti scriptura eorum qui tractaverunt de sancta Trini- tres spiritus? Spiritus principalis Pater est, Spitate, sicut puto, reperitur juxta gradum Trinitatis D ritus rectus Christus est, Spiritus sanctus ipse Spiprima Patris persona, secunda Filii persona, licet ritus sanctus est. Itaque Spiritus sanctus tertius de persona Spiritus sancti aliquando inveniatur est a Patre, secundus autem a Christo secundum tertia in Trinitate persona : quod non secundum numeri ordinem, ac si diceretur secundum ordinagradum dignitatis, sed secundum distinctam dis- tam et congruam computationis ordinationem, vicretæ ac singularis personæ demonstrationem sive delicet juxta ipsum existendi modum et numerandi designationem dicitur. Non enim ordinata succe- seriem, quæ in ipsis personis est, non secundum dente sibi numero in dignitate, sed continua nu- aliquos earum dignitatis gradus. Pater quippe a mero est Trinitas et æqualis dignitate, ita ut vere nullo est, Filius a Patre solo est, Spiritus sanctus et semper ibi sint continuatim et simul tres per- ab utrisque suum esse contrahit. Ideoque nullam, sonæ; non autem dicantur gradatim prima, se- ut ita dixerim, secunditatem naturæ seu dignitatis, cunda, tertia persona, quoniam hoc notat gradum sed ordinem tantum in modo existendi et in ordine explanatione in hunc versum psalmi quinquagesimi : *Spiritu principali confirma me.*

(16) Aug. I, *Divers. quæst. Orosii*, quæst. 69 et quæst. 22.
(17) Hilarius, lib. XII *De Trinitate*, sub fine.
(18) Hieronymus in commentariis in Psalmos, et

(19) Hieron. in epist. 17, *in explan. Symboli ad Damasum.*

dicendi animadvertas. » Item Augustinus (20) in libro *Quæstionum Veteris et Novi Testamenti* cap. 22 de principio : « Nihil differt a Patre Filius, nihil plane differt in substantia, quia verus Filius est; differt autem in causa, vel gradu, quia omnis potentia a Patre in Filio est : et si in substantia minor non est Filius, auctoritate tamen major est Pater, ipso Domino testante et dicente : *Si diligeretis me, gauderetis quia vado ad Patrem, quia Pater major me est* (*Joan.* xiv, 28). Quem modum custodiens apostolus Paulus : *Unus*, inquit, *Deus Pater, ex quo omnia, et nos in ipso; et unus Dominus Jesus, per quem omnia, et nos per ipsum* (*I Cor.* viii, 6). Ut primus gradus sit ex quo sunt omnia, secundus per quem omnia, tertius in quo omnia. Et quia nullus de his degener est, in unitate Dei significati sunt, dicente Apostolo : *Quoniam ex ipso, et per ipsum, et in ipso sunt omnia, ipsi gloria in sæcula sæculorum* (*Rom.* xi, 36). Postulat itaque ratio, et fides Catholica docet, ut in designatione Trinitatis talis ordo pronuntiationis rectissime servetur, scilicet Pater, Filius, Spiritus sanctus. Qui enim æquales sunt in dignitate, simul æqualiter dici non possunt in pronuntiatione ; et quibus est ejusdem majestatis unitas, est etiam discretæ personalitatis trinitas, sublato omni gradu distinctæ dignitatis, concesso tamen succedenter ordine distinctæ enuntiationis : quem videlicet enuntiationis ordinem in Trinitat ipse Filius Dei qui omnia novit, patenter edocuit ita loquens ad discipulos : *Ite, docete omnes gentes, baptizantes eos in nomine Patris, et Filii, et Spiritus sancti* (*Matth.* xxviii, 19). »

CAPITULUM VIII.

Quod nomina Trinitatis transposita inveniantur.

« Cæterum aliqui solent præjudicare Spiritui sancto, quod ideo degener intelligatur, quia in ordine tertius ponitur, cum tanta simplicitas sit in Scripturis divinis, ut aliquando invenias tertium primum positum : ut enim se causa tulerit, sic et ponuntur. Nullius enim injuria est, quia una eorum divinitas est. Denique legimus in Isaia, Domino dicente : *Ego sum primus, et ego in æternum, et manus mea fundavit terram, dextera mea solidavit cœlum* (*Isai.* xlviii, 13). Et in subjectis : *Ego locutus sum, ego vocavi, ego adduxi eum, et prosperum iter ejus feci; accedite ad me, et audite hæc, non in occulto ab initio locutus sum. Cum fierent, illic eram, et nunc Dominus misit me et Spiritus ejus.* Quem itaque putamus esse, qui fundavit terram? Ipse est qui dicit : *Ego sum primus*, et ipse est qui dicit se missum esse. Nunquid Patrem hunc esse putamus, quia dicit : *Ego sum primus?* Absit ! nam quod subjecit, *Et nunc Dominus misit me et Spiritus ejus,* manifeste ostendit Filium esse, qui se missum dicit a Deo et Spiritu sancto, et tamen dicit : *Ego sum primus.* Ecce paria sunt ista inter Filium et Spiritum sanctum. Sicut enim a Patre et Filio Spiritus sanctus legitur missus ; ita et a Deo et Spiritu sancto missus est Christus : hoc autem solius Patris peculiare est, ne missus dicatur. Videamus quoque dicta Apostoli, qui alio ordine complectitur Trinitatem ; dicit enim inter cætera in Epistola secunda ad Thessalonicenses : *Dominus dirigat corda vestra in charitate Dei et patientia Christi* (*II Thess.* iii, 5). Quem putas hic dici Dominum, nisi Spiritum sanctum, qui dirigit corda nostra in charitate Dei Patris mittentis Filium, et in patientia Christi obedientis Patri usque ad mortem? Et ad Corinthios in Epistola prima præterito ordine qui in traditione fidei est, a Spiritu sancto incipit gratiarum et ministrationum memorare operationes, et subjunxit Dominum Jesum, et tertium ponit Deum, quem in Spiritu sancto et in Domino dicit operari; sicut etiam ait ipse Dominus : *Pater manens in me, ipse operatur* (*Joan.* xiv, 10) ; per id enim quod de Deo Patre est et Spiritus sanctus et Christus, operatio eorum opus est Dei. Denique Spiritum sanctum eumdem dicit et Dominum, et Dominum eumdem dicit et Deum ; et hoc propter unitatem naturæ. Cum ergo hoc loco eumdem Deum qui est et Dominus dicat operari omnia in omnibus, inferius sic conclusit, dicens : *Omnia autem hæc operatur unus atque idem Spiritus, dividens singulis prout vult* (*I Cor.* xii, 11).

« Ecce transposito ordine nominum personalium in Trinitate tres unius operationis esse dicuntur, quia videlicet uno operante rectissime tres dicuntur operari. Quare? Nisi quia sunt unius divinitatis, quocunque ordine nomina eorum posita inveniantur. Et David in Psalmo quinquagesimo orat et invocat Deum Spiritum, nominibus trium personarum simplici fide transpositis, credens eamdem tribus Divinitatis naturam. *Cor mundum crea in me, Deus, et Spiritum rectum innova in visceribus meis* (*Psal.* l, 11). Spiritum rectum Christum dixit. Item : *Ne projicias me a facie tua, et Spiritum sanctum tuum ne auferas a me* (ibid., 12). Spiritum sanctum dixit ipsum Spiritum sanctum. Item infra : *Redde mihi lætitiam salutaris tui, et Spiritu principali confirma me* (ibid., 13). Spiritum principalem Patrem dixit, qui sibi principium est et principalis causa, sive causale principium est Filii et Spiritus sancti. Et Joannes in Apocalypsi : *Ego sum* A *et* Ω, *principium et finis, dicit Dominus Deus, qui est et qui venturus est omnipotens* (*Apoc.* i, 8). Et infra : *Ego sum primus et novissimus, et fui mortuus, et ecce sum vivens* (ibid., 17). Item infra : *Hæc dicit primus et novissimus, qui fuit mortuus, et vivit* (*Apoc.* ii, 8). Ecce videmus simplicitatem Scripturæ, quomodo transponit nomina Trinitatis, nunc Patrem, nunc Filium, nunc Spiritum sanctum anteponens seu postponens : quod quidem nihil obest fidei Catholicæ, quæ confitetur tres esse ejusdem naturæ.

---

(20) August. et Hieron. ibid. et ad *Cyrillum* epist. *in explan. Symb.*

CAPITULUM IX.

Quod Pater et Filius et Spiritus sanctus non sint defectiva nomina, sed sufficientia, nullam remissionem vel minorationem secundum substantiam significantia.

« Et sciendum quod Pater et Filius et Spiritus sanctus nequaquam sunt nomina defectiva, ut quia Pater non est Filius, nec Spiritus sanctus, in hoc sit deficiens; et quia Filius non est Pater, nec Spiritus sanctus, sit et ipse in hoc deficiens; et quia Spiritus sanctus non est Pater, nec est Filius, sit et ipse quoque in hoc deficiens : sed sunt nomina indefectiva et sufficientia, nullam remissionem vel minorationem secundum substantiam significantia. Dicimus autem hunc Patrem, hunc autem Filium, hunc autem Spiritum sanctum, ut inconfusibile trium hypostaseon, id est personarum custodiatur in una natura et digna deitate. Quamvis autem, cum dicuntur tres personae, Pater et Filius et Spiritus sanctus, juxta vocum significationem pluralitas personarum occurrat intellectui, tamen unitas ejusdem essentiae a fide et intellectu recte credentium non debet abesse. Et cum dicitur unus Deus, quamvis singulariter unitas divinae essentiae secundum propriam vocis significationem occurrat humano intellectui, qui in se minus est sibi sufficiens, tamen pluritas personarum nequaquam debet abesse a fide et intellectu recte credentium : ita ut in corde credamus et ore confiteamur unitatem in divina substantia, salva personarum trinitate, et trinitatem personarum, salva unitate divinae essentiae. Et sic nostrum unum non sit Sabellianum, sed Christianum, nec sit in personarum confusa unitate, sed sit in vera et simplici ejusdem substantiae unitate. Et itidem nostrum *tres* non sit Arianum, sed Catholicum, nec sit in substantiarum pluralitate, sed in personarum recta distinctione; ne vel in illud Arianae, vel in illud Sabellianae impietatis promontorium impingentes in profunda demersi pereamus, ubi multi periclitati sunt, et incaute navigantes naufragium haereticae damnationis passi sunt; de fide quidem saepe et multum disputantes, sed nunquam ad fidei pertingentes veritatem, dum ignorant et ea quae loquuntur, et ea de quibus affirmant. Quod si humani sermonis inopia potuisset adinvenire unum solum nomen, quod apte et sufficienter significaret in Deo unitatem substantiae, et trinitatem personarum, et hoc pleno ac sufficienti intellectui; nimirum Ecclesia Dei nequaquam adeo laboraret in dicendo et credendo, quae toties laboravit, multa verba de Deo sive nomina multiformiter et fideliter exponendo. Nec tamen in sola nudorum nominum, et verborum confessione, sed in ipsa trinitatis et unitatis mera veritate consistit fides Christiana, et fit ex ipsa veritate, qua vere unus Deus verus est, et vere vera trinitas est personarum, vera et salubris confessio sermonum. Itaque cum dicitur Pater Deus, Filius Deus, Spiritus sanctus Deus, nemo ibi existimet esse τρίθειαν, id est tres deitates, vel triplicem deitatem, quoniam his qui sunt ejusdem naturae, convenit etiam ejusdem divinitatis et honoris identitas, quod apud Graecos, sicut ego puto, dicitur ὁμοτιμία. Nec decet Christianos τριθεΐτας, id est trium deorum cultores, sed μονοθεΐτας, id est unius Dei cultores, dici et esse.

CAPITULUM X.

Quod Spiritus sanctus neque secundum substantiam quae communis est, neque secundum personam quae ad se dicitur, sed secundum relationem procedens dicitur.

« Quod autem interrogasti, utrum Spiritus secundum eam quae communis est, substantiam, aut secundum eam quae distincta et propria est, personam procedens dicatur : ad hoc ita respondendum : Spiritus sanctus consubstantialis est Patri et Filio; quippe ex eadem et non alia substantia est, quia sicut illis est commune, ut sint unus et idem Deus; ita illis est commune, ut sint una eademque substantia. Attamen nec secundum substantiam, nec secundum personam, aut Pater ingenitus, aut Filius genitus, aut Spiritus sanctus procedens dicitur. Si enim secundum substantiam qua unum sunt, Pater ingenitus, et Filius diceretur genitus, et Spiritus sanctus diceretur procedens; tunc utique Pater secundum eamdem communem substantiam ingenitus et genitus diceretur, et procedens diceretur : et ita fieret quaedam nova et confusa commistio ingeniti et geniti et procedentis; quaecunque enim de divina substantia secundum substantiam dicuntur, ea tribus oportet esse communia. Si ergo secundum substantiam diceretur Pater ingenitus, et Filius genitus, et Spiritus sanctus procedens, tribus utique simul oporteret omnia esse communia; ita quod Pater diceretur simul ingenitus et genitus et procedens, et Filius similiter ingenitus et genitus et procedens, et Spiritus sanctus similiter diceretur ingenitus et genitus et procedens : et sic pro nimia confusione nec personarum distincta trinitas, nec ejusdem substantiae indivisa staret identitas. Rursus si secundum substantiam diceretur ingenitus et genitus et procedens, tunc cum is qui ingenitus est, non sit is qui genitus est, nec sit is qui procedens est; nec is qui genitus est, sit is qui ingenitus est, aut qui procedens est; nec is qui procedens est, sit is qui ingenitus est, aut qui genitus est : jam non una tantum substantia, sed tres ibi diversae essent substantiae, secundum quas ab invicem differentes, et ille ingenitus, et iste genitus, et hic procedens diceretur; et ita jam non ὁμοούσιον, id est ejusdem substantiae, sed ἑτερούσιον, id est alterius substantiae esset Trinitas, ac per hoc in altero quidem confusio et commistio personarum in Sabellianum barathrum nos projiceret, in altero vero substantiarum pluralitas in Arianum profundum nos involveret. Non igitur secundum substantiam Spiritus sanctus dicitur procedens, licet ejus processio sit substantialis. Porro si secundum personam Spiritus sanctus diceretur procedens, non minor, sed eadem inde nasci videretur absurditas. In illa enim summa et ineffabili et incomprehensibili Trinitate hoc nomen, persona, ad se dicitur; quidquid autem ad se dicitur, secundum substantiam dicitur: unde fit ut personam in substantia dici conveniat; manifestum quippe est personam subjectam esse naturæ, nec præter naturam personam posse dici. Ideoque in Trinitate cum dicimus, persona Patris, nihil aliud dicimus quam substantia Patris; et cum dicimus, persona Filii, non aliud dicimus quam substantia Filii; et cum dicimus, persona Spiritus sancti, non aliud dicimus quam substantia Spiritus sancti: quamvis ibi una semper dicatur substantia, tres autem ibi semper sint et dicantur personæ. Quia ergo persona sicut et substantia ad se dicitur, Spiritus sanctus non secundum personam, sicut nec secundum substantiam procedens dicitur. Relinquitur ergo dicendum quod sicut Pater secundum relativum ad Filium dicitur Pater, et ingenitus ad genitum, et sicut Filius secundum relativum ad Patrem dicitur Filius, et genitus, et verbum, et imago, et sigillum, et character, et splendor; ita etiam Spiritus sanctus secundum relativum dicatur Spiritus sanctus procedens, et missus ab utroque mittente, donum ab utroque donante, amor ab utroque amante. Profecto notandum est quid, de quo, et secundum quid, et propter quid dicatur, quoniam quæ dicuntur ad se, secundum substantiam dicuntur; quæ autem non ad se, relative in ipsa personarum distinctione dicuntur: quamvis hoc nomen persona, propter maximam verborum inopiam ab antiquis inventum, ut serviat huic significationi, qua intelligitur trinitas in ipsa trinitate, non relative, sed ad se dicatur, sicut et substantia, vel ut potius dicatur essentia. Inter alia vero Latini sermonis nomina, ea quæ singulorum singula sunt, quemadmodum Pater et Filius et Spiritus sanctus, non communiter, sed singulariter dicuntur; quæ autem communia omnium sunt, quemadmodum substantia, Deus, omnipotens, et cætera his similia, non singulariter tantum, sed et communiter dicuntur. Sicut enim Pater solus Pater, et sicut Filius solus Filius, et sicut Spiritus sanctus solus Spiritus sanctus dicitur, et hoc singulariter; ita sane simul omnes tres et singuli trium dicuntur Deus, substantia, omnipotens, et cætera hujusmodi, quæ tam singulariter singulis, quam communiter tribus conveniunt. Et in hunc modum, sicut ea quæ numero et personis differunt, secundum numerum dissimiliter proferuntur; ita ea quæ nec numero, nec substantia differunt, secundum substantiam eodem modo et non dissimiliter proferuntur. »

CAPITULUM XI.

Utrum Filius sicut Pater dicatur recte Spiritus sancti emissor, quod Græci dicunt προβολεύς (21).

Nechites archiepiscopus Nicomediæ dixit : « Satis placet quod dixisti; sed quæso, concedis quod Pater Spiritus sancti qui est processibilis, sit emissor, quod Græci nostri vocant προβολεύς? »

Anselmus Havelbergensis episcopus dixit : « Quid sit προβολεύς, ignoro, quippe non Græcus, sed Latinus sum. Bene autem concedo Patrem emissorem Spiritus sancti, Spiritum sanctum vero emissum; ita tamen quod etiam Filium dicam similiter ejusdem emissorem. Nam hoc manifeste dicit Evangelium de utroque; de Patre quidem : *Paracletus Spiritus sanctus quem mittet Pater in nomine meo* (*Joan.* XIV, 26); de Filio autem : *Cum venerit Paracletus quem ego mittam vobis* (*Joan.* XV, 26). Et infra : *Si autem abiero, mittam eum ad vos* (*Joan.* XVI, 7). Hoc itaque modo Patrem emissorem et Filium emissorem esse Spiritus sancti; Spiritum sanctum autem ab utroque emissum, ab uno tamen, id est a Filio promissum. »

Nechites archiepiscopus Nicomediæ dixit : « Si Pater emissor, et Filius est emissor Spiritus sancti : ergo sunt duo emissores, duo sunt datores; et ita videntur esse duo principia Spiritus sancti. » Anselmus Havelbergensis episcopus dixit : « Sicut video, callide voluisti mihi inducere duo principia, et ea quæ superius, cum de principio tractaremus, determinata sunt, rursus tanquam oblita in quæstionem revocas, ut incautum, et eorum quæ dicta sunt, quasi immemorem capias. Verum ego duo principia nusquam in divina Scriptura suscipio. Utrum autem duo emissores, seu duo datores recte dici queant, tua interest dicere, qui induxisti hoc nomen Græcum προβολεύς, quod apud nos, sicut tu dicis, sonat *emissor*. Quia vero hujus Græci nominis propria significatio incerta est, nihil certum super interim diffinire volo. Sed jam nunc velim ut patienter audias me. Tu Spiritum sanctum dicis non procedere a Filio. Cum hæc dicis, maximam utrique, Filio scilicet et Spiritui sancto injuriam facis : nam cum Pater et Filius se invicem habeant ut gignens et genitus, et item Pater et Spiritus sanctus se invicem habeant ut emissor et emissus, et ut donator et donum, dic, quæso, nunquid non magnam injuriam facis Filio et Spiritui sancto, quibus nullam ad invicem relationem tribuis, quinimo quos, ut ita dixerim, a socia processionis communione disjungis? Quid enim est quod Filius aliqua media relatione respiciat Spiritum sanctum, seu Spiritus sanctus Filium, si processionem istius ab illo de medio amborum abstuleris? Sunt sane, ut ita dixerim, respicientes se Pater et Filius generatione; et sunt rursus, ut ita dixerim, respicientes se Pater et Spiritus sanctus processione : sed Filius et Spiritus sanctus secundum te manent sine aliqua vicissim communione, vel relationis habitudine, qua se invicem respiciant : et hoc ita dicere, quid aliud est, quam summam et venerabilem Trinitatem aliquatenus dissolvere ?

(21) Dicunt προβολεύς, verissima lectio, cujus in locum Acherius ediderat ubique *provolvens*, nullo sensu.

CAPITULUM XII.

Quod Spiritus sanctus amborum est σύμπνοια, id est concordia, et est amborum σύννευσις, id est respectio.

«Nempe Spiritus sanctus est amborum σύμπνοια, id est concordia, et est amborum σύννευσις, id est respectio, sanctitate propria ac naturali Patri ac Filio communicans, idem in substantia, non idem in persona, trinitatem in trinitate, ut ita dixerim, complens vel complectens, et unitatem propter trinitatem dissolvens. Attende igitur quid dicas, et vide quid sentias, et cave ut sic in Filium et Spiritum sanctum offendas, quatenus utrosque simul et Patrem non perdas. Qui enim peccat in Filium, peccat et in Patrem, et qui offendit in Filium, offendit et in Patrem; ipse namque Filius ita dixit: *Qui me spernit, spernit eum qui me misit* (*Luc.* x, 16). Item: *Qui non honorificat Filium, non honorificat Patrem qui misit illum* (*Joan.* v, 23). Certum est autem quod ille non honorificat Filium, qui hunc ei honorem negat, quod Spiritus sanctus ab illo sicut et a Patre procedat. Rursus certum est quod ille Spiritui sancto non parvam blasphemiam irrogat, qui hunc a communione Filii, sublata processionis habitudine, fide non sana separat. Ambos ergo offendit, Filium scilicet, quia eum indignum existimat, ut ab ipso Spiritus sanctus; Spiritum vero offendit, quia ipsum quoque indignum judicat, ut a Filio procedat: et ita in utrosque simul et in Patrem gravissime peccans, totam Trinitatem blasphemat. Quae enim major blasphemia in Spiritum sanctum, quam credere et docere Spiritum sanctum, a Filio non procedere? Siquidem quod scriptum est: *Qui peccaverit in Patrem, seu in Filium, remittetur ei; qui autem peccaverit in Spiritum sanctum, non remittetur ei, neque in hoc saeculo, neque in futuro* (*Luc.* xii, 32); non solum de Macedoniana haeresi dictum esse videtur, qui dicebat Spiritum sanctum esse creaturam et non Deum; verum etiam de isto blasphemiae in Spiritum sanctum peccatum scriptum esse manifestum est. Quod videlicet peccatum blasphemiae, seu infidelitatis, seu impatientiae qui fecerit, nisi resipiscat, neque in hoc saeculo, neque in futuro remittetur, quamvis et aliis multis modis ille locus Scripturae possit exponi.»

CAPITULUM XIII.

Quod nemo silentio seu patienter ferre debet blasphemum se vocari, sicut nec Dominus, quando dictum est ei: Daemonium habes; *et quod Spiritus sanctus propter diversos effectus diversa sortitur vocabula.*

Nechites archiepiscopus Nicomediae dixit: «Satis acute contexuisti de proposita quaestione; sed quod tandem subjunxisti, scilicet quod nos qui negamus Spiritum sanctum procedere a Filio, utrique injuriam faciamus, imo totam Trinitatem in hoc offendamus, et, sicut tu dicis, blasphemiam inferamus, haec aequo animo audire non debemus, nec possumus, praesertim cum omne genus increpationis patientiam postulet, hoc autem nullam omnino. Quis enim patienter ferat se vocari blasphemum?

Nam Dominus, forma totius patientiae, postquam omnia verba contumeliosa sibi a Judaeis illata audivit patienter, quando eum vocaverunt voracem et potatorem vini, et filium fabri et alia multa hujusmodi; denique cum dicerent ei: *Daemonium habes* (*Joan.* viii, 48); et: *In Beelzebub principe daemoniorum ejicit daemonia* (*Matth.* ix, 34); respondit: *Ego daemonium non habeo* (*Joan.* viii, 49): manifeste docens quod omnia opprobria quae adversum nos dicuntur, patienter suscipere debemus; nullus vero silentio debet transire, si quando ei imponitur, quod non Catholicum, sed haereticum putatur, unde ipse a Spiritu sancto alienus et daemonium esse socius videatur. Quapropter ad ea quae dixisti, ego respondebo, sicut et Dominus me docet: Nos in nullo sanctam et individuam Trinitatem offendimus, sed sicut vere Catholici eam in unitate ejusdem substantiae debito divinitatis honore veneramur, nec divinam substantiam concidentes dividimus sicut Arius, nec personas confundimus, sicut Sabellius, nec cum Macedonio Spiritum sanctum creaturam dicentes, a deitate eum separamus, nec sicut Pneumatomachitae Spiritum sanctum impugnantes blasphemiam aliquam irrogamus: adoramus quippe Patrem Deum, Filium Deum, Spiritum sanctum Deum, tres personas, Deitatem unam, gloria, et honore, et imperio, et substantia non partitam.

« Audi adhuc, si Spiritum sanctum blasphemamus: nos credimus adorandum cum Patre et Filio Spiritum sanctum, unum Deum deificatorem et vivificatorem per baptisma, spiritum Dei, spiritum Christi, intellectum Christi, spiritum Domini, per se Dominum, spiritum filiationis, hoc est Filii Dei, vel adoptivae nostrae filiationis, spiritum veritatis, spiritum liberationis, spiritum sapientiae et intellectus, spiritum consilii et fortitudinis, spiritum scientiae et pietatis, spiritum timoris Domini. Etenim effectivus horum omnium Spiritus sanctus Deus, omnia substantia replens, omnia continens, repletivus mundi secundum substantiam, incomprehensibilis mundo secundum virtutem, bonus, rectus, principalis; sanctificans, non sanctificatus; vivificans, non vivificatus; mensurans, non mensuratus; participatus, non participans; replens, non repletus; continens, non contentus; haereditatus post Christum ab apostolis; clarificans, glorificans, connumeratus in trinitate personarum, digitus Dei, ignis ut Deus, amor, charitas, spiritus qui cognoscit omnia, qui docet, qui spirat ubi vult et quantum vult, dirigens, loquens, tentatus in deserto, irritatus quando Jesus ejecit vendentes et ementes de templo, conturbatus in resuscitatione Lazari, illuminator, vivificator, magis autem per seipsum lumen, et per seipsum vita, templificativus, deificans, perficiens ut et praeveniat baptismum per fidem, et exquiratur post baptismum per manus impositionem; agens quaecunque Deus, partitus per gratiam in linguis igneis, dividens charismata, faciens apostolos, prophetas, evangelistas, pastores, doctores : intellectualis, manifestus, magnus, immensus, improhibitus, incoinquinabilis, qui æqualiter potest, qui sapientissimus et multiformis est actionibus, manifestativus omnium, propriæ potestatis, inalterabilis, omnipotens, παντεπίσκοπος, id est omnium episcopus, per omnes transiens spiritus intellectuales, puros, subtilissimos, angelicas virtutes, necnon etiam propheticas et apostolicas virtutes, et etiam alias virtutes in alios et alios partitas secundum idem et non in eisdem locis, quo etiam demonstratur incircumscriptibilis. Quæcunque autem dicuntur humilius de Spiritu sancto, ut dari, mitti, partiri, chrisma, donum, insufflatio, repromissio, interpellatio, sive quid aliud tale, ad primam causam reducenda sunt, ut quid ex quo monstretur. Cum talia de Spiritu sancto credimus et docemus, nullius blasphemiæ irremissibilis reos nos esse confidimus ; sed si eum a Filio procedere facile non credimus, non mireris, quia quantumlibet ratiocinationum adducas, non subito accedere possumus ; præsertim cum nulla nobis auctoritas Evangelii, vel canonicarum Scripturarum, vel etiam sanctorum conciliorum hoc ad credendum suadeat, vel doceat. »

CAPITULUM XIV.

Quod nullus sensum Scripturæ, quæ divina meruit appellari, suo sensui, sed potius suum sensum illi debet accommodare.

Anselmus Havelbergensis episcopus dixit : « Si auctoritates ad persuadendum tibi hoc expostulas, utinam cum eas audieris, recto sensu suscipias! sed vereor quod contingat hoc proverbium de te, quod apud nos dicitur : Lupus positus est ad discendos apices ; sed ipse semper clamavit agnum, agnum, agnum, non attendens quod foris a docente audivit, sed quod intus in corde gessit. Quod si tu cor tuum indurasti, et animum tuum obstinatum adeo obserasti, ut quidquid dicatur, tu tamen acquiescere nolis : quid ergo valet quidquid dixerimus ? Melius est autem humiliter tacere, quam inutiliter loqui, et aerem verbis otiosis verberare, quia tempus est loquendi, et tempus est tacendi. Si autem propositas auctoritates ad tuum sensum retorquere niti volueris, et non potius tuum sensum divinæ Scripturæ accommodare curaveris, timeo ne forte in hoc quoque Spiritu sancto adverseris et resistas, dum ea quæ, dictante Spiritu sancto, scripta sunt, extra intellectum Spiritus sancti temere evertere, et ad tuum sensum retorquere non erubescis, et nos non ad vincendum, sed ad investigandum quid verum sit, convenimus; ita quippe Veritas dicit : *Verba quæ locutus sum vobis, spiritus et vita sunt* (Joan. VI, 64). Et alibi : *Spiritus vitæ* (Ezech. I, 17), qui erit in vobis, scilicet sanctarum Scripturarum. »

Nechites archiepiscopus Nicomediæ dixit : « Quantum malum sit, intellectum Scripturæ, quæ divina meruit appellari, ad proprium sensum quasi violenta expositione distorquere, ac non potius proprium sensum omnino divinæ Scripturæ humiliter mancipare et accommodare, nulli debet esse incognitum qui sacris lectionibus vacare consuevit, et ideo bene monuisti ; fac ergo et tu quod tu in me monuisti ; et si vis proponere sacras auctoritates, ita eas exponas, ne videaris tuam sententiam, quia tua est, non quia vera est, extorta expositione, velle probare; scriptum quippe est : *Qui fortiter premit ubera ad eliciendum lac, exprimit butyrum ; et qui vehementer emungit, elicit sanguinem* (Prov. XXX, 33). Sed jam dic si quas auctoritates habes tuæ sententiæ in proposita quæstione faventes. »

Anselmus Havelbergensis episcopus dixit : « Hoc adhuc præmittendum videtur, quoniam quandiu propriis verbis locuti sumus, uterque nostrum in suo sensu abundare potuit. Sed jam cum divina verba tractare cœperimus, decet ut sine contentione loquamur, et debita reverentia invicem supportantes, Spiritui sancto, qui est auctor divinæ Scripturæ, honorem deferamus, quatenus ipse nobis dignetur veraciter aperire, quod ipse vult nos humiliter et sine contentione investigare. Sunt enim aliqui, quos dum urget veritas Scripturæ, in disputatione malunt etiam victi litigare, et perversis vocibus veritati reluctari, quam proprios errores confiteri, qui dum non inveniunt quid tandem respondeant, tacere tamen humiliter ignorant. »

Nechites archiepiscopus Nicomediæ dixit : « Bene dixisti, sed hoc quoque non est silentio prætereundum, ut si forte alter nostrum ab altero in exponenda Scriptura dissenserit, quia hoc plerumque sana fide fieri potest, non statim error vocetur quod dicitur, quoniam de una Scriptura sæpe diversi boni intellectus eliciuntur, et nequaquam sunt spernendi, quamvis ad præsentem quæstionem minime spectare videantur. » Anselmus Havelbergensis episcopus dixit : « Optime dicis, tu tantum benevolus sis, et ad credendum non tardus, nec difficilis; et ne quæras, sicut vulgo dicitur, nodum in scirpo, quia sicut *in malevolam animam non introibit sapientia* (Sap. I, 4), ita in benevolam animam ultro se ingerit divina sapientia. » Nechites archiepiscopus Nicomediæ dixit : « Bono animo esto, ego quod credendum est libenter credo, si tamen convenienter ad hoc inductus fuero; sed jam tamen dic. »

CAPITULUM XV.

Quod Dominus insufflando dederit apostolis Spiritum sanctum, nec tamen flatus ille corporeus fuerit Spiritus sanctus, sed processionis ejus significatio, et qualiter intelligendum sit : Accipite Spiritum sanctum.

Anselmus Havelbergensis episcopus dixit : « Dominus Jesus post resurrectionem repræsentans se discipulis suis, *insufflavit et dixit : Accipite Spiritum sanctum* (Joan. XX, 22). Quid aliud, quæso, significavit illa insufflatio, nisi quod procedat Spiritus sanctus et de seipso? Neque enim flatus ille substantia Spiritus sancti fuit, sed demonstratio etiam a Filio procedere Spiritum sanctum. » Nechites archiepiscopus Nicomediæ dixit : « Tecum dico, quod flatus ille corporeus non fuerit substantia

Spiritus sancti; sed non tecum dico quod illa insufflatio fuerit processionis quæ a Filio sit, significatio. » Anselmus Havelbergensis episcopus dixit : « Si Christo insufflante ac dicente : *Accipite Spiritum sanctum*, apostoli acceperunt Spiritum sanctum, quare ipsa insufflatio non credatur processionis ejus significatio? Rursus si Spiritus sanctus discipulis datus est a Filio insufflante, cum dicit : *Accipite Spiritum sanctum*; dic, quæso, quomodo a Filio donante pervenit in discipulos accipientes, nisi ab illo procedendo, cum quo semper est, et ad istos perveniendo, quibus tunc in usu muneris datus est? Ut enim apostoli Spiritum sanctum acciperent, oportuit ut esset qui daret, et sic a dante in accipientes procederet; quamvis, tametsi non essent qui acciperent, tamen non minus esset qui procederet, æterna enim et substantialis est ejus processio; et ita licet tunc datum non apte diceretur, tamen non minus donum vel donabile dici posset : dicitur enim donum, sive donabile, quod quidem dari potest, quanquam non detur; datum vero non dicitur, nisi cum datur. Quippe Spiritus sanctus propria naturali essentia, qua a Patre et Filio est, processibilis est, donabilis est, nec est nisi procedendo, ec datur nisi procedendo, nec accipitur nisi procedendo, nec quidquam operatur nisi procedendo. deoque cum dicitur sive a Patre, sive a Filio mitti el dari, nec aliter quam procedendo dicitur dari; psius enim donatio sive missio, ipsius est processio. uobus quippe modis procedit Spiritus sanctus a ?atre et Filio : est una processio ejus æterna, quæ st secundum affectum, id est charitatem, qua Pater liligit Filium et Filius Patrem; et est illa processio emporalis, quæ est secundum effectum, id est dona jus quæ dantur hominibus. »

Nechites archiepiscopus Nicomediæ dixit : « Cum piritus sanctus ubique sit per essentiam , nec tiam in cordibus apostolorum per præsentiam deuerit, quid putas Christum insufflando dedisse, vel tiam apostolos accepisse, quando ad eos dictum st : *Accipite Spiritum sanctum*? Si enim dicantur ccepisse Spiritum sanctum, qui est tertia persona Trinitate, et qui ubique est, et qui in cordibus rum jam erat, quomodo recte dici potest hunc s tunc accepisse quem jam habebant, et qui in rdibus eorum jam per præsentiam erat? » Anselus Havelbergensis episcopus dixit : « Spiritus nctus qui a Patre et Filio procedit, qui tertia est Trinitate persona, qui plenus et perfectus est eus, qui ubique est, et nusquam deest per Divinitis essentiam, ipse in apostolorum cordibus fuit r ejus divinitatis præsentiam, quibus tanquam milibus et electis postea datus est per inhabitanm gratiam. Ita quippe de seipso dicit : *Super em requiescam, nisi super humilem, et quietum, verba mea trementem?* Item : *Deus superbis resi-t, humilibus autem dat gratiam (Jac. iv, 6).* Accerunt itaque Spiritum sanctum jam fructificantem r inhabitantem gratiam, qui prius apud illos tan- quam sterilis erat, tantum ubique per divinitatis essentiam; tanquam diceret :Accipite Spiritum sanctum in gratia, qui prius apud vos erat sola essentia; accipite in donum, quod prius apud vos erat tanquam alienum; accipite in usu et munere, quod prius apud vos erat sine muneris acceptione; accipite in effectu spiritualis gratiæ, quod hactenus apud vos erat sola præsentia essentiæ; accipite per sanctificationem, quod prius apud vos erat sine alicujus virtutis manifestatione. Sicut si diceretur alicui claros oculos sine visibili spiritu habenti : Accipe oculos ut videas, quos prius ad videndum non habebas; et ad surdum aures habentem diceretur : Accipe aures ad audiendum, quas prius habuisti præter audiendi usum; et ut muto linguam habenti diceretur : Accipe linguam in usum loquendi, quam prius sine hoc usu habuisti; et manus aridas habenti diceretur : Accipe manus ad operandum, quas prius habuisti præter operandi officium,et claudo pulchros pedes habenti diceretur : Accipe pedes ad ambulandum, quos prius habuisti præter ambulandi beneficium; aut si diceretur alicui habenti pecuniam alterius apud se repositam : Accipe hanc pecuniam, et tua sit ad utendum, quæ prius apud te erat præter omnem tuæ necessitatis vel utilitatis usum. Hoc itaque modo videtur esse dictum : Accipite Spiritum sanctum in usu et in dono spiritualis gratiæ, qui prius apud vos erat divinitatis immensitate : quamvis tamen ante solemnem, ac tam manifestam sancti Spiritus donationem omnino non fuerint apostoli expertes spiritualis gratiæ. Unde Dominus Petro Christum Filium Dei confitenti dixit : *Beatus es, Simon Petre, quia caro et sanguis non revelavit tibi, sed Pater meus qui est in cœlis.* Videlicet ac si diceret : Per cœlestem ac divinam inspirationem hoc accepisti, non humana carnis aut sanguinis revelatione; habebant quippe et alii apostoli fidem divinitus inspiratam ante datum Spiritum sanctum, sed non tantam, quantam habere oportuit eum qui per fidem salvandus est. Quidquid autem minus habuerint, hoc per solemnem ac manifestam Spiritus sancti donationem suppletum est. Quidni? Nonne Petrus apostolorum princeps , qui cum Christo se dicebat paratum et in mortem et in carcerem ire, subito ad vocem ostiariæ ancillæ Christum negavit, qui tamen postea post datum Spiritum sanctum, indutus virtute ex alto, principibus sacerdotum comminantibus et interdicentibus, ne in nomine Christi prædicaret, fiducialiter respondit : *Oportet nos Deo magis obedire, quam hominibus (Act. v, 29).* Et hæc quidem donatio Spiritus sancti primo facta est in terra per insufflationem propter dilectionem proximi, et postmodum facta de cœlo in variis linguis propter dilectionem Dei; ubi etiam aliquatenus instruimur quod, quia bis datus est Spiritus sanctus, a duobus quoque non bis, sed simul et semel procedere sit credendus; et de cœlo quidem tanquam de Patre qui in cœlis est, in terra vero tanquam de Filio qui per humanitatem in terra cum hominibus conversatus est, quamvis idem Filius, cum eum daret, non tunc in terra inter mortales jam mortalis esset, sed post resurrectionem et ante ascensionem, ea qua sibi placuit, apparitione apostolis se manifestaret, Spiritum sanctum eis abunde tribuens. »

Nechites archiepiscopus Nicomediæ dixit : « Cum de arce summæ theologiæ sermo est, hujusmodi similitudines rerum corporalium non videntur habere locum, nec oportet ex inferioribus superiorum similitudines suscipere : nec enim potest ad plenum cognosci stabilis natura immobilium ex fluxibili natura mobilium. Sane spiritualia corporalibus comparare, aut divina humanis adaptare, quid aliud est quam viventem inter mortuos exquirere ? »

CAPITULUM XVI.
Quod aliquando spiritualia corporalibus, aliquando corporalia spiritualibus comparantur.

Anselmus Havelbergensis episcopus dixit : « Faveor quod dicis ; neque enim possibile est aliquod assimilatorum pervenire ad commodam et puram veritatem ejus rei, cui assimilatur : similitudo enim nunquam ex toto, sed aliqua ex parte inducitur, alioquin jam non similitudo, sed potius identitas dicenda esset. Nullum quippe simile est [omnino] simile cui est simile, nec etiam in rebus corporalibus, si quando sibi invicem ex similitudine aliqua comparantur ; sed ita damus vel suscipimus hujuscemodi similitudines tanquam scenicas, non quidem quæ ipsarum rerum puram veritatem exprimant, sed animum audientis ad majorem ipsius rei cognitionem pertrahant ; et fit plerumque per informationem talis doctrinæ cognitum, quod prius pro magna suæ naturæ altitudine fuit incognitum. Surgit quippe animus per cognita quæ novit, et incognita quæ non novit. *Et invisibilia per ea quæ facta sunt intellecta conspiciuntur* (Rom. I, 20) ; et multa in hunc modum. Sicut autem spiritualia sæpe per similitudines corporalium intelliguntur, ita quoque nonnunquam corporalia per spiritualia discuntur. Ita quippe ad Moysen dicitur : *Vide omnia facias ad exemplar eorum quæ vidisti in monte* (Exod. XXV, 40). Ubi manifeste jubetur universa ad instructionem tabernaculi corporaliter disponere ad similitudinem eorum quæ prius spiritualiter viderat in monte : ideo doctrinales rerum corporalium seu incorporalium similitudines nequaquam sunt contemnendæ, quamvis ipsarum rerum veritatem ad perfectum nequeant exprimere. Et sæpissime per intellectus visibiles invisibiliter intrinsecus in invisibili anima nescientis formantur verba, formantur etiam visibiliter visibiles litterarum apices in visibili membrana, et tacendo loquuntur, et loquendo tacent. Et rursus per eosdem apices visibiles formatur invisibilis intellectus in anima legentis : et fit quoque, ut si quando primi intellectus, ad quorum formam iidem apices primo facti sunt, oblivione superveniente deleantur, per eosdem apices inspectos renascantur. Ac ita vicissim ad similitudinem invisibilium intellectuum fiunt verborum sermones et visibiles apices : et iterum ad similitudinem sermonum, seu apicum visibilium, vel novi intellectus invisibiles generantur ; quamvis tamen visibilia et invisibilia non ejusdem, sed prorsus diversæ naturæ inveniantur. Et Dominus plerumque in parabolis per similitudines locutus est, modo corporalia spiritualibus, modo spiritualia corporalibus comparans. Sane de creatura ad Creatorem nullam similitudinem ad liquidum adaptandam existimo posse facile inveniri. » Nechites archiepiscopus Nicomediæ dixit : « Satis probo ea quæ de his nunc dixisti ; sed si quas adhuc habes auctoritates de processione Spiritus sancti a Filio, propone. »

CAPITULUM XVII.
Quod muliere fimbriam Domini tangente virtus de illo exibat ; et quod virtutis nomine Spiritus sanctus appellatur, qui ab ipso procedit.

Anselmus Havelbergensis episcopus dixit : « Audi et intende quid Filius dixerit de muliere quæ fluxum sanguinis patiebatur, et quæ tetigit fimbriam vestimenti ejus, et sanata est : *Tetigit me aliquis, ego enim sensi virtutem de me exisse* (Luc. VIII, 46.) Hic virtutis nomine appellari Spiritum sanctum, clarum est, quod ex eo loco patenter cognoscitur, angelo docente, ubi ad Mariam dixit : *Spiritus sanctus superveniet in te, et virtus Altissimi obumbrabit tibi* (Luc. I, 35). Cum enim præmisisset angelus : *Spiritus sanctus superveniet in te*, competenter subjunxit : *Et virtus Altissimi obumbrabit tibi* : ut videlicet ostenderet quod Spiritus sanctus sit idem quod virtus Altissimi. Et ipse Dominus promittens eum discipulis, ait : *Vos autem sedete in civitate, quoadusque induamini virtute ex alto* (Luc. XXIV, 49). Et iterum : *Accipietis*, inquit, *virtutem Spiritus sancti supervenientis in vos, et eritis mihi testes* (Act. I, 8). De hac virtute credendus est dicere evangelista : *Virtus de illo exibat, et sanabat omnes* (Luc. VI 19). Manifestum est itaque Spiritum sanctum et de Filio procedere, nisi forte id quod luce clarius est oculis sponte clausis videre nolis, et Scripturam clamantem et se tibi ingerentem surdis auribus sponte velis non audire. » Nechites archiepiscopus Nicomediæ dixit : « Si ergo de Patre et Filio, sic tu affirmas, procedit Spiritus sanctus, cur Filius dixit : *De Patre procedit* (Joan. XV, 26), et de processione ejus a seipso tacuit ? » Anselmus Havelbergensis episcopus dixit : « Cur putas, nisi quemadmodum ad Patrem solet referre quod ipsius est, quo et ipse est? Unde et illud est quod ait : *Mea doctrina non est mea, sed ejus qui misit me* (Joan. VI 16). Si igitur sic intelligitur ejus doctrina, quam tamen dicit non suam, sed Patris, quanto magis illa intelligendus et de ipso procedere Spiritus sanctus ubi sic ait : *De Patre procedit*, ut non diceret : me non procedit? A quo autem habet Filius ut Deus, est enim de Deo Deus, ab illo habet utique, etiam de illo procedat, Spiritus sanctus, ac hoc Spiritus sanctus, ut etiam de Filio procedat sicut procedit de Patre, ab ipso habet Pat Quod etiam convenienter et manifeste insinuan in Evangelio, ubi ait : *Quem ego mittam vobis a Patre (Joan.* xv, 16); ostendens Spiritum sanctum et Patris esse et Filii. Qui etiam cum dixisset, *Quem mittet Pater (ibid.),* addidit *in nomine meo;* non tamen dixit : Quem mittet Pater a me, quemadmodum dixit : *Quem ego mittam vobis a Patre.* Videlicet ostendens quod totius divinitatis, vel si melius dici potest, deitatis principium Pater est, qui et auctor generationis et processionis est. Qui ergo procedit a Patre et Filio, recte ad eum refertur a quo natus est Filius. Est ergo Spiritus sanctus virtus Altissimi, Patris scilicet ; est et virtus Filii, qui et ipse Altissimus est : et quoniam amborum est, ab ambobus etiam procedere recte credendus est, quia sicut non unius eorum, sed amborum est communio, ita non ab uno eorum, sed ab ambobus est ejus processio. » Nechites archiepiscopus Nicomediæ dixit : « Confitemur quod Spiritus sanctus amborum est, habemus quippe ipsum Dominum dicentem : *Non enim vos estis qui loquimini, sed Spiritus Patris vestri qui loquitur in vobis (Matth.* x, 20). Habemus et Apostolum dicentem : *Si Spiritus ejus qui suscitavit* Jesum *ex mortuis, habitat in vobis (Rom.* vIII, 11); hic nempe spiritum Patris intelligi voluit. Item Apostolus : *Misit,* inquit, *Deus Spiritum Filii sui in corda nostra clamantem : Abba Pater (Galat.* IV, 6). Et alio in loco : *Quisquis Spiritum Christi non habet, hic non est ejus (Rom.* vIII, 9). Propter hæc itaque et multa alia testimonia quibus instruimur, bene, sicut dixi, confitemur Spiritum sanctum qui in Trinitate tertia persona est, Patris esse et Filii : nec tamen ab utroque eam procedere fateri audemus, quia fortasse aliud est eum a Patre esse, et aliud est eum procedere. »

CAPITULUM XVIII.

Quod sicut Spiritui sancto hoc est esse a Patre, quod procedere a Patre; ita ei hoc est esse a Filio, quod procedere a Filio.

Anselmus Havelbergensis episcopus dixit : « Spiritus sanctus qui a Patre est, et qui a Patre procedit, aut eo est a Patre, quo procedit a Patre; aut eo non est a Patre, quo procedit a Patre. Quod si eo quo est a Patre, eo etiam procedit a Patre, quare similiter eo quo est a Filio, non etiam procedat a Filio? eo enim quo est a Patre, eo est et a Filio; et eo quo est a Filio, eo est et a Patre. Ideoque eum esse a Patre et a Filio, nisi forte quis audeat dicere, quod aliud esse habeat a Patre, et aliud esse a Filio; quod prorsus insani capitis est dicere. Non enim habet aliud esse a Patre, et aliud esse a Filio, nec habet aliam processionem a Patre, et aliam a Filio; sed unum et idem esse, et unam eamdemque processionem tam a Patre quam a Filio habet. Neque enim bis est, neque bis procedit, neque duo esse, neque duas processiones habet, neque etiam, quo impiissimum est dicere, duo Spiritus sancti procedentes sunt. Sicut autem certum est eum esse a Patre nihil aliud esse quam procedere a Patre; ita nulli dubium esse debet eum esse a Filio nihil aliud esse quam procedere eum a Filio :

substantialis quippe est ejus processio. Si autem das ei aliud esse a Patre, et aliud procedere a Patre, profecto eum a seipso diversificas, cui certe nihil aliud est a Patre esse, quam a Patre procedere. Procedendo enim a Patre est, et existendo a Patre procedit substantiali processione, et processiva sive processibili substantia. Proinde ostende, si potes, Spiritum sanctum habere aliud esse a Filio; et iterum ostende, si potes, aliud esse eum esse a Patre et Filio, et aliud esse eum procedere : et sic eum a seipso diversificasti, et ita sanam fidem quæ de Spiritu sancto est, satis impudenter evacuasti. Rursus si idem est ei a Patre esse quod procedere, tunc si a Filio idem est ei esse quod a Patre, a Filio quoque procedit sicut a Patre. Quod si a Filio non procedit, a Filio quoque non est ei idem esse quod a Patre. Qnod si non est ei idem esse a Filio quod a Patre ; ergo aut aliud esse, aut omnino nullum esse habet a Filio : quod utrumque absonum est, Si autem a Filio non est, nec a Patre est, unum quippe sunt Pater et Filius. Si autem a Patre non est, nec a Patre procedit. Iterum : Si quia processibiliter a Patre est, a Patre procedit; simili ratione quia processibiliter a Filio est, a Filio quoque procedit. Par enim vel potius idem est Spiritui sancto a Patre esse, et a Filio esse, et a Patre procedere, et a Filio procedere, quia scriptum est de illo : *Non enim loquetur a semetipso, sed quæcunque audiet, loquetur (Joan.* xvi, 13). Unde igitur audiet, inde loquetur; et unde loquetur, inde procedit. Itaque unde illi essentia, inde illi audientia; et unde illi audientia, inde illi scientia; et unde illi scientia, inde illi processio; et ita eum a Patre et a Filio esse, est ab utroque existendo, audiendo, sciendo procedere. Quare autem esse Filii a Patre dicatur nasci a Patre, et esse Spiritus sancti a Patre et a Filio non dicatur nasci, sed procedere, et quæ differentia sit inter esse quod est nasci, et inter esse quod est procedere, difficillima quæstio est; quanquam et ipse Filius dicatur procedere a Patre, sicut ibi : *Exivi a Patre, et veni in mundum (Joan.* xvi, 28). Et iterum : *Ego processi a Patre (Joan.* vIII, 42); quæ tamen processio, scilicet Filii, omnino alia est, differens a processione Spiritus sancti. Filius enim sua propria missione ac processione nascendo mittitur, et nascendo procedit a Patre, et Spiritus sanctus sua propria missione ac processione procedendo procedit, et procedendo mittitur tam a Filio quam a Patre. Vide igitur quid dicas, et cave ne sic processionem Spiritus sancti a Filio neges, ut etiam esse quod habet a Filio, convincaris ei auferre. Quia enim eum Spiritum sanctum esse, et eum procedere, idem est, quicunque negat eum procedere a Filio, negat eum et esse a Filio; et qui negat eum esse a Filio, negat etiam eum esse a Patre, unum quippe sunt; et qui negat eum et esse, seu procedere tam a Filio, quam a Patre, negat eum Spiritum sanctum esse : et ita consequenter nihil aliud est hoc et illud dicere, quam totam Trinitatem dissolvere;

Quod quam sit iniquum et impium, tu videris. »

Nechites archiepiscopus Nicomediæ dixit : « Hoc primum respondendum puto, quoniam qualis Pater, talis Filius, talis est Spiritus sanctus, et hoc secundum substantiam; sed non quale est Patris generare, tale est Filii generari, nec tale est Spiritus sancti procedere. Et quamvis, sicut tu paulo ante dixisti, non sit facile ad investigandum, nec sit possibile ad diffiniendum, qualiter vel Pater generet, vel Filius generetur, vel Spiritus sanctus procedat; tamen hoc non temere dicitur, quoniam aliter hic generat, et aliter hic generatur, et aliter hic procedit. Attamen nullatenus aliqua actio vel passio circa hæc existimanda est. Et licet idem substantialiter sit Patris esse, et Filii esse, et Spiritus sancti esse; tamen aliud est personaliter tantum Patrem esse, et non Filium, et non Spiritum sanctum; et aliud est personaliter tantum Filium esse, et non Patrem, et non Spiritum sanctum; et aliud est personaliter tantum Spiritum sanctum esse, et non Patrem aut Filium : illud enim ejusdem substantiæ in tribus notat identitatem, hoc autem in eisdem tribus personalem distinctionem. Proinde cum tu argumentando investigas utrum Spiritui sancto sit idem esse a Patre et a Filio; et iterum inquiris utrum sit ei idem esse, et idem procedere; et ita probare niteris quod sicut ei ab utroque idem est esse, ita quoque ab utroque sit ei idem procedere : cum hoc, inquam, dicis, hoc nimirum attendere debueras quod, licet Spiritus sanctus amborum sit, et ab ambobus sit, tamen ab ambobus non videtur æqualiter esse, ideoque nec æqualiter procedere. A Patre quippe est, tanquam ab eo qui a nullo est, et qui a nullo habet quod Spiritus sanctus ejus est, et quod ab eo est; a Filio autem est, tanquam ab eo qui a Patre est, et qui hoc ipsum a Patre habet, quod Spiritus sanctus ipsius quoque est, et ab ipso etiam est; et ita videtur quod Spiritus sanctus amborum quidem et ab ambobus sit veraciter, non autem quod amborum sit æqualiter, vel ab ambobus procedat æqualiter. »

CAPITULUM XIX.

Utrum Spiritus sanctus æqualiter procedat a Patre, sicut et a Filio, cum Pater a nullo, Filius autem a Patre sit; et similitudo de Adam primo plasmate et de Eva plasmatis decisione, et de Abel utriusque decursione.

Anselmus Havelbergensis episcopus dixit : « Pater qui a nullo est, nec a Filio, nec a Spiritu sancto quidquam habet; sed nec Filius qui a Patre est, a Spiritu sancto quidquam habet. Habet autem omnia a Patre Filius, etiam ut sit Deus; est enim de Deo Deus, et habet ab illo, ut etiam de se ipso procedat Spiritus sanctus. Porro Spiritus sanctus habet ab ipso Patre, ut procedat etiam a Filio, sicut procedit a Patre; et ita quidquid est Filius, seu quidquid habet Filius, et quidquid est Spiritus sanctus, ab ipso Patre principaliter totum est. Qui Pater tanquam auctor et principium generationis et processionis a nullo est, et a nullo quidquam habet, et fortasse ob hoc putatur quod Spiritus sanctus nec amborum sit æqualiter, nec ab ambobus procedat æqualiter. Sed quid hoc? Nostra disputatio suscepta est, non qualiter ab utroque, sed utrum ab utroque Spiritus sanctus procedat. Quod ubi concessum fuerit, consequenter, si placet, de hoc etiam investigandum est. Attamen hoc velim, ut ad hoc ipsum breviter intendas, quia tibi placet. Dico autem quod nequaquam videtur auferre Spiritui sancto, quantum ad seipsum, æqualitatem existendi et procedendi ab utroque, quod alter a quo est, et a quo procedit, scilicet Pater a nullo est, alter vero a quo similiter est, et a quo similiter procedit, scilicet Filius a Patre est, quia nec prius, nec posterius, nec minus, vel plus propter hoc ab altero est, vel procedit; sed simul et semel ab utroque nullo inæqualitatis modo, sed æqualiter, id est cognita sibi æqualitate æternaliter procedit : quamvis tamen a nonnullis videatur bene posse dici, quod magis proprie sit et procedat a Patre, tanquam a prima causa, quam a Filio, cujus ipse est causa. Cum enim dicitur, Pater a nullo est et Filius a Patre est, nequaquam intelligenda est ibi prioritas seu posterioritas, aut in hoc majoritas, aut in illo minoritas; sed in utroque ejusdem majestatis æqualitas. Et licet Pater nullam habeat sui causam, et Filius Patrem habet sui causam, tamen eadem potestas et gloria est, ut ita dixerim, causati et incausati, id est habentis causam et non habentis causam; et ita qui ejusdem æternitatis, majestatis, potestatis, virtutis, voluntatis, æqualitatis sunt, quomodo non æqualiter, sed inæqualiter Spiritum sanctum a se procedentem emittant? Substantialis quippe est Spiritus sancti processio, sicut et substantialis est Filii generatio Quod ita per qualecunque simile potest videri. Adam per se, id est sine causa ulla generante, solius Dei plasma fuit : Eva ejusdem plasmatis, tanquam causæ præcedentis decisio fuit, Abel ab utroque non plasmatione, nec plasmatis decisione, sed naturali humanæ generationis decursione descendit. Adam homo, Eva homo, Abel homo, ideoque ὁμοούσιον, id est similis substantiæ vel ejusdem naturæ, sed nec qui Adam, Eva vel Abel; nec quæ Eva, Adam vel Abel; nec qui Abel, Adam vel Eva. An non putas Abel æqualiter quantum ad se generatione descendisse tam a patre Adam, qui a nulla generante seu decidente causa erat, quam a matre Eva, quæ ab ipso Adam tanquam a causa non generatione, sed decisione descenderat? Sicut enim verum est Adam et Evam Abel simul et semel genuisse, ita similiter verum est Abel ex eis æqualiter quantum ad se genitum esse; et licet inter generantes aliqua possit assignari dissimilitudo, videlicet plasma et plasmatis decisio, tamen in generato ejusdem generationis non dissimilis, sed eadem est decursio, nec prius Adam pater, quam Eva mater, sed simul et ille pater et illa mater, et simul Abel utriusque filius ab utrisque æquali nativitatis decursione decendens. Et quod Eva est ab Adam decisione, non impedit quin Abel ita sit filius unius sicut et alterius, et non plus minusve unius quam alterius. Habet quidem Eva ab Adam quod est decisione, et habet ab eo quod Abel qui filius Adam est, ipsius quoque Evæ filius est generatione : ac per hoc id quod ipsa mater est Abel ejus quem genuit, habet ab Adam, qui et ipse pater est ejus quem genuit Abel. In hac autem proposita similitudine tanquam in scena contemplari oportet. Nemo itaque dicat Spiritum sanctum aliter, id est procedendo a Patre esse, et aliter id est non procedendo a Filio esse, quamvis Pater a quo est, et a quo procedit, a nullo sit, et Filius a quo similiter est, et a quo similiter procedit, a Patre sit : nam sicut superius disputavimus, Spiritus sanctus ab utroque idem habet esse, et idem esse est ei ab utroque procedere tam veraciter, quam ineffabiliter; et hoc ita credere tam est necessarium fidei, quam proximum saluti. »

Nechites archiepiscopus Nicomediæ dixit : « Secundum ea quæ suffragio rationis contexuisti, neque videtur absurdum, quod Spiritus sanctus idem esse habeat a Patre et a Filio, nec tamen videtur ob hoc adhuc probatum, quod ab utroque vel æqualiter, vel inæqualiter procedat. » Anselmus Havelbergensis episcopus dixit : « Quoniam concedis ei idem esse ab utroque, necesse quoque est te fateri idem ei esse procedere ab utroque; præsertim cum satis evidenter superius ostensum sit ei idem ab utroque esse, quod ab utroque procedere, et idem ab utroque procedere, quod ab utroque esse : proinde sicut Patris est, ita et Filii est, nec aliter Patris, et aliter Filii est. Est autem Patris procedendo ab ipso, cujus equidem esse quod habet tam a Filio, quam a Patre, nihil aliud est quam ab utroque procedere. Adhuc audi. Concedis quod Spiritus sanctus a Filio mittitur, scio quod concedis, quia manifeste hoc legitur in Evangelio, nisi forte aliqua impietas hoc a vestris codicibus, quod minime puto, subtraxerit : Quem, inquit Filius, ego mittam vobis. Concedis etiam quod ab eodem Filio, cujus equidem idem ipse est, accipiat et annuntiet. Nam et hoc est in Evangelio, nisi forte abrasum est, ut dixi, in codicibus Græcorum : Ille, inquit, de meo accipiet, et annuntiabit vobis; nec enim loquetur a semetipso, sed quæcunque audiet, loquetur (Joan. XVI, 13). » Nechites archiepiscopus Nicomediæ dixit : « Omnia hæc concedo, videlicet quod ab eo est, quod ab eo mittitur, quod de suo accipiat et annuntiet, quod ab illo audiat, quod ab illo loquatur, hæc omnia, docente Evangelio, concedo : sed processionem ejus a Filio, quam Evangelium non docet, ego non doceo, nec docere præsumo. » Anselmus Havelbergensis episcopus dixit : Valde miror prudentiam tuam, quod hoc verbum, procedit, tantum abominaris de Spiritu sancto a Filio, cum æquipollentia et idem significantia habeas in Evangelio, et ex Evangelio securus concedas. Quid enim aliud est, aut etiam quid aliud esse potest a Filio ejus missio, quam ab ipso ejus processio? Siquidem illo mittente, consequens est dicere istum ab illo a quo mittitur, missum procedere, nec tamen ab hoc missus abest a mittente, nec elongatur, semper præsens a semper præsente. Rursus qui illius est, et qui totum quod est a Patre, ita ab illo est, et sicut a Patre, ita ab illo habet : quomodo ab illo non procedere putandus est, cum, sicut sæpe dictum est, ejus procedere nihil aliud sit, quam ejus esse, et ejus esse nihil aliud sit, quam ejus procedere, et ejus audire et ejus loqui nihil aliud sit, quam ejus esse et ejus procedere, et hoc totum non a seipso? Procedendo enim est, et existendo procedit, cujus est esse, processibilem esse. Est ergo, sicut ex his omnibus quæ data sunt, indubitanter colligitur, Spiritus sanctus Patris, et est Filii, est a Patre, et est a Filio, mittitur a Patre, mittitur et a Filio, et ita procedit a Patre, procedit et a Filio. » Nechites archiepiscopus Nicomediæ dixit : « Negare non possum, quin et rationibus et auctoritatibus usquequaque exquisitis et satis convenienter inductis, id quod proposuisti, videaris probasse, et ego Spiritui sancto nollem resistere; sed volo ut adhuc audias, quod me vehementer movet, et quod me ab hoc verbo processionis vehementissime exterret. Dominus noster Jesus Christus salvator generis humani, conditor fidei, conditor Evangelii, amator nostræ salutis, fidem sufficientem ad omnium salutem apostolis instituit : non enim esset sufficiens salvator, nisi fuisset sufficiens doctor; nusquam vero de processione Spiritus sancti a Filio quidquam dixit, quemadmodum de processione ejusdem a Patre : unde valde temerarium mihi videtur quod aliquis fidei Christianæ ad plenum jam conditæ, et ad salutem sufficienti aliquid addere, vel etiam demere præsumat, maxime in fide sanctæ Trinitatis; et videtur mihi quod Evangelio debitam reverentiam deferentes, verbum processionis quod ascriptum est Spiritui sancto, quod procedat a Patre, dicamus; quia vero eidem Spiritui sancto non est ascriptum, quod procedat a Filio, nequaquam dicamus : sic enim videtur, ut tute ambulemus in fide, nihil addentes, nihil dementes, sed simpliciter quod ex Evangelio docti sumus, tenentes sicut enim intutum est (22-23) aliquid demere, ita periculosum est aliquid addere. »

CAPITULUM XX.

Quod sicut in Evangelio non invenitur, Spiritus sanctus procedit a Filio; ita quoque in Evangelio nequaquam reperitur, Spiritus sanctus non procedit a Filio; nec invenitur quod a solo Patre procedat.

Anselmus Havelbergensis episcopus dixit : « Sicut tuam decet maturitatem et tanti viri prudentiam, locutus es : verumtamen nequaquam trepidandum est, ubi timor non est; sed sta hic, et his quæ dico diligenter intende. Si vereris dicere quod Spiritus

---

(22-23) *Sicut enim intutum est.* Haud dubium quin ita legi debeat; saltem inepta erat prioris editionis clic *sicut enim* in *tantum est.*

sanctus procedat a Filio, quia in Evangelio verbum hoc, *procedit a Filio*, minime [ullo] in loco scriptum est, dic, quæso, qua fronte quave temeritate non formidas dicere hanc negativam processionis, videlicet, *non procedit a Filio*, cum in nullo loco Scripturæ, nec usquam in Evangelio scriptum reperiatur? Quare non taces, ubi, sicut tu putas, tacet Evangelium? Unde tibi illud *non*, negativum, quod te non docet Evangelium? Quis unquam tibi persuadere potuit, ut diceres, *non procedit a Filio*, cum Evangelium hoc non dicat; et non potuit tibi persuadere, ut diceres, *procedit a Filio*, cum et hoc Evangelium non neget nec prohibeat? Veneraris Evangelium, ut non audeas dicere, *procedit a Filio*; et non veneraris Evangelium, ut non audeas dicere, *non procedit a Filio*. Ibi times, ubi non est timendum; et ibi non times, ubi est timendum. Fateor tibi hoc verbum, *procedit a Filio*, in ullo loco Scripturæ apud nos non ita simpliciter inveniri; et necesse est te quoque fateri quod hoc verbum, *non procedit a Filio*, nusquam in eodem loco inveniatur. Quid ergo? disputabimus de verbis nunc hoc, nunc illud significantibus? Decetne nos sequi litteras, seu syllabas, seu dictiones, relicta rerum veritate? Magis autem relinquamus hoc pueris in grammatica et dialectica ludentibus; at vero nos magis sententiam investigare, quam verbis inhærere oportet. Proinde Spiritum sanctum aut a solo Patre, aut a non solo dicis procedere. Si a solo Patre dixeris, hoc certe ex Evangelio non habes; si autem a non solo dicere elegeris, oportet ut sicut a Patre, ita quoque a Filio, seu ab illo nescio quo eum procedere fatearis : sed fortasse nec hoc, nec illud eligere audebis, præsertim cum neutrum inveniatur in Evangelio, cui tu nihil prorsus addendum opinaris. Relinquitur ergo ut nos libera fide, tam sine contradictione Evangelii, quam sine contradictione tua dicamus Spiritum sanctum a Patre et a Filio procedere. Cum enim Evangelium a Patre, et non a solo Patre dixerit, satis libere a non solo Patre, sed etiam a Filio dicendum concessit. » Nechites archiepiscopus Nicomediæ dixit : « In hoc quod tu dicis, procedit a Filio, et in hoc quod tu dicis, procedit a Patre non solo, cogis me dicere, procedit a Patre solo; et cogis temere et extra Evangelium hoc negare, quod tu temere et extra Evangelium videris affirmare : non enim dicentis magis sunt sermones, quam dicere cogentis. »

CAPITULUM XXI.

Quod nihil cum temeritate sit affirmandum, et nihil cum iracundia refellendum.

Anselmus Havelbergensis episcopus dixit : « Tale fuit illud Platonicum dogma in scholis academicorum : sine temeritate affirmare, et sine iracundia refelli; est enim ratio fallax, quæ nonnunquam similitudine veri fallitur, et est ratio non fallax, a qua veritas rerum certa scientia comprehenditur. Et sicut illa quæ fallax est, ratio juste sine iracundia refellitur, sic ea quæ non fallax est, ratio non superba temeritate, sed humili assertione, et laudabili humilitate recte defenditur. Itaque temeritatem tuam, non meam accusare debes, quia ego hanc processionem Spiritus sancti a Filio, de qua tractamus, tam multis testimoniis Evangelii et aliarum Scripturarum probatam habeo, et sine temeritate non fallaci ratione astruo, et fideliter credo; tu autem negationis nullam Evangelii vel aliarum Scripturarum auctoritatem habes, vel habere potes : ideoque tua temeritas potius accusanda est, cum temere negas quod nec Evangelium, nec alia Scriptura negat, et temere improbas quod utrum probandum, vel improbandum sit, ignoras; non autem accusanda est mea fides quam affirmo et quam scio, et quam testimonio Scripturarum nulla temeritate, sed Spiritu sancto adjuvante probo. Itaque sicut ego id quod certum est, non temere astruo, sed fideliter credo, et credendum veraciter probo; ita tu quoque id quod tibi incertum est, sine iracundia sustine refellendum. Igitur aut mecum tandem confitere, quod Spiritus sanctus procedat etiam a Filio; aut si nondum audes, quia forsitan nimis pusillanimis es, et trepidas ubi non est timendum : saltem hoc fac, ut, me confitente, tu taceas, et non denega hoc impudenti negationis monosyllabo verbulo *non*, de quo tu dubius et incertus es, et quod ego certus et securus affirmo. Si autem tu vis respondere, hoc responde, te videlicet omnino nescire, utrum Spiritus procedat vel non procedat a Filio : et tunc recte respondisti, tuam quidem ignorantiam interim confitendo, meam autem fidem non negando. Quod enim quis ignorat, quomodo de hoc recte judicat? Tu autem jam de hoc tuam ignorantiam diffiteri non potes.

« Cesset igitur et de hoc judicium tuum, et jam amplius hoc quod tibi incertum est, negare non præsumas, quod hactenus tanquam nescius temere solebas negare. Quippe incongruum est, ut is qui secus viam errat, et errare se ignorat, ambulantem in via scienter et recte corrigere contendat; et is qui dubius non est, dubietatem inferat : nisi forte illa academicorum fallax sententia adhuc apud vos, vel apud aliquos vestrum stat, qua ipsi putabant summam esse sapientiam, exquisitam omnium rerum ignorantiam; unde et magistri ignorantiæ appellati sunt, quoniam ad omnium quæstionum solutionem ita consueverant respondere : Quid si falleris. Unde et quidam illorum sapiens dictus Aristotele dicit : Dubitare de singulis haud erit inutile. »

Nechites archiepiscopus Nicomediæ dixit : « Sapientes Græcorum nunquam opinionem pro veritate suscipiendam dixerunt, et potius elegerunt d ambiguis circa fidem humiliter dubitare, quam aliquid temere diffinire, quoniam quidem quod residuum est, vel Scriptura minus dicente, vel human intellectu ad capiendum minus sufficiente, ig

Spiritus sancti tradendum videtur. Homines enim sumus, unde aliter aliquid sapere, quam se res habet, humana tentatio est; nimis autem amando sententiam suam, vel invidendo melioribus usque ad præcidendæ communionis, vel condendi schismatis, vel hæresis sacrilegium prævenire, diabolica præsumptio est. In nullo autem sapere aliter quam se res habet, angelica perfectio est. Ergo quia homines sumus, et plerumque fallimur et dubitamus, interim caveamus diabolicam præsumptionem, donec perveniamus ad angelicæ sententiæ perfectionem; siquidem majores nostri hujus processionis verbum affirmativum, *procedit a Filio*, humiliter hactenus vitaverunt, ignorantes quidem rei veritatem, et caventes vocis temeritatem; verbum vero negativum, *non procedit a Filio*, etiam nunquam dixerunt, metuentes errorem, et fugientes offensionem Scripturæ neutrum manifeste dicentis; nisi forte irritati, et aliquorum Latinorum hoc temere affirmantium improbitate commoti, qui in supercilio suo ad nos venientes, et in sublimitate sermonis gradientes, et aerem clamosis disputationibus verberantes, scientiolam suam voluerunt ostendere, et conati sunt fastu superbiæ magnam Græcorum sapientiam sophisticis nebulis obfuscare, vel etiam, si possent, opprimere : quibus nec ad horam quidem cessimus, sed semper confusione plenos, sicuti digni erant, remisimus. Tu autem, charissime serve Dei, quoniam verbum hoc, quod potest salvare animas nostras, humiliter et in mansuetudine dicis, et item quod nos dicimus humiliter, et in mansuetudine suscipis, nec contentiosi, sed rationi et auctoritati subservis : idcirco tuam dulcedinem libenter audimus; et, ut verum fatear, tibi hoc in hac nostra disputatione concessum est, quod nulli Latinorum ambulanti supra se, et extollenti se adversus scientiam Dei, hactenus in hac urbe regia in publico conventu concessum est. Verum adhuc procedamus.

« Quidnam est quod in Nicæno concilio primo, cui interfuerunt trecenti decem et octo Patres, nihil de processione Spiritus sancti a Filio tractatum est? Sane symbolum in illo concilio compositum, et tantorum Patrum auctoritate roboratum, nihil hujusmodi continet : quidquid autem continet, hoc ita clave anathematis seratum est, ut nihil addi, nihil auferri sine maximo Ecclesiæ scandalo et animæ periculo possit. Quomodo ergo illud anathema te putas effugere, qui non times processionem Spiritus sancti a Filio ibi prius non dictam inducere, et fidei superaddere : si tamen Nicænum concilium omnibus Catholicis venerabile suscepisti? »

CAPITULUM XXII.

Quod non sit temerarium aliquid addere Evangelio, quod non sit contra Evangelium : sicut in Nicæno concilio et in multis aliis conciliis factum est.

Anselmus Havelbergensis episcopus dixit : « Symbolum Nicæni concilii debita veneratione amplector, et ejusdem concilii duo et viginti capitula, quæ ad nos per exemplaria pervenire potuerunt, sicut catholicus suscipio. Sed cum processionem Spiritus sancti a Filio, quæ ibi non prohibetur, affirmo, nihil contrarii doceo vel appono, unde illud anathema mihi sit formidandum : hoc enim sub anathemate ibidem inhibitum est, ut nihil quod contrarium sit illi symbolo addatur; non autem prohibitum est, ut nihil aliud doceatur; nec enim aliter, sed aliud doceri permittitur. Tu autem cum sis litterator Evangelii, et [ut] superius asseruisti, dicas quod fides a Domino Jesu in Evangelio statuta sufficiat credenti ad salutem, quam qui vel augeat, vel minuat, in utroque prævaricatorem evangelicæ fidei se constituat, et nolis vel unum iota, vel unum apicem addere, vel demere, vel etiam mutare, aut sensum evangelicæ Scripturæ aliis verbis eumdem sensum significantibus exponere : dic mihi quomodo unquam potuit tibi persuaderi, ut reciperes Nicænum, seu aliquod aliud concilium, cum in omnibus fere generalibus conciliis tam multa Christianæ fidei necessaria statuta sint, quæ in Evangelio minime reperiuntur? Dic etiam, si processionem Spiritus sancti a Filio non vis recipere ea sola ratione, ne videaris Evangelio aliquid, quod ibi patenter non sit scriptum, addere; quare non eadem ratione respuis fidem Nicæni concilii a Catholica Ecclesia probatam et susceptam, cum utique eadem fides nusquam in Evangelio ita distincta et exposita inveniatur? Credis in Patrem et Filium et Spiritum sanctum; adoras Patrem et Filium et Spiritum sanctum, unum Deum in substantia, trinum in personis? Credis in Patrem et Filium et Spiritum sanctum sanctam Trinitatem, unum Deum omnipotentem, totamque in Trinitate deitatem essentialem et consubstantialem, coæternam et omnipotentem, unius voluntatis, potestatis et majestatis, Creatorem omnium creaturarum? »

Nechites archiepiscopus Nicomediæ dixit : « Credo quia non Arianus, sed Christianus sum. »

Anselmus Havelbergensis episcopus dixit : « Credis singulam quamque in Trinitate sancta personam, unum verum Deum, plenum et perfectum? »

Nechites archiepiscopus Nicomediæ dixit : « Ita credo quia catholicus sum, non Sabellianus : et hæc est fides recte credentium, ut nec cum Arianis substantiam in Deo dividamus, nec cum Sabellianis personas confundamus. »

Anselmus Havelbergensis episcopus dixit : « Non irascatur, quæso, fraternitas tua, neque indignetur, si adhuc paululum interrogavero, quoniam non ideo quæro ut, tanquam insidiator in responsione tua, observem te; sed ut aliquid discam a te; vel si forte fieri potest, ut tu discas aliquid ex me, et invicem ignoscamus, et cognoscamus de fide tua atque mea. »

Nechites archiepiscopus Nicomediæ dixit : « Interroga libere quod vis, quia gratum habeo. »

Anselmus Havelbergensis episcopus dixit : « Credis ipsum Filium Dei, Verbum Dei, æternalem, natum de Patre, consubstantialem, omnipotentem et æqualem Patri per omnia in divinitate, temporaliter natum de Spiritu sancto et Maria semper virgine cum anima rationali, duas habentem nativitates, unam ex Patre æternam, alteram ex matre temporalem, Deum verum et hominem verum, proprium in utraque natura atque perfectum, non adoptivum, non phantasticum, unicum et unum Filium Dei in duabus et ex duabus naturis, sed unius personæ singularitate; impassibilem et immortalem in divinitate, sed in humanitate pro nobis et pro nostra salute passum vera carnis passione? »

Nechites archiepiscopus Nicomediæ dixit : « Hæc omnia credo et suscipio, quia post Nestorianam hæresim, qui duas in Christo putavit esse personas, et post Eutychianam hæresim, qui unam tantum in Christo putavit esse naturam, et post quamplurimos errores in hac tua propositione breviter et distincte per singula verba sopitos, ita sanxit sancta mater Ecclesia. »

Anselmus Havelbergensis episcopus dixit : « Credis etiam Spiritum sanctum, plenum et perfectum, verumque Deum, Patri et Filio coæqualem et coessentialem, coomnipotentem et coæternum per omnia? »

Nechites archiepiscopus Nicomediæ dixit : « Hæc est fides catholica, post Macedonianam hæresim confirmata, et in Alexandrino concilio a pluribus orthodoxis roborata, qui de divinitate Spiritus sancti tractantes, eum in consubstantiali Trinitate comprehenderunt; ideoque qui hanc fidem non ex integro tenuerit, vere Christianum se non esse ostendit. »

Anselmus Havelbergensis episcopus dixit : « Bene credis, bene adoras, bene dicis. Dic ergo, frater charissime, media charitate strata inter nos; dic, inquam, ubi invenitur in Evangelio ista fides tua ita distincta? Nam ut credas in Deum Patrem et in Deum Filium, manifeste quidem ibi docetur, dicente Filio : *Creditis in Deum, et in me credite* (Joan. XIV, 1). Quod autem credis in Spiritum sanctum, recte quidem credis ; sed, me sciente, nusquam in Evangelio ita patenter et ita simpliciter verbis hoc ostenditur. [Apostolus tamen (24) Spiritum sanctum Deum esse patenter clamat, ubi dicit : *Nescitis quia templum Dei estis?* Statimque subjicit : *Et Spiritus Dei habitat in vobis* (I Cor. III, 16). Deus enim habitat in templo suo, non autem tanquam minister habitat Spiritus Dei in templo Dei; cum alio loco evidentius dicat : *Nescitis quia corpora vestra templum in vobis est Spiritus sancti quem habetis a Deo, et non estis vestri? Empti enim estis pretio magno, glorificate ergo Deum in corpore vestro* (I Cor. VI, 19, 20). Item : *Templum Dei sanctum est, quod estis vos* (I Cor. III, 17).] Quod adoras Deum Patrem,

recte facis, quia et hoc docet Evangelium : *Veri adoratores adorabunt Patrem in spiritu et veritate* (Joan. IV, 23). Quod etiam adoras Deum Filium, recte facis, quia in quem credis ut Deum, hunc jure adoras ut Deum; et hoc quoque ex Evangelio insinuatur : *Ego et Pater unum sumus* (Joan. x, 30); *et ego in Patre, et Pater in me est* (ibid., 38). Quia enim alter in altero vere unus Deus est, consubstantialis quidem, non autem, ut ita dicam, compersonalis, recte alter in altero unus Deus adoratur. Quod autem adoras Spiritum, cum Patre quidem et Filio coadorandum et conglorificandum; ubi, quæso, hoc in Evangelio usquam distincte et manifeste reperitur? Quamvis aliquis prudens lector, si diligenter inquireret id quod scriptum est : *Veri adoratores adorabunt Patrem in spiritu et veritate;* profecto totam, puto, Trinitatem adorandam ibi inveniret. Cum enim dicitur, *veri adoratores adorabunt Patrem,* continuo sequitur, *in spiritu,* et iterum subjungitur, *in veritate :* videlicet ut aperte intelligatur et Patrem in spiritu et veritate, qui Filius est, et Filium in Patre et Spiritu sancto, et Spiritum sanctum in Patre et Filio adorandum.

« Verumtamen quidam hæretici textum Evangelii supra modum plane et nimis negligenter, imo stulte obambulando pertranseuntes, nec spiritum et vitam, quæ in verbis evangelicis recondita sunt, scrutantes, Spiritum sanctum nequaquam affirmaverunt adorandum, pudore, inquientes, evangelicæ Scripturæ neutrum manifeste ostendentis, videlicet utrum adorandus sit, necne. Vide ergo quomodo hæc tua sententia stare possit, qua dicis te ita Evangelium venerari, ut nihil addere [audeas] ad fidem quam ibi putas sufficienter institutam. In hoc quippe convinceris adversum teipsum dixisse, quod illud equidem primum sensisti et dixisti, ad fidem Evangelii nihil addendum ; et postea Christiana professione fidem sanctæ Trinitatis in Nicæno concilio, et aliis conciliis distinctam et traditam et contra hæreses roboratam confessus es.

CAPITULUM XXIII.

Quod fides sanctæ Trinitatis ad plenum condita est in conciliis, quibus præsedit Spiritus sanctus παντοσκοπος, *id est omnium episcopus, qui et auctor prius et conditor fuit Evangelii.*

« Verumtamen jam amplius non ita restringas fidem Evangelii, ut symbolum Nicæni concilii tibi videatur esse superfluum, vel etiam alia orthodoxorum Patrum concilia, quibus præsedit auctor Spiritus sanctus, quem tu paulo ante vocasti Pantoscopum, id est omnium episcopum; in quibus conciliis fides catholica adeo roborata et confirmata est ut, si illa concilia celebrata non fuissent, ipsa fides quam tenemus, et qua unitatem in trinitate, et Trinitatem in unitate confitemur et credimus, aut hodie nulla esset; aut si esset, innumeris hæresibus subjecta laboraret et fluctuaret. Unde et Dominus sciens tam multa adhuc addenda ad instau-

---

(24) *Apostolus tamen.* Hæc uncis includere idcirco libuit, quod Anselmi esse non videantur, quippe quæ contextum orationis interrumpant.

rationem catholicæ fidei, postquam discipulis suis universa quæ illi tempori congruebant, dixerat, adjecit ita dicens : *Adhuc multa habeo vobis dicere, sed non potestis portare modo; cum autem venerit ille Spiritus veritatis, docebit vos omnem veritatem* (Joan. xvi, 12). Meminit fraternitas tua quod Dominus in Evangelio de seipso dicit : *Ego sum via, et veritas et vita* (Joan. xiv, 6). Et hic dicit : *Cum autem venerit ille Spiritus veritatis, docebit vos omnem veritatem* (Joan. xvi, 13). Ecce Spiritus sanctus amor Patris et Filii, connexio amborum, communicatio amborum, charitas amborum; Spiritus, inquam, Filii qui est veritas, Spiritus veritatis docens omnem veritatem, qui et ipse procedens a Filio, qui est veritas, Evangelium condidit, et fidem secundum tempus sufficientem apostolis instituit : ecce a Filio, qui adhuc multa se ad dicendum habere dicit, promittitur, ut videlicet ipse congruo tempore dicat, quod Filius adhuc ad dicendum se habere dicebat. Quid ergo aliud putas eumdem Spiritum sanctum, Spiritum veritatis docuisse, nisi quod novit Filium, qui est veritas, a quo procedit, adhuc ad dicendum habere? Id ipsum quippe, et non aliud docuit, quam quod Filius se ad dicendum adhuc habere dixerat. Siquidem Spiritus sanctus procedens ab ore veritatis, qui Christus est, Evangelium prius condidit, postea sanctorum Patrum conciliis auctor et doctor veritatis, sicut promissus fuerat, interfuit. Fidem quam idem ipse in Evangelio breviter condiderat, in conciliis sanctorum Patrum explanavit, et quæ Filius adhuc dicere habuit, ipse procedens a Filio veraciter edidit, et pleniter docuit; ut quæ tunc soli apostoli non potuerunt portare, ea nunc tota simul portet Ecclesia per universum mundum diffusa.

« Itaque, sicut dixi, Spiritus sanctus, sicut promissus fuerat, ut veniens doceret tunc et nunc et semper omnem veritatem, sanctorum Patrum conciliis interfuit, et tanquam doctor omnium præfuit, fidem sanctæ Trinitatis, quam tenemus, inter impietatem Arii qui divinam substantiam separavit, et impietatem Sabellii qui personas confudit, docens, paulatim omnem veritatem tradidit, sacramenta ecclesiastica instituit, formam baptismi quem Dominus instituerat, convenienti moderamine ordinavit, et ritum quem in consecratione corporis et sanguinis Domini tenet sancta Ecclesia, disposuit : patriarchas, metropolites, archiepiscopos, episcopos, presbyteros, diaconos, et alios inferiores ordines ecclesiasticos in ministerium divinum ad decorem domus Dei instauravit, chrismales unctiones, necnon sacramentum pœnitentiæ, et impositiones manuum ordine sacratissimo et bono distinxit; missarum solemnia et cætera divina officia in laudem Dei apposuit; per catholicos doctores, quasi per organum suum sacras Scripturas Veteris et Novi Testamenti nobis, tanquam extrinsecus pluendo, aperuit : arcana quoque divina sub sigillo divinarum Scripturarum mysterialiter clausa familiari inspiratione nobis insinuando, tanquam intrinsecus rorando, innotuit; hæreses paulatim succrescentes, quia virtus Altissimi est, potenter dissipavit; leges ecclesiasticas ad conservandam Christianam religionem per apostolicos viros dictavit. Et ut omnia sub brevitate colligam, totam Ecclesiam in sancta disciplina eruditam, omnem paulatim docens veritatem, lumine veræ scientiæ illustravit, et adhuc illustrat, et semper illustrabit. Ita quippe promisit qui non mentitur Deus : *Et dabo vobis Spiritum, ut maneat vobiscum in æternum* (Joan. xiv, 16). Et item : *Ecce ego vobiscum sum omnibus diebus usque ad consummationem sæculi* (Matth. xxviii, 20); videlicet per inhabitantem Spiritus sancti gratiam. Itaque et ipsum Evangelium, et ipsa concilia ab orthodoxis Patribus celebrata idem Spiritus sanctus dictavit, et paulatim docens omnem veritatem, nihil veritati contrarium dixit; ideoque secure jam potes dicere, quod Spiritus sanctus procedat a Filio, quoniam quod idem Spiritus sanctus in hoc de seipso minus aperte in Evangelio videtur expressisse, hoc postea in diversis conciliis tanquam magister utriusque Scripturæ manifeste supplevit. »

Nechites archiepiscopus Nicomediæ dixit : « Satis convenienter contexuisti Evangelium et sancta sanctorum Patrum concilia, et probabiliter ostendisti eumdem Spiritum sanctum esse auctorem Evangelii et eorumdem conciliorum, quod et nos credimus, et ideo pari veneratione cum Evangelio ipsa concilia veneramur. Proinde ut tibi verum fatear, nos et plerique nostrorum sapientes a vobis non dissentimus in sensu hujus processionis; sed sicut jam sæpe dixi, verbum hujus processionis hactenus apud nos fuit alienum, nec horremus processionis sensum, quia rectus est, sed processionis verbum quia insolitum est. Multi etiam Græcorum doctores qui divinas Scripturas exposuerunt, licet eumdem processionis hujus sensum convenientibus verbis satis expresse nobis insinuaverint, tamen hoc verbo processionis non adeo evidenter usi sunt, nec nobis in usu loquendi reliquerunt. »

CAPITULUM XXIV.
Quod multi Græcorum auctores dixerunt Spiritum sanctum procedere a Filio, sicut a Patre.

Anselmus Havelbergensis episcopus dixit : « Cur hoc dicis? Athanasius ille famosissimus Alexandrinorum archiepiscopus, contra Arianam hæresim disputator acerrimus, in fide catholica perfectus et doctissimus, nulli sapientum Græcorum alienus, ita dicit in symbolo fidei : *Spiritus sanctus a Patre et Filio esse*; atque subjunxit, *procedens*. Manifeste docuit eum ab utroque procedere, cum ad utrumque procedere, sicut et esse retulit; præsertim cum non aliter a Patre et Filio Spiritus sanctus esse habeat, quam procedendo.

« Didymus etiam Græcorum doctor non minimus, qui multos libros edidit, et de sancta Trinitate tres libros fecit, et Origenis opus de principiis, id est *Periarchon*, commentatus, in eis explanationes reliquit eximias : ille, inquam, Didymus oculorum quidem passione visu privatus, sed intus perfecte illuminatus, in libro De Spiritu Sancto, quem noster Hieronymus Græca et Latina et Hebraica lingua eruditus transtulit, Spiritum sanctum a Filio quoque procedere patenter ostendit dicens : « Spiritus sanctus qui est Spiritus veritatis, Spiritusque sapientiæ non potest audire Filio loquente quæ nescit, cum hoc ipsum sit quod profertur a Filio, id est procedens Deus de Deo, Spiritus veritatis procedens a veritate, consolator manens de consolatione. » Hæc ita Didymus. Quæ quidem veritas quæ sit, a qua ipse procedit, symbolum Ephesini concilii ducentorum episcoporum, quod etiam Græcorum fuisse constat, manifeste his verbis determinat : « Quamvis in substantia sua sit Spiritus Filii, et intelligatur in persona proprietas, juxta quod Spiritus est, et non Filius, non est tamen alienus ab ipso : nam Spiritus appellatur veritatis, et veritas Christus est, unde et ab isto similiter sicut et ex Deo Patre procedit. » Item Cyrillus episcopus Alexandrinorum in epistola VIII Nestorio directa quæ sic incipit. « Reverentissimo et Deo amantissimo, etc. Si est, inquit, in substantia spiritus spirituali, vel certe intelligitur per se secundum quod Spiritus est, et non Filius, sed tamen est non alienus ab eo : Spiritus enim veritatis nominatur, et profluit ab eo sicut denique ex Deo Patre. » Item Joannes Chrysostomus (25) homilia 26 *De expositione symboli*, quæ sic incipit : « Universalis Ecclesia gaudet. Iste est Spiritus procedens a Patre et Filio, qui dividit propria dona prout vult. » Item in homilia 28 in alia expositione ejusdem symboli, quæ sic incipit (26) : « Super fabricam totius Ecclesiæ. Itaque credendum est Spiritum sanctum Patris esse et Filii. Item istum Spiritum sanctum dicimus Patri et Filio esse coæqualem, et procedentem de Patre et Filio. Hoc credite, ne colloquia mala corrumpant mores vestros bonos. » Item (27) : « Videte ubique sacramentum Trinitatis, ecce et in Spiritum sanctum credimus, qui Spiritus sanctus procedens a Patre et Filio, charitate conjungitur. »

« Augustinus quoque Hipponensis episcopus, legatus provinciæ Numidiæ in Africa, vir clarus, et omnium Scripturarum eloquentia Afer disertissimus, qui multis Africanorum conciliis interfuit, qui non paucos libros contra hæreses Manichæorum et Donatistarum conscripsit, et in explanatione Veteris et Novi Testamenti multa scripta edidit, cujus innumera volumina ubique terrarum in magna leguntur auctoritate, ipse quamplurima testimonia de processione Spiritus sancti a Filio usquequaque in scriptis suis manifestissime inseruit. Item Hieronymus, Ambrosius, Isidorus, Hilarius, et alii quamplures Latini sermonis doctores, necnon et Leo Magnus amplissimæ urbis Romæ summus pontifex, multa de processione Spiritus sancti a Filio scriptis suis inseruerunt ; quos idcirco tibi cum scriptis suis non propono, quia fortasse apud Græcos non sunt tantæ auctoritatis his temporibus Latini doctores, sicut essent, si Græci essent. Quod id ipsum si ita est, nequaquam laudabile est, salva pace inter nos et vos dictum sit : *Non enim personarum acceptor est Deus* (Act. x, 34), et *Spiritus ubi vult spirat* (Joan. III, 8). »

Nechites archiepiscopus Nicomediæ dixit : « Quod nostros doctores introducere voluisti, placet mihi; sed quæro si tu auctoritatem illorum quos nominasti, et aliorum nostrorum doctorum, cum sis Latinus, recipias. »

Anselmus Havelbergensis episcopus dixit : « Ego nulli Christianorum, Græco, sive Latino, seu cujuslibet gentis fideli Christiano, donum sancti Spiritus intercludo, nullum contemno, nullum abjicio, nec abjiciendum judico; sed omnem hominem recta loquentem, et ea quæ contra apostolicam doctrinam non sunt, scribentem, libera mente suscipio et amplector. »

Nechites archiepiscopus Nicomediæ dixit : « Videor mihi invenisse hominem Latinum vere catholicum ; utinam tales Latini istis temporibus ad nos venirent! Nam si aliqui veniunt, ambulant in magnis et in mirabilibus super se, et nequaquam talia, nec tam catholica, nec tam humilia, sed superba et intolerabilia nobis loquuntur. Proinde doctores nostri, cum de fide sanctæ Trinitatis, sive de symbolo fidei aliqua conscripserunt, si quando incidenter occasione explanandæ sententiæ dixerunt Spiritum Sanctum a Patre et Filio procedere vel profluere, non dixerunt hoc ea significatione processionis vel profluxionis, sicut dicitur a Patre procedere : nam quod a Patre procedit, proprie procedit ; et quia proprie procedit, proprie quoque procedere dicitur. Quod autem a Filio procedere vel profluere a nobis aliquando dictum invenitur, nullatenus proprie dicitur, quia nec proprie ita procedit vel profluit a Patre, quippe proprie tanquam ab eo qui est prima causa et principium sui, procedit ; a Filio autem si quando invenitur vel dicitur procedere seu profluere, non ita proprie dicitur vel est, quia quod a Filio est, vel a Filio procedit vel profluit, hoc non est, vel hoc non facit tanquam a prima causa, quia ipse quoque Filius id quod est, et quod Filius est, et quod a se Spiritum sanctum procedentem seu profluentem mittit, hoc non a seipso, sed a Patre tanquam a prima causa et principio ; ideoque sicut dixi a Patre tanquam a prima causa Spiritus sanctus proprie procedere dicitur.

« Hanc itaque processionem Spiritus sancti tam a Patre quam a Filio ita distinxerunt sapientissimi Græcorum, ascribentes proprie Patri primam causam processionis, a quo proprie est et Filius generatione, et a quo Spiritus sanctus est processione.

(25) *Hom. de sancto et adorando Spiritu.*
(26) Idem ibid.

(27) Idem ibid.

Filio autem ascribentes ejusdem Spiritus sancti processionem, non tam proprie, quoniam ipse Filius non est a semetipso, nec est causa suimetipsius, ideoque nec proprie, nec prima causa est Spiritus sancti, ut ab eo proprie, sicut a Patre procedat. Itaque Pater a nullo est, Filius a Patre proprie est, Spiritus sanctus ab utroque est; a Patre tamen proprie est, quia Pater a nullo est, a Filio autem non ita proprie est, quia Filius non a nullo, sed a Patre est, et a Patre habet quod Spiritus sanctus ab ipso est: et ita concedo Spiritum sanctum a Patre, qui a nullo est, proprie procedere; a Filio autem, quia et ipse a Patre est, non ita proprie procedere, et hoc est quod distinxerunt, sicut jam dixi, sapientissimi Græcorum. »

CAPITULUM XXV.

Quod Spiritus sanctus, licet ab utroque procedat, tamen a Patre proprie et principaliter procedere invenitur, tam apud Latinorum, quam Græcorum scriptores.

Anselmus Havelbergensis episcopus dixit : « Quod Spiritus sanctus a Patre proprie procedat, non negamus, quia id ipsum doctores nostri nos docuerunt, sive hoc ipsi a vestris, sive vestri hoc ab ipsis habuerint. Unde Hieronymus(28) noster in *Definitione fidei catholicæ*, Nicænique concilii exponens, ait : « Credimus in Spiritum sanctum qui de Patre procedit. » Item : « Spiritum sanctum verum Deum invenimus in Scriptura, et de Patre proprie esse. » Et iterum : « De Patre Filius et Spiritus proprie, et vere de Patre Filioque, quia procedit. » Primum igitur accipe, quod de Patre proprie est Spiritus sanctus, dicente Scriptura : *Verbo Domini cœli firmati sunt, et Spiritu oris ejus omnis virtus eorum* (*Psal.* xxxii, 6). Et Salvator ait : *Spiritus veritatis qui de Patre procedit* (*Joan.* xv, 26). Item Beatus Augustinus doctor egregius in xv libro *De Trinitate*, cap. 17 : « Non frustra in hac Trinitate non dicitur Verbum Dei, nisi Filius; nec donum Dei, nisi Spiritus sanctus; nec de quo genitum est Verbum, et de quo procedit principaliter Spiritus, nisi Deus Pater. » Idem lib. xv *De Trinitate*, cap. 17 : « Et Spiritus sanctus principaliter de illo procedit, de quo natus est Filius. Ideo autem addidi, principaliter, quia et de Filio Spiritus sanctus procedere reperitur. Sed hoc quoque illi Pater dedit non jam existenti, et nondum habenti, sed quidquid unigenito Verbo dedit, gignendo dedit. Sic ergo eum genuit, ut etiam de illo bonum commune procederet. » Item Augustinus lib. xv *De Trinitate*, cap. 26 : « Sicut Filio præstat essentiam sine initio temporis, sine ulla mutabilitate naturæ de Patre generatio; ita Spiritui sancto præstat essentiam sine ullo initio temporis sine ulla mutabilitate naturæ de utroque processio. » Idem in eodem : « Filius de Patre natus est, et Spiritus sanctus de Patre principaliter, et ipso sine intervallo temporis dante communiter de utroque procedit. » Et infra : « Non ab utroque est genitus, sed procedit ab utroque amborum Spiritus. » Item in sequenti capitulo : « Neque possumus dicere quod non sit vita Spiritus sanctus, cum vita Pater, vita Filius sit; ac per hoc sicut Pater cum habeat vitam in semetipso, dedit et Filio vitam habere in semetipso, sic ei dedit vitam procedere de illo, sicut et procedit de se ipso. »

« Ex his verbis beatorum doctorum Hieronymi et Augustini satis concedendum puto, Spiritum sanctum proprie et principaliter ex Patre tanquam a prima causa procedere, quia sic ex Patre procedit quasi primo loco, dum eum Pater ab alio non habeat, sed a seipso. Pater quippe prima causa est, et primæ causæ causa non est; Filius vero cum a se ipso non sit, sed a Patre, hunc ipsum Spiritum sanctum a se quoque procedentem non a se, sed a Patre habet, a quo et ipse per generationem esse habet. Est itaque Pater principalis auctor et causale principium tam generationis ad Filium, quam processionis ad Spiritum sanctum : ideoque tametsi non legatur adeo proprie et principaliter a Filio procedere; tamen sicut verum est eum a Patre procedere, ita quoque sublata omni ambiguitate verum est eum a Filio procedere, et nulla processionis ejus inæqualitas admittitur, cum ab utroque, sicut dictum est, æqualiter procedere affirmatur. Quanquam autem persona Patris a quo proprie procedit, non sit eadem persona Filii a quo nihilominus procedit; tamen nequaquam videtur dicendum, duas esse processiones differentes, nec duos Spiritus sanctos, sicut duæ sunt personæ Patris et Filii differentes : sed una tantum et unius dicenda est processio ab utroque, quia nec prius a Patre, nec postea a Filio; sed simul a Patre et a Filio est una eademque Spiritus sancti æterna et substantialis processio. Qui videlicet Spiritus sanctus ab utroque simul et semel substantialiter et æternaliter procedens, totam Trinitatem una cum Patre et Filio personaliter, id est personali pluralitate constituit. »

Nechites archiepiscopus Nicomediæ dixit : « Satis videmur jam posse convenire, quia et nostri et vestri doctores non inveniuntur usquequaque in hac sententia discrepare; si tamen eorum scripta recte intelligantur, qui vel apud nos, vel apud vos de hac quæstione diligentius scripsisse inveniuntur. Sed quid dicis de hoc, quod quidam Græcorum sapientes dicunt Spiritum sanctum a Patre per Filium procedere? »

CAPITULUM XXVI.

Quod quidam Græcorum et etiam Latinorum putaverunt Spiritum sanctum procedere a Patre per Filium, inducentes quasdam similitudines minus idoneas.

Anselmus Havelbergensis episcopus dixit : « Ignota

---

(28) Hieron. *In explanatione fidei ad Cyrillum*, initio epist. et sub finem.

sunt mihi ista verba et inusitata, ideoque quid super hoc respondeam, ad præsens non habeo, nisi quod Apostolus monet : *Verborum novitates devita* (*I Tim.* vi, 20). Verumtamen qui hoc dicunt, quo sensu dicant, ipsi viderint. Ego profecto legi in quodam libro, quem conscripsit Hilarius Pictaviensis episcopus, doctor quondam famosissimus, De Trinitate in tomo XII, quædam his similia; ita enim loquitur idem Hilarius (29) ad Deum Patrem : « De ipso et Filio in sancto Spiritu tuo ex te profecto et per eum misso. » Item : « Ex te per eum Spiritus sanctus tuus est. » Item : « Filium tuum una tecum adorem, Spiritum sanctum tuum, qui ex te per Unigenitum tuum est, promerear. » Ista dicit Hilarius, quæ ego puto satis suscipienda cum præmissa determinatione, quoniam Pater a nullo hoc habens, Filius autem a Patre hoc habens, Spiritum sanctum uterque a se procedentem emittunt.

« Quod autem Spiritus sanctus de Patre procedat in Filium, et sic per Filium procedat ad sanctificandam creaturam, et non simul de utroque procedat, absurdissimum est, non solum dicere, sed etiam cogitare, quanquam aliqui admodum insipientes, et de hoc stulte theologizantes, tale stultitiæ suæ proponunt exemplum. Sicut, inquiunt, Filius hominum ex Patre procedit in matrem, et ex matre procedit in hanc lucem, naturaliter de substantia utriusque existens ; ita profecto Spiritus sanctus a Patre in Filium, et per Filium ad sanctificandam creaturam procedit. Tales qui talia dicunt, quoniam in tempore sunt, temporaliter loquuntur, et seipsos fallunt assignantes temporalia æternis : cum enim Filius hominum procedit ex patre in matrem, tunc non procedit ex matre in lucem, et cum in hanc lucem procedit ex matre, non tunc procedit ex Patre. Ideoque trahentes hanc ineptam similitudinem, trahuntur non immerito in errorem, et in ejusdem erroris justam condemnationem.

« Alii se supra se in theologiam extendentes, et tamen multum infra theologiam remanentes, non minus ineptam similitudinem sibi adinveniunt, dicentes, quod sicut lacus ex fonte, non ex rivo, sed per rivum procedere dicitur, in quem videlicet rivum aqua ipsius lacus de fonte prodiens, per eum transit ac pervenit in stagnum, sic et Spiritus sanctus ex Patre proprie procedere dicatur quasi a summa origine, in Filium quasi in rivum, et ita per Filium quasi per rivum ad sanctificandos homines, quasi in stagnum hujus sæculi. Verum ego miror et perhorresco hujusmodi similitudines de comprehensibilibus ad incomprehensibilia erectas, quæ cum ad cognitionem veritatis attingere nequeant, longe infra remanent, et animos intendentium sua occupatione impediunt, et plerumque a recta fide avertunt, cum objecta mole corporalium creaturarum, iter pervestigandæ veritatis in divinis et spiritualibus occludunt. Sicut autem ambulantes in fide omnia talia postponunt, et post se projiciunt, et in fide speculativo intellectu proficiunt, et se supra se humiliter erigentes in altiora transcendunt ; ita ambulantes in ratione, et in similitudine veri inhærentes, sarcina humanæ ignorantiæ gravati, et sopore falsæ opinionis depressi, retro remanent digni qui post fidem cum ratione remanente remaneant; et indigni, qui cum fide præcedente rationem antecedant. Itaque tales et tam ridiculosæ similitudines nequaquam a sapientibus inducantur; sed sicut jam supra, sicut puto, satis determinatum est, fides Catholica teneatur de processione Spiritus sancti a Patre et Filio : et si forte aliqua aliena scriptura invenitur, quæ tamen propter auctoritatem scribentis in veneratione suscipienda et legenda est, quemadmodum præfati Hilarii episcopi, qui magnæ auctoritatis est in ecclesia : illa, inquam, scriptura tametsi videatur aliquid alienum insinuare, tamen ita legenda, et eo usque exponenda est, quo ad illarum scripturarum concordiam perducatur, et ad legem charitatis catholico sensu perveniatur. »

Nechites archiepiscopus Nicomediæ dixit : « Iste Hilarius, de quo dicis, Pictaviensis episcopus multis Græcorum conciliis antiquitus interfuisse invenitur, et magnæ opinionis apud nostros fuit et est, cujus scripta tu modo in medio prolata satis caute determinasti. Nos quoque si quando his similia in codicibus nostrorum doctorum invenimus, simili determinatione determinamus. Cum enim in Scripturis sanctis de aliqua vera sententia constat, non est difficile prudenti lectori verba quolibet modo scripta ad veritatem sententiæ inclinare. Proinde noverit charitas tua, præmissis tot rationibus, et suppositis tot auctoritatibus, me et quoslibet sapientes Græcorum stare tecum in eadem sententia de processione Spiritus sancti : verumtamen nolo ut putes nos modo per te in hac tua disputatione superatos hoc confiteri, quoniam sapientes Græci semper hanc sententiam tenuerant ; et si quando a sapientibus Latinis hæc eadem quæstio humiliter mota est, quod corde crediderunt, ore confessi sunt, et omnibus quæ de hac quæstione scripta sunt revocatis ad legem charitatis, tam Latini sapientes, quam Græci sapientes, concorditer in unum consenserunt. At vero nihil nostra interest, quid vel stulti Græci, vel superbi Latini inter se dicant et contendant. »

CAPITULUM XXVII.

De concordia hujus quæstionis, et de tollendo scandalo de medio utriusque gentis, auctoritate Romani pontificis per concilium generale.

Anselmus Havelbergensis episcopus dixit : « Gratias agamus Spiritui sancto, qui nos hanc quæstionem fraterna pace et concordi confessione in præsentia tantorum virorum, qui et ipsi nobiscum

---

(29) Hilarius, lib. xii *De Trinit.*, sub finem.

concordant, finire voluit. Nihil ergo jam aliud restat, nisi quod Spiritum a Patre et Filio procedere, sine aliqua hæsitatione, sicut credis, ita doceas, ita scribas, et cum sancta Romana Ecclesia, quæ mater est omnium Ecclesiarum, et quæ hoc docet et scribit, ejusdem (30) fidei concordiam habeas. Non enim habet Dei charitatem, qui Ecclesiæ non diligit unitatem, a qua etiam qui discordat, sicut beatus Ambrosius Mediolanensis archiepiscopus dixit, hunc plane hæreticum esse constat; quicunque enim præsumptione atque obstinatione nititur, cum ratione et auctoritate suffragante superatur, sine venia ignorantiæ peccat, ideoque gravius offendit. Decet etiam sanctitatem tuam et humilitatem meam, cum simus episcopi, ut non solum scienter doceamus ea quæ scimus, sed etiam patienter discamus ea quæ forte ignoramus. »

Nechites archiepiscopus Nicomediæ dixit : « Tuam humilitatem, frater charissime, amplector, et eam devotionem quam habere videris ad veritatem fidei, admiror, et fateor : nequaquam possum non commoveri te loquente; assentio etiam omnibus quæ dixisti, et accedo toto animo et toto corpore. Porro verba hæc : *Spiritus sanctus procedit a Filio*, quoniam hactenus non sonuerunt publice in Ecclesiis Græcorum, nequaquam subito possunt induci, ut sine aliquo scandalo plebis vel aliquorum minus prudentium publice doceantur, vel scribantur; sed aliquod generale concilium occidentalis et orientalis Ecclesiæ auctoritate sancti Romani pontificis, admittentibus piissimis imperatoribus celebrandum esset, ubi hæc et nonnulla alia Catholicæ Ecclesiæ necessaria secundum Deum diffinirentur, ne forte vos vel nos in vacuum curreremus. Extunc omnes nos qui in partibus orientis Christiani sumus, una cum sancta Romana Ecclesia, et cum cæteris Ecclesiis quæ sunt in occidente, communi voto et pari consensu sine aliquo nostrorum scandalo verbum hoc, *Spiritus sanctus procedit a Filio*, libenter susciperemus, et prædicaremus, et doceremus, et scriberemus, et in Ecclesiis orientis publice cantandum institueremus. »

Anselmus Havelbergensis episcopus dixit : « Utinam hoc videam, et tam sancto concilio interesse merear, ubi princeps apostolorum Petrus in persona vicarii sui Romani pontificis cum universa Ecclesia in unum collecta, quæ illi a Deo commissa est, consedeat, et Spiritus sanctus, de quo tractavimus, super omnes descendens, et omnem veritatem tunc et usque ad consummationem sæculi docens, omnes unum in Christo cum Petro et in fide Petri faciat! Utinam, utinam, utinam! Deus velit, Deus velit, Deus velit! *Doxa si o Theos, Doxa si o Theos, Doxa si o Theos!* Item alii clamantes dixerunt : Bonum est, bonum est, bonum est. Ita fiat, fiat, fiat ! »

(30) *Ejusdem fidei.* Ita emendavimus, cum editum esset *ejusdem fieri.*

LIBER TERTIUS.

De diverso Eucharistiæ ritu Græcorum et Latinorum, videlicet azymi et fermentati, et de auctoritate Romanæ Ecclesiæ.

CAPITULUM PRIMUM.

De collatione quæ facta est in basilica Sanctæ Sophiæ in præsentia sapientum Græcorum.

Anselmus Havelbergensis episcopus dixit : « Cum in præterita hebdomada in loco, qui vocatur Pisanorum vicus, convenissemus, et de processione Spiritus sancti tractaremus, idem Spiritus sanctus docens omnem veritatem, nobiscum adfuit, et quid de ipso, seu de sua processione sentiendum esset, ipse nos mutua collatione sufficienter edocuit, et post multos non contentiosæ et fraternæ disputationis anfractus, tandem in legem charitatis, et in ejusdem sententiæ concordiam nos humiliter composuit. Et quoniam omnium vestrum excellentiæ placuit ut in hac sancta basilica Sanctæ Sophiæ iterum conveniremus, in cujus absida nunc sedemus; sicut credendum est, quod idem Spiritus sanctus, qui replet orbem terrarum, nusquam desit per divinam essentiam; ita quoque sperandum st ut tantorum virorum conventui nunc etiam intersit, per inhabitantem et abundantem gratiam. Ita quippe scriptum est : *Ubi duo vel tres congregati sunt in nomine meo, in medio eorum sum* (*Matth.* XVIII, 20), dicit Dominus. Video etiam multo plures reverendas personas hic convenisse, et valde mihi meticulosum est, et etiam erubesco inter tantos doctores loqui, inter quos ego me tanquam nullum existimo ; et si quid pro mea parvitate locutus fuero, idipsum ignoro, si vel commendatione, vel reprehensione dignum apud vos habeatur. Verum si in medio doctorum inventus fuero interrogans et audiens, nequaquam mihi hoc erit inglorium, præsertim cum ipse Filius Dei, sapientia Dei, in medio doctorum sedens, et interrogans et audiens, exemplum humilitatis seipsum nobis præbuerit. Ego sane magis volo interrogando aliquid boni dicere, quam pro nimia verecundia, cum tempus est loquendi, tacere, et tacendo quod scire desiderabam, ignorare. »

Nechites archiepiscopus Nicomediæ dixit : « Grætia Dei nos ita priorem quæstionem salva charitate pacificis verbis consummavimus, ut jam sit jucundum nobis tecum conferre, non in disceptatione verborum, sed in inquisitione sententiarum; ideoque non sit tibi meticulosa præsentia tantorum virorum, quia non idcirco huc convenerunt, ut tibi aliquam calumniam quacunque occasione inferrent, sed ut te loquentem consueta Græcorum mansuetudine audirent : audierunt enim prius de ea quam in præterita hebdomada nobiscum habuisti, quæstione, et summopere desiderabant et desiderant dulcedinis tuæ verba audire, et sive in interrogatione, sive in responsione tua, cupiunt aliquid novi quod bonum sit, apprehendere. Scriptum est enim : *Audiens sapiens sapientior erit* (*Prov.* 1, 5). Absit autem quod aliquid tibi a quolibet nostrorum occurrat, quod vel tuam, vel nostram minus deceat honestatem, vel unde tu juste turbari debeas, nisi forte occasione disputationis hoc fiat, quod etiam studiose cavendum est. Dic ergo quod placet. »

CAPITULUM II.

Quod universalis Ecclesia tribus modis existere dignoscitur, sanctarum Scripturarum auctoritate, universali traditione, singulari institutione.

Anselmus Havelbergensis episcopus dixit : « Universalis Ecclesia per orbem diffusa tribus modis existere dignoscitur : nam quidquid in ea tenetur, aut auctoritas est sanctarum Scripturarum, aut traditio universalis, aut certe propria et singularis institutio; sed auctoritate tota Ecclesia constringitur, universali quoque traditione majorum nihilominus tota obligatur, privatis constitutionibus et propriis informationibus unaquæque, vel pro locorum varietate, vel prout unicuique bene visum est, subsistit et gubernatur. Unde miror valde quod orientalis Ecclesia tantum differt ab occidentali Ecclesia in diverso ritu sacrificandi, in sacramentis altaris, in confectione corporis et sanguinis Domini, quod vos vocatis eucharistiam, maxime cum ista sit universalis majorum traditio, quinimo, ut verum, et quod majus est, dicam, ipsius Jesus Christi Domini nostri inviolabilis et semper tenenda institutio. Sancta enim Romana Ecclesia omnibus catholicis jure imitanda, studiose et ex antiqua institutione in sacramento altaris azymo utitur, et tanquam mater omnium Ecclesiarum omnibus occidentalibus Ecclesiis id ipsum tradidit. »

CAPITULUM III.

Quod Græci contra universalem traditionem se a ritu Romanæ Ecclesiæ sequestrant, et in fermento sacrificant.

« Orientalis Ecclesia seipsam ab obedientia sacrosanctæ Romanæ Ecclesiæ, et ab unitate tantæ communionis sequestrans, dum mavult aliquid novum et singulare moliri, quam tenere universalem consuetudinem, et quasi sacrilegio proprii schismatis seipsam sauciando vulnerat, in confectione corporis Domini fermentato [utitur], et hoc facit studiose, et quasi propriæ auctoritatis institutione. Quod dico, studiose, ita volo intelligas ut Græcus in sacramento altaris ita studeat habere fermentatum panem, ut si forte fermentatum non habeat, nec ullatenus habere queat, potius a ministerio altaris prorsus abstineat, quam azimum in consecratione corporis Domini offerat. Unde sicut dixi, valde miror, et hujusce consuetudinis rationem vel auctoritatem libenti animo [a] te cognoscere desidero. »

Nechites archiepiscopus Nicomediæ dixit : « Patres nostri viri religiosissimi, et in lege divina eruditissimi ac devotissimi, qui in hoc patriarchico, in quo nunc sedemus, præfuerunt, et hanc regiam urbem una cum toto oriente in ecclesiastica disciplina gubernaverunt, quorum memoria hodie apud nos est, et in benedictione celebratur; qui etiam multa suarum sacrarum institutionum scripta nobis reliquerunt : ipsi in hac institutione fermentati et ritu sacramentali, nec ratione, nec auctoritate caruisse credendi sunt, ob quorum reverentiam nos ea quæ ad nos transfuderunt, inviolabiliter et debita veneratione tenemus, nec ea a quolibet retractanda judicamus, quantalibet officii auctoritate, seu vitæ sanctitate, seu eminentia scientiæ præfulgeat. Ideoque si Romana Ecclesia aliud tenet, sive tenendum docet, facit quod sibi placet, et pro arbitrio suo modo eligit quod vult, modo abjicit quod vult, modo probat quod vult, modo improbat quod vult, modo statuit quod vult, modo mutat quod vult, modo scribit quod vult, modo delet quod vult, modo imperat quod vult, modo prohibet quod vult : et in his omnibus sua propria utitur auctoritate, et invenit qui eam sequantur et imitentur, aut simplicitate bona aut simplicitate minus docta; quod etiam fortasse aliquando fit obtemperandi sola consuetudine, aliquando obtemperandi necessitate. Nos autem quod a sanctis Patribus nostris statutum et traditum suscepimus, hactenus tenuimus et tenemus, nec facile illud dimittere quacunque occasione audemus; quoniam si id tam præsumptuose vellemus relinquere vel immutare, sanctorum Patrum semper venerandam et nunquam spernendam reverentiam offenderemus, et ipsius sacramenti ritum, quem hactenus servabamus, quasi nullus et inanis fuisset, evacuaremus, et nos ipsos totius levitatis et instabilitatis reprehensibiles toti mundo ostenderemus. Magis autem volumus prædecessorum nostrorum inventum et institutionem defendendo tenere, et in lectulo tantæ auctoritatis jam fessi accumbere, quam inquirendo amplius etiam usitata reprobare, et ad inducenda nova laborare. »

CAPITULUM IV.

Quod melius est errorem, quamvis longo usu usitatum, considerata meliori ratione deponere, quam in eo contumaciter perseverare

Anselmus Havelbergensis episcopus dixit : « Nemo dubitet veritati manifestatæ consuetudinem cedere, quia consuetudinem ratio et veritas semper excludit : melius est errorem, quamvis longo usu usitatum, considerata meliori ratione humiliter deponere, quam in eo superbe perseverare, ac pertinaci contentione defendere. Nam nec debet quisquam pro eo quod semel imbiberit, pertinaciter contendere, sed si quid melius et utilius audierit, libenter amplecti ; et hoc quamplures boni fecisse leguntur. Cyprianus magnus magnæ Carthaginis quondam episcopus, martyr pretiosissimus, una mersione consueverat baptizare, abundans in suo sensu, et attendens unam fidem, unum Dominum, unam mersionem ; sed perspecta meliori ratione postea abundavit altiori sensu ter mergendo, et sanctam Romanam Ecclesiam imitando, attendens triduanæ sepulturæ sacramenta ; et quod resurrectio temporis exprimitur, dum infans tertio ab aquis educitur, et quod trina confessio rationabiliter postulat, ut sit trina mersio. Quamvis autem propter Trinitatis mysterium, et triduanæ sepulturæ sacramentum trina mersio recte celebretur ; tamen propter unitatem unius fidei et propter unam substantiam unius Dei, unum quoque baptisma recte reputatur. Nollem autem a tua prudentia talia audire, quia nec tuam religionem, nec alicujus qui se velit esse Christianum, decet honestatem, tam aliena loqui de sancta Romana Ecclesia. Esto autem interim, ut tu dixeris quod fuerit in oculis tuis : quamvis ego, si id æquo animo ferrem, a te utique æquo animo ferendus non essem ; sum etenim specialis filius Romanæ Ecclesiæ, nec erubesco me esse servum ejus, et hoc tu bene nosti : ideoque decuerat prudentiam tuam, ut mihi parcendo parcius de illa locutus fuisses, quoniam sciebas me nequaquam posse patienter sustinere vel minimam injuriam matris ac dominæ Romanæ Ecclesiæ. Sane ego sanctos Patres, qui orientalem Ecclesiam bene rexerunt, digna veneratione, si ut et tu, frater charissime, amplector, quia et studiosi investigatores, et constantes assertores catholicæ fidei plerique ipsorum fuere, quamvis etiam nonnulli eorum qui regiam hanc metropolim visi sunt rexisse, aliquando multum in fide errasse inveniantur. »

CAPITULUM V.

De primatu Romanæ Ecclesiæ ; et quod nullis hæresibus aliquando contaminata, sed semper Catholica fuerit.

Quod si eorum qui hic præfuerunt, auctoritas tanta est apud vos, ut eorum qualicunque statuta inviolabilia existimetis, et attenditis tantum eorum qui illa statuerunt, nudam auctoritatem, et non potius eorum quæ statuta sunt, veritatem; quare non potius suscipitis statuta sacrosanctæ Romanæ Ecclesiæ, quæ per Deum et a Deo et post Deum proximo loco auctoritatis primatum obtinuit in universa quæ per totum mundum sparsa est Ecclesia ? Ita enim de illa in Nicæno concilio primo a trecentis decem et octo Patribus statutum legitur.

« Sciendum sane est, et nulli catholico ignorandum, quoniam sancta Romana Ecclesia nullis synodicis decretis prælata est, sed evangelica voce Domini ac Salvatoris nostri primatum obtinuit, ubi dixit beato Petro apostolo : *Tu es Petrus, et super hanc petram ædificabo Ecclesiam meam, et portæ inferi non prævalebunt adversus eam; et tibi dabo claves regni cælorum ; et quæcunque ligaveris super terram, erunt ligata et in cælis ; et quæcunque solveris super terram, erunt soluta et in cælis* (Matth. xvi, 18, 19; xviii, 18). Addita est societas in eadem urbe Romana beatissimi Pauli apostoli, qui uno die unoque tempore gloriosa morte cum Petro sub principe Nerone agonizans coronatus est, et ambo pariter sanctam Romanam Ecclesiam Christo Domino, sanguine fuso, consecraverunt, aliisque omnibus in universo mundo sua præsentia atque reverendo triumpho prætulerunt.

« Prima ergo sedes est cœlesti beneficio Romanæ Ecclesiæ, quam beatissimi Apostoli Petrus et Paulus suo martyrio dedicaverunt. Secunda autem sedes est apud Alexandriam, etiam beati Petri nomine a Marco ejus discipulo et evangelista consecrata, quia et ipse primus in Ægypto verbum veritatis directus a Petro prædicavit, et gloriosum suscepit martyrium : cui etiam successit venerabilis Abilius. Tertia vero sedes apud Antiochiam, etiam beati Petri apostoli veneratione habetur honorabilis, quia illic priusquam Romam veniret, habitavit: et Ignatium episcopum instituit vel constituit, et illic primum nomen Christianorum novellæ gentis exortum est. Itaque alias quidem sedes, secundam videlicet in Alexandria, tertiam vero in Antiochia sui nominis tantum consecravit memoriæ ; primam vero sedem, quæ est in eminentissima et triumphatrice urbe Roma, princeps apostolorum Petrus sui corporis honoravit præsentia. Ad hoc etiam sancta Romana Ecclesia præ cæteris a Domino præelecta, speciali privilegio ab ipso donata est et beatificata, et quasi quadam prærogativa omnibus Ecclesiis præeminet, et jure divino antecellit Aliis namque diversis in temporibus variis hæresibus occupatis, et in fide catholica nutantibus, illa supra petram fundata et solidata semper mansit inconcussa, nullis falsis et sophisticis hæreticorum argumentis a simplicitate fidei, quam Simon Bar Jona, quod est *filius columbæ*, tenuerat, avelli potuit, quia scuto divinæ sapientiæ, Domine largiente, contra dolosas quæstiones semper munita fuit; nullis etiam terroribus vel minis imperatorum seu potentum hujus sæculi conquassari valuit, quia scuto fortissimæ patientiæ, confortante Domino, contra omnes impetus secura fuit. Unde et Dominus sciens alias Ecclesias hæretica impulsione nimium vexandas, et Romanam Ecclesiam, quam ipse supra petram fundaverat, nunquam in fide debilitandam, dixit Petro : *Ego pro te rogavi, Petre, ut non deficiat fides tua, et tu aliquando conversus confirma fratres tuos* (Luc. xxii, 32) ; ac si aperte ei dicat : Tu qui hanc gratiam accepisti, ut, aliis in fide naufragantibus, semper in fide immobilis et constans permaneas; alios vacillantes confirma et corrige, et tanquam omnium provisor, et doctor, et pater, et magister omnium curam et sollicitudinem gere. Merito ita privilegium prælationis super omnes accepit, qui in conservanda integritate fidei præ omnibus privilegium a Domino susceperat. »

CAPITULUM VI.

Quod Constantinopolitana Ecclesia fere semper gravissimis hæresibus fermentata laboraverit.

« At vero Constantinopolitana Ecclesia, ut salva pace tua et omnium assidentium dixerim; non enim veritatem debetis negare, quam etsi interdum liceat silere, nunquam tamen licet negare, quam innumeris hæresibus sæpe fermentata, postposita sinceritate fidei, contra Deum et apostolicam Ecclesiam cavernosis adinventionibus inflata intumuit, et quantum potuit, contra fidem Petri et sanam ejus doctrinam se contumaciter erexit! Hic viguit illa detestabilis Ariana hæresis, quæ primo in Alexandria pullulavit, et totum fere Orientem venenoso fermento polluit, necnon etiam quosdam episcopos de Occidente sibi immiscuit, quæ de Filio Dei tam infausta dicebat: Erat quando non erat, et priusquam nasceretur non erat; et quia ex nullis existentibus factus est, vel alia substantia, vel natura; et quia mutabilis et convertibilis est Filius Dei. In qua hæresi fuit præcipuus Eusebius, qui relicta hæreticorum (31) civitate primo concupivit et possedit Nicomediensem Ecclesiam, postea vero hanc Constantinopolitanam Ecclesiam invasit, et eodem fermento infecit, et ad mortem usque occupavit. Hic præfuit Constantinopolitanæ urbis episcopus, hæresiarcha maximus, et fermentum suæ hæresis ubique diffudit, qui purum hominem ex sancta Maria virgine natum asseruit, ut aliam personam carnis, aliam faceret deitatis, nec unum Christum in Verbo Dei et carne sentiret, sed separatim atque sejunctim alterum Filium Dei, alterum hominis prædicaret. Hic Macedonius præfuit Ariana hæresi involutus, et eodem pestifero fermento quoscunque potuit, contaminavit, qui etiam Spiritum sanctum creaturam asseruit. Hic Eutyches presbyter et Archimandrites fermentum suæ hæresis effudit: confessus est enim ex duabus naturis fuisse Dominum nostrum ante adunationem; post adunationem autem non duas, sed unam naturam confitens, faciens commistionem et confusionem. Fuerunt hic majores et minores, complures Arianæ præsumptionis sectatores.

« Hic Eudoxius prius in Antiochia, postea invasor hujus urbis episcopus præfuit, Ariana vesania seductus: hic astitit Eunomius hæreticus, quem idem Eudoxius in Cyzico fecit episcopum, expellere nisus Eleusium. Qui videlicet Eunomius so-phista præsumpsit contra Deum profana sophismatibus loqui, sic enim ait: « Deus de substantia sua nihil novit amplius quam nos, neque est illi potius, nobis aut agnita minus; sed quodcunque de illa novimus, hoc modis omnibus etiam ille novit. Quod autem rursus ille, hoc invenies immutabiliter in nobis. » Infinita quoque turba diversorum hæreticorum fermentum hæreticæ pravitatis hic semper exspuere consueverunt.

« Quis denique dinumerare queat omnes hæreticos, et omnes eorum errores qui in hac civitate fuerunt, et sanctam et immaculatam Dei Ecclesiam falsis dogmatibus fermentaverunt, et tunicam Christi impio schismate scindere tentaverunt? Aut enim hic ortæ sunt hæreses, et abhinc quacunque disseminatæ, aut undecunque per Orientem ebullierunt, in hanc civitatem quasi in sentinam confluxerunt; et hic coadunatæ cœnosum stagnum fecerunt, in quo quasi lutosæ ranæ sedentes, et argumentosis et sophisticis clamoribus perstrepentes auditum fidei, quid verbum veritatis sit (32), nec ipsi audierunt, nec alios audire permiserunt. De hoc etiam hæresum stagno tanquam absinthio multitudo simplicium inebriata est. Omnes itaque sordes hæreticæ pravitatis semper hic domicilium, et quasi proprium nidum habuerunt; et hic fermentum malitiæ et nequitiæ suæ miscuerunt, et illud communicandum quacunque potuerunt per orbem terræ non solum verbis, sed etiam fallacibus scriptis distribuerunt, et calicem mortiferum ab hac civitate, sicut prima et ingens Babylon, imperatoribus, regibus et principibus propinaverunt. De quo calice Ariana hæresi pleno biberat Constantius imperator, filius Magni Constantini imperatoris, sicut apparet in dialogo, qui inter ipsum et reverentissimum papam Liberium habitus est, quem conscripsit Theodoretus episcopus, ecclesiasticarum historiarum conscriptor: in quo nimirum dialogo sanctissimi papæ Liberii, qui a Sylvestro post Julium tertius fuit, fides supra firmam petram fundata, et ejus mirabilis constantia ostenditur, qui in Arianam vesaniam, nec in damnationem Athanasii Alexandrinorum episcopi, magni et incomparabilis viri, subscribere voluit, dum ab imperatore multas promissiones, et, sicut ibi legitur, multas minas pateretur. Qui etiam, quoniam columna immobilis erat, et propugnator veritatis, et petrinæ constantiæ privilegium obtinuit, ab eodem imperatore in exsilium in Thraciam deportari jussus est. Qui etiam bene Liberius vocatus est, quia libera fronte et libera voce veritatem qui Christus est, tunc confessus est.

« Quapropter Constantinopolitana Ecclesia et Alexandrina, et Antiochena, necnon et aliis fere omnibus Ecclesiis per Orientem constitutis, in fide catholica laborantibus, et naufragium patientibus,

---

(31) *Relicta hæreticorum.* Legendum profecto *Berytensium*, ut norunt ii qui in *Historia ecclesiastica* versati sunt.

(32) *Quid verbum veritatis sit.* Vera et idonea lectio, quam edidimus in ejus locum quæ priorem editionem insederat *qui.... fit.*

sola navicula Petri, licet multis persecutionum fluctibus tunderetur, et quantumlibet validus esset ventus ; nullum tamen hæreticæ subversionis passa est naufragium ; sed ut expurgaretur fermentum malitiæ et nequitiæ, quo hæretici corrumpebant Ecclesiam Dei, tam per se, quam per legatos suos, semper laboravit, et hodie laborat. Ita quippe beatus Petrus apostolorum princeps mandatum accepit a Domino dicente : *Et tu aliquando conversus confirma fratres tuos* (Luc. XXII, 32). Quia ergo sacrosancta Romana Ecclesia conservata virginitate rectæ fidei, opitulante Domino, Ecclesiarum omnium mater esse meruit, merito omnes qui filii Dei et Ecclesiæ dici et esse volunt, illam in omnibus ecclesiasticis sacramentis debita humilitate imitantur ; et licet pro diversitate cujusque gentis diversi mores et ecclesiasticæ consuetudines habeantur, et in his minime conformari possint omnes Romanæ Ecclesiæ ; tamen in ecclesiasticis, sicut dixi, sacramentis, nulla unquam debet esse discordia a sacratissima matre omnium Romana Ecclesia. Proinde quid putas? Estne securum Constantinopolitanæ Ecclesiæ decreta Romani pontificis non suscipere, vel etiam, ut verius dicam, contemnere? Quod si filii Ecclesiæ Romanæ nec esse, nec dici vultis, vos videritis, vos judicate. Si vero filii Ecclesiæ dici et esse vultis, cogitate quod scriptum est : *Fili, audi disciplinam patris tui, et ne derelinquas legem matris tuæ, ut addatur gratia capiti tuo, et torques collo tuo* (Prov. I, 8). Ego in mera charitate meram veritatem sincere, et sine omni fermento falsitatis locutus sum, tu quoque in eadem charitate, utinam fermento dimisso, responde quidquid vis. »

Nechites archiepiscopus Nicomediæ dixit : « Satis magna et sublimia de dignitate Romanæ Ecclesiæ locutus es ; sed ea quæ de hac Ecclesia subjunxisti, parcius potuerat dixisse modestia tua : decet autem et te et me propter eorum reverentiam qui præsentes sunt, et qui te loquentem patienter audierunt, ut tu me respondentem ea æquanimitate audias, qua ego te audivi. Hoc enim postulat charitas in qua convenimus! »

CAPITULUM VII

Quod Græci dicunt tres patriarchales sedes aliquando fuisse sorores, inter quas Romanæ Ecclesiæ primatum non negant.

« Primatum Romanæ Ecclesiæ, quem tam excellentem mihi proponis, ego non nego, neque abnuo, siquidem in antiquis nostrorum historiis hoc legitur, quod tres patriarchales sedes sorores fuerant, videlicet Romana, Alexandrina, Antiochena, inter quas Roma eminentissima sedes imperii primatum obtinuit, ita ut prima sedes appellaretur, et ad eam de dubiis causis ecclesiasticis a cæteris omnibus appellatio fieret, et ejus judicio ea quæ sub certis regulis non comprehenduntur, dijudicanda subjacerent. Ipse tamen Romanus pontifex, nec princeps sacerdotum, nec summus sacerdos, aut aliquid hujusmodi, sed tantum primæ sedis episcopus vocaretur. Nam et Bonifacius tertius, natione Romanus, urbis Romanæ episcopus, ex Patre Joanne, obtinuit apud Phocam principem ut sedes apostolica beati Petri apostoli caput esset omnium Ecclesiarum, quia Constantinopolitana tunc temporis se primam omnium scribebat propter translatum imperium. Verumtamen ne vel Romanus pontifex, vel Alexandrinus, vel Antiochenus aliquid in suis Ecclesiis docerent vel instituerent, quod vel a fide, vel aliorum concordia discreparet, et ut omnes unum dicerent et prædicarent, statutum est quod duo legati in fide et sana doctrina eruditi a Romana Ecclesia semper mitterentur, quorum alter Alexandrino, alter Antiocheno patriarchæ assisterent, qui eos in anologio (33) stantes, et publice de fide prædicantes diligenter observarent. Similiter duo ab Alexandria mitterentur, quorum alter Romano pontifici, alter Antiocheno in idem opus assisterent. Item ab Antiochia duo mitterentur, quorum alter Romano pontifici, alter Alexandrino pontifici in idem opus assisterent. Et ita quidquid in una istarum Ecclesiarum prædicaretur, quod Catholicum esset, auctoritate et testimonio aliarum confirmaretur : si quid vero forte contrarium fidei, et dissonum communioni, et alienum a veritate apud aliquam istarum Ecclesiarum diceretur, legati aliarum fraterna charitate ac humili monitione hoc corrigerent ; et si quidem corrigere non possent, et ille tanquam temerarius, et de se præsumens, errorem suum contentiose defendere vellet, statim per eosdem legatos ad aliarum sororum audientiam hoc deferretur. Quod si per epistolas canonice missas revocari posset ad concordiam sanæ doctrinæ, bene esset ; sin autem, concilium generale super hoc celebraretur.

« Quia vero divina voluntate in hanc regiam urbem translatum est imperium, et factum est caput in Oriente, et nova Roma propter auctoritatem imperii nuncupata est, statutum est etiam a centum et quinquaginta episcopis, qui in hac urbe convenerunt, quando beatus Nectarius ordinatus est hujus sedis episcopus, damnato Maximo Cynico, qui Apollinaris contagio laborabat ; tunc, inquam, statutum est, adnitente piissimo imperatore Theodosio Majore, quod sicut antiqua Roma propter honorem imperii primatum in causis ecclesiasticis a sanctis Patribus antiquitus obtinuit, ita quoque hæc junior et nova Roma propter dignitatem imperii haberet primatum ecclesiasticum post illam ; et sicut secunda Roma, ita et secunda sedes appellaretur esset, et omnibus Ecclesiis totius Asiæ, Thraciæ et Ponti præesset, et causas ecclesiasticas tractaret, et auctoritate propria diffiniret. Itaque legati custodes catholicæ fidei, qui prius Romanam, Alexan-

---

(33) *Anologio.* Hoc est *e suggestu.*

drinam, Antiochenam Ecclesiam perlustrantes mutua et fraterna observatione fidem custodiebant, destinati sunt in hanc quoque urbem regiam, et similiter hinc ad illos alii legati in idem ministerium destinati sunt, quatenus omnes unum dicerent, et in nullo veritatis dogmate discreparent. »

CAPITULUM VIII.

Quod Græci dicunt ideo se subtrahere a conciliis Romanorum pontificum, quia monarchiam Romani imperii diviserunt.

« Ita, frater charissime, in antiquis historiis nostrorum scriptum invenitur. Verum Romana Ecclesia, cui nos quidem inter has sorores primatum non negamus, et cui in concilio generali præsidenti primum honoris locum recognoscimus, ipsa se propter sui sublimitatem a nobis sequestravit, quando monarchiam, quod sui officii non erat, invasit, et episcopos et Ecclesias occidentis et orientis, diviso imperio, divisit. Et ob hoc si aliquando cum occidentalibus episcopis concilium sine nobis celebrat, illi decreta ejus suscipiant, et debita veneratione observent, quorum consilio dictat ea quæ dictanda judicaverit, et quorum conniventia statuuntur quæ statuenda decreverit. Nos quoque quamvis in eadem catholica fide a Romana Ecclesia non discordemus; tamen quia concilia his temporibus cum illa non celebramus, quomodo decreta illius susciperemus, quæ utique sine consilio nostro, imo nobis ignorantibus scribuntur? Si enim Romanus pontifex in excelso throno gloriæ suæ residens nobis tonare, et quasi projicere mandata sua de sublimi voluerit, et non nostro consilio, sed proprio arbitrio, pro beneplacito suo de nobis et de Ecclesiis nostris judicare, imo imperare voluerit, quæ fraternitas, seu etiam quæ paternitas hæc esse poterit? Quis hoc unquam æquo animo sustinere queat? Tunc nempe veri servi, et non filii Ecclesiæ recte dici possemus et esse. Quod si sic necesse esset, et ita grave jugum cervicibus nostris portandum immineret, nihil aliud restaret, nisi quod sola Romana Ecclesia libertate qua vellet, frueretur, et aliis quidem omnibus, ipsa leges conderet, ipsa vero sine lege esset, et jam non pia mater filiorum, sed dura et imperiosa domina servorum videretur et esset.

« Quid igitur nobis Scripturarum scientia? Quid nobis litterarum studia? Quid magistrorum doctrinalis disciplina? Quid sapientum Græcorum nobilissima ingenia? Sola Romani pontificis auctoritas quæ, sicut tu dicis, super omnes est, universa hæc evacuat. Solus ipse sit episcopus, solus magister, solus præceptor, solus de omnibus sibi soli commissis, soli Deo sicut solus bonus pastor respondeat. Quod si in vinea Dei voluerit habere cooperatores, ipse quidem conservato primatu suo exaltatus glorietur in humilitate sua, et non contemnat fratres suos, quos veritas Christi non in servitutem, sed in libertatem in utero matris Ecclesiæ generavit. *Oportet enim*, sicut dicit Apostolus, *omnes nos stare ante tribunal Christi, ut referat unusquisque prout gessit, sive bonum, sive malum* (II *Cor.* v, 10). Omnes dicit, Apostolus erat qui dixit, seipsum non excepit, nullum mortalium excepit. Omnes dixit, nec Romanum pontificem quidem excepit. Proinde [in] nullo symbolo hoc reperitur, quod Romanam Ecclesiam confiteri specialiter jubeamur; quinimo unam sanctam Ecclesiam catholicam et apostolicam confiteri ubique docemur.

« Hæc de Romana Ecclesia, salva pace tua, dixerim, quam ego tecum veneror, sed non tecum per omnia sequor, nec ex necessitate per omnia sequendam arbitror: cujus etiam auctoritatem tam excellentem tu pro nobis proposuisti, ut deposito ritu nostro ejus formam et imitationem in sacramentis indiscussa ratione et Scripturarum auctoritate susciperemus, et ut tanquam cæci clausis oculis ducentem sequeremur, quocunque illa proprio spiritu ducta præiret. Quod quam securum, seu honestum nobis fuerit, judicent tam Latini quam Græci sapientes. »

CAPITULUM IX.

Commendatio Romanæ Ecclesiæ, quam diligentissima sit in examinandis et dijudicandis ecclesiasticis causis.

Anselmus Havelbergensis episcopus dixit: « Non gravetur charitas tua, si ego cursum verborum tuorum intercipio; multa enim et valde nimia et inepta ironia videris mihi uti adversus Romanam Ecclesiam, ideoque subsannationem tuam sustinere non valens, sermonem tuum præoccupavi, ne in utilibus magis inutilia adhuc adderes. Quod si nosses Romanæ Ecclesiæ religionem, sinceritatem, æquitatem, mansuetudinem, humilitatem, pietatem, sanctitatem, sapientiam, discretionem, benevolentiam, compassionem, constantiam, justitiam, fortitudinem, prudentiam, temperantiam, puritatem, et ad omnes charitatem, et super omnia in examinandis ecclesiasticis causis diligentissimam ejus investigationem, et liberrimam in danda sententia veritatem; si, inquam, hæc in Romana Ecclesia ita, sicut ego, certa experientia cognosceres, nequaquam talia dixisses, vel etiam cogitasses, quin potius nullo invitante in omnem ejus communionem sine mora sponte transires, et ad obedientiam tantæ sanctitatis qua in se nitet, et æquitatis qua ad alios se extendit, festinando curreres, nec quemquam te retardare volentem audires: si tamen vis esse tam alienæ sanctitatis amator, quam tuæ consuetudinis defensor.

« Scimus quidem a centum quinquaginta episcopis in hac urbe sub Theodosio collectis præsumptuose statutum, quod Constantinopolitana ecclesia tanquam secunda Roma, secunda quoque sedes appellaretur et esset, et Ecclesias Ponti et Asiæ, et Thraciæ, et eas quæ barbaricis locis essent, auctoritate propria gubernaret, et earum causas ad se perlatas per se diffiniret. Scimus etiam quod omnes episcopi Chalcedonensis concilii numero ducenti triginta scripserunt Leoni papæ, rogantes ut Martiano et Valentiniano imperatoribus satisfaciens, Constantinopolitanæ ecclesiæ præ cæteris metropolitanis hoc præstaret, quatenus liceret ei ordinare metropolitanos provinciarum Asiæ, et Ponti, et Thraciæ. Sed Leo papa reverentissimus rescripsit, omnia quidem gesta sanctæ Chalcedonensis synodi confirmans, sola vero illa infringens et omnino evacuans, quæ per præsumptuosam ambitionem Constantinopolitanorum gesta sunt, eo quod essent contra statuta Nicæni concilii. Unde miranda est tanti viri prudentia, quod tu statutum, imo præsumptionem a centum quinquaginta episcopis in hac urbe factam pro auctoritate inducere voluisti, præsertim cum ecclesiastica regula jubeat nullum ea debere habere vigorem, quæ præter Romani pontificis sententiam præsumuntur, et quæ ab eo apostolica auctoritate ac subscriptione non firmantur, nis forte tu illud quidem statutum legisti, apostolicas vero epistolas a beatissimo papa Leone contra idem statutum conscriptas non legisti, in quibus prorsus evacuatur, et tanquam Nicæno concilio contrarium, in irritum ducitur.

Nechites archiepiscopus Nicomediæ dixit : « An videtur tibi, soli Petro, et non potius omnibus apostolis dictum a Domino : *Quorum remiseritis peccata, remittuntur eis; et quorum retinueritis, retenta erunt?* (Joan. xx, 23.) Et iterum : *Quæcunque ligaveritis super terram, erunt ligata et in cælis; et quæcunque solveritis super terram, erunt soluta et in cælis* (Matth. xvi, 29). Quinimo non soli Petro, sed omnibus cum Petro, et cum omnibus Petro indifferenter dictum a Domino creditur. Nec super solum Petrum descendit Spiritus sanctus in Pentecoste a Domino missus, qui omnibus æqualiter apostolis ante fuerat promissus, sed omnes simul inflammavit, et non impari dono nec impariter, sed pari dono omnes pariter, sicut promissum fuerat, donavit. Sic ergo recognoscamus Petro acceptam a Domino potestatem, ut non putemus imminuendam cæterorum apostolorum auctoritatem, qui utique æqualiter omnes sine aliquo invicem præjudicio vel usurpatione, tanquam vere mites et humiles corde, eumdem Spiritum sanctum acceperunt, et in eodem Spiritu sancto eamdem potestatem ligandi atque solvendi susceperunt. Nec recte soli Petro videtur attribuendum privilegium, quod ab ipso Domino donante commune est omnium. Cavendumque est ne cæteris in eadem potestate eamdem prærogativam habentibus derogetur, dum uni tantum, quæ est omnium auctoritas ascribitur. Sic autem honoretur Petrus apostolorum duodecimus, ut cæteri undecim apostoli ab auctoritate sui apostolatus non excludantur, quem certe non a Petro, sed ab ipso Domino, sicut et ipse Petrus, æquali et non dissimili dispensatione acceperunt. »

CAPITULUM X.

Quod licet non soli Petro, sed etiam cæteris apostolis data sit potestas ligandi et solvendi; et licet non super solum Petrum, sed etiam super alios apostolos Spiritus descenderit; tamen principatus Petri cæteris omnibus est excellentior.

Anselmus Havelbergensis episcopus dixit : « Fateor quoniam non super solum Petrum, verum etiam super omnes apostolos Spiritus sanctus descendit, nec soli Petro, sed et aliis omnibus dictum est : *Accipite Spiritum sanctum; quorum remiseritis peccata, remittuntur eis; et quorum retinueritis, retenta sunt* (Joan. xx, 23). Verumtamen specialiter ad Petrum sermonem hunc dirigens, et eum tanquam janitorem cœli constituens, ait : *Et tibi dabo claves regni cælorum* (Matth. xvi, 19). Et rursum : *Pasce*, inquit, *oves meas* (Joan. xxi, 17). Cui etiam ante omnes confitenti et dicenti : *Tu es Christus Filius Dei vivi*, dixit : *Beatus es, Simon Petre, quia caro et sanguis non revelavit tibi, sed Pater meus qui in cœlis est* (Matth. xvi, 16, 17). Manifeste docens Petrum primo cœlesti inspiratione edoctum veritatem fidei, quam postea per ejus manifestam confessionem cæteri didicerunt apostoli. Nam et Dominus Jesus non Andreæ, non Joannis, non Jacobi, nec alicujus alterius, sed solius Petri naviculam ascendit, et sedens docebat turbas, figuraliter ostendens a sancta Romana Ecclesia, cui præficiendus erat Petrus princeps apostolorum, evangelicam et apostolicam doctrinam in turbas populorum per omnem mundum profluxuram. Ipsi quoque apostoli recognoverunt principaliter beato Petro personaliter collatum : quod satis patenter ostenditur in libro Lucæ, qui inscribitur *Actus apostolorum*. Nam cum apud Antiochiam altercatio esset inter aliquos apostolos, utrumne fidelibus qui venerant ex gentibus circumcisio imponenda esset, missum est in Jerusalem ad Petrum et alios seniores apostolos qui cum ipso erant, super hac quæstione. Convenientibus omnibus, et magnam super hoc verbo conquisitionem agitantibus, Petrus tanquam primatum habens in medio omnium surgens, de non imponenda gentibus circumcisione sententiam promulgavit, et collata sibi a Domino auctoritate, quod dubium videbatur, diffinivit; probans hoc ostensa sibi lintei visione, et Cornelii et aliorum gentilium conversione. Cui etiam Jacobus Jerosolymorum episcopus, et universi qui aderant, apostoli et seniores in eadem sententia humiliter acquiescentes, obediverunt.

« Petrus inter apostolos ætate senior, fide certior, in audiendis verbis vitæ æternæ simplicior, unde et Barjona, id est *filius columbæ* appellatus est; in dandis reddendisque responsis inter Christum et apostolos promptior, in sanandis infirmis etiam sui corporis umbra efficacior; qui etiam post ascensionem Domini vice Christi illam novellam et primitivam suscepit Ecclesiam. Ipse Ananiam et Saphiram Spiritui sancto mentientes, spiritu oris sui exstinctos, ab Ecclesia et ab illa sancta societate sequestravit. Ipse Simonem Magum cum pecunia sua damnavit, et primatum sui apostolatus inter cæteros apostolos humiliter, major ubique virtutibus et miraculis, cooperante Domino, honorificavit. Quocirca nulli fidelium convenit aliquatenus dubitare, seu in quæstionem ponere, sed firmissime tenere, quod Petrus a Domino princeps apostolorum sit constitutus. Quemadmodum autem solus Romanus pontifex vice Petri vicem gerit Christi, ita sane cæteri episcopi vicem gerunt apostolorum sub Christo, et vice Christi sub Petro, et vice Petri sub pontifice Romano ejus vicario : nec in hoc aliquatenus derogatur alicui apostolorum, si unicuique humiliter suum attribuitur officium. »

CAPITULUM XI.

Quod hæreses in Constantinopoli, vel ubique in Oriente ortæ, sint etiam ibidem exstinctæ.

Nechites archiepiscopus Nicomediæ dixit : « Potest esse quod dicis. Cæterum paulo ante dixisti ecclesiam Constantinopolitanam, imo fere totum Orientem variis hæresibus contaminatum : hoc dixisti, et verum ex parte dixisti, quia et ego cum sim servus veritatis, veritatem negare non debeo. Sed dic, quæso, ubi sunt damnatæ illæ hæreses? Quis eas damnavit? Si hic a pravis et iniquis sunt exortæ, hic etiam a bonis et catholicis viris sunt damnatæ ; siquidem Constantino Magno imperatore ad fidem converso, et scribente Deo placitas leges pro Christianis, Roma cum suo occidente, et Constantinopolis cum suo oriente ex decretis imperatoris ad fidem cucurrit. Et quoniam nova et pluribus inaudita fides subito publice prædicabatur, et in hac civitate studia liberalium artium vigebant, et multi sapientes in logica, et in arte dialectica subtiles in ratione disserendi prævalebant, cœperunt fidem Christianam disserendo examinare, et examinando et ratiocinando deficere ; scrutantes scrutinia, et dicentes se esse sapientes, stulti facti sunt, et evanuerunt in cogitationibus suis, quia non humiliter investigaverunt quod pie et humiliter credere debuerunt ; et dum superba ratione humanæ scientiæ tendunt in altum, ceciderunt in infidelitatis profundum, et facti sunt hæretici multi, et fecerunt sibi sectas multas, et confusa et lacerata est fides Christiana, in multas et diversissimas hæreses divisa. Itaque Ecclesia Orientis videns tales abuti sæculari scientia, et per diversa loca diversis temporibus ebullire capita hæresiarcharum, missis ubique synodicis epistolis, adnitentibus piissimis imperatoribus, multa concilia celebravit. Primum in Nicæa Bithyniæ provinciæ, ubi damnata est hæresis Ariana, et symbolum fidei omnibus catholicis inviolabile auctoritate Spiritus sancti et trecentorum decem et octo Patrum compositum et confirmatum est.

« Deinde succedente tempore, succedentibus quoque diversis hæresibus, alia multa concilia ad destructionem diversarum hæresum, et ad ædificationem catholicæ Ecclesiæ celebrata sunt. Nam et in Chalcedonensi ecclesia, et in hac Constantinopolitana, et in Ephesina, et in Antiochena, et in Alexandrina generalia concilia solemniter habita sunt in damnationem hæreticorum, et ad corroborandam fidem et unitatem omnium Ecclesiarum. Unde sicut dixi, si hic exortæ sunt hæreses, hic etiam exstinctæ sunt ; videturque quod Ecclesia Dei occasione hæresum magis ac magis in scientia Scripturarum creverit, et majus robur fidei post exstinctas hæreses acceperit, adeo ut fide Catholica jam distincta, et jam ad plenum consummata, juste a sanctis Patribus inhibitum sit, quod nemo amplius de fide publice disputare audeat, præsertim cum nihil demendum vel addendum sit de cætero. Inventa quippe veritate, qui amplius quærit, quid aliud meretur invenire nisi mendacium? Potest equidem quis humiliter interrogando investigare, ut sibi de fide aliquid in notitiam veniat, quod ante aliquatenus ignorabat, tantum ne revocet illud in ambiguum contentiose, quod a sanctis Patribus certo fidei termino est diffinitum ; hoc enim nulli mortalium retractare licet, quoniam gravissimo anathemate interdictum est. Igitur hoc improperium quod nobis de hæresibus impingere voluisti, jam amplius cesset, quoniam quidem apud omnes sapientes plus debet valere veritas et virtus bonorum, quam mendacia et vitia malorum. Dic, quæso, ubi nunc sunt hæretici ? Non sunt hic, quorum nec nomen alicubi in Oriente auditur, sed a catholicis ubique per Orientem plana et sana fide Deo dignum obsequium exhibetur. Et fortasse in Romana civitate idcirco non surrexerunt hæreses, quia non adeo sapientes, et subtiles, et Scripturarum investigatores ibi fuerunt quemadmodum apud nos ; et sicut hæreticorum qui apud nos fuerunt, vana sapientia qua seducti sunt, culpanda est; ita nimirum laudanda est Romana imperitia, qua ipsi nec hoc, nec illud de fide dixerunt, sed alios inde dicentes et docentes simplicitate quasi minus docta audierunt. Quod contigisse videtur vel ex nimia negligentia investigandæ fidei, vel ex grossa tarditate hebetis ingenii, vel ex occupatione ac mole sæcularis impedimenti. Sicut enim doctorum est aut omnino bene, aut omnino male sentire vel dicere ; ita insipientium et indoctorum est nec bene, nec male sentire vel dicere [(34). De istis dicit Apostolus : *Nescientes neque quæ loquuntur, neque de quibus affirmant (I Tim.* I, 7). De illis dicit quidam sapiens : Dubitare de singulis haud erit inutile.] »

(34) *De istis dicit.* Quod uncinis inclusum est, videtur huic loco assutum ab imperito juxta et inepto amanuensi ; nam cum superioribus non cohærent : ac postremum comma e libro II, cap. 21, huc advectum est.

CAPITULUM XII.

Quod unum tantum sit caput Ecclesiæ in terris, videlicet Roma, et non duo, vel plura, sicut dicunt Græci; et quod Græcorum hæreses, non Græcorum, sed Romanorum pontificum auctoritate destructæ sunt.

Anselmus Havelbergensis episcopus dixit : Apostolus dicit : *Caput Ecclesiæ Christus, caput autem Christi Deus (Ephes. v, 23; 1 Cor. xi, 3).* Sed caput Ecclesiæ Christus, ascendens in altum, vicem suam in terris Petro apostolorum principi commisit. Petrus ad martyrium vestigia Christi sequens, Clementem sibi vicarium subrogavit, et sic Romani pontifices per ordinem consequenter vice Christi substituti, caput Ecclesiæ sunt in terris, cujus Ecclesiæ caput Christus est in cœlis. Noli itaque in uno corpore Ecclesiæ duo vel plurima capita facere, quia valde est indecens in quolibet corpore, et indecorum, et monstruosum, et perfectioni contrarium, et corruptioni proximum. Cum enim dicis quod a centum quadraginta Patribus in hac urbe congregatis statutum sit, quod Constantinopolis tanquam nova et junior Roma primatum in oriente super omnes Ecclesias habere debeat, et propria auctoritate causas ecclesiasticas diffinire valeat, quid aliud facis, nisi duo capita in uno corpore unius Ecclesiæ erigis, et altare contra altare exstruis, et quasi aliud Manichæorum bema ædificas et innovas : sicut enim illi hæretica pravitate, ab Ecclesia [se] dividentes, aliquando in Africa suum bema, videlicet sequestratum sacrificandi locum erexerunt, et diem quo Manichæus occisus in illa bematis celebritate pro Pascha frequentabant, tribunali vel altari quinque gradibus instructo, et pretiosis linteis adornato, ac in aperto posito et adorantibus objecto, et magnis honoribus honorato : ita nimirum vos in oriente nunc singularem ritum sacrificandi tenentes, et Ecclesiæ Romanæ vos opponentes, cornu singularitatis crexistis. Quod si jure translati imperii existimas debere fieri, jam non divino, sed humano judicio probaris inniti. Proinde si ab auctoritate urbis, eo quod in illa sedem regni esse dicatis, caput etiam Ecclesiarum hic constitutum putatis, eadem ratione in Antiochia, quæ non minus sedes regni fuisse dignoscitur, tertium caput Ecclesiarum statuere potestis. Nihilominus quoque in Babylone, quæ est metropolis Ægypti et sedes regni, quartum caput Ecclesiarum erigere potestis, si tamen eam imperio vestro addere, et legibus Christianorum subjugare potestis. Simili etiam ratione in civitate magna Baldach, quam dicunt sedem magni regni Persarum, quintum caput Ecclesiarum instituere potestis, si tamen et illam superare, et legibus ecclesiasticis subdere potestis. Et ita de singulis aliorum regnorum sedibus eadem ratio instituendorum ecclesiasticorum capitum potest adduci, et jam non unus Petrus, non unus princeps apostolorum, sed multi Petri et multi principes apostolorum invenirentur. Quod quam sit absurdum, tu videris; et qui præsentes sunt, et me et te audiunt, judicent.

Certum est igitur, et nulli qui sani sit capitis, dubium, quod sicut una est Ecclesia, ita et unius Ecclesiæ, unum caput est in terris; et hic est Romanus pontifex, quem non solum auctoritas humani imperii, sed majestas divini judicii principaliter omnibus præesse voluit, cujus quidem formam et institutionem maxime in ecclesiasticis sacramentis oportet omnes imitari, qui sub obedientia illius in fide Petri cupiunt salvari. Ita enim dicit beatus Ambrosius Mediolanensis archiepiscopus : *Qui a Romana Ecclesia discordat, hunc procul dubio hæreticum esse constat.* Quod autem dixisti hæreses hic exortas, hic esse mortuas; et hoc dixisti factum esse auctoritate sanctorum Patrum qui fuerunt in oriente, et qui in Nicæno concilio, et in aliis multis conciliis congregati sunt : miror tuam prudentiam quod ascribas membris, quod erat capitis; et quod assidentibus hoc attribuas, quod constat esse præsidentis. Qui videlicet sancti Patres, qui eisdem conciliis interfuerunt, si hodie omnes viverent, nullus eorum, nec omnes quidem simul aliquam auctoritatem alicujus concilii sibi usurparent, quin potius omnem conciliorum auctoritatem Romano pontifici recognoscerent, aut in propria persona præsidenti, aut per legatos suos universa confirmanti. Ecclesiastica namque regula quam ipsi non ignoraverunt, ita jubet : *Non oportet præter sententiam Romani pontificis concilia celebrari.* Sciendum est ergo quod hæreses hic exortæ sunt, Græcorum quidem errore; sed et hic quidem destructæ sunt, non Græcorum, sed Romanorum pontificum auctoritate.

Sylvester papa, natione Romanus, præcepit Nicænum concilium congregatis trecentis decem et octo episcopis sub Constantino Augusto celebrari, ubi auctoritate apostolica fides integra est exposita, et Arius, et Photius, et Sabellius, et eorum sequaces hæretici sunt damnati. Cui concilio, vice Sylvestri Romani pontificis, Victor et Vincentius urbis Romæ presbyteri præsederunt, et primi subscripserunt. Ipse quoque congregavit in urbe Roma ducentos septem et septuaginta episcopos, et iterum damnavit Calixtum, et Arium, et Sabellium. Innocentius papa, natione Albanensis, damnavit Pelagium et Cœlestium hæreticos. Qui Pelagius dicebat natum de Christiana matre denuo non oportere nasci per baptismum. Leo papa, natione Tuscus, constituit concilium fieri sub Martiano Augusto in Chalcedonia, ubi congregati sunt sexcenti triginta episcopi; ubi auctoritate apostolica fides Catholica exposita est, qua creduntur duæ naturæ esse in Christo, videlicet Dei et hominis ; et Eutyches Archimandrites, et Nestorius hujus urbis episcopus, et Dioscorus Alexandrinorum archiepiscopus damnati sunt. Huic concilio præsederunt Paschasinus Heracliensis episcopus, et Lucensius episcopus civitatis Ecclesiæ Ausculanæ, et Bonifacius presbyter sanctæ Romanæ Ecclesiæ, vicarii domini Leonis papæ, et vice ejus subscripserunt. Felix papa natione Romanus, facto concilio in sede sua (35) damnavit Acacium Constantinopolitanum episcopum, et Petrum Alexandrinum episcopum, eo quod essent Eutychianistæ. Gelasius papa, natione Afer, invenit Manichæos in urbe Roma, quos exsilio deportari fecit, quorum codices ante fores basilicæ Sanctæ Mariæ incendio concremavit. Hic facta synodo, et missis epistolis per orientem, iterum damnavit Acacium et Petrum.

Agapitus papa natione Romanus, veniens Constantinopolim ad Justinianum Augustum cum gloria susceptus est, in cujus præsentia convicit et damnavit Anthymium hujus urbis episcopum, qui seductus Eutychiana hæresi noluit duas esse naturas in Christo. Qui etiam Anthymius ab Augusto in exsilium missus est. Theodorus papa, natione Græcus, damnavit Pyrrhum Constantinopolitanum episcopum, qui prius Romam venerat, et condemnatis hæresibus quibus involutus erat, coram papa, rursus more canis ad proprium damnatæ hæresis vomitum repedavit. Idem papa, missis legatis in hanc urbem, damnavit Paulum hujus urbis episcopum, eo quod nec unam, nec duas voluntates, aut operationes in Christo Domino voluit confiteri. Martinus papa, natione Tuscus, habita synodo in Lateranensi patriarchio, cum episcopis centum quinque damnavit Cyrum Alexandrinum, Sergium, Pyrrhum et Paulum, patriarchas Constantinopolitanos, qui novitates contra immaculatam fidem præsumpserant innectere; et faciens exemplaria misit per omnem orientem et occidentem per manus orthodoxorum. Donus papa, natione Romanus, reperit in urbe Roma in monasterio, quod appellatur Boezanas, Nestorianitas monachos Syros, quos per diversa monasteria divisit, et ibi Romanos monachos instituit. Agatho, natione Siculus, rogatu piissimorum principum Constantini, Heraclii et Tiberii augustorum direxit missos suos in Constantinopolim pro facienda adunatione Ecclesiarum, Abundantium Paternensem, Joannem Regitanum, Joannem Portuensem episcopos, Theodorum presbyterum Ravennatem, Theodorum et Gregorium presbyteros, Joannem diaconum, Constantium subdiaconum. Isti ingressi urbem, cum magna honorificentia suscepti die Dominico, advocati sunt in processionem ad sanctam Dei Genitricem ad Blachernas in tanto honore, ut etiam de palatio caballos stratos eis dirigeret cum obsequio pietas imperialis, ut sic eos susciperet. Qui in basilica, quæ Trullus dicitur, præsedentes in synodo cum centum quinquaginta episcopis, et præsentantes locum beatissimi Agathonis papæ, residente imperatore sub regali cultu, damnaverunt Macharium patriarcham Antiochenum et suos sequaces, qui unam voluntatem et operationem in Christo asseruerunt, quem imperator Romam in exsilium misit. Statuerunt etiam ut duæ voluntates et duæ operationes in Christo dicantur. Eodem tempore Joannes episcopus Portuensis Dominicorum die octava Paschæ in ecclesia Sanctæ Sophiæ publicas missas coram principe et patriarchis Latine celebravit, et unanimiter in laudes et victorias piissimorum imperatorum Latinis vocibus omnes acclamaverunt.

Ecce vides quaslibet hæreses hic et ubique exortas a Petra fidei per Petrum apostolum collisas et destructas. Itaque non solum ex prædictis, verum etiam ex aliis multis conciliis per Orientem celebratis, necnon etiam ex plurimis Africanorum conciliis, in quibus variæ hæreses damnatæ sunt, constat Romanam Ecclesiam duo divina privilegia divinitus habere, videlicet præ omnibus incorruptam puritatem fidei, et super omnes potestatem judicandi. Quæ ergo præcelsa est in potestate, quis adeo imprudens ut illius auctoritatem et decretales sanctiones suscipere, et ejus ritum in ecclesiasticis sacramentis non eligat imitari? Quamobrem sufficiat tibi tandem auctoritas tanta, ut deposito ritu fermenti, azymo pane utaris in sacrificio altaris, et tam in hoc quam in aliis sacramentis conformem te exhibeas sanctæ et immaculatæ Romanæ Ecclesiæ, tanquam devotus filius obediens matri suæ.

Nechites archiepiscopus Nicomediæ dixit : Nos in hoc archivo hagiæ Sophiæ antiqua Romanorum pontificum gesta, et conciliorum habemus actiones, in quibus hæc eadem quæ dixisti de auctoritate Romanæ Ecclesiæ, reperiuntur; et ideo non parva verecundia nobis esset, si ea negaremus, quæ apud nos a Patribus nostris scripta præ oculis habemus. Verum neque ipse Romanus pontifex, neque missi sui aliquam auctoritatem in aliquo concilio, neque in damnatione alicujus in Oriente habuissent, nisi consensu et suffragio et adminiculo orthodoxorum episcoporum per Orientem constitutorum, qui zelo fidei aliquando cum Romana Ecclesia, aliquando etiam sine illa hæreses damnaverunt, et rectitudinem catholicæ fidei confirmaverunt. Quia vero tantopere auctoritatem sæpe dictæ Romanæ Ecclesiæ prætendis, dic mihi, quæso, quis Romanorum pontificum statuerit, ut azymo pane in sacrificio altaris utendum sit, in tantum ut necessitas urgere nos debeat quod illud suscipere cogamur; quod si non ceperimus, justæ damnationi subjaceamus.

CAPITULUM XIII.

Quod auctoritate et institutione Romanorum pontificum Melchiadis et Siricii dicunt se Græci fermento uti in sacrificio altaris.

Anselmus (36) Havelbergensis episcopus dixit :

---

(35) *In sede sua.* Ita emendavit Baluzius, cum legeretur *in fide sua.* Infra ubi legitur quod appellatur *Bœzanas,* idem Baluzius monuit edendum esse ex *Anastasio Bœtianum.*

(36) *Anselmus.* Totum hoc caput in priori editione Nechitæ tribuebatur, nos Anselmo reddidimus quod ejus esse nemo negaverit.

Fateor ego in ecclesiasticis libris qui apud nos sunt, nusquam scriptum inveni.

Nechites archiepiscopus Nicomediæ dixit : Sane Melchiades papa natione Afer, constituit, ut die Dominico oblationes sacratæ per ecclesias ex consecratu episcopi dirigerentur, quod declaratur fermentum. Et Siricius papa natione Romanus, constitutum fecit, ut nullus presbyter missam celebraret per omnem hebdomadam, nisi consecratum episcopi loci designati susciperet declaratum, quod nominatur fermentum. Si auctoritas Romanorum pontificum sufficere tibi videtur contra me, debet quoque mihi sufficere contra te. Tu quidem proponis mihi ritum sacrificandi in azymo, quem Romana Ecclesia tenet jam longa consuetudine; ego autem propono tibi scriptum Romanorum pontificum ex antiqua fermenti institutione. Si ergo me judicas tanquam prævaricatorem consuetudinis; ego nihilominus judico te in eodem tanquam prævaricatorem apostolicæ institutionis. Gravius autem et plus præsumptuosum offendere institutionem quam consuetudinem; hæc enim auctoritate et ipsius auctoris ratione tenenda probatur, illa vero solo usu undecunque orto utcunque tenetur. Etenim constitutum Romanorum pontificum catholicorum Melchiadis et Siricii de fermentato offerendo nulli dubium est, qui gesta Romanorum pontificum, ac diversas eorum constitutiones legendo noverit. Præterea, ut verius puto, et sicut ex quorumdam consuetudine, qui utique eadem auctoritate potiti sunt, colligi potest, Romana Ecclesia antiquitus in hoc non a Græcis, nec Græci ab illa discordabant; sed tam isti quam illi modo fermento, modo azymo, juxta quod opportunitas offerentium suadebat, indifferenter in ministerio altaris utebantur, nec quisquam eorum qui communicare vellent, sive Græcus, sive Latinus, aliquod scandalum in hoc patiebatur. Quod etiam ex hoc verius credi potest, quia cum in urbe Romana simul habitarent turba Græcorum et Latinorum, non solum Latini, verum etiam quamplurimi Græcorum præfuisse leguntur in sancta Romana Ecclesia. Anacletus papa natione Græcus fuit; Evaristus successor ejus, natione Græcus fuit; Telesphorus, Hyginus, Eleutherius, Antherius, Xystus, Eusebius, Zosimus, Joannes, item Joannes de patre Platone, Zacharias ex patre Policœno : isti omnes et quamplures alii, quorum nomina præsenti memoriæ non occurrunt, natione Græci, in Christiana religione et sana doctrina præcipui, in Romana Ecclesia præfuisse noscuntur.

Putasne quod inter istos Græcos prælatos et Latinos subditos fuerit quotidie contentiosa discordia de offerendo azymo, sive fermento, ita ut ipsi pontifices tanquam Græci, nunquam nisi fermentum obtulerint, et Romana Ecclesia eis in hoc nequaquam communicaverit? Et rursus Romana Ecclesia per Latinos sacerdotes nunquam nisi azymo usa fuerit, et Romani pontifices similiter se a communione Latinorum subditorum suorum propter oblatum azymum subtraxerunt? Quis hoc credat? Quis hoc affirmare audeat? Quomodo possent esse prælati catholici, quibus non communicarent subditi æque Catholici? Aut quomodo possent esse subditi catholici, quibus non communicarent pontifices æque catholici? Quomodo talis Ecclesia juste dici posset Ecclesia, in qua nulla prælatorum seu subditorum communicandi esset concordia? Quinimo potius credendum puto, quod, sicut dixi, omnes indifferenter usi sunt antiquitus nunc fermento, nunc azymo juxta præsidentis, seu offerentis arbitrium, sublato omni scandalo communicantium, sive Græcorum, sive Latinorum. Unde etiam intra muros amplissimæ Romæ apud beatum Cæsarium congregatio monachorum Græcorum usque hodie est, et foris muros via Latina in territorio Romano, in loco qui dicitur Crypta ferrea, est alia congregatio similiter monachorum Græcorum, qui adhuc, sicut vere compertum habeo, fermentatum offerunt : et hoc fit sine scandalo Romani pontificis, seu etiam eorum Latinorum inter quos habitant, et quibus communicantibus sibi communicant.

CAPITULUM XIV.

De hoc quod credi potest, quod apostoli et eorum successores nunc azymo, nunc fermento indifferenter usi fuerint; et quod Occidentalis Ecclesia alterum, Orientalis vero Ecclesia alterum paulatim totum deseruit.

Puto etiam id ipsum fecisse apostolos Christi, quos in consecratione corporis Domini juxta ritum quem tunc, nascente Ecclesia, observabant, nunc azymo, nunc fermento usos fuisse credendum est. Ipsi namque diversas provincias evangelizando peragrantes, cum ad aliquam Christianorum Ecclesiam declinassent, et sacrificium sanctum Domino ad communionem fratrum offerre vellent, bene credendum videtur, quod nec fermentum, nec azymum nimis studiose, vel etiam, ut ita dicere audeam, nimis curiose quæsierunt; sed quidquid ad manus inveniebatur, sive hoc, sive illud, indifferenter cum devotione offerebant, et hanc formam oblationis seu communionis puto antiquitus fuisse tam in Romana Ecclesia, quam in omnibus aliis Ecclesiis traditam quidem ab apostolis, licet certa Scriptura hoc nobis non dicat. At vero eadem Romana Ecclesia paulatim alterum deposuit, videlicet fermentatum; alterum tantum assumpsit, scilicet azymum; et hoc fecit propria auctoritate. Orientalis quoque Ecclesia alterum totum, scilicet azymum, paulatim dimisit; alterum vero tantum, scilicet fermentatum, elegit; et tamen propter hoc nec antiqui Græci sapientes, nec antiqui Latini sapientes se invicem contemnendos existimabant, sed licet in hoc minus essent uniformes, tamen mutua pace et fraterna charitate se invicem in Christo fideliter diligebant et confovebant, et sine alterno judicio, si quando opportunum fuit, concilia simul celebrabant.

Porro moderna temeritas quorumdam Latinorum extollentium se super se, juxta narrationem historiæ quæ in chronicis, id est in annalibus libris legitur, circiter [ante] trecentos annos se erexit. Illa namque temeritas multa scandala inter Latinos et Græcos sæpe commovit. Illis namque temporibus surrexit quidam Carolus rex Francorum, qui violenter Romanum imperium invasit, et se patricium Romanæ urbis appellari fecit; cujus tempore contra majestatem imperii monarchia divisa vel potius scissa est, unde non pauca scandala inter Latinos et Græcos orta sunt, non solum in imperialium institutionum varietate, verum etiam in ecclesiasticarum regularum diversitate. Inde est quod cum Latini nostrum fermentum blasphemant, et sacrificio altaris indignum judicant, et nos potius ex fastu suæ elationis quam assertione veritatis hæreticos vocant, et ab altaribus suis removentes nobis non communicant; nos quoque ab eis irritati, et ex æquo eis respondentes, azymum eorum nequaquam curamus, indignum sacrificio sacri altaris judicamus, eos non fastu superbiæ, sed justæ retributionis nomine azymitas hæreticos appellamus, et ab altaribus nostris removentes eis non communicamus, et confundentes nos æqua lance confundimus, et quidquid in hoc peccamus graviter provocati facimus.

Quod si ipsi ab hujusmodi improperiis vellent se continere, et nobiscum in fraterna charitate ambulare, et non super nos potestatis altitudine calcare, nos utique magno gaudio gauderemus, et non solum ab inepta responsione quiesceremus, verum etiam neminem illorum judicantes, aut a jure nostræ communionis aliquem pro eo quod diversum sentiret, amoveremus, dignam reverentiam fraterna charitate libentissimo animo impenderemus, et juxta Apostolum honore congruo præveniremus.

Sed verum est proverbium quod] dicitur : Ubi præcedit inepta provocatio, haud indigne indigna sequitur responsio. Ad hoc attendendum semper, et non facile obliviscendum esset, quod Græcorum auctoritas tanta erat aliquando in medio sapientum Latinorum, ut etiam ipsa ecclesiastica seu solemnitatum nomina Græcis nominibus disposita ordinarentur, quemadmodum adhuc hodie in ipsa Romana Ecclesia et per totum Occidentem dicuntur; sicut est patriarcha, metropolites, archiepiscopus, episcopus, chorepiscopus, presbyter, diaconus, subdiaconus, acolythus, exorcista, canonicus, clericus, abbas, monachus, ecclesia, monasterium, cœnobitæ, eremita, basilica, baptismus, exorcismus, catechumenus, Epiphania, seu Theophania, Hypapantes, Parasceve, Pentecostes. Ex quo manifeste patet non minimam habendam esse auctoritatem Græcorum, a quibus ipsi Latini aliquando jam æque vel plus ut nunc prudentissimi, antiquitus sortiti sunt nomina ecclesiasticarum dignitatum et solemnitatum.

CAPITULUM XV

Quod auctoritas plurium Romanorum pontificum plus valere debet, quam duorum; et quod synodus synodum solvit; et quod Melchiades et Siricius papæ non videntur de hostia, sed de eulogiis instituisse.

Anselmus Havelbergensis episcopus dixit : Si Melchiadis papæ et Siricii papæ constitutum de fermento observandum judicas propter auctoritatem constituentium, multo magis observandum, quod a plurimis Romanis pontificibus dignoscitur quotidiano usu frequentatum, et in omnibus ecclesiis tam Romæ quam per totum fere orbem celebri observatione usitatum. Quod autem dixi, fere propter vos solos Græcos dixi, et eos qui habitant in Ponto, et in Thracia, et quosdam in Asia, et Ruthenorum gentem, qui tanquam idiotæ et ignari omnium divinarum Scripturarum sola consuetudine ritum vestrum tam irrationabiliter quam simpliciter imitantur, quoniam contigui habitatores vestri sunt, et jugum hujus imperii cum formidine serviliter portant. Enimvero quod prædicti papæ auctoritate sedis apostolicæ suis fortasse temporibus observandum instituerunt, nunquid non licuit itidem plurimis pontificibus eadem auctoritate ejusdem apostolicæ sedis, qua et ipsi præfuerunt, Ecclesia crescente, et in majorem discretionem de die in diem ascendente in melius rationabiliter mutare? Si auctoritatem apostolicæ sedis consideras in duobus, eamdem auctoritatem scias prævalere in pluribus; quia major est auctoritas plurimorum sanctorum Patrum qui bonum dicunt et faciunt, quam duorum qui eadem auctoritate funguntur, tametsi boni et bonum dicant, et bonum faciant. Præterea, sicut tu nosti, synodus synodum solvit aliquando considerata meliori ratione, aliquando necessitate, aliquando utilitate, aliquando temporum qualitate : et hoc totum fit juxta discretionem præsidentium, quos tunc vel nunc Deus suæ Ecclesiæ præesse voluit; quibus et claves discretionis et potestatis in omne opus divinum commisit, salvo semper et immoto Catholicæ fidei fundamento.

Cæterum sicut ego verius puto, constitutum hoc Romanorum pontificum Melchiadis et Siricii, non de fermentata hostia, sed de eulogiis potius intelligendum videtur, quæ per singulos Dominicos dies per ecclesias distribui jubentur. Quod autem dixisti de concordia antiquorum sapientum Latinorum et Græcorum, quibus, ut tu asseris, nullum erat scandalum in offerendo azymo, sive fermento, mihi quidem id quod dicis, non displicet; attamen majorum meorum, et præcipue Romani pontificis, sententiam super hoc verbo exspectandam puto. Nec enim mea mihi, sed illorum placere debet sententia, quibus et de me, et de mea sententia judicare desuper datum est : et decet nos imitari non solum docendi diligentiam, sed etiam discendi modestiam.

CAPITULUM XVI.

Quod Constantinopolis et omnis Orientalis Ecclesia sub obedientia Romanæ Ecclesiæ fuit, et jure esse debet, et eam in ritu sacramenti imitari.

Porro quod causaris modernam et quasi novam temeritatem Latinorum adversus Græcos, non sit tibi mirum, quia cum omnes historiæ narrent et probent vos antiquitus sub obedientia Romanæ Ecclesiæ, quæ Latina est, fuisse, vos jam non multum longo tempore suave jugum obedientiæ contempsistis, et subjectionem quam antecessores vestri Romanæ Ecclesiæ humiliter exhibuerunt, vos tanquam prudentes apud vosmetipsos et alta de vobis sapientes abnegastis : unde mirum non est si vobis indignantur, et ritus vestros calumniantur, quos ab obedientia sua sequestratos in malum vobismetipsis dolent.

Quod autem quasi jactando dicis, Latinos habere Græca vocabula in ecclesiasticis dignitatibus et solemnitatibus ; putasne, quæso, quod Latini huc ad Græcos miserint, ut ipsi eis formarent hujusmodi nomina tanquam imperitis, et in Latino eloquio deficientibus, et formare nescientibus? Ne, quæso, ita putes. Quin potius antiqui Græci amplissimam Romam tanquam dominam et caput mundi frequentabant, et ejus imperio, sicut cæteræ nationes per orbem terræ, subjacebant, et Romano pontifici debita reverentia obediebant : quorum consilia tam in ordinandis ecclesiasticis nominibus et solemnitatibus, quam in aliis pluribus Romanæ Ecclesiæ sancta et laudanda humilitas libenter admittebat, quia fuerunt tam sapienter humiles, quam humiliter sapientes. Italia quoque antiquitus magna Græcia appellabatur, sicut antiquarum historiarum scriptores dicunt, et in urbe Roma utriusque linguæ sermo usitatus vigebat, et vicissim Latini Græca, et Græci Latina lingua utebantur, et neutra fuit aliena Romam habitantibus. Unde factum esse videtur, ut quædam Latinis, quædam etiam Græcis nominibus nuncupentur in Ecclesia ; et inde institutum quoque est in Ordine Romano, quod in summis festivitatibus ad missarum solemnia, lectiones et evangelia Latine et Græce recitentur, propter præsentiam utriusque populi in utraque lingua eruditi. Et utinam moderni Græci adeo essent humiles, et Romanæ Ecclesiæ obedientes, quemadmodum illi fuerunt! Quam libenter, quam, inquam, libenter Romana Ecclesia adhuc hodie consilia eorum admitteret, et secundum consuetam humilitatem eorum prudentiam audiret! nunquam enim tam superba vel invida fuit, ut vel propriis Institutionibus, qualescunque essent, superbe nimis et contentiose insisteret, vel aliorum institutis, si tamen bona essent, invidiose detraheret, vel obsisteret.

Quod exinde apparet, quia propria instituta sæpe mutaverunt melioribus institutionibus superordinatis, et aliorum bona instituta humiliter imitanda susceperunt; quemadmodum signa Ecclesiæ, quæ in Campania apud Nolam civitatem primo inventa sunt, unde et nola sive campana vocantur : hoc assumpsit Romana Ecclesia, quia bonum est, et non contempsit, eo quod non suum, sed alterius inventum fuerit. Græci vero tanquam prudentes apud semetipsos, et abundantes in suo sensu, et sapientes in oculis suis, et sibi ex se sufficere existimantes, semper de propriis inventis, qualiacunque fuerint, consueverunt gloriari, aliorum statutis quantumlibet bonis invidiose detrahentes, hoc asserentes bonum quod suum, quia suum ; et non bonum quod non suum, quia non suum. Contra quos dicit Apostolus : *Non quod sufficientes simus cogitare aliquid a nobis quasi ex nobis ; sed sufficientia nostra ex Deo est (II Cor. III, 5).* Qui tamen etiam de se ipso dicit tam humiliter quam fiducialiter : *Puto quia et ego Spiritum Dei habeam (ibid.).* Utuntur ergo Latini modo Latinis, modo Græcis vocabulis in ecclesiasticis ordinibus, nempe Græce *episcopus*, Latine dicitur *pontifex* ; Græce *presbyter*, Latine *senior*, quod est sacerdos ; *diaconus*, Latine *minister*, quemadmodum de Græco in Latinum ; sive de Latino in Græcum, sive de Hebræo in Latinum vel Græcum transtulit translatorum diligentia.

Nechites archiepiscopus Nicomediæ dixit : Satis de auctoritate Romanæ Ecclesiæ utrinque dictum est. Quia vero dixisti quod considerata meliori ratione apostolica auctoritas de azymo constitutum fecerit, et omnibus ecclesiis universaliter mandatum dederit, seu tradiderit ; vellem jam audire rationem qua hoc factum sit, quod deleto usu fermenti, quem Melchiades papa et Siricius papa instituerunt, usus azymorum ab aliis apostolicis viris institutus et traditus sit. Si enim ratio quam promittis, accedit ad auctoritatem præmissam, magis videbitur credendum quod asserere conaris. Et si quidem, ut dixi, ratio et auctoritas sibi invicem suffragantur, quid aliud restat, nisi quod continuo omnes nos tuæ assertioni consentiamus, et deposito fermento, quod duo instituisse videntur, concordantes cum pluribus qui aliud superordinaverunt, azymum assumamus.

Anselmus Havelbergensis episcopus dixit : Ego non facile accesserim ad hoc quod tu tam perfunctorie dictum putas mihi subito esse persuasum, videlicet quod Romana Ecclesia aliquando fermento usa fuerit, quo postea deposito azymum assumpserit. Sed quoniam tu constitutum Melchiadis et Siricii papæ adduxisti, oportuit me tibi respondere quid super hoc senserim ducente me non fallaci ratione, salva tamen tantorum Patrum auctoritate. Proinde jam intende qua ratione potius sit utendum azymo nostro, quam tuo fermentato in sacrificiis altaris.

CAPITULUM XVII.

Quod in cœna Dominica Christus azymum consecravit; et quod nusquam in Veteri Testamento fermentum, sed azymus offerri jubetur.

Dominus noster Jesus Christus qui venit in hunc

mundum peccatores salvos facere, qui se formam totius veritatis exhibuit, ipse in consecratione sui sacratissimi corporis primo credendus est habuisse azyma, quod et discipulis suis distribuit, et cujus formam eis imitabilem et in commemorationem sui faciendam reliquit. Ita quippe dixit sacramentum distribuendo : *Accipite, hoc est corpus meum* (*Luc.* XXII, 19), et ita dixit formam sacramenti instituendo : *Hoc facite in meam commemorationem* (*ibid.*). Istud hoc dixit propter errorem quorumdam, qui in sacrificio altaris non putant idem corpus consecrari, quod ipse in cœna paschali consecravit, et discipulis tradidit; sed huic verbo quod sequitur, *in meam commemorationem,* stulti nimis inhærentes, putant eum hoc tantum instituisse, quod in commemorationem tantum, et non in veritatem ejusdem sui corporis sacramenta altaris celebranda essent. *Hoc,* inquit, *est corpus meum, hoc facite* (*ibid.*) ; *hoc,* id est id ipsum corpus, non tantum in commemorationem, sed in ipsam corporis meram veritatem *facite,* id est consecrate. Quod autem dixit, *in meam commemorationem,* hoc voluit intelligi, quod sacramentum veri corporis nequaquam propter aliud; sed simpliciter in memoriam passionis ejus et salutem animarum debeat a fidelibus celebrari, Sic enim dicit Apostolus : *Quotiescunque panem hunc manducabitis, et calicem hunc bibetis, mortem Domini annuntiabitis, donec veniat* (*I Cor.* XI, 26). Credendum est itaque Christum in magna Cœna Paschali azyma tantum habuisse, et illud consecratum in corpus suum discipulis suis [tradidisse] quia ipse de se ipso dixit : *Non veni legem solvere, sed adimplere* (*Matth.* V, 17). Lex autem dicit in Exodo, qui et Hellesmoth Hebraice dicitur : *Primo mense, quarta decima die mensis, ad vesperam comedetis azyma usque in diem vicesimam primam ejusdem mensis, ad vesperam; septem diebus non invenietur fermentum in domibus vestris. Quicunque comederit fermentatum, peribit anima ejus de cœtu Israel, tam de advenis quam de indigenis terræ. Omne fermentum non comedetis, in cunctis habitationibus vestris comedetis azyma* (*Exod.* XII, 18). Quia igitur secundum mandatum legis in illis septem diebus paschalibus in nulla domo Israel inventum est fermentatum, sed tantum solum azyma, et Christus venerat non solvere legem, sed adimplere, manifestum est eum in cœna paschali, ubi consecravit corpus suum, azyma habuisse, et illud consecrasse, antiquum pascha ita quidem consummando et novum pascha initiando. Unde enim illi fermentum, quod utique per omnes domos Israel in illis septem diebus secundum legem erat prohibitum, et tam advenis quam indigenis sub certo damnationis periculo interdictum et vetitum? Nisi forte inde talem tibi opinionem fingere velis, quod ipse tanquam Omnipotens novum sibi fermentum tunc ad hoc sacramentum complendum creaverit; quod non solum contra Evangelium, verum etiam contra omnem verisimilitudinem esse constat.

Nunquid videtur tibi ratio ista sufficiens ? Christus auctor hujus sacramenti, quem per omnia oportet imitari, sufficiat tibi in exemplum et imitationem ; cujus auctoritas, si cui minus sufficit, alium quærat cum quo loquatur, quia ego eum *tanquam hæreticum hominem post primam et secundam monitionem* (*Tit.* III, 10), sicut Apostolus monet, vitare volo. Ad hoc attendat charitas tua, quod nusquam in Veteri Testamento præcipitur, vel etiam conceditur fermentum offerri in sacrificio Domini, imo prorsus interdicitur, et sicut ingratum Deo ubique in lege offerri prohibetur. Ita namque legitur in Levitico (cap. II, 11), qui et Vaicra Hebraice nuncupatur : *Omnis oblatio quæ offertur Domino absque fermento fiet, nec quidquam fermenti ac mellis adolebitur in sacrificio Domini.* Item in Levitico (cap. VII, 11) : *Hæc est lex hostiæ pacificorum : si pro gratiarum actione fuerit oblatio, offerent panes absque fermento conspersos oleo, et lagana azyma uncta oleo, coctamque similam.* Item (*Num.* VI, 15) : *Ista est lex pro consecratione : Cum complebuntur dies, quos ex voto quis decreverat, offeret oblationem Domino, agnum immaculatum in holocaustum, ovem anniculam immaculatam pro peccato, arietem immaculatum, hostiam pacificam, canistrum quoque panum azymorum, qui conspersi sint oleo, et lagana absque fermento uncta oleo.* Item (*Levit.* VI, 14) : *Ista est lex sacrificii et libaminum. Tollet sacerdos pugillum similæ quæ conspersa est oleo, adolebitque in altare in odorem suavissimum; reliquam autem partem similæ comedet Aaron cum filiis absque fermento, et comedet in loco sanctuarii. Ideo autem non fermentabitur, quia pars ejus offertur in incensum Domini, Sanctumque sanctorum erit.* Item in Exodo (cap. XXIII, 18) : *Non immolabis super fermento sanguinem hostiæ meæ.* Item (cap. XXIX, 2) : *Tolles panes azymos et crustulam absque fermento, quæ conspersæ sunt oleo, lagana quoque oleo lita* (*Levit.* XXIV, 5). Similiter quoque duodecim panes propositionis de pura simila cocti, qui supra mensam purissimam altrinsecus seni coram Domino positi sunt, et per singula Sabbata mutabuntur. Azymos fuisse nemo dubitat, qui illius Scripturæ notitiam aliquatenus habere videatur.

Vides itaque quam evidenti ratione, quamve firma auctoritate institutum sit, quod in sacrificio altaris potius utendum sit azymo, quam fermento. Ubique enim fermentum corruptionis improbatur, et a sacrificio prohibetur, et ubique azymus sinceritatis et veritatis probatur, per cujus quoque oblationem Deus ad propitiandum populo placatur.

Nechites archiepiscopus Nicomediæ dixit : Rationem quam promisisti, satis convenienter et probabiliter, utpote magnis auctoritatibus innixam adduxisti; et ego quod verum esse constat, negare non audeo, ne forte induam subito notabilem faciem pudentis ac erubescentis, et amissa fronte serenitatis assumam ignominiosum vultum confusionis, et comprehendar in mendacio, dum contra id quod verum est, contentiose laboro; nam qui veritatem dicit, non laborat; et qui mendacium loquitur, ex proprio loquitur. Esto igitur interim verum quod dixisti; at vero nos in Evangelio ita legimus: Εὐλογήσεν ἄρτον, id est *benedixit panem*. Cum igitur ἄρτον dicit (37), panem videtur velle simpliciter intelligere, communem panem, scilicet fermentatum, quo homines universaliter utuntur, et quem usitato sermone ἄρτον, id est *panem* vocant. Quod si quando discrete voluerint loqui de azymo, nequaquam utuntur hoc verbo ἄρτος, quod est *panis*; sed utuntur discreta locutione, hoc verbo quod azymus. Nam à Græce, Latine dicitur *sine*; ζυμός autem *fermentum*. Ita nimirum et ego simpliciter vulgari significatione intelligo fermentatum, cum lego in Evangelio : Εὐλογήσεν ἄρτον, id est *benedixit panem*. Quid enim ad me, ut ego ibi scriberem vel legerem : Εὐλογήσεν ἄζυμον, cum evangelista ibi posuerit, Εὐλογήσεν ἄρτον, quod manifeste panem usitatum videtur significare ? Rursus quod induxisti de Veteri Testamento, et ostendisti quod nusquam in sacrificio fermentatum liceat offerri, satis quidem argute hic notasse videris; sed et ego nullatenus idem negare possum, et hoc est magnum argumentum, ut verum fatear, tuæ assertionis. Porro mihi videtur quod in eodem Veteris Testamenti Levitico reperiatur de oblatione fermenti, ubi per Moysen dicitur ad filios Israel : *Numerabitis ergo ab altero die Sabbati, in quo obtulistis manipulos primitiarum, septem hebdomadas plenas usque ad alterum diem expletionis hebdomadæ septimæ, id est quinquaginta dies ; et sic offeretis sacrificium novum Domino ex omnibus habitaculis vestris panes primitiarum duos de duabus decimis similæ fermentatæ, quos coquetis in primitias Domini* (Levit. xxiii, 15). Hic plane videtur fermentatum debere offerri Domino, nisi forte ibi sit aliqua expositio, quæ nos cogat hoc aliter intelligere, quam ibi videtur scriptum.

Anselmus Havelbergensis episcopus dixit : Ita credo legendam divinam Scripturam, ut nunquam inter se discordet, semper autem concordet : et hoc debet esse vehemens studium prudentis lectoris, ut tunc se noverit recte intellexisse Scripturam divinæ legis, cum eam reduxerit ad aliarum Scripturarum concordiam, et ad legem charitatis. Siquidem ista talis oblatio, ubi duo panes primitiarum de duabus decimis similæ fermentatæ offeruntur, nullatenus aliquid attinet ad ordinem eorum quæ Domino specialiter offeruntur, quoniam nec fit in altari, nec in loco sanctuarii, nec intra Sancta sanctorum, nec fit aliquo ritu aliarum oblationum, sed tantum cum sacerdos panes primitiarum similæ fermentatæ ab offerente susceperit, et in gratiarum actionem pro frugibus terræ coram Domino levaverit; non quidem ibi aliquo oblationis ritu offeret, sed statim cedent ex integro in usum ipsius sacerdotis. Ideoque, dilectissime, ut verum me dixisse noveris, diligentissime perquire, et nusquam reperies in lege fermentatum Domino offerendum in sacrificio, sed semper azyma seu similam purissimam absque omni fermento. Ad hanc igitur formam oblationis, quam Dominus in Veteri Testamento ubique instituit, et qua se ipsum ad propitiandum populo suo placari voluit, credendum est ipsum quoque Filium Dei, qui optime novit quomodo placandus sit Deus Pater, in consecratione sui sacratissimi corporis habuisse azyma, quatenus et figuram legis in offerendo azymo non solveret, et veritatem ejusdem legis in consecratione veri corporis sui consummando adimpleret.

CAPITULUM XVIII.

Quod fermentum in divina Scriptura nusquam in bono accipitur; et quod minus est habile ad tractandum caute.

Proinde in omni divina Scriptura fermentum tuum nusquam invenitur in bona significatione acceptum, sicut nostrum azyma. Unde Dominus in Evangelio Lucæ (cap. xii, 1) ; *Attendite*, inquit, *a fermento Pharisæorum, quod est hypocrisis*. Item in Evangelio secundum Matthæum (*Matth*. xvi, 6) : *Intuemini et cavete a fermento Pharisæorum et Sadducæorum*. Item in Evangelio secundum Marcum (cap. viii, 15) : *Cavete a fermento Pharisæorum et a fermento Herodis*. Et Apostolus : *Expurgate vetus fermentum, ut sitis nova conspersio, sicut estis azymi. Etenim Pascha nostrum immolatus est Christus. Itaque epulemur, non in fermento malitiæ et nequitiæ, sed in azymis sinceritatis et veritatis* (I *Cor*. v, 7).

Præterea si recte consideres, nequaquam ita habile est ad tractandum cum reverentia tuum fermentum, sicut azyma nostrum, quod nobis per Moysen, qui fidelis erat in tota domo Dei, et qui omnia ordinavit ad exemplar eorum quæ vidit in monte, et per ipsum tandem Christum traditum; quoniam fermentatum quando tractatur, et quando frangitur, et quando distribuitur, facillime in plures micas solvitur, et nequaquam tam caute, nec omnino sine negligentia, sicut oportet, custodiri potest. Et quoniam minima, ut ita dixerim, micæ particula verum et integrum corpus Domini est, si cui quantumlibet parva negligentia super hoc contigerit, gravem Domini maledictionem incurrit, sicut scriptum est : *Maledictus homo qui opus Dei sui negligenter fecerit* (*Jer*. xlviii, 10). Cæterum nostrum azyma tam in Veteri quam in Novo Testamento electum a Deo Patre, et probatum et consecratum a Deo Filio sanctissima sui corporis consecratione solidum est, sincerum est, ratum est, immaculatum est, incorruptum est, cavernosum non est, inflatum non est, molle non est, in micas mi-

---

(37) Ἄρτον *dicit*. Sic profecto legendum non ut in priori editione *arton*, id est *panem*.

nimas facile non solvitur; sed per omnem modum tractabile est, et ad consecrandum et ad frangendum, et ad distribuendum cum omni cautela habilissimum. Quod etiam apud religiosos Latinos per manus diaconorum, et ex electis granis, et ex mundissima simila in sacrario ad futuram hostiam cum decantatione psalmodiæ reverenter præparatur, et sub diligenti custodia usque ad tempus sacrificii reservatur. Considerata itaque ratione et auctoritate, et ipsius sacramentalis hostiæ congrua habilitate, patenter omnibus Græcis per Orientem habitantibus constare debet, quod potius utendum sit azymo quam fermentato.

CAPITULUM XIX.

Quod propter longum fermenti usum Græci non facile possunt transire ad azymum, sed facto generali concilio, sive hoc, sive illud, satis indifferenter suscipere, sublato utriusque gentis scandalo.

Nechites archiepiscopus Nicomediæ dixit : Ego hunc usum fermentati in Ecclesiis Orientis ab initio vidi et didici, et a prædecessoribus nostris traditum novi, et tam longum usum tantæ Ecclesiæ veneror, nec audeo temere judicare, nec video facile posse permutari; sed hoc tandem de mea persona puto, et dico omnes Græcorum sapientes ab hac mea sententia non discrepare. Si ergo forte essem ubi nullatenus fermentatum habere possem, et azyma præsto et paratum esset, et ego missam cantare, ac Domino sacrificium altaris offerre vellem, ego profecto azyma non horrerem, sed fiducialiter ad offerendum sacrificium Deo immaculatum consecrarem, et fideliter communicarem, et Græcis, si forte adessent, ad communicandum præberem, si tamen dies publicæ communionis esset, seu in Pascha, seu in qualibet alia solemnitate, qua solet Ecclesia ex constituto universaliter communicare, et nulli Christianorum a communione altaris licet se subtrahere, nisi forte quis publica pœnitentia astrictus submoveatur. Verum quoniam plures sunt pusillanimes, quam in fide docti et constantes, et turba quæ legem discretionis non novit, facillime scandalizatur; hoc operæ pretium esset, ut omnes tam Latini quam Græci studiosissime in Domino elaborarent, quatenus generale concilium congruo loco et tempore in unum convenientes celebrarent, et aut omnes universaliter ritum azymi, aut omnes universaliter ritum fermenti uniformiter assumerent; aut si hoc, vel illud universaliter sine minimo, aut sine nimio scandalo alterius partis vel gentis non posset fieri, saltem in hoc convenirent, quod nec isti illos propter azymum, nec illi istos propter fermentum, quod isti consueverunt, temere judicarent, sed mutua pace sibi invicem indulgerent, et hac occasione charitas sancta non destrueretur, quæ non sine utriusque gentis periculo apud utrosque graviter infirmatur.

Quamvis enim juxta præmissas auctoritates et rationes, et etiam juxta ipsius sacramenti ritum, sicut tu dixisti, potius videatur hostia azymi offerenda; tamen, quia longus Græcorum usus hostiam fermenti diu obtinuit, et non sine maximo multitudinis, imo totius gentis scandalo permutari posse videtur, bene putatur permittendum quod tandiu apud nos est usitatum, præsertim cum et hostia fermenti et hostia azymi æque sit panis; et licet in forma differant, tamen [in] panis substantia nulla fermenti vel azymi est differentia; et salva integritate fidei utrumque satis catholice videtur posse offerri; præsertim cum panis vivus qui de cœlo descendit (*Joan.* vi), in utroque æque convenienter possit figurari. Tollatur itaque de medio utriusque gentis perniciosum discordiæ scandalum, et nullum in offerendo azymo sive fermento rectæ fidei erit periculum, quia, sicut dixi, sana fide de utroque satis licite potest fieri hostia Salvatoris Domini nostri Jesu Christi in salutem credentium et fideliter offerentium, et non in salutem inique discordantium. Scriptum est enim : *Deus pacis et non dissensionis* (I *Cor.* xiv, 33). Et : *In terra pax hominibus bonæ voluntatis* (*Luc.* ii, 14) de excelso per angelos annuntiatur. Ex multis quippe granis in unum collectis sacra fermenti sive azymi hostia confecta, totius Ecclesiæ populum in unam eamdemque charitatem in Christo collectum significat, qua videlicet hostia non sine magno periculo, quantumlibet securum se existimet, communicat, qui se a charitate fraterna quæ est in Christo Jesu, quoquo modo sequestrat.

Majus etiam peccatum videtur temeraria perversitas iniquorum judiciorum, quibus invicem nos commanducamus, quam ipsa sacramentorum diversitas propter quam dissentimus, quia istud satis indifferenter, sicut supra dixi, videtur posse fieri in Domino. Illud autem, scilicet temerarium præjudicium, altrinsecus malignæ discordantium, nulli unquam licet Christiano. Discordia autem tanquam peccato plena Deus offenditur; hostia vero salutari tanquam devotione perfecta Deus placatur. Illa damnandos acriter accusat, ista salvandos salubriter excusat. Illa Deum judicem offendendo provocat, ista Deum pium propitiando placat. Illa in tartara, ista mittit ad supera. Per illam a Deo alienamur, per istam Deo incorporamur. Per illam terreni, per istam cœlestes efficimur. Quidquid igitur sit de diversitate sacræ oblationis, ad unitatem charitatis necesse est omnes concurrere; quia sicut charitas in sacra oblatione, ita sacra oblatio in vera charitate operit multitudinem peccatorum; et sicut hostia salutaris salutem non operatur sine charitate, ita perfecta charitas non scandalizatur in ejusdem hostiæ diversa oblatione. Qua videlicet charitate absente, cætera bona omnia inaniter habentur, et qua præsente quædam bona venialiter non habentur.

Proinde si generale concilium communicato omni concilio, adnitentibus piissimis imperatoribus fieret, et personam meæ parvitatis interesse contingeret, ego planè hæc eadem in medio omnium fiducialiter dicerem, nec Græcum, nec Latinum in hac sententia pertimescerem, et mansuetudinem Romani pontificis debita humilitate et reverentia commonerem, quatenus ipso opitulante, sublata omni occasione simultatis et discordiæ omnes efficeremur unum in sacramentorum observatione, qui semper fuimus unum in catholica fide. Et spero quod ipse me humiliter monentem patienter audiret, sicut Petrus cum esset princeps apostolorum, Paulum aliquando constanter reprehendentem humiliter audivit, ubi et constantia Pauli fiducialiter et juste reprehendentis commendatur, et humilis patientia Petri in mansuetudine supportantis plurimum laudatur; quamvis et ego longe inferior sim Paulo, et ille non inferior debeat esse Petro. Ita nimirum fieri posset quod Romanus pontifex Latinis Latinus, Græcis Græcus, omnibus omnia factus, omnes lucrifaceret, et humili auctoritate apostolicæ sedis universa pro quibus discordamus, adæquaret, vel, altero prorsus sublato, et alterum universaliter instituendo, vel sublato utriusque scandalo, utrumque indifferenter instaurando.

Anselmus Havelbergensis episcopus dixit: Satis super hac quæstione dictum videtur, et adhuc aliquid restat quod a tua prudentia velim cognoscere.

CAPITULUM XX
De commistione vini et aquæ in calice, quod aliter Græci, aliter Latini faciunt.

Dic ergo quare in sacrificio altaris vinum et aquam simul in calicem infusam et mistam non offertis? Quare vinum merum sine aqua consecratis? Postquam enim vinum merum oblatum sacrificatum est, tunc demum aquam simplicem et non sanctificatam in calicem infusam cum sacratissimo sanguine miscetis, et ita communicatis. Qua ratione, quæso, hoc facitis?

Nechites archiepiscopus Nicomediæ dixit: Christus in magna illa sua cœna, quæ specialiter Dominica cœna vocatur, non legitur aquam cum vino mistam in calice consecrasse, ideoque ad formam illius nos similiter facimus, et non est nobis major aliqua ratio, quam ipsius Salvatoris imitatio.

Anselmus Havelbergensis episcopus dixit: Quamvis in Evangelio manifeste de aqua nihil scriptum sit, ita ut vel apposita, vel non apposita ibi legatur; tamen non videtur absurdum, si juxta morem Judæorum et Palæstinorum, qui semper vinum aqua mistum bibunt, ipsum quoque Christum vinum aqua mistum sacramentaliter consecrasse intelligamus. Quod si tu dixeris hoc esse temerarium affirmare, quod in cœna Domini vinum fuerit aqua mistum, quia in Evangelio hoc non legitur: ego nihilominus dico hoc temerarium affirmare, quod ibi aqua ad vinum posita non fuerit, quia et hoc in Evangelio minime legitur. Et si tibi videtur incautum aliquid dicere, quod illa Scriptura ibi de hoc minime dicit, quare non similiter videtur tibi incautum hoc negare, quod illa Scriptura de hoc eodem minime negat? Ego quidem contentiose non affirmo vinum aqua mistum in calice Domini fuisse, sed nec tu illud contentiose debes negare, præsertim cum auctoritas evangelica nec alterum affirmet, nec alterum neget. Porro in ambiguis rebus nihil est cum temeritate affirmandum, et nihil cum indignatione refellendum. Cum igitur aliquid affirmas, cave temeritatem; et cum refelleris, cave animi indignationem. Sicut enim temeritas affirmando est præsumptuosa, ita quoque iracundia in refellendo solet esse litigiosa; quod utrumque prudentissime cavendum est ab investigatoribus veritatis.

Quoniam autem Evangelio manifeste dicente, de latere Domini in cruce exivit sanguis et aqua (*Joan.* xix) in redemptionem nostræ salutis, recte videtur vinum et aqua in calice mista in Dominicæ passionis commemorationem et in peccatorum nostrorum remissionem offerri, ut videlicet in sanguine novi et æterni testamenti non desit aqua quæ populum significat, qui in communione ejusdem sanguinis novi et æterni testamenti redemptus salvatur, et tanquam unum corpus Ecclesiæ cum capite suo qui est Christus, concorporatur et unitur, et sanctificatur et offertur. Scriptum quippe est: *Aquæ multæ populi multi sunt*. Hac itaque ratione Latini vinum simul et aquam in uno calice mistum offerunt, ut videlicet per vinum sanguis Christi, et per aquam plebs Christi, quæ est Ecclesia, significetur: et non seorsum, nec singulariter tanquam divisa, sed simul mista tanquam in unum corpus sanctificetur. Vos autem cum solum vinum merum sine aqua in calice offertis, jam non Ecclesiam quæ est corpus Christi, cum Christo capite sanctificatis, sed solum Christum caput Ecclesiæ sine membris consecratum offertis; quod nimirum omni ratione carere videtur; et quidem consecratum non singulariter, sed simul sacratum recte dicitur.

Nechites archiepiscopus Nicomediæ dixit: Sicut dixisti: *Aquæ multæ populi multi sunt*. At nos formam Dominicæ cœnæ imitantes, vinum merum tantum in calice offerimus, quod per divinam operationem et virtutem, et per ministerium sacerdotis consecratum sit sanguis novi et æterni testamenti; cui etiam convenienter postea et rationabiliter aquam admiscemus, ut videlicet populus nequaquam per se sanctificatus, per unionem, qua unitur sacrato jam sanguini, sanctificetur; et sic in consecratione vini meri solius sanguinis Christi consecrationem debita reverentia devotissime celebremus; nec tamen salutem populi Christiani negligimus, cum aquam postea admiscemus, ut et ipsa qui populus est, participatione ejusdem sacramenti sanctificetur. Minus quippe dignum videretur, ut sanctificans et sanctificandum æqualiter essent in una eademque consecrationis dignitate; sufficit autem si aqua qui populus est, sanctificatur divinæ consecrationis participatione, et non ejusdem consecrationis integra dignitate. Nec enim ab initio cum Christo sanctificati sumus, nisi per sanctum Spiritum, et per sancti Spiritus communicationem; et per sancta sacramenta Christi et Ecclesiæ participando et communicando sanctificari cœpimus.

Anselmus Havelbergensis episcopus dixit : Nollem te separare caput a membris, nec membra a capite, quia sicut Apostolus ait : *Caput Ecclesiæ Christus* (*Ephes.* v, 23). Quod si separando tollis Christum, ubi, quæso, est caput Ecclesiæ? aut etiam quomodo potest esse Ecclesia, ubi non est caput qui est Christus? Si autem separando tollis Ecclesiam, ubi, quæso, sunt membra capitis? aut etiam quomodo Christus dici potest caput Ecclesiæ, ubi nulla ejus sunt membra? Vide ergo, frater, ne aliquo ceu deceptoriæ rationis figmento caput a membris, vel membra a capite separanda existimes; quia hoc est et Christum et Ecclesiam de medio tollere, et omnia confundere. Sane divina Scriptura consuevit multa de capite, qui est Christus, loqui, quæ non conveniunt Ecclesiæ; et itidem multa solet loqui in persona Ecclesiæ, quæ non conveniunt capiti; nec tamen alterum ab altero aliquatenus separare intendit. Sicut enim Eva de latere dormientis Adam, ita Ecclesia de latere Christi patientis in cruce fabricata est. Ideoque in oblatione et consecratione sacratissimi corporis et sanguinis Domini, quæ in commemorationem Dominicæ passionis celebratur, deesse non debet aqua, quæ de latere Christi una cum sanguine fluens Ecclesiam figuravit, et eam sanctificando irrigavit et baptizavit; quatenus hoc totum quod de latere Domini manavit, noster homo his duobus renovatus vivat, ut si quam peccati maculam post baptismum contraxit, habeat in hoc undam veniæ qua diluatur, et rursus de die in diem renovetur. Nam si vinum sine aqua offertur, sanguis Christi incipit esse sine nobis, quasi caput sine membris. Si autem aqua sola offeratur, jam plebs videtur esse sine Christo, quasi membra sine capite. Quando autem utrumque miscetur, tunc profecto recte mysterium Christi et Ecclesiæ spiritualiter perficitur, quia Christus et Ecclesia unum corpus esse probatur, ut jam non quasi duo, videlicet vinum et aqua; sed vinum scilicet sanguis Christi fiat, quo pueri communicantes, et undam sacræ purificationis et renovationis percipiant, et sanguinem pretium Christianæ salutis hauriant, et unitatem corporis Christi, quæ est Ecclesia, spirituali purificatione et convivificatione transeant.

Nec mireris quod duo liquores, aqua scilicet et vinum, simul consecrata in unum, scilicet sanguinem divina operatione transeunt ad spiritualem vegetationem animarum nostrarum, cum quotidie quotquot liquores sumimus, in nostrum transeunt sanguinem ad sustentationem corporum nostrorum.

Ob hoc quippe non inconvenienter vinum et aqua prius mystice commiscetur, et tamen post consecrationem nonnisi sanguis bibitur, quia in illo prius per aquam baptizati, postea eum esuriendo et sitiendo spiritualiter potamus. Quis enim unquam præsumpsit communicare sacramento Dominici corporis et sanguinis, nisi prius esset renatus aqua baptismatis? Hoc enim non esset communicare, sed extra ordinem faciendo, se ipsum extra communionem ponere Christianorum. Neque enim quisquam bibendo hunc calicem Christo incorporatur, nisi prius in baptismate cum Christo consepultus membrum ipsius efficiatur. Recte itaque nos aquam vino ante consecrationem miscemus, et simul consecrantes sanguinem solum post consecrationem sumimus, quia prius aqua baptizari, postmodum vero sanguine Christi nutriri ac satiari oportet. Tu autem satis inepte videris vino consecrando aquam simul consecrandam subtrahere, quia hoc modo quod utrisque quasi uni convenit, hoc non utrisque quasi uni impendis, sed tantum soli, altero subtracto, tribuendum putas; et in ipsa oblatione offendis eum quem placare debueras, dum recte studes offerre, et oblatum sive offerendum satagis non recte dividere; quippe non modice peccat, qui bene conjuncta non bene separat; bene autem in cruce conjuncta, et de latere Domini mystice manantia tu incaute non bene separas, tanquam aliquid melius per te ipsum instituendo; illud vero quod divinitus tunc factum est, contemptibiliter mutando.

Nechites archiepiscopus Nicomediæ dixit : Ego membra Ecclesiæ capiti suo Christo bene divinitus conjuncta (38) non tento separare, sed congruo modo convenienter conjungere, ut membra sanctificatione capitis percepta ipsa quoque sanctificentur, et sanctificationis unione Christo dignius coaptentur : quod et ita faciendum esse multis rationibus astruere possum.

Anselmus Havelbergensis episcopus dixit : « Semper respondere semper respondentibus, usque in infinitum ducit. Tu quidem ad inveniendam novam sententiam subtilis es ingenio, et ad eam defendendam facundus es in Græco eloquio; sed in hujusmodi magis probatur modesta et sobria sapientia, cui sufficiunt termini a sanctis Patribus conscripti, quam nimis arguta et supra modum perscrutans prudentia, quæ se supra se et supra terminos sanctorum Patrum extendere conatur. Sic enim monet Apostolus : *Non plus sapere quam oportet sapere, sed sapere ad sobrietatem* (*Rom.* xii, 3). Qui autem tam falsum, quod dicendo non putetur posse videri verum? Aut quid tam verum, quod dicendo non putetur posse videri falsum? Si tamen in dicendo non desit astuta sapientia, nec persuasibili eloquentia. Tu videris, si falsum pro vero dixeris. Et scio et non dubito me verum dixisse. Nam nos

(38) *Divinitus conjuncta.* Acherius ediderat *diu conjuncta*, quod cum ineptum esset, ita reposuimus ut vides.

latere Christi in cruce sanguinem et aquam simul manasse in redemptionem salutis nostrae et totius humani generis, Evangelio testante, indubitanter scimus et credimus, ideoque et nos vinum et aquam simul in uno calice mista et consecrata in remissionem omnium peccatorum offerimus, et propter hoc hunc ritum offerendi docemus, et sufficit nobis formam passionis Christi imitari, quia nolumus aliquibus novis adinventionibus impediri. Quidquid autem tam in hoc quam in aliis sacramentis ecclesiasticis facimus, aut secundum figuram quae praecessit, aut secundum veritatem quae in Christo apparuit, facimus; et nihil ex nobis, sed omnia ex Deo, qui omnia sacramentaliter et veraciter sanctificet, existimamus.

Nechites archiepiscopus Nicomediae dixit : Placet ratio, placet auctoritas, placet veritas, placet ritus, placet etiam tua humilitas, placet tua affabilitas, placet verborum tuorum ordinata maturitas ; sed super his omnibus generale concilium videre desidero, ut omnibus in idem consentientibus id ipsum omnes dicamus in Christo Jesu Domino nostro. Et sicut ex multis purissimi frumenti granis tam azyma quam fermentata hostia conficitur, et sicut ex multis uvis in unum collectis vinum expressum colligitur ; ita ex multis tam Graecorum quam Latinorum turbis una et concors, et id ipsum sentiens constituatur Ecclesia, ne vel nobis vestrum azyma, vel vobis nostrum fermentum in die Domini fiat damnationis judicium, dum altrinsecus inde surgimus in contentionem, quod utrisque institutum est ad salutem. Magis enim tam nobis quam vobis timenda est periculosa contentio, quam ejusdem obligationis diversa consuetudo.

CAPITULUM XXI.
De Graecorum et Latinorum vario et diverso baptismate.

Anselmus Havelbergensis episcopus dixit : Sapientem te in omnibus verbis tuis et discretum invenio ; et ideo rogo ne pigeat te adhuc parum respondere, et me non parum mirantem expedire de hoc quod me movet. Sicut audio, consuetudo apud vos est, ut si quando Graecus uxorem Latinam ducere voluerit, sicut plerumque fit, et sicut etiam inter personas augustales saepe factum esse dignoscitur, quod prius oleo sanctificato in vase aliquo infuso eam perfunditis, et per totum corpus lavatis, et sic demum quasi in ritum et legem vestram transiens matrimonio copulatur ; quod quare fiat, si tamen fit, oppido scire vellem : videtur enim quaedam forma esse rebaptizandi. Et si ita est, quod nostros Latinos, vel etiam aliquos Christianos sub invocatione sanctae Trinitatis baptizatos quoquomodo judicatis rebaptizandos ; plane juxta quamdam Arianorum sectam manifestissima haeresis est ; nec concilia vobiscum, sed contra vos sunt celebranda, et sine ulla quaestione vel audientia estis anathematizandi ; et quidquid facitis vel dicitis, totum est abominabile, et coram Deo et hominibus detestabile et exsecrabile : maxime si nomen Domini in vanum accipitis, et invocationem sanctae Trinitatis, qua in nomine Patris et Filii et Spiritus sancti baptizamur, cassare praesumitis.

Eusebius quondam Nicomediae episcopus, totus Ariana haeresi fermentatus, sicut narrat historia a Theodorito venerabili episcopo Graeco sermone conscripta, et a Cassiodoro per Epiphanium scholasticum in Latinum nostrum translata, magnum Constantinum imperatorem in Arianum dogma rebaptizavit. Ita enim ibi legitur : Constantinus aegritudine captus ex urbe Constantinopolitana quasi ad calidas aquas egressus est, qui cum Nicomediae degeret, languore gravatus, nec ignorans vitae hujus incertum, gratiam sacri baptismatis est adeptus. Hunc eumdem Constantinopolitanum imperatorem, sicut narrat *Historia ecclesiastica* (39) ab Eusebio Caesariensi Palaestinae episcopo conscripta, beatissimus papa Silvester prius in initio suae conversionis Romae intra palatium Lateranense baptizaverat. Utraque autem historia tam Eusebii quam Cassiodori, Ecclesiastica meruit appellari propter veritatem rerum in Ecclesia diversis temporibus gestarum. Item Constantius Augustus, magni Constantini filius, eadem haeresi fermentatus, et a praefato Eusebio Nicomediae episcopo rebaptizatus, Liberium papam venerabilem ab exsilio revocatum, ut sibi consentiret, et cum haereticis rebaptizaretur, rogavit et imperavit : quod beatissimus papa minime fecit. Et licet eidem Constantio haeretico se publice in hoc opponeret, tamen propter eum multa haeretica in multis supportans dissimulavit. Idem Constantius Augustus decollari praecepit Felicem papam, successorem Liberii, eo quod declaraverat eum haereticum ; et secundo rebaptizatum a praefato Eusebio Nicomediae episcopo juxta Nicomediam in villa quae appellatur Aquilone. Quod si faex (40) ejusdem haereseos adhuc manet in gente Graecorum, videlicet ut alios in nomine sanctae Trinitatis baptizatos ad se venientes suo ritu rebaptizent, quid, quaeso, est, quare vocentur Christiani ? Quisquis enim rebaptizandum putat, virtutem sanctae Trinitatis, in qua baptismus catholicus fit, negat, et jam judicatus est.

Nechites archiepiscopus Nicomediae dixit : Si Latini ritus Graecorum ex integro possent, non tam faciles eos calumniarentur, nec in eis tam facile scandalizarentur. Sed non est mirandum si de hoc non recte judicant, tametsi rectum sit quod igno-

---

(39) *Historia ecclesiastica*. De gestis Silvestri papae cogitavit, quae circumferebantur sub Eusebii Caesariensis nomine, ut cum aliunde, tum e Ratramni libro IV oppositorum adversus Graecos dicimus. Quae quidem gesta etiamnum in Bibliotheca S. Germani a Pratis servantur.

(40) *Quod si faex.* Ita emendavit Baluzius : Acherius ediderat *sex*, et conjecerat legendum *secta*.

rant. Absit autem ab orthodoxa Græcorum fide, ut aliquatenus discrepare videmur, quæ licet salutem quemquam Christianorum in invocatione hagiæ animarum non impediant, tamen charitatem non Trinitatis baptizatum denuo rebaptizandum putemus, quoniam hoc facere, vel faciendum prædicare, est hæreticum esse. Sane habemus quasdam purificationes in unctione sacri olei; et quando veniunt ad nos personæ extraneæ, viri seu mulieres, et transire cupiunt in nostrum ritum et in nostram societatem, oleo sacrato eos inungimus, quia si sacramentum unctionis prius perceperint, ignoramus. Nequaquam autem eos denuo rebaptizamus, quos prius baptizatos didicimus, nec eos quoque inungimus, quos prius unctos, et chrismali unctione per manus impositionem sanctificatos, et in Christiana religione consummatos non dubitamus. Non autem dicitur iteratum, quod ignoratur prius factum.

CAPITULUM XXII.

De concordia sapientum Græcorum et Latinorum.

Anselmus Havelbergensis episcopus dixit : Gratias ago Deo, qui et hoc scandalum a me submovit, et opprobrium Christiani nominis, quod hactenus in Græcorum sapientissima gente suspicatus sum, a me abstulit.

Nechites archiepiscopus Nicomediæ dixit : Si fides nostra et ritus nostri, quos habemus in lege Dei prudentiæ tuæ placent, nos magnopere gaudemus. Quia vero non in magnis, sed in minimis aliquatenus discrepare videmur, quæ licet salutem animarum non impediant, tamen charitatem non ædificant : summo studio, sicut supra dixi, elaborandum esset, ut generale concilium congruo loco et tempore fieret, ubi universa quæ nos et vos ab eodem ritu dissociant, in unam reducta concordiam formarent, et tam Græci quam Latini unus populus sub uno Domino Jesu Christo, in una fide, in uno baptismate, in uno sacramentorum ritu efficeretur.

Anselmus Havelbergensis episcopus dixit : Hæreticorum est angulos et latebras quærere ; sed tu qui generale concilium desideras, videtur quod id quod catholicum est, intendas : ideoque et ego concilium universale futurum exopto ; ubi tua sapientia, tua eloquentia, tua sanctitas, tua maturitas, tua discretio, tua mansuetudo, tua modestia, tua religio, tua constantia, tua pietas, tua perfectio, in facie totius Ecclesiæ ad salutem et doctrinam omnium possit elucescere. Hoc mea humilitas, mea mediocritas, mea parvitas, mea devotio, meus affectus, meum desiderium semper optare non cessabit. Universi clamantes dixerunt : *Doxa soi, o Theos, Doxa soi, o Theos, Doxa soi, o Theos,* quod est, *Gloria sit Deo, Gloria sit Deo, Gloria sit Deo.* — *Calos dialogos,* quod est, *bonus dualis sermo. Holographi, holographi,* quod est, *totum scribatur, totum scribatur.* Hic finit. Deo gratias.

ANNO DOMINI MCLIV

GISLEBERTUS PORRETANUS

PICTAVIENSIS EPISCOPUS

NOTITIA HISTORICA

(*Gall. Christ. nov.*, II, 1175).

Gislebertus Porretanus, patria Pictaviensis, legitur in Galteri codice Ruffiaci toparcha (1), sed scriptum recenti admodum manu. Ex canonico Sancti Hilarii-Majoris, et subtilissimo philosopho et theologo creatus est episcopus ; nam tempore suæ electionis, scilicet anno 1141, vel potius 1142, theologiam Pictavis docebat (2). Vagiebat tunc illa theologia quam scholasticam appellant ; quæ ad tradendam de Volviro.

(1) Id perperam scriptum asserunt nostri Sammarthani, cum hæc, inquiunt, dynastia vivente Porretano, ab antiquo tempore dominos cognomines habuerit, quorum hæres Leonora, castrum illud dotis nomine transtulit in nobilem familiam Picto-

(2) Nam occurrit ejus decessor Grimoardus episcopus, « an. ab Incarnat. Dom. 1142. Duna II, regnante Ludovico rege, » in charta Renaldi Claret coram D. P. abbate S. Maxentii.

dam fidei doctrinam explicandaque divina mysteria Trinitatis, Incarnationis, etc., voces hucusque ignotas cœpit adhibere, abstractiones mentis, distinctiones reales, virtuales, secundas intentiones, et similia. Gislebertus Porretanus et Petrus Abailardus, quos S. Bernardus acriter impugnavit, hanc theologiam amplexati suis in scholis, visi sunt aberrare a fide, novamque ac peregrinam doctrinam inferre. Imprimis S. Bernardus, qui theologiam hauserat in sacra Scriptura sanctisque Patribus, erroris et novitatis, in rebus ad religionem spectantibus periculosissimæ, arguebat hos theologos. Sed audiendus Otho Frisingensis de Gisleberto loquens : « Fuit illis in diebus in Aquitania, Galliæ civitate Pictavis episcopus Gilibertus nomine : hic ex eadem civitate oriundus, ab adolescentia usque ad ultimam senectutem in diversis Galliæ locis philosophiæ studium colens, re et nomine magistri officium administrarat : noviterque ante hos dies ad culmen pontificale in præfata civitate sublimatus fuerat, consuetus ex ingenii subtilis magnitudine, ac rationum acumine, multa præter communem hominum morem dicere. Is igitur cum quadam vice conventum de sua diœcesi clericorum magnum celebrans, sermoni, quem forte gratia exhortandi habebat, quædam de fide sanctæ Trinitatis intersereret, a duobus archidiaconis suis, Arnaldo et Calone, tanquam contra catholicæ normam Ecclesiæ, doctrinam instituens, ad summi pontificis, Romanæque sedis examen, interposita appellatione vocatur. Sic utrique viam carpunt, Romanoque pontifici Eugenio ab urbe in Gallias tendenti, Senis civitate Tusciæ occurrunt. Quibus Romanus antistes auditis, causaque viæ cognita, breviter respondit se Gallias introire, ibique de hoc verbo, eo quod propter litteratorum virorum copiam ibidem manentium, opportuniorem examinandi facultatem haberet, plenius velle cognoscere. Archidiaconi in Gallias redeunt, ac consulto Bernardo supra memorato abbate Clarevallensi, eum in commodum causæ suæ adversus episcopum inclinant. Erat autem prædictus abbas, tam ex Christianæ religionis fervore zelotypus, quam ex habitudinali mansuetudine quodammodo credulus, ut et magistros qui humanis rationibus, sæcularis sapientia confisi, nimium inhærebant, abhorreret, et si quidquam ei Christianæ fidei absonum de talibus diceretur, facile aurem præberet. » Cum S. Bernardus id per archidiaconos præfatos de Gisleberto resciisset, confestim cum eis sedulo laboravit, ut quæ a Gilberto hæreses doceri ferebantur, judicio apostolico damnarentur : et quidem Antissiodori primum, postea Parisiis causa ejus fuerat agitata; sed ut solemnius foret judicium, in generali synodo Remis Gilibertus, ut se sisteret, compellitur, responsurus ad ea quæ de ipso disseminabantur. Quæ autem contra illum objecta fuerint, subdit memoratus Otto, præsulis nostri vitæ Institutionem ab adolescentia sic exponens lib. 1, cap. 50 : « Prætaxati archidiaconi, ascito sibi tantæ auctoritatis et æstimationis viro abbate Bernardo, episcopum Gilibertum, eadem, qua prædictum Petrum (Abailardum) via damnare attentabant; sed nec eadem causa, nec similis erat materia. Iste enim ab adolescentia magnorum virorum disciplinæ se subjiciens, magisque illorum ponderi quam suo credens ingenio, qualis primo fuit Hilarius Pictaviensis, post Bernardus Carnotensis, ad ultimum Anselmus et Radulphus Laudunenses germani fratres : non levem ab eis, sed gravem doctrinam hauserat : manu non subito ferulæ subducta, a scientia haud censura morum, vitæque gravitate discordante, non jocis, non ludicris, sed seriis rebus mentem applicarat. Hinc erat, ut tam gestu, quam voce pondus servans, sicut in factis, sic in dictis se ostenderet difficilem, ut nunquam puerilibus, vix autem eruditis, et exercitatis quæ ab eo dicebantur, paterent animis. » Hactenus Otho. Hi Gisleberti magistri, Hilarius et Bernardus, minime nobis noti; neque enim putamus per Hilarium intelligendum esse sanctum illum Ecclesiæ doctorem qui Pictaviensis cathedræ totiusque Ecclesiæ Gallicanæ decus fuit; quamvis ita sentiat Mabillonius, hæcque videatur fuisse Laurentii decani sententia; de quo infra. Hæc vero Porretano fuisse objecta legimus apud Othonem : nempe quod assereret divinam essentiam non esse Deum; quod proprietates personarum non essent ipsæ personæ; quod theologicæ personæ in nulla prædicarentur propositione; quod divina natura non esset incarnata : et præter hæc, alia minora, id est quod meritum humanum attenuando, nullum mereri diceret præter Christum; quod Ecclesiæ sacramenta evacuando diceret nullum baptizari nisi salvandum, etc. Ita pergit Otho capite 51 : « Itaque præsidente cum cardinalibus, episcopis aliisque viris venerabilibus et eruditis, in jam dicta civitate Parisiis, summo pontifice Eugenio : prædictus episcopus Gilibertus consistorio præsentatus, de his capitulis responsurus. Producuntur contra eum duo magistri Adam de Parvo-Ponte vir subtilis, et Parisiensis Ecclesiæ canonicus recenter factus, Hugo de Campo-Florido cancellarius regis, asserentibus eis et quasi sub sacramento pollicentibus, se aliqua ex his proprio ejus ore audisse, non sine multorum qui aderant admiratione : viros magnos, et in ratione disserendi exercitatos pro argumento juramentum afferre. » Ibidem : « Dum hinc inde multa sibi objicerentur, pluriumque impulsationibus ad responsionem de re tam ineffabili cogeretur, inter cætera dixisse traditur : « Audacter confiteor Patrem alio esse Patrem, « alio esse Deum, nec tamen esse hoc et hoc. » Cujus dicti obscuritatem, tanquam verborum profanam novitatem, tam impatienter magister Joslenus Suessionensium episcopus excepit, ut juxta proverbium, medium vitando incurreret ripam. » Hunc tamen loquendi modum a Gisleberto usurpatum auctoritate Augustini approbat dicentis : « Sic aliud est Deo esse, aliud subsistere; sicut aliud Deo esse, aliud Patrem esse, vel Dominum esse. Quod enim est ad se dicitur, Pater autem ad Filium, et Dominus ad servientem creaturam. »

Eugenius papa, inspecta causæ difficultate, usque ad generale concilium anno sequenti tempore Quadragesimæ Remis celebrandum Gisleberto inducias dedit. In hoc porro celeberrimo cœtu victus pondere rationum S. Bernardi, priora dogmata retractavit ejuravitque. De his legendi præter Othonem Frisingensem, Gaufridus in Vita S. Bernardi, ipse Bernardus tom. 1, sermone 80, et Mabillonius in præfatione ad novam Operum S. Bernardi editionem. Reliqua hujus episcopi gesta obiter notemus.

Annis 1148 et 1153 memoratur in tabulis Fontis-Comitis. Anno 1149 convenit ad quamdam synodum Burdigalensem de qua in charta 21, inter instrumenta Ecclesiæ Burdigalensis, ubi abbati S. Cypriani nonnulla cessit. Anno 1150 obortam controversiam inter Mathildem Fontis-Ebraldi abbatissam, et Julium abbatem de Corona, super quibusdam feudis, composuit cum Burdigalensi archiepiscopo. Rebus humanis exemptus est anno 1154, ad quem hæc habet appendix Roberti de Monte ad Sigebertum : « vi Kal. Decembris..... moritur Gillebertus episcopus Pictaviensis, vir religiosus et multiplicis doctrinæ, qui Psalmos et Epistolas Pauli luculenter exposuit. » De ejus obitu Laurentius decanus Pictaviensis planctum cecinit, quem edidit Bessius ex ms. codice, in cujus fine hæc verba leguntur : « Dormivit in senectute bona senex et plenus dierum, anno ab Incarnatione Domini 1154, episcopatus sui tertio decimo, Anastasio Romano pontifice; Ludovico Francorum rege, Henrico Aquitanorum duce, mense Septembri, pridie Nonas Septembris, et sepultus est ab episcopo Burdegalensi Goffredo, et episcopis aliis, B. Santonensi, Ulgone Engolismensi, Helia Petragoricensi, in ecclesia B. Hilarii patris et patroni sui. Dignum quippe maxime visum, et opportunum, ut cujus fuerat doctrinam secutus, cujusque tenuerat vicem, sortiretur hæreditatem. Anima ejus requiescat in pace. Amen. »

Porro sequens epitaphium inscriptum est codici ms. bibliothecæ Parisiensium Carmelitarum Discalceatorum, quod subjicitur operi ejusdem *De Trinitate* :

Temporibus nostris celeberrimus ille magister
Hoc opus excepit, strenuus sapiensque minister
Floruit, et cunctis præcelluit ipse magistris.
Logicus, ethicus, hic theologus, atque sophista;
Solaque de septem cui defuit astronomia.
Artibus ac diva præcelsus philosophia.
Qui quam facundus verbis fuit atque profundus
Sensu, testantur bene qui legisse probantur.
Illius in libris magni commenta Boeti.
Hic alter recte dictusque Boetius ipse,
Cum Gislebertus proprio sit nomine dictus.
Pictavis hunc genuit, quem pontificem sibi legit;
Nobilior tanto vere dictata [f. ditata] patrono,
Hic requie æterna potiatur pace superna.

Alia inscriptio in Necrologio Ecclesiæ Cenomanensis hæc exhibet :

Hic Gislebertus antistes Pictaviensis,
Egregius doctor vitæ finivit agonem,
Sensu fama minor, cujus modo vivit in orbe,
Vivat in æternum gaudenter spiritus ejus.

Pridie Nonas Septemb. in ecclesia cathedrali fit anniversarium Gisleberti episcopi « sepulti ad S. Hilarium ; » sic enim habet vetus Necrologium, et adhuc ostenditur in ecclesia S. Hilarii-Majoris prope sacristiam sepulcrum hujus antistitis ex marmore afabre elaboratum, sed magna ex parte fractum a Calvinistis, qui ejus ossa cremaverunt. Eodem die pro eo faciendæ anniversariæ preces notantur in Kalendariis SS. Trinitatis Pict. S. Mauricii Andegavensis, et S. Mariæ Carnotensis, in qua ecclesia canonicus primo, post cancellarius, denique Pictavorum antistes fuisse notatur ; et fortasse eo tempore quo Carnotensis erat canonicus, audierat illum magistrum Bernardum Carnotensem quem diximus memorari apud Othonem Frisingensem. Exstat in appendice ad Guibertum de Novigento pag. 564 epistola Gisleberti de Eucharistia.

NOTITIA LITTERARIA.

(*Histoire littéraire de la France* par des religieux bénédictins, t. XII, p. 471.)

Gilbert, surnommé *de la Porrée*, est auteur d'un grand nombre d'écrits, parmi lesquels quatre ou cinq au plus ont vu le jour.

Le premier est un commentaire sur les livres de la Trinité de Boëce. On le voit dans l'édition générale des Œuvres de Boëce, publiée à Bâle un volume in-folio l'an 1470. C'est ce commentaire qui a donné le plus de prise aux adversaires de Gilbert. Au concile de Paris on en produisit des extraits, qu'il désavoua comme infidèles ; et dans celui de Reims il en apporta lui-même un exemplaire authentique, dont le Pape, après l'avoir examiné, défendit la lecture, jusqu'à ce qu'il eût été corrigé par le Saint-Siége. Le style en est serré, dur et embarrassé, de manière que loin de lever les obscurités du texte, cette glose aurait elle-même besoin d'une autre glose pour être entendue. Dans un manuscrit de la Bibliothèque des Carmes Déchaussés de Paris, elle est suivie d'un éloge versifié de l'auteur, rapporté dans l'Histoire de l'Université de Paris et dans le deuxième tome du nouveau *Gallia Christiana* (3). Un autre manuscrit (c'est celui de Saint-Amand) présente le portrait de notre auteur à la tête du même ouvrage avec cette inscription : *Magister Gislebertus Pictaviensis episcopus altiora pandit philosophiæ secreta diligentibus, attentis et pulsantibus discipulis quatuor, quorum nomina subscripta sunt, quia digni sunt.* Au-dessous de ce portrait sont ceux de trois de ses disciples, celui du quatrième est dans la lettre initiale de ce commentaire. Leurs noms souscrits portent Jourdain Fantome, Yves doyen de Chartres, Jean Belet et Nicolas d'Amiens.

La seconde production imprimée de la plume de Gilbert, est une Lettre à Matthieu, abbé de S. Florent de Saumur, depuis évêque d'Angers. C'est une réponse à celle que cet abbé lui avait écrite pour le consulter sur le cas suivant : Un prêtre de son monastère après la consécration du pain avait prononcé sur le calice vide les paroles sacrées, et s'en étant aperçu à la fraction de l'hostie, il fit une nouvelle consécration de l'une et de l'autre espèce. Matthieu demandait quelle pénitence méritait la faute de ce prêtre. Gilbert dans sa réponse dit que semblable cas étant déjà arrivé de son temps, il ne peut mieux faire que de conformer sa décision à celle que des personnes sages et éclairées rendirent alors. En conséquence il est d'avis que le prêtre dont il s'agit s'abstienne pendant quelque temps de célébrer la messe, qu'il convient aussi de lui imposer des jeûnes et d'autres macérations corporelles, et de lui ordonner des prières pour l'expiation d'une telle faute. Il ajoute que le prêtre, outre qu'il n'aurait pas du recommencer la consécration du pain, pouvait s'abstenir de celle du vin, et ne communier que sous la première espèce, attendu que Jésus-Christ est tout entier sous l'une et sous l'autre. Il cite en preuve l'usage de l'Église, de ne communier les enfants que sous l'espèce du vin, et les malades que sous celle du pain. On trouve sur un pareil cas une décision à peu près semblable dans une lettre (ep. 69) de S. Bernard à Gui abbé de Trois-Fontaines.

(3) Vide supra

Il y a trois éditions de cette consultation de Gilbert ; la première dans les Notes de Dom D'Acheri sur Guibert de Nogent (p. 564); la seconde dans le premier tome des Anecdotes de Dom Martène (p. 427) ; la dernière dans le sixième volume des Annales Bénédictines (l. LXXVII, n. 113).

Le troisième écrit de notre auteur, livré au public, est son Traité des six principes, ouvrage philosophique qui se rencontre parmi ceux d'Aristote, traduits par Hermolaüs Barbarus, immédiatement après celui de ce philosophe, *De prædicamentis* dans les anciennes éditions (4). Durant plusieurs siècles cet ouvrage eut grande vogue dans les écoles. Plusieurs savants lui firent l'honneur de le commenter. De ce nombre sont Albert le Grand, dont on voit un écrit intitulé : *De sex principiis Gilberti Porretani* tractatus 8, dans le premier tome de ses œuvres, édition de Lyon, faite l'an 1651 ; Géofroi (FABR. Bib. m. lat. l. VII, p. 195) de Cornouailles, religieux Carme du XIVe siècle, qui fit sur ce texte une glose qui n'a point été mise au jour; Antoine André (NIC. ANT. Bib. Hisp. l. XIX, c. 4, n. 190), Franciscain Espagnol du même siècle, dont le commentaire sur les six Principes fait partie du recueil de ses œuvres publié à Venise en 1481, 1509 et 1517 ; Bonne-grâce d'Esculo Dominicain, parmi les écrits duquel, imprimés encore à Venise en 1481, on voit *Commentaria in sex principia Gilberti Porretani*.

La quatrième production de notre auteur mise au jour, est un commentaire sur l'Apocalypse. La Préface se trouve à la tête des Postilles de Nicolas de Lyra sur ce livre, et le corps de l'ouvrage a été employé dans une compilation de différents interprètes anciens de l'Apocalypse, publiée à Paris l'an 1512 en un volume in-8°.

Nous ne garantissons l'impression d'un cinquième ouvrage de Gilbert, qui est un commentaire sur les Psaumes tiré des anciens docteurs, que sur la foi de Lipen (Bib. théol. t. II, p. 585), qui en cite une édition in-folio de l'an 1527, sans nommer le lieu ni l'imprimeur. M. Fabricius ne l'a point connue, et nous avons fait d'inutiles recherches pour la découvrir. Quoi qu'il en soit, ce commentaire existe manuscrit en plusieurs Bibliothèques, nommément en celles du Roi (n. 2577), des abbayes de Saint Amand (SANDER. mss. Bel. part. I, p. 45), de Braine au diocèse de Soissons (HUGO, Ann. Præm. t. I, p. 112), de Selincourt au diocèse d'Amiens, de l'Eglise de Saint-Omer (ibid. t. II, 558). Dans l'exemplaire de ce dernier dépôt, le commentaire de Gilbert se trouve confondu avec un autre de Nicolas d'Amiens son disciple, destiné à l'expliquer; ce qui montre que le premier n'est pas fort clair par lui-même. Géofroi de Clairvaux dans sa lettre au cardinal d'Albane (conc. t. X, p. 1125), rapporte un texte de celui de Gilbert où parlant de l'adoration qui est due à la chair de Jésus-Christ, il dit nettement (5) que ce n'est point une adoration de latrie, telle qu'on la doit au seul Créateur, mais seulement une adoration au-dessus de celle de dulie. « Car l'adoration de dulie, ajoute Gilbert, se rend même à la créature ; et on en distingue deux sortes : l'une qui a pour objet les hommes indifféremment ; l'autre qui ne se rend qu'à la seule humanité de Jésus-Christ. » Cette doctrine, dont Gilbert paraît être l'auteur, eut dans la suite un grand nombre de partisans, comme on le verra sur Pierre Lombard.

Les écrits de notre auteur qui n'ont pas encore vu le jour, sont :

1° Des questions diverses sur toute l'Ecriture sainte, qui existent à l'abbaye de Saint-Ouen de Rouen, et à celle de S. Bertin (MART. Anecd. t. III, p. 662).

2° Des gloses sur le prophète Jérémie, dont il y a deux exemplaires à la Bibliothèque du Roi (n. 148 et 278).

3° Des gloses sur le Cantique des cantiques conservées à la Bibliothèque publique d'Utrecht (SANDER. ibid. p. II, p. 85).

4° Des gloses sur l'Evangile de saint Jean, qui ne nous sont connues que par le témoignage de Henri de Gand (Scri. c. 8).

5° Des gloses sur les Epîtres de saint Paul, dont il y a des exemplaires à la Bibliothèque du Roi (n. 2579, 2580 et 2581), à celles de Saint-Germain-des-Prés (LE LONG, Bib. S. t. II, p. 914), de Saint-Victor, de Vauclair, des Dunes en Flandres, du Collége de la Madeleine à Oxford, et à la Bibliothèque Pauline de Leipsick. Gilbert enseigne dans cet ouvrage, comme l'a remarqué Géofroi de Clairvaux (conc. t. I, p. 1125), que le nom de Dieu et de Fils de Dieu n'est donné à l'homme en Jésus-Christ que par adoption.

Du reste, toutes ces gloses ne sont qu'une extention de celles d'Anselme de Laon, qui servirent de canevas, pour ainsi dire, à tous les glossateurs de l'Ecriture, qui vinrent après lui dans les bas temps.

6° Un commentaire très-prolixe et assez peu intelligible, à la manière de presque tous ceux de Gilbert, sur le Traité de Boëce *Des deux natures en Jésus-Christ*. La date de cet écrit précède le concile de Reims où Gilbert fut cité ; puisque peu avant qu'il se tînt, il l'adressa en consultation au pape Eugène, qui le remit à Gothescalc (MAB. ann. l. LXXIX, n. 1), alors abbé du Mont-Saint-Martin près d'Arras, et depuis évêque de cette ville, pour l'examiner. Celui-ci n'en jugea pas favorablement. Il en tira quelques propositions qui lui parurent erronées, et leur opposa des passages des Pères. Il existe un exemplaire de cet écrit de Gilbert à Saint-Amand (SANDER. ibid. part. I, p. 51).

7° Un commentaire sur l'écrit attribué à Mercure Trismégiste : *De hebdomadibus seu de dignitate theologiæ*. Ce commentaire avec le texte qui en est l'objet, se trouve à la Bibliothèque de l'Eglise de Tours : il est aussi dans celle du Roi (n. 2178).

8° Un livre *De causis* qui se voit à la Bibliothèque des Dunes (SANDER. ibid. part. I, p. 199).

9° Oudin met de plus sur le compte de notre auteur un traité en forme de la Trinité (Scr. t. II, p. 1286), qu'il dit être en la Bibliothèque des Carmes Déchaussés de Paris. Ce que nous pouvons assurer, c'est qu'il ne s'y rencontre plus. Il ne diffère peut-être pas du commentaire sur Boëce.

10° A la Bibliothèque de Saint-Ouen de Rouen on voit *Magistri Gisleberti Porretani glossulæ super Matthæum*, dans un manuscrit qui est de la fin du XIIe siècle. Le même ouvrage se trouve aussi, mais sous le nom de Géofroi Babion dont on a donné ci-devant l'article (t. IX, p. 520), à l'abbaye de Saint-Germer. Ce dernier exemplaire est moins ancien que le premier. Néanmoins l'attribution qu'il porte, est fortifiée par l'autorité d'un autre exemplaire que l'on rencontre à Cîteaux sous ce titre : *Gaufridi Babionis super Matthæum*. Quoi qu'il en soit, l'ouvrage partagé en quatre-vingts chapitres commence par ces

---

(4) Il fait aussi partie d'une vieille édition gothique in-4° de livres philosophiques, dont le titre porte : *Auctoritates Aristotelis, Senecæ, Boetii, Platonis, Apulei, Porphyrii et Gilberti Porretani*.

(5) Non illa dico adorationem quæ latria est, quæ soli Creatori debetur, sed illa quæ dulia dignior est. Dulia enim adoratio est quæ etiam creaturæ exhibetur : quæ duas habet species, unam quæ hominibus indifferenter, alteram quæ soli humanitati Christi exhibetur.

mots : *Dominus ac Redemptor noster ad commendationem*, etc., et finit par ceux-ci : *Christum meruerint habere mansorem in sui cordis hospitio.*

11° Gilbert avait composé une prose rimée sur la Trinité (OTTO FRIS. *De gest. Frid.* l. 1, c. 52), qui fut produite contre lui au concile de Paris. Mais nous croyons cette pièce perdue, du moins n'en connaissons-nous aucun exemplaire.

12° Il faut mettre aussi parmi les productions de Gilbert que le temps nous a enlevées, ses Sermons, dont Pierre de Celles (l. VII, ep. 19), faisait un si grand cas, qu'il ne craignait pas de les comparer à ceux de Saint Bernard.

Tels sont les ouvrages connus de Gilbert de la Porrée. Leur multitude et leur étendue font connaître son amour constant pour le travail : le grand nombre de citations qu'ils renferment, rend témoignage de son érudition : plusieurs difficultés importantes, de dogme et de morale qu'on y trouve bien résolues, montrent la profondeur de son génie. Mais le défaut de méthode qui règne dans la plupart de ces productions, et l'affectation qu'on y remarque de ramener tout aux opinions sophistiquées de l'École, sans parler de la sécheresse du style, les ont fait presque entièrement tomber dans l'oubli.

GISLEBERTI PORRETANI

PICTAVIENSIS EPISCOPI

Epistola ad Matthæum abbatem S. Florentii Salmuriensis

Qualiter puniatur sacerdos in solo pane sine vino sacrificans, et de quibusdam aliis quæstionibus (6).

(MARTEN., *Thesaurus Anecdot.*, tom. I, col. 427, ex ms. Grandimontensi.)

GISLEBERTUS Dei gratia Pictavorum episcopus dilecto in Christo fratri (7) MATTHÆO, eadem gratia abbati Sancti Florentii, salutem in Christo.

Placuit vobis nostram consulere parvitatem super cujusdam oblivionis casu, qui nuper in ecclesia vestra dicitur contigisse : quod videlicet super altare pane posito in eucharistiam consecrando, et calice vacuo, presbyter omnia verba quæ sacramento panis et vini pertinent usque ad panis infractionem dixerit, quando discooperto calice se cognoscens errasse, positis in calice vino et aqua, non modo super calicem, verum etiam super panis hostiam consecratam sacra consecrationis verba iteravit : pro quo facto, quid vobis, quid illi presbytero, quid de illa hostia faciendum sit quæritis. Nos autem non ex sensu nostro novum aliquid, sed quod a prudentibus viris super simili casu consilium olim audivimus, hac a vobis quæsita responsione commemoramus. Cum enim simile factum ad aures quorumdam prudentium pervenisset, presbyterum de negligentia corripiendum judicaverunt, et conventum pro ipso oraturum providerunt. Hoc igitur exemplum secuti consulimus, ut presbyter ille vester ad tempus oblationis hostia abstineat, et interim quibus providebitis, sive jejuniorum, sive aliis corporis castigationibus et non modo suis, verum etiam vestris totiusque conventus orationibus expiatus mereatur offerre : cui tamen non de erroris conscientia, quæ cum est contumax, hæresis dicitur; sed ex illusionibus quæ sæpe recte credentium lumbos replent, hujus oblivionis contingit casus, brevior tempore, mitior passione, castigationis hujus pœna poterit esse. Quoniam vero in altero sive panis sive calicis sacramento, post illas quæ ex more fiunt per presbyterum consignationes, totus est Christus; a jam consecrati panis reconsignatione omnino debuit, et a vini et aquæ in calice prius vacuo infusione satis potuit abstinuisse, et sine illa sacrorum verborum iteratione in sacramento panis Christo communicasse. Quoniam et pueri baptizati in solius calicis, et infirmi in solius panis sacramento sæpe communicant; et nihil minus quantum ad rem ipsam et ad incorruptionis futuræ sacramentum accipiunt, quam illi a quibus in utroque panis scilicet et calicis sacramento in ecclesia de ipsa mensa Dominica Christus assumitur. Hæc ad inquisitionem vestram et si minus plene, tamen fideliter respondemus, de vestra charitate confisi, quæ quod parum est reputat multum, et quod mutilatum perfectum. Addentes quod nos ipsi ne hujusmodi oblivionibus sive ministrorum nostrorum, sive nostri possimus decipi

---

(6) Hanc Gisleberti episcopi Pictaviensis epistolam ad Matthæum abbatem S. Florentii Salmuriensis, in quo variis quæstionibus sibi propositis respondet, reperimus in veteri codice Grandimontensis monasterii in Lemovicensi pago. Responsionem ad primam quæstionem edidit in notis ad Guibertum, noster Acherius omissis aliis tribus quæ deerant in ejus ms. integram hic damus.

(7) Matthæus Salmuriensis S. Florentii abbas anno 1156 factus est episcopus Andegavensis.

facere consuevimus. Cum enim ministri nostri vinum in calicem oblaturi infuderint, de miscenda vino aqua non eis credimus, nisi jam oblato nobis pane et offerendo calice vel ipsi præ oculis nostris aquam infundant, vel nobis aquamanili tradita, eam calici misceamus. Sic enim et minister et sacerdos manet indubius, et sine oblivionis cujuslibet casu indemnis.

De naturali pollutione.

Quæritur si post nocturnalem pollutionem debeat ab aliquo corpus Christi consecrari vel accipi. Ad quod dicimus, quod nocturnalium pollutionum tria sunt genera. Est enim quædam pollutio ex assiduitate cogitationum, alia ex crapula, alia ex natura. Si per assiduam cogitationem quam de aliqua muliere habuerit in die aliquis polluatur in nocte, illi prohibetur consecrare, vel accipere corpus Christi. Si ex crapula aliquis polluatur in nocte, illi prohibetur similiter. Si vero receptacula alicujus plena sunt, et ex illa superfluitate naturaliter contingat nocturnalis pollutio, injuncta sibi pœnitentia, abluto corpore, mutatis vestibus, potest consecrare vel accipere corpus. Explicit.

Item quæstio.

Quæritur de illis qui peregerunt aliquod criminale, consciente sacerdote, si postulent ipsum sacerdotem corpus Christi, si debeat illi denegari an non. Ad quod dicimus, teste Augustino, quod admoneri debent, non arceri. Ex quo habemus exemplum Christi qui Judæ proditori corpus et sanguinem suum tradidit, sciens eum immundum et se traditurum, nondum enim publicanus erat, nec extra communionem Ecclesiæ positus. Et ideo, quamvis sciamus aliquem in aliquo criminali manentem, non debemus ei denegare corpus Christi, si quærat, nisi sit excommunicatus, et extra communionem Ecclesiæ positus

Item quæstio magistri Gileberti.

Quæritur si aliquis latro ducatur ad suspendendum, et causa evadendi postulet corpus Christi, si debeat ei dari. Ad quod dicimus, quod propter reverentiam corporis et sanguinis Christi non debet ei tradi, quia turpe esset, si post communionem suspenderetur, sed injuncta sibi pœnitentia, si ex toto corde pœniteat et confiteatur peccata sua, debemus confidere de ipsius salute.

GISLEBERTI PORRETANI
COMMENTARIA IN BOETIUM.

(Vide *Patrologiæ* tom. LXIV, Operum Boetii tom. II, col. 1255, 1301, 1313, 1353.)

GISLEBERTI PORRETANI

LIBER

DE SEX PRINCIPIIS.

(Opp. Aristotelis Hermolao Barbaro interprete, Parisiis, ex officina Prigentii Calvarini ad Geminas Cyppas, in Clauso Brunello, 1541.)

Ratio sive forma est id quod supervenit composito, simplici constans et invariabili essentia. Nec enim ipsa compositum esse potest, quandoquidem a natura compositi secernitur. Nam compositum composito superveniens, accessione sua majus efficitur; forma composito superveniens majorem miscellam accessione sua non reddit. Nec enim corpus candidum majus minusve seipso est non candido; neque si cogitatur esse non candidum, propterea composito vel pernicies vel detractio magnitudinis contingit, sed immutatio duntaxat. Et quia videri potest hoc et animis competere, idcirco essentiam ejus invariabilem esse diximus, quo verbo a definitione nostra separantur animæ, quas constat affici motibus contrariis, nunc lætitiæ, nunc mœroris. Et quoniam philosophi sunt qui putent animam esse mundi quamdam invariabilem atque simplicem, discludi volens a mentione nostra adjeci composito superveniens. Quamobrem finis ille numeros omnes habet, nihil ut sit, vel quod desideres, vel quod redundet, si quis eum subtiliter exploret. Sed quaeri potest ecquid hoc perpetuum sit, ut omnis forma perhibeatur invariabilis, alioquin plures videntur esse invariabiles? Nam et oratio e vera commutat in falsam, et candor e lucido subobscurus et tenebrosus sit, et opinio veritatis eadem et mendacii capax est. At non est ita, sed candorem diei lucidum nihil aliud est quam stratum candoris ipsum dici lucidum. Item nec oratio vel opinio contrariis ipsae sunt obnoxiae, sed verba notae impressionum earum sunt quae in animo habentur. Verum de his alicubi dictum est. Essentiale appello quidquid suum rebus esse confert quacunque compositura junctis atque conditis, ex majore parte, quod nec abesse quidem ullo modo potest, ut sensus, ratio, et quae sunt his similia continens et discretum. Essentiale porro aliud materiae vicem praefert, aliud formae; quemadmodum in homine materia corpus est, animus forma. Quapropter utrumque futurum essentiale est et animus corpori et rationale homini. Sed haec in libro Praedicamentis dicato fusius explicata sunt.

E formis aliae per naturam sunt, aliae per artem; ratio per naturam est, color et alia quaedam affectio per artem. Aliquae sunt in quibus ambigitur, per naturam ortum habeant an per artem, ut effigiatio sectionum, ubi nulla fit accessio, sed diductio sola partium. An effigiatio quidem ipsa naturae fertur accepta, sed ut sensu percipiatur hoc artis opus est. Nam quod forma partium junctione coalescit sine dubio consistit per artem, sed haec perspicua, illud spissius. Nunquid formae illae quae versari dicuntur in pluribus per naturam existere videantur, an per artem? Per artem non possunt, cum nulla esse videatur actio qua possit ad formam in pluribus constitutam attingere; per naturam non videntur, quod ea quae per naturam efficiuntur ab aliqua re condita et creata principium coepere. At vero conditae res non sunt, nec enim potest ratio ulla reddi quamobrem sint hujusmodi. An natura est ipsa quae formas illas molitur, imperspicue videlicet et occulte? Nam quemadmodum partibus conjunctis pluribus universitas quaedam consurgit, quae magnitudinem partis cujusque superat, ita ex singulis quae seorsum habentur una quaedam forma concipitur quae omnia illa quasi ambit et praedicatione sua transilit; quo fit ut universalitas a natura constet, quippe quae prodeat a singulis, et ipsa (sic dixerim) singularitas conditurae pariter incedat atque congruat. Si quis vero diligenti subtilitate id exigat, inveniet quemadmodum natura vires suas exercet in actionibus clam nobis, ita et conditorem naturae suas in ipsa natura promere, id quod ex operibus cognoscitur, quandoquidem naturam ipse numero certo sanxit. Hactenus de his, namque alterius instituti sunt. Forma quaedam in subjecto est, et de subjecto praedicatur: ut scientia, quae tum in subjecto collocatur anima; tum de subjecto praedicatur, grammatica. Quaedam in subjecto est quidem, sed de subjecto nullo redditur, ut Socratis calvitium, et omnino quidquid tale numero unum est. Aliae de subjecto praedicantur et in subjecto non habentur, ut mortale, rationale. Ex iis quae in subjecto sunt et de subjecto dici non possunt, aliae sensiles, aliae insensiles. Sensiles vocantur quae sensu comprehenduntur, ut candor, strepitus, odor, calor, verbera, dulcedo; insensiles quae mente percipiuntur, ut disciplinae. Item quaecunque de subjecto praedicantur aliquo, sensiles appellari non possunt. Ex his quae dicta sunt constat alias esse formas quae aliquo loco videri sitae possunt, ut nigritia in oculo; alias ejusmodi quas difficile sit ostendere ubinam collocatae sint, ut scientia, servitus, dominium, relatio qua pater esse dicitur, relatio qua filius; nisi quis in ipsa temperatura gignentium et condentium statuat. Omnes porro formae quas praetexui, solitarie, hoc est citra complexum et seriem loquendi repraesentatae, per notas quaeque suas, significant vel substantiam, vel accidens, sive supervenientia. Earum quae superveniunt exstantium, aliae simpliciter intra substantiam spectantur, ut linea, superficies, corpus; aliae veniunt extrinsecus, ut facere, ut pati, ut compositum esse, ut ubi, ut quando, ut habere. De his quae subsistunt per se, item de his quae subjectum solum, in quo locentur, desiderant, in opere quod Praedicamenta inscribitur disputatum est, de caeteris nunc agendum.

Actio sive factio est forma per quam in materiam subjectam denominamur agere vel facere; verbi gratia: qui secat, in eo quod secat, denominatur secare. Actio alia corporis esse dicitur, alia pertinet ad animum. Differt haec ab illa, quod actio corporis necessario movet ipsum corpus in quo est, idem enim corpus et agens est et mobile; sed actio animi sive functio non hoc movet in quo est ipsa, sed conjunctum. Nam animus, dum agit, quiescens est et immobilis, et quanquam movet subinde corpus, ipse tamen, ut dixi, permanet immobilis; quandoquidem nec per locum, nec per alium quamvis motum animus agitari cernitur, nisi quod alterascit. Ac primum quidem neque motum sentit auctionis, neque minutionis, neque delationis per loca; locus enim corpus est, anima corpus non est; quod autem non sit corpus, qui potest moveri per corpus? Quapropter anima nulla est quae mutare locum ex loco possit; solum enim corpus de loco in locum movetur. Dicat aliquis: Nonne speculis manentibus, respondens in iis imago commeat adverso objectae rei motu? Aut igitur sum quaestio non poterit, simulatque fateamur imaginem quae comparet, etiam revera in speculo consistere, aut si hoc negemus, error vulgo intolerabilis exstiturus est. Etiam si commodius futurum sit, ita dicere. Caeterum scire oportet in actione esse quidquid ubique in motu est; nihil enim aliud est moveri quam actio. Proinde quidquid movetur obiter quoque agit, nam et omnis actio in motu est, et omnis motus in actione positus intelligitur. Quocirca proprium actionis est esse in motu, sicut motus quoque proprium videtur esse in actione. Hoc autem quemadmodum verum est in actionibus per quas creantur et excitantur aliqua : sic dubium videtur in actionibus per quas everti contingit aliqua, vel corrumpi. Qui enim demolitur aliquid, is in motu est quidem, sed agere tamen nihil videtur, quippe super eum nihil efficitur, sed quod factum est evertitur. At actio, non quam rem agat, sed in quam agat, requirit et spectat. Neque vero motus species actionis est, sed qualitas ; propterea quod et quies ipsa quoque in qualitatis genus refertur. Prorsus quæcunque sunt inter se contraria, hæc ejusdem generis prædicationem recipiunt. Illa sane maxima proprietas actionis est, ut passionem materiæ quæ subjicitur afferat et inurat. Omnis enim actio passionis est efficiens, et quidquid passionem inferre potest, hoc actio est. Ac quidem potest contingere ut ex actione fiat et inferatur actio. Nam actio alicujus quod per se movetur effectrix est actionis ejus, quæ per alium invehitur ; ut actio, verbi gratia, quam animal inussit alteri, ab ea quam primam animal idem edidit, excitata principium sumpsit. Equidem nihil interest principium dicatur actio fuisse an passio animalis ejus quod actionem impressit alteri ; aut si actio principium quidem ipsa perhibeatur sincerum et impromiscuum, passio promiscuum. Quocirca functio sive actus ille primus et actionis et passionis efficiens fuisse dicendus est. Ipsa vero qualitas e sese gignit id quod est facere ; nam calor ipse quem qualitatem esse constat, hanc actionem de se progenerat quæ dicitur calefacere. Quantitates quoque particulares efficiuntur ab eo genere quod compositum esse cognominavimus, a quo et qualitates nonnullas manare conspicuum est. Ejusmodi sunt asperitas atque lævor et similia quæ certum est qualitates esse. Item linea, superficies atque corpus, et substantiam et ortum habent ab ipso positu. Sed et quantitas quantitatis, et qualitas qualitatis efficientes sunt, nam et linea longitudinem procreat, et planities latitudinem, et corpus crassitudinem, item calor calorem; ipsum quoque positum actio et passio molitur. Ad positum enim gignendum quidam simplicium quasi ortus, hoc est collocatio partium et digestio necessaria est. Omnis vero talis ortus in actione gestioneve componentis et collocantis ea constat : ipsum *quando* proficiscitur a tempore, *ubi* a loco. Hoc autem quod dico habere constituitur a corpore ; haberi enim sola ea quæ corpori circumdata sunt, dicuntur; individuorum, quæ subjecto nulla constant, exitium et occasus in primis est, sed ortus in iis quæ proxima sunt a primis. Quæcunque porro de singulis prædicantur, hæc ab iis quæ nullo modo prædicantur, existunt et coalescunt ; ut a singulis hominibus homo in commune prodit. Cæterum facere atque pati recipiunt contrarium; item pluris minorisque discrimina, nam et huic quod dico cædere contrarium est conferre, item huic quod dico amburere contrarium est aspergere. Calefieri quoque plus et minus aliqua dicuntur, item refrigerari, siccari, humescere, lætari, mœrere.

Passio effectus est et inustio quædam ignis atque continens actionis, quam alia propensius accipiunt, alia contumaciter respuunt. Quamobrem animantius, fere dixerim, aliud alio cognoscitur, ut bruta frutice, homo frutis. Quæcunque vero de actione dicta sunt, eadem convenire possunt in passionem, vocabulo tantum mutato. Passionis verbum significatus plures habet; nam et functiones animæ passiones vocantur quas in genere tamen actionis locavimus, ut sunt amor, odium, lætitia, mœror : quod genus qualitates interim actiones animæ patibiles appellant. Passiones dicuntur et quæ salutem hominis infestant, ut languores atque morbi et cæteræ qualitates hujusmodi quas alicubi proditas et digestas habemus. Ac passio quidem ipsa, quemadmodum sumus testati, primum opus est quod ab actione proficiscatur atque gignatur, non tamen in ipso agente posita, sed in eo cui allinitur, et quod natam a faciente motionem accipit. Nec enim id, quod percutit, ipsum pati dicitur, sed subjecta percutienti materia. Hactenus de his. Si quis alia desiderat, relegandus est ad tractatum De actione.

Verbum *quando* rationem significat ex temporis incidentia relictam, non tempus ipsum, quanquam affinia plane sunt et germana ; proinde quando nec præteritum tempus est, sed eventus ejus, et quædam, ut ita dicam, affectio rebus talia per quam dicuntur aliqua fuisse; nec tempus conjunctum utpote per quod æquales aliqui sive contra perhibeantur ; sed temporis est affectio, per quam aliqua dicuntur esse in conjuncto. Sec nec tempus consequens idem est quod quando, sed id quod necessario futurum exiturum est a quo res habent ut dicantur futuræ vel crastino die, vel perendino vel aliter. Ergo unum quando est quod manat a præterito, alterum prodit ex conjuncto, tertium ex futuro. Dictum vero in Prædicamentis est, præteritum et futurum quantitates esse continuas, quippe quæ vinciantur ad instantiam ; non quod præteritum permanentem habeat essentiam, sed quod in exitu suo sive collimitio qua nectitur cum instanti, utique non præteriit, nec elapsum omnino est. Futurum quoque non ideo continuum esse diximus quasi maneat et consistat, sed eo quod prorsus et necessario pariturum et exiturum videatur, quod quidem perinde est atque omnino præsens esset. Nec enim in hoc respectu discrimen nullum est inter illa tria, præteritum, instans et futurum. Quamobrem plerumque de futuris agitur, deque eis non temere aliter quam de præsentibus non decernitur. Et vocabula eorum quæ re subsistunt accommodantur etiamnum futuris : Orietur sol perindie, prælium navale fiet cras, quemadmodum et præteritis, ut : Pridie Socrates decessit. Item aliqua prædicantur in futurum evasura necessario quasi nata de præsenti, ut : Disputaturus, vel non disputaturus est crastino die Callias; nam verbum disputaturus actionem futuram significat, cujus tamen nihil aliud adhuc est in re.

Distant quando et ubi, quod in quacunque re tempus ipsum vel est, vel fuit, vel erit, in ea quoque suum quando vel est, vel fuit, vel erit, ab eo tempore profectum videlicet ad quod quidque seorsum respondet. Illud autem quando quod in rebus quæ sunt spectatur, semper cum ipso præsenti momento est, et utrumque in eodem subjecto constat. Sed illa quando quæ ortum habent a tempore præterito et futuro nunquam simul cum futuro vel præterito suo sunt. At ipsum ubi et locus a quo sit ipsum ubi, nunquam in eodem subjecto constant, quandoquidem ipsum ubi positum est in eo quod circumscriptum et comprehensum est a loco ; sed locus in eo quod circumscribit et comprehendit. Quando natum ex præterito differt ab eo quod nascitur ex futuro; quod natum ex præterito posterius est futuro; natum ex futuro prius est præterito. Quod si unum et idem quando cœperis, invenies ipsum protinus a futuro fluere, deinceps ab instanti, postremum a præterito, quemadmodum tempus ipsum primo est futurum, deinde præsens, ultimo præteritum. Sicut porro tempus aliud simplex est atque punctum, aliud compositum atque fusum (simplex est quod simplicem actionem, cujus comes assidet, metitur; compositum, quod compositam); ita aliud quando simplex est ut in puncto esse vel momento; aliud compositum ut esse in hora, die, mense, anno, similibus. Jam quemadmodum partes ipsæ temporis nunquam morantur, ita et partes ipsius quando continenter et perpetuo labuntur. Nam quando genitum a præterito religatur et nectitur ad instantiam cum eo quando quod a futuro gignitur. Cæterum inter quando et tempus interest quod aliquot per tempora mensurari possunt, ut hornum et anniculum, bimum, trimum. Eodem pacto motus aliquis multus esse dicitur quasi multo tempore perstet. Sed per ipsa quando nihil mensurari contingit, etiamsi res aliquæ dicuntur vel esse, vel fuisse vel fore aliquando; prout ipsa quando in rebus, quarum assecla tempus et comes est, evariat. Ipsum quando non accipit plus et minus, quia nec annus ipse, nec anniculus magis annus esse posse, vel magis anniculus, videtur. Item nec annus anno, nec anniculus anniculo plus minusve dici potest. Sed nec contraria quoque recipit quando, quippe quod unum et idem quando, quemadmodum diximus e futuro, præsenti, præterito proficiscitur ; neque fieri potest ut idem insecabile contraria duo capiat quæ prædicentur de ipso. Jam contraria quæ sunt in eodem simul haberi strato non possunt. At omnia tria quando, conjuncti exacti consequentis, in eodem constare pariter atque simul intelliguntur. Eamdem enim rem quæ superstes modo sit et stetisse retro et in posterum staturam esse verum est. At contraria

nec in eodem individuo constare, nec prædicari possunt eodem tempore. Ipsum quando in omni ra consistit orta. Proinde corpus hominis universum aliquando est videlicet in tempore, sentit enim temporum discrimina veris, æstatis, hiemis, autumni; sentit hæc et animus; unde fit ut alii per hiemem, alii per æstatem, nonnulli melius vere vel autumno lucubrentur pro sua quisque temperatura corporis. Nam anima corpori conjuncta naturam et concreaturam ejus effingit. Quibus enim corporatura contigit arida vel gelida, ii per autumnum plerumque mentem habent plus solito commotam; quibus vero sanguis redundat, ii verno plus tentantur. Hoc ipsum in cæteris aspicitur prout cum temporum cardinibus animantium naturæ vel congruunt vel discrepant. Ita fit ut quodcunque temporis vices audit et ad illius momenta vertitur atque mutat, hoc in tempore necessarium sit esse : cujusmodi ea sunt quæ diximus. Nec alia magnopere comperias de quibus hoc et verius et illustrius affirmari possit.

Ipsum ubi circumscriptura corporis esse dicitur a circumscriptione loci prodiens; ipse vero locus in corpore capiente circumscribenteque constitutus est. Proinde in loco videtur esse, quidquid et loco circumscribitur. Ita constat non idem loco stratum esse quod huic quod appellant ubi; nam locus in corpore continetur ambiente, ipsum ubi positum est in corpore quod ambitur. Neque vero suum quibusque rebus ubi videtur adjunctum esse ; nam anima nusquam est, utpote quæ locum nec occupet, nec impleat. Locus enim in quo dicatur anima consistere poterit animantem aliam capere; locus vero quem alia quæque res occupet et insideat, occupari ab alia re non potest utique, nisi digrediatur atque migret alio. Granum enim tritici modio superfusum admitti non posset, quandiu aeris qui modium replebat incubaret; eliso quidem aere, granum illico succedit et infertur. Itaque nec eumdem locum obsidere duo possunt, nec unum quid diversos. Quamobrem nec anima loco circumscribi poterit, nec aliud omnino quod alienum esse videatur a ratione corporis. Dicat aliquis : Nonne potest una res in pluribus esse posita? Quandoquidem vox ipsa manens una excipitur a diversis, quæ sive aer est, sive non est quidem, sed sine aere non consistit, omnino aer idem futurus est in multis; quare corpus idem in diversis locis esse putandum erit. Si quidem vox, cum una sit ad numerum, in diversas partes aeris distributa credi non potest, ut ita demum in aures multorum ceu dissiliat. Ergo qui concedunt unam et eamdem vocem accidere multorum auribus, necessario confitendum habent eamdem quoque portionem aeris subire multorum aurem, quod quidem fieri nullo modo potest. Quare cum alterum adeundum sit, ut vel diversa fateamur esse quæ sentiuntur a diversis, veluti unum et idem corpus in pluribus locis esse censeamus, eligendum est quod minus lædit, non eamdem vocem esse quæ sentiatur, sed diversas et invicem spiritualiter se gignentes et exprimentes. Ita concedi potest aliquam esse vocem ab animali non editam, nam ea quæ spiritualiter resultat et ad primæ similitudinem effingitur, animalis vox non est, quippe quæ ab animali non eliditur. Alioquin vox omnis ab animali promitur; quis enim unquam vocem percepit ullam in animalium silentio? et proinde voces animalis esse perhibentur, quæ videlicet ex ore ipsius prodeunt; ita vox ad multos unius utique, sed non una pertinebit. Ubi aliud simplex, aliud compositum. Simplex ex simplici loco nascitur; compositum ex composito. Locus simplex initium et origo continuorum est; compositus is est, qui finitur ab Aristotele, cujus partes ad eumdem terminum junguntur, ad quem partes ipsæ corporis junctæ sunt; corporis vero partes ad punctum loci coeunt. Ita loci particulæ particulas corporis includunt, loca enim simplicia minime corpus obtinent. Quocirca neque locus ullus sine suo corpore, neque corpus ullum sine loco futurum est. Sed revocat hoc in dubium postrema cœli facies extra quam nihil est. Hæc vero dici potest quod ipsa sibi locus sit, ut veteres exploratum fecere, quando id quod ambitur alterum et disjunctum ab eo est quod ambit. Quare si globum illum extimum concessuri sumus in loco esse, diffiteri non poterimus quin aliquod præterea corpus sit, in quo cœli facies extrema coerceatur; at enim præterea nihil est, igitur nec in loco facies illa fuerit. Sed super his decernere, cum imperspicuum est, tum infrequens et utique contra sensum. Ipsum ubi nec remitti, nec intendi potest. Non enim dici potest alterum altero plus minusve in loco esse, quanquam majorem vel minorem locum possidens. Porro plus et minus nec in ipso ubi, nec in quantitate cernitur; at in qualitate cernitur genus hoc et contrariis carebit, quia neque locus habet contrarium, nec enim loco locus contrarius adhiberi potest. In cæteris quidem ubi nemo dubitat. Illud disceptationem habet, quod hæc duo sursum esse, deorsum esse, videntur inter se contraria; nam ea quæ in summo agunt ab iis quæ in imo sunt distare plurimum noscuntur, sicut et locus supernus ab inferno. Et eam ob rem illa duo ibi, sursum esse, deorsum esse, quemadmodum ipsa loca, periclitantur esse contraria. Cæterum qui contraria ea faceret, is in eodem subjecto contraria statueret. Nam hæc quæ dico, sursum esse, deorsum esse in eodem haberi possunt; eadem enim res et sursum et deorsum esse dicitur, tamen non ad idem relata ut minæ turrium comparatæ ad nos sursum sunt, ad cœli faciem deorsum. Item futurum est ut idem ipsum sibi contrarium fiat. Si enim potest idem et sursum et deorsum esse, protinus quam ponuntur hæc inter se contraria, idem ipsum sibi contrarium efficitur. Per hæc quæ dicta sunt, id quod est in loco esse, liberum a contrariis asseritur.

Positus est collocatio quædam partium et ea quam facit ortus ipse digestio : per quam dicuntur aliqua vel sedere, vel stare, vel cubare, item vel aspera, vel levia, vel aliter composita; nam sedere, stare, cubare, ipsa non sunt positus, sed denominative ab iis dicuntur. Sed quæri solet de recto, curvo, scabritia, lævore, quadrangulo, triangulo, bicubito, tricubito, magno, parvo, brevi, longo, similibus, quasi positum quemdam partium, nec magnopere aliam naturam significare videantur. Hoc enim asperum sive scabrum esse dicitur, cujus partes aliæ proeminent, aliæ resiliunt; leve, cujus partes in directum omnes et æquabiliter complanatæ sunt. Hoc et in cæteris invenias. An positus non sunt omnia ea, sed qualitates circa positum versantes? Ex eo enim quod partes hoc vel hoc dispositæ, junctæ sunt atque conditæ, judicat ea sensus esse vel aspera vel levia, bicubita, vel tricubita, non e converso. Hoc ipsum in cætera id genus decerni conveniet, quare singula ea non positus haberi, sed qualitates ex positu profectas et circa positum constitutas necesse est. Et videtur quidem genus hoc agnoscere contraria. Duo enim illa sedere, stare, contraria suspicari possumus; utique si contraria ea sunt quæ non eodem tempore contineri possunt in uno aliquo, sed vicibus alternant. Is autem qui sedet, illico stare potest, et qui stat, sedere; non tamen eodem tempore. At si contraria decernimus sedere, stare, protinus adeundum est incommodum, ut non uni unum contrarium, sed uni plura contra ponantur. Nam illo quidem argumento non prius contraria probantur sedere, stare, quam sedere, accumbere, cum nemo sit qui sedere, stare, accumbere possit eodem puncto temporis, non possit per vices. Quare constituendum est positus ejusmodi contrarios inter se non esse. Quanquam fortasse non insolens omnino sit, ut contraria quandoque unius plura compareant, quippe si pallori contraria noscuntur et candor et nigritia, nam et sub idem genus funguntur et mutuo quoque commeant? An contraria pallori candor et nigritia non sunt? Quando pallor et cæteri colores intermedii consistere non possunt impromiscui, sed ex nigritia candoreque temperantur omnes et confunduntur. Quamobrem ubicunque vel pallor, vel color alius hujusmodi conspicitur, inibi tum nigritiam tum candorem intelligi necessarium est. Jam contrariorum est circa idem naturæ genus versari : sedere, accumbere; non versantur, quoniam sedere præcipuum est hominibus, accumbere translatitium, nam et ad muta quoque pertinet, nihilo enim minus recumbit sive cubat equus, quam homo positus : nec intendi, nec remitti possunt, quia neque positus magis vel minus est sedere quam recumbere, nec sedens aliquis vel recumbens plus minusve sedens est vel recumbens quam alter. Illud vero particulare positus omnis est, quod inter formas extrinsecus accidentes proxime pertinet ad substantiam. Nihil enim aliud videtur esse positus quam vel naturalis partium substantiæ digestio; cujusmodi est ea quæ rebus quibusdam statim ab ortu convenit, ut asperis et levibus, hirsutis atque glabris : vel naturalis quidem nequaquam, sed ex frequenti quodam et consuetudinario naturæ motu nata collocatio, cujusmodi sunt recubitus atque sessus. Quamobrem efficitur ut quidquid extrinsecus supervenit et proxime pertinet ad substantiam, id omne positus sit oporteat. Et retrorsum quidquid positus est, id omne superveniat extrinsecus et ad substantiam proxime pertineat.

Habitus est et corporis et eorum quæ circa corpus sunt applicatio, per quam hoc habere, illa vero haberi denominantur; quæ quidem non ex corporis universi circumjectu, sed ex amictu solo partium dicuntur, ut bracatum et armatum esse, calceatum et petasatum esse. Cæterum talia nominibus appellata non sunt primigeniis et simplicibus, sed derivatis et factitiis, armatura, calceatura, soleatura, quæ quoties usu veniunt ad eamdem similitudinem fingenda sunt. Habitus recipit plus et minus, nam et armatior videtur cataphractus eques esse quam ferentarius atque veles, et calceatior qui gallicis utitur et calceo, quam qui vel calceo tantum vel gallicis. Sunt etiam qui non recipiunt plus et minus ut vestitum et tunicatum esse. Sed nec habitus est nec habitui contrarius, ut armatura, calceatura, cæteraque hujusmodi; quandoquidem unus et idem homo armatus et calceatus et manicatus esse potest. Proprium habitus est in pluribus existere, hoc est tam in corpore quam in iis quæ circum corpus sunt. Est enim habitus, ut dixi, corporis et eorum quæ circa corpus sunt applicatio, non quidem ex universo eo, sed ex amictu solo partium vocatus. Hoc autem discrimen admodum pauca sunt quæ ferant, ut quantitas et relatio duntaxat; nam et similitudo dissimilitudoque in similibus et dissimilibus multis consistunt, et numerus idem in pluribus numeratis versatur, subinde crescens accessionibus monadum multiplicibus ut nihil omnino sit quod in plura quam numerus distributum esse videatur, differentia tamen ea quod hoc nec omnis quantitas, nec omnis relatio commune sentit, habitus omnis sentit, ut idem sit videlicet in pluribus: Quidquid ergo et in corpore, et in iis quæ corpus ambiunt, hoc habitus vocatur. Quocirca maxime proprium erit habitus, quod et in corpore, et in iis quæ per partes corpus ambiunt, tanquam pluribus quidam inest. Verbum habere multis modis capitur. Nam et qualitas haberi dicitur, ut albedo, nigredo; item quantitas atque mensus, ut crassitudo, proceritas; nihil enim aliud est nigredinem vel crassitudinem habere, quam nigrum et crassum esse. Dicuntur et vasa quod continent habere, ut triticum sextarius; habentur et in partibus pleraque, ut annulus in pollice, quod quidem aliud non significat quam quod in annulo pollex est. Habet et vir uxorem et uxor virum, sed modus hic habendi peregrinus est et insolens, ut qui habet, idem haberi quoque perhibeatur. At hoc aliud non indicat, quam quod est uxori cum viro contubernium. Ita perspicuum est celebratissimos hujus verbi significatus intra quinarium consistere. At notari fortasse possunt alii, sed solertiæ vestigantium relinquendi sunt. De sex initiis ad hanc finem dixisse contenti sumus ; qui cætera desiderant, ad librum qui Analytica inscribitur remittendi sunt.

Aliqua recipere plus et minus uno trium modorum putatur; quidam intensionem et remissionem constare dicunt et incremento subjectorum et decremento; quidam ex incremento rerum et decremento, quæ capiuntur et continentur in subjectis, alii causas faciunt utrumque. De sententiis tribus quænam sit verissima, disceptabimus. Illud scire oportet prima et secunda eversis continuo eversum iri tertiam, quæ duarum societate coalescit. Primum crementa subjectorum et decrementa facere, quo res aliqua cum discrimine pluris vel minoris dicatur tueri nullo modo possumus ; alioquin futurum est ut hominem affirmantibus, vel animal, vel substantiam hujusmodi recipere plus et minus, occurri non possit. Utique si de subjectorum crementis et decrementis intentionem et remissionem existere fateamur, idem equus et augeri potest et minui, proindeque vel major vel minor quam lapis esse perhibebitur, cui tamen nunquam vel auctio vel minutio contigerit. Mons quoque major alio monte dicitur, quorum neuter utique nec increscit, nec decrescit. Item unio candidior equo dicitur, alterum pedem candido ; atqui dubium non est quin equum unio magnitudine non superet. Itaque stabit hæc complexio, vel unionem equo candidiorem esse per magnitudinem unionis et parvitatem equi, vel temere jactari unionem equo candidiorem esse, vel nihil omnino capere plus et minus ex magnitudinem subjectorum et parvitate cremento decrementoque. At nec primum, nec secundum est; relinquitur ergo tertium, nihil esse omnino quod capiat plus et minus ex incremento subjectorum et decremento. Sed nec secunda quoque opinio defenditur, quæ credit intensionem et remissionem constare per magnitudinem et parvitatem earum rerum quæ capiuntur et continentur in subjectis. Si enim ex magnitudine candoris aliud alio candidius esse posset, tunc et homo et equus unione candidiores perhiberentur ; ipsum enim candoris æquor et amplitudo major in homine et equo quam in unione est. Deinde ac plus et minus ex subjectorum modo non constant, ut probavimus ex accidentium modo qui constabunt. Modus enim ejus quod recipitur intra modum subjecti sui constat et arctur, neque potest ultra porrigi, nam suus cujusque modi terminus atque limes fere ipsum corpus est. Magnum autem atque parvum appellatione modi veniunt. Quare parvitas, ut ita dicam, attendi non potest ultra quam corpus ipsum parvum, propterea quantum in strato demitur, tantumdem modo quoque deperit. Ex iis apparet discrimina pluris et minoris neque per subjecti, neque per accidentis incrementum et decrementum existere. Quod si hoc profecto nec per utrumque junctum, proinde ratio nobis alia prodenda quamobrem et intendi aliqua et remitti posse videantur. Hæc autem sunt ea quibus ipsum adventitiæ alicujus formæ nomen habere contingit, non ex subjecti magnitudine, sed ex eo quod vel propiora sunt illi formæ cujus nomen sortita sunt, vel longius submota, ut plus dicatur, quod ad rationem vocabuli accesserit; minus, quod recesserit. Exempli gratia candidum absolute dicitur in quo purus candor insit; quo quidque affectum albo propius ad hanc nominis vim accessit eo candidius esse dicitur. At parvum et exiguum comparatione sola constant. Quidquid enim collatum ad alia staturæ modo vincitur, hoc parvum et exiguum vocamus. Quidquid ergo utcunque superatur amplitudine continuo parvius atque brevius decernitur; similiter hoc in cæteris. Sed quæritur unde fiat ut hæc recipiant plus et minus, substantia non recipiant? An vocabula substantiis imposita non hiant, sed res in fine semper et ut ita dixerim in fastigio constitutas indicant? Ultra quod nulla procedere potest. Sunt et accidentia quæ non capiunt plus et minus, ut quandrangulum, triangulum et similia. Contingit hoc vel eo quod in substantia describenda repræsentantur, nam et corpus ipsum, et quantitatem utrumque triangulum vocamus, vel eo quod substantiæ modo semper in fine sunt ultra quem progredi non possunt, id quod in superpositivis quoque cernitur. Candidissimus enim et nigerrimus liberi discriminibus pluris et minoris videntur, propterea quod potiti summa sunt et termino, quem transgredi prodeundo non possunt. Ex eo enim quod potest esse, non sequitur quod non potest esse. Proinde si puncta omnia jungantur, amplitudo nulla cogitur quod puncta punctis addita cumulo nihil adferunt. Simplex ortus et simplex occasus agitur non accessu vel digressu corpusculorum insecabilium, quas atomos appellant, sed eo quod aer, verbi gratia, totus in aliud totum commeat atque transit. Duas enim res subjectum habet omne : materiam et formam. Quoties hæc mutantur ambo, tunc proprie simplex ortus et simplex occasus agitur, quanquam ortus ignis etiamnum simplicior est quam terræ. Ignis enim rationem quasi formæ continet, terra propior est materiæ. At cum musicus vir quasi occidere sive corrumpi dicitur, et immusicus quasi oriri sive gigni, subjectum manet ipsum homo. Alioquin si qualitates hæ non forent, musicum dico et immusicum, sed substantiæ, tunc et ortus eorum et occasus plane simplex futurus esset. At qualitates hominis et affectiones quædam sunt, non substantiæ, ita fit ut tam ortus quam occasus hominis musici et immusici, non ortus et occasus absolute, sed quidam quasi ortus sive genitus, et quidam quasi occasus sive interitus esse videantur, quandoquidem musicum vel immusicum affectiones, ut dixi, sunt hominis et superstitis et manentis. Nec hujusmodi mutatio vel genitus vel interitus appellanda est, sed alteratio duntaxat. Materia sane ipsa proprie genitus et interitus subjectum est. At quare is qui docetur, in eo simpliciter effici sive gigni non dicitur, sed doctus effici sive doctus gigni dicitur? An explicatum est, in volumine quod Prædicamenta inscribitur, alia significare hoc aliquid et substantiam, alia quantitatem, alia qualitatem? Ergo quæcunque substantiam non significant, hæc simpliciter nec occidere, nec oriri perhibebuntur, sed quadamtenus. Accidentia tamen sunt nonnulla quæ substantiis ex natura cujusque sua competunt, ut impetus ad inferna terræ, ad superna ignis.

ANNO DOMINI MCLVII

HUGO METELLUS

CANONICUS REGULARIS

NOTITIA HISTORICO-LITTERARIA

(MABILLON, *Analect.*, nov. ed. p. 476.)

Epistolæ Hugonis Metelli in codice ms. bibliothecæ Claromontanæ apud Parisios habentur numero quinque supra quinquaginta. Hunc codicem nobis humanissime communicavit eruditus ac religiosus ejusdem bibliothecæ curator alter Joannes Harduinus, qui Plinio emendando strenuam navat operam. Ex illis epistolis intelligitur quis fuerit quove tempore vixerit Hugo Metellus. Is quippe, apud Tullum Leucorum natus, Tiecelino præceptore usus est, atque etiam auditor fuit Anselmi Laudunensis. Condiscipulum habuit Hum-

bertum quemdam, cui epistolam 40 *ita inscribit :* Humberto quondam philosopho, nunc Theologo. *Et infra :* Simul adulti sumus, simul manum ferulæ supposuimus, simul progressu temporis in grammatica desudavimus, simul in castris Aristotelis militavimus. In Tullio simul declamavi tecum, in arithmetica numeravi tecum, in musica musavi tecum, sub Geminis natus sum tecum. *Jam cum provectæ esset ætatis, ad S. Augustini canonicos regulares se convertit in abbatia S. Leonis, diœcesis Tullensis, sub Siebaudo abbate, cujus nomine scripsit epistolam* 18 *ad Guillelmum abbatem. Istius conversionis suæ meminit in epistola* 11, *directa* Gemmæ S. Benedicti alumno, *in hæc verba :* Mutavi mentem, mutavi vestem, et pro pellicula peregrini muris redolente, involutus sum ovina pelle; pro pelle mardarina, vestitutus sum pelle caprina : pro cibis delicatis, exquisitis terra et aquis, placent vilia oluscula, rustica legumina, faba Pythagoræ cognata ; pro nectareo potu placet potus avenæ, potus aquæ. *Et in epistola prima ad S. Bernardum Claravallis abbatem, ait se* abrasis crinibus, scripto libello repudii, priori conversationi nuntium remisisse. *Post hæc omnia, inquit,* Regulæ B. Augustini me dedicavi, et in claustro candidorum Nazaræorum me clausi.

Hinc patet quo tempore vixerit iste Hugo, idque confirmatur ex aliis ejus epistolis, quas ad Innocentium papam II, Alberonem Trevirorum, Stephanum Metensium, Guilencum Lingonum, Henricum Leucorum, Embriconem Herbipolensem, episcopos, itemque ad Petrum Abælardum atque Helvuidem Paracliti abbatissam scripsit. In epistola 4, *ad Innocentium, contra Petrum Abælardum,* Mortuo Anselmo, *ait,* Laudunensi, et Guillelmo Catalaunensi, ignis verbi Dei in terra defecit; *tametsi S. Bernardum laudat, eumque Petro Abælardo opponit. Observatu digna est inscriptio epistolæ* 21, Embriconi venerabili Herbipolensi præsuli et duci, Hugo Metellus utriusque officii dignitatem digne Deo administrare, *ob mentionem ab eo jam tempore ducalis in eo episcopo dignitatis. In epistola* 41, *cardinalibus directa, Norbertinos exagitat ob vestium insolentiam; et objecta eorum novitate, suorum originem pro suo captu exponit.*

Epistolam 34 *nuncupat* Hugoni Carnotensi magistro venerabili, *quo nomine litterarum magistri designari solent. Itaque per ea tempora quinque Hugones alicujus nominis erant in litteris, quorum primas tenet* Hugo Victorinus, *deinde* Hugo de Folieto, Hugo Farsitus, Hugo Carnotensis magister, *et* Hugo Metellus, *præter* Hugonem Floriacensem, *cognomento a Domna-Maria, aliis natu majorem.*

Epistola 33, *ad Gerlandum scripta est (si auctor cum adversario sincere agit) contra nonnullas hæresis Berengarianæ reliquias. Eidem alia itidem a Metello directa fuerat, in qua exempla coadunaverat de sanctissimo eucharistiæ sacramento. In omnibus Metelli epistolis unica est quæ huc referri possit, nempe vicesima sexta,* Gerardo probati spiritus monacho *directa. Idem sine dubio fuit Gerardus iste cum Gerlando, atque in alterutro nomine erratum a librario est. In hac epistola* 26 *quærit Gerardus, si quotidie debeat sumi corpus Christi; tum, si sit verum corpus Christi quod sacratur in altari, an figura corporis in cœlo regnantis. Ad priorem respondet Metellus auctoritate Ambrosii et Augustini; ad posteriorem hoc modo :* Diversorum enim, *inquit,* diversæ sententiæ, ne dicam adversæ, te dubitare cogunt, et in diversa te distrahunt. Dicit namque Augustinus, verba ista evangelica figurata esse : Nisi manducaveritis, etc. (Joan. vi), nec aliquid aliud figurare, nisi Christum passum esse. Itemque : « Utquid paras dentem et ventrem? crede et manducasti. » Moves itaque quæstionem, cur B. Augustinus ista verba Dominica figurata esse dicat, cum Ecclesia, fidelis Sion, panem sacratum veram Christi carnem esse credat? Sed vir spiritu Dei plenus, ad intentionem Christi oculum convertit, et sub appellatione corporis et sanguinis figurata locutione fidem passionis suæ incredulis obumbrari voluit, et amicis revelari fidem, scilicet operantem per dilectionem, societatem scilicet capitis et membrorum, et unionem; spiritualem scilicet comestionem, non sacramentalem; rem sacramenti, non sacramentum; virtutem sacramenti et efficaciam, non sacramentum. Quod ipsa Veritas subsequenter dat intelligi patenter, unde subjungit : Qui manducat carnem meam, et bibit sanguinem meum (ibid.), ipse præparat mihi mansionem : quod excludit aperte sacramentalem comestionem, quam quidam sumunt ad sui confusionem. *Et infra :* Certum est, quia eventus rei certificat, fidem Romanæ Ecclesiæ secundum promissum Dei nunquam defecisse, nec aliqua hæresi temeratam esse. Romana autem Ecclesia in prædicta fide corporis Christi fuit et fideliter perstitit, et per præcones suos eam longe lateque disseminat.

In hac epistola Gerardi fides Metello suspecta nondum erat, utpote quem probati spiritus monachum *appellat. Dubium tantum sibi propositum, non errorem agnoscit. Id diserte probant hæc verba :* Moves itaque quæstionem, cur B. Augustinus verba Dominica figurata esse dicat, cum Ecclesia, fidelis Sion, panem sacratum veram Christi carnem esse credat. *Agnoscebat itaque Gerardus Ecclesiæ fidem; sed quia fortasse Metelli responsioni ad dubitationem ex Augustini testimonio propositam non plane acquievit, factum est ut Metellus, cujus non minus moderatio quam judicii gravitas in cæteris ejus epistolis desideratur, Gerardum seu Gerlandum erroris temere arguerit.*

HUGONIS METELLI
EPISTOLÆ.

I.
Ad sanctum Bernardum. — Ejus laudes fuse prosequitur.
(Exstat inter epistolas S. Bernardi. Vide *Patrologiæ* t. CLXXXV, col. 687.)

II.
Ad eumdem. — Se suosque ab accusatione purgare conatur.
(Vide ibid., col. 688.)

III.
Ad Guillelmum abbatem, in persona abbatis sui. — Excusat quod ad Herberti sui calumnias aliquanto durius respondeat.
(Vide ubi supra, col. 690.)

IV.
Ad Gerlandum. — De sanctissimo Eucharistiæ sacramento.
(MABILL., *Analect. nov. edit.*, p. 475.)

GERLANDO, scientia trivii quadriviique onerato et honorato, HUGO METELLUS, verba sacræ Scripturæ triturare et diligenter cribrare.

Affirmant medici ex superfluitate humorum tumorem nasci in carne. Asserunt Scripturæ ex superabundanti scientia elationem crescere in mente. Certum est autem te plurimum valere, manifestum est te multiplici scientia pollere. Cavendum est itaque tibi ne scientia qua polles te polluat, et crimen laudi tuæ admisceat.

Intellige quæ dico. Verba quæ seminas in populo de corpore et sanguine Domini, hæresim sapiunt, plurimosque, te duce, in abyssum erroris traxerunt. Confidis in verbis Augustini. Ne confidas. Non est tecum in hac sententia. Erras tota via. Asseris cum beato Augustino verba Domini loquentis ad discipulos de corpore et sanguine suo figurata esse. Aliud enim verba Domini sonant, et aliud figurant. Asseris quod ille asseruit; sed non sentis quod ille sensit. Ille enim sensit Dominum dixisse et sensisse de spirituali comestione, quæ communis est olis bonis; et non de sacramentali, quæ communis st bonis et malis, quod declarant sequentia verba omini dicentis : *Qui manducat corpus meum, et ibit sanguinem meum* (*I Cor.* x). Multi enim manlucant carnem Christi, et non sunt membra Chriti. Detruncato uno capite hydræ repullulant pluima fidei orthodoxæ contraria. Item obvias : Quod t in altari sacramentum est; sacramentum sacræ ei signum est; signum autem signatum non est. sto : assentio. Sacramentalis Christi incorporatio A signum est unionis, qua unimur et uniemur cum Christo; nec ista est illa; sed differunt inter se signum et signatum. Unde Augustinus : Sacramentum est invisibilis gratiæ visibilis forma. Vel, sacramentum nomen est sumptum a secreto, et secretum est quod fit in altario. Non enim apparet quod est vel quod significat. Aliud siquidem est, quam quod species repræsentat.

Ut video rodis crustam, sed non tangis micam. Auctoritati Augustini niteris, sed deciperis. Augustinus enim quem tibi parasti advocatum, si bene investigaveris, reperies tibi contrarium. Audi ipsum declamantem in quodam psalmo ad confusionem tuam tuique similium : « Ipsum sanguinem, inquit, quem fuderunt Judæi persequentes, postmodum biberunt Judæi credentes. » Animadverte etiam quid David coram Achis rege Geth fecerit, qualiter manibus suis se portaverit, et quomodo beatus Augustinus in expositione tituli tricesimi tertii psalmi exposuerit. Ne sis rex Achis, ne dicas : « Quomodo est, quomodo aliquis seipsum ferre potest. »

Ne dicas : Si verum corpus Christi est, in diversis locis eodem tempore esse non potest. Si enim hoc dixeris, ore tuo te condemnabis. Non enim negabis Virginem peperisse; non negabis Christum, clausis januis, ad discipulos intrasse. Si enim illud negatur, quia naturæ non concordat, et ista negari debent, quia natura repugnat. Acquiesce, requiesce. Si enim quæris similia, non sunt singularia; si rationem, non sunt admiranda. « Fides, ut ait beatus Gregorius, non habet meritum, cui humana ratio præbet experimentum. » Et beatus Augustinus : « Noli, inquit, quærere ordinem naturæ in Christi corpore, cum ipse partus sit ex virgine. Hic natura obstupescit, ordinemque suum perdit. Christus ex Virgine, Christus ex pane. Turbatur lex naturæ. »

Quod si panis sanctificatus non corpus Christi, sed figura corporis Christi est, ut asseris, ut fert tecum multorum opinio, imo multorum errantium multus error; valde miror, cur Apostolus tantopere prohibeat, ne quis indigne ad illum accedat. *Si quis*, inquit, *indigne sumit, judicium sibi manducat et bibit* (*ibid.*). Quare hoc ? quia corpus Domini non dijudicat, sed quasi communem aliis cibis comparat. Eapropter multi indigne sumentes fiunt infirmi, et moriuntur multi. Quod si panis altaris simpliciter panis, ut dicis, per verbum Dei et orationem sacerdotis sanctificatus habet tantam efficaciam, ut possit debilitare et ad somnum mortis conducere : hoc cur non potest panis mensæ nostræ sanctificatus sacerdotis oratione? de quo Apostolus ad Timotheum ait : *Omnis creatura Dei bona est, et nihil rejiciendum, quod cum gratiarum actione percipitur. Sanctificatur enim per verbum Dei et orationem* (*1 Tim.* IV). Verbum enim sanctificat, oratio impetrat. Panis ille, panis et iste; sanctificatus ille, sanctificatus et iste. Quare plus potest ille quam iste? Quare ille potest peccata relaxare, non iste? Si nescis, aperiam tibi. Super altare qui sanctificat et qui sanctificatur, idem est. Idem est sacerdos et oblatio, idem qui immolat et qui immolatur, idem Deus et homo. Hæc sunt Dei magnalia, nomen ejus elevantia ; non impossibilia, sed terribilia ; nec argumentis discutienda, sed fide veneranda. Quid terribilius quam quod, orante beato Gregorio, panis altaris accepit figuram carnis? Factum est hoc a Domino pro tollendo tuo ambiguo. Redi itaque.

Audi præterea quid adhuc dicat patronus tuus Augustinus. Audi quid dicat super versum illum Psalmigraphi : *Sacrificium et oblationem noluisti, corpus autem aptasti mihi* (*Psal.* XXXIX) : « Aptatum est, inquit, unum sacrificium, loco multorum sacrificiorum legalium. Quod unum? Corpus scilicet Christi, quod nostis, quod non omnes nostis : et utinam qui nostis, non ad judicium noveritis! » Tria proponit : corpus Christi quosdam nosse, quosdam non nosse; et optat ut qui norunt, non ad judicium noverint. *Qui enim manducat et bibit indigne, judicium sibi manducat et bibit.* Et paulo post idem ibidem : « Quod accipimus novimus, et quem non nostis noveritis, et cum didiceritis, non ad judicium percipiatis. *Qui enim manducat et bibit indigne, judicium sibi manducat et bibit.* » Ne arbitreris hoc eum dixisse de pane altaris sanctificato, sed de corpore Christi vero. Si enim panis tantum esset, quis panem non cognosceret? Cur panis dicitur, et non omnes illum nosse. Sed sine dubio in specie panis corpus Christi esse intellexit, et ideo indigne sumentes ad judicium sumere dixit.

Redi ad te, frater, redi, revoca animum tuum in regionem longinquam peregre profectum ; noli comedere siliquas porcorum, noli comedere quisquilias frumenti. Nonne vides mane sole oriente primum illuminari montes, postmodum valles. Nonne vides religiosos viros et magni nominis doctores in hac sententia stare, in hac fide perstare, panem altaris sanctificatum, non jam panem, sed vinum corpus Christi esse? Quod si verum est, imo quia verum est pro fide Petri sustentanda Christum Patrem rogasse ; et si verum est, imo quia verum est, fidem Petri de corpore et sanguine Domini ab eo derivatam usque ad tempora nostra per successiones apostolicorum virorum manasse intemeratam ; quia, inquam, verum est, cessa ab errore tuo, imo horrore, et festina fidem Petri, fidem sedis Romanæ excrustatam per te in te reformare, et te matri Ecclesiæ counire. Sanctorum Patrum sedis Romanæ super hac fide plurima exempla possem in medium adducere ; sed quia in alia epistola tibi notificanda coadunavi, et congregavi, supersedendum hic existimavi

ANNO DOMINI MCXLV-MCLIX

BEATUS AMEDEUS

LAUSANNENSIS EPISCOPUS

NOTITIA HISTORICO-LITTERARIA
AUCTORE DOMNO ABBATE J. GREMAUD.

(*Mémorial de Fribourg*, Fribourg, 1854, première année, avril, p. 126)

Saint Amédée, évêque de Lausanne, naquit au château de Chaste, près Saint-Antoine, dans le Dauphiné (département de l'Isère). Il était fils d'Amédée de Hauterive et de Pétronille, sœur de Guigues VII, Dauphin du Viennois (1). Amédée de Hauterive était seigneur de six bourgs ou châteaux, et il portait le nom du principal, où il était né (2). Son biographe et plusieurs documents nous apprennent qu'il était parent des empereurs d'Allemagne (3). Amédée ne paraît avoir eu que deux enfants, un fils du même nom que son père, et une fille dont le nom est inconnu (4). La naissance du jeune Amédée doit être placée vers l'an 1110, comme la suite le prouvera.

Amédée de Hauterive brillait parmi les seigneurs ses voisins. « Il était courageux à la guerre, illustre dans les armes, prévoyant dans ses desseins, gai, affable, d'une taille avantageuse, aimable envers les siens et terrible à ses ennemis (5). » Malgré ces avantages et sa puissance, il se décida à quitter le monde pour embrasser la vie religieuse dans l'ordre de Cîteaux, qui commençait alors à briller dans les contrées voisines. Voulant rétablir la pratique exacte de la Règle de Saint-Benoît, quelques religieux, à la tête desquels était saint Robert, gentil-homme de la Champagne, se retirèrent dans un désert appelé Cîteaux, à cinq lieues de Dijon, dans le diocèse de Châlons. Ils s'y établirent le 2 mars 1098. Le couvent se maintint dans toute sa régularité sous les abbés suivants, Albéric et Etienne ; mais les religieux diminuant par la mort, et personne ne se présentant pour les remplacer à cause des austérités et de la pauvreté du couvent, l'abbé Saint-Etienne désespérait de laisser des successeurs, lorsque, en 1113, saint Bernard entra à Cîteaux, avec trente compagnons. Les vertus de ces religieux touchèrent le cœur de nombreuses personnes qui imitèrent leurs exemples. Il fallut songer à bâtir de nouveaux monastères, et ils se multiplièrent tellement que cinquante ans après il y avait cinq cents abbayes dépendantes de Cîteaux. L'ordre était basé sur l'observance littérale de la Règle de Saint-Benoît, et ce fut l'année 1119 qu'il se constitua définitivement (6)

Amédée de Hauterive se sentit, comme beaucoup d'autres seigneurs, entraîné vers cette vie de pénitence et de vertus, mais il ne voulut pas l'embrasser seul. Après avoir pris sa décision, il passa encore une année dans le monde et consacra ce temps à gagner des compagnons de pénitence ; ce ne fut

---

(1) Haller, *Biblioth. der Schweizer-Geschichte*, III, 559, d'après les Vies de plusieurs saints de la maison de Tonnerre, Paris, 1698, parmi lesquelles se trouve celle de Saint Amédée. Ce Guigues VII est sans doute celui qui est désigné sous le nom de Guigues IV dans l'*Art de vérifier les dates* (édit. de 1770, p. 759), et de Guigues III, par Duchêne et Baluze. Il fut le premier comte d'Albon, qui fut surnommé Dauphin. Nous ignorons sur quoi repose l'allégation de Haller et de l'auteur des Vies, mais elle ne concorde pas avec la biographie originale d'Amédée, le père, qui est dit là le neveu et non le beau-frère ou le beau-fils du comte d'Albon. (Manrique, Annal. Cisterc. t. I, p. 134.) Les livres et les documents nous manquent pour pouvoir éclaircir cette difficulté.

(2) Manrique, l. c. 103. La vie d'Amédée, le père, a été écrite, peu après sa mort, par un anonyme, à la demande de Burno de Boiron, prieur de Bonnevaux, et ensuite abbé de Liuncelle. Manrique a reproduit en partie, cette Vie dans ses Annales de Cîteaux ; elle est notre principale source pour les premiers temps de la vie de saint Amédée, racontée par l'anonyme avec celle de son père.

(3) Manrique, l. c., et Diplôme de l'empereur Frédéric I, de l'année 1155.

(4) Manrique, l. c., et *Mém. et Doc. Rom.* VI, 44. (Comme nous aurons souvent à citer, dans ce recueil, les mémoires et documents publiés par la Société d'histoire de la Suisse romande, nous le ferons par l'abréviation : *Mém. et Doc. Rom.* — La Société d'histoire et d'archéologie de Genève publiant aussi ses travaux, sous le même titre, nous les désignerons par l'abréviation : *Mém. et Doc. Gen.*

(5) Manrique, l. c.

(6) *Dictionnaire des ordres religieux*, par le P. Hélyot, édit. Migne, I, 920 et seq. — Manrique, *Annal. Cisterc.*, I, 6 et seq. — *Vie de Saint Bernard*.

pas en vain. Dans le Dauphiné même venait de s'élever un couvent de l'ordre de Cîteaux, Bonnevaux, fondé en 1117 par les soins de l'archevêque de Vienne, Guy de Bourgogne (7). Ce fut là que, en 1119, se présenta Amédée avec seize chevaliers et son jeune fils. Tous furent admis comme novices, à l'exception du jeune Amédée qui, encore enfant, ne pouvait pas être reçu à cause de son âge. On le garda cependant dans le couvent pour l'appliquer à l'étude des lettres. L'année suivante, Amédée et ses compagnons ayant terminé leur noviciat, se consacrèrent tous irrévocablement au Seigneur par les vœux de la religion. Pendant ce temps, le jeune Amédée se livrait à l'étude; mais son père, voyant que son instruction n'était pas assez soignée par les religieux de Bonnevaux (8), quitta ce couvent avec son fils, en 1121, pour aller à Cluny (9), où il fut reçu avec les plus grands honneurs. Peu de jours après, le jeune Amédée fut envoyé en Allemagne auprès de son parent, l'empereur Henri V, qui le reçut avec bienveillance, lui donna les maîtres les plus renommés, et le soigna comme son propre fils. Amédée, voyant ainsi l'instruction de son fils assurée, rentra la même année à Bonnevaux. Le fils resta auprès de l'empereur jusqu'à la mort de ce dernier, en 1125. Instruit alors dans les lettres divines et humaines, et parvenu à l'âge requis pour entrer en religion, il quitta la cour pour le cloître et se présenta cette même année à l'abbaye de Clairvaux, où, reçu avec joie et honneur, il prit l'habit religieux (10). Clairvaux, couvent dépendant de Cîteaux, était situé à quinze lieues de Langres, en Champagne, et avait été fondé, en 1115, par saint Bernard, au milieu d'un désert appelé la *vallée d'absinthe*, et donné à Cîteaux par Hugues, comte de Troyes. Saint Bernard fut abbé de Clairvaux pendant trente-huit ans, et y termina sa vie (11). C'est là qu'Amédée, le fils, passa les premières années de sa vie religieuse, sous la conduite du saint abbé de cette maison. Il y fit de rapides progrès dans la perfection chrétienne et s'acquit, de bonne heure, une grande réputation par sa science et sa sainteté. Aussi fut-il bientôt, malgré sa jeunesse, jugé digne de diriger les autres dans la pratique des vertus religieuses. Saint Bernard lui-même le choisit pour abbé de Hautecombe. Ce monastère, situé aux bords du lac Bourget, en Savoie, avait été fondé par Amé III, comte de Savoie. Les historiens ne sont pas d'accord sur l'année de sa fondation : Guichenon (12) et Besson (13) la placent à l'année 1125, et Manrique (14) à 1135; cette dernière date est fondée sur une ancienne chronologie de l'ordre de Cîteaux. Il paraît que la fondation primitive remonte réellement à l'année 1125, et, pendant une dizaine d'années, le couvent fut habité par des religieux bénédictins (15) venus de l'abbaye d'Aulps, établie dans le voisinage. En 1135, Hautecombe adopta la réforme de Cîteaux, d'où vinrent des religieux pour enseigner les pratiques du nouvel ordre. Le premier abbé de Hautecombe fut le bienheureux Vivien, ami particulier de saint Bernard. Fatigué de l'exercice de sa charge, Vivien quitta Hautecombe, en 1139, et se retira à Clairvaux. Les religieux demandèrent Amédée pour le remplacer, et saint Bernard, du consentement des religieux, le leur donna pour abbé.

L'état du couvent confié à saint Amédée était alors loin d'être florissant. Fondé récemment, il était pauvre encore, et sa position, dans un lieu désert et stérile, ainsi que la barbarie des populations voisines mettaient obstacle à sa prospérité. Amédée, le père, étant venu trouver son fils à Hautecombe, fut effrayé des difficultés que le couvent rencontrait; il conseilla à l'abbé de quitter cette localité si désavantageuse. « Le sol est stérile, lui disait-il, et si, à force de travaux, vous parvenez à lui faire produire quelques fruits, vous vous les voyez enlever par des voisins rapaces. » — « S'ils nous enlèvent, répond le fils, nos biens temporels, ils ne peuvent pas de même nous priver des biens éternels que nos travaux nous procurent, et puisque ce sont ces biens éternels que nous cherchons, nous ne trouverons aucun lieu, ni aucune population plus favorables. » Notre saint abbé resta donc courageusement au poste qui lui était assigné; et bientôt ses vertus et celles des religieux qu'il formait par

---

(7) Manriq., l. c., p. 93.
(8) Dans l'ordre de Cîteaux, les études n'obtenaient qu'une place secondaire; les principales occupations des religieux étaient le chant au chœur, la méditation et le travail des mains.
(9) L'abbaye de Cluny, une des plus célèbres de la France, était située dans le territoire de Mâcon, sur la rivière de Grosne; elle fut fondée en 910 par Guillaume le Pieux, duc d'Aquitaine. Le bienheureux Bernon en fut le premier abbé; il eut pour successeurs saint Odon, saint Mayeul, saint Odilon, saint Hugues, etc. L'abbé Poncé, qui gouvernait l'abbaye à l'arrivée d'Amédée, n'imita pas la sainteté de ses prédécesseurs. — L'ordre de Cluny suivait la Règle de Saint-Benoît, mais alors d'une manière moins rigoureuse que Cîteaux, et donnait plus de place à l'étude des lettres. *Diction. des ordres religieux*, par le P. Hélyot; éd. Migne, I, 1002 et seq.

(10) Manriq., l. c., 104, 121 et 159.
(11) Manriq., l. c., I, 78 et seq *Vie de Saint Bernard*, ap. Godescard, au 20 août. Vie originale du saint, parmi ses œuvres.

*Abdita vallis erat mediis in montibus, alto
Et nemore, et viridi tunc adoperta rubo.
Hanc Claram-Vallem merito dixere priores;
Mutarunt nomen, vallis amara, tuum.
Quam licet umbrosi circumdent undique montes,
Nulla tamen toto clarior orbe fuit.*

Nic. Hacqueville, senat. Paris. præses, apud S. Bernardi opera. Parisiis. 1543.
(12) *Hist. généalog. de Savoie*, Turin, 1778, I, 223.
(13) *Mémoires pour l'hist. eccl. des diocèses de Genève*, etc., p. 129.
(14) *Annal. Cisterc.*, I, 301.
(15) Non de saint Basile, comme le dit Guichenon, l. c.

ses exemples, attirèrent au couvent les biens temporels avec les bénédictions célestes. En cherchant le royaume de Dieu, il trouva la prospérité de sa maison (16).

Nous ne connaissons pas les faits particuliers de l'administration d'Amédée; il ne nous est parvenu qu'un seul acte qui se rapporte au temps où il fut abbé. Amé III, comte de Savoie, donne à Amédée, abbé, et aux frères de Hautecombe la terre allodiale qu'il possède sur la rive du lieu dit Castellion (lac Bourget), terre appelée autrefois Charaya et alors Hautecombe; les autres personnes qui possédaient une partie de cette terre la donnent aussi auxdits religieux (17). Guichenon nous donne cet acte comme la fondation de Hautecombe, mais il n'est évidemment que la confirmation d'une donation antérieure; ces confirmations se faisaient souvent sous la forme de simple don, nous en trouverons un exemple plus bas. Le même auteur affirme que cet acte est de l'année 1125, mais il avoue cependant qu'il est sans date dans l'original (18). Pour pouvoir lui assigner cette année et le regarder comme acte de fondation, il faudrait qu'il fût fait en faveur du premier abbé Vivien, et non d'Amédée, son successeur.

Saint Amédée ne gouverna Hautecombe que pendant quelques années; bientôt il fut appelé à une dignité plus éminente. L'an 1144, Guy de Marlanie, évêque de Lausanne, dut résigner l'épiscopat, à cause de sa mauvaise conduite (19). Son dernier acte connu est du 24 février 1144 (20). Amédée, l'abbé de Hautecombe, fut choisi pour lui succéder; le clergé et le peuple l'acceptèrent par d'unanimes acclamations (21). Par ses qualités et ses vertus, il leur parut le plus digne de l'épiscopat. L'étendue du diocèse, les violences et les usurpations alors fréquentes exigeaient, dans l'évêque de ce siége, un haut degré d'activité, de fermeté, et d'abnégation. A ces qualités, Amédée réunissait la piété et la prudence. Mais, se croyant lui-même indigne d'un pareil honneur, il refusait la dignité à laquelle on l'appelait; cependant il fut intronisé malgré sa résistance, et, pour assurer son acceptation définitive, on demanda au souverain pontife de confirmer son élection. Le pape, connaissant les vertus d'Amédée, lui prescrivit d'accepter l'épiscopat, sans qu'aucune excuse pût être admise (22). Il fut sacré le 21 janvier 1145, jour de la fête de Sainte Agnès. Ce jour, si la tradition conservée par Conon d'Estavayé (23) est fidèle, fut un jour privilégié pour notre évêque. C'est le jour de cette fête qu'il est né, qu'il fut appliqué à l'étude des lettres, qu'il embrassa la vie monastique, et qu'il fut fait abbé et ensuite évêque.

La même année, Eugène III fut placé sur le trône pontifical. Ce pape, ancien religieux de Clairvaux et disciple de saint Bernard, honora Amédée d'une confiance particulière, et le chargea de la gestion de plusieurs affaires.

Dès sa promotion, le nouvel évêque de Lausanne donna essor à son zèle. Il exerçait avec talent le ministère de la prédication, car il était éloquent et parlait avec onction. Il visitait les nombreux districts de son diocèse, dont quelques-uns, situés dans les contrées alpestres, étaient d'un accès difficile. A Grindelwald, dans l'Oberland, à 3,510 pieds au-dessus de la mer, il consacra une église construite en bois (24). Par la prière, il implorait la bénédiction divine sur ses travaux, et toujours il eut une tendre dévotion à la sainte Vierge Marie. Voici comment la biographie de son père nous montre Amédée, au milieu des fonctions pastorales : « Dès qu'il fut élevé sur le siége épiscopal, il pensa à ce que dit l'Apôtre, qu'un évêque doit être irrépréhensible, et que, comme le dit un docteur, plus les dons augmentent, plus le compte qu'il en faudra rendre, sera sévère. Aussi chaque jour il examinait ses actions, et se dirigeait lui-même, ainsi que ses diocésains, avec autant de sollicitude, que s'il eût dû paraître à chaque instant devant Dieu. Il était juste dans ses jugements, prévoyant dans ses desseins, fidèle à sa parole, le défenseur des veuves, le soutien des orphelins, le consolateur des prisonniers, le promoteur du bien des pauvres, le vengeur de l'injustice, l'ennemi de l'envie, l'ami de la justice, de la chasteté et de l'économie, zélé pour les veilles et les jeûnes, assidu à visiter les infirmes et à soulager les pauvres, modéré dans les corrections, plein de zèle, discret dans ses discours et fervent dans la piété (25). » Nous trouvons les mêmes éloges de saint Amédée dans une lettre qui lui fut adressée, peu après son élection, par Nicolas, alors moine de Cluny et plus tard de Clairvaux, et secrétaire de saint Bernard. Cette lettre nous montre que le saint évêque avait conservé le goût de l'étude au milieu des occupations pastorales. Nicolas lui envoie le traité du maître Anselme sur le Saint-Esprit (26).

Le père d'Amédée eut la consolation de voir son fils élevé à la dignité épiscopale. Il mourut vers les années 1148 à 1150, laissant dans l'ordre de Cîteaux la réputation d'un saint (27).

Les biens temporels de l'évêché de Lausanne dépendant directement de l'Empire, Amédée en dé-

---

(16) Manrique, l. c., 377.
(17) Guichenon, *Hist. de Savoie*, IV, 31.
(18) Ibid., I, 224.
(19) *Mém. et Doc. Rom.*, VI, 42
(20) Mathile, *Monum. de l'hist. de Neuchâtel*, n° XI.
(21) Manriq., l. c., 403.

(22) Manriq., l. c.
(23) *Mém. et Doc. Rom.*, VI, 43.
(24) Notes de M. Dey.
(25) Manriq., l c., p. 463.
(26) Nous reproduisons cette lettre plus bas.
(27) Manrique, l. c., II, 312.

manda la confirmation à l'empereur Conrad II, alors seulement roi de Germanie. Par diplôme donné à Worms, l'année 1145, celui-ci prit sous sa protection l'Église de Lausanne et ses possessions, nommément Morat, Lutry, Carbarissa (Chexbres), Corsier, Cubizacha (Cully) et Lugnorre. Il donna à l'évêque tout ce que Rodolphe de Rheinfelden et les siens possédèrent entre la Sarine, le mont St.-Bernard, le pont de Genève, le Jura et les Alpes, comme l'empereur Henri IV avait déjà donné ces biens à la même Église. En outre, il déclara nulles toutes les aliénations faites par l'évêque Lambert (28). Trois ans plus tard, par bulle du 3 des Ides d'Avril de l'année 1148 (11 avril), le pape Eugène III prit également sous sa protection et celle de saint Pierre l'Église de Lausanne et tous ses biens, ratifia les donations de l'empereur Henri IV et annula les aliénations de l'évêque Lambert (29).

Confirmé ainsi par le pape et l'empereur, dans les possessions temporelles de l'évêché, Amédée s'occupa à régler ses rapports avec ses sujets et son clergé. Comme prince temporel, il ne dépendait que de l'empereur par le lien féodal, et, sauf cette dépendance, il était seigneur souverain dans ses terres. Mais ce pouvoir n'était pas arbitraire chez les évêques de Lausanne; les rapports entre le seigneur et les sujets étaient réglés par des coutumes qui avaient obtenu force de loi par la sanction pratique des évêques. C'est sous l'épiscopat d'Amédée que fut rédigé le premier monument écrit de ces coutumes, parvenu jusqu'à nous. Par le conseil des chanoines, des barons et des bourgeois, Arducius, évêque de Genève, agissant comme prévôt du chapitre de Lausanne, fit la reconnaissance de ces coutumes, en présence de l'évêque Amédée. C'est là que se trouvent les bases de la constitution temporelle de Lausanne. Augmentée ensuite de nouveaux articles, cette reconnaissance devint, dans le XIVᵉ siècle, une vraie constitution, divisée en 172 articles et connue sous le nom de *Plaict-général de 1368* (30). Nous donnons ici la traduction de ce premier acte (31).

Reconnaissances générales des droits des évêques de Lausanne et des coutumes de ladite ville.

Comme le droit exige, et que l'usage prescrit que les droits et les coutumes du seigneur lui soient reconnus dans sa juridiction, cette reconnaissance a été faite à l'évêque de Lausanne par le clergé, les barons (32), les chevaliers et les bourgeois (33).

Toute la ville de Lausanne, tant la cité que le bourg, est la dot (34) et l'alleu (35) de la bienheureuse Vierge Marie et de l'église de Lausanne.

Les chanoines ont la libre élection de l'évêque et ne doivent au roi (36) que des processions et des prières (37).

Le seigneur évêque de Lausanne tient du roi les droits régaliens. Ces droits sont : les grands chemins (38), les péages, les vendes (39), les joux noires (40), les monnaies, les marchés, les mesures, les usuriers publics, les bamps anciens et les nouveaux établis d'un commun accord, les cours d'eau, les voleurs, les ravisseurs.

A cause de ces droits, l'évêque est soumis au roi en ce que si, étant appelé pour les affaires de l'é-

---

(28) V. ce diplôme ap. *Mém. et Doc. Rom.*, VII, 13. — Gerbert, *De Rodolpho Suevico*, 157. — Schœpflin, *Hist. Zær. Bad.*, V, 86. — Mr. Verdeil en a donné une traduction dans son *Hist. du canton de Vaud*, 2ᵉ édit., I, 82. Il traduit *Carbarissa* par Corbières; nous croyons que c'est à tort, car jamais les évêques de Lausanne n'eurent la souveraineté de Corbières; ils avaient par contre celle de Chexbres, et, si notre traduction n'est pas certaine, elle est au moins plus probable.

(29) Manuscr. de Mgr Lentzbourg.

(30) V. *Mém. et Doc. Rom.*, VII, introd. p. xx.

(31) C'est le Cartul. de Lausanne qui nous a conservé cet acte; il est reproduit dans les *Mém. et Doc. Rom.*, VI, 426, et VII, 7. Dans le t. VI, le nom d'Amédée est omis; nous présumons que c'est par oubli, puisque le VII, qui l'indique, a puisé à la même source. Mgr Verdeil en a donné une traduction, *Hist. du canton de Vaud*, I, 79, mais elle est loin d'être exacte.

(32) Dans le moyen âge, le mot *baron* avait un sens très étendu. En France et en Angleterre, il s'employait pour *citoyen*. V. Du Cange, Gloss. Vᵒ *Barones civitatis Londinensis*. Dans le plaict de 1368, le mot *baronibus* est en effet remplacé par celui de *civibus*.

(33) A Lausanne, il ne faut pas confondre les *citoyens* et la *cité*, et les *bourgeois* et le *bourg*, ou ville primitive. V. la *notice sur S. Marius*, pag. 52 et seq.

(34) La *dot*, en matière ecclésiastique, signifie la dotation foncière faite à une église pour son entretien et celui de ses desservants. V. Du Cange, Gloss., Vᵒ *Dos ecclesiæ*.

(35) L'*alleu* désigne généralement un fonds de terre, et plus spécialement une terre propre dont on a la propriété, soit le domaine direct, et qui n'est soumise à aucune prestation ni à aucun service, soit réel, soit personnel. Dans ce sens, il est l'opposé du *fief*, qui est possédé au nom d'autrui et est soumis à des prestations et à des services. V. Du Cange, Vᵒ *Alodis*.

(36) Le roi désigne ici le souverain, qui était l'empereur.

(37) Nous avons traduit mot à mot cet article, mais nous croyons que ce n'est pas là son sens exact, et ce n'est pas celui que lui donne le *Commentaire anonyme sur le Plaict-général de 1368* (imprimé dans les *Mém. et Doc. Rom.*, VII, 315 et seq.). D'après ce *Commentaire*, rédigé au plus tard au commencement du XIVᵉ siècle, il faut lire *regere*, au lieu de *regi*, dans le texte latin, et alors l'article aurait le sens suivant, qui nous parait le véritable : *Les chanoines ne doivent diriger que les processions et les prières.*

(38) Et les pâturages communs, d'après le *Comment. anon.*, p. 318.

(39) Droit de quatre deniers par livre, que l'évêque percevait sur les ventes. Les bourgeois et citoyens de Lausanne et quelques habitants du voisinage en étaient exempts. *Com. anon.*, p. 319.

(40) Sous le nom de joux noires on désigne l'ordinaire des montagnes couvertes de forêts. Celles de l'évêché étaient au-dessus du lac de Joux et de la Part-Dieu. *Com. anon.* p. 319.

vêché ou de la cité, le roi arrive, on lui doit les provisions (41) le soir et le matin. Le roi n'a aucun autre droit ou juridiction dans la ville de Lausanne. Les dépenses susdites doivent être payées par les bourgeois qui demeurent hors des murs de la cité et par les trois terres de l'évêque, Avenches, Curtilles, Bulle. Ces provisions doivent être achetées par deux personnes de la famille (42) de l'évêque et par deux bourgeois. Pour les autres choses, l'évêque doit le service d'usage au roi.

L'avoué (43) tient l'avouerie des mains de l'évêque, pour ce qui est hors des murs de la cité, et les terres susdites de l'évêque, Avenches, Bulle, Curtilles, pour lesquelles choses il doit être homme lige (44) de l'évêque.

Au droit d'avoué appartient le tiers des bamps, dans le bourg de Lausanne et dans les trois terres désignées plus haut. L'avoué n'a aucune part aux échutes (45).

Les bourgeois en état de porter les armes doivent suivre au fuercri (46) le major, le sénéchal ou le sautier (47), sous peine d'un bamp de trois sols; mais cela de manière qu'ils puissent revenir chez eux le même jour, à moins que, de l'avis commun, il ne soit nécessaire de rester plus longtemps.

Mais si, d'un commun avis, l'évêque en personne, ou son lieutenant (nonce) marche contre les ennemis de l'Église, celui qui ne l'aura pas suivi payera cinquante sols de bamp.

Mais si le seigneur évêque, de l'avis des notables de sa ville, va auprès du roi pour les affaires de l'Église, ou si le roi le mande pour une cour annoncée, deux ou trois bourgeois qu'il voudra conduire avec lui devront fournir aux dépenses en allant et en revenant. L'évêque doit les leur rembourser, et elles seront recouvrées dans le bourg de Lausanne et dans les trois terres susdites.

Les bourgeois doivent aider le seigneur évêque dans les acquisitions et dans les autres affaires.

En outre, les bourgeois doivent lui faire crédit pendant quarante jours pour les victuailles et la ferrure des chevaux, pourvu qu'un de ses mestraux (48) en réponde. Si, au quarantième jour, la dette n'est pas payée, qu'un gage soit donné pour la dette; ce gage doit être gardé pendant un an et un jour sans être vendu.

Les chanoines et les chevaliers ont droit, sur leur gage, à un crédit de quinze jours pour les victuailles et la ferrure.

A cause de ces services et des autres, le seigneur évêque doit défendre les bourgeois et leurs biens par le glaive tant matériel que spirituel.

Celui qui falsifie la mesure, le poids ou l'aune, doit soixante sols.

Celui qui viole la cité doit soixante sols.

Dans la cité tous doivent être en sûreté, excepté les voleurs, les faussaires et les traîtres.

Dans le bourg il sera payé soixante sols pour l'effusion du sang, ou pour avoir, en dehors de la maison, tiré le glaive, le couteau, la lance ou une autre espèce d'armes.

Les chanoines, la famille du chapitre et les serviteurs des chanoines, la famille de l'évêque, les clercs, les chevaliers et leurs serviteurs sont, dans leurs propres maisons, exempts de la loi commune.

Celui qui s'empare des pâturages doit payer l'amende comme la fixe le plaict-général, et ni l'évêque ni l'avoué ne doivent le défendre.

Après avoir ainsi reconnu les droits de l'évêque et les coutumes de la ville, Arducius reconnut encore les lois et les privilèges de l'église et du chapitre de Lausanne. En voici pareillement la traduction (49).

Reconnaissances et statuts relatifs à l'évêque et au chapitre de Lausanne.

1, Toutes les fois que le seigneur évêque célèbre la messe au grand autel, le chapelain, les diacres, les sous-diacres et les marguilliers qui l'ont servi, doivent manger ce jour-là avec lui.

2. La seconde férie (lundi) de Pâques, l'évêque doit donner un repas aux chanoines, aux clercs qui fréquentent le chœur et à la famille des chanoines.

---

(41) C'est-à-dire fournir à ses dépenses.
(42) La famille, *familia*, désigne en général l'ensemble des subalternes et des serviteurs attachés à un même seigneur, relevant de lui à divers titres. Ainsi les membres de la famille pouvaient être de conditions bien différentes. V. Du Cange, V° *Familia*.
(43) L'avoué, *advocatus, defensor*, était un seigneur laïque, auquel les évêques et les couvents confiaient la garde et la défense de leurs possessions temporelles. Les avoués étaient les *avocats* des églises devant les tribunaux, et ils devaient défendre par les armes les terres ecclésiastiques. Dans la seconde partie de ce travail, il sera parlé plus en détail de l'avouerie.
(44) L'homme lige, *homo ligius*, est celui qui prête foi à un seigneur envers et contre tous. Il doit l'aider contre *tous ceux qui peuvent vivre et mourir.* (*Assises de Jérusalem.*) Celui qui a fait un hommage lige ne peut plus se lier à l'égard d'un autre seigneur, qu'en réservant le premier, et c'est celui-ci qu'il doit défendre, si une guerre éclate entre ces deux seigneurs. V. Du Cange, V° *Ligius*.
(45) Confiscations.
(46) Al-fuer-cri, al-for-cri, al-foris-cri, au cri : dehors.
(47) Le major, le sénéchal et le sautier étaient des officiers de la famille de l'évêque; ils exerçaient une juridiction déterminée et étaient chargés principalement de l'exécution des sentences portées par les pouvoirs supérieurs, l'évêque, le plaict-général, etc. V. sur leurs droits et attributions le *Comment. anon.*, p. 567 et seq.
(48) *Ministerialis*, officier de la famille épiscopale. Les mestraux ne rendaient pas la justice, mais faisaient exécuter les arrêts.
(49) Ce document se trouve dans les *Mém. et Doc. Rom.*, VII, 11. Il est traduit dans le *Conservateur suisse*, III, 25, et dans l'*Hist. du canton de Vaud*, par Mgr Verdeil, I, 81, où est reproduite la traduction de Bridel, dans laquelle se trouvent quelques inexactitudes

3. Les offrandes données à l'évêque, dans les consécrations qu'il fait dans son diocèse et partout où il célèbre la messe, appartiennent aux chanoines qui l'accompagnent à cheval, excepté la cire et les chandelles qui sont à lui, et le blé et le pain qui sont aux marguilliers, et les œufs, le fromage et le chanvre qui sont aux custodes (50).

4. Les offrandes faites à l'évêque, après son sacre, quand il entre en possession de l'épiscopat, à la première messe qu'il célèbre, appartiennent aux chanoines.

5. Les serviteurs des chanoines ne sont tenus de payer l'amende qu'à leurs seigneurs, quelque grand et énorme crime qu'ils aient commis.

6. La famille d'un capitulaire qui retire la prébende de ce dernier ne doit payer l'amende qu'au chapitre, en cas de délit.

7. Un tiers des amendes de nos hommes arrêtés dans cette ville, pour vol, appartient au prévôt et les deux autres tiers au chapitre.

8. Les duels doivent se faire en présence du prévôt (51). Les voleurs doivent être jugés dans le chapitre, qui a le droit de condamnation. La moitié des amendes des duels appartient au prévôt.

9. Dans la grande église, il ne doit y avoir que trente chanoines; à savoir : dix prêtres, dix diacres et dix sous-diacres. A la mort d'un chanoine, chaque chanoine prêtre doit dire trois messes, et celui qui n'est pas prêtre doit lire le psautier. Chaque jour, jusqu'au trentième, la messe conventuelle sera célébrée pour le défunt à l'autel de Saint-Jean; s'il a été enseveli dans le cloître, chaque jour, pendant le même temps, il y aura une procession à sa tombe.

10. Personne ne peut être gagé dans la maison d'un chanoine ou d'un chevalier, excepté le seul maître de la maison.

11. Lorsque l'évêque va à la cour de l'empereur, pour une affaire commune, deux ou quatre bourgeois doivent payer les dépenses, qui leur seront remboursées par les bourgeois de cette ville et par ceux d'Avenches, de Curtilles et de Bulle.

12. Lorsque l'évêque achète une terre ou un fonds donné en gage, les bourgeois lui doivent les aides (52) par le droit, mais non les citoyens.

13. Si quelque chanoine refuse de payer le cens dû, à l'échéance du terme, ou qu'il fasse injure au chapitre, les autres chanoines, après l'avoir averti, ne doivent plus communiquer avec lui dans le chœur. On agira de même à l'égard de l'évêque. S'ils ne satisfont pas, au bout de huit jours, on peut leur retenir leur prébende, et ils restent débiteurs jusqu'à satisfaction.

Saint Amédée reçut deux fois, à Lausanne, la visite du pape Eugène III. Ce fut d'abord en 1146, lorsque ce pape, quittant Rome à cause des troubles de cette ville, se rendit en France. D'après Briguet (53), il aurait, à son passage, consacré l'église de Saint-Maurice, en Valais, le jour de Noël; d'après M. Boccard (54), cette consécration aurait eu lieu le 25 juin. Eugène III passa de nouveau par Lausanne, lorsque, en 1148, il quitta la France pour rentrer en Italie. Au commencement de cette année, le pape présida le concile de Reims. C'est dans cette ville qu'il donna, le 9 avril, une bulle en faveur de l'abbaye d'Humilimont (55), et, le 11 du même mois, la bulle mentionnée plus haut, en faveur de l'église de Lausanne (56). Le 5 mai il était à Besançon, où il consacrait le grand autel de l'église de Saint-Jean (57). De là il se dirigea sur Lausanne, où il se trouvait le 17 mai (58), et où il resta probablement plusieurs jours. Le 26 mai était à Saint-Maurice (59), et le lendemain à Martigny (60).

Pendant son séjour à Hautecombe, saint Amédée s'acquit l'amitié et l'estime particulières du comte

---

(50) Le marguillier, *matricularius*, soignait les affaires temporelles d'une église, et le custode, *custos*, avait soin des cloches, du linge, des lampes, des meubles à l'usage de l'église, etc. Ces offices, distincts par eux-mêmes, étaient quelquefois confondus, et le marguillier remplissait plusieurs offices du custode.

(51) Il s'agit ici des duels judiciaires, soit jugements de Dieu, que la législation du moyen âge tolérait.

(52) Contribution pécuniaire.

(53) *Vallesia Christiana*, p. 147.

(54) *Hist. du Vallais*, p. 407. Au mois de juin 1146, le pape était encore en Italie, car le 23 août il adressait, de Brescia en Lombardie, des lettres à l'évêque de Bologne. Sigonius, *De regno Italiæ*, l. XI, ad an. 1146. Ce n'est donc que vers la fin de cette année qu'Eugène traversa la Suisse occidentale.

(55) *Datum Remis... v Idus Aprilis.* Arch. d'Humilim.

(56) Le lieu où cette bulle a été donnée n'est pas désigné, mais la date montre que c'est à Reims.

(57) Dunod (*Hist. de l'Eglise de Besançon*, 1. 155).

(58) Nous avons deux bulles données, ce jour, par Eugène III, à Lausanne : l'une en faveur de Moutiers-Granval, et l'autre, de Bellelay. *Datum Lausanne... xvi Kal. Junii...* Trouillat, *Monum.* I, 308 et 311. On mentionne encore deux autres bulles datées de Lausanne, en juin 1148 : l'une du 20 juin, en faveur des chapitres de Saint-Jean et de Saint-Etienne, à Besançon (Comp. Trouillat, I, 310, note 4, et Richard, *Hist. des diocèses de Besançon et de Saint-Claude*, I, 363) ; l'autre, relative à l'anniversaire de la consécration du grand autel de la cathédrale de Besançon, a été donnée le 5 juin, suivant Richard, *l. c.*, et le 21 juin, suivant Dunod, *Hist. de l'Eglise de Besançon*. I, 155. Nous n'avons pas le texte de ces actes, nous ne pouvons donc voir si les indications données par Richard et Dunod sont exactes, mais ces dates ne s'accordent pas avec celles des actes cités ci-dessous, donnés à Saint-Maurice et à Martigny. Il faut admettre ou une erreur dans ces indications, ou que le pape soit revenu sur ses pas depuis Martigny, ce qui n'est pas probable.

(59) Bulle en faveur de Payerne. *Datum apud S. Mauritium..., vii Kal. Junii.* Solothurn. Wochenblatt für 1829, p. 617, et *Archives de la Soc. d'hist. de Fribourg*, I, 375.

(60) Bulle en faveur de Rüggisberg. *Datum apud Ottodorum..., vi Kal. Junii.* Soloth. Wosch, für 1829, p. 555.

de Savoie, Amé III, et des seigneurs du pays, comme le prouve l'emploi important auquel il fut appelé plus tard. En partant pour la croisade, le comte Amé recommanda son fils Humbert à l'évêque de Lausanne et le chargea de veiller à l'honneur de la dignité de ce fils, et à l'intégrité de ses terres (61). A son retour de la terre sainte, le comte mourut à Nicosie, le 1er avril 1149. Son fils Humbert III lui succéda ; mais comme il était trop jeune alors pour gouverner seul, il tint conseil avec les membres de sa famille (*cum suis*), et, à la suite, manda auprès de lui l'évêque Amédée. A son arrivée, on l'informa du but de cet appel : il sera le conseiller du jeune comte et le protecteur de ses Etats. Amédée refusa ; on fit des instances : « Si nous choisissons, lui dit-on, un duc, un comte, ou une autre personne séculière, au lieu d'un tuteur fidèle, nous n'aurons peut-être qu'un homme méchant et avare, qui recherchera avant tout ses propres avantages et ne laissera à son pupille qu'un héritage ruiné. » Pressé par ces sollicitations et par l'amitié qui l'avait uni au père, et qu'il reportait alors sur le fils, Amédée accepta cette charge difficile et chercha à bien en remplir les fonctions (62). « Il ne fallait rien attendre que de grand, dit Guichenon (63), de cette éducation, parce que ce prélat fut un des grands personnages de son siècle.... Les soins qu'il eut de ce jeune prince ont paru aux belles qualités et aux rares vertus dont il fut orné, entre lesquelles la plus signalée a été cette profonde piété et ce grand amour de Dieu qui lui fit mépriser pendant sa vie, avec tant de constance, les choses périssables de ce monde, pour s'attacher aux célestes et incorruptibles. Et bien que le naturel héroïque de ce prince lui ait servi d'échelon pour arriver à ce haut degré de perfection, néanmoins l'exemple de son tuteur, ses sages conseils et la conduite d'une si excellente main n'y contribuèrent pas peu. » Plus tard, Humbert III fut mis par l'Eglise au nombre des bienheureux, et sa fête se célèbre le 13 mars.

Pendant les premières années de ce prince, nous voyons Amédée prendre part aux actes du comte. L'abbaye de Saint-Maurice, en Vallais, se voyait envahie par Raynald, qui s'était emparé violemment de la dignité de prévôt ; Amédée adresse une lettre au jeune Humbert pour lui recommander de protéger cette abbaye (64). Lorsqu'il partit pour la croisade, Amé III, pour pouvoir suffire aux dépenses de son voyage, emprunta aux religieux de Saint-Maurice une table d'or, de la valeur de soixante-six marcs. L'évêque de Lausanne eut soin de faire rendre aux religieux la valeur de cette table, et à cet effet, d'après les conseils d'Amédée, le comte Humbert promit de payer à l'abbaye cent marcs d'argent et deux marcs d'or, en quatre ans, et il lui donna les rentes qu'il percevait dans la vallée de Bagnes et d'Octier. L'acte de donation fut fait dans l'église abbatiale de Saint-Maurice, en l'an 1150, en présence de l'évêque Amédée ; de Louis, évêque de Sion ; de Hugues, abbé de Saint-Maurice, et de plusieurs autres témoins (65).

Au milieu de ses dignités, Amédée n'oublia pas Hautecombe : sa protection fut très-avantageuse au couvent, et c'est alors surtout que ses édifices et ses possessions s'augmentèrent et que le nombre de ses religieux se multiplia (66). L'ancien abbé assiste, comme témoin, à une donation que le comte Humbert fait à ce couvent (67).

Pendant la première moitié du XIIe siècle, de nombreux couvents furent fondés dans le diocèse de Lausanne. Ils furent l'objet de la sollicitude de notre évêque. Religieux lui-même, il aimait et affectionnait particulièrement les ordres monastiques. Il savait combien ils sont conformes aux conseils de Jésus-Christ et propres à amener l'homme à la perfection chrétienne ; il voyait de ses propres yeux combien aussi les couvents étaient utiles pour la culture intellectuelle et la prospérité matérielle des populations, combien leur rôle était civilisateur, dans la vraie acception du mot, puisque leur action contribuait autant au bonheur spirituel qu'au bien-être temporel (68). Il ne croyait pas que ces institutions dussent être supprimées, parce que, comme toutes les institutions où l'homme figure, elles pouvaient donner occasion à des abus.

En 1147 et 1154, saint Amédée confirma les donations faites au couvent de Théla par divers bienfaiteurs, et lui-même donna une vigne aux mêmes religieux (69).

Il confirma pareillement les donations faites aux Prémontrés de Fontaine-André (70) et d'Humilimont (71). Plus tard, il donna à cette dernière ab-

---

(61) Guichenon, *Hist. de Savoie*, IV, 38.
(62) *Ibid.*, IV, 39.
(63) *Ibid.*, I, 234.
(64) *Ibid.*, IV, 38.
(65) *Ibid.*, IV, 38 et 40.
(66) Manrique, *Ann. Cist.*, I, 463.
(67) Guichenon, l. c. IV, 43.
(68) On aime à faire des recherches sur ces sociétés religieuses, qui les premières ont éclairci nos forêts, ensemencé nos plaines et planté des vignes sur nos coteaux... on se plaît à les voir attirer par l'oraison les bénédictions sur leurs labeurs, à mériter, en travaillant, que le ciel exauce leurs prières .. et en remontant à travers les siècles écoulés, on porte à leur mémoire le tribut de respect et de reconnaissance que leur doit la postérité, riche de leurs peines et de leurs sueurs. (Bridel, *Conserv. suisse*, VIII, 44.)
(69) *Mém. et Doc. Rom.*, XII. Cartulaire de Montheron, par M. de Gingins, p. 10, 12, 16 et 20.— Théla ou Montheron, abbaye de l'ordre de Cîteaux, à 2 lieues nord de Lausanne, fut fondée en 1135 par Guy, évêque de Lausanne.
(70) Matile, *Monum.*, n° XVI.—L'abbaye de Fontaine-André, située à une demi-lieue de Neuchâtel, a été fondée en 1144 par les comtes de Neuchâtel.
(71) Archives d'Humilimont.—L'abbaye d'Humili-

baye les églises de Vuippens et de Villardvolard (72). L'an 1154, Amédée confirma aux religieux de Hautcrêt tout ce que Guido, son prédécesseur, et d'autres personnes leur avaient donné. Il rappelle la donation que son prédécesseur et lui-même ont faite à ce couvent de la terre inculte et déserte du Desaley, pour y planter des vignes et en jouir à moitié-fruit ; l'évêque promet en outre de leur payer, dans quatre ans, vingt livres pour cette culture. Après la mort de l'évêque, les religieux auront la propriété de la moitié de ces vignes, en franc alleu (73). Amédée confirma encore, en faveur de ce couvent, les donations faites par Louis, son officier, et par Bon-Fils de Chexbres (74). Il donna à l'abbaye treize sols qui lui étaient dus par Ulric, fils de Bon-Fils de Chexbres (75). Il eut soin de faire confirmer par Gaucher et Guillaume de Blonay les donations que leur père Amédée avait faites à Hautcrêt (76). Ce couvent avait, comme nous le voyons, une large part dans la sollicitude de saint Amédée ; il la devait à l'affection particulière que l'évêque portait aux religieux Cisterciens, ordre auquel il avait appartenu lui-même avant son épiscopat ; aussi il aimait à habiter à Puidoux (77) dans le voisinage de Hautcrêt, où il retrouvait la vie de Clairvaux et de Hautecombe. Les cisterciens de Hauterive (78) eurent part également aux libéralités d'Amédée. Renaud, seigneur d'Estavayé, et Cônon, son fils, rendirent à l'évêque de Lausanne le fief qu'ils tenaient de lui à Onnens, et qui comprenait le quart du territoire de ce lieu et de la forêt de Buchille. A la demande des mêmes seigneurs, l'évêque donna ce fief aux religieux de Hauterive (79).

Dans ces temps, les nombreuses complications de droits seigneuriaux que produisait le système féodal donnaient parfois naissance à des difficultés entre les divers couvents ou seigneurs ecclésiastiques. Amédée les termina plus d'une fois, comme juge ou comme arbitre. Lorsqu'il prit possession de l'évêché, il trouva une difficulté pendante entre l'Eglise de Lausanne et le couvent de Romainmotier (80). Il y mit fin, par acte du 17 des Kalendes de janvier (16 décembre) 1148, en laissant au cou-

vent la possession des églises d'Apples, de Morlens, de Barlens et de Torclens ; il donna aux religieux l'église de Vallorbes, et leur permit, sous certaines conditions, d'avoir des oratoires près d'Orbe et de Goumoens (81).

Les monastères du Grand Saint-Bernard et de Melleraie (82) étaient habités par des chanoines Réguliers de Saint-Augustin, et unis par une alliance qui n'excluait pas la supériorité du premier. Ces rapports, non assez définis, occasionnèrent des conflits. En 1154, l'évêque Amédée, agissant en vertu de la commission que lui avait confiée le pape Eugène III, rétablit l'harmonie entre ces deux maisons et régla les droits et les devoirs réciproques tant des religieux que de leurs supérieurs (83).

Un religieux de l'abbaye de Saint-Oyan (84), dom Poncet (Pontius), s'était retiré dans les solitudes désertes de la vallée de Joux (canton de Vaud), où il bâtit une cellule et défricha quelques terrains, dont l'abbaye de Saint-Oyan hérita à sa mort. Lorsque l'abbaye du Lac de Joux (85) fut fondée et commença à prospérer, des religieux de Saint-Oyan vinrent reprendre possession de la cellule de dom Poncet, que l'on appela Lieu-Poncet. Des difficultés s'élevèrent entre ces religieux et ceux de l'abbaye du Lac de Joux, au sujet de la pêche du lac, dont ils tiraient leur principale subsistance. Pierre, archevêque de Tarentaise, et Amédée, évêque de Lausanne, furent chargés par le pape d'intervenir et d'établir un mode de vivre entre les deux couvents. Par arrêt rendu à Lausanne, en l'an 1155, les prélats prononcèrent : 1° que le nombre des religieux habitant le Lieu-Poncet ne pourra excéder celui de dix, qui dépendront de l'autorité de l'évêque de Lausanne ; 2° qu'ils n'admettront dans leur couvent aucun religieux sorti d'autres monastères ; 3° qu'ils ne pourront point tenir d'animaux ; 4° qu'ils ne pourront pêcher au filet dans le lac qu'un jour et une nuit par semaine, mais autrement quand ils le voudront ; 5° que l'évêque pourra leur consacrer un autel et bénir un cimetière ; 6° enfin que si les frères abandonnent le Lieu-Poncet, il appartiendra à l'abbaye du Lac de Joux (86). Il paraît que de nou-

---

mont ou de Marsens, à une demi-lieue de Vuippens, dans la Gruyère, a été fondée en 1136 (n. st. 1137) par trois frères de Marsens, de la famille d'Everdes-Vuippens.

(72) *Nécrologe* d'Humilimont, aux dites archives.
(73) *Mém. et Doc. Rom.*; t. XII, Cartulaire de Hautcrêt, par J.-J. Hisely, p. 6.—Hautcrêt, abbaye de l'ordre de Citeaux, près de Palésieux, dans le canton de Vaud, fut fondée en 1134 par Guido, évêque de Lausanne.
(74) *Mém. et Doc. Rom.*, l. c., 181 et 143.
(75) *Ibid.*, 24.
(76) *Ibid.*, 133.
(77) *Mém. et Doc. Rom.*, VI, 43. — Sur une colline, près de Puidoux, on voit encore les masures du vieux château des évêques de Lausanne.
(78) L'abbaye de Hauterive, fondée en 1137 (n. st. 1138), au bord de la Sarine, à une lieue de Fribourg, par Guillaume de Glane.

(79) Archives de Hauterive.
(80) Romainmotier, prieuré de l'ordre de Saint-Benoît, dans le canton de Vaud, remonte, par sa première fondation, jusque vers le milieu du v° siècle.
(81) Toutes ces localités sont dans le canton de Vaud.—Voir l'acte ap. *Mém. et Doc. Rom.*, III, 486.
(82) Melleraie, en Chablais, décanat d'Alinge, dans l'ancien diocèse de Genève.
(83) *Mém. et Doc. Gen.*, II ; II° partie, p. 34.
(84) L'abbaye de Saint-Oyan, dans le département du Jura (France), s'appela d'abord Condat, puis Saint-Oyan, et, depuis le xiii° siècle, Saint-Claude ; elle fut fondée en 425 par saint Romain.
(85) Cette abbaye, de l'ordre des Prémontrés, fut fondée en 1126 par Ebald, seigneur de La-Sarraz, et était située sur le bord oriental du lac de Joux, et le Lieu-Poncet, sur le bord occidental du même lac.
(86) Annales de l'abbaye du Lac de Joux, par Fr

velles difficultés s'élevèrent, car l'année suivante une seconde transaction dut être faite. Les mêmes prélats réglèrent, le 27 août 1157, un accord entre les abbés de Saint-Maurice et de Hautcrêt, au sujet du tiers de la chapelle de Chatillens, dont l'abbé de Saint-Maurice abandonna la propriété perpétuelle à celui de Hautcrêt (87).

Une difficulté existait aussi entre l'évêque de Lausanne et l'Eglise de Besançon. Pour la terminer, le pape délégua Ortlieb, évêque de Bâle, qui convoqua, en 1154, les parties à Neuchâtel, et y porta son jugement consigné ensuite dans un acte donné le 10 juillet de la même année à Moutiers-Grandval. Sur le témoignage d'Arducius, évêque de Genève, et de plusieurs ecclésiastiques des deux Eglises, Ortlieb déclara : 1° que le maire (*villicus*) (88) de Lutry n'avait aucun droit sur les terres de Cully, appartenant aux chanoines de Saint-Jean et Saint-Etienne de Besançon ; 2° que les hommes de Cully payeront certaines redevances (*septem syleya et septem minas avene*) à l'évêque de Lausanne, pour l'usage des bois ; 3° que l'évêque de Lausanne doit les protéger, et, s'il va à Cully, il jugera leurs différends, mais sans exiger d'émoluments ; pendant qu'il sera là, il usera des services qui lui sont dus, mais sans donner, ni lui, ni les siens, occasion à des plaintes ; 4° que les deux parties donneront pour les mariages pleine liberté à leurs hommes qui passent d'une terre à l'autre (89).

Saint Amédée était, comme nous l'avons vu, parent de l'empereur Frédéric Ier. Plusieurs fois il se trouva parmi les dignitaires de sa cour. En 1153, il assista à la diète de Spire, et il paraît comme témoin dans le diplôme donné, dans cette ville, le 17 janvier, en faveur de l'évêque de Genève (90). Le 15 février de la même année, il se trouvait à Besançon, à la suite de l'empereur ; il est nommé parmi les témoins du diplôme accordé en faveur de Payerne (91). Amédée lui-même eut part aux bienfaits de l'empereur : il fut nommé son chancelier ; en même temps il reçut le droit de conférer et de révoquer les bénéfices, de confirmer les donations et de citer devant sa cour non-seulement les ecclésiastiques, mais aussi les barons laïques, en qualité de vicaire impérial. Frédéric lui accorda ces privilèges, à cause de ses vertus et de l'antique dignité de l'Eglise de Lausanne (92). Ces prérogatives auraient dû, ce semble, mettre l'évêque de Lausanne à l'abri de toutes tentatives d'hostilité ; malheureusement il n'en fut pas ainsi ; Amédée se vit persécuté par ceux-là mêmes qui auraient dû le défendre. Mais les événements qui suivent ne sont qu'en partie connus, car les documents que nous possédons sont trop incomplets et ne nous révèlent qu'une partie de ces faits les plus importants cependant de l'épiscopat qui nous occupe (93).

Chaque Eglise, au moyen âge, avait son *avoué* ou défenseur, chargé de la représenter dans les cours de justice, pour y exercer la justice en son nom ou défendre ses intérêts, et de protéger par les armes ses biens temporels contre les attaques de ses ennemis. Le seigneur ecclésiastique devait rester fidèle à sa mission de paix, et c'est dans ce but qu'il se choisissait un représentant pour les affaires contentieuses et sa défense par les armes. A l'office d'avoué étaient attachés divers avantages ; à Lausanne, l'avoué jouissait du tiers du produit des amendes. Cette charge était confiée par le seigneur ecclésiastique au seigneur laïque qu'il choisissait lui-même ; dans l'origine elle n'était que temporaire ; mais, considérée plus tard comme un *fief*, elle en suivit les lois. Ce fief relevait naturellement du seigneur ecclésiastique, à qui l'avoué devait ainsi fidélité et dont il devenait *homme*. Les avoués ne reconnurent pas toujours, dans leurs actes, cette dépendance : plus d'une fois ils devinrent les persécuteurs de ceux qu'ils devaient protéger, et cherchèrent à s'emparer de l'autorité de leurs seigneurs ecclésiastiques. C'est ce qui arriva à Lausanne à plusieurs reprises, et particulièrement pendant l'épiscopat de saint Amédée.

L'avouerie épiscopale de Lausanne était alors confiée à Amédée, comte de Genevois, qui avait déjà exercé cette charge sous les deux évêques précédents, depuis la mort de son père Aymon [vers 1126] (94). A peine le comte fut-il investi de son office, qu'il eut déjà des démêlés avec l'évêque, comme nous l'apprend la lettre de saint Amédée. Sous l'épiscopat de Girard de Faucigny, son parent, le comte de Genevois détruisit le château de Lucens appartenant à l'évêque, et en éleva un autre destiné à dominer l'Eglise de Lausanne. Ce fut en vain

---

de Gingins-la-Sarraz, ap. *Mém. et Doc. Rom.*, I, 15, et *ibid.*, 1re liv., p. 181.

(87) *Mém. et Doc. Rom.*, XII, IIe part., p. 14.

(88) Le maire (*major, villicus*) était juge de basse justice et percevait les droits seigneuriaux. Voir DuCange, *Gloss.* et *Mém. et Doc. Rom.*, IX, 384 et seq.

(89) Zapf, *Mon.*, p. 94.—Matile, *Monum.* n° XVII. —Trouillat, *Mon. de l'hist. de l'évêché de Bâle*, I, 324.

(90) Spon, *Hist. de Genève*, III, 10. — Besson, *Mém.*, 358.—Guichenon, *Biobl. sebus. cent.* 2, n° 53.

(91) Schœpflin, *Als. dipl.*, n° 290.—Soloth. Woch., 1829, p. 620.—*Arch. de la Soc. d'hist. de Fribourg*, I, 377.

(92) Nous n'avons qu'un extrait de ce diplôme : nous le publions plus bas.— V. *Mém. et Doc. Rom.*, I, 1re livr., 76, où M. de Gingins l'indique sous l'année 1155.

(93) Le principal de ces documents est une lettre adressée par saint Amédée *à ses chers fils de l'Eglise de Lausanne*. On la trouvera à la suite de cette notice.

(94) Nous n'avons vu aucun acte dans lequel le comte Amédée porte le titre d'avoué, mais le fait ressort des circonstances suivantes : le comte exerçait une autorité dans le diocèse de Lausanne, puisque dans deux titres (*Mém. et Doc. Rom.*, XII, IIe part., p. 10 et 13) relatifs au diocèse, son nom paraît parmi ceux des souverains du pays, l'empereur et l'évêque, ce qui prouve que le comte y jouissait aussi d'une autorité générale, dépendante cependant de l'évêque, puisqu'il devait l'hommage à ce dernier (V. la lettre de saint Amédée : *Obliti domi-*

que Girard s'opposa à ces hostilités du comte : ni les liens de la parenté, ni les larmes, ni les prières, ni les malédictions ne purent l'émouvoir. Mais, bientôt après, Dieu se chargea de punir ces injustices.

Rainaud, comte de Bourgogne, ayant refusé de prêter hommage à l'empereur, avait été privé de ses fiefs, et ceux-ci adjugés à Conrad de Zahringen, qui fut en outre investi du rectorat de la Bourgogne Cis et Transjurane (entre le 3 avril et le 22 mai 1126). Conrad devait conquérir les fiefs qui lui avaient été donnés ; il passa l'Aar avec une armée et attaqua Rainaud, auquel s'étaient adjoints un grand nombre de seigneurs des deux Bourgognes ; parmi eux se trouvait Amédée, comte de Genevois. Conrad fut vainqueur ; Amédée prit la fuite, et un grand nombre de ses gens restèrent sur le champ de bataille. Abattu par ce revers, le comte demanda la paix à Conrad, qui n'en continua pas moins à ravager les terres du Genevois. Amédée s'adressa alors à saint Bernard, qui écrivit en sa faveur au duc Conrad (95). Quand et comment finirent ces démêlés ? Rien ne le fait connaître exactement. Un arrangement eut lieu sans doute avec l'évêque de Lausanne, puisque le comte Amédée continua de remplir les fonctions d'avoué. Il eut depuis de nombreuses difficultés avec l'évêque de Genève dont il était aussi avoué, et dont il chercha pareillement à usurper l'autorité. L'évêque Amédée intervint dans cette lutte, comme arbitre ou compositeur (96). Les affaires de Genève n'étaient pas encore terminées que l'Eglise de Lausanne se vit de nouveau en butte aux attaques du même comte. Il éleva, au haut de Lausanne, un château fort, destiné à dominer la ville, se révolta ouvertement contre l'évêque, et entraîna dans son parti des sujets de l'évêché. Saint Amédée, ne se trouvant plus en sûreté à Lausanne, quitta cette ville et se réfugia à Moudon ; mais, là encore, il se trouva au milieu d'ennemis. On se porta contre lui à des voies de fait, sa vie fut menacée, ses habits furent déchirés par les armes ; on frappa, jusque dans ses bras, un de ses compagnons, dont le sang jaillit sur lui. Blessé lui-même et dépouillé, il sortit du château de Moudon et s'enfuit nu-pieds. Condamné ainsi à l'exil, il fut quelque temps éloigné de son Eglise. Vers le temps de Pâques, il écrivit à ses chers fils de l'*Eglise de Lausanne* une lettre dans laquelle il raconte les maux qu'il a soufferts, lance sa malédiction sur la ville de Moudon, qui a trahi son évêque, fait des vœux pour la conversion du comte de Genevois et finit par des recommandations qu'il fait à ses chers fils, pour les préparer à célébrer saintement les fêtes pascales (97). Nous ignorons combien dura l'exil de l'évêque, et comment il parvint à vaincre le comte de Genevois ; le cartulaire de Lausanne nous dit seulement que ce fut par sa prudence et qu'il força le comte lui-même à détruire et à raser jusqu'aux fondements les fortifications qu'il avait élevées (98). L'année où ces événements se passèrent n'est pas indiquée non plus ; il paraît cependant qu'il faut les placer vers l'année 1156. En 1155, le comte de Genevois jouissait encore de son autorité à Lausanne ; en 1157, nous trouvons un autre avoué, Emmo de Gerenstein : on peut donc assigner l'année 1156 comme l'époque la plus probable.

Saint Amédée eut à combattre non-seulement les prétentions du comte de Genevois, mais celles encore d'un seigneur dont la puissance était bien plus à craindre. En 1155 ou 1156, Berthold de Zahringen reçut de l'empereur Frédéric Ier l'avouerie impériale (99) et l'investiture des régales dans les cités épiscopales de Genève, Lausanne et Sion. Par cette concession, l'empereur blessait les droits de ces évêques qui depuis longtemps étaient feudataires immédiats de la couronne et ne pouvaient ainsi être soumis à aucune autorité intermédiaire. Ils durent donc s'opposer à la prise de possession des

---

nil nostri, homini sui). Cette autorité ne pouvait être autre que celle que l'avouerie donnait. Dans son savant *Mémoire sur le rectorat de Bourgogne*, p. 77, M. de Gingins distingue à Lausanne un *protectorat* (*consulatus*), différent de l'avouerie épiscopale, et il base cette différence sur le nom de *consul* donné au comte de Genevois dans l'un des titres cités plus haut, et sur la qualification d'avoué donnée à Emmo de Gerenstein, dans un acte de 1157. (*Mém. et Doc. Rom.*, VII, 17. V. aussi *ibid.*, XII, IIe part., p. 14.) Pour que cette assertion fût fondée, il faudrait 1° que le mot *consul* exprimât ce *protectorat*, ce qui n'est pas, car le mot *consul* ne paraît jamais avec cette signification, mais, au moyen âge, il s'employait comme synonyme de *comte* (*V*. Du Cange, *Gloss*.) ; 2° il faudrait encore qu'Amédée de Genevois et Emmo de Gerenstein parussent à la même époque, l'un comme protecteur et l'autre comme avoué, ce qui encore n'est pas. Les titres où paraît Amédée sont des années 1154 et 1155, tandis qu'Emmo ne figure qu'en 1157. Depuis 1155, le comte de Genevois n'exerça plus d'autorité dans le diocèse de Lausanne, si ce n'est comme seigneur de quelques terres ; il a donc perdu sa charge, ce qui arriva probablement en 1156, comme la suite le prouvera. Il faut ainsi admettre qu'Amédée et Emmon furent pas simultanément, l'un protecteur et l'autre avoué, mais qu'ils exercèrent successivement cette dernière charge. Au reste, il faut reconnaître que ces faits ne sont pas encore suffisamment éclaircis ; nous espérons trouver des lumières sur ce sujet dans un Mémoire que nous annonçait dernièrement un savant professeur de Lausanne.

(95) Müller, *Hist. de la Conféd. suisse*, I. 1, c. 14. — De Gingins, *Mém. sur le rectorat de Bourgogne*, ap. *Mém. et Doc. Rom.*, I, 54 et seq. — Œuvres de S. Bernard, lettre 97e. — *Lettre de S. Amédée.*

(96) Spon, *Hist. de Genève*, Preuves, n° III

(97) Cette lettre est restée inédite jusqu'à présent et à peu près inconnue. Elle se trouve dans un ancien manuscrit de l'abbaye de Hauterive, avec les Homélies de S. Amédée et d'Henri, abbé de Hautcrêt. Il en existe une copie dans les msc. de Mgr de Lenzbourg.

(98) *Lettre de saint Amédée. — Cartulaire de Lausanne*, p. 42.

(99) L'avoué impérial était le représentant, soit vicaire de l'empereur.

avantages accordés à Berthold (100). A Lausanne, la lutte fut-elle aussi grave qu'à Genève, et Berthold prit-il part aux hostilités du comte de Genevois contre l'évêque? Rien ne nous l'apprend. Il ne nous reste de cette lutte qu'un document qui nous en fait connaître le résultat. C'est un arrangement entre le duc Berthold et l'évêque, arrangement que le duc promit par serment d'observer. En voici la teneur (1):

Le duc s'engage à laisser libre l'élection de l'évêque de Lausanne. Il ne cherchera pas à acquérir les fiefs dépendant de l'évêque; ni lui ni ses héritiers n'exigeront les prestations dues, aux changements d'évêques, pour Chexbres et Lutry, mais ces fiefs, ainsi que les droits régaliens seront remis à l'évêque par le duc, sans aucun droit d'entrage. Il l'aidera, autant qu'il le pourra et de bonne foi, à recouvrer les biens que l'Eglise a perdus et qui sont aliénés depuis longtemps. Les gens du duc n'iront pas prendre gîte dans les bourgs de l'Eglise, ni y exiger l'hospitalité, pas plus que dans le palais de l'évêque, ni dans les maisons des clercs ou des chevaliers (vassaux), et ils n'en enlèveront rien par la violence.

Par cet arrangement, saint Amédée chercha, comme on le voit, à garantir la liberté et l'indépendance de son Eglise. Ce fut là le dernier acte important de son administration. Il ne nous reste plus qu'à mentionner quelques faits secondaires. Saint Amédée donna au chapitre de Lausanne l'église d'Ursins (district d'Yverdon), en prescrivant que la fête de sainte Agnès fût célébrée à l'avenir sous le rite double. Il donna encore au même chapitre, pour faire son anniversaire, les églises d'Yvonand et de Gressy (district d'Yverdon). Pendant son épiscopat, il n'accorda que quatre divorces (2).

Pendant sa dernière maladie, les médecins conseillèrent à notre saint évêque l'emploi d'un remède qui aurait été la violation de son vœu de chasteté; il refusa de conserver sa vie par une faute. Lorsqu'il fut au moment de la mort, en présence du clergé et du peuple réunis autour de lui, il donna l'absolution à tous ceux qu'il avait excommuniés, excepté à Humbert, seigneur d'Aubonne, qu'il assigna au jour du jugement dernier, à cause des injustices dont il se rendait coupable contre l'Eglise de Saint-Livre (près d'Aubonne). Il mourut le 27 août (3). Les historiens ne sont pas d'accord sur l'année de sa mort : le grand nombre la placent en 1158 et d'autres en 1159. Son successeur n'ayant été sacré qu'en février 1160 (4), la dernière date ne nous paraît pas improbable. Le cartulaire dit qu'il régna quatorze ans; n'ayant été élu que vers la fin de l'année 1144 et sacré en janvier 1145, ces quatorze années n'ont pu être complètes qu'autant qu'il mourut en 1159. Saint Amédée fut enseveli dans la nef de la cathédrale de Lausanne, devant le crucifix, à côté de l'évêque Henri. A sa mort il donna à son Eglise un anneau d'or, orné d'un gros et très-beau saphir, dont ses successeurs devaient se servir lorsqu'ils officiaient dans la cathédrale, mais qui ne devait pas sortir de cette Eglise (5).

Tous les écrivains qui ont parlé de saint Amédée ont fait l'éloge de ses talents et de ses vertus; à la beauté du corps il joignait les qualités de l'esprit et les perfections de l'âme. Aussi la vénération publique le mit au nombre des bienheureux; c'est avec cette qualification qu'il est mentionné dans le *Ménologe de Cîteaux*, dans le *Journal des saints* de cet ordre, etc. La Congrégation des rites permit aux religieux de Cîteaux de célébrer son office sous le rite double, et cette permission fut confirmée par le pape Clément XI, le 25 septembre 1710. A la demande de Hubert de Boccard, évêque de Lausanne, le pape Benoît XIV, par un bref du 12 décembre 1753, étendit au diocèse de Lausanne l'autorisation de réciter cet office, et, depuis lors, la fête de saint Amédée fut célébrée parmi nous le 28 janvier.

Il nous reste de ce saint évêque huit homélies en l'honneur de la sainte Vierge. Si elles ne peuvent pas être comparées aux chefs-d'œuvre des premiers Pères de l'Eglise, elles ne le cèdent pas cependant aux auteurs de son temps, soit par la noblesse et la piété des pensées, soit par l'élégance et la douceur du style. Elles se ressentent, il est vrai, des défauts de son siècle; ainsi parfois on désirerait plus de simplicité et moins de recherche dans les idées et leur expression. Malgré ces défauts, elles ont été souvent réimprimées; on les trouve dans différentes éditions de la Bibliothèque des Pères; elles ont été publiées séparément à Bâle, en 1517, à Saint-Omer, en 1613, à Lyon, en 1633, à Douai, etc. Cousin en a publié une traduction française, à la fin de ses Vies de plusieurs saints des maisons de Tonnerre et de Clermont (1698). Quelques fragments en ont été insérés dans l'ancien bréviaire Lausannais, ainsi que dans le nouveau de 1787. C'est ainsi qu'on les lisait publiquement autrefois dans la cathédrale de Lausanne. Malgré leurs nombreuses éditions, les homélies de saint Amédée sont rares maintenant; il serait à propos qu'elles fussent réimprimées.

L'abbé J. Gremaud.

(100) *Mém. sur le rect.* par M. de Gingins, ap. *Mém. et Doc. Rom.*, I, 68 et seq.

(1) Cet arrangement, conservé par le Cartulaire, se trouve dans les *Mém. et Doc. Rom.*, VI, 434 et VII, 16; — Schœpflin, *Hist. Zær. Bad.*, V, 106; et plus complet dans la bulle du pape Alexandre III (1178), *Mém. et Doc. Rom.*, VII, 24. Cet arrangement est sans date, mais il doit être évidemment placé vers l'année 1157.

(2) *Mém. et Doc. Rom.*, VI, 43 et 44. — On sait que chez les catholiques le divorce n'est pas une dissolution du mariage, mais une simple séparation qui ne détruit pas le lien conjugal.

(3) *Mém. et Doc. Rom.*, VI, 44.

(4) Richard, *Hist. des diocèses de Besançon*, etc., I, 395.

(5) *Mém. et Doc. Rom.*, VI, 44.

BEATI AMEDEI
EPISTOLA
AD FILIOS SUOS ECCLESIÆ LAUSANNENSIS.

(Hanc epistolam ex pervetusto codice ms. cœnobii Altæripæ primus nuper edidit D. J. GREMAUD, in Collectione cui titulus : *Mémorial de Fribourg*, première année. Fribourg, 1854, avril, p. 182. — Insunt præterea laudato codici B. Amedei et Henrici Altæcristæ abbatis Homiliæ.)

AMEDEUS episcopus, dilectis filiis Ecclesiæ Lausannensis, repleri omni benedictione.

Absens corpore, præsens corde, dilectione vestra in dies afficior, optans exsulari pro vestra libertate. Quod grave, id leve, quod asperum, id planum mihi, quod longum, id breve reputo, ut demum annuente pacis auctore, honestissima libertate reddita, tranquilla pace lætemur. Enim vero morte mihi amarius est ut perferam ad cleri laqueum, ad civium ignominiam, ad populi ruinam, in civitate Lausannensi jaci fundamentum, erigi scelerata ædificia, superba culmina ecclesiæ comminantia desuper apparere. Fari pudet impudentiam hominum injuste, dolose, perdite insurgentium in nos. Obliti dominii nostri, hominii sui, veloces ad injuriam, segnes ad gratiam, absque ulla reverentia vitæ nostræ insidiati sunt. Omitto dicere plura; ante pallida ora nostra sanguis innoxius effusus est. Clamant ad Dominum armis conscissæ vestes episcopi, unda socii sanguinis indecenter aspersæ. Manus ad sacra sæpe reductæ, licet indigne, recentia sacra spirabant; his Christi mysteria confeceram, his amplectabar amicum. Scilicet ausu sacrilego, a diaboli satellitio, inter annexa brachia mea ille vulneratus est; cruor ejus in sinu meo cucurrit. Vos, amicissimi mei, ne credatis esse miseriæ quod ipse ascribo summo honori. Christi contumelia præfertur omni gloriæ sæculari. Ego incessi amici sanguine cruentatus; ille proprio sanguine respersus emundavit amicos, emundavit et inimicos. Ut intinguatur, ait quidam, pes tuus, id est humanitas, o bone Jesu, in sanguine martyrii tui; lingua, id est prædicatio, canum tuorum olim oblatrantium, modo prædicantium te, a Deo facti amici ex inimicis, ut ipsa prædicatio sanguine martyrii decoretur. Ergo Christi humanitate intincta sanguine, conversa lingua canum ejus ex inimicis ab ipso sanguine intincta est, ut primum esset eis evangelizare, nisi veri testimonio intrepide morerentur. Optarem ego ita converti nostros inimicos ex Basan, id est ex confusione, converti in profundum maris immorantes, ex amarissima nequitia sæculi fluctuantis. Utinam ita convertantur, ut, obrupto in eis angue pessimo, veteres exuvias in angusto petræ foramine exponant, habitu sacræ religionis innovati. Si vero nequeant hæc, afflixo serpente cruci triumphatoris, perpetuo relegentur exsilio ; nec exclusi a cœlo, novissimum in pœna quadrantem exsolvant. Ut autem redeamus ad id unde digressi sumus, abstracti, cæsi, dilaniati castro Milduno exivimus, portantes improperium ejus qui passus est extra castra. Nudis ergo pedibus ambulantes, humi contagia illius a nobis absolvimus, juxta verbum Domini, excutientes pulverem in testimonium illis. Ne vero mihi quisquam in hoc facto succenseas, audi simpliciter hujus rei rationem. Patres antiqui, vallati cordis angustia, nudo pedum vestigio precabantur ut iram Domini citius mitigarent; sic legimus egisse David, sic egere multi sanctorum; unde mos iste inolevit ut in capite jejuniorum id observemus, id in Parasceve. Obsessus itaque stupore mentis ex improviso eventu in illa hora tenebrarum, arma humilitatis adii; ad precum suffragia confugi. Nempe non ignorabam oratione humili omnia mala propelli, conferri quæque salutaria. Oratio quippe puræ humilitati, velut auri circulo gemma inserta, quodcunque voluerit impetrabit. Petens accipiet usum bonæ operationis in activa vita; quærens inveniet amplexus Abisach, id est sapientiæ, in contemplativa vita; pulsanti aperietur cœlum in æterna vita. Humilis oratio peccata diluit, adversa repellit, utilia colligit, optima comparat, ardua scandit; humilis oratio homines hominibus associat, eosdem angelis consociat, oblata reddit accepta, mysteria contemplatur, vivere recto Deo approximat, timore inchoat, amore consummat. Ideo, attestante Salomone (*Eccle.* VII), finis orationis antefertur initio. Vide geminas alas columbæ, simplicis videlicet animæ: harum una est humilitas, altera oratio. Has sibi dari petebat quidam conturbatus a voce inimici, fatigatus a tribulatione persecutoris: *Quis dabit mihi pennas sicut columbæ*, etc. (*Psal.* LIV.) De hac columba alibi dicitur: *Si dormiatis inter medios cleros, pennæ columbæ deargentatæ, cujus posteriora in pallore auri* (*Psal.* LXVII). Duo cleri duo sunt Testamenta, unum in littera, aliud in spiritu; unum in umbra, aliud in imagine; unum pollicens, aliud exhibens omne bonum. Hæc sunt ubera sponsæ in Canticis (*Cant.* VII), assimilata botris. His inebriari legendo, meditando, contemplando, inter hæc etiam obdormire ab amore sæculi, a prudentia sæculari, a tumultu negotiorum, tam suave quam optimum est. Qui sic obdormiunt, animo vigilent ut pennæ virtutum ad alta columbam attollant. Sunt vero pennæ *columbæ deargentatæ*, ut virtus induatur exemplo, venustetur eloquio, luceat opere, sonet prædicatione. *Posteriora dorsi ejus in pallore auri*; pulchra quidem ejus anteriora, sed pulchriora posteriora quæ in pallore auri consistunt. Auro quippe Dei sapientia figuratur, quæ columbæ posteriora tenuit, quando in fine temporum, carne mortalitatis assumpta, palluit. Igitur per pennas deargentatas, post columbas argenteas, itur ad pallorem auri, ascenditur ad reclinatorium aureum veri Salomonis. Sed quid agimus columbæ specie delectati! Columbæ nimis inhæsimus, cum potius anima nostra sicut passer erepta sit de laqueo Mildunensium. Castrum Milduni, nec ros misericordiæ, nec pluvia gratiæ veniant in te, quando nec sacerdoti misericordiam, nec præsuli tuo gratiam impendisti! Irrepsisti de caverna, draco insibilans, ad perdendum; properasti de spelunca, ut leo ignobilis, ad non parcendum. Ovis rabida in pastorem, gens in Patrem homicida, sanguinem hostiæ, chrismati cruorem immiscuisti. Stirps Cham, generatio Chanaam! Noe, denudatus in tabernaculo, Cham posteritati maledixit. Posteritas tua, Mildune, perpetue ob probra christi Domini maledicto addicta est. Dolose egisti in conspectu Domini, proditio in te inventa est. Sanguis tuus in caput tuum! Fundata es, munitio diaboli, in injustitia. Crevisti rapina, invaluisti iniquitate. Aquæ multæ nequeunt abluere te; non potes ablui, nisi delearis. Non vales justificari donec funditus exstirperis, donec ex integro fiat convulsio alarum tuarum quibus ad prædam volasti. Volumus tradere memoriæ posterorum, quod Amedeus, comes Gebennensis, castrum quod vocatur Locens, in allodio Lausannensis Ecclesiæ situm, inique evertit, alio in potestate præfatæ Ecclesiæ injuste contra eamdem Ecclesiam erecto. Giroldo, venerabili præsuli Lausannæ, nil valuit parentela comitis, nil contradictio, nil maledictio; non illi lacrymæ, nil valuere preces, quin Deo odibile castrum firmaretur. Unde miro Dei judicio actum credimus, ut, emerso brevi spatio, cum nobili duce Conrado confligeret, veritus faciem ejus, terga daret non sine multo damno, nec sine plurima nece suorum. Sed non est abbreviata manus Domini. Oculi ejus respiciunt super omnes vias filiorum Adam. Pro libertate, pro justitia, pro veritate prædictus comes conversus est mihi in crudelem. David Saulem patienter sustinuit, pie doluit occisum. Helias, Jezabel, Joannes Herodem invenit. Jesus meus loquendo justitiam Pharisæorum concilia contra se excitavit. Scio quia veritas odium parit, sed in animis reproborum. Nulla virtus caret æmulatione, justus nunquam caruit inimico. Non triumphabit justitia cui desunt certamina. Plane diligo comitem, non errorem ejus; diligo in eo sacramenta fidei, consortium naturæ, quod Christianus dicitur, quod homo est. Exsecror nihilominus mala quæ gerit in occulto, scelera quæ facit in publico, clericorum devastationem, monachorum deprædationem, ecclesiarum exspoliationem. Habet fiduciam quod influat jordanis in os ejus. Evomit fluvium post mulierem quæ, in Apocalypsi (cap. XII), assumptis alis, cum partu suo evolat ad Dominum. Loquor ex conscientia; utinam vel sanguine meo possent ejus aboleri peccata! Absit a me hoc grande peccatum ut cessem orare pro eo! Quid enim? Si converteretur, utile foret ad opus bonum. *Aufer*, ait Solomon, *rubiginem de argento, ut egrediatur vas purissimum* (*Prov.* XXV). Utinam rubigo totius vitii ab eo tollatur! Utinam, juxta prophetam, ignis Domini excoquat ad purum scoriam ejus! (*Isa.* I.) Audiat tandem a Domino: *Curribus Pharaonis assimilavi te, amica mea* (*Cant* I); ut sicut olim anima ejus superba traxit currum diaboli, sic humiliata libens trahat currum Christi. Si vero, quod absit! exstiterit inconvertibilis, durus, lapideus, obfirmans faciem suam contra nos, confidens de levitate nostra, illudens, ut solet, simplicitati, audiat quid legitime certanti dicatur a Domino: *Dedi faciem tuam valentiorem facibus eorum, frontem tuam duriorem frontibus eorum. Ut silicem posui te, adamantem dedi te* (*Ezech.* III). Inter hæc, dilectissimi, non remurmuremus ut servi, sed patienter exspectemus ut filii. Si consideremus quæ gessimus, exiguum est quod sustinemus. Si ex sola justitia peccata nostra fuerint appensa, vix sufficiunt tormenta tartarea. Melius est igitur flagellari cum hominibus, quam cruciari cum dæmonibus. Væ tamen nobis si duplici contritione conterimur! Horreo quosdam vidisse, quibus, si daretur regressus ab inferis, contestarentur nobis de loci tormentorum. Monentes ne fuga vestra fieret hieme, quia, morbo prævalente, artus ad mortem frigescunt; vel Sabbato quo non licet post mortem operari. *Christus ex mortuis resurrexit* (*Rom.* VII), *ipsum audite* (*Matth.* XVII). Novum mandatum ejus suscipite, invicem vos diligite, omnibus dimittite, si vultis excessus vestros dimitti. *Mundamini, qui fertis vasa Domini* (*Isa.* LII). *Sint lumbi vestri præcincti* (*Luc.* XII) zona castitatis; abluti fonte lacrymarum, induimini femoralibus pudicitiæ. Nolite ferre ignem alienum ad sancta ingressuri, ne vos ignis iræ Dei absumat. *Fornicatio aut omnis immunditia nec nominetur in vobis, sicut decet sanctos. Hoc autem scitote*, ait Apostolus, *intelligentes quod omni fornicator, aut immundus, aut avarus non habet partem in regno Dei* (*Ephes.* V). Præcipit eisdem Paulus cum talibus non communicandum. Nam turpi lucro deditos, tempora aucupantes, vili ementes, caro vendentes ipse condemnat. Beatus Hieronymus dicit: Negotiatorem clericum, ex inope divitem factum, quasi quamdam pestem devita. Alearum usus diabolicus est; his ludere clericos nostros prohibemus; nam clericos aleatores sacri canones deponunt. Deposita ergo omni vetustate, expurgato veteri fermento, *renovamini spiritu mentis vestræ* (*Ephes.* IV), ut sitis nova conversio sicut estis azymi, sine carnis macula, sine mentis corruptione. Induti igitur novo homine, pascha læti celebrate, læti Christum immolatum suscipite. Itaque epulemur; appositus est nobis panis vitæ, calix redemptionis. Comedite, amici, panem angelorum; bibite cum Jesu de geminine vitis ejus in regno Patris. Inebriamini gaudio resurrectionis illius, in quo est resurrectio nostra. Ergo jubilate, choros ducite, ecclesiam frequentate, altaria diligite, Deum glorificate, memores pauperum cum hilaritate. Valete in transitu paschali, in ascensu Domini, in ortu resurgentis, in gloria ascendentis, repleti septiformi gratia, in jubilæo Spiritus sancti.

BEATI AMEDEI

EPISCOPI LAUSANNENSIS

DE MARIA VIRGINEA MATRE

HOMILIÆ OCTO.

(Juxta editionem Richardi GIBBONI, Societatis Jesu theologi, Antwerpiæ, in-12, 1613.)

RICHARDI GIBBONI PRÆFATIO.

Patri admodum reverendo D. MORANDO BLOMNE, Claromarisci cœnobii prope Audomarum, ordinis Cisterciensis, dignissimo abbati S. P.

Cum veteres divinarum rerum scriptores pro operis nostri, quod præ manibus pridem est, constructione perquirerem, incidi inter alios in Amedeum ex Cisterciensis familiæ religioso, optimum pariter ac sanctissimum Lausaniæ prope Gebennam episcopum. Scripsit de laudibus Deiparæ Virginis homilias non plures octo; sed eas, Deus bone! quo ardore mentis, quo spiritu! Has legi, relegi, quibus cum sic afficeretur animus, ut non mihi uni, sed aliis quammultis profuturas sperarem, statui illas ante annos centum typis expressas, iterum in lucem dare. Neque sane diu cogitandum fuit sub cujus eas nomine ac patrocinio emitterem. Venit enim in mentem T. P. R. tum ob insignem qua prædita est humanitatem, quam ego creberrime expertus sum, quandoquidem nunquam non patuit mihi præclara illa vestra et antiquis manuscriptis libris referta Bibliotheca, tum vero ob religionis ac regularis observantiæ studium, quod, ut animadverti, primum in se, deinde in grege sibi credito cupit esse quam maximum. Taceo auctorem hunc et vestri ordinis esse, et splendorem illi non exiguum afferre (quamquam id hactenus ignotum fuit), seu doctrinam, seu pietatem spectes. Quod si quid potest apud me singularis R. P. T. in nostrates Anglos, eos præsertim qui in Audomarensi Anglorum collegio versantur, plurimis argumentis testata propensio, non omittam quin perpetuo constet haud frustra vel in meipsum, vel in illos te tuum affectum et amorem contulisse. Exiguum est, fateor, quod rependo, dabitur nihilominus aliquando, te favente et promovente, ut majora proferam. Est enim nunc præ manibus magnus ille, magnus, inquam, Alredus vester, Rievallensis abbas, D. Bernardo stylo ac pietate non absimilis, cujus ego varia hinc inde conquisita opera mea manu exscripta adhuc premo, Dignus est qui lucem videat, et omnium teratur manibus. Exspectat Mecænatem. Inveniet, spero, te, admodum R. Pater, sibi faventem et propitium, quem quoad videris iter ad te capessentem, hunc Amedeum, at qualem et quantum virum! tibi ac tuis commendo. Accipe igitur, Pater optime, alumnum quidem vestrum, sed tibi a me destinatum, velut obsidem amoris in te mei: et cum sancto cœtu tibi commisso salvus et incolumis vive in annos plurimos.

Antverpiæ e collegio Societatis Jesu, 22 Jul. ipso B. Mariæ Magdalenæ, 1613.

Tuæ admodum Reverendæ Paternit.
indignus in Christo servus
Richardus GIBBONUS.

B. AMEDEI HOMILIÆ.

HOMILIA PRIMA.

DE FRUCTIBUS ET FLORIBUS SANCTISSIMÆ VIRGINIS MARIÆ.

Omnis sancta et rationabilis anima, investigans cœli secreta mysteria, et distinguens ordines supernorum spirituum, invenit primam post Redemptorem illam in mulieribus benedictam, illam plenam gratia, quæ Deum genuit, et virginitatis gloriam non amisit. Hæc igitur Virgo beata omni luce clarior, omni suavitate gratior, omnique potentatu sublimior, totum mundum illuminat, et unguenti optimi profusione innovans omnia, cherubim et seraphim agmina potestate transcendit, et majestate. Gloriosis ergo meritis ejus introducat nos rex in cubiculum suum, et reseret nobis arcana secretorum proles Davidica, quæ claudit, et nemo aperit; aperit, et nemo claudit (*Apoc.* III). Pandat nobis gaudia Genitricis suæ, decorem electæ matris suæ. Moyses et prophetæ attestati sunt illi. Evangelistæ vero et doctores, vitam, mores et gratiam ejus postmodum exceperunt, ut veritas sibi consona redderetur, et quod illi futurum prædixerunt, hoc isti recolerent gestum.

Unde nos tot et tantis præconiis excitati, curramus in odorem unguentorum ejus (*Cant.* 1), et gratiarum illius attrahentes spiramina, dum ab ejus aspectu suavissimo differimur et retardamur, requiescamus in floribus, quibus se fulciri jubet in Canticis dicens : *Fulcite me floribus, stipate me malis, quia amore langueo* (*Cant.* 11). Qui sunt hi flores, nisi divina in laude ejus mysteria, et olim a sæculis abscondita sacramenta, quæ jam in carne apparentia, in spiritu manifestata, ex dictis Patrum, velut ex quibusdam gemmis arborum proruperunt? Mala vero explicat Apostolus dicens : *Fructus spiritus sunt, charitas, gaudium, pax, patientia, benignitas, bonitas, longanimitas, mansuetudo, fides, modestia, continentia, castitas* (*Gal.* v). Fulcitur ergo floribus, cum prædicta oracula apparent. Stipatur malis, cum sit quod scriptum est : *Date ei de fructu manuum suarum, et laudent eam in portis opera ejus* (*Prov.* xxxi). Sed quia de veris floribus, et sempiterno fructu justitiæ sermo se intulit, necesse est ut, adjuti dono Spiritus, eosdem flores et fructus latius exsequamur.

Advertamus itaque duos tanquam calathos aureos plenos fructibus, et floribus adornatos, Novum et Vetus Testamentum, hinc et inde, læva dextraque Virginis consistentes. Quorum antiquitas transit in lævam, et nova gratia coruscat in dextra. Jure quippe lex mortis in sinistra, et lex vitæ in dextra, quia illa facit transgressorem, et hæc tollit transgressionem. Ipsa Virgo virginum vernans in floribus, et in fructuum suavitate delicians apparet media, et velut arbor plantata in medio paradisi, attollit verticem in altitudinem cœli; et de superno rore concipiens, fructum refert salutarem, fructum gloriæ, fructum vitæ, de quo qui ederit, vivet in æternum. Et ut clarescant quæ dicta sunt, paradisus est hortus, ad quem Ecclesia invitat dilectum suum. *Veniat dilectus meus in hortum suum, ut comedat fructum pomiferarum suarum* (*Cant.* v). Hortum namque dilecti se nominat, quem fontes Salvatoris irrigant, et rivi donorum inebriant, ut maritata amore spiritus lætetur, in stillicidiis ejus germinans, et gaudeat in prole multorum filiorum; tanquam in ubertate geniminum suorum. Hæc vocat dilectum comedere fructum pomiferarum, quia servavit ei poma nova et vetera (*Cant.* vii), dicta scilicet utriusque Testamenti. Aut consummatos sensus cordis sui, quos gerit inter ubera, sicut legitur : *Erunt ubera tua sicut botri vineæ* (*ibid.*). Vel certe bonos quosque spiritus et angelorum et hominum, quorum alii in novitate vitæ perseverant, alii gerunt de vetustate et corruptione, quod doleant.

Possunt quoque per poma nova et vetera, novi et antiqui Patres significari, in quibus pascitur amor Sponsi, *donec aspiret dies, et inclinentur umbræ* (*Cant.* 11) : inter hos et horum media consurgit arbor quam diximus salutifera, generans cibum vitæ et manna cœleste : manna habens omne delectamentum, et omnem suavitatem, ad quod si primus Adam attingeret, mortem non gustaret in æternum. Hunc panem se esse perhibet Filius hominis in Evangelio, dicens : *Ego sum panis vivus, qui de cœlo descendi. Si quis manducaverit ex hoc pane, vivet in æternum* (*Joan.* vi).

Ut igitur redeamus ad prædictos calathos, et flores lævæ, fructusque dextræ perpendamus (quia quod lex promisit in flore, hoc gratia exhibuit in operatione : ibi proferatur quod futurum est, hic virtus consummata laudatur, illic sacramentum, hic res sacramenti est) : attendamus eosdem calathos Christi gloriam, et partum Virginis præferentes, hæc enim summa, hic finis testamentorum, Christum proloqui, Christum ostendere, Christum annuntiare, et Virginem Mariam. Et id quidem nunc sacramentis tegitur, nunc ænigmatibus aut similitudinibus obvolvitur, nunc ritu festo celebratur, nunc sacrificiis obumbratur, nunc declaratur prophetia, aut evangelica assertione roboratur. Et in hac condensitate saltus Libani, in hoc monte umbroso et condenso, aperit se nobis sponsi dignatio, et thalamus egressionis ejus, Salvator gentium, et terra germinans Salvatorem, stella ex Jacob, et dux de Israel, virga de radice Jesse, et flos de radice ejus. Alibi namque legimus Christum nasciturum ex Virgine, passurum in carne, resurrecturum in gloria, ascensurum in jubilatione, et dona Spiritus credentibus donaturum : alibi natum, passum, resurgentem, ascendentem et dona Spiritus suis infundentem.

Sic in Scripturis veritatis de sancta Matre ejus annuntiatum est, quia virgo conciperet, et virgo pareret filium, cui nomen Emmanuel (*Isa.* vii), et egressus ejus a principio, a diebus æternitatis (*Mich.* v). Hunc sola Virgo meruit suscipere, sola parere, sola lactare, in votis et ardenti præstolatione deprecantis et dicentis Ecclesiæ : *Quis mihi det te fratrem sugentem ubera matris meæ ut inveniam te foris et deosculer te, et jam me nemo despiciat?* (*Cant.* viii.) Inveniam te, inquit, foris in luce, qui es secretum Patris, inveniam te apparentem in carne, qui lates in invisibili majestate; inveniam te sponsum procedentem e thalamo (*Psal.* xviii), qui in ventre virginali conceptus es de Spiritu sancto. Et deosculer : deosculer unita tibi in perceptione carnis tuæ et sanguinis, et jam non simus duo, sed una caro. Deosculer in uno spiritu adhærens tibi, quia *qui adhæret Deo, unus spiritus est* (*I Cor.* vi). Et jam nemo me despiciat. Non Deus Pater, videns proprium Filium incarnatum; non angelus sanctus, adorans Deum hominem factum; non superbus dæmon, dolens a Christo se superatum.

Cæterum est, ut de Evangelio inferamus aliqua. Legimus (*Luc.* 1) Virginem ab angelo salutatam, a Deo desponsatam, de Spiritu sancto concepisse, Deum verum et hominem genuisse, qui salvum faceret populum suum a peccatis eorum (*Matth.* 1), *et regni ejus non erit finis* (*Luc.* 1). Hic est qui repromissus est Abrahæ, quod in semine ejus benedicentur omnes gentes (*Gen.* xxii). De quo pulchre Apostolus ait: *Intuemini quantus sit iste* (*Hebr.* vii), qui ingreditur ad salvandas gentes. Vere magnus, quem unigenitum Pater misit in mundum, quem virgo corporaliter effudit, quem virgo concepit et peperit, et post partum virgo permansit. Annuntiatur ab archangelo, concipitur de Spiritu sancto, nascitur ex sacra Virgine, et a Joanne adhuc clauso inter materna viscera præmonstratur (*Luc.* 1). Suscipitur a sene Simeone cum ineffabili gaudio, a quo lumen gentium et gloria plebis Israeliticæ prædicatur (*Luc.* 11).

Videsne ergo sapientiam attingentem a fine usque ad finem fortiter, et disponentem omnia suaviter (*Sap.* viii); a puero nondum nato, usque ad senem decrepitum, tam congrua sibi testimonia proferentem, et tam dulci concordia veritatis organa modulantem? Hinc per Prophetam dicitur: *Non est qui se abscondat a calore ejus* (*Psal.* xviii). Cujus egressus a Patre, regressus ad Patrem; excursus ad inferos, recursus ad sedem Dei. Quis enim se a calore ejus abscondet, quem x fans sensit in utero, quo senex frigidus flagravit in templo? Ille quasi significaret se velle occurrere Domino, exsultabat motu quo poterat. Hic accipiens in ulnas suas, incredibili desiderio exspectatum Jesum, divinum amorem hausit medullitus, nec ferens in carne fragili suavissimum odorem supercœlestis essentiæ, et vim verbi flammigerantis in ossibus precabatur sui corporis dissolutionem, quo liberius effracto mortali domicilio, prægustata dulcedine frueretur et natum Salvatorem, quem apud superos prædicabat, habitantibus in regione umbræ mortis nuntiaret. Sed quid agimus aut quo rapimur? Ecce dum benedictam in mulieribus prædicare cupimus, fructum ventris ejus benedictum attollimus, et dum quærimus laudare speciem arboris, fructus nimia dulcedine detinemur. Omnis enim arbor ex fructu suo dignoscitur (*Matth.* vii), et ex propria ubertate pensatur. Ut palma ex dactylorum suavitate, vitis ex vini liquore, oleaster ex olivæ pinguedine; ita nimirum laus nati genitrici exuberat et honorem puerperæ partus divinus accumulat.

Libet, dilectissimi, quæ præmissa sunt alio sensu repetere, et alia rursus assertione comprobare, ut cæca infidelitas arguatur a lumine, et fides Christi se palpabilem præbeat, et inoffensam. Ingrediamur itaque Sancta sanctorum et intueamur propitiatorium, habens desuper duo cherubim, ipsum cum versis vultibus respicientia et obumbrantia extensis alis (*Exod.* xxv). Illic inter cætera refulget urna aurea, habens manna reconditum. Illic est virga Aaron, quæ fronduit (*Num.* xvii, *Hebr.* ix). Propitiatorium intellige de quo ait apostolus, quoniam ipsum *est propitiatio pro peccatis nostris* (*I Joan.* 11). Duo cherubim duo Testamenta significant. Cherubim namque interpretatur *scientiæ plenitudo*, et scientiæ plenitudo in Testamentis est. Bene ergo cherubim propitiatorium, versis ad se vultibus, respiciunt, teguntque Christum, quem Testamenta concorditer prædicant, figuris et ænigmatibus velant. Urna aurea beata est Maria, aurea per excellentiam vitæ, aurea per integritatem et puritatem, aurea per plenitudinem gratiæ. Hæc urna manna reconditum habuit, quæ panem angelorum, qui de cœlo descendit et dat vitam mundo, sacrosancto gessit in utero. Virga vero dicitur, utpote gratiosa et recta, subtilis et porrecta. Gratiosa per verecundiam et formositatem, recta per judicium et æquitatem, subtilis per contemplationis ingenium, porrecta per vitæ meritum. Effloruit autem de Spiritu sancto, sicut virga Aaron floruit ex miraculo. Illa fructum protulit amygdalinum, ista et optimum protulit amygdalum, habentem nucleum et testam. Nucleum, ut reficiat; testam, ut contegat. Nucleum in Divinitate, testam in humanitate. Vis nosse nucleum? Audi, quia *in principio erat Verbum* (*Joan.* 1). Testam nosse desideras? Audi, quia *Verbum caro factum est, et habitavit in nobis* (*Ibid.*). Vides ergo, quia nucleus in testa Verbum est incarnatum. Et quoniam testa etiam corticem habet, corticem intellige in carnis amaritudine, testam in resurrectione, nucleum in deitate. Cortice Christus nos sanat, testa corroborat, nucleo pastum æternum administrat. Hoc nucleum, hoc Verbum inter utrumque nos illuminet, et usque in cubiculum genitricis suæ nos introducat, quod vivit et regnat cum eodem Deo Patre in unitate ejusdem Spiritus sancti Deus, per omnia sæcula sæculorum. Amen.

HOMILIA II.
DE JUSTIFICATIONE VEL ORNATU MARIÆ VIRGINIS.

Quia semel annuente Deo beatissimæ Virginis laudes exorsi sumus, restat, ut ejusdem præconia medullis cordis et vocis officio persolvamus. Intendamus gloriæ ejus, et ingressi abyssum tanti luminis, splendorem rutilum semitarum illius dilatato corde et inenarrabili percurramus lætitia, dicentes cum Salomone: *Viæ ejus viæ pulchræ, et omnes semitæ ejus pacificæ* (*Prov.* iii). Quod si dicente eodem propheta: *Justorum semita quasi lux splendens procedit, et crescit usque ad perfectum diem* (*Prov.* iv); quis lucem et splendorem semitarum ejus eloqui sufficiet? Harum tamen processus et incrementa viarum partim explicare conabimur, ut in gradibus suis gloriosa dignoscatur, et per singulos gradus suos pronuntietur.

Habuit enim distinctos gradus et incrementa divisa, ut pulcherrimo castitatis ordine incederet, et de virtute in virtutem proficiens, videret Deum deorum in Sion (*Psal.* LXXXIII), translata a gloria in gloriam, tanquam a Domini Spiritu (*II Cor.* III). Primo itaque omnium virtutum decore meruit ornari. Secundo Spiritui sancto fœdere maritali copulata est. Tertio mater inventa est Salvatoris. Quarto animam ejus pertransiit gladius, et carne sumpta de carne ejus, mundi perditi ruina reparatur. Quinto exsultat in filio resurgente et ascendente super Cœlos cœlorum ad Patris dexteram. Sexto de hoc sæculo rapitur, et occurrente sibi Domino supra cœligenas omnes collocatur. Septimo demum perficietur, cum plenitudo gentium introierit, et omnis Israel salvus erit (*Rom.* XI). Gaudet enim ultra quam dici aut credi fas est de communi electorum salute, sciens quod propter eos Dei Filius carnem suscepit ex ea. Tunc ergo perficietur, *Deo melius providente, ne sine nobis consummarentur* (*Hebr.* XI).

Jam vero nomina ipsorum graduum consideremus. Primus dici potest justificatio vel ornatus, secundus copulatio vel fœderatio, tertius Virginis partus aut nova progenies, quartus mentis robur sive martyrium, quintus gaudium vel admiratio, sextus assumptio vel exaltatio, septimus plenitudo seu perfectio. Prædicta justificatio, vel ornatus, procedit ex timore Dei. Copula quoque talis et fœderatio, ex incredibili pietate provenit. Nam Virginis partus et nova soboles lumen scientiæ effudit universitati. Opus fortitudinis Christo moriente, et matre aspiciente exhibitum est. Eodem vero resurgente, profundissimum et inscrutabile consilium, quo hostem callidum decepit, et mundum redemit, in gaudium et admirationem profluxit. Inde cœlis apertis bona invisibilia reserantur, et fit quoddam mirabile, ut, sicut Deus in homine hominis passiones experimento didicit; sic homo assumptus in Deum, Dei gloriam pleno intellectu percipiat. Demum sapientia adducet plenitudinem et perfectionem, ut perfecta in perfecto appareat, et in plenitudine glorietur.

Repetamus quæ dicta sunt, et eisdem denuo gradibus commorantes, Dominum innixum scalæ, angelos etiam ascendentes et descendentes ad Virginem contemplemur. Mirantur enim puellam castissimam matrem Domini, cœlique reginam mox futuram, et in his erumpunt vocibus admirationis et laudis : *Quæ est ista* (*Cant.* III), *quæ ascendit dealbata?* Quid est dealbata, nisi albis vestibus ornata ? ornata scilicet ornatu decoris et honestatis, justitiæ et sanctitatis. Harum vestium ornatu prophetarum eximius fulgebat, cum diceret : *Gaudens gaudebo in Domino, et exsultabit anima mea in Deo meo, quia induit me vestimento salutis, et corona justitiæ circumdedit, quasi sponsum decoratum corona, et quasi sponsam ornatam monilibus suis* (*Isa.* LXI). Hinc per Psalmistam dicitur: *Sacerdotes tui induantur justitiam* (*Psal.* CXXXI). Isaias vero hortatur Hierusalem, ut excussa de pulvere induatur vestimentis gloriæ suæ (*Isa.* LII). Et per exprobrationem primo angelo dicitur : *Et tu signaculum similitudinis in paradiso deliciarum Dei fuisti, omnis lapis pretiosus operimentum tuum, sardius, topazius, japsis, chrysolithus, onyx, et beryllus, sapphirus, carbunculus, et smaragdus* (*Ezech.* XXVIII). Sciendum vero quod hæ vestes albæ sunt et odoriferæ, pretiosæ et variæ. Albæ propter innocentiam, et puritatem, et lucis æternæ candorem ; odoriferæ propter fragrantiam opinionis et bonæ famæ, pretiosæ ob sui dignitatem, et commoditatem. Variæ ad varios usus et qualitates distinctas.

De albedine jam supra dictum est. Quæ est ista, quæ ascendit dealbata? Et alibi legimus : *Quæ est ista, quæ progreditur, quasi aurora consurgens, pulchra ut luna, electa ut sol?* (*Cant.* VI.) Quasi *aurora surgens* de tenebris ad lumen, de errore ad fidem, de mundo ad Deum, et in ortus sui diluculo infecta murice verecundiæ, cum humilitatis venusto pallore. *Pulchra ut luna*, quia casta permanens in sæculum sæculi, supercœlestis luminis illustratione perfunditur, et obumbratione lætatur. *Electa ut sol*. Ubique claritas, ubique splendor, ubique candor vestium designatur. Possent et alia dici de hoc candore, ut illud Domini dicentis de suis : Ambulant mecum in albis, quoniam digni sunt (*Apoc.* III). Et illud : Qui vicerit, vestietur vestibus albis (ibid.). Sed brevitatis studio perurgemur, jam de odore earumdem vestium verba sponsi sponsam laudantis epithalamio audiamus

Odor vestimentorum tuorum sicut odor thuris (*Cant.* IV). Asserunt odore thuris dæmones effugari, lacrymas excitari, Deum lacrymis mediantibus placari. Ego vero libenter dixerim, odore virtutum sanctæ Mariæ angelos tenebrarum effugari, et quodam valido turbine, huc illucque raptari, ut in eis impleatur quod dictum est : *Fiant tanquam pulvis ante faciem venti* (*Psal.* XXXIV). Odor iste mortuos in peccatis excitat, mente debiles roborat, bonos incitat ad meliora, meliores ad optima. Bonus odor, qui regem in accubitu suo (*Cant.* I) per virginem provocavit, ut ad nos veniens, nostra reciperet, sua daret, constituens nobiscum amicitias lege immobili, et pace sempiterna. Sic itaque fragrantia vestimentorum sanctæ Mariæ hostes fugat, bonos invitat, Deum placat.

Nam de pretiositate eorum et varietate, cum Psalmista specioso formæ præ filiis hominum (*Psal.* XLIV), de laude sponsæ ejus loqueretur, cecinit dicens : *Astitit regina a dextris tuis in vestitu deaurato, circumdata varietate* (ibid.) Et paulo post subintulit : *Omnis gloria ejus filiæ regis ab intus in fimbriis aureis circumamicta varietate* (ibid.) Non solum autem vestitu deaurato et fimbriis aureis decoratur, verum etiam veste stragulata, quam fecit sibi, dicente Salomone (*Prov.* XXXI). Et omni lapide pretioso cooperitur (*Ezech.* XXVIII). Nulla enim gemma, nullus lapis pretiosus, nulla pretiosa margarita huic deest operimento, ut non jam simpliciter pretiosum, sed omni pretiositate pretiosum jure appellari queat.

Nam sicut una pretiositas momento, momenti, imo ultra omne momentum et partem momenti discurrens, multas efficit pretiositates, sic multæ in unam conveniunt, ut unius participatione in una sint unum. Et hæc pretiositas est charitas, vestis scilicet nuptialis, vestis non habens maculam, aut rugam (*Ephes.* v), vestis impartibilis, inconsutilis, desuper contexta per totum. Qua, per quam et in qua sunt omnia chara, quæcunque chara sunt; omnia bona, quæcunque bona sunt. Et ipsa sunt unum in unitate, idem in deitate, simplum in simplicitate. In toto totum obtinent, et de toto gaudent seposita ab omni diminutione, et duplicitate, et numerositate.

His dictis de pretiositate ornamentorum, de varietate, cujus superius exempla posuimus, disseramus. Hujus duæ sunt species, una in coloribus, alia in usibus. Item quæ in coloribus consistit, dividitur in albedinem et nigredinem, in ruborem et viriditatem. Hos principales colores asserunt, et hi maxime exornant præfatam vestem. Viret enim ut oliva vel laurus, et ut iris virens in nubibus. Viret in fide et spe æternorum, in obedientia mandatorum, in contemplatione æternæ viriditatis et virore æternitatis. Rubet vero ut sphæra ignea, ut regis purpura, ut coccus bis tinctus (*Exod.* xxxi), præferens amorem Dei et proximi. Fuligo ejus ut cornu, et ut elatæ palmarum, aut certe velut ebur intinctum, et ut cœli serenitas in mediis noctibus. Color iste in fundamento ponitur, et cæteris coloribus substernitur, ut nobis innuat virtutem humilitatis in fundamento poni debere. Si candorem quærimus, candet perpetua virginitate et perfecta puritate. Decoris quoque suavitate fortem rhinocerotem inclinat, Deum majestatis invitat. Alia multa de varietate et significatione colorum a spiritalibus spiritaliter inveniri possunt.

Verum varietas, quæ usibus accommoda deseruit, multis et ipsa refulget speciebus. Alia namque ornamenta illud caput altissimum collumque bene ornant et velant. Alia crines et aures, alia pectus et brachia, alia manus et digitos. Quædam totum corpus induunt, quædam lumbos accingunt, quædam pedes muniunt. Caput ejus mens ejus dicitur. Nam sicut caput regit membra corporis, ita mens sensus animæ regit, et moderatur. In collo, quod cæteris membris eminet, et vitalem gratiam capitis artubus subministrat, altitudo illius exprimitur, qua præsidens membris Ecclesiæ, caput suo connectit corpori, quia Christum conjungit Ecclesiæ et vitam quam primo loco suscipit, reliquis membris infundit. Decebat enim ut sicut per feminam mors, sic per feminam vita intraret in orbem terrarum (*Rom.* v). Et sicut in Eva omnes moriebantur, ita in Maria omnes resurgerent (*1 Cor.* xv). Illa male credula verbis serpentis, mortis venenum miscuerat. Hæc conterens caput serpentis (*Gen.* III), antidotum vitæ cunctis ministravit, ut mortem occideret et vitam repararet. Crines capitis sunt cogitationes cordis, aures auditus interior.

In pectore secretum latet, et cogitatio volvitur. Unde hic mos inolevit, ut rei pectora tunderent, et quasi feriendo suam injustitiam accusarent. Per pectus ergo arcana illius gloriosi pectoris designantur, per brachia virtutes operum, per manus ipsa opera, per digitos operum divisiones. Corpus ejus operum ejus indivisa connexio, lumbi voluntates ejus. Pedes affectus illius sunt, quibus ingressa semitas æquitatis, præclara vestigia posteris dereliquit. Hi pedes calceantur exuviis mortuorum animalium, quia exemplis præcedentium Patrum muniuntur. Lumbi præcinguntur præcinctorio fidei et cingulo justitiæ. Corpus induitur amictu illo, de quo Apostolus ait: *Quotquot in Christo baptizati estis, Christum induistis.* (*Gal.* III). Qui nos hortatur, ut induamur novum hominem, qui secundum Deum creatus est, in justitia et sanctitate veritatis (*Ephes.* IV). Vide, homo, et obstupesce ad tantam novitatem cum Jeremias (cap. XLI) dicat : *Novum faciet Dominus super terram, Mulier sola circumdabit virum.* Eadem, quæ circumdedit, circumdata est ; circumdans carnem, circumdata est a spiritu ; circumdans virum novum, circumdata est ab homine novo ; circumdans et generans, circumdata est et regenerata ; generans in forma humanitatis, regenerata in forma novitatis.

Transeamus ad reliqua. Annuli ornant digitos, quia singula opera ejus fide et dilectione clarescunt. Annulus enim significat fidem et castam dilectionem, manus enim tornatiles, aureæ, plenæ hyacinthis (*Cant.* v) ; tornatiles propter perfectionem operis, aureæ propter fulgorem sapientiæ, plena hyacinthis propter puram et fervidam intentionem. Hyacinthus quippe cæruleus et rubeus, lucidum et fervens opus demonstrat.

Brachia ejus illo sunt impressa signaculo, de quo sponsus ait in Canticis : *Pone me signaculum super brachium tuum* (*Cant.* VIII). Aut certe ejus dexteram operit ignea lux, et sinistro rutilat purpura Dominicæ passionis. Auribus dependent inaures obedientiæ, crines ligat vita disciplinæ, pectus exornant monilia mundissimarum et lucidissimarum cogitationum, torques aureus additur collo ejus. Hoc soliti sunt secundi in regnis coronari, et hæc est secunda corona. Prima namque præfulget in terribili capite Dominatoris universæ terræ. Secunda cecidit in sorte matris ejus. Ipsa enim singularis regnat in regno Dei et Christi ; dehinc sub illa, et post illam sancti altissimi. Caput ejus virginitatis gloria obumbratur, et charitatis coccino velatur. Benedictio Domini super illud, et benedictione omnium gentium repletur.

Coronatur etiam coronis omnium populorum, et exsultatione cunctorum promovetur. Cerne in decore diadematis ejus sanctorum concentum, vibratum a repercusso lumine ; cerne sculptos lapides, gemmas vernantes, stellas coruscantes, patriarchas exspectantes, prophetas præmonstrantes, apostolos comitantes, martyres triumphantes, confessores et virgines exsultantes. Corona illa rubet rosis, liliis albescit, pallescit violis, viret laureis, palmis densatur, oleis impinguatur, omni fructu repleta, omni suavitate referta. Hæc nos, dilectissimi, de justificatione Virginis vel ornatu dixisse sufficiat. Superest ut ejus sacra manuductione ad pertractanda profundiora et secretiora mysteria in visione Domini præparemur. Amen.

HOMILIA III.
DE INCARNATIONE CHRISTI ET VIRGINIS CONCEPTIONE DE SPIRITU SANCTO.

Domine, audivimus opera tua et expavimus (*Habac.* III), consideravimus mirabilia tua et defecimus. Descendente Verbo tuo, cor nostrum liquefactum est, et omnia interiora nostra contremiscentia patuerunt illi. Nam *dum medium silentium teneret omnia, et nox in suo cursu medium iter haberet, omnipotens sermo tuus de regalibus sedibus venit* (*Sap.* XVIII). Effudisti enim, Pater, viscera charitatis tuæ super nos, et multitudinem miserationum tuarum (*Psal.* L) ultra cohibere non potuisti. Effudisti lucem in tenebris, rorem in siccitate et in magno gelu ignem vehementissimum accendisti. Ideo apparuit nobis Filius tuus ut copia ciborum, imminente fame gravissima, et ut fons aquæ vivæ animæ laboranti, et deficienti præ siti in æstu. Aut certe sicut apparere solet fortis adjutor, et liberator obsessis, jamjamque ruituris in prælio, quibus mors intentatur præ oculis, hostili gladio comminante, et armata dextra sitiente cruorem : sic ille nobis apparuit, et factus est in salutem. Verumtamen salutis nostræ exordia repetere, et incarnationem ejus retractare, recolere unde venerit, qualiter descenderit, ubi et quomodo conceptus fuerit, optimum ac saluberrimum est. Modo vero conceptionis extremum ponimus, ut exsequentes propositum nostrum, illam ineffabilem conjunctionem, qua de Spiritu sancto B. Mariæ venter effloruit, latius in fine disseramus.

Licet enim sit ineffabilis, multa tamen jucunditas, mira et stupenda suavitas ubertim elici potest. Illic enim est summa nostræ fidei, illic honor substantiæ, radix vitæ, lumen scientiæ, amoris vinculum indissolubile, et patens aditus ad æterna. Sed jam occurrat nobis beatus David, et dicat unde venerit. *A summo cœlo egressio ejus* (*Psal.* XVIII). Quid est a summo cœlo? A Deo qui est summa essentia, summum bonum, summa beatitudo. Summa essentia est, quæ nec loco circumscribitur, nec mutabilitate movetur, nec tempore clauditur; sed omnia loca majestatis immensitate circumscribit, omnia mutabilia movet propria immobilitate, claudit cuncta tempora æternitatis infinitate. Summum bonum est eadem essentia, non ex alio essentia, ex alio bonum, non solum per dictam immensitatem, immutabilitatem, et æternitatem; verum etiam propter æternam largitatem creationis, quam parturivit in tempore; et infinitam sapientiam, qua antequam quidquam esset, cuncta disposuit in æternitate; et amorem ineffabilem, quo opus suum complectebatur, antequam produceretur in creationem. Iterum summa beatitudo consistit in summo bono, suique adeptione efficit vere beatos. Ejus namque participatione vita æterna acquiritur, perfecta sapientia tribuitur, amoris plenitudo possidetur; ut plena sinceritas sit in æternitate vitæ, plena jucunditas in lumine sapientiæ, plena suavitas in amoris dulcedine. Hæc de summa essentia, summo bono et summa beatitudine diximus, ut interluceret nobis summum cœlum, de quo venit Christus.

Sed quia hoc summum cœlum Pater, hoc summum cœlum Verbum, hoc summum cœlum Spiritus sanctus : venit Christus a Patre, venit etiam quodammodo a Verbo, venit a Spiritu sancto. Qualiter vero venit a Patre, qui nunquam reliquit Patrem? Qualiter a Verbo, qui nunquam Verbum esse destitit? Qualiter a Spiritu sancto, cum Spiritus sanctus a Patre, et ab ipso procedat? Difficilis est hæc quæstio, et multa indiget profunditas. Et quis erit nobis progressus ad hæc sancta Dei? Quo ordine iter aggressum consequemur? Ecce condensa nebula, nubesque lucidissima itinera nostra præpediunt. Aqua illa, quam vidit egredientem de templo sancto Ezechiel (cap. XLVII), non solum talos et genua, verum renes et collum operiens diffunditur super nos, ne transvadare possimus. Adest tamen ille in quo speramus, in quo ab adolescentia confidere edocti sumus, qui effundat animas nostras, et levet nos super nos, ponens pedes nostros quasi cervorum, ut educat nos super excelsa nostra (*Psal.* XXVII), statuens nobis specula in monte cum Moyse et Elia (*Matth.* XVII), quatenus quod quærimus revelata facie contemplari possimus (*II Cor.* III). Ibi ostendetur omne bonum, ibi plenius de visione Domini erudiemur.

Quod si voluerimus accedere ad caliginem, in qua ipse est, ingressi medium nebulæ, et permoti gloria tantæ majestatis, perterriti etiam magnitudine illius infinitatis, non subsistemus, et erimus quasi nihil. Deus enim lucem inhabitat inaccessibilem (*I Tim.* VI), cujus ignis sicut stipulam carnes devorat; cujus faciem nemo videre potest, et vivere; ad cujus abyssum indagandam angeli non sufficiunt, ad quem nulla potestas aspirat, præter illam quæ in unitate personæ copulata est. Demus itaque gloriam Deo, et cadentes in facies nostras, adoremus a longe vestigia Trinitatis, credentes corde, et confitentes ore, quia quidquid de ipso senserimus, aut dixerimus, sub ipso est.

Hac fide præmuniti, ad solvendam quæstionem propositam redeamus. Christus venit a Patre, venit a Verbo, venit a Spiritu sancto, quando tota Trinitas conceptionem et humanationem illius operata est. Nihil enim aliud fuit a summa Trinitate venire, quam operante eadem Trinitate concipi et humanari. Ideo dictum est : *A summo cœlo egressio ejus.* Venit etiam Unigenitus a Patre et a se, secundum alterius modi intelligentiam. Venit et a Spiritu sancto. Aliter tamen a Patre, et a se, aliter a Spiritu sancto. A Patre namque genitus æternaliter, ex matre prodiit genitus temporaliter, apud Patrem manens invisibiliter, et cum hominibus visibiliter conversatus. Hoc enim fuit illi egredi a Patre, quod tempora nostra suscipere, quod foris visibiliter apparere, et fieri, quod ex Patris natura non erat. Quod vero dictu mirabile est, iste venit ab eo, a quo non recedebat, ab illo egrediens, in quo remanebat, ut sine intervallo totus esset in æternitate, totus in tempore, totus inveniretur in Patre, quando totus in Virgine, totus in sua et Patris majestate, quando totus in nostra humanitate. Si quæris, quomodo? collige veritatem ex imagine. Verbum in corde genitum aliquando integre exit in voce, ut perfecte ad alios veniat, et totum in corde remaneat. Sic Verbum bonum de corde Patris eructatum, et in campum exiit, et Patrem non reliquit. Venit etiam *Verbum* a se, descenditque sub se, quando *caro factum est, et habitavit in nobis* (*Joan.* I), quando semetipsum exinanivit formam servi accipiens (*Philip.* II). Illa exinanitio ejus descensio fuit. Ita tamen descendit, ut sibi non deesset. Ita caro factum est, ut Verbum esse non desineret, nec minuit gloriam majestatis, humanitatis assumptio.

Sciendum quoque qualiter a Spiritu sancto venerit, cum Spiritus sanctus ab illo procedat. Procedit quidem ab illo Spiritus sanctus æterna processione, sed ille natus ex Maria Virgine, venit de Spiritu sancto temporali conceptione. De æterna processione Spiritus per Psalmistam dixit : *Verbo Domini cœli firmati sunt, et spiritu oris ejus omnis virtus eorum* (*Psal.* XXXII). Verbum Patris os Domini nominavit; in quo semel Dominus nobis locutus est. Spiritum oris Spiritum sanctum appellavit, dictum Spiritum oris, quod ab ore procedat. Nam quod et Verbum de Spiritu sancto venerit, sic habes in Habacuc : *Deus ab austro veniet, et sanctus de monte Pharan* (*Habac.* III). Per austrum in quo est vitalis calor, virtusque genitiva, Spiritus designatur, qui confert vitæ novitatem, faciens oriri germina virtutum. Et licet beatus Hieronymus, quem sequi cupimus, montem Pharan Patrem appellarit, non incongrue tamen monte Pharan idem Dominus significatur : mons dictus propter excellentiam charitatis ; Pharan propter gratiarum divisionem. Pharan quippe interpretatur *divisio*. Et Spiritus Domini dona sua singulis prout vult dividit (*I Cor.* XII). Venit ergo Deus ab austro, quia de calore vivificante, et regenerante conceptus est. Venit de monte Pharan, quia de ineffabili celsitudine divisionis charismatum emanante profluxit. Dic nobis, sancte Daniel, qualiter de hoc monte descenderit. *Præcisus est*, ait, *de monte lapis sine manibus* (*Dan.* II). Quis lapis? *Lapis quem reprobaverunt ædificantes* (*I Petr.* II). Lapis angularis (*Ephes.* II), lapis quem unxit Jacob (*Gen.* XVIII), lapis in quo sunt septem oculi (*Zach.* III; *Apoc.* V); hic præcisus est de monte sine manibus ; quia Virgo sacra suscepit eum non ab homine, neque per hominem, sed de Spiritu sancto.

Dic etiam nobis, beate David, modum descensionis ejus. *Descendit sicut pluvia in vellus, et sicut stillicidia stillantia super terram* (*Psal.* LXXI). Prius dicendum est quod hoc vellus, quæ terra, dehinc qualiter pluvia descendit in vellus, et qualiter stillicidia stillant super terram. Vellus cum sit de carne, excrescit extra carnem, et carnis passiones ignorat. Attactu leni, colore humili, mansuetudinem et humilitatem denuntiat. Formæ etiam habilitate, simplicitatis et innocentiæ gerit indicium, et naturali velamine membrorum fovet teneritudinem. Designat autem gloriosam Virginem, quæ in carne degens, extulit se extra carnem, et carnis passiones mactavit robore Spiritus. Nam mansuetudine et humilitate nulli similis exstitisse dignoscitur. Simplicitatem ejus et innocentiam dicere nullus sufficiet. Charitatem, qua humanum genus incessanter protegit et fovet, mentis intelligentia non comprehendit. Porro præfata terra eamdem virginem demonstrat, terræ nomine appellatam, propter quamdam similitudinem (*Gen.* II). Sicut enim vetus Adam de terra incorrupta nullumque passa contagium formatus est, sic terris terra virgo novum Adam procreavit.

Si non credis mihi prædicanti ortum novi hominis de terra, crede Psalmistæ dicenti : *Veritas de terra orta est* (*Psal.* LXXXIV). Quæ major novitas quam ut oriatur de terra ille, qui est veritas? Crede etiam tubæ ductili Isaiæ producentis gracilem et suavem admodum sonum, ac dicentis : *Rorate, cœli, desuper, et nubes pluant justum, aperiatur terra, et germinet salvatorem* (*Isa.* XLV). Qui iterum dixit : *Erit germen Domini in magnificentia et gloria, et fructus terræ sublimis* (*Isa.* IV). Germen Domini in magnificentia et gloria exstitit, quando conceptum de Spiritu sancto, et ortum de radice Jesse in summitate virgæ totum effloruit, imo flos fuit. *Et requievit super eum spiritus Domini, spiritus sapientiæ et intellectus, spiritus consilii et fortitudinis, spiritus scientiæ et pietatis, et replevit eum spiritus timori Domini* (*Isa.* XI). Fructus vero terræ sublimis fuit, quia benedictus fructus Mariæ divinitatis celsitudin meruit sublimari. Hæc idcirco diximus, ut terr nomine Mariam intelligi debere monstraremus.

Restat disserere qualiter pluvia descendat in vellus, qualiterve stillicidia profluant super terram Pluvia descendit in vellus absque strepitu, sin motu, sine ulla scissione aut divisione. Leniter in funditur, tranquille suscipitur, suaviter bibitur. S stillicidia sensim et paulatim infundunt terram ta mirabili decursu, tantaque subtilitate, ut in introit vix pateant, et in exitu germina producant. Ita im ber veniens de ultra super cœlestes aquas, descen dit in gremium Virginis sine humano opere, absqu motu concupiscentiæ, salva integritate, et claustri virgineis obseratis leniter infusus est, tranquill susceptus, incarnatus ineffabiliter. Stillavit quoqu super terram ejus, in introitu non comparens, et dilectionem, insinuans tibi intima aspersione verbum bonum, verbum plenum congratulationis et admirationis, plenum consilii, plenum gaudii, plenum salutis.

in exitu prodiens manifeste. Sunt ad hæc tantæ rei aliæ similitudines. Enimvero ut claritas solis vitrum absque læsione penetrat, et ut radius oculorum tranquillo et claro liquori sine scissione et divisione immergitur, ut usque ad fundum universa rimetur: sic Dei Verbum adiit virgineum habitaculum, et inde prodit clauso virginis utero. Quippe qui facile posset extra virginem corpus creare de nihilo, facile potuit corpus acceptum de virgine, extra sine carnis scissione trajicere. Neque enim legi naturæ se subdidit, sed legem naturæ subdidit sibi.

Ecce diximus qualiter descenderit Dei Verbum. Ubi namque descenderit, simili modo manifestum est, quia descendit in uterum Virginis, uterum impollutum, immaculatum, consecratum manu unctionis divinæ. Ibi carni nostræ copulatum, naturæ associatum, implevit sacratissimum, et secretissimum sacramentum, ut essent duo in carne una (*Gen.* II), et uno contubernio fruerentur. Factus est ergo Deus invisibilis, homo visibilis. Impassibilis et immortalis, passibilem se et mortalem exhibuit. Incircumscriptus, lineis nostræ substantiæ circumscribi voluit. Clauditur alvo puerperæ, cujus immensitas claudit ambitum cœli et terræ; et quam Cœli cœlorum non continent, Mariæ viscera complectuntur. Si quæris quomodo factum est istud, audi summum angelum exponentem Mariæ ordinem rei, et dicentem ei: *Spiritus sanctus superveniet in te, et virtus Altissimi obumbrabit tibi* (*Luc.* I). Gaude ergo, et lætare, Maria, quia concipies de spiramine; gaude, quia inventa eris habens in utero de Spiritu sancto. Desponsata quidem eras Joseph, sed a Spiritu sancto præventa (*Luc.* I). Ille qui te creavit, signavit, et assignavit te sibi; plasmator tuus ipse factus est sponsus tuus, factus est amator formæ tuæ, qui plasmator ipse te vocat, dicens: *Veni, amica mea, formosa mea, columba mea, jam enim hiems abiit, et recessit, veni* (*Cant.* II). Ille decorem tuum concupivit, et tibi conjungi desiderat. Impatiens moræ, ad te venire festinat.

Surge ergo, induere vestimentum gloriæ tuæ, ornare pretiosissimis ornamentis tuis, quia complacuit Domino in te. Surge in occursum sponsi tui, et Dei tui, et dic ei: *Ecce ancilla Domini* (*Luc.* I). Festina, noli tardare, quia ille non tardabit, sed exsultabit ut gigas ad currendam viam (*Psal.* XVIII). *Festina et tu, obliviscere populum tuum, et domum patris tui* (*Psal.* XLIV), currens obviam ei, ut osculeris osculo oris ejus (*Cant.* I), ejusque beatissimis immiscearis amplexibus. Egredere, quia jam thalamus collocatus est, et sponsus veniet tibi, veniet tibi Spiritus sanctus. Ille *superveniet in te, et virtus Altissimi obumbrabit tibi,* subito. Dum vero speras, dum damna dilationis deploras, et dilecti turbaris absentia, velox et improvisus superveniet in te, ut inopinato perfruaris gaudio, et nova lætitia perfundaris. Superveniet non solum tibi sed in te, ut propius revisat te, et inspiret tuam gratissimam

Spiritus sanctus superveniet in te, ut a tactu ejus venter tuus contremiscat, uterus intumescat, gaudeat animus, floreat alvus. Macta, id est magis aucta, quæ tanta suavitate perfrueris, tam cœlesti osculo dignaberis, tali sponso conjungeris, a tali marito fecundaberis. *Spiritus sanctus superveniet in te.* In alios sanctorum venit, in alios veniet, sed in te superveniet, quia præ omnibus et super omnes elegit te, ut superes universos, qui ante te fuere, vel post te futuri sunt, plenitudine gratiæ. Implevit quidem Abel tanta innocentia, ut innocens manibus et mitis corde, de manu fratris necem susciperet (*Gen.* IV). Tua vero innocentia millia nocentium innocentiæ reddidit, et saluti. Transtulit Enoch (*Gen.* V), sed caro, quam generabis, cum assumpta fuerit de terra, omnia trahet ad se (*Joan.* XII). Implevit Abraham fide (*Gen.* XVII), et obedientia profutura posteritati, sed fide tua et obedientia mundus salvatus gratias agit. Implevit Moysen (*Exod.* XIX), et legis, non gratiæ latorem instituit, tibi autem tribuens non solum legis latorem, sed gratiæ et gloriæ largitorem. Ascivit David in prophetam et regem (*I Reg.* XVI), sed ille tibi scribit, et Filium tuum Dominum suum nominat (*Psal.* CIX). Quid plura memorem? Omnes superas, præes universis non solum hominibus, sed et summis cœlorum virtutibus.

Hinc est quod gloriosius præ illis nomen hæreditabis; nam cum alius dicatur angelus Dei, alius propheta, alius præco, et quisque suo censeatur nomine, pro ordine, et dignitate; tu singulari et speciali nomine appellaberis Mater Dei. Et ideo mater salutis, mater gratiæ, mater misericordiæ. *Spiritus sanctus superveniet in te,* superveniet in ubertate, in affluentia, in plenitudine et in effusione carnis et animæ. Cumque repleverit te, erit adhuc super te, et super aquas tuas feretur, facturus in te quoddam melius, et mirabilius, quam cum ferebatur super aquas a principio (*Gen.* I), ut materia creationis in distinctionem formamque produceret. *Et virtus Altissimi obumbrabit tibi,* obumbrabit tibi Christus, Dei virtus et sapientia. Ille humanam ex te naturam suscipiet, et plenitudinem divinitatis, quam ferre non posses, habebit in carnis susceptione. Obumbrabit ergo tibi, quia luci se inaccessibili assumpta a Verbo humanitas objiciet, cujus objectu lux illa temperata, castissima viscera tua perfundet.

Libet, charissimi, in tanta solemnitate gaudiorum adhuc paulisper immorari, et de præfata conceptione aliquid quærere; libet ipsum divinum agalma ipsum pretiosissimum, et sanctissimum vas, in quo Dei Verbum conceptum est, apostrophando interrogare. Rogamus ergo, Domina, Dei mater dignissima, non aspernetis petentes cum tremore, quærentes ex pietate, pulsantes cum charitate; rogamus, quo affectu movebaris, quo amore tenebaris, quibus stimulis agitabaris, cum haec fierent in te, et Verbum carnem susciperet ex te? Ubi erat anima tua, ubi cor, ubi mens, ubi sensus, ubi ratio? Ardebas ut rubus, qui olim ostensus est Moysi (*Exod.* III), et non comburebaris; liquefiebas, et non consumebaris. Ardebas liquefacta supernis ignibus, liquefacta in igne, vires resumebas ab igne ut semper arderes et interim liquefieres. Ignis ille rorem luminis exhibuit, ros luminosus unctionem praebuit, unctio semen sanctum praestitit. In quo repromissum est Abrahae, quod in eo benedicerentur omnes gentes (*Gen.* XXII). Haesisti enim, Virgo pulcherrima, strictis amplexibus auctori pulchritudinis, et effecta plus Virgo imo plus quam Virgo, quia Mater et Virgo, hoc sacrosanctum semen deifica infusione suscepisti : *Ave igitur gratia plena, Dominus tecum, benedicta tu in mulieribus, et benedictus fructus ventris tui* (*Luc.* I), Jesus Christus, qui est super omnia benedictus Deus in saecula saeculorum. Amen.

HOMILIA IV.

DE PARTU VIRGINIS, SEU CHRISTI NATIVITATE.

Heri, dilectissimi, sermo noster habitus de copula spirituali et conceptu virgineo, ad partum festinat, ut quam de Spiritu sancto concepisse cognovimus, Deum verum et hominem genuisse profiteamur. Enixa est enim puerpera Dei Filium, ut mira dignatione, mira et incredibili pietate Deus ad corpus descenderet, et assumpta carne destitutos filios Adae visitaret. Factus est ergo Dei Filius hominis filius, ut in unitate personae Deus esset et homo; Deus ex substantia Patris ante saecula genitus, et homo ex substantia matris in saeculo natus. Exsultavit itaque gigas geminae substantiae, modulatis vocibus ex tinnulis suavissimis in cithara corporis decantare, et in carnis organo compacto dulcissimos sonos edere, et ineffabili concordia resonare; ut lapides suscitaret, ligna commoveret, feras traheret, homines abstractos a carne educeret in sublime. Nam suavitate mirificae cantilenae suscitavit de lapidibus filios Abrahae, et ligna silvarum, id est corda gentilium ad fidem commovit. Feras quoque, id est feros motus et incultam barbariem moraliter composuit, et homines ab hominibus edoctos in numerum deorum instituit. Bene autem David, cujus voces resonant in extrema terrae, cantoris officio perfunctus est, quia de semine ejus magnus iste praeceptor erat nasciturus.

Sed jam qualiter eum beata Virgo peperit, advertamus. Peperit eum, salva virginitate, quia, salvo pudore, concepit. Peperit inviolata, quia illibata suscepit. Et quia in delictis non concepit, absque dolore peperit, nullum habens in conceptione contagium, nullum passa in partu discidium. Si enim, quod nefas est cogitare, in carnis voluptate conciperet, procul dubio in partu doleret, dicente Scriptura : *Voluptas poenam habet* (*Apoc.* XVIII). Unde prima parens omisso vero et aeterno gaudio, quo poterat in Dei sui amore et contemplatione perfrui,

fluxa carnis voluptate resoluta corruit, et per intemperantiam ignominiosam damna passionum, et dirae mortis aculeos toleravit. Hinc est quod usque hodie Evae filiae in dolore pariunt, et quod cum dulcedine excipiunt, in magna carnis amaritudine profundunt. Non solum autem illae, sed et omnes filii Adam, qui in carne delectantur, carne cruciantur, ut inde cruciati, unde delectati, sentiant ex verbere, quid praesumpserint ex delectatione, et discant carnem non amare, sed carnis desideria perficere. *Qui enim in carne seminaverit*, dicente Apostolo (*Gal.* VI), *de carne metet corruptionem.*

Porro Dei Genitrix nec in carne delectata, nec carne cruciata, et in conceptione virginior, et in partu exstitit sanior, obstetricante illa manu, de qua per Psalmistam Deo dicitur : *Fiat manus tua, ut salvet me* (*Psal.* CXVIII). Manus quippe Dei unigenitus Patris appellatur, per quem fecit saecula (*Hebr.* I). Haec manus facta, quando incarnata non solum nullum vulnus inflixit, verum, attestante propheta, languores nostros ipsa tulit, et dolores nostros ipsa portavit (*Isa.* LIII). Plane manus ista plena remediis, plena medicinis, sanavit omnem languorem, morbos expulit et mortuos suscitavit (*Matth.* IV). Inferni claustra dissipavit, fortem ligavit, et vasa ejus diripuit, et spiritum charitatis suorum cordibus infudit (*Matth.* XII). Manus ista solvit compeditos, illuminat caecos, erigit elisos, diligit justos, custodit advenas, pupillum et viduam suscipit (*Psal* CXLI). Tentatos eripit a tentatione, dolentes reficit consolatione, moestis reportat laetitiam, laborantes sub umbra sua protegit, meditantibus leges scribit, orantium corda tangit et benedicit, ut attactu confirmentur, in benedictione amore proficiant, et perseverent in opere, dehinc ad patriam reducit et ad Patrem perducit. Ideo enim caro facta est, ut carne carnem traheret, et carni conjungens carnem, glutino charitatis ad Dei invisibilia, et invisibilem Patrem omnipotentem ovem erraticam reportaret. Nam quia, relicto Deo, illa in carne cecidit, necesse fuit ut hujus incarnatae manus ministerio, quasi quodam vehiculo, ad Patrem sublevata rediret. Hac igitur obstetricante manu, Maria non solum non doluit, verum etiam in partu virgo fuit. Haec est illa janua, de qua in Ezechielis volumine legimus : Porta ista clausa erit principi, et per eam princeps egredietur (*Ezech.* XLIV). Per hanc nimirum princeps regum terrae Christus egressus est, quam sicut in ingressu non aperuit, sic in egressu non patefecit. Pertransiit in pace, et semita ejus non apparuit. Et si miraris clauso utero Mariae, signatoque virginali pudicitia Deum natum, mirare quod clauso obseratoque aditu sepulcri ad superos rediit, et clausis januis ad discipulos introivit. Non enim tollimus admirationem, sed incredulitatem arcemus.

Omnia quaecunque voluit, Dominus fecit (*Psal.* CXXXIV), et universa opera ejus mirari possunt, non investigari. *Cunctæ res difficiles*, ait Salomon, *non potest eas homo explicare sermone* (*Eccl.* 1). Nam, ut omittam qualiter ex uno parvo grano ingens arborum silva oriatur, et qualiter ex Adam et Evæ semine, humani generis massa producta sit, aliaque innumera præteream, quis explicet naturam ciniphis de terra? unde alarum extensio, et pedum deambulatio? unde ocelli et forma capitis? unde effigies corporis? unde aculeus tam subtilissimus, ut ab oculis interdum evanescat? ita concavus et perforatus, ut exhausto sanguine brevissimi corpusculum animantis impleat? Si autem inquisitione ciniphis succumbit tua ratiocinatio, o homo, erubesce altiora te quærere, et fortiora te investigare. Nam si teipsum et brevem abyssum animi tui non colligis, in infinitatem majestatis qualiter ascendis? Qui nescit usque ad primum limitem numerare, quomodo poterit de arithmetica judicare. Qui nescit quid sit punctus aut linea, eritne perfectus in geometria? Qui nescit sonum edere, musicamne poterit docere? An erit peritus astronomus, nesciens quid sit motus? Ita qui se ignorat, alta Dei non penetrat.

Quid est enim humana sapientia divinæ sapientiæ comparata? Nec locum puncti, nec punctum puncti apud eam obtinet. Nam ut quoddam mirabile proferam, oculus ciniphis aliqua proportione magnitudini cœli comparari potest, humana vero mensura nulla proportione contingit divinam immensitatem. Quæ enim pars finitum infiniti? mensurabile immensurabilis? momentaneum æterni? Aut qua multiplicatione vel numero creatura comparabitur Creatori? Si millia millium extenderis in infinitum, casso labore coneris, et ne ulla quidem vel extrema proportiuncula humanam scientiam divinæ sapientiæ poteris comparare. Unde si Dei essentia contempletur, hominis substantia non invenietur, attestante propheta, qui ait : *Omnes gentes quasi non sint, sic sunt coram eo, et quasi monumentum, et inane reputatæ sunt* (*Isa.* XL, 17). Et Dominus ad Moysem : *Hæc dices filiis Israel : Qui est, misit me ad vos* (*Exod.* III). Cum se esse perhibuit, ab illis esse removit. Crede ergo Deo, humana parvitas, imo humanum nihil, et super omnipotentissima sapientia sit firmissima argumentatio tua. Illam præpone, illam assume, et de illa fac conclusionem. Credo vero quod quicunque auctori suo perfecte adhæserint, non arcebuntur lege naturæ, sed supra naturam, cum auctore naturæ stabilientur. Neque enim auctori suo natura legem imposuit, sed auctor leges dedit naturæ quas voluit; et quando vult, mutat ipsas leges, sicut quando de aqua vinum fecit (*Joan.* II), et de luto formavit oculos (*Joan* IX). Quando etiam seipsum in manibus continens distribuit edendum et bibendum discipulis suis, totus extra remanens, et intus edentes se pascens (*Matt.* XXVI). Sic (quod ad rem attinet) foras exiit clauso utero Virginis. Hæc contra incredulos, et pro incredulis dicta sunt.

Nec vos, Judæi, intactos prætereram, qui prophetas ad vos missos occidistis (*Matt.* XXIII), et Dei Filium, qui salvandis vobis venerat, interemistis; idem poculum miscentes Domino prophetarum, quod et prophetis ante miscueratis. Dixistis enim : *Hic est hæres, venite, occidamus eum, et nostra erit hæreditas* (*Matt.* XXI). Imo quia hæredem occidistis, hæreditatem amisistis. Nec jam vestra dicenda est hæreditas, quam, emenso mille annorum spatio, perdidistis. Quare ergo dicitis nondum venisse Messiam, nondum natum Christum? Aut ipsi mentimini, aut veritatem mendacem facitis, quæ loquitur in Psalmo de David dicens : *Ponam in sæculum sæculi semen ejus, et thronum ejus sicut dies cœli* (*Psal.* LXXXVIII). Et iterum : *Semel juravi in sancto meo, si David mentiar, semen ejus in æternum manebit, et thronus ejus sicut sol in conspectu meo, et sicut luna perfecta in æternum? et testis in cœlo fidelis* (*ibid.*). Rogo, ubi est ista promissio, ubi thronus David perfectus sicut sol in conspectu Dei? et perseverans sicut dies cœli? Quod si veritas non fallit, nec fallitur, præsertim dicente beato Jacob : *Non auferetur sceptrum de Juda, et dux de femore ejus, donec veniat qui mittendus est, et ipse erit exspectatio gentium* (*Gen.* XLIX). Venite ad Ecclesiam Dei, et videbitis Filium et Dominum David sedentem in throno suo, cum potestate magna, et majestate.

Quod si adhuc impudenter et irrationabiliter contenditis, et dicitis : Christus cum venerit, regnabit gens nostra cum illo. Videte primitivam Ecclesiam de gente vestra. Videte fratres vestros, qualiter regnant cum Christo. Ecce corda eorum, vivunt in sæculum sæculi (*Psal.* XXI). Sapientiam eorum narrant populi, et laudem eorum nuntiat omnis Ecclesia sanctorum (*Eccl.* XXXIX). Et adorant eos tribus et populi, et incurvantur ante eos filii matris eorum (*Gen.* XXVII), id est Ecclesiæ. Erubescite, inimici Christi, conculcari sub pedibus ejus cui a Patre dictum est : *Sede a dextris meis, donec ponam inimicos tuos scabellum pedum tuorum* (*Psal.* CIX), et incipite fieri de membris ejus, ut bibatis redemptionis sanguinem, quem patres vestri fuderunt in suam perniciem.

Et de vobis gentilibus, quid dicam? Caro nostra et os nostrum estis, quæ res amplius de vestra vos reddit salute sollicitos. Quare enim non creditis Christum Deum esse? Creditis quidem illum natum, et natum ex Virgine absque ullo peccato vixisse. Sed quia Deum illum esse non creditis, erratis perniciose et perditissime delinquitis. Sed dicitis : Ita credere a propheta nostro edocti sumus. Si vultis scire quod vester ille pseudopropheta fuerit, ex verbis ejus condemnamus eum, et ex ore illius stultitiam ejus improbamus. Ille dicit Christum vere de Virgine natum, absque ullo mendacio et absque ullo peccato conversatum. Sed Christus qui ejus testimonio semper verax fuit, attestantibus prophetis et apostolis, Deum, et Dei Filium se esse apertissime in Evangelio professus est : ergo ille mendax fuit, qui Christum Deum non esse perhibuit. Confligite ergo viscera vestra ad Ecclesiam catholicam et apostolicam, quia sicut olim in diluvio præter arcam nullus inveniebatur locus salutis (*Gen.* vii), ita nunc præter Ecclesiam Christi nullus est locus diffugii.

His omissis, redeamus ad id de quo tractabamus, et differentiam partuum Mariæ et Evæ perpendamus. Eva parit corrupta, Maria incorrupta peperit. Eva in dolore, Maria in salute. Eva in vetustate, Maria in novitate. Ista servum, illa Dominum. Ista reum, illa justum. Ista peccatorem, illa justificantem a peccato. Evæ partus mortes multiplicat, partus Mariæ a morte salvat. Evæ parturienti draco insidiatur, partui Mariæ ab angelis ministratur. Evam parturientem tremor cordis occupat, parientem Mariam virtus divina lætificat. Eva quos parit, multis exponit casibus, quos parit Maria, salvat a malis omnibus. Eva pariente, abundavit malitia, pariente vero Virgine Maria, superabundavit gratia. In partu Mariæ cœli lætati sunt, et terra exsultavit, infernus etiam commotus expavit. Cœli lætam dederunt stellam, irradiantem (*Matth.* ii), et angelorum gloriosum exercitum collaudantem, et dicentem : *Gloria in excelsis Deo, et in terra pax hominibus bonæ voluntatis* (*Luc.* ii).

Exsultans terra dedit pastores glorificantes (*Luc.* ii), et magos adorantes offerentesque munera, aurum, thus, et myrrham (*Matth.* ii). Infernus conturbatus dedit regem impium, et commovit in iram satellitem grassantem in necem innocentum, nec miserantem lactantibus uteris, avulsosque ab uberibus occidentem (*ibid.*). Ita pariente Maria, boni lætati sunt et mali turbati, quia ille nascebatur, qui bonis bona redderet et malos debita ultione feriret. Puta quando enixa est puerpera, faciem universitatis risisse, et lætum orbem suo plausisse Domino. Puta cœlum abstersis nubibus induisse decorem, et sidera dicentia : *Adsumus* (*Job* xxxviii), luxisse ei cum jucunditate. Puta noctem effudisse lumen in tenebris, et pro caligine ministrasse splendorem. Nox illa dedit lumen antequam oriretur, et lucem quæ ob nimium splendorem jubar solis obnubilat.

De hac nocte per Psalmistam dicitur : *Nox illuminatio mea in deliciis meis* (*Psal.* cxxxviii). Et conversus ad Dominum dixit : *Tenebræ non obscurabuntur a te, et nox sicut dies illuminabitur, sicut tenebræ ejus, ita et lumen ejus* (*ibid.*). Fulgebat aeris grata et serena temperies, et cuncta pacata in ordine suo auctorem suavitatis et pacis venisse testabantur. Annon putas in ortu Christi cuncta pacata, quæ legis, illo moriente, cuncta turbata? Illo moriente turbarentur, et nascente non pacarentur; morientem suo sensu sentirent, nascentem nescirent? Si autem illo nascente cuncta lætata sunt, mater ejus qualiter lætabatur? Si cuncta gaudebant, illa quanto gaudio fruebatur? Aut quæ erat in genitrice lætitia, si ita gaudebant omnia? Lingua balbutit, cor refugit, sensus expavescit ad pondus tanti gaudii. Quomodo enim vas adhuc fragile, adhuc luteum et mortale ad tantam vim gaudiorum poterat durare? quia ille obumbrabat ei in ortu Christi, qui in conceptu obumbraverat. Ille dabat sufferentiam gaudiorum, qui affluentiam præstabat, et quam gloria majestatis replebat ineffabili abundantia, virtus Divinitatis mirabili potentia continebat.

Cum igitur natum repromissum edidisset, diem ex die in nostrum peperisset, conversa ad Deum toto corde, vocem gratiarum et laudis suæ auditam fecit in excelso (*Psal.* xcv), obtulit acceptum labiorum sacrificium, et hostiam jubilationis immolavit, et dedit holocausta cordis pacifica, et thus odoris suavissimi in incensum Domini adolevit. Accipiens vero natum Emmanuel aspexit lucem incomparabiliter sole pulchriorem, et sensit ignem aquis inexstinguibilem. Suscepit in testa carnis genitæ fulgorem illuminantem omnia, et Verbum universa portans, portare meruit inter brachia. Repleta igitur scientia Domini, sicut aquæ maris inundantes rapitur extra se, et mente sursum elevata, altissima contemplatione defigitur. Miratur se virginem assumptam in matrem et Dei genitricem se læta miratur. Intelligit in se completa patriarcharum promissa, prophetarum oracula et Patrum antiquorum desideria, qui Christum de Virgine nasci præconabantur, et ortum ejus votis omnibus exspectabant. Videt Dei Filium sibi commendatum, et mundi salutem sibi creditam lætatur. Audit sibi dicentem et in se loquentem Dominum Deum : Ecce elegi te ex omni carne (*Eccl.* xlv), et inter omnes mulieres benedixi. Ecce commendavi tibi Filium meum, commisi tibi, unicum meum. Noli timere lactare quem genuisti, educare quem peperisti, agnosce non solum Deum, sed et filium. Filius meus est, filius tuus est. Filius meus ex divinitate, filius tuus ex assumpta humanitate. Quo itaque affectu et studio, qua humilitate et reverentia, qua dilectione et devotione id expleret, hominibus incognitum est et Deo cognitum, qui renum et cordium est scrutator (*Psal.* vii). Deo cognitum, qui *spirituum ponderator est* (*Prov.* xvi).

Sæpe, ut credimus, oblita esus ac potus, spretaque carnali necessitate, noctes insomnes agebat, ut Christum mente cogitaret, Christum carne videret, cujus ardebat desiderio, cujus flagrabat obsequio. Sæpe etiam agebat, quod in Canticis canticorum scriptum est : *Ego dormio et cor meum vigilat* (*Cant.* v). Carne quippe dormiens, animo vigilabat, nocturna quiete somnians, quæ per singulos dies cogitabat, et vigilans in eisdem se inveniebat et artus sopori concedens, in pace in idipsum dormiens quiescebat (*Psal.* iv). Ubi erat thesaurus ejus, ibi et cor; ubi gloria, ibi et conscientia. Diligebat Deum ac Filium suum ex toto corde, ex tota mente et ex omnibus viribus suis ; ex toto corde, quia toto affectu ; ex tota mente, quia toto intellectu ; ex omnibus viribus, quia omni cordis intentione.

et mandatorum omnium exsecutione. Videbat oculis et manil us tractabat verbum vitæ. Felix cui præstitum est fovere eum, qui fovet ac nutrit omnia, portare portantem universa, lactare filium qui lac ipsis uberibus infudit, pascere cuncta pascentem et escam avibus administrantem. Pendebat in collo ejus Patris sapientia et in humeris ejus virtus movens cuncta residebat. Stabat in sinu materno parvulus Jesus, et in gremio quiescebat virgineo sanctarum requies animarum. Aliquando subnixo capite, læva dextraque tenentem, vultu placidissimo, Genitricem aspiciebat, quam desiderant angeli videre, et blando murmure vocabat genitricem, quam omnis spiritus appellat in necessitatibus.

At illa repleta Spiritu sancto, sanctum pectus pueri suo pectori copulabat, et faciem illius facici suæ applicabat. Nonnunquam osculabatur manus et brachia, et materna confisa licentia, ab ejus ore sacratissimo dulcia oscula carpebat. Non satiabatur visu, nec implebatur auditu, quia illum videbat et audiebat, quem *multi reges et prophetæ voluerunt videre, et non viderunt, et audire et non audierunt* (*Luc.* x). Proficiebat igitur magis ac magis in amore, et animus inardescens mente pervigili, divinis obtutibus inhærebat. Non labores, non dolores, non discrimina, non penurias aut necessitudines, non formidines, aut mortes, non regis implissimi furorem et fugam reditumve in Ægyptum, et ex Ægypto pro nati charitate formidabat. Erat gratissima in opere, lætissima in actione, promptissima in obsequio, devotissima in ministerio, et humillima in famulatu. In cunctis prospere agebat, cuncta strenue et sapienter administrabat. Universa humanitatis officia vultu sereno, et mente tranquilla percurrit. Nam sicut in theorica nulli similis exstitit, sic in activa vita similem non invenit. Sed quo tendit oratio? vincimur, et nos vinci gratulamur. Valde supra nos est, quod attentavimus, longe inferius jacemus. Ergo redeamus ad nos, et culpas fletibus diluamus. Rogemus matrem pietatis per arcana gaudii, et ineffabiles amores, quos singulari privilegio meruit, ut maternæ pietatis affectum nobis impendat, et pro nostris excessibus apud proprium intercedat filium. Qui cum Patre et Spiritu sancto vivit et regnat Deus per omnia sæcula sæculorum. Amen.

HOMILIA V.

DE MENTIS ROBORE SEU MARTYRIO BEATISSIMÆ VIRGINIS.

Memores sponsionis nostræ et scientes. quod a nobis nihil possumus facere (II *Cor.* VIII), non enim sumus sufficientes aliquid a nobis, quasi ex nobis, sed sufficientia nostra ex Deo est, a Patre luminum cordis luminationem et oris apertionem imploramus. Sciendum itaque duo esse genera martyrii, unum in manifesto, aliud in occulto, unum patens, aliud latens, unum in carne, aliud in spiritu. Carne sancti apostoli et martyres passi sunt, qui ob amorem veritatis, in testimonium Jesu se ipsos impenderunt, et effecti hostia Christi calicem Domini biberunt, ut per crucem ascenderent ad majestatem, et per mortem temporalem vitæ æternæ participes effici mererentur. Isti in Canticis canticorum (*Cant.* VII) ascendunt in palmam apprehendere fructus ejus et per ascensum purpureum (*Cant.* III) in lectulum veri Salomonis congregantur, ut discumbant in reclinatorio aureo, et deliciis affluant universis, edentes ac bibentes in regno Dei, Christo illis administrante (*Luc.* XXII). Spiritu vero sancti illi passi sunt, qui aliqui passione carnis durius in suis spiritibus pertulerunt. Spiritu passus est Abraham, quando jussus Isaac filium suum, quem unice diligebat, immolare, paterno pertentatur affectu et ab imis visceribus pietate nati movebatur (*Gen.* XXII). Agebat tamen nihilominus injunctum opus impiger exsecutor, et divinæ jussionis accelerans imperium, itinere trium dierum pervenit ad montem Oreb, ubi, sicut ei fuerat imperatum, struem lignorum composuit, ligatum Isaac superimposuit, acceptoque gladio immolasset filium, nisi voce cœlitus lapsa repressus audisset : Ne extendas manus in puerum, nunc cognovi, quod timeas Deum. Vir iste supra carnem passus est, quia filium, quem carne propria plus amabat, et fide, et devotione offerre non distulit, et plenam facti deliberationem, tertia die deinde ostendit.

Ita legislator Moyses animo passus, quando stetit in confractione in conspectu Dei, et pro populi salute rogaturus, salutem suam longe projecit, dicens : *Aut dimitte illis hanc noxam, aut dele me de libro quem scripsisti* (*Exod.* XXXII). O jaculum in corde ! o vulnus durius omni vulnere ! o plaga intimis animæ visceribus inhærens ! *Aut dimitte illis hanc noxam, aut dele me de libro, quem scripsisti.* Optabat anathema esse a Christo pro fratribus (*Rom.* IX), et aliorum suam reputans salutem, alieno quam suo damno magis affligebatur. Neque enim sibi fore integrum credidit, si aliis morientibus ipse viveret, et aliis periclitantibus solus regnum intraret. *Charitas quippe non quærit quæ sua sunt* (I. *Cor.* XIII), quia communia propriis, non propria communibus anteponit. Unde David et ipse animo passus, cum videret angelum cædentem populum, ingemuit, et ex toto corde conversus ad Deum, se peccasse, se inique egisse commemorat, in se converti gladium exorat (II. *Reg.* XXIV). Excusat Israelem, se cum stirpe sua deleri expostulat, tantum ut mucro madens sanguine a cæde conquiescat, et ultrix ira innocentes ultra non perimat. Puta advertimus ex his, quod mentis martyrium carnis tormenta excedat.

Hoc itaque patiendi genere gloriosa triumphans, quanto cunctis vicinior, tanto cunctis gloriosior, venerandæ cruci Dominicæ passionis inhæsit, hausit calicem, bibit passionem, et torrente doloris potato, nulli unquam similem potuit perferre dolorem. Currit post Jesum, non tantum in odore unguentorum, sed in multitudine dolorum. Non solum in gaudio consolationum, verum et in abundantia passionum. Cernebat verum Salomonem mater ejus in diadeinate, *quo coronaverat* (*Cant.* iii) eum noverca synagoga, et ipsa coronata corona tribulationis post eum incedebat. *Stabat autem juxta crucem* (*Joan.* xix), ut illud dulcissimum caput nati, unctum oleo justitiæ præ participibus suis (*Psal.* xliv), arundine percussum et spinis coronatum tristi spectaculo videret. Aspiciebat specioso forma præ filiis hominum non esse speciem (*ibid.*) neque decorem; excelsum super omnes gentes, despectum, et novissimum reputatum; Sanctum sanctorum cum sceleratis et iniquis affixum, oculos sublimis hominis humiliatos, et cervicem sustinentis omnia, humeris inclinatam pendere; serenissimam faciem Dei emarcuisse, et decorem vultus ejus absconditum. Hinc illi per prophetam dicitur : *Vere tu es Deus absconditus* (*Isa.* xlv). Quare absconditus? quia non erat ei species, neque decor, et *corona in manibus ejus. Ibi abscondita est fortitudo ejus* (*Habac.* iii). Annon absconditus, quando manus misit ad fortia, et palmæ ejus clavos consecutæ sunt ? Lucebat in manibus fixura clavorum, et latus innocuum dedit vulneri locum. Humiliaverunt in compedibus pedes ejus, ferrum pertransiit plantas ejus, et bases ejus stipiti affixæ sunt. Hæc vulnera a suis, in domo sua, pro nobis passus est.

O præstantissima ejus vulnera, quibus mortem occidit, et inferna memordit! *Mors*, inquit, *ero mors tua, morsus tuus, inferne* (*Oseæ* xiii). Captus est Leviathan hamo, et dum hiat ad escam vermis clamantis in Psalmo : *Ego sum vermis, et non homo* (*Psal.* xxi), horum vulnerum ferro sauciatus inhæsit. His ergo tam pretiosis vulneribus irretitus est diabolus, et homo liberatus. Habes ergo, Ecclesia, habes, columba, foramina petræ, et cavernam maceriæ, in quibus requiescas (*Cant.* ii). Ne timeas Goliam furentem (*I Reg.* xvii), animo atrocem, vultu minantem ingentia, quando a vero David mucrone proprio enervatus volebat percutere, et percussorem invenit ; vulnerare curabat, et graviter ipse vulneratus est. Nodis ipse se suis implicuit, et suo se conatu dejecit. Non sua rapuit, et sua amisit. Aliena invasit et propria perdidit. Appensus est in statera sanguis Christi; et paterno judicio præponderans, hominum peccata, et diaboli vincula dissolvit. Exspoliatus itaque tam vasis pretiosissimis, quam omni gloriosa substantia, et armis in quibus habebat fiduciam (*Luc.* xi), hostis ille antiquus reservatur in judicio, pro effusione sanguinis Filii Dei pœnas æternas luiturus. Et vos cum illo, Judæi, ingrati, blasphemi, parricidæ, ardebitis, ut quos ministros invenit in scelere, sodales habeat in igne.

Filios, ait Dominus, *nutrivi et exaltavi, ipsi autem contemnentes spreverunt me* (*Isa.* i). Vere ille vos enutrivit, et exaltavit, et scelere vestro in cruce exaltatus est. Induit vos coccino in deliciis (*II Reg.* i), et ornatu gloriæ, et insania vestra denudatus est. Corona inclyta protexit vos (*Prov.* iv), et coronam spineam capiti ejus imposuistis. Cibavit vos ex adipe frumenti (*Psal.* cxlvii), et fel ei in escam dedistis. *Dederunt*, ait, *in escam meam fel, et in siti mea potaverunt me aceto* (*Psal.* lxviii). Longos fecit funiculos hæreditatis vestræ, et clavos vestros consolidavit (*Isa.* liv), vos autem brachia ejus extendistis, et manus, quæ mortuos suscitaverant, clavis affixistis. Obstupuit cœlum super hoc, et indutum est tenebris quasi sacco cilicino. Sol et luna retraxerunt splendorem suum, (*Matth.* xxvii), et habitu mæroris circumdati, visi sunt flere factorem suum. Aer obtenebratus, et densa caligine conglobatus est. Terra tremuit, et commota est. Saxa scissa sunt, monumenta aperta sunt, et ab inferis mortui surrexerunt (*ibid.*). Infernus ipse scelus exhorruit, et inferi furiæ conturbatæ sunt. Judæus vero terra insensibilior, saxis durior, inferno crudelior, dæmonibus infidelior, neque sensit Dominum, neque scidit animum, nec scelus exhorruit, nec fidem adhibuit. Et quid facies, popule nequam, gens scelerata, domus effundens sanguinem Crucifixi, cum venerit in nubibus cum potestate magna et majestate, descendet ardentibus cœlis et terra, et adventus sui terrore elementa dissolvet, et cum venerit, signum crucis apparebit in cœlo, et ostendet dilectus cicatrices vulnerum, et loca clavorum quibus a te in domo tua confixus est? Tunc planges te super te planctu quasi unigeniti, et dices *montibus* : *Operite nos, et collibus* : *Cadite super nos* (*Luc.* xxiii) a facie gladii columbæ, et ab ira furoris Domini. Pone te in clibanum ignis in tempore vultus sui, in ira sua conturbabit te, et devorabit te ignis (*Psal.* xx). Turbo veniens rapiet te, tempestas sæva demerget te, ignis æternus succendet te, tartareumque chaos sero precantem involvet. Et ne dicas more tuo solito : *In longum prophetat iste* (*Ezech.* xii), ecce Dominus asportari te fecit, ut asportatur gallus gallinaceus, et sicut amictorium sublevavit te (*Isa.* xxii), ut vilis et exsul moriaris in terra non tua, et duplici contritione contritus, sola vexatione amissum intellectum recipias, et discas ex pœna, quæ ex culpa præsumpsisti.

Igitur tam pro nati morte, quam pro Judæorum perditione, ineffabili dolore gloriosæ pectus urebatur, et altissimo pietatis jaculo confossum, extremas spirabat inter angustias, hausit poculum amarius ipsa morte, et quod hominum genus ferre non posset, adjuta divino munere femina valuit sustinere. Vicit sexum, vicit hominem et passa est ultra humanitatem. Torquebatur namque magis, quasi torqueretur ex se, quoniam supra se incomparabiliter diligebat id unde dolebat. Et ut paulisper omittamus acerbissimam illam de morte nati mœstitiam, quis explicet quo dolore arcebatur beata Virgo, quibusve premebatur angustiis, cum propheticis oculis cerneret stirpis suæ magna quadam ex parte condemnationem, gentis attritionem, casum populi, ruinam patriæ, et ipsius olim civitatis sanctæ Hierusalem eversionem. Certe prophetæ præscii futurorum prædixerunt excidium Judæorum, et interitum suorum fletu multo prosecuti sunt. Ipse Dominus movit lacrymas super Hierusalem (*Luc.* xix), et apostoli multo tempore flevere perfidiam patriæ. Paulus plenus pietate optavit anathema esse a Christo pro fratribus (*Rom.* ix), qui erant secundum carnem, ut eos ad salutem provocaret, et æmulationem; quanto magis Mater pietatis cuncta faceret, omnia libens sustineret, quibuslibet se pœnis et mortibus objiceret, ut imminentem interitum, et cladem a gente sua submoveret.

Sed honor regis judicium diligit, et Dei summi justitia irrefragabilis justissime disponebat, quando alma redemptoris et misericordiæ Mater plangebat. Nec vero quisquam opponat, Judæos exosos Dei genitrici, eo quod filium suum morte turpissima condemnarunt. Quos enim morti æternæ appropiare videbat, nequaquam odio suo dignos existimavit, et sugillatione, sed affectu plurimo, sed lacrymis multis et magna miseratione. Unde tam particeps charitatis, quam crucis Jesu assumpsit orationem pro eis, corde perfecto paternæ pietatis aures compulsans : *Pater, dimitte illis* hanc noxam, *quia nesciunt quid faciunt* (*Luc.* xxiii). Hæc vox ejus, desiderium ejus fuit, quod melius aures pulsantur incircumscripti Spiritus, replentis omnia, et ubique audientis. Cæterum quicunque diligitis matrem Domini, advertite, et totis affectuum visceribus considerate, quantum et inimicos Unigeniti plangeret morientis. Effugit omnem sensum, humanos intellectus exsuperat concepta de passione nati tristitia. Nulla huc similitudo, nulla ad tantam mœroris acerbitatem accedit comparatio. Quæ enim mater dilexit filium suum, ut ista ? Non enim fortuito concepit, ut cæteræ mulieres, sed unicus Patris pia electione et gratuita bonitate matris visceribus influxit, hoc est unde magis diligebat. Neque vero, ut cæteri, offensam in vita sua matri retulit, sed gratiæ gratuitatem infudit, dicente de eo Scriptura : *Qui peccatum non fecit, nec inventus est dolus in ore ejus* (*I Petr.* ii). Item ait de gratia : *Speciosus forma præ filiis hominum, diffusa est gratia in labiis tuis, propterea benedixit te Deus in æternum* (*Psal.* xliv). Hoc est unde magis diligebat. Eumdem quoque habuit Deum, quem et Filium, quia *homo natus est in ea, et ipse fundavit eam Altissimus* (*Psal.* lxxxvi). Et hoc est, unde magis incomparabiliter diligebat. Sola enim a sæculo meruit habere eumdem filiumque et Deum.

Ergo abysso abyssum invocante (*Psal.* xli), duæ dilectiones in unam convenerant, et ex duobus amoribus factus est amor unus, cum Virgo mater filio divinitatis amorem impenderet, et in Deo amorem nato exhiberet. Quo igitur magis diligebat plus doluit, et amoris magnitudo attulit fomenta passionis. Quid enim ageret, cum in Calvariæ consisteret loco, et videret crucem, clavos, vulnera morientis in innocentia, nec tamen exsatiatam immanitatem Pharisæi furentis invidia ? Pendebat ille luens nostra, non sua delicta, et Pharisæi cum scribis illudentes percutiebant caput ejus, et offerebant acetum felle mistum ori ejus (*Joan.* xix), ut impleretur prophetia David dicentis ex persona Christi : *Super dolorem vulnerum meorum addiderunt* (*Psal.* lxviii). Inter hæc Dei genitrix consternabatur animo, et dolores ut parturientis apprehenderunt eam. Ibi gemitus, ibi singultus, ibi suspiria, ibi mœror, ibi dolor, ibi agonia, ibi æstus animi, ibi incendia, ibi mors morte durior, ubi vita non tollitur et mortis angustia toleratur. O veneranda, et plena devotionis et lacrymarum memoria ! recordari, qualiter sancta illa anima gloriose passa sit, quasve pertulerit de Christi morte angustias ! Pallidus vultus Jesu exsanguem reddidit vultum Genitricis. Ille carne, illa corde passa est. Denique contumeliæ et opprobria impiorum in capite materno redundabant. Mors Domini illi amarior morte fuit. Et licet edocta Spiritu resurrecturum non ambigeret, necesse illi tamen fuit paternum calicem bibere, et horam suæ passionis non ignorare. De hoc illi prophetavit reverendus senex Simeon, dicens : *Tuam ipsius animam gladius pertransibit* (*Luc.* ii). O Domine Jesu, *terribilis in consiliis super filios hominum* (*Psal.* lxv), nec Matri tuæ pepercisti, quin gladius animam suam pertransiret: Hac nobis per igneum gladium, atque versatilem transeundum omnibus in communi ad lignum vitæ, quod est in medio paradisi (*Gen.* iii).

Sed ad ordinem redeamus. Poterat ergo beata Maria illud, quod specialiter Christo convenit, exclamare : *O vos omnes, qui transitis per viam, attendite et videte, si est dolor* similis, *sicut dolor meus* (*Thren.* i). O quantus et qualis dolor, o quæ et qualis in illo dolore Maria, et nunc qualis erat, quantum distabat ab illa, quæ olim inter choros angelorum nato obsequia deferebat pastoribus glorificantibus, et magis adorantibus cum oblatione munerum mysticorum ? Distabat vero, non virtute, sed mœrore, non gratia, sed pressura. Nam virtute augebatur et multiplicabatur gratia. Propterea in tanta posita adversitate, nec resolvit pudorem verecundiæ, nec amisit vigorem constantiæ. Ad cujus rei probationem ait de ea beatus Ambrosius Mediolanensis episcopus : Lego stantem juxta crucem Domini, non lego plorantem. Stare namque in illa cordis amaritudine magna ascribitur constantiæ, abstinere a lacrymis summæ verecundiæ adnotatur. Cohibebat illa lacrymas præ pudore, stabat sublimissima quadam animi magnanimitate. Itaque nec dolor excussit lacrymas, nec animum pœna dejecit. Quia hinc pudor honestus, illinc firma constantia decertabant. Ergo, charissimi, imitemur Matrem Domini, ut inter adversa non obliviscamur verecundiæ et memores simus constantiæ. Non deerunt tristitiæ, non deerunt adversa, non deerunt tentamenta, et mors ipsa transitum faciet per nos. Vallemus animum humili verecundia, et firma constantia. Vivat in mortem pudor, et inter gladios animi constantia perseveret. Tunc effecti morum similitudine similes Genitrici Dei, post eam adducernur in templum regis et filii sui. Cui cum Patre et Spiritu sancto laus est ab omni creatura, per infinita saecula saeculorum. Amen.

HOMILIA VI.
DE GAUDIO ET ADMIRATIONE B. V. IN RESURRECTIONE ET ASCENSIONE JESU FILII SUI AD PATRIS DEXTERAM.

Comedite, amici, bibite et inebriamini, charissimi (*Cant.* v). Invito vos ad mensam sapientiae et ad vini libamina, quae miscuit vobis in cratere calicis praeclari. Invito vos ad epulas gloriosas, ad convivium Dei Genitricis. Felix, qui tali potitus convivio, coram recumbentibus in veste nuptiali fulgebit! Apponetur ei panis vitae, confirmans, replens et satians suavitate mirifica. Et vinum laetitiae, vinum procedens de genimine vitis, vere vinum resurrectionis, expressum de ligno Dominicae passionis. Hoc vinum botrus ille protulit (*Num.* xiii), qui ablatus e terra promissionis in vecte ligneo pependit. Edet praeterea praefatus conviva in stola prima, et annulo pacis, occisum a patre vitulum saginatum, accinctus renes zona fidei et castitatis, habens etiam calceamenta in pedibus (*Luc.* xv), utpote ad omne opus bonum praeparatus, agni Paschalis assas igni carnes manducabit (*Exod.* xii). Nec deerit edentis voluntati hinnulus cervae gratissimae, et cervus saliens de valle inferi in montem coeli. Dehinc percepto pisce, qui ad littus maris inventus est super prunas (*Joan.* xxi), apparente discipulis Domino in resurrectione, gustabit simul favum mellis. Sumensque Canticum de Canticis canticorum dicet in illa die: *Comedi favum cum melle meo, bibi vinum cum lacte meo* (*Cant.* v). Affluens itaque deliciis universis, ita secum alios ad prandium invitabat (*ibid.*): *Comedite, amici, bibite et inebriamini, charissimi*. Et ego, fratres, ad hoc prandium vos invito. Edite panem vitae, vinum laetitiae bibite, inebriamini gaudio resurrectionis. Ebrietas haec summa sobrietas est, haec mundi memoriam obliterat, et Deum praesentem animo semper inculcat, haec ebrius quisque cunctorum semper obliviscitur, et solius divinae charitatis recordatur. Hac igitur et vos inebriamini, dilectissimi, cum Dei Genitrice inebriamini, et gaudete cum gaudente, qui cum lugente luxistis.

Tempus gaudii, et tempus moeroris, ait Salomon (*Eccl.* iii). Moeror abiit, gaudii tempus advenit, verum gaudium, quod de Christi resurrectione provenit. Surrexit enim, et erexit animum Matris suae. Jacebat illa velut in quodam arctissimo moeroris tumulo, donec Dominus jacuit in sepulcro. Illo namque resurgente, revixit spiritus ejus, et quasi de gravi somno evigilans, solem justitiae et radios resurgente in luce matutina respexit. Intuita est ortum surgentis aurorae, et praecedentem in filio futuram carnis resurrectionem. Pascebatur oculis in carne fulgida resurgentis, et mente cernebat gloriam Divinitatis, ut intus et foris egrediens et ingrediens frueretur pascuis verae sempiternaeque felicitatis.

Facta igitur extra se, suique oblita prae gaudio, adhaesit corde laetissimo Patri spirituum, et conglutinata Deo, in illum tota efferebatur, in cujus amoris immensitate tota refundebatur. *Domine, in virtute tua laetata est valde, et super salutare tuum exsultata est vehementer; desiderium cordis ejus tribuisti ei, et voluntate labiorum ejus non fraudasti eam* (*Psal.* xx). Corona capitis ejus Christus est, dicente sapientissimo, quod filius sapiens corona sit matris suae (*Cant.* iii). Et quis sapientior illo qui est Patris sapientia. Bene autem corona de lapide esse dicitur, quia in Novo et Veteri Testamento nomine lapidis Christus significatur. Dictus est lapis, propter potentiam, pretiosus propter gloriam. Et utraque Psalmista complexus est dicens: *Dominus virtutum ipse est rex gloriae* (*Psal.* xiii). Quia Dominus virtutum, ideo lapis; quia rex gloriae, pretiosus. Nihil vero lapide fortius, nihil gloria pretiosius est.

Habes ergo, o beata, gaudium tuum, impletum est desiderium tuum, et Christus corona capitis tui attulit tibi coeli principatum per gratiam, regnum mundi per misericordiam, inferni subjugationem per vindictam. Ille tibi ab inferis victor ascendit, ille *contrivit portas aereas, et vectes ferreos confregit* (*Psal.* cvi). Inferni munitiones obtinuit, et capita draconis allisit. Dedit hostium tuorum strages innumeras, et principem lethi religavit, occidit mortem, et mortis auctorem projecit in vinculis. Catenis igneis auctor ille mortis religatus est.

Inde eduxit suos de tenebris, et vincula eorum disrupit. Animas omnium justorum ambulantes in lumine vultus ejus, et in nomine ejus exsultantes associavit sibi, in justitia ejus exaltatae sunt, quae propter injustitias suas humiliabantur. Solus fuit in transitu ad inferos Dominus Jesus, sicut ex persona illius David cecinit, dicens: *Singulariter sum ego, donec transeam* (*Psal.* cxl). Solus in ingressu, sed in egressu minime solus, qui innumera sanctorum millia secum reduxit. Cecidit in terram, et mortuus est (*Joan.* xii), ut fructum multum afferret. Deposuit se in sementem, ut humanum genus colligeret in segete. Felix alvus Mariae, in qua seges ista coaluit. Felix cui dictum est: *Venter tuus ut acervus tritici vallatus liliis* (*Cant.* vii). Annon ut acervus tritici venter ejus, qui grano illo intumuit, quo omnis renatorum seges excrevit? In fonte quippe baptismatis peccatis, et nobis ipsis mortui, per lavacrum regenerationis Christo renascimur, ut ei vivamus, qui pro omnibus mortuus est. Unde Apostolus ait: *Quotquot in Christo baptizati estis, Christum induistis* (*Gal.* iii). Ergo ex uno grano multae segetes, et ex alvo virginis granum illud. Ideo acervus nominatur, ut seminis, non numerositate, virtute, non pluralitate.

Liliis namque vallatus dicitur, eo quod uteri materni perennis integritas Scripturae sacris eloquiis comprobetur. Quid enim sunt aliud divina eloquia, nisi quædam lilia emanantia candorem puritatis, et gratum puritati spirantia odorem suavitatis. Hinc est quod verbum Patris, et sapientia, et candor lucis æternæ (*Sap.* VII), nominatur. Et de divinis eloquiis per Psalmistam dicitur : *Eloquia Domini, eloquia casta, argentum igne examinatum probatum terræ, purgatum septuplum* (*Psal.* XI). Nam de odore scriptum est in Canticis canticorum : *Curremus in odorem unguentorum tuorum* (*Cant.* I), id est in notitiam eloquiorum. Eloquia enim Domini unguenta pretiosissima sunt, quibus morbus animarum expellitur, quibus congrua, vulneribus medicina confertur. Horum antidoto dira serpentis venena diffugiunt, horum fomentis acerba vulnera cedunt, horum ope sauciatus ille curatur, qui incidit in latrones, cum descenderet ab Hierusalem in Jericho (*Luc.* X); de quorum item odore in præfatis Canticis hæc sponsi ad sponsam vox est : *Odor unguentorum tuorum super omnia aromata* (*Cant.* IV). Cui alibi dixit : *Meliora sunt ubera tua vino, fragrantia unguentis optimis* (*Cant.* I). Habet enim Ecclesia sponsa Christi ubera testamentorum, quibus infundat parvulis lac consolationis, perfectis lac exhortationis.

Nec mirum, si ejus lacte perfecti alantur, quæ ait : *Ego murus, et ubera mea sicut turris, ex quo facta sum coram eo, quasi pacem reperiens* (*Cant.* VIII), hæc ubera meliora sunt vino. Et Paulo attestante : *Quod stultum est Dei, sapientius est hominibus* (*I Cor.* III). Meliora ergo sunt ubera ejus vino inanis philosophiæ, vino sæcularis scientiæ, vino cupiditatis mundanæ, non quidem expresso de vinea Sorec, neque de vinea Cypri, aut de vinea Engaddi (*Cant.* I), sed de vinea Sodomorum et de suburbanis Gomorrhæ, aut certe de uva fellis et botro amaritudinis. Itaque adolescentulæ memores uberum sponsæ, super vinum lactis ejus copia enutriri desiderant, ut eo crescant in salutem : *Meliora sunt ubera tua vino, fragrantia unguentis optimis* (*Cant.* I). Fragrant hæc ubera unguentis optimis, cum præfata Ecclesiæ testamenta perfectis innotescunt eloquiis, ut pro sensuum capacitate alios historica superficie nutriant et alios morali suavitate instruant, alios mystica intelligentia ad alta sustollant. Fragrant etiam unguentis optimis, cum eisdem testamentis additur gratia spiritualis intelligentiæ, et virtus charitatis divinæ, ut velut quædam lilia candeant ex dono intelligentiæ, redoleant ex amoris suavitate. Inter hæc lilia dilectus pascitur, ut ejus dilectæ voce dicitur : *Dilectus*, inquit, *meus mihi, et ego illi, qui pascitur inter lilia* (*Cant.* II). Inter illa quippe pascitur, cum, verbi ejus interna dulcedine legentis animus in Scripturis satiat. His ergo liliis vallata Dei Genitrix audivit ab ore Salomonis : *Venter tuus ut acervus tritici vallatus liliis* (*Cant.* VII).

Possunt quoque per lilia sanctorum animæ designari, candentes per vitæ meritum, fragrantes per virtutis exemplum. De candore Psalmista Deo ait : *Asperges me, Domine, hyssopo, et mundabor, lavabis me, et super nivem dealbabor* (*Psal.* L). Et de odore ita pronuntiat : *Eructavit cor meum verbum bonum* (*Psal.* XLIV). De quo et Apostolus : *Christi bonus odor sumus Deo in omni loco* (*II Cor.* II). Vallata igitur liliis Redemptoris Mater, aptissime hunc illis congruentem poterit proferre sermonem : *Gaudium meum et corona mea* (*Phil.* IV) ; omnes vos estis acquisiti sanguine meo et carne sumpta de carne mea. His etiam liliis septus erat, dum animas justorum ab inferno eriperet, suæque gloriæ dotatione bearet. Verus enim Jacob in baculo crucis transivit Jordanem (*Gen.* XXXII) mortalitatis, et cum duabus turmis regressus est. Ego duas turmas, circumcisionem et præputium, eos qui in lege et ante legem fuere, intelligo. Ergo solus obiit, et fenore multiplicato revixit. Nam vita omnium ipse est, et vita omnium cum ipso resurrexit. *Sicut enim in Adam omnes moriuntur, ita et in Christo omnes vivificabuntur* (*I Cor.* XV). Cujus morte pullulavimus, cujus sanguine radix nostra succrevit, cujus resurrectione corpus effloruit.

Effloruit vero non ut fenum, sed ut verbum, non ut dies sæculi, sed ut dies cœli. Hinc voce summi Patris de semine David dicitur : *Ponam in sæculum sæculi semen ejus, et thronum ejus sicut dies cœli* (*Psal.* LXXXVIII). Igitur æternus flos de radice ejus ascendit, qui aruit ex passione, sed refloruit ex resurrectione. Refloruit autem non ut denuo decidat, tanquam flos agri, sed ut verbum Domini maneat in æternum. Nam : *Verbum caro factum est, et habitavit in nobis* (*Joan.* I). Propterea vir desideriorum Daniel (*Cap.* VII), Filium hominis usque ad Antiquum dierum venisse perhibet, ut Filium hominis demonstraret. Quem bene intuens Psalmista ait : *Sedes tua, Deus, in sæculum sæculi, virga directionis, virga regni tui* (*Psal.* XLIV), et quæ sequuntur. Ecce qui Deum nominat, cujus sedem in sæculum sæculi esse memorat. Hunc postmodum unctum a Deo oleo lætitiæ præ consortibus narrat (*ibid.*). Deus enim ab æterno cum Patre narrat, regnat in sæculum sæculi, et homo ex tempore ungitur oleo lætitiæ præ consortibus suis. Vere præ consortibus, cui Pater ait : *Filius meus es tu, ego hodie genui te* (*Psal.* II). Et illud : *Sede a dextris meis, donec ponam inimicos tuos scabellum pedum tuorum* (*Psal.* CIX). Quem ut Patri æqualem ex divinitate intelligas, audi dicentem in Evangelio : *Ego et Pater unum sumus* (*Joan.* X); et : *Qui videt me, videt et Patrem* (*Joan.* XIV).

De ipso quoque Apostolus ait : *Quia Deus exaltavit illum, et dedit illi nomen, quod est super omne nomen* (*Phil.* II), et cætera quæ sequuntur. Equidem genu infernorum flectitur illi per terrorem, genu terrestrium per acquisitionem, genu cœlestium per beatificationem (*ibid.*). Istis namque intentat supplicia, illos eduxit a miseria, illos extollit in gloria. Istis terribilis in judicio, illis misericors in auxilio, et his munificus in præmio. Dæmones enim subjicit gladio suo, homines redimens sanguine suo, angelos satians vultu suo.

Ergo inferna prosternunt genu, trementes potentiam ejus, terrestria curvant genu, laudantes clementiam ejus, cœlestia flectunt genu, clamantes : *Sanctus, Sanctus, Sanctus Dominus Deus Sabaoth* (*Isa.* vi). Ipse est Filius tuus, o Maria, ipse amor tuus, resurrexit tibi die tertia, et in carne tua ascendit super omnes cœlos, ut omnia adimpleret. Habes ergo, o beata, gaudium tuum, attributum est tibi desiderium tuum, et corona capitis tui. Attulit tibi cœli principatum per gloriam, regnum mundi per misericordiam, inferni subjugationem per potentiam. Tantæ igitur, tamque ineffabili gloriæ tuæ diversis affectibus cuncta respondent ; angeli in honore, homines in amore, dæmones in tremore. Cœlo namque venerabilis, mundo amabilis, orco terribilis es.

Gaude itaque, et lætare, quia surrexit susceptor tuus, gloria tua, exaltans caput tuum. Gavisa es in conceptione, afflicta in passione, iterum gaude in resurrectione, et gaudium tuum nemo tollet a te. *Christus resurgens a mortuis, jam non moritur, mors illi ultra non dominabitur* (*Rom.* vi). Propterea vocat te : *Surge, propera amica mea, columba mea, formosa mea, et veni. Jam enim hiems transiit, imber abiit, et recessit, flores apparuerunt in terra nostra, tempus putationis advenit* (*Cant.* ii). Amica mea, per conjunctionem ; columba mea, per unionem ; formosa mea, per decus et compositionem ; surge de mœrore, de afflictione, de humiliatione et pulvere, quæ doloris indicia sunt : propera, tolle moras, onus excute, gravitatem exue, levitatem indue, cursum arripe, volatum assume, et veni. Veni, ut gaudeas gloriam Dei, primitias resurrectionis, primogeniti ex mortuis. Jam hiems transiit, qua Petrus torpens negavit, qua corda Judæorum congelata, exstinxere sibi solem justitiæ, prunis voluntatum suarum succensi. Imber abiit, et recessit, imber turbidus, lutulentus, ruinosus, mistus nive et grandine abiit, et recessit. Imber conclamantium, et dicentium : *Crucifige, crucifige eum* (*Joan.* xix), abiit, et recessit. Abiit quoque imber, quo area gentilium, et vellus Judaici populi meruit exsiccari. Flores apparuerunt in terra nostra, flores utique beatorum spirituum et angelorum alternatim vernantium, et locum odore suavissimo spargentium, ubi positus Dominus.

Hos vetus Scriptura significans expressit, cum duo cœlata Cherubim super propitiatorium in utraque summitate instituit (*Exod.* xxxvii), ac ea in foribus tabernaculi cum palmis depinxit (*III Reg.* vi). Causa evidens est, figuris fuit obumbrata, nunc reipsa exhibita. Palmæ præferunt insigne resurrectionis ; fores, et propitiatorium designant illud qui est patens aditus ad regnum, et propitiationem pro peccatis hominum (*Joan.* ii). Duo namque cherubim, duo sunt angeli, quorum unus ad caput, et unus sedit ad pedes, ubi positum fuerat corpus Christi (*Joan.* xx). Qui flores jure nominantur, quia summi Dei æternitas ver illis præbet æternum,

ut semper floreant, nunquam marcescant, nunquam decidant, et specie inviolabili idem permaneant. Flores etiam visi sunt in terra nostra, cum ascendente Domino astiterunt duo viri juxta apostolos, qui et dixerunt : *Viri Galilæi, quid admiramini aspicientes in cœlum ? hic Jesus, qui assumptus est a vobis, sic veniet, quemadmodum vidistis eum euntem in cœlum* (*Act.* i). Tempus putationis advenit, putatus est infernus, et de corde credentium diabolus amputatus. Os Domini separavit pretiosa a vilibus, præcidens sarmenta de vitibus (*Jer.* xv), et colligens zizania de messibus, ut grana condat in horrea (*Matth.* xiii), rogo tradens ad comburendum zizania. O triste divortium, luctus et gaudium passim mista ! O dulcis et amara dies, cum justus Judex rediens ab inferis, aliis dorsum opposuit, aliis faciem desideratam ostendit, alios reliquit in supplicio, alios extulit cohæredes in regno, illos dimisit arsuros cum diabolo, hos evexit coronandos in cœlo ! Viderunt impii, et sine spe ingemuerunt : viderunt boni, et corde pleno lætati sunt. O miseri, quibus non subvenit misericordia ! o boni, quibus occurrit in gloria ! O miseri, quos ipsa unigeniti passio non adjuvit ! o boni, quos a morte perpetua eripuit ! Viderunt impii, et sine spe ingemuerunt ; viderunt boni, et vocem in jubilo levaverunt.

Pariterque tu gloriosa natum ab inferis ascendentem vidisti, nati gloriam beatissimis oculis aspexisti, vidisti et defecisti. Defecit caro tua et cor tuum (*Psal.* lxii), liquefacta es (*Cant.* v), ut vocem dilecti filii tecum loquentis audisti. Factum est verbum ejus quasi ignis flammigerans in ossibus tuis. Ergo divinis ignita colloquiis, tota effecta es velut ignis, teque holocaustum Deo suavissimum obtulisti. O Phœnix aromatizans gratius cinnamomo et balsamo, et nardo suavius regem in aspectu tuo delectans. O Phœnix congregans omnes species, et igne circumfusa superessentiali, ut cœlum cœlorum, et cœli potestates angelicas mirifico repleas suavitatis incenso. Hoc incensum suavissimum est, hoc thymiama bene compositum procedit de thuribulo cordis Mariæ (*Exod.* xxx), et universa suaviter olentia excedit. Porro thuribulum sequens incensum et elevatum manu Domini, ascendit usque ad thronum Præsidentis. Ascendit stipatum prosecutione angelicorum spirituum, clamantium in excelsis, atque dicentium : *Quæ est ista, quæ ascendit per desertum, sicut virgula fumi ex aromatibus myrrhæ, et thuris, et universi pulveris pigmentarii ?* (*Cant.* iii.) Sed jam sermo noster iste usque ad ascensum pertractus finiatur, ut alius ascensum hunc, opitulante Deo, plenius exsequatur. Qui vivit et regnat in sæcula sæculorum. Amen.

HOMILIA VII.

DE B. VIRGINIS OBITU, ASSUMPTIONE IN CŒLUM, EXALTATIONE AD FILII DEXTERAM.

Cogitanti mihi, et sæpius animo retractanti Dei Genitricis assumptionem, quæstio quidem occurrit, quæ digna inquisitione, utilis inventione, dulcis admodum clarebit communicatione. Quæritur enim, cur ascendente in cœlum Domino, Mater ejus quæ tanto eum amplectebatur affectu, non statim secuta est? Cum enim nulla peccati nube depressa, nulla vitæ macula respersa, super ignem ruberet ob charitatem, luce clarior ob castitatem, ipsis etiam præclara cœligenis ob virginei partus novitatem, mirum videbatur, quare cum Filio non statim ad æthera provehebatur. Certe Enoch in cordis munditia cum Deo ambulavit, et non comparuit, quia transtulit illum Deus (*Gen.* v). Elias quoque charitatis igne nimio succensus, curru igneo et equis igneis raptus memoratur (*IV Reg.* II). Illa vero excedens Enoch cordis munditia, et amoris prærogativa major Elia, quare cum illo quem genuit, non illico in cœlum efferebatur? Erat namque *plena gratia, et in mulieribus benedicta* (*Luc.* 1). Deum verum de Deo vero sola meruit concipere, quem Virgo peperit, Virgo lactavit, fovens in gremio, eique in omnibus almo ministravit obsequio. Passa est demum magis spiritu quam carne cum moriente, revixit Spiritu Dei cum resurgente, et quare non ascendit cum ascendente? Ejus quippe sacratissima caro, quæ de Spiritu sancto gravida fuit, quæ germine magnifici Regis intumuit, in quo Deus homo, *Verbum caro factum est* (*Joan.* 1), et mediante Christo plenitudo divinitatis mansit in ea corporaliter (*Coloss.* II), assumpto Domino videretur inferenda cœlo.

Utquid enim retardata est, vel ad momentum? aut passa Nati divortium? Utquid dilatum est ferventius igne tam sanctum ejus desiderium? Quoniam ista dilatio discipulorum Christi non minima consolatio fuit. Ista dilatio matri nihil minuit, et mundo contulit remedia salutis. Voluit enim Dominus Jesus, ut ipso ad Patrem revertente, apostoli materno solatio et eruditione fruerentur. Qui quidem licet edocti essent a Spiritu, ab illa tamen poterant edoceri, quæ mundo justitiæ solem edidit, et frontem sapientiæ ex prato virgineo, interamerato nobis alveo produxit. Mira denique pietate primitivæ Ecclesiæ provisum est, ut quæ Deum in carne hac præsentem jam minime cerneret, matrem ejus visu jucundissimo recreata videret. Quid enim tam jucundum, quid tam decorum ac delectabile, quam Matrem Plasmatoris et Redemptoris omnium videre? Nam si sepulcrum ejusdem nostri Redemptoris, quod exstat usque hodie, ita visui desiderabile est; si lapis, in quo requievit stirps sancta Jesse, tanta est expetibilis celebritate, ut affectus et animos cunctorum provocet in se, et quodam pietatis arte trahat ad se omnia; quæ vel qualis erat Dei Genitricem cernere lætitia, donec eam divina pietas communi sorte degentem nobiscum concessit in terra? Beata gens et felix generatio, quæ tali spectaculo meruit illustrari. Beata plane, in cujus medio credentis et fruentis constitit arbor producens fructum vitæ, effulsit Genitrix lucis veræ, apparuit puteus ille clausus et signatus, de quo egressus est fons domus David, patens in ablutione peccatoris et menstruatæ (*Zach.* XIII). Hoc insigne privilegium, hoc cœleste munus, hæc gratia specialis Ecclesiæ primitivorum præstita sunt.

Denique Virgo Mater, omnium in se charismatum commercia deferebat. Prima namque visione scintillans sacri amoris ignibus, proximorum pectora suaviter exurebat, animis fidem suggerebat, suadebat verecundiam, honestatem venustabat, inflectens ad pietatem. Spirabat florem virginitatis, serebat novale castitatis, depingens oculis habitum humilitatis, et præferens indicium veritatis. Splendor indeficiens in circuitu ejus, et ignis exardescens a facie ejus (*Psal.* XVII). *Fluvius igneus rapidusque egrediebatur ab ea* (*Dan.* VII), qui hostes succenderet, amicos confoveret, juvaret proximos, concremaret inimicos. Fertur ab iis, qui norunt naturam animantium, quod solo visu, et flatu mortifero vicina quæque sibi regulus venenatus interimat: sic illa e regione ignis divini calore vehementer accensa, et verbi flammigerantis sparsa incendiis, odorem resuscitantis gratiæ, iis qui longe, et iis qui prope (*Isa.* LVII) commanebant, exhalabat.

Et aliis quidem, id est adversæ partis erat *odor mortis in mortem*: aliis vero, id est credentibus in Filium suum, *odor vitæ in vitam* (*II Cor.* II). Sicut enim in Eva omnes moriuntur, ita et in Maria omnes vivificabuntur. Et sicut Evæ scelere fit mundi damnatio (*Gen.* III), ita fide Mariæ facta est orbis reparatio. Illa infecta est veneno lethali, quod transfudit ad posteros; hæc infusa vitali antidoto, quod fidelis transmisit ad universos. Corruit illa male credula serpenti: surrexit ista, et juxta verbum quod dixerat Deus in Genesi, contrivit caput serpentis (*Gen.* III), ab initio prænuntiata, et nunc Ecclesiæ primitivorum donata, extunc repromissa, et in fine temporum exhibita.

Quis ergo non properaret, quis non curreret ab extremis terræ, reverendæ majestatis decus aspicere, et vultum omnimoda suavitate imperiali etiam dignitate, et singulari præditum potestate videre? Quippe nihil inveniebatur illi simile in filiis et filiabus Adæ. Nihil tale in prophetis, in apostolis aut in evangelistis. Nihil illi simile cœlum vel terra dedere. Quis enim in nubibus æquaretur ei (*Psal.* LXXXVIII), aut similis foret Matri Domini inter filios Dei? Et vide quam recto ordine citra assumptionem effulsit admirabile nomen ejus in universa terra, et fama ejus celeberrima ubique diffusa est, priusquam elevaretur magnificentia ejus super cœlos. Debebat enim Matrem Domini virginem, et ob nati sui honorem, primo terris regnare, et ita demum cœlos cum gloria suscipere. Dilatari et infimis, ut et superna in plenitudine sancta penetraret, translata sicut de virtute in virtutem, sic a claritate in claritatem a Domini Spiritu (*II Cor.* III). Igitur in carne præsens, futuri regni primitias prælibabat, et nunc accedens ad Deum ineffabili sublimitate, nunc et proximis condescendens inenarrabili charitate. Inde angelicis frequentabatur officiis, hinc humano famulatu venerabatur. Assistebat ei paranymphus Gabriel cum angelis, cui Joannes gaudens sibi virgini Matrem virginem in cruce commendatam, cum apostolis ministrabat (*Joan.* xix). Illi reginam, isti videre dominam lætabantur, et utrique pro devotionis affectu obsequebantur.

At illa residens in arce sublimissima virtutum, et pelago divinorum affluens charismatum, abyssum gratiarum, qua cunctos excesserat, credenti et sitienti populo largissima emanatione profundebat. Salutem namque corporibus, et animis medelam afferebat, potens suscitare a morte carnis et animæ. Quis unquam ab ea æger vel tristis aut ignarus cœlestium mysteriorum abiit? Quis non lætus et gaudens rediit ad propria, impetrato a Matre Domini quod voluit? Mariæ præsentia gratam veris temperiem exhibebat, et quo favens se verteret, paradisus erat. *Emissiones tuæ,* ait sponsus, *paradisus malorum Punicorum cum pomorum fructibus; Cypri cum nardo, nardus et crocus, fistula et cinnamomum cum universis lignis Libani. Myrrha et aloes, cum omnibus primis unguentis. Fons hortorum, puteus aquarum viventium, quæ fluunt impetu de Libano* (*Cant.* iv). Habet quippe paradisus gloriosæ Virginis mala Punica in varietate virtutum, fructus pomorum in perfectione operum. Habet et Cyprum cum nardo, illam fertilem uvarum, hanc miri odoris herbam aromaticam, ob sobriam ebrietatem sensuum, et suave fragrantem opinionem virtutum. His adduntur crocus et nardus lætitiæ, fistula exspoliationis carnis, cinnamomum suavitatis, cum universis lignis Libani, per quam virtutum universitas figuratur. Myrrha quoque mortificationis et aloes incorruptionis, cum omnibus primis unguentis effusis in oratione, ab illo unguento, quod consistens in capite, descendit in barbam, barbam Aaron (*Psal.* cxxxii), non illius veteris et significantis, sed novi et significati. Descenditque in oram vestimenti ejus, quod est Ecclesia, ipsi vero Aaron, juxta Paulum, exhibita sine macula et ruga (*Ephes.* v).

His ergo tantisque bonis exuberans sponsa, sponsi mater unici, suavis et charissima in deliciis, ut *fons hortorum* rationabilium, et *puteus aquarum viventium* et vivificantium, *quæ fluunt impetu de Libano* (*Cant.* iv) a monte Sion usque ad circumfusas quasque et exteras nationes, pacis flumina et gratiarum emanationes, cœlica infusione derivabat. Unde B. David, cum de filio ejus Domino nostro loqueretur, *Erit,* inquiens, *in diebus ejus justitia et abundantia pacis,* apte de illa mox intulit, *donec auferatur luna* (*Psal.* lxxi). Luna ipsa est quæ cœlo terrisque irradians, astris sanctorum longe coruscat. *Donec,* ait, *auferatur luna* quæ elevato sole justitiæ stetit in ordine suo (*Josue* x), et prima Ecclesiæ primitivorum infulsit. Tradit fides majorum juxta veritatem historiæ, ab ortu Salvatoris usque ad transitum Matris gloriosæ, terrarum accolas, sopita armorum rabie, continua ac tranquilla pace quievisse. Hæc in

A solutione propositæ quæstionis diximus, ut quo fructu Genitricis Regis nostri dilata sit, monstraremus.

Sane etiam advertendum ex hac ejus dilatione, ut quæque fidelis anima, vulnerata charitate, et jaculis amoris confossa, discat non murmurare, si eam evenerit non hinc ad vota migrare. Ecce differtur Mater Domini, quis audeat murmurare? Differtur ut proficiat, proficit perseverando. Amori enim, vel operi juncta perseverantia, plenitudinem creat, parit perfectionem.

Hinc est quod voce Psalmistæ de justo dicitur: *Justus ut palma florebit, sicut cedrus Libani multiplicabitur* (*Psal.* xci). Palma emenso numeroso spatio florere dicitur, et cedrus Libani annoso provectu multiplicatur; sic justus animo canescens ut palma florebit diuturnitate. Hinc memoratus Psalmista apte pauca subjunxit: *Adhuc multiplicabuntur in senecta uberi* (*ibid.*). Advertendum itaque optimi meriti, ac singularis justitiæ Mariam, quæ super angelos meruit exaltari, prius hic in senecta uberi debuisse multiplicari. Quod ubi provenit ex divino munere, absconditus honor ejus, et forma quam gessit in occulto, effecta luce clariori et omni elegantia præstantior, ora in se supernorum civium animosque mirabili dilectione convertit.

Jam vero quis digne laudibus efferat sacratissimam ejus assumptionem? quis fatu explicet quam læta migravit a corpore, quam læta vidit Filium, quam gaudens properavit ad Dominum, angelorum vallata choris, apostolicis fulta obsequiis, dum regem cerneret in decore, et natum cum gloria præstolantem se videret, sicut expers totius corruptelæ, sic immunis ab omni molestia? De carnis habitaculo educta est perenniter habitatura cum Christo. Transiit autem in visione Dei, et beatissimam illam animam sole clariorem, cœlo celsiorem, angelis digniorem, Domino exhalavit. Enimvero in transitu ejus glorioso illustratur mons Sion, ubi provecta dierum decessit in senectute bona. Ibi explevit munus vitæ, dans plenam atque perfectam virtutum omnium consummationem. Ibi orienti magis quam morienti, et abituræ plus quam obituræ occurrunt castra Dei, et ruunt obviam ei exercitus militiæ cœlestis. O quam pretiosa in conspectu Domini mors Genitricis suæ! Quæ vita adæquabitur morti ejus? quæ gaudia funeri ejus? addas licet mundanos honores, addas convivia ac festa tropæa, addas omne quod demulcet et quod delectat universum, his tamen omnibus jucundior atque suavior est. Est enim absolutio a carne, via ad vitam, nil habens doloris, acerbitatis nihil, nihil formidinis. Fovet autem pro dolore, delectat pro acerbitate, et pro metu firmat in littore fide stationis. Nec tenebras inducit, quæ lumen æternum aperuit, nec vitam tollit, quam dirigit ad auctorem vitæ.

Hac morte gloriosa migravit, si transitum ad vitam mortem liceat nominare. Imo, ut verum fatear, vita est, ubi sola mors moritur, ubi corpus mortis exuitur, ubi vita carnis pia quiete defuncta, fenore multiplici in posterum reservatur. Annon vita, cum itur ad fontem vitæ, et vita æterna a vita perpeti meatu hauritur? Hoc haustu indefectivo ante decessum præventa est mater Virgo, ne transitu in ipso vel levissimo mortis gustu tangeretur. Egrediens itaque vidit vitam, ne mortem videret. Vidit filium, ne carnis abscessu doleret. Evadens ergo libera in tam felicissima visione, et potita optato vultu Dei, venerandos cives cœli in sui obsequio et deductione paratos invenit. Mirantur illi animam meriti singularis exutam æterna labe, nullam carnis aut sæculi maculam habere. Mirantur exutam artubus, gratia totius puritatis candere. Quid enim primum laudent in ea, integritatem an humilitatem, prudentiam, robur mentis an longanimitatem, honorem matris an partus novitatem? Sed virtus integra et plena gratia magis in illa laudatur.

Unde Dominus assistens egressæ de corpore ita prædicat laudes ejus. *Tota pulchra es*, mater mea, *et macula non est in te* (*Cant.* IV). *Tota*, ait, *pulchra es*; pulchra in cogitatu, pulchra in verbo, pulchra in actu, pulchra ab ortu usque ad finem, pulchra in conceptu virgineo, pulchra in partu divino, pulchra in rubore passionis meæ, pulchra in insigni candore resurrectionis. *Surge ergo, amica mea, columba mea, formosa mea, immaculata mea, et veni. Jam enim hiems transiit* absentiæ meæ, *imber lacrymarum tuarum abiit et recessit*, et, redeunte sole justitiæ, *flores* angelici *apparuerunt* tibi. *Vox tua*, o turtur castissima, *exaudita est* (*Cant.* II). Tempus assumptionis advenit. Igitur cum Virgo virginum a Deo et filio suo Rege regum, exsultantibus angelis, collætantibus archangelis et cœlo, laudibus acclamante deduceretur, impleta est prophetia David, dicentis ad Dominum : *Astitit regina a dextris tuis, in vestitu deaurato, circumdata varietate* (*Psal.* XLIV). Tunc, juxta Salomonis vocem : *Surrexerunt filiæ, et beatissimam prædicaverunt, et reginæ pariter laudaverunt illam* (*Prov.* XXXI ; *Cant.* VI). *Quæ est ista, aiunt* supernæ virtutes, *quæ ascendit dealbata, innitens super dilectum suum?* (*Cant.* VIII.) Vel iterum : *Quæ est ista quæ progreditur, quasi aurora consurgens, pulchra ut luna, electa ut sol?* (*Cant.* VI.) Itemque aiebant : *Quæ est ista quæ ascendit per desertum, sicut virgula fumi ex aromatibus myrrhæ et thuris, et universi pulveris pigmentarii?* (*Cant.* III.) Novus et admirandus est nobis splendor iste, novus et gloriosus hic ordo assumptionis, novus et gratus odor hic suavissimus.

Tantis vero deducta laudibus, nec ipsa poterat a laude cessare, quæ Filium Dei ex se genitum in dextera paternæ magnitudinis sedentem, seque gloria assumentem videbat. *Tenuisti*, ait, *manum dexteram meam, et in voluntate tua deduxisti me, et cum gloria suscepisti me* (*Psal.* LXXII). Et rursum : *A dextris est mihi, ne commovear, propter hoc lætatum est cor meum, et exaltabit lingua mea, insuper et caro mea requiescet in spe. Quoniam non dereliquisti me in sæculo, nec dabis* corpus Genitricis tuæ *videre corruptionem* (*Psal.* XV). Sed quid ego his immoror? Ut enim paucis multa colligam, aderat gloriosissimæ verbum simplex et multiplex, verbum intelligibile, continens omnia verba laudum, quo laude ineffabili Dominum ac natum suum ipsa honorabat. Elevata igitur cum vocibus exsultationis et laudis prima post Deum super omnes cœligenas in sede gloriæ collocatur. Ibi resumpta carnis substantia (neque enim credi fas est corpus ejus vidisse corruptionem) et duplici stola induta, Deum et hominem in utraque natura, quanto cæteris clarius, tanto ardentius universis mentis et carnis oculis contemplatur. Exinde humano generi charitate inenarrabili condescendens, et illos misericordissimos oculos, quibus cœlum illustratur, ad nos convertens, communem pro clero, populo et utroque sexu, pro vivis quoque ac defunctis levat orationem. Adest huc de cœlo gloriosissima et prece potentissima, propellens omne quod nocivum, et conferens omne quod bonum est, cunctis ex corde rogantibus se munimen præsentis vitæ tribuit et futuræ. Memor quippe quo fructu effecta est mater Redemptoris, libentissime suscipit cujuslibet preces peccatoris, et pro universo reatu pœnitentium apud proprium filium intercedit. Sane obtinebit quid volet parens charissima, per cujus castissima viscera Verbum Dei venit ad nos, orbis piacula, et veteris delicti cautionem sanguine proprio lavaturus, Jesus Christus Dominus noster, qui vivit et regnat cum Deo Patre, in unitate Spiritus sancti Deus, per omnia sæcula sæculorum. Amen.

HOMILIA VIII.
DE MARIÆ VIRGINIS PLENITUDINE, SEU PERFECTIONE, GLORIA, ET ERGA SUOS CLIENTES PATROCINIO.

Plures, dilectissimi, dies elapsi sunt, quibus episcopali sarcina oneratus, et curis prægravatus immensis, epulum adhuc promissum de laude B. Mariæ sanctæ aviditati vestræ ministrare nequivi. Nunc ergo ipsa eadem Virgine propitiante, vobis non deero, negotiis quidem me paululum subtrahens, vestris vero piis desideriis favens. Igitur cœli Reginam, Matrem vitæ, fontem misericordiæ, deliciis affluentem, et innitentem super dilectum suum (*Cant.* VIII), sedulo celebremus officio, et laude licet impari prædicemus. Feramus animos in sublime, intuentes diligentissime, quod virga elegantissima orta de radice Jesse (*Isa.* XI), ramorum suorum mirabili extensione sese ubique terrarum expandit, ut dispersos filios Adæ, ab æstu, a turbine et a pluvia umbra desiderabili protegeret, fructuque saluberrimo aleret esurientes. Sublimata itaque super omnia ligna paradisi, et super altissimorum montium præcelsos vertices exaltata, ipsos cœlos inæstimabili magnitudine penetravit, cœlestium ordinum stipata choris, et virginum choreis adornata. O decus, o gloria, o magnificentia arboris hujus, cujus fructu indeficienti, cujus pastu immortali, cœligenis atque terrigenis sit jugis epulatio, continua exaltatio, felix et sempiterna laudatio! Beati qui edunt cibum in regno tuo : *Beati qui habitant in domo tua, Domine, in sæcula sæculorum laudabunt te (Psal.* LXXXIII).

In te etiam laudabitur, non Eva, lethi propinatrix, sed Maria, vitæ propinatrix, mater, et altrix conjunctorum vita viventium. *In te laudabitur genitrix tua. Audiant mansueti et lætentur (Psal.* XXXIII). Lucifer gloriosus et arrogans vulneratus ad ima corruit, audiant superbi, et humilientur. Virgo humilis ad thronum gloriæ coronata conscendit, audiant humiles et lætentur. Corruit ille elatus magna de se præsumendo; introivit Maria in holocaustis totam se plenitudine gratiæ committendo. Induratus ille malitia, ultra non adjiciet ut resurgat; confirmata illa charitate, non movebitur amplius ut cadat. Centro quippe immobili hærens inexpugnabili firmitate, nulla unquam moveri poterit mutabilitate. Ille dignitatis angelicæ clarissimos fines excedens, dum nititur, ad quos creatus spiritus non accedit, inane sectatus, per præcipitia rapitur, horrore tenebroso tegitur, ad inferiora laci defluens, ut in æternum doleat, et justissimæ damnationis in tormentis pœnas exsolvat. Qui merito diabolus, id est *deorsum fluens* appellatur, quia defluxit ex supernis, et stantibus invidens, quos valet adhuc secum ad inferiora demergit.

Suggerit creditoribus suis honores, dignitates, excellentias appetere, alta sapere, in altum cornu extollere, vulgi acclamationes, fori salutationes, primas in conventibus sedes amare, minores contemnere, paribus se præferre, majoribus invidere, gloriæ Dei oblivisci, alios blanditiis, alios minis aut pœnis subjugare sibi, idolum se ipsum statuere, omnia facere ad ostentationem hominum et laudem. Cum ergo miseros, elatos, inflatos, attonitos, et mente captos usque ad nubes extulerit, tunc demum eosdem ad turpia quæque et inhonesta crudeliter enervatos inclinat, inclinatos sine ulla miseratione secum ad inferna inferiora præcipitat. At gloriosissima, carne integerrima, mente serenissima, viventium mitissima, quo cunctis humilior et sanctior exstitit, eo super omnes elevata, et in cœlum a cœli civibus honorificentissime, et ex more imperiali suscepta a Patre supremo, in regno claritatis æternæ, et in throno excellentissimo gloriæ, prima post Filium, quem ex se genuit incarnatum, jussa est residere. Magne Deus, terribilis et fortis, bonitate ineffabili, humilem ancillam erigis et exaltas, unde hostem æmulum olim expuleras! Triumphet humilitas augmentis gratiarum, et corona inclyta a te decorata; superbia vero inanis, et tenebrosa dehiscat. Astat ergo beatissima singulari merito præcipua vultui Conditoris prece potentissima semper interpellans pro nobis. Illo enim edocta lumine, cui nuda et aperta sunt omnia, cuncta nostra videt discrimina, nostrique clemens, et dulcis Domina materno affectu miseretur.

Sancta animalia, de quibus in Ezechiele (*Ezech.* 1) legitur quod ante et retro, intus et foris, atque in circuitu plena sunt oculis; labores hominum, et dolores, casus, defectus, cæcitates, invaletudines, extrema pericula, incertos exitus vitæ, et mala quæque humani generis, non æque ut Dei Genitrix valent examinare, examinando cœlesti auxilio diluere, et propulsare. Quo enim sublimius immensi regis cor aspicit, eo profundius divinæ gratiæ pietatis afflictorum et misereri, et miseris succurrere novit. Unde Maria, id est maris stella provido Dei consilio vocata est, ut nomine declararet, quod te ipso clarius manifestat. Nam ex quo cœlos cum filio suo regnatura conscendit, induta decore, induta pariter fortitudine, *præcinxit se, mirabiles elationes maris (Psal.* XCII) solo nutu compescitura. Mare quippe præsentis sæculi navigantes, seque plena fide invocantes, ab impetu procellæ et ventorum rabie eruit, eosque secum ovantes ad littus felicissimæ patriæ perducit. Dici non potest, charissimi, quoties hi asperrimis scopulis naufragaturi offenderent, illi in syrtes pessimas non reversuri inciderent, hos Scyllæa vorago hiatu horribili mergeret, illos sirenarum cantus in exitium dulces pertraherent, nisi stella maris perpetua Virgo Maria ope validissima obstitisset, suosque jam fracto gubernaculo, et rate conquassata, omni humano consilio destitutos, cœlesti ducatu ad portum æternæ pacis applicandos eveheret.

Novis itaque triumphis, nova perditorum ereptione, novis populorum incrementis exsultans, gratulatur in Domino, nec contenta partis spoliis, sed humanæ salutis cupida, hoste livido longius propulsato, alias atque alias sibi exuvias semper acquirit. Igitur in manu potenti et brachio excelso tyrannorum fines egreditur, munitissima quæque domuum aggreditur, inferna sub pedibus suis faciens contremiscere, et principem mortis nimio terrore percussum resilire. Denique ipsa jubente, vehementer evomit prædam, quam cum in ventrem militiæ trajecerat, rejiciens cum dolore, quam cum ingenti superbia detinebat. Surgunt lapsi, redeunt pœnitentes : *Peccator videbit et irascetur (Psal.* CXI). Maxilla ejus hamo Dominicæ crucis perforata, reddit liberos, quos antea detinuit captivos, dentibus suis fremens et tabescens (*ibid.*). Per Matrem Filio, per Virginem reconciliatur Deo vitæ dati, morti penitus subtracti. *Desiderium peccatorum peribit* (*ibid.*), desiderium vero B. Mariæ perficitur, quando educuntur quotidie vinculati de lacu miseriæ et luto fæcis (*Psal.* XXXIX), ut de peccati ergastulo et profundi iniquitatis, indulgentiæ dono respirent in auras perennis libertatis. Sic illa colligit dispersos, revocat aversos, eruens eos qui ducuntur ad mortem, quosque trahi cernit ad supplicia liberare non cessat.

Non solum autem animarum saluti, verum etiam humanorum corporum sanitati atque necessitati pia diligentia providet, et medetur. In locis quippe memoriæ sanctitatis ejus dicatis, claudis gressum, cæcis visum, surdis auditum, mutis impetrat eloquium, curans omne genus languorum, præbensque innumera beneficia sanitatum. Accedunt ad ejus limina rei tundentes pectora, confitentes delicta, et accepta venia, læti ad propria revertuntur. Accedunt etiam mente capti, capite languidi, phrenetici, maniaci, arreptitii, nocturno timore, aliove phantasmate, seu certa maligni incursione delusi, qui recepta sospitate, divini muneris largitatem assequuntur. Accedunt nihilominus ad ejus vestigia, qui amaro sunt animo, mœsti, egeni, afflicti, desolati, ære alieno obligati, quodque gravissimum est, viventes cum dedecoris nota respersi. Horum, et omnium de quacunque tribulatione clamantium illa libens preces suscipit, et Nato supplicans omne malum ab eis miseratrix avertit. Enim vero sicut ignis attactu cera liquescit, et velut ardore solis defluit glacies, sic ab ejus facie inimicorum deperit acies, eaque jubente, nihil adversi subsistit.

Notandum vero ac solerter intuendum quanto affectu, quantave benignitate cognatos sibi puritate animi complectitur, et diligit, quæ homines nequam et sceleratos suo interventu, ut sæpe dictum est, a morte peccati et æternis doloribus incessanter absolvit. Gemina quippe dilectione rutilans et insignis, hinc in Deum ardentissime figitur, cui adhærens unus spiritus est (*I Cor.* vi), hinc electorum corda blande consolat et attrahit, eisque Nati largitate optima dona partitur.

Motu ergo celerrimo senas seraphim alas extendens, nunc in fonte vitæ fruitur amore Deitatis, nunc terras signis et virtutibus illustrans, ubique suis, ut mater jucundissima et mirificentissima occurrit. Quosdam præsentia subactis vitiis reddit victores, quosdam magnarum virtutum pio interventu facit compotes, quibusdam intimæ contemplationis pandit sinum, aliis in exitu vitæ iter præbet securum, ut nulla deterreat virtus adversarii, quibus ducatum præstat ad Christum mater Unigeniti Dei.

Exstant harum assertionum exempla plurima, quæ ut notissima, et pervulgata compendiose præterimus. Sciendum vero certissime, quod creberrima miracula, innumera beneficia, spiritales visiones, cœlestes revelationes, sublimes consolationes almæ Parentis Domini, orbi terrarum assidue coruscabunt, donec finem mundus iste senescens inveniat, inclarescente regno, cujus non est finis (*Luc.* 1).

Sed inter hæc ad memoriam redit dies illa famosa judicii, cujus altitudinem sanctus propheta David (*Psal.* LV), se timere pronuntiat, quam semper appropinquare fidelium nullus ignorat. Illo igitur tremendi examinis articulo, obsequentibus angelis, archangelis, omnique exercitu militiæ cœlestis, Rex cœlorum aderit cum præfata piissima Genitrice, orbem terræ judicaturus in justitia, et populos in æquitate (*Psal.* XCVII). Tunc illa fulgebit luce splendidissima, cujus per uterum intactum, et clausam januam rex gloriæ Deus mundo irradiavit. Illo in tempore patebit veritas patriarcharum et prophetarum, qui Virginis partui deifice olim attestati sunt. Apostoli quoque filii ejus, virtutum illius imitatores et testes, afferent ei gloriam et honorem, quia ejus doctrina irradiati, et spiritu sapientiæ illapso cœlitus confirmati, veri solis splendoribus Ecclesiam repleverunt. Exsultabunt martyres in decore et gratia effusi sanguinis, mercedem optimam habentes Deum de Deo, qui nasci dignatus est ex ea.

Gaudebunt confessores, videntes gloriosam, quam in terris positi dilexerunt, et vita comite laude celeberrima merita ejus prosecuti sunt. Gaudebunt, inquam, intuentes illud singulare diadema, quod in die solemnitatis et lætitiæ, in die assumptionis et gloriæ, dilectissimæ Genitrici Christus impressit, memorans illud diadema, quo eum illa in die desponsationis coronaverat. (*Cant.* III.) Current virgines in odore unguentorum ejus (*Cant.* 2), properantes ingredi cum ea ad nuptias, ut in cœlesti thalamo vero Sponso perenniter sociatæ (*Matth.* XXV), Maria præcinente, novum canticum succinant (*Apoc.* XIV) quod nemo valet dicere, nisi mente et corpore virgo sit. Denique omnis sexus et ætas, omnis ordo et dignitas beatissimam prædicabunt, et populus innumerabilis acclamabit illi in jubilo, meritis ejus et precibus salvatus, et in dextra pio coronatus a Domino. In quorum numero, et ex quorum collegio nos esse contingat, *o clemens, o pia, o dulcis Maria*, ut cum dies erit iræ, tribulationis et angustiæ, non pro reatu puniamur, sed pro te, Domina, digni inveniamur misericordia ejus qui ascendit ad Patrem parare famulis suis locum (*Joan.* XIV), ut eas in amœnissima cœli regione, lucidissimis paradisi mansionibus inter vernantes ignitos lapides collocaret; Dominus noster Jesus Christus, cui est decus, honor, potestas, gloria et magnificentia cum eodem Patre et Spiritu sancto per infinita sæculorum sæcula. Amen.

EXCERPTUM

Ex diplomate Friderici imperatoris, hujus nominis primi, in gratiam B. Amedei concesso.

(*Mémorial de Fribourg.* — Plantin mss. Dedit dominus Baro de Gingins.)

—

. . . Eapropter, charissimo cancellario nostro Amedeo, Lausannensi episcopo, qui genere et nobilitate, nec non fidelitate, nobis astrictus agnoscitur, in colligendis, dispensandis et revocandis collatis, in confirmandis necessariis, in convocandis ad curiam ecclesiasticis personis atque baronibus, vices nostras committimus, considerata viri honestate et antiqua Ecclesiæ Lausannensi dignitate.

EPISTOLA NICOLAI

Cluniacensis primum, deinde Claræ-vallensis monachi, S. Bernardo a secretis,

AD B. AMEDEUM.

(Manrique, *Annal. Cisterc.*, ad an. 1144, t. I, p. 464.)

—

Patri suo, *frater Nicolaus*, se ipsum ad pedes. Multa esset præsumptio, si non multa esset dilectio, quod præsumo scribere vestræ sublimitati; affectus enim trahit me, qui nec legibus obtemperare, et cui reges imperare non possunt. Nescio enim quo pacto, ex quo vidi vos, dilectio vestra ipsis animæ meæ penetralibus largiter se infudit; nec fuit mora inter aspectum et affectum, quamvis affatum tardius habuissem. Si ergo fidenter scribo, ex hoc est, quia fideliter amo; quia si audax sum, non tamen mendax. Amor dominum nescit, agnoscit amicum, et in infulis, dignitatis nescius, cognatione dives, affectu potens, suasu efficax, perspicax puritate. Quid ergo, si ascendisti sursum, Domine mi, imo potius, dilecte mi? Etiam super pennas ventorum non subduceris affectu meo, et si ascendas ad cœlos, sequar te, quocunque ieris. Non enim amo pontificem, sed hominem, qui zelum legis cathedræ contulit, non a cathedra suscepit.

Quis ille autem vigor, quæ solertia spiritus, quæ saltu sua subtilitatis obstantia quæque prærumpit, et quæ possit de singulis artibus, etiam cum singulis artificibus philosophari? Propterea supereminet illo mortalitatis tuæ liberalitas quæ juxta oratorem se præbet blandam pueris, juvenibus comem, gravem senibus, confortans omnes, omnibus se conformans, in sermone communis, in contubernio æqualis, in consiliis præcellens, et multum ambienda, quia minime ambitiosa. Vidi enim te sine superbia nobilem, sine invidia potentem, sine superstitione religiosum, sine jactantia litteratum, sine ineptia gravem, sine studio facetum, sine asperitate constantem, sine pluralitate communem. Illud admirans, quod eminenti scientiæ conscientiam habes superiorem. Talem te credit spiritus meus, talem te loquitur affectus meus, assidue mihi submurmurans spiritum tuæ suavitatis. Mitto tibi librum magistri Anselmi *de Spiritu sancto*, bene punctatum, nisi fallor, et emendatum. Ego, inquam, qui tuus sum, et tuus ero, quandiu fuero, amantissime Pater.

ANNO DOMINI MCLIV-MCLIX

ADRIANUS IV

PONTIFEX ROMANUS

NOTITIA HISTORICA

(Mansi, *Concil.*, XXI, 785)

Adrianus IV, natione Anglus, Nicolai nomine ante pontificatum appellatus, Ecclesiæ cardinalis, Albanensis episcopus, in Norwegiam ab Eugenio missus, postquam fidem Christi ibi propagasset, gentemque barbaram convertisset, Romam reversus, ex apostolo Norwegiæ, vir valde benignus (verba sunt codicis Vaticani) mitis ac patiens, in Græca et Latina lingua peritus, sermone facundus, eloquentia politus, in cantu ecclesiastico præcipuus, prædicator egregius, ad irascendum tardus, ad ignoscendum velox, hilaris dator, eleemosynis largus, et in omni morum compositione præclarus, tertio Nonas Decembris, anno Dominicæ Incarnationis 1154, tempore Friderici imperatoris I, Anastasio in sede pontificia subrogatus fuit. Hujus tempore, Arnoldi hæresiarchæ, qui, Romanorum Arnoldistarum et senatus auctoritate in Urbe muniebatur, sectarii, dominum Gerardum presbyterum cardinalem tituli Sanctæ Pudentianæ ad pontificem euntem in via aggressi ad mortem vulneraverunt. Qua de causa civitas interdicto subjecta, non prius est absoluta quam Arnoldum ejusque sectatores mœnibus et imperio Urbis eliminarent. Quod cum præstitissent, sublata est censura interdicti, ipsique cives sacramentorum perceptioni restituti fuerunt. Hæresiarcham Arnoldum ab Urbe relegatum in finibus Tusciæ apud Otriculos, qui eum tanquam prophetam in terra sua omni honore colebant, per Gerardum cardinalem Sancti Nicolai captum, et a vicecomitibus Campaniæ e manibus ejus abreptum, instantia pontificis per Fridericum adhuc regem sumpto de vicecomite uno gravi supplicio, aliisque fugatis, pontificiæ jurisdictioni restitutum, tandem Urbis præfectus, a papa in Urbe existente requisitus, ligno adegit, ac rogo in pulverem redacto funere, ne a stolida plebe corpus ejus venerationi haberetur, cinerem in Tiberim immisit. Guillelmum, Siciliæ regem, qui litteras pontificias, ideo quod regis titulo, quem sibi usurpabat, inscriptæ non fuissent, et aliquas Ecclesiæ terras occupasset, anathematis vinculo innodavit. Intelligens imperatorem Fridericum multis stipatum copiis in Italiam intrasse, eidem obviam processit, et Sutrium usque profectus, cum eodem convenissent, ipse imperator ex equo descendens, eum debito honore prosecutus est; qui Romam comitatus, coronam imperialem accepit. Urbem Tiburtinorum qui se imperatori dediderant, nulla interjecta mora, quia Ecclesiæ esse patrimonium intelligebat, pontifici restituit, ac tum in Germaniam reversus est. Exinde Beneventum a primoribus regni vocatus sese contulit, et potissimam partem e manibus Guillelmi recuperavit. Ibi moram trahenti imperatori Græcorum per legatos L millia librarum auri pontifici obtulit, addita promissione se Guillelmum ex Italia abacturum suis stipendiis, interea si tres in Apulia urbes maritimæ dederentur. Eo nuntio Guillelmus percitus, cum pontifice amicitiam componere per sequestros tentavit : omniaque, quæ occupaverat, imo multo plura se redditurum promisit, si titulo regni utriusque Siciliæ insigniretur. Petitioni ejus initio statim pontifex detulisset, si cardinalium pars maxima illud non dissuasisset. Sed cum Guillelmus cum valido exercitu Apuliam omnem sibi subjecisset, renitentibus cardinalibus, Adrianus indignatus, omnia ut petierat, ex sententia Guillelmi permisit, titulosque prædictos attribuit. His ita compositis, Adrianus Orvietum concessit, quod Romanorum pontificum primus sua habitatione nobilius reddidit. Romam reversus, cum Friderico imperatore ob non vindicatam injuriam Londinensi archiepiscopo illatam, expostulavit per litteras; ex quibus male intellectis orta est illa inter Adrianum et Fridericum de imperio periculosa disceptatio, quam Radevicus prolixe describit. Sedata est discordia, quando pontifex per secundam epistolam declararat se per beneficii collationem nihil aliud quam imperialem coronationem eique impartitam consecrationem intellexisse. Resuscitata fuit, quando recusaret pontifex confirmare quem imperator Ravennatem episcopum constituerat. Cumque Romæ agens a civibus inquietaretur, Anagniam rediit, ubi post breve temporis intervallum ex morbo squinantiæ, ut scribit Guillelmus Tyrius, obiit, postquam in eo officio pontificali iv annis et x mensibus laudabiliter se gessisset. Ejus corpus ad Urbem delatum, prope sepulcrum Eugenii conditum est. — Hæc summatim ex codice Vaticano apud Baronium, Ottone Frisingensi, et Willelmo Tyrio. Dodechinus in appendice Mariani : « Adrianus, inquit, imperatorem pro conjugii dissidio excommunicare disposuerat, sed mense Octobris, anno 1159, morte præventus est. » Otto Frisingensis, qui his temporibus vixit et scripsit, lib. vii, cap. ult., Friderici imperatoris octavo anno, qui cum anno Christi 1159 coincidit, venerabilem papam obiisse refert. — Anno 1160, Kalendas Septembris, ait continuator Sigeberti, mortuus est Adrianus papa. »
Radevicus *De gestis Friderici imperatoris*, lib. II cap. 43 : « Ea tempestate, ait, Adrianus papa in Kalendis Septembris apud Anagniam diem clausit extremum, et II Nonas Septembris in ecclesia Beati Petri, præsentibus clero, senatu populoque Romano, honorifice tumulatus est, regalibus nuntiis adhuc ibi existentibus. Quare non modo non est miraculosum, ut hæretici calumniantur, sed re-

vera plane fabulosum, et ex morbo squinantiæ, quo eum obiisse scribit Tyrius, male intellecto, haud dubie effectum, quod de obitu Adriani ex obscuro quodam et schismatico auctore Joanne Cremonense schismaticorum fautor abbas Urspergensis in Chronico refert his verbis : « Cum venisset ad quemdam fontem, hausit de potu illius, et continuo (ut dicitur) musca quædam os ejus intravit, et gutturi ejus adhæsit, nulloque artificio medicorum avelli potuit, quoadusque spiritum exhalaret. » Mortem tam novam et insolentem a scriptoribus ejus temporis, quos supra recensui, commemoratam non fuisse, non est probabile, si, quod absit ! pontifici maximo talis interitus obtigisset. Si juxta sententiam Adriani papæ Fridericum imperatorem flumine absorptum, ejusque exercitum miraculose a Deo exstinctum fuisse, nemo scriptorum tacuit quis credat omnes scriptores similem obitum Adriani, si contigisset, tacituros fuisse? Non minor est calumnia, qua uterque schismaticorum fautor scribit, Adrianum accepta pecunia comparatum fuisse ut Fridericum excommunicaret : quasi vero non fuerit sufficiens causa ad condemnandum sententia anathematis eum qui, legitima uxore repudiata alteram duxerat, sedique apostolicæ semel reconciliatus, eas, quas Radevicus descripsit, injurias iterum in eamdem evomuerat. Illud Adrianus reliquit posteris admirandum exemplum, quod nec obolum quidem erogarit in suos propinquos, adeo ut nec matri ipsi aliquid voluerit impendisse, quam eleemosynis Cantuariensis Ecclesiæ (teste Sarisberiensi, epistola 24, ad sanctum Thomam) alendam reliquit.

ADRIANI IV PAPÆ

VITA

AUCTORE CARDINALI DE ARAGONIA.

(MURATORI, Rer. Ital. Script., III, 1, 441.)

Adrianus IV, natione Anglicus, de castro Sancti Albani, qui Nicolaus Albanensis episcopus, sedit annis IV, mensibus VIII, diebus VI. Hic namque pubertatis suæ tempore, ut in litterarum studiis proficeret, egrediens de terra et de cognatione sua pervenit Arelatem, ubi dum in scholis vacaret, a Domino factum est ut et ecclesiam Beati Ruffi accederet; et in ea religionis habitum, facta canonica professione, susciperet. Proficiscens ergo, Deo auctore, de bono semper in melius, prioratum in ipsa domo prius obtinuit, et postmodum ad abbatiæ apicem de communi voluntate fratrum conscendit. Accidit autem, ut pro incumbentibus Ecclesiæ sibi commissæ negotiis ad apostolicam sedem veniret, et peractis omnibus causis, pro quibus venerat, cum redire ad propria vellet, beatæ memoriæ papa Eugenius eum secum retinuit, et de communi fratrum suorum consilio in Albanensem episcopum consecravit. Processu vero modici temporis cognita ipsius honestate ac prudentia, de latere suo eum ad partes Norwegiæ legatum sedis apostolicæ destinavit, quatenus verbum vitæ in ipsa provincia prædicaret, et ad faciendum omnipotenti Deo animarum lucrum studeret. Ipse vero tanquam minister Christi, et fidelis ac prudens dispensator mysteriorum Dei, gentem illam barbaram et rudem in lege Christiana diligenter instruxit, et ecclesiasticis eruditionibus informavit. Divina itaque dispensatione apostolatus sui diem præveniens, defuncto papa Eugenio, et Anastasio in loco ejus ordinato, ad matrem suam sacrosanctam Romanam Ecclesiam, ductore Domino, remeavit, relinquens pacem regnis, legem barbaris, quietem monasteriis, ecclesiis ordinem, clericis disciplinam, et Deo populum acceptabilem sectatorem bonorum operum. Transeunte autem, modico temporis intervallo obiit Anastasius papa, et in secunda die convenientibus in unum pro eligendo sibi pastore cunctis episcopis et cardinalibus apud ecclesiam Beati Petri, non sine divini dispositione consilii factum est, ut in ejus personam unanimiter concordarent, et papam Adrianum electum tam clerici quam laici pariter conclamantes, eum invitum, et renitentem in sede beati Petri inthronizarunt, Deo auctore, Dominicæ incarnationis anno 1154, indictione III. Erat enim vir valde benignus, mitis et patiens, in Anglica et Latina lingua peritus, in sermone facundus, in eloquentia politus, in cantilena præcipuus et prædicator egregius, ad irascendum tardus, ad ignoscendum velox, hilaris dator, in eleemosynis largus, et in omni morum compositione præclarus.

In diebus illis, Arnaldus Brixiensis hæreticus urbem intrare præsumpserat, et erroris sui venena disseminans, mentes simplicium a via veritatis subvertere conabatur. Pro cujus expulsione supradicti Eugenius, et Anastasius Romani pontifices plurimum jam laboraverunt, sed favore et potentia quorumdam perversorum civium, et maxime senatorum, qui tunc ad regimen civitatis a populo fuerant instituti, antedictus hæreticus munitus et tutus, contra prohibitionem Adriani papæ in eadem civitate procaciter morabatur, et sibi, ac fratribus suis insidiari cœperat, et publice, atque atrociter adversari. Venerabilem namque virum magistrum D.... presbyterum cardinalem titulo Sanctæ Potentianæ ad præsentiam ipsius pontificis euntem quidam ex ipsis hæreticis ausu nefario in via Sacra invadere præsumpserunt, et ad interitum vulneraverunt. Quapropter pontifex ipse civitatem Romanam interdicto supposuit, et usque ad quartam feriam majoris hebdomadæ universa civitas a divinis cessavit officiis. Tunc vero prædicti senatores compulsi a clero et populo Romano, accesserunt ad præsentiam ejusdem pontificis, et ad ipsius mandatum super sancta Dei Evangelia juraverunt, quod sæpe dictum hæreticum, et reliquos ipsius sectatores de tota urbe Romana et ejus finibus sine mora expellerent, nisi ad mandatum et obedientiam ipsius papæ redivent. Sic itaque ipsis ejectis, et civitate ab interdicto absoluta, repleti sunt omnes gaudio magno, laudantes pariter, et benedicentes Dominum. In crastinum autem, videlicet die Cœnæ Domini concurrente undique de mora ad annuæ remissionis gratiam, et gloriosam festivitatem maxima populorum multitudine, idem benignus pontifex cum fratribus suis episcopis, et cardinalibus, atque immensa procerum, et civium turba, de civitate Leoniana, ubi a tempore ordinationis suæ fuerat commoratus, cum honorificentia magna exivit, et transiens per mediam urbem, universi sibi populo congaudente, ad Lateranense patriarchium cum jucunditate pervenit: ibique die ipso, et sequente sexta feria, et sabbato sancto, Pascha quoque, ac secunda, tertia et quarta feria divina mysteria solemniter celebravit, atque in Lateranensi palatio secundum Ecclesiæ antiquam consuetudinem Pascha cum discipulis suis festive comedit. Celebrato itaque cum lætitia festo, singuli ad propria cum gaudio redierunt.

Eodem tempore, Wilhelmus rex Siciliæ contra matrem, ac dominam suam Sacrosanctam Romanam Ecclesiam procaciter cornua erexit, et congregato exercitu terram Beati Petri hostiliter fecit invadi: Beneventanam itaque civitatem aliquandiu exercitus ejus obsedit et burgos ejus incendit. Deinde fines Campaniæ violenter ingrediens villam Ceperam, et Castrum Babucum atque alia immunita loca nihilominus concremavit. Pro iis ergo, et aliis offensis prædictus Adrianus papa, Petri gladium exerens, ipsum regem excommunicationis gladio percussit. Interea Fredericus Teutonicorum rex cum magno exercitu Lombardiam intravit, et civitatem Terdonam diu obsedit, qua devicta et sibi subacta, celeriter properabat ad urbem in tanta festinantia, ut merito credi posset magis hostis accedere, quam patronus. Hoc igitur cognito, Adrianus papa, qui eo tempore apud Viterbium residebat, deliberato cum fratribus suis, et Petro Urbis præfecto, atque Oddone Frangepane consilio, misit ei obviam Joannem titulo Sanctorum Joannis, et Pauli, et G. titulo Sanctæ Pudentianæ presbyteros, atque G. diaconum Sanctæ Mariæ in Porticu, cardinales, quibus et cætera capitula dedit, ac modum, et formam præfixit, qualiter cum ipso pro Ecclesia deberent componere. Qui accepto mandato cum festinantia proficiscentes eum apud Sanctum Quiricum invenerunt, et accedentes ad ipsum honorifice recepti sunt, et in tentorium deducti. Post salutationes vero cum litteras ei apostolicas porrexerunt et domni papæ exposuerunt mandatum. In quibus continebatur inter cætera, ut redderet eisdem cardinalibus Arnaldum hæreticum, quem vicecomites de Campania abstulerant magistro, O. diacono Sancti Nicolai apud Briculas ubi cum ceperat, quem tanquam prophetam in terra sua cum honore habebant. Rex vero, auditis domini papæ mandatis continuo missis apparitoribus cepit unum de vicecomitibus illis, qui valde perterritus eumdem hæreticum in manibus cardinalium statim restituit. Cæterum ante adventum ipsorum cardinalium idem rex præmiserat Arnulfum Coloniensem, et Anselmum Ravennatem archiepiscopos ad præsentiam sæpe dicti pontificis, ut de ipsius coronatione cum eo tractarent, et de aliis insimul convenirent, ideoque responsum cardinalibus dare non poterat, nisi prius archiepiscopos ipsos reciperet. Pontifex autem, qui propter nimium suspectum imperatoris adventum ad Urbevetanam civitatem transire, et illuc imperatorem disposuerat expectare, pro repentino et inopinato illorum adventu in majorem dubitationem cecidit. Sed cum ad locum illum tutissimum jam secure non posset transire, ad civitatem Castellanam festinanter ascendit, ubi, si de persona ejus rex male cogitasset, iram illius secure declinare, et iniquos cogitatus ipsius facile posset elidere. Archiepiscopi vero secuti sunt eum, exponentes bonam regis voluntatem, quam erga eum, et Romanam Ecclesiam habebat, et alia, quæ sibi erant imposita nihilominus ostendentes. Quibus pontifex de consilio fratrum suorum dixit: « Nisi prius recepero fratres meos cardinales, quos ad regem delegavi, nullum vobis responsum dabo. » Cardinales itaque a rege et archiepiscopi a pontifice infecto negotio redeuntes, obviaverunt sibi, dicentes ad invicem, quod propter eorum absentiam responsum ab utraque parte dilatum fuerat. Ideoque habito inter se salubriori consilio insimul venerunt ad præsentiam regis in campo Viterbiensi ubi castra posuerat. Venerat autem ad eum Octavianus titulo Sanctæ Cæciliæ presbyter cardinalis, non missus a pontifice, sed dimissus, jam spirans seditionem ex schismaticis. Postquam vero prædicti cardinales intraverunt ad regem, et habuerunt consilium super eorum legatione de satisfaciendo mandato Romani pontificis, idem Octavianus, quod hauserat, virus evomere cœpit, et pacem turbare; sed in brevi, et ratione valida repressus est a fratribus suis cardinalibus, et sicut dignus erat, multa confusione respersus. Tandem adversario confutato et salubri consilio comprobato, rex omnium procerum, et militum suorum curiam maximam congregavit, et in præsentia eorumdem cardinalium allata sunt sacra pignora, crux et Evangelia super quæ nobilis quidam miles de cæteris electus, et conjuratus, atque tertio jurare jussus, in anima sua et ejusdem regis juravit, vitam et membra non auferre, sed conservare papæ Adriano et cardinalibus ejus, nec malam captionem facere, honorem et bona sua eis non auferre, nec auferri permittere, sed et si quis auferre vellet, omnimode prohibere et contradicere. Post illatam vero injuriam pro posse suo et vindicari faceret et emendari, atque concordiam jam pridem per principales personas utriusque curiæ factam inviolatam de cætero conservare.

Hoc itaque juramento, sicut dictum est, et a rege præstito et a cardinalibus ipsis cum alacritate recepto, continuo accepta licentia concito gradu cardinales reversi sunt ad summum pontificem, universa, quæ fecerant, sibi, et fratribus suis cum diligentia referentes. Placuit ergo pontifici, et ejus collateribus, quod talis securitas eis a rege data, et per consilium principum suorum firmiter roborata est; ideoque omni mala suspicione sublata de medio regiæ petitioni de imponenda sibi corona imperii benigne annuit, et ut ad invicem sese viderent, locus congruus et dies certus ab utraque parte statutus est. Processit igitur rex cum exercitu suo in territorium Sutrinum, et castra metatus est in campo Grasso. Pontifex autem ad civitatem Nepesinam descendit, et in secunda die, occurrentibus multis Teutonicorum principibus, cum plurima clericorum et laicorum multitudine, ad præsentiam sæpedicti regis, cum episcopis et cardinalibus suis usque ad ipsius tentorium cum jucunditate deductus est. Cum autem rex de more officium stratoris eisdem papæ non exhiberet, cardinales, qui cum eo venerant, turbati, et valde perterriti abierunt retrorsum, et in prædicta civitate Castellana se receperunt, relicto pontifice ad tentorium regis. Quocirca domnus papa nimio stupore turbatus, et quid sibi foret agendum incertus, licet tristis descendit, et in præparato sibi faldistorio sedit. Tunc rex ad ejus vestigia procedit, et deosculatis pedibus et pacis osculum accedere voluit. Cui protinus idem pontifex locutus est in hæc verba: « Quandoquidem tu illum mihi consuetum ac debitum honorem subtraxisti, quem prædecessores tui orthodoxi imperatores pro apostolorum Petri et Pauli reverentia prædecessoribus nostris Romanis pontificibus exhibere usque ad hæc tempora consueverunt, donec mihi satisfacias, ego te ad pacis osculum non recipiam. » Rex autem respondit et dixit, se hoc facere non debere. Eapropter remanente ibidem exercitu, totus sequens dies sub istius rei varia collatione decurrit. Tandem requisitis antiquioribus principibus et illis præcipue, qui cum rege Lothario ad Innocentium papam venerant, et prisca consuetudine diligenter investigata, ex relatione illorum et veteribus monumentis, judicio principum curiæ decretum est, et communi favore totius regalis curiæ roboratum, quod idem rex pro beatorum apostolorum reverentia prædicto papæ Adriano exhiberet stratoris officium et ejus streugam teneret. Alia itaque die regis mota sunt castra, et in territorio Nepesino juxta lacum, qui dicitur Jaula, fuerunt translata. Ibique sicut a principibus fuerat ordinatum, rex Fredericus processit aliquantulum, et appropinquante domni papæ tentorio per aliam viam transiens descendit de equo, et occurrens ei, quantum jactus est lapidis, in conspectu exercitus officium stratoris cum jucunditate implevit, et streugam fortiter tenuit. Tunc vero pontifex cumdem regem ad pacis osculum primo recepit; post hæc autem versus Urbem insimul procedentes, pro eo quod ab eis Romanus populus discordabat, licet Beati Petri munitionem in potestate sua pontifex detineret, placuit tamen ut in manu valida civitatem Leonianam rex introiret.

Positis igitur exterius castris, et deliberato festinanter consilio, atque dispositis, quæ ad coronationem spectabant, eadem die ante horam tertiam rex ad gradus Beati Petri armatorum maxima multitudine stipatus accessit; ibique depositis vestibus, quas gerebat, solemniori se habitu induit, et ad ecclesiam Beatæ Mariæ in Turri, in qua eum ante altare pontifex exspectabat, ascendens, genua sua flexit coram eo, et manus suas inter ipsius pontificis manus imponens, consuetam professionem et plenariam securitatem, secundum quod in ordine continetur, publice exhibuit sibi. Relicto autem ibidem rege, pontifex ad altare Beati Petri ascendit, cujus vestigia rex cum processione subsequens, ante portas argenteas orationem infra ecclesiam in rota super eumdem regem alius ex episcopis nostris dedit. Orationem vero tertiam et unctionem tertius episcopus ante confessionem Beati Petri eidem regi nihilominus contulit. Missa taque incœpta, et graduali post epistolam decantato, rex ad pontificem coronandus accessit, et præsentatis imperialibus signis, gladium et sceptrum, atque imperii coronam de manibus ejusdem papæ suscepit. Statim tam vehemens, et fortis Teutonicorum vox conclamantium in vocem laudis et lætitiæ concrepuit, ut horribile tonitruum crederetur de cœlis subito cecidisse.

His igitur ante horam nonam in pace et tranquillitate peractis, populus Romanus, qui clausis portis apud castrum Crescentii residebat armatus, ignorans quæ facta fuerant, sine consilio et deliberatione majorum, ad civitatem Leonianam paulatim ascendit, et eorum, qui in Porticu remanserant, spoliis violenter direptis, omnes, quos reperit, usque ad imperatoris castra persequendo fugavit. Invalescentibus autem clamoribus, et undique resonante inopinate tumultu, Teutonicorum exercitus ad arma velociter convolavit, strictisque mucronibus ab utraque parte acriter dimicatur. Quid plura? Cæsi sunt multi, et plurimi capti. Tandem populus ipse non sine multo suorum discrimine infra portas ipsius castri se ipsum recepit. Pontifex autem, sicut benignissimus pastor et pius pater, super tanto excessu valde turbatus et effectus tristis, eidem populo, tanquam suo gregi, debita charitate compassus est. Cujus casum relevare desiderans, pro liberatione suarum ovium apud ejusdem imperatoris clementiam diutius laboravit, et affectuosas preces instanter fundere non cessavit, donec universos Urbis captivos de manibus Teutonicorum ereptos in potestate Petri Urbis præfecti restitui fecit. De cætero autem imperator, simul ac pontifex exeuntes de finibus Urbis per campestria juxta Tiberim processerunt usque ad vadum de Malliano, ibique fluvium ipsum cum toto exercitu transeuntes, intraverunt Sabinensem comitatum, et per Farsam,

atque castrum de Poli transitum facientes, in vigilia Beati Petri pervenerunt ad pontem Lucanum; in quo nimirum loco pro tam gloriosæ solemnitatis celebritate moram facere decreverunt. Et ut Ecclesia Dei et imperium ampliori decore clarescerent, communi deliberatione statutum fuit, ut ad laudem Dei et exaltationem Christiani populi, præfatus Romanus pontifex et Augustus ad missarum solemnia in die illa pariter coronati procederent. Dignum namque satis erat, ut illorum duorum principum apostolorum solemnia duo summi Urbis principes in lætitia et magno gaudio celebrarent, qui suscepta potestate a Domino ligandi atque solvendi, portas cœli claudunt et aperiunt quibus volunt. Tunc vero Tiburtini, tanquam perfidi et contumaces, a dominio et jurisdictione Beati Petri se subtrahere cupientes, postposita fidelitate, quam domno papæ Adriano, ejusque successoribus recenter juraverunt, ad præsentiam ipsius imperatoris accedere præsumpserunt, et clavibus civitatis ei assignatis, seipsos cum civitate Tiburtina juri et ejus dominio tradiderunt. Quod factum pontifex cum tota Romana Ecclesia nimium grave et omnino intolerabile ferens, super tanta injuria Beato Petro absque rationabili causa illata eidem imperatori conquestus est, et ut civitatem ipsam, quæ ab antiquo juris Beati Petri esse dignoscitur, sibi restitueret, ipsum tanquam proprium Romanæ Ecclesiæ advocatum attentius exoravit. Augustus igitur habito cum principibus suis consilio et cognita veritate, illico civitatem ipsam ei restituit, et per litteras, quæ inferius adnotantur, eisdem Tiburtinis injunxit, quatenus eidem papæ, tanquam domino et patri suo fideliter obediant et servire omnimode studeant.

Littera, quam misit imperator civibus Tiburtinis, ut obedirent papæ.

FREDERICUS, Dei gratia Romanorum imperator, et semper augustus, universis civibus Tiburtinis, gratiam suam, et bonam voluntatem.

Universitatem vestram nosse volumus, quod ob reverentiam beati Petri principis apostolorum dilectissimo atque in Christo reverendo Patri nostro Adriano papæ civitatem dimisimus Tiburtinam, salvo tamen per omnia jure imperiali. Hujus rei gratia omnes et singulos cives Tiburtinos a fidelitate, quam nuper nobis jurastis, absolvimus, attentius vobis præcipiendo mandantes, quatenus eidem venerabili Adriano papæ fideliter assistatis, devote serviatis, atque, sicut Domino, devote obedire studeatis; scientes, sicut jam dictum est, a juramento fidelitatis, quod nuper fecistis, vos absolutos, salvo in omnibus jure imperiali.

Et quoniam æstivus calor jam nimis excreverat, et maxima multitudo ipsius exercitus pro intemperie inconsueti aeris vel mortis periculum, vel exitialem infirmitatem incurrerat, communis voluntas, et instans petitio principum fuit, ut imperator ad propria, (quod et factum est) sine dilatione rediret. Eodem tempore supradictus rex Siciliæ, postquam excommunicationis sententia percussus est, in contemptu cœpit haberi a suis, et, cum salubria fidelium suorum consilia de satisfactione præstanda contemneret, in sua elatione ac fatuitate fere solus remansit. Quippe majores ejus comites atque barones, cum majoribus Apuliæ civitatibus, ut i e tanta eum perversitate revocare nullatenus potuerunt, eo relicto, nuntios suos ad domnum Adrianum papam tanquam ad principalem dominum destinarunt, rogantes, ut ad partes illas dignaretur accedere, et terram ipsam, quæ juris Beati Petri esse dignoscitur, ac personas et eorum bona in manu et potestate sua reciperet. Tunc pontifex super his habito cum fratribus suis consilio, congregata comitum et aliorum nobilium tam de Urbe quam de Campania et aliis circumpositis locis decora militia, circa festum Beati Michaelis descendit ad Sanctum Germanum, ibique recepta fidelitate et homagio a Roberto principe Capuano, et Andrea comite, aliisque nobilibus illarum partium, præmisit eos ante faciem suam, ut præpararent ei viam, et prava in directa facerent, et aspera in vias planas. Ipse vero post aliquot dies per Castrum Mignavi per Capuanam civitatem transitum faciens usque Beneventum Domino comite processit, et omnes fere barones illarum partium, eorumque terras, et circumpositas civitates ad fidelitatem Beati Petri et suam, tanquam eorum principalis dominus, in eadem civitate recepit. Interea imperator Græcorum partium de thesauro pecuniam per quemdam principem suum nomine Paliologum misit Anconam. Scripsit etiam eidem pontifici, rogans et petens ab eo, ut de civitatibus Apuliæ, quæ sitæ sunt in maritimis, tres eidem imperatori eo tenore concederet, ut ipse ad expugnandum prædictum regem et de tota Sicilia expellendum sufficienter eidem pontifici vires tam in pecunia, quam in militibus et aliis armatorum præsidiis indeficienter conferret. Præterea quinque millia libras auri eidem papæ ejusque curiæ nihilominus dare promisit. Pro iis ergo, quæ contra ipsum regem quotidie tractabantur, valde perterritus est, et erroris sui pœnitentia ductus, ad sinum matris suæ sacrosanctæ Romanæ Ecclesiæ, et ad obedientiam domini et Patris sui ejusdem Romani pontificis redire cum omni humilitate disposuit. Quocirca electum Cataniensis Ecclesiæ cum quibusdam de majoribus aulæ suæ ad præsentiam ipsius pontificis accessuros usque Salernum transmisit, quibus plenariam potestatem dedit, ut gratiam et pacem domni papæ ab eo humiliter quærerent, et satisfactionem plenariam, quæ continetur inferius, cum firma securitate sibi præstarent. In primis petebat absolvi secundum Ecclesiæ morem; deinde homagium et fidelitatem eidem pontifici facere promittebat. Omnes quoque terræ suæ ecclesias cum plenaria libertate restituet. Tria castra pro illatis damnis, Padulem videlicet, Montemfuscum et Mortonem cum pertinentiis suis in propriam hæreditatem Beato Petro, et Ecclesiæ Romanæ nihilominus dabit. Romam præterea, quæ tunc adversabatur pontifici, dominio ipsius armis, vel pecunia subjugabit. Post recuperatam domni papæ, et Ecclesiæ gratiam, tantumdem pecuniæ, quantum Græci obtulerant, largietur. Auditis itaque hujusmodi oblationibus, de communi fratrum consilio venerabilem virum Hubaldum tunc presbyterum cardinalem titulo Sanctæ Praxedis, nunc Ostiensem episcopum, domnus papa transmisit usque Salernum, quatenus a prædictis nuntiis inquireret, si ea, quæ fuerant oblata, veritate certa inniterentur, et quod invenirent, sibi referrent. Factum est ita, et redeunte ipso cardinali omnia, quæ promissa ex parte regis fuerant, vera inventa sunt et ad complendum parata. Bonum igitur visum est eidem pontifici, ut tam utilis concordia, et cum magno honore Ecclesiæ, compositio deberet admitti. Sed quia major pars fratrum, alta nimis et omnino incerta sentiens, consentire nullatenus voluit, disturbatum est totum, quod oblatum fuerat et penitus refutatum. Et quoniam juxta evangelicum verbum: *Omnis, qui se exaltat, humiliabitur, et qui se humiliat, exaltabitur* (*Luc.* XIV), postquam ipse rex ita se humiliavit, et ejus satisfactio recepta non fuit, exivit cum exercitu contra Græcos et Apulos, qui ejus terram occupaverant, et veniens usque Brundusium, ubi fuerant congregati, pugnavit in campo cum illis; quibus tandem superatis et potenter devictis atque fugatis, plenum de ipsis triumphum obtinuit. Unde factum est, quod totam Apuliam et ejus fines tantus timor et tremor repente invasit, ut ei deinceps resistere nullus auderet, sed universi a facie ipsius fugientes, sine armis et coactione aliqua civitates et arces munitissimas illico dominio ejus restituerent. Quamobrem postquam pontifex deceptum se fore cognovit, et ab omnibus, qui secum firmiter stare juraverant, penitus derelictum, præmisit majorem partem fratrum suorum in Campaniam, et ipse cum paucis apud Beneventum remansit, exspectans ipsius regis adventum. Evolutis autem paucis diebus, rex ipse a superioribus Apuliæ partibus cum exercitu movit, et Beneventanæ civitati usque ad duo milliaria propinquavit. Tunc sæpedictus pontifex venerabiles viros prædictum Hubaldum titulo Sanctæ Praxedis, J. titulo Sancti Marcelli, et B. titulo Sancti Marci sedis apostolicæ cancellarium presbyteros cardinales, ad eum regem direxit, quatenus ex parte Beati Petri attentius commonerent, ut ab offensis ejus omnino cessaret, de illatis damnis satisfaceret et jura matris suæ sacrosanctæ Romanæ Ecclesiæ sibi pacifice conservaret. Quibus benigne susceptis atque tractatis, post mutuam diversorum altercationem capitulorum, rex ipse cum eodem papa eis mediantibus concordavit, et veniens ad Ecclesiam Sancti Marciani juxta Beneventum positam, ad pedes ipsius pontificis humiliter se prostravit, et ligium homagium et fidelitatem coram circumstantium maxima episcoporum, cardinalium, comitum, baronum et aliorum multitudine, Odone Frangepane juramentum computante, sibi fecit. Recepto itaque ipso rege ad pacis osculum et collatis magnis muneribus in auro, et argento, et sericis pannis eidem pontifici, ejusque fratribus, et toti ejus curiæ, ab invicem læti et cum gaudio discesserunt. Egrediens autem benignissimus papa de civitate Beneventana et de finibus Samnii, versus urbem Romam iter suum direxit. Transiens vero per Montem Casinum et per Marsicana Montana venit ad civitatem Narniam. Et quoniam civitatem Urbevetanam quæ per longissima retro tempora se a jurisdictione Beati Petri subtraxerat, quam cum multo studio et diligentia nuper acquisierat, et dominio Ecclesiæ Romanæ subjecerat: bonum sibi et fratribus suis visum est, ut ad civitatem ipsam accederet et sua eam præstantia honoraret. Nam usque ad ejus tempora, sicut ab omnibus dicebatur, nullus unquam Romanorum pontificum eamdem civitatem intraverat, vel aliquam in ea temporalem potestatem habuerat. Eapropter clerus, et populus, et milites illius loci majori desiderio et ampliori veneratione ipsum pontificem receperunt, et modis omnibus, quibus poterant, honorarunt. Ipse vero aliquandiu moram faciens, majores et minores, tanquam novam Beati Petri familiam affectuose honorabat et in eorum congratulabatur aspectibus. Appropinquante igitur hiemis tempore, ad amœnum et populosum Viterbii castrum descendit, et exinde ad Urbem et Lateranense consistorium cum gloria et honore debito remeavit.

Hic beatus pontifex in Ecclesia Sancti Petri tectum Sancti Processi, quod dissipatum invenit, optime resarcivit, et super oratorium Sancti Joannis in fonte murum a tribus lateribus erigens, navi ejusdem Ecclesiæ coæquavit. In Lateranensi quoque palatio cisternam valde necessariam, et multum copiosam studiose fieri fecit, et alia multa, quæ præ nimia vetustate consumpta fuerant, in eodem palatio resarcivit. In ecclesia Sanctorum Cosmæ, et Damiani majus altare lapide superposito illi lapidi, quem beatus papa Gregorius consecraverat propriis manibus, mediante Quadragesima, dedicavit. Hic Beati Petri patrimonium in magnis possessionibus, et ædificiis plurimum augmentavit. Comparavit enim castrum Corclani a Buccaleone pro centum quadraginta libris afforciatis. Duo quoque optima molendina posita apud Sanctam Christinam ab Ildebrando et Bernardo filiis Ugolini comitis de Calmanjiare pro centum nonaginta libris ejusdem monetæ nihilominus comparavit. Roccam Sancti Stephani cum medietate Proceni, et Repeseni, ab eisdem comitibus in pignore pro centum quadraginta octo libris afforciatis, et quinque solidis, eo tenore, quo scriptum est in publico instrumento, recepit. Totam etiam eorumdem comitum terram sicut continetur in publico eorum instrumento, quod est in archivis repositum, in propriam Beati Petri hæreditatem, per ipsorum spontaneam donationem, recepit. Eodem quoque modo, et eodem tenore totam terram Oddonis de Poli in propriam Sancti Petri hæreditatem nihilominus acquisivit. Hic fecit gironem in castro Rodicophini turribus munitum et alto fossato. Desertum quoque Orthæ castrum, quod erat spelunca latronum, pro pace et securitate illius terræ populavit, et muro, ac turribus non sine multis expensis munivit. In ponte Lucano capellam fieri fecit, in qua calicem sex unciarum, campanam, libros et sacerdotalia indumenta pro missarum celebratione donavit. Emit etiam juxta ipsum pontem ab uxore Joannis de Benedicto cive Tiburtino duos modios terræ pro septem libris afforciatis, et unum a Raynaldo pro viginti octo solidis afforciatis. A Gregorio quoque, et Milone de Vallomontis unum modium, et dimidium pro viginti quinque solidis Papiensis monetæ. Emit etiam A juxta ipsum pontem sex modios terræ ab Oddone de Insula, et uxore ejus pro viginti quatuor libris afforciatis. Præterea medietatem quatuor castrorum, Castilionis videlicet, Cincinianí, Canapini et Bulsignani emit a filiabus Raynaldi de Guardeja pro...... libris afforciatis. Exinde publicum instrumentum recepit; et corporalem investituram per Antimum marescallum suum a Vitale supradictarum mulierum curatore, præsentibus Alexio scriniario pincerna ipsius papæ, Petro de Arture milite, Gallesano Malavolte, Joanne Ferri, et aliorum multorum. Hic fecit ordinationes duas per menses Decembris, et Martii, diaconos septem, presbyteros quinque, episcopos per diversa loca numero......... Defunctus est autem apud Anagniam cal. Septembris, et vectus Romam in Ecclesia Beati Petri juxta corpus Eugenii papæ honorifice tumulatus est. Actum Bosonis presbyteri cardinalis titulo pastoris, qui ab ipso pontifice ab exordio sui apostolatus ejus camerarius constitutus, et in ecclesia Sanctorum Cosmæ et Damiani diaconus ordinatus, assidue usque ad ipsius obitum familiariter secum permansit

---

NOTITIA DIPLOMATICA

IN EPISTOLAS ET PRIVILEGIA ADRIANI IV.

(Philippus JAFFÉ, *Regesta Rom. pont.*, p. 658.)

In Adriani bullis reperimus Florentinos Incarnationis annos; indictionem Cæsaream; sententiam hanc OCULI MEI SEMPER AD DOMINUM.
Subscripserunt :

ep. Albanensis			Galterus	a 4 Mart. 1159	ad 30 Jul. 1159
» Ostiensis			Hugo	a 19 Dec. 1154	ad 20 Jan. 1155
			Hubaldus	a 1 Jan. 1159	ad 28 Jun. 1159
» Portuensis et S. Rufinæ			Cencius	a 25 Dec. 1154	ad 13 Jun. 1157
			Bernhardus	a 29 Jan. 1159	ad 30 Jul. 1159
» Prænestinus			Julius	a 22 Sept. 1158	ad 12 Mai. 1159
» Sabinensis			Gregorius	a 19 Dec. 1154	ad 30 Jul. 1159
» Tusculanus			Imarus	a 19 Dec. 1154	ad 8 Febr. 1159
pr. card. tit.	S. Anastasiæ		Aribertus	a 25 Dec. 1154	ad 4 Oct. 1155
			Joannes	a 26 Jun. 1158	ad 30 Jul. 1159
» »	basilicæ XII apostolorum		Ildebrandus	a 18 Febr. 1157	ad 20 Jul. 1159
» »	S. Cæciliæ		Octavianus	a 19 Dec. 1154	ad 14 Mart. 1159
» »	S. Calixti		Guido	a 24 April. 1158	ad 14 Mart. 1159
» »	S. Chrysogoni		Guido	a 19 Dec. 1154	ad 20 Mai. 1158
			Bonadies	a 14 Mart. 1159	ad 12 Mai. 1159
» »	S. Clementis		Bernardus	a 19 Dec. 1154	ad 26 Jun. 1158
» »	S. Crucis in Jerusalem		Hubaldus	a 20 Jan. 1155	ad 14 Mart. 1159
» »	SS. Joannis et Pauli tit. Pamachii		Joannes	a 19 Dec. 1154	ad 14 Mart. 1159
» »	S. Laurentii in Lucina		Albertus	a 15 Jun. 1158	ad 26 Jun. 1158
» »	S. Luciæ		Hubaldus	a 15 Oct. 1156	ad 3 Jun. 1157
» »	S. Marcelli		Julius	a 5 Jan. 1155	ad 15 Jun. 1158
» »	SS. Nerei et Achillei		Henricus	a 25 Dec. 1154	ad 29 Jan. 1159
» »	S. Pastoris		Guido	a 20 Jan. 1155	ad 15 Jun. 1157
pr. card. tit.	S. Petri ad Vincula		Guillelmus	a 30 Mai. 1158	ad 14 Mart. 1159
» »	S. Praxedis		Hubaldus	a 20 Jan. 1155	ad 22 Sept. 1158
» »	S. Priscæ		Astaldus	a 25 Dec. 1154	ad 30 Mai. 1159
» »	S. Sabinæ		Manfredus	a 19 Dec. 1154	ad 28 Sept. 1157
» »	SS. Silvestri et Martini		Joannes	a 19 Dec. 1154	ad 30 Mai. 1159
» »	S. Stephani in Celio monte		Gerardus	a 20 Jan. 1155	ad 26 Jun. 1158
diac. card.	S. Adriani		Albertus	a 5 Apr. 1157	ad 11 Mai. 1158
			Cinthius	a 15 Jun. 1158	ad 30 Mai. 1159
» »	S. Angeli		Bonadies	a 28 Febr. 1157	ad 10 Febr. 1458
» »	SS. Cosmæ et Damiani		Boso	a 4 Jan. 1157	ad 28 Jun. 1159
» »	S. Eustachii juxta templum Agrippæ		Ildebrandus	a 20 Jan. 1155	ad 31 Dec. 1156
			Petrus	a 24 Apr. 1158	ad 30 Jul. 1159

diac. card.	S. Georgii ad velum aureum	Oddo	. . . . a 17 Apr. 1155 ad 30 Jul. 1159
»	» S. Luciæ in Septisolio . . .	Rodulphus	. . a 14 Mart. 1155 ad 12 Jun. 1158
»	» S. Mariæ in Aquiro	Guido	. . . d. 13 Jun. 1157
»	» S. Mariæ in Cosmidin . . .	Jacinthus	. . a 25 Jan. 1156 ad 12 Mai. 1159
»	» S. Mariæ in Porticu	Guido	. . . . a 19 Dec. 1154 ad 10 Febr. 1158
»	» S. Mariæ in Via Lata. . . .	Gerardus	. a 11 Febr. 1155 ad 21 Jul. 1155
		Raimundus	. a 24 Febr. 1158 ad 12 Mai. 1159
»	» S. Nicolai in carcere Tulliano	Oddo	. . . . a 19 Dec. 1154 ad 30 Jul. 1159
»	» SS. Sergii et Bacchi	Joannes	. . . a 19 Dec. 1154 ad 15 Febr. 1158
»	» S. Theodori	Ardicio	. . . a 4 Jan. 1157 ad 28 Jun. 1159

Datæ bullæ sunt p. m.
Rolandi S. R. E. presb. card. et cancellarii a 12 Dec. 1154 ad 28 Sept. 1157
et a 30 Dec. 1157 ad 17 Aug. 1159
Alberti S. Adriani diac. card. vicem D. Rolandi S. R. E. presb, card. et cancellarii
gerentis . . . . a 4 Nov. 1157 ad 1 Dec. 1157
Hermanni domini papæ subdiaconi et scriptoris d. 12 Mai. et 30 Mai. 1159.

ADRIANI IV

EPISTOLÆ ET PRIVILEGIA.

De libris adhibitis vide Indicem bibliographicum tomo CLXXIX præfixum.

ANNO 1154.

I.

Monasterii Anianensis possessiones confirmat.

(Romæ, ap. S. Petrum, Dec. 12.)

[*Hist. du Languedoc*, II, pr., p. 549.]

ADRIANUS episcopus, servus servorum Dei, dilecto filio WILLELMO Anianensi abbati, etc.

Quoties a viris religiosis, etc.... Statuentes ut quascunque possessiones, quæcunque bona idem monasterium in præsentiarum juste et canonice possidet, et quidquid ex donatione fratris nostri Raymundi Uzeticensis episcopi Gordanicensi monasterio, et per illud præfato Anianensi canonice collatum est, firma tibi tuisque successoribus et illibata parmaneant. In quibus hæc propriis duximus exprimenda vocabulis:

Ecclesiam S. Joannis de Aniana, etc. piscarias quas idem monasterium habet in mare et in stagno apud Fontinianum, donum denique Aribatici cum aqua fluvii Aniantionis, a molendino fiscalino usque ad pontem Veroniæ, quod Raymundus et Aienius, Bernardus et Beatrix Mælgorienses comites eidem monasterio contulisse noscuntur; feudum quoque Adaliz, etc.

Datum Romæ apud S. Petrum per manum Rolandi sanctæ Romanæ Ecclesiæ presbyteri cardinalis et cancellarii, II Idus Decembris, indict. III, Incarnationis Dominicæ anno 1154, pontificatus vero domini Adriani papæ IV, anno I.

II.

Ordinationem factam de ecclesiis Sanctæ Genovefæ, salvis jure et rationabilibus consuetudinibus quas episcopus Parisiensis habebat in eisdem, confirmat.

(Romæ, ap. S. Petrum, Dec. 16.)

[MANSI, *Concil.*, XXI, 829.]

ADRIANUS episcopus, servus servorum Dei, venerabili fratri THEOBALDO Parisiensi episcopo, salutem et apostolicam benedictionem.

Quod ecclesias Beatæ Genovefæ prædecessor noster felicis memoriæ papa Eugenius per regulares canonicos ordinari præcepit, sicut ex litteris ejus agnovimus, non ad hoc fecit, neque id intellexit, ut tu vel successores tui aliquid de jure tuo, quod in eisdem ecclesiis habuisse dignosceris, deberes amittere, aut justitiam Ecclesiæ tuæ auferri crederet vel minui, sed ut ipsæ Ecclesiæ potius ab honestis et religiosis viris quam a lascivis et enormiter conversantibus servirentur. Nos igitur quod ipse super hoc statuit auctoritate sedis apostolicæ confirmantes, omnia jura et rationabiles consuetudines quas in prædictis ecclesiis prædecessores tui hactenus habuisse noscuntur, tibi tuisque successoribus sine ulla diminutione volumus conservari. Nulli ergo omnino hominum liceat hanc paginam nostræ confirmationis infringere vel ei ausu temerario contraire. Si quis autem hoc attentare præsumpserit, indignationem omnipotentis Dei et beatorum Petri et Pauli apostolorum ejus se noverit incursurum.

Datum Romæ apud Sanctum Petrum, XVIII Calendis Januarii.

III

Hugonem abbatem S. Remigii Remensis et Fulconem magistrum, de magisterio Scholarum burgi S. Remigii Remensis (1) *litigantes « emenso duorum annorum spatio post proximam Dominicam qua cantatur « Lætare Jerusalem » redire ad sese jubet.*

(Romæ, ap. s. Petrum, Dec. 19.)

[Varin, *Archives adm. de Reims*, I, 1, 334.]

Adrianus episcopus, servus servorum Dei, dilecto filio Hugoni abbati Sancti Remigii, etc.

(1) Cette bulle ne contient qu'une sentence provisoire en faveur des écoles de l'abbaye de Saint-Remi; nous n'avons pu, malgré nos recherches, découvrir la sentence définitive. Lacourt paraît cependant en avoir eu connaissance, à moins qu'il n'ait regardé comme définitif un jugement provisoire qu'aucun autre n'avait suivi. Voici le passage de Lacourt :

« Hugo abbas [S. Remigii] magnam habuit contentionem cum Leone scholarcha ecclesiæ Remensis an. 1154, ex quo ille abbas sustineret monachos S. Remigii jus habere docendi et scholas aperiendi in eorum banno, sine scholarchæ permissu, et hæc lis decreto summi pontificis Adriani IV tandem fuit decisa quo monachi S. Remigii servati sunt in possessione docendi aut permittendi exercitium scholarum, quod est ex antiqua consuetudine S. Benedicti, et etiam postea, an. 1434 sub abbate Joanne Cannart, judicio balivi Viromandensis, Lauduni judicatum fuit contra scholarcam Ecclesiæ Remensis, quod magistri docentes in scholis in banno S. Remigii, hanc licentiam ab abbate et monachis S. Remigii, non vero a scholarcha ecclesiæ Remensis obtinerent. » (Lacourt, Marlot. annot., Not., fol. 38.)

Nous rapprocherons de la bulle d'Adrien IV un document qui lui est antérieur de trois siècles, qui se rapporte également elle aux écoles de l'abbaye de Saint-Remi, et qui servira également à compléter ce que Mabill. *Annal. Bened...* et l'*Histoire littéraire* passim, Anquetil, *Hist. de Reims*, 1, 229, et l'*Almanach de Reims*, pag. 75, avaient déjà parlé de notre document. Nous emprunterons ce que nous en dirons à une lettre et à des notes du P. Egée qui se trouvent à la Bibliothèque du Roi, mss. Reims, cart. vi et à Lacourt, Marlot. annot. 1, not. fol. 27.

Lettre du P. Egée, sous-prieur de l'abbaye de Saint-Remi, à M. Tranchant.

« Si je ne vous connaissais aussi sincère que vous faites profession de l'être, je vous dirais, Monsieur, que vous portez la complaisance un peu loin en me marquant par votre lettre que vous avez lu avec toute la satisfaction possible l'inscription découverte ici depuis un mois, et que vous la regardez comme un précieux monument des études monastiques qui ne peut que beaucoup illustrer l'abbaye où elles ont fleuri. C'est, à vous dire le vrai, ce que j'ai pensé moi-même... Elle est, en effet, une évidente preuve qu'il y a eu autrefois [chez nous] des écoles publiques, et il semble qu'elle n'a été faite que pour être mise au frontispice du lieu où ces écoles sont établies, conformément à ce

A Venisti tu et dilectus filius noster magister Fulco canonicus Remensis ecclesiæ qui dilecti filii nostri Leonis decani et magistri Scholarum Remensis Ecclesiæ vices agebat, ad judicium apostolicæ sedis, et controversiam illam quæ super magisterio Scholarum in burgo ecclesiæ S. Remigii inter vos agebatur, in audientia nostra deposuistis; nos autem cum non satis ad agendam causam veneratis instructi debitum ei finem imponere non potuimus;

que Charlemagne avait ordonné par ses capitulaires à l'égard des évêchés et des abbayes les plus considérables. Jusqu'à présent, on n'avait eu que de simples conjectures qu'on eût autrefois professé publiquement les sciences à Saint-Remi; les hommes illustres qui en sont sortis, le grand nombre d'anciens manuscrits qui s'y conservent encore, joint à la grande réputation de cet archimonastère, le faisaient croire, il est vrai, mais on n'osait l'assurer faute de preuves; au lieu qu'à présent personne ne peut plus raisonnablement révoquer en doute cette vérité... Cette inscription a été trouvée gravée en grands caractères romains sur une pierre plate (a) qui couvrait un cercueil de pierre à quatre pieds en terre, le 1er avril 1713, par des ouvriers maçons, en travaillant à creuser les fondements du nouveau cloître, vers l'orient, du côté de la porte du chapitre qui répond audit cloître, et entre ladite porte et une porte de l'église laquelle répond aussi audit cloître, Quant à Sicfarius dont il y est parlé avec de si grandes éloges, je vous dirai, pour répondre à ce que vous me demandez, qu'il fut parlé prévôt ou prieur claustral de Saint-Remi, un peu avant le milieu du IXe siècle, ayant succédé dans cette dignité à Balduin et ayant eu pour successeur immédiat Rodefroy qui l'exerça sous l'archevêque Hincmar; car les archevêques de Reims, depuis Tilpin jusqu'à Hugues de Vermandois, se dirent tous abbés de Saint-Remi, mais ils instituaient toujours un prévôt ou prieur claustral qu'ils chargeaient du soin de l'observance régulière. Sicfarius ou Soifarius semble avoir joint à la dignité de prévôt celle de maître, et il fit transcrire tous les livres de morale de saint Grégoire sur Job, écrit par les ordres de Sicfarius, comme il est marqué dans le volume qui contient le 17e jusqu'au 22e inclusivement. Rien, il faut en convenir, ne cadre mieux avec notre inscription; et tous ces volumes de saint Grégoire, comme tous les ouvrages des Pères sur l'Ecriture, ne sont point autres que ces livres divins qui traitent de nos mystères les plus élevés; c'est ce que signifie le *dindima* employé en l'inscription (Voyez Mabillon, *Act. SS. Ord. S. Bened.*, Ind. onomas, sæc. III, t. I). Il ne faut avoir qu'une légère teinture de ce qui se pratiquait autrefois dans les cloîtres pour savoir que le travail le plus ordinaire des moines était de transcrire des livres; plus de trois cents manuscrits qui restent dans la bibliothèque de Saint-Remi prouvent qu'on s'y est fort exercé dans ce genre de travail; entre les plus anciens on y remarque le livre des origines de S. Isidore, écrit vers l'an 700, le pontifical de Tilpin écrit en 780, le sacramentaire de saint Grégoire écrit en 799;

(a) Cette pierre avait six pieds de long, deux et demi de large, et cinq pouces d'épaisseur; elle couvrait un cercueil de pierre orné de compartiments, dans lequel on trouva les ossements d'un mort et des restes de bottines. Elle était renversée, c'est-à-dire l'écriture dessous; et afin qu'on ne crût pas qu'elle eût été mise pour la personne inhumée, l'on avait biffé en partie et haché au marteau presque toutes les lettres. Voici cette inscription :

Huic claustro pollent studio loca compotis apta
Sicfarii fulti solamine : propositurum
Condecorans genio primam quam cernis Eoe

Parte domum, claro statuit fundamine condens
In melius, reliquas etiam si noscere quæras,
Compta salutiferis quibus insunt Dindima jussis.

Traduction : « L'étude du comput, dont Sicfarius a donné les solides règles, fleurit dans les écoles de ce monastère; il a fait honneur à la dignité de prieur par son esprit et en faisant construire ce magnifique appartement qui se voit au levant, et il a ainsi réparé la bibliothèque où se retrouvent, par ses ordres salutaires, les auteurs qui ont le mieux écrit de nos sacrés mystères en faveur de ceux qui voudraient en acquérir l'intelligence. »

sed emenso duorum annorum spatio, post proximam Dominicam qua cantatur *Lætare, Jerusalem*, terminum agendæ causæ vobis duximus præfigendum, quo utraque parte ad sedem apostolicam redeunte, ei suis scriptis et testibus sufficienter instructa eadem causa sub judicio apostolicæ sedis finem debitum consequatur. Interim igitur monasterium tuum sicut possidebit, ita possideat, et possessio ejus ab altera parte minime perturbetur.

Datum Romæ, apud S. Petrum, xiv Kal. Januarii.

IV.
Monasterii S. Remigii Remensis possessiones confirmat.

(Romæ, ap. S. Petrum, Dec. 19.)

[VARIN, *ibid.*, I, 1, 328.]

ADRIANUS episcopus, servus servorum Dei, HUGONI abbati Sancti Remigii Remensis..........

Piæ postulatio voluntatis effectu debet prosequenti compleri, quatenus et devotionis sinceritas laudabiliter enitescat, et utilitas postulata vires indubitanter assumat.

Propterea, dilecti in Domino filii, vestris justis postulationibus clementer annuimus et præfatum monasterium, in quo divino mancipati estis obsequio sub beati Petri et nostra protectione, et præsentis scripti privilegio communimus. Statuentes ut quascunque possessiones, quæcunque bona in præsentiarum juste et canonice possidet, aut in futurum concessione pontificum, largitione regum vel principum, oblatione fidelium, seu aliis justis modis, præstante Domino, poterit adipisci, firma vobis vestrisque successoribus et illibata permaneant. In quibus hæc propriis duximus exprimenda vocabulis :

Burgum extra castrum in quo beatus Remigius requiescit cum omni justitia et potestate quemadmodum vobis est traditum a regibus Francorum, et nihilominus scriptis eorum confirmatum, videlicet ut ab omni aliena justitia et potestate immune permaneat, nullusque præter abbatem et ejus monachos, ullam inibi judiciariam potestatem exerceat; sed liceat abbati et fratribus suis ibidem habere caumas, furnos, molendinos, piscarias et viridaria, et mercatum cum res et tempus illud postulaverit ; tabernas, bannum, macellum, et omnes artes et cætera quæcunque omnia ad burgum pertinere noscuntur, et quæcunque eorum placito et usibus visa fuerint.... ecclesiam Sanctæ Mariæ.... extra muros castri Retesti..... sicut eam Hugo comes per manum Rodulphi archiepiscopi vobis donavit.... cum censu burgi, et scholis, cæterisque appendiciis suis; videlicet Gersonem cum ecclesia..... Bainam cum ecclesia et personatu, et capella de Muscherio, et Noerio cum appendiciis suis.... Campum Floridum cum capella..... Sacheium cum ecclesia et personatu et capella de Mosnelibus (*Les Maisneulx*). .... capellam de Sarneio et matricem ecclesiam de Brool ; Taisnaium cum ecclesiis et appendiciis suis...... ecclesiam Sancti Thomæ prope castrum Viennense cum capella ejusdem castri ; ecclesiam S. Oricoli cum appendiciis suis ; ecclesiam de Altreio, ecclesiam de Mathigio, ecclesiam de Novavilla, ecclesiam de Cambuslia, ecclesiam de Ardullio, ecclesiam de Virisiaco, ecclesiam de Vallis,

---

aussi entre les redevances de ceux qui cultivaient les terres de l'abbaye, on remarque qu'ils étaient obligés de fournir tous les ans une certaine quantité de vermillon.

« Ex Polyptico Remigiano : Ad S. Hilarium est ecclesia in honorem ipsius... summa census, frumenti modii CVI, speltæ ICCCCXI, hordei CCLVII, mixturæ CCCXXV... vermiculi uncias XII. In Rauciaco... accolæ donant annis singulis speltæ modios DXLV, hordei modios XL, fetas XXV cum totidem agnis, pull. CCCXXXII, past. XII, ova DLXXXII, argenti lib. II, vermiculi uncias III. In Aventiene.... Bernoldus servus simul et uxor ejus Cifugdis aucam solvit, denarios VIII, vermiculi uncias XII. »

« De tant de manuscrits dont là plupart sont des commentaires sur l'Écriture sainte, on peut inférer avec quelque fondement que l'on enseignait à Saint-Remi cette divine science, qui faisait toute la théologie de ce temps-là, et l'inscription semble l'insinuer par ces mots : *si noscere quæras;* mais elle le marque encore plus expressément du comput et de la science des temps; le comput pascal comme l'on entendait cela en ce siècle, était proprement un traité d'astronomie, qui comprenait tout ce qui peut servir à dresser le calendrier ecclésiastique et à régler l'échéance du jour de Pâque. L'on sait, en effet, que cette connaissance était considérée comme quelque chose de si important, depuis qu'il s'était élevé dans l'Eglise des disputes touchant le temps auquel on devait célébrer la fête de Pâque, que non seulement les empereurs prescrivirent par leurs capitulaires l'étude du comput, mais que presque tous les évêques ordonnèrent par leurs statuts synodaux aux prêtres et aux clercs de l'apprendre, d'où vient qu'entre les livres liturgiques que chaque église avait pour son usage, l'on trouve presque toujours un volume ou des cahiers de comput. »

« *Ex Polyptico Remigiano* : Baine, in præscripta villa habetur ecclesia in honore S. Medardi.... lectionarius unus, collectaneus I, a Pascha usque ad Domini Adventum, psalterium I, et in ipsa villa vico habetur ecclesia in honore S. Remigii dicata... missale cum evangelio et lectionibus seu antiphonario, vol. I, Epist. S. Pauli I, et VII canonicæ, et Apocalypsis cum explanatione, vol. I; Hieronymi in Matthæum, vol. I; pœnitentialis canonici, vol. I; psalterium I, quaterniones de *compoto*... »

« Aussi l'archevêque Hincmar ordonna expressément par un article de ses capitulaires de l'an 852, que les prêtres de son diocèse fussent pleinement instruits du comput; ce fut aussi, comme il est marqué dans l'inscription, pour enseigner le comput que l'on établit à Saint-Remi des écoles publiques, et que le prévôt Sicfarius, qui était bon astronome et habile computiste, expliqua le système dont il était auteur et donna de solides règles pour acquérir cette science. L'on trouve sur cette matière un grand nombre de traités manuscrits de ce siècle dans la bibliothèque de Saint-Remi. Ce qui sert à confirmer que ces écoles étaient célèbres et très-fréquentées. Voilà, Monsieur, ce que j'ai pu découvrir de plus approchant de la vérité touchant l'inscription que vous estimez tant.

« Agréez, etc. »

ecclesiam de Orisiaco, ecclesiam de Chevereiis cum omnibus quæ ad ipsas ecclesias pertinent : Terronam super Axonam cum ecclesia et appendiciis suis; terram de Deonna cum molendinis; quartam partem Hermundivillæ; Giveium, Exiam, villam Dominicam . . . . Alodium septem Salicum . . . . piscatoriam quam Henricus comes donavit vobis in toto banno Cundati. Apud Joannis-villam omnem terram Guidonis de Altreio et Joffredi nepotis sui. Apud eamdem villam tres furnos; villam quæ dicitur ad S. Martinum super fluvium Suppiam cum molendinis et cæteris omnibus ad usus pauperum pertinentibus; curtem de Belloverio cum terris, pratis, pascuis et molendinis Hugonis cæterisque omnibus ad usum pauperum pertinentibus. In territorio Suessionensi, Moptinniacum villam cum appendicis suis, et terram et decimam quam Milo de Vernoil vobis restituit. In territorio Laudunensi Corbiniacum palatium cum appendiciis suis; ecclesiam S. Victoris (S. Viteny), Cravennam villam cum decima et omni banno cæterisque appendiciis suis; Muncellum cum ecclesia . . . . In territorio Catalaunensi . . . . Boloium (Beloy) villam, Breox (Braux) cum ecclesia . . . . . Furneium, Walerios, ecclesiam de Vernol . . . . . .; terram et decimam quam habetis apud Veroium (Valray) et cætera omnia ad usus pauperum pertinentia. In episcopatu Tullensi, Domnum Remigium cum ecclesia, decimam de Tronvilla. In territorio Lingonensi Condedas cum ecclesia et decima Darmannum villam cum omnibus ad easdem villas pertinentibus. In territorio Atrebatensi abbatiam Sancti Joannis Baptistæ de Hosden cum appendiciis suis, Belgim cum ecclesia, altare de Monci . . . . ecclesiam de Sueres. . . . In episcopatu Aquensi . . . . Ventabren castrum cum ecclesia S. Michaelis de Finistella quæ nunc dicitur Volta. Terram et decimam de Fara. In episcopatu Moguntino . . . . ., Bigehen, Glannam capellam, Perferelenbac, Osterna, Kerembac . . . . In comitatu Kiribere villam quæ dicitur Brucca . . . . In ducatu Toringorum, villas nuncupatas Scaunistrat, Nortus, Adistat, Lobach et Promere . . . . . In pago Roslinxe, in comitatu Blesense curtem quæ dicitur Berna . . . . . Bischopfeselim. In villa Buppura, allodium quod Albertus advocatus factus monachus vestræ ecclesiæ contulit. In episcopatu Leodicensi . . . . ., Clumam cum ecclesia et personatu; Sekinam ecclesiam Huleberge, capellam de Ambe, capellam de Skimorte et capellam de Heusta, villas quoque Covornam . . . . Hertam et Beccham, sicut a Romanorum regibus vobis sunt datæ. In Anglia, in episcopatu Cestrensi Lapeleiam, Estonam, Merestonam, medietatem de Bigvifort, Milifortem et villam Riduaram. In episcopatu Herifordensi villam Silvitonam, decimam de Beroniaco . . . . Sepulturam quoque ipsius loci liberam esse concedimus ut eorum devotioni et extremæ voluntati qui se illic sepeliri deliberaverint, nisi forte excommunicati aut interdicti sint, nullus

obsistat, salva justitia matricis ecclesiæ. Sane in parochialibus ecclesiis quas tenetis, presbyteri per vos eligantur et episcopo præsententur, quibus si idonei fuerint episcopus animarum curam committat ut de plebe quidem cura ei respondeant, vobis autem pro rebus temporalibus ad monasterium pertinentibus debitam subjectionem impendant.

Obeunte vero te nunc ejusdem loci, dilecte fili abbate, vel tuorum quolibet successorum, nullus ibi qualibet subreptionis astutia seu violentia præponatur, nisi quem fratres communi consensu, vel fratrum pars consilii sanioris secundum Dei timorem et B. Benedicti Regulam providerint eligendum.

Decernimus ergo ut nulli omnino hominum liceat præfatum monasterium temere perturbare, aut ejus possessiones auferre, vel ablatas retinere, minuere, seu aliis quibuslibet vexationibus fatigare, sed illibata omnia et integra conserventur corum, pro quorum gubernatione et sustentatione concessa sunt, usibus omnimodis profutura, salva sedis apostolicæ et diœcesanorum episcoporum canonica justitia.

Si qua igitur in futurum ecclesiastica sæcularisve persona hanc nostræ constitutionis paginam sciens, contra eam temere venire tentaverit, secundo tertiove commonita nisi reatum suum condigna satisfactione correxerit, potestatis honorisque sui careat dignitate, reamque se divino judicio existere de perpetrata iniquitate cognoscat, et a sacratissimo corpore ac sanguine Dei et Domini Redemptoris nostri Jesu Christi aliena fiat, atque in extremo examine districtæ ultioni subjaceat. Cunctis autem eidem loco sua jura servantibus sit pax Domini nostri Jesu Christi, quatenus et hic fructum bonæ actionis percipiant, et apud districtum judicem præmia æternæ pacis inveniant. Amen, amen, amen.

Ego Adrianus catholicæ Ecclesiæ episcopus signavi.

Ego Imarus Tusculanus episcopus, signavi.

Ego Hugo Ostiensis episcopus, signavi

Ego Gregorius Sabinensis episcopus, signavi.

Ego Guido presbyter cardinalis tituli S. Chrysogoni, signavi.

Ego Bernardus P. C. tit. S. Clementis, signavi.

Ego Manfredus P. C. tit. S. Savinæ, signavi.

Ego Octavianus P. C. tit. S. Ceciliæ, signavi.

Ego Joannes P. Card. tit. SS. Joannis et Pauli, signavi.

Ego Joannes P. C. tit. S. Sylvestri, signavi.

Ego Guido diaconus cardinalis tit. S. Mariæ in Porticu, signavi.

Ego Joannes D. C. tit. SS. Sergii et Bacchi signavi.

Ego Odo diac. card. tit. S. Nicolai in carcere Tulliano, signavi.

Datum Romæ apud S. Petrum per manum Rolandi sanctæ Romanæ Ecclesiæ presbyteri cardinalis et cancellarii xiv Cal. Januarii, indict. III

Incarnationis . . . . . anno 1154, pontificatus vero domini Adriani papæ IV anno primo.

V.
Privilegium pro monasterio Tutelensi.
(Romæ, ap. S. Patrum, Dec. 25.)
[BALUZ., *Historia Tutelensis*, Append., p. 484.]

ADRIANUS episcopus, servus servorum Dei, dilecto filio GERALDO Tutelensi abbati ejusque successoribus regulariter substituendis in perpetuum.

Quoties illud a nobis petitur quod religioni et honestati convenire dignoscitur, animo nos decet libenti concedere et petentium desideriis congruum impertiri suffragium. Eapropter, dilecte in Domino fili, tuis justis postulationibus gratum impertientes assensum præfatum Tutelense monasterium, cui Deo auctore præsides, sub beati Petri et nostra protectione suscipimus et præsentis scripti privilegio communimus, statuentes ut quascunque possessiones quæcunque bona idem monasterium in præsentiarum juste et canonice possidet, aut in futurum concessione pontificum, largitione regum vel principium, oblatione fidelium, seu aliis justis modis Deo propitio poterit adipisci firma tibi tuisque successoribus et illibata permaneant, in quibus hæc propriis duximus exprimenda vocabulis.

In adjacenti videlicet burgo ecclesiam Sancti Juliani et ecclesiam Sancti Petri, ecclesiam de Aquina, ecclesiam de Acuto monte, capellam de Roca, capellam de Marco, capellam de Bosqueto, capellam de la Garda, ecclesiam de Spaniaco cum ipsa capella, capellam de Clergo, capellam de Spinaciis, capellam de Autoire. capellam de Monsalvi, ecclesiam de Viam, ecclesiam de Gransania, capellam de Vetulo tilio, capellam de Monedeira, capellam de la Va'eta, capellam de Sanciaco, capellam de Madrangis, ecclesiam de Aureliaco, capellam de Boltiaco, capellam de Planis, capellam de la Genesta, capellam de Caunac, capellam de Cornilio, ecclesiam de Palaguangis, capellam de Auriolo, capellam de Bellopodio, capellam de Marcocella, capellam de Capiaco, ecclesiam Sancti Michaelis et ipsius castri capellam, ecclesiam Sancti Petri de Baneriis, ecclesias de Vairaco, capellam Sanctæ Mariæ de Machoriis, ecclesiam de Sancto Dionysio, ecclesiam de Faurgas, ecclesiam Sancti Petri de Cusantia, ecclesiam de Mairona, ecclesiam de Vogairo, et capellam de Bellocastello, capellam de Castel, ecclesiam de Mairinac, ecclesiam de Riallac, ecclesiam de Rocamador cum omnibus pertinentiis suis, ecclesiam de Saliaco, ecclesiam de Donziaco, ecclesiam de Marciliaco, ecclesiam Sancti Aredii, ecclesiam Sancti Maurilii, ecclesiam de la Garda, ecclesiam Sanctæ Fortunatæ, ecclesiam de Albutiaco, ecclesiam de Novavilla, ecclesiam de Molseo et capellam ipsius castri, ecclesiam Sancti Amantii, ecclesiam Sancti Michaelis de Faorzes, ecclesiam Sancti Silvani, ecclesiam Sancti Boniti del vernt, ecclesiam Sancti Pardulfi de Crozilla, ecclesiam Sancti Martini quæ est inter Dustram et Dordoniam, ecclesiam de Mordelgue, ecclesiam de la Mazeira, ecclesiam de Sadra, ecclesiam Sancti Maxentii, ecclesiam Sancti Boniti de Avalofa, ecclesiam Sancti Medardi, villas de Vairaco et de Aquina cum omnibus pertinentiis suis. Si quæ vero Ecclesiæ aut res ecclesiasticæ vel prædia Tutelensi monasterio pertinentia per irreligiosos abbates vel monachos hactenus laicis illicite datæ vel per laicos in aliorum monasteriorum facultatem citra legitimum tempus usurpata sunt, vestro penitus monasterio restituenda præcipimus. Ad hæc adjicientes statuimus ne pro malefactis militum in Tutelensi castro habitantium monasterium ipsum excommunicetur, ea tamen conditione ut iidem milites, si excommunicati sunt, ad divina illic officia non admittantur. Possessiones etiam Tutelensis cœnobii pro ipsorum militum offensis depopulari aut infestari a quibuslibet personis auctoritate apostolica prohibemus. Sepulturam quoque ejusdem loci secundum antiquam ac canonicam consuetudinem omnino liberam esse et permanere decernimus, ut eorum qui illic sepeliri deliberaverint devotioni et extremæ voluntati, nisi forte excommunicati ex proprio delicto sint, nullus obsistat. Sepulturam vero militum et uxorum suarum, scilicet de Gimel, de Bar, de Boltiaco, de Correzia, de Mairinaco, Sancti Augustini, de Utmalros e Dent, Doitrant, de Bellomonte, de Saliaco, de Sancto Clemente, de Sancto Germano, de Sancta Ferreola, de Favars, de Cornil, de Sancta Fortunata, de la Garda, de Sancto Amantio, de Navis, de Rocca, de Marciliaco, de Clergor, de Campaniaco, de Ladiniaco, de Pandrina, de Clementiaco, de Sancto Aredio, de Sancto Michaele, de Vairiaco, et de Tutelensi castello, et omnium vicecomitum de Torenna, de Comborn, de Ventedorn, et de Gimel, et uxorum ac liberorum suorum vobis a quolibet auferri vel interrumpi ab ecclesia vestræ consuetudinem omnimodis interdicimus. Obeunte vero te nunc ejusdem loci abbate vel tuorum quolibet successorum, nullus ibi qualibet subreptionis astutia seu violentia præponatur, nisi quem fratres communi consilio vel fratrum pars consilii sanioris secundum Dei timorem et Beati Benedicti Regulam elegerint. Præsenti etiam decreto statuimus ut decimas ad vestras ecclesias pertinentes aut jus earum nullus omnino audeat minuere vel auferre. Adjicientes itidem ut in castris, villis et possessionibus monasterii vestri nemo unquam novas munitiones ædificare præsumat. Sane de laboribus propriis manibus aut sumptibus a vobis factis, sive de nutrimentis vestrorum animalium nulli penitus liceat decimas exigere vel auferre.

Decernimus ergo ut nulli omnino hominum liceat præfatum monasterium temere perturbare, etc. Salva sedis apostolicæ auctoritate et diœcesani episcopi canonica justitia. Si qua igitur in futurum ecclesiastica, etc. Amen, amen, amen.

Ego Adrianus catholicæ Ecclesiæ episcopus.

Ego Imarus Tusculanus episcopus.
Ego Hugo Ostiensis episcopus.
Ego Cencius Portuensis et S. Rufinæ episcopus.
Ego Gregorius Sabinensis episcopus.
Ego Guido presbyter cardinalis tituli Sancti Chrysogoni.
Ego Hubaldus presbyter cardinalis tituli Sanctæ Sabinæ.
Ego Aribertus presbyter cardinalis tituli Sanctæ Anastasiæ.
Ego Bernardus presbyter cardinalis tituli Sancti Clementis.
Ego Octavianus presbyter cardinalis tituli Sanctæ Cæciliæ.
Ego Astaldus presbyter cardinalis tituli Sanctæ Priscæ.
Ego Joannes presbyter cardinalis sanctorum Joannis et Pauli tituli Pammachii.
Ego Henricus presbyter cardinalis tituli Sanctorum Nerei et Achillei.
Ego Joannes presbyter cardinalis tituli Sanctorum Silvestri et Martini.
Ego Guido diaconus cardinalis tituli Sanctæ Mariæ in Porticu.
Ego Joannes diaconus cardinalis sanctorum Sergii et Bacchi.
Ego Odo diaconus cardinalis Sancti Nicolai in carcere Tulliano.

Datum Romæ apud Sanctum Petrum per manum Rolandi S. R. E. presbyteri cardinalis et cancellarii, viii Kal. Jan., indictione iii, Incarnationis Dominicæ anno 1154, pontificatus vero domni Adriani papæ iiii anno primo.

VI.

Fraclio archiepiscopo Lugdunensi asserit « primatum super Galliarum provincias: Lugdunensem, Rathomagensem, Turonensem ac Senonensem, » et Ecclesiæ ejus bona confirmat.

(Romæ, ap. S. Petrum, Dec. 26.)

[*Primatie de Lyon*, seconde requête, Pr. p. 6, teste Bréquigny, *Table chron.* III, 224.]

VII.

Wibaldo Corbeiensi abbati commendat apud imperatorem res Ecclesiæ Romanæ et suos legatos cum ipso tractaturos.

(Romæ, ap. S. Petrum, Dec. 29.)

[MARTEN., *Ampl. Collect.*, II, 591.]

ADRIANUS episcopus, servus servorum Dei, dilecto filio Corbeiensi abbati, salutem et apostolicam benedictionem.

Devotionem ac reverentiam, quam sacrosanctæ Romanæ Ecclesiæ matri tuæ hactenus impendisti, et nos ipsi cognoscimus, et fratres nostri, qui plenius norunt, nobis plenius retulerunt. Conveniens equidem est et consentaneum rationi, ut eidem Ecclesiæ, quæ tam pro tua quam pro cunctorum salute fidelium laborat, assidue te devotum et subjectum debeas exhibere, et de ejus semper honore atque utilitate, sicut hucusque fecisse dignosceris, sollicite cogitare. Superest autem, ut bonum incœptum atque propositum ita laudabiliter exsequaris, ut nos et fratres nostri, qui bonum de te perhibent testimonium, fidelitatem et devotionem tuam ipso rei effectu possimus evidenter agnoscere. Et ideo dilectioni tuæ per apostolica scripta mandamus et exhortamur in Domino, quatenus Romanam Ecclesiam, cui omnem obedientiam debes et subjectionem impendere, omni conamine studeas honorare, et ad ejus utilitatem atque servitium te non dubites promptissimum exhibere. Inventa itaque hac temporum opportunitate, apud dilectum filium nostrum Fredericum illustrem Romanorum regem, ita eidem Ecclesiæ sollicitus sis assistere, et ita eam sibi assidue commendare, atque cum ipso de ejus utilitate et incremento tractare, ut eadem mater tua te specialem et devotissimum filium ipso rei effectu patenter agnoscat, et tu apostolicæ sedis auxilium, quatenus tibi fuerit opportunum, cum majori fiducia debeas implorare. Ad hæc venerabilem fratrem nostrum C. (2) Portuensem episcopum et dilectos filios nostros B. (3) titulo Sancti Clementis, et O. (4) titulo Sanctæ Cæciliæ presbyteros cardinales, qui apud memoratum Fredericum illustrem Romanorum regem et mandato nostro legatione funguntur, de honore et exaltatione Romanæ Ecclesiæ et de salute regni cum eo, auctore Domino, tractaturi, discretioni tuæ attentius commendamus, rogantes ut eos tanquam nosmetipsos honeste recipere, ac modis omnibus studeas honorare, et in suis opportunitatibus eis honorifice providere. Si enim matrem tuam ipsam Romanam Ecclesiam recognoveris, et ei studueris debitum servitium et honorem impendere, ipsa quoque te suum specialem filium recognoscet, te curabit in tuis postulationibus celerius et facilius exaudire.

Data Romæ apud Sanctum Petrum, iv. Kal. Junii [*leg.* Januarii].

ANNO 1155.

VIII.

Clericis et laicis ecclesiæ S. Petri de Monte præcipit ut « cum superpellicio et cappis nigris ordinem B. Augustini a pristinis temporibus in eorum ecclesia institutum firmiter observent. »

(Romæ, ap. S. Petrum, Jan. 2).

[D. CALMET, *Hist. de Lorraine*, II, Pr. p. 337.]

ADRIANUS, episcopus, servus servorum Dei, di-

---

(2) Censium, qui primum ab Eugenio III presbyter cardinalis S. Laurentii in Lucina, deinde episcopus Portuensis ab Anastasio IV creatus est.
(3) Bernardum, ex canonico regulari Lucensi et priore Lateranensis monasterii, ab Eugenio III purpura donatum, et ab eodem et ab Adriano multis legationibus deputatum ad Fridericum imperatorem.
(4) Octavianum primo diaconum cardinalem, ab Innocentio III, deinde ab Eugenio presbyterum cardinalem S. Cæciliæ creatum.

lectis filiis clericis et laicis ecclesiæ Sancti Petri de Monte, salutem et apostolicam benedictionem.

Sicut ex prædecessoris nostri sanctæ memoriæ papæ Eugenii litterarum tenore cognovimus, ut in vestra posset ecclesia ordo canonicus ibidem ab antiquis temporibus institutus in melius reformari, quemdam vobis abbatem de ordine Præmonstratensium, Philippum, scilicet præficere studuit, cui et inter alia præcipere voluit, ut Præmonstratensis ordinis veste deposita, superpelliclum sumeret, et secundum antiquam consuetudinem ecclesiæ vestræ, nigris vestibus uteretur. Nunc autem sicut manifesta relatione accepimus, contra interdictum sanctæ memoriæ Eugenii papæ vestes mutaverit, et mutando vestem, unionem charitatis inter vos non timuit violare, quoniam quosdam de fratribus vestris claustro, sicut dicunt, præsumpsit ejicere, quia nolebant Præmonstratensium vestimenta recipere, vel habitum quem sumpserant immutare.

Et quoniam volentibus Domino deservire, omnis materia scandali est penitus amputanda, per apostolica vobis scripta mandamus, cum superpellicio et cappis nigris ordinem beati Augustini a pristinis temporibus in vestra ecclesia institutum studeatis firmiter observare, et in ea vocatione qua vocati estis juxta votum quod vovistis ita grata laboretis de cætero servitia exhibere, ut possitis cum beato Augustino in cœlesti gloria coronari. Præterea quoniam latores præsentium pro communi utilitate ecclesiæ vestræ laborasse creduntur, nihilominus vobis mandamus, expensas quas veniendo ad sedem apostolicam fecisse noscuntur, et mutuo juramento interposito, sicut asserunt, acceperunt de communibus bonis vestris, eis sine contradictione aliqua persolvatis, et alia quæ de bonis ejusdem ecclesiæ distracta seu alienata sunt, recuperare nullatenus negligatis.

Datum Romæ apud Sanctum Petrum IV Nonas Januarii.

IX.
Ordinis Præmonstratensis leges et privilegia quædam confirmat.
(Romæ, ap. S. Petrum, Jan. 3.)
[Le Paige, *Bibl. Præm.*, 627.]

Adrianus, episcopus, servus servorum Dei, dilectis filiis Hugoni Præmonstratensi abbati atque ejusdem ordinis abbatibus, præpositis, eorumque successoribus regulariter substituendis, in perpetuum.

Sicut in humano corpore membra plurima esse noscuntur, et alia in majori honore habentur, quoniam pro excellentiæ suæ dignitate sunt priora, ita in corpore Christi, quod est Ecclesia, plurimi sunt ad honorem et laudem Domini congregati. Quidam tamen propensius in ipsius laudibus atque servitio commorantes, sicut membra excellentiora in Christi corpore numerantur, et sunt quasi luminaria in firmamento cœli, quæ terrenos illuminant, et ad Christi servitium proprii unguenti odore student alios attentius provocare. Vos autem filii in Christo charissimi, quoniam de illorum numero vos esse cognoscimus, sincero charitatis affectu diligimus, vestris justis postulationibus gratum volumus exhibere consensum, ut tanto ferventius in Domini vinea laboretis, quanto apud matrem vestram sacrosanctam Romanam Ecclesiam majorem gratiam senseritis invenisse. Quocirca, dilecti in Domino filii, vestris precibus annuentes, statuimus et apostolicæ sedis auctoritate sancimus, ut omnes abbates et præpositi Præmonstratensis ordinis ad commune capitulum annuatim Præmonstratum veniant, nisi forte sint proprii corporis infirmitate detenti, vel ex communi consilio licentiam habeant remanendi. Quatenus vobis omnibus in Christi nomine congregatis, evellenda possitis evellere, et plantanda firmiter stabilire, atque de communi utilitate ordinis diligentissime pertractare. Statuimus etiam ut nulli archiepiscopo vel episcopo liceat aliquem de ordine vestro ad ipsum capitulum venire volentem, modis aliquibus prohibere. Ad hæc præsenti decreto sancimus ut ordo canonicus, qui secundum Deum et beati Augustini Regulam atque Præmonstratensium fratrum consuetudinem in vestris ecclesiis dignoscitur institutus, in eisdem perpetuis temporibus inviolabiliter observetur. Ad majorem quoque observantiam vestri ordinis, fugitivos vestros excommunicandi vobis licentiam indulgemus. Interdicimus etiam ut nullus sine licentia prælati sui aliquem de ipsis fugitivis audeat retinere. Ut autem de bono in melius semper possitis proficere, et ordinem vestrum in suo rigore melius custodire, præsentis decreti assertione firmamus, ut liceat vobis abbates qui fuerint in crimine deprehensi, et eos quos prorsus invenietis inutiles ab officio abbatis deponere et consilio capituli in aliqua ecclesia vestri ordinis collocare. Prohibemus etiam ut nullus abbas Præmonstratensis ordinis de una abbatia ad aliam sine communi consilio transferatur. Fratribus vero Præmonstratensis Ecclesiæ quæ mater esse dignoscitur aliarum, de qualibet ecclesiarum ejusdem ordinis liceat abbatem recipere et in Præmonstratensi ecclesia ordinare. Sed et hoc adjicientes apostolica auctoritate sancimus ut quod a vobis communi consilio de observatione ordinis vestri, seu rigore rationabiliter fuerit ordinatum, inconcussum permaneat et a nullo penitus infringatur.

Decernimus ergo ut nulli hominum liceat hanc nostræ constitutionis paginam temerario ausu infringere, seu ipsi quibuslibet modis contraire, salva sedis apostolicæ auctoritate, etc.

Si qua igitur in futurum, etc.

Ego Adrianus catholicæ Ecclesiæ episcopus
Ego Hugo Ostiensis episcopus.
Ego Gregorius Sabinensis episcopus.
Ego Guido presbyter cardinalis tituli Sancti Chrysogoni.
Ego Guido diaconus cardinalis S. Mariæ in Porticu.

Ego Julius presbiter cardinalis tituli Sancti Marcelli.

Ego Henricus presbyter cardinalis tituli Sanctorum Nerei et Achillei.

Ego Joannes presbyter cardinalis tituli sanctorum Sylvestri et Martini.

Ego Odo diaconus cardinalis S. Nicolai in carcere Tulliano.

Datum Romæ apud Sanctum Petrum per manum Rolandi sanctæ Romanæ Ecclesiæ presbyteri cardinalis et cancellarii, iii Nonas Januarii, indictione iii, Incarnationis Dominicæ anno 1154, pontificatus vero domni Adriani papæ IV anno primo.

X.

B[ernardo] episcopo Paderbornensi et Gi., abbati Liesbornensi mandat ut latoris harum litterarum causam disceptent.

(Romæ, ap. S. Petrum, Jan. 3.)
[Marten., *Ampl. Coll.*, I, 596.]

Adrianus episcopus, servus servorum Dei, venerabili fratri B. Patherburnensi episcopo et dilecto filio Gi. Liesbornensi (5) abbati, salutem et apostolicam benedictionem.

Latoris præsentium ad sedis apostolicæ clementiam venientis conquestionem accepimus, quod quadam ecclesia, quam canonice possidebat, a quodam sit presbytero contra justitiam spoliatus. Ne igitur pro defectu justitiæ pauper iste cogatur sustinere jacturam, per præsentia vobis scripta mandamus, quatenus utramque partem vestro faciatis conspectui præsentari, et rationibus partium diligenter auditis et cognitis, causam ipsam, mediante justitia canonica, terminetis.

Data Romæ, apud Sanctum Petrum, iii. Non Januarii.

XI.

Monasterii Præmonstratensis protectionem suscipit possessionesque ac privilegia confirmat

(Romæ, ap. S. Petrum, Jan. 5.)
[Hugo, *Annal. ord. Præm.*, Pr., p. 18.]

Adrianus episcopus, servus servorum Dei, dilectis filiis Hugoni Præmonstratensi abbati ejusque fratribus tam præsentibus quam futuris regularem vitam professis, in perpetuum.

Religiosam vitam agentibus apostolicum convenit adesse præsidium, ne forte cujuslibet temeritatis incursus, aut eos a proposito revocet, aut robur, quod absit! sacræ religionis infringat. Eapropter, dilecti in Domino filii, vestris justis postulationibus clementer annuimus et Præmonstratensem ecclesiam, in qua divino mancipati estis obsequio, sub beati Petri et nostra protectione suscipimus et præsentis scripti privilegio communimus; statuentes ut quascunque possessiones, quæcunque bona eadem ecclesia in præsentiarum juste et canonice possidet, aut in futurum concessione pontificum, largitione regum vel principum, oblatione fidelium, seu aliis justis modis, præstante Domino, poterit adipisci, firma vobis vestrisque successoribus et illibata permaneant. In quibus hæc propriis duximus exprimenda vocabulis:

Ambitum scilicet Præmonstratensis vallis, sicut certis terminis distinguitur, cum stagnis et molendinis ab omni decimatione et exactione liberum, silvam in vestros usus ab Halierpré usque Humberti pontem, et ex alia parte per mediam vallem Rohardi usque ad Monandi vicinum; curiam de Fontenellis cum appendiciis suis; curiam de Penencourt cum vineis et cæteris appendiciis suis; curiam de Merlin cum vineis suis; curiam de Roteriis cum pertinentiis et appendiciis suis; curiam de Vercigny cum appendiciis suis; curiam de Souppy cum molendinis subjacentibus in flumen quod dicitur Axona, cæterisque appendiciis et pertinentiis suis; duas partes de Crepy, tertiam partem decimæ de Chavus. Apud Valavergny decem modios vini de decima ejusdem villæ, decimam cum terragio de Vrevin, et terragia de Concivilla, exceptis duobus modiis quæ inde persolvi debent ecclesiæ Beatæ Mariæ Nogenti; vivarium etiam et molendinum juxta eamdem villam, sicut hæc ipsa habuerat in suo dominio Ingelrannus, filius Thomæ de Marla in prædictis duabus villis; census de Poilly, molendinum de Rochis, molendinum de Proisel, molendinum de Achery, molendinum de Cortun, molendinum de Cenceny, vinagia de Bourguignon, terram de Carenni; duas partes molendini de Aquila, vineas de Broiencourt, Ursignicourt, Brummont, Lizy, Valavrigny, Montarcenne et de Monthavin; vineas de Coucy castello, et de Concivilla; vinagia et vineas de Novavilla in Suessionensi episcopatu, in suburbio civitatis, curtem et locum, torcularium et vineas. Apud Pomerias vinagia; census denariorum Branæ castri, et Branellæ villæ; curiam de Bucy cum vineis cæterisque pertinentiis suis; molendinum de Rupibus, quod sub eadem villa est; curiam de Clamecy cum torculari, vineis et aliis pertinentiis; apud Sorny duo torcularia, vineas et alios redditus; curtem de Tenselva cum pertinentiis suis; curtem de Luilly et dimidium molendinum cum cæteris pertinentiis suis; apud Bethencourt vinagia et alios redditus. Apud Pinon quemdam censum et tertiam partem minutæ decimæ de atrio et sextam partem cujusdam molendini, et decimam quam Josbertus ibidem habuit; capellam et curiam de Rosel cum molendino, vivario, torculari, vineis et omnibus pertinentiis suis. In monte de Trosly curiam unam cum terris, vineis et aliis pertinentiis suis, et partem villæ cum suis appendiciis, quam Andræas de Baldimenento vobis contulit, sicut eam in dominio suo tenebat, et quædam alia ab aliis Dei fidelibus oblata; curtem de Biucy cum pertinentiis

---

(5) Liesbornense antiquum est ordinis S. Benedicti in diœcesi Monasteriensi cœnobium, a Carolo Magno in gratiam sororis suæ, ut aiunt, Roswindis fundatum, sæculo xii ad monachos transiit, floretque hactenus sub congregatione Bursfeldensi.

suis; curiam de Attechi et duas partes decimæ, vineas cum cæteris appendiciis suis. Apud Cauny censum et vinagia. In villa quæ dicitur Pons S. Medardi quartam partem decimæ; apud Margival dimidium molendinum; medietatem castanearum a Vausaillon. In episcopatu Noviomensi altare et curtem de Bonolio cum pertinentiis suis; curiam [de Bolmont, curiam de Calveni, allodium de Germainnes, curtem de Montisel, curtem de Thory, curtem de Landricourt; et in suburbio Noviomensi terram, vineas et prata, curtem cum his quæ ad eam pertinent; molendina Despeville et dimidiam partem decimæ ejusdem villæ; duos partes decimæ Destoily; sextam partem decimæ de Dury; molendina de Oñois et duas partes decimæ ejusdem villæ, tertiam partem decimæ de Grecy, dimidiam sedem cujusdam molendini apud Dinisam et medietatem decimæ ejusdem villæ; duas partes decimæ de Sancta Radegunde, duas partes decimæ de Calveni, tertiam partem decimæ de Caullincourt, duas partes decimæ de Gricourt, tres partes dimidiæ partis decimæ de Leherwes; tertiam partem decimæ de Lancy; decimam de Kivres, terram apud Omencourt; terram de Liencourt et de Curcy; tria jugera apud Greum; capellam S. Nicolai liberam apud S. Quintinum; curiam allodiorum cum suis appendiciis; curtem de Voiana cum appendiciis; curtem de Banapiis in allodio cum decima; duas partes decimæ de Bechincourt; duas partes decimæ de Cartigny; totam decimam de Falvi, excepta minuta; quartam partem de Aldeni, molendina de Escauly cum appendiciis suis, molendina de Hamel; sedes cujusdam molendini apud Pieton. Illud etiam humanitatis ratione perspeximus et præsenti decreto in perpetuum valituro sancimus, ut sorores quæ per laborem fratris nostri bonæ memoriæ Norberti Magdeburgensis archiepiscopi et vestram exhortationem, ad omnipotentis Dei servitium accesserunt, et semetipsas Domino obtulerunt, de bonis ecclesiæ vestræ, quorum non modica pars eidem loco per eas noscitur pervenisse, ab eadem ecclesia congruam sustentationem accipiant. Sane novalium vestrorum, quæ propriis manibus aut sumptibus colitis, sive de nutrimentis animalium vestrorum, nullus a vobis decimam exigere præsumat. Statuimus etiam ut nulli episcopo liceat, absque rationabili causa in ecclesiis vestris divina prohibere. Porro ordinationes canonicorum, consecrationes basilicarum, et cætera sacramenta ecclesiastica ab ipsis episcopis in quorum diœcesi ecclesiæ vestræ sitæ fuerint, accipietis, siquidem catholici fuerint et gratiam apostolicæ sedis habuerint, alioquin catholicum quemcunque volueritis adeatis antistitem, qui nostra fultus auctoritate, quod postulatur indulgeat. Si quis vero nobilium in ecclesiis vestris sepeliri deliberaverint, devotioni ejus et extremæ voluntati nullus obsistat, salva tamen justitia matris ecclesiæ.

Decernimus ergo ut nulli omnino hominum liceat supradictam ecclesiam temere perturbare, aut ejus possessiones auferre, vel ablatas retinere, minuere, seu quibuslibet vexationibus fatigare, sed illibata omnia et integra conserventur eorum, pro quorum gubernatione et sustentatione concessa sunt, usibus omnimodis profutura, salva sedis apostolicæ auctoritate et episcoporum canonica justitia.

Si qua igitur, etc.

Ego Adrianus catholicæ ecclesiæ episcopus.

Ego Hugo Ostiensis episcopus.

Ego GG. Sabinensis episcopus.

Ego Guido presbyter cardinalis tit. S. Chrysogoni.

Ego Julius presbyter cardinalis tit. S. Marcelli.

Ego Henricus presbyter cardinalis tit. SS. Nerei et Achillei.

Ego Joannes presbyter cardinalis SS. Sylvestri et Martini.

Ego Guido diaconus cardinalis Sanctæ Mariæ in Porticu.

Ego Odo diaconus cardinalis Sancti Nicolai in carcere Tulliano.

Datum Romæ apud Sanctum Petrum per manum Rolandi Sanctæ Romanæ Ecclesiæ presbyteri cardinalis et cancellarii, Nonis Januarii, indictione III, Incarnationis Dominicæ anno 1154, pontificatus vero domni Adriani papæ IV anno primo.

XII

Ecclesiæ S. Mariæ et S. Evodii Branensis protectionem suscipit, disciplinamque ac possessiones confirmat.

(Romæ, ap. S. Petrum, Jan. 5.)

[HUGO, *ibid.*, I, 524.]

ADRIANUS episcopus, servus servorum Dei, dilectis filiis RADULPHO abbati ecclesiæ Beatæ Mariæ et Sancti Evodii de Brana ejusque fratribus tam præsentibus quam futuris regularem vitam professis, in perpetuum.

Regularem vitam eligentibus apostolicum convenit adesse præsidium, ne forte cujuslibet temeritatis incursus aut eos a proposito revocet, aut robur, quod absit! sacræ religionis infringat. Quapropter, dilectissimi in Domino filii, vestris justis postulationibus clementer annuimus, et præfatam Beatæ Dei genitricis Mariæ et Sancti Evodii ecclesiam, in qua divino mancipati estis obsequio, sub Beati Petri et nostra protectione suscipimus, et præsentis scripti privilegio communimus. In primis siquidem statuentes ut ordo canonicus quem professi estis secundum Beati Augustini Regulam et institutionem fratrum Præmonstratensium, in eadem ecclesia perpetuis temporibus inviolabiliter servetur. Præterea quascunque possessiones, quæcunque bona in præsentiarum juste et canonice possidetis aut in futurum concessione pontificum, largitione regum vel principum, oblatione fidelium, seu aliis justis modis, Deo propitio, poteritis adipisci, firma vobis vestrisque successoribus et illibata permaneant.

neant. In quibus hæc propriis duximus exprimenda vocabulis :

Homines videlicet capitales, vineas, vinatica, census et terragia, et quidquid habetis in castro Branæ ; totam villam Vacinni, excepta terra Sancti Medardi, terram Spiritelli, censum apud Converellam decem solidos et quamdam culturam, totam decimam de curia Macenorum, quatuor sextarios frumenti de molendino Hugonis filii Radulphi apud montem Sanctæ Mariæ, quatuor sextarios frumenti de mina et censu, apud Quincy censas, apud Yoniam decem solidos censuales et septem de hospitibus, et reditus avenæ et terragium. Apud Lui census, vinaticum et terragium. Apud Cerseolium altare et totam decimam in culveris domini ipsius villæ, vineas, terras arabiles et molendinum. Apud Limet vineas et vinaticum. Apud Legiam censas et terragium. In decima de Cury modium frumenti. Apud Cremella census; apud Villers census et terragium; apud Bestiti census; apud Villare super Axonam vinaticum, census et terragium; apud Arscium vinaticum et census; apud Ducellum census, terragium et vinaticum; apud Curcellas census, terragium et vinaticum et pratum. Apud Brainellam, vinaticum, census et terragium, et prata et torcular. Apud Ay census et fraxinum, quatuor sextarios frumenti in quodam molendino, redecimationem Dominii castri Branæ, vini, vinearum, torcularium, et vinaticorum suorum et totius annonæ, in furnis videlicet, in molendinis, in propriis agriculturis, in terragiis, in reditu avenæ et feni et redicimationem totius annonæ trium villarum, scilicet Villers et villæ mediæ, et in avena quæ ei pro usu nemoris debet, ita videlicet ut ubicunque dominii possessio transferatur prædictæ ecclesiæ sua recidimatio reservetur, et quidquid habebat in piscatione molendinorum Branæ. Curiam de Bruneriis cum pertinentibus suis; molendinum de Joi ; decimam et terragia et census quarumdam culturarum de ecclesia Sancti Petri de Hannon ad censum quinque solidorum. Hoc etiam ab eodem domino concessum est vobis ut omnes feodati sui de feodis suis quæ ab eo tenebant, licenter vobis eleemosynas facerent. Quartam partem pascuarum de Granges et terras arabiles tres ; Ancy, unum molendinum, duas partes magnæ decimæ de Blansi, terras arabiles, vineas, vineas molendinum, pratum et nemus ; totam curiam de Sarteas et quidquid pertinet ad illam curiam ; quartam partem decimæ de Vailly. Apud Vergelli census, curiam de Curtiali et quidquid ad ipsam curiam pertinet in Suessionensi civitate, modium salis, et modium vini, et decem solidos censuales. In Laudunensi episcopatu duo molendina et terram arabilem quam dedit vobis Bartholomæus episcopus ad censum duodecim nummorum. Apud Bergam quinque millia allecium et decem pondera caseorum. Sane laborum vestrorum quos propriis manibus aut sumptibus colitis, sive de nutrimentis vestrorum animalium nullus omnino a vobis decimas exigere præsumat.

Decernimus ergo ut nulli omnino hominum liceat præfatam ecclesiam temere perturbare, aut ejus possessiones auferre, vel ablatas retinere, minuere, aut aliquibus vexationibus fatigare, sed omnia integra conserventur eorum, pro quorum gubernatione ac sustentatione concessa sunt, usibus omnimodis profutura ; salva sedis apostolicæ auctoritate et diœcesanorum episcoporum canonica justitia.

Si qua igitur, etc.

Datum Romæ apud Sanctum Petrum per manum Rolandi Sanctæ Romanæ Ecclesiæ presbyteri cardinalis et cancellarii, Non. Jan., indict. II, Incarnationis Dominicæ anno 1154, pontificatus vero domni Adriani papæ IV anno primo.

XIII.

Monasterii Vallis Serenæ protectionem suscipit, bonaque et privilegia confirmat.

(Romæ, ap. S. Petrum, Jan. 5.)

[HUGO, *ibid.*, II, Pr., p. 646.]

ADRIANUS episcopus, servus servorum Dei, dilectis filiis STEPHANO abbati Vallis Serenæ, ejusque fratribus tam præsentibus quam futuris regularem vitam professis, in perpetuum.

Justis religiosorum desideriis consentire, ac rationabilibus eorum postulationibus clementer annuere apostolicæ sedis, cui largiente Domino deservimus, auctoritatis et fraternæ charitatis unitas nos hortatur. Quocirca, dilecti in Domino filii, vestris justis postulationibus clementer annuimus, et Beatæ Dei genitricis semperque virginis Mariæ ecclesiam, in qua divino mancipati estis obsequio, sub beati Petri et nostra protectione suscipimus, et præsentis scripti privilegio communimus ; statuentes ut quascunque possessiones, quæcunque bona eadem ecclesia in præsentiarum juste et canonice possidet ; aut in futurum concessione pontificum, largitione regum vel principum, oblatione fidelium, seu aliis justis modis, Deo propitio, poterit adipisci, firma vobis vestrisque successoribus et illibata permaneant ; in quibus hæc propriis duximus exprimenda vocabulis :

Vallem ipsam cum molendino de Succi (*Gallice Souccy*), et usuario continui nemoris, quemadmodum a Joanne Rufo et filiis suis eidem ecclesiæ concessa sunt ; ecclesiam Crothildis de Vivario, liberam et immunem ab omni exactione, appendentia etiam ad eamdem ecclesiam pertinentia cum duobus vivariis et molendinis quæ vulgo dicuntur Becherer et Crievecor, consuetudines etiam prædictæ villæ, quemadmodum a vestris prædecessoribus habebantur ; decimas etiam et terragia ad eamdem ecclesiam pertinentia cum libertate adjacentis silvæ ; ecclesiam Sanctæ Mariæ de Javagio cum molendinis et appendiciis suis, terram de Ponte Roberti, terram Domini Lupi, terram Petri de Oigny quam pro filiabus suis supradictæ ecclesiæ contulit ; terram

Sancti Aniani cum molendino et appendiciis suis, decimam vero ejusdem loci sicut eam a monachis Beati Dionysii et Guidone de Margival tenetis ; terram Odonis Ruſi, terram de Pigmellis et appendiciis suis, terram Tenatorum, terram de Castello cum appendiciis suis, terram Matthæi de Loistris, decimam de Bonolio, et quod habetis in decima Burenville. Sane novalium vestrorum quæ propriis manibus aut sumptibus colitis, sive de nutrimentis animalium vestrorum, nullus a vobis decimas exigere præsumat. Statuimus etiam ut nullus fugitivos vestros sine licentia abbatis et capituli sui et sine cautione litterarum recipiat. Sepulturam quoque loci ipsius liberam esse sancimus, ut devotioni et extremæ voluntati eorum, qui se illic sepeliri deliberaverint, nisi forte excommunicati vel interdicti sint, nullus obsistat, salva tamen illarum ecclesiarum a quibus assumpti fuerint canonica justitia.

Decernimus ergo ut nulli omnino hominum liceat prædictam temere perturbare, aut ejus possessiones auferre, vel ablatas retinere, minuere, seu quibuslibet vexationibus fatigare, sed libera omnia et integra conserventur eorum, pro quorum gubernatione et sustentatione concessa sunt, usibus omnimodis profutura, salva sedis apostolicæ auctoritate et diœcesani episcopi canonica justitia.

Si qua igitur, etc.

Ego Adrianus catholicæ ecclesiæ episcopus.

Ego Guido diaconus cardinalis Sanctæ Mariæ in Porticu.

Ego Burdo presbyter cardinalis tit. Sancti Chrysogoni.

Ego Hugo Ostiensis episcopus.

Ego GG. Sabinensis episcopus.

Ego Odo diaconus card. S. Nicolai in carcere Tulliano.

Ego Julius presbyter cardinalis tit. Sancti Marcelli.

Ego Henricus presbyter card. tit. SS. Nerei et Achillei.

Ego Joannes presbyter card. tit. SS. Sylvestri et Martini.

Datum Romæ apud Sanctum Petrum per manum Rolandi Sanctæ Romanæ Ecclesiæ presbyteri cardinalis et cancellarii, Nonis Januarii, indictione II, Incarnationis Dominicæ anno 1154, pontificatus vero domni Adriani IV papæ, anno primo.

XIV.

Ad placentinos. — *Confirmat electionem Hugonis in Placent. episc. eorumque civitatem absolvit ab interdicto.*

(Romæ, ap. S. Petrum, Jan. 9.)

[Mansi, *Concil.*, xxi, 819.]

Adrianus episcopus, servus servorum Dei, dilectis filiis universo clero et populo Placentino, salutem et apostolicam benedictionem.

Cum ecclesia Placentina, pro statu suo relevando, apud sedem apostolicam diutius laborasset, et adversus episcopum suum super quibusdam deposuisset in audientia nostra querelam; nos eum de communi fratrum consilio districte ad rationem ponere, et de objectis diligenter ipsum ac sollicite studuimus convenire. Ille autem suo labori parcere et quieti atque tranquillitati volens intendere, in præsentia nostra Placentinæ abrenuntiavit ecclesiæ. Nos vero participato fratrum consilio dilectis filiis nostris clericis et laicis civitatis vestræ, qui pro eodem negotio a vobis fuerant destinati, aliquam personam honestam, idoneam, litteratam, et quæ in nullo esset a sacris canonibus respuenda, liberam concessimus facultatem in episcopum eligendi. Qui juxta quod de supernæ providentia majestatis alto et secreto consilio eis fuit cœlitus inspiratum, charissimum filium nostrum, nobilem, discretum, idoneum et litteratum clericum, Hugonem scilicet filium Hugutionis, filii Petri Leonis, unanimiter convenerunt, et eum in Placentinum episcopum elegerunt. Quem, licet inviti, et multa precum instantia fatigati, quia eum necessarium et utilissimum S. R. E. volebamus circa nos retinere, vix eis tandem concessimus, et electionem ipsam assentientibus fratribus nostris, auctore Domino, confirmavimus. Porro ejusdem dilecti filii nostri Hugonis electi vestri, et nobilium parentum suorum, quorum consilio et auxilio Rom. Ecclesia potissimum sustentatur, et ab hostium impugnatione defenditur, precibus et postulationibus inclinati; vobis quoque et ecclesiæ vestræ deferre volentes, ipsam ecclesiam in eumdem statum in quo tempore bonæ memoriæ Arduini Placentini episcopi fuisse dignoscitur, apostolica auctoritate reduximus. Nihilominus etiam ad preces eorumdem filiorum nostrorum, a memoratis civibus vestris jurejurando recepto, quod rapinam, pro qua terra vestra fuerat interdicto subjecta, Placentini cives nullatenus commiserunt, et in raptores illos nullam vos jurisdictionem spiritualem, vel temporalem constat habere; vos et civitatem vestram a debito interdicti absolvimus, et omnia divina officia vobis de cætero concedimus celebrare. Amodo igitur vestra intererit, prædictum filium nostrum Hugonem electum vestrum, cui vestrarum cura commissa est animarum, ita benigne et honeste recipere, atque magnifice honorare, ita etiam debitam in omnibus reverentiam et subjectionem impendere, quod et nos de tanta misericordia sola gratia vobis exhibita non debeat pœnitere, et ipse devotionem vestram et studium in hac parte veraciter valeat commendare.

Datum Romæ, apud S. Petrum, v Idus Januarii.

XV

Canonicorum ecclesiæ Sancti Petri (Romanæ) privilegium ab Eugenio III concessum confirmat.

(Romæ, ap. S. Petrum, jan. 20.)

[*Bullar. Vatic.*, I, 53.]

Adrianus episcopus, servus servorum Dei, dilectis filiis Bernardo, presbytero Sancti Clementis cardinali, et ecclesiæ beati Petri archipresbytero, atque cæteris ejusdem ecclesiæ canonicis tam præsentibus quam futuris canonice substituendis, in perpetuum.

Beatorum Petri et Pauli tam eminens est et tam gloriosa societas, ut et ambo sint doctores gentium, auctores martyrum, principes sacerdotum. Et cum inter universos apostolos peculiari quadam prærogativa præcellant, æqualitatis in cœlo meritis disparitatem non sentiunt. Petro ab ipso Salvatore nostro Domino Jesu Christo claves regni cœlorum sunt commissæ, Paulus a Deo electus est ut de multitudine gentium regnum cœlorum impleat sua prædicatione; Petrus petra est, et fundamentum fidei, et ne ruamus, in soliditate nos firma sustentat; Paulus ne pravo hæreticorum dogmate vulneremur, moralitatis honestate et invincibili ratione fidei nos armat; Petrus principatum tenens, ex potestate ligat et solvit; Paulus diligens prædicator, ne quid reprehensibile vel ligatione dignum in nobis appareat, mirabili nos exhortatione præmunit; Petrus firmamentum nostrum est ac domus fortitudinis, et in fide ejus plantati et radicati sumus; Paulus vas electionis prædestinatos a Deo et electos cœlestis tubæ sonoritate vocavit, et pro nobis sine intermissione orans, ne a fide et veritate deviemus, apud Deum interveniendo nos protegit. Cum igitur hi duo maxima luminaria Dei Ecclesiam illustrantia pari et amicabili splendore et fraterno amore præfulgeant, æquitatis et justitiæ ratio persuadet ut nos, qui licet indigni Christi vices in terris agimus, et in ejusdem apostolorum principis cathedra residere conspicimur, domesticam beati Petri familiam paterno diligamus affectu, et pia eam provisione in suis necessitatibus adjuvemus. Hujus itaque rationis debito provocati, dilecti in Domino filii, ad exemplar prædecessoris nostri sanctæ memoriæ Eugenii, quartam partem omnium oblationum, quæ de altari ejusdem beati Petri apostoli et tam de arca, quam de omnibus ministeriis ipsius ecclesiæ, præter de ministerio beati Leonis proveniunt, vobis ex consensu fratrum nostrorum episcoporum et cardinalium, sedis apostolicæ auctoritate concedimus et præsentis scripti pagina confirmamus. Ita videlicet, ut semper cum volueritis facultatem liberam habeatis eamdem oblationem in vestris manibus retinendi atque custodiendi, seu aliis quibus volueritis cum nostro atque successorum nostrorum consensu vendendi: Salva in omnibus aliis, et retenta in nostris, et successorum nostrorum manibus ipsius ecclesiæ libera dispositione atque custodia. Hoc autem ideo facere dignum duximus, ut vos die ac nocte studiose in Dei laudibus desudantes, tam in missarum celebratione, quam in matutinis et aliis horis pro vivorum ac defunctorum salute attenta diligentia et honeste decantandis, prædictam beati Petri ecclesiam obsequio debito veneremini, et Dei fideles apostolorum limina devotione debita visitantes, locum ipsum in majori devotione ac veneratione semper habeant.

Decernimus ergo ut nulli omnino hominum fas sit hujus nostræ concessionis paginam ausu temerario infringere, seu quibuslibet modis perturbare.

Si qua igitur, etc.

Ego Adrianus catholicæ Ecclesiæ episcopus.
Ego Imarus Tusculanus episcopus.
Ego Hugo Ostiensis episcopus.
Ego Gregorius presb. card. tit. S. Chrysogoni.
Ego Hubaldus presb. card. tit. sanctæ Praxedis.
Ego Manfredus presb. card. tit. S. Sabinæ.
Ego Aribertus presb. card. tit. sanctæ Anastasiæ.
Ego Julius presb. card. tit. sancti Marcelli.
Ego Hubaldus presb. card. tit. sanctæ Crucis in Jerusalem.
Ego Guido presb. card. tit. pastoris.
Ego Astaldus presb. card. tit. S. Priscæ.
Ego Gerardus presb. card. tit. Sancti Stephani in cœlio monte.
Ego Henricus presb. card. SS. Nerei et Achill i.
Ego Joannes presb. card. tit. sanctorum Sylvestri et Martini.
Ego Guido diac. card. sanctæ Mariæ in Porticu.
Ego Joannes diac card. SS. Sergii et Bacchi.
Ego Ildebrandus diac. card. sancti Eustacii juxta templum Agrippæ.
Ego Odo diac. card. S. Nicolai in carcere Tulliano II.

Datum Romæ apud S. Petrum per manum Rolandi sanctæ Romanæ Ecclesiæ presbyteri cardinalis et cancellarii XIII calendas Februarii, indictione III, Incarnationis Dominicæ, anno 1154, pontificatus vero domni Adriani papæ IV, anno primo.

XVI.

Privilegium pro monasterio S. Mansueti Tullensi.

(Romæ, ap. S. Petrum.)

[D. CALMET, *Hist. de Lorraine*, II, Pr. 346.]

ADRIANUS episcopus, servus servorum Dei, dilectis filiis JOANNI abbati monasterii S. Mansueti Tullensis, ejusque fratribus tam præsentibus quam futuris regularem professis, in PP. MM.

Religiosam vitam eligentibus apostolicum convenit adesse præsidium, ne forte cujuslibet temeritatis incursus, aut eos a proposito revocet, aut robur quod absit! sacræ religionis infringat; quocirca, dilecti in Domino filii, vestris justis postulationibus clementer annuimus, et præfatum monasterium, in quo divino mancipati estis obsequio, sub beati Petri et nostra protectione suscipimus, et præsentis scripti privilegio communimus; statuentes, ut quascunque possessiones, quæcunque bona idem monasterium in præsentiarum juste et canonice possidet, aut in futurum concessione pontificum, largitione regum vel principum, oblatione fidelium, seu aliis justis modis Domino propitio poterit adipisci, firma vobis vestrisque successoribus et illibata permaneant; in quibus hæc propriis duximus exprimenda vocabulis.

Cellam apud Rinellum castrum sitam, cum omnibus possessionibus suis. Ecclesiam de Moruncurt, et duas partes omnium decimarum ejusdem ecclesiæ; oblationum similiter duas partes, scilicet in Nativitate Domini, in Epiphania, in Pascha, in Pentecostes, in festo Sancti Petri ad vincula, in festo Omnium Sanctorum; de oblationibus quæ per annum offeruntur medietatem, exceptis missis privatis: de dotalitio ejusdem ecclesiæ; et de terris quæ pro eleemosyna datæ sunt, vel deinceps acquiri poterunt, duas partes, vicarius tertia parte.

Cellam Sancti Jacobi de Sionna, et molendinum Evucurt: cellam Sanctæ Mariæ de Novo-Castro; capellam Sancti Nicolai, et capellam de Unaucurt; ecclesiam Sancti Christophori, et dona altarium trium prædictarum ecclesiarum de omnibus redditibus, quarum vos duas partes, vicarius tertiam accipiat. Ecclesiam Sancti Amantii, quæ sita est in suburbio Tullensi; et donum altaris, quod Pipo bonæ memoriæ Tullensis episcopus, rogatu Hugonis archidiaconi et cantoris, vobis contulisse dignoscitur, cum determinatione parochiatus, videlicet a porta priori Burgo claudente, ubi pars rivuli Angruxia ipsi muro profluit, et sicuti murus totum Burgum occupat et ambit, et exterius quaqua versum habitatio sit in sinistra parte, sicuti via dividit versus meridiem, usque ad rivulum Iserella, ipsaque Iserella cursum suum dirigit versus orientem in læva parte, usque ad viam publicam, ubi extrinsecus portæ de Uvel admiscetur rivulo Angruxiæ. De redditibus ejusdem ecclesiæ quadraginta solidos, ad fratrum vestituram deputatos, etiam per totum annum duas partes oblationum etiam eleemosynarum ejusdem ecclesiæ, atque juxta ea quæ a sanctissimis prædecessoribus nostris apostolicis cardinalibus sanctæ Romanæ Ecclesiæ, vel pontificibus Tullensibus exinde statuta sunt, præcipue pro dilectione et veneratione reliquiarum sanctorum Apostolorum Petri et Pauli, quibus ipse locus insignis habetur, et veneratur auctoritate apostolica.

Confirmamus, et ratum atque inconvulsum futuris temporibus manere decernimus, et perpetuum silentium indicimus, et omni calumnia pro jam dicta ecclesia Sancti Amantii cessante, eumdem locum cum suis appendiciis vestrum monasterium quiete possideat, præsenti sanctione statuimus. Ecclesiam de Boneio; capellam de Doolvilla, et tam dona altarium, quam decimas majores et minores earumdem ecclesiarum. Ecclesiam de Purveis, cum altari et medietate tam decimarum quam eleemosynarum, quæ pro defunctis dantur. Præterea medietatem omnium eorum quæ in nativitate sanctæ Mariæ, tam in vigilia quam in festo altari offerentur. Ecclesiam de Blaviniaco, cum dotalitio, et tribus capellis, et altaribus de Monz, Magaico, Bibiniaco. In Blaviniaco omnes decimationes tam majores quam minores. In Nativitate Domini, in Pascha, et in festo Sancti Medardi; oblationum duas partes. Apud Monz decimas omnes, exceptis trium hominum decimis.

Apud Biliniacum, et apud Jaiacum, omnium decimationum medietatem. Ecclesiam de Parniaco supra Mosam, cum altari, et quatuor partes majorum decimarum ejusdem ecclesiæ, minorum vero medietatem. In dotalitio quoque ejusdem ecclesiæ, medietatem in oblationibus per annum; in eleemosynis defunctorum medietatem. Ecclesiam de Luzda, cum altari, et tertiam partem omnium decimarum, et medietatem dotalitii. Ecclesiam de Beverone, cum altari, dotalitium ejusdem, et census atrii, cum integritate decimarum etiam ejusdem ecclesiæ tres partes. Ecclesiam de Odelincurt, cum altari et medietatem omnium decimarum dotalitii, etiam et census atrii medietatem. Ex dono Simonis ducis et Aleidis uxoris suæ, Matthæo filio suo concedente, alodium de Monce, cum molendino ibidem constructo; vineas quas tres fratres Drogo Arnulfus, Herbertus et Theodoricus nepos eorum clericus, ipsi monasterio pietatis intuitu concesserunt. Ex dono Rainaldi Rufi vineam Marsillin. Præterea mansum in quo ipsum cœnobium situm est, quietum, et ab omni exactione immune, atque ab omni banno sæculari liberum esse decernimus; ut videlicet nullus episcopus, aut alia persona, in eo novum aut indebitum gravamen vel quamlibet vexationem exercendi jus habeat.

Auctoritate etiam apostolica prohibemus, ut forum nundinarum, quod in prato adjacenti monasterio vestro in festo Sancti Mansueti singulis annis agitur, nulli omnino ecclesiasticæ sæcularive personæ a loco in quo modo celebratur, liceat futuris temporibus removere.

Decernimus ergo ut nulli omnino hominum liceat supradictum monasterium temere perturbare, aut ejus possessiones auferre, vel ablatas retinere, minuere, seu quibuslibet vexationibus fatigare, sed illibata omnia et integra conserventur, eorum pro quorum gubernatione et sustentatione concessa sunt, usibus omnimodis profutura, salva sedis apostolicæ auctoritate, et diœcesani episcopi canonica justitia.

Si qua igitur, etc.

Ego Adrianus catholicæ Ecclesiæ episcopus.

Ego Imarus Tusculanus episcopus.

Ego Gregorius Sabinensis episcopus.

Ego Guido presbyter cardin. tit. S. Chrysogoni.

Ego Hybaldus presbyter cardin. tit. Sanctæ Praxedis.

Ego Aribertus presbyter cardin. tit. Sanctæ Anastasiæ.

Ego Subaldus presb. cardin. tit. Sanctæ Crucis.

Ego Senrica presb. cardin. tit. Sanctorum Nerei et Achil.

Ego Joannes presb. card. tit. Sanctorum Silvest. et Marc.

Ego Guido diacon. cardin. Sanctæ Mariæ in Porticu.

Ego Joannes diacon. cardin. Sanctorum Sergii et Bac.

Ego Gerardus diacon. card. Sanctæ Mariæ.
Ego Odo diaconus cardin. Sancti Nicolai in Carcere.
Datum Romæ apud Sanctum Petrum per manum Rolandi, sanctæ Romanæ Ecclesiæ presb. card. cancellarii, III Idus Febr., indictione III, Inc Dom. an 1154, pontif. vero D. Adriani papæ IV an I.

XVII.

Henrico patriarchæ Gradensi et ejus successoribus primatum archiepiscopatus Jadertini, jusque consecrandi archiepiscopi concedit.

(Romæ, ap. S. Petrum, Febr. 22.)
[Mansi, *Concil.*, XXI, 821.]

ADRIANUS episcopus, servus servorum Dei, venerabili fratri HENRICO Gradens. patriarchæ ejusque successoribus canonice substituendis in perpetuum.

Ne passim et indiscrete sibi omnes Ecclesiæ omnia vindicarent, consulta satis, utilique sanctorum Patrum deliberatione sanxit auctoritas, ut aliæ aliis prærogativa dignitatis excellerent, et eis tam judicandi auctoritate, quam potestate corrigendi præessent. Super omnes autem ex superni dispositione consilii sacrosancta est Romana Ecclesia constituta, ad cujus examen universarum ecclesiarum negotia referrentur, et cujus statuta universa multitudo fidelium sequeretur. Hæc nimirum ex indulto a prima fundatione Ecclesiæ in B. Petro apostolorum principe privilegio statum omnium ecclesiarum provida consideratione disposuit, et quoties expedire cognovit, alias aliis ad ampliorem curam earum habendarum statuit præeminere. Inde est quod nos honestatem, ac prudentiam tuam, et devotionis sinceritatem, quam erga sacrosanctam Romanam Ecclesiam semper habuisse dignosceris, attendentes, et ne commissa regimini et dispositioni tuæ Graden. Ecclesiæ, quæ de benignitate apostolicæ sedis prærogativa gaudet honoris, ex brevitate patriarchatuum inferius et abjectius valeat apud simpliciores haberi, ad ampliandam dignitatem ipsius, primatum ei super Jadertinum archiepiscopatum, et episcopatus ipsius apostolica auctoritate concedimus, et tam te quam successores tuos Jadertino archiepiscopo et episcopis ejus, qui pro tempore fuerint, dignitate primatus præsidere statuimus, et consecrationis munus eidem archiepiscopo impartiri, Romano quidem pontifici traditione pallii reservata. Ut igitur hæc nostra constitutio firma in perpetuum et inconcussa permaneat, eam scripti nostri pagina communimus, et auctoritate apostolica confirmamus.

Decernimus ut nulli unquam hominum liceat hanc paginam nostræ constitutionis et confirmationis infringere, vel ei modis quibuslibet contraire, salva in omnibus apost. sedis auctoritate.

Si quis autem id attentare præsumpserit, secundo tertiove commonitus, nisi reatum suum congrua satisfactione correxerit, potestatis honorisque sui dignitate careat, reumque se divino judicio existere de perpetrata iniquitate cognoscat, atque in extremo examine districtæ ultioni subjaceat.

Ego Adrianus catholicæ Ecclesiæ episcopus.
Ego Gregorius Sabinen. episc.
Ego Guido presb. card. tit. S. Chrysogoni.
Ego Hubaldus presb. card. tit. S. Praxedis.
Ego Manfredus presb. card. tit. S. Sabinæ.
Ego Aribertus presb. card. tit. S. Anastasiæ.
Ego Julius presb. card. tit. S. Marcelli.
Ego Guido presb. card. tit. Pastoris.
Ego Astaldus presb. card. tit. S. Priscæ.
Ego Girardus presb. card. tit. S. Stephani in Cœlio Monte.
Ego Henricus presb. card. tit. SS. Nerei et Achillei.
Ego Joannes presb. card. tit. SS. Sylvestri et Martini.
Ego Guido diac. card. S. Mariæ in Porticu.
Ego Jo. diac. card. SS. Sergii et Bacchi.
Ego Gerardus diacon. cardin. S. Mariæ in Via Lata.
Ego Oddo diac. cardin. S. Nicolai in Carcere Tulliano.

Datum Romæ ap. S. Petrum, per manum Rolandi, S. A. E. card. et cancell., VIII Kal. Martii, ind. III, Incarn. Dom. an. 1154, pontificatus vero D. Adriani papæ IV an. I.

XVIII.

Ad Jadertinum archiepiscopum. — Certiorem eum facit de iis que disposuerat ut Gradensem patriarcham suum primatem agnosceret.

(Romæ, ap. S. Petrum, Febr. 22.)
[Mansi, *Concil.*, XXI, 822.]

ADRIANUS episcopus, servus servorum Dei, venerabili fratri [LAMPRIDIO] Jadertino archiepiscopo, ejusque suffraganeis episcopis, salutem et apostolicam benedictionem.

Quoniam sacrosancta Romana Ecclesia universarum ecclesiarum caput et mater est, vel remotione obsistente terrarum, vel multiplicitate impediente negotiorum quarumdam ecclesiarum necessitatibus, non tam facile potest, ut oportet, aliquando consulere; ideo aliarum ecclesiarum, quæ ampliorem curam illis impenderent, super eas institutos, et discretos tum providos viros in partem suæ consuevit sollicitudinis evocare. Hujus itaque rei nos consideratione inducti tum quia dignitatem Graden. Ecclesiæ dignum duximus ampliare, tum quia utile vobis, et temporaliter et spiritualiter esse prospeximus habere prope vos, a quo et in dubiis magisterium, et in necessitatibus solatium recipere valeatis : venerabilem fratrem nostrum Henricum Grandensem patriarcham primatem vestrum duximus statuendum, et Graden. Ecclesiæ dignitatem primatus ecclesiis vestris declaravimus de cætero præsidere, Eapropter per præsentia vobis scripta mandamus, quatenus eumdem patriarcham amodo primatem vestrum humiliter habeatis, et sicuti primati vestro exhibeatis ei obedientiam et honorem. Ad magnum quidem profectum vestrum, annuente Domino, pertinebit, si doctrinam ejus devoto animo receperitis, et quod salubriter ipse præceperit, prosecutione operis studueritis adimplere.

Datum Romæ apud S. Petrum VIII Kal. Martii pontificatus nostri, anno primo.

XIX.

Monasterium Corbeiense (diœces. Paderborn.) tuendum suscipit et ejus bona juraque confirmat, petente Wibaldo abbate.

(Romæ, ap. S. Petrum, Febr. 25.)
[MARTEN., Ampl. Collect., II, 616.]

ADRIANUS episcopus, dilectis filiis WIBALDO, etc. Officii nostri nos admonet et invitat auctoritas pro ecclesiarum statu satagere, etc. Eapropter, dilecte in Christo Wibalde, devotionem quam erga apostolicam sedem geris diligentius attendentes, prædecessoris nostri sanctæ memoriæ papæ Eugenii vestigiis inhærentes, dignitatem prædecessoribus tuis per nostrorum prædecessorum Romanorum pontificum privilegia traditam, nos quoque, præstante Domino, inconvulsam volumus conservari. Quocirca præsentis decreti auctoritate concedimus in præcipuis solemnitatibus sandaliis et dalmatica uti, juxta altare sedere, populum infra commissum monasterium vel cellas, quæ attinent ad animæ suæ salutem, docere, sicut prædecessoribus tuis a nostris prædecessoribus Romanis pontificibus est concessum. Ipsum præterea Corbeiense monasterium, cui, Domino auctore, præesse dignosceris, sub beati Petri et nostra protectione suscipimus, et præsentis scripti privilegio communimus. Statuentes ut quascunque possessiones, quæcunque bona, idem monasterium impræsentiarum juste et canonice possidet, aut in futurum concessione pontificum, largitione regum vel principum, oblatione fidelium, seu aliis justis modis, præstante Deo, poterit adipisci, firma vobis vestrisque successoribus, et illibata permaneant, in quibus hæc propriis duximus exprimenda vocabulis.

Decimam videlicet de curia Luithardessen, decimam de curia Beverungen, decimam de curia Dasburg, decimam de curia Mullenhusen, decimam de curia Buthelestorp, decimam de curia Munden, decimam de curia Bodowicke, decimam de curia Munchusen, decimam de curia Beldernichusen, decimam de curia Buwelage, decimam de curia Homoursteide, decimam de curia Nieustede, decimam de curia Bolckmaressen, decimam de curia Luitheressen, decimam de curia Erclen, decimam de curia Brumelinchtorp, decimam de curia Leziazi, decimam de curia Castinaci, decimam de curia Hottepe, decimam de curia Nuthlon, decimam de curia Keflike, decimam de curia Nen, decimam de curia Croppenstede, decimam de curia Hemmentorp, decimam de curia Holthusen, decimam de curia Groninge. In Frisia quamdam possessionem, quæ vocatur Merten, et in eodem loco ecclesiam de Linguerd; insulam Rugianam, piscationem Hocwar. Sancimus quoque ut ipsum monasterium nulli omnino personæ in beneficium cujuslibet occasionibus concedatur, sed semper sub protectione Romanorum pontificum, atque imperatorum vel regum defensione permaneat. Adjicientes quod monasterium Heresburg cum decimis circa montem per duas rastas Saxonicas, sicut a beatæ memoriæ domno Leone papa, ex petitione Caroli Magni imperatoris, qui ipsum montem expugnaverat, collatæ noscuntur, monasterium quoque in Groninga, et monasterium in Kemnade, nunquam ab eodem Corbeiensi alienetur cœnobio, sed per ipsius loci abbatem semper regantur, et salubriter sub monasticæ disciplinæ ordinentur regula, nec alicui facultas sit quidquam de bonis eorumdem trium monasteriorum ad usus et præbendam Domino ibidem famulantium pertinentibus commutare, in beneficium concedere vel alienare, sine assensu fratrum in eisdem cœnobiis manentium, favore Corbeiensis capituli. Volumus etiam ut præposituræ clericorum ecclesiæ S. Pauli, quæ vocatur Nova ecclesia, sub ejusdem Corbeiensis abbatis ordinatione, sicut hactenus, semper consistat, nec abbati vel præposito liceat canonicorum præbendas absque clericorum conniventia in beneficium conferre, seu commutare atque distrahere. Præterea constituimus, ut infra ambitum muri memorati monasterii Corbeiensis nemo clericorum vel laicorum jure proprietatis, vel beneficii mansionem aliquam ullo tempore habeat, sed totus ipsius loci ambitus abbatis, monachorum et aliarum religiosarum personarum usibus et habitationibus pateat. Prohibemus autem ut in eodem monasterio nulli episcoporum, præter Romanum pontificem, liceat quamlibet jurisdictionem habere, ita ut, nisi ab abbate istius monasterii fuerit invitatus, nec missarum solemnia ibidem celebrare præsumat. Ut igitur hæc omnia, quæ supra diximus, plenum in posterum robur obtineant, sicut in authenticis prædecessorum nostrorum privilegiis continentur, tam tibi, quam successoribus tuis ea favoris nostri auctoritate confirmamus.

Decernimus ergo ut nulli omnino hominum liceat præfatum monasterium temere perturbare, aut ejus possessiones auferre, vel ablatas retinere, minuere, seu quibuslibet vexationibus fatigare, sed illibata omnia et integra conserventur eorum, pro quorum gubernatione et sustentatione concessa sunt, usibus omnimodis profutura, salva sedis apostolicæ auctoritate.

Si qua igitur, etc.

Ego Adrianus catholicæ Ecclesiæ episcopus.
Ego Imarus Tusculanus episcopus.
Ego Guido presbyter cardinalis titulo S. Chrysogoni.

Ego Ubaldus presbyter cardinalis titulo S. Praxedis.

Ego Manfredus presbyter cardinalis titulo S. Sabinæ.

Ego Ubaldus presbyter cardinalis titulo S. Crucis.

Ego Astaldus presbyter cardinalis titulo S. Priscæ.

Ego Guido diaconus cardinalis S. Mariæ in Porticu.

Ego Gerardus diaconus cardinalis S. Mariæ in Via Lata.

Datum Romæ apud S. Petrum, per manum Rolandi, sanctæ Romanæ Ecclesiæ presbyteri cardinalis et cancellarii, v Kal. Martii, indictione.... Anno Dominicæ Incarnationis 1155, pontificatus vero D. Adriani papæ IV, anno primo.

Aliud diploma impetravit Wibaldus ab Adriano pro Herivordensi collegio, datum Sutrii, per manum Rolandi, sanctæ Romanæ Ecclesiæ presbyteri cardinalis et cancellarii, xvi Kal. Junii, indict. iii, Incarnationis Dominicæ anno 1155, pontificatus vero domni Adriani papæ iv, anno primo.

XX.

Episcopis Scotiæ præcipit ut Rogero Eboracensi obediant.

(Romæ, ap. S. Petrum, Febr. 27.)

[Wilkins, *Concil,* I, 481.]

Adrianus episcopus, servus servorum Dei, venerabilibus fratribus H. Glasguensi, Christiano Witternensi, R. Sancti Andreæ, M. de Dumblan, G. Dunkeldensi, T. Brechinensi, G. Aberdonensi, W. Moraviensi, S. Sancti Petri in Ros. et A. Cathenensi, episcopis, salutem et apostolicam benedictionem.

Quoties in aliqua ecclesia, divina clementia disponente, talis pastor statuitur, de cujus discretione atque prudentia bonam fiduciam obtinemus, tanto majori gaudio ex hoc ipso replemur, quanto de omnium ecclesiarum profectu cogimur existere studiosi. Et ideo venerabilem fratrem nostrum Rogerum, archiepiscopum Eborum, et metropolitanum vestrum, debita benignitate suscepimus, et pallium, pontificalis scilicet plenitudinem potestatis ipsi concessimus, atque circa nos aliquandiu commorantem, sicut illum, quem sincero cordis affectu speciali prærogativa diligimus, honeste tractavimus, et eum inter fratres et coepiscopos nostros, sicut decuit, charum habuimus. Ipsum itaque ad ecclesiam suam cum gratia sedis apostolicæ et litterarum nostrarum prosecutione, ducente Domino, redeuntem, fraternitati vestræ attentius commendamus præsentium auctoritate præcipiendo mandantes, ut eum tanquam metropolitanum vestrum diligere et honorare curetis, et debitam ei obedientiam atque reverentiam metropolitico jure, occasione seposita, deferatis. Quod si non feceritis, et ei nolueritis obedire, scire vos volumus, quod nos sententiam, quam idem frater noster in aliquem vestrum propter hoc canonice promulgaverit, nos, auctore Deo, ratam habebimus.

Datum Romæ apud Sanctum Petrum, III Kal. Martii.

XXI.

Diœcesis Placentinæ prælatis Hugonem episcopum a sese consecratum commendat.

(Romæ, ap. S. Petrum, Mart. 4.)

[Mansi, *Concil.*, XXI, 820.]

Adrianus episcopus, servus servorum Dei, dilectis filiis universis præpositis, abbatibus, prioribus, archipresbyteris, plebanis, capellanis et aliis ecclesiarum prælatis Placentini episcopatus, salutem et apostolicam benedictionem.

Tribulationes et angustias Placentinæ Ecclesiæ misericordiæ oculis intuentes, ejus sumus calamitatibus miserti. Et ideo charissimum filium Hugonem virum utique prudentem, nobilem atque industrium, quem dilecti filii nostri nuntii vestri in Placentinum episcopum elegerunt, vobis concessimus, et ipsum nostris tanquam B. Petri manibus in episcopum Placentinæ Ecclesiæ studuimus consecrare. Ad vos itaque eumdem fratrem nostrum cum plena gratia sedis apostolicæ transmittentes universitati vestræ duximus attentius commendare, per apostolica vobis scripta mandantes, quatenus ad persolvendum debita, quibus commissa sibi Ecclesia nunc temporis dignoscitur aggravari, ita ei manus vestri auxilii porrigatis, ut et ipse devotionem vestram atque munificentiam sentiens vos semper habere valeat chariores, et nos de vestra devotione, quam erga eum habere viderimus, possimus merito congaudere. Ad hæc nihilominus vobis mandamus, quatenus jam dictum fratrem nostrum propensius honorantes, sicut patri et animarum vestrarum episcopo, debitam ipsi studeatis obedientiam ac reverentiam exhibere, ut et vos videamini, quod vestrum est, in omni humilitate atque patientia adimplere, et ipse pro vestra possit salute, ac debeat esse sollicitus, et illam vobis provisionis curam impendere, quam spiritualis pater de bonis filiis habere semper in animo consuevit.

Datum Romæ apud S. Petrum, iv Nonas Martii.

XXII.

Clero et populo Placentino Hugonem episcopum commendat.

(Romæ, ap. S. Petrum, Mart. 4.)

[Campi, *Hist. di Piacenza*, II, 354.]

Adrianus episcopus, servus servorum Dei, dilectis filiis clero et populo Placentino, salutem et apostolicam benedictionem.

Placentinæ Ecclesiæ laboribus miserti, paterno ipsi compatientes affectu dilectum filium nostrum Hugonem in episcopum vobis ad petitionem nuntiorum vestrorum concessimus, et ipsum nostris, tanquam B. Petri manibus studuimus in Placentinum episcopum consecrare. Eumdem ergo fratrem nostrum ad vos, et commissam sibi ecclesiam cum nostræ gratiæ plenitudine transmittentes, vobis duximus attentius commendandum, per apostolica vobis scripta mandantes, quatenus cum honore magno et reverentia, sicut condecet, patrem et animarum vestrarum rectorem recipere studeatis, et debitam ipsi obedientiam deferendo in omni humilitate, ipsi satagatis tanquam vestro Patri spirituali in omnibus et per omnia complacere, ut vobis in obedientia ipsius consistentibus valeat tanquam filiis propriis spiritualem alimoniam ita in tempore ministrare, quod una vobiscum possit ad coelestem patriam, ductore Domino, pervenire.

Datum Romae apud S. Petrum, iv Nonas Martii.

XXIII.

Uberto praeposito Pratensi concedit jus provocationis ad sedem apostolicam.

(Romae, ap. S. Petrum, Mart. 10.)

[UGHELLI, *Ital. sacr.*, III, 332.]

ADRIANUS episcopus, servus servorum Dei, dilecto filio UBERTO praeposito Pratensi Ecclesiae, salutem et apostolicam benedictionem.

Apostolicae sedis clementia devotos et humiles filios semper consuevit speciali affectu diligere, et ne pravorum hominum molestiis agitentur, apostolicae sedis munimine confovere. Eapropter, dilecte in Domino fili, tuis justis postulationibus clementer annuimus, et personam tuam cum bonis tam ecclesiasticis quam mundanis, quae inpraesentiarum juste et canonice possides, aut in futurum, praestante Domino, poteris adipisci, sub B. Petri et nostra protectione suscipimus: et praesentis scripti patrocinio communimus, statuentes ut si te ab aliquo gravari praesenseris, libere tibi sedem apostolicam liceat appellare. Nulli ergo omnino hominum, etc.

Datum Romae apud S. Petrum, iv Idus Martii.

XXIV.

Privilegium pro ecclesia S. Mariae de Portu Ravennate.

(Romae, ap. S. Petrum, Mart. 14.)

[FANTUZZI, *Monum. Ravenn.*, II, 131.]

ADRIANUS episcopus, servus servorum Dei, dilecto filio MANFREDO priori ecclesiae S. Mariae in Portu, ejusque successoribus canonice promovendis in perpetuum.

Commissae nobis apostolicae sedis nos hortatur auctoritas ut locis et personis ejus auxilium devotione debita implorantibus tuitionis praesidium impendere debeamus, quia sicut injusta petentibus nullus est tribuendus effectus, ita legitima et justa postulantium non est differenda petitio, eorum praesertim qui cum honestate vitae et laudabili morum compositione gaudent omnipotenti Domino deservire. Eapropter, dilecte in Domino fili Manfrede, prior tuis justis petitionibus debita benignitate gratum impertientes assensum, beatae Dei Genitricis Mariae Ecclesia cui, Deo auctore, praeesse dignosceris cum omnibus ad ea pertinentibus ad exemplar praedecessoris nostri felicis memoriae PP. Innocentii sub B. Petri et nostra protectione suscipimus, et praesentis scripti privilegio communimus.

Statuentes ut quascunque possessiones, quaecunque bona, eadem ecclesia inpraesentiarum juste et canonice possidet, aut in futurum concessione pontificum, largitione regum vel principum, oblatione fidelium, seu aliis justis modis, Deo propitio, poterit adipisci firma tibi tuisque successoribus in perpetuum et illibata permaneant, in quibus haec propria duximus exprimenda vocabulis. Quaecunque a Sipoto abb. monast. S. Andreae et S. Mariae de Cereto ex partibus Istriae per Enphiteu acquisivistis, quaecunque etiam a Cervien. Cesenaten. Ariminen. episcopo eidem ecclesiae rationabiliter concessae sunt, aquimolum cum redimine, seu adjacentiis suis extra Portam S. Laurentii Rav. ubi molendinum construxistis juxta pontem, qui supra aquam ante eamdem portam fluentem consistere cernitur in superiori et exteriori parte ejusdem pontis ad jus B. Petri pertinens vobis, concedimus sub censu unius denar. Lucen. monetae, a vestra ecclesia nobis nostrisque successoribus annualiter persolvendo, et quaecunque a b. m. Gualtero qu. Rav. archiep. ecclesiae vestrae divinae pietatis intuitu collata sunt, cum terris, pratis, vineis, nemoribus, usuagis et pascuis in boschio, et plano, in aquis et molendinis, in viis et semitis et in omnibus aliis libertatibus et immunitatibus suis. Liceat etiam vobis clericos a saeculo fugientes ad conversionem in congregationem vestram suscipere absque alicujus episcopi vel praepositi contradictione, sive molestia. Sed et laicos de quibuslibet parochiis, vestrae societati ad disciplinae videlicet regularis conversionem per vos ipsos adjungi, nisi forte aliquibus legalibus conditionibus teneantur obnoxii, nullus episcopus vel praepositus vobis interdicere audeat, nulli quoque fratrum ejusdem ecclesiae licentia pateat post factam apud vos professionem de claustro vestro, vel domo vestra discedere aliqua occasione sine prioris ecclesiae vestrae, aut absque communi congregationis licentia. Quod si quis ex clericis vel laicis professis de claustro vestro, vel domo vestra discesserit, et commonitus redire contempserit priori ecclesiae ipsius qui pro tempore fuerit, ex apostolica auctoritate sit facultas ejusmodi a suis officiis suspendere, et excommunicare; suspensum vero, sive interdictum, vel excommunicatum nullus episcoporum abbatumve suscipere vel retinere praesumat. Quae omnia apostolica auctoritate concedimus, quandiu scilicet apud vos canonici ordinis tenor, Deo praestante, viguerit. Praeterea clericorum tonsuram in vestro loco regulariter pro professione volentium vivere nostra concessione vobis facere liceat. Porro clericorum vestrorum ordinationem a quo malueritis catholico episcopo suscipiendi licentiam habeatis. Si quando Rav. ecclesia forte antistitem non habuerit, vel si is qui in ea fuerit, constiterit non esse catholicum, sane fratrum vestrorum decimas quas ubilibet vestris laboribus, sumptibusque colligitis, nullus episcoporum, vel episcopalium ministrorum a vobis exigere audeat. Sepulturam quoque sacrorum locorum liberam omnino esse decernimus, ut eorum qui se illic sepeliri deliberaverint devotioni, et extremæ voluntati, nisi forte excommunicati, vel interdicti sint, nullus obsistat. Ad hæc adjicientes statuimus auctoritate præsentis privilegii, ut præfata ecclesia vestra cum omnibus ubilibet ad se pertinentibus ab omni sit extraordinaria functione immunis, ut videlicet si quando archiepiscopum Rav. vel quemlibet alium episcopum in cujus parochia aliquam ecclesiam vel possessionem habetis, vel decedente archiepiscopo clericos, vel laicos ejusdem ecclesiæ ad Romanum pontificem vel ad imperatorem a cujuslibet rei gratia proficisci contigerit, nullam vobis exactionem in argento, aut equitaturis, aut aliquibus aliis stipendiis de ejusdem ecclesiæ rebus facere audeant, seu ibidem hospitando aliquod unquam gravamen inferre. Præterea si ingruente bello cives Rav. vel aliarum civitatum vel locorum homines pro militibus, vel pro munienda civitate, vel castro collectam fecerint, jam D. ecclesiam vestram ab omni exactione immunem esse præcipimus.

Decernimus ergo ut nulli omnino personæ hominum præfatam ecclesiam temere perturbare, aut ejus possessiones auferre, minuere, aut aliquibus vexationibus fatigare, sed omnia integra conserventur, eorumque pro quorum gubernatione et sustentatione concessæ sunt, omnimodis usibus profutura salva sedis apostolicæ auctoritate.

Si qua igitur inposterum ecclesiasticæ sæcularisve persona, hanc, etc.

Ego Adrianus catholicæ Ecclesiæ episcopus.
Ego Imarus Tusculanus episcopus.
Ego Ubaldus P. B. R. card. tit. S. Praxedis.
Ego Manfredus P. B. R. card. tit. S. Sabinæ.
Ego Aribertus presb. card. tit. S. Anastasiæ.
Ego Julius presb. card. tit. S. Marcelli.
Ego Astaldus presb. card. tit. S. Priscæ.
Ego Joannes presb. card. tit. SS. Joannis et Pauli.
Ego Henricus presb. card. tit. SS. Nerei et Achillei.
Ego Joannes presb. card. tit. SS. Silvestri et Martini.
Ego Rodulfus diac. card. S. Luciæ in Septa Solis.
Ego Guido diac. card. S. M. in Porticu.
Ego Joannes diac. card. SS. Sergii et Bacchi.

Datum Romæ apud S. Petrum, per manum Rolandi S. R. E. presb. card. et cancellarii; II Id. Martii, indict. III, Incarn. divinæ, anno 1154, pontificatus vero D. Adriani papæ IV, anno I.

XXV.

Ad sanctimoniales Horreensis monasterii. Vetat ne quis eas sub reclusione vivere impediat.

(Romæ, ap. S. Petrum, Mart. 14.)

[MARTEN. Ampl. collect., I, 833.]

ADRIANUS episcopus, servus servorum Dei, dilectis

(6) Horreum seu Horreense monasterium in civitate Trevirensi a sancta Irmina fundatum, hactenus perstat sub Regula Sancti Benedicti, vulgo S.

in Christo filiabus sororibus monasterii S. Mariæ in Horreo (6), salutem et apostolicam benedictionem.

Quoties illud a nobis petitur, quod religioni et honestati dignoscitur convenire, animo nos decet libenti concedere, et petentium desideriis congruum impertiri suffragium. Eapropter, dilectæ in Domino filiæ, vestris precibus annuentes, statuimus, et præsentis scripti decreto sancimus, ut nulla persona magna vel parva, sæcularis seu ecclesiastica, vobis inhibeat, quin sub eadem Beati Benedicti Regula Domino serviatis, sub qua tempore prædecessoris nostri sanctæ memoriæ papæ Eugenii ex ipsius præcepto tanquam reclusæ promisistis Domino deservire. Nulli ergo omnino hominum liceat hanc nostræ constitutionis paginam temerario ausu infringere, seu ipsi modis quibuslibet contraire. Si quis autem hoc attentare præsumpserit, indignationem omnipotentis Dei et apostolorum Petri et Pauli se noverit incursurum.

Data Romæ apud S. Petrum, II Idus Martii.

XXVI.

Congregationis Camaldulensis tutelam suscipit.

(Romæ, ap. S. Petrum, Mart. 14.)

[MITARELLI, Ann. Cam. III App. 475.]

ADRIANUS episcopus, servus servorum Dei, dilectis filiis RODULFO Camaldulensium priori, ejusque fratribus, tam præsentibus quam futuris, regularem vitam professis, in perpetuum.

Officii nostri nos admonet et invitat auctoritas pro ecclesiarum statu satagere, et eorum quieti ac tranquillitati salubriter, auxiliante Domino, providere. Dignum namque et honestati conveniens esse dignoscitur, ut qui ad earum regimen, Domino disponente, assumpti sumus, eas et a pravorum hominum nequitia tueamur, et beati Petri atque sedis apostolicæ patrocinio muniamus. Eapropter, dilecti in Domino filii, vestris justis postulationibus clementer annuimus, et prædecessorum nostrorum felicis memoriæ Paschalis, Eugenii et Anastasii Romanorum pontificum vestigiis inhærentes, præcipimus, et præsentis decreti auctoritate sancimus, ne cuiquam omnino personæ, clerico, monacho, laico cujuscunque ordinis, aut dignitatis præsentibus aut futuris temporibus liceat congregationes illas et loca illa quæ Camaldulensis eremi sive cœnobii disciplinam et ordinem susceperunt, quæque hodie sub illius regimine continentur, ab ejus ullo modo subjectione et unitate dividere, quæ videlicet loca et congregationes conservandæ unitatis gratia singularibus visa sunt vocabulis adnotanda.

In episcopatu Aretino, monasterium Sancti Salvatoris Berardingorum, Sancti Petri in Rota, Sanctæ Mariæ in Agnano, Sancti Quirini in Rosa, eremus Fleri, monasterium Sancti Viriani, Sancti Bartholomæi in Anglare; juxta Balneum monasterium Sanctæ Mariæ in Trivio. In Galiata, monasterium Irmine nuncupatum, ad quod solis nobilibus virginibus aditus patet.

Sanctæ Mariæ in Insula. In episcopatu Montis Feretrani, monasterium montis Herculis. In episcopatu Forumpopiliensi, Hospitale Almerici. In episcopatu Pansauriensi, monasterium Sancti Decentii, eremus Fajoli. In episcopatu Bononiensi, monasterium Sancti Archangeli juxta castrum Britti, Sancti Felicis. In episcopatu Florentino, monasterium Sancti Petri in Luco, Sancti Salvatoris juxta civitatem. In episcopatu Fesulano monasterium Sanctæ Mariæ in Popiena et ecclesiam Sanctæ Margaritæ. In episcopatu Vulterrano, monasterium Sancti Petri in Fontiano, Sanctæ Mariæ in Policiano, Sancti Petri in Cerreto, Sancti Justi prope civitatem. In episcopatu Pisano, monasterium Sanctæ Mariæ de Morrona, monasterium Sancti Stephani in Cinctoria, Sancti Savini in Montione. In ipsa civitate, monasterium Sancti Michaelis, Sancti Fridiani, Sancti Zenonis. In episcopatu Lucano, monasterium Sancti Salvatoris in Cantiniano, Sancti Petri in Puteolis. Item in Sardinia, in archiepiscopatu Turritano, monasterium Sanctæ Trinitatis de Saccaria, ecclesiam Sanctæ Eugeniæ in Samanar, ecclesiam Sancti Michaelis et Sancti Laurentii in Vanari, ecclesiam Sanctæ Mariæ et Sancti Joannis in Altasar, ecclesiam Sanctæ Mariæ in Contra, ecclesiam Sancti Joannis et Sancti Simeonis in Salvenaro, ecclesiam Sancti Nicolai de Trulla, ecclesiam Sancti Petri in Scano, ecclesiam Sancti Pauli in Contrognano, ecclesiam Sancti Petri in Olim. Item in Tutia, in episcopatu Clusino eremum Vivi in monte Amiato cum omnibus supradictorum locorum pertinentiis, villam præterea de Mojona quam emistis ab Henrico præposito et reliquis canonicis cum omnibus pertinentiis suis; villam de Montione quam emistis ab abbate Sanctæ Floræ, quemadmodum in vestris chartulis continetur, et vobis a prædecessore nostro bonæ memoriæ papa Anastasio, mediante justitia adjudicata est, et scripti sui sententia confirmata. Omnia igitur supradicta monasteria cum omnibus ad ipsa pertinentibus statuimus et apostolicæ sedis auctoritate sancimus tanquam corpus unum sub uno capite, id est sub priore Camaldulensis eremi, temporibus perpetuis permanere, et illius disciplinæ observatione persistere, sub illo, inquam, priore qui ab ipsius congregationis abbatibus sive prioribus et ab eremitis regulariter electus, præstante Domino, fuerit. Porro congregationem ipsam ita sub apostolicæ sedis tutela perpetuo conferendam decernimus, ut nulli episcoporum facultas sit aliquid ex his monasterium absque prioris conniventia, vel apostolicæ sedis licentia excommunicare, vel a divinis officiis interdicere. Fratribus autem ipsis licentia sit, a quo maluerint catholico episcopo consecrationum, seu ordinationum sacramenta suscipere.

Decernimus ergo ut nulli omnino hominum liceat præfatum eremum Camaldulensem temere perturbare, aut ejus possessiones auferre, vel ablatas retinere, minuere, seu aliis quibuslibet vexationibus fatigare, sed omnia integra conserventur eorum pro quorum gubernatione et sustentatione concessa sunt, salva sedis apostolicæ auctoritate et diœcesanorum episcoporum canonica justitia.

Si qua igitur in futurum, etc.

OCULI MEI SEMPER AD DOMINUM. SANCTUS PETRUS, SANCTUS PAULUS, ADRIANUS PAPA IV.

Ego Adriauus catholicæ Ecclesiæ episcopus.
Ego Ubaldus presb. card. tit. Sanctæ Praxedis.
Ego Aribertus presb. card. tit. Sanctæ Anastasiæ.
Ego Julius presb. card. tit. Sancti Marcelli.
Ego Joannes presb. card. tit. Sanctorum Joannis et Pauli tit. Pamachii.
Ego Henricus presb. card. tit. Sanctorum Nerei et Achillei.
Ego Joannes presb. card. tit. Sanctorum Sylvestri et Martini.
Ego Rodulfus diac. card. Sanctæ Luciæ in Septa Solis.
Ego Wido diac. card. Sanctæ Mariæ in Porticu.

Datum Romæ apud S. Petrum, per manum Rolandi sanctæ Romanæ Ecclesiæ presb. card. et cancellarii II Idus Martii, indictione III, Incarnationis Dominicæ anno 1154, pontificatus vero domni Adriani papæ IV, anno primo.

XXVII.

Monachis S. Sylvestri de Monte-Suavi præcipit, ut priori Camaldulensi obediant.

(Romæ, ap. S. Petrum, Mart. 15.)
[Ibid., p. 494.]

ADRIANUS episcopus, servus servorum Dei, dilectis filiis monachis monasterii sancti Silvestri de Monte Suavi, salutem et apostolicam benedictionem.

Prædecessor noster sanctæ memoriæ papa Eugenius monasterium in quo elegistis Domino deservire, quod utique ad jus et proprietatem Principis apostolorum spiritualiter pertinet, ut ordo monasticus secundum Camaldulensium fratrum consuetudinem in eo posset firmiter observari, dilecto filio nostro Camaldulensium priori et successoribus ejus donavit, atque concessit, quatenus sub ipsius disciplina atque regimine ordo in eo posset monasticus reformari, et Beati Benedicti Regula firmiter custodiri. Cæterum cum quidam vestrum tunc temporis in ipsius prædecessoris nostri præsentia plenariam eidem filio nostro priori promiserunt obedientiam exhibere, nunc retro respiciunt, et secundum Camaldulensium fratrum consuetudinem tam ipsi quam vos debitam supradicto filio nostro priori obedientiam subtrahendo Beati Benedicti contradicitis Regulam observare, in quo facto satis datur intelligi, quod tum de religionis observantia, seu de vestrarum animarum salute solliciti non sitis, vel quod diligenti studio nolitis, quæ sunt Deo placita, operari. Ne igitur Dei omnipotentis et nostram debeatis indignationem incurrere, per præsentia vobis scripta præcipiendo mandamus quatenus supradicto filio nostro priori ut omnibus secundum Deum et B. Benedicti Regulam et consuetudinem Camaldulensium studeatis humiliter obedire, quod si infra unius mensis spatium nolueritis adimplere, ex tunc vinculo vos anathematis noveritis innodatos.

Datum Romæ, apud Sanctum Petrum, Idibus Martii.

XXVIII.
Ecclesiæ S. Mariæ de Reno ecclesiam S. Potentianæ (Romanam) regendam tradit.

(Romæ, ap. S. Petrum, Mart: 17.)

[TROMBELLI, *Memorie di Reno*, 404.]

ADRIANUS episcopus, servus servorum Dei, dilecto filio GUIDONI priori ecclesiæ Sanctæ Mariæ de Reno ejusque fratribus tam præsentibus quam futuris canonice viventibus, in perpetuum.

Decor domus Domini diligendus est et locus habitationis gloriæ ejus attenta diligentia et reverentia honorandus.

Ecclesia namque Dei quæ non sine multo dolore et labore peregrinatur in terris pro illius amore et desiderio, quæ perpetuis et inconcessis gaudiorum præmiis fruetur in cœlis religiosas personas quæ famulatui Conditoris nostri mancipatæ sunt attentius reveretur et diligit. Nos quoque quibus a provisore omnium bonorum Domino universalis Ecclesiæ cura, ipso disponente, commissa est, beneplacentem Deo religionem pro nostri officii debito laboramus statuere et stabilitam exacta diligentia conservare. Maxime in urbe Roma in qua sicut antiquitus caput totius erroris fuerat, ita nimirum christianitatis tempore dignum est ut in ea totius sanctitatis lumen effulgeat. Hujus itaque rationis debito provocati, charissimi filii nostri Guidonis presbyteri cardinalis tituli Pastoris precibus annuentes ecclesiam ipsam sanctæ Potentianæ consilio fratrum nostrorum tibi tuisque successoribus ordinandam regendamque apostolicæ sedis auctoritate committimus; statuentes ut ordo canonicus in ea per vos, Deo auctore, constituatur, et juxta institutionem et observantiam Regulæ vestræ perpetuis ibidem temporibus inviolabiliter conservetur. Ad hæc medietatem omnium possessionum quas prædicta ecclesia in præsentiarum rationabiliter possidet cum medietate vinearum et pensionum ad eamdem ecclesiam pertinentium juxta dispositionem prædicti filii nostri Guidonis presbyteri cardinalis canonicis vestris in eadem ecclesia commorantibus confirmamus. Quandiu canonicus ordo juxta Beati Augustini Regulam in loco ipso, Domino præstante, viguerit, in usibus et dispositione fratrum ibidem Domino servientium statuimus permanere. In quibus nimirum possessionibus has propriis decrevimus vocabulis adnotandas.

In Marana tres pedicas, Favaralo tres pedicas et tres petiolas: Salone unam pedicam; ad Sanctum Genesium unam pedicam et VIII petias vinearum, VI hortos circa ecclesiam; et ecclesiam Sancti Joannis in Petroiolo cum pertinentiis suis. Nulli ergo omnino hominum fas sit hujus nostræ constitutionis et confirmationis paginam temerario ausu infringere, seu quibuslibet molestiis perturbare.

Si quis igitur id attentare præsumpserit, secundo tertiove commonitus, nisi præsumptionem suam digna satisfactione correxerit, honoris et officii sui periculum patiatur, aut excommunicationis pœna mulctetur. Amen, amen, amen.

Ego Adrianus catholicæ Ecclesiæ episcopus.

Ego Imarus Tusculanus episcopus.

Egs Hubaldus presb. card. Sanctæ Praxedis.

Ego Manfredus presb. card. tit. Sanctæ Sabinæ.

Ego Aribertus presb. card. tit. S. Anastasiæ.

Ego Julius presb. card. tit. S. Marcelli.

Ego Hubaldus presb. card. tit. S. Crucis in Jerusalem.

Ego Astaldus presb. card. tit. Sanctæ Priscæ.

Ego Guido presb. card. Pastoris.

Ego Gerardus presb. card. tit. Sancti Stephani in Cœlio Monte.

Ego Joannes presb. card. Sanctorum Joannis et Pauli tit. Pamachii.

Ego Joannes presb. card. tit. Sanctorum Sylvestri et Martini.

Ego Rodulphus diaconus card. Sanctæ Luciæ in Septo Solis.

Ego Joannes diac. card. Sanctorum Sergii et Bacchi.

Ego Girardus diac. card. Sanctæ Mariæ in Via Lata.

Ego Odo diac. card. S. Nicolai in Carcere Tulliano.

Datum Romæ, apud S. Petrum, per manum Rolandi, sanctæ Romanæ Ecclesiæ presb. card. et cancell. XVI Kalend. Aprilis, indict. III, Incarnationis Dominicæ anno 1154, pontificatus vero domni Adriani papæ IV anno I.

XXIX.
Wibaldo abbati Stabulensi Camaldulenses Berardingenses et S. Petri de Rota commendat.

(Romæ, ap. S. Petrum, Mart. 19.)

[MARTEN., *Ampl. Collect.*, II, 589.]

ADRIANUS episcopus, servus servorum Dei, dilecto filio Stabulensi abbati, salutem et apostolicam benedictionem.

Licet omnium Ecclesiarum nobis cura et sollicitudo immineat, licet eas debeamus universaliter defendere, religiosa tamen loca nos convenit attentius confovere, et gratiora eis exhibere obsequia, qui propria relinquentes, in domo Domini elegerunt abjecti et despicabiles remanere, magis quam habitare in tabernaculis peccatorum. In episcopatu siquidem Aretino quædam monasteria esse noscuntur, Berardingorum videlicet et Sancti Petri de Rota, in quibus religiosi viri fratres Camaldulenses assidue student Domino deservire, qui, licet sint rebus temporalibus pauperes, thesauro tamen indeficienti locupletes esse creduntur. Pro ipsis itaque dilectionem tuæ fraternitatis attentius exoramus, apostolicis litteris tuæ discretioni mandantes, quatenus pro amore Dei, pro beati Petri et nostra reverentia, ita industria tua apud charissimum filium nostrum Fredericum illustrem atque catholicum Romanorum regem efficiat, ut prædicti fratres rerum suarum ab his, qui sunt in exercitu, non possint sustinere jacturam, sed potius cum apud Christianissimum principem de aliquo querelam protulerint, plenariam valeant ab ipso justitiam obtinere.

Data Romæ apud Sanctum Petrum, xiv Kal. Aprilis.

XXX.

Monasterii Pomposiani privilegia confirmat.

(Romæ, ap. S. Petrum, April. 9.)

[MURATORI, *Antiq. Ital.*, V, 166, ubi, *datum* et subscriptiones tantum exhibentur.]

Datum Romæ apud Sanctum Petrum, per manum Rolandi sanctæ Romanæ Ecclesiæ presbyteri cardinalis et cancellarii, v. Idus Aprilis, indictione III, Incarnationis Dominicæ anno 1155, pontificatus vero domni Adriani papæ IV anno I.

Post episcopos subscribunt:

Ego Guido presbyter cardinalis titulo Sancti Chrysogoni.

Ego Hubaldus presbyter cardinalis titulo Sanctæ Praxedis.

Ego Mathias presbyter cardinalis titulo Sanctæ Sabinæ.

Ego Julius presbyter cardinalis titulo Sancti Marcelli.

Ego Octavianus presbyter cardinalis titulo Sanctæ Cæciliæ.

Ego Girardus presbyter cardinalis titulo Sanctinis et Stephani in Cœlio Monte.

Ego Joannes presbyter cardinalis titulo SS. Joan-Pauli titulo Pamachii.

Ego Joannes presbyter cardinalis titulo Sanctorum Silvestri et Martini.

Ego Rodulfus diaconus cardinalis Sanctæ Luciæ in Septisolio.

Ego Gerardus diaconus cardinalis Sanctæ Mariæ in Via Lata.

Ego Odo diaconus cardinalis Sancti Nicolai in Carcere Tulliano.

XXXI.

E[raclio] Lugdunensi et H[umberto] Vesontionensi archiepiscopis mandat, ne monasterium Trenorciense a G[irardo] comite Matisconensi affici injuriis patiantur.

(Romæ, apud S. Petrum, April 14.)

[JUÉNIN, *Nouv. Hist. de Tournus*, Pr., p. 166.]

ADRIANUS episcopus, servus servorum Dei, venerabilibus fratribus E[RACLIO] Lugdunensi, et H[UMBERTO] Bisuntino archiepiscopis, salutem et apostolicam benedictionem.

Qui bona ecclesiarum præsumunt invadere, et viros religiosos ac terras ipsorum duris et indebitis exactionibus aggravare, a prælatis Ecclesiæ sunt propensius commonendi, ut et ipsi suarum possessionum fructus integre percipere possint, et qui ecclesias diripiendo justitiam in peccatis videntur procul dubio declinare, pastorum exhortationibus corrigantur. Dilectus siquidem filius noster P[etrus] abbas Trenorciensis monasterii sua nobis narratione monstravit, quod nobilis vir G[irardus] comes Matisconensis ita terras ipsius et homines in eis commorantes indebitis et insolitis exactionibus aggravet, ut non solum de ipsis consuetum emolumentum habere non possit, verum etiam ipsarum possessionum amissionem cogatur sæpius cogitare. Quia ergo pati nec debemus, nec possumus quod abbas aut monasterium ipsius pati debeat detrimentum, per præsentia vobis scripta mandamus, quatenus præfatum comitem districtius moneatis ut ab ejusmodi exactionibus terrarum et hominum supradicti monasterii omnino abstineat, et fratres in eo commorantes permittat in omni quiete Domino deservire. Quod si facere forte noluerit et (forte nec) vestris monitis duxerit obviandum, ita plenariam de ipso et contra ejus (*deest hic aliquid*) justitiam faciatis, ut saltem timore pœnæ dediscat (f. *desinat*) bona prædicti monasterii infestare, seu indebitas exactiones eorum terris imponere.

Datum Romæ apud Sanctum Petrum, xvIII Kalendas Maii.

XXXII.

Canonicis Cabilonensibus præcipit ut ecclesiam quamdam monasterio Trenorciensi restituant.

(Romæ, ap. S. Petrum, April. 14.)

[Ibid., p. 165.]

ADRIANUS episcopus, servus servorum Dei, dilectis filiis canonicis Cabilonensis Ecclesiæ, salutem et apostolicam benedictionem.

Non debent boni filii vacuare quod patrem suum rationabili providentia viderint statuisse. Bonæ memoriæ (Galterius) quondam Cabilonensis episcopus, quamdam ecclesiam dilectis filiis nostris P[etro] I] abbati et monachis Trenorciensis monasterii, intuitu pietatis donavit. Quam sicut sua conquestione nobis dilectus filius noster P[etrus] II] abbas ejusdem monasterii studuit demonstrare, ipsi contra justitiam abstulistis. Ne igitur bonorum operum destructores merito comprobari possitis, per præsentia vobis scripta mandamus, quatenus si querela ipsius veritate fulcitur, ecclesiam ipsam eidem filio nostro restituere nullatenus differatis. Mandavimus siquidem venerabili fratri nostro G. episcopo vestro, ut vos ad ejusdem ecclesiæ restitutionem commoneat. Et si aliquam tam in eadem ecclesia quam in rebus aliis adversus eos justitiam vos habere confiditis, in præsentia venerabilis fratris nostri E[raclii] Lugdunensis archiepiscopi vestram poteritis justitiam obtinere. Alioquin scire vos volumus quod nos ita præsumptionem vestram et inobedientiam, auctore Domino, puniemus, quod ad aures quorum pœna pervenerit, non audebunt consimilia attentare.

Datum Romæ apud Sanctum Petrum, xviii Kalendas Aprilis [*Lege* Maii.]

XXXIII

Monasterii Benedictoburani patrocinium suscipit juraque confirmat.

(Romæ, ap. S. Petrum, April. 17.)

[Meichelbeck, *Chron.*, *Benedictobur.*, I, 99.]

Adrianus episcopus servus servorum Dei, dilectis filiis Waltero abbati Sancti Benedicti de Burin ejusque fratribus tam præsentibus quam futuris regularem vitam professis, in perpetuum.

Officii nostri nos admonet tranquillitati salubriter, auxiliante Domino, providere. Dignum namque et honestati conveniens esse dignoscitur, ut qui ad ecclesiarum regimen, Domino disponente, assumpti sumus, eas et a pravorum hominum nequitia tueamur, et beati Petri atque sedis apostolicæ patrocinio muniamus. Eapropter, dilecti in Domino filii, vestris justis postulationibus clementer annuimus, et præfatum monasterium in quo divino mancipati estis obsequio et ad exemplar prædecessoris nostri felicis memoriæ papæ Eugenii, sub beati Petri et nostra protectione suscipimus et præsentis scripti privilegio communimus, statuentes ut quascunque possessiones, quæcunque bona idem monasterium in præsentiarum juste et canonice possidet, aut in futurum concessione pontificum, largitione regum vel principum, oblatione fidelium, seu aliis justis modis, procurante Domino, poterit adipisci, firma vobis vestrisque successoribus et illibata permaneant. Et quia idem monasterium multis olim possessionibus et divitiis ditatum sicut ex rescripto litterarum illustris memoriæ Lotharii Romani imperatoris inspeximus, regni necessitas, et imminentia exspoliaverunt negotia, placuit eidem imperatori illud libertate donare, et ab omnibus injuriis seu exactionibus immune statuere. Nos ergo eamdem libertatem auctoritate apostolica confirmamus, et inviolatam in perpetuum manere decernimus. Advocatus quoque sicut idem imperator decrevit nullus ibi ponatur, nisi quem abbas ejusdem loci consilio fratrum elegerit; quem si præter jus suum ad res ecclesiæ contra voluntatem abbatis manus extenderit, juxta tenorem litterarum jam dicti imperatoris abbas potestatem habeat refutandi. Obeunte vero te nunc ejusdem loci abbate, vel tuorum quolibet successorum, nullus ibi qualibet subreptionis astutia seu violentia præponatur, nisi quem fratres communi consensu, vel fratrum pars consilii sanioris secundum Dei timorem et B. Benedicti Regulam providerint eligendum. Sepulturam quoque ipsius loci liberam esse concedimus, ut eorum devotioni et extremæ voluntati qui se illic sepeliri deliberaverint, nisi forte excommunicati vel interdicti sint, nullus obsistat, salva nimirum matricis ecclesiæ canonica justitia.

Decernimus ergo ut nulli omnino hominum liceat supradictum monasterium temere perturbare, aut ejus possessiones auferre, vel ablatas retinere, minuere, seu quibuslibet vexationibus fatigare, sed illibata omnia et integra conserventur eorum, pro quorum gubernatione et sustentatione concessa sunt, usibus omnimodis profutura, salva nimirum apostolicæ sedis auctoritate et diœcesani episcopi canonica justitia. Si qua igitur, etc.

Ego Adrianus catholicæ Ecclesiæ episcopus.

Ego Imarus Tuscul. episcopus.

Ego Cinthius Portuensis et Sanctæ Rufinæ episcopus.

Ego Gregorius Sabinensis episcopus.

Ego Guido presb. card. tit. S. Chrysogoni.

Ego Hubaldus presb. card. tit. S. Praxedis.

Ego Manfredus presb. card. tit. S. Sabinæ.

Ego Octavianus presb. card. tit. S. Ceciliæ.

Ego Astaldus presb. card. tit. S. Priscæ.

Ego Joannes presb. card. tit. S. Sylvestri et Martini.

Ego Oddo diac. card. S. Georgii ad Velum Aureum.

Ego Guido diac. card. S. Mariæ in Porticu.

Ego Joan. diac. card. SS. Sergii et Bacchi.

Ego Gerardus diac. card. S. Mariæ in Via Lata.

Datum Romæ apud Sanctum Petrum, per manus Rolandi, sanctæ Romanæ Ecclesiæ presbyteri cardinalis et cancellarii, xv Kal. Maii, indict. iii, Incarnationis Dominicæ anno 1155, pontificatus vero domni Adriani papæ IV anno primo.

XXXIV

Ecclesiæ S. Mariæ Czerwinskensis protectionem suscipit bonaque confirmat (6*).

(Romæ, ap. S. Petrum, April. 18.)

[Rzyszczewski, *Cod. diplom. Polon.*, I, 8.]

Adrianus episcopus, servus servorum Dei, dilectis filiis, Guidoni priori ecclesiæ Beatæ Mariæ in Cirvenzk (7) ejusque fratribus tam præsentibus quam futuris, regularem vitam professis, in perpetuum.

Officii nostri nos admonet et invitat auctoritas pro ecclesiarum statu satagere et earum quieti ac tranquillitati salubriter, auxiliante Domino, providere. Dignum namque et honestati conveniens esse dignoscitur, ut qui ad ecclesiarum regimen assumpti sumus, eas et a pravorum hominum nequitia tueamur, et beati Petri atque sedis apostolicæ patrocinio muniamur. Eapropter, dilecti in Domino filii, vestris justis postulationibus clementer annuimus, et præfatam ecclesiam, in qua divino mancipati

(6*) E tabula authentica membranacea, quæ in bibliotheca ill. comitis Zamojski Varsoviæ asservatur, sed caret nunc bulla plumbea filis glauci, viridis et rubri coloris olim appensa, qua eam instructam olim fuisse, notarialis copia membranacea anni 1404 ejusdem bibliothecæ testatur. Eugenius IV P. M. hanc Adriani bullam anno 1443 confirmavit, ejusque confirmationis copia in corpore privilegiorum Czervinensium legitur pag. 35 et seq.

(7) *Czerwink* parochiale oppidum Plocensis territorii et regionis ad Vistulam situm.

estis obsequio, sub beati Petri et nostra protectione suscipimus, et præsentis scripti patrocinio communimus; statuentes ut quascunque possessiones, quæcunque bona eadem ecclesia inpræsentiarum juste et canonice possidet, aut in futurum concessione pontificum, largitione regum vel principum, oblatione fidelium, seu aliis justis modis, Deo propitio, poterit adipisci, firma vobis vestrisque successoribus et illibata permaneant. In quibus hæc propriis duximus exprimenda vocabulis:

In Plozica (8) præbendam Zaxichow (9); in Cirvenzk decimum et nonum forum, decimam et nonam marcam, decimam et nonam navim, decimum poletrum, decimum diem in clausura (10); totum Lomina (11) cum pertinentiis suis; Gostezlaw (12) cum pertinentiis suis;[Scol]atowe (13) cum pertinentiis suis; Targoscine (14) cum pertinentiis suis; Nasielzk (15)cum pertinentiis suis; Caccubum in Segovend (16); Garvolionem (17) quam Bartholomæus comes cum uxore et filio pro redemptione animæ suæ ecclesiæ Beatæ Mariæ devotionis intuitu dedit et scripto suo firmavit, [forum] in Cohow (18) ex dono Henrici ducis; Chrominnam totam; Scriseva cum lacu; Chomissinam (19); Guiduam (20); Parlin (21).

Decernimus ergo ut nulli omnino hominnm liceat præfatam ecclesiam Cervenensem perturbare, aut ejus possessiones auferre, vel ablatas retinere, minuere, aut aliquibus vexationibus fatigare, sed omnia integre conserventur eorum pro quorum gubernatione et sustentatione concessa sunt usibus omnimodis profutura, salva sedis apostolicæ auctoritate, et Masoviensis episcopi canonica justitia.

Si qua igitur, etc.

Ego Adrianus catholicæ Ecclesiæ episcopus. (*Bene valete* in monogrammate.)

Ego Guido presbyter cardinalis tituli.

Ego Imarus Tusculanus episcopus.

Ego Odo diaconus cardinalis Sancti Georgii ad Velum Aureum.

Ego Gregorius Sabiniensis episcopus.

Ego Aribertus presbyter cardinalis tituli Sanctæ Anastasiæ.

Ego Julius presbyter cardinalis tituli Sancti Marcelli.

Ego Odo diaconus cardinalis Sancti Nicolai in Carcere Tulliano.

Ego Octavianus presbyter cardinalis tituli Sanctæ Ceciliæ.

Datum Romæ apud Sanctum Petrum, per manum Rolandi, sanctæ Romanæ Ecclesiæ presbyteri cardinalis cancellarii, Kalendas Maii, indictione III, Incarnationis Dominicæ anno 1155, pontificatus vero domni Adriani papæ IV anno primo.

XXXV.

Ad T. Parisiensem episcopum. — *De investitura quorumdam personatuum.*

(Romæ, apud S. Petrum, April. 20.)

[MARTEN., *Ampl. Coll.*, II, 639.]

ADRIANUS episcopus, servus servorum Dei, venerabili fratri T. (22) Parisiensium episcopo, salutem et apostolicam benedictionem.

Veniens ad nostram præsentiam venerabilis frater noster Henricus Belvacensis episcopus, in au-

---

(8) Urbs Plock, sui nominis provinciæ caput.

(9) In apographo hujus bullæ notariali anno 1404 exarato et privilegio legati apostolici Opisonis anni 1154, quod inferius n° XLIII exhibuimus, villa hæc appellatur Zaskow, Saskow. Est autem Zaskow villa parochiæ oppidanæ Nurensis, territorii Ostrolencensis, in propinquo aliorum cœnobii bonorum sita.

(10) Legatus apostolicus Opiso in privilegio de quo superius mentionem facimus, non de decima die, sed de decima nocte in clausura loquitur, et singulas hic commemoratas donationes uberius denotat.

(11) *Lomna*, villa publica parochialis in Varsaviensi regione.

(12) Sine dubio villa Goclaw regionis Plocensis ad parochiam Letowo pertinens. In apographo antiquo egitur Gotslaw.

(13) Verba quæ rimæ chartam lædentes legere impediunt, hic uncis interclusa, secundum apographi tenorem restituimus. *Skolatowo* parochialis villa in regione Plocensi.

(14) *Targosczine* in apographo, sed neque Targoscina, neque alla ulla villa cujus nomen simile sit, in hac regione reperitur. Proximum vero videtur agi de villa Kargoszyn non procul a Nasielsk sita, in territorio et regione Prasznicensi ad parochiam Ciechanoviensem pertinente.

(15) Est autem *Nasielzk* oppidum parochiale in Pultusciensi territorio et regione.

(16) Tam *Segovend* quam Sgovantka quæ in notariali copia bullæ anni 1404 et in privilegio Opisonis occurrit, in his regionibus plane ignota sunt. Est tamen villa Zglowiatka seu Zglowigezka parochialis in territorio Cujaviensi regione Brestensi prope oppidum Lubraniec; nec non rivus apud Dlugonium (I, 14, 26) Zgowigtka dictus, cujus caput est lacus Orle dictus, inter Lubraniec et Piotzkowo oppida situs, ostia vero prope Wladislaviam in Vistula fluvio.

(17) *Garwolewo* villa publica regionis Plocensis, ad parochiam Czerwisk pertinens.

(18) Duæ ejus nominis villæ in possessione cœnobii fuisse videntur, quarum una plerumque simul cum Kobylnica citatur Podlachiensis provinciæ, regionis vero Zelechoviensis et parochiæ Maciejovicensis, non procul a Kobysnica. Altera ejus nominis reperitur in Sandomiriensi regione, parochiæ Strzyzovicensis, de qua hic agi verisimile mihi videtur ex decreto judicii Sandomiriensis lato 1373 anno, in causa cœnobii Czervincensis cum possessore vicinæ villæ Strzyowiyzce quod in libro privilegiorum monasterii hujus reperitur p. 4 et 5.

(19) Cromnova in apographo, Kromnow (unum Polonicum, alterum Germanicum, publica villa est Masoviensis provinciæ regionis Sochaczoviensis, parochiæ Brochoviensis. *Struzewo* autem situm est in regione Plocensi parochia Wronensi, ibidemque Komsin villa ad parochiam Czervinsk pertinens.

(20) *Siudva* in apographo dicta villa quæ una cum Wilkoviec, Olsyny, Golawice Pomnichowo, multisque aliis monasterio proximis bonis, in privilegio Casimiri Magni anni 1361 inferius exhibito, in districtu olim Zacrotimensi sita fuisse traditur, nec in tabulis geographicis nec in indice locorum regni Poloniæ inveniri potest.

(21) *Parlen* villa publica est in Plocensi regione sita, parochiæ Czervinscensis.

(22) Theobaldo, qui ex priore S. Martini a Campis factus est episcopus Parisiensis.

dientia nostra exposuit, quoniam cum inter dilectum filium O. (23) abbatem Sancti Dionysii et cancellarium Belvacensis ecclesiæ de quarumdam ecclesiarum personalibus controversia tractaretur, ipse abbas clericum quemdam, lite pendente, de ipsis personalibus investivit. Postmodum vero clericus ille ad apostolicam sedem accedens, a felicis memoriæ papa Anastasio prædecessore nostro ignaro hujus negotii confirmationis litteras impetravit. Quia igitur alteri parti præjudicium non debet afferre, quod ignoranter a sede apostolica dignoscitur impetratum, per præsentia scripta mandamus fraternitati tuæ, quatenus utramque partem ante tuam præsentiam evoces, et rationibus utriusque partis diligenter auditis et plenarie cognitis, eamdem controversiam appellationis diffugio, justitia mediante, decidas. Si vero præfatum abbatem in causa ipsa obtinere contigerit, quoniam præfatus frater noster investituram eorumdem personatuum ad se de jure asserit pertinere, tam eum quam prænominatum abbatem ante tuam præsentiam convenienti loco et tempore te vocare jubemus, et utriusque rationibus auditis, diligenter et plenarie intellectis, causam ipsam, appellatione remota, canonice terminare, ita ut neutri parti de juris sui diminutione aliqua remaneat materia conquerendi.

Data apud Sanctum Petrum xii Kal. Maii.

XXXVI.
Ad O. abbatem S. Dionysii. — De quibusdam personatibus et de investitura eorum.

(Romæ, ap. S. Petrum, April. 20.)

[*Ibid.*, col. 640.]

ADRIANUS episcopus, servus servorum Dei, dilecto filio nostro O. abbati Sancti Dionysii, salutem et apostolicam benedictionem.

Veniens ad apostolicam sedem venerabilis frater noster Henricus Belvacensis episcopus, inter te et cancellarium ecclesiæ suæ de quibusdam personatibus, inter te vero et ipsum de investitura eorumdem personatuum controversiam asseruit agitari. Nos autem omnem litigandi materiam de medio volentes auferre, eamdem causam venerabili fratri nostro T. Parisiensi episcopo commisimus terminandam; per præsentia itaque scripta dilectioni tuæ mandamus, quatenus cum ab eo propter hoc fueris evocatus, ad præsentiam ejus accedas, et quod ipse inter vos judicaverit, appellatione remota, suscipias et observes.

Data Romæ apud Sanctum Petrum xii Kal. Maii.

XXXVII.
Ad An. Belvacensem canonicum. — Pro causa quæ vertitur inter Henricum Belvacensem episcopum et An. canonicum.

ADRIANUS episcopus, servus servorum Dei, venerabili fratri AN. Belvacensi canonico, salutem et apostolicam benedictionem.

Causam quæ super personalibus quarumdam ecclesiarum, quas dilectus filius noster O. abbas Sancti Dionysii tibi dicitur concessisse, inter te ac venerabilem fratrem nostrum Henricum Belvacensem episcopum agitatur, venerabili fratri nostro T. Parisiensi episcopo commisimus terminandam, per præsentia itaque scripta tibi mandamus, quatenus cum ab eo fueris evocatus, ad præsentiam ejus accedas, et quod ipse inter vos judicaverit, appellatione remota, suscipias et observes.

Datum Romæ apud Sanctum Petrum.

XXXVIII.
Monasterii Florefiensis protectionem suscipit bonaque ac privilegia confirmat.

(Romæ, apud S. Petrum, April. 22.)

[MIRÆI, *Opp. dipl.*, IV, 20.]

ADRIANUS episcopus, servus servorum Dei, dilectis filiis GERLANDO Floreffiensi abbati, ejusque fratribus tam præsentibus quam futuris, regularem vitam professis, in perpetuum.

Prædecessorum nostrorum felicis memoriæ Innocentii et Eugenii Romanorum pontificum vestigiis inhærentes, vestris justis postulationibus clementer annuimus et præfatam Floreffiensem ecclesiam in qua divino mancipati estis obsequio, cum omnibus ad eam pertinentibus, sub B. Petri et nostra protectione suscipimus, et præsentis scripti privilegio communimus; statuentes ut quascunque possessiones, quæcunque bona inpræsentiarum juste et canonice possidetis, aut in futurum concessione pontificum, largitione regum vel principum, oblatione fidelium, seu aliis justis modis, præstante Domino, poteritis adipisci, firma vobis et illibata permaneant. In quibus hæc propriis duximus exprimenda vocabulis:

Curtem, etc., ecclesiam quoque de Leffe cum præbendis suis. Sane novalium vestrorum quæ propriis manibus aut sumptibus colitis, seu de nutrimentis animalium vestrorum nullus a vobis decimas exigat.

Decernimus ergo ut nulli omnino hominum liceat præfatum monasterium temere perturbare aut ejus possessiones auferre, vel ablatas retinere, minuere, seu quibuslibet vexationibus fatigare, sed omnia integre conserventur eorum pro quorum gubernatione ac sustentatione concessa sunt, usibus omnimodis profutura, salva sedis apostolicæ auctoritate, et diœcesani episcopi canonica justitia.

Si qua igitur, etc.

Ego Adrianus catholicæ Ecclesiæ episcopus.
Ego Imarus Tusculanus episcopus.
Ego Centius Portuensis episcopus.
Ego Rufinus episcopus.
Ego Gregorius Sabinensis episcopus.
Ego Guido presbyter cardinalis tituli Sancti Chrysogoni.
Ego Manfredus presbyter cardinalis tituli Sanctæ Sabinæ.

---

(23) Odonem, qui Sugerio abbati successit in regimine abbatiæ S. Dionysii.

Ego Albertus presbyter cardinalis tituli Sanctæ Ceciliæ.

Ego Joannes Sanctorum Petri et Pauli cardinalis presbyter titulo Pammachii.

Ego Henricus presbyter cardinalis tit. Sancti Georgii ad Velum Aureum.

Ego Guido diaconus cardinalis tituli Sanctæ Mariæ in Porticu.

Ego Girardus diaconus cardinalis Sanctæ Mariæ in Via Lata.

Ego Odo diaconus cardinalis Sancti Nicolai in Carcere Tulliano.

Datum Romæ apud Sanctum Petrum, per manum Rolandi, sanctæ Romanæ Ecclesiæ presbyteri cardinalis et cancellarii, x Kalendas Maii, indictione III, Incarnationis Dominicæ anno 1155, pontificatus vero domni Adriani papæ IV anno I.

XXXIX.

Monasterii Rosenfeldensis privilegia confirmat, petente Brunone abbate.

(Romæ, ap. S. Petrum, Maii 1.)

[LAPPENBERG, *Hamburg. Urkund.*, I, 189.)

XL.

Ecclesiæ Sancti Hippolyti Biblenensis tutelam suscipit bonaque confirmat.

(Romæ, ap. S. Petrum, Maii 2.)

[MITARELLI, *Ann. Cam.*, III, App., 479.]

ADRIANUS episcopus, servus servorum Dei, dilectis filiis ANTONIO plebano Sancti Hippolyti de Bibiena, ejusque fratribus, tam præsentibus quam futuris, canonice substituendis, in perpetuum.

Piæ postulatis voluntatis effectu debet prosequente compleri quatenus et devotionis sinceritas laudabiliter enitescat, et utilitas postulata vires indubitanter assumat. Eapropter, dilecti in Domino filii, vestris justis postulationibus clementer annuimus, et præfatam ecclesiam in qua divino mancipati estis obsequio, sub beati Petri et nostra protectione suscipimus, et præsentis scripti privilegio communimus; statuentes ut quascunque possessiones, quæcunque bona in præsentiarum juste et canonice eadem ecclesia possidet, aut in futurum concessione pontificum, largitione regum vel principum, oblatione fidelium, seu aliis justis modis, Deo propitio, poterit adipisci, firma vobis vestrisque successoribus et illibata permaneant. In quibus hæc propriis duximus exprimenda vocabulis.

Ecclesias Sancti Blasii et Sancti Jacobi de Bibiena, quæ cum omni jure suo liberæ ad plebem vestram pertinere noscuntur, decimas ejusdem castri, villarum circumadjacentium, ecclesiam de Lontrina, ecclesiam Sanctæ Mariæ de Cursolone, ecclesiam de Monteclo, ecclesiam Sancti Nicolai de Vignole, Sanctæ Floræ de Sarna, ecclesiam de Campi, ecclesiam de Querceto, Sancti Bartholomæi de Catarsina, ecclesiam Sancti Angeli et Sancti Donati cum decimatione cinerariorum de Banzena, ecclesiam Sancti Zenonis, ecclesiam Sancti Joannis de Tremojano, Sancti Clementis de Petra, ecclesiam de Ossignano, ecclesiam Sanctæ Mariæ de Monte cum antiquo et debito redditu de Correzzo, qui vobis debetur, ecclesiam Sancti Egidii de Frasseneto, ecclesiam Sancti Laurentii de Ceresiolo, ecclesiam de Montesatuclo cum tota decimatione adjacentis villæ, quæ dicitur Gage, ecclesiam Sancti Sylvestri de Jompareta et ecclesiam montis Sylvestri cum redditu duodecim sextariorum frumenti, qui antiquo et debito jure vobis debentur. In supradictarum quoque ecclesiarum decimis antiquis et debitis reddilibus quidquid vestri juris esse cognocitur, vobis auctoritate apostolica confirmamus.

Decernimus ergo ut nulli omnino hominum liceat præfatam ecclesiam temere perturbare, aut ejus possessiones auferre, vel ablatas retinere, minuere, seu quibuslibet vexationibus fatigare, sed illibata omnia et integra conserventur eorum, pro quorum gubernatione et sustentatione concessa sunt, usibus omnimodis profutura, salva sedis apostolicæ auctoritate.

Si qua igitur, etc.

OCULI MEI SEMPER AD DOMINUM. S. PETRUS, S. PAULUS, ADRIANUS PAPA IV.

Ego Adrianus catholicæ Ecclesiæ episcopus.

Ego Imarus Tusculanus episcopus.

Ego Cencius Portuensis et Sanctæ Rufinæ episcopus.

Ego Gregorius Sabinensis episcopus.

Ego Guido presb. card. tit. S. Chrysogoni.

Ego Julius presb. card. tit. Sancti Marcelli.

Ego Ubaldus presb. card. tit. S. Crucis in Jerusalem.

Ego Octavianus presb. card. tit. Sanctæ Ceciliæ.

Ego Gerardus presb. card. tit. Sancti Stephani Cœlio Monte.

Ego Joannes presb. card. Sanctorum Joannis et Pauli tit. Pammachii.

Ego Henricus presb. card. tit. Sanctorum Nerei et Achillei.

Ego Oddo diaconus card. tit. Sancti Georgii ad Velum Aureum.

Ego Rodulphus diac. card. tit. Sanctæ Luciæ.

Ego Guido diac. card. tit. S. Mariæ in Porticu.

Ego Oddo diacon. card. tit Sancti Nicolai in Carcere Tulliano.

Datum Romæ apud Sanctum Petrum, per manum Rolandi, sanctæ Romanæ Ecclesiæ presb. card. et cancellarii, VI Nonas Maii, indictione III, Incarnationis Dominicæ anno 1145, pontificatus vero domni Adriani papæ IV, anno primo.

XL-XLI.

Ad Henricum Belvacensem episcopum.— Ut quædam præbenda militibus Templi restituantur.

(Romæ, ap. S. Petrum, Maii 2.)

[MARTEN, *Ampl. Collect.*, II, 647.]

ADRIANUS episcopus, servus servorum Dei, venerabili fratri HENRICO Belvacensi episcopo, salutem et apostolicam benedictionem.

Et religiosæ professionis habitus et suscepti pon-

tificatus officium de religiosorum virorum solatio te
monet sollicitius cogitare. Dilectorum vero filiorum
nostrorum militum Templi suggestione nuper accepimus quoniam praebendam quamdam tua eis fraternitas abstulit quam eis in commissa tibi ecclesia bonae memoriae O., antecessor tuus, pro suae
animae salute cum canonicorum suorum assensu
concessit, et cum beatae recordationis papa Eugenius praebendam ipsam eis a fraternitate tua restitui postulaverit, id facere usque modo distulisti.
Unde nos precibus ejusdem antecessoris nostri
preces quoque nostras addentes, fraternitatem tuam
per apostolica scripta rogamus quatenus pro amore
Dei et tui commendatione officii eamdem praebendam eis interventu nostro restituas et juxta concessionem praedicti antecessoris tui pacifice tenere
dimittas.

Data Romae, ap. S. Petrum, vi Non. Maii.

XLII.

Privilegium pro ecclesia S. Mariae ad Marturam.

(Romae, ap. S. Petrum, Maii 6.)

[LAMI, *Eccles. Florent. Monum.*, IV, 11.]

ADRIANUS episcopus, servus servorum Dei, dilectis filiis DEODERICO plebano ecclesiae S. Mariae ad
Marturam, ejusque fratribus tam praesentibus quam
futuris.

Piae postulatio voluntatis effectu debet prosequente
compleri, quatenus et devotionis sinceritas laudabiliter enitescat, et utilitas postulata vires indubitanter assumat. Eapropter, dilecti in Domino filii,
vestris justis postulationibus gratum impertientes
assensum praedecessorum nostrorum felicis memoriae Nicolai, Alexandri, Calixti et Anastasii, Romanorum pontificum vestigiis inhaerentes, praefatam
ecclesiam, in qua divino mancipati estis obsequio,
sub beati Petri et nostra protectione suscipimus,
et praesentis scripti privilegio communimus; statuentes, ut quascunque possessiones, quaecunque
bona eadem ecclesia inpraesentiarum juste et canonice possidet, aut in futurum concessione pontificum, largitione regum vel principum, oblatione
fidelium, seu aliis justis modis, Deo propitio, poterit
adipisci, firma vobis, vestrisque successoribus, et
illibata permaneant: in quibus haec propriis duximus exprimenda vocabulis:

Capellam videlicet Sancti Andreae de Papiano,
capellam Sancti Michaelis in eodem castro. Quidquid juris habetis in capella S. Martini de Luco,
capellam Sancti Petri de Maregnano, quidquid juris
habetis in capellis, quae sunt in castro de Stuppli,
capella videlicet Sanctorum Philippi et Jacobi, capella Sancti Justi, et capella Sanctae Luciae, et in
capella Sancti Laurentii in campo, et in capella
Sanctae crucis in castro de Martura. Quidquid etiam
juris habetis in episcopatu Senensi infra parochias
plebis Sanctae Agnetis, et in episcopatu Vulterrano,
tam in decimis quam in possessionibus. Quidquid
denique tam in domibus quam in terris Casilia nobilis mulier eidem dignoscitur concessisse. Sane
Pontem de Sapeco, et hospitalem domum, quae
prope Burgum Marturam sita est, salvo Romanae
ecclesiae jure ad honorem Dei, et pauperum suble-
vationem, ac sustentationem in vestra volumus potestate, ac subjectione persistere, quemadmodum
bonae memoriae Mathildis comitissa specialis Beati
Petri filia statuit, et comes Guidoguerra scripti sui
assertione firmavit. Praeterea primitias ejusdem ecclesiae, integras partes decimationis, et quidquid
vel in testamentis mortuorum, vel in vestimentis,
aut in oblationibus; quidquid etiam in burgo, vel
extra burgum Marturiense memoratus praedecessor noster bonae memoriae Nicolaus papa, praedictae ecclesiae juste et canonice concessisse dignoscitur, vobis similiter confirmamus. Sancimus etiam
ut Florentinus episcopus praefatam ecclesiam illicitis, vel indebitis exactionibus nullo tempore gravare praesumat. Adjicimus quoque, ut infra parochiae plebis vestrae fines nullus praeter vestrum consilium, vel assensum ecclesiam, seu capellam audeat aedificare. Statuimus insuper, ut aliquem de
parochianis vestris nullus abbas, vel quilibet alius,
nisi salvo jure ecclesiae vestrae audeat ullatenus
sepelire, vel si proprii temeritate arbitrii ecclesiam
vestram dimiserit, praesumat aliquo modo recipere.

Decernimus ergo, ut nulli hominum liceat praefatam ecclesiam temere perturbare, aut ejus possessiones auferre, vel ablatas retinere, minuere,
seu quibuslibet vexationibus fatigare, sed omnia
integra conserventur eorum, pro quorum gubernatione et sustentatione concessa sunt, usibus omnimodis profutura, salva apostolicae sedis auctoritate,
et dioecesani episcopi canonica justitia.

Si qua igitur, etc.

Ego Adrianus catholicae Ecclesiae episcopus.
Ego Imarus Tusculanus episcopus.
Ego Gregorius Sabinensis episcopus.
Ego Guido presb. card. tit. S. Chrysogoni.
Ego Adubaldus presb. card. tit. S. Praxedis.
Ego Manfredus presb. card. tit. S. Sabinae.
Ego Adibertus presb. card. tit. S. Anastasiae.
Ego Odo diac. card. S. Georgii ad Velum Aureum.
Ego Rodulfus diac. card. S. Luciae in Septem Sol.
Ego Guido diac. card. S. Mariae in Porticu.
Ego Joannes diac. card. SS. Sergii et Bachii.
Ego Bernardus presb. card. tit. S. Clementis.
Ego Octavianus presb. card. tit. S Caeciliae.
Ego Astaldus presb. card. tit. S. Priscae.
Ego Joannes presb. card. tit. SS. Martini et
Sylvestri.

Datum Romae apud S. Petrum, per manum Rolandi, S. R. Ecclesiae presb. card. cancellarii II Nonas Maii, Ind. III. Incarnat. Dom. an. 1155, pontificatus vero D. Adriani anno primo.

XLIII.

Monasterium S. Salvatoris Majellanum tuendum suscipit ejusque possessiones confirmat.

(Romæ ap. S. Petrum, Maii 5.)

[*Bull. Vatic.*, I. 55.]

Adrianus episcopus, servus servorum Dei, dilectis filiis Alexandro abbati Heremi Magellanæ, ejusque fratribus tam præsentibus quam futuris eremiticam vitam professis, in perpetuum.

Justis religiosorum desideriis consentire, ac rationabilibus eorum postulationibus clementer annuere, apostolicæ sedis cui, largiente Domino, deservimus, auctoritas et fraternæ charitatis unitas nos hortatur. Quocirca, dilecte in Domino fili Alexander prior, tuis justis postulationibus clementer annuimus et prædecessorum nostrorum sanctæ recordationis Paschalis et Eugenii Romanorum pontificum vestigiis inhærentes, ecclesiam Sancti Salvatoris, in qua divino mancipati estis obsequio, sub B. Petri et nostra protectione suscipimus, et præsentis scripti privilegio communimus. Statuentes ut vestræ habitationis eremus, ab omnium hominum jure ac potestate libera perseveret et vos ad Domini famulatum omni tranquillitate perfruamini. Præterea quascunque possessiones, quæcunque bona idem monasterium impræsentiarum juste et canonice possidet, aut in futurum concessione pontificum, largitione regum vel principum, oblatione fidelium, seu aliis justis modis, præstante Domino, poterit adipisci, firma vobis vestrisque successoribus et illibata permaneant. In quibus hæc propriis duximus exprimenda vocabulis :

Ecclesiam Sancti Salvatoris de Augre castellare cum subjacenti Podio Cefaliæ; ecclesiam Sancti Martini a Ranchano (24) [*al.* Ranclano] cum cellis suis; ecclesiam S. Pancratii cum cellis suis (25); aram Pinuæ cum subjacenti podio Famoclani; ecclesiam Sanctæ Mariæ de Lavella cum cellis suis; ecclesiam Sancti Angeli et Sancti Petri de castro Larome; ecclesiam Sancti Clementis cum cellis suis; A monasterium Sancti Andreæ cum cellis suis; ecclesiam Sancti Blasii, ecclesiam Sanctæ Agathæ, ecclesiam Sancti Procopii ecclesiam Sancti Nicolai, ecclesiam Sanctæ Helenæ de castro Sancti Angeli in Trifinio, et ibidem villanos (26), ac possessiones terrarum et vinearum. Item apud Faram villanos, molendina et possessiones terrarum ac vinearum, et ecclesiam Sanctæ Cantianæ : Apud Vacrum ecclesiam Sanctæ Agathæ et ecclesiam Sancti Nicolai cum terris, vineis ac possessionibus suis. Apud Prætorum [Præturum] ecclesiam sanctæ Candidæ, ecclesiam Sancti Nicolai, villanos, molendina, et possessiones terrarum ac vinearum. Apud Castellionem, ecclesiam Sanctæ Justæ et Sanctæ Agnetis, villanis, terris, et vineis. Apud Boulanium ecclesiam Sanctæ Mariæ de Mirebello, ecclesiam Sanctæ Mariæ de Fassano, ecclesiam Sancti Jacobi, villanos, molendinum et possessiones terrarum ac vinearum. Apud Sanctum Vitum monasterium sancti Angeli cum cellis, villanis, terris, molendinis et vineis. Apud Gipsum de domo ecclesiam Sanctæ Mariæ cum villanis, terris, et vineis; et ecclesiam Sanctæ Mariæ de Calderari cum cellis suis. Apud montem Moriscum ecclesiam Sanctæ Helenæ. Apud Atessam (27), ecclesiam Sanctæ Julianæ. Apud Cosulem, villam quæ vocatur Colle Milonis, cum pertinentiis suis; unum hospitale in Plazano. Apud Septem ecclesiam Sancti Pastoris et unum hospitale. Apud Lanzonum, unum hospitale. Apud Roccam Morici, ecclesiam Sanctæ Mariæ et Sancti Nicolai. Apud Ursoniam, ecclesiam Sancti Martini. Apud Ylicem ecclesiam Sancti Angeli cum cellis suis, villanis, terris, et vineis; apud ripam Corvaria, ecclesiam Sancti Victorini cum terris et vineis.

Chrisma, oleum sanctum, consecrationes altarium seu basilicarum, ordinationes clericorum, qui ad sacros ordines fuerint promovendi, a diœcesano suscipietis episcopo, siquidem catholicus fuerit, et gratiam atque communionem apostolicæ sedis habuerit, et ea gratis et absque ulla pravitate vobis voluerit exhibere; alioquin liceat vobis quem

---

(24) Ecclesiæ *S. Martini* de qua in notis ad Alexandri III bullam egimus supra, cognomen superaddit Eugenius, qui ecclesiam nominat S. Martini a Ranclano. Individuam hanc loci sedem ignoramus : etsi ea in citeriorem Aprutium videatur rejicienda. Hanc ipsam ecclesiam eodem peculiari cognomine circumscriptam, dono fuisse traditam monasterio Magellano jam tum ab anno 1054 e nostris collegimus monumentis, quorum seriem in ea quam sumus polliciti, dissertatione proferemur.

(25) Cellarum nomine privatas quasdam domos in rusticis prædiis sitas, quibus sacella quædam sive oratoria aliquando conjuncta erant, esse intelligendas, auctor est Ducangius in verbo *cella*. In domos hasce sese recipiebant monachi, sive a monasterii abessent fructuum colligendorum causa, sive eo se conferrent ut ab aliorum frequentia et consortio semoti, solitudini atque orationi impensius vacarent.

(26) Villanus rusticum denotat hominem, non quemcunque, sed eum qui agri colendi servitio erat addictus Non erat ergo ultroneus, sed necessarius omnino villanorum famulatus, quippe quia terrarum cultura illis concredita, nunquam divelli poterant. Hinc prædio aut fundo in alienum dominatum translatis, et ipsi fundum sequebantur. Consulatur Ducangii Glossarium.

(27) *Atessa* oppidum est haud longe ab Anxani urbe. Varia illi indita nomina a medii ævi scriptoribus, apud quos *Tazze, Atissa* atque Atessa perinde sonat. Inter loca abbatiæ Magellanæ subjecta, Lotharius imperator in suo diplomate edito an. 1137, quod in Corradi codice sub littera C. fol. 9 insertum legitur, enumerat Taize, ipsam scilicet, ut putamus, Atessam, e nominis similitudine. In oppidi hujusce vicinia ecclesiam S. Julianæ collocat Hadrianus, cui succinit Corradus visitator in cod. supra citato fol. 11. Quam vero ecclesia illa subierit fortunam indicat descriptio, eruta ex folio 178 voluminis, cui titulus : *Index collationum*, etc., quæ sic habet : Dicta ecclesia (S. Julianæ) est prope dictam terram extra mœnia S. Antonii, et de ea tantum apparent vestigia.

malueritis adire antistitem, qui nostra fultus auctoritate, quod postulatur indulgeat.

Decernimus ergo ut nulli omnino hominum liceat praefatum eremum temere perturbare, aut ejus possessiones auferre, vel ablatas retinere, minuere, seu modis quibuslibet fatigare, sed illibata omnia et integra conserventur eorum, pro quorum gubernatione et sustentatione concessa sunt, usibus omninodis profutura, salva sedis apostolicae auctoritate et dioecesanorum episcoporum canonica justitia. Ad indicium autem hujus perceptae a Romana Ecclesia libertatis, aureum unum, tu et successores tui, nobis nostrisque successoribus annis singulis persolvetis.

Si qua igitur, etc.

Ego Adrianus catholicae Ecclesiae episcopus.
Ego Imarus Tusculanus episcopus.
Ego Gregorius Sabinensis episcopus.
Ego Guido presb. card. tit. Sancti Chrysogoni.
Ego Hubaldus presb. card. tit Sanctae Praxedis.
Ego Joannes presb. card. sanctorum Joannis et Pauli tit. Pammachii.
Ego Odo diac. card. Sancti Georgii ad Velum Aureum.
Ego Guido diac. card. Sanctae Mariae in Porticu.
Ego Joannes diac. card. Sanctorum Sergii et Bacchi.
Ego Gerardus diac. card. S. Mariae in Via Lata.
Ego Oddo diac. card. Sancti Nicolai in Carcere Tulliano.

Datum Romae apud Sanctum Petrum, per manum Rolandi, sanctae Romanae ecclesiae presbyteri cardinalis et cancellarii, nonis Maii, indictione III, Incarnationis Dominicae anno 1055, pontificatus vero domini Adriani papae IV, anno primo.

XLIV.

Petro abbati Cluniacensi et ejus successoribus monasterium Balmense asserit.

(Romae, ap. S. Petrum, Maii 7.)

[*Biblioth. Cluniac.*, p. 1115.]

ADRIANUS episcopus, servus servorum Dei, dilecto filio in Christo PETRO Cluniacensi abbati, ejusque successoribus canonice substituendis in perpetuum.

Gloriosa et admirabilis divinae providentia majestatis, ad hoc diversos gradus et ordines in Ecclesia sua constituit, ut dum inferiores superioribus debitam obedientiam et reverentiam exhiberent, una fieret ex diversitate connexio, et ordinabiliter gereretur officiorum administratione singulorum. Sicut autem filii obedientiae in sinu matris Ecclesiae gratiosae consolationis uberibus confovendi sunt, ita rebelles et elati, qui per inobedientiam suam, quasi peccatum ariolandi et idolatriae scelus incurrunt, severitatis ecclesiasticae disciplinis sunt arctioribus coercendi. Balmense itaque monasterium, quod per fratres ibidem congregatos, et odore bonae opinionis et religionis de-core splendescere ac florere debuerat; quia veterem hominem cum suis actibus sequebantur, in peccatis eorum, diabolo suadente, contabuit. Unde tam in spiritualibus quam in temporalibus, miserabiliter fuerat imminutum. Cum autem placuit ei, qui ab aeterno cuncta disponit, ut tantis malis finem imponeret, et locum ipsum ad obsequium suum misericorditer revocaret, facies eorumdem fratrum implere ignominia voluit, ut per hoc nomen suum inquirerent, et ad viam rectitudinis inviti etiam remearent. Hac itaque justitia praeeunte, dilecte in Domino fili, Petre abbas. Balmense monasterium cum omnibus, quae in praesenti juste et canonice possidet, aut in futurum rationabilibus modis, praestante Domino, poterit adipisci, praedecessorum nostrorum, venerabilis memoriae Eugenii et Anastasii Romanorum pontificum vestigiis inhaerentes, tibi et successoribus tuis, et per vos Cluniacensi ecclesiae in perpetuum confirmamus. Ea videlicet ratione, ut Ordo monasticus ibi secundum institutionem Cluniacensium fratrum, futuris temporibus inviolabiliter conservetur; et pro rebellione, contumacia et offensa Balmensis monasterii quam abbas et fratres adversus sanctam Romanam exercuerunt Ecclesiam, quicunque regimen in eodem loco per vos pro tempore obtinuerit, nunquam abbatis, sed prioris nomen tantummodo sortiatur. In bonis autem et possessionibus ejus haec propriis duximus exprimenda nominibus. Obedientiam Visani monasterii, obedientiam de Strabona, obedientiam de Grandifonte cum appendiciis suis, obedientiam de Galda cum appendiciis suis, et ecclesiam S. Leodegarii, quae est in villa, quae Bavinans [dicitur]; ecclesiam de Beliaco, ecclesiam de Wilari Rostanni, ecclesiam de Fragiaco, ecclesiam de Vadriaco, ecclesiam de Montibus. Obedientiam S. Lauteni, obedientiam de Breriaco cum omnibus appendiciis suis, Baernam in ipso burgo, obedientiam Cavaniacensem, obedientiam de Poloniaco cum omnibus appendiciis suis, et Capella S. Savini. Tres burgenses in burgo Ledonis, qui vocantur Wanirant. Obedientiam de Dola, obedientiam de Benevant, obedientiam S. Mauricii, obedientiam de Saoneres, obedientiam de Bivillaco, obedientiam S. Agnetis, obedientiam de la Fracte, obedientiam de Munet, obedientiam de Ponte Arleti cum earum appendiciis, et cum ecclesia de Pinctis, ecclesiam de Blaterans, ecclesiam de Wilari Rodulfi, obedientiam de Capella; obedientiam de Sinziciaco, cum pertinentiis earum. Ecclesiam de Cornavo, ecclesiam de Corlant, ecclesiam de Fay, cum decimis et earum appendiciis; ecclesiam de Freboans cum decimis suis, obedientiam S. Ranneberti cum appendiciis suis.

Decernimus ergo ut nulli omnino hominum liceat praefatum monasterium temere perturbare, aut ejus possessiones auferre, vel ablatas retinere, minuere, aut aliquibus vexationibus fatigare, sed omnia integra conserventur eorum, pro quorum gubernatione et sustentatione concessa sunt, usibus omnimodis profutura. Salva in omnibus sedis apostolicæ auctoritate, et in supradictis ecclesiis diœcesanorum canonica justitia.

Si qua igitur, etc.

Ego Adrianus catholicæ Ecclesiæ episcopus.
Ego Ymarus Tusculanus episcopus.
Ego Cencius Portuensis et S. Rufinæ episcopus.
Ego Gregorius Sabinensis episcopus.
Ego Guido presbyter card. tit. S. Chrysogoni.
Ego Hubaldus presbyter card. tit. S. Praxedis.
Ego Maimedus presbyter card. tit. S. Savinæ.
Ego Julius presbyter card. tit. S. Marcelli.
Ego Bernardus presbyter car. tit. S. Clementis.
Ego Octavianus presbyter car. tit. S. Ceciliæ.
Ego Astaldus presbyter car. tit. S. Priscæ.
Ego Girardus presbyter car. tit. S. Stephani in Celio monte.
Ego Joannes presbyter car. SS. Joannis et Pauli tit. Pamachii.
Ego Henricus presbyter car. tit. SS. Nerei et Achillei.
Ego Joannes presbyter car. tit. SS. Silvestri et Martini.
Ego Odo decanus et car. S. Georgii ad Velum Aureum.
Ego Rodulfus diaconus card. S. Luciæ in Septa Solis.
Ego Guido decanus car. S. Mariæ in Porticu.
Ego Joannes diaconus car. SS. Sergii et Bacchi.
Ego Girardus diaconus card. S. Mariæ in Via Lata.
Ego Odo diaconus card. S. Nicolai in Carcere Tulliano.

Datum Romæ apud S. Petrum per manum Rolandi, S. R. E. presbyteri car. et cancellarii, Non. Maii, ind. iii, Incarn. Dominicæ anno 1155, pontificatus vero domni Adriani papæ IV, anno primo.

XLV.
Ludovico Francorum regi L. et G. canonicos Aurelianenses commendat.

(Romæ, ap. S. Petrum, Maii 9.)
[Mansi, *Concil.*, XXI, 810.]

Adrianus episcopus, servus servorum Dei, charissimo in Christo filio Ludovico, illustri Francorum regi, salutem et apostolicam benedictionem.

Venientes ad apostolicam sedem dilecti filii nostri L. et G. Aurelianenses canonici taliter se in ea causa, pro qua venerant, habuerunt, ut nec in verbo te, vel dilectum filium nostrum Philippum archidiaconum fratrem tuum, videantur aliquatenus offendisse. Unde magnificentiam tuam per apostolica scripta monemus quatenus, si nuntii ejusdem filii nostri, aut quilibet alius auribus tuis sinistrum aliquid de ipsis intimare voluerit, suggestionibus ipsius nullatenus acquiescas; sed sicut vir discretus et sapiens iniquas delationes, et invidiosa dicta confutes.

Datum Romæ apud Sanctum Petrum, vii Idus Maii.

XLVI.
Parthenonem Hervordensem tuendum suscipit et ejus privilegia ac bona confirmat.

(Sutrii, Maii 17.)
[Schaten, *Annal. Paderb.*, I, 801.]

Adrianus episcopus, servus servorum Dei, dilectis in Christo filiabus Judithæ abbatissæ Hervordensis monasterii, ejusque sororibus tam præsentibus quam futuris, canonicam vitam professis, in perpetuum.

Piæ postulatio voluntatis effectu debet prosequente compleri, quatenus et devotionis sinceritas laudabiliter enitescat, et utilitas postulata vires indubitanter assumat. Eapropter, dilecta in Christo filia Judith abbatissa, devotionem quam erga sedem apostolicam geris diligentius attendentes, dignitatem antecessoribus tuis per nostrorum prædecessorum Romanorum pontificum privilegia traditam, nos quoque, præstante Deo, inconvulsam volumus conservari, et præfatum monasterium in quo divino mancipatæ estis obsequio, sub beati Petri et nostra protectione suscipimus, et præsentis scripti privilegio communimus; statuentes ut quascunque possessiones, quæcunque bona idem monasterium inpræsentiarum juste et canonice possidet, aut in futurum concessione pontificum, largitione regum vel principum, oblatione fidelium, seu aliis justis modis, Deo propitio, poterit adipisci, firma vobis et his quæ post vos successerint, et illibata permaneant. Sancimus quoque ut ipsum monasterium nulli omnino personæ in beneficium quibuslibet occasionibus aliquando concedatur, sed semper sub protectione Romanorum pontificum atque imperatorum vel regum defensione permaneat. Præterea constituimus ut infra ambitum muri memorati Herevordensis monasterii nemo clericorum vel laicorum jure proprietatis vel beneficii mansionem aliquam ullo tempore habeat, sed totus ipsius loci ambitus abbatissæ, sororum et aliarum religiosarum personarum usibus et habitationibus pateat. Prohibemus autem ut in eodem monasterio nulli episcoporum præter Romanum pontificem liceat quamlibet jurisdictionem habere, ita ut nisi ab abbatissa ejusdem monasterii fuerit invitatus, nec missarum solemnia celebrare præsumat. Ut igitur hæc omnia plenum in posterum robur obtineant, sicut in authenticis prædecessorum nostrorum privilegiis continentur, tam vobis quam his quæ post vos successerint, ea favoris nostri auctoritate firmamus.

Decernimus ergo ut nulli omnino hominum liceat præfatum monasterium temere perturbare, aut ejus possessiones auferre, vel ablatas retinere, minuere, aut aliquibus vexationibus fatigare, sed omnia integra conserventur earum, pro quarum gubernatione concessa sunt, usibus omnimodis profutura, salva sedis apostolicæ auctoritate, et diœcesani canonica justitia.

Si qua igitur, etc.

Ego Adrianus catholicæ Ecclesiæ episcopus.

Ego Hubaldus presbyter cardinalis tit. S. Praxedis.

Ego Manfredus presbyter cardinalis tit. Sanctæ Savinæ.

Ego Julius presbyter cardinalis tit. S. Marcelli.

Ego Octavianus presbyter cardinalis tit. S. Ceciliæ.

Ego Joannes presbyter cardinalis tit. SS. Sylvestri et Martini.

Ego Guido diaconus cardinalis S. Mariæ in Porticu.

Ego Joannes diaconus cardinalis SS. Sergii et Bacchi.

Ego Gerardus diaconus cardinalis S. Mariæ in Via Lata.

Ego Odo diaconus cardinalis S. Nicolai in Carcere Tulliano.

Data Sutrii per manum Rolandi, sanctæ Romanæ Ecclesiæ presbyteri cardinalis et cancellarii, xvi Kalend. Junii, indictione iii, Incarnationis Dominicæ anno 1154, pontificatus vero domni Adriani papæ IV, anno primo.

XLVII.

Monasterium Stabulense sub sedis apostolicæ tuitione suscipit, omnesque illius possessiones et privilegia confirmat.

(Sutrii, Maii 17.)

[MARTEN., *Ampl. Collect.*, II, 129.]

ADRIANUS episcopus, servus servorum Dei, dilectis filiis WIBALDO Stabulensi abbati, ejusque fratribus tam præsentibus quam futuris, regularem vitam professis in perpetuum.

Quoties illud a nobis petitur, quod religioni et honestati convenire dignoscitur, animo nos decet libenti concedere, et petentium desideriis congruum impartiri suffragium. Quapropter, dilecte in Domino fili, tuis justis postulationibus clementer annuimus, et præfatam ecclesiam, cui, Deo auctore, præesse dignosceris, ad exemplar prædecessorum nostrorum felicis memoriæ Celestini, Lucii et Eugenii, Romanorum pontificum, sub beati Petri et nostra protectione suscipimus, et præsentis scripti privilegio communimus, etc.

Ego Adrianus catholicæ Ecclesiæ episcopus.

Ego Hubaldus presbyter cardinalis titulo Sanctæ Praxedis.

Ego Manfredus presbyter cardinalis titulo Sanctæ Savinæ.

Ego Julius presbyter cardinalis titulo Sancti Marcelli.

Ego Octavianus presbyter cardinalis titulo Sanctæ Cæciliæ.

Ego Henricus presbyter cardinalis titulo Sanctorum Nerei et Achillei.

Ego Guido diaconus cardinalis Sanctæ Mariæ in Porticu.

Ego Joannes diaconus cardinalis Sanctorum Sergii et Bacchi.

Ego Gerardus diaconus cardinalis Sanctæ Mariæ in Via Lata.

Ego Odo diaconus cardinalis Sancti Nicolai in Carcere Tulliano.

Datum Sutrii per manum Rolandi sanctæ Romanæ Ecclesiæ presbyteri cardinalis et cancellarii, xvi Kalend. Junii, indictione iii, Incarnationis Dominicæ anno 1154, pontificatus vero domni Adriani papæ IV, anno primo.

XLVIII.

Ecclesiæ Goslariensis protectionem suscipit possessionesque confirmat.

(Sutrii, Maii 17.)

[HEINECCII, *Antiq. Goslar.*, 152.]

ADRIANUS episcopus, servus servorum Dei, dilectis filiis canonicis Goslariensis Ecclesiæ, tam præsentibus quam futuris, canonice substituendis, in perpetuum.

Effectum justa postulantibus indulgere, vigor æquitatis et ordo exigit rationis, præsertim quando petentium voluntatem et pietas adjuvat et veritas non relinquit. Eapropter, dilecti in Domino filii, vestris justis postulationibus clementer annuimus et præfatam ecclesiam, in qua divino mancipati estis obsequio, sub beati Petri et nostra protectione suscipimus et præsentis scripti privilegio communimus; statuentes ut quascunque possessiones, quæcunque bona [eadem ecclesia inpræsentiarum juste et canonice possidet aut in futurum concessione pontificum, largitione regum vel principum, oblatione fidelium, seu aliis justis modis, præstante Domino, poterit adipisci, firma vobis vestrisque successoribus et illibata permaneant. In quibus hæc propriis duximus exprimenda vocabulis:

Possessionem videlicet quam habetis in Slanstesten, quam felicis memoriæ prædecessor noster papa Victor secundus inter alias ecclesiæ vestræ possessiones vobis suo privilegio et vestris antecessoribus confirmavit; possessionem quoque in Wischeribe quam inclytæ recordationis Conradus secundus Romanorum rex ad usus fratrum Domino inibi famulantium pro remedio animæ suæ concessit vobis, et successoribus vestris auctoritate sedis apostolicæ confirmamus.

Decernimus ergo ut nulli omnino hominum liceat præfatum monasterium temere perturbare, aut ejus possessiones auferre, vel ablatas retinere, minuere, seu quibuslibet vexationibus fatigare, sed illibata omnia et integra conserventur eorum, pro quorum gubernatione et sustentatione concessa sunt, usibus omnimodis profutura, salva sedis apostolicæ auctoritate et diœcesani episcopi canonica justitia.

Si qua igitur, etc.

Ego Adrianus catholicæ Ecclesiæ episcopus.

Ego Hubaldus presbyter cardinalis tit. S. Praxedis.
Ego Manfredus presbyter cardinalis tit. S. Sabinæ.
Ego Julius presbyter cardinalis tit. S. Marcelli.
Ego Octavianus presbyter cardinalis tit. S. Cæciliæ.
Ego Heinricus presbyter cardinalis tit. SS. Nerei et Achillei.
Ego Guido diac. card. S. Mariæ in Porticu.
Ego Joannes diac. card. SS. Sergii et Bacchi.
Ego Gerardus diac. card. S. Mariæ in Via Lata.
Ego Odo diac. card. S. Nicolai in Carcere Tulliano.

Datum Sutrii per manum Rolandi, sanctæ Romanæ Ecclesiæ presbyteri cardinalis et cancellarii, xvi Kal. Junii, indict. iii, Incarnationis Dominicæ anno 1155, pontificatus vero domni Adriani papæ IV, anno primo.

XLIX.

Ad Turonensem archiepiscopum. — Compositionem ab abbate de Fontanis factam irritam declarat, invitatque ad amicam cum Dolensi præsule compositionem, vel ut ad sedem apostolicam veniat, jubet.

(Sutrii, Maii 17.)
[MARTEN., *Thesaur. Anecdot.*, III, 898.]

ADRIANUS papa archiepiscopo Turonensi.

Veniens ad apostolatus nostri præsentiam Dolensis ecclesia, multis quidem laboribus attrita et molestiis fatigata, apud nos suppliciter intercessit, ut venerabili fratri nostro Hugoni archiepiscopo Dolensi dignaremur pallii sui plenitudinem indulgere. Hæc vero tum ex tenore concordiæ, quam inter te et ipsum factam fuisse confitebatur, tum ex antiqua consuetudine requirebat. Venerunt et adversus eum nuntii tui, qui quamdam compositionem, quam per abbatem de Fontanis factam fuisse de suffraganeis ibi asserebant, confirmari unanimiter postulabant. Porro eamdem ecclesiam cum præfato archiepiscopo suo in ipsa compositione suffraganeis renuntiasse dicebant; addentes etiam a prædecessore nostro bonæ memoriæ Lucio papa, sicuti in ipsius scripto continetur, ita fuisse de communi consilio fratrum definitum. Ad hæc ipsam compositionem nullam fuisse penitus Dolensis ecclesia respondebat, dicens insuper ipsam sententiam Romani pontificis non tenere; quia ille (27*) qui tunc temporis præsulatus gerebat officium, fraudem et dolum adhibuit, dum nec Dolensis ecclesia præsens in examinatione fuisset, et ad Capuanum archiepiscopatum, quem postea per intrusionem regis Siculi adeptus est, vehementer aspiraret. Unde cum in ipsa nihil ad commodum Dolensis allegavit ecclesiæ, nos quia hujus rei plenam non potuimus habere cognitionem, cum altera pars in negatione persisteret, et se non habere mandatum penitus exsequendi hæc affirmaret; nihil a nobis super eodem negotio est terminatum. Prædictam tamen compositionem omnino quassavimus, et eam nullas vires habere de cætero sedis apostolicæ auctoritate censemus. Sane juxta postulationem ejusdem ecclesiæ memorato fratri nostro pallium, insigne videlicet pontificalis officii, duximus indulgendum. Quem cum apostolicæ sedis benedictione et nostræ gratiæ plenitudine remittentes, tantæ ecclesiæ cui præest, sua jura illibata servare volumus et integra; quanto ecclesiasticis utilitatibus convenit nos ex injuncto officio attentius providere. Unde nos consolationi Dolensis ecclesiæ misericorditer consulentes, ne ipsam sacrosanctam Romanam Ecclesiam ad exsecutionem suæ justitiæ negligentem esse vel desidem conqueratur, fraternitati tuæ per apostolica scripta mandamus, quatenus aut cum eo convenias, aut usque ad proximam festivitatem S. Michaelis (29 Sept.) plenam exhibiturum et suscepturum in præsentia nostra justitiam, apostolico te conspectui repræsentes. Interim vero eumdem fratrem nostrum vel clericos ejus excommunicationis vel interdicti sententia nulla ratione gravare præsumas.

Datum Sutrii, xii Kalendas Julii [*leg*. Junii].

L.

Gaufrido filio Oliverii, etc., commendat Hugonem Dolensem archiepiscopum.

(Sutrii, Maii 21.)
[*Ibid.*, col. 900.]

ADRIANUS episcopus, servus servorum Dei, dilectis filiis GAUFRIDO filio Oliverii, ejusque fratribus ROLANDO de Dinan, BERTRANDO, RODULFO vicecomiti, WILLELMO [*al.* OLIVERIO] de Monteforti, RADULFO de Folgeriis, et ROBERTO de Vitreo, salutem et apostolicam benedictionem.

Ad hoc in loco apostolorum principis, licet immeriti, disponente Domino, conspicimur residere, ut populum nobis ipso donante commissum ad ea debeamus exhortationis instantia provocare, per quæ supernæ beatitudinis præmium, largiente divina gratia, valeat invenire. Cum itaque obedientia tam perfecta et efficax virtus sit, quæ hominem ad bravium supernæ vocationis adducit : universitati vestræ per apostolica scripta mandamus et exhortamur in Domino, quatenus venerabili fratri nostro Hu. Dolensi archiepiscopo, sicut suis prædecessoribus fecisse probamini, debitam in omnibus obedientiam impendatis, et in nullo ei rebelles, in nullo præsumatis existere contumaces. Si vero aliquis de hominibus vestris quaslibet possessiones, quæ ad jus ejus pertineant, noscitur detinere, eas prædicto fratri nostro faciatis sub celeritate restitui, vel plenam ei justitiam exhiberi. Alioqui quamcunque in eum sententiam ipse canonice promulgaverit,

---

(27*) Is erat Godefridus *le Roux*, qui ex archidiacono Dolensi ad infulas vocatus, postea ad Capuanam sedem ab Innocentio secundo translatus est.

nos ratam et firmam auctoritate apostolica decernimus permanere.

Datum Sutrii xii Kalendas Junii.

LI.

Ad archiepiscopum, archidiaconum et decanum Rothomagensis Ecclesiæ. — Ut possessiones Ecclesiæ Dolensi in Normannia vi ablatas restitui faciant.

(Sutrii, Maii 21.)
[*Ibid.*, col. 901.]

ADRIANUS episcopus, servus servorum Dei, venerabili fratri archiepiscopo, et dilectis filiis archidiacono et decano Rothomagensi, salutem et apostolicam benedictionem.

Injuncti nobis a Deo summi pontificatus officio, et susceptæ dispensationis debito provocamur, ut omnibus Christi ecclesiis sua jura integra debeamus et illibata servare, et juxta hoc quod divina gratia permiserit, eorum utilitatibus propensius imminere. Veniens autem ad apostolatus nostri præsentiam venerabilis frater noster Hu. Dolensis archiepiscopus, sua nobis insinuatione monstravit, ecclesiam Sancti Samsonis de Rillio, et alias ecclesias, quasdam etiam possessiones, quas in Normannia prædecessores sui juste et canonice possederunt, a quibusdam esse per violentiam occupatas. Et ideo per apostolica vobis scripta mandamus, quatenus eos qui easdem ecclesias et possessiones præsumunt contra justitiam detinere, diligenter admonere curetis, ut eas postposita occasione restituant; et sicut prædecessores sui ipsas habuisse noscuntur, ita cum in pace et quiete de cætero possidere permittant, vel plenam in vestra præsentia justitiam ei non differant exhibere. Quod si admonitionis vestræ duxerint existere contemptores, eos, quousque resipiscant, excommunicationis vinculo teneatis astrictos.

Datum Sutrii xii Kalendas Junii.

LII.

[Godefrido] Lingonensi, [Henrico] Eduensi, [Gaufrido] Nivernensi et [Alano] Antissiodorensi mandat ut comitem Nivernensem, nisi commonitus intra dies 30 illata monasterio Vizeliacensi damna reparaverit, excommunicent.

(Sutrii, Maii 21.)
[MANSI, *Concil.*, XXI, 813.]

ADRIANUS episcopus, S. S. S. Dei, venerabilibus fratribus Lingonensi, Eduensi, Nivernensi, Altissiodorensi, salutem et apostolicam benedictionem.

Tantum jam malitia Nivernensis comitis, quod vestra fraternitas non ignorat, adversus specialem sedis apostolicæ filiam, Vizel. Ecclesiam excrevit, ut culpa nimia procul dubio esse videatur, si malitia ejus maneat impunita. Præter illa siquidem mala, quæ jampridem ei instigando burgenses ad persecutionem ejus, et diversis aliis modis ausu temerario irrogavit, in illa Vizeliacensi nuper milites suos et homines inimicorum suorum constituit; et dominium pro voluntate sua in eadem villa contra jus antecessorum suorum usurpat. Burgenses etiam contra dilectum filium nostrum Pontium Vizeliacensem abbatem in sua conspiratione, ac perjurio fovere præsumit. Sane felicis memoriæ papa Eugenius antecessor noster, afflictionibus et angustiis illius Ecclesiæ affectione paterna compatiens, et in malitiam antedicti comitis fervore debito inardescens, a corpore Christi, quod est Ecclesia, divini eum verbi falce præcedit, et in terra ipsius divina interdixit celebrari officia. Quoniam igitur idem comes ita datus est in reprobum sensum, ita oculos mentis ab intuitu æternæ damnationis avertit, ut nec flagellatus etiam a sua potuerit malitia cohiberi; per præsentia vobis scripta præcipiendo mandamus quatenus eum districtius moneatis, quatenus custodes suos de villa Vizeliacensi removeat, mala quæ Ecclesiæ irrogavit, emendet, chartam compositionis contra privilegia prædecessorum nostrorum, et Ecclesiæ libertatem elicitam antedicto abbati restituat, et burgensibus contra eum in sua conspiratione nullum præbeat auxilium vel favorem, et jurejurando promittat se communiæ ipsi nullas vires ulterius præbiturum. Si vero infra xxx dies post commonitionem vestram, quæ prædicta sunt adimplere contempserit, in personam ejus excommunicationis, in terram vero interdicti sententiam renovetis, et ab omnibus præcipiatis firmiter observari.

Datum Sutrii, xii Kal. Junii.

LIII.

Episcopis Galliæ mandat ut burgenses Vizeliacenses, nisi monasterio de injuriis illatis satisfecerint, excommunicent variisque pœnis afficiant.

(Sutrii, Maii 21.)
[*Ibid.*]

ADRIANUS episcopis Galliæ.

Quanta nequitia Vizeliac. homines adversus matrem et dominam suam Vizel. Ecclesiam conspiraverint, et quam aspere in eam fuerint et in ejus bona grassati, ad notitiam fraternitatis vestræ devenit et nos nullatenus ignoramus. Sane felicis memoriæ papa Eugenius antecessor noster, et illorum superbia et Ecclesiæ afflictione permotus, eosdem sacrilegos ecclesiasticæ districtionis sententia innodavit. Ipsi autem alienati et conversi retrorsum a sua malitia minime destiterunt, sed transierunt in affectum cordis, et graviora jugiter adversum matrem suam committere præsumpserunt, facti sicut illi de quibus ait propheta : *Percussisti eos et non doluerunt, attrivisti eos, et renuerunt accipere disciplinam* (*Jer.* v). Ut enim inpræsentiarum alia quæ ante hæc ab eis gesta sunt contra Vizeliacensem ecclesiam, taceamus, nuper facto impetu lustraverunt officinas ecclesiæ, ruperunt vegetes, effuderunt vinum, diripuerunt omnia, et in ipsos etiam monachos violentas manus extendere præsumpserunt. Porro nos in omnibus his dolemus de miseris illis hominibus, qui in perjurii, sacrilegii, rapinæ ac peccatorum multorum foveam inciderunt; dolemus etiam quod nullum vestrum assumere justitiæ clypeum, et in ejus auxilium exsurgere intuemur;

usque adeo ut lugere valeamus, et dicere cum propheta : *Non est qui consoletur eam ex omnibus charis ejus* (Thren. 1). Quoniam igitur nos ad quorum tutelam atque præsidium præfata Ecclesia specialiter respicit, afflictiones ipsius dissimulare nec possumus, nec debemus, per præsentia vobis scripta præcipiendo mandamus, quatenus omni tepiditate cessante burgenses ipsos festinetis districtius admonere, ut antedicto abbati et ejus fratribus ablata restituant, irrogata damna resarciant, de illatis injuriis competentem satisfactionem exhibeant, et ad fidelitatem et dominium ecclesiæ revertantur. Si vero sine dilatione aliqua post commonitionem vestram quæ prædiximus adimplere contempserint, omnes illos qui nequitiæ hujus auctores existunt, et quos præfatus abbas vobis annuntiaverit, sine appellationis remedio excommunicetis, et ad quemcunque locum per episcopatus vestros aliquis burgensium ipsorum devenerit, donec præsens fuerit, divina ibi prohibeatis officia celebrari, et si aliquem eorum mori contigerit, Christianorum careat sepultura. Ne autem corporalem quoque pœnam effugiant, omnibus parochianis vestris districtius injungatis, ut in nundinis suis eos nequaquam admittant, et nullam cum eis societatem, vel in mercibus, vel in aliis rebus habere præsumant, sed sicut excommunicatos eos evitent, et ubicunque invenerint, capiant, et amore justitiæ bonis suis non desinant spoliare; ut inviti saltem cogantur ad subjectionem et fidelitatem domini sui redire. Novis siquidem morbis nova convenit antidota præparari.

Datum Sutrii, xii Kal. Junii.

LIV.

Ludovicum Francorum regem hortatur ut armata manu burgenses Vizelac. insequatur, ut abbati tanquam domino subdantur.

(Sutrii, Maii 21.)

[*Ibid.*, col. 809.]

De religiosorum virorum præsidio, et veneratione sacrorum locorum non oportet longis te sermonibus admonere; satis enim ad hoc animum tuum commonitione cessante, ignis ille, quem Dominus venit mittere in terram, accendit; ita ut inter universos principes orbis nullus sit qui super hoc in conspectu totius Ecclesiæ commendabilior habeatur. Sane licet potentiæ tuæ præsidium ad omnes ecclesias in regno tuo constitutas extendas, Vizeliacensi tamen ecclesiæ tanto te cupimus attentius exhibere, quanto et ad jus beati Petri specialius pertinet, et ex perfidia suorum burgensium majores molestias et pressuras sustinet. Nec enim ignorat tua prudentia, qualiter ab aliquot annis adversus dilectum filium nostrum Pontium, Vizeliacensem abbatem, favore Nivernensis comitis conspirati, diripere bona Ecclesiæ, et ipsum quoque abbatem exinde expellere præsumpserunt : unde et a corpore Domini, quod est Ecclesia, fieri meruerunt extorres. Nuper etiam in ipsam ecclesiam facto impetu irrumpentes, fregerunt portas, lustraverunt officinas, effuderunt vina, diripuerunt vestes monachorum, abstulerunt ornamenta sacrarii, et in ipsos etiam monachos et famulos domus violentas manus ausu temerario extenderunt. Porro quoniam illorum nequitia ecclesiastici severitate judicii necdum potuit coerceri, cohibitionem tuæ manus exspectat, et vigore tuo indiget emendari, quod sub æquitate censuræ canonicæ mansit hactenus incorrectum. Magnificentiam itaque tuam rogamus, monemus et exhortamur in Domino, atque in peccatorum tibi remissionem injungimus, quatenus justitiæ zelo succensus, et afflictione supradicti monasterii, ac nostris exhortationibus provocatus in manu valida Vizeliacum accedas et Burgenses abjurare communiam quam fecerunt, et ad fidelitatem atque subjectionem dilecti filii nostri Pontii, Vizeliacensis abbatis, tanquam domini sui redire compellas; ablata etiam eos restituere, et irrogata damna facias resarcire, atque in illos, qui hujus nequitiæ caput existunt, tantam ultionem exerceas, ut qui eis successerint consideratione ultionis eorum caput contra dominum suum erigere, ac consimilem perfidiam in sanctuarium Domini committere non attentent.

Datum Sutrii, xii Kal. Junii.

LV.

Privilegium pro monasterio Cluniacensi.

(Sutrii, Maii 21.)

[*Bullar. Cluniac.*, 68.]

ADRIANUS episcopus, servus servorum Dei, dilecto filio PETRO abbati Cluniacensi, ejusque successoribus regulariter substituendis in perpetuum.

Injuncti nobis a Deo apostolatus officium et ecclesiasticæ utilitatis consideratio nos hortatur et admonet illas ecclesias quas in sanctæ religionis observantia ferventiores esse videmus, et eas honestate ac religione pollere cognoscimus, ampliori charitate diligere, majoremque illis honorem jugiter et gratiam exhibere. Eapropter, dilecte in Domino fili Petre, ecclesiam tuam, vestigiis antecessorum nostrorum inhærendo, sincere ac tenere utpote specialem per omnia devotam filiam apostolicæ sedis diligentes, dignum duximus tuis petitionibus assensum præbere. Concedimus ergo tibi tuisque successoribus in perpetuum ut in parochiis ad jus tuum pertinentibus nullus futuris temporibus ordo seu religio nisi Cluniacensis ponatur, ea videlicet ratione, ne bona vel jura benignitate Romanorum pontificum ecclesiæ tuæ collata, obtentu cujuslibet novæ vel supervenientis religionis minuantur aut auferantur. Statuimus nihilominus ut infra terminos parochiarum tuarum nullus cœmeterium absque assensu tuo construere præsumat. Nulli ergo omnino hominum fas sit nostri hujus decreti sententiam infringere, seu ausu temerario perturbare.

Si qua sane inposterum ecclesiastica, etc.

Datum Sutrii per manum Rolandi, sanctæ Romanæ Ecclesiæ presbyteri cardinalis et cancellarii, xii Kalendas Junii, indictione iii, Incarnationis Dominicæ anno 1155, pontificatus vero domni Adriani papæ IV, anno primo.

LVI.

[Arnoldo] archiepiscopo Coloniensi, [Henrico] episcopo Constantiensi, [Wibaldo] abbati Stabulensi commendat monasterium S. Antimi.

(Sutrii, Maii 28.)

[MARTEN., *Ampl. Coll.*, II, 590.]

ADRIANUS episcopus, servus servorum Dei, venerabilibus fratribus Coloniensi archiepiscopo et Constantiensi episcopo, et dilecto filio abbati de Stabulaus, salutem et apostolicam benedictionem.

Tam rationis quam æquitatis ordo expostulat, et susceptæ administrationis officium vos invitat, ut piis ac religiosis locis vestræ defensionis auxilium debeatis impendere, et ea in sua justitia modis omnibus confovere. Inde est, quod prudentiæ vestræ per apostolica scripta mandamus, ut monasterium Sancti Antimi, pro beati Petri ac nostra reverentia in justitia sua manutenere curetis, et secundum quod in privilegiis Romanorum imperatorum eidem monasterio indultis dignoscitur contineri, ad conservandam libertatem ipsius, prout expedire videritis, laboretis, quatenus dignas vobis gratiarum actiones persolvere et vestræ devotionis studium debeamus in hac parte non immeriti commendare.

Data Sutrii, v Kal. Junii.

LVII.

Archiepiscopo cuidam et [Eberhardo] episcopo Bambergensi, ac Wibaldo abbati Corbeiensi mandat ut monasterium Farfense Friderico Romanorum regi commendent.

(Sutrii, Jun. 1.)

[MARTEN., *Ampl. Collect.*, II, 592.]

ADRIANUS episcopus, servus servorum Dei, venerabilibus archiepiscopo... et Bavembergensi episcopo, et dilecto filio WIBALDO Corbeiensi abbati, salutem et apostolicam benedictionem.

Quia Farfense monasterium ad ordinationem et dispositionem sedis apostolicæ specialiter spectat, charissimum filium nostrum Fredericum illustrem Romanorum regem duximus exorandum, quatenus dilectum filium nostrum R. abbatem ipsius monasterii, et monasterium ipsum pro beati Petri et nostra reverentia diligat, et litteras benevolentiæ suæ ipsi transmittat, in quibus gratiam et bonam voluntatem suam eidem abbati ostendat. Pro aliis etiam eidem gloriosissimo filio nostro in eisdem litteris preces porreximus, quæ si fuerint effectui mancipatæ, noscuntur ad utilitatem et reparationem ipsius monasterii procul dubio pertinere. Per præsentia itaque vobis scripta mandamus, quatenus animum regis ad hoc inducatis, ut preces nostræ, quas super hoc ei porreximus per studium vestrum celeriter, auctore Domino, compleantur, et ita verbo et opere jam dicto monasterio salubriter auxilii sui solatia subministret, ut nostras preces prædictus abbas et fratres ejus sibi sentiant profuisse, et benevolum et efficacem defensorem se habere cognoscant.

Data Sutrii, Kal. Junii.

LVIII.

[Wibaldo] abbati Stabulensi suos ad imperatorem legatos commendat.

(Sutrii, Jun. 1.)

[*Ibid.*]

ADRIANUS episcopus, servus servorum Dei, dilecto filio Stabulensi abbati, salutem et apostolicam benedictionem.

Experta jam in multis erga sacrosanctam Romanam Ecclesiam dilectionis tuæ sinceritas nullum dubitationis locum in animo nostro relinquit, quin de his quæ ad ejus honorem pertinent, vigilans et studiosus existas. Sane nos dilectos filios nostros G. titulo Sanctæ Potentianæ, J. titulo Sanctorum Joannis et Pauli presbyteros, et G. Sanctæ Mariæ in Porticu diaconum cardinales prudentes, honestos ac litteratos viros, et quos charos circa nos satis habemus, ad præsentiam charissimi filii nostri Frederici, illustrissimi Romanorum regis, pro imminentibus negotiis decrevimus transmittendos. Quocirca dilectionem tuam monemus et exhortamur in Domino, quatenus eis apud eumdem filium nostrum, sicut nobis ipsis diligenter assistas, et sollicitudinem omnem adhibeas, ut ipsi ad honorem sacrosanctæ Romanæ Ecclesiæ injuncta valeant negotia explicare.

Data Sutrii, Kal. Junii.

LIX.

Monasterium S. Mariæ de Carcere tuendum suscipit bonaque ejus confirmat.

(Viterbii, Junii 4.)

[MITARELLI, *Ann. Camald.*, III, 481.]

ADRIANUS episcopus, servus servorum Dei, dilectis filiis Dominico, priori ecclesiæ Beatæ Mariæ de Carcere, ejusque fratribus tam præsentibus quam futuris, regularem vitam professis, in perpetuum.

Justis religiosorum desideriis ac rationabilibus eorum postulationibus clementer annuere apostolicæ sedis, cui, largiente Domino, deservimus, auctoritas ac fraternæ charitatis unitas nos hortantur. Eapropter, dilecti in Domino filii, venerabilis fratris nostri Joannis Paduani episcopi precibus inclinati, vestris justis postulationibus clementer annuimus, et ecclesiam Beatæ Mariæ de Carcere, in qua divino mancipati estis obsequio, sub beati Petri et nostra protectione suscipimus, et præsentis scripti privilegio communimus. In primis siquidem statuentes ut ordo canonicus, qui secundum Deum et B. Augustini regulam in eodem loco noscitur esse institutus, perpetuis ibidem temporibus inviolabiliter observetur. Præterea quascunque possessiones, quæcunque bona idem monasterium inpræsentiarum juste et canonice possidet, aut in futurum concessione pontificum, largitione regum vel principum, oblatione fidelium seu aliis justis modis, præstante Domino, poterit adipisci, firma vobis vestrisque successoribus, et illibata permaneant. In quibus : Ecclesiam Sancti Andreæ de Curteroduli cum pertinentiis suis, et decimas omnium novalium quæ jam facta sunt, et in perpetuum fient in loco quem Caricetulum vocant; et in Aguccianо, necnon in tota Scodassia, et in Fracta, in Montaniana et Vigezolo propriis duximus vocabulis exprimenda. Quæcunque etiam a bonæ memoriæ Bellino et Senebaldo Paduanis quondam episcopis vobis canonice data sunt, nihilominus confirmamus. Sententiam vero illam quam præfatus Bellinus episcopus super contentione, quæ inter vos et clericos Sanctæ Theclæ de Adeste de persona Hugonis Ballistarii et filiis ejus, et bonis ipsius agebatur, legitime promulgavit, confirmamus, et ratam manere censemus.

Decernimus ergo ut nulli omnino hominum liceat præfatum monasterium temere perturbare, aut ejus possessiones auferre, vel ablatas retinere, minuere, seu quibuslibet vexationibus fatigare, sed illibata omnia et integra conserventur eorum, pro quorum gubernatione et sustentatione concessa sunt, usibus omnimodis profutura, salva sedis apostolicæ auctoritate.

Si qua igitur, etc.

Ego Adrianus catholicæ Ecclesiæ episcopus.
Ego Manfredus presbyt. card. tit. Sanctæ Savinæ.
Ego Julius presbyter card. tit. S. Marcelli.
Ego Ubaldus presbyt. card. tituli Sanctæ Crucis in Jerusalem.
Ego Gerardus presb. card. tit. Sancti Stephani in Cœlio-Monte.
Ego Henricus presb. card. tit. SS. Nerei et Achillei.
Ego Joannes presb. card. tit. SS. Sylvestri et Martini.
Ego Geraldus diaconus cardinalis Sanctæ Mariæ in Via Lata.

Datum Viterbii per manum Rolandi sanctæ Romanæ Ecclesiæ presbyteri cardinalis et cancellarii, II Nonas Junii, indictione III, Incarnationis Dominicæ anno 1155, pontificatus vero Adriani papæ IV, anno primo.

LX.

Monasterium Hardehusanum, conditum a Bernhardo episcopo Paderbornensi, tuendum suscipit et bona ejus confirmat.

(Apud civitatem Castellæ, Junii 11.)
[SCHATEN, *Annal. Paderb.*, I, 805.]

ADRIANUS episcopus, servus servorum Dei, dilectis filiis VOLBERTO, abbati Herswitheleusensis monasterii, ejusque fratribus tam præsentibus quam futuris regularem vitam professis, in perpetuum.

Quoties illud a nobis petitur quod religioni et honestati convenire dignoscitur, animo nos decet libenti concedere, et petentium desideriis congruum impertiri suffragium. Eapropter, dilecti in Domino filii, venerabilis fratris nostri Bernhardi Patherburnensis episcopi, qui ecclesiam vestram sumptibus suis construxit, precibus inclinati, eamdem ecclesiam sub Beati Petri et nostra protectione suscipimus, et præsentis scripti privilegio communimus. Statuentes ut quascunque possessiones, quæcunque bona eadem ecclesia inpræsentiarum juste et canonice possidet, aut in futurum concessione pontificum, largitione regum vel principum, oblatione fidelium, seu aliis justis modis, Deo propitio, poterit adipisci, firma vobis vestrisque successoribus, et illibata permaneant. Sane novalium vestrorum, quæ propriis manibus aut sumptibus colitis, aut de nutrimentis vestrorum animalium, nullus omnino a vobis decimas exigere præsumat.

Decernimus ergo ut nulli omnino hominum liceat præfatam ecclesiam temere perturbare, aut ejus possessiones auferre, vel ablatas retinere, minuere, aut aliquibus vexationibus fatigare, sed omnia integra conserventur eorum pro quorum gubernatione ac sustentatione concessa sunt, usibus omnimodis profutura, salva sedis apostolicæ auctoritate.

Si qua igitur, etc.

Datum apud civitatem Castellæ per manum Rolandi, sanctæ Romanæ Ecclesiæ presbyteri cardinalis et cancellarii, III Idus Junii, indictione III, anno Incarnationis Dominicæ 1155, pontificatus vero domni Adriani papæ IV, anno primo.

Ego Adrianus catholicæ Ecclesiæ episcopus.
Ego Imarus Tusculanus episcopus.
Ego Guido diaconus cardinalis S. Mariæ in Porticu.
Ego Joannes diaconus cardinalis SS. Sergii et Bacchi.
Ego Gerardus diaconus cardinalis S. Mariæ in Via Lata.
Ego Odo diaconus cardinalis S. Nicolai in Carcere Tulliano.
Ego Guido presbyter cardinalis.
Ego Hubaldus presbyter cardinalis Sanctæ Praxedis
Ego Manfredus presbyter cardinalis Sanctæ Savinæ.
Ego Julius presbyter cardinalis Sancti Marcelli.
Ego Bernardus presbyter cardinalis Sancti Clementis.

LXI.

Ad Henricum Belvacensem episcopum. —Pro pecunia cuidam restituenda.

(In territorio Malliani, Jun. 12.)
[MARTEN., *Ampl. Collect.*, II, 640.]

ADRIANUS episcopus, etc., venerabili fratri HENRICO Belvacensi episcopo, salutem et apostolicam benedictionem.

Latoris præsentium A. conquestione nuper accepimus, quod cum pecuniam XLI marcarum argenti duobus fratribus, qui in curia tua consistunt, Hu. scilicet et R. de Noello, jurejurando recepto, quod eam in termino constituto persolverent, quondam accommodasset, cum jam terminus sit transactus, ipsam nullatenus persolverunt. Quocirca fraternitati tuæ per apostolica scripta mandamus, quatenus infra viginti dies post harum susceptionem, diligenter eos et instanter admoneas, ut prædictam pecuniam infra duos menses, post commonitionem tuam, sine ulla diminutione memorato creditori persolvant. Quod si forte facere noluerint, canonicam in eos sententiam non differas exercere, et totam terram eorum interdicto subjicere.

Data in territorio Malliani. II Idus Julii [*leg.* Junii].

LXII.
Privilegium pro Ecclesia Trevirensi.

(In campo Nepesino, Jun. 15.)

[GUENTHER, *Cod. diplom. Rheno-Mosell.*, 1, 356.]

ADRIANUS episcopus, servus servorum Dei, venerabili fratri HILLINO Treverensi archiepiscopo, ejusque successoribus canonice substituendis in perpetuum.

Injuncti nobis a Deo apostolatus officium, et ecclesiasticæ utilitatis consideratio nos hortatur et admonet, fratres nostros episcopos, quos honestate ac religione pollere cognoscimus, ampliori charitate diligere, majoremque illis honorem jugiter et gratiam exhibere. Tunc enim de subjectorum suorum utilitate vere poterunt esse solliciti, atque officii sui prosecutioni poterunt efficacius imminere, cum et ipsi nos abundantiorem sibi senserint honorem impendere, et propensiori affectu diligere charitatis. Quocirca, dilecte in Domino frater Hilline archiepiscope, devotionem et sincerum affectum Treverensis ecclesiæ cui, Deo auctore, præesse dignosceris, ac prædecessorum tuorum erga beatum Petrum et prædecessores nostros atque nos ipsos debita benignitate attendentes, dignitates seu honores et libertates a prædecessoribus nostris Joanne XIII, Benedicto VII, Leone IX, Victore II, Innocentio et Eugenio felicis memoriæ Romanis pontificibus, aut imperatoribus vel regibus eidem ecclesiæ concessas, tibi tuisque successoribus auctoritate apostolica confirmamus, et præsentis scripti privilegio communimus.

Ego Adrianus catholicæ Ecclesiæ episcopus
Ego Guido presb. card. tit. S. Chrisogoni.
Ego Hubaldus presb. card. tit. S. Praxedis.
Ego Gregorius Sabinensis episcopus.
Ego Manfredus presb. card. tit. S. Savinæ.
Ego Julius presb. card. tit. S. Marcelli.
Ego Hubaldus presb. card. tit. S. Crucis in Jerusalem.
Ego Guido presb. card. tit. Pastor.
Ego Bernardus presb. card. tit. S. Clementis.
Ego Gerardus presb. card. tit. S. Stephani in Cœlio Monte.
Ego Joannes presb. card. Sanctorum Joannis et Pauli tit. Pamachii.
Ego Henricus presb. card. tit. SS. Nerei et Achillei.
Ego Joannes presb. cardin. tit. SS. Silvestri et Martini.
Ego Guido diac. card. S. Mariæ in Porticu
Ego Joannes diac. card. Sanctorum Sergii et Bacchi.
Ego Gerardus diac. card. S. Mariæ in via Latina.
Ego Odo diac. card. S. Nicolai in Carcere Tulliano.

Datum in campo Nepesino, per manum Rolandi, Romanæ Ecclesiæ presbyteri cardinalis et cancellarii, XVII Kal. Julii, indictione III, Incarnationis Dominicæ anno 1155, pontificatus vero domni Adriani papæ IV anno primo.

LXIII.
Wicmanno archiepiscopo Magdeburgensi causam quæ episcopum Osnabrugensem inter et Wibaldum abbatem de decimis vertebatur terminandam committit.

(In territorio Tusculano, Jul. 11.)

[MARTEN., *Ampl. Collect.*, II, 578.]

ADRIANUS episcopus, servus servorum Dei, venerabili fratri WICMANNO, Madenburgensi archiepiscopo, salutem et apostolicam benedictionem.

Dilecti filii nostri Wibaldi Corbeiensis abbatis relatione accepimus, decimas villarum suarum de Northlandia commisso sibi monasterio quondam injuste ablatas, a venerabili fratre nostro Philippo Osenbruggensi episcopo et quibusdam aliis ejus nomine detineri. Quocirca per præsentia scripta fraternitati tuæ mandamus, quatenus utramque partem ante tuam præsentiam evoces, et rationibus utriusque partis diligenter auditis, et ea qua convenit subtilitate discussis, quod justum inde fuerit judices, et quod judicaveris remoto dilationis obstaculo facias adimpleri.

Data in territorio Tuscul., V Idus Julii.

LXIV.
Monasterii Heidenheimensis protectionem suscipit disciplinamque ac possessiones confirmat.

(In territorio Tiburtino, Jul. 11.)

[FALCKENSTEIN, *Cod. diplom.*, 36.]

ADRIANUS episcopus, servus servorum Dei, dilectis filiis ADELBERTO abbati et universis fratribus Heidenheimensibus, salutem et apostolicam benedictionem.

Quoniam sine veræ cultu religionis nec charitatis unio potest salva subsistere nec gratus Deo famulatus impendi, oportet nos universis Ecclesiis sacræ religionis cultum, Domino cooperante, statuere et constitutum exacta diligentia conservare. Quocirca, dilecti in Domino filii, vestris justis postulationibus concurrentes assensu, monasterium vestrum sub B. Petri et nostra protectione suscipimus et præsentis scripti patrocinio communimus. Inprimis siquidem statuentes ut ordo monasticus, qui ex mandato felicis memoriæ papæ Eugenii, prædecessoris nostri, per studium et providentiam venerabilis fratris nostri Eberhardi Bambergensis episcopi et dilecti filii nostri Adam abbatis de Ebrach in ipso monasterio dignoscitur institutus, in eo perpetuis ibidem temporibus inviolabiliter observetur. Præterea quæcunque bona idem monasterium inpræsentiarum juste et canonice possidet, aut in futurum rationabiliter, præstante Domino, poterit adipisci, firma vobis vestrisque successoribus et illibata permaneant.

Decernimus ergo ut nulli omnino hominum liceat idem monasterium temere perturbare, aut ejus possessiones auferre, diminuere, vel aliquibus vexationibus fatigare, sed illibata omnia et integra conserventur vestris et vestrorum usibus profutura, salva nimirum diœcesani episcopi canonica justitia.

Si quis autem hoc attentare præsumpserit, et secundo tertiove commonitus, nisi præsumptionem suam satisfactione congrua correxerit, potestatis honorisque sui dignitate careat reumque se judicio divino existere de perpetrata iniquitate cognoscat. Cunctis autem eidem loco sua jura servantibus, sit pax Domini nostri Salvatoris Jesu Christi, quatenus et hic fructum bonæ actionis percipiant, et apud districtum judicem præmia æternæ vitæ inveniant.

Data territorio Tiburtino, v Idus Junii.

LXV.
Privilegium pro Hillino Trevirensi archiepiscopo.
(In territorio Tiburtino, Jul. 13.)
[Guenther, *Cod. diplom. Rheno-Mosell.*, I, 358.]

Adrianus episcopus, servus servorum Dei, venerabili fratri Hillino, Treverensi archiepiscopo, ejusque successoribus canonice substituendis in perpetuum.

In eminenti apostolicæ sedis specula, disponente Domino, constituti, fratres nostros episcopos fraterna debemus charitate diligere, et ecclesiis sibi a Deo commissis paterna sollicitudine providere. Eapropter, dilecte in Domino frater Hilline archiepiscope, devotionem tuam et sinceram fidelitatem Treverensis Ecclesiæ erga beatum Petrum et nos ipsos attendentes jura et antiquas atque canonicas consuetudines, quæ in ecclesia tua a longis retro temporibus esse noscuntur, tibi tuisque successoribus auctoritate apostolica roboramus, et præsentis scripti pagina communimus. Exitum videlicet in quarto anno per totum episcopatum tuum ad consecrationes ecclesiarum, confirmationes hominum, et correctiones excessuum secundum synodalem justitiam. Ad cujus laboris expensam totam decimam cum integritate eodem quarto anno, vel quartam partem annis singulis, juxta quod sacris est canonibus institutum, tam tibi quam successoribus tu's, similiter confirmamus. Præterea interdicimus ut nullus archidiaconus ecclesiæ tuæ curam animarum in ecclesiis quæ in tuo episcopatu consistunt alicui committere sine tuo consensu præsumat, sicut prædecessor noster sanctæ recordationis papa Eugenius bonæ memoriæ prædecessori tuo Alberoni et tibi dignoscitur concessisse. Decernimus ergo ut nulli omnino hominum, etc.

Datum in territorio Tiburtino per manum Rolandi, sanctæ Romanæ Ecclesiæ presbyteri cardinalis et cancellarii, III Idus Julii, indictione III, Incarnationis vero Dominicæ anno 1155, pontificatus vero domni Adriani papæ IV anno primo.

LXVI.
Wibaldo abbati Corbeiensi ejusque successoribus monasterium Werbense subjicit.
(In territorio Tusculano, Jun. 15.)
[Marten., *Ampl. Collect.*, II, 619.]

Adrianus episcopus, servus servorum Dei, dilecto filio Wibaldo Corbeiensi abbati, salutem et apostolicam benedictionem.

Sacrosancta Romana Ecclesia, si quando aliquam ecclesiarum ad jus suum specialiter pertinentium ita in temporalibus et spiritualibus prospexit attritam, ut nisi major ei alterius personæ sollicitudo adesset, in statum suum relevari non posset, illis personis ad earum curam habendam vices suas committere consuevit, quæ et sinceritate devotionis sibi viderentur astrictæ, et ad relevandum statum illorum honestæ, ac scientia idoneæ apparerent. Inde est quod probitatem tuam, dilecte in Domino fili Wibalde abbas, devotionem quam erga matrem tuam sacrosanctam Romanam Ecclesiam habere dignosceris, attendentes, monasterium de Werbe, quod ad jus beati Petri specialiter pertinet, et in temporalibus et spiritualibus non modicum dignoscitur imminutum, cum advocatia et omnibus pertinentiis suis tibi et per te commisso tibi monasterio Corbeiensi committimus, et sub tuo et tuorum successorum regimine perpetuis temporibus statuimus permanere. Ita quidem ut duos aureos inde singulis annis nobis nostrisque successoribus persolvere debeatis. Nulli ergo hominum liceat hujus nostræ confirmationis et concessionis paginam temerario ausu infringere, aut aliquibus molestiis contraire. Si quis autem id attentare præsumpserit, indignationem omnipotentis Dei et beatorum Petri et Pauli apostolorum ejus se noverit incursurum.

Datum in territorio Tusculano Idus Julii.

LXVII.
[*Arnoldo*] *archiepiscopo Moguntino mandat ut monasterium Werbense a Bobbonis comitis injuriis tueatur.*
(In territorio Tusculano (?), Jul.)
[*Ibid.*, col. 620.]

Adrianus, servus servorum Dei, dilecto in Christo filio Moguntino episcopo, salutem et apostolicam benedictionem.

Prædecessorum nostrorum vestigia imitati, abbatiam de Werbe, ad jus et proprietatem beati Petri specialiter pertinentem, dilecto filio Wibaldo Corbeiensi abbati regendam custodiendamque commisimus, sperantes quod ejus prudentia, auctore Domino, accipiat incrementum. Verum quia comes Bobbo, qui ejus advocatiæ se asserit advocatum, cœnobium Werbense et præfatum abbatem variis inquietatibus perturbare minatus est, districtioni tuæ mandamus atque præcipimus, ut eum districte commoneas, quatenus ab abbatis et cœnobii infestatione quiescat, et si tuis parere commonitionibus contumaciter et superbe contempserit, canonica eum censura coercere procures.

LXVIII.

Rainerio Senensi episcopo fundum in monte Bonizi ad ecclesiam ædificandam sub annuo censu concedit.

(Ap. civitatem Castellanam, Jul. 21.)
[MURATORI, *Antiq. Ital.*, V, 811.]

ADRIANUS episcopus, servus servorum Dei, venerabili fratri RAINERIO Senensi episcopo, ejusque successoribus canonice substituendis in perpetuum.

Cum ex injuncto nobis a Deo summi pontificatus officio, cunctis Christi fidelibus debeamus nos exhibere propitios, et ipsos in suis postulationibus exaudire, præsertim fratribus nostris episcopis oportet nos paterna sollicitudine providere, et eos in ipsa operis exhibitione ampliori affectu diligere charitatis. Quocirca, venerabilis in Christo frater, Raineri episcope, tuis justis postulationibus gratum impertientes affectum, fraternitati tuæ duximus concedendum, *ut in fundo, quod dilectus filius noster nobilis vir Guido comes in monte Bonizi beato Petro, et nobis, qui vicem ejus, licet indigni, gerimus, dignoscitur concessisse,* liceat tibi ecclesiam construere, et constructam sine contradictione aliqua consecrare, clericosque in ea juxta tuæ voluntatis arbitrium ponere, et libere ordinare. Sane ut hæc nostra concessio majorem in posterum obtineat firmitatem, auctoritatis nostræ præsidio ipsam duximus confirmandam, et præsentis scripti pagina muniendam. Statuimus autem ut quicunque de tua diœcesi ad locum illum transierint, in omnibus spiritualibus tibi tantum et successoribus tuis debeant respondere, et eamdem, quam prius, habeatis potestatem. *Cæterum ad hujusmodi nostræ concessionis et confirmationis indicium, unum byzantium nobis, nostrisque successoribus annis singulis persolvetis.*

Decernimus ergo ut nulli omnino hominum liceat hanc paginam nostræ concessionis et confirmationis ausu temerario infringere, vel ei aliquatenus contraire.

Si qua vero, etc.

Ego Adrianus catholicæ Ecclesiæ episcopus.

Ego Hubaldus presbyter cardinalis titulo Sanctæ Praxedis.

Ego Manfredus presbyter cardinalis titulo Sanctæ Savinæ.

Ego Ubaldus presbyter cardinalis titulo Sanctæ Crucis in Hierusalem.

Ego Joannes presbyter cardinalis Sanctorum Joannis et Pauli titulo Pammachii.

Ego Joannes presbyter cardinalis titulo Sanctorum Silvestri et Martini.

Ego Joannes diaconus cardinalis Sanctorum Sergii et Bacchi.

Ego Bernardus presbyter cardinalis titulo Sancti Clementis.

Gerardus diaconus cardinalis Sanctæ Mariæ in Via Lata.

Data apud civitatem Castellanam per manus Rolandi, sanctæ Romanæ Ecclesiæ presbyteri cardinalis et cancellarii, XII Kal. Augusti, indictione III, Incarnationis Dominicæ 1155, pontificatus vero domni Adriani papæ IV, anno primo.

Desideratur bulla plumbea.

LXIX.

Monachis S. Bertini Sithiensis privilegia quædam concedit.

(Vide Iperii *Chronic. S. Bertini* ap. MARTEN., *Thesaur. Anecdot.*, III, 647.)

LXX.

Monasterii S. Michaelis Pisani tutelam suscipit, possessionesque et privilegia confirmat.

(Ferentini, Oct. 4.)
[MITARELLI, *Ann. Camaldul.*, III, App., 482.]

ADRIANUS episcopus, servus servorum Dei, dilectis filiis abbati monasterii Sancti Michaelis, quod in civitate Pisana situm est, ejusque fratribus tam præsentibus quam futuris, regularem vitam professis, in perpetuum.

Officii nostri nos admonet et invitat auctoritas pro Ecclesiarum statu satagere et earum quieti ac tranquillitati salubriter, auxiliante Domino, providere. Dignum namque et honestati conveniens esse dignoscitur, ut qui ad earum regimen, Domino disponente, assumpti sumus, eas a pravorum hominum nequitia tueamur, et beati Petri atque sedis apostolicæ patrocinio muniamus. Eapropter, dilecti in Domino filii, vestris justis postulationibus clementer annuimus et pro statu monasterii in quo divino mancipati estis obsequio sub beati Petri et nostra protectione suscipimus, et præsentis scripti privilegio communimus. In primis siquidem statuentes ut ordo monasticus, qui secundum Deum et beati Benedicti Regulam atque Camaldulensium statutorum consuetudinem in eodem monasterio dignoscitur institutus, futuris ibidem temporibus inviolabiliter conservetur. Præterea quascunque possessiones, quæcunque bona idem monasterium inpræsentiarum juste et canonice possidet, aut in futurum concessione pontificum, largitione regum vel principum, oblatione fidelium seu aliis justis modis, Deo propitio, poterit adipisci, firma vobis vestrisque successoribus, et illibata permaneant. In quibus hæc duximus exprimenda vocabulis :

Ecclesiam Sancti Laurentii de Rivolta cum hospitali et pertinentiis suis; ecclesiam Sanctæ Ceciliæ; jus vestrum in ecclesia S. Christophori de Colignola cum integris parochiis, et diœcesibus suis; quidquid habetis in villa de Ghezzano, de Colignola, de Mezzano, de Leona, de Boitano, et infra Marceto; quidquid habetis in ecclesia Sancti Petri in Gradu, salvo solito censu præsenti archiepiscopo, et quidquid habetis juxta muros civitatis, tam in terris quam in vineis, vobis nihilominus confirmamus.

Sepulturam quoque eidem liberam esse concedimus, ut eorum, qui se illic sepeliri deliberaverint, devotioni et extremæ voluntati nullus obsistat, nisi forte excommunicati et interdicti sint, salva tamen justitia matricis ecclesiæ. Ordinationes monachorum, seu clericorum vestrorum, qui ad sacros ordines fuerint promovendi a diœcesano suscipiatis episcopo, siquidem catholicus fuerit, et gratiam atque communionem apostolicæ sedis habuerit, et gratis absque simoniæ pravitate vobis voluerit exhibere. Alioquin liceat vobis quemcunque malueritis adire antistitem qui, nimirum nostra fultus auctoritate, quod postulatur indulgeat. Clericos vero, sive laicos liberos, qui ad vos conversionis gratia redire voluerint, suscipiendi liberam habeatis facultatem. Ad hæc præsentis decreti assertione sanximus ut nullus intra terminum parochiæ vestræ, vel ecclesiarum vestrarum sine consensu diœcesani episcopi et vestro, aliquam ecclesiam ædificare præsumat.

Decernimus ergo ut nulli omnino hominum liceat præfatum monasterium temere perturbare, aut ejus possessiones auferre, vel ablatas retinere, minuere, seu quibuslibet vexationibus fatigare, sed omnia integra et illibata conserventur eorum, pro quorum gubernatione et sustentatione concessa sunt, usibus omnimodis profutura, salva sedis apostolicæ auctoritate.

Si qua igitur, etc.

OCULI MEI SEMPER AD DOMINUM.

Petrus et Paulus, Adrianus papa IV.
Ego Adrianus catholicæ Ecclesiæ episcopus.
Ego Imarus Tusculanus episcopus.
Ego Cencius Portuensis Ecclesiæ episcopus.
Ego Guido presbyt. card. tit. Sancti Chrysogoni.
Ego Aribertus presb. card. tit. S. Anastasiæ.
Ego Astaldus presb. card. tit. Sanctæ Priscæ.
Ego Guido presb. card. tit. Pastoris.
Ego Bernardus presbyt. card. tit. Sancti Clementis.
Ego Gerardus presb. card. tit Sancti Stephani in Cœlio monte.
Ego Joan. presb. card. tit. SS. Sylvestri et Martini.
Ego Oddo diac. card. tit. Sancti Georgii ad Velum Aureum.
Ego Joannes diac. card. tit. SS. Sergii et Bacchi.
Ego Oddo diac. card. tit. Sancti Nicolai in Carcere Tulliano.

Datum Ferentini per manum Rolandi, sanctæ Romanæ Ecclesiæ presbyteri cardinalis et cancellarii, IV Nonas Octobris, indictione IV, Incarnationis Dominicæ anno 1155, pontificatus vero domni Adriani papæ IV, anno primo.

LXXI.

[Stephano] Metensi, Henrico Tullensi, A [lberto] Virdunensi episcopis Hillinum archiepiscopum Trevirensem per universum Teutonicum regnum sedis apostolicæ legatum constitutum nuntiat.

(Alatri, Oct. 7.)

[D. BOUQUET, *Recueil*, XV, 672.]

ADRIANUS episcopus, servus servorum Dei, venerabilibus fratribus S. Metensi, HENRICO Tullensi, et A. Virdunensi episcopis, et dilectis filiis abbatibus, præpositis, decanis et universis ecclesiasticis personis, aliisque Dei fidelibus per Trevirensem archiepiscopatum constitutis, salutem et apostolicam benedictionem.

Quanto venerabilis frater noster Hillinus Trevirensis archiepiscopus a suæ promotionis tempore majorem sacrosanctæ Romanæ Ecclesiæ reverentiam et subjectionem impendit, tanto nos, quod in ea, licet immeriti, ministramus, eum specialius inter alios Ecclesiæ filios, duximus honorare, et ipso effectu operis indicante ampliori nexu diligere charitatis. Et ideo communicato fratrum nostrorum consilio ei (28) per universum Teutonicum regnum vices nostras indulsimus, ut ibi legationis officio apostolicæ sedis auctoritate fungatur, plenariam a nobis recipiens potestatem, quæcunque fuerint corrigenda corrigere, et quæ ordinanda viderit, ordinare. Cum autem vos jure metropolitico eidem fratri nostro subjecti debeatis et obedientes existere, et omnimodam ei devotionem ac reverentiam exhibere, universitati vestræ per apostolica scripta mandamus, quatenus ei tanquam apostolicæ sedis legato, et cui vices nostras in hac parte duximus indulgendas, jure legationis studeatis, sicut nobis ipsis, specialius et diligentius inter alios obedire, et his, quæ in episcopatibus vel parochiis vestris corrigere vel ordinare voluerit, contraire nullatenus præsumatis.

Datum Alatri Nonis Octobris.

LXXII.

Ad abbatem et fratres Vizeliacenses.

(Beneventi, Nov. 21.)

(MANSI, *Concil.*, XXI, 815.]

ADRIANUS episcopus, S. S. Dei, dilectis filiis abbati et universis fratribus Vizel., salutem et apostolicam benedictionem.

Quanto monasterium vestrum ad jus B. Petri specialius dignoscitur pertinere, tanto ad dirigendum et ampliandum statum ipsius attentius nos convenit laborare. Pervenit autem ad nos, dilecte in Domino fili abbas, te tabulam nummulariorum

---

(28) Hanc auctoritatem, et novæ dignitati annexam potestatem ægre tulerat Arnoldus Moguntinus, de quo Joannes Latomus in Catalogo archiep. Mogunt. ad ann. 1155, quem edidit Menckenius tom. III, script. Germ. pag. 502. *Cum quorumdam livor Arnoldum exagitaret, atque ipse Hillinus Trevirensis antistes jurisdictionem in Moguntinum et alios Germaniæ episcopos vindicaret, ut coactus sit Romano pontifici illatas sibi injurias exponere: a quo honorifice susceptus etiam apostolicam legationem promeruit, eoque nomine Moguntiæ cum magna gratulatione introducitur.*

contra tenorem privilegiorum apostolicæ sedis Simoni de Silviniaco in primordio tuæ prælationis, cum nondum tibi eorumdem privilegiorum tenor innotuisset, reclamantibus fratribus tuis concessisse; unde quia nec bona vestri monasterii aliqua levitate diminui, nec privilegia prædecessorum nostrorum patimur violari, per præsentia scripta vobis mandamus, quatenus si ita se res habet de tabula, illam ad manus vestras et proprietatem Ecclesiæ velociter revocetis, et quæ ad proprietatem monasterii pertinent, donare, vendere, vel quomodolibet alienare nullatenus præsumatis. Alioquin graviter in vos noveritis vindicandum.

Datum Beneventi, xi Kalendis Decembris.

LXXIII.

Ad Turonensem archiepiscopum. — Ut amice componat cum episcopo Dolensi.

(Beneventi, Dec. 20.)

[D. Bouquet, *Recueil*, XV, 672.]

Ad hoc summi pontificatus officium nobis est, Domino disponente, commissum, ut universos Christi fideles, in quantum cum Deo possumus, in suo debeamus jure fovere, et unicuique nos oporteat propriam justitiam conservare. Inde est quod controversiam, quæ inter te et venerabilem fratrem nostrum H. [Hugonem] Dolensem archiepiscopum de suffraganeis episcopis diutius agitatur, nos volentes mediante justitia, Deo propitio, terminare; fraternitati tuæ per apostolica scripta mandamus, quatenus vel cum prædicto fratre nostro archiepiscopo de suffraganeis amicabili pactione componas, vel usque ad proximam festivitatem Omnium Sanctorum plenam ei exhibiturus vel recepturus justitiam apostolico te conspectui repræsentes; sive decanum ecclesiæ tuæ et alios sufficientes responsales usque ad proximum terminum non differas destinare. Volumus enim ut, nostro interveniente judicio, utraque pars in audientia nostra suam justitiam consequatur.

Datum Beneventi, xiii Kalendas Januarii.

LXXIV.

Ad universos clericos et laicos per Dolensem provinciam constitutos. — Confirmat sententiam Hugonis archiepiscopi in malefactores et occupantes bona ecclesiastica latam.

(Beneventi, Dec. 20.)

[*Ibid.*, p. 673.]

Quoties a fratribus nostris archiepiscopis vel episcopis, et ab aliis ecclesiarum prælatis in malefactores et jura ecclesiastica occupantes sententia prorogatur, convenit nos eamdem sententiam ratam habere; et ut ipsa firmius observetur omni tempore, oportet nos eam apostolicæ sedis auctoritate firmare. Inde est quod universitatem vestram volumus non latere, quod nos excommunicationis sententiam, quam venerabilis frater noster Hugo Dolensis archiepiscopus in Joannem Dolensem et in cæteros archiepiscopatus sui jura per violentiam usurpantes canonice promulgavit, seu etiam promulgaverit, nos ratam et firmam habemus, et eam robur firmitatis perpetuæ usque ad condignam satisfactionem decernimus obtinere.

Datum Beneventi, xiii Kalendas Januarii.

LXXV.

[Balduino] Hierosolymitanorum regi præcipit ut et pecuniam et navem per ejus homines ablatam civibus Januensibus restitui jubeat.

(Beneventi, Nov.-Dec.)

[Caffari, *Annal. Genuens.*, ap. Muratori, *Rer. Ital. Script.*, VI, 266.]

Adrianus episcopus, servus servorum Dei, illustri Hierosolymitanorum regi, salutem et apostolicam benedictionem.

Ad hoc in eminenti sedis apostolicæ specula, divina sumus disponente gratia constituti, ut nostræ considerationis oculum ad universas mundi partes extendere debeamus, et ut ea, quæ contra justitiæ tramitem, et ordinis rationem commissa esse noscuntur, nos oporteat attentius emendare. Dilecti autem filii nostri Januenses cives directa nuper ad nos quæstione monstrarunt, quod homines tui pecuniam et navem, in qua ipsa pecunia ferebatur, eis, nulla rationabili causa interveniente, per violentiam abstulerint, et usque in præsens, sicut nobis dicitur, detinere præsumunt. Unde si tuæ nobilitatis industria provida consideratione pensasset, quæ damna, quot incommoditates, quot etiam scandala terræ tuæ, et regno tibi commisso hujus occasione rapinæ valeant provenire, cum Januensis civitas gloriosa, et inclyta in remotis mundi partibus potentissima habeatur, nobis etiam non admonentibus debueras effecisse quod omnia quæ injuste et per rapinam ablata sunt, prædictis Januensibus essent in integrum restituta. Ne igitur iidem Januenses, aliique versus te, vel fideles tuos habeant ulterius materiam conquerendi, nobilitati tuæ per apostolica scripta præcipientes mandamus, quatenus, sicut benedictionem et gratiam sacrosanctæ Romanæ matris tuæ Ecclesiæ desideras retinere, pecuniam similiter et navem memoratis Januensibus facias absque ulla diminutione restitui. Si enim super eodem negotio ad aures nostras querimonia ulla pervenerit iterata, facere non poterimus, quin in terram tuam pro ipsius detentione rapinæ gravius vindicemus. Nihilominus etiam dilectioni tuæ præsentium auctoritate mandamus, ut vicecomitatum Accaronis, et alia jura, quæ ad Januensium jus pertinere noscuntur, eos de cætero pacifice possidere, et sine ulla inquietatione permittas.

In eodem modo scriptum est Tripolitano comiti Antiocheno principi sub excommunicationis pœna; Antiocheno patriarchæ etiam per apostolica scripta præcepit, ut principem Antiochenum excommunicaret, nisi prædicta adimpleret. Scripsit etiam episcopo Bituricensi (29), *Agathensi, et Neumasiensi, ut Bernardum Attonis, et Biterrenses, et Agathenses excom-*

---

(29) Leg. *Biterrensi*.

municationis vinculo ferirent, ut pecuniam nostris Januensibus ablatam in integrum redderent. Et dum legatus Januensium ab apostolico postulabat licentiam, apostolicus quemdam tradens annulum sic dixit : « Istud sit signum dilectionis, et gratiæ nostræ, et apostolicæ sedis inter nos et Januenses in perpetuum et tibi legato prædictum annulum tenenti sit pignus apostolicæ amicitiæ et gratiæ.

CIRCA ANNUM 1155.

LXXVI.

Ad Henricum II Angliæ regem. — Concedit privilegium ad Hiberniam occupandam.

[Mansi, Concil., XXI, 788.]

Adrianus episcopus, servus servorum Dei, charissimo in Christo filio illustri Anglorum regi, salutem et apostolicam benedictionem.

Laudabiliter et fructuose de glorioso nomine propagando in terris, et felicitatis præmio cumulando in cœlis, tua magnificentia cogitat, dum ad dilatandos ecclesiæ terminos, ac declarandam indoctis et rudibus populis Christianæ fidei veritatem et vitiorum plantaria de agro Dominico exstirpanda, sicut catholicus princeps, intendis, et ad id convenientius exsequendum, consilium apostolicæ sedis exigis et favorem. In quo facto, quanto altiori consilio et majori discretione procedis; tanto in eo feliciorem progressum te, præstante Domino, confidimus habiturum : eo quod ad bonum exitum semper et finem soleant attingere, quæ de ardore fidei et de religionis amore principium acceperunt. Sane Hibernia, et omnes insulas, quibus sol justitiæ Christus illuxit, et quæ documenta fidei Christianæ ceperunt, ad jus B. Petri, et sacrosanctæ Romanæ Ecclesiæ (quod tua et nobilitas recognoscit) non est dubium pertinere. Unde tanto in eis libentius plantationem fidelem et germen gratum Deo inferimus, quanto id a nobis interno examine districtius prospicimus exigendum. Significasti siquidem nobis, fili in Christo charissime, te Hiberniæ insulam, ad subdendum illum populum legibus, et vitiorum plantaria inde exstirpanda, velle intrare, et de singulis domibus annuam unius denarii B. Petro velle solvere pensionem, et jura ecclesiarum illius terræ illibata et integra conservare. Nos itaque pium et laudabile desiderium tuum cum favore congruo prosequentes, et petitioni tuæ benignum impendentes assensum : gratum et acceptum habemus, ut pro dilatandis ecclesiæ terminis, pro vitiorum restringendo decursu, pro corrigendis moribus, et virtutibus inserendis, pro Christianæ religionis augmento, insulam illam ingrediaris, et quod ad honorem Dei et salutem illius terræ spectaverit, exsequaris : et illius terræ populus honorifice te recipiat, et sicut Dominum veneretur : jure nimirum ecclesiastico illibato et integro permanente, et salva B. Petro et sacrosanctæ Romanæ Ecclesiæ, de singulis domibus, annua unius denarii pensione. Si ergo, quod concepisti animo, effectu duxeris complendum : stude gentem illam bonis moribus informare, et agas tam per te, quam per illos quos adhibes, quos fide, verbo et vita idoneos esse perspexeris, ut decoretur ibi ecclesia, plantetur et crescat fidei Christianæ religio, et quæ ad honorem Dei, et salutem pertinent animarum, per te taliter ordinentur, ut a Deo sempiternæ mercedis cumulum consequi merearis, et in terris gloriosum nomen valeas in sæculis obtinere (30).

LXXVII.

Ad monachos Corbiniacenses pro reformatione monasterii.

(Beneventi.)

[Gall. Christ. nov., IV, Instrum., 90.]

? Adrianus episcopus, servus servorum Dei, dilectis filiis universo capitulo Corbiniacensis monasterii, salutem et apostolicam benedictionem.

Qui Pharaoni submerso colla meruerunt ab Ægyptiorum servitute auxilio divino eripere, qui mare Rubrum jam videntur sicco vestigio pertransisse, solliciti debent attendere, ne callidis suggestionibus diaboli subvertantur, et desiderent ad Ægyptiorum remeare cibaria, cum manna cœperint fastidire. Spiritalis enim cibus illis solum nauseam generat, qui diabolica fraude decepti in Domini servitio inveniuntur remissi vel tepidi, quos Scriptura prædicat ab ore Domini utique evomendos, quia nec frigidi possunt nec calidi reperiri. Hæc ideo dicimus, filii, quoniam vigor monastici ordinis intra vestri monasterii claustrum secundum B. Benedicti Regulam non ea qua convenit diligentia observatur, nec quidam vestrum illa student peragere per quæ debeant omnipotenti Deo complacere. Ne igitur in vanum videamini currere, sic currite, filii, ut possitis bravium æternæ hæreditatis acquirere et cum B. Benedicto mercedem remores, informandi. In Hiberniam itaque privilegio transmisso, per Nicolaum Enallingfordensem tunc priorem, Malmesburiensem quoque postmodum abbatem, tam positum quam depositum, nec non et Guillelmum Aldelmi filium : convocata statim apud Guaterfordiam episcoporum synodo, in publica audientia, ejusdem privilegii, cum universitatis assensu, solemnis recitatio facta fuit per Joannem Salisburiensem, postmodum episcopum Carnotensem, Romam ad hoc destinatum; per quem etiam idem papa regi annulum aureum, in investituræ signum, præsentavit. Qui statim simul cum privilegio in archivis Wintoniæ repositus fuerat. »

G. Cossartius.

---

(30) Referunt hoc privilegium, tum Matthæus Paris. ad ann. 1155, tum Gualdus Cambrensis, *Hiberniæ expugnatæ* lib. II, c. 6, cui et hæc præfixit, ad rerum gestarum intelligentiam plane necessaria : « Interea quanquam Martiis plurimum intentus et detentus exercitiis Anglorum rex, suæ tamen inter agendum Hiberniæ non immemor, cum prænotatis spurcitiarum litteris, in synodo Cassiliensi per industriam quæsitis, directis ad curiam Romanam nuntiis, ab Adriano papa de Anglia oriundo, tunc præsidente, privilegium impetravit; ejusdem auctoritate et assensu, Hibernico populo tam dominando, quam ipsum in fidei rudimentis incultissimum, ecclesiasticis normis et disciplinis, juxta Anglicanæ Ecclesiæ

cipere sempiternam. Ut autem hoc plenius et perfectius possitis peragere, universitati vestræ per apostolica scripta mandamus quatenus dilecto filio nostro Hu. abbati vestro debitam studeatis obedientiam et reverentiam exhibere et ad reformandam in commisso sibi monasterio religionem ita ipsi auxilium et consilium tribuatis, ut vobis cooperantibus possit in ipso religionis regulam reformare et ad statum reducere bonitatis. Ad hæc præsentibus litteris scire vos volumus, quod si quis vestrum supradicto filio nostro in reformanda religione in commisso sibi monasterio seu in aliis quæ secundum Deum ibidem fuerint ordinanda, contumax et rebellis exstiterit, sententiam quam in eum idem filius noster abbas vester propter hoc canonice promulgaverit, nos, auctore Deo, ratam habebimus et ipsam usque ad condignam satisfactionem faciemus inviolabiliter observare.

Datum Beneventi.

ANNO 1156.

LXXVIII.

Pro Sancta Maria de Frasinaria, et Sancto Petro de Pompeniano.

(Beneventi, Jan. 13.)

[MURATORI, *Rer. Ital. Scrip.*, II, II, 1014.]

ADRIANUS episcopus, servus servorum Dei, venerabili fratri GINUENSI episcopo salutem et apostolicam benedictionem.

Dilectus filius noster Leonas abbas monasterii Sancti Clementis a filiis Gentilis de Brittoli ecclesiam Sanctæ Mariæ de Frasinaria, a filiis vero Raonis de Puliano ecclesiam Sancti Petri de Pompeniano cum possessionibus suis ad jussum monasterii Pinnensis queritur detineri : unde quoniam sacrorum canonum sanctiones, ecclesias, et dispositionem earum a laicis quantumcunque religiosis inhibent detineri : per præsentia scripta fraternitati suæ mandamus, quatenus prædictos viros, ut ecclesias sub velocitate dimittant, non differas admonere. Si vero monitis tuis obedire contempserint, canonicam de illis justitiam facere non omittas.

Datum Beneventi, Idibus Januariis.

LXXIX

Silvestro abbati S. Augustini Cantuariensis præcipit ut Theobaldo archiepiscopo professionem faciat.

(Beneventi, Jan. 13.)

[TWISDEN, *Hist. Angl. Script.*, I, 1578.]

ADRIANUS episcopus, servus servorum Dei, dilecto filio SILVESTRO abbati Sancti Augustini, salutem et apostolicam benedictionem.

Injuncti nobis a Deo summi pontificatus officium et susceptæ regimen dignitatis nos admonet modis omnibus et invitat, ut unicuique et præsertim fratribus nostris archiepiscopis, episcopis, aliisque ecclesiarum prælatis sua jura integra debeamus et illibata servare, ut ipsi tanto magis de grege sibi commisso possint esse solliciti, quanto amplius nostræ defensionis auxilio se perspexerint communiri. Ut igitur venerabilis frater noster Theobaldus Cantuariensis archiepiscopus se minorationem suæ justitiæ sustinere quantum in nobis est, nullatenus conqueratur, per apostolica tibi scripta præcipiendo mandamus, quatenus juxta mandatum prædecessoris nostri bonæ memoriæ Anastasii papæ memorato fratri nostro cum ab eo fueris requisitus, professionem facere non recuses, ita quidem si constet prædecessores tuos eamdem professionem ipsius antecessoribus præstitisse.

Dat. Benev., Idus Januarii.

ITEM AD EUMDEM.

ADRIANUS episcopus, servus servorum Dei, dilecto filio abbati Sancti Augustini Cantuariæ salutem et apostolicam benedictionem.

Quanto amplius venerabilis frater noster Cantuariensis archiepiscopus apostolicæ sedis legatus ab ipso promotionis suæ tempore sacrosanctæ Romanæ Ecclesiæ fidelis semper ac devotus noscitur exstitisse, tanto propensius eum et commissam sibi ecclesiam diligere nos oportet, et jura sua eidem illibata debemus et integra conservare. Inde est quod dilectioni tuæ per apostolica scripta præcipiendo mandamus, quatenus sicut aliquem antecessorum tuorum constat alicui prædecessoris ejusdem fratris nostri archiepiscopi obedientiam aliquo tempore exhibuisse, ita eam omni appellatione et occasione remota, infra xxx dies post susceptionem præsentium litterarum ipsi non differas exhibere.

LXXX.

Ad Bracarensem archiepiscopum. — Ut Toletano primati pareat.

(Beneventi, Jan. 19.)

[MANSI, *Concil.*, XXI, 819.]

Si quanta sit obedientiæ virtus debita vigilantia cogitares, et quantum ipsa utilitatis afferat intenta curares sollicitudine circumspicere : venerabili fratri nostro JOANNI, Toletano archiepiscopo, ita studeres debitam reverentiam et obedientiam exhibere, quod tuæ devotionis sinceritas tam in conspectu Domini, quam in oculis hominum, commendabiliter appareret. Cæterum in hoc videris et humilitatis amisisse sententiam, et a justitiæ tramite deviasse ; quod ei, nescimus quo supercilio, negligis et despicis obedire. Ne igitur præsumptionis aut contumaciæ ulterius arguaris, fraternitati tuæ per apostolicam sententiam mandamus ; quatenus præd. fratri nostro Toletano archiepiscopo, cui in toto Hispaniarum regno confirmavimus apostolica auctoritate primatum, debitam reverentiam, tanquam primati tuo, et omnimodam subjectionem impendas. Alioquin suspensionis sententiam, quam dilectus filius noster Hyacinthus diac. cardin. apostolicæ sedis legatus in te noscitur promulgasse, ratam et firmam habemus : et eam robur perpetuæ firmitatis statuimus obtinere. Nos enim prædecessorum nostrorum felicis memoriæ, Eugenii, et

Anastasii, Romanorum pontificum, vestigiis inhærentes: secundum sententiam memorati filii Hyacinthi cardinalis, nisi ad præfatum archiepiscopum cum omni humilitate accesseris, et ei de cætero curaveris obedire, ab omni pontificali officio te jubemus esse suspensum, et omnes suffraganeos tuos ab obedientia personæ tuæ absolvimus.

Datum Beneventi, xiv Kal. Februarii.

LXXXI.

Theobaldum episcopum, C. decanum et universum capitulum Ecclesiæ Parisiensis laudat quod Hugoni cancellario præbendæ redditum in Ecclesia Parisiensi concesserint.

(Beneventi, Jan. 20.)
[Mansi, *Concil.*, XXI, 804.]

Adrianus episcopus, servus servorum Dei, venerabili fratri T. episcopo, et dilectis filiis C. decano, et universo capitulo Parisiensis Ecclesiæ salutem et apostolicam benedictionem.

Gratum et acceptum habemus, et dilectionem vestram de provisione illorum, quæ ad promovendas utilitates ecclesiasticas pertinent, non modicum commendamus, quod dilecto filio nostro Hugoni, charissimi filii nostri Ludovici Francorum regis cancellario, præbendæ suæ redditus in vestra Ecclesia concessistis. Unde nos concessionem ipsam ratam habentes, et auctoritate apostolica confirmantes, per præsentia vobis scripta mandamus, quatenus redditus ipsos ei ubicunque fuerit faciatis integre assignari. Ut et ipse vobis, et Ecclesiæ vestræ inde semper existat obnoxius, et nos petitiones vestras libentius admittere debeamus.

Datum Beneventi, xiii Kal. Februar.

LXXXII.

Ecclesiæ Olivolensis seu Castellanæ (Venetæ) privilegia, petente Joanne episcopo, confirmat.

(Beneventi, Jan. 25.)
[Cornelii *Ecclesiæ Ven.*, XIII, 219.]

Adrianus episcopus, servus servorum Dei, venerabili fratri Joanni Olivolensis (31) seu Castellanæ ecclesiæ episcopo, ejusque successoribus canonice substituendis, in perpetuum.

Ex injuncto nobis a Deo apostolatus officio fratres nostros episcopos tam vicinos quam longe positos debemus diligere et ecclesiis in quibus Domino militare noscuntur, suam justitiam conservare, ut quemadmodum patres vocamur in nomine, ita nihilominus comprobemur in opere. Eapropter, venerabilis in Christo frater Joannes episcope, tuis rationabilibus postulationibus clementer annuimus, et Olivolensem ecclesiam cui, Deo auctore, præesse dignosceris, ad exemplar prædecessoris nostri felicis memoriæ papæ Lucii, apostolicæ sedis privilegio duximus muniendam. Sanctorum quippe pontificum decretis constat esse statutum ut nemo alterius terminos usurpet, nec alterius parochianos judicare aut excommunicare præsumat, ut nullus primus, nullus metropolitanus, nullus unquam reliquorum episcoporum alterius adeat civitatem, aut ad possessionem accedat, quæ ad eum non pertinet, et alterius episcopi est parochiæ (32) super cujusdam dispositione, nisi vocatus ab eo cujus juris esse noscitur, ut quidquam ibi disponat vel ordinet aut dijudicet. Quocirca per præsentis scripti paginam prohibemus, et prohibentes statuimus, ut in Olivolensi, quæ et Castellana dicitur ecclesia, vel in ejus diœcesi, nullus patriarcha, nullus comprovincialis episcopus sine licentia tua, vel successorum tuorum ecclesiarum, aut clericorum, vel sanctimonialium consecrationes seu benedictiones agere præsumat, nec potestatem habeat inibi chrisma conficere, pueros chrismate confirmare, nec excommunicationes aut absolutiones facere. Illud etiam adjicimus in eadem parochia sine voluntate vestra passim episcopos convocatio fiat, nisi comprovincialis concilii gratia; quod et ipsum cum vestræ charitatis licentia disponatur, nec ibidem nisi pro graviori necessitate immorentur ultra terminos canonibus constitutos. Præterea nullus eorum sine licentia vestra audeat ecclesiæ vestræ clericos, aut illic, aut alibi ordinare vel retinere, neque publicis criminibus pœnitentias inducere. Porro tam B. Marci ecclesia quam cæteræ ecclesiæ vel ecclesiarum clerici intra eamdem parochiam sub vestra obedientia et dispositione consistant. Inobedientes vero juxta sanctorum canonum sanctiones tuæ potestatis coerceantur arbitrio. Sane de monasterio Sancti Illarii, Georgii, Nicolai, S. Crucis, S. Zachariæ, S. Laurentii, Sancti Herasmi (33) et Sancti Servuli eamdem vobis obedientiam permanere sancimus, quam prædecessores vestri obtinuisse noscuntur. Porro abbates in vestra parochia constituti publicas missas in ecclesiis non suis minime celebrare præsumant. Sancimus etiam ut qui in vestra parochia assidue commorantur, tam ipsis quam eorum familiis spiritualia ministratis, decimas vobis absque alicujus contradictione persolvant. Prohibemus autem ut nullus episcopus, nullus abbas eis tam sanis quam infirmis publice pœnitentiam injungere vobis inconsultis, nisi forte mortis urgente articulo, audeat. Ad hæc adjicientes decernimus ut quascunque possessiones, quæcunque bona eadem ecclesia in præsentiarum juste et legitime possidet, aut in futurum canonice, præstante Domino, poterit adipisci, firma tibi tuisque successoribus in perpetuum, et intemerata permaneant, salva in omnibus apostolicæ sedis auctoritate.

Si quis igitur, etc.

Ego Adrianus catholicæ Ecclesiæ episcopus.

---

(31) Quamvis Henricus Contarenus titulum mutasset Olivolensis ecclesiæ eamque Castellanum nuncupari voluisset, attamen sæpe sæpius, tam ecclesia quam episcopi antiquo titulo nominabantur.

(32) Parochia hic ponitur pro diœcesi.
(33) Monasterium S. Erasmi vocabatur illud quod nunc S. Secundi dicitur olim a sanctimonialibus Benedictinis excultum.

Ego Imarus Tusculanus episcopus.

Ego Centius Portuen. et S. Rufinæ episcopus.

Ego Guido presbyter cardinalis tit. S. Chrysogoni.

Ego Hubaldus presbyter cardinalis tit S. Praxedis.

Ego Manfredus presbyter cardinalis tit. S. Sabinæ.

Ego Julius presbyter cardinalis tit. S. Marcelli.

Ego Ubaldus presbyter cardinalis tit. S. Crucis in Jerusalem.

Ego Octavianus presbyter cardinalis tit. S. Cæciliæ.

Ego Joannes presbyter cardinalis tit. SS. Sylvestri et Martini.

Ego Joannes presbyter cardinalis SS. Joannis et Pauli tit. Pamachii.

Ego Oddo diaconus cardinalis S. Georgii ad Velum Aureum.

Ego Guido diaconus cardinalis S. Mariæ in Porticu.

Ego Jacinthus diaconus cardinalis S. Mariæ in Cosmedin.

Datum Beneventi (34) per manum Rolandi, sanctæ Romanæ Ecclesiæ presbyteri cardinalis et cancellarii, viii Kalend. Februarii, indict. iv, Incarnationis Dominicæ anno 1155, pontificatus vero domni Adriani papæ IV, anno secundo.

LXXXIII.

Joanni archiepiscopo Toletano Hispaniarum primatum asserit.

(Beneventi, Febr. 9.)

[Mansi, *Concil.*, XXI, 818.]

Adrianus episcopus, servus servorum Dei, venerabili fratri Joanni Toletano archiepiscopo, salutem et apostolicam benedictionem.

Cum pro negotiis commissæ tibi ecclesiæ imminentibus fraternitas tua nostro se conspectui præsentasset, a sede apostolica, quæ justa petentium vota semper consuevit admittere, suppliciter postulavit, antecessorum nostrorum felicis memoriæ Paschalis, Callisti, Honorii et Eugenii, privilegium sibi et litteras innovari; in quibus, Hispaniarum primatem Toletanæ ecclesiæ nosci indulgeri [f. primatum eccles. Tolet. noscitur indulgeri]. Nos autem, quia te sincera in Domino charitate diligimus, et personam tuam, quia inconcussa est columna ecclesiæ et firmamentum, quibuscunque modis convenit, proposuimus honorare: postulationem tuam duximus admittendam, et desiderium tuum effectu suo passi non fuimus defraudari. Unde communicato fratrum nostrorum consilio, apostolicæ sedis auctoritate statuimus, ut vestræ propositæ petitionis indictum debeat privilegium simul cum litteris innovari: et sicut ecclesia tua ex antiquo habuit in tota Hispaniarum regione primatum, sic tu, et ecclesia Toletana, cui, Domino auctore, præesse dignosceris, eumdem primatum debeas super omnibus in perpetuum obtinere. Adjicientes ut privilegium quod frater noster Pelagius Compostellanus archiepiscopus, a prædecessore nostro bonæ memoriæ Anastasio papa (videlicet quod jure primatus non debeat tibi esse subjectus) dicitur impetrasse, nullas habeat vires inposterum, nec aliquod tibi debeat præjudicium irrogare; sed privilegium jam dicti antecessoris nostri sanctæ recordationis Eugenii papæ tibi super concessione primatus indultum, illi modis omnibus præjudicare decernimus: præsertim cum illud Anastasii, neque de communi, neque de sanioris partis fratrum consilio fuisset elicitum. Decernimus itaque ut ipse Compostellanus archiepiscopus, sive reliqui Hispaniarum pontifices, tibi tanquam primati suo, et successoribus, obedientiam de cætero, et subjectionem jure primatus impendant; et dignitas ipsa tibi, tuisque successoribus, semper firma permaneat, et perpetuis temporibus illibata.

Statuimus ergo ut nulli omnino hominum liceat hanc nostræ concessionis et confirmationis paginam ausu temerario infringere, vel ei aliquatenus contraire. Si quis autem hoc attentare præsumpserit, indignationem omnipotentis Dei, et beatorum Petri et Pauli apostolorum ejus, se noverit incursurum.

Datum Beneventi, v Idus Februarii.

LXXXIV.

Privilegium pro parthenone Paraclitensi.

(Beneventi, Febr. 13.)

[Opp. Abælardi, p. 334.]

Adrianus episcopus, servus servorum Dei, dilectis in Christo filiabus Heloissæ abbatissæ, cæterisque sororibus Paracleti, salutem et apostolicam benedictionem.

Et injuncti nobis a Deo apostolatus officium nos impellit, et bonæ vestræ conversationis odor hortatur justis postulationibus vestris benignum impertiri consensum, et quæ ad utilitatem et quietem vestram pertinent libenti animo adimplere. Eapropter, dilectæ in Domino filiæ, laboribus vestris providere volentes, sepeliendi apud abbatiam vestram tum fratres vestros proprium non habentes, liberam vobis, et iis quæ post vos successerint, licentiam auctoritate apostolica indulgemus. Nulli ergo omnino hominum liceat hanc paginam nostræ constitutionis infringere, vel ei ausu temerario contraire. Si quis autem hoc attentare præsumpserit, indignationem omnipotentis Dei, et beatorum Petri et Pauli apostolorum ejus se noverit incursurum.

Datum Beneventi, Id. Februarii.

LXXXV.

Ad Hillinum archiepiscopum Treverensem.

(Beneventi, Feb. 13.)

[Guenther, *Cod. diplom.*, 353.]

Adrianus episcopus, servus servorum Dei, venerabili...

(34) E Romana urbe ab ipsis Romanis civibus expulsus fuerat Adrianus IV qui per varias Italiæ urbes aberravit, ut remedio esset afflictæ Ecclesiæ. Ita Oldoinus in annot. ad Cicon. tom I, p. 1054.

rabili fratri Hillino Trevirensi archiepiscopo, apostolicæ sedis legato, salutem et apostolicam benedictionem.

Gravia quædam et quæ nec sine admiratione audimus, nec sine mentis nimio dolore referimus de venerabili fratre nostro Ar. Maguntino archiepiscopo ad nostram audientiam pervenerunt, quæ irrequisita et incorrecta nec apostolicæ sedis, cui, Deo auctore, præsidemus auctoritas, nec æquitatis, et justitiæ vigor relinquere nos permittit. Venientes siquidem ad nostram præsentiam L. Her Ul. et B. canonici ecclesiæ Sancti Martini de civitate Maguntina, eum præbendam ipsorum in beneficium laicis ipsis retinentibus tribuisse, et aurum, argentum et alia ornamenta ecclesiæ inconsulto clero ac populo distraxisse, ac post appellationem ad nos factam, multa de bonis suis eis abstulisse dixerunt, adjicientes etiam eumdem fratrem nostrum, convocata synodo, fecisse publice interdici, ne quisquam ad apostolicæ sedis judicium præsumeret appellare. Quæ quidem si in veritate subsistunt, tanto amplius nos contristant, quanto minus ab eo tale aliquid credebamus adversum nos, et sacrosanctam Romanam Ecclesiam attentari. Quapropter ut quæ dicta sunt in lucem valeant devenire per nostra ei scripta mandavimus ut, vel ad præsentiam tuam accedat, excusaturus si poterit innocentiam suam, et exhibiturus illis sub tuo examine justitiæ complementum, vel proxima festivitate beati Lucæ nostro se conspectui repræsentet, sub nostro de his omnibus judicio responsurus. Quocirca per apostolica scripta fraternitati tuæ mandamus, quatenus tam prædictos canonicos et alios qui adversus antefatum fratrem nostrum in hac causa stare voluerint, quam eumdem fratrem nostrum ante tuam præsentiam evoces, et canonicorum impetitionibus ; illius vero defensionibus diligenter auditis et plenarie cognitis , et restitui eis præbendam suam quæ post appellationem ablata est facias , et quidquid inde veritatis inveneris per scripta tua et eosdem canonicos nobis non desinas nuntiare, ut nos recognita taliter quod justum inde fuerit statuamus, ut, sicut nolumus, reprehendi austeritatis, ita nec remissionis aut desidiæ in tantis excessibus argui valeamus. Præterea quoniam supradictus Her, a quibusdam hominibus scilicet Ul. Rod. Fed. Edelr. et Her, multa de rebus suis sibi queritur injuste, et violenter ablata, nihilominus tibi mandamus ut illos nisi inique ablata ei reddiderint, excommunicationis ultione percellas.

Datum Beneventi, xv Kal. Martii.

LXXXVI.

Joanni archiepiscopo Toletano parœciam Complutensem, Hispaniæ primatum, pallii usum asserit.

(Beneventi, Febr. 16.)

[Mansi, *Concil.*, XXI, 816.]

Adrianus episcopus, servus servorum Dei, venerabili fratri Joanni Toletano archiepiscopo, ejusque successoribus canonice substituendis, in perpetuum.

Quantæ dignitatis et gloriæ Toletana Ecclesia fuit ex antiquo, et tam in Hispanis quam in Gallicis regionibus quam famosa exstiterit, quam illustris, quot etiam per eam ecclesiasticis negotiis utilitates, et incrementa pervenerint : omnibus qui synodalium decretorum instituta scrutantur satis esse credimus manifestum. Sed ex quo, peccatis populi exigentibus, Toletana civitas, quæ insignis quondam, et inter Hispaniarum urbes magni nominis habebatur, Saracenorum violentia capta est : ita ibi Christianæ religionis libertas ad nihilum est redacta, quod per multa curricula temporum, nulla illic perhibeatur pastoralis officii dignitas viguisse. Postea vero, sicut divinæ voluit miseratio majestatis, studio illustris et magnifici viri regis Ildefonsi, et labore Christiani populi, Saracenis explosis, Christianorum juri præfata est civitas restituta. Quia vero dignum erat et consentaneum modis omnibus rationi, ut postquam eadem civitas in amissam respirabat libertatem, ipsa, et ecclesia in statum reduceretur pristinæ dignitatis : prædecessor noster divæ [*Cor.* beatæ] memoriæ Urbanus papa, cujus temporibus a Saracenorum manibus civitas est erepta, ut ibi sedes esset pontificalis instituit , et in prædicta ecclesia, sicut antiquitus fuerat, præsulem ordinavit. Nos ergo, qui ei licet indigni successimus : jus ipsius ecclesiæ in nullo minorare, sed potius augmentare volentes, ejusdem urbis statum, quantum ad nostras est facultates, in ecclesiasticæ dignitatis gloria stabilire, adjuvante Domino, præoptamus. Confirmamus itaque tam tibi quam tuis successoribus in perpetuum, et per vos ecclesiæ Toletanæ, Complutensem parochiam cum suis terminis, et cætera quæ hodie Toletana ecclesia juste et canonice possidet. Igitur tum pro digna Toletanæ ecclesiæ reverentia, tum et pro reverendissimi filii nostri præstantissimi regis Ildefonsi postulationibus, cujus nimirum virtute ac prudentia suffraganeæ sedes in libertatem pristinam redactæ sunt : te, venerabilis frater, juxta prædecessorum nostrorum sanctæ memoriæ Urbani II , Paschalis, Calisti, Eugenii, Romanorum pontificum instituta, in totis Hispaniarum regnis primatem fore præsentis privilegii auctoritate sancimus. Sicut ejusdem urbis antiquitus constat exstitisse pontifices.

Pallio sane in missarum solummodo celebrationibus uti debebis, præcipue, quæ subscriptæ sunt festivitatum temporibus : tribus diebus videlicet in Natale Domini, In Epiphania, Hypopanton [hypapante], Cœna Domini, Sabbato sancto, tribus diebus in Pascha, in Ascensione, Pentecoste, tribus solemnitatibus Sanctæ Mariæ, Sancti quoque Michaelis et S. Joannis Baptistæ, in omnibus natalitiis apostolorum, et eorum martyrum quorum reliquiæ in vestra ecclesia requiescunt : S. quoque Martini et Ildefonsi confessorum, et omnium commemorationa sanctorum; in consecrationibus ecclesiarum, episcoporum et clericorum; in annuo consecrationis tuæ die, natali etiam S. Isidori et Leandri.

Primatem te universi Hispaniarum præsules respicient, et ad te, si quid inter eos quæstione dignum exortum fuerit, referent; salva tamen Romanæ Ecclesiæ auctoritate. Toletanam ergo ecclesiam jure perpetuo tibi tuisque, si divina gratia præstiterit, successoribus, canonico tenore hujus privilegii confirmamus, una cum omnibus ecclesiis et diœcesibus quas proprio jure noscitur antiquitus possedisse: præcipientes de iis, quæ Saracenorum ad præsens subjacent ditioni, ut cum eas Domino placuerit potestati populi restituere Christiani, ad debitam ecclesiæ vestræ obedientiam referantur. Illarum etiam civitatum diœceses, quæ, Saracenis invadentibus, metropolitanos proprios perdiderunt, vestræ ditioni eo tenore subjecimus; ut quoad sine propriis exstiterint metropolitanis, tibi, ut proprio, debeant subjacere. Si vero metropolis quælibet in statum fuerit pristinum restituta, suo quæque diœcesis metropolitano restituatur. Neque tamen ideo minus tua debet studere fraternitas, quatenus unicuique metropoli, suæ restituatur gloria dignitatis.

Hæc et cætera omnia quæ ad antiquam Toletanæ sedis dignitatem atque nobilitatem probari poterunt pertinuisse; auctoritate et certa sedis apostolicæ concessione, nos tibi tuisque successoribus perpetuo possidenda concedimus atque firmamus. Te, venerabilis frater, affectione intima exhortamur, quatenus dignum te tanti honore pontificii semper exhibeas, Christianis ac Saracenis sine offensione semper esse procurans, et ad fidem infideles convertere, Domino largiente, verbis studeas et exemplis: sic exterius pallii dignitate, primatus prærogativa, præcellens in oculis omnium hominum, ut interius virtutum excellentia polleas coram supernæ oculis majestatis.

Si qua igitur inposterum ecclesiastica sæcularisve persona hanc nostræ constitutionis paginam sciens, etc.

Datum Beneventi per manus Rolandi, sanctæ Romanæ Ecclesiæ presbyteri, cardinalis et cancellarii, xiv Kal. Mart. indict. iv, Incarn. Domini ann. 1154, pontificatus vero domni Adriani papæ IV anno ii.

LXXXVII.

Joanni archiepiscopo Toletano mandat ut in crimina episcopi Pampilonensis inquirat.

(Beneventi, Febr. 18.)

[Mansi, *ibid.*, col. 818.]

Ad hoc apostolorum Principis in cathedra, licet non suffragantibus meritis, auctore Domino, residemus, ut de singularum statu Ecclesiarum debeamus esse solliciti, et earum pastores, quoties a via veritatis exorbitant, ad statum rectitudinis nos conveniat revocare. Hac itaque consideratione inducti, fraternitati tuæ per apostolicam sententiam mandamus, quatenus Pampilonensem episcopum, de cujus vita indita sinistra [multa] nostris auribus referuntur, congruo loco et tempore ante tuam præsentiam studeas convocare; vel tu ipse ad civitatem ejus, vel ad loca vicina, festinanter accedas: et tam Pampilonensibus canonicis, quam supra...... latore præsentium, et ipso episcopo in tua præsentia constitutis, crimina super quibus ipsi canonici, et homicidium ...... (35) quo idem supra secundum tenorem litterarum prædecessoris nostri felicis memoriæ papæ Eugenii, quas eidem episcopo destinavit, eum impetierunt. Depositiones quoque testium, remoto appellationis obstaculo, diligenter audias et cognoscas: cognita vero, litteris tuis nobis studeas indicare, et ipsorum depositiones testium sub sigillo tuo nobis transmittere; ut qualiter postea super ipso tibi sit procedendum, per nos plenius instruaris. Quod si ad vocationem tuam venire, et judicio stare contempserit: eum tam a spiritualium, quam temporalium administratione suspendas.

Datum Beneventi, xii Kal. Martii.

LXXXVIII.

Nigello episcopo Eliensi sub pœna suspensionis mandat, « quatenus infra tres menses a susceptione litterarum, possessiones ecclesiæ, quas contra promissionem in sua consecratione factam alienasse et distraxisse cognoscitur, in eum statum in quo fuerant, cum ad Eliensis ecclesiæ regimen fuit assumptus, non differat ullatenus revocare. » *Quod et significat alio Brevi ejusdem datæ ipsis monachis, qui fuerant contra eum questi. Cum autem Nigellus excusasset regis absentiam, cujus præsentiam ei restitutioni faciendæ necessariam esse causabatur; aliis litteris, Theobaldo Cantuariensi archiepiscopo datis apud Lateranas* xvi *Kal. Aprilis, significat papa, quod eidem a proximo festo S. Luciæ (credo ad proximum festum legi debere) inducias ad hoc faciendum duxit indulgendas: Interim vero suspensionis sententiam,* « quam, inquit, in eum promulgavimus, » *relaxamus.*

(*Acta SS. Bolland.*, Jun. t. IV, p. 581.)

LXXXIX.

Ad rectores Romanæ fraternitatis. — *Arnaldus hæresiarcha, Eugenii III tempore, præter alia exsecranda quæ adversus Romanam Ecclesiam præsumpserat, clericos cardinalibus subditos ab iis divellere laboravit. Ad ejusmodi ergo inventum diabolicum, quod invaluerat, auferendum, decernit Adrianus papa, ut capellani promittant obedientiam rectoribus titulorum.*

(Beneventi, Mart. 18.)

[Mansi, *Concil.*, XXI, 804.]

Adrianus quartus, rectoribus Romanæ fraternitatis.

Ad audientiam nostram pervenit, quod clerici Sancti Petri ad Vincula in quadam capella sua, ecclesia videlicet Sanctæ Mariæ in Candiatore, quia ejusdem ecclesiæ populus manum obedientiæ jam dictæ ecclesiæ presbytero, illi videlicet Sancti Petri, exhiberi contradicit, divina prohibuerunt officia celebrari. Quia igitur sustinere non possumus

(35) Depravatus textus.

nec debemus, ut ecclesia Sancti Petri ad Vincula suo jure debeat defraudari, per apostolica vobis scripta mandamus, quatenus praedictum populum districte commoneatis, ut a contradictione illa penitus de caetero cesset; et quod ecclesia Sancti Petri habet in caeteris suis capellis, in ista ei subtrahere non praesumat. Et si ab hujusmodi levitate cessaverit, interdictum volumus relaxari, ut in praedicta ecclesia Sanctae Mariae officia divina liceat celebrari. Alioquin poenam, quam in officiis patiuntur, eos decernimus sustinere.

Datum Beneventi, xv Kalendas Aprilis

XC

Ecclesiam Dertusensem sub apostolicae sedis protectione suscipit, ejusque statuta, et possessiones confirmat.

(Beneventi, Mart. 20.)

[Florez, *Espana sagrada*, XLII, 303.]

Adrianus episcopus, servus servorum Dei, venerabili fratri Gaufrido Dertusensi episcopo, ejusque successoribus, canonice substituendis, salutem et apostolicam benedictionem.

Cum ex injuncto nobis a Deo apostolatus officio, quo cunctis Christi fidelibus, auctore Domino, praeeminemus, singulorum paci, et tranquillitati debeamus intendere, praesenti pro illorum quiete oportet nos esse sollicitos, qui pastorali dignitate sunt praediti, et ad officium pontificale promoti, nisi enim nos, eorum utilitatibus intendentes, ipsorum jura, in quantum, Deo permittente, possimus, integra conservemus, et auctoritate apostolica eos ab iniquorum hominum incursibus defendamus, de illorum salute non vere poterunt esse solliciti, qui sibi ad regendum, Domino, sunt, disponente, commissi. Eapropter, venerabilis in Christo frater Gaufride episcope, tuis justis postulationibus gratum impartientes assensum, te, et Dertusensem Ecclesiam, cui Deo auctore, praeesse dignosceris, sub Beati Petri, et nostra protectione suscipimus, et praesentis scripti privilegio communimus. In primis siquidem statuentes, ut in ipsa Ecclesia ordo canonicus, qui secundum Dei, et Beati Augustini Regulam, et consuetudines ecclesiae Sancti Rufi ibidem noscitur institutus, perpetuis temporibus inviolabiliter observetur. Praeterea quaecunque possessiones, quaecunque bona eadem ecclesia inpraesentiarum juste et canonice possidet, aut in futurum concessione pontificum, largitione regum vel principum, oblatione fidelium, seu aliis justis modis, praestante Domino, poterit adipisci, firma tibi, tuisque successoribus, et illibata permaneant, in quibus haec propriis duximus exprimenda vocabulis:

Granatellam, Fabariam cum pertinentiis suis, et ea, quae praedicta Ecclesia in Bitem, et in Astech possidet. Quaecunque, et venerabilis frater noster Bernardus Tarraconensis archiepiscopus in decimitiis, oblationibus et defunctionibus, assensu comprovincialium episcoporum, et illustris viri Raymundi Berengarii comitis Barcinonensis tibi noscitur concessisse, et annuum redditum centum Bizantiorum, quos idem comes pro indumentis canonicorum concessit tibi, et per te ecclesiae tuae. Nihilominus confirmamus decimas insuper omnium rerum ipsius episcopatus, quae decimari debent, primitias, et omnia ecclesiastica jura praefatae ecclesiae ex integro concedimus, et auctoritate apostolica roboramus; statuimus quoque, ut episcopalis sedes Dertusae habeat, et quiete possideat omnes terminos sui episcopatus, sicut melius unquam aliquis rex tempore Saracenorum regnum Dertusae possedit, vel possidere debuit. Sancimus autem, ut ipsius ecclesiae canonici tibi tuisque successoribus debitam obedientiam, et reverentiam promittant, exhibeant atque professionem faciant.

Decernimus etiam, ut in memorata ecclesia nullus in episcopum eligatur, nisi canonicus canonico habitu indutus, religionis amator, et litteris eruditus, qui gregi sibi commisso, et praeesse noverit pariter, et prodesse. Administrationem vero jam dictae ecclesiae personae administrationes sibi creditas, non quasi haereditario jure possideant, sed ad arbitrium episcopi, et fratrum, aut in claustro resideant, aut alias administrationes cum obedientia sine contradictione suscipiant. De caetero statuimus, ut hospitali pauperum Christi, quod ad communem indigentium utilitatem constructum est, tam episcopus quam canonici Dertusensis ecclesiae de omnibus possessionibus, et reditibus suis decimas cum integritate persolvant. Prohibemus quoque, ut nulli ecclesiasticae vel saeculari personae liceat, nisi auctoritate nostra munita fuerit, in toto Dertusensi episcopatu absque tua, et successorum tuorum licentia ecclesias construere, vel constructas possidere, vel parochialia sibi jura usurpare. Si quis autem parochianus tuus, possessiones et bona saepe dictae ecclesiae minuere, vel auferre praesumpserit, seu in aliquo excesserit, unde sit vinculo excommunicationis innodatus, liceat tibi auctoritate nostra eum usque ad condignam satisfactionem canonica sententia coercere. Decernimus ergo, ut nulli omnino hominum liceat supra dictam ecclesiam temere perturbare, aut ejus possessiones auferre, vel ablatas retinere, minuere, seu quibuslibet vexationibus fatigare, sed illibata omnia, et integra conserventur eorum, pro quorum gubernatione et sustentatione concessa sunt, usibus omnimodis profutura, salva sedis apostolicae auctoritate.

Si qua igitur, etc.

Ego Adrianus catholicae Ecclesiae episcopus.

Ego Guido presbyter cardinalis Sancti Chrysogoni.

Ego Hisbaldus presbyter cardinalis Sanctae Praxedis.

Ego Imarus Tusculanus episcopus.

Ego Centius Portuensis, et Sanctae Ruffinae episcopus.

Ego Odo cardinalis diaconus Sancti Georgii in Volabro.

Ego Guido diaconus cardinalis Sanctæ Mariæ in Porticu.

Ego Hyacinthus diaconus card. Sanctæ Mariæ in Cosmedin.

Ego Odo diaconus card. Sancti Nicolai in Carcere Tulliano.

Ego Bernardus presbyter cardinalis Sancti Clementis.

Ego Octavianus presbyter cardinalis Sanctæ Cœciliæ.

Ego Gherardus presbyter card. Sancti Stephani in Cœlio Monte.

Ego Henricus presbyter card. Sanctorum Nerei et Achillei.

Ego Joannes presbyter card. SS. Sylvestri et Martini.

Datum Beneventi per manum Rolandi, sanctæ Romanæ Ecclesiæ presbyteri cardinalis et cancellarii, XIII Kalendas Aprilis, indictione IV, Incarnationis Dominicæ anno 1155, pontificatus vero domini Adriani papæ IV, anno secundo.

Loco sig + illi pendentis.

XCI.

H [ugoni] Senonensi archiepiscopo et Henrico Belvacensi episcopo. — Pro ecclesia Ferrariensi et de quibusdam rusticis.

(Beneventi, Mart.-April.)

[MARTEN., Ampl. Coll., II, 641.]

ADRIANUS episcopus, servus servorum Dei, venerabilibus fratribus H. Senonensi archiepiscopo, et HENRICO Belvacensi episcopo, salutem et apostolicam benedictionem.

Fraternitati vestræ præsentium significatione volumus innotescat, quod serio in causa Ferrariensis ecclesiæ et fratrum de Charitate (36) allegationibus hinc inde auditis, et plenarie intellectis, pro ipsa Ferrariensi ecclesia sententiam tulimus, et ecclesiam de Brusiaco, super qua inter eos quæstio vertebatur, Ferrariensi monasterio, juxta sententiam H. (37) bonæ memoriæ Senonensis quondam archiepiscopi, adjudicantes, secundam sententiam in irritum revocavimus, et fratribus de Charitate juxta primam sententiam perpetuum silentium imposuimus. Quocirca fraternitati vestræ per apostolica scripta mandamus, quatenus infra viginti dies post susceptionem præsentium litterarum, abbatem et fratres Ferrariensis ecclesiæ in possessionem prædictæ ecclesiæ reducatis, et eos auctoritate nostra investire curetis. Præterea memorati abbatis et fratrum Ferrariensium conquestione accepimus, quod quidam rustici a monachis de Charitate inducti, post investituram possessionis a judice factam, cum iidem Ferrarienses fratres ipsam possessionem in nullo turbassent, armata manu olim ipsam ecclesiam de Brusiaco invaserunt et quemdam de Ferra-

(36) Charitas insignis cœlla ordinis Cluniacensis ad Ligerum in diœcesi Autissiodorensi sita.

(37) Henrici Apri, quem laudat S. Bernardus in

A riensibus fratribus vulnerantes, alios monachos et servientes eorum ausu temerario verberare et unum servientem ligatum adducere præsumpserunt. Quocirca præsentium vobis significatione injungimus ut, si verum est quod asseritur, rusticos qui violentas manus in monachos injecerunt tandiu denuntietis vinculo esse anathematis innodatos quousque de tanto satisfacturi excessu cum litteris vestris apostolico se conspectui repræsentent.

Data Beneventi, XVII Nonas (38) Aprilis.

XCII.

De confirmatione sententiarum quas Ludovicus rex in Odonem ducem Burgundiæ promulgavit.

(Beneventi, April. 8.)

[Gall. christ. nov. Instr. 178.]

ADRIANUS episcopus, servus servorum Dei, venerabili fratri GODEFRIDO Lingonensi episcopo, salutem et apostolicam benedictionem.

Ea quæ rationabili providentia diffinita esse noscuntur, in sua debent stabilitate consistere, et ne in recidivæ contentionis scrupulum valeant devenire, apostolicæ sedis munimine convenit roborari. Quocirca, venerabilis in Christo frater episcope, tuis justis postulationibus gratum impertientes assensum, sententiam quam charissimus in Christo filius noster Ludovicus illustris Francorum rex super quibusdam controversiis quæ olim inter te et ducem Burgundiæ vertebantur, habito archiepiscoporum qui præsentes erant consilio, rationabiliter noscitur promulgasse, sicut in scripto ejusdem regis continetur, nos auctoritate sedis apostolicæ ratam habemus, et præsentis scripti patrocinio communimus. Medietatem etiam castri de Monte-Sallionis, cum omnibus appendiciis suis, tam in dominio quam in casatis, tibi et prædictæ ecclesiæ tuæ nihilominus confirmamus. Statuentes ut nulli hominum liceat hanc nostræ confirmationis paginam infringere, vel ei ullatenus contraire; si quis autem hoc attentare præsumpserit, indignationem omnipotentis Dei, et BB. P. et P. apostolorum ejus incurrat.

Datum Beneventi, VI Idus Aprilis.

XCIII.

Monasterii S. Stephani Divionensis protectionem suscipit possessionesque confirmat.

(Beneventi, April. 9.)

[Hist. de Saint-Etienne de Dijon, Preuv., p. 101.]

ADRIANUS episcopus, servus servorum Dei, dilectis filiis HERBERTO abbati S. Stephani Divionensis ejusque fratribus tam præsentibus quam futuris regularem vitam professis, in perpetuum.

Apostolici moderaminis clementiæ convenit religiosos diligere et eorum loca pia protectione munire; dignum namque et honestati conveniens esse suis epistolis.

(38) Sic, corrupte.

cognoscitur, ut qui ad Ecclesiarum regimen assumpti sumus eas et a pravorum hominum nequitia tueamur, et apostolicæ sedis patrocinio foveamus. Eapropter, dilecti in Domino filii, vestris justis postulationibus clementer annuimus et præfatam ecclesiam in qua divino mancipati estis obsequio, sub B. Petri et nostra protectione suscipimus et præsentis scripti privilegio communimus. Inprimis siquidem statuentes ut ordo canonicus, qui secundum B. Augustini Regulam in eodem loco noscitur institutus, perpetuis ibidem temporibus inviolabiliter conservetur. Præterea quascunque possessiones, quæcunque bona eadem ecclesia inpræsentiarum juste et canonice possidet, aut in futurum concessione pontificum, largitione regum vel principum, oblatione fidelium, seu aliis justis modis, Deo propitio, poterit adipisci, firma vobis vestrisque successoribus et illibata permaneant. In quibus hæc propriis duximus exprimenda vocabulis:

Cœmeterium (39) ipsius ecclesiæ infra murum castri Divionensis; ecclesiam S. Medardi (40) cum decimis; capellam S. Vincentii (41); ecclesiam S. Michaelis cum cœmeterio et decimis (42); capellam Sanctæ Mariæ de Foro et Sancti Jacobi de Tremoledo (43); ecclesiam S. Martini de Prato cum capella de Fontanis (44) et cimiterio; ecclesiam S. Aniani Aquæductus cum capella de Asneriis (45) et cimiterio; ecclesiam Sanctæ Mariæ de Gimellis cum capella de Picangis (46) et cimeteriis; ecclesiam S. Florentii de Tile-Castro (47), cum capella quæ in ipso est castro et cimeterio; ecclesiam S. Martini de Vitre (48) cum capella de Bez et cimiteriis; ecclesiam S. Andreæ de Ormentiaco (49) cum capellis et cimiteriis; ecclesiam S. Georgii de Ugncio (50) cum capella de S. Juliano et cimiteriis; ecclesiam S. Georgii de Faverneio cum capella de Magne (51) et cimiterio; ecclesiam S. Petri de Tart (52) cum capellis et cimiteriis; ecclesiam S. Germani de Copiaco (53) cum capellis et cimiteriis; ecclesiam S. Mauritii de Siliaco (54) cum cimiterio; ecclesiam S. Martini de Quintiniaco (55) cum cimiterio; ecclesiam S. Martini de Arco (56) cum cimiterio et capella de Bruceio; ecclesiam S. Petri de Miribello cum cimiterio; jus quod habetis in Ecclesia S. Genesii de Darilla (57) et capella de Stabulis; quidquid habetis in ecclesia de Saviniaco; quidquid habetis in eccle-

(39) *Cœmeterium.* De eo diutina et vetus fuit controversia Stephaniensis canonicos inter et monachos Benignianos, ab exeunte circiter sæculo Christi sexto et deinceps, pro qua ad Joannem III pontificem scripsit abbas S. Benigni.
(40) *Ecclesiam S. Medardi.* Circa annum 910 condita fuit hæc ecclesia, uti parte 1, cap. 3 hujus operis narravimus, ubi et excisam et excisæ causas scripsimus.
(41) *Capellam S. Vincentii.* Perstat hodie etiam sacellum Sancto Vincentio sacrum, de quo fuse egimus part. 1, cap. 2. Fuere autem et S. Medardi ecclesia et S. Vincentii capella basilicæ matricis B. Stephani semper appendices.
(42) *Ecclesiam S. Michaelis.* Prope et extra muros veteris castri Divionensis olim posita, quam vetustate collabentem restituit Garnerius II abbas Stephaniensis, atque elegantiori opere instaurandam curavit Antonius Chambellan utique abbas circa annum Christi 1525.
(43) *Capellam S. Mariæ de Foro et S. Jacobi de Tremoledo.* Inter ecclesias parœchiales Divionenses omnino septem principem obtinuit jamdudum locum quæ B. V. Mariæ titulo insignis est ecclesia, quæ in foro Divionensi condita, de Foro alias dicta fuit, et una cum ecclesia S. Jacobi unam eamdemque olim constituit parœchiam certe antiquissimam, ita tamen ut matrix esset S. Jacobi ecclesiola, illius vero appendix capella B. V. Mariæ, quam ideo hic suæ matrici adjunxit pontifex. Sed de his fusius in Stephaniensium ecclesiarum Polyptycho part. 1, § 1, cap. 1.
(44) *Ecclesiam Sancti Martini de Prato cum capella de Fontanis.* Et hic jungit pontifex filiam cum matre; quæ enim tenuem cremiticam cellam desiit S. Martini ecclesia, Fontanensis jam parœciæ matrix est, de Prato et de Campania olim dicta, vulgo *S. Martin des champs*, ad torrentis Susionis dextrum latus, nec procul a cœnobio Minorum Capucinorum in agro septentrionali etiamnum perstat. Fontanæ autem vicus est S. Bernardi Clarevallensis abbatis ortu et cunabulis toto jam orbe jam notus, vulgo *Fontaines-lès-Dijon.*
(45) *Aquæductu, Asneriis.* Varie flectere consuevit vulgus nomen illud *Aquæductus*, alias *Aheuz* vernaculi dixerunt, jam mollius Ahuy dicunt, vicus est sicut et *Asneriæ*, vulgo *Asnières.*

(46) *Gimellis, Picangis.* In vico qui dicitur *Gemeau* aliquando *Jumeau*, matrix est ecclesia, capella seu filia matricis in pago de *Pichanges.*
(47) *Tile-castro.* Quasi castrum ad Tilam amnem, cui impositum est olim *Tilechâteau* dictum, corrupte jam *Trichâteau.*
(48) *Vitré, Bez.* Vici sunt in præfectura Lingonensi, recentiores jam dicunt scribuntque *Vitrey* et *Baiz.*
(49) *Ormentiaco, Columerio.* Vici etiam, quos vulgus dicit *Ormancey* et *Columier.*
(50) *Ecclesiam de Ugneio cum capella de S. Juliano.* Exiguum in vicum desiit vetus sane oppidum, quod *Ongne* olim dictum fuit, si credimus Balcurræo, qui ab oppido isto seu burgo, ut ait, Burgundiæ Gallicum nomen sine teste primus deduxit, quasi *Bourg Ongne*; occurrunt quidem ampliors oppidi ibidem rudera et reliquiæ, jamdudum viculus est, quem vulgus nuncupat *Ogny.*
(51) *Faverneyo, Magné.* De istis locis in polyptycho et in opere isto sæpe dictum est, quæ a recentioribus nuncupata sunt *Faverney* et *Magny-sur-Tille*, ut distinguatur vicus iste ab alio, quem *Magny-Saint-Médard* vocant.
(52) *Tart.* Locus primo Cisterciensium monialium cœnobio, quod ibi circa annum Christi 1120 conditum est, notissimus quem scribunt corrupte imperiti *Tard.*
(53) *Copiaco*, aliquando *Cotchiaco*, vulgus jampridem appellavit *Couchey*. De capellis ejus agimus in Polyptycho, part. 1, § 2, cap. 5.
(54) *Siliciaco*, alias *Sélecey*, corrupte jam *Sénecsy*, de quo supra.
(55) *Quintiniaco.* Veteres *Cutigny*, recentiores *Quetigny* dixere; vicus a cœpto ibidem instituto canonicorum regularium, quod in ecclesiam istam S. Stephani anno 1116 inductum est, probe Divione notus, et eruditiss. Mabillonii notis illustratus.
(56) *Arco, Bruceio.* In vico de Arcu ad Tilam, qui *Arc-sur-Tille* vulgo dicitur, posita est matrix parochialisque ecclesia; in vinculo de *Bruceio*, quem *Brecey* vocant, matricis filia et appendix.
(57) *Darilla, Stabulis.* Pro ecclesiis istis, quæ in vicis de *Darois* et *d'Estaulles* ab antiquo conditæ sunt, diutina gravisque contentio inter canonicos Stephanenses hinc et monachos S. Sequani inde, de qua fuse hujus operis parte II, cap. 1.

sia de Altre (58) et capellis ejus; ecclesiam de Franceis (59) cum decima et jure ipsius villæ; quarta decimæ de Avirra (60), decima de Bucerollis, (60*) decima de Geiaco, de Cuceio, locum capellæ quæ est inter Leuglerium et Sanctum Fidolum (61); locum de Puteolo (62), locum de Agnino Fonte; locum de Valle-Altré (63), locum de Monte-Ciconio (64), locum de Bonavalle Jurensis (65), villam Aquæductus (66); jus quod habetis in Postengeio (67), locum de Spireio, locum de curte Betonis (68); locum de Marcilleio (69), locum de Nobiliaco (70), locum de Lonvigneio (71) cum ipsorum locorum appendiciis; locum de Fagia (72). Sane novalium vestrorum, quæ propriis manibus aut sumptibus colitis, sive de nutrimentis animalium vestrorum, nullus omnino a vobis decimas exigat. Sepulturam quoque parochianorum vestrorum liberam esse sancimus, nisi forte in aliis ecclesiis aliqui eorum se devoverint sepeliri, salva tamen justitia ecclesiæ vestræ. Prohibemus autem ut nulli fratrum vestrorum post factam in eodem loco professionem liceat absque abbatis totiusque capituli sui permissione ex ipso claustro discedere; discedentem vero nullus audeat retinere.

Decernimus ergo ut nulli omnino hominum liceat præfatam ecclesiam temere perturbare, aut ejus possessiones auferre, vel ablatas retinere, minuere, aut aliquibus vexationibus fatigare, sed omnia integra conserventur eorum, pro quorum gubernatione et sustentatione concessa sunt usibus omnimodis profutura, salva sedis apostolicæ auctoritate et diœcesani episcopi canonica justitia.

Si qua ergo in futurum, etc.

Ego Adrianus catholicæ Ecclesiæ episcopus.

Ego Odo diac. card. tit. S. Georgii ad Velum Aureum.

Ego Guido diac. card. S. Mariæ in Porticu.

Ego Guido presb. card. tit. S. Chrysogoni.

Ego Hubaldus presb. card. tit. S. Praxedis.

Ego Ubaldus presb. card. tit. S. Crucis in Jerusalem.

Ego Bernardus presb. card. tit. Sancti Clementis.

Ego Octavianus presb. card. tit. S. Ceciliæ.

Ego Henricus presb. card. tit. SS. Nerei et Achillei.

Datum Beneventi per manum Rolandi, sanctæ Romanæ Ecclesiæ presbyteri cardinalis et cancellarii, v Idus Aprilis, indict. IV, Incarnationis Dominicæ anno 1156, pontificatus vero domni Adriani papæ IV, anno II.

(58) *Ecclesia de Altré et capellis ejus.* Distinxit pontifex inter ecclesiam de Altré, et locum de Valle-Altré, de quo mox infra. Hic loquitur de ipsa parochiali ecclesia (*quæ in vico de Antrey*) et capellis seu appendiciis ejus, quæ in pagis de *Poyans* et *Broyes* conditæ sunt, ut fuse in Polyptycho part. II, §. 2, cap. 11, et §. 5, cap. 13.

(59) *Ecclesiam de Franceis.* Vicus est in diœcesi Vesuntina, non procul ab ecclesia Latonensi, vulgo Lone; Latini vicum illum semper dixerunt de *Franceis*, vulgus olim *Franceis* primum, deinde *François*, postremo et corrupte quidem *Françaux*.

(60) *Avirra*, seu *Ajurra*, locus est jam ignotus.

(60*) Bucerollis, vel *Buceroliis*, vulgo *Buzer Iles*. Et *Geiaco*, vulgo *Giey-sur-Aujon*, et *Cuceio*, vulgo *Cucey*, pagi sunt.

(61) *Capellæ inter Leuglerium et S. Fidolum.* Locus ille dictus *La Chapelle-entre-Leugley* et *S. Fal.*, transiit anno 1154 in jura Hugonis IV Burg. ducis titulo commutationis, de qua agimus in hujus operis parte II, cap. VIII.

(62) Locum de *Puteolo*, de *Agnino Fonte*. Ea loca in quibus coloniæ canonicorum regularium e schola S. Stephani deductæ olim vitam egerunt canonicam, ignota sunt jamdudum.

(63) Locum de *Valle Altré*. In bulla Calixti sup. num. 134 et alibi sæpe, locus iste, dictus de *Galdo-Altre*, et forte rectius quam de *Valle-Altre*; locus enim ille in silva fuit non procul a vico de Altré nunc Autrey, in quo canonici Stephanienses cellam seu priora tum habuerunt, donatus scilicet a Gotefrido Bellimontensi equite ex anno circiter 1120; *Galdum* autem , *Gualdum* , seu *Waldum* vox est infimæ latinitatis, quæ *silvam* significat, a voce Allemannica seu Germanica, seu veteri Gallica *Wald*, id est silva. Cum ergo in silva locus ille esset, rectius de *Gualdo* seu de *Waldo-Altré* quam de *Walle-Altré* dictus videtur, et amanuensis Italus vocem Germanicam *Wald*, seu de *Waldo* forte non intelligens detorsit in *Vallem*. Vide Glossar. Cang. verbo *Galdum*.

(64) Locum de *Monte-Ciconio*. Alibi semper legitur dictus de *Monte-Ciconiaco*, qui sæculo decimo quarto in jura equitum S. Joannis Hierosolymitani concessit, ubi et præceptoria ejusdem ordinis, vulgo *Mont-Cigney*, alias *Mont-Cigney*, thesaurario S. Stephani censum pendens.

(65) Locum de *Bonavalle-Jurensi*. Et hic locus cum locis de *Galdo-Altré* et de *Monte Ciconiaco* est intra fines comitatus Burgundo Sequanici transiitque ad alienos; neque enim videtur esse cella de Bona-Valle prope Ornantum oppidum, quæ inter juga Juræ montis appendicia condita est a monachis Sancti Vincentii Vesontini, exeunte sæculo duodecimo, quando quidem Nicolaus IV Romanus pontifex ad an. 1290, locum istum de Bonavalle Jurensi inter res S. Stephani Divionen. proprias etiam recensuerit.

(66) Villam *Aquæductus*. Aliquando etiam de *Aquodio*, vernacule *Aqueux* primum, deinde *Aheuz*, jam vero *Ahuy*, ut sup. jam adnotatum.

(67) *Postengeio*, *Spireio*, vici sunt dicti vulgo Potangey, sive *Potangy* et *Espirey*.

(68) Locum de *Curte Bettonis*. Villula vulgo *Court-Beton* laicis jampridem concessa sub annuo censu abbati Stephaniensi pendendo, quem etiamnum percipit.

(69) Locum de *Marcilleio*. Pagus est non procul a Tillæ-castro dissitus, vulgo *Marcilly*; in ecclesia alias parochialis, jampridem vero et ab an. saltem 1033, unita ecclesiæ de Tillæ-castro illiusque jam inde appendix.

(70) Locum de *Nobiliaco*, vicus est prope Divionem *Neuilly* dictus in quo prioratus cum cura de pleno jure abbatis S. Stephani.

(71) Locum de *Lonvigneio*, alias de *Luvigneio*, seu Luvigniaco, vulgo *Lugny*. Hunc locum Herbertus abbas a fratribus *Longi-vadi* vulgo *Longuay*, seu Longué acceptum postea obtinuit Galterus Lingonensis episcopus, in eoque Carthusiam condidit, ubi et tumulum habuit an. 1179. Consule dicta in hujus operis parte II, cap. 4.

(72) Locum de Fagia. Ad Theolocensium monachorum, vulgo *Theuley*, jura accessit locus iste commutatione inita cum Petro abbate et canonicis Sancti Stephani an. 1224; de qua in hujus histor. parte II, cap. 6.

XCIV.

Monasterii S. Lamberti Lætiensis privilegia confirmat.

(Beneventi, April. 18.)

[REIFFENBERG, *Monuments*, VIII, 642.]

ADRIANUS episcopus, servus servorum Dei, dilecto filio HELGOTHO abbati monasterii Sancti Lamberti, quod in loco Lætias situm est, etc.

Quoties a nobis illud petitur quod, etc.

Datum Beneventi per manum Rolandi, sanctæ Romanæ Ecclesiæ presbyteri cardinalis et cancellarii, XIV Kalend. Maii, indictione IV, Incarnationis Dominicæ anno 1156, pontificatus vero domni Adriani papæ IV, anno secundo.

XCV.

Ecclesiæ Pisanæ canonicis commendat R. capellanum suum « pro incidendis lapidibus et columnellis, » quibus ad monasterium ædificandum canonici ecclesiæ S. Rufi utantur.

(Beneventi, April. 20.)

[UGHELLI, *Italia sacra*, III, 397.]

ADRIANUS episcopus, servus servorum Dei, dilectis filiis L. archipresbytero, et cæteris Pisanis canonicis, salutem et apostolicam benedictionem.

Quos ampliori devotione nobis ascriptos esse cognoscimus, et quos majori dilectionis affectu diligimus, illos utique pro vestris negotiis confidentius excitamus. Cum enim prædecessoribus nostris ecclesia Pisana devota exstiterit, et ipsis semper studuerit humiliter obedire, nolumus quod nostris temporibus erga nos, vel matrem nostram diminutionem recipiat, cum parati simus ecclesiam vestram, et personas plena charitate diligere, et ipsius justitiam integre vobis, atque inviolabiliter conservare. Inde est quod dilectos filios R. capellanum nostrum ecclesiæ Pisanæ satis devotum, atque quosdam fratres ecclesiæ S. Rufi, quos pro incidendis lapidibus et columnellis ad partes vestras dirigimus, cum quibus etiam dilectum filium P. scriptorem nostrum utique misissemus, nisi pro vestro negotio remansisset, eos charitati vestræ attentius commendamus, rogantes quatenus ita eis, et nobis gratum super hoc auxilium, et consilium tribuatis tam in magistris, quam in aliis, ut ipsi opus, quod intendunt possint peragere, et nos fructuosas vobis debeamus gratias exhibere. Ad opus siquidem dilectorum filiorum nostrorum canonicorum ecclesiæ S. Rufi claustrum fieri volumus, quod vestro auxilio vellemus operis exsecutionem perficere.

Datum Beneventi, XII Kal. Maii.

XCVI.

Monasterii Sancti Paterniani Fanensis protectionem suscipit possessionésque confirmat.

(Beneventi, Maii 5.)

[AMIANI, *Mem. di Fano*, II, Sommario, p. X.]

ADRIANUS episcopus, servus servorum Dei, dilectis filiis VIVIANO abbati monasterii Sancti Paterniani, et fratribus tam præsentibus quam futuris regularem vitam professis, in perpetuum.

Religiosam vitam eligentibus apostolicum convenit adesse præsidium, ne forte cujuslibet temeritatis incursus, aut eos a proposito revocet, aut robur, quod absit! sacræ religionis infringat. Eapropter, dilecti in Domino filii, vestris justis postulationibus clementer annuimus et præfatum monasterium in quo divino mancipati estis obsequio, sub B. Petri et nostra protectione suscipimus et præsentis scripti privilegio communimus; statuentes ut quascunque possessiones, quæcunque bona, idem monasterium inpræsentiarum juste et canonice possidet, aut in futurum concessione pontificum, largitione regum vel principum, oblatione fidelium, seu aliis justis modis, perpetrante Domino, poterit adipisci, firma vobis vestrisque successoribus et illibata permaneant. In quibus hæc propriis duximus exprimenda vocabulis:

Plebem S. Mariæ in Serra cum omnibus pertinentiis suis; quidquid jure habetis in plebe Montis-Majoris cum plebe S. Damiani; plebem S. Mariæ Urciani, capellam S. Eleutherii cum pertinentiis suis, capellam Sancti Christophori; quidquid jure habetis in capella S. Apollinaris, in ecclesia S. Michaelis et in ecclesia S. Georgii; capellam S. Laurentii Quercusfissæ, capellam S. Marini, capellam S. Felicitatis, capellam S. Marcelli, capellam S. Hippolyti, totum castrum Quercusfissæ cum curte sua; castrum Lubacariæ cum curte sua, et terram Serræ cum hominibus; tres partes castri Podii cum tribus partibus curtis ejusdem castri; medietatem castri Urciani cum omnibus quæ habetis in curte ejus, et quod habetis in curte S. Eleutherii in Suasano; quartam partem castri Montis-Majoris cum omnibus quæ habetis in curte ejus; mansum Saltariæ, mansum Casaclore, vineam dominicatam Rusciani; vineam Marani, vineam Spornagatti, molendinum Rupolensis molendinum Argillæ; quidquid habetis in molendino a ponte Trabis, Campum majorem, campum Contadi; quidquid jure habetis in castro Rubri cum omnibus quæ habetis in curte ejus, et quod habuerunt in curte Fractulæ, et quidquid jure habetis in ecclesia S. Sylvestri.

Liceat autem vobis clericos e sæculo fugientes, vel laicos liberos, qui ad monasterium vestrum transire voluerint, sine aliqua contradictione recipere et quicunque de rebus suis eidem monasterio pro animæ suæ salute conferre voluerit, nullus audeat impedire. Chrisma vero, oleum sanctum consecrationis altarium seu basilicarum, ordinationes clericorum, qui ad sacros ordines fuerint promovendi, a diœcesano suscipietis episcopo, siquidem catholicus fuerit, et gratiam atque communionem sedis apostolicæ habuerit, et ea gratis, et sine ulla pravitate vobis voluerit exhibere; alioquin liceat vobis quemcunque malueritis adire........ qui nostra fultus auctoritate, quod postulatur indulgeat. Obeunte vero te, nunc ejusdem loci abbate, vel tuorum quolibet successorum, nullus ibi qualibet subreptionis astutia seu violentia præponatur, nisi quem fratres communi consensu, vel fratrum pars consilii sanioris, secundum Deum et B. Benedicti Regulam, sicut hactenus observatum est, providerint eligendum.

Decernimus ergo ut nulli omnino hominum liceat præfatum monasterium temere perturbare, aut ejus possessiones auferre, vel ablatas retinere, minuere, seu quibuslibet vexationibus fatigare, sed illibata omnia et integra conserventur eorum, pro quorum gubernatione et sustentatione concessa sunt, usibus omnimodis profutura, salva sedis apostolicæ auctoritate et diœcesani episcopi canonica justitia.

Si qua igitur, etc.

Ego Adrianus catholicæ Ecclesiæ episcopus

Datum Beneventi per manum Rolandi, sanctæ Romanæ Ecclesiæ presbyteri cardinalis et cancellarii, in Nonas Maii, indictione IV, Incarnationis Dominicæ anno 1156, pontificatus vero domni Adriani papæ IV anno II.

XCVII.

Monasterii Steingadiensis protectionem suscipit bonaque confirmat.

(Beneventi, Maii 31.)

[Hugo, Ord. *Præm. Ann.*, II, 536.]

Adrianus episcopus, servus servorum Dei, dilectis filiis Anselmo præposito ecclesiæ Sancti Joannis Baptistæ de Steingaden, ejusque fratribus tam præsentibus quam futuris, regularem vitam professis, in perpetuum.

Religiosam vitam eligentibus apostolicum convenit adesse præsidium, ne forte cujuslibet temeritatis incursus, aut eos a proposito revocet, aut robur, quod absit! sacræ religionis infringat. Eapropter, dilecti in Domino filii, vestris justis postulationibus clementer annuimus, et præfatam ecclesiam ab illustri duce Guelphone in proprio allodio fundatam, in qua divino mancipati estis obsequio, ad exemplar prædecessoris nostri felicis memoriæ Eugenii papæ, sub beati Petri et nostra protectione suscipimus, et præsentis scripti privilegio communimus. Inprimis siquidem statuentes ut ordo canonicus, qui secundum Beati Augustini Regulam, et institutionem Præmonstratensium, in eodem loco noscitur institutus, perpetuis ibidem temporibus inviolabiliter observetur. Nec alicui fratrum post factam inibi professionem absque propositi licentia in eodem claustro discedere, discedentem vero nullus audeat retinere. Præterea quascunque possessiones, quæcunque bona, eadem ecclesia inpræsentiarum juste et canonice possidet, aut in futurum concessione pontificum, largitione regum vel principum, oblatione fidelium, seu aliis justis modis, præstante Domino, poterit adipisci, firma vobis vestrisque successoribus, et illibata permaneant. In quibus hæc propriis duximus exprimenda vocabulis:

In episcopatu Augustensi ecclesiam Ingenried cum decimis et aliis ad eam pertinentibus, a venerabili fratre nostro Conrado Augustensi episcopo canonice vobis concessam ; prædium quod dicitur Sibenich Blebem, et decimas a memorato episcopo legitime vobis concessas ; partem quoque cujusdam beneficii, id est octo mansos in loco qui dicitur Morchlorf quam tu, dilecte fili Anselme præposite, de manu Theoderici de Pounb, assensu et conniventia tam venerabilis fratris nostri Conradi Augustensis episcopi, quam canonicorum et ministerialium ipsius ecclesiæ septuaginta talentis redemisse dignosceris, sicut in scripto ejusdem fratris nostri episcopi continetur, vobis nihilominus confirmamus. Sane novalium vestrum, quæ propriis manibus vestris, aut sumptibus colitis, sive de nutrimentis animalium vestrorum, nullus a vobis decimas exigere præsumat. Porro consecrationes altarium seu ecclesiarum, ordinationes clericorum, qui ad sacros ordines fuerint promovendi, a diœcesano suscipietis episcopo, siquidem catholicus fuerit, et ea gratis ac sine pravitate vobis voluerit exhibere. Alioquin liceat vobis catholicum quem malueritis adire antistitem, qui nimirum nostra fultus auctoritate, quod postulatur indulgeat. Sepulturam quoque ipsius loci liberam esse concedimus, ut eorum qui illic sepeliri deliberaverint, devotioni et extremæ voluntati, nisi forte excommunicati vel interdicti sint, nullus obsistat, salva tamen justitia matricis ecclesiæ.... Ad hoc adjicientes censemus ut ecclesia vestra nullum habeat advocatum. Obeunte vero te nunc ejusdem loci præposito, nullus ibi qualibet subreptionis astutia seu violentia præponatur, nisi quem fratres communi consensu, vel fratrum pars consilii sanioris secundum Dei timorem et Beati Augustini Regulam, sibi providerint eligendum. Præterea si generale interdictum in parochia fuerit promulgatum, nihilominus clausis januis, non pulsatis tintinnabulis, exclusis excommunicatis et interdictis, submissa voce divina celebrandi officia facultatem liberam habeatis.

Decernimus ergo ut nulli omnino hominum liceat ecclesiam temere perturbare, aut ejus possessiones auferre, vel ablatas retinere, minuere, seu quibuslibet et vexationibus fatigare, sed illibata omnia et integra conserventur eorum, pro quorum gubernatione ac sustentatione concessa sunt, usibus omnimodis profutura, salva nimirum apostolicæ sedis auctoritate, et diœcesani episcopi canonica justitia.

Si qua igitur, etc.

Ego Adrianus papa IV.

Ego Hubaldus presbyter cardinalis ecclesiæ Sanctæ Praxedis.

Ego Julius presb. cardinalis ecclesiæ S. Marcelli.

Ego Bernardus presbyter cardinalis ecclesiæ Divi Clementis.

Ego Octavianus presbyter cardinalis ecclesiæ Sanctæ Ceciliæ.

Ego Gerardus presbyter cardinalis Sancti Stephani in Cœlio Monte.

Ego Joannes presbyter cardinalis Sanctorum Joannis et Ulrici, et ecclesiæ Pamachii.

Datum Beneventi per manum Rolandi, sanctæ Romanæ Ecclesiæ presbyteri cardinalis et cancellarii, ii Kalend. Junii, indictione iv, Incarnationis Dominicæ anno 1156, pontificatus vero domni Adriani papæ IV, anno secundo.

XCVIII.

Monasterium S. Afræ Augustensis protectionem suscipit, possessionesque ac privilegia confirmat.

(Beneventi Junii 1.)

[*Mon. Boic.* XXII, 176.]

ADRIANUS episcopus, servus servorum Dei, dilectis filiis HEZITONI abbati monasterii sanctæ Afræ, ejusque fratribus, tam præsentibus quam futuris, monasticam vitam professis, in perpetuum.

Quæ mater omnium Ecclesiarum et caput esse dignoscitur sacrosancta Romana Ecclesia membris suis ita debet gratiam suæ provisionis conferre et ea clypeo apostolicæ protectionis munire, ut possint in statu religionis et honestatis semper consistere, et perversis viriliter repugnare. Eapropter, dilecti in Domino filii, vestris justis postulationibus gratum impertientes assensum et commissæ vobis ecclesiæ benigne providere volentes, ecclesiam ipsam sub beati Petri principis apostolorum protectione suscipimus, et præsentis scripti patrocinio communimus. Statuentes ut quascunque possessiones, quæcunque bona, eadem ecclesia in præsentiarum juste et canonice possidet, aut in futurum rationabilibus modis, præstante Domino, poterit adipisci, firma vobis vestrisque successoribus et illibata permaneant. Verum quoniam prælatorum ignavia multa solent damna et gravamina ecclesiis provenire, statuimus et præsentis decreti assertione sancimus; ut nulli episcopo liceat prædia vel bona commissæ vobis ecclesiæ alienare aut in beneficiare, seu aliquo modo distrahere. Decimationes præterea frugum seu porcorum, quorumdam episcoporum vobis pia largitione concessas in via quæ Straza dicitur, et in suburbio quod vocatur Harena. Si tamen ad jus eorumdem episcoporum pertinebant, vobis et per vos ecclesiæ ipsi auctoritate apostolica confirmamus. Oblationes vero altarium, tibi, fili Hezilon abbas, et per te monasterio tuo a venerabili fratre nostro Conrado Augustensi episcopo in præsentia nostra concessas nihilominus confirmamus, et confirmationem ipsam ratam et inconvulsam futuris temporibus decernimus permanere.

Nulli ergo omnino hominum liceat monasterium ipsum temere perturbare, aut ejus possessiones auferre, vel ablatas retinere, minuere, seu quibuslibet vexationibus fatigare.

Si qua igitur, etc.

Monog. Orbicul.

Ego Adrianus catholicæ Ecclesiæ episcopus.
Ego Guido presb. card. tit. Sancti Chrysogoni.
Ego Julius presb. card. tit. Sancti Marcelli.
Ego Octavianus presb. card. tit. S. Ceciliæ
Ego Gerardus presb. card. tit. S. Stephani in Cœlio Monte.

Datum Beneventi per manum Rolandi, sanctæ Romanæ Ecclesiæ presbyteri cardinalis et cancellari, Kal. Junii, indict. iv, Incarnationis Dominicæ anno 1156, pontificatus vero domni Adriani papæ IV, anno secundo.

XCIX.

Ad clerum Augustanum. Declarat Chunradum ep. August. innocentem esse, gravisque pœnæ ejusdem delatores condemnat.

(Beneventi, Jun. 6.)

(*Pez. Thesaur. Anecdot.*, VI, I, 381.)

ADRIANUS episcopus, servus servorum Dei, dilectis filiis clero et præposito Augustensi, salutem et apostolicam benedictionem.

Venerabilis frater noster Chunradus episcopus vester pro illa controversia et discordia, quæ inter eum et canonicos suos, et quosdam monachos agebatur, cum altera parte nostro se conspectui præsentavit, et hinc inde rationes et allegationes per nos ipsos et fratres nostros diligenter audivimus.

Post longam vero disputationem eorum, auditis et susceptis testibus ex parte prædicti fratris nostri, deficientibus adversariis ejus innocentiam ipsi plene cognovimus. Inde est quod ab eorum impetitione omnino absolvimus, et eosdem adversarios suos omnes ab omni officio divino suspendimus, addentes, ut cuncti qui in hac infamatione fuerunt, discalceatis pedibus infra octo dies post reditum suum per quamcunque portam episcopus voluerit, in ecclesiam majorem veniant, a prædicto fratre nostro pro sua præsumptione veniam postulantes. Qua satisfactione, suscepta ipse eis ministeria divina restituat. Hanc vero pœnam adversariis ejus duximus infligendam. Illi vero, qui in tentationibus suis cum eo permanserunt, habeant apostolicam benedictionem et gratiam.

Data Beneventi, VIII, Idus Junii.

C.

Ecclesiam S. Vincentii Bergomatem tuendam suscipit et ejus bona confirmat.

(Beneventi, Jun. 8.)

[LUPI, *Cod. diplom. Bergom.*, II, 1149.]

ADRIANUS episcopus, servus servorum Dei, dilectis filiis JOANNI archipresbytero ejusque fratribus tam præsentibus quam futuris in matrici Pergamensi ecclesiæ Sancti Vincentii canonice viventibus, in perpetuam memoriam.

Effectum justa postulantibus indulgere et vigor æquitatis et ordo exigit rationis, præsertim quantum petentium voluntates et pietas adjuvat et veritas non relinquit. Eapropter, dilecti in Domino filii, vestris justis postulationibus clementer annuimus et Beati Vincentii martyris ecclesiam, ad exemplar prædecessorum nostrorum felicis memoriæ Innocentii et Lucii Romanorum pontificum una vestræ congregationis collegio et cum omnibus ad eamdem ecclesiam pertinentibus sub apostolicæ sedis tutelam protectionemque suscipimus et præsentis scripti pagina communimus. Statuimus ut quascunque possessiones in ecclesiis, oppidis, villis, decimis et nundinarum redditibus seu aliis rebus eadem ecclesia inpræsentiarum juste et canonice possidet, aut in futurum concessione pontificum, liberalitate regum vel principum, oblatione fidelium, seu aliis justis modis rationabiliter, auxiliante Domino, poterit adipisci, firma vobis vestrisque successoribus in perpetuum et illibata permaneant.

Decernimus ergo ut quandiu in canonicæ disciplinæ observantia permanseritis, nulli omnino hominum liceat ecclesiam vestram temere perturbare, aut ejus possessiones auferre, vel ablatas retinere, minuere, vel importunis angariis, seu temerariis vexationibus fatigare, sed omnia integra conserventur eorum, pro quorum gubernatione et sustentatione concessa sunt, usibus omnimodis profutura. Interdicimus etiam ut nec episcopo, nec archiepiscopo liceat, nec etiam alicui personæ facultas sit vestræ communitatis bona in proprios usus deflectere, sive in beneficium aliis dare, vel quibuscunque aliis modis a præbenda fratrum vel communi utilitate alienare. Locationes vero seu commutationes, aut investiones prædictorum absque communi fratrum consilio nullatenus perpetrentur, nec hujusmodi jus ab episcopo vel personis quibuslibet invadatur, salva tamen canonica catholicorum episcoporum Pergamensium reverentia.

Si qua igitur in posterum archiepiscopus, episcopus, imperator, rex, dux, princeps, comes aut vicecomes, sive quælibet ecclesiastica sæcularisve persona, etc.

Ego Adrianus catholicæ Ecclesiæ episcopus.
Ego Guido presb. card. tit. Sancti Chrysogoni.
Ego Hubaldus presb. card. tit. Sanctæ Praxedis.
Ego Humbaldus presb. card. tit. Sanctæ Crucis. in Jerusalem.
Ego Octavianus presb. card. tit. Sanctæ Ceciliæ.
Ego Joannes presb. cardinalis Sanctorum Joannis et Pauli tit. Pamachii.
Ego Henricus presb. card. tit. Sanctorum Nerei et Achillei.
Ego Joannes presb. card. tit. Sanctorum Sylvestri et Martini.
Ego Odo diac. card. tit. Sancti Georgii ad Velum Aureum.
Ego Guido diac. tit. Sanctæ Mariæ in Porticu.
Ego Odo diac. card. Sancti Nicolai in Carcere Tulliano.

Datum Beneventi per manum Rolandi, sanctæ Romanæ Ecclesiæ, presbyteri cardinalis et cancellari vi Idus Junii, indictione IV, Incarnationis Dominicæ anno 1156, pontificatus vero domni Adriani papæ IV, anno secundo.

CI.
Eugenii III sententiam de canonicorum S. Alexandri et S. Vincentii Bergomatum controversia confirmat.

(Beneventi, Jun. 9.)
[LUPI, *Cod. diplom. Bergom.*, I, 1151.]

ADRIANUS episcopus, servus servorum Dei, dilectis filiis LANFRANCO præposito cæterisque canonicis Sancti Alexandri Pergamensis ejusque successoribus, in perpetuam memoriam.

Quæ a prædecessoribus nostris super causarum litigiis rationabiliter statuta esse noscuntur apostolicæ sedis oportet munimine roborari. Eapropter, dilecti in Domino filii, paci et quieti vestræ providere volentes, sententiam quam inter vos et canonicos Sancti Vincentii super quibusdam causis unde inter vos et eos controversia fuerat diutius agitata felicis recordationis papa Eugenius, prædecessor noster, post sufficientem in præsentia sua et fratrum suorum ejusdem controversiæ discussionem, communicato cum fratribus suis consilio, promulgavit et beatæ memoriæ papæ Anastasius assertionis suæ pagina confirmavit, nos præsentis scripti munimine roboramus, et perpetuis temporibus ratam et inconvulsam decernimus permanere. Constituit siquidem ut presbyteri Pergamensis episcopatus, qui post datam a felicis memoriæ papa Innocentio prædecessore nostro sententiam ordinati sunt, sive qui deinceps ordinabuntur, utrique ecclesiæ fidelitatem exhibeant; et si canonici Sancti Vincentii recipere forte noluerint nihilominus eam ecclesiæ vestræ debeant exhibere. De pœnitentiis autem hoc inter vos observari præcepit ut presbyteri totius Pergamensis episcopatus, quoties pro publicis criminibus ad pœnitentiam parochianos suos adduxerint, utramque partem studeant convocare, et nullatenus absque præpositi vestri vel unius presbyterorum ecclesiæ vestræ præsentia criminosis illis pœnitentia injungatur. Adjecit etiam ut in mensa episcopi in sinistra parte præpositus ecclesiæ vestræ primum locum obtineat et suos penes se clericos habeat. Statuit præterea ut quoties in consuetis processionibus ad missarum solemnia celebranda canonici Sancti Vincentii ad vestram ecclesiam venerint IV parietes chori pacifice in ecclesia ipsa obtineant, et in vigiliis Beati Viatoris et in festo ejusdem, nec non in Litaniis Gregorianis cum incenso et aqua benedicta, campanis pulsatis, per personas vestras eosdem canonicos honorifice suscipiatis. Cum autem ad defunctorum exsequias vel aliis diebus vobiscum in ecclesia ipsa convenerint totum chorum ecclesiæ vestræ cum eis pariter teneatis. Quoties vero vos cum eis in solemnitatibus vel exsequiis mortuorum vel in aliis conveneritis, præpositus ecclesiæ vestræ primum locum in sinistra parte chori obtineat. Reliqui autem fratres cum eisdem clericis communiter sedeant. Decrevit itidem ut capellani ecclesiarum Sancti Salvatoris, Sanctæ Agathæ, Sancti Joannis, Sanctæ Gratæ ac Sancti Vigilii in Dominicis diebus præcipuisque festivitatibus ad majores missas in ecclesia vestra conveniant. In Cœna vero Domini, ad baptismum et in aliis solemnitatibus, sicut divina consuevistis officia celebrare, ita omni tempore pacifice observetis. Ad hæc quoniam quidam sacerdotum ad exhibendas vobis supradictas fidelitates moras innectebant, et quibusdam subterfugii eas retardare præsumebant, prædecessor noster bonæ memoriæ papa Anastasius apostolica auctoritate constituit, ut, juxta veterem consuetudinem ecclesiæ vestræ, incontinenti post susceptos ordines eas vobis exhibeant. Et si statim exhibere contempserint donec exhibeant a susceptis ordinibus arceantur, suo etiam decreto sancivit ut Pergamensis episcopus nullum vobis indebitum gravamen aut inusitatum imponat. Ne igitur super his quæ inter vos judicio sedis apostolicæ decisa sunt, recidivo denuo litigio fatigemini et inde alterutrum partium alteram in expensas et labores adducat..... judiciario ordine perpetuum silentium utrique parti constat impositum, auctoritate apostolica interdiximus ut nullus omnino hominum contra præfati antecessoris nostri papæ Eugenii... et memorati Anastasii papæ constitutionem aut sanctionem quam nos assertionis nostræ munimine roboramus venire præsumat vel... nostræ confirmationis.,. contraire. Si quis autem hoc attentare præsumpserit indignationem omnipotentis Dei et beatorum Petri et Pauli apostolorum ejus incurrat. Amen.

Ego Adrianus catholicæ Ecclesiæ episcopus.
Ego Guido presb. card. tit. S. Chrysogoni.
Ego Hubaldus presb. card. tit. Sanctæ Praxedis.
Ego Julius presb. card. tit. Sancti Marcelli.
Ego Hubaldus presb. card. tit. Sanctæ Crucis in Jerusalem.
Ego Octavianus presb. card. tit. Sanctæ Ceciliæ.
Ego Joannes presb. card. Sanctorum Joannis et Pauli tit. Pamachii.
Ego Henricus presbvt. cardinalis tit. Sanctorum Nerei et Achillei.
Ego Odo diac. card. Sancti Georgii ad Velum Aureum.
Ego Guido diac. card. tit. Sanctæ Mariæ in Porticu.
Ego Odo diac. card. tit. Sancti Nicolai in Carcere Tulliano.

Datum Beneventi per manum Rolandi, sanctæ Romanæ Ecclesiæ presbyteri cardinalis, v Idus Junii, Incarnationis Dominicæ anno 1156, indictione iv, pontificatus vero domni Adriani papæ IV, anno secundo.

CII.

Cum Willelmo rege Siciliæ factam per legatos pacem confirmat.

(Beneventi? Jun.)
[Mansi, Concil., XXI, 801.]

Adrianus episcopus, servus servorum Dei, charissimo in Christo filio Willelmo illustri et glorioso Siciliæ regi, ejusque hæredibus, quos pro voluntaria ordinatione sua statuerit in regnum, in perpetuum.

Licet ex injuncto nobis a Deo apostolatus officio universos Christi fideles paternæ charitatis brachiis debeamus amplecti, atque ad pacem eos et concordiam invitare; reges tamen et sublimiores quasque personas tanto amplius diligere et honorare debemus, atque de bono pacis eos tanto studiosius commonere, quanto Ecclesiæ Dei et fidelibus Christianis major inde fructus spiritualiter ac temporaliter dignoscitur provenire. Constat, charissime in Christo fili Willelme, gloriose Siciliæ rex, te inter reges et celsiores personas sæculi, eximiis operibus, potentia opibusque clarere: ita ut ex vigore justitiæ, quam in terra sub tua ditione constituta conservas, ex securitate pacis, qua omnes per eamdem const.tuti lætantur, et ex terrore quem inimicis Christiani nominis per opera magnifica incussisti, usque ad extremos angulos fama tui nominis et gloria protendatur. Quod siquidem nos, dilectissime in Christo fili Willelme eximie, diligentius attendentes et inspicientes pariter quantæ utilitates Romanæ Ecclesiæ valeant provenire, si celsitudo tua per firmam pacem ei et concordiam conjungatur; dum in civitate Beneventana securi et liberi cum fratribus nostris essemus, ad pacem tecum habendam diligenti studio decrevimus intendere. Misimus ergo ad excellentiam tuam quosdam fratrum nostrorum, scilicet: *ut supra* (72'); et proposuimus per eos nostrum de bono pacis et concordiæ desiderium: et invitavimus attentius, et monuimus excellentiam tuam ad pacem. Et illius inspirante virtute, qui ad cœlum iturus discipulis suis ait: *Pacem do vobis, pacem meam relinquo vobis (Joan. xiv)*; talem animum tuum invenimus, qualem filii pacis et catholici principis decuit inveniri. Et mediantibus præfatis filiis nostris, etc., *ut supra*; in hanc formam pacis libera et spontanea voluntate nostra devenimus, ut videlicet de capitulis illis, de quibus inter nos et excellentiam tuam controversia est, per omnia, etc. Ut autem quæ supra diximus tam nostro, quam successorum nostrorum tempore perpetuam obtineant firmitatem, et nec tuis, nec tuorum hæredum temporibus, alicujus valeant præsumptione turbari; nos ea de communi consilio et voluntate fratrum nostrorum, auctoritate apostolica confirmamus, et valitura in perpetuum præsentis scripti pagina communimus; et tam a nobis, quam a nostris successoribus perpetuis temporibus statuimus observanda.

(72') Sic in cod. Vaticano unde hanc ep. descripsit Baronius.

Nulli ergo omnino liceat hanc paginam nostrae concessionis et confirmationis infringere, vel ei ausu temerario contraire. Si quis autem hoc attentare voluerit, omnipotentis Dei, et beatorum Petri et Pauli apostolorum ejus, indignationem incurrat. Amen, amen, amen.

Datum anno Dominicae Incarnationis 1156, mense Junii iv indictionis.

CIII.

Agrigentinae, Mazarensis, Melitensis Ecclesiarum episcopos, Ecclesiae Panormitanae suffraganeos constitutos, Hugoni archiepiscopo obtemperare jubet.

(Beneventi, Jul. 10.)

[PIRRI, *Sicilia sacra*, I, 94.]

ADRIANUS episcopus, servus servorum Dei, dilectis filiis GERGENTINO et MAZARIENSI, et Melitensi electis, salutem et apostolicam benedictionem.

Ne in aliqua provincia fidelibus Christianis sacrorum ministeriorum plenitudo deesset, sanctorum Patrum sanxit auctoritas, ut in singulis provinciis aliqua metropolis haberetur, quae aliis et dispensatione regiminis, et auctoritate officii praesideret. Hoc siquidem provinciae Siciliae deesse videntes, Panormitanam civitatem, quae solo fere nomine usque modo metropolis habebatur, in plenitudine dignitatis metropolitae decrevimus statuendam, et civitates vestras ei jure metropolitico perpetuis temporibus statuimus subjacere. Quocirca per apostolica vobis scripta mandamus quatenus venerabili fratri nostro Hugoni ejusdem loci archiepiscopo, sicut metropolitano vestro humiliter pareatis, et reverentiam et honorem ei studeatis jugiter exhibere.

Datum Beneventi, vi Idus Julii.

CIV.

Monasterii Huysburgensis protectionem suscipit, bonaque confirmat.

(Aug. 8.)

[*Velle Mitth. a. d. Geb. hist. ant. Forsch.* IV. 1, 10.]

ADRIANUS episcopus, servus servorum, etc., RICHARDO abbati monasterii Huysburgensis, etc. *Praeter possessiones a praedecessoribus concessas, confirmat sequentes:*

In curia Halberstatensi, Guter in Bodesleve, Uplinge, Deleve, Vogelstorp, Tingelstede, Serkestede, Tietevorde, Erkestede, Ricbertiggerode, Anderbeke, Nieustede atque Fleischzehuten in Kowelle, etc.

An. 1156, indict. iv, pontificatus Adriani papae IV anno ii.

CV.

Universo clero et populo Moguntino significat se Arnoldum archiepiscopum, « ad apostolicae sedis praesentiam devotionis intuitu venientem, » benigne suscepisse, et « personam ejus cum toto episcopatu suo et cum suffraganeis suis episcopis a jure legationis Hillini Trevirensis archiepiscopi, apostolicae sedis legati, absolvisse » Arnoldum commendat.

(Narniae, Aug. 11.

[Vide *Archive fu Kunde Oesterreichischer Geschichtsquellen*. 1850, II, p. 61.]

CVI.

Ecclesiae Balnensis protectionem suscipit, bonaque et jura confirmat.

(Narniae, Aug. 13.)

[MITARELLI, *Annal. Camald.* III, Append., 489.]

ADRIANUS episcopus, servus servorum Dei, dilectis filiis ALBERTO Balnensis ecclesiae archipresbytero, ejusque fratribus tam praesentibus quam futuris, regularem vitam professis, in perpetuum.

Effectum justa postulantibus indulgere, et vigor aequitatis, et ordo exigit rationis, praesertim quando praesentium voluntates et pietas adjuvat, et veritas non relinquit. Quocirca, dilecti in Domino filii, vestris justis postulationibus clementer annuimus, et praefatam ecclesiam, in qua divino mancipati estis obsequio, sub beati Petri et nostra protectione suscipimus, et praesentis scripti privilegio communimus. In primis siquidem statuentes ut ordo canonicus, qui secundum beati Augustini Regulam et institutionem Sancti Frigdiani in eodem loco noscitur institutus, perpetuis ibidem temporibus inviolabiliter conservetur. Praeterea quascunque possessiones, quaecunque bona, eadem ecclesia in praesentiarum juste et canonice possidet, aut in futurum concessione pontificum, largitione regum vel principum, oblatione fidelium, seu aliis justis modis, praestante Domino, poterit adipisci firma vobis vestrisque successoribus, et illibata permaneant. In quibus haec propriis duximus exprimenda vocabulis:

Hortus et molendinus in loco qui dicitur Pantanus, possessiones in Batipalla, et quidquid jure habetis in curte Castelline. Definitivas quoque sententias, quas praedecessor noster felicis memoriae Innocentius papa super controversiam, quae de capellis, decimis, oblationibus, tam vivorum quam mortuorum et reliquo parochiali jure inter vestram et Treviensem ecclesiam vertebatur, noscitur canonice protulisse, et scripti sui pagina roborasse, vobis nihilominus confirmamus. Quas utique sententias in privilegio ejusdem praedecessoris nostri his verbis perspeximus descriptas. Dudum siquidem, dilecte in Domino fili Joannes archipresbyter, apud nos saepe numero questus es pro injuriis et praessuris quas Balnensi ecclesiae tibi commissae irrogari dicebas. Inter caetera vos, qui de eisdem gravaminibus nobis exposuisti adversus Triviensem abbatem graviter questus es, asserens quod xii capellas cum decimis, oblationibus tam vivorum quam mortuorum, et reliquo parochiali jure Balnensi ecclesiae violenter auferret. Quamobrem nuntium nostrum ad partes vestras direximus, qui et negotium ipsum diligenter inquireret.... quapropter... one proximis Kalendis Junii ad agendam causam praedictam ante praesentiam nostram evocaret. Quo nimirum termino utraque parte nostro conspectui praesentata praefatus abbas quoddam scriptum sub nomine praedecessoris nostri beatae recordationis papae Paschalis in argumentum causae suae remedium protulit. Quod diligentius intuentes suspectum atque falsatum subtiliter deprehendimus, eo quod quædam rasuræ sunt inventæ, et alia pro aliis mutatis descripta fuissent, cum luce clarius constet, tam auctoritatibus sanctorum canonum, quam etiam generali Ecclesiæ consuetudine capellas quasque suis debere plebibus subjacere, eisque de decimis et aliis ad jus parochiale pertinentibus respondere. Cum manifestum sit eamdem plebem in massa Sancti Petri apostolorum principis sitam esse, et suo ipsius dominio proprietario jure consistere. Auditis igitur utriusque partis allegationibus, visum est nobis et fratribus nostris super eadem lite definitivas ferre sententias. Cæterum abbas negotium cupiens protelare, subterfugium quærere, longas inducias postulavit, promittens se termino, quem sibi provideremus, plenius instructum adesse negotio, et instrumenta quædam, quæ domi reliquerat, allaturum. Nos autem, ne forte quidquam præcipere videremus, usque ad Octavas beati Martini inducias ei dedimus, præcipientes qualiter interim erga eamdem ecclesiam, quam beati Petri juris esse se haberet, eique portiones et oblationes seu decimas earumdem capellarum bona fide persolveret. Statuto itaque termino abbas ad nos rediens quemdam veterem tomum protulit, in quo nihil quod ad commodum suæ causæ pertinens invenire potuimus. Qui etiam a nobis sæpius requisitus præfatas capellas infra ejusdem plebis parochias sitas esse respondit. Adjiciens quod ministri earumdem capellarum cum letaniis et oblationibus singulis annis plebem ipsam visitare solebant, et tam eadem plebs quam capellæ ac totus Balnensis territorii fundus beati Petri juris existat. Sanctorum ergo canonum auctoritate perspecta, et fratrum nostrorum ac plurium sapientum archiepiscoporum, episcoporum, abbatum et aliorum, qui aderant, communicato consilio, cum præfatus abbas super acquisitionem eorumdem nullum possit instrumentum authenticum exhibere, decimas omnes prædictarum capellarum quarum nomina sunt hæc, videlicet: Sancti Salvatoris, Sancti Nicolai, Sancti Pauli, Sancti Apollinaris, Sancti Martini, Sancti Paterniani, Sancti Hilarii, Sanctæ Floræ, Sanctæ Margaretæ, Sancti Andreæ, Sancti Blasii, Sancti Angeli, ac totum jus parochiale in eisdem capellis, tibi, dilecte in Domino fili Joannes archipresbyter, et per te Balnensi ecclesiæ per sententias restituimus atque concessimus, ut videlicet eamdem potestatem in eisdem capellis de cætero habeas, quam et in aliis prædictæ plebi subjectis exerces : Id est ponendi seu removendi presbyteros, interdicendi eos, sibi officio restituendi, et debitas portiones habendi tam de oblationibus vivorum quam mortuorum; et si qua alia sunt, quæ ad matricem ecclesiam et tuum officium pertinent, concessa tibi insuper facultate disponendi et dispensandi secundum sanctorum canonum instituta omnes decimas, quæ de curtis prædictarum capellarum a parochianis quocunque tempore colliguntur, vel de toto Balnensi territorio habentur. Nos quidem antecessoris nostri Innocentii papæ vestigiis inhærentes, sententiam ipsam rationabiliter ab eo atque canonice promulgatam, sicut diximus, vobis auctoritate sedis apostolicæ confirmamus, et eam perpetuis temporibus ratam ac firmam esse censemus. Prohibemus insuper ad omne exemplar memorati prædecessoris nostri, ut nulli ecclesiasticæ personæ fas sit in prædictis capellis seu in aliis dictis, seu in aliis, quæ infra Balnense territorium sitæ sunt, decimas, oblationes aut reliqua, quæ ad matricis ecclesiæ Balnensis dispositionem vel proprietatem pertinent, absque ejusdem plebis concessione recipere vel habere. Obeunte vero te nunc ejusdem loci archipresbytero, vel tuorum quolibet successorum, nullus ibi qualibet subreptionis astutia seu violentia ponatur, nisi quem fratres communi consensu, vel fratrum pars consilii sanioris secundum Deum et beati Augustini Regulam providerint eligendum. Concedimus autem vobis tam pro ecclesiæ vestræ, quam pro totius parochiæ ad vestram plebem pertinentis ordinationibus catholicam quem malueritis episcopum de provincia Romanæ Ecclesiæ advocare. Statuimus quoque ut eadem plebs seu ejusdem clerus loci nulli nisi tantum Romano pontifici debeat in aliquo respondere. Neque alicui liceat infra terminos parochiæ ipsius plebis, præter nostrum nostrorumque successorum consensum ecclesiam ædificare.

Decernimus ergo ut nulli omnino hominum liceat præfatam ecclesiam temere perturbare, aut ejus possessiones auferre, vel ablatas retinere, minuere, seu aliquibus vexationibus fatigare, sed illibata omnia et integra conserventur eorum, pro quorum gubernatione ac sustentatione concessa sunt, usibus omnimodis profutura.

Si qua igitur, etc.

OCULI MEI SEMPER AD DOMINUM.

Sanctus Petrus, Sanctus Paulus, Adrianus papa IV.

Ego Adrianus catholicæ Ecclesiæ episcopus.

Ego Guido presbyter cardinalis tit. Sancti Chrysogoni.

Ego Ubaldus tit. Sanctæ Praxedis.

Ego Manfredus presb. card. Sanctæ Sabinæ

Ego Julius presb. card. tit. Sancti Marcelli

Ego Ubaldus tit. S. Crucis in Jerusalem presb. card.

Ego Bernardus presb. card. tit. Sancti Clementis.

Ego Gerardus presb. card. tit. Sancti Stephani.

Ego Joh. presb. card. tit. SS. Joa. et Pauli.

Ego Joannes presb. card. tit. Sanctorum Sylvestri et Martini.

Ego Imarus Tusculanus episcopus.

Ego Centius Portuensis et Sanctæ Rufinæ episcopus.

Ego Gregorius Sabinensis episcopus.

Ego Hyacinthus diac. card. Sanctæ Mariæ in Cosmedin

Ego Octavianus presb. card. tit. Sanctæ Ceciliæ.

Ego Guido diac. card. Sanctæ Mariæ in Porticu

Data Narniæ per manum Rolandi, sanctæ Romanæ Ecclesiæ presbyteri cardinalis et cancellarii, Idibus Augusti indictione iv, Incarnationis Dominicæ anno 1156, pontificatus vero domni Adriani papæ IV anno secundo.

CVII

Mindoniensem ecclesiam et omnes ejus hæreditates sub apostolicæ sedis protectione recipit.

(Narniæ, Aug. 18.)

[FLOREZ, *Espana sagrada*, XVIII, 345.]

ADRIANUS episcopus, servus servorum Dei, venerabili fratri PETRO Mindoniensi episcopo, ejusque successoribus catholice substituendis in perpetuam memoriam.

Cum ex injuncto nobis a Deo apostolatus officio, quo cunctis Christi fidelibus, auctore Domino, præeminemus, singulorum paci et tranquillitati debeamus intendere, præsertim pro illorum quiete oportet nos esse sollicitos, qui pastorali dignitate sunt præditi, et ad officium pontificale promoti. Nisi enim nos eorum utilitatibus intendentes ipsorum jura, quantum, Deo permittente, possumus, integra conservemus, et auctoritate apostolica eos ab iniquorum hominum incursibus defendamus, de illorum salute non vere poterunt esse solliciti, qui sibi ad regendum Domino sunt disponente commissi. Eapropter, venerabilis in Christo frater Petre Mindoniensis episcope, tuis justis postulationibus gratum impertientes assensum, ecclesiam Sanctæ Mariæ, ubi sedes episcopalis est, et cui, Domino auctore, præesse dignosceris, sub beati Petri, et nostra protectione suscipimus, et præsentis scripti privilegio communimus. Statuentes, ut quascunque possessiones, quæcunque bona, eadem ecclesia in præsentiarum juste et canonice possidet, aut in futurum concessione pontificum, largitione regum vel principum, oblatione fidelium, seu aliis justis modis, præstante Domino, poterit adipisci, firma tibi tuisque successoribus, et illibata permaneant, in quibus hæc propriis duximus exprimenda vocabulis :

Castrum quod dicitur Goia, cum possessionibus et hominibus ad ipsum pertinentibus. Froxeram, et Grallial. monasterium Villænovæ cum ecclesiis, hæreditatibus, et hominibus ad ipsum monasterium pertinentibus. Monasterium de Petroso, monasterium Sancti Martini de Neda, monasterium Sancti Jacobi de Silva cum cæteris monasteriis, parochiis atque possessionibus seu hæreditatibus et hominibus ad Mindoniensem episcopatum pertinentibus. Ecclesias quoque quas per diversas diœceses habes dispersas, videlicet in Auriensi episcopatu decem ecclesias cum possessionibus et hominibus suis in loco qui dicitur Castella; in Lucensi, decem ecclesias cum possessionibus et hominibus in loco qui dicitur Deza ; in Tavelrolos decem ecclesias cum possessionibus et hominibus suis; in Asma decem ecclesias cum possessionibus et hominibus suis ; in Aviancos et Sarria, quindecim ecclesias cum omnibus rebus ad eas pertinentibus. Præterea illam donationem quam ecclesiæ S. Martini, in qua prius sedes episcopalis fuit, videlicet medietatem omnium bonorum, quæ ibi habebas, et quædam alia fecisse dignosceris, ubi, scilicet, de communi fratrum tuorum consilio Regulares canonicos posuisti, auctoritate apostolica nihilominus confirmamus.

Decernimus ergo ut nulli omnino hominum liceat supradictam ecclesiam temere perturbare, aut ejus possessiones auferre, vel ablatas retinere, minuere, seu quibuslibet vexationibus fatigare, sed illibata omnia et integra conserventur eorum, pro quorum gubernatione et sustentatione concessa sunt, usibus omnimodis profutura, salva nimirum apostolicæ sedis auctoritate.

Si qua igitur etc.

Ego Adrianus catholicæ Ecclesiæ episcopus.

Ego Guido presbyter cardinalis in titulo Sancti Chrysogoni

Ego Ubaldus presbyter cardinalis in titulo Sanctæ Praxedis.

Ego Manfredus presbyter cardinalis in titulo Sanctæ Sabinæ.

Ego Julius presbyter cardinalis in titulo Sancti Cosmæ.

Ego Ubaldus presbyter cardinalis in titulo Sanctæ Crucis in Hierusalem.

Ego Bernardus presbyter cardinalis in titulo Sancti Clementis.

Ego Octavianus presbyter cardinalis in titulo Sanctæ Ceciliæ.

Ego Geraldus presbyter cardinalis in titulo Sancti Stephani

Ego Joannes presbyter cardinalis Sanctorum Joannis et Pauli in titulo Pamachii.

Ego Imarus Tusculanus episcopus

Ego Centius Portuensis et Sanctæ Rufinæ episcopus.

Ego Gregorius Sabinensis epis.

Ego Joannes presbyter cardinalis in titulo SS. Silverii et Martiniani.

Ego Guido, diaconus card. S. Mariæ in Porticu

Ego Hyacinthus diaconus card. S. Mariæ in Cosmedin.

Ego Joannes diaconus cardinalis Sanctorum Sergii et Bacchii.

Ego Odo diaconus cardinalis Sancti Nicolai ir Carcere.

Datum Narni per manum Aldebrandi, sanctæ Romanæ Ecclesiæ presbyteri cardinalis et cancellarii xv Kalendas Septembris, indictione iv. Incarnationis Dominicæ anno 1156 pontificatus vero domin Adriani papæ IV anno secundo.

Loco † plumbi.

CVIII.

S[tephano] Viennensi et C. [Heraclio] Lugdunensi archiepiscopis mandat rogatu Petri abbatis Cluniacensis, ne monasterium Celsiniacense vexari ab Eustachio patiantur.

(Narniæ, Aug. 19.)

[D. Bouquet Recueil, XV, 674.]

Adrianus episcopus, servus servorum Dei, venerabilibus fratribus S[tephano] Viennensi et (73) C. [Eraclio] Lugdunensi archiepiscopis, salutem et apostolicam benedictionem.

Dilectus filius noster Petrus, abbas Cluniacensis, Celsiniacense monasterium quod ad jus pertinet Cluniacensis ecclesiæ, a fratre suo Eustachio occasione trecentarum marcarum argenti, quas ab eo requirit, graviter infestatur; cum ipse tamen se paratum asserat exstitisse, quod justum est, illi mediante judicio exhibere. Homines siquidem supradictæ ecclesiæ capit, bona eorum diripit, et quibusmodis potest, incessanter affligit. Unde nos, quoniam perturbatoribus Cluniacensis ecclesiæ tam per nos quam per fratres et coepiscopos nostros exacta volumus diligentia contraire, per præsentia vobis scripta mandamus quatenus præfatum E[ustachium], ut ab infestatione prænominati cœnobii et hominum ipsius abstineat, et inique ablata restituat, districtius moneatis. Si vero monitionibus vestris obedire contempserit, excommunicationis eum vinculo innodetis, et donec resipiscat, sicut excommunicatum faciatis attentius evitari. Sane si adversum Cluniacensem ecclesiam vel obedientias ejus quidquam juris habuerit, vos in unum convenientes partes ante vestram præsentiam evocetis, et rationibus hinc inde diligenter auditis et plenarie cognitis, quod justum inde fuerit, judicetis, et prosecutione faciatis operis adimpleri.

Datum Narniæ, xiv Kal. Septembris.

CIX.

Ecclesiam S. Constantii Urbevetanam tuendam suscipit et ejus bona privilegiaque confirmat.

(In Urbe veteri, oct. 15.)

[Montemarte, Chronaca d'Orvieto, II, 251.]

Adrianus episcopus, servus servorum Dei, dilectis filiis Roccuo præposito S. Constantii de Urbe veteri, ejusque fratribus tam præsentibus quam futuris canonice substituendis.

Quatenus devotionis sinceritas laudabiliter enitescat et utilitas postulata, vires indubitanter assumat. Eapropter, dilecti in Domino filii..... justis postulationibus clementer annuimus, et præfatam ecclesiam, in qua divino mancipati estis obsequio, sub B. Petri et nostra protectione suscipimus, et præsentis scripturæ privilegio communimus. Statuentes, ut quascunque possessiones, et quæcunque bona, eadem ecclesia inpræsentiarum juste et canonice possidet, aut in futurum, concessione pontificum, largitione regum vel principum, oblatione fidelium, seu aliis justis modis, Deo propitio,

(73) Corr. E, id est Eraclio de Monte Euxerio, qui et ipse quondam ab Eustachio fratre suo male dive-

A erit... firma vobis, vestrisque successorib·s, et illibata permaneant; in quibus hæc propriis duximus exprimenda vocabulis:

Ecclesiam S. Laurentii cum pertinentiis suis, ecclesiam S. Bartholomæi cum pertinentiis suis, ecclesiam S. Matthæi et hospitalis cum suis pertinentiis, ecclesiam S. Juliani et hospitale cum suis pertinentiis, ecclesiam S. Anastasiæ, cum pertinentiis suis, villamque quoque, quæ dicitur Ferosellum cum pertinentiis suis, et Mezzanam campum de ripa transmarini, campum, qui est ante ecclesiam S. Constantii, plebem S. Petri de... cum suis pertinentiis, plebem S. Joannis de Vallelacus cum suis pertinentiis, plebem S. Smiraldi, et S. Stephani de Montelongo, cum suis pertinentiis, plebem S. Terentiani cum suis pertinentiis, plebem S. Mariæ de Miniano cum suis pertinentiis, hospitale de ripa Aquæpendentis cum ecclesia et pertinentiis suis. Præterea quidquid in decimis, primitiis et oblationibus juste et canonice possidetis, vobis nihilominus confirmamus; sepulturam quoque ipsius loci liberam esse sancimus, ut eorum, qui illis sepeliri deliberaverunt, devotione extremæ voluntatis, nisi forte excommunicati, vel interdicti sint, nullus obsistat, salva tamen justa ecclesiarum, unde assumpti fuerint.

Decernimusque ut nulli hominum liceat præfatam ecclesiam temere perturbare, aut ejus possessiones auferre, vel ablatas retinere, minuere, vel aliquibus vexationibus fatigare, sed omnia integra, conserventur eorum, pro quorum gubernatione, ac sustentatione concessa sunt, usibus omnimodis profutura: salva nimirum episcopis vestris canonica justitia.

Si qua igitur, etc.

AD DOMINUM OCULI MEI SEMPER.

Sanctus Petrus, Sanctus Paulus. Adrianus papa IV.
Ego Joannes diac. card. tit. SS. Gregorii, et Bacchi.
Ego Ubaldus presb. card. tit. S. Praxedis.
Ego Manfredus card. tit. Sanctæ Sabinæ.
Ego Julius presb. card. tit. Sancti Marcelli.
Ego Ubaldus presb. card. tit. Sanctæ Luciæ.
Ego Petrus presb. card. tit. Sanctæ Ceciliæ.
Ego Bernardus presb. card. tit. S. Stephani in Cœlio Monte.
Ego Henricus presb. card. SS. Nerei et Achillei.
Ego Joannes presb. card. SS. Sylvestri et Martini.
Datum in Urbe veteri per manus Rolandi, S. R. E. presb. card. et cancellarii, Idibus Octobris, Ind. v, Incarn. Dom. anno 1156 pontific. vero Adriani papæ IV anno II.

CX.

Ecclesiam Bellunensem tuendam suscipit et canonicorum bona ac jura confirmat.

(In Urbe veteri, Oct.)

[Ughelli, Italia sacra, V, 150.]

Adrianus episcopus, servus servorum Dei, dilexatus, Petri opera reconciliatus fuit, ex ejusdem Petri epistola 4, lib. III.

tis filiis Anno archipresbytero Bellunensis ecclesiæ ejusque fratribus tam præsentibus quam futuris canonice substituendis in perpetuum.

Effectum justa postulantibus indulgere, et vigor æquitatis exigit, et ordo postulat rationis, præsertim quando petentium voluntatem et pietas adjuvat, et veritas non relinquit. Quocirca, dilecti in Domino filii, vestris justis postulationibus libenter annuimus : et præfatam ecclesiam qua divino mancipati estis obsequio, sub B. Petri, et nostra protectione suscipimus, et præsentis scripti patrocinio communimus. Statuentes ut quascunque possessiones, quæcunque bona, eadem eccles., inpræsentiarum juste et canonice possidet, aut in futurum concessione pontif., largitione regum vel principum, oblatione fidelium, seu aliis modis, præstante Domino, poterit adipisci, firma vobis vestrisque successoribus, et illibata permaneant. In quibus hæc propriis duximus exprimenda vocabulis :

Eccles. S. Bartholomæi in loco, qui dicitur Agræ sitam, cum domo hospitalis ibidem existente; hospitalem domum in loco, qui Vedana dicitur, constitutam, et ecclesiam ibidem fundatam; montem Premezze cum decimis et pertinentiis suis; terram in villa, quæ dicitur Formeganum; prædia quoque, et possessiones, et præsertim decimas illas quas Aymo bonæ memoriæ Bellunique episcopus eidem ecclesiæ pietatis intuitu contulit, quæ sunt in parte orientali Bellunensis civitatis ultra flumen, quod Ardum vocatur, vobis, et per vos ecclesiæ vestræ nihilominus confirmamus.

Decernimus ergo, ut nulli omnino hominum liceat supradictam ecclesiam temere perturbare, aut ei possessiones auferre, vel ablatas retinere, minuere, seu quibuslibet exactionibus fatigare; sed illibata omnia et integra conserventur eorum, pro quorum gubernatione et sustentatione concessa sunt, usibus omnimodis profutura, salva in omnibus apostolicæ sedis auctoritate, et episcopi vestri canonica justitia, etc,

Si qua igitur, etc.

Ego Adrianus catholicæ sedis episcopus.

Ego Ubaldus presbiter cardialis tit. S. Praxedis.

Ego Manfredus presbyter card. S. Sabinæ.

Ego Gerardus presb. card. tit. S. Stephani in Cœlio Monte.

Ego Henricus presb. card. tit. SS. Nerei et Achillei.

Ego Joannes diaconus card. tit. Sanctorum Sergii et Bacchi.

Datum Urbe veteri per manus Rolandi, S. R. E. presbyteri cardinalis; anno Incarn. Dom. 1155 [1156] indict. v tertia mensis Octobris (74) pontificatus vero Adriani papæ IV anno II.

(74) Significatio temporis mendosa.

CXI.

Ecclesiæ Aquensis protectionem suscipit, et canonicorum bona ac jura confirmat.

(Laterani, Nov. 12.)

[Moriondi, *Monumenta Aquensia*, I, 59.]

Adrianus episcopus, servus servorum Dei, dilectis filiis Uberto Aquensis ecclesiæ archidiacono, ejusque fratribus tam præsentibus quam futuris, in perpetuum

Officii nostri hortatur auctoritas Ecclesiarum quieti et utilitati, præstante Domino, salubriter providere; nec Deo gratior aliquando famulus impenditur, si non ex charitatis radice procedens, a puritate religionis fuerit conservatus. Quapropter, dilecti in Domino filii, vestris justis postulationibus clementer annuimus et præfatam ecclesiam, in qua divino mancipati estis obsequio, sub B. Petri et nostra protectione suscipimus et præsentis scripti privilegio communimus; statuentes ut quascunque possessiones, quæcunque bona, eadem ecclesia in præsentiarum juste et canonice possidet, aut in futurum, largitione regum vel principum, oblatione fidelium, seu aliis justis modis, præstante Domino, poterit adipisci, firma vobis vestrisque successoribus, et illibata permaneant. In quibus hæc propriis duximus exprimenda vocabulis :

Jus parochiale quod habetis in civitate Aquensi et suburbio tam in decimis et primitiis, quam in ægrotantium pœnitentiis et morientium sepulturis, et quidquid intra terminos ejusdem loci possidetis, in ecclesiis, domibus, terris....... nemoribus, molendinis, plebem de Calamagna, et quidquid habetis in Plaxano, plebem de Campali et decimam ejusdem loci; totam ecclesiam S. Martini de Septebrio, et quidquid habetis in eodem loco; ecclesiam S. Georgii in Wiwliola, et quidquid habetis in eodem loco; quidquid habetis in Pradasco et in Cassinellis, quidquid habetis in Ursaria, vel Ripalta, quidquid habetis in Montebono, sive Casanova, quidquid in Tercio et Bestagno in Melagio et Cartonio, Veredino et Cavatore, in Vidixone et Cascinis; quidquid habetis in terra dominorum de Barberio, censum Gamundiensium ecclesiarum, in denariis et candelis, censum olei de Codoleto, censum olei de Albengana, censum de ecclesia S. Thomæ de Canello.

Decernimus ergo ut nulli omnino hominum liceat supradictam ecclesiam temere perturbare, aut ejus possessiones auferre, vel ablatas retinere, minuere, seu quibuslibet vexationibus fatigare, sed illibata omnia et integra conserventur eorum, pro quorum gubernatione et sustentatione concessa sunt, usibus omnimodis profutura, salva sedis apostolicæ auctoritate et episcopi vestri canonica justitia.

Si qua igitur, etc.

Ego Adrianus catholicæ Ecclesiæ episcopus

Ego Guido presbyter cardinalis S. Chrysogoni.

Ego Ubaldus presbyter Ecclesiæ S. Praxedis.

Ego Octavianus presbyter titulatus S. Ceciliæ.
Ego Oddo diaconus cardinalis S. Georgii.
Ego Guido diac. cardinalis S. Mariæ in Porticu.
Ego Odo diac. cardinalis in Carcere Tulliano.
Ego Henricus presbyter cardinalis tit. Sanctorum Nerei et Achillei.

Datum Laterani per manum Rolandi, sanctæ Romanæ Ecclesiæ presbyteri cardinalis et cancellarii, u Idus Novembris, indictione v, Incarnationis Dominicæ anno 1156, pontificatus vero domni Adriani papæ IV, anno ii.

CXII.

Ecclesiam Sanctæ Mariæ Pinetensem tuendam suscipit, et ejus bona ac jura confirmat.

(Laterani, Nov. 30.)

[Lami, *Eccl. Flor. Mon.*, I, 81.]

Adrianus episcopus, servus servorum Dei, dilectis in Christo filiis Hugoni plebano ecclesiæ Beatæ Mariæ in Pineta, ejusque fratribus tam præsentibus quam futuris, canonice substituendis in perpetuum. Officii nostri nos admonet et invitat auctoritas pro ecclesiarum statu satagere, et earum quieti ac tranquillitati salubriter, auxiliante Deo, providere. Eapropter, dilecti in Domino filii, vestris justis postulationibus clementer annuimus et præfatam ecclesiam, in qua divino mancipati estis obsequio, sub beati Petri et nostra protectione suscipimus et præsentis scripti privilegio communimus. Statuentes, ut quascunque possessiones, quæcunque bona in præsentiarum eadem ecclesia juste et canonice possidet, aut in futurum concessione pontificum, largitione regum vel principum, oblatione fidelium, seu aliis justis modis, præstante Domino, poterit adipisci, firma vobis vestrisque successoribus, et illibata permaneant. In quibus hæc propriis duximus exprimenda vocabulis.

Ecclesiam Sancti Martini de Strata cum omnibus pertinentiis suis; ecclesiam Sanctæ.... (Mariæ) de castro Montis-acuti; ecclesiam Sanctæ Mariæ de Carpineta cum omnibus suis pertinentiis; ecclesiam Sancti Justi de Mazzæna cum omnibus suis pertinentiis; ecclesiam S. Petri in Hierusalem cum omnibus suis pertinentiis; ecclesiam Sancti Stephani de Patholatleo cum omnibus pertinentiis suis; ecclesiam Sancti Laurentii de Lerose cum omnibus pertinentiis suis; ecclesiam Sancti Petri de Muliermala cum omnibus possessionibus suis; ecclesiam Sancti Martini de Bagnoio cum omnibus pertinentiis suis; ecclesiam Sancti Stephani de Bifonicæ cum omnibus pertinentiis suis; ecclesiam Sancti Andreæ de Lujano cum omnibus pertinentiis suis; ecclesiam Sancti Romuli de Bopsi cum omnibus pertinentiis suis; ecclesiam Sancti Martini de Caffari cum omnibus pertinentiis suis; ecclesiam Sancti Georgii de Pineta cum omnibus suis pertinentiis; ecclesiam Sancti Christophori de Strata cum omnibus possessionibus suis; ecclesiam Sanctæ Christinæ de Panicole cum omnibus possessionibus suis; ecclesiam Sancti Hilarii de Pitiliano cum omnibus possessionibus suis; ecclesiam Sancti Laurentii de Collina cum omnibus possessionibus suis; ecclesiam Sancti Michaelis de Daethano cum omnibus pertinentiis suis; ecclesiam Sancti Miniatis de Quintulo cum omnibus possessionibus suis, et duodecim decimales.

Liceat autem vobis easdem capellas ordinare atque idoneos in eis constituere sacerdotes, qui debitam obedientiam ac reverentiam humiliter vobis exhibeant. Populus quoque, qui in plebis vestræ territorio habitaverit, quod de jure debet tam in decimis, primitiis, oblationibus, sepulturis, testamentis et vestimentis, quam in aliis rebus, sicut in privilegio beatæ memoriæ papæ Nicolai prædecessoris nostri contineri dignoscitur, sine alicujus contradictione vobis persolvat. Adjicientes vero auctoritate apostolica prohibemus, ne infra terminos vestræ parochiæ ullus omnino sine vestra et episcopi consensu ecclesiam aliquam vel hospitale construere, vel constructum alterius audeat subjicere potestati. Sed nec in cœmeteriis prædictarum ecclesiarum domum quamlibet aliquis ædificare præsumat. Parochianos quoque vestros ad sepulturam nullus accipiat, nisi justitia vestra, quæ sacrorum canonum vos sanctione contingit, vobis integre conservata.

Decernimus ergo ut nulli omnino hominum liceat præfatam ecclesiam temere perturbare, aut ejus possessiones auferre, vel ablatas retinere, minuere, seu quibuslibet vexationibus fatigare, sed illibata omnia et integra conserventur eorum, pro quorum gubernatione ac sustentatione concessa sunt, usibus omnimodis profutura; salva sedis apostolicæ auctoritate et diœcesani episcopi canonica justitia.

Si qua igitur, etc..

Ego Adrianus catholicæ Ecclesiæ episcopus.
Ego Centhius Portuensis et S. Rufinæ.
Ego Gregorius Sabinensis episcopus.
Ego Guido presb. card. tit. S. Chrysogoni.
Ego Hubaldus presb. card. tit. S. Praxedis.
Ego Julius presb. card. tit. S. Marcelli.
Ego Manfredus presb. card. S. Savinæ.
Ego Bernardus. presb. card. tit. S. Clementis.
Ego Octavianus presb. card. tit. S. Ceciliæ.
Ego Gerardus presb. card. tit. S. Stephani in Cœlio Monte.
Ego Joannes Sanctorum Joannis et Pauli tit. Pamachii.
Ego Odo diaconus card. tit. S Georgii ad Velum Aureum.
Ego Jacinthus diac. card. S. Mariæ in Cosmedin.
Ego Ildebrandus diac. card. S. Eustachii juxta templum Agrippæ.

Datum Laterani per manum Rolandi, sanctæ Romanæ Ecclesiæ presbyteri cardinalis et cancellarii, ii Kal. Decembr., indict. v, Incarnationis Dominicæ anno 1156, pontificatus vero domni Adriani papæ IV anno secundo.

CXIII.
Bulla pro Ecclesia Nemausensi.
(Laterani, Dec. 10.)
[*Gall. Christ.*, t. VI, Instr., 198.]

ADRIANUS episcopus, servus servorum Dei, venerabili fratri ALDEBERTO Nemausensi episcopo, ejusque successoribus canonice substituendis.

In eminenti apostolicæ sedis specula, disponente Domino, constituti, fratres nostros episcopos tam vicinos quam longe positos fraterna charitate diligere, et ecclesiis, in quibus Domino militare noscuntur, suam justitiam debemus conservare. Eapropter, dilecte in Domino frater Aldeberte episcope, tuis justis postulationibus clementer annuimus, et beatæ Dei Genitricis semperque virginis Mariæ Nemausensem ecclesiam, cui, Deo auctore, præesse dignosceris, sub beati Petri et nostra protectione suscipimus, et præsentis scripti privilegio communimus; statuentes ut quascunque possessiones, quæcunque bona inpræsentiarum juste et canonice possides, aut in futurum concessione pontificum, largitione regum vel principum, oblatione fidelium, seu aliis justis modis, Deo propitio, poteris adipisci, firma tibi tuisque successoribus et illibata permaneant; in quibus hæc propriis duximus exprimenda vocabulis.

Infra muros ipsius civitatis, monasterium S. Salvatoris de Fonte, ecclesiam S. Martini de Arenis, ecclesiam S. Thomæ, ecclesiam S. Vincentii, ecclesiam S. Stephani de Capitolio, ecclesiam S. Laurentii, castrum quod dicitur porta Arelatensis, tertiam partem omnium ledarum fori, et nundinarum, et tertiam partem sextarii, corde, et quintal, tertiam partem omnium tabularum, salvo in hoc jure canonicorum. Extra civitatem, Cendracensem abbatiam, Tornacense monasterium, castrum S. Martialis cum ecclesia, castrum S. Boniti cum ecclesia, castrum de Leguas cum ecclesia, castrum Montispesati, ecclesiam S. Stephani de Garons cum villa et territorio suo, ecclesiam S. Gervasii cum villa, ecclesiam de Amiglau cum villa quæ est in podio, ecclesiam Sanctæ Mariæ de Gaujaco cum villa, ecclesiam de Dorbia cum capellis suis, de Valle garnita, de Rocafolio. In Uticensi episcopatu, villam de Rovoreto, alias quoque ecclesias, possessiones et cætera, quæ tui juris esse noscuntur, tibi tuisque successoribus nihilominus confirmamus. Concordiam vero illam quæ inter te et canonicos ecclesiæ tuæ sapientum et discretorum virorum consilio rationabiliter facta est, ratam manere sancimus, et sicut in scriptis super hoc factis continetur, observari præcipimus. Præterea tuæ fraternitatis precibus inclinati, omnes ecclesias vel possessiones et bona, quæ tua vel aliorum Dei fidelium concessione juste et canonice possident, vel in futurum rationabilibus modis, Deo propitio, poterunt adipisci, ipsis et eorum successoribus regularem vitam professis, sedis apostolicæ auctoritate firmamus. In quibus hæc propriis

A nominibus duximus adnotanda. Infra muros ipsius civitatis ecclesiam Sanctæ Mariæ Magdalenæ, ecclesiam Sanctæ Eugeniæ, ecclesiam S. Stephani infra duas ecclesias, ecclesiam Sancti Joannis. Extra civitatem ecclesiam de Margarita, ecclesiam de Agarna, ecclesiam de Costaballenis, ecclesiam de Carto, ecclesiam de Sancta Perpetua, ecclesiam de Polvereriis, ecclesiam de Bollanicis, ecclesiam de Fonte cooperto, ecclesiam de Liveriis, ecclesiam de Brociano, ecclesiam de Codol, ecclesiam de Melignanicis, ecclesiam de Genciraco, ecclesiam de Bello-vicino, ecclesiam de Poscheriis, ecclesiam de Olodanicis, ecclesiam de Carrugeriis, ecclesiam de Galadanicis cum capellis suis, S. Guiraldi de Villetella, S. Mariæ de Ponte Ambrosio, et S. Cosmæ, ecclesiam de Cavairaco, ecclesiam de S. Cosma, ecclesiam de S. Dionysio, ecclesiam de Anagia, ecclesiam de Bosseriis, ecclesiam de Bizaco, ecclesiam de Calvitione, ecclesiam de Liveriis, ecclesiam Sanctæ Mariæ de Congeniis, locum Sanctæ Mariæ de Bonaur, ecclesiam Sanctæ Andreæ de Congeniis, ecclesiam de Saumanicis, ecclesiam de Podiis, ecclesiam de Leuco, ecclesiam de Bordeto, ecclesiam de Sumena, ecclesiam de Rocaduno, ecclesiam de Visseco, ecclesiam de Aulatis, ecclesiam de Daveda, ecclesiam Sancti Romani. In Uticensi episcopatu, ecclesiam de Calmetis, ecclesiam de Roveria, ecclesiam de Montinianicis, ecclesiam de Guitlano. In Mimatensi episcopatu, ecclesiam de Melosa. Prænominatas itaque ecclesias cum capellis, et omnibus earum appendiciis, eisdem canonicis, ut supra diximus, confirmamus, salva tamen tua et successorum tuorum et aliorum episcoporum, in quorum parochiis eædem ecclesiæ sitæ sunt canonica justitia.

Prohibemus etiam ut infra parochiam ecclesiæ Sanctæ Mariæ Nemausensis sedis, et monasterii S. Baudilii nullus oratorium vel cœmeterium sine consensu episcopi et canonicorum facere præsumat. Sancimus etiam ut in parochialibus ecclesiis quas monachi et canonici tenent tuo assensu presbyteros collocent, quibus si idonei fuerint curam parochiæ committes, ut hujusmodi sacerdotes de plebis quidem cura tibi respondeant; illis autem pro rebus temporalibus debitam subjectionem exhibeant. Prohibemus etiam ut nullus parochianos Nemausensis Ecclesiæ absque tuo et canonicorum assensu ad sepeliendum suscipiat, nisi forte ipsi in aliquo venerabili loco se sepeliendos decreverint.

Decernimus ergo ut nulli hominum omnino liceat præfatam ecclesiam perturbare, aut ejus possessiones auferre, vel ablatas retinere, minuere, aut aliquibus vexationibus fatigare, sed omnia integra conserventur eorum pro quorum gubernatione et sustentatione concessa sunt, usibus omnimodis profutura, salva sedis apostolicæ auctoritate. Si quæ tamen ecclesiastica sæcularisve persona hanc nostræ constitutionis paginam sciens, etc.

Locus sigilli.

Ego Adrianus catholicæ Ecclesiæ episcopus,

Ego Ymarus Tusculanus episcopus.
Ego Lentius Portuensis de Sancta Rufina episc.
Ego Gregorius Sabinensis episcopus.
Ego Guido presb. cardinalis tit. S. Chrysogoni.
Ego Ubaldus presb. card. tit. Sanctæ Praxedis.
Ego Manfredus presb. card. tit. Sanctæ Sabinæ.
Ego Julius presb. card. tit. S. Marcelli.
Ego Otho diaconus cardinalis tituli S. Georgii ad Velum Aureum.
Ego Guido diac. cardinalis S. Mariæ in Porticu.
Ego Jacintus diac. card. S. Mariæ in Cosmedin.
Ego Ildebrandus diaconus cardinalis S. Eustachii.

Datum Laterani per manum Rolandi, S. R. E. presbyteri [cardinalis] de cancellaria, IV Idus Decembris, indictione V, Incarnationis Dominicæ anno 1156, pontificatus nostri domni Adriani papæ IV, anno tertio.

CXIV.
Monasterii S. Dionysii privilegia possessionesque confirmat.
(Laterani, Dec. 18.)
[DOUBLET, *Hist. de Saint-Denys*, 501.]

ADRIANUS episcopus, servus servorum Dei, dilecto filio ODONI abbati monasterii Beati Dionysii martyris, quod Parisiis situm est, ejusque successoribus regulariter substituendis, in perpetuum.

Cum omnibus ecclesiis et personis ecclesiasticis debitores ex injuncto nobis a Deo apostolatus officio, existimamus, illis tamen propensioris charitatis studio nos convenit providere qui beato Petro et sanctæ Romanæ Ecclesiæ familiares esse noscuntur. Quocirca, dilecte in Domino fili Odo, quem fidelem et devotum beato Petro sanctæque Romanæ Ecclesiæ certis indiciis experti sumus, rationabilibus tuis postulationibus gratum præbemus assensum. Statuimus itaque, ut quæcunque dignitas authenticis prædecessorum nostrorum Zachariæ, Stephani, Leonis, Alexandri, Paschalis, Calixti, Innocentii et Eugenii Romanorum pontificum privilegiis eidem loco concessa est, quæcunque bona catholicorum regum vel aliorum fidelium legitimis oblationibus ad idem monasterium pertinere noscuntur, quidquid etiam in futurum concessione pontificum, largitione regum vel principum, seu aliis justis modis, Domino largiente, poterit adipisci, firma tibi tuisque successoribus, et illibata permaneant. In quibus hæc propriis duximus exprimenda vocabulis :

In pago Metensi cellam novam cum omnibus appendiciis suis, videlicet Hulsperc, Ausminge, Enmelingas, ecclesiam de Fulcreia, Salinas ac patellas Salinarum, apud Marsalciam, monasterium Argentolium, quod situm est in pago Parisiensi super fluvium Sequanæ, cum pertinentiis suis. In episcopatu Aurelianensi campum Mainetii, Villare, Vendrous, Villammeium, Feienis, Liuns. In episcopatu Laudunensi altare de Caadursa, altare de Sancto Goberto, altare de Pirolis, altare de Sairiaco cum capella Sancti Dionysii quæ est apud Ribomontem. In Visana valle, altare de Sorbais, altare de Altrepia, altare de Rochiniis, altare de serenis fontibus. In episcopatu Cameracensi, altare de Solem, altare de Vertiniolo cum decimis et omnibus appendiciis eorum. In diœcesi Rothomagensi ecclesiam Calvomonte cum appendiciis suis, quam venerabilis frater noster Hugo Rothomagensis archiepiscopus, consentiente charissimo filio nostro Ludovico, rege Francorum, vobis donavit. In episcopatu Parisiensi cellam B. Mariæ prope Corbolium super fluvium Essonæ sitam cum appendiciis suis. Ex dono prædicti regis quidquid habebat in villa de Tropis, præter annualem hospitationem quando ibidem jacuerit, et taliam quam apud Gergiacum in Vilcassino, et apud Cormelias vobis donavit. Ex dono bonæ memoriæ Gaufridi Carnotensis episcopi, altaria de Monarvilla et de Rubrido. Ex dono Aluisi Atrebatensis episcopi altare de Anechin. Ex dono illustris memoriæ Edouardi scilicet et Guillelmi regum Angliæ Derhestiam super fluvium Sabrinæ sitam ; Tantoniam et Moram, Ruliacum cum appendiciis suis, ecclesiam de Berno, ecclesiam de Bosia, ecclesiam de Vico pleno, ecclesiam de Chasanoy, ecclesiam de Aldo, ecclesiam de Pelolio et campum dominicum prope ecclesiam positum, ecclesiam de Nopsiaco, ecclesiam de Malliaco, ecclesiam de duobus casis, ecclesiam de Stivaliculis, ecclesiam de Giveretis, ecclesiam de Argentearia, ecclesiam de vallo [*alias* de vallibus], ecclesiam de Lanatico, ecclesiam de Vimreziaco, ecclesiam de Noto, ecclesiam de Archiniaco, Leuraam [*alias* Lebraham] in Alemania cum omnibus appendiciis suis. In episcopatu Cenomanensi Sanctam Gaburgem (*le prieuré de S. Gaulburge*), cum omnibus appendiciis suis, capellam Gastinel (*la chapelle de Gastineau*), ecclesiam de Allennes (*Notre-Dame d'Aleines*), ecclesiam de Malo stabulo (*de Mallétable*), castrum novum cum omnibus appendiciis suis ; Furnellos in Hispania cum omnibus pertinentiis suis, ecclesiam Sancti Martini, ecclesiam de Arcolio, ecclesiam Marniaci cum appendiciis suis. Vicariam quoque et omnimodam justitiam ac plenariam libertatem juxta villam Sancti Dionysii sicut subscriptis terminis distinguitur ; a fluvio videlicet Sequanæ, a molendino quod vulgo vocatur *Bayard* usque ad supremum caput villæ quæ vocatur Habervillare, quam præfatus rex Ludovicus juris esse S. Dionysii recognoscens, et restituit, vobis nihilominus roboramus. Præterea omnimodam potestatem omnemque justitiam, et universas consuetudines nundinorum indicti, ipsius regis liberalitate vobis concessas, ut perpetuis eos quiete obtineatis temporibus, assertionis nostræ munimine confirmamus

Decernimus ut nulli omnino hominum liceat prædictum monasterium temere perturbare, aut ejus possessiones auferre, vel ablatas retinere, minuere, vel temerariis vexationibus fatigare, sed omnia integra conserventur eorum, pro quorum gubernatione ac sustentatione concessa sunt, usibus omnimodis profutura. Obeunte vero te nunc ejusdem loci abbate vel tuorum quolibet successorum, nullus ibi qualibet subreptionis astutia seu violentia præponatur, nisi quem fratres communi consensu vel fratrum pars consilii sanioris secundum Dei timorem et beati Benedicti Regulam elegerint. Electus autem vel a Romano pontifice, vel a quo maluerit catholico episcopo consecretur. Chrisma, oleum sanctum, consecrationes altarium sive basilicarum, ordinationes monachorum, vel clericorum ad idem monasterium pertinentium, a catholicis accipietis episcopis, quemadmodum prædecessorum nostrorum canonicæ æquitatis privilegiis institutum est. Missas sane publicas celebrari, aut stationem in eodem monasterio, præter abbatis voluntatem, fieri prohibemus; sed nec interdicere, nec excommunicare, nec ad synodum vocare, vel abbatem, vel ipsius loci monachos episcopis, aut episcoporum ministris permittimus facultatem. Porro tam tibi, quam tuis successoribus licentiam indulgemus in gravioribus negotiis sedem apostolicam appellare, nec appellantes ante negotii finem læsio ulla contingat, quatenus, auctore Deo, in sanctæ religionis studiis quieti ac seduli permanere possitis.

Si quis in posterum, etc. Cunctis, etc,

Ego Adrianus catholicæ Ecclesiæ episcopus.

Ego Hubaldus presbyter cardinalis tituli Sanctæ Praxedis.

Ego Manfredus presb. card. tit. Sanctæ Sabinæ.

Ego Hubaldus presb. card. Sanctæ Crucis in Jerusalem

Ego Astaldus presb. card. tituli Sanctæ Priscæ.

Ego Girardus presbyter cardinalis tituli Sancti Stephani.

Ego Joannes presb. card. tit. Pammachii.

Ego Centhius Portuensis et Sanctæ Rufinæ episc.

Ego Gregorius Sabinensis episcopus.

Ego Odo diaconus cardinalis Sancti Georgii ad Velum Aureum.

Ego Guido diac. card. Sanctæ Mariæ in Porticu.

Ego Jacinthus diacon. cardin. Sanctæ Mariæ in Cosmedin.

Ego Hildebrandus diac. cardin. Sancti Eustachii.

Ego Odo diaconus card. Sancti Nicolai in Carcere Tulliano.

Datum Laterani per manum Rolandi, sanctæ Romanæ Ecclesiæ presbyteri cardinalis et cancellarii, xv Kal. Januarii, indict. v, Incarnationis Dominicæ anno 1156, pontificatus vero domni Adriani papæ IV, anno tertio.

CXV.

Monasterii S. Bavonis Gandavensis protectionem suscipit, bonaque confirmat.

(Laterani, Dec. 31.)

[Miræi Opp. dipl., IV, 21.]

Adrianus episcopus, servus servorum Dei, dilectis filiis Bettoni abbati monasterii S. Bavonis ejusque fratribus tam præsentibus quam futuris, regulariter substituendis, in perpetuum.

Religiosam vitam eligentibus apostolicum convenit adesse præsidium, ne forte cujuslibet temeritatis incursus aut eos a proposito revocet, aut robur (quod absit!) sacræ religionis infringat. Eapropter, dilecti in Domino filii, vestris justis postulationibus clementer annuimus, et præfatum monasterium, in quo divino mancipati estis obsequio, sub B. Petri et nostra protectione suscipimus et præsentis scripti privilegio communimus, statuentes ut quascunque possessiones, quæcunque bona idem monasterium in præsentiarum juste et canonice possidet, aut in futurum concessione pontificum, largitione regum vel principum, oblatione fidelium, seu aliis justis modis, præstante Domino, poterit adipisci, firma vobis vestrisque successoribus, et illibata permaneant. In quibus hæc propriis duximus exprimenda vocabulis:

Altaria Sancti Bavonis, ab omni personatu libera: altare de Waterlos; altare de Aspera cum appendiciis suis, altare de Gremmine, altare de Dorla, altare de Poesela, altare de Canenchein; altare de Vinderholt, altare de Lathem, altare de Eckerchem cum appendiciis suis, altare de Everchem, altare de Christi-Kercka cum appendiciis suis; altare de Rodemburch cum appendiciis suis; altare de Vondeslo, altare de Danckenam, altare de Murcoka, altare Sancti Bavonis infra episcopatum Cameracensem; altare de Swalma cum appendiciis suis; altare de Holthem, altare de Esscha, altare de Rothem, altare de Flethersele cum appendiciis suis, altare de Belleka, altare de Cobbenchem, altare de Bocholt cum appendiciis suis, altare de Fonnethe.

Decernimus ergo ut nulli omnino hominum liceat præfatam ecclesiam temere perturbare, aut ejus possessiones auferre, vel ablatas retinere, minuere, seu quibuslibet vexationibus fatigare; sed illibata omnia et integra conserventur eorum pro quorum gubernatione et sustentatione concessa sunt, usibus omnimodis profutura, salva sedis apostolicæ auctoritate et diœcesani episcopi canonica justitia.

Si qua igitur, etc.

Ego Adrianus [papa IV.]

Ego Hubaldus presbyt. card. tit. Sanctæ Praxedis.

Ego Gregorius Sabinensis episcopus.

Ego Jacynthus diac. card. Sanctæ Mariæ in Cosmedin.

Ego Hildebrandus diac. card. S. Eustachii.

Ego Henricus presb. card. tit. SS. Nerei et Achillæi.

Datum Laterani per manum Rolandi, sanctæ Romanæ Ecclesiæ presbyt. cardin. et cancellarii, ii Kalendas Januarii, indictione v, Incarnationis Dominicæ an. 1156, pontificatus vero domni Adriani papæ IV, anno tertio.

CXVI.

Privilegium pro monasterio S. Petri Aldenburgensi.

(Laterani, Dec. 31.)

[*Chron. monast. Aldenburg.*, App., 94.]

Adrianus episcopus, servus servorum Dei, dilectis filiis Hermanno, abbati Sancti Petri Aldenborgensis ejusque fratribus tam praesentibus quam futuris regularem vitam professis in perpetuum.

Effectum justa postulantibus indulgere et vigor aequitatis et ordo exigit rationis, praesertim quando petentium voluntati et pietas adjuvat et veritas non relinquit. Eapropter, dilecti in Domino filii, vestris justis postulationibus clementer annuimus et praesertim monasterium, in quo divino mancipati estis obsequio, sub beati Petri et nostra protectione suscipimus et praesentis scripti privilegio communimus, statuentes, ut quascunque possessiones, quaecunque bona idem monasterium inpraesentiarum juste et canonice possidet, aut in futurum concessione pontificum, largitione regum vel principum, oblatione fidelium, seu aliis justis modis, praestante Domino, poterit adipisci, firma vobis vestrisque successoribus et illibata permaneant, in quibus haec propriis duximus exprimenda vocabulis :

Tertiam partem decimae totius parochiae de Aldenborg, tertiam praeterea partem decimae et oblationes omnes et quaecunque de altari S. Mariae proveniunt, exceptis beneficiis quae ad presbyteratum pertinent. Quae omnia sub annuo censu octo librarum et undecim solidorum, quos annuatim debetis exsolvere, quemadmodum in privilegiis Tornacensis ecclesiae continetur, vobis auctoritate apostolica confirmamus, decimam de Herneghem, terram quam habetis apud Aldenborg.

Decernimus ergo ut nulli omnino hominum liceat praefatum monasterium temere perturbare, aut ejus possessiones auferre, vel ablatas retinere, minuere, seu quibuslibet vexationibus fatigare, sed illibata omnia et integra conserventur eorum, pro quorum gubernatione et sustentatione concessa sunt usibus omnimodis profutura, salva sedis apostolicae auctoritate et dioecesani episcopi canonica justitia.

Si qua igitur, etc.

Datum Lateranis per manum Rolandi, sacrae Romanae Ecclesiae presbyteri cardinalis, cancellarii, pridie Kalendas Januarii, indict. v, Incarnationis Domin. anno 1156, pontificatus vero domini Adriani papae IV, anno III.

CXVII.
Berengarii archiepiscopi electionem confirmat.
(Gall. Christ., VI, Instr., 40.)

Adrianus episcopus, servus servorum Dei, dilecto filio B. electo Narbonensis ecclesiae, salutem et apostolicam benedictionem.

Narbonensis Ecclesia proprio destituta pastore te in Patrem et archiepiscopum eligere studuit, et ad sanctam apostolicae sedis (75) electionem suam voluit praesentari. Super qua cum a fratribus nostris in nostra praesentia esset aliquantulum pertractatum ; quoniam per te ipsius Ecclesiae statum posse credimus, auctore Domino, in melius reformari, electionem ipsam duximus confirmare. Ideoque per praesentia tibi scripta mandamus, quatenus cum a filiis nostris clericis Narbonensis ecclesiae fueris requi-

(75) Deest hic aliquod verbum.

situs, ad ecclesiam supradictam accedas, et onus episcopale de larga Omnipotentis pietate confisus suscipias.

CXVIII.
Hospitali domui Cantuariensi asserit ecclesiam de Northborne, a Silvestro abbate S. Augustini ad solatium peregrinorum et pauperum concessam.
(Twisden, Hist. Angl. Script., II, 2110.)

Adrianus episcopus, servus servorum Dei, dilectis filiis Silvestro abbati et universis monachis ecclesiae Sancti Augustini, salutem et apostolicam benedictionem.

Si de his operibus, etc. *Infra :* Ex inspectione litterarum vestrarum quoniam relatione dilecti filii nostri R. confratris vestri cognovimus vos ecclesiam de Northborne cum capellis, decimis et omnibus pertinentiis suis hospitali domui quae ante portam vestram constructa est, ad solatium peregrinorum et pauperum misericordiae intuitu concessisse, unde quoniam hanc vestram concessionem nostro postulastis patrocinio roborari, nos eam ad petitionem vestram, sicut rationabiliter a vobis facta esse dignoscitur et scripti vestri pagina confirmata, auctoritate apostolica confirmamus et praesentis scripti patrocinio communimus, etc.

CXIX.
ANNO 1154-1157.

Petente Theobaldo, episcopo Parisiensi, concordiam inter Stephanum decessorem ejus et Theobaldum archidiaconum compositam confirmat.
(Vide Petit, Theodori Poenitentiale, II, 718.)

CXX.
Lanfranci episcopi Laudensis, et Berardi, abbatis monasterii S. Sixti Placentini, controversiam de ecclesia S. Michaelis in Castronovo dirimit.
(Campi, Hist. di Piacenza, II, 354.)

Adrianus episcopus, servus servorum Dei, venerabili fratri Lanfranco Laudensi episcopo, salutem et apostolicam benedictionem.

Ea, quae inter viros ecclesiasticos, compositione vel concordia mediante, rationabili providentia statuuntur, in sua debent stabilitate consistere, ac ad majorem inposterum firmitatem habendam eadem apostolicae sedis praesidio necesse est communiri. Eapropter, venerabilis in Domino frater episcope, compositionem quae inter te et dilectum filium nostrum Berardum abbatem ecclesiae Sancti Sixti de Placentia super ecclesia Sancti Michaelis de Castronovo de qua inter vos quaestio vertebatur, dilecto filio nostro Giufredo, nuntio tuo cum eodem abbate pariter id agente, cui plenariam super hoc concesseras facultatem, in praesentia nostra ex utriusque partis assensu rationabiliter facta est, auctoritate sedis apostolicae duximus roborandam. Quae videlicet compositio ita facta est, velut in subsequentibus continetur. Sacerdos siquidem, qui in eadem Sancti Michaelis ecclesia instituendus fuerit, ab abbate eligendus est, et tibi repræsentandus, qui, si idoneus inventus fuerit, curam a te suscipiat animarum atque obedientiam promittat, et promissam in animarum cura tibi exhibeat. De plebis autem cura tibi et successoribus tuis; de temporalibus vero abbati, ejusque successoribus respondebit. Omnia insuper jura episcopalia, præter partem decimarum et primitiarum, tibi in eadem ecclesia vindicabis, et omni quarto anno, cum ad ecclesiam ipsam accesseris, tibi, et duodecim personis, et totidem equitaturis, sufficienter debent in prandio, vel in coena necessaria ministrare. Duodecim quoque denarios Mediolanen. veteris monetæ tibi, et successoribus tuis in festo Sancti Martini de præfata ecclesia pro censu abbas, vel sacerdos, qui pro tempore ibi fuerit, singulis annis exsolvent. Nihil vero aliud, his exceptis, quæ superius sunt expressa, in ecclesia ipsa debebit. Ut autem prædicta compositio inter vos facta futuris temporibus inviolabiliter observetur, eam auctoritate apostolica confirmamus, et præsentis scripti patrocinio communimus. Statuentes, ut nulli omnino hominum liceat hanc paginam nostræ confirmationis infringere, vel ei aliquatenus contraire, etc.

ANNO 1157.

CXXI.

[Silvestro] abbati S. Augustini Cantuariensi præcipit ut infra dies XXX [Theobaldo] archiepiscopo obedientiam exhibeat.

[Gervasii Chronicon apud TWYSDEN, Hist. Angl. Script., II, 1379.

ADRIANUS episcopus, servus servorum Dei, dilecto filio abbati Sancti Augustini Cantuariæ, salutem et apostolicam benedictionem.

Quanto amplius venerabilis frater noster Cantuariensis archiepiscopus apostolicæ sedis legatus ab ipso promotionis suæ tempore sacrosanctæ Romanæ Ecclesiæ fidelis semper ac devotus noscitur exstitisse, tanto propensius eum et commissam sibi Ecclesiam diligere nos oportet, et jura sua eidem illibata debemus et integra conservare. Inde est quod dilectioni tuæ per apostolica scripta præcipiendo mandamus, quatenus sicut aliquem antecessorum tuorum constat alicui prædecessori ejusdem fratris nostri archiepiscopi obedientiam aliquo tempore exhibuisse, ita eam omni appellatione et occasione remota infra xxx dies post susceptionem præsentiarum litterarum ipsi non differas exhibere.

CXXII.

Parthenonem S. Mariæ Caramagnensem Anselmo episcopo Astensi confert.

(Jan. 4.)

[UGHELLI, Italia sacra, IV, 365.]

ADRIANUS episcopus, servus servorum Dei, venerab. fratri ANSELMO Astensi episcopo, salutem et apostolicam benedictionem.

Quæ a prædecessoribus nostris Romanis pontificibus rationabili providentia fiunt, in sua volumus

stabilitate persistere, et ne futuris temporibus immutentur, nostro etiam munimine roborentur. Beatæ siquidem Mariæ monasterium, quod in loco Caramagnæ situm est, sub apostolicæ sedis defensione, ac dispositione consistit, et ad ejus jus ex antiqua oblatione cognoscitur pertinere. Ipsius ergo meliorationem et recuperationem, ex apostolicæ sedis provisione operam impendentes tibi, charissime frater, et coepiscope Anselme, ejusque successoribus ad exemplum felicis memoriæ V papæ Callisti prædecessoris nostri, eumdem locum committimus, ut in eo vices nostras agas in abbatissarum ordinationibus, et consecrationibus, et in cæteris episcopalibus administrationibus, salvo nimirum in omnibus jure et reverentia Romanæ Ecclesiæ et censu aurei unius, singulis annis Lateranensi palatio persolvendi. Idem enim monasterium, sicut religiosorum fratrum relatione didicimus in spiritualibus et temporalibus admodum diminutum esse, et per vestram potissimum industriam in statum meliorem, cooperante Domino, reformari, et a pravorum hominum potestate et infestatione defendi. Nulli ergo omnino hominum facultas sit, supradictum monasterium a vestra provisione, atque subjectione subtrahere, aut quod a nobis statutum est, qualibet temeritate removere, sed vices nostras in omnibus, prout superius dictum est, ad honorem Dei, et animarum nostrarum salutem, et loci interius, et exterius augmentum, et meliorationem libere per Dei gratiam peragatis. Si quis autem adversus hanc nostram commissionem audaci temeritate proruperit, honoris, et officii sui periculum patiatur, aut excommunicationis abscisione plectatur, nisi præsumptionem suam digna satisfactione coerceat.

Ego Adrianus catholicæ Ecclesiæ episcopus.
Ego Otho diac. card. S. Georgii ad Velum Aureum.
Ego Manfredus presb. card. tit. S. Sabinæ.
Ego Guido diac. cardin. S. Mariæ in Porticu.
Ego Ymanus Tusculanus episcopus.
Ego Jacinthus diac. card. S. Mariæ in Cosmedin.
Ego Cencius Portuensis, et S. Rufinæ episcopus.
Ego Oddo diac. card. S. Nicolai in Carcere Tulliano.
Ego Octavianus presb. card. tit. S. Ceciliæ.
Ego Ard. S. Theodori diac. card.
Ego Joannes diac. card. SS. Joannis et Pauli, tit. Pammachii.
Ego Boso diac. card. SS. Cosmæ et Damiani.

Datum per manum Rolandi, S. R. E. presb. card. et cancellarii 11 Non. Januarii, indictione IV, Incarnationis Dominicæ anno 1156, pontif. vero D. Adriani papæ IV, anno III.

CXXIII.

Ad Wibaldum abbatem Stabulensem. — Ut imperatori suggerat, ut in veneratione sedis apostolicæ permaneat.

(Laterani, Jan. 19.)

[MARTEN., Ampl. Collect., II, 597.]

ADRIANUS episcopus, servus servorum Dei, dile

cto filio Wibaldo Stabulensi abbati, salutem et apostolicam benedictionem.

Devotionem tuam, quam, dum præsens esses, discretio tua nobis exhibuit, attendentes, nihil aliud de persona tua, quam quod probo viro et devoto filio conveniat, arbitramur. Inde siquidem est, quod, licet plurimi astruere moliantur, quod multa in Græcia, præter eam quam de te habemus, opinionem, contra nos et matrem tuam sacrosanctam Romanam Ecclesiam fueris machinatus, nos tamen huic assertioni fidem nolumus adhibere, quoniam ea devotio, quam coram positus nobis exhibuisti, talia credere nos non permittit. Cæterum quia, ut ait quidam sapiens, vita judicat de priori, ex futuris attendimus, quid de prædictis credere debeamus. Quoniam igitur circa charissimum filium nostrum Fredericum Romanorum imperatorem quidam esse dicuntur, qui ad hoc modis omnibus elaborant, ut in animo ejus sacrosanctæ Romanæ Ecclesiæ devotionem exstinguant, dilectioni tuæ per apostolica scripta mandamus, quatenus juxta prudentiam tuam pravis suggestionibus illorum obsistas, et prædictum imperatorem in veneratione apostolicæ sedis, sicut debet, moneas permanere, ita ut a bono et recto sensu nullius penitus suggestionibus moveatur. Ex hoc enim nosse poterimus, quid de animi tui devotione sine dubitatione aliqua tenere possimus.

Data Lat. xiv Kal. Februarii.

CXXIV.

Parthenonem S. Zachariæ Venetum tuendum suscipit.
(Laterani, Febr. 18.)

[Cornelii *Ecclesiæ Venetæ*, XI, 374.]

Adrianus episcopus, servus servorum Dei, dilectis in Christo filiabus Giseldrudæ abbatissæ monasterii S. Zachariæ, ejusque sororibus tam præsentibus quam futuris, regulariter substituendis, in perpetuum.

Apostolici moderaminis clementiæ convenit religiosas personas diligere, et eorum loca piæ protectionis munimine defensare. Eapropter, dilectæ in Domino filiæ, vestris justis postulationibus clementer annuimus, et præfatum monasterium, in quo divino estis mancipatæ obsequio, sub beati Petri et nostra protectione suscipimus et præsentis scripti privilegio communimus. Imprimis siquidem statuentes ut ordo monasticus, qui secundum Deum et Cluniacensium fratrum observantiam ibi noscitur institutus, perpetuis temporibus inviolabiliter observetur.

Præterea quascunque possessiones, quæcunque bona idem monasterium in præsenti juste et canonice possidet, aut in futurum concessione pontificum, largitione regum vel principum, oblatione fidelium, seu aliis justis modis, Deo propitio, poterit adipisci, firma vobis et his quæ post vobis successerint, et illibata permaneant. In quibus hæc propriis duximus exprimenda vocabulis.

Curtem sitam in villa quæ Petriolo vocatur cum ecclesia Sanctæ Thomæ, et omnibus pertinentiis suis; curtem positam in loco quæ dicitur Cona, cum ecclesia Sanctæ Mariæ et omnibus pertinentiis suis et quidquid in Sacco, Lupa, in Liquentia, et in Laurentiaca atque earum appendiciis. Decimas quoque omnium colonorum earumdem curtium, quas rationabiliter possidetis, vobis nihilominus confirmamus. Prohibemus autem ut nulla deinceps soror in eodem monasterio admittatur, quæ proprietatem modis quibuslibet habere præsumat.

Decernimus ergo ut nulli omnino hominum liceat præfatum monasterium temere perturbare, aut ejus possessiones auferre, vel ablatas retinere, minuere, aut aliquibus vexationibus fatigare, sed illibata omnia et integra conserventur eorum, pro quorum gubernatione ac sustentatione concessa sunt, usibus omnimodis profutura, salva sedis apostolicæ auctoritate et diœcesani episcopi canonica justitia.

Si qua igitur, etc.

Ego Adrianus catholicæ Ecclesiæ episcopus.
Ego Ubaldus presb. card. tit. S. Praxedis.
Ego Manfredus presb. card. tit. S. Sabinæ.
Ego Octavianus presb. card. tit. S. Ceciliæ.
Ego Actaldus presb. card. tit. S. Priscæ.
Ego Gerardus presb. card. tit. S. Stephani in Cœlio Monte.
Ego Joannes presb. card. SS. Joannis et Pauli tit. Pammachii.
Ego Aldiprandus presb. card. Basilicæ XII Apostolorum.
Ego Odo diac. card. S. Georgii ad Velum Aureum.
Ego Rodulphus diac. card. in Septa solis.
Ego Guido diac. card. S. Mariæ in Porticu.
Ego Bonadies diac. card. S. Angeli.

Datum Laterani per manum Rolandi, sanctæ Romanæ Ecclesiæ presb. card. et cancellarii, xii Kal. Martii, indictione v, Incarnationis Dominicæ anno 1156, pontificatus vero domni Adriani papæ IV, anno iii.

CXXV.

Monasterii Scotorum S. Jacobi Ratisponensis tutelam suscipit possessionesque ac privilegia confirmat, imposito monachis bizantii unius censu annuo.
(Laterani, Mart. 19.)

[Ried, *Cod. diplom. Ratisb*, I, 224.]

Adrianus episcopus, servus servorum Dei, dilectis filiis, Gregorio abbati monasterii Sancti Jacobi, quod in suburbio Ratispone situm est, ejusque fratribus Scotis tam præsentibus quam futuris regularem vitam professis in perpetuum.

Piæ postulatio voluntatis effectu debet prosequente compleri, quatenus et devotionis sinceritas laudabiliter existat, et utilitas postulata vires indubitanter assumat. Eapropter, dilecti in Domino filii, vestris justis postulationibus clementer annuimus et prædecessorum nostrorum felicis memoriæ Calixti et Eugenii Romanorum pontificum vestigiis inhærentes præfatum monasterium, in quo divino mancipati estis obsequio, sub beati Petri et nostra protectione suscipimus, et præsentis scripti privilegio communimus, inprimis siquidem statuentes, ut ordo monasticus, qui secundum Deum et beati Benedicti Regulam in eodem loco noscitur institutus, perpetuis ibidem temporibus inviolabiliter conservetur. Præterea quascunque possessiones, quæcunque bona idem monasterium in præsentiarum juste et canonice possidet, aut in futurum concessione pontificum, largitione regum vel principum, oblatione fidelium seu aliis justis modis, Deo propitio, poterit adipisci, firma vobis vestrisque successoribus et illibata permaneant; sepulturam quoque ipsius loci liberam esse decernimus; ut eorum, qui se illic sepeliri deliberaverint, devotioni et extremæ voluntati, nisi forte excommunicati vel interdicti sint, nullus obsistat, salva tamen justitia matricis Ecclesiæ. Ad indicium autem hujus a sede apostolica concessi præcepti protectionis bizantium unum nobis nostrisque successoribus annis singulis persolvetis.

Decernimus ergo ut nulli omnino hominum liceat, præfatum monasterium temere perturbare, aut aquæductum ab abbate de Prule vobis juste concessum, seu cæteras possessiones auferre vel ablatas retinere, minuere aut aliquibus vexationibus fatigare; omnia integra conserventur eorum, pro quorum gubernatione et sustentatione concessa sunt, usibus omnimode profutura, salva Ratisponensis episcopi canonica justitia.

Si qua igitur, etc.

Ego Adrianus catholicæ Ecclesiæ episcopus.

Deinde sequitur subscriptio quinque cardinalium.

Datum Laterani per manum Rolandi, sanctæ Romanæ Ecclesiæ presbyteri cardinalis et cancellarii xiv Kalend. Aprilis, indictione v, Incarnationis Dominicæ anno 1156, pontificatus vero domni Adriani papæ IV, anno tertio.

Plumbum : Adrianus PP. IV.

CXXVI.

Monasterii S. Vitalis Ravennatis protectionem suscipit bonaque confirmat.

(Laterani, April. 5.)

[MARGARINI, *Bullar. Casin.*, II, 177.]

ADRIANUS episcopus, servus servorum Dei, dilectis filiis ALBERICO abbati monasterii Sancti Vitalis Ravennatis, ejusque fratribus, tam præsentibus quam futuris regularem vitam professis, in perpetuum.

Religiosam vitam eligentibus, sollicita nos oportet consideratione prospicere, ne alicujus necessitatis occasio, aut eos desides faciat, aut, quod absit! robur sacræ conversationis infringat. Eapropter, dilecti in Domino filii, vestris justis postulationibus clementer annuimus, et præfatum monasterium, in quo divino mancipati estis obsequio, sub beati Petri et nostra protectione suscipimus et præsentis scripti privilegio communimus. Statuentes ut quascunque possessiones, quæcunque bona idem monasterium in præsentiarum juste et canonice possidet, aut in futurum concessione pontificum, largitione regum vel principum, oblatione fidelium, seu aliis justis modis, præstante Domino, poterit adipisci, firma vobis vestrisque successoribus, et illibata permaneant. In quibus hæc propriis duximus exprimenda vocabulis :

Ecclesiam Sanctæ Crucis et Sancti Nozarii cum possessionibus suis; ecclesiam Sancti Laurentii in Pannonia, et Sancti Joannis in consule; ecclesiam Sanctæ Mariæ in vinea Taliata. In episcopatu Faventino, ecclesiam Sancti Joannis in Ronco cum possessionibus suis; ecclesiam Sancti Laurentii in Auriclania cum possessionibus suis, et cum eisdem villis, homines et dominicata vestra, molendina et quidquid habetis in Taurise. Hospitale Sancti Jacobi de Carossa cum ecclesia et possessione sua; quidquid habetis in ecclesia Sanctæ Mariæ in Prata; tenimentum quod habetis in Gunfo, Fossula, Vigazolo, Flexo, Badarzolo et Blancana. Quidquid habetis in ecclesia Sancti Petri et Sancti Salvatoris, homines, molendinum, et dominicata, quæ sunt posita in Albereto, ex utraque parte fluminis. Quidquid habetis in curte Sancti Basilii, et ecclesiam Sancti Petri, in Ponticello, cum possessionibus suis; homines et dominicata quæ sunt posita in Ponticello et Abruliam cum suis fundis. Quidquid habetis in civitate Faventia, totum fundum Visiliani et Cerreti; curtem Aviliani cum omnibus pertinentiis suis; et quæ sunt posita in utraque parte fluminis; ecclesiam Sancti Petri in Casaliclo cum possessionibus suis, quæ est in episcopatu Corneliensi. Quidquid habetis in comitatu Cunii. Quidquid habetis in comitatu Bagnæ caballi; ecclesiam Sancti Gervasii et Protasii cum possessionibus suis. In episcopatu Bononiensi ecclesiam Sancti Laurentii in Galeria cum possessionibus. In episcopatu Ferrariensi ecclesiam Sancti Vitalis cum possessionibus suis; curtem Sancti Laurentii in Scornio cum omnibus possessionibus suis; quæ omnia sunt posita in territorio Ferrariensi et Adrianensi. Quidquid habetis in civitate Argentea, terris, aquis, paludibus et piscationibus ex utraque parte Padi. In episcopatu Cerviensi, quidquid habetis, tam in salinis quam in ædificiis, ecclesiam Sancti Theodori cum omnibus possessionibus suis, tam in terris, quam in vineis silvis et paludibus; quæ omnia sunt posita in episcopatu Cerviensi, et in episcopatu Cesenæ. Quidquid habetis in curte Saliani et in episcopatu Cesenæ. In episcopatu Ariminensi ecclesiam Sanctæ Mariæ in Gauriolo cum omnibus possessionibus suis, silvis, ripis et montibus; quidquid habetis in eodem episcopatu in plebe Sancti Archangeli et in plebe Sancti Viti. Castrum Marignani, cum ecclesia Sancti Joannis et cum omnibus pertinentiis suis. Quidquid habetis in episcopatu Senogalliensi, tam in civitate, quam juxta civitatem et extra.

Decernimus ergo, quod nulli omnino hominum liceat supradictum monasterium temere perturbare, aut ejus possessiones auferre, vel ablatas retinere, minuere, seu quibuslibet vexationibus fatigare, sed illibata omnia et integra conserventur eorum, pro quorum gubernatione ac sustentatione concessa sunt, usibus omnimodis profutura, salva sedis apostolicæ auctoritate, et diœcesanorum episcoporum canonica justitia.

Si qua igitur, etc. Cunctis autem, etc.

Ego Adrianus catholicæ Ecclesiæ episcopus.
Ego Cencius Portuensis et Sanctæ Rufinæ episc.
Ego Gregorius Sabinensis episcopus.
Ego Manfredus presbyter cardin. tit. S. Sabinæ.
Ego Julius presb. card. tit. S. Marcelli.
Ego Bernardus presb. card. tit. S. Clementis.
Ego Octavianus presb. card. tit. S. Cæciliæ.
Ego Gerardus presb. card. tit. S. Stephani in Cœlio Monte.
Ego Henricus presb. card. tit. SS. Nerei et Achillei.
Ego Ildebrandus presb. card. tit. Basilicæ XII Apostolorum.
Ego Oddo diaconus cardinalis tit. S. Georgii ad Velum Aureum.
Ego Guido diac. card. tit. S. Mariæ in Porticu.
Ego Jacynthus diac. card. S. Mariæ in Cosmedin.
Ego Bonadies diac. card. tit. S. Angeli.
Ego Ardicio diac. card. tit. S. Theodori.
Ego Albertus diac. card. tit. S. Adriani.

Datum Laterani per manum Rolandi, sanctæ Romanæ Ecclesiæ presbyteri cardinalis et cancellarii, Nonis Aprilis, indictione v, Incarnat. Dominicæ anno 1157, pontificatus vero domni Adriani papæ IV, anno tertio.

CXXVII.

Ecclesiam S. Petri Guastallensem tuendam suscipit et ejus bona ac jura confirmat.

(Laterani, Maii 13.)

[Affo, *Istoria di Guastalla*, I, 341.]

ADRIANUS episcopus, servus servorum Dei, dilectis filiis RAINALDO archipresbytero ecclesiæ Beati Petri quæ in Guastallensi pago sita est, ejusque fratribus tam præsentibus quam futuris canonice substituendis, in perpetuum.

Quoniam sine veræ cultu religionis, nec charitatis unitas subsistere potest, nec Deo gratum valet servitium exhiberi, expedit apostolicæ auctoritati religiosas personas diligere, et religiosa loca maxime quæ B. Petri juris existunt et ad Romanam specialiter spectant Ecclesiam sedis apostolicæ munimine confovere. Quocirca, dilecti in Domino filii, vestris justis postulationibus clementer annuimus et præfatam ecclesiam, quæ esse juris Romanæ Ecclesiæ dignoscitur, a prædecessore nostro felicis memoriæ papa Gregorio quinto in plebem de capella promotam et successorum ejus sanctæ recordationis Paschalis, Innocentii et Eugenii Romanorum pontificum privilegiis roboratam sub ejusdem apostolorum principis et nostra protectione suscipimus et præsentis scripti patrocinio communimus. Statuentes ut quascunque possessiones, quæcunque bona seu decimas eadem ecclesia impræsentiarum juste et canonice possidet, aut in futurum concessione pontificum, liberalitate regum, largitione principum, oblatione fidelium, seu aliis justis modis, præstante Domino, poterit adipisci, firma vobis vestrisque successoribus, et illibata permaneant. Chrisma vero, oleum sanctum, ordinationes clericorum, sive consecrationes ecclesiarum a quocunque malueritis, catholico suscipiendi episcopo licentiam vobis liberam indulgemus. Ad hæc adjicientes decernimus ut nullus ecclesiam infra terminos vestræ parochiæ nisi quæ vobis debeat esse subjecta, absque vestra licentia ædificare præsumat. Capellas quoque Sancti Georgii, Sancti Martini, Sancti Jacobi ad jus vestræ ecclesiæ pertinentes et a præfatis antecessoribus nostris vobis firmatas in vestra subjectione perpetuo manere sancimus. Ad indicium autem hujus a sede apostolica perceptæ protectionis tres bisantios nobis nostrisque successoribus annis singulis persolvetis.

Decernimus ergo ut nulli archiepiscopo, episcopo, abbati, duci, marchioni seu capitaneo, judici aut castaldioni, seu omni alicui hominum liceat præfatam ecclesiam temere perturbare, aut ejus possessiones auferre, vel ablatas retinere, minuere, seu aliis quibuslibet vexationibus fatigare, sed omnia integra conserventur eorum pro quorum gubernatione et sustentatione concessa sunt, usibus omnimodis profutura, salva tamen in omnibus apostolicæ sedis auctoritate.

Si qua igitur, etc.

Ego Adrianus catholicæ Ecclesiæ episcopus.
Ego Gregorius Sabinensis episcopus.
Ego Odo diac. card. S. Georgii ad Velum Aureum.
Ego Rodulfus diac. card. S. Luciæ in Septa Solis.
Ego Manfredus presb. cardinalis tit. S. Luciæ.
Ego Julius presb. card. S. Marcelli.
Ego Octavianus presb. card. tit. S. Cæciliæ
Ego Joannes presb. card. SS. Joannis et Pauli tit. Pammachii.
Ego Aldebrandus presb. card. tit. Basilicæ XII Apostolorum.
Ego Guido diac. card. tit. S. Mariæ in Porticu.
Ego Jacynthus diac. card. S. Mariæ in Cosmedin.
Ego Ardicio diac. card. S. Theodori.
Ego Boso diac. card. SS. Cosmæ et Damiani.

Datum Laterani per manum Rolandi, sanctæ Romanæ Ecclesiæ presbyteri cardinalis et cancellarii, III Idus Maii, indict. v, Incarnationis Dominicæ anno 1157, pontificatus vero domni Adriani papæ IV, anno tertio.

CXXVIII.

Privilegium pro monasterio Canusino in pago Reginensi.

(Laterani, Maii 15.)

[TIRABOSCHI, *Memorie Moden.*, III, 33.]

ADRIANUS episcopus, servus servorum Dei, dilectis filiis MANFREDO abbati monasterii Canusini quod situm est in Regina parochia, ejusque fratribus tam præsentibus quam futuris regulariter substituendis, in perpetuum.

Piæ postulatio voluntatis effectu debet prosequente compleri, quatenus devotionis sinceritas laudabiliter enitescat, et utilitas postulata vires indubitanter assumat. Eapropter, dilecti in Domino filii, vestris justis petitionibus clementer annuimus, et Beati Apollonii monasterium, ad exemplar prædecessorum nostrorum felicis memoriæ Honorii et Innocentii summorum pontificum, in quo divino mancipati estis obsequio, sub beati Petri et nostra protectione suscipimus et præsentis scripti privilegio communimus; statuentes ut quæcunque possessiones, quæcunque bona impræsentiarum idem monasterium juste et canonice possidet, aut in futurum concessione pontificum, largitione regum vel principum, oblatione fidelium, seu aliis justis modis, Deo propitio, poterit adipisci, firma vobis vestrisque successoribus et illibata permaneant. In quibus hæc propriis duximus exprimenda vocabulis :

Medietatem ipsius castri Canusini cum capella Sancti Martini et cæteris pertinentiis suis; castellum Sarzanum cum capella et curte ipsius; castrum Filicæ cum curte et duabus capellis, castrum novum cum capella et curte; monasterium Sancti Michaelis cum pertinentiis suis; ecclesiam de Roarolo, ecclesiam Sancti Abbundi, ecclesiam Sancti Joannis de Gurgo; ecclesiam Sancti Petri de Bagnolo, ecclesiam Sanctæ Euphemiæ de Casula, capellam Sancti Georgii de Fano, ecclesiam Sanctæ Euphemiæ de Plazola, mansum quoque de Fano, quem recolendæ memoriæ Henricus imperator ecclesiæ vestræ pietatis intuitu noscitur tradidisse; decimas etiam de Donnicatis, quæ fuerunt bonæ recordationis inarchionis Bonifacii aut de propriis donnicatis ejusdem monasterii in curte Canossæ, Paterni, Bibianelli, Caviliani, Cargnoni, Pantani, et de donnicato Gnasiani, Sorzani, Cavelli novi, Filinæ, salvis rationibus plebium, et decimam de Foresto curiæ Canossæ, sicut eas decimas venerabilis frater noster Albertus Reginus episcopus præfato monasterio canonice concessisse dignoscitur, et scripti sui pagina roborasse.

Decernimus ergo ut nulli omnino hominum liceat prædictum monasterium temere perturbare, aut ejus possessiones auferre, vel ablatas retinere, minuere, seu aliquibus molestiis fatigare, sed omnia integra conserventur eorum, pro quorum gubernatione et sustentatione concessa sunt, usibus omnimodis profutura, salva in omnibus apostolicæ sedis auctoritate, et diœcesanorum episcoporum in suprædictis ecclesiis canonica justitia. Ad indicium autem hujus a sede apostolica perceptæ libertatis xx sol., nobis nostrisque successoribus annis singulis persolvetis.

Si qua igitur, etc.

Ego Adrianus catholicæ Ecclesiæ episcopus.
Ego Manfredus presb. card. titulo Sanctæ Sabinæ.
Ego Octavianus presb. card. titulo Sanctæ Ceciliæ.
Ego Guido diac. card. Sanctæ Mariæ in Porticu.
Ego Bonadies diaconus cardinalis Sancti Angeli.
Ego Henricus presbyter cardinalis titulo Sanctorum Nerei et Achillæi.
Ego Otto diaconus cardinalis Sancti Georgii ad Velum Aureum.
Ego Oddo diaconus cardinalis Sancti Nicolai in Carcere Tulliano.
Ego Albertus diaconus cardinalis Sancti Adriani.
Ego Ildeprandus presbyter cardinalis tit. Basilicæ XII Apostolorum.

Datum Laterani per manum Rolandi, sanctæ Romanæ Ecclesiæ presbyteri cardinalis et cancellarii, Idibus Maii, indictione v, Incarnationis Dominicæ anno 1156, pontificatus vero domni Adriani papæ IV, anno III.

CXXIX.

Privilegium pro monasterio S. Mariæ Pontiniacensi.
(Laterani? Maii 18.)

[MARTENI, *Thesaur. Anecdot.*, III, 1231.]

ADRIANUS episcopus, servus servorum Dei, dilecto filio GUIZARDO abbati monasterii S. Mariæ de Pontiniaco, ejusque fratribus tam præsentibus quam futuris regularem vitam professis in perpetuum.

Religiosis desideriis dignum est facilem præbere consensum, ut fidelis devotio celerem sortiatur effectum. Eapropter, dilecti in Domino filii, vestris justis postulationibus clementer annuimus, et præfatum monasterium in quo divino estis mancipati obsequio, sub beati Petri et nostra protectione suscipimus, et præsentis scripti privilegio communimus, statuentes ut quascunque possessiones, quæcunque bona idem monasterium inpræsentiarum juste et canonice possidet, vel in futuro, Domino præstante, poterit adipisci rationabiliter, firma vobis vestrisque successoribus et illibata permaneant. In quibus hæc propriis duximus exprimenda vocabulis.

Abbatiam de Pontiniaco cum omnibus pertinentiis suis, Grangiam, S. Porcariam, Bunionem, Creceium, Challiacum, Burs, Vilers, Algremontem, Campum-inventum, Folcherias, Aiglisoles, cum omnibus pertinentiis earum in nemoribus, in planis, pratis, aquis, usaria quoque in universa Otta, et in nemoribus quæ ad Senonensem archiepiscopum et Trecensem episcopum pertinent, sicut ob eis pia vobis devotione concessum, et scripti sui pagina noscitur confirmatum. Statuimus etiam ut infra circuitum grangiarum vestrarum nullus omnino hominem capere, vel furtum, aut rapinam facere, seu violentiam exercere præsumat. Adjicimus præterea ut infra spatium dimidiæ leucæ circa grangias vestras, et præcipue circa grangiam Seveiæ, domum aliquam de novo ad habitandum nulla penitus ecclesiastica sæcularisve persona sine conscientia et permissione vestra facultatem habeat construendi. Si quis autem id attentare præsumpserit, canonica sententia percellatur. Sane novalium vestrorum, quæ propriis manibus aut sumptibus colitis, sive de nutrimentis vestrorum animalitum, nullus a vobis decimas præsumat exigere.

Decernimus ergo ut nulli omnino hominum liceat præfatum monasterium temere perturbare, aut ejus possessiones auferre, vel ablatas retinere, minuere, seu quibuslibet vexationibus fatigare; sed illibata omnia et integra conserventur, eorum pro quorum gubernatione et sustentatione concessa sunt usibus omnimodis profutura, salva sedis apostolicæ auctoritate.

Si qua igitur, etc.

S. PETRUS, S. PAULUS, ADRIANUS PAPA IV.
Locus monogrammatis.
OCULI MEI SEMPER AD DOMINUM.

Ego Adrianus catholicæ Ecclesiæ episcopus.
Ego Gregorius Sabinensis episcopus.
Ego Manfredus presbyter card. tituli S. Sabinæ.
Ego Octavianus presbyter card. tituli S. Ceciliæ.
Ego Gerardus presbyter cardinalis tituli S. Stephani in Cœlio Monte.
Ego Joannes presbyter cardinalis Sanctorum Joannis et Pauli tituli Pammachii.
Ego Henricus presbyter cardinalis SS. Nerei et Achillei.
Ego Joannes presbyter cardinalis tituli Sanctorum Silvestri et Martini.
Ego Aldebrandus presbyter cardinalis tituli Basilicæ XII apostolorum.
Ego Radulfus diaconus cardinalis S. Luciæ in Septasolis.
Ego Guido diaconus cardinalis S. Mariæ in Porticu.
Ego Jacintus diaconus cardinalis S. Mariæ in Cosmedin.
Ego Ardicio diaconus cardinalis S. Theodori.
Ego Boso diaconus cardinalis Sanctorum Cosmæ et Damiani.
Ego Albertus diaconus cardinalis S. Adriani.

Data per manum Rolandi, sanctæ Romanæ Ecclesiæ presbyteri cardinalis et cancellarii, xv Kalendas Junii, indictione v, Incarnationis Dominicæ, anno 1156, pontificatus vero domni Adriani papæ IV, anno III.

CXXX

Parthenonis S. Mariæ Carolicastrensis protectionem suscipit bonaque confirmat.

(Laterani, Maii 18.)

[Béatrix, comtesse de Châlons, p. 128.]

ADRIANUS episcopus, servus servorum Dei, dilectis in Christo filiabus PERONELLÆ abbatissæ Sanctæ Mariæ Carolicastrensis monasterii, ejusque sororibus tam præsentibus quam futuris regularem vitam professis in perpetuum.

Dicatis Deo virginibus, quæ spretis connubiis maritalibus, et relicto mundo ac pompis ipsius, se totas contulerunt in obsequium Conditoris, et sub religionis habitu ac proposito sanctitatis, mortificata carne, accensis lampadibus cum Christo Domino ad cœleste satagunt convivium introire, nostrum convenit adesse præsidium et contra mundanorum fluctuum tempestates apostolicum munimen impendi, ut apostolica tuitione vallatæ ab omnibus reddantur securæ molestiis, et in Christo se recuperasse gaudeant opem quam in sæculo reliquerunt. Eapropter, dilectæ in Domino filiæ, vestris justis postulationibus clementer annuimus, et præfatam ecclesiam Carolicastrensem, in qua divino mancipatæ estis obsequio, sub beati Petri et nostra protectione suscipimus, et præsentis scripti patrocinio communimus; statuentes ut quascunque possessiones, quæcunque bona idem monasterium in præsentiarum juste et canonice possidet, aut in futurum concessione pontificum, largitione regum vel principum, oblatione fidelium, seu aliis justis modis, Deo propitio, poteritis adipisci, firma vobis, et his quæ vobis successerint et illibata permaneant. In quibus hæc propriis duximus exprimenda vocabulis:

Ecclesiam de Molar, ecclesiam de Nores, ecclesiam de Salaman, ecclesiam Sancti Petri de Mura, ecclesiam de Plaseio, ecclesiam de Rento, ecclesiam de Artai, ecclesiam Sancti Saphorini cum omnibus pertinentiis earum. Præterea quoniam Willelmo comite Burgundiorum et Matisconensi viam universæ carnis ingresso, Adalasia comitissa uxor ejus cum Stephano et Gerardo filiis suis, tertiam partem villæ quæ dicitur Faisses et tallias et alia emolumenta quæ in ea contra justitiam faciebant in præsentia venerabilis fratris nostri Huberti Bisuntini archiepiscopi supradictæ ecclesiæ pietatis intuitu refutavit, et Tibertus de Montmoret talliam panitariam, caponariam, et garbariam, quam in quosdam homines ecclesiæ vestræ faciebat, et septem nummos quos in festo Sancti Martini annuatim in unoquoque manso a Carolicastrensi ecclesia exigebat, in præsentia quorumdam nobilium pro animæ suæ remedio et salute reliquit, easdem refutationes præsentis scripti privilegio confirmamus et inconcussas perpetuis temporibus statuimus permanere.

Decernimus ergo ut nulli omnino hominum liceat præfatam Carolicastrensem ecclesiam temere perturbare, aut ejus possessiones auferre, vel ablatas retinere, minuere, seu quibuslibet molestiis fatigare, sed omnia integra conserventur eorum, pro quorum gubernatione et sustentatione concessa sunt, usibus omnimodis profutura, salva nimirum apostolicæ sedis auctoritate et diœcesanorum episcoporum canonica justitia. Ad indicium autem hujus a sede apostolica perceptæ protectionis, decem libras æræ in septimo anno semper nobis nostrisque successoribus persolvetis.

Si qua igitur, etc.

Symbolum Adriani papæ:
OCULI MEI SEMPER AD DOMINUM.

Ego Adrianus catholicæ Ecclesiæ episcopus.
Ego Gregorius Sabinensis episcopus.
Ego Manfredus presb. card. tit. S. Sabinæ.
Ego Octavianus presb. card. tit. S. Ceciliæ.

Ego Girardus presb. card. tit. S. Stephani in Cœlio Monte.

Ego Joannes presb. card. tit. Sanctorum Joannis et Pauli Pammachii.

Ego Henricus presb. card. tit. SS. Nerei et Achillei.

Ego Joannes presb. card. tit. Sancti Silvestri et Martini.

Ego Aldebrandus presb. card. tit. Basilicæ duodecim Apostolorum.

Ego Odo diac. card. Sancti Georgii martyris ad Velum Aureum.

Ego Radulphus diac. card. in Luciæ S. Septa solis.

Ego Guido diac. card. S. Mariæ in Porticu.

Ego Jacinthus diac. card. S. Mariæ in Cosmedin.

Ego Adicio diac. card Sancti Theodori.

Ego Boso diac. card. SS. Cosmæ et Damiani.

Ego Albertus diac. card. S. Adriani.

Datum Laterani per manum Rolandi, sanctæ Romanæ Ecclesiæ presb. card. et cancell. xv Kalendas Junii, indict. v, Incarnationis Dominicæ anno 1156, pontificatus vero domni Adriani papæ IV, anno tertio.

CXXXI.

Ecclesiæ Genevensis protectionem suscipit, pacemque inter Arducium episcopum et Amedeum comitem Genevensem factam confirmat.

(Laterani, Maii 21.)

(Spon, *Hist. de Genève*, II, 14.)

Adrianus episcopus, servus servorum Dei, venerabili fratri Arducio Gebennensi episcopo, salutem et apostolicam benedictionem.

Quoties a fratribus nostris episcopis talia postulantur, quæ et æquitati conveniant et a rationis tramite non recedant, decet nos animo libenti concedere, et eorum vota oportet nos, effectu operis prosequente complere. Eapropter, venerabilis in Christo frater episcope, justis postulationibus tuis grato concurrentes assensu personam tuam, et commissam tibi ecclesiam sub beati Petri et nostra protectione suscipimus et præsentis scripti patrocinio communimus. Compositionem vero quæ inter te et dilectum filium nostrum nobilem virum Amedeum Gebennensem comitem in præsentia venerabilium fratrum nostrorum S. Viennensis E. Lugdunensis, et P. Tarentasiensis archiepiscoporum, J. Gratianopolitani et Guillelmi Belicensis episcoporum, et quorumdam religiosorum abbatum, super quibusdam controversiis quæ inter vos agebantur, utriusque partis assensu rationabiliter facta est, juxta tuæ postulationis instantiam, tibi et per te ecclesiæ auctoritate apostolica confirmamus cujus videlicet compositionis tenor, sicut in instrumento exinde facto continetur, in subsequentibus invenitur annexus. Prædictus siquidem frater noster Petrus Tarentasiensis archiepiscopus et dilecti filii nostri Almadricus præcentor Gebennensis ecclesiæ, et Willelmus Alberici decanus, Lambertus de Anassiaco decanus, et Artoldus decanus, Gualterius canonicus et capellanus, Pontius de Filingio canonicus, magister Petrus de Tolno canonicus, Aymo vicedominus Gebennensis, Amedeus de Nangiaco, Petrus de Nangiaco, Aymericus de Nangiaco, Falco Turumbertus, Cono de Ruppe, a gravaminibus sacerdotum et diaconorum tibi a comite illatis incipientes, quoniam tu exinde querimoniam feceras, ita inter vos composuerunt, ut si feudum vel terram comitis sacerdotes vel diaconi tenerent, eidem ex æquo servirent; si vero terram ejus dimittere vellent, investituram dimitterent, et secundum quod ab eo tenuerant, usamentum facerent, et sic episcopo et ecclesiæ Gebennensi in pace per omnia remanerent. Quia etiam comes adversus te querimoniam fecerat, quoad eos, qui servili conditione sui erant, ordinaveras, super hoc ita est definitum, ut qui ante sacerdotes vel diaconi ordinati fuerant, in pace tibi dimitterentur, et deinceps servos comitis, vel suorum, nisi eorum assensu, nullatenus ordinares. De feudo quoque decimarum conquestus est comes, sed quia prætendebas definitionem per compositionem super ipsas decimas a comite tibi factam esse, ita positum est, ut compositionem esse factam ostenderes et teneretur; sin autem feudum decimarum comiti dimitteres, salvo quidem episcopali jure et apostolicæ sedis mandato. Tu vero post hæc aliam proposuisti querimoniam de castris super ecclesia a comite nuper constructis, et de Willelmo de Marvello cujus hominum comes indebite acceperat, et proinde ab ecclesia Gebennensi cujus per omnia esse debuerat, alienaverat; inde nimirum præfati concordatores sic de castris composuerunt, ut quæcunque super terram ecclesiæ per comitem constructa fuerant, si probari posset, omnino destruerentur; alioquin si super terram comitis erecta essent, integra remanerent, ita sane quod rebus ecclesiæ in aliquo non nocerent. Præterea de Willelmo Marvallensi ita est ordinatum, ut quia vir nobilis est, si vellet feudum comitis dimitteret, et hominio comitis irrito facto ad Gebennensis ecclesiæ dominium et episcopi rediret; si mallet feudum comitis et ejus dominium tenere feudum ecclesiæ in pace dimitteret, et exinde nullam exactionem comes ecclesiæ faceret. De cætero querimonia comitis fuit de filio Maynerii quem tu ei abstuleras, super quo satis ad plenum a te responsum est habitum, videlicet quod mater ad domum Gelennensis ecclesiæ attinebat, et propter hoc filio Maynerii feudum ecclesiæ dederat, quia ex parte matris quæsierat et ad ipsum spectabat. Quocirca positum est, si comes ipsum filium Maynerii habere vellet, ille feudum ecclesiæ ad pacem dimitteret, et a comite vel ab aliquo nulla ex hoc gravamina ecclesiæ inferrentur. Porro de hominibus et terris ecclesiæ a comite et a suis interceptis et superceptis a te querimonia deposita fuit, super communi consilio compositorum dictum fuit, ut in quibus partibus Gebennensis episcopatus hujusmodi controversia habebatur, pro examinanda veritate circa locorum affinitales quatuor ex parte tua et quatuor ex parte comitis homines boni testimonii et indigenæ ad jusjurandum censura ecclesiastica cogerentur, et quod ipsos constaret tactis sacrosanctis reliquiis de justa possessione ecclesiæ vel comitis profiteri, ab utroque vestrum firmiter in posterum teneretur. Inter cætera vero, quæ continentur in compositione apud Saysel facta, continerentur et hæc: ut recordationes factæ post jusjurandum per homines episcopi et comitis Amaldricum videlicet Gebennensem cantorem et canonicum, Willelmum Born decanum, Richardum vicedomnum, Willelmum de Bosco, sicut recitatæ fuerant communi assensu tui scilicet et comitis in præsentia memorati Petri Tarentasiensis archiepiscopi et Amedei Lausannensis episcopi, atque abbatum totius episcopatus, Rodulphi de Alta Comba, Stephani Chisiriasensis, Moysi de Bonomonte, Borch. de Habundantia, Pontii de Six, nec non Rodulphi Agaunensis abbatis et multorum religiosorum et honestorum virorum assistentium in episcopali domo apud Gebennas, quid episcopo, quid comiti in dominio et justitia Gebennensis civitatis attineret firmiter ab utrisque tenerentur. Recordationes sunt istæ : Bannum totius Genevæ in omnibus et per omnia tuum solummodo esse; justitiam et dominium cujusque sit homo ad te tantummodo pertinere : adventitios quoque ex quo per annum et diem Gebennis moram fecerint, tuos solummodo esse, comes vero in tota Geneva nullos homines capere debet; hospitalitatem, placitum generale, foraciones vini, coroddam et mutationes domorum, si dominus mortuus fuerit, debes ut dominus possidere; forum totius villæ et justitiam fori ad te solummodo pertinere; pedagium ripale et pascua similiter. Comes quoque per se vel per aliquem de suis in pascuis Gebennensibus, nullas equitaturas capere debet; monetam in manus tuas tantummodo esse. Si quis vero latro captus fuerit, ipsum et omnia ejus tu habere debes ; statio comitis Gebennis in cognitione tua sit, ita tamen ut comes et familia ejus ecclesiæ et civibus et ecclesiasticis rebus non noceat; comes etiam aut aliqui de suis vadimonia sua per vim alicui et nisi æque valent minime ponant, et non aliter quam ad pacem creditoris eadem dimittant; hactenus episcopalia. — De his vero quæ ad comitem spectare videntur sunt hæc: Comes est, et bonus advocatus sub episcopo esse debet; tantam denique familiaritatem ex dilectione in domo episcopali habere debet, quod in mutationibus officiorum ejusdem domus, situ inde quæstionem habueris druuliam (sic) ibi admodum habere debet. Tu quoque si adversus aliquem de familia sua commotus vel iratus fueris, ad comitem refugium habebit, et donec tibi congrue satisfaciat, comiti eumdem tenere licebit; simili modo de familia comitis a te per omnia tenebitur. Quamvis vero de latrone, sicut superius continetur, fiat, si ad damnandum, vel aliquam inde justitiam faciendam, fuerit deputatus, comiti tamen pro peragenda justitia reddetur ; consequenter et de monasteriis, si falsam aliquando monetam fecerint, jussu tuo comes justitiam faciet.

Quoniam igitur comes modum excedendo multa et maxima damna tibi intulerat et canonicis similiter domosque hominum tuorum diruendo destruxerat, dixerunt compositores ut quadraginta libras pro restauratione damni comes persolveret; canonicis vero damnum suum ad eorum libitum et misericordiam emendaret. In redintegratione quoque domorum hominibus quorum fuerant ad eorum pacem emendationem comes faceret. Dictum est autem ut omnibus hominibus tuis quos comes, pro malivolentia inter se et te habita odio habuerat, pacem redderet : similiter et tu ipse hominibus comitis pacem faceres, exceptis illis qui tua abstulerant, illa videlicet quæ comes minime habuerat; de quibus dictum est, ut comes tibi super ipsis justitiam, donec ablata juxta beneplacitum tuum redderentur, faceret ; sin autem tu ipse justitiam tuam proinde faceres, comes vero in nullo tibi contradiceret. De piscatione vero ante tu querimoniam feceras, ita positum est ut bonas consuetudines quas homines tui ab antiquo per locum habuerant, semper in pace haberent. Fuit et querimonia tua de die piscationis in Venna quam comes abstulerat, super quo a compositoribus dictum est, ut quando comitem vocare velles, in curiam tuam veniret, ac per cognitionem curiæ in pace remaneret. De Rodulpho quidem Sancti Gervasii, quia comes inde conquestus fuerat, sic positum est ut investitura ecclesiæ remaneret, et si comes vellet super hoc in curiam tuam veniret, et secundum quod dictum erat vel adhuc diceretur, jus suum uterque possideret.

Si quis vero pacem hanc vel concordiam temerario ausu infringere tentaverit, dictum est ab ipsis compositoribus ut tu inde justitiam facias, et comes infra quadraginta dies et tua pro facta justitia non offendat.

Ut igitur compositio ipsa futuris temporibus inviolabiliter observetur, eam apostolicæ sedis auctoritate duximus confirmandam, et præsenti privilegio muniendam.

Decernimus ergo ut nulli omnino hominum liceat hanc paginam nostræ confirmationis infringere, vel ei aliquatenus contraire. Si quis autem hoc attentare præsumpserit, secundo tertiove commonitus, nisi præsumptionem suam congrua satisfactione correxerit, potestatis honorisque sui dignitate careat, reumque se divino judicio existere de perpetrata iniquitate cognoscat, atque in extremo examine districtæ ultioni subjaceat.

Cunctis vero eam servantibus sit pax Domini nostri Jesu Christi , quatenus et hic fructum bonæ actionis percipiant, et apud districtum judicem præmia æternæ pacis inveniant. Amen, amen, amen.

Ego Adrianus catholicæ Ecclesiæ episcopus.
Ego Gregorius Sabinensis ecclesiæ episcopus.

Ego Manfredus presbyter cardinalis tituli Sanctæ Sabinæ.

Ego Girardus presbyter cardinalis tituli Sancti Stephani in Cœlio Monte.

Ego Henricus presbyter cardinalis tituli Sanctorum Nerei et Achillei.

Ego Otto diaconus cardinalis tituli Sancti Georgii ad Velum Aureum.

Ego Rodulphus diaconus cardinalis Sanctæ Luciæ in Scepta.....

Ego Guido diaconus cardinalis Sanctæ Mariæ in Porticu.

Ego Odo diaconus cardinalis Sancti Nicolai in Carcere Tulliano.

Ego Ardicio diaconus cardinalis Sancti Theodori.

Ego Boso diaconus cardinalis Sanctorum Cosmæ et Damiani.

Ego Albertus diaconus cardinalis, Sancti Adriani.

Datum Laterani per manum Rolandi, sanctæ Romanæ Ecclesiæ presbyteri cardinalis et cancellarii, xii Kal. Junii, indictione v, Incarnationis Dominicæ anno 1157, pontificatus vero domni Adriani papæ IV anno tertio.

CXXXII
Ecclesiæ Genevensi asserit bona a Frederico imperatore collata.
(Laterani, Maii 21.)
[*Ibid.*, p. 20.]

ADRIANUS episcopus, servus servorum Dei, venerabili fratri ARDUCIO Gebennensis Ecclesiæ episcopo, ejusque successoribus canonice substituendis, in perpetuum.

Cum ex injuncto nobis a Deo apostolatus officio, quo cunctis Christi fidelibus, auctore Domino, præeminemus, singulorum paci et tranquillitati debeamus intendere, præsertim pro illorum quiete oportet nos esse sollicitos, qui pastorali dignitate sunt præditi et ad officium pontificale promoti. Nisi enim nos eorum utilitatibus intendentes, ipsorum jura, in quantum Deo permittente possumus, integra conservemus, et auctoritate apostolica eos a pravorum incursibus defendamus, de illorum salute non vere poterunt esse solliciti qui sibi ad regendum, Domino disponente, sunt commissi. Eapropter, venerabilis in Christo frater Gebennensis episcope, tuis justis postulationibus gratum impertimus assensum et præfatam Gebennensem ecclesiam cui, Deo auctore, præesse dignosceris, sub beati Petri et nostra protectione suscipimus, et præsentis scripti privilegio communimus; statuentes ut ea quæ charissimus in Christo filius noster Fredericus Romanorum imperator, ad regale jus pertinentia, tibi et ecclesiæ tuæ, intra civitatem Gebennensem et extra pietatis intuitu noscitur legitime contulisse, et scripti sui pagina roborasse, sicut in ipso scripto continetur, tibi tuisque successoribus auctoritate sedis apostolicæ integre confirmamus, et hujus privilegii munimine roboramus. Præterea quascunque possessiones, quæcunque bona eadem ecclesia impræsentiarum juste et canonice possidet, aut in futurum concessione pontificum, largitione regum vel principum, oblatione fidelium, seu aliis justis modis, præstante Domino, poterit adipisci, firma tibi, tuisque successoribus et illibata permaneant.

Decernimus ergo ut nulli omnino hominum liceat supradictam ecclesiam temere perturbare, aut ejus possessiones auferre, vel ablatas retinere, minuere, seu quibuslibet vexationibus fatigare, sed illibata omnia et integra conserventur eorum, pro quorum gubernatione et sustentatione concessa sunt, usibus omnimodis profutura, salva nimirum in omnibus apostolicæ sedis auctoritate.

Si qua igitur, etc.

Ego Adrianus catholicæ Ecclesiæ episcopus.

Ego Manfredus presbyter cardinalis tit. Sanctæ Sabinæ.

Ego Gregorius Sabinensis Ecclesiæ episcopus.

Ego Girardus cardinalis tit. Sancti Stephani in Cœlio Monte.

Ego Almericus presbyter cardinalis tituli Sanctorum Nerei et Achillei.

Ego Otto diaconus cardinalis Sancti Georgii ad Velum Aureum.

Ego Rodulphus diaconus cardinalis in Septa Sanctæ Luciæ.

Ego Guido diaconus cardinalis Sanctæ Mariæ in Porticu.

Ego Odo diaconus cardinalis Sancti Nicolai in Carcere Tulliano.

Ego Ardicio diaconus cardinalis Sancti Theodori.

Ego Boso diaconus cardinalis Sanctorum Cosmæ et Damiani.

Ego Albertus diaconus cardinalis Sancti Adriani.

Datum Laterani per manum Rolandi, sanctæ Romanæ Ecclesiæ presbyteri cardinalis et cancellarii, xii Kal. Junii, indict. v, Incarnationis Dominicæ anno 1157, pontificatus vero domni Adriani papæ IV anno tertio.

CXXXIII.
Privilegium pro parthenone Romaricensi.
(Laterani, Jun. 3.)
[*Gall. Christ.*, XIII, Instr., 509.]

ADRIANUS episcopus, servus servorum Dei, dilectis in Christo filiabus JUDITH Romaricensis monasterii abbatissæ, ejusque sororibus tam præsentibus quam futuris regulam professis.

Licet ex injuncto nobis officio omnium Ecclesiarum curam gerere debeamus, pro illis tamen Ecclesiis quæ ad jus beati Petri specialiter pertinent, nos convenit sollicitiores existere. Eapropter, dilectæ in Domino filiæ, vestris rationabilibus postulationibus gratum præbentes assensum, Romaricense monasterium in quo divino mancipatæ estis officio, sub apostolicæ sedis tutela et protectione suscipimus, et præsentis scripti privilegio communimus, et statuimus, cum ut idem monasterium, juxta venerabilia prædecessorum nostrorum decreta sub speciali semper apostolicæ sedis jure persistat: quæcunque etiam idem monasterium in præsentiarum juste et canonice possidet aut in futurum concessione pontificum, largitione regum vel principum, oblatione fidelium, seu aliis justis modis, præstante Domino, poterit adipisci, firma vobis vestrisque succedentibus, et illibata permaneant, ex quibus hæc propriis duximus exprimenda vocabulis::

Territorium quod habet Romaricense monasterium Adocei et redditus de Mandasmei quos guirpuit Guillelmus de Arches, villam de Goherey Candarau, punctum Gaudricourt, Bussoncourt, Guislovillard, et terras de Mandasmei, mansum in civitate Tullensi, quem tenuit Hugo de Gondricourt, vineas quas habetis in Barro, terram quam habetis in territorio Tullensi. Ut autem in monialium recessibus populari conventui accessus non pateat, ab aliquo episcopo missas publicas celebrari, aut rerum ejusdem loci dispositionem fieri prohibemus, nisi ab eo quem ad hæc ejusdem loci abbatissa vel sororum conventus invitaverit. Chrisma vero, oleum sanctum, consecrationes altarium vel basilicarum, ordinationes clericorum qui ad sacros ordines fuerint promovendi, a quocunque malueritis suscipiatis episcopo, qui nimirum gratiam et communionem sedis apostolicæ habeat. Etsi aliquando rogatus episcopus ad monasterium accesserit, non liceat vel de ornamentis, vel de vasis, aut quibuslibet rebus quidquam sibi vel magnum vel exiguum usurpare; sed neque archiepiscopus, neque archidiaconus, neque ipsum diœcesanum episcopum, neque personam quamlibet in eodem monasterio potentiam exercere permittimus. Prohibemus etiam ne infra unam leugam a monasterio liceat alicui quæcunque invadere, vel bona ejus auferre. Obeunte vero te nunc ejusdem loci abbatissa vel qualibet earum quæ post te successerint, nulla illic aliqua subreptione, astutia vel violentia præponatur, nisi quam sorores communi (ex cap. 64 Regulæ S. Patris Benedicti) consensu, aut pars sanioris consilii secundum Dei timorem et B. Benedicti Regulam providerint eligendam; electa vero ob percipienda benedictionis mysteria Romano pontifici præsentetur quæ si forte a regulari tramite deviaverit, apostolicæ sedis correctionibus subjacebit: episcopus autem sine Romani pontificis licentia adversus eam exercere animadversionem aliquam non præsumat.

Decernimus ergo ut nulli omnino hominum liceat præfatum monasterium temere perturbare, et ejus possessiones auferre, vel ablatas retinere, minuere, seu quibuslibet vexationibus fatigare, sed illibata omnino et integra conserventur eorum, pro quorum gubernatione et sustentatione concessa sunt, usibus omnimodis profutura, salva in omnibus apostolicæ sedis auctoritate. Ad indicium autem perceptæ a Romana sede libertatis infra quatuor annorum spatium cum astrolino pallio, equum candidum nobis nostrisque successoribus persolvetis. Si quis igitur in futurum archiepiscopus aut epi-

scopus, imperator aut rex, princeps aut marchio, comes, vicecomes, judex, seu aliqua ecclesiastica sæcularisve persona, hanc nostræ constitutionis paginam sciens, contra eam temere venire tentaverit, secundo tertiove commonita, nisi præsumptionem suam congrua satisfactione correxerit, potestatis honorisque sui dignitate careat, reamque se divino judicio existere de perpetrata iniquitate cognoscat, et a sacratissimo corpore et sanguine Dei et Domini nostri, et Redemptoris Jesu Christi aliena fiat, atque in extremo examine districtæ ultioni subjaceat; cunctis autem eidem venerabili loco sua jura servantibus sit pax Domini nostri Jesu Christi, quatenus et hic fructum bonæ actionis percipiant, et apud districtum judicem præmia æternæ pacis inveniant. Amen, amen, amen.

Ego Adrianus apostolicæ Ecclesiæ episcopus
Ego Manfredus presbyter cardinalis S, Sabinæ.
Ego Julius presbyter cardin. tituli S. Marcelli.
Ego Hubaldus presbyter cardin. tituli S. Luciæ.
Ego Astaldus presbyter cardin. tituli S. Priscæ.
Ego Gerardus presbyter cardin. tituli S. Stephani.
Ego Joannes presbyter cardin. tituli SS. Joannis et Pauli, tit. Damassi
Ego Henricus presbyter cardin. tit. SS. Nerei et Achillei.
Ego Joannes presbyter cardin. tit. SS. Silvri atque Martini, tit. Equi.
Ego Idebrandus presbyter cardin. tit. Basilicæ XII Apostolorum.
Ego Gregorius Sabinensis episcopus.
Ego Odo diaconus cardinalis sancti Georgii ad Velum Aureum.
Ego Guido diac. card. S. Mariæ in Porticu.
Ego Odo diaconus cardin. S. Nicolai in Carcere Tulliano.
Ego Bonadies diaconus cardin. S. Angeli.
Ego Ardicio diaconus cardin. S. Theodori.
Ego Boso diaconus cardin. Sanctorum Cosmæ et Damiani.
Ego Albertus diaconus cardin. S. Adriani.

Datum Lat. per manum Rolandi, sanctæ Romanæ Ecclesiæ presbyteri cardinalis et cancell., III Nonas Junii, indictione v, Incarnationis Dominicæ anno 1157, pontificatus vero domini Adriani papæ IV anno III.

CXXXIV.

Monasterii S. Blasii in Nigra Silva tutelam suscipit, bonaque et jura confirmat.
(Laterani, Jun. 8.)

[GERBERT, *Hist. Nigræ Silvæ*, III, 82.]

ADRIANUS episcopus, servus servorum Dei, dilecto filio GUNTHERO abbati monasterii S. Blasii, quod in Constantiensi episcopatu, in loco videlicet, qui Nigra Silva dicitur, situm est, ejusque successoribus regulariter substituendis, in perpetuum.

Justis religiosorum desideriis consentire, ac rationabilibus eorum postulationibus clementer annuere, apostolicæ sedis, cui, largiente Domino, deservimus, auctoritas et fraternæ charitatis unitas nos hortatur. Quocirca, dilecte in Domino fili Gunthere abbas, tuis justis petitionibus gratum impertientes assensum præfatum Beati Blasii monasterium, cui, Deo auctore, præesse dignosceris, ad exemplar prædecessoris nostri felicis memoriæ papæ Innocentii, sub B. Petri et nostra protectione suscipimus, et præsentis scripti privilegio communimus. Statuentes ut quascunque possessiones, quæcunque bona idem monasterium in præsentiarum juste et canonice possidet, aut in futurum concessione pontificum, largitione regum vel principum, oblatione fidelium, seu aliis justis modis, Deo propitio, poterit adipisci, firma tibi tuisque successoribus, et illibata permaneant. In quibus hæc propriis duximus exprimenda vocabulis.

Ochsenhusen cellam cum ecclesiis ad eam pertinentibus, Rainstesten, Mittilbuc, ecclesia de Berichem, ecclesia de Banhem, ecclesia de Arta, ecclesia de Horsenhusen, ecclesia de Wolpach et aliis ecclesiis cum pertinentiis earum (76); cellam Berowa cum ecclesiis ad eam pertinentibus, id est Berowa (77), Nuchilca cum cæteris ecclesiis ejusdem cellæ; cellam Witinova (78) cum ecclesiis suis Viselat videlicet, Tennibero; cellam Burgulum cum ecclesiis suis Eggenheim, scilicet, Sicenchilcha, Chaltenbach cum eo jure et potestate in decimis accipiendis, et in aliis, quæ venerabilis frater noster Hermannus Constantiensis episcopus monachis de Burgulum rationabiliter noscitur concessisse, et scripto suo confirmasse; cellam Wiziluichovin (79); ecclesias quoque Batemaringin (80) cum subdita sibi ecclesia Moucheim, Steina, Brambach, Richeim, Everingin, Hougelheim, Rotwilo, Grizheim, Snesanc, Stallinkovin, Chilotorf, Tougingin, Guldelwanc, Nallingin, Plochingin, Buron, Brunnon, Luvingin, Entilibouch, Schwercin, Waremundisriet, cæterasque ecclesias cum omnibus earum pertinentis. Sane novalium vestrorum, quæ propriis manibus aut sumptibus colitis, sive de nutrimentis

vestrorum animalium, nullus omnino a vobis decimas exigere præsumat. Statuimus etiam ut in parochialibus ecclesiis quas tenetis, sacerdotes idoneos eligatis et episcopo præsentetis, quibus, si idonei fuerint, episcopus animarum curam absque contradictione committat, ut de plebis quidem cura episcopo rationem reddant, vobis autem pro rebus temporalibus ad ipsum monasterium pertinentibus debitam subjectionem exhibeant. Chrisma vero, oleum sacrum, consecrationes altarium, seu basilicarum, ordinationes monachorum, qui ad sacros ordines fuerint promovendi, et cætera ad episcopale officium pertinentia, a Constantiensi episcopo, in cujus diœcesi estis, accipietis, si tamen catholicus fuerit, et gratiam atque communionem apostolicæ sedis habuerit, et ea gratis ac sine pravitate voluerit exhibere, alioquin liceat vobis catholicum quem malueritis adire antistitem, et ab eo consecrationum sacramenta recipere, qui nimirum nostra fultus auctoritate, quæ postulantur indulgeat.

Sepulturam quoque ejusdem loci liberam omnino esse decernimus, ut eorum qui se illic sepeliri deliberaverint, devotioni et extremæ voluntati, nisi forte excommunicati, vel interdicti sint, nullus obsistat; salva tamen justitia matricis ecclesiæ. Porro clericos sive laicos liberos et absolutos ad conversionem suscipere nullius episcopi vel præpositi contradictio vos inhibeat. Obeunte vero te nunc ejusdem loci abbate, vel tuorum quolibet successorum, nullus ibi qualibet subreptionis astutia seu violentia præponatur, nisi quem fratres communi consensu, vel fratrum pars consilii sanioris secundum Deum et B. Benedicti Regulam elegerint. Cellam quoque de Silva Swarzwalt a S. Reginberto constructam vestro monasterio confirmamus cum omnibus possessionibus, prædiis et terris ad ipsam pertinentibus. Insuper dispositionem illam, quam bonæ memoriæ Henricus IV imperator et Lotharius rex de monasterii vestri libertate et advocatia constituerunt, et prædecessores nostri

---

(76) Cella hæc cum ecclesiis suis hic expressis jam a sæculo xv sui juris est.

(77) Beroviensis parthenon cum ecclesia parochiali cognomine monasterio adhuc paret; Nuchilca seu Neukirch in Scaphusensi, Oningen nunc Hocheminingen, in capitulo Wurmlingen ad eum olim pertinuerit. Vid. T. I, p. 394 seqq.

(78) Chartam traditionis ecclesiæ in Wittnau ad S. Blasii monasterium dedimus supra, quæ jam ab Ultone abbate in claustrum fuit commutata. Nunc cum ecclesiis suis paret marchionibus Badensibus perinde ac Burglensis cellæ hic recensitæ.

(79) De cella *Wislikofen* in agro Helvetico pagoque Turriceno egimus t. I, p. 414, Bulla Innocentii II data 28 Nov. 1138, qua traditionem hujus cellæ ratam habet, legitur apud S. Herrgott, t. II, p. 1, p. 157.

(80) Ecclesiæ hic enumeratæ variis in locis sitæ sunt, nec ad cellas pertinuerunt, eæque partim monasterio adhuc subditæ, partim subtractæ. Hujus generis sunt: Bertimaringen, seu *Betmaringen* de qua supra, parochialis cum filiali sua *Manchen*; Grisheim seu Griessen in Kletgowia, Sneisanc, seu Scheneissengen in Helvetia, uti et Chilotorf seu Ckirchdorf eidem vicina regularis ecclesia, per concambium ab Elchingensi cœnobio nuper accepto N LI aliæve. His plures adhuc adduntur in bulla antipapæ Calixti III data Fulginei, 26 April. 1179. (t. I, p. 592), sciicet cella Sizzenchilcha quæ hic ecclesia adhuc vocatur, non cella, (vid. supra n° LII, ecclesiæ vero Louha, Wrimos, Mintriedin, Altricchsrieth, Loppinhusen, Utrinwilare, Howidorf, Teigingin (forte eadem cum Tougingin), Wilare, Blochingen, Ritte, Huginilo, Omingin, Imindingen, Bacheim, Gundilwanc, quæ hic Gudelwanc dicitur, Bernowa, Schonowa, Gerispach, Warnowa, Tullinchovin, Cuiringin, Blansingin, Wisintowa, Chernis, Nubeim, Steinhusin, Rebistal, Stallinchovin, Birbonnistorf, Stadiln, Hachinswanda. Ex his omnibus ecclesiis paro hialibus plures haud nostri adhuc juris sunt, variis temporum casibus ad alios devolutæ. De Bernowa, Schonnowa, et Hachinswanda, infra, redibit mentio.

felicis recordationis Calixtus, Honorius et Innocentius Romani pontifices, episcoporum et cardinalium deliberatione firmarunt, vobis nihilominus confirmamus, videlicet ut in advocati electione abbas liberam habeat potestatem cum fratrum suorum consilio talem eligere, quem ad defensionem libertatis monasterii bonum et utilem esse cognoverit, qui non pro terreno commodo, sed pro Dei amore, et peccatorum suorum venia, necnon et æternæ benedictionis mercede advocatiam ipsam bene habere cupiat et tractare. Si autem calumniator potius quam advocatus existens monasterii bona pervaserit, et non magis ea defenderit, et semel et secundo commonitus nullatenus emendaverit, abbas habeat facultatem cum fratrum consilio alium sibi statuere advocatum utiliorem, quatenus, sicut a præfato Henrico imperatore et a Lothario rege judicio definitum est, coenobii vestri libertas modis omnibus a jure Basiliensis Ecclesiæ sit aliena. Ad judicium autem hujus a sede apostolica perceptæ tuitionis, et concessæ vestro monasterio libertatis, aureum unum nobis nostrisque successoribus annis singulis persolvetis.

Decernimus ergo ut nulli omnino hominum liceat præfatum monasterium temere perturbare, aut ejus possessiones auferre, vel ablatas retinere, minuere, aut aliquibus vexationibus fatigare, sed omnia integra conservetur eorum, pro quorum gubernatione et sustentatione concessa sunt, usibus omnimodis profutura, salva sedis apostolicæ auctoritate et diœcesanorum episcoporum canonica justitia.

Si qua igitur, etc.

Ego Adrianus catholicæ Ecclesiæ episcopus.
Ego Gregorius Sabinensis episcopus.
Ego Manfredus presbyter cardinalis tit. S. Sabinæ.
Ego Julius presbbyter cardinalis tit. S. Marcelli.
Ego Hubaldus presb. card. tit. S. Crucis in Hierusalem.
Ego Octavianus presbyter cardinalis tit. S. Cæciliæ.
Ego Gerardus presb. card. tit. S. Stephani in Cœlio Monte.
Ego Henricus presb. card. tit. SS. Nerei et Achillei.
Ego Ildebrandus presb. card. Basilicæ XII Apostolorum.
Ego Odo diaconus cardinalis S. Georgii ad Velum Aureum.
Ego Boso diaconus cardinalis SS. Cosmæ et Damiani.
Ego Albertus diaconus cardinalis Sancti Adriani.
Datum Laterani per manum Rolandi, sanctæ Romanæ Ecclesiæ presbyteri cardinalis et cancellarii, vi Idus Junii, indict. v, Incarnationis Dominicæ anno 1157, pontificatus vero domni Adriani papæ IV, anno iii.

CXXXV.

Monasterio S. Blasii asserit Burglensem, Eggenheimensem, Koltenbacensem ecclesias.

(Laterani, Jun. 8.)
[*Ibid.*, p. 88]

ADRIANUS episcopus, servus servorum Dei, dilectis filiis GUNTHERO, abbati monasterii Sancti Blasii, ejusque successoribus, salutem et apostolicam benedictionem.

Ea quæ a fratribus nostris episcopis rationabiliter gesta esse noscuntur, in sua debent stabilitate consistere, et, ne alicujus temeritate in posterum valeant immutari, apostolicæ sedis convenit auctoritate muniri. Quocirca, dilecti in Domino filii, vestris justis postulationibus grato concurrentes assensu, illud, quod de Burgilla cella et capella S. Joannis, quæ in loco qui Egginheim dicitur, sita est, a bonæ memoriæ Udalrico, Constantiensi episcopo, et successore ejus Udalrico, consensu archipresbyteri ac cæterorum presbyterorum illius parochiæ, statutum est, ad exemplar felicis memoriæ papæ Innocentii, auctoritate sedis apostolicæ confirmamus, ut videlicet prædicta Burgila cella et ecclesia S. Joannis quæ nimirum præfatis episcopis consentientibus in allodio constructæ sunt, quod Werinherus et Wipertus ad conversionem venientes monasterio S. Blasii, in quo divino mancipati estis obsequio, canonice obtulerunt cum snis pertinentiis perpetuo jam dicti cœnobii juris existant, ita tamen ut in prænominata Burgila cella vos libere et absque alicujus contradictione Domino serviatis, et in ecclesia S. Joannis Eggenheim in pede montis ædificata plebs divina percipiat sacramenta et unaquæque suis contenta sit terminis, quemadmodum a prædictis episcopis noscitur institutum. Præterea ecclesiam Choltenbach omni jure et facultate sua, sicut venerabilis frater Hermanus episcopus Constantiensis monasterio vestro concessisse, et scripto suo noscitur confirmasse, nos auctoritate sedis apostolicæ confirmamus.

Nulli ergo omnino hominum fas sit hujus nostræ confirmationis paginam temerario ausu infringere, aut ei modis aliquibus contradicere. Si quis autem id attentare præsumpserit, indignationem omnipotentis Dei et beatorum Petri et Pauli apostolorum se noverit incursurum.

Datum Laterani, per manum Rolandi, sanctæ Romanæ Ecclesiæ cardinalis et cancellarii, vi Idus Julii [*leg.* Junii], indictione v, pontificatus domni Adriani papæ IV anno iii.

CXXXVI

Monasterium Engelbergense tuendnm suscipit, et ejus possessiones ac jura confirmat, imposito monachis unius aurei annuo censu.

(Laterani, Jun. 8.)
[*Ibid.*, p. 85.]

ADRIANUS episcopus, servus servorum Dei, dilecto filio FROWINO, abbati monasterii S. Mariæ, quod in Constantiensi episcopatu, in loco qui dicitur Mons

Anglorum situm est, ejusque successoribus regulariter substituendis, in perpetuum.

Effectum justa postulantibus indulgere, vigor æquitatis et ordo exigit rationis, præsertim quando petentium voluntatem et pietas adjuvat, et veritas non relinquit. Eapropter, dilecte in Domino fili Frowine abbas, tuis justis postulationibus clementer annuimus, et præfatum monasterium, cui, Deo auctore, præesse dignosceris, sub B. Petri et nostra protectione suscipimus et præsentis scripti privilegio communimus. Statuentes ut quascunque possessiones, quæcunque bona idem monasterium in præsentiarum juste et canonice possidet, aut in futurum concessione pontificum, largitione regum vel principum, oblatione fidelium, seu aliis justis modis, Deo propitio, poterit adipisci, firma tibi tuisque successoribus et illibata permaneant. In quibus hæc propriis duximus exprimenda nominibus :

Ecclesiam de Stannes, ecclesiam de Buoches cum omnibus pertinentiis suis. Sane novalium vestrorum quæ propriis manibus aut sumptibus colitis, sive de nutrimentis animalium vestrorum, nullus omnino a vobis decimas exigere præsumat. Præterea in parochialibus ecclesiis, quas tenetis, liceat vobis sine alicujus contradictione idoneos sacerdotes eligere, et electos diœcesano episcopo præsentare; quibus, si idonei fuerint, episcopus animarum curam committat, ut de plebis quidem cura episcopo rationem reddant, vobis autem de temporalibus ad idem monasterium pertinentibus debitam subjectionem exhibeant. Ad hæc adjicientes jus quod in decimis accipiendis, et cætera quæ Oudalricus et Hermannus Constantienses episcopi monasterio vestro concessisse et confirmasse noscuntur vobis auctoritate apostolica confirmamus. Chrisma vero, oleum sanctum, consecrationes altarium seu basilicarum, ordinationes monachorum vestrorum qui ad sacros ordines fuerint promovendi, et cætera ad episcopale officium pertinentia a Constantiensi episcopo, in cujus diœcesi estis, accipietis, siquidem catholicus fuerit, et gratiam atque communionem apostolicæ sedis habuerit, et ea gratis ac sine pravitate vobis voluerit exhibere; alioquin liceat vobis catholicum quem malueritis adire antistitem, et ab eo consecrationum sacramenta percipere, qui nostra fulcitus auctoritate, quod postulatur indulgeat. Sepulturam quoque ipsius loci omnino liberam esse sancimus, ut eorum qui se illic sepeliri deliberaverint, devotioni et extremæ voluntati, nisi forte excommunicati vel interdicti sint, nullus obsistat, salva tamen justitia matricis ecclesiæ. Liceat autem vobis clericos a sæculo fugientes, vel laicos liberos, nisi excommunicati sint, absque ullius contradictione ad conversionem suscipere. Obeunte vero te nunc ejusdem loci abbate, vel tuorum quolibet successorum, nullus ibi qualibet subreptionis astutia violentia præponatur, nisi quem fratres communi consensu, vel fratrum pars consilii senioris secundum Dei timorem et S. Benedicti Regulam providerint eligendum. Ad hæc dispositionem illam, quam bonæ recordationis Henricus imperator quartus de monasterii vestri libertate et advocati electione constituit, et felicis memoriæ papa Innocentius suo privilegio confirmavit, nos apostolicæ sedis auctoritate firmamus, ut videlicet abbas cum consilio fratrum suorum utilem eligat advocatum, qui non pro terreno commodo, sed pro Dei amore et peccatorum suorum venia advocatiam ipsam bene habere cupiat et tractare, et nunquam hæreditario jure in aliquem perveniat. Si autem calumniator potius quam advocatus existens, bona monasterii pervaserit, et non magis ea defenderit, et semel ac secundo tertiove commonitus non emendaverit, abbas habeat facultatem cum consilio fratrum suorum alium utiliorem sibi advocatum statuere. Ad indicium autem hujus a sede apostolica perceptæ tuitionis et libertatis, unum aureum nobis nostrisque successoribus annis singulis persolvetis.

Decernimus ergo ut nulli omnino hominum liceat præfatum monasterium temere perturbare, aut ejus possessiones auferre, vel ablatas retinere, minuere, aut aliquibus vexationibus fatigare, sed omnia integre serventur eorum pro quorum gubernatione et sustentatione concessa sunt, usibus omnimodis profutura, salva sedis apostolicæ auctoritate et diœcesanorum episcoporum canonica justitia.

Si qua igitur, etc.

Ego Adrianus episcopus catholicæ Ecclesiæ.

Ego Gregorius Sabinensis episcopus.

Ego Manfredus presbyter cardinalis tit. S. Sabinæ.

Ego Julius presbyter cardinal. tit. S. Marcelli.

Ego Hubaldus Presb. card. tit. S. Crucis in Jerusalem.

Ego Octavianus presb. card. tit. S. Cæciliæ.

Ego Gerardus presb. card. tit. S. Stephani in Cœlio monte.

Ego Henricus presb. card. tit. SS. Nerei et Achillei.

Ego Ildebrandus presb. card. Basilicæ XII Apostolorum.

Ego Odo diaconus cardinalis S. Georgii ad Velum Aureum.

Ego Bobo diac. card. SS. Cosmæ et Damiani.

Ego Albertus diac. card. S. Adriani.

Datum Laterani, per manum Rolandi, sanctæ Romanæ Ecclesiæ presbyteri cardinalis et cancellarii, vi Idus Junii, indictione v, Incarnationis Dominicæ anno 1157, pontificatus vero domni Adriani papæ IV anno iii.

CXXXVII.

Ad Henricum Gradensem patriarcham. — Patriarchalem dignitatem confirmat, et primatum super Jadertinum archiepiscopatum.

(Laterani, Jun. 31.)
[Mansi, *Concil.*, XXI, 822.]

Adrianus episcopus, servus servorum Dei, venerabili fratri Henrico Gradensi patriarchæ, ejusque successoribus canonice substituendis, in perpetuum.

Apostolicæ officium dignitatis creditæ nobis, et dispensationis debitum utiliter exsequi comprobamur, cum collatam unicuique ecclesiæ dignitatem provida sollicitudine custodimus; et singulis ecclesiis jura sua illibata studemus et integra conservare; sicut etiam nulli, ultra quam mereatur, aliquid est a sede apostolica favore gratiæ concedendum. Quarto itaque majori es prærogativa supernæ respectu gratiæ sublimatus, tanto solertius tibi est attendendum, ut in corrigendis subditis, plus apud te possit ratio quam potestas; atque te boni dulcem, mali vero pium sentiant correctorem; personas diligas, et subjectorum vitia persequaris; ne si agere aliter forte volueris, transeat in crudelitatem correctio, et perdas quos desideras emendare; sicque vulnus debeas abscindere, ut non possis, quod sanum est, ulcerare; ne, si ferrum plus quam res exigit, imprimatur, noceat cui prodesse festinas; sed alterum condiatur ex altero, quod et boni habeant amando, quod caveant, et mali metuendo, quod diligant. Eapropter, venerabilis in Christo frater Henrice patriarcha, tuis postulationibus grato concurrentes assensu, Gradensem ecclesiam, cui auctore Deo præesse dignosceris, sub B. Petri et nostra protectione suscipimus, et præsentis scripti privilegio communimus. Igitur prædecessorum nostrorum fel. mem. Pelagii, Alexandri et Urbani II vestigiis inhærentes, illius præcipuæ constitutionis tenorem servantes, quam prædecessor noster Leo IX papa sanctissimus, et synodali judicio, et privilegii pagina confirmavit, tibi tuisque successoribus canonice substituendis patriarchalem concedimus dignitatem, et magisterium Gradensis ecclesiæ gerendi in iis tamen finibus confirmamus, qui per supradictos prædecessores nostros eidem noscuntur ecclesiæ constituti. Crucem quoque ante te ferendam etiam concedimus, nisi cum Romæ fueris, aut in præsentia Romani pontificis vel comitatu. Pallium etiam fraternitati tuæ, plenitudinem videlicet pontificalis officii, ex apostolicæ sedis liberalitate largimur; quo intra ecclesiam tuam ad missarum solemnia celebranda uti memineris eis diebus, quibus prædecessores tuos non ambigimus usos fuisse; videlicet in Nativitate Domini, Epiphania, tribus festivitatibus sanctæ Mariæ, Cœna Domini, Sabbato sancto, Resurrectione Domini, Ascensione et Pentecoste, in natalitio S. Joannis Baptistæ, et Omnium Apostolorum; in festivitatibus quoque S. Marci, S. protomartyris Stephani, S. Laurentii, S. Martini, in solemnitate Omnium Sanctorum, et principalibus ecclesiæ tuæ festivitatibus: nec non in ecclesiarum, episcoporum, cæterorum clericorum consecrationibus, et anniversarii consecrationis tuæ diœcesis. Præterea, ne commissa regimini et dispositioni tuæ præfata Gradensis ecclesia, quæ de benignitate apostolicæ sedis prærogativa gaudet honoris ex brevitate patriarchatus inferior et abjectior valeat apud simpliciores haberi, et ad ampliandam dignitatem ipsius, primatum ei super Jadertinum archiepiscopatum, et episcopatus ipsius apostolica auctoritate concedimus; et tam te quam successores tuos, Jadertinos archiepiscopos, et episcopis ejus, qui pro tempore fuerint, dignitate primatus præsidem statuimus; et consecrationis munus eidem archiepiscopo impertiri: Romano quidem pontifici traditione pallii reservata. Statuimus etiam ut quæcunque bona, quascunque possessiones, quæ eadem Gradensis ecclesia juste et canonice possidet, aut in futurum justis modis, Deo propitio, poterit adipisci, firma tibi tuisque successoribus et illibata permaneant. Porro ecclesias religiosis episcopis Gradensis ecclesiæ oblatas, per patriarchatum tuum constitutas, tibi tuisque successoribus libere confirmamus; ita ut nulli episcopo liceat absque tuo assensu in eis consecrationes celebrare, aut sacerdotibus in eisdem Domino servientibus, donec in locis ipsis fuerint, divina officia prohibere.

Decernimus ergo ut nulli omnino hominum liceat supradictam ecclesiam temere perturbare, aut ejus possessiones auferre, vel ablatas retinere, minuere, seu quibuslibet vexationibus fatigare; sed illibata omnia et integra conserventur eorum pro quorum gubernatione et sustentatione concessa sunt usibus omnimodis profutura, salva in omnibus apostolicæ sedis auctoritate

Si qua igitur in futurum ecclesiastica sæcularisve persona, etc.

Ego Adrianus catholicæ Ecclesiæ episcopus.

Ego Ymarus Tusculanus episcopus.

Ego Cintius Portuensis et Sanctæ Rufinæ episcopus.
goni.

Ego Guido presbyter cardinalis tit. S. Chrysogoni.

Ego Ubaldus presbyt. cardin. tit. S. Praxedis.

Ego Manfredus presbyt. card. tit. S. Sab.

Ego Julius presbyt. card. tit. S. Marcelli.

Ego Ubaldus presbyt. card. tit. S. Crucis in Jerusalem.

Ego Octavianus presbyter cardin. tit. Sanctæ Cæciliæ.

Ego Joannes presbyt. card. SS. Joan. et Pauli, tit. Pammachii.

Ego Joannes presbyter card. tit. SS. Silvestri et Martini.

Ego Oddo diaconus card. S. Georgii ad Velum Aureum.

Ego Guido diaconus cardinalis Sanctæ Mariæ in Aquiro.

Ego Hyacinthus diacon. card. Sanctæ Mariæ in Cosmedin.

Datum Laterani, per manum Rolandi, sanctæ Romanæ Ecclesiæ cardinalis et cancellarii, Idibus Junii, indict. v, Incarnationis Dominicæ anno 1157, pontificatus vero domni Adriani papæ IV anno III

CXXXVIII.

Ad eumdem. — Ut Constantinopoli et in aliis urbibus imperii CP., in quibus Veneti plures habent ecclesias, episcopos ordinare ac consecrare possit.

(Laterani, Jun. 13.)
[Mansi, *Concil.*, col. 824.]

Adrianus episcopus, servus servorum Dei, venerabili fratri Henrico patriarchæ, salutem et apostolicam benedictionem.

Inter omnia cœli sidera, quæ ad decorem mundi et usus hominum, in principio sapientia divina formavit, solem voluit claritate luminis præeminere; cujus ortus et diem terræ infunderet, et noctis tenebras propulsaret. Conveniens namque fuerat quod eo præstantior cæteris sideribus haberetur; quo specialiter in ipso formationis exordio, ut singulariter præesset diei, de superni munere Conditoris accepit. Sic nimirum Redemptor noster, cum ecclesias veluti micantes stellas in diversa mundi climata latius propagasset, sacrosanctam Romanam Ecclesiam, cujus B. Petrus apostolorum princeps exstitit gubernator, tanquam splendidum solem, omnibus superesse, et singulas ei ecclesias, utpote membra, suo capiti statuit subjacere. Quod ex illis verbis manifestius declaratur, quibus eumdem Petrum est Dominus allocutus: *Si diligis me, pasce oves meas* (Joan. xxi). Et alibi: *Tu es Petrus, et super hanc petram ædificabo Ecclesiam meam* (Matth. xvi). Petra vero supra quam legitur esse fundata, nullas scissuras recipit, nullas patitur sectiones. Hoc idem rursus demonstratur, cum dicitur: *Quodcunque ligaveris super terram, erit ligatum et in cœlis; et quodcunque solveris super terram, erit solutum et in cœlis* (ibid.). Ipsi quoque et propriæ firmitas, et fidei alienæ confirmatio data est, quando a magistro audire meruit: *Ego pro te rogavi, Petre, ut non deficiat fides tua; et tu aliquando conversus, confirma fratres tuos* (Luc. xxii). Istis itaque et aliis rationibus sancta et apostolica Ecclesia, quæ cœlesti privilegio inter alias obtinet principatum, tantam ab ipso capite Domino Jesu Christo prærogativam accepit, ut auctoritatem habeat singularem universis per orbem terrarum ecclesiis providendi, et discreta in eis consideratione statuere, quæ cognoscit statuenda. Nobis igitur qui, licet insufficientibus meritis, vices apostolorum principis in sancta Ecclesia suscepimus exsequendas, providendum imminet attentius et agendum, ut secundum uniuscujusque dignitatem et statum Ecclesiæ honor ei debitus impendatur, et cum salute populi fratribus nostris provida sollicitudine deferatur. Hac siquidem consideratione, venerabilis in Christo frater Henrice patriarcha, inclinati justis postulationibus tuis gratum impartimur assensum; et tam devotioni tuæ, quam honori et utilitati Graden. Ecclesiæ, cui, Deo auctore, præesse dignosceris, deferre volentes, tibi et successoribus tuis auctoritate apostolica duximus concedendum, ut in Constantinopolitana urbe, et in aliis civitatibus, in Constantinopolitano duntaxat imperio, constitutis, in quibus Veneti plures habent ecclesias, ubi videlicet eorum multitudo consuevit assidue convenire, liceat vobis episcopum ordinare, et absque alicujus contradictione munus ei consecrationis impendere. Ut igitur hæc nostra concessio perpetuis temporibus inviolabiliter observetur, eam auctoritatis nostræ præsidio roboramus, et præsentis scripti patrocinio communimus. Statuentes ut nulli omnino hominum liceat hanc paginam nostræ concessionis et confirmationis infringere, etc. Si quis igitur, etc. Cunctis autem servantibus, etc. Amen, amen, amen.

Ego Adrianus catholicæ Ecclesiæ episcopus.
Ego Ymarus Tusculanus episcopus.
Ego Cinthius Portuensis et S. Rufinæ episc.
Ego Guido presb. cardinalis S. Chrysogoni.
Ego Ubaldus presb. card. tit. S. Praxedis
Ego Manfredus presb. card. S. Sabinæ.
Ego Julius presb. card. tit. S. Marcelli.
Ego Ubaldus presb. card. tit. S. Crucis in Jerusalem.
Ego Octavianus presb. card. tit. S. Cæciliæ
Ego Joannes presb. card. SS. Joan. et Pauli tit. Pammachii.
Ego Joannes presb. card. tit. SS. Sylvestri et Martini.
Ego Oddo diac. card. S. Georgii ad Velum Aur.
Ego Guido diac. card. S. Mariæ in Aquiro.
Ego Hyacinthus diac. card. S. Mariæ in Cosmedin.

Datum Laterani, per manum Rolandi, sanctæ Romanæ Ecclesiæ presb. card. et cancellarii, idib. v, Incarn. Domin. anno 1157, pontif. vero D. Adriani papæ IV anno iii.

CXXXIX.

Episcopis, duci, populo Venetiarum Henricum patriarcham Gradensem commendat. Nuntiat eidem ab archiepiscopo Jadertino promissam obedientiam esse.

(Laterani, Jun. 13.)
[*Ibid.*, col. 825.]

Adrianus episcopus, servus, servorum Dei, venerabilibus fratribus episcopis et dilectis filiis, majestati ducis, et universo populo Venetiarum, salutem et apostolicam benedictionem.

Venerabilem fratrem nostrum Henricum Gradensem patriarcham, sicut eum, quem vera in Domino affectione diligimus, et sinceræ charitatis brachiis amplectimur, ad sedem apostolicam venientem ea, qua decuit benignitate recepimus, et honorem ei debitum impendentes, ipsum in postulationibus suis, tum pro suæ honestate ac probitate personæ, et pro commisso sibi dignitatis officio, tum pro eo quod vos et civitatem vestram, sicut nobilem et famosam diligimus, et intendimus honorare quibus modis secundum Deum potuimus, curavimus exaudire. Quem ad vos, tanquam ad speciales et devotos filios, cum apostolicæ sedis benedictione, et nostræ gratiæ plenitudine principaliter remittentes, universitati vestræ ipsum attentius commendamus, per apostolica vobis scripta mandantes, quatenus eum honorifice recipiatis, honeste tractetis, et ei tanquam spirituali principi et animarum vestrarum rectori debitam in omnibus obedientiam et reverentiam impendatis. Ad hæc discretioni vestræ præsentium significatione volumus innotescat, quod frater noster Jadrensis archiepiscopus in nostra et fratrum nostrorum præsentia, memorato fratri nostro patriarchæ ejusque successoribus, obedientiam, tanquam primati suo spontanea voluntate promisit, et nos promissionem ipsam in publicum fecimus redigi instrumentum. Vos autem sicut viri strenui et famosi ad dilatandos terminos Gradensis Ecclesiæ matris vestræ omnibus modis laboretis, atque ad ejus augmentum efficaciter studeatis. Nos enim temporis opportunitate accepta, eamdem Ecclesiam, quibus modis cum Deo poterimus, curabimus honorare, atque exaltationi et utilitati ipsius attentius providere.

Datum Lat., Idib. Junii, anno III.

CXL.

Rodulpho priori Camaldulensi ejusque successoribus asserit monasterium Prataliense a Jeronymo episcopo Aretino donatum.

(Laterani, Jun. 15.)

[MITARELLI, *Ann. Camal.*, III, Append., 496.]

ADRIANUS episcopus, servus servorum Dei, dilectis filiis RODULPHO priori Camaldulensi, ejusque fratribus, tam præsentibus quam futuris, regularem vitam professis, in perpetuum.

Quoties illud a nobis petitur, quod religioni et honestati convenire dignoscitur, animo nos decet libenti concedere, et petentium desideriis congruum impertiri suffragium. Petivistis a nobis, dilecti in Domino filii, ut donationem monasterii de Pratalia et concessionem vobis et per vos Ecclesiæ Camaldulensi a venerabili fratre nostro Jeronymo Aretino episcopo vobis canonice factam, auctoritate apostolica muniremus, nos vero ex ejusdem fratris episcopi litterarum tenore, quas nobis transmisit, plenarie cognoscentes, eamdem donationem canonice factam auctoritate apostolica confirmamus, et confirmationem ipsam ratam et inconcussam perpetuis temporibus decernimus permanere.

Præfatum ergo monasterium cum ecclesiis et omnibus pertinentiis suis vobis munimine sedis apostolicæ confirmantes ipsum sub apostolicæ sedis et nostra speciali protectione suscipimus et præsentis scripti privilegio communimus.

In primis siquidem statuentes ut ordo monasticus, qui secundum Deum et beati Benedicti Regulam atque ordinem Camaldulensium fratrum ibidem dignoscitur institutus, perpetuis in eodem loco temporibus inviolabiliter observetur.

Præterea quascunque possessiones, quæcunque bona idem monasterium impræsentiarum juste et canonice possidet, aut in futurum concessione pontificum, largitione regum vel principum, oblatione fidelium, seu aliis justis modis, præstante Domino, poterit adipisci, firma vobis, et his qui in eodem monasterio studuerint Domino deservire, et illibata permaneant. Sepulturam quoque illius loci liberam esse concedimus, ut eorum devotioni et extremæ voluntati, qui se illic sepeliri deliberaverint, nisi forte excommunicati vel interdicti sint, nullus obsistat, salva tamen justitia matricis ecclesiæ. Sane novalium ejusdem monasterii, quæ propriis manibus aut sumptibus excoluntur, sive de nutrimentis animalium vestrorum nullus decimas præsumat exigere.

Decernimus ergo ut nulli omnino hominum liceat præfatum monasterium temere perturbare, aut ejus possessiones auferre, vel ablatas retinere, minuere, seu quibuslibet vexationibus fatigare, sed illibata omnia et integra conserventur eorum, pro quorum gubernatione et sustentatione concessa sunt, usibus omnimodis profutura, salva sedis apostolicæ auctoritate et diœcesani episcopi canonica justitia.

Si qua igitur, etc.

Ego Adrianus, catholicæ Ecclesiæ episcopus
Ego Gregorius, Sabinensis episcopus.
Ego Manfredus, presb. card. tit. Sanctæ Sabinæ.
Ego Julius, presb. card. tit. Sancti Marcelli.
Ego Hubaldus, presb. card. tit. S. Crucis in Jerusalem.
Ego Guido, presb. card. tit. Pastoris.
Ego Octavianus, presb. card. tit. S. Cæciliæ
Ego Bernardus, presb. card. tit. S. Stephani in Cœlio Monte.
Ego Joannes, presb. card. SS. Joannis et Pauli tit. Pammachii.
Ego Ildebrandus, presb. card. tit. Basilicæ XII apostolorum.
Ego Oddo, diac. card. Sancti Nicolai in Carcere Tulliano.
Ego Oddo, diac. card. Sancti Georgii ad Velum Aureum.
Ego Bonadies, diac. card. Sancti Angeli.
Ego Boso, diac. card. SS. Cosmæ et Damiani.

Datum Laterani per manum Rolandi, sanctæ Romanæ Ecclesiæ presbyteri cardinalis et cancellarii, XVII Kalend. Julii, indictione V, Incarnationis Dominicæ anno 1157, pontificatus vero domni Adriani papæ IV anno III.

CXLI.

Privilegium pro Ecclesia Ravellensi.

(Anagniæ, Sept. 11.)

[UGHELLI, *Italia sacra*, I, 1185.]

ADRIANUS IV episcopus, servus servorum Dei, ven. fr. Jo. Ravellensi episc. ejusque success. canonice substituendis in perpetuum.

Piæ postulatio voluntatis effectu debet prosequente compleri, quatenus et devotionis sinceritas laudabiliter enitescat, et utilitas postulata vires indubitanter assumat. Eapropter, venerabilis in Christo frater Joannes episcope, tuis justis postulationibus clementer annuimus, et præfatam Raveltensem Ecclesiam, cui, Deo auctore, præesse dignosceris, sub beati Petri et nostra protectione suscipimus, et præsentis scripti privilegio communimus, statuentes, ut quascunque possessiones, quæcunque bona eadem Ecclesia impræsentiarum, juste et canonice possidet, aut in futurum concessione pontificum, largitione regum, vel principum, oblatione fidelium, seu aliis justis modis, Deo propitio, poterit adipisci, firma tibi, tuisque successoribus et illibata permaneant, omnem vero ambitum Ravellensis Ecclesiæ, sicut a prædecessoribus tuis rationabiliter possessus est, tibi tuisque successoribus in perpetuum confirmamus.

Decernimus ergo, ut nulli omnino hominum liceat præfatam Ecclesiam temere perturbare, aut ejus possessiones auferre, vel ablatas retinere, minuere, seu quibuslibet vexationibus fatigare; sed omnia integre conserventur eorum, pro quorum gubernatione, ac sustentatione concessa sunt, usibus omnino profutura, salva sedis apostolicæ auctoritate.

Si qua igitur, etc.

Ego Adrianus, catholicæ Ecclesiæ episcopus.
Ego Hubaldus, presb. card. tit. S. Praxedis.
Ego Hubaldus, presb. card. tit. S. Crucis in Hierusalem.
Ego Jacobus, presb. card. SS. Joann. et Pauli tit. Pammachii.
Ego Arditio, diac. card. S. Theodori.
Ego Boso, diac. card. SS. Cosmæ et Dam.

Datum Anagniæ per manum Rolandi, S. R. E. presb. card. et cancellarii, III Id. Sept., ind. V, Incar. Dom. 1157, pontificatus vero domni Adriani papæ IV anno III.

CXLII.

Privilegium pro Ecclesia Beneventana.

(Urbeveteri, Sep. 28.)

[UGHELLI, *Italia sacra*, VIII, 117.]

ADRIANUS episcopus, servus servorum Dei, venerabili fratri HENRICO Beneventano archiepiscopo, ejusque successoribus canonice substituendis in perpetuum.

Et rationis ordo disponit, et ecclesiasticæ utilitatis consideratio persuadet, fratribus et coepiscopis nostris ampliorem gratiam et honorem impendi, et commissarum eorum gubernationi Ecclesiarum contra sæcularis pravitatis incursus sacrosanctæ Romanæ Ecclesiæ tuitione vallari, ut tanto de subditorum salute, ac sui exsecutione officii sollicitiores possint semper existere, quanto contra pravorum audaciam protectionis apostolicæ majus se prospexerint munimen habere. Eapropter, venerab. in Christo frater Henrice archiepiscope, tuis justis postulationibus clementer annuimus, et Beneven. Eccl., cui, Deo auctore, præesse dignosceris, sub B. Petri et nostra protectione suscipimus, et præsentis scriptis privilegio communimus. Statuentes ut, quascunque possessiones, quæcunque bona eadem Ecclesia impræsentiarum juste et

canonice possidet, aut in futurum concessione pontificum, largitione regum, vel principum, oblatione fidelium seu aliis justis modis, Deo propitio, poterit adipisci, firma tibi, tuisque successoribus, et illibata permaneant. In quibus hæc propriis duximus exprimenda vocabulis, episcopatus, Avellinum, Montem-Maranum, Frequentinum, Arianum, Montem de Vico, Bovinum, Asculum, Luceriam, Florentinum, Tortibulum, Montem-Corvinum, Vulturariam, Civitatem, Draconariam, Alarinum, Termulam, Guardiam, Triventum, Bojanum, Alifam, Telesam, et Sanctam Agatham: infra civitatem Beneventanam, ecclesiam S. Pauli, ecclesiam S. Mariæ de Porta Gloriosa, ecclesiam S. Petri Paccadesso, ecclesiam Sanctæ Theclæ, ecclesiam S. Martini, ecclesiam Sanctæ Mariæ antehoram, ecclesiam S. Petri sitam juxta eccl. Petri de Medicis, ecclesiam Sanctæ Mariæ de Ancona, ecclesiam S. Arthellais, ecclesiam S. Januarii de Græcis, ecclesiam S. Marini, ecclesiam S. Paschasii, ecclesiam S. Angeli, quæ est sita juxta ecclesiam S. Cassiani, ecclesiam Sanctæ Mariæ Rotundæ: extra civitatem vero Beneventanam, ecclesiam S. Mariæ de Rocca, ecclesiam S. Mariæ de Venticano, ecclesiam S. Petri de Cardito, ecclesiam S. Petri de Planisio, ecclesiam S. Theodoræ, ecclesiam S. Mariæ in Geldone, abbatiam S. Mariæ in Strata, abbatiam Sanctæ Mariæ de Cornate, ecclesiam S. Mariæ in Gradellis, et quidquid juris habes in castro Montis Sarculi, et valle Caudina. Præterea concedimus tibi pallii usum ex more ad sacra missarum solemnia celebranda, et crucem per totam parochiam tuam deferendam; pallii vero usum videlicet in Natali Domini, in die S. Stephani, Epiphania, Purificatione sanctæ Mariæ, in Annuntiatione ejusdem, in Lætare Jerusalem, Cœna Domini, in Sabbato sancto, in paschalibus festivitatibus, Ascensione Domini et Pentecostes; in festivitate S. Joannis Baptistæ, et in natalitiis beatorum apostolorum, in Assumptione et Nativitate beatæ Mariæ virginis, et in duabus translationibus B. Bartholomæi, in dedicatione tui archiepiscopatus, et in anniversario tuæ consecrationis die, in congregationibus, et consecrationibus episcoporum, ordinationibus clericorum, consecrationibus ecclesiarum, et in festivitatibus majorum ecclesiarum tuæ provinciæ.

Decernimus etiam ut nulli omnino hominum liceat præfatam Ecclesiam temere perturbare, aut ejus possessiones auferre, vel ablatas retinere, aut aliquibus vexationibus fatigare; sed omnia integra conserventur eorum pro quorum gubernatione et sustentatione concessa sunt usibus omnimodis profutura, salva in omnibus apostolicæ sedis auctoritate. Si qua igitur in futurum ecclesiastica sæcularisve persona hanc nostræ constitutionis paginam sciens contra eam temere venire tentaverit, secundo tertiove commonita, si non satisfactione congrua emendaverit, potestatis honorisque sui dignitate careat, reamque se divino judicio existere de pradicta iniquitate cognoscat, et a sacratissimo corpore et sanguine Dei et Domini Redemptoris nostri Jesu Christi aliena fiat, atque in extremo examine districtæ ultioni subjaceat. Cunctis autem eidem loco justa servantibus sit pax Domini nostri Jesu Christi, quatenus et hic fructum bonæ actionis percipiant, et apud districtum judicem præmia æternæ pacis inveniant. Amen.

Ego Adrianus, cath. Eccl. episc.
Ego Hubaldus, presbyt. card. tit. S. Praxedis.
Ego Manfredus, presb. card. tit. S. Sabinæ.
Ego Hubaldus, presb. card. tit. S. Crucis.
Ego Octavianus, presb. card. tit. S. . . .
Ego Gerardus, presb. card. tit. S. Stephani in Cœlio Monte.
Ego Henricus, presb. card. tit. SS. Nerei et Achillei.
Ego Joannes, presb. card. tit. Sanctorum Silvestri et Mari.
Ego Joannes, diac. card. tit. Sanctorum Sergii et Bacchi.
Ego Oddo, diac. card. tit. S. Nicolai in Carcere Tulliano.

Dat. Urbeveteri per manum Rolandi, S. R. E. presbyteri cardinalis et cancellarii iv Kal. Octobr., indict. v, Incarnationis Dominicæ anno 1157, pontificatus domni Adriani papæ IV anno tertio.

CXLIII.

Friderico Romanorum imperatori exprobrat quod sacrilegam Eskilli archiepiscopi Lundensis comprehensionem, neglectis admonitionibus suis, impunitam adhuc tulerit. Memorat coronam imperatoriam a sese ei collatam, etc.

(Circa Oct.)

[MANSI, *Concil.*, XXI, 789.]

ADRIANUS episcopus, servus servorum Dei, dilecto filio FRIDERICO illustri Romanorum imperatori, salutem et apostolicam benedictionem.

Imperatoriæ majestati, paucis retroactis diebus, recolimus scripsisse, illud horrendum et exsecrabile facinus, et piaculare flagitium tempore nostro commissum, in Teutonicis partibus, sicut credimus, aliquando intentatum, excellentiæ tuæ ad memoriam revocantes, non sine grandi admiratione ferentes quod absque digna severitate vindictæ usque nunc transire passus sis tam perniciosi sceleris feritatem. Qualiter enim venerabilis frater noster E. Londonensis archiepiscopus, dum a sede apostolica remearet, a quibusdam impiis et scelestis (quod sine grandi animi mœrore non dicimus) in partibus illis captus fuerit, et adhuc in custodia teneatur; qualiter etiam in ipsa captione prædicta, viri impietatis, semen nequam, filii scelerati, in eum et in suos evaginatis gladiis violenter exarserint, et eos ablatis omnibus, quam turpiter atque inhoneste tractaverint, et tua serenissima celsitudo cognoscit; atque ad longinquas et remotissimas regiones fama tanti sceleris jam pervenit. Ad cujus utique vehementissimi facinoris ultionem, sicut is cui bona placere, mala vero displicere credimus, constantius exsurgere debuisti, et gladium, qui tibi ad vindictam maledictorum, laudem vero bonorum est ex divina provisione concessus, in cervicem desævire oportuit impiorum, et gravissime conterere præsumptores. Tu vero ad ipsum ita dissimulasse diceris, sævitiam neglexisse, quod eosdem non est quare pœniteat commisisse reatum; quia impunitatem sacrilegii quod gesserunt, jamjam sentiunt invenisse. Cujus quidem dissimulationis et negligentiæ causam penitus ignoramus, quoniam nos in aliquo serenitatis tuæ gloriam offendisse conscientiæ scrupulus nostrum animum non accusat; sed personam tuam sicut charissimi et specialis filii nostri et principis Christianissimi, quem in apostolicæ confessionis petra non ambigimus per Dei gratiam solidatum, sincera semper dilexerimus charitate, et debitæ tractavimus benignitatis affectu. Debes enim, gloriosissime fili, ante oculos mentis reducere, quam gratanter et quam jucunde alio anno mater tua sacrosancta Romana Ecclesia te susceperit, quanta cordis affectione tractaverit, quantam tibi dignitatis plenitudinem contulerit, et honoris, et qualiter imperialis insigne coronæ libentissime conferens benignissimo gremio suo tuæ sublimitatis apicem studuerit confovere, nihil prorsus efficiens quod regiæ voluntati vel in minimo cognosceret obviare. Neque tamen pœnitet nos desideria tuæ voluntatis in omnibus implevisse, sed si majora beneficia excellentia tua de manu nostra suscepisset, si fieri posset, considerantes quanta Ecclesiæ Dei et nobis per te incrementa possint et commoda provenire, non immerito gauderemus. Nunc autem quia tam immensum facinus, quod in contumeliam universalis Ecclesiæ et imperii tui noscitur etiam commissum, negligere ac dissimulare videris, suspicamur utique ac veremur ne forte in hanc dissimulationem et negligentiam propter hoc tuus animus sit inductus, quod suggestione perversi hominis zizania seminantis, adversus clementissimam matrem tuam sacrosanctam Romanam Ecclesiam, et nos ipsos indignationem, quod absit! aliquam conceperis vel rancorem.

Ob hoc igitur et ob hoc alia omnia negotia, quæ cognoscimus imminere, duos de melioribus et charioribus, quos circa nos habemus, dilectos scilicet filios nostros, Bernhardum S. Clementis presbyterum, Rolandum S. Marci presbyterum cardinalem et cancellarium nostrum, viros utique religione, prudentia et honestate conspicuos, serenitati tuæ de latere nostro, ad præsens duximus destinandos, excellentiam tuam rogantes attentius, quatenus eos tam honorifice quam benigne recipias, honeste tractes, et ea quæ ipsi super hoc, et super aliis, ad honorem Dei et sacrosanctæ Romanæ Ecclesiæ, ad decus etiam et exaltationem imperii pertinentia, ex parte nostra, imperatoriæ proposuerint dignitati, sicut si ab ore nostro procedant, absque ulla hæsitatione suscipias, et ipsorum verbis, tanquam si ea contingeret nos proferre, fidem non dubites adhibere.

CXLIV.
Hospitalis S. Blasii juxta Modoetiam possessiones confirmat.
(Laterani, Nov. 4.)
[Giulini, *Memorie di Milano*, VI, 529.]

CXLV.
Monasterio Mediolanensi Sancti Dionysii confirmat omnia illius jura et bona.
(Laterani, Nov. 10.)
[Muratori, *Antiq. Ital.*, V, 1035.]

Adrianus episcopus, servus servorum Dei, dilectis filiis Wilfredo abbati monasterii Sancti Dionysii Mediolanensis, ejusque fratribus tam praesentibus quam futuris, regularem vitam professis in perpetuum.

Justis religiosorum desideriis dignum est facilem praebere consensum, ut fidelis devotio celebrem consequatur effectum. Eapropter, dilecte in Domino fili Wifrede abbas, tuis justis postulationibus clementer annuimus, et monasterium Sancti Dionysii, cui, Deo auctore, praesides, et praedecessoris nostri beati Petri, et nostra protectione suscipimus, et praesentis scripti privilegio communimus, statuentes ut, quascunque possessiones, quaecunque bona idem monasterium impraesentiarum juste et canonice possidet, aut in futurum concessione pontificum, largitione regum vel principum, oblatione fidelium, seu aliis justis modis, praestante Domino, poterit adipisci, firma vobis vestrisque successoribus et illibata permaneant. In quibus haec propriis duximus exprimenda vocabulis: Ecclesiam videlicet Sancti Michaelis de Pescallo, in qua monasterium statuendi, si expedierit, facultatem habetis, sicut a venerabili fratre nostro Oberto Mediolanensi archiepiscopo rationabili providentia vobis concessum est; totam parochiam suburbii illius portae, quae dicitur Porta Nova, sicut per ejusdem archiepiscopi sententiam legitime vobis adjudicata est; ecclesiam Sanctae Mariae in Solario, quae nunc Sancti Fidelis dicitur; ecclesiam Sancti Laurentii, quae est juxta domum Tassonis, cum omnibus earum pertinentiis; curtem de Melate cum tribus capellis, videlicet Sancti Bartholomaei, Sancti Dionysii, Sanctae Mariae de Sabioncello, et duobus castris, scilicet de Melate et Sabioncello; curtem de Lierni, cum duabus capellis beati Mauricii, videlicet et beati Michaelis; tertiam partem curtis de Talamona cum decima, et jus vestrum in duabus capellis, quae in curte illa sitae sunt, videlicet Sanctae Mariae et Sancti Martini, cum omnibus ad eas pertinentibus; capellam Sancti Martini de Gradi, cum omnibus ejus possessionibus; ecclesiam beati Michaelis de Pescallo, cum omnibus suis pertinentiis; decimam terrarum, quae sunt juxta ipsum monasterium, et illarum terrarum, quae sunt circum flumen Sevisum hinc atque inde in omnibus pertinentiis hominum habitantium in Porta, quae dicitur Nova, et in porta orientali, quae modo coluntur, vel in antea cultae fuerunt, sicut ab Eriberto bonae memoriae Mediolanensi archiepiscopo canonice vobis concessa est, et in scripto suo firmata; possessiones, quas habetis in Sacrate et in Sexto, qui dicitur Joannis, in Affori, in Ponte Curionis, in Grogonzola, in Aronio, Pescallo, Lomacio, Casalego, Calutate, Romano, in Quinto, in Surdi, et in Casale, de Casinis, de Valle Saxia, cum omnibus supradictarum possessionum libertatibus et consuetudinibus, sicut eas cessione regum hactenus quiete habuistis, et praefati Oberti archiepiscopi scripto vobis confirmatae sunt.

Ad haec quatuor clerici ipsius monasterii, qui sunt de ordine Decomanorum Mediolanensis Ecclesiae, ab abbate, qui pro tempore fuerit, ad honorem Dei in eadem Ecclesia ponantur et ordinentur, eique tanquam patri et Domino suo obedientes existant, sicut hactenus exstitisse dignoscitur, et scripto jam dicti archiepiscopi continetur. Statuimus autem in praedictis ecclesiis Sanctorum Laurentii et Fidelis, vobis cum assensu memorati archiepiscopi absque contradictione aliqua ponere liceat sacerdotes. Prohibemus etiam ut nemini fas sit in parochia suburbii Portae Novae, quae vestri juris existit, infirmos visitare, mortuos sepelire, et alia divina officia, quae ad parochiale jus pertinent, vobis invitis, populo celebrare. Praeterea quidquid Adalbertus jam dictus abbas ipsius monasterii invasor ab eadem Ecclesia Sancti Dionysii per venditiones, pignorationes, infeudationes, investituras, libellos, commutationes, locationes, seu alio quolibet modo illicite alienavit, irritum esse censemus, et ad ipsam Beati Dionysii ecclesiam revocandi facultatem vobis concedimus, quemadmodum per sententiam consulum Mediolanensium a Rubaldo bonae memoriae archiepiscopo confirmatum legitime judicatum est. Sane novalium vestrorum, quae propriis manibus aut sumptibus colitis, sive de nutrimentis vestrorum animalium, nullus a vobis decimas praesumat exigere. Decimas quoque, quas canonice possidetis, vobis nihilominus confirmamus.

Decernimus ergo ut nulli omnino hominum liceat praefatum monasterium temere perturbare, aut ejus possessiones auferre, vel ablatas retinere, minuere, seu quibuslibet vexationibus fatigare, sed illibata omnia et integra conserventur, eorum, pro quorum gubernatione et sustentatione concessa sunt, usibus omnimodis profutura, salva sedis apostolicae auctoritate et Mediolanensis archiepiscopi canonica justitia. Si qua igitur in futurum ecclesiastica, saecularisve persona hanc nostrae constitutionis paginam sciens contra eam temere venire tentaverit, secundo tertiove commonitus, nisi praesumptionem suam digna satisfactione correxerit, potestatis honorisque sui dignitate careat, reamque se divino judicio existere de perpetrata iniquitate cognoscat, et a sanctissimo corpore ac sanguine Dei et Domini Redemptoris nostri Jesu Christi aliena fiat, atque in extremo examine districtæ ultioni subjaceat. Cunctis autem eidem loco sua jura servantibus sit pax Domini nostri Jesu Christi, quatenus et hic fructum bonæ actionis percipiant, et apud districtum judicem præmia æternæ pacis inveniant. Amen, amen, amen.

Ego Adrianus, catholicæ Ecclesiæ episcopus.

Ego Gregorius, Sabinensis episcopus.

Ego Hubaldus, presbyter cardinalis tituli Sanctæ Praxedis.

Ego Julius, presbyter cardinalis tituli Sancti Marcelli.

Ego Octavianus, presbyter cardinalis tituli Sanctæ Cæciliæ.

Ego Henricus, presbyter cardinalis tituli Sanctorum Nerei et Achillei.

Ego Odo, diaconus cardinalis Sancti Georgii ad Velum aureum.

Ego Guido, diaconus cardinalis Sanctæ Mariæ in Porticu.

Ego Odo, diaconus cardinalis Sancti Nicolai in Carcere Tulliano.

Ego Bonadies, diaconus cardinalis Sancti Angeli.

Datum Laterani per manum Alberti, Sancti Adriani diaconi cardinalis, vicem domni Rolandi, sanctæ Romanæ Ecclesiæ presbyteri cardinalis et cancellarii, gerentis, IV Idus Novembris, indictione VI, Incarnationis Dominicæ anno 1157, pontificatus vero domni Adriani papæ IV, anno tertio.

CXLVI.

Privilegium pro parthenone S. Spiritus Paraclitensi.

(Laterani, Dec. 1.)

[Opp. Abælardi, 355.]

ADRIANUS episcopus, servus servorum Dei, dilectis in Christo filiabus HELOISSÆ abbatissæ, cæterisque in oratorio Sancti Spiritus, quod in pago Trecensi situm est, divino famulatui mancipatis, etc. [*ut in superiori Eugenii epist.*].

Loca vero de Pomario, Triagnello, Leavalle, Neforto, Sancti Flaviti, quemadmodum vobis rationabiliter concessa sunt, auctoritate vobis apostolica confirmamus, etc.

Datum Laterani, per manum Alberti, Sancti Adriani diaconi cardinalis, vicem domini Rolandi, sanctæ Romanæ Ecclesiæ presbyteri cardinalis et cancellarii, gerentis, Kal. Decembris, ind. XI, Incarnationis Dominicæ anno 1157, pontificatus vero domini Adriani papæ IV anno III.

CXLVII.

Ecclesiam S. Rudberti Salsburgensem tuendam suscipit et ejus bona ac jura confirmat.

(Laterani, Decemb. 30.)

[HANSIZII, Germ. sacra, II, 254.]

ADRIANUS episcopus, servus servorum Dei, dilectis filiis HUGONI præposito Sancti Rudberti Salsburgensis Ecclesiæ, ejusque fratribus tam præsentibus quam futuris, canonicam vitam professis, in perpetuum.

Quoties illud a nobis petitur, quod religioni et honestati dignoscitur convenire, animo nos decet libenti concedere et petentium desideriis congruum impertiri suffragium. Eapropter, dilecti in Domino filii, vestris justis postulationibus clementer annuimus, prædecessorum nostrorum felicis memoriæ Calixti, Honorii, Innocentii et Eugenii Romanorum pontificum vestigiis inhærentes, ecclesiam Sancti Rudperti, in qua divino mancipati estis obsequio sub B. Petri et nostra protectione suscipimus et præsentis scripti privilegio communimus. In primis siquidem statuentes ut ordo canonicus, qui secundum Dominum et B. Augustini Regulam atque institutionem venerabilis fratris nostri bonæ memoriæ Conradi Salzburgensis archiepiscopi noscitur institutus perpetuis ibidem temporibus inviolabiliter observetur. Sancimus etiam ut nullus de loco in quo statuti estis, vos audeat amovere aut ordinem alterius professionis super vos inducere. Præterea quascunque possessiones, quæcunque bona eadem ecclesia inpræsentiarum juste et canonice possidet, aut in futurum concessione pontificum, largitione regum vel principum, oblatione fidelium, seu aliis justis modis, præstante Domino, poterit adipisci, firma vobis vestrisque successoribus et illibata permaneant. In quibus hæc propriis duximus exprimenda vocabulis : Longow, cum omnibus pertinentiis suis; Krencecar, cum omnibus pertinentiis suis; Saldorf, cum omnibus pertinentiis suis; Hoerdingen, cum omnibus pertinentiis suis; Salinas in Halle, cum curtibus et mancipiis, et aliis pertinentiis suis. In orientali plaga vineas, agros, curtes, familias, cum omnibus pertinentiis suis; Arnstorff, cum omnibus pertinentiis suis; Peberar, cum omnibus pertinentiis suis, et ea quæ juste et legitime possidere videmini in Salzburgensi pago, tam in agris quam in pratis et novalibus; ecclesiam Sancti Jacobi, quæ in Salzburgensi civitate juxta monasterium vestrum sita est, cum omnibus pertinentiis suis; Pongor autem Hopfgart cum omnibus pertinentiis suis. Sane ne quis vestrum clericus vel laicus, post professionem exhibitam proprium quid habere, neve sine abbatis vel congregationis licentia claustri cohabitationem deserere audeat, interdicimus. Prohibemus etiam ut nullus ecclesiæ vestræ advocatus alium pro se substituere, vel vos injustis vexationibus fatigare præsumat. Nulli etiam episcopo licentia pateat angarias vel alias novas exactiones canonice quieti et religioni contrarias vobis vel ecclesiæ vestræ imponere. Obeunte vero te, nunc ejusdem loci abbate vel tuorum quolibet successorum, nullus ibi qualibet subreptionis astutia seu violentia præponatur, nisi quem fratres communi consensu, vel fratrum pars consilii sanioris, secundum Dominum et beati Augustini Regulam, providerint eligendum.

Decernimus ergo ut nulli omnino hominum liceat præfatam Ecclesiam temere perturbare aut ejus possessiones auferre, vel ablatas retinere, minuere, seu quibuslibet vexationibus fatigare; sed illibata omnia et integra conserventur eorum, pro quorum gubernatione et sustentatione concessa sunt usibus omnimodis profutura, salva sedis apostolicæ auctoritate, et Salzburgensis archiepiscopi canonica reverentia.

Si qua igitur, etc. Cunctis autem, etc.

Datum Laterani per manum Rolandi, sanctæ Romanæ Ecclesiæ presbyteri cardinalis et cancellarii, III Kal. Januarii, indictione VI, Incarnationis Dominicæ anno 1157, pontificatus vero domni Adriani papæ IV anno IV.

CXLVIII.

Archiepiscopis et episcopis Germaniæ queritur injurias a Friderico imperatore legatis suis illatas. Mandat enitantur ut imperator a Reinaldo cancellario satisfactionem faciat exhiberi.

[MANSI, *Concil.*, XXI, 790.]

Quoties aliquid in Ecclesia contra honorem Dei et salutem fidelium attentatur, fratrum et coepiscoporum nostrorum, et eorum præcipue qui Spiritu Dei aguntur cura debet existere, ut ea, quæ male gesta sunt, gratam Deo correctionem debeant invenire. Hoc autem tempore, quod absque nimio mœrore non dicimus, charissimus filius noster Fridericus Romanorum imperator, tale quid egit, quale temporibus antecessorum suorum non legimus perpetratum. Cum enim nos duos de melioribus fratribus nostris, Bernhardum tit. S. Clementis, et Rolandum, Cancellarium nostrum, tit. S. Marci presbyteros cardinales, ad ipsius præsentiam misissemus, ipse, cum primum ad ejus præsentiam pervenerunt, alacriter visus est eos recepisse. Sequenti vero die cum redirent ad eum, et litteræ nostræ in ejus auribus legerentur, accepta occasione cujusdam verbi, quod ipsarum litterarum series continebat, insigne videlicet coronæ beneficium tibi contulimus, in tantam animi commotionem exarsit, ut convicia, quæ in nos et legatos nostros dicitur conjecisse, et quam inhoneste ipsos a præsentia sua recedere, ac de terra sua velociter exire compulerit, et audire opprobrium, et lamentabile sit referre. Eis autem ab ipsius præsentia excedentibus, facto edicto, ne aliquis de regno vestro ad apostolicam sedem accedat, per omnes fines ejusdem regni custodes dicitur posuisse, qui eos, qui ad sedem apostolicam venire voluerint, violenter debeant revocare. Super quo facto licet aliquantulum perturbemur, ex hoc tamen in nobis ipsis majorem consolationem accipimus, quod ad id de vestro et principum consilio non processit. Unde confidimus, eum a sui animi motu, consilio et persuasione vestra facile revocandum. Quocirca fratres, quoniam in hoc facto non solum nostra, sed vestra et omnium Ecclesiarum res agi dignoscitur, charitatem vestram monemus, et exhortamur in Domino, quatenus opponatis vos murum pro domo Domini, et præfatum filium nostrum ad viam rectam quam citius reducere studeatis, attentissi-mam sollicitudinem adhibentes, ut a Reinaldo cancellario suo, et Palatino comite, qui magnas blasphemias in præfatos legatos nostros, et matrem vestram sacrosanctam Romanam Ecclesiam evomere præsumpserunt, talem et tam evidentem satisfactionem faciat exhiberi ut, sicut multorum aures amaritudo sermonis eorum offendit, ita etiam satisfactio multos ad viam rectam debeat revocare.

Non acquiescat idem filius noster consiliis iniquorum, consideret novissima et antiqua, et per illam viam incedat, per quam Justinianus, et alii catholici imperatores incessisse noscuntur. Exemplo siquidem et imitatione illorum, et honorem in terris, et felicitatem in cœlis sibi poterit cumulare. Vos etiam, si eum ad rectam semitam reduxeritis, et beato Petro apostolorum principi gratum dependetis obsequium, et vobis, et Ecclesiis vestris conservabitis libertatem. Alioquin noverit antedictus filius noster, ex admonitione vestra, noverit ex promissionis evangelicæ veritate, quod sacrosancta Romana Ecclesia super firmissimam petram, Deo collocante, fundata, quantocunque ventorum turbine quatiatur, in sua firmitate, protegente Domino, in sæculum sæculi permanebit. Nec autem, sicut nostis, deceret eum tam arduam viam absque vestro consilio attentasse. Unde credimus quod, auditis admonitionibus vestris, facillime poterit ad frugem sanioris studii, sicut vir discretus, et imperator catholicus revocari.

CXLIX.

Aldebrandino et Bernardino, filiis Ubolini comitis de Calmaiare, prædia quædam beneficiaria tribuit.

[MURATORI, *Antiq. Ital.*, I, 631.]

In nomine Domini, etc. Ego Adrianus sanctæ sedis apostolicæ papa IV, consensu et voluntate fratrum meorum, videlicet Ubaldi presbyteri cardinalis titulo Sanctæ Praxedis, Ubaldi titulo Sanctæ Crucis, Julii titulo Sancti Marcelli, Henrici titulo Sanctorum Nerei et Achillei, Bosonis diaconi cardinalis Sanctorum Cosmæ et Damiani, camerarii nostri, et Alberti diaconi cardinalis Sancti Adriani; concedimus vobis Aldebrandino et Bernardino, filiis quondam Ubolini comitis de Calmajare, vestrisque legitimis filiis et filiabus vestris; si autem sine legitimis filiis et filiabus decesseritis, infra nominatæ terræ, quas vobis concedimus, in jure et dominio beati Petri libere remaneant; id est Fractam filii Adzonis, etc., ut supra. Positæ sunt autem prædictæ terræ in episcopatibus Suanensi, Urbevetano, Tudertino, Clusino, juris beati Petri et sanctæ Romanæ Ecclesiæ. Ad tenendum, utendum, fruendum, meliorandum, et, sicut dictum est, tenendum, possidendum, pro eo quod hominium nobis fecistis et fidelitatem nobis nostrisque catholicis successoribus et sanctæ Romanæ Ecclesiæ jurastis, et stratam omni tempore et omnibus personis servare, exceptis publicis latronibus, et inimicis Ecclesiæ Romanæ et vestris. Ita tamen si formam peregrinorum non portaverint, et treugam jurare et observare promisistis, si alii compares vestri juraverint et observaverint, Roccam Sancti Stephani custodiendam damus Scarlatano de Radicofano et Orlandino fratri suo, et filiis Belizi, etsi fidelitatem nobis fecerint, cum expensis vestris per quinque continuos annos. Tali conditione, quod si aliqua causa in strata offenderitis, et infra octo dies requisiti non emendaveritis, tunc prænominata Rocca Sancti Stephani in jure et dominio beati Petri absolute remaneat. Si vero in treuga vel contra Hospitales, Templares, clericos, monachos offenderitis, et infra quindecim dies requisiti non emendaveritis, tunc prænominata Rocca Sancti Stephani in jure et dominio beati Petri remaneat. Ecclesias, clericos, monachos de terra vestra ita fovebitis et servabitis, sicut alii nostri fideles suas ecclesias, clericosque suos et monachos servant. Nulli alii pio loco concessionem istam in partem vel in totum dabitis vel alienabitis, nec alicui personæ vendetis seu alienabitis, priusquam domno papæ, qui pro tempore fuerit, et sanctæ Romanæ Ecclesiæ, justo videlicet pretio minuendo in duodecim denariis pro unaquaque libra. Quod si emere et alienationem ipsam recipere noluerit, dabitis ei suprascriptum commodum, et vendetis seu alienabitis tali personæ, quæ nobis placeat, sine malitia, salvo semper jure et dominio beati Petri et sanctæ Romanæ Ecclesiæ. Guerram et pacem per personas vestras et prædictas terras ad mandatum Romani pontificis et Romanæ ecclesiæ facietis vos et filii vestri ; filii vero et generi vestri, qui terras ipsas partemve earum tenebunt, nobis nostrisque catholicis successoribus fidelitatem et hominium, guerram et pacem ad mandatum nostrum nostrorumque successorum facient; treugam, stratam, ecclesias, Hospitales, Templares, clericos et monachos se non offendere jurabunt. Alioquin si qui ita non fecerint, a jure nostræ concessionis expertes remanebunt. Nos autem et nostri successores defendere promittimus ab omni homine, si necesse fuerit, secundum officium nostrum.

CL.

Canonicis Calvimontensibus interdicit ne ecclesiæ bona alienent; jampridem enim decretum esse, ut in eorum ecclesia fratres monasterii S. Dionysii collocarentur.

(Romæ, ap. S. Petrum, Jan. 10.)

[DOUBLET, *Hist. de S. Denys*, 502.]

ADRIANUS episcopus, servus servorum Dei dilectis filiis canonicis Calvimontis Ecclesiæ, salutem et apostolicam benedictionem.

Non potest aliqua præsumptione convelli quod auctoritate apostolicæ sedis rationabiliter contigerit ordinari. Jamdudum autem, sacrosancta Romana Ecclesia decernente, dignoscitur institutum ut in ecclesia vestra de monasterio B. Dionysii ad divina dependenda obsequia monachi ponerentur, ad quorum usum et dispositionem decedentium canonicorum beneficia devenirent. Ut igitur tam laudabilis institutio nullius valeat astutia vacuari, per præsentia vobis scripta mandamus quatenus præbendas et beneficia vestra vendere, vel quomodolibet alienare nullatenus præsumatis, alioquin nos et alienationes ipsas auctoritate apostolica vacuamus, et in vos, auctore Deo, taliter vindicabimus, ut quam grave sit tam sanctas et tam laudabiles constitutiones infringere, docente pœna, intelligere valeatis.

Datum Romæ apud Sanctum Petrum, iv Idus Januarii.

CLI.

Henrico Belvacensi episcopo quemdam D. commendat.

(Romæ, ap. S. Petrum, Jan. 10.)

[MARTEN., *Ampl. Collect.*, II, 638.]

ADRIANUS episcopus, etc. venerabili fratri HENRICO Belvacensi episcopo, etc.

Quia plurimum de tua devotione et animi sinceritate confidimus pro his quos charos habemus preces tibi porrigere minime dubitamus. Inde est quod dilectum filium nostrum D. latorem præsentium, qui multa nobis tam super dilectione circa eum quam super aliis pluribus de tua fraternitate retulit commendanda, charitati tuæ attentius commendamus, per apostolica scripta rogantes, quatenus eum pro B. Petri ac nostra reverentia diligas et honores, et eum cum interventu nostro et pro devotione sua de charo habeas chariorem, ipsum quoque in negotiis suis, si qua emerserint, prudentia tua studeat viriliter defensare.

Data Romæ, apud Sanctum Petrum, iv Kal. Februarii

Anno 1156-58.

CLII.

Raymundum episcopum Magalonensem hortatur ne « bona ecclesiæ communibus clericorum usibus deputata, pro suæ voluntatis arbitrio dispenset, utque decimam Montispessulani canonicis restituat. »

(Laterani. Oct. 27.)

[GARIEL, *Series*, I, 199.]

ADRIANUS episcopus, servus servorum Dei, RAYMUNDO Magalonensi episcopo, salutem et apostolicam benedictionem

Pervenit ad nos quod bona Magalonensis ecclesiæ communibus tuorum clericorum usibus deputata contra institutionem ipsius Ecclesiæ pro tuæ voluntatis arbitrio niteris dispensare, decimam quoque Montispessulaneti ad communitatem ipsorum canonicorum, ut nobis suggeritur, pertinentem, quam utique a quodam laico diceris redemisse, nondum eis restituisti. Unde cum injuncto nobis apostolatus officio teneamur quæ sunt corrigenda corrigere, et suam unicuique justitiam conservare, fraternitati tuæ per apostolica scripta mandando præcipimus, quatenus sine consilio et assensu archidiaconorum et sanioris partis capituli ecclesiæ tuæ, nihil de rebus ad eorum communitatem pertinentibus præter institutionem ipsius ecclesiæ nullatenus disponere præsumas, et quæ inde abstulisti cum integritate restituas; provisurus attentius ne super his clericis tuis de cætero sit materia murmurandi, et nos tibi propter hoc duriore animadversione scribere compellamur. Decimam præterea quam supra memoravimus, nisi quantitatem pretii, quam in ejus redemptione dedisti, ex integro vel jam recepisti, vel quam citius receperis, canonicis tuis, omni excusatione postposita et dilatione restituas.

Datum Laterani, vi Kal. Novemb., [pontificatus nostri anno iv (1)].

(1) Hæc aliena manu videtur addita.

CLIII.
Henrico episcopo Bellovacensi Ansoldum abbatem Compendiensem commendat.

(Laterani, Oct. 29.)

[MARTEN., *Ampl. Collect.*, II, 642.]

ADRIANUS episcopus, servus servorum Dei venerabili fratri HENRICO Belvacensi episcopo, salutem et apostolicam benedictionem.

Compendiensem Ecclesiam tanto amplius diligere nos convenit et fovere, quanto plus sollicitudinis ad plantandam in ea religionem Romana Ecclesia dignoscitur habuisse. Quocirca fraternitatem tuam rogamus attentius et monemus in Domino, quatenus dilectum filium nostrum An., ejusdem loci abbatem, pro reverentia beati Petri et nostra diligas et honores, et in suis necessitatibus opem et præsidium largiaris. Et quoniam dilectus filius noster Philippus frater tuus thesaurum ipsius ecclesiæ adhuc dicitur detinere, frequens apud eum exhortatio non desit, ut thesaurus ipse in manus præfati abbatis debeat devenire.

Præterea fraternitati tuæ mandamus, quatenus de malefactoribus illis, de quibus antedictus abbas in audientia tua querimoniam deposuerit, ita plenam ei justitiam facias, ut pro defectu justitiæ non cogatur amplius laborare.

Datum Laterani, iv Kal. Novembris.

CLIV.
Godescalco episcopo Atrebatensi præcipit ut Hugoni cancellario ablatum altare de Aslues restituat.

(Laterani, Nov. 1.)

[MANSI, *Concil.*, XXI, 807.]

ADRIANUS episcopus, servus servorum Dei, venerabili fratri..... Atrebatensi episcopo, salutem et apostolicam benedictionem.

Dilectus filius noster Hugo, charissimi filii nostri Ludovici, illustris Francorum regis cancellarius, transmissa nobis relatione monstravit, se altare quoddam in Atrebatensi episcopatu ex dono Aluisi bonæ memoriæ Atrebatensis quondam episcopi habuisse, et usque ad illud tempus, quo investituram majoris archidiaconatus in Ecclesia tua de mandato nostro fuerat suscepturus, asserit se idem altare quiete ac pacifice possedisse. Imminente vero die, quo de ipso archidiaconatu debebat juxta mandatum nostrum, sicut diximus, investiri, tu, prout nobis suggeritur, nisi eodem altari tibi primitus restituto, investituram ei facere noluisti, et taliter ab eo ipsum altare diceris extorsisse. Quia vero hujus-

modi circumventio rationi contraria est, et a pontificali officio penitus aliena, fraternitati tuæ per apostolica scripta præcipiendo mandamus, et mandando præcipimus; quatenus si res ita se habet, ipsum altare jam dicto filio nostro Hugoni cancellario infra 40 dies post horum susceptionem, omni appellatione cessante, restituas. Quod si tu facere forte distuleris, venerabili fratri nostro [Samsoni], Remensi archiepiscopo, apostolicæ sedis legato, a nobis datum esse noveris in mandatis, ut ipse hoc vice nostra non differat effectui mancipare.

Datum Laterani v Idus Maii.

CLV.
Theobaldum Parisiensem episcopum hortatur ut Hugoni cancellario primum personatum vel honorem qui in Parisiensi Ecclesia vacabit, concedat

(Laterani, Nov. 1.)

[MANSI, XXI, 805.]

ADRIANUS episcopus, servus servorum Dei, venerabili fratri Parisiensi episcopo, salutem et apostolicam benedictionem.

Quoniam de devotione et fidei sinceritate, quam erga sacrosanctam Romanam Ecclesiam et nos ipsos habere dignosceris, plenam fiduciam obtinemus, fraternitatem tuam pro his qui nobis chari sunt et accepti, rogare non dubitamus. Quanto autem dilectus filius noster Hugo, charissimi filii nostri, illustris Francorum regis cancellarius, matri tuæ sacrosanctæ Romanæ Ecclesiæ et nobis ipsis devotus sit et fidelis, quantum pro ipsius honore sollicitus permaneat et attentus, et nos ipsi cognoscimus, et prudentiam tuam non credimus ignorare. Inde est quod illum fraternitati tuæ duximus plurimum commendandum, rogantes attentius quatenus pro beati Petri et nostrarum reverentia litterarum, primum personatum vel honorem qui in tua vacabit ecclesia, ei concedas, ut et ipse nostras sibi preces sentiat fructuosas, et nos de nostrarum precum admissione gratiarum tibi debeamus exsolvere actiones.

Datum Laterani, Kal. Novembris.

CLVI.
Guillelmo nobili viro et universo populo Montispessulani præscribit, ut i finito quinquennio altare S. Salvatoris et oblationes in manu prioris ecclesiæ B. Mariæ reddant.

(Laterani, Nov. 8.)

[D. BOUQUET, *Recueil*, XV, 687.]

ADRIANUS episcopus, servus servorum Dei, dilecto filio nobili viro GUILLELMO et universo populo Montispessulani, salutem et apostolicam benedictionem.

Licet sacri canones de rebus ecclesiasticis nullam disponendi laicis attribuant facultatem, intuitu tamen devotionis vestræ oblationes S. Salvatoris, ad ipsam ecclesiam relevandam, ita vobis sunt concessæ, ut studio vestro inceptum opus citius possit et facilius consummari. Quia vero non convenit res ecclesiasticas ab ecclesiasticarum personarum dispositione penitus alienari, certum tempus determinare volumus, ut, eo peracto, altare ipsum et oblationes per quinquennium annorum spatium, et non amplius teneatis. Quocirca universitati vestræ mandamus quatenus, finito quinquennio, altare prædictum et oblationes in manu prioris ecclesiæ B. Mariæ reddatis, ut de ipsis sicut de aliis ecclesiasticis rebus liberam disponendi habeat facultatem. Vos igitur, ut de opere vestro et labore possitis æternæ felicitatis gaudia promereri, de ipsis oblationibus et de propriis facultatibus vobis a Deo præstitis agite, et ita efficaciter ad perficiendum opus Ecclesiæ insistite, quod in brevi termino valeat, auctore Domino consummari.

Datum Laterani, vi Idus Novembris.

CLVII.

Ad S. Remensem archiepiscopum et ejus suffraganeos. — Pro ecclesia Jerosolymitana et pro militibus Templi.

(Laterani, Nov. 13.)

[MARTEN., *Ampl. Coll.*, II, 647.]

ADRIANUS episcopus, servus servorum Dei, venerabili fratri S. Remorum archiepiscopo, apostolicæ sedis legato, ejusque suffraganeis episcopis, salutem et apostolicam benedictionem.

Quantum strenui et egregii domini bellatores, milites videlicet Templi, novi sub gratia Macchabæi, universæ Christianitati proficiant et qualiter loca sancta, quæ Salvator noster corporali præsentia illustravit, et a paganorum versutia et persecutione defendant, non solum ad eorum, qui vicini sunt, sed et qui extremum orbis axem inhabitant, non ambigimus pervenisse. Unde quanto majora universis Christi fidelibus per eos proveniunt incrementa, tanto attentius providendum nobis imminet et agendum, ut eorum necessitates sublevare curemus, et ipsis paternæ charitatis affectu in suis adversitatibus condolentes consilium et auxilium ministremus. Noviter autem, quod sine grandi mœrore et exulceratione non dicimus quædam eis infortunia emerserunt, et invalescente sævitia paganorum, peccatis exigentibus, tam rerum quam personarum non mediocre perpessi sunt dispendium et jacturam. Cum enim filius sanguinei ad obsidendam Bellinacii, quæ Christianorum erat subdita ditioni, infinita collecta perfidorum hominum multitudine, accessisset, charissimus in Christo filius noster B. (81) illustris Jerosolymorum rex, simul cum fratribus militiæ templi ad fugandos hostes velocius properavit. Cumque adversus paganos e regione castrorum idem rex consedisset, major pars suorum, fratribus templi cum eo remanentibus, impetrata licentia recesserunt; hostes autem hoc liquido cognoscentes, sub festinatione aggressi sunt Christianos, ut eos in manu valida viriliter repugnarent. Rex vero, et qui cum eo erant, quoniam infinitæ multitudinis minime poterant sustinere, suasu et nimia precum instantia eorumdem militum templi, ipsis simul cum residuis militibus regis remanentibus ad conflictum, licet invitus, multa tamen prece et postulatione devictus, illæsus tandem ad propria remeavit. Cæterum prædicti fratres pro Christi nomine et Christianorum salute, animas ponere nullatenus formidantes, et alii qui cum eis remanserant, cum innumerabili multitudine paganorum congressi sunt, et prælium ingerunt. In ipso autem prælio dilectus filius noster B. magister militiæ templi ab hostibus captus est, et cum eo octoginta septem de numero fratrum, trecenti vero de aliis militibus, tum capti fuerunt, tum in ore gladii trucidati, et tam equos quam arma et alia spolia incredibiliter amiserunt. Sed post hujus diversitatis caliginem et errorem temporis tenebrosi prosperitatis tempus emicuit, et dies optatus serenitatis illuxit. Prædictus itaque filius noster rex, exercitu reparato et collecta militum ac peditum multitudine, simul cum dilectis filiis nostris nobilibus viris T. (82) Flandriæ comite et Rainaldo de Sancto Walerico et suis, quos tunc ad partes illas ex insperato contigerat applicare, superbientium hostium rabiem truculentam invasit, et nonnullis eorum captis, nonnullis interfectis, de ipsis utique feliciter triumphando exercitum procul a prædictæ civitatis obsidione fugavit. Interim ad majorem lætitiam et ampliorem cumulum gaudiorum, ad majorem quoque de adversitate consolationem habendam, milites templi circa triginta, ducentos paganorum euntes ad nuptias verterunt in fugam, et divino præsidio comitante, omnes partim ceperunt, partim gladio trucidarunt. Nunc autem quoniam in tanta desolatione et imminentis necessitatis articulo prædictis fratribus et aliis loca illa sancta pietatis intuitu defendentibus, nec debemus, nec possumus ulla ratione deesse, fraternitatem tuam rogamus, monemus et exhortamur in Domino, quatenus commissum vobis populum studeatis diligentissime commonere, et eis in suorum veniam delictorum ex injuncto vobis officio injungatis, ut si qui idonei fuerint et strenui ad bellandum, ad loca illa pro eorum liberatione ac defensione festinent. Hi vero qui in propriis personis non poterunt laborare, equos, arma bellica, quæ in partibus illis sunt plurimum necessaria, et alia de facultatibus suis pro animarum suarum salute et paganorum remedio illuc studeant destinare.

Data Laterani, Id. Nov.

CLVIII.

Abbatibus Biterrensis diœcesis præcipit ut præsuli Biterrensi pareant.

(Laterani, Nov. 13.)

[*Gall. Christ.*, VI, Instrum., 138.]

ADRIANUS episcopus, servus servorum Dei, dilectis filiis abbatibus per Biterrensem parochiam constitutis, salutem et apostolicam benedictionem.

Non moveri non possumus de iis quæ a venerabili fratre nostro Guillelmo Biterrensi episcopo nobis nuntiata sunt. Asserit siquidem nobis quod debitam

---

(81) Balduinus filius Fulconis regis Jerosolymitanus.

(82) Theoderico Alsatio dicto, qui sororem Balduini regis uxorem duxerat.

ei recusatis obedientiam et reverentiam quanquam vestro episcopo exhibere. Unde cum ad obediendum potius quam ad repugnandum suscepti habitus vos qualitas provocet, datur evidenter intelligi quod non illud intus gestatis in mente quod exterius in veste protenditis; obedire enim vestro praelato vos convenit, qui propriam voluntatem etiam, quantum habitus ostendit, pro Domino reliquistis. Ut ergo aliud non probemini gestare Interius quam id quod habitu exterius demonstratis, per apostolica vobis scripta mandamus praecipiendo, quatenus vos quibus idem episcopus auctoritate sua manus imponit, omnem illi obedientiam et reverentiam appellatione remota sine contradictione aliqua persolvatis, quae a subditis praelatis debet humiliter exhiberi : quod si aliquis vestrum inobediens ipsi aut rebellis exstiterit, sententiam quae a jam dicto fratre nostro in eum qui ipsi obedire noluerit canonice fuerit promulgata, nos, auctore Domino, auctoritate nostra ratam habebimus.

Datum Laterani, Idibus Novembris.

CLIX.

Privilegium pro parthenone S. Spiritus Paracliensi.

(Laterani, Nov. 25.)

[Opp. Petri Abaelardi, p. 354.]

ADRIANUS episcopus, servus servorum Dei, dilectis in Christo filiabus, HELOISSAE abbatissae monasterii de Paracleto ejusque sororibus, salutem et apostolicam benedictionem.

Quoties religiosae personae a nobis talia postulant, quae a rationis tramite non discordant, ad concedendum quod petitur non debemus difficiles inveniri. Eapropter, dilectae in Domino filiae, vestris justis postulationibus gratum impertientes assensum, auctoritate vobis apostolica concedimus, ut eos qui de facultatibus suis Ecclesiae vestrae grata conferunt solatia charitatis, si forte non proprio reatu, sed pro alienis sunt excessibus interdicti, liceat vobis ad sepulturam recipere, et ipsos in coemeterio vestro cum aliis fidelibus tumulare.

Datum Laterani, VIII Kal. Decembris.

CLX.

Ad Henricum episcopum Belvacensem. — Ut, nulla interposita dubitatione, fungi munere episcopali pergat.

(Laterani, Dec. 1).

[Marten., Ampl. Collect., II, 650.]

ADRIANUS episcopus, servus servorum Dei, venerabili fratri HENRICO Belvacensi episcopo, salutem et apostolicam benedictionem.

Praedecessor noster sanctae memoriae papa Eugenius in Belvacensem te voluit (83) episcopum subrogari, sperans quod de tua persona Ecclesiae Dei utilitas non modica proveniret. In qua siquidem dignitate tua nobilitas adeo provide, honeste ac circumspecte, cooperante gratia divina, se hactenus habuit, quod ipsius praedecessoris nostri videtur intentio adimpleta, et nos tuam cognoscentes (84)|de praeteritis probitatem, de tuae fraternitatis industria meliorem spem jugiter et fiduciam obtinemus, ac per hoc si non esses a contemplationis requie ad labores actionis translatus, studeremus diligenter efficere, ut pro Ecclesiae utilitate hujusmodi translatio fieret, nec debemus efficere quod facta debeat irritari. Non ergo te moveat verbum quod minus caute diceris protulisse, quia illud dicere nequaquam fuit spiritualem (85) dimittere dignitatem. Susceptum itaque ministerium episcopale discretio tua diligenter exerceat, commissum tibi gregem verbo et opere ita in doctrina Christi studeas informare, ut non vacuus ad arcam patris familias accedere debeas, si plures tecum, divina faciente gratia, possis manipulos reportare. Non enim volumus, nec possemus ullatenus sustinere quod episcopalem dimitteres dignitatem, nisi forte, quod absit! tale in te vitium cognosceremus, propter quod non posses in episcopali officio Domino deservire. Praeterea dilectis filiis nostris fratribus Sancti (86) Luciani, te ita benignum et misericordem exhibeas, ut ipsi omnipotentem pro te Dominum affectuosius deprecentur.

Data Laterani Kalendas Decembris.

CLXI.

Ad eumdem. — Pro ecclesia Sancti Luciani.

(Laterani, Dec. 1.)

[MARTEN., ibid. col. 651.]

ADRIANUS episcopus, servus servorum Dei, venerabili fratri HENRICO Belvacensi episcopo, salutem et apostolicam benedictionem.

Ad pietatis et misericordiae opera tanto te duximus propensius invitandum, quanto de tua honestate ac religione majorem fiduciam obtinemus, et speramus quod nostras preces debeat tua fraternitas exaudire. Religiosi fratres ecclesiae B. Luciani, de quibusdam rebus, de quibus inter te et ipsos controversia vertebatur, tuae se decreverunt potius supponere voluntati, quam cum tua nobilitate in judicio disputare, sperantes quod eis plus utilitatis erga te conferre humilitas, quam litigiorum jurgia ministrare. Et ideo apostolicis litteris charitatem tuam monemus, rogamus et exhortamur in Domino, quatenus de his omnibus, quae in tua liberalitate ponere decreverit, praecipue de decimis et prandiis et piscationibus, ita erga supradictos fra-

---

(83) Id factum est anno 1149, cum mortuo Odoni episcopo Bellovacensi, cleri et populi unanimi voto, metropolitani et omnium suffraganeorum assensu, accedente etiam summi pontificis voluntate, subrogatus fuit : de qua promotione vid. Petri Venerabilis lib. v, epist. 8.

(84) Quippe Henricus, spretis aulae illecebris, monachum apud Claramvallem professus, cum Maria ad Christi Domini pedes sedebat.

(85) Hinc colliges Henricum episcopalem dignitatem aegre tulisse atque abjicere voluisse.

(86) S. Luciani insigne monasterium ordinis S. Benedicti in suburbio Bellovacensis civitatis, in cujus ecclesia S. Lucianus cum sociis quiescit

tres nobilitas tua se habeat, ut videaris religiosos fratres pro amore Christi diligere ac favore, et nos tibi uberes possimus gratiarum exsolvere actiones.

Data Laterani Kal. Decembris.

CLXII.

Ad eumdem. — Pro nepotibus cujusdam canonici Antissiodorensis.

(Laterani, Dec. 8.)

[MARTEN., *ibid. col.* 652.]

ADRIANUS episcopus, servus servorum Dei, venerabili fratri HENRICO Belvacensi episcopo, salutem et apostolicam benedictionem.

Venientis ad apostolicae sedis praesentiam dilecti filii nostri Altissiodorensis canonici querimoniam nuper accepimus, quod (87) A. Abbas ecclesiae Sancti Germani Altissiodorensis terram, quae quibusdam nepotibus suis paterno solatio destitutis, sicut nuper accepimus, haereditario jure pertinere dicitur, contra justitiam detinere praesumit. Cumque alia vice causa ipsa venerabilibus fratribus nostris Hu. Senonensi archiepiscopo et Altissiodorensi episcopo commissa fuisset, fine debito terminanda, in ipsius examinatione negotii, ad sedem apostolicam fuit appellatum. Quia vero ex injuncto nobis officio pupillis et orphanis compellimur in sua justitia salubriter providere, fraternitati tuae per apostolica scripta mandamus, quatenus infra quindecim dies post susceptionem praesentium litterarum, memoratum abbatem studeas diligentius convenire, ut vel ipsam terram nepotibus praedicti L. sub velocitate restituat, vel in praesentia tua ipsis exhibeat justitiae complementum. Si vero causam inirire maluerit, quam terram in integrum restituere, utraque parte in tua praesentia constituta, et rationibus hinc inde subtilius investigatis et cognitis, causam ipsam, omni appellatione cessante, ita justitia mediante decidas, quod ulterius super hoc in audientia nostra non debeat replicari querimonia. Quod si praedictus abbas nec terram restituere, nec justitiam de his ad quos eadem terra spectare dicitur, voluerit exhibere, neque tuo super hoc judicio stare, ex tunc in ipsa terra, de qua controversia est, auctoritate nostra divina prohibeas officia celebrari. Praeterea si A. uxor quondam S. de Merlenmaco per se vel per alium, quominus alterum istorum effectui mancipetur, praesumpserit impedire, in personam ejus excommunicationis, in terram vero ipsius sententiam proferas interdicti.

Datum Laterani VI Idus Decembris.

CLXIII.

Ad eumdem. — Pro quodam canonico Ecclesiae Antissiodorensis.

(Laterani, Dec. 8.)

[MARTEN., *ibid. col.* 553.]

ADRIANUS episcopus, servus servorum Dei, venerabili fratri HENRICO Belvacensi episcopo, salutem et apostolicam benedictionem.

Venerabilibus fratribus nostris (88) Hu. Senonensi archiepiscopo et (89) A. Altissiodorensi episcopo causam, quae inter dilectos filios nostros R. praepositum de Liriaco et L. Antissiodorensis Ecclesiae canonicum super quadam praebenda noscitur agitari, olim commisimus audiendam, et fine debito terminandam. Cumque utramque partem ante suam praesentiam evocassent, praedictus R. praepositus ad eorum vocationem venire contempsit, sed eumdem L. frustratoria dilatione ad sedem apostolicam appellavit : Nos vero quia plurimum de tua discretione confidimus, eamdem causam experientiae tuae committimus, omni appellatione remota, mediante justitia terminandam. Quocirca fraternitati tuae per apostolica scripta mandamus, quatenus utramque partem ante tuam praesentiam evoces, et rationibus quae hinc inde vertantur subtiliter inquisitis, et plenarie intellectis, eamdem causam canonico fine decidas. Si vero memoratus R. praepositus contumaciter noluerit ad tuam vocationem accedere, vel tuae super hoc sententiae efficaciter obedire, jam dictum filium nostrum L. de ipsa praebenda sine appellationis obstaculo auctoritate nostra investias.

Data Laterani VI Id. Decembris.

CLXIV

Ad Berengarium archiepiscopum et clerum Narbonensem. — De non invadendis mortuorum episcoporum bonis.

(Laterani, Dec. 9.)

[MANSI, *Concil.*, XXI, 826.]

ADRIANUS episcopus, servus servorum Dei, venerabili fratri BERENGARIO archiepiscopo et dilectis filiis archidiaconibus et universo clero Narbonensi, salutem et apostolicam benedictionem.

Quoniam apostolicae sedis curam Deo, prout ipsi placuit, disponente suscepimus, quieti et paci universarum Ecclesiarum sollicitos nos convenit attentione prospicere, et quae pro earum tranquillitate acta viderimus auctoritate apostolica confirmare; ita ut quae semel ad honorem Dei, decorem domus ejus et salutem fidelium fuerint constituta, nulla diuturnitate temporis in oblivionem neglectumque deveniant, nullaque machinatione pravorum a sua valeant stabilitate moveri. Dilecta vero in Christo filia nostra nobilis mulier Ermengardis Narbonae domina pravam quamdam consuetudinem, quae contra Deum et Ecclesiam vestram antiquitus inoleverat, divinae legis amore ac tuae, frater archiepiscope, dilectionis intuitu abolere desiderans, ad remissionem peccatorum suorum instituit ut te vel tuorum successorum quolibet obeunte nullus princeps, nullus castellanus, nulla omnino saecularis persona episcopalia bona invadere, diminuere aut pertur-

---

(87) Arduinus illustri genere natus, qui Gervasio abbati successit circa annum 1147. defunctus anno 1174.

(88) Hugoni.

(89) Alano ex abbate Rivatorii facto episcopo.

bare æsumiat, sed omnia futuro antistiti inconcussa t integra conserventur. Ejus itaque nos pium c mprobantes affectum, et renuntiationem ipsius r tam habentes, eam auctoritate apostolica confir amus et firmam et illibatam perpetuis temporibus decernimus permanere. Archiepiscopo itaque, quicunque pro tempore fuerit, decedente, nec terræ princeps, nec castellanus aliquis, sive miles, nec sæcularis aliqua laicave persona sub obtentu alicujus consuetudinis Narbonensis Ecclesiæ bona diripere vel direpta audeat retinere. Si quis autem attentare præsumpserit, et infra quadraginta dies præsumptionem suam satisfactione congrua non correxerit, indignationem omnipotentis Dei et beatorum Petri et Pauli apostolorum ejus incurrat, et tanquam sacrilegus fidelium communione privatum et vinculo se noverit excommunicationis astrictum, et a nemine sine licentia Romani pontificis aut legati ex ejus latere destinati possit absolvi.

Datum Laterani, v Idus Decembris.

CLXV

Concordiam initam inter episcopum Biterrensem et priorem Cassianensem confirmat.

(Laterani, Dec. 9.)

[*Gall. Christ.*, VI, Instr., 138.]

ADRIANUS episcopus, servus servorum Dei, dilecto filio JOHANNI Cassianensi priori, salutem et apostolicam benedictionem.

Quod super litigantium controversis mediantibus probis et honestis viris aut concorditer constituitur, aut rationabiliter diffinitur, suo debet statu consistere, ac ne processu temporis cujuslibet præsumptione turbetur, auctoritatis nostræ pagina communiri. Cum autem inter te et venerabilem fratrem nostrum Guillelmum Biterrensem episcopum de quadam ecclesia controversia verteretur, et ipse in ecclesiis tuis per suam diœcesim constitutis quartones de jure sibi peteret episcopali conferri, interponentibus sollicitudinem suam venerabilibus fratribus nostris Berengario Narbonensi archiepiscopo, Aldeberto Nemausensi, Raymundo Uticensi, et Ademaro Agathensi episcopis, Pontio Uticensi præposito, Rogerio Narbonensi archidiacono, et aliis sapientibus viris, talis inter vos compositio facta est, et utriusque partis assensu firmata. Biterrensis quidem episcopus ecclesiam de Aureliaco, de qua quæstio movebatur, ecclesiam S. Victoris, ecclesiam S. Petri de Laspiniano, ecclesiam S. Felicis de Calobricis, ecclesiam S. Martini de Gradano, ecclesiam S. Andreæ de Proliano, ecclesiam S. Laurentii de Roiano, ecclesiam S. Michaelis de Padernis, ecclesiam S. Natalie de Fano, ecclesiam S. Mariæ de Rocasels, ecclesiam S. Severi de Veyrano, ecclesiam S. Andreæ de Becses, quidquid habes in ecclesia de Caprilis, et in ecclesia de Clairaco libere tibi et Cassianensi ecclesiæ in perpetuum concessit habenda, ita ut tu et successores tui canonicos vel presbyteros in eisdem ecclesiis statuens, potestatem omni tempore habeatis, ipse vero et successores ipsius episcopalem reverentiam, debitas synodos et albergas pro ecclesiarum necessitatibus juxta instituta canonica in eis obtineant, et ab omnibus aliis exactionibus ecclesiæ ipsæ liberæ semper existant. De quartis autem portionibus, quas in eisdem ecclesiis retinebat, duo modii frumenti ad Biterrensem mensuram singulis annis a Cassianensi ecclesia ei ejusque successoribus sine contrarietate aliqua persolventur. Ut itaque compositio ista firma in perpetuum et illibata consistat, nos eam auctoritate apostolica confirmamus, et præsentis scripti pagina communimus. Nulli ergo omnino hominum liceat hanc nostræ confirmationis paginam temerario ausu infringere, vel ei contraire. Si quis autem attentare præsumpserit, indignationem omnipotentis Dei et beatorum Petri et Pauli apostolorum ejus incurrat.

Datum Laterani v Idus Decembris.

CLXVI

Archiepiscopia et episcopis mandat ut monasterio S. Dionysii a servis ejusdem præstari debita servitia cogant

(Laterani, Dec. 11.)

[DOUBLET, *Hist. de Saint Denys*, p. 505.]

ADRIANUS episcopus, servus servorum Dei, venerabilibus fratribus universis archiepiscopis et episcopis ad quos litteræ istæ pervenerint, salutem et apostolicam benedictionem.

Inter cætera quæ nos de universalis Ecclesiæ cura sollicitant, illud plurimum nos conturbat, si monasteria quæ religione et rerum opulentia florere noscuntur, in utroque vel in eorum altero detrimenta sustineant. Pervenit autem ad apostolatus nostri notitiam monasterium Sancti Dionysii, quod nobile est et satis famosum in regno Francorum, plura in servis suis et magna dispendia sustinere. Latitant enim angulis terrarum, ut dicitur, et servitia eidem monasterio debita impendere omnino recusant. Unde ne per malitiam et fraudem servorum idem monasterium suo jure ulterius defraudetur, fraternitati vestræ per apostolica scripta mandamus, quatenus si aliqui fuerint in parochiis vestris reperti, qui jam dicto monasterio servitutis vinculo teneantur astricti, pro vestri officii debito attentius elaboretis, ut abbati et fratribus ejusdem monasterii penitus sint subjecti, et eis debita in domo Sancti Dionysii servitia, et omnem reverentiam studeant exhibere, alioquin vinculo excommunicationis eos innodare non differatis.

Datum Laterani, III Idus Decembris.

CLXVII

Godefrido Lingonensi et Alano Antissiodorensi episcopis mandat sub excommunicationis pœna Milonem de Nugerio hortentur ut monachis Regniacensibus cuprum in eorum terra inventum restituat.

(Laterani, Dec. 13.)

[Vide LEBEUF, *Mémoires d'Auxerre*, II, Pr., page 267.]

CLXVIII.

Hugoni Francorum regis cancellario mandat ut abbati Compendiensi gratiam regis reconciliet.

(Laterani, Dec. 21.)

[MANSI, *Concil.*, XXI, 806.]

ADRIANUS episcopus, servus servorum Dei, dilecto filio HUGONI, cancellario illustris regis Francorum, salutem et apostolicam benedictionem.

De tua devotione atque industria plenam fiduciam obtinentes, ad exsequenda quae majori affectu cupimus operis exsecutione compleri, tuam prudentiam confidentius excitamus. Sicut tua novit discretio, Compendiense monasterium, in quo de novo religio est instituta, multis turbinum procellis concutitur, et pravorum incursionibus molestatur. Et adeo quod, sicut nobis suggeritur, dilectus filius noster... abbas ejusdem loci, propter quasdam falsas suggestiones a charissimi filii nostri Ludovici regis Francorum creditur gratia declinasse. Ac per hoc industriae tuae praesentium significatione mandamus, quatenus in gratiam supradicti filii nostri eumdem abbatem pro posse tuo restituas, et gratum ei, et commissae sibi ecclesiae studeas consilium et utile ministrare.

Datum Laterani, XII Kal. Jan.

CLXIX.

Commonitorium papæ ad abbatem et conventum S. Vedasti.

(Laterani, Dec. 23.)

[MARTEN., *Ampl. Collect.*, I, 848.]

ADRIANUS episcopus, servus servorum Dei, MARTINO abbati S. Vedasti et universo conventui, salutem et apostolicam benedictionem.

Vos qui Ægyptum reliquistis, et sicco pede mare Rubrum jam videmini pertransisse, ad anteriora debetis oculos mentis vestrae semper erigere, et ad terram promissionis tanto attentius anhelare, quanto plures in Ægypto positos conspicitis cum Pharaone submergi, et Ægyptiorum deliciis citius quam æstiment defraudari. Defraudantur enim desiderio suo, qui super ollas carnium in Ægypto remanere desiderant, quoniam in puncto ad inferna descendunt, licet bonis videantur temporalibus et carnis voluptatibus abundare; transivi quidem et ecce non erat, quia licet firma videatur stultus radice consistere, percepta tamen maledictionis sententia, statim arescit, et a gloria penitus elongatur. Porro vos, dilecti in Domino filii, qui voluntates etiam proprias pro Domino reliquistis, ad Ægyptiorum opera mentes vestras nullatenus convertatis, nec affectetis redire in Ægyptum animo, ubi Pharaoni deservitur in luto et latere, qui corporis habitu ab ipso videmini separati : vestium siquidem qualitas videtur innuere, et opera quae facitis charitatis, quod ad coelestem patriam tenditis, et ad ipsam festinantes secundum propositam vobis regulam curritis, et bravium supernae vocationis, largiente Domino, contenditis obtinere. Verum quia in via mandatorum Dei currentibus humani generis ini-

A micus consuevit juxta iter offendicula ponere, cavendum est vobis, filii, attentius et agendum, ut ita circumspecte et provide iter quod coepistis, peragere studeatis, quatenus ad palmam felicitatis aeternae possitis pertingere, et cum B. Benedicto in coelesti gloria coronari. Nos vero commissam vobis ecclesiam et personas vestras tanquam B. Petri speciales filios paterna charitate diligimus, et grata semper cupimus subsidia ministrare.

Datum Laterani, x Kal. Januarii.

CLXX.

E. comiti de Leon et filiis ejus, vicecomiti de Lamvio, et filiis Iveni Gueni et Iveni Gualli, Hugonem archiepiscopum Dolensem commendat.

(Laterani, Dec. 27.)

[MARTEN., *Thesaur. Anecdot.*, III, 900.]

ADRIANUS episcopus, servus servorum Dei, nobilibus viris E. comiti de Leon et filiis suis, vicecomiti de Lamvio [*al.* Lautino], et filiis Iveni Gueni et Iveni Galli, salutem et apostolicam benedictionem.

Vestrae nobilitatis industria pia debet consideratione intendere, et sollicite cogitare, quomodo ecclesias Dei augmentare valeat, et gratis semper beneficiis ampliare. Inter caetera enim pietatis opera, per quae ad aeternae beatitudinis bravium pervenitur, nihil est quod magis in conspectu divinae placeat majestatis, quam si quis sacrosanctas ecclesias diligat, manuteneat, et eis sua jura illibata studeat et integra conservare. Inde est quod venerabilem fratrem nostrum H. Dolensem archiepiscopum, quem utique sicut virum discretum, idoneum et honestum, charum satis et acceptum habemus, et Ecclesiam ipsius gubernationi commissam piæ sollicitudini vestrae attentius commendantes, rogamus plurimum, monemus et exhortamur in Domino, atque in peccatorum remissionem vobis injungimus, quatenus tam eum quam Ecclesiam suam sincera charitate diligatis, et in sua studeatis justitia confovere. Illam quoque honorificentiam et devotionem, quam antecessores vestri Dolensi archiepiscopo impendere consueverunt, ut vos per omnia appareat patriae virtutis haeredes, praedicto fratri nostro archiepiscopo pio corde et humili voluntate studeatis exhibere. Consilium vero et auxilium ad exemplar antecessorum vestrorum eidem in necessitatibus suis subministretis, et bona Dolensis Ecclesiae, quae in terra vestra consistunt, memoratum fratrem nostrum faciatis cum integritate habere, et eum quiete et pacifice de caetero possidere.

Datum Laterani, VI Kalendas Januarii.

ANNO 1157-1158.
CLXXI.

P[etro] episcopo et canonicis Massiliensibus significat se Pontio archiepiscopo Aquensi mandasse ut inter eos et monachos S. Victoris judicium faciat.

(Laterani, Mart. 30.)

[*L'antiquité de l'Eglise de Marseille*, I, 476.]

ADRIANUS episcopus, servus servorum Dei, vene-

rabili fratri P. episcopo et dilectis filiis canonicis Massiliensis Ecclesiæ salutem, etc....

.... illam quæ inter vos et dilectos filios nostros fratres Massiliensis monasterii super violenta cujusdam corporis ablatione ventilatur, venerabili fratri nostro Pontio Aquensi archiepiscopo committimus audiendam. Ideoque per præsentia vobis scripta mandamus, quatenus cum ab eodem fratre nostro archiepiscopo propter hoc fueritis evocati, ejus præsentiam adeatis, et quod ipse inter vos judicaverit suscipiatis firmiter et observetis.

Datum Laterani, III Kalend. April.

CLXXII.
Ad Autissiodorenses S. Eusebii canonicos. — De confirmatione donationis reditus primi anni præbendarum ecclesiæ cathedralis Autissiodorensis.

(Laterani, Jun. 1.)

[MARTEN. *Anecd.*, I, 440.]

ADRIANUS episcopus, servus servorum Dei, dilectis filiis canonicis S. Eusebii, salutem et apostolicam benedictionem.

Quoties a viris religiosis super his quæ juste ac legitime possident, nostra confirmatio imploratur, animo nos decet libenti concedere, et petentium desideriis congruum suffragium impertiri, ut quanto a perturbatione aliorum securiores exstiterint, et bona sua in majori pace possederint, tanto attentius professioni suæ insistere, ac divinis officiis valeant propensius incumbere. Eapropter, dilecti in Domino filii, paci et quieti vestræ benignum impertimur assensum, et beneficium præbendarum, quod venerabilis frater noster Alanus Autissiodorensis episcopus Ecclesiæ vestræ concessit, et scripti sui pagina confirmavit, juxta canonicam concessionem ipsius, vobis, et per vos Ecclesiæ vestræ auctoritate apostolica confirmamus, et præsentis scripti patrocinio communimus. Nulli ergo omnino hominum liceat hanc paginam nostræ confirmationis infringere, vel ei aliquo modo contraire. Si quis autem hoc attentare præsumpserit, indignationem omnipotentis Dei, et beatorum apostolorum ejus Petri et Pauli se noverit incursurum.

Datum Laterani Kal. Junii.

CLXXIII.
Ad N. decanum et capitulum Suessionense.—Pro libertate et consuetudinibus Suessionensis Ecclesiæ.

(Laterani, Jun. 1.)

[MARTEN., *Ampl. Collect.*, II, 646.]

ADRIANUS episcopus, servus servorum Dei, dilectis filiis N. decano et toti capitulo Suessionensi, salutem et apostolicam benedictionem.

Ex injuncto nobis a Deo summi pontificatus officio, sollicitudini nostræ incumbit, ecclesiarum utilitatibus intendere, et earum libertatibus providere, ut ab injuriantium molestatione secure permaneant, et nostro sibi beneficio gaudeant fuisse provisum. Inde siquidem est, quod nos vobis et Ecclesiæ vestræ cupientes, utiliter providere, consuetudines et libertates, quas in episcopatu hucusque dignoscimini habuisse, videlicet malefactores vestros sive eorum terras interdicendi et absolvendi, episcopo inconsulto, devotioni vestræ nec non et eidem ecclesiæ auctoritate apostolica confirmamus, et præsentis scripti patrocinio communimus ; adjicientes quod si quando ecclesia vestra pro injuria illata cessavit a divinis, reliquæ ecclesiæ secundum quod consuetudo vestra dignoscitur habuisse, de capituli vestri mandato cessent. Decernimus ergo ut nulli omnino hominum liceat hanc paginam nostræ confirmationis infringere, vel ei aliquatenus contraire. Si quis autem hoc attentare præsumpserit, indignationem omnipotentis Dei, et beatorum Petri et Pauli apostolorum ejus se noverit incursurum.

Datum Laterani, Kal. Junii.

ANNO 1158.

CLXXIV.
Ecclesiæ S. Mariæ Trajectensis protectionem suscipit possessionesque confirmat.

(Laterani, Jan. 3.)

[MIRÆI, *Opp. Diplom.*, IV, 22.]

CLXXV.
Ecclesiam Ferrariensem tuendam suscipit canonicorumque possessiones confirmat.

(Romæ, ap. S. Petrum, Jan. 10.)

[UGHELLI, *Italia Sacra*, II, 536.]

ADRIANUS episcopus, servus servorum Dei, dilectis filiis canonicis Ferrariensis Ecclesiæ tam præsentibus, etc.

Officii nostri nos admonet et invitat auctoritas pro ecclesiarum statu satagere, et earum quieti et tranquillitati salubriter, auxiliante Domino, providere. Dignum namque, et honestati conveniens esse dignoscitur, ut qui ad ecclesiarum regimen assumpti sumus, eas a pravorum hominum nequitia tueamur, et B. Petri, atque sedis apostolicæ patrocinio muniamus. Quocirca, dilecti in Domino filii, vestris justis petitionibus clementer annuimus, et præfatam Ferrariensem Ecclesiam, in qua divino mancipati estis obsequio, sub B. Petri et nostra protectione suscipimus, et præsentis scripti privilegio communimus. Statuentes ut quascunque possessiones, quæcunque bona eadem Ecclesia inpræsentiarum juste et canonice possidet, aut in futurum concessione pontificum, largitione regum vel principum, oblatione fidelium, seu aliis justis modis, Deo propitio, poterit adipisci, firma vobis vestrisque successoribus, et illibata permaneant, in quibus hæc propriis duximus exprimenda vocabulis : Villam videlicet, quæ dicitur Quartisana, fundum contra Padum, locum Curcula, caput Redæ, villam quæ dicitur Baniolum, fundum Dundorgum, villam quæ dicitur Quartiatica, fundum Pecorile, villam quæ dicitur Fossanova, capellam S. Marci ibidem sitam, aquam piscaritiam, quæ dicitur Morticiacum, ecclesiam S. Michaelis cum suis pertinentiis, capellam S. Stephani cum suis pertinentiis ; in burgo Ferrariæ, capellas S. Petri et Salvatoris sitas in castro ejusdem Ferrariæ, cum omnibus suis pertinentiis, capellam S. Mariæ Magdalenæ et S. Viti, quæ est in mercato Ferrariæ, capellas S. Leonardi, Corrigium stadii totum, medietatem Lendenariæ majoris et minoris, Cocolariam lami piscatoriam Zamedellæ, mansum in capite lamas communis, medietatem fundi Gallinarii, medietatem fundi Purpuranæ, portum capitis Redæ, terram quoque, quæ fuit de Ajacha positam in valle, quæ dicitur Zucula, mansum unum in fundo, qui dicitur Duce; insuper medietatem omnium rerum, quæ pro animabus fidelium defunctorum, ecclesiæ S. Georgii in episcopio Ferrariæ relinquuntur, tam mobilium quam immobilium, medietatem decimationis ejusdem ecclesiæ S. Georgii, totam decimam totius villæ, quæ dicitur Cocomarium, et cætera, quæ eidem ecclesiæ juste pertinent in terris, vineis, pratis, agris cultis, incultis, aquis, piscationibus, venationes etiam et molendina, servos et ancillas, duodecim homines illius loci, qui vos navigio ferant, quocunque usus vester fuerit, absque omni pretio.

Decernimus ergo ut nulli omnino hominum liceat præfatam Ecclesiam temere perturbare, aut ejus possessiones auferre, vel ablatas retinere, minuere, aut aliquibus vexationibus fatigare, sed omnia integra conserventur vestris, et aliorum, pro quorum gubernatione, et sustentatione concessa sunt, usibus omnimodis profutura, salva sedis apostolicæ auctoritate, et Ferrariensis episcopi canonica reverentia. Si qua igitur, etc., cunctis autem, etc.

Ego Adrianus, catholicæ Ecclesiæ episcopus.
Ego Gregorius, Sabinensis episcopus.
Ego Ubaldus, presb. card. S. Praxedis.
Ego Julius, presb. card. tit. S. Marcelli.
Ego Ubaldus, presbyter cardin. tit. S. Crucis in Jer.
Ego Bernardus, presb. card. tit. S. Clementis.
Ego Octavianus, presb. card. tit. S. Ceciliæ.
Ego Gerardus, presb. card. tit. S. Stephani in monte Cœlio.
Ego Joannes, presb. card. SS. Jo. et Pauli.
Ego Joannes, presb. card. tit. SS. Sylves. et Martini.
Ego Ildeprandus, presb. card. Basilicæ XII Apostolorum.
Ego Odo, diac. card. S. Georgii ad Velum aureum.
Ego Guido, diac. card. S. Mariæ in Porticu.
Ego Hyacinthus, diac. card. S. Mariæ in Cosmedin.
Ego Joannes, card. SS. Sergii et Bacchi.
Ego Bonadies, diac. card. S. Angeli.
Ego Arditio, diac. card. S. Theodori.
Ego Boso, diac. card. SS. Cosmæ et Damiani.
Ego Albertus, diac. card. S. Adriani.

Datum Romæ apud S. Petrum per manum Rolandi S. R. E. presb. card. et cancellarii IV Id. Januarii, indict. VI, Incarn. Dom. an. 1157, pontific. vero D. Adriani IV, an. IV.

CLXXVI.
Domum hospitalem de Misericordia Placentinam tuendam suscipit.

(Romæ, ap. S. Petrum, Jan. 21.)

CAMPI, *Hist. di Piacenza*, II, 356.]

ADRIANUS episcopus, servus servorum Dei, ALBERTO rectori domus hospitalis de Misericordia, ejusque fratribus tam præsentibus quam futuris, regularem vitam professis in perpetuum.

Religiosis desideriis dignum est facilem præbere consensum, ut fidelis devotio celerem sortiatur effectum. Quocirca, dilecti in Domino filii, venerabilis fratris nostri Hugonis episcopi vestri precibus inclinati, vestris justis postulationibus grato concurrentes assensu, B. Ægidii ecclesiam cum hospitali, in quo divinis estis obsequiis mancipati, sub B. Petri, et nostra protectione suscipimus; et præsentis scripti privilegio communimus statuentes. (*Sequuntur expressa in privilegio Anastasii IV supra allato.*)

Ad hæc rationabiles consuetudines et libertates vobis a supradicto fratre nostro concessas, et scripti sui munimine roboratas, devotioni vestræ auctoritate apostolica confirmamus, et quemadmodum in ejusdem fratris nostri scripto continetur, ratum et inconcussum futuris temporibus statuimus permanere. Novalium quoque quæ propriis manibus aut sumptibus colitis, seu de nutrimentis vestrorum animalium, nullus omnino a vobis decimas exigere præsumat. Clavicam etiam aquæ, quam supradictus frater noster Hugo Placentinus episcopus vobis concessit, et scripti sui munimine roboravit, auctoritate apostolica nihilominus confirmamus.

Decernimus ergo ut nulli omnino hominum liceat præfatam ecclesiam temere perturbare, aut ejus possessiones auferre, vel ablatas retinere, minuere, aut aliquibus vexationibus fatigare; sed omnia integra conserventur eorum, pro quorum gubernatione, et sustentatione concessa sunt, usibus omnimodis profutura, salva sedis apostolicæ auctoritate et diœcesani episcopi canonica justitia. Si qua igitur in futurum ecclesiastica, sæcularisve persona, etc.

Ego Adrianus, catholicæ Ecclesiæ episcopus.

(*Sequuntur subscriptiones cardinalium.*)

Datum Romæ apud Sanctum Petrum per manum Rolandi S. R. E. presb. card. et cancellarii, XII Kal. Februarii, indictione XI, Incarnationis Dominicæ anno 1157, pontificatus vero domini Adriani papæ IV, anno IV.

CLXXVII.
Ecclesiæ Raceburgensis protectionem suscipit, possessionesque ac jura confirmat, petente Henrico Bavariæ et Saxoniæ duce.

(Romæ, ap. S. Petrum, Jan. 21.)

[*Orig. Guelf.*, III, Præf., 42.]

ADRIANUS episcopus, servus servorum Dei, vene-

rabili fratri EBERHARDO episcopo, et dilectis filiis canonicis Raceburgensis Ecclesiæ tam præsentibus quam futuris canonice substituendis, in perpetuum.

Religiosis desideriis facilem debemus præstare consensum, ut et pia devotio celerem sortiatur effectum et vires indubitanter assumat; cum ei fuerit a sede apostolica concessum prævia charitate. Eapropter, dilecti in Christo filii, petitioni vestræ inclinati precibus charissimi filii nostri Henrici Bavariæ et Saxoniæ ducis, in cujus fundo prædicta ecclesia fundata esse dignoscitur, libenter annuimus, et præfatam Ecclesiam Raceburgensem sub beati Petri et nostra protectione suscipimus et præsentis scripti patrocinio communimus, statuentes ut quascunque possessiones, quæcunque bona eadem ecclesia inpræsentiarum juste et canonice possidet, aut in futurum concessione pontificum, largitione regum vel principum, oblatione fidelium, seu aliis justis modis, Deo propitio, poterit adipisci, firma vobis vestrisque successoribus et illibata permaneant. In quibus hæc propriis duximus exprimenda vocabulis:

Ex dono nobilis viri Henrici, Bavariæ et Saxoniæ ducis, trecentos mansos cultos et incultos cum omnibus appendiciis suis, molendina, Sadelbandiam atque Polabiam totam et integram cum ecclesiis et earum decimis, atque subjectis sibi plebibus. Ad hæc adjicientes statuimus ut ordo canonicus, qui secundum Deum et beati Augustini Regulam atque Præmonstratensium fratrum habitum, ibidem dignoscitur institutus, perpetuis in eadem ecclesia temporibus inviolabiliter observetur. Obeunte vero te nunc ejusdem loci antistite, vel quorum quorumlibet successorum, nullus ibi qualibet subreptionis astutia seu violentia præponatur, sed quem fratres Raceburgensis Ecclesiæ consilio religiosarum personarum secundum Deum et sanctorum Patrum constitutiones præviderunt eligendum.

Decernimus ergo ut nulli omnino hominum liceat præfatam Ecclesiam temere perturbare, aut ejus possessiones auferre, vel ablatas retinere, minuere, aut aliquibus vexationibus fatigare, sed omnia integra conserventur, vestris et aliorum, pro quorum gubernatione ac sustentatione concessa sunt, usibus omnimodis profutura. Si qua igitur in futurum ecclesiastica sæcularisve persona hanc nostræ constitutionis paginam sciens, contra eam temere venire tentaverit, secundo tertiove commonita, si non satisfactione congrua emendaverit, potestatis honorisque sui dignitate careat, reamque se divino judicio existere de perpetrata iniquitate cognoscat, et a sacratissimo corpore ac sanguine Dei et Domini Redemptoris nostri Jesu Christi aliena fiat atque in extremo examine districtæ ultioni subjaceat. Cunctis autem eidem Ecclesiæ sua jura servantibus sit pax Domini nostri Jesu Christi, quatenus et hic fructum bonæ actionis percipiant et apud districtum judicem præmia æternæ pacis inveniant. Amen.

Ego Adrianus catholicæ Ecclesiæ episcopus.

Datum Romæ apud Sanctum Petrum per manum Rolandi sanctæ Romanæ Ecclesiæ presb. card. et cancellarii, xii Kalendas Februarii, indictione vi, Incarnationis Dominicæ anno 1157, pontificatus vero domini Adriani papæ IV anno iv.

CLXXVIII.

Ecclesiam S. Mariæ de Gariberto Placentinam tuendam suscipit.

(Romæ, ap. S. Petrum, Jan. 23.)

[CAMPI, *Hist. di Piacenza*, II, 356.]

ADRIANUS episcopus, servus servorum Dei, dilectis filiis HONESTO priori Sanctæ Mariæ de Gariberto, ejusque fratribus tam præsentibus quam futuris canonice substituendis, in perpetuum.

Quoties illud a nobis petitur, quod rationi et honestati convenire dignoscitur, animo nos decet libenti concedere, et petentium desideriis congruum impertiri suffragium. Eapropter, dilecti in Domino filii, venerabilis fratris nostri Hugonis Placentini episcopi precibus inclinati, vestris justis postulationibus clementer annuimus, et præfatam ecclesiam, quæ ad jus et proprietatem præfati episcopi pertinet, sub B. Petri et nostra protectione suscipimus, et præsentis scripti privilegio communimus; statuentes ut, quascunque possessiones, quæcunque bona eadem ecclesia inpræsentiarum juste et canonice possidet, aut in futurum concessione pontificum, largitione regum vel principum, oblatione fidelium, seu aliis justis modis, Deo propitio, poterit adipisci, firma vobis vestrisque successoribus, et illibata permaneant. In quibus hæc propriis duximus exprimenda nominibus: Totam terram, quam habetis in Rizolo et in Uzano, et quod habetis in Trabatiano, in Carpeneto, in Cerbole, in Vezano, in Aquensi, in Clolano, et in Octavello; Clausum, quod habetis prope civitatem in Faygliria; clausum prope molendinum vicecomitis, et aliud clausum ultra Fosostam, quod est prope Gignolam. Quidquid habetis in Vivacario, in Sancto Paulo, in Casali remissi, in Mamiliano, et domos omnes, quas habetis circa ecclesiam, aut in ipsa civitate.

Decernimus ergo ut nulli omnino hominum liceat præfatam Ecclesiam temere perturbare, etc.

Ego Adrianus, catholicæ Ecclesiæ episcopus.
Ego Hymarus, Tusculanus episcopus.
Ego Gregorius, Sabinensis episcopus.
Ego Hubaldus, presb. card. tit. S. Praxedis.
Ego Julius, presb. card. tit. S. Marcelli.
Ego Bernardus, presb. card. tit. S. Clementis.
Ego Octavianus, presb. card. tit. S. Ceciliæ.
Ego Astaldus, presb. card. tit. S. Priscæ.
Ego Joannes, presb. card. SS. Joannis et Pauli tit. Pamachii.
Ego Henricus, presb. card. tit. SS. Nerei et Achillei.

Ego Ildeprandus, presb. card. basilicæ XII Apostolorum.

Ego Guido, diac. card. S. Mariæ in Porticu

Ego Hyacinthus, diac. card. S. Mariæ in Cosmedin.

Ego Joannes, diacon. cardin. SS. Sergii et Bacchi.

Ego Albertus, diac. card. S. Adriani.

Datum Romæ apud S. Petrum per manum Rolandi S. R. E. presb. card. et cancel., x Kal. Februarii, indictione vi, Incarnationis Dominicæ anno 1157, pontificatus vero D. Adriani papæ IV anno iv.

CLXXIX.

Præposito et universo clero Ecclesiæ Placentinæ præcipit ut ad disciplinam canonicam revertantur, Hugonique episcopo obediant.

(Romæ, ap. S. Petrum, Jan. 25.)
[*Ibid.*, p. 356.]

ADRIANUS episcopus, servus servorum Dei, dilectis filiis præposito et universo clero Placentinæ Ecclesiæ, salutem et apostolicam benedictionem.

Vita, conversatione ac moribus clerici a laicis debent differre, ut ordo clericorum eniteat, et majori dignitate probetur clarescere, cum illa studuerint agere, quæ conveniunt officio clericali. Odor namque conversationis honestæ, ac bonæ opinionis, a clericis debet ad laicos pervenire, et ab illis præcipue, qui canonici nuncupantur, et ad providendum pluribus in majoribus et dignioribus ecclesiis sunt ad serviendum Domino congregati. Unde sollicite vobis agendum est, filii, et cogitandum attentius, ut vos et commissam vobis Ecclesiam ad illum antiquum statum atque laudabilem reducatis, a quo dignoscitur excidisse; ne forte videamini honestatem negligere, et terrena potius compendia, quam cœlestia cogitare. Sicut enim multorum relatione accepimus, Placentinæ status Ecclesiæ quondam famosus, et Deo atque hominibus placitus exstitit, et adeo quod inter alias ecclesias Italici regni præfulgebat copia honestatis. Ecclesiæ siquidem ipsius canonici juxta consuetudinem honestam atque laudabilem insimul in uno refectorio comedebant, et in uno dormitorio somnum capiebant tempore opportuno. Vos autem, unde valde miramur, honestatis statum in minus laudabilem convertistis; et (quod sine gravi animi mœrore non dicimus) formam videmini clericalis ordinis fere penitus abjecisse.

Ac per hoc ita factum est, ut quæ prius honestatis abundantia videbatur esse in capite, nunc possit in parte posteriori merito numerari. Ut ergo in pristinum statum conversationis honestæ possitis, auctore Domino, reformari, per præsentia vobis scripta præcipiendo mandamus, quatenus omnes de uno cellario insimul in uno refectorio comedatis, et in communi dormitorio dormientes, in capitulo conveniatis quotidie, ut de commissæ vobis Ecclesiæ negotiis tam spiritualibus quam temporalibus valeatis communiter pertractare. Verum, quoniam hæc et alia, quæ ad honestatem pertinent, juxta..... charissimi fratris nostri Hugonis episcopi vestri debetis peragere, et operis exsecutione complere: nihilominus vobis præcipimus quatenus eidem fratri nostro, tanquam Patri vestro et animarum vestrarum pastori, studeatis humiliter obedire, et ordines ab Ecclesia requisitos, qui fuerint digni, recipere, et pannos rotundos deferentes in ecclesia constitutis horis Domino secundum canonicorum consuetudinem deservire, atque domum vestram cum ejusdem fratris nostri episcopi vestri favore, et auxilio ita, largiente Domino, ordinare, ut non tantum nomine, sed re tenus possitis canonici nuncupari.

Alioquin scire vos volumus quod nos sententiam, quam idem frater noster in aliquem vestrum propter hoc promulgaverit, nos, auctore Deo, ratam habebimus, et ipsam faciemus inviolabiliter observari.

Dat. Romæ apud Sanctum Petrum, viii Kal. Februarii.

CLXXX.

Monasterium B. Pancratii Ranshovense, rogante Henrico Bavariæ et Saxoniæ duce, tuendum suscipit, ejusque bona ac jura confirmat.

(Romæ, ap. S. Petrum, Jan. 29.)
[*Orig. Guelf.*, III, 473.]

ADRIANUS episcopus, servus servorum Dei, dilectis filiis, MEGENARDO præposito Ranshoviensis ecclesiæ Beati Pancratii, ejusque fratribus, tam præsentibus quam futuris, regularem vitam professis, in perpetuum.

Religiosam vitam eligentibus apostolicum convenit adesse præsidium ne forte cujuslibet temeritatis incursus, aut eos a proposito deterreat, aut robur, quod absit! sacræ religionis infringat. Eapropter, dilecti in Domino filii, Henrici illustris Bavariæ et Saxoniæ ducis precibus inclinati, vestris justis postulationibus clementer annuimus et præfatam beati Pancratii martyris ecclesiam in qua divino vacatis officio, sub beati Petri apostolorum principis tutelam protectionemque suscipimus, et apostolicæ sedis privilegio communimus. In primis siquidem statuentes ut ordo canonicus, qui secundum B. Augustini Regulam in eodem loco noscitur institutus, perpetuis ibidem temporibus inviolabiliter observetur. Præterea quascunque possessiones, quæcunque bona eadem ecclesia inpræsentiarum juste et canonice possidet, aut in futurum concessione pontificum, largitione regum vel principum, oblatione fidelium seu aliis modis, præstante Domino, poterit adipisci, firma vobis vestrisque successoribus et illibata permaneant. In quibus hæc propriis duximus exprimenda vocabulis. Ecclesiam videlicet S. Michaelis cum decima et jure parochiali; capellas in Winkirchin, Hantinberge, Geroltisberge, et capellam Sancti Stephani in Brunove cum pertinentiis eorum; capellam

Hochberch cum pertinentiis suis, in ea libertate, in qua frater noster Eberhardus Saltzburgensis archiepiscopus vobis scripto proprio rationabiliter confirmavit, ut videlicet nullus in eis praeter ipsum archiepiscopum et Ecclesiae vestrae praepositum aliquid debeat ordinare. Sane novalium vestrorum, quae propriis manibus aut sumptibus colitis, sive de nutrimentis vestrorum animalium nullus a vobis decimas praesumat exigere. Porro sacramenta ecclesiastica a dioecesano suscipietis episcopo, siquidem catholicus fuerit, et gratiam atque apostolicae sedis communionem habuerit, eaque gratis et absque aliqua pravitate vobis voluerit exhibere; alioquin quemcunque malueritis catholicum adeatis antistitem, qui nimirum nostra fultus auctoritate, quod postulatur, indulgeat. Obeunte vero te, nunc ejusdem loci praeposito, vel ad alterius Ecclesiae regimen transeunte, sive tuorum quolibet successorum, nullus qualibet subreptionis astutia seu violentia praeponatur, nisi quem fratres communi consensu, aut pars consilii sanioris secundum Dei timorem et beati Augustini Regulam providerint eligendum. Ad haec quoniam locus vester sic est institutus, ut advocatus bonorum praefati ducis in partibus illis, ejusdem quoque loci sit advocatus, prohibemus ut nec ipsi, nec alicui sub ministerio ejus liceat eumdem locum injustis gravaminibus infestare, sed eum vicem jam dicti ducis, sicut ipse instituit et scripto suo firmavit, cum mancipiis et possessionibus suis idem advocatus defendere et tueri debet, eo tenore, ut querimonias tam vestras quam mancipiorum vestrorum audiat, et congruam justitiam faciat; partem vero nullam a vobis propter hoc exigat, sed tantum de horreo praefati ducis secundum antiquam constitutionem tempore suo accipiat. Super hoc enim nullam potestatem disponendi in claustro vel mancipiis aut possessionibus vestris memoratus dux eidem advocato concedit; sed ut loco suo vos protegat et aeternam retributionem tantum inde requirat. Nos quoque haec omnia vobis concedimus, et auctoritate apostolica confirmamus. Si autem ipse advocatus contra haec venire tentaverit, et secundo ac tertio admonitus non emendaverit, consilio et auxilio praefati ducis ipsa advocatia ab inutili auferatur, et alius idoneus ejus loco substituatur. Sepulturam quoque ipsius loci liberam esse concedimus ut eorum devotioni et extremae voluntati, qui se illic sepeliri deliberaverint, nisi forte excommunicati vel interdicti fuerint, nullus obsistat, salva tamen justitia matricis ecclesiae.

Decernimus ergo ut nulli omnino hominum liceat praefatam Ecclesiam temere perturbare aut ejus possessiones auferre, vel ablatas retinere, minuere, seu quibuslibet vexationibus fatigare, sed omnia illibata et integra conserventur eorum, pro quorum gubernatione ac sustentatione concessa sunt, usibus omnimodis profutura salva sedis apostolicae auctoritate et dioecesani episcopi canonica justitia.

Si qua igitur in futurum, etc. Cunctis autem eidem loco, etc.

Datum Romae apud Sanctum Petrum, per manus Rolandi sanctae Romanae Ecclesiae presbyteri cardinalis et cancellarii, IV Kalend. Februarii, indict. VI, Incarnationis Dominicae anno 1157, pontificatus vero domni Adriani papae IV anno III.

CLXXXI.

Fridericum imperatorem verbis satis mitibus alloquitur. Prioris epistolae (f. supra num. 143) locos quosdam excusat. Legatos suos « ad commonitionem Henrici Bavariae et Saxoniae ducis » missos commendat.

[PERTZ, *Monum. Germ. hist.*, Leg. t. II, p. 106.]

Ex quo universalis Ecclesiae curam, Deo, prout ipsi placuit, disponente, suscepimus, ita in cunctis negotiis magnificentiam tuam honorare curavimus, ut de die in diem animus tuus magis ac magis in amore nostro et veneratione sedis apostolicae debuisset accendi. Unde sine grandi admiratione non ferimus, quod, cum, audito ex suggestione quorumdam animum tuum aliquantulum contra nos fuisse commotum, duos de melioribus et majoribus fratribus nostris, Rolandum scilicet cancellarium tituli Sancti Marci, et Bernhardum tituli Sancti Clementis, presbyteros cardinales, qui pro tuae majestatis honore in Romana Ecclesia solliciti semper exstiterant, pro voluntatis tuae cognitione ad tuam praesentiam direximus, aliter quam imperialem decuerit honorificentiam, sunt tractati. Occasione siquidem cujusdam verbi, quod est « beneficium » tuus animus, sicut dicitur, est commotus, quod utique nedum tanti viri, sed nec cujuslibet minoris animum merito commovisset. Licet enim hoc nomen, quod est beneficium, apud quosdam in alia significatione, quam ex impositione habeat, assumatur, tunc tamen in ea significatione accipiendum fuerat, quam nos ipsi posuimus, et quam ex institutione sua noscitur retinere. Hoc enim nomen ex bono et facto est editum, et dicitur beneficium apud nos, non feudum, sed bonum factum. In qua significatione in universo sacrae Scripturae corpore invenitur, ubi ex beneficio Dei, non tanquam ex feudo, sed velut ex benedictione, et bono facto ipsius gubernari dicimur et nutriri. Et tua quidem magnificentia liquido recognoscit, quod nos ita bene et honorifice imperialis dignitatis insigne tuo capiti imposuimus, ut bonum factum valeat ab omnibus judicari. Unde quod quidam verbum hoc, et illud scilicet « contulimus tibi insigne imperialis coronae, » a sensu suo nisi sunt ad alium retorquere, non ex merito causae, sed de voluntate propria, et illorum suggestione qui pacem regni et Ecclesiae nullatenus diligunt, hoc egerunt. Per hoc enim vocabulum « contulimus » nil aliud intelleximus, nisi quod superius dictum est, imposuimus. Sane quod postmodum personas ecclesiasticas a debita sacrosanctae Romanae Ecclesiae visitatione, ut dicitur, revocare jussisti, si ita est, quam inconvenienter actum sit, tua, fili in Christo charissime, discretio, ut credimus recognoscit. Nam si aliquid apud nos amaritudinis habebas, per nuntios et litteras tuas nobis fuerat intimandum, et nos honori tuo curavissemus, sicut filii charissimi, providere. Nunc igitur ad commonitionem dilecti filii nostri Henrici, Bajoariæ et Saxoniæ ducis, duos de fratribus nostris Henricum tituli Sancti Nerei et Achillei, et Iacinctum Sanctæ Mariæ in Cosmidin diaconos cardinales, prudentes siquidem et honestos viros, ad tuam præsentiam destinavimus, celsitudinem tuam monentes et hortantes in Domino, quatenus eos honeste et benigne recipias, et quod ab eis ex parte nostra tuæ magnificentiæ fuerit intimatum, a sinceritate cordis nostri noverit tua excellentia processisse, ac per hoc cum eisdem filiis nostris, mediante jam dicto filio nostro duce, ita celsitudo tua studeat convenire, ut inter te ac matrem tuam sacrosanctam Romanam Ecclesiam, nullius discordiæ seminarium debeat remanere.

CLXXXII.

Ecclesiarum SS. Joannis et Pauli, S. Martini, S. Stephani Majoris et S. Stephani Minoris, sustentationi canonicorum ecclesiæ B. Petri (Romanæ) destinatarum, possessiones juraque confirmat (90).

(Laterani, Febr. 10.)

[*Bullarium Vaticanum*, I, 57.]

ADRIANUS episcopus, servus servorum Dei, dilectis filiis BERNARDO tit. S. Clementis presbytero cardinali et archipresbytero canonicæ basilicæ principis apostolorum, et ejusdem canonicis, et rectoribus quatuor monasteriorum Sanctorum Joannis et Pauli, Sancti Martini, Sancti Stephani Majoris et Sancti Stephani Minoris, tam præsentibus quam futuris, canonice substituendis, in perpetuum.

Liquet omnibus fidei Christianæ cultoribus, beatum Petrum ab ipso Salvatore nostro Domino Jesu Christo apostolorum fore principem constitutum, atque potestatem ligandi atque solvendi animas cœlesti privilegio traditam, unde et etiam dicitur: *Tu es Petrus, et super hanc petram ædificabo Ecclesiam meam, et tibi dabo claves regni cœlorum, et quodcunque ligaveris super terram erit ligatum et in cœlis et quodcunque solveris super terram, erit solutum et in cœlis* (*Matth.* XVI). Et iterum: *Si diligis me, Simon Petre, pasce oves meas* (*Joan.* XXI). Nos igitur qui, licet indigni, ejusdem cœlorum clavigeri vicarii sumus, et ejus loco in sancta Dei Ecclesia residemus, speciales ipsius ministros, sive patrimonia sedis apostolicæ debemus patrocinio confovere, et a pravorum hominum incursibus defensare. Eapropter, dilecti in Domino filii, vestris petitionibus benignitate debita impertimur assensum, et sacrosanctas ecclesias Beatorum martyrum Joannis et Pauli, Sancti Martini, Sancti Stephani Majoris, et Sancti Stephani Minoris, vestris usibus ac sustentationibus destinatas, ad exemplar prædecessorum nostrorum felicis memoriæ Sergii II, Leonis IV, Leonis IX, et Innocentii II Romanorum pontificum, præsentis scripti pagina communimus. Statuentes, ut quascunque possessiones, quæcunque bona eisdem venerabilibus locis canonice pertinent, aut in futurum concessione pontificum, largitione regum vel principum, oblatione fidelium, seu aliis justis modis, præstante Domino poterit adipisci firma vobis vestrisque successoribus, et illibata permaneant. In quibus hæc propriis duximus exprimenda vocabulis:

Ecclesiam Sanctæ Mariæ in Catharina (91) cum omnibus ad eam pertinentibus; ecclesiam Sancti Salvatoris (92) juxta terriones, quæ constructa est a

---

(90) Sacras ædes quas cum Adrianus IV in hac bulla, tum Urbanus III, Innocentius III, Gregorius IX, aliique Romani pontifices, datis ea de re peculiaribus privilegiis, Vaticano capitulo concesserunt, aut firmius corroborarunt; basilicæ nostræ censualia, seu inventaria ecclesiarum, hospitalium, monasteriorum ejusdem basilicæ subditorum, jam pridem recensuerunt. Perspicua inde petuntur argumenta quæ harumce ecclesiarum Vaticano capitulo servitutem obedientiam et subjectionem omnimodam ostendunt. Quotas etenim singulæ aut croci, aut piperis, aut ceræ, etc., libras, sive quotam pecuniarum summam debeant Vaticanæ basilicæ persolvere, complures etiam earumdem ecclesiarum provisiones ac beneficiorum ipsis adnexorum collationes a prædicto Sancti Petri capitulo factas, memorata inventaria aliique codices adnotarunt. Quoad sacras ædes in Urbe, aut ab ejus mœnibus non longe sitas, illud semper animadversione dignum habemus, quod in prælaudatis inventariis reperimus scriptum. Ad illas nimirum canonici, aut quidpiam ex capitulo, festo titularis aut patroni recurrente, accedebant, ut vel modo assolet, solemni pompa rem divinam acturi. In earum nonnullis concionem haberi consuevit; imo etiam nobile convivium, quod rector Ecclesiæ, ubi festum celebratur, parare debebat. Consulatur vetus membraneus codex, inscriptus: *Sermones pro matutino*, in Archiv. nostro capitulari sign. lit. C, num. 107, ubi a pag.

247 usque ad 249 index legitur ecclesiarum sub jure basilicæ S. Petri. Conferatur etiam codex chartaceus a Demetrio Lucense ejusdem basilicæ beneficiato an. 1489, coordinatus, et in prædicto tabul. sign. lit. A.

(91) De ecclesia S. Mariæ in Catharina, quæ modo appellatur S. Catarina della Rota, inferius sermo est ad Urbani III bullam an. 1186 procusam.

(92) Hanc S. Salvatoris ecclesiam a Carolo Magno erectam multisque reditibus ac prædiis ditatam fuisse, haud spernendæ, ut diximus pag. 25, not. D, antiquitatis monumenta testantur. Quo igitur pacto Leo IV sacræ ædis conditor hic asseritur? An sanctus pontifex illam sic reparavit, tot tantisque beneficiis sibi devinxit, ut ipsa ab eodem constructa non immerito dici posset. Jac. Grimaldus apud Turrig. lib. De crypt. Vatic. pag. 487, ut Carolini pro eadem ecclesia diplomatis, prælaudatum pontificem Leonem IV et Carolum ipsum Imperatorem coævos exhibentis fidem vindicet, hanc viam init: Leo III, inquit, dictus est etiam quartus; idque, tum ex Chronico ms. a Riccardo monacho Cluniacensi in *Bibl. Vatic.* num. 3765, tum ex Martino Polono in *pontif. Rom. Chronolog.* Leonem quemdam mox subjicientibus post Sergium I, demonstrare contendit; quo tamen felici exitu, expendemus infra, dum de ipso Carolino privilegio opportunius disseremus.

prædecessore nostro sanctæ recordationis Leone IV papa ad sepulturam omnium Ultramontanorum, cum omnibus usibus et pertinentiis suis; ecclesiam S. Justini, quæ constructa est ad sepulturam omnium Longobardorum et Italorum, cum omnibus usibus et pertinentiis suis; ecclesiam Sancti Peregrini, ecclesiam Sanctæ Mariæ Virgariorum (93), ecclesiam Sancti Salvatoris de Cossa Caballi (94). Ad Castrum Bucceje, ecclesiam Sanctorum Marii et Marthæ (95), et cum ecclesia S. Laurentii de castro Bucceje, castrum Bucceje (96) cum fundis et casalibus suis, scilicet Atticiano (97) colle, et Pauli fundum, Olivetum cum suis aliis vocabulis, cum ecclesia diruta Sanctorum Cosmæ et Damiani, qui scilicet fundi positi sunt in territorio Silvæ-Candidæ: castrum Luterni (98) cum fundis casalibus, et cum omnibus suis pertinentiis; ecclesiam Sanctorum Joannis et Pauli intra ipsum castrum; oratorium Sancti Nicolai, quod est in Mesagna (99) ipsius castri; ecclesiam Sancti Andreæ (100) cum omnibus suis pertinentiis; fundum Sessani majoris, fundum Sessani minoris, massam Pretoriolam (1) cum casis, terris, et cum omnibus suis pertinentiis, qui fundi positi sunt in territorio Cœrense juxta castrum Luterni tricesimo milliario ab urbe Roma; ecclesiam Sanctæ Anatoliæ (2) in Portuensi civitate veteri, cum piscaria juxta eam; cum terris et manicis suis in Trajano; ecclesiam Sancti Silvestri de Sutrio (3) cum valle quæ vocatur Frictilli (4) cum molendinis suis; hospitale de Ferento (5) cum oratorio Sancti Laurentii et cum omnibus suis pertinentiis; hospitale de Narnia cum omnibus suis pertinentiis. Monasterium Sancti Benedicti (6) cum omnibus ad ipsum pertinentibus; ecclesiam Sancti Martini de Spello (7), ecclesiam Sancti Stephani de Runceja positam in episcopatu Attisiensi; hospitale de Traversa cum oratorio Sancti Nicolai (8); castrum Cassi (9) cum ecclesia Sancti Petri et ecclesia Sanctæ Mariæ cum fundis, villis et casalibus suis; Castrum Capracorum (10) cum terris fundis et casalibus suis, cum ecclesia S. Joannis diruta, cum aquimolis et molaria sua; fundum Sancti Cassiani (11), fundum Vicoli, fundum Memoriensem, fundum Taliani majoris, et Taliani minoris, fundum Casanilli, fundum Casapindulæ, fundum Cucumelli, fundum Rotulæ,

(93) Sacram ædem illustrant hæc quæ subjicimus Romani canon. Verba tit. 47: In eadem platea ante ecclesiam Beati Petri, videlicet juxta ecclesiam Sanctæ Mariæ Virgariorum, est quoddam aliud cœntarum, quod e consuetudine schola Virgariorum præparat lectum domino papæ in litania majori venienti ad S. Petrum. Idcirco ipsi virgarii, ut Cencius camerarius Ord. Rom., num. 68, diligenter adnotavit, presbyterium 10 solid. percipiebat. Vid. pag. 27 not. d.
(94) Nunc S. Giacomo Scosciacavallo nuncupatam. Cencius camerarius Rom. ord. cap. 18, num. 40, ap. Mabill. S. Salvatori Scossa Caballi presbyterium 6 denar. pro thuribulo datum affirmat. Vide pag. 23, not. e.
(95) Hanc Willelm. Malmesbury. lib. iv, cap. 2, De gest. reg. Angl. inter ecclesias via Cornelia positas enumerat, et hisce verbis memorat: In tertia ecclesia sunt Marius et Martha, et Audifax et Habacuc filii eorum. Confer prælaudati S. Leonis IV, diploma, p. 16.
(96) Opulentum Buccejæ prædium quod in Vaticani capituli jure ac proprietate adhuc perstat, canonicis D. Petri a S. Leone IV ex proprio patrimonio donatum esse, Petrus Mall. et Rom. canon. tit. 2, litteris consignarunt, et ex ejusdem Leonis diplomate, p. 16, aperte colligitur.
(97) Hoc prædium S. Leo IX memorat, ut supra vidimus p. 30.
(98) Ne alibi quam in territorio Cœrense castrum Luterni perquiramus, monet tum bullæ hujusce contextus paulo infra excurrendus, tum prælaudatum, p. 33, S. Leonis IX privilegium.
(99) An Mesagna idem est quod Mesagium, nempe modus agri mansionibus et ædificiis rusticis intructus, ut inquit Cangius. V. Mesagium.
(100) Ecclesiam S. Andreæ memorat laudatum S. Leonis diploma, p. 33, uti et alia privilegia inferius producenda.
(1) Conferatur p. 33.
(2) De ecclesia S. Anatoliæ, de manicis, ac portu Trajano diximus pag. 26, not. k, l et m.
(3) De ecclesia S. Silvestri de Sutrio loquitur cum S. Leo IX, p. 34, tum peculiari diplomate Adrianus IV.
(4) Sutrio adjacet vallis Frictilli cujus termini in prælaudato chartaceo codice a Demetrio Lucensi ordinato, p. 67 definiuntur.
(5) Me non latet Ferentum juxta accuratiores geographos provinciæ Basilicatæ esse. At hospitale de Ferento hic recensitum, in Ferentina diœcesi ponunt basilicæ nostræ censualia.
(6) Monasterium S. Benedicti de Scalocla, sive Scalocia, aut Scalocchia nuncupatum in diœcesi civitatis Castelli collocant memorata inventaria seu censualia.
(7) In Spoletina diœcesi.
(8) Innocentii III bulla Idibus Octob. pont. an. viii edita, aliaque diplomata inferius adducenda ipsum hospitale cum oratorio S. Nicolai ponunt in Campania in episcopatu Assisiensi.
(9) Id est Cascia, nunc oppidum in Spoletana diœcesi. Ita sane censeat oportet quisquis cum hac bulla conferat librum chartaceum a Demetrio, basilicæ Vaticanæ beneficiato et camerario an. 1489 ordinatum, et in Archiv. nostro capitulari signatum litt. A. Quas etenim S. Petri et S. Mariæ ecclesias cum castro Cassi præsens bulla copulat, easdem prædictus liber apud Casciam sive Cassiam in Spoletano diœcesi sæpe collocat. Unum vel alterum ejus rei testimonium proferre juvat. Epiphanium S. Eutitii abbatem anno 1472 pro ecclesia S. Petri de Cascia ducat. 1, col. 30, et pro ecclesia S. Mariæ annuntiatæ de Cascia (col. 10) Vaticano capitulo persolvisse; p. 98 a tergo laudatus codex ejusdem diœcesis (Spoletanæ) ecclesia S. Petri in platea quam tenet conventui S. Augustini solvit pro censu unam libram croci optimi annuatim. Ecclesia S. Mariæ Annuntiatæ, quam tenet Fr. Joannes ord. S. Petri Cœlestini solvit pro annuo censu duas libras ceræ.
(10) De castro Capracoro lege, p. 31, not. a, et p. 33, not. f.
(11) Fundum S. Cassiani et plerosque alios in hoc diplomate mox subjectos, in Via Claudia (al. Clodia) esse ponendos, ratum est ex Leonis IV et Leonis IX constitutionibus, p. 15, 26 et 30.

fundum Protelaris, fundum Pritanellæ (12), fundum qui dicitur casa Lardaria (13), fundum Cleandris, cum ecclesia Sanctæ Agathæ diruta (14), fundum Cantuli, fundum Aquæ frigdulæ (15) omnes invicem cohærentes; fundum Bravi (16), fundum Pollini cum suis omnibus vocabulis; monasterium S. Cornelii, quod est positum in territorio Vegentano cum omnibus suis pertinentiis; sex pedicas terrarum in fundo qui dicitur valles de Pertica; terram de Macerano positam ad petram Pertusiam (17); omnes possessiones terrarum quas a canonica vestra monasterium Sancti Sabæ tenet in territorio Galeriæ; medietatem quoque pensionis domorum et possessionum Sanctæ Mariæ in Turri (18), tertiam partem oblationis quæ venit ad manus Portuensis episcopi (19) super altare, ex quo calix super altare ponitur in Cœna Domini, in sexta feria, in Sabbato sancto, in die Paschæ, et in Die Natalis Domini. Chrisma vero, oleum sanctum, consecrationes altarium seu basilicarum, ordinationes clericorum, in vestris ecclesiis existentium a diœcesanis suscipietis episcopis, siquidem catholici fuerint. et gratiam apostolicæ sedis habuerint, et sine ulla pravitate voluerint exhibere; alioquin liceat vobis quemcunque malueritis adire antistitem, qui nostra fultus auctoritate, quod postulatur indulgeat. Statuimus præterea, ne quilibet episcoporum absque conscientia Romani pontificis in ecclesiis vestris, nisi quando generale fuerit interdictum, divina officia interdicere, et aliquid in eis exigere, nulla ratione præsumat, sed libere ipsæ ecclesiæ sub nostra protectione consistant (20).

Decernimus ergo ut nulli omnino hominum liceat supradictam Ecclesiam temere perturbare aut ejus possessiones auferre, vel ablatas retinere, minuere, seu quibuslibet vexationibus fatigare, sed illibata omnia et integra conserventur eorum, pro quorum gubernatione et sustentatione concessa sunt, usibus omnimodis profutura, salva sedis apostolicæ auctoritate.

Si qua igitur, etc.
Cunctis autem eidem loco, etc.
Ego Adrianus, catholicæ Ecclesiæ episcopus.
Ego Imarus, Tusculanus episcopus.
Ego Gregorius, Sabinensis episcopus.

Ego Hubaldus, presbyter card. tit. S. Praxedis.
Ego Julius, presb. card. tit. Sancti Marcelli.
Ego Hubaldus, presb. card. tit. Sanctæ Crucis in Jerusalem.
Ego Octavianus, presb. card. tit. Sanctæ Cæciliæ.
Ego Astaldus, presb. card. tit. Sanctæ Priscæ.
Ego Gerardus, presb. card. tit. Sancti Stephani in Cœlio monte.
Ego Joannes, presb. card. Sanctorum Joannis et Pauli, tit. Pamachii.
Ego Joannes, presb. card. tit. Sanctorum Sylvestri et Martini.
Ego Ildebrandus, presb. card. basilicæ XII Apostolorum.
Ego Oddo, diac. card. Sancti Georgii ad Velum aureum.
Ego Guido, diacon. cardin. S. Mariæ in Porticu.
Ego Bonadies, diac. card. S. Angeli.
Ego Boso, diac. card. Sanctorum Cosmæ et Damiani.
Ego Albertus, diac. card. S. Adriani.

Datum Laterani, per manum Rolandi sanctæ Romanæ Ecclesiæ presbyteri cardinalis et cancellarii, IV Idus Febr., indictione VI, Incarnationis Dominicæ anno 1157 (21), pontificatus vero domni Adriani papæ IV anno IV.

CLXXXIII.
Hugoni archiepiscopo et Willelmo decano Viennensi eorumque successoribus asserit privilegia a Friderico I rege tributa.
(Laterani, Mart. 15.)
[Bosco, *Bibliotheca Floriacensis*, læv. xyst., 85.]

CLXXXIV.
Ecclesiam S. Feliculæ Parmensem tuendam suscipit, et ejus possessiones ac jura confirmat.
(Laterani, April. 24.)
[Affo, *Storia di Parma*, II, 369.]

ADRIANUS episcopus, servus servorum Dei, dilectis filiis GERARDO priori ecclesiæ S. Feliculæ, ejusque fratribus, tam præsentibus quam futuris, canonicam vitam profitentibus in perpetuum.

Quoties illud a nobis petitur quod rationi et ho-

---

(12) In Via Cornelia, de qua egimus, p. 26, not. e, fundum Pritanellæ dictum collocat. S. Leo IX, diploma, p. 30.
(13) De fundo Casæ Lardariæ nuncupata relege p. 26, not. h. et i.
(14) De qua videsis p. 26, not. h.
(15) Idem quod antea nomen, idemque dominus inpræsentiarum huic fundo est. Is etenim vel hodie nuncupatus Acqua fredda, sub antiqua capituli Vaticani editione perstat, extra portam de Cavallegieri nuncupatam, milliario ab Urbe circiter secundo.
(16) Adrianus I pontifex, teste Maph. Vegio, lib. IV, num. 140, apud Jannig., tom. VII. Jun. Bollandiani, fundum quemdam optimum vocatum Bravi, dono dedit monasterio S. Stephani Majoris, de quo alias egimus.

(17) Prædium scilicet, quod eamdem adhuc nomenclationem servat; extra portam Flaminiam octavo circiter ab Urbe lapide situm, est sub Vaticani capituli proprietate.
(18) De qua confer p. 18, not. c, et p. 51.
(19) Silvæ candidæ aut S. Rufinæ ecclesia anno 1120 sedi Portuensi per Calixti II privilegium adnexa, Portuensis episcopus eisdem juribus, quibus olim S. Rufinæ antistes sic potitus est, ut etiam oblationes in altari B. Petri depositas participaret. Consulantur diplomata Joannis XIX, Benedicti IX et Victoris II.
(20) Hujusmodi privilegium libertatis, omnium basilicæ ecclesiarum, etiam earum quæ extra Urbem positæ sunt, innuunt Petr. Mall. et Moph. Vegius, lib. II, cap. 3, num. 69.
(21) Stylo bullarum; sed stylo communi 1158.

nestati convenire videtur, animo nos decet libenti concedere et petentium desideriis congruum impertiri suffragium. Eapropter, dilecti in Domino filii, vestris justis postulationibus clementer annuimus, et præfatam ecclesiam in qua divino mancipati estis obsequio, ad exemplar prædecessoris nostri sanctæ recordationis Eugenii papæ, sub beati Petri et nostra protectione suscipimus et præsentis scripti privilegio communimus; statuentes, ut quascunque possessiones, quæcunque bona eadem ecclesia impræsentiarum juste et canonice possidet, aut in futurum concessione pontificum, largitione regum vel principum, oblatione fidelium, seu aliis justis modis, præstante Domino, poterit adipisci, firma vobis vestrisque successoribus et illibata permaneant. In quibus hæc propriis duximus exprimenda vocabulis :

Ecclesiam Sancti Sepulcri cum suo hospitali sitam in suburbio Parmæ cum pertinentiis suis; ecclesiam Sancti Michaelis de Castiliculo cum pertinentiis suis, ecclesiam Sancti Jacobi cum pertinentiis suis, sicut Gerardus abbas Sancti Joannis eam vobis noscitur concessisse; statuentes quoque ut ordo canonicus, qui secundum Deum et B. Augustini Regulam in eodem loco noscitur constitutus, perpetuis ibidem temporibus inviolabiliter observetur. Sane laborum vestrorum novalium, quæ propriis manibus aut sumptibus colitis, nullus a vobis decimas præsumat exigere. Præterea licet vobis clericos e sæculo fugientes vel laicos liberos absque alicujus contradictione ad conversionem suscipere. Prohibemus quoque ut nulli fratrum vestrorum, post factam in eodem loco professionem aliqua levitate sine prioris sui licentia fas sit de claustro discedere; discedentes vero absque communium litterarum cautione nullus audeat retinere. Porro sepulturam ipsius loci liberam esse concedimus, ut eorum qui se illic sepeliri deliberaverint, nisi forte excommunicati vel interdicti sint, devotioni et extremæ voluntati nullus obsistat : salva justitia parochialium ecclesiarum de quibus mortuorum corpora admittuntur. Clericorum quoque ordinationes, qui ad sacros ordines fuerint promovendi, a diœcesano suscipietis episcopo, siquidem Catholicus fuerit, et gratiam atque communionem sedis apostolicæ habuerit et ea gratis et absque pravitate voluerit exhibere. Alioquin liceat vobis quem malueritis adire antistitem, qui nostra fultus auctoritate quod postulatur indulgeat. Sane statuimus etiam ut oblationes missarum, quæ in vestris ecclesiis a Parmensi episcopo celebratæ fuerint quemadmodum venerabilis frater noster, Lanfrancus ipsius civitatis antistes eas vobis concessit, quietas et liberas perpetuis temporibus habeatis.]

Decernimus ergo ut nulli omnino hominum liceat præfatam ecclesiam temere perturbare, aut ejus possessiones auferre, vel ablatas retinere, minuere, seu aliquibus vexationibus fatigare, sed omnia libere conserventur eorum, pro quorum guberna-tione ac sustentatione concessa sunt, usibus omnimodis profutura; salva in omnibus sedis apostolicæ auctoritate et diœcesani episcopi canonica justitia.

Si qua igitur in futurum ecclesiastica sæcularisve persona, hanc nostræ constitutionis paginam sciens, contra eam temere venire tentaverit, secundo tertiove commonita, nisi præsumptionem suam congrua satisfactione correxerit, potestatis honorisque sui dignitate careat; reamque se divino judicio existere de perpetrata iniquitate cognoscat, et a sacratissimo corpore ac sanguine Dei et Domini Redemptoris nostri Jesu Christi aliena fiat, atque in extremo examine districtæ ultioni subjaceat.

Cunctis autem eidem loco sua jura servantibus sit pax Domini nostri Jesu Christi, quatenus et hic fructum bonæ actionis percipiant, et apud districtum judicem præmia æternæ pacis inveniant. Amen, amen.

Ego Adrianus catholicæ Ecclesiæ episcopus.
Ego Imarus Tusculanus episcopus.
Ego Gregorius Sabinensis episcopus.
Ego Hubaldus presb. card. tit. S. Crucis in Jerusalem.
Ego Octavianus presb. card. S. Cæciliæ.
Ego............
Ego Joannes presb. card. tit. SS. Silvestri atque Martini.
Ego Ildebrandus presb. card. basilicæ duodecim Apostolorum.
Ego Guido presb. card. tit. S. Calixti.
Ego Petrus diac. card. S. Eustachii justa Templum Agrippæ.
Ego Raimundus diac. card. S. Mariæ in Via Lata.

Datum Laterani, per manum Rolandi sanctæ Romanæ Ecclesiæ presbyteri, cardinalis et cancellarii, viii Kalend. Maii, indictione vii, Incarnationis Dominicæ anno 1158, pontificatus vero domni Adriani papæ IV anno iv.

CLXXXV.

Ecclesiæ S. Sansonis Aurelianensis protectionem suscipit bonaque confirmat.
(Laterani, Maii 10.)
[SAUSSEY, *Annal. Eccl. Aurel.*, 446.]

ADRIANUS episcopus, servus servorum Dei, dilectis filiis priori S. Sansonis Aurelianensis, ejusque fratribus, tam præsentibus quam futuris, regularem vitam ducentibus in perpetuum.

Piæ voluntatis postulatio effectu debet prosequente compleri, ut et devotionis sinceritas laudabiliter enitescat, et utilitas postulata vires indubitanter assumat. Eapropter, dilecti in Domino filii, vestris justis postulationibus clementer annuimus, et præfatam ecclesiam, in qua divino mancipati estis obsequio, sub beati Petri et nostra protectione suscipimus, et præsentis scripti privilegio communimus : imprimis siquidem statuentes ut ordo canonicus, qui, secundum Dei timorem et beati Augustini Regulam et institutionem, ecclesiæ S. Mariæ de Monte Sion in eodem loco noscitur institutus, perpetuis ibidem temporibus inviolabiliter conservetur. Præterea quascunque possessiones, quæcunque bona, eadem ecclesia impræsentiarum juste et canonice possidet, aut in futurum concessione pontificum, largitione regum vel principum, oblatione fidelium, seu aliis justis modis, præstante Domino, poterit adipisci, firma vobis vestrisque successoribus et illibata permaneant. Concedimus autem et apostolica auctoritate statuimus, ut liceat vobis in ecclesia vestra cœmeterium consecrare, et in eo tam fratres, quam conversos vestros et totam familiam vestram absque contradictione aliqua sepelire.

Decernimus ergo ut nulli omnino hominum liceat præfatam ecclesiam temere perturbare, aut ejus possessiones auferre, vel ablatas retinere, minuere, aut aliquibus vexationibus fatigare, sed omnia integra conserventur eorum, pro quorum gubernatione aut sustentatione concessa sunt, usibus omnimodis profutura, salva in omnibus apostolicæ sedis auctoritate, et diœcesani episcopi canonica justitia ; salva etiam institutione de præbendis sæcularium clericorum, quæ a prædecessore nostro sanctæ recordationis Eugenio papa facta esse dignoscitur.

Si qua igitur, etc. Cunctis, etc.

Ego Adrianus catholicæ Ecclesiæ episcopus, etc.

Datum Laterani, per manum Rolandi sanctæ Romanæ Ecclesiæ presbyteri, cardinalis et cancellarii, vi Idus Maii, indict. vi, anno Incarnationis Dominicæ 1158, pontificatus vero domni Adriani papæ IV anno iv.

CLXXXVI.

Parthenonis Visbeccensis protectionem suscipit, bona ac privilegia confirmat.

(Laterani, Maii 11.)

[Wurdtwein, *Subsid. dipl.*, VI, 334.]

Adrianus episcopus, servus servorum Dei, dilectæ filiæ Themodi Visbicensi abbatissæ, et aliis cum ea canonicam vitam professis in perpetuum

Piæ postulatio voluntatis effectu debet prosequente compleri, quatenus et devotionis sinceritas laudabiliter enitescat et utilitas vires indubitanter assumat. Eapropter, dilecta in Christo filia, devotionem quam erga sedem apostolicam geris, diligenter attendentes, monasterium in quo divino mancipatæ estis obsequio, sub beati Petri et nostra protectione suscipimus, et præsentis scripti privilegio communimus ; statuentes ut quascunque possessiones, quæcunque bona idem monasterium impræsentiarum juste et canonice possidet, aut in futurum concessione pontificum, largitione regum vel principum, oblatione fidelium, seu aliis justis modis, Deo propitio, poterit adipisci, firma vobis et his quæ post vos successerint, et illibata permaneant. Cui etiam indifferenter sepulturam nobilium utriusque sexus et usui vestro, et earum quæ vobis canonice successerint, auctoritate nostra concedimus. Sancimus quoque ut ipsum monasterium nulli omnino personæ in beneficium quibuslibet occasionibus aliquando concedatur, sed semper sub protectione Romanorum pontificum atque imperatorum vel regum defensione permaneat. Præterea constituimus ut infra ambitum ædificiorum vel sepium memorati monasterii nemo clericorum vel laicorum jure proprietatis vel beneficii mansionem aliquam ullo tempore habeat, sed totius loci ipsius ambitus abbatissæ, sororum et aliarum personarum religiosarum usibus et habitationibus pateat. Prohibemus autem ut in eodem monasterio nulli episcoporum præter Romanum pontificem, liceat quamlibet jurisdictionem habere, ita ut nisi ab abbatissa ipsius monasterii fuerit invitatus, nec missarum solemnia ibidem celebrare præsumat. Ut igitur hæc omnia quæ supra diximus plenum imposterum robur obtineant, tam vobis quam his quæ post vos successerint, favoris nostri auctoritate firmamus.

Decernimus ergo ut nulli omnino hominum liceat præfatum monasterium temere perturbare, aut ejus possessiones auferre, vel ablatas retinere, minuere, aut aliquibus vexationibus fatigare, sed omnia integra conserventur, horum, pro quorum gubernatione et sustentatione concessa sunt, usibus omnimodis profutura, salva sedis apostolicæ auctoritate, et diœcesani episcopi canonica justitia.

Si qua igitur in futurum ecclesiastica sæcularisve persona, hanc nostræ constitutionis paginam sciens, contra eam temere venire tentaverit, secundo tertiove commonita, si non satisfactione congrua emendaverit, potestatis honorisque sui dignitate careat, reamque se divino judicio existere de perpetrata iniquitate cognoscat, et a sacratissimo corpore ac sanguine Dei et Domini. Redemptoris nostri Jesu Christi aliena fiat, atque in extremo examine districtæ ultioni subjaceat.

Cunctis autem eidem loco sua jura servantibus, sit pax Domini nostri Jesu Christi, quatenus et hic fructum bonæ actionis percipiant, et apud districtum judicem præmia æternæ pacis inveniant. Amen.

Ego Adrianus catholicæ Ecclesiæ episcopus.

Ego Hubaldus presbyter cardinalis Sanctæ Praxedis.

Ego Adalbertus presbyter card. Sancti Adriani.

Datum Laterani, per manum Rolandi cancellarii, v Idus Maii, indictione vi, Incarnationis Dominicæ anno 1156, pontificatus domni Adriani papæ IV anno (22).

---

(22) Lege *anno* 1158, *pontif. an.* iv.

CLXXXVII.

Privilegium pro monasterio SS. Nazarii et Celsi Veronensi.

(Laterani, Maii 20.)

[UGHELLI, *Italia sacra*, V, 798.]

ADRIANUS episcopus, servus servorum Dei, dilectis filiis CLEMENTI abbati monasterii SS. Nazarii et Celsi, ejusque fratribus tam præsentibus quam futuris, monasticam vitam professis in perpetuum.

Quoties, etc. Communimus. In primis siquidem statuentes ut ordo monasticus, qui secundum Dei et beati Benedicti Regulam in ipso monasterio institutus esse dignoscitur, perpetuis futuris temporibus inviolabiliter observetur. Propterea quascunque possessiones, quæcunque bona eadem Ecclesia impræsentiarum juste et canonice possidet, aut in futurum concessione pontificum, largitione regum vel principum, oblatione fidelium, seu aliis justis modis, præstante Domino, poterit adipisci, firma vobis, vestrisque successoribus et illibata permaneant. In quibus hæc propriis duximus exprimenda vocabulis :

Ecclesiam S. Mariæ de Marcellitis cum pertinentiis, salvo censu unius bizantii, quem singulis annis pro eadem ecclesia nobis, nostrisque successoribus solvere debeatis; ecclesiam S. Sebastiani cum pertinentiis; ecclesias de Carliano, ecclesiam S. Mariæ de Cluave cum pertinentiis suis, ecclesiam S. Cassiani cum pertinentiis suis, ecclesiam S. Martini de Lavago cum pertinentiis suis, ecclesiam S. Sepulcri cum hospitali cum pertinentiis suis, ecclesiam S. Vitalis cum pertinentiis suis, ecclesiam S. Felicitæ cum pertinentiis suis, villam Cosiliani cum omni jure suo, terram quam habetis in Lenazzo, terram de Nodesola, terram de Portu, terram de Porcile, terram de Gepito, terram de Lavagno cum vineis et domibus suis, terram de Grillana, terram de Mizano, terram de Monteauro cum molendinis, et valeatoribus et vineis suis, terram de Mizoli cum olivis et vineis suis, terram cum olivis in territorio S. Mariæ in Selle, terram et vineas de Colignola, terras de Lilasi, terram de Garda cum olivis suis, insulam de Paquara cum pratis, et cum omnibus ad ipsam pertinentibus. Obeunte vero te nunc ejusdem loci abbate, vel tuorum quolibet successorum, nullus ibi qualibet subreptionis astutia, seu violentia præponatur, nisi quem fratres communi consensu, vel fratrum pars sanioris consilii secundum Dei timorem, et beati Benedicti Regulam præviderint eligendum. Sane novalium vestrorum, quæ propriis manibus, aut sumptibus colitis, sive de nutrimentis vestrorum animalium decimas a vobis nullus præsumat exigere. Decernimus ergo, etc. salva, etc. Cunctis autem, etc. Amen.

Ego Adrianus catholicæ Ecclesiæ episcopus.
Ego Hubaldus presb. card. tit. Sanctæ Praxedis.
Ego Julius presb. card. tit. Sancti Marcelli.
Ego Octavianus presb. card. tit. S. Ceciliæ.
Ego Astaldus presb. card. tit. S. Priscæ.
Ego Girardus presb. card. tit. Sancti Stephani.
Ego Hildebrandus, presb. card. basilicæ XII Apostolorum.
Ego Guido, presb. card. tit. S. Chrysogoni.
Fgo Gulielmus, presb. card. tit. S. Petri ad Vincula.
Ego Oddo, diaconus card. S. Georgii ad Velum Aureum.
Ego Rodulphus, diaconus card. S. Luciæ.
Ego Petrus, diac. card. sancti Eustachii juxta templum Agrippæ.
Ego Raymundus, diaconus cardinalis S. Mariæ in Via Lata.

Datum Laterani, per manum Rolandi sanctæ Romanæ Ecclesiæ presbyteri cardinalis et cancellarii XIII Kalendas Junii, indictione VI, Incarnationis Domini, anno 1158, pontificatus vero D. Adriani papæ IV, anno IV.

CLXXXVIII.

Ecclesiæ S. Joannis Selbodiensis bona possessionesque ac privilegia confirmat.

(Sutrii, Jun. 12.)

[WENCK, *Hist. du pays de Hesse*, III, p. 105.]

ADRIANUS episcopus, servus servorum Dei, dilecto filio GERBODONI præposito ecclesiæ Sancti Joannis Baptistæ in Selbod, ejusque successoribus canonice substituendis, in perpetuum.

Officii nostri nos hortatur auctoritas religiosa loca diligere, et ea sub apostolicæ sedis munimine confovere. Hujus rei gratia, dilecte in Domino fili Gerbodo, tuis justis postulationibus clementer annuimus, et ecclesiam Sancti Joannis Baptistæ cui, auctore Domino, præsides, ad jus sacrosanctæ Romanæ Ecclesiæ specialiter pertinentem, ad exemplar prædecessorum nostrorum bonæ memoriæ Paschalis et Innocentii Romanorum pontificum, sub beati Petri et nostra protectione suscipimus, et præsentis scripti privilegio communimus. Quam videlicet ecclesiam Ditmarus bonæ memoriæ quondam Gelnhusensis comes per Rabenuldi religiosi sacerdotis ministerium beato Petro et sanctæ Romanæ Ecclesiæ devote et fideliter obtulit, et regulares canonicos ibidem congregari disposuit. In primis siquidem statuentes ut ordo canonicus, qui secundum Dei timorem et beati Augustini Regulam, et ordinem Præmonstratensium fratrum, in eadem ecclesia institutus esse dignoscitur, perpetuis ibidem temporibus inviolabiliter conservetur. Præterea quæcunque bona, quascunque possessiones eadem ecclesia impræsentiarum juste et canonice possidet, aut in futurum concessione pontificum, largitione regum vel principum, oblatione fidelium, seu aliis justis modis, Deo propitio, poterit adipisci, firma tibi tuisque successoribus, et illibata permaneant. In quibus hæc propriis duximus exprimenda vocabulis : ecclesiam parochialem in Selbod cum appendiciis suis, agris et decimis ex utraque parte interfluentis Kintziche, ita videlicet ut de ea nulli personæ; nisi episcopo respondeatis; ecclesiam S. Mariæ in Valle cum possessionibus agrorum et vinearum ex utraque parte rivi, tam in Hetenesheim quam in Alta villa, excepto jure quod ex antiquo episcopali debetur mensæ.

Sane novalium vestrorum quæ propriis manibus aut sumptibus colitis, sive de nutrimentis animalium vestrorum decimas a vobis nullus præsumat exigere. Fratres vero vestros, vel conversos post factam professionem de claustro discedere, vel ad alium locum transire, absque prælati sui vel fratrum licentia similiter interdicimus; discedentes nullus episcoporum vel abbatum, aut ecclesiasticæ sæcularisve personæ suscipere audeant, vel retinere. Quod si secundo tertiove commonitus redire contempserit, eum excommunicandi habeatis licentiam. Ordinationes vero clericorum, consecrationes ecclesiarum, sive alia ecclesiastica sacramenta a Moguntino accipietis archiepiscopo, si tamen catholicus fuerit, et gratiam apostolicæ sedis habuerit, et ea gratis ac sine pravitate exhibere voluerit. Alicquin liceat vobis catholicum quem malueritis adire antistitem, qui nostra fultus auctoritate quod postulatur indulgeat. Præterea, cum commune interdictum terræ fuerit, liceat vobis, clausis januis, exclusis, excommunicatis vel interdictis, non pulsatis tintinnabulis, suppressa voce divina officia celebrare. Ad indicium autem hujus perceptæ a Romana Ecclesia libertatis unum bizantium nobis nostrisque successoribus singulis annis persolvetis. Statuimus præterea, ut neque comiti, neque principi, neque advocato, nec alicui ecclesiasticæ vel sæculari personæ liceat indebitas et injustas exactiones a vobis exigere, aut sacerdotibus in præfata ecclesia vel in ejus obedientiis commorantibus indebite gravamina irrogare.

Decernimus ergo, ut nulli omnino hominum liceat præfatam ecclesiam, vel ejus bona temere perturbare, aut ejus possessiones auferre, vel ablatas retinere, minuere, seu aliquibus vexationibus fatigare, sed omnia integra conserventur eorum, pro quorum gubernatione et sustentatione concessa sunt, usibus omnimodis profutura, salva in omnibus apostolicæ sedis auctoritate et diœcesani episcopi canonica justitia.

Si qua igitur, etc.

Ego Adrianus, catholicæ Ecclesiæ episcopus.
Ego Hubaldus presb. card. tit. S. Praxedis.
Ego Julius, presb. card. tit. S. Marcelli.
Ego Bernardus presbyt. cardinalis tituli Sancti Clementis.
Ego Gerardus, presbyt. cardinalis tit. Sancti Stephani in Cœlio Monte.
Ego Ildebrandus, presbyt. cardinalis tit. basilicæ XII Apostolorum.
Ego Guido, presbyt. card. tit. S. Calixti.
Ego Guillelmus, presb. card. tit. Sancti Petri ad Vincula.

Ego Rudolfus, diac. card. Sanctæ Luciæ in Septa solis.
Ego Boso, diac. card. Sanctorum Cosmæ et Damiani.
Ego Raimundus, diacon. card. Sanctæ Mariæ in Via Lata.

Datum Sutrii per manum Rolandi, sanctæ Romanæ Ecclesiæ presbyteri cardinalis et cancellarii, 11 Idus Junii, indictione vii, Incarnationis Dominicæ anno 1158, pontificatus vero domni Adriani papæ IV anno iv.

CLXXXIX.

Ad Tarraconensem et Narbonensem archiepiscopos. — Sub protectione sedis apostolicæ suscipit Raymundum comitem Barcinonensem, ditionesque ejus.

(Sutrii, Jun 23.)
[Mansi, *Concil.*, XXII, 828.]

Adrianus episcopus, servus servorum Dei, venerabilibus fratribus Tarraconensi archiepiscopo et [Berengario] Narbonensi archiepiscopo apostolicæ sedis legato eorumque suffraganeis, salutem et apostolicam benedictionem.

Dilectum filium Raymundum illustrem Barcinonensem comitem a multis retro temporibus devotum plurimum ac fidelem sacrosanctæ Romanæ Ecclesiæ exstitisse, atque ad ejus obsequium sollicitum semper exhibuisse se ac paratum, nos ipsi multis rerum experimentis agnovimus, et ad discretionis vestræ notitiam credimus absque dubio pervenisse. Unde et nos in proposito et voluntate habemus eum tanquam devotissimum et specialem filium nostrum sincera charitate diligere et ipsum ab iniquorum impugnationibus propensius defensantes in omni sua justitia sollicite intendimus confovere. Venerabiles autem fratres nostri Pampilonensis et Cæsaraugustanus episcopi nobis ex parte sua proponere studuerunt quod, treuga et pax inter eum et Lupum Valentiæ regem discissa sit et penitus violata. Sane cum ipse comes, sicut instanter asserit, ad edomandas barbaras gentes et efferas nationes, rabiem videlicet Saracenorum, quorum pestis est perniciosissima Christianis, modis omnibus, auctore Domino, reprimere intendat et viriliter impugnare, quidam tamen Christianæ professionis, qui eidem comiti adversantur, tum inimicitia, tum etiam pecuniæ cupiditate seducti, simul cum Saracenis, sicut accepimus, eum intendunt offendere, atque inclytum ejus animum a tam laudabili proposito retardare. Quod utique tanto magis nobis grave est ac molestum quanto et personam ejus sinceriori affectione diligimus, et factum tam impium atque a religione Christianæ fidei alienum perniciosum adimplentes et posteris prodire cognoscimus in exemplum. Ut igitur qui hoc attentare præsumpserit, rem sacrilegam et profanam se doleat incœpisse, fraternitati vestræ per apostolica scripta præcipiendo mandamus quatenus omnes Christianos qui præfatum comitem, cujus personam et totam terram sub B. Petri et nostra protectione suscepimus, ut ab iniquorum incursibus pro nostri officii debito defendamus, a suo proposito præsumpserint impedire, et vel cum Saracenis, vel etiam sine eis, ipsum vel terram ejus, dum in hoc proposito fuerit, tentaverint molestare, auctoritate nostra non differatis censura ecclesiastica coercere et omnes terras eorum usque ad condignam satisfactionem interdicti sententiæ supponatis.

Data Sutrii ix Kal. Julii.

CXC.

Ecclesiæ Sancti Marcelli Parisiensis protectionem suscipit bonaque ejus ac jura confirmat.

(Sutrii, Jun. 26.)

[FÉLIBIEN, *Hist. de Paris*, III, 13.]

ADRIANUS episcopus, servus servorum Dei, dilectis filiis NIVELONI decano ecclesiæ Sancti Marcelli Parisiensis, ejusque fratribus, tam præsentibus quam futuris, canonice substituendis, in perpetuum.

Effectum justa postulantibus indulgere et vigor æquitatis, et ordo exigit rationis, præsertim quanto petentium voluntatem et pietas adjuvat et veritas non relinquit. Quocirca, dilecti filii nostri, Thomæ concanonici vestri precibus inclinati, vestris justis postulationibus clementer annuimus, et præfatam ecclesiam, in qua divino mancipati estis obsequio, sub beati Petri et nostra protectione suscipimus, et præsentis scripti privilegio communimus; statuentes ut quascunque possessiones, quæcunque bona tam in vineis, quam terris cultis vel incultis, pascuis, pratis et aquis, eadem ecclesia impræsentiarum juste et canonice possidet, aut in futurum concessione pontificum, largitione regum vel principum, oblatione fidelium, seu aliis justis modis, Deo propitio, poterit adipisci, firma vobis vestrisque successoribus, et illibata permaneant. In quibus hæc propriis duximus exprimenda vocabulis: Burgum videlicet, in quo ipsa ecclesia sita est, cum omnibus appendiciis suis; quidquid habetis in territorio de villa Judea; terram quam habetis in territorio de Bertoldicurte, terram quam habetis in territorio de Castreyo, et terram quam habetis in territorio de Chesi; ecclesiam Sancti Petri de Ivry cum coemeterio, ecclesiam Sanctorum Gervasii et Protasii de Vitri cum coemeterio et decimis ad ipsam pertinentibus; ecclesiam de Piro cum coemeterio et decimis ad ipsam pertinentibus, et capella de Santrio; ecclesiam de Asneriis cum coemeterio et decimis ad ipsam pertinentibus, et ecclesiam de Gharentum cum coemeterio et decimis suis, atque terris quas ibidem habetis. Statuimus insuper, ut secundum antiquam et rationabilem Ecclesiæ vestræ consuetudinem, libere vobis liceat decanum eligere, qui assidue debeat ecclesiæ deservire. Clerici quoque ipsius ecclesiæ qui ad ordines fuerint promovendi, per decanum ejusdem ecclesiæ episcopo præsententur. Præterea omnes illas libertates, et priscas atque rationabiles consuetudines vestras quas intra ambitum claustri, aut in burgo in quo ipsa ecclesia sita est, seu in villis et possessionibus vestris, vel in capellis ipsius burgi, videlicet Sancti Martini et Sancti Hyppoliti, et in capella Sancti Hilarii de Monte hactenus habuistis, vobis auctoritate apostolica confirmamus. Nulli etiam liceat in parochiis præfatæ ecclesiæ, nisi cum vestro et episcopi vestri assensu, ecclesiam ædificare. Neque alicui licitum sit servos ejusdem ecclesiæ ab utilitate et servitio vestro, vobis invitis, subtrahere vel auferre. In parochialibus vero ecclesiis, quas tenetis, liceat vobis libere secundum antiquam institutionem Ecclesiæ vestræ, sicut hactenus fecistis, sacerdotes eligere et episcopo præsentare, quibus, si idonei inventi fuerint, episcopus curam animarum committat, et vobis quidem de temporalibus, episcopo vero de spiritualibus iidem sacerdotes debeant respondere.

Decernimus ergo ut nulli omnino hominum liceat præfatam ecclesiam temere perturbare, aut ejus possessiones auferre, vel ablatas retinere, minuere, seu quibuslibet vexationibus fatigare, sed omnia integra conserventur eorum, pro quorum gubernatione ac sustentatione concessa sunt, usibus omnimodis profutura, salva sedis apostolicæ auctoritate et Parisiensis episcopi canonica justitia.

Si qua igitur in, etc. Cunctis autem, etc.

Ego Adrianus, catholicæ Ecclesiæ episcopus.

Ego Hubaldus, presbyter cardinalis Sanctæ Praxedis.

Ego Hubaldus, presbyter cardinalis tit. S. Crucis.

Ego Bernardus, presbyter cardinalis tituli Sancti Clementis.

Ego Octavianus, presb. card. tit. Sanctæ Ceciliæ.

Ego Gerardus, presb. card. tit. Sancti Stephani in Coelio Monte.

Ego Hildebrandus, presbyter cardinalis basilicæ XII Apostolorum.

Ego Guido, presb. card. tituli S. Calixti.

Ego Joannes, presbyt. card. tit. Sanctæ Anastasiæ.

Ego Albertus, presb. card. tituli Sancti Laurentii in Lucina.

Ego Guillelmus, presb. card. tituli S. Petri ad Vincula.

Ego Odo, diaconus cardinalis tit. Sancti Georgii ad Velum Aureum.

Ego Bozo, diaconus cardinalis Sanctorum Cosmæ et Damiani.

Ego Cinthius, diac. card. Sancti Adriani.

Ego Petrus, diaconus cardinalis Sancti Eustachii juxta templum Agrippæ.

Ego Raynundus, diac. card. Sanctæ Mariæ in Via Lata.

Datum Sutrii per manum Rolandi, sanctæ Romanæ Ecclesiæ presbyteri cardinalis et cancellarii, vi Kalendas Julii, indictione vi, Incarnationis Dominicæ anno 1158, pontificatus vero domni Adriani papæ IV anno IV.

CXCI.

Composita canonicos inter et Sutrinum episcopum de ecclesia S. Silvestri controversia, dato diplomate concordiam efficit perpetuam.

(Vetrallæ, Jul. 12.)

[*Bullar. Vatic.*, I, p. 60.]

Adrianus episcopus, servus servorum Dei, dilectis filiis ecclesiæ Sancti Petri canonicis salutem, et apostolicam benedictionem.

Ea quæ a fratribus nostris cardinalibus de mandato sedis apostolicæ rationabiliter aut concorditer statuuntur, firma debent stabilitate consistere, et quæ definita sint, ne temeritate aliqua valeant in posterum immutari, eadem necesse est auctoritatis nostræ præsidio communiri. Cum autem inter vos et venerabilem fratrem nostrum G. Sutrinum (23) episcopum super ecclesia Sancti Silvestri (24) olim controversia verteretur, et in nostra præsentia super hoc fuisset querela deposita, Nos volentes omnem litigandi materiam cum voluntate partium de medio concorditer amovere, dilectis filiis nostris Rol. tituli Sancti Marci presbytero cardinali et cancellario nostro, Alberto tituli Sancti Laurentii in Lucina, Willelmo tituli S. Petri ad Vincula, presbyteris, et Raymondo Sanctæ Mariæ in Via lata diacono card. commisimus amicabiliter componendum, qui de communi voluntate et consensu partium, in hunc modum, sicut in eorum scripto noscitur contineri, ipsam controversiam terminarunt, ut videlicet præstationes, vel exenia (25) quædam carnium, quæ Sutrinus episcopus in quibusdam solemnitatibus ab ecclesia ipsa recipere consuevit, de cætero per eadem tempora, sicut ab ecclesiis Sanctæ Christinæ, Sancti Pauli, Sancti Joannis aut Sancti Juliani recipiat, et consuetam exhibeat eis honorem. Porro quando pro receptione et procuratione nostra ab episcopo collecta fuerit per ecclesias facienda, ecclesia ipsa sicut una prædictarum ecclesiarum auxilium episcopo ministrabit. Clerici illius ecclesiæ ad synodum et capitulum episcopi, et Sutrinæ Ecclesiæ, ad chrisma et baptismum juxta consuetudinem illarum ecclesiarum sine contradictione conveniant. Commune interdictum episcopi et sententiam quam episcopus super aliquem parochianorum suorum pro suo reatu posuerit usque ad condignam satisfactionem firmiter teneant et observent. Si aliquis clericorum illius Ecclesiæ in tam evidens manifestumque delictum corruerit, ut suspendi de statutis canonum mereatur, episcopus sine conscientia vestra usque ad condignam satisfactionem eum ab officio suspendet, ecclesiastico a vero beneficio non privabit. Si vero aliquis super aliquo crimine fuerit impetitus, et in talem culpam visus fuerit corruisse, quæ ordinem judiciorum requirere videatur, una vobiscum Sutrii cognoscere et judicare debebit. Cum autem archipresbyter in ecclesia fuerit ordinandus, vos personam eligetis et episcopo præsentabitis, episcopus autem electionem ipsam, nisi evidens et manifesta causa, quæ impedire debeat, apparuerit, confirmabit, et ei curam animarum committet. Qui confirmatus in manu sua promittet se soluturum et servaturum quæ superius designata sunt, vobis autem fidelitatem faciet, obedientiamque promittet, et tam ipse, quam reliqui clerici vobis obedient, et de dispositione et ordinatione ecclesiæ respondebunt. Ut igitur hæc perpetuam obtineant firmitatem, et quod inter vos concorditer statutum est, nullius nunquam refragatione turbetur, nos compositionem ipsam auctoritate apostolica confirmamus et præsentis scripti patrocinio communimus; statuentes ut nulli omnino hominum liceat hanc paginam nostræ confirmationis infringere, vel ei aliquatenus contraire. Si quis autem hoc attentare præsumpserit, indignationem omnipotentis Dei, et beatorum Petri et Pauli apostolorum ejus se noverit incursurum.

Datum Vetrallæ, IV Idus Julii (26).

CXCII.

Ecclesiæ S. Mariæ Aquisgranensis protectionem suscipit possessionesque confirmat.

(Ap. Castrum Vicum varium, Sept. 22.)

[Quix, *Cod. diplom. Aquensis*, I, 31.]

CXCIII.

Adæ magistro asserit magisterium scholarum Ecclesiæ Meldensis, a bonæ memoriæ M[anasse] episcopo concessum.

(Laterani, Oct. 30.)

[Duplessis, *Hist. de Meaux*, II, 47.]

Adrianus episcopus, servus servorum Dei, dilecto filio Adæ magistro scholarum Meldensis Ecclesiæ, salutem et apostolicam benedictionem.

...... Magisterium scholarum Meldensis Ecclesiæ a bonæ memoriæ M[anasse] quondam Meldensi episcopo rationabili dispositione tibi concessum, auctoritate apostolica tibi confirmamus..... Statuentes ut juxta consuetudinem quam hactenus Ecclesia ipsa obtinuit, nemini sine licentia et permissione tua liceat in civitate Meldensi scholas regere, etc.....

Datum Laterani, III Kal. Novembris.

---

(23) *G. Sutrinum episcopum*, etc. De hoc Sutrino episcopo altum silentium est in Ughelli *Ital. sacra*, tum in episcoporum synodis subscribentium, indice apud Labbeum.

(24) Ecclesiam S. Silvestri in civitate Sutrina canonicis S. Petri a Leone IX concessam et confirmatam fuisse probat allata superius ejusdem Leonis constitutio data Kal. April. pontif. anno v.

(25) *Dona*, sive *oblationes* intellige.

(26) *Vetrallæ* IV *Id. Julii*. Quonam sui pontificatus anno hanc Adrianus bullam procuderit satis non liquet, cum ejus scriptis id minime adnotaverit. Verisimile tamen videtur diploma datum esse pontificatus anno I æræ communis 1155, hoc enim anno, uti apud Baronium legitur, Viterbii degebat antistes summus, qua ex urbe Vetrallam non longe dissitam nescio qua occasione profectus, hasce litteras exaravit.

CXCIV.

Ad Hugonem Francorum regis cancellarium.—Gratulatur quod paci inter Francorum Anglorumque reges firmandæ utilem operam navaverit.

(Laterani, Nov. 4.)

[Mansi, *Concil.*, XXII, 808.]

Adrianus episcopus, servus servorum Dei, dilecto filio Hugoni illustris regis Francorum cancellario, salutem et apostolicam benedictionem.

Quod ad pacem et concordiam inter charissimos filios nostros Ludovicum illustrem regem Francorum et Henricum illustrem regem Anglorum, pro posse tuo, sicut nobis dicitur, sollicitus exstitisti, et studio ad hoc effectui mancipandum, et vigilantem operam impendisti; tanto amplius gratum et acceptum habemus, et animi tui prudentiam in hac parte tanto attentius commendamus, quanto magis ipsa pax atque concordia Deo est et hominibus grata, et tam præsentibus quam posteris profutura. Accepimus siquidem, et ex dilecti filii nostri Henrici nuntii prædicti filii nostri regis Franciæ relatione, et litterarum suarum tenore concepimus, tantam inter eos studio et diligentia tua unitatem per Dei gratiam esse, et vinculum charitatis, tantam etiam pacem et tantam intervenisse concordiam, ut nihil alternæ amicitiæ fœdus infringere, nihil amoris firmitatem aliquatenus valeat disturbare. Unde nos lætitiam tanto majorem concipimus, et cum Deo et angelis ejus tanto amplius exsultamus, quanto magis amicitiam ipsam utrique parti necessariam esse cognoscimus, et multam exinde utilitatem multum fructum conspicimus provenire.

Eapropter omnipotenti Deo, a quo bona cuncta procedunt, et in cujus manu regum corda consistunt, immensas gratiarum referimus actiones: qui discordantia quondam vota, et dispares voluntates, ita per suam misericordiam voluit esse conjuncta, ut nihil jam in ipsis possit reperiri diversum; sed idem velint, et idem sentire pariter videantur. Nos vero qui pacis et concordiæ bonum inter omnes esse plurimum optare debemus, divinam clementiam assiduis precibus exoramus, ut pacem firmam inter eos conservare dignetur et perpetuam unitatem. Ad hæc, jam dictum filium nostrum Henricum, litteratum quidem clericum et honestum, quem circa negotia tua fidelem satis esse cognoscimus ac devotum, dilectioni tuæ propensius commendantes, rogamus plurimum, ut eum pro B. Petri ac nostra reverentia de charo habeas chariorem, et eidem in opportunitatibus suis ita pietatis intuitu et nostro interventu provideas, quod et ipse preces nostras apud te sibi sentiat fructuosas, et nos exinde devotioni tuæ gratiarum debeamus exsolvere actiones.

Datum Laterani, II Non. Novemb.

CXCV.

G[regorium] priorem et universum capitulum Camaldulense ad virtutem pacemque hortatur.

(Laterani, Nov. 24.)

[Mitarelli, *Ann. Camald.*, III, 350.]

Adrianus episcopus, servus servorum Dei, dilectis filiis G[regorio] priori et universo capitulo Camaldulensi, salutem et apostolicam benedictionem.

Monasterium vestrum, in quo vos ad Dei estis servitium congregati, ut confiteamini nomini sancto suo, et gloriamini in laude ejus, quantum ex anteacta priorum vita et honestate ac religione ipsorum tam spiritualibus quam temporalibus profecerit incrementis et nos ipsi plenarie novimus, et hoc ipsum celebri est circumquaque fama vulgatum. Quandiu enim ejusdem monasterii fratres in quiete, unanimitate et concordia perstiterint, non sua, sed ea potius, quæ sunt Christi, quærentes, quandiu monasticam regulam habitu, vita et moribus tenuerint, spiritualium redolebant gratia et jucunditate bonorum, rerumque temporalium copiis abundabant, et tantus erat odor bonæ opinionis quem de ipsa congregatione manabat, quod minores ad perfectiora exemplo simili traherentur, ita ut dicerent: *Trahe nos post te; curremus in odorem unguentorum tuorum* (Cant. I). Tanta etiam in eodem loco quies, tanta pax et unitas habebatur, ut illud de eo merito dicerent, quod scriptum est: *Vere non est hic aliud nisi domus Dei et porta cœli* (Gen. XXVIII). Ne igitur Camaldulense monasterium, quod olim tanta religione et honestate pollebat, tanta virtutum excellentia præeminebat, tempore vestro a suo statu, quod absit! aliquatenus imminui videatur, hortamur vos, rogamus et obsecramus in Domino, ut relictis omnino carnalibus desideriis quæ militant adversus animam, et concupiscentiis sæculi conculcatis, ad æterna et sine fine mansura per bona opera suspiretis, ad summum bonum et ad præmia felicitatis æternæ piæ conversationis studio intendatis, atque ita stabiles in obsequio Conditoris permanere curetis, et in ejus devotione ferventes, ut nihil sit quod jam vos a charitate Christi valeat aliquatenus separare; sed pro laudabili conversatione vitæ illud sacræ Scripturæ testimonium vobis possit merito adaptari, quo dicitur: *Laudabilis populus, cui Dominus exercituum benedixit, dicens: Opus manuum mearum tu es, hæreditas mea, Jerusalem* (Isa. XIX). Vobis siquidem solertissime intuendum est et attentius cogitandum, ne *adversarius vester diabolus, qui tanquam leo rugiens circuit, quærens quem devoret* (I Petr. V), veneno astutiæ et consuetæ et antiquæ fraudis insidiis a sponsi amplexibus et a servitio, quod absit! vos retrahat Conditoris. Quanto enim amplius humani generis inimicus Christi fideles legi mandatorum Dei conspicit inhærere, et ejus salubribus monitis diligentius obedire, tanto magis ad callida se argumenta convertit, et sollicitius laborat, ut eos de virtutum faciat arce corruere, et a sancto proposito resilire. Cæterum confidimus de vobis in Domino, si bene novimus vestri interioris hominis charitatem, qua prædecessorum vestigia imitantes, cum non sapiatis, quæ vestra sunt, sed quæ Jesu Christi, qui *de tenebris et umbra mortis vocavit vos in admirabile lumen suum* (*I Petr.* ii), inimici astutia in vobis minime prævalebit, neque ab ejus obsequio, cui estis indissolubili charitate devincti, ipsius vos poterit iniqua persuasio retardare. *Confortamini* ergo *in Domino, et in potentia virtutis ejus; state fortes in fide* (*Ephes.* vi); abjiciatis opera tenebrarum, et induimini armis lucis (*Rom.* xiii), atque omnes antiqui hostis insidias, divino comitante præsidio, superantes, et mutuam in vobismetipsis charitatem habentes. Ita quidem, ut in nullo juxta Apostolum præsumatis, sed tantum in Domino et de Domino gloriari, sicut scriptum est : *Qui gloriatur, in Domino glorietur* (*I Cor.* i); *non enim qui seipsum commendat, ille probatus est, sed quem Deus commendat* (*II Cor.* x). Dicitur autem, unde quæramus plurimum et doleamus, quod inter vos murmur, quod est detestabile vitium, habeatur, et quod alterutrum ultra quam debeatis, murmuretis, quod vitium ipsum in tantum jam de vobis insonuit, quod plerisque referentibus ad apostolicæ sedis audientiam usque pervenit. Unde monemus vos et exhortamur attentius, ut ea tam mortifera peste cessetis......a murmure, pacatam habentes mentem de cætero, et tranquillam, ne in æterni Conditoris aspectu et divinæ majestatis oculis pro tanto debeatis crimine displicere ; scitis enim, ut credimus, et pro certo cognoscitis, qualiter Maria, soror Aaron, pro eo quod adversus Moysen murmurabat apud Dominum, contemptibilis sit effecta, et quam gravis lepræ sit macula et fœditate percussa, quæ se a murmure minime continebat. Unde et tandiu extra castra est conversata, quousque caro ejus pristinæ fuit reddita sanitati. Ne igitur invalescente eodem vitio in conspectu Altissimi contemptibiles, et in oculis hominum debeatis abominabiles apparere, corda vestra, qua convenit vigilantia, observetis, ne hac fœditate valeant ulterius deturpari. Ut autem hæc omnia, quæ superius dicta sunt, facilius valeatis, auctore Domino, adimplere, tu, dilecte fili prior, fratribus tuis mansuetum Patrem atque tractabilem te exhibeas, et salubria eis documenta proponas, plus semper amari appetens, quam timeri ; negotia quoque monasterii tuæ gubernationi commissi juxta consilium fratrum religiosorum et timentium Deum, secundum quod in Beati Benedicti Regula continetur, disponere studeas et tractare. Vos vero, dilecti filii monachi, priori vestro tanquam proprio pastori et rectori animarum vestrarum debitam in omnibus subjectionem atque obedientiam impendatis, et neque in reformatione ordinis secundum antiquam et rationabilem Camaldulensium consuetudinem, nec in quolibet alio, quod ad ipsius monasterii et vestram utilitatem pertineat, rebelles ei vel contumaces existere præsumatis. Nos autem, qui ex injuncto nobis apostolatus officio universis Christi fidelibus existimus debitores, si, divina cooperante gratia, et in fide fueritis stabiles, et in opere efficaces, vobis paterno providebimus charitatis affectu, et in opportunitatibus vestris, quantum, Deo donante, poterimus, vobis et monasterio vestro absque intermissione curabimus subvenire.

Datum Laterani viii Kalendas Decembris.

CXCVI.
Privilegium Hugoni episcopo Placentino concessum.
(Campi, *Hist. di Piac.*, II, 357.)

Adrianus episcopus, servus servorum Dei, venerabili fratri Hugoni Placentino episcopo, ejusque successoribus canonice substituendis, in perpetuum.

In sedis apostolicæ culmine, divina disponente clementia, residentes fratribus nostris episcopis, et illis præcipue, qui sacrosanctæ Romanæ Ecclesiæ specialius adhærere noscuntur, nos convenit sua jura illibata servare, et ita ea sedis apostolicæ munimine stabilire, quod nulla possint temeritate a statu rationabili amoveri. Et, quoniam te, venerabilis in Christo frater Hugo episcope, pro tua honestate speciali prærogativa diligimus, rationabilibus petitionibus tuis grato concurrentes assensu, ad exemplar prædecessorum nostrorum felicis memoriæ Paschalis, et Innocentii Romanorum pontificum statuimus, et præsenti decreto sancimus ut clerici intra civitatem, seu parochiam Placentinam ad B. Xisti monasterium pertinentes, tibi, tuisque successoribus episcopalis juris obnoxii habeantur; videlicet, ut a vobis ordinationem suscipiant, vocati ad consilium veniant, et de regimine populi dispositiones vestras custodiant, chrisma, oleum sanctum, consecrationes altarium, sive basilicarum intra parochiam Placentinam a te, vel tuis catholicis successoribus tempore opportuno recipiant, siquidem gratiam et communionem apostolicæ sedis habuerint, et ea gratis, ac sine pravitate voluerint exhibere. Prædecessoris etiam nostri bonæ memoriæ Paschalis papæ vestigia imitantes, monasterium B. Pauli de Mezano cum cellis, vel ecclesiis, quas in parochia Placentina possidet, tibi tuisque successoribus episcopali jure subditum perpetuo manere sancimus ; et ejusdem monasterii abbas quicunque successerit, per vos futuris temporibus benedictionem ordinationis accipiat, et tam ipse, quam qui sub eo sunt clerici, ad synodum vestram venire non renuant : ejusdem quoque loci quilibet clerici, vel monachi per vestrum ministerium ad sacros ordines promoveantur, chrisma, oleum sanctum, consecrationes altarium sive basilicarum vel in ipso monasterio, sive in cellis ejus, aut ecclesiis in vestra parochia constitutis a vobis suscipiant, siquidem gratiam, atque communionem apostolicæ sedis habueritis, et ea gratis ac sine pravitate volueritis exhibere.

Decernimus ergo ut nulli omnino hominum liceat hanc nostræ confirmationis paginam, etc.

Ego Adrianus, catholicæ Ecclesiæ episcopus.

Ego Hymarus, Tusculanus episcopus.

Ego Gregorius, Sabinensis episcopus

Ego Hubaldus, presbyter cardinalis tit. Sanctæ Praxedis.

Ego Julius, presbyter cardin. tit. Sancti Marcelli.

Ego Geraldus, presb. card. tit. S. Stephani in Cœlio Monte.

Ego Joannes, presb. card. SS. Joannis et Pauli tit. Pamachii.

Ego Guido, diaconus cardinalis S. Mariæ in Porticu.

Ego Jacinthus, diaconus cardin. S. Mariæ in Cosmedin.

Ego Joannes, diaconus cardinalis SS. Sergii et Bacchi.

Ego Bonadies, diac. card. S. Angeli.

CXCVII.

Friderico imperatori, ut Guido, Ecclesiæ Romanæ subdiaconus, præponatur Ecclesiæ Ravennati optanti, non obsequitur.

(MANSI, *Concil.*, XXI, 795.

ADRIANUS, servus servorum Dei, charissimo in Christo filio FRIDERICO, illustri Romanorum imperatori, salutem et apostolicam benedictionem.

Qualiter superni Conditoris intuitu, et tam excellentiæ tuæ, quam dilecti filii nostri Guidonis Blanderadensis comitis interventu, dilectum filium Guidonem subdiaconum nostrum, ejusdem comitis filium, olim in familiaritatem et in nostrum consortium receperimus; qualiter etiam intuitu probitatis ejusdem, atque pro honore et utilitate sacrosanctæ Romanæ Ecclesiæ, tanquam si in diaconum jam fuerit ordinatus, Ecclesiam ei specialiter assignaverimus, et nos profecto memores, et a serenitatis tuæ memoria non credimus excidisse. Nunc autem honestatem ipsius considerantes et provectum scientiæ, si ei vita comes fuerit, attendentes; intelligentes etiam quanta per eum, ac per nobiles et potentes parentes ipsius, sacrosanctæ Romanæ Ecclesiæ adhuc potuerint commoda provenire, et ad quantum dignitatis apicem in eadem Romana Ecclesia ipse valeat, vita generi concordante, conscendere, cum a sede apostolica in subdiaconatus officium sit promotus, et ei tanquam si jam diaconus esset, sicut superius dictum est, a nobis sit Ecclesia specialiter assignata, communicato fratrum nostrorum consilio, a nostro latere tam pretiosum pignus, juxta petitionem excellentiæ tuæ, non potuimus removere; sed ipsum, opportunitate accepta, Deo auctore, in Romana Ecclesia ad honorem ejusdem Ecclesiæ et imperii intendimus ordinare, ut vel in ea, prout divina gratia proposuerit, quandoque ad sublimiora conscendat vel exinde ad alterius ecclesiasticæ fastigium dignitatis ipsum contingat, auxiliante Domino, pervenire. Convenientius siquidem est ut qui filius et clericus est Romanæ Ecclesiæ, ab ejus gremio non recedat, et ipsa ei circa se locum dignitatis conferens, eidem inde provideat altiora. Ipsa etenim viros et moribus et scientia adornatos, præditos honestate, et sanguinis nobilitate præclaros ad se libenter evocat, et eos aliunde consuevit admittere, non se talibus, cum ipsos in gremio suo habeat, facile spoliare. Quia igitur hoc decentius esse conspicimus, et honorabilius existere arbitramur, confidentes etiam imperatoriæ majestati hoc potius debere placere, et gratum atque acceptum esse, postulationem tuam in hac parte non duximus admittendam, credentes atque sperantes quod, ex quo nostram super hoc cognoveris voluntatem, tu ipse nostram intentionem et propositum commendabis.

ANNO 1154-1159

CXCVIII.

Archiepiscopo Thessalonicensi scribit de Ecclesia Græcorum cum Romana reconcilianda. Commendat Balduinum et Balditzionium tabellarios ad Emmanuelem imperatorem missos.

(MANSI, *Concil.*, XXI, 796.)

ADRIANUS..... ven. fratri Thessalonic. archiep. salutem, etc.

Ex quo per invidiam hostis antiqui Constantinopolitana sedes a sacrosancta Romana et apostolica (quod sine lacrymarum inundatione vix famur) Ecclesia seipsam separavit et hominis inimicus proprium malitiæ venenum effudit, et a matris obedientia liberi secesserunt, unitatisque locum binarius subiit, laborem multum et studium, qui nos prædecesserunt beati Petri successores, adhibuerunt, ut schisma de medio tolleretur, et unitati Ecclesiæ, qui se ab ea separarunt, redderentur. Quamobrem et nos, qui hoc tempore apostolicæ sedis curam suscepimus, ut Deo placet, pro omnibus Ecclesiis quæ sunt intra terrarum orbem constitutæ, quamvis beati Petri virtutibus par nihil habeamus, ministerio tamen fungi cogimur. Ad id credimus attendendum, ne connumeremur, quod absit! iis quos per prophetam Dominus reprehendit, dicens : *Quod ejectum est non introduxistis, quod infirmum non sanavistis, et quod periit non quæsiristis, et quod confractum non obligastis.*

Ideoque ad introductionem liberorum in locum Ecclesiæ et unitatis, inventionemque amissæ drachmæ properemus, et apostolico præcepto incitati, in eos qui doctrinæ sermones aspernantur, ut persuasum habeamus, moderari, et fidelium admonitionem tempestive intempestive factam; et illius exemplo edocti, qui erat gloriæ Dominus, et omnia in sua potestate habens inclinare fecit cœlos, et descendit, acceptaque servi forma se ipsum exinanivit, ut ovis amissa suo gregi restitueretur. Unde frater in Christo, dilectionem tuam his litteris admonemus, ut hanc rem diligenter cures. Nam una sola est Ecclesia, et una sola sanctificationis arca, in quam unumquemque fidelium e diluvio servari oportet. Et circa unionem ejus modis omnibus labores, tuaque cogitet prudentia, ut ecclesia Dei non possit divisa consistere, ut omnem animam viventem e praesentis diluvii procellis intra unam arcam Ecclesiae congregari oporteat ad beatum Petrum omnium fidelium gubernatorem.

Traditum est quonam modo sancti Patres, divino Spiritu illuminati, omnium Ecclesiarum primatum sacrosanctam Romanam Ecclesiam absolute obtinere jusserint, et ad ejus sententiam omnium judicium referri praescripserint; et ad tollendam de medio divisionem, ad unionem Ecclesiae, ad conjunctionem divisi parietis, propter Dei dilectionem, propter animae salutem, et propter fruitionem gloriae, quae non marcescit, vigilanter adverte. Primum apud teipsum, deinde in aliis, quatenus divina gratia largitur, da operam, ut grex cum Ecclesia uniatur, et qui seipsos Dominicas oves confitentur, ad gregem B. Petri revertantur, qui Domini jussu eorum curam suscepit. Nos quidem in hoc non temporariam laudem spectamus, non praetereuntem gloriam quaerimus, qui pascendi suscepimus officium. Servos nos omnium Dei servorum confitemur. Sed cum Dominum et magistrum nostrum, ut unum mortuum resuscitaret in corpore, profectum fuisse; et lacrymatum legimus ad sepulcrum, et dixisse: *Lazare, exi foras* (Joan. x), judicamus indignum, si Domini retineamus talentum, et quos possumus in anima resuscitare negligamus. Quod superest, dilectos filios nostros Balduinum et Balditzioninum praesentes tabellarios ad dilectissimum filium nostrum Emmanuelem imperatorem Constantinopolitanum, a religioso coetu missos, dilectioni tuae studiose commendamus, rogantes ut per dilectionem Dei, beatique Petri, et sedis apostolicae, et pietatis cultum, aspectu gratioso in eorum necessitatibus consolationem adhibeas. De tua valetudine cupimus per litteras fieri certiores.

CXCIX.

Consules et universum populum Castri Grassae hortatur ut monachos Lerinenses contra Saracenos aliosque inimicos defendant.

(Hist. pat. Mon., Script., II, 413.)

ADRIANUS episcopus, servus servorum Dei, dilectis filiis consulibus et universo populo in castro Grassae (*non era ancora Grassa onorata della dignità episcopale per questo la chiama castello e non città*) commorantibus salutem, et apostolicam benedictionem.

Cum ex injuncto nobis apostolatus officio universorum Christi fidelium utilitati intendere debeamus, illos tamen oportet nos speciali quadam praerogativa diligere, deque eorum quiete ac pace propensius cogitare, qui et religione et honestate sunt praedicti et ad jus sanctae Romanae Ecclesiae noscuntur specialiter pertinere. Hujus igitur rationis intuitu provocati, dilectos filios nostros religiosos, videlicet fratres Lerinensis monasterii, et possessiones ac bona eorum devotioni vestrae attentius commendamus, rogantes plurimum et in peccatorum vestrorum vobis veniam injungentes, ut eos pietatis intuitu et pro beati Petri et nostra reverentia diligatis, manuteneatis, et eis studeatis modis omnibus suam justitiam conservare. Si vero Saraceni, Christiani nominis inimici, aut perfidi Christiani, monasterium sive aliquod castellum ipsorum invadere forte praesumpserint, eis viriliter assistatis, et tam consilium quam auxilium, quibuscunque modis poteritis, impendite.

Datum, etc.

CC.

Ad Ludovicum Francorum regem. — Commendat propensiorem ejus in religiosos viros dilectionem quam petit ut Praemonstratenses fratres pro B. Petri et sua reverentia experiantur.

(D. BOUQUET, Recueil, XV, 688.)

ADRIANUS episcopus, servus servorum Dei, charissimo in Christo filio LUDOVICO illustri Francorum regi, salutem et apostolicam benedictionem.

Paternae charitatis affectus, quo nobilitatem tuam, Christianissime princeps, amplectimur, magnam infert cordi nostro laetitiam, quoties de actibus tuis ad nos talia perferuntur, quae ad salutem animae tuae noscuntur procul dubio pertinere. Audivimus siquidem et operis experimento tenemus, quod religiosas personas diligis et honoras, et gratia eis tanquam devotus Ecclesiae filius studes solatia exhibere. Sane in religiosorum dilectione quae [*forte quem*] animum tua magnificentia gerat interius, evidenter ostenditur, quoniam in quoslibet comprobaris, religionem diligere et fovere propensius honestatem: ac per hoc dilectos filios nostros abbatem (Hugonem) et religiosos fratres Praemonstratenses, tanto affectuosius tantoque confidentius tuae excellentiae commendamus, quanto et nos pro sua honestate et religione puriori affectu charitatis diligimus, et de regii tui animi benignitate majorem fiduciam obtinemus. Tuam ergo industriam apostolicis litteris attente rogamus quatenus pro amore Dei et B. Petri et nostra reverentia eos manuteneas, foveas et defendas, et quod bonae memoriae Ludovicus pater tuus, vel quilibet et alius, intuitu pietatis eis rationabiliter contulit, concessa tibi a Domino potestate ipsis conserves et ab his qui eos super hoc infestare voluerint, ipsos studeas attentius defensare.

CCI.

Ad Berengarium archiepiscopum Narbonensem, Artaldum episcopum Helenensem, et barones per Helenensem episcopatum constitutos. — Adversus Gaufredum comitem Ruscinonensem.

(MANSI, Concil., XXI, 829.)

ADRIANUS episcopus, servus servorum Dei, venerabilibus fratribus BERENGARIO Narbonensi archiepiscopo et apostolicae sedis legato, et ARTALDO Helenensi episcopo, et universis baronibus per Helenensem episcopatum constitutis, salutem et apostolicam benedictionem.

Quæ a prædecessoribus nostris rationabiliter sunt statuta, nullius temeritate volumus perturbari, sed inconvulsa ea mandamus et illæsa ab omnibus observari. Prædecessor autem noster felicis memoriæ papa Eugenius comitem Gaufredum et eam quam tenet adulteram excommunicationis vinculo innodavit, pro eo videlicet quod legitima uxore dimissa, non est veritus adulteram sibi matrimonio copulare. Et quia, ut nobis dicitur, pertinaciter adhuc in sua iniquitate perdurat eamdem sententiam ratam habentes, mandamus eam ab omnibus inviolabiliter observari, statuentes ut eidem comiti nunquam sit liberum, legitima etiam uxore defuncta, eam sibi matrimonio copulare quam non est dubium manifesto adulterio polluisse. Filios autem quos ex adultera in adulterio procreavit, qui spurii a jure censentur, decernimus perpetuo paterna hæreditate carere; nec eis liceat ullo tempore aliquid hæreditatis ipsius comitis jure successionis petere vel habere. Si vero ab eis hoc fuerit aliquando attentatum, excommunicationis vinculo se noverint innodandos.

CCII.

Ad Gualterum Laudunensem episcopum. — Ut beneficia Præmonstratæ Ecclesiæ ab antecessoribus ejus collata conservet, nec ullas super eisdem beneficiis molestias inferat, aut inferri permittat.

(D. Bouquet *Rec.*, XV, 687.

Adrianus episcopus, servus servorum Dei, venerabili fratri Gualtero Laudunensi episcopo, salutem et apostolicam benedictionem.

Qui antecessores suos in bonis actibus imitari, et eorum nititur inhærere vestigiis, apud Dominum præmio dignus habetur, et ab hominibus non immerito commendatur. Qualiter autem prædecessores tui, bonæ memoriæ Bartholomæus et Gualterus beneficia, quæ Præmonstratæ Ecclesiæ, tam per eos quam per alios, pietatis intuitu collata esse noscuntur, et auctoritate apostolica [confirmata], manutenuerint et studuerint modis omnibus conservare, tuæ discretionis prudentia, sicut credimus, non ignorat. Inde siquidem est quod fraternitati tuæ per apostolica scripta mandamus, quatenus ipsa beneficia quæ memoratæ Præmonstratensi Ecclesiæ devotione fidei et charitatis amore concessa sunt, sicut prædicti antecessores tui fecisse dicuntur, tu ipse manuteneas et conserves, nullamque illi Ecclesiæ super eisdem beneficiis molestias inferas (27), vel ab aliis juxta posse tuum aliquo modo permittas, inferri.

CCIII.

Ad eumdem. — Ejusdem argumenti.
Ibid., p. 689.)

Adrianus episcopus, servus servorum Dei, venerabili fratri Gualtero Laudunensi episcopo, salutem et apostolicam benedictionem.

Quanto amplius fratres Præmonstratæ Ecclesiæ legi mandatorum Dei jugiter inhærere noscuntur, et

---

(27) Bartholomæus et Gualterus Laudunenses episcopi, aliquot Ecclesiæ suæ prædia Præmonstratensibus donaverant. Gualteri successor, Gualterus II, eadem ut restituerentur institit. Res ad Romanum pontificem delata, prout intelliginus ex una Bartholomæi epistola, qui, abdicato Laudunensi episcopatu, Fusniaci apud Cistercienses privatus degebat. Is cum audisset accusari se dissipati Ecclesiæ patrimonii hisce litteris purgavit in conventu Landuni coram rege Ludovico, non vero Remis habito, uti legitur in collectionibus conciliorum : Litteræ autem sunt hujusmodi :

« Venerando sibique semper amabili domino Samsoni Remensi archiepiscopo, et sub ejus præsentia congregato sancto conventui, frater Bartholomæus in Fusniaco pauper monachus, misericordiam et veritatem diligere.

« Verecundiæ meæ silentium imperat hujus sancti conventus solemnitas; sed frontem aperit, et stimulat ad loquendum in palam imminens famæ meæ periculum. Neque enim dissimulare possum quod multorum vulgavit opinio, quod etiam usque ad aures domini Papæ volavit. Episcopales redditus me detraxisse rumor est : cui rumori plus justo credit Laudunensis episcopus. Meum ergo est super his fateri quod verum est; intueri autem quod justum est, et tueri, vestrum erit. Laudunensis sedes tristis erat et mœrens, cum illuc primum ingressus sum, utpote attrita seditionibus et ignibus concremata : ipsæ quoque res majoris ecclesiæ afflictæ erant, et tenues redditus. Si illi porrexi manum ut resurgeret, novit Deus, noverunt et Ecclesiæ filii. Verumtamen nihil eis contuli quod ad redditus pertineret episcopi, præter porcos, quos vulgo verres vocant, quos mensæ episcopali personæ solvebant ecclesiæ; hos, inquam, ad præbendam canonicorum concessi; quoniam illos nec sine pudore exigere, nec habere sine molestia poteram.

Præterea quinque duntaxat abbatias in nostra diœcesi reperi, rebus pariter ac religione dilapsas. In his, Deo multiplicante misericordiam suam, et numero et merito crevit sanctorum numerus, et singulariter est possessio dilatata. Novem insuper novæ religionis monasteria passim in eadem diœcesi sunt fundata. Horum in personis numerum numerus pene excedit; horum religio religionis est speculum; horum tam multa possessio est, ut tam multis abunde sufficiat. Si manum beneficii me porrexisse negavero antiquis ecclesiis ut resurgerent, novellis ut consurgerent, mentiar. Profui sane fere ecclesiis omnibus; sed nec quantum volui, nec quantum debui. Sane Calixtus papa domnum Norbertum, cujus memoria in benedictione est, fidei nostræ commisit, ut ei locum traderem, ejusque votis assisterem. Terram igitur ad episcopum pertinentem illi contuli, quæ vix tamen duobus sufficeret aratris. Hujus pars Verciniaco est posita, alia pars apud Anisi : quæ tamen multis jam annis sterilis et inculta jacebat. De his itaque quæ ad episcopales pertinebant redditus, nihil amplius me recolo detraxisse. Nostro tamen favore ac consensu quidam ecclesiis contulerunt terras quas a nobis habebant in beneficio; census tamen terrarum et vinagia nulli penitus condonavi. De cætero, si quid illi sedi per nos accessit commodi aut honoris, nolo ante humanum procedat judicium; si quid vero ut homo deliqui, in conspectu hominum confundi non refugio. Causam itaque nostram vobis tanquam judicibus allegare, tanquam testibus intimare volui : in quibus calumniatorem non timeo, verum dicens. Liceat tamen et mihi aliquid audere apud vos, liceat aliquid humanum loqui, Nihilne sedi nostræ titulorum accessit et gloriæ, cum tot et tantas parturivit ecclesias, cum sibi multiplicaverit tot synodales personas? Cum ergo, ut audio, dominus Laudunensis suis visceribus bellum pase a servitio non retrahunt Conditoris, tanto magis eos sincera charitate diligimus, et his de quorum devotione confidimus, ipsos efficaciter commendamus. Inde est quod charitatem tuam pro eisdem fratribus per auctoritatem sedis apostolicæ rogamus attentius, monemus et exhortamur in Domino, quatenus tam ipsos quam Præmonstratensem Ecclesiam, in qua divino sunt obsequio mancipati, pro reverentia B. Petri et nostra, fraterna charitate diligas, manuteneas ac defendas, atque ipsam Ecclesiam cum omnibus ad eam pertinentibus in pace ac quiete dimittas, et eam non permittas ab aliquo parochianorum tuorum ullatenus infestari, illis vero qui eamdem Ecclesiam molestare in aliquo aut perturbare præsumpserint, tanquam pius sollicitusque defensor obicem te opponas, et eos spirituali gladio non differas a sua malitia coercere.

CCIV.
Ecclesiæ S. Joannis in Vineis bona et privilegia confirmat.

(Louen, Hist. de l'abb. de Saint-Jean des Vignes, p. 292.)

Adrianus episcopus, servus servorum Dei, dilectis in Christo filiis Guidoni abbati, canonico Sancti Joannis, qui cognominatur de Vineis juxta Suessionem, ejusque fratribus ibidem sub Regula B. Augustini constitutis et constituendis, in perpetuum.

Justis votis assensum præbere, justisque petitionibus aures accommodare nos convenit, qui, licet indigni justitiæ præcones atque custodes in excelsa apostolorum Petri et Pauli specula, dispensatione sumus divina constituti. Quia igitur, inspirante Domino, dictam canonicam secundum beati Augustini Regulam delegistis, bono ac laudabili voto devotione debita congaudemus, et ut laudabile propositum laudabiliora subsequantur incrementa, paterna vos affectione, ut filios charissimos cum omnibus appendiciis vestris, sub protectione sedis apostolicæ suscipimus, et scripti nostri privilegio communimus, statuentes in primis ut ordo canonicus secundum Deum et beati Augustini Regulam, quæ in eodem loco noscitur institutus, ibidem temporibus perpetuis inviolabiliter observetur. Præterea quascunque possessiones, quæcunque bona eadem ecclesia in præsentiarum juste et canonice possidet, aut in futurum concessione pontificum, largitione regum vel principum, oblatione fidelium, seu aliis justis modis, Deo propitiante, poterit adipisci, firma vobis vestrisque successoribus et illibata permaneant. Adjicientes insuper, interdicimus ne aliquas decimas parochiarum de laica manu, sine consensu vestro et episcopi vestri, recipiatis, vos autem recuperandi cum episcopi vestri consensu, construere. Nulli præterea, fratrum vestrorum post factam in ecclesia vestra professionem, absque abbatis et fratrum licentia liceat a claustro vestro discedere, discedentem vero sine litterarum communium cautione nullus audeat retinere. Si autem discesserit, et secundo tertiove commonitus redire contempserit, abbati videlicet, qui pro tempore fuerit, excommunicandi eum potestatem habeat. Obeunte vero te, fili dilecte Guido, nunc hujus loci abbate, vel quolibet tuorum successorum nullus ibi qualibet subreptionis astutia seu violentia præponatur, nisi quem fratres communi consensu, vel fratrum pars consilii sanioris, secundum Deum et B. Augustini Regulam de eodem ordine providerint eligendum.

CCV.
Ad monachos Pontiden. — Ut solvant decimas loci cujusdam.

(Mansi, Concil., XXI, 830.)

Adrianus episcopus, servus servorum Dei, dilectis A. priori et universis monachis de Pontiden., salutem et apostolicam benedictionem.

Nobis in eminenti specula, disponente Domino, constitutis, si cunctarum jura ecclesiarum integra non debent et illibata servari, locum beati Petri apostolorum principis inutiliter obtinere, et juxta commissæ nobis dispensationis officium negligenter agere videremur. Sic enim Ecclesia Dei, nobis eam divina providente gratia gubernantibus, recte suo cursu dirigitur, dum nos errata quæque vigili provisione corrigere et unicuique studemus jus proprium conservare. Dilectus autem filius noster Pontanolensis Ecclesiæ canonicus adversus nos cum quæstione [leg. vos conquæstiones] deposita, sua nobis relatione monstravit vos quasdam decimationes ad ipsorum jus pertinentes eis violenter auferre et ipsos super eisdem dicimationibus ausu temerario infestare : qui si beati Benedicti Regulam, juxta quam dicitis, et monasticum habitum quem gestatis, attenta sollicitudine pensaretis, ad proximorum bona diripienda non præsumeretis manus extendere vel quæ alterius juris sunt vobis ita illicite usurpare. Ne igitur vos de cætero, aut avaritiæ malum, aut vitium, quod absit! rapacitatis accuset, per apostolica scripta vobis præcipiendo mandamus quatenus nullam antiquam eorum possessionem vel decimationem, et eam præsertim quæ in eo loco qui Arden. nuncupatur existit, auferre seu perturbare ulterius præsumatis, et si quid eis præter solitum hoc anno de ipsis decimis negavistis, quascunque etiam ipsorum possessiones per violentiam detinetis, secundum quod antiquitus præfata Ecclesia noscitur possedisse, eisdem canonicis in integrum restituere omni occasione cessante nullatenus differatis. Nos siquidem religiosis viris non pariter ad honorem sui nominis, et per vos Ecclesiæ suæ religionem et sanctitatem corroboret. »
(Ex Biblioth. Præmonstrat., p. 430.)

rat, cur tentat quod forte ei promovere non liceat? Si filios Dei congregavi, si suscepi justum in nomine justi, nemo mihi succenseat; videat alius, ne congregata dispergat : Conservet vos Omnipotens.

alias declinas nisi eas, quæ de novalibus provenire noscuntur duximus indulgendas. Si vero hujus nostri mandati ausi fueritis existere contemptores, et ad sedis apostolicæ audientiam querimonia pervenerit iterata timendum vobis erit ne sentire postmodum debeatis severitatis ecclesiasticæ ultionem.

CCVI.

[*Stephano*] *Metensi, et Virdunensi episcopis mandat ut Matthæum ducem Lotharingiæ excommunicatum denuntient.*

(BALUZ. *Capitularia*, II, 1559.)

ADRIANUS episcopus, servus servorum Dei, venerabilibus fratribus Metensi et Virdunensi episcopis et dilectis filiis G. præposito et R. decano Treverensis Ecclesiæ, salutem et apostolicam benedictionem.

Notitiam vestram non credimus ignorare qualiter sacrosancta Romana Ecclesia Matthæum ducem pro castello Gundulfivillæ, quod ante civitatem Tullensem erexit, excommunicationi subjecit et a communione fidelium reddidit alienum. Sane cum illi iniquitatis filius percussus saltem emendari debuerit, de corrigendo quod male gesserat cogitare super dolorem ejusdem civitatis adjecit, et Tullensi Ecclesiæ Vischiriacum et alias villas, ecclesias, possessiones, et multa alia præsumpsit auferre, multisque ipsam molestiis et rapinis non desinit fatigare. Per præsentia itaque scripta vobis mandando præcipimus quatenus eum excommunicatum publ'ce nuntietis, et in terris ipsius in vestris episcopatibus constitutis, præter baptisma parvulorum et pœnitentias morientium, omnia divina prohibeatis officia celebrari, et inviolabiliter ab omnibus eamdem sententiam servari faciatis. Si quis autem constitutus in clero eidem sententiæ contraire præsumpserit, ut tandiu a beneficio suo reddatis eum et officio alienum donec de tanto reatu satisfacturus ad apostolicam sedem cum litteris vestris accedat.

CCVII.

Eberardo, archiepiscopo Salzburgensi respondet servorum conjugia, invitis dominis contracta, non esse dissolvenda.

(Augustini Tarracon. Opp., IV, 248.)

CCVIII.

Ecclesiæ Leodiensis protectionem suscipit possessionesque confirmat petente Henrico episcopo.

(CHAPEAVILLE, *Gesta episcop. Tungr.*, II, 105.)

ADRIANUS episcopus, servus servorum Dei, venerabili fratri Henrico Leodiensi episcopo, ejusque successoribus canonice substituendis in perpetuum.

Injuncti nobis a Deo apostolatus officium, et ecclesiasticæ utilitatis consideratio nos hortatur et admonet fratres nostros episcopos, quos scientia et honestate pollere cognoscimus, ampliori charitate diligere, majoremque illis honorem jugiter et gratiam exhibere. Tunc enim de subjectorum suorum utilitate vere poterunt esse solliciti, tunc officii sui prosecutioni poterunt efficacius imminere, cum et ipsi nos abundantiorem sibi senserint honorem impendere, et propensiori affectu diligere charitatis. Eapropter venerabilis in Christo, frater Henrice episcope, tuis justis postulationibus gratum impertientes assensum, et Ecclesiam Leodiensem, cui, Deo auctore, præesse dignosceris, sub beati Petri et nostra protectione suscipimus, et præsentis scripti privilegio communimus, statuentes ut quascunque possessiones, quæcunque bona eadem Ecclesia in præsentiarum juste et canonice possidet, aut in futurum concessione pontificum, largitione regum vel principum, oblatione fidelium, seu aliis justis modis, præstante Domino, poterit adipisci, firma tibi tuisque successoribus et illibata permaneant; in quibus hæc propriis duximus exprimenda vocabulis:

Castrum de Rode, allodium et familiam cum omni integritate sua, tam in spiritualibus quam temporalibus, castrum de Belmont, allodium de Astenoit, castrum de Duras, castrum de Revonia, castrum de Esmerville, castrum de Burne, castrum de Fontaines ex dono nobilis viri Cononis, tria allodia Diepenbeche, Repe, Scanz: quæ ad mensam tuam spectare noscuntur. Præterea quæcunque Christianissimi imperatores Pippinus, Carolus, Ludovicus, Lotharius, Otto secundus et tertius, Henricus, et cæteri reges eidem Ecclesiæ contulerunt, tibi tuisque successoribus nihilominus confirmamus. Abbatias Lobes cum omnibus appendiciis suis, Florines, Bronium, S. Hubertum, Gemblues cum advocatia sua et cum omnibus ad eam pertinentibus, Fossis, Malonia, Namucus, Dynant cum castro, Ceynacum, Maffia, Tongris, Hoyum, Amanium, Trajectum, monasterium super Sambram, Turne, Alna, Villers, Everbode, Helecines, Castra, Tudinum, Covinum, Bullont, Gyueth, Hierges, Merlemont, Soture, castrum de Florines, strum Fossis Truinges, Evenes, Chaumont, Mirewart, Rochefort. Præterea quidquid habet juris in castris, villis, burgis, comitatibus, et in tota terra comitis de Hainau, Louvierval, Clarum montem, Franchiermont, Warsage, Argenteal, Casselin, Curtes, Berthehein, Coverne, Lentrehowe, Wentreluke, Semplovoir, Hoyn et Hoyz, Vervier, Nivellam, S. Petrum in Trajecto, Freres, Alleke, Hurle, Vileir, Seran, Ufey, Fronvile, Havelange, Thihange, Jamme, Methin, Maslines, Bavenchin, Hirwardes, Heiste, Turinnes, Herewardes ex dono nobilis mulieris comitissæ Ermengardis. Allodium de Woroime cum omnibus appendiciis suis. Pacem etiam quam prædecessor tuus Henricus bonæ memoriæ in ipso episcopatu constituit.

Decernimus ergo, etc.

Ego Adrianus quartus hujus nominis catholicæ Ecclesiæ episcopus, subscripsi.

CCIX.

Ecclesiæ Sancti Audomari privilegia confirmat.

[Miræi Opp. dipl. IV, 23.]

ADRIANUS episcopus, servus servorum Dei, dilectis filiis JOANNI decano et universis canonicis ecclesiæ beati Audomari......

.... præfatam Sancti Audomari ecclesiam in qua divino mancipati estis obsequio, ubi videlicet venerandum corpus ejus requiescere creditur, sub beati Petri et nostra protectione suscipimus, et præsentis scripti privilegio communimus. . . . . Adjungimus etiam. . . . . . . ut nullus sacerdotum in villa Beati Audomari missam in Purificatione sanctæ Mariæ celebrare præsumat, donec in majori ecclesia missarum sint solemnia celebrata. . . . . De redditibus vero et præbendis ad pauperum hospitale pertinentibus, statuimus ut, decedentibus his qui ad præsens eam percipiunt, nec clericis, nec laicis concedantur; sed cum vacaverint, soli mensæ pauperum de cætero debeant deservire, etc.

CCX.

Monasterii S. Michaelis in periculo Maris protectionem suscipit, bonaque confirmat.

(*Monast. Anglic.*, II, 903.)

ADRIANUS episcopus, servus servorum Dei, dilectis filiis ROBERTO monasterii S. Michaelis in Periculo Maris abbati, atque fratribus tam præsentibus quam futuris, regularem vitam professis, in perpetuum.

Religiosam vitam eligentibus apostolicum convenit adesse præsidium, ne forte cujuslibet temeritatis incursus, aut eos a proposito revocet, aut robur, quod absit! sacræ religionis infringat. Eapropter, dilecti in Domino filii, vestris justis postulationibus clementer annuimus, et præfatum monasterium; in quo divino mancipati estis obsequio, sub beati Petri et nostra protectione suscipimus, et præsentis scripti privilegio communimus, statuentes ut quascunque possessiones, quæcunque bona idem monasterium in præsenti juste et canonice possidet, aut in futurum concessione pontificum, largitione regum vel principum, oblatione fidelium, seu aliis justis modis, Deo propitio, poterit adipisci, firma vobis vestrisque successoribus, et illibata permaneant. In quibus hæc propriis duximus exprimenda vocabulis.

Ecclesias in Castro-Montis sitas cum redditibus et dignitatibus ejus tam ecclesiasticis quam sæcularibus; villam quæ vocatur Gornicum cum ecclesiis ipsius et cum pertinentiis suis; et ecclesiam Sancti Clementis et villam quæ vocatur Drago cum ecclesia, et ecclesiam S. Michaelis de Lupis, et ecclesiam de Sarthitheyo, Ardenar cum ecclesia et omnibus pertinentiis suis, et villam de Belneyr cum ecclesia, et villam de Passibus cum ecclesia; villam de Cureyo cum ecclesia, villam de Husus cum ecclesia, villam quæ Crox vocatur cum pertinentiis suis, Ballene cum pertinentiis suis, et burgum Bremonis cum pertinentiis suis, ecclesiam de Cangeyo cum pertinentiis suis, ecclesias Pontis Vixonis cum decimis reddituum ipsius castri, capellam Hamelini cum pertinentiis suis. In episcopatu Constantiensi villam S. Paterni cum ecclesia et pertinentiis suis, ecclesiam Sancti Joannis de Campis, ecclesiam S. Pancratii, ecclesiam de Coldevilla, ecclesiam de Fulquere-villa cum ipsa villa et pertinentiis suis, villam de Eenoch, terram de Elleos, ecclesiam de Cartereth, et insulam de Chansye, et quidquid habent in insula quæ vocatur Gerley, et in insula quæ vocatur Gurneie quartam partem; et in eadem insula ecclesiam Sancti Salvatoris, ecclesiam Sanctæ Mariæ de Castro, ecclesiam S. Michaelis de Valle, et ecclesiam S. Petri de Bosco, ecclesiam S. Mariæ de Lisbon cum pertinentiis suis, et capellam S. Georgii; insulam quæ vocatur . . . . . enchon cum ecclesia. In episcopatu Bajocensi, villam quæ vocatur Donus Joannis cum pertinentiis suis, villam quæ dicitur Bretenvilla cum ecclesia et pertinentiis suis, et villam quæ dicitur Bersum, cum pertinentiis suis, ecclesiam de Sear, cum pertinentiis suis; in episcopatu Rothomagensi, in ipsius urbis foro, ecclesiam Sancti Michaelis; in episcopatu Lexoviensi prata quædam, in villa quæ dicitur Pons-episcopi; in episcopatu Carnotensi villam quæ dicitur Golcere, cum ecclesia et pertinentiis suis; in episcopatu Cenomanensi cellam S. Victurii in suburbio ipsius urbis, cum burgo ipsius suburbii cum omnibus justis consuetudinibus, tam vini, quam aliarum rerum venalium et aliis pertinentiis suis. In eodem suburbio ecclesiam S. Joannis cum pertinentiis suis; ecclesiam de Lucare cum pertinentiis suis, ecclesiam de Pontenay cum pertinentiis suis; Vilarentum cum pertinentiis suis; vineas quas habetis apud castrum Sillaim; in episcopatu Turonensi terras et vineas quas habetis apud ipsam civitatem; in episcopatu Andegavensi in ipsa civitate domum unam et vineas et terram juxta urbem, ecclesiam de Creant cum appendiciis suis. In Britannia, in episcopatu Dolensi montem Randum cum pertinentiis suis, Prastaam villam. Melnen et Landem in episcopatu Alletensi, et ecclesiam quamdam cum pertinentiis suis; ecclesiam S. Tigal cum pertinentiis suis; in episcopatu S. Corentini ecclesiam Sancti Michaelis de Cornugallia; in episcopatu Redonensi villam quæ dicitur Villa maris cum ecclesia et pertinentiis suis; ecclesiam de Polleyo in Anglia; in episcopatu Exoniæ, cellam S. Michaelis de Monte Cornubiæ cum pertinentiis suis; villam Ettoniæ cum ecclesia et pertinentiis suis, Sedewno et ecclesiam ipsius, ecclesiam de Endebrie, Viscumbam, Estolleiam, Ercumbam et ecclesiam, villam quæ vocatur Hedrin; in episcopatu Wintoniensi ecclesias tres; in villa, quæ dicitur Basinges, Basingsthoc; ecclesiam Saliburnæ in episcopatu Salisburiensi, ecclesiam Iletonæ in episcopatu Vellensi et Ratoniensi; ecclesiam de Merthoc cum pertinentiis suis in episcopatu Heliensi; ecclesiam de Wem in episcopatu

Eboracensi; villam quæ dicitur Wath cum ecclesia, et omnibus his quæ ad eamdem ecclesiam pertinere noscuntur.

Decernimus ergo ut nulli omnino hominum liceat supradictum monasterium temere perturbare, aut ejus possessiones auferre, vel ablatas retinere, minuere, seu quibuslibet vexationibus fatigare, sed illibata omnia et integra observentur eorum, pro quorum gubernatione et sustentatione concessa sunt, usibus omnimodis profutura, salva nimirum apostolicæ sedis auctoritate et diœcesanorum episcoporum canonica justitia.

Si qua igitur in futurum, etc.

ANNO 1155-1159.

CCXI
Privilegium Marchwardo abbati Fuldensi concessum.
(Jul. 6.)
[Dronke, *Cod. diplom. Fuld.*, 404.]

Adrianus episcopus, servus servorum Dei, dilecto filio Marchwardo abbati venerabilis monasterii Sanctæ Fuldensis Ecclesiæ, salutem et apostolicam benedictionem in Christo.

Inter universas ecclesias Theutonici regni ab antiquis Patribus et prædecessoribus nostris sanctis et apostolis viris privilegiis et decretis confirmandum est Fuldense monasterium; et ideo non immerito ex auctoritate Romanæ curiæ et tutela principis apostolorum Petri floruisse opibus et dignitatis excellentia idem constat claruisse locus. Cui nimirum benignius semper in suis negotiis sacrosancta Romana providit Ecclesia, et quanto ipsum ad jus et tutelam suam specialius pertinere atque in sua devotione firmius manere perspexit, tanto attentius in suis necessitatibus ei subvenire curavit. Scientes igitur quantis idem monasterium contra sanctorum præcepta Patrum procellarum quatiatur incursibus et quantas per sæcularium virorum nequitiam pressuras patiatur atque molestias. Quam duros etiam et remissos quosdam fratres et coepiscopos nostros multoties ad exhibenda tibi de malefactoribus tuis justitiam invenias attendentes, id auctoritatis personæ tuæ ex benignitate sedis apostolicæ decrevimus indulgendum ut videlicet, si de malefactoribus tuis et commissæ tibi Ecclesiæ et invasoribus bonorum ipsius in quibuscunque episcopatibus constitutis, ad episcopos illos ad quos cura illorum spiritualiter pertinet querelam secundo tertiove pertuleris et ipsi tibi justitiam facere recusaverint, liceat tibi malefactores illos post secundam et tertiam commonitionem nisi tibi et Ecclesiæ tuæ, sicut rectum est, satisfecerint, auctoritate nostra excommunicationis sententia innodare et non ante a quoquam episcoporum eadem sententia relaxetur quam tibi de his quæ adversus eos habueris satisfactionem exhibeant competentem. Tu itaque, dilecte in Domino fili, taliter matri tuæ sacrosanctæ Romanæ Ecclesiæ pro indulto tibi beneficio devotus et fidelis existe et taliter tibi indulta utere potestate, ut et hoc beneficium non immerito videaris adeptus et ad alia impetranda convenienter assurgere comproberis. Et quia providentiam tuam Fuldensi monasterio in multis scimus esse necessariam, ex auctoritate nostræ apostolicæ sedis statuimus et confirmamus, ut omnia quæ in reditibus ecclesiæ a laicis requisivisti et de prius ablatis vel injuste possessis monasterio tuo restituisti sint rata et stabilia in perpetuum. Ea etiam quæ fratribus tuis in consolationem cœnæ constituisti, vel quæ cæteris congregationibus tuis ob recordationem tuæ memoriæ tribuisti, firma et inconvulsa permaneant. Denique ædificia murorum et possessiones castellorum cæterosque labores tuos, quos in eodem monasterio fecisti auctoritate, apostolica roboramus; ut nullus hoc audeat infringere quod tu pro Dei timore studuisti tuo monasterio requirere et requisita conservare. Super hæc omnia decernimus et apostolica auctoritate sancimus, ut quicunque hæc cæteraque quæ a sanctis Patribus eidem monasterio tradita sunt irrita fecerit anathema sit.

Datum II Nonas Julii

CCXII.
Ad Hugonem Rothomagensem archiepiscopum.—Pro causa Petri et matris ejus.
(Anagiæ, Aug. 13.)
[Marten., *Ampl. Collect.*, II, 642.]

Adrianus episcopus, servus servorum Dei, venerabili fratri Rothomagensi archiepiscopo, salutem et apostolicam benedictionem.

Causam quæ inter matrem Petri et eumdem Petrum, atque illam quæ fuit conjux fratris ejusdem Petri, et virum suum super quadam dote noscitur agitari, venerabili fratri nostro Cenomanensi (28) episcopo commisimus audiendam, et fine debito terminandam. Quocirca per apostolica scripta fraternitati tuæ mandamus, quatenus cum ab eodem episcopo propter hac fueris requisitus, illam quæ conjux fuit fratris prædicti Petri, et virum suum ejusdem judicis præsentiam adire, et quod ex merito ab eo judicatum fuerit, suscipere et firmiter observare, eos omni cum districtione compellas.

Data Anagniæ Id. Augusti.

CCXIII.
Ludovico Francorum regi, Pontium abbatem Vizeliacensem tuenti, gratias agit. Monet ut monasterium defendere a comite Nivernensi pergat, domosque lapideas burgensium Vizeliacensium dirui jubeat.
(Mansi, *Concil.*, XXI, 814.)

Gratum et acceptum habemus, et magnificentiam tuam de piarum rerum executione plurimum commendamus, quoniam dilecto filio nostro Pontio Vezeliacensi abbati, sicut ejus directa nobis relatio patefecit, amore Dei, et nostrarum reverentia litterarum juxta regiæ dignitatis officium diligenter ha-

---

(28) Guillelmo *Passavant*, qui Ecclesiam Cenomanensem ab anno 1142 ad annum circiter 1186 rexit.

ctenus astitisti, et contra suos et monasterii sui persecutores auxilium ei et consilium præbuisti. Unde quoniam bonorum intentio ad salutaria opera tanto amplius dirigitur, quanto sæpius inde commonetur, celsitudinem tuam per apostolica scripta rogamus, et in peccatorum tibi remissionem injungimus, quatenus pro Dei amore; et pro beati Petri et nostra reverentia, prædictum abbatem propensius diligas et honores, et ut monasterium ipsum a dilecti filii nostri Nivernensis comitis, et aliorum omnium infestatione defendas, ut fratres inibi commorantes, pro tua et regni tui salute ad Dominum debeant jugiter intercedere, et nos regiæ nobilitati tuæ gratias exsolvere debeamus. Et quoniam Burgenses Vizeliac. occasione præsertim lapidearum domorum, quas munitas habent et elevatas, adversus antedictum filium nostrum abbatem, et Vizeliacensem Ecclesiam ita superbiunt, ut nec manere pro persecutione illorum idem filius noster possit in monasterio. Magnificentiam tuam rogamus, quatenus easdem domos ita facias dirui, ut Burgensium superbia retundatur, et Vizeliacensis ecclesia occasione hac non debeat fatigari.

ANNO 1157-1159.

CCXIV
Odonem abbatem monachosque S. Dionysii cohortatur ut S. Benedicti vestigiis insistant.
(Laterani, Jan. 4.)
[DOUBLET, *Hist. de Saint-Denys*, 502.]

ADRIANUS episcopus, servus servorum Dei, dilectis filiis ODONI abbati et fratribus monasterii S. Dionysii, salutem et apostolicam benedictionem.

Monasticam vitam professos ac divinis servitiis mancipatos expedit religiose ac regulariter vivere, et unitatem Spiritus in pacis vinculo conservare. Quia itaque secundum beati Benedicti Regulam Deo servire voluistis, votum, et ad puræ religionis observantiam toto mentis adnisu studete; sic enim vos convenit in morum honestate ac radice charitatis esse firmatos, ut per boni odoris vestri fragrantiam, in odore unguentorum vestrorum quamplures alii currant. Quapropter per apostolica scripta vos commonemus et exhortamur in Domino, quatenus Patris vestri beati Benedicti studeatis inhærere vestigiis, ut, ipsius intervenientibus meritis, et sollicitudine vestra, sub Domino, monasterium vestrum, auctore Domino, temporalibus et spiritualibus proficiat incrementis; et vos æternam mereamini percipere coronam in cœlis.
Datum Laterani, II Nonas Januarii.

CCXV.
Hugoni Francorum regis cancellario confirmat archidiaconatum Atrebatensem.
(Laterani, Jan. 21.)
[MANSI, *Concil.*, XXI, 803.]

ADRIANUS episcopus, servus servorum Dei, dilecto filio HUGONI, charissimi filii nostri Ludovici regis Francorum cancellario, et Atrebatensis Ecclesiæ archidiacono, salutem et apostolicam benedictionem.

Si rationabilibus filiorum nostrorum petitionibus facili assensu concurrimus, et eos super collatis sibi ecclesiasticis beneficiis nostro patrocinio communimus, officii nostri debitam exsequimur actionem, et ecclesiasticis utilitatibus efficaciter providemus. Tanto enim quisque de sui exsecutione officii poterit fructuosius cogitare, quanto pravorum temeritati ad suam infestationem omnem aditum viderit attentius interclusum. Eapropter, dilecte in Domino fili Hugo, paci et quieti tuæ in posterum providere volentes, majorem archidiaconatum Atrebatensis Ecclesiæ cum omnibus ad eum pertinentibus, a ven. fratre nostro Godefrido, ejusdem Ecclesiæ episcopo, rationabili tibi provisione concessum, auctoritate tibi apostolica confirmamus et præsentis scripti pagina communimus. Nulli ergo, etc.
Datum Laterani, XII Kal. Febr.

CCXVI.
Monasterii S. Dionysii privilegia a Roberto et Dagoberto regibus concessa confirmat.
(Laterani, Febr. 5.)
[DOUBLET, *Hist. de Saint-Denys*, 504.]

ADRIANUS episcopus, servus servorum Dei, dilectis filiis ODONI abbati, et fratribus monasterii Sancti Dionysii, salutem et apostolicam benedictionem.

Quæ religiosis viris et sacrosanctis ecclesiis largitione catholicorum principum divinitatis intuitu conferuntur in suo statu debent consistere, ac ne processu temporis quarumlibet præsumptione turbentur, auctoritate sedis apostolicæ communiri. Illustris autem memoriæ Robertus quondam Francorum rex quieti fratrum in ecclesia vestra, Domino famulantium providere desiderans, fratribus qui tunc erant, et eorum in perpetuum successoribus, solemnem curiam quam antecessores ejus, et ipse in Natali Domini, Epiphania, Pascha et Pentecoste antiquitus consueti fuerant in ipso Beati Dionysii castello tenere, divinæ misericordiæ contemplatione remisit, ita ut nec ipse, nec aliquis successorum suorum solemnem curiam in eodem loco deberet suprascriptis solemnitatibus ulterius retinere, ne forte in servorum Dei recessibus frequentiæ præberetur occasio populari, et graves expensas in extraneorum concursu ecclesia sustineret. Immunitati etiam immunitatem adjiciens, concessionem illustris memoriæ Dagoberti prædecessoris sui quondam Francorum regis, quæ de fugitivis ad vestrum monasterium emanaverat, ratam et inconcussam perpetuis temporibus permanere decrevit. Ita siquidem ut usque ad eumdem locum quo tendentes ad eamdem ecclesiam Tricenam-pontem ingrediantur, nec non etiam usque ad Montem-martyrum, et præterea usque ad viam publicam quæ ducit ad Luperam, quidquid infra totam hanc procinctam contineri dignoscitur, cum tamen judiciaria potestate, hoc est banno, omnique infractura, et si quæ aliæ consuetudines legum, sive in agris, sive in domibus, sive in viis publicis et privatis evenerint, in jure monasterii vestri sine alicujus contradictione permaneret. Unde quoniam hæc ad majorem firmitatem sui nostro postulastis patrocinio roborari, nos petitionibus vestris benigno concurrentes assensu, concessiones istas auctoritate apostolica firmamus, et præsentis scripti pagina communimus. Adjicientes etiam feudum quod Matthæus Bellus-Ligius homo ecclesiæ vestræ ad requisitionem et conjurationem bonæ memoriæ Sugerii quondam abbatis vestri, ab ecclesia vestra se cognovit habere, atque ad posterorum memoriam scripturæ commisit, eidem ecclesiæ, ac vobis vestrisque successoribus nihilominus confirmamus. Adjicientes etiam constituimus ut ecclesiam Sanctæ Crucis, et decimam Vallis-Crisonis, sicut et juste et canonice possidetis, sine alicujus perturbatione, perpetuis temporibus teneatis. Nulli ergo omnino hominum liceat hanc paginam nostræ confirmationis infringere, vel ei ausu temerario contraire. Si quis autem hoc attentare præsumpserit, indignationem Dei omnipotentis, et beatorum Petri et Pauli apostolorum ejus se noverit incursurum.

Datum Laterani, Nonas Februarii.

CCXVII.

Ad B. [Balduinum] Noviomensem et Henricum Belvacensem episcopos. — Pro cantore Peronensis Ecclesiæ.

Laterani, Febr. 18.)

[MARTEN., *Collect.* II, 643.]

ADRIANUS episcopus, servus servorum Dei, venerabilibus fratribus B. Noviomensi et HENRICO Belvacensi episcopis, salutem et apostolicam benedictionem.

Veniens ad apostolicæ sedis clementiam, dilectus filius noster O. cantor Peronensis (29) Ecclesiæ, sua nobis conquestione monstravit, quod W. de Inciaco et uxor ejus centum libras Catalaunensis monetæ, terras et quædam allodia per patrocinium nobilis viri, J. Suessionensis comitis, ei præsumunt auferre, et contra omnem justitiam detinere. Unde venerabilis frater noster Cameracensis episcopus, cum ita esse liquido cognovisset, pro tanta rapina eos, sicut ex litteris ejus agnovimus, excommunicationis vinculo innodavit, et terram eorum interdicto subjecit, quia vero prædictum filium nostrum cantorem suo jure privari, sicut non debemus, ita nec possumus sustinere, fraternitati vestræ per apostolica scripta præcipiendo mandamus, quatenus memoratum comitem, cujus patrocinio et auxilio ipsa bona sunt ei violenter ablata, infra triginta dies post harum susceptionem convenire diligentius studeatis, ut eumdem W. et uxorem ejus ad restitutionem omnium ablatorum omni cum districtione compellat, nec eis ad eorum detentionem auxilium vel subsidium de cætero præstare præsumat. Alioquin in tota terra ipsius comitis, quousque jam dicto filio nostro cantori de omnibus fuerit satisfactum, appellatione remota, non differatis omnia divina officia prohibere.

Data Laterani XII Kal. Martii.

CCXVIII.

Ecclesiæ S. Ursi Augustensis (prov. Tarentasiensis) bona quædam confirmat.

(Laterani, Mart. 6.)

[*Hist. Patr. Mon.*, Chart., I, 819.]

ADRIANUS episcopus, servus servorum Dei dilecto filio G. priori et universo capitulo ecclesiæ Sancti Ursi, salutem et apostolicam benedictionem.

Quoties a religiosis viris contra pravorum incursus super his quæ juste et legitime possident nostra confirmatio postulatur, ad concedendum non debemus difficiles inveniri, nec rationabilibus eorum petitionibus nostrum denegare consensum, ne pravis hominibus ad malefaciendum locum dare videamur, quibus potius resistere nos oportet. Eapropter, dilecti in Domino filii, genti vestræ et utilitati Ecclesiæ vos commissæ volentes in posterum utiliter providere et vestris justis postulationibus clementer annuentes ecclesiam Sancti Petri, ecclesiam Sancti Andreæ de Paone, ecclesiam Sancti Joannis de Carto cum appendiciis suis, decimam de Carto cum appendiciis suis, sicut a venerabili fratre nostro Gui. Yporiensi episcopo ecclesiæ vestræ sunt canonice concessæ, vobis et per vos Ecclesiæ vobis commissæ auctoritate apostolica confirmamus et præsentis scripti patrocinio communimus, statuentes ut nulli omnino hominum liceat hanc paginam nostræ confirmationis infringere, vel ei aliquatenus contraire. Si quis autem hoc attentare præsumpserit indignationem omnipotentis Dei et beatorum Petri et Pauli apostolorum ejus se noverit incursurum.

Datum Later. II Nonas Martii.

CCXIX.

Ad Henricum Belvacensem episcopum. — Pro magistro Nicolao.

(Laterani, Mart. 8.)

[MARTEN., *Collect.*, II, 644.]

ADRIANUS episcopus, servus servorum Dei, venerabili fratri HENRICO Belvacensi episcopo, salutem et apostolicam benedictionem.

Quoties ab aliquo filiorum nostrorum, ad te pro ecclesiasticis causis interventus noster exquiritur, tanto facilius petitioni ejus assensum nostrum impendimus, quanto te ad exsecutionem rei quæ petitur et admonitione nostra et injunctæ administrationis officio efficacius confidimus provocandum. Veniens autem ad apostolicæ sedis præsentiam dilectus filius noster magister Ni. qui nobis satis charus est et acceptus, Arremarensis (30) mona-

---

(29) S. Fursei, in qua exstat insigne canonicorum collegium.

(30) Arremarense haud ignobile monasterium ordinis S. Benedicti in diœcesi Trecensi, ex quo ad Claramvallem accesserat Nicolaus monachus, factus postea S. Bernardi notarius, qui, cum ab eodem S. Bernardo per apostasiam defecisset, ad primæ professionis monasterium se recepit, effecitque vir

chus, de suffragio ejus et admissione precum suarum in negotiis ejusdem ecclesiæ fraternitatem tuam nostris litteris expetiit admoneri. Quocirca fraternitatem tuam per apostolica scripta rogamus, quatenus eumdem filium nostrum, qui circa negotia tua exstitit satis sollicitus ac devotus, pro beati Petri et nostra reverentia diligas attentius et honores, et petitionibus ejus in negotiis ipsius ecclesiæ benigno jugiter concurras assensu, et ita ei favorem et auxilium tuum in causis suis impendas, ut fraternitas tua de admissione precum mearum commendabilis videatur, et nos petitiones tuas liberius admittere debeamus.

Data Lateranis VIII Id. Mart.

CCXX.

Ad S. Remensem archiepiscopum.— Pro eodem.

(Laterani, Mart. 8.)

[*Ibid.*]

ADRIANUS episcopus, servus servorum Dei, venerabili fratri (31) S. Remensi archiepiscopo apostolicæ sedis legato, salutem et apostolicam benedictionem.

Quoties ab aliquo filiorum nostrorum ad te pro ecclesiasticis causis interventus noster exquiritur, tanto facilius petitioni ejus assensum nostrum impendimus, quanto te ad exsecutionem rei quæ petitur et admonitione nostra, et injunctæ administrationis officio efficacius confidimus provocandum. Veniens autem ad apostolicæ sedis præsentiam dilectus filius noster magister Nicolaus, qui nobis satis charus est et acceptus, Arremarensis monasterii monachus, de suffragio ejus et admissione precum suarum in negotiis ejusdem ecclesiæ fraternitatem tuam nostris litteris expetiit admoneri. Quocirca fraternitatem tuam per apostolica scripta rogamus, quatenus eumdem filium nostrum, qui circa negotia tua existit satis sollicitus ac devotus, pro beati Petri et nostra reverentia diligas attentius et honores, et petitionibus ejus in negotiis ipsius ecclesiæ benigno jugiter concurras assensu, et ita ei favorem et auxilium tuum in causis suis impendas, ut fraternitas tua de admissione precum nostrarum commendabilis videatur, et nos petitiones tuas libentius admittere debeamus.

Data Lateranis VIII Idus Martii.

CCXXI.

Ad Remensem archiepiscopum et Laudunensem episcopum. — Pro filio Ramaldi Cottellæ.

(Laterani, Mart. 12.)

[*Ibid.*, col. 645.]

ADRIANUS episcopus, servus servorum Dei, venerabilibus fratribus Remensi archiepiscopo, apostolicæ sedis legato, et Laudunensi episcopo, salutem et apostolicam benedictionem.

Ad apostolicæ sedis audientiam vestra fraternitas noverit pervenisse, quod Ramaldus Cotella, olim astutus, ut ab ipsis sæculi principibus coerceretur, unde etiam in ejus gratiam hanc Adriani papæ epistolam scriptam conjicio.

Jerosolymam proficiscens, quamdam villam suam, quæ Boccumvilla dicitur, Henrico de Teir, pecunia ab eo mutuo suscepta, pignori obligavit. Ipse vero Henricus de fructibus etiam provenientibus sortem suam et eo amplius dicitur recepisse. Ideoque fraternitati vestræ per apostolica scripta mandamus, quatenus si verum est quod asseritur, uxorem et filios jam dicti Henrici, quia ipse viam est universæ carnis ingressus, omni appellatione remota, districtius compellatis, ut prædictam villam filio memorati Ramaldi, postposita omni occasione et dilatione, restituant, alioquin non differatis in eos usque ad condignam satisfactionem excommunicationis sententiam promulgare.

Datum Lateranis IV Idus Martii.

CCXXII.

Ad Henricum Belvacensem episcopum.—Pro cantore Ecclesiæ Suessionensis, ut ei ablata restituantur.

(Laterani, Mart. 13.)

[MARTEN. *Ampl. Collect.*, II, 645.]

ADRIANUS episcopus, servus servorum Dei, venerabili fratri HENRICO Belvacensi episcopo, salutem et apostolicam benedictionem.

Constitutus in præsentia nostra dilectus noster Suessionensis cantor adversus Odonem de Angevilers uxorem et familiam suam in audientia nostra querelam deposuit, quod cum quidam homo de terra sua quinque marcas, et XXXI aureorum ei furatus fuerit, et pecunia ipsa ad manus ipsorum devenerit, ipsi nec eum restituere, nec justitiam exinde, prout iste asserit, voluerunt ullatenus exhibere. Quoniam igitur prædicto filio nostro in suo jure nec possumus, nec debemus ulla ratione deesse, fraternitati tuæ per apostolica scripta mandamus, quatenus præfatum Od. uxorem et familiam suam, studeas diligentissime convenire, ut infra quadraginta dies post commonitionem tuam, vel prætaxatam pecuniam prædicto cantori cum integritate restituant, vel plenariam exinde justitiam ei in tua præsentia non differant exhibere. Quod si forte neutrum istorum voluerint adimplere, eos ad alterum efficiendum vinculo excommunicationis compellas.

Datum Lateranis, III Idus Marti,

CCXXIII.

A [lbertum] abbatem Nonantulanum rogat ut Lot. et Turcl., viris nobilibus precariam quamdam denuo concedat.

(Laterani, an. 1157, Martii 21.)

[TIRABOSCHI. *Storia di Nonantola*, II, 268.]

ADRIANUS episcopus, servus servorum Dei, dilecto filio A [LBERTO] Nonantulano abbati, salutem et apostolicam benedictionem.

Quia de tua devotione confidimus, pro amicis fidelibus nostris preces tibi porrigere non dubitamus. Inde est quod dilationem tuam rogamus at-

---

(31) Samsoni, qui, Rainaldo Remensi archiepiscopo anno 1137 defuncto, successit anno 1140.

tentius ut precariam quam dilecti filii nostri nobiles viri Lot. et Turcl. fideles tui a Nonantulano monasterio tenere noscuntur pro reverentia beati Petri ac nostra non differas innovare et eis de caetero sicut huc usque concedas quatenus iidem filii nostri preces nostras super hoc tibi porrectas sibi sentiant fructuosas et non cogantur propter hoc ad nos ulterius laborare.

Dat. Later. xii Kal. April.

CCXXIV.

Transactionem de subjectione Vallis-magnae monasterio Bonarum-vallium factam confirmat.

(Laterani, April. 6.)

[*Gall. christ.*, VI, Instr., 325.]

Adrianus episcopus, servus servorum Dei, dilecto filio Petro abbati monasterii de Bona-valle, salutem et apost. bened.

Controversiae quae inter ecclesiasticas personas emergunt, et ad nostram praesentiam deferuntur, mediante justitia terminari, et postquam decisae fuerint, ne a posterorum memoria dilabantur, litterarum sunt committendae (apicibus.) Cadunensis autem ecclesia pro ea devotione quam circa monasterium Cisterciense habebat, duas ecclesias quae ad suum jus pertinebant, Ardurellensem videlicet et ecclesiam Vallis-magnae, eidem monasterio contulit, ut secundum institutionem ipsius vitam et habitum reformarent. Abbas vero Cisterciensis utramque ecclesiam monasterio de Bona-valle concessit. Sicque factum est ut, cum utramque ecclesiam de fratribus Bonae-vallensis monasterii Guigo antecessor tuus, qui nunc Ameliensis est episcopus, ordinasset, abbas praedictae Cadunensis ecclesiae cum in judicium traxit, donationem ipsam neque de suo, neque de sui capituli assensu factam fuisse instantius asseverans : unde et ad hoc deventum est quod de utriusque partis assensu talis inter vos compositio atque transactio intercessit, ut videlicet praedictus Cadunensis abbas Ardurellensem ecclesiam quiete et sine molestia obtineret, ecclesia vero de Magna-valle Bonae-vallensi monasterio libere remaneret. Hanc autem transactionem Ardurellensis abbas et ejusdem loci capitulum de mandato Cadunensis abbatis voluntate propria concesserunt, et se confirmaturos litterarum munimine promiserunt : pollicentes etiam quod ab Albiensi episcopo, de cujus parochia sunt, idipsum facerent confirmare. Caeterum aliquo tempore post transacto cum praefatus Ardurellensis abbas transactionem ipsam vellet infringere, et te super hoc traheret in judicium, quoniam ad praestandum de calumnia juramentum cogere te volebat, tu in hoc te sentiens praegravari, eum ad sedem apostolicam appellasti. Cum igitur tam ipse, quam Ermengaldus abbas Vallis-magnae a te pro eodem negotio destinatus, in nostra essent praesentia constituti, et ipse abbas Magnae-vallis ea quae superius dicta sunt in nostro auditorio allegasset, memoratus vero Ardurellensis abbas se et capitulum suum ex coactione non voluntarie huic transactioni assensum praebuisse instantius affirmaret, nos tamen hinc inde, audilis rationibus et diligenter inspectis, communicato fratrum nostrorum consilio, transactionem ipsam ratam ac firmam perpetuis temporibus decrevimus permanere : adjicientes ut omnes res mobiles quae in praesentiarum apparent, et quas abbas et fratres Ardurellensis monasterii in praesentia fratris nostri P. Lutevensis episcopi se eidem ecclesiae contulisse legitimis testibus poterunt demonstrare, tu eis infra quatuor menses post factam probationem cum integritate debeas restituere Ut autem haec omnia perpetuis temporibus inviolabiliter observentur, adversae parti perpetuum silentium imponentes, auctoritate apostolica ea duximus roboranda et praesentis scripti patrocinio munienda, statuentes ut nulli omnino hominum liceat hanc paginam nostrae confirmationis infringere, vel ei aliquatenus contraire. Si quis hoc attentare praesumpserit, secundo tertiove commonitus, nisi praesumptionem suam congrua satisfactione correxerit, potestatis honorisque sui dignitate careat, reumque se divino judicio existere de perpetrata iniquitate cognoscat, et a sacratissimo corpore ac sanguine Dei et Domini nostri Jesu Christi alienus fiat, atque in extremo examine districtae ultioni subjaceat. Cunctis autem ista servantibus sit pax Domini nostri Jesu Christi, quatenus et hic fructum bonae actionis percipiant, et apud districtum judicem praemia aeternae pacis inveniant.

Datum Laterani, viii Idus Aprilis.

CCXXV

Ad Briocensem et Trecorensem episcopos. — Ut impediant sacerdotes suos invito Dolensi archiepiscopo divina officia celebrare.

(Laterani, April. 11.)

[Marten., *Anecdot.*, III, 902.]

Adrianus episcopus, servus servorum Dei, venerabilibus fratribus Briocensi et Trecorensi episcopis, salutem et apostolicam benedictionem.

Injunctum nobis apostolatus officium admonet nos modis omnibus et invitat ut fratribus nostris episcopis jura sua illibata debeamus et integra conservare. Hujus itaque rationis intuitu, venerabili fratri nostro Hugoni Dolensi archiepiscopo quod ad jus suum pertinere dignoscitur conservare volentes, fraternitati vestrae per apostolica scripta mandamus, quatenus sacerdotes illos, qui in ecclesiis in vestris parochiis constituti, quae ad jus Dolensis Ecclesiae spectare noscuntur, ipso archiepiscopo renitente, divina officia celebrant, infra 15 dies post susceptionem praesentium litterarum diligentius moneatis, ut a tanta praesumptione desistant, et in praedictis ecclesiis, ipso invito, divina ulterius officia celebrare nulla ratione praesumant. Quod si facere attentaverint, usque ad condignam satisfactionem ecclesiasticam in eos sententiam proferatis.

Datum Lateranis iii Idus Aprilis.

CCXXVI.

Eberhardo archiepiscopo Salzburgensi et (Hartwico) episcopo Ratisponensi mandat, ut Conrado abbati Biburgensi monasterium ob fratrum injurias dimissum restituant, monachosque pœna afficiant.

(Laterani, April. 17.)

[HUND., *Metrop. Salisb.*, II, 212.]

ADRIANUS episcopus, servus servorum Dei, venerabilibus fratribus EBERHARDO Salisburgensi archiepiscopo et Ratisbonensi episcopo, salutem et apostolicam benedictionem.

Dilectus filius noster Conradus abbas monasterii S. Mariæ de Biburch, sicut ex tua fraternitate, Ratisbonensis episcope, et canonicorum tuorum et fratris nostri Bambergensis episcopi attestatione, atque aliorum plurium religiosorum virorum assertione cognovimus, quorumdam iniquorum fratrum malitia et vexatione compulsus a monasterio suo discessit, et apostolicæ sedis præsentiam visitavit; qui dum transfretare disponeret, et Hierosolymam pergere, ut ibidem in aliquo loco religioso ad Dei servitium, et ad salvandam animam perpetuo moraretur, nos eum a suæ mentis intentione retraximus et ipsum ad proprium monasterium remisimus, ut fratrum curam sicut hactenus, ita de cætero habeat, et in abbatia plenarie debeat ministrare.

Eum itaque fraternitati vestræ attentius commendantes, per apostolica vobis scripta præcipiendo mandamus quatenus ipsum infra 20 dies post harum susceptionem in plenitudinem abbatiæ auctoritate nostra restituatis, fratribusque ejusdem monasterii firmiter injungentes, ut eum honeste recipiant, benigne tractent, et ipsi tanquam proprio abbati et animarum suarum rectori debitam in omnibus reverentiam et subjectionem impendant. Si vero aliquis interim in eadem abbatia fuerit subrogatus, eum sine contradictionis obstaculo penitus amoveri curetis. Duos etiam ejusdem ecclesiæ monachos, Udo videlicet, et Walth (Waltherum), et duos conversos scilicet Euch. (Eucherium forte vel Eucharium) et Udal. (Udalricum), quibus infestantibus et multipliciter perturbantibus prædictus filius noster Conradus abbas commissæ sibi abbatiæ regimen se asserit dimisisse, ab ipso monasterio moveatis, et eos in obedientiis monasterii, extra monasterium tamen, auctoritate nostra ponatis. Qui tandiu compellantur in ipsis obedientiis permanere, quousque a sua malitia recedentes, correcti et emendati a memorato abbate ad proprium monasterium revocentur.

Data Laterani, Kal. Maii.

CCXXVII.

Monachis Biburgensibus præcipit ut Conrado abbati obediant.

(Laterani, April. 17.)

[*Ibid.*]

ADRIANUS episcopus, servus servorum Dei, dilectis filiis monachis, et conversis S. Mariæ de Biburch, salutem et apostolicam benedictionem.

Dilectus filius noster Conradus abbas vester, sicut ex relatione sua, et plurium religiosorum virorum attestatione cognovimus, quorumdam iniquorum fratrum malitia et vexatione compulsus a monasterio vestro discessit, et apostolicæ sedis præsentiam visitavit. Qui dum transfretare disponeret, et Jerosolymam pergere, ut ibidem in aliquo loco religioso ad Dei servitium, et ad salvandam animam perpetuo moraretur, nos cum a suæ mentis intentione retraximus, et ipsum ad proprium monasterium remisimus, ut fratrum curam, sicut hactenus, ita de cætero habeat, et in abbatia debeat plenarie ministrare.

Eum itaque universitati vestræ attentius commendantes per apostolica scripta vobis præcipiendo mandamus, quatenus eum honeste recipiatis, benigne tractetis, ipsi tanquam proprio abbati, et animarum vestrarum rectori debitam in omnibus subjectionem et obedientiam impendatis. In nullo quoque eidem rebelles, in nullo contumaces existere præsumatis. Quod si forte contempseritis adimplere sententiam quam ipse in aliquem vestrum, qui contemptor exstiterit, propter hoc canonice promulgaverit, a nobis ratam noveritis ac firmam habendam. Duos autem monasterii vestri monachos, Ud. videlicet et Gualch. et duos conversos, scilicet Ud. et Euch. quibus infestantibus et multipliciter perturbantibus, prædictus filius noster Conradus abbas commissæ sibi abbatiæ regimen se asserit dimisisse, per fratres nostros Salzburgensem archiepiscopum et Ratisbonensem episcopum ab ipso monasterio præcipimus amoveri, et eos tandiu in obedientiis monasterii extra monasterium decernimus permanere, quousque a sua malitia recedentes correcti et emendati, a memorato abbate ad proprium monasterium revocentur.

Data Laterani xv Kal. Maii.

CCXXVIII

[Henrico] episcopo Augustodunensi præcipit, ut abbati Trenorciensi investituram ecclesiæ de Petraficta intra dies xx concedat.

(Laterani, April. 20)

[JUENIN. *Nouv. Hist. de Tournus*, Pr., p. 165.]

ADRIANUS episcopus, servus servorum Dei, venerabili fratri Eduensi episcopo, salutem et apostolicam benedictionem

Dilectus filius noster Trenorciensis abbas transmissa nobis relatione monstravit, quod cum ecclesiam de Petraficta monasterio suo pietatis intuitu concessisses, et sigillo proprio roborasses, quod utique donum nos ipsi recolimus auctoritate apostolica confirmasse, eum non vis de ipsa ecclesia investire. Quocirca fraternitati tuæ per apostolica scripta præcipiendo mandamus, quatenus si res se ita habeat, intra 20 dies post harum susceptionem, investituram ipsius ecclesiæ cum omnibus ad eam pertinentibus, eidem abbati, post posita omni occasione et excusatione, concedas.

Datum Laterani xii Kal. Maii.

CCXXIX.

Ad Narbonensem archiepiscopum et ejus suffraganeos — Guillelmum Montispessulani dominum et honores ejus ac fratris ipsius Hierosolymam peregrinantis, defendant ab impugnationibus iniquorum, intentata excommunicationis sententia.

(Laterani, Maii 5.)

[D. BOUQUET, *Recueil*, XV, 683.]

ADRIANUS episcopus, servus servorum Dei, venerabilibus fratribus Narbonensi archiepiscopo, ejusque suffraganeis, et RAIMUNDO Magalonensi episcopo. R. priori, archidiaconis et universo Ecclesiæ populo, salutem et apostolicam benedictionem.

Dilectum filium nostrum Guillelmum de Montepessulano cum omnibus suis sub B. Petri et nostra protectione suscipimus : unde et sua omnia ei illibata volumus et integra conservare. Quapropter universitati vestræ per apostolica scripta mandamus quatenus tam ipsam quam terram et homines suos, castrum quoque de Castris et alios honores et de Tortosa (Guillelmi) fratris sui, qui propter suorum veniam delictorum et animæ suæ salutem Hierosolymam visitavit, ibique per annum divinis obsequiis proposuit inhærere, pro B. Petri et nostra reverentia manuteneatis, et in quibus opus fuerit, ab iniquorum impugnationibus studeatis defensare, parochianos quoque vestros ab Walliæ et hominum suorum infestatione atque injuriis compescatis et nullam ei vel rebus suis hominumque suorum ab eisdem parochianis vestris molestiam permittatis, aut injuriam irrogari. Si quis autem terram ipsorum et memorati fratris sui et hominum ipsorum, contra justitiam præsumpserit infestare, in personam ejus excommunicationis, in terram vero ipsius interdicti sententiam proferatis. Statuimus præterea ne in ipsa ecclesia S. Mariæ et S. Firmini, atque in aliis eisdem ecclesiis, ex causa et culpa excommunicatorum, castrum Montispessulani quandoque casu introeuntium, divina prohibeantur officia. Indignum enim est ut tantus populus ex culpa et maleficiis cujuscunque personæ a divinis debeat officiis abstinere.

Datum Laterani, III Nonas Maii.

CCXXX.

Ad canonicos S. Crucis Aurelianensis. — Increpat quod Hugoni cancellario præbendæ integritatem, cum abesset, non concesserint. Jubet in posterum faciant, et quod est subtractum restituant.

(Laterani, Maii 9.)

[*Ibid.*, col. 805.]

ADRIANUS episcopus, servus servorum Dei, dilectis filiis decano, et universo capitulo ecclesiæ Sanctæ Crucis Aurelianis, salutem et apostolicam benedictionem.

Miramur plurimum et adversum vos non possumus non moveri quod, cum vobis olim dederimus in mandatis, ut licet dilectus filius noster Hugo charissimi filii nostri Ludovici illustris Francorum regis cancellarius, in ecclesia vestra non esset assiduus; nihilominus tamen integritatem præbendæ suæ absque contradictione aliqua obtineret. Vos autem non solum mandatum nostrum in hac parte non curastis effectui mancipare; verum etiam, quod deterius est, in nostrum et apostolicæ sedis contemptum, cum prius integram habuisset, postmodum ei medietatem, sicut dicitur, subtraxistis. Unde nisi apostolicæ sedis consueta benignitas nostrum animum mitigaret, manus B. Petri graves, in vos usque adeo sentiretis, quod in contemptum nostrum non præsumeretis ulterius tale aliquid attentare. Ne igitur de merito vestræ malitiæ cogamur in vos animadversione gravissima vindicare, universitati vestræ per iterata scripta præcipiendo mandamus, et mandando præcipimus, quatenus ita integram ei præbendam, licet absens fuerit, de cætero concedatis, tanquam si assiduus in ipsa ecclesia deserviret. Quidquid vero ei exinde hactenus est subtractum, infra 20 dies post susceptionem præsentium litterarum, omni occasione et excusatione postposita, eidem studeatis in integrum restituere.

Datum Laterani, VII Idus Maii.

CCXXXI.

Ad Hugonem Franciæ cancellarium. — Absolvit eum a juramento et illicita conditione qua eum Atrebatensis episcopus obligaverat, cum archidiaconatum daret.

(Laterani, Maii 11.)

[MANSI *Concil.*, XXI, 804.]

ADRIANUS episcopus, servus servorum Dei, dilecto filio HUGONI charissimi filii nostri Ludovici illustris Francorum regis cancellario, salutem et apostolicam benedictionem.

Illius devotionis et sinceritatis intuitu, quam circa sacrosanctam Romanam Ecclesiam et nos ipsos a multis retroactis temporibus nosceris habuisse, pro tuæ quoque honestate et probitate personæ, majorem archidiaconatum, fratre nostro G. [Godefrido] Atrebatensi episcopo ipsum prius spondente, absque omni conditione, et alicujus pacti obligatione, tibi nos recolimus olim in Atrebatensi Ecclesia postmodum contulisse. Ipse autem Atrebatensis episcopus contra puritatem episcopalem, et nimis secundum hominem ambulans, impedimentum tibi volens super hac concessione præstare, te juramento, sicut dicitur, obligavit, quod cum sibi placeret, cancellariam absque contradictionis obstaculo resignares. Unde quoniam tam illicitum juramentum nulla debet firmitate constare, ab ipsius juramenti debito, auctoritate sedis apostolicæ te absolvimus, et conditiones in ejusdem archidiaconatus collatione contra præceptum nostrum positas irritas modis omnibus esse censemus.

Datum Later. V Idus Maii.

CCXXXII.

Ad Godescalcum episcopum Atrebatensem. — De dissoluto Hugonis cancellarii sacramento significat.

(Laterani, Maii 11.)

[*Ibid.*, col. 806.]

ADRIANUS episcopus, servus servorum Dei, vene-

rabili fratri.... Atrebatensi episcopo, salutem et apostolicam benedictionem

Illius devotionis et sinceritatis intuitu, quam dilectus filius noster Hugo charissimi filii nostri Ludovici illustris Francorum regis cancellarius circa sacrosanctam Romanam Ecclesiam, et nos ipsos a multis retroactis temporibus noscitur habuisse; pro ipsius quoque honestate et probitate personæ, majorem archidiaconatum, te etiam ei prius spondente, absque omni conditione, et alicujus pacti obligatione, eidem nos recolimus olim in Atrebatensi Ecclesia postmodum contulisse. Tu vero contra puritatem episcopalem et nimis secundum hominem ambulans, impedimentum ei volens super hac concessione præstare, ipsum juramento, sicut dicitur, obligasti, quod, cum tibi placeret, cancellariam absque contradictionis obstaculo resignaret. Unde quoniam tam illicitum juramentum nulla debet firmitate constare, prædictum filium nostrum cancellarium ab ipsius juramenti debito auctoritate apostolicæ sedis absolvimus, et conditiones in ejusdem archidiaconatus collatione contra præceptum nostrum positas, irritas modis omnibus esse censemus. Fraternitati tuæ per apostolica scripta mandantes, quatenus eum de cætero ad observationem præstiti juramenti cogere nulla ratione præsumas.

Datum Laterani, v Idus Maii.

CCXXXIII.

Ad Samsonem Remensem archiepiscopum. — Ut Hugoni cancellario restituat altare quod ipsi abstulerat.

(Laterani, Maii 11.)
[*Ibid.*, col. 808.]

ADRIANUS episcopus, servus servorum Dei, venerabili fratri SAMSONI Remensi archiepiscopo, apostolicæ sedis legato, salutem et apostolicam benedictionem.

Dilectus filius noster Hugo, charissimi filii nostri Ludovici illustris Francorum regis cancellarius, transmissa nobis relatione, monstravit se altare quoddam in Atrebatensi episcopatu ex dono Alvisi bonæ memoriæ Atrebatensis quondam episcopi habuisse; et usque ad illud tempus, quo investituram majoris archidiaconatus in Atrebatensi Ecclesia de mandato nostro fuerat suscepturus, asserit se idem altare quiete ac pacifice possedisse. Imminente vero die, quo de ipso archidiaconatu debebat juxta mandatum nostrum, sicut diximus, investiri, frater noster Atrebatensis, prout nobis suggeritur, nisi eodem altari sibi primitus restituto, investituram ei facere noluit, et taliter ab eo ipsum altare dicitur extorsisse. Quia vero hujusmodi circumventio rationi contraria est, et a pontificali officio penitus aliena, eidem episcopo dedimus in mandatis ut, si res ita se habet, ipsum altare jam dicto filio nostro Hugoni cancellario infra dies 40 dies post harum susceptionem, omni appellatione cessante, restituat. Quod si ipse facere forte distulerit, fraternitati tuæ per apostolica scripta mandamus quatenus tu ipse vice nostra, omni appellatione et occasione cessante, hoc non differas effectui mancipare.

Datum Laterani v Idus Maii.

CCXXXIV.

Gotescalcum episcopum Atrebatensem de superiore epistola certiorem facit.

(Laterani, Maii 11.)
[*Ibid.*, col. 807.]

ADRIANUS episcopus, servus servorum Dei, venerabili fratri..... Atrebatensi episcopo, salutem et apostolicam benedictionem.

Dilectus filius noster Hugo charissimi filii nostri regis Francorum cancellarius, directa nobis insinuatione monstravit, quod altare de Aslues a bonæ memoriæ M. prædecessore tuo canonice sibi concessum, quod etiam in tempore prælationis tuæ quiete dicitur tenuisse, sine rationabili causa, et nullo interveniente judicio, ei abstulisti. Unde quanto idem cancellarius amplius majori est devotione et fidelitate sacrosanctæ Romanæ Ecclesiæ et nobis ipsis astrictus, tanto magis sua jura nos convenit attentius illibata et integra conservare. Fraternitati tuæ per apostolica scripta præcipiendo mandamus, quatenus, si ita est, altare ipsum, omni dilatione et appellatione remota, memorato filio nostro restituas.

Datum Lateran. Kal. Novemb.

CCXXXV.

Decano, cantori et universo capitulo Parisiensi præcipit ut præposituram quæ in Parisiensi Ecclesia vacaverit, Hugoni Francorum regi cancellario tribuant.

(Laterani, Maii 11.)
[*Ibid.*, col. 812.]

ADRIANUS episcopus, servus servorum Dei, dilectis filiis, decano, cantori et universo capitulo Parisiensi, salutem et apostolicam benedictionem.

Ecclesiasticas personas, quas sacrosanctæ Romanæ Ecclesiæ devotiores esse cognoscimus, et ad ejus obsequium promptiores inspicimus, oportet nos speciali quadam prærogativa diligere, et honorem eis debitum exhibentes, ipsas debemus ecclesiasticis beneficiis, prout expedire cognoscimus, ampliare. Dilectus siquidem filius noster Hugo, charissimi filii nostri Ludovici illustris Francorum regis cancellarius, quanto nobis sit vinculo devotionis astrictus, et pro commodo atque honore matris suæ sacrosanctæ Romanæ Ecclesiæ, ubicunque necessitas exigit, quam fideliter se opponat, et de ipsius studeat incremento tractare, nos ipsi ad plenum novimus, et discretionem vestram id credimus non latere. Inde utique est, quod nos eum sincera in Domino charitate diligentes, ipsum quibus modis cum Deo possumus intendimus honorare, et nostri propositi est, eidem in opportunitatibus suis utiliter providere. De omni itaque vestri devotione plurimum confidentes, universitati vestræ præcipiendo per apostolica scripta mandamus, et mandando præcipimus, quatenus præposituram, quæ in Parisiensi Ecclesia, et domos, quæ in claustro ejusdem Ecclesiæ dehinc primum vacaverint, ei, omni contentione et appellatione seposita, concedatis, et concessas ipsum permittatis quiete et absque ulla molestia possidere.

Datum Laterani v Idus Maii.

CCXXXVI.

Ad archidiaconos Ecclesiæ Trevir.

(Laterani, maii 11.)

[GUNTHER, I, 355.]

ADRIANUS episcopus, servus servorum Dei, dilectis filiis Treverensis ecclesiæ archidiaconis, salutem et apostolicam benedictionem.

In eminenti apostolicæ sedis specula licet immeriti auctore Domino residentes, fratribus nostris episcopis et aliis ecclesiarum prælatis, jura sua integra debemus et illibata servare, ut de sui executione officii tanto magis possint esse solliciti, quanto amplius apostolicæ sedis patrocinio se cognoverint adjuvari, et in sua justitia confoveri. Hujus itaque rationis intuitu, venerabilem fratrem nostrum Hy. Treverensem archiepiscopum, apostolicæ sedis legatum, quem pro suæ honestate, scientia et religione personæ sinceræ in Domino charitate diligimus, in suo volumus jure fovere, nec pati aliqua ratione possumus, ut in his quæ ad eum pertinent, minorationem sustinere debeat vel jacturam. Et ideo universitati vestræ per apostolica scripta præcipiendo mandamus, quatenus eidem fratri nostro archiepiscopo debitam in omnibus subjectionem et reverentiam impendentes ei tanquam proprio pastori et rectori animarum vestrarum humiliter obedire curetis. Quod vero ipse in commisso sibi archiepiscopatu rationabiliter ordinaverit, contradicere nullatenus præsumatis... nec investituram ecclesiarum absque sua notitia et assensu sicut in privilegio ei ab apostolica sede indulto noscitur contineri, sacerdotibus de cætero concedatis. Nec enim potestate ab eo vobis concessa volumus vos abuti, ut pro eo quod investiendi potestatem ab ipso constat vos suscepisse, sine ejus assensu et conniventia investituram facere debeatis. Quod si a vobis ulla fuerit ratione præsumptum, nos in irritum quod factum fuerit, revocabimus, et nullam firmitatem in posterum decernimus obtineri.

Datum Laterani, v Idus Maii.

CCXXXVII.

Ad clerum et populum de Murmiralio [al. *Murmurallio*]. — *Ut obediant Hugoni Dolensi archiepiscopo.*

(Laterani, maii 27.)

[MARTEN., *Thesaur. Anecdot.*, III, 902.]

ADRIANUS episcopus, servus servorum Dei, dilectis filiis clericis et laicis de Murmiralio, salutem et apostolicam benedictionem.

Quanto amplius venerabilem fratrem nostrum H. Dolensem archiepiscopum sincera in Domino charitate diligimus, et eum sicut charissimum fratrem nostrum cupimus honorare, tanto magis ipsum in sua justitia manutenere volumus, et ut ei a subjectis suis filialis reverentia et honor debitus impendatur, efficere modis omnibus exoptamus. Eapropter universitati vestræ per apostolica scripta præcipiendo mandamus, quatenus eum cum nostræ gratiæ plenitudine ad vos tanquam ad speciales filios redeuntem honorifice ac benigne recipiatis, honeste tractetis, et ipsi tanquam pastori proprio animarum vestrarum debitam in omnibus subjectionem et obedientiam impendentes, more antecessorum vestrorum integros reditus terræ vestræ, quemadmodum prædecessores ejus Dolenses archiepiscopi habuisse dignoscuntur; ita eumdem fratrem nostrum quiete atque pacifice habere absque contradictione aliqua permittatis.

Datum Lateranis vi Kalendas Junii.

ANNO 1159.

CCXXXVIII.

Privilegium pro monasterio S. Trinitatis de Monte Sacro

(Laterani, Jan. 1.)

[UGHELLI, *Italia sacra*, VII, 826.]

ADRIANUS episcopus, servus servorum Dei, dilectis filiis abbati monasterii S. Trinitatis de Montesacro, ejusque fratribus tam præsentibus quam futuris monasticam vitam professis R. P. M.

Religiosam vitam eligens apostolicum concessit adesse præsidium, ne forte cujuslibet temeritatis incursus, aut eos a proposito revocet, aut robur, quod absit! sanctæ religionis infringat. Eapropter dilecti in Domino filii, vestris justis postulationibus clementer annuimus, et præfatum monasterium S. Trinitatis de Monte-sacro, in quo divino mancipati estis obsequio ad exemplar prædecessorum nostrorum venerabilis memoriæ Honorii, Innocentii et Eugenii Romanorum pontificum præsentis scripti privilegio communimus, statuentes, ut quascunque possessiones, quæcunque loca, idem monasterium inpræsentiarum juste et canonice possidet, aut in futurum concessione pontificum, largitate regum, liberalitate principum, oblatione fidelium, sive aliis justis modis, Deo propitio, poterit adipisci, firma vobis vestrisque successoribus et illibata maneant. In quibusque hæc propriis ducimus exprimenda vocabulis:

Ecclesiam videlicet S. Mariæ in loco sitam, qui dicitur S. Quirici, cum suis pertinentiis, Rainiariam et terram, quas in territorio Riniani habetis; ecclesiam S. Matthiæ apostoli infra mœnia civitatis Montis S. Angeli, et ecclesiam S. Simeonis extra portam civitatis, ecclesiam S. Vincentii sitam in pertinentiis ipsius civitatis in loco, qui dicitur Vota cum rebus suis. Quidquid habetis in Eccl. S. Lucæ, et rebus ad eam pertinentibus, petiæ, vineæ, et aliæ possessiones, quæ fuerunt scilicet ipsius civitatis Montis S. Angeli, et omnes res tam infra dictam civitatem, quam in ejus finibus, vestro monasterio pertinentes: ecclesiam S. Georgii in pede ipsius Montis S. Angeli, cum pertinentiis suis, salinas et maria, quæ in partibus Siponti habetis; ecclesiam S. Martini de Porcarezza, cum suo territorio, ecclesiam S. Mariæ de Matinata, cum omnibus ad eam pertinentibus, et omnes alias possessiones quas in eadem Matinata habetis. Præterea concedimus eidem monasterio fundum, qui dicitur Matinatella, et ecclesiam in eodem loco constitutam, petias terrarum et curtes, quas habetis in loco de Avanto. In episcopatu Vestano ecclesiam S. Theclæ, ecclesiam S. Eugeniæ, et ecclesiam S. Lucæ, cum pertinentiis earum, et omnes res in præfato episcopatu vestro monasterio pertinentes; ecclesiam S. Petri et S. Mariæ prope castellum Caprelis cum pertinentiis suis; piscarias et piscatores, quas habetis in Barano; molendina, quæ sunt in valle Montis Nigri; ecclesiam S. Pancratii Ischitellæ, cum casale et territoriis suis; ecclesiam S. Viti et terras quas apud Cannas habetis; eccl. S. Jacobi extra portas Baroli, cum pertinentiis suis, et omnibus tam infra eamdem civitatem, quam in ejus episcopatu, vestro monasterio pertinentibus; ecclesiam SS. Georgii et Bacchi sitam super portam Trani, cum pertinentiis suis, et omnes res tam infra eamdem civitatem, quam in ejus episcopatu vestro monasterio pertinentes; ecclesiam Omnium Sanctorum sitam in loco, qui dicitur Patiano; donationem omnium infra scriptarum rerum factam ab Immetaticho de civitate Vigiliarum vestro monasterio; ecclesiam S. Fortunati, et ecclesiam S. Thomæ apostoli sitas prope eamdem civitatem cum rebus sibi pertinentibus; ecclesiam SS. Philippi et Jacobi, cum pertinentiis suis, sitam prope civitatem Melphitam, et omnes alias res tam infra eamdem civitatem quam in ejus episcopatu, vestro monasterio pertinentes; ecclesiam Sancti Procopii sitam in civitatem Barensi, et omnes alias res, tam infra eamdem civitatem quam in episcopatu, vestro monasterio pertinentes; possessiones et domum, quas habetis in civitate Rubi; et in episcopatu ejus, ecclesiam S. Angeli, et S. Nicolai subtus Ischitellam, cum pertinentiis suis, et quidquid in territorio ipsius habetis.

Obeunte vero te ejusdem loci abbate, vel tuorum quomodolibet successorum, nullus ibi qualibet subreptionis astutia seu violentia apponatur, nisi quem fratres communi consensu vel fratrum pars concilii sanioris secundum Dei timorem, et B. Benedicti Regulam providerint eligendum; electus autem ad Romanum pontificem benedicendus accedat; qui nimirum liberas personas ad id monasterium ad conversionem venire volentes suscipiendi, et secundum ipsius vestri P. Benedicti Regulam monachandi habeat facultatem.

Constituimus etiam de cætero in eodem loco perpetuis futuris temporibus sedes abbatiæ consistat nec alicui archiepiscopo, vel abbati, seu quomodolibet hominum liceat vestrum monasterium temere perturbare, interdicere, seu aliqua ei gravamina, vexationes inferre, vel ipsius possessiones adimere, vel ablatas retinere, minuere, aut aliquibus temerariis vexationibus fatigare, sed omnia integra conserventur eorum pro quorum gubernatione et sustentatione concessa sunt profutura, salvo nimirum censu duorum solidorum Cassinensi monasterio a vobis annualiter persolvendo. Addimus insuper, ut consecrationes altarium, seu basilicarum, ordinationes monachorum, qui ad sacros ordines fuerint promovendi, seu quælibet ecclesiæ sacramenta a diœcesano suscipiatis episcopo, si quidem aptus fuerit locus et gratiam, atque communionem apostolicæ sedis habuerit, eaque vobis sine pravitate et exactione, voluerit exhibere; ipsa a quocumque malueritis catholico episcopo postulare, qui nostræ sedis auctoritate quod postulatur indulgeat. Ad indicium autem hujus perceptæ a Romana Ecclesia libertatis, dimidiam unciam auri singulis annis nobis, nostrisque successoribus persolvetis. Si qua igitur in futurum ecclesiastica sæcularisve persona hanc nostræ constitutionis paginam sciens contra eam temere venire tentaverit, secundo tertiove commonita, si non satisfactione congrua emendaverit, potestatis honorisque sui dignitate careat, reamque se divino judicio existere de perpetrata iniquitate cognoscat, et a sacratissimo corpore et sanguine Dei, et Domini Redemptoris nostri Jesu Christi aliena fiat, atque in extremo examine districtæ ultioni subjaceat; cunctis autem eidem loco citato servientibus sit pax Domini nostri Jesu Christi, quatenus et hic fructum bonæ actionis percipiant, et apud districtum judicem præmia æternæ pacis inveniant. Amen, amen, amen.

Ego Adrianus, catholicæ Ecclesiæ episcopus.

Ego Imarus, Tusculanensis episcopus.

Ego Gregorius, Sabinensis episcopus.

Ego Hubaldus, Ostiensis episcopus.

Ego Julius, Prænestinus episcopus.

Ego Hubaldus, presb. card. tit. S. Crucis in Jerus.

Ego Astaldus, presbyter cardinalis tituli S. Priscæ.

Ego Jo., presb. card. SS. Jo. et Pauli tit. Pammachii.

Ego Jo., presb. card. tit. SS. Silvestri et Martini.

Ego Odo, diaconus cardinalis S. Nicolai in Carc. Tull.

Ego Bozo, diaconus card. SS. Cosmæ et Damiani.

Datum Laterani per manum Rolandi, S. R. E. presbyteri card. et cancellarii Kal. Januar., indict. III Incarn. Dominicæ anno 1158, pontificatus vero D. Adriani papæ IV anno ejus v.

CCXXXIX.

Ecclesiam collegiatam S. Stephani in urbe Constantiensi in singularem sedis apostolicæ protectionem suscipit.

(Laterani, Jan. 29.)

[NEUGART, *Cod. diplom. Alem.*, II, 91.]

ADRIANUS episcopus, servus servorum Dei, dilecto filio suo FOLCARDO præposito ecclesiæ S. Stephani, quæ in civitate Constantiensi sita est, ejusque fratribus tam præsentibus quam futuris canonicam vitam professis in perpetuum.

Effectum justa postulantibus indulgere, et vigor æquitatis et ordo exigit rationis, præsertim quando petentium voluntates et pietas adjuvat, et veritas non relinquit. Eapropter, dilecti in Domino filii, vestris justis postulationibus clementer annuimus, et præfatam ecclesiam, in qua divino mancipati estis obsequio, sub beati Petri et nostra protectione suscipimus, et præsentis scripti privilegio communimus; statuentes, ut quascunque possessiones, quæcunque bona eadem ecclesia impræsentiarum juste et canonice possidet, aut in futurum concessione pontificum, liberalitate regum, largitione principum, oblatione fidelium, seu aliis justis modis, præstante Domino, poterit adipisci, firma vobis vestrisque successoribus et illibata permaneant; in quibus hæc propriis duximus vocabulis :

Curtes ac domos claustrales canonicorum, quarum una juxta capellam beati Georgii martyris proxime sita est, cæteræ in circuitu monasterii; decimas Weinfelden, Emishofen unam; curtes quoque in pago Lintzgoviæ duas, videlicet in villa Leustetten, et tres in eadem mansos, molendinum unum, scuposas quatuor; in Lupresreuti curtem unam cum dimidio manso, in villa Uldingen duos mansos, in Menlichusen scuposam unam; Hergershoffe curtem unam, in villa Rottvila curtem unam cum duobus molendinis; villam Altinshusen, et quoddam allodium in villa Lengevillare, et alia prædia quæ in civitate Constantiensi habetis, unde vobis census persolvi debent. Quidquid juris habetis in villa in pago Turgoviæ sita, scilicet Harprectisvillare, quæ cum omni jure, videlicet agris, pascuis, silvis ad eamdem spectant ecclesiam, sive in curtibus, scilicet Salmasach et quinque scuposis et novalibus in eadem villa; Lengevillare curtem unam et prædium cujusdam matronæ Gertrudis cum duabus scuposis; Stadelhoffen curtem unam cum dimidio manso, nec non et mansos in villa Buoch duos, in villa Turstorff unum, Anninhausen unum, Appishausen unum; Nuvilare unum et agros quosdam ad ipsum pertinentes; Guntirhofen unum. Sepulturam quoque illius loci liberam esse concedimus, ut eorum devotioni et extremæ voluntati, qui se illic deliberaverunt sepeliri, nisi forte excommunicati sint vel interdicti, nullus obsistat. Statuimus etiam ut nullus ibidem nisi ex canonicis sacerdos plebanus substituatur. Cæterum quia facultates jam dictæ ecclesiæ non magnæ dignoscuntur existere, eam numero novem canonicorum et uno præposito tantum decernimus esse contentam, nisi divina gratia ejusdem ecclesiæ opes ad plurium sustentationem augmentaverint. Obeunte vero te nunc ejusdem loci præposito, vel quolibet tuorum successorum, nullus ibidem qualibet subreptionis astutia seu violentia præponatur, nisi quem fratres communi consensu, vel fratrum pars sanioris consilii secundum Dei timorem, canonice providerint eligendum.

Decernimus ergo ut nulli omnino hominum liceat præfatam ecclesiam temere perturbare, aut ejus possessiones auferre, vel ablatas retinere, vel oblatas minuere, seu quibuslibet vexationibus fatigare, sed omnia integre conserventur eorum pro quorum gubernatione ac sustentatione concessa sunt, usibus omnimodis profutura, salva tamen in omnibus sedis apostolicæ auctoritate et diœcesani episcopi canonica justitia. Si quis ergo in futurum archiepiscopus aut episcopus, imperator aut rex, princeps aut dux, comes aut vicecomes vel advocatus, judex aut persona quælibet magna vel parva, sæcularis vel ecclesiastica hanc nostræ constitutionis paginam sciens contra eam temere venire tentaverit, secundo tertiove commonita, nisi præsumptionem suam congrua satisfactione correxerit, potestatis honorisque sui dignitate careat, reamque se divino judicio existere de perpetrata iniquitate cognoscat, et a sacratissimo corpore ac sanguine Dei et Domini Redemptoris nostri Jesu Christi aliena fiat, atque in extremo examine districtæ ultioni subjaceat. Cunctis autem eidem loco justa servantibus sit pax Domini nostri Jesu Christi, quatenus et hic fructum bonæ actionis percipiant, et apud districtum judicem præmia æternæ pacis inveniant. Amen. Bene valete.

Ego Adrianus, catholicæ Ecclesiæ episcopus

Ego Gregorius, Sabiniensis episc.

Ego Hubaldus, Ostiensis ep.

Ego Bernardus, Portuensis et Sanctæ Ruffinæ episcopus.

Ego Hubaldus, presbyter card. tit. S. Crucis in Jerusalem.

Ego Octavianus, presbyter card. tit. S. Cæciliæ.

Ego Astaldus, presbyter card. tit. S. Priscæ.

Ego Heinricus, presbyter card. tit. SS. Nerei et Achillei.

Ego Hildebrandus, presbyter card. basilicæ XH Apostolorum.

Ego Otto, diaconus card. S. Georgii ad Velum aureum.

Ego Hyacinthus, diaconus card. S. Mariæ in Cosmedin.

Ego Otto, diaconus card. S. Nicolai in Carcere Tulliano.

Ego Arditio, card. diaconus S. Theodori.

Datum Laterani, per manum Rolandi, sanctæ Romanæ Ecclesiæ presbyteri cardinalis et cancellarii, IV Kal. Februarii, indictione VIII, Incarnationis

Dominicæ anno 1158, pontificatus vero domni Adriani papæ anno v.

CCXL.

Bulla qua confirmantur jura ac possessiones abbatiæ S. Augustini Lemovicensis.

(Laterani, Febr. 8.)

[*Gall. Christ. nov.*, II, Instrum.., 180.]

ADRIANUS episcopus, servus servorum Dei, dilectis filiis PETRO abbati ecclesiæ S. Augustini Lemovicensis, ejusque fratribus tam præsentibus quam futuris monasticam vitam professis, in perpetuum.

Quoties illud a nobis petitur quod religioni et honestati noscitur convenire, omnino nos decet libenter concedere; et præterea decernimus congruum suffragium impertiri. Eapropter, dilecti in Domino filii, vestris justis postulationibus clementer annuimus, et præfatum monasterium in quo divino mancipati estis obsequio, sub beati Petri et nostra protectione suscipimus, et præsentis scripti privilegio communimus; imprimis siquidem statuentes ut ordo monasticus qui secundum Dei timorem et B. Benedicti Regulam in ipso monasterio institutus esse dignoscitur, perpetuis ibidem temporibus inviolabiliter observetur; statuentes ut quascunque possessiones, quæcunque bona idem monasterium impræsentiarum juste et canonice possidet, aut in futurum concessione pontificum, largitione regum vel principum, oblatione fidelium, seu aliis justis modis, præstante Domino, poterit adipisci, firma vobis vestrisque successoribus et illibata permaneant; in quibus hæc propriis duximus exprimere vocabulis:

Monasterium de Carovico cum pertinentiis; monasterium de Ambazaco cum pertinentiis suis; ecclesiam de Superbosco cum pertinentiis suis; ecclesiam de Colongis cum pertinentiis suis; monasterium et capellam de Castro Lucio cum pertinentiis suis; ecclesiam de Bonaco cum pertinentiis suis; ecclesiam de Fagia cum pertinentiis suis; ecclesiam S. Joannis de Rillaco cum pertinentiis suis, ecclesiam S. Pauli cum pertinentiis suis; ecclesiam de Buissolio cum pertinentiis suis; ecclesiam S. Christophori cum pertinentiis suis; ecclesiam S. Symphoriani cum pertinentiis suis : ecclesiam S. Præjecti cum pertinentiis suis; ecclesiam S. Lazari cum pertinentiis suis; ecclesiam de Femmoreth cum pertinentiis suis; ecclesiam de Vernaco cum pertinentiis suis; ecclesiam S. Germani de Ledros cum pertinentiis suis; ecclesiam de la Vaisse cum pertinentiis suis; ecclesiam SS. Petri et Germani cum pertinentiis suis; ecclesiam de Vegrine cum pertinentiis suis; ecclesiam S. Petri de Lascoube cum pertinentiis suis ; capellam S. Michaelis de Triguant cum pertinentiis suis : capellam S. Michaelis de Chasteluts cum pertinentiis suis. Insuper decimas integræ parochiæ S. Christophori et S. Symphoriani, quæ a quadraginta retro annis quiete possedistis, vobis auctoritate apostolica confirmamus; sepulturam quoque loci ipsius liberam esse concedimus, ut eorum devotioni et extremæ voluntati qui se illic sepeliri deliberaverint, nisi forte excommunicati sint vel interdicti, nullus obsistat, salvis tamen juribus parochialium ecclesiarum, de quibus corpora mortuorum assumuntur. In parochialibus autem ecclesiis quas tenetis, liceat vobis sacerdotes seu rectores electos episcopo repræsentare; quibus si idonei inventi fuerint, episcopus curam animarum committat. Et de plebis quidem cura iidem sacerdotes episcopo, de temporalibus vero vobis debeant respondere. Obeunte vero te nunc ejusdem loci abbate, vel tuorum quolibet successorum, nullus ibi qualibet subreptionis astutia seu violentia præponatur, nisi quem fratres omnium consensu, vel fratrum pars sanioris consilii, secundum Dei timorem et B. Benedicti Regulam providerint eligendum.

Decernimus ergo ut nulli omnino hominum liceat præfatum monasterium temere perturbare, aut ejus possessiones auferre, vel ablatas retinere, minuere, aut aliquibus vexationibus fatigare ; sed omnia integra conserventur eorum, pro quorum gubernatione vel sustentatione concessa sunt, usibus omnimodis profutura, salvis in omnibus apostolicæ sedis auctoritate et diœcesani episcopi convenienti justitia. Si quæ igitur in futurum ecclesiastica sæcularisve persona hanc nostræ constitutionis paginam sciens, contra eam venire temere tentaverit, secundo tertiove commonita, nisi reatum suum congrua satisfactione correxerit, potestatis honorisque sui dignitate careat, reumque se divino judicio existere de perpetrata iniquitate cognoscat, et a sacratissimo corpore et sanguine Dei et Domini Redemptoris nostri Jesu Christi alienus fiat, ac in extremo examine divino ultioni subjaceat. Cunctis autem eidem loco sua jura servantibus sit pax Domini nostri Jesu Christi, quatenus et hic fructum bonæ actionis percipiant, et apud districtum judicem præmia æternæ pacis inveniant.

Sic signatum in originalis margine.

Ego Adrianus catholicæ Ecclesiæ episcopus.

Ego Hubaldus presbyter card. S. Crucis in Jerusalem.

Ego Irmarus Tusculanus episc.

Ego Gregorius Sabiniensis episc.

Ego Hubaldus Ostiensis episc.

Ego Joannes presbyter card. Sanctorum Sylvestri et Martini.

Ego Hidebrandus presbyter card. basilicæ XII Apostolorum.

Ego Odo diaconus card. S. Georgii ad Velum aureum.

Ego Hyacinthus diaconus card. S. Mariæ in Cosmedin.

Ego Ardicio diaconus card. S. Theodori.

Datum Laterani, per manum Rolandi, sanctæ Romanæ curiæ et Ecclesiæ presbyteri cardinalis et cancellarii, sexto Idus Februarii, indictione septima, Incarnationis Dominicæ 1158 pontificatus vero domni Adriani papæ IV anno quinto.

CCXLI.

Ludovici, Francorum regis, consilium laudat, « ad paganorum barbariem debellandam simul cum Henrico, Anglorum rege, in Hispaniam properare » cogitantis. Verum et nimiam festinationem dissuadet, et hortatur, « ut prius necessitatem terræ per principes illius regni inspiciat et consideret, et tam illius Ecclesiæ quam principum et populi voluntatem diligenter inquirat, et ab iis consilium, sicut deceat, accipiat. — Debet enim, inquit, serenitatis tuæ celsitudo recolere, qualiter, cum tam Conradus, quondam rex Romanorum, quam tu ipse, inconsulto populo terræ, Hierosolymitanum iter minus caute aggressi estis, speratum fructum non perceperitis. » Itaque apostolicam populi exhortationem, per (Rotrodum) episcopum Ebroicensem expetitam, differt. Sed regni ejus protectionem suscipit.

(Laterani, Febr. 18.)
[Mansi, *Concil.*, XXI, 810.]

Adrianus episcopus, servus servorum Dei, charissimo in Christo filio Ludovico illustri Francorum regi, salutem et apostolicam benedictionem.

Satis laudabiliter et fructuose de Christiano nomine propagando in terris, et æternæ beatitudinis præmio tibi cumulando in cœlis, tua videtur magnificentia cogitare, dum ad dilatandos terminos populi Christiani, ad paganorum barbariem debellandam, et ad gentes apostatrices, et quæ catholicæ fidei refugiunt nec recipiunt veritatem, Christianorum jugo et ditioni subdendas, simul cum charissimo filio nostro Henrico illustri Anglorum rege, in Hispaniam properare disponis, et studes assidue (ut opus hoc felicem exitum sortiatur) exercitum et quæ sunt itineri necessaria congregare. Atque ad id convenientius exsequendum, matris tuæ sacrosanctæ Romanæ Ecclesiæ consilium exigis et favorem. Quod quidem propositum tantum magis gratum acceptumque tenemus, et amplius sicut commendandum est commendamus, quanto de sinceriori charitatis radice talem intentionem et votum tam laudabile processisse credimus, ac de majori ardore fidei et religionis amore propositum et desiderium tuum principium acceperunt.

Verum cum excellentia tua et consilii maturitate sit provida, et luce sapientiæ illustrata, in ordine ipsius facti videtur plurimum esse festina. Unde et multos attonitos reddidit, et suspensos, cum omne bonum quod suo tempore et competenti ordine exercetur, æterno Conditori placitum habeatur modis omnibus et acceptum, aliter autem non potest gratum ejus existere voluntati. Quod utique ut magis evidenter appareat, et ut sit quod proponimus, paulo amplius manifestum, aliquid exempli gratia duximus non utiliter supponendum. Corpus siquidem Christi conficere, et in ara Dominica hostiam immolare, bonum, imo et salutiferum esse, nemo qui recte sapit ignorat. Cæterum si tempore suo et horis immolatum non fuerit constitutis, jam illud reservatur ad pœnam quod exspectabatur ad gloriam; et qui extra tempus immolat A constitutum, inde sibi damnationem dolebit infligi : unde, si constituto tempore immolasset, meritum sibi gauderet et præmium augmentari.

Accedit ad hoc quod alienam terram intrare, nec providum videtur esse, nec tutum, nisi a principibus, et a populo terræ prius consilium requiratur. Tu vero, sicut accepimus, inconsulta Ecclesia, et principibus terræ illius, accedere illuc et festinare disponis, cum hoc deberes nulla ratione tentare, nisi cognita per principes terræ necessitate, et ab eis prius esses exinde requisitus. Unde quia nos honorem et incrementum tuum tota mentis intentione diligimus, et nihil tale te aggredi, nisi rationabili causa exigente, vellemus, sublimitati tuæ præsentibus litteris suademus ut prius necessitatem terræ per principes illius regni inspicias et consideres, et tam illius Ecclesiæ quam principum et populi voluntatem diligenter inquiras, et ab eis consilium, sicut decet, accipias. Quo facto, si et necessitatem terræ videris imminere, et Ecclesiæ consilium fuerit, ipsi etiam terræ principes tuæ sublimitatis auxilium postulaverint, et consilium dederint, juxta postulationem et consultum eorum poteris postea in facto ipso procedere, et laudabile votum tuum, divino comitante præsidio, adimplere. Aliter tamen timendum esset, ne iter tuum infructuosum existeret, et ne ad desideratum non posset exitum pervenire. Ipsi vero principes et populus terræ in tanto apparatu tuo, si forte necessitas non incumberet, gravarentur, et nos ipsi leves in hoc facto possemus multipliciter apparere.

Debet enim serenitatis tuæ celsitudo recolere, et ad memoriam revocare, qualiter alio tempore, cum tam Conradus bonæ memoriæ quondam rex Romanorum, quam tu ipse, inconsulto populo terræ, Hierosolymitanum iter minus caute aggressi estis, speratum fructum et optatum commodum non perceperitis, et quantum Ecclesiæ Dei et universo fere populo Christiano detrimentum exinde provenerit et jactura. Sanctæ quoque Romanæ Ecclesiæ, quia vobis super hoc consilium præstiterat et favorem, in ipso facto fuit non modicum derogatum; et omnes adversus ipsam ex multa indignatione clamabant, dicentes, eam auctricem tanti periculi exstitisse.

Cum igitur hæc omnia nobis sollicite cogitantibus occurrerent formidanda, nos admonitionem et exhortationem apostolicam ad populum regni tui, secundum quod venerabilis frater noster [Rotrodus] ....Ebroicensis episcopus nobis ex tua parte proposuit, duximus differendam. Attendentes quoniam quod differtur ad tempus, penitus non aufertur. Sed tunc tandem exhortatorias et commonitorias litteras in peccatorum remissionem juxta desiderium gloriæ tuæ, auctore Domino, transmittemus, cum de consilio et postulatione tam principum quam populi terræ illius, sicut superius dictum est, volueris iter arripere, et conceptum in animo votum necessitatis tempore, cum forte, modo aliqua necessitas non immineat, discrete ac laudabiliter disposueris adimplere.

Litteras autem, in quibus regnum tuum sub beati Petri et nostra protectione suscepimus, his qui regnum ipsum usque ad reditum tuum praesumerent impugnare, iram et indignationem apostolicam proponentes, secundum petitionem regiae dignitatis ut ad praesens duximus concedendas. Nos enim, te etiam reticente, et a nobis nullatenus exigente, pro illius fervore dilectionis, quam erga tuam sublimitatem habemus, quidquid honoris et exaltationis tibi et regno tuo exhibere possemus, prompto animo curaremus efficere, et operibus adimplere. Sane discretio tua et nostram dissuasionem, quam rationabiliter credimus nos fecisse, provida deliberatione consideret, atque alia, per quae ad illud iter tam festinanter aspiras, inspiciat et attendat. Et illud tandem tibi consilium super negotio ipso eligas, quod magis de judicio rationis cognoveris eligendum. De caetero, ea quae memoratus frater noster episcopus ex nostra parte regiae proposuerit dignitati, velut si ab ore nostro procederent, absque ulla haesitatione suscipias, et ipsius verbis, tanquam si contingeret nos ea proferre, fidem non dubites adhibere. Ipse namque injunctam sibi legationem ita prudenter fuit et sollicite exsecutus, quod omne illud a nobis studio suae probitatis et discretionis obtinuit, quidquid per sollicitam et providam vigilantiam deberet quilibet alius obtinere.

Datum Laterani xii Kal. Martii

CCXLII.
Privilegium pro Ecclesia Hamburgensi.
(Laterani, Febr. 24.)
[LAPPENBERG, *Hamburg. Urkund.*, I, 200.]

ADRIANUS episcopus, servus servorum Dei, dilecto filio HARTWICO, Bremensi archiepiscopo, ejusque successoribus in perpetuum.

Cum ex injuncto nobis a Deo apostolatus officio, quo cunctis Christi fidelibus ex superni dispositione arbitrii praeeminemus, singulorum paci et quieti debeamus intendere, praesertim pro illorum tranquillitate nos oportet esse sollicitos, qui pastorali dignitate sunt praediti et ad officium pontificale promoti. Nisi enim nos eorum utilitatibus intendentes, ipsorum dignitates et jura in quantum, Deo permittente, possumus, integra conservemus et auctoritate apostolica eos ab iniquorum hominum incursibus defendamus, de illorum salute non vere potuerunt esse solliciti, qui sibi ad regendum sunt, Domino disponente, commissi. Hujus itaque rei consideratione, frater archiepiscope, provocati, tuis justis postulationibus, clementer annuimus, et praefatam, cui, Deo auctore, praeesse dignosceris Ecclesiam, sub beati Petri et nostra protectione suscipimus et praesentis scripti privilegio communimus; statuentes, ut quascunque possessiones, quaecunque bona eadem ecclesia impraesentiarum juste et canonice possidet aut in futu-

rum concessione pontificum, largitione regum vel principum, oblatione fidelium, seu aliis justis modis, praestante Domino, poterit adipisci, firma tibi tuisque successoribus et illibata permaneant. Immunitates praeterea et terminos, videlicet ab Albia flumine deorsum usque ad mare Oceanum, et sursum per Sclavorum provinciam usque ad fluvium Pene, et per ejus decursum usque ad mare orientale. Paludes quoque cultas et incultas infra sive juxta Albiam positas, sicut bonae memoriae Lodowicus quondam imperator Hamaburgensi Ecclesiae rationabiliter dedit, et ipsa Ecclesia possidet, auctoritate apostolica nihilominus confirmamus.

Decernimus ergo, etc.

Datum Laterani per manum Rolandi, presbyteri cardinalis et cancellarii, ix Kalendas Martii, indictione vii, Incarnationis Dominicae 1158, pontificatus vero domni Adriani IV, anno v.

CCXLIII.
Privilegium pro monasterio Jerichcensi.
(Laterani, Febr.)
[*Ibid.*, p. 202.]

ADRIANUS episcopus, servus servorum Dei, dilectis filiis ISFRIDO, praeposito Jerichontinae Ecclesiae, ejusque fratribus tam praesentibus quam futuris canonicam vitam professis, in perpetuum.

Justis religiosorum desideriis consentire ac rationabilibus eorum petitionibus clementer annuere, apostolicae sedis, cui, largiente Domino, deservimus, auctoritas et fraternae charitatis unitas nos hortatur. Quocirca, dilecti in Domino filii, vestris justis postulationibus clementer annuimus et praefatam Ecclesiam, in qua divino mancipati estis obsequio, sub beati Petri et nostra protectione suscepimus et praesentis scripti privilegio communimus; imprimis siquidem statuentes, ut ordo canonicus, qui secundum domini et beati Augustini Regulam et fratrum Praemonstratensium institutionem in eodem loco noscitur institutus, perpetuis ibidem temporibus inviolabiliter conservetur. Praeterea quascunque possessiones, quaecunque bona eadem Ecclesia impraesentiarum juste et canonice possidet aut in futurum concessione pontificum, largitione regum vel principum, oblatione fidelium, seu aliis justis modis, Deo propitio, poterit adipisci, firma vobis vestrisque successoribus et illibata permaneant. In quibus haec propriis duximus exprimenda vocabulis :

Fundum, in quo praefata ecclesia sita est, cum omnibus pertinentiis suis, quae Harthwicus, tunc praepositus, nunc Bremensis archiepiscopus, assentiente matre sua Richarde comitissa, de patrimonio suo, cum tribus villis, scilicet Wulkow, Wulkow et Nitzentorp, quae alio nomine Gardekin vocatur, devotionis intuitu vobis contulit ; duos mansos ad luminaria ejusdem ecclesiae in Erksbleve, de quibus census xxv solidorum annuatim vobis solvitur ; curtem de Burcwardo Kobelitz, qui et Marienburgk dicitur, intra vallum antiquum sitam, cum stagno et villa, quæ similiter Kobelitz vocatur, cum decimis et universis utilitatibus; decimam villæ Jerkow; decimas villarum Wulkow scilicet et Wulkow et Netzentorp; parochialem quoque ecclesiam villæ Jerchow cum pertinentiis suis; proventum quoque omnium decimarum ad jus diœcesani episcopi pertinentium, quas ipse diœcesanus episcopus de terris cultis et incultis ad proprietatem vestram justis modis provenientibus vobis rationabiliter contulit, sicut in scripto ipsius exinde facto noscitur contineri, auctoritate vobis apostolica confirmamus.

Statuimus etiam, ut nullus advocatus in ecclesia vestra ullatenus ordinetur, nisi quem fratres communi consensu providerunt eligendum. Archipresbyteratum quoque totius territorii, cujus terminus est ab Occidente flumen Albis, ab Oriente flumen Havela, a Meridie Strumen fluvius, a Septentrione Buckwardi Klitzen ultimus finis, qui a bonæ memoriæ Anshelmo, Havelbergensi episcopo, vobis concessus est, a vestra ecclesia decernimus perpetuo detineri. Liceat autem vobis clericos vel laicos liberos et absolutos in ecclesia vestra recipere et eos sine contradictione aliqua retinere. Prohibemus etiam, ut nulli fratrum vestrorum post factam in eodem loco professionem aliqua levitate, sine prioris sui clementia, fas sit e claustro discedere, discedentem vero absque communi littera canonicorum nullus audeat retinere.

Decernimus ergo, etc.

CCXLIV.

Ad Guillelmum Cenomanensem episcopum. — Terminandam ei committit controversiam quæ diu agitata fuerat inter monachos Cluniacenses et Petrogoricenses canonicos, super ecclesia de Rocha-Boviscurti.

(Laterani, Febr. 27.)

[Bouquet, *Rec.* XV, 691.]

ADRIANUS episcopus, servus servorum Dei, venerabili fratri GUILLELMO Cenomanensi episcopo, salutem et apostolicam benedictionem.

Super causa de Rocha-Boviscurti, quæ inter Cluniacenses monachos et Willelmus de Atta-Faia vertitur, quantum laborem pars utraque susceperit, et quoties ad sedem apostolicam pro eodem negotio laboraverit, nos satis manifeste cognovimus, et ad multorum notitiam credimus pervenisse. Cum autem et in hac vice ipsum negotium in nostra esse præsentia ventilatum, nec per nos posset, quoniam neutra partium quod intendebat, probare non poterat, finem debitam obtinere; tandem discretioni tuæ idem negotium duximus committendum, ita quidem ut, utraque parte, congruo loco et tempore ad tuam præsentiam convocata, Si W. aut alii clerici, qui aliquid juris in ipsa ecclesia se habere confidunt, in tua præsentia legitime poterint demonstrare se fuisse in præfata ecclesia canonicos ordinatos, antequam Cluniacenses monachi inde fuissent expulsi, nisi ad alias ecclesias fuerint ordinati vel aliis exceptionibus a judicio possint de jure repelli, eos ad agendum de jure proprietatis admittas, et causam ipsam debito fine decidas, salvis tamen privilegiis Cluniacensi monasterio ab apostolica sede indultis, et ejusdem monasterii instrumentis; ita quidem ut si contigerit clericos in causa proprietatis obtinere, post decessum eorum debeat ecclesia ad manus monachorum redire, ut ita privilegia suum vigorem obtineant; alii autem clerici qui post expulsionem Cluniacensium fratrum in eamdem ecclesiam sunt introducti, et illi qui in aliis ecclesiis secundum tenorem litterarum prædecessoris nostri sanctæ recordationis Eugenii papæ (32) et nostrarum intitulati sunt, nullatenus admittantur. Quod si memoratus W. et alii venire distulerint, aut agere forte non poterint, prædictos monachos ab eorum impetitione, sine appellationis obstaculo, auctoritate apostolicæ sedis absolvas, et eis ecclesiam ipsam adjudices, et illis perpetuum silentium indicas, et ipsos monachos quiete facias possidere.

Datum Laterani, III. Kal. Martii (33).

CCXLV.

Ad Monachos de Rocha Boviscurti. — Significat ipsorum causam cum canonicis Petragoricensibus judicio Cenomanensis episcopi commissam fuisse terminandam.

(Laterani, Febr. 27.)

[*Ibid.*]

ADRIANUS episcopus, servus servorum Dei, dilectis filiis priori et monachis de Rocha-Boviscurti (34), salutem et apostolicam benedictionem.

Super causa quæ inter vos et Willelmum de Alta-Faia vertitur, quantum laborem pars utraque susceperit, et quoties ad sedem apostolicam pro eodem negotio laboraverit, nos satis manifeste cognovimus, et ad multorum notitiam credimus pervenisse. Cum autem et in hac vice ipsum negotium in nostra esset præsentia ventilatum, nec per nos posset, quoniam tam vos quam altera pars quod intendebat probare non poterat, finem debitam obtinere; tandem venerabili fratri nostro Cenomanensi episcopo, idem negotium duximus committendum. Quocirca per apostolica scripta vobis præcipiendo mandamus, quatenus cum ab eo propter hoc fueritis evocati, ad ejus præsentiam accedatis; et si memoratus W. et alii clerici qui aliquid juris in ecclesia vestra se habere confidunt, in ipsius præsentia legitime poterunt demonstrare se fuisse in eadem ecclesia canonicos ordinatos, antequam inde fuissetis expulsi nisi ad alias ecclesias fuerint ordinati, vel aliis exceptionibus a judicio possint de jure repelli, eos ad agendum de jure proprietatis admittat, et causam ipsam debito fine decidat, salvis tamen privilegiis, monasterio vestro ab apostolica sede indultis et ejusdem monasterii instrumentis; ita tamen ut, si

---

(32) Eugenii litteras vide *Patrologiæ* t. CLXXX.
(33) Anno 1159, ut videre est in litteris Guillelmi Cenomanensis, infra.

(34) Est et alia Adriani epistola ad Willelmum de Alta-Faia, ejusdem argumenti et eisdem verbis concepta.

contigerit in causa proprietatis clericos obtinere, post decessum eorum debeat ecclesia ad manus vestras redire, ut demum privilegia suum vigorem obtineant; alii autem qui post expulsionem vestram in eamdem ecclesiam sunt introducti, et illi qui in aliis ecclesiis secundum tenorem litterarum prædecessoris nostri sanctæ recordationis Eugenii papæ, et nostrarum intitulati sunt, nullatenus admittantur. Quod si prænominatus Willelmus et alii ad vocationem ejusdem fratris nostri episcopi venire distulerint, aut agere forte non poterint, vos ab eorum impetitione, sine appellationis obstaculo, auctoritate apostolicæ sedis absolvat, et vobis ecclesiam ipsam adjudicet, et illis perpetuum silentium indicat, et vos quiete eamdem ecclesiam faciat possidere.

Datum Laterani, III Kal. Martii.

CCXLVI.

Possessiones cœnobii Sancti Maglorii Parisiensis confirmat.

(Laterani, Mart. 4.)

[*Gall. Christ.*, t. VII, Instr., 67.]

Adrianus episcopus, servus servorum Dei, dilectis filiis Petro abbati monasterii S. Maglorii Parisiensis ejusque fratribus, tam præsentibus quam futuris, monasticam vitam professis in perpetuum.

Religiosam vitam eligentibus apostolicum convenit adesse præsidium, ne forte cujuslibet temeritatis incursus, aut a proposito revocet, aut robur, quod absit! sacræ religionis infringat. Eapropter, dilecti in Domino filii, vestris justis postulationibus clementer annuimus, et præfatum monasterium, in quo divino mancipati estis obsequio, sub B. Petri et nostra protectione suscipimus, et præsenti privilegio communimus. Statuentes ut quascunque possessiones, quæcunque bona idem monasterium in præsenti juste et canonice possidet, aut in futurum concessione pontificum, largitione regum vel principum, oblatione fidelium, seu aliis justis modis præstante Domino poteritis adipisci, firma vobis vestrisque successoribus et illibata permaneant. In quibus hæc propriis duximus exprimenda vocabulis.

Terram ex utraque parte ipsi monasterio adjacentem liberam et quietam; ecclesiam S. Maglorii in civitate Parisiensi cum pertinentiis suis, ecclesiam S. Saturnini de Nogento cum pertinentiis suis, ecclesiam B. Mariæ de Reiis cum pertinentiis suis, ecclesiam S. Dionysii et S. Crucis de Briis......... et decima Unvillaris, et decima Sancivri. In Carnotensi episcopatu, ecclesiam S. Laurenti cum pertinentiis suis. Ecclesiam S. Nicolai cum pertinentiis suis, ecclesiam S. Dionysii de Madriaco cum pertinentiis suis, ecclesiam S. Martini de Basethis cum tota decima ad ipsam pertinente, ecclesiam SS. Cornelii et Cypriani de Novalibus, ecclesiam S. Petri de Pugneis cum pertinentiis suis, ecclesiam S. Bartholomæi de Bussoria cum pertinentiis suis, ecclesiam S. Martini de Grosso robore cum pertinentiis suis, ecclesiam S. Martini de Galleis cum pertinentiis suis, ecclesiam S. Martini de Marolio cum pertinentiis suis, ecclesiam S. Martini de Bainna cum pertinentiis suis, ecclesiam S. Stephani de Vernoilo cum pertinentiis suis, ecclesiam de Orvillaris cum pertinentiis suis, ecclesiam S. Cyrici de Baiolo cum pertinentiis suis.

In Britannia, ecclesiam SS. Petri et Pauli et S. Maglorii in Lehonensi pago cum ecclesiis et capellis ad eam pertinentibus, videlicet ecclesiam Sancti Petri de Juram cum capellis suis, ecclesiam S. Juvati cum pertinentiis suis, ecclesiam S. Judoci cum pertinentiis suis, ecclesiam S. Laurentii de Treveron cum pertinentiis suis, ecclesiam S. Maglorii de castello Trivan cum pertinentiis suis, ecclesiam S. Cophili [Scophili] desuper mare cum pertinentiis suis, et prata quæ Ludovicus illustris Francorum rex in mariscis Sanctæ Opportunæ legitime vobis concessit. Decimam totius nemoris, quod dicitur Eulina, decimam pasnatici ejusdem nemoris. Decimam et villas quas a XL retro annis quiete ac pacifice tenuistis, nulli laico, vel monacho, seu alteri liceat vobis auferre. Statuimus autem, ut in prædictis ecclesiis vestris nullus episcoporum vel quorumlibet hominum injustas aut indebitas exactiones debeat exercere. In parochialibus scilicet ecclesiis quas tenetis, liceat vobis sacerdotes eligere, et electos episcopo repræsentare, quibus si idonei inventi fuerint, episcopus animarum curam committat, et de plebis quidem cura iisdem sacerdotes episcopo, de temporalibus vero vobis debeant respondere. Quod si facere recusaverint, subtrahendi eis temporalia quæ a vobis tenent, liberam habeatis auctoritate apostolica facultatem. Obeunte vero te nunc ejusdem loci abbate, vel tuorum quolibet, nullus ibi qualibet subreptionis astutia seu violentia præponatur, nisi quem fratres communi consensu, vel fratrum pars consilii sanioris, secundum Dei timorem, et B. Benedicti Regulam providerint eligendum. Prohibemus etiam ut nulli episcoporum liceat sine assensu abbatis ejusdem loci vestras ecclesias consecrare. Sane novalium vestrorum quæ propriis manibus aut sumptibus colitis, sive de nutrimentis vestrorum animalium nullus a vobis decimas præsumat exigere. Sepulturam quoque ipsius loci liberam esse concedimus, ut eorum devotioni et extremæ voluntati qui se illic sepeliri deliberaverint, nisi forte excommunicati vel interdicti sint, nullus obsistat, salva tamen justitia parochialium ecclesiarum, de quibus mortuorum corpora assumuntur.

Decernimus ergo, etc.

Ego Adrianus catholicæ Ecclesiæ episcopus. Amen, amen.

Ego P. Tusculanus episcopus.

Ego Hubaldus presbyter cardinalis tit. S. Crucis in Jerusalem.

Ego Hubaldus Ostiensis episcopus.

Ego Joannes presb. card. tit. S. Anastasiæ.

Ego Gualterius Albanensis episc

Ego Abbo diac. card. S. Georgii ad Velum Aureum.

Ego Hyacinthus diac. card. S. Mariæ in Cosmedin.

Datum per manum Rolandi, S. R. E. card. et cancellarii, iv Nonas Mart., indict. vii. Incarn. Dom. anno 1158, pontificatus vero domni Adriani papæ IV anno v.

CCXLVII.
Monasterii vallis S. Mariæ protectionem suscipit, possessiones ac privilegia confirmat.
(Laterani, Mart. 4.)
[*Orig. Guelf.*, III, 555.]

ADRIANUS episcopus, servus servorum Dei, dilectis filiis DUDELINO abbati monasterii vallis Sanctæ Mariæ, ejusdemque fratribus, tam præsentibus quam futuris, regularem vitam professis, in perpetuum.

Religiosam vitam eligentibus apostolicum convenit adesse præsidium, ne forte cujuslibet temeritatis incursus aut eos a proposito revocet, aut robur, quod absit! sacræ religionis infringat. Eapropter, dilecti in Domino filii, vestris justis postulationibus clementer annuimus, et præfatum monasterium, in quo divino mancipati estis obsequio, ad exemplar prædecessoris nostri sanctæ recordationis Eugenii papæ, sub beati Petri et nostra protectione suscipimus, et præsentis scripti privilegio communimus. In primis siquidem statuentes, ut ordo monasticus, qui est secundum Dei timorem et beati Benedicti Regulam, et Cisterciensium fratrum institutionem, ibidem perpetuis temporibus inviolabiliter conservetur. Præterea quascunque possessiones, quæcunque bona idem monasterium impræsentiarum juste et canonice possidet, aut in futurum concessione pontificum, largitione regum vel principum, oblatione fidelium, seu aliis justis modis, præstante Domino, poterit adipisci, firma vobis, vestrisque successoribus, et illibata permaneant. In quibus hæc propriis duximus exprimenda vocabulis :

Locum ipsum, vallem scilicet Sanctæ Mariæ, ab illustri viro Frederico, Palatino comite, omnipotenti Deo ad statuendam ibi religionem pia devotione oblatam, cum viginti mansis, pratis, pascuis et nemoribus ad ipsos mansos pertinentibus; curtem quæ dicitur Steinthorp, cum suis appendiciis, pascuis videlicet, pratis ac nemoribus; ex dono Luchardis comitissæ curtem Liutestorph cum suis appendiciis et decimis; quartam partem silvæ quæ dicitur Lapenwolt; ex dono Ermenchardis marchionissæ quatuor mansos in Liutestorph cum appendiciis et utilitatibus suis, et quæcunque in eadem villa commutata sunt cum fratribus ecclesiæ Walbech a fundatore prædictæ ecclesiæ; ex dono Hodæ comitissæ quatuor mansos in Aventorp, cum omnibus utilitatibus suis; ex dono Burchardi et Willeri tres mansos et dimidium in Brandesleve; ex dono ducis Henrici unum mansum cum saltu in eadem villa; ex dono Ludolphi septem jugera in eadem villa cum assensu hæredis sui, videlicet Frederici de Amfrideslove; quatuor jugera et pratum, quæ a Burchardo de Gersleve emistis. Item ex dono jam dicti Friderici Palatini comitis dimidium mansum in eadem villa; ex dono Willelmi de Ancersleve tres mansos in eadem villa, et quæcunque in eadem villa commutata sunt cum sororibus Quideneburgensis Ecclesiæ et Wallebhec; molendinum et dimidium mansum cum area, quæ in Brandesleve majori emistis; quatuor mansos in Offensleve et quatuor mansos in Mammendorp; dimidium mansum Cowelle, in quo præfatus comes Palatinus contulit ecclesiæ dimidium mansum; ex dono Lucardis comitissæ duos mansos pretio comparatos in eadem villa; ex dono Alberti Palatini comitis, filii ejusdem comitissæ, duos mansos in Nortgermesleve; ex dono Frederici ministerialis præfati principis, dimidium mansum in Hoetmersleve; ex dono Agnetis filiæ ducis de Linborch tres mansos, unum in Brandesleve minori et duos in Wadentorp; ex dono Beatricis quatuor mansos in Ortorp; ex dono Volradi comitis duos mansos in eadem villa, et decimam Forwerci vestri in Brandesleve; ex dono Erici unum mansum Winninche ; ex dono prædictæ Lucardis comitissæ unam aream in Santorp, cum saltu quodam, qui spectabat ad ipsam; ex dono memorati Palatini comitis duos mansos, unum in Somerstorp et alium in Ekenhardenleve et Othmersleve; ex dono Henrici ducis villam quæ dicitur Bardenheke cum suis appendiciis, videlicet pratis, pascuis ac nemoribus. Item ex dono Agnetis, filiæ ducis de Linburche quartam partem silvæ, quæ dicitur Lapenwolt, Haskenroht et Biscobroht cum omnibus appendiciis suis, videlicet pratis, pascuis rivis et saltu: insuper et villam ipsi prædio adjacentem cum decima ejusdem villulæ, et silva quæ dicitur Lobectze, quæ omnia Halberstadensis episcopus ad petitionem Notgeri de Godersleve ministerialis sui qui eadem bona beneficii jure ab ipso possederat, canonice vobis concessit. Sane novalium vestrorum, quæ propriis manibus aut sumptibus colitis, sive de nutrimentis animalium vestrorum, nullus ex vobis decimas præsumat exigere.

Decernimus ergo ut nulli omnino hominum liceat supradictum monasterium temere perturbare, aut ejus possessiones auferre vel ablatas retinere, minuere, seu quibuslibet vexationibus fatigare, sed illibata omnia et integra conserventur eorum pro quorum gubernatione et sustentatione concessa sunt, usibus omnimodis profutura, salva nimirum apostolicæ sedis auctoritate, et diœcesani episcopi canonica justitia.

Si qua igitur, etc.

Datum Laterani per manum Rolandi, sanctæ Romanæ Ecclesiæ presbyteri cardinalis et cancellarii, iv Nonas Martii, indictione vii, Incarnationis Dominicæ anno 1158, pontificatus vero domni Adriani papæ IV anno v.

Signavit inter alios:
Hyacinthus, diaconus cardinalis S. Mariæ in Cosmedin.

CCXLVIII.

Ad H. (35) electum et capitulum Suessionensis Ecclesiæ. — Pro Vitto decano Suessionensi.

[Marten., *Ampl. Collect.*, II, 653.]

Adrianus episcopus, servus servorum Dei, dilectis filiis H. electo et universo capitulo Suessionensis Ecclesiæ, salutem et apostolicam benedictionem.

Satis utiliter providemus Ecclesiis quando viros honestos, ecclesiasticos præsertim et litteratos, ecclesiasticis beneficiis ampliamus. Hujus autem considerationis intuitu dilecto filio nostro Vitto decano Ecclesiæ vestræ præbendam quam tu, fili electe, in eadem Ecclesia nosceris hactenus habuisse, auctoritate apostolica ita concessimus et investivimus, ut eadem præbenda debeat de cætero ad decanatus officium pertinere. Decebat enim ut qui officium in aliqua ecclesia gereret decanatus, redditus sufficientes haberet unde honeste possit et honorifice sustentari. Quocirca per apostolica vobis scripta mandamus, quatenus concessionem ipsam ratam habeatis, neque præsumatis eam ullo tempore perturbare.

Data Laterani, iii Non. Martii.

CCXLIX.

Monasterium S. Clementis Piscariense tuendum suscipit ejusque bona ac privilegia confirmat.

(Laterani, Mart. 14.)

[Mansi, *Concil.*, XXI, 827.]

Adrianus episcopus, servus servorum Dei, dilectis filiis, Leonati abbati monasterii S. Clementis de Insula Piscariæ, quæ Casa aurea vocatur, ejusque fratribus tam præsentibus quam futuris regularem vitam professis in perpetuum.

Effectum justa postulantibus indulgere, et vigor æquitatis, et ordo exigit rationis, præsertim quando petentium voluntatem pietas adjuvat, et veritas non relinquit. Quocirca, dilecti in Domino filii, vestris justis postulationibus clementer annuimus, et præfatum monasterium ubi corpus B. Clementis papæ et martyris requiescit, et in quo divino mancipati estis obsequio, ad exemplar prædecessoris nostri felicis memoriæ Leonis papæ, sub B. Petri et nostra protectione suscipimus, et præsentis scripti privilegio communimus; statuentes, etc.

Interdicimus insuper, ut nullus episcopus ibi synodum celebret; chrisma, oleum sanctum, consecrationes altarium, seu basilicarum, ordinationes monachorum seu clericorum, qui ad sacros ordines fuerint promovendi, a quocunque malueritis suscipiatis episcopo. Obeunte vero te nunc ejusdem loci abbate, vel tuorum quolibet successorum, nullus ibi qualibet subreptionis astutia seu violentia præponatur, nisi quem fratres communi consensu, vel fratrum pars consilii sanioris secundum Deum, et B. Benedicti Regulam providerint eligendum, etc.

Ego Adrianus, catholicæ Ecclesiæ episcopus subscripsi.
Ego Gregorius, Sabiniensis episcopus.
Ego Hubaldus, Ostiensis episcopus.
Ego Julius, Prænestrinus episcopus.
Ego Gualterius, Albanensis episcopus.
Ego Bernardus, Portuensis et Sanctæ Rufinæ episcopus.
Ego Hubaldus, presb. card. tit. S. Crucis in Jerusalem.
Ego Octavianus, presbyter cardinalis tituli S. Cæciliæ.
Ego Joannes, presb. card. tit. SS. Joannis et Petri (36), tit. Pamachii.
Ego Joannes, presb. card. tit. SS. Sylvestri et Martini.
Ego Hildebrandus, presb. card. basilicæ duodecim Apostolorum.
Ego Guido, presbyter cardinalis tituli Sancti Calixti.
Ego Joannes, presbyter cardinalis tituli Sanctæ Anastasiæ.
Ego Bonadies, presbyter cardinalis tituli Sancti Chrysogoni.
Ego Guillelmus, presb. card. tituli S. Petri ad Vincula.
Ego Oddo, diaconus card. S. Georgii ad Velum aureum.
Ego Hyacinthus, diaconus cardinalis S. Mariæ in Cosmedin.
Ego Ardicio, diaconus cardinalis Sancti Theodori.
Ego Cinthius, diaconus cardinalis Sancti Adriani.
Ego Petrus, diac. card. S. Eustachii juxta templum Agrippæ.

Datum Laterani per manum Rolandi, sanctæ Romanæ Ecclesiæ presbyteri cardinalis et cancellarii, ii Idus Martii, indictione vi, Incarnationis Dominicæ anno 1158, pontificatus vero domni Adriani papæ IV anno v.

CCL.

Monasterium Murense cum suis pertinentiis in protectionem apostolicam recipit, bonaque et jura confirmat.

(Laterani, Mart. 28.)

[Gerbert, *Hist. Nig. Sil.*, III, 91.]

Adrianus episcopus, servus servorum Dei, dilectis filiis Cononi abbati monasterii S. Martini in Mura, ejusque fratribus, tam præsentibus quam futuris, regularem vitam professis in perpetuum.

Officii nostri nos admonet et invitat auctoritas pro ecclesiarum statu satagere, et eorum quieti et

---

(35) Hugonem de Campo-Florido.

(36) *corrige* Pauli.

tranquillitati salubriter, auxiliante Deo, providere. Dignum namque et honestati conveniens esse dignoscitur, ut qui ad earum regimen, Domino disponente, assumpti sumus, eas et a pravorum hominum nequitia tueamur, et B. Petri atque sedis apostolicæ patrocinio muniamus. Eapropter, dilecti in Domino filii, vestris justis postulationibus clementer annuimus, et præfatum monasterium in quo divino mancipati estis obsequio, sub beati Petri et nostra protectione suscipimus et præsentis scripti privilegio communimus; statuentes, ut quascunque possessiones, quæcunque bona idem monasterium impræsentiarum juste et canonice possidet, aut in futurum concessione pontificum, largitione regum vel principum, oblatione fidelium, seu aliis justis modis, operante Domino, poterit adipisci, firma vobis vestrisque successoribus et illibata permaneant. In quibus hæc propriis duximus exprimenda vocabulis :

Ecclesiam in Hermenstwillare, ecclesiam de Bousb, ecclesiam de Stanes, ecclesiam de Rische, ecclesiam de Pohwilo, ecclesiam de Egenwilare, ecclesiam de Rordorf, ecclesiam de Urtechun, ecclesiam de Tellewilare et ecclesiam de Cohelinchon. Cum autem commune interdictum terra fuerit, liceat vobis, clausis januis, non pulsatis tintinnabulis, exclusis excommunicatis et interdictis, suppressa voce divina officia celebrare. Obeunte vero te nunc ejusdem loci abbate, vel tuorum quolibet successorum, nullus ibi qualibet subreptionis astutia seu violentia præponatur, nisi quem fratres communi consensu, vel eorum pars consilii sanioris secundum Dei timorem et B. Benedicti Regulam providerint eligendum.

Decernimus ergo ut nulli omnino hominum liceat supradictum monasterium temere perturbare, aut ejus possessiones auferre, vel ablatas retinere, minuere, seu quibuslibet vexationibus fatigare, sed illibata omnia et integra conserventur eorum, pro quorum gubernatione et sustentatione concessa sunt, usibus omnimodis profutura, salva sedis apostolicæ auctoritate et diœcesani episcopi canonica justitia. Si quis vero hoc privilegium ab apostolica sede emancipatum aliqua præsumptione invaserit, vinculo anathematis subjaceat.

Si qua igitur in futurum, etc. Cunctis autem eidem loco, etc.

Ego Adrianus, catholicæ Ecclesiæ episcopus.
Ego Gregorius, Sabiniensis episcopus.
Ego Hubaldus, Ostiensis episcopus.
Ego Bernardus, Portuensis et S. Rufinæ episcopus.
Ego Gualterius, Albanensis episcopus.

Datum Laterani per manum Rolandi, sanctæ Romanæ Ecclesiæ presbyteri cardinalis et cancellarii, v Kalend. Aprilis, indictione VII, Incarnationis Dominicæ anno 1159, pontificatus vero domni Adriani papæ IV anno v.

CCLI.

Monasterii Pruefeningensis tutelam suscipit, bonaque ac jura confirmat.

(Laterani, April. 1.)

[Hund, *Metropol. Salisb.*, III, 134.]

Adrianus episcopus, servus servorum Dei, dilectis filiis Erboni abbati monasterii S. Georgii Prufeningensis ejusque fratribus tam præsentibus quam futuris regularem vitam professis, in perpetuum.

Ad hoc universalis Ecclesiæ cura nobis a provisore omnium bonorum Deo commissa est, ut religiosas diligamus personas, et beneplacentem Deo religionem studeamus modis omnibus propagare. Nec enim Deo gratus aliquando famulatus impenditur, nisi ex charitatis radice procedens a puritate religionis fuerit conservatus. Oportet igitur omnes Christianæ fidei amatores religionem diligere et loca venerabilia, cum ipsis personis divino servitio mancipatis attentius confovere, ut nullis pravorum hominum agitentur molestiis, vel importunis angariis agitentur. Hujus rei gratia, dilecti in Domino filii, vestris justis postulationibus clementer annuimus et præfatum Beati Georgii Prufeningense monasterium, in quo divino mancipati estis obsequio, ad exemplar prædecessoris nostri sanctæ recordationis Eugenii papæ, sub beati Petri et nostra protectione suscipimus, et præsentis scripti privilegio communimus; statuentes ut quæcunque bona, quæcunque possessiones ab Ottone bonæ memoriæ Babergensis episcopo, Egilberto et Eberhaldo ejus successoribus, juste et canonice vestro monasterio sunt oblata, et in posterum ab eorum successoribus sive ab aliis Dei fidelibus simili modo seu concessione pontificum, liberalitate regum, largitione principum, oblatione fidelium, aut etiam aliis rationalibus modis, præstante Domino, eidem loco conferre contigerit, firma vobis vestrisque successoribus, et illibata permaneant. Sane novalium vestrorum quæ propriis manibus, aut sumptibus colitis, sive de nutrimentis vestrorum animalium, nullus a vobis decimas exigere præsumat. Adjicimus etiam ut in ecclesiis vel capellis quæ in fundo monasterii vestri sunt, liceat vobis honestos eligere sacerdotes, qui nimirum per vos episcopo præsententur, atque si idonei fuerint, ab eodem episcopo curam animarum suscipiant, eique de spiritualibus, vobis autem de temporalibus respondeant. Quod si commune in terra illa fuerit interdictum, exclusis ab ecclesia vestra excommunicatis et interdictis, clausis januis, liceat vobis submissa voce divina officia celebrare. Sepulturam quoque ipsius loci liberam esse concedimus, ut eorum devotioni et extremæ voluntati, qui se illic sepeliri deliberaverint, nisi forte excommunicati vel interdicti sint, nullus obsistat, salva tamen justitia illarum ecclesiarum a quibus corpora mortuorum assumuntur.

Decernimus ergo ut nulli omnino hominum liceat supradictum monasterium temere perturbare, aut ejus possessiones auferre, vel ablatas retinere, minuere, seu quibuslibet vexationibus fatigare, sed illibata et integra conserventur eorum, pro quorum gubernatione et sustentatione concessa sunt, usibus omnimodis profutura, salva sedis apostolicae auctoritate et diœcesani episcopi canonica justitia.

Si qua igitur, etc. Cunctis autem, etc.

Ego Adrianus, catholicæ Ecclesiæ episcopus.

Datum Laterani per manum Rolandi, sanctæ Romanæ Ecclesiæ presbyteri cardinalis et cancellarii, Kal. Aprilis, indict. VII, Incarnationis Dominicæ anno 1159, pontificatus vero domni Adriani papæ IV, anno V.

CCLII.

Monasterii S. Joannis Blauburensis protectionem suscipit, possessionesque ac privilegia confirmat.

(Laterani, Aprilis 6.)

[PETRI *Suevia eccle.*, 180.]

ADRIANUS episcopus, servus servorum Dei, dilectis filiis WERNHERO abbati monasterii Sancti Joannis Baptistæ, ejusque fratribus tam præsentibus quam futuris regularem vitam professis, in perpetuum.

Religiosam vitam eligentibus apostolicum adesse convenit præsidium, ne forte cujuslibet temeritatis incursus, aut eos a proposito revocet, aut robur, quod absit! sacræ religionis infringat. Eapropter, dilecti in Domino filii, vestris justis postulationibus clementer annuimus et præfatum monasterium, in quo divino mancipati estis obsequio, prædecessoris nostri felicis memoriæ Urbani papæ vestigiis inhærentes, sub B. Petri et nostra protectione suscipimus, et præsentis scripti privilegio communimus, statuentes ut quascunque possessiones, quæcunque bona idem monasterium impræsentiarum juste et canonice possidet, aut in futurum concessione pontificum, largitione regum vel principum, oblatione fidelium, seu aliis justis modis, præstante Domino, poterit adipisci, firma vobis vestrisque successoribus, et illibata permaneant. In quibus hæc propriis duximus exprimenda vocabulis:

Decimas ecclesiæ quæ Sussen, et aliam quæ Laichingen dicitur, vobis canonice concessas, et omnia quæ Henricus et Hugo comites, et quæ Adelheidis comitissa vobis rationabiliter contulerit; advocatiam autem præfatæ ecclesiæ Hugo comes dum vixerit administret. Qui si forte monasterio inutilis fuerit, amoto eo, alium quem utilem providetis, substituatis. Præterea nundinas monasticæ religioni contrarias, atque omnis cohabitationis negotiatorum, et omne forense negotium ad damnum præfati monasterii, et ad turbandam quietem fratrum in eodem monasterio fieri sub interminatione anathematis prohibemus. Quod si ipsi negotiatores inobedientes exstiterint, nullus clericorum, in loco ubi nundinæ fuerint, quandiu ipsæ permanserint, missam celebrare præsumat. In parochialibus autem ecclesiis quas tenetis, liceat vobis sacerdotes eligere et electos episcopo præsentare, quibus, si inventi fuerint idonei, episcopus animarum curam committat, et de plebis quidem cura iidem sacerdotes episcopo, de temporalibus vero vobis debeant respondere; chrisma vero, oleum sanctum, consecrationes altarium seu basilicarum, ordinationes monachorum, qui ad sacros ordines fuerint promoti, a diœcesano suscipiatis episcopo, siquidem catholicus fuerit, et gratiam atque communionem apostolicæ sedis habuerit, et ea gratis ac sine pravitate voluerit exhibere; alioquin liceat vobis quemcunque malueritis adire antistitem, qui nimirum nostra fultus auctoritate, quod postulatur indulgeat. Sepulturam quoque ipsius loci liberam esse concedimus, ut eorum devotioni et extremæ voluntati, qui se illic sepeliri deliberaverint, nisi forte excommunicati vel interdicti sint, nullus obsistat, salva tamen justitia parochialium ecclesiarum de quibus mortuorum corpora assumuntur.

Decernimus ergo, ut nulli omnino hominum liceat supradictum monasterium temere perturbare, aut ejus possessiones auferre, vel ablatas retinere, minuere, seu quibuslibet vexationibus fatigare, sed illibata omnia et integra conserventur eorum, pro quorum gubernatione et sustentatione concessa sunt, usibus omnimodis profutura, salva sedis apostolicæ auctoritate, et diœcesani episcopi canonica justitia. Ad indicium autem hujus a sede apostolica perceptæ protectionis, bizantium unum nobis nostrisque successoribus annis singulis persolvetis.

Si qua igitur in futurum, etc.

Ego Adrianus, catholicæ Ecclesiæ episcopus, subscripsi. (Bene valete.)

Ego Hubaldus, presbyter cardinalis tit. S. Crucis in Jerusalem.

Datum Laterani per manum Rolandi, sanctæ Romanæ Ecclesiæ presbyteri cardinalis et cancellarii, VIII Idus Aprilis, indictione VII, Incarnationis Dominicæ anno 1159, pontificatus vero domni Adriani papæ IV, anno V.

CCLIII.

Ecclesiæ Sanctæ Opportunæ Parisiensis protectionem suscipit, bonaque confirmat.

(Laterani, Maii 12.)

[FÉLIBIEN, *Hist. de Paris*, III, 33.]

ADRIANUS episcopus, servus servorum Dei, dilectis filiis canonicis Sanctæ Opportunæ, tam præsentibus quam futuris, canonice substituendis, in perpetuum.

Piæ postulatio voluntatis effectu debet prosequente compleri, ut et devotionis sinceritas laudabiliter enitescat, et utilitas postulata vires indubitanter assumat. Eapropter, dilecti in Domino filii, vestris justis postulationibus clementer annuimus, et præfatam ecclesiam, in qua divino mancipati estis obsequio, sub beati Petri et nostra protectione suscipimus, et præsentis scripti privilegio communimus; statuentes ut quascunque possessiones, quæcunque bona eadem ecclesia impræsentiarum juste et canonice possidet, aut in futurum concessione pontificum, largitione regum vel principum, oblatione fidelium, aut aliis justis modis, præstante Domino, poterit adipisci, firma vobis vestrisque successoribus et illibata permaneant. In quibus hæc propriis duximus exprimenda vocabulis :

Ecclesiam SS. Innocentium, et aquosam terram quam Mariscos vocant juxta civitatem Parisius consistentem, quam bonæ memoriæ Theobaldus quondam Parisiensis episcopus, et charissimus filius noster Ludovicus illustris rex Francorum vobis et ecclesiæ vestræ confirmasse, ac suis scriptis roborasse noscuntur; capiceriam quoque ipsius ecclesiæ, sicut idem episcopus vobis eam rationabiliter adjudicavit, auctoritate apostolica confirmamus.

Decernimus ergo ut nulli omnino hominum liceat præfatam ecclesiam temere perturbare, aut ejus possessiones auferre, vel ablatas retinere, minuere, aut aliquibus vexationibus fatigare, sed omnia integra conserventur eorum, pro quorum gubernatione ac sustentatione concessa sunt, usibus omnimodis profutura, salva in omnibus apostolicæ sedis auctoritate, et diœcesani episcopi canonica justitia.

Si qua igitur in futurum, etc.

Cunctis autem eidem loco, etc.

Ego Adrianus, catholicæ Ecclesiæ episcopus.
Ego Gregorius, Sabiniensis episcopus.
Ego Hubaldus, Ostiensis episcopus.
Ego Julius, Præenestinus episcopus.
Ego Bernardus, Portuensis et Sanctæ Rufinæ episcopus.
Ego Hubaldus, presbyter cardinalis tituli Sanctæ Crucis in Jerusalem.
Ego Astaldus, presbyter cardinalis tituli Sanctæ Priscæ.
Ego Joannes, presbyter cardinalis tituli Sanctorum Silvestri et Martini.
Ego Bonadies, presbyter cardinalis tituli Sancti Chrysogoni.
Ego Hildebrandus, presbyter cardinalis basilicæ XII Apostolorum.
Ego Odo, diaconus cardinalis Sancti Georgii ad Velum aureum.
Ego Hyacinthus, diaconus cardinalis Sanctæ Mariæ in Cosmedin.
Ego Arditio, diaconus cardinalis Sancti Theodori.
Ego Boso, diaconus cardinalis SS. Cosmæ et Damiani.
Ego Petrus, diaconus cardinalis Sancti Eustachii juxta templum Agrippæ.
Ego Raymundus, diaconus cardinalis Sanctæ Mariæ in Via Lata.

Datum Laterani per manum Hermanni, domni papæ subdiaconi et scriptoris, iv Idus Maii, Incarnationis Dominicæ anno 1159, indictione vii, pontificatus vero domni Adriani papæ IV, anno v.

CCLIII bis.

Compositionem factam inter Hugonem abbatem Præmonstratensem et Gualterum episcopum Laudunensem confirmat.

(Tusculani, Maii 30.)
[Le Paige *Bibl. Præm.*, 433.]

ADRIANUS episcopus, servus servorum Dei, dilectis filiis HUGONI abbati, et fratribus Præmonstratensis Ecclesiæ, salutem et apostolicam benedictionem.

Ea quæ compositione vel concordia mediante inter viros ecclesiasticos rationabiliter statuuntur, in sua debent stabilitate consistere, et ad majorem in posterum firmitatem habendam apostolicæ sedis præsidio eadem necesse est communiri. Eapropter, dilecti in Domino filii, vestris justis postulationibus gratum impertientes assensum, concordiam quæ inter vos, et venerabilem fratrem Gualterum Laudunensem episcopum super subscriptis possessionibus, mediantibus charissimo filio nostro Ludovico, illustri rege Francorum, et venerabili fratre nostro Samsone, Remorum archiepiscopo apostolicæ sedis legato, et aliis quibusdam episcopis et principibus ex utriusque partis assensu rationabili providentia facta est, auctoritate apostolica confirmamus, et præsentis scripti patrocinio communimus. Hæc autem concordia, sicut in scripto exinde facto contineri dignoscitur, hujusmodi est:

Pastoralis officii est religiosorum paci et quieti providere, quæ rationabiliter acta sunt attestari, et ne aliquo oblivionis nubilo obfuscari possint vel infirmari, scripto commendare, et posterorum notitiæ transmittere. Eapropter, ego Gualterus, Dei gratia Laudunensium vocatus episcopus, notum fieri volumus tam futuris quam præsentibus, quod temporibus nostris inter nos et Hugonem abbatem et fratres Præmonstratæ Ecclesiæ querela emerserit super possessionibus inferius adnotatis, pro eo quod minus ordinate bona episcopalia nobis distracta viderentur. Tandem vero, mediante rege Francorum et archiepiscopo Remensi, et episcopis et principibus, hoc modo controversia illa compositionis finem accepit. Fratres quidem Præmonstratenses ut, salvis privilegiis et possessionibus suis, firmam et perpetuam pacem possent adipisci, trecentas libras provenientium ad instaurationem curtis nobis nostrisque successoribus in perpetuum permansuræ cum quingentis ovibus, vaccis viginti, jumentis duodecim, et suibus septem nobis tradiderunt. Nos autem eis omnia de quibus querela emerserat, quæ temporibus prædecessorum nostrorum Bartholomæi et Gualteri tenuerant, deinceps libere et quiete possidenda concessimus, et communi assensu capituli nostri præsentis scripti auctoritate confirmamus. Quæ etiam vocabulis propriis sigillatim duximus exprimenda :

Vallem videlicet Præmonstratensem, in qua sita est ecclesia, liberam et ab omni exactione personæ cujuslibet absolutam, cum vineis, terris, silvis, pascuis, pratis, rivis et molendinis quæ ibidem construxerunt, et proclivia montium ex omni parte cum vallibus adjacentibus a rivis versus Vois usque ad Hubertipontem et usque ad Molnantvoisin, et ad vallem Rohardi, et ad Halierpré. In quibus videlicet terminis pro ea parte, in qua prius ultra rivum versus Molnantvoisin communis erat pascua, nunc autem stagnis et molendinis occupantur. Solvuntur nobis ab ipsis fratribus duo solidi censualiter in festo S. Remigii ; curtem de Fontinellis liberam, exceptis sex denariis qui solvuntur pro minuta decima canonicis Sanctæ Mariæ Laudunensis ; et carrucatam unam ex dono episcopali, et terram quatuodecim galetos sementis capientem ex eleemosyna fratris Udonis cum modio frumenti parvæ mensuræ ad molendinum de Tacerel ; aliam quoque terram de Belmont, quam rochetem capientem circiter duos modios et dimidiam sementis Laudunensis mensuræ solventem nobis censualiter tredecim denarios et obolum, quæ collecta est ex quorumdam eleemosynis, scilicet Harduini, Gerardi, Rufi, Emehardi et Thomæ fratris ejus, Dordonis, Ragneri, Harduini, Gaufridi de Guez ; campum etiam ad modium sementis solventem Hermentrudi de Firmitate duos solidos ; novem prata circiter duodecim falces capientia ; duo videlicet prata fratribus Udonis in Bruil ; duo prata ejusdem, versus Pinon ; item in Bril duo prata a Bertrada et a Radulpho Cholet, et pratum Hugonis Lupi, pratum quoque Gelrici de Montarcene ; duas partes molendini de Baretel, et de terra quintam partem pro custodia ejusdem molendini, cum adjacenti vivario et prato ; molendinum de Guez, et stagnum quod dedit Ermengardis sub censu quatuor modiorum parvæ mensuræ, et hortum solventem nobis obolum, et pratum solvens duos denarios ecclesiæ Sancti Joannis de Burgo, curtem de Penencourt ad septem modios sementis Laudunensis mensuræ, quæ ex multorum eleemosynis collecta est, scilicet, Amsardi, Eilde, Gelrici, Constantii, Gualteri, Hermundi, Widelonis, Odonis, Roberti, Berengerii, Gelrici, Roberti Hugonis, Dodonis, Thomæ, Roberti, Elvidis, Berardi, Berinvidis, Lauwini, Anselmi, Dude, Terrici; vineas quoque adjacentes in Gislenval, vineam Elvini, vineam Legardis in loco qui dicitur ad duos campos, vineam Hersendis, vineam Renoldi in Ocemont, vineam Theodorici ad torcular, vineam quæ est collecta ex eleemosynis Bernuidis, Radulphi Spailart, Dudetiche, Hugonis, Reinaldi, Rollandi, Ysemberti, Hermene, Hermundi, Brimelli, Walteri et Alde. In solario vineam Hanimi et Rollandi ; in Rahier vineam Dodonis ; in Marval tres vineas Roberti et Gualrici, et vineam collectam ex eleemosynis Warneri, Thomæ, Roberti, Balduini, Mathildis, Widelonis, Emehardi et Thomæ fratrum, Roberti, Aggei, Raineri, Odonis, et Gerardi fratrum, Odonis, Aggei, Anselmi et Odonis; in fossa vineam Alde; in quartariis vineam Radulphi et Hugonis; in Larris vineam Gelrici et Roberti; in Lomprei vineam Aggei, in Lauis vineam Thomæ, desuper fontem vineam Roberti et Gelrici, ad salicem vineam Rascendis et filiorum Roberti Cordele ; in Warponval vineam Radulphi ; in Gerardon vineam Hermundis, in Larris medietatem vineæ Ydonis ; in Cantaplora vineam qnæ fuit Odonis, in Buimont duas vineas Terrici et Hugonis, duodecim pratorum particulas, scilicet, supra Aquilam prata duo Pagani et fratris Roberti, ad pontem pratum Roberti Camec ; ad Toluci duo prata fratris Ydonis et pratum Odonis filii Amelinæ ; ad Commupe et ad Bu duas falces pratorum Aldæ et Roberti Cati, in Buimont pratum Stephani et Escorni pratum fratris Gelrici, ad Nodam auream duo prata Roberti Cordele, nemus extra Broiencourt, de quo videlicet cum duabus vineis ex prato solvuntur nobis novem denarii et obolus bonæ monetæ, et duodecim sextarii vini; dimidium modium vini a viris, et tres a Radulpho Spaillart ; dimidium etiam modium in Latre a filiis Aggei, curtem de Merlin et vineas appendentes, vineam scilicet de Briars, vineam de Cohart, vineam de Lestolt, vineam in petra Haduæ cum campo et nemore de Balescans, et campo ad Kartariam et nemore ad nodam quæ fuerunt fratris Ligeri et hæredum ejus in Præmonstratensi Ecclesia conversorum, claustrum de Lizy et Descaphott liberum quod tam eleemosyna quam emptione acquisita est ecclesiæ. In Escorni duas vineas ex eleemosyna fratris Udonis, vineam Balduini, vineam Aggei, vineam Alberici de Rua, vineam Joannis Albi ; in Esteroi vineam Gisleberti, in Caperon vineam Burdin, in petra Haduæ vineam Bernuidis et vineam Alberti Rua ; in Laperche vineam Udonis, tres vineas Gerardi, unam in Valoreenois, aliam in Butem, tertiam in Biars. Item in Biars vineam collectam ex eleemosynis Emengardis ; Gerardi, Ydonis, Radulphi ; in valle de Valaurigny vineam Rascendis ad Fulcherolles, vineam Dudæ ; in sola valle vineam Roberti, in valle de Monbavain vineam Hemundi, prata circiter sex, sex falces capientia, scilicet in Bruil pratum Gerardi de Merli solvens nobis denarium ; ad novum molendinum duas falces pratorum solventes nobis sex denarios et obolum, et dimidiam sedem molendini a fratre Roberto de Montarcenne ; in Bulipré pratum fratris Hugonis de Testam ; ad Tanecel pratum Odonis militis, campum unum de Lizy, duas partes camporum in valle de Merli, curtem de Vercigny liberam, et carrucatam unam terræ quam primitus contulit eis Bartholomæus episcopus. Alias quoque circiter duas, quas crescente numero fratrum idem ipse partim de culta, partim de inculta, cum prato sub censu duorum solidorum superaddidit, ubi et ecclesiam cum atrio ad habendam sui et successorum suorum memoriam ædificari præcepit. Aliud quoque novale quod more cæterorum incolarum fratres ipsi fecerunt sub censu duorum solidorum ; molendinum de Achery et piscationem in aqua quandolibet vel quandocunque volunt ; et mansum unum terræ censualiter pro modio frumenti Laudunensis mensuræ nobis persolvendo, et curtem ab omni exactione liberam, absque jure et duello carrucatam unam terræ in monte de Caspiaco ex dono episcopali; duos modios vinagii in monte Nantolio, terram Albrici et Beatricis de [Bertolcourt; in monte de Brai terram Hersendis de Brai et filiorum suorum; duas partes molendini de Aquila sub censu decem solidorum bonæ monetæ, qui solvuntur thesaurario S. Mariæ Laudunensis Ecclesiæ.

Ut igitur hæc omnia perpetuæ firmitatis robur obtineant, auctoritate apostolicæ sedis ea duximus roboranda et præsentis scripti patrocinio munienda.

Decernimus ergo ut nulli omnino hominum liceat hanc paginam nostræ confirmationis infringere vel aliquatenus contraire.

Si quis autem hoc attentare præsumpserit, secundo, tertiove commonitus, si præsumptionem suam satisfactione congrua non correxerit, indignationem omnipotentis Dei et beatorum Petri et Pauli apostolorum ejus incurrat, et excommunicationis eum vinculo statuimus subjacere. Amen, amen, amen.

Signatum:
Ego Adrianus, catholicæ Ecclesiæ episcopus
Et paulo inferius:
Ego GG, Sabiniensis episcopus.
Ego Bernardus, Portuensis tit. Sanctæ Rufinæ episcopus,
Ego Gualterius, Albanensis episcopus.
Ego Astaldus, presbyter cardinalis tit. Sanctæ Priscæ.
Ego Joannes, presb. card. tit. Sanctorum Sylvestri et Martini.
Ego Odo, diac. card. tit. S. Georgii ad Velum aureum.
Ego Ardicio, diaconus cardinalis tit. Sancti Theodori.
Ego Cinthius, diaconus cardin. Sancti Adriani.
Ego Petrus, diaconus card. tit. S. Eustachii juxta templum Agrippæ.

Datum Tusculani per manum Hermanni, domini papæ subdiaconi et scriptoris, III Kalend. Junii, indictione VII, Incarnationis Dominicæ anno 1159, pontificatus vero domni Adriani papæ IV, anno V.

CCLIV

Ad Fridericum imperatorem. — De duplici injuria sedi apostolicæ per ipsum illata.

(Prenestæ, Jun. 24.)

[Mansi, *Concil.*, XXI, 796.]

Adrianus episcopus, servus servorum Dei, dilecto filio Frederico imperatori, salutem et apostolicam benedictionem.

Lex divina sicut parentes honorantibus vitæ longævitatem repromittit, ita maledicentibus patri et matri sententiam mortis intendit. Veritatis autem voce docemur, quia *omnis qui se exaltat, humiliabitur* (*Matth.* x) Quapropter, dilecte mi in Domino fili, super tua prudentia non mediocriter admiramur, quod beato Petro et S. R. E. illi commissæ non qualem debes reverentiam exhibere videris in litteris ad nos missis; nomen tuum nostro præponis, in quo insolentiæ ne dicam arrogantiæ notam incurris. Quid dicam de fidelitate B. Petro et nobis a te promissa et jurata? Quomodo eam observes, qui ab his qui dii sunt et filii Excelsi omnes, episcopis scilicet homagium requiris, fidelitatem exigis, manus eorum consecratas manibus tuis innectis, et manifeste factus nobis contrarius cardinalibus a latere nostro directis non solum ecclesias, sed etiam civitates regni tui claudis. Resipisce igitur, resipisce, tibi consulimus, quia, dum a nobis consecrationem et coronam merueris, dum inconcessa captas, ne concessa perdas tuæ nobilitati timemus

Data Prenestæ VIII Kal. Julii.

CCLV

Ecclesiæ Ultrajectensis protectionem suscipit bonaque confirmat.

(Anagniæ, Junii 28.)

[Mieris, *Charterboek*, I, 107.]

Adrianus episcopus, servus servorum Dei, venerabili fratri Godefrido Trajectensi episcopo ejusque successoribus canonice substituendis, in perpetuam memoriam.

Cum ex injuncto nobis a Deo apostolatus officio quo cunctis Dei fidelibus, auctore Domino, præeminemus, singulorum paci et tranquillitati debeamus intendere, præsertim pro illorum quiete nos oportet esse sollicitos, qui pastorali dignitate sunt præditi, et ad officium pontificale promoti. Nisi enim nos eorum utilitatibus intendentes, ipsorum dignitates et jura in quantum, Deo permittente, possumus integra conservamus et auctoritate apostolica eos ab iniquorum incursibus defendamus, de illorum salute non vere poterant esse solliciti, qui sibi ad regendum sunt, Domino disponente, commissi. Hujus itaque considerationis intuitu, venerabilis in Christo frater episcope, provocati tuis justis postulationibus gratum impertimur assensum, et præfatam ecclesiam Trajectensem, cui, Deo auctore, præesse dignosceris, injuncti nobis a Deo apostolatus officii debitum persequentes, sub beati Petri et nostra protectione suscipimus, et præsentis scripti privilegio communimus, statuentes ut quascunque possessiones, quæcunque bona eadem ecclesia impræsentiarum juste et canonice possidet, aut in futurum concessione pontificum, largitione regum vel principum, oblatione fidelium, seu aliis justis modis, præstante Domino, poterit adipisci, firma tibi tuisque successoribus, et illibata permaneant. In quibus hæc propriis duximus exprimenda vocabulis:

Comitatum Frisiæ, castrum Enforde (v. l. Euforde), et terram de Drentem, nonam decimam in Hollandia, curtem Valkenbarge, Grutem in Trajecto, et Marescalkerwerth (v. l. Mareskalkerweldh et Coppelwethe) et Coppelwetse, castrum Benthem,

Bruel de Volnho, Biddebueroke (Biddelmerbroke), ecclesias beati Martini, sitas in Hollandia, quæ ad tuum jus pertinere noscuntur.

Decernimus ergo ut nulli omnino hominum liceat præfatam ecclesiam temere perturbare, aut ejus possessiones auferre, vel ablatas retinere, minuere, seu quibuslibet vexationibus fatigare, sed omnia integra conserventur eorum, pro quorum gubernatione ac sustentatione concessa sunt, usibus omnimodis profutura, salva in omnibus sedis apostolicæ auctoritate.

Si qua igitur, etc.

Ego Adrianus, catholicæ Ecclesiæ episcopus.
Ego Hubaldus, presb. card. tit. S. Crucis in Jerusalem.
Ego Hubaldus, Ostiensis episcopus.
Ego Bernardus, Portuensis episcopus et Sanctæ Rufinæ.
Ego Galterius, Albanensis episcopus.
Ego Ardicio, diaconus cardinalis tit. Sancti Theodori.
Ego Boso, diac. card. tit. Sanctorum Cosmæ et Damiani.
Ego Petrus, diaconus card. S. Eustachii.
Ego Hildebrandus, presbyter cardinalis basilicæ XII Apostolorum.

Datum Anagniæ per manum Rolandi, sanctæ Romanæ Ecclesiæ presbyteri cardinalis et cancellarii, iv Kal. Julii, indictione vii, Incarnationis Dominicæ anno 1159, pontificatus vero domni Adriani papæ IV anno v.

Ex archiv. Hannon. pag. 142, verso.

CCLVI.
Ecclesiam S. Mariæ Ressensem tuendam suscipit, bonaque ejus confirmat.

(Anagniæ, Jul. 30.)
[Lacomblet, *Urck*, I, 275.]

Adrianus episcopus, servus servorum Dei, dilectis filiis Theobaldo præposito ecclesiæ S. Mariæ Ressensis, ejusque fratribus tam præsentibus quam futuris canonicam vitam professis, in perpetuum.

Piæ postulatio voluntatis effectu debet prosequente compleri, ut et devotionis sinceritas laudabiliter enitescat, et utilitas postulata vires indubitanter assumat. Eapropter, dilecti in Domino filii, vestris justis postulationibus clementer annuimus, et præfatam ecclesiam, in qua divino mancipati estis obsequio, sub beati Petri et nostra protectione suscipimus, et præsentis scripti privilegio communimus, statuentes ut quascunque possessiones, quæcunque bona eadem ecclesia impræsentiarum juste et canonice possidet, aut in futurum concessione pontificum, largitione regum vel principum, oblatione fidelium, seu aliis justis modis, præstante Domino poterit adipisci, firma vobis vestrisque successoribus et illibata permaneant. Præterea statuimus ut tam præfata ecclesia quam clerici et servientes ipsius, in eadem libertate in qua bonæ recordationis Anno quondam Coloniensis archiepiscopus precibus Irminthrudis comitissæ rationabiliter noscitur posuisse, perpetuo debeant remanere, sicut in scripto exinde facto continetur. Potestatem quoque justitias exercendi et definiendi super familia ejusdem ecclesiæ quam bonæ memoriæ Irmingarda devotionis intuitu noscitur rationabiliter contulisse; decimas porcorum ejusdem comitissæ qui in Ressa, Embreko et Stralo nutriuntur, sicut a Sigewino quondam Coloniensi archiepiscopo memoratæ sunt ecclesiæ Roboratæ; monetam etiam et quatuor mansos ab eodem archiepiscopo ad supplementum præbendarum ecclesiæ vestræ concessos, vobis vestrisque successoribus confirmamus. Quidquid juris habetis in Wileka, Darnouwe et Winetre; quidquid etiam habetis ex rationabili donatione Bennonis, quondam Osnaburgensis episcopi, et Enneli Coloniensis ministerialis, vobis vestrisque successoribus nihilominus confirmamus; decimas etiam novalium in termino Dagernovensi, et Cervisiale frumentum cum uno manso, sicut a felicis recordationis Friderico quondam Coloniensi archiepiscopo canonice sunt eidem ecclesiæ concessa, et usque nunc quiete detenta, sæpe dictæ ecclesiæ futuris temporibus volumus firma et inconcussa servari.

Decernimus ergo ut nulli omnino hominum liceat præfatam ecclesiam temere perturbare, aut ejus possessiones auferre, vel ablatas retinere, minuere, seu quibuslibet vexationibus fatigare, sed illibata omnia et integra conserventur eorum, pro quorum gubernatione et sustentatione concessa sunt, usibus omnimodis profutura, salva sedis apostolicæ auctoritate, et diœcesani episcopi canonica justitia.

Si qua igitur in futurum ecclesiastica sæcularisve persona hanc nostræ constitutionis paginam sciens, contra eam temere venire tentaverit, secundo tertiove commonita nisi præsumptionem suam condigna satisfactione correxerit, potestatis honorisque sui dignitate careat, reamque se divino judicio existere de perpetrata iniquitate cognoscat, et a sacratissimo corpore ac sanguine Dei et Domini Redemptoris nostri Jesu Christi aliena fiat, atque in extremo examine districtæ ultioni subjaceat.

Cunctis autem eidem loco sua justa servantibus sit pax Domini nostri Jesu Christi, quatenus et hic fructum bonæ actionis percipiant, et apud districtum judicem præmia æternæ pacis inveniant. Amen, amen, amen.

Ego Adrianus, catholicæ Ecclesiæ episcopus.
Ego Gregorius, Sabiniensis episcopus.
Ego Bernardus, Portuensis ecclesiæ episcopus.
Ego Gualterius, Albanensis episcopus.
Ego Hubaldus, presbyter card. tit. S. Crucis in Jerusalem.
Ego Hildebrandus, presbyter cardinalis basilicæ XII Apostolorum.

Ego Joannes, presbyter cardinalis tit. S. Anastasiæ.

Ego Oddo, diaconus cardinalis ad Velum aureum S. Georgii.

Ego Odo, diaconus cardinalis S. Nicolai in Carcere Tulliano.

Ego Petrus, diaconus cardinalis S. Eustachii juxta templum Agrippæ.

Data Anagniæ per manum Rolandi, sanctæ Romanæ Ecclesiæ presbyteri cardinalis et cancellarii, iii Kal. Augusti, Incarnationis Dominicæ anno 1159, indictione vii, pontificatus vero domni Adriani papæ IV, anno v.

CCLVII.

Monasterii Reichersbergensis protectionem suscipit, bonaque confirmat.

(Anagniæ, Aug. 16.)

HUND., *Metropol. Salisburg.*, III, 238.]

ADRIANUS episcopus, servus servorum Dei, dilecto filio GERHONO præposito Richerspergensis Ecclesiæ, salutem et apostolicam benedictionem.

Effectum justa postulantibus indulgere, et vigor æquitatis, et ordo exigit rationis. Eapropter, dilecte in Domino fili Gerhohe, petitioni tuæ gratum impertientes assensum, ecclesiam ipsam cum omnibus bonis, quæ impræsentiarum juste et canonice possidet, aut in futurum justis modis, Deo propitio, poterit adipisci, sub beati Petri et nostra protectione suscipimus. Specialiter autem Munsture ac Steine, cum omnibus pertinentiis suis eidem ecclesiæ, sicut ea venerabilis frater noster Eberhardus Bambergensis episcopus in concambium rationabiliter dedisse cognoscitur, et parochiam de Munsture, quæ venerabilis frater noster Conradus Patavicensis episcopus rationabili providentia Ecclesiæ Richerspergensi concessit, auctoritate apostolica confirmamus, et præsentis scripti patrocinio communimus. Sepulturam quoque ipsius loci liberam esse concedimus, ut eorum devotioni et extremæ voluntati, qui se illic sepeliri deliberaverint, nisi forte excommunicati vel interdicti sint, nullus obsistat, salva tamen justitia parochialium ecclesiarum de quibus mortuorum corpora assumuntur.

Nulli ergo omnino hominum liceat hanc paginam nostræ protectionis, confirmationis et concessionis infringere, aut ei aliquatenus contraire. Si quis autem hoc attentare præsumpserit, et secundo tertiove commonitus reatum suum digna satisfactione non eemndaverit, indignationem omnipotentis Dei, et BB. Petri et Pauli apostolorum ejus, se noverit incursurum, et excommunicationis vinculo innodandum.

Dat. Anagniæ, xvii Kal. Septemb.

(37) Dubia.

CCLVIII.

(Laterani, Mart. 19.)

[PERTZ, *Archiv.*, IV, 428,]

(37) H(ilino) Trevirensi, A(rnoldo) Moguntino, F(riderico) Coloniensi et omnibus suffraganeis eorum scribit « necessariam esse divisionem spiritus et animæ inter se et (Fridericum) regem cujus pars sit extra hæreditatem domini; schisma enim, quod adversus sese commoverit, redundaturum in caput ejus.» Ipse enim, inquit, in primo introitu suo, dum nos de promotione per ducem Saxoniæ et per vos duos metropolitanos Treviremsem et felicis memoriæ Coloniensem convenisset, quidquid promisit, vos scitis si persolvit, imo totam Urbem adversus nos concitavit, quia sanguinem Romanorum, quem abunde in nos fudit, cervici nostræ imposuit; publice feriemus eum anathemate; ecce plus Jeroboam hic, jugum iniquitatis suæ conatur vobis imponere et vos in ruinam damnationis suæ trahere; — Jactitat se parem nobis, quasi potestas nostra in solo suo angulo, videlicet in Teutonico regno, et non in aliis regnis æque timeatur, amplectatur, diligatur. — Nonne translatum est imperium a regno Græcorum in Alemannos, ut rex Teutonicorum non antequam ab apostolico consecraretur, imperator vocaretur; notate verba : ante consecrationem solummodo rex, post consecrationem vero Augustus et imperator; unde ergo habet imperium nisi a nobis? per nos imperat. — Iste dicit nos de camera regni Viterbam in novam Romam et apostolicam transtulisse sedem cum tota nostræ auctoritati Apulia spectet et non suæ; divisum itaque habemus nos cis Alpes, ille trans Alpes. — Nonne habet sedem suam Aquis in Arduenna, sicut et nos Romæ; quanto Roma dignior et major quam Aquisgrani, tanto apostolicus major et dignior est vestro rege? — Nonne poterimus imperium referre de Teutonico in Græcum? — Quid gloriatur rex vester, quasi posset imperium revocare ab exteris nationibus, cum vix aliquem de principibus suis possit armis compescere; nunquid imperatores Teutonici potuerunt evellere Rucherum de Sicilia sive de Calabria et Apulia?. nunquid poterit iste eruere eadem, de quo vera poesis est :

Parturiunt montes, nascetur ridiculus mus.
(HORAT., *Art. poet.*, 139.)

de manibus filii ejus? qualiter constringet Græciam, dum non potuit [al. posset] subjicere Daciam? dum Frisiam per vim virtutis suæ et robur exercitus sui, ducem videlicet Saxoniæ et Bavariæ non potuit alio anno debellare? — Hæc vobis scripsimus ut regem vestrum ad cor revocetis.

VARIORUM AD ADRIANUM IV EPISTOLÆ.

I.

Episcoporum Germaniæ ad Adrianum papam.
(Mansi, *Concil.*, XXI, 792.)

Quamvis sciamus et certi simus quod Ecclesiam Dei, fundatam supra firmam petram neque venti neque flumina tempestatum possint dejicere, nos tamen infirmiores et pusillanimes, si quando hujusmodi contigerint impetus, concutimur et contremiscimus. Inde nimirum graviter conturbati sumus, et conterriti super his, quæ inter vestram sanctitatem et filium vestrum devotissimum dominum nostrum imperatorem magni mali, nisi Deus avertat, seminarium præbitura videntur.

Equidem a verbis illis quæ in litteris vestris continebantur, quas per nuntios vestros prudentissimos et honestissimos, dominum Bernardum et dominum Rolandum cancellarium, venerabiles presbyteros cardinales, misistis, commota est universa respublica imperii nostri; aures imperialis potentiæ ea patienter audire non potuerunt, neque aures principum sustinere; omnes ita continuerunt aures suas, quod nos, salva gratia vestræ sanctissimæ paternitatis, ea tueri propter sinistram ambiguitatis interpretationem, vel consensu aliquo approbare, nec audemus, nec possumus, eo quod insolita et inaudita fuerunt usque ad hæc tempora.

Litteras autem, quas nobis misistis, debita cum reverentia suscipientes, et amplectentes commonuimus filium vestrum, dominum nostrum, imperatorem, sicut jussistis; et ab eo responsum, Deo gratias, accepimus tale, quale decebat catholicum principem, in hunc modum :

Friderici imperatoris rescriptum ad episcopos Germaniæ.

Duo sunt, quibus nostrum regi oportet imperium : leges sanctæ imperatorum, et usus bonus prædecessorum et patrum nostrorum. Istos limites Ecclesiæ nec volumus præterire, nec possumus, quidquid ab istis discordat non recipimus. Debitam Patri nostro reverentiam libenter exhibemus; liberam imperii nostri coronam divino tantum beneficio ascribimus; electionis primam vocem Moguntino archiepiscopo, deinde quod superest, cæteris secundum ordinem principibus, recognoscimus; regalem unctionem Coloniensi, supremam vero, quæ imperialis est, summo pontifici; quidquid præter hæc est, ex abundanti est, a malo est. Cardinales, in contemptum dilectissimi et reverendissimi Patris nostri et consecratoris, a finibus terræ nostræ coegimus non exire; sed cum his, et pro his, quæ et scripta et scribenda ferebant, in dedecus et scandalum imperii nostri, ultra eos prodire pati noluimus. Introitum et exitum Italiæ nec clausimus edicto, nec claudere aliquo modo volumus peregrinantibus, vel pro suis necessitatibus rationabiliter cum testimonio episcoporum et prælatorum suorum Romanam sedem abeuntibus; sed illis abusionibus, quibus omnes ecclesiæ regni nostri gravatæ et attentatæ sunt, et omnes pene claustrales disciplinæ emortuæ et sepultæ, obviare intendimus. In capite orbis Deus per imperium exaltavit Ecclesiam; in capite orbis Ecclesia (non per Deum, ut credimus), nunc demolitur imperium. A pictura cœpit; ad scripturam pictura processit; scriptura in auctoritatem prodire conatur. Non patiemur, non sustinebimus; coronam anteponemus quam imperii coronam, una nobiscum sic deponi consentiamus. Picturæ deleantur, scripturæ retractentur, ut inter regnum et sacerdotium æternæ inimicitiarum monumenta non remaneant.

Hæc et alia, utpote de concordia Rogeri, et Guilhelmi Siculi, et aliis in quæ in Italia facta sunt conventionibus, et quæ ad plenum prosequi non audemus, ab ore domini nostri imperatoris audivimus.

Absente autem Palatino comite, et in præparatione expeditionis in Italiam præmisso, a cancellario ibidem adhuc præsente aliud non audivimus, nisi quod humilitatis erat et pacis, præter quod eis pro periculo vitæ, quod a populo imminebat, pro viribus suis astiterit, cunctis, qui ibi aderant, hujus rei testimonium perhibentibus.

De cætero sanctitatem vestram suppliciter rogamus et obsecramus, ut nostræ parcatis infirmitati, ut magnanimitatem filii vestri, sicut bonus pastor, leniatis scriptis vestris scripta priore suavitate mellita dulcorantibus, quatenus et Ecclesia Dei tranquilla devotione lætetur, imperium in suæ sublimitatis statu glorietur, ipso mediante et adjuvante, qui mediator Dei et hominum factor est homo Christus Jesus.

II.

Imperatoris Friderici ad Adrianum papam. — *Pro confirmatione electi Ravennensis.*
(Mansi, *ibid.*, 794.)

Fridericus Dei gratia Romanorum imperator, et semper Augustus, Adriano Romanæ Ecclesiæ venerabili pontifici.

Dilecto et fideli nostro Anselmo bonæ memoriæ Ravennensis Ecclesiæ venerabili episcopo defuncto, ne curia nostra diutius tanto careret principe, operam dare curavimus loco ejus talem subrogari personam, quæ tempore ad resarcienda Ecclesiæ illius damna, et ad nostrum peragendum servitium apta videretur. Ante omnia autem præ oculis mentis habentes, et aure non surda audientes, quod scriptum est : *Honore invicem prævenientes (Rom.* xii); filium comitis Blanderatensis, quem vos in clericum Romanæ Ecclesiæ et filium nostra petitione assumpsisse recordati sumus, vicissim ad honorem vestrum et sanctæ Romanæ Ecclesiæ altius sublimari intendimus; in ea præsertim Ecclesia, quam post sanctam Romanam Ecclesiam, aut maximam, aut unam de maximis habemus, nostraque voluntatis proposito, divina favente clementia, in electione illius personæ concorditer et voluntarie universa Ravennas convenit Ecclesia, præsentibus viris honestissimis legato nostro et vestro, hinc Hyacintho cardinali, inde Hermanno Ferdensi episcopo. Scientia autem et moribus in personam præfati electi una cum genere convenientibus, propter reverendum vestræ paternitatis testimonium commendabilior et acceptior eadem persona nobis jam facta est, quam utique etiam diligi a vobis et honorari gaudemus et volumus, ea tamen ratione et ordine, qua patres filios suos solent diligere, quos suo tempore et manumittunt, et domui suæ providere permittunt. Et quidem decentissimum est sanctam Romanam Ecclesiam, tanquam matrem omnium Ecclesiarum, filios, qui sunt fructus ventris, aggregare, et aggregatos ad decorem domus Dei et per domos et familias distribuere, quibus etiam nostrum imperium, tanquam ab utero et gremio matris nostræ progredientibus, debeat et velit congruum honorem impendere. Proinde altiori considerationi vestræ perpendat discretio, quod in hac causa tam vestræ quam nostræ majestati et honestati conveniat.

III.

Consulum Januensium ad Adrianum IV. — Ut Januensium jura per tractus orientales tueatur. — (*Vide Adriani epistolam* 75, *supra.*)

(*Caffari Annal. Gen.* ap. Muratori, *Rer. Ital. Script.*, VI, 266.)

Reverendissime Pater et domine, Deo et vobis ex parte Januensium consulum conqueror de Hierosolymitano rege et Tripolitano comite, atque Antiocheno principe, qui justitiam Januensium, quam in orientalibus plagis habere debent, quotidie auferunt et diminuunt, quam quippe prædecessores eorum Januensibus dederunt, et sacramento, et privilegiis firmaverunt. Hoc ideo fecerunt, quia Januenses multis et magnis eorum machinis et expensis, multaque sanguinis effusione civitates et loca Orientis obsidendo et præliando ceperunt, sicuti per præsentia scripta vobis notificatur. Insuper et proclamationem facio de hominibus Hierosolymitani regis, qui cum galeis naves et pecuniam Januensium injuste abstulerunt. Adhuc vero de quibusdam provincialibus Bernardo Attonis, et sociis ejus querimoniam talem facio : unde, sanctissime Pater et domine, excellentiam vestram suppliciter exoro, ut baculus apostolicæ sedis cunctos justitiam Januensium vinculo anathematis percutiat auferentes.

ANNO DOMINI MCLVI

ODO ABBAS MORIMUNDENSIS

NOTITIA

(Fabric., *Biblioth. med. et inf. Lat.*. IV, 159)

Odo, ex abbate Belliprati abbas Morimundensis in diœcesi Galliæ Lingonensi, ord. Cisterc., defunctus A. 1161, testibus Sammarthanis tom. IV, pag. 674, ubi opuscula ejus quædam a Philippo Seguino in Bibl. manuscriptor. recensita notant. Illa sunt memorata etiam Vischio pag. 254 *Bibl. Cisterc. De significationibus numerorum. De numerorum figuris. De liberis appellationibus. De mysteriis figurarum. De regulis generationum. De cognitionibus et interpretationibus numerorum. De significationibus unitatis. De relationibus et earum mysteriis.* Lelando, cap. 180, pag. 215, hic est Morimundensis, ubi refert librum ejus *De analyticis ternarii,* servatum in Bibl. Coriniensi, sive Cirencestrensi, Baleus III, 19, præterea huic Odoni tribuit, de quo dubitaverat Lelandus, *Dialogum de religione Christiana et Judaica*, Leone et Odone interlocutoribus : præterea *Chronicon* quod rectius refertur ad Othonem Frisingensem, atque *Analytica numerorum*, quæ a libello de triade sive ternario distinguens Jacobus Faber, præf. ad *Euclidem*, Odonem hunc mathematicum peritum celebrat. Liber *De tribus hierarchiis et de tribus gradibus quibus per eas pervenitur ad salutem*; et *Enchiridion* seu *dialogus inter magistrum et discipulum cum Micrologo artis musices*, manuscripta teste Labbeo, quibus adde tractatum *De translatione reliquiarum S. Benedicti* ad monasterium Floriacense. In Felleri catologo manuscript. bibl. Paulinæ Lipsiensis pag. 161 memoratur Odo Morimutensis abbas *De transitu Bernardi.* Apud Labbeum, pag. 208, Bibl. manuscript. *Sermones* Odonis de Morimundo, ord. Cisterc. Ex his nonnulli obvii in Combefisii *Bibl. concionatoria.*

ODONIS SERMONES.

(COMBEFISIUS, *Bibliotheca concionatoria*, t. I, p. 25, 259, 797; t. VI, p. 511; t. VIII, p. 121.)

SERMO PRIMUS.

IN DOMINICA I ADVENTUS.

In illa verba : « *Venite, ascendamus ad montem Domini* (*Isa.* II, 2). »

Prophetarum elegantissimus Isaias prævidens in spiritu Salvatoris adventum, mystico sermone ad ejus nos secum, morum passibus, virtutumque gressibus properare monet occursum. *Venite,* inquit, *ascendamus ad montem Domini, et ad domum Dei Jacob.* Qui pigri sunt et inertes vias ambulantes difficiles, imo præter viam errantes, audiant *Venite.* Ambulantes quidem, sed declinantes, neque valentes, sed cadentes, audiant *Ascendamus.* Deorsum jacentibus in valle lacrymarum dicitur, *Ad montem Domini.* Advenis et peregrinis manentem hic non habentibus civitatem dicitur, *Ad domum Dei.* Mons Domini, perfectionis est celsitudo, vel apex virtutum; aut ipse Rex gloriæ, aut Dominus virtutum. Hic mons luminosus est, pinguis, aromaticus. Scriptum est enim : *Illuminans tu mirabiliter a montibus æternis* (*Psal.* LXXV). Et iterum : *Mons Dei, mons pinguis* (*Psal.* LXVII). Et alibi : *Vadam ad montem myrrhæ* (*Cant.* IV). Et : *Super montes aromatum* (*Cant.* VIII). Luminosus est contrarius illi, in quem dicitur : *Super montem caliginosum levate signum* (*Isai.* XIII). Pinguis est, non spinas germinans, et tribulos, sed pascua offerens uberrima, ut pascantur agni juxta ordinem suum, sicut promissum est : *In pascuis uberrimis pascam eos,* in montibus Israel (*Ezech.* XXXIV). Aromaticus est, ut sit *odor vitæ in vitam* (*II Cor.* II), et : *In odore unguentorum ejus curramus* (*Cant.* I). Luminosus est, ut splendeat; pinguis, ut pascat; aromaticus, ut trahat. Luminosus, luce fidei corda purificans; pinguis, ubertate virtutis inebrians; aromaticus, suavitatis odore desiderium excitans.

In hoc mundo claro, fecundo, odorifero sita est domus Dei, non terrestris hujus habitationis dissolvenda, sed æterna non manufacta cœlestis (*II Cor.* III). Ipse Deus scalæ virtutis innixus manum gratiæ porrigit ascendentibus (*Gen.* XXVIII), trahens nos ad Filium, ut ait ipse Filius : *Nemo venit ad me, nisi Pater traxerit eum* (*Joan.* XVI). Ad quem cum Patre trahentem cum venerimus, *docebit nos vias suas* (ibid.) : et nos addentes gratiam gratiæ, *ambulabimus in semitis ejus* (*Isai.* II). *Beatus homo quem tu erudieris, Domine, et de lege tua docueris eum* (*Psal.* XCIII). *Vias tuas demonstra mihi, et semitas tuas edoce me* (*Psal.* XXIV). Noverim quot sint, quales sint. *Universæ viæ Domini misericordia et veritas,* ait Propheta (ibid.). Misericordia ignoscit agnoscenti delictum, veritas corrigit excessum. Singula harum directa est, singularis, expedita, formosa, tuta, copiosa. Directa est, quæ veritatis normam sequens, errorum anfractibus non turbatur. *Viæ Domini rectæ, et justi ambulabunt in eis* (*Osee* XIV). Singularis, id est vel excellens, vel sola, ut inter multarum diverticula viarum, quæ videntur hominibus rectæ, differenter emineat secundum Apostolum dicentem : *Adhuc supereminentem viam vobis demonstro* (*I Cor.* XII). Expedita est, ne interjectis plicibus inæqualitatis alicujus gressus ambulantis impediat et moretur. Formosa, ut viatoris animum jucunditate mulceat, ne subrepente tædio principii duri fessus anhelet equus in tritura. *Viæ ejus, viæ pulchræ* (*Prov.* III). Tuta est, ne hostium metuat viator incursus, neque mercium suarum formidet jacturam. Copiosa est, quia bonorum omnium copia abundat.

SERMO II.

IN NATIVITATE DOMINI.

Gloria Dei celare verbum; gloria regum investigare sermonem (*Prov.* XXV). Venerandæ hujus causa solemnitatis, non tam linguæ, ut proferatur, exigit eruditionem, quam devoti cordis, ut consideretur, intentionem. Res enim ardua est et difficilis effatu; sed mirabilis et delectabilis cogitatu. Nam quid mirabilius Verbo caro facto assumptione humanitatis, non consumptione divinitatis; et divinis humanis sociatis, nec in humana mutatis? quatenus sic unirentur, ut non dividerentur. Hæc est causa venerationis diei præsentis, qua Dei Filius incontaminatæ carnis velamine tectus ad nos visibilis accessit, sed manente inæstimabili majestatis suæ potentia a sinu paternæ substantiæ non recessit. Nostræ ad se paupertatis inopiam admisit, et suæ a se divitias gloriæ non dimisit. Inclinavit eo, ut erigeremur; exinanivit, ut impleremur : inopia ejus, et demissio, et infirmitas divitias nobis, exaltationem et salutem conferunt. Etenim qui pauper factus est, omnes in se sapientiæ, et scientiæ thesauros habuit (*Coloss.* II), ut ditaret; qui semetipsum humiliavit, in paternæ celsitudinis gloria stetit, ut elevaret; qui dignatus est infirmari, virtus Dei mansit, ut salvaret; et sic nostra suscepit, ut sua retineret. Proinde in suo, et de suo dives, sublimis et fortis; in nostro, et de nostro esse voluit pauper, humilis et infirmus.

Expedit ad eruditionem huic nostræ salutis operi adhibere considerationem. Cernere est in eo natura humana quid sit, et quid ei agendum sit. Illud cernetur, cum ejus æstimatio et abjectio cognoscetur; istud, cum ejus emolumentum et jactura. Æstimatio conjicitur per opus Dei pro ea exhibitum ; abjectio, per causam operis. Ipsum est quod consideravit Propheta, et expavit, super quo Augustinus : « Opus tuum, Deus, Verbum caro factum est. » Hoc opere, nostræ commendatur naturæ dignitas, cognoscitur æstimatio. Magni profecto nos æstimavit, qui, ut necessariam conferret sanitatem, nostræ substantiæ fragilitatem ad suæ personæ subvexit unitatem. Qui *in mundo erat, per quem mundus factus est* (*Joan.* 1), *venit in mundum peccatores salvos facere* (*I Tim.* 1); neque id solum, sed, *Domini Domini exitus mortis* (*Psal.* LXVII). Hujus operis causa, nostra fuit miseria. Humana siquidem natura ab ipsa radice per liberum arbitrium vitiata, tanta erroris caligine involvebatur, tam perplexis iniquitatis stringebatur funibus, tantaque intercapedine a cœlestis patriæ beatitudine disjungebatur, ut nec ipsa suis viribus illuminari, justificari, aut redimi, nec angelus, vel propheta ei opitulari valeret. Denique data est lex quæ non potuit vivificare, ut faceret peccatores etiam prævaricatores; et augeret delictum, non deleret. *At ubi venit plenitudo temporis, misit Deus Filium suum factum in similitudinem carnis peccati* (*Galat.* IV), *ut justificatio legis impleretur in nobis* (*Rom.* VIII). Ipse est qui traditus est propter delicta nostra, et resurrexit propter justificationem nostram, cæcos illuminans, solvens vinctos, reducens erroneos, doctrina, morte et resurrectione sua. Ecce quanto languore premebatur genus humanum, ad quod sanandum tantum necesse erat venire medicum. Hinc nostræ præsertim abjectionis vilitatem cognoscere licet, quod nostræ magnitudo infirmitatis nequaquam ad statum reduceretur sanitatis, nisi sanguine sanantis sanandi conficeretur medicamentum, et mors medici vitam revocaret ægroti. Igitur honor humanæ dignitatis conjicitur ex assumptione nostræ in Deum humanitatis, abjectio vilitatis, ex cumulo infirmitatis; hæc, ex difficultate remedii.

Expedit post hæc in actione nostra nos nostrum attendere damnum et commodum : damnum , si reprehensibilis; commodum, si sit laudabilis. Magnum profecto passionis est damnum, et inæstimabile, pertingens usque ad divisionem animæ et corporis, et ultra, *qui Filium Dei conculcaverit, et sanguinem testamenti pollutum duxerit, et Spiritui gratiæ contumeliam fecerit* (*Hebr.* X). Conculcat Filium Dei, qui incredulus est ei; pollutum ducit sanguinem testamenti, qui vitam agit plenam inquinamenti; Spiritui gratiæ facit contumeliam, qui suam sibi arrogat justitiam. Huic damnum imminet. Qui vero fide devotus, conversatione sanctus, humilitate gratus exstiterit, habet commodum, quod fide creditur, ratione conjicitur, in fine probabitur. Fidelis enim Deus, qui exhibitione præsentium notificat exspectationem futurorum.

Fert præterea præclara morum documenta Dominicæ Nativitatis locus, tempus et testimonium. Locus, extra patriam ; tempus, in nocte ; testimonium, de cœlo angelicum. Duplicem gerit eruditionis formam locus, ad meritum nos instruens comparandum, et ad exsilium deplorandum. Meritum comparamus, cum virtutibus operam damus ; exsilium deploramus, cum ad patriam suspiramus : sed hæc agendi locus non est nisi de præsenti sæculo *dum sumus in corpore, et peregrinamur a Domino* (*II Cor.* V). Cum ergo exercemur ad justitiam, et suspiramus ad gloriam, tanquam extra patriam rapimur, ostendentes nos hic manentem civitatem non habere, sed futuram inquirere (*Hebr.* XIII.)

Duplici æque documento instruimur ex tempore, humilitatem nos, et cautionem docente. Nox enim repræsentativa est adversitatis, et obscuritatis effectiva; adversitas humiliat, et obscuritas celat. Docemur itaque per noctem cautelam et humilitatem; cautelam, ut eelemus quæ amamus, ne perdamus si prodamus; humilitatem, ne præsumptio operationis interius generet vitium elationis. Utraque prodest ad pellendum et evellendum superbiæ typum; illa exterioris, hæc interioris; illa jactantiæ, hæc vanitatis.

In testimonio denique considerandum quis, quid, quibus testetur. Dignus testatur digna dignis ; angelus Christum pastoribus ; nuntius veritatis, gaudium salutis, humilibus personis; minister claritatis, ortum luminis, corde sollicitis ac mente devotis. In tribus denique testis hic commendabilem se præbet et imitabilem. Apparet solus, ut soliditatem doceat unitatis ; stans, ut constantiam soliditatis juxta ut affectum charitatis. Et congrue prius unus, postea multi, quia unitas transire potest in augmentationem, multiplicitas defluere in paucitatem : et licet nuntiantis auctoritas notam propulset incredulitatis, datur tamen signum congruum dignitati nascentis. *Invenietis*, inquit, *infantem*, ut infirmum; *pannis involutum*, ut pauperem; *et positum in præsepio* (*Luc.* II), ut humilem. Disce a Christo, Christiane, infirmitatem, ut tuarum ponas virium præsumptionem, ut perituram contemnas possessionem, ut mundi calces ambitionem. Unius denique annuntiationi multitudo attestatur laudantium, et dicentium : *Gloria in excelsis Deo* (*ibid.*). Hæc gloria est, de qua prædictum est : *Gloria Dei celare Verbum* (*Prov.* XXV). Sempiternum enim Patris Verbum velavit et celavit humani corporis tabernaculum, et indeficiens æterni jubar solis, texit nube carnis candida et levi : candida, per innocentiam; levi, per potentiam. Hæc Dei gloria est, qua Pater gloriosus apparuit, quem Filius glorificavit super terram. Sed *gloria regum investigare sermonem* (*ibid.*). Reges merito appellantur felices illi pastores, qui se suaque optime regebant. Qui sermonem investigantes, *venerunt et invenerunt*, *sicut dictum est de puero hoc* (*Luc.* II), qui est Deus benedictus in sæcula. Amen.

SERMO LI.
IN DOMINICA SEPTUAGESIMÆ.

Simile est regnum cœlorum homini patrifamilias qui exiit primo mane (Matth. xx), etc. Cœlorum regnum sermo evangelicus homini patrifamilias comparat, *qui exiit summo mane conducere operarios in vineam suam*. Ad cujus comparationis intelligentiam quaerendum potissimum quid vinea significet, ubi ejus locus, quae sint horae, cujusmodi cultura. Quatuor his inventis, in caeteris intelligentiae aditus haud difficilis patebit. Et quidem de his diversi diversa loquuntur, et singulorum sunt ponendae opiniones, ut ex diversorum sensibus vineae, et loci, et temporis, et operis significatio et ratio colligatur. Ait David : *Vineam de Ægypto transtulisti, ejecisti gentes, et plantasti eam (Psal.* LXXIX). Cum ergo hoc dicit, ostendit nobis vineam esse disciplinam abrenuntiationis, quae de saeculi tenebris transfertur ad lumen religionis, cum, expulsis ab humana mente sentibus vitiorum, virtutum germina plantantur. Est ergo vinea disciplina renuntiativa, quam si susceperit *homo, vadit, et vendit universa quae habet (Matth.* XIII), et plantat eam. Ubi autem diligenter intuendum, pinguibus illum glebis tam pretiosum germen mandare oportet, ne prae sterilitate soli exspectata fructuum ubertate operantis agricolae frustretur industria. Legitur sic apud Isaiam : *Vinea facta est dilecto in cornu filii olei (Isai.* V). Hic est locus vineae Domini Sabaoth, locus uber et pinguis ; *cornu filii olei*. Cornu designat eminentiam et firmitatem, super quae disciplinae abrenuntiativae fundamenta jaciuntur : eminet enim propositum hoc, et a saeculo exiens tanquam a carne procedens, ab humanae contagione vitae et conversationis secernitur, erigiturque in altum ; non elationis fastu contra Dominum, sed sublimitate vitae et devotionis affectu ad Dominum : quod quia Spiritus sancti munere fit, cornu dicitur olei filius, ac si gratiae spiritualis affectus. Cum ergo quis ad suscipiendam sacrae religionis disciplinam vocatur, proposita sibi in praemium immarcescibilis coronae gloria (*I Petr.* V), conducit Deus operarium suum in vineam suam. Noster paterfamilias ipse est, et auctoritate, et ratione, et beneficiis.

Quinque horis mittuntur operarii in vineam ; primo mane, hora tertia, sexta, nona, undecima. Primum mane fidei est illuminatio : nam secundum erit contemplationis inchoatio. Primum, quia una est fides, unitatem ejus Apostolo sic commendante : *Unus Dominus, una fides, unum baptisma (Ephes.* IV) ; unus Dominus quo regimur, una fides qua illuminamur, unum baptisma quo sanctificamur. Qui ad bene operandum virtute fidei ducitur, quasi primo mane in vineam conducitur.

Altera hora, quae tertia dicitur, spes est, quae fidem sequitur. Et congrue tertia hora secundo loco posita spei assimilatur, quoniam spes et in duobus constat, et a tribus trahit originem : speratur venia et gloria, remissio et promissio in his constat ; oritur ex respectu humanae dignitatis et conditione ; ex consideratione divinae miserationis in redemptione ; ex experientiis quoque bonitatis ejusdem in beneficiorum collatione, unde scriptum est : *Tres sunt qui testimonium dicunt in terra, Spiritus, aqua et sanguis (I Joan.* V). In sanguine nobilitas generis, in aqua fluxus mortalitatis, in Spiritu distributio signatur virtutis. Testimonium ergo nostrae salutis perhibet sanguis, quia ad imaginem Dei facti sumus ; et aqua, quia morte Filii redempti sumus ; et Spiritus, quia spiritualium charismatum divite copia ditati sumus gratis : horum consideratio in quibuslibet periculis spem nostram roborat ; et spes robusta ad opus nos vineae haud segniter invitat.

In sexta hora, miserationis et compassionis affectus exprimitur et effectus ; misericordiam autem in sex operibus constare evangelica tradit auctoritas. Sunt autem haec, pascere esurientem, potare sitientem, hospitem colligere, vestire nudum, infirmum visitare, ad incarceratum venire (*Matth.* XXV) : quae licet corporaliter exhibita regni coelestis perceptione munerentur, spiritualiter tamen impleta potiorem afferunt fructum. Qui fratri a bono opere torpenti, et jejuno, suorum exemplo operum viam justitiae demonstrat, esurientem cibat ; si viam veritatis ignorantem, et desiderantem opere docuerit et sermone, *aqua sapientiae salutaris potavit eum (Eccli.* XV).

Est autem qui salutis suae curam gerens terrenorum negotiorum artibus implicari refugit ; quietem petit, silentium amat, preces ad Dominum assiduat, *renuit consolari anima (Psal.* LXXIII) ejus ; virtutum tantum exercitiis, ac Dei memoria delectatur, Deo vacans et habitans ipse secum : quid ipse nisi peregrinus et hospes est super terram (*Hebr.* XI), manentem hic non habens civitatem, sed futuram inquirens? (*Hebr.* XIII) hujusmodi charitatis ulnis amplecti, fovere, et humili affectu venerari, hospitem colligere est. Sunt plerique qui tales subsannant, segnes et hebetes vocant, hypocritas suspicantur, quorum judicii temeritas Apostoli retunditur invectione, dicentis : *Tu autem quid judicas fratrem tuum? Aut tu quare spernis fratrem tuum? (Rom.* XIV.) Hi hospitem non colligunt, sed expellunt.

Nudus sane est quem justitiae amictus non velat, cujus turpitudinem culpa commissa revelat ; sed tegendus est iste veste silentii et pietatis affectu ; compatiendum ei, nec de eo temere judicandum est. Est etenim qui cum fratrem suum viderit peccantem, non ait secum : *Ipse hodie, et cras ego*, quod quidam sanctorum fecisse legitur ; sed detrahit, accusat, judicat, infamat, tanquam aliorum crimina sua sint praeconia : hujusmodi proximi nuditatem non operit, sed ejus ignominiam palam facit ; qui vero compatitur, et celat, vel opportune et secreto arguit, nudum tegit.

Quintum opus misericordiae est infirmum visitare : pium opus et ingentis meriti, sed periculosior est animæ infirmitas, quam corporis morbus : unde visitationem exhibere, et medelam ei habere difficilioris laboris est; sed fructus in eo propensior et mercedis et laudis. Miserabiliter enim animo æger est, qui propositum suum segniter exsequitur, et voluntate instabilis, studio levis, actione dissolutus, pravis cedit suggestionibus, irruentibus obruitur tentationibus, variis vitiorum languoribus lecto desidiæ incubat semivivus : talem visitat spiritualis medicus; et afferens secum unguenta exhortationum et medicamina divinarum Scripturarum accedit propius, et alligat vulnera ejus, oleum consolationis et vinum infundens correptionis (*Luc.* x); et operum suorum adjumento, ac si in corporis sui jumento ad stabilitatis quietem velut ad stabulum revocat; infirmum confirmans, levem statuens, colligens dissolutum. Hujus profecto studium ministerio corporeæ visitationis præeminet, qui meliorem et manentem substantiam visitavit et sanavit, visitationis officium efficaciter, quia spiritualiter implens.

Jam nunc ad incarceratum et opere veniendum est et sermone. Angustia carceris tribulationem significat et dolorem ; in quo quis positus, mœroris tenebras patitur, luce gaudii carens : qui sic affecto miseret affectum, et affectum probat effectu, operibusque et sermonibus, et suis ad Dominum pro eo precibus tribulationi fratris occurrit, et succurrit, iste ad incarceratum venit non tam pedum accessu, quam pietatis affectu : quod si ejus industria de angustia doloris ad latitudinem gaudii, de tenebris tribulationis ad lucem prosperitatis eripitur, non solum venit ad eum, sed et educit de carcere animam ejus ad confitendum nomini Domini? (*Psal.* CXLI.) Hujus laboris fructus uberrimus, et ereptionis tantæ copiosa merces in cœlis (*Matth.* v). Horum ergo operum spiritualiter, et certe corporaliter implendorum voluntatis et operis præparatio, ad vineam sexta hora egressio est.

Nona vero hora assignatur humilitati. Novenarius enim nullo medio denario appropinquat, qui perfectus est numerus, et in quo prima numerorum progressio. Sic humilitas per operationem perfectioni appropinquat, per æstimationem tamen infra remanet. Qui ergo quanto major est humiliat se in omnibus, nonæ horæ operarius est.

Undenarius autem qui denarium transit aliquando transgressionem mandatorum, aliquando spontaneam supergressionem designat; hanc hic, illam alibi : qui ergo supra id quod imperatum fuerit aliquid pia voluntate cum gaudio sancti Spiritus offert Deo, denario superaddit; et undecima hora ad vineam egreditur, de merito primæ horæ operario pondus diei et æstus portanti non inæquale sortitur præmium; quippe plus omnibus non dico laboravit, sed fructificavit.

His itaque quinque horis summus paterfamilias ad excolendam disciplinæ cœlestis vineam opera-rios mittit, prima per unitatem fidei, tertia per fiduciam spei, sexta per opera dilectionis, nona per virtutem humilitatis, undecima per plenitudinem perfectionis. Sed missis operariis non est sectandum otium, sed vineæ exercendum negotium, quod quale sit propheta docet Isaias : *Sepivit eam* (haud dubium est quin vineam suam) *Dominus, et lapides elegit ex ea; exstruxit turrim, et ædificavit torcular, et posuit eam electam* (*Isai.* v). Sepes est diversarum virgarum firma connexio, quæ sues et feras a vineæ arcet introitu : assimilatur autem variarum texturæ virtutum, quæ ad custodiam sanctitatis in unam copulantur juncturam : connexæ enim sibi sunt, concatenatæque virtutes, in quibus *qui servit Christo, placet Deo* (*Rom.* XIV) : *sine fide* autem *impossibile placere Deo* (*Hebr.* XI). Primum fundamento fidei opus justitiæ superedificandum est, ut actio vivificet fidem, et fides fulciat actionem : nam fides et actio gradi debent tramite uno ; unde significatio primæ horæ primo operi congruit. Cum enim per unitatem fidei ad vineam cœlestis disciplinæ missus fuerit quis, primo omnium virtutum munimine suum necesse est studeat propositum fulcire, ut juxta prophetam vocetur *sepinum ædificator avertens semitas in quietem* (*Isai.* LVIII). Sic ad reliqua quatuor opera, horæ quatuor referri possunt, singulæ singulis.

Sepita itaque vinea, lapides eligendi sunt ex ea. Lapides duritiam, asperitatem, gravedinem significant, quæ de cordibus nostris evellenda sunt, ut efficiamur mites, tractabiles et ad omne opus bonum parati, locoque lapidum inferatur planta virtutum ; sed sperata præmii magnitudo subire facit eum laborem, et spes retributionis sub oneribus lapidum consolatur fatiscentem, unde non deficit donec lapides deficiant : quibus ejectis exstruit torcular quod uvas premat, et vinum exprimat ; torcular enim opportune comparatur affectui miserationis, quo animus premitur compatientis tanquam prelo miseria patientis : hinc vinum defluit charitatis, vinum dulce et forte, quod *lætificat cor hominis* (*Psal.* CIII). Hujus denique sapore experto, cultor vineæ sollicitus custodiam adhibet : ædificat itaque turrim, ex cujus eminentia prævideat fures et feras venientes, ut a vineæ fructus rapina prohibeat. Eminentiam turris humilitati congruere absoluta ratio docet, dicente Domino : *Qui se humiliat, exaltabitur* (*Matth.* XXIII) : mater enim omnium, custosque, virtutum humilitas. Unde post hujus acquisitionem *vinea* ponitur *electa*, quia perfecta : eadem enim humilitate perficitur, qua inchoatur.

Igitur operarii nostri patrisfamilias prima hora in vineam exeuntes per fidem eam sepiunt; tertia per spem, eligunt lapides ex ea ; sexta per dilectionem, exstruunt torcular ; nona per humilitatem, turrim ædificant ; in undecima, opere perfecto completur ; facto deinde vespere, adest dispensator patrisfamilias, *et incipiens a novissimis usque ad* primos, reddit singulis singulos denarios (*Matth.* xx). Tempus mercedis uniuscujusque nostrum suprema dies est vitæ suæ : tunc assistente angelo, operis sui percipit mercedem, *prout gessit in corpore sive bonum sive malum* (*II Cor.* v). Sed de bonis sumamus exempla. Accipiunt ipsi *singulos denarios* (*Matth.* xx) : In denario consideratur forma, figura, scriptura : forma rotunditas est; figura, regis imagine decoratur; scriptura, imprimit cognitionem : designat autem rotunditas, æternitatem; imago, Dei similitudinem; scriptura, cognitionem. Sortiemur ergo in præmio denarium : *Cum corruptibile hoc induerit incorruptionem* (*I Cor.* xv). Et : *Cum similes ei erimus, quia videbimus eum sicuti est* (*I Joan.* III), et cognoscemus eum sicut et cogniti sumus (*I Cor.* XIII). Manet itaque vineæ Dei operarios vitæ æternitas, similitudo et cognitio, qui eis hoc præmium reddit per justitiam, quos per gratiam vocavit *misericors Dominus et justus* (*Psal.* CXIV), qui est benedictus in sæcula. Amen.

SERMO IV.

DE TRIBUS NATIVITATIBUS ET TOTIDEM VIRTUTIBUS B. MARIÆ, B. JOANNIS, ET DOMINI SALVATORIS.

Multorum nobis sanctorum regni cœlestis ingressus celebres fecere dies, et veneranda mundo intulere gaudia, trium tamen excellentia obtinuere merita, ut non modo eorum ad Patrem luminum regressus, verum celebri memoria in mundum celebraretur ingressus ; nec humanæ id credendum est facilitate præsumptionis usurpatum, sed divinæ voluntatis moderamine statutum ; beati siquidem Joannis Baptistæ venientis in spiritu et virtute Eliæ, ipsiusque Dei Filii, ac Mariæ, ortus recolimus venerandos. Beati ventres qui portaverunt talia, et beata ubera quæ se talibus infuderunt (*Luc.* XI). Singularis eorum prærogativa, quibus æquabitur mortalium nemo.

. . . . *Illa*
Nec primam similem visa est, nec habere sequentem.

Illo *inter natos mulierum nemo surrexit major : Generationem vero hujus quis enarrabit ?* (*Isa.* LIII). Non valemus imitari factum, imitabile est facti mysterium. Talium generatores non possumus esse, esse possumus talium imitatores ; et utilius profecto ferimus mente quam ventre, prole virtutis quam massa carnis et sanguinis. Multum per omnem modum virtutes concipimus occisuras peccatum, quam filios generamus morituros propter peccatum. Quod si fructus major est operis quam generis, inspiciamus sanctitatis mores, et virtutibus exprimamus eorum naturales. Propitia ergo Deitatis Trinitate, trinitatem virtutum assignabimus singulis, non quod demus partem quibus concedimus plenitudinem, sed ab universitate commendabiliora secernamus et imitabiliora.

Inter eas, quibus Virginis prærogativa singularis excellit virtutes, prædicabilior est ejus fides, obedientia, pudicitia. Exstant trium harum testimonia opere et sermone credibilia facta nimis. Gabriele archangelo cœlitus ad eam misso, et annuntiante opus sine exemplo, conceptionem contra consuetudinem, partum præter naturam, non hæsitavit diffidentia, sed confortata est fide, sciens quia *potens est facere Deus* (*Rom.* IV), quæ ejus prædicabat nuntius ; cujus fidei obtestatur ejusdem generis et fidei sancta mulier, quæ de præsentibus sit ait : *Beata quæ credidit* (*Luc.* I), exhibuit obedientiam, quæ creditam amplexata promissionem, nobis secuta est effectum. *Ecce*, inquit, *ancilla Domini, fiat mihi secundum verbum tuum* (*ibid.*). Quæ se ancillam profitetur, obsequium pollicetur ; quæ a nobis sibi suspirari fieri, facere ipsa non recusat. Quid pudicitiam laudari in ea necesse est, quæ ita enituit ut templum Domini fieret, sacrarium Spiritus sancti ; quæ mente incorrupta, corpore intacta genuit de virginitate virginitatem, de carne peperit Divinitatem ? Habuit ergo beata Virgo fidem contra seductionem, obedientiam contra transgressionem, pudicitiam contra corruptionem ; non est seducta, non est transgressa, non est corrupta : simus et nos in tentationibus firmi, ne seducamur ; simus pudicitia integri, ne violemur ; et simus in mandatis obedientes, ne prævaricemur. Hac Virginis ortum imitatione expressimus virtutum.

Præcursor æque servatoris tribus enituit virtutibus, cujus sermo rationabilis ; cujus vita religiosa ; cujus exstitit sensus humilis. Suppeditat exempla facientia fidem dictis ; inter concurrentes ad se turbas venerunt et milites sua consulturi de vita, quibus non cingulum solvere, nec renuntiare militiæ ; sed neminem concutere, suis stipendiis contentos esse præcepit. Pharisæos autem suam quærentes justitiam statuere, aspere corripuit, *genimina viperarum* (*Luc.* III) eos appellans : sic exigebat ratio, et consilium dare moderate quærentibus, et rigorem ostendere præsumentibus. Religionis vitæ ejus tot sunt exempla, quot facta ; locus, habitus, cibus et actus insignia sunt religionis ; locus, desertum ; habitus vilis, cibus asper, actus castus ; locus opportunus ad quietem, habitus idoneus ad castigationem, cibus habilis ad puritatem, actus congruus ad sanctitatem : quidquid denique vitæ ejus est, est et religionis. Humilitatis ejus sensus evidens documentum est, quia cum tantæ esset excellentiæ, ut Christus putaretur, *confessus est, et non negavit* (*Joan.* I) : Quem me, inquit, arbitramini esse *non sum ego* (*ibid.*) : confessus est quod non erat, ut esset quod erat. Non erat Christus, amicus erat Christi, amicus sponsi : *Amicus autem sponsi qui stat*, etc. (*Joan.* III). Ut ergo præmissis declaratur exemplis, habuit Baptista Joannes in sermone rationem, in vita religionem, in sensu humilitatem ; habeamus et nos similiter, ut ejus nostra exprimat vita natalem.

Restat Domini Salvatoris Nativitas novis extollenda præconiis, virtutibus imitanda ; sed quid de

virtutibus Domini virtutum loquemur? Omnis ejus
vita virtus fuit. Tribus tamen virtutibus emicuit
præ cæteris, quibus *operatus est salutem in medio
terræ* (*Psal.* LXXIII), quæ imitatione non difficillimæ, et fructu sunt utilissimæ : eæ sunt beneficium ad egenos ; patientia ad inimicos, patiens injuriarum, ad amicos revelator mysteriorum. Apostolicæ et evangelicæ historiæ textus testis accedit
horum. *Qui pertransiit*, inquit, *benefaciendo, et
sanando omnes oppressos a diabolo*.. (*Act*. x). De
Jesu autem dicebat, de suis operibus : *Cæci vident,
claudi ambulant, leprosi mundantur, surdi audiunt,
pauperes evangelizantur* (*Luc.* VII). Perlongum est
si singula beneficentiæ ejus percurramus opera.
Quidquid egit, beneficium fuit. Quot facta, tot beneficia. Quanta vero fuerit patientiæ ejus magnitudo, probat flagellorum injuria, ignominiosæ mortis opprobria testantur, quæ omnia perpeti cum
voluntatis fuerit non necessitatis, maluit tenere
patientiam, quam exercere potentiam. Gloriam
quam habuit ad amicos probat ejus in monte
ostensa glorificatio ; manifestavit amicis majestatem suam, nec dona sua et bona occultavit. Insigne documentum eximiæ dilectionis, est bonorum
nostrorum amicis non negare notitiam, omnia
communia facere, nil eis quod prodesse valeat occultare, quod Dominum fecisse testis est ipse et
non alius : *Omnia*, inquit, *quæcunque audivi a Patre nota feci vobis* (*Joan.* XV). Et iterum : *Claritatem quam dedisti mihi dedi eis* (*Joan.* XVII). Denique cum eum de die judicii quærerent, docere
distulit quod nosse non proderat ; adeo eorum pro-
viderat utilitati non voluntati. Sic probamus Dominum Jesum beneficium exhibuisse egenis, patientiam inimicis, gloriam ostendisse amicis. In his Dominus et magister exemplum dedit nobis, ut et nos
invicem faciamus, ut virtutum nativitatis ejus emu-
lemur mysterium ; sed ut jam sparsim superius posita claudamus in arctum, digne tres trium ter ternis
virtutibus celebramus et imitamur nativitates, si
fidem, obedientiam, pudicitiam possideamus, quod
in Maria ; si sermonem rationabilem, vitam religiosam, sensum humilem habeamus, quod in Joanne ; si benefaciamus egenis, patiamur inimicos, glo-
rificemus amicos, quod in Domino monstratum est.

SERMO V.

IN FESTO S. BENEDICTI.

In verba Ecclesiastici : « *Dilectus Deo et hominibus,
cujus memoria in benedictione.* »

*Dilectus Deo et hominibus, cujus memoria in
benedictione est, similem illum fecit in gloria sanctorum* (*Eccli.* XLV). Naturale est et virtuti consentaneum proximum suum honorare principium,
et a sua origine degeneri tramite non deviare.
*Omnia flumina intrant in mare, et ad locum unde
exeunt revertuntur* (*Eccle.* 1). Salutare multum
per omnem modum institutoris sui vestigia sectari,
nec pessimæ præsumptionis magistram propriam
sequi voluntatem. Si quid in nobis initium perfectionis, si quid virtutis, si quid religionis exemplar trahit, formam ducit a B. Patre nostro Benedicto,
qui noster legislator, vitæ nostræ dedit ordinem, moribus disciplinam, quem ut imitemur tres ei virtutes Scriptura assignat sanctitatis, et gloriæ testimonium conferentes ; *Dilectus*, inquit, *a Deo et hominibus*, etc., quæ licet de alio dicta sint, apte
tamen laudi hujus applicantur, quia quod uni
sanctorum convenit unitate virtutum, et morum concordia, simili non disconvenit : quod sit
conveniunt huic, a moribus, et proposito nostro
non dissideant oportet, ne filii degeneres convin-
camur, si Patris actibus dissimiles invenimur.
Primum quidem pro quibus, et in quibus a Deo
et hominibus diligamur nosse expedit. Nec quæramus diligi a Deo et non ab hominibus, sicut est
consuetudinis quorumdam, qui testimonio abutentes Apostoli : *Gloria nostra hæc est : testimonium
conscientiæ nostræ* (*II Cor.* 1). Et : *Si adhuc hominibus placerem, Christi servus non essem* (*Galat.* 1),
temeritate superba displicere contendunt hominibus,
diligi contemnunt : sed evenit eis ut nec diligantur
a Deo, et hominibus odiosi suspiciosa vexentur infamia ; diligi autem ab hominibus, et a Deo non
diligi non modo inutile, sed et noxium est, quod
jactantiæ occasio elationis sit fomes. Necesse est
ergo jungere utrumque, et velle ac studere diligi a
Deo et hominibus. Sed quoniam Spiritus est Deus,
diligendus a Deo initium dilectionis in Spiritu
computare debet, et id negotii interius actitare.
Signatum est super nos lumen vultus Dei (*Psal.* IV);
et specialius imaginis suæ signaculum diligit Deus.
Animum ergo diligit, præsertim si suam æmuletur
formam ; quod fiet si erit purus, si constans, si
fervidus ; summe et incommutabiliter omnia hæc
Deus est. Purus est cujus Sapientia, *ubique attingit
propter suam munditiam, et nihil inquinatum in eum
incurrit* (*Sap.* VII) ; constans, *apud quem non est
transmutatio, nec vicissitudinis obumbratio* (*Jac.* 1),
fervidus, qui docente Moyse, *ignis consumens est*
(*Deut.* IV). Sit et qui ad imaginem Dei factus est
animus purus, ne quid in se peregrinæ admistionis
accipiat, sed virtutis industria, natalem in se augeat decorem ; sit constans, ne omni vento circum-
feratur levitatis, et de malo ad bonum, de bono
redeat ad malum, sed calle indeclinabili, bono quod
adeptus est firmus adhærens, perseveret ac stabilis ; sit fervidus, ne noxia tepefactus inertia evo-
matur ab ore Dei (*Apoc.* III), sed calenti spiritu
ambulet de virtute in virtutem, et si non semper
habet effectum proficiendi, tamen nunquam perdat
affectum : sit purus ne sordeat ; constans ut duret ;
fervidus ut proficiat. Tales merito diliguntur a
Deo, et Deus ad eos venit, et mansionem apud eos
facit (*Joan.* XIV). Sunt item modi tres et causæ
quibus diligimur ab hominibus, qui in facie vident,
et conspiciunt exteriora, vita scilicet, sobrietas et
beneficium. Primum decet ut actus nostri justi
sint, studia honesta, mens composita, et tota de-

nique vita tanto honestatis ornata decore, ut adversariorum quoque in se trahat affectum. Nemo enim nisi perversissimus bonum odisse potest, etiam eum imitari detrectat; sed in omnibus modus teneatur necesse est, quem qui excesserit, singularitatis incurrit notam, intuentium offendit oculos. Vitæ laudabili sobrietas est addenda, quæ certos virtutibus præfigat limites, ne quid nimis; sed ille a gentili descriptus poeta teneatur modus,

*Est modus in rebus; sunt certi denique fines,
Quos ultra citraque nequit consistere rectum.*
(HORAT., Sat. I, 107.)

Qui vita conspicuus, discretione præcipuus est merito diligendus. Quidam diligitur, sed dilectionis cumulum addat, et beneficium, ut proximum juvet opere sermone aut voto. Obsequium amicos parat. Qui sub jure suo habuerit substantiam hujus mundi, et viderit fratrem suum egere, non claudat viscera sua ab eo (*I Joan.* 3), sed miseratur in hilaritate; si minus, opem consilii, fomentum consolationis, sermonem bonum super datum optimum impendat. Quod si ab hoc munere restringitur lege silentii, evidentibus monstrat indiciis voluntatem opitulandi adesse, deesse facultatem. Qui enim beneficiis promptus, obsequiis sedulus, voluntate devotus erga proximos exstiterit, non potest, ut arbitror, non amari, præsertim honestate vitæ præeunte, sobrietate comite. Et erit vita ad virtutem, sobrietas ad decorem, beneficium ad necessitatem. Vita ut adjuvet, sobrietas ut delectet, beneficium ut fructificet.

Sequitur : *Cujus memoria in benedictione est.* Diversa sunt benedictionum genera. Laban loquens ad Jacob : *Benedixit me,* ait, *Deus in introitu tuo* (*Gen.* XXX), benedictionem vocans augmentum possessionis. Est alia potior hac benedictio, cum virtutibus ditescimus, bonis spiritualibus abundamus : unde Apostolus quibusdam : *Divites facti estis in omni verbo, et in omni scientia, ita ut nihil vobis desit in ulla gratia* (*I Cor.* XVII). Et alibi : *In omnibus abundatis fide et sermone, scientia et omni sollicitudine; insuper et charitate* (*II Cor,* VIII); fide certa et ferventi, sermone discreto et eloquenti, scientia discernendi, omni sollicitudine utile studiosius sectando; insuper et charitate invicem et æterna diligendo. In quibus abundantia notatur virtutis. Est harum excellentissima benedictio cum regnum decoris, et diadema ; specie benedicti Patris de manu Domini percipiunt. De qua item Apostolus sub denuntiatione præteritorum certitudinem futurorum prædicens, ait : *Benedixit nos Deus omni benedictione spirituali, in cœlestibus in Christo* (*Ephes.* 1). Est ut singulas suis determinemus nominibus, prima est, multiplicatio facultatis ; secunda supplementum virtutis ; tertia corona æternitatis. Prima datur ad solatium, secunda ad meritum, tertia ad præmium. In singulis his benedictionibus gratia Benedicti, et nomine memoria, ut hæres sit nominis, qui nomen sortitus est benedictionis. In cujus adhuc præconio subditur, *similem illum fecit in gloria sanctorum.* Fecit enim signa, magna sicut sancti, et similis factus est sanctorum in gloria miraculorum ; cujus nos intuentes gloriam, tanquam filii sequamur vitam, ut benedictionis simus hæredes, præstante Domino nostro. Amen.

ANNO DOMINI MCLVII-MCLXIII.

FASTREDUS

CLARÆVALLENSIS ABBAS TERTIUS

NOTITIA

(*Histoire littéraire de la France* par des religieux bénédictins, tom. XII, p. 625)

—

Fastrède, dit aussi Fastrade, et quelquefois Flaster, était né de la noble maison de Gaviamès ou Gaviaumer dans le Hainaut (1). Formé aux lettres et à la vertu par d'habiles maîtres, il alla se consacrer à Dieu dans l'abbaye de Clairvaux, sous le gouvernement de saint Bernard. Le mérite dont il fit preuve dans cette retraite est attesté par le choix que l'abbé de Clairvaux fit de sa personne pour gouverner la nouvelle colonie de Cisterciens établie à Cambron, l'an 1148. Le poste était difficile à remplir, parce que bien des obstacles s'opposaient à cet établissement. Fastrède les surmonta par sa prudence et sa sagesse. Il se comporta si bien à Cambron, que les religieux de Clairvaux le rappelèrent, l'an 1157, pour le faire leur abbé. Devenu le successeur de saint Bernard, il retraça le zèle de ce grand homme pour le maintien de la discipline régulière. Nous avons de ce zèle un monument précieux dans une lettre qu'il

(1) *Gall. Chr. nov.*, t. III, p. 171.

écrivit à un abbé de sa filiation. Celui-ci, sous prétexte de mauvaise santé, se permettait des adoucissements contraires à la règle, et même des superfluités dans la table et les habits. Fastrède l'exhorte par les motifs les plus pressants à changer de conduite. « Quel contraste, lui dit-il, entre la vie que vous menez et celle de toutes les autres maisons, et même de la vôtre! Partout dans nos monastères on se nourrit de pain d'avoine, d'herbes cuites sans huile ni graisse, de pois et de fèves : régime si exact qu'il ne souffre pas même d'exception le jour de Pâques. Vous prétextez, pour vous en dispenser, vos maux de tête et d'estomac; mais vous êtes dans une illusion bien grossière si vous pensez que des moines, dans leurs maladies, puissent s'accorder en conscience tous les soulagements dont les séculiers font usage. Saint Bernard nous disait qu'un moine, s'il était bien pénétré de ses obligations, ne mangerait pas un morceau de pain sans l'arroser de ses larmes, sa fonction étant d'expier par ses gémissements et ses propres péchés et ceux du peuple. Les infirmités, ajoutait-il, ne peuvent autoriser les moines à vivre dans le relâchement, puisque nos premiers pères cherchaient exprès des vallées profondes et marécageuses pour y bâtir des monastères, afin qu'étant souvent dans le cas d'être malades, les moines eussent toujours présente l'idée de la mort, et ne vécussent pas dans une funeste sécurité. Si ces remontrances fraternelles, continue Fastrède, ne peuvent faire sur votre cœur assez d'impression pour vous porter à vous corriger, je serai forcé d'employer le remède que ma qualité de supérieur me met entre les mains. » Cette lettre a excité dans le dernier siècle une controverse entre deux pieux et savants solitaires, qui l'ont citée plusieurs fois en français, tantôt en entier, tantôt par extrait. On la trouve en original parmi celles de saint Bernard dans la nouvelle édition de ce Père. (*Ep.* 440.)

Les intérêts de l'Eglise doivent toucher un solitaire, et surtout un chef de solitaires, encore plus vivement que ceux de son ordre. Pénétré de cette vérité, à l'exemple de saint Bernard, Fastrède se donna de grands mouvements, avec plusieurs abbés ses confrères, pour éteindre le schisme occasionné, l'an 1159, par l'élection du pape Alexandre III et celle de l'antipape Victor (2). Nous avons dans la lettre qu'il écrivit à Omnibon, évêque de Vérone, le détail des démarches et des voyages qu'il fit à ce sujet. Si la Providence ne permit pas que le succès répondît entièrement à ses soins, on voit qu'ils ne furent pas absolument infructueux, et qu'il ne dépendit pas de lui ni de ses collègues qu'ils n'eussent tout l'effet qu'ils pouvaient en espérer. La lettre dont on vient de parler se rencontre dans le X° tome des *Conciles* du P. Labbe (p. 1407), dans le VI° du P. Hardouin (part. III, p. 1585), et dans le III° de la *Bibliothèque de Cîteaux*.

Lambert, abbé de Cîteaux, qui avait été l'un des coopérateurs de Fastrède dans l'affaire du schisme, ayant abdiqué vers la fin de l'an 1161, ou le commencement de l'année suivante, notre abbé fut élu, comme le sujet le plus digne de l'ordre, pour le remplacer. Il ne jouit pas longtemps de cette dignité. Dans le printemps de l'an 1163, étant allé trouver le pape Alexandre à Paris pour différentes affaires de son ordre, et surtout pour demander la canonisation de saint Bernard, il y mourut le 21 avril, regretté du pape et du roi, qui l'honora même de ses pleurs. Son corps ayant été rapporté à Cîteaux, y fut inhumé dans le cloître, auprès de ses prédécesseurs. Les Martyrologes de l'ordre le comptent parmi les saints (3).

Il ne reste d'autres productions de sa plume que les deux lettres que nous venons de rapporter. L'une et l'autre pièce font voir qu'il savait écrire, et qu'il était capable d'enfanter des ouvrages en forme.

(2) *Gall. Chr. nov.*, t. V, p. 800.
(3) *Gall. Chr. nov.*, t. IV, p. 987; Manr. *Ann. Cist.*, ad ann. 1163, c. 1; Dubois, *Hist. eccl. Paris*, l. XIII, c. 4, n. 4; Mir. *Chr. Cist.*, n. 317.

FASTREDI EPISTOLA

Ad quemdam ordinis sui abbatem, de disciplina regulari observanda.

(Vide *Patrologiæ* tom. CLXXXII, col. 704, inter epistolas S. Bernardi.)

EJUSDEM EPISTOLA

Ad Omnibonum Veronensem episcopum. De concilio Tolosano, in quo Alexander, rejecto Victore, pontifex agnoscitur, et de conciliabulo Papiensi.

(Vide inter variorum ad Alexandrum et ad ejus legatos epistolas, *Patrologiæ* tom. CC.)

CIRCA MEDIUM SÆCULUM

JOANNES CIRITA

ABBAS THARAUCANUS IN HISPANIA

JOANNIS CIRITÆ VITA ET EPISTOLÆ

Fasciculus sanctorum ordinis Cisterciensis (lib. 1, p. 267), præclarissimorum antistitum heroicas virtutes, ordinum monasticorum sub instituto Cist. militantium origines, fortissimorum martyrum certamina et diversarum abbatiarum exordia complectens, auctore R. P. F. Chrysostomo HENRIQUEZ, Hortensi, ejusdem ordinis monacho, et congregationis Hispaniæ historiographo generali. — Bruxellæ apud Joannem Pepermanum bibliopolam juratum, typographumque civitatis, sub Bibliis aureis, 1623.

CAPUT PRIMUM.

Contemptis hujus sæculi honoribus et temporali militiæ valedicens, vitam eremiticam amplectitur.

Eo tempore quo Saracenorum imperium longe lateque per omnes fere Hispaniæ provincias patebat, Alphonso hujus nominis sexto regnum possidente Legionis, vir quidam nobilis, nomine Joannes Cirita, bellicis operibus, a primis juventutis annis studium suum dederat, eisdemque mirifice claruerat. Quem ne diutius sæculi vanitatibus irretitus perseveraret, divina Providentia misericorditer vocavit, et segregavit per gratiam suam. Cum enim prælium cum Saracenis iniret, ab eisdem vulneratus et pene exstinctus jaceret, æternæ vitæ aditum invenit. Siquidem ad se reversus propriam patriam relinquens, ad montes Galleciæ pervenit, ubi a quodam sanctæ conversationis sacerdote in sacræ paginæ lectione non mediocriter erudito, humanissime exceptus est, qui etiam vulneribus ejus necessariam medicinam adhibuit. Hujus venerabilis viri virtus ac sanctitas ita Joannem cepit ac incendit, ut tempus et occasionem arripiens, mundum deserere totumque se Deo tradere cuperet. Cumque aures ejus ad vocem sacerdotis paterent, egit triumphum de se ipso, et balteum militarem abjecit, animumque a bellicis exercitiis ad spiritualem militiam traduxit.

Et quia scientia litterarum ornat animum et erudit illum, et Scriptura sacra demulcet animi affectus, a venerabili sacerdote edoctus cognitionem legis divinæ magnam consecutus est. Ad cujus pedes humiliter sedens, et cœlestis verba sapientiæ ab ipsius ore suscipiens, omnium virtutum genere decoratus, mirum in modum profecit. Aliquo vero tempore elapso, venerabilis Christi sacerdos mortem cum vita feliciter commutavit, ejusque obitus beato juveni non mediocrem animi dolorem attulit et eremiticæ vitæ desiderio, locum desertum ad inhabitandum elegit in provincia quæ jacet inter Durium et Mynium, ubi a dæmone variis tentationibus exagitatus inflexibilis perseveravit, licet omnes suos conatus in ejus perniciem pararet; voluptates libertatemque pristinæ vitæ ad memoriam juvenis revocans, perfectionisque viam, quam agressus fuerat, tanquam arduam omninoque difficilem ei proponens, ita ut, nisi Dominus in ejus pugna congrederetur et dimicaret, penitus in debilitatem incideret, iterumque ut canis reverteretur ad vomitum vanitatis antiquæ.

CAPUT II.

A dæmone sub specie feminæ tentatur, mirabiliter triumphat, anachoretis abbas præficitur, et spiritu prophetico claret.

Cum igitur quadam die piæ devotionis affectu cœlestium contemplationi insisteret, et secreto loco gaudens, solus in cella sederet, mulier quædam per vastæ solitudinis invia errans et quasi territa fugiens, ad beati viri eremitorium pervenit, lacrymis et suspiriis vehementer exorans, quatenus de mariti sui manibus, a quo, ut occideretur, quærebatur, in sua cella eam illa nocte occultans liberaret. His auditis, Dei famulus, quia charitas nescit timere, hostis antiqui tela non formidans, charitatis impulsu ductus, ostium aperuit, et in proprium cubiculum fugientem intrare permisit, cum qua familiare, plus forte quam licebat, colloquium miscens, majorem partem noctis transegit. Postmodum vero, cum somnio parcere cupiens lecto decumberet, diabolus arcum tetendit et in eo paravit sagittas suas, ardoremque libidinis excitans, totum ejus corpus occupavit, combussit et incendit: et jam sibi pene mentem subjugasset, per pravitatis consensum, nisi divinum auxilium imploranti incauto anachoretæ divina gratia arma constantiæ ministrasset, viriumque spiritualium incrementa adhibuisset. Surgens igitur beatus Dei servus, ignem jam pene exstinctum reaccendit, ejusque flammis brachium sinistrum opposuit, sicque immobilis perseveravit, donec caro plane combusta ab ossibus separata cerneretur, ignisque materialis vigore ab incendio titillantis carnis liber evaderet. Misere vero devictus dæmon evanuit, et in superiori cellulæ tecto vociferans, cum contumeliis onerare cœpit ac dicere: *Veniet, o insensate, veniet tempus, quando ignis non poterit te de manibus meis eruere.* Joannes autem immensas gratiarum actiones reddidit illi, qui ei astitit dimicanti, cautiorque deinceps factus est adversus diaboli insultus.

Postmodum vero cum ad ejus notitiam pervenisset fama sanctitatis, et perfectionis opinio duorum Christi athletarum, qui in summis rupibus montium quos irrigat Nonga fluvius, vitam cælibem ducebant, ut eorum exemplo sanctæque conversationis doctrina magis magisque incremento virtutum proficeret, eremum deseruit, supplexque ad illos accedens, seque ad eorum pedes projiciens, humaniter vir sanctus a sanctis viris excipitur, utpote qui jam ejus virtutem et conscientiæ puritatem, divina præventi revelatione cognoverant. Quorum sancta conversatione et societate, sic supra omnes illius solitudinis eremicolas virtute enituit, ut qui noviter sæculi vanitatibus valedicentes vitam Deo placentem in eremo quærebant, se beati Joannis magisterio tradiderint feliciter educandos. Cumque duos illos sanctissimos senes vitæ præsentis agone laudabiliter consummato mors eriperet, in locum abbatis suffectus est, rupesque illas, in quibus habitaverant, deserens, eremitorium construere curavit prope flumen Barosium, in cacumine montis, cujus inaccessibilis altitudo et fragositas, arduum et difficilem aditum ascendentibus præbet, ibidemque tam ipse quam cæteri fratres amore cœlestis patriæ inflammati angelicam potius quam humanam cœperunt ducere vitam.

Fama autem venerabilis viri per circumjacentes regiones late diffusa, ad aures Henrici comitis Lusitaniæ pervenit, qui eum personaliter visitans ejusque humilitate et paupertate non mediocriter ædificatus post varia patriæ cœlestis colloquia, humiliter deprecatus est quatenus suis orationibus a Deo filium, quem principatus sui hæredem relinqueret, impetraret. Cui mox beatus vir prophetico spiritu plenus respondit: « Confide, domine, habebis enim filium, belli et pacis operibus clarum, obtinebitque nomen magnum inter omnes principes terræ, et erit terror infidelium et flagellum paganorum. » Sic dixit, sic postmodum accidit. Theresa enim prædicti comitis uxor concepit et peperit Alphonsum Henriquez, qui honor et gloria exstitit Portugalensis nationis, et fundamentum regni Lusitaniæ. Cumque pater ejus post præclara facinora, ultimum spiritum efflaret, sicut regni, sic et pietatis fuit hæres, sanctumque Joannem Ciritam summo prosequebatur amore, ad eumque in rebus arduis, tanquam ad divinum oraculum, confugiebat, semperque dicere solebat : *Facilius a Domino, quam ab amicis meis, quidquid vult impetrat abbas Joannes.*

CAPUT III.

Sanctus Joannes Baptista Patri nostro Bernardo apparens, ad construendum cœnobium, in Hispaniam præcipit mittere monachos, quos divina revelatione admonitus B. Joannes Cirita in itinere adventantes obvios suscipit.

Hoc eodem tempore gloriosissimus Pater Bernardus, radiis virtutis et doctrinæ totum Christianum orbem illuminans, summa cum pietate et mansuetudine Claravallense moderabatur cœnobium. Cui anno Domini 1149, vigesima quarta die Junii post vigiliarum laudes, orationi in choro insistenti, B. Joannes Baptista eo habitu et forma, qua ab Ecclesia communiter depingitur, apparuit, dixitque ei: *Ad salutem plurium animarum, quibus doctrina deest longeque a via salvationis aberrant, expedit tibi aliquos ex monachis tuis ad remotiores partes Hispaniæ relegare, quibus divina misericordia ostendet locum, quem jam ad construendum cœnobium elegit, ubi plures animæ Deo quotidiana corporis cordisque maceratione veluti acceptabile sacrificium offerentur. In cujus rei testimonium hoc pro certo assero tibi, quod nunquam in eodem loco rigor deficiet monasticus, templum autem consecrabitur nomini meo.* Quibus dictis disparuit. Beatus vero Pater Bernardus omni admiratione plenus, usque ad horam sextam, quid sibi accidisset cogitans, Deoque gratiarum actiones impendens perseveravit. Volensque executioni mandare sancti Joannis præceptum, inter cæteros Claravallensis cœnobii viros egregios, qui innocentis vitæ merito Deo fideliter ministrabant, octo, utpote sanctitate præcipuos, et ad perficiendum tam arduum opus idoneos elegit, Boemundum scilicet, Aldebertum, Joannem, Bernardum, Cisinandum, Rolandum et Alanum, quibus Beomundus abbas præficitur. Eisdemque seorsim vocatis, sancti Joannis verba retulit, divinamque voluntatem exposuit de construendo novo monasterio in occidentalibus partibus Hispaniæ, et in loco quem eis signum demonstraret cœleste, et adjecit : *Habebitis in itinere obvium sanctum quemdam eremi cultorem, inculpabilis vitæ, nomine Joannem, qui ad-*

ventus vestri diem divina revelatione præventus exspectat, cujus ordine et consilio omnia opera vestra dirigentur, donec voluntas Dei perfecte adimpleatur. Et quia provincia ad quam mittebat illos, fere tota sub infidelium jugo jacebat, eos ad mortem pro Christo firmiter subeundam exhortans coronam repromisit æternam. Igitur post melliflua verba, quæ ei amor suppeditavit divinus, et post sinceræ charitatis amplexus, dilectos filios suos paterna benedictione munitos in pace dimisit, qui fratribus suis valedicentes egressi sunt e sacro Claravallensi cœnobio.

Sed jam ad Joannem nostrum convertamus sermonem. Dum enim hæc agerentur in Gallia, eidem, sicut et Patri nostro, etiam apparuit Baptista, certiorem eum faciens de adventu illorum octo monachorum, quos ad erigendum cœnobium sanctus abbas mittebat, præcipiens ei ut sancta eorum desideria ad optatum perduceret finem, eosque apud principem et nobiles terræ auctoritate sua redderet gratos; asserens monasterium illud futurum præclarum seminarium virtutum, ostenditque illi locum in quo adventantes monachos inveniret. Quibus dictis disparuit, et beatus Dei famulus plenus exsultatione et lætitia iter arripuit, et, post aliquos dies quibus per horrendas et vastas eremi solitudines hinc inde erravit discurrens, Claravallenses monachos ad se venientes offendit, non procul a Lamecensi civitate, cujus rex a Lusitanis ante paucos annos devictus, rejectis Mahumetanis versutiis, fidem amplexus fuerat catholicam. Quis vero servorum Christi animi jucunditatem narrare sufficiat, cum post longi incommoda itineris variasque tribulationes et angustias, beatum Joannem directorem et patrem sibi a beato Bernardo constitutum invenerint? Cui, post humilem salutationem, epistolam sanctissimi Patris nostri Bernardi tali tenore conscriptam tradiderunt.

Epistola beati Patris nostri Bernardi abbatis, ad beatum Joannem Ciritam.

Exstat inter epistolas S. Bernardi editionis nostræ num. 464. Vide *Patrologiæ* t. CLXXXII, col. 669.

Hac igitur perlecta epistola, summo perfusus gaudio beatus Joannes, cum monachis Claravallensibus, Alphonsum principem qui tunc apud Wimaranes morabatur, decrevit adire, ut ab eo quemlibet locum eligendi ad construendum novum cœnobium facultatem obtineret. Cum autem ad curiam pervenissent, humanissime a principe excepti sunt, qui eorum habitus paupertatem, modestiæ gravitatem profundamque humilitatem considerans, vix causam itineris et adventus servorum Dei intellexit, cum ecce simili eos privilegio munitos dimisit in pace :

ALPHONSUS *gloriosissimus dux et Dei gratia Portugalensium princeps, illustris comitis Henrici et reginæ Theresæ filius, magni quoque Alphonsi nepos.*

Pro remedio animæ meæ et parentum meorum, facio vobis, abbati Joanni Ciritæ et fratribus qui vobiscum sunt, chartam et cautum ne quis vos impediat quod vadatis, et faciatis monasterium ordinis Sancti Benedicti de nova reformatione, de hoc modo, quod solum, ubi feceritis, sit dominii nostri, et si de alieno fuerit, ematur nostris expensis. Et si aliquis de vassallis nostris vel de militibus, contra hoc venerit, sit maledictus a Deo et cum Juda traditore in infernum tortus.

Facta charta cauti apud Wimaranes, Kalend. Martii, era 1158.

Ego supradictus princeps hanc chartam propriis manibus roboro.

Egressi ergo beatus Joannes et monachi per eamdem viam reversi sunt : admonitus enim fuerat venerabilis abbas ne progrederetur ulterius, sed in interiori solitudine ac secretiori deserto manerent, quousque Dei voluntas eis patefieri dignaretur. Paucis vero in via consumptis diebus ad flumen pervenerunt Borosium quod uno milliari cum dimidio distat a civitate Lamecensi, et vasta illius solitudinis irrigat loca. Ejusque fluctum sequentes ad montes devenerunt altissimos, qui in circuitu, ad instar murorum, vallem amœnissimam cingunt, in qua duo torrentes aquis se immiscent Barosi. Hunc ergo locum, quasi ab hominum conversatione omnino semotum ad inhabitandum decreverunt eligere ibique sedere, exspectantes beatam spem et adventum signi magni Dei, jam olim sancto Patri suo Bernardo promissum. Ubi ex arborum ramis quatuor construxerunt tuguria, ecclesiolamque pauperrimam Sancti Salvatoris nomini sacram, quæ in hanc usque diem perseverat, erigentes, sedem ad tempus fixerunt; et venerabilis abbas Joannes, Clarævallenses orationi piisque operibus intentos relinquens, ad fratres remeavit suos, quousque signo aliquo cœlesti voluntas divina, circa cœnobii constructionem locique dispositionem, eis ostenderetur.

CAPUT IV.

Monachi cœnobium Sancti Joannis de Tarouca construunt in loco sibi divinitus cœlesti splendore demonstrato.

Igitur Boemundus abbas, ejusque socii, sine intermissione divinis laudibus operam dantes, assiduis precibus divinam efflagitabant misericordiam, ut promissum Patri suo Bernardo signum cœleste mererentur videre. Factum est autem, tertia decima die Aprilis, anno Domini 1120, cum beatus Boemundus e tugurio suo egressus, circa dimidiam noctis horam, Deum oraret ut acceptum haberet obsequium eorum, et in vallem proximiorem aciem oculorum dirigeret, vidit, et ecce splendor miræ claritatis, quasi fulgur e cœlo descendens, in aere prope terram immobilis mansit, opaca silvarum vicinorumque hinc inde circumjacentium montium meridiana veluti luce claras reddens angustias. Stupefactus Christi famulus, divini luminis mysterium non ignorans, fratres suos vocat eisque signum a sancto Joanne Baptista promissum ostendit. Qui statim, omni difficultate semota, illud esse divinæ bonitatis signum credentes locum nunc ad construendum cœnobium decreverunt eligere, exsultantes animo et spirituali jucunditate gaudentes, ac si dicerent: *Hæc requies nostra in sæculum sæculi: hic habitabimus, quoniam Deus elegit eam.* Hunc autem cœlestem splendorem, in eodem loco eademque hora, aliis octo noctibus proxime sequentibus viderunt. Qui ut sancti Patris Bernardi parerent consilio, qui eis Joannem Ciritam, quem in rupibus montis cum suis Domino famulantem reliquimus, ductorem et rectorem constituerat, quid acciderit, quidve eis divinitus fuerit ostensum, sancto abbati tali epistola exposuerunt:

Venerabili Patri JOANNI CIRITÆ, *frater* BOEMUNDUS *et reliqui qui cum eo sunt, modicum id quod possunt.*

Noveritis, miseratione divina sic disponente, signum mirabile indignis oculis compexisse, non solum ego, sed omnes quos hoc loco reliquistis. Et quia jam duodecim transactæ sunt noctes, postquam illud primitus vidimus, et a Patre nostro, qui nos huc direxit, simile prodigium audivimus, ideo nobis visum est hoc tibi referre, ne forte velit Altissimus hac parte monasterium construi. Valeat paternitas tua, et nos filiolos apud Deum commendatos habeat.

Duo itaque monachi hanc deferentes epistolam missi sunt, qui post varia itineris pericula ad beati viri eremitorium pervenerunt. A quo summa cum humilitate excepti, dum ei cum ipsorum relatione, tum litteris ipsis miraculum innotuit, flexis genibus, manus et oculos ad æthera levans, immensas gratiarum actiones cœli terræque Conditori, intimo cordis affectu, impendit ac reddidit. Et postmodum omnes pariter confidentes, de miraculo isto et de cœnobii ædificatione agere cœperunt. Et post varia cœlestis vitæ colloquia, similem illis tradens epistolam, ad proprium eos remisit abbatem:

Dilectissimis fratribus qui sunt in eremitario supra fluvium Barosum, ad montem curvum, JOANNES, *indignus servus Christi Jesu, in eo salutem desiderat.*

Misericordiam Domini in æternum cantabo quam voluit ostendere super servos suos. Fiduciam habete et credite verbis magistri vestri, quia per illa jam appropinquat dies gaudii vestri. Et ne per falsum visum erretis, obnixe et cum lacrymis petite a Domino universorum, quod signum vestrum vobis velit ostendere, et quo loco, postquam missas dixeritis, claritatem videritis, signate et vallate, ut in eo Domino adjuvante, monasterium construamus. Servet vos pietas æterna, et in sanctis orationibus vestris veniam postulate pro peccatis meis.

Statim ipsi, ut humiles filii et ad obediendum parati, quidquid eis præcipiebatur adimplere studuerunt, crebris vigiliis, jejuniis, sacrificiis et orationibus, miraculi præteriti renovationem et confirmationem deprecantes. Quos Dominus exaudire dignatus est, eis iterum divinum lumen ostendens. Totumque locum per circuitum, ad quem divina claritas se extendebat, sepe cinxerunt, ut in eo ecclesiam monasteriique officinas erigerent. Tunc supervenit venerabilis abbas Cirita, cujus præsentia incredibili gaudio perfusi sunt omnes. Ille autem tota nocte oratione intendens, splendorem etiam illum meruit videre. Intellexitque lumen istud virtutem splendorum radiosque cœlestis doctrinæ, quibus monachi illi et eorum successores decorandi erant, ut totam illam patriam, imo et totam illuminarent Ecclesiam tenebras expellentes vitiorum, significare. Adiit ergo principem Alphonsum, assumpto secum beato Boemundo, eique totum narravit miraculum, quo audito in magnam admirationem raptus est catholicus princeps. Quos tandem privilegiis, ornamentis, pecuniis variisque donis ad cœnobii constructionem ditatos dimisit. Qui in solitudinem reversi, domum Dei cœperunt ædificare, ipseque princeps primum lapidem jecit, vigesima prima die Junii, anno Domini 1122, præsentibus regni ipsoque episcopo Lamecensi, qui lapidem ecclesiasticæ fundamenta benedixit: et post paucos dies cœnobium consummatum est, præfuitque ibidem beatus Boemundus, prout sanctus Pater Bernardus ordinaverat. Qui tandem virtutibus plenus et miraculis clarus, paulo post obdormivit in Domino, electusque est communi fratrum consensu B. Aldebertus qui sub eodem Patre Boemundo prior exstiterat.

CAPUT V.

Quomodo beatus Joannes Cirita monachus Cisterciensis factus est; et de regina Theresa quæ nostri ordinis habitum induit.

Ecce ordinis Cisterciensis in remotioribus partibus Hispaniæ, in Lusitania scilicet, humile exordium, ex quo tandem sic excrescere meruit, ut in uno tantum cœnobio Alcobatiæ mille monachi pariter habitaverint, de cujus miraculosa fundatione superius in Vita santissimi Patris nostri Bernardi diffuse egimus. Cum ergo beatus Joannes monachos Sancti Joannis de Tarouca (hoc enim nomen novo monasterio dederant), variis virtutibus micantes conspiceret, eosque in schola spiritualium virtutum fervore regularis disciplinæ vigere cognosceret, eorum inhærere vestigiis summopere desiderabat, sicque habitum Cisterciensem de manu beati Aldeberti abbatis incredibili mentis exsultatione suscepit, et fuit primus qui, sub instituto nostro, sacræ religioni nomen dedit in Lusitania. Et vide humilitatem beati viri. A juventute sua, in sancta arte magister aliorum exstiterat, a quibus tanquam Pater et abbas colebatur, et ecce factus est denuo discipulus. Postquam vero professionem emisit, ad fratres suos in solitudine degentes reversus est, quibus ut tam sanctæ religionis jugo colla submitterent persuasit, ibidemque aliud Cisterciensis ordinis monasterium construxit, quod sanctus Christophorus Dafoens nuncupatur. Inter cæteros vero anachoretas, qui se ordini Cisterciensi dederunt, hi fuerunt præcipui : Petrus Froila, Pelagius, Alvarus, Andreas, Luyba, Germanus, Rosendus, Hermannus. Quorum vitæ in antiquo ms. libro monasterii S. Christophori continentur, ut videre est apud Joannem Marquez lib. De origine fratrum eremitarum Sancti Augustini cap. 15, § 11.

Hoc tempore regina Theresa, filia Alphonsi Hispaniarum imperatoris, de manu beati Joannis Ciritæ habitum Cisterciensis ordinis induit, et paulo post infirmitate correpta, cum jam morti proxima lecto decumberet, epistolam scripsit filio suo Alphonso Henriquez, quam Joanni Ciritæ tradens, non sine opinione sanctitatis ex hac vita discessit. Et ecce princeps, ut a matre sua ultimam peteret benedictionem, ad civitatem Conimbricensem pervenit. Sed cum jam eam ex hoc sæculo migrasse cognovisset, summo dolore repente percussus, epistolam, quam apud se beatus Joannes retinebat, tali tenore conscriptam legit :

Dilectissimo filio suo Alphonso, Theresa *mater sua, salutem et suam benedictionem.*

Finis meus prope est, fili amantissime, et jam mihi vilescunt omnia hujus mundi, præter te quem cuperem videre. Sed videamus nos in meliore patria. Servos et ancillas meas tibi commendo et fratres novæ reformationis, sub cujus habitu et professione discedo. Sepultura mea, precor, sit juxta patrem tuum, illustrem comitem Henricum, ut quos vita vidit consortes mors videat inseparabiles. Sorores tuæ sint tibi charæ et filii earum. Populum tuum cum pace guberna, et super omnia Deum cole. Ipse te benedicat et servet ab inimicis. Benedictionem et gratiam meam tibi relinquo, et ad Deum et judicem meum vado. Vale, fili mi charissime, in Domino.

Cum vero Adelbertus abbas cursum vitæ feliciter consummasset, ita ut etiam post mortem miraculis coruscans magno populi concursu honoraretur, vocatus est famulus Dei Joannes, ut monachis Sancti Joannis de Tarouca præesset. Quam dignitatem, renitenter tamen, admisit anno Domini 1125. Ubi mirabiles virtutes et sanctitatis radios emittere cœpit omninoque absorptus virtute et spe tota in Deum directa, ad superna intimo cordis affectu anhelabat. Ut vero castitatem conservaret, cordisque maculas subintrantes dilueret, abstinentiæ falce carnem suam multandam esse censebat. Et sic spatio trium dierum nihil penitus gustans, his transactis, tantum buccellam panis sumebat, et aqua frigida corpus suum senio confectum pœnitentiaque ut infirmitatibus pene consumptum alebat. Tempus ne frustra laberetur summa diligentia observabat. Ita et vel orationi insistentem, vel divinis laudibus in choro occupatum, aut manuum operibus cum monachis intentum, invenires venerabilem senem. His exceptis, ab omnibus aliis rebus alienum se judicans nullisque se immiscens negotiis, regula monachorum suorum factus est exemplo sanctæ conversationis.

CAPUT VI.

De origine ordinis Avisiensis, qui sub instituto Cistersiensi militat, et a beato Joanne Cirita leges et regulam accepit.

Factum est autem postquam Alphonsus primus Portugallensium rex ingentem paganorum multitudinem in agro Auriquis devicit, milites quidam gloriæ cupidi, ut acquirerent sibi nomen magnum, fœdus et pactum inter se inierunt ut, pro fide Catholica patriæque libertate militantes, potius vitam manibus traderent infidelium, quam seu mortis periculo qualibetve necessitate coacti a sancto proposito desisterent. Cumque eorum magna esset opinio, et Maurorum incursus crebris victoriis arcentes, in dies circumquaque illorum se diffunderet fama, rex Alphonsus eorum piam intentionem ad finem felicissimum perducere optans, beatum Joannem Ciritam vocavit, qui his militibus normam et regulam traderet vitæ, ut, sub aliquo instituto militantes, gloriosius pro Christi nomine præliarentur. Superveniensque sanctus abbas de consensu legati apostolici similes eis constitutiones observandas conscripsit.

Hanc igitur regulam militibus Avisiensibus conscripsit beatus abbas Joannes omnesque eam firmiter unanimiterque observare professi sunt. Postmodum vero Evora civitas Lusitaniæ celeberrima et frequenti regum Portugalliæ domicilio, nobilissima eisdem militibus data est ab Alphonso rege, anno Domini 1147, ac tandem ad castrum Avisium transeuntes ibique commorantes, ab eodem Avisienses milites denominati sunt. Sed de hoc ordine plura in Vita B. Petri Alphonsi, lib. II.

CAPUT VII.

B. Joannes Cirita, prophetico spiritu variisque virtutibus celebris, ex hac vita discedit, variisque post mortem miraculis claret.

Venerabilis autem Deoque et hominibus dilectus abbas Joannes tot virtutum effulsit charismatibus, ut tam monachos suos quam sæculares personas, quæ ad virum sanctum, ut ab eo cœlestis sapientiæ aqua potarentur, frequenter confluebant, ferventissima conversatione sua in amorem Dei vehementer accenderet. Et quia omnes illius provinciæ viros religiosos sanctitate enituit et doctrina, summo affectu ab omnibus colebatur, tum a principe Lusitaniæ Alphonso, tum ab ipsius regni proceribus et nobilibus. Præcipue vero honorabatur a nobilissimo Egea Monio ejusque uxore Theresa, qui, ut erga eum et ordinem nostrum pietatem dilectionemque ostenderent, monasterium de Salzeda condiderunt, et beato Joanni Ciritæ et familiæ Cisterciensi tradiderunt, anno Domini 1126, longe olim ante constitutionem ordinis Avisiensis. Anno vero 1145, monachos Benedictinos Sancti Petri de Aquilis Cisterciensi congregationi uniri curavit, eosque monasterio S. Joannis de Tarouca subjecit, pluraque privilegia et facultates a rege et nobilibus regni obtinuit. Hæc igitur et alia sine numero commoda ejus meritis sacro nostro ordini in partibus illis recenter plantato devenerunt.

Ipse vero, ut verus pastor et pater, erudiens et confirmans fratres suos ministrum fidelem se exhibuit. Erat namque pius, misericors, humilis, benignus, nullum spernens, nullum despiciens, ætate et moribus reverendus. Crebris etiam et cœlestibus consolationibus visitabatur, eique Dominus occulta sapientiæ suæ mysteria manifestabat. Claruit prophetico spiritu; ita ut non solum futura, sed hominum etiam cogitationes cognosceret. Lacrymarum autem stillicidiis juventutis suæ delicta diluere curavit, ac si continua corporis maceratione et monasticæ vitæ martyrio peccatorum suorum veniam non obtinuisset.

Cum ergo ad decrepitæ ætatis terminum deveniret venerabilis senex, gravissimi molem oneris vera amplaque existimatione ponderans, et eam bene ferre suis jam deficientibus viribus minime posse judicans, dignitatem abbatialem deserens ab omnibus negotiis se abstrahere, et in monasterio Sancti Christophori, quod ipse, antequam esset monachus Cisterciensis, inchoaverat, ultimum resolutionis suæ diem exspectare decrevit. Convocansque fratres suos monachos Sancti Joannis de Tarouca, voluntatem suam exposuit, eisque abbatem suo loco præfecit beatum monachum Bernardum, unum de primis fundatoribus quos miserat noster beatissimus Pater, eratque vir probatæ virtutis, adeo ut tam dum ageret in humanis, quam post felicissimum ex hoc sæculo transitum, miraculis variis coruscans tanquam sanctus coleretur a populo.

Anno igitur millesimo centesimo sexagesimo primo monachi ejus resignationem, tristes quidem, nec sine lacrymis admiserunt, et ipse ad antiquum Sancti Christophori eremum reversus, ibidemque a Michaele abbate aliisque fratribus humiliter susceptus, spatio trium annorum cum dimidio, crebris jejuniis incredibilique corporis maceratione, novos meritorum manipulos acquirere satagebat.

Cum vero deficiente corpore, mira animi suavitate et dulcedine spiritus exsultaret, et gravi infirmitate correptus appropinquaret ad exitum et diem obitus sui, Domino revelante, præcognosceret, ad filios suos monachos Sancti Joannis de Tarouca, quos intimo cordis affectu diligebat, sequentem dictavit epistolam, paucis ante felicem exitum suum diebus.

Joannes *pauper virtutum et dives defectuum, vobis religiosis viris, qui Domino offertis sacrificium immaculatum, salutem sempiternam et mei recordationem.*

Placuit Domino Jesu Christo deducere me ad finem, quem desiderabam: appropinquat dies resolutionis et gaudii mei. Sed quia me novi inopem vestrarum virtutum et timeo ne sine oleo compaream coram Sponso, vos qui cum tempore præparastis lampades vestras, succurrite mihi, dum tempus est, ne forte audiam illud durum eloquium: « Nescio vos. » Et si Dominus dederit quam spero lucem inaccessibilem, meum erit vestris non deesse necessitatibus, quippe qui frater et socius vester fui in tribulationibus, vos non relicturus in tempore gaudii. Et quia infirmitas labefactat corpusculum, salutat vos anima, pro qua Dominum deprecemini.

Cum vero exterioris habitaculi undique jam soluta compago desideranti animæ liberum præstaret egressum, omnes monachi congregati sunt, quos pio sermone ad perfectionem, regulæque observantiam exhortans, eisdemque benedicens, sacris jam Ecclesiæ sacramentis munitus cœpit voce intelligibili decantare hymnum *Te Deum laudamus*, et cum ad ultimum versum pervenisset eidemque finem imposuisset, feliciter obdormivit in Domino, et ab angelis assumptus victor migravit ad gloriam vigesima tertia die Decembris, anno Domini 1164. Post obitum vero, variis miraculis Dominus ejus conscientiæ puritatem, et meritorum evidentiam ostendere dignatus est. In cujus tumulo, magnis exaratum characteribus simile appositum fuit epitaphium.

JOANNES ABB. CIRIT. REXIT MONAST. S. JOANNIS,
S. CHRISTOPHORI SALCEDÆ, S. PETRI.
CLARUS VITA, CLARUS MERITIS, CLARUS MIRACULIS,
CLARET IN COELIS.
OBIIT X KAL. JANUARII, ERA M.CC.II.

REGULA
ORDINIS MILITARIS AVISII
A. B. Joanne Cirita edita.

(*Fasciculus SS. Cisterc.*, p. 273.)

—

In nomine sanctæ et individuæ Trinitatis, Patris et Filii et Spiritus sancti. Deus unus verus et essentia inseparabilis. Nos Joannes Cirita, abbas Sancti Joannis et Guiscardus monachus ejusdem cœnobii, in præsentia nobilissimi regis Aldephonsi aliorumque virorum suæ curiæ, de consensu et auctoritate domini episcopi Hostiensis nunc per totam Hispaniam legati a latere, in honorem Dei et Patris nostri Benedicti gloriamque nostræ reformationis Cisterciensis, et ut Christi fideles ab incursu Maurorum liberentur, constituimus et ordinamus militiam equitum, quibus munus sit religionem defendere in bello, charitatem exercere in pace, castitatem servare in toro et terras Maurorum continuis incursionibus vastare et habitum portare signum religionis præ se ferentem: caputium scilicet, parvæ magnitudinis cum scapula taliter facta, quod in conflictu pugnantes non impediat. Circa colorem cæterarum vestium non causentur; sed circa temporis opportunitatem sint omnia. Scapulla vero semper sit nigri coloris.

In bello habeant loricas, et enses, et lanceas juxta fortitudinem uniuscujusque, nihil portantes insignitum auro præter enses et calcaria, ponentes semper spem suam in armatura fidei. In pace surgant ad orationem et audiant missas et jejunent sextis feriis, dormiant cum caputiis parvis. Servent silentium si simul manducent. Suscipiant peregrinos, honorent seniores, et magistrum militiæ tanquam patrem et ducem suscipiant: et in omnibus regulam sancti Patris Benedicti præ oculis habeant. De acquisitis in bello dent pauperibus, viduis et ecclesiis, et Mauros, quos in captivitatem traxerint, sanctis admonitionibus ad fidem deducere curent.

Si castrum vel civitatem ceperint, facient certiorem dominum regem et de mandato ejus disponent omnia, existentes subditi dominio, non tantum bonis sed etiam dyscolis. Magister tanquam dux cæterorum procuret, non solum verbis, sed etiam exemplis subditos gubernare, non solum in pace docendo, sed etiam in bello pugnando. Et si quis militum gravamen de illo habuerit et, post excusationem non susceptam, adhuc gravatum senserit, ad abbatem designatum a domino Cisterciensi recurret, et apud illum proponet querimoniam de magistro et exspectabit sententiam, de qua solus Romanus pontifex, aut ejus a latere legatus poterit cognoscere, seu reverendissimus Pater abbas Cistercii ac ejus ad hoc nominatus visitator et personaliter Pater abbas Claraevallis.

In electionibus vero magistri et aliorum officialium servabitur ordo qui in diffinitionibus Cistercii constituitur : noviter autem electus suscipiet insignia magisterii sui de manu alicujus abbatis et in manibus ejus praestabit juramentum et obedientiam in hac forma.

Forma juramenti quod debet facere magister ordinis Avisiensis.

Ego N. noviter electus in magistrum militiae Sancti Benedicti Cisterciensis ordinis, nomine meo et hujus militiae juro et promitto obedientiam Romano pontifici et domino meo regi Portugalliae, et vobis Patri abbati, in nomine Cisterciensis, omnibusque successoribus suis in perpetuum futuris, et quod bona militiae non vendam, non donabo, nec consentiam vendere, donare aut alienare. Quod in bello non relinquam milites meos in periculo ut me in libertatem ponam, nec tradam castra, turres et oppida sine jussu et voluntate regis Portugalliae. Non consentiam milites meos inermes in bellum exire, neque absque captio incedere. Ad mandata regis ibo, traditores ejus pro meo posse persequar, terras Maurorum infestabo, jus hujus regni omni loco defendam et ad omnia bella paratus existam cum equis et armis : et contra haec omnia nunquam veniam. Sic Deus me adjuvet et ista sancta Evangelia.

Post electionem vero magistri, ipse donabit insignia militibus noviter intrantibus. Si tamen praesens fuerit dominus rex, aut filius ejus haeres, ipsi facient caeremoniam assumptionis ad equitatus ordinem, et si contingat tunc temporis, cum aliquis assumitur, esse ibi praesentialiter aliquis abbas Cisterciensis ordinis, dabit insignia et in manu ejus fiet homagium.

Si aliquis militum, dum ambulat, invenerit aliquem abbatem ordinis Cisterciensis, relicto equo, humiliter accedat et petat benedictionem, et comitem se offerat itineris. Si pertransierit per loca, castra, seu civitates, ubi fuerint milites hujus societatis, tempore pacis aut belli, dux arcis offerat ei claves, juxta dispositionem ejus gubernentur omnia tempore quo ibi fuerit.

Monachi Cistercienses tanquam fratres suscipiantur, et omnia charitatis officia exhibeantur eis. Quae omnia ego supra nominatus rex Alphonsus auctoritate mea roboro et confirmo, et ego Guiscardus monachus Sancti Joannis de Tarouca, jussu domini regis Alphonsi et Patris Joannis Ciritae abbatis praefati, cuncta dictavi et manu mea scripsi apud Colimbriam, Idibus Augusti, Era 1200.

Archiepiscopus Bracharensis pro parte regni approbo et confirmo.

Episcopus Ulixbonensis pro parte cleri approbo et confirmo.

Petrus proles regis, par Francorum et magister novae militiae, pro parte mea et meorum militum approbo et confirmo.

Ferdinandus Roderici Monteyro, miles novae militiae, approbo et confirmo.

Gundisalvus Vanegas, miles novae militiae, approbo et confirmo.

Ferdinandus Joannis, miles novae militiae, approbo et confirmo.

Joannes Portarius, miles novae militiae, approbo et confirmo.

Petrus de Sousa, miles novae militiae, approbo et confirmo.

Rodericus Vanegas, miles novae militiae, laudo et approbo.

Julianus Alphonsi, miles novae militiae, confirmo et laudo.

APPENDIX AD JOANNEM CIRITAM.

I

Ordo Cisterciensis S. Michaelis in Lusitania ab Alphonso rege sub abbatis Alcobatiae correctione et moderamine instituitur.

(*Fasciculus SS. Cisterc.*, p. 262.)

Inter nostros numerandi sunt alii quidam viri religiosi, qui in partibus Lusitaniae sub instituto Cisterciensi militantes, originem suam illustrissimo Portugallensium regi Alphonso Henriquez debent. Cujus ordinis exordium et vivendi normam, ipsius fundatoris verbis utens, describam. Ait enim :

« In Dei nomine, sancti Michaelis archangeli, et sancti angeli custodis. Quoniam quidem decet beneficia omnipotentis Dei debitis compensare obsequiis, idcirco ego Alphonsus, Dei gratia Portugallensium rex, volens et desiderans divinum favorem pro mea parvitate recognoscere, et ut posteri mei recordentur mirabilium suorum, per quæ regnum nostrum stabilivit in terra, de consilio et matura deliberatione bonorum virorum quos Dominus elegit sibi, Martini, scilicet abbatis Alcobatiæ, Ranulphi in divinis litteris magistri et plurimorum monachorum ejusdem cœnobii qui adfuerunt, nec non et nostræ curæ rectorum, instituimus quamdam fraternitatem militum in laudem et honorem Domini nostri Jesu Christi, et beatissimæ Virginis Mariæ matris ejus, sub invocatione sancti Michaelis archangeli et angeli mei custodis. Ratio vero, cur sic instituatur, hæc est.

« Dum essem in Sanctarena venit contra me Albarch rex Siuilliæ, cum ingenti multitudine militum, taliter quod omnes terminos regni mei cooperiebat sua multitudine et castra metavit juxta oppidum, in quo ego cum parva manu meorum eram inclusus, exspectans aliquorum adventum. Sed accessit nuntius, referens adventasse regem Legionis, et quia erat inter nos suspicio, timui illum, credens quod veniret in auxilium inimicorum meorum. Propter quod constitui exire in bellum contra Albarch, antequam veniret, et jussi in crastinum præparare gentem meam et ego in oratione rogavi angelum meum, quem Deus per suam misericordiam dedit mihi in socium et custodem, et beatum Michaelem archangelum, quod venirent in meum auxilium et eriperent me de manu inimicorum meorum; quod quidem accidit. Et cum in bello signum meum esset captum ab inimicis meis, ego desilii de curru, ut liberarem illud, et cum in pressura pedibus pugnarem, mirabile visu evenit juxta me peccatorem, brachium pugnantis et adjuvantis me, armatus quidem secundum visum meum, et summitatem ejus cooperiebat ala tanquam angeli, corpus autem non videbam, nec aliquis vidit, quanquam multi Maurorum manum vidissent, sicut postea dixerunt captivi. Cum ego manum vidi, intra me confortatus insilii in hostes, et ecce cadebant a latere meo mille et decem millia a dextris meis. Victus est inimicus meus et collegimus spolia eorum, et vidimus prostratam in campis Sanctarenæ manum magnam quæ persecuta fuerat nos : et cantavimus laudem Deo nostro, quoniam bonus, quoniam in æternum misericordia ejus. Postea autem dum me pararem ad bellandum cum rege Legionis, scivi illum venisse in adjutorium mihi, etiam redire in pace, de quo lætus et gaudens veni, ut laudarem Dominum Jesum Christum, ad monasterium Alcobatiæ, in quo fui per dies triginta tres serviens ei et cogitans de regno Dei. Et ne obliviscatur adjutorium sancti Michaelis et angeli mei, de consilio supradictorum, decrevi facere unum ordinem et societatem militum, qui deferant supra cor alam purpuream insignitam auro et fulgore; sicut visum fuit oculis meis fuisse illam quam videram in prælio. Conditiones autem, quas debent servare milites hujus Societatis et jurare dum acceperint alam, hæ sunt.

Constitutiones militum ordinis Sancti Michaelis, sive de Ala.

1. « Nullus qui nobilis de palatio et curia nostra non fuerit, non deferat alam, nec admittatur ad Societatem nostram.

2. « Omnes qui in conflictu pugnaverunt, ut eriperent signum meum, erunt admissi ad Societatem et deferent alam.

3. « Ille qui admittitur ad Societatem, erit in prælio juxta regem, vel juxta ejus signum, et nullus poterit illud deferre nisi portaverit alam.

4. « Ille cui datur ala, jurabit in manibus abbatis Alcobatiæ fidelitatem Deo, Romano pontifici et regi in forma solita, et nullus dabit alam præter abbatem Alcobatiæ.

5. « Miles hujus militiæ recitet quotidie numerum orationum quas solent recitare conversi ordinis Cisterciensis, sive in pace, sive in bello.

6. « Cum aliquis recipit ordinem, dabit quinquaginta solidos ad reparandum altare Sancti Michaelis, quod est in ecclesia Alcobatiæ.

7. « Omnes fratres hujus militiæ ibunt ad Alcobatiam et audient horas vespertinas, matutinas et missam, et recipient communionem de manu abbatis, induti cappis albis ad formam conversorum

8. « Abbas Alcobatiæ habebit jurisdictionem super milites et poterit illos excommunicare, si male vixerint, et compellere ut relinquant concubinas et pessimam vitam.

9. « Milites hujus Societatis, post primum matrimonium si habuerint filios, vel filium hæredem, non transient ad secundas nuptias post obitum primæ uxoris, sed vivent in continentia.

10. « In scutis, in bello habebunt alam absque alio insigni, et in pace non ibunt sine illo.

11. « Erunt equites hujus fraternitatis mites humilibus, duri superbis, mulieribus præcipue nobilibus, virginibus et viduis auxiliatores : in omnibus fidei defensores, hostium impugnatores et superioribus obedientes.

12. « Erit numerus militum juxta voluntatem regis et quem elegerit mittet ad abbatem Alcobatiæ, et ipse dabit ei alam et cappam candidam cum sua benedictione, et accipiet ab eo juramentum in forma consueta, et leget ei istas ordinationes et alias sui ordinis, et describet nomen ejus in codice.

« Et quia hæc est mea voluntas, et volo memorare posteris meis beneficium Domini et sancti Michaelis, constitui ego rex Alphonsus hanc militiam, in cœnobio Alcobatiæ, æra 1205, » anno scilicet Reparationis nostræ 1167. BERNARD. BRITO, *Hist. Cist.*

APPENDIX AD JOANNEM CIRITAM.

II

Privilegium Alphonsi Lusitaniæ regis monasterio S. Joannis concessum post fugatos anno 1122 juxta fluvium Tavoram Saracenos.

(Fasciculus SS. Cisterc., p. 215.)

In nomine sanctæ et individuæ Trinitatis, Patris, Filii et Spiritus sancti. Ego Alphonsus, Portugallensium princeps victoriosissimus, comitis Henrici et reginæ Theresiæ filius, magni quoque Alphonsi imperatoris Hispaniarum nepos, notum facio præsentibus et futuris, quod rex Albucazan, rex de Badalhonce (1), venit cum sua gente destruere nostras terras et circumdedit Trancosum, et multa alia castella de mea terra depopulavit, et levavit captivos (2) homines, mulieres, parvulos, jumenta et multos ganatos (3), et fecit multum roxum (4), et reliquit destructam totam terram, per ubi (5) ego congregavi meos homines et fui per ubi erant fratres Sancti Joannis de Barosa, et inveni eos quod vivebant in multa sanctitate, et quia cognovi Dominum cum illis, levavi (6) de ibi priorem Aldebertum ut rogaret pro me et pro mea hoste (7), et diceret missas, et ipse adjuvavit me in prælio sic bene, quod cum oraret, ego vincebam. Et uno die reliqui mea hoste et fui sine illo rixare cum Mauris, in qua rixi perdidi unam crucem quam levavi (8) de monasterio et multos milites propter (9) qui rixavi sine oratione boni viri. Ergo igitur prædictus princeps, cum intellexi, virtutem et bonum socorsum (10), quod mihi dederunt suæ orationes : pro servitio Dei et remedio animæ meæ et parentum meorum de monasterio Sancti Joannis et fratribus, qui in eo Deo servierint, Casalia Reguenga, quæ habeo apres (11) Trancosum, ut sit illis in victua et vestitum, cum omnibus suis pertinentiis, ingressibus et regressibus. Si vero aliquis tam de nostris quam de extraneis hoc pactum irrumpere tentaverit, in primis sit maledictus et cum Juda traditore in inferno damnatus. Facta charta mense Junio, æra 1160. Ego præfatus princeps hanc chartam quam fieri jussi, propriis manibus roboro et mea auctoritate confirmo.

(1) Pax Julia, Hispanice *Badajoz*.
(2) Redegit in captivitatem.
(3) Pecora.
(4) Damnum intulit.
(5) Qua de causa.
(6) Duxi mecum.
(7) Exercitu.
(8) Tuli.
(9) Eo quod.
(10) Auxilium.
(11) Prope.

THEOBALDI
CANTUARIENSIS ARCHIEPISCOPI
EPISTOLÆ ET TESTAMENTUM.

(Vide *Patrologiæ* t. CXCIX, inter epistolas Joannis Saresberiensis, epist. 1-133, passim. Testamentum Theobaldi est epist. 57 inter easdem.)

GAUFRIDI
ABBATIS CLARÆVALLENSIS
SERMO
IN ANNIVERSARIO OBITUS S. BERNARDI.

(Vide *Patrologiæ* tom. CLXXXV, col. 573, inter Opp. S. Bernardi.)

EJUSDEM
EPISTOLA AD ALBINUM CARDINALEM ET EPISCOPUM ALBANENSEM.

(Vide ibid., col. 587.)

EJUSDEM
LIBELLUS CONTRA CAPITULA GILLEBERTI PORRETANI PICTAVIENSIS EPISCOPI.

(Vide ibid., col. 595.)

EJUSDEM EPISTOLA AD JOSBERTUM
Continens notulas in Orationem Dominicam

(Vide ibid., col. 617.)

GILBERTI DE HOILANDIA
SERMONES IN CANTICA.

(Vide *Patrologiæ* tom. CLXXXIV, Opp. S. Bernardi tom. III, initio.)

EJUSDEM
Tractatus quinque De contemplatione rerum cœlestium; sermo De semine verbi Dei Epistolæ quædam.

(Vide ibid., col. 251, 288, 289.)

ORDO RERUM
QUÆ IN HOC TOMO CONTINENTUR.

ORDERICUS VITALIS CŒNOBII UTICENSIS MONACHUS.

Præfatio. 9
Prologus Orderici Vitalis in ecclesiasticam Historiam. 15
HISTORIA ECCLESIASTICA, in partes tres distributa.
PARS PRIMA.
LIBER PRIMUS.
I. — Natale Domini nostri Jesu Christi. 17
II. — Vita ejus. 21
III. — Miracula et prodigia ejus. 22
IV. — Sequentia. 26
V. — Sequentia. 29
VI. — Sequentia. 33
VII. — Sequentia miraculorum. Transfiguratio. 56
VIII. — Sequentia. 40
IX. — Sequentia. 43
X. — Sequentia. 46
XI. — Jesus intrat Jerusalem. Parabolæ. 48
XII. — Passio Domini nostri Jesu Christi. 51
XIII. — Sequentia passionis. 52
XIV. — Sequentia passionis Domini nostri Jesu Christi. 55
XV. — Mors Domini nostri Jesu Christi. 58
XVI. — Resurrectio et Ascensio ejus. 60
XVII. — Spiritus sanctus in apostolos descendit. 65
XVIII. — Regna imperatorum Romanorum. 66
XIX. — Successio imperatorum Romanorum. 68
XX. — Imperatores Romani. Persecutiones in Christianos. Constantini conversio. 72
XXI. — Imperatores Romani. Invasiones Anglorum, Saxonum Francorumque. Fundatio Francorum regni. 77
XXII. — Clodoveus rex Francorum baptizatur. Reges Francorum. Reges Anglorum. Imperatores Romani. 79
XXIII. — Conatus ad uniendas orientalem et occidentalem Ecclesias. Constantinopolitanum concilium. Edilthrida Annæ filia. Cuthbertus episcopus 85
XXIV. — Aquileiensis synodus. Imperatores Romani. Carolus Martellus. Beda. 85
XXV. — Imperatores Romani. Pippinus. Carolus Magnus. Imperatores Constantinopolitani. 87
XXVI. — Lotharius rex. Carolus rex. Exstinctio Caroli Magni dynastiæ. 91
XXVII. — Hugo rex. Remense concilium. Gerbertus papa. 92
XXVIII. — Otto imperator. Edelredus Anglorum rex. Eventus varii in Anglia, Normannia et Burgundia. 94
XXIX. — Uticensis cœnobii restauratio. Francos et Normannos inter simultates. Claromontense concilium. Eventus varii usque ad annum 1138. 96
LIBER SECUNDUS.
I. — De originibus Ecclesiæ Jesu Christi. Actus et miracula apostolorum. Discipuli numero crescunt. 101
II. — Stephanus primus martyrum. Persecutio in Ecclesiam Jerusalem. Pauli conversio. Miracula Petri. 105
III. — Opinio Romani senatus de Christo. Facinora Herodis regis in Christianos. 110
IV. — Verbum Christi propagatur. Antiochena Ecclesia. Pauli et Barnabæ prædicationes. 114
V. — Notitiæ de Christi apostolis. Petri historia. 117
VI. — Paulus. 125
VII. — Sequentia. Petrus et Paulus Romæ degentes. 128
VIII. — Sequentia. Mors apostolorum Petri et Pauli. 130
IX. — Andreas. 139
X. — Andreas. Sequentia vitæ ejus. 142
XI. — Jacobus et Joannes. 148
XII. — Jacobus Minor. 155
XIII. — Philippus. 156
XIV. — Thomas. 159
XV. — Bartholomæus. 164
XVI. — Mathæus. 168
XVII. — Simon Judas sive Thaddæus. 172

XVIII. — Mathias. 177
XIX. — Historia discipulorum. Barnabas. 178
XX. — Marcus 181
XXI. — Lucas. 184
XXII. — Martialis Lemovicensis. 185
XXIII. — Sequentia. Martialis apostoli vitæ. 190
XXIV. — Historia Romanorum pontificum. Petrus et successores ejus. 196
XXV. — Sequentia Romanorum pontificum historiæ. 200
XXVI. — Sequentia Romanorum pontificum historiæ. 206
XXVII. — Sequentia Romanorum pontificum historiæ. 210
XXVIII. — Sequentia Romanorum pontificum historiæ. 215
XXIX. — Sequentia Romanorum pontificum historiæ. 219
XXX. — Sequentia Romanorum pontificum historiæ. 224

PARS SECUNDA.
LIBER TERTIUS.
I. — Prologus. 229
II. — Fundatio monasterii sancti Ebrulfi Uticensis et variorum monasteriorum in Neustria. Invasiones Normannorum in hanc provinciam, ubi consident. 230
III. — Rollonis baptismus. Successorum ejus dominatio. Cœnobiorum fundationes. 232
IV. — Monasterii Uticensis restauratio. 233
V. — De Geroio Uticensis monasterii benefactore, ejusque familia. 237
VI. — Historia Uticensis monasterii. 241
VII. — Sequitur historia Uticensis monasterii. Theodericus abbas. 246
VIII. — Migrationes Normannorum in Apuliam. Primæ eorum ibidem sedes. Anschetillus monachus. 251
IX. — Sequitur Uticensis monasterii et Theoderici abbatis historia. 255
X. — Iter Theoderici abbatis in Orientem. Mors ejus. 257
XI. — Sequitur Uticensis historia. Robertus de Grentemaisnilio, abbas. 259
XII. — Bella inter Francos et Normannos. Eventus varii. 261
XIII. — Dissertationes in Normannia. Osbernus abbas Uticensibus monachis imponitur Roberti loco. Robertus abbas in Apuliam transit ad Robertum Viscardum. Eventus varii. 265
XIV. — Sequitur Uticensis historia. Osbernus abbas. 272
XV. — Guillelmus Normannorum dux. Robertus de Vitot, seu de Waceio. Geroianorum progeniei exstinctio. 276
XVI. — Guillelmus Normannorum comes seu marchio. Contentio inter Hugonem de Grentemaisnilio et Radulphum Medantensium comitem. Osberni abbatis mors. 281
XVII. — Cometes. Eventus in Anglia. Heraldi usurpatio. Guillelmus Normannorum marchio ad transfretandum in Angliam se parat. 283
XVIII. — Sequitur Uticensis historia. Iterum de morte Osberni. Mainerii abbatis electio. 286
XIX. — De beato Judoco, filio Juthail, Britonum regis. 290
XX. — Eventus in Anglia. Northvigenæ ab Anglis profligantur. Guillelmus Normannorum dux Angliam invadit. Insigne prælium. 295
XXI. — Prælii effectus. Guillelmus regionem submittit. Anglorum rex coronatur. 299

LIBER QUARTUS.
I. — Gesta Guillelmi regis in Anglia. 303
II. — Guillelmus rex in Normanniam redit. Rothomagenses episcopi. 306
III. — Angli a Normannis vexantur. Rebelliones moliuntur. 308
IV. — Guillelmus rex redit in Angliam. Exoniæ civitatis rebellio. 311
V. — Rebelliones aliæ in Anglia adversus Normannos. 313
VI. — Multi Normanni milites, Anglia dimissa, in Normanniam redeunt. Normannorum tyrannis. Rebelliones Anglorum. 315
VII. — Heraldi regis filiorum, Danorum et Saxonum vani conatus adversus Normannos. 316
VIII. — Guillelmus rex hostes profligat suos. Regia corona ei a papa mittitur. 320
IX. — Concilium Windresorense. Pietas et laudabilis agendi modus Guillelmi regis. De originibus monastici ordinis in Anglia. 322
X. — Summa Romanorum pontificum ad Anglos instruendos cura. Relaxatio morum. Guillelmus rex ecclesiasticam disciplinam restaurat. Lanfrancus Cantuariensis archiepiscopus. 325
XI. — Pax et concordia paulatim inter Anglos et Normannos stabiliuntur. Morcarum comitis infelices casus. De Guillelmo Pictaviensi scriptore. 329
XII. — Guillelmus rex terras Anglorum suis Normannis dividit. Superbia et luxuria Normannorum. 330
XIII. — Normanni ecclesiastici et ipsi divitias expetunt. Guitmundi monachi laudabilis abstinentia. 335
XIV. — Dissensiones inter comitatus Flandriæ hæredes. Mathildis regina Normanniam gubernat. 339
XV. — Rothomagense concilium. 341
XVI. — Monasteriorum abbates in Normannia sub Guillelmo rege. 343
XVII. — Alexander II papa. Gregorius VII papa. De Cenomannico episcopatu. 346
XVIII. — Herbertus Cenomannorum comes. Cenomanniæ turbamenta. 347
XIX. — Comitum Rogerii Herfordensis et Radulfi Northwicensis rebellio in Guillelmum regem. Supplicium comitis Guallevi. 351
XX. — Vita Guthlaci eremitæ. 356
XXI. — Mors B. Guthlaci eremitæ. Miracula et prodigia super sancti sepulcrum. Ædificatio monasterii Crulandensis. 361
XXII. — Historia Crulandensis monasterii. 362
XXIII. — Miracula ad tumbam Guallevi. 366
XXIV. — Guillelmus rex Britones frustra subjicere conatur. Ainardus, primus abbas Sancti Petri Divensis. Fulco successor ejus. 368
XXV. — Dissensiones inter filios Guillelmi regis. 370

LIBER QUINTUS.
I. — Prologus. 373
II. — Eventus varii in Normannia. 376
III. — Miserabilis eventus Lexovii factus. Mors Hugonis Lexoviensis episcopi. 377
IV. — Gislebertus Maminotus Hugonis successor. 379
V. — Joannes Rothomagensis archiepiscopus. Guillelmus ejus successor. 380
VI. — Juliobonense concilium. 381
VII. — De Rothomagensi civitate. De Ebroicensi civitate. Gesta B. Taurini. 386
VIII. — Mallonus et Avicianus apostoli Normanniæ. Disticha in honorem xlvii primorum Rothomagensium præsulum. 390
IX. — Sequentia distichorum. 394
X. — Sequentia distichorum. 400
XI. — Sequentia distichorum. Epitaphia Rollonis et Guillelmi Longæ-Spatæ. 405
XII. — Successio eventuum in Neustria sub rege Guillelmo. Rebelliones Roberti filii Guillelmi regis. 407
XIII. — Successio eventuum. 410
XIV. — Alii filii Guillelmi regis bonis moribus inclarescunt. Adela ejus filia. 413
XV. — Auctor ad historiam monasterii Uticensis revertitur. Abbatis Mainerii administratio. 415
XVI. — Recensio donationum monasterio Uticensi factarum. 417
XVII. — Digressio de cœnobio in terra Odelerii, patris Orderici Vitalis, juxta Scrobesburiæ civitatem in Anglia. 423
XVIII. — Recensio donationum Uticensi cœnobio factarum continuatur. Donationum instrumenta. Illustres viri in Uticensi ecclesia sepulti. 426
XIX. — Joannes Uticensis monachus. Carmen Orderici Vitalis de laudibus ejus. Donatio Goisberti medici Uticensi cœnobio. 432
XX. — Recensio donationum Uticensi cœnobio factarum continuatur. Eventus varii. Donationes Manliæ monachis factæ. De dominis Mauliæ. 436
XXI. — Recensio donationum continuatur. De dominis Manliæ. 441
XXII. — Recensiones donationum continuantur. 445

LIBER SEXTUS.
I. — Prologus. Eventus varii. 449
II. — Digressio. Historia Beati comitis Guillelmi, monachi Gellonensis. 452
III. — De Geroldo, capellano Hugonis Abrincatensis comitis. Ejus consilio plurimi milites in cœnobio Uticensi monachalem habitum suscipiunt. 453
IV. — Iter Mainerii abbatis in Angliam. Charta Guillelmi regis pro Uticensi cœnobio. De tribus fratribus Uticensis cœnobii monachis. 457
V. — Sequentia recensionis donationum Uticensi cœ-

QUÆ IN HOC TOMO CONTINENTUR.

nonto factarum. Nova Alfagiensis cella Uticensibus monachis datur. Historiæ variæ. 460
VI. — Meditationes. Vita B. Patris Ebrulfi. 467
VII. — Sequentia vitæ B. Ebrulfi. 472
VIII. — Sequentia ejusdem vitæ. 475
IX. — Mors B. Ebrulfi. 481
X. — Obscuritas Uticensis historiæ post mortem B. Ebrulfi. Normannorum deprædationes. 483
XI. — Quomodo et quando Franci reliquiis B. Ebrulfi potiti sunt. 484
XII. — Uticenses monachi corpus fundatoris sui sequi decernunt. B. Ebrulfi reliquiæ dividuntur. 488
XIII. — Ascelini in Uticensi eremo gesta. 491
XIV. — Uticus depopulatur, et diruitur. Quomodo Uticense cœnobium ex ruinis restauratur. Primi Uticenses abbates. 493
XV. — Uticenses monachi quasdam patroni sui reliquias obtinent. Successio Uticensium abbatum. 495
XVI. — Successio abbatum Utici. 499
PARS TERTIA.
LIBER SEPTIMUS.
I. — Breve compendium eventuum regni Francorum a coronatione regis Pippini usque ad finem Caroli Magni dynastiæ. 507
II. — Regna Hugonis, Roberti, Henrici et Philippi in Francia. 512
III. — Eduardus Anglorum rex. Henricus Germanorum rex et imperator. Contentiones Henrici imperatoris et Gregorii papæ VII. 516
IV. — Turbationes in regno Constantinopolitano. Roberti Wiscardi contra Dyrrachium expeditio. 518
V. — Robertus Wiscardus ad succurrendum Gregorio papæ contra Henricum imperatorem in Italiam venit. Romam expugnat. Gregorio instante, urbi parcit. 521
VI. — Græci, absente Roberto, Normaunos aggrediuntur. Robertus Wiscardus in Græciam redit. Normanni in Italiam redeunt. 524
VII. — Odonis Bajocensis episcopi ad papatum contendentis vana fiducia. Guillelmus rex eum detineri jubet. 528
VIII. — Mathildis reginæ mors. Ejus epitaphium. Cenomannorum rebellio. Rex Guillelmus militum Anglorum numerum conscribendum jubet. 550
IX. — Translatio corporis beati Nicolai Myrensis. 534
X. — Plurimæ ecclesiæ reliquias B. Nicolai acquirunt. 539
XI. — Auctor ad eventuum narrationem revertitur. Bella inter Normannos et Francos de Vilcassino pago. 541
XII. — Mors Guillelmi regis 545
XIII. — Regis funera. Piæ meditationes. 552
LIBER OCTAVUS.
I. — Robertus dux in Normannia et Guillelmus Rufus in Anglia suo patri succedunt. Plurimæ discordiæ, post mortem Guillelmi regis oriuntur. 557
II. — Odo Bajocensis episcopus e custodia emittitur. Henricus, dato pretio, a Roberto duce fratre suo partem Normanniæ accipit. 559
III. — Rebellio in Anglia ab Odone episcopo suscitatur pro Roberto duce ad solium evehendo. — Guillelmus Rufus rebelles devincit. 562
IV. — Grithfridus rex Guallorum Angliam invadit. Historia Roberti Rodelentensis comitis. 566
V. — Mala Roberti ducis administratio. Instigante Odone episcopo Cenomannenses invadit. 570
VI. — Rogerus Cenomannensis comes cum Roberto duce pacem facit. Nequitia Roberti comitis Belesmensis. Normanniæ magnates inter se belligerant. 574
VII. — Mors Durandi Troarnensis abbatis. Victor papa eligitur. Urbanus papa. 577
VIII. — Varii in Apulia, Normannia et Anglia eventus. Quorumdam magnatum mors. Restricta Guillelmi Rufi administratio. 578
IX. — Guillelmus rex Robertum fratrem suum in Normannia aggredi meditatur. In præfatum Robertum Cenomanenses insurgunt. Fulco comes Andegavensis. 582
X. — Fulco Andegavensis comes novam calceorum formam excogitat. Hujusce temporis mores, vestes, ludi, etc. 586
XI. — Cenomannenses contra Normannos insurgunt. 588
XII. — Dissensiones et bella inter Normanniæ magnates. 591
XIII. — Discordes motus et bella Normanniæ continuantur. 593
XIV. — Discordes motus in Normannia continuantur. — Bellum inter Ebroicenses et Conchenses. 597
XV. — Conspiratio Conani ad tradendam Rothomagi civitatem regi Angliæ. 600
XVI. — Oximensium conflictus et clades. — Guillelmus in Normanniam venit et cum Roberto duce pacem facit. 604
XVII. — Mirificus casus cujusdam presbyteri episcopatus Lexoviensis. 607
XVIII. — Pactiones inter Guillelmum regem et Robertum ducem initæ. — Episcopatus Lexoviensis negotia. — Rogerus abbas Uticensis. 612
XIX. — Bertrada comitissa Andegavensis, derelicto viro suo, Philippo Francorum regi nubet. — Prælati Franciæ religione et doctrina pollentes. — Rothomagense concilium. 616
XX. — Melcoma Scotorum rex in regem Angliæ bellum suscipit. — Occidit. — De ejus conjuge et liberis. 619
XXI. — Conjurationes adversus Guillelmum Rufum in Anglia conflatæ. 622
XXII. — Discordiæ et privata bella inter Normanniæ magnates. 625
XXIII. — Robertus Belesmensis Uticenses monachos vexat. 650
XXIV. — Vita et mors religiosa quorumdam militum. — De Anfrido primo abbate Pratellensi. — Abbates, prælati et monachi virtutibus et doctrina illustres. 632
XXV. — De novis monachorum vestibus. — Quomodo et a quibus inventæ fuerint. 636
XXVI. — Abbates et monachi in novis monasteriis pietate insignes. — De novorum ordinum institutoribus. 642
XXVII. — Vir illustris Hugo de Grentemaisnil in lecto ægritudinis a Goisfredo Uticensium priore monachatum suscipit et paulo post moritur. — De ejus liberis. 645
LIBER NONUS.
I. — Prologus. — Hujusce temporis eventus mirabiles. 647
II. — Varia præsagia. Claromontense concilium. 649
III. — Concilia in partibus Normauniæ celebrata. Bellum sacrum prædicatur. 653
IV. — Normanniæ status. Petrus eremita et milites cruce signati ad Palæstinam pergunt. 654
V. — Robertus dux Normanniæ, Godefridus dux Lotharingiæ, Balduinus ejus frater, Bohemundus, Raymundus comes Tolosæ et plurimi magnates proficiscuntur. — Prima crucesignatorum adversus Turcas prælia. 658
VI. — Varia crucesignatorum itinera. Proditio Græcorum. 661
VII. — Nicææ expugnatio. Maximi exercitus crucesignatorum progressus. Prælia adversus Turcas. 665
VIII. — Nova prælia. Iconii et Heracleæ expugnatio. 669
IX. — Antiochiæ obsidio. 672
X. — Antiochiæ obsidio continuata. — Crucesignati hanc civitatem expugnant. 678
XI. — Turci, duce Curbaranno, Francos in Antiochia aggrediuntur. 681
XII. — Sacræ lanceæ inventio. Ingens Christianorum gaudium. Ad generale prælium se accingunt. Turcos debellant. 686
XIII. — De gestis Balduini. Edessæ principatum obtinet. 690
XIV. — Capta Antiochia, Hugo magnus a Christianis ad imperatorem Græcorum delegatur. Christiani duces in hac civitate, æstivandi gratia, remanere statuunt. Expeditiones variæ. 693
XV. — Buamundus dux et Raimundus comes de dominatu Antiochiæ civitatis contendunt. Plurimæ Christianorum adversus paganos victoriæ. Crucesignatorum exercitus ad Hierosolymam progreditur. 696
XVI. — Discordiæ intestinæ. Crucesignati inceptum iter ad Jerusalem pergunt. 698
XVII. — Christianus exercitus ad Jerusalem pervenit Hujus civitatis obsidio. 704
XVIII. — Hierosolyma a crucesignatis expugnatur. 708
XIX. — Crucesignati sedes suas in Hierosolymitana civitate ponunt. Godefridus rex eligitur. 710
XX. — Ascalonense prælium. Victoria Christianis cedit. De Baldrico Dolensi archiepiscopo. 712
LIBER DECIMUS.
I. — Urbanus II moritur. Pascalis II, Henricus IV et Henricus V, imperatores. Eorum cum summis pontificibus contentiones. 717
II. — Rerum Anglicarum et Normannicarum narratio. Guillelmi Rufi mores. Quorumdam prælatorum obitus. De B. Anselmo Cantuariensi archiepiscopo. 721
III. — Milites crucesignati, episcopi, abbates. 725
IV. — Franci et Normanni magnates de Vilcassino in-

ter se contendunt. 725
V. — Magnus Noricorum rex contra Irenses belligerat. Bellum inter Anglos et Gualos. 727
VI. — De Helia comite Cenomannensi. Guillelmus Rufus Cenomannenses vexat. De Hildeberto archiepiscopo Turonensi. 729
VII. — Helias Cenomannensis comes comprehenditur. Guillelmus rex Cenomannensem civitatem occupat. Helias comes libertatem recuperat. 733
VIII. — B. Anselmus Cantuariensis archiepiscopus ad papam in Italia venit. Helias Cenomannensis comes adversus Guillelmum regem bellum renovat. 737
IX. — Serlo et Rogerius Sappensis abbates Uticenses. Controversiæ inter monachos et episcopum Lexoviensem exortæ. Uticensis ecclesiæ consecratio. 741
X. — De crucesignatis. Godefridus Hierosolymæ rex. Græci et Syriani, expulsis Francis, Laodicensem civitatem occupant. Raimundus de Tolosa Constantinopoli apud Alexim imperatorem commoratur. Normanniæ dux a Syria discedit. 744
XI. — Buamundus Laodiciam recuperat. Robertus dux per Italiam iter suscipit in Normanniam rediturus. Novi milites ad bellum sacrum se accingunt. De lugubri eventu qui in Nova-Foresta accidit. 747
XII. — Mala præsagia ad Guillelmum regem spectantia. Præfatus rex moritur. 749
XIII. — Henricus, frater Guillelmi Rufi, ei in solio succedit. 753
XIV. — Helias comes Cenomannensem comitatum recuperat. 755
XV. — Rivalitas et dissensiones inter Henricum regem et Robertum durem exortæ. De Ranulfo Flambardo Dunelmensi episcopo. Robertus dux armata manu in Angliam transfretat. 757
XVI. — Pax inter duos fratres, Henricum scilicet et Robertum, componitur. 761
XVII. — Dux Pictaviensis, dux Burgundiæ et plurimi alii magnates crucem suscipiunt. Eorum cum imperatore Constantinopolitano contentiones. 763
XVIII. — Alexis imperatoris perfidia. Crucesigna'orum exercitus a Turcis in Asia Minori destruitur. 767
XIX. — Godefridi Hierosolymitani regis principatus. Balduinus ejus frater et successor. Ramlense prælium. 770
XX. — Harpinus Bituricensis captus a Sarracenis. 773
XXI. — Buamundus a Sarracenis comprehenditur. Quem Melaz, filia Dalimanni principis, subtili artificio, e carcere liberat. 774
XXII. — Sequentia. 778
XXIII. — Melaz fit Christiana et cum Rogero filio Richardi de Principatu Buamundi consanguineo, matrimenio conjungitur. 782

LIBER UNDECIMUS.
I. — Prologus. — Philosophicæ sententiæ.. 785
II. — Eventus varii in Anglia et Normannia sub Henrico rege et Roberto duce. 787
III. — Contentiones et bella inter Henricum regem et Robertum de Belismo. Hic comes sese victori subdere cogitur. 790
IV. — Robertus de Belismo in Normanniam transit, ibique plurima mala perpetrat. Adversus Robertum ducem insurgit. De quorumdam virorum morte. 794
V. — Yvo Carnotensis episcopus. Adelæ comitissæ Carnotensis soboles. Eventus varii in Anglia et in Normannia. 798
VI. — Magnus Nortwigenarum rex in expeditione occidit. 801
VII. — Ludovicus de Francia filius Philippi regis in Anglia transfretat. Bertrada ejus noverca in eum machinatur. Henricus rex in Normanniam transit et Robertum ducem fratrem suum visitat. 802
VIII. — Ecclesiæ tribulationes. Serlo Sagiensis episcopus Henricum regem et ejus proceres od barbam et capillos tondendos incitat. 805
IX. — Buamundus Antiochiæ dux in Franciam venit. Eventus varii. Henricus rex et Robertus frater ejus de pace ineunda frustra laborant. 808
X. — Discordia inter duos fratres a quibus malignis concitatur. Henricus rex cum Roberto duce manus conserit et eum apud Tenchebraium debellat et comprehendit. 812
XI. — Robertus Belesmensis Normannos contra Henricum regem rursus excitare conatur. 817
XII. — Buamundus, adjuvantibus Roberto de Monteforti et plurimis aliis baronibus expeditionem in imperatorem Constantinopolitanum suscipit. Mors Marci Buamundi. Antiochia a Balduino contra Sarracenos defenditur. 819

XIII. — Balduinus rex a Sarracenis comprehenditur 822
XIV. — Singularis Balduini et quorumdam aliorum militum casus. 826
XV. — De rebus in principatu Antiochiæ gestis. 829
XVI. — Res in Normannia et alibi gestæ. Guillelmus de Ros Fiscannensis abbas. Rogerus Rajocensis ei succedit. Joannes Sagiensis archidiaconus. De quorumdam obitu. 832
XVII. — Eventus varii. Abbates et priores pietate insignes. 836
XVIII. — Philippus I Francorum rex moritur. Ludovicus, filius ejus, ei in regno succedit. Bellimontis comes et Montismorentiaci dominus terras S. Dionysii invadunt. Ludovicus rex in seditiosos barones viriliter sævit. 838
XIX. — Henricus rex Robertum fratrem suum captivum detinet. Eventus varii. Pestis et aliæ calamitates in quibusdam Galliæ partibus sæviunt. 841
XX. — Anselmus Cantuariensis, Hugo Cluniacensis, Guillelmus Rothomagensis archiepiscopus, et nonnulli alii illustres prælati et doctores moriuntur. 843
XXI. — Henricus rex Uticense monasterium visitat. Bella inter gentes regum Franciæ et Angliæ. Duo reges inter se colloquium habent et fœdus ineunt. 844

LIBER DUODECIMUS.
I. — Gelasius papa II et Burdinus antipapa. Contentiones inter sedem apostolicam et imperatorem. Bella inter Ludovicum Francorum regem et Henricum regem Angliæ. Prodigia varia. 849
II. — De variis belli eventibus continuatur. 852
III. — Rothomagense concilium. Belli eventus. Burgensium Alenconensium contra Henricum regem insurrectio. 855
IV. — Calixtus papa II. Eustachius de Britolio in Henricum regem insurgit. Oximensium rebellio. 857
V. — De bello inter reges Franciæ et Angliæ gesto continuatur. 860
VI. — Calamitates et prodigia. Belli eventus. 863
VII. — Brenmulense prælium. Ludovicus rex cladem accipit. 866
VIII. — Ludovicus rex bellum renovat. 869
IX. — Remense concilium a Calixto papa celebratum. In quo de contentionibus inter Imperatorem et sedem apostolicam versatis agitur. 875
X. — Remense concilium continuatur. 877
XI. — Henricus rex nonnullos rebelles Normannos ad obsequium reducit. De veteri Rothomago. 882
XII. — Henricus rex cum Calixto papa colloquium habet. — Pax inter reges Franciæ et Angliæ componitur. 884
XIII. — Rothomagense concilium. — Clerici in archiepiscopum insurgunt. 887
XIV. — Henricus rex in Angliam transfretat.—Horrendum Candidæ navis naufragium. 888
XV. — Calixtus papa in Italiam revertitur. — Henrici regis matrimonium. Eventus varii. Dissensiones in abbatia Cluniacensi exortæ. 893
XVI. — De monasteriis Crulandiæ, Uticensi et quibusdam aliis. De archiepiscopatu Cantuariensi. Summus Anglorum erga monachos favor. 896
XVII. — Novæ in Henricum regem rebelliones. 900
XVIII. — Mors Serlonis Sagiensis. 903
XIX. — Henricus, rebellibus et proditoribus flagellatis, Normanniam pacificat. 905
XX. — Rainaldus archiepiscopus Remensis. — Honorius papa II. — Caroli Henrici imperatoris mors. Lotharius imperator eligitur. 911
XXI. — Ludovicus rex protectionem Henrici Clitonis filii ducis Normanniæ rursus suscipit, et jura ejus adversus regem Angliæ defendere conatur. — Flandriæ dux a Buchardo de Insula et aliis conjuratis interficitur.—Henricus Clito ducatum Flandriæ accipit. — In prælio vulneratus, moritur. 914
XXII. — Henricus rex fautoribus Henrici Clitonis nepotis sui ignoscit. — Normannia ad pacem reducitur.—Merlini vaticinia. 918
XXIII. — Germundus Hierosolymitanus patriarcha. — Ecclesiastica negotia. — De concilio Rothomagensi. — De rebus in Francia et in regno Hierosolymitano gestis. 921

LIBER DECIMUS TERTIUS.
I. — Eventus varii. — Franci, ad succurrendum Hildefonsum regem contra Sarracenos, Hispaniam petunt. Multi eorum in Hispania sese stabiliunt. — Eventus varii harum regionum. 923
II. — Pugnæ Hildefonsi regis, adjuvantibus Francis, contra Sarracenos, Hispaniæ et Marocci. — Seditiones in Hispania. Hildefonsi mors. 925

III. — Ecclesiæ Dei tribulationes. — Episcopatus et monasteria turbantur. Schisma antipapæ Anacleti. — Adventus Innocentii II papæ in Galliam. 932
IV. — Cœtus prælatorum Cluniaci adunatus. Eventus varii in Italia et Normannia. 935
V. — Turbationes et eventus varii in Apulia et Sicilia. 936
VI. — Prodigia et flagella cœlestia. — Ruina multarum ecclesiarum et urbium. Mors plurimorum hominum et principum. 939
VII. — Concilium Picentinum. Hugo Rothomagensis archiepiscopus. Henricus rex plurimos dominos aut reprimit aut castigat. Morbus Ludovici Francorum regis. 941
VIII. — Mors et funera Henrici Anglorum regis. Turbationes in Anglia. 943
IX. — Stephanus Anglorum rex novus. Turbationes in Normannia. Deprædatio Uticensis burgi. 946
X. — Eventus varii in Anglia et Normannia. 949
XI. — Invasio et deprædationes Andegavensium in Normanniam. 950
XII. — Piæ meditationes. Mors variorum dominorum et prælatorum. — Siccitas. 951
XIII. — Stephanus Anglorum rex Normanniam in feudo recipit a Ludovico Francorum rege. Stephanus rebelles castigat. Andegavensium aggressiones in Normanniam. 953
XIV. — Mors Guarini Uticensis abbatis. Mors Ludovici Francorum regis. Turbationes et bella in Normannia. Britonum invasio in Normanniam. Stephanus rex in Angliam transfretat. 957
XV. — Eventus varii in Hierosolymitano regno. 960
XVI. — Constantinopolitanus imperator Joannes Antiochiæ urbe potiri molitur. — Raymundus Antiochiæ princeps sponte vassallus imperatoris Joannis fit. 963
XVII. — Eventus varii in Francia, Anglia, Apulia et Normannia. Andegavensis comes bellum renovat in regem Angliæ. 966
XVIII. — Stephanus rex rebelliones domat et castigat. 970
XIX. — Pax inter Angliæ et Scotiæ reges. Bella in Normannia. Deprædationes Andegavensium. 971
XX. — Concilium Romanum. Andinus Ebroicensis episcopus. Gesta episcoporum Salesburiensis et Heliensis. Mathildis Andegavensis comitissa transfretat in Angliam. Eventus varii. 975
XXI. — Turbationes et rebelliones in Anglia. Stephanus rex captus est in Anglia ab Andegavensibus. 977
XXII. — Eventus varii post captionem regis Stephani. Finis hujusce operis. Piæ meditationes. 979

GUERRICUS ABBAS IGNIACENSIS.
Notitia. 983

ATTO PISTORIENSIS EPISCOPUS.
Notitia. 985

ANASTASIUS IV PONTIFEX ROMANUS.
Notitia historica. 985
Notitia diplomatica. 987
EPISTOLÆ ET PRIVILEGIA.
Anno 1153.
I. — Privilegium pro ecclesia S. Mariæ Pisana. 989
II. — Ecclesiam Beneventanam tuendam suscipit et Petri archiepiscopi jura confirmat. 992
III. — Privilegium pro monasterio S. Anthimi. 994
IV. — Monasterio Cassinensi ecclesiam S. Juliani in territorio Faresenonis et ecclesiam S. Cæsarii Anagninam asserit. 995
V. — Privilegium pro ecclesia S. Theclæ Mediolanensi. 996
VI. — Privilegium pro monasterio Vallumbrosano. 997
VII. — Episcopatus Aprutini fines, Ecclesiæque possessiones, petente Guidone episcopo, confirmat. 999
VIII. — Monasterio S. Laurentii in Campo, ejusque abbati Alberto, jura ac privilegia confirmat. 1001
IX. — Ecclesiam Tarvisinam, rogatu Blanconi episcopi, tuendam suscipit et ejus bona confirmat. 1002
X. — Privilegium pro monasterio S. Dionysii. 1002
XI. — Ad Petrum Bituricensem archiepiscopum. — Ut abbati S. Dionysii restituat ecclesiam de Casa Majori, et bona defuncti archipresbyteri, prout ab Eugenio papa semel et secundo motis fuerat. 1003
XII. — Privilegium pro cœnobio S. Dionysii. 1004
XIII. — Pacifico abbati Brixellensi S. Genesii privilegia antiqua confirmat. 1004
XIV. — Bulla pro ecclesia Magalonensi. 1007
XV. — Privilegium pro ecclesia S. Victoris Massiliensis. 1007
XVI. — Ad Andream archiepiscopum, P. comitem, clerumque ac populum Ragusanum. 1008

XVII. — Ad episcopos Galliæ. — Adversus comitem Nivernensem et oppidanos Vizeliacenses. 1008
XVIII. — Ad Pontium Vizeliacensem abbatem. — De eodem argumento. 1009
XIX. — Ad Odonem Burgundiæ ducem, ut Vizeliacenses oppidanos excommunicatos habeant. 1009
XX. — Hugoni Senonensi archiepiscopo, Godefrido Lingonensi, Theobaldo Parisiensi, et Henrico Trecensi, episcopis, de burgensibus Vizeliacensibus eadem quæ superiori epistola mandat. 1010
XXI. — Ad Petrum Bituricensem archiepiscopum. — Ut comitem Nivernensem, nisi resipuerit, excommunicet. 1010
XXII. — Ad Ludovicum VII, Francorum regem. — Adversus comitem Nivernensem, et oppidanos Vizeliacenses. 1011
XXIII. — Ecclesiæ Arelatensis privilegia et bona confirmat. 1012
XXIV. — Massiliensis ecclesiæ bona Petro episcopo confirmat. 1014
XXV. — Privilegium pro ecclesia Fesulana. 1015
Anno 1153-1154.
XXVI. — Ad Petrum Tarentasiensem archiepiscopum. 1017
XXVII. — Ad Engelbaldum Turonensem archiepiscopum. — Mandat ut G. Trecorensem episcopum evocet et ejus vitam discutiat. 1017
Anno 1154.
XXVIII. — Ad Gregorium episcopum Lucensem. 1018
XXIX. — Ad canonicos regulares Lateranenses. — Confirmat eorum instituta. 1019
XXX. — Ad abbatissam S. Deodati. — Ut abbati Vulturnensi obedientiam præstet. 1021
XXXI. — Monasterii S. Bertini Sithiensis possessiones quasdam confirmat. 1021
XXXII. — Geraldo episcopo Tornacensi præcipit ne monasterii S. Bertini Sithiensis ecclesiarum potestatem sibi arroget. 1021
XXXIII. — Privilegium pro monasterio de Agnano. 1022
XXXIV. — Monasterium Glannafoliense tuendum suscipit ejusque bona et jura confirmat. 1023
XXXV. — Ad Gregorium episcopum et canonicos Lucenses. 1025
XXXVI. — Beraldo abbati monasterii S. Sixti Placentini usum mitræ concedit. 1026
XXXVII. — Privilegium pro ecclesia Reatina. 1026
XXXVIII. — Privilegium pro parthenone S. Spiritus Paraclitensi. 1028
XXXIX. — Ecclesiam de Revigne et aliis bonis, donationibus decimis dacis, acquisitis vel acquirendis Ecclesiæ S. Joannis Kaltenbornensis confirmat. 1029
XL. — Bona, possessiones et immunitates S. Germani de Pratis confirmat. 1030
XLI. — Wibaldo Stabulensi annuli usum ad vitam duntaxat concedit. 1031
XLII. — Canonicorum Pistoriensium disciplinam regularem, possessiones et privilegia confirmat. 1032
XLIII. — Ad clerum et populum Dolensem. — Confirmatio Hugonis Dolensis electi. 1033
XLIV. — Ad Turonensem archiepiscopum. — Ut factam a S. Bernardo compositionem observet. 1034
XLV. — Ecclesiam Pistoriensem tuendam suscipit ejusque bona et jura confirmat. 1034
XLVI. — Privilegium ad Petrum Venerabilem super controversia quæ fuerat inter abbatem de Miratorio et fratres Gigniacensis monasterii, per ipsum summum pontificem ordine judiciario terminata. 1037
XLVII. — Privilegium concessum episcopo Bergomati. 1038
XLVIII. — Ad episcopum Tolonensem. — In gratiam monachorum S. Victoris quibus ille infensum se præbebat. 1039
XLIX. — Ecclesiam Turonensem tam Dolensis quam cæterorum Britanniæ citerioris episcoporum metropolim confirmat, patente Engelbaldo archiepiscopo. 1040
L. — Privilegium ad fratres Cluniacenses de ecclesia de Rocaboviscurti super controversia quæ erat inter eos et clericos. 1042
LI. — Privilegium pro ecclesia Astensi. 1042
LII. — Ad Nonantulanos monachos. — Ut mortuo Alberto novum abbatem eligant. 1043
LIII. — Bona et immunitates ecclesiæ Gerboredensis confirmat. 1043
LIV. — Donationem monasterii S. Petri de Landelina, ordinis S. Benedicti, Nucerinæ diœcesis, a comitibus Monaldo, Bucci filio, Rodulfoque Lamberti et comite

Gentile, Alberici filio, priori et canonicis cathedralis ecclesiæ Fulginensis liberalissime factam, confirmat. 1045
LV. — Ecclesiæ Fulginatensis bona confirmat. 1045
LVI. — Ecclesiæ S. Mariæ Lunensis patrocinium suscipit ejusque bona ac jura confirmat, petente Gotifredo episcopo. 1046
LVII. — Privilegium pro parthenone S. Firmi de Piorizano. 1046
LVIII. — Monasterii S. Mariæ de Pomposia bona ac jura confirmat. 1048
LIX. — Ecclesiarum Carcassonensium disciplinam regularem et possessiones confirmat. 1050
LX. — Monasterium Fructuariense sub beati Petri protectione recipit, bona ejus confirmat, inter quæ ecclesiam S. Danielis Venetiarum enumerat, aliaque privilegia impartitur. 1051
LXI. — Archiepiscopo Bracarensi præcipit ut Joanni archiepiscopo Toletano intra dies xxx debitam primati obedientiam exhibeat. 1053
LXII. — Hyacintho cardinali et legato mandat de archiepiscopo S. Jacobi Compostellano primatui archiepiscopi Toletani subjiciendo. 1053
LXIII. — Ad Richardum abbatem Savigniensem. — Confirmat ei abbatias Savigniensi monasterio subjectas 1054
LXIV. — Privilegium pro monasterio S. Mariæ de Prato. 1055
LXV. — Sententiam ab Eugenio III latam de controversia canonicorum S. Alexandri et S. Vincentii Bergomatum confirmat. 1058
LXVI. — Bullæ pro monasterio S. Salvii Monsteriolensi. 1060
LXVII. — Domum hospitalem de misericordia Placentinam suscipit ejusque bona ac privilegia confirmat. 1062
LXVIII. — Possessiones et bona monasterii S. Petri Flavigniacensis confirmat. 1062
LXIX. — Bulla Alano episcopo Antissiodorensi data. — Jus ei confirmat in abbatem S. Germani. 1065
LXX. — Ecclesiæ Burdigalensis privilegia et possessiones confirmat. 1066
LXXI. — Ad Bisuntinum et Lugdunensem archiepiscopos. Ut observari faciant sententiam excommunicationis et interdicti, a se ordine judiciario prolatam in abbatem et fratres Miratorii. 1067
LXXII. — Canonicis S. Alexandri possessionem ecclesiæ S. Michaelis de Virgis asserit. 1068
LXXIII. — Bulla ad Petrum Massiliensem episcopum. 1069
LXXIV. — Ad Guillelmum Tolonensem et Petrum Massiliensem episcopos. 1069
LXXV. — Ad Petrum Venerabilem. — Revocat commendationem seu donationem quorumdam prioratuum et reddituum aliquibus certis personis per eum factam. 1070
LXXVI. — Ad Theobaldum priorem beatæ Mariæ de Prato Donziaci. — Prohibet ne quis infra terminos parochiæ cœmeterium, vel baptisterium statuat ; confirmatque jus quod habet prioratus in ecclesia Sancti Caradochi. 1071
LXXVII. — Privilegium pro monasterio S. Eusebii, diœcesis Aptensis. 1071
LXXVIII. — Possessiones et bona ecclesiæ B. Mariæ de Reno confirmat. 1072
LXXIX. — Priorem et monasterium S. Salvatoris Venetiarum sub S. Petri protectione suscipit eique sua privilegia confirmat. 1074
LXXX. — Ad Ulricum episcopum et canonicos ecclesiæ Halberstadensis. 1076
LXXXI. — Hospitale Altipassense tuendum suscipit ejusque bona et privilegia confirmat. 1076
LXXXII. — Speciale privilegium Marcuardo abbati Fuldensi concessum. 1077
LXXXIII. — Hospitalis domus Hierosolymitanæ protectionem suscipit possessionesque ac privilegia confirmat 1078
LXXXIV. — Ecclesiæ Trudensi iura metropolitana sub Eugenio III a Nicolao episcopo Albanensi, sedis apostolicæ legato, instituta confirmat. 1081
LXXXV. — Privilegium pro monasterio Longipontis. 1084
LXXXVI. — Sueciæ episcopis significat, cum gaudio se accepisse, gentem in doctrina apostolica profecisse, etc. 1084
LXXXVII. — Swerkerum regem et proceres Sueciæ hortatur ut Nicolai, sedis apostolicæ legati, præcepta sequi pergant, etc. 1086

ANSELMUS HAVELBERGENSIS EPISCOPUS.
Notitia. 1087

Notitia altera. 1089
LIBER DE ORDINE CANONICORUM REGULARIUM.
Monitum. 1091
Cap. I. — De defectu ordinis canonici. 1093
Cap. II. — A quibus ortus sit ordo canonicus. 1093
Cap. III. — De ejus æmulis. 1093
Cap. IV. — De gloria tribulationis. 1095
Cap. V. — Monachi in solitudine progeniti. 1095
Cap. VI. — Canonici cum Joseph in Ægypto nutriti. 1096
Cap. VII. — De persecutione hæresium. 1096
Cap. VIII. — De persecutionibus canonicis. 1097
Cap. IX. — De tonsura. 1101
Cap. X. — De superpelliceis. 1103
Cap. XI. — De camisia. 1103
Cap. XII. — De pelliceo et cappa. 1104
Cap. XIII. — De forma jejunii. 1104
Cap. XIV. — De abstinentia carnium. 1104
Cap. XV. — De gratia quarumdam ecclesiarum. 1105
Cap. XVI. — De silentio. 1105
Cap. XVII. — De opere manuum. 1105
Cap. XVIII. — Ne Teutonice loquamur. 1106
Cap. XIX. — De signis horarum. 1106
Cap. XX. — De cantu psalmodiæ. 1107
Cap. XXI. — Quando sit orandum. 1107
Cap. XXII. — De jejunio et aliis. 1108
Cap. XXIII. — De prohibenda proprietate et emendandis peccatis. 1108
Cap. XXIV. — De clericis extraneis recipiendis. 1108
Cap. XXV. — Ut nullus canonicus regularis monachus fiat. 1109
Cap. XXVI. — De ordine canonico servando. 1110
Cap. XXVII. — De temperantia abstinentiæ. 1110
Cap. XXVIII. — De vestibus lineis et pelliceis habendis. 1111
Cap. XXIX. — De illustribus auctoribus. 1111
Cap. XXX. — De mystica consanguinitate duorum ordinum. 1112
Cap. XXXI. — Monachus mortis Dominicæ testis est. 1112
Cap. XXXII. — Canonicus habitus resurrectionis testis est. 1112
Cap. XXXIII. — De ortu sacrarum vestium. 1113
Cap. XXXIV. — De cursu duorum discipulorum et duorum ordinum. 1114
Cap. XXXV. — Allegorice exponitur. 1114
Cap. XXXVI. — Ordo canonicus mysteria Dei dispensat. 1116
Cap. XXXVII. — Ideo hæreticum est pertinaciter defendere, monasticos ecclesias non debere regere 1117
Cap. XXXVIII. — De conversis laicis. 1118

APOLOGETICUM PRO ORDINE CANONICORUM REGULARIUM.
Monitum. 1118
Epistola venerabilis Anselmi Havelbergensis episcopi ad Ecbertum abbatem Huysborgensem contra eos qui importune contendunt, monasticum ordinem digniorem esse in Ecclesia quam canonicum. 1119

DIALOGI.
Prologus. 1139
LIBER PRIMUS.
Capitulum primum — De eo quod quidam solent mirari tam varias Christianæ religionis formas. 1141
Cap. II. — Quod unum corpus Ecclesiæ uno Spiritu sancto regitur et gubernatur, diversas habens gratiarum divisiones. 1143
Cap. III. — De diverso sacrificiorum ritu, quo placabatur idem et unus Deus ab Abel usque ad Christum. 1144
Cap. IV. — Quod antiqui patres, licet singulos Christianæ fidei articulos ad plenum non noverint, tamen in fide futuri salvati creduntur. 1146
Cap. V. — Quod duæ transpositiones famosæ religionis factæ sunt, legis videlicet et Evangelii, cum attestatione terræmotus propter ipsarum rerum magnitudinem. 1147
Cap. VI. — Quod Vetus Testamentum Deum Patrem quidem manifeste, Deum autem Filium obscure prædicavit. Novum autem Testamentum Deum Filium manifestavit, sed Spiritus sancti deitatem primo subinnuit, et paulatim sufficienter edocuit. 1147
Cap. VII. — De septem sigillis significantibus septem status Ecclesiæ Et quod in primo statu, exeunte albo equo, miraculorum et prodigiorum novitate primitiva Ecclesia crescebat. 1149
Cap. VIII. — Quod in secundo statu, exeunte rufo equo, gravissima sanctorum persecutio incanduerit. 1149

Cap. IX. — Quod in tertio statu Ecclesiæ, exeunte nigro equo, maxima hæreticorum pericula Ecclesiam supra modum turbaverint. 1150

Cap. X. — Quod in quarto statu Ecclesiæ, exeunte pallido equo, in falsis fratribus Ecclesia Dei supra vires laboraverit, in quo etiam statu multæ ac variæ religiones creverunt. 1152

Cap. XI. — Quod in quinto statu Ecclesiæ animæ sanctorum sub altare Dei clamant : *Usquequo, Domine, sanctus et verus, non vindicas sanguinem nostrum de his qui habitant in terra*, etc. 1157

Cap. XII. — Quod in sexto statu ecclesiæ, facto terræmotu magno, validissima persecutio futura est tempore Antichristi. 1158

Cap. XIII. — Quod in septimo statu Ecclesiæ post multas tribulationes futurum est silentium magnum, et instaurabitur octava infinitæ beatitudinis : et ita Ecclesia Dei quæ est una in fide, una spe, una charitate, multiformis est diversorum statuum varietate. 1159

Incipit procœmium secundi libri. 1159

LIBER SECUNDUS.

Capitulum primum. — Qualiter dialogus habitus sit in urbe Constantinopoli de processione Spiritus sancti ab Anselmo Havelbergensi episcopo, et Nechite archiepiscopo Nicodemiæ, et de modo interpretationis inter colloquentes. 1163

Cap. II. — Quod in Domino non ἀναρχία, id est nullum principium; non πολυαρχία, id est multa principia ; sed μοναρχία, id est unum principium, sit. 1165

Cap. III. — Quod id quod æternum est non ob hoc sine principio est, sicut Filius Patri est coæternus, sed non est sine principio, quia de Patre est. 1168

Cap. IV. — Quod sicut Pater genuit, sed non se, et sicut Filius genitus est, sed non a se, ita quoque Spiritus sanctus procedit, sed non a se. 1171

Cap. V. — Quod sicut incognitum est, qualis sit Patris ingeneratio, et qualis sit Filii generatio, ita incognitum est qualis sit æterna Spiritus sancti processio. 1171

Cap. VI. — Quod in summa Trinitate aliud est ibi esse, aliud Patrem, aliud Filium aut Spiritum sanctum esse. 1172

Cap. VII. — Quare Spiritus sanctus solus dicatur Spiritus sanctus, et tertia in Trinitate persona, et hoc non gradus dignitatis sed numerandi ordine, et propriæ personæ designatione. 1172

Cap. VIII. — Quod nomina Trinitatis transposita inveniantur. 1175

Cap. IX. — Quod Pater et Filius et Spiritus sanctus non sint defectiva nomina, sed sufficientia, nullam remissionem vel minorationem secundum substantiam significantia. 1177

Cap. X. — Quod Spiritus sanctus neque secundum substantiam quæ communis est, neque secundum personam quæ ad se dicitur, sed secundum relationem procedens dicitur. 1178

Cap. XI. — Utrum Filius sicut Pater dicatur recte Spiritus sancti emissor, quod Græci dicunt προβολεύς. 1179

Cap. XII. — Quod Spiritus sanctus amborum est σύμπνοια, id est concordia, et est amborum σύμπνευσις id est respectio. 1181

Cap. XIII. — Quod nemo silentio seu patienter ferre debet blasphemum se vocari, sicut nec Dominus, quando dictum est ei : *Dæmonium habes*; et quod Spiritus sanctus propter diversos effectus diversa sortitur vocabula. 1184

Cap. XIV. — Quod nullus sensum Scripturæ, quæ divina meruit appellari, suo sensui, sed potius suum sensum illi debet accommodare. 1185

Cap. XV. — Quod Dominus insufflando dederit apostolis Spiritum sanctum, nec tamen flatus ille corporeus fuerit Spiritus sanctus, sed processionis ejus significatio, et qualiter intelligendum sit : « Accipite Spiritum sanctum. » 1184

Cap. XVI. — Quod aliquando spiritualia corporalibus, aliquando corporalia spiritualibus comparantur. 1187

Cap. XVII. — Quod muliere fimbriam Domini tangente virtus de illo exibat; et quod virtutis nomine Spiritus sanctus appellatur, qui ab ipso procedit. 1188

Cap. XVIII. — Quod Spiritui sancto hoc est esse a Patre, quod procedere a Patre; ita ei hoc est esse a Filio, quod procedere a Filio. 1189

Cap. XIX. — Utrum Spiritus sanctus æqualiter procedat a Patre, sicut et a Filio, cum Pater a nullo, Filius autem a Patre sit ; et similitudo de Adam primo plasmate et de Eva plasmatis decisione, et de Abel utriusque decursione. 1191

Cap. XX. — Quod sicut in Evangelio non invenitur, Spiritus sanctus procedit a Filio ; ita quoque in Evangelio nequaquam reperitur, Spiritus sanctus non procedit a Filio ; nec invenitur quod a solo Patre procedat. 1194

Cap. XXI. — Quod nihil cum temeritate sit affirmandum, et nihil cum iracundia refellendum. 1195

Cap. XXII. — Quod non sit temerarium aliquid addere Evangelio, quod non sit contra Evangelium : sicut in Nicæno concilio et in multis aliis conciliis factum est. 1197

Cap. XXIII. — Quod fides sanctæ Trinitatis ad plenum condita est in conciliis, quibus præsedit Spiritus sanctus παντοδυναμος, id est omnium episcopus, qui et auctor prius et conditor fuit Evangelii. 1200

Cap. XXIV. — Quod multi Græcorum auctores dixerunt Spiritum sanctum procedere a Filio, sicut a Patre. 1202

Cap. XXV. — Quod Spiritus sanctus, licet ab utroque procedat, tamen a Patre proprie et principaliter procedere invenitur, tam apud Latinorum, quam Græcorum scriptores. 1205

Cap. XXVI. — Quod quidam Græcorum et etiam Latinorum putaverunt Spiritum sanctum procedere a Patre per Filium, inducentes quasdam similitudines minus idoneas. 1206

Cap. XXVII — De concordia hujus quæstionis, et de tollendo scandalo de medio utriusque gentis, auctoritate Romani pontificis per concilium generale. 1208

LIBER TERTIUS.

Capitulum primum. — De collatione quæ facta est in basilica Sanctæ Sophiæ in præsentia sapientum Græcorum. 1209

Cap. II. Quod universalis Ecclesia tribus modis existere dignoscitur, sanctarum Scripturarum auctoritate, universali traditione, singulari institutione. 1211

Cap. III. — Quod Græci contra universalem traditionem se a ritu Romanæ Ecclesiæ sequestrant, et in fermento sacrificant. 1211

Cap. IV. — Quod melius est errorem, quamvis longo usu usitatum, considerata meliori ratione deponere, quam in eo contumaciter perseverare. 1212

Cap. V. — De primatu Romanæ Ecclesiæ; et quod nullis hæresibus aliquando contaminata, sed semper Catholica fuerit. 1213

Cap. VI. — Quod Constantinopolitana Ecclesia fere semper gravissimis hæresibus fermentata laboraverit. 1215

Cap. VII. — Quod Græci dicunt tres patriarchales sedes aliquando fuisse sorores, inter quas Romanæ Ecclesiæ primatum non negant. 1217

Cap. VIII. — Quod Græci dicunt ideo se subtrahere a conciliis Romanorum pontificum, quia monarchiam Romani imperii diviserunt. 1219

Cap. IX. — Commendatio Romanæ Ecclesiæ, quam diligentissima sit in examinandis et dijudicandis ecclesiasticis causis. 1220

Cap. X. — Quod licet non soli Petro, sed etiam cæteris apostolis data sit potestas ligandi et solvendi ; et licet non super solum Petrum, sed etiam super alios apostolos Spiritus descenderit ; tamen principatus Petri cæteris omnibus est excellentior. 1222

Cap. XI. — Quod hæreses in Constantinopoli, vel ubique in Oriente ortæ, sint etiam ibidem exstinctæ. 1223

Cap. XII. — Quod unum tantum sit caput Ecclesiæ in terris, videlicet Roma, et non duo, vel plura, sicut Græci astruere conantur ; et quod Græcorum hæreses, non Græcorum, sed *Romanorum* pontificum auctoritate destructæ sunt. 1225

Cap. XIII. — Quod auctoritate et institutione Romanorum pontificum Melchiadis et Siricii dicunt se Græci fermento uti in sacrificio altaris. 1228

Cap. XIV. — De hoc quod credi potest, quod apostoli et eorum successores nunc azymo, nunc fermento indifferenter usi fuerint ; et quod Occidentalis Ecclesia alterum, Orientalis vero Ecclesia alterum paulatim totum deseruit. 1230

Cap. XV. — Quod auctoritas plurium Romanorum pontificum plus valere debet, quam duorum ; et quod synodus synodum solvit ; et quod Melchiades et Siricius papæ non videntur de hostia, sed de eulogiis instituisse. 1232

Cap. XVI. — Quod Constantinopolis et omnis Orientalis Ecclesia sub obedientia Romanæ Ecclesiæ fuit, et jure esse debet, et eam in ritu sacramenti imitari. 1233

Cap. XVII. — Quod in cœna Dominica Christus azymum consecravit ; et quod nusquam in Veteri Testamento fermentum, sed azymus offerri jubetur. 1234

Cap. XVIII. — Quod fermentum in divina Scriptura nusquam in bono accipitur ; et quod minus est ad tractandum caute. 1238

Cap. XIX. — Quod propter longum fermenti usum Græci non facile possunt transire ad azymum, sed facto generali concilio, sive illud, satis indifferenter suscipere sublato utriusque gentis scandalo. 1259
Cap. XX. — De commistione vini et aquæ in calice, quod aliter Græci, aliter Latini faciunt. 1241
Cap. XXI. — De Græcorum et Latinorum vario et diverso baptismate. 1245
Cap. XXII. — De concordia sapientum Græcorum et Latinorum. 1247

GISLBERTUS PORRETANUS PICTAVIENSIS EPISCOPUS.

Notitia historica. 1247
Notitia litteraria. 1251
Epistola Gisleberii ad Matthæum abbatem S. Florentii Salmuriensis. — Qualiter puniatur sacerdos in solo pane sine vino sacrificans, et de quibusdam aliis quæstionibus. 1255

COMMENTARIA IN BOETIUM.
LIBER DE SEX PRINCIPIIS.

HUGO METELLUS CANONICUS REGULARIS.

Notitia historico-litteraria. 1269
EPISTOLÆ. 1274
Epistola prima. — Ad S. Bernardum. — Ejus laudes fuse prosequitur. 1274
Epist. II. — Ad eumdem. — Se suosque ab accusatione purgare conatur. 1274
Epist. III. — Ad Guillelmum abbatem, in persona abbatis sui. — Excusat quod ad Herberti sui calumnias aliquanto durius respondeat. 1274
Epist. IV. — Ad Gerlandum. — De sanctissimo Eucharistiæ sacramento. 1274

AMEDEUS, LAUSANNENSIS EPISCOPUS

Notitia historico-litteraria. 1277
EPISTOLA B. AMEDEI ad filios suos ecclesiæ Lausannensis.

HOMILIÆ OCTO DE MARIA VIRGINE

Præfatio Richardi Gibboni. 1305
Homilia prima. — De fructibus et floribus sanctissimæ Virginis Mariæ. 1305
Homilia II. — De justificatione vel ornatu Mariæ Virginis. 1308
Homilia III. — De incarnatione Christi et Virginis conceptione de Spiritu Sancto. 1313
Homilia IV. — De partu Virginis, seu Christi nativitate. 1319
Homilia V. — De mentis robore seu martyrio beatissimæ Virginis. 1325
Homilia VI. — De gaudio et admiratione B. V. in resurrectione et ascensione Jesu filii sui ad Patris dexteram. 1331
Homilia VII. — De B. Virginis obitu, assumptione in cœlum, exaltatione ad filii dexteram. 1336
Homilia VIII. — De Mariæ Virginis plenitudine, seu perfectione, gloria, et erga suos clientes patrocinio. 1342

Excerptum ex diplomate Friderici imperatoris, hujus nominis primi, in gratiam B. Amedei concesso. 1347
Epistola Nicolai Cluniacensis primum, deinde Claravallensis monachi, S. Bernardo a secretis ad B. Amedeum. 1347

ADRIANUS IV PONTIFEX ROMANUS.

Notitia historica. 1349
Vita Adriani IV papæ auctore cardinali de Aragonia. 1351
Notitia diplomatica in epistolas et privilegia Adriani IV. 1359

EPISTOLÆ ET PRIVILEGIA ADRIANI IV.
ANNO 1154.
I. — Monasterii Anianensis possessiones confirmat. 1361
II. — Ordinationem factam de ecclesiis S. Genovefæ, salvis jure et rationabilibus consuetudinibus quas episcopus Parisiensis habebat in eisdem, confirmat. 1362
III. — Hugonem abbatem S. Remigii Remensis et Fulconem magistrum, de magisterio Scholarum burgi S. Remigii Remensis litigantes, emenso duorum annorum spatio post proximam Dominicam qua cantatur « Lætare Jerusalem » redire ad sese jubet. 1363
IV. — Monasterii S. Remigii Remensis possessiones confirmat. 1365
V. — Privilegium pro monasterio Tutelensi. 1369
VI. — Eraclio archiepiscopo Lugdunensi asserit « primatum super Galliarum provincias : Lugdunensem, Rothomagensem, Turonensem ac Senonensem » et Ecclesiæ ejus bona confirmat. 1371
VII. — Wibaldo Corbeiensi abbati commendat apud imperatorem res Ecclesiæ Romanæ et suos legatos cum ipso tractaturos. 1371
ANNO 1155.
VIII. — Clericis et laicis ecclesiæ S. Petri de Monte præcipit ut « cum superpellicio et cappis nigris ordinem B. Augustini a pristinis temporibus in eorum ecclesia institutum firmiter observent. » 1372
IX. — Ordinis Præmonstratensis leges et privilegia confirmat. 1375
X. — Bernardo episcopo Paderbornensi et Gi., abbati Liesbornensi mandat ut latoris harum litterarum causam disceptent. 1375
XI. — Monasterii Præmonstratensis protectionem suscipit possessionesque ac privilegia confirmat. 1375
XII. — Ecclesiæ S. Mariæ et S. Evodii Branensis protectionem suscipit, disciplinamque ac possessiones confirmat. 1378
XIII. — Monasterii Vallis Serenæ protectionem suscipit, bonaque ac privilegia confirmat. 1380
XIV. — Ad Placentinos. — Confirmat electionem Hugonis in Placent. episc. eorumque civitatem absolvit ab interdicto. 1381
XV. — Canonicorum Ecclesiæ S. Petri Romanæ privilegium ab Eugenio III concessum confirmat. 1382
XVI. — Privilegium pro monasterio S. Mansueti Tullensi. 1384
XVII. — Henrico patriarchæ Gradensi et ejus successoribus primatum archiepiscopatus Jadertini, jusque consecrandi archiepiscopi concedit. 1387
XVIII. — Ad Jadertinum archiepiscopum. — Certiorem eum facit de iis quæ disposuerat ut Gradensem patriarcham suum primatem agnosceret. 1388
XIX. — Monasterium Corbeiense tuendum suscipit et ejus bona juraque confirmat, petente Wibaldo abbate. 1389
XX. — Episcopis Scotiæ præcipit ut Rogero Eboracensi obediant. 1391
XXI. — Diœcesis Placentinæ prælatis Hugonem episcopum a sese consecratum commendat. 1392
XXII. — Clero et populo Placentino Hugonem episcopum commendat. 1392
XXIII. — Uberto præposito Pratensi concedit jus provocationis ad sedem apostolicam. 1393
XXIV. — Privilegium pro ecclesia S. Mariæ de Portu Ravennate. 1393
XXV. — Ad sanctimoniales Horreensis monasterii. — Vetat ne quis eas sub reclusione vivere impediat. 1395
XXVI. — Congregationis Camaldulensis tutelam suscipit. 1396
XXVII. — Monachis S. Silvestri de Monte-Suavi præcipit, ut priori Camaldulensi obediant. 1398
XXVIII. — Ecclesiæ S. Mariæ de Reno ecclesiam S. Potentianæ Romanam regendam tradit. 1399
XXIX. — Wibaldo abbati Stabulensi Camaldulenses Beradingenses et S. Petri de Rota commendat. 1400
XXX. — Monasterii Pomposiani privilegia confirmat. 1401
XXXI. — Eraclio Lugdunensi et Humberto Vesontionensi archiepiscopis mandat ne monasterium Trenorciense a Girardo comite Matisconensi affici injuriis patiantur. 1401
XXXII. — Canonicis Cabilonensibus præcipit ut ecclesiam quamdam monasterio Trenorciensi restituant. 1402
XXXIII. — Monasterii Benedictoburani suscipit patrocinium juraque confirmat. 1403
XXXIV. — Ecclesiæ S. Mariæ Czerwinskensis protectionem suscipit, bonaque confirmat. 1404
XXXV. — Ad T. Parisiensem episcopum. — De investitura quorumdam personatuum. 1406
XXXVI. — Ad O. abbatem S. Dionysii. — De quibusdam personalibus et de investitura eorum. 1407
XXXVII. — Ad An. Belvacensem canonicum. — Pro causa quæ vertitur inter Henricum Belvacensem episcopum et An. canonicum. 1407
XXXVIII. — Monasterii Florefflensis protectionem suscipit, bonaque ac privilegia confirmat. 1408
XXXIX. — Monasterii Rosenfeldensis privilegia confirmat, petente Brunone abbate. 1409
XL. — Ecclesiæ S. Hippolyti Biblenensis tutelam suscipit bonaque confirmat. 1409
XLI. — Ad Henricum Belvacensem episcopum. — Ut quædam præbenda militibus Templi restituatur. 1410
XLII. — Privilegium pro ecclesia S. Mariæ ad Marturam. 1411
XLIII. — Monasterium S. Salvatoris Majellanum tuendum suscipit, ejusque possessiones confirmat. 1413
XLIV. — Petro abbati Cluniacensi et ejus successoribus monasterium Balmense asserit. 1415
XLV. — Ludovico Francorum regi L. et G. canonicos

Aurelianenses commendat. 1417
XLVI. — Parthenonem Herdensem tuendum suscipit et ejus privilegia ac bona confirmat. 1418
XLVII. — Monasterium Stabulense sub sedis apostolicæ tuitione suscipit, omnesque illius possessiones et privilegia confirmat. 1419
XLVIII. — Ecclesiæ Goslariensis protectionem suscipit, possessionesque confirmat. 1420
XLIX. — Ad Turonensem archiepiscopum. — Compositionem ab abbate de Fontanis factam irritam declarat, invitatque ad amicam cum Dolensi præsule compositionem, vel ut ad sedem apostolicam veniat, jubet. 1421
L. — Gaufrido filio Oliverii commendat Hugonem Dolensem archiepiscopum. 1422
LI. — Ad archiepiscopum, archidiaconum et decanum Rothomagensis ecclesiæ. — Ut possessiones Ecclesiæ Dolensi in Normannia vi ablatas restitui faciant. 1423
LII. — [Godefrido] Lingonensi, [Henrico] Eduensi, [Gaufrido] Nivernensi et [Alano] Antissiodorensi mandat ut comitem Nivernensem, nisi commonitus intra dies 30 illata monasterio Vizeliacensi damna reparaverit, excommunicent. 1423
LIII. — Episcopis Galliæ mandat ut burgenses Vizeliacenses, nisi monasterio de injuriis illatis satisfecerint, excommunicent variisque pœnis afficiant. 1424
LIV. — Ludovicum Francorum regem hortatur ut armata manu burgenses Vizeliac. insequatur, ut abbati tanquam domino subdantur. 1425
LV. — Privilegium pro monasterio Cluniacensi. 1426
LVI. — Arnoldo archiepiscopo Coloniensi, Henrico episcopo Constantiensi, Wibaldo abbati Stabulensi commendat monasterium S. Antimi. 1427
LVII. — Archiepiscopo cuidam et Heberhardo episcopo Bambergensi, ac Wilbaldo abbati Corbeiensi mandat ut monasterium Farfense Friderico regi Romanorum commendent. 1427
LVIII. — Wibaldo abbati Stabulensi suos ad imperatorem legatos commendat. 1428
LIX. — Monasterium S. Mariæ de Carcere tuendum suscipit ejusque bona confirmat. 1428
LX. — Monasterium Hardehusanum, conditum a Bernhardo episcopo Paderbornensi, tuendum suscipit et bona ejus confirmat. 1429
LXI. — Ad Henricum Belvacensem episcopum. Pro pecunia cuidam restituenda. 1430
LXII. — Privilegium pro ecclesia Trevirensi. 1431
LXIII. — Wicmanno archiepiscopo Magdeburgensi causam, quæ episcopum Osnabrugensem inter et Wibaldum abbatem de decimis vertebatur, terminandam committit. 1432
LXIV. — Monasterii Heidenheimensis protectionem suscipit disciplinamque ac possessiones confirmat. 1432
LXV. — Privilegium pro Hillino Trevirensi archiepiscopo. 1433
LXVI. — Wibaldo abbati Corbeiensi ejusque successoribus monasterium Werbense subjicit. 1434
LXVII. — Arnoldo archiepiscopo Moguntino mandat ut monasterium Werbense a Robbonis comitis injuriis tueatur. 1434
LXVIII. — Rainerio Senensi episcopo fundum in monte Bonizi ad ecclesiam ædificandam sub annuo censu concedit. 1435
LXIX. — Monachis S. Bertini Sithiensis privilegia quædam concedit. 1456
LXX. — Monasterii S. Michaelis Pisani tutelam suscipit, possessionesque ac privilegia confirmat. 1436
LXXI. — [Stephano] Metensi, Henrico Tullensi A [lberto] Virdunensis episcopis Hillinum archiepiscopum Trevirensem per universum Theutonicum regnum sedis apostolicæ legatum constitutum nuntiat. 1438
LXXII. — Ad abbates et fratres Vizeliacenses. 1438
LXXIII. — Ad Turonensem archiepiscopum. — Ut amice componat cum episcopo Dolensi. 1439
LXXIV. — Ad universos clericos et laicos per Dolensem provinciam constitutos. — Confirmat sententiam Hugonis archiepiscopi in malefactores et occupantes bona ecclesiastica latam. 1439
LXXV. — Balduino Hierosolymitanorum regi præcipit ut et pecuniam et navem per ejus homines ablatam civibus Januensibus restitui jubeat. 1440
CIRCA ANNUM 1155.
LXXVI. — Ad Henricum II Angliæ regem. — Concedit privilegium ad Hiberniam occupandam. 1441
LXXVII. — Ad monachos Corbiniacenses pro reformatione monasterii. 1442
ANNO 1156.
LXXVIII — Pro Sancta Maria de Frasinaria et S. Petro de Pompeniano. 1443

LXXIX. — Silvestro abbati S. Augustini Cantuariensis præcipit ut Theobaldo archiepiscopo professionem faciat. 1443
LXXX. — Ad Bracarensem archiepiscopum. — Ut Toletano primati pareat. 1444
LXXXI. — Theobaldum episcopum, C. decanum et universum capitulum Ecclesiæ Parisiensis laudat quod Hugoni cancellario præbendæ reditum in Ecclesia Parisiensi concesserint. 1445
LXXXII. — Ecclesiæ Olivolensis seu Castellanæ (Venetæ) privilegia, petente Joanne episcopo, confirmat. 1445
LXXXIII. — Joanni archiepiscopo Toletano Hispaniarum primatum asserit. 1447
LXXXIV. — Privilegium pro Parthenone Paraclitensi. 1448
LXXXV. — Ad Hillinum archiepiscopum Trevirensem. 1448
LXXXVI. — Joanni archiepiscopo Toletano parœciam Complutensem, Hispaniæ primatum, pallii usum asserit. 1449
LXXXVII. — Joanni archiepiscopo Toletano mandat ut in crimina episcopi Pampilonensis inquirat. 1451
LXXXVIII. — Nigello Eliensi episcopo sub pœna suspensionis mandat, « quatenus infra tres menses a susceptione litterarum, possessiones ecclesiæ, quas contra promissionem in sua consecratione factam alienasse et distraxisse cognoscitur, in eum statum in quo fuerant, cum ad Eliensis ecclesiæ regimen fuit assumptus, non differat ullatenus revocare. » Quod et significat alio Brevi ejusdem datæ ipsis monachis, qui fuerant contra eum questi. Cum autem Nigellus excusaret regis absentiam, cujus præsentiam ei restitutioni faciendæ necessariam esse causabatur; aliis litteris, Theobaldo Cantuariensi archiepiscopo datis apud Lateranas XVI Kal. Aprilis, significat papa, quod eidem a proximo festo S. Luciæ (credo ad proximum festum legi debere) inducias ad hoc faciendum duxit indulgendas. Interim vero suspensionis sententiam, « quam, inquit, in eum promulgavimus, » relaxamus. 1452
LXXXIX. — Ad rectores Romanæ fraternitatis. — Arnaldus hæresiarcha, Eugenii III tempore, præter alia exsecranda quæ adversus Romanam Ecclesiam præsumpserat, clericos cardinalibus subditos ab iis divellere laboravit. Ad ejusmodi ergo inventum diabolicum, quod invaluerat, auferendum, decernit Adrianus papa, ut capellani promittant obedientiam rectoribus titulorum. 1452
XC. — Ecclesiam Dertusensem sub apostolicæ sedis protectione suscipit, ejusque statuta et possessiones confirmat. 1453
XCI. — Hugoni Senonensi archiepiscopo et Henrico Belvacensi episcopo. — Pro ecclesia Ferrariensi et de quibusdam rusticis. 1455
XCII. — De confirmatione sententiarum quas Ludovicus rex in Odonem ducem Burgundiæ promulgavit. 1456
XCIII. — Monasterii S. Stephani Divionensis protectionem suscipit possessionesque confirmat. 1456
XCIV. — Monasterii S. Lamberti Lætiensis privilegia confirmat. 1461
XCV. — Ecclesiæ Pisanæ canonicis commendat R. capellanum suum pro incidendis lapidibus et columnellis quibus ad monasterium ædificandum canonici ecclesiæ S. Rufi utantur. 1461
XCVI. — Monasterii sancti Paterniani Fanensis protectionem suscipit, possessionesque confirmat. 1461
XCVII. — Monasterii Steingadiensis protectionem suscipit bonaque confirmat. 1463
XCVIII. — Monasterii S. Afræ Augustensis protectionem suscipit, possessionesque ac privilegia confirmat. 1465
XCIX. — Ad clerum Augustanum. — Declarat Chunradum episc. August. innocentem esse, gravisque pœnæ ejusdem delatores condemnat. 1466
C. — Ecclesiam sancti Vincentii Bergomatem tuendam suscipit et ejus bona confirmat. 1466
CI. — Eugenii III sententiam de canonicorum S. Alexandri et S. Vincentii Bergomatum controversia confirmat. 1468
CII. — Cum Willelmo rege Siciliæ factam per legatos pacem confirmat. 1470
CIII. — Agrigentinæ, Mazarensis, Melitensis Ecclesiarum episcopos, Ecclesiæ Panormitanæ suffraganeos constitutos, Hugoni archiepiscopo obtemperare jubet. 1471
CIV. — Monasterii Huysburgensis protectionem suscipit, bonaque confirmat. 1471

CV. — Universo clero et populo Moguntino significat se Arnoldum archiepiscopum, ad apostolicæ sedis præsentiam devotionis intuitu venientem, benigne suscepisse, et personam ejus cum toto episcopatu suo et cum suffraganeis suis episcopis a jure legationis Hillini Trevirensis archiepiscopi, apostolicæ sedis legati, absolvisse Arnoldum commendat. 1471
CVI. — Ecclesiæ Balneensis protectionem suscipit, bonaque et jura confirmat. 1472
CVII. — Mendoniensem ecclesiam et omnes ejus hæreditates sub apostolicæ sedis protectione recipit. 1475
CVIII. — S[tephano] Viennensi et C. [Heraclio] Lugdunensi archiepiscopis mandat rogatu Petri abbatis Cluniacensis, ne monasterium Celsiniacense vexari ab Eustachio patiantur. 1477
CIX. — Ecclesiam S. Constantii Urbevetanam tuendam suscipit et ejus bona privilegiaque confirmat. 1477
CX. — Ecclesiam Bellunensem tuendam suscipit et canonicorum bona ac jura confirmat. 1478
CXI. — Ecclesiæ Aquensis protectionem suscipit, et canonicorum bona ac jura confirmat. 1480
CXII. — Ecclesiam Sanctæ Mariæ Pinetensem tuendam suscipit, et ejus bona ac jura confirmat. 1481
CXIII. — Bulla pro ecclesia Nemausensi. 1483
CXIV. — Monasterii S. Dionysii privilegia possessionesque confirmat. 1485
CXV. — Monasterii S. Bavonis Gandavensis protectionem suscipit bonaque confirmat. 1487
CXVI. — Privilegium pro monasterio S. Petri Aldenburgensi. 1488
CXVII. — Berengarii archiepiscopi electionem confirmat. 1489
CXVIII. — Hospitali domui Cantuariensi asserit ecclesiam de Northborne, a Silvestro abbate S. Augustini ad solatium peregrinorum et pauperum concessam. 1490
ANNO 1154-1157.
CXIX. — Petente Theobaldo, episcopo Parisiensi, concordiam inter Stephanum decessorem ejus et Theobaldum archidiaconum compositam confirmat. 1490
CXX. — Lanfranci episcopi Laudensis, et Berardi, abbatis monasterii S. Sixti Placentini, controversiam de ecclesia S. Michaelis in Castronovo dirimit. 1490
ANNO 1157.
CXXI. — Silvestro abbati S. Augustini Cantuariensi præcipit ut infra dies xxx Theobaldo archiepiscopo obedientiam exhibeat. 1491
CXXII. — Parthenonem S. Mariæ Caramagnensem Anselmo episcopo Astensi confert. 1491
CXXIII. — Ad Wibaldum abbatem Stabulensem. — Ut imperatori suggerat, ut in veneratione sedis apostolicæ permaneat. 1492
CXXIV. — Parthenonem S. Zachariæ Venetum tuendum suscipit. 1493
CXXV. — Monasterii Scotorum S. Jacobi Ratisponensis tutelam suscipit possessionesque ac privilegia confirmat, imposito monachis Bizantii unius censu annuo. 1494
CXXVI. — Monasterii S. Vitalis Ravennatis protectionem suscipit bonaque confirmat. 1495
CXXVII. — Ecclesiam S. Petri Guastallensem tuendam suscipit et ejus bona ac jura confirmat. 1497
CXXVIII. — Privilegium pro monasterio Canusino in pago Reginensi. 1498
CXXIX. — Privilegium pro monasterio S. Mariæ Pontiniacensi. 1500
CXXX. — Parthenonis S. Mariæ Carolicastrensis protectionem suscipit, bonaque confirmat. 1501
CXXXI. — Ecclesiæ Genevensis protectionem suscipit, pacemque inter Arducium episcopum et Amedeum comitem Genevensem, factam confirmat. 1503
CXXXII. — Ecclesiæ Genevensi asserit bona a Frederico imperatore collata. 1507
CXXXIII. — Privilegium pro parthenone Romaricensi. 1508
CXXXIV. — Monasterii S. Blasii in nigra silva tutelam suscipit, bonaque et jura confirmat. 1510
CXXXV. — Monasterio S. Blasii asserit Burglensem, Eggenheimensem, Koltenbacensem ecclesias. 1514
CXXXVI. — Monasterium Engelbergense tuendum suscipit, et ejus possessiones ac jura confirmat, imposito monachis unius aurei annuo censu. 1514
CXXXVII. — Ad Henricum Gradensem patriarcham. — Patriarchalem dignitatem confirmat, et primatum super Jadertinum archiepiscopum. 1516
CXXXVIII. — Ad eumdem. — Ut Constantinopoli et in aliis urbibus imperii C. P., in quibus Veneti plures habent ecclesias, episcopus ordinare ac consecrare possit. 1519
CXXXIX. — Episcopis, duci, populo Venetiarum Henricum patriarcham Grandensem commendat. Nuntiat eidem ab archiepiscopo Jadertino promissam obedientiam esse. 1520
CXL. — Rodulpho priori Camaldulensi ejusque successoribus asserit monasterium Pratalianse a Jeronymo episcopo Aretino donatum. 1521
CXLI. — Privilegium pro ecclesia Ravellensi. 1522
CXLII. — Privilegium pro ecclesia Beneventana. 1525
CXLIII. — Friderico Romanorum imperatori exprobrat quod sacrilegam Eskilli archiepiscopi Lundensis comprehensionem, neglectis admonitionibus suis, impunitam adhuc tulerit. Memorat coronam imperatoriam a sese ei collatam, etc. 1525
CXLIV. — Hospitalis S. Blasii juxta Modoetiam possessiones confirmat. 1527
CXLV. — Monasterio Mediolanensi Sancti Dionysii confirmat omnia illius jura bona. 1527
CXLVI. — Privilegium pro parthenone S. Spiritus Paraclitensi. 1529
CXLVII. — Ecclesiam S. Rudberti Salsburgensem tuendam suscipit et ejus bona ac jura confirmat. 1529
CXLVIII. — Archiepiscopis et episcopis Germaniæ queritur injurias a Friderico imperatore legatis suis illatas. Mandat enitantur ut imperator a Reinaldo cancellario satisfactionem faciat exhiberi. 1531
CXLIX. — Aldebrandino et Bernardino, filiis Ubolini comitis de Calmaiare, prædia quædam beneficiaria tribuit. 1532
CL. — Canonicis Calvimontensibus interdicit ne ecclesiæ bona alienent; jampridem enim decretum esse, ut in eorum ecclesia fratres monasterii S. Dionysii collocarentur. 1533
CLI. — Henrico Belvacensi episcopo quemdam D. commendat. 1534
ANNO 1156-58.
CLII. — Raymundum episcopum Magalonensem hortatur ne bona ecclesiæ communibus clericorum usibus deputata, pro suæ voluntatis arbitrio dispenset, utque decimam Montispessulani canonicis restituat. 1534
CLIII. — Henrico episcopo Bellovacensi Ansoldum abbatem Compendiensem commendat. 1535
CLIV. — Godescalco episcopo Atrebatensi præcipit ut Hugoni cancellario abbatum altare de Aslues restituat. 1555
CLV. — Theobaldum Parisiensem episcopum hortatur, ut Hugoni cancellario primum personatum vel honorem qui in Parisiensi ecclesia vacabit, concedat. 1536
CLVI. — Guillelmo nobili viro et universo populo Montispessulani præscribit, ut finito quinquennio altare S. Salvatoris et oblationes in manu prioris ecclesiæ B. Mariæ reddant. 1536
CLVII. — Ad S. Remensem archiepiscopum et ejus suffraganeos. — Pro ecclesia Jerosolymitana et pro militibus Templi. 1537
CLVIII. — Abbatibus Biterrensis diœcesis præcipit ut præsuli Biterrensi pareant. 1538
CLIX. — Privilegium pro parthenone S. Spiritus Paraclitensi. 1539
CLX. — Ad Henricum episcopum Belvacensem. — Ut, nulla interposita dubitatione, fungi munere episcopali pergat. 1559
CLXI. — Ad eumdem. — Pro ecclesia Sancti Luciani. 1540
CLXII. — Ad eumdem. — Pro nepotibus cujusdam canonici Antissiodorensis. 1541
CLXIII. — Ad eumdem. — Pro quodam canonico ecclesiæ Antissiodorensis. 1541
CLXIV. — Ad Berengarium archiepiscopum et clerum Narbonensem. — De non invadendis mortuorum episcoporum bonis. 1542
CLXV. — Concordiam initam inter episcopum Biterrensem et priorem Cassianensem confirmat. 1543
CLXVI. — Archiepiscopis et episcopis mandat ut monasterio S. Dionysii a servis ejusdem præstari debita servitia cogant. 1544
CLXVII. — Godefrido Lingonensi et Alano Antissiodorensi episcopis mandat ut excommunicationis pœna Milonem de Nugerio hortentur ut monachis Regniacensibus cuprum in eorum terra inventum restituat. 1544
CLXVIII. — Hugoni Francorum regis cancellario mandat ut abbati Compendiensi gratiam regis reconciliet. 1545
CLXIX. — Commonitorium papæ ad abbatem et conventum S. Vedasti. 1545
CLXX. — E. comiti de Leon et filius ejus, vicecomiti de Lamvio, et filius Iveni Gueni et Iveni Gualli, Hugonem archiepiscopum Dolensem commendat. 1545

ANNO 1157-1158.

CLXXI. — Petro episcopo et canonicis Massiliensibus significat se Pontio archiepiscopo Aquei si mandasse ut inter eos et monachos S. Victoris judicium faciat. 1546

CLXXII. — Ad Antissiodorenses S. Eusebii canonicos. — De confirmatione donationis reditus primi anni præbendarum ecclesiæ cathedralis Antissiodorensis. 1547

CLXXIII. — Ad N. decanum et capitulum Suessionense. — Pro libertate et consuetudinibus Suessionensis ecclesiæ. 1547

ANNO 1158.

CLXXIV. — Ecclesiæ S. Mariæ Trajectensis protectionem suscipit possessionesque confirmat. 1548

CLXXV. — Ecclesiam Ferrariensem tuendam suscipit canonicorumque possessiones confirmat. 1548

CLXXVI. — Domum hospitalem de Misericordia Placentinam tuendam suscipit. 1550

CLXXVII. — Ecclesiæ Raceburgensis protectionem suscipit, possessionesque ac jura confirmat, petente Henrico Bavariæ et Saxoniæ duce. 1550

CLXXVIII. — Ecclesiam S. Mariæ de Gariberto Placentinam tuendam suscipit. 1552

CLXXIX. — Præposito et universo clero ecclesiæ Placentinæ præcipit ut ad disciplinam canonicam revertantur, Hugonique episcopo obediant. 1553

CLXXX. — Monasterium B. Pancratii Ranshovense, rogante Henrico Bavariæ et Saxoniæ duce, tuendum suscipit, ejusque bona ac jura confirmat. 1554

CLXXXI. — Fridericum imperatorem verbis satis mitibus alloquitur. Prioris epistolæ (cf. supra num. CXLIII) locos quosdam excusat. Legatos suos « ad commonitionem Henrici Bavariæ et Saxoniæ ducis » missos commendat. 1556

CLXXXII.—Ecclesiarum SS. Joannis et Pauli, S. Martini, S. Stephani Majoris et S. Stephani Minoris, sustentationi canonicorum ecclesiæ B. Petri (Romanæ) destinatarum, possessiones juraque confirmat. 1557

CLXXXIII. — Hugoni archiepiscopo et Willelmo decano Viennensi eorumque successoribus asserit privilegia a Friderico I rege tributa. 1562

CLXXXIV. — Hugoni archiepiscopo et Willelmo decano Viennensi eorumque successoribus asserit privilegia a Friderico I rege tributa. 1562

CLXXXV. — Ecclesiæ S. Samsonis Aurelianensis protectionem suscipit bonaque confirmat. 1564

CLXXXVI. — Parthenonis Visbeccensis protectionem suscipit, bona ac privilegia confirmat. 1565

CLXXXVII. — Privilegium pro monasterio SS. Nazarii et Celsi Veronensi. 1567

CLXXXVIII. — Ecclesiæ S. Joannis Selbodiensis bona possessionesque ac privilegia confirmat. 1568

CLXXXIX. — Ad Tarraconensem et Narbonensem archiepiscopos. — Sub protectione sedis apostolicæ suscipit Raymundum comitem Barcinonensem, ditionesque ejus. 1570

CXC. — Ecclesiæ Sancti Marcelli Parisiensis protectionem suscipit bonaque ac jura confirmat. 1571

CXCI. — Composita canonicos inter et Sutrinum episcopum de ecclesia Sancti Silvestri controversia, dato diplomate concordiam efficit perpetuam. 1573

CXCII. — Ecclesiæ S. Mariæ Aquisgranensis protectionem suscipit possessionesque confirmat. 1574

CXCIII. — Adæ magistro asserit magisterium scholarum ecclesiæ Meldensis, a bonæ memoriæ Manasse episcopo concessum. 1574

CXCIV. — Ad Hugonem Francorum regis cancellarium. — Gratulatur quod pace inter Francorum Anglorumque reges firmandæ utilem operam navaverit. 1575

CXCV. — Gregorium priorem et universum capitulum Camaldulense ad virtutem pacemque hortatur. 1576

CXCVI. — Privilegium Hugoni episcopo Placentino concessum. 1578

CXCVII. — Friderico imperatori, ut Guido, Ecclesiæ Romanæ subdiaconus, præponatur ecclesiæ Ravennati optanti, non obsequitur. 1579

ANNO 1154-1159.

CXCVIII. — Archiepiscopo Thessalonicensi scribit de Ecclesia Græcorum cum Romana reconcilianda. Commendat Balduinum et Balditzionium tabellarios ad Emmanuelem imperatorem missos. 1580

CXCIX.—Consules et universum populum Castri Grassæ hortatur ut monachos Lerinenses contra Saracenos aliosque inimicos defendant. 1581

CC. — Ad Ludovicum Francorum regem.—Commendat propensiorem ejus in religiosos viros dilectionem quam petit ut Præmonstratenses fratres pro B. Petri et sua reverentia experiantur. 1582

CCI. — Ad Berengarium archiepiscopum Narbonensem,

Artaldum episcopum Helenensem, et barones per Helenensem episcopatum constitutos. — Adversus Gaufredum comitem Ruscinonensem. 1582

CCII. — Ad Gualterum Laudunensem episcopum. — Ut beneficia Præmonstratæ Ecclesiæ ab antecessoribus ejus collata conservet, nec ullas super eisdem beneficiis molestias inferat, aut inferri permittat. 1583

CCIII. — Ad eumdem. — Ejusdem argumenti. 1584

CCIV. — Ecclesiæ S. Joannis in Vineis bona et privilegia confirmat. 1585

CCV. — Ad monachos Pontiden. — Ut solvant decimas loci cujusdam. 1586

CCVI. — Stephano Metensi, et Virdunensi episcopis mandat ut Matthæum ducem Lotharingiæ excommunicatum denuntient. 1587

CCVII. — Eberardo archiepiscopo Salzburgensi respondet servorum conjugia, invitis dominis contracta, non esse dissolvenda. 1587

CCVIII. — Ecclesiæ Leodiensis protectionem suscipit possessionesque confirmat, petente Henrico episcopo. 1587

CCIX.—Ecclesiæ Sancti Audomari privilegia confirmat. 1589

CCX. — Monasterii S. Michaelis in periculo Maris protectionem suscipit, bonaque confirmat. 1589

ANNO 1155-1159.

CCXI. — Privilegium Marchwarno abbati Fuldensi concessum. 1591

CCXII. — Ad Hugonem Rothomagensem archiepiscopum. — Pro causa Petri et matris ejus. 1592

CCXIII. — Ludovico Francorum regi, Pontium abbatem Vizeliacensem tuenti, gratias agit. Monet ut monasterium defendere a comite Nivernensi pergat, domosque lapideas burgensium Vizeliacensium dirui jubeat. 1592

ANNO 1157-1159.

CCXIV. — Odonem abbatem monachosque S. Dionysii cohortatur ut S. Benedicti vestigiis insistant. 1593

CCXV.—Hugoni Francorum regis cancellario confirmat archidiaco natum Atrebatensem. 1595

CCXVI. — Monasterii S. Dionysii privilegia a Roberto et Dagoberto regibus concessa confirmat. 1594

CCXVII. — Ad B. Balduinum Noviomensem et Henricum Belvacensem episcopos. — Pro cantore Peronensis ecclesiæ. 1595

CCXVIII. — Ecclesiæ S. Ursi Augustensis bona quædam confirmat. 1596

CCXIX. — Ad Henricum Belvacensem episcopum. — Pro magistro Nicolao. 1596

CCXX. — Ad S. Remensem archiepiscopum. — Pro eodem. 1597

CCXXI. — Ad Remensem archiepiscopum et Laudunensem episcopum. — Pro filio Ramaldi Cottellæ. 1597

CCXXII. — Ad Henricum Belvacensem episcopum. — Pro cantore ecclesiæ Suessionensis, ut ei ablata restituantur. 1598

CCXXIII. — Albertum abbatem Nonantulanum rogat ut Lot. et Turcl., viris nobilibus precariam quamdam denuo concedat. 1598

CCXXIV. — Transactionem de subjectione Vallis-magnæ monasterio Bonarum-Vallium factam confirmat. 1599

CCXXV. — Ad Briocensem et Trecorensem episcopos. — Ut impediant sacerdotes suos invito Dolensi archiepiscopo divina officia celebrare. 1600

CCXXVI. — Eberhardo archiepiscopo Salzburgensi et (Hartwico) episcopo Ratisponensi mandat, ut Conrado abbati Biburgensi monasterium ob fratrum injurias dimissum restituant, monachosque pœna afficiant. 1601

CCXXVII. — Monachis Biburgensibus præcipit ut Conrado abbati obediant. 1601

CCXXVIII. — Henrico episcopo Augustodunensi præcipit, ut abbati Trenorciensi investituram ecclesiæ de Petraficta intra dies XX concedat. 1602

CCXXIX. — Ad Narbonensem archiepiscopum et ejus suffraganeos. — Guillelmum Montispessulani dominum et honores ejus ac fratris ipsius Hierosolymam peregrinantis, defendant ab impugnationibus iniquorum, intentata excommunicationis sententia. 1603

CCXXX. — Ad canonicos S. Crucis Aurelianensis. — Increpat quod Hugoni cancellario præbendæ integritatem, cum abesset, non concesserint. Jubet in posterum faciant, et quod est subtractum restituant. 1605

CCXXXI. — Ad Hugonem Franciæ cancellarium. — Absolvit eum a juramento et illicita conditione qua eum Atrebatensis episcopus obligaverat, cum archidiaconatum daret. 1604

CCXXXII. — Ad Godescalcum episcopum Atrebatensem. — De dissoluto Hugonis cancellarii sacramento si-

gnificat. 1604
CCXXXIII. — Ad Samsonem Remensem archiepiscopum. — Ut Hugoni cancellario restituat altare quod ipsi abstulerat. 1605
CCXXXIV. — Godescalcum episcopum Atrebatensem de superiore epistola certiorem facit. 1606
CCXXXV. — Decano, cantori et universo capitulo Parisiensi præcipit ut præposituram quæ in Parisiensi Ecclesia vocaverit, Hugoni Francorum regi cancellario tribuant. 1606
CCXXXVI. — Ad archidiaconos ecclesiæ Trevir. 1607
CCXXXVII. — Ad clerum et populum de Murmiralio. Ut obediant Hugoni Dolensi archiepiscopo. 1607
ANNO 1359.
CCXXXVIII. — Privilegium pro monasterio S. Trinitatis de Monte Sacro. 1608
CCXXXIX. — Ecclesiam collegiatam S. Stephani in urbe Constantiensi in singularem sedis apostolicæ protectionem suscipit. 1611
CCXL. — Bulla qua confirmantur jura ac possessiones abbatiæ S. Augustini Lemovicensis. 1613
CCXLI. — Ludovici, Francorum regis, consilium laudat, « ad paganorum barbariem debellandam simul cum Henrico, Anglorum rege, in Hispaniam properare » cogitantis. Verum et nimiam festinationem dissuadet, et hortatur, « ut prius necessitatem terræ per principes illius regni inspiciat et consideret, et tam illius Ecclesiæ quam principum et populi voluntatem diligenter inquirat, et ab iis consilium, sicut deceat, accipiat. » « Debet enim, inquit, serenitatis tuæ celsitudo recolere, qualiter, cum tam Conradus, quondam rex Romanorum, quam tu ipse, inconsulto populo terræ, Hierosolymitanum iter minus caute aggressi estis, speratum fructum non perceperitis. » Itaque apostolicam populi exhortationem, per (Rotrodum) episcopum Ebroicensem expetitam, differt. Sed regni ejus protectionem suscipit. 1615
CCXLII. — Privilegium pro Ecclesia Hamburgensi. 1617
CCXLIII. — Privilegium pro monasterio Jerichoensi. 1618
CCXLIV. — Ad Guillelmum Cenomanensem episcopum. — Terminandam ei committit controversiam quæ diu agitata fuerat inter monachos Cluniacenses et Petrogoricenses canonicos, super ecclesia de Rocha-Boviscurti. 1619
CCXLV. — Ad Monachos de Rocha Boviscurti. — Significat ipsorum causam cum canonicis Petragoricensibus judicio Cenomanensis episcopi commissam fuisse terminandam. 1620
CCXLVI. — Possessiones cœnobii S. Maglorii Parisiensis confirmat. 1621
CCXLVII. — Monasterii vallis S. Mariæ protectionem suscipit, possessiones ac privilegia confirmat. 1623
CCXLVIII. — Ad H. electum et capitulum Suessionensis ecclesiæ. — Pro Vitto decano Suessionensi. 1625
CCXLIX. — Monasterium S. Clementis Piscariense tuendum suscipit, ejusque bona ac privilegia confirmat. 1625
CCL. — Monasterium Murense cum suis pertinentiis in protectionem apostolicam recipit, bonaque et jura confirmat. 1626
CCLI. — Monasterii Pruefeningensis tutelam suscipit, bonaque ac jura confirmat. 1628
CCLII. — Monasterii S. Joannis Blauburensis protectionem suscipit, possessionesque ac privilegia confirmat. 1629
CCLIII. — Ecclesiæ Sanctæ Opportunæ Parisiensis protectionem suscipit, bonaque confirmat. 1630
CCLIII bis. — Compositionem factam inter Hugonem abbatem Præmonstratensem et Gualterum episcopum Laudunensem confirmat. 1632
CCLIV. — Ad Fridericum imperatorem. — De duplici injuria sedi apostolicæ per ipsum illata. 1635
CCLV. — Ecclesiæ Ultrajectensis protectionem suscipit bonaque confirmat. 1636
CCLVI. — Ecclesiam S. Mariæ Ressensem tuendam suscipit, bonaque ejus confirmat. 1637

CCLVII. — Monasterii Reichersbergensis protectionem suscipit, bonaque confirmat. 1639
CCLVIII. — 1640
EPISTOLÆ VARIORUM AD ADRIANUM IV.
I. — Episcoporum Germaniæ ad Adrianum papam. 1641
II. — Imperatoris Friderici ad Adrianum papam. — Pro confirmatione electi Ravennensis. 1642
III. — Consulum Januensium ad Adrianum IV. — Ut Januensium jura per tractus orientales tueantur. 1644
ODO ABBAS MORIMUNDENSIS.
Notitia. 1644
SERMO PRIMUS. — In Dominica I adventus. 1645
SERMO II. — In Nativitate Domini. 1646
SERMO III. — In Dominica Septuagesima. 1649
SERMO IV. — De tribus nativitatibus et totidem virtutibus B. Mariæ, B. Joannis et Domini Salvatoris. 1655
SERMO V. — In festo S. Benedicti. 1655
FASTREDUS CLARÆVALLENSIS ABBAS TERTIUS.
Notitia. 1657
EPISTOLA FASTREDI ad quemdam sui ordinis abbatem. 1659
EPISTOLA EJUSDEM ad Omnibonum Veronensem episcopum. 1660
JOANNES CIRITA ABBAS THARAUCANUS IN HISPANIA.
Vita Joannis Ciritæ. 1661
CAP. I. — Contemptis hujus sæculi honoribus et temporali militiæ valedicens, vitam eremiticam amplectitur. 1661
CAP. II. — A dæmone sub specie feminæ tentatus, mirabiliter triumphat, anachoretis abbas præficitur, et spiritu prophetico claret. 1662
CAP. III. — S. Joannes Baptista Patri nostro Bernardo apparens, ad construendum cœnobium, in Hispaniam præcipit mittere monachos, quos divina revelatione admonitus, B. Joannes Cirita in itinere adventantes obvios suscipit. 1663
CAP. IV. — Monachi cœnobium S. Joannis de Tarouca construunt, in loco sibi divinitus cœlesti splendore demonstrato. 1665
CAP. V. — Quomodo B. Joannes Cirita monachus Cisterciensis factus est; et de regina Theresa quæ nostri ordinis habitum induit. 1666
CAP. VI. — De origine ordinis Avisiensis, qui sub instituto Cisterciensi militat, et a B. Joanne Cirita leges et regulam accipit. 1667
CAP. VII. — B. Joannes Cirita, prophetico spiritu variisque virtutibus celebris ex hac vita discedit, variisque post mortem miraculis claret. 1668
Regula ordinis militaris Avisii. 1669
Forma juramenti quod debet facere magister ordinis Avisiensis. 1671
APPENDIX AD JOANNEM CIRITAM.
I. — Ordo Cisterciensis S. Michaelis in Lusitania ab Alphonso rege sub abbatis Alcobatiæ correctione et moderamine instituitur. 1671
II. — Privilegium Alphonsi Lusitaniæ regis monasterio S. Joannis concessum post fugatos anno 1122 juxta fluvium Tavoram Saracenos. 1675
THEOBALDUS CANTUARIENSIS ARCHIEPISCOPUS.
EPISTOLÆ ET TESTAMENTUM. 1675
GAUFRIDUS ABBAS CLARÆVALLENSIS.
Sermo in anniversario obitus S. Bernardi. 1675
Epistola ad Albinum cardinalem et episcopum Albanensem. 1675
Libellus contra capitula Gilberti Porretani Pictaviensis episcopi. 1677
Epistola ad Josbertum continens notulas in Orationem Dominicam 1677
GILBERTUS DE HOILANDIA.
Sermones in Cantica. 1677
De contemplatione rerum cœlestium. 1677
Sermo de Semine verbi Dei 1677
Epistolæ. 1677

FINIS TOMI CENTESIMI OCTOGESIMI OCTAVI.

Ex typis MIGNE, au Petit-Montrouge.

www.ingramcontent.com/pod-product-compliance
Lightning Source LLC
Chambersburg PA
CBHW070900300426
44113CB00008B/908